炎陵县志

YAN LING XIAN ZHI

炎陵县地方志编纂委员会　编

上册

方志出版社
Publishing House of Local Records

图书在版编目（CIP）数据

炎陵县志／炎陵县地方志编纂委员会编.
—北京：方志出版社，2020.12
ISBN 978—7—5144—4430—8

Ⅰ.①炎… Ⅱ.①炎… Ⅲ.①炎陵县—地方志 Ⅳ.
①K296.44

中国版本图书馆CIP数据核字(2020)第214001号

炎 陵 县 志

编　　者：炎陵县地方志编纂委员会
责任编辑：刘方圆

出 版 者：方志出版社
地址　北京市朝阳区潘家园东里9号(国家方志馆4层)
邮编　100021
网址　http://www.zgfzcb.cn
发　　行：方志出版社图书经销中心
电话(010)67110500
经　　销：各地新华书店
印　　刷：株洲美彩印务中心

开　　本：889X1194　1/16
印　　张：83.5
字　　数：1745千字
版　　次：2020年12月第1版　　2020年12月第1次印刷
印　　数：0001—1500册

ISBN 978—7—5144—4430—8　　定价：580.00元

《炎陵县志》编纂委员会

《炎陵县志》编纂委员会办公室

主　　任　秦继军

　　　　　周雁辉

　　　　　周新桃

副 主 任　彭聪林　钟小华　贾利群　张晓艳　兰清萍

　　　　　张　谦

工作人员　邓小文　尹志霞　方序良　刘向红　陈香玲

　　　　　杨友萍　杨　琦

《炎陵县志》编纂人员

主　　编　周新发　　黄建林

副 主 编　张晓建　　万慰文

编　　辑　谭忠诚　　欧阳建平　　戴辉汉　　吴清成　　张国伟

总 校 对　唐耀伟　　陈雪平

《炎陵县志》资料采编人员

（按字母顺序排列）

陈建军	陈建林	陈　列	陈　伟	陈晓成	陈艳红
陈子齐	曹根发	戴贵阳	范建宇	扶张颖	高其胜
何　华	胡元春	黄满香	黄仁辉	黄文群	黄小建
黄有勇	姜慧敏	金映红	李安鹏	李德武	李焕忠
李　可	李鄙梅	李梅花	李平芳	李仕儒	李文婷
李湘波	李亦君	李　智	李方弘	廖常书	廖常森
刘伯玉	刘海平	刘禾发	刘洪波	刘钦崧	刘荣林
刘时雨	刘双华	刘正平	刘志华	刘佐先	龙怀中
罗春营	罗光华	罗建林	罗明良	罗球干	罗雨翔
罗正友	马永清	潘建雄	潘巧妙	彭琼程	彭红平
彭绍兴	邱华丽	邱新平	饶　彬	饶秋花	孙　琼
谭国友	谭　添	谭学忠	谭一鸣	唐春发	唐红军
唐久胜	唐艳红	唐永红	唐月云	唐泽华	万晓中

王海英	王小文	吴银环	肖丛岳	徐建雄	徐远新
宴才庆	阳　静	杨　涛	叶华胜	叶利华	叶长青
尹建英	尹胜科	尹文胜	尹忠明	张春辉	张丽红
张利艳	张　平	张荣平	张莹莉	张勇东	郑蓉凡
钟志强	周　斌	周福平	周桂花	周华平	周健伟
周丽艳	周三发	周燕艳	朱朝源	朱楚岳	邹炳森
邹　凯	曾见欣	曾宪智	曾小华		

摄　影

周新发	唐学琴	张晓建	谭忠诚	黄建林	莫剑华
何品佐	刘会生	罗建辉	黄卫兵		

《炎陵县志》审稿、验收人员

炎陵县审稿小组

组　　长　黄诗燕

副 组 长　文专文

成　　员　黄建中　刘福贵　贺春福　黄建林　古友发

　　　　　李秋明　陈明兴　叶敏亮　罗亚敏　刘志勤

株洲市地方志编委会审稿人员

段谭云　陈北宏　吴　夏

湖南省地方志编纂院终审验收人员

江　诵　邓建平　隆清华　李章进　阳雍悦

序

盛世修志,志载今古。新修《炎陵县志》是炎陵人民政治、经济、文化生活中的一件大事。今日成书,可喜可贺!

炎陵县原名酃县,始建于宋嘉定四年(1211),地处湘东南边陲、井冈山西麓,因"邑有圣陵"——炎帝陵,1994年4月更名为炎陵县。炎陵物华天宝、人杰地灵,境内特有的地形、地貌,优越的生态环境,众多的自然与人文景观,造就了得天独厚的资源。这片神奇的热土,是老祖宗安寝福地、老人家革命圣地、老天爷生态宝地、老百姓宜居乐地。一册志书在手,通览炎陵风貌。用方志的形式,全面、系统地总结、介绍炎陵,让世人了解炎陵、认识炎陵,从而支持炎陵、发展炎陵,这正是我们组织编写这部县志的初衷所在。

中华民族历来重视方志的编纂。县志修撰由来已久。据记载,明、清两代酃县曾八次修志,四次中辍。民国时期亦有续修之议,因多种原因而未能付诸实施。最近一次修志是1994年,迄今20余载。20多年来,炎陵县发生了翻天覆地的变化。此次新修《炎陵县志》适逢改革开放40周年,天时、地利、政通、人和,我们举力编写这部资料翔实、贯通古今的新志书,既是对改革开放炎陵的总结,也是对历史的一大贡献。

重修《炎陵县志》以马克思列宁主义、毛泽东思想、邓小平理论、"三个代表"重要思想、科学发展观、习近平新时代中国特色社会主义思想为指导,运用辩证唯物主义与历史唯物主义观点和现代编纂规范,以可靠的史料和求实的态度,重点记述了近百年以来炎陵的政治、经济、文化等兴衰历史和发展规律。全志首为概述、大事记,中按行业列述32篇,人物、附录、索引、后记，约180万字。通过全方位、多视角的县情介绍，清晰地展现炎陵的历史发展轨迹和客观现实，凸显炎陵特色和改革开放风貌，堪称一部当代炎陵百科全书。我们相信，它必将成为研究炎陵的典籍，振兴炎陵的指南，启迪后代的教材，留传子孙的瑰宝。

编纂县志是一项浩繁的工程，其难度不言而喻。《炎陵县志》修编历经数载寒暑，数易其稿，终成卷帙。全体编纂人员严谨治志，各部门密切配合，社会贤达踊跃相助，令人钦佩。在此，诚挚感谢广大参与撰稿、编纂、审稿的同志，感谢关心、支持本志编写的专家、学者以及社会各界人士。

鉴古方知今，继往为开来。值此新县志出版之际，谨书数言，是为序。

中共炎陵县委书记　黄诗燕

2018年12月

序二

志者,道也。修志问道,可启未来。炎陵县自上次修志讫今已近三十载,迈入中国特色社会主义新时代,重修《炎陵县志》,功在当代,利在千秋,意义深远。正值中华民族伟大复兴"两个百年"奋斗目标的历史交汇点,全县人民十分关注的《炎陵县志》,历经数个春秋,几易其稿,今日付梓,是可喜可贺的文化盛事!得闻佳讯,欣喜之至!

炎陵是全球华人的精神家园。中华民族始祖炎帝神农氏安眠于境内鹿原陂,千百年来,炎帝陵一直是炎黄子孙的谒祖圣地。炎帝传世"八大功绩"之各项首创,涉及衣食住商医乐,涵盖物质和精神层面,开中华文明之先河,被尊为农业之神、太阳之神、医药之神和茶饮之祖、音乐之祖,与黄帝共同被尊奉为华夏人文初祖。不畏艰险、敢为人先,奉献自己、造福他人,承始祖之荫庇,传炎帝之精神,兴中华之伟业,成为炎陵人民的不懈追求。炎陵人杰地灵,物华天宝,民风淳朴,知仁尚义,历代精英辈出,才俊纷纭,书院庠舍与私塾名列湘首,进士举人和贡生数以百计。

炎陵是中国革命的红色家园。自清末民初始,炎陵有16人出国留学,有10余人进入北京大学求学,近50人入黄埔军校深造。这些有识之士,或学习先进科学知识,或探索救国救民真理,或学习宣传马克思主义。何炳麟、何孟雄、朱绍紫、孟海崖、郭春涛、贾纡青、孟湘鉴等,均为一代翘楚。炎陵是井冈山、赣西南、湘赣革命根据地基本苏区县,毛泽东、朱德等老一辈无产阶级革命家在这里进行了党的建设、人民军队建设、政权建设、土地革命、革命道路探索等诸多首创性革命实践,在中国革命史上具有重要地位。抗日战争和解放战争时期,炎陵众多有志青年积极奔赴沙场,前赴后继,献身革命,成为后世楷模。

定“党指挥枪”这个中国红色军队致胜法宝的璀璨火种；因为毛泽东在中村第一次给部队上政治课、第一次主持插牌分田运动，炎陵县的客家歌谣就不仅仅是情妹妹和情哥哥的深情表达，它更是唤起工农千百万、跟党走、齐心干的磅礴精神伟力。

在人类历史的长河中，800年也许只是其中的一朵浪花，但炎陵800余年县志所记载的沧海桑田和发展变化，正是中华民族自强不息、奋发图强发展史的一个缩影。习近平总书记指出：一切向前走，都不能忘记走过的路；走得再远、走到再光辉的未来，也不能忘记走过的过去。站在“两个一百年”奋斗目标的历史交汇点上，回望炎陵战天斗地、波澜壮阔的发展历程，定将让全县人民更加坚定道路自信、理论自信、制度自信、文化自信，为奋力谱写新时代炎陵高质量发展新篇章提供有益借鉴和不竭动力。

志书修撰工作浩繁，虽经各方共同努力、精雕细琢，但差错疏漏仍在所难免，恳请读者不吝赐教，以便今后再次修志时纠谬补遗。

谨向所有为《炎陵县志》编撰付出智慧和辛劳的同志们表示敬意和感谢！

中共炎陵县委副书记

炎陵县人民政府县长

炎陵县地方志编纂委员会主任　文专文

2020年12月

凡　例

一、本志以马克思列宁主义、毛泽东思想、邓小平理论、“三个代表”重要思想、科学发展观、习近平新时代中国特色社会主义思想为指导，坚持辩证唯物主义和历史唯物主义的立场、观点和方法，坚持实事求是原则，力求正确、客观、全面地反映炎陵县的历史和现状，突出地方特色和时代特色。

二、本志为重修。对所记事物、事件尽可能地上溯发端，下限则止于2014年。大事记溯及建县之前的茶陵县建县之始，事件限于本县境内之事。

三、本志所载1990年前的相关史实，主要沿用1994年版《酃县志》所载，根据史料略有删节修正。文中出现“酃县”和“炎陵县”名字，一般不互相标注。“苏区”单列一篇，其他篇与“苏区篇”交叉内容，列入“苏区篇”记述。

四、本志纪年，中华人民共和国成立前均用朝代及民国纪年，并标注公元年份。记述民国时期中国共产党领导的革命根据地和苏维埃区域，一律用公元纪年。同一段落中同一朝代的同一历史年号，首次出现时用全称，并括注公元纪年，后则直书历史纪年。中华人民共和国成立后，一律使用公元纪年。

五、本志采用数据原则上以县统计局的为准。统计局缺的，以事业主管部门提供的为准。经济数据一般不含在炎的上隶企业，包括了的则个别注明。表格中空白处为未发生、无统计数据或查无数据。

六、本志按生不立传原则，选择对炎陵县经济和社会发展具有较大影响的历史人物入志，其排列以卒年为序。

七、本志篇、章下尽可能设无标题小序，概括介绍基本情况与概貌，引领正文。

八、本志附录艺文部分主要收录存史价值较高的艺文古籍，现、当代文学、书法和摄影等艺术作品因篇幅等原因而未收录。

九、为尊重民间阅读习惯和便于地方使用，本志保留使用“亩”“斤”“两”等计量单位。

十、本志资料来自国家各级档案馆、图书馆和采编人员的调查采访，并经反复核对、鉴别。所有资料均不另注出处。

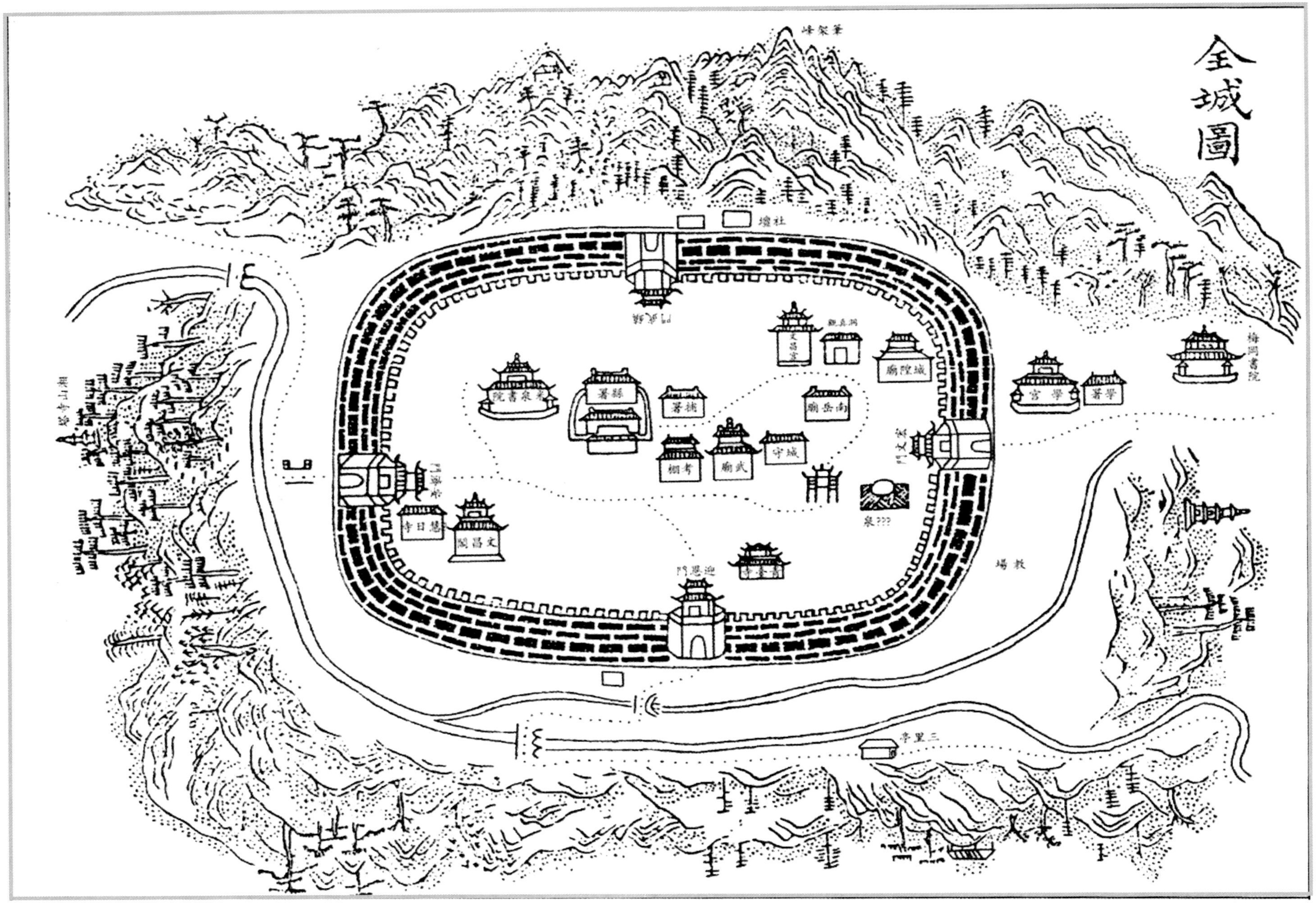

全城图（载同治版《鄠县志》）

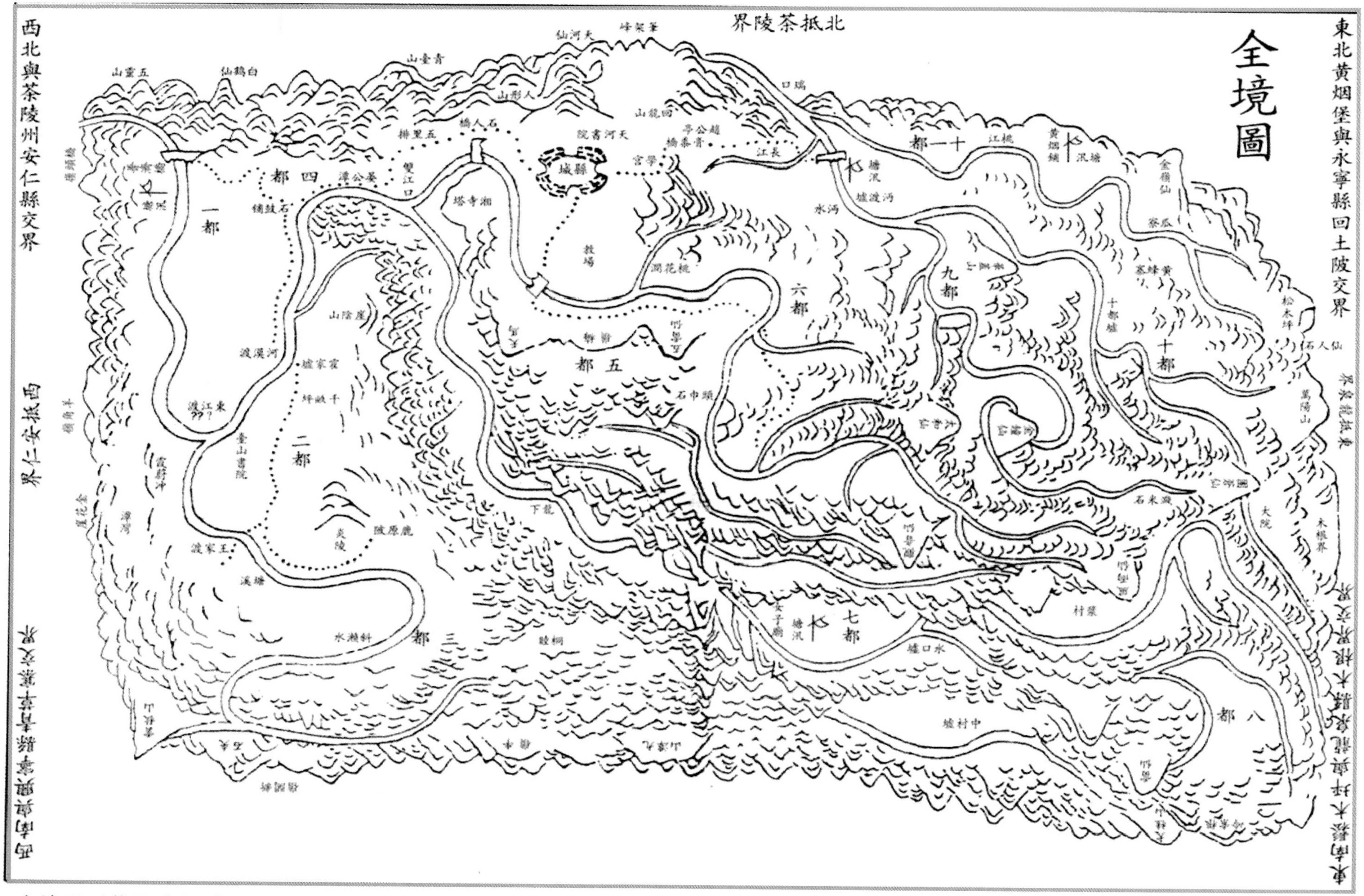
全境圖
北抵茶陵界
東北黄烟堡與永寧縣回土陵交界
西北與茶陵州安仁縣交界
東南縣木坪與龍泉縣木根界交界
西南與興寧縣青草寨交界
縣城
一都
二都
四都
五都
六都
七都
九都
十都
十一都
八都
三都
全境图（载同治版《鄠县志》）

《酃县志》地名示意图

地名示意图

湖南省株洲市炎陵县城
Yangling County Town of Zhuzhou City, Hunan Province
国家卫生县城
National Healthy County Town
(2010-2013)
全国爱国卫生运动委员会
National Patriotic Health Campaign Committee

县城夜景

全国文化工作
先进地区
中华人民共和国 文化部 人事部
一九九一年

炎陵湘山广场

神农大道

炎陵路

井冈路

解放路

雄森国际度假酒店

步行街

边贸市场

东山明珠小区

建设中的华苑商贸广场

和顺家园棚户区改造

文体中心

水口电站机组

水口电站

升压站

炎山水库

河东渠道渡槽

防洪堤

筷子篓电站大坝

火车站

村道

改造后106国道

红星桥

省道205建设工程开工现场

高速公路洣水河特大桥

高速公路

东信棉业公司

纺织车间

玖琪电子车间（现代生产车间）

创业园新材料项目签约仪式

九龙园区企业服务中心

神农福陶

九龙工业园

中小企业创业园

湖南省炎陵县第一中学

湖南省炎陵县第一中学校园一隅

炎陵中学校园

2014年高三学生成人礼仪式

马安健复式教学

炎陵中学教学楼

炎陵县职业技术学校

明德小学运动场

学生参加炎帝陵祭典

瑶族长鼓舞

瑶拳

十都藤牌阵

参加省农民运动会会演的炎陵长龙舞

三节龙

火星龙

社会养老

船形乡敬老院

霞阳敬老院老人生活

金融企业

中国建设银行炎陵支行

炎陵县农村商业银行

炎陵县邮政银行

中国农业银行炎陵支行

炎帝陵大殿

炎帝陵大殿炎帝祀像

江泽民题炎帝陵碑

陈云题字

行礼亭和大殿

胡耀邦题写的墓碑

炎帝墓冢与墓碑亭

神农大殿

神农大殿炎帝祀像

洗药池

天使馆

圣德林

炎帝陵阙门广场

炎帝陵牌坊

圣火台

咏丰台

神农园

神农教耕

游客服务中心

红军标语博物馆

中国工农红军井冈山革命斗争炎陵县纪念馆——洣泉书院

支部建在连上旧址——叶家祠

周家祠和周南学校

何孟雄故居

毛泽东给部队上政治课旧址——八担坵

南方红豆杉

银杉

南方铁杉

大院冷杉

十都古杉

钟萼木

最大野桑树（华桑）

湿地高山草甸

古樟

酃峰

婆婆仙

铁瓦仙

古老仙

黄桃基地

茶叶基地

蔬菜基地

鄙县白鹅

笋竹林基地

金银花药材基地

葡萄基地（鹿原葡萄园）

楠木林基地

猴面鹰

黄腹角雉

短尾猴

红嘴相思鸟

娃娃鱼

云豹

白鹇

金紫峰茶油

大烤鹅

炎陵黄桃

猕猴桃

炎陵红茶

围子肉（扣肉）

东坡肉

包饺

油煎鱼

馓子

烫皮

浸盎

酿豆腐

兰花根

2019年6月25日，召开《炎陵县志》评审会

总目录

上册

下册

目　录

上册

第九篇 人民政协

第十篇 苏 区

第十一篇 经济综述

第十二篇　经济综合管理

第十三篇 农业与农村经济

第十四篇 林 业

第十五篇 工 业

第十六篇　环境保护和城乡建设

第十七篇 交通运输

概　述

一

炎陵县位于湖南省东南边界，株洲市南端。东界江西省遂川县、井冈山市，南邻湖南省桂东县、资兴市，西连安仁县，北接茶陵县。东西宽 51 公里，南北长 59 公里。全县面积 2030 平方公里，山地占 86.92%。2014 年，辖 6 个镇 9 个乡、202 个村、1442 个村民小组。常住人口 20.22 万人。

县境处罗霄山脉中段，以中山地貌为主。四周环立千米以上山峰 100 余座。最高峰酃峰（神农峰）海拔 2115.2 米，为湖南第一高峰。全境为万阳山、八面山所覆盖。两山支脉在腹地纵横交汇，将县境分为东南西 3 个地理片区。地势整体由东南向西北倾斜，相对高差 1949 米。

境内气候温和，雨量丰沛，四季分明。不同海拔高度气候差异较大，具有显著的立体气候特点。县城与西北丘陵区域多年平均气温 17.7℃、年均降水量 1541.6 毫米。随地势抬升，东南中山区域年平均气温低 1℃—5℃、降水量多 100—500 毫米。

全县森林覆盖率 83.49%，活立木蓄积量 933.96 万立方米。独特的山区微气候环境孕育丰富多彩的物种资源和森林群落。境内有野生高等植物 309 科、1117 属、2660 种。陆生脊椎动物 4 纲、28 目、86 科、351 种。其中，属国家Ⅰ、Ⅱ级保护的野生植物 29 种，野生动物 29 种。

与井冈山毗连的桃源洞国家自然保护区，面积 2.38 万公顷，森林覆盖率 98.75%。区内有泥炭藓与金发藓共生沼泽湿地 824 公顷、原始森林 6700 公顷。自然保护区呵护中亚热带湿润地区原始常绿阔叶林森林生态系统以及赖以生存的多种珍稀濒危、特有动植物物种资源。

主要河流有洣水（河漠水）、斜濑水、沔水、东风河（云秋水），总长 782 公里。河网密度 0.39 公里 / 平方公里。人均拥有水资源量 1.55 万立方米。湍流跌瀑蓄积丰富的水能资源，蕴藏量 31 万千瓦，其中可开发 23.8 万千瓦。现已开发 22.26 万千瓦，年发电量 10 亿千瓦时。

全县耕地 10348.82 公顷（其中水田 9540.5 公顷），林地 146753.33 公顷。

传统经济为农业、林业，渔、猎副之。农作物主要栽培水稻、玉米、薯类、豆类、油菜。林产品以木材、楠竹为大宗；木本油脂、药材、食用菌、竹笋等，亦为林农重要经济来源。明永乐七

185个，基本完成农业、手工业社会主义改造。人民群众满怀翻身的喜悦和对新社会的热爱，投身政治运动和经济文化建设。

1957—1978年，全面展开社会主义建设。此间，生产集体化程度高，基本建设规模大。22年间，创造了前所未有的基础设施与社会财富积累。

1958年，县委发出全党全民大办交通的号召，群众自带工具、粮食参加会战。至1978年，靠人工凿挖，肩挑手抬，在崇山峻岭中修筑公路541.26公里，实现所有公社和68%的大队通汽车。县人世世代代出行困难的局面得到根本改变。

在农村，整理农田、道路，开渠筑堤，修建水利工程11.95万处，改造低产田11万余亩，新开耕地2万余亩，80%的农田实现旱涝保收。加上耕作制度改革，农业技术、优良品种推广，粮食产量持续上升。1978年，粮食总产7.6万吨，按播种面积计算亩产268公斤，分别比1956年增长56.7%和84.4%。

小水电建设从一台木质叶轮水轮机起步，发展到县社队多层次办电。至1978年，全县建设大小水电站192处，装机1.53万千瓦。水电的发展，为"五小工业"提供了条件。工业企业发展到90个，工业产值由1957年的97万元，增至2068万元。

初等教育进一步普及，农业科技网络延伸到生产队，大队建立俱乐部（社会主义文化室），公社办起电影队，广播入户率82.5%，农村合作医疗覆盖面达99.5%。

这一时期，由于"左"的思想居主导地位，由此产生的失误也十分明显。1957年开始，阶级斗争和两条道路斗争被提高到社会主要矛盾，政治运动接连不断，许多无辜干部和群众长期蒙受不幸。"文化大革命"期间，批判斗争此伏彼起，社会秩序遭受破坏。经济建设中，计划指标偏离客观实际，强迫命令代替科学决策。集体与家庭副业被严格限制，农村商品经济萎缩；在产品分配上，过度强调积累，忽视劳动者利益。农民仅能维持最低生活水平。

1979—2000年，实事求是的思想路线得到恢复，城乡出现生动活泼的政治局面。拨乱反正，解放思想，改革开放，成为社会生活的主旋律。

1982年，全面推行分户经营、联产承包农业生产责任制，农民的自主权与积极性得到充分发挥。1995年，全县实现双季稻亩产过吨粮。在粮食产量基本稳定的同时，县委、政府把农民增收摆在首位，引导农村调整种植结构，组织农村富余劳动力外出务工。2000年，农民人均纯收入由1979年的500余元增至2026元。

工业依托县内竹木、水电、矿产等资源优势，调整产品结构，形成冶炼、化工、建材、家具、造纸、食品等加工增值产业链。县属企业通过扩大自主权、承包经营、外引内联等改革举措焕发生机，乡镇企业异军突起，个体、私营、联营、股份制等经济体涌现，为工业发展增添新的活力。2000年工业产值达到9亿元，为1979年的43倍。

1989年修复炎帝陵，1992年桃源洞跻身国家森林公园，海内外游客纷至沓来，旅游产业顺势而兴。1995年初级卫生保健达标，人民医院、中医院晋为二级甲等医院。1996年在全省山区县率先实现基本扫除青壮年文盲、基本普及九年义务教育目标。

这一时期，经济和社会稳定发展，但改革和发展进程中积累的各种矛盾逐步显现。社会事业发展需求旺盛，县乡财政难以承受。农村实行分户承包经营后，农田水利建设投入骤减，农业机械闲置，富余劳动力转移困难。农业产品结构调整中，存在重种养，轻市场，增产不增收现象。工业规模小、布局分散，效益不高，环境污染加剧。农村贫困地区与贫困人口面宽量大。

四

2001—2014年，是炎陵县历史上经济社会发展最快最好时期。改革开放积蓄的动能逐步释放，建设美丽幸福新炎陵成为新的主题。

全面落实中央、省、市各项改革部署。林业体制改革和集体林权制度改革全面完成。财税体制改革加快推进，财政集中支付改革成效明显，“营改增”税制试点范围不断扩大，推进全口径预算管理，国资管理规范透明。积极发挥投融资平台作用，县信用联社成功改制为湖南省第一家农村商业银行。稳步推进电力体制、旅游体制改革和社会事业单位、教育、医疗、卫生、户籍、农村综合改革。

工业企业走过漫漫改革路，终于打破所有制藩篱走出困境。以私营经济为主体，以九龙工业园区为平台，以规模以上企业为骨干，由市场导向的新型工业模式和生态工业崭露头角。小水电发展突飞猛进，2014年全县水电站总装机达到22.31万千瓦，年发电量9.16亿千瓦时。电力的发展有效地促进了工业企业的发展。2012年11月，九龙工业园区被省政府批准为省级工业园区（工业集中区），主导产业为纺织服饰、新材料、电子信息。2014年，入园企业达到135家，规模企业72家，完成工业增加值25亿元，实现税收1.2亿元。当年，全县规模工业企业发展到84家，实现工业增加值25.83亿元。工业对县域经济增长贡献率达46.7%。

农业、林业责任制进一步完善。在国家惠农政策和项目支持下，建成一批高标准农业基础设施，夯实粮食稳产、高产基础。农、林专业合作组织和农机、农技、农资专业服务组织的兴起，以炎帝线生态休闲农业风光带和酃县白鹅、有机茶叶、无公害蔬菜、特色水果、笋竹林、药材林、油茶林、花卉苗木基地的农业“一带八基地”，以及基地加农户联市场模式的推行，提高了农业劳动生产率和经济效益。反季节蔬菜、酃县白鹅（食品）、炎陵红茶、神农白茶、大院乌龙茶、炎陵黄桃、金紫仙茶籽油、高山云雾笋等一批优质高效农产品，通过互联网进入一、二线城市市场。2014年，全县农业总产值达到11.4亿元，农村居民收入增至6155元。

炎帝陵、神农谷先后荣登国家AAAA级旅游景区。“炎帝陵祭祀”入选国家级非物质文化遗产；神农谷景区获评国家生态旅游示范区。炎陵县先后获全国电气化县、国家级卫生县城、中国最具幸福感县城、全国文化先进县、美丽中国示范县、全国生态文明先进县、最具投资潜力旅游县、最美生态旅游示范县、中国深呼吸小城10佳、湖南省文明县城、全省文化旅游特色重点县、全省新农村建设先进县等称号。城乡一体化进程加快,完成一批乡镇总体规划、村镇布局规划。城市框架拉大,西九龙大道全面建成,创业大道、草坪河风光带项目基本建成。全部乡镇入列省级生态乡镇,其中10个乡镇晋为国家级生态乡镇。乡村旅游、红色旅游成为新的亮点。

2014年,全县地区生产总值55.2亿元,人均27325元。三次产业增加值占地区生产总值比例分别为13.9∶52.6∶33.5。公共财政预算收入8.23亿元,居民人均可支配收入12467元,社会消费品零售总额15.95亿元,人均储蓄存款20784元,人均住房使用面积59.46平方米。

人民群众的生活水平普遍提高。炎汝、炎陵、炎睦等3条高速公路和衡茶吉铁路建成通车。县乡医疗机构稳步发展,村级合作医疗得到巩固提升。2014年,全县4.18万户15.34万农民参加新农村合作医疗,实现县内就诊、农合补助、公共卫生信息互联共享,全县居民预期寿命已达76.47岁。2013年10月,通过全国义务教育发展基本均衡县评估认定。2014年,全县初级中学和小学均被评为省合格学校,成为国家教育资源公共服务平台应用试点县、中央电教馆专题教育社区试点项目县。县文体中心建成投入使用,广场舞、篮球赛、门球赛、书法赛等等群众文体活动蓬勃兴起。1.65万农村人口饮水安全问题得到解决,改造农村危房1400户,4万多农户享受住房保险。城市低保、农村低保、农村五保应保尽保。连续9年获评省综治工作先进县,连续10年保持省平安县。

五

炎陵县经济社会发展实现历史性跨越,但经济总量小、综合实力弱、居民收入偏低、城乡差别较大仍是最大的县情。实体经济少,第三产业比重偏小,农林业综合效益低,农村贫困面和人口数较大是制约经济社会持续发展的短板。

新常态、新形势要求进一步解放思想,更新发展观念,抓住新的机遇,攻克新的难关。其要务是保持"生态立县、产业活县、文化强县、人才兴县"战略定力,充分发挥自然生态优势、特色人文优势、交通枢纽优势、政策叠加优势,探索新模式,开发新业态,实现一、二、三产业融合发展。坚持深化改革,扩大开放,敞开山门,聚贤招财,优化营商环境,培育企业生态,做大做强实体经济;坚持打好脱贫攻坚仗,以乡村振兴带动劳动力回乡,以产业开发吸引资金回流,城乡统筹,协调发展;坚持依法治县,从严治党,建设高效廉洁的干部队伍。提高全民科技文化素质,既能守住青山绿水,又能科学打造金山银山。在县委领导下,依靠全县人民的智慧才干,建设全面小康、美丽幸福新炎陵的目标正在逐步实现。

大事记

汉

高祖五年(前202)　设茶陵县,隶属长沙国。今炎陵县境地属茶陵县。

光武帝建武六年(30)　改长沙国为长沙郡。境地随茶陵县隶长沙郡。

西晋

初　皇甫谧(215—282)撰《帝王世纪》,载:炎帝神农氏“在位百二十年而崩,葬长沙”。

永宁元年(301)　流民张昌在荆襄一带起义,遣兵略地至茶陵。康乐乡民李义倾家资购买兵器,率众护境。时荆州牧陶侃屯兵长沙,召李义至麾下,授职领兵。

唐

开元年间(713—741),司马贞撰《史记索隐》补《三皇本纪》,载:炎帝神农氏葬长沙(郡)。

中和年间(881—884),邑人陈佥判在境东建青林寺。

五代

(后梁)开平元年(907)　楚王马殷据潭州,遣使征四方杰士。邑士谭进颇兄弟应召,授颇左殿大将军,就长沙开国寺建天策府。

(后唐)同光年间(923—926)　境西王舍城建目莲寺。邑人尹正在境东建慧日寺。

(后唐)同光二年(924)　境东符王庙铸钟。

宋

乾德五年(967)　诏修炎帝陵庙,奉祀炎帝神农氏,以祝融配祀。钦遣比部员外郎丁顾言诣潭州告祭。

开宝四年(971) 诏炎帝陵设守陵7户。景德元年(1004),诏禁樵采。

宋真宗年间(998—1022) 诏于炎帝陵侧建胡真官祠,号曰“感应真官”。

熙宁九年(1076) 茶陵县主簿彭友芳,在上三乡(今炎陵县境)造船,以木折抵岁租。

绍兴二年(1132) 岳飞奉命讨曹成,战于沔渡瑞口。

乾道年间(1165—1173) 进士尹邦正、尹邦俊在县东建龙泉寺。

乾道八年(1172) 庐陵罗泌撰成《路史》,载:(炎帝)“崩葬长沙茶乡之尾,是曰茶陵,所谓天子墓者。有唐尝奉祠。”淳熙十四年(1187)正月十三,偕子罗苹拜谒炎帝陵,将其见闻补记(或注)于《路史·后纪》《余论》《国名纪》。

淳熙十四年六月 孝宗(赵昚)以久旱,诏衡州修葺炎帝庙。

嘉定年间(1208—1224) 十都名儒尹沂在康乐乡台山(今三河镇西台村)创台山书院。元末毁。明正统间,张应祥等重修,清代张姓后裔在旧址办义学。

其间,邑人陈胜清与道士刘自心在北城原址重修洞真观(始建不详)。

嘉定二年(1209) 十一月,郴州黑风洞(峒)瑶、汉农民起义,连破数县。三年三月,官兵“击破李新于酃洣”“十二月讨平”。

嘉定四年 湖南安抚使曹彦约奏准,析茶陵县南三乡康乐、霞阳、常平,设酃县,隶荆湖南路茶陵军。江华知县桂如渊调任知县,治所与县学设城西。

绍定三年(1230) 邑人、南京都统陈平宁在城西建安济桥,未竣而殁。元泰定元年(1324),孙媳江氏续成。清道光三年(1823)邑人罗文璨重建石桥,知县沈道宽题名“安济桥”,镌石立碑亭内。

端平元年(1234) 前郴州农民起义军余部再次入酃,谋划分道攻茶陵。湖南安抚使余嵘督兵堵御。

淳祐四年(1244) 县令李天佑在县城东演武场建演武亭3间。

淳祐七年,县令黄端卿为绿林所杀。

景定元年(1260) 朝廷颁发《券牒》,允瑶民安居酃县万阳山等地。

元

初 县学名额15人,最多时50人,由官府补助膳食。

至元二十一年(1284) 分拨衡州路酃县600户岁收计钞24锭(纸钞票面金额1锭折银50两),赐勋臣八儿赤、布鲁古赤。

至元二十七年 二月,江西龙泉(今遂川)绿林攻占县城。

元贞元年(1295) 成宗铁木耳命郡县通祀三皇,炎帝神农氏以祝融氏之神配。至正九年(1349)定三皇庙祭祀礼乐。

大德元年(1297) 七月,洪灾,溺死300余人。

至正二十年(1360)　农民起义军陈友谅部据江西、湖广等地，其游兵陷酃，剽掠乡村。邑人段清远结天星寨保境。

至正二十三年春　朱元璋与陈友谅战于鄱阳湖。邑士李玑运米百余船至朱元璋军中，朱元璋特敕褒嘉。

至正二十六年　十一月，邑人饶一聚众起义，朱元璋所部指挥使毕荣讨平。

明

洪武初　隶衡州府。首任知县朱玑重建县署。

洪武元年(1368)　定县学生员20人，设教谕、训导各1人。师生月廪食米(县府提供)每人6斗，免差徭2丁。

洪武三年　访先代帝王陵寝，遣秘书监丞陶谊等往修祀礼。每陵以白金(银)25两具祭物。令有司禁樵采，岁时祭祀，牲用太牢。是年，重修学宫。

洪武四年　礼部定议：祀帝王35位，酃祀神农。朱元璋制祝，遣国史院编修雷燧致祭，告即位。明代13帝、14次遣官诣陵致祭。

洪武十八年　茶陵人刘三吾以荐就召入京任官，以酃县八都(今下村乡，刘于元末寄寓此地)艰苦上奏。隆庆、万历以前，准其里(行政区域)只纳税不应差。

永乐初　邑士李璇以"税户人才"得荐举，授参谋军务。

永乐五年(1407)　冬，大疫。

永乐七年　征民夫于万阳山伐木，输北京营造宫殿，民之死而逃者过半。采木之役，自成祖缮治北京宫殿始至万历中，几无间断。

永乐十五年　夏，地震，山崩，洪水暴涨。冬大疫。

正统年间(1436—1449)　吴楚大饥，邑人李珩捐粮赈灾。开茆花岭路，以通搬运。

正统十年(1445)　七月十九日，天气晴朗，忽大风雨。炎帝陵旁一数十围古杉为雷电所击，树干遂焚，枝叶完好。

正统十四年　朝廷命各处招募民壮，由本地官司率领操练，遇警调用。

天顺年间(1457—1464)　江西梅花峒萧彦政、孔政等聚众起义。湖广、江西各遣都指挥1员率兵驻酃县黄烟堡，3年始定。

成化十三年(1477)　九月，地震。

成化二十年　夏，大水。秋大疫。

成化二十二年　大饥。江西绿林由永宁(宁冈)入境抢掠。知县请设军堡未允，邑人谭九霄赴京请命获准。是岁拨衡州卫百户1员，军士50人，设防黄烟堡。

弘治四年(1491)　地震，毁房。

正德六年(1511)　六月，广西永福农民起义武装一部攻占县城。

正德九年　再次攻入县境，邑人罗宓明于月岭结寨自卫。是年，知县陈钏始议筑城，以版筑墙，以木栏为门。

正德十二年　再修城，改砌砖墙，易木为石，未完工。

嘉靖二年（1523）　知县易宗周主持修纂《酃县志》。

嘉靖二年　城墙营缮竣工。城高一丈，环周四百八十丈。设城门四：东曰宏文，西曰安济，南曰迎恩，北曰镇武。

嘉靖三年　易宗周主持重修炎帝陵殿，易名圣容殿。三十七年，里人于殿旁建奉圣寺。

隆庆二年（1568）　蓝山瑶民盘正莲迁入朦胧山（今平乐、下村交界）。

隆庆六年　丈官马晋"嗔无迎送""供顿不足"，取消酃田"下等"等次，"最下之田输中上之赋"；同等之田，赋额高于他县倍余。致酃县于原赋额粮7000余石之外，徒增6700余石。

万历三十六年（1608）　知县吴世忠、巡抚邓云霁请准，减103.64顷"砂石碾壅，永不成田"之田赋1311石。

万历四十八年　知县廖松于路旁募捐，主持重修炎帝陵。

崇祯四年（1631）　七月，地大震有声。十月初八地震。

崇祯十六年　八月，农民起义军首领张献忠所部攻取酃县。

清

顺治三年（1646）　三月，大风暴雨，扬沙走后，屋瓦皆飞，大树拔起。学宫棂星门被毁，房屋倾倒不计其数。

顺治四年　夏，定南王孔有德取衡州，酃始入清版图。首任知县韩具瞻。

顺治五年　四月，彭嵩年、白文明等率南明军自茶陵、安仁退驻酃县，聚众抗清复明。

顺治五年　南明军将领金声桓部将张士举、盖遇时等10余万众自江西入酃，分营屯城乡。盖遇时所部万余驻炎帝陵侧，拆陵殿木板搭建营房。九月，长沙镇徐勇率兵击之，复走万阳山。

顺治八年　钦定帝王陵寝祀典，酃祀神农。五月，西河洪水泛滥，一、二、三都沿河房舍漂没，田亩沙壅，居民溺死甚众。六月，广东王宗率农民起义军（号红巾军）万余众，自烟竹堡万王城（酃桂边界）攻占县城，知县徐鼒臣、于琨先后被杀。

顺治九年　钦遣侍读学士白允谦致祭炎帝陵，告即位。因湖南未靖，于衡州望祭。清代9帝、38次遣官诣陵致祭。

顺治十一年　经略总督洪承畴率兵清剿南明军，余部逃亡万阳山。当年，知县傅继说招集流亡，仅得老幼1200丁（16—60岁人口）。

顺治十四年　秋，大疫，病死384人。知县王永昌举家染病身亡。

顺治十四年　开垦田地1621亩。（历年开垦田地：顺治十五年2011亩，十六年1210亩，十七年1045亩，十八年1408亩；康熙元年1118亩，二年5410亩，三年3007亩，四年3722亩，五年3002亩，六年2600亩。）

顺治十五年　县域区划由七里裁为六里。康熙三十五年新编一里，后称七里。

康熙初　邑人罗士彝撰《炎(帝)陵述古》。

康熙元年(1662)　知县李朝事邀郴州瑶官赵成隆平定县内兵乱。奏准封赵为酃县瑶总，管理瑶民事务。

康熙四年　广东巡抚指派湘南各州县包销盐引(票)，派酃盐引79道9分(约3.2万斤)。六年，偏沅巡抚周召南奏请豁免，获准"食粤盐，不销粤引"。

康熙七年　春，宗人府府丞高珩奉命祭祀炎帝陵。还京后以酃县"赋苦于八亩成石，役苦于计人授丁"，奏请减轻税赋，未准。

康熙七年　有虎噬人。

康熙八年、康熙九年　虎患愈甚，居民不敢放牧砍柴。

康熙九年　知县李朝事主持修纂《酃县志》4卷。

康熙十三年　吴三桂所部入酃。兵乱延至康熙十八年。邑人逃亡600余。

康熙二十五年　知县俞曰都在北城重修炎帝行祠。行祠旧在洞真观右，始建不详。

康熙二十七年　奉命设立团练，维护地方治安。

康熙四十年　县令王元臣捐俸购茶、桐、柏、竹、榛、栗、桑、麻等苗木分发县民，教民栽种。

康熙五十二年　知县张瑶主持，于县治西修建黄龙书院。乾隆十九年(1754)，知县周仕魁主持在黄龙书院旧址修建烈山书院。嘉庆二年(1797)，更名洣泉书院。

康熙五十三年　学政薄有德题请另编字号，量录酃县瑶族生员1至2名，获准。五十五年，岁、科试兼行，录瑶族生员2名。嘉庆二十二年岁试，再录2名。

康熙五十六年　教谕彭之昙于学宫右侧修建天河书院。

康熙六十年　教谕彭之昙纂《炎(帝)陵初志》4卷。

康熙六十年　县令吴日炎苦于田赋无"下田"等次(袭明制)，第4次报请：垦荒田免税期满升为熟田，科税比照旱土标准(与下等田同)。获准。减去新垦土地到期"升科"税银1938两。

雍正四年(1726)　夏，一虎从北门入城。北门自此锁闭。

雍正七年　实行摊丁入亩。将按人口缴纳的税赋，摊入田亩随粮征收。

雍正十一年　知县张浚奉文动用国帑，在旧址照部颁图式重修炎帝陵殿。

乾隆四年(1739)　酃县常平仓贮谷12051石，用于调节米价(谷贱时增价购入，谷贵则平价卖出)。

乾隆七年　秋，一虎伤百人。八年，衡州府遣龙把总率猎户捕杀。

乾隆十二年　七月，立《严禁一姓两籍碑》于县学明伦堂。规定学童升学，"居酃考酃，居衡考衡"。革多年"居衡考酃"之弊。

乾隆二十一年　江西樟树镇人刘世华在县城西街开设"恒仁堂"中药铺。

乾隆二十七年　衡州知府饶佺颁《大祀禁科派示》，严禁官员书役乘炎帝陵大祭之机"藉端需索，科派累民"。

乾隆二十七年　训导孟文宗主持重修天河书院。咸丰五年为兵火所毁。

乾隆三十年　知县林愈蕃主持修纂《酃县志》23卷。

乾隆三十六年　知县黄华年率邑绅刘武懋捐资，在县城北门大街武庙旧址修建考棚。

乾隆五十一年　大旱。翌年大饥，百姓掘白石泥充食。

乾隆六十年　知县赵宗文主持修复东城门，易名“兴文”。

嘉庆六年(1801)　知县刘庆增始建减粜义仓，以官田及官员士绅捐置田土出租，收租谷贮仓。灾荒之年于六月初一日碾米减粜(低于市价卖出)。至道光末，有减粜义仓田173亩，年储租谷346石。

嘉庆六年　重修学宫，并于东西庑下增置钟楼、鼓楼，移泮池于棂星门前。

嘉庆十三年　广东商人在沔渡圩修建南华宫。

嘉庆十四年　六月，洪灾。平地出泉，高山崩裂，田土多为砂石覆盖，房屋漂没不计其数。康乐乡一都尤为严重。当月饥荒。

嘉庆二十二年　知县麦连倡修梅冈书院(今县一中址)，专收客家方言区生徒。

道光元年(1821)　邑绅罗文灿捐银在长沙修建酃县试馆。

道光五年　知县沈道宽主持在北城外校场坪修建酃湖书院。同治二年拆除。

道光八年　客居酃县的长沙人王开琸、毛国翰修《炎(帝)陵志》8卷。

道光八年　刘祥浛在南片交通咽喉大风垄凿开绝壁百余丈，行旅称便。

道光十三年　四月，大水。中村受害尤甚，有何姓全家40余口淹死。

道光十四年　五月，大饥。斗米市价铜钱600文。百姓采竹实、蕨根充饥，流亡者众。

道光十七年　二月，俞昌会奏准重修炎帝陵殿及附属建筑。

道光十八年　春，知县俞昌会据王本《炎陵志》修订付梓，增为10卷。

道光二十一年　尹宗声奉父遗命，独力捐资在衡阳修建府试考棚。

道光三十年　知县邱华东率属开局捐款，修筑县城城墙，四门层楼轩举。

咸丰元年(1851)　罗绍颜、罗廷明在城西修建接龙桥。福建商人在沔渡圩修建天后宫。

咸丰二年　九月，县民刘祖高等聚众数百，谋攻县城，见有备而退。不久，刘祖高、黄万清等10余人被官府捕杀。

咸丰三年六月　十九日午后至次日凌晨降暴雨。冲塌民房、石桥，居民淹死无数。十都蕉石湖，两山对峙，是夜陡崩(滑坡)二里许，山下房屋、居民尽淹。当年饥荒。

咸丰五年　分都举办团练，设隘守御。八月十二日，广东天地会武装万余人，由酃茶边界攻入二都。随后攻占县城及东南乡。十月下旬，遭酃县、兴宁(今资兴)、桂东县团勇反攻，清军亦由茶、安二路堵击，败退江西吉安。

咸丰六年　三月十八日，驻江西永宁县太平天国军、广东天地会武装与永宁农民武装数千人攻打县城。未克，败退砻市。当年四、八、十月又3次攻入沔渡。十一月，清军收复永宁。

咸丰七年　秋，蝗灾。禾稻、树叶尽为啃食，农户大力烧捕，掘虫卵上百担。

咸丰九年　县城北正街设当铺1家。开县内金融业之端。

同治二年(1863)　邑绅万典璋独力出资重修洣泉书院。

同治三年　奉巡抚札，劝捐积谷备荒。全县设41处分储点，捐积谷4009石。

同治五年　正月初四，豁免酃县自咸丰三年以后，因水灾冲毁田亩所欠田赋。

同治九年　三月，七都岩前有陨石坠地，坑深2尺余。

同治十二年　知县唐荣邦主持修纂《酃县志》20卷。

光绪元年（1875）　江西樟树人在县城设永和堂、如和堂中药铺。

光绪二十年　正月十二日，酃县哥老会首领邓世恩与江西龙泉等地会党1000余人夜攻江西永宁县城，不获。邓世恩等被捕。

光绪二十六年　钟集堂兄弟在四都梅坑（今城东吉利）设临时天主堂，美国神父在此传教。

光绪二十九年　县绅尹瀛臣在沔渡创办新民高等小学，为县内新学之始。

光绪三十二年　三月二十四日，知县许堃颁布告示，准许八都民间自治组织长安会立规，管束盗伐林木、盗窃民财等行为。

光绪三十三年　长沙邮政分局在县城设大清邮寄代办所。江西上犹人邱明富在七都上洞石禾坪开办福兴铁厂。有工人200余人，日产饼铁5000余斤。唐文黼创办炎陵高等小学堂。洣泉书院、梅冈书院改为高等小学堂。

宣统元年（1909）　设酃县劝学所。

宣统二年　塘田唐志修、唐万兴组建花鼓灯戏班，有演职员20余人，常年在本县和周边县演出。

清末，英国传教士在县城西门和王家渡设福音堂。传教之外兼售酊、丸、散、剂等西药。西药始传入酃县。

中华民国

民国元年（1912）

1月　改知县公署为行政厅，知县改称知事。

5月　成立酃县议会，议员20人。民国3年撤销。

8月　同盟会会员转为国民党员，分会改为国民党酃县分部。

是年，中国同盟会会员朱绍紫、孟海崖等在县内宣传革命，组织同盟会酃县分会，会员数十人。

是年，开办初等小学教员养成所，始有师范教育。

是年，撤劝学所，设教育科，主管文化、教育。民国4年，复设劝学所。民国16年，改为教育局。

是年，新民、洣泉、梅岗、炎陵高等小学堂分别更名为私立新民、乐群、普育、康乐高等小学校。

民国 2 年(1913)

9 月 设衡永郴桂道,酃县隶之。

11 月 袁世凯下令解散国民党,国民党酃县分部消失。

民国 3 年(1914)

5 月 裁府。改衡永郴桂道为衡阳道,酃县隶之。

是年,改县行政厅为县知事公署。

民国 4 年(1915)

6 月 成立酃县商会,行业设同业公会。

民国 5 年(1916)

是年,西片干旱,成灾 5444 亩。湖南省都督谭延闿训示,酃县缓征赋银 490 两。

民国 6 年(1917)

2 月 成立禁烟委员会,禁止贩卖、吸食鸦片,禁种罂粟。

民国 7 年(1918)

5 月 中旬,湘军第二师独立第二旅(旅长林修梅)旅部驻天子坟(炎帝陵)。历时年余。

是年,国民政府实业部批准长沙顺昌公司经理人吴中杰(平江人),租赁下村鹰嘴岩山场 1037 亩开采钨矿。至 14 年,年产钨砂 31 吨。

民国 8 年(1919)

6 月 3 日,北大学生、五四运动组织者何孟雄、郭春涛等遭北洋军阀政府军警逮捕。当局迫于社会压力,于 5 日释放。

是月,就读长沙的贾纡青、李却非等回县,在县城、水口、沔渡等地及乐群、普育、新民学校演讲,宣传五四运动,声援北京学生爱国行动。

民国9年(1920)

9月　废衡阳道,酃县直属湖南省政府。

是年,私立乐群、普育小学分别改为县立一高、二高。31年,恢复原名。

民国10年(1921)

9月　在仓局(今水口镇板桥村仓下)开办酃县第三区公立乙种职业学校。

10月　1日,设电信营业处,县内始有电报。

是年,水、旱、虫成灾,禾稻4成失收。赋谷超征2万余石,县人结队逃荒。

民国11年(1922)

7月　14日,省政府派驻县城的游击第一中队哗变,抢劫商铺、富户后自行解散。知事欧阳杰弃印出逃。

9月　1日,再设县议会。15年,为唐生智解散。

民国12年(1923)

5月　万阳山绿林朱孔阳(朱聋子)活动于大院、十都一带,杀县议员刘书阁。12月,攻克县城,另设知事,旋被政府军驱走。次年元月,再占县城,3月,败走。

是年,上九都果毅团(今石洲乡石坝村)农民抗议知事公署偏袒富户,将"殷实捐"派给穷人。

是年,省政府拨款500元,令知事欧阳枚维修炎帝陵。

民国14年(1925)

1月　成立平民教育促进会。

是年,县人陈梅寿在县城南街开设福利安缝纫铺。17年7月,缝纫铺为红四军二十八团一次加工军衣100余套。

是年冬至次年春,就学于衡阳、长沙的酃籍学生,利用寒假分别在龙塘、大姑塘、霍家、潘家、塘旺、南冲等地开办贫民夜校与禁赌会。

民国15年(1926)

1月　知事公署更名县长公署,县知事改称县长,王文澜首任县长。

5月　上旬,中村乡农民协会成立,中共党员何健础当选为委员长。

7月　成立湖南人民慰劳北伐军兵士委员会酃县分会，组织慰劳队、运输队，支援途经酃县的北伐军第二军（一部）。

8月　上旬，中共酃县特别支部在县城炎帝行祠成立，李却非任书记。

是月，李却非等人以个人名义加入国民党，并帮助国民党组建中国国民党酃县党部。

是月，成立酃县学生联合会。

9月　中旬，成立酃县农民协会，选举周介甫为委员长。

10月　成立社会主义青年团酃县特别支部。

12月　成立酃县工人协会、酃县妇女协会。

是年，中村乡道任村村民为阻止采伐水源林发生纠纷。县长王文澜书禁碑，严禁砍伐变卖水源林木。

民国16年(1927)

1月　开办酃县职业学校，男女生兼收。

5月　上旬，重新成立酃县农民协会，选举省农民运动特派员朱子和为委员长。同时，成立酃县农民自卫军总队，朱子和兼任总队长；成立审判土豪劣绅特别法庭。全县有区农民协会4个，乡农民协会48个，会员2万余人。月末，朱子和被捕，6月上旬就义。农民自卫军解散。数十名中共党员与农运骨干遭关押或杀害。

7月　黎育教、邝光前从武汉回县，恢复党组织活动，准备开展武装斗争。当月，中共梁桥支部成立，周礼（即周里）任书记。

9月　国民党湖南省党部派员改组国民党酃县党部，清洗共产党人。

10月　8日，中共中央政治局候补委员、秋收起义前敌委员会书记毛泽东率工农革命军第一军第一师第一团入酃。12日到达水口圩。15日，在叶家祠毛泽东主持6名工农出身的士兵入党宣誓，随即在连队建立中共支部。驻军期间，作出实行“工农武装割据”（建立革命根据地）决策。21日，宛希先率一团一营攻打茶陵。毛泽东率三营从水口经下村进入江西遂川，27日至茨坪。

11月　中旬，中共湘南特委应毛泽东要求，遣特委委员、耒阳县委书记刘寅生回县工作。

民国17年(1928)

2月　中共酃县特别支部升为特别区委，刘寅生任书记。中旬，成立中共西乡区委与酃县西乡游击总队，潘祖浩任游击总队总指挥。

3月　上中旬，酃县举行武装起义。参加起义的农民3000余人。

13日，毛泽东率工农革命军第一师第一、二团分3路入酃策应起义。18日在中村集结。19日，中共酃县特别区委升为县委，刘寅生任书记。

下旬，成立共青团酃县县委、酃县赤卫团；成立中共中村区委、区工农兵政府。随即开展分田运动。

月末，道任村等地开展“插牌分田”，这是井冈山革命根据地最早的土地改革。

4月　21日，工农革命军第一团在酃城西郊接龙桥一带击溃尾追朱德部队的湘军第八军张敬兮团及攸县、茶陵地主武装。

中下旬，井冈山工农革命军、南昌起义余部、湘南起义农军等万余人先后在酃县水口、县城、沔渡、十都等地会师。毛泽东、朱德在十都首次会面。

5月　4日，成立酃县清乡委员会，纠集6个乡挨户团开展清乡，屠杀中共党员、农会骨干、游击总队指战员等100余人。

20日　中共酃县县委机关遭挨户团突袭，刘寅生突围时牺牲。

6月　上旬，重建中共酃县县委，李却非任书记。中旬，在大院成立酃县工农兵政府，徐鼎燕任主席。

8月　15日，湖南省民政厅通缉潘祖浩、李树彝（李却非）、何国诚、戴寿凯等酃县革命人士63人。是月，各小学推行语体文教学，废文言文教学。

是年，国民政府通令全国各地豁免历年欠赋。以酃县为“匪区”，不仅未免，反而重征两年。

是年，县长公署更名县政府，迁城南青台寺。

民国18年（1929）

1月　1日，湘赣“剿匪”总指挥部成立。酃县等6个县划为“剿匪”区域。

4日，毛泽东在宁冈柏露主持召开湘赣边党政军联席会议，部署反击国民党军队第三次“会剿”。酃县县委书记李却非、石洲区委书记张平化、共青团县委书记万达才等参加会议。

19日，湘军独立第一旅旅长吴尚通令茶、攸、酃3个县于20日起戒严。

26日，国民党军队18个团约3万之众，对井冈山革命根据地进行“会剿”。月底，井冈山失守。

2月　初，县委、县工农兵政府遭受破坏，徐鼎燕等18名干部群众遇难。酃县赤卫大队在掩护红五军撤退时冲散，大部分牺牲。

上旬，县委组织部长黎育教在七都石禾坪召开党的活动分子会议，成立临时县委，黎育教任书记。

4月　黎育教调湘赣边界特委，周礼任县委书记。

5月　2日，彭德怀率红四军第五纵队（原红五军）回师井冈山。中旬攻占县城，救出被关押的革命群众。赤卫大队中队长李子安、政委邝光前收集失散队员组成游击队，重建赤卫队。

7月　19日，成立中国国民党酃县独立区党部。是日起，大雨连下两昼夜，河水暴涨。塌房1000余栋，溺毙1000余人，毁田万余亩。9月，省拨赈灾款5000元。苏区范围的12个团不予救济。

8月 成立酃县苏区邮政局，重建酃县红军医院。

12月 临时县委在黄挪潭高梁冲召开党员代表大会，筹备成立酃县苏维埃政府。

是年，县城兴办民众教育馆。

是年，县政府焚烧收缴鸦片81两及烟具。

是年，全县竹木捐及团防摊派款7.52万元（银元，下同），规费及附加6.91万元，各项赋税2.73万元，合计17.16万元，人均负担1.44元，为湖南省第四位。

民国19年（1930）

1月 酃县苏维埃政府在石洲板下楼成立，刘清远当选主席。

1—2月 冰冻40余天，为百年罕见。

3月 临时县委改为县委，张平化任书记。县委改隶赣西南特委西路行委，县苏维埃政府改隶赣西南苏维埃政府西路办事处。是月，苏维埃政府开办坂溪区上坪列宁小学、黄挪潭区上洞列宁小学。

6月 酃县县长曹修礼因贪污撤职。

民国20年（1931）

1月 湘东南独立师攻占县城。

3月 1日，红七军军长张云逸率军部及五十八团辗转来到酃县苏区，受到苏区人民热情接待。2日，在下坪击溃胡凤璋挨户团。14日，湘东南独立师第三团政委王震率部与红七军在十都会师，随即再次攻占县城。

7月 酃县赤卫大队改为酃县警卫连，11月扩编为警卫营。

11月 25日，酃县警卫营在湘赣红军独立一师二团支援下奔袭县城，活捉县长谭仲玫。是月，反动地主武装“酃县铲共义勇总队”成立。

民国21年（1932）

1月 县委、县苏维埃政府在石禾坪建立兵工厂。1933年，更名湘赣省军区第二军分区兵工厂。

2月 成立湘赣省军区。下设4个分区，第二军分区驻酃县，辖宁冈、酃县、遂川3个县地方武装。

5月 酃县警卫营改编为湘赣红军独立第九营。

6月 国民党军队发动第四次“围剿”。二十四师驻县城、沔渡等地，对苏区进行军事进攻、经济封锁。

10月　成立湘赣省工农银行酃县分行，设大院西坑。翌年2月，更名中华苏维埃共和国国家银行湘赣省分行酃县支行。同时，建立中华苏维埃共和国国库湘赣分库酃县支库。

11月　7日，中共酃县县委书记甘步衢等7位代表出席湘赣省第二次党代会。当月，选送540名青年参加红军，并筹集红军经费1.2万银元。

是年，工农银行酃县分行通过入股集资，创办黄挪潭、石洲信用社。

是年，国民党酃县区执行委员会创办《酃县民报》。民国38年8月24日停刊，共发行1167期。

是年，县政府开办第一职业学校，招收学生70余人，设简易班、初级班。

民国22年（1933）

5月　4日，湘赣省军区新独立第一师第一团（300余人）由茶陵、安仁转战至酃县茶垄村石井垄作短暂休整。5日凌晨，遭国民党军十五师徐洞八十六团偷袭，伤亡140余人，当地群众牺牲20余人。师长侯梯云指挥突围时牺牲。

8月　湘赣红军独立第九营编入湘赣红军独立第四团，随即组建酃县独立营。

9月　成立酃（县）遂（川县）红军医院，设石禾坪。

12月　为"围剿"苏区，修筑茶陵至酃县公路，因资金短缺停工。至民国29年2月告竣。

是年，县商会会长李奇珍在县城开办集益印刷书局。

是年，陈梅寿在县城十字街街口创"福利安"商号，建3层楼房。

是年，船形沿潭叶家亮在作水湾兴办皮纸厂，年产皮纸1000刀（1刀90张）。

是年，乡村有50余人编制草席，年产龙须草席6000余张。

民国23年（1934）

2月　下旬，成立中共酃遂中心县委、酃遂中心县苏维埃政府。酃、遂两县独立营合并成立酃遂独立团。

4月　废除都团，推行保甲制。全县设30个乡镇、182保、2014甲。

5月　国民党"剿匪"西路军将湘南酃桂汝等23个县划为"特别警戒区"，酃县境内修筑碉楼38座（建成25座）、碉堡1座。在占领区强迫并村。

6月　大旱，溪坝断流，至秋方解。全县4.6万亩稻田失收，米价每斗2块银元，乡民以树皮草根为食。

8月　痢疫暴发，死亡甚众。疟疾流行，省府指派长沙仁术医院组织医疗队赴县，治愈604例。

10月　国民党军十五师一部攻占石禾坪。酃遂中心县委、中心县苏维埃政府被打散；酃遂红军医院伤病员、医护人员被杀；酃遂游击队转入游击战争。是月，强令各户办理以反共防共为内容的“联保连坐切结”和“保甲公约”。

民国24年(1935)

2月 24日,县城建立报话营业处。

7月 周礼奉命率酃遂游击队转移至桂东东边山,编为湘粤赣游击支队直属队。支队副政委游世雄收集打散和伤愈红军建立湘赣游击队,在酃遂边界活动。

夏,洪灾,淹死46人。秋,虫灾,粮食减产四成。灾民逃外求生。

10月 中共茶(陵)、安(仁)、酃(县)、永(兴)边区委员会成立。以酃安边界的安仁潭湾为根据地开展游击战争。

民国25年(1936)

春,实行由合作服役人员(11813人)造林,直播油桐、油茶。

是年,南片发生牛瘟,病死耕牛数百头。

民国26年(1937)

7月 7日,“七七”事变爆发。下旬,各校师生集会声讨日本帝国主义侵华,要求国民政府出兵抗日。

10月 国民党湖南省党部调查统计室酃县调查员尹某,回县组建中国国民党调查统计局(简称中统)酃县调查组。

12月 湖南省划设9个行政督察区,酃县隶第五行政督察区。

民国27年(1938)

6月 奉国民政府令裁区并乡,重新编划保甲。全县编为12乡132保1586甲。同时废除“联保连坐切结”与“保甲公约”。

10月 开办酃县民众教育馆。

是年,国民政府军政部兵工署东南区第一分厂迁潘家(今三河镇太和村)。有员工400人,卫兵100人,家属600人,生产机步枪。民国31年,迁桂东沙田。民国34年4月,改称第五分厂,迁潘家。民国36年1月,迁返武汉。

是年,木材商在沔渡瑞口大量收购刨花楠,作印钞纸原料。

民国28年(1939)

2月 张春晖等参加南岳游击干部训练班第一期训练,回县后促成县政府组建抗日民兵训练队、中国童子军团,对壮丁与学生进行军事训练。

4月　省教育厅在霍家圩开办省立第一临时中学酃县分校。

5月　酃县社会军事训练总队第一分队队长张春晖组织铁血抗日救国团,发展成员16名,计划参加抗日游击队。旋被县政府以私通中共罪逮捕,张春晖等4人被杀害。

6月　湖南省干部训练团1000余人由耒阳迁酃,驻王家渡圩。

7月　7日,县政府在县城中山公园立抗日阵亡将士纪念碑。8月13日,募修忠烈祠,纪念抗日阵亡将士,35年建成。是月,成立湖南省银行酃县分理处(后改为办事处)。

秋,霍乱流行,全县病患者94人,死亡22人。

11月　省教育厅电化巡回一队在省立临时中学(今三河镇中学址)等地公映纪录片《中华儿女出征》,为县内首次放映无声电影。

是年,湖南省农业改进所在炎帝陵奉圣寺设立工作站,开展良种推广、品种区域试验。

是年,县政府创办卫生事务所,设县城南门万寿宫。

民国29年(1940)

2月　国民革命军第二十集团军副总司令兼洞庭湖警备司令霍揆彰捐资在家乡八合村(今东风乡三口村)创办望云小学。

春,省政府拨款4万元在炎陵山北麓造油桐林403.9亩。

4月　省政府重划行政督察区,酃县隶第二区(专署设耒阳)。

4月　陈进先(茶陵人)在县城南门口开办雪鸿照相馆,开县内照相业之端。

10月　10日,湖南省政府举行祭祀炎帝陵大典。省政府秘书长李扬敬主祭。

是年,稻瘟病暴发,2万亩水稻失收。

是年,三益金矿公司、裕湘锡矿公司在酃县立案采矿。

是年,以乡、保或自然村为单位,成立81个农村信用社。民国37年,因资金来源匮缺自行解散。

民国30年(1941)

4月　5日清明,县长肖坤奉电代表省政府致祭炎帝陵,酃县社会各界800余人参祭。至34年,每年清明均委托县政府代行祭祀。是月,新生活运动促进会妇女工作委员会酃县分会举办首期妇女识字班,历时3月,学员50人。

6月　贷放积谷1.6万石,平抑市场谷价。

9月　10日,省政府修复炎帝陵大殿工程竣工。

9月　19日,省政府第241次常务会议通过酃县政府呈请更名炎陵县一案。后因故未实施。

10月　成立酃县母教运动委员会,举办训练班9期,490名妇女受训。

是年，县政府为181名抗日阵亡将士家属颁发抚恤金。

是年，在中山公园修建凉亭2座，中山台1座。

民国31年（1942）

2月　15日，湖南省农产品展览会在长沙举行。酃县送展19件产品。其中，线棕、白蜡、黄蜡、青皮梨等入选湖南省名产。是月，实行食盐专卖。各乡设专卖点，每人每月供应半斤。

4月　开办塘田、水口卫生所。10月，开办霍家、沔渡卫生所。

5月　县内人士组建抗日剧团，巡回演出，宣传抗日。

11月　酃县卫生所更名酃县卫生院。

12月　第二行政督察区向湖南省第4次扩大行政会议报告：酃县疾病流行，医药两缺，以致死亡率超过出生率。当年1—10月，出生981人，死亡1455人。

是年，县政府拨款在水口圩修筑防洪河堤。

民国32年（1943）

8月　创办酃县初级中学，校址设原第二高级小学（今县一中址）。

10月　10日，在大操坪举行酃县第一届体育运动会。

是年，一架援华抗日的苏联战机在空战中受损，迫降团溪湖河滩。潘家兵工厂旋即派员修理，1个月后返航。

是年，建乡林场12个，经营面积1.85万亩；保农场54个，林场86个，造林2.5万株。

民国33年（1944）

7月　援华抗日的一架飞虎队战机空战中中弹，坠毁在荣塘村飞水寨一带。飞行员（美国人）跳伞，乡公所组织乡民救护，并护送其出县境。

8月　日军自茶陵逼近酃县边境。县政府奉命破坏酃茶公路及县内要道。

12月　1日，成立第九战区酃县国民抗敌自卫团，下设1个大队、4个中队。

是年，工商界陈桂元等44户商户捐款6800元支援抗战。

是年，长沙、衡阳失陷。南岳五四中学、衡阳扶轮中学、湖南协均中学、广东中华文化学院国文专修班、茶陵育民中学等先后迁酃。

民国34年（1945）

3月　县政府设特种汇报组织，监视、收集中共地方组织及武装力量活动情报。

8月　八路军三五九旅南下第四支队经酃县船形、中村、水口、下村进入江西。

12月　23日，成立县参议会。

是年，抗日战争胜利，奉命免征1年田赋。

是年，推行"二五减租"①。县内地主豪绅"籍词拖赖"，未能实行。

是年，疟疾流行，发病人数占全县人口69.28%。

民国35年(1946)

2—3月　牛瘟流行，全县死牛379头。

3月　13日，县参议会第一次会议议决，在坪形矮基岭和沔渡圩设立竹木出境税捐征收处。是月，县参议会会议通过《强迫入学办法》。

4月　1日，成立中国三民主义青年团酃县分团筹备处。次年10月，三青团并入国民党。

民国36年(1947)

1月　12日，田赋粮食管理处奉令豁免民国21至29年欠交赋银653.4两。

3月　23日，为全国人口调查标准日。据调查，全县19533户，81288人。

4月　尹培兰在沔渡黄烟铺租山13亩，创办县内第一个果园。

9月　1日，成立酃县银行。民国38年8月6日撤销。

是年，全县中小学教师联合开展反迫害、反饥饿、反内战斗争。

是年，600余家木材经营商云集酃县贩买木材。近河近路木材遭滥伐。

民国37年(1948)

2月　重新登记国民党员和三青团员。

4月　初，中共领导的湘南游击队进入龙渣双奎南风塘一带。县自卫总队出兵"围剿"。是月，发行金圆券。币值一日数变，县民抢购食盐、布匹、粮食。

12月　经民盟上海市委和中共上海地下组织同意，中国民主同盟成员尹华民回乡(沔渡)，组织民盟酃县地下区分部，任主任。

是年，稻苞虫蔓延，水稻六七成绝收。

民国38年(1949)

1月　县参议会议决提高油榨营业牌照税，遭油榨户抗议，县政府被迫降低。

2月　为抵抗人民解放军入酃县，县政府通令17至45岁男子编入自卫总队。

5月　县长欧阳堃主持召开第一次“应变会”，商议县府搬迁等事宜。7月，召开第二次“应变会”，组织各乡武装联防，抵抗人民解放军入酃县。

6月　中旬，中共酃县区工作委员会在西台村成立，孟庆德任书记。同时成立中国新民主主义青年团酃县区工作委员会，唐剑平任书记。至9月，先后成立炎陵、康乐、鹿原3个中共支部。28日，县政府下令招收兵员400名，编入“湘赣边区人民自卫救国军”（后改称“湖南省人民反共自卫救国军第一纵队”）。

7月　2日，中国人民解放军湘南支队酃县武工队在双奎南风塘成立，欧孝信任队长，黄存斌任政治指导员。

8月　4日，随军南下的地方干部在长沙市郊东屯渡长桥中学组建中共酃县县委和酃县人民政府班子。22日，县长欧阳堃出逃。“反共自卫救国军”第一纵队司令部司令、原第九战区“酃县国民抗敌自卫队”副司令邓凯元代理县长。

9月　26日，打入“反共自卫救国军”的尹华民，率第十大队三十中队在沔渡起义，改编为湘赣边界酃宁游击队，隶中国人民解放军一四二师二四六团三营（驻江西宁冈）。

中华人民共和国

1949年

10月

21日　中共安仁、酃县地下组织策动盘踞太平圩一带的“反共自卫救国军”直属三大队起义。次日，协助中国人民解放军湖南军区衡阳军分区独立第四团（原解放军49军162师484团）捣毁“反共自卫救国军”司令部，活捉司令霍远鹏。

27日　独立第四团抵酃县城，南下工作团第三大队酃县中队随军到达，宣布酃县解放。

28日　独立第四团围歼据守水口的“反共自卫救国军”第二支队，300余人投降，残部逃往资兴县。

29日　中共酃县委员会（以下简称县委）、酃县人民政府（以下简称县政府）成立。县政府设城关上寺里，隶衡阳专署。申祖训任县委书记，赵德新任县长。全县设4个行政区，原7个乡镇、48保划属4个行政区。

11月

2日　在大操坪召开万人大会，庆祝酃县解放。“反共自卫救国军”2个中队在大会上向县政府递交降书。

3日　县政府举办旧职人员训练班。参训58人，录用18人。

10日　县政府接管酃县卫生院，更名酃县人民卫生院。

11日　首届酃县各界人民代表会议在县城召开，聘请出席大会代表115人。会议通过《清匪公约》《酃县1949年征粮暂行办法》。

18日　中共酃县县委举办革命干部训练班。127名知识青年参训,结业后分配到区乡工作。

是月,酃县公安局成立。

12月

1日　县政府发出布告,征收粮食支援解放大西南。月余,征收稻谷285万公斤,稻草86万公斤,干柴110万公斤。

中旬,地方武装县大队成立,隶湖南省军区衡阳军分区。原湘南支队酃县武工队编入县大队。李大福任大队长,县委书记申祖训兼第一政委。次年2月,各区成立武装中队。

24日　中共酃县区工委与南下工作团正式会合。区工委负责人孟庆德向县委移交原中共地下党、团组织关系。

1950年

1月

24日　中国人民银行酃县支行成立。是月,代理发行第一期人民胜利折实公债1.92万元(折新币,以下同)。

2月

20日　县政府举办首期中小学教师讲习班。359人参加学习,历时40天,结业后派任中小学教师。

3月

1日起,废除旧乡公所,建立乡人民政府。7月,废除保甲制度,区以下设48乡。

28日　县政府发布"实行二五减租减息"告示,同时宣布农民所欠租谷一律免缴。至次年3月,共减免、退还租谷、押谷75万公斤。

是月,中共二区区委发展段盛林、金朝汉等5名农民入党。为中华人民共和国成立后酃县农村首次发展党员。

是月,中国人民解放军公安部队酃县中队成立。1955年8月,改称中国人民警察部队酃县中队。

是月,调整学校布局,设完全小学9所,高级小学1所,初级小学107所。

4月

国营贸易营业所成立,境内始有国营商业。

5月

1日　酃县人民法庭成立。12月升为酃县人民法院。

4日　人民法庭在大操坪首次开庭,判处原酃县参议长、恶霸地主尹志汤和惯匪李忠自死刑。

6月

25日　发放贷粮15万公斤、平粜粮16.8万公斤,帮助农民度过夏荒。

8月

创办新华书店酃县分店。

11月

10日，开展“抗美援朝，保家卫国”运动。是月，1000余名青年报名参加中国人民志愿军，批准363人入伍。

中旬，清匪肃特委员会成立，开展清匪反霸、镇压反革命运动。

是月，中共酃县委员会纪律检查委员会成立。

是月，城关居民集资3500元，购75千瓦发电机和碾米机各1台，创办电灯公司。白天碾米，晚上照明。

12月

8日 县人民政府赴新渣（今龙渣）乡慰问瑶族同胞。

27日 县人民政府给20名在解放战争中立功的战斗英雄家庭挂光荣匾，向82名立功官兵家属报喜。

是年，县人民政府贯彻中南军政委员会十大政策，保卫农民劳动果实，将792名猎人组成72个打猎队，捕猎损坏农作物的野兽。

是年，在县直机关和城镇工商界推销胜利折实公债5600元。

1951年

1月

7日 宣传贯彻《中华人民共和国婚姻法》。

8日 酃县至茶陵县公路全线修复通车。

2月

抽调126人组成土改试点工作组，在塘垄、草坪乡开展试点工作。7月，成立酃县土地改革委员会，全县铺开土改工作。

3月

19日 县公安局在郴县破获由酃县、安仁县等地逃亡地主和反革命分子组成的“复兴救国团”案，逮捕20余名骨干。

是月，首个季节性互助组“凌谅冰互助组”在草坪乡禾仓源村成立。

4月

12日 原国民党中统人员张武伟、军统人员廖德言煽动群众围攻三口乡人民政府，捆绑农会主席，图谋制造动乱。县、区政府派员至现场劝散群众，拘捕首犯。

5月

1日 6万余群众游行示威，声讨美帝国主义侵略朝鲜，广大青年踊跃报名参加志愿军。3年抗美援朝期间，全县5000余名青年报名，745人批准入伍。

23日　开展扫除文盲工作。兴办冬学(夜校)219所,学员9464人。

6月

县财政拨款,购置载重5吨卡车1辆,县内始有货运汽车。

7月

9日　湖南省林业局与武汉大学等单位调查酃县森林资源。全县森林覆盖率82%,活立木蓄积量955.8万立方米。

8月

1日　湖南省人民政府(以下简称省政府)工业厅、衡阳专署、酃县政府各投资1万元开办酃县钨矿,在下村鹰嘴岩、曾祖坳采矿。

9日　中国人民解放军湖南省军区衡阳军分区酃县人民武装部成立。

中旬,酃县三届一次各界人民代表会议通过《努力开展增产节约,捐献"酃县号"大炮一门》决定。至次年6月,捐献5.22万元,超额完成任务。

19日　中央人民政府南方老根据地访问团湘赣边分团59人至县访问调查,发放慰问礼品和紧急救济款。初步登记烈属1449户。21日,首次为464户烈属、875户军属颁发"光荣烈属""光荣军属"牌。

是月,地方国营酃县企业公司成立,开展锯木、织袜、发电、碾米业务。

是月,酃县供销合作总社成立。

10月

1日　革命烈士亲属代表周春秀、陈长春、李复昌在京参加国庆观礼。

13—15日　首届农业劳动模范代表大会暨农业展览会在县城召开。129位劳模和7个模范乡代表出席会议。展出农产品209个。

11月

召开第一次妇女代表大会,酃县妇女联合会成立。

1952年

2月

酃县妇幼保健站成立。

4月

30日　基本结束土改运动。14350户无地或少地贫、雇农分得耕地5729.53公顷,占全县耕地面积的55.36%。

5月

25日　开展互助合作运动。至年底,全县建立互助组1122个(其中常年互助组42个),入组农户6365户。

是月,开展"三反"(反贪污、反铺张浪费、反官僚主义)"五反"(反行贿、反偷税漏税、反盗窃国家资财、反偷工减料、反盗窃国家经济情报)运动,历时3个月。

6月

7日　山洪暴发,3条主要河流沿岸村庄被淹,死亡14人,伤17人。省政府和衡阳专署发放贷粮27.5万公斤,贷款7000元,帮助农民生产自救。

7月

22日　酃县禁烟禁毒委员会成立。是年缴获鸦片5公斤,烟具232件。查获贩毒吸毒者80余名。

8月

14日　开始查田定产,10月24日结束。经过实际丈量,全县水田面积增加149.55公顷。

10月

中共草坪乡党支部成立。至1953年3月,全县有党支部66个,中共党员422人。其中,农村支部53个,党员263人。

是月,一区、三区狂犬咬伤21人,死亡7人。县政府组织灭犬1215条。

11月

酃县改隶湘南行署。

是月,酃县工农业余教育委员会(次年4月更名扫除文盲工作委员会)成立,下设办公室。开办酃县职工业余学校,组织职工学习文化。

是月,《毛泽东选集》第一卷在酃县发行。

12月

5日　开始土改复查,次年2月结束。纠正错划地主133户,补划地主12户。

下旬,草坪乡信用合作社成立。至1954年底,全县成立农村信用合作社84个,社员11389户,股金1.81万元;存款1.4万元,贷款4.2万元。

是月,二区霍家乡岩穴口水库修建竣工。库容11万立方米。为县内首座水库。

是月,中国新民主主义青年团酃县委员会成立。

是月,酃县文化馆成立。

是年,进行耕作制度改革,扩种二熟制水稻。

是年,县企业公司在县城修建汽车站。

是年,县卫生院在坂溪、策源等地调查3152人,发现地甲病患者715人。

1953年

1月

10日　县委、县政府在一区开展颁发土地所有证试点工作,随后在全县铺开。2月结束。27273户农民得到土地所有证。

2月

3日　省森林工业局将酃县列为全省19个主伐林区之一，由省森林工业局统管。

是月，县政府号召开展爱国造林运动，全县1.5万人上山，插杉1000公顷，直播松籽333.3公顷。

3月

22日　依法取缔"同善社""紫霞教""归根教"等名目的反动会道门组织。

11月

13—17日　中共酃县县委召开扩大会议，学习讨论党在过渡时期总路线。

是年，兴建龙渣小学，瑶族居民子女实行免费上学。

是年，在中国人民银行酃县支行支持下，手工造纸作坊发展到30余家。

1954年

1月

8日　首个初级农业生产合作社——沔渡乡晓阳农业生产合作社成立。次年12月下旬转为高级农业合作社。

是月，酃县工商联合会成立。

2月

8日　仙坪、茶垄发生山火，连续3天，烧毁林木1113.33公顷。

11日　农业技术训练班开办，讲授双季稻连作和栽培技术改革。参训358人。当年，部分农户开始试种双季稻。

4月

28日　中华人民共和国成立后第一次人口普查。以7月1日零点为标准时间，统计全县人口93148人。

6月

26日　酃县第一届人民代表大会第一次会议在县城召开，正式代表176人。会议通过《加强发展互助组、巩固农业社》决议。

夏，晓阳等初级农业社试用666、DDT化学农药治虫。

7月

改隶郴县专员公署。

8月

1日　开办酃县干部业余文化补习学校。

12月

省森林工业局洣水支局组织炸礁专业队，在河漠水大风垄河段炸礁，整疏木材放运水道。

是月，二区玉江乡石灰生产合作社成立，为县内首个手工业合作组织。

1955 年

1 月

1 日　安仁县草坪、大鹏、云秋 3 个乡划入酃县。划入面积 39.19 平方公里，居民838 户、3560 人。

22 日（农历除夕前一日），因香客失火，炎帝陵主殿及行礼亭被焚毁。

2 月

贯彻《中华人民共和国兵役法》，实行义务兵役制。

3 月

1 日　中国人民银行酃县支行发行新人民币，回收现人民币（现币 1 万元折新币 1 元）。

10 日　中央军委测量局第一大队实习队会同苏联专家开始在境内进行大地测量。

4 月

5 日　县人民政府改称县人民委员会（以下简称县人委）。区政府改为区公所，为县人委派出机构。

6 月

7 日　中国农业银行酃县支行成立。

8 月

10 日　酃县人民检察院成立。

1956 年

1 月

中下旬，境内全面铺开私营工商业社会主义改造，至 2 月底基本完成。全县 423 户私营工商户实行公私合营。

30 日　成立酃县水口（黄茅墩）瓷业社，生产日用瓷。

2 月

14 日　中共酃县县委纪律检查委员会改为中共酃县监察委员会。

24 日　县人民委员会紧急动员，组织 1250 名民工修建炎山水库。3 月底竣工。库容 8 万立方米，灌溉面积 4300 亩。

3 月

25 日　酃县手工业生产联合社成立。至 9 月，全县有手工业生产合作社（组）27 个。

是月，中共酃县县委成立“五人小组”，在国家机关和企事业单位内部开展肃清反革命分子工作，历时 2 年 9 个月。

4 月

初级农业合作社发展到 242 个，入社农户 17432 户、7866.7 公顷，占全县农户数63.28%、耕地面积 59.35%。

5 月

15 日　酃县体育运动会成立。

是月，全县 32 户私营药店(堂)，组织公私合营国药店 6 个。

29 日　中共酃县第一届第一次党员代表大会在县城召开。会议作出“秋前实现农业高级合作化”决议。至 10 月 9 日，建立高级农业社 185 个，入社农户达 99.4%。

是月，撤区并乡，全县 145 个乡镇调整为 1 个镇 20 个乡。

6 月

开始在机关、学校、厂矿推行“准备劳动与卫国”体育锻炼制度(简称劳卫制)。

是月，酃县人民广播站成立。

是月，撤销酃县企业公司，兴建地方国营酃县农具厂、发电厂、印刷厂、针织厂。

7 月

15 日　《酃县报》创刊。至 1959 年 1 月停刊，发行 210 期。

是月，湖南省人民委员会将炎帝陵列为文物保护单位。

是月，酃县卫生防疫站成立。

8 月

兴建县副食品加工厂。

9 月

省林业厅在木湾设立水口森林经营所(后称管理所)。

是月，湖南省电影工作队七十七队改为酃县电影一队。

12 月

1 日　动工修建西山水圳，1958 年 4 月竣工。全长 20 公里，灌溉面积 560 余公顷。

是月，首次调出林木种子 500 公斤，支援陕西延安绿化。

是年，乡镇全部开通电话。

1957 年

1 月

26 日　福州军区副政委兼政治部主任廖海光少将回乡看望乡亲。

2 月

3 日　中共酃县县委在十都、水口、中村、塘田设 4 个办事处，抽调 100 名县机关干部到乡任职。

4 月

水口森林管理所雇工在黄茅墩垦造林，至次年元月，植杉 500 亩。

8月

14日 县人民委员会决定,龙渣乡瑶族农民上交的屠宰税、商品流通税、货物税返还本地。

20—22日 首届一次工人代表大会在县城召开,选举产生酃县工会联合委员会。

23日 省民政厅批准,龙渣乡更名龙渣瑶族乡。

9月

下旬,中共酃县县委成立整风领导小组,随即开展整风、反右派斗争。至次年6月,113人被错划为“右派分子”。1982年全部得到改正。

11月

龙景山麻风病防治所成立,当月收治郴县地区首批病人53人。

是年,引进水轮泵6台,在河东乡等地安装使用。

1958年

3月

省教育厅副厅长周世钊率工作组到十都乡进行普及小学教育试点,贯彻“两条腿走路”方针,实行公办民办并举。15日,开办十都乡农业初级中学。当年全县发展农业中学18所(班),民办高小2所、初小34所。

4月

兴建酃县霍家水泥厂(1961年停办。1970年在原址重建国营酃县水泥厂)。

6月

创办中共酃县县委党校。

7月

酃县初级中学学生朱经章选拔为空军飞行员。

8月

开始大炼钢铁。全县投入劳动力1.4万个,历时半年,消耗木炭5980吨,生产生铁359吨,土钢13吨。

是月,中共酃县县委、县人武部调集4765名基干民兵修建县城至沔渡公路。全长15公里,13天完成路基开挖。

9月

12日 酃县首个人民公社——火花人民公社成立(11月更名三河人民公社)。月底,全县建立人民公社13个,实现“人民公社化”。

是月,酃县初级中学开设高中班,更名酃县第一中学。

是月,开办酃县师范学校、酃县城关镇幼儿园。

10月

1—7日 举办酃县首届职工群众体育运动会。

是月，县教育科开办卫生学校，校址设人民医院。

11月

25日　组织8600名民工修建县城至中村公路。1960年2月17日建成通车。

是月，酃县文学艺术工作界联合会成立。

是月，兴办农村公共食堂。全县办公共食堂1479个。

12月

23日　红旗人民公社（今水口镇）木湾生产大队被评为全国林业先进单位。党支部书记张伯良赴京参加全国农业社会主义建设先进单位代表大会。

24日，中共湖南省委决定撤销酃县建制，辖区并入茶陵县，隶湘潭专署，治所设茶陵，1959年1月合署办公。酃县城区改为酃县镇，设办事处。1959年3月22日，国务院第86次全体会议通过。

冬，设国营江口、皮坑采伐场。次年1月，设沿潭采伐场。

是年，水口乡深湾（今水口镇木湾、桃林村）农林合作社被评为全国农业社会主义建设先进单位。

1959年

1月

境内第一座水力发电站湘山寺电站投产，装机124千瓦。

3月

酃县文工团成立。1961年8月改为地方国营酃县花鼓戏剧团。

10月

24日始，开展“反右倾”斗争。境内313名人民公社、生产大队、生产队党员、干部受到批判斗争或行政处分。1962年纠正288人。中共十一届三中全会后全部平反。

12月

从石洲人民公社（以下简称公社）划出大院生产大队，成立国营大院农场。

1960年

3月

沔渡人民公社晓阳生产大队农民夜校被评为全国工农教育先进单位。

4月

18日　沔渡人民公社白云才、垄溪人民公社钟永泰分别以正式代表和特邀代表身份赴京参加全国民兵代表大会。

11月

月初，开展整风整社运动，纠正人民公社化以来发生的共产风、浮夸风、强迫命令风、瞎指挥风和干部特殊化问题。238名基层干部受到批判斗争，1962年甄别平反。

是年，兴办人民公社、生产大队、生产队集体猪场，不许家庭养猪。境内（原酃县区域）生猪饲养量降至2.06万头，次年再降至1.01万头，猪肉供应紧张。

是年，农村人均口粮162.5公斤。因营养不良，大面积发生水肿病。

1961年

3月

20日　中共酃区（原酃县区域）工作委员会成立，茶陵县委副书记陈祯炳兼任工委书记。

6月

1日　恢复酃县建制，隶属湘潭专署。

上旬，山洪暴发，死亡14人。

8月

塘田公社桐睦、新生等地7个公共食堂误用有毒菌做菜，致289人中毒，5人死亡。

9月

酃县中医院成立，属集体所有。

11月

5日　中共酃县县委召开三级干部会，总结3年来的工作，肯定“总路线、大跃进、人民公社三面旗帜”。中共酃县县委书记郭步书代表县委对农村工作中出现的“五风”[②]错误作检查。

12月

13日　推行“五定包干”农业生产责任制，即以生产队为单位，定产量、定征购、定上交、定用工、定交换。

年底，农村公共食堂全部解散。

是年，恢复农村社员自留地，全县自留地面积6469亩。

是年，全县农村人均口粮157.5公斤。

1962年

3月

月初，中共湖南省委第一书记张平化率工作组到城东公社中团大队横岭生产队调查研究。28日，召开全县大队党支书记会议，张平化作《加强党支部，办好生产队，争取大丰收》报告。

6月

县委批准部分边远山区实行特殊形式生产责任制。其中，包产到组的27个生产队150户，包产到户的14个生产队113户。

11月

县委工作组在河西公社和城东公社中团大队开展定权发证试点工作，对集体主要生产资料发放所有证,社员自留地发放使用证。

12月

5日 中共中央委员、共青团中央第一书记兼中共湖南省委书记处书记、中共湘潭地委第一书记胡耀邦,由中共湖南省委书记处书记、湘潭地委第二书记华国锋陪同到酃县考察工作。6日,胡耀邦至炎帝陵谒陵;7日上午,在县直机关党员干部会议上作形势报告。

是年冬,完成以生产队为单位的“三包”(包工、成本、征购上交任务)、“四固定”(固定劳力、土地、耕牛、大型农具)工作,将基本核算单位下放到生产队。194个大队改为生产队核算,7个维持大队核算。

是年,引进试种矮秆水稻品种。1965年在全县推广。

是年,省农业厅分配酃县2台轮式拖拉机,县内始有拖拉机耕田。

是年,城关镇建立270亩蔬菜生产基地。

1963年

1月

16—22日 中共酃县县委召开县社队三级干部(扩大)会议,动员部署以“两条道路(社会主义、资本主义道路)斗争”为中心的社会主义教育(以下简称社教),历时2月。

2月

29日 十都公社皮坑大队发生山林火灾,延烧6天,毁林1.8万亩。

3月

21日起,连续106天不雨,水田干旱5.6万亩。当年粮食减收121.5万公斤,县人委核减灾区农业税折粮92.5万公斤。

4月

7日 由县委书记、县长带队,180名干部到十都公社考察,帮助改善经营管理,解决群众生活困难。历时1月。

5月

16日 中共酃县县委工作组在石洲公社和三河公社星光大队开展以“四清”(清工分、账目、粮食、物资)为中心内容的社教试点工作。7月结束。

6月

中旬,团中央书记、中共湘潭地委第一书记胡耀邦考察酃县旱情,指导抗旱。次年4月5日,第3次到县,考察春耕生产与群众生活,再谒炎帝陵。

7月

1日 酃县电影院建成。

9月

酃县知识青年安置办公室设立。11月,开始接受安置湘潭、醴陵等地上山下乡知识青年。至1978年,共接受安置7198人(含本县433人)。

11月始,接受安置醴陵县官庄等水库移民。至1965年3月,安置542户,2321人。

1964年

1月

30日　建立地方国营酃县天平园艺场,种植茶叶、果木800亩。

2月

25日　中共酃县县委在塘田公社进行以“四清”(清政治、组织、经济、思想)为中心内容的系统社教试点工作。

3月

县农科所和片农技站进行早稻塑料薄膜覆盖育秧试验,成秧率比露地育秧高24%,次年在全县推广。

4月

1日始,中南309地质勘探队第4队在县内探查稀有矿藏,1969年撤出。

6月

30日　开展第二次人口普查,统计全县人口110625人。

8月

4日　根据中共湘潭地委统一部署,抽调558名干部组成社教工作团,分赴湘潭县南谷、仙女公社开展社教运动,次年6月结束。8月,再次抽调734名干部赴浏阳县镇头区开展社教运动,历时1年。

10月

修通沔渡至宁冈县睦村段公路7.24公里,建成沔渡汽车站。次年,开通酃县至井冈山省际客班车。

11月

11日　县林业局、森林工业局合并成立酃县林业局,下设木材公司。

1965年

1月

水口公社牛牯潭电站建成,装机125千瓦。为县内第一座社办电站。次年,全县50余座水轮泵站改造成小水电站。

是月,湖南省军区授予酃县人民武装部四好武装部标兵称号。

4月

县内首台手扶拖拉机(工农—7型)在三河公社西台大队进行耕作表演。

5月

县卫生局委托人民医院举办农村医生班,实行半农半读,学制3年。

6月

酃桂公路中村至槽里段动工修筑,次年11月竣工。全长28.59公里。

7月

中共湖南省委书记张平化考察江口采伐场,指示将采伐场改为采育场,实行采育结合。

8月

地方国营竹木藤加工厂、酃县竹木合作社(后更名酃县木工厂)建成投产。

是月,成立酃县农村文艺宣传队。

9月

举行全县农村先进俱乐部经验交流暨农村文艺会演大会。

上旬,成立酃县贫下中农(即贫农、下中农)协会。

10月

16日　太平公社农民唐运生抢劫公社粮站,杀伤营业员,逃跑中又杀死杀伤无辜群众各4人。19日,因拒捕被击毙。

11月

5日　河东渠道动工,1969年11月竣工通水。主、支渠全长76.5公里,灌溉面积2.5万亩。

是年,炎陵良种场人工孵化鱼苗获得成功。

是年,省外贸局湘潭专区办事处投资在酃县兴建香菇栽培试验场。

1966年

2月

从江苏省武进县聘请农民师傅12人,驻生产队传授水稻(农垦五八品种)、棉花、蔬菜栽培技术。

是月,开办酃县林业学校。

6月

3—13日　召开三级干部大会,宣传贯彻中共中央《五·一六通知》,"文化大革命"运动开始。

7月

各中学建立红卫兵组织,学校停课闹革命。

9月

15日　中共中央主席毛泽东第3次在天安门广场接见"红卫兵"和师生代表。酃县2名教师、24名学生代表受到接见。

10月

县内第一座公路石拱桥——河漠大桥竣工通车。

11月

16日　中共酃县县委决定大办水轮泵。当年建成水轮泵站38座。1970年再掀高潮，修建水轮泵站175座。

12月

外地“红卫兵”相继来酃县串连，发动“文化大革命”。“红卫兵”组织和其他群众组织随意抄家。“文化大革命”期间，全县1326户干部和群众住宅遭查抄，抄走金银、现金与其他财物。1986年作部分清退。

1967年

2月

上旬，在上海“一月风暴”(造反派组织篡夺上海市党政大权)鼓动下，县内“造反派”组织开始“夺权”，各级党政机关瘫痪。

24日　成立以“造反派”组织负责人为主的“抓革命促生产临时领导小组”，行使原县委、县人委大部分职权。

2—3月

中小学“复课闹革命”。

3月

红星大桥动工建设，12月竣工，次年元旦通车。为省内首座双曲拱大跨径公路桥。

7月

26日　酃县人民武装部正式介入地方“文化大革命”，执行“三支两军”(支左、支工、支农，军管、军训)任务。

下旬，近百名“造反派”组织成员冲击公安局、检察院和法院，夺走手枪2支、照相机1部、双人摩托车1辆。当月被追回。

8月

根据上级指示，由县人民武装部对公安局、检察院、法院等单位实行军事管制。1973年5月，撤销军管，恢复公安局、法院。1978年12月，恢复检察院。

是月，中国人民解放军四十七军毛泽东思想宣传队接替人民武装部“三支两军”任务。

11月

成立毛主席革命活动纪念地建设办公室，征集、采编毛泽东和工农红军在酃县革命活动资料与文物。

是年，脑膜炎流行。全县发病1773人，死亡68人。湖南医学院及上海、山西医疗队赴酃帮助开展防治工作。

1968 年

2 月

17 日　成立以军队代表为首，地方领导干部和“造反派”组织代表（各 4 名）参加的“三结合”临时权力机构——抓革命促生产领导小组。

6 月 14—7 月初，连降大雨，洪水泛滥，死亡 5 人。

8 月

受江西宁冈县“造反派”组织制造的“反共救国军”假案牵连，酃县农村 300 余人被定为“反革命”。132 人受刑，其中致死 12 人，致残 23 人。1979 年平反。

9 月

12 日　酃县革命委员会（以下简称革委会）成立，实行“党政一元化领导”。基层单位及公社、大队相继成立革委会或革命领导小组。

14 日，县革委会第一次全体会议召开，作出开展“清理阶级队伍”决定。“清队”中又制造了一批冤假错案。

10 月

12 日　县革委会在炎陵良种场举办党政机关干部集训班。随后划出天平茶场一部分，成立“五七干校”，集中 300 余名干部，边劳动边“交代问题”。

20 日　抽调一批工人和贫下中农组成“毛泽东思想宣传队”，进驻 16 所学校和 2 所县级医院。1977 年撤出。

24 日　整党建党领导小组成立，在全县分期分批开展整党建党。运动中突击发展一批党员，部分党员受到错误处理。

12 月

河西公社取消定额记分，实行大寨式“政治评分”，即年初按社员个人政治条件和劳动力强弱评定底分，年终按出勤日计算工分。次年元月在全县推广。

1969 年

2 月

19 日　县革委会教育革命办公室决定，农村公办小学下放给生产大队。本县小学教师回原籍（或配偶住地）由贫下中农推荐任教。当年有 84 名公办教师未被推荐。

3 月

城镇居民下放农村。全县下放 86 户、303 人。1979 年收回。

5 月

县花鼓戏剧团更名酃县革命委员会毛泽东思想文艺宣传队，随即沿毛泽东当年在酃县革命活动路线演出。

7 月

开始在城乡分期分批开展以清理阶级队伍、割资本主义尾巴、整党建党为主要内容的“斗批改”运动。1972 年秋结束。

11 月

29 日　中国共产党鄙县革命委员会核心小组成立,领导全县党政工作。12 月 20 日更名中国共产党鄙县核心领导小组,开始恢复党组织活动。

12 月

核心小组在太平人民公社进行恢复党委试点工作。至 1971 年,16 个人民公社全部恢复党委。

1970 年

3 月

16 日　县农机厂试制的五六式半自动步枪，在广州军区地方军工生产经验交流会上，获评射击精度第 2 名。

8 月

大专院校恢复招生。采取自愿报名,群众推荐,领导批准,学校复审办法选送学生。至 1976 年,全县累计选送 92 人入大专院校学习。

9 月

7 日　举行全县民兵独立营、独立连业余文艺会演。

10 月

10 日　皮坑采育场自行设计、架设长 4.5 公里、机械动力自动回空运材索道投入运行,为省内林区最长的同类型钢索道。

16 日　县革委奉命组织 3000 名民兵赴茶陵参加湘东铁路建设,历时 3 年。

12 月

17—25 日　中共鄙县第三次代表大会在县城召开,选举产生中共鄙县委员会。26 日,在水口叶家祠召开一次全会,提出“举旗抓纲学大寨,快马加鞭赶昔阳,三年队队变大寨,十年办成工业县”口号。

是年,根据湖南省革命委员会通知,县人民银行、县信用社对 1961 年及以前的农村贷款计 53.5 万元给予豁免。

1971 年

3 月

在木湾兴建水口铁厂,次年 7 月投产。因原料短缺,生铁质量低劣,于 1973 年 4 月停产。

是月,县革委会三农水小组派出技术干部 16 人,聘请农民 43 人,组建 16 个公社农业科学技术辅导站。

5月

3日　在大院、十都一带进行飞机播种造林。直播马尾松7.78万亩,成活率90%。次年3月,再在策源、下村一带飞播马尾松16.2万亩,成活率80%。

是月,10个公社成立8.75毫米电影放映队。

8月

酃(县)安(仁)公路河西大桥动工,次年10月竣工。

是月,船运社购入20马力、载重10吨木质机帆船1艘。县内始有机动船只。

10月

17日　县委召开大队党支部书记以上干部会议,传达中共中央关于林彪叛党叛国的通知,号召揭发批判林彪反革命集团罪行。

冬,开展改造低产田运动。县委书记颜家兰率工作队驻沔渡公社夏馆大队办点。至次年春,全县改造、改良各类低产田6万亩。

是年,城关公社粮食亩产415公斤,率先达到《全国农业发展纲要(修正草案)》指标(亩产400公斤)。1978年,全县粮食亩产跨“纲要”。

是年,工农中学(三中)学生朱彩云在湘潭地区中学生运动会上破全省少年组3000米跑纪录。

1972年

1月

开办县萤石矿。1978年停办。1984年4月复办。

5月

3日　县革委会生产指挥组技术干部彭守义、县人民医院药剂员滕明光以国家援外专家组专家身份,分赴塞拉利昂、坦桑尼亚执行援外任务。

6月

10日　船形公社沿潭大队一刑满释放人员因婚姻受阻,杀害女方全家6口后自杀。

夏,早稻遭稻飞虱危害,全县减产600万公斤。

9月

1日　湖南省革命委员会公布炎帝陵、水口叶家祠、水口桥头江家为文物保护单位。

10月

十都公社皮坑大队农民捕获野生猫科动物1只,经鉴定为金丝猫,属国家一类保护动物。

是年,提出“学大寨,拼命干,扩种早稻12万(亩)”口号。部分高寒山区盲目扩大双季稻种植面积,致8000亩早稻失收。

先进单位(大队)受到表彰。1979年1月,县委批准77个“大寨式大队”。

2月

3日 全县“工业学大庆”会议召开,提出“为普及大庆式企业而奋斗”。翌年3月,省委、省革委会授予县服装厂“大庆式企业”称号;授予12个县办企业、5个社办企业“学大庆红旗单位”称号。

3月

5日 遂川、桂东两县交界处发生山火,蔓延至下村公社泥湖大队。山火延烧4天,毁林1.5万亩。

4月

9日 县氮肥厂建成试车。总投资395.2万元,累计生产碳酸氢铵5.57万吨。因燃料煤、原料煤短缺,1983年4月报省计委批准停办。

5月

中共湖南省委、省革命委员会、省军区授予酃县民兵女子22连民兵工作先进单位称号。该连参加湘东铁路、水口电站等工程建设,以敢干吃苦著称。

6月

茶陵县青年电站蓄水发电。洣水酃县河段传统水运终止。

是月,碧江35千伏变电站建成,变压器容量2×4000千伏安。

9月

27日 全国人大常委会副委员长李井泉、最高人民法院院长江华到酃县视察工作。

是月,撤销“五七”干校,恢复中共酃县县委党校。

是月,恢复高等院校招生考试制度。是年,全县考生录取到大专院校和中等专业学校各35名。

10月

17日 纪念毛泽东创建井冈山革命根据地50周年大会在大操坪举行。

12月

青广坪至茅坪公路建成通车。

1978年

1月

16日 酃县首次科学技术大会召开,198名科技人员代表出席。大会表彰一批科研成果和先进单位、先进个人。

29日 恢复中共酃县县委纪律检查委员会。

2月

26日 第五届全国人大代表、下村公社党委书记刘湘兰参加第五届全国人民代表大会第一次会议。

是月，调整中学布局，全县 138 所中学调整为 33 所。

3 月

全国食用菌生产经验交流会确定酃县为全国十大香菇生产基地之一。

4 月

开办酃县青少年体校。

8 月

21 日　召开全县教育工作会议，贯彻全国教育工作会议精神，在教育战线开展拨乱反正。公社党委宣传委员和中小学公办教职工 1800 人参加。

10 月

9 日　酃县百货公司实行计时工资加奖励分配办法。

12 月

桐睦至船形公路建成，实现全县每个公社通公路。

是月，酃县气象站获评全国气象系统先进单位。

是月，中村人民公社龙渣大队龙渣排生产队决定将田土分户经营，按产量计算工分，在全县率先实行家庭联产计酬责任制。

1979 年

1 月

中共酃县四届二次会议和县革委会七届二次会议同时召开，传达贯彻中共十一届三中全会精神，将工作重点转移到经济建设。

2 月

为参加中越边境自卫还击战，全县开展 1978 年度第二次征兵。

3 月

1 日　县文艺工作队恢复酃县花鼓戏剧团名称。

8 月

15 日　湖南省首次高炮人工降雨试验在垄溪人民公社和城东人民公社进行。

10 月

4 日　塘田公社鲁坑小学教师马安健获省革命委员会授予小学特级教师称号。12 月 25 日，马安健被国务院授予全国劳动模范称号。

11 月

2 日　酃县革命烈士纪念碑奠基仪式在湘山举行。次年 9 月 27 日落成。

是年，贯彻中共中央〔1979〕5 号文件精神，将地主、富农成份改为社员成份。

1980年

1月

20日 县邮电大楼建成，400门纵横制交换机开通，城区电话交换实现自动化。

3月

12日 日本兵库县贸易株式会社宫谷宏等3人到大院农场交流清水笋加工技术。

4月

上旬，垄溪公社率先推广“包干到户、联产计酬”农业生产责任制。

27日 创办县教师进修学校。1984年经省教育厅验收批准，定为中等师范性质学校。

6月

各地对水稻迟熟品种喷施西力生、赛力散农药防治稻瘟病，造成大面积农药污染。当年封存受污染稻谷170万公斤。1982年省粮食厅按调拨价调出作工业酒精原料。

10月

工交企业推行“五定”(定人员、任务、质量、消耗、奖罚)经济责任制。

12月

15日 酃县第八届人民代表大会第一次会议召开。决定撤销县革命委员会，恢复县人民政府；设立县人民代表大会常务委员会。会议通过《关于保护森林资源，加速发展林业若干问题的决议》。次年3月31日起，实行木材凭证采伐。

是年，县中医研究所、县中医院成功研制毛萝摩注射剂和流浸膏片治疗蛇伤。

1981年

5月

14日 县委、县政府组织工作组到水口公社木湾大队开展山林定权发证试点工作。9月，抽调144人，在沔渡公社扩大试点。

10月

湖南省林科所刘起衔等在大院农场发现冷杉群落。1988年，林业部科学研究院命名“大院冷杉”。

12月

24日 县委、县政府召开劳动致富经验交流会。42个集体经济单位代表、127名个体经济代表出席。

冬，在全县推行分户经营，联产承包农业生产责任制。

是年，首次发行国库券16万元。

是年，国家电力部授予水口电站全国小水电管理先进单位称号。

是年，县政府发出布告，严禁猎捕国家保护动物，严禁在风景名胜区、封山育林区狩猎。

1982 年

2 月

12 日　中共酃县县委、县人民政府抽调 1012 名干部下乡,解决包产到户中的具体问题,完善农业生产责任制。

4 月

3 日　湖南省人民政府批准桃源洞为自然保护区。

7 月

1 日　开展第三次人口普查,全县人口 158147 人。

9 月

开展农业区划工作,1984 年结束。初步查清县内土地、水、气候、生物 4 大资源数量、质量和分布情况,并进行综合评价。

是月,酃县第一中学学生陈新雷在省青少年田径运动会上夺乙组三项全能第一名。1986 年,在省中学生田径选拔赛上再夺男子乙组五项全能第一名。

10 月

垄溪人民公社三口垄大队农民何石生自购载重 3 吨汽车 1 辆,从事个体运输。为县内首个汽车运输个体户。

是年,由酃县林业基建队修建的春江筏道,在工程质量和安全施工评比中获国家林业部二等奖。

1983 年

2 月

28 日　商业系统所属公司实行“定额包干、工资浮动”管理办法。

3 月

省地县联合调查队，对酃县森林资源开展调查。全县森林覆盖率 62%，活立木蓄积量 642.45 万立方米。

是月,文物部门在东风公社太平生产队梅山口发现龙山文化遗址。

4 月

中共酃县县委、县人民政府在沔渡人民公社进行政社分设试点工作。次年 4 月,全县撤销人民公社,设立乡(镇)人民政府。

5 月

20 日　中共中央顾问委员会委员张平化到炎陵县视察工作,在全县科局以上干部大会上作林业问题报告。

6月

第六届全国人民代表大会代表马安健参加第六届全国人民代表大会一次会议。马安健、吴占魁、周士一等23名湖南代表向大会递交关于修复炎帝陵建议。12月29日,省政府办公厅批复,同意修复炎帝陵,并安排资金60万元。

是月,雷电、冰雹、暴雨交加。死亡6人,伤48人。县政府下拨救灾款34万元。

是月,国营企业实行第一步利改税,改上缴利润为上缴所得税。

7月

酃县改隶株洲市。

11月

26日　湘赣边区第十一次疟疾病联防会议宣布酃县为无疟疾县。

是月,县直机关机构改革开始,次年元月结束。一批基本符合"四化"(革命化、年轻化、知识化、专业化)要求的干部选拔到县、局领导岗位。

是月,筷子篓(水库)电站动工兴建,1988年8月竣工。电站装机3000千瓦,水库库容850万立方米,可为水口电站调节发电量。

12月

中共酃县县委纪律检查委员会升格为中共酃县纪律检查委员会。

1984年

2月

举行酃县首届农民音乐会,161名歌手参加。

3月

上旬,县人民医院妇产科主任吕云英被全国妇联授予的"全国三八红旗手"称号。

18日下午,醴陵泗汾公社一运货车,在垄溪公社秋田大队中坪坳侧翻,当场死5人,重伤2人,轻伤1人。

31日　中国人民政治协商会议酃县第一届委员会第一次会议在县城召开。

5月

19日　县委、县政府发出《关于教育投资和集资办学的通知》,规定县财政每年从机动财力、水电利润中各提取20%资金,弥补教育经费。

6月

3日　县政府下发《关于进一步扩大我县国营工业企业自主权的实施办法》,为国营企业"松绑"放权。

24日　中共酃县县委为长期遭受不公正对待的原中共酃县区工委、青年团酃县区工委和酃县武工队成员落实政策。

7月

18日　保险公司酃县代理处升格为中国人民保险公司酃县支公司。

8月

30日　省汽运局驻酃县38车队一客车行至夹石坳下坡路段时,因刹车失灵,旅客惊慌跳车,死5人,重伤6人,轻伤7人。

10月

县木工厂从上海引进板式家具生产技术与设备,次年6月投产。所产套装板式家具连续3年获省家具行业评比一等奖。

是月,高等教育自学考试开考,全县89人参加。

12月

27日　水口铜管乐队成立,为县内第一支农民铜管乐队。

是月,酃县信用合作联合社成立。

是年,县委、县政府首次在长沙、广州等地举办同乡会,恳请酃县同乡建言献策,支持家乡建设。

是年,县文化馆陈林生创作的漫画作品《霸王求情》《思凡》,参加第六届全国美术作品展览会展出。

1985年

1月

27日　中国工商银行酃县支行成立。原中国人民银行酃县支行裁撤。

是月,桃源洞自然保护区新屋组发现桦桑群落,面积100余亩,2400余株。

2月

7日　省民政厅批准,从中村乡划出龙渣、新开、双奎、龙凤4个村成立龙渣瑶族乡。

3月

12日　吴占魁、马安健等9名全国人大代表视察炎帝陵。

21日　县九届人大常委会第八次会议决定,从当年起林木年采伐量不得突破8.5万立方米。

4月

16日　改木材统购统销为议购议销。

5月

4日　县政府决定返还下村、平乐、龙渣3个贫困乡农业税、工商税。是日,中共酃县县委书记祝光耀到县第一中学、第五中学和教师进修学校调研,决定贷款88万元,为3所学校兴建教学楼和教师宿舍。

9月

10日　县委、县政府举行集会,庆祝第一个教师节,向从教30年以上的200名教师颁发荣誉证书。

16日　香港—北京国际汽车拉力赛车队通过酃县。境内106国道牛岗排至桂东槽里21.38公里为赛段。

12月

21日　三河乡星光村一女村民突发破伤风水酸中毒，生命垂危。在县检查工作的副省长杨汇泉指示县政府组织抢救，并联系湘、鄂两省有关单位及武汉生物制品研究所，专程运送药物，病人脱险。

是年，县城兴建解放路，1988年元月竣工。

是年，交售粮食5000公斤以上的农户达45户。

是年，全县工农业生产总值首次过亿元。

1986年

3月

21日　龙渣瑶族乡龙凤村农民杨叶良、杨书常在毛髻仙发现银杉群落。

4月

17日　中共中央总书记胡耀邦题写“炎帝神农氏之墓”墓碑。

5月

28日　中国人民解放军酃县人民武装部改为地方建制。

6月

28日　整修炎帝陵工程奠基仪式在县第三中学操坪举行。中共湖南省委副书记、省长刘正，省人大常委会主任焦林义等出席。整修工程于1988年10月竣工。

8月

县铁合金厂与上海内外联合贸易公司联营，成立县内首家联营企业——酃沪铁合金厂。次年4月投产，当年生产工业硅524吨，创汇50余万美元。

9月

7日　东风乡新垄村变压器遭雷击，导致高压电窜入低压线路，死亡3人，重伤2人。

11月

28日　十都乡个体工商户廖慧军，出席全国个体劳动者协会第一次代表大会暨全国先进个体劳动者表彰大会。

是日，城关镇争艳花炮厂发生爆炸，死亡3人。

是月，县雕刻工艺厂刘辉煌制作的根雕作品在首届全国林产品展销会展出。

12月

经国家水利电力部验收，酃县成为全国第十个、湖南第一个农村电气化(初级阶段)达标县。

1987年

1月

29日　县人民政府批准商业体制改革方案，对年利润8万元以下的国营商业企业和饮食服务企业实行租赁经营。

3月

2日　十都乡桃源洞农民在红军医院遗址发现红军遗存步枪11支。

4月

9日　水口镇木湾村农民彭扬生在山上捕获1只重9.15公斤的国家一级保护动物云豹，送交有关部门。

5月

20日　县第十届人大常委会第二次会议作出修纂《酃县志》决议。次年6月启动，1993年9月完成总纂稿并通过评审。全书22篇105万字。1994年获湖南省地方志优秀成果一等奖。

21日　开展文物普查，6月结束。全县古文化遗址27处，古墓群16处，古墓葬33处，古桥梁11座，古碑刻8块，革命遗址14处。收集或登记流散文物62件。

是月，县经委从湖南省陶瓷研究所引进新瓷种湘玉瓷生产工艺，成立酃县湘玉瓷厂，所产工艺瓷产品全部出口。

是月，沔渡乡稀土矿投产。当年生产富铕高钇型氧化稀土10吨。

6月

历时2年的中草药资源普查结束。县内有中草药1310种。湖南圆苞山萝花（新变型）为国内首次发现。

7月

17日　中共湖南省委书记毛致用考察炎帝陵修复工程以及林业和小水电。

8月

11日晚，3名歹徒抢劫下村信用社金库。会计邝建华、出纳员朱欠妹与之搏斗。邝建华负重伤，金库无损。

是月，开办酃县林业职业学校。

10月

10日　降雨量95.5毫米，引发洪灾，死5人，伤7人。

14日　县委、县政府举行纪念井冈山革命根据地创建60周年大会。全国政协常委李立、江苏省军区司令员顾问余庆腾（酃县籍）、省顾问委员会副主任赵处琪等出席。

11月

1日　县委、县政府发文，为土地革命战争时期以“AB团”罪名错杀的283人平反。其中，15人追认烈士，81人落实一次性抚恤。

是月，全国第四次复式教学研讨会在酃县召开，13个省市93名代表参加，观摩、研讨马安健复式教学。

是年,县属国营企业实行承包经营责任制和风险抵押补偿制,企业内部实行全员风险抵押承包。县级财政收入首次过千万元。

1988 年

1 月

县外贸清水笋加工厂建成投产,年生产能力 800 吨。

2 月

15 日　县广播电视台在笔架峰修建卫星地面接收站,并配发射系统。

3 月

20 日　中共中央顾问委员会副主任宋任穷、中共湖南省委书记熊清泉考察炎帝陵修复工程。

28 日　中共酃县县委、县人民政府发布关于改革开放,搞活经济 60 条规定。

4 月

中共株洲市委、市人民政府在株洲召开井冈山老区酃县、茶陵县经济开发座谈会。中顾委委员张平化、副省长卓康宁、省顾委常委史杰以及省直属 23 个厅级机构负责人出席。酃县县委书记陈树林、县长李博文等 24 人与会。座谈会建议并报省委、省政府同意,给予两县税收、财政补贴、建设资金等 6 条优惠政策。

是月,皮坑林场焦石工区遭雷击,死亡 1 人,重伤 5 人,轻伤 1 人。

5 月

15 日　县城自来水厂建成投产,日供水能力 5000 立方米。

6 月

2 日　县城集会纪念中共早期党员何孟雄诞辰 90 周年。

20 日　县水泥厂发生喷窑事故,死 3 人,重伤 1 人。

29 日　县内首家企业集团公司——酃县铁合金公司成立。

7 月

国家水利电力部授予水口电站全国小水电优秀电站称号。

10 月

11 日　国际自然资源和自然保护区联盟猫科动物委员会主席彼得杰克一行到桃源洞自然保护区考察华南虎。

30 日　下村乡东坑村农民阳辰华在朦胧山捕获 1 只国家二级保护动物红面短尾猴,交桃源洞自然保护区。

是月,深坑变电站(主变容量 2 万千伏安)及水口小湾至深坑 110 千伏输电线路工程竣工输电。

11 月

16 日　中共酃县第六次代表大会召开，首次以差额选举方式选出县委委员、候补委员和纪检委员。

12 月

6 日　外贸公司清水笋厂“船牌”清水笋罐头和县糖果糕点厂“炎陵牌”米制蛋糕，获首届中国食品博览会铜牌奖。

是年，开征国营企业工资调节税。当年计征 9 户，税款 22.1 万元。

是年，少年先锋队全国工作委员会授予城南小学少先大队红旗大队称号。1990 年 9 月，授予城北小学少先大队红旗大队称号、城南小学少先大队 94 中队红旗中队称号。

1989 年

1 月

15 日　台湾省台中县雾峰乡圣贤宫神农大帝庙主任委员林文卿等专程拜谒炎帝陵，并迎回炎帝神农金身塑像 1 尊。启台湾神农宫庙与炎帝陵交流之端。

3 月

13 日　代理省长陈邦柱拜谒炎帝陵，并考察县造纸厂、家俱厂。

是月，船形乡农民张仁兴创办工艺装饰有限公司。县内始有现代装潢业。

4 月

1 日　县人民政府实行政务工作“两公开一监督”（公开办事、公开处理，聘请政务监督员监督）。

5 日清明节，省人民政府顾问刘亚南、参事室主任李国玺、省政协原副主席谷子元、国务院参事吕德润偕省政府参事室参事等 48 人祭祀炎帝陵。

19 日　经省财政厅考核，上年预算内国营工业企业无亏损。省扭亏增盈领导小组授予县政府“无亏损县先进单位”。

是月，酃县文学艺术界联合会第一次代表大会召开。

6 月

酃县出口工艺瓷厂湘玉瓷产品选入湖南省“星火计划”。当年《湖南年鉴》载：“酃县湘玉瓷（工艺瓷），经省轻工业厅鉴定为国内首创产品，质量已达到国际水平。”

28 日　酃县公路段耕熟岭工班班长罗王苟获国务院授予的全国劳动模范称号。

10 月

1 日　美国加州科学院植物系标本室主任贝洛和哈佛大学戴卫到桃源洞考察原始次生林。

27 日　县城举行集会，庆祝酃县解放 40 周年。张平化、樊致祥、冯希孟等酃县历届党政领导应邀出席。

12 月

1 日　城东乡中团村园艺场生产的尾张温州蜜柑在第二届全国水果评优会上获评部优

产品。

是日，中国人民武装警察部队总部授予酃县武警中队拥政爱民先进集体称号。

是年，先后落实521名流散红军优抚政策，健在的200人享受定期定额补助。土地革命时期牺牲、失踪人员179人追认为革命烈士。

1990年

2月

18日 开展城乡社会主义思想教育。市、县组织221名工作队员分赴55个村、16个工商企业驻点。

是月，塘田乡中心小学学生唐波四年如一日照顾无臂同学唐军，评为湖南省青少年学雷锋标兵。次年7月，在少先队全国工委和《中国少年报》等报社联合举办的评选活动中，获评中国好少年，并获“助人奖”。

4月

5日清明，县长卢耿民率政府工作人员祭祀炎帝陵。

26日 县政府号召社会各界为残疾人康复募捐，当年捐款6725元，78名残疾人得到康复治疗。

7月

1日 开展第四次人口普查。全县人口175759人。

8月

3日 城东乡铁合金厂矿热炉电极软断，烧死3人。

15日 县政府首次接受贷款993.23万元，用于营造速生丰产林。其中，世界银行贷款594.55万元（折人民币），国内配套资金398.68万元。

是月，酃县白鹅被列为湖南省优良地方品种。

12月

2日 龙渣瑶族乡举行建乡5周年庆祝大会暨“盘王节”活动。

25日 开征人民教育基金。

是年，国家审计署、人事部、中国财贸工会授予县审计局全国审计机关先进集体。

1991年

1月

以工代赈项目106国道坎坪至水口砂改油公路建设启动。当年投资204万元，铺油面10.6公里。

2月

5日　河漠水石狮岩渡口木船因严重超员沉没，溺死9人，伤6人。

25日　县文化局举办首届民间鼓乐班传统鼓乐比赛，12支鼓乐班参赛。

3月

6日　县公安局查获一起重大盗窃耕牛案。犯罪团伙于春节前后盗窃耕牛33头。

27日　县委、县政府作出进一步完善林业生产责任制决定。实行“四权”（山、林、采伐、销售权）归村组，经营管理“五统一”（统一管护、造林、采伐、销售、分配）。1300名县乡干部组成203个工作队，进村入组抓落实。

是月，城东乡村民曾年海获中央绿化委员会授予全国造林绿化劳动模范称号。

4月

14日　国务委员、国家科委主任宋健在酃县考察并主持召开井冈山地区科技扶贫开发工作座谈会。8月上旬，确定酃县蚕桑、水果等9个项目列入“八五”科技扶贫开发计划。

5月

1日　县第十一届人大常委会第八次会议决定，停止执行从木材收购价款中提留集体山价款规定。

14日　酃县残疾人协会成立。

18日　国家旅游局推出'92中国友好观光年寻根朝敬之旅，炎帝陵列入首批14条中国专项旅游线路之一。

21日　酃县铁合金公司木湾电站竣工发电。电站装机2400千瓦。为首个企业自办电站。

6月

6日15—20时，县域南片突降暴雨，4小时降雨量逾100毫米。淹没稻田1.5万亩，冲毁河堤7处、水渠47条、电站3个。死亡4人，重伤2人。

是日，全国政协副主席王任重、国务院副秘书长罗青长考察并参谒炎帝陵。

是月，县委、县政府发布发展乡镇企业28条优惠政策。

9月

24日　酃县精神文明建设指导委员会成立。

是月，盲人张爱武参加湖南省第三届残疾人运动会，获女子跳高、铅球、标枪、铁饼项目3枚金牌、1枚银牌，打破2项省记录。

10月

1日　县商业局举办酃县首届美食节，展出名菜34种、糕点71种。

11日　中顾委常委、中华炎黄文化研究会执行会长萧克将军视察并参谒炎帝陵。在纪念馆题写“朱毛红军会师纪念碑”。

11月

上旬，国家文化部授予酃县全国文化先进地区称号。

9日　县政府发布鼓励台胞及海外人士投资或引荐外资实施办法。

是月,全县集体所有制单位职工退休金实行社会统筹。

28日　县政府召开住房制度改革动员大会,公建住房住户交纳住房抵押金,实行“以息代租,还房退押”办法。

1992年

1月

7日　中共酃县县委、县人民政府召开科技兴县大会,1000人与会。马安健、吴建成获科技兴县奖。是年,全县有科技人员2621人。其中,高级职称39人,中级职称583人。

18日　全县文化工作及先进表彰大会召开,县委、县政府作出《加强文化工作,发展文化事业的决定》。

3月

3日　由省政协委员组成的炎帝陵考察团,考察炎帝陵建设与旅游开发。

4月

5日　县委、县政府召开“奔小康”动员大会。抽调100名机关干部配合乡镇,帮助村组制定“奔小康”规划。

25日　县政府与省财政厅签订《贫困县教育发展项目》承诺书,接受世界银行贷款105万美元。

5月

4日　县政府作出恢复和完善农村合作医疗制度的决定。

是月,经省林业厅检查验收,酃县提前两年消灭宜林荒山。

6月

13日　中国农业函授大学湖南酃县分校举行开学典礼。第一期招收学员39人。

30日　酃县有线电视台建成使用。

7月

1日始,连日降雨。5—6日,部分乡镇几小时内降雨120毫米以上。山洪暴发,冲毁耕地70公顷,桥梁72座,倒塌房屋187间。县委、县政府紧急动员抗洪救灾。

21日　县委、县政府发布关于加快改革开放,加速发展经济若干规定。

27日　林业部批准酃县桃源洞为国家森林公园。2002年5月9日,国家林业局批准桃源洞为国家级自然保护区。

8月

18日　湘运酃县汽车站开通直达广州市客班车。当年,全县在广州、深圳务工人员逾万人。

28日　共青团酃县第十二次代表大会通过实施希望工程救助贫困失学少年的决定。

是月,塘田中学学生、无臂少年唐军参加湖南省少年残疾人运动会,夺男子A5、A7级700米、800米、1500米跑3块金牌。

9月

16日　中共酃县第七届一次代表大会召开。大会提出:进一步解放思想,切实加强党的建设,努力开创我县经济建设和改革开放新局面。

10月

9日　酃县旅游管理局成立。

11月

1日　放开粮食销售,取消购粮证、粮票和统购、定购粮食指标,价格随行就市。

28日　由著名文物、古建、考古专家郑孝燮、孙轶青、罗哲文、庄敏、黄景略、林小安等组成的全国政协炎帝陵考察组对炎帝陵进行考察。确认:炎帝"葬于酃县",炎帝殿具有"特殊的重要历史价值""可以决定它列入国家级(文物保护单位)"。建议"清明节扫墓祭祖礼制,炎帝陵、黄帝陵应同时并重,同属于国家级的祭祀规格"。

1993年

1月

1日　放开粮食收购,改合同定购为协议收购。

2月

1日　县政府启动世行贷款肺结核病控制项目。2003年,实施英国结核病控制"卫十"项目,为疑似肺结核病患者免费检查、为患者免费治疗。

4月

2日　德国专家佩尔茨和林业部专家来县,就建立森林监测体系进行考察。

是月,筷子篓水库大坝工程获省水利水电科技进步一等奖、优秀设计奖、优质工程奖。

5月

9日　县内首次举办桃源洞旅游笔会。来自省内外著名作家、专栏记者、摄影家等40余人参加。

6月

15日　中共酃县县委、县政府作出改革和加强农村卫生工作的决定。当年,改造乡镇卫生院危房10所,恢复、完善农村合作医疗100余所,全面开展改水、改厕工作。

7月

1日　省政府批准炎帝陵—桃源洞为省级风景名胜区。

8月

15日　省政府举行炎帝陵修复后首次公祭典礼暨"炎帝杯"世界华人华侨龙舟赛取圣火仪式。省长陈邦柱主祭。

16日　中共中央宣传部批准酃县兴建毛泽东、朱德第一次会面纪念碑。

是月,第三产业普查工作启动,次年4月结束。全县第三产业生产总值8780万元,占国内生产总值的31.02%。从事第三产业单位1124个,从业人员10864人。

9月

4日　中共中央总书记、中华人民共和国主席江泽民为炎帝陵题写陵名。

8日　塘田乡鲁坑小学教师马安健获首届“徐特立教育奖”。

10月

26日　中国人民解放军国防大学校长朱敦法上将参谒炎帝陵。

是月,中国社会科学院语言研究所教授周定一(酃县籍)赠送县一中全套《中国大百科全书》。

11月

18日　县委、县政府召开发展个体私营经济工作会议,确定个私经济为县域经济新的增长点,并制定发展个私经济若干规定。

22日　全国政协原副主席王恩茂、新疆军区原司令员张希钦将军赴炎帝陵视察。

是月,县直机关干部职工1600余人参加草坪河整治工程义务劳动,完成土石方3844立方米。

12月

23日　县内首次以拍卖形式出让龙井经贸开发区5宗630平方米国有土地使用权。

31日　县邮电局开通无线电寻呼人工台。

是月,林业部授予酃县世行贷款国家造林项目先进县称号。

是年,县政协牵头,举办希望工程义演,筹集资金4万余元,建立青少年发展基金,资助286名贫困失学儿童。

1994年

2月

1日　县邮电局3000门程控电话工程竣工开通。次年12月,实现乡乡通程控电话。

20日　中共酃县县委、县人民政府下发《关于稳定、完善农业生产责任制,延长土地承包期的意见》。明确耕地承包到期之后再延长30年。

4月

5日　民政部批准,酃县更名为炎陵县。是日清明,县人民政府在炎帝陵举行公祭炎帝陵典礼,县长何龙彪主祭。

5月

2日16时30分起,连续4小时降雨,引发山洪,死伤各3人。3日,复遭龙卷风袭击,损坏房屋1600余间。船形乡一村民遭雷击身亡。

12日　湖南省扶贫开发领导小组确定,炎陵县列入省扶贫县。

31日　中共酃县县委、县人民政府举行更改县名庆祝大会,会后举行环城庆祝游行。

7月

12日　降雨量185.5毫米,过程累计雨量240.3毫米。暴雨中心大院、十都、沔渡等地达270毫米。县城水淹面积达1/3。

20日　炎帝陵牌坊动工兴建,10月8日竣工。

8月

23日　县内"127"无线寻呼自动台开通。30日,笔架峰移动电话基站竣工投入使用。

9月

29日　县内首次销售社会福利奖券。15天销售51万元,筹集社会福利资金20万元。

30日　县公安局破获县内首起吸食、注射毒品团伙案。

10月

13日　'94湖南省各界公祭炎帝陵典礼在炎帝陵举行。省人大常委会主任刘夫生主持,省长陈邦柱主祭。是日,江泽民主席题书"炎帝陵"陵名碑揭碑仪式举行。是日,桃源洞国家森林公园开园仪式举行。

11月

23日　县十三届人大常委会第十六次会议决定:桂花为县花、杉树为县树。

28日　县机构改革动员大会召开。县直党政群机构由61个减为37个。其中,县委工作机构6个,政府工作机构31个。

12月

1日　平乐至下村公路开工修建,次年12月竣工,全长13.56公里。

14日　炎陵县广播站更名为炎陵县广播电台。

1995年

1月

25日　中共湖南省委宣传部公布炎帝陵为爱国主义教育基地。

2月

11—13日　中共炎陵县委召开三级干部会议。提出以"老"字强县,靠"山"字富民发展战略和"以粮食为基础抓好养殖业,以林业为根本搞好丘岗山地开发,以旅游业为重点扩大对外开放,以水电为基础办好乡镇企业,以小城镇为依托发展商贸"工作思路。

3月

3日　中共湖南省委书记王茂林考察中国工农红军革命活动炎陵县纪念馆、园艺示范场、龙井经贸开发区、铁合金厂、湘玉瓷厂,拜谒炎帝陵。倡议全省每人为炎帝陵建设捐1元钱。

4月

5日　县人民法院受理首个国有企业破产案——县造纸厂破产案,依法审理并宣布破产。破产后重组国有股份制企业炎陵县纸业有限责任公司,并于8月复产。

8日　召开全县初级卫生保健达标动员大会召开。10月底，接受省验收团检查评审，达到初级卫生保健要求。

19日　中国个体劳动者协会授予县个协全国个协先进单位称号。

5月

10日　省电视台制作《神奇的桃源洞》专题片在中央电视台一、四套节目播出。

23日　由新华社、人民日报、中央人民广播电台、中央电视台、光明日报、经济日报、法制日报、工人日报、中国企业报、中国旅游报等10家中央新闻单位记者组成的“炎帝陵纪行”采访团，至炎帝陵采访并举行祭祀仪式。

28日　城东乡中心小学游泳池建成并对外开放，为县内首个室外游泳池。

29—30日　水口、沔渡、王家渡、塘田、东风等乡镇遭受狂风暴雨和冰雹袭击，倒塌房屋8500多间，淹没稻田273.33公顷，雷电击伤4人。

是月，天堂茶厂生产的“神农剑”茶，评为省优质茶，获“湘茶杯”银质奖。

6月

18日　全国政协副主席杨汝岱视察炎帝陵。

是月，县政法部门取缔县内非法组织“门徒会”。

7月

8日　湖南省吨粮田开发示范领导小组对炎陵县5420公顷早稻测产，平均亩产474公斤。10月10日，对6020公顷晚稻测产，平均亩产529公斤。成为全省第一个山区双季稻成建制亩产吨粮县。

21日　东风乡高峰村4名儿童在东风水库游泳溺水身亡。

25日　县政府举办首届柰李节，来自全国各地客户160余人出席。当年全县栽培柰李1.25万亩。

是月，乡镇企业开发公司生产的空心保健竹凉席，参加第三届中国乡镇企业出口商品展览会，获优秀奖。

8月

11日　县直机关干部职工2000余人分赴十都、策源等林区，参加垦复笋竹两用林义务劳动。

9月

4日　中村乡民族中学建设工程竣工，瑶族、汉族学生在新校舍开学上课。

10月

2日　株洲市各界公祭炎帝陵典礼举行，市长王汀明主祭。

7日　泰国普吉岛九皇宫(供奉神农氏)一行12人专程参谒炎帝陵。

11月

5日　十都镇洋岐村畲族三节龙表演队，代表湖南省参加第五届全国少数民族传统体育运动会，获表演赛一等奖。次年4月6日，参加湖南省首届农民运动会，获表演赛特等奖。

13 日　西藏自治区山南地区扎囊县委书记廖子良（炎陵县援藏干部）带领歌舞团 30 人,在炎陵县演出。

12 月

2 日　成都军区副政委张少松中将(炎陵县籍)回乡探亲,参谒炎帝陵。

中旬,通过资质评审,经国家中医药管理局批准,县中医院为二级甲等中医院;经卫生部批准,县人民医院为二级甲等医院。

20 日　民政部授予策源乡敬老院全国模范敬老院称号。

是月,国家土地管理局授予炎陵县全国土地管理三无县称号。

是年,湘山公园建成并开放游览。

1996 年

1 月

7 日　中共炎陵县委、县人民政府在长沙召开炎陵县老区开发汇报会。省政协主席刘正、副省长周伯华、省人大常委会副主任沈瑞庭、省人大常委会原副主任黄道奇以及在长沙工作的炎陵同乡 150 余人参加。

11 日　经湖南省绿化委员会验收,炎陵县山地绿化率 99.6%,森林覆盖率 75.7%。为全省首批、全市首个绿化达标县。

2 月

6 日　新建湘赣边贸市场开业。

3 月

10 日　以县木材公司为龙头,联合竹木加工、汽车运输等企业成立绿银集团有限责任公司,资产 5204 万元,员工 1245 人。

4 月

4 日　遵照朱镕基副总理批示，国家经贸委企业司与中国人民银行条法司调查组到炎陵县调查企业破产情况。调查结论:“改革力度大,效果明显,有些问题需进一步完善。”

5 月

4 日　县计划生育服务站优生遗传检测中心建成使用。

6 月

10 日　中共中央宣传部公布炎帝陵为全国爱国主义教育示范基地。

11 日　台湾苗栗县卓兰镇农业文化技术交流团到县交流水果生产技艺,并祭拜炎帝陵。

7 月

14 日　县内首台联合收割机收割水稻示范在三河乡星光村举行。

是月,全县 10.35 万亩作物受旱,18 个村 3800 余人饮水困难。

8月

1—3日　普降大雨。最大降雨量299.9毫米，洪水泛滥。水利、通信、电力设施严重受损，数千人遭洪水围困。县委、县政府组织干部职工抢险救灾。

4日　撤销桃源洞行政村编制，行政事务由桃源洞管理局管理。

29日　李道合(炎陵籍台胞)念祖优秀学生奖学金发放仪式在县一中举行，首次奖励高考分数前10名、中考分数前20名学生共3.59万元。

31日　县农业银行与县农村信用合作联社实行体制分离。

是月，全县机关单位干部、职工捐出本月基本工资三分之一用于赈灾。公安干警人平捐出1月工资。

9月

1—5日　3000余名县直机关干部职工在垄溪乡土垒村参加垦复笋竹两用林义务劳动，建立高标准指挥示范林1000亩。

3日　株洲市个体劳动者协会专程到炎陵县慰问受灾个体户，捐赠现金5万元、布匹2929米、成衣1165件。

29日　'96金秋知识青年第二故乡行活动开幕。1500余名知青代表参加祭祀炎帝陵、知青阁剪彩暨湘山公园开园、联欢晚会、重踏青春足迹等系列活动。

10月

11日　“1996—2000年中国—联合国儿童老龄妇幼卫生合作项目”签约，炎陵县列入全国百个项目县之一。

12日　炎陵县首届足球赛开赛。绿箭、青年、红星俱乐部、县一中等4个足球队参赛。

20日　株洲市各界公祭炎帝陵典礼在炎帝陵举行。市政协主席曾雨农主持，市人大常委会主任刘迪凯主祭。

21—26日　炎陵县“基本普及九年义务教育，基本扫除青壮年文盲”(简称两基)通过省政府教育评估验收团验收，成为湖南省山区县首个达标县。省政府授予炎陵县教育“两基”达标先进县。

11月

1日　台湾神农大帝联谊会首次组团至炎帝陵谒陵祭祖。

3日　由县铁合金厂牵头，联合原铁合金公司一、二、三厂成立金宇集团有限责任公司。固定资产4000万元，在职职工560余人。

10日　以工代赈项目桃源洞至井冈山市荆竹山公路(炎陵段)开工，2001年10月竣工，全长6.88公里。

20日　国务院公布炎帝陵为全国重点文物保护单位。

26日　炎陵县公安局巡逻警察大队成立，开通“110”报警服务台。

是月，乡镇企业推行股份制改革。

12月

4日　经省民政厅批准，撤城关镇、城东乡，设霞阳镇；撤王家渡镇、塘田乡，析三河镇河光村，设鹿原镇。

17日　中共炎陵县委举行张经武将军（炎陵籍）诞辰90周年座谈会。

1997年

1月

3日　策源乡梨树洲村通车。至此，历时两年的“无路村”（25个）公路建设项目完成，实现村村通公路。

3月

31日　炎陵县在全国科技扶贫工作表彰大会上被授予全国科技扶贫先进集体称号。

4月

5日清明，炎陵县社会各界公祭炎帝陵。县委书记林良材主祭。

5月

22日　国家文物局局长张文彬一行祭拜炎帝陵，并考察县城遗存红军标语。

16—17日　省长杨正午、副省长周伯华到炎陵县考察农业产业化、工业企业改革以及财源建设工作。

27日　公安机关依法刑事拘留下村乡云里村村民陈某。1996年始，陈某猎杀国家二级保护动物水鹿（俗称山牛）5头。

7月

1日　炎陵县各界代表在炎帝陵举行庆祝香港回归告祭仪式，为香港回归纪念碑揭碑。

8日　中共湖南省委书记王茂林到炎陵县考察工作，先后考察炎帝陵建设、中冠地板条厂、湘山公园、下村高山雪晶梨基地。

8月

12日　机动车检测线建成使用。

29日　炎帝陵神农大桥竣工通车。桥长260米，宽9米。

10月

8日　’97湖南省各界公祭炎帝陵典礼举行。省政协主席刘正主持仪式，省长杨正午主祭。中共中央政治局委员、国务委员、国家体改委主任李铁映代表国务院发来贺信。

17日　中共炎陵县第八次代表大会召开，提出“把一个欣欣向荣、安居乐业的新炎陵推向二十一世纪”。是日，国家旅游局局长何光暐参谒炎帝陵。

30日　香港黄河实业集团公司董事长郑强辉拜谒炎帝陵，并为炎帝陵建设捐款。

12月

3日　金宇集团“工业硅炉外精炼工艺”获国家专利。

12 日 湖南株洲运输集团公司炎陵客运分公司兼并县汽运公司。

26 日 中共炎陵县委在洣泉书院举行纪念毛泽东在酃县革命活动 70 周年暨中国工农红军革命活动炎陵县纪念馆复展仪式。

1998 年

1 月

9 日 沔渡镇获湖南省狮龙艺术之乡称号。

2 月

6 日 中共炎陵县委、县人民政府下发《关于进一步解放思想,深化改革若干意见》,提出:林业改革动体制,工商企业改革动产权,机构人事改革动人员。

3 月

13 日 中共炎陵县委首次选派 14 名中青年机关干部担任 7 个小康示范村党支部第一书记或村主任助理。

4 月

5 日 炎陵县社会各界在炎帝陵举行公祭炎帝陵典礼。县长唐武生主祭。

15 日 长沙市各界清明祭祀炎帝陵典礼在炎帝陵举行。副市长孔光明主祭。

26 日 纪念毛泽东、朱德第一次会面暨酃县三月起义 70 周年座谈会在洣泉书院举行。县党政领导、老红军、老赤卫队员、革命烈士亲属代表等参加。

30 日 全国总工会颁发耕熟岭道班五一劳动奖状。

5 月

1 日 "炎陵漂流"正式营运。项目由文体局文化体育开发中心开发。

2 日 全国人大常委会常委、济南军区司令员张太恒上将视察炎帝陵。

25 日 县人民医院开通 120 急救中心,配置 120 电话专线、专车。

6 月

1 日晚至 2 日晨,降雨量 195 毫米。全县普遍受灾,死亡 5 人。县委、县政府组织机关干部下村包组入户救灾,并募捐 125 万元(其中个人捐款 79.64 万元)用于救灾。

11 日 民兵舟桥排成立,由 30 名民兵组成。配冲锋舟 2 艘,橡皮艇 1 艘。

7 月

15 日 县教育局推行校长负责制,教师聘任制改革。8 月结束。受聘流动 177 人,占在职教工 8.26%。

16 日 中共炎陵县委、县人民政府下发优化环境,加快个体私营经济发展若干规定。

8 月

14—16 日 举行大众体育运动会。15 个乡镇和县直机关 61 个代表队、1100 余名运动员参加 16 个项目比赛。

10月

5日　国家外经部、湖南省外经委批准金宇集团自营进出口业务。当年生产工业硅2669吨，自营出口120吨，创汇9.7万美元，出口退税7.2万元。

11—13日　芬兰植物学家蒂姆·柯普伦等在桃源洞自然保护区开展科学考察活动。

19日　绿银集团十都木材支公司集材场发生火灾，烧毁原木2780立方米。

23日　株洲市社会各界举行公祭炎帝陵典礼，市长王汀明主祭。

28日　《炎帝陵》特种邮票（一套3枚，小全张1枚）首发仪式暨告祭仪式在炎帝陵举行。同时举办邮票发行纪念碑揭碑仪式、湖南省第八届集邮展览。

28日　由市政府主办的郭春涛（炎陵籍）诞辰100周年纪念大会在县城大礼堂举行。中共中央统战部、国务院参事室、国家安全部，湖南省委统战部、党史委、省参事室等单位领导，郭春涛亲属及各界代表1000余人出席。《人民日报》发表原中央统战部领导平杰三、罗青长、徐志坚署名文章《统一战线的忠诚战士——纪念郭春涛同志诞辰一百周年》。

11月

6日　中共炎陵县委召开八届二次会议，推行林业体制改革。即向林农有偿出让集体林地林木使用权、经营权，一定50年不变。会后组织14个工作组，帮助村组“划好界、造好册、交好费、发好证，建好档”。

26日　中国绿色食品发展中心批准山王食品有限责任公司生产的山王牌魔芋系列食品使用绿色食品标志。

12月

19日　下村乡坪坑至云里村判官岭路段，一中巴车因超载，在下坡拐弯时坠入山谷，死11人，伤46人。

1999年

1月

1日　武警炎陵县消防中队成立。

15日　中共湖南省委、省人民政府授予炎陵县（1995—1998年）社会治安综合治理先进县称号。

2月

26日　炎陵县城获评省级文明卫生县城。

3月

15日　日本水果栽培专家重田利夫至炎陵县讲学，并到大院农场、下村云里新世纪梨果园考察。

26日　省人民政府授予炎陵县土地执法模范县。

4月

5日清明,举行民间祭祀炎帝陵仪式暨农耕节开犁仪式。

30日　胡耀邦夫人李昭一行参谒炎帝陵。

6月

10日　中央电视台《我爱中华》栏目播出全国百个爱国主义教育示范基地专题片《炎帝陵》。

12日　全国百个爱国主义教育示范基地丛书之《神州第一陵炎帝陵》,由大百科全书出版社出版发行。

8月

10日　中国美术家协会党组书记、秘书长李中贵在金石书画家李立陪同下,参谒炎帝陵。

14日　澳门特别行政区筹备委员会委员、澳门学园传道会会长、澳门基督教会宣道堂港澳区联会主席兰钦文牧师参谒炎帝陵。

10月

15日　为期5天的'99中国株洲炎帝节第二届城乡商品交易会在炎陵县举行，省内外68个商贸团(组)参加。

16日　'99湖南省各界公祭炎帝陵大典在炎帝陵举行。省长储波主祭,省政协主席刘夫生主持。全国政协副主席毛致用代表全国政协敬献花篮。

17日　中华炎黄子孙爱国促进会在炎帝陵举行“中华五千五百年祭祀炎帝陵典礼”。爱国促进会海内外12个分会代表参加典礼。程思远、许嘉璐、习仲勋、马文瑞、费孝通、雷洁琼等联名发来贺电。

26日　开展义务献血活动。县城机关干部职工1343人签名并参加献血。当日献血49600毫升。

11月

10日　全国人大常委、中国科协副主席、中国科学院院士、工程院院士王选参谒炎帝陵。

12月

20日　澳门回归告祭仪式暨“澳门回归纪念碑”“期盼祖国完全统一碑”揭碑仪式在炎帝陵御碑园举行。

26日　中共炎陵县委八届三次全会(扩大)通过《关于深化企业改革若干意见》。明确“调整企业产权结构,重构企业管理体制,放开搞活县乡企业”改革思路;实行“两个转换,两个解除”,即以产权转让,转换企业国有或集体所有资产产权,解除企业对政府的依赖关系;实行一次性工龄补偿,转换职工的全民或集体工身份,解除职工对企业的依附关系。

2000年

1月

1日零时,“世纪之钟”撞响。省内外各界人士在炎帝陵举行新千年万人赉香祈福活动。

10 日　炎陵柰李、雪晶梨、玉环柚在湖南省优质水果评比会上获金质奖。

4 月

4 日　炎陵县举行清明祭祀炎帝陵典礼，县长谢高进主祭。

13 日　中共炎陵县委、县人民政府发布招商引资若干规定，以优惠政策鼓励外商投资和引进外资。

29 日　产权交易中心成立，负责办理县乡国有、集体、股份制企业和实行企业管理的县属事业单位的资产转让。是日，县酒厂以 45 万元转让产权。为县内首宗国有企业产权以招标形式转让。是日，县酒厂以 45 万元转让产权。为县内首宗国有企业产权以招标形式转让。

5 月

20 日　中国湖南鸳鸯戏水漂炎陵大赛在河漠水上游木湾段举行。来自省内外 50 对情侣、夫妇参赛。

27 日　炎帝陵基金会举行神农大殿奠基暨祭祀仪式。神农大殿工程于 7 月 19 日动工。2002 年 9 月 29 日竣工。

6 月

5 日　炎帝陵基金会在北京召开龙年“九九”重阳龙的传人祭祖大典活动新闻发布会，中华炎黄文化研究会会长费孝通等参加。

24 日　地方国营县水泥厂经营权转让。该厂职工以年交 40.17 万元，取得 15 年经营权。

25 日　参加省、市青少年科技创新大赛，炎陵县 24 件作品获奖。其中，省二等奖 1 个，三等奖 2 个。

8 月

1 日　中共炎陵县委、县人民政府召开小水电建设暨东山小区建设动员大会，鼓励社会资金参加小水电开发。至 2012 年，投入资金 7.95 亿元，兴建电站 101 座，装机 16.79 万千瓦，年发电量7.68 亿千瓦时。

24 日　采集传递“中华炎黄圣火”仪式暨 '2000 年中国株洲炎帝节公祭炎帝陵典礼在炎帝陵举行。是日，中国侨联爱国主义教育基地揭碑仪式在炎帝陵举行。

10 月

4—6 日　神农药学学术研讨会暨第十届全国药学史学术研讨会在炎陵县举行。

5 日　中华世纪龙年九九重阳龙的传人炎帝陵祭祖大典在炎帝陵举行。全国侨联原主席庄炎林主祭。是日下午，由香港云大棉捐资修建的台山小学落成，张少松将军等参加剪彩仪式。

18—19 日　平乐乡车坪瑶族村、中村乡龙潭瑶族村、十都镇洋岐畲族村等民族村成立。

是月，九龙工业小区（后更名工业园）开发建设启动。

12 月

8 日　第一家落户工业小区的企业——株洲新光明玻纤公司炎陵分公司玻纤厂建成投产。

12 日　县科委获全国科技先进集体称号。

24日　中共炎陵县委八届四次全会召开。提出富民、富县、升位(经济指标在全市排位前移)工作目标和主攻“两小”(小城镇建设,工业小区)、“三大”(笋竹林、小水电、旅游业)工作重点。

2001年

1月

10日　中央电视台第七套“农村文化巡礼”播出《炎陵红军标语》。

11日　中共炎陵县委召开学习“三个代表”重要思想动员大会,部署全县学教活动。

2月

22日　中共中央政治局委员、中国社会科学院院长、炎帝陵基金会名誉会长李铁映在北京听取炎帝陵基金会和炎陵县委关于炎帝陵建设、保护、开发情况汇报。

3月

6日　国务院总理朱镕基参加九届四次全国人大会议湖南代表团讨论，在听取曾筱萍代表(炎陵县副县长)发言后说:“我们都是炎黄子孙,饮水思源,不忘老区。把炎陵县的基础设施建好,不就富起来了吗?”“(距长沙)就282公里,一条高速公路修过去,两个小时就到了。”当场指示有关部门:“修一条高速公路过去,再造一个张家界。”

31日　《湖南省炎陵县桃源洞自然保护区总体规划》通过湖南省森林和野生动物类型自然保护区评审委员会评审。

4月

5日　炎陵县举行清明祭祀炎帝陵典礼,县长聂方红主祭。

20日　全国绿化委员会、人事部、国家林业局授予炎陵县全国绿化先进集体称号。

是月,十都镇引进台资企业,兴办湖南皇冠竹木公司炎陵分厂,生产高档竹地板。当年9月投产。

是月,金宇集团完成产权置换和职工身份置换改革。至此,全县工业企业改制基本完成。

是月,县老年体协组队赴京参加全球华人老年门球赛,获第5名。

6月

9日　中国文联主席周巍峙参谒炎帝陵。

7月

1日　株洲市建市50周年告祭炎帝陵典礼举行,市长肖雅瑜主祭。

22日　由中南大学与台湾淡江大学、科技大学、台湾大学、“中国文化大学”、义守大学联合举办的“湖湘文化之旅湘台学子2001友好夏令营”全体营员祭祀炎帝陵。

27日　原中宣部部长、中央顾问委员会委员张平化因病在北京逝世。县委、县政府撰文《人民公仆,人民怀念》,在《湖南日报》发表。

9月

28日　国家自然保护区评审委员会委派北京林业大学教授、森林经营学和森林生态学专家罗菊春,中科院动物研究所生态保护研究中心首席研究员、动物学专家蒋志刚等,到桃源洞国家森林公园考察动植物资源和保护。

是月,受省国土资源厅委托,国家地质灾害调查与区划重点项目调查组在炎陵县开展地质灾害分片调查,历时50天。

10月

25日　炎帝陵举行新千年寻根祭祖大典。世界华人协会会长、世界华人工商促进会总会会长程万琦主祭。

是日下午,中华医药学会首届神农本草医药论坛在炎陵县举行。

11月

4日　入选2002年国家农业综合开发项目县。第一期开发项目在鹿原镇柳山、洣西、天星等村实施,2002年9月完成。连片改造低产田1.2万亩。

7日　全国人大常会委副委员长、全国妇联主席彭佩云到炎陵县视察工作并参谒炎帝陵。

27日　炎帝陵绿化工程启动。4000余名干部职工及学生参加义务栽树。

是年,投入2200万元,完成井冈路、湘山路一期工程,霞阳北路、东山小区街道改造以及乡镇集贸市场等基础设施建设工程。

2002年

1月

8日　县内首家民营自选购物市场(超市)"家顺发"开业。

3月

1日　县内首家民营电站——装机750千瓦的筒车湾水电站并网发电。

13日　炎陵县被列入国家林业局天然林管理工程示范县。

4月

15日　东风乡高峰村举办首届民间"三月三"金紫峰登山活动,县内外千余业余登山爱好者参加。

30日　陕西省政协主席安启元,黄帝陵基金会会长孙天义率陕西炎黄文化考察团祭祀炎帝陵。

5月

2日　教育部部长陈至立到炎陵县考察工作并参谒炎帝陵。

19日　中共炎陵县委、县人民政府召开农村税费改革动员大会。宣布停止向农民收取乡镇统筹费、农村教育集资;停止收取政府基金、集资;停止征收屠宰税。劳动积累和义务工3年内逐步取消。当年农民税费负担减少55.84%。

23 日 县乡机构改革“三定”[3]工作完成。全县减少机构 144 个，分流 350 人。

28 日 县内首批完成农网改造的三河、东风、霞阳、沔渡等乡镇设立供电所。

是月，湖南省人民政府公布江家试馆、朱家祠、湘山宝塔等为文物保护单位。

6 月

6 日 首次世界客家祭祀炎帝陵典礼举行，同时举办“客家与炎陵”为主题的客家文化国际论坛。

14 日 20 时至 16 日 10 时，降雨 304.5 毫米，山洪暴发。中村乡龙坪、东风乡高峰、炎陵山出现大面积山体滑坡。17 至 18 日，省长张云川及有关部门至灾区慰问灾民，指导抢险救灾。

19 日 省国土资源厅委托省第二测绘院测量湘赣边界炎陵县境内酃峰（神农峰）高度。测定海拔高度 2115.2 米，为湖南第一高峰。

7 月

3 日 炎陵县首次面向社会公开考试录用国家公务员，当年录用 5 人。

5—7 日 湖南卫视“玫瑰之约”栏目在炎陵县摄制《走过红军的路》特别节目。8 月 20 日，重返桃源洞拍摄《穿越原始森林，燃烧生活激情》探险特别节目。

8 月

12 日 原中共中央政治局候补委员、全国人大常委会副委员长王汉斌，全国人大常委会副委员长彭佩云夫妇参谒炎帝陵。

是月，全县完成农村税费改革。核定全县计税总产量 9238.67 万公斤，计税常产 3164.54 万公斤。

9 月

14 日 首届株洲市炎帝文化旅游节在炎帝陵开幕。

23 日 电信网络宽带业务开通。

10 月

13 日 李铎、陈雄立、石翔、赵立凡、杨福青、李立、曾晓浒等书画家拜谒炎帝陵，并捐赠书画作品 35 幅。

14 日 湖南省人民政府在炎帝陵祭祀广场举行壬午重阳公祭炎帝陵典礼。省长张云川主祭。全国政协副主席毛致用出席典礼。

16 日 中共炎陵县第九次代表大会召开。大会确定“生态立县，产业富县，实干兴县，走可持续发展之路，努力建设一个经济繁荣、社会祥和、人民富足、山川秀美、生态文明的新炎陵”目标。

23 日 毛泽东之女李讷一行拜谒炎帝陵。

11 月

17 日 国家旅游局公布炎帝陵为 AAAA 风景区。

23 日 中共炎陵县委、县人民政府举行九龙工业区挂牌仪式。是时，落户企业 21 家，投产 16 家，安排就业 1200 人。

是月,金锐新材料有限责任公司人造金刚石厂建成投产。

12月

25日　国务院总理办公会议批准衡炎高速公路立项。

是月,炎陵县第一中学逸夫综合大楼竣工。工程投资1100万元,建筑面积9982平方米。

2003年

1月

5—6日　普降大雪,积雪厚达9厘米。

13日　韩国书画艺术协会会长金兑洙博士、副会长文贞子,墨水书画艺术协会会长姜德善、前会长全公植等参谒炎帝陵。

2月

21日　湖南省旅游工作会议举行祭祀炎帝陵典礼。省旅游局局长张济民主祭,各地州市旅游局局长参祭。

3月

1日　在湘全国政协委员向全国政协十届一次会议提交联名提案,吁请加强炎帝陵建设,提高炎帝陵祭祀规格。

26日　县内首家出租车公司——康华汽车贸易出租有限责任公司成立。

4月

19日　防治"非典"动员大会召开。28日,在原化工厂建立防治"非典"隔离医院。

5月

第一批3个民营企业成立中共支部。

6月

9日　中共湖南省委宣传部确定炎陵县为湖南省县域文化建设基地。

15—16日　中共湖南省委书记杨正午到炎陵县考察工作,倡议每个县市区捐赠2棵大树,绿化炎帝陵。次年10—12月,共捐赠246棵香樟树植于炎帝陵祭祀大道两侧。

24日　县通乡公路改造启动。至2004年,完成县通乡公路改造158.2公里。

7月

3日　炎陵路拓宽改造工程竣工。全长1494.75米,投资730万元。

13日　文化路改造动工,9月竣工。全长983.5米,投资320万元。

16日　最高气温41.6℃,为1958年有气象资料以来县内最高气温,亦为当年省内最高气温。

27日　受热带气压控制,持续高温干旱40余天。干旱面积10余万亩,其中绝收1.35万亩。县委、县政府组织1000余名干部职工下乡支援抗旱。

8月

11—12日　欧盟官员和专家在十都镇青石岗村、策源乡上洞村进行中欧天然林管理项目实施前考察。

23日　省委常委、统战部部长石玉珍，炎陵县委书记谢高进，在北京人民大会堂向中共中央政治局委员、全国人大常委会副委员长王兆国汇报炎帝陵建设情况。

9月

6日　香港东华三院祭祀炎帝陵，东华三院主席杨超成主祭。

12日　精成钨业有限责任公司锌熔粉厂建成投产。

28日　全国人大常委会副委员长李铁映视察炎帝陵。

10月

9日　'2003中国株洲炎帝节在炎陵县开幕。10日，举行祭祀炎帝陵典礼。株洲市政府代市长颜石生主祭。

11月

28日　全国政协学习文史委考察团考察炎帝陵建设，参谒炎帝陵。

15日　湖南省政协港澳委员祭祀炎帝陵。香港万都集团董事长钟建国向希望小学捐款。

12月

9日　株洲天源纺织有限责任公司棉纺织厂建成投产。

是年，下村乡泥湖村李胜章、刘润兰家庭获评第四届全国五好文明家庭。

是年，全县社会生产总值登上10亿元台阶。

2004年

1月

15日　深坑110千伏变电站第三期增容改造工程竣工，新增2万千伏安变压器1台。

2月

2日　县政府召开财政粮食直补、良种补贴暨农业税改革工作会议。当年，4.02万农户领取粮食直补金120.5万元，2.19万户农户领取早稻粮种补贴款56.4万元。全县减交农业税339万元。

28日　实行农户新建住房及新旧房外观装修奖励政策。当年发放奖励金117.5万元。

3月

13日　首次发行即开型中国体育彩票，7天销售彩票67.4万元。

4月

5日清明，炎陵县社会各界举行祭祀炎帝陵典礼。县长王继恩主祭。

24日　原中共中央政治局常委、中纪委书记尉健行参谒炎帝陵。

是月，恒达瓷业公司日用陶瓷厂、保华日用陶瓷厂先后建成投产。

5月

20日　解放路改造工程动工，全长685米。10月竣工。

6月

13日　炎帝陵殿维修工程动工，历时2月余。完成地面砖、彩绘、护栏等维修项目20余个。

7月

25日　曙光电子集团董事长李秋林率21家子公司代表祭祀炎帝陵。

是月，按照国家林业局、财政部标准，重新开展国家重点公益林界定工作，界定面积84.39万亩。

9月

14日　举行'2004中国湖南旅游节祭祀炎帝陵典礼。副省长贺同新主祭。

10月

11日　106国道茶炎段（15公里）及炎帝陵专线公路（10公里）改造工程竣工通车。

22日　湖南省人民省政府举行甲申年重阳炎帝陵祭祖大典。省长周伯华主祭，中国侨联主席林兆枢主持。是日，红网及近百家网络媒体首次发起全球华人网上共祭炎帝活动。

11月

1日　中共炎陵县委召开纪念廖海光将军诞辰90周年座谈会。中共炎陵县委、县人民政府领导、福建漳州警备司令部司令员廖屹（廖海光之子）等参加。

5日　湘山寺大雄宝殿落成并举行佛像开光仪式。

12月

县人民医院急诊综合楼竣工并交付使用。

是月，水口至策源（13.4公里）、水口至下村（28公里）公路改造竣工。总投资2140万元。

2005年

1月

2日　广州本田5×5自驾车湘粤之旅在炎帝陵举行祭祖大典。283辆自驾车、800余人参加。

30日　湖南省文化厅、湖南省文物局公布炎帝陵为湖南十大文化遗产之一。

3月

8日　首个乡镇环卫所——沔渡镇环卫所成立。

14日　由237户农户组织的下村乡水果蔬菜协会成立。

26日　全县6032名农村贫困学生获“双免”（免交教材费、学杂费），免交金额78.5万元。

4月

5日　清明民间祭祖炎帝神农氏大典在炎帝陵举行。湖南华菱钢铁集团有限责任公司董事长李效伟主祭。

21日　中央军委原副主席张震上将参观连队建党旧址水口叶家祠，参谒炎帝陵。

是日，鹿原镇磨石湖段斜濑水防洪堤竣工，全长350米。

5月

8日　县政府安排2005年水稻良种补贴和粮食直补。早稻、中稻（含一季晚稻）、双季晚稻每亩分别补贴10元、15元、7元；粮食直补每亩13元。

11日　中国人民解放军军事科学院院长郑申侠上将偕学院40余名官兵参谒炎帝陵。

23日　广州军区政委杨德清上将参谒炎帝陵。

25日　2004年中低产田改造项目验收。全县改造中低产田1.5万亩，衬砌渠道44.43公里，疏浚渠道96公里，兴建桥、涵、闸等附属设施416处，维修山塘、水坝11座，维护、养护机耕路50公里。项目区农田排灌渠系利用系数由0.3提高到0.65。

6月

21日　普降暴雨。6个乡镇8800余人受灾，农作物受灾1720亩，绝收675亩；损坏公路4.52公里，水圳垮方212处6600余米。

29日　神农大道建设工程启动。大道长1165米（防洪堤同长），宽36米。

27日　南京军区政委雷鸣球上将参谒炎帝陵。

8月

8日　宣传、文体、老干、青少年活动中心项目启动，2014年9月竣工。

18日　湖南省农村电气化验收小组确认，炎陵县“十五”农村电气化县建设达到水利部标准。

30日　国家林业局批准，桃源洞国家森林公园更名神农谷国家森林公园。

9月

12日　中国湖南旅游节开幕式暨炎帝陵百龙祭始祖大典在炎帝陵举行。全国人大常委会副委员长乌云其木格出席仪式。祭典结束后，举行中国“炎帝杯”大学生舞龙舞狮锦标赛。全国17所大学代表队500余人参加比赛，赛期5天。

10月

11日　海内外中药业界首次祭祀医药始祖炎帝神农氏。北京同仁堂、广州医药集团、湖南九芝堂、株洲千金药业、广州香雪制药、天津天士力、中国青春宝集团、神威药业、桂林三金药业、山东阿胶、香港京都念慈庵、中国药材集团、香港中成药商会等知名医药企业代表参加。

22日　中冠竹木制品有限公司生产的实用型竹地板获国家专利。

12月

10日　最高人民法院院长、首席大法官肖扬到炎陵县考察工作并参谒炎帝陵。

29日　衡炎高速公路奠基仪式在鹿原镇举行，湖南省副省长徐宪平主持奠基仪式。公路西起大面山隧道，东至三河镇坪形村，长3.48公里。2009年12月26日建成。

2006 年

1 月

23 日　中小学布局调整基本完成。乡镇中小学校由 256 所调整为 30 所,边远地区设教学点 15 个。

4 月

5 日清明,炎陵县社会各界祭祀炎帝陵,县长谭可敏主祭。

10 日　龙卷风来袭。15 个乡镇 2.5 万人受灾,倒塌房屋 280 间,损坏 9704 间,部分风景林及古树被摧毁。

是月,《中国共产党炎陵县历史》(第一卷)编纂工作启动。次年 11 月出版。2008 年获全省党史优秀成果特别奖、全国档案文献史料汇编三等奖。

是月,县政协开展乡风文明建设情况调查。调查报告为省政协第 6 期《文史博览》(理论刊)采用。

5 月

25 日　炎陵《三人龙》入选湖南省第一批非物质文化遗产名录。

27 日　"炎帝陵祭典"入选国家非物质文化遗产名录。

6 月

1 日　县城内环线新建路段工程动工,10 月中旬完成。全长 2372 米,路宽 36 米。

17 日　全县普降暴雨。县城 5 时至 20 时降雨 130 毫米。山洪暴发,受灾 4 万人。死 2 人,重伤 1 人,紧急转移 1000 余人。

22 日　中共炎陵县第十次代表大会召开。大会提出"生态立县、产业富县、开放兴县、科教强县"发展战略。

是月,国家农业部公布"酃县白鹅"为国家级畜禽遗传资源保护品种。次年 5 月,列入国家种质资源基因库。

7 月

3 日　国家农业综合开发项目炎陵县楠竹产业化开发工程通过验收。工程投入 530 万元,新栽、改造笋竹林 8490 亩。

8 月

6 日　《长征组歌》大型公益演出在炎帝陵祭祀广场举行。演出由中国移动、北京军区政治部宣传部、北京军区战友文工团共同主办。

26 日　省十运会圣火采集仪式在炎帝陵龙珠山圣火台举行。

28 日　实施扶贫救灾整体搬迁。中村乡心田村牛公岭组 17 户、龙潭村上下光洋组 20 户村民搬迁列入项目。年底,有 20 户迁入新居。

9 月

1 日　共青团中央等 7 个部委授予炎陵县劳务派遣有限责任公司全国农村青年转移就

业先进单位称号。

22日　对鹿原镇胡家坳商周文化遗址进行抢救性发掘。发掘面积250平方米，出土商周时期文物100余件。

23日　台湾“中华神农大帝协进会”理事长、台北县三重市市长李乾龙率台胞60余人祭拜炎帝陵。

是月，工农革命军第一军第一师师部旧址（中村周家祠）列入湖南省文物保护单位。

是月，参加湖南省第十届体育运动会的炎陵代表队获4×100米接力赛、运动员周宇晨获女子乙组跳高2枚金牌；廖思宇获男子乙组古典式摔跤46公斤级金牌；倪桂柱获皮划艇男子乙组轻量级2000米金牌、6000米银牌。

10月

10日　炎陵客家山歌代表队演唱的《客家人喜欢唱山歌》，在广东省文化厅、梅州市政府举办的优秀客家山歌邀请赛上获金奖。

30日　世界华人华侨炎帝陵祭祖大典在炎帝陵举行，世界华人协会主席程万琦主祭。全国政协副主席张怀西、原副主席毛致用出席。香港歌唱家张明敏演唱《我的中国心》。

是月，银太纺织公司纺织厂竣工投产。

是年，中共湖南省委、省人民政府、湖南省军区授予炎陵县双拥（拥军优属、拥政爱民）模范县称号。2010年、2013年、2016年再获此荣誉。

2007年

1月

1日　神农大殿及配套工程，获中国风景园林学会优秀园林工程（园林古建）金奖。

3月

1日　炎陵县获湖南省林业十强县（市）称号。

2日　炎陵县人民法院获评全国优秀法院。

3日　沔渡镇民间文化团体主办客家民俗文化节。

6日　星光村蔬菜生产基地生产的菜心、芥蓝、生菜，获绿色食品标志使用权。

10日　中共炎陵县委、县人民政府对上年度贡献突出的单位和个人实行重奖。首个年产值过亿元企业精成钨业有限责任公司等10个企业获重点纳税户奖。

18日　炎帝陵接待部导游组获全国巾帼文明岗称号。

4月

5日清明，举行民间祭祀炎帝陵典礼。湖南友谊阿波罗股份有限公司董事长胡子敬主祭。

21日　中共酃县县委旧址维修工程完成。中共湖南省委举行“纪念张平化同志诞辰100周年”活动。

28日　炎陵县新华书店获评2006年度全国新华书店系统先进集体。

5月

18日　省人大常委会副主任、省政府顾问唐之享率教育督导评估团考核教育工作。炎陵县获湖南省教育工作优秀单位。

9日　炎陵《三人龙》参加2007中国文化遗产日湖南省系列活动启动仪式暨非物质文化遗产展演庙会表演。翌年11月，赴苏州参加纪念改革开放30周年首届全国农民艺术会演。

14日至20日，中国科学院院士、中国工程院院士周干峙、邹德慈等8名院士、专家到县调研并参谒炎帝陵。

7月

22日　成立中共炎陵县九龙工业园工作委员会、工业园管理委员会。至2008年，入园企业41家，完成工业产值10.12亿元，上缴税收3051万元。

8月

2日　省蚕桑科学研究所实测中村乡道任村古桦桑：树干高21米，径围3.3米，树冠直径13.6米。约生长于明朝中期。是目前世界上最大的桦桑。

19日　受台风“圣帕”影响，连续3天降雨308.7毫米，21座水电站被淹。16个乡镇12.6万人受灾，倒房3960间。全县组织5000余名干部参加抗洪抢险。

9月

1日　香港特区剑雄爱心会捐款15万元人民币，为水口镇希望小学新建网络计算机和多媒体教室。

4日　十都镇学校获评全国教育系统先进集体。

10日　炎陵特产大院高山乌龙茶参加第七届“中茶杯”全国名优茶评比，获一等奖。此后连获（两年一次）第八、九、十一、十二届评比一等奖，第十届特等奖。在第十一届“中荣杯”评比中，大院高山红茶获评比红茶一等奖，洣溪茗峰白茶获绿茶一等奖。

11日　炎帝陵基金会理事会举行祭祀炎帝陵典礼。省政协副主席、炎帝陵基金会会长石玉珍主祭。香港万都集团等10余家企业、单位为炎帝陵建设捐款。

16日　海内外佛教界公祭炎帝祈福世界和谐大典在神农大殿举行。全国政协常委、中国宗教和平委员会常务副主席、中国佛教协会副会长圣辉大和尚主祭。

10月

18日　在长沙参加全国炎黄文化学术研讨会的专家学者专程拜谒炎帝陵。

11月

8日　湖南省人民政府丁亥年炎帝陵祭祖大典举行。省长周强主祭。全国政协副主席张思卿出席仪式。

9日　中央电视台综合频道、新闻频道新闻联播栏目，报道炎陵县旅游与祭祀炎帝陵活动。

2008 年

1 月

遭受罕见冰灾，持续月余。170 个村被迫停电，城乡交通中断，经济损失 3.19 亿元。县政府组织 300 余人抢修、维护公路及供电线路与设施。

2 月

19 日　中国红十字会慰问团赴炎陵县赈灾慰问，发放 40 万元抗冰救灾物资。

3 月

5 日　炎帝陵管理局副局长、全国人大代表谭艳赴京出席十一届一次会议，提交有关炎帝陵公祭活动的建议。

4 月

4 日　炎陵县社会各界举行清明祭祖大典。县长周建光主祭。

是月，司法部、民政部授予鹿原镇塘旺村全国民主法治示范村称号。

5 月

19 日下午 2 时 28 分，炎陵县各界代表在炎帝陵祭祀广场举行仪式，悼念汶川大地震遇难者，并为灾区捐款。2009 年 5 月 26 日，为纪念四川汶川地震一周年，湖南广播电台在炎帝陵举行全国首次平安大典。

29 日　县残联举行“爱心无限，牵手残奥”为主题的轮椅捐赠活动。台北曹仲值基金会、市残联各捐赠轮椅 25 台；县残联购送轮椅 50 台，拐杖 100 副。200 名残疾人获赠。

6 月

15 日　炎陵至睦村高速公路（接炎陵高速）开工大典在城郊横岭举行。2012 年 12 月23 日建成通车。全长 18.12 公里。

17 日　湖南杰出金牌义工、县教育局职工刘朝华在下乡助学返回途中因车祸殉职。团中央追授中国杰出青年志愿者称号。中共中央政治局常委李长春，政治局委员、中宣部部长刘云山就刘朝华事迹报道作出批示。2009 年 10 月，刘朝华入登中国好人榜。

28 日　沔渡镇农家姐妹罗晓艳、罗晓玲“双火组合”登上中央电视台“星光大道”。

是月，中村乡建立茶叶种植示范基地 100 亩，开发“神炎春”绿茶。

9 月

14 日　第五届海峡两岸记者采访团至炎陵县采访。两岸 20 多家媒体近百名记者参加。

29 日　省道 321 干线公路（炎陵至睦村）改造工程竣工，全长 22.23 公里。

12 月

28 日　吉衡铁路建设动员大会在湘赣两省边界举行。炎陵段东起沔渡镇苍背村砖下组黄烟铺，西至霞阳镇坪形村飞盐坪隧道，长 34.12 公里。翌年 4 月开工，2013 年 12 月 30 日试运行货物列车，2014 年 7 月 1 日开行旅客列车。

是年，炎陵城区建设首个天然气供气站，年供气能力 1752 万立方米。至 2014 年，铺设天然气主管网10公里,支管网30公里,用户2073户。

2009年

1月

5日　中共湖南省委副书记梅克保率省总工会、民政厅、劳动和社会保障厅、扶贫办等部门负责人走访慰问炎陵县困难企业、职工及农村特困户。

19日　中共湖南省委、省人民政府授予炎陵县全省人口和计划生育工作优质服务先进单位称号。

20日　中共炎陵县委十届五次会议暨经济工作会议召开。提出:抢机遇,抓项目,强基础,调结构,保增长,促三新工作主线;要求狠抓基础设施“十大项目”,产业建设“十大开发”,民生改善“十件实事”。

2月

18日　炎陵县政务服务中心成立。至8月5日,30个单位进驻中心,窗口工作人员56人,服务项目232项。

27日　炎陵高速公路(西接衡炎高速,东接炎睦高速)开工动员大会在三河镇坪形村举行。2012年12月23日建成通车。全长12.55公里。

3月

25日　炎陵县《炎帝传说》《苏区歌谣》《客家山歌》入选湖南省非物质文化遗产名录。

4月

2日　己丑清明湖南有色金属控股集团有限公司举行祭祀炎帝陵典礼,董事长何仁春主祭。

8日　下村乡获评湖南省环境优美乡镇。2011年10月,再获全国环境优美乡镇称号。

10日　由湖南省人民政府、中国茶叶学会主办的中华茶祖节暨祭祀炎帝神农茶祖大典在炎帝陵举行。副省长徐明华主祭。国内外专家、学者,知名茶业企业代表参加。随后,举办中华茶祖文化论坛,并通过《茶祖神农炎陵共识》。

14日　鹿原镇获评全国文明村镇。

5月

17日　境内开通电信3G业务。

20日　农业部食品管理办公室、中国绿色食品发展中心确定炎陵县为全国绿色食品原料(竹笋)标准化生产基地,面积20万亩。

25日　举行全县职工技能竞赛。来自生产一线职工参加9个工种技能竞赛。

27日　炎汝高速公路炎陵段开工建设,2013年12月30日建成通车。炎陵段起于衡炎高速终点(坪形村),止于八面山隧道,全长54.59公里。

6月

4日 开始实施测土配方施肥。全县测土配方面积48万亩。

10日 炎帝陵一期续建工程(延建祭祀大道,增建不同时期文化景观)在炎帝陵鹰鹿广场举行开工仪式。工程于2010年完成。

是月,新建县城自来水厂投入运行。投资3000万元。一期日供水能力2万立方米。

7月

12日 省考古研究所在沔渡镇苍背村窑前组发掘东汉古墓、东周时期居住遗址各1处。

是月,全县干旱。1—7月全县降雨量705.2毫米,比历年同期少407.2毫米。16个乡镇3.3万亩水稻受旱,其中绝收3100亩。

8月

4日 县城下水道、人行道改造工程启动。年内改造排水道40条,总长9670米;人行道1.5万平方米。

17日 境内交通文化遗产普查结束,查明宋代以来交通遗址40余处。

18日 农业部批准"酃县白鹅"为全国农产品地理标志并授牌。11月,批准福来喜鹅业公司种鹅场为国家级酃县白鹅保种场。

是月,福来喜肉鹅加工基地投产,年加工肉鹅能力300万羽。

9月

1日 全国劳动模范马安健当选中华人民共和国成立60周年湖南省最具影响的劳模,受邀出席北京国庆观礼。

25日 文化部授予炎陵县全国文化先进县称号。

是月,组建红网炎陵分站,与政府公众信息网合一。次年7月与红网总站链接运行。

10月

2日 中共湖南省委书记张春贤到炎陵县考察指导工作。

15日 县城污水处理厂一期工程投入运行。工程投资4627万元,兴建污水处理厂1座,安装污水收集管网12.8公里。日处理污水1万吨。2010年县城污水平均处理率84%。

20日 由厦门大学美术系创作的"毛泽东、朱德在炎陵县首次会面"大型(花岗石)雕塑在接龙桥安座。

11月

13日 第二届中国绿色发展高层论坛宣布炎陵县为中国十佳绿色城市。县长周建光参加在北京人民大会堂举行的授牌仪式。

12月

25日 东信集团炎陵纺织项目竣工投产。

是月,县林业局对境内2.25万棵百年以上古树名木建立保护档案。

2010年

1月

1日　实行财政体制“省直管县”改革。

4日　中小企业创业园举行开工典礼。至2014年，开发面积73.37万平方米，投入基础设施建设资金2.4亿元，入园企业家9家，就业人员2000余人。完成工业产值8.8亿元，实现税收3130万元。

22日　九龙经济技术开发区被列为省级综合性高技术产业基地。

27日　平乐乡黄桃种植专业合作社入选中国50佳农民专业合作社。次年4月25日，被全国供销总社授予“农民专业合作示范社”称号。

30日　炎陵县慈善会成立。

31日　炎陵县林业要素市场开业。市场设林权流转交易、抵押贷款等项业务。当年交易林权7宗，交易额328.6万元。

3月

24日　炎陵县获评2007—2009年度全国森林防火工作先进单位。

是月，全长67.36公里的106国道炎陵县城至桂东槽里段改造工程开工。投资3.86亿元。2012年11月竣工。

4月

4日清明，举行社会各界祭祀炎帝陵大典，中科院院士、湖南省旅游学会首席专家姚守拙主祭。

6日　中国生态文明研究与促进会常务副会长、原国家环保部副部长祝光耀一行至炎陵县考察。

27日　中村乡梅岗村党支部书记兰才干获全国劳动模范称号；鲁坑小学马安健获全国先进工作者称号，并入京受奖。

5月

10日　湖南省炎陵县农村商业银行成立。

28日　湖南省人民政府授予水口叶家祠——“支部建在连上”旧址为湖南省全民国防教育基地。

7月

4日　湖南首条电动汽车旅游示范线路——炎陵县城至九龙经济技术开发区电动汽车公交线路开通。

8月

12日　海峡两岸首届炎帝神农祭祀大典在炎帝陵举行。来自台湾的24个宫庙300余名信众与大陆各界人士近万人参加。下午，举行炎帝神农文化讲座。

23日　大院高山乌龙茶参加首届“国饮杯”全国茶叶评比获特等奖。此后再获第二届

（两年一次）、四届一等奖。大院庆昇牌、大院牌乌龙茶获第二届评比一等奖。洣溪茗峰牌神农白茶获第四届一等奖。

9月

9日　策源、下村农户在坪坑、腊菜场放养耕牛，遇低温多雨病死30头。

10日　桃源洞自然保护区发现1.24万亩高山沼泽湿地，存活年代万年以上。

17日　全国妇联分别授予垄溪乡、鹿原镇塘旺村基层组织建设示范乡、示范村称号。

10月

1日　首家商品混凝土生产企业——长兴水泥厂混凝土搅拌站投产。

14日　湖南省承接产业转移发展加工贸易领导小组授予九龙工业园为湖南省第一批承接产业转移特色基地。

16日　县委、县政府在炎帝陵举行"孝行天下，瑞满炎陵"重阳节祭祖活动和文艺演出。99位九旬以上老人参加活动。

28日　曙光灵峰钨钼材料厂投产。

是日，桃源洞自然保护区（神农峰下），发现南方铁杉群落195亩、3000余株，其中树龄在1000年以上的20余株。最大一株胸径1.6米，高约30米。

12月

21日　全国爱国卫生运动委员会授予炎陵县国家卫生县城称号。

31日　境内完成革命遗址普查工作，申报保护单位50个（处）。

2011年

1月

1—3日　县内首次举办电视述廉述职。24个政府行政单位负责人向公众述廉述职。

6日　县委十届十次全会暨经济工作会议召开。提出当年和"十二五"基本思路：围绕做大总量、做优质量、做实民生，实施生态立县、旅游活县、文化强县、人才兴县战略，打好旅游升温、城镇提质、园区攻坚、交通加速战役，建设生态炎陵、开放炎陵、文化炎陵、平安炎陵、幸福炎陵。

26日　经省民政厅批准，三河镇深坑、石鼓、石潮、龙伏、坪形5个村划入霞阳镇。

2月

11日　中共湖南省委、省人民政府授予炎陵县社会主义新农村建设先进县称号。

3月

1日　城市生活垃圾处理实行收费。

2日　全国人大代表谭艳在十一届四次会议期间，提交《关于将"炎黄祭典"申报为世界非物质文化遗产的建议》《关于请求将衡茶吉铁路炎陵火车站建设纳入国家投资建设项目的建议》。8月26日，铁道部回复："同意炎陵站站房综合楼规模按6000平方米控制建设。"

22日　霞阳镇政协工作联络处举行挂牌仪式。当年，全县乡镇均设政协工作联络处。

31日　炎陵县获评全省政务公开工作先进单位、全省优秀政府网站。

4月

3日　举行清明海峡两岸共祭炎帝神农氏大典。由国务院台办，湖南省委、省政府主办，省台办、市政府、台湾中华湖湘文化发展协会承办。台湾中华湖湘文化发展协会理事长张京育恭读祭文。

22日　沔渡华丰化工厂发生爆炸，当场死亡3人，4人受伤(其中3人送医后救治无效死亡)。

5月

5日　下村乡云里村生产的柰李和三河镇星光村生产的辣椒获中国绿色食品证书。

13日　炎陵县被列入国家级生活饮用水卫生监测点。

19日　湖南省人民医院首个农村儿童先天性心脏病免费救治点、儿童白血病政府项目救治点启动仪式在炎陵县人民医院举行。

23日　境内御祭古道(含"邑有圣陵"摩崖石刻)列入湖南省文物保护单位。

6月

7日　红军标语博物馆竣工开放。被省政府列入全民国防教育基地。

9—14日　由广州军区主办，湖南省政府、省军区承办的"炎陵会议"召开。广州军区师以上建制主要负责人参加会议。

12日　湖南省"支部建在连上"理论研讨会在炎陵县召开。中央党史研究室、国防大学军队建设与军队政治工作教研部、湖南省党政军及市、县有关领导出席。

13日　散葬烈士墓及烈士纪念设施普查工作结束。全县有名烈士墓1421座，安葬烈士1442人；无名烈士墓1345座，安葬烈士2130人。

8月

8日　炎陵县被列入国家可再生能源建筑应用示范县，获中央财政补助。

22日　文化部授予沔渡镇中国民间文化艺术之乡称号。

29日　炎陵县少年儿童与林业工作者一起，将人工繁育的10只黄腹角雉放归大自然。此事获评中国2011动物植物10件大事之一。

9月

17日　龙渣瑶族乡瑶拳表演队代表湖南省参加第九届全国少数民族运动会，获表演类比赛项目铜奖。

25日　湖南省炎陵县农村商业银行获评全国十佳农村商业银行。

28日　省政府辛卯年炎帝陵祭祖大典在神农大殿举行，省长徐守盛主祭，全国政协副主席李金华出席。

10月

13—15日　海峡两岸炎帝神农文化祭活动在炎陵县举行。14日举行祭祀炎帝陵大典。中共中央台办、国务院台办常务副主任郑立中，中共湖南省委副书记梅克保等领导及台湾知名人士、神农信众参加。

13 日　县图书馆晋升为国家一级图书馆。

11 月

1 日　炎陵县水利水电建设投资有限责任公司成立，以原发电公司为基础组建，为县属国有独资企业。

23 日　湖南省海拔最高的风力发电测风塔——酃峰风场建成。

12 月

8 日　全县生态公益林投保，年保费 208 万元。次年 3 月，获评湖南省公益林保护建设先进单位。

28 日　鹿原镇入选湖南省特色旅游名镇。

14 日　全国旅游景区质量等级评定委员会公布，神农谷景区为国家 AAAA 级景区。

是日，炎陵县获评（2011 年度）全省城乡环境卫生十佳县。

是月，沔渡镇敬老院建成。至此，全县乡乡建有敬老院。当年全县“五保”供养对象 650 人，其中集中供养 262 人。

2012 年

1 月

8 日　境内红军标语博物馆入选全国红色旅游经典景区名录。

3 月

6 日　星河硬质合金公司生产线建成投产。

7 日　县文化馆晋升为国家二级文化馆。

10 日　晁鑫硅业公司兴建 12500 千伏安工业硅厂竣工投产。

4 月

沐溪茗峰茶叶加工厂兴建茶叶基地，试种安吉白茶 700 亩。

5 月

18 日　炎陵路东延及东城区开发土地储备项目正式开工建设。开发面积 739.67 亩，投资 1.84 亿元。

19 日　中铁三局集团第五工程有限公司承建的炎汝高速公路 13 标段八面山隧道，因炸药管理不规范发生爆炸事故，死亡 20 人。

7 月

今成钽铌有限公司钽铌生产线竣工投产。

9 月

13 日　国防科技大学捐款 120 万元，资助中村乡民族学校学生宿舍楼建设。

28 日　新农合“一卡通”福祥医疗卡发卡暨农村商业银行捐赠仪式在垄溪乡举行，县农商行向县新农合管委会捐赠福祥医疗卡启动资金 100 万元。

是月，三河镇星光村获国家新闻出版总署授予“全国示范农家书屋”称号。当年，全县行政村、社区全部建立农家书屋。

10 月

29 日　全国人大常委会副委员长华建敏视察炎帝陵。

31 日　九龙经济技术开发区批准为省级工业集中区。

是日，《国务院关于公布第八批国家级风景名胜区名单的通知》公布炎帝陵景区为国家级风景名胜区。

11 月

30 日　炎陵县茶叶协会成立。

12 月

18 日　省道 205 线炎陵县旅游环线公路（县城—炎帝陵—船形—神农峰—大院—桃源洞）开建。2014 年建成通车，全长 111.76 公里。

是年，建立大院冷杉保护样地 7 个，固定样地 3 个。桃源洞自然保护区共有大院冷杉 339 株。

是年，投资 1000 万元，完成河东灌区、西山渠道改造工程。

是年，水利部、国务院水利普查办公室印发《流域面积 50 平方公里以上河流名录》，载洣水（炎陵段）流域面积 1723.54 平方公里，长 96 公里。河漠水未列入该《名录》，其基本数据计入洣水，确认原河漠水为洣水源头。

2013 年

1 月

3 日　神农谷国家森林公园被列入湖南省首批生态旅游示范区。

11 日　中共炎陵县委十一届六次全会暨经济工作会议提出“加快建设美丽幸福新炎陵”目标。要求紧紧围绕以炎帝文化为特征的生态旅游强县发展定位，全面实施生态立县、旅游活县、文化强县、人才兴县。

14 日　炎陵县有色金属材料产业确定为湖南省地方特色产业集群。

21 日　大院农场大院村、策源乡梨树洲村、十都镇密花村分别获评湖南省特色旅游名村，问荷山庄获评湖南省五星级乡村旅游区（点）。

24 日　首届十都客家民俗文化艺术节在十都墟开幕，湘赣两省数千客家人参加。

3 月

22 日　中国青少年发展基金会在炎陵县发放希望工程助学金 11.22 万元，资助学生391 名。

4 月

1 日　国家发改委发文，将炎陵县纳入原中央苏区振兴发展规划，列为联动发展地区。

6月

8日 中国·炎陵云锦杜鹃花节在大院农场举行。

14日 炎陵县人大代表谭德发出资3.6万元捐建鹿原镇鲁坑村3座候车亭交付使用。年内,3次捐资4.87万元,资助残疾人、孤寡老人、困难户及贫困学生。

5月

3日 国务院公布工农革命军第一军第一师第一团团部旧址——炎陵县洣泉书院为全国重点文物保护单位。

15日 北京大学中国低碳发展研究中心与炎陵县政府共同成立北京大学炎陵低碳生态示范研究基地。

30日 十都镇中学九年级学生李世清《留点心灵的悸动》一文,获全国中学生作文大赛湖南赛区初中组一等奖。

6月

7日 毛泽东、朱德首次会面纪念地——十都镇万寿宫重修工程在原址开工,当年12月竣工。

11日 炎陵县举办天下炎陵——中华诗词楹联名家炎帝陵祭祖大典暨炎陵采风活动,来自全国各地100余位诗词楹联名家参加。

16日 中共中央台办、国务院台办主任张志军在第五届海峡论坛上宣布炎帝陵为海峡两岸交流基地。11月3日,在炎帝陵举行授牌仪式。

18日 湖南省人民政府批准实施《湖南省罗霄山片区区域发展与扶贫攻坚县级实施规划(2011—2020年)》,炎陵县列入规划。

8月

13日 中共中央政治局委员、中央军委副主席许其亮到水口连队建党旧址叶家祠视察调研。

9月

6日 策源乡梨树洲村被列入全国乡村旅游扶贫重点村。

10月

10日 国家体育总局公布炎陵县为全国群众体育先进县。

12月

3日 世界旅游文化小姐炎黄文化寻根之旅暨世界旅游文化小姐中国赛区炎陵文化推介赛在炎帝陵举行。

15—19日 中央人民广播电台《神州之声》节目连续播出炎陵客家文化专题。

20日 华斯盛高科材料有限责任公司碳化钛金属陶瓷材料生产线建成投产。

30日 县十六届人大常委会第七次会议作出加强县城饮用水源保护,确保饮用水安全的决定,制止自来水取水口上游准保护区内批准建设项目。

2014 年

1 月

8—10 日　县农业局举办农民专业合作社负责人培训班。15 个乡镇 60 余名合作社理事长和财会人员参加培训。

10 日　炎陵县获评 2013 年全省城乡环境卫生十佳县。

14 日　炎陵县首座智能化 220 千伏变电站——竹园变电站投入运行。

21 日　炎陵县国税局被人社部、国家税务总局授予炎陵县国税局全国税务系统先进集体称号。

2 月

12 日　湖南炎帝生物工程有限公司在炎帝陵举行祭祀大典暨公益助学活动。捐款 150 万元,为 355 名贫困学生提供学习、生活资助。

18 日　现代投资希望小学—下村乡学校小学部，获评全国百所“东芝杯·快乐希望小学”。该校拍摄的《妈妈背上的阳光少年》等微电影,引起社会关注。

3 月

6 日　中共炎陵县委召开党的群众路线教育实践活动动员大会，部署群众路线教育实践活动。482 个基层支部、10767 名党员参加教育实践活动。

4 月

炎陵县耕夫子农产品开发公司成立。公司主导黄桃等优质水果产品销售。是年,全县种植锦绣黄桃 1.03 万亩,挂果 0.5 万亩,产量 3500 吨。

5 月

13 日　国家文物局批复《炎帝陵文物保护规划》。

6 月

9 日　最高人民检察院检察长曹建明到炎陵县调研。

23 日　县广播电视台报送《大山深处留守儿童》微电影,获“湖南广播电视奖”电视社教专题一等奖。

23 日　《二十世纪湖南炎陵人物》首发暨赠书仪式在县城举行。该书介绍何孟雄等 50 位炎陵籍名人生平及事迹。

30 日　国家林业局批复桃源洞国家级自然保护区生态旅游规划。

8 月

7 日　广州军区在水口镇叶家祠连队建党旧址举行首批革命传统教育基地挂牌仪式。

9 月

16 日　炎陵县特级教师马安健著《复式教学实验与研究》获 2014 年国家级教学成果奖基教类一等奖。

18日 由国家卫计委和全国妇联在贫困地区实施的儿童营养改善项目“儿童营养包”炎陵县首发式在霞阳镇卫生院举行。

19日 青年画家刘红军钢笔画代表作《日落而息》,为鲁迅美术学院收藏。

21日 残疾人潘华连参加湖南省第九届残疾人运动会,获男子T45/46级别田径5000米长跑冠军,1500米赛第二名。

22日 炎陵神农生态茶叶有限责任公司在湖南茶叶生产企业专项评比中获评科技创新十强企业。公司生产的“万阳红”红茶获湖南省第六届茶叶博览会金奖。

30日 炎陵县社会各界在烈士陵园集会,举行首个烈士纪念日活动。

10月

11日 湖南省人民政府甲午年炎帝陵祭祖大典在炎帝陵举行,省长杜家毫主祭。

是月,炎陵县90后女诗人罗玉珍被诗刊社评选为全国15名青年诗人之一,参加诗刊社举办的第30届青春诗会。其诗作获第一届人民文学诗歌奖年度新锐奖。次年1月,再获首届人民文学诗歌奖。

11月

23日 金紫峰粮油开发公司生产的金紫峰山茶油,获2014年中国中部(湖南)国际农业博览会金奖。

27日 县委、县政府召开《炎陵县志》编纂工作会议并进行业务培训。《炎陵县志》和乡镇志、部门志编纂工作启动。

12月

8日 启动基本养老服务补贴。城乡65周岁及以上家庭经济困难且生活难以自理的失能、半失能老年人获得补贴。

9日 110千伏高水桥变电站投入运行。建设投资2460万元。

22日 2014年秋季普通高中国家助学金发放仪式在炎陵县第一中学举行。685名困难家庭学生获得39.65万元助学金。

注释:

①“二五减租”:1926年10月,北伐军进军湘、鄂期间,推行《最近新政》,规定“减轻佃农田租25%”,减轻农民负担,统称“二五减租”。

②“五风”:指“官僚主义、强迫命令、瞎指挥、浮夸风、共产风”等五股风气。

③“三定”:定机构、定职能、定编制。

第一篇　建　置

第一章　区域　沿革

第一节　位置　面积

炎陵县境位于湖南省东南边界，株洲市南端，面积2030平方公里。地理坐标为北纬26° 03′ 05″ —26° 39′ 30″ ,东经113° 34′ 45″ —114° 07′ 15″ 。东界江西省遂川县、井冈山市,南邻湖南省桂东县、资兴市,西连安仁县,北接茶陵县。四界最大直线距离,东西50.49公里,南北59公里。县城距株洲市223公里(高速公路里程,下同),至衡阳市162公里、郴州市165公里、井冈山市73公里。

第二节　隶属　沿革

炎陵境域商周时为荆州地,春秋战国时为楚黔中地。

汉初设茶陵县,隶长沙国。东汉隶长沙郡、临湘侯国。三国时,隶吴之荆州湘东郡。晋、南北朝隶湘东郡。境域属茶陵县之南三乡。

隋开皇九年(589)废茶陵,入湘潭县。唐初复县,隶南云州。贞观省入攸县。圣历中复置县,先后隶衡州、衡山郡、衡州衡山郡、衡州衡阳郡。五代时隶衡州、潭州。宋初,隶荆湖南路衡州衡阳郡。

宋嘉定四年,湖南安抚使曹彦约平定黑风洞(今桂东、炎陵、资兴交界地)农民起义,旋以"诸洞(峒)辽远,难于控制",奏准析茶陵之康乐、霞阳、常平3个乡设县,以汉置"酃"(辖今之衡阳市区及衡南、衡东、攸县、安仁县一带)为名。县治设霞阳镇。初隶茶陵军,后隶衡州。

元至元十一年(1274),设岭北湖南道衡州路,隶衡州路。

明洪武三年(1370),废路置府,隶衡州府。

清袭明制,隶衡州府。

民国2年(1913),废府置道,隶湖南省衡阳道。9年,废道,直隶湖南省。26年12月,划属湖南省第五行政督察区。29年4月,改隶湖南省第二行政督察区(专署设耒阳)。

1949年10月29日,成立酃县人民政府,隶衡阳专区。1952年11月,隶湘南行署。1954年7月,撤湘南行署,改隶郴县专署。1958年12月,撤酃县建制,全域并入茶陵县,隶湘潭专署。1961年6月,恢复酃县建制,隶湘潭专署。1983年7月,改隶株洲市。1994年4月5日,国家民政部批准,酃县更名炎陵县。

第三节 行政区划

一、宋至清代

宋嘉定四年建县时,沿袭康乐、霞阳、常平3个乡名称及区划。

明初,设9个里,后增至14个里。正德七年(1512)归并3个里,设11个里。其中,城中、城郊各1个里,在乡9个里。

清顺治十五年(1658),裁为6个里。

康熙三年(1664),设6个都、60个甲。三十五年,新编1个里,为7个里,名康乐、安济、常平、迎恩、霞阳、兴文、镇武。

乾隆三十年(1765),设3个乡7个里11个都。7个里:县治以东为兴文、霞阳里,县治以南为迎恩、常平里,县治以西为安济、康乐里,县治以北为镇武里。11个都:县治以西为一至三都,属康乐乡;县治以南为五至八都,属常平乡;县治以东为九至十一都,属霞阳乡。城郊为四都,其中城以东称上四都,属兴文里;城以西称下四都,属安济里。

宣统二年(1910),更设3个区34个团。

二、民国时期

民国元年(1912)废都。全县划分为城、东、南、西4个区,辖34个团。城区辖城团、靖安、合安、永道、尚德、炳蔚6个团;东区辖和安、合心、共和、效忠、久保、济安、中和、盘铭(鼎新)、同德、集安、保和11个团;南区辖常靖、安定、常安、得心、治安、镇定、保安7个团;西区辖人和、集义、保泰、中定、六合、八合、仁里、四邻、平安、同里10个团。

民国21年4月,城、东、南、西4个区分别改称一、二、三、四区。区设区务委员会,任命区董,设区公所,分别驻县城、沔渡圩、水口圩、王家渡圩。各区辖团不变。

民国23年4月,实行乡镇自治和保甲编组,废团设乡,成立乡公所。全县划分为4个区、30个乡、182个保、2014个甲。

民国26年调整为19个乡、178个保,甲数未变。次年,再调整为12个乡、132个保、1586个甲。一区辖合靖、尚永、模炳乡;二区辖和合、同和、久安乡;三区辖同保、定治、镇定乡;四区辖康乐、炎陵、鹿原乡。32年,模炳乡改为模炳镇。

民国36年2月，撤区并乡，整顿保甲。全县行政区划调整为7个乡、48个保、652个甲。合靖乡与模炳镇合，称中正乡，辖6个保；同和乡与尚永乡合，称永和乡，辖6个保；和合乡与久安乡合，称久合乡，辖9个保；镇定乡与同保乡合，称保定乡，辖7个保；鹿原乡并入炎陵乡，辖7个保；定治、康乐二乡不变，定治辖6个保，康乐辖7个保。

民国37年（1948）酃县各乡所辖范围一览表

表1-1

乡　名	辖　　地（主要村庄）
中正乡	南正街、坎坪、黄泥坪、高水桥、两子坳、横岭、三角亭、梅坑、吉利坑、石燕冲、塘垄、春冲、黄沙垄、禾仓源、瓦铺、杉机垄、车田洲、深坑、源头冲
永和乡	长江、曾家、洞里、五廊庙、大源、小源、马坳、大江、大院、青平石、板下楼、石洲里、团箕坑、泥湖、坂溪、小姑塘、大姑塘、两口塘、西坑、江口、南岸、木湾、横溪江、深渡、樣树坳、漕溪、三口垄
久合乡	茶子坳、黄狮头、瑞口、上老、沔渡、大江、夏馆、上馆、大坪、十都、万家、漏江、车溪、南流、青石岗、低垄、瓜寮、红南石、新坑、皮坑、焦石、东坑、桃源、西坑、乌石下、密花塘、龙口
保定乡	官仓下、水西、水口、上坑、楂村、黄板桥、大教坪、大塘、枣树、梅岗、心田、倒塭、九潭山、坪夏、牛夹、浆村、长望、瓷器窑、板坑、牛塘、黄挪潭、羊角岭、下坪、上洞、红水江、斗平湖、梨树洲、东岭、倒坑、朱砂寮、白源、自源、桃村、白蚁坑、大湾里
定治乡	中村、钟家湾、深渡、罗浮江、龙渣、观音岩、新开、恩垄、五檀、深坳、南风塘、竹莴棚、龙潭、竹山下、青广坪、龙崩里、天鹅塘、茅坪、新杏里、车坪、乐富坑、下井、九不脚、坳头、王巢、东坑、茶园里、下村、小横溪、大横溪、营里、上村、西坑、双江口
康乐乡	分路口、潘家、大岭下、石鼓、龙伏、肖家、霍家、团溪湖、西江洲、牛塘、井水塘、火烧垄、荆山垄、玉江口、枧田洲、谙礼、台山、千亩坪、王家渡、塘旺、垄上、豪镜、小坑、大坑、太源洲
炎陵乡	鳌头、湖田、塘村、炎陵、产溪、大源头、塘田、霞塘、夹石、三口圩、沿汾、泷下、嘉禾坪、新塘、南冲、水拉里、澎溪、鲁坑、天堂、西垄坑、桐睦、黄洞、南机岭、夹板石、董湖、高路、竹山下、小皮坑、船形圩、长旺、竹节坑、盐池里

三、中华人民共和国成立后

1949年10月29日，酃县人民政府第一次行政会议决定，全县划为4个行政区，设区人民政府，民国时期所设乡、保不变。一区辖中正、永和乡，区政府设县城；二区辖康乐、炎陵乡，区政府设王家渡圩；三区辖保定、定治乡，区政府设水口圩；四区辖久合乡，区政府设沔渡圩（后迁十都圩）。

1950年3月1日，撤乡公所。7月，废保甲制。旧设48个保改为48个乡，并建立乡一级人民政府，以辖区主要村庄名称命名。乡以下设行政组。

一区辖城关、草坪、坂溪、三口垄、南岸、东关、塘垄、乐春、深坑等9个乡；

二区辖河漠、太和、霍家、西台、天平、河东、河西、天星、三口、塘田、炎陵、澎溪、新生、山林 14 个乡；

三区辖水口、桃源、浆村、策源、平湖、协成、梅岗、中村、龙潭、新龙、平乐、下村、太平 13 个乡；

四区辖长江、沔渡、洞里、石洲、夏馆、泮坑、上馆、中洞、十都、小江、黄上、南流 12 个乡。

1950 年 11 月，调整为 5 个行政区。从一区划出三口垄乡入三区；划出二区河漠乡、四区长江乡入一区；从三区划出龙潭、下村、中村、太平、新龙、梅岗、平乐等 7 个乡设立五区。全县乡数不变。

1952 年 4 月，根据省人民政府调整区乡区划标准，将乐春乡分为松树坪和山垄 2 个乡；10 月，全县由 5 个区 48 个乡调整为 7 个区 49 个乡。

1952 年 10 月酃县区乡调整情况表

表 1-2

区	区政府驻地	所辖乡数	乡　名
一	城　关	11	洞里、沔渡、长江、松树坪、城关、塘垄、东关、草坪、山垄、坂溪、南岸
二	霍家圩	7	深坑、河漠、河东、天平、西台、霍家、太和
三	塘田圩	8	三口、天星、河西、塘田、炎陵、新生、澎溪、山林
四	十都圩	9	十都、小江、南流、中洞、泮坑、夏馆、上馆、黄上、石洲
五	水口圩	7	水口、浆村、协成、桃源、策源、平湖、三口垄
六	中村圩	4	梅岗、中村、龙潭、新龙
七	下村圩	3	下村、平乐、太平

1953 年 1 月，成立城关镇人民政府，直隶县人民政府。3 月，土改复查工作结束，原 49 个乡调整为 141 个乡，分属 7 个区。

1953 年 3 月酃县各乡调整情况表

表 1-3

一区　原 11 个乡，调整为 26 个乡

原设乡	调整后设乡	原设乡	调整后设乡
洞　里	洞里、苏洲	草　坪	草坪、禾仓源、石玉
沔　渡	沔渡、上老	长　江	长江、狮头、龙巷
坂　溪	坂溪、菜坪、泥湖、茶垄	山　垄	山垄、十里山
南　岸	南岸、仙坪、垄溪	三口垄(部分)	三口垄、江口
塘　垄	塘垄、吉利	东　关	黄坪、中团
松树坪	松树坪	—	—

续表 1-3

二区　原 7 个乡调整为 17 个乡

原设乡	调整后设乡	原设乡	调整后设乡
深　坑	深坑、石鼓	天　平	天平、垄坑
河　漠	河漠、石潮、龙伏、大坑、源头	太　和	太和、团溪、坪形、西塘
河　东	河东、新源	西　台	西台
霍　家	霍家	—	—

三区　原 8 个乡调整为 26 个乡

原设乡	调整后设乡	原设乡	调整后设乡
山　林	山林、小河、青林	河　西	河西、甲南、玉江、翠群、龙门
三　口	三口、沿汾、夺魁	澎　溪	澎溪、黄洞、龙兴
天　星	天星、霞塘、湖田、泷湖、鳌头	新　生	新生、桐睦、船形
塘　田	塘田、新坪	炎　陵	炎陵、南冲

四区　原 9 个乡调整为 26 个乡(洞里已计入一区)

原设乡	调整后设乡	原设乡	调整后设乡
十　都	十都、红南、车溪	小　江	小江、深垄、龙口
南　流	南流、障下、密花、皮坑	石　洲	石洲、大院、青石、安坑
中　洞	中洞、双江、石桥	泮　坑	泮坑
夏　馆	夏馆、苍背、瑞口	上　馆	上馆
黄　上	黄上、上井、低垄	洞里(部分)	良田

五区　原 7 个乡调整为 22 个乡

原设乡	调整后设乡	原设乡	调整后设乡
水　口	水口、官仓下、水中、水西、联坑	策　源	策源、下坪、梁桥
平　湖	平湖、倒坑、竹园、荣塘、黄草	三口垄(部分)	木湾(由原一区三口垄划出)
浆　村	浆村、白源、长旺、下垄	协　成	协成
桃　源	桃源、自源、双山	—	—

六区　原 4 个乡调整为 14 个乡

原设乡	调整后设乡	原设乡	调整后设乡
中　村	中村、联西	龙　潭	龙潭、深渡
梅　岗	梅岗、心田、九潭、倒壋	新　龙	新渣、龙凤、双奎、青山
协成(部分)	大教坪、龙活	—	—

续表 1-3

七区 原3个乡调整为10个乡			
原设乡	调整后设乡	原设乡	调整后设乡
下 村	四联、同乐、营里	太 平	西坑、坪坑、横冈、长溪
平 乐	井山、茅坪、乐富	—	—

1955年1月，经湖南省民政厅批准，安仁县云秋、草坪、大鹏3个乡划入酃县，隶属三区，草坪乡更名为西草坪乡。

1955年4月，区人民政府改称区公所。6月，区名改为区公所驻地名称。一至七区依次名为城东区、霍家区、塘田区、十都区、水口区、中村区、下村区。同时，将与区名相同的霍家、塘田、十都、水口、中村乡分别更名为山前、柳山、大陂头、水南、中平乡。

1956年5月撤区并乡。原7个区1个镇144个乡，撤并后为1个镇、20个乡。

1956年5月酃县乡镇调整情况表

表 1-4

乡(镇)名	所并乡(镇)名
城关(镇)	城关(镇)
城 东	中团、草坪、禾仓源、石玉、塘垄、吉利、黄坪、山垄、十里山、松树坪、深坑乡部分(五里牌)
沔 渡	沔渡、上老、狮头、长江、龙巷、苏洲、洞里、石桥、良田、瑞口、苍背、夏馆、上馆、洋坑
十 都	大陂头、上井、黄上、车溪、红南、小江、深垄、龙口、南流、皮坑、障下、密花、低垄
石 洲	石洲、双江、中洞、青石、大院、安坑
坂 溪	坂溪、菜坪、茶垄、泥湖
垄 溪	三口垄、江口、南岸、仙坪
水 口	水南、水中、水西、官仓下、木湾
浆 村	浆村、桃源、白源、自源、倒坑、双山、下垄
策 源	策源、平湖、荣塘、梁桥、竹园、下坪、黄草
平 冈	大教坪、协成、龙活、梅冈、九潭、青林、联坑
中 村	中平、联西、深渡、龙潭、龙凤、双奎、青山、道任(倒塭)、心田、新渣
平 乐	茅坪、乐富、井山
下 村	同乐、四联、长溪、横岗、西坑、坪坑、营里
河 漠	河漠、深坑、石鼓、石潮、龙伏、太和、团溪、坪形
河 东	大坑、源头、山前、新源、天平、垄坑、西台、炎陵乡部分(水东)
河 西	河西、湖田、天星、鳌头、泷湖、玉江、翠群、龙门、甲南、西塘、西台乡部分(大洲上)
太 平	西草坪、云秋、大鹏、三口、沿汾、夺魁
塘 田	柳山、新坪、澎溪、霞塘、炎陵、南冲、黄洞乡部分(鲁坑以下)
船 形	船形、黄洞、新生、龙兴、山林、小河、桐睦
龙 渣	新渣乡部分(龙渣、腰子坪)

1957年8月，龙渣乡更名龙渣瑶族乡。

1958年9月，实行人民公社化。先后成立火花、东风、东升、和平、东方红、星火、红花、红旗、幸福、五星、高峰、先锋、胜利13个人民公社（以下简称公社）。公社设管理委员会，下辖生产大队管理委员会（以下简称大队），大队辖生产队。实行“政社合一”。10月，和平公社并入东风公社。11月，各公社重新命名。火花更名三河，辖10个大队；东风更名城东，辖8个大队；东升更名沔渡，辖5个大队；东方红更名十都，辖7个大队；星火更名石洲，辖3个大队；红花更名垄溪，辖5个大队；红旗更名水口，辖8个大队；幸福更名中村，辖8个大队；五星更名策源，辖5个大队；高峰更名下村，辖6个大队；先锋更名塘田，辖9个大队；胜利更名太平，辖7个大队。

1959年12月，从石洲公社划出大院大队，成立国营大院农场。

1960年6月（酃、茶并县期间），从城东公社划出部分区域，成立茶陵县酃县镇城市人民公社，辖湘山、畜牧、酃城3个大队。

1961年3月，缩小公社规模。三河公社划出天星、洣西、翠群3个大队成立河西公社；中村公社划出茅坪、乐富、青广坪3个大队成立平乐公社。原13个公社、81个大队、699个生产队分别调整为15个、197个、1375个。6月，恢复酃县建制。7月，酃县镇城市人民公社改为酃县城关镇，辖马道、蔬菜、五里牌3个大队和1个居委会。

1962年2月，从塘田公社划出新生、桐睦、黄洞、东河、水垄、小江、沿潭、长旺、高路等10个大队，成立船形人民公社。调整后，全县有16个人民公社（镇）、203个生产大队、1414个生产队。

1964年4月10日，恢复城关镇人民委员会建制。1968年9月，城关镇人民委员会改称城关人民公社。1969年7月，太平人民公社更名东风人民公社。

1981年12月，城关人民公社改为城关镇人民政府，辖4个大队、4个居民委员会。至此，全县有1个镇、15个公社，辖4个居委会、206个大队、1455个生产队。

1982年酃县人民公社、生产大队设置情况表

表1-5

公社（镇）名称	驻 地	生产大队（居委会）数	生产大队（居委会）名称
城关镇	新市街	8	居委会：东街、西街、南街、西门工矿 大 队：蔬菜、马道、沿城、五里牌
城 东	高水桥	13	中团、颜家（东风）、石子坝、山垄、吉利、塘垄、春塘、黄沙垄、禾仓源、坎坪、草坪、石玉、旱田
沔 渡	沔渡圩	16	狮头、长江、龙巷、晓阳、上老、瑞口、苍背、下关、洋坑、花园、上关、小里、大江、苏洲、洞里、石桥
十 都	十都圩	21	良田、车溪、晓东、深垄、小江、龙口、梅冲、麻莱、黄丰寨、低垄、黄上、太坪、上井、瓜寮、洋岐、红南、南流、青石冈、皮坑、桃源洞、密花
石 洲	石洲里	7	马坳、大源、双江、安坑、高车、石坝、青石

续表 1-5

公社(镇)名称	驻 地	大队(居委会)数	大队(居委会)名称
垄 溪	太平岭	14	三口垄、江洲(江口)、漕溪、坂溪、菜坪、秋田(泥湖)、茶垄、西坑、土垒、茶背、南岸、牛塘、古塘、仙坪(新坪)
水 口	水口圩	20	桃林、木湾、官仓下(红光)、水口(水中)、水西、水南、联坑、渣村、板桥、枣树、大塘、西垄、盐池、浆村、下垅、白源、自源、桃源、小湾、双山
策 源	瓷器窑	11	长兴(长旺)、荣塘、竹园、倒坑、东岭、黄草、平湖、下坪、梁桥、上洞、梨树洲
下 村	下村圩	14	东坑、青松、坳头、溪源、同乐、云里、鹫峰(西坑)、泥湖、长溪、长远、大横溪(太平)、横岗、坪坑、田心
平 乐	田 心	8	青山、洞子(西坑)、井山、茅坪、车坪、乐富、棉塭、新山
中 村	中村圩	14	梅岗、九潭、龙坪、心田、道任(倒塭)、联西、中村、深渡、罗浮江、龙渣、新开、龙潭、双奎、龙凤
船 形	董湖洲	10	桐睦、高路、新生、船形、长旺、沿潭、黄洞、东河、水垄、楠坪(小江)
东 风	下木山	13	上村、三口、红星、红光、沿汾、新垄、西草坪(红卫)、木新、太平岭(新坪)、东星、金山、高山、高峰
塘 田	新 塘	11	水东、炎陵、柳山、南冲、新坪、星火、霞塘、江口、澎溪、天堂、田垄
河 西	塘 村	10	洣西、湖田、天星、泷湖、鳌头(坳头)、荆山、金花、翠群、玉江、西塘
三 河	霍家圩	17	深坑、石鼓、石潮、坪形、星光、龙伏、团溪、太和、霍家、庙前、天平、西台、枧田洲(新田)、河光、垄坑、大坑、源头土

说明:表中五里牌、渣村、下关、黄丰寨、棉塭等大队名,后更改为五里排、楂村、夏馆、黄峰寨、棉楹。

1984 年 4 月,废止“政社合一”体制,建立乡(镇)人民政府,大队改建为村民委员会,生产队改建为村民小组。全县建立 1 个镇 15 个乡、203 个村、4 个居民委员会、1455 个村民小组(含大院农场 11 个生产队)。

1985 年 2 月,省民政厅批准,从中村乡划出龙渣、新开、龙凤、双奎 4 个村,成立龙渣瑶族乡人民政府。

1987 年 1 月,城关镇增设北门垄居委会。2 月,省民政厅批准水口乡改为水口镇。1990 年 1 月,沔渡乡改为沔渡镇,河西乡改为王家渡镇。

1996 年 8 月 4 日,撤销十都乡桃源洞行政村编制,隶桃源洞管理局。十都乡辖区减少 1 个村、3 个村民小组。9 月,十都、三河撤乡建镇。12 月,撤销城关镇和城东乡,合并设立霞阳镇;撤销王家渡镇和塘田乡、析三河镇河光村,合并设立鹿原镇。

1996 年,全县设 6 个镇、9 个乡、202 个村、1448 个村民小组(含大院农场 11 个生产队)及 9 个居民委员会、98 个居民小组。

1997年炎陵县乡镇(场)、村(社区居委会、分场)设置情况表

表1-6

乡(镇)名称	驻地	村(居)委会个数	村(居委会)名称
霞阳镇	高水桥	17 居委会:4	村:五里排、蔬菜、马道、沿城、中团、颜家、石子坝、山垅、吉利、塘垄、春塘、黄沙垄、禾仓源、坎坪、草坪、石玉、旱田 居委会:东街、西街、南街、西门工矿
沔渡镇	沔渡圩	16 居委会:1	狮头、长江、龙巷、晓阳、上老、瑞口、苍背、夏馆、泮坑、花园、上关、小里、大江、苏洲、洞里、石桥 居委会:沔渡
十都镇	十都圩	20 居委会:1	良田、车溪、晓东、洋岐、红南、南流、皮坑、密花、青石冈、深垄、小江、龙口、梅冲、麻莱、黄峰寨、低垄、黄上、太坪、上井、瓜寮 居委会:西正街
石洲乡	石洲里	7	马坳、大源、双江、安坑、高车、石坝、青石
垄溪乡	太平岭	14	三口垅、江洲、漕溪、坂溪、菜坪、秋田、茶垄、西坑、土垒、茶背、南岸、牛塘、古塘、仙坪
水口镇	水口圩	20 居委会:1	桃岭、木湾、官仓下、水口、水西、水南、联坑、楂村、板桥、枣树、大塘、西垄、盐池、浆村、下垄、白源、自源、桃源、小湾、双山 居委会:水口
策源乡	瓷器窑	11	长兴、荣塘、竹园、倒坑、东岭、黄草、平湖、下坪、梁桥、上洞、梨树洲
下村乡	下村圩	14	东坑、青松、坳头、溪源、同乐、云里、鹫峰、泥湖、长溪、长远、大横溪、横岗、坪坑、田心
平乐乡	田心	8	青山、洞子、井山、茅坪、车坪、乐富、棉楹、新山
中村乡	中村圩	10	梅岗、九潭、龙坪、心田、道任、联西、中村、深渡、罗浮江、龙潭
龙渣瑶族乡	龙渣村	4	龙渣、新开、双奎、龙凤
船形乡	董湖洲	10	桐睦、高路、新生、船形、长旺、沿潭、黄洞、东河、水垄、楠坪
东风乡	下木山	13	上村、三口、红星、红光、沿汾、新垄、西草坪、木新、太平岭、东星、金山、高山、高峰
鹿原镇	塘村	22 居委会:1	洣西、湖田、天星、泷湖、鳌头、荆山、金花、翠群、玉江、西塘、水东、炎陵、柳山、南冲、新坪、星火、霞塘、江口、澎溪、天堂、田垄、塘旺(河光) 居委会:王家渡圩
大院农场	大院洞	11个分场	小院、葫芦洞、大院、水尾、棚下、上坑、西坑、大坝、桥头、牛石、绵羊垄
三河镇	木子坳	16 居委会:1	深坑、石鼓、石潮、坪形、星光、龙伏、团溪、太和、霍家、庙前、天平、西台、枧田洲、垄坑、大坑、源头 居委会:霍家圩

2006年11月,霞阳镇社区居委会调整,由北环路、北门垄、东街、西街、西门工矿、南街等6个减为4个,按城区方位,设东区、西区、南区、北区社区居委会。

2011年1月,湖南省民政厅批准,从三河镇划出深坑、石鼓、石潮、龙伏、坪形5个村并入霞阳镇。划、并面积88平方公里,人口1.37万人。

2014年年末炎陵县乡镇(场)、村(社区居委会、分场)设置情况表

表1-7

乡(镇)	驻 地	村(社区)个数	村(居委会)名称
霞阳镇	江 下	22 社区:4	村:五里排、蔬菜、马道、沿城、中团、颜家、石子坝、山垄、吉利、塘垄、春塘、黄沙垄、禾仓源、坎坪、草坪、石玉、旱田、深坑、石鼓、石潮、龙伏、坪形 居委会:东街、西街、南街、北街
沔渡镇	沔渡圩	16 社区:1	狮头、长江、龙巷、晓阳、上老、瑞口、苍背、夏馆、洋坑、花园、上关、小里、大江、苏洲、洞里、石桥 居委会:沔渡
十都镇	十都圩	20 社区:1	良田、车溪、晓东、洋岐、红南、南流、皮坑、密花、青石冈、深垄、小江、龙口、梅冲、麻莱、黄峰寨、低垄、黄上、太坪、上井、瓜寮 居委会:西正街
石洲乡	石洲里	7	马坳、大源、双江、安坑、高车、石坝、青石
垄溪乡	太平岭	14	三口垄、江洲、漕溪、坂溪、莱坪、秋田、茶垄、西坑、土垒、茶背、南岸、牛塘、古塘、仙坪
水口镇	水口圩	20 社区:1	桃岭、木湾、官仓下、水口、水西、水南、联坑、楂村、板桥、枣树、大塘、西垄、盐池、浆村、下垄、白源、自源、桃源、小湾、双山 居委会:水口
策源乡	瓷器窑	11	长兴、荣塘、竹园、倒坑、东岭、黄草、平湖、下坪、梁桥、上洞、梨树洲
下村乡	下村圩	14	东坑、青松、坳头、溪源、同乐、云里、鹭峰、泥湖、长溪、长远、大横溪、横岗、坪坑、田心
平乐乡	田 心	8	青山、洞子、井山、茅坪、车坪、乐富、棉楹、新山
中村乡	中村圩	10	梅岗、九潭、龙坪、心田、道任、联西、中村、深渡、罗浮江、龙潭
龙渣瑶族乡	龙渣村	4	龙渣、新开、双奎、龙凤
船形乡	董湖洲	10	桐睦、高路、新生、船形、长旺、沿潭、黄洞、东河、水垄、楠坪
东风乡	下木山	13	上村、三口、红星、红光、沿汾、新垄、西草坪、木新、太平岭、东星、金山、高山、高峰
鹿原镇	塘 村	22 社区:1	洣西、湖田、天星、泷湖、鳌头、荆山、金花、翠群、玉江、西塘、水东、炎陵、柳山、南冲、新坪、星火、霞塘、江口、澎溪、天堂、田垄、塘旺 居委会:王家渡圩
三河镇	木子坳	11 社区:1	星光、团溪、太和、霍家、庙前、天平、西台、枧田洲、垄坑、大坑、源头 居委会:霍家圩
大院农场	大院洞	11个分场	小院、葫芦洞、大院、水尾、棚下、上坑、西坑、大坝、桥头、牛石、绵羊垄

第二章　县城　乡镇

第一节　县　城

县城坐落境北霞阳镇。建县之初即择为治所，历八百年不易。

环城皆山，峰峦叠翠，有天然城郭之称。草坪河、斗笠河于南郊合流，绕城而过，至西郊汇入洣水。醽醁泉香、梅山朝旭、桃花春涨、湘刹夹流、秋山远霭、青台霁岚、天半晓钟、白云灵谷，古为酃城八景。

宋、元有城无垣。明正德六年(1511)以版夯土，立木栅为门，初设城墙。十二年，易土为砖，易木栅为石，嘉靖二年(1523)竣工。城高1丈，周长480丈。东西南北各设一门，东曰宏文、西曰安济、南曰迎恩、北曰镇武。四门各建城楼，砖砌瓦覆，形制古朴。明末，城墙、门楼皆毁于战乱。

清康熙三十一年(1766)，循原址重修城墙，材料砖石参半。城内有东、南、西、北四条正街，四门层楼轩举。县衙、炎帝行祠、黄龙(洣泉)书院、考棚、武庙、城隍庙、南岳庙、洞真观等麇集城内西北；文昌宫、青台寺、慧日寺等杂处城西、城南。学宫建于东门之外。清咸丰年间(1851—1861)，县城屡遭兵燹，城墙大多颓圮。光绪元年(1875)，城区形成6街3巷。但街道狭窄，房屋低矮，店铺零乱。民谣谓："西门挑屎担尿(西片农民入城挑粪种田)，东门卖柴卖茅，南门骑马坐轿(官绅富商往来)，北门鬼哭狼嚎(北郊多神庙，常有虎豹出没)"，即为当时经济境况与社会生态写照。

民国初，街道增至7条，总长3485米。国药、南杂、牙行、客栈、茶铺一时勃兴。织染、缝衣、酿酒、铁工、木作、棕业、篾制、铜银器作等手工作坊相继聚集。民国11年(1922)，省府派驻县城的游击第一中队哗变，商铺、富户遭洗劫。12、13年，复遭万阳山绿林朱孔阳(朱聋子)袭扰。知事弃印逃逸，商贾关张避匿，仅存店铺20余家。

民国15年7月，北伐军第二军一部途经县城，各界举行欢迎大会并组织劳军、募捐。17年3月14日，工农革命军第一师第一团入城，在大草坪召集市民大会，三营党代表宛希先宣讲保护工商业政策。4月中旬，毛泽东、张子清率工农革命军第一团由湘南回师，市民在城南画眉桥头夹道欢迎。6月中旬，毛泽东、朱德率红四军主力及军部在县城驻军1个星期。7月中旬，朱德、陈毅率二十八、二十九团再次入城，并在福利安缝纫铺加工军衣100余套。18—22年，红四军第五纵队(原红五军)、湘东独立师、湘东南独立师、红七军、红军河西总指挥部、湘赣红军独立一师、红三军团五军一师、湘赣红军独立第四团都曾驻军县城。红军"保护小商人自由营业"，城内秩序井然。

民国27年"七七"事变一周年之际，社会各界在中山公园立"抗日阵亡将士纪念碑"，激励军民奋勇抗战。28年，政府机关、学校、兵工分厂相继迁酃。一时间，人文荟萃，商贸活跃，卫生、文化、教育、体育事业得到改善。

1949年10月27日，县城解放。中共酃县县委、县人民政府着手县城建设。1951年，拆除西南部分城墙，建成1.6公里绕城环道。1958年后，修筑酃县至宁冈县公路与106国道，建成井冈路与文化路。80年代末，修通解放路，拓宽北环路。90年代，修建炎陵路、洣泉路、鹿原路、霞阳路，延伸解放路、北环路，修通龙井路、圳界路、溪源路。至2000年，城区面积由1949年的0.39平方公里扩至5.4平方公里，常住人口由2889人增至19863人。城区设立商场30个，银行5家，宾馆招待所7个，医院3所，影剧院2座，图书馆1座，各类学校7所。先后在城区和近郊兴建一批工业企业，安排城镇居民就业。

2000年以后，在扩大城区规模的同时，重点加强供电、供水、通讯、交通等基础设施扩容改造，拓展商业、服务业网点，并对城区环境卫生、文化风貌等进行提质改造。2010年，获国家卫生县城称号。

至2014年，县城（含西城区）建成区面积6.7平方公里。街道主干道18.8公里，次干道13.5公里，支路和街巷57条、20.29公里。形成3纵5横2环线街道与交通格局。县城绿化覆盖面积2.44平方公里。建成湘山公园、草坪河风光带、湘山滨水景观、红军标语博物馆广场、接龙桥广场、文化体育广场等休闲、娱乐场地。城区基础设施日臻完善。高速公路、铁路在县城东郊建有车站和服务区；城区东、南、西分别设汽车客运站；城区开通公共汽车。自来水厂日供水能力达2万立方米。部分社区使用天然气。供电、通讯、电视等设施完善。城区生活垃圾无害化处理率100%，污水处理率84%。有宾馆、旅社40余家，其中星级宾馆11家。教育、文化、体育、医疗卫生等公共设施与县城规模基本适应。

2014年，获湖南省文明县城称号。

第二节　乡镇（场）

1996—2014年，全县设6个镇9个乡1个国有农（林）场。按照地理方位，西片有三河镇、鹿原镇、东风乡、船形乡；东片有霞阳镇、沔渡镇、十都镇、垄溪乡、石洲乡、大院农（林）场；南片有水口镇、策源乡、下村乡、中村乡、平乐乡、龙渣瑶族乡。

一、霞阳镇

县人民政府驻地。位于县境北部。青台山、云露山雄踞镇北，界茶陵县湖口、浣溪镇。洣水蜿蜒于境南，沿岸有小块平原分布。106国道、衡吉高速公路、吉衡铁路、S205旅游环线通过全境。镇治设南区江下。

建县之前即置霞阳镇（驻军地）、霞阳乡（辖县东各里）。清代，辖上四都（县城东郊）及九、十、十一都。民国初设区、团，地属城区（后改名一区），辖6团。民国末年属中正乡。1950年属一区。1956年,撤区并乡,其地分设城关镇、城东乡。1958年成立城东人民公社。1960年6月(酃茶合并期间),划出城区部分,设酃县镇城市人民公社。1961年7月恢复酃县建制后改称酃县城关镇(后称城关镇人民委员会、城关镇人民公社、城关镇人民政府)。1984年恢复乡镇建制,郊外为城东乡、城内为城关镇。1996年12月,撤城东乡、城关镇,设霞阳镇。2011年1月,划入三河镇5个村。2014年,镇域面积132平方公里,人口47866人。

经济以工业、商贸、服务业为主。农业主产粮食、蔬菜、水产、禽蛋。利用区位优势,发展特色水果、蔬菜、茶叶、油茶、花卉苗木。至2014年,建立农民专业合作社4个,农产品标准化生产基地2个,旅游休闲农家乐4家。农林牧渔产值1.46亿元,工业产值72.05亿元。当年,获国家级生态乡镇称号。

镇设中学、中心小学、教学点各1所,医院1所,村级医疗室17个。随着城镇化的推进,农村文化体育、环境卫生、村庄建设与功能配套等逐步完善。

二、沔渡镇

位于县境北部,与茶陵县江口乡、井冈山市睦村镇毗邻。地貌以低山丘冈为主。万阳河与孚水(石洲河)在境内汇为沔水,西北出境入洣水,丰水期可通舟筏,古为县东出境水路。衡吉高速公路、吉衡铁路、炎陵至井冈山公路、S205旅游环线通过全境。政府驻地沔渡圩(以沔水渡口得名),距县城15公里。政区宋属霞阳乡,清属霞阳乡十一都。民国初属东区,后属久合乡。1950年属四区(1952年改为一区),1955年属城东区。1956年撤区,合并14乡置沔渡乡。1958年成立沔渡人民公社。1983年恢复乡建制,1990年1月建镇。2014年年末,土地面积124.8平方公里,人口15265人。

经济以农业为主,主产稻谷、茶油、水果等。工业、服务业有较好基础,边界贸易历史久远。2014年,粮食总产1.01万吨,农业产值1.02亿元。工业企业35家,产值6.43亿元。

镇区建有边贸市场、文体活动广场、文化广场、沿江文化休闲场所以及自来水厂、污水垃圾处理站等公共设施。镇设中学1所,中心小学1所,幼儿园4所,中心卫生院1所,村级卫生室16所。

古为县东重镇,军事要地。"擂鼓潭"是岳飞战曹成之处,建有岳飞庙。苍背有宋长沙郡主赵玉蝶墓葬。明、清朝在黄烟堡设堡驻军。清咸丰六年(1856),太平天国军与清军数次战于黄烟堡、沔渡圩。1928年4月上中旬,朱德率南昌起义余部驻军沔渡,先后与湘南农军、井冈山红军会师。是年7月,红四军在沔渡圩召开军委扩大会议(又称第3次党代会)。

居民以客家为主,并完整地保留客家方言与风俗。客家山歌被列入湖南省非物质文化遗产;舞龙舞狮是当地传统娱乐活动。十碗荤、酸酒浸、酿豆腐、米粿等为客家传统美食。民俗文化节,成为湘赣两省客家人的盛会。2011年,文化部授予中国民间文化艺术之乡称号。2013年获国家级生态乡镇称号。

三、十都镇

位于县东北隅,与江西省井冈山市大陇、黄洋界、大井接壤。境内群峰叠嶂,沟壑纵横,千米以上山峰8座,最高峰吊脑楼,海拔1524米。万阳河长56.1公里,西流汇入沔水。镇东为神农谷国家森林公园、桃源洞国家自然保护区,入园(区)公路通过全境。

古属霞阳乡,清乾隆间设都,列序第十,后沿袭为地名。民国初属东区,民国末属久合乡。1950年,设十都乡,隶四区。1958年成立十都人民公社。1984年4月恢复乡建制。1996年8月,划出桃源洞村,9月改镇。至2014年年末,土地面积246平方公里,人口11325人。

山林面积12706.7公顷,盛产竹木。经济以农、林业为主,竹木采伐、加工是传统产业,竹笋为大宗商品。利用水资源修建小水电站21座,装机2.65万千瓦。粮食作物有水稻、玉米、豆类、薯类。高山水果、蔬菜等专业种植初具规模,建成4666.7公顷笋竹规范化示范基地。边贸、餐饮等服务业发展较快,开设商铺495家。神农谷旅游沿线兴办生态农家乐85家。

政府驻地十都圩,距县城26公里,古为湘赣边贸重地。瓜寮婆婆仙,传说骆宾王曾在此避难。艾叶米粿、南瓜饼、油炸豆饼、姜糖丝、酸酒浸、酒酿豆腐、粉蒸鹅肉等客家传统食品久负盛名。

1927年10月,毛泽东率工农革命军首次入酃,驻军十都圩。翌年4月,毛泽东与朱德在此首晤。1931年3月,王震率湘东南独立师第三团与张云逸率领的红七军在此会师。是年6月,建立中共区委、区苏维埃政府。现有省市县文物保护单位5个。

镇设中学、中心小学各1所,幼儿园3所,卫生院1所。文化站、文体广场、农广校、广播电视中心等文化设施较完善。镇文联、客家文化艺术团等经常开展文化活动。三节龙、火星龙多次参加全国、全省表演与竞技。元宵灯会是该镇传统文化节庆。1995年,授予湖南省龙灯艺术之乡,镇文化站为全国二级文化站。2014年,获国家级生态乡镇称号。

四、水口镇

位于县境中部。宋属常平乡,清属七都,民国时期先属南区,后属保定乡。1950年,设水口乡,属3区(1952年改为5区)。1958年成立水口人民公社。1984年改乡。1987年建镇。至2014年年末,土地面积199.7平方公里,人口16588人。

镇区四面环山,千米以上山峰4座。从东、南入境的河溪在水口圩郊汇入洣水,经大风垄(古称小三峡)隘口北去,水口因之得名。政府驻地水口圩,距县城28公里。106国道穿行南北,下村、策源乡公路在此接入。古为县南经济文化中心,今为南片交通枢纽。镇区已建成水口大道、水口东路、商贸街、新市街、政府路、沿江风光带以及自来水厂、污水与垃圾处理站等设施。有九年一贯制中心学校、中心幼儿园各1所,教学点9个;中心医院1所,村卫生室18所;文化站1个,文化广场2个,民间乐队3个。林业、森林公安、供电、工商、国税、地税、邮政、信用社、法院、交警均在水口镇设有分所或办事机构。2014年获国家级生态乡镇称号。

经济以农、林业为主,工业、商贸占较大比重。水力资源丰富,修建水电站17座,装机4.36万千瓦。主要粮食作物为水稻、玉米、薯类;经济作物有蔬菜、花生、油菜。工农业总产值4.28亿元。

历史文化厚重。1928年10月毛泽东率工农革命军在水口驻军10天,作出建立井冈山革命根据地决策,并在连队建立党的支部。连队建党旧址——叶家祠,中国工农革命军第一师师部旧址——朱家祠,毛泽东旧居——桥头江家等为省级文物保护单位。风格各异的清代民居(大屋)及名人故居尚存多处。传统客家美食盐焗鸡、酿豆腐、玫瑰酒双鸽、三味鸡、清汤米线、印花米粿、甜酒米粥等久负盛名。

五、三河镇

位于县境西北。斜濑水在此汇入洣水,往北流入茶陵。沿岸有县内最大的冲积平原。政府驻地天平村,距县城10公里。县城至炎帝陵公路通过全境。岩鹰仙、霭仙山古有祠宇,奉祀炎帝和炎帝母亲。建县之初,邑人即在台山(今西台村)创办县内首个书院。霍家圩是西片农副产品的重要集散地。抗战时期,国民政府军政部兵工署东南区第一兵工厂迁驻潘家;省立第一临时中学、五四中学等迁驻霍家圩,一时成为县内文化中心。特色副食烫皮丝、红薯片、馓子、兰花根、铁勺、油煎饺、米豆腐、油焖糯米饭等传承“本地人”饮食习俗。

政区宋属康乐乡,清属康乐乡二都,民国初属西区,后属康乐乡。1950年属二区。1956年撤区并乡,设河东乡。1958年合并河东、河西、河漠3乡成立三河人民公社。1961年划出斜濑水以西3个大队设河西公社。1984年改乡。1996年9月撤乡建镇,12月析河光村入鹿原镇。2011年1月,析深坑、石鼓、石潮、龙伏、坪形5村入霞阳镇。至2014年年末,土地面积80平方公里,人口13521人。

历史上多干旱洪涝。1969年,修成河东渠道,成为县内粮食、水产、生猪、禽蛋主产地之一。主要农产有稻谷、棉花、黄豆、花生、穇子、油菜籽等。特色水果、蔬菜、花卉苗木基地初具规模。建材、建筑业为传统产业。2014年工业产值11.4亿元。

镇区设中学、中心小学各1所,教学点2个,幼儿园1所,综合文化站1个,医院1所,村卫生室17个。建有自来水厂、垃圾中转站等设施。主街道实现亮化、绿化、净化。2008年,获湖南省文明村镇称号。

三河镇是酃县农民运动发源地之一。1926年下半年,各村成立农民协会。1928年2月,建立中共西区委员会、西乡游击队总指挥部,参加3月起义。毛泽东率工农革命军第一团在潘家、霍家等地指导。1949年6月,在台山成立中共酃县区工作委员会,领导解放酃县的前期工作。

六、鹿原镇

位于县境西部，与安仁县豪山、羊脑乡接壤。地势东南高西北低。斜濑水（洣水支流）流经全境，两岸一马平川，村庄鳞次栉比。炎帝神农氏之陵坐落镇东鹿原陂（亦称白鹿原），镇因之得名。宋属康乐乡，清属康乐乡三都。民国初属西区，民国27年（1938）分设鹿原、炎陵乡（属四区，区公所驻王家渡）。36年，鹿原并入炎陵乡。1950年，域地设塘田（含今船形）、炎陵（含今东风）乡，属二区（1952年改为三区），区政府驻塘田。1956年，从塘田乡划出船形，炎陵乡划出东风另设乡，塘田乡更名河西。1958年成立人民公社，域地分属三河、塘田公社。1961年，从三河划出斜濑水西岸3个大队设河西公社。1984年改称河西乡。1990年1月更名王家渡镇。1996年12月，撤王家渡镇、塘田乡，划入三河镇河光村，设鹿原镇。至2014年年末，土地面积143平方公里，人口25736人。政府驻地王家渡圩，距县城18公里。平汝高速公路、炎陵至资兴、安仁公路通过全境。

王家渡因渡口住有王姓得名，与炎帝陵隔河相望，古为县西文化、经济、交通中心。有御祭古道可走衡州，洣水行舟直下长沙。祭官香客、文人雅士、木商药贩往来络绎。天堂茶叶、霞桥米粉、洣西熏鱼，古有盛名。家酿水酒、家宴“十碗荤”，曾款待朝廷御祭官员。1918年，湘军独立第二旅旅部驻炎帝陵年余。1928年3月，毛泽东率工农革命军第一团策应酃县三月起义，宿营圩场。1939年6月，薛岳主持的湖南省干部训练团1000余人迁驻王家渡。

经济以农业为主。2014年，粮食产量1.46万吨，农业产值1.57亿元，是县内粮油、水产、生猪主产地之一。各类企业180家，完成产值3.81亿元。依托炎帝陵旅游，兴办宾馆、农家乐20余家，有床位400余个。

镇设学校3所，教学点5所，联校1所，幼儿园1所，中心医院1所，远程教育学习中心1所。自来水厂、加油站、停车场、公厕、垃圾处理等设施基本完善。2011年，获全国文明村镇、湖南省特色旅游名镇称号。

七、垄溪乡

位于县境中部偏北，乡政府驻太平岭，距县城8公里。地势东北高，西南低，大小河溪依地势流入霞阳镇。地貌以中低山为主，最高峰大姑仙，海拔1625米。仙坪村有酷似长城的“石碕”奇观。106国道南北向过境，有村道184公里，与国道、县道联通。1927—1928年，毛泽东曾两次在坂溪村暂驻。1928年3月、1930年1月，两度建立中共坂溪区委、区苏维埃政府。

政区宋属霞阳乡，清属六都，民国时先属尚永乡，后属永和乡。1950年，划属一区。1956年，撤区，并三口垄、江口、南岸、仙坪乡设垄溪乡；并坂溪、菜坪、茶垄、泥湖乡设坂溪乡。1958年，并三口垄、坂溪乡，成立垄溪（两乡各取一字）人民公社。1984年，改乡建制。至2014年年末，土地面积141平方公里，人口8471人。

经济以农、林业为主。笋竹、高山水果生产初具规模。利用自然环境，发展生态茶园、生态养殖场、生物能源企业以及生态休闲山庄、生态休闲科技示范园。修建小水电站9座，装机1.45万千瓦。2014年，实现企业产值9162万元。

有九年制学校、幼儿园、卫生院各1所，村卫生室6所。建有乡综合文化站、图书室、文化广场、村农家书屋等文化设施。成立腰鼓队、军鼓队、舞龙队、广场舞队等群众文艺队伍。2012年，获评湖南省首届最具民生幸福感乡镇。2013年，获国家级生态乡镇称号。

八、石洲乡

位于县境东部，因河底岸洲多石得名。乡政府驻石坝村，距县城20公里。境内以高山为主，最高峰南湖肚，海拔1570米。孚水（石洲河）自东向西注入沔水。有公路北去沔渡，西接106国道，东连S205旅游环线。

政区宋属霞阳乡，清属霞阳乡九都，民国初属东区，民国末属永和乡。1950年，设石洲乡，属四区。1958年，成立石洲人民公社，辖3个大队。1984年4月，恢复乡建制。至2014年年末，土地面积101平方公里，人口4656人。

山林面积3366.67公顷，活立木储蓄量90万立方米。经济以林、农为主。农产有稻谷、马铃薯、玉米、高山延季蔬菜等。林产有木材、楠竹、竹笋、茶油、高山水果。修建小水电站9座，装机7615千瓦。2013年以来，完成高标准杉木造林233.3公顷，改造笋竹林466.7公顷、油茶林33.3公顷。兴办以绿色、环保产业为主的加工企业22个。2014年获国家级生态乡镇称号。

乡设九年制学校、教学点、示范幼儿园、农民文化技术学校各1所；乡卫生院1所，村卫生室2所。新建自来水厂、农贸市场等设施。

石洲是革命老区。1928年6月，成立中共区委、区苏维埃政府。1930—1933年，中共酃县县委、县苏维埃政府先后驻板下楼、锅厂下。县委机关旧址为省级文物保护单位，金钟山红军烈士墓园为市级文物保护单位。域内山清水秀，人文荟萃，古有"一洲五湖三倒水，金钟把水口，铁扇关门。状元打草鞋，举人无数"之说。冬笋腊肉、烫皮粉条等传承乡土风情；客家竹文化节、竹制工艺品等弘扬传统竹文化。

九、策源乡

地处县境东部，与江西省遂川县大汾镇交界。域内地势高亢，峰峦崒兀，千米以上山峰7座。最高峰暗尾垄，海拔1901.5米。河溪密布，主河道西流至水口镇入洣水。有公路贯通东西，西接106国道。S205旅游环线横跨南北，与之连通的村组公路208公里。

政区宋属常平乡，清属七都，民国时先属南区，后属保定乡。1950年，建策源乡（寓意革命发源地），属三区（1952年改为五区）。1958年，建策源人民公社，1984年，恢复乡建制。至2014年年末，土地面积198平方公里，人口8125人。

策源乡是革命老区。1927年7月，建立酃县第一个农村党支部，1930年1月，成立中共黄挪潭区委、区苏维埃政府。有列宁小学、酃县兵工厂、酃县红军医院、湘赣省军区二分区兵工厂、酃遂红军医院等遗址。

耕地多“蓑衣斗笠丘”。林地9740公顷，其中笋竹林3333.3公顷。经济以林业为主，木材、笋竹生产加工为传统产业。利用水资源修建小电站16座，装机2.8万千瓦。2000年后，依托山地资源，建立高山蔬菜基地，发展特色种养及旅游业。梨树洲生态园初具规模，原始森林、铁杉群落、万亩竹海、白水瀑布等为生态旅游佳处。

乡政府驻地瓷器窑，距县城42公里。依山傍水，环境优雅。有九年制学校1所，卫生院1所，乡图书室1个。建有客运站、自来水厂、垃圾处理、景观河堤等设施。村村有卫生室、农家书屋和活动室。

十、下村乡

位于县境东南部，与桂东黄洞乡、遂川营盘圩接壤。明清朝在三县交界处设烟竹堡驻防。域内崇山峻岭，千米以上山峰13座，最高峰神农峰（与策源乡交界处）海拔2115.2米。河溪向西北流入水口。

辖地宋属常平乡，清属八都，民国初属南区治安团，后属定治乡。1950年，设下村乡，属五区（1952年改为七区）。1958年，成立下村人民公社，1984年，改乡。至2014年年末，土地面积188.4平方公里，人口8256人。

经济以农、林业为主。生态农业、高效林业有一定规模。至2014年，发展笋竹林2000公顷，种植黄桃、柰李等高山水果406.7公顷，金银花、杜仲、厚朴等药材林1333.3公顷，香芋、西红柿、莜麦等高山作物140公顷。修建小水电站15座，装机2.1万千瓦。

境内山高路陡，来往县城须过雷仙坳（海拔1433米）。民谣云：“挑担阿哥真可怜，一步难得一步前。上坳下坳无平路，过得雷仙上得天。”1975年修建水（口）下（村）公路，1985年通客班车。现有公路西接106国道，南通平乐乡，东去遂川县营盘圩，村村通公路。设九年制学校、中心幼儿园、卫生院各1所，村卫生室8所。

政府驻地下村（古村名）圩，距县城57公里。古为湘赣边要地，有山道南北向通过全境。明初名儒刘三吾、隐士雪溪子在此寓居。清代有女诗人朱梅秀，武举人朱光贤、朱光玉，名闻湘赣。1927年10月，毛泽东率工农革命军由水口进军茨坪通过全境。次年8月，毛泽东去湘南迎还红军大队时在坪坑杨家湾宿营。鹰嘴岩“百年钨矿”、鹫峰“千年鸟道”、湖南第一峰——神农峰等旅游考察项目为“驴友”乐道。糯米糍粑、蕨粉糍粑、板薯泡、红豆粽子为传统美食。

十一、中村乡

地处县境南部，西与资兴市汤市乡交界。域内峰峦耸翠，千米以上高山5座。斜濑水由南向北出境，沿河有小块平原分布。民间赞其山水：左边金鸡（山名）叫，右边凤凰（山名）啼；前有犀牛望月，后有魁山把水口。村中龙潭通湘江，庭前狮子滚绣球。

政府驻中村圩，距县城45公里。炎汝高速公路、106国道通过全境。圩场居两村之间，故名中村。古为县南要冲，商贾行旅歇足之地。宋属常平乡，清属常平乡七都。民国初属南区，民国末属定治乡。1950年，设中村乡，属三区（1952年改为六区）。1958年，成立中村人民公社。1984年4月改乡。至2014年年末，土地面积108平方公里，人口7783人。

有九年制民族学校1所，幼儿园1所，乡卫生院1所，村卫生室8所。

经济以农、林业为主。山地8180公顷。世界最大的桦桑树生长在道任村。主要农林产品有水稻、红薯、马铃薯、玉米、木材、楠竹、笋竹、香菇等。金银花、厚朴（药材）、“湘炎春”茶为当地特产。

中村是酃县农民运动发源地、毛泽东和工农红军在酃县重要活动地之一。1926年2月，成立酃县第一个农民协会——龙塘乡农民协会。1928年3月中下旬，毛泽东率工农革命军在中村圩驻军10天，亲自指导成立中共中村区委、区苏维埃政府；开展井冈山革命根据地首次分田运动。工农革命军第一师师部旧址周家祠、龙潭村何孟雄故居等为省级文物保护单位。

十二、龙渣瑶族乡

地处县境南端，与资兴市彭市乡接壤。政府驻地龙渣村，距县城54公里。106国道、炎汝高速公路通过全境。域内山高水急，千米以上山峰7座，最高峰毛髻仙海拔1714.9米。双奎河自桂东八面山奔腾而来，与龙凤河会合后，蜿蜒于屏水山峡谷，至中村入斜濑水。两岸巉岩峭壁，虬木飞瀑，若画屏罗列。

辖地宋属常平乡，清属七都，民国属定治乡。1950年，属三区（1952年改为六区）新龙乡。1956年5月，设龙渣乡，1957年，更名龙渣瑶族乡。1958年，改为龙渣大队，属中村公社。1985年2月，恢复龙渣瑶族乡。至2014年年末，土地面积98平方公里，人口2400人，其中，瑶、畲族居民占52%。

设九年制学校1所，卫生院1所，村卫生室2所。村活动中心、农家书屋等文化设施完备。瑶族语言、服饰、歌舞、饮食、节庆等习俗得以保留。旧时山歌唱道：“龙渣后生不怕穷，要了狮子又要龙”。为传承民族文化，兴建综合文化站、瑶族文化传习所，培养民间文艺表演队以及业余音乐、舞蹈、美术、书法、摄影和文学创作队伍。获湖南省少数民族特色村寨、国家级生态乡镇等称号。

经济以农、林业为主。林地面积7593.3公顷。主要农林产品有水稻、薯类、玉米及木材、楠竹等。修建水电站9座，装机1.45万千瓦。高山延季蔬菜、高山红茶、黄桃、奈李、板栗为当地特产。

瑶乡风光融自然与人文为一体。毛髻仙有国家一级保护树种银杉群落；红星大桥、瑶寨古堡遗址为市级文物保护单位；瑶拳入选市级非物质文化遗产。“白米下锅”瀑布、青龙峡、瑶寨风雨桥等景点,以及祭盘王活动吸引远近游客。瑶家节庆菜肴“八大碗”独具特色。

十三、平乐乡

位于县境南隅,与桂东县三洞乡、黄洞乡接壤。政府驻茅坪村,距县城72公里。其地宋属常平乡,清属常平乡七都。民国时先属南区,后改属定治乡。1950年7月,设平乐乡,属三区。1958年,属中村人民公社。1961年,从中村公社划出茅坪、青广坪、乐富3个大队设平乐人民公社。1984年改乡。至2014年年末,土地面积85平方公里。人口2854人。

境内山峦连绵,田土多为鱼鳞小块。1977年底,修通青广坪至茅坪公路,与106国道连接。1995年,修通茅坪至下村公路,交通大为改善。经济以农、林业为主。主要农作物为水稻、豆类、薯类。有林地6700公顷。2000年后,因地制宜发展笋竹、黄桃、油茶,以及延季蔬菜、中药材等特色种植,并成立专业生产合作社,建立黄桃标准化示范基地、果蔬冷藏库。至2014年,栽培黄桃300公顷,年产值2600万元,成为当地农民收入重要来源。利用水资源修建小水电站12座,装机1.8万千瓦。

设九年制学校、卫生院、村医疗室、乡图书室各1所。建有农贸市场、商贸街、自来水厂等设施。村村通公路,电视全覆盖。春赏桃花,夏品黄桃,冬浴温泉(在乐富),成为休闲旅游时尚。2014年,获国家级生态乡镇称号。

十四、船形乡

地处县境西南,与资兴市皮石乡毗邻。政府驻地新生村,距县城37公里。其地宋属康乐乡,清属三都,民国时属炎陵乡。1950年,成立新生乡,属二区(后改为三区)。1958年,与塘田乡合并成立塘田人民公社。1962年,分设船形人民公社。1984年,改乡。至2014年年末,土地面积101平方公里,人口8398人。

地貌以丘冈山地为主,山林9000公顷。地势东南高西北低,最高峰南天门,海拔1433.4米。斜濑水自南而北出境,沿河有小块平原。炎汝高速公路、S205旅游环线通过全境,村组有公路280公里,与旅游环线互通。

经济以农、林业为主。主要农林产品有稻谷、玉米、薯类、油菜籽以及木材、笋竹、茶油、茶叶等。2014年,茶园面积133.3公顷,水垄大叶苦茶、洣溪茗峰茶、神农白茶为名优特产。种植油菜66.7公顷。兴办小水电站9个,装机2.32万千瓦。

文教卫设施有中学1所,小学2所,幼儿园1所。农民文化技术学校、卫生院、广播电视站各1所。村村有农家书屋、卫生室。

乡名出自船形圩。圩场三面环水,形似泊水一舟。古为西片竹木与山产集散地。店铺林立,商贩云集;排筏蔽江,篙橹交作。有古道通中村乡和资兴市汤市。1928年3月中旬,毛泽东率工农革命军第一团在圩场宿营。传统小吃有糯米糍粑、碱水米饺、红薯粉丝、红薯干、板薯泡等。2013年,获国家级生态乡镇称号。

十五、东风乡

位于县境西部，与安仁县豪山乡接壤。四面高山环立，中部丘冈连绵。云秋山矗立县境南陲，主峰金紫峰，海拔1383米，常年云雾缭绕。“云秋雨霁”被誉为炎帝陵八景之一。云秋水（东风河）出金紫峰下，蜿蜒西去，汇入永乐江。

政区宋属康乐乡，清属康乐乡三都。民国初设八合乡，属西区。民国末属炎陵乡。1950年设三口乡，属二区（1952年改为三区）。1955年1月，安仁县云秋、草坪、大鹏3个乡划入酃县，与三口乡合并设西草坪乡。1956年5月，以政府驻地太平岭更名太平乡。1958年，成立太平人民公社，1969年更名东风。1984年改为东风乡。政府驻地距县城37公里。至2014年年末，土地面积53.66平方公里，人口8835人。

历史上交通不便，出乡入境须过夹石坳，生产生活艰难。1971年乡内通简易公路。1977年修通酃安公路，始有过境客班车。2007年建成环乡公路，连通各村。经济以农业、养殖业为主，劳务输出为重要收入来源。养殖业以生猪、白鹅饲养为主。油茶种植有400余年历史，现以公司联农户、基地模式经营。油茶林发展到1466.7公顷，年产茶油300余吨，“金紫峰茶油”为当地特产。

太平岭是新石器时期先民聚居地，已发现新石器晚期及商周遗迹多处。太平圩、三口圩古为湘南入酃要道，现分别修建边贸市场。明洪武元年（1368）修建的鹏塘张氏祠堂、国民革命军第二十集团军总司令霍揆彰捐建的望云学校，列入市、县级文物保护单位。

全乡有中学、中心小学、幼儿园各1所，教学点2个。乡卫生院、村卫生室、农家书屋、综合文化楼等设施较完备。民间“三月三，登金紫仙”文化体育项目，吸引县内外登山爱好者参与。2013年，获国家级生态乡镇称号。

十六、大院农（林）场

位于县境东部、万阳山北段。与江西井冈山市、遂川县交界，地连神农谷国家森林公园。场部驻地大院洞（峒），距县城46公里。平均海拔1350米，年平均气温12.1℃、降雨量2294毫米。境内河溪密布，植被丰富，森林覆盖率96.6%。有国家及省级重点保护植物49种、动物97种。

宋属霞阳乡，清属九都，民国初隶东区，民国末属永和乡。1949年，设石洲乡第19、20行政组。1950年，设大院村。1953年春，建乡，属四区。1956年5月，并入石洲乡。1958年，属石洲公社青石大队。1958年3月，建县属国营林场。1960年3月，与青石岗林场合并，建县属青石农林垦殖场。1961年10月分出，设大院畜牧场，1964年4月，改为酃县大院农场。2008年，设大院国有林场，与农场实行两块牌子一套人马。现辖11个农（林）业生产队（分场）。至2014年年末，土地面积88.93平方公里，人口984人。

古为湘赣边通道，绿林啸聚、流寇避匿之地。曾有山大王筑万阳城，建大院、小院。大院练兵，小院习武，后用为地名。居民多为清代徙入。民国中叶，有居民350户、1600余人，耕地200公顷。年产蕨粉10余万斤，药材1万余斤，粮食五六十万斤。大院街设商铺、油盐行、米行、药行。从小院到牛石，开伙铺(客栈)34个。1928年后，大院成为酃县苏区核心区，县委、县工农兵政府设东西坑。1928年8月下旬，毛泽东前往湘南迎接红军大队，在东西坑宿营，并召开县区党政领导会议。至1934年，大院乡有中共党员68人、共青团员44人、少先队员53人、儿童团员26人。有42人参加县区乡苏区政府工作，260人参加红军和地方武装。先后为革命牺牲600余人。

林地面积7600公顷，耕地473.3公顷。主要农林产品有楠竹、笋制品、茶叶、药材(厚朴、西芎)以及稻谷、玉米、马铃薯、反季蔬菜等。高山乌龙茶、"万阳红"红茶名播海内外。出境公路与S205旅游环线连接。商店、小学、幼儿园、医院、农家书屋、体育场及供电、供水、通信等基础设施完备。生态旅游开始起步，高山草甸、高山湿地、东坑瀑布、万亩杜鹃等自然风光，吸引省内外游客前来观光、避暑。

2014年炎陵县乡镇(场)基本情况表(一)

表1-8

乡镇名称	面积(平方公里)	村民委员会分场(个)	居民委员会(个)	村民小组(个)	居民小组(个)	户数(户)	人口(人)
霞阳镇	132	22	4	148	93	17090	47866
沔渡镇	124.8	16	1	123	—	4419	15265
十都镇	246	20	1	146	—	3941	11325
水口镇	199.7	20	1	170	10	4940	16588
三河镇	80	11	1	92	—	4439	13521
鹿原镇	143	22	1	184	10	8618	25736
垄溪乡	141	14	—	95	—	2541	8471
石洲乡	101	7	—	44	—	1770	4656
策源乡	198	11	—	67	—	1704	8125
下村乡	188.4	14	—	88	—	2356	8256
中村乡	108	10	—	75	—	2398	7783
龙渣瑶族乡	98	4	—	26	—	740	2400
平乐乡	85	8	—	33	—	767	2854
船形乡	101	10	—	71	—	2867	8398
东风乡	53.66	13	—	80	—	2918	8835
大院农场	88.93	11	—	—	—	241	984

2014 年炎陵县乡镇（场）基本情况表（二）

表 1-9

乡镇名称	耕地面积（公顷）	其中：水田（公顷）	林地面积（公顷）	粮食总产量（万吨）	工农业总产值（亿元）	其中：农业产值（亿元）	500 千瓦以上电站（万千瓦 / 座）	农民人均纯收入（元）
霞阳镇	1284.1	808.7	8186.67	1.03	72.42	0.37	4200/1	8615
沔渡镇	1559	1054.8	9700	1.01	7.45	1.02	7810/6	4975
十都镇	1816.8	1028.2	12706.67	0.86	4.11	0.74	23490/13	4150
水口镇	1130.2	817.5	14293.33	0.78	4.28	0.81	42060/17	3808
三河镇	1338.7	766.2	7173.33	0.9	11.66	0.26	1825/2	4642
鹿原镇	1786.8	1246.7	9673.33	1.46	5.38	1.57	11430/7	5914
垄溪乡	1252.3	752.2	10346.67	0.55	1.12	0.62	12140/8	3780
石洲乡	852.2	426.2	3366.67	0.35	1.84	0.36	6825/8	3772
策源乡	1092.2	504.7	9740	0.39	1.05	0.67	2700/15	3529
下村乡	1055	455.3	13760	0.22	1.51	0.68	19060/13	4628
中村乡	671.5	438.3	8180	0.46	1.2	0.65	8440/6	3810
龙渣瑶族乡	231.9	140.7	7593.33	0.07	0.76	0.55	13820/7	3450
平乐乡	301.7	163.4	6700	0.12	0.87	0.41	10390/9	3355
船形乡	642.9	316.8	9013.33	0.34	1.27	0.22	20840/9	3774
东风乡	922.4	609.8	3433.33	0.6	1.24	0.53	—	2865
大院农场	473.3	11	7600	0.02	0.55	0.55	4980/3	5800

第二篇 自然地理

第一章 地质 矿藏

第一节 地 层

炎陵县属华南褶皱带范围。境内有古生界寒武系、奥陶系、中上泥盆统石炭系、中生界侏罗系、白垩系、新生界第四系等地层出露,缺失地层较多。以寒武系、奥陶系出露分布最广,白垩系出露面积最小。地层总厚度9300—10372米。

寒武系 主要分布于朦胧山一带,为一套浅海相复理石连续沉积,由浅变质中细粒石英砂岩、长石石英砂岩、板岩等构成复理石韵律,厚3010米。

奥陶系 主要分布在青石冈至船形一带,与寒武系接触,为一套浅海相连续沉积,由浅变质的砂岩、板岩、炭质板岩、硅质岩等组成,厚大于3458米。

泥盆系 下统缺失,与下伏前泥盆系浅变质岩呈明显的角度不整合接触。主要分布在水口及霍家圩两向斜盆地外围,为一套陆相——滨海相——浅海相沉积,厚1395—1714米。

石炭系 与下伏上泥盆统地层整合接触。分布于霍家圩、水口两向斜内,为一套浅海相—滨海相沉积,厚554—1270米。

侏罗系 与下伏地层呈不整合接触,仅分布于寨上一带。下统塘垄段为泥炭治泽相沉积,由页岩、泥岩、石英砂岩组成,含煤3—10层;上统茅仙岭段由厚层长石石英砂岩夹砂质页岩(偶含煤线)组成。厚742—779米。

白垩系 与下伏地层呈不整合接触,仅分布于霍家圩西侧,为一套陆相湖泊沉积,由紫红色长石石英砂岩、粉砂岩、泥炭及底砾岩组成,厚约100米。

第四系 与下伏地层呈不整合接触。零星分布在河谷及山区。更新统在万阳山山区的叶家坳、策源、龙渣、下村一带发育冰川冰碛物、冰缘沉积物;在河谷内则由砾石、网纹红土、沙土组成具二元结构的沉积物。全新统全由砂、砾石冲积物组成。厚约38米。

第二节 构 造

炎陵县位于新华夏系第Ⅱ巨型隆起带和第Ⅱ沉降带过渡区。西部茶永红层盆地属第Ⅱ

沉降区东缘;东部万阳山隆起为第Ⅱ隆起带西缘。构造类型有东西向构造,南北向构造,北西向构造,华夏系、新华夏系和旋钮构造。

东西向构造　仅小规模分布于县城至分路口;下村与中村之间。以冲断层形迹显示,构造线作东西向,局部略偏转。

南北向构造　分布于东部。循南北展布的巨大的万阳山岩基和瑞口南北向褶皱,为其构造形迹的反映。

北西向构造　分布于县城至船形一带及朦胧山地区。由下古生界组成的北西向紧密褶皱及与轴线平行的冲断层为其构造形迹。

华夏系构造　由一组作东向斜列的逆冲断裂和燕山早期下村岩体循北东向侵入为主要形迹。如睦村——沔渡断裂,岩子岭——高挺断裂,策源——水口断裂等。

新华夏系构造　构造线北北东向为其主要形迹,褶皱有霍家圩——杨木桥向斜。断裂亦位于该向斜两翼,以及跨越北西向构造之上的炎陵——茶叶垄横跨背斜、与北北东向逆冲断裂相伴生的白源——云里断裂。

S 状构造　水口——八面山 S 状构造较显著,其东、西两翼的桃源、下坑冲断裂亦属本构造组分。

第三节　岩　性

一、岩浆岩

境内岩浆岩发育,出露面积 1079.87 平方公里,占全县面积 53.19%。

(一)加里东侵入体

万阳山花岗岩体:分布于万阳山脉一带,呈岩基状产出。第一次侵入体岩性主要为中细粒黑云母花岗岩及黑云母二长花岗岩;第二次侵入体以中粒二云母花岗岩为主,次为二云母二长花岗岩;第三次侵入体呈小岩株状产出。岩性主要为细粒二云母花岗岩及二云母二长花岗岩。

东风花岗岩体:分布于东风乡一带,为第一次岩浆活动产物,呈岩株状产出。主要为中细粒黑云母二长花岗岩、中粒斑状黑云母二长花岗岩、中粒黑云母花岗闪长岩、黑云母斜长花岗岩等。

(二)燕山早期侵入体

下村花岗岩体:分布于下村、平乐一带,由三次岩浆活动组成。第一次侵入体岩性主要为中粒—细中粒斑状黑云母花岗岩;第二次侵入体为二云母花岗岩及细粒黑云母花岗岩;第三次侵入体为细粒白云母花岗岩。

新山花岗岩体:分布于新山一带,为第一次岩浆活动构成,呈岩株状产出。岩性为黑云母花岗岩。

下湾花岗岩体:分布于下湾附近,为小岩株。由第二次岩浆活动构成,岩性为中细粒黑云母花岗岩。

（三）岩脉及小岩株

岩脉，侵入加里东期万阳山岩体较为发育，侵入燕山早期下村岩体较为常见。以石英脉、花岗脉最为发育，次为石英斑岩脉、花岗斑岩脉、花岗伟晶岩脉及煌斑岩脉。

小岩株，水口镇下坑有燕山早期的第一次侵入岩株；水口电站东有燕山早期第二次侵入的岩株。岩性均为黑云母花岗闪长斑岩。

二、沉积岩

有泥盆纪砂岩、页岩、灰岩；石炭纪浅海相碳酸盐类的页岩、灰岩；白垩纪陆相湖泊沉积的红砂岩、泥岩。主要分布在水口、三河、船形一带。

三、变质岩

属浅变质岩，常构成中低山地，岩石为寒武纪、奥陶纪时期的板、页岩和砂质板岩。各类岩石所属地质年代：板岩属寒武纪、奥陶纪；页岩属泥盆纪、石炭纪、侏罗纪；石灰岩属石炭纪、泥盆纪；红砂岩属白垩纪。

第四节 矿 藏

境内矿产资源点多面广，已发现矿藏23种、40处。已开采的有铁、钨、金、辉锑、稀土、萤石、无烟煤、高岭土、钾长石、石灰石、辉绿岩等。

一、金属矿

铁 已知铁矿分布5处，其中小型矿床1处。沔渡镇洞里磁铁矿砂，产于黑云母二长花岗岩风化残积层中，矿区面积约4平方公里，一般厚度8—10米。矿物成分除磁铁矿外，还有独居石、锆石、锡石、钛铁矿等，清末始采。其他尚有炎陵山褐铁矿、渣村褐铁矿、铁坑铁锰矿、深坑镜铁矿等矿点，矿体小而贫，合金铁品位17.33%—50%。黑铁矿分布于三河龙坑、鹿原西塘，保有储量4.5万吨。

铜铅锌钼及多金属矿 有木湾铜矿，大横溪、东坑、鹅子垄、旱田、船形山铅锌矿；老虎冲钼矿等矿点以及楂村多金属矿等。各类矿点矿脉长仅5至10米，厚仅0.01至0.2米。楂村多金属矿位于水口向斜南部，有钨矿体3个，钼矿体9个，钨铜硫矿体1个，矿体规模小，含量低。

钨铜锡矿 有鹰嘴岩、曾祖坳、梨树洲、耕熟岭4处。鹰嘴岩钨铜矿分缓倾斜和陡倾斜脉两组，矿物有黑钨矿、黄铜矿、方铅矿、闪锌矿、黄铁矿、毒砂、白钨矿等。经储量计算，钨金属量D级386吨，远景储量5514吨；铜金属量D级378吨，远景储量4498吨。曾祖坳钨矿见黑钨矿、黄铜矿、锡石、毒砂、白钨矿、黄铁矿等。梨树洲钨矿见黑钨矿、黄铜矿、辉钼矿等，目测品位 0.6%。耕熟岭钨矿见黑钨、锡。

黄金矿 主要分布在城东和沔渡、平乐等地，沙金矿有少量开采，原生脉矿则有待详查。

辉锑矿 三河龙坑有矿化点。保有储量 1450 吨，有少量开采。

金银矿 金银矿点多面广，分砂金和岩金两大类。砂金分布在沔渡、霞阳等地的河沟冲积物以及低缓洼地的残积物内，以塘垄、吉利等地含量较高。岩金分布在沔渡石下、霞阳四亩段、平乐桃树溜等地，均为蚀变破碎带类型。沔渡为金银矿点，霞阳、平乐则以金为主。

稀土、铀、钴矿 稀土主要分布在东、南片，其中沔渡、下村一带较多，储量 550 万吨。炎陵稀土是由含稀土矿物花岗岩风化破坏后，稀土元素以离子状态被埃洛石、黑云母、白云母粘土所吸附富集而成。沔渡矿点面积约 0.05 平方公里，平均厚度大于 11.52 米，稀土总量平均品位 0.105%—0.23%，属富铕高钇型。

铀矿已发现多条矿化带。钴矿在县境南部。

二、非金属矿

无烟煤 主要矿区分布在三河霍家村周围，约 50 平方公里。煤质为中高硫、高灰分和低硫中灰分无烟煤。已开采玉江、龙伏、炎陵、寨上等矿。煤质灰分高，发热值低，多用于烧制石灰、红砖。1987 年停采。

萤石 主要分布在十都黄上、霞阳石寮、里台，沔渡上关以及策源、平乐等地，保有储量 168 万吨。黄上萤石矿分黄上矿段和棠华岭矿段，均为中型矿床。霞阳石寮、策源长旺、十都黄上等地均有矿化带。

钾长石 主要分布在策源、大院一带。策源长旺钾长石矿点，已出露矿体 7 个，呈白色块状零星分布，长 4—9 米，宽 3—7，深度 0.8—4 米，含氧化钾 8.1%—17.5%。

独居石 沔渡苏洲、策源瓷器窑，船形沿潭等有矿点，保有储量 21.6 万吨。

水晶 分布在平乐青广坪、沔渡瑞口等地，保有储量 11000 吨。

硅石 策源硅石由硅化石英岩组成，长数公里，宽约 20 米，二氧化硅含量 93%—97.86%。沔渡硅石由硅化石英岩组成，矿层厚度大于 10 米，二氧化硅含量 95.92%—96.546%。东风硅石由硅化脉石英组成，二氧化硅含量 97%。

辉绿岩 主要分布在石洲大源、霞阳春塘等地，已少量开采。储量 99.92 万立方米。

高岭土(瓷土) 分布于水口黄毛墩、木湾，鹿原南冲，沔渡苍背，策源上洞等地。其中，木湾见石英斑岩脉 11 条，长约 50 米，宽数米至 20 米；宽门坳见岩脉 11 条，长 20—200 余米；上洞见岩脉长 2.5 公里，宽 15—20 米。

石灰石 广泛分布于水口、霍家等地。水口石灰岩，北起水口镇筒车湾，南至龙渣的新开洞，长约 28 公里，东西宽约 5—6.5 公里，其中质量较好的含氧化钙 48.76%—52.47%，氧化镁 0.85 ~ 1.6%。霍家石灰岩，北起三河分路口，南至船形桐睦桥，长约 27 公里，东西宽约 7 公里，其中质量较好的含氧化钙 52.06%—53.85%，氧化镁 1.225%—2.07%。

矿泉水 已发现霞阳及平乐两处。霞阳矿泉井水温 18℃,PH 值 6.1—6.2,水化学类型为 HCO—Ca—Mg 型,含偏硅酸 26.52—33.80 毫克 / 升,氡 83.85 毫克 / 升,以及铜、钴、锶、镍、氟等微量元素,为放射性氡矿泉水。平乐矿泉水,水温 36℃,pH 值 7.2—7.25,水化学类型为 HCO—Na 型,含偏硅酸 41.60—44.20 毫克 / 升,另有其他有益元素。

第二章 地 貌

早古生代的炎陵大地为地槽区,接受海相沉积。后受加里东及燕山早期构造运动影响,地层全面褶皱、断裂,岩浆沿断裂带溢出,形成复合岩体,并随古陆抬升。至中生代,山体轮廓基本塑定成型,再经新生代以来的地貌回春期,遂形成高亢磅礴、峰壑交错的地理形态。

县境以中山地貌为主,为八面山和万阳(洋)山所覆盖。

八面山属罗霄山脉南段,从桂东沿炎陵与资兴、安仁边界向西北延伸,山脊高度一般在 1000 米左右。至鹿原、东风,蜕化成丘陵。其黄毛墩支脉从船形与中村间分出,往北经水口、鹿原、三河、至霞阳一带,将县境分为东西两部分。山脊高度一般在 800 米左右。两翼亦蜕化为低山或丘陵。

万阳山属罗霄山脉中段,雄踞县境东部,是湖南和江西两省的自然界山,亦为湘江和赣江的分水岭。海拔多在 1500 米以上。其西麓支脉呈"多"字形由向西南伸展,在中村、水口、垄溪、十都、沔渡、霞阳等地演化成低山与丘陵。其中团苍山——仙人打灶支脉与黄毛墩支脉相交,将县境东部又分为南北两个区块。

县境北部,有自茶陵东北部延伸而来的万阳山支脉,海拔高度多在 800—1000 米,并在沔渡、霞阳一带演化成一线丘陵。

整个地势东南高亢,西北低缓。最高点酃峰(神农峰),海拔 2115.2 米,最低点霞阳镇坪形村矮基岭组,海拔 166 米,相对高差 1949 米。

第一节 山 地

山地面积 1764.68 平方公里,占全县面积 86.92%。按海拔高度分为低山、中低山、中山、中山山原 4 个亚类。境内有海拔千米以上的山峰 549 座。其中,东南部 451 座,西北部 98 座。海拔 1500 米以上的山峰 197 座。

一、低 山

海拔 300—500 米,相对高差 200—400 米。地面坡度 25—30°,溪谷平原两侧大于

30°，为线状切割岭谷交错地貌，多属中低山的延伸。面积占山地面积7.15%。低山山脊脉络清楚，但走向紊乱。山顶、山脊圆钝。低山年积温较高，雨量充沛，宜于松、杉、竹的生长。主要分布在十都、垄溪、石洲、水口、中村一带。

二、中低山

位于中山外缘，海拔500—800米之间，相对高差200—500米，地面坡度大于30°，面积占山地面积24.81%。山岭陡峻，山脊明显，自然植被覆盖率高。主要分布在船形、平乐、下村、策源、石洲等地。

三、中　山

主要分布在县境边界地区，海拔高于800米，相对高差大于500米，地面坡度大于30°，面积占山地面积58.1%。走向多为东西向和南北向，呈脉状延伸。中山峰峦起伏，沟谷陡峭，多呈"V"形，花岗岩山地也有呈"U"形的。气候垂直差异明显，植被覆盖率高。

四、中山山原

主要分布在大院农场和策源乡梨树洲一带，占山地面积9.85%。大院农场海拔1310米，梨树洲1470米。由于山上地势相对平缓，周边切割深邃，形成中山台地。站在山原眺望，江西坳、荆竹山等高山峻岭均成丘陵冈地。山原雨水充沛，风大，气温低，无霜期短。适宜楠竹、茶叶、药材、牧草、杜鹃花等生长。

附

山峰选介

酃峰(神农峰)　位于策源乡梨树洲村。海拔2115.2米，为湖南省第一高峰。山体雄伟，风大雨频，常年云航雾渡。

八面山　位于十都镇与井冈山市大陇镇交界处，海拔1484米。山体呈八面，炎陵辖其二。1928年，中国工农红军第四军在此设立哨卡，是井冈山五大著名哨口之一。

团苍山　位于十都、石洲、策源交界处。海拔1625米，山势陡峭，峰顶可望日出日落。一峰居中，众山环绕，苍翠团结，故名。

鹫峰　海拔1933米。山体高峻，远望如鹫。位处湘赣边界下村乡鹫峰村。

金紫峰　云秋山主峰，海拔1882.9米。云秋山为炎陵县与安仁县界山，北麓为东风乡高峰村。山势奇伟，常有云雾飘绕，黯淡如秋。"云秋雨霁"古为炎帝陵十景之一。

笔架峰　青台山主峰。矗立县城之北，海拔1131.8米。峰巅参差，形如笔架。

第二节　丘　陵

一、分布

县内丘陵多为山脉延伸部分。面积 145.57 平方公里，占全县面积的 7.17%。主要分布于三河、鹿原、东风、霞阳、沔渡、十都、水口、中村等乡镇。按形态分为低丘陵、高丘陵两个亚类。

二、特征

低丘陵相对高差 60—150 米，地面坡度大于 15—20°，面积 66.86 平方公里，占丘陵面积 45.93%。高丘陵相对高差 150—200 米，地面坡度大于 20—25°，面积 78.71 平方公里，占丘陵面积 54.07%。主要特征：丘峰孤立，脉络不明显，虽间有山脊，但延伸短，此起彼伏，丘谷交错。光热垂直差异不大。丘坡、丘顶灌溉条件差，易旱。

丘陵地多垦为旱土，种植杉树、楠竹、油茶、茶叶、水果、药材等。

第三节　冈　地

一、分布

多分布在丘陵之间的坳沟、凹地，面积 31.47 平方公里，占全县面积的 1.55%。主要分布在三河、鹿原、东风、霞阳、沔渡、水口、中村等乡镇。

二、特征

冈顶宽平，起伏和缓。相对高差 10—60 米，地面坡度 5—15°。地表以残积物和坡积物为主。光照条件较好，土层深厚，比较肥沃，排水畅快。一般栽种果木及大豆、玉米、红薯、马铃薯等作物。

第四节　溪谷平原

一、分布

面积 88.52 平方公里，占全县面积的 4.36%。主要分布在三河、鹿原、霞阳、沔渡、十都、水口等乡镇。溪谷平原不受海拔限制。

二、特征

相对高差 10 米以下，坡度 0—5°，微向河床倾斜。地势比较开阔，光、热、土条件较好。多为河砂泥，土层深厚肥沃，宜于耕作。绝大部分已辟为农田，为主要产粮区。

第五节　湿　地

一、种类

全县湿地面积 1.56 万公顷。其中沼泽湿地 823.9 公顷。

沼泽湿地中，有泥炭藓与金发藓共生沼泽化草甸，面积 208.2 公顷；草本沼泽面积 164.1 公顷；高山森林沼泽 45.9 公顷；高山灌丛湿地面积 405.7 公顷。

二、分布

主要分布在桃源洞国家自然保护区内：

一是江西坳至赵公亭一带、火烧坪上、桃子坝、爬子辣、上竹子脑等海拔 1600—1800 米的高山平台与山窝，多年形成的金发藓与泥炭藓共生丘泥，最厚处达 55 厘米；

二是桃源洞横泥山、山牛湖、羊场、曾祖坳、暗垄尾等海拔 1400—1800 米平坦山窝处草本沼泽；

三是十都青石岗、桃源洞上焦石，分别以江南桤木、水杉为主的高山森林沼泽；

四是海拔 1500 米以上，以云锦杜鹃、湖北海棠、三裂叶海棠、圆锥绣球、野蔷薇、水马桑、水竹等为上层，以泥炭藓、金发藓为下层的高山灌丛湿地，遍布大院、梨树洲高山平台、矮山丘、低洼地带。

境内泥炭藓与金发藓共生沼泽湿地，是长江以南地区面积最大的沼泽湿地，具有很高的保护、科研和观赏价值。

第三章　河　流　地下水

第一节　河　流

县境地势东南高，西北低。河溪由东南流向西北出境。东南地表沟壑深，河网密度大，河床窄，水流落差大；西北高差小，河床宽，水流平缓，可行舟、筏。境内长度在 5 公里以上或集雨面积 10 平方公里以上的河流 49 条，总长约 782.3 公里。

一、洣　水

2012 年，水利普查确认原河漠水为洣水源头，改称洣水。发源于下村乡田心村大岭背组。河源高程 1595.9 米，为洣水正源。河水由下村流至水口镇，与发源于鄢峰的红水江在赖家合流后经垄溪、霞阳、三河等乡镇，由霞阳镇坪形村矮基岭组出境入茶陵。干流长 96 公里，流域面积 1723.54 平方公里，多年平均降水量 1657.9 毫米。途纳大横溪、松山水、桃溪、楂村水、横溪江、漕溪、坂溪河、大坑河等 28 条支流，总长 386.63 公里，河网密度 0.42 公里 / 平方公里。自然落差 1141 米。河流弯曲系数 0.47。河床平均坡降 16.6‰。多年平均径流深 1032.6 毫米，平均流量每秒 29.6 立方米。

二、斜濑水

发源于桂东八面山主峰，河源高程 1813.2 米。蜿蜒 6 公里流入炎陵县，经龙渣、中村、船形、鹿原等乡镇，在三河镇西台村汇入洣水。途纳龙渣河、罗浮江、七里水(资兴)、澎溪水后水量渐泓。干流长 86.5 公里，境内流域面积 780 平方公里，河网分布密度 0.36 公里 / 平方公里。主要支流 9 条，总长 200.7 公里。自然落差 1431 米，河床平均坡降 16.5‰，河流弯曲系数 0.56。多年平均降水量 1657.9 毫米。多年平均径流深 1025.2 毫米，平均流量每秒 24.97 立方米。

三、沔水

发源于万阳山之大院农场龟龙窝，河源高程1589 米。经十都镇，至沔渡镇瑞口村出境入茶陵。主河长 56.1 公里，境内流域面积 500.15 平方公里。途纳密花水、南流河、九都河(孚水)、瑞口河等河水。主要支流 12 条，总长 189.4 公里。多年平均径流深 1114.1 毫米。河网分布密度 0.38 公里 / 平方公里，河床平均坡降 23.3‰，河流弯曲系数 0.57。多年平均径流量每秒 17.05 立方米。

四、东风河(云秋水)

发源于东风乡金紫峰(云秋山)，汇沿汾河水，从红星村出县境，至安仁县入莲花江。干流长 12.6 公里，流域面积 51.4 平方公里。河网分布密度 0.25 公里 / 平方公里。多年平均径流深 974.2 毫米。河流弯曲系数 0.65。

第二节 地下水

境内有 2 个向斜和 3 条断裂储水，1 个温泉。年动储量 2.95—3.47 亿立方米。

一、霍家圩向斜储水构造

向斜长 30 公里，宽 4—8 公里，面积约180 平方公里，轴线走向北段 15° ，南段近似南北向，枯水季地下水径流模数 5.5 升 / 秒·平方公里，天然径流量 88862 立方米 / 日。

二、水口向斜储水构造

向斜纵跨欧家湾、水口镇、大塘、梅岗、中村、新开等地，面积约206平方公里。轴线走向南段近似南北向，北段约偏30°，总体呈“S”状弯曲。地下水富集于棋子桥组、锡矿山组、畲田桥组灰岩中，流量大于1.0升/秒的泉水点20个，欧家湾泉流量25.34—34.4升/秒，浆村石壁下泉流量19.2升/秒。枯水季地下水径流模数10.25升/秒·平方公里。

三、新屋里—州门司断裂储水构造

出露于霍家圩向斜东翼新屋里至船形，长30公里，南延出境。总体走向15—25°，充水部分为小冲至坳上东侧，长5公里，沿断层线出露泉水，流量0.48—43.1升/秒。

四、桃源断裂、下坑—新开洞断裂储水构造

出露于水口向斜东西两翼，两断裂平行展布，长约21公里，总体走向10°，西翼下坑—新开洞断裂充水段为南段龙潭至新开洞，长约3.5公里，有2个泉水点沿断裂带出露，流量5.62—34升/秒。东翼桃源断裂充水段为北段，长约8公里。有泉群2处，流量11.2—29.2升/秒；暗河2处，流量35.9—267升/秒。

五、策源—水口断裂储水构造

出露于水口——策源——黄家洲，长24公里，北东段走向50°，西南段70°。有3个较大的水出露，流量5.02—29.2升/秒。

六、螃蟹山温泉

出露于平乐乡乐富村螃蟹山小溪东侧，高出溪水面约4米，海拔975米，泉水温度36～38.2℃，流量1.24—1.44升/秒。透明无色，水质类型为重碳酸钠型。

第四章　气　候

炎陵县属中亚热带季风湿润气候区，严寒期短，春早回温快，春夏多雨，夏末秋后多旱，夏凉秋寒早，四季分明。同时具有独特的山区立体气候，不同海拔高度，气候条件差异明显。

按照平均气温划分四季，炎陵县春、秋季短，夏、冬季长。据县城资料统计，3月20日入春，历期69天；5月28日入夏，历期115天；9月20日入秋，历期67天；11月26日入冬，历期114天。县内因地形复杂，各地四季时间的长短不一，山区比平地的冬季长，夏季短。

炎陵县各地四季分配表

表2-1

地名	海拔高度（米）	春 季平均气温≥10-20℃		夏 季平均气温>22℃		秋 季平均气温≤10-20℃		冬 季平均气温<10℃	
		初　日	持续天数	初　日	持续天数	初　日	持续天数	初　日	持续天数
县城	224	3月20日	69	5月28日	115	9月20日	67	11月26日	114
坂溪	348	4月2日	73	6月14日	95	9月17日	82	12月8日	115
大院	1350	4月5日	87	7月1日	12	7月13日	96	10月17日	170
下村	770	3月25日	78	6月11日	100	9月19日	74	12月2日	113
石洲	530	3月27日	67	6月2日	100	9月10日	69	11月18日	129
秋田	536	3月27日	67	6月2日	103	9月13日	67	11月19日	128
青石	810	4月2日	70	6月11日	85	9月4日	74	11月17日	136
马鞍山	1000	4月2日	70	6月11日	73	8月23日	87	11月18日	135

说明：各地资料统计时段不同，县城为1981—2010年；坂溪、大院、下村为1979—2006年；石洲、秋田、马鞍山为1979—1987年；青石为1979—1988年。

第一节　气候要素

一、气　温

县城多年平均气温17.7℃，极端最低气温零下7.6℃（1972年2月9日），极端最高气温41.6℃（2003年7月16日）。

气温四季分布，受季风环流和地理环境等因素影响，在一年四季中变化明显，其特点如下：

春季　县城多年平均气温15.2℃。3月上旬，暖空气控制后，县内气温比长沙、衡阳回升快，并往往出现跳跃式升温现象。在升温过程中，有“春天孩儿脸，一日变三变”的气候特点，常常伴随着阴雨连绵的天气。

夏季　县城多年平均温度25.7℃。山区季内气温比县城低。6月季风开始盛行，温度上升快。但县内森林覆盖面积大，对气温能起调节作用，白天升温慢，夜间降温快。6月县城平均气温25.8℃，7月平均气温最高，达28.0℃。8月太阳辐射逐渐减弱，气温也随之降低，平均值比 7 月低 1℃左右。

秋季　县城多年平均气温 16.8℃。受北方冷空气影响，气温逐渐下降。山区比县城低 2.3℃—5.3℃。

冬季　进入冬季,气温急剧下降,并出现较长时期的冰冻。县城多年平均气温为 6.9℃。

气温年变化特点　7 月是一年之中平均气温最高的月份,为 28.0℃,比茶陵县低 1.4℃,比株洲市区低 1.7℃,比衡阳市低 2.0℃。1 月是全年最冷月,平均气温 6.3℃。

气温日变化特点　通常情况下,每天日出前,出现最低气温,正午后出现最高气温。一年中,下半年的日较差大于上半年。

各级界限温度　1958—2014 年,县城日平均气温低于 0℃的日数共 75 天。1969 年最多,为 8 天。日平均气温稳定通过 5℃的平均初日一般在 1 月。1965、1976、1979、1981、1982、1983、1988、1989、1990、1993、1996、1997、1998、1999、2000、2001、2002、2010、2015 年都在 1 月 1 日就稳定通过 5℃。平均终日在 12 月下旬,初终日间隔平均天数 353 天。日平均气温稳定通过 10℃的平均初日在 3 月中旬,平均终日在 12 月上旬,初终日间隔平均天数 295 天。日平均气温稳定通过 15℃的平均初日在 3 月下旬,平均终日在 11 月上旬,初终日间隔平均天数 228 天。日平均气温稳定通过 20℃的平均初日在 4 月下旬,平均终日在 10 月中旬,初终日间隔平均天数 172 天,日平均气温稳定通过 22℃的平均初日在 5 月上旬,平均终日在 9 月下旬,初终日间隔平均天数 146 天。

高温日　1958—2014 年平均高温日为 31 天。2003 年高温日最多,为 61 天。1997 年高温日最少,为 2 天。

炎陵县各地代表性地点气温情况表

表 2-2　　　　单位:℃

项目	月份	县城	筷子篓	坂溪	秋田	石洲	下村	青石	马鞍山	大院	桃源洞
平均气温	1	6.3	4.4	5.9	4.2	4.4	5.3	3.6	2.7	3.3	4.4
	2	8.4	7.1	8.2	5.3	6.2	6.6	4.4	3.7	5.4	6.2
	3	12.1	10.1	11.2	9.7	10.4	10.5	8.8	8.4	8.4	9.9
	4	18.1	15.1	17.2	16.0	16.0	16.0	14.9	14.5	13.5	15.4
	5	22.5	19.2	21.5	20.4	19.2	19.6	19.3	18.3	16.7	19.0
	6	25.8	23.3	24.5	23.8	23.3	22.7	22.7	21.8	19.7	22.0
	7	28.0	24.8	26.7	26.2	25.6	24.3	25.3	24.3	21.0	23.2
	8	26.9	23.3	25.7	24.9	24.7	23.4	23.9	23.1	20.1	22.4
	9	23.8	20.3	22.3	21.7	20.7	20.2	20.1	19.7	17.0	19.5
	10	18.9	15.1	18.1	17.1	16.5	16.3	16.1	15.3	12.8	15.7

续表 2-2

项目	月份	县城	筷子篓	坂溪	秋田	石洲	下村	青石	马鞍山	大院	桃源洞
平均气温	11	13.3	11.1	12.5	11.8	11.2	11.1	10.6	10.2	8.0	10.6
	12	8.0	6.7	7.3	6.2	7.1	6.5	5.3	5.2	3.6	5.9
年平均气温		17.7	15.0	16.8	15.6	15.4	15.2	14.6	13.9	12.5	14.5
年较差气温		21.7	20.4	20.8	22.0	21.2	19.0	21.7	21.6	17.7	18.8
年极端气温	最高	41.6	34.8	36.8	35.0	34.7	35.8	33.7	31.9	30.5	31.7
	最低	−7.6	−5.4	−4.9	−5.0	−7.0	−6.6	−9.0	−8.8	−13.9	−9.8

说明:各地资料统计时段不同,县城为 1981—2010 年,筷子篓为 1990—1991 年,坂溪、大院、下村为 1979—2006 年,秋田、石洲、马鞍山为 1979—1987 年,青石为 1979—1988 年,桃源洞为 1996—2006 年。

二、光　照

太阳辐射　县内各地年平均每平方厘米 86.63—105.10 千卡，县城年均每平方厘米 101.82 千卡。其中,光合有效辐射年均值每平方厘米 52.61 千卡。一年之中,4—9 月太阳辐射较多,占全年光合有效辐射 62.9%。

日照时数　县城全年平均日照总时数 1546.4 小时,占全年可照时数的 35%。7 月日照最多,为 233.1 小时,日照百分率为 55%;2 月最少,为 61.4 小时,日照百分率为 19%。2003 年日照最多,为 1950.7 小时,占全年可照时数 44%。1961 年最少,为 1151.5 小时,占全年可照时数的 26%,年际差 799.2 小时。

三、降　水

炎陵县是湖南多雨地区之一,县城年均降水量 1541.6 毫米,比株洲市区多 96.2 毫米,比茶陵县多 79.7 毫米。县内降水量随海拔高度而异,西北丘陵、盆谷地年均降水少于县城,东南山地年均降水则多于县城。县城年降水量最多为 2447.2 毫米(1997 年),最少为 970.2 毫米(1963 年)。降水量年分配不均,春季占 25.3%,夏季占 50.5%,秋季占 10.4%,冬季占 13.8%。月降水量以 6 月最多,平均 222.2 毫米,12 月最少,平均 49.4 毫米。月最大降水量 552.1 毫米(1968 年 6 月)。

四、雪　霜

降雪　据 1958—2014 年统计,县城年平均降雪 6 天。其中,2007 年全年无降雪。最大积雪深度 14 厘米(1983 年 12 月 29 日和 2000 年 2 月 1 日)。山区初雪期略早,终雪期稍迟。

霜　县内各地初终霜日的出现，因地势和海拔高度而异。一般海拔越高，初霜期越早，终霜期越晚，无霜期缩短。县城年平均霜日 17 天。

五、风　云　雾

风　县城多年平均风速 1.4 米 / 秒，比株洲市区小 0.5 米 / 秒左右。月平均风速 2 月最大，1.6 米 / 秒；8 月最小，1.1 米 / 秒。县城因地形影响，盛行西南偏西风。最大风速 17 米 / 秒，出现在 2012 年 7 月 18 日。

云　县内年均总云量 7.6 成。上半年月平均总云量 7.9—8.5 成，下半年月平均总云量 6.6—7.3 成。

雾　县境四周环山，风力较弱，水汽充沛，易形成雾。县城年均雾日 44 天，比株洲市区多 31 天左右，比茶陵县多 35 天。

六、气压　湿度　蒸发

气压　县城气压年均值 988.3 百帕。气压年变化，冬季较高，夏季较低。1 月最高，为 997.0 百帕；7 月最低，为 978.5 百帕。气压的年较差随海拔高度的增加而显著减少。

湿度　县城相对湿度的年平均值 81.9%。山区大于平原、丘陵地区。

蒸发　县城多年平均蒸发量 1265.2 毫米。最高年份 1575.1 毫米（1998 年），最低年份 937.1 毫米（2012 年）。据 1958—2014 年 57 年的资料统计，年蒸发量大于年降水量的年份有 12 年，分别是：1958、1963、1966、1971、1978、1979、1986、1991、1998、2003、2009、2011 年。一年之中 7 月蒸发最旺，为 140 ~ 321.6 毫米；1 月最弱，为 17.4 ~ 83.3 毫米。境内各地随海拔升高，年蒸发量递减。

第二节　灾害性天气

县境四面群山环绕，地势由东南向西北倾斜，冷空气易进难出。加之地形抬升作用，灾害性天气出现较多，常见的主要有雷暴、暴雨、寒露风、大风、冰雹等。

雷暴　1958—2014 年 57 年平均年雷暴日 58 天。1962 年雷暴日最多，达 88 天。2003 年雷暴日最少，为 25 天。

寒露风　1958—2014 年 57 年中，有 21 年寒露风出现在 9 月。其中，1979、2006、2011、2012、2013 年达到重度寒露风。随海拔增高，各地秋寒初日期前移，寒露风强度亦增加。寒露风对晚稻的抽穗扬花影响较大，往往造成秕粒，空壳黑穗。

暴雨　全年各月均可出现，日雨量 50—99.9 毫米的暴雨一般在 3—11 月出现；日雨量 100 毫米以上的大暴雨一般发生在 5—9 月。1958—2014 年 57 年的资料统计，县城出现暴雨 180 次，大暴雨 20 次，特大暴雨 1 次。特大暴雨出现在 2002 年 6 月 16 日，日降雨量 217.2 毫米。受地形抬升的作用,东南山区常降大雨和暴雨。

大风 据2004—2014年的资料统计,炎陵县城出现极大风速大于17米/秒的大风日共23天。

冰雹 县城出现冰雹17次,平均每3至4年出现1次。其中,2—5月出现15次,6月出现2次,9月出现1次。出现冰雹时常伴有大风、雷雨发生。东南山区地势高低不一,气流上升和下降运动较平丘地带剧烈,因此,出现冰雹的次数比平地多。

附

炎陵县历年自然灾害

元大德元年(1297)七月,大水,死300余人。

明永乐十五年(1417)夏,地震、山崩、大水暴涨,冬大疫。

明成化十三年(1477)九月,地震。

明成化二十年(1484)夏,大水。

明弘治四年(1491),地震,毁房。

明弘治六年(1493),大水,岁终方息。

明正德六年(1511)二月一日夜,风雨暴作,树倒,屋瓦被掀。五月又大雨,山崩。

明万历二十四年(1596)二月某夜,雷声不绝,暴雨交加,火光(闪电)遍10里。次日大水,县人受灾甚重。

明万历四十年,大水,沿岸田土多被冲毁。

清顺治三年(1646)三月,大风拔树。学宫棂星门被毁,民房倾倒无计。

清顺治八年五月,一、二、三都大水,民舍漂没,死数百人。

清乾隆五十一年(1786),大旱,田土龟裂,禾枯。次年大饥,乡民掘食石膏泥。

清嘉庆十四年(1809)六月,大水。地下水亦穿出,高山崩裂,田亩半为沙壅,民屋漂没无计。

清嘉庆十八年,大雪,深数尺。

清道光十三年(1833)四月,山洪暴发,中村何姓一族淹死40余人。

清道光十五年四月,大旱;五月,飞蝗蔽天,禾稻尽为啮食。

清咸丰三年(1853)六月十九日,夜雨倾盆,洪水猛涨,平地水深数丈,毁田7500亩。

清咸丰七年秋,飞蝗蔽天,禾稻、竹木之叶尽为啮食。各处大力烧捕,掘卵上百担,蝗灾终解。

清咸丰八年,螟虫成灾,禾稻连片失收。

清同治四年(1865)二月某夜,忽起大风,飞沙走石,掀茅屋,拔大树,旋又雷雨交加,遍地皆然。

清光绪二年(1876),全县山洪暴涨,禾稻失收,灾民死亡流离者众。

清宣统三年(1911),大旱,禾稻枯死。西片千亩坪等地失收八九成。

民国5年(1916),西片豪镜、炎陵、塘旺等处旱田5400亩。

民国9年春,久旱不雨,农作物失收七至九成,大量灾民外出乞食。

民国10年春,水灾。5月起又久旱不雨,高原尽赤地,全年减收四成。

民国11年,大旱,受灾农作物达五至六成。

民国15年,塘田一带连旱45天,新塘500余亩稻田颗粒无收。

民国17年春旱,春耕失时,严重减产。

民国18年7月19—20日,暴雨倾盆,山洪暴发,东南西三片沿河百余村落被淹,塌房千余栋,淹死千余人。冲坏稻田3万余亩,毁田万余亩。漂走杉木,损失约29万元。

民国19年1—2月冰冻,长达40余天,为历史所罕见。

民国20年8月10—11日,大雨倾盆,洪水泛滥,西区上江洲、塘村、枧田洲、上西江洲、台山、潘家、桐溪渡;南区水口,浆村及东区沔水沿岸受灾严重,禾苗淹没,牲畜漂走。

民国23年夏至秋,久晴不雨,溪圳断流,禾苗枯萎,斗米涨至二圆(银元)。

民国24年7月,旱灾。

民国26年夏,大水,淹死46人;秋,虫灾;8—9月间,大雨倾盆,兼旬不息,稻田被冲洗,灾民流离冻馁。

民国27年春,久旱不雨,秋旱更兼虫灾。虫大如小指,长一寸许,红头绿身,禾苗被啮,遍地嚅嚅作声,七成稻田减产。

民国29年,稻瘟病暴发,受害面积2万余亩。

民国35年,旱灾,收成无几,米价昂贵,农民落荒。

民国37年端阳节起,阴雨近月,油菜籽、大豆霉腐9763石。7月2日起,连降数日暴雨,山洪暴发,河水泛滥,沿河两岸尽成泽国。冲毁禾苗1.86万亩,房屋25栋,冲走牲畜683头,受灾人数24361人,损失财产合943亿元(法币)。

民国38年8月,秋雨连绵,稻苞虫啮禾咂咂有声,乡民络绎携虫至县府泣诉。

1950年6月,突降数天大雨,山洪暴发,冲毁沿河田土494亩。

是年,水口、十都等地遭雹灾,损坏农作物1316亩,打坏房屋32栋,全县1.23万亩水稻遭虫灾。

1952年6月,全县连降大雨。4、7、14日三日普降大暴雨,洪水猛涨。全县受灾田土1.88万亩,其中3181亩稻田冲为沙洲,倒房609间,淹死14人,漂失杉木4.1万立方米。当年粮食减产229.84万公斤。

1953年3月4日,整夜大雨,山洪暴发,三分之一的乡受灾,冲毁田土590.53亩,水利设施454处,塌房43间,淹死3人。4月28日下午,霍家等地遭风灾,吹倒大树80余株。6月下旬至7月20日,又遭酷旱,全县受旱面积1万余亩。

1954年6月8日深夜至9日,狂风暴雨,山洪暴发,中村、塘田等地毁田2000余亩,冲垮桥梁48座，冲毁水利设施170处，漂失杉木2178根，倒房8间。

1955年6月上旬开始，近一月无雨，塘坝干枯。129个自然村受旱，受灾面积1.46万亩。7月又发洪水，1.07万亩耕地被淹，冲垮桥梁68座，水利设施696处，塌房43间，压死5人，淹死1人。

1956年4月27日夜，大风夹雹，6个乡受灾，倒房7间，打坏秧苗4000亩。当年又遭旱灾，受旱面积2.57万亩，减产150万公斤。

1957年6月24—7月22日无雨，受旱面积1.45万亩。

1960年6月下旬至7月中旬，旱灾，受旱面积1.3万亩。12月26—次年元月29日，持续冰冻。

1961年6月上旬连日暴雨，山洪暴发，河西洪峰高达4米。西片沿河受灾农田2.5万亩，倒房184间，淹死14人。8月27日再发山洪，112个大队受灾，冲毁禾苗4171亩，倒房93间、仓库6栋，淹死1人。当年，稻瘟病暴发，全县4万亩农田受灾。

1962年6月，连降阵雨20余天，总降雨量493毫米，其中24—30日连降数次暴雨，河水猛涨，冲毁田土1.1万亩，塌房510间，淹死3人，冲毁堤坝223座，水圳678条，冲走杉木282立方米，

1963年大旱。自3月始至8月，未下一场透雨，旱期近6个月，为百年罕见。全县受旱面积5.6万亩，枯死禾苗1万余亩。

1964年2月6日起冰冻，持续20余天，日均气温-3℃—-4℃。1.33万亩越冬作物受灾。冻死耕牛21头、生猪153头。冰雪压倒房屋143间，死7人。7月干旱，受灾面积1.86万亩。晚稻暴发虫灾，受害面积39.4%。

1965年6月下旬至7月中旬，全县干旱，受旱面积5.18万亩。

1966年6月中旬起，连续3月未雨。晚稻受灾严重。

1968年6月14—7月初，连降暴雨，最大日降雨182毫米。165个大队、3.13万亩农田受灾。冲毁水利设施298处、桥梁71座；冲走木材2115立方米，楠竹1万余根；冲坏公路7公里，塌方11万立方米；倒房344间，淹死5人，耕牛96头。

1969年1月29—2月4日冰冻。当年秋，2.7万亩晚稻遭三化螟危害，减产250万公斤。

1970年4月10日下午，平乐、下村、策源、中村、龙渣等地下冰雹。雹粒大如鸡蛋，损坏民房1243间，伤7人。

1972年2月上旬冰冻。8月19日，中村公社遭遇洪灾，淹没耕地3800余亩，毁房12间，冲走杉木400多立方米。

1976年3月8—21日，出现强寒潮和低温阴雨天气，日均气温8.5℃。3月19日普降雪粒，秧田烂种27万公斤。

1978年，旱灾，受旱面积3.87万亩。

1979年4月1日，普降冰雹，下村尤重。当年，稻瘟病暴发，9.8万亩早稻受灾，减产550万公斤。秋，大旱，8万亩晚稻受灾。

1982年春，长期低温阴雨，716个生产队烂种25.5万公斤。6月暴雨，万余亩稻田遭受洪灾。

1983年6月暴雨，68%的村受灾。淹没稻田2.06万亩，4000余亩失收；淹死6人，塌房119间；冲垮桥梁125座，水库1座，山塘37座，河坝233座，电排灌站16座，水圳渠道963处，防洪堤364处。秋季又遭干旱， 375口山塘干裂，536条水渠断流，受旱面积2.5万亩，晚稻严重减产。

1984年7月中旬起干旱，受灾面积2.58万亩。当年，稻纵卷叶螟、稻飞虱、稻瘟病、纹枯病危害严重。

1985年8—9月，8000余亩晚稻受旱。

1986年，水稻病虫害严重。其中，发生稻瘟病4.7万亩次，纹枯病6.1万亩次，二代纵卷叶螟7.8万亩次。

1987年3月25日15时40分，下雪粒10分钟，受害秧田1850亩，损失种子17.95万公斤。6月7—10日，下村、平乐、策源等乡遭霜冻。全县单季稻受灾面积11万亩。10月初起，全县连降暴雨。10日，降雨量95.8毫米，其中2小时内降雨40毫米，山洪暴发。9个乡镇、119个村、6150户受灾；5.4万亩农作物被淹；倒房160间，淹死5人，70人受伤；淹死耕牛30头，生猪63头；县化工厂冲走松香45.9吨，松节油14.13吨，重油9.5吨。

1988年2月28—3月5日，大雪，大院农场压断电杆20余根，楠竹4万余根，树木数万株。5月5日5时至10时25分降暴雨，东风乡降雨量达120毫米。山洪暴发，毁田2320亩，冲垮公路9公里，桥梁18座，堤坝17处。

1989年，一季稻始穗时，遇连日阴雨低温天气，受灾面积3.8万亩。

1990年4月2日深夜，暴风雨突袭，3000亩油菜被刮倒，上千农户屋瓦被掀，淹没早稻秧田千余亩，冲毁房屋10间，冲走杉木60立方米。5月16日普降暴雨，受灾水稻1.25万亩，山体滑坡压塌民房19间。7月26日15时30分，塘田乡突降冰雹，伴以狂风暴雨，持续10分钟。近200亩迟熟早稻被打落谷粒；200余农户房屋瓦片被掀。霞塘、柳山3株古樟被连根拔起。

1991年6月6日15—20时，南片突降暴雨，4小时降雨量逾100毫米。淹没稻田1.5万亩；冲毁河堤7处、水渠47条、电站3个、房屋32间；死亡4人，重伤2人。

1992年7月1日始连日降雨。5—6日，部分乡镇几小时内降雨120毫米以上，山洪暴发。冲毁耕地1047亩，桥梁72座，倒塌房屋187间。

1994年5月2日16时30分起，连续4小时降雨，引发山洪，死伤各3人。3日，复遭龙卷风袭击，损害房屋1600多间。船形乡一村民遭雷击身亡。7月12日，降雨量185.5毫米，过程累计雨量240.3毫米。暴雨中心大院、十都、沔渡等地达270毫米。县城水淹面积达三分之一。

1995年5月29—30日，水口、沔渡、王家渡、塘田、东风等乡镇遭受狂风暴雨和冰雹袭击，倒塌房屋8500多间，淹没稻田4100亩，雷电击伤4人。

1996年7月，全县10.35万亩作物受旱，18个村、3800余人饮水困难。8月1—3日，普降大雨。最大降雨量 299.9 毫米，洪水泛滥。水利、通信、电力设施严重受损。临河村庄数千人遭洪水围困。

1998 年 6 月 1 日晚至 2 日晨暴雨，降雨量 195 毫米。全县普遍受灾，死亡 5 人。

2002 年 6 月 14 日 20 时至 16 日 10 时，降雨量 304.5 毫米，山洪暴发。中村乡龙坪、东风乡高峰、炎陵山出现大面积山体滑坡。

2003 年 1 月 5—6 日，普降大雪，积雪厚达 9 厘米。7 月 16 日，最高气温 41.6℃，为 1958 年有气象资料以来县内最高气温，亦为当年省内最高气温。6—7 月，持续高温干旱 40 余天。干旱面积 10 余万亩，绝收面积 1.35 万亩。

2005 年 6 月 21 日，普降暴雨。6 个乡镇 8800 余人受灾，农作物受灾 1720 亩，绝收 675 亩；损坏公路 4.52 公里，水圳垮方 212 处 6600 余米。8 月 14 日，全县普降暴雨，东部山区出现大暴雨。

2006 年 4 月 10 日，大风，倒塌房屋 280 间，损坏房屋 9704 间，伤 1 人，大批风景林、古树被摧折。5 月 6 日，强降水导致洪灾，死 1 人，失踪 2 人。26 日，普降暴雨，局部大暴雨，紧急转移 1336 人。6 月 17 日，普降暴雨，局部大暴雨，死亡 2 人，重伤 1 人。

2007 年 4 月 1 日，突降冰雹。5 月 29 日，河西卫生院遭雷击，损坏变压器 1 台、电脑 9 台，医用仪器、通信设备等 19 台。7 月出现持续高温干旱天气，4.2 万人受灾，1800 余人生活饮水困难，5.1 万亩农作物受灾，3450 亩绝收。

8 月 19—22 日，受台风“圣帕”影响，全县遭受特大洪涝灾害，受灾人口 12.6 万余人，死亡 1 人，紧急转移居民 3.43 万人。农作物受灾 3.87 万亩，成灾 2.63 万亩，绝收 9600 亩；冲毁耕地 5400 亩；倒塌房屋 2425 间；道路塌方 1600 余处，损毁路基 50 多处 14 公里；冲毁水利设施 3400 余处、防洪堤 280 处 18 公里，冲倒电杆、通讯杆 600 余根；33 座水电站渠道垮方或被水淹。

2008 年初，冰灾。15.34 万人受灾，转移疏散群众 400 余人。县主干网 110 千伏铁塔折断，乡镇电力线路毁坏 80%，压倒电杆 6757 根；85 座电站送不出电，全县中断供电 90 小时。农作物受灾 2.39 万亩，果、竹、林冻损 96.5 万亩，牲畜冻死 706 头，家禽冻死 9022 羽，冰冻公路 859.7 公里，受困人口 5.23 万人，倒塌房屋 255 间，损坏房屋 1512 间。

7 月 30 日，受台风“凤凰”影响，大部分乡镇降大暴雨，6.5 万人受灾，转移安置 1292 人；倒塌房屋 759 间，损坏房屋 1502 间，县城三分之一被淹。道路塌方 1000 余处，冲毁大小桥涵 150 座、水利设施 1600 余处、防洪堤 80 余处 5500 余米；倒塌通信杆 150 余根、电杆 300 余根。农作物受灾 4.62 万亩，绝收 6300 亩；冲毁耕地 810 亩。

2009 年 1—7 月降雨量 705.2 毫米，比历年同期平均值少 407.2 毫米。全县 11.55 万亩农作物受旱。其中，2.43 万亩水稻枯萎；2.79 万亩经济作物受灾；林业受旱 5.25 万亩。

2010 年 4 月 21 日，普降大到暴雨。鹿原、三河、东风、船形等乡镇农作物受灾 2625 亩，其中绝收 315 亩；冲毁耕地 225 亩。6 月 20 日暴雨，斜濑水流域紧急转移安置 4800 余人。农作物受灾 3.8 万亩，绝收 1800 亩；倒塌房屋 512 间；29 座电站、2700 户民房、7 所学校进水受灾。损毁渠道、水圳 11 公里，河堤 27 处、4.3 公里，桥梁 16 座，道路 115 处、8.1 公里；电杆倒塌600余根。

2011年上半年降水偏少。5月,部分山区乡镇出现旱情。有6个乡镇、37个村组计9000人受灾,2300余人饮水困难。

2012年6月11日，大暴雨。17个乡镇受灾人口2.69万余人，倒塌房屋405间，损坏1213间。8月4日,受台风“苏拉”影响,普降暴雨,其中策源乡降雨量221.8毫米,导致山洪暴发,山体滑坡。

2013年5月15日,十都、沔渡、鹿原、三河、水口、东风、策源、船形等乡镇遭暴雨袭击,受灾人口8000余人。7月,由于长时间持续晴热高温少雨,河流水位下降,有8个乡镇、32个村9000人受灾,人畜饮水困难。8月23日,普降暴雨,山洪暴发。全县受灾人口7000余人,紧急转移安置1185人。

第五章 土 壤

炎陵县土壤成土母质为花岗岩、板页岩、砂岩、河流冲积物、石灰岩和紫色砂页岩等。据1984年全县第二次土壤普查资料统计：花岗岩形成的土壤144.64万亩，占全县面积53.64%;板页岩形成的土壤93.38万亩,占34.63%;砂页岩形成的土壤21.45万亩,占7.95%;石灰岩形成的土壤6.43万亩,占2.38%;紫色砂页岩形成的土壤1083亩,占0.04%;河流冲积物形成的土壤3.66万亩,占1.36%。2011年,地力调查,除耕地地力表现数据略有差异外,县内土壤的基础数据没有变化。

第一节 水田土壤

一、分布

1984年第二次土壤普查资料统计，全县水田土壤有1个土类,5个亚类,14个土属,40个土种。

水田土壤是全县的主要耕作土壤，有17.18万亩，占耕地面积91.06%，分布在海拔170—1460米地带。水田土壤的耕作层小于10厘米的656亩,占水田面积0.38%;10—15厘米的10.14万亩,占59.02%;16—20厘米的6.49万亩,占37.75%;大于20厘米的4890亩,占2.85%。同高产良田的耕作层18—20厘米相比,全县59.40%的水田耕作层相差5—8厘米。这些浅薄的土壤,养分富集量小,在三河、城东、沔渡、十都等地分布较多。全县有粗沙土17亩(在十都镇),占水田面积0.01%;沙壤土6.3万亩,占36.64%;壤土10.09万亩,占58.74%;粘壤土7915亩,占4.61%。

地下水位小于 60 厘米的水田土壤 5.76 万亩，占水田面积 33.51%。其中潜育性水稻土 5.14 万亩，这种土壤处于还原状态，高价铁离子、锰离子被还原，对禾苗生长发育不利，禾苗前期易出现僵苗、麻叶、黑根等症状。地下水位大于 60 厘米的 11.43 万亩，占水田面积66.49%。

pH 值<4.5（极强酸性）的水田土壤 578 亩，占水田面积 0.34%；pH 值在 4.5—5.4（强酸性）的 2.3 万亩，占 13.38%；5.5—6.4（酸性或微酸性）的 12.72 万亩，占 74.02%；6.5—7.5（中性）的 1 万亩，占 5.95%；7.6—8.5（微碱性或碱性）的 1.1 万亩，占 6.27%；>8.5（强碱性）的 75 亩，占 0.04%。酸性土壤水田各地都有分布。偏碱性土壤主要分布在三河、水口等地。

水田土壤中有机质含量，大于 4%的占水田面积 54.09%，介于 4%—3%的占 34.7%，小于 3%的占 11.21%。碱解氮大于 220ppm（百万分之一）的水田土壤占全县水田面积 2.63%，介于 220—125ppm 的占 77.84%，小于 125ppm 的占 19.53%。速效磷大于 12ppm 的占 47.19%，介于 12—5ppm 的占 46.08%，小于 5ppm 的占 6.73%，速效钾大于 125ppm 的占 11.51%，介于 125—65ppm 之间的占 42.44%，小于 65ppm 的占 46.05%。水田土壤中微元素，铜、铁丰富，锌、锰中量，硼、钼极缺。

二、营养成分

2011 年，地力调查资料统计重新归类：水田土壤为 1 个土类，4 个亚类，13 个土属，35 个土种，面积 16.21 万亩。对全县 17.90 万亩耕地（含园地）进行地力调查，发现耕作层有变浅趋势。主因是小型机耕犁层普遍较浅，加之部分农民实行少耕、免耕栽培和施用化肥，使犁底板结层逐渐加厚。县内水田紧沙土 4699 亩，沙壤土 11.16 万亩，中壤土 6705 亩，中粘土 2.74 万亩，重壤土 1.18 万亩。

pH 值小于或等于 4.5 的 16 亩（在鹿原镇），占 0.01%；4.6—5.5 的 5.64 万亩，占 31.49%；5.6—6.5 的 11.55 万亩，占 64.52%；6.6—7.5 的 6980 亩，占 3.9%；等于或大于 7.6 的 155 亩（在鹿原镇和中村乡），占 0.09%。与 1984 年第二次土壤普查相比，各土种 pH 值呈下降趋势，总体下降 0.3 个单位，略向酸性偏移。其主因是大量施用化肥，特别是酸性化肥。加之有机肥料（绿肥、农家肥、秸秆还田等）也使土壤酸化，而且近 20 年来没有或很少施用石灰等碱性物质进行调剂。

各土种有机质含量普遍呈正量增长（只有 3 个负量土种）。有机质含量提高的主要原因是农业科学技术的发展，稻田系统生产力提高，自然归还到土壤中的有机物（根系、落花落叶等）量增加，水稻秸秆、绿肥还田量和有机废弃物施用增加等。碱解氮含量也明显增长（只有 1 个土种呈负量）。速效磷含量平均值比二次普查测量增 1.06 毫克 / 千克。但空间分布特征变异性较大，含量差异也较大，大小相差近 120 倍。速效钾平均值也增加 5.19 毫克 / 千克，但按高产田等级要求仍然偏低。微量元素中铁含量很高，铜、锌、硫含量偏高，锰含量中等，硼、钼较低。

至 2014 年，实行退耕还林、还草或改作园地，水田面积减少到 15.14 万亩。

1984 年第二次土壤普查酃县水田土壤分类和分布情况表

表 2-3

土类	亚类	土属		主要分布（乡、镇、场）
		名称	面积（亩）	
水稻土	淹育性	浅麻沙泥	1875	策源、十都、下村、沔渡
		浅黄泥	2343	水口、三河、中村
		浅黄沙泥	626	王家渡、塘田
		浅灰黄泥	32	王家渡
	潴育性	麻沙泥	37764	十都、城东、垄溪、沔渡、船形、下村、东风、石洲、平乐、大院
		黄泥田	20573	中村、水口、三河、塘田、船形
		黄沙泥	20381	三河、王家渡、塘田、东风
		灰黄泥	1451	船形、三河
		灰泥田	1541	三河、王家渡
		河沙泥	28924	水口、三河、王家渡、沔渡、城东、十都、中村、塘田
	渗育性	白散泥	1243	城东、东风、沔渡、中村
	潜育性	青泥田	50889	沔渡、垄溪、十都、中村、策源、城东、下村、城关、石洲、大院
		冷浸田	513	王家渡、垄溪、水口、下村、策源
	沼泽性	烂泥田	3678	东风、塘田、沔渡、下村

2011 年地力调查炎陵县水稻土类型及分布情况表

表 2-4

土类	亚　类	土　属	土　种	汇总（亩）	占水稻土（%）
水稻土	漂白型	白散泥	流砂底田	407	0.25
	潜育性	烂泥田	烂泥田	3783	2.33
			滂眼田	1252	0.77
			石灰性烂泥田	2019	1.25
		冷浸田	冷浸泥田	829	0.51
			冷浸砂田	128	0.08
			冷浸阴山田	363	0.22
		青泥田	青夹泥田	1546	0.95
			青麻砂田	8943	5.52

续表 2-4

土类	亚 类	土 属	土 种	汇总(亩)	占水稻土(%)
水稻土	潜育性	青泥田	青泥田	6789	4.19
			青砂泥	954	0.59
			青鸭屎泥	375	0.23
			石灰性青泥田	738	0.46
	淹育性	浅黄泥	浅黄泥	2273	1.40
			砂质浅黄泥	201	0.12
		浅黄砂泥	浅黄砂泥	723	0.45
		浅麻砂泥	浅麻砂泥	6162	3.80
	潴育性	河砂泥	河砂泥	7043	4.34
			河砂田	4699	2.90
			青隔河砂泥	3499	2.16
			石灰性河砂泥	1691	1.04
		黄泥田	黄泥田	15292	9.43
			青隔黄泥	7369	4.55
			砂质黄泥田	7004	4.32
			石灰性黄泥田	1138	0.70
		黄砂泥	黄砂泥	14521	8.96
			青隔黄砂泥	3515	2.17
			石灰性黄砂泥	1342	0.83
		灰黄泥	灰黄泥	1493	0.92
			青隔灰黄泥	304	0.19
		灰泥田	灰泥田	584	0.36
			青隔灰泥田	90	0.06
		麻砂泥	黄麻砂泥	8636	5.33
			麻砂泥	42391	26.15
			青隔麻砂泥	4037	2.49
总计	—	—	—	162133	100.00

第二节 山地土壤

1984年第二次土壤普查，炎陵县山地土壤有8个土类，13个亚类，38个土属，89个土种。山地土壤以酸性为多，土壤的垂直带谱十分明显。

海拔650米以下的山地土壤为红壤，占全县面积35.5%。以黄红壤为主，土层深厚，质地适中，阳光充足。山地宜植马尾松；山坡宜植杉、楠竹、常绿阔叶树和油茶；山脚宜发展果木林，栽种油菜、甘薯、黄豆等农作物。

海拔650—900米山地黄壤，占全县面积16.3%。土壤质地多为壤土和粘壤土，土层较厚，养分较丰富。宜植马尾松、杉、楠竹和常绿阔叶树。

海拔900—1450米为黄棕壤，占全县面积28.8%。有机质分解慢，生物质积累明显，枯枝落叶层下，有一层黑色或黑棕色的腐殖质层，疏松多孔。土壤结构多为块状，自然肥力较红壤和山地黄壤高、酸度却比其小。宜发展针阔叶混交林，栽种玉米、黄粟、䅟子、马铃薯等农作物。

海拔1450米以上为山地草甸土，占全县总面积2.1%。成土过程以物理风化为主，化学风化较弱，土层浅薄，土壤偏酸，有机质大于4%，全氮含量大于0.2%，碱解氮大于150ppm，速效钾在50—100ppm之间，速效磷小于4ppm。适宜开发牧场和种植草本药材。

2011年地力调查范围未涉及山地土壤，仅对耕型山地土壤中列入耕地面积的旱土进行调查。县内旱土有3个土类，3个亚类，8个土属，13个土种，面积16903亩。

1984年第二次土壤普查酃县山地土壤分类和分布情况表

表2-5

土类	亚类	土属		主要分布(乡、镇、场)
		名称	面积(亩)	
莱园土	新菜园土	新菜园田土	104	城关
		新菜园土	20	城关
	菜园土	熟菜园土	185	城关
潮土	河潮土	耕型河潮土	3722	三河、塘田、王家渡
红壤土	红壤	花岗岩红壤	108390	城东、沔渡、垄溪、十都、东风
		板页岩红壤	68906	三河、沔渡、城关、船形、城东
		耕型花岗岩红土	4984	城东、沔渡、十都、城关
		耕型板页岩红土	2460	中村、东风
		砂岩红壤	46508	三河、王家渡、塘田

续表 2–5

土类	亚类	土属		主要分布(乡、镇、场)
		名称	面积(亩)	
红壤土	红壤	耕型砂岩红土	2992	塘田、王家渡、三河、东风、船形
		石灰岩红壤	16270	王家渡、塘田、船形
		耕型石灰岩红土	605	船形、王家渡、塘田
	黄红壤	花岗岩黄红壤	311579	十都、沔渡、垄溪、石洲、城东
		板页岩黄红壤	355235	水口、船形、三河、垄溪、沔渡
		砂岩黄红壤	81623	王家渡、三河、塘田、东风、船形
		石灰岩黄红壤	36536	中村、塘田、水口、船形
		花岗岩红壤性土	12071	王家渡、策源
		板页岩红壤性土	29214	船形、塘田、三河、中村
		砂岩红壤性土	1175	王家渡
山地黄壤	黄壤	花岗岩黄壤	203383	十都、垄溪、策源、下村、平乐
		耕型花岗岩黄土	1540	十都、石洲、垄溪、大院
		板页岩黄壤	227157	水口、中村、船形、三河、下村
		耕型板页岩黄土	166	水口、平乐
		砂岩黄壤	34043	中村、三河、王家渡、平乐
		耕型砂岩黄土	90	水口、平乐
		石灰岩黄壤	7029	垄溪、水口、中村
	黄壤性土	花岗岩黄壤性土	4271	中村、平乐、策源
		板页岩黄壤性土	11083	船形、东风、三河、水口
		砂岩黄壤性土	8267	中村
黄棕壤	山地黄棕壤	花岗岩山地黄棕壤	546220	下村、策源、十都、中村、平乐、大院、石洲
		板页岩山地黄棕壤	195166	中村、水口、平乐、下村、十都
		砂岩山地黄棕壤	9910	中村、平乐
		山地生草黄棕壤	95921	中村、下村、策源、垄溪、大院
	黄棕性土	山地黄棕壤性土	31198	中村、下村、策源、船形
山地草甸土	山地草甸土	花岗岩山地草甸土	64881	下村、策源、平乐、大院、十都
		板页岩山地草甸土	180	平乐
黑色石灰土	黑色石灰土	黑色石灰土	655	船形
紫色土	酸性紫色土	酸性紫色沙土	1083	三河

2011年地力调查炎陵县旱土类型及分布面积表

表2-6

土类	亚　类	土　属	土　种	汇总(亩)	占旱土(%)
潮土	潮土	耕型河潮土	河砂泥土	318	1.88
			河砂土	2298	13.59
			熟菜园土	496	2.93
红壤	红壤	耕型板页岩红壤	黄菜园土	383	2.27
			黄泥土	3975	23.52
		耕型花岗岩红壤	黄麻砂土	258	1.53
			麻泥土	2090	12.36
			麻砂土	1258	7.44
		耕型砂岩红壤	黄砂土	2268	13.42
		耕型石灰岩红壤	灰红土	499	2.95
黄壤	黄壤	耕型板页岩黄壤	黄壤土	653	3.86
		耕型花岗岩黄壤	黄壤麻砂土	2075	12.27
		耕型砂岩黄壤	黄壤砂土	332	1.97
汇总	—	—	—	16903	100.00

第六章　野生动植物

炎陵县山峦绵亘，群峰竞立，气候垂直分布规律明显，形成复杂的微域气候，适应多种动植物生长繁衍。清同治《酃县志》载有植物195种，动物84种。其中，熊、狼、鹿、麋、虎等野生动物于20世纪40—70年代先后匿迹。

20世纪80年代后，建立桃源洞自然保护区，加强对野生动植物的科学考察与保护。相继发现资源冷杉(大院冷杉)群落、华桑群落、南方铁杉群落、穗花杉群落、圆苞山罗花、半枫荷、独花兰、炫蓝蘑菇、长柄双花木、黄山木兰、蘘荷、串珠石斛、短茎萼脊兰、水晶兰等野生植物以及金丝猫、云豹、斑林狸、风头鹰、黑冠鹃隼等稀有与濒危动植物，进一步丰富了炎陵野生动植物种类。

第一节 野生植物

境内有野生高等植物309科、1117属、2660种。其中，苔藓植物76科、249属、650种；蕨类植物40科、88属、240种；种子植物193科、808属、1804种(含变种)。种子植物中有木本植物97科、303属、815种，占种子植物种数30.6%。

野生植物中属国家Ⅰ级保护的有银杉、大院冷杉、伯乐树、南方红豆杉、银杏、莼菜等6种；Ⅱ级保护的有福建柏、樟树、闽楠、花榈木、厚朴、凹叶厚朴、毛红椿、红椿、喜树、香果树、黄皮树、榉树、南方铁杉、穗花杉、黄连、八角莲、杜仲、华榛、青檀、银鹊树、银钟花、野大豆、金荞麦等23种。列入省级保护的有74种。

1987年中药资源普查统计，全县有野生中草药植物264科、665属、1199种。全县均有分布。

全县草场面积41.56万亩(包括疏林草场)，分布在大院、下村、平乐等海拔1200米以上中山山原。主要品种为沙草、马鞭草、五节芒、冬茅、菊花草、青艾、野艾等。

一、蕨类植物

石杉科 金发石杉、蛇足石杉、四川石杉、闽浙马尾杉

石松科 扁枝石松、藤石松、石松、玉柏、垂穗石松

卷柏科 薄叶卷柏、深绿卷柏、兖州卷柏、细叶卷柏、江南卷柏、卷柏、翠云草

木贼科 节节草、笔管草

阴地蕨科 华东阴地蕨、阴地蕨

瓶尔小草科 心脏叶瓶尔小草

观音座莲科 福建观音座莲

紫萁科 分株紫萁、紫萁、华南紫萁

瘤足蕨科 镰叶瘤足蕨、华中瘤足蕨、华东瘤足蕨、岭南瘤足蕨

里白科 芒萁、里白、光里白

海金沙科 海金沙

膜蕨科 团扇蕨、华东膜蕨、蕗蕨、江西蕨、庐山蕗蕨、小果蕗蕨、瓶蕨、管苞瓶蕨、漏斗瓶蕨、华东瓶蕨

稀子蕨科 华中稀子蕨、稀子蕨

碗蕨科 细毛碗蕨、碗蕨、光叶碗蕨、边缘鳞盖蕨、中华鳞盖蕨

姬蕨科 姬蕨

鳞始蕨科 团叶陵齿蕨、乌蕨

蕨科 蕨、毛轴蕨风尾蕨科、华南凤尾蕨

凤尾蕨科　凤尾蕨、刺齿半边旗、溪边凤尾蕨、傅氏凤尾蕨、全缘凤尾蕨、平羽凤尾蕨、两广凤尾蕨、井栏边草、蜈蚣草

中国蕨科　银粉背蕨、粉背蕨、毛轴碎米蕨、中华隐囊蕨、野雉尾金粉蕨、栗柄金粉蕨

铁线蕨科　扇叶铁线蕨、粤铁线蕨

裸子蕨科　南岳凤丫蕨、普通凤丫蕨、凤丫蕨、井冈山凤丫蕨

书带蕨科　书带蕨、平肋书带蕨

蹄盖蕨科　薄盖短肠蕨、江南短肠蕨、假耳羽短肠、鳞柄短肠蕨、耳羽短肠蕨、华东安蕨、假蹄盖蕨、昆明假蹄盖蕨、毛轴短羽假蹄盖蕨、毛轴假蹄盖蕨、长江蹄盖蕨、日本蹄盖蕨、光蹄盖蕨、软刺蹄盖蕨、尖头蹄盖蕨、胎生蹄盖蕨、华中蹄盖蕨、禾秆蹄盖蕨、菜蕨、角蕨、单叶双盖蕨、介蕨、华中介蕨、东亚羽节蕨

金星蕨科　小叶钩毛蕨、渐尖毛蕨、华南毛蕨、戟叶圣蕨、方秆蕨、峨眉茯蕨、针毛蕨、翠绿针毛蕨、林下凸轴蕨、疏羽凸轴蕨、中华金星蕨、金星蕨、中日金星蕨、延羽卵果蕨、披针新月蕨、镰片假毛蕨、耳状紫柄蕨、紫柄蕨

铁角蕨科　华南铁角蕨、虎尾铁角蕨、胎生铁角蕨、倒挂铁角蕨、长叶铁角蕨、华中铁角蕨、铁角蕨、三翅铁角蕨、半边铁角蕨、狭翅铁角蕨

球子蕨科　东方荚果蕨

乌毛蕨科　乌毛蕨、狗脊、珠芽狗脊、顶芽狗脊

柄盖蕨科　鱼鳞蕨

鳞毛蕨科　刺头复叶耳蕨、斜方复叶耳蕨、华西复叶耳蕨、美丽复叶耳蕨、紫云山复叶耳蕨、镰羽贯众、披针贯众、贯众、大叶贯众、暗鳞鳞毛蕨、阔鳞鳞毛蕨、迷人鳞毛蕨、红盖鳞毛蕨、黑足鳞毛蕨、齿头鳞毛蕨、两广鳞毛蕨、川西鳞毛蕨、无盖鳞毛蕨、两色鳞毛蕨、奇羽鳞毛蕨、稀羽鳞毛蕨、华南鳞毛蕨、变异鳞毛蕨、大羽鳞毛蕨、四回毛枝蕨、大羽黔蕨、陈氏耳蕨、对生耳蕨、小戟叶耳蕨、长鳞耳蕨、黑鳞耳蕨、假黑鳞耳蕨、对马耳蕨

三叉蕨科　泡鳞肋毛蕨、阔鳞肋毛蕨、棕鳞肋毛蕨

舌蕨科　华南舌蕨

肾蕨科　肾蕨

水龙骨科　龙头节肢蕨、线蕨、曲边线蕨、鳞果星蕨、黄瓦韦、粤瓦韦、鳞瓦韦、瓦韦、表面星蕨、剑叶盾蕨、盾蕨、截基盾蕨、金鸡脚假瘤蕨、日本水龙骨、石韦、庐山石韦、相似石韦

槲蕨科　西南槲蕨

禾叶蕨科　锡金锯蕨

剑蕨科　中华剑蕨、褐柄剑蕨、匙叶剑蕨、柳叶剑蕨

苹科　苹

槐叶苹科　槐叶苹

满江红科　满江红

二、裸子植物

银杏科 银杏

松科 资源冷杉(大院冷杉)、银杉、马尾松、黄山松、铁杉

杉科 杉木、柳杉

柏科 柏木、福建柏、圆柏

罗汉松科 罗汉松

三尖杉科 三尖杉

红豆杉科 穗花杉、南方红豆杉

三、被子植物

木兰科 玉兰、厚朴、凹叶厚朴、桂南木莲、木莲、乐昌含笑、紫花含笑、金叶含笑、深山含笑、野含笑

八角科 红毒茴(野八角)

五味子科 黑老虎、南五味子、金山五味子、翼梗五味子、铁箍散、华中五味子

番荔枝科 尖叶瓜馥木、香港瓜馥木

樟科 无根藤、毛桂、华南桂、猴樟、樟(香樟)、少花桂、黄樟、香桂、川桂、乌药、狭叶山胡椒、香叶树、红果山胡椒、绿叶甘橿、山胡椒、黑壳楠、毛黑壳楠、香粉叶、山橿、毛豹皮樟、山鸡椒(山苍子)、黄丹木姜子、近轮叶木姜子、石木姜子、清香木姜子、毛叶木姜子、豺皮樟、钝叶木姜子、基脉润楠、宜昌润楠、木姜润楠、刨花润楠(刨花楠)、红楠、绒毛润楠、新木姜子、云和新木姜子、锈叶新木姜子、簇叶新木姜子、大叶新木姜子、新宁新木姜子、闽楠、湘楠、紫楠、檫木(梓树)

毛茛科 乌头、狭盔高乌头、鹅掌草、打破碗花花、秋牡丹、钝齿铁线莲、粗齿铁线莲、小木通、威灵仙、山木通、铁线莲、扬子铁线莲、单叶铁线莲、毛蕊铁线莲、锈毛铁线莲、毛柱铁线莲、绣球藤、曲柄铁线莲、柱果铁线莲、小齿铁线莲、黄连、还亮草、蕨叶人字果、禺毛茛、茴茴蒜、毛茛、石龙芮、扬子毛茛、猫爪草、天葵(老鼠屎)、尖叶唐松草、大叶唐松草、东亚唐松草、阴地唐松草

金鱼藻科 金鱼藻

莼菜科 莼菜

小檗科 华东小檗、豪猪刺、庐山小檗、阔叶十大功劳、十大功劳

南天竹科 南天竹

足叶草科 八角莲、淫羊藿、湖南淫羊藿

木通科 木通、三叶木通、白木通、鹰爪枫、牛姆瓜、八月瓜、野木瓜、钝药野木瓜

大血藤科 大血藤

防己科　木防己、粉叶轮环藤、轮环藤、秤钩风、蝙蝠葛、风龙（防己）、金线吊乌龟、千金藤、粉防己、青牛胆

马兜铃科　马兜铃、寻骨风、管花马兜铃、尾花细辛、小叶马蹄香、祁阳细辛、五岭细辛、红辛

胡椒科　山蒟、石南藤

三白草科　蕺菜（鱼腥草）、三白草

金粟兰科　丝穗金粟兰、宽叶金粟兰、湖北金粟兰、及已、草珊瑚

紫堇科　北越紫堇、夏天无、紫堇、黄堇、小花黄堇、地锦苗

罂粟科　血水草、荷青花、博落回

山柑科　白花菜、黄花草（臭矢菜）

十字花科　鼠耳芥、荠（荠菜）、弯曲碎米荠、碎米荠、弹裂碎米荠、水田碎米荠、华中碎米荠、翅柄岩荠、北美独行菜、广州焊菜、无瓣焊菜、焊菜、沼生焊菜、菥蓂、湖南泡果荠、双牌泡果荠

堇菜科　戟叶堇菜、七星莲、紫花堇菜、长萼堇菜、江西堇菜、紫花地丁、柔毛堇菜、庐山堇菜、三角叶堇菜、堇菜

远志科　尾叶远志、黄花倒水莲、西伯利亚远志、小扁豆、齿果草

景天科　东南景天（鸭子虫草）、凹叶景天（石板菜）、日本景天、佛甲草、垂盆草、石莲

虎耳草科　落新妇、大落新妇、大叶金腰、虎耳草、黄水枝、扯根菜、白耳菜、长江溲疏

鼠刺科　矩叶鼠刺

绣球花科　草绣球、常山、中国绣球、白皮绣球、花科绣球、圆锥绣球、绢毛山梅花、星毛冠盖藤、冠盖藤、钻地风

茅膏菜科　光萼茅膏菜

石竹科　无心菜、簇生卷耳、球序卷耳、狗筋蔓、石竹、长萼瞿麦、瞿麦、剪春罗、鹅肠菜、孩儿参、漆姑草、女娄菜、鹤草、繁缕、雀舌草、箐姑草、麦蓝菜

马齿苋科　马齿苋

蓼科　金线草、短毛金线草、金荞麦、何首乌、两栖蓼、萹蓄、毛蓼、火炭母、蓼子草、大箭叶蓼、稀花蓼、水蓼、蚕茧草、愉悦蓼、酸模叶蓼、长鬃蓼、小蓼花、尼泊尔蓼、红蓼、杠板归、习见蓼、丛枝蓼、羽叶蓼、赤胫散、刺蓼、箭叶蓼、戟叶蓼、香蓼、酸模、皱叶酸模、羊蹄、虎杖（酸筒杆）

商陆科　商陆、多雄蕊商陆

藜科　藜、地肤

苋科　土牛膝、牛膝、柳叶牛膝、莲子草、绿穗苋、凹头苋、繁穗苋、刺苋、青葙

蒺藜科　蒺藜

牻牛儿苗科　牻牛儿苗、野老鹤草、尼泊尔老鹳草、鼠掌老鹳草

酢浆草科　山酢浆草、酢浆草

凤仙花科 睫毛萼凤仙花、华凤仙、鸭跖草状凤仙花、牯岭凤仙花、水金凤、黄金凤

千屈菜科 水苋菜、多花水苋、尾叶紫薇、紫薇、节节菜、圆叶节节菜

柳叶菜科 谷蓼、南方露珠草、光滑柳叶菜、柳叶菜、长籽柳叶菜、假柳叶菜、丁香蓼

小二仙草科 小二仙草、狐尾藻

水马齿科 沼生水马齿

瑞香科 荛花、芫花、毛瑞香、结香、了哥王(南岭荛花)、细轴荛花、白花荛花

山龙眼科 小果山龙眼(红叶树)

海桐花科 光叶海桐、狭叶海桐、海金子

刺篱木科 山桐子、柞木

葫芦科 盒子草、绞股蓝、雪胆、木鳖子、南赤爮、王瓜、栝楼

秋海棠科 周裂秋海棠、秋海棠、中华秋海棠、裂叶秋海棠

山茶科 尖叶川杨桐、杨桐(黄瑞木)、心叶毛蕊茶、尖连蕊茶、油茶、川萼连蕊茶、茶、红淡比、厚叶红淡比、尖萼毛柃、翅柃、微毛柃、细枝柃、格药柃、毛枝格药柃、细齿叶柃、黄背叶柃、四角柃、单耳柃、银木荷、木荷、厚皮香、厚叶厚皮香(华南厚皮香)、尖萼厚皮香、亮叶厚皮香、粗毛石笔木

猕猴桃科 异色猕猴桃、京梨猕猴桃、中华猕猴桃、硬毛猕猴桃、毛花猕猴桃、黄毛猕猴桃、小叶猕猴桃、阔叶猕猴桃、黑蕊猕猴桃、美丽猕猴桃、毛蕊猕猴桃、对萼猕猴桃

桃金娘科 赤楠(碎米树)

野牡丹科 线萼金花树、柏拉木、过路惊、鸭脚茶(中花野海棠)、异药花、地菍、金锦香、朝天罐、锦香草

藤黄科 木竹子(多花山竹子)

金丝桃科 黄海棠、赶山鞭、挺茎遍地金、小连翘、地耳草、金丝桃、元宝草

椴树科 田麻、扁担杆、白毛椴、粉椴、椴树

杜英科 中华杜英、褐毛杜英、秀瓣杜英、日本杜英、山杜英、猴欢喜

梧桐科 马松子、瑶山梭罗

锦葵科 黄蜀葵、苘麻、木芙蓉、华木槿、木槿、白背黄花稔、地挑花

古柯科 东方古柯

大戟科 铁苋菜、湖南山麻杆、红背山麻杆、毛果巴豆、乳浆大戟、泽漆、湖北大戟、钩腺大戟、算盘子、湖北算盘子、白背叶、毛桐、野桐、东南野桐、粗糠柴、石岩、落萼叶下珠、青灰叶下珠、叶下珠、蜜甘草、黄珠子草、山乌桕、白木乌桕、乌桕、油桐、木油桐

五月茶科 日本五月茶

重阳木科 重阳木

蔷薇科 龙芽草、钟花樱桃、微毛樱桃、尾叶樱桃、樱桃、毛叶木瓜、野山楂、蛇莓、枇杷、柔毛路边青、棣棠、腺叶桂樱、刺叶桂樱、大叶桂樱、台湾林檎、湖北海棠、三叶海棠、中华绣线梅、檵木、灰叶稠李、粗梗稠李、绢毛稠李、中华石楠、中华石楠厚叶变种、椤木石楠(凿树)、光

叶石楠、褐毛石楠、小叶石楠、桃叶石楠、绒毛石楠、石楠、委陵菜、翻白草、三叶委陵菜、李(黄李)、蛇含委陵菜、全缘火棘、火棘(救兵粮)、杜梨、豆梨、石斑木、小果蔷薇、软条七蔷薇、金樱子、野蔷薇、粉团蔷薇、粗叶悬钩子、周毛悬钩子、寒莓、掌叶覆盆子、毛萼莓、山莓、插田泡、白叶莓、无腺白叶莓、灰毛泡、高粱泡、棠叶悬钩子、太平莓、茅莓、盾叶莓、锈毛莓、红腺悬钩子、木莓、灰白毛莓、三花悬钩子、地榆、水榆花楸、美脉花楸、石灰花楸、江南花楸、毛序花楸、中华绣线菊、粉花绣线菊渐尖叶变种、粉花绣线菊光叶变种、华空木、毛萼红果树、红果树波叶变种

蜡梅科　蜡梅

含羞草科　合欢、山槐(山合欢)

苏木科　龙须藤、粉叶羊蹄甲、华南云实、云实、紫荆、广西紫荆、湖北紫荆、皂荚、肥皂荚

蝶形花科　合萌(田皂角)、两型豆、土圞儿(九子羊)、紫云英、杭子梢、锦鸡儿、翅荚香槐、香槐、响铃豆、假地蓝、野百合(农吉利)、南岭黄檀、大金刚藤、藤黄檀、黄檀、象鼻藤、中南鱼藤、小槐花、假地豆、小叶三点金、饿蚂蟥、野扁豆、野大豆、长柄山蚂蟥、宽卵叶长柄山蚂蟥、尖叶长柄山蚂蟥、宜昌木蓝、黑叶木蓝、马棘、鸡眼草、山黧豆、绿叶胡枝子、中华胡枝子、截叶铁扫帚、胡枝子、大叶胡枝子、多花胡枝子、铁马鞭、绒毛胡枝子、百脉根、马鞍树、草木樨、密花崖豆藤、香花崖豆藤、厚果崖豆藤、网络崖豆藤、美丽崖豆藤、常春油麻藤、花榈木、苍叶红豆、木荚红豆、葛(野葛)、鹿藿、田菁、苦参、槐(槐树)、红车轴草、广布野豌豆、小巢菜、牯岭野豌豆、救荒野豌豆、四籽野豌豆、贼小豆(山绿豆)、野豇豆、蝶形花科、紫藤

旌节花科　中国旌节花、西域旌节花

金缕梅科　蕈树、瑞木、蜡瓣花、秃蜡瓣花、杨梅叶蚊母树、大果马蹄荷、金缕梅、缺萼枫香树、枫香树、继(继木)、水丝梨

杜仲科　杜仲

黄杨科　大叶黄杨、黄杨、板凳果、野扇花

杨柳科　响叶杨、银叶柳、旱柳、垂柳

杨梅科　杨梅

桦木科　江南桤木、亮叶桦(光皮桦)

榛科　湖北鹅耳枥、雷公鹅耳枥

胡榛子科　华榛

壳斗科　锥栗、栗(板栗)、茅栗、米槠(小红栲)、甜槠(圆槠)、罗浮锥、栲、黧蒴锥、秀丽锥、鹿角锥、苦槠、钩锥、福建青冈、赤皮青冈、青冈(青冈栎)、细叶青冈、大叶青冈、多脉青冈、小叶青冈、宁冈青冈、云山青冈、水青冈、短尾柯、美叶柯、包果柯、柯、硬壳柯、灰柯、木姜叶柯、榄叶柯、圆锥柯、滑皮柯、麻栎、槲栎、小叶栎、白栎、乌冈栎、枹栎、栓皮栎

榆科　糙叶树、紫弹树、黑弹树、珊瑚朴、朴树、青檀、光叶山黄麻、山油麻、兴山榆、多脉榆、榔榆、大叶榉树、榉树(光叶榉)

桑科　藤构、楮、构树、构棘、拓树、水蛇麻、石榕树、天仙果、台湾榕、异叶榕、琴叶榕、薜

荔、珍珠莲、爬藤榕、尾尖爬藤榕、岩木瓜、变叶榕、桑、鸡桑、华桑、蒙桑、葎草

荨麻科 序叶苎麻、大叶苎麻、苎麻、小赤麻、悬铃叶苎麻、微柱麻(虫蚁菜)、楼梯草、庐山楼梯草、糯米团、珠芽艾麻、花点草、毛花点草、紫麻、赤车、蔓赤车、波缘冷水花、山冷水花、念珠冷水花、冷水花、矮冷水花、透茎冷水花、雾水葛

冬青科 满树星、冬青、枸骨、齿叶冬青、显脉冬青、厚叶冬青、硬叶冬青、榕叶冬青、台湾冬青、青茶香、皱柄冬青、广东冬青、木姜冬青、矮冬青、大果冬青、大柄冬青、小果冬青、猫儿刺、毛冬青、铁冬青、华南冬青、香冬青、四川冬青、三花冬青、紫果冬青、绿冬青、尾叶冬青、炎陵冬青

卫矛科 苦皮藤、大芽南蛇藤、薄叶南蛇藤、南蛇藤、短梗南蛇藤、显柱南蛇藤、刺果卫矛、软刺卫矛、卫矛、裂果卫矛、鸦椿卫矛、扶芳藤、西南卫矛、疏花卫矛、大果卫矛、中华卫矛、福建假卫矛、昆明山海棠(粉背雷公藤)、雷公藤

铁青树科 青皮木

桑寄生科 毛叶钝果寄生、桑寄生、槲寄生、棱枝槲寄生

檀香科 檀梨、百蕊草

虎皮楠科 交让木、虎皮楠

蛇菰科 疏花蛇菰

鼠李科 多花勾儿茶、大叶勾儿茶、牯岭勾儿茶、枳椇、毛果枳椇、山绿柴、长叶冻绿、圆叶鼠李、薄叶鼠李、尼泊尔鼠李、冻绿、皱叶雀梅藤、尾叶雀梅藤、雀梅藤

胡颓子科 蔓胡颓子、宜昌胡颓子、披针叶胡颓子、银果牛奶子、木半夏、胡颓子、牛奶子

葡萄科 广东蛇葡萄、羽叶蛇葡萄、三裂蛇葡萄、显齿蛇葡萄、异叶蛇葡萄、光叶蛇葡萄、牯岭蛇葡萄、锈毛蛇葡萄、白蔹、脱毛乌蔹莓、乌蔹莓、尖叶乌蔹莓、异叶地锦、绿叶地锦、地锦(爬山虎)、三叶崖爬藤、蘡薁(野葡萄)、东南葡萄、刺葡萄、葛藟葡萄、毛葡萄、俞藤

芸香科 臭节草(松风草)、臭辣吴萸、吴茱萸、千里香、臭常山、川黄檗、枳、茵芋、飞龙掌血、椿叶花椒、竹叶花椒、岭南花椒、刺壳花椒、朵花椒、大叶臭花椒、青花椒、花椒、野花椒、梗花椒

苦木科 臭椿、苦树(苦木)

楝科 楝(苦楝)、红椿、香椿

无患子科 复羽叶栾树、无患子

七叶树科 天师栗

伯乐树科 伯乐树(钟萼木)

槭树科 樟叶槭、紫果槭、罗浮槭、建始槭、湖南槭、五裂槭、广东毛脉槭、中华槭、岭南槭、三峡槭

清风藤科 垂枝泡花树、异色泡花树、柔毛泡花树、红柴枝、有腺泡花树、毡毛泡花树、鄂西清风藤、灰背清风藤、清风藤、四川清风藤、尖叶清风藤

省沽油科 野鸦椿、锐尖山香圆、瘿椒树(银鹊树)

漆树科 黄连木、南酸枣、盐肤木、白背麸杨、野漆、木蜡树、毛漆树、漆(漆树)

胡桃科　青钱柳(摇钱树)、少叶黄杞、黄杞、胡桃楸(野核桃)、化香树、枫杨

山茱萸科　倒披针叶珊瑚、尖叶四照花、香港四照花、四照花、梾木、光皮梾木、毛梾、灯台树、西域青荚叶、白粉青荚叶、青荚叶

八角枫科　八角枫、小花八角枫、毛八角枫、瓜木

蓝果树科　喜树、蓝果树

五加科　吴茱萸五加、五加、藤五加、白簕、食用土当归、头序楤木、棘茎楤木、辽东楤木、长刺楤木、树参、变叶树、常春藤、刺楸、短梗大参、异叶梁王茶、大叶三七、穗序鹅掌柴、星毛鸭脚木、通脱木

伞形科　紫花前胡、竹叶柴胡、蛇床、鸭儿芹、野胡萝卜、红马蹄草、天胡荽、破铜钱、藁本、水芹、香根芹、隔山香、异叶茴芹、变豆菜、薄片变豆菜、直刺变豆菜、小窃衣(破子草)、窃衣、积雪草

桤叶树科　贵定桤叶树(江南山柳)、贵州桤叶树、紫花桤叶树

杜鹃花科　灯笼树、吊钟花、齿缘吊钟花、滇白珠、小果珍珠花、狭叶珍珠花、美丽马醉木、腺萼马银花、云锦杜鹃、鹿角杜鹃、岭南杜鹃(紫花杜鹃)、满山红、羊踯躅(黄杜鹃)、毛棉杜鹃花、马银花、毛果杜鹃、猴头杜鹃、杜鹃(映山红)、长蕊杜鹃、井冈山杜鹃、亮毛杜鹃、大白杜鹃、黄山杜鹃、光枝杜鹃、耳叶杜鹃

鹿蹄草科　鹿蹄草、普通鹿蹄草、长叶鹿蹄草

越橘科　南烛、短尾越橘、黄背越橘、扁枝越橘、江南越橘(米饭花)

柿树科　粉叶柿、野柿、君迁子、罗浮柿、延平柿

紫金牛科　九管血、硃砂根、红凉伞、百两金、月月红、大罗伞树、紫金牛、虎舌红、平叶酸藤子、密齿酸藤子、光叶铁仔、密花树、杜茎山

安息香科　赤杨叶(冬瓜木)、银钟花、小叶白辛树、赛山梅、白花龙、野茉莉、芬芳安息香、栓叶安息香、越南安息香

山矾科　腺叶山矾、薄叶山矾、华山矾、南岭山矾、美山矾、毛山矾、海金子山矾、光叶山矾、黄牛奶树、光亮叶山矾、白檀、多花山矾、四川山矾、老鼠矢、山矾

马钱科　蓬莱葛、大叶醉鱼草、醉鱼草

木犀科　白蜡树、苦枥木、清香藤、华素馨、华女贞、女贞、蜡子树、小叶女贞、光萼小蜡、小蜡、木犀(桂花)、厚边木犀、长叶木犀

夹竹桃科　链珠藤、鳝藤、紫花络石、乳儿绳、锈毛络石、络石

萝藦科　合掌消、白薇、牛皮消、白前、徐长卿、柳叶白前、隔山消、牛奶菜、华萝藦、七层楼、娃儿藤

茜草科　香楠、流苏子、短刺虎刺、虎刺、狗骨柴、毛狗骨柴、香果树、原拉拉藤、六叶葎、四叶葎、小叶猪殃殃、栀子(黄栀子)、金毛耳草、白花蛇舌草、粗毛耳草、长节耳草、日本粗叶木、榄绿粗叶木、曲毛日本粗叶木、羊角藤、黐花、粗毛玉叶金花、光萼新耳草、日本蛇根草、鸡矢藤、毛鸡矢藤、金剑草、六月雪、白皮乌口树、白花苦灯笼、水团花、细叶水团花、风箱树、鸡

仔木、钩藤

忍冬科 糯米条、淡红忍冬、蕊被忍冬、菰腺忍冬、忍冬(金银花)、灰毡毛忍冬、漾濞荚蒾、水红木、粤赣荚蒾、荚蒾、宜昌荚蒾、直角荚蒾、南方荚蒾、粉团、常绿荚蒾、茶荚蒾、合轴荚蒾、壶花荚蒾、日本锦带花、接骨草、接骨木

败酱科 少蕊败酱、败酱、攀倒甑、缬草

川续断科 川续断、日本续断

菊科 和尚菜、下田菊、杏香兔儿风、纤枝兔儿风、灯台兔儿风、珠光香青、香青、牛蒡、黄花蒿、奇蒿、艾(艾蒿)、茵陈蒿、青蒿、五月艾、牡蒿、白苞蒿、矮蒿、魁蒿(艾叶)、三脉紫菀、三脉紫菀—微糙变种、白舌紫菀、苍术、婆婆针、鬼针草、台北艾纳香、毛毡草、东风草、丝毛飞廉、天名精、烟管头草、金挖耳、小花金挖耳、石胡荽、线叶蓟、蓟、刺儿菜、香丝草、小蓬草、野茼蒿、野菊、鱼眼草、东风菜、鳢肠、一年蓬、多须公、白头婆、林泽兰(革命菜)、大丁草、毛大丁草、宽叶鼠麴草、鼠麴草、秋鼠麴草、细叶鼠麴草、匙叶鼠麴草、菊三七、泥胡菜、羊耳菊、线叶旋覆花、细叶小苦荬、黄瓜菜、苦荬菜、马兰、稻槎菜、齿叶橐吾、假福王草、蜂斗菜、毛连菜、福王草、高大翅果菊、翅果菊、秋分草、三角叶风毛菊、风毛菊、千里光、豨莶、腺梗豨莶、白背蒲儿根、蒲儿根、一枝黄花、苦苣菜、蒲公英、女菀、夜香牛、苍耳、黄鹌菜

龙胆科 五岭龙胆、华南龙胆、条叶龙胆、獐牙菜、双蝴蝶

报春花科 点地梅、泽珍珠菜、过路黄、矮桃、临时救、红根草、黑腺珍珠菜、巴山过路黄、落地梅、小叶珍珠菜、假婆婆纳

车前科 车前、平车前、大车前

桔梗科 杏叶沙参、沙参、轮叶沙参、金钱豹、长叶轮钟草、羊乳、桔梗、蓝花参

半边莲科 半边莲、江南山梗菜、铜锤玉带草

紫草科 柔弱斑种草、琉璃草、小花琉璃草、紫草、皿果草、盾果草、附地菜、长花厚壳树、粗糠树、厚壳树

茄科 红丝线、单花红丝线、枸杞、挂金灯、苦蘵、小酸浆、野海茄、白英、龙葵、海金子叶白英、龙珠

旋花科 打碗花、旋花、马蹄金、飞蛾藤

菟丝子科 南方菟丝子、金灯藤

玄参科 虻眼、石龙尾、狭叶母草、泥花草、母草、陌上菜、通泉草、匍茎通泉草、林地通泉草、山罗花、尼泊尔沟酸浆、南方泡桐、白花泡桐、台湾泡桐、亨氏马先蒿、松蒿、玄参、阴行草、腺毛阴行草、长叶蝴蝶草、紫萼蝴蝶草、婆婆纳、阿拉伯婆婆纳、水苦荬、四方麻、腹水草

列当科 野菰

狸藻科 挖耳草、圆叶挖耳草

苦苣苔科 旋蒴苣苔(猫耳朵)、蚂蟥七、东南长蒴苣苔、华南半蒴苣苔、半蒴苣苔(牛耳朵菜)、短茎半蒴苣苔、降龙草、吊石苣苔、长瓣马铃苣苔

紫葳科 凌霄

爵床科　白接骨、少花黄猄草、圆苞金足草、水蓑衣、九头狮子草、爵床

马鞭草科　紫珠(珍珠枫)、白棠子树、老鸦糊、日本紫珠、窄叶紫珠、枇杷叶紫珠、红紫珠、秃红紫珠、兰香草、臭牡丹、大青、海通、海州常山、豆腐柴、马鞭草、黄荆、牡荆、山牡荆

透骨草科　透骨草

唇形花科　金疮小草、紫背金盘、风轮菜、邻近风轮菜、细风轮菜、灯笼草、匍匐风轮菜、水虎尾、紫花香薷、香薷、小野芝麻、活血丹、内折香茶菜、大萼香茶菜、显脉香茶菜、溪黄草、宝盖草、野芝麻、益母草、硬毛变种、薄荷、石香薷、小鱼仙草、石荠苎、牛至、夏枯草、南丹参、鼠尾草、丹参、荔枝草、半枝莲、长毛耳挖草、韩信草、地蚕、针筒菜、庐山香科、血见愁

水鳖科　有尾水筛、水筛、黑藻、水鳖、龙舌草、苦草

泽泻科　窄叶泽泻、东方泽泻、冠果草、矮慈姑、慈姑、剪刀草

眼子菜科　菹草、鸡冠眼子菜、眼子菜、小眼子菜、竹叶眼子菜

角果藻科　角果藻

鸭跖草科　饭包草、鸭跖草、水竹叶、杜若、竹叶吉祥草、竹叶子

谷精草科　谷精草、白药谷物草

姜科　山姜、舞花姜、蘘荷

百合科　短柄粉条儿菜、粉条儿菜、九龙盘、荞麦叶大百合、山菅、竹根七、深裂竹根七、万寿竹、宝铎草、萱草、玉簪、紫萼、野百合、百合、卷丹、禾叶山麦冬、阔叶山麦冬、山麦冬、间型沿阶草、麦冬、多花黄精、长梗黄精、玉竹、吉祥草、万年青、绵枣儿、鹿药、油点草、开口箭、黑紫藜芦、牯岭藜芦、薤白、天门冬

拔葜科　肖菝葜、尖叶菝葜、菝葜、土茯苓、黑果菝葜、白背牛尾菜、牛尾菜

延龄草科　七叶一枝花、华重楼、狭叶重楼

雨久花科　雨久花、鸭舌草

天南星科　魔芋、一把伞南星、天南星、花南星、灯台莲、鄂西南星、野芋、滴水珠、虎掌、半夏、大薸、菖蒲、石菖蒲、金钱蒲

浮萍科　浮萍、品藻、紫萍、芜萍(无根萍)

黑三棱科　黑三棱

石蒜科　忽地笑、石蒜

仙茅科　仙茅、小金梅草

鸢尾科　射干、蝴蝶花、鸢尾

薯蓣科　黄独、薯莨、粉背薯蓣、纤细薯蓣、日本薯蓣、毛芋头薯蓣、薯蓣、五叶薯蓣、山萆薢

禾本科　台湾剪股颖、华北剪股颖、看麦娘、荩草、溪边野古草、毛秆野古草、刺芒野古草、光稃野燕麦、孝顺竹、菵草、臭根子草、白羊草、雀麦、疏花雀麦、拂子茅、细柄草、方竹、薏苡、橘草、狗牙根、疏花野青茅、双花草、升马唐、马唐、紫马唐、稗、旱稗、穇子、牛筋草、大画眉草、知风草、乱草、画眉草、无毛画眉草、假俭草、野黍、金茅、黄茅、丝茅、阔叶箬竹、柳叶箬、有

芒鸭嘴草、千金子、虮子草、淡竹叶、竹叶茅、柔枝莠竹、芒、乱子草、日本乱子草、慈竹、求米草、稻、糠稷、圆果雀稗、雀稗、狼尾草、显子草、桂竹、毛竹、刚竹、淡竹、水竹、篌竹、毛金竹、紫竹、苦竹、早熟禾、法氏早熟禾、金丝草、金发草、棒头草、长芒棒头草、纤毛鹅观草、鹅观草、斑茅、大狗尾草、金色狗尾草、棕叶狗尾草、皱叶狗尾草、狗尾草、大油芒、鼠尾粟、阿拉伯黄背草、菅、三毛草、毛玉山竹、菰

兰科 无柱兰、金线兰、白及、广东石豆兰、齿瓣石豆兰、泽泻虾脊兰、剑叶虾脊兰、虾脊兰、钩距虾脊兰、反瓣虾脊兰、银兰、金兰、独花兰、杜鹃兰、建兰、蕙兰、多花兰、春兰、寒兰、扇脉杓兰、细茎石斛、铁皮石斛、马齿毛兰、毛萼山珊瑚、台湾盆距兰、天麻、大花斑叶兰、多叶斑叶兰、斑叶兰、鹅毛玉凤花、十字兰、镰翅羊耳蒜、见血青、长唇羊耳蒜、细叶石仙桃、密花舌唇兰、小舌唇兰、独蒜兰、苞舌兰、绶草、带叶兰、带唇兰、金线兰、串珠石斛、短茎萼脊兰、水晶兰

灯芯草科 翅茎灯芯草、灯芯草、笄石菖、野灯芯草、羽毛地杨梅

莎草科 丝叶球柱草、褐果薹草、中华薹草、十字薹草、蕨状薹草、穹隆薹草、舌叶薹草、条穗薹草、粉被薹草、大理薹草、花葶薹草、异型莎草、碎米莎草、具芒碎米莎草、毛轴莎草、香附子、透明鳞荸荠、龙师草、牛毛毡、线叶两歧飘拂草、宜昌飘拂草、水虱草、短叶水蜈蚣、砖子苗、球穗扁莎、红鳞扁莎、刺子莞、萤蔺、类头状花序藨草、水毛花、珍珠茅

第二节 野生动物

境内有陆生脊椎动物351种,隶属4纲28目86科。其中,两栖纲2目8科34种,爬行纲2目10科53种,鸟纲16目48科214种,哺乳纲8目20科49种。有昆虫1131种,隶属于21目193科,其中以鳞翅目、鞘翅目、双翅目、膜翅目、半翅目、同翅目的昆虫种类较多。

列入国家重点保护的野生动物有29种。其中,属Ⅰ级保护的有云豹、金钱豹、林麝、黄腹角雉等4种;属Ⅱ级保护的有藏酋猴、穿山甲、水獭、大灵猫、青鼬、小灵猫、金猫、豺、獐、水鹿、苏门羚、凤头鹃隼、鸢、松雀鹰、鵟、白鹇、勺鸡、红腹锦鸡、褐翅鸦鹃、草号鸟、长耳号鸟、短耳号鸟、斑头鸺留鸟、大鲵等25种。属省级保护的动物有竹鸡、环劲雉、银星竹鼠等70余种。

列入《濒危野生动植物种国际保护贸易公约》的野生动物有19种。其中,列入《附录Ⅰ》的有水獭、金猫、云豹、金钱豹、林麝、苏门羚、黄腹角雉、大鲵等8种;列入《附录Ⅱ》的有穿山甲、豺、豹猫、凤头鹃隼、鸢、松雀鹰等11种。

一、两栖纲

(一)有尾目

蝾螈科 黑斑肥螈、弓斑肥螈

（二）无尾目

蟾蜍科　中华蟾蜍

角蟾科　崇安髭蟾、福建掌突蟾、平头短腿蟾、井冈角蟾、林氏角蟾、陈氏角蟾

雨蛙科　中国雨蛙、三港雨蛙

蛙科　长肢林蛙、寒露林蛙、黑斑侧褶蛙（青蛙）、弹琴水蛙、阔褶水蛙、沼水蛙、花臭蛙、大绿蛙、竹叶臭蛙、宜章臭蛙、崇安湍蛙、华南湍蛙、武夷湍蛙、泽蛙、虎纹蛙、福建大头蛙、棘腹蛙、九龙棘蛙、棘胸蛙、镇海林蛙

树蛙科　斑腿树蛙、大树蛙

姬蛙科　粗皮姬蛙、饰纹姬蛙、小弧斑姬蛙

二、爬行纲

（一）龟鳖目

平胸龟科　平胸龟

鳖科　中华鳖

（二）蜥蜴亚目

鬣蜥科　丽棘蜥

壁虎科　多疣壁虎、蹼趾壁虎

石龙子科　宁波滑蜥、铜蜓蜥、股鳞蜓蜥、蓝尾石龙子、中华石龙子

蜥蜴科　北草蜥

（三）蛇亚目

闪鳞蛇科　海南闪鳞蛇

游蛇科　井冈脊蛇、锈链腹链蛇、草腹链蛇、绞花林蛇、钝尾两头蛇、翠青蛇、黄链蛇、赤链蛇、王锦蛇、玉斑锦蛇、黑眉锦蛇、紫灰锦蛇、中国水蛇、铅色水蛇、颈棱蛇、黑背白环蛇、中国小头蛇、台湾小头蛇、饰纹小头蛇、挂墩后棱蛇、山溪后棱蛇、台湾钝头蛇、福建钝头蛇、紫砂蛇、崇安斜鳞蛇、纹尾斜鳞蛇、大眼斜鳞蛇、乌梢蛇、虎斑颈槽蛇、黑头剑蛇、赤链华游蛇、华游蛇、环纹华游蛇

眼镜蛇科　银环蛇、中国丽纹蛇、舟山眼镜蛇

蝰科　尖吻蝮、山烙铁头、原矛头蝮（烙铁头）、竹叶青

三、鸟　纲

（一）䴙䴘目

䴙䴘科　小䴙䴘

（二）鹳形目

鹭科　白鹭、苍鹭、大白鹭、池鹭、绿鹭、牛背鹭、黄苇鳽、栗苇鳽

(三)雁形目

鸭科　鸳鸯

(四)隼形目

鹰科　黑冠鹃隼、凤头蜂鹰、黑翅鸢、蛇雕、凤头鹰、赤腹鹰、松雀鹰、日本松雀鹰、雀鹰、普通鵟、林雕、白腹隼雕、鹰雕

隼科　红隼

(五)鸡形目

雉科　灰胸竹鸡、黄腹角雉、白鹇、勺鸡、白颈长尾雉、雉鸡、红腹锦鸡

(六)鹤形目

秧鸡科　红脚苦恶鸟、白胸苦恶鸟、黑水鸡

(七)鸻形目

鸻科　灰头麦鸡、凤头麦鸡、金眶鸻、长嘴剑鸻

鹬科　丘鹬、扇尾沙锥、林鹬、青脚鹬、白腰草鹬、矶鹬

彩鹬科　彩鹬

(八)鸽形目

鸠鸽科　山斑鸠、珠颈斑鸠、火斑鸠

(九)鹃形目

杜鹃科　小鸦鹃、褐翅鸦鹃、噪鹃、鹰鹃、中杜鹃、小杜鹃、四声杜鹃

(十)鸮形目

草鸮科　草鸮

鸱鸮科　领角鸮、东方角鸮、黄嘴角鸮、鹰鸮、领鸺鹠、斑头鸺鹠

(十一)夜鹰目

夜鹰科　普通夜鹰

(十二)雨燕目

雨燕科　小白腰雨燕、白腰雨燕

(十三)佛法僧目

翠鸟科　普通翠鸟、蓝翡翠、斑鱼狗、冠鱼狗

佛法僧科　三宝鸟

(十四)戴胜目

戴胜科　戴胜

(十五)䴕形目

须　科　大拟啄木鸟、黑眉拟啄木鸟

啄木鸟科　斑姬啄木鸟、大斑啄木鸟、星头啄木鸟、灰头绿啄木鸟、黄嘴栗啄木鸟

(十六)雀形目

八色鸫科　仙八色鸫

百灵科　小云雀

燕科　家燕、金腰燕、烟腹毛脚燕

鹡鸰科　白鹡鸰、灰鹡鸰、黄鹡鸰、山鹡鸰、树鹨、理氏鹨、黄腹鹨、山鹨

山椒鸟科　暗灰鹃鵙、灰山椒鸟、小灰山椒鸟、灰喉山椒鸟、赤红山椒鸟

鹎科　领雀嘴鹎、黄臀鹎、白头鹎、栗背短脚鹎、绿翅短脚鹎、黑短脚鹎

叶鹎科　橙腹叶鹎

伯劳科　红尾伯劳、棕背伯劳

黄鹂科　黑枕黄鹂

卷尾科　黑卷尾、发冠卷尾

椋鸟科　八哥、丝光椋鸟、灰椋鸟

鸦科　松鸦、红嘴蓝鹊、灰树鹊、大嘴乌鸦、白颈鸦

河乌科　褐河乌

鸫科　白喉短翅鸫、蓝短翅鸫、蓝歌鸲、红喉歌鸲、红尾歌鸲、北红尾鸲、红胁蓝尾鸲、红尾水鸲、鹊鸲、蓝矶鸫、虎斑地鸫、灰背鸫、斑鸫、白腹鸫、紫啸鸫、灰背燕尾、白冠燕尾、小燕尾黑喉石鵖、灰林鵖

鹟科　胸鹟、乌鹟、北灰鹟、白眉姬鹟、黄眉姬鹟、鸲姬鹟、红喉姬鹟、白腹姬鹟、白喉林鹟、海南蓝仙鹟、小仙鹟、方尾鹟、铜蓝鹟

王鹟科　寿带

扇尾莺科　棕扇尾莺、褐头鹪莺、黄腹鹪莺

莺科　高山短翅莺、棕褐短翅莺、强脚树莺、远东树莺、钝翅苇莺、长尾缝叶莺、金头缝叶莺、褐柳莺、黄腰柳莺、黄眉柳莺、黑眉柳莺、双斑绿柳莺、云南柳莺、极北柳莺、冕柳莺、冠纹柳莺、灰脚柳莺、黄腹柳莺、棕腹柳莺、淡尾鹟莺、灰冠鹟莺、栗头鹟莺、棕脸鹟莺

画眉科　黑脸噪鹛、黑领噪鹛、小黑领噪鹛、画眉、白颊噪鹛、斑胸钩嘴鹛、棕颈钩嘴鹛、小鳞胸鹪鹛、丽星鹩鹛、红头穗鹛、红嘴相思鸟、褐顶雀鹛、灰眶雀鹛、金胸雀鹛、栗耳凤鹛

鸦雀科　灰头鸦雀、棕头鸦雀

长尾山雀科　红头长尾山雀

山雀科　大山雀、黄颊山雀、黄腹山雀、黄眉林雀

啄花鸟科　红胸啄花鸟

绣眼鸟科　暗绿绣眼鸟

雀科　树麻雀、山麻雀

梅花雀科　白腰文鸟、斑文鸟

燕雀科　燕雀、金翅雀、黑尾蜡嘴雀、普通朱雀

鹀科　凤头鹀、白眉鹀、栗耳鹀、小鹀、灰头鹀

四、哺乳动物纲

(一)鼩鼱目

鼩鼱科 臭鼩、喜马拉雅水鼩、灰麝鼩

鼹鼠科 长吻鼹

(二)翼手目

菊头蝠科 中华菊头蝠、大菊头蝠、中菊头蝠、小菊头蝠、皮氏菊头蝠、大耳菊头蝠、蹄蝠科、中蹄蝠、大蹄蝠

蝙蝠科 西南鼠耳蝠、中华鼠耳蝠、普通长翼蝠、东亚伏翼、爪哇伏翼

(三)灵长目

猕猴科 藏酋猴

(四)鳞甲目

鲮鲤科 穿山甲

(五)兔形目

兔科 华南兔

(六)食肉目

灵猫科 果子狸、斑林狸、大灵猫、小灵猫

鼬科 猪獾、鼬獾、青鼬、黄腹鼬、黄鼬

犬科 貉

猫科 豹猫、金猫、云豹、金钱豹

(七)偶蹄目

猪科 野猪

鹿科 毛冠鹿、小麂、獐、水鹿、林麝

牛科 中华鬣羚、苏门羚

(八)啮齿目

松鼠科 隐纹花松鼠

竹鼠科 中华竹鼠

鼠科 小家鼠、褐家鼠、黄胸鼠、针毛鼠、社鼠、中华姬鼠、白腹巨鼠、巢鼠

豪猪科 豪猪

第三篇　人　口

第一章　数量与分布

第一节　人口数量

据考古发现,新石器时期炎陵县境内已有人类活动。五代后晋起,江西一带即有移民迁入县境,人口逐渐增加。明永乐七年(1409),征民夫于万阳山伐木,民之死或逃者过半。隆庆六年(1572),朝廷丈官马晋无端增加酃县赋谷6700石,县民不堪重负,多有离乡背井者。明末,县内人口约11400人。

清顺治五年(1648)起,县内迭遭南明军队与清军掠杀,人口减损大半,加之瘟疫流行,至顺治十一年,仅剩5400余人。顺治末,战事稍息,闽、粤、赣等地居民为避兵乱、躲丁银,加之朝廷强制"迁海",大批移民涌入。康熙至乾隆年间,朝廷鼓励垦荒。江西、广东、福建与省内无地或少地农民大量徙入,开荒种地。乾隆三十年(1765),县内人口增至80120人。其时,"四方杂处""各自为俗"。乾隆中期起,江西、广东商人与手工业者亦相继迁入,人口渐增。同治十年(1871),全县人口118381人。其中,原籍27221人,外地迁入及其后裔91160人。

民国6年(1917),全县人口124624人。民国16—24年,民国党军队对苏区反复"围剿",杀害2万余人。仅策源黄挪潭与十都南流2个村就有356户全家被杀绝。民国24年,全县人口降至97952人。民国26年起,县内连年洪、旱,天花、霍乱、痢疾流行,缺医少药,"死亡枕藉"。民国29年,降至82644人,被湖南省政府第四次扩大行政会议指为"特别缺点",强调"如不及时救济,则百年后该县人口稀少矣。"民国33年,全县仅90800人。民国34年,天花、痢疾再次流行,疟疾暴发。当年疟疾发病率高达69.28%,全家死绝者亦不少见。至民国38年,全县仅剩81567人。

中华人民共和国成立后,社会安定,生产生活条件改善,医疗卫生事业发展,人口呈"高出生、低死亡、高增长"状态。1950年比上年增5445人。1955年,从安仁县划入3个乡838户3560人。1958年,全县人口109349人。1950—1958年年平均人口自然增长率29.31‰(不含安仁县划入人口),为第一个人口增长高峰。

1959年起,连续3年经济困难,人口减少7367人,年均递减22.98‰。1962年,国民经济好转,出现补偿性生育高峰。1963年起,先后接收醴陵官庄等水库移民542户,2321人;接收醴陵、湘潭等地“上山下乡”知识青年6765人(后陆续迁回)。至1970年,全县134769人,平均年增3643人,为第二个人口增长高峰。其中有出生、死亡统计的1962—1966年,平均出生率37.10‰,死亡率11.02‰,平均自然增长率26.08‰。

1971年起,提倡计划生育,实行“晚、稀、少”政策,人口出生率下降。1979年全县人口153614人,比1970年增18845人,平均年增2094人。年平均出生率24.00‰,死亡率8.67‰,人口自然增长率15.33‰。1980年起,大力推行计划生育,人口出生率继续下降。至1990年,全县人口176284人。年均出生率19.14‰,死亡率7.35‰,人口自然增长率降至11.79‰。由于第一、二高峰出生人口先后进入生育期,此间仍净增22670人,年均增长2061人。为第三次人口增长高峰。

1990年后,计划生育进入常态,外出经商、务工人员逐年增多,外迁人口亦有所增长,户籍人口与常住人口呈双减趋势。2000年,第五次人口普查登记(11月1日零时),出生人口1681人,死亡人口1131人,人口出生率10.25‰,死亡率6.9‰,自然增长率3.35‰。全县户籍人口176325人,常住人口164807人。同第四次人口普查(1990年7月1日零时)相比,户籍人口减少5109人,常住人口减少10952人。

进入21世纪,县域经济持续增长,各项事业蓬勃发展,外来和返乡经商、务工人员渐多,全县常住人口随增。至第六次人口普查(2010年11月1日零时),登记出生人口2311人,死亡人口955人,出生率11.44‰,死亡率4.73‰,人口自然增长率6.71‰。全县户籍人口187014人,常住人口202071人。同第五次人口普查相比,常住人口增加37264人,户籍人口增加28243人。

2014年,全县人口出生率17.05‰,死亡率4.24‰,人口自然增长率12.71‰。户籍人口19.39万人,常住人口20.22万人。

明末至民国期间酃县若干年份户数、人口数一览表

表3-1 单位:户、人

年份	户数	人数	其中	
			男	女
明末	—	11400	—	—
清顺治十一年(1654)	—	5400	—	—
乾隆三十年(1765)	18901	80120	52011	28109
乾隆六十年	—	97834	—	—
嘉庆二十一年(1816)	—	109538	—	—
同治十年(1871)	17283	118381	—	—
民国6年(1917)	—	124624	—	—

续表 3-1

年　份	户　数	人　数	其　中	
			男	女
8 年	—	117669	62774	54895
18 年	28037	119330	64271	55059
19 年	—	120678	65577	55101
21 年	—	113842	61178	52664
22 年	—	117842	63178	54664
24 年	21801	97952	52878	45074
26 年	21782	98316	53075	45241
27 年	22182	89578	47561	42017
28 年	21400	83556	43754	39802
29 年	21000	82644	43319	39325
30 年	24339	91179	47395	43784
31 年	—	90595	47108	43487
33 年	—	90800	47254	43546
35 年	23616	85996	44394	41602
36 年	19533	81288	41399	39889
37 年	19569	81546	40925	40621

1949—2014 年炎陵县(酃县)户数、人口数一览表

表 3-2　　单位:户、人

年　份	户　数	人　数	其　中	
			男	女
1949	25358	81567	40684	40883
1950	25428	87012	43526	43486
1951	26216	90332	45170	45162
1952	27707	92041	46791	45250
1953	27509	93148	47121	46027
1954	28344	99902	50751	49151
1955	28522	101120	51312	49808
1956	28241	101752	51288	50464

续表 3-2

年　份	户　数	人　数	其　中	
			男	女
1957	28455	104561	53170	51391
1958	28246	109349	56899	52450
1959	28064	103623	52960	50663
1960	28045	102570	52734	49836
1961	28593	101982	51602	50380
1962	27811	104188	52527	51661
1963	27477	109218	55473	53745
1964	28543	110625	56647	53978
1965	29023	119405	61043	58362
1966	28947	122511	62791	59720
1967	28894	125143	64526	60617
1968	29052	131098	66261	64837
1969	29124	133193	68256	64937
1970	29197	134769	69732	65037
1971	29258	136864	69805	67059
1972	29239	140197	71591	68606
1973	29548	143376	73348	70028
1974	28301	145469	74445	71024
1975	29293	147969	75986	71983
1976	29755	150022	77264	72758
1977	30113	152036	78424	73612
1978	30222	153115	78876	74239
1979	29960	153614	80393	73221
1980	30606	154786	80006	74780
1981	31928	156848	81018	75830
1982	33117	158147	81158	76990
1983	33364	161168	82456	78712
1984	34529	162764	84110	78654
1985	35344	164401	85052	79349

续表 3-2

年份	户数	人数	其中	
			男	女
1986	36492	166668	86277	80391
1987	37853	168752	87248	81504
1988	39270	172226	88805	83421
1989	40621	174286	89796	84490
1990	40918	175759	90609	85150
1991	42918	177129	90834	86295
1992	44211	177941	91419	86522
1993	44211	176666	90686	85980
1994	46233	176658	90637	86021
1995	47700	176505	90161	86344
1996	48344	176172	90275	85897
1997	48561	176052	90403	85649
1998	48539	176036	90102	85934
1999	49069	175915	90203	85712
2000	47308	164807	84535	80272
2001	50782	176564	90614	85950
2002	50945	176713	90329	86384
2003	51998	177024	90996	86028
2004	52491	178079	90987	87092
2005	53190	179127	91495	87632
2006	53863	181013	92391	88622
2007	53588	182599	93211	89388
2008	55022	183784	93772	90012
2009	56107	185365	94491	90874
2010	57102	202071	107758	94313
2011	58279	202116	107793	94323
2012	59098	202161	107823	94338
2013	59961	202206	107854	94352
2014	61509	202256	107892	94364

第二节 人口分布

一、城乡分布

民国 38 年（1949 年 9 月 30 日止）全县人口 81567 人。其中，县城人口 2889 人，占 3.54%；农村人口 78678 人，占 96.46%。

1949 年后，城镇人口缓慢增长。1964 年人口普查统计，全县 110625 人。其中，城镇人口 6072 人，占 5.51%；农村人口 104193 人，占 94.49%。1982 年人口普查，全县 158147 人。其中，城镇人口 10843 人，占 6.86%；农村人口 147304 人，占 93.14%。1990 年人口普查，全县 175759 人。其中，城关人口 14764 人，占 8.4%；农村人口 160995 人，占 91.60%。

1990 年后，城镇建设得到加强，社会功能趋于完善，辐射力、吸引力和综合服务能力显著提高。2000 年人口普查统计，全县常住人口 164807 人。其中，居住城镇的人口 33694 人，占 20.44%；居住农村人口 131113 人，占 79.56%。2010 年，全县常住人口 202071 人。其中，城镇人口 34356 人，占 17%；农村人口 167715 人，占 83%。2014 年，全县常住人口 20.22 万人。其中，城镇人口 9 万人，占 44.51%；农村人口 11.22 万人，占 55.49%，4 年间城镇人口增加 5 万多人。

二、人口密度

清顺治十一年(1654)，全县人口 5400 余人，平均每平方公里不足 3 人。乾隆三十年(1765)，每平方公里增至 40 人。嘉庆二十一年(1816)55 人，同治十年(1871)59 人。民国 6 年(1917)63 人，36 年降至 41 人。

1964 年，全县平均每平方公里人口 56 人。每平方公里人口超过 100 人的有 5 个乡镇。其中，城关镇 395 人，河西公社 133 人，三河公社 114 人，东风公社 108 人，塘田公社 100 人；每平方公里 50—99 人的有 4 个公社。其中，沔渡公社 72 人，城东公社 70 人，水口公社 54 人，船形公社 53 人。其余各公社均在 50 人以下。其中，垄溪公社 38 人，十都公社 37 人，中村公社 34 人，下村公社 30 人，石洲公社（包括大院农场，下同）23 人，平乐公社 21 人，策源公社 20 人。1982 年，全县每平方公里增至 78 人，1990 年又增至 87 人。人口密度分别比全国、全省、全市平均数少 31 人、199 人、218 人，是全省人口密度最小的县。地势平坦、交通便利的城关镇、王家渡镇、三河乡、塘田乡、城东乡面积占全县 18.30%，人口占 41.31%。其中，城关镇每平方公里 961 人，王家渡镇 198 人，三河乡 177 人，塘田乡 154 人，城东乡 128 人。山地、丘陵区沔渡镇、水口镇、垄溪乡、中村乡、船形乡、东风乡面积占全县 35.42%，人口占 37.32%。其中，沔渡镇每平方公里 116 人，水口镇 84 人，垄溪乡 61 人，中村乡 81 人，船形乡 82 人，东风乡 178 人。边远山区十都乡、石洲乡、策源乡、下村乡、平乐乡、龙渣瑶族乡面积占全县 46.29%，人口占 21.38%。其中，十都乡每平方公里 57 人，石洲乡 36 人，策源乡 31 人，下村乡 46 人，平乐乡 31 人，龙渣乡 26 人。城关镇人口密度是龙渣瑶族乡的 39 倍。

20 世纪 90 年代，沿海经济快速发展，县内青壮年纷纷外出经商、务工。到 2000 年 11 月人口普查时，全县每平方公里常居人口减至 81 人，比 1990 年减少 6 人。其中，霞阳镇(包括原城东乡)每平方公里 276 人，三河镇 150 人，鹿原镇 160 人，水口镇 83 人，沔渡镇 118 人，十都镇 55 人，垄溪乡 56 人，石洲乡 33 人，策源乡 29 人，下村乡 41 人，中村乡 70 人，平乐乡 28 人，龙渣乡 33 人，船形乡 70 人，东风乡 152 人。

2000 年后，随着县域经济发展，人口回流。2010 年，全县每平方公里常居人口增至 100 人，与 2000 年比增加 19 人。其中，霞阳镇 345 人，三河镇 311 人，东风乡 177 人，鹿原镇 165 人，沔渡镇 118 人，中村乡 85 人，水口镇 83 人，船形乡 68 人，垄溪乡 54 人，十都镇 53 人，下村乡 45 人，龙渣乡 33 人，石洲乡 31 人，策源乡 31 人，平乐乡 26 人。

1990 年人口普查酃县各乡镇人口情况表

表 3-3　　单位:户、人

乡镇	户数			人口数			其中		家庭户均人口
	合计	家庭户	集体户	合计	男	女	农业人口数	非农业人口数	
合计	40918	40472	446	175759	90609	85150	156282	19065	4.20
城关镇	3754	3608	146	14764	7906	6858	3682	10961	3.66
水口镇	3747	3713	34	16794	8739	8055	15463	1325	4.34
王家渡镇	3115	3093	22	12944	6490	6454	12254	688	4.07
沔渡镇	3347	3319	28	14538	7356	7182	13866	640	4.29
船形乡	1870	1846	24	8258	4357	3901	7950	280	4.36
塘田乡	2708	2693	15	10993	5596	5397	10494	478	3.99
东风乡	2260	2249	11	9269	4723	4546	8970	296	4.05
三河乡	4888	4862	26	20906	10407	10499	19777	1118	4.19
城东乡	2958	2949	9	12996	6540	6456	12283	650	4.35
十都乡	2946	2928	18	12621	6470	6151	11989	617	4.21
石洲乡	1269	1243	26	5655	3063	2592	5242	390	4.30
垄溪乡	1952	1942	10	8607	4465	4142	8180	418	4.32
中村乡	1833	1808	25	8120	4247	3873	7748	352	4.38
龙渣乡	511	498	13	2302	1218	1084	2177	116	4.34
平乐乡	608	594	14	2691	1460	1231	2547	139	4.31
下村乡	1790	1779	11	8167	4335	3832	7793	342	4.43
策源乡	1362	1348	14	6134	3237	2897	5867	255	4.41

2000 年人口普查炎陵县各乡镇人口情况表

表 3-4　　单位:户、人

乡镇	户数			人口数			其中		家庭户均人口
	合计	家庭户	集体户	合计	男	女	农业人口数	非农业人口数	
合计	47308	46311	997	164807	84535	80272	137845	26663	3.41
霞阳镇	9820	9632	188	32279	16352	15927	14278	17925	3.15
沔渡镇	3773	3684	89	13483	6870	6613	12631	829	3.54
十都镇	3181	3139	42	11687	5990	5697	10858	816	3.6
水口镇	4310	4149	161	14948	7824	7124	13327	1586	3.43
三河镇	4956	4898	58	17300	8680	8620	16283	1007	3.46
鹿原镇	6480	6363	117	22514	11397	11117	20973	1506	3.45
垄溪乡	2126	2026	100	7792	3969	3823	7250	497	3.33
石洲乡	1453	1393	60	5244	2743	2501	4836	398	3.46
策源乡	1567	1543	24	5744	3075	2669	5447	285	3.62
下村乡	2039	1994	45	7201	3865	3336	6724	456	3.48
中村乡	1954	1928	26	7100	3704	3396	6717	381	3.62
龙渣乡	571	553	18	2026	1056	970	1877	141	3.51
平乐乡	700	681	19	2465	1340	1125	2269	196	3.46
船形乡	2053	2028	25	7106	3712	3394	3503	281	3.43
东风乡	2325	2300	25	7918	3958	3960	7553	359	3.35

2010 年人口普查炎陵县各乡镇(场、局)人口情况表

表 3-5　　单位:户、人

乡镇	户数			人口数			其中		家庭户均人口
	合计	家庭户	集体户	合计	男	女	农业人口数	非农业人口数	
合计	52102	50844	1258	202071	107758	94313	166056	34356	3.4
霞阳镇	14356	13999	357	53347	28580	24767	26593	26463	3.16
沔渡镇	3836	3756	80	14754	7740	7014	13919	620	3.44
十都镇	3360	3324	36	11612	5888	5724	10966	497	3.33

续表 3-5

乡镇	户数			人口数			其中		家庭户均人口
	合计	家庭户	集体户	合计	男	女	农业人口数	非农业人口数	
水口镇	4194	4092	102	16501	8849	7652	14799	1468	3.59
三河镇	4991	4764	227	24924	13675	11249	23557	1167	3.72
鹿原镇	6124	6043	81	23176	11789	11387	21831	1167	3.59
垄溪乡	2116	2082	34	7679	3829	3850	7326	287	3.41
石洲乡	1246	1214	32	4916	2613	2303	4552	345	3.46
策源乡	1544	1517	27	6237	3319	2918	6020	190	3.86
下村乡	2279	2243	36	7879	4199	3680	7531	299	3.33
中村乡	2110	2012	98	8628	5186	3442	8001	531	3.23
龙渣乡	632	585	47	3190	2110	1080	2932	252	3.42
平乐乡	671	661	10	2323	1197	1126	2209	111	3.39
船形乡	1881	1816	65	6831	3810	3021	6417	383	3.11
东风乡	2505	2489	16	9175	4516	4659	8662	421	3.60
大院农场	218	208	10	766	395	371	730	36	3.08
神农谷管理局	39	39	0	133	63	70	11	119	3.41

第二章　人口结构

第一节　民族构成

县内居民以汉族为主。明隆庆年间，有瑶族居民迁入，聚居车坪一带。清顺治末至康熙初，另一支瑶民迁入龙渣等地。乾隆三十年(1765)，全县 80120 人。其中瑶族居民 6065 人，占 7.57%。清末至民国时期，瑶民受官府和地方豪绅欺压，被迫迁徙或隐匿民族成分。1949 年，全县瑶族居民降至 230 人，占 0.28%。

1949 年后，因工作和婚姻等因素迁入其他少数民族。1964 年人口普查统计，全县人口 110625 人。其中，汉族 110338 人，占 99.74%，少数民族 287 人，占 0.26%。少数民族中，瑶族 278 人，土家族 1 人，满族 3 人，苗族 4 人，回族 1 人。1982 年人口普查统计，全县人口 158147 人。其中，汉族 157635 人，占 99.68%；少数民族 512 人，占 0.32%。少数民族中，瑶族 484 人，土家族1人,满族4人,苗族8人,回族5人,侗族7人,傣族3人。1990年人口普查统计,全县人口175759人。其中,汉族174807人,占99.46%;少数民族952人,占0.54%。少数民族中,瑶族872人,土家族3人,满族18人,苗族24人,回族6人,侗族4人,傣族9人,壮族16人。瑶族多数聚居于龙渣瑶族乡,部分散居中村、平乐、石洲等乡。

1990年后,落实民族政策,部分汉族民族居民改回原少数民族成分。2000年人口普查统计,汉族人口161568人,占98.03%;少数民族人口3239人,占1.97%。少数民族有瑶族1608人,畲族1504人,土家族10人,苗族25人,回族10人,彝族5人,壮族19人,侗族5人,布依族6人,白族3人,满族15人,傣族3人,藏族1人,蒙古族17人,朝鲜族5人,维吾尔族3人。

2010年人口普查统计,汉族198553人,占98.26%,少数民族3460人,占1.74%。少数民族有瑶族1572人,畲族1407人,土家族194人,苗族115人;其他少数民族有回族、彝族、壮族、侗族、布依族、白族、满族、傣族、黎族、傈僳族、水族、景颇族、仡佬族、哈尼族、藏族、蒙古族、朝鲜族等共计230人。

第二节 性别构成

清代、民国时期重男轻女,弃、溺女婴和虐待妇女现象普遍存在。女性死亡率高于男性,性别比例失调。乾隆三十年(1765),全县人口80120人,男52011人,女28109人,性别比为185.03(以女性为100,下同)。民国8年(1919)全县人口117669人,男62774人,女54895人,性别比114.35。抗日战争和第三次国内革命战争时期,国民政府征集壮丁,多数死于战场,男性锐减。民国38年,全县人口81567人,男40684人,女40883人,性别比降至99.51。

中华人民共和国成立后,妇女地位提高,弃婴、溺婴现象被禁止。性别比趋向平衡。1953年,全县人口93148人,男47121人,女46027人,性别比102.38。1964年,全县人口110625人,男56668人,女53957人,性别比105.02。1982年全县人口158147人,其中男81597人,女76550人,性别比106.59,比全国高0.29个百分点,比全省低1.48个百分点。1990年人口普查统计,全县人口175759人,男90609人,女85150人,性别比106.41,比全国、全省、全市分别低0.25、1.69、0.3个百分点。其中,生产条件较好的王家渡镇100.56,三河乡99.12,塘田乡103.69,城东乡101.30;生产条件相对艰苦的山地、丘陵地区的沔渡镇102.42,水口镇108.49,垄溪乡107.80,中村乡109.66,船形乡113.69,东风乡103.89;地处边远山区的十都镇105.19,石洲乡118.17,策源乡111.74,下村乡113.13,平乐乡118.60,龙渣乡112.36。

1990年后,针对人为干预造成人口性别比失衡现象,县委、县政府成立打击“两非”(非医学需要鉴定胎儿性别和非医学需要选择性别终止妊娠)领导小组,由县长任组长,公安、财政、工商、卫生、药监、计生部门为成员,建立查处“两非”行为协作机制和联动执法机制,以保证出生人口性别比保持在正常的范围内。2000年人口普查统计，全县人口164807人,男84535人,女80272人,性别比105.31,在合理范围内。2010年人口普查时,全县人口202071人,男107758人,女94313人,性别比114.26,性别比偏高。

第四次(1990年)人口普查酃县各年龄段性别情况表

表3-6

年龄段	人口数(人)			占人口数的百分比(%)			性别比
	合计	男	女	合计	男	女	女=100
0—4岁	18334	9346	8988	10.43	5.32	5.11	103.98
5—9岁	16652	8483	8169	9.48	4.83	4.65	103.84
10—14岁	14851	7598	7253	8.45	4.32	4.13	104.76
15—19岁	19229	9903	9326	10.94	5.63	5.31	106.19
20—24岁	20386	10338	10048	11.60	5.88	5.72	102.89
25—29岁	15359	7962	7397	8.74	4.53	4.21	107.64
30—34岁	13126	6995	6131	7.47	3.98	3.49	114.09
35—39岁	12353	6641	5712	7.03	3.78	3.25	116.26
40—44岁	8737	4740	3997	4.97	2.70	2.27	118.59
45—49岁	6890	3645	3245	3.92	2.07	1.85	112.33
50—54岁	6836	3615	3221	3.89	2.06	1.83	112.23
55—59岁	5690	3019	2671	3.24	1.72	1.52	113.03
60—64岁	5386	2863	2523	3.06	1.63	1.43	113.48
65—69岁	4491	2232	2259	2.56	1.27	1.29	98.80
70—74岁	3501	1640	1861	1.99	0.93	1.06	88.12
75—79岁	2315	988	1327	1.32	0.56	0.76	74.45
80—84岁	1116	421	695	0.63	0.24	0.39	60.58
85—89岁	421	156	265	0.24	0.09	0.15	58.87
90—94岁	76	22	54	0.04	0.01	0.03	40.74
95—99岁	8	2	6	0.00	0.00	0.00	33.33
100岁以上	2	0	2	0.00	0.00	0.00	—
总计	175759	90609	85150	100.00	51.55	48.45	106.41

第五次(2000年)人口普查炎陵县各年龄段性别情况表

表 3-7

年龄段	人口数(人)			占人口数的百分比(%)			性别比
	合计	男	女	合计	男	女	女=100
0—4岁	8185	4249	3936	4.97	2.58	2.39	107.95
5—9岁	8214	4266	3948	4.98	2.59	2.39	108.05
10—14岁	18526	9429	9097	11.24	5.72	5.52	103.65
15—19岁	12334	6618	5716	7.48	4.02	3.46	115.78
20—24岁	9836	4946	4890	5.97	3.00	2.97	101.15
25—29岁	15044	7613	7431	9.13	4.62	4.51	102.45
30—34岁	18476	9363	9113	11.21	5.68	5.53	103.11
35—39岁	15369	7829	7540	9.33	4.75	4.58	103.83
40—44岁	12213	6447	5766	7.41	3.91	3.50	111.81
45—49岁	11962	6301	5661	7.26	3.82	3.44	109.28
50—54岁	8577	4613	3964	5.20	2.80	2.40	105.62
55—59岁	6326	3264	3062	3.84	1.98	1.86	106.59
60—64岁	6067	3178	2889	3.68	1.93	1.75	110.00
65—69岁	4664	2306	2358	2.83	1.40	1.43	97.79
70—74岁	4055	2014	2041	2.46	1.22	1.24	98.87
75—79岁	2671	1195	1476	1.62	0.73	0.89	80.96
80—84岁	1522	649	873	0.92	0.39	0.53	74.34
85—89岁	586	194	392	0.36	0.12	0.24	49.49
90—94岁	145	52	93	0.09	0.03	0.06	55.91
95—99岁	32	8	24	—	—	—	33.33
100岁以上	3	1	2	—	—	—	50
总计	164807	84535	80272	100.00	51.29	48.71	105.31

第六次(2010年)人口普查炎陵县各年龄段性别情况表

表3-8

年龄段	人口数(人)			占人口数的百分比(%)			性别比
	合计	男	女	合计	男	女	女=100
0—4岁	12338	6476	5862	6.11	3.20	2.90	110.47
5—9岁	9926	5109	4817	4.91	2.53	2.38	105.79
10—14岁	8778	4575	4203	4.34	2.26	2.08	108.85
15—19岁	8622	4413	4209	4.27	2.18	2.08	104.85
20—24岁	14467	7206	7261	7.16	3.57	3.59	99.24
25—29岁	16273	8315	7958	8.05	4.11	3.94	104.49
30—34岁	16602	9230	7372	8.22	4.57	3.65	125.20
35—39岁	21726	12489	9237	10.75	6.18	4.57	135.21
40—44岁	23226	13128	10098	11.49	6.50	5.00	120.30
45—49岁	18217	9986	8231	9.02	4.94	4.07	121.32
50—54岁	13532	7472	6060	6.70	3.70	3.00	105.62
55—59岁	12346	6610	5736	6.11	3.27	2.84	115.24
60—64岁	8497	4530	3967	4.20	2.24	1.96	114.19
65—69岁	5954	2968	2986	2.95	1.47	1.48	99.40
70—74岁	5074	2447	2627	2.51	1.21	1.30	93.15
75—79岁	3250	1455	1795	1.61	0.72	0.89	81.06
80—84岁	2075	897	1178	1.03	0.44	0.58	76.15
85—89岁	97	45	52	0.57	0.26	0.30	86.54
90—94岁	25	6	19	0.15	0.03	0.11	31.58
95—99岁	53	16	37	0.03	0.01	0.02	43.24
100岁以上	2	1	1	—	—	—	100
合计	202071	107758	94313	100.00	53.33	46.67	114.26

第三节 年龄构成

一、年龄结构

民国 36 年（1947），全县人口 81288 人。其中，0—14 岁儿童少年组人口占总人口 26.34%，15—64 岁成年组人口占 67.24%，65 岁以上老年组人口占 6.42%。

1953 年人口普查统计，全县人口增至 93148 人。其中，0—14 岁人口占总人口 30.74%，15—64 岁人口占 62.97%，65 岁以上人口占 6.29%。此后，人口出生激增，人口年龄结构发生显著变化。1964 年，全县人口 110625 人。其中，0—14 岁人口占 37.76%，15—64 岁人口占 57.16%，65 岁以上人口占 5.08%。全县平均年龄 27.44 岁，年龄中位数 23.10 岁。按国际划分人口类型标准，属年轻人口增加型。

20 世纪 70 年代始，实行计划生育，人口出生率逐年下降，人口寿命延长。0—14 岁人口比重下降，15—64 岁、65 岁以上人口比重上升。1990 年，全县 175759 人。其中，0—14 岁人口占 28.35%，比全省平均高 0.31 个百分点；15—64 岁人口占 64.86%，比全省平均低 2.28 个百分点；65 岁以上人口占 6.79%，比全省平均高 1.16 个百分点。全县平均年龄 28.78 岁，年龄中位数 24.61 岁。人口年龄类型由年轻人口增加型转化为成年人口稳定型。

2000 年，全县人口 164807 人。其中，0—14 岁人口 34925 人，占总人口 21.19%；15—64 岁人口 116204 人，占总人口 70.51%；65 岁以上人口 13678 人，占 8.30%。与 1990 年比，0—14 岁人口比重下降 7.19 个百分点，15—64 岁人口比重上升 5.65 个百分点，65 岁以上人口比重上升 1.52 个百分点。年龄类型为成年人口稳定型。

2010 年，全县人口 202071 人。其中，0—14 岁人口 31042 人，占 15.36%；15—64 岁人口 153508 人，占 75.97%；65 岁以上人口 17521 人，占 8.67%。人口年龄类型为成年人口稳定型。与 2000 年比，0—14 岁人口比重下降 5.83 个百分点，15—64 岁人口比重上升 5.46 个百分点，65 岁以上人口比重上升 0.37 个百分点。

6 次人口普查炎陵县（酃县）年龄结构情况表

表 3-9

年份	总人口（人）	少儿组 0—14 岁		成年组 15—64 岁		老年组 65 岁以上		年龄中位数（岁）	平均年龄（岁）
		人数（人）	比重（%）	人数（人）	比重（%）	人数（人）	比重（%）		
1953	93148	28630	30.74	58659	62.97	5859	6.29	—	—
1964	110625	41772	37.76	63233	57.16	5620	5.08	23.10	27.44
1982	158147	54331	34.35	93189	58.93	10627	6.72	22.70	27.73
1990	175759	49837	28.35	113992	64.86	11930	6.79	24.61	28.78
2000	164807	34925	21.19	116204	70.51	13678	8.30	—	—
2010	202071	31042	15.36	153508	75.97	17521	8.67	—	—

二、劳动人口

明、清朝，将16—60岁年龄段男性人口称“丁”，承担服徭役，纳“丁粮”义务。乾隆三十年，全县实在人丁1086丁，占总人口13.55%、男性人口20.88%。民国36年，全县劳动年龄人口48600人，占总人口59.79%。其中，男25533人，女23067人。

20世纪50年代起，劳动年龄（男16—60周岁，女16—55周岁）人口渐增。1964年，全县劳动人口55039人，占总人口49.75%。其中，男29828人，女25211人。1982年，劳动人口增至81640人，占总人口51.62%。其中，男44366人，女37274人。劳动年龄人口负担系数为93.63%。其中，负担老年人为22.43%，负担少年儿童71.20%，比全省平均高9.76个百分点。1990年，全县劳动人口102120人，占总人口58.10%。其中，男54910，女47210，劳动年龄人口负担系数为72.11%，其中负担老年人为19.57%，负担少年儿童52.54%，分别比1982年降低2.86、18.66个百分点。2000年，全县劳动年龄人口110137人，占总人口66.83%。年龄构成指数总抚养比49.64%。其中负担老年人为17.93%，负担少年儿童为31.71%。2010年，全县劳动年龄人口145011人，占总人口71.76%，劳动年龄人口总抚养比39.35%。其中，负担老年人为17.94%，负担少年儿童21.41%。

三、育龄妇女

1964年，全县育龄妇女（15—49岁）23337人，占妇女人口42.87%。此后，育龄妇女逐年增加。1982年，全县育龄妇女36263人，占妇女人口的47.34%。1990年人口普查，全县育龄妇女45856人，占妇女人口的53.85%，比1964年增加10.98个百分点。21—35岁育龄妇女占育龄妇女数的50%。2000年，全县育龄妇女46117人，占妇女人口的72.89%。2010年，全县育龄妇女54366人，占妇女人口的68.97%。

第四节　行业职业构成

民国36年，全县在业人口28238人，占劳动年龄人口58.10%，占总人口34.74%。1950年后，国民经济逐步恢复，各项事业发展，就业人数增加。1982年，全县在业82275人，为劳动年龄人口100.78%，占总人口52.02%；超过劳动年龄在业者4451人，占在业人口5.41%。1990年，全县在业101226人，占劳动年龄人口99.11%，占总人口57.59%；超过劳动年龄的在业者6694人，占在业人口6.61%。15周岁以上不在业人口24696人，占15周岁以上人口14.05%，比1982年增加3155人。不在业人口中，在校学生8003人，丧失劳动能力的5020人，离退休干部和职工2219人，从事家务劳动8844人，待升学101人，市镇待业434人，其他75人。2000年，全县在业人口114610人，就业率77.14%，失业人口2120人，失业率2.34%。

2010 年，全县就业人口 117278 人，就业率 71.46%。非经济活动人口 43930 人，劳动参与率 73.25%。失业人口 2933 人，失业率 2.44%。

一、行业构成

1982 年，全县 13 个行业在业人口中，从事第一产业人员 68725 人，占在业人口的 83.53%；第二产业人员 6048 人，占 7.35%；第三产业人员 7502 人，占 9.12%。1990 年，全县在业人口中，第一产业人员 84886 人，占在业人口的 83.86%，比全国、全省、全市平均比例分别高 11.86、2.92 个和 12.28 个百分点；第二产业 6188 人，占 6.11%，比全国、全省、全市平均比例分别低 9.20、3.50 个和 11.23 个百分点；第三产业 10152 人，占 10.03%。比全国平均比例低 2.66 个百分点，比全省高 0.58 个百分点、比株洲市低 1.04 个百分点。2010 年，全县常住人口中，从事第一产业 75818 人，占就业人口的 64.65%；第二产业 20129 人，占 17.16%；第三产业 18162 人，占 15.49%。与 1990 年比，第一产业就业人口下降 19.2 个百分点，第二产业、第三产业分别提高 11.04 个和 5.46 个百分点，农业劳动力快速向第二、三产业转移。

二、职业构成

1979 年后，以经济建设为中心，专业技术人员比例逐年提高。1982 年，全县在业人口中，各类专业技术人员 3621 人，占在业人员 4.40%。国家机关、党群组织、企事业负责人 1075 人，占 1.31%。办事人员和有关人员 882 人，占 1.07%。商业工作人员 876 人，占 1.07%。服务性工作人员 969 人，占 1.18%。农、林、牧、渔劳动者 68596 人，占 83.37%。生产、运输和有关工作人员 6246 人，占 7.59%。其他劳动者 10 人，占 0.01%。

1990 年，全县在业人口中，各类专业技术人员 4483 人，占 4.43%。国家机关、党群组织、企事业负责人 994 人，占 0.98%。办事人员和有关人员 1315 人，占 1.30%。商业工作人员 1831 人，占 1.81%。服务性工作人员 1342 人，占 1.33%。农、林、牧、渔劳动者 85209 人，占 84.17%。生产、运输工作和有关人员 6052 人，占 5.98%。

2010 年，全县在业人口从事农、林、牧、渔业 75818 人，占 64.65%。制造业 7528 人，占 11.36%。采矿业 791 人，占 0.28%。电力、燃气及水的生产和供应业 1826 人，占 1.56%。建筑业 4652 人，占 3.97%。交通运输、仓储和邮政业 3191 人，占 2.72%。信息传输、计算机服务和软件业 294 人，占 0.25%。批发零售业 6061 人，占 5.59%。住宿餐饮业 2438 人，占 2.08%。金融业 624 人，占 0.53%。房地产业 94 人，占 0.08%。租赁和商务服务业 153 人，占 0.13%。科学研究、技术服务和地质勘查业 130 人，占 0.11%。水利、环境和公共设施管理业 353 人，占 0.3%。居民服务和其他服务业 1283 人，占 1.09%。教育 1661 人，占 1.42%。卫生、社会保障和社会福利业 1107 人，占 0.94%。文化、体育和娱乐业 177 人，占 0.15%。公共管理和社会组织 3286人，占 2.8%。

第三章　人口素质

第一节　身体素质

一、少年儿童健康状况

清代、民国时期，天花、麻疹等疾病严重危害少儿身体健康。1950年，县内重点开展以种牛痘为中心的预防接种工作。20世纪60年代，预防接种疫苗达13种。1979年，对7岁以下儿童实行计划免疫，各种传染病发病率逐年下降。

1984年，对7—16岁中小学学生生长发育情况进行调查，城镇学生身高、体重、胸围、肺活量优于农村学生。1985年，对12岁以下儿童建立健康免疫卡，开展健康普查。至1990年共检查2.68万人次。体重、身高达标准值分别为52.25%、46.22%。佝偻病发病率7.84%，缺铁性贫血者占11.5%。1990年7岁以下儿童死亡率7.02‰。1990年后，对3岁以下儿童进行系统管理，分年龄组定期对儿童进行体格检查和营养评价，系统管理人数4896人，管理率89.83%。2000年，炎陵县被指定为省级5岁以下儿童监测县，进行生命质量监测。当年，5岁以下儿童死亡率14.25‰。2008年，开始对新生儿遗传代谢病、苯丙酮尿症、先天性甲状腺功能减低症和新生儿听力免费筛查，早发现、早诊断、早治疗。2010年，实行免费增补叶酸，以预防新生儿神经管畸形，控制出生缺陷。当年，5岁以下儿童死亡率7.80‰。2014年，5岁以下儿童监测11540人，经筛查有出生缺陷的13人，占5.67‰。5岁以下儿童死亡人数15人，死亡率降至6.58‰。

1984年酃县城镇7—16岁中小学生生长发育调查统计表

表3-10

年龄（岁）	调查人数（人）		平均身高（厘米）		平均体重（公斤）		平均胸围（厘米）		平均肺活量（厘米）	
	男	女	男	女	男	女	男	女	男	女
7	34	44	112.82	112.36	18.82	18.89	52.38	52.02	909.38	813.64
8	52	57	118.69	117.96	20.77	20.11	55.94	53.72	1190.57	994.55
9	91	76	124.29	122.58	23.37	22.39	57.81	55.56	1296.60	1147.95
10	95	75	128.36	133.63	24.99	24.73	58.68	57.13	1422.11	1316.44
11	95	98	133.79	135.51	27.80	28.56	60.71	60.16	1577.89	1453.06
12	99	98	138.69	141.55	30.40	32.43	62.81	63.06	1682.00	1489.80

续表 3-10

年龄(岁)	调查人数(人)		平均身高(厘米)		平均体重(公斤)		平均胸围(厘米)		平均肺活量(厘米)	
	男	女	男	女	男	女	男	女	男	女
13	81	85	146.36	147.46	35.70	36.52	66.73	67.61	2039.50	1675.29
14	79	101	153.79	150.96	41.14	40.28	71.01	72.44	2384.18	1827.45
15	103	98	157.26	152.02	43.45	42.65	73.24	74.06	2637.45	2026.53
16	69	53	160.78	154.00	47.16	45.78	76.61	76.40	2850.00	2101.44

1984 年鄠县农村 7—16 岁中小学生生长发育调查统计表

表 3-11

年龄(岁)	调查人数(人)		平均身高(厘米)		平均体重(公斤)		平均胸围(厘米)		平均肺活量(厘米)	
	男	女	男	女	男	女	男	女	男	女
7	5	21	115.20	110.57	14.40	18.29	50.20	54.81	916.00	733.33
8	12	13	116.33	113.69	20.25	19.23	57.50	57.47	983.33	816.92
9	12	17	120.00	119.18	22.00	21.24	59.33	58.85	1161.67	829.41
10	21	16	125.62	126.25	24.43	23.38	60.24	59.31	1166.99	1075.00
11	25	33	132.08	132.42	27.24	28.64	61.92	62.39	1360.00	1178.79
12	52	49	137.69	138.90	30.04	30.86	64.12	64.43	1600.00	1420.41
13	64	45	143.13	142.44	33.06	32.18	66.80	65.89	1756.25	1448.89
14	59	51	150.14	146.36	38.54	38.12	69.86	61.06	2108.47	1694.12
15	90	51	153.29	150.47	41.87	40.35	72.13	73.18	2347.83	1937.25
16	111	45	157.46	161.24	45.14	43.73	74.90	75.44	2718.92	2137.78

二、残疾人口

受多种因素影响，县内残疾人口比例较大。1990 年，对 8 个乡镇 22 个村 123 个村民小组 19999 人(占全县人口 11.34%)调查，有残疾人 239 人，占调查人群总数 1.2%。其中，聋哑 33 人，占残疾人 13.80%；目盲 38 人，占 12.55%；肢残 67 人，占 28.03%；先天畸形 16 人，占 6.69%；痴呆 41 人，占 17.15%；精神分裂症 33 人，占 13.81%；癫痫病 8 人，占 3.35%；其他残疾 3 人，占 1.20%。病、伤致残者 136 人，占 56.90%，先天残疾 103 人，占 43.10%。据 2010 年县残疾人联合会登记，全县残疾人口 1655 人，占全县户籍人口 0.88%。其中，目盲 154 人，占 9.31%；聋哑 72 人，占 4.35%；肢体残 109 人，占 66.16%；痴呆 119 人，占 7.19%；精神病 121

人，占7.31%；多重残疾94人，占5.68%。

2014年，全县有残疾人口3020人，占全县户籍人口1.56%。其中，目盲261人，占8.64%；聋哑121人，占5.33%；肢体残1959人，占64.87%；痴呆207人，占6.85%；精神病264人，占8.74%；多重残疾168人，占5.56%。

三、人口期望寿命

清代、民国时期，生产力水平低下，大多数人陷于贫病交加境地，人的寿命短。民国26年(1937)人口期望寿命仅35岁。

中华人民共和国成立后，生活水平普遍提高，医疗卫生事业逐步发展，死亡率下降，寿命延长。1957年死亡率11.34‰。1965年后，死亡率下降至10‰以内，1982年人口死亡率7.23‰，人口期望寿命66.24岁(男性65.03岁，女性67.61岁)。1990年人口期望寿命68.06岁(男性66.7岁，女性70.21岁)。此后，随着居住环境改善，生活质量提升，医疗技术提高，死亡率再次下降。2000年，人口死亡率6.9‰，2010年下降到4.73‰，2014年4.24‰。

2014年人口期望寿命76.47岁(男性74.38岁，女性78.92岁)。

第二节　文化素质

民国36年，全县小学文化程度以上人口16034人，占总人口19.72%。其中，大学文化(含肄业，下同)94人，占总人口0.12%，高中文化(含中专，下同)469人，占0.58%，初中文化2078人，占2.55%；小学文化13393人(含私塾4525人)，占16.47%；12周岁以上的文盲、半文盲人口57844人，占71.20%。

1950年起，开展全民扫除文盲运动，发展教育事业，人口文化素质逐渐提高。1964年，全县小学以上文化增至41945人，占全县总人数37.92%。其中，大学文化149人，占0.13%；高中文化1328人，占1.20%；初中文化5885人，占5.32%；小学文化34583人，占31.26%。12周岁以上文盲、半文盲40378人，占36.45%。

1982年，全县小学文化以上达102927人，占全县总人数65.08%。其中，大学文化420人，占0.27%，每万人有大学生26.6人；高中文化9669人，占6.11%；初中文化22900人，占14.48%；小学文化69938人，占44.22%；12周岁以上文盲、半文盲人口30194人，占19.09%，比1964年减少17.36个百分点。

1990年，全县小学以上文化人口127285人，占总人数72.42%。其中，大学文化1287人，占0.73%，每万人拥有大学生73.2人，比1982年增46.6人，比全国、全省、全市平均水平分别少69.1人、40.7人、76.9人。高中文化13369人，占7.61%，每万人拥有高中生759.2人，比1982年增70.9人，比全国、全省、全市平均分别少44.7人、41.8人、161.8人。初中文化35938人，占20.45%。小学文化76691人，占43.63%。12周岁以上文盲、半文盲23334人，占12周岁以上人数 17.26%，占总人数 13.28%，比 1964 年下降 23.17 个百分点，但 12 周岁以上的文盲率仍高于株洲市平均水平 7.99 个百分点。文盲率超过 20%的有船形、塘田、东风、平乐、下村、策源 6 个乡。当年全县在业人口 101226 人，大学文化 1162 人，占在业人口 1.15%；高中文化(含中专)10973 人，占 10.84%；初中文化 28014 人，占 27.67%；小学文化 48856 人，占 48.27%；文盲、半文盲 12219 人，占 12.07%。其中，第一产业 11933 人，占在业人口文盲、半文盲 97.65%。

2000 年，接受小学及以上文化教育的人口 155174 人，占总人口 94.15%，比 1990 年的 87.64%上升 6.51 个百分点。其中，小学文化 65854 人，占总人口 39.96%；初中文化 54854 人，占 33.28%；高中文化(含中专)16822 人，占 10.21%；大学文化 3812 人，占 2.31%。15 周岁以上文盲、半文盲 13832 人，占 15 周岁以上人口 10.18%。与 1990 年相比，小学文化人口减少 3.67 个百分点，初中以上文化人口分别提高 12.83 个、2.92 个、1.58 个百分点，文盲、半文盲人口减少 7.08 个百分点。

2010 年，全县常住人口中，大学程度的人口 12598 人，占总人口 6.4%；高中(含中专)程度人口 29215 人，占 14.46%；初中程度人口 81218 人，占 41.92%；小学程度人口 55986 人，占 27.71%。与 2000 年相比，小学文化人口减少 12.25 百分点，初中、高中和大学文化人口分别提高 8.64 个、3.95 个和 3.92 个百分点。

1990 年酃县各乡(镇)人口文化程度情况表

表 3-12　　单位:人

乡镇	人口	大学本科	大学专科	中专	高中	初中	小学	15 岁以上文盲、半文盲
城关镇	14764	139	609	969	2191	4347	4184	903
水口镇	16794	8	74	147	1050	3483	7547	2135
王家渡镇	12944	3	29	107	785	2627	5724	1749
沔渡镇	14538	4	43	105	673	2761	6960	1842
船形乡	8258	—	23	67	392	1373	3748	1422
塘田乡	10993	10	47	77	683	2219	4648	1576
东风乡	9269	—	28	65	586	1786	3886	1483
三河乡	20906	3	40	141	1300	4181	9062	2942
城东乡	12996	3	45	92	727	2794	5734	1494
十都乡	12621	1	38	86	683	2335	5810	1779
石洲乡	5655	2	21	69	313	1226	2416	779
垄溪乡	8607	—	33	78	424	1744	4013	1131
中村乡	8120	1	19	82	422	1677	3710	1096
龙渣乡	2302	2	5	34	142	511	951	308
平乐乡	2691	1	15	26	118	556	1197	449
下村乡	8167	3	20	46	342	1255	4189	1200
策源乡	6134	—	18	54	293	1063	2912	951
合计	175759	180	1107	2245	11124	35938	76691	23239

1982 年、1990 年酃县各职业人口文化程度情况表

表 3-13

单位：人

职业名称	第三次人口普查时						第四次人口普查时					
	合计	大学	高中（含中专）	初中	小学	文盲（半文盲）	合计	大学	高中（含中专）	初中	小学	文盲（半文盲）
合　计	82275	413	8608	17430	39936	15888	101226	1162	10975	28014	48856	12219
1.各类专业技术人员	3621	305	1907	1034	364	11	4483	741	2501	1017	217	7
2.国家机关党群组织、企事业负责人	1075	66	287	450	266	6	994	184	401	271	128	1
3.办事人员和有关人员	882	27	308	344	199	4	1315	161	621	363	168	2
4.商业工作人员	876	—	221	322	301	32	1831	11	481	829	458	52
5.服务性工作人员	969	1	122	239	479	128	1342	5	155	547	562	73
6.农、林、牧、渔劳动者	68596	13	4599	13059	35604	15321	85209	41	5584	22305	45346	11933
7.生产工人运输工人	6246	1	1159	1978	2722	386	6052	19	1223	2682	1977	151
8.其他劳动者	10	—	5	4	1	—	—	—	—	—	—	—

2000 年炎陵县各乡（镇）6 岁及以上人口文化程度情况表

表 3-14

单位：人

乡镇	人口	研究生	大学本科	大学专科	中专	高中	初中	小学	15 岁以上文盲、半文盲
霞阳镇	30384	2	403	2017	2356	4053	10898	8926	1729
沔渡镇	12610	—	13	127	326	574	4116	6400	1054
十都镇	11001	1	8	104	301	652	4077	4991	833
水口镇	14164	3	18	179	390	933	5318	6141	1182
三河镇	16342	—	10	107	343	1095	6159	7062	1566
鹿原镇	21250	1	35	219	482	1366	7841	9373	1933
垄溪乡	7298	—	2	97	188	412	2571	3374	654
石洲乡	4927	—	8	63	159	323	1702	2217	455

续表 3-14

乡镇	人口	研究生	大学本科	大学专科	中专	高中	初中	小学	15 岁以上文盲、半文盲
策源乡	5382	—	4	67	125	289	1694	2716	487
下村乡	6761	—	5	69	172	313	1937	3495	770
中村乡	6701	—	2	59	147	397	2441	2918	737
龙渣乡	1917	1	6	29	62	128	630	821	240
平乐乡	2320	—	2	20	69	101	847	974	307
船形乡	6724	—	4	57	136	341	2061	3151	974
东风乡	7393	—	2	68	153	436	2562	3295	877
合计	155174	8	522	3282	5409	11413	54854	65854	13832

2010 年炎陵县各乡(镇)6 岁及以上人口文化程度情况表

表 3-15　　单位:人

辖区	人口	研究生	大学本科	大学专科	高中	初中	小学	15 岁及以上文盲、半文盲
霞阳镇	49734	59	1941	5315	12645	18326	10315	889
沔渡镇	13726	3	111	419	1279	6218	5062	513
十都镇	10789	2	63	319	1303	4595	4030	410
水口镇	15147	3	138	514	2115	6746	4878	674
三河镇	23415	4	136	628	3858	11926	5879	886
鹿原镇	21201	—	103	541	1978	10902	6618	966
垄溪乡	7044	—	58	208	703	2796	2851	405
石洲乡	4670	—	33	245	746	1945	1452	227
策源乡	5828	1	65	197	643	2286	2366	251
下村乡	7221	2	47	167	676	2689	3039	524
中村乡	7950	1	106	332	884	3834	2411	364
龙渣瑶族乡	3022	1	70	130	435	1625	643	87
平乐乡	2152	1	15	83	177	841	852	167
船形乡	6336	1	58	128	661	2528	2444	470
东风乡	8432	2	56	246	1010	3634	2823	639
大院农场	716	—	3	33	83	281	292	10
神农谷管理局	120	—	3	7	19	46	31	13
合计	187503	80	3006	9512	29215	81218	55986	7495

第四章　计划生育

民国以前,受“传宗接代”“多子多福”等传统观念支配,妇女普遍生育多胎,生育10胎以上者亦不少见。

20世纪50年代,旧的生育观影响仍然存在,早婚早育现象较为普遍,年均人口出生率超过30‰。60—70年代,提倡计划生育。但配套政策措施、节育技术没有及时跟上,人口过快增长趋势仍未得到有效控制。人口出生率保持在27‰—39‰之间。1981年统计,22606名30—64岁妇女,活产7胎以上者5348人,占23.7%。其中,709人活产10胎以上。80年代,计划生育措施逐步落实,人口出生率逐年下降。2000年,全县计划生育率98.44%,比全省平均水平高3.04个百分点,多孩率0.31%,比全省平均水平低0.37个百分点,连续10年评为湖南省人口与计划生育工作先进县。2005年年底开始,在全省首创计划生育家庭责任制,3616户家庭与村委会签订责任状,建立计划生育长效机制。2014年3月,全省启动城镇独生子女生育两孩政策。当年,实现计划生育率83.75%,节育措施落实率90.24%,获评湖南省计划生育工作模范单位。

第一节　机　构

1957年,成立县节制生育委员会,年底有9个乡成立分会。“大跃进”与“文化大革命”期间,计划生育机构几度撤并。1979年5月,设立酃县计划生育办公室,为县卫生局局属股室,定编14人,每个人民公社配计划生育专干1人。1983年,增设计划生育宣传指导站,定编5人。1984年,计划生育办公室改为酃县计划生育委员会。1990年,计划生育委员会工作人员有8人,计划生育指导站9人,乡镇计划生育专职干部17人。1991年起,各乡镇相继建立计划生育服务所(后更名服务站)。1996年计划生育委员会更名计划生育局。2004年更名为炎陵县人口和计划生育局。2014年,县人口和计划生育局在编人员23人,内设办公室、统计股、法规信访股、宣传股、科技股、财务室,下设计划生育服务站、计划生育执法大队。

第二节　宣传教育

1956年9月,首次在城关镇举办避孕展览会,有2000余人参观,29人签名采取避孕措施。次年,在县城张贴宣传避孕知识的大字报320张,出黑板报63期,街头宣传14次,召开多子女父母亲会44次,有16000余人接受教育。20世纪70年代,计划生育宣传内容增加晚婚晚育、节制生育、人口发展与经济发展关系等知识。1979年9月,河西人民公社天星生产大队社员谭苏梅、陈高社等14对夫妇发起“独生子女育龄夫妇报名”活动,有93对独生子女夫妇响应号召,领取独生子女证。80年代,宣传内容增加马克思主义人口理论。宣传方式不仅有墙报、标语、广播讲座、电视讲话、文艺表演,而且进村入户,对计划生育对象做思想工作,表彰计划生育工作先进单位和个人。1989年冬,县花鼓剧团排演计划生育《儿女传奇》,共演出27场,观众2万余人次。1990年,县计划生育委员会印刷《湖南省计划生育条例》52100份,发至每家每户。1994年开始,着重抓好中学生毕业前,新婚夫妇结婚前,计生管理对象“双查(查环、查孕)”前的“三前”教育。当年,全县共举办各类培训班733期,培训对象3.88万人,普及率81.8%,合格率96.03%,成为株洲市普及人口与计划生育基础知识教育第一个合格县。2005年4月,针对重男轻女社会现象,全县开展专项整治“两非”(非法鉴定胎儿性别、非法选择胎儿性别终止妊娠)宣传教育活动,张贴公告400份,发放省政府194号令1000多册,县政府分管领导上街下村接受咨询,讲解政策法规。此后,计划生育宣传教育形式规范化,各村设有宣传栏,乡镇有宣传牌,县城有宣传窗,县广播电视台定期播放专题节目,宣传教育工作进村入户,家喻户晓。

第三节　计划生育管理

提倡晚婚晚育　1973年,县革委制定《关于切实搞好计划生育工作的意见》,规定国家干部职工、农村社员晚婚结婚年龄。次年,执行中共湖南省委《关于计划生育工作若干问题的试行办法》,对实行晚婚的干部职工延长婚假12天,晚育者产假增加30天。农村晚婚者可免除一年义务工。1980年,全县晚婚率69.75%,女性平均初婚年龄22.2岁,比20世纪50年代提高3.8岁。1982年起,农村晚婚率渐降。1990年人口普查,早婚率3%,早育率16.78%,晚婚率23.95%,女性平均初婚年龄22.3岁。

计划内生育　20世纪60年代到70年代前期,提倡每对夫妇生两个孩子。70年代后期实行“晚、稀、少”生育政策,提倡每对夫妇“最好生一个,最多两个”,并规定生育间隔3年以上。城镇独生子女14岁以前每年发给保健费40元(后增至60元,2010年后增至240元);入托费与医药费由父母所在单位负担;独生子女就医、招生、招工和城镇住房安排等方面给予优先照顾。对农村独生子女户每年奖励工分200—400分;实行联产承包责任制后,划给双份自留地、自留山、基本口粮田。80年代规定每对夫妇只准生一个,确实有困难的农民经批准可以有计划地生育第二胎。1990年,全县有2634对夫妇领取独生子女证,占育龄夫妇5.90%。90年代以后,实行城镇户口人群只能生育一个,非城镇户口人群第一胎为男孩的只能生育一个,第一胎为女孩的可以生育第二胎。对违反国家计划生育政策,计划外生育的,按照《湖南省社会抚养费管理征收实施办法》征收社会抚养费。2004年2月,省计生委批准,龙渣瑶族乡每对夫妇可以生育两孩。2014年3月起,允许城镇独生子女生育两孩。

计划外生育　20世纪80年代,县内限制生育计划外二胎,禁止生育第三胎。对强行生育第二胎的干部职工除给以党纪政纪处分外,还要征收计划外生育费。对强行计划外生育的农户也收计划外生育费。1987—1989年,共处理计划外生育的干部职工134人。至1990年,全县超生3550人。当年执行《湖南省计划生育条例》《湖南省计划生育准生证管理办法(试行)》,计划生育工作由每年开展数次突击运动转为经常性工作;由运用行政手段管理转为法规管理。全县计划生育率47.50%,计划内一孩率47.38%,二孩率0.17%。多孩率12.03%,分别比1980年下降17.45个、0.09个、34.86个、5.47个百分点。10年中,全县少生6000余人。

2000年6月9日,县委、县政府颁发《关于加强计划生育工作的若干规定》,严格控制计划外生育,对造成计划外生育的乡镇(场)、机关团体、企事业单位严格执行"一票否决"。当年,全县有4个单位和个人在评先中被否决,并进行经济处罚。此后,计划生育工作力度进一步加大。2005年,全县计划生育率97.90%,计划内一孩率99.82%,二孩率92.46%。多孩率0.48%。分别比1990年提高50.4个、52.44个、92.29个和下降11.55个百分点。2014年,计划生育率82.17%,计划内一孩率100%,二孩率26.44%。多孩率2.03%。计划生育率比2005年下降15.73%,一孩率提高0.18%,二孩率下降66.02%,多孩率提高1.55个百分点。

第四节　优生优育

1950年,推行新法接生。1954年,全县成立接生站8个,新法接生率70%。1956年,开始进行产前检查、产后访视工作。1959年,全县12个公社均成立妇产站,创办托儿所、幼儿园。70年代,优生优育列入计划生育工作范畴。1979年,对7岁以下儿童进行健康检查,健康率86.02%。1980年,贯彻《中华人民共和国婚姻法》,禁止近亲及麻风、梅毒等患者结婚,禁止早婚。1981年,实行围产期保健工作。1984年,组织巡回展览,进行优生学宣传,观众达5.67万人次。1986年,接受围产期保健的有3214人,占孕妇93.95%,新法接生率95.50%。1990年,全县7岁以下儿童1.98万人,体检4471人,健康率82.51%,"四苗"(卡介苗、脊髓灰质炎糖丸、"百白破"三联疫苗、麻疹疫苗)覆盖率85.24%。全县幼儿园(班)2035人,占应入园(班)人数19.60%。当年全县有儿童保健门诊部9个,儿童保健试点8个。评出健美儿童15名。1994年,全县有7岁以下儿童1.75万人,免疫"四苗"覆盖率93.5%,强化免疫接种率99.9%,新法接生率100%。2000年,全县有7岁以下儿童1.50万人,计划免疫"五苗"接种率分别为:卡介苗85.20%,脊髓灰质炎疫苗100%,百白破疫苗91.20%,麻疹疫苗82.20%,乙肝疫苗68.5%。2010年,全县有7岁以下儿童1.64万人,"五苗"接种率94.44%,5岁以下儿童死亡率7.8‰。产妇3077人,住院分娩率99.93%,孕产妇死亡率0。2014年,全县有7岁以下儿童1.79万人,"五苗"接种率94.6%,有产妇2266人,住院分娩率100%,其中剖宫产率37.2%,5岁以下儿童死亡率6.58‰。

第四篇　中共地方组织

第一章　组织机构

第一节　1949年前县级组织机构

1926年8月，中共酃县特别支部成立。1927年5月马日事变后，党组织活动转入秘密。

1928年2月，中共酃县特别区委员会成立。3月19日，中共酃县特别区委升为中共酃县县委。6月上旬，重建县委。1929年1月，井冈山失守，县委机关再遭破坏。2月上旬，成立中共酃县临时县委。1930年3月，临时县委改为县委。1934年2月，酃县县委和遂川县委合并，成立中共酃遂中心县委。1935年10月，在安仁高原洞成立中共茶(陵)、安(仁)、酃、永(兴)边区委员会，酃县为第三区。1936年6月，中共茶、安、酃、永边区委员会改为中共湘南特别区委。

第二节　1949—2014年县级组织机构

1949年5—6月，中共党员孟庆德、金健、唐剑平受中共湘南工委派遣，回酃县开展迎接解放工作。6月中旬，在台山成立中共酃县区工作委员会(简称区工委)。8月4日，随军南下的工作团晋中大队第三中队根据中共湖南省委指示，在长沙东屯渡长桥中学组成中共酃县委员会、酃县人民政府领导班子。工作团于10月27日到达县城，29日正式成立中共酃县委员会。县委机关设秘书室、组织部、宣传部3个工作机构。31日，县委设置常务委员会。12月24日，举行中共地下党团组织工作交接会议。酃县区工委工作结束。

1959年1月，酃县并入茶陵县，酃县县委撤销。1961年6月，恢复酃县建置，县委随之恢复。1967年2月，受“文化大革命”冲击，县委机关工作瘫痪。1969年11月，成立中共酃县革命委员会核心小组，12月改称中共酃县核心领导小组。1970年12月恢复中共酃县委员会。1990年，县委机关设办公室、组织部、宣传部、统一战线工作部、政法委员会、直属机关委员会、政策研究室、老干部工作局、编制委员会、档案局、信访办公室、机要科、党史资料征集办公室、对台湾工作办公室等14个工作机构。1995年，党政群机构改革，县委机关设纪律检查委员会、县委办公室、组织部、宣传部、统战部、政法委员会、机构编制委员会、老干部工作局、信访局等9个工作机构。2010年，政府机构改革，县委工作机构增加农村工作部。至2014年，工作机构未发生变化。

▲县委大院

▲2014 年县委机关大院

1926—1949 年中共酃县地方组织负责人一览表

表 4-1

机构名称	姓名	职务	籍贯	任职时间	其他负责人
中共酃县特别支部	李却非	书记	湖南酃县	1926.8–1927.6	组织委员　罗芳芝 宣传委员　何健础 农运委员　朱子和
中共酃县特别区委	刘寅生	书记	湖南酃县	1928.1–3	组织委员　邝光前 宣传委员　周　礼
中共酃县委员会	刘寅生	书记	湖南酃县	1928.3–5	组织部部长　邝光前 宣传部部长　周　礼
	李却非	书记	湖南酃县	1928.5–1929.1	组织部部长　黎育教 宣传部部长　周　礼 （后）张秉仁
中共酃县临时委员会	黎育教	书记	湖南酃县	1929.2–5	组织部部长　周　礼 宣传部部长　张平化 军事部部长　邝光前
	周　礼	书记	湖南酃县	1929.4–1930.1	组织部部长　周　礼（兼） 宣传部部长　张平化
	张平化	书记	湖南酃县	1930.1–2	组织部部长　周　礼（兼） 宣传部部长　张平化
中共酃县委员会	张平化	书记	湖南酃县	1930.3–1932.3	不详
	甘步衢	书记	湖南酃县	1932.4–8	不详
	邓秉其	书记	湖南酃县	1932.8–1933.夏	不详
	涂步云	书记	湖南酃县	1933.8–1934.2	不详

续表 4-1

机构名称	姓名	职务	籍贯	任职时间	其他负责人
中共酃遂中心县委	涂步云	书记	湖南酃县	1934.2—3	副书记 邓秉其 （余不详）
	陈 三	书记	湖南茶陵	1934.3—8	副书记 邓秉其 组织部部长 易美才 宣传部部长 陈彰彩 军事部部长 张自盛 白区工作团主任 陈三（兼） 常务委员 王澄经 范品提 周 斌 何荣庠 周明亮
	周 礼	书记	湖南酃县	1934.8—1935.11	
中共茶安酃永边区委员会	李运田	书记	湖南茶陵	1935.10—11	副书记 谭积金 常 委 刘 巍 陈梅连 谭绥眉 颜嬴生
	陈梅连	书记	湖南茶陵	1935.12—1936.6	副书记 谭积金 经济部部长 陈友舟 宣传部部长 萧炳仔 军事部部长 刘普成（先） 赵书良（后） 妇女部部长 萧三妹 少共常委 谭朱初
中共酃县区工委	孟庆德	书记	湖南酃县	1949.6—12	副书记 金 键

1949—2014年中共炎陵县(酃县)委员会领导一览表

表4-2

<table>
<tr><th colspan="2">书记</th><th rowspan="2">副书记</th><th rowspan="2">其他常委</th></tr>
<tr><th>姓名籍贯</th><th>任职时间</th></tr>
<tr><td>申祖训
(山西高平)</td><td>1949.10-1953.4</td><td>樊致祥(1952.1-)</td><td>李秀山(1952.12-)
王　禧(1952.12-)</td></tr>
<tr><td>樊致祥
(山西左权)</td><td>1953.4</td><td>郭步书(1954.11- 主持工作)</td><td>郭步书(1953.6-1954.11)
邓存良(1953.6-1956.6)</td></tr>
<tr><td rowspan="2">郭步书
(河南林县)</td><td>1956.6-1958.12</td><td>邓存良</td><td>申林山、杨文林、邓吉亨、刘志全</td></tr>
<tr><td>1961.6-1969.10</td><td>陈祯炳、王俊、梁彪
邓存良(1962.6-)
丁宗伦(1965.8-)
戴云华(1965.8-)
王厚功(1965.8-)</td><td>杨文林
赵庆祥(1964.2-)</td></tr>
<tr><td>孙希庆(组长)
(山东烟台)</td><td>1969.11-1970.9</td><td rowspan="2">丁宗伦(副组长)
(1969.11-1970.12)</td><td rowspan="3">黄水清(女 1973.1-1977.12)
王厚功(1973.1-1974.11)
冯希孟(1973.1-1976.11)
赵庆祥(1973.1-1977.12)
李国起(-1977.12)
陈祯炳(-1973.8)
李满元(-1973.9)
郭海清(-1973.9)
李景新(1973.1-1973.9)
王美玉(女,-1972.7)
赵长干(-1973.7)
陈贻昌(1973.1-1985.2)
周声渭(1973.1-1982.10)
谌国良(1973.1-1977.12)
邱树魁(1973.1-1976.12)</td></tr>
<tr><td>李国起(组长)
(天津市)</td><td>1970.9-1970.12</td></tr>
<tr><td>颜家兰
(湖南攸县)</td><td>1970.12-1973.9</td><td>段成龙(-1980.12)
陈祯炳(1973.8-1985.2)</td></tr>
<tr><td>石维刚
(山西平定)</td><td>1973.9-1977.12</td><td>王厚功(1974.11-1976.3)
郝棒柱(1976.3-1976.6)
彭物苟(1976.3-1977.12)</td><td>欧阳牛喜(1975.7-1976.12)
蔚桂香(女,1975.7-1982.10)
莫臻(1975.8-1982.10)
唐家钧(1976.9-1980.10)</td></tr>
</table>

续表 4-2

书记		副书记	其他常委
姓名籍贯	任职时间		
彭物苟（湖南茶陵）	1977.12–1982.10	谌国良 戴新友（1979.6–1985.2） 唐家钧（1980.10–1985.10） 段寿宜（1980.10–1985.2）	苏积书（–1985.2） 段寿宜（–1980.10） 尹维权（–1985.2） 唐睦园（–1985.2） 张仲基（1981.10–1985.2） 龙汉鲁（1982.1–1982.4）
钟开良（湖南醴陵）	1982.10–1985.2	祝光耀（1983.12–1985.2） 潘家骏（1984.3–1986.2）	张启福（1983.2–1987.4） 王淑元（女，–1987.10） 周开发（–1992.9） 萧友水（–1985.11） 刘祖文（–1985.2）
祝光耀（湖南益阳）	1985.2–1987.10	李博文（–1992.9） 刘富喜（1985.7–1992.9） 张启福（1987.4–1987.11） 陈书林（1986.6 主持工作）	曾友晚（1987.1–1992.9） 古友发（1987.1–1995.1） 林良材（1987.1–1992.9） 卢耿民（1987.1–1987.10）
陈树林（湖南酃县）	1987.10–1992.9	王淑元（–1992.6） 卢耿民（–1992.9）	程国忠、唐桐德、张武珠、何龙彪、陈立新（–1992.9） 刘力量（–1994.8） 唐武生（–1997.10）
卢耿民（广东大埔）	1992.9–1994.12	陈立新（–1993.9） 林良材（–1994.12） 何龙彪（1993.9–1997.10） 李智（1994.8–1997.8）	廖子良（–1997.10） 谭锡芳（女，–2001.2） 霍友生（–2002.1） 姜衡松（1993.2–1997.10） 谭青森（1994.8–1997.10）
林良材（湖南炎陵）	1994.12–2000.10	古友发（1995.1–2002.10） 谢高进（1997.10–2000.10） 聂方红（1997.10–2003.4） 周新发（1997.10–2002.10）	李秋明（1995.1–2001.2） 袁生华（1995.10–1997.10） 王继恩（1997.10–2002.10） 张友华（1997.10–2002.9） 段涛辉（2000.7–2001.4）

续表 4-2

书记		副书记	其他常委
姓名籍贯	任职时间		
谢高进 （湖南新田）	2000.10-2005.10	李秋明（2001.2-2002.10） 彭楚筠（2001.4-2004.12） 王继恩（2002.10-2005.10） 谭可敏（2005.10-2007.10） 潘才良（2002.10-2010.5） 马民杰（2002.10-2004.6） 周志辉（2003.8-2006.6） 韩先满（2004.12-2006.6）	周康波（2000.12-2003.8） 潘才良（2001.2-2002.10） 毛承义（2001.9-2003.4） 万月华（2002.1-2006.6） 彭雁（女，2002.10-2009.11） 戴诗平（2002.10-2010.5） 田志高（2003.4-2005.4） 廖少军（2003.8-2010.11） 莫大德（2003.8-2008.12） 欧阳鹏志（2003.8-2011.6） 朱新华（2003.8-2008.12） 邓志刚（2005.5-2007.7） 周志辉（2002.10-2003.8）
王继恩 （湖南攸县）	2005.10-2008.12	周建光（2007.11-2011.3）	曾湘华（-2011.6） 谢洪富（-2011.6） 刘会才（-2011.6） 陈典照（2007.8-2008.5） 章文才（2007.8-2011.6） 舒志明（-2009.4） 饶祥明（2007.2-2014） 姚永告（-2010.12） 曹运社（2008.5-2009.4）
李晖 （湖南桃江）	2008.12-2011.6	龙志华（2011.3-2011.12） 戴诗平（2010.5-2011.6）	王勇明（2009.4-2011.12） 左华荣（2009.4-2011.4） 丁光辉（2009、4-2010.5） 黄建中（2009.11-2011.6） 崔家盛（2009.11-2011.6） 许志汉（2010.12-2011.6） 郭林（2010.5-2011.4） 谭新林（2011.1-2011.6） 刘德林（2011.4-2013.4） 吴文刚（2008.12-2012.6） 王中凡（2008.12-2012.4）
黄诗燕 （湖南攸县）	2011.6-	刘正平（2011.12-） 刘会才（2011.6-）	肖锦霞（女，2011.6-） 李军（2012.5-） 谷早君（2012.11-） 欧阳权（2012.6-2013.6） 彭志（2013.6-） 宁伟豪（2013.6-）

第二章 重要会议和重大活动

第一节 党员代表大会

1956年5月29日,在县城召开中共酃县第一次党员代表大会。与会正式代表192人,列席代表13人。会议听取和审议县委书记郭步书所作的工作报告,选举产生第一届县委委员和候补委员,作出“秋前实现高级农业合作化”决议。此后,分别于1960年2月、1970年12月和1977年12月举行第二次至第四次党员代表大会。

1985年4月19日,中共酃县第五次代表大会召开。会议听取和审议县委书记工作报告、选举第五届县委委员、候补委员和县纪检委员外,还作出“对内搞活,对外开放”“大胆启用人才”“加强各级党组织在现代化建设中的堡垒作用”等决议。

1988年11月16日,中共酃县第六次代表大会召开。与会正式代表267人,列席代表31人,特邀代表9人。会议讨论通过《关于加快村级经济发展,加强村级组织建设的决定》。首次以差额选举方式选出第六届县委委员23人,候补委员3人,纪检委员11人。

1992年9月16日,中共酃县第七次代表大会召开,与会代表271人,选举产生县委委员23名,候补委员2名,县纪委委员13名。会议通过《关于加强党的基层组织建设的决定》。自本次起,党的代表大会由3年一次改为5年一次。

1997年10月17日,中共炎陵县(酃县)第八次代表大会召开,与会正式代表268人,列席代表89人,特邀代表12人。大会通过差额预选和大会等额选举,产生县委委员25名,候补委员3名,县纪委委员15名。大会提出“把一个欣欣向荣安居乐业的新炎陵推向二十一世纪”目标。

2002年10月16日,中共炎陵县第九次代表大会召开,与会正式代表270人,列席代表95人,特邀代表30人。会议提出“生态立县、产业富县、实干兴县”发展战略,选举产生县委委员27名,候补委员5名,县纪委委员15名。

2006年6月22日,中共炎陵县第十次代表大会召开,与会正式代表270人,列席代表92人,特邀代表32人。选举产生县委委员33名,候补委员6名,县纪委委员19名。会议提出“全面贯彻落实科学发展观、推进跨越发展、和谐发展”的总体思路。

2011年6月28日,中共炎陵县第十一次代表大会召开,与会正式代表269人,列席代表196人,特邀代表26人。选举产生县委委员33名,候补委员6名,县纪委委员21名。会议确立“生态立县、旅游活县、文化强县、人才兴县”发展战略和“生态炎陵、开放炎陵、文化炎陵、幸福炎陵”发展目标。

中共炎陵(酃)县历届代表大会基本情况表

表 4-3　　单位:人

届次	会议时间	正式代表	列席代表	特邀代表	选举县委委员	选举县委候补委员	当年全县党员人数	备注
一次	1956.5.28-6.1	192	13	—	13	4	1439	—
二次	1960.2.6-2.10	161	—	—	—	—	1773	酃茶并县,在茶陵召开
三次	1970.12.17-12.24	607	39	—	25	—	3469	—
四次	1977.12.14-12.18	403	—	—	22	7	5136	—
五次	1985.4.19-4.22	270	41	—	21	4	6321	—
六次	1988.11.16-11.19	267	31	9	23	3	6921	—
七次	1992.9.16-9.18	271	44	17	23	2	7280	—
八次	1997.10.17-10.19	268	89	12	25	3	8299	—
九次	2002.10.16-10.18	270	95	30	27	5	9166	—
十次	2006.6.22-6.24	270	92	32	33	6	9430	—
十一次	2011.6.28-30	269	196	26	33	6	10540	—

第二节　县委常委会议

一、常委会出席人员组成

县委常委会会议的出席人员为县委书记、县委副书记和其他县委常委。县人大常委会主任、县政协主席固定列席会议;县委办公室副主任列席除涉及人事任免、处分等议题的县委常委会会议。根据议题和工作需要,经会议召集人批准,可通知有关县级领导和部门主要负责同志列席会议。

二、县委常委会主要职责

召集县委全会,向县委全会报告工作并接受监督;对拟提交县委全会讨论和决定的事项先行审议、提出意见。贯彻实施党中央、省委、市委决策部署和县委全会决议、决定,检查贯彻落实情况。审议以县委名义上报市委的重要请示、报告和以县委名义下发的规范性文件,讨论和决定下级党组织请示报告的重要事项。对全县经济社会发展和宣传思想文化工作、组织工作、纪律检查工作、群众工作、统一战线工作、政法工作等方面经常性工作中的重要问题作出决定。按照有关规定推荐、提名、任免干部,必要时对重要干部的任免可以征求县委委员意见;教育、管理、监督干部;研究决定党员干部纪律处分、重要奖励等事项。听取县纪委、县人大常委会党组、县政府党组、县政协党组、县人民法院党组、县人民检察院党组工作汇报，支持和保证各国家机关依法履行职责，协调一致开展工作。讨论召开县党代表大会、县党代表会议有关事项，讨论和决定召开县委全会以及其他重要会议有关事项。研究讨论本县行政区划调整以及有关党政群机构设立变更和撤销有关事项。听取县委常委通报情况和有关专项工作。对应当由县委常委会决定的其他重要事项作出决定。

三、常委会议议事案例

2012 年 1 月 30 日，县委书记黄诗燕主持召开县委常委会议，专题研究炎陵县罗霄山片区区域发展与扶贫攻坚规划编制工作，并决定成立炎陵县罗霄山片区区域发展与扶贫攻坚规划编制工作领导小组，由黄诗燕、古友发、李秋明任顾问，刘正平任组长。

第三节　县委全体委员会议

一、全委会职能

根据《中国共产党地方委员会工作条例（实行）》规定，中国共产党炎陵县全体委员会议（简称全委会），是中国共产党炎陵县各级党组织的领导核心，由中国共产党炎陵县各级代表大会选举产生，每届任期 5 年。全委会在党代表大会闭会期间是同级党组织的领导机关，执行上级党组织的指示和同级党代表大会的决议，领导本地区的党务工作。其职能是：

1.制定贯彻执行党中央和上级党组织决策部署以及同级党代表大会决议、决定的重大措施。

2.讨论和决定本地区经济社会发展战略、重大改革事项、重大民生保障等经济社会发展重大问题。

3.讨论和决定本地区党的建设方面的重大问题，审议通过重要党内法规或者规范性文件。

4.决定召开同级党代表大会或者党代表会议，并对提议事项先行审议、提出意见。

5.听取和审议常委会工作报告或者专项工作报告。

6.选举书记、副书记和常委会其他委员；通过同级党的纪律检查委员会全体会议选举产生的书记、副书记和常委会其他委员。

7.决定递补党委委员；批准辞去或者决定免去党委委员、候补委员；决定改组或者解散下一级党组织；决定或者追认给予党委委员、候补委员撤销党内职务以上党纪处分。

8.研究讨论本地区行政区划调整以及有关党政群机构设立、变更和撤销方案。

9.对常委会提请决定的事项或者应当由全会决定的其他重要事项作出决策。

二、全委会规程

全会每年至少召开 2 次，遇有重要情况可以随时召开。全会由常委会召集并主持，议题一般由常委会征询党委委员、候补委员意见后确定。

全会应当有三分之二以上党委委员到会方可召开。党委委员、候补委员因故不能参加会议的应当在会前请假,其意见可以用书面形式表达。根据工作需要,常委会可以确定有关人员列席全会。

表决可以根据讨论和决定事项的不同，采用举手、无记名投票或者记名投票等方式进行,赞成票超过应到会党委委员半数为通过。未到会党委委员的意见不得计入票数。候补委员没有表决权。

对党委委员、候补委员作出撤销党内职务以上党纪处分决定,必须由全会三分之二以上多数决定。在特殊情况下,可以先由常委会作出处理决定,待召开全会时予以追认。对党委委员、候补委员的上述处分,必须经上级党委批准。

党的地方委员会通过全会作出的决策,由常委会负责组织实施;常委会作出的决策,由常委会委员分工负责组织实施。

党的地方委员会应当有计划地邀请同级党代表大会代表列席全会或者常委会会议等重要会议,适当增加列席的人员数量和频次。定期组织党代表大会代表进行专题调研,组织党代表大会代表开展提案提议,充分听取意见建议。

三、全委会构成

中国共产党炎陵县全体委员会议(简称全委会)由县委委员、县委候补委员两部分人员构成。内设常务委员会,常务委员会设书记 1 人、副书记 2 人、委员 11 人。例如:中国共产党炎陵县第十一届委员会,委员 33 人(按姓氏笔画排序):王中凡、王勇明、王衡鄗、方小林、邓长久、古友发、龙志华、皮亮钦、刘力、刘永初、刘会才、刘宝光、许志汉、李秋明、肖锦霞(女)、吴先德、古早君、邹建平、沈红星(女)、陈黎明、欧阳波(女)、欧阳鹏志、孟文军、饶祥明、黄诗燕、黄建中、盘晓文、章文才、彭志、彭林波、谭芳林、谭新林、戴诗平;县委候补委员 6 人(按姓氏笔画排序):古育平、陈贻芳、林友、汤立、周桥梁、黄子奎;出席十一届县委第一次全体会议的县委委员 33 名,候补委员 6 名。十一届县委常委候选人预备人选 10 名(含差额 1 名:其中书记候选人预备人选 1 名,副书记候选人预备人选 2 名)中,有 9 名当选为县委常委,1 名当选为书记,2 名当选为副书记,名单如下:

书　记:黄诗燕

副书记:龙志华、刘会才

常　委:章文才、王勇明、许志汉、饶祥明、肖锦霞、王中凡

四、重大议事决策

1973 年 9 月,召开中共酃县县委第三届第六次全体委员会议,讨论综合形成《党委要自觉地抓大事》。

1985年3月，召开中共酃县县委第四届第十次全体委员会议，是改革开放后酃县召开的第一次全会，讨论通过《关于召开中国共产党酃县第五次代表大会的决定(草案)》和《锐意改革 致力翻番 开拓前进》(祝光耀在中国共产党酃县第五次代表大会上的讲话)；

1989年3月，召开中共酃县县委第六届第二次全体委员会议，讨论通过《酃县农村工作队一九八九年目标管理及评奖办法》和《中共酃县县委关于全县加强党的建设若干问题的意见》。

1994年10月，召开中共炎陵县委第七届第四次全体委员会议，讨论通过《中共炎陵县委关于动员全县人民开展冬修水利大会战的决定》。

1995年12月，召开中共炎陵县委第七届第五次全体委员会议，讨论通过《中共炎陵县委炎陵县人民政府关于加快发展高效林业若干问题的规定》。

1996年8月，召开中共炎陵县委第七届第六次全体委员会议，讨论通过《中共炎陵县委关于加快改革步伐 促进经济发展的决定》。

2000年12月，召开中共炎陵县委第八届第四次全体委员会议，讨论通过《中共炎陵县委关于制定炎陵县国民经济和社会发展“十五”计划和到2015年长期规划的建议》。

2013年1月，召开中共炎陵县县委第十一届第四次全体委员会议，讨论通过《关于改进工作作风的如干规定》和《关于推进终身教育和学习型社会建设的实施意见》。

2014年1月，召开中共炎陵县县委第十一届第六次全体委员会议，讨论通过《加快推进全面小康社会的实施意见》。

第四节 重大决策与活动

一、发动和领导农民运动

1926年5月，中共党员何健础在七都龙塘建立县内第一个农民协会——龙塘乡农民协会。5月后，中共党员周介甫、潘祖浩、孟清华、万达才等分别在中村、潘家、浆村、十都建立农民协会。9月，成立酃县农民协会。至11月，全县成立区农协会12个，乡农协会48个，会员5400余人。12月，农协会代表参加湖南省工农第一次代表大会，所用介绍信使用“中国国民党酃县农民协会”，引起省农民协会关注。

1927年元月，中共湖南区委派中共党员朱子和(湘潭人)赴酃整顿农民协会，重新成立酃县农民协会筹备处，朱子和任主任，并增选为特别支部委员。至5月上旬，全县建立区农民协会4个，乡农民协会48个，会员2万余人。随即成立酃县农民协会，朱子和任委员长，李却非等任执行委员。同时，建立农民自卫军总队，下设1个大队，3个中队，8个小队，队员1100余人、80余支枪。朱子和、何健础分别担任总队长、大队长。农民自卫军在朱子和率领下，会同国民革命军一个连围攻盘踞在十都的地主武装县团防总局。农民协会成立酃县审判土豪劣绅特别法庭，公开审判民愤极大的土豪劣绅。马日事变后，农民运动遭反动军阀和地主武装镇压，朱子和等10余名中共党员和农运骨干被杀害，党组织活动转入秘密。

二、创建酃县苏区

1928 年 3 月上中旬，在毛泽东指导下，酃县举行“三月起义”。下旬，建立酃县第一个工农政权——中村区工农兵政府，并在区内进行井冈山革命根据地第一次插牌分田。6 月中旬，在大院成立酃县工农兵政府，下辖 4 个区 5 个乡。1929 年 1 月底，井冈山革命根据地失守，酃县苏区遭受破坏。2 月上旬，成立酃县临时县委。经过 1 年艰苦奋战，恢复和扩大苏区。1930 年 1 月，成立酃县苏维埃政府，下辖 4 个区 34 个乡。全盛时期，面积达 1363 平方公里，占全县面积 68.22%，其它区域均为敌我反复争夺的游击区。县委、县苏维埃政府致力于发展工农业生产，兴办文化教育事业，组织苏区军民参军参战，粉碎国民政府多次军事“围剿”和经济封锁。为开辟和保卫革命根据地，工农红军和酃县地方武装进行大小战斗 500 余次。

三、迎接解放

1949 年 6 月，中共酃县区工委成立后，组织进步青年开展社会调查，掌握敌人动向，揭露县政府扩充武装、抵抗解放的行为；发动群众抗丁、抗粮、抗税；派人打入“反共救国军”内部掌握敌情；宣传中共政策，安定民心。10 月下旬，协同中共安仁县工委和解放军湖南军区衡阳军分区独立团，策动“反共救国军”直属 3 大队起义。并派中共地下党员给人民解放军领路，围歼盘踞县内的“反共救国军”余部。酃县解放顺利进行。

四、民主建政

1949 年 10 月 29 日，酃县人民政府宣告成立，并发布政令，稳定社会秩序。11 月 3 日，举办旧职人员学习班，宣传中共政策、法令，责成及时办理移交手续。为保证经济工作正常开展，县政府选留 18 名旧职人员继续在财政、金融、粮食和物资部门供职。并按行政区划建立 4 个区人民政府，暂时保留旧乡、保、甲组织，饬令乡、保、甲旧职人员继续供职，将功折罪。同时进行清匪肃特，稳定社会秩序。1950 年 3 月，撤销旧乡公所，7 月废除保甲制，民主选举农民代表，建立乡农代会，由乡农会推选乡人民委员和乡长。8 月，全面完成乡、村民主政权建设工作。

五、土地改革

1951 年 2 月，县委书记申祖训、常委樊致祥亲率工作队在塘垄、草坪 2 个乡进行土改试点，摸索经验。7 月，成立土地改革委员会，申祖训任主任。同时，在城关等 6 个乡进行第二批土改试点。同年11月,派出工作队员687人分三批在其余40个乡全面铺开,至1952年春结束。12月,开展土改复查。整个土改工作于1953年2月结束,1.44万户无地少地农民分得土地和其他生产资料。

六、社会主义改造

(一)农业社会主义改造

土改后,县委采取"典型示范,由少到多,由低级到高级,逐步推广"方针,对农业进行社会主义改造。1951年3月,帮助草坪乡禾仓源村农民凌谅冰成立第一个临时互助组。当年临时互助组发展到387个。1952年4月,重点发展常年互助组,当年建立42个。1954年1月,指导沔渡乡农民张友生建立第一个初级农业社。8月,县委训练干部,分赴全县,开展组建初级社工作。同年秋,采用扩、并方法组建高级社。1957年秋,全县建高级社203个,入社农户99.1%,基本完成农业社会主义改造。

(二)手工业社会主义改造

1954年,县委按照"积极引导,稳步前进"方针,建立1个手工业合作社,3个生产小组,入社入组手工业者75人。1955年冬召开手工业人员大会,全面开展对手工业的社会主义改造,按行业组织手工业合作社或合作组。至1956年9月,全县组织19个手工业合作社,8个合作小组,共有社员726人。基本完成改造任务。

(三)私营工商业社会主义改造

1954年9月,县委开始对棉布、屠宰两个行业和百货业中涉及票证供应的针棉制品半个行业进行社会主义改造。1956年春,引导群工铸锅厂、城关铁工组、印刷联营处过渡到地方国营企业公司。与此同时,对全县私营商业进行全面改造。其中实行公私合营5家,集体合营423家,合作商店37家,经销形式39家。

七、整风运动和"反右派"斗争

(一)整风运动

1957年5月,县委召开扩大会议,传达中共中央《关于整风运动的指示》,组织县直属机关干部"大鸣大放",帮助县委整风。参加运动430人。运动中,广大群众、社会各界人士对县委和县人委的工作提出不少有益的批评和建议,但也出现少数过激言论。

(二)"反右派"斗争

11月,根据上级部署,转向反右派斗争,批判斗争60人(机关干部55人,中学教师5人)。划"右派分子"50人(机关45人,中学5人)。1958年元月,又在小学教师中开展反右派,斗争68人,划"右派分子"63人。全县共划"右派分子"113人。60年代初,根据中央指示,摘掉

82名“右派分子”帽子。1982年全部予以改正,并予妥善安置。

八、“大跃进”和人民公社化

(一)“大跃进”

1957年12月底,根据上级精神,县委召开第七次扩大干部会议,提出组织1958年“大跃进”设想。次年3月,县委扩大会议决定修订各项指标,要求实现亩产千斤粮、万斤薯。不切实际地推行深耕密植。6月,又提出大办钢铁口号,3个月时间建县办铁厂3个、土炉56座,动员群众捐献废铁,有的地方将农具砸烂投入铁炉,发“钢铁卫星”。在“大炼钢铁”运动带动下,掀起大办交通、大办教育运动。

(二)人民公社化

1958年9月,贯彻中共中央8月通过的《关于在农村建立人民公社问题的决议》。仅用4天时间将河漠、河东、河西3个乡合并,建立县内第一个人民公社。月底,全县实现公社化。在“跑步进入共产主义”口号鼓动下,人民公社取消按劳分配,一度实行供给制。原高级社和社员个人财产被无偿调用,投入基本建设。

公社化推动“大跃进”运动进入狂热阶段。割禾、摘茶子、伐木、炼铁均号召“发卫星”。各项农活的完成日期由县委统一规定。白天割禾,晚上用牛犁红薯。为抢种油菜,致使大片茶子掉在山上。人们不分昼夜地干,丰产之年未丰收。“大跃进”和人民公社化期间,县城至沔渡公路基本建成,至中村公路全面施工。“大炼钢铁”运动以消耗大量劳力和林木资源为代价,生产生铁359吨、土钢13吨。由于各级干部强迫命令、盲目指挥,加上自然灾害,给农业生产带来严重损伤,进入连续3年经济困难时期。1960年冬,开始整风整社,“大跃进”和人民公社化的错误得到纠正。

九、农村社会主义教育运动

1963年5月,县委组织工作队,在石洲公社开展以清工分、清账目、清粮食、清物资为中心内容的农村社会主义教育运动。对273名拖欠、贪污公款和占用集体钱物的基层干部分别作出退赔、降职、撤职处理。同年8月至次年6月,又先后在城东公社草坪、禾仓源大队和塘田公社开展以清政治、清经济、清组织、清思想为中心内容的系统社会主义教育运动,责成基层干部退出多占粮食2.6万公斤,贪污、拖欠款3.3万元。运动中对基层干部处理面过宽,甚至出现将人民内部矛盾当作敌我矛盾对待的现象。

1964年8月,根据中共湘潭地委统一部署,县委从县机关干部和公社、大队两级领导骨干中抽调558人,组成社会主义教育工作团,训练月余后,由县委主要领导带队,赴湘潭县南谷、仙女两个公社开展“社教”运动,至次年6月结束。1965年8月,根据地委统一安排,县委又组织734名干部赴浏阳县镇头区开展“社教”,历时一年。

十、开展“文化大革命”

1966 年 6 月初，县委开始宣传贯彻中共中央“五·一六”通知，动员揭批“三家村”。随之派工作组进驻一中、花鼓剧团等单位。全县 20 多名干部、教师和文化工作者被当作“小邓拓”批斗，并下放农村改造。8 月，宣传中共中央《关于无产阶级文化大革命的决定》。9 月中旬，成立县委文化革命领导小组。下旬，开展“抓黑鬼”运动，百余名干部被批斗。1967 年 1 月，武汉某大学红卫兵在县城串连发动，建立“造反派”组织。2 月，受上海“一月风暴”影响，县委被夺权，县、乡、村及各单位领导被批斗，县内陷入混乱状态。1968 年 9 月，成立酃县革命委员会。10 月，将原县委、人委百余名干部下放到炎陵良种场集训，边劳动，边接受审查。同年，“清理阶级队伍”，受江西宁冈造反组织制造的“中华民族独立党扶蒋反共救国军”假案波及，酃县 6 个公社 32 个大队 110 多个生产队和部分机关单位，干部群众 169 人受到迫害。尔后，开展“一打三反”“斗批改”运动，历时两年多。790 人分别受到党纪、政纪、劳动教养和刑事处分，其中冤假错案占 91.5%。1970 年 12 月，恢复中共酃县县委，全县各项事业逐步走向正轨。

十一、落实政策 平反冤假错案

1979 年 1 月，县委召开四届二次会议，传达贯彻中共十一届三中全会精神，号召全县党员解放思想，将工作重点转移到经济建设上来。2 月，召开三级干部会议，进一步开展真理标准讨论，清除“左”的影响，全面落实党的政策，平反冤假错案。县委成立落实政策领导小组，设立办公室，抽调 90 多名干部，对“反右派”“反右倾”“四清”“文化大革命”4 个运动及其以前的历史旧案进行全面复查。至 1987 年，共复查 4449 件，纠正 2833 件。其中，党纪案件复查 722 件，为 310 人平反；政纪案件复查 1712 件，为 1381 人平反；刑事案件复查 1711 件，撤判、改判、纠正 845 人。同时，为受到错误处理的 14 名原中共酃县区工委党员和酃县武工队成员平反，为在第二次国内革命战争时期以“AB”团罪名被错杀的 283 人昭雪。

在落实知识分子政策过程中，解决其亲属 655 人的“农转非”问题，132 对长期分居两地的夫妻得到团聚；贷款新建宿舍楼，解决一批知识分子住房困难。至 1987 年，吸收 300 多名符合条件的知识分子入党，选拔 286 名德才兼备的知识分子进入各级领导班子。

十二、推行经济体制改革

(一)农村

1980 年 11 月，县委召开三级干部会议，贯彻中共中央《关于进一步加强和完善农业生产责任制的几个问题》(〔1980〕75 号文件)，实行“包产到户，联户计酬”农业生产责任制。1981 年冬在县内全面推行。1982 年中共中央 1 号文件下达后。县委组织千余干部深入农村，调查研究，帮助完善农业生产责任制。给社员划分自留山，分户或联户承包用材林和经济林,实行定权发证,分离所有权和经营权,完善林业生产责任制。1984 年,县委组织 1278 人的宣传队,深入基层贯彻中共中央〔1984〕1 号文件,本着“大稳定、小调整”的原则,延长土地承包期(15 年以上),引导农民扩大承包范围和生产规模,发展商品生产。1984—1990 年,农村专业户、重点户由 5027 户增至 8085 户;经济联合体由 97 个增至 302 个;家庭小林场、小果园、小桑园、小竹园、小苗圃由 3100 个增至 9300 个;承包 50 亩以上荒山造林专业大户达百余户;从事养殖、加工和经商运输、建筑、服务的农民增至 2.5 万余人。同时,帮助 431 个乡镇企业建立和完善责任制,提高经济效益。加上调高农副产品收购价格等惠民政策,1990 年,农民人均纯收达 455 元,比 1980 年增长 2.1 倍。

(二)城镇

1983 年,县委按照“坚定不移、慎重应战、务求必胜”的方针,引导城镇经济体制改革。从打破“大锅饭”(平均主义)、“铁饭碗”(固定工资)入手,在企业内部推行各种形式的经营承包责任制。1984 年冬,县委贯彻《中共中央关于经济体制改革的决定》,实行政企职责分开,在企业推行厂长(经理)负责制,扩大企业自主权。实行计划经济与市场经济相结合,“国家、集体、个体一齐上”方针,发展多种经济形式。鼓励企业积极引进技术、资金和人才,开发新产品。1988 年。独立核算工业企业销售收入、完成利税分别比 1980 年增长 4.9 倍和 10.2 倍,社会商品零售总额和集市贸易成交总额增长 2.8 倍。

十三、整党和廉政建设

1985 年 5 月至 1987 年 7 月,县委贯彻中共中央《关于整党的决定》,对全县基层党组织分三批开展全面整党,对党员进行理想宗旨、纪律法制、革命传统、党员标准和彻底否定文化大革命等教育,清除派性,增强党性。查处以权谋私等违法、违纪案件 29 起,挽回经济损失 251.2 万元,纠正党政干部经商、滥发钱物、多占住房和农村党员乱砍林木、侵占耕地建房、参与赌博、超计划生育等不正之风。全县 6347 名党员,98.9%予以登记。受到党纪处分的 111 人中开除党籍 15 人,劝退 13 人。

1988 年起,县委认真贯彻治理整顿方针,在干部队伍中清理违纪营建私房,开展反贪污、贿赂斗争。1989 年,从宽处理投案自首者 75 人,从严处理拒不交代者 19 人。并制定《关于副局级以上干部廉洁从政应遵守的几项规定》,定期开展廉政检查,总结表彰先进,对问题较多的单位发出通报,限期改正。此后,廉政建设常抓不懈。

十四、“三讲”教育

2000 年,按照中共中央指示精神和省、市委部署,全县于 3—5 月开展以讲学习、讲政治、讲正气(简称“三讲”)为主要内容的党性党风教育。

“三讲”教育按思想发动、学习提高;自我剖析,听取意见;交流思想,开展批评;认真整改,巩固成果等 4 个阶段进行。县委成立“三讲”教育领导小组,抽调 20 多名干部组成办公室，分别在4个阶段中开展各项组织、协调、服务工作。各级领导及其班子成员，找准党性党风方面存在的突出问题，制定整改方案，并狠抓整改措施的落实。

十五、学习“三个代表”重要思想

根据中共中央和省、市委的统一安排与部署，炎陵县“三个代表”重要思想学习教育活动从2001年1月开始到2002年5月结束，全县9042名党员参加学习。学教活动分乡镇、县直部门及驻乡镇站所、村级3个批次进行，每批次分学习培训、对照检查、整改提高3个阶段。对3个批次学教活动都进行两次回访复查，以确保学教活动各项工作和整改方案、措施得到落实。通过学教活动，全县广大党员干部普遍受到一次深刻的马克思主义教育，增强贯彻党的路线、方针、政策的自觉性和坚定性。一批涉及农民群众切身利益的实际问题得到解决。

十六、县乡机构改革

机构改革于2001年11月22日召开动员大会，2002年10月结束。改革后，县直党政机构29个，比改革前减少7个，精简19.5%。乡镇事业机构(除教育、卫生和财税所外)87个，减少61个，精简41.3%。县直党政群机关内设机构133个，减少37个，精简22%，15个乡镇机关内设机构63个，减少27个，精简30%。县直党政群机关配置领导职数127名，减少8名，精简5.9%；15个乡镇机关领导职数129名，减少5名，精简3.7%；事业局配置领导职数28名，减少3名，精简9.7%。县委、人大、政协机关及群团组织的人员编制按20%精简，政府机关人员编制按25%精简。县党政群机关行政编制由458名精简为350名，减少108名，精简23.5%。加上县直党政群机关后勤服务事业编制50名，由地方财力解决的编制55名，实有编制455名，县直党政群机关实有人数577人，应分流人员122人，实际分流128人，余编6名；政法系统专项机关编制257名，加上地方财力解决的事业编制20名，实有编制277名，实有人数306人，分流50人，余编21名。乡镇机关人员编制，按20%精简，减少编制84名。同时，对原具有行政审批职能的36个部门和单位承担的838项行政审批事项进行清理，减少审批项目541项。

十七、保持共产党员先进性教育活动

2005年1月开始，全县9600多名党员分3批开展保持共产党员先进性教育活动，由组织部牵头，从纪检、宣传等部门抽调5名干部，组成先进性教育活动领导小组办公室，具体负责先进性教育活动的日常工作。组建16个由县级领导牵头，副科级以上领导干部任组长，62名机关党员干部为成员的督导组。深入联系点进行具体指导，采取上党课、召开座谈会、为村组解决实际问题等形式，推动驻点乡镇教育活动深入开展。县电视台开辟“先进性教育活动在炎陵”专栏，对先进性教育活动和党员先进事迹进行报道。各乡镇、村组织农村党员在规定书目学习外，增加农村实用技术、政策法规、市场经济等方面的知识学习，并深入开展革命传统、“八荣八耻”荣辱观教育。40多位县级领导分成8个慰问小组，走访困难企业16家，敬老院8个，慰问困难群众127户，送去慰问金19万元，为群众解决实际问题331个。农村基层党组织结合实际，组织党员捐资5万余元、义务投工投劳4000多个，维修村道20多公里、水利设施700多处，与困难群众结成帮扶对子364个。各级党组织加强制度建设和理论研讨，建立和完善“党员先锋模范岗”等加强党员教育管理的长效机制。同时，取得一批理论成果，组织部选送的《保持党的先进性必须建立健全党员权利保障机制》一文，获全市理论研讨论文一等奖。

十八、学习实践科学发展观教育活动

2009年，全县分3个批次开展学习实践科学发展观教育活动，按学习调研、分析检查、整改落实3个阶段进行。2010年2月基本结束。参学单位486个，参学党组织545个，参学党员9934人。

各级党组织围绕“党员干部受教育、科学发展上水平、人民群众得实惠、‘两型’建设见成效”的总体要求，完成“规定动作”，搞好“自选动作”。打造以活动简报、电视台、手机报、党建网“四位一体”宣传体系。对流动党员、病残党员采取寄送资料、送教到家、结对帮学方式，扫除学习盲点。对事关全县经济社会发展和老百姓切身利益的40项突出问题进行全面整改。县乡村三级1.2万多项整改任务得到全面落实。选派、培训50名退居二线的副科以上干部到基层担任“科学发展指导员”。从各党(工)委推荐的90个候选对象中，通过投票方式评选出10个科学发展基层党组织、10位科学发展领路人和10位科学发展标兵进行表彰奖励。县委获“株洲市学习实践科学发展观活动先进单位”和“株洲市学习实践科学发展观活动领导班子建设优秀党委”称号。市委副书记、县委书记李晖在全省部分县市区委书记座谈会上作典型发言。《人民日报》内参以《党建“组合拳”构筑县域科学发展组织保障》为题，推介炎陵县在学习实践科学发展观活动中大力加强基层组织建设、深化干部人事制度改革等方面的一系列新举措、新经验。

十九、党的群众路线教育实践活动

2014年，突出“为民务实清廉”主题，落实“照镜子、正衣冠、洗洗澡、治治病”的总要求，完成党的群众路线教育实践活动3个环节的各项任务。全县78个县直单位、15个乡镇班子采取集中学与个人学相结合的方式，扎实开展“六个一”活动，确保学习教育收到实效。

活动中，县委共收集意见303条，其中“四风”问题的意见215条。各乡镇、各单位党组织共收集意见3600余条。各基层党支部走访群众3.7万余人次，接待群众来访2700余人次，收集意见建议2270余条。全县各级党组织和党员领导干部对照收集到的意见建议进行深入查摆,召开民主(组织)生活会,回应群众诉求。群众反映强烈的切身利益问题整改到位 152 项,联系服务群众"最后一公里""最后一步路"问题整改到位 54 项,市委督导组交办的 11 个信访问题全部处理到位。同时,结合炎陵实际,在全县开展"正风肃纪""项目攻坚""扶贫开发"三项大行动,明察暗访 18 次,下发督查通报 8 期。81 人被追究责任。围绕反对"四风",重点加强 48 项制度建设。中国组织人事报以《谁家有困难,请找群众工作站》为题,推介炎陵县直接联系服务群众的典型做法。

第三章 组织工作

第一节 组织建设

一、1949 年前的组织建设

1926 年 7 月,李却非在县内秘密发展4 名进步青年加入中共组织,为创建中共酃县特别支部奠定基础。1927 年 11 月,刘寅生回县后,吸收张平化、周介甫、段楠、霍崇德、刘平章等进步青年入党,并建立黄挪潭、九都、五都、中村、水口、下村、西乡等 7 个支部,有党员 20 余人。1928 年 3 月下旬,相继成立中村、坂溪、石洲和西区 4 个中共区委和 7 个基层支部,党员 80 余人。5 月下旬,各基层组织与县委同时遭到破坏。5 月底至 6 月初,毛泽东指派李却非、黎育教等酃县籍干部回县,重建县委,相继建成青石冈、大院、石洲 3 个中共区委。6 月,酃县赤卫大队奉红四军军长朱德命令,打通酃县至遂川县石门岭通道,成立中共石门岭区委。其间,各级组织注意发展对敌斗争坚决的工农骨干入党。徐鼎燕、周亚水等县工农兵政府领导人均为这一时期入党。至 1928 年 8 月,全县有 4 个区委、33 个支部,党员 300 余人。1930 年春,中共酃县县委组建中共坂溪(一区)、石洲(二区)、黄挪潭(三区)3 个区委,次年 6 月又成立中共十都(四区)区委。4 个区委辖 31 个乡支部,党员 500 余人。1933 年 9 月,国民党军队发动第五次"围剿",酃县和遂川县苏区仅剩 11 个乡。中共酃遂中心县委决定,将酃县的黄挪潭、坂溪两个区委合并为黄坂区委,十都、石洲区委合并为十石区委。

二、1949—2014 年组织建设

1949 年 6 月,中共酃县区工委成立后,着手在县内发展基层组织,先后建成鹿原、炎陵、康乐 3 个乡支部,党员 13 人。10 月底,县委在 4 个行政区分别建立中共区委。当年全县有党员 43 人。

1950 年 3 月,二区区委秘密吸收段盛林、金朝汉等 5 名农会骨干入党,为酃县解放后在农村最早发展的党员。当年,在县、区机关建立党支部 10 个。全县党员增加到 82 人。1951 年,

开始公开发展党员,发展对象为在减租反霸、土地改革中表现积极的贫雇农或贫雇农出身的干部、工人。1952年10月,县委工作组在草坪乡建立解放后第一个农村党支部。当年全县党员260人。1953年,随行政区划调整,区委增至7个,机关和农村支部136个。1956年,撤区并乡,全县设乡总支19个,乡支部2个,村支部138个,机关支部22个,党员1439人。其中农村占57%,工交2.9%,文教卫3.5%,商业金融8.3%,党政机关28.3%。1957年,开展"整风反右"运动,发展党员的工作一度停止。1958年,成立人民公社。公社设党委,大队设总支,3名正式党员以上的生产队设支部。当年下半年为适应"大跃进"形势,突击发展党员334人。1965年,全县有公社党委16个,村党支部205个,机关支部(总支)66个,党员3141人。"文化大革命"初期,各级组织陷于瘫痪。1969年12月,中共酃县核心领导小组在太平公社(今东风乡)开展恢复公社党委试点工作。1970年,各级基层党组织相继恢复。按中共"九大"修改的党章规定,发展党员由群众推荐,支部考察。考察重点为"阶级斗争和路线斗争觉悟"。少数不具备条件的人也被吸收到党内。1978年,全县有公社党委16个、机关党委3个、机关党组4个、农村党支部220个、机关支部(总支)188个,党员5290人。1979年,中共十一届三中全会召开以后,知识分子作为工人阶级的一部分,在发展党员中受到重视。1984年,恢复乡镇建制,原公社党委改为乡镇党委,大队支部改为村支部。1990年,全县有乡镇党委17个、机关党委6个、机关党组11个、农村支部(总支)204个、机关支部(总支)262个。全县党员7046人,占总人口的3.99%。

1991年,从县直机关抽调80余名干部,对22个农村后进党支部进行整顿。结合社会主义思想教育,对农村党员普遍进行民主评议。评出优秀党员831名,合格和基本合格党员4776名,不合格党员68名(其中受各种党纪处分的41名)。1999年,县委制定《关于对县直机关、企事业单位党组织进行目标管理考核的实施意见》,全面推行季评季报制度和督办制度。至2002年,评出红旗党组织21个。2006年,在农村基层党组织中深入开展"把致富带头人培养成党员、把党员培养成致富带头人;创党建示范点,创小康示范村"为主要内容的"双培双创"活动。2007年,针对流动党员分散难管的情况,利用春节期间流动党员返乡机会,派出工作人员登门上户,发放368份《流动党员活动证》,发放率97.4%。收集流动党员外出地点、从事职业、联系办法、党费交纳等信息,建立流动党员管理台账。2009年"七一"前夕,向全县近万名党员发放党员连心卡,通过反馈卡广泛收集党员意见建议4664条,帮助解决党员实际困难3962个。在炎陵电视台开播"始祖圣地党旗红"电视栏目,连续1个月对优秀基层党组织、优秀共产党员、优秀党务工作者进行宣传报道,激发广大干部党员学习先进、争创先进的热情。"七一"期间,基层党组织书记每人带头讲1堂党课,进一步落实和完善党课教育制度。

2010年,成立中共炎陵县新经济组织和新社会组织工作委员会,与九龙工业园党工委一起,负责"两新"组织党建工作。实现规模以上非公企业党建工作覆盖率、规模以下非公企业党组织应建已建率两个100%。2013年,落实《关于加强农村基层组织建设的十条意见》,全面推行村干部"坐班制"。严格村干部失职责任追究,罢免2名失职村干部职务。

评选表彰第一批“十佳村党支部”“十佳村干部”。《中国组织人事报》先后3次推介炎陵县推进农村党建经验。2014年，以“党员进社区，服务你我他”为主题，推进在职党员进社区活动。设置“有事找我”信箱，发放7000余张便民联系卡，成立24支服务队、197个服务组。人民网、中共新闻网和《湖南日报》对活动进行报道推介。至年底，全县有党组织639个。其中，党委23个、党总支19个、党支部594个、党工委3个。有党员10987人，其中农村党员6951人。

第二节　老干部工作

1980年，县委组织部设立老干部工作办公室，1984年升格为县委老干部工作局，1989年易名为县委老干部局。2014年底，由老干部局管理的离休干部29人，退休正县处级干部13人，副县处级21人，正乡科级217人，副乡科级289人。

一、落实老干部政治待遇

老干部局每年为离休和副科以上退休干部订阅报刊杂志，组织老干部参加政治学习和社会活动3次以上。2011年，以离退休党支部为单位，组织离退休干部采取“忆红史、上红课、唱红歌、表红心”做法开展创先争优活动。“高举红旗在老区，不忘本色谱新篇”经验，被人民网、中共新闻网和省委老干部局宣传推介，县老干部局获全省老干部工作先进单位。2012年，组织全县离退休干部为“建设美丽幸福新炎陵”建言献策，共提出意见和建议八大类115条。2013年，成立炎陵县第一支由65名离退休老干部组成的网络宣传队伍。至2014年，在红网爱晚论坛、老干论坛、湖湘文化、搜狐、新浪等网站发送微博220条，评为精品贴的12条。

二、落实老干部生活待遇

1984年7月，根据国务院《关于老干部离职休养暂行规定》，对中华人民共和国成立之前参加工作的老干部达到离休年龄的给予办理离休手续，当年办理3人。至1990年，办理离休手续的老干部130人。1991年5月，成立“落实离退休干部待遇责任制”领导小组，督促、确保离退休干部工资待遇和各项生活补助得到落实。1994年起，在离退休人员中推行养老保险制度，当年有2089名离退休人员享受社会养老保险。

20世纪80—90年代，为解决老干部居住和治病问题，先后兴建老干部宿舍1417平方米，老干部病房1040平方米。1995年、1998年、2003年，先后为老红军钟炳勋、老八路张广泽和赵明义等人解决一套生活用房。2003年，离休干部医药费实行实报实销，每人每年4000元统筹。2011年，提高到每人每年1.2万元。同时，对离退休干部的各种生活补助标准进行多次提标。每年春节、老年节由县老干部局牵头，组织走访慰问老干部。2014年，共走访慰问老干部

840 人次。

三、发挥老干部作用

1998 年,成立老年科协,租地 15 亩,养猪 130 头,养鱼 2500 尾,培育果树 10 亩,取得良好收益。1999 年 8 月,聘请 4 位退休主治医师轮流在北门垄老干门诊坐诊,为老干部看病就医提供优质服务。2000 年后,聘请老干部担任党风廉政建设监督员、文明县城劝导员和法律知识宣传员,为社会经济发展贡献余热。2014 年,开展汇聚正能量·共筑中国梦·争当“六大员”活动,鼓励引导老干部争当科学发展的助推员、热心公益的监督员、矛盾纠纷的调解员、城市文明的劝导员、教育下一代的辅导员和汇聚正能量的宣传员。

四、离退休干部党支部建设

1991 年,规定有 3 名以上离退休党员的单位单独成立党支部,当年成立离退休党支部 7 个。2009 年,召开全县老干工作创先争优表彰大会,有 9 个离退休支部、14 名先进老干工作者和 24 名优秀离退休党员受到表彰。在 2012 年的创先争优活动中,县经济和信息化局一支部获评全省“五好”离退休干部党支部。老党员马安健评为省“创先争优”活动优秀共产党员并记一等功。至 2014 年,全县离退休党支部发展到 45 个。

五、兴办老年大学

1989 年,成立株洲市老龄大学酃县分校校务委员会,招收第一批学员 41 人,最高年龄 72 岁,最低年龄 56 岁。之后,学员逐年增多。2014 年,县老年大学有学员339 人,开设声乐、舞蹈、书画、器乐、乒乓球、时政、艺术团等 7 个专业班。

六、支持关心下一代组织

1987 年,成立县关心下一代协会(简称县关协),1991 年易名关心下一代工作委员会(简称关工委)。老干部局是 16 个关工委成员单位之一。2006 年,全县基层关协 15 个,城(区)关协 37 个,村级关协 202 个,家长学校 2 所。选聘法制副校长 31 人,辅导员 15 人,老教师讲师团成员 10 人。全县有青少年帮扶小组 112 个。2014 年,霞阳镇东、南、西、北 4 社区、鲁坑小学、十都镇晓东村、垄溪乡坂溪村、学生社会实践基地等 8 个关协创建市级示范点。

七、设立老年人体育协会

县老年人体育协会于 1985 年成立,始有会员 105 人。至 2014 年,会员发展到 310 人。

八、成立老年保健协会

2013 年，成立县老年保健协会，组织老年人参加保健知识学习，实现理智养老，科学养老。老年保健协会成立后，编印科学保健宣传手册老年保健丛书之一《老年保健》100 问和《炎陵保健》期刊。2014 年，面向全县老年人举办首次冬病夏治“三伏贴”义诊义治活动。

第三节 干部培训

一、党校教育

1958 年之前，干部培训无专门机构，直接由县委安排。1958 年 6 月，成立县委党校，并在大操坪修建宿舍及办公用房，用于干部培训。

1969 年元月 30 日，县革命委员会在天平茶厂设立“五·七”干校，取代县委党校职能。1977 年 9 月，撤销“五·七”干校，恢复县委党校。

1982 年，县委党校迁址县城北门垄原城关纸袋厂。1997 年，县委办下文，开展“党员爱党校，全党办学校”活动，全县党员和各级党组织捐款筹集 30 余万元，于次年建成面积 1148 平方米的教学楼。同年，县委党校加挂“炎陵县行政学校”牌子。2007 年起，校长高配为副处级实职。2010 年，校园占地面积 1.9 万平方米，校舍建筑面积 6051.69 平方米，可同时接受 200 余人在校培训。同年，经上级评估，评定为乙级县级党校。

二、党建培训

1990 年，县委党校举办首期入党积极分子培训班，此后每年一期。每期少则 80 余人，多则超过 200 人。至 2014 年，共培训 2400 多人。

三、中青年后备领导干部培训

1991 年，首次开办中青年后备干部培训班（简称中青班），为期半年。此后每年举办一期，时间 2—4 个月。2007 年起改为两年一期，每期 2—3 个月，培训 50—70 人。

四、专题学习

1949 年 11 月，举办首届干部培训班，学习征粮、剿匪等有关政策，结业后组织征粮队下到各区乡工作。“文化大革命”期间，“五·七”干校的干部培训和训练，以批修整风为主要内容，进行思想政治教育。1972—1976 年轮训干部 4982 人。1998—2014 年，先后举办学习中共中央各次党代会精神、“两会”精神，以及“三个代表”重要思想、科学发展观教育，先进性教育、群众路线教育等专题学习教育培训班多期，培训干部 1300 多人次。2010—2011 年，开设 13 期全县副科级以上领导干部周末大课堂，邀请省内外有关专家、教授授课。参与学习超过 1 万人次。

五、岗位短训

1980—2014 年，每年举办多期不同岗位干部短训班，进行理论教育和业务辅导。培训对象主要有：党组织书记、科局级干部、工会主席、妇女干部、组织宣传干部、纪检监察干部、行政执法干部、县乡人大代表小组长、政协委员、村“三大主干”、厂长经理、企业骨干、法人代表等。同时，还举办“党建扶贫”“新农村建设”“招商引资与项目建设”等多期研讨班。

六、学历教育

根据干部队伍建设需要，利用教学资源，开展学历教育。1984—1989 年，举办在职干部中专班。1996 年起，举办经济管理专业函授大专班，村级干部中专班。1999 年起，开办中央党校经济管理专业、法律专业函授本科班。2008 年，停止学历教育。

七、教学教研

党校不断进行教学改革和教学研究。教师在讲授式教学的基础上探索案例式、研讨式、情景模拟式等多种教学方法。采取“走出去与请进来”相结合的方式。带领学员到经济发达地区、革命老区、优秀示范区学习取经。邀请省市党校教师和知名学者以及经验丰富的领导为学员授课。根据培训教学需要，2003 年确定炎帝陵、洣泉书院、水口叶家祠为干部爱国主义、革命传统教育培训基地。2008 年，确定三河镇星光村为农村党建与“三农”问题教学基地。县党校以炎帝文化为特色研究领域。自 2006 年起连续申报完成《炎帝文化的和谐思想研究》《炎帝祭祀文化及其影响研究》《炎帝文化的时代价值研究》《炎帝农耕文化与两岸农业交流》《炎帝德文化研究》等 5 个省级课题。

第四章　宣传工作

第一节　理论教育与宣传

一、思想理论教育

土地革命战争时期，党的思想建设重点是教育共产党员树立理想信念，为共产主义献身。

中华人民共和国初期至20世纪50年代,围绕巩固政权和生产资料所有制改造,先后对党员进行阶级教育和社会发展史教育以及过渡时期总路线教育，坚定走社会主义道路的决心与信心。

1960年后，围绕国民经济调整，县委组织党员学习哲学，倡导实事求是的思想作风。1964年，随着农村社会主义教育运动开展，开始在党员中强化阶级斗争和路线斗争教育。“文化大革命”期间,重点要求党员学习毛泽东关于无产阶级专政条件下继续革命的理论,为接连不断地开展批判斗争打下思想、理论基础。

1979年后,思想理论战线拨乱反正,开展“实践是检验真理的唯一标准”讨论,要求完整准确地掌握马克思主义、毛泽东思想体系。之后,随着党的工作中心转移到经济建设,开始组织党员进行正规化、系统性理论学习,重点学习邓小平关于建设有中国特色社会主义的论述。

1990年后,县委理论学习中心组和乡(镇)科(局)党委(党组)中心组的理论学习逐渐实现制度化、规范化。集中学习时间每年12天以上,学习内容涵盖马克思主义基本理论,中国特色社会主义理论体系,《中国共产党章程》和党内各项规章,以及经济、政治、教育、科技、法律、历史、军事、文化、社会管理等方面知识。进入21世纪,县委要求各级党组织,采取“六抓”形式,推动全县思想理论教育迈上新台阶。抓“龙头”,以县委中心学习组带动乡(镇)科(局)级中心组的学习;以领导干部学习带动和影响全县广大党员干部的学习。抓发行,先后配发《“三个代表”与理论创新系列读本》《中国共产党章程》等政治理论读物10余种2万余册。抓培训,组织宣讲团下基层上辅导课100余场;利用县、乡党校举办各类培训班60期,培训理论骨干1000余人。抓活动,组织全县4000多名党员参加全省“学习十六大精神”知识竞赛活动,组织理论知识有奖竞答。抓考试,在全县党员干部中先后组织以党的知识、WTO知识、十六大精神为主要内容的考试,以“考”促“学”。抓调研,先后开展“加快炎陵经济发展”读书征文和“生态立县,产业富县,实干兴县”发展战略专题研讨等活动,全县党员干部撰写理论调研文章和心得体会500余篇。

2010年,开展“十佳学习型党组织”“十佳学习型领导干部”“十佳学习型党员”评选活动和“推进学习型党组织建设,加快经济发展方式转变”基层巡回宣讲活动,在县电视台开办《洣泉开讲》电视专题讲座栏目,组织“共享书香”读书征文,编辑出版《共享书香——炎陵县党员干部读书征文活动获奖作品选》。2014年,积极开展微宣讲活动,组建“十八届三中、四中全会精神在基层”百姓微宣讲小分队,深入基层进行理论宣讲40多场次。

二、新闻和对外宣传

1992年,拍摄《炎陵风光》《一方热土一片歌》《井冈西麓正沧桑》等电视专题片,在县内旅游景点和宾馆设置固定的名优土特产品宣传橱窗,在《中国老区报》《湖南农村报》对炎陵进行专版报道。年内在市级以上新闻媒体用稿600多篇。1997年,炎陵县在中央、省级主流媒体上稿数量均创历史新高。其中,中央各新闻单位用稿72篇。由炎陵县通讯员与香港《大公报》记者共同撰稿的“炎陵专版”在《大公报》刊出。

2003年，对会议和领导活动的报道进行规范。全年在市级以上媒体发稿1300多篇。联系湖南电视台影视频道及“乡村发现”栏目拍摄《知青回归之旅》等节目，制作《炎陵胜境》旅游风光宣传片。建立和完善“走进炎陵”网站。2009年，围绕衡炎高速公路通车、红军标语博物馆建设等重点工程，邀请人民日报、中央电视台、中央人民广播电台、新华社、中新社、凤凰卫视、《香港文汇报》《香港大公报》《中国日报》《湖南日报》、湖南卫视、湖南人民广播电台等近200家媒体进行宣传报道。2011年，结合庆祝中国共产党建党90周年，联系新华社、江西卫视、湖南卫视、湖南日报“红色追寻”采访团等媒体开展采访活动，相继推出《朱毛首晤在炎陵》《红色追寻，永不止步——走进党史事件纪念地炎陵县》等一批影响广泛的新闻报道和专版。全年在国家级通讯社发表通稿57篇，省级以上纸质媒体上稿398篇，省级以上电视媒体上稿86条。2012年，围绕“美丽炎陵，清洁家园”“项目攻坚年”“四大战役”等重点工作以及杜鹃花节、重阳祭祖、海峡两岸神农文化祭等大型活动，开展全方位、立体式宣传活动。当年，在国家级媒体上稿89篇(条)，省级媒体上稿330篇(条)。2013年，深入开展新闻记者下基层活动和新闻写作交流培训。2014年，在国家级通讯社、电台上稿12篇，央视上稿3条；省级电视、电台媒体上稿79篇(条)；国家级纸质媒体上稿22篇，省级纸质媒体上稿103篇。

第二节　精神文明建设

1996年，县委宣传部内设“理论教育文明建设组”。1998年，内设“文明办”。2002年，设立炎陵县精神文明建设指导委员会办公室。

一、群众性精神文明创建活动

20世纪50—60年代，开展“破四旧、立四新”移风易俗活动。1982年，县委印发《关于巩固“文明礼貌月”活动成果，把“五讲四美”活动深入持久地开展下去的意见》，着重整治脏(环境卫生)、乱(公共秩序)、差(服务质量)。1984年，成立县委精神文明建设领导小组，在全县开展文明村和文明单位建设竞赛活动。制定《文明市民公约(试行稿)》和《住户细则》，开展双文明建设竞赛。评出文明建设先进单位53个，五好家庭577户。1996年，在全县开展精神文明建设工作。首批确立大院农场、水口浆村和县城解放路为文明建设示范点。此后，持续开展争创文明单位、文明村镇、文明窗口、文明社区、文明旅游风景区和文明诚信经营街(户)等活动。每年评出文明建设先进(红旗)单位和文明先进个人并给以表彰。

二、公民思想道德建设

20世纪90年代，全县中小学校开展学雷锋、学“两唐”(唐军身残志不残；唐波多年如一日，照顾唐军)活动，组织中小学生观看百部爱国主义影片和阅读爱国主义图书。2001年后，贯彻落实《爱国主义教育实施纲要》，在全县开展社会主义荣辱观宣传教育，公民道德建设以及创建诚信政府、诚信企业;创建学习型、创新型、服务型、廉洁型机关活动。

2004 年,编撰德育读本《可爱的炎陵》并举办图片展,制定《德育工作序列化教育实施方案》,建立县中小学生社会实践基地。同时,净化未成年人成长环境,规范网吧、游戏厅、KTV 等娱乐场所经营。当年,推介下村乡李章胜、李丁秀等典型,分别获全国五好文明家庭、全国孝亲敬老之星称号。2008 年起,先后推介刘朝华、潘文华、兰才干等典型。刘朝华追授湖南省道德模范、湖南杰出青年志愿者、湖南杰出金牌义工、中国杰出青年志愿者,入选中国好人榜。潘文华获评首届感动株洲人物。兰才干获评株洲市首届道德模范。同年,在组织征集讨论的基础上,确定"勤勉务实、敢于超越"为"炎陵精神",并编辑《炎陵精神》学习读本,在全县广泛开展"炎陵精神"学习宣传活动。

2010 年,围绕立德树人根本任务,开展"我的中国梦"演讲征文、"三爱活动"讲故事及"做一个有道德的人""童心向党""学习雷锋、做美德少年""日行一善""网上祭英烈""微电影展播"等主题实践活动。2011 年,在红军标语博物馆内建立县级示范道德讲堂。文明单位和文明村镇各自建立道德讲堂。道德讲堂宣讲身边的先进人物和先进事迹。2013—2014 年,全县志愿者网络注册人员 3 万余人。在政府主管部门注册成立 3 家社团公益组织,各级文明单位成立志愿服务队,广泛开展助学、扶贫帮困、孝老敬老、无偿献血、文明劝导、义务巡防等"关爱他人、关爱社会、关爱自然"的志愿服务活动。

至 2014 年,全县建立国家、省、市、县级爱国主义教育示范基地 12 处,其中炎帝陵为国家级爱国主义教育基地,红军标语博物馆、洣泉书院为省级爱国主义教育基地,叶家祠、朱家祠、桥头江家、军民诉苦台、周家祠、八担坵、何孟雄故居、神农谷国家森林公园、炎陵烈士陵园为市级爱国主义教育基地。每年接待海内外参观学习人员 100 余万人次。

三、创建文明县城

1998 年,炎陵县首次获湖南省文明县城称号。2011 年 3 月,获 2010 届湖南省文明县城称号。2014 年,新华社《半年谈》和《湖南日报》围绕炎陵县生态文明、精神文明建设,推出专版报道《在炎陵呼吸新乡土文明》《炎陵文明风—炎陵县全力创建全国文明县城纪实》。

第五章 纪检监察

第一节 组织机构

1950 年 11 月,中共酃县县委纪律检查委员会成立。1956 年 2 月 14 日,纪律检查委员会改名监察委员会。"文化大革命"期间,纪检监察工作中断。1977 年 12 月,恢复中共酃县县委纪律检查委员会。1983 年 12 月,改为中共酃县纪律检查委员会,设常务委员会,属副县级机构。1985 年起,县纪委与县委换届选举在全县党员代表大会上同时进行,由党员代表选举产生。1990 年 7 月，全县 17 个乡镇党员代表大会选举产生乡镇纪律检查委员会，县林业局选举产生局纪律检查委员会。1992 年 11 月后，县教育局、公安局、卫生局、水电局相继成立纪委。设党组、总支、支部的单位分别设立纪检组或配备纪检干部。

1993 年 4 月上旬，县纪委和县监察局合署办公。在县委、县政府和上级纪委、监察机关的双重领导下开展工作，履行党的纪律检查和政府行政监察双重职能。2010 年 1 月，县纪委、监察局撤销县直单位 17 个纪委（纪检组），新组建 2 个派出纪工委（监察局），负责联系 41 个单位的纪检监察工作。为副科级单位，“一把手”高配为正科级。2014 年，县纪委、监察局机关设立办公室、干部室、党风廉政建设室、信访举报室（含举报中心）、案件审理室、纪检监察室、执法监察室、效能监察室、监督检查室、宣传教育室、纠风室等 11 个职能室。

1950—1983 年中共酃县县委纪检、监察委员会正副书记一览表

表 4-4

机构名称	时间	书记（兼职）	副书记
纪律检查委员会	1950.11–1956.2	申祖训（1950.11–1953.4） 樊致祥（1953.9–1955.12） 郭步书（1955.12–）	邓存良（1953.9–1954.3） 邓吉亨（1955.12–）
监察委员会	1956.2–“文化大革命”	郭步书（–1957.11） 邓存良（1957.11–1958.12） （1961.6–1963.12） 王　俊（1964.1–）	陈焕成（–1958.12） （1961.6–） 王　俊（1961.1–1964.1） 李树贵（1962.1–1963.10） 唐家钧（1965.1–）
纪律检查委员会	1978.1–1983.12	陈祯炳	周开发（–1981.1） 唐唯一（1981.1–） 曾溪平（1980.1–） 张允中（1981.1–1982.11）

1983—2014年中共炎陵县(酃县)纪律检查委员会正副书记一览表

表4-5

届次	时间	书记	副书记
四届	1983.12-1985.4	周开发	唐唯一　张群生
五届	1985.4-1988.11	周开发	唐唯一(-1987.4) 张群生 林良材(-1987.5)
六届	1988.11-1992.9	周开发(-1991.1) 古友发(1991.1-)	张群生 刘照亮(1991.1-)
七届	1992.9-1997.10	古友发(-1995.2) 李秋明(1995.2-)	李年生、刘光波(1993.6-1995.5) 张明红(1995.7-) 朱自笔(1996.3-) 唐之乐(1997.3-) 刘照亮(-1997.3)
八届	1997.10-2002.10	李秋明(-2002.9) 马民杰(2002.9-)	张明红、左常军(-2001.11) 朱自笔、肖晓华(2001.11-)
九届	2002.10-2006.6	马民杰(-2003.9) 周志辉(2003.9-2004.12) 韩先满(2004.12-)	朱自笔　潘　强　尹志红
十届	2006.6-2011.6	谢洪富(-2009.2) 章文才(2009.2-2010.12) 许志汉(2010.12-)	朱自笔(-2009.6) 尹志红(-2009.6) 马永宏(2007.2-)、刘福贵(2009.10-2011.4) 谭湘东(2009.11-) 欧阳波(2011.4-)
十一届	2011.6-2014.12	许志汉	欧阳波、马永宏(-2013.3) 谭湘东、刘章平(2013.3-)

第二节　党风廉政建设

一、制度约束

第四届、五届纪委主要是协助县委建立并落实党风廉政建设责任制，并对党员违纪问题进行查处。第六届纪委协助县委制定《关于清理和制止党政干部营建私房的决定》《关于制止用公款旅游的通知》。第七届纪委制定下发《关于科局级以上干部公务活动的若干规定》《关于加强党风廉政建设几个问题的决定》。第八届纪委以落实党中央《关于党政机关厉行节约，制止奢侈浪费行为八条规定》为重点，突出整治通信工具、公款吃喝和公务用车等方面的问题，为全县115个党政机关和企事业单位的428名正副职干部全部建立廉政档案。制定《炎陵县党风廉政建设和反腐败工作责任分解》，全县副科级以上党政领导班子及其成员年底须向县委、县政府、县纪委报告执行党风廉政建设责任制情况。第九届纪委集中开展源头预防和治理腐败，将党风廉政建设责任逐项落实到各乡镇和县直单位，23名领导干部因落实责任制不力受到责任追究。第十届纪委，实施科级党政正职述廉评议和乡镇纪委书记述职述廉。推行新任科级干部任前“廉政谈话＋承诺”、单位外出考察审批、婚丧喜庆报告和“三不直接分管”等制度；建立健全县处级及其后备干部电子廉政档案，逐步推行科级干部个人重大事项报告和廉洁从政年度报告制度。作出转变干部作风提升行政效能的决定，建立巡回检查工作制度，决定分期分批对全县各部门、单位开展党风廉政建设巡查。第十一届纪委制定《贯彻落实＜建立健全惩治和预防腐败体系工作规划＞实施意见》，着力完善反腐倡廉制度。基层党组织党务公开、惩防体系建设工作经验相继在全省推广。制定领导干部“为官不为”问责暂行办法和进一步改进工作作风若干规定。组织开展“四查四树转作风、四下四同惠民生”“三兴三治转作风、四联四促抓落实”等主题实践活动。

二、宣传教育

1977年12月中共十一届三中全会以后，宣传教育的重点为宣传贯彻党的十一届三中全会精神和党内政治生活若干准则，四项基本原则，保证改革开放和经济建设顺利进行。1989至1992年，围绕建设与经济建设和改革开放相适应的好党风，把党员的纪律教育作为履行纪委职能的一项基础工程来抓。1993—2002年，开展以加强党的思想建设，提高党员素质为目的的“学理论、学党章”教育，以增强党员拒腐防变能力的反腐倡廉教育，以民主集中制为主题的政治纪律教育，以党纪政纪法规为教材的条规教育。举办“党内廉政教育月”和“电化教育月”等活动。2003—2007年，以“立党为公、执政为民”和“艰苦奋斗、勤廉从政”为主题开展教育活动，并在县电视台开辟“廉政时空”专栏。2008—2011年，举办“十佳勤政廉政干部”“十佳廉内助”评选活动。编撰乡土廉政教材《炎帝圣德廉风》，将廉政名言警句编成客家山歌和小话剧在乡村巡回演出。县电视台、政务网开办廉政专栏。2011年后，党风廉政宣传教育突出正面引领，宣传推介勤政廉政典型，积极传播社会正能量。打造“以红军标语博物馆为中心，东线缅怀革命烈士，南线追忆建党建军历史，西线弘扬炎帝民本文化”的廉政文化精品线路。2014 年，建成百米廉政文化长廊和炎帝陵圣德廉风文化教育基地。洣泉书院和红军标语博物馆先后挂牌湖南省廉政文化教育基地。

三、清廉自律

1990 年后，领导干部主动上交收受的红包礼金。1993—2002 年，全县党政领导干部拒收和登记上交红包礼金、有价证券、贵重物品，折价 32 万余元。2003—2006 年，实行涉廉经费报告制度，副科以上财务单列单位每年向县纪委监察局报告涉廉费用开支情况。同时，继续治理红包礼金，29 人主动登记上交红包礼金 12.8 万元。2007 年起，推行领导干部个人重大事项报告制度和红包礼金定期按季登记上交制度，152 名领导干部履行报告手续，登记上交红包礼金 32.4 万元。2014 年设立廉政账户，当年收到党员干部自行上交的红包礼金 12.7 万元。

第三节 案件查处与信访受理

1952 年，针对少数党员在取得民主建政胜利后所滋生的骄傲、腐化现象，开展反贪污、反浪费、反官僚主义斗争，在县级党政机关干部中揭露贪污案 15 起 22 人，查处违法乱纪案 47 起、作风恶劣案 89 件，6 人被开除党籍。1963 年，针对农村少数党员干部多吃多占现象，在农村配合“四清”（清粮食、工分、账目和物资）开展整党，对党员干部的经济问题进行处理。

1978 年开始，根据中共十一届三中全会精神和上级关于平反冤、假、错案，落实党的干部政策的指示，对“反右派”“反右倾”“四清”“文化大革命”等运动中受到各种党纪处分的案件和其他时期受党纪处分的申诉案件进行认真复查。139 人恢复党籍，修改原处分和结论 128 人。至 1984 年，县纪委共受理信访举报 2026 件次，信访立案 221 件。查办党纪政纪案件 256 件，给予党纪政纪处分 209 人，其中开除党籍 16 人。

1985 年 5 月至 1987 年 1 月，根据中共中央关于整党的决定，在全县开展系统整党，重点肃清文化大革命造成的组织、思想、作风不纯问题。整党期间，对中华人民共和国成立以来党员受党纪处分的案件进行全面复查，复查案件 228 个，纠正 16 人的原处分决议，11 人恢复党籍。一批在“文化大革命”中追随极左路线的党员干部受到党纪处分和组织处理，其中党纪处分 111 人（开除党籍 15 人）。至 1988 年，县纪委共受理信访举报 371 件，查处党纪案件 143 件，处分违纪党员 154 人，其中 30 人被开除党籍。

1989—1992 年，各级纪检组织共受理信访举报 361 件。查处党员违纪案件 123 起，其中涉及副科以上党员干部 28 人。处分党员 130 人，其中开除党籍 39 人。同时，为 37 名被错告者澄清是非，为 4 名知错改错者减轻处分。

1993—1997年，各级纪检监察组织受理信访举报1066件次，查处违纪案件233件，其中涉及副科级以上干部及万元以上大要案64件。党纪政纪处分212人，涉及科级干部32人，开除党籍50人。挽回经济损失196.42万元，追缴违纪资金135.55万元。

1998—2002年，各级纪检监察组织受理信访举报1470件次，查处违纪案件207件，其中党纪104件，政纪116件，党纪政纪交叉案13件，涉及副科级以上干部和万元以上大要案70件。给予党纪政纪处分194人，涉及科级以上干部32人，开除党籍21人，移送司法机关处理12人。挽回经济损失566.5万元。

2003—2006年，各级纪检监察组织受理信访举报1106件次，立案查处违纪案件107件，涉及副科级以上干部和万元以上大要案件35件。给予党纪政纪处分88人，收缴违规违纪资金53万元。挽回经济损失270余万元。为28名受到错告的党员干部澄清是非。

2007—2011年，各级纪检监察组织受理信访举报503件次，为干部澄清错告65件次。立案查处违纪案件94件，其中党纪案件69件，政纪案件25件，涉案金额万元以上大要案29件，涉及副科以上党员干部15人。党纪政纪处分94人，收缴违纪违法资金172.1万元。挽回经济损失1157万元。

2012—2014年，各级纪检监察组织受理信访举报239件。立案72件，其中大要案16起。采取"两规"措施3人，移送司法机关10案10人，党纪政纪处分76人。挽回经济损失3300余万元。

第六章　统战工作

第一节　统战机构

一、机构设置

1949年11月，召开首届各界人民代表会议，与县内各界人士共商县域发展大计。1950年6月，成立县委统战工作部，负责统一战线工作。当年11月，反右派斗争开始，统战工作淡化。"文化大革命"期间，统战工作遭到严重破坏。1978年后，统战工作恢复。

二、职能延展

1981年，县委对台湾工作办公室与统战部合署办公。对台工作办公室通过书信和广播稿件，帮助去台人员了解家乡变化，沟通与家人的联系。1985年起，制定一系列优惠政策，帮助龙渣瑶族乡发展经济，改善生活。2000年，设立县人民政府宗教事务办公室。10月，经省市宗教事务管理部门批准，重建湘山寺。2002年，县政府办公室民族、宗教、侨务工作职能划入统战部。2011年，民族宗教侨务办公室改为民族宗教局。

第二节　党外、非公企业与侨务工作

一、党外与非公企业人士工作

1979年，对被错当“私营工商业者”对待的小商、小贩、小手工业者（简称“三小”人员）进行甄别。1980年，为421名“三小”人员落实政策。1981年，将“文化大革命”期间下放农村的工商人员全部收回安置。1992年4月，对全县非党知识分子和党外知名人士进行摸底，造具花名册。2007年11月，为人大、政府、政协换届，推荐党外干部候选人。2009年，建立县级主要领导联系党外人士制度。评选炎陵县首届工商界精英，10名非公企业人士当选。2010年11月，评选出9家非公企业主为优秀社会主义事业建设者。2014年，实施省级“同心项目”，由省委统战部牵头的湖南“一家一”助学就业·同心温暖工程“农工·恒瑞班”在县职校签约，由农工党省委组织的非公企业家每年捐款40万元帮助100名家庭贫困学生完成学业并联系就业。

二、台港澳事务

1996年，帮助原籍炎陵县的台胞李道合设立念祖优秀学子奖学金，每年提供3.6万元，奖励30名年度高考、中考成绩名列前茅的炎陵学子。2000年，统战部组织台胞及炎陵籍黄埔同学声讨“台独”。2002年6月6日，来自海内外15个客家联谊会的120名会员在炎陵举行首次世界客家人炎帝陵祭祀活动。8月7日，“湘台学子友好夏令营”一行33人到炎帝陵举行祭祀活动。县统战部发挥联系“三胞（香港澳门同胞、台湾同胞与海外侨胞）”人士的桥梁、纽带作用，介绍和宣传炎帝陵与中华优秀传统文化。2010年9月，举办第二届海峡两岸炎帝神农文化祭活动，活动列入国台办重点交流项目。2013年，全面启动“六个一”同心活动，评选出炎陵县统一战线首届十大“同心人物”。11月，炎帝陵由国台办授牌成为海峡两岸交流基地。通过省委统战部、省海联会引进的省级“同心项目”——香港“阅读·梦飞翔”项目，在县内4所学校正式开馆。

第七章　政法综治

第一节　平安创建

一、机构设置

1982年5月成立县委政法委。1990年，坚持“严打”方针，重点开展林业治乱、“三整三打”、农村社会治安等专项整治行动。完成森林公安局、乡镇基层公安派出所、司法所基础设施建设。1991 年,成立县社会治安(管理)综合治理委员会,下设办公室(综治办)与政法委合署办公,社会治安进入综合治理阶段。2003 年,全县 15 个乡镇、县直副科以上单位设立综治办。组建 50 人的城区专业巡防队。乡镇、村组(社区)组建群众治安义务巡防队。设立 10 万元见义勇为奖励基金,1993—2006 年,共表彰 40 名见义勇为先进个人。

二、平安创建

1996—2005 年,先后获评省综治先进县、综合治理一类县、综治工作先进县。2005 年,炎陵县进入全省"平安县"行列。2007 年,电信投入 200 多万元,财政预算 53 万元,在县城主要入口、街道安装电子监控。2009 年,全面完成乡镇、村(社区)、单位的综治机构、规章制度、办公标识等规范化建设。2013 年起,开展"平安乡镇""平安社区""平安医院""金牌调解员""'三打'综合整治"等竞赛评比活动,治理平安创建推进难、矛盾纠纷化解难、优化经济发展环境难等突出问题。与此同时,加强政法综治宣传。开展"平安炎陵·送戏下乡"文艺演出,在县电视台等县内媒体开辟"平安炎陵"栏目。《湖南炎陵如何破解农村治安管理难题》《在炎陵,感触最深是平安》等报道被国家、省、市媒体采用。

2013—2014 年,投入 1500 多万元,实现"平安城市"电子监控系统的扩容升级。全县设置治安监控点位 105 个,安装高清监控探头 225 个,形成严密的物防、技防网络。1993 年,县综治办评为全省综治先进办公室。1995 年,创建治安模范乡镇、单位、公共场所、居委会等活动全面展开。至 2014 年,炎陵县连续 9 年获评湖南省综治工作先进县,连续 10 年保持湖南省"平安县"称号。

第二节　社会维稳

一、设置机构

2000 年,维稳工作纳入各级党委、政府和各部门、单位的党政领导班子和领导干部任期目标。2002 年,从县委办承接"610 办"(防范和处理邪教问题领导小组办公室)日常工作。2009 年,设立县维稳办、县矛盾纠纷调处中心,公、检、法设立人民调解室。尔后 4 年,成功化解涉法涉诉信访积案 50 起、涉稳事件 106 起,所有特护期、敏感期实现到市赴省进京非访"零登记"。2012 年,设立国安办,人民防线工作先后获得省、市"情报信息工作单项奖",县获"国家安全工作先进单位"称号。

二、打击邪教

依法集中打击"门徒会""法轮功"等邪教组织,摧毁邪教组织 4 个,打击邪教骨干分子 35 人。2009 年以后,反邪教工作进入"无邪教乡镇、社区、单位""无邪教示范县"创建阶段。

第三节　队伍建设

一、整顿教育

1983 年，开展集中整顿教育。1987 年，查处一起刑讯体罚犯人事件。1998 年，集中整顿教育，10 人受到批评教育，3 人责令检讨，1 人行政记过处分，1 人被追究刑事责任，66 名优秀政法干部受到表彰。与此同时，开展“百警进百村，百姓在我心”“政法进万家，‘三五’[①]促和谐，亲民惠民大走访”等主题实践教育活动。2012—2013 年，举办政法系统先进事迹报告会，评选表彰炎陵县十佳平安卫士。

二、常态监督

对政法干警的纪律、作风进行常态化督查。开展“政法开放日”活动，聘请执法监督员，加强社会监督。“政法队伍形象”评价名列省、市前列，其中 2012 年排名省、市第一。

第八章　其他党务工作

第一节　来信来访

一、机构设置

1949 年 10 月—1978 年 6 月，人民来信来访由县委秘书室（办公室）负责处理。1978 年 7 月，建立接待来访制度，按东、南、西、城关四个地区分设接待站，固定接待日，每月由县领导接待一次。8 月，设立信访科。1982 年 6 月，信访科改为信访办公室。2005 年 4 月，撤销信访办公室，成立信访局。5 月 1 日开始，实施国务院新《信访条例》。全县 16 个乡镇、场及县直相关部门均设有信访接待室，配备专（兼）职信访工作人员。

二、来信来访接待

1978 年 7 月至 1990 年底，共受理群众来信6153 件，来访 857 案。立案查处 1062 件，占信访总量 15.15%，结案率 100%。直接回复各类信件 1454 件，占来信总量 23.63%。2008 年 7—11 月，组织为期 5 个月的县领导大接访活动。共接待来访群众 141 批 374 人次。其中，县委书记、县长接访 46 批 197 人次，其他县级领导接访 95 批 177 人次。及时解决群众反映强烈的热点、难点问题21件次。2009年5月，建立健全10项相关信访工作长效机制。6月，开展“信访积案化解年”活动，对全县45个信访积案进行现场交办。有化解任务的19个县直部门和13个乡镇成立积案化解工作领导小组，对案件建立化解预案和处置措施。对“法度之外、情理之中”当事人的实际困难，采取积案化解和信访救助相结合的办法，有效化解部分信访积案。7月，实施一把手负总责的领导责任制。实行信访工作“七包”（排查、信息、协调、处理、回访、劝返、稳控）责任制。2010年5月，县委办、县政府办发文，聘请全县202个村支部书记和12个居委会主任为各村（居）委会基层信访信息员。6月，县委、县政府规定，每月5日为“县长接待日”，25日为“县委常委接待日”。乡镇党委书记、乡镇长每周在乡镇政府轮流接访一天，县直部门一把手每半个月公开接访一天。2011年，县级领导共接待来访群众55批139人次，当场化解和调处矛盾纠纷41件次，现场交办14件次。各乡镇、各部门接待上访群众1021人次，化解和调处矛盾857件次。2012年，县委、县人民政府把信访维稳工作作为关注民情、改善民生的重要内容纳入全年工作总体规划。当年，县信访局张永红被授予全国信访系统优秀信访局长称号，并作为湖南省唯一获奖代表出席在北京召开的第七次全国信访工作会议，受到党和国家领导人接见。2013年9月，开展炎陵县信访维稳“五比五看”（比化解突出问题、看解决问题效果，比信访接访劝返、看非访遏制效果，比处置突发事件、看维稳联动效果，比推行风险评估、看源头预防效果，比构建长效机制、看社会管理效果）信访维稳竞赛活动，及时就地化解各类大小矛盾纠纷571件。2014年6月，各乡镇、村两级设立群众工作站、室并统一挂牌，进一步健全信访网络，确保基层信访事项专人抓、专人管。

2005—2014年，共受理群众来信2696件，来访4106批1.29万人次。其中属求决类案件占66.2%，检举揭发、批评建议类案件占21.3%，历史遗留问题类案件占3.5%，其他案件占9%，办结率100%。

第二节　党史研究

一、资料征集

1981年7月，成立中共酃县县委党史资料征集领导小组，下设办公室。1982年，领导小组派出工作人员前往北京、上海、天津、南京、江西、广东、西藏及省内各地，走访知情人士，查阅图书档案。向1949年10月之前参加革命工作的人士发出征集中共党史资料信函500份，印发征集资料、文物公告5000份。至1990年，共征集资料1750份，430万字。其中文献资料480份，访问记录与回忆录340份。1991—1994年，征集文献史料168件、17.1万字，照片30帧。1995年起，先后征集县内征粮支前、清匪反霸、土地改革、人民公社、大跃进、公共食堂、社会主义教育、中共农村基层组织等资料。同时向各界人士发出资料征集函200多份，征集90多位名人资料。至2000年，征集文献、史料183件、20.5万字，照片120帧，证书30张，音像磁带6盒，书籍397册；采访记录6.5万字。2000年后，征集重点为炎陵籍党史人物资料。

通过查阅档案，采访当事人与知情人，召开名人诞辰座谈会等形式，辑录大量史实资料。

2011年，为确认炎陵县为原井冈山苏区县、湘赣苏区县、中央苏区县，县史志档案局工作人员先后到井冈山、遂川、永新、吉安、茶陵等地征集史料，历时8个月。2014年，收集到湘赣省工农银行酃县分行资料。

二、研究编撰

1981—1986年，党史资料征集办公室完成40个党史专题资料的整理和研究。其中有酃县第一个党支部的创立及活动、酃县农民运动始末、北伐军途经酃县、毛泽东在水口连队建党、中村插牌分田、酃县三月起义等。经考证认为，1928年毛泽东、朱德首次会面在酃县，得到党史界认可。考证《毛泽东选集》第一卷《井冈山的斗争·党的组织问题》所述湘赣特委委员圆盘珠，应为盘圆珠(酃县龙渣人)，得到中共中央文献研究室认定，1991年新版《毛泽东选集》更正。

20世纪90年代，党史研究工作者广泛搜集史料，编印《湘山风云》(2辑)《湘东烽火》《酃县英烈》《毛委员在酃县》《党的光辉照酃县》《酃县剿匪斗争》《酃县大跃进运动》《炎陵县人民革命史》《炎陵县老干部回忆录》(1—5辑)、《炎陵县红军标语120条》《中共炎陵党史大事记》(1949—1998)以及《炎陵县党史资料》(2期)、《酃县党史通讯》《酃县党史宣传卡片》等。编纂株洲市第一部县级农村基层组织史《广阔天地带头人》。

2000年后，对毛泽东在酃县革命活动进行研究。提出毛泽东在酃县水口作出"实行工农武装割据"，建立井冈山革命根据地决策的观点，为党史界众多专家学者赞同。撰写的《朱毛第一次会面具体地点辨析》刊登在中共文献出版社出版的《理论研究与实践探索》。与此同时，编撰《统一战线的忠诚战士—郭春涛》《廖海光传》。将何孟雄、张经武、张平化、廖海光等35名炎陵籍知名人士资料录入《走进炎陵》网站。

2006年，县档案史志局主持编纂《中国共产党炎陵县历史》第一卷(1919—1949年)。全书3篇11章15万字。获湖南省党史优秀成果奖和中国档案学会文献史料汇编优秀成果三等奖。2010年8月，《中国共产党炎陵县历史》第二卷(1949—1978年)出版发行，全书4篇12章17.7万字。2011年，为庆祝中国共产党建党90周年，县委宣传部组织编写《走进红色炎陵》，收集炎陵县党的组织建设、武装斗争、苏区建设、历史人物、革命故事、革命歌谣等。同年，县委、县政府组织编写《炎陵县属中央苏区范围的考证》，上报《关于要求呈报认定炎陵县为中央苏区县的请示》。2013年4月，中央党史研究室批准炎陵县比照享受原中央苏区县优惠政策，国家发改委将炎陵县列入原中央苏区振兴发展规划，列入联动发展地区。

三、革命遗址普查

2010年4月，开展革命遗址普查工作。至8月底，对全县37处革命遗址进行登记建档，编印《炎陵县革命遗址普查资料汇编》。2012年6月，出版《丰碑》，介绍炎陵县55处革命遗址。其中,重要历史事件和重要机构旧址19处,重要历史事件及人物活动纪念地19处,革命领导人故居8处,烈士墓5处,纪念设施4处。2014年,省委党史研究室批准,恢复湘赣省工农银行酃县分行遗址,纳入非文保单位党史遗址保护计划。

第三节　党务综合

一、直属机关党建

1995年4月,设立县直属机关工委办公室,为县委办公室内设机构。5月,机关工委会同县委组织部举办建党积极分子培训班,培训123人。当年,发展中共预备党员54名,审批中共预备党员转正43名。此后,县直机关工委每年组织入党积极分子和新党员进行培训、学习,发展一批优秀青年入党。

2000年,机关工委开展"七一"表彰活动,表彰先进党支部20个、优秀共产党员156名、优秀党务工作者39名。2008年12月,部署"五型"(学习型、服务型、效能型、廉洁型、创新型)机关创建活动。2009年3月,评选表彰14个"五型机关"建设先进单位。2011年4月,机关工委升为正科级机构。2014年"七一"前后,组织所属党组织开展为期一个月的"下基层、办实事、树新风"主题活动,各支部组织机关党员进村入户参加一次义务劳动、召开一次党员会议、开展一次夜访农户、撰写一篇调研报告等活动。

二、机要保密

机要工作　1981年4月,县委办公室设立传真室,开通明传传真通信。1985年11月起,在明传传真基础上,开通密码传真通信。1987年1月,成立县委机要科,为正科级密码工作机构,归口县委办公室管理。1994年12月,县级机构改革,原县委机要科撤销,县委办公室内设机要室承担原机要科工作职责。1996年7月,开通县乡传真通信。1997年5月,恢复机要科,为副科级工作机构。2009年4月,更名机要局,为正科级机构,归口县委办公室管理。2013年12月,开通与省、市联通的党委视频会议系统。

保密工作　1991年1月23日,成立县保密局。既是县委保密委员会的办事机构,又是政府管理全县保密工作的职能部门。1995年机构改革后,保密工作归口县委办公室。1997年,恢复县保密局。2002年,在保密局基础上组建炎陵县国家保密局。保密局成立后,围绕全县工作大局,突出抓好保密法制宣传教育、保密规范化管理、保密工作督查检查等基础性工作。2009—2010年,县保密局连续3年评为湖南省保密工作先进单位。

三、政策调研

1981年8月,县委办设立政策研究科。1984年元月机构改革中撤销。3月,县委办设立政策研究组,1996年设立县委政研室,2002年改称政策研究室。

2009年,编撰《炎陵县村务公开调研报告》《炎陵县土地流转调研报告》等10余篇综合调研文章。多篇领导署名文章在《人民日报》《内部参考》《新湘评论》《湘潮》《湖南工作》《株洲日报》等报刊上发表。2010年,组织全县优秀调研文章评选活动,收到调研文章100余篇。有15篇领导署名文章在《学习时报》《新湘评论》《湘潮》《湖南工作》《株洲日报》等报刊上发表。2014年,撰写《全面建成小康社会的现状与思考》《推进"一带八基地"加快全面小康》《"三高一铁"助推美丽幸福炎陵梦》等调研报告。《做好群众工作,把握"四个关键"》《落实"三严三实",锤炼"六种素养"》等署名文章,在《新湘评论》《湖南信访》《株洲日报》等报刊发表。

四、机构编制

1958年6月19日,成立县机构编制委员会(简称编委)与县委组织部合署办公。1994年机构改革中,编制委员会下设编制办公室,既是县委工作部门,又是县人民政府工作机构,列入县委机构序列。

机构设置 1949年10月至1986年,县直党政群一级机构先后设置过86个单位。经不断调整,其中撤、并单位20个。1986年年底,县直一级机构66个。其中县委工作部门5个,纪检机构1个,人大部门3个,政府机构31个、政协机构1个、群众团体5个,县委、县人民政府直属单位9个,其他机构1个,企事业管理部门10个。1993年10月,县直党政群、事业机构分别为73个、577个。事业机构中全额拨款单位496个,差额补助单位37个,自收自支单位44个。1994年12月—1996年12月,全县各专业经济部门及行政性公司成建制地转为经济实体和服务实体。党政工作机构从38个减少到31个,乡镇由17个调整为15个。2004年12月至2005年6月,行政管理体制改革,县政府设工作机构22个。2010年3月起,政府机构改革,工作机构减为21个。2011年7月起,推进乡镇机构改革,行政编制精简10%。核定乡镇行政编制354名,机关后勤编制17名,事业编制445名。

2014年,全县行政机构67个。其中党委系统10个,人大系统7个,政府系统22个,政协系统5个,两院系统2个,群团组织5个,民主党派1个,乡镇机关15个。县委、县政府派出机构各1个:中共炎陵县九龙工业园工作委员会,炎陵县九龙工业园管理委员会。县直属事业机构16个:炎帝陵管理局、炎陵桃源洞自然保护区管理局(神农谷国家森林公园管理局)、档案史志局、国有资产经营公司、供销合作社联合社、扶贫开发办公室、人民政府教育督导室、大院农场(大院国有林场)、青石冈国有林场、旅游局、房产管理局、规划局、畜牧兽医水产局、农业机械管理局、经营管理局、城市管理行政执法局。至2014年底,行政编制1162名,实有人员1089人;机关后勤编制68名,实有人员37人;事业编制5270名,实有人员4411人。

1994—2014 年炎陵县行政、机关后勤、事业人员编制情况一览表

表 4-6

年份	行政编制(名)	行政人员(人)	机关后勤编制(名)	机关后勤人员(人)	事业编制(名)	事业人员(人)
1994	1146	1152	50	34	5551	5242
1995	1147	1149	50	38	5595	5362
1996	1203	1211	50	37	5863	5407
1997	1208	1222	50	36	6185	5797
1998	1208	1253	50	35	6045	5720
1999	1208	1236	50	37	5982	5788
2000	1191	1209	50	39	5981	5824
2001	1168	1195	50	35	5839	5798
2002	983	997	50	37	5446	5506
2003	1103	1072	70	36	5139	5347
2004	1105	1036	70	37	5189	5156
2005	1116	978	70	36	5178	5027
2006	1121	937	70	37	5163	4807
2007	1129	888	70	38	5154	4752
2008	1134	906	70	38	5112	4766
2009	1151	919	70	31	5096	4459
2010	1163	974	70	39	5254	4504
2011	1134	1049	68	39	5238	4662
2012	1141	1021	68	39	5270	4579
2013	1151	1094	68	38	5270	4520
2014	1162	1089	68	37	5270	4411

编制管理 1994年起，机构编制管理工作实行“一家承办、一支笔审批、一家行文”的机构编制审批制度，凡涉及职能调整和机构、人员编制、领导职数增减等事项，严格按照审批程序执行。1994年后，逐步建立健全组织、编制、人事、财政等职能部门的相互监督机制。

2002年，澄清底子建立规范的机构编制和人员数据信息库，对全县所有机关和事业单位的编制和实有人员进行全面摸底与核实，建立人员台账和数据信息库，实行动态管理。2003年后，对全县机关事业单位发放机构编制管理证，作为人员调配录用、核拨经费、核定工资的依据。结合公务员登记工作，将全县机关事业单位每一个人确定具体编制，为实施公务员法打好基础。2007年10月，全县行政、事业单位实行编制实名制管理。2013年，完成全县机构编制实名制管理数据库建设，对全县机构、编制、人员实名制数据库进行动态管理。

2013年，县纪委、组织部、编办、监察局、财政局、人社局联合开展干部人事和机构编制“三超两乱”[②]问题专项治理。查纠人员编制和财政供养人员在编不在岗、机关事业单位进人“吃空饷”现象。

事业单位登记 1997年4月29日，设立炎陵县事业单位登记管理办公室。1999年，对部分事业单位证书的使用、管理进行专题调查，建立健全档案管理制度。2001年1月，事业单位登记管理办公室更名为事业单位登记管理局。2008年，首次开展县内事业单位网上登记管理工作。2014年，全县登记在册的事业法人单位223家。

注释：

①“三五”：当好“五大员”：调查员、宣传员、化解员、促进员、指导员；落实“五个一”：发放一张警民联系卡、开展一次社会治安调查、解答一批法律疑点、化解一批矛盾纠纷、解决一批信访问题；开展“五比”：比化解突出问题看问题解决效果、比信访接访劝返看非访遏判效果；比处置突发事件看维稳联动效果、比推行风险评估看源头预防效果、比构建长效机制看社会管理效果。

②“三超两乱”：超编制限额进人、超职数超规格配备领导干部、超范围分设党政职务，随意按年龄划线乱调整配备干部、违反规定程序乱进人。

第五篇　民国及民国以前政党政权

第一章　组织与活动

第一节　组织机构

一、国民党酃县党部

民国 15 年(1926)8 月,遵照中共湖南区委指示,中共酃县特别支部书记李却非与共产党员张国威、罗芳芝、凌粹贞等人以个人名义加入中国国民党。组建国民党酃县县党部。李却非当选为执行委员,张国威为组织部长,罗芳芝为宣传部长,凌翠贞为妇女部长,陈汤(国民党员)为农工部长。马日事变后,国共合作破裂,国民党酃县县党部活动中止。同年 9 月,国民党湖南省党部改组委员会遣董亚樵来酃改组国民党酃县党部。民国 17 年 8 月,国民党湖南省党务指导委员会派遣尹经畬、龙瑜、周传易 3 人为党务指导员,成立酃县国民党员临时登记处,重新登记"合格"党员 187 人。民国 18 年元月,召开第一次党员代表大会,选举唐汇海、唐振寰、孟宪斌为执行委员,尹志汤为监察委员,正式成立中国国民党酃县独立区党部(后改为直属区党部),下设 8 个区分部,有国民党员 123 人。民国 20 年 9 月,召开第二次党员代表大会,选举唐汇海、张艺、钟为黄为执行委员,唐石屏为监察委员。民国 21 年,改直属区党部为直属酃县区执行委员会,有国民党员 112 人。民国 22 年,召开第三次党员代表大会,选举尹志汤为执行委员会常委、唐汇海为组织委员、张文瑞为宣传委员,唐华嵩为监察委员。民国 27 年 9 月,改直属酃县区执行委员会为中国国民党酃县执行委员会。省党部委派罗鸿远为书记长。同年 12 月,罗病故。民国 28 年 2 月,任命尹就汤为书记长,周树帜为组训干事。民国 29 年,有国民党员 558 名,下设 20 个区分部,增补唐魁梧为总干事。民国 33 年 10 月,召开第四次党员代表大会,选举孟奇甫为书记长,唐魁梧为宣传委员,周树帜为组织委员,罗国璋为监察委员。民国 35 年 12 月,全县有国民党员 1174 人,区分部增至 43 个。

二、国民党酃县党团统一委员会

民国 36 年 11 月,国民党和三民主义青年团合并。省党团统一委员会派欧阳光为书记长,邱峙岳为副书记长，尹就汤、周传椿、唐魁梧为委员，正式组成中国国民党酃县党团统一委员会，进行党、团员总登记、总甄核。部分三青团员转为国民党员，并重新设立39个区分部。次年8月，欧阳光辞职，尹就汤接任书记长。邱峙岳仍为副书记长，周传椿为秘书，孟奇甫等8人为执行委员，戴德沃为监委常委，尹志汤等7人为监委委员。民国38年10月，酃县解放，县内国民党组织终结。

第二节 党务活动

一、反帝反封建游行

民国15年(1926)8月，中国国民党酃县县党部，执行孙中山制订的"联俄、联共、扶助工农"三大政策，与中共酃县特别支部合作，发动和组织酃县农民协会、酃县妇女联合会，开展反帝反封建斗争。年底，湖南省召开第一次工人代表大会和农民代表大会，县党部组织提灯会庆祝，县城机关、商界及近郊农民2000余人参加，县长王化桂带队游行。民国16年4月，开展禁鸦片和禁赌宣传，霍家乡农民协会抓住在姘妇家聚赌的县财政局长陈贻谋，县长立即撤销其职务，县党部作出决定，开除其国民党党籍。

二、"清党""剿共"

马日事变后，国民党右派掌权。民国17年，省党部派员来酃"清党"，通过重新登记，将国民党员中的左派20人，作为不合格者清除，并协助县政府组织清乡委员会和挨户团，捕杀共产党员、革命群众200余人。

民国21年，国民党直属酃县区执行委员会和县政府决定，撤销挨户团，成立铲共义勇总队，配合国民党军队多次"围剿"工农红军和革命根据地。酃县执行委员会常委全体出动，在根据地周围开展反共宣传，组织"清剿委员会"。民国24年，酃县执行委员会发布密令，清查《工人小报》《科学新闻》《资本主义世界与苏联》《中华苏维埃法令辑要》《先锋》等进步书刊，并协助铲共义勇队分赴各地清查户口，办理"联保连坐"。

抗日战争时期，酃县执行委员会秉承上级指示，强化国民党统治，规定非国民党员不得出任公职，原有公职人员及保甲长都要加入国民党。要求其党员协助保甲清查户口，侦察外来人员，密报民众言行，继续执行反共防共路线。同时要求每个党员投身抗战工作，至少劝献稻谷1担，动员支前民伕5名，并劝导1人投充自卫队。解放战争时期，国民党与三青团合并为酃县党团统一委员会，建立监察网与通讯网，搜集情报，抵抗解放。

附

中国三民主义青年团酃县分团部

民国32年(1943)9月，三青团茶陵县分团部筹备处开始筹建酃县区队和酃县中学区队，发展三青团员58名。35年4月，建立三青团酃县分团部筹备处，主任刘燃黎，书记谢鼎新。至9月，组建13个区队，8个直属分队。36年3月，三青团团员发展到1427人，建制调整为10个区队和4个直属小组。10月，正式成立三青团酃县分团部，主任邱峙岳，书记周传椿。分团部建立通讯网，传递情报，创办《炎陵周报》，为巩固国民党统治制造舆论。

36年5月，国民党组织实行党团合作。三青团酃县分团部为争夺权力，突击扩充机构，增设干事会和监察会，安排9名干事和5名监察。11月13日正式合并，成立酃县党团统一委员会。三青团酃县分团部消失。

第二章　民国及以前政权

第一节　县衙　县署

南宋嘉定四年(1211)置酃县，设县衙，最高长官为县令。县丞辅佐县令，主簿典领文书，县尉掌管军事。元代设达鲁花赤(译名掌印官)理县事，其佐有丞、簿、尉、典史。设教谕、训导，管理科场教育、文庙祭祀及县学生员等。明代设知县，其佐有县丞、主簿，其属有典史，教职有儒学教谕、训导，另有阴阳、医学、僧会司、道会司。

清袭明制。乾隆年间(1736—1795)改县衙为县署，知县总揽全县政务，其佐设典史、教谕、训导、千总各1员。另设阴阳、医学、僧会司、道会司各1员，分别管理星相、医药、僧人、道士，但无俸禄，时裁时设。

宋嘉定四至宣统三年酃县知县一览表

表5-1

姓　名	籍　贯	任职时间
桂如渊	—	宋嘉定四年(1211)
晏□□	—	宋咸淳年(1265—1274)
陈　发	—	元至元二十三年(1286)
李　侃	金陵	元大德三年(1299)
伯　颜	—	元大德六年
李　达	伯台	元大德□年
刘　简	茶陵	元泰定□年
朱　玑	凤阳	明洪武□年
刘　义	山西平阳	明洪武□年
江立信	河南固始	明洪武□年

续表 5-1

姓　名	籍　贯	任职时间
邵伯谦	浙江会稽	明洪武□年
胡　禔	芜湖	明永乐四年(1406)
李　埙	江西进贤	明宣德元年(1426)
沈　迪	江南华亭	明正统六年(1441)
杨　智	四川梓潼	明正统十三年
韩　宁	四川南部	明景泰七年(1456)
韩　暄	山东邹县	明天顺四年(1460)
陈　敏	江西安福	明成化七年(1471)
宋　璧	广西太平	明成化十二年
罗　焕	四川西充	明成化十五年
裘叔登	浙江天台	明成化十八年
苏　源	上海	成化二十二年
陈　仁	浙江义乌	明弘治八年(1495)
张　金	—	明弘治□年
陈　钏	广东饶平	明正德三年(1508)
陶　璐	浙江会稽	明正德九年
陈　稷	江南广德州	明正德十四年
易宗周	广西临桂	明嘉靖二年(1523)
李　茂	—	明嘉靖七年
余　端	—	明嘉靖八年
蒋承宏	—	明嘉靖十年
张文奎	—	明嘉靖十二年
高　祉	江西宜春	明嘉靖十四年
顾绍履	四川成都	明嘉靖□年
杜　伸	浙江山阴	明嘉靖□年
谢　宽	福建长乐	明嘉靖□年
胡子信	浙江金华府汤溪	明嘉靖□年
张□□	—	
任　儒	广西临桂	明嘉靖□年
吕　烈	婺源	明嘉靖□年
章　端	浙江桐乡	明嘉靖□年
张　弁	浙江萧山	明嘉靖□年
赵汝高	四川合州	明嘉靖□年
叶梓乔	江西万载	明嘉靖□年
俞　绍	福建莆田	明嘉靖□年
刘作沛	广西平乐	明隆庆□年
张　进	云南澂江	明万历□年

续表 5-1

姓　名	籍　贯	任职时间
周　时	江都	明万历□年
吴　仲	江西进贤	明万历□年
黄尚学	广西临桂	明万历□年
叶春荣	江西永丰	明万历□年
江来岷	歙县	明万历十一年(1583)
刘朝宾	广西临桂	明万历十六年
熊汝相	江西新建	明万历二十年
胡汝默	巢县	明万历□年
赵养性	陕西朝邑	明万历三十一年
孙汝衮	陕西	明万历□年
徐元烺	广西平乐	明万历□年
丁大奇	陕西	明万历□年
吴世忠	江西南城	明万历三十六年
廖　松	广西□□县	明万历四十八年
庄大化	云南霑益	明天启六年(1626)
高登第	浙江嘉善	明天启七年
王三重	陕西韩城	明崇祯三年(1630)
陈我养	云南楚雄	明崇祯五年
任永钦	浙江嘉善	明崇祯七年
黄之凤	江西庐陵	明崇祯九年
樊廷相	山西安邑	明崇祯十二年
程良騆	湖广孝感	明崇祯十七年
韩具瞻	山东掖县	清顺治四年(1647)
王廷杰	山西吉州	清顺治五年
徐肅臣	江南当涂	清顺治七年
于　琨	奉天	清顺治九年
傅继说	直隶盐山	清顺治十一年
王永昌	直隶天津卫	清顺治十四年
李朝事	奉天	清顺治十五年
吕声谐	江南含山	清康熙十三年(1674)
汤如龙	江西南丰	清康熙十八年
汪曾垣	浙江仁和	清康熙二十二年
俞曰都	浙江会稽	清康熙二十五年
黄文年	山东	清康熙二十六年
唐　廉	贵州遵义	清康熙二十八年
龚佳蔚	浙江仁和	清康熙三十一年
徐甫源	浙江湖州	清康熙三十六年

续表 5-1

姓　名	籍　贯	任职时间
王元臣	江宁	清康熙四十年
陈敬求	福建	清康熙四十五年
张其溥	江宁	清康熙四十七年
张　垚	山西	清康熙四十九年
张　瑶	河南	清康熙五十一年
刘　涵	—	清康熙□年署任
葛亮臣	河南商丘	清康熙□年
何如拭	河南丹徒	清康熙五十五年
吴日炎	广东潮州府揭阳县	清康熙五十六年
于　汧	—	清雍正二年(1724)署任
刘朝佶	河南祥符	清雍正三年
王维修	—	清雍正九年
王　功	陕西鄠县	清雍正□年
张　浚	广东高要	清雍正十年
张方佳	山东济南	清乾隆四年(1739)
郭　瀛	—	清乾隆□年署任
吴嗣正	湖北孝感	清乾隆七年
黄士鉴	广东保昌	清乾隆九年
法尔赛	—	清乾隆□年署任
觉罗舒宁	正黄旗满洲	清乾隆十三年
卢九云	福建永定	清乾隆十八年署任
周仕魁	陕西三原	清乾隆十八年
张锡组	山东邹平	清乾隆二十三年
陈膺笏	山西猗氏	清乾隆二十五年署任
罗全诗	甘肃中卫	清乾隆二十八年署任
朱鉴昌	浙江嘉善	清乾隆□年署任
林愈蕃	四川中江	清乾隆二十八年署任
唐学一	广西灌阳	清乾隆三十一年署任
奚　寅	江苏阳湖县	清乾隆三十一年
张拱极	山西	清乾隆三十三年署任
黄华年	江西清江县	清乾隆三十四年
栾□□	—	清乾隆三十六年代理
孙敬铭	江苏高淳县	清乾隆三十九年署任
郑梦莲	江西石城县	清乾隆四十年
杨　连	福建闽县	清乾隆四十一年署任
才江征	直隶抚宁县	清乾隆四十二年
何梦周	—	清乾隆四十三年七月代理

续表 5-1

姓　名	籍　贯	任职时间
张应桐	顺天大兴县	清乾隆四十三年八月署任
詹　斌	广东饶平县	清乾隆四十四年
曹锡爵	—	清乾隆四十四年
李世祥	奉天镶黄旗	清乾隆四十六年署任
闫重鉴	—	清乾隆四十八年代理
傅广聪	河南鹿邑	清乾隆五十年补，未到任
黄德基	江西石城县	清乾隆五十年署任
张　范	河南尉氏县	清乾隆五十一年
程晋锡	浙江钱塘	乾隆五十一年署任
郑佩庄	安徽泾县	清乾隆五十二年署任
王廷瑛	镶红旗	清乾隆五十二年署任
周作鸿	河南商城县	清乾隆五十六年署任，五十九年七月内代理
赵宗文	山西寿阳县	清乾隆五十七年任，五十九年九月调闱，嘉庆二年回任
王　润	顺天大兴县	清乾隆六十年七月内兼署
陈汝瑞	广西藤县	清乾隆六十年九月内代理
宋大荣	浙江仁和县	清嘉庆二年(1797)署任
陶元直	河南新野县	清嘉庆三年署任
光　环	安徽桐城县	清嘉庆三年十二月内具服到任，未经接印
刘庆增	云南蒙化厅	清嘉庆五年署任
何　錞	浙江钱塘县	清嘉庆八年署任
龚志曾	顺天籍，浙江山阴县	清嘉庆九年署任，十一年又署任
李清英	福建安溪县	清嘉庆十一年四月到任
景　额	镶白旗，蒙古尚安泰佐领下	清嘉庆十一年署任
陈光诏	湖北蕲水县	清嘉庆十三年署任
张仲埙	顺天宛平县	清嘉庆十五年七月内代理
梁汝材	四川邛州	清嘉庆十五年十一月内署任
沈观光	浙江山阴县	清嘉庆十七年署任
阎肇烺	山东昌乐县	清嘉庆十九年任，二十一年从署衡阳县，卸事回任
丁　煦	顺天大兴县，原籍江苏武进县	清嘉庆二十年代理
麦　连	广东东莞县	清嘉庆二十一年署任
叶起鹏	云南嵩明州	清嘉庆二十二年署任
贺万来	—	清道光元年(1821)
方为霖	安徽	清道光二年
肖　昇	广东	清道光三年
沈道宽	浙江鄞县	清道光四年任，八年，调茶陵州，十一年回任
方炳文	湖北江夏县	清道光八年
范上组	浙江	清道光十二年

续表 5-1

姓　名	籍　贯	任职时间
胡三多	河南	清道光十三年
吴洪相	甘肃武威	清道光十四年
程家修	四川垫江县	清道光十五年
俞昌会	顺天大兴	清道光十六年
周华龄	浙江嵊县	清道光二十年
联　凯	汉军正黄旗	清道光二十二年
刘馨朝	江西武宁县	清道光二十四年任,二十九年回任
陈济钧	广西贵县	清道光二十八年
邱华东	福建上杭县	清咸丰元年(1851)
杨恩绂	安徽	清咸丰三年秋
阎于杓	河南夏邑	清咸丰四年署理
梁作霖	广东	清咸丰五年
章保顺	浙江会稽	清咸丰六年
孙桐生	四川绵州	清咸丰七年
廉□□	蒙古	清咸丰九年任,同治元年十月回任
张玉森	广西监桂	清咸丰十一年代理
李清海	河南	清同治元年(1862)
吕凤藻	浙江钱塘	清同治四年
高照奎	河南宜阳	清同治五年
唐　廉	江西金豀县	清同治六年
郭树馨	山西宁乡	清同治七年
陈有鑫	四川荣县	清同治八年
王光斗	浙江会稽	清同治十年
唐荣邦	四川凉山	清同治十一年
不详	江苏吴县	清光绪九年(1883)
陈嘉榆	福建宁德	清光绪十三年
张祖良	广西荔浦	清光绪十五年
尚宗濂	汉军镶兰旗	清光绪二十二年
张正基	贵州筑县	清光绪二十八年
许　堃	湖北罗田	清光绪三十年
李见荃	河南林县	清光绪三十四年
刘绵祚	广西临桂	清宣统二年　(1910)
林心和	福建闽侯	清宣统三年

说明:表内姓氏后□□为人名无法查实

第二节　县政府

一、机构

民国元年(1912),县署改为行政厅,设知事主领县政,酃县知县林心和续任知事。3年,改行政厅为知事公署,下设一、二科及审检所。一科主管民政、内务、警务;二科主管财政、教育、实业;审检所主持司法。同年秋,裁撤审检所,司法行政由知事兼理。4年,设劝学所,管理全县教育。6年,设财产保管处,管理地方财政收支。7年,设警察所,管理社会治安。袁世凯称帝后,军阀混战,政局动荡,知事频繁撤换。

民国15年1月,酃县知事公署改称县长公署,知事改称县长。县长公署设一、二两科。一科管理民政,二科管理实业。劝学所改为教育局。警察所、财产保管处照旧。17年,县长公署改为县政府,财产保管处改为财政局,22年,裁撤警察所,将教育局、财政局并入二科。26年,设民政、财政、建设、教育四科,并设秘书室、警佐室、征训科和司法处。27年,改征训科为兵役科。28年,恢复征训科,改警佐室为警察局。

民国29年,实施新县制。县政府机构调整为秘书室、民政科、财政科、建设科、教育科、军事科。37年,除秘书室、警察局相沿外,将民政、军事科并为一科,财政、建设科并为二科,教育改为三科。

民国1—38年(1912—1949)酃县知事、县长一览表

表5-2

姓　名	籍贯	任职时间	姓　名	籍贯	任职时间
林心和	福建闽侯	元年1月	胡树珊	湖南汝城	16年2月
王丕丞	湖南澧县	元年3月	陈思材	江西	16年9月
林绍猷	贵州独山	3年夏	刘贤高(代)	不详	16年11月
瞿　燮	湖北蕲水	3年9月	陈应时	湖南茶陵	17年4月
王雄健	湖南湘潭	5年5月	萧　骥	湖南湘乡	17年9月
陈诗庚	不详	6年5月	曹修礼	湖南长沙	18年6月
凌熙年	湖南长沙	6年9月	孙泽英	湖南邵阳	19年6月
赵秉彝	湖南湘潭	7年4月	谭仲玫	湖南衡山	20年9月
戴德崇	湖南湘乡	7年冬	陈颖心	湖南祁阳	21年1月
罗良铎	湖南浏阳	8年9月	宛方舟	湖南新宁	22年1月
刘明镜	湖南零陵	9年2月	黄瑞云	湖南保靖	24年7月

续表 5-2

姓 名	籍贯	任职时间	姓 名	籍贯	任职时间
易良直	湖南宝庆	11 年 4 月	夏 礼	湖南长沙	25 年 4 月
欧阳杰	不 详	11 年 4 月	陈莹冰	湖南攸县	25 年 12 月
欧阳枚	湖南新化	11 年 6 月	曾耘农	湖南耒阳	26 年 11 月
易良直	湖南宝庆	11 年 11 月	徐知林	湖南岳阳	27 年 5 月
欧阳枚	湖南新化	12 年 3 月	薛泽生	山东观城	28 年 12 月
杜鸿周(代)	不详	12 年 12 月	萧 坤	湖南湘乡	29 年 8 月
胡 文	湖南益阳	13 年 2 月	张昌言	湖南长沙	32 年 2 月
李赞唐	湖南常宁	13 年 5 月	李 资	湖南宁远	33 年 11 月
周 樾	湖南东安	13 年 10 月	李干园	湖南湘阴	37 年 2 月
蔡尔盛	湖南慈利	14 年 8 月	欧阳堃	湖南耒阳	38 年 2 月
王文澜	湖南零陵	15 年 3 月	邓凯元(代)	湖南酃县	38 年 8 月
王化桂	湖南常宁	15 年 9 月	—	—	—

二、政事举要

兴办学校 民国元年，县行政厅将清末 8 所小学堂改为小学校，并遵照湖南巡按史署颁布的《改良私塾暂行规定》改造私塾，设修身、国文、算术、体操等科，改变过去仅是读书、习字、作文的单一教学内容。29 年，开始实施国民教育，适龄儿童入学率 50.56%。32 年，县长张昌言指定乐群、普育高小董事罗国璋、周树帜筹办县立初级中学，周树吾负责具体办学事宜。9 月正式开学，县长兼任校长。至 34 年，乡有中心国民学校，保有国民小学，加上私立高小、初小，全县计有各类小学 154 所。35 年，县政府饬令实施《学龄儿童及失学民众强迫入学办法》，规定适龄儿童一律就读于各乡中心国民学校或保国民小学。否则，给以劝告、警告、罚款、征工等处罚。37 年，适龄儿童入学率 82%。

查禁鸦片 民国 6 年，湖南省长派禁烟专员黎兆枚到酃县，会同县知事凌熙年查禁鸦片。此时，鸦片走私者由云、贵入湘，经酃县运往江西。至 9 年，先后在大院、沔渡等地缉获烟贩 9 起。因酃处湘赣边界，缉拿不易，县知事罗良铎呈文省长，请求咨会江西省长，加强湘赣边界稽查。呈文被批准执行，禁运烟土事半功倍。24 年，县、区设禁烟委员会，全面禁烟。一区区长禁烟得力，记大功一次，四区区长奉行不力，记大过一次。至 29 年，共铲除烟苗 112.9 亩，查封烟馆 5 处，土庄 32 个，售烟户 26 家，焚毁烟土 526 两、膏灰料子 225.8 两，烟具 296 件，判刑 53 人，罚款 207 人。45 人交戒烟所限期戒断。

"围剿"苏区　民国17年5月，县长陈应时组织清乡委员会，调集挨户团武装300余人，在潘家、玉江、团溪、石洲、黄挪潭、中村、南岸等地屠杀200余名参加"三月起义"的共产党员和革命群众。其中在潘家一次屠杀108人。6月，又在县城、沔渡、水口设3个挨户团常备队，每队配备人枪90，向百姓派捐1.4万元(银元)用于"剿共"。18年，县长萧骥担任酃、茶(陵)、宁(冈)三县联防总队总指挥，配合国民党军队多次"进剿"苏区，但败多胜少。萧及其下一任县长曹修礼均因"剿共不力"被撤。20年，新任县长谭仲玫横征暴敛，"剿共"不遗余力，百姓切齿痛恨。上任两月余，便被红军活捉处决。21年，继任县长陈颖心组建铲共义勇总队，并在乡村设立守望队。网罗地方武装万余人，处处设卡，围困苏区，后被红军各个击破。陈颖心被视为无能调离。23年，县长宛方舟抓伕派款，在通往苏区的所有要道隘口修筑碉堡，亲率义勇队配合王东原师对苏区进行"兜剿"，采取杀光、烧光政策，致使百余村庄荒芜。同年冬，红军主力转移，苏区地方武装在极其艰苦的条件下，坚持游击战。宛无奈，于次年6月辞职。

推行保甲制　民国23年4月，废除都团，将团改乡。全县划为30乡，182保，2034甲。并逐户造册登记人口、姓名、性别、年龄，成年人注明相貌特征及指纹。红军家属和"反水分子"列入"另册"。8月，强制以甲为单位订立"公约"，逐户办理"联保连坐切结"，保证"遵令守法""不通共、不济共、不容共、不窝共"，互为联保，互相监督，互相告发。一户违背，全甲各户同罪。27年，整编保甲、复查户口，废除"联保连坐切结"。全县划为12乡，132保，1586甲。通过户口登记，将性别、年龄分组统计，确定18—35岁男性公民为甲级壮丁，36—45岁为乙级壮丁，以此为依据分配征兵数额。36年，整理户籍，整顿保甲。将全县基层政权缩编为7乡、48保、652甲。乡、保、甲长名义上是"民选"，实际上多为地方豪绅举荐，报县、乡派任。

征兵抗日　民国26年7月，抗日战争全面爆发，县政府奉令发动民众抗日，利用《酃县民报》和墙头标语等形式宣传抗日主张，征集兵员开赴抗日前线，至31年共征集5162名。33年12月，成立国民抗敌自卫兵团，分驻县城和东、南、西片。

推广农林技术　民国28年，湖南农林改进所在炎陵山建立酃县工作站，示范推广农林新技术。31年工作站撤销，县府设立农业推广所，在石壁寺、炎陵山、水口建立3个推广点，推广改良稻种、桐杉间种和桐粮间作。至33年，推广胜利籼、万利籼等改良水稻132.2亩，经营油桐林400亩，用材林和风景林千余亩。

抵抗解放　民国38年2月，县长欧阳堃亲兼酃县自卫队总队长。常备自卫队由309人扩编到780人。同时成立普通自卫队，"凡17至45岁之壮丁一律纳入"。乡设大队，保设中队，甲设分队。为统一指挥调度，在坂溪、十都、中村、王家渡设4个联防办事处。5月，中央保安局少将督练官霍远鹏奉唐纵之命，率一批骨干亲信，携带美式武器潜回湖南，于3月在永兴成立湘赣反共自卫救国军。在酃县境内布防2、4两个支队。县政府积极配合，为其征集兵员400名。5月和7月，县长欧阳堃、军统特务唐振寰先后主持召开"应变会"，策划组建情报网，设立哨卡，转移文书档案，议定县府搬迁地。8 月，长沙和平解放，欧阳堃闻讯潜逃。22 日，霍远鹏任命邓凯元兼代县长。10 月 8 日，邓在炎陵乡公所召开会议，议定反共救国军第 2 支队长唐向荣为全县军事总指挥官。在城东、南区、西区建立 3 个战斗指挥所，由邓凯元、周传易、夏三杰分任指挥官。10 月下旬，被湖南省军区衡阳军分区独立第 4 团在水口围歼，酃县解放。

第三节 议会 参议会

民国元年，根据《中华民国临时约法》规定，成立酃县议会，设议员 20 人，选举霍鸣冈为议长，周蔚文为副议长。县议会荐选何鼎丞为省议会议员。2 年，袁世凯窃国，军阀混战，议会停止活动。

民国 11 年，赵恒锡督湘，宣布湖南自治。根据《湖南省宪法》规定，9 月 1 日重新恢复酃县议会，设议员 32 人，选举孙秉文为议长，刘铮为副议长。推选贾梯青、罗焕犹为省议员。为反映县情、灾情，县议会于 12 和 13 年两次向省议会递送请愿书，请求赈灾、减赋，无果。15 年，唐生智主湘，明令取消各县议会。7 月，酃县议会解散。

民国 34 年 12 月，根据湖南省政府《限期成立县（市）各级民意机关实施办法》，推选参议员，筹建酃县参议会。全县 12 个乡和农会、商会、教育会 3 个团体各选 1 名参议员，共计 15 名。次年 3 月中旬，召开参议员预备会议，选举尹志汤为议长，周树帜为副议长。23 日，召开一届一次会议，正式成立酃县参议会，并推选凌兆尧为湖南省参议会参议员。36 年 11 月，县参议会主持酃县区域国大代表普选，霍揆彰（酃籍）当选。37 年 1 月，主持酃县区域中央立法院立法委员普选，邓公玄（酃籍）当选。县参议会自成立至终止，历时三年半，召开常会 1 次，临时会 1 次。共审议提案 177 件，其中属加强国民政权统治的议案占 93%；属办学、办医、修桥、修塘坝、赈灾方面的议案占 7%。均议而无果。38 年 4 月，县参议会召开最后一次常会，正、副议长提出两条提案：一是根据湖南人民和平促进会电函，提请讨论成立呼吁和平机构案；二是确保地方自治案。前一提案，议决“由本会发动公法团机关组织酃县人民促进会”，未予落实。后一提案，议决 7 条措施，包括扩充地方武装，严密保甲组织，限制县人自由等。随后，县参议会议员多次参加县长主持召开的治安会、联防会、应变会，谋划抵抗解放。酃县解放后，县参议会消亡。

第六篇　群众团体

第一章　工人团体

第一节　组织建设

1953年,设立酃县工会筹委会,次年撤销。1956年重设。经一年工作,组建基层工会36个,发展会员1310人。1957年8月,召开首届工会会员代表大会,成立酃县工会联合会,1961年更名为酃县总工会。1968年2月,成立酃县工人代表大会(简称工代会),取代总工会。1973年6月,恢复总工会。1978年,整顿原有63个基层工会,对3180名老会员进行登记发证。新建47个基层工会,吸收新会员920名。1990年,全县有基层工会197个,会员8669人,占职工总数92.26%。至1999年,全县15个乡镇全部建立工会组织。私营企业有5家成立工会,15个乡镇企业办有5家成立联合工会。2005年,全县126个新经济组织建立工会联合会,县个私协会建立工会联合会。2007年起,把非公有经济企业工会组织建设和农民工入会,作为工会工作重点。2008年,在非公企业新建工会36个,新增农民工会员4433人。2014年,全县有基层工会组织281个,工会会员2.08万人。其中,农民工会员1.32万人。

第二节　帮扶维权

1950年至20世纪90年代初,县总工会对困难职工主要采取走访和慰问方式,开展帮扶工作。1995年3月,建立职工扶贫互助互济基金会,当年有77个基层工会2862名会员入会,筹资3.26万元。1996—2003年,工会组织普遍开展元旦春节送温暖活动,走访慰问困难企业13家,职工1.95万人次,发慰问金580.03万元。参与劳动仲裁6起。收集职工意见建议9252条,被采纳4353条,创造经济效益732万元。2004年7月,成立炎陵县困难职工帮扶中心,为县总工会内设机构。帮扶中心接待职工来信来访,对困难职工进行经济救济,开展职工培训、就业咨询,为困难职工提供法律援助。2010年10月,开通“12351”热线电话。构建困难职工帮扶、维权、法律援助、劳动争议调解“四位一体”维权帮扶平台。当年安排参联县直机关单位63个,参联机关干部600人,联系企业65家,联系困难职工590人。出台惠企政策184条,落实154条。提供政策法规解读咨询724次,为企业提出合理化建议450条,解决实际问题188个。2010年起,采取行政事业单位统筹方式,每人每月捐赠帮扶资金1元,建立帮扶长效机制。2012年,炎陵县评为湖南省"双联"和困难职工帮扶工作先进县。2014年,首次启动职工医疗互助项目。第一期活动有128个团体5723名职工参加,每人缴纳50元互助金,累计上缴医疗互助金28.62万元。年底,为符合条件的372名住院职工办理医疗互助补助手续、补助金额50.23万元。当年,为万昌纺织有限公司等8家企业、事业工会配备法律顾问。县帮扶中心成功创建为四星级省级帮扶中心。

第三节 职工活动

20世纪50—60年代,工会组织工人开展社会主义劳动竞赛和增产节约运动。80年代,全县各基层工会组织职工参与民主管理。90年代,县总工会组织职工开展岗位练兵、技术比武活动92次,创造经济效益86万元。2001—2003年,各基层工会组织会员开展各类知识竞赛、演讲、岗位练兵、业务讲座、文艺演出、体育比赛等活动1200余次,参加者6万余人次。开展中国工会十四大暨中国工会章程知识竞赛活动,63个基层工会3.65万名会员参加。2007年起,每年5月开展"工人阶级宣传月"活动。2008年汶川地震,组织工会会员募捐7.8万元救灾款,同时交救灾特殊会费4.5万元。2009年起,以纪念"三八""五一""十一"等节日为契机,各基层工会开展劳动竞赛,掀起学技术、提素质热潮。涌现一批先进人物、劳动模范(简称劳模)。在培养、推荐、评选劳模的同时,实行关爱服务。2010年起,对市级以上劳模和先进工作者,每两年安排一次身体健康检查。每年老人节、春节前夕走访慰问困难劳模。

2006—2014年炎陵县帮扶中心帮扶数据一览表

表6-1

帮扶项目 / 年度	金秋助学				冬送温暖			日常救助	
	全县助学合计		县总工会助学合计		企业(家)	职工(人)	金额(万元)	职工(人)	金额(万元)
	学生(人)	金额(万元)	学生(人)	金额(万元)					
2006	39	12.5	6	1.1	2	118	2.62	71	0.9
2007	32	11.9	5	1	1	343	8.02	70	0.7
2008	43	11.2	7	1.4	2	90	2.52	80	1.57
2009	53	13.2	6	1.2	2	640	14.1	36	3
2010	62	18	6	1.5	1	724	27.4	34	3.4
2011	54	63.9	7	1.5	2	623	22	18	2.5
2012	126	65	16	5.6	2	623	20	55	4.5
2013	169	82.1	19	5.7	2	1000	40	26	3.36
2014	133	88.8	23	8.8	2	611	35	49	8.4

第二章　农民团体

第一节　农民协会

1950年4月，成立酃县农民代表会，组织和发动农民进行减租反霸、清匪肃特和土地改革。1953年2月土改复查结束，全县141个乡及城关镇均建立农民协会，会员5.84万人，占全县总人口63.3%。随农业互助合作运动发展，农民协会停止活动。

第二节　贫农、下中农协会

1963年冬，开展农村社会主义教育运动，组织贫农、下中农（简称贫下中农）组织。生产队成立贫下中农小组，大队、公社成立贫下中农协会。同年12月，召开全县第一次贫下中农代表大会，成立酃县贫下中农协会筹备委员会。1965年9月，召开第二次贫下中农代表大会，成立酃县贫下中农协会，全县90%以上的贫农、下中农社员参加。1973年12月和1975年2月，先后召开第三次、第四次贫下中农代表大会，发动贫下中农投入农业学大寨运动。贫协组织负责生产和财务管理监督，组织贫下中农毛泽东思想宣传队进驻部分中小学，领导教育革命。1978年贫下中农协会停止活动。

第三章　青少年团体

第一节　共产主义青年团

1935年1月，中共湘南特委派刘家运、萧炳生至酃县，召集游击队中的少共团员开会，重新恢复共青团酃县县委。1937年2月解散。

1949年6月，经中共湘南工委批准，中国新民主主义青年团酃县区工作委员会成立，唐剑平任书记，先后发展团员11人，建立2个支部。共青团区工委组织洣涛联谊社等进步团体，团结青年，发动群众，开展抗粮、抗税、抗丁活动，进行社会调查和社会宣传，为迎接解放做了大量工作。

1950年1月，成立中国新民主主义青年团酃县工作委员会，吸收减租反霸、抗美援朝、土地改革等运动中的青年积极分子加入组织。1952年3月，召开酃县第一次团员代表大会，正式成立中国新民主主义青年团酃县委员会。时有团员1095人,团支部65个。其中,农村支部50个,机关学校支部15个。1957年7月,新民主主义青年团易名共产主义青年团。农村按行政区划,乡(公社)设团委会,村(大队)设团支部。机关、学校和企事业单位按团员人数多少分别设团总支、团支部。1964年,团县委响应党的号召,组织青少年开展学雷锋活动,涌现一大批优秀青年。1966年"文化大革命"开始,团组织一度停止活动。1969年开始恢复公社团委,1972年10月,恢复团县委。1980年后,党的中心工作转移到经济建设上来,团县委组织全县青年先后开展新长征突击手竞赛和"五讲四美三热爱"活动,并引导农村青年走科技致富道路。1990年,全县有基层团委25个,团总支14个,团支部384个,团员8929名,占青年总数19.67%。

1991年,团县委成立炎陵青年文学社,创办《炎陵文学报》。1996年,开展县内首届十大杰出青年评选活动。1998年,引导青年在生产、经营管理和服务等方面争先创优。在窗口行业和重点行业开展争创青年文明号活动。沔渡阳兴酒楼获省级青年文明号称号。2000年,实施"网络共振"战略构想,利用现代信息技术加强团的组织、思想和作风建设。2003年,团县委与县委组织部、人事局等部门共同建立"青年人才资源信息库",推荐78名农村优秀青年到村支部、村委会担任主要领导,确定224名乡镇、县直机关后备干部和195名建党积极分子。2004年,团县委创办《炎陵青年》刊物。2009年,联合劳动局举办技能培训班,建立青年就业见习基地,采取送金融知识下乡、就业创业见习见面会等形式,开展服务青年就业创业工作。同年,成立刘朝华志愿者服务队团总支,建立驻深圳团工委,着力凝聚青年开展招商引资和务工维权、捐资助学等工作。

2012年,开展实体化"大团委"建设,新建乡镇直属团组织397个,农村专业合作组织团支部15个。2013年,水口镇被团中央农村青年工作部确认为"全国农村基层团建示范乡镇"。至2014年,团县委下辖乡镇、副科以上单位和九龙经开区二级团组织56个。其中,团委18个,团总支4个,团工委1个,团支部33个。全县基层团支部769个,团员9143名,占35岁以下青年23.94%。

第二节 少年儿童队 少年先锋队

1951年至1952年6月,团县委先后在酃县中学和9所中心小学建立中国少年儿童队。1953年5月,队员发展到257人。6月,中国少年儿童队改称中国少年先锋队(简称少先队)。1963年,全县有少先队员3902人。"文化大革命"中,少先队为"红小兵"组织取代。1978年底,恢复少先队。1988年,少年先锋队全国工作委员会授予城南小学少年先锋大队"红旗大队"称号。1990年9月,少年先锋队全国工作委员会授予城北小学少先大队红旗大队称号,授予城南小学少先大队94中队红旗中队称号。当年,全县337所中小学,有少先大队24个,中队337个,少先队员2.79万人,少先队辅导员418名。2010年,在全县组织开展四好少年评选活动。2014年,全县有少先大队20个,中队231个,少先队员7124人,少先队辅导员20人。

第四章　妇女团体

第一节　妇女抗敌后援干事会

1937年,国民党酃县区执行委员会和县政府组织酃县妇女抗敌后援干事会,从事抗日后援工作。1938年5月,改为新生活运动促进妇女工作委员会。

第二节　妇女联合会

1950年3月,成立酃县民主妇女联合会筹委会。1951年11月,召开中华人民共和国成立后酃县第一次妇女代表大会,选举成立酃县首届民主妇女联合会。妇女联合会积极宣传贯彻婚姻法,协助处理买卖、包办婚姻案件。1957年11月,县民主妇女联合会改称酃县妇女联合会(简称妇联)。“文化大革命”期间,县妇联停止活动,1973年恢复。在“工业学大庆”“农业学大寨”运动中,组织2900多名妇女参加政治夜校学习,办三八果园、三八猪场1372个,种实验田4100多亩。1982年,农村实行家庭联产承包责任制。县妇联因势利导,组织妇女学文化、学科学,比成绩、比贡献,争当千元大嫂竞赛活动。1985年,办扫盲班218个,5499名妇女参加学习,4814人脱盲,受到联合国教科文组织关注,被推荐为亚太地区农村妇女实用扫盲研讨会典型。与此同时,在全县开展争当三八红旗手和五好家庭竞赛活动,至1990年,涌现县级及以上三八红旗集体109个(其中市级17个,省级1个),三八红旗手806人(其中市级55人,省级3人),五好家庭1175户(其中市级28户,省级3户)。

1991年,开始举办农村妇女实用技术培训班。1995年,成立炎陵县妇女儿童工作委员会。1996年,制定《炎陵县妇女发展规划(1996—2000年)》。同年起,开展“巾帼文明示范岗”创建活动。2004年,在炎陵中学和三河镇中心小学各举办一个“日出春蕾女童班”,由李途纯、金晓琳爱心基金会出资42万元,帮助80名春蕾女童完成小学和初中教育。2008年,县委明确村妇代会主任列入村“主干”,各村“两委”班子中至少有1名妇女干部。2009年,村妇代会主任、社区妇联主席206人全部进入“两委”。2010年起,开展女性创业小额贷款,扶持妇女创业就业,之后4年,累计为452名女性创业者发放小额担保贷款3037万元,带动2160名女性创业就业。1991—2014年,妇联系统共接受来电来访过万起,妇女维权公益服务热线接听案件56起,结案率99%,妇联陪审员参与审理涉及妇女儿童案件近200起,并将“预防和制止家庭暴力”工作纳入县综治年度考核。创建巾帼文明岗国家级2个、省级3个、市级4个、县级32个。组织下岗女工再就业服务队5个,安置下岗女工224人。举办实用技术培训班1629

期，妇女参加培训人数近9万人次。组织科技下乡200余次，开展技术咨询活动500余次。

2014年年末，全县有17个乡镇（场、局）妇女联合会，202个村级妇代会，1451个妇代会小组，78个机关单位妇委会（含女职工委员会）。

第五章　工商团体

第一节　商会

民国元年（1912）6月，鄢县商会成立，罗英倬任会长，有会董24人，会员260人。商会职能是“保商情、通商利”，代政府履行工商行政管理。凡开业、更牌换贴，均由商会办理。12年，商会改选，仍设会董、会长。商会主要负责调处商事纠纷。民国15年，农民运动兴起，商会名存实亡。民国25年，奉省实业司通令，重设鄢县商会，推举陈书鼎任会长。民国28年，陈以商会名义发行“流动券”，造成物价猛涨，县政府责成商会收回停止使用。因“流动券”无法兑换，商民怒斥商会，风波持续数日。同年秋，商会改组，时值日军侵华，外地来鄢经商者日增，商会及时组织布疋丝绸、百货南杂、文具印刷、银器、药业、旅馆、缝纫等同业公会，规定所有工商业者按成本分等缴纳会费，商会积累大增，除购置田租地产，还入股放债。商会会长经两次改选，均系豪绅富贾掌权。至1949年县人民政府成立，商会自行消亡。

第二节　商民协会

民国15年12月，在中共鄢县特别支部领导下，成立鄢县商民协会，研究促进工商繁荣之法，了解商民对现行工商法规、政策的意见，保护工商业者合法权益，筹措资金整修街道、铺面，组织商民支持农民运动和北伐战争。民国16年，“马日事变”后，国民党右派组织反动武装镇压革命，商民协会会长谭文遭杀害，协会组织遭破坏。

第三节　工商业联合会

1950年9月，成立鄢县城关乡工商联合会。当月，在县城召开工商联会员代表大会，选举15名执行委员组成鄢县首届工商联合会。协助政府安排、调节市场，进行商业道德教育，加强市场管理。至1954年1月，共发展会员417人。1956年1月，召开第二届会员代表大会。会议贯彻党在过渡时期总路线，号召工商界人士拥护对私营工商业的社会主义改造，走社会主义道路。会后，工商联引导工商业者由加工订货、包购包销、评议税收、协调劳资关系过渡到互助合作乃至全行业公私合营。工商联在王家渡、水口、沔渡3个集镇设立办事处，在霍家、塘田、船形、中村、十都等圩场设立工商联小组。配合政府于当年3月全面完成私营工商业改造。1958年，组织商业工作者开展“学天桥、赶天桥”竞赛活动，送货下乡，支援农业生产；组织工业、手工业者献计献策，开展技术革命。“文化大革命”期间，工商联被当作资本主义复辟的老巢受到批判，活动停止。1985年11月，召开第七届会员代表大会，恢复工商联机构。工商联引导非公经济人士致富思源、富而思进，积极承担社会责任，热心公益事业，投身光彩事业。发动会员踊跃参加捐资助学、救灾赈灾、万企联村、提供就业岗位、扶贫等活动；参与国有、集体企业改制。2010年4月，组织开展炎陵县首届优秀社会主义事业建设者评选活动，9位非公经济人士获评。2012年，县人大、政协班子换届，全县非公经济人士28人选任县级以上人大代表和政协委员。

第四节　个体劳动者私营企业协会

1983年12月成立县个体劳动者协会，1990年更名个体劳动者私营企业协会（简称个私协会），挂靠县工商行政管理局，业务上受其指导。1993年，全县个体户1973户，私营企业9家，从业人员3019人，注册资本809万元。

2004年后的10年间，个私协会接待来信来访、法律咨询1313人次，受理维权服务72起，为个私企业挽回经济损失2160余万元。同时，搭建融资平台，1383户得到县农商行授信，授信额8.6亿元。508人得到邮政银行商贷2979万元，再就业贷款1800万元。为会员搭建“用工”平台，帮助个私企推荐、招收用工2778人次。先后组织会员开展学雷锋感恩助学等活动98次，走访慰问特困会员2600户，送慰问金20余万元。个私协会心系新农村建设，为东风新垄、水口木湾、小湾3个村送去帮扶资金10万元，衣、鞋物1500余件。2012年，王海英被评为全国个私协会先进工作者，谭德发获湖南省诚信经营先进个体工商户称号。

2014年，县个私协会评为湖南省个私协会先进单位。年末，全县有个体户6370户，私营企业804家，从业人员1.56万人，注册资本27.67亿元。县个私协会下设霞阳、水口、鹿原、沔渡、边贸、运输、私企7个分会。

第六章　科技、文艺、学术团体

第一节　科学技术协会

1978年9月，成立酃县科学技术协会（简称科协）。1984年，县科协被评为全国科协先进单位。1995 年，县科协挂靠县科学技术局。2002 年，县科学技术局加挂县科协牌子，实行两块牌子一套人马，合署办公。2010 年 12 月，县科协从县科学技术局分离单独设立。开展科普宣传、学术交流、青少年科技活动。1979—2014 年，共举办学术交流 345 次，参与者 4880 人次，共发表论文 4495 篇，其中在国家级刊物发表 345 篇，省级刊物上发表 142 篇，市级刊物上发表 450 篇。

1990—2014 年炎陵县科学技术协会基层组织一览表

表 6-2

年　份	所属学(协)会(个)	农村专业技术协会(个)	乡镇科协(个)	农村科普示范基地(个)	会员人数(人)	科技示范户(户)		
						省级	市级	县级
1990	11	20	—	—	—	—	—	—
1991-1994	14	39	17	13	3685	11	—	23
1995	14	5	17	—	3201	—	—	—
1996	15	5	17	19	—	4	24	69
1997	15	5	17	—	—	9	24	667
1998	16	6	15	33	5800	16	24	666
1999	16	6	15	34	5800	19	48	699
2000	16	6	15	38	6379	19	48	730
2001-2002	17	6	15	22	5900	21	72	1982
2003-2004	17	23	15	22	7059	25	97	845
2005-2006	16	28	15	38	7745	23	107	525
2007-2008	16	29	15	38	8275	25	105	525
2009-2010	17	19	15	29	8916	—	—	—
2011-2012	17	101	15	31	15160	—	—	—
2013-2014	12	19	15	19	3505	4	—	46

第二节　文学艺术界联合会

1958年11月,成立县文学艺术界联合会(简称文联),联络和培养一批业余作者,县内群众性文艺创作活动开始兴起。1959年酃茶并县,县文联活动停止。1988年6月恢复县文联,次年召开代表会议,确立文联组织的性质是由全县性各文学艺术工作者协会会员组成的专业性人民团体。创办综合性文艺刊物《湘山》,罗炳生任主编。1994年前,成立文学、美术、音乐、舞蹈、书法、摄影、民间文艺等协会,有会员134人。1995年,增设戏剧曲艺工作者协会,文联专职行政编制由1人增至2人。1996年12月,县文联创办《炎陵荟萃》,突出"立足炎陵、宣传炎陵、扩大炎陵知名度"的宗旨和"荟萃炎陵文艺作品、先进人物、行业新风"的目标。1997年,增设炎陵诗社和楹联协会,当年共有会员150人。2004年,创办《神农风》文艺期刊,内设"神农故土""乡音乡情""炎帝文化""峥嵘岁月""小说长廊""传奇新编""天籁之音""山城飞歌""文艺纵横""洣泉放歌"等栏目。

2011年8月19日,炎陵书画院挂牌成立,为株洲市首家县级书画院。2013年,炎陵诗社与楹联协会并为诗词楹联协会。当年,县内首家乡级文联——十都镇文联成立。2014年末,县文联设作家、音乐、舞蹈、书法、美术、摄影,民间文艺、戏剧曲艺、诗词楹联,文艺志愿者等10个协会。共有会员300余人,其中国家级协会会员9人,省级40余人,市级120余人。

第三节　炎帝文化(炎陵文化)研究会

炎帝文化研究会(炎陵文化研究会)成立于1993年,是中华炎黄文化研究会的团体会员。2006年,理事会换届,重新登记会员、选举理事。现有会员79人,理事34名,聘请顾问、特约研究员15人。会员中,有多年从事历史文化、民俗文化以及党史研究的老同志,也有相关业务单位的负责人和青年文化骨干。

研究会以炎帝文化、炎陵县文化为研究、宣传对象,以弘扬炎陵文化、服务炎陵发展为宗旨,以文化考察、学术研讨和编辑会刊为主要工作平台,对炎陵县历史文化、红色文化、生态文化、民族民俗文化资源进行挖掘研究、整合提升和传播传承。研究会与海内外20余个学术团体、大专院校建立联系,开展学术交流与合作。组织会员参加全国与地区炎黄文化学术研讨会和文化活动,在全国性报刊杂志上发表学术论文15篇。编辑会刊《炎陵文化》25期、300余万字,设炎帝陵祭祀、文化论坛、炎陵史料、炎陵人物、情系炎陵、炎陵风情、炎陵风采、炎陵文艺、炎陵物产等栏目。编辑出版文史书籍11种、200余万字。研究会每年组织文化调研、文化采风活动，并受有关部门、单位、企业委托，召开文化、旅游、景点景区建设等方面的专题研讨，提供咨询意见与资讯服务。

第七章 残疾人联合会

1991 年 5 月，炎陵县残疾人联合会（以下简称残联）成立，为县民政局副科级内设机构。2001 年，县民政局加挂残联牌子。2003 年 12 月，县残联升格为正科级单位，下设办公室。2006 年 11 月，县残联机构单设，在民政局办公大楼办公。县残联先后组建盲人协会、聋人协会、肢残人协会、智力残疾人及亲友协会、精神残疾人及亲友协会。乡（镇）有残联，村、社区居委会有残协。全县乡（镇）场、村（社区居委会）有残疾人专职委员 100 人。2014 年，注册残疾人 1.19 万人。

第一节 医疗康复

1994 年 8 月，县残联联同县政协群团法制委员会采取“听、谈、访、察”方法对全县残疾人小儿麻后遗症矫形手术、白内障复明手术、聋儿语训“三项康复”工作进行实地调查。年内，有 113 名白内障患者复明，57 名小儿麻后遗症患者得到矫形，2 名聋儿语训成功。2011—2014 年，为残疾人提供康复和康复知识咨询服务 5000 人次，免费配发轮椅 600 余台，拐杖 200 余副。对 12 名听力残疾人员适配助听器给予全额或部分补助。每年举行 1—2 期 0—6 岁残疾儿童康复筛查。通过筛查，累计输送 60 余位残疾儿童到省市康复医院进行抢救性康复治疗。每年对 50—80 名精神病患者实行免费服药救助，免费住院治疗精神残疾人 30 人次，投入资金 22 万元。2014 年，在霞阳、鹿原、十都、水口 4 个镇建立残疾人日常康复站，方便残疾人日常康复训练。

第二节 残疾人教育

2009 年，制定《炎陵县残疾学生及贫困残疾人家庭子女接受义务教育补助暂行办法》。此后，对本县户籍义务教育阶段残疾人学生及贫困残疾人家庭子女，按每学年寄宿生 500 元、通学生 300 元给予补助。6 年累计补助 1582 人次，补助资金 85 万元。2010 年起，对具有本县户籍残疾人和贫困残疾人家庭子女参加高考、研究生考试取得入学资格和参加成人高考、高等教育自学考试并取得相应学历(位)证书的,给予1500—5000元5个档次补助,至2014年,累计补助学生55人,补助金额10万余元。

第三节　残疾人就业

县人民政府依法推进按比例安排残疾人就业。2006年起,残疾人就业保障金由财政、地税部门代扣代征。2010年起,4年累计征收残疾人就业保障金490万元。按照炎陵县残疾人职业技能与实用技术培训实施方案,确定黄桃种植专业合作社平乐基地为炎陵县残疾人培训基地和扶贫基地,扶持基地建设资金6万元。2011—2014年,举办电子技能、电脑软件、烹饪技术、盲人保健按摩等职业技能培训班9期,近200名残疾人免费受训。在县、乡镇、村举办养殖、种植培训班24期,参训残疾人400人次。同时,鼓励残疾人自主创业和从事个体经营实现就业。2012年,制定扶持残疾人自主创业暂行办法,实施"联千村帮万户"项目,对从事个体经营就业并取得个体工商户营业执照的残疾人和形成一定规模的农村残疾人新建果园、经济林开发、新建养殖场均给予1000—2000元的扶持,共扶持残疾人家庭120余户,投入奖扶资金30万元。根据《2014年湖南省残疾人创业扶持项目实施方案》要求,2014年扶持10名城乡残疾人创业典型,扶持资金人均1万元。

第四节　残疾人文化活动

县残联组织残疾人参加形式多样、健康有益的群众性文化、艺术、娱乐活动。1991年,在湖南省残疾人运动会上,视力残疾人张爱武夺跳高、铅球、标枪比赛3块金牌和铁饼银牌。2006年,在株洲举行的湖南省第七届残疾人运动会上,55岁肢体残疾人潘华连获男子10000米T45/46级第一名、5000米第二名。2014年,在湖南省第九届残运会上,潘华连获5000米长跑金牌。同年,株洲市残疾人职业技能选拔赛上,肢体残疾人剧新辉和李建成分别获水彩绘画项目第一名和竹编项目第二名。

第五节　残疾人权益维护

2009年,开始实施残疾人机动轮椅车燃油费补贴项目。2012年,县成立残疾人法律工作协调领导小组,设立办公室,为残疾人提供法律咨询和维权服务。年接待残疾人来信来访300余人次。当年开始实施残疾人无障碍改造项目,优先照顾重度、多重残疾人或一户多残家庭,重点放在地面平整和坡化以及对厨房、卫生间的改造。至2014年,累计改造残疾人家庭 80 户，投入资金 26.6 万元。累计发放残疾人机动轮椅车燃油补贴 1082 人次，计 26.37 万元。

第八章　红十字会

第一节　机构与职能

1989 年 8 月，成立酃县红十字会（简称红会），挂靠县卫生局，下辖基层组织 42 个，有会员 937 人。红会以救灾、救护、救助为目标，积极组织会员开展救济、募捐、无偿献血、志愿服务等工作。1990 年 4 月，县红会联合 9 个单位发出为残疾人捐赠的倡议。同年冬,开设皮肤科和推拿按摩门诊。

2001 年，县红会升为副科级单位，下设办公室，定编 2 人。次年有 41 个红会基层组织，会员 3973 人。同时建立县、乡、村红十字救护站 20 个。2010 年，县红会升格为正科级单位。工作经费首次纳入县财政预算，并设专用办公场所，配有办公用车。

第二节　红十字会活动

2001—2003 年，县红会连续 3 年评为株洲市红会目标管理优秀达标单位。2004 年，县红会秘书长段克坚评为省红会系统先进个人。2010 年起，炎陵县连续 3 年被评为株洲市无偿献血先进县。志愿者严子明连续 11 年无偿献血超过 6000 毫升，2013 年获无偿献血国家铜奖。2014 年，县红会在编专职工作人员 3 人。基层红会 54 个，会员 5200 余人。志愿者团队 150 人。非营利性医疗救护机构 1 个。

第七篇　人民代表大会

第一章　代表与代表大会

第一节　代表组成

1949年11月，酃县产生首届各界人民代表会议代表215人。代表由工人、农民、商民、烈军属、开明绅士、机关、部队、少数民族等方面的人员构成。其中工人、农民、机关团体和企事业单位代表由基层组织推荐产生，民主人士由有关部门邀请。1952年11月产生第四届各界人民代表会议代表135名。其中，工人11名，农民78名，其他各方面代表46名。

1954年起，采用间接选举办法推选县人民代表大会代表。首先由公民选出乡人民代表，再由乡人民代表大会选举县人民代表，并实行等额选举。当年选出县第一届人民代表大会代表202名。其中，工人、农民代表73.76%，知识分子代表5.45%，干部、军人、爱国人士、工商业者等方面代表20.79%。

1959年酃县并入茶陵县，1960年12月召开茶陵县第四届人民代表大会第一次会议，酃区155名代表参加会议。

1978年1月，县第七届人民代表大会由县革命委员会代替，选举代表557名。

1980年，为使选举更加民主，县代表由公民直接选举。当年选举第八届县代表140名。其中，工人、农民代表76.43%，知识分子代表1.43%，干部、军人、爱国人士等方面代表22.14%。

1989年11月，选举第十一届县代表171名。其中，工人、农民代表46.20%，知识分子代表11.11%，干部、军人、爱国人士等方面代表42.69%。

2012年11月，全县74个选区，选出县第十六届人民代表大会代表163名(代表名额为164名，暂缺1名)。其中，工人、农民代表52.15%，知识分子代表5.52%，干部、军人代表42.33%。

炎陵(酃)县部分届次人民代表大会代表结构情况表

表 7-1 单位:人

届次	普选时间	代表人数	代表结构								其中				
			工人	农民	知识分子	干部	军人	爱国人士	工商业者	其他	中共党员	少数民族	女代表	大专以上文化	35 岁以下
一	1954.2	202	7	142	11	31	2	2	6	1	109	2	29	—	—
二	1956.4	199	7	130	8	39	2	1	7	5	165	3	18	—	—
三	1958.6	199	3	72	18	91	2	2	8	3	114	2	35	—	—
八	1980.08	140	11	96	2	25	1	1	—	4	99	2	28	—	—
九	1984.01	209	18	99	32	51	1	—	1	7	136	5	52	18	55
十	1986.11	175	4	74	20	68	2	—	3	4	139	4	26	19	49
十一	1989.11	171	4	75	19	69	1	—	2	1	135	1	33	30	34
十二	1992.12	171	5	68	9	86	1	—	—	2	139	3	33	33	30
十三	1997.11	156	5	62	8	78	1	—	—	2	121	4	26	47	39
十四	2002.11	156	3	62	10	79	1	—	—	1	126	5	23	72	19
十五	2007.10	164	11	99	9	44	1	—	—	—	137	5	35	87	19
十六	2012.11	163	6	79	9	68	1	—	—	—	144	6	26	88	10

说明:第四、五、七届资料不全;第六届政府由县革命委员会代替,故均未列入。

第二节 炎陵(酃)县全国、省、市人大代表

一、全国人大代表

第四届 江才香(女)

第五届 刘湘兰(女)

第六届 马安健

第九届 曾筱萍(女)

第十一届 谭 艳(女)

二、湖南省人大代表

第六届 陈祯炳 唐森华 盘贵临 郭桂兰(女)

第七届 陈树林 盘贵临 邝建华 马安健

第八届　卢耿民　马安健　凌甫云　王海英(女)
第九届　林良材　马安健　盘晓文
第十届　谢高进　曾筱萍(女)
第十一届　李　晖(女)　古友发
第十二届　刘正平　谭　艳(女)

三、株洲市人大代表(以姓氏笔画为序)

第八届　尹维权　古友发　刘才际　肖桃秀(女)　宋月英(女)　张录智　陈奎生
陈祯炳　罗天喜　周长发　孟少林　赵满香(女)　钟炳勋　谢园桃(女)
谢高枧　潘建仁(女)　戴新友
第九届　尹维权　冯树亮　朱起炽　刘　盛　刘铁强　李博文　吴建成　宋月英(女)
张　虎　陈长辉　陈兆平　邵存芝(女)　罗志钧　赵满香(女)　段良谋
程兴汉　谭祖炎　戴新友
第十届　李光辉　肖雅瑜　邹东元　言项珍(女)　张　虎　陈立新　林良材
罗云霞(女)　罗玉香(女)　赵占一　徐秋香(女)　黄清林　盘贵临
康华魁　程国忠　曾桥美(女)　谭应生　戴新友
第十一届　于六香(女)　马安健　王衡酃　邓德芳　张　雄　张武珠　张定伟
张群明　陈书德　林良材　赵占一　唐之乐　唐怀忠　唐武生
盘晓文　程国忠　谢高进　谭学忠
第十二届　王小瑞　王继恩　古友发　刘　晓　刘会才　刘辉凡　李向军　杨秀材
陈茂祥　陈英霞(女)　林建华　罗爱胜　钟海庭　聂方红　郭月平
曾筱萍(女)　谢高进　颜石生
第十三届　王　隽(女)　王继恩　古友发　叶慧萍(女)　刘利忠　刘宝光　刘辉凡
李　晖(女)　杨秀材　肖渊泉　张　琴(女)　张金华(女)　张霞妹(女)
陈书德　范洪奇　周建光　郭月平　盘红卫　彭良平　魏启敏
第十四届　王文南　邓长久　古友发　刘正　刘宝光　汤少云　杨长云(女)
吴红兰(女)　陈少义　陈贻芳　陈黎明　林　友　欧阳剑　孟文军
郭月平　郭俭平(女)　唐日静(女)　唐仲林　黄诗燕　彭林波
董　琦　谢协农　蔡海成　颜　峻　戴诗平

第三节　代表大会

1949年11月2日，在县城召开酃县各界人民代表首届一次会议，参加会议代表215人。会议作出剿匪和征收粮食支援前线的决定，选举出席湖南省各界人民代表会议代表4人。县各界人民代表会议是县人民代表大会之前的县人民政府协商议事机关，兼行地方国家权力和政治协商职权。每3个月由县人民政府负责召开1次。1952年11月28日，召开县各界人民代表大会四届一次会议，选举李秀山、张友生、盘富杰、段茶花、陈兴庭、凌谅冰6人为省人民代表。至1954年3月，共召开县各界人民代表会议4届16次。其中一届1次，二届3次，三届6次，四届6次。会议收到并办理代表提案、批评建议491件。作出关于镇压反革命、开展土地改革、建立基层人民政权等决议10项。

1954年，根据《中华人民共和国宪法》规定，建立人民代表大会制度。当年6月26日，在县城召开鄠县第一届人民代表大会第一次会议，到会代表176人。会议通过《鄠县首届第一次人民代表大会决议》，选举周礼、樊致祥等4人为出席湖南省首届人民代表大会代表。1955年4月3—5日，召开县人民代表大会首届三次会议。通过将县人民政府改为县人民委员会的决议，选举首届县人民委员会委员15人。1958年6月9—11日，县第三届人民代表大会一次会议召开，选举县人民委员会领导成员和出席省二届人民代表大会代表周春娥、刘福俊、周礼、肖庆祓等4人。1961年6月，恢复鄠县建制，原鄠区155名代表为鄠县第四届人民代表大会代表，组成第四届鄠县人民代表大会。1964年8月18—21日，县第五届人民代表大会一次会议召开，选举产生县人委会委员、县长、副县长和法院院长；选出周礼、冯希孟、钟炳勋、曾冬娥为省第三届人民代表大会代表。1966—1976年，受“文化大革命”影响，人民代表大会中断。1977年底，第七届人民代表大会筹备期间，决定将“文化大革命”时期的革命委员会列为第六届政府。

1980年12月15日，召开县第八届人民代表大会第一次会议，出席代表139人，会期12天。会议决定撤销县革命委员会，恢复县人民政府。决定设立县人大常委会，行使代表大会闭会期间职能。会议选出人大常委会组成人员和常委会正副主任，通过《保护森林资源 加速林业发展》决议。

1992年12月21日，召开鄠县第十二届人民代表大会第一次会议，会期4天。自本届起，任期由一届3年改为5年。第十三届至第十六届人民代表大会分别于1997年11月、2002年11月、2007年11月、2012年11月召开。1954—2014年，县人民代表大会共召开16届51次。

第二章 常务委员会

第一节 领导机构

鄠县各界人民代表会议常务委员会成立于1951年8月，有常委13人。其中县委书记、县长、公安局长、县大队大队长为当然常委，另9名常委由代表会议选举产生。县长李秀山任主席。会议推选1名常委驻会，负责处理日常事务，其余常委不脱产。

1980年12月17日，县第八届人民代表大会第一次会议选举产生县人民代表大会常务委员会(以下简称常委会)。常委会组成人员由主任、副主任和委员构成。常委会履行人民代表大会闭会期间职能并向人民代表大会报告工作。

炎陵(酃)县第八至第十六届县人民代表大会常务委员会主任、副主任一览表

表7-2

届次	时间	主任	副主任
八	1980.12-1984.04	陈祯炳	朱学厚　唐睦园　谭乐扬　周开发　陈远超　龙泉源
九	1984.04　1987.03	陈祯炳	朱学厚　陈远超　龙泉源　刘佐庸　唐发浩　陈贻昌　唐剑平　尹维权
十	1987.03-1990.03	戴新友	龙泉源　刘佐庸　唐发浩　尹维权　陈奎生(兼职)
十一	1990.03-1992.12	戴新友	刘佐庸　唐发浩　霍远忠　陈奎生(兼职)
十二	1992.12-1997.11	程国忠	刘佐庸　唐发浩　张定伟　钟海庭(1997.03—)
十三	1997.11-2002.11	张武珠	张定伟　钟海庭　张　虎　黎晓宇(兼职)　罗俊英(—2001.02)　陈书德(2001.03—)
十四	2002.11-2007.11	古友发	钟海庭　张　虎　陈书德　唐学华　刘兴祥　李润生
十五	2007.11-2012.11	古友发	万月华(—2010.02)　张若平　曾筱萍(—2011.01)　陈书德(-2010.02) 李润生(—2011.06)　范洪奇(2010.02—)　谢协农(2010.02—) 廖子强(2011.01—)　戴诗平(2012.02—)　方小林(2012.02—)
十六	2012.11—	戴诗平	范洪奇　谢协农　廖子强　方小林(—2014.07)　张金华(女,兼职)

第二节　工作机构

1980年12月,第八届人民代表大会常务委员会下设办公室及秘书、法制、提案科。1990年3月，第十一届人民代表大会常务委员会下设办公室、财政经济、法制、教科文卫、农村、代表联络等5个工作委员会。2002年11月，县第十四届人民代表大会常务委员会下设办公室、财经城建环保、教科文卫、选举任免联络、农村、内务司法等5个工作委员会。2007年11月,县第十五届人民代表大会常务委员会下设办公室、财政经济(预算)、教科文卫、选举任免联络、农村、内务司法、城乡建设环境资源保护等6个工作委员会。第十六届延续原工作机构设置。

▲人大常委会办公楼

第三章 职权行使

第一节 重大决定

县人民代表大会及其常委会就全县重大事项依法所作出的决定、决议交由县人民政府执行。

1984年，株洲市下达酃县木材采伐任务11.5万立方米，县人大常委会经调查认为采伐量超过木材生长量。1985年3月，县人大常委会作出决定，从当年起木材采伐量不得超过8.5万立方米，并规定凡外销出境木材均由林业部门统一办理运输出口证。1986年3月，县九届人大三次会议召开期间，6位人大代表就部分乡村过河困难问题提出议案。经大会主席团提交大会审议，决定每年从县机动财力中提取5.3%，从林业更新改造资金中提取20%，用于乡村重要桥梁建设补助。8月，召开县九届人大常委会第十八次会议，通过《关于进一步加强赡养老人和农村五保户供养工作的决议》，将原来"五保"老人每年300公斤粮食、3公斤食油、60元钱的供养标准提高到每年350公斤粮食、5公斤食油、100元钱、1000公斤柴或500公斤煤、1—2套衣裤、1双鞋2双袜，5年一套棉被蚊帐。1987年第十届人民代表大会第一次会议期间，万月华等代表提出《关于续编<酃县志>的议案》。十届人大常委会第二次会议作出关于续编《酃县志》决定。

1993年4月11日，十二届人大常委会第三次会议审议第二次会议主席团交付的《关于改革林业经营机制的议案》，通过《关于林业经营机制若干问题的决议》。1994年1月22日，第十次会议作出《关于全县1994年经济工作10件大事的决定》。11月22日，第十五次会议通过审议决定，桂花为县花，杉树为县树。第十六次会议决定建立"县长接待代表活动日"制度。11月29日，举行首次"县长接待代表活动日"，14位人大代表就全县农业、林业、教育、社会治安等方面提出23个问题和建议。会后，县人民政府及时召开县长办公会议，逐条研究办理意见和改进措施。此后，县长接待代表活动日成为制度。1998年3月9日，县十三届人大二次会议通过《关于组织农民利用"两工"修复乡村道路的决议》。1999年1月21日，第八次会议审议通过《县城总体规划修编》。

2003年3月，县十四届人大二次会议作出《关于加强林政管理，维护林政秩序，禁止买卖青山的决议》。县人民政府于3月26日下发《关于加强林政秩序管理，严禁非法采伐和买卖森林的通告》《关于加强资源林政管理的通知》。县林业局相继制定和下发《关于严格执行木材采伐和经营"四统一"的紧急通知》等5个文件，并组织专门班子落实，林政秩序明显好转。2008年12月29日，县十五届人大常委会第八次会议作出《关于批准县城市建设投资经营有限责任公司向国家开发银行贷款3000万元的议案的决定》《关于批准炎陵县人民政府对炎陵中学整体搬迁项目实行回购并纳入县财政年度预算的议案的决议》。2009年9月11日，第十三次会议作出《关于同意将偿还对国道G106炎陵至桂东槽里段公路改建工程（一、二期）

项目建设资金列入财政专项预算的决议》。2010年8月6日，第二十一次会议通过《关于批准＜炎陵县中小企业创业园规划＞的决议》。11月17日，第二十三次会议作出《关于批准调整三河镇、霞阳镇行政区划的决议》。2011年10月25日，十五届人大常委会第二十九次会议作出《关于深入开展“六五普法”推进法治炎陵建设的决议》。2013年10月22日，十六届人大常委会第六次会议通过《关于批准炎陵县城总体规划人口与用地规模调整的决定》。12月30日，第七次会议作出《炎陵县人大常委会关于加强县城饮用水保护，确保饮用水安全的决定》。

1992—2014年，共召开5届（十二至十六届）27次县人民代表大会，作出决议、决定144个。人大常委会共召开159次会议，讨论通过决议、决定183个。

第二节　人事任免

县人大常委会决定任免对象，由主任会议、县长、法院院长、检察院检察长向县人大常委会提名，经过任前法律考试和供职发言后，由人大常委会组成人员采取无记名投票方式表决，获半数以上表决票通过方可任职。

1980—1992年（八届人大至十一届人大期间），任免国家工作人员356人次。其中，接受1名县长、1名检察长的辞职请求，决定任命县人民政府代理县长1名。

1993—2012年（十二届人大至十五届人大期间），任免国家工作人员757人次。其中，先后决定任命县人民政府代理县长8名。

2012年11月至2014年年末（十六届人大，未满届），已任免国家工作人员104人次。

第三节　执法检查

县人大常委会每年选择若干关系改革发展、稳定大局和群众切身利益、社会普遍关注的重大问题，有计划地对有关法律、法规实施情况组织综合执法检查。综合执法检查按照宣传发动、重点检查、会议审议、整改落实4个阶段进行。

2008年，组织《中华人民共和国环境保护法》《中华人民共和国行政许可法》《中华人民共和国行政处罚法》综合执法检查。组织5个检查小组对全县15个乡镇和20多个单位进行检查。6月27日，召开县十五届人大常委会第四次会议，专题听取和审议县人民政府贯彻实施《中华人民共和国环境保护法》《中华人民共和国行政许可法》《中华人民共和国行政处罚法》情况汇报以及人大执法检查组的检查报告。会议提出8条审议意见，并就鹿原镇炎帝陵景区规划区内村民建房等10个问题，提出处理意见交县政府整改到位。

2012年，组织《中华人民共和国水法》综合执法检查。经深入现场检查、听取专题汇报、会议审议，于6月15日召开县十五届人大常委会第三十四次会议，就贯彻实施《中华人民共和国水法》提出5条审议意见。并就有些项目建设存在涉水安全隐患等7个方面的问题，提出意见交由县政府整改落实。2013年，组织《中华人民共和国中小企业促进法》综合执法检查。9月12日，召开十六届人大常委会第五次会议，提出继续加大中小企业重视力度，进一步优化中小企业发展环境，尽快谋划炎陵县电力体制改革，进一步拓宽中小企业融资渠道等方面的审议意见。

十二届人大常委会组织执法检查、调查23次。十三届人大常委会组织执法检查、调查30次。十四届人大常委会组织综合执法检查5次，执法调查26次。十五届人大常委会组织综合执法检查6次，执法调查24次。至2014年，十六届人大常委会组织综合执法检查2次，执法调查11次。

第四节 监督 督促

人大常委会监督的主要方式有：听取和审议专题工作汇报；监督国民经济和社会发展计划、预算的执行；审查规范性文件；执法检查；视察；听取和审议述职报告；组织代表评议；受理申诉和意见等。

人民公社化时期，不少社队将山林无偿赠送给国营林场，造成无山经营。1982年2月，县人民政府将情况反映到地区和省政府。6月，湖南省政府下文同意将青石冈林场的3.45万亩荒山、残林归还给有关社队，但县政府未及时执行。1986年，县人大常委会出面督促，省政府文件得以落实。

1987年，木材价格放开后，林农交售木材的收入在林业部门销售收入中所占的比重明显下降。县人大常委会于7月和次年6月两次作出决定，督促县政府制定木材保护价，要求林业部门收购价不得低于销售价的53%。仅1988年，县木材公司补给林农杉木款达200万元。

1996年3月，十二届人大五次会议通过《关于组织县人大代表对国家机关及其负责人的工作进行评议的决定》。8月，组织36名县人大代表对县水电局、建设局、交通局、工商局及其负责人（含分管副县长）的工作开展评议。评议中，代表提出建议意见73条。其中，水电15条，建设19条，交通22条，工商17条。人大常委会将这些建议意见交受理单位办理。各受理单位均制订整改方案，并逐条办理落实。1997年始，在全国人大和省人大的倡导和统一部署之下，县人大常委会先后牵头组织开展环保世纪行、民族团结进步行、农产品质量安全行和农民健康行等“四行”活动。以“四行”活动为契机，督促检查全县各级各部门执行环境保护、农产品质量安全和医疗卫生等方面的法律法规及政策的情况。

2003年8月29日，十四届人大常委会第六次会议作出《炎陵县人大常委会述职评议工作规则》和《炎陵县人大常委会关于组织述职评议的决定》。决定每年的9—11月，对人民代表大会及其常委会选举和任命的国家机关、审判机关、检察机关及本行政区域内的有关机关工作人员进行述职评议。当年9—11月，人大常委会组织常委会组成人员及部分县人大代表对检察院正副检察长、公安局局长、工商局局长、计划生育局局长进行述职评议。2004—2006年，人大常委会分年度分批次对县人民政府7位副县长、法院院长和3位副院长、检察院检察长和3位副检察长、21个县政府组成局主要负责人进行述职评议。经过准备、调查、述职、整改4个阶段的工作，把人大监督、舆论监督和群众监督有机结合起来，促进被评对象树立依法行政、勤政为民的意识。2008 年 4 月 22 日，十五届人大常委会第二次会议讨论通过《炎陵县规范性文件备案审查办法》。2008 年起，依法对“一府两院”、各部门及乡镇人大报备的 256 件规范性文件进行备案和审查。2009 年，根据《中华人民共和国各级人民代表大会常务委员会监督法》有关规定，人大常委会决定对“一府两院”开展专项工作评议。4 月 29 日，十五届人大常委会第十次会议通过《炎陵县人大常委会关于专项工作评议暂行办法》。同年起，先后对县人民政府的公安、经信、林业、教育、水利、计生、交通、国土、卫生、商务、住建、人社、质监、地税、工商、财政、农业、文体广新、审计、粮食、民政、司法、食品药品监督，检察院的自侦工作、法院的执行工作等 25 项专项工作进行评议。

2010 年 4 月 2 日，十五届人大常委会第十八次会议通过《炎陵县人大常委会关于加强司法监督的若干规定》《炎陵县人大常委会关于人大代表听审评议人民法院公开审理案件办法》，促进司法公平公正。2011 年 6 月 24 日，十五届人大常委会第二十七次会议通过《炎陵县人大常委会财政预算审查监督暂行办法》，加强对财政预算的刚性监督。十六届人大常委会不断完善代表建议督办制度，探索常委会正、副主任领衔督办代表建议机制。采取实地调研、定期听取办理情况汇报、主持召开协调会等方法，协调处理工作中存在的问题和困难。《关于农村老百姓希望看病买药更方便的建议》《关于做好乡镇行政区域调整后深坑、石鼓、石潮、龙伏、坪形五村村民户籍信息调整工作的建议》《关于建立农村尿毒症患者医保与民政大病救治一站式服务的建议》等一批重点督办建议得到较好解决。

人大常委会自成立至 2014 年，共审议政府工作报告 178 次，审议法院工作报告 32 次，审议检察院工作报告 35 次。

第五节　代表联络

1999 年，县人大常委会建立评选乡镇代表联络工作先进单位制度。2000 年，首次开展乡镇人大主席片会活动，决定每年在乡镇之间轮流举行两次。内容是交流乡镇人大工作经验，研讨坚持与完善乡镇人大制度，推进人大工作。2002 年 5 月 17 日，人大常委会到水口镇召开乡镇人大工作经验交流会，在全市尚属首次。在县十三届人大六次会议上，表彰 26 名 2001 年度人大代表活动积极分子。2008 年 10 月 13—14 日，全国 23 个城市(区)第二轮第十三次人大常委会联席会议在炎陵召开，会议根据监督法提出的新要求，重点围绕如何提高人大常委会会议质量进行深入交流、探讨。县人大常委会主任参加会议。

2010 年，纪念县人大常委会设立 30 周年，编辑《光辉历程——纪念地方人大常委会设立 30 周年专辑》一书，近 30 万字。收集文稿 80 篇，照片 30 多幅，全面反映 30 年来炎陵县人大常委会走过的历程。2014 年 6 月 25 日，十六届人大常委会第十次会议审议通过《关于人大代表联系人民群众工作室建设的指导意见》，按照“有场所、有牌子、有制度、有办公设备、有资料档案”的要求，在全县 15 个乡镇和县人大常委会机关设立人大代表联系人民群众工作室 16 个。并设立人大代表接待日，定期开放，规范运转，解决一批涉及群众切身利益问题。

第八篇　人民政府

第一章　政府机构

第一节　领导机构

1949 年 10 月 29 日，酃县人民政府成立，赵德新任县长。1955 年 4 月，改为酃县人民委员会，设县长 1 人，副县长 1 人，委员 15 人。1961 年 6 月，县人民委员会由县长 1 人，副县长 1 人，委员 8 人组成。1967 年 2 月，受“文化大革命”冲击，县人委机关瘫痪。1968 年 9 月，成立酃县革命委员会，由驻军代表、干部代表和群众代表组成，设主任 1 人，副主任 7 人，委员 45 人，实行党政合一领导体制。1980 年 12 月，撤销县革命委员会，重新成立酃县人民政府，设县长 1 人、副县长 5 人。1994 年 4 月 5 日，酃县更名为炎陵县，设县长 1 名，副县长6 名。

1949—2014 年炎陵(酃)县县长、副县长(革委会主任、副主任)一览表

表 8-1

县　长	籍　贯	任职时间	副县长(副主任)
赵德新	山西左权县	1949.10	
李秀山	山西介林县	1950.3	白修身
郭步书	河南林县	1953.5	刘更旺　邱光岚
张南星	湖南酃县	1954.12	刘更旺　邱光岚　刘桂森
刘福俊	湖南湘阴	1956.12	谭乐扬
冯希孟	山西榆次县	1961.6	欧阳牛喜　董耀辉
孙希庆(主任)	山东烟台市	1968.9	赵忠义　丁宗轮　王　俊　江才香(女)　金乐清　胡爱斌(女)　黄秋发

续表 8-1

县　长	籍　贯	任职时间	副县长
颜家兰(主任)	湖南攸县	1970.10	姜宝贵　陈祯炳　段成龙　李满元　李国起(王厚功　郝棒柱　彭物苟)
石维刚(主任)	山西平定县	1973.9	段成龙　陈祯炳　谌国良　王厚功　郝棒柱　彭物苟
彭物苟	湖南茶陵县	1978.1	陈祯炳　谌国良　唐家钧　段寿宜　朱学厚
戴新友	湖南酃县	1980.12	段寿宜　尹维权　唐发浩　祝光耀　刘佐庸
祝光耀	湖南益阳市	1983.12	尹维权　张启福　周小平
李博文	湖南桃江县	1985.3	张启福　周小平　张峡松　卢耿民
李博文	湖南桃江县	1987.3	卢耿民　张峡松　陈立新　李波平　傅　辉　蔡培森　杨　平　何龙彪
卢耿民	广东大埔县	1990.3	陈立新　何龙彪　程国忠　霍深芽　熊绍怀
陈立新	湖南酃县	1992.3	程国忠　唐武生　唐桐德　周新发　霍深芽　熊绍怀　余德新　罗俊英
何龙彪(代)	湖南茶陵县	1993.9	唐武生　唐桐德　周新发　霍深芽　余德新　罗俊英
何龙彪	湖南茶陵县	1994.1	唐武生　唐桐德　周新发　霍深芽　余德新　罗俊英　王继恩　曾筱萍(女)　戴　龙
唐武生(代)	湖南炎陵县	1997.10	唐桐德　霍深芽　罗俊英　周新发　王继恩　曾筱萍(女)　戴　龙　肖长青
唐武生	湖南炎陵县	1997.11	袁生华　曾筱萍(女)、戴　龙　肖长青　万月华　潘才良　张若平　周志辉
谢高进	湖南新田县	1999.12	袁生华　王继恩　曾筱萍(女)　张若平　潘才良　万月华　周志辉
聂方红	湖南衡阳县	2001.3	王继恩　万月华　罗俊英　曾筱萍(女)　张若平　周志辉　廖少军　韩先满　尹军林
王继恩	湖南攸县	2002.10	万月华　戴诗平　罗俊英　曾筱萍(女)　张若平　廖少军　韩先满　尹军林　谢洪富
谭可敏	湖南茶陵县	2005.10	周志辉　姚永告　戴诗平　万月华　罗俊英　曾筱萍(女)　张若平　谢洪富　李文科　王勇明
周建光	湖南株洲县	2007.10	姚永告　戴诗平　章文才　王勇明　欧阳鹏志　吴文刚　盘淑芳(女)　王衡酃　彭　志　邓绍宏　邹建平　李　奇
龙志华	湖南茶陵县	2011.4	王勇明　饶祥明　欧阳鹏志　黄建中　谭新林　吴文刚　盘淑芳(女)　王衡酃　彭　志　盘晓文、邹建平　李　奇　盘晓文
刘正平	湖南醴陵市	2011.12	饶祥明　黄建中　谭新林　盘淑芳(女)　王衡酃　彭　志　盘晓文　黄礼彬　肖思寒　蒋芷境　谭　艳(女)

第二节 工作部门

1949 年 11 月，县人民政府下设秘书室、民政科、财粮科、公安局。1950 年，将财粮科分为财政科和粮食科，增设税务局、教育科（后改为文教科）、工商科、建设科。1952 年，增设卫生科和财经委员会。1953 年，增设监察委员会（2 年后撤销）、人事科和林业科。1954 年，财经委员会改为财贸办公室，增设农林水办公室、计划统计科、手工业管理科、水利局；撤销建设科和林业科，将粮食科改为粮食局。至 1958 年，政府工作部门有 1 室：秘书室；2 委：计划委员会、体育运动委员会；2 办：财贸办、文教办；6 局：财政局、税务局、商业局、粮食局、公安局、工业局；11 科：统计科、教育科、文化科、卫生科、民政科、人事监察科、财务辅导科、手工业管理科、交通科、农业科、林业科。1961 年 6 月，县政府工作部门设 1 室：秘书室；1 委：计划委员会；2 办：财贸办、工交办；13 局：财政局、税务局、商业局、粮食局、公安局、文教局、卫生局、工业局、手工业管理局、交通局、农业局、林业局和畜牧水产局；3 科：人事科、劳动科、财会辅导科。1962 年后，增设体育运动委员会、物价管理委员会、水利机械局，恢复民政科、统计科和农林水办公室，畜牧水产局并入农业局。至 1966 年共设 25 个单位。当年开展“文化大革命”，次年 2 月，政府各部门工作基本瘫痪。

1968 年 9 月，县革命委员会成立，下设办事、政工、生产指挥、人民保卫四大组。大组下设组和小组，其机构设置和管理层次如下：

- 鄗县革命委员会
  - 办事组
  - 政工组
    - 组织组
    - 宣传组：教育小组、卫生小组、广播站、体委
    - 群工组：工代会、共青团、妇联、“四个面向”办公室
  - 生产指挥组
    - 办公室
    - 计划组：物资管理站
    - 农业组：农水小组、林业小组
    - 工交组：工业小组、交通运输指挥部、邮政局、电信局
    - 财贸组：财政小组、商业小组、粮食小组、打击投机倒把办公室
  - 人民保卫组
    - 秘书组
    - 治安组
    - 侦察组
    - 审批组

1973 年，县革命委员会机构调整，党政分开，撤销办事组，设革委办公室；撤销政工组，恢复人事、劳动、民政、文教、卫生等科局；撤销生产指挥组，恢复和设立计划委员会、工交办公室、财贸办公室和农村办公室，下属工作部门恢复科、局建制；撤销人民保卫组，恢复公安局，行使人保组治安、侦察职能。1980 年 12 月，县人民政府下设办事机构 40 个。1984 年 1 月，根据中央关于机构改革精神对政府办事机构进行精减调整，纳入政府序列的机构 30 个，1990 年增至 35 个。其设置如下：

酃县人民政府
- 政府办系统:办公室、人事局、审计局、监察局、国土管理局、科学技术委员会
- 计委系统:计划委员会、统计局、劳动局、物价局
- 财委系统:财贸委员会、财政局、税务局、粮食局、商业局、工商行政管理局
- 经委系统:经济委员会、交通局
- 农委系统:农业委员会、农业局、林业局、水利水电局、畜牧水产局、乡镇企业管理局
- 文教系统:教育局、文化局、卫生局、广播电视局、体育运动委员会、计划生育委员会
- 建委系统:建设委员会、环境保护局
- 政法系统:公安局、司法局、民政局

注:正科级企事业单位均未列入。

1995年12月,县人民政府机构调整,纳入政府序列的机构有3办:政府办、农村工作办、财贸工作办;2委:经济委员会、计划生育委员会;25局:计划物价局、建设局、科学技术局、教育局、公安局、司法局、民政局、监察局、财政局、人事局、劳动局、交通局、农业局、林业局、水利水电局、文化体育局、卫生局、审计局、乡镇企业局、统计局、工商行政管理局、国土管理局、粮食局、环境保护局、技术监督局。

2001年10月25日,机构改革对县政府办事机构进行精减调整。保留办公室、教育局、公安局、监察局、民政局(加挂老龄工作委员会办公室)、司法局、财政局、交通局、农业局、林业局、水利水电局、文化体育局(加挂新闻出版局)、卫生局、审计局;将农村工作办、财贸工作办、乡镇企业局、工商行政管理局、技术监督局移出政府管理序列;计划委员会更名发展计划局(加挂物价局),经济委员会更名为经济贸易局,科学技术委员会更名科学技术局,国土管理局更名国土资源局,计划生育委员会更名计划生育局。

2010年12月,发展计划局更名发展和改革局,经济贸易局更名经济和信息化局,劳动人事和社会保障局更名人力资源和社会保障局,建设环保局更名住房和城乡建设局,计划生育局更名人口和计划生育局。监察局,列入政府工作机构序列,不计入政府机构个数,与县纪委合署办公;农村工作办与县委农村工作部一个机构两块牌子,列入县委机构序列。政府办加挂科技局、统计局、人民防空办公室、法制办公室牌子;发改局加挂物价局、粮食局牌子;民政局加挂老龄办牌子;经济和信息化局(企业发展促进局)加挂安全生产监督管理局牌子;住房和城乡建设局(建设局)加挂环保局牌子;农业局加挂乡镇企业局牌子;文化体育局加挂新闻出版局、版权局牌子;商务局加挂招商局牌子。此外,城市管理行政执法局为县人民政府独立的行政执法机构,不计入政府工作部门个数;食品药品监督管理局的管理体制及人员编制由市垂直管理移交县管。至2014年,工作部门延续。

第三节 基层政权

一、区人民政府

1949年10月,全县设4个区人民政府。1950年11月,增为5区。1952年10月,调整为

▲2014 年政府大院

7 区。一区设城关,二区设霍家,三区设塘田,四区设十都,五区设水口,六区设中村,七区设下村。每区配备正、副区长、文书、民政助理、财粮助理、文教助理、生产助理、公安员、武装干事、通讯员各 1 人。1953 年,成立城关镇人民政府。1955 年 4 月,将区政府改为区公所,为县人民政府派出机关。1956 年 5 月撤区。

二、乡、镇人民政府

县人民政府成立后,原乡、保、甲区划未变。1950 年 7 月,废除保甲制,全县建立 48 个乡人民政府。每乡设乡长、秘书兼财粮、民兵队长各 1 人,为半脱产干部。此后,乡数屡有变动。1956 年 5 月,撤区并乡,建立乡镇人民委员会。全县设 1 个镇(城关镇)、20 个乡。乡镇设人民委员 9—10 人。其中,正、副乡(镇)长各 1 人,配备文书、合作生产、财经、文教卫生、民兵治安等专职干部若干人。

1958 年 9 月,建立 13 个政社合一的人民公社。各公社成立管理委员会(简称管委会),行使行政组织与经济组织双重职能。公社管委会设正、副社长(后改为主任)和委员若干人。管委会设办公室和分管农水、民政、财会辅导、财粮、武装、公安等项工作专职干部。

1981 年 12 月,城关人民公社改为城关镇人民政府。1983 年 3 月,沔渡公社实行政社分设试点。1984 年 4 月,在全县铺开,撤销人民公社,设立乡(镇)人民政府。全县设 1 个镇 15 个乡。1985 年 2 月,成立龙渣瑶族乡。各乡(镇)设正、副乡镇长 4—5 人,配行政秘书、民政助理、林业、经营管理、多种经营、计划生育专干和司法员、国土管理员等专职干部。

2000 年,全县设 6 个镇 9 个乡。各乡镇设乡(镇)长 1 名、副乡(镇)长 3—4 名,设置党政秘书、计划统计专干、农业专干、民政专干、计划生育专干、共青团书记、妇联主席等岗位。

2014 年,乡镇建制未变。二三类乡镇设置党政办公室、社会事务办公室、经济发展办公室、综合治理办公室等 4 个内设机构,四类乡镇内设 1 个综合性办公室。

第二章　政务纪要

第一节　重要会议

一、政府常务会议

政府常务会组成人员　由县长、副县长、县政府副县级干部、政府办公室主任组成,有半数以上组成人员出席方为有效；县人民政府其他党组成员、审计局局长、财政局局长、司法局局长、县政府办公室副主任固定列席常务会议；根据需要，可邀请有关方面领导，安排乡镇人民政府、县直部门和单位主要负责人参加。会议由县长召集和主持。

常务会职能　传达贯彻党中央、国务院、上级党委政府和县委的重大决定和重要会议精神，部署落实县人大及其常委会有关决定、决议；研究讨论向上级及县委请求报告的重要事项，县人民政府各部门需提请县委常委会研究的重要事项；讨论决定县人民政府工作的重大事项，包括：全县经济社会发展中长期规划和重要专项规划、全县经济社会重要改革发展事项、全县重点项目计划、县本级投融资中长期规划和年度计划、举债及偿债计划、投融资成本控制、PPP 项目推进、放开公益性领域投资等全县投融资方面的重大决策、重点项目动作中需要政府决策的重大的问题、重大国有资产处置事项；研究全县经济发展年度主要指标、县级财政收支年度预算草案、县级预算执行和其他财政收支审计指出问题的整改意见、年度全县绩效评估、安全生产和计划生育考核等；审议县人民政府制定、发布的重要规范性文件；分析形势，通报情况；其他按规定应提请常务会议讨论决定的事项。

二、县长办公会议

县长会议组成人员　由县长、副县长和县政府办公室主任组成，审计局局长、财政局局长、司法局局长固定列席会议，议题涉及单位主要负责人分段列席会议。县长办公会议由县长召集和主持，县长外出期间可委托常务副县长召集和主持。

县长办公会职能　酝酿提交县政府全体会议、政府常务会议讨论决定的议题；讨论通过提交县委常委会研究的事项；对政府常务会议决定事项的组织实施进行协调；县政府重大活动、重要会议及阶段性重要工作安排，通报有关情况；研究重要专题事项；需要县长办公会讨论决定的其他重要事项。

第二节　施政举要

一、发展道路交通

1950 年，县人民政府组织修复酃茶公路，解决出入县境运输困难。1951 年，制订公路建设规划，要求各地在土改时预留县城至资兴、宁冈和炎陵至斜濑渡的公路路基。1958—1967 年，由省、专区支持，建成县城至东、南、西三片的公路干线及部分重要支线，初步形成县内公路网络框架。1968—1982 年，以林业公路为主，兴修 10 余条支线，实现社社通客班车。1983—1990 年，采取以工代赈方法修建下村至遂川营盘圩、船形至资兴七里等断头公路。至此，与毗邻县均有公路直达。

1995年，投资280万元新建公路总里程148.5公里。至1997年，实现村村通公路。此后，为走出交通闭塞困境，县委、县政府努力争取高速公路和铁路建设。2005—2013年，衡炎、炎睦、炎汝（炎陵段）高速公路先后建成通车。2013年12月，吉衡铁路全线竣工通车，并在炎陵县城设站。至2014年年末，县内有铁路34.12公里，公路751.71公里（乡村道除外）。其中，高速公路77.52公里、国道74.89公里、省道311.5公里、县道287.8公里。

二、兴修水利

1950年，全县仅有山、平塘653口，陂坝水圳80余处。1952年，县政府成立塘坝工程委员会，发动农民新修、整修以塘、坝为主的水利工程。至1954年，建山、平塘74口，小Ⅰ型水库2座，新增蓄水量68万立方米。1955—1958年，先后拨款21万元，贷款7.76万元，发动群众自筹7.76万元，调集7000多民工完成炎山水库、东冲水库和西山水圳3大工程，解除1.24万亩农田的干旱威胁。20世纪60年代，又建成跃进水库、白米石水库、东风水库以及跨越塘田、三河两个公社的河东渠道。1966年起，着手兴建水轮泵提水工程。至1972年，共投资50万元，建水轮泵站198处，灌田4500亩。此后，陆续兴建柴油机排灌站135处，电力排灌站129处，引水灌田1.4万余亩。1973—1976年发动群众改造河道，修建防洪工程。国家投资48.52万元，自筹36.93万元，组织1.5万劳力，在中村、水口、城东、十都等地改造河道68处，修筑河堤44公里，保护农田1.5万亩，开垦农田1500多亩。1990年，全县有效灌溉面积、旱涝保收面积分别占水田面积98.95%、88.14%。

1991—1994年，投资581.95万元完成各类水利工程5658处。1995年，投工200万个，移动土石200万立方米，县、乡、村、组四级筹集资金300万元，完成各类水利工程3000处。2007—2008年，投资4230万元，启动小农水项目建设，完成各类水利工程4100处。2010年，炎陵县被纳入全省中小河流治理第一批试点县，当年投资798万元完成水口镇水西段试点项目。2014年6月，炎陵县被列入第六批中央财政小型农田水利重点县。2011—2014年，投资3222.07万元完成22处饮水工程，解决6.85万人口饮水不安全问题。

三、改造低产田

1971年，县革委会组织农业、水利技术干部对全县农田状况进行调查，发现冷浸、畔湖、锈水、阴山、重砂等低产田11万亩，占耕地面积57%。当年冬，县革委主任颜家兰在沔渡夏馆大队蹲点，摸索出一套改造畔湖田的经验，然后在全县推广。经3个冬春，改造畔湖田3万多亩。1973年12月，县革委又发出通知，号召建设高产稳产农田。至1977年，共投入劳动工日1730万个，完成土石方2000万立方米，改造各种低产田6.62万亩，建成方格园田1.2万亩，粮食产量逐年上升。2005—2014年，投资1.8亿多元实施国土开发与整理项目36个，涉及面积6496.05公顷，新增耕地414.46公顷。

四、开发小水电

1959—1972 年，采取县办、社办、队办等形式，先后新建 98 处小型、微型水电站，装机 3085 千瓦，初步解决城乡部分照明和农副产品加工用电困难。1973 年 10 月，组织 3000 民兵参加工程会战，历时 6 年，投资 1052 万元，建成水口电站。1983 年冬，又自筹 521 万元，贷款 781 万元，在水口电站引水坝处修建装机 3000 千瓦的筷子篓电站，并在水口电站增容 6000 千瓦，形成以水口电站、筷子篓电站为骨干的小水电网络。年发电量 1.23 亿千瓦时，居全省 12 个农村电气化初级阶段达标县之首，人均装机进入全国十强县行列。

1999 年，县成立指挥部，实施农村电网改造。2000 年 8 月，县委、县政府作出《关于加快小水电建设步伐的决定》，实施水电兴县战略，动员职工投资入股兴办电站，全县掀起小水电开发建设新高潮。当年，新建、改造电站开工 4 处，装机 3070 千瓦。2001 年，炎陵被列入湖南省第一批“十五”水电农村电气化县，农村电网改造完成投资 2300 万元。2007—2008 年，竣工投产电站 36 座，装机 85 台，容量 4.98 万千瓦，年发电量 1.87 亿千瓦时，总投资 2.52 亿元。2009—2010 年，投资 1.16 亿元，竣工投产电站 19 座，装机 44 台，容量 2.35 万千瓦，年发电量 9960 万千瓦时。2012 年，投资 1900 万元，启动实施以电代燃料工程项目。至 2014 年年末，全县有水电站 145 座，装机 22.31 万千瓦，年发电量 9.16 亿千瓦时。

五、发展用材林

1950 年 4 月 8 日，县人民政府发出布告，动员全县人民开展植树造林。1953 年 2 月，县政府号召开展爱国造林运动，全县 1.5 万人上山，插杉 1.5 万亩，直播松籽 5000 亩。至 1979 年，营造用材林 41 万余亩。由于忽视管理，成活率仅 41.7%。1980 年后，推行专业队、专业组、专业户承包造林办法。造林重点放在残疏林改造和消灭宜林荒山，集中连片营造速生丰产林，并建立严格检查验收制度。1990 年 8 月开始引进世界银行贷款用于造林。1985—1990 年，全县改造残疏林 16 万多亩，成活率 86%以上。

2004 年，成立首个民营林业实体炎陵县金鹿林业发展有限责任公司，租山造林 1.24 万亩。2008 年，贯彻中共中央、国务院关于全面推进集体林权制度改革的意见，确定林农对林地的使用权、经营权和林木的所有权，当年造林 2.09 万亩，次年造林 3.18 万亩。2010 年，楚材林场、玉龙林场等林业实体相继成立，社会造林盛行，当年造林 3.93 万亩，次年造林 3.29 万亩。1991—2014 年，社会造林 41.84 万亩。

六、发展地方工业

1951 年 8 月，成立酃县企业公司，县内始有地方国营企业。20 世纪 70 年代，发展“五小”（小煤窑、小水电站、小水泥厂、小氮肥厂、小机械厂）工业，为农业生产服务，先后建成水泥、造纸、氮肥、电机、化工、电石、竹木藤加工等县办企业。至 1978 年,全县国营与城镇集体工业企业发展到 41 家,社队企业 305 家,工业总产值 2068 万元。但由于原材料缺乏,经营管理跟不上,经济效益较差,24 个全民企业中有 5 个严重亏损,部分企业先后停产或改产。80 年代,县委、县政府总结经验教训,以本县优势资源为立足点,提出"以林保水,以水发电,以电兴工、以工哺农"思路,对全县工业产品结构进行调整,逐渐形成以铁合金为主的高耗电冶炼工业,以竹木为原材料的林产品精加工工业,以水泥、玻璃马赛克为主体的建材工业,以水果、竹笋、香菇为原料的食品加工业,以萤石、钨砂为主的采选矿工业。1990 年,有县办企业 46 家,乡镇企业 85 家,村办企业 229 家,村以下企业 3117 家,工业总产值 4524 万元,占工农业总产值 42.8%,比 1949 年和 1969 年分别增长 40.5 倍和 9.6 倍。

1991 年,县委、县政府成立乡镇企业领导小组,制定进一步加强乡镇企业发展若干规定。给予 28 条优惠政策,鼓励做强做大乡镇企业。1993 年,沔渡、塘田、三河、城关 4 个乡镇实现企业产值过千万元。1996—1999 年,乡镇企业产值从 3 亿多元增至 4.29 亿元,实现利润从 1716 万元增至 3058 万元。实现税收从 232.77 万元增至 1782 万元,累计完成出口创汇交货值 8000 多万元。2000 年末,在深坑村创办九龙工业小区(后更名九龙工业园)。至 2007 年,工业园实现工业增加值 1.9 亿元,上交税收 2020 万元。2009 年,在霞阳镇颜家村设立中小企业创业园。2010 年,九龙工业园列入湖南省第一批承接产业转移特色基地。当年,全县工业增加值 13.2 亿元。2012 年,九龙经开区获批省级工业集中区。次年,中小企业创业园获评首批省级中小企业创业基地。

至 2014 年,全县规模工业企业 84 家,其中亿元产值企业 22 家。全县实现工业增加值 25.83 亿元,其中规模工业企业增加值 24.06 亿元。

七、发展水果生产

20 世纪 60 年代中期,县人委先后创办天平园艺场、碧江苗圃和深坑蜜橘园,引进、栽培无核蜜橘百余亩。70 年代,城东、沔渡、塘田、十都、水口、三河等公社新建橘园 11 个,栽培无核蜜橘 1900 余亩、金橘 1000 亩。1980 年,全县水果产量达 182.5 吨,其中蜜橘占 30.8%。1987 年开始,县政府每年从育林基金中拿出一部分资金扶植水果基地开发。至 1990 年,发放扶植款 100 万元,建立水果基地 6200 亩,同时鼓励农户创办家庭果园。全县水果种植面积 1.12 万亩,当年水果总产 1544.8 吨,培植名、优、特水果 20 个品种。

1990 年后,政府协调财政、金融、工商、科技等职能部门,组织评估、论证、立项、注册商标、申报品牌、引导投资等措施,发展水果种植。水果生产从单一的集体经营和庭院种植,发展到合资、独资、联营、私营、合作社、协会等多种模式。2010 年,县委、县政府提出打好特色农业开发战役,将高山特色水果作为发展重点。2013 年 3 月,高山特色水果基地入选市十大产业项目。至 2014 年,全县水果产业累计完成投资 5040 万元。果园面积发展到 6 万多亩,相当于全县耕地面积的 1/4,年产量 1.8 万多吨,产值 1.3 亿元。

八、改善办学条件

20世纪50年代,县内办学条件极其简陋,多数乡村借用民房或祠堂办学。60年代,兴建砖木结构校舍,部分学校从民房或祠堂中迁出。至70年代末,校舍破烂,有的成为危房。1980年,县政府组织力量全面普查,制订分期分批消灭危房计划。同时发动社会力量,多方筹资改善办学条件。至1990年,财政拨款(含省市)519.89万元,征集教育附加费266.32万元,厂矿、机关集资264.5万元,乡、村集资765.46万元,个人捐赠20.15万元,勤工俭学收入17.56万元,共筹资1853.88万元,新建中心小学17所,乡村小学132所,教师进修学校1所,林业职业中学1所,新建校舍面积10.04万平方米,维修危房4万余平方米。

1990年12月,县政府出台《酃县人民政府关于人民教育基金和奖励教育基金的筹集及管理实施办法》,从1991年起至1994年,全县筹集人民教育基金106.2万元。其间,1992年4月,县人民政府接受世界银行贷款(折人民币)559.65万元,用于改善办学条件。1996年,教育"两基"(基本普及九年义务教育,基本扫除青少年文盲)评估获省验收达标。2005—2006年,全县15个乡镇投资3100多万元,完成集中办学。2008年,启动"炎陵教育发展促进金"实施合格学校、义务教育"全面改薄"(加强薄弱学校改造)、乡镇公立幼儿园和农村教师周转房等建设工程。2008—2014年,投入近2亿元,完成35所省合格学校、15个乡镇公立幼儿园和16个少年宫建设,建成教师周转房690套。新建校舍8.84万平方米,改造校舍13.53万平方米。投入4500万元完成城乡学校"三通两平台"建设,建成城域教育信息网和6个直录播教室,成为国家教育资源公共服务平台应用试点县、中央电教馆专题教育社区试点项目县。

九、城镇化建设

1981年10月,县政府成立城镇建设领导小组。1982—1983年,动员城区干部、工人和居民参加义务劳动,将所有大街小巷全部改为水泥路面。1984—1988年,自筹资金90余万元,拆迁民房100余栋,新建解放路和农贸市场。投资147万元,新建日产5000吨自来水厂,解决县城居民吃水难问题。并先后开发北门垄、下斗里、麻垄等土地供职工、居民兴建住房。县城各功能区布局更趋合理。与此同时,加快沔渡、水口、王家渡3个圩镇建设,带动东、南、西三片建设。

1991年,进行县城总体规划修编。1992—1996年,先后完成沔渡镇、水口镇、王家渡镇、三河乡、十都镇、船形乡总体规划编制和评审。投资123万元兴建湘山桥、五子庙、知青阁。1998年,筹资300万元,修通硬化洣泉北路、炎陵西路、圳界路、溪源路,拓宽改造县府路,修建洣泉桥、常乐桥,基本形成三纵四横交通网络。

1999年,完成东风、中村、平乐、垄溪4个乡镇集镇区总体规划修编。2000年9月,霞阳桥动工建设，拉通东山住宅开发区。2004年，投资1713万元，进行城市道路、供水、环卫等基础设施改造建设。新增县城面积1平方公里。2007—2008年，先后开展“项目建设年”“环境建设年”活动，实施内环线、县城给水扩建、炎陵文化广场、湘山滨水景观和接龙桥景观等工程。加快鹿原镇、沔渡镇、水口镇等重点镇建设。

2009年，市政环卫等基础设施建设投资近2000万元。次年，创建国家卫生县城。2010年起，实施“城镇提质”战役，项目投资3.7亿元。完成双江口货运停车场、回龙仙无害化垃圾场、坎坪农贸市场、旧城区排水系统雨污分流改造等工程，收购和改造廉租房159套。2011年，县委、县政府将城市定位为山水园林旅游城市，实施“东延西展、北提南拓”县城发展战略，完成县城主干道临街面及鹿原神农大道两侧建筑风貌改造。投入1000余万元对县城主干道两厢建筑、行道树、广场、风光带等实施亮化提质。2012年，成立县规划委员会，启动炎陵县城第六次总体规划修编工作，城镇基础设施建设投资1.93亿元。2013年，按照“全面开工、集中攻坚、强力推进”原则，加快城镇重点工程建设，当年建成火车站站前广场。2014年，完成城镇重点工程建设投资2.7亿元，外环线一期工程开工建设，聚福路、创业环道、草坪河片区道路建设加快推进，创业大道竣工通车。

十、开发旅游产业

1983年5月，成立桃源洞自然保护区管理所(后改为管理局)。先后拨款200万元兴修公路、桥梁、宾馆和旅游景点，1985年正式对外开放。同年8月，成立炎帝陵工程指挥部，并于1988年10月修复陵殿和部分附属建筑。1989年成立炎帝陵管理局，负责配套工程的建设、管理和接待工作。至1990年底，桃源洞管理局接待游客和科学考察人员5万余人次，炎帝陵管理局接待谒祖和参观者12万余人次，旅游业开始起步。

1992年10月，成立酃县旅游管理局。1994年，兴办旅游经济开发公司。1996年7月1日，炎陵县神农旅行社正式营运，年旅游创收108万元，其中门票收入72.9万元。2002年，炎帝陵被评为国家AAAA旅游景区。2003年，县委、县政府要求企事业单位参加旅游开发，并制定《炎陵县旅游产业发展考核办法》。2005年，成立炎陵县旅游行业协会。2007年3月，县委、县政府下发《关于进一步加快旅游发展的若干意见》，修改完善《炎陵县旅游经济考核奖励办法》，在全县掀起全民闹旅游热潮，当年投资100万元的神农谷溯溪景点建成营业。2008年6月，县政府下发《炎陵县鼓励投资开发旅游业的若干规定》，鼓励社会资金开发旅游。2010年，县委、县政府将旅游升温列为四大战役之一，制定《炎陵县旅游升温战实施方案》《关于打好“旅游升温战”加快旅游产业发展的意见》。2011年，把旅游列入全县“十大重点产业项目”加以扶持和培育，并纳入政绩考核。6月，全国首家红军标语博物馆建成开馆，并列入第二批全国红色旅游经典景区名录。12月16日，神农谷国家森林公园获评国家AAAA级旅游景区。2012年，炎陵县列入湖南省旅游强县。10月31日，国务院公布炎帝陵为第八批国家级风景名胜区；神农谷国家森林公园获评湖南省首批生态旅游示范区；红军标语博物馆被列入国家AAA级旅游景区。2014年，各景区、景点接待境内外游客351.08万人次，全县旅游综合收入17.8亿元。

十一、开发笋竹两用林

1965年，省林业厅将十都皮坑列为楠竹基地，拨给专款6000元，每垦复1亩补助3元，修山1亩补助1元，县内始有专项竹林垦复。当年垦复3000亩，次年又垦复1.3万亩，1979年垦复8500亩，1984年垦复1.5万亩。1986年起，因片面强调杉木林生产，竹林垦复面积减少。1990年后，专项竹林垦复取消。1993年，策源梨树洲小竹笋干（云雾笋）批量生产进入市场，村民重视小竹林抚育管理，当年全村抚育6300亩。次年抚育1.07万亩。1996年，首次引用世行贷款改造竹林，当年改造1000亩。次年1700亩。至1999年项目抚育竹林2.98万亩。2002年，县政府在十都镇密花村建立1000亩高标准竹林改造示范基地，当年全县竹林抚育5.8万亩。通过项目和示范基地的带动，全县竹林抚育年均6万亩以上。2008年，全县竹林遭受冰冻灾害，县政府对竹林清理抚育连片5亩以上的给予10元/亩奖励。当年全县竹林抚育20余万亩，采伐楠竹173万根。2009年，中央财政林业科技推广"毛竹林定向培育"项目在桃源洞林场实施，进一步规范竹林改造技术。2009—2010年，笋竹两用林开发12.45万亩，采伐楠竹249万根。2011—2012年，笋竹两用林开发12.1万亩，销售楠竹208万根。2013年，首次利用法国开发署贷款，实施毛竹现有林改造2.1万亩。同年，笋竹产业发展专项资金基地建设高标准抚育1000亩。2013—2014年，全县笋竹林开发12万亩。十都龙源笋竹两用林开发专业合作社申报为国家级林业示范社。

十二、企业改制

1980年10月，公交企业普遍推行"五定"（人员、任务、质量、消耗、奖罚）。1984年6月3日，县政府下发《关于进一步扩大我县国营企业自主权的实施办法》。1985年12月，国营企业厂长（经理）普遍推行任期制。1987年1月，国营工业企业实行第一轮承包经营。11月，国营企业开始实行承包经营责任制和风险抵押补偿制，企业内部实行全员风险抵押承包。1988年4月县经委16个县属国营工业企业及经委机关实行风险基金制度和责任保证金制度。当年实现预算内国营工业企业"无亏损县"。

1992年，县委、县政府下发《关于加快改革开放，加速发展经济的若干规定》，县属企业开始从经营机制和管理体制上推行劳动、人事、工资等方面的改革，实行劳动合同制、厂长（经理）负责制，工资包干制。1993年1月，县属公交企业实行"投入产出总承包"。1995年4月5日，县造纸厂依法破产，重组。8月28日，炎陵第一个破产重组企业炎陵纸业有限责任公司投产。

1996年,县委、县政府制定《关于企业产权制度改革若干问题的规定》。同时,出台《关于全面推行乡镇企业产权制度改革的通知》和《炎陵县乡镇企业股份合作制实施细则》,全面开展以租赁、兼并、债转股(托管)、破产、重组和股份制、股份合作制为主要形式的产权制度改革。至年底,15家破产的工交企业全部实现重组。1998年2月6日县委、县政府《关于进一步解放思想深化改革的若干意见》,提出工商企业改革动产权。当年全县74家工商企业改制面达85%。1999年12月26日,中共炎陵县八届三次全会通过《关于深化企业改革的若干决定》明确两个转换、两个解除、两个置换(置换企业产权、置换职工身份)。

2001年4月,县政府出台《炎陵县企业改革产权交易办法》和《炎陵县企业改革转换职工身份工龄一次性补偿办法》,县属企业全面实施置换国家(集体)企业资产,有偿解除职工劳动关系的企业改制。当年先后完成金宇集团、煤炭公司、县酒厂等企业的改制工作。2002年,相继完成服装厂、物资公司、广源公司及部分基层供销社的改制工作。到年底,20家县属企业完成改制,盘活资产2811万元,有偿解除职工身份1862人。同时,乡(镇)村集体企业参照县属企业改制模式,积极开展租赁、出售企业资产的企业产权制度改革。当年,91家乡镇集体企业,实行租赁改制69家,出售22家。至2005年,全县共置换改制工业企业资产收入1.78亿元,有27家工业改制企业置换在职职工身份2345人。518家乡(镇)村集体企业完成产权置换改革。

企业改制后,经济成份多元化,经营机制灵活化,大幅度提高企业效益,促推企业的快速发展。2005年底,全县乡以上工业企业222家,比1990年增加123家;实现工业总产值8.84亿元,比1990年增长7.89倍;实缴税金3560万元,比1990年上交的利税费总额288万元增长11.36倍;从业人员2.08万人,比1990年增加1.53万人,增长2.74倍。2007年,乡镇工业企业实现总产值27.26亿元,缴纳税金4497万元,分别比2000年增长12.17倍和1.23倍。与此同时,全县供销商贸系统企业改制加快,至2006年,供销社下属34个企业,已完成改制企业31家。2014年年底,改制基本完成。

十三、优化经济发展环境

1998年7月,成立县优化经济发展环境办公室(以下简称优化办),为临时议事协调机构,由1名副县级调研员担任主任,工作人员从相关单位抽调。主要职能是组织、指导全县开展优化经济发展环境工作;受理和查处涉及损害经济发展环境行为投诉举报;协调处理重点项目和企业与外部矛盾;负责全县各单位年度优化经济发展环境工作考核考评。2009年2月,并入县政务服务中心。是年起,县委、县政府相继下发《关于应对当前经济形势支持工业企业发展的通知》等政策性文件,对全县工业企业实施“特别保护期”,实行不检查、不罚款、不收费、不关停“四不”政策,对招商引资入园企业厂房、办公设施和生活住房报建减免收费。在企业设立30多个涉企检查秘密监测点,对损害企业发展环境的人和事进行动态跟踪。对园区投资项目开辟“绿色通道”,实施全程免费代办。实行县级领导联系企业和项目制度,1名领导联系1家规模企业和1个重点项目,全程跟踪,解决实际问题。

2009—2014年,涉企检查步入规范化。严格实行涉企检查报批备案制和“宁静日”制度,乱检查现象得以杜绝。每年调处各类矛盾纠纷40多起。

十四、新农村建设

2006年,县委、县政府从相关部门抽调人员,成立新农村建设领导小组,各乡镇成立相应机构。出台《关于建设社会主义新农村的实施意见》,并制定年度实施方案。交通、水利、电力、教育、卫生等部门亦制定相关配套实施办法。县财政设立新农村建设专项资金并纳入年度财政预算。2006—2008年,实施以“116”工程为主要内容的新农村建设项目,投入各类新农村建设资金4.56亿元,实施项目35类,对2750户农户实施“四改”,其中1206户新建沼气池。对31处重点水利工程和3座水库进行除险保安,改善水利基础设施3017处,兴修硬化道路341.2公里。2009年,三河镇星光村、天平村,中村乡梅岗村,鹿原镇柳山村成为市新农村建设示范村。当年,投入2.13亿元资金用于新农村建设。三河镇星光村获全省新农村建设重点示范村称号。2010年,实施三河—鹿原示范片建设。至2010年,连续3年获“湖南省社会主义新农村建设先进县”称号。2011年,投资500余万元对三河—鹿原示范片进行风貌改造,实施硬化、绿化、美化、净化、亮化“五化”建设。2012年,投资1.2亿元完成各类水利工程2520处,治理水库2座,治理水土流失面积3.04平方公里,完成农田开发2700亩。2013年,在霞阳镇山垄村投资620.9万元,完成建设项目13个,创建省新农村建设示范村。当年起,全县开展“美丽炎陵、清洁家园”大行动,在全市农村环境综合整治考评中位列前茅。2014年,三河镇天平村和水口镇水西村确定为市“美丽乡村”建设村,其中天平村获评省为民办实事新农村建设示范村,两村共投入950.02万元,完成项目21个。

第三章　行政监察与政务公开

第一节　行政监察

1953年2月,酃县人民政府成立监察委员会,至1956年,立案189起,结案180起。1957年,监察委员会改为监察室。1958年,监察室与人事科合并为人事监察科。1961年,监察机构取消,监察工作职能由人事科兼管。1988年4月,县监察局成立,属县政府行政监察职能机构。1989年,水电局和财政局配备专职监察员,其他31个政府部门均配备兼职监察员。1990

年5月,乡镇均明确监察工作分管领导,6月,县监察局邀请4名人大代表、5名政协委员为特邀监察员,全县监察网络基本形成。

1988—1990年,立案49起。其中,属以权谋私、贪污受贿案18起,结案47起,49人受到政纪处分(副科级以上干部15人),挽回经济损失59.95万元。同时,监察局会同财政、税务、物价部门,先后3次开展财务、税收、物价清理整顿工作,查出违纪资金703.66万元,收缴351.88万元。会同民政部门,组织17个乡镇和1个农场开展救灾物资清查工作,立案查处执法违法、失职、渎职案件12起,其中4起交司法机关处理。1991—1993年,组织开展立项执法监察42项,查处违纪金额90万元。

1993年起,会同经营管理科等有关职能部门,分期分批对全县乡镇及基层站所、行政村的财务进行全面清理,共清理违法违纪资金475.08万元,39名党员干部和财务经管人员受到处理。7月,组织、指导和督促"两清两减"(清理涉农涉企文件、清理干部职工拖欠公款,减轻农民负担、减轻企业负担)工作,清理废止涉农收费文件27份1392项,取消达标、收费、集资、摊派项目93项,核减农民不合理负担340多万元;清理涉企负担文件32份,停止执行4份,为企业减轻负担58万余元;清理党政机关及其工作人员无偿占用企业钱物77.2万元,全部归还企业。收回国家干部职工拖欠公款127.78万元。查出"小金库"金额90.8万元,预算外违规资金1093万元。开展执法监察和行政效能监察84项(次),查出违规违纪资金452.35万元。1994—1997年,重点清理用公费安装私人住宅电话,收回资金18.64万元,收回用公费购置私人移动电话等通信工具折价21万元。开展清理公款着装、公费旅游、多占住房和公路"三乱"现象。对49家县、乡企业实行挂牌保护,维护企业生产、经营秩序。

1998—2002年,以规范行业行为为目标,开展以纠正医药购销不正之风、减轻农民负担、治理公路"三乱"和中小学乱收费为重点的专项治理。取缔无证诊所、游医药摊81家,查缴假冒伪劣药品908种,查处医药市场及购销中的案件66件。查处乱收费50.29万元,责令全部退还,有关责任人受到相应处理。全县农民负担连续5年低于国家规定标准,县内公路连续5年无"三乱"现象。对县委、县政府的重大工作决策的落实情况及全县人民关注的事项开展执法监察,查出违规资金1100余万元,挽回经济损失670余万元。2003—2006年,开展专项治理,清理党政机关建造的各类房改房326户,补交土地出让税费38.2万元。查处清理超标购买小车单位3个,用公款为干部职工购买商业保险2.04万元,违规着装单位8个227人,涉及金额14万余元。清理4个单位9名干部拖欠公款3万余元。同时,加强行风建设,建立行风政风监测点50个。先后组织对公安、水电、国土等11个单位进行行风评议。2007—2011年,开展"机关效能建设年""效能制度落实年"活动,建立行政效能监测点38个。抓源头治理,查处商业贿赂案件21件,收缴违法资金75.6万元;组织开展医药购销和医德医风专项治理检查28次,查处假劣药械案件146件,查处非法行医29人。2012—2014年,加大项目建设监督力度,强化专项资金监督检查。开展"一严三打"(严格管理干部、打击侵害群众利益、打击破坏发展环境、打击严重刑事犯罪行为)“优环境、提效能、促升级”等活动,强化对不作为、乱作为、缓作为等行为的行政问责。

第二节　政务公开

1989年4月1日,县人民政府政务工作实行“两公开(公开办事、公开处理)、一监督”,并聘请政务监督员。1996年1月,县委、县政府下发《关于推行办事公开制度实施方案》,在全县19个行政事业单位推行办事公开制度。全年对外公开项目1087项,对内公开项目123项。公开录用国家干部、评定职称、农转非、大中专毕业生分配、收费、发放钱物以及建筑工程等群众关心的热点问题。

1997年,推进全县政务、村务、厂务三公开。2009年2月18日,县设立政务服务中心,集中处办行政审批等有关政务。9月21日,设立红网炎陵分站,在株洲市率先开通县长热线。2011年9月,加挂县社会求助服务中心牌子。当年,县评为全省政务公开工作先进单位。2012年8月,加挂县电子政务中心牌子。至此,县政务服务中心整合县政务中心、县政务公开办、县政府网站、县新闻网站、县长热线办、县社会求助服务中心、县电子政务中心、县优化办8个单位职能,实行“八合一”方式运作。

至2014年年末,进驻政务服务中心窗口单位21家,项目61项,窗口工作人员34人。各单位年均公开政府信息2.01万条,公开面100%,电子化公开率85%以上。县长热线开通4年中,接听群众来电3.99万次。其中受理有效来电1.08万次,办结率100%。共受理各类社会求助384起,办结率100%。全县共有行政许可事项325项,非行政许可事项55项。其他办事服务事项60项,进入湖南省电子政务系统进行网上审批。在规定时限内办结各类事项1.25万件。

第九篇　人民政协

第一章　委员与政协全体会议

第一节　委员构成

1984年1月,成立中国人民政治协商会议鄗县委员会筹备委员会。筹委会与各单位、战线协商,并报中共鄗县县委批准,产生县政协委员122名(其间增补委员15人)。委员来自中共、无党派民主人士、各人民团体等15个方面。其中,非中共人士占61.4%;中专及以上文化程度的46.7%;中级及以上专业技术职称的19.7%。还有台胞、侨胞亲属以及原国民党军政人员代表。平均年龄47.88岁。

第二届县政协委员产生于中共、共青团、妇联、工会、科技、农林、教育、医卫、少数民族、无党派民主人士、新闻文化体育、工商、特别邀请人士等13个界别,共计128名。其中非中共人士60.2%,中专及以上文化程度的53.9%,中级及以上技术职称的14.8%。平均年龄43.86岁。

第三届县政协委员产生于中共、共青团、妇联、工会、科技、农林、教育、医卫、少数民族、新闻文化体育、工商和特邀人士等12个界别,共计131人(其间增补委员4人、免除1人)。其中,非中共人士60.3%;中专及以上文化程度的58.8%,中级及以上专业技术职称的50.4%。平均年龄42.6岁。

第四届县政协委员131名(其间增补委员19人、辞免15人),属12个界别,平均年龄41.8岁。

第五届县政协委员111名(其间增补委员17人、辞免6人),属13个界别,平均年龄39.3岁。

第六届县政协委员115名(其间增补委员13人),属13个界别,平均年龄37.9岁。

第七届县政协委员135名(其间增补委员8人、辞免15人),属13个界别,平均年龄40.1岁。

第八届县政协委员135名(至2014年12月增补委员1人、辞免3人),属12个界别,平均年龄39.7岁。

政协炎陵(酃)县第四至八届委员会委员构成情况表

表 9-1　　单位:人、%

组成界别＼人数＼届次		四届委员会		五届委员会		六届委员会		七届委员会		八届委员会	
		委员数	占总数	委员数	占总数	委员数	占总数	委员数	占总数	委员数	占总数
中共界		9	6.87	9	8	10	8.7	12	8.8	—	—
共青团界		6	4.58	6	5.4	7	6.1	7	5.1	11	8.1
妇联界		6	4.58	6	5.4	7	6.1	8	6	11	8.1
工会界		6	4.58	6	5.4	7	6.1	9	6.6	12	8.8
科技界		15	11.45	14	12.6	10	8.7	10	7.4	12	8.8
农林界		11	8.4	10	9	10	8.7	12	8.8	11	8.1
教育界		10	7.63	9	8	7	6.1	9	6.6	10	7.4
医卫界		10	7.63	9	8	7	6.1	9	6.6	11	8.1
少数民族界		7	5.34	6	5.4	6	5.2	—	—	—	—
特别邀请人士		36	27.48	16	14	18	15.6	18	13.3	12	8.8
文体新闻界		9	6.87	8	7	7	6.1	8	6	11	8.1
工商界		6	4.58	6	5.4	9	7.8	12	8.8	12	8.8
经济界		—	—	6	5.4	10	8.7	12	8.8	11	8.1
民宗台侨界		—	—	—	—	—	—	9	6.6	11	8.1
合计		131	—	111	—	115	—	135	—	135	—
其中	女委员	22	16.79	31	27.92	34	29.6	44	32.5	47	34.8
	大专以上文化	55	41.98	61	55	85	73.9	120	88.9	129	95.6
	中高级技术职称	40	30.53	35	31.53	39	33.9	41	30.3	44	32.5
	非中共党员	79	60.3	67	60.4	70	61	77	57	81	60

第二节　炎陵(酃)县省、市政协委员

1992年底,炎陵县根据省政协意见产生政协湖南省第七届委员会委员2名,并于1993年1月赴长沙出席政协湖南省第七届委员会第一次全体委员会议。同时,产生政协株洲市委员会委员5名,于1993年1月赴株洲出席政协,株洲市第四届委员会第一次全体委员会议。

炎陵(酃)县湖南省第七至十一届政协委员名录

表9-2

届　次	姓　名	届　次	姓　名
第七届	李明沂　江明辉	第十届	江明辉
第八届	江明辉	第十一届	江明辉
第九届	江明辉	—	—

炎陵(酃)县株洲市第四至九届政协委员名录

表9-3

届　次	姓　名
第四届	张武珠　罗玉彩　赵光辉　郭名伟　肖学菊
第五届	唐桐德　刘兴祥　沈立伟　盘利民
第六届	李秋明　朱新华　沈立伟　赵思渊　徐斌
第七届	李秋明　刘会才　陈小平　盘晓文　盘淑芳　罗光杰　黄建中
第八届	欧阳鹏志　彭志　罗光杰　陈汉佳
第九届	黄诗燕　欧阳鹏志　彭志　唐文智

第三节　政协全体会议

1984年3月31日,中国人民政治协商会议湖南省酃县第一届委员会第一次会议在县城与县人民代表大会同时召开,出席委员122人。全体委员列席人大会议,听取“一府两院”工作报告,并结合换届选举协商县人大常委会、县政府,以及法院院长、检察院院长候选人名单。会议选举19名委员组成第一届政协常务委员会,行使全体委员会议闭会期间职权,同时选举产生主席、副主席和秘书长。大会通过《政治决议》案,确定政协以“巩固和发展爱国统一战线,促进物质文明和精神文明建设、加强民族团结、实现祖国统一”为主要任务。1990年3月4日,县政协三届一次会议在县城召开,出席委员131人。与会委员认真学习《中共中央关

于坚持和完善中国共产党领导的多党合作和政治协商制度的意见》,进一步统一思想。会议先于人大会召开,县政府将《政府工作报告》和《国民经济计划(草案)》交政协全会征求意见。一至三届政协,每届任期3年,召开委员全会9次,其中2次为换届会议。

1992年12月21日,政协县四届一次会议在县城召开,出席委员131人。到会委员听取和审议三届政协常委会工作报告和常委会关于提案工作的报告,选举产生第四届委员会主席、副主席、秘书长和常务委员。从此届起,任期由3年改为5年。1997年11月、2002年11月、2007年11月、2012年11月分别召开第五、六、七、八届县政协委员会全会第一次会议,换届选举新的常委会和主席、副主席。至2014年,第四至八届政协会议共召开政协委员全会23次,其中5次为换届会议。

第二章　常务委员会

第一节　常务委员会组成

1984年3月,第一届政协常务委员会由19人组成。其中,主席1人、副主席5人、秘书长1人。2012年11月,八届政协常委会由24人组成。其中,正副主席5人、秘书长1人。至2014年12月,政协机关在岗在职人员13人,改非6人,聘请1人。

炎陵(酃)县第一至八届政协常委会主席、副主席任职情况表

表9-4

届次	主席	籍贯	任职时间	副主席
第一届	潘家骏	浙江临安市	1984.4	谭乐扬　苏积书　唐丰华　李梦驹　陈井冈
	唐家钧	湖南酃县	1985.4	
第二届	唐家钧	湖南酃县	1987.3	谭乐扬　陈井冈　李明沂
第三届	周开发	湖南酃县	1990.3	曾宪玑　刘昌铭　项勤文　陈井冈　李明沂
第四届	何龙彪	湖南茶陵县	1992.12	曾宪玑　罗玉彩　李明沂　陈奎生　曾筱萍(女)
	张武珠	湖南茶陵县	1994.1	
第五届	唐桐德	湖南东安县	1997.11	苏先烈(-2001.2)赖春秀(女)　肖学菊　刘兴祥(1999.3-) 王爱祖(2001.2-)　霍友生(2002.3-、正县级)　唐学华(2002.3-)
第六届	李秋明	湖南炎陵县	2002.11	霍友生(-2007.2)　王爱祖　赖春秀(女)　肖学菊 盘淑芳(女,瑶族)　罗光杰　朱新华(2007.3-)
第七届	李秋明	湖南炎陵县	2007.11	朱新华(-2011.1)　王爱祖　赖春秀(女)　肖学菊　罗光杰 欧阳鹏志(2012.2-10)　黄建林(2011.1-)　霍志刚(党组成员2010.3-)
第八届	欧阳鹏志	湖南攸县	2012.11	黄建林　罗光杰　谭芳林　刘留燕　彭志(党组副书记2014.2)

▲2014 年政协机关办公楼

▲2014 年政协大院

第二节 工作机构

1984 年 3 月，政协炎陵县委员会成立，下设办公室。到 1985 年 3 月，政协机关设办公室，提案工作专委会、文史资料研究专委会、学习专委会和工作组办公室，后工作组办公室更名为经济科技专委会。1990 年后，文史资料研究专委会与学习专委会合并为学习文史专委会，增设法制民族宗教联络专委会。

1984—2014 年炎陵县(酃县)政协机关机构设置情况表

表 9-5

<table>
<tr><th>年 度</th><th>机构个数</th><th colspan="7">机构名称</th></tr>
<tr><td>1984.3</td><td>1</td><td>办公室</td><td colspan="6">机关其他机构设置待批</td></tr>
<tr><td>1985.3-1987.2</td><td>5</td><td>办公室</td><td>提案委</td><td colspan="2">文史资料研究委</td><td>学习委</td><td colspan="2">工作组办公室</td></tr>
<tr><td>1987.3-1990.2</td><td>5</td><td>办公室</td><td>提案委</td><td colspan="2">文史资料研究委</td><td>学习委</td><td colspan="2">经济科技委</td></tr>
<tr><td>1990.3-1993.1</td><td>7</td><td>办公室</td><td>提案委</td><td>文史资料研究委</td><td>学习文教卫体委</td><td>经济科技委</td><td>祖国统一民族宗教委</td><td>法制群团委</td></tr>
<tr><td>1993.2-1997.10</td><td>7</td><td>办公室</td><td>提案委</td><td>文史资料委</td><td>学习文教卫体委</td><td>经济科技委</td><td>联络联谊委</td><td>法制群团委</td></tr>
<tr><td>1997.11-2014.12</td><td>5</td><td>办公室</td><td>提案委</td><td>学习文史委</td><td colspan="2">经济科技委</td><td colspan="2">联谊法制群团委</td></tr>
</table>

第三章 职能履行与主要工作

第一节 政治协商

政协第一届委员会(1984.3.31—1987.3.14)召开 3 次全体委员会议，16 次常务委员会议，

30余次主席会议。先后对畜牧业、乡镇企业、林业生产等方面进行6项专题调查和考察,并写出书面报告,供县委、县政府决策。第二届委员会(1987.3.15—1990.3.3)举行3次全体委员会议,18次常务委员会议,30余次主席会议。配合省、市政协关于增强林业后劲的调研活动,在县政协二届七次常委会议中,针对县内林业生产现状,围绕如何增强全县林业生产后劲,提出6条建议,为相关部门采纳。第三届委员会(1990.3.4—1992.12.20)举行3次全体委员会议,14次常务委员会议,52次主席会议。三届二次会议期间,委员们围绕《酃县国民经济和社会发展"八五"计划与十年规划》《酃县九年制义务教育发展规划》等,畅所欲言。有69名委员用书面形式提出修改建议、意见83条。在三届八次常委会议上,对县委即将颁布的《关于大力发展乡镇企业的若干规定》提出发展乡镇企业要立足本地资源走自己的路;新上项目重点应该放在"绿色企业"和"村组企业"等10条建议,均被采纳。1991年7月,在全县工业生产面临"十难"的情况下,县政协组织工业活动小组的委员召开"假如我是工业副县长"座谈会,委员们就全县工业生产如何走出困境,提出拓宽改革思路、立足挖潜改造、改善内外环境等建议。

第五届委员会(1997.11.25—2002.11.26),召开全会6次,常委会21次,主席会议26次。组织委员开展"我为'98炎陵稳中求进'献计谋""为发展炎陵经济进诤言"等活动,围绕全县"十五"计划开展讨论,提出40多条意见和建议。2001年,围绕朱镕基总理"再造一个张家界"的嘱托,组织县政协常委开展大讨论,提出"高规格高起点编制炎陵县旅游总体规划"的建议,得到县委、县政府的重视和采纳,为旅游事业的发展起到促进作用。第七届委员会(2007.11.26—2012.11.25),召开全会6次,常委会29次,主席会32次。七届五次会议上,有6位委员分别就"倡导低碳生活""招商引资工作的对策""开发客家文化旅游""农村养老保险"等方面,提出建设性意见和建议。县委、县政府给予充分肯定并作出批示。2008年常委会就做大做强炎陵白鹅产业进行协商,组织部分委员深入养殖基地视察,并形成调研报告,提出加强引导、协调、扶持和产品宣传等意见和建议,助推炎陵白鹅产业发展。2010年,常委会专题协商"十二·五"规划纲要草案,召开协商座谈会32次。对草案的修改提出意见和建议125条。第八届委员会(2012.11.26—2014.12)召开3次全会,10次常委会议,21次主席会议。八届九次常委会就"加快征地拆迁,推进项目建设"开展专题协商,各承办单位积极办理,满意率100%。县委办、县政府办、县政协办联合下发《关于建立和完善县政协各专门委员会对口联系和协商制度》,各专委会分别就社会治安、食品安全、人才工程、单独两孩等问题进行对口协商,提出有价值意见建议,得到有关部门肯定和回应。

第二节　参政议政

政协第一届委员会收到委员提案226件,办复189件,办复率83.6%。一届二次会议期间,教育组全体委员撰写的《关于改善一中、五中两校办学条件》的提案,得到县委、政府和人大领导高度重视,县委书记、县长亲自调查督办,及时给一中、五中和教师进修学校解决基建款85万元。赵启煌委员撰写的《关于进一步放宽少数民族和边远山区政策》提案,经县委、政府研究,对平乐、龙渣、下村3个乡作出10项优惠政策规定。1985年底,县政协副主席李梦驹参加县委组织的赴江苏吴江县学习考察,写出《学习吴江县、建设新酃县》考察报告,提出:进一步提高全党对经济工作的认识;大胆改革创新;从实际出发,立足本地;从现实和长远出发调整产业结构;扩大视野起用能人等5条建议。1986年,炎帝陵修复工程正式启动,县政协主席唐家钧、文体工作组组长罗炳生分别担任修复炎帝陵工程建设正、副指挥长。其间,发挥政协联系广泛的优势,争取全国多家媒体报道有关炎帝陵的内容,扩大炎帝陵知名度。向国内外知名人士征集书画作品7600余件。其中,党和国家领导人题字33件。第二届委员会收到委员提案189件,办复180件,办复率95.2%。二届三次会议期间,罗鸣皋委员的《关于林科所杉木林受城东造纸厂污染受损》提案,县长率环保局、林科所、自来水公司、城东造纸厂等有关单位负责人及提案人到城东造纸厂实地查看, 了解废水废气排放情况,现场协商讨论,提出解决办法和措施。1989年7月,调研县氧化锌厂发展情况,向县委、政府提交调研报告,县内第一家私营企业在面临倒闭的情况下,获得生机。在全县生猪生产呈现滑坡趋势的情况下,向政府递交《生猪生产滑坡,亟待全力拯救》调研报告,县政府召开县长办公会,及时采取措施,全县生猪存栏比上年增加9.6%。财贸工作组提交《认真处理积压产品、缓解资金供需矛盾》调研报告,县政府以酃政函〔89〕74号书面函复,并对报告提出的建议,逐一作出答复。第三届委员会收到委员提案213件,办复209件,办复率98.1%。1990—1992年,先后有10名党外委员受县监察局、县审计局聘请,分别担任特邀监察员和特邀审计员。1990年8月,政协常委组织机关工作人员对船形、塘田等7个乡镇的22家企业进行专题调查,提出发展乡镇企业5条建议,为县政府指导乡镇企业生产提供可行性依据。

1991年7月,通过考察,提交《关于鼓励台湾同胞及海外人士投资或引荐外资实施办法》建议案。县委、县政府于1991年11月18日以县长令形式向全县颁布实施。1992年6月,政协委员反映十都乡26户工商个体户中有11户停业。县政协立即组织"关于个体工商户经营情况"调查,了解到停、歇业工商个体户占全县工商个体户10%以上,主要原因是定销定税基数偏高。县政协向县委、县政府提出调整偏高"双定"基数,拓宽个体工商户经营项目等5条建议,并到税务部门登门协商,税务部门采纳相关建议,重新调整"双定"基数,促成原已停业的个体工商户恢复营业。1992年8月,组织"关于发展村级经济"调研,并从10个方面向县委、县政府提出建议。县委政研室转发调研报告,引起各方面重视。第四届委员会收到委员提案442件,经审查立案429件,立案率97%,办复率100%。《呼吁社会各界支持"希望工程",帮助失学少年重返校园的建议》《调整我县教育布局, 集中力量办好一所高中的建议》《尽快制订控制中小学生流失决定的建议》等提案被县委、县政府采纳并实施。四届二次至五次全会上,《关于教师工作实行量化管理的尝试》《关于发展职业教育, 振兴炎陵经济》《关于深化教育改革,大力推进素质教育》的大会发言,为县委、县政府以及教育行政部门科学决策提供了理论依据。1993年初,组织班子对全县个体工商户经营情况进行为期30天的调查,起草《关于发展个体私营经济的若干规定》(30条),以建议案提交县委、县政府,为决策提供参考。1992—1997年,组织委员调研19次,撰写调研报告19篇。经政协常委会讨论决定,先后向县政府提交《关于加大力度引进联营、承包、承租企业》《抓住机遇，加快步伐，力争在下世纪将炎陵建成旅游县》《关于加速丘冈山地开发的建议》《关于推进炎帝陵祭祀活动规范化》《关于进一步搞好新世纪梨的栽种、培育、管理的建议》等 11 个建议案。第五届委员会收到委员提案 283 件，经审查立案 270 件，提案办复率 100%，意见与建议采纳率 85%。为加大民主监督的力度，县政协选派部分委员担任法院、检察院、地税局、国税局等职能单位的监督员，参加县纠风办组织的行风评议工作。2001 年 7 月，开展炎陵县小水电发展情况视察，视察组提出 4 点建议，得到有关部门采纳。组织委员就县农业产业化、旅游业、工业、个私经济发展等方面，开展专题调研 18 次，委员参加人数 200 人次，写出调研报告 18 篇，向县政府提出建议案 4 件。第六届委员会收到委员提案 337 件，立案 330 件，立案率 98%，办复率 100%，满意和基本满意率 99.7%。2007 年 3 月，通过省政协向全国政协提交《关于炎帝陵与黄帝陵、炎陵县与井冈山市享受同等待遇》的提案，引起国家有关部门重视，为炎陵县争取到每年 200 万元的老区扶贫资金。2003—2007 年，先后开展生态立县、民营经济发展、环境保护与工业发展、科教强县、养老保险、医疗保险、城市建设、社会主义新农村建设等专题调研活动，写出调研报告 17 篇。其中，2006 年 4 月《炎陵县乡风文明情况调查报告》为省政协《文史博览》(理论刊)第 6 期刊载；2006 年 5 月《炎陵县社会主义新农村建设情况调查报告》在全省政协优秀调查报告评比中获三等奖。第七届委员会收到委员提案 490 件，办复 408 件，办复率 83.6%。

第八届委员会(八届一次会议至八届三次会议期间)，收到提案 169 件，立案 150 件，立案率 88.7%，办复率与满意率 100%。2013 年，县委办印发《关于进一步加强政协提案办理工作的意见》，县政协办印发《关于对重点提案办理工作开展民主评议的方案》。县政府建立由分管副县长领衔督办，承办单位一把手负总责，分管领导具体抓的工作机制，确保提案办理落到实处。政协委员《关于规范茶叶产业品牌，壮大茶叶产业的建议》等 8 件提案得到县委、县政府主要领导的重视。县政府将茶叶产业列入罗霄山片区区域发展与扶贫攻坚实施规划。同年，政协办下发《社情民意信息收集和管理办法》，经筛选后的社情民意信息以《社情民意信息专报》形式分别报送县委、县政府主要领导或反馈给有关部门。其中“关于尽快维修沔渡大桥护栏，消除安全隐患的建议”“加快改造和完善老城区基础设施的建议”等社情民意，得到县政府主要领导的批示，问题得以解决。2013—2014 年，先后开展“工业园区建设与发展”“创建国家级生态县”“一带八基地”①建设等 7 个重点课题视察调研活动，并形成 7 篇视察调研报告。其中《炎陵县农业产业“一带八基地”建设情况调研报告》获市政协 2014 年度优秀调研报告一等奖。

第三节　民主监督

1985 年以来，县政协民主监督工作的主要方式是派出委员到县直单位担任特邀监督员和行风评议员，邀请县政府、法院、检察院主要负责人参加政协常委会，报告半年和全年工作,接受委员评议和提出工作建议。

2014 年,创新民主监督机制,县委办转发《关于委派政协委员担任民主监督员的意见的通知》,实行民主监督员"聘"改"派",实现由委员个人监督提升为政协组织监督。当年,政协委派 3 个民主监督小组,分别对县公安局、县发改局、县人社局实行民主监督,派驻县公安局监督小组对县公安局承办的 3 件提案和 1 件委员来信实行督办落实,提案的办结率和满意率达到 100%。同时,政协委派 50 名委员担任法院、检察院、文化执法大队等单位的特邀监督员和行风评议员。

第四章 联谊与文史工作

第一节 联谊工作

政协第一届委员会期间(1984 年 3 月 31 日至 1987 年 3 月 14 日),配合县委统战部、对台工作办公室等有关部门,安排 15 名"三胞"亲属为县政协委员,2 名为市政协委员,1 名为省政协委员,为促进国家统一,牵线搭桥。第二届委员会期间,接待回大陆探亲的旅台同胞 161 人次,帮助 150 多名旅台同胞与大陆亲友取得通信联系,占旅台同胞的 40%以上。旅台同胞邓光槐为家乡青广坪小学捐款 5000 元。第三届委员会期间,有 19 名政协委员与 190 位"三胞"通信 591 封。"三胞"亲属向海外亲人写信 7755 封,收到"三胞"回信 6390 封。"三胞"给亲属寄回或带回资金 202 万元,为家乡救灾,兴办公益事业捐赠款 10.24 万元。台胞汤祯祥,为改善城关中心小学办学条件,捐款 1.6 万余元;古英武为家乡架设桥梁捐款 7000 美元。通过"三胞"亲属代表座谈会等多种形式,鼓励"三胞"回乡办企业。继台胞张卓立投资 5 万美元兴建旱田电站之后,又有台胞段屏投资 20 万美元,罗明华及许女士各投资 10 万美元兴建旱田电站。

第四届委员会期间,接待回乡探亲台胞和前来祭祖的台湾、香港人士 1000 余人次,他们为炎帝陵和炎陵县乡村公益事业捐款近 100 万元。1995 年 11 月,县政协与厦门集美区政协建立联系,每年资助本县鹿原镇 20 名贫困学生。此后 4 年共计汇款 1 万余元。1996 年 2 月县政协被省政协评为"联谊工作先进单位"。第五届委员会期间,接待来自全国 18 个省、市、自治区客人 2530 人次。2002 年 4 月,陕西省政协主席安吉元、黄帝陵基金会会长孙天义及黄陵县县长赵辉远一行到炎陵公祭炎帝陵,加强了炎帝陵与黄帝陵的联络。2003 年 10 月,省政协港澳委员视察团一行 38 人到炎陵视察,他们向炎帝陵和希望学校捐款 30 万元。第八届委员会至 2014 年,共接待来自各地客人 19 批次。

第二节　文史工作

1985年4月，县政协常委会设立文史资料研究委员会。利用政协与社会各界联系广泛的特点，着重征集“三亲”（亲历、亲见、亲闻）资料。1987年，完成北伐途征酃县、酃县民报、苏区邮政金融、苏区医院学校等专题资料的征集整理，印刷《酃县文史资料》第一辑。1989年，完成南下干部到酃、酃县解放、酃县武工队等专题资料征集，印刷《酃县文史资料》第二辑。

1990—1992年，征集资料内容丰富：中华人民共和国成立初期征粮支前、平暴、土改、农业合作社、扫盲和开展抗美援朝保家卫国运动；安置醴陵官庄水库移民、安置知青；修筑湘东铁路、重修炎帝陵、开发桃源洞；胡耀邦、萧克、王任重视察炎帝陵；部分革命英烈、名师、名医；禁鸦片烟和抗日兵工厂等。1992年11月，整理后印刷《酃县文史》（原名《酃县文史资料》）第三辑。1993—1996年，征集政权建设，首个人民公社诞生，首次民兵队长训练，粮食统购统销，全县水果、林业、水电、农村集市、信用合作社、个体私营经济情况，龙渣瑶族历史沿革等史料。1997年1月印刷《炎陵文史》（原《酃县文史》）第四辑。1997—2000年下半年，征集炎帝陵建设情况，中顾委主任陈云为炎帝陵题词经过；修建红星大桥，修筑河东渠道，改造低产田，绿化达标，职业教育；平反冤假错案及“三反五反”“整风反右”简况；炎陵县客家人风俗习惯和炎陵县瑶族、畲族的由来等。2001年6月印刷《炎陵文史》第五辑。2002—2005年，征集炎陵人物张平化、周里、何孟雄、缪伯英、张少松、刘乐扬、周藩、廖珩简况；纪念廖海光将军诞辰90周年，回忆“大跃进”“反右”往事，纪念抗美援朝胜利50周年；知青往事和炎陵诗苑等。2005年8月印刷《炎陵文史》第六辑。2006—2010年，征集井冈山革命根据地创建时期，毛泽东同志等老一辈无产阶级革命家在炎陵的活动足迹；炎陵基层干部风采；炎陵非物质文化遗产；经济发展纪实以及以铁路、高速公路建设为主的基础设施建设纪实；回忆民办老师、赤脚医生岁月等。2010年10月印刷《炎陵文史》第七辑。该辑于2012年9月，获省政协优秀文史资料图书评选优秀奖。2011—2014年，征集炎陵名胜古迹；炎陵客家人生活习俗；炎陵人在海外工作生活纪实；创建国家卫生县城、创省文明县城和红军标语博物馆建设；纪念中国抗日战争胜利70周年——采访炎陵抗日老兵纪实等为主要内容的史料，印刷《炎陵文史》第八辑。

1987—2014年，县政协共下发文史资料征集信1100封，建立40余人的文史收集、研究、写作队伍，共征集“三亲”文史资料1128篇，为炎陵史志编研提供大量资料。

注释：

①“一带八基地”：生态休闲农业风光带，酃县白鹅、有机茶叶、无公害蔬菜、特色水果、笋竹林、药材林、茶油和菜油、花卉苗木基地、

第十篇 苏 区

炎陵(酃)县是井冈山革命根据地、赣西南革命根据地、湘赣革命根据地的基本苏区县之一。在长达7年(1927年10月至1934年10月)的苏维埃运动中,先后有8000余名青壮年参加红军和地方武装对敌作战;接受医治、护理伤病员5000余人。与此同时,筹集大量粮食、经费支援革命战争。为创建和保卫苏维埃政权,2万余名党政军领导、群团组织骨干、武装队伍人员及革命群众英勇献身。

第一章 苏区的开辟与分布

第一节 苏区的开辟

1926年春至1927年4月,酃县农民运动风起云涌。全县成立4个区、48个乡农民协会,会员2万余人。同时成立农民自卫军总队,队员1100余人,枪80余支。1927年5月,农民运动被反动军阀和地主武装镇压。朱子和、谭文等20余名农会领导、自卫军队员遭杀害。

1927年10月上旬,中共中央政治局候补委员、秋收起义前敌委员会书记毛泽东率工农革命军第一师第一团来到酃县。在水口,毛泽东作出实行"工农武装割据"(建立革命根据地)的决策,并指示酃县党组织恢复农会和农民武装,发动武装起义。1928年3月上中旬,酃县起义爆发。13日,工农革命军一、二团分3路入酃策应,18日在中村集结。集结期间,中共酃县特别区委升为县委;成立酃县赤卫团与中共中村区委、中村区工农兵政府。6月中旬,酃县工农兵(苏维埃)政府成立,所辖区域与江西宁冈、遂川苏区连成一片,井冈山革命根据地进入全盛时期。

1929年1月底,井冈山失守,县委、县工农兵政府遭受破坏。2月,成立中共临时县委。在湘赣边界特委领导下,恢复区乡党组织与苏维埃政权,重建赤卫队。1930年1月,成立酃县苏维埃政府。3月,临时县委改为县委,转隶赣西南特委西区行委;酃县苏维埃政府转隶赣西南苏维埃政府西路办事处。1931年10月,中共湘赣省委、省苏维埃政府成立。酃县苏区直属湘赣省领导，成为湘赣苏区南部堡垒。

第二节　苏区分布

酃县苏区主要分布在县境东、南部。全盛时期面积 1363 平方公里，占全县面积 68.22%。县城及其以西区域是敌我双方反复争夺的游击区。各个时期苏维埃政府辖区分布：

酃县工农兵政府（1928.6—1929.1）辖 4 个区 5 个乡：青石冈区（一区），辖青石冈、泮垄、桃源洞（含今皮坑、密花）3 个乡；石洲区（二区）；大院区（三区），辖大院、东西坑乡；石门岭区（酃遂交界，今属遂川）。

酃县苏维埃政府（1930.1—1934.2）辖 4 个区 34 个乡：坂溪区（一区），辖杨桥垄（含燕子头）、泥湖、茶垄、坂溪、菜坪、垒头、南岸（含茶背）、小姑仙（含上粗江、下粗江）、仙坪、春冲等乡；石洲区（二区），辖大院、青石、石洲、安坑、大源（含双江）、马坳、善禾田、洞里等乡；黄挪潭区（三区），辖上洞（含凉桥）、黄草（含平湖、梨树洲）、下坪（含荣塘）、竹园（含东岭）、倒坑、坪坑（含田心）、横岗（含太平）等乡；十都区（四区），辖青石冈、南流、桃源洞、皮坑、密花、麻莱（含梅冲、龙口）、深垄（含长湖）、良田（含车溪）、十都（含小江、晓东）等乡。

酃遂中心县苏维埃政府（1934.2—1934.10）辖 2 个区、12 个乡：十石区（十都区与石洲区合并）6 个乡；黄坂区（黄挪潭区与坂溪区合并）3 个乡；遂川县上下烟、大坊背乡。1934 年 4 月开辟荆竹山乡。

第二章　苏区重要活动

第一节　毛泽东在酃县的重要活动

井冈山斗争时期，毛泽东走遍酃县的山山水水，开展党的建设、军队建设、政权建设和土地革命等首创性实践活动。

水口决策　1927 年 10 月 8 日，工农革命军入酃，12 日到达水口。毛泽东频繁接见酃县党组织负责人和社会名流，走访工农群众，开展社会调查。经过“各部分比较”，作出“以宁冈为中心的罗霄山脉的中段，最利于我们的军事割据”的判断，随即实行战略分兵，决策上井冈山开展武装割据，建立根据地。21 日，遣宛希先率一营攻打茶陵；毛泽东亲率三营向江西遂川进军，27 日到达茨坪，拉开“工农武装割据”（建立革命根据地）的序幕。

连队建党　三湾改编后，工农革命军一路南进，途中发生军官不辞而别、士兵集体逃跑事件，加强党对军队的领导已刻不容缓。10 月 15 日，毛泽东在水口召开连以上党代表会议，决定在士兵中发展党员，将党的支部建在连上。当晚，毛泽东在叶家祠亲自主持6名工农出身的士兵入党宣誓，随即在连队建立党支部，由党代表兼任支部书记。

政治训练 1928年3月下旬，工农革命军在酃县中村进行了一个星期的政治训练。训练以讲课、讨论为主，并参加社会调查、军民诉苦和分田运动。部队以营为单位，半天讲课，半天讨论。课堂设在小铺头的八担坵稻田，战士们坐在收割后的禾蔸上听讲。毛泽东亲自讲授国内政治形势；中国革命的性质、特点和任务；中国红色政权为什么能够存在等课程。经过政治教育，红军士兵有了阶级觉悟，有了分配土地、建立政权和武装工农等常识，知道是为了自己和工农阶级作战。

组建赤卫团 1928年3月18日，酃县暴动队和西乡游击队部分队员在中村集结。毛泽东指示组建酃县赤卫团，并提名何国诚任大队长，戴寿凯（戴奇）任党代表。21日，县委从暴动队和游击队中挑选100余人成立酃县赤卫团，下设3个中队。毛泽东代表工农革命军赠送枪支11支，鼓励大家多打胜仗，从敌人手中夺枪。月末，工农革命军开赴湘南接应湘南起义农军，毛泽东安排赤卫团随军锻炼。这是毛泽东亲自建立的第一支地方武装。

中村分田 1928年3月23日，工农革命军和中共酃县县委在中村圩头召开3000余人参加的军民诉苦大会。县委书记刘寅生主持大会，贫苦农民上台控诉土豪劣绅罪行。毛泽东发表讲话，号召工农群众团结起来，打土豪分田地。

24日，工农革命军第一师师委、酃县县委、中村区区委在周南学校召开联席会议，部署分田运动，抽调部队和地方干部组成工作组协助。在毛泽东指导下，以道任村为分田试点，随后在联西、中坪、心田等村全面展开。按照平均分配原则，由农会统一写好竹牌，标明户主姓名、土地面积、四界坐落，并将竹牌当众插到田里，群众称之为“插牌分田”。这是井冈山革命根据地的首次分田。

龙潭纠“左” 1928年3月上旬，湘南特委军事部长、湖南军委特派员周鲁来到井冈山，指责毛泽东及前委“行动太右”“烧杀太少”，毛泽东持反对意见。中旬，毛泽东来到酃县西乡，在接见游击总队负责人时告诫不能乱烧滥杀。

4月中旬，工农革命军从湘南回师。在中村龙塘村毛泽东接见县委书记刘寅生、共青团县委书记万达才。毛泽东以湘南特委搞“焦土政策”，脱离群众，孤立自己，导致起义失败的教训为例，指示“不能乱杀人，乱烧房子。对土豪劣绅也要区别对待，要杀的只是那些罪大恶极，不杀不平民愤的大恶霸。土豪劣绅的房子是劳动人民建的，可以没收分给农民住。”下旬，刘寅生在十都万寿宫主持召开县委扩大会议，传达毛泽东的指示，制止乱烧滥杀。

首晤朱德 1928年4月上中旬，朱德率领的南昌起义余部和陈毅率领的水口山工人武装、湘南6个县农军以及党政干部、农会骨干与眷属1.8万人，分多路向井冈山转移，先后在酃县水口、县城、沔渡、十都等地与井冈山工农革命军会师。

4月中旬，工农革命军第一团在回师井冈山途中，得知尾追朱德部队之敌已逼近酃县。

21日，一团团长张子清指挥，在酃城西郊湘山、接龙桥一带击溃国民党第八军张敬兮团和攸县清乡团、茶陵挨户团。24日前后，毛泽东和朱德在酃县十都首次会面。[①]

第二节　工农红军在酃县的重要活动

云(凤仙)虎(爪)战斗　1928年6月，湘赣两省国民党军对井冈山革命根据地发动“会剿”。红四军决定对湘敌取守势，对赣敌取攻势，各个击破。6月上旬，湘敌吴尚第八军第二师1个团进至酃县沔渡、十都一带。12日，毛泽东率三十一团，朱德率二十八、二十九团及军部特务营一部，分别在沔渡虎爪、十都云凤仙(两地相距5公里)，击溃湘敌两个营及团部，歼其一部。随后在酃县城驻军7天，作攻打湘南之势，诱赣敌出永新城。下旬，赣敌3个团由永新进犯宁冈，红军迅速回师迎敌，获七溪岭、龙源口大捷。

红四军军委扩大会(第三次党代会)　1928年7月12日，红四军二十八、二十九团攻克酃县城。来自湘南的二十九团官兵决意打回湘南。经多方做工作，勉强同意折回。15日，在沔渡召开军委扩大会。根据湖南省委指示，取消军委，组建由湖南省委任命的红四军前委，陈毅任书记；决定重新执行湖南省委1928年6月26日指示信，把红军大队拉往湘南。17日，部队在行军途中接到毛泽东来信，要求按照永新联席会议决定将部队带回井冈山。当晚，湖南省委特派员杜修经在水口主持召开连以上干部会议，坚持打回湘南。为避免孤军作战，朱德、陈毅率二十八团随后。24日，二十九团攻打郴州，先胜后败，大部溃散，余部编入二十八团。

西坑鼓劲　1928年8月中旬，毛泽东得知二十九团在郴州失利，即率三十一团三营前往湘南迎还红军大队。21日，部队来到酃县东西坑。当地群众宰猪、送菜慰劳红军。晚上毛泽东接见酃县党政军负责人，指出：失败(指“八月失败”)是暂时的，红军大队一定会回来，革命一定会胜利。鼓励大家认清革命形势，坚定胜利信心。县工农兵政府连夜组织人员加工10余担大米，补充红军军需。

红五军回师　1929年5月上旬，红四军第五纵队(原红五军)回师井冈山。中旬，攻占酃县县城，解救被关押的革命群众，并帮助恢复酃县地方武装(游击队)。

红七军与湘东南独立师会师　1931年3月1日，红七军军长张云逸率五十八团及军部转战千余里，进入酃县苏区，受到苏区群众热情欢迎。2日，在酃县赤卫大队配合下，于下坪、瓷器窑击溃尾追之敌胡凤璋保安团，随后在十都一带休整。14日，王震率领湘东南独立师第三团与红七军在十都胜利会师。

红三军团赠枪　1932年5月，红三军团第五军第一师来到酃县苏区。县委、县苏维埃政府组织上千人的欢迎队伍，热情迎接。清洁队、摊铺队打扫房屋，摊铺稿荐(稻草编制)；洗衣补衣队为红军洗补衣服；宣传队举行慰问演出，并送上布鞋500双。红一师在酃县休整1个星期。其间，赠送酃县红九营枪支70余支，子弹5箱，招收青年新兵382名。

第三章　苏区中共组织与群众团体

第一节　苏区中共组织

一、县级组织

中共酃县特别支部(1926.8—1928.2)特别区委(1928.2—1928.3)

1926年8月,受中共湖南区委派遣,李却非回县。中共党员李却非、罗芳芝、何健础、房灿等代表酃县10余名党员,在县城炎帝祠秘密召开会议,建立中共酃县特别支部。选举李却非任书记,组织委员罗芳芝,宣传委员何国安(何健础)。1927年1月,中共酃县特别支部在县城召开扩大会议,参加会议的党员10余人。会议听取何健础传达湖南省第一次工、农两个代表大会精神,作出积极发展党团员、创办职工学校、培养农协骨干、建立农民武装等决定,增补朱子和为农运委员。至1927年4月,发展党员200余人。马日事变后,党组织活动转入秘密。

1927年5月,周礼(周里)在梁桥建立酃县第一个农村党支部。7月下旬,黎育教、邝光前回县,恢复酃县党组织活动和农会组织。11月,湘南特委应毛泽东要求,遣特委委员、耒阳县委书记刘寅生(酃籍)回县工作。1928年2月,在七都下坪(刘寅生家),召开党的活动分子(党员代表)会议,到会党员20余人。会议传达毛泽东的指示,成立中共酃县特别区委,选举刘寅生为书记,邝光前、周礼分任组织、宣传委员。作出组织农民武装,举行武装起义的决议。隶湘南特委。辖西区区委及石洲、水口等10余个支部,党员100余人。

中共酃县县委(1928.3—1929.1)

1928年3月19日,特别区委升为县委。县委机关初驻茅坪(今平乐乡),后迁五都江洲,5月再迁南岸段家垄。20日,遭挨户团偷袭,县委书记刘寅生、委员刘平章牺牲。毛泽东获讯后,派已在工农革命军和湘赣边特委任职的李却非、黎育教、房灿等酃籍干部回县重建县委。6月上旬,李却非在大院西坑主持召开党员代表大会,与会代表20余人。选举李却非、黎育教、周礼、张平化、万达才、姚晓园、邝光前、房灿等为县委委员。李却非任书记,宣传委员周礼,组织委员黎育教,军事部部长邝光前。县委机关设大院西坑,隶湘赣边特委。讨论通过关于扩大红色区域、发展革命武装、开展土地改革等决议。

中共酃县临时县委(1929.2—1930.2)

1929年1月底,井冈山失守,县委被打散。2月,黎育教在七都石禾坪主持召开党的活动分子会议,决定成立中共酃县临时县委,隶湘赣边特委。选举黎育教为书记,组织部部长周礼，宣传部部长张平化，军事部部长邝光前，团县委书记郭天禄，妇女指导员周晓春。会议决定恢复、发展党组织，重建地方武装与苏维埃政权。4月，黎育教调湘赣边特委工作，周礼接任书记。9月，根据中共中央指示，改隶江西省委。12月，临时县委在上洞高粱冲召开第一次党员代表大会，与会代表30余人。重点讨论开辟黄挪潭、石洲、坂溪、十都等工作区域，建立苏维埃政府等工作。12月，临时县委在黄挪潭区高粱冲召开第一次代表大会，与会代表30余人，临时县委书记周礼主持会议。决定成立酃县苏维埃政府筹备委员会，并划分区乡行政区范围。1930年1月，周礼因病住院，张平化接任书记。

中共酃县县委(1930.3—1934.2)

1930年3月，临时县委改为县委，隶赣西南特委西路行委。1931年7月19日，在石洲召开中共酃县第二次代表大会，到会代表40余人。会议通过《政治决议案》《组织决议案》，提出彻底分配土地，争取广大青年和劳苦群众参加革命，投身赤卫队和红军。10月中旬，湘赣省委成立。改隶湘赣省委。10月底，召开中共酃县第三次代表大会，贯彻湘赣省委第一次代表大会精神，部署发展苏维埃政权，执行经济政策，扩大地方武装，建立群众组织等工作。1932年6月，在石洲中皇殿召开中共酃县第四次代表大会，县委书记甘步衢主持。会期2天，与会代表110多人。会议作出关于粉碎国民党军队第四次“围剿”的决议，号召全体共产党员、共青团员和苏区军民投入反“围剿”斗争。至当年9月，全县建立4个区委、44个支部，有党员543人(其中女党员50人)。11月，改隶湘赣省河西临时道委(1933年8月改为道委)。1933年10月12日，由道委主持，在遂川上七同时召开遂川县、酃县(第四次)党代会，讨论和部署清理党员队伍，发动群众，保卫苏区等工作；分别选举县委组成人员。

中共酃县县委书记先后由张平化(1930.3—1932.3)、甘步衢(1932.3—1932.8)、邓秉其(1932.8—1933.8)、涂步云(1933.8—1934.2)等担任。

酃遂中心县委(1934.2—1935.11)

1933年冬，遂川苏区大部分为国民党军队占领。1934年初，河西道委(兼遂川县委)退至永新，遂川县委、苏府退至酃县。2月下旬，在十都中洞山成立酃遂中心县委。书记涂步云(1934.2—1934.3)，(后)陈三(1934.3—1934.8)、周礼(1934.8—1935.11)。

中心县委实行党政军统一指挥，统一行动。先后组建酃遂独立团、酃遂游击队、酃遂独立营。机关工作人员编为挺进队、短枪队，投入第五次反“围剿”斗争。

1934年6月初，在中洞山召开中心县委第一次委员扩大会议。决定撤销邓秉其副书记和委员职务；选举23人为委员(其中候补委员4人)；陈三、易美才、陈彰彩、王澄经、周斌、何荣庠、范品提、张自盛、周明亮等9人为常委。陈三任书记兼白区工作部主任，易美才任组织部长，陈彰彩任宣传部长，张自盛任军事部长。6月下旬，湖南保安第17团攻占中洞山一带，县委机关撤至桃源洞茶园坳。7月，撤至上洞石禾坪。10月，酃县苏区失陷，周礼带领酃遂游击队打游击。

1935年11月,鄢遂边界游击区划属湘粤赣游击根据地,党组织转属湘粤赣特委,鄢遂中心县委工作结束。

二、区级组织

中村区委(1928.3—1928.5)

1928年3月在中村圩周运余店成立,书记何健础。

西区区委(1928.3—1928.5)

1928年3月在台山(今三河镇西台)成立,书记段瑞,(后)张秉仁。

坂溪区委(1928.3—1928.5)

1928年3月在南岸成立,书记刘平章。

石洲区委(1928.7—1929.1)

1928年7月在锅厂下成立,书记张平化。

大院区委(1928.6—1929.1)

1928年6月在西坑成立,书记周礼(兼),(后)石世成。

青石冈区委(1928.5—1929.1)

1928年5月中旬在小水岭成立。书记邱笛,(后)姚晓园。

石门岭区委(1928.8—1929.1)

1928年8月在石门岭成立,书记房灿。

一区(坂溪)区委(1930.1—1933.12)

1930年1月在坂溪杨桥成立。书记邓秉其,(后)朱原维、林家龙、叶光藻、谢世如、涂步云、李国泰。1933年12月与黄挪潭区委合并。

二区(石洲)区委(1930.1—1933.12)

1930年1月在石洲梨木坳成立。书记林家龙,(后)黄佐凡、曾照乾、张自兴、曾广荣、周斌、何荣庠。1933年12月与十都区委合并。

三区(黄挪潭)区委(1930.1—1933.12)

1930年1月在平湖蒲田成立。书记郭书洪,(后)李成华、叶光柏、周斌、邓秉其、刘清远、陈建、周云尉。1933年12月与坂溪区委合并。

四区(十都)区委(1931.6—1933.12)

1931年6月在小江成立。书记李国华(李立),(后)李成华。1933年12月与石洲区委合并。

黄坂区委(1933.12—1934.8)

1933年12月合并黄挪潭区委与坂溪区委,在上洞成立,书记李国泰。

十石区委(1933.12—1934.8)

1933年12月合并十都区委与石洲区委,在藤蓬山成立,书记鲁进。

第二节　苏区群众团体

一、青少年团体

共青团(少共)

1926年,共产党员刘炳黎、戴寿凯、凌旭、罗芳芝在酃县第一、第二高级小学任教,秘密发展共产主义青年团员。10月,成立共产主义青年团酃县特别支部。“马日事变”后,支部遭破坏。1928年3月,在中村成立中国共产主义青年团酃县委员会,万达才任书记,组织委员郭天禄(郭烈),宣传委员廖湘鉴。同年8月,先后建立青石冈、桃源洞、东西坑、上洞等共青团支部,团员70余人。1929年1月,井冈山革命根据地失陷,万达才被捕牺牲。同年2月,在石禾坪重建团县委,郭天禄任团县委书记。为培养各级团干部,1930年2月和1931年4月,县委、团县委在石洲举办了两期青干训练班,培训70余名区乡共青团干部。至1931年7月,团员发展到百余人。1931年7月19—20日,中共酃县第二次代表大会与少共(共青团)酃县第二次代表大会同时召开。确定共青团组织的中心任务是反对国民党军阀进攻苏区;抓好青工部、少先队、儿童团、学徒联合会等工作,团结和争取广大青年,鼓舞青年群众投身赤卫队和红军;彻底扫除封建势力,打破一切旧礼教、旧风俗和迷信。同年10月19日,在石洲召开团的第三次代表大会,选举产生新一届共青团县委,宁国良、范品梅、李赤光、黄佐凡、曾少海等为常委,宁国良任书记。同年10月,改共青团酃县委员会为少共酃县委员会。全县有少共区委4个,少共支部33个,少共团员1068人。

1932年2月,共青团县委改组,宁国良、施策民、黄佐凡、周允中、李焕章为常委,宁国良续任书记。同年7月7日,共青团县委第三届二次委员扩大会议在石洲召开,调整团县委领导班子,由李国华(李立)任书记,黄佐凡任组织部长兼少先队工作部部长,施策民任宣传部长,罗育名任经济法权部部长。至当年10月,全县建立4个共青团区委、27个支部、61个小组,有团员609人(含候补团员50人),其中女团员177人;团县委工作干部14人,区干部25人。在当年“冲锋季”竞赛中,县、区、乡共青团组织发展团员268人,青工会员30人,青雇会员30人,反帝同盟会员256人,动员90名团员参加红军。

1933年5月,李国华调离,骆道南接任团县委书记(12月撤销)。1934年2月,酃县、遂川两县团委合并,成立少共酃遂中心县委,黄佐凡任书记,(后)刘家运。10月,苏区失陷,共青团(少共)工作终止。

少年先锋队(简称少先队、少队)

1928年3月,湘赣边少年先锋队队长王克诚帮助中村区成立少先队组织,发展队员8人。1930年初,成立酃县少年先锋队。1931年12月,湘赣省少先队第一次代表大会后,区、乡成立队部委员会，由共青团县委直接领导。

少年先锋队是由16—23岁的工农劳动青年组成的半军事性、群众武装自卫组织，实行劳武结合。农忙参加农业生产，帮助军烈属抢插抢收；战时为部队运送弹药、抢救伤病员，探察敌情、站岗放哨、送信或直接参军参战。

少先队员每人有一件武器，以木棒、梭镖、大刀为主。平时以乡为单位组织集中训练，实行军事化管理，每天三操两讲。下操时，团区委和支部派干部去训练，并作扩大红军的宣传鼓动。每月每乡至少检阅（查）3次，区检阅2次，县检阅1次。共青团经常组织少先队员进列宁室，开展读书活动和政治讨论。

儿童团（简称"童团"）

井冈山斗争时期，酃县即成立儿童团组织。1931年10月，湘赣省儿童团第一次代表大会以后，区成立大队，乡成立中队，村成立小队，吸收6—16岁的少年儿童参加。1932年3月，撤销县区乡儿童团部委员会，区以上成立共产儿童局，接受同级团组织领导。县儿童局由陈作栋、陈英瑞、谢堂兴、曾少海、李焕章组成，陈作栋任书记。

儿童团首要任务是学习文化，团组织动员儿童入列宁小学读书。对部分担负家务劳动而不能上学的儿童，各乡开办识字班，利用晚上或雨雪天读书识字。儿童团有统一式样的木棍、旗帜、符号，定期进行下操上课和检阅，并担负查验出入苏区重要路口哨卡通行证，到白区或赤白交界地接送信件，慰问红军等任务。每次战斗过后，儿童团立即去收集子弹壳或废铜烂铁，交送兵工厂。

轻骑队

轻骑队是苏区青年监督组织，由共青团县委直接领导，共青团、少先队、儿童团负责组织。酃县轻骑队成立于1932年4月，由骆道南、谢庚新、陈作栋、黄同文、李先盛、史家明、陈英瑞、黄安武等9人组成，陈英瑞任队长。共青团各区区委、支部以及警卫营团小组，少先队、儿童团县、区机关等都成立轻骑队，区一级由3—5人组成。任务是"定期检阅（查）各革命机关工作人员的消极怠工、腐化官僚等恶劣倾向"，同时也检查清洁卫生、节省经济等工作。发现问题当面指出，批评错误或登墙报。对犯有严重错误不纠正的，向上级报告处理。

二、农民团体

1925年冬，中共党员何健础由党组织派遣，从长沙岳云中学回酃组织农民运动。1926年5月，酃县第一个农民协会——龙塘乡农民协会成立。随后，中村、浆村、黄板桥、小江、霍家等地相继建立农民协会。6月，中村、十都成立区农民协会。9月，中共酃县特别支部主持召开全县农民代表大会，成立酃县农民协会，选举周介甫为委员长。12月，县农协委员何健础代表酃县农民协会出席省农民代表大会。1927年1月，中共湖南区委派何健础、朱子和任酃县农运特派员。4月,各区、乡均建立农协组织,农民协会发展到4个区、48个乡,会员发展到2万余人。“马日事变”后,国民党右派勾结地主武装镇压农民运动,大肆捕杀农会干部,各级农民协会均遭破坏。同年7月后,黎育教、邝光前、段楠、张秉仁、潘祖浩、段瑞、房灿、戴寿凯、张平化、万达才、朱才亮等先后回乡,在全县各地以举办夜校、补习班为名,秘密恢复农协会,组织暴动队。1928年3月,各地农协会、暴动队参加起义。

1931年10月,酃县苏区按照《湘赣苏区贫农团暂行组织法》筹建贫农团,县、区、乡设贫农团干事会,村设小组。1932年6月,发展会员389名。

在土地分配中,贫农团选派办事公道的会员参与土地委员会领导工作,执行团结贫农、联合中农的阶级路线和各项政策,让雇农、贫农和红军家属分得较好的土地。贫农团发挥农业生产主力军作用,组织农民精耕细作,按时交纳土地税,帮助军属耕田。

三、工人团体

1926年秋,城关、西区、横溪江等地的手工业工人、泥木工人和排运工人,在工运特派员段瑞指导下,分别建立手工业、泥木和排运工会,各行业工会先后发展会员268人。1926年12月,在县城召开全县工人代表会议,成立酃县工人协会,负责人段梓。工人协会发动手工业者与封建把头的进行斗争,同时与县农协会紧密配合,打击土豪劣绅,参加禁烟(鸦片)、禁赌等整肃社会风气活动。1927年2月,中共湖南区委派遣段瑞为工运特派员回县工作,组建西乡工会、横溪江排运工人联合会。当年6月,全县建立工会组织3个,发展工会会员81人。1927年马日事变后,工会骨干惨遭杀害,工人协会活动停止。

1931年冬,成立酃县赤色总工会,并按行业分别成立职业工会和雇农工会,陈亮彩任委员长。1932年4月3日,赤色总工会在石洲召开第一次执委会,选举廖国柱、黄永洪、李先盛3人组成常委会,廖国柱任总工会委员长,黄永洪任雇农工会委员长,李先盛任青工部部长。下设组织部(廖国柱兼)、宣传部(陈运清任部长)、失业救济部(黄永洪兼)、女工部(李先盛兼)等办事机构。第一次执委会后,发展3个支部、90名会员,至7月,发展会员268人。

赤色总工会在争取工人权益、参加苏区建设、扩大红军等方面开展工作。为打破敌人对根据地的经济封锁,发动工人积极生产,赶制武器、弹药、军服、食盐等军工和生活用品,同时承担维护苏区治安等任务。

四、妇女团体

1926年7月,在衡阳省立第三女子师范求学的中共党员凌翠贞受湘南特委派遣,回县开展妇女运动工作。8月,在中共酃县特别支部领导下,成立酃县妇女协会筹备处。12月,召开鄠县第一次妇女代表大会，成立鄠县妇女协会，凌翠贞为会长。会议提出男女平等、剪髻放足、禁止虐待妇女、禁止抱童养媳、主张婚姻自由、寡妇有改嫁权利等口号。1927年2月，创办鄠县第一女子职业学校，并在塘田笃修小学开办女子职业班。4月，全县4个区48个乡均建立妇女基层协会，发动妇女开展打土豪、除恶习活动。“马日事变”后，县妇女协会被破坏。

1928年6月，鄠县工农兵政府设妇女部，周亚水担任部长，负责苏区妇女工作。1930年1月，鄠县苏维埃政府设妇女委员会，区乡设妇女指导员。1931年9月后，取消各种单独的妇女组织，劳动妇女按职业加入产业工会与群众组织。县区两级党团组织设妇女运动委员会，乡党支部设妇女干事；县乡苏维埃政府建立妇女代表会议制度。周晓春、邝福娥、曾冬娥等先后担任县苏维埃政府妇女部长、妇女运动委员会主任。妇运会在维护妇女合法权益、组织妇女识字学文化、参加苏区建设、扩红拥军等方面发挥独特作用。

在扩大红军运动中，妇运会发动妇女作宣传动员工作，涌现母送子、妻送郎参军参战感人场面。石洲区青石乡李新娇带头送丈夫参加红军，带动全乡妇女；坪坑村妇女周春秀动员大儿子黎开日当红军，黎开日牺牲后，又把小儿子黎开月送到红军部队。

战时，妇运会组织妇女参加救护队、洗衣队、补衣队、歌舞队慰劳红军，或直接参战。1932年2月九峰坳保卫战中，石洲区妇女委员曾亚秋带领100余名妇女与警卫营并肩作战。1933年以后，赤卫队男女配合，深入白区打土豪，筹款子。女队员侦察敌情，男队员组织突袭；男队员提审土豪，女队员搜查财物；监护队的男女队员分别看守男女土豪棚。女赤卫队员经常化装成商贩，或以探亲为名，深入白区侦察敌情。

五、其他团体

革命互济会

1932年春，成立革命互济会，县、区设总会，乡设分会，入会群众319人。胡启发、周招福、曾纪球先后任县总会主任。入会会员缴纳会费，分“常捐”和“特别捐”。常捐每月1次，雇农、士兵、工人每次缴铜元1枚，贫农、手工业工人、独立劳动者每次缴铜元2枚。特别捐另缴。捐款由财务股张榜公布，会员监督使用。

除缴纳会费外，会员自动捐钱捐谷救济烈士家属，筹集鸡、鸭、蛋品、鲜肉、黄豆、布鞋、衣物等，慰问烈士家属与住院红军伤病员。组织生产合作社，帮助烈士、红军家属耕种土地。

反帝大同盟

反帝大同盟是苏区群众反对帝国主义活动的非政权性组织。鄠县反帝大同盟成立于1932年春，区、乡都设有反帝大同盟组织。刘绍远、朱邦信、朱才彬先后任执委主任。

县、区反帝大同盟组织宣传队、歌舞队，采取集会、游行、办墙报、编印传单、张贴标语等多种形式,揭露帝国主义侵华暴行。1932 年 5 月,酃县反帝大同盟作出《关于动员起来准备参加大规模革命战争的决议》,动员每个会员捐稻谷 5 斤,全县会员做布鞋 500 双,并号召会员参加红军,参加慰劳队、运输队。因工作出色,受到湘赣省反帝大同盟的表扬。

第四章 苏维埃政府

第一节 县苏维埃政府

酃县工农兵政府(1928.6—1929.1)

1928 年 6 月中旬,在大院匡神宫召开酃县工农兵代表大会,到会代表 30 余人。大会确定青石冈为第一区,向十都发展;增石洲为第二区,向九都发展;大院为第三区,向七都、八都发展。大会选举成立酃县工农兵政府。徐鼎燕任主席,何国诚任党团书记兼军事部长,李会云任财政部长,曾纪林任土地部长,周亚水任妇女部长,周道隆任秘书长。1929 年 1 月底,酃县苏区被敌占领,工农兵政府终止。

酃县苏维埃政府(1930.1—1934.2)

1929 年 12 月,中共酃县临时县委第一次党代会决定恢复发展红色政权,同时对红色区域区划进行调整,将坂溪区定为一区,辖五都、六都;石洲定为二区,辖九都;黄挪潭为三区,辖七都、八都;成立酃县苏维埃政府筹备委员会。1930 年 1 月中旬,在石洲板下楼召开第一次工农兵代表大会,成立酃县苏维埃政府,选举刘清远为主席。当年秋,苏维埃政府机关迁至石洲里柳树坝,后迁至锅厂下。

1931 年 10 月 26 日, 在石洲里同时召开中共酃县第三次代表大会和酃县第三次苏维埃代表大会,分别由县委书记张平化和县苏府主席黄邦信主持。会议传达中共湘赣省委和湘赣省苏维埃“一大”精神,提出发展苏维埃政权,进一步开展土地分配,执行经济政策,开展“肃反”工作,加强白区工作等任务。号召贫苦工农大众参加红军,扩大地方武装;建立革命群众组织。

历任县苏维埃政府主席:刘清远(1930.1—1930.6)、黄邦信(1930.6—1931.10)、曾纪祥(1931.10—1932 年初)、张自兴(1932 年初—1933.6)、廖德新(1933.6—1933.8)、邓秉其(1933.8—1933.10)、王澄经(1933.10—1934.2)。

县苏维埃政府工作机构及历任负责人:军事部部长邝光前,(后)梁文光、戴朝标、邓秉其;土地部部长方传金,(后)欧柏贞;财政部部长黄流中,(后)李国泰、麦宗元、廖国诚、张拱熙；肃反裁判部部长张旭初，（后）陈彰彩、陈忠余、张自兴；粮食部部长林家龙；文化部部长廖振余，（后）谢世如；劳动部部长管昌仁；妇女部部长周晓春，（后）曾冬娥；邮政局局长段斌。

鄠遂中心县苏维埃政府（1934.2—1934.10）

1934年2月下旬在鄠县十都中洞山成立，主席范品提。

第二节 区苏维埃政府

中村区工农兵政府（1928.3—1928.5）

1928年3月下旬在中村圩周运余店成立。主席盘华坤。辖道任、联西、新开、中村、梅冈（含九潭、龙坪一部分）、心田、罗浮江、深渡、龙塘、龙渣、双奎、龙凤、青山等11乡。5月上旬，遭地主武装破坏。

大院区工农兵政府（1928.6—1929.1）

1928年6月在大院西坑成立，辖大院、东西坑2个乡，主席徐鼎燕（兼）。

青石冈区苏维埃政府（1928.5—1929.1）

1928年5月在青石冈罗家塘成立，辖青石冈、泮坌、桃源洞3个乡。主席张明光，（后）张运生。

石门岭区苏维埃政府（1928.6—1929.1）

1928年8月在石门岭成立，主席张秉仁。

一区（坂溪区）苏维埃政府（1930.1—1933.12）

1930年1月在坂溪杨桥成立。主席兰寿华，（后）廖德新、潘永成、曾成钺、黄万庆、李振仁、何洪泽。

二区（石洲区）苏维埃政府（1930.1—1933.12）

1930年1月在石洲梨木坳成立，先称大院区，后改称石洲里区，驻地中皇殿。主席龚德林，（后）张自盛、周远祥、罗忠俊、骆荣祥、麦振华。

三区（黄挪潭区）苏维埃政府（1930.1—1933.12）

1929年4月在平湖蒲田成立。主席廖发义，（后）李先盛、谷祖昌、曾纪祥、范品提、李国泰。

四区（十都区）苏维埃政府（1930.1—1933.12）

1931年6月设十都区。治所先设万家正公祠，后迁万寿宫、小江李屋。主席翁名达，（后）徐能海、龚祥彪、陈光武。

黄坂区苏维埃政府（1933.12—1934.8）

1933年12月在上洞成立，主席李维贵。

十石区苏维埃政府（1933.12—1934.8）

1933年12月在藤蓬山成立，主席戴朝标。

第五章　武装队伍与军事斗争

第一节　武装队伍

农民自卫军总队(1927.3—1927.6)

1927 年 3 月,酃县农民协会(重建)筹委会从各乡抽调自卫队队员,组建酃县农民自卫军总队,总队长朱子和。下设 3 个中队,有队员 1100 人,步枪 80 余支。马日事变后被迫解散,枪支上缴。

暴动队(1928.3—1928.5)

1928 年 3 月上旬,毛泽东决定将原计划 4 月份举行的酃县起义提前至 3 月。中共酃县特别区委随即派遣党员骨干分头负责,在全县组织 9 支、1000 余人的暴动队参加起义。主要武器为梭镖、大刀、鸟铳、土炮,有少量枪支。

各地暴动队负责人:黄挪潭周礼、刘寅生;八都坳头邝光前;九都张平化、周礼;水口朱才亮;中村周介甫;五都刘平章;坂溪刘清黎;茅坪邝远暄。

西乡游击总队(1928.2—5)

1928 年 1 月下旬,潘祖浩、段楠、段瑞、张秉仁等在西乡召集 20 余名中共党员举行秘密会议,决定建立农民武装。2 月中旬,在潘家祠召开群众大会,成立酃县西乡游击总队,下设五路指挥,路以下设营、连、排,有队员 1600 余人。随即联合各村农协会参加三月起义。

游击总队总指挥潘祖浩,秘书长张秉仁,参谋长霍崇德,财粮处处长陈兆贞,军法处处长潘邦义,宣传队队长张楚良。

第一路(潘家、团溪、西塘、龙伏、河漠渡等村)指挥长潘宗仁,队员 500 余人;

第二路(霍家、西台等村)指挥长霍正汉,队员 400 余人;

第三路(塘旺、王家渡等村)指挥长唐志鹄,队员 300 余人;

第四路(霞蔚、翠群等村)指挥长段楠,队员 300 余人;

第五路(塘田、南冲等村)指挥长唐奕尧,队员 100 余人。

3 月中旬,工农革命军入酃策应。毛泽东在潘家接见游击总队负责人,观摩游击队自制土炮射击,并赠送枪支。下旬,游击队奉命警戒酃、茶边界,接应从西路入酃的湘南起义农军。4 月上旬,朱德率领的南昌起义余部一个连、唐天际率领的安仁农军 80 余人,先后经潘家向沔渡集结。在朱德所部和茶陵游击队(谭家述领导)支援下,游击总队击退县团防局和西乡地主武装两次进攻。

4 月中旬,湘敌张敬兮团尾追朱德部队至酃茶边界。游击总队与茶陵游击队在桥头岭设伏阻击,因力量悬殊而溃败。游击总队随后兵分两路,一路由张秉仁、雷甲泰带领向井冈山转移(后编入酃县赤卫大队);一路由潘祖浩带领,撤至酃茶边界坚持游击。5月上旬,酃县清乡委员会纠集反动武装实行清乡,杀害游击队指战员和农会骨干100余人。游击队员被迫分散隐蔽。

酃县赤卫团(1928.3—1928.6)、赤卫总队(1928.6—1929.1)

1928年3月,酃县县委从暴动队员中挑选130余人成立酃县赤卫团。6月,赤卫团改为赤卫总队,队员200余人,枪130多支,下设5个大队。赤卫总队先后担任守卫下井(双马石哨口)、九曲水哨口(八面山副哨)、九曲水粮库以及开辟石门岭新区等任务,并配合红四军参加虎爪战斗、黄洋界保卫战、沔渡河排战斗。主力红军下山后,协助红五军守卫井冈山。1929年1月底,担任掩护红五军撤退任务,在遂川大汾打散。后撤时连遭国民党军队追堵,大部分牺牲。

赤卫团团长何国诚,党代表戴寿凯。赤卫大队总队长王命,(后)胡奎生;党代表刘圭璧,(后)蒋昆。

酃县赤卫队 赤卫大队(1929.5—1931.6)

1929年5月中旬,隐蔽在深山的10余名赤卫队员在中队长李子安、政委邝光前带领下回县与红五军和临时县委取得联系,随即建立游击队,恢复武装斗争。先后奇袭驻坂溪的县挨户团,打击酃县下村、遂川下七的挨户团以及黄挪潭清乡队,缴获一批枪支弹药。11月,重新成立酃县赤卫队。1930年11月,湘东独立师攻打水口,赠送赤卫队枪弹、马匹,赤卫队发展到两个中队60余人,改为大队。1931年3月,配合红七军作战,取得下坪战斗胜利。红七军留下一批骨干加强赤卫大队领导,发展到3个中队,130人枪。

赤卫队队长李子安(1929.5—1929.7),(后)邝光前;政委邝光前(1929.5—1931.2),(后)张平化(兼)。

酃县警卫连(1931.7—1931.10) 酃县警卫营(1931.11—1932.4)

1931年7月,赤卫大队改编为警卫连。连长何德胜,政委梁文光。11月,扩编为警卫营,有200余人180支枪。营长何德胜,政委梁文光。当月,警卫营在湘赣红军独立一师帮助下,攻克县城。1932年2月,警卫营和区乡赤卫队在九峰坳伏击进攻苏区的挨户团。战斗中何德胜、梁文光负伤,不久牺牲。何炳山、张平化分别代理营长、政委。

湘赣红军独立第九营(1932.5—1933.8)

1932年4月,成立湘赣省军区第二军分区,驻酃县藤蓬山。辖宁冈、酃县、遂川3县武装。5月,酃县警卫营改编为湘赣红军独立第九营(习称老九营)。营长陈玉行,政委邝光前。当月,红三军团五军一师入酃,赠送红九营枪支子弹,随即将特务排扩编为第二连。红九营多次独立或联合参加苏区保卫战,战斗力较强。至1933年2月,有170人枪。当年8月,改编为湘赣红军独立第四团第一营。

酃县独立营(1933.8—1934.1)

红九营改编后,县委从各区警卫连、归队伤病员及红九营改编后留下的人员中抽调100余人,组建酃县独立营(习称新九营),担负保卫苏区、筹集食盐、药品、粮食等任务。营长吕显明(1933.8—1933.10),(后)何炳山、廖理兰;政委李昆刚(1933.8—1933.?),(后)易锡、涂步云。

酃遂独立团(1934.2—1934.7)

1934 年 2 月,成立中共酃遂中心县委、中心县苏维埃政府,同时将酃县独立营和遂川独立营合编为酃遂独立团。下设 3 个连,200 余人枪。由湘赣军区第二军分区参谋长王祯代理团长(1934.2—1934.7);政委涂步云(1934.2—1934.?),陈英鳌(后);参谋长王祯(兼)。7 月下旬,编入红独四团第三连。

酃遂游击队(1934.4—1935.7)

1934 年 4 月,从酃遂两县区乡游击队中抽调部分人员组建游击队,队长兼政委周礼(1934.4—1935.7),队员 70 余人,主要任务是开辟新区。当月,游击队击溃荆竹山地主武装,建立荆竹山乡党支部、苏维埃政府。10 月,酃县苏区失陷,游击队在湘赣边坚持游击战。1935 年 7 月奉命开往桂东东边山,编入湘粤赣游击支队直属队。

酃遂独立营(1934.8—1934.10)

酃遂独立团并入红独四团后,将酃遂警卫连改编为酃遂独立营,营长彭仁洪,政委侯世生。独立营担任苏区党政机关及红军医院、兵工厂的保卫工作。酃县苏区失陷后,部分队员编入酃遂游击队。

湘赣游击队(1935.5—1936.春)

1935 年 5 月,湘粤赣游击支队副政委游世雄奉命开辟新的游击区,在酃县十都密花、大院、青石冈、桃源洞一带收集失散、养伤红军战士与游击队员 70 余人,组建湘赣游击队,队长游世雄(兼)。游击队坚持在湘赣边游击,发展到 200 余人。1936 年春与周礼率领的湘粤赣游击支队在大院西坑会合,编入湘粤赣游击支队。1937 年 10 月,在桂东县编入新四军湘粤赣边区抗日义勇第一支队,开赴抗日前线。

第二节　军事斗争

1928 年 2 月上旬,刘寅生、周礼上井冈山向毛泽东汇报工作,毛泽东批准成立中共酃县特别区委,并指示立即发动群众,举行武装起义。3 月上中旬,酃县起义爆发。中共酃县特别区委立即分工:周礼负责石洲里、安坑,邝光前负责水口、下村,刘承向负责黄挪潭,刘清黎负责泥湖、坂溪,段瑞负责西乡,周介甫负责中村,邝远暄负责茅坪。随后,各地先后举行起义,沉重打击了地主武装、恶霸地主、土豪劣绅,开仓放粮。全县起义队伍发展到近 3000 人。为策应湘南起义并支持配合酃县“三月起义”,3 月 12 日,工农革命军分三路向酃县挺进。第一路,毛泽东、何挺颖率第一团从宁冈砻市出发,途径酃县沔渡夏馆,活捉民团团总戴同德、土豪王可其,开仓分粮。于 14 日攻下酃县城,消灭敌军近一个营。15 日,第一营党代表宛希先根据毛泽东指示,在大操坪主持召开千余人的群众大会,宣传共产党的政策和革命主张。16 日,毛泽东率部经西乡潘家、霍家、天平、王家渡、塘田、船形,于 18 日到达中村。西乡游击队部分队员也随工农革命军到达中村。第二路，由袁文才、何长工率领的第二团第一营从宁冈大陇出发，经十都、石洲、泥湖、坂溪、水口向中村集结，周礼率100余名起义队员在石洲随工农革命军前往中村，之后又在两江口与刘平章率领的起义队会合，一同前往。第三路，由王佐率领的第二团第二营由大井出发，经大院、黄挪潭，在水口与袁文才、何长工率领的第一营会合，于18日同时抵达中村，水口部分暴动队员随同前往。至此，工农革命军第一师第一团、第二团全部到达中村。在中村建立中共酃县县委，成立中村乡工农兵政府，开展土地分配运动，部队集中一个星期进行政治训练。同时，组建酃县赤卫大队，并随一团于28日前往湘南。

同年6月中旬，酃县赤卫大队协助红四军三十一团，奇袭沔渡大江虎爪国民党驻军。歼敌1个营及敌团部，缴枪80余支。8月底，参加黄洋界保卫战，奉命守卫八面山哨口。10月下旬，朱德率二十八团及三十一团一部在酃县与宁冈交界处击溃湘敌第八军八十五团。埋伏在沔渡河排的赤卫大队全歼逃跑之敌。

1929年6月中旬，赤卫大队余部组成酃县游击队，夜袭驻坂溪挨户团，缴获步枪12支，驳壳枪1支，子弹90发。7月下旬，歼灭青石坪反动民团，缴枪20余支，土炮2门，营救被关押的30余名革命群众。

1931年3月2日，红七军五十八营在下坪松山埂击溃胡凤璋挨户团，赤卫队在瓷器窑担任伏击。此役毙伤俘敌200余人，缴枪110余支。11月25日，酃县警卫营攻打县城挨户团，在湘赣独立一师第二团帮助下，毙伤守敌数十人，缴枪100余支及大量银元，活捉反动县长，救出被关押的革命同志。

1932年2月下旬，酃县挨户团300余人在湘敌陈光中师支持下，进攻上九都苏区。酃县警卫营和区乡赤卫队在九峰坳组织伏击战，毙、伤、俘敌200余人，缴获机关枪1挺，步枪30余支。5月，红九营夜袭驻扎在酃桂交界东桥头胡凤璋挨户团，俘敌30余人，缴枪30余支。6月，酃茶宁3个县挨户团600余人侵犯十都苏区。第二军分区调遣红八、红九营及永新模范营迎敌。经过一天两晚激战，击退挨户团进攻，缴枪50余支。11月，驻茶陵湘敌陈光中一部，纠集酃茶宁3个县挨户团、难民团500余人再次进攻十都、石洲苏区。红九营和十都、石洲区赤卫队在十都坪寨岗一带组织伏击，歼敌一部。12月，红九营一、三连乘雪夜攻打驻红南贾少隶挨户团，俘敌8人，缴枪8支。随后协助宁冈红八营在大陇歼灭宁冈靖卫团，活捉靖卫团团长。

1933年3月，遂川红十营在竹坑与靖卫团遭遇，战斗持续十几个小时。酃县红九营奉命驰援，毙敌数十人，缴枪30余支。

1934年5月，酃遂独立团在石洲青石，伏击国民党军十五师押运军用物资的1个营，缴获大量军用品。1934年7月下旬，郴州欧冠保安团一个营进剿到酃县黄挪潭苏区蒲田，酃遂独立团和红独四团一个先遣连联合抗击，战斗十分惨烈，双方伤亡大，酃遂独立团牺牲45人，保安团被毙9人。战斗当晚，保安团退至水口。8月，红六军团西征，周礼领导的酃遂游击队，游世雄领导的湘赣游击队在酃县坚持游击战争。

酃县地方武装成立后，独立或配合红军作战103次，10次攻占县城，两次成建制补充红军。在战斗中牺牲指战员近2000人。其中团、营、连、排长152人，班长188人；暴动队、短枪队、黑杀队、挺进队以及区乡赤卫队(军)、游击队队长、政委等34人;少共(准军事组织)队长、书记20人。

第三节　扩红　拥红

一、扩大红军

井冈山革命根据地初创时期，酃县先后有100余人由组织调动或个人报名参加工农革命军。其中李却非、黎育教、房灿、邝光前、戴寿凯、邱笛、何国诚、何史良等担任过工农革命军连党代表、学生队长和连排长。赤卫大队通讯员盘圆珠,调湘赣边特委任通讯员,并当选湘赣边特委委员。

湘赣苏区实行军民一体,全员扩红。先后4次作出扩大红军决议,并开展竞赛运动。

1932年3月上旬,湘赣省委第一次执委扩大会决定“创造与扩大铁红军”,并在全省开展革命竞赛(3月15—6月15日),分配酃县扩红任务最低限度200名,最高限度400名。6月,湘赣省委第二次执委扩大会通过《湘赣全省冲锋季竞赛条约》,要求7月、8月、9月三个月酃县扩大红军150名。其中,送湘赣红军二十一师32人,补充地方武装97人。11月,湘赣省委第二次代表大会期间,酃县一次输送540人参军,并上交红军经费1.2万元。“二大”通过《扩大红军决议案》,决定继续开展3个月(1932年11月至1933年1月)工作竞赛,要求酃县完成扩红任务最低260名,最高400名(其中征调党团员26人)。1933年4月,湘赣省拥红会第二次决议,再次分配酃县扩红任务200名。8月,湘赣红军第九营100余人(原酃县警卫营)成建制编入湘赣红军独立第四团。1934年7月,酃遂独立团(酃籍战士为主)100余人编入湘赣红军独立第四团。

酃县先后输送3000余名青壮年参加红军和地方武装队伍,参加区乡赤卫队(军)等群众性武装人员达5000余人。

二、拥红优属

1932年上半年,县区乡苏维埃政府先后建立拥护红军委员会,组织共青团、少先队、儿童团以及妇女会、赤色总工会、贫农团等群众团体,在扩红的同时,开展各种拥护红军活动。

1932年春执行《优待红军条例》,结合省苏“重新分配土地”精神,将红军家属分得的田地,尽量调整为好田(近田、肥田、大坵田),并免纳一切捐税。规定党、团员,工会会员,机关工作人员每人每月帮助红军家属耕田2天。无力耕种田地的红军家属、烈士家属由乡苏府组织代耕队耕种。

对红军及其家属实行各项优待政策，如红军本人与家属在苏维埃政府开设的商店合作社买东西,价格便宜5%;紧缺日用品,有优先购买权;红军子弟读书免交一切费用;红军与家属之间通信,免贴邮票等。对伤残红军、死亡战士及其家属等实行抚恤。

1931年2月,张云逸率红七军转战千里来到酃县黄挪潭苏区。县委、县苏维埃政府组织慰劳队,带着猪肉、米酒、糕点来到驻地慰问,给战士洗补衣服,赶做军鞋,为伤病员治病。

湘赣省委、省苏府成立后,慰劳红军工作形成制度化。1932年3至6月,县苏维埃政府组织390名妇女做慰问红军工作。区、乡集中编制了一批摊铺用的稻草稿荐。1932年5月,红三军团第五军第一师来到酃县苏区,县乡慰劳队组织1000余人欢迎。一路高呼"欢迎百战百胜的红三军团!""打到吉安去!"等口号。儿童团的扇子队为战士打扇子;摊铺队、清洁队打扫场地、摊铺稿荐,送上草鞋、布鞋、毛巾;洗衣补衣队为红军洗补衣服;歌舞队表演节目。平时,县、区苏府每月慰问住院治疗的伤病员2次,送去营养品,并为伤病员表演歌舞。普遍开展群众贱卖5斤谷子,党团员贱卖10斤谷子的拥军运动,由县苏维埃粮食部负责储藏。每个团员动员群众准备3升米,随时以低价卖给红军。1934年春,苏区群众在极其艰苦的条件下,仍收集布鞋29双、草鞋170双、凉鞋2双、蔬菜210公斤、玉米1斗、豆子1斗3升慰问红独4团和酃遂独立团。

在拥军的同时,动员群众参战支前。组织向导队、侦探队、破坏队、交通队、运输队、救护队、担架队等,战时随时调动,支援红军作战。在通往苏区的道路上设立岗哨,日夜值班,每班赤卫队、少先队、儿童团各1人。发现敌情,立即放信号炮。

第六章 苏区土地分配和经济建设

第一节 苏区土地分配

中村分田试点

1928年3月下旬,毛泽东亲自主持中村区分田运动,将没收土豪劣绅的土地平均分配给农民,同时给地主家属分配一定数额的土地。中村分田运动以道任村为试点。道任村217人,人平分得1.2亩水田。其他村按道任的做法开展。

当年6月,青石冈、大院区工农兵政府成立,按中村分田办法进行分田(青苗)。大院东西坑乡80户,300余人,有田3000余担(600余亩),除留下公田外,田多的村人平分得8担(约1.6亩),田少的村人平分得6担(约1.2亩)。

第二次分田运动

1930年2月陂头会议之后,按照"二七"土地法和"一要分,二要快"的原则,在坂溪、石洲、黄挪潭3个区开展土地分配。工作步骤:一是设立机构。县苏府由土地部负责;区乡苏府设立土地委员会,在群众中选择办事公道,有工作经验和能力的人组成;二是划定成分。以占有土地多寡、是否参加耕种等标准划分地主、富农、中农、贫农、雇农。上洞乡石禾坪村共20

户，划为地主、富农各1户，中农1户、贫农9户、雇农5户，红军家属3户；三是召开群众大会，宣讲土地法和分田方法，统计土地面积；四是以乡为单位，平均分配土地；五是抄册插牌。在具体工作中，坚持抽多补少，抽肥补瘦；红军家属分好田；地主同样按人平面积分田，但分瘦田、远田；叛变革命逃至外地的不分田。至1932年5月，酃县苏区1.86万农民分得土地4.64万亩，实现耕者有其田。

重新分配土地和查田运动

1931年10月，中共湘赣省委根据《中华苏维埃共和国土地法草案》精神，否定此前按"二七"土地法开展的土地分配，作出重新分配土地的决定。县委和县苏维埃政府于1932年春在全县苏区作了传达，并结合实际，选择性地开展了一些工作。

鉴于一些地方没有完全遵照省委《重新平均分配土地条例》规定进行分田，1933年8月14日，湘赣省委根据中央精神，作出《查田运动的决议》，并召开苏区9县负责人会议，部署查田运动。酃县苏区军事斗争任务繁重，重新分配土地和查田运动声势不大，有的地方没有开展。

第二节　苏区工农业生产

一、苏区农业生产

苏区农民分得土地，生产积极性高涨。县委、县苏维埃政府因势利导，鼓励、帮助农民发展生产。

鼓励垦荒

湘赣省苏维埃政府《土地税征收条例》规定，凡开垦荒田荒地，所得农产品免征累进税3至5年；对富农开垦的荒地，则按收获情况减税或免征一年。1931—1933年，酃县苏区荒田荒土基本上得到垦复，粮食种植面积大幅度增加。

苏维埃政府发动群众开塘修圳，筑堤拦坝，架枧引流，修建水利设施。农民自发出工出料，党政机关开展义务劳动，修复多年淤积的山塘水渠。

组织生产互助

根据湘赣省苏维埃第一次代表大会通过的《土地问题决议案》，县、区、乡苏维埃政府集中没收来的耕牛农具，组织牲畜农具经理处，没有耕牛或缺少农具的农民付少量租金，即可到经理处租借耕牛和农具。有的地方采取"人拉犁"或以人工换"牛工"的办法，解决耕牛短缺困难。

农忙时节，苏维埃政府组织春耕队、秋收队、代耕队、互助社，帮助红军家属和老弱病残农户抢插抢收。

武装保卫生产

春耕、秋收时节，农民将火铳、梭镖带到田间。赤卫队主动出击苏区边界的地主武装，保护农民春耕、秋收。1934 年 3 月，湘赣省委《关于春耕运动的决定》中提到学习“酃县武装保护春耕秋收的经验”。

妇女参加生产

苏区男子大都参加红军及革命战争，农业劳动多由妇女承担。苏维埃政府安排老农传授犁耙、插秧技术，发动妇女参加春耕队、秋收队，担负主要农活。1932 年 7 月，中共湘赣省委在给中央局的报告中讲到，“酃县的妇女比男子还做得多些”。

生产竞赛

苏维埃政府组织生产竞赛，获得丰收的区乡和农户得“飞机”称号，奖励蓑衣斗笠、农具；落后的区乡得“乌龟”称号。

1930—1933 年，酃县苏区粮食生产连续 4 年获得丰收，农民生活得到较大改善。

二、苏区工业生产

1931 年下半年，国民党军队对湘赣苏区进行第三次“围剿”，经济封锁日益严厉，苏区民用工业品、军需品奇缺。县委、县苏维埃政府发动群众自力更生，发展苏区军需与民用工业。

生产合作社

1932 年春，按照湘赣省《生产合作社简章》，将织布、裁缝、剃头等手工业者组织起来，添制一些简单工具，建立手工业合作社；发动群众兴办硝盐厂，利用硝泥、老土墙熬制硝盐，解决苏区吃盐困难，并为兵工厂生产火药提供原料。为集中管理硝盐，兴办硝盐合作社。

1933 年，通过贷款，扩大私人股份，发展织布社、粮食社、缝纫社、消费合作社以及石洲药材生产合作社。

日用品工厂

发动各地手工业工人，因地制宜兴办工厂。县苏维埃政府购制钢板、油印机，成立印刷局，为县、区政府机关印刷文件、通知、布告、宣传资料以及列宁小学书籍课本；利用竹子、雪花皮等植物纤维原料，采用传统工艺，兴建造纸厂，生产毛边纸。开办铁厂、铸锅厂，修造农具，同时打造梭镖、大刀、土炮，为农户铸造铁锅、犁铧等。办得较好的有黄挪潭区的黄花垄铁厂、上洞铸锅厂、坂溪铁工匠铺、三口垄木工厂等。

军需工厂

1932 年 1 月，在石禾坪老厂里创办酃县兵工厂，修理枪械，制造子弹、手榴弹。有工人、采购员 6 人，负责人曾大森。1933 年，酃县兵工厂更名湘赣省军区第二军分区兵工厂，以生产子弹为主。随后县委、县苏维埃政府又在旱田垅、中洞山开办两个兵工厂，修理枪械。所需钢材从白区采购，板下楼硝厂生产的土硝，全部用于弹药生产，弹壳靠战场回收。当年 2 月，创办平湖、柳树坝军服厂（又名缝工厂），生产军服、军帽、军鞋、绑带。柳树坝军服厂主任王维芳，副主任兼采购员邬家树，会计兼事务长曾声华。固定工 8 人，忙时增至 40 多人，有缝纫机 1 台。布匹从白区布贩手中采购，以植物染料染色后缝制。

1934年5月21日，县苏维埃政府财政部发出通知，大量购买熟铜、火柴、硝、硫磺，运送二军分区兵工厂制造弹药。自造子弹、手榴弹质量较好，战士们反映“每个都响”。

第三节　苏区财贸金融

一、苏区财政

财政收入

向土豪罚款　苏区建立初期，在苏区范围内打土豪罚款。1932年后，组织地方武装深入白区游击，向土豪罚款。即将事先侦察确认的对象捉回来，关进土豪棚，然后放话，以钱赎人。罚款数额，由各级苏维埃政府裁判部确定，一般在数十元至数千元之间。1932年春，酃县警卫营在水口打土豪，向袁某罚款300元、布300匹。1933年开始向县外游击打土豪，当年上交打土豪缴获2万余元。是年冬，敌军截断交通，罚款无法进入苏区。至1934年夏，留滞苏区土豪棚待赎的土豪达100余人。

向富农捐款　由苏维埃政府根据富农的家庭积蓄情况，确定限额捐款，违抗不捐的，则收取物品抵押。1933年，酃县向富农捐款1万元。1934年1月，湘赣省再分配捐款7000元任务。

战争缴获　苏区战斗频繁，缴获敌人的枪支弹药、钱财物资比较多。1931年11月，酃县警卫营在湘赣独立一师帮助下，一举攻克县城，缴获一批银洋。1934年1月，酃遂独立团与桂东挨户团作战，缴获金砖1块，银洋数千元。按规定，所有缴获都上交县苏维埃政府财政部。

政府税收　随着土地分配和苏区经济建设的发展，税收成为苏区财政收入重要来源。1932年1月始，征收土地和商业累进税。土地累进税按稻谷收获量，除去每年每人口粮300公斤，剩余部分以不同比例累进计征。土地累进税按5∶2∶2∶1的比例分别上交乡、区、县、省苏维埃政府。商业累进税按商店资本数、经营商品种类分类累计计征，生活必需品不收税。商业累进税由县苏维埃政府收取，30%上交省苏维埃政府。酃县苏区财政收入的50%来自土地累进税。1933年，上交省苏维埃政府土地累进税1.39万元。

财政支出

一是革命战争支出，包括地方武装人员的衣、食、装备和兵工厂、红军医院开支；二是公用福利事业支出，包括文化、教育、卫生事业和修路建桥、兴修水利、救济老弱病残；三是苏区经济建设支出，如投资发展农业、工业、商业等；四是党政机关费用支出。机关工作人员不发薪水，费用主要是购置办公用品、大型会议以及机关工作人员伙食开支。县、区、乡苏维埃政府成立节省运动委员会，开展经常性的节约运动。规定党政机关实行两餐干饭，一餐稀饭制；精简机关工作人员，节省一切办公费用；开会伙食自备；群团组织实行经费自给；严肃财政纪律，反对贪污、浪费。苏区政府制定了严厉的财政纪律，贪污5块银洋以上处以死刑。县赤卫队事务长谢某因贪污5.5元被处决。

二、苏区金融

1932年1月，湘赣省苏维埃政府在江西永新县城设立工农银行。同年，在酃县、莲花、分宜设立3个分行，指定酃县分行负责酃县、茶陵、宁冈、遂川4个县以及湘南8个县游击区的金融工作。负责人由酃县苏维埃政府财政部长麦宗元兼任，会计叶光藻。行址设大院西坑叶甲生家，与财政部合署办公。内设国库、会计、总务、营业、出纳、保管等6个科和兑换、代理2个处。1933年2月，湘赣省工农银行更名中华苏维埃共和国国家银行湘赣省分行，酃县分行随之改为酃县支行，同时成立中华苏维埃共和国国库湘赣分库酃县支库。支库由袁汉秋任主任，下设岁入事务股、岁出事务股、金柜。负责筹集资金、发行公债、代征国税、现金出纳等业务。湘赣省军区派出1个警卫排负责支库保卫。

发行货币与革命公债

1932年，发行的银币券，有1角、1元2种。1933年，发行10枚铜元券及5分、1角、2角、1元4种银币券。同年1月，发行中华苏维埃共和国湘赣省革命战争短期公债券，7月，收回短期公债券，加盖“本息还清，转为国币流通”长方形印章，在苏区广为使用，称为“加戳币”。县苏维埃政府作出紧急决议，要求各地鼓励群众用银元购买第二期革命战争公债，支行代理苏维埃政府发行公债。黄挪潭、黄草、下坪等乡农民积极购买公债，多的1人购买7元，少的5人购买1元。当年，酃县苏区发行公债2000元。

管理现金流通

为统一票币出入，保证票币流通，稳定票币币值，支行积极筹集现金，充实发行基金。游击队和军事部到白区打土豪缴获的银元交银行兑换成票币使用，并做到每月底结算一次。1933年，支行筹集银元3万余枚，充实本币。其中包括县苏维埃军事部向富农捐款1万元，打土豪缴款1万余元；湘南游击队打土豪上缴款等。

为防止现金外流，支行加强银元出口管理，规定凡需银元到白区贩运货物，必须到苏维埃政府报明，领取银元出口证，方可到银行兑换。同时，在基层设立兑换处和代理处负责货币兑换工作。

创办信用社

支行创办信用社并鼓励群众入股。黄挪潭信用社和石洲信用社群众入股2000股（每股1元）。信用社实行低息借贷政策，支持各业生产，扩大对外贸易。石洲消费合作社和大院药材生产合作社得到信用社的重点支持。

三、建立消费合作社

1932年春开始，各区苏维埃政府和私人集股兴办消费合作社（又名工农商店），通过秘密渠道，购进食盐、煤油、布匹、纸张、火柴、酒等日常用品，销售给苏区农民，缓解苏区日用物资紧缺。一区(坂溪)消费合作社设中坪,二区(石洲)设梨木坳,三区(黄挪潭)设上洞,四区(十都)设十都圩。1932 年完成湘赣省分配酃县苏区采购食盐 3000 元的任务。1934 年,扩大消费合作社股金 3000 元。

四、开办公营饭店和私营商店

为方便往来工作人员和商人食宿,县、区苏维埃政府开办工农饭店。一区工农饭店设中坪,二区设梨木坳,三区设上洞,四区设漏江。苏区工作人员、红军伤病员、外来商人可以持证明进饭店免费食宿。饭店持证明到县、区苏维埃政府财政部结账。

在发展公营商业的同时,苏维埃政府通过借贷部分资金和集股等方式,鼓励私人开办商店。石洲黄锦星用借贷资金开办"小小商店",经营百货南杂,方便群众。

五、发展赤白贸易

县苏维埃政府在乌石坳、坂溪、十都等与白区接近地兴办赤白贸易交换所,把苏区的雪花皮(造纸原料)、西芎、白芍、厚朴等山地特产销到白区,再从白区换回食盐、布匹、煤油、火柴等生活必需品。苏维埃政府保护白区商人的正当利益,除了安排食宿外,必要时派武装人员护送他们通过封锁线或哨卡。对生意做得好的商人实行奖励。安仁县有几个布商、药商获得酃县苏维埃政府奖励。

第四节　苏区邮政交通

一、苏区邮政

井冈山斗争初期,酃县苏区设有赤色邮政。1929 年 2 月,临时县委恢复邮政工作。8 月,在石洲横店里成立酃县苏区邮政局。局长段斌,事务长谭丰祥,邮递员有管昌洪、廖国洪、黄安平、史家明、史家发、范品怀等 9 人。段斌调湘赣省邮政局工作后,先后由谭丰祥、黄安平继任。随着苏区扩大,1929 年 10 月,在凉桥设立黄挪潭邮政分局,分局局长谢书林。1930 年春,坂溪区、石洲区在青平石、中坪相继建立邮政分局。1932 年 5 月,十都区在漏江设立分局。每个分局有 5 至 7 名邮递员。

县内邮道随军事斗争形势经常变更。1932 年下半年,黄挪潭分局 3 次遭民团袭击,先后迁至坳头、梨树洲、大院、木榴等地。

邮政局的主要工作是接转、递送邮件。寄信需贴湘赣省邮政局统一印制的"赤色邮票"。平信贴 3 分钱邮票,挂号信 8 分,双挂号 16 分,邮票上加盖"湘赣省苏区酃县邮局"邮戳。红军家属信件可免贴邮票。

中央苏区、湘赣省的信件直接送县邮政局，并配有武装交通排护送，然后由县局送到分局，分局负责送到乡。规定凡“特种快信”，必须随到随送。邮递员走光了，由局长亲自送。上送邮件，也是逐级递送。

县局到省局的邮政交通线路有两条：一是从石洲出发，经小江、黄上、大陇、砻市、古城到永新。1930年3月后，砻市、古城为敌占领，邮道切断。二是从石洲出发，经马坳、洞里、三台星、长江、狮头、坑口、界化垅、莲花到永新。1933年夏，此邮道亦为敌阻断，送往永新的邮件只能绕道遂川。县局邮递员管昌洪在递送机密信件途经遂川下七八渡时，遭敌突袭，他把信件吞入腹中，与敌搏斗牺牲。

1933年夏，县邮政局在茶坪召开分局局长会议，规定县、区两级邮递员的交接联络方式：由邮递员在接转信件地点喊一声对面山头的名称，隐蔽在山里的邮递员方可出山，办理交接手续。当年秋，县邮政局迁往青石、桃源洞等地。1934年10月邮政工作停止。

二、苏区交通

1928—1934年，因驻有县苏府、二军分区机关与邮政局、银行、红军医院、兵工厂等单位，大院、石洲、乌石、黄挪潭先后成为交通中心，有17条线路可通往县内外各地。主要线路有：往湘赣省委，常走的线路由石洲经马坳、洞里、山台仙、黄狮头计73华里，入茶陵县坑口，界化垄、莲花县至永新。常用的物资转运线由大院经小院、圆墩山、中洞山、乌石下、密花塘、皮坑、南流至十都（小江设有物资交易所、物资转运站），全程60华里。

交通网络有递步哨、交通站、物资转运站、运输队等组织。递步哨是交通联络组织，由5至7人组成，选拔忠实可靠、严守纪律、听从指挥、身强体壮的赤卫队员参加。任务是递送公文、信件，或潜入白区侦察敌情。交通站由地下党员负责，垂直领导，单线联络。转运站在苏区是公开的，在游击区、白区则是秘密的。主要任务是采购、储存、转运苏区紧缺物资，同时担负地下党的通讯联络。

交通队负责运送枪支、银元、药品等重要物资与机密文件。属军事部门直接领导，1929年冬至1932年，先后有周球宝、周仁杰担任武装交通大队长。1933年7月，酃县支库奉命运送3担银元和碎银首饰至永新造币厂。武装交通队15人化妆成商贩，从石洲出发，经九峰坳、十都、黄上、宁冈大陇、砻市、古城、新城，闯过层层关卡，顺利完成任务，受到表扬。运输队（肩担队、担运队、担架队）分短期、长期两种。短期1个月，长期的随军行动，由部队直接领导。队员平时不集中，有任务随叫随到，给火线红军送弹药、茶饭，把伤员和战利品运回后方。1933年，酃遂红军医院有担架60副，每副配3名运输队员。生活待遇、伙食、草鞋等费用都有具体规定。此外在缴获的战利品中，可分得衣物等生活用品。

在残酷和复杂的斗争中，酃县交通队牺牲103人。其中，队长1人，交通员45人，侦查员43人，通讯员6人；运输队牺牲8人，其中队长2人。

第七章 苏区文教卫事业与革命竞赛

第一节 苏区文教卫事业

一、教 育

列宁小学 1930年4月,县委、县苏维埃政府在石洲区青平石创办第一所列宁小学,有教员2人,学生16人。随后又在坂溪、石洲、黄挪潭、十都区兴办泥湖、太源、上洞、黄草、坪湖、倒坑、十都等17所工农小学和红色小学(又称列宁小学),学生590余人,教师26人。学校利用祠堂、庙宇做教室,用门板代黑板,石膏泥作粉笔。教师由苏维埃政府聘请当地私塾先生和文化青年担任。

1932年8月,湘赣省苏维埃第二次代表大会决议提出,各县应开办一至几所列宁初级小学(即县办小学)。县委、县苏维埃政府随即在石洲中皇殿开办列宁初级小学,由各区选送7—12岁儿童入学,当年招收学生40余人。工农子弟一律免收学杂费、书籍费,伙食费自理。红军家属、烈士子弟的伙食费则由苏维埃政府解决。列宁小学开设国语、算术、自然常识、体育、手工、图画、歌唱等课程。各科教材由县苏维埃政府文化部组织人员编写、油印。内容紧密结合当时的革命斗争。如国语课文有:

月光光,秋风凉,田中豆熟禾又黄。土豪不客气,挑起箩子把谷量。

穷人受苦,富人安闲。穷人翻身,打倒富人。

牛耕田,马吃谷。工农劳动,土豪享福。

世界不平,才有革命。穷人革命,死也光荣。

双手举起红灯笼,人人称我小英雄。灯笼上六个字:当红军最光荣。

当兵就要当红军,处处工农都欢迎。当兵就要当红军,帮助工农打敌人。

革命红旗鲜鲜红,镰刀斧头在其中。

你爱它,我爱它,大家对它三鞠躬。

假日和课余时间,组织学生帮助红军家属担水砍柴,做农活;组织学生站岗放哨,开展文化宣传、慰问红军等活动。学生结业后大部分参加儿童团、少先队以及区、乡苏维埃政府工作。1934年春,苏区范围缩小,列宁小学陆续停办,教员参加作战。教师邱家咏、谢中炎、李正荣等牺牲。

农民夜校 1930年冬,酃县苏区开展扫除文盲运动,列宁小学附设工农夜校,组织未入学的青少年和成年人参加学习。先后创办农民夜校25所,学员690人,教员由列宁小学教员、区乡苏维埃政府秘书或儿童团长担任。学习时间多在晚上，3—4 日一次。教材除用列宁小学第一、二册国语课本外，还由教员编写补充教材。其中有“人，穷人，富人。穷人多，富人少。穷人劳苦，富人安乐”“旧衣破，新衣来。共产党兴起，国民党倒台”“读书好，读书好，读书不分迟和早，读书不分老和少，能够读书总是好”等课文。除开办夜校外，在人口稀少的山区设识字班，教员登门上课。交通要道上设识字牌，由站岗的儿童团员教来往行人识字。1934 年后，战斗频繁，夜校停办。

师范讲习所　1931 年 12 月，县苏维埃政府在石洲板坑楼开办酃县师范讲习所，由各区乡选送学员 30 余人，学习时间 3 个月，负责人谭文焕。课程有国语、算术、时事、军事、唱歌等，也有政治学习和社会实践活动。教材自编，教师除聘请外，县委、县苏维埃政府领导也经常到学校讲课。次年，又举办第二期讲习班，培训教师 17 人。多分配到苏区列宁小学担任教师。

二、苏区文化

1929 年 12 月，中共酃县第一次代表大会之后，相继建立各级文化工作领导机构。县委宣传部负责文化工作，区乡苏维埃政府设文化部。

1930 年秋，成立县歌舞团，在石洲横店门口搭建大厂棚，棚内设舞台，用于召开大会和文艺演出。各区、乡和学校、儿童团、少先队、共青团、赤卫队等单位歌舞队，以及湘赣省歌舞团都曾在此演出。

1931 年秋，县委、县苏维埃府举办歌舞训练班。参加培训的有区、乡、学校、赤卫队等歌舞队骨干 20 余人，由参加湘赣省歌舞培训班回来的谢长新(县儿童团团长)、罗玉妹当教师，培训时间 1 个月，结业后分配到县区乡歌舞团和红九营教唱歌、跳舞。

县、区、乡机关以及学校、赤卫队设有俱乐部、列宁室等文化组织和场所，备有图书，乐器。列宁室由干事会负责，下设墙报、教宣、娱乐、卫生委员会。教宣委员会举办读书班、政治讨论会、工作研究组以及通俗讲演、化装宣传等活动。

县乡区宣传队、歌舞队成员大部分是能歌善舞的青年妇女。表演的节目丰富多彩，有的节目来自中央苏区和湘赣省苏区，但多数是自编山歌、舞蹈、话剧、小品。苏区群众唱得最多的是《拥护苏维埃》《儿童团歌》《劝郎当红军》等歌曲。如《谁是革命主力军》唱道：

谁是革命主力军，我们工农兵。工农和士兵，原来都是一家人。

政治受压迫，血汗被侵吞，受苦受难受剥削，要求解放来革命。

团结前进，向着敌人去拼命，不怕流血与牺牲。

争民权，求平等。工人有工作，农民有田种。

工农士兵得安乐，革命向前进。

1932 年3 至 7 月，湘赣省委在永新县城组织各县歌舞团、新剧团举行“五一”大型文艺汇演，酃县苏区歌舞团参加了会演。

每逢扩红运动，宣传队就以歌舞表演形式，发动青年报名参军。1932 年 4 月，县委在蒲田召开扩红动员大会，宣传队表演了《送郎当红军》，演出后男女青年踊跃报名。宣传队员黄桂莲的丈夫是独生子，就在这次报名参加警卫营。

三、苏区医疗卫生

1928 年 6 月，县委组织中草药郎中在大院大坝建立红军休养所，廖德佑任院长，有伤病员 10 余人。井冈山失守后，医院停办。1929 年 5 月，临时县委在大院西坑正式成立酃县红军医院，院长廖德佑，医师李坤光。抽调 5 名青年妇女担任护理员，一边工作，一边学习。

1931 年下半年，地方武装队伍扩大，红军医院规模随之扩大。8 月，在印子埂、石板头、荆竹窝、小枧坑办了 4 个分院。医务人员由 7 人增至 19 人，其中医师 8 人。最多时接收伤病员 100 余人。为加强领导，红军医院成立党支部，有党员 5 人，黄雄任书记，院长吴鹏飞，副院长廖德佑、邹家旺。

医院的医疗药械、用品，除打仗缴获或从白区秘密采购外，只能因陋就简，就地取材。手术台用几块铺板或门板架成；钳子、镊子请铁匠打制或用竹片制作；注射用的针头钝了磨一磨再用。药品来源：一是"吊羊"，即抓住土豪劣绅做人质，然后送药放人；二是通过地下交通站或赤白交易所到白区采购；三是战场缴获。但主要还是上山采集中草药，加工成片、膏、丸、粉、酊备用。伤员动手术，用盐水消毒。没有麻醉药，用生乌头、野魔芋、七叶一支花、红叶细辛、生半夏、地鳖虫等草药制成药酒，手术前让伤员适量服下，麻醉神经，减轻痛苦。在两年多时间里，红军医院治愈伤病战士 130 余人。

苏维埃政府重视大众卫生。1932 年 4 月，团县委在青年中开展"卫身运动"，动员群众将自己门前屋后时刻打扫，不要将污秽物扔到门前与道路上。说服青年人"不要吃酒吃辣椒"，开展禁烟、酒、辣椒比赛。发动青年儿童扑灭苍蝇蚊子。1932 年 6 月，少共县委动员苏区青年以乡为单位，做清洁运动一天，打扫公共场所。"特别注意到红军家属家里与赤色医院及公共之地等清扫，加紧对群众作宣传与防疫之办法。"

1933 年春，国民党军队发动第四次"围剿"，酃县红军医院先后迁至青石冈、焦石、牛角垄、上洞、石禾坪等地。当年冬，遂川县委、县苏维埃政府退至酃县，两县红军医院合并，在石禾坪老厂里成立酃遂红军医院，有医护人员 16 人，院长罗金莲。下设两个分院，一分院专收重伤员，二分院专收轻伤员。由于医药紧缺，伤病员久治不愈，最多时住院伤病员 200 余人。1934 年 8 月，酃遂红军医院遭敌包围，除部分医务人员和轻伤员突围外，留下数十名重伤员和两名医护人员全部被杀害。

第二节 苏区革命竞赛

1932年3月上旬,中共湘赣省委决定在全省苏区11个县开展革命竞赛。中旬,在永新召开各县县委负责人会议,讨论竞赛项目、指标,确定3月16—6月15日3个月为竞赛的时间。酃县县委书记甘步衢参加会议,并在《革命竞赛条约》上签字。各级党团组织和苏维埃政府,发动群众投入革命竞赛活动。至6月底,全县发展党员192名;发展工会组织3个,会员90人;发展贫农团4个,会员389人;发展反帝大同盟组织7个,会员619人;发展互济会会员319人。广大青年踊跃报名参军,地方武装力量进一步壮大;共青团组织进一步发展;生产合作社股金扩大。红色区域扩大560平方公里。

为了巩固革命竞赛的成果,中共湘赣省委于6月22日召开第二次执委扩大会,部署全省第二次"冲锋季"革命竞赛,时间从7月1—9月30日3个月。

10月,中共湘赣省第二次代表大会在永新县城召开,酃县甘步衢等4名代表参加会议。会议对冲锋季竞赛工作进行总结和评判。

酃县完成竞赛条约情况以及在全省11个县中的排名:

发展党的组织:党员总数543人,较上年同期增加183人,排名第5;

扩大红军:扩大红军127人(其中党员23人,团员80人),送红军队伍32人,送地方武装97人,占预定总数(150人)85%。排名第8;

扩大与整理地方武装:扩大地方武装257人。其中,红独九营95人,游击队162人,添制梭镖380支,来火炮11门,土铁炮6门。排名第6;

发展苏区:发展区苏维埃政府1个,乡苏维埃政府9个,革委会1个。新建列宁学校14所,夜校9所。发展生产合作社2个,消费合作社2个。排名第6;

群众工作:发展团员268名(其中:男团员147人,女团员121人),发展白区团支部2个,动员团员和青年群众参加红军和地方武装191人,发展青工会员30人,青雇会员14人,反帝会员256人,排名第6。

各项工作总成绩全省排名第4。

说明:本节内容摘自《中国共产党酃县历史(第一卷)》(中共党史出版社,2007年出版)之第二篇"中共酃县地方组织在土地革命战争时期"。

第十一篇　经济综述

第一章　生产关系

第一节　土地所有制

一、封建土地占有

封建社会和半封建半殖民地社会,农村多患不均。社会各阶层土地占有很不平衡,少数人占有大部分土地。元至元二十一年(1284),朝廷分拨酃县600户,赐蒙古贵族八儿赤、布鲁古赤食采。明清之交,战火连绵,县内人口锐减,土地兼并愈甚。后来移民至此开垦,即使荒山荒洲,亦须交纳租银。农民缺少生产资料,地位低下,类如牛马。

民国11年(1922),三口乡以理发为生的雇农李道德,借地主李自白稻谷一石(约60公斤),次年连本带利归还稻谷一石六斗。李自白嫌弃李道德是理发挣来的"八方谷""喂马都不要",李道德母亲愤而自杀。李自白等又以"逼死亲母"为名,纠集封建宗族势力主持"打人命",逼迫李家杀猪9头。下葬时,竟将李道德及怀孕的妻子活垫棺材底。民国17年,毛泽东对酃县土地占有情况作调查,"约有百分之七十的土地在地主手中。"民国24年,全县有佃户2400户,雇农2200户,分别占农村总户数10.0%和9.3%。

土地改革前夕,占农村总人口5.65%的地主占有23.17%的耕地,而占农村人口54%的贫雇农占有11.8%的耕地。地主人均耕地为贫雇农的13倍。此外,占耕地总量26.57%的族田和大量公山实际上为地主所控制。

土地占有者主要通过地租、雇工、高利贷等形式剥削农民。

地租　地租的形式比较普遍,即土地拥有者将土地租佃给缺地农民耕种,佃农交纳地租。地租一般收取实物,亦有收取租银的。交纳方式有三:一是不定额租,在固定租额的基础上,视丰歉程度双方商定加租或减租;二是定额租,不论丰歉均按固定租额交纳地租;三是分租制,产品按实际产量分成交纳。

1950年(土地改革前)鄱县社会各阶层耕地占有情况表

表11-1

阶层	户数(户)	占总户数比例(%)	人口(人)	占总人口比例(%)	占有耕地(亩)	占总耕地比例(%)	人均耕地(亩)
地主	1120	4.21	5219	5.65	35970.64	23.17	6.89
富农	418	1.57	2227	2.41	7807.32	5.03	3.51
中农	9106	34.24	34560	37.4	45060.51	29.03	1.30
贫农	12897	48.49	42593	46.09	17994.11	11.59	0.42
雇农	1463	5.50	3420	3.70	331.75	0.21	0.10
小土地出租	698	2.62	2014	2.18	6006.00	3.87	2.98
工商业者	276	1.04	891	0.96	287.44	0.18	0.32
其他	619	2.33	1489	1.61	544.3	0.35	0.37
公田	—	—	—	—	41240.91	26.57	—
合计	26597	—	92413	—	155242.98	—	1.66

清代,佃户租种田土,还有交纳押银(进庄银)的做法。乾隆十六年(1751),农民龚远士佃种谷应远稻田14.5亩,荒菜园土一块,仅进庄银就交了60两。二十三年,农民刘必学租垦段姓小皮坑族山4亩,每年交租银1两、租谷8石。交纳押银的佃户有永佃和转租的权利,且租金有一定优惠。民国时期,需要交纳押银的租田称为批租田,批金(押银)每亩5—10元(银元),高于租额。一般租田无需交纳批金,每亩租额2—3石(常年亩产4—5石)。有的还有"水利",一石谷加利一斗。

民国34年,国民政府曾提出"二五减租"(在原定地租的基础上减少25%),由于地主豪绅"藉词拖赖",减租一举无果而终。

1950年,县人民政府颁发二五减租减息布告,规定所有田租一律按原额减少25%,减租后最高租额不得超过土地正产物37.5%,超过者再减,不及者不加。多收的租退还佃户,批租田和借(租)耕田,先行退还批金和"水利"再行减租。至1953年3月,共减免、退还租谷和押谷75万公斤。

雇工 雇工有长工与短工两种。长期雇佣为长工,短工有零工、月工之分。长工以一年或数年为期,除耕种定量的田、土、山之外,还要承担采集薪炭、舂米等家务活以及仆从性劳动,年工酬合稻谷11石左右。零工和月工于农忙时雇佣,工价略高于长工。其中零工每日合1升米(约0.75公斤)。久合乡泮坑村农民郭圣辉兄弟5人,给地主做长工死去4人。民国36年,郭圣辉因"长工饭"吃不饱,在东家饭甑里盛饭一碗,被活活打死。

高利贷 钱利为30%,谷利40—50%。借贷须担保或以家产抵押。借钱有年度贷和拆息贷两种，年度贷以一年为期，拆息贷以数天或者一月为期。到期未能偿还，转息为本。还有一种青苗贷，即在荒月谷价高涨时将谷折钱放出，秋后谷价贱时将钱折谷收回。民国 31 年，农村借粮户达 40%。

二、土地改革

1928 年 3 月，毛泽东率工农革命军从井冈山进军酃县，策应酃县暴动。驻军中村期间，在道任、中坪、心田、联西等村开展分田运动，是井冈山革命根据地首次分田运动。

1950 年 6 月 30 日，中央人民政府颁布《中华人民共和国土地改革法》，指出：土地改革（以下简称土改）的目的是废除地主阶级封建剥削的土地所有制，实行农民的土地所有制，借以解放农村生产力，发展农业生产，为新中国的工业化开辟道路。当年下半年，县委派出第一区区委书记李银贵等 5 人赴茶陵县学习土改经验。

1951 年 2 月 28 日，中共酃县县委开始在一区草坪、塘垄 2 个乡进行土改试点工作。土改工作队贯彻“依靠贫农、雇农，团结中农，中立富农，有步骤有分别的消灭封建剥削制度，发展农业生产”的方针，按照组织阶级队伍、划分阶级成分、没收和分配土地 3 个阶段进行。试点工作于 4 月底结束。7 月，成立县土地改革委员会，并在城关、乐春、东关、南岸、坂溪、三口垄 6 个乡开展第二批试点工作，于 9 月中旬结束。11 月，第一批 10 个乡开始土改，1952 年元月完成。当月，第二批 30 个乡紧接着铺开，至 4 月结束。在历时 14 个月的土改工作中，共派出工作队员 687 人。其中，国家干部 415 人，小学教师 237 人，农村进步青年 35 人。12 月开展土地复查，重点解决对封建势力打击不彻底的问题，同时纠正错划成分、侵犯中农利益等工作中的偏差。各乡村召开群众大会，焚烧契约，颁发土地证。

1953 年 2 月，土地改革全面结束。全县共划地主 1120 户，富农 418 户，中农 9106 户，贫农 12897 户，雇农 1463 户，小土地经营和小土地出租 698 户，地主兼工商业者 276 户，其他成分 619 户。没收和征收土地 8.6 万亩（占耕地总面积 54.0%），耕牛 740 头，房屋 1.2 万间，农具 7783 件，稻谷 4.3 万担，黄金 4628.94 克，白银 243.75 公斤。1.44 万户无地少地贫苦农民分得土地及其生产资料。土改结束后，雇农人均占有耕地 1.73 亩，贫农 1.58 亩，中农 1.86 亩，富农 1.92 亩，地主 1.18 亩。

第二节　社会主义改造

一、农业合作化

土改之后，农民生产积极性高涨。为帮助农民克服分散经营困难，发展生产，县委按照中央统一部署，分步组织农民走互助合作道路。

互助组　1951 年 3 月，县委工作组按照“自愿互利、典型示范、国家帮助”的原则，在草坪乡禾仓源村引导农民凌谅冰建成县内第一个临时互助组(20户,30人)。年底,全县发展到387个。临时互助组又称换工组,组员粮食、资金、农具互济互借;农忙互相帮工,农闲单干。换工由组长统一安排,做到出工基本平衡,十天半个月清工一次,多进少补。

1952年2月,沔渡乡晓阳村农民张友生在县委工作组帮助下,联合12户农民建成县内第一个常年互助组。常年互助组订有简单的生产计划,组员根据农活缓急提出帮工要求,组长3天左右排工一次。多以劳动时间(工日)记工,然后折算工分,男全劳力一天10分,女全劳力一天7分。亦有按件计工或根据工效和工夫质量评工分的。耕牛一天折算10—20分。每一生产阶段结束,由记账员按工票或工分清理一次,10分为一个工日,多进少补。工资与当地雇工相当,困难户可打借条。1953年12月,全县有临时互助组1291个,常年互助组262个。1955年2月,参加互助组的农户达65.4%。

初级农业生产合作社 1954年1月,沔渡乡张友生在县委工作组指导下,将互助组转为农业生产合作社,成立晓阳初级农业生产合作社。此后,县委、县政府根据中央"积极发展、稳步前进"的方针,分批组建初级社。至1955年春,全县建社33个,入社农民557户,1950人。

初级社社员土地按远近、土质、水利条件和近3年产量评产入社,固定地租,由农业社统一经营,所有权仍属私人。耕牛或折价入社,或私养公用,保本付息。大型农具或私有公用,付给折旧费;或私有公租,付给租金;或折价归公。

1955年春,社员收入比上年增加的有31个。1956年发展到242个(另有23个转为高级社)。社员收入比上年增加的占74.8%,持平的10.5%,减收的14.7%。

高级社农业生产合作社 1955年12月下旬,晓阳初级社首先升为高级社。1956年春,又通过扩、并初级社的方式,建高级社22个。

高级社社员除房屋地基和自留地外,耕地全部无偿归集体所有,耕牛、大型农具和山林亦折价归集体。生产管理初时采取按件记工和季节包工形式,随之推行"常年三包",即由社委会制定全年生产计划、劳动定额和报酬标准,由生产队包工分、包产量、包成本。为进一步克服社员单纯靠工分吃饭现象,又推行"常年三定",即定产量、定工日、定成本,按生产队实际产值计算劳动报酬和成本。

1956年10月,全县有高级社185个,入社农户2.71万户,占农户数98.2%,平均每社146.5户。1957年秋,有99.1%的农户转入高级社,基本完成农村社会主义改造。1958年5月,高级社调整为213个。当年9月下旬,高级社全部转为人民公社。

二、资本主义工商业改造

私营工业 1955年,县内有私营工业3家,从业人员62人,流动资金6767.2元。1956年初,县政府将群工锅厂和城关印刷联营处过渡到国营性质,归县企业公司管理。7月,分别成立地方国营鄗县农具厂、鄗县印刷厂。资方原有股金按银行利率计算。原有人员进入国营企业后,执行等级工资制度,薪金一般按原薪支付,高于国营企业的不降低,低于国营企业的按国营企业标准调整,福利待遇与国营企业职工相同。生产砖瓦的群工窑厂划归手工业部门管理。10月,成立城关砖瓦生产合作社。

私营商业 1954年9月,开始对私营棉布、屠宰两个行业和百货业中涉及凭票供应的针棉制品半个行业(简称两个半行业)进行社会主义改造。其中,纳入国家资本主义的23户,从业者36人,流动资金21.29万元;转手工业的1户,从业者1人;转农业摊贩的6户,从业者6人;转其他行业摊贩3户,从业者7人;屠宰业16人,由供销社接收。

1955年12月10日,县委在城关镇进行全行业改造试点工作。其时,全镇有私营商户153户,从业163人。工作组入镇后,组建公私合营商店2个,接纳23户28名从业人员,接纳流动资金9000元;办合作商店6个,接纳95户100名从业人员,接纳流动资金7800元。另有1户1人改造为代销户。

1956年2月,全县私营商业的社会主义改造全面铺开。各圩镇(不含已完成改造的城关镇)计有棉布、国药、百货、饮食、理发、酒业、客栈、豆腐等8个业别316户。其中,改造为公私合营的39户,从业44人;合作商店51户,从业59人;合作小组167户,从业170人;自营代销44户,从业44人。至3月,全县91.7%的私营商业改造为公私合营性质,96.3%的从业人员转为公私合营职工。

三、手工业社会主义改造

1954年冬,县委在三区玉江乡将私营集股兴办的利群、广益两家石灰厂合并成立县内第一个手工业合作组织——玉江乡石灰生产合作社,职工120人。原有生产资料折价入社,实行按劳分配、多劳多得。此后,将与农业关系密切的行业、以制造业为主的私营企业和从事手工业或半工半商的个人都纳入手工业改造范围。农村中铁、木、篾等手工业者也有一部分吸收到当地集镇,编入各类手工业合作组织。15人以上的称生产合作社,3人以上不足15人的称生产合作组,不足3人的按行业相近或产品相关的原则编成混合社(组)。到1955年1月,全县成立手工业合作社11个、生产合作组3个。1956年9月,对私营手工业的社会主义改造结束。全县成立生产合作社19个、生产合作组8个,有社(组)员726人。

第三节 人民公社

1958年9月12日,河东、河漠、河西3个乡合并,成立全县第一个“政社合一”的农村基层组织——火花人民公社(后更名三河人民公社)。当月,全县所有乡村建制撤销,成立13个人民公社、82个大队、699个生产队。公社、大队设管理委员会,生产队设队委会。此后,公社、大队和生产队迭有调整。1962年,全县有16个公社、203个大队、1414个生产队。1981年,生产队数目调整到1455个。1983年3月,县委、县政府在沔渡乡进行政社分设试点工作,撤销人民公社,建立乡人民政府,大队改村民委员会,生产队改村民小组。1984年4月,全县政社分设全面完成。

一、生产资料权属

人民公社初期,原高级社各生产队的集体财产一律无偿划归公社所有,资金统一筹集和使用,社员自留地被取消,自养牲畜、自营林木和较大生产工具收归公社。不少大队、生产队在“共产风”影响下,将山林献给国家,希望早日进入共产主义。至1960年,人民公社为兴办公用事业而无偿调用大队、生产队和社员的资金、财物241万元。全县国有山林面积增至86万亩,比1957年增加120%。

1961年,根据中共中央精神,县委开始纠正农村中的“共产风”。社队规模由13个公社、81个大队、699个生产队调整为15个公社、197个大队、1375个生产队。1962年,进一步确定以生产队为基础的集体所有制原则。山林、田土下放到生产队。对生产队实行“四固定”(固定劳力、土地、耕牛和大型农具)。退回社员自留地,允许私人养牛。

20世纪60年代末至70年代,“共产风”再度兴起。无偿调用生产队材料,兴建礼堂、养猪场、茶场、果园等时有发生,土地亦被侵占。1979年开始,农村经济体制发生变革,拖拉机、耕牛及集体仓库、猪场变卖或分给社员。1982年后,集体生产资料除土地、山林外,基本上被变卖。

二、生产管理

公社化运动初期,生产组织实行军事化编制,公社设民兵团,大队设营,生产队设排,也有几个生产队联合设连的,有的在生产队以下设班(作业组)。55.4%的农村人口编入民兵组织。各项农活由县委根据上级安排,用电话逐级传达到基层。据《鄢县报》记载:1958年10月19日,先锋公社(今鹿原、船形)为在规定时间内完成晚稻抢收任务,调集9700余人组成抢收大兵团,下分作战部和后勤部,并配有田间托儿所和工具修配队,“全公社划为7个战区”“党委书记和各营、连、排干部均亲临前线”。

1959年,生产指挥权部分下放,但抢种抢收等重要农活季节仍由县和公社统一部署。1962年,开始确定生产队的直接指挥权,发扬民主,落实“一年早知道”(即年度生产计划),恢复劳动定额、小段排工等管理办法。生产队普遍设有不同类型的劳动小组。其中,294个生产队设常年固定小组,划定人员和耕作区,一定一年;687个生产队以农活季节为时限,划定耕作区,分段包干;457个生产队设临时小组。县委针对边远山区的特殊性,批准27个组、113户实行包产。当年,全县粮食总产量3.82万吨,比上年增长23.7%,97.5%的生产队增产增收。

1963年,开始揭批“资本主义自发势力”,各类承包责任制被取消,实行定额记分。1969年,学习大寨“政治评分”经验,推行“标兵记分”,即年初根据社员劳力强弱和“政治表现”评定底分。“标兵”底分为每天10分,其余社员底分比照“标兵”自报公议,年度按出勤天数计算工分，社员劳动积极性受到挫伤。1971 年，有 77%的生产队自发恢复定额记分。在“农业学大寨”运动中，全县掀起治山治水高潮，公社、大队在农闲季节抽调大量劳力兴修农田水利设施，对社员给予一定钱粮补助，社员出勤由生产队记工，回生产队参加分配。1982 年，推行以家庭联产承包为主的责任制，由集体组织管理农业劳动的形式消失。

三、产品分配

1958 年，以大队为核算单位，实行半供给、半工资的分配形式。全县建立公共食堂 1479 个，97.5%的农户在食堂就餐，吃饭不要钱，工资按劳力等级计算，数额由公社决定。其时，火花公社分 9 级，最高月工资 4.4 元，最低 1.2 元，级差 0.4 元。当年，农业人口人均纯收 42 元。1959 年、1960 年和 1961 年，农村人口人均粮食分别为 198 公斤、163 公斤和 157 公斤。农民以糠、菜、蕨根等代食品补充口粮，水肿病大面积发生。

1962 年，基本核算单位下放到生产队，恢复按劳分配。粮食（包括农副产品）采取基本口粮和劳动工分相结合方式分配，基本口粮占分配部分 45.6%，对困难户则在基本口粮的基础上给予适当照顾。现金除集体提留外，全部按劳分配。当年农业人口人均口粮 253 公斤，纯收入 62 元。

20 世纪 70 年代，过度强调以粮为纲，经济结构单一，社员增产不增收，超支现象严重。粮食分配强调多贡献、多储备，限制口粮标准，多产不能多分。1977 年年终决算，人均口粮 297 公斤，人均纯收入 89 元。41.7%的农户超支，全县超支金额合计 265.9 万元。

1958—1981 年酃县部分年份人民公社粮食分配表

表 11-2

年份	自产粮食（吨）	国家入库（吨）	集体提留（吨）	社员分配（吨）	国家统销（吨）	人均口粮（公斤）
1958	46805	12660	6585	27560	—	274
1959	37875	13420	5640	18815	—	198
1960	30595	12705	2735	15155	—	163
1961	28625	10915	3070	14640	—	157
1962	36655	9990	2965	23700	510	253
1969	41370	10115	3540	27715	1150	237
1970	46330	11145	5375	29810	635	244
1971	52960	11570	8535	32855	1360	271
1979	68315	16875	13030	38410	5155	314
1980	75485	21320	13025	41140	1965	309
1981	71790	17920	10320	43880	1405	323

1958—1981 年鄠县部分年份人民公社收益分配表

表 11-3

年份	总收入（万元）	其中农业（万元）	国家税收（万元）	费用支出（万元）	集体提（万元）	社员分配（元）	人均收入（元）
1958	790	592	63	144	165	418	42
1959	732	515	69	154	133	376	40
1960	606	459	60	152	13	381	41
1961	660	502	57	102	56	445	48
1962	857	633	65	162	38	592	62
1969	1303	882	86	221	108	888	73
1970	1376	976	85	278	118	895	72
1971	1700	1109	88	369	179	1064	84
1979	3133	1589	106	1078	249	1700	123
1980	3475	1802	101	1012	327	2035	146
1981	2991	1620	99	901	185	1806	129

第二章 经济体制改革

第一节 农村经济体制改革

一、农业生产责任制

1962 年，城东人民公社中团生产大队斗里生产队在全县首推农业生产责任制。实行定额包工农业生产责任制。采用以集体责任制为主，集体责任制与个人责任制相结合，即大宗农活和需要多人集体操作的农活，责任到临时小组；一般季节性，协作性不强适合个人连续操作的农活，责任到人；固定性农活，常年包工。当年，全队 12 户，53 人，水田 123.55 亩，收稻谷 3.12 万公斤，亩产 252.53 公斤，比上年亩产增加 58.1 公斤。总收入 7790 元，人均 147 元，高出全县 57.36 元，人均分配收入 126 元，高于全县 64.13 元。

二、家庭联产承包责任制

1978年12月，中村人民公社龙渣生产大队龙渣排生产队根据社员要求，集体讨论制定一套联产到劳、包产到户、联产计分、统一按工分计算报酬的方案。县委发现后，按照上级“不准搞包产（包干）到户”的规定，对龙渣排生产队的做法采取“纠偏”措施。1979年冬，垄溪公社土垒大队金钩湾生产队，暗中商定按田土耕作条件、常年产量和上级指标分等定级，实行“四定”（定产量、定工分、定成本、定报酬奖罚）包产到劳责任制。翌年 4 月，垄溪公社党委召开全公社作业组长以上四级干部“致富大会”，支持社员群众自主选择不同形式责任制。几天内，全社92个生产队改包产到组为包产到户，改集体生产为一家一户耕作的55个，占61%。虽受到外界压力，但公社党委采取明纠暗挺态度，责任制得以坚持下来。

1980年，县委适时引导农村采用多种形式生产责任制。当年，全县有638个生产队实行小段包工、联产计酬，484个生产队实行综合分组、联产计酬，160个生产队实行专业承包、联产计酬，53个生产队包产到户。其余维持记工形式。

1981年10月，县委、县人民政府制定《关于联产责任制具体问题的处理意见》，并分级召开会议，部署全面推广包产到户或包干到户的“双包”家庭联产承包责任制。将耕地按人口承包到户，以农户为经营单位，产品除完成国家征购、派购任务和上交集体提留外全部归己。承包期为3至5年，土地所有权仍归集体。至年底，全县1455个生产队，选择包干到户的有1421个，包产到户的7个，实行“双包”经营形式的生产队达98.14%。家庭联产承包责任制充分调动了农民的生产积极性，粮食生产取得飞跃发展。1981年，沔渡公社洞里大队向国家交售粮食超百万斤，三河公社星光大队林家生产队超12万斤，全县有 8 户社员向国家交售粮食超万斤。

1982年2月，县委、县政府抽调1012名干部下乡帮助完善农业生产责任制。当时全县农村土地承包期，有一年一变，两年一变，三年一变等多种。当年，全县粮食总产量8.15万吨，比历史最高产年份的1978年增产6000吨。交售国家的粮食3.12万吨，创历史最高纪录。农村社员人均口粮超过400公斤，部分达到500公斤以上。

1984年6月，县委、县政府组成工作组，先后在石洲乡石坝村和塘田乡柳山村进行延长土地承包期试点，坚持大稳定，小调整，根据人口异动以减补增，以出抵进，不推倒重来，调整的土地尽可能集中连片。探索延包工作新问题及解决办法。7月，县委、县政府发出《关于延长土地承包期的通知》，决定将土地承包期由3年延长至15年。

1994年元月，县委派出工作组在城东乡黄沙垄村开展延长农村土地承包期的试点工作。2月20日县委、县政府发出《关于稳定、完善农业生产责任制，延长土地承包期的意见》。决定从当年开始，承包耕地到期后再延长30年不变。30年内增人不增田，减人不减田。开垦荒地、营造林地、水面开发等开发性生产项目，承包期可在50年以上，并允许继承。全县当年有6个乡镇完成844个组的延期续包工作，占全县村民小组总数53%，重新续订承包合同22788份。

2000年3—6月，集中开展“农村土地承包期再延长30年不变”工作。县直机关抽调108

人组成土地延包工作队，与乡镇干部一同进村入户帮助开展工作。农户与村组签订土地承包合同书，县政府为农户发放农村土地承包经营权证。

2003 年 3 月 1 日，《中华人民共和国农村土地承包法》颁布实施，农村土地承包管理纳入法制化管理轨道。2009 年 3 月，开展换发农村土地承包经营权证工作。全县 202 个村，1442 个村民小组，承包耕地的农户 3.93 万户，人口 14.26 万人，承包耕地面积 15.53 万亩，除国家建设征地拆迁暂缓发证 60 个组外，发证承包耕地面积 15.01 万亩，涉及地块 16.47 万块。经营权证除建立电子档案外，还建立土地承包的纸质档案，对承包合同书，土地承包经营权证统一编号。

2014 年 8 月，制定《炎陵县农村土地承包经营权确权登记颁证工作实施方案》。确定鹿原镇玉江村、水口镇楂村村共 16 个村民小组为试点单位。按照入户登记核实农户承包信息、调处土地承包纠纷等程序开展工作，年底结束。

三、林业生产责任制

1980 年冬，县委派出工作组，在石洲人民公社石坝生产大队开展建立山林管理责任制，划给社员自留山的试点工作。1981 年 3 月，中共中央、国务院颁布《关于保护森林、发展林业若干问题的决定》。县委、县政府部署在全县开展林业"三定"工作。5 月，由副县长祝光耀带队，在水口公社木湾大队进行林业"三定"试点。9 月，在沔渡公社瑞口、狮头、上老、晓阳、长江 5 个大队现场培训林业"三定"工作骨干 144 人。根据试点经验，当年 11 月 18 日，县委、县政府联合发出《山林定权发证工作中若干具体问题的处理意见》。随后，抽调县、社、大队三级干部 3360 余人，下到生产队铺开"三定"工作。至 1982 年年底，全县 16 个公社、203 个大队、1455 个生产队的集体山林和全县国有山林均落实了权属，由县人民政府颁发《山林权属证》。发证面积 250.45 万亩，占全县林地面积 99.4%。其中，集体山林 199.6 万亩（包括社员自留山 18.74 万亩），占 78.5%；国有山林 50.84 万亩，占 21.5%。与此同时，建立以农户家庭承包经营为主的林业生产责任制。责任制分别对责任山与自留山作出规定。对责任山，实行四权（山、林、砍伐、销售权）在队，由社员向集体承包管理；自留山，除山权属集体外，林木权、砍伐权、销售权属社员。1979—1981 年，全县造林 8.8 万亩、育苗播种 896 亩、幼林抚育 11.56 万亩、垦复油茶山 35.1 万亩。社队完成木材上交任务和销售木材 23 万立方米、楠竹 10 万根。林业收入近 2000 万元，林业生产在农业产值中的比重超过 20%。

1985 年 8 月，农户原承包"四权在队"的责任山，除山权外，另三项权利放给承包农户。规定山权归集体，林木权归承包者并享有继承权、转让权。农户原有自留山与责任山合并为"自营山"，并由县政府换发《村民责任山林木权属所有证》。

1991 年 3 月，县委、县政府为遏制当时出现的乱砍滥伐林木现象，决定将农户自营山的林木权、砍伐权、销售权收回，实行"四权在集体，实行五统一（统一采伐、统一造林、统一销售、统一护林、统一分配）"的双层林业经营体制。

1998 年 2 月，县委、县政府下发《关于进一步解放思想，深化改革的若干意见》。决定通过出让山林经营权的方式，完善林业经营体制，实行"谁开发、谁拥有，谁投入、谁受益"。采取收取一定出让费的方式向林农出让林木林地使用权，一定50年不变，建立长期稳定的林业生产责任制，让林农吃下定心丸，以调动林业生产积极性，促进林业生产发展。下旬，县委抽调县直机关单位干部48名，在石洲乡进行林业体制改革试点。一个多月时间里，全乡有7个村、44个村民小组的1165户、4327人参加山林经营权受让，分别占总户数、人数的99.7%、99.6%，交纳山林出让费18万余元。11月3日，在总结试点工作的基础上，县委下发《关于深化林业体制改革的意见》，全面铺开林业体制改革工作。县委从县直副科级以上单位抽调187名干部组成工作队分赴各乡镇，因地制宜，分阶段开展工作。至1999年11月15日，全县1437个村民小组，有1407个完成林业体制改革工作，占97.9%。

2008年6月8日，中共中央、国务院颁发《关于全面推进集体林权制度改革的意见》。2009年3月11日，县政府根据中央文件精神，结合炎陵实际，制定《炎陵县集体林权制度改革工作方案》。明确炎陵县集体林权制度改革，是以明晰林地使用权和林木所有权、放活经营权、落实处置权、保障收益权为主要内容的综合性改革；工作方针是大稳定，小调整；以2003年县委、县政府两办下发的《炎陵县林地林权登记换证实施方案》为依据，以换证为主要内容，推进集体林权制度改革。至2010年，全县完成99%的农户换发证林地林木四权申请与公布；完成90%应换发证林地的现场勘界勾图、四界签字、公示、造册任务，颁发新证4万多本。135万亩林地和4.3万户农民，实现“山有其主，户有其林”。

四、农村土地承包经营权流转

农业生产责任制实行初期，部分农村开始出现土地承包经营权流转，起初是亲朋好友、左邻右舍之间，流转范围小，面积少。1990年后，在农业产业化、集约化、专业化发展的推动下，流转进程加快，流转范围扩大，面积增多。

2001年9月，炎陵县人民政府制定《炎陵县土地流转实施细则》，确定全县土地流转的指导思想与原则、流转形式与管理。当年全县有15个乡镇开展土地流转工作，流转面积12017亩。其中，租赁形式5842亩，转包形式6045亩。

2009年2月，炎陵县人民经营管理局设立农村土地承包经营权流转服务中心，各乡镇人民政府设立服务站，形成全县农村土地承包经营权流转服务网络。5月，县政府办公室印发《农村土地承包经营权流转实施方案》，对土地经营权流转作出明确规定。农村土地承包经营的流转速度逐年加快，规模扩大。至2014年，全县流转土地面积15.2公顷，流转率9.59%。其中，流转林地11.56公顷，占8.2%；流转耕地3460公顷，流转率21.46%。

第二节　工业经济体制改革

一、经济责任制

1979年，县内工业企业贯彻“调整、改革、整顿、提高”方针，取消对地方小型工业企业的统购包销，统收统支，统负盈亏制度，逐步扩大企业经营自主权，大多数企业逐步成为独立经营、依法纳税、自负盈亏的商品生产主体。1980年，县内工业企业普遍推行“五定”(定人员、任务、质量、消耗、奖罚)经济责任制。1983年，实行利改税，改上缴利润为按八级超额累计税率交纳所得税，税后留利由企业按比例建立生产发展基金、新产品试制基金、企业基金、奖励基金和职工福利基金。1984年，贯彻中共中央《关于经济体制改革的决定》，实行政企职责分开，扩大企业自主权，将部分人财物、产供销权力下放给企业。1985年，全县国营企业普遍推行厂长负责制，规定厂长有机构设置权、干部职工安排权、生产决定权、自由资金使用权，在上级核定的工资定额内有权决定分配方式，并承担相应义务。在企业内部先后建立“目标管理”“分项承包”“全额计酬”“计时定额加奖励”“工资浮动”“总收（或纯收)比例分成”等经济责任制。部分企业实行厂部、车间、班组三级核算，建立奖罚条例和自考、互考、专考制度。

二、承包经营

1987年，县属国营企业实行承包责任制和风险抵押补偿制，把企业经营与职工切身利益紧密结合。1989年，贯彻中央治理整顿方针，在资金紧缺、市场疲软的情况下，企业普遍实行第二轮承包经营，内部继续完善全员风险抵押承包，使经营者与生产者“风险共担、利益共享”。县属46个全民所有制企业，有39个实行工资总额与经济效益挂钩。参加改革的职工3112人，占职工总数92.5%。

产权制度改革

1999年12月下旬，县委召开八届三次全体(扩大)会议，通过县委、县人民政府《关于深化企业改革的若干意见》，决定运用市场机制，采取多种形式，调整企业产权结构，重构企业管理体制。即通过产权转让，转换企业国有或集体资产性质，解除企业对政府的依附关系，让企业自主进入市场；通过工龄补偿，转换职工的全民或集体工身份，解除职工对企业的依附关系，让职工自主走向市场，建立符合小型企业特点和市场经济要求的新型政企关系和企业内部运行机制，使企业成为独立市场主体(简称“两个置换”)。2000年4月底，县酿酒厂通过资产评估、拍卖，以45万元整体转让给5位个体经营者，首宗“两个置换”改革获得成功。年底，7家企业完成置换，取得产权或经营转让权收入556万余元，333名在册职工拿到工龄补偿或补贴236万余元，发回职工集资款122万余元，补充社保基金40万余元，126名离退休人员转由社保局发放养老金。至2002年，完成金宇集团、煤炭公司、服装厂、物资公司、广源公司等县属企业改制，盘活资产(含供销系统，下同)2811万余元，有偿解除职工身份1862人，改制面76%。全县91家集体企业，实行租赁改制69家，占75.8%，有偿转让资产22家，盘活资产7000余万元。

第三节　流通领域体制改革

1978年后，改革商品流通体制，开始打破独家经营、城乡封闭、条块分割局面。1982年，工业产品改统购包销为计划收购、定购、选购相结合，计划收购品种逐年减少，选购、定购范围不断扩大。

一、供销合作社改革

1983年开始减政放权，增强企业活力，建立多渠道、少环节的经营机制。当年4月上旬，沔渡供销社进行体改试点。5月，县委、县人民政府批转县供销社《关于全县开展供销社体制改革的报告》，供销体改工作在全县17个基层社全面铺开。对社员股金进行清理，落实股权，兑现分红。全县共落实原有股金1.98万元，占原有账面股金85.8%。对历年积欠的社员应分红利进行分红。同时，发动群众新扩股金3.24万元，社员入股户数占全县农户数80.8%。在清股分红、扩股增资基础上，各基层社召开社员代表大会，选举产生理事会、监事会，健全民主管理制度。基层供销社由全民所有制转为集体所有制。县成立供销联社，为基层供销社经济联合体。

1988年，推行招标抵押承包改革。河西供销社、县生资公司、县棉麻茧土产公司、食杂日杂公司实行招标抵押承包。其他16个基层供销社全部采用聘任招标承包。在经营方式上，普遍推行工业品联购分销和农副产品分联购销。发挥群体优势，实行规模经营，调整经营结构，开展横向联营，扩大经营范围，开拓新的服务领域。调整农村商业网点，扩充经营设施，兴建和改建新型综合商店，参与市场竞争。

2004年，供销商贸系统企业改制工作全面铺开。至2006年底，县供销社下属的34个企业（包括原商业总公司归并企业）已有31个完成改制，共处置企业资产7处，土地面积2.19万平方米，取得资产转让收入913万余元，支付138名职工身份置换费用247万余元，安置离退休人员66人，安置费用31.5万余元，上交破产企业职工养老统筹费99.8万余元。

二、国营商业管理体制改革

1983年开始，县商业管理部门对所属公司实行“定上交利润，超利润分成”“基本工资加浮动工资与固定工资加提成工资相结合”等经营承包责任制。首先在百货公司与工农饮食店办转体试点，随后将小型国营零售商业、饮食业转为集体经营或租赁经营。按照“计划经济为主，市场调节为辅”的原则和“国家、集体、个人一齐上”的方针，发展多种经营形式。当年全县集体商业网店511个，从业1126人，个体有证商贩及饮食、服务业780家，从业927人。部分商贸工业企业改单纯生产型为生产经营型，开展自销联营。行政事业单位也纷纷兴办商店、劳动服务公司、招待所，打破国营商业独家经营局面。

1985年，工农饭店和理发店开展改革试点，分别以集体承包和分成工资形式经营。随即在朝阳饮食店、酃县旅社、合作商店推行“五定”(定人员、定任务、定品种、定资金、定商品升溢)和“分组核算、利润包干、联销计酬、超额分成、欠额受罚”经营责任制。

1987年3月,县委、县政府批转商业体制深化改革方案。以增强企业活力为中心,将所有权与经营权分离。5月,五金公司振兴商场改为全县首家股份制商业企业。商业局所辖6家中型企业,按照“包死基数、确保上缴、超收多留、欠收自补”原则,与县商业局、财政局签订一包3年的目标管理责任书,明确承包者的责、权、利,强化责任意识,落实奖罚措施。1990年,全系统有10家公司签订延期一年承包合同,由经理承包改为集体承包,并实行全员风险抵押。

1994年11月,县商业局成建制转为经济实体,组建商务总公司。1995年11月,王家渡商业批发总公司因资不抵债申请破产并获批准。随后百货公司、纺织公司等5家商业企业宣布破产清偿还债。破产重组后,成立新的经济实体。

第四节 其他改革

一、信用合作社改革

1983年,县农业银行开始对三河、河西等6个公社信用社开展以恢复组织上的群众性、管理上的民主性、经营上的灵活性(即“三性”,与供销社同)的体制改革试点工作。1984年8月,县委、县政府批转县农业银行关于信用社体制改革报告,并成立信用社体制改革领导小组,抽调专干组成指导小组,分东、南、西片对全县17个信用合作社进行以恢复“三性”为主要内容的体制改革。1984年12月,酃县农村信用合作社联合社正式成立。

二、取消统派购制度

1953年11月, 全县实行临时统购统销, 统购价为每50公斤稻谷4.71元 (折新人民币)。全年统购粮食7230吨。1955年之后,粮食实行“三定”政策(定产、定购、定销),全县粮食定产3.76万吨,定购8941.2吨(含征收,下同),定销1342.5吨,当年实际入库9960吨。1956年“三定到社”,至1958年,年均入库1.01万吨。1959年,出现虚报浮夸风,在粮食严重减产的情况下,定购粮入库却高达1.36万吨。此后各年度间尽管略有增减,全县定购粮入库数量均在1万吨以上。随着农村改革深化,特别是农业商品经济的发展,国家逐步取消统派购制度。1985年,中共中央发出一号文件,规定从当年起“除个别商品外,国家不再向农民下达农产品统购派购任务。按照不同情况, 分别实行合同定购和市场收购”。规定取消粮油统购、生猪派购,改为合同定购,其他农副产品一律实行市场收购政策。当年,株洲市分配炎陵县合同订购任务粮食2.76万吨,食油17.5吨。价格按照“倒三七”比例计价(即三成按原统购价,七成按原超购价),折价每50公斤稻谷综合价为15.59元。至此,粮食等农副产品结束30多年的统购制度,实行多渠道直接流通,农产品生产由市场调节。

第三章　经济运行

第一节　发展速度

清代、民国时期,酃县经济为封闭式自然经济。农业靠天吃饭,工业仅有少量手工作坊,产品几无流通。1949年,全县工农业总产值733.67万元。其中,农业727万元,工业6.67万元。1949年中华人民共和国成立后,人民政府致力于建立经济基础。改革开放之后,经济实现快速发展。

一、第一阶段(1950—1957年)

为经济恢复和第一个五年计划实施时期,工农业顺利恢复和发展。1950年,开展减租反霸,土地改革和对私营工商业社会主义改造,建立以全民所有制和集体所有制为主体的公有制经济。广大农民开垦荒地,兴修水利,改革耕作制度,推广农业先进技术。先后兴办电厂、农具厂、印刷厂、大米厂和副食品加工厂,工农业生产逐步发展。1957年,全县工农业总产值1247万元,比1949年增长69.97%。其中,农业产值1150万元,工业产值97万元,分别比1949年增长58.18%和13倍。当年粮食总产量4.05万吨,社会商品零售额398万元,分别比1949年增长1.1倍和1.9倍。8年间,工农业总产值年度递增6.6%。

二、第二阶段(1958—1965年)

为第二个五年计划和3年国民经济调整时期,经济建设在曲折中发展。1958年,工农业生产"大跃进"。尽管当年粮食获得丰收,但是受共产风、浮夸风、强迫命令风影响,造成财力、物力严重浪费,国民经济进入三年困难时期。1961年开始,执行国民经济"调整、巩固、充实、提高"方针。工业方面,对一些不具备条件和经济效益低的企业实行关、停、并、转。县办国营企业由16个减少到8个,集体企业由56个调整为27个。农村实行"三级所有,队为基础"的管理体制,引进推广矮秆水稻良种,促进粮食增产。经过3年调整,1年巩固,1965年,全县工农业总产值1448万元,按可比价计算,比1957年增长16.12%。其中,农业总产值1264万元,增长9.91%;工业总产值184万元,增长89.69%。当年粮食总产量4.08万吨,恢复到1957年水平,社会商品零售额776万元,增长94.97%。

三、第三阶段(1966—1975年)

为第三个和第四个五年计划实施时期。1966年"文化大革命"开始,工矿企业经常停工、停产。工业总产值1968年比1966年下降11.8%，农业总产值在1966—1968年期间3年两降。1969年贯彻“抓革命、促生产”方针，工农业生产逐步回升。1970年，全县工农业总产值2559万元，按可比价计算，比1965年增长76.7%。其中农业与工业总产值分别增长84.4%与23.9%。

1971年起，开展“农业学大寨”“工业学大庆”运动。农村掀起以治山、治水、治土为中心的农田基本建设高潮。矮秆水稻良种普遍推广。工业部门先后兴办水泥厂、电机厂、农机修理厂、造纸厂、竹木工艺厂。1975年工农业总产值3278万元，按可比价计算，比1965年增长126.4%。其中，农业总产值2648万元，增长109.5%；工业总产值630万元，增长2.4倍。当年粮食总产量5.92万吨，社会商品零售额1514万元，分别比1965年增长45.1%和95.1%。10年间，按可比价计算，工农业总产值平均增速4.4%，其中农业与工业分别增速3.4%和8.7%。

四、第四阶段（1976—2000年）

为第五至第九个五年计划实施时期。1978年，农村开始探索多种形式的农业生产责任制。大面积推广杂交水稻，发展多种经营，兴办社队企业。工业进行全面整顿，调整产业结构，推行“五定”（定人员、任务、质量、消耗、奖罚）经济责任制。1980年，工农业总产值6935万元，按可比价计算，比1975年增长111.6%。其中，农业增长62.7%，工业增长3.17倍。

1981年后，农村普遍推行家庭联产责任制，大力开展“吨粮田”建设，调整产业结构，水果、食用菌生产规模扩大，乡镇企业进一步发展。1995年，粮食产量实现平均亩产1012公斤，成为省内第一个成建制过吨粮的山区县。努力开拓第二、三产业，工业引进资金设备技术，发展横向联合，开发胶合板、铁合金等新产品，扩建水泥厂、造纸厂。筷子篓与水口电站增容工程建成。企业推行厂长（经理）承包经营责任制，实行全员风险抵押。商业改革农副产品购销制度，放开市场、价格。按照“以林保水、以水发电、以电兴工、以工补农”模式，全县各行业协调发展。2000年，实现国内生产总值（当年价）7.87亿元，按可比价计算，增长5.67%。工农业总产值13.08亿元，增长11.34%。其中，工业总产值9.01亿元，农业生产总值4.07亿元。当年粮食总产量11.41万吨，比1975年增长92.74%，社会商品零售额2.27亿元。

五、第五阶段（2001—2014年）

为第十个五年计划至第十三个五年计划实施时期。农村生产责任制进一步稳定，在稳定粮食产量，开发“吨粮田”的基础上，优化产业结构，笋竹林、黄桃、茶叶、蔬菜等特色农业产业发展迅速。其中，笋竹林开发2.37万公顷，立竹总蓄量5000万根，年产楠竹400万根，鲜笋7万余吨。锦绣黄桃种植面积10000亩，年产量3500吨，成为省内农产品知名品牌，2011年获优质黄桃之乡称号。县内兴起小水电建设高潮，到2010年，全县总装机容量在20世纪90年代3万千瓦基础上，一越突破20万千瓦。2009年12月，衡阳至炎陵高速公路通车，随后，衡茶吉铁路、分炎高速公路、炎睦高速公路、炎汝高速相继建成，改善了经济发展环境。2001年，县城西郊九龙经济开发区正式启动，一批工业企业在园区落户，之后，又在县城东郊创办创业园。至 2014 年，九龙经济开发区（含创业园）入园企业 94 家，从业人员 1.26 万人，初步形成纺织、材料、农产品三大产业集群，园区完成工业总产值 79.17 亿元，其中规模工业产值 70 亿元。同时，旅游产业作为新的经济增长点，整合“古、红、绿”三大旅游资源，着力打造炎帝陵、神农谷等旅游品牌，2014 年，接待游客人数351.08 万人次，实现旅游综合收入 17.8 亿元。

2014 年，全县地区生产总值（当年价）55.2 亿元，其中农林牧渔业总产值 11.46 亿元，规模以上工业总值 82.27 亿元，粮食总产量 9.15 万吨，社会消费品零售总额 15.95 亿元。

1949—2014 年炎陵（酃）县部分年度国民经济主要指标统计表

表 11-4

经济指标	计算单位	1949	1952	1957	1965	1978	1980	1990	2000	2014
一、工农业总产值	万元	734	1110	1247	1448	6254	6935	10572	130792	372900
农业	万元	727	1088	1150	1264	4186	4308	6048	40658	114600
工业	万元	7	22	97	184	2068	2627	4524	90134	258300
二、社会总产值	万元	—	—	—	—	7696	8496	13688	—	—
三、国民生产总值	万元	—	—	—	—	4996	5600	9194	78762	552611
四、国民收入	万元	—	—	—	—	4548	5023	7461	—	—
五、主要农产品	—	—	—	—	—	—	—	—	—	—
粮食	吨	19725	32636	40488	40789	75963	75015	91651	114118	91461
油料	吨	254	700	721	537	715	599	888	2128	2637
茶叶	吨	16	17	19	21	40	50	77	108	210
水果	吨	—	—	—	31	16	182	1545	3464	18788
生猪出栏	万头	1.56	1.78	1.79	2.19	4.33	4.65	7.58	13.61	14.31
六、主要工业产品	—	—	—	—	—	—	—	—	—	—
木材	万平方米	—	—	5.1	6.47	9.65	8.69	5.74	6.27	7.7
发电量	万度	—	1.6	3.5	35	2388	6620	12139	18433	88087
水泥	吨	—	—	—	—	8950	9000	23931	22600	143395
铁合金	吨	—	—	—	—	—	—	—	6871	—
纱	吨	—	—	—	—	—	—	—	—	49170
玻璃纤维纱	吨	—	—	—	—	—	—	—	—	20196
七、社会商品零售额	万元	139	177	398	776	2451	2956	9237	22715	159500

说明：

1.产值与国民收入的计算：1949—1959 年为 1952 年不变价；1962—1965 年为 1957 年不变价；1978—1990 年为 1980 年不变价。

2.1980 年不变价对 1970 年不变价换算系数为：农业总产值 1.326，工业总产值 0.97；1970 年对 1957 年不变价换算系数为：农业总产值 1，工业总产值 1.32。

第二节 经济结构

一、社会生产结构

随着经济社会发展,社会生产结构不断发生变化。1978年,炎陵县国内生产总值6970万元(当年价,下同)。其中,农业占52.0%,工业27.5%,建筑业6.8%,运输邮政业5.5%,商业、饮食业8.2%。

1979年起,在坚持农业基础地位的同时,开始注意二、三产业的发展。1980年,国内生产总值7638万元。其中,农业所占比重下降至49.8%,工业比重上升至30.8%,建筑业占5.9%,运输邮政业5.7%,商业、饮食业7.8%。1985年,国内生产总值1.35亿元,农业回升到50.8%,工业下降至27.0%,建筑业、运输邮政业、商业及饮食业分别占8.6%、5.9%与7.7%。此后兴办一批企业,基建规模扩大,一段时期工业和建筑业比重上升。1988年,国内生产总值2.72亿元,工业占比33.9%,建筑业升至15.4%。

1989年对经济环境进行整顿,抑制经济过热势头,产业结构相应调整。1990年,国内生产总值2.79亿元。其中,农业占47.8%,工业31.3%,建筑业8.4%,运输邮政业4.4%,商业、饮食业8.1%。

1990年之后,县内产业结构出现变化,在旅游业的拉动下,第三产业发展速度加快。1995年,国内生产总值(90年不变价)4.96亿元。其中,第一产业占46.3%,第二产业20.7%,第三产业33.0%。2000年,国内生产总值(当年价)7.87亿元。其中,第一产业占37.7%,第二产业24.7%,第三产业40.6%。第三产业所占比重超过第一产业。

2000年后,随着工业化、城镇化建设的推进,产业结构进一步优化,工业经济发展突飞猛进。2004年,第二产业所占比重超过第一产业,占28.8%,第一产业下降至28.0%。

2014年,国内生产总值(当年价)55.26亿元。其中,第一产业7.37亿元,占13.3%;第二产业29.01亿元,占52.5%;第三产业18.88亿元,占34.2%。(统计公报的数据分别是13.9∶52.6∶33.5)。当年全省三次产业结构为11.6∶46.2∶42.2,株洲市三次产业结构为7.9∶59.3∶32.8。与之对比,第一产业比重高于省市平均数,第二产业高于全省低于全市平均数,第三产业高于全市而低于全省平均数。

1978—2014 年炎陵(酃)县部分年份国内生产总值及三次产业结构表

表 11-5

年份	国内生产总值（万元）	三产业所占比重(%)			
		第一产业	第二产业	第三产业	备注
1978	6970	52.0	34.3	13.7	除 1995 年外,其余为当年价
1980	7638	49.8	36.7	13.5	
1990	27933	47.8	39.7	12.5	
1995	49638	46.3	20.7	33.0	
2000	78762	37.7	24.7	40.6	
2004	118033	28.0	28.8	43.2	
2010	285791	19.4	46.3	34.3	
2014	552611	13.3	52.5	34.2	

二、农轻重比例

1952 年,全县工农业总产值中,基本为农业产值,占比达 98.0%,轻工业仅占 1.2%,重工业占 0.8%。1957 年,工农业总产值中,农业占 92.2%,轻工业 6.2%,重工业 1.6%。

1958 年,大炼钢铁,大办工业,工业总产值比例上升。1960 年工农业总产值中,农业占 78.2%,轻工业、重工业分别占 11.6%和 10.2%。1961 年经调整,加强农业,注意发展轻工业,停办不具备条件的重工业企业。1965 年的工农业总产值,农业占 87.3%,轻、重工业分别占 11.0%和 1.7%。1970 年后,开始开发利用水电资源,竹木及林副产品加工规模扩大,机电、水泥、造纸等工业有所发展,农、轻、重比例结构进一步优化。1978 年工农业总产值中,农业占 65.4%,轻工业 17.1%,重工业 17.5%。

1979 年后,农村经济全面发展,工业初步形成以采伐、水电、矿产、冶炼、建材为主的重工业体系,以家具、造纸、化工、食品加工为主的轻工业体系,农、轻、重比例有显著变化。1988 年工农业总产值中,农业占 53.3%,轻工业 15.8%,重工业 30.9%。与 1978 年比,农业、轻工业分别下降 12.1 和 1.3 个百分点,重工业上升 13.4 个百分点。1990 年工农业总产值 2.21 亿元(当年价)。其中,农业 1.34 亿元,占 60.4%;轻工业 2820 万元,占 12.8%;重工业 5921 万元,占26.8%。与 1988 年比,农业上升 7.1 个百分点,轻、重工业分别下降 3.0 和 4.1 个百分点。与1952 年相比,农业下降 31.8 个百分点,轻工业上升 6.6 个百分点,重工业上升 25.2 个百分点。当年工农业总产值,农业比重高于比全省、全市水平,轻、重工业低于全省、全市水平。

1990 年之后,在发展“吨粮田”“千斤田”为主要内容的粮食生产基础上,经济作物播种面积扩大,农村经济进一步繁荣。工业经济通过实施责任制,提高劳动效益,实现总产值、生产产品、生产效益同增的局面。1995年,工农业总产值6.57亿元。其中,农业总产值3.72亿元,工业总产值2.85亿元,分别占56.6%、43.4%。至2000年,全县工农业总产值上升至13.08亿元,按1990年可比价计算为9.23亿元,增加317.7%,其中农业总产值4.07亿元,工业总产值9.01亿元。农、轻、重占比分别为31.1%、30%、38.9%。

21世纪后,经济体制改革步伐加快,工业企业改制全面完成,着力推进小水电、工业园区以及小城镇建设,大量民间资本进入工业。农村经济不断调整内部结构,以炎陵黄桃、炎陵红茶为代表的特色农业蓬勃兴起。2014年,实现农牧渔业总产值11.46亿元,工业增加值25.83亿元(规模工业增加值24.06亿元),其中规模工业增加值中重工业17.31亿元,轻工业6.75亿元。农、轻、重比重为32.3∶48.7∶19.0。

三、农村产业结构

种植业内部结构 传统种植业结构单一。1952年,种植业产值中粮食作物占79.2%,经济作物(含棉、油、烟、药、茶、桑、果等)占20.8%。1958年,单纯强调粮食生产,限制经济作物种植。1962年,种植业产值中粮食占90.7%,经济作物仅占9.3%。此后,在发展粮食作物的同时,注意发展经济作物。至1969年,粮食作物与经济作物所占比重分别为70.9%和29.1%。1970年后,将粮食过"纲要"(亩产400公斤)作为农业生产的硬性指标。1978年,粮食作物产值比重回升至89.3%,经济作物占比下降至10.7%。1979年之后,农民获得种植自主权,围绕效益调整种植结构,发展油菜、柑橘、柰李、食用菌、蚕桑、烤烟等经济作物,逐步由偏重粮食作物转向粮食与经济作物协调发展。1990年,种植业产值5905万元,粮食作物占比74.4%,经济作物占比25.6%。2000年后,随着农村外出务工人员增加和粮食生产比较效益下降,粮食播种面积、复种指数出现较大下滑。水果、茶叶以及蔬菜种植面积大幅度上升。经济作物产值占比逐年增加。2014年,种植业(农林牧渔业中的农业部分)总产值4.9亿元(当年价)。其中,粮食作物与经济作物比重分别为53%和47%。

农业内部结构 1952年农业总产值中,种植业占69.3%,林业4.8%,牧业22.3%,副业3.4%,渔业0.2%。1960年农业总产值中,种植业占55.5%,林业25.4%,牧业12.6%,副业6.3%,渔业1.3%。1965年种植业64.9%,林业17.5%,牧业2.7%,副业4.7%,渔业0.2%。至1979年之前,五业产值变化不大。1979年之后,出现了生猪饲养、笋竹林开发、小水果种植的热潮,外出务工人员增多,农村经济全面发展,结构更趋合理。1990年,五业产值所占比重分别为:种植业44.2%,林业20.1%,牧业26.0%,副业8.5%,渔业1.2%。1995年,按变化统计口径后农业总产值计算,农业46.9%,林业19.6%,牧业32.7%,渔业0.8%。2001年,农业43.4%,林业24.8%,牧业30.5%,渔业1.2%。2014年(统计公报推算),全县农林牧渔业产值中,农业占42.8%,林业25.8%,牧业23.2%,渔业1.0%,农林牧渔服务业7.2%。

农村社会生产结构 20世纪50—60年代,农村经济单一,农业收入占绝大部分。通过发展多种经营,兴办社队企业,开发二、三产业,农村社会生产结构发生变化。1980年,农村社会总产值5169万元。其中,农业占73.6%,工业14.1%,建筑业3.5%,运输业1.8%,商业、饮食业7.0%。1988年,农村社会总产值1.53亿元。其中,农业占68.9%,工业14.6%,建筑业6.7%,运输业4.0%,商业、饮食业5.8%。1990年,农村社会总产值2.07亿元。其中,农业占72.4%,工业13.7%,建筑业7.1%,运输业3.6%,商业、饮食业3.2%。1995年,农村经济总收入4.05亿元。其中,农业(含农林牧渔业)77.2%,工业15.3%,建筑业4.9%,运输业2.6%。2000年,农村经济总收入4.78亿元。其中,农业占74.7%,工业16.0%,建筑业5.3%,运输业4.0%。2014年,农村经济总收入55.26亿元。其中,农业占13.9%,工业46.7%,建筑业3.7%,运输业2.3%。

第三节 经济效益

一、社会生产效益

全县社会生产效益,按国民收入占社会总产值的比重计算,20世纪50—60年代为70%,1978年64.9%,1980年65.9%,1988年59.3%,1990年67.2%,2000年60.2%。

1995年全县完成财政收入4776万元,占社会总产值(GDP)50539万元的9.5%;2000年全县完成财政收入5265万元,占社会总产值78684万元的6.7%;2005年全县完成财政收入10008万元,占社会总产值127000万元的7.9%;2010年全县完成财政收入33200万元,占社会总产值268000万元的12.4%;2014年全县完成财政收入82300万元,扎社会总产值552600万元的14.9%。三次产业结构由1995年的47.76∶19.24∶33,调整为2000年的34.7∶24.7∶40.6,调整为2005年的27.8∶32.1∶40.1,调整为2010年的19∶43.3∶37.7,调整为2014年的13.9∶52.6∶33.5. 社会消费品零售总额由1995年的15061万元,增加到2000年的22715万元,增加到2005年的40000万元,增加到2010年的85000万元,增加到2014年的159500万元。

第一产业 20世纪50—60年代,实行"自力更生、勤俭办社"方针,加强定额管理,生产费用较低,农业净值率70—75%左右。1970年后,不惜一切代价夺高产,生产费用逐年增加,1978年农业净值率65.9%。1979年后,调整生产关系,改善经营管理,农业经济全面发展,生产效益上升,1984年农业净值率79.3%。1985年之后,主要农产品价格偏低,而生产资料价格上涨,农业生产效益一度下降,1990年,农业净值率69.6%,1995年53.3%。

第二产业 1950年之后,工业物耗占产值70%,净值率30%。1979年以后,开展整顿、改革,扩大企业自主权,实行经济承包,挖掘企业潜力,生产效益明显提高,1985年,工业物耗降至51.9%,净值率提高到48.1%。建筑业通过工程招标承包,推行百元产值工资包干,改进施工方法和技术,当年净值率41.0%。1990年,工业物耗62.1%,净值率37.9%,建筑业由于材料价格的上涨,净值率 28.8%。

第三产业 20 世纪 90 年代及以前,运输、邮政业受益于低廉的汽油、柴油价格,净值率一般在 30—40%。1990 年运输邮电业净值率 52.0%。此后,燃料价格上涨,而道路设施质量提高,交通工具改进。1990 年商业、饮食业净值率71.9%。

二、投资效益

农业投资效益 县内平均每投 1 元人民币增加的农业产值,1952—1957 年为 11.7 元,1958—1965 年 1.9 元,1970—1980 年 7.2 元,1981—2000 年 8.5 元,2001—2014 年 8.7 元。

工业投资效益 1957 年,4 个县属国营企业, 每 100 元固定资产创利税 31.9 元。“大跃进”期间,多数新办企业投产即亏损。70 年代投资效益均低,1978 年县、社 76 家企业,每100 元固定投资仅创利税 3.82 元。80 年代,工业经调整、整顿,加强技术改造和投资管理,投资效益逐步提高,每 100 元固定资产投资创利税,1980 年为 12.83 元,1985 年 21.45 元,1988 年提高到 51.06 元。之后由于产品积压, 效益下降,1990 年每 100 元固定资产投资创利税 10.59 元。随着个体私营、股份制、股份合作企业等经济的发展,尤其是小水电的兴建,效益上升。每百元固定资产投资创利税逐步上升,2010 年 29 元。2014 年,工业增加值 25.83 亿元,固定资产投资总额 49.54 亿元,规模工业全部资产利税率 22.34%,每百元固定资产投资创利税在总体平稳的基础上略有波动。

商业投资效益 国营与供销社商业每 100 元固定资产创利税,1982 年为 17.25 元,1985 年 16.82 元。1989 年后市场疲软,商品滞销,商业企业出现亏损。1990 年,全县 11 个国营商业企业与供销商业企业中有 6 家亏损,亏损总额 411 万元。1995 年之后,国有商业企业实行破产重组。2004 年,开始对商业企业进行改制,全县商业企业主体变为个体私营性质。此后,商业效益随市场变化而波动。

三、劳动生产率

中华人民共和国成立后,县内经济以农业为主,工业及其他各业均有一定发展,但社会劳动生产率仍然提高不快。平均每个农业劳力的农业产值:1949 年为 218 元,1957 年 273 元,1965 年 290 元,1975 年 477 元,1978 年 799 元,1993 年 1335 元,2000 年 3889 元,2010 年 10693 元,2014 年 20770 元。

平均每个劳动力生产的粮食:1949 年为 592 公斤,1957 年 959 公斤,1965 年 635 公斤,1975 年 1068 公斤,1978 年 1336 公斤,1980 年 1307 公斤,1985 年 1347 公斤,1990 年 1219 公斤,2000 年 1220 公斤,2014 年 968 公斤。

全民所有制工业企业全员劳动生产率:1957 年为 1575 元 / 人,1965 年 4046 元 / 人,1975 年 4420 元 / 人,1978 年 4124 元 / 人。

1979年后，实行经济体制改革，调整产业结构，自然资源和劳动力资源得到较好利用和合理配置，农业劳动力逐渐向二、三产业转移，工业进行全面技术改造，社会劳动生产率提高。按1980年不变价计算，每个社会劳动者人均社会产值由1978年的1278元逐步提高到1980年1352元、1985年1704元、1988年1888元、1990年1713元、1995年4206.61元。进入21世纪，第一产业劳动力大量向二、三产业转移，单位劳动力创造的国民生产总值逐年上升，2000年7153.68元、2005年11840.48元、2010年19709.72元。2014年43444.26元，其中第一产业14625.6元，第二产业78184.91元，第三产业47564.74元。

1978—1990年酃县部分年份各生产部门劳动生产率表

表11-6

年份	项目	计算单位	合计	农业	工业	建筑业	运输邮电业	商业饮食业
1978	总产值	万元	7696	4186	2068	491	384	567
	劳动力	万人	6.02	5.24	0.58	0.04	0.04	0.12
	生产率	元/人	1278	799	3565	12275	9600	4725
1980	总产值	万元	8496	4308	2627	430	538	593
	劳动力	万人	6.28	5.35	0.65	0.05	0.06	0.17
	生产率	元/人	1352	805	4041	8600	8966	3488
1985	总产值	万元	11390	5420	3240	986	784	960
	劳动力	万人	6.91	6.07	0.40	0.09	0.10	0.25
	生产率	元/人	1774	893	8100	10955	7840	3840
1988	总产值	万元	14579	5906	4381	2195	866	1231
	劳动力	万人	7.72	6.64	0.51	0.12	0.14	0.31
	生产率	元/人	1888	889	8590	18291	6185	3970
1990	总产值	万元	13688	6048	4524	1059	965	1092
	劳动力	万人	7.99	6.88	6.54	0.11	0.13	0.33
	生产率	元/人	1713	879	8377	9627	5376	3309
1978—1990年年均增长	总产值	%	4.92	3.11	6.74	6.61	5.11	5.61
	劳动力	%	2.38	2.30	-0.59	8.80	10.32	8.79
	生产率	%	2.47	0.80	7.38	-2.00	-4.72	-2.92

1995—2014 年炎陵县部分年份劳动生产率情况表

表 11–7

年份	项目	单位	合计		第一产业		第二产业		第三产业	
			现行价	可比价	现行价	可比价	现行价	可比价	现行价	可比价
1995	生产总值	万元	49638	26412	23673	12596	11073	5892	14892	7924
	劳动力	万人	11.8	11.8	7.08	7.08	2.48	2.48	2.24	2.24
	生产率	元 / 人	4206.61	2238	3343.64	1779	4464.92	2376	6648.21	3538
2000	生产总值	万元	78762	42739	27139	15016	19264	11814	32359	15909
	劳动力	万人	11.01	11.01	6.17	6.17	2.31	2.31	2.53	2.53
	生产率	元 / 人	7153.68	3882	4398.54	2433	8339.39	5114	12790.12	6288
2005	生产总值	万元	122549	116660	33999	31133	39370	38538	49180	46989
	劳动力	万人	10.35	10.35	5.75	5.75	2.20	2.20	2.40	2.40
	生产率	元 / 人	11840.48	11271	5912.87	5414	17895.45	17517	20491.67	19579
2010	生产总值	万元	285791	238739	55430	38369	132342	112748	98019	87622
	劳动力	万人	14.5	14.50	5.14	5.14	4.65	4.65	4.71	4.71
	生产率	元 / 人	19709.72	16465	10784.05	7465	28460.65	24247	20810.83	18603
2014	生产总值	万元	552611	466011	73713	61011	290066	235772	188832	169228
	劳动力	万人	12.72	12.72	5.04	5.04	3.71	3.71	3.97	3.97
	生产率	元 / 人	43444.26	36636	14625.60	12105	78184.91	63550	47564.74	42626.7

第四节 居民生活

一、农民生活

清代、民国时期，农民终岁勤苦，粮食不能自给，有的“终日未得饱一饭”，如遇灾荒，景象尤惨。道光十四年(1834)大饥，斗米价铜钱 600 文，县民采野果、挖蕨根充饥，流亡者甚众。民国 10 年(1921)，水、旱、虫灾交加，饥民遍野。23 年，亦因灾害严重，农民多食草根、树皮。31 年，40%的农户需借粮度日。38 年，有一半贫苦农民无地少地、缺衣少食，37%中等农户只有“糠菜半年粮”的生活水平。

中华人民共和国成立后，随着农村生产关系的变革和经济的发展，农民生活水平逐步提高。

口粮 1950—1953 年，农民口粮大多自给有余。1954 年后，依靠集体力量发展生产，粮食产量上升，1957年人均口粮270公斤。1959—1961年，粮食歉收，经济困难，人均不足200公斤，其中1961年仅157公斤。1965年恢复到253公斤。1966—1976年，人均口粮在250公斤左右。1978年为318公斤，1980年农村人均口粮309公斤。家庭承包责任制推行后，所产粮食"交足国家的，留足集体的，剩下都是自己的"，农民口粮根据年度实际消耗量自主安排，一般人均400公斤左右。

经济收入 1950—1953年，一般户维持简朴生活并略有节余，少数入不敷出。农业合作化之后，由集体统一分配。1957年，人均纯收入40元（包括实物折款和现金）。1959—1961年，经济困难，大部人民分社无现金分配。1962年后，农村经济逐渐恢复，1965年人均收入70元，1978年增至114元，1980年146元。这一阶段，与全省农民人均纯收入水平基本保持一致，就全县而言，各地差异较大。1980年，全县出现水口公社桃岭等23个人均纯收入超过200元的大队，船形公社小江大队上坪等17个人均纯收入超过300元的生产队，仍有相当一部分地区低于100元。农村推行责任制后，生产效益提高，同时政府着力减轻农民负担，农民经济收入逐年增加，1985年为426元，1990年574元，1995年上升到1308元，2000年2026元。2002年，推行农村税费改革，当年人平减少税费86元。2004年开始，实施粮食直接补贴，陆续出台农资综合补贴、良种补贴、农机购置补贴、退耕还林补贴等惠民政策，转移性收入增加。2006年，国家取消农业税、屠宰税、牧业税和农林特产税。同时，关注贫困农民生活和生产，加大扶贫力度，"低保"覆盖面扩大，农民生产门路拓宽，收入来源加大。2005年，农民人均纯收入2163元，2010年2907元，2012年3608元。2014年，农民人均可支配收入6155元。

生活消费 20世纪50—70年代，农民仅维持简单的生活，衣、食、住、用等消费较少。1978年，全县农村人均消费支出141元，1979年后，农民生活水平显著提高。1990年，全县农村人均消费支出575元，比1978年增长3倍。大部分农户新建住房，人均住房面积由50年代初期的8.5平方米增加到23.1平方米，中高档家具、电视机、电风扇、洗衣机、电冰箱、收音机、录放机等日用电器进入农家。2000年，农村居民人均生活消费支出1675元。进入21世纪后，由于收入持续增加，农民消费水平大幅度提高，购买手机、电脑、摩托、小汽车等不再是奢望。2014年，农村居民人均消费支出5162元，人均住房面积59.46平方米。

二、城镇居民生活

经济收入 清代、民国时期，城镇居民绝大多数靠出卖劳动力、肩挑贩运、摆摊小卖、经营手工业度日，收入微薄。20世纪50年代，城镇商贩和手工业者部分转为集体或全民所有制职工，部分从事建筑、搬运、商业或加工业、饮食服务业，闲散居民亦逐步组织就业，经济收入逐年增加。60—70年代，城镇居民人均年收入约460元，1978年550元，1990年1450元。通过完善企业工资指导线和最低工资制度，积极扩大就业，鼓励劳动者自主创业和自谋职业,促进多种形式就业,完善最低生活保障制度,增加城镇居民收入。2005年人均可支配收入6720元,2010年1.42万元,2014年2.10万元。

生活消费 中华人民共和国成立初期,城镇居民消费水平低。1956年至20世纪60年代,仅有少数居民购买自行车、手表。70年代中、后期,城镇居民添置日用品、食品、服装开支增多。80年代,消费量逐渐增大,城镇居民人均消费,1980年369元,1985年486元,1988年946元。1990年增至1084元。当年人均居住面积12.02平方米,比1985年增加1.64平方米。1995年城镇居民消费人均2626元,2000年5893元,2010年1.47万元。2013年,全县城镇居民人均住房面积51.8平方米,人均生活消费支出1.36万元;2014年,全县城镇居民人均住房面积54.0平方米,人均生活消费支出1.47万元。

2014年炎陵县城乡居民消费支出及构成情况表

表11-8 单位:元、%

项目	城乡合计	占比	其中			
			城镇	占比	农村	占比
消费总支出	9200.5	100	14664.3	100	5162.1	100
食品烟酒	2683.4	29.2	3822.1	26.1	1841.8	35.7
衣着	906.1	9.8	1868.2	12.7	195.0	3.8
居住	1439.8	15.7	2149.5	14.7	915.3	17.7
生活用品及服务	1053.3	11.5	2140.5	14.6	249.8	4.8
交通通信	902.0	9.8	1410.2	9.6	526.3	10.2
教育文化娱乐	1407.4	15.3	2050.0	14.0	932.5	18.1
医疗保健	490.6	5.3	581.8	4.0	423.3	8.2
其他用品与服务	317.9	3.4	642.1	4.3	78.2	1.5

说明:表内数据为城乡住户抽样调查数据

第十二篇　经济综合管理

第一章　计划管理

第一节　计划体制

1954年2月，县政府设立计划统计科。1955年2月，成立县计划委员会，各部门、企业事业单位配备兼职或专职负责计划的工作人员。工作职责是组织编制全县国民经济和社会发展年度计划、中长期发展计划；定期向县人民代表大会或县人大常务委员会以及上级计划主管部门报告计划执行情况；对国家分配的计划物资、大中专毕业生等进行统筹安排；负责基本建设项目的审批、跟踪、监督；对社会经济进行综合平衡、协调服务。

1983年起，逐步取消物资供应票证，仅保留非农业人口的粮食、食油供应。1985年，粮食、油料由统购改为合同定购，木材除国营林场实行统购外，集体林场和乡村实行议统议销。工农业总产值、粮食、生猪、水果生产、乡镇企业总收入、人口出生、上交利税等计划指标改为县政府对经济主管部门、乡镇政府实行目标管理，不再对国营、集体企业下达具体的产品、产量、产值、利润计划。1989年后，计划部门管理职能转入编制国民经济和社会发展计划，负责全社会固定资产投资规模和项目的审批。2001年，县计划委员会更名为县发展计划局。2005年，更名为发展和改革局，承担综合研究与拟定经济社会政策、指导经济体制改革职能。

第二节　计划编制与执行

一、生产计划

1953年起，对国营企业直接下达产品、产量、产值计划，对公私合营和私营企业，通过统购统销、税收、物价等措施，将其纳入国家计划。对粮、棉、油、猪、木材等主要农副产品实行统购，其余产品实行间接计划。

1958年开始，计划指标层层加码，严重脱离客观实际。1962年，全县计划粮食产量19.88

万吨，农业总产值4914万元，分别比1957年增长4倍、3.3倍。计划实际完成情况是粮食产量、农业总产值分别比1957年下降5.2%、14.3%。1963年，对国民经济进行调整，计划编制比较注重实际。

“文化大革命”前期，国民经济计划失控。后期虽然恢复，但仍未摆脱盲目性与主观性影响。1973—1974年，在高寒山区强行推行双季稻种植计划，下村、平乐2个公社双季稻种植面积分别占水田面积25.9%和42.0%，导致粮食大幅度减产。工业生产追求产值，造成产品积压。

1979年后，农村实行联产承包责任制，企业扩大自主权。指令性计划逐步缩小。种（加工）什么，种（加工）多少，主要由农民（企业）根据市场需求自主安排。

二、流通计划

20世纪50—70年代，商品流通计划编制按上级计划部门下达的计划安排，由有关部门单位执行。列入计划管理的商品，主要是生产资料和群众基本生活资料。金属材料、机电设备、化工物资、建筑材料等由县物资公司经营；农业机械由县农机公司经营。原木、楠竹由县木材公司经营；粮油、化肥、农药、石油产品、煤炭、棉织品等，分别由粮食、供销、商业等部门经营；中、西医药品和医疗器械由药材公司经营。关系国计民生的重要产品、生产生活资料为一类物资，由国家统购统配；二类物资实行派购、订购、收购和分配供应；三类物资允许市场调节、自由流通。80年代后，统购统配物资及种类逐年减少。1983年起，取消物资供应票证，仅保留非农业人口的粮食、食油供应。1985年，除少数产品由国家统一经营外，其余取消统购统配。粮食、油料由统购改为合同定购，国营林场木材实行统购，集体林场和乡村实行议统议销。1989—1990年，生产计划管理上注重宏观调控和综合平衡。衔接生产计划时，注意生产与资源（包括能源、原材料、劳动力等）、产品产量与销售、产值与经济效益等方面的衔接。1993年1月起，放开粮食收购市场，粮食部门收购粮食改合同定购为协议收购。

三、中长期发展计划

1995年12月，编制《炎陵县国民经济和社会发展“九五”计划和2010年远景目标纲要》，是市场经济体制下制定的首个中、长期计划。1999年编制《炎陵县第十个五年计划和十五年远景目标纲要》，筛选出重大课题15个，行业发展规划篇目35个。根据国家宏观调控政策和产业政策，投资重点安排在农林、水利水电、邮电、交通等基础设施及安居住宅和旅游景点建设方面。

2001年，开展农业产业化发展、重点工程建设和“十五”农业重点项目调查，向省市上报旅游产业开发、农业产业开发、基础设施建设及文化、教育、卫生等30多个项目，下达固定资产投资计划1.3亿元。2002年，筛选上报国家、省市项目21个，下达固定资产投资计划56

个，投资规模2亿元。是年，编制《炎陵县以工代赈十年规划》，年内下达以工代赈项目资金计划309万元。

2003年，制定《炎陵县2003—2010年产业发展规划》。向国家、省、市上报炎帝陵建设、桃源洞自然保护区建设、天然林保护、以工代赈、县乡公路改造、县疾控中心建设等项目39个，其中16个项目得到上级支持，到位资金2823万元。

2005年，编制《炎陵县国民经济和社会发展第十一个五年规划纲要》和《炎陵县产业发展规划》。2007年，为"项目建设年"，安排交通、旅游、小水电、城镇设施、工业、农业、教育、卫生等建设项目51个。

2010年，编制《炎陵县国民经济和社会事业发展第十二个五年规划》，确立"生态立县、旅游活县、文化强县、人才兴县"发展战略，制定"一个提前实现、两个明显下降、三个基本建成、四个创建成功、五个翻一番"发展目标。建立《炎陵县国民经济和社会发展"十二五"规划期项目库》，收入项目366个。

2012年，编制《罗霄山炎陵片区区域发展与扶贫攻坚规划（2011—2020年）》，同时完成《罗霄山炎陵片区区域发展与扶贫攻坚规划项目库》。规划项目164个，总投资1080.41亿元。明确提出炎陵县的战略定位："中国炎帝文化传承区""苏区、老区扶贫攻坚示范区""红色文化传承创新示范区""三江流域源头重要生态屏障"。

四、基本建设（项目）计划

1952—1957年，全县完成基本建设计划92万元，主要用于工业、交通和文教卫生事业。1958—1961年，投资194万元，建设项目210个，由于生产布局不合理，管理不善、效益低。"文化大革命"初期，基本建设投资管理混乱，投资效益不高。1970年后，调整投资结构，以建设"五小"工业企业为主，1971—1975年，投资1433万元，较前5年增加60%。其中，工业占59.9%，农业27.3%，运输邮电业3.9%，商业、金融3.8%，文教卫生及其他5.1%。1978—1980年，投资总额2615万元，其中工业投资额占41%。

1980年后，压缩投资规模，调整投资结构，增加教育、卫生、科技和住宅建设投资。1981—1985年，完成固定资产投资2167万元。其中，工业占30.9%，农业9.7%，运输邮电2.8%，商业、金融22.4%，文教卫生科技12.7%，城镇建设及其他21.5%。总投资额中，非生产性建设54.3%（其中住宅建设31.0%）。1986—1988年，全县固定资产投资6018万元，比前5年增长1.8倍，超计划、计划外投资现象严重。1989年，贯彻治理整顿方针，严格控制投资规模，改革管理制度，全社会固定资产投资规模和项目审批统一归口县计委。当年固定资产投资比上年下降39.8%，1990年又比上年下降34.3%。

1991年，争取省以工代赈项目资金721.9万元，完成坎坪至水口公路油路铺设10.5公里、水利建设55处，新增和改善灌溉面积3.12万亩、改造中低产田650亩。

1993年，争取以工代赈资金245万元，林业、畜牧、邮电等项目列入以工代赈项目计划。

1994年,全年固定资产投资增长53.8%。按照国家产业政策,优先安排教育、农业、住宅、能源、交通等方面的投资。1989年冬至1994年,全县共安排以工代赈资金1719.26万元,投工130万个,完成项目81个。

1994年,随着改革开放不断深入,出现多渠道投资。县委、县政府将发展乡镇企业、个体私营经济、第三产业作为县域经济新的增长点。当年全县固定资产投资总额跃升至8788万元,比1993年投资增长1.66倍。为加强固定资产投资管理,1995年,计划物价、建行、建设、地税、审计、财政等单位联合发出进一步加强基本建设管理的通知,组织人员对基建项目进行检查清理。

1997年,审批企业立项14个,安排基建投资1550万元,完成固定资产投资8403万元。向上争取和下达耕地用肥和定购粮挂钩用肥775吨,救灾粮计划40万公斤,木材采用计划9682立方米。1998年,上报炎帝陵景区建设、农村电网改造等17个项目,下达3批基建计划,审批项目4个。1999年,上报国家、省、市项目12个。农村电网改造、商品粮基地建设、以工代赈、退耕还林等项目先后进入国家"笼子"。

2000年,突出旅游业和第三产业发展,上报旅游、交通、农业基础设施、农业产业化、城镇建设等项目22个,争取到位资金1800余万元。省计委下达炎陵县以工代赈项目资金计划230万元,其中国家资金100万元,市县配套130万元,主要用于桃源洞自然保护区。商品粮基地建设安排4个大项14个小项工程,总投资450万元。当年,全县固定资产投资首次过亿,总额1.27亿元。

2001—2002年,重点抓衡炎高速项目的前期准备工作。2002年末,国务院总理办公会议批准立项,总长117.34公里,投资45.62亿元。年内完成沔渡至十都公路改造、炎帝陵至坪形公路、斗笠河小流域治理、中村乡人畜饮水工程4个。2003年,完成乡村公路改造、水利等以工代赈项目4个。2005年,审核立项84个,投资总额3.95亿元。核准招投标项目21项,建设资金4973万元。2006年,申报红军标语博物馆、经济开发示范镇、村级组织活动场所等59个项目,总投资7.03亿元。审核批准78个项目,投资总额5.42亿元。核准招投标项目73个,投资总额1.2亿元。2007年,引进项目81个,合同金额6.9亿元,实际到位3.9亿元。开工建设项目26个,当年竣工6个。全年审核项目57项,向上申报项目246个。审核招投标项目72项,其中公开招投标22项,邀请招投标50项。当年全县固定资产投资11.67亿元。2008—2012年,衡炎高速公路、九龙工业大道、县城污水处理厂、红军标语博物馆、东信炎陵棉纺、福来喜鹅业等一批重点项目完成建设。炎陵高速、炎睦高速、岳汝高速、衡茶吉铁路、神农生态休闲体育主题公园等一批重大项目陆续启动建设。5年间,审批、核准、备案各类新上建设项目536个,总投资48.92亿元;核准招投标项目476项,投资金额17.06亿元。5年累计完成固定资产投资181.04亿元,年均增长44.9%。

其间,策划包装了湘江流域洣水支流水源涵养地保护区建设、灵官坳老城区改造、天然林保护工程等"三农"、社会事业、连片扶贫、生态保护、企业技改类等项目401个,总投资628.78亿元。

2013年，编制固定资产投资计划项目211个，概算金额82.86亿元。2014年，全县固定资产投资计划195个项目，投资额103.68亿元，同比增长31.02%。

1991—2014年炎陵(酃)县各项主要经济指标统计表

表12-1

单位:万元

年份	地区生产总值	财政收入	社会消费品零售总额	居民储蓄存款余额
1991	19702	2044	9667	8773
1992	21653	2261	10088	10692
1993	27309	3083	9774	13459
1994	40344	2800	11846	18472
1995	49638	3553	15138	20904
1996	60405	4110	17363	24153
1997	62966	5332	19247	28334
1998	69077	5689	20438	30563
1999	75161	5115	21541	33728
2000	78684	5265	22715	37672
2001	85678	5465	25168	43873
2002	93571	6213	27987	50558
2003	101326	6639	30619	69000
2004	118033	8523	34460	71852
2005	122550	10008	40123	95680
2006	138689	13049	48262	113104
2007	168634	17069	47286	130869
2008	203876	20580	58398	159882
2009	228316	26715	77998	190170
2010	285791	33255	92662	236998
2011	363000	45541	107607	277849
2012	424924	60547	124120	327443
2013	488253	72707	142436	377905
2014	552611	82312	160785	420190

1952—1993年炎陵县(酃县)部分年份固定资产投资完成情况表(一)

表12-2

单位:万元、%

年份	完成投资总额	农林水利气象		工业		运输邮电业		商业金融保险		文教卫计科技		城建及其他	
		金额	占比	金额	占比	金额	占比	金额	占比	金额	占比	金额	占比
1952-1957	92	36	39.1	15	16.3	11	12.0	1	1.1	19	20.7	10	10.8
1958-1962	283	12	4.2	98	34.8	91	32.2	20	7.1	55	19.4	7	2.5
1963-1965	556	48	8.6	311	55.9	132	23.7	28	5.0	24	4.3	13	2.5
1966-1970	896	206	23.0	274	30.6	341	38.1	41	4.6	20	2.2	14	1.5
1971-1975	1433	391	27.3	859	59.9	56	3.9	55	3.8	44	3.1	28	2.0
1976-1980	2615	668	25.5	1071	41.0	350	13.4	210	8.0	121	4.6	195	7.5
1981-1985	2167	211	9.7	670	30.9	61	2.8	485	22.4	275	12.7	465	21.5
1986-1988	6018	231	3.8	3503	58.2	163	2.7	541	9.0	580	9.6	1000	16.7
1989-1990	3043	131	4.3	1934	63.6	28	0.9	341	11.2	173	5.7	436	14.3
1992	1188	109	9.2	852	71.7	124	10.4	—	—	92	7.7	11	1.0
1993	3404	138	—	413	—	48	—	—	—	145	—	27	—

1994—2003年炎陵县固定资产投资情况表(二)

表12-3

单位:万元、%

年份	完成投资总额	国有经济		集体经济		个人投资		其他经济	
		投资额	比上年增减	投资额	比上年增减	投资额	比上年增减	投资额	比上年增减
1994	8788	4385	—	2210	—	2193	—	—	—
1995	8082	3405	-22.35	1826	-17.37	2421	10.39	430	—
1996	10806	6114	79.56	1084	-40.6	2596	7.23	32	100
1997	8102	4299	-29.69	1055	-2.68	2699	15.52	49	—
1998	7698	3362	-21.80	1274	14.41	2691	-1.27	351	58.12
1999	9268	4732	40.72	1341	11.10	3195	7.90	—	6.16倍
2000	12673	7883	66.59	1374	2.46	3416	6.92	—	—
2001	15675	10140	28.63	1514	10.19	4021	17.71	—	—
2002	23907	13956	37.63	1635	7.99	8316	106.8	—	—
2003	38298	19043	36.45	1759	7.58	17496	110.39	—	—

2004—2014 年炎陵县固定资产投资情况表(三)

表 12-4

单位:万元、%

年份	全社会投资	城镇固定资产投资		农村固定资产投资		农村非农户投资		全社会投资中					
								第一产业		第二产业		第三产业	
		金额	比上年	金额	比上年	金额	比上年	金额	比上年	金额	比上年	金额	比上年
2004	49405	45989	33.3	3416	9.1	—	—	—	—	—	—	—	—
2005	58973	53106	15.5	4122	20.7	3542	—	3495	—	41723	—	10638	—
2006	76025	70620	34.8	2970	8.0	2435	-31.3	7781	122.6	47394	13.6	20850	96.0
2007	116745	110223	56.1	3941	32.7	2581	6.0	8031	3.2	77194	62.9	31520	51.2
2008	152428	134948	22.4	4506	14.3	12974	402.7	8998	12.0	104157	34.9	39273	24.6
2009	247139	225284	66.9	2237	-50.4	19618	51.2	5681	-36.9	197184	89.3	44274	12.7
2010	384937	359649	59.6	2526	12.9	22762	16.0	8551	50.5	316277	60.4	60109	35.8
2011	418813	407372	—	11441	—	—	—	10800	26.3	311056	26.9	96957	61.3
2012	583495	569612	39.8	13883	21.3	—	—	20043	85.6	412881	32.7	150571	55.4
2013	791275	777985	36.6	13290	-4.3	—	—	71614	257.3	489543	18.6	230118	52.8
2014	969233	—	—	—	—	—	—	88273	23.3	495401	1.2	385559	67.5

第二章　统计管理

民国 31 年(1942),县政府设统计科。1950 年,统计工作由建设科兼管。1954 年 2 月成立计划统计科,各主管局、企事业单位设立统计机构,配备统计人员,逐步建立农业、工业、商业、人口、劳动工资专业统计和各项定期报表制度,为国民经济计划编制与执行提供系统数据资料。1958 年,统计科并入县计划委员会。1980 年成立县统计局。2014 年,县统计局人员编制 17 人,内设办公室、财务股、业务股、法规股、考核办、计算站 6 个机构,下设农村经济调查队、普查中心 2 个副科级事业单位。

第一节　统计报表

1953 年开始布置农业定期报表,当年对草坪、龙伏、瑞口 3 个乡的经济、生活变化状况进行社会调查。

1958年,在各公社、大队、生产队建立中心工作统计,运用统计数字、图表等形式开展评比竞赛,公布"大跃进"成果,工农业生产统计层层加码,虚报产量。1959年,粮食产量上报数为7251吨,比实际产量多报51.2%,统计工作失去真实性。1961年进行资料整理分析,给予纠正。1964年,建立年报审批制度,对报表进行技术、逻辑与可能性鉴别,确保统计数字的准确性。

1966年"文化大革命"后,统计工作受到干扰,报表种类减少,农业减为5种,工业、商业均减为1种,1969年物资报表停报。1971年,恢复各专业季报、半年报和年报制度。在农业报表中增加粮食、棉花、生猪过《农业发展纲要四十条》(以下简称《纲要》)指标,反映"农业学大寨"成果。

1980年10月,按国家统计局要求,取消粮、棉、猪上《纲要》报表,增设基本核算单位生产责任制统计指标。1981年,将基本建设投资与挖潜革新、改造措施统计合并为固定资产投资统计。1982年,按照随机等距抽样原理,开展早、中、晚稻产量抽样调查,以概率95%以上的准确度验证与核实粮食产量。1983年,使用生产法计算农业净产值。

1984年,贯彻《中华人民共和国统计法》,将农业生产统计改为农村社会经济统计,增设农村社会总产值、专业户与新经济联合体调查、固定资产投资与劳动力结构等统计内容,在5个乡选择50户农户作为农村经济调查点。工业统计由按部门划分改为按行业划分,同时,建立以五大物资生产部门为基础的国民经济综合平衡统计、小城镇年报统计。1985年起,对全县国民经济和社会发展执行情况进行考核、监督、检查。17个乡镇先后建立计划统计站,配备统计员。1987年,开始运用电子计算机汇总处理统计资料。

1991年,统计范畴包括农业、工业、商业、投资、物资、劳动工资、国民经济核算等专业统计。统计报表分为月报、季报、半年报和年报。各类报表112种,其中年报42种。并将工业、商业、劳动工资等专业归于"一套总表",基本形成综合性的全社会统计报表制度。农业统计将农林牧副渔业产值报表调整为农林牧渔业产值报表,副业产值指标分别调整到农业产值和牧业产值指标相关项目内。

1994年,县工业企业实行改制,多种经济成分参与工业,统计报表中的工业按所有制及隶属关系分为国有工业、集体工业、私营工业、联营工业、"三资"工业、城镇个体工业、村办工业、合作工业、农村个体工业9个类别。定期报表只上报国有工业企业情况,年报上报全部工业企业情况。商业统计报表取消社会商品零售总额报表,保留社会主要消费品零售额报表。

2000年,新增高新技术产业、三资企业、综合平衡统计报表,共有15个统计专业,近百个项目的经济、社会、科技"三位一体"的统计业务。至2014年,主要统计内容有综合、能源、国民经济核算、农业、工业、服务业、人口社会、科技、贸易、投资、建筑、房地产、基本单位、为民办实事、新型工业化、园区统计16个专业报表。同时,还承担乡镇街道考核、政绩考核、绩效评估、固定资产投资、新型工业化、小康社会、民生100工程、园区等考核的统计报表任务,各类统计报表198种。

第二节　统计调查

一、抽样调查

1991 年,抽样调查仅有农村住户调查,其他均为全面统计报表。农村住户调查在全县范围内抽取 6 个点、60 户农户作为调查户,主要监测全县农村居民人均纯收入、人均总收入、人均总支出、人均现金收入、人均现金支出、居住、生产经营等情况。1995 年,调查户数增加到 10 个点、100 户,新增指标 851 个。

1999 年,增加个体商业抽样调查和规模以下工业抽样调查,分别抽取 40 户、30 户作为调查样本。主要采取记账方式调查商品销售收入、零售额、工业产值、产品产量、营业收入等指标。2005 年起,开展城镇住户抽样调查工作。在全县城镇住户中抽取 50 户经常性调查样本进行调查,以测算城镇居民可支配收入、人均总收入、消费、居住、医疗就业保障等情况。此后,抽样调查被广泛采用,至 2010 年,抽样调查项目主要有农村住户抽样调查、城镇住户抽样调查、限额以下商业企业抽样调查、规模以下工业企业抽样调查、资质以外建筑房地产企业抽样调查、社会公认评估抽样调查、安全感抽样调查等。

二、专项普查

1953 年,国家进行第一次人口普查,由民政部门负责,以当年 6 月 30 日 24 时为标准时间。1964 年进行第二次人口普查,由公安部门负责,以当年 6 月 30 日 24 时为标准时间。1982 年进行第三次人口普查,由政府办牵头,标准时间为当年 7 月 1 日零时。1990 年进行第四次人口普查,由统计部门具体负责,以 7 月 1 日零时为标准时间,汇总出县级表格 81 种。

1993 年,根据国务院要求,开展第三产业普查。结果表明:1993 年全县有第四产业单位 1124 个,从业人员 10864 人,实现第三产业增加值 8780 万元。1995 年,根据国务院的决定,开展第三次工业普查。普查从 1995 年 6 月着手准备,1996 年 1 月 1 日开始全面登记。结果表明:1995 年全县工业企业 271 个,工业总产值 8.02 亿元。其中,乡镇工业总产值 4.69 亿元,乡以上独立核算工业固定资产净值 5.83 亿元,全县拥有食品、纺织、化工、冶炼等 19 个工业门类。

以 1996 年 12 月 31 日为标准时间,1997 年进行第一次农业普查。主要调查全县农业生产经营单位数量、规模和构成;农村劳动力数量、素质、农业分布和流动状况;农业用地数量、质量构成、利用率和流动状况以及性能和权属;农村村落区社情况;乡镇企业和建制镇基本情况。结果表明:1996 年末全县从事生产经营活动的农村住户 3.75 万户,占农村总户数 95.74%;非农乡镇企业 142 个,非农乡镇企业从业人数 3604 人。主要农业机械拥有量 1596 台(辆)。

2000 年,启动第五次人口普查工作。以 2000 年 11 月 1 日零时为标准时点,普查显示:全县常住人口 164807 人，户籍人口 170649 人。

以 2006 年 12 月 31 日标准时间，2007 年进行第二次农业普查。主要任务是调查全县农业生产经营单位数量、规模和构成，农村劳动力数量、素质、农业分布和流动状况，农业用地数量、质量构成、利用率和流动状况以及性能和权属，农村村落区社情况，乡镇企业和建制镇基本情况。2006 年末，全县从事生产经营活动的农村住户 3.62 万户，占农村总户数 97.78%；农业生产经营单位 57 个，其中国有 54 个，集体 2 个，内资私营 1 个；农业从业人员 6.22 万人。主要农业机械拥有量 2004 台(辆)。

第二次经济普查标准时点为 2008 年 12 月 31 日，时期资料为 2008 年度。普查对象是境内从事第二产业和第三产业的全部法人单位、产业活动单位和个体经营户。普查表明：全县有从事第二、三产业的法人单位 771 个，产业活动单位 1130 个，个体经营户 8649 户。法人单位中，有企业法人单位 316 个。其中，国有企业 22 个，集体企业 7 个，股份合作企业 2 个，有限责任公司和股份有限公司 56 个，私营企业 217 个，其他内资企业 9 个。全县第二、三产业企业法人单位资产总额 28.66 亿元。其中，国有企业资产总额 2.54 亿元，占 8.9%；集体企业资产总额 1.49 亿元，占 5.2%；私营企业资产总额 15.35 亿元，占 53.6%。

2010 年，开展全国第六次人口普查。以 2010 年 11 月 1 日零时为标准时点，普查主要采取现住地登记原则。普查结果：全县常住人口 202071 人，比第五次普查增加 37264 人，上升 22.6%。全县户籍人口 198892 人。常住人口中有家庭户 50844 户，人口173044 人，平均每个家庭户人口 3.4 人。

2013 年 12 月 31 日开展第三次经济普查，时期资料为 2013 年度，普查对象为境内从事第二产业和第三产业的全部法人单位、产业活动单位和个体经营户。结果表明：全县从事第二、三产业的法人单位 1196 个，产业活动单位 1609 个，个体经营户 8036 户。法人单位中，有制造业法人单位 157 个，占 13.1%；批发和零售业法人单位 145 个，占 12.1%；公共管理、社会保障和社会组织业法人单位 404 个，占 33.8%。全县第二、三产业企业法人单位资产总额 76.19 亿元，与 2008 年相比，增长 165.9%。全县有中小微企业法人 568 个，占全部企业法人单位 99.6%；资产总计 76.16 亿元，占全部企业法人单位 99.9%。

第三章　物价管理

民国 30 年(1941)，县内有物价评议委员会。民国 36 年 10 月，因物价飞涨，政府取消限价，评议机构随之消失。1950 年，物价工作由县工商科负责，先后由财经委员会与县计划委员会管理，1963 年成立物价委员会，后经几次分合与更名，1989 年成立县物价局。1994 年 12 月，物价局与计划委员会合并，成立县计划物价局。1997 年物价局分设，并成立乡镇物价管理站。

第一节　价格调控

民国时期,商品价格随行就市,市场被富商操纵,物价时有起落。

20 世纪 50 年代初期,物资缺乏,市场物价波动不定,县政府采取统一财政收支、统一物资与现金管理办法,组织国营商业经营粮、油、百货、布匹、木材等主要商品,以平抑物价。1952 年,大米由 1950 年每 50 公斤 8 元降为 4.5 元。

1953 年起,国家实行粮、油、棉统购统销,生猪派购,木材订约收购,均制定合理价格。1957 年,适当提高部分农产品收购价,缩小购销差价,降低部分工业品价格,工农业产品比价缩小。当年商品零售物价指数比 1952 年上升 19.65%。

1959 年,国民经济困难,物资紧缺,价格上涨。1961 年,政府调节市场供应,依靠供销社控制商品,稳定市场价格。1962 年,稳定粮食、棉布、食油、猪肉、食糖等 18 种商品价格,对糖果、糕点、烟酒、手表、自行车等商品实行高价出售,适当扩大议价范围,减轻市场供应压力,增加货币回笼。当年,各种商品零售物价指数比 1957 年上升 31.44%。

1963 年,调整鲜活商品季节差价、三类物资的批零价和购销差价以及饮食、服务、修理行业的价格。1964 年停止粮、油、猪以外的农副产品议购议销。1965 年,降低部分高价消费品价格,提高粮食统购价、销售价,发放职工粮价补贴,物价趋向平稳。当年,零售物价指数比 1962 年下降 12.87%。

1967 年 8 月,按照中共中央关于“对不合理价格一律放在‘‘文化大革命’后期处理”的指示精神,冻结物价。1969 年,根据“基本不动、个别调整”原则,对极少数不合理价格作出调整。当年 8 月,中、西药实行全省统一价格,同时调低化肥、农药及部分农业机械产品出厂价、销售价。1979 年,提高粮、油、生猪、木材等 10 余种主要农副产品收购价和 8 种副食品销售价,对职工按每人每月 5 元标准补贴副食品差价。

1981 年,对玉兰片收购价与蔬菜销售价实行最高限价,调高烟酒价和部分畜产品收购价,提高棉织品价格,降低化纤织品价格。1984 年,调高部分工业品价,适当扩大针织品、高档家用电器、百货等地区差价,调低国产机械手表零售价。1985 年,农副产品除粮、棉、食油实行定购价外,其余均放开。当年商品零售物价指数比 1980 年上升 18.18%。

1986 年,对碳铵、磷肥执行统一价格,放开 7 种高档商品价格,对木材按树种规格制定收购保护价。1987 年物价上涨,合同定购粮严格按照国家规定的收购价收购,禁止擅自提价和增加价外补贴,议价粮略低于市场价。1988 年,对县管价格范围的收费和商品价格作大幅度调整。当年商品零售物价指数比上年提高 24.39%。1989 年,调低 13 种名优酒和省产啤酒销价与食盐批零差价。为保护林农利益,制定小材小料保护价。1990 年,市场疲软,商品滞销,为刺激生产流通、消费,继续调整部分商品价格。6 月,对松脂、松香规定最高限价。11 月,对棉纺织品、食糖价进行调整。为稳定化肥价格,将 5‰的木材销价调节金补贴给化肥经营单位,金额 10.12 万元。当年物价零售总指数为上年的 99.25%。

1991 年,对粮食合同定购的尿素、钾肥、复合肥执行统一零售价,放开铁锅、电池、粮油等 118 个品种销售价格,实行企业定价。取消黑白电视机、铝壶等 15 种日用工业品和茅台酒、双沟酒等 13 种名酒及成衣服装、毛巾等差率控制和提价申报制度,实行市场调节。1992 年,为扩大企业自主权,积极配合抓好国家商业企业"四放开"试点工作,除国家及省管价格的商品、自来水价格、电价、木材价格、行政事业性收费外,其余价格全部放开,同时对原列入专营和国家计划管理的彩电、食糖等实行放开经营。调整自来水和小水电价格,对农村电价实行最高限价。对县内宾馆、招待所开征价格调节基金,投入价调金平抑尿素、磷肥销售价格的上涨。1993 年,再次调整自来水价格和电力销售价格。对全县宾馆、招待所客房收费制定最低指导价,并调整炎帝陵门票价格(5 元 / 人次)和桃源洞门票价格(5 元 / 人次),制定房产价格管理办法和龙井经贸开发区土地出让价格及拍卖底价。

1994 年,受全国体制改革因素影响,县内物价涨幅较大,全年零售物价指数为 125.1%。为抑制通货膨胀,加强对放开价格商品的价格监控,采取提价备案、提价申报和差率控制等办法,对粮食、医疗收费等 19 种居民生活必需品价格及收费和部分重要的生产资料价格进行监控。制定粮食销售最高限价、专项储备粮销售价格和粮食购销价格,保持群众"米袋子"价格的相对稳定。提高木材收购保护价、松脂、蚕茧收购价。制定边贸市场土地出让价格、沔渡镇商贸街土地拍卖底价以及代建商品房价格。调整自来水价格。

1991—1995 年,投入 133.77 万元价格调节基金用于化肥、水稻种子购销倒挂补贴和蔬菜基地建设等。1996 年,市场物价涨幅大幅回落,全县零售商品物价指数 105.6%。1998—2000 年,征收价格调节基金 99 万元,累计投放 94 万元用于支持水产良种繁殖建设和"菜篮子"工程。2001 年,集中招标采购药品,让利品种规格 75 个,让利金额 2.19 万元。2002 年,全县商品零售物价总指数 97.2%。2003 年,对辖区内的防"非典"药品全部实行价格申报备案制度,对食用醋、口罩、消毒液等防"非典"用品采取限价措施。

2006 年,成立价格调节基金征管办公室,明确专人征管,建立被征单位档案,制定《炎陵县价格调节基金征收管理制度》,当年征收 23 万元。

2007 年,争取对炎陵县富余电量上省网电价上调,从 7 月 2 日起调整为 0.24 元 / 千瓦时。次年,从 7 月 1 日起调整为 0.26 元 / 千瓦时。2009 年,重新核定农村班线客运票价。2010 年,对大工业用电实行 5 年过渡期,其他用电实行 2 年过渡期,过渡期满后达到省电网统一目录电价。2011 年,对富余电量上省网电价进行调整。从 6 月 1 日起调整为 0.34 元 / 千瓦时,小水电上网电价老电站由 0.18 元 / 千瓦时上调为 0.21 元 / 千瓦时,新电站装机 1000 千瓦以下的由 0.27 元 / 千瓦时上调为 0.29 元 / 千瓦时,新电站装机 1000 千瓦以上的由 0.28 元 / 千瓦时上调至 0.30 元 / 千瓦时。

2012 年,居民生活用电从 7 月 1 日起用电量试行阶梯电价。2013 年,实行阶梯水价。上省网的富余电量电价自 2014 年元月 1 日起调整为 0.42 元 / 千瓦时。

1950—1990年酃县部分年份主要农副产品收购价格表

表12-5

单位:元

品名	规格	计算单位	年份									
			1950	1952	1957	1962	1965	1970	1975	1980	1985	1990
稻谷	粘谷中等	50公斤	3.80	4.60	5.20	7.90	8.30	9.50	9.50	11.55	15.59	22.1
茶油	—	50公斤	40.0	33.0	52.4	72.5	90.0	72.5	72.5	118.0	153.0	209.0
菜油	—	50公斤	40.0	33.0	40.0	75.0	75.0	75.0	75.0	106.0	137.0	221.0
生猪	65-75公斤	50公斤	22.0	23.08	37.25	46.0	48.3	48.3	48.3	62.0	105.0	181.5
家禽	活母鸡	500克	0.25	0.27	0.35	0.82	0.63	0.63	0.65	0.96	1.30	3.00
鲜蛋	鸡蛋	500克	0.22	0.24	0.42	0.82	0.55	0.65	0.65	0.73	1.47	2.00
鲜鱼	草鱼	500克	0.22	0.25	0.32	0.64	0.55	0.39	0.39	0.68	0.85	2.10
茶叶	—	500克	0.44	0.45	0.60	0.76	0.97	0.97	1.02	1.60	1.50	3.00
蜂蜜	—	500克	0.40	0.40	0.52	0.95	0.92	0.89	0.89	1.00	1.20	3.00
蚕茧	—	50公斤	—	—	—	134.0	134.0	149.0	149.0	177.0	150.6	432.0
香菇	乙级	500克	—	3.40	3.57	3.57	4.05	4.05	4.05	9.00	9.00	22.0
玉兰片	冬片	50公斤	72.0	72.0	82.0	94.0	144.0	144.0	163.0	177.0	180.0	180.0
棕片	乙级	50公斤	12.0	14.0	30.27	48.0	36.8	36.8	49.2	50.0	50.0	120.0
木材	12—16厘米	立方米	14.3	15.2	19.0	24.2	24.21	26.09	30.02	45.03	280.95	543.2
楠竹	—	根	0.1	0.13	0.34	0.86	0.97	0.88	0.84	0.86	1.20	1.80

1991—2002年炎陵(酃)县主要农副产品收购价格表

表12-6

单位:元

品名	计算单位	年份											
		1991	1992	1993	1994	1995	1996	1997	1998	1999	2000	2001	2002
稻谷	50公斤	25.0	27.5	54.0	54.0	63.0	72.0	72.0	63.0	53.0	58.0	54.0	46.0
生猪	50公斤	163	180	210	314	410	390	380	300	260	270	275	250
杉木	立方米	351.7	339.0	362.3	336.0	346.3	333.5	331.1	306.6	278.4	186.2	163.1	154.9
松木	立方米	277.3	281.5	266.6	247.8	271.1	252.9	255.1	249.1	226.9	153.0	156.2	157.8
杂木	立方米	177.7	169.9	181.5	172.6	178.5	163.9	154.7	174.3	146.2	166.3	159.1	161.8
楠竹	根	3.5	3.5	3.5	3.7	3.7	4.0	3.0	3.0	4.5	3.5	3.5	4.2

2003—2014 年炎陵县主要农副产品收购价格表

表 12-7

单位：元

品名	计算单位	年份											
		2003	2004	2005	2006	2007	2008	2009	2010	2011	2012	2013	2014
稻谷	50 公斤	56.0	67.5	73.5	72.1	80.3	92.1	90.4	101	122	128	124	124
生猪	50 公斤	380	424	377.5	353	603	744	542	610	850	742	752	669

1950—1990 年酃县部分年份主要农副产品销售价格表

表 12-8

单位：元

品名	规格	计算单位	年份									
			1950	1952	1957	1962	1965	1970	1975	1980	1985	1990
大米	标二	500 克	0.078	0.078	0.085	0.085	0.106	0.138	0.138	0.138	0.172	0.342
茶油	—	500 克	0.40	0.40	0.705	0.87	0.89	0.89	0.89	0.89	1.20	2.45
菜油	—	500 克	0.39	0.42	0.49	0.75	0.78	0.78	0.78	0.78	0.89	2.60
木材	8-12 公分	立方米	15.7	19.9	24.7	25.4	46.93	49.25	55.91	77.12	310.11	793.0
楠竹	—	根	0.10	0.13	0.34	0.98	0.96	1.10	1.15	1.35	1.50	2.50
鲜肉	带骨	500 克	0.30	0.34	0.52	0.78	0.78	0.78	0.78	0.98	1.47	2.30
活鸡	—	500 克	0.30	0.34	0.51	1.30	0.84	0.78	0.76	1.10	1.88	4.30
鲜蛋	鸡蛋	500 克	0.22	0.24	0.45	1.12	0.63	0.76	0.86	0.76	1.35	3.20
鲜鱼	草鱼	500 克	0.25	0.25	0.45	0.50	0.50	0.50	0.60	1.40	1.50	2.30
絮棉	—	500 克	1.44	1.47	1.68	1.68	1.52	1.30	1.30	1.30	2.50	6.50

1991—2002 年炎陵(酃)县主要农副产品销售价格表

表 12-9

单位：元

品名	计算单位	年份											
		1991	1992	1993	1994	1995	1996	1997	1998	1999	2000	2001	2002
猪肉	500 克	2.23	2.4	2.7	3.74	4.7	4.5	4.4	3.6	3.2	3.3	3.35	3.1
杉木	立方米	622.1	612.5	609.9	633.6	736.3	443.4	601.7	508.8	398.1	292.7	267.88	277.78
楠竹	根	5.60	5.50	5.50	5.70	5.80	7.00	6.00	5.50	7.00	5.70	5.5	6.2
活鸡	500 克	3.8	4.8	5.2	7.5	9.3	12.1	9.35	6.5	5.5	6.5	6.5	6.0

续表 12-9

品名	计算单位	年份											
		1991	1992	1993	1994	1995	1996	1997	1998	1999	2000	2001	2002
鲜蛋	500克	2.5	2.7	3.5	5.0	4.4	4.6	3.93	3.3	3.0	2.6	2.6	2.7
鲜鱼	500克	3.5	2.3	3.0	4.5	5.0	5.8	5.7	4.7	4.4	3.9	3.9	3.8
活鸭	500克	1.8	2.0	2.8	4.0	5.2	5.8	4.68	4.1	3.9	3.2	3.2	3.4
干辣椒	500克	1.5	1.7	2.3	5.0	7.0	9.0	4.15	3.5	4.7	4.2	4.2	4.0

2003—2014年炎陵县主要农副产品及农资销售价格表

表 12-10　　单位:元

品名	计算单位	年份											
		2003	2004	2005	2006	2007	2008	2009	2010	2011	2012	2013	2014
猪肉	500克	7	7.63	6.1	5.75	9.3	11.4	8.7	9.3	11.2	11	12	11
晚籼米	500克	1.1	1.26	1.19	1.15	1.3	1.47	1.5	1.62	2	2.17	2.15	2.12
菜油	500克	4.0	4.02	3.53	3.23	4.53	6.42	4.38	5.0	5.7	5.58	5.45	5.06
活鸡	500克	6.5	6.29	5.86	5.25	5.96	6.5	5	7.19	8	8.07	7.97	8.27
鲜蛋	500克	0.37	0.38	0.4	0.37	0.5	0.53	0.5	0.54	0.65	0.63	0.69	0.73
草鱼	500克	3.5	4.92	5.3	5.5	5.2	6.88	7.2	6.8	7	7.79	8.0	7.91
牛肉	500克	9.0	9.92	11.2	12	12.1	16.7	21.3	19.7	24	31	40.1	40.8
青椒	500克	1.0	1.26	1.46	1.73	2	2.29	2.75	2.6	5	3.74	3.81	4.22
豆角	500克	1.3	1.58	1.65	1.71	2.3	2.55	2.78	2.89	4	3.68	3.83	4.0
尿素	公斤	1.5	1.78	1.99	1.93	1.92	2.42	1.92	2.05	2.6	2.53	2.31	2.08
复合肥	公斤	0.81	0.88	1.12	1.11	1.12	1.75	1.57	1.39	1.55	1.69	1.6	1.46

1950—1990年酃县部分年份主要工业品销售价格表

表 12-11　　单位:元

品名	规格	计算单位	年份									
			1950	1952	1957	1962	1965	1970	1975	1980	1985	1990
食盐	—	500克	0.18	0.155	0.19	0.19	0.18	0.17	0.16	0.15	0.15	0.40
煤油	—	500克	0.55	050	0.57	0.58	0.53	0.41	0.38	0.38	0.38	0.40
白砂糖	—	500克	0.68	0.79	0.75	0.78	0.81	0.77	0.77	0.76	0.76	1.40

续表 12-11

品名	规格	计算单位	年份									
			1950	1952	1957	1962	1965	1970	1975	1980	1985	1990
精白酒	50℃散装	500 克	0.36	0.36	0.74	0.74	1.08	1.00	1.00	1.00	1.00	1.05
白市布	—	米	0.96	0.96	0.93	0.90	0.83	0.76	0.76	0.76	0.82	1.65
解放鞋	24.5 公分	双	4.92	4.92	5.26	5.26	5.16	4.36	4.81	4.50	4.01	6.95
铝锅	24 公分	只	4.32	4.32	4.45	4.45	7.10	5.50	5.67	6.41	6.74	13.50
肥皂	马头牌	条	0.36	0.36	0.38	0.39	0.48	0.48	0.42	0.42	0.40	0.85
自行车	永久 17 型	部	—	—	—	—	263.6	263.6	178	179.0	185.0	286.0
电风扇	湘潭 16	台	—	—	—	—	195	195	195	194.0	198.0	196.0
电视机	韶峰 14	台	—	—	—	—	—	—	410	410.0	417.0	489.0
水泥	400 标号	吨	86.0	86.0	97.0	97.0	135	112.1	112.1	95.0	91.0	180.0

第二节　价费管理

20 世纪 50 年代至 70 年代末，物价管理部门按照“统一领导、分级管理”原则，确保物价政策执行。1982 年，国务院颁布《物价管理条例》，坚持以计划经济为主，市场调节为辅，实行以国家定价为主、议购议销、工商协定价和集市价等几种形式并存的价格管理方法。一类农副产品与工业产品由国家定价，三类农副产品和完成统派购任务以后的一、二类农副产品实行议购议销，三类工业品中的小商品由工商企业协商定价，价格随行就市，二类工业产品价格浮动，幅度为 10%—20%。非商品收费坚持合理定价，属县管的主要项目有房租、自来水、印刷、电影、戏剧场租以及服务、旅馆、修理等行业的收费。1985 年，取消农产品统派购制度，粮食、油料改为合同定购，价格形式有国家定价、国家指导价、市场调节价 3 种。80 年代后期，对收费进行管理。1988 年 7 月开始，要求行政事业收费单位必须办理收费许可证。

1990 年，除少数重要商品由国家定价，县内生产供应的工业与民用电力、工业用竹木由县定价外，其余大量商品实行国家指导价与市场调节价。

1991 年，建立行政事业性收费登记卡，实施收费单位年检年审换证工作。1998 年，推行个私经济税费负担卡，废止 8 家党政机关、执法单位的服务性收费。2004 年，取消进城务工农民子女在公办中小学就学的借读费，医疗单位实行一日清单制度，药品价格和医疗服务价格实行明码标价。2005 年，对全县的培训收费进行清理整顿。制定乡镇集贸市场服务收费和建制镇生活垃圾处理费标准，规范殡葬服务价格、物业管理服务收费、农机服务价格。2006 年，对涉农收费进行清理和规范，除法律法规明文规定外，面向农民的行政事业性收费全部取消。

2008 年春季起，取消义务教育阶段学生的杂费、课本费等公用学杂费和农村学前教育收费。2009 年，取消公路养路费、公路运输管理费，开征城区污水处理费。对社团和中介收费主体资格进行重新认定，吊销标准计量质量学会等 10 个社会团体机构和中介服务机构收费许可证。

2010 年，落实基本药物制度，实施药品零差率销售。2011 年，将乡镇卫生院原挂号费、诊查费、注射费以及药事服务成本合为一般诊疗费，统一标准为 10 元 / 日。2012 年，进行公立医院医药价格综合改革试点，调整医疗服务价格，按照调整医疗服务价格增加的收入不超过药品合理差价总额 80%，全县医疗服务价格平均上调 29%，药品（中药饮片除外）实行零差率销售。2014 年，放开民办幼儿机构收费备案审批，由民办幼儿机构自行制定收费标准。2010—2014 年，取消、免征及降标 115 项收费项目，如税务登记证工本费、工商营业执照副本费、企业注册登记费、组织机构代码证工本费等。

第三节　价格监督检查

民国 32 年（1943），县政府规定对市场大米、大豆、食盐、布匹等实行限价，组织评价检查队，开展市场价格检查。由于物价飞涨，无法抑制，36 年宣布取消限价。

20 世纪 50 年代初，市场物价检查、监督同管理市场、打击投机倒把活动等工作结合进行。50 年代至 60 年代初，主要检查价格政策执行情况，纠正违反物价纪律行为，并对价格进行审定，以维护市场的稳定。

1963—1965 年，针对“大跃进”以后存在的价格混乱状况，开展全面性审价和物价检查。组织商业、供销、手工业等部门的物价管理人员，检查生产资料、工业、手工业和农副产品 3.04 万个商品价次。

从 1979 年开始，根据中共中央和省市部署，进行多次物价检查，较大规模的有企业财税物价大检查、整顿议价大检查、制止乱涨生产资料价格大检查和稳定节日市场物价大检查。在检查中，对错定规格等级、迟调、漏调价格，引起价格差错者给予批评教育，限期改正；对随意抬价，变相涨价、转嫁负担等违纪事件，按照有关规定进行处理。1985 年，成立县职工义务物价监督站，随后相继成立医药、邮电等行业义务监督站。当年，开展税收、财务、物价三大检查。1985—1990 年，物价检查 48 次，共查出物价违纪案件 312 起，违纪资金 83.39 万元。经处理，退还顾客 34.46 万元，没收罚款 48.93 万元。

从 1991 年开始，政府逐步扩大企业自主定价权，为保持市场价格相对稳定，价格监督检查部门采取相应的市场监控措施，对放开价格的商品实行动态管理，推行商品和服务实行明码标价制度。开展粮肥挂钩的尿素价格专项检查和木材收购价格、成品油价格、抗旱器材以及农业用电、化肥、农药、农膜等价格检查，查处一批乱涨价、乱收费和以劣充优、掺杂使假、短斤少两等违法行为，并联合纪检监察、财政部门清理行政机关私设账外账的“小金库”行为。

1993 年，成立治理“三乱”领导小组。为抑制通货膨胀，深化价格改革，控制价格过快上涨，不定期开展垄断行业商品、服务价格和执法执纪机关行政事业性收费的专项检查，重点查处涉农、涉企的乱涨价、乱收费行为。1998 年“6·2”洪灾后，查处下村乡个别经营户的食盐乱涨价行为。2003 年 4 月，查处少数商家在“非典”期间哄抬价格的违法行为，遏制市场价格的异常波动。

2008 年冰灾期间，重点加强价格监管，每天对销售生活必需品的超市、市场、液化气站等经营场所开展市场价格巡查，对县城一超市趁机上涨粮价行为进行处理。2011 年，县城及部分乡镇出现抢购食盐现象，及时采取措施查处，平息抢盐风波。2012 年，查处电力企业不执行省物价局批复的上网电价一案，为 8 家发电企业每年挽回经济损失上百万元。2014 年，应用“12358”全国价格举报管理信息系统，全天 24 小时开通价格举报热线。

第四节 价格服务

1993 年，贯彻《湖南省行政事业性收费管理条例》，开展价格服务进农村、进社区、进学校、进医院、进景区、进市场（商店）、进企业等活动。

2001 年，县政府成立涉农收费公示领导小组，设立涉农收费公示牌，要求各收费单位实行价费公示制度，实行教育收费卡制度和教育收费公示制度。2002 年，成立价格认证中心，拓展价格认证业务。配合司法、税务、行政执法机关等办理各项刑事、民事和经济涉案财物价格鉴定、涉税财物价格认定、价格认证等。到 2003 年底，全县各村、各收费单位的公示率达到 98%以上。2006 年，开通广电网络《炎陵县价费政策温馨提示》栏目，播放涉农收费规定。在县城 5 个居住小区进行价费公示试点，并制作村级卫生室医疗服务价格公示栏 95 块。2009 年，在流动人口较多、醒目的地方设置“12358 价格维权宣传牌”500 多块。筹资 60 余万元在湘山广场安装价费政策宣传、价格信息发布大型户外 LED 全彩电子显示屏。为全面、真实、准确地为上级价格部门提供中籼稻成本常规调查数据，在县内选择 9 个农户作为农产品调查户，及时调查生产成本汇总上报。

2010 年后，受市城调队委托，对炎帝陵景区门票、神农谷国家森林公园景区门票、城区供水定价、电力有限责任公司销售电价、湘山实验学校办学等成本进行监审。同时，对乡镇自来水厂的供水成本、城区生活垃圾处理成本、殡葬服务价格成本、经济适用房及产权共有廉租住房的定价成本和洣泉学校办学成本等进行监审，为定调价提供依据。至 2014 年，共办理涉案物价格鉴证案件 922 件，涉案总金额 787.15 万元；价格认证案件 5 件，涉及金额 75.71 万元。价格鉴证认证案件错案率为零。

第四章　工商行政管理

民国 34 年(1945),由县政府建设科负责工商行政管理。中华人民共和国成立后,1950—1953 年,工商行政工作由县工商科管理。“文化大革命”期间,市场交易视为资本主义。1968 年成立整顿市场打击投机倒把领导小组，下设办公室,1972 年改称工商行政办公室,1977 年 11 月成立工商行政管理局。

第一节　工商登记

民国 26—30 年,县内登记的工矿企业和商户有钨矿 1 家、煤矿 1 家、饮食业 4 家、雕刻业 2 家、商店 169 家。民国 34 年,县政府建设科给登记企业发放执照。

酃县人民政府成立后,1950 年 8 月，对私营工商业企业进行审查登记。全县有工商户 1054 户,除个别违法户停业转农外,其余均发给营业许可证,准予继续经营。1957 年,对城镇与农村集市进行开户歇业审查登记,换发营业执照,全县有 99 户商业企业重新登记换照。其中,国营企业 7 户,公私合营企业 44 户,合作商店 32 户,合作小组 5 户,代购代销与个体经销户 11 户。

1963 年,对工商企业进行全面审查登记,换发营业执照。登记换照 134 户。其中,国营、公私合营 23 户,供销社经营 16 户,合作社店及街道集体企业 84 户,个体工商业 11 户。按行业分:工业 31 户,手工业 16 户,交通运输业 15 户,商业 34 户,服务业 8 户,服务业 18 户,文化娱乐业 4 户,其他加工修理业 8 户。

1979 年,对集体工商企业进行调查清理、登记发证,经审查后发证 335 个。其中,全民所有制企业附设的集体工业企业 7 个,县局主办的集体工业企业 14 个,城镇街道主办的从事生产、加工修理、沙石运输及非商业性服务业企业 25 个,校办集体企业 1 个,公社大队主办的常年性集体企业 168 个,合作商店、合作小组和为国营商业代购、代销、代营的 120 个,停业整顿暂时不发证的 6 个。

1983 年始,转入正常性换发证和验证工作。当年,对全县工商企业、特种行业、交通运输业、个体工商业进行全面普查登记,为 208 个工商企业建立经济户口。1985 年,治理、整顿公司,对全县 32 个新办公司、中心进行清理整顿。保留公司名称的 7 个,更名 9 个,注销 16 个。1989 年,开展第二次清理。63 个公司中,因不符合条件撤销 6 个,降格 5 个,合并 3 个,限期 2 年整改达到公司条件 1 个,保留 48 个。1990 年,全县注册和登记的工商企业 873 户,从业人员 9767 人,注册资金 1.05 亿元;注册登记的乡镇企业 324 户,从业人员 3034 人,注册资金 791.6 万元;个体工商业 1044 户,从业人员 3060 人,注册资金 651 万元。

1990 年后,工商业进入快速发展时期,工商登记分企业登记、私营企业登记、个体工商户登记3大类。

一、企业登记

1994年,《中华人民共和国公司登记管理条例》发布实施,企业登记管理开始向依法独立登记注册推进。全县登记注册的工商企业1110户。2000年,推行政企分开,支持国有企业改制改革,县级企业实行产权制度改革。至2008年末,工商企业登记402户。2014年,全县有工商企业340户。其中法人企业131户,分支机构和营业单位209户。

二、私营企业登记

1993年,非公有制经济发展加快。到2003年,私营企业发展到140户,注册资金1.3亿元。2012年,省工商部门推出全民创业10条措施,推行"一站式"审批制。2013年11月,开始推进"个转企"工作,实行注册资本认缴制,放宽住所(经营场所)限制、前置审批制度等改革措施,降低准入门槛,私营企业迅速发展。当年完成"个转企"26户。2014年,完成162户。年末,全县有私营企业895户,从业人员5108人,注册资金28.76亿元。

三、个体工商户登记

1993年,县政府制定《加快发展全县个体私营经济工作意见》。1995年发展个体工商户1168户,是个私经济发展最快的一年。1997年,通过积极培育、改善服务、放宽条件、简化手续,对下岗职工开辟"绿色通道"、减免规费等措施,个体工商户逐年增多。2006年,县工商局下放登记权限,委托工商所进行个体工商户登记。2014年,全县有个体工商户5951户,从业人员6649人,注册资金4.74亿元。

第二节 消费者权益保护

1997年8月,成立县消费者委员会(简称消委会),对商品和服务进行社会监督,以保护消费者合法权益。1998年,开展评选"消费者信得过单位"和"消费者信得过产品"活动,县消委会组织有关部门和企业主管单位组成考评小组,对参加活动的各个单位,按标准进行考查、评议。获得"消费者信得过单位"和"消费者信得过产品"的,由县消委会分别颁发牌匾和证书。2002年3月,开通"12315"消费者投诉受理中心专用电话。2008年,维权网络建设向农村延伸,在全县乡镇(场)设立"12315"消费者投诉站147个,投诉网络基本形成。

至2014年,消委会和"12315"指挥中心线上、线下受理消费者投诉1.02万件,为消费者挽回经济损失1111万元。全县累计有174个单位获评"消费者信得过单位",有24个产品获评"消费者信得过产品"。

第三节　商标广告管理

1979年，县内开展商标管理工作。1981年，批准县酿酒厂“笔架峰”饮料酒、县制酱厂“湘山牌”酱油注册。1982年8月，国家颁布《商标法》，登记注册的商标增多。

1988年，开始对户外广告和广告经营单位进行清理。1990年8月，批准县水电局劳动服务公司经营广告业务，为县内第一家广告经营单位。当年，国家工商行政管理局核准县糖果糕点厂、沔渡果品厂、县玻璃建材厂、县铁合金厂、县土产日杂公司等9家企业11个商标申请。

2005年，“中冠”成为县内首个湖南省著名商标。2011年后，“都市明珠”“鹅行天下”“酃峰”“湘帝”相继成功申报为省著名商标。2014年，全县有广告经营户63户。

第四节　经济合同管理

一、经济合同鉴证、监督

1949年后，县内有国营、集体企业和私营工商业、农民之间的加工、订货合同及农副产品订购合同。1956年社会主义改造完成后，合同不被重视。

1979年后，逐步实行经济合同制。1980年5月，确定由县工商行政管理部门履行经济合同调解和仲裁职责。1981年，颁布《中华人民共和国经济合同法》，工商行政管理部门引导当事人依法订立合同，行使合同鉴证、监督、检查职能，处理合同违法行为。1987年3月，对298户2333份经济合同进行检查，实际履行2009份，履约率86.1%，未履行324份，占13.9%。其中，违约合同69份，无效合同42份。至1990年，全县共鉴证经济合同518份，鉴证金额2296.52万元，确定无效65份，违法7份，挽回经济损失113.46万元。调解合同纠纷810起，经办合同仲裁案件782起，解决合同争议金额31.45万元。当年，全县有66个工商企业配备专职与兼职合同管理人员132人。1991年，鉴证各类经济合同296份，鉴证金额1584.99万元。1993年，鉴证各类经济合同282份，鉴证金额1872.46万元。

1999年，颁布《中华人民共和国合同法》，同时废止《中华人民共和国经济合同法》，合同管理方式由鉴证变为监督，仅处理利用合同危害国家利益、社会公共利益的违法行为。鉴证经济合同数量逐年减少，至2004年后，经济合同鉴证工作终止。1991—2003年，鉴证经济合同784份，鉴证金额9915.24万元。

1991年至2014年底，检查各类合同5503份，为企业挽回、避免损失37起，金额137.43万元。调解、仲裁合同纠纷案件2起，合同金额17.4万元。查处违法合同案件1起，合同金额51.3万元。

二、守合同重信用单位创建

1991—1997年，由县人民政府命名“守合同重信用”单位46家。1998年后，“守合同重信用”单位的评定改由市以上工商行政管理部门。1998年，县建筑工程公司、县种子公司、大院罐头厂、鹿原建筑公司、三河建筑公司、金宇集团等6家企业评为株洲市“守合同重信用”单位。2003年，炎陵县建筑工程公司等3家企业评为湖南省“守合同重信用”单位。至2014年底，县内有市级“守合同重信用”单位94家，省级“守合同重信用”单位46家。县建筑工程公司连续16年获评株洲市“守合同重信用”单位，连续11年获评省级“守合同重信用”单位。

第五章　质量技术监督管理

1963年2月，成立酃县计量管理所，归口县人委会计委，业务受湘潭地区计量管理处指导。1975年3月，成立县革命委员会标准计量所，定编3人（行政编制1人、事业编制2人），归口县计划委员会。1978年9月，归口县科委。1988年7月，更名酃县标准计量管理局，为副科级单位。1994年11月，更名炎陵县技术监督局，为正科级单位。

第一节　质量管理

民国25年（1936），县政府将度量衡有关法令概要撮集选登于县民报并印发《划一全县衡器告知书》，分区进行度器检查。26年2月，对王家渡集市的度器进行检查。3月，统一城区金银业衡器，缴毁旧秤70余支、旧度器7支，推行新衡器60余支。同年9月，政府始配度量衡检定员，先属县政府财政科，后改归建设科。31年10月，全县检定量器303件，全部合格；检定衡器5件，合格3件。

1959年，国务院发布统一计量制度的命令，计量制度基本统一。1963年2月，湘潭地区计量处拨给县计量所100克组四等标准砝码1盒、直尺检定器1台、2.5公斤/个的四等铁质砝码10个。

“文化大革命”期间，计量管理业务人员被抽调下乡，除土壤测试少量项目外，计量业务基本停止。1975年8月，湘潭地区革委会标准计量管理处在县召开全区标准计量为农业服务经验交流会，交流和研究土肥测试试点工作，为推广良种良法、科学种田提供服务。

1978年9月，成立酃县革委会中医处方用药计量单位改革领导小组。将中医处方用药的十六两为一斤的旧制改为“米制”（即公制）。废止两、钱、分等旧市制计量单位，计量单位改用克、毫克、升、毫升。

1981年5月，县政府颁布《关于加强度量衡器管理的布告》，规定凡新制、修理、销售和使用的度量衡，一律按国家规定的计量制度，采用公制或以公制为基础的市制，其他旧杂制一律废除。凡超过检定周期、无合格印证、残缺不全、弯曲变形、示值不准和不合格的秤、尺，一律禁止收购、销售和使用。陆续购置计量标准仪器设备35台（套），货值3万余元。主要仪器设备有砝码、天平、标准铜增铊、量块、刀口尺、千分尺、百分表检具、钢直尺、酒精比重计、标准血压计、精密血压表、活塞压力计、标准压力表、标准量提器、标准电阻、标准电度表(0.5级)、单相电度表校验台(0.5级)、水表检定装置(0.2级)等。

1984年2月,国务院颁布统一实行法定计量单位的命令,自7月起,只能生产法定计量单位制的公制秤,市制秤一律停止生产。从事销售度量衡器的单位和个人,一律停止从外地购进和销售市制计量器具,原有的市制存货,延后改制,不能改制的作报废处理。凡从事计量器具修理的人员,须经培训、考核,持证上岗。

1986年7月,根据《强制检定计量器具目录》,对全县使用的工作计量器具摸底统计,全县有24项40种5.08万台(件)属于强制检定范围的计量器具。其中,贸易结算方面4.86台(件),医疗卫生用方面609台(件),安全防护方面1337台(件)环境监测方面32台(件)、其他方面219台件。1986年10月,县人民政府公布第一批实行强制检定的工作计量器具共9项22种,审批56个单位的强制检定申请,并制定强制检定方案。1987年,开展首轮强检计量器具检定,检定计量器具7127台(件)。

1988年3月,县人民政府印发《关于加强电度表强制检定的通知》。1989年10月,经县自来水公司申请,经组织考核合格并报市计量局批准,授权自来水公司设立水表计量检定站,承担全县15—50毫米二级水表检定、测试任务。

1992年11月,在商业、粮食、供销、医药等部门推行使用电子计价秤。2001年8月,对县电信局及各公用电话代办处的电话计时计费装置(含IC卡、磁卡电话)进行强制检定。

2008–2014年,连续7年对县农贸市场的贸易结算计量器具和乡镇、村卫生室的医用计量器具进行免费检定,共检定各种计量器具1.88万台(件)次,用于贸易结算、安全防护、医疗卫生、环境监测的强制检定计量器具,周期强检率达到100%,合格率99%。2013–2014年,组织产品质量监督抽检共61批次,合格254批次,合格率97.32%。出动执法人员820余人次,巡查、回访食品生产加工企业120余家次,下达《食品质量安全指令书》40份,查办食品质量违法案件6起,案值3.5万元。开展设备安全"打非治违"活动和建材、铁合金、汽(摩托)车配件、消防、日用、农资等主要工业产品生产许可证与强制性认证产品检查440批次,立案查处质量、计量、标准化违法案件20起。

第二节　技术服务

"文化大革命"期间,计量管理配合县委的中心工作,在"农业学大寨"运动中实施土壤测试和种子标准化项目,为科学种田提供服务。

1995年,对全县林业系统的竹木检量尺具、木材材积检量、木材标准进行监督检查,检查木材支公司、货场、国有林场共24个单位,检定π(派)尺234把、钢卷尺145把、布卷尺66把、卡尺14把,填发强制管理计量器具准用证24本,发放木材产品标准实施证书24个。1996年6月,对县小水电公司和水口电站2个电能表计量检定授权站和县自来水公司水表检定授权站进行考核复查。11月,对"炎陵泡菜"和"三龙酒"两个产品的企业标准进行评审。1997年,质量监督检验所的检验项目扩大到食品、酒类、饮料、饲料、预应力混凝土空心板等,计量检定项目达13项23种。

2002年下半年,全县农村电网进行改造,计量测试所负责全县农网改造电能表的检定工作。至2003年,共检定农网改造电能表1.86万块。2004年,笋竹两用林高标准改造示范项目列为省农业标准化示范项目。年底,发布《笋竹两用林高标准改造技术规程》。2007年5月,经湖南省质量技术监督局标准化处检查验收,将该项目作为湖南省上报国家级农业标准化示范项目之一。2009年,笋竹两用林高标准改造技术规程示范推广获株洲市科技进步二等奖。

2010年9月,31个用户投诉长兴水泥厂的水泥质量问题,涉及房屋及房屋装修、高速公路建设工地、农村通畅通达工程。通过排查问题水泥流向,查出有质量问题的水泥3个批次共1200吨。

至2014年,产检所配备有气相色谱仪、原子吸收、紫外分光光度计、电子天平、铂金坩埚等检验设备,价值100余万元,具备农业、能源、交通、通讯、工矿业多项产品的检验能力和资质。

第三节 监督执法

1985年9月,《中华人民共和国计量法》颁布,1986年7月1日起实施,计量部门加大管理力度。至1989年12月,共查处计量违法行为134起(其中立案7起),罚没款4648元,没收不合格计量器具679件,仲裁计量纠纷2起。

1990年元月,开展突击查处伪劣商品行动,以生产、生活用品为检查重点。3月中旬,对县生资公司、种子公司和城关镇各批发部门以及城东、王家渡、沔渡、水口等乡镇供销社等14个单位201种商品进行重点抽查,立案12起,罚没款4200元。

1992年,贯彻国务院《关于严厉打击生产、经销假冒伪劣商品违法行为的通知》,打击弄虚作假,坑骗消费者利益的违法行为,出动120余人次,对全县16个乡镇进行监督检查,立案5起,处罚违法单位17家,追缴罚没款6901元。

1993年2月,《中华人民共和国产品质量法》颁布实施。"3·15"前夕,开展声势浩大的宣传活动。4月,在标准计量管理局设立人民法院技术监督法规执行室,配备4名执行人员。1994年元旦、春节期间,开展"打假惩劣"行动,查处假冒伪劣商品721件,典型案件4起。3月,联合开展无假冒伪劣、无以次充好、无短斤少两"农资质量年"活动。

1995年3月下旬,农户投诉县种子公司从外地调入的杂交水稻种子发芽率、成秧率低等问题,经检验,6个样品均为等外级种子,责令县种子公司赔偿农户直接经济损失32.6万元。6月2日,平乐乡农户投拆平乐供销社经销的三元复合肥存在质量问题。经查,该批化肥共9.5吨,属劣质产品,依法对县生资公司处2.13万元罚款,并责令其赔偿农户经济损失7110元。8月,县政府调整打击生产经销假冒伪劣产(商)品领导小组成员,并设立打假领导小组办公室。1996年5月,对全县经销钢材、镀锌水管的9家商店进行专项监督检查,随机抽取混凝土用热轧带筋钢筋(螺纹钢)样品4个、镀锌水管样品3个送检,全部为不合格产品。

2000年,开展“为民服务保生活、安全健康过新年”“为农服务保春耕、合格农资进乡村”“工程建设保安全、优良建材安家园”三大主题执法活动。通过“查市场、保两节”“查农资、保春耕”“查建材、保建设”专项打假治劣活动,重点对“房子、车子、米袋子、菜篮子、煤炉子”进行执法检查。当年12月,对江西、福建业主在沔渡、石洲、十都、龙渣等地生产“地条钢”产品的违法行为进行查处,捣毁4个违法生产“地条钢”窝点。全年查处各类案件103起(立案19起),查处假冒伪劣产(商)品标值32.65万元,集中销毁假冒伪劣产(商)品货值3.1万元,捣毁制售“黑心棉”加工窝点各1个。

2002年,依法对石洲安坑,十都皮坑、密花,沔渡电站等三地4家“地条钢”厂进行专项打击,查处国家明令淘汰的“地条钢”338吨,货值43.9万元。9月,向工商部门发出吊销4个厂家营业执照建议。2008年3月,组织对家具、玩具、服装、油漆涂料、汽车配件、絮用纤维制品、装饰材料、洗涤用品等开展专项执法检查。6月,查处水口镇水南村、浆村村“地条钢”生产厂2家。

2009年元月,开展打击违法添加非食用物质和滥用食品添加剂专项整治行动。对肉制品、乳制品、配制酒、熟食、米粉等食品进行专项监督检查。3月,开展春季农资打假联合整治行动,在6个乡镇检查农资经营户37户,检查种子、化肥、农药200余个品种,查扣杂交水稻种子24公斤,没收过期农药3公斤。

2012年3月,组织质检利剑农资打假下乡专项行动,以开展进村入户抽样活动,严查坑农害农违法案件,倡导诚信为本责任意识为主要内容,检查农药、化肥、农资等涉农产品50余批次,监督抽检5批次,其中不合格1批次。

第六章　审计管理

民国29年(1940年)实施地方款送审制,县内财政稽核事项由省审计处管理,36年,县级机关会计报告及单位决算报告均送省审理。

1950—1982年,财经审计工作由财政部门兼管。1983年12月,成立酃县审计局,对本级人民政府各部门、乡镇人民政府、国家金融机构、全民所有制企事业单位以及国家资产单位的财政、财务收支的真实、合法、效益进行审计监督,开展审计查证和咨询服务。

第一节　国家审计

1984年5月,县审计局对青石冈林场财务收支进行试审。1985年,重点对滥发奖金、实物、贪污私分的单位进行财务收支审计,对17个县直属行政事业机关开展定期报送审计。

1986年,扩大审计范围,发挥综合监督作用。至1988年,对322个单位和项目进行定期报送审计与就地审计，查出违纪金额 935.73 万元，上缴财政 307.17 万元。1989 年，重点对全县行政机关经商办企业的公司、非生产性基建项目的规模控制、支农扶贫资金管理和效益、教育经费收支与管理及中央、省、市在本县的金融、粮食等行业的财务收支管理和厂长(经理)离任经济责任分别进行专业审计。

1993 年，对 4 户金融企业(工行、农行、建行、中行)进行审计监督，查出违纪、违规资金 3925 万元，审计应上缴财政资金 50.55 万元，审计查出超规模和未纳入规模的贷款 2680.9 万元，改变贷款专项性质的违规贷款 994.1 万元，用信贷基金炒房地产 200 万元，私设“小金库”5.87 万元，隐瞒转移各项收入偷税漏税 22.1 万元。

1995 年，开全市之端，对上年度县本级财政预算情况进行审计，同时对全县预算外资金和行政性收费、罚没款的收支，部分单位的银行账户开户和行政经费预算拨款情况进行专题审计，并延伸对 29 个有关预算组成单位和乡镇进行审计调查，及时发现存在的问题，引起政府和财政部门高度重视。同年审计项目 41 个，审计单位 128 个，审计资金总额 1256.41 万元，查出违纪违规资金 294.66 万元。全年开展两次林业“一金两费”审计及清理，清理漏提、漏缴、欠缴“一金两费”42.28 万元。

2001 年，成立县领导干部经济责任审计工作领导小组，建立由组织、纪检、监察、人事、审计等单位组成的工作联席会议制度，以财政性资金、专项资金、重点建设和领导干部经济责任审计为重点。至 2002 年，完成 17 个经责审计项目，审计 19 人。

2007 年，“同级审”审计 30 个预算收支组成单位，审计资金总额 8523 万元，查出各类违纪违规资金 405.6 万元。2008 年“同级审”审计 31 个单位，审计资金 1 亿元，查出违规违纪资金 1293.5 万元，揭露和查出预算执行方面存在收支不够真实、税收征管不够规范、应列未列支出数额大等问题。对县财政在预算执行过程中进一步加强财政性资金管理、使用，防范财政赤字和负债带来风险以及财政收入和支出的真实性等方面提出建议。与此同时，对世行贷款林业持续发展、欧盟援助改水改厕健康教育、农业综合开发、农村低保、城镇低保、医疗保险、养老保险等进行专项资金审计。查出违规违纪资金 385 万元，向有关部门移送案件 1 起。

2008 年 3 月，县政府颁布《炎陵县建设项目投资审计监督管理办法》，成立炎陵县基建投资审计中心。年底，完成霞阳镇敬老院、城南小学教学楼、科教楼、维修改造工程等建设投资项目审计，送审 4970.78 万元，核减工程造价 796.08 万元，查补税收 7.29 万元，提示和及时纠正项目建设和管理中存在的问题。

2009 年，完成审计项目 35 个。全年查出违规违纪资金 9410 万元，处理上缴财政资金 61.8 万元，责成归还原渠道资金 161 万元，核减工程基建投资 574.56 万元，提出审计建议 54 条。2010 年，完成审计项目 39 个，审计及延伸审计单位 56 个，查出违规违纪金额 2186.87 万元，处理应收缴上交财政 33.87 万元，提出审计建议 52 条。

2011 年，完成审计(调查)项目 32 个，查出违规金额 1438.44 万元，审计处理上缴财政 35.87 万元，核减工程结算金额 1193.98 万元，提出审计建议 37 条。制定《炎陵县投资项目结算审计办法(试行)》，投资项目审计进一步加强。2013 年，对全县各单位及 15 个乡镇政府性债务情况进行全面审计。

2014年,对当年专项工作评议的司法局、民政局、药监局等3家单位的财政情况进行审计。对炎陵中学整体搬迁资金使用情况和县文体中心建设重点工程项目的资金使用情况开展审计调查。

第二节　社会审计

县审计事务所于1988年6月开始受理社会审计服务项目,当年审理清产核资和工商注册资金21项。1989年,完成国营工业企业财政收支账务服务和基建决算审计验证服务项目27个,受理工商企业清产核资和工商注册资金验证156户。1990年,完成审计服务项目39个,通过审计服务,核实基建工程决算投资24.6万元,为企业自行调账处理,免于查处资金32.2万元,上交财政资金5.56万元。

1994年,社会审计担任常年财务顾问咨询单位52个,帮助纠正违纪金额402.2万元,提出审计建议105条。1995年,社会审计完成审计、查证、验收、咨询服务项目286项,帮助服务单位纠正违纪违规资金98.75万元,提出合理化审计建议67条。全年完成基本建设工程预决算项目46项,审计工程造价1963.1万元,核减高估冒算工程造价282.6万元,占送审总造价18%。1997年,审计事务所完成委托服务项目277个,核减虚假注册资金81万元,核减基建预决算80万元,实现服务收入30万元。

1999年底,审计师事务与审计局脱钩,人员分流。2000年后,会计(审计)师事务所不再挂靠政府行政事业单位。

第三节　内部审计

1986年,林业局、教育局建立内部机构,开展内部试审。1987—1989年,县供销社、粮食局、商业局、卫生局、乡镇企业局、水电局分别设立内审机构,配备专职人员,开展内审单位和项目78个,查出和调账处理违纪资金206.59万元。1990年,完成内审单位和项目113个,查出违纪资金143.3万元,为国家增加税利26.3万元,挽回企业损失30.59万元。1994年,完成审计项目48个,纠正违纪违规资金44.99万元,查出损失浪费资金19.5万元,促进增收节支8.7万元。

1997年,内审机构完成审计项目62个,查出损失浪费资金28万元,促进增收节支29万元,纠正违纪违规金额142万元。当年,县教育局监审股被省审计厅授予内部审计先进单位。1998年,13个内部审计机构完成审计项目85个,查出损失浪费金额7.59万元,促进增收节支19.6万元,纠正违规资金42.57万元,清退中小学乱收费18.24万元。

2004—2008年,完成审计项目164个,查出并纠正各类违纪违规资金257.7万元、损失浪费资金40万元,提出审计建议85个,促进增收节支132.8万元。

2009—2010 年,完成审计项目 91 个,审计总额 2.84 亿元。查出各类违纪违规资金 131 万元,查出损失浪费金额 17.5 万元。核减基建工程款 73 万元,提出审计建议 36 条。

2011—2014 年,全县内部审计机构共完成审计项目 225 个,审计金额 106875 万元,查出违规金额 289 万元,核减基建工程款 111 万元,节支 436 万元。2013 年,县教育局内审机构获市级年度内审先进单位。

第七章 农村经济管理

第一节 农村财务管理

一、制度和监督

1955 年春,全县建初级社 33 个,财务实行统一经营、分级管理的办法,每个初级社成立管理委员会,将社内农户分成若干小队,每小队 10—20 户。小队设记工员、保管员和技术员。劳动管理主要有三种形式;一是小段包工。社委会每次将 10 天左右的农活包给小队,小队或临时派工,或再包给社员,按件计分,也有评工计分的。一小段农活完成后,再发包下一段。二是季节包工,除时间长短差异外,方式与小段包工相同。三是常年包工,社委会定出土地产量,将农活全部承包给小队,超产部分按 30%—40%奖励给社员,60%—70%作农业社公共积累。

分配有两种形式:一种是在扣除生产成本和管理费,按比例提取公积金、公益金后,依土地 40%—45%和工分 55%—60%的比例分配;另一种是将总产量分为基本产量(入社时按土地评定的产量)和超额产量两部分。基本产量部分在扣除生产成本和管理费后,按土地 45%—50%,和工分 50%—55%的比例分配,超产部分在扣除公积金、公益金后按工分分配。

1955 年 12 月,初级社升为高级社。粮食分配在完成国家征购任务,留足种子、饲料和基本口粮后,剩余部分多数按工分分配,少数用于照顾困难户和奖励,现金分配在完成农业税后,扣除生产费和管理费,提取公积金和公益金,剩余部分按工分分配。

1959 年,制定鄗县最早的一部财务管理制度,内容包含财务公开制度、审批制度、现金管理制度、单据制度、公共积累的使用制度、公共财产的保管制度、社员预支制度、财务检查制度、财务人员接交制度。县、公社、大队、生产队均建立农村财务管理机构,配备农村财务管理人员和业务人员。

集体分配的劳动管理形式有两种:一是定额记分。即把农活分段、分项目、分工种、分等定量制定记分定额标准,按社员实际完成的劳动项目、数量、质量等次和定额标准计算工分。二是活评记分。年初由生产队社员大会按照个人的劳动能力、技术、劳动效率、思想政治等方面表现评定底分。社员出勤按早上、上午、下午记出勤，早上占全天 20%、上午占全天 40%、下午占全天 40%。

公社、大队公益事业性建设用工，如修路、架桥，水库、水圳、水坝建设和维修。公共事业投工，如民办教师务工、赤脚医生务工、民兵训练务工、乡村不脱产干部务工等都采用调工形式。平时调工由调工单位开出调工证明，年终分生产队汇总。由公社或大队分摊平衡。一般按劳动力数量分摊负担，即区域内总调工数量除以劳动力数量，计算出每个劳动力负担调工数量。再按大队、生产队劳动力数量计算负担调工数。调工的工价分别由公社、大队确定，用资金形式平衡，并纳入生产队年终分配。

粮食分配在核算单位年度粮食总产量，完成国家粮食征定购任务，留足 5%左右储备粮、照顾粮和下年度需要的种子粮、饲料粮(生猪饲料、耕牛饲料)后，余下按人口和工分比例分配到户。产值分配，核算单位年度总收入冲销生产费、管理费、及其他费用等后，按规定的比例提取公积金、公益金、储备粮基金、山价款等积累资金后，余额按工分分配到户。

农村经济体制改革后，适应新的要求，加强财务人员培训和监督检查，出台了相应的管理制度，不定期开展农村财务审计。1994 年在全县开展“农村财务管理规范化建设工程”，提出农村财务机构设置和人员配备、会计核算方法、现金管理、记账要求、财务制度建设、财务档案管理等方面的规范化建设内容。2000 年 9 月，制定《炎陵县农村合作经济组织财务制度实施办法》，对全县农村合作经济组织和集体经济组织的资金收入管理等作了明确的规定。

2007 年 5 月，根据国务院国办发〔2005〕39 号文件精神，全县所有行政村全面推行会计委托代理制，实行“五统一”：统一财务制度、统一票据、统一会计核算、统一财务公开，统一建档。至 2009 年年底，全县 202 个村全面实行村级会计委托代理制，实现村账乡镇管理。

2010 年 12 月，制定《炎陵县农村集体经济组织财务规范管理暂行办法》，明确会计委托等具体的财务管理办法。

二、农村财务清理和审计

1963 年 5 月，县委组织工作组在石洲公社和三河公社星光大队开展“四清”(清账目、清工分、清粮食、清物资)。

农村集体经济财务的审计，主要包括村、组集体财务，农村合作经济组织财务，农村经营管理代理财务，乡、村、组集体企业财务。1990 年，县农村集体经济审计站共审计 17 个村，计 95 个村民小组。查出违规金额 11.43 万元，违规人员 265 人。通过审计兑现 258 人，金额 10.69 万元，占应兑现 93.53%。1993 年，审计 22 个村，73 个村民小组，查出违纪金额 12.84 万元，涉及人员 164 人，审计兑现 158 人，金额 11.74 万元，占 91.43%。

专项审计包括村委换届专项审计、集体企业专项审计、乡镇服务站专项审计和农民负担专项审计。

三、农村集体经济核算单位体制变更

20世纪50年代建立初级社和高级社时期，农村集体经济核算全部以生产大队为基本核算单位。

1962年起，推行以生产队为农村基本核算单位。全县194个大队实行以生产队为基本核算单位。70年代中期，倡导基本核算单位向大队过渡。1976年，下村公社太平大队成为全县首个过渡的大队。该大队辖4个生产队，76户，397人，当年总收入6.9万元，人均174元。社员分配金额4.63万元，人均117元，比上年人均增加61元。1977年，塘田公社澎溪大队过渡到以大队为基本核算单位。1978年，增加城东公社的中团、东风、石子坝、黄沙垄；垄溪公社的茶背、三口；三河公社的新田、星光；中村公社的梅岗和城关公社的蔬菜等10个大队。当年，这12个大队辖93个生产队，2546户，12151人。劳动力4754个，耕地1.42万亩，粮食总产747.7万公斤，亩产551公斤，总收入338.46万元，人均收入278.54元，社员分配金额157.67万元，人均129.25元，人均分配收入高于全县人均15.12元。

1981年，以大队为基本核算单位分配制度终止，恢复以生产队为基本核算单位。

四、村级债务管理

2006年2月，对2005年以来村级集体的债务债权摸底清查。2007年4月，根据《国务院办公厅关于清理化解乡村债务工作的意见》，开展建立村级债务台账工作，6月底，全县村级广泛建立债务台账。对村级债务进行动态管理。

2014年年末，全县有债务的村168个，占总村数83.2%；无债务的村34个，占总村数16.8%。全县村级债权余额136.02万元。其中，负债40万元以上的4个村，30万元至40万元的村5个，20万元至30万元的村8个，10万元至20万元的村27个。全县村平均负债6.58万元，组平均负债9272元，户平均负债325元，农业人口平均负债90元。

全县无债务的村有：东风的西草坪、红星，三河的西台、霍家、太坑、星光、团溪、天平、深坑，霞阳的坎坪，沔渡的瑞口，十都的小江、上井、车溪、红南、深垄、南流、青石冈、低垄、黄峰寨、黄上、太坪、瓜寮，鹿原的翠群、玉江、西塘、炎陵、霞塘、江口，水口的木湾、小湾，平乐的洞子、茅坪、棉楹共34个村。

第二节 农村合作基金管理

1985年，垄溪乡将原由乡经营管理站统一管理的生产大队、生产队积累资金转作股金，以资金所有者为股东，成立垄溪乡合作经济互助会，为全县首个经济互助组织。当年股金9.33万元，1990年扩大为21.26万元，其中村组集体入股17.86万元，乡村企业入股3.4万元，另有代管资金55.56万元，其间，累计投放给村组企业和农户生产的周转资金

101.74 万元。

1994 年 8 月,县政府下发《关于建立农村合作基金会有关问题的通知》,提出在乡镇逐步建立农村合作基金会。1995 年 5 月,发布《炎陵县农村合作基金会管理办法》,对农村合作基金会的组织机构,资金筹集,资金融通和回收,内部管理和收益分配等进行明确规定。

1995 年 7 月,县农村合作基金会管理办公室成立。1996 年 4 月,垄溪、霞阳、十都、石洲、三河 5 个乡镇成立农村合作基金会,1996—1997 年,又有鹿原、策源、船形、东风 4 个乡镇成立。1997 年末,9 个农村合作基金会聚集资金 1400 万元,投放 1042 万元。

1998 年 7 月,国务院颁布《非金融机构和非法金融业务活动取缔办法》,对农村合作基金会进行清理。

1999 年 4 月,县政府抽调 26 名机关干部,对农村合作基金会进行清理整顿,至 6 月,收回欠款 363.23 万元,经过清产核资,9 个农村合作基金会作分类处置,鹿原、三河、垄溪、十都、霞阳、石洲 6 个基金会并入同级农村信用社,船形、东风、策源 3 个基金会清盘关闭。

第三节　农民专业合作组织

2003 年 12 月,株洲神风饲料养猪协会成立,为县内第一家农民专业合作组织。此后,富民养殖协会、下村云里柰李种植合作社、仙坪水果种植专业合作社、霞阳养殖协会、平乐黄桃种植专业合作社、神农福高山水果种植专业合作社等一大批农村种养专业合作社涌现。

2005 年,富民养殖协会被中国科协列入科普惠民计划,同年,兴农养殖协会、县笋竹产业协会被评为湖南省农民专业合作社组织先进单位。

2009 年 3 月,成立农民专业合作组织建设工作领导小组,出台支持政策。年底,全县农民专业合作组织 39 个,社员 2196 个,带动农户 8628 户,涉生猪、白鹅、牛羊养殖、水果、蔬菜种植、竹笋加工等行业。

2010—2014 年,先后有神农瓜菜种植专业合作社、云里柰李种植专业合作社等 26 个合作社申报柰李、辣椒、大院萝卜、黄桃为绿色食品,稻米、茄子、辣椒、莴笋、大白菜、西瓜、马铃薯等 17 个农产品为无公害农产品。

2010 年,平乐黄桃种植专业合作社获湖南省十大示范农业专业合作社,次年被定为全国农民专业合作组织建设示范社。

至 2014 年年底,全县有农民专业合作社 183 家,社员 8058 个,农民专业协会组织 19 家,有协会会员 1192 人,带动农户 3055 户。

第四节　农民负担监督管理

20 世纪 80 年代,农村经营体制变更后,“三提五统”,即村提留的公积金、公益金、管理费,乡统筹的计划生育费、民兵训练费,乡村两级办学经费、优抚(含军烈属、困难户、五保户)、乡村道路建设费无固定来源,加之各项达标频仍,导致农村筹资困难和乱收费增多,农民负担过重。1990年,全县农民各种负担总额(包括国家税金、集体提留、统筹、收费和罚款)830万元,人均53元,占1989年人均纯收入447元的11.9%。

1990年8月,成立县减轻农民负担领导小组,组织人员对县直21个涉农收费单位进行清理,共清出收费项目126个。其中,属中央文件规定的13个,省规定的46个,市规定的40个,县规定的27个。通过清理取消县级收费项目4个,督促县木材公司返还1989年集体山价款385万元,木材利润分成39.5万元。12月7日,国务院颁布《农民承担费用和劳务管理条例》,同月,县政府下发《关于提取1991年乡镇统筹费和村组提留款的通知》,规定1991年全县农村教育、计划生育、民兵训练、优抚、五保户供养和村组提留的公积金、公益金、干部津贴、办公费等,乡村两级统筹提留的数量以乡镇为单位,以农村经济收益分配年报为依据,控制在上年度农民纯收入的4%以内。

1993年3月,对全县20所中学,19所中心小学的收费进行专题检查,发现违规超标收费,责成及时退回。

1994年9月,县政府决定自第二年起统一制作农民负担卡,对当年农民应负担的项目标准详细载明,全县农户一户一卡,农民凭卡缴费。

1997年7月,县人大组织对塘田、中村、城关、石洲等乡镇涉农收费文件清理,税费收缴,农民负担的项目、数额等进行检查。

1998年12月,乡统筹村提留实行"定项限额、一定三年",每3年计提1次,以人均村收入的平均数为计提依据,在每个3年期的第一年,由乡村提出预算方案。经村民会议和乡人民代表大会审定,报县减负办审核后分解到户,发放农民负担监督卡。

2001年7月,全面实行涉农收费公示制度,成立涉农收费公示领导小组,统一制作总公示牌230块。8月,县政府发文实行农民负担"一票否决制"。凡落实领导责任制不力,出台加重农民负担的文件、政策、规定和出现违法违纪收缴农民税费行为的,除追究当事人和直接责任人的责任外,还要追究同级和上一级一把手的行政和纪律责任,并规定由县农民负担监督管理领导小组行使否决权。

2002年6月,推行农民负担警示卡制度,所有乡村干部和涉农工作部门人员到农村下乡入户,必须随身携带农民负担警示卡,全县统一制作"农民负担警示卡"2000张,乡村干部人手一卡。当年,全面推行农村税费改革,核定计税面积和计税产量,执行国家规定的税率和价格。税费改革后,全县人均负担税费由154元减少到68元,减幅55.8%。"五统三提"也随之取消,集体公益事业建设投入采用"一事一议"来筹资筹劳。按照村民自愿,人均最高限额15元,经村民会议或村民代表会议讨论通过,所筹资金乡管村用,专户核算。建立农民收支与农民负担监测网络,选定部分农户采用日记账的方式,及时反馈农民负担情况。

2004年起,农民负担监督管理工作除了防范涉农乱收费、乱罚款、搭车收费外,对惠农补贴,如种粮补贴、综合补贴、良种补贴、农村困难户危房改造补贴、农机补贴、家电补贴等开展监督检查,确保惠农政策落实到位。2009年9月,炎陵县列入全省村级公益事业建设"一事一议”财政奖补试点县。当年实施村级公益事业建设“一事一议”财政奖补项目38个。其中，村道建设项目21个，水利建设11个，公共环境卫生及绿化建设项目6个，投入资金1292万元，农民投工3.01万个，财政奖补资金290万元。2013年10月，县委、县政府颁发《炎陵县减轻农民负担长效机制实施办法》《炎陵县关于违反减轻农民负担行为实行责任追究的暂行办法》《炎陵县农民负担重点单位实施重点监控办法》，减轻农民负担工作进入常态化工作。

2010—2014年，奖补项目484个。其中，村道317个，里程487.8公里；水渠94条，新建或维修水渠111.62千米；山塘水库3个和饮水工程1个；其他小型水利设施项目44个；公共环境卫生和绿化项目25个。投入资金1.3亿元，其中财政补贴资金4504万元，农民投工20.84个。

第八章　国土资源管理

第一节　地籍管理

一、地籍调查

土地调查　1989年10月成立酃县土地详查领导小组，开始土地详查。1990年5月，组建29人的土地详查调查队伍，聘请省地矿局测绘大队专业技术人员，开展外业调绘，到1993年4月结束，历时近3年，耗资32.1万元。1993年6月，经省国土管理局详查领导小组验收合格，随后结集出版了《酃县土地利用现状调查报告》《酃县土地利用现状分类面积数据集》《1∶5万县土地利用现状图胶印彩图》。

2008年4月，开展第二次土地调查，由湖南省煤田地质局物探测量队担任调查的技术单位。调查分为农村部分和城镇部分，历时3年多，分别于2010年9月和2011年8月通过验收。调查成果于2014年7月4日正式公布。本次查得全县土地面积20.30万公顷，按三大类分，县农用地19.09万公顷，建设用地5100公顷，未利用地6900公顷。

第二次土地调查之后，逐年开展年度土地变更调查，确保数据的准确性。变更调查采用统一的土地利用分类国家标准，实地进行，分级控制成果质量的组织模式，采用遥感监测和增量更新技术，保证土地利用现状图、数据和实地三者相一致。至2014年，形成炎陵县土地变更调查成果主要数据，土地总面积20.23万公顷。其中，耕地面积1.6万公顷，园地面积1235.8公顷，林地16.89万公顷，草地4400.37公顷，城镇村及工矿用地4501.25公顷，交通运输用地2196.77公顷，水域及水利设施用地3448.59公顷，其他土地2254.48公顷。

按三大类分，农用地 19.03 万公顷，建设用地 5755.53 公顷，未利用地 6907.99 公顷。

城镇地籍调查 1997 年，开展城区（霞阳镇）建设规划区 3.8 平方公里的地籍调查工作。调查范围东至湘玉瓷厂、南至画眉桥、北至县委党校。地籍调查的主要目的是核定宗地的权属和确认宗地界址的实地位置，并掌握土地利用状况，宗地形状面积的准确数据。包括权属调查和地籍测量两部分。采取分片包干的办法进行，从 8 月开始，逐家逐户核查，完成宗地调查 2480 宗，调查处理土地纠纷 15 起，查处违法占地 20 起。地籍测量工作于 12 月底结束。地籍调查结果成图面积 356.15 万平方米。其中，商业经营用地 29.71 万平方米，公共建筑用地 39.83 万平方米，住宅用地 33.63 万平方米，水域用地 9.30 万平方米，农用地 81.75 万平方米，其它未利用地 134.16 万平方米。

2008 年，开展第二次土地调查城镇部分，共调查 1.04 万宗地，面积 12.78 平方公里，包括霞阳、三河、鹿原、沔渡、十都、水口等建制镇。

二、登记发证

1987 年 4 月至 1988 年 3 月，对国家、集体、建设用地和个人建房用地进行清理，查出非农业建设用地 1.94 万亩，其中耕地 0.25 万亩，占总耕地面积 1.29%。在用地总面积中，国家、集体单位建设用地 4000 亩，乡镇企业建设用地 600 亩，个人建房用地 1.48 万亩。共建立清查地籍档案 2053 卷。1988 年 11 月，开展土地申请登记发证，至 1990 年年末，全县有 3.9 万个单位和个人领取土地使用证，占应发证的 98.3%。

1995 年，县政府印发《关于“土地使用证”年检有关问题的通知》，对土地证实行年检。乡镇组织专门班子，逐村、逐组、逐户对已领取《土地使用证》和已批地建房未领取《土地使用证》的单位和农户以及城镇居民，按照标准进行丈量、登记、核实用地面积和用地审批文件。查得县、乡镇共发《土地使用证》4.56 万本。其中，县发国有《土地使用证》1586 本，乡镇发《集体土地使用证》4.4 万本（其中乡镇企业 378 本，农民宅基地 4.36 万本）。清查处理无证使用土地 4561 户，新颁发《土地使用证》4891 本，整顿土地户口。

1998 年 8 月，全国人大修订了《中华人民共和国土地管理法》，对土地登记发证作出新的规定。2012 年 9 月，启动农村集体土地确权登记发证工作。以 1：2000 影像图为基础，实地逐村逐组进行外业勘测定界调查，至 2013 年 4 月底全面完成，共调查 202 个村，1442 个村民小组，调查面积 2029.79 平方公里，调查宗地 8736 宗，权属界线 1.58 万条，其中国有宗地 611 宗，权属界线 1833 条。

第二节 农田保护与土地开发利用

一、农田保护

1990 年，政府制定水田开发奖励办法，对开发水田集中联片 1 亩以下，每亩奖 150 元；

1—3 亩，每亩奖 200 元；3—10 亩，每亩奖 250 元；10 亩以上，每亩奖 300 元。

1991 年 6 月 6 日，平乐乡山洪暴发，冲毁水田 377 亩。市、县拨款 10 万元，当地农民义务投工 1 万多个，复垦水毁田 358 亩，占水毁面积 95%。

1993 年，在龙渣瑶族乡龙渣村开展村庄、土地整理试点工程。该村因年久失修加之洪涝灾害，倒塌房屋较多，大片宅基地闲置荒废。村庄改造按“占一换一”的原则，采取以地换地的方法，凡在规划区建房的农户一律将原旧宅基地复垦为耕地，达到可耕标准，老宅基地土地使用证一律收回注销，土地收归集体，同时在办理用地手续时一次性缴纳土地复垦押金，签订造地合同。通过村庄整理，龙渣村新增耕地 30 亩。

1996 年，在全县推行基本农田保护“四级四长制”。即县长与乡（镇）长、乡（镇）长与村长、村长与组长，层层签订基本农田保护责任书，并制作设立基本农田保护标牌 195 块，颁布《炎陵县基本农田保护办法》。禁止非法占用农田，严格执行非农业建设占用基本农田实行申报、审批、缴纳造地费、颁发基本农田占用许可证制度。当年审批占用基本农田建设项目 266 宗，颁发《基本农田占用许可证》256 份。同时按造地费标准，收缴造地费，全年应征收占用基本农田造地费 107.15 万元，实收 48.98 万元。提高农田开发奖励标准，水田连片开发 1—3 亩的每亩奖励 260 元，3—10 亩每亩奖励 320 元，10 亩以上的每亩奖励 360 元。全年开发耕地 106.7 亩。1996 年后，因特大洪涝灾害冲毁的水田 6000 余亩，为尽快恢复耕种，开展复垦水毁田工程，在下村乡进行试点，拨专款扶助，经过半年的努力，恢复耕种的水毁田 600 余亩。

1998 年，在水口镇水口村赖家组进行村庄整治，重新规划，兴建灾民新村，将因“6·2”特大洪灾造成房屋倒塌的 19 户灾民的旧宅基地进行复垦整治，新增耕地 12.49 亩。1996—1999 年，全县复垦水毁田 4198 亩。

1999 年，重新划定全县基本农田保护区。取消原来将基本农田分为 3 等的做法，对基本农田进行特殊保护。形成基本农田工作总结、统计表、说明书、登记表、图件等成果资料。全县共划定基本农田保护区 1.23 万个，总面积 1.28 万公顷，基本农田保护率 86%。

2002 年，为实现全县耕地占补平衡，启动中村乡联西复垦，投资 156 万元，完成新砌、维修河堤 2600 余米，整修中心水渠、泄洪渠 6900 余米，新修护堤车道 2600 余米，开垦水田 712 亩。

至 2014 年，连续 15 年实现耕地占补平衡，落实“占水田补水田”要求，做好全县水田开发工作，实现耕地动态平衡。全县耕地保有量 1.6 万公顷，基本农田保护面积 1.2 万公顷，两项指标均达到规划控制要求。

二、土地开发利用

1988 年起，每年逐级下达任务，实行优惠政策与措施，鼓励农民开发土地。规定在土地所有权不变的原则下，谁开发、谁经营、谁受益。新开垦的耕地 5 年内不缴定购粮，不缴农业税,不上缴提留,不列抵承包责任田,并给予奖励。1988—1990年,共开发耕地1011亩。

1998年,开展土地利用总体规划修编,实行土地用途管制。以1996年土地总面积20.31万公顷为基数,按三大类划分。其中,农用地18.45公顷,占总面积的90.8%;建设用地5000公顷,占2.5%;未利用地1.36万公顷,占6.7%。在实施土地用途管制中,严格限制农用地转为建设用地,控制建设用地总量,对耕地实行特殊保护。建设用地必须占用耕地时,则实行占用耕地补偿制度,凡非农业建设批准占用耕地的,按照“占多少、垦多少”的原则,由占用耕地的单位负责开垦与所占用耕地的数量和质量相当的耕地。没有条件开垦的单位,必须缴纳耕地开垦费,实行专款专用,用于开垦新耕地。

2001年冬,株洲市安排炎陵县退耕还林工程任务1.8万亩,其中坡耕地退耕还林1万亩、宜林荒山造林8000亩。同年,鹿原镇创办星火退耕还林示范基地。2002年8月至12月,退坡耕地和在宜林荒山造林793亩。中村乡退坡耕地1070亩,利用荒山地造林1611亩。

2006年与2003年相比,林地面积增加1.56万亩、园地增加2532亩、居民点工矿用地增加620.2亩,3项地类共增加面积1.87万亩。耕地减少面积1.27万亩,田坎减少3400.4亩,未利用地减少508亩、滩涂地减少2099.3亩,4项地类共减少面积1.87万亩。

2005—2014年,全县整理土地6496.05公顷,新增耕地414.46公顷。

三、土地利用规划

农民建房审批 1987年,各乡镇建立土地管理站,配备国土管理员,加强建设用地管理。农村居民建房使用荒山荒地和空坪隙地,每户不得超过200平方米,由乡人民政府批准;使用耕地每户不得超过120平方米,经乡政府审查,报县人民政府批准,农村居民占用集体土地应交土地补偿费。城镇非农业户居民建住宅按国家征地规定办理,支付土地补偿和青苗补偿费,审批后,颁发土地使用证。

1999年,《中华人民共和国土地管理法实施条例》修订施行后,农民集体所有土地由县级人民政府登记造册,核发集体土地所有权证书,确认所有权。2013年4月颁布《炎陵县农村村民建房管理暂行办法》,对各农民建房管理有所变更,村民建房须按照统一选址、统一规划、统一设计的要求。申请异地新建住房的农村村民应与本集体经济组织签订原有住房拆除协议,并在新建房屋入住一年之内自行拆除。实行乡镇人民政府与建房户签订承诺书等。农村村民每户用地面积:耕地不超过130平方米,荒山荒地不超过210平方米,其他土地不超过180平方米。2000—2014年,共审批农民建房1.07万户,总面积1880.98亩。

建设用地审批 1998年之前,征用耕地2亩以下,其他土地10亩以下的,由县人民政府批准;耕地5亩以下,其他土地15亩以下的,县人民政府审查,报市人民政府批准。1999年1月起,实施修订后《中华人民共和国土地管理法》,单位和个人进行建设需要使用土地的,必须依法申请使用国有土地。建设占用土地,涉及征收和农用地转为建设用地的,应办理土地征用和农用地转用手续,报省人民政府批准。农民建房、村办企业等建设占用集体土地,涉及农用地转为建设用地的,应办理农用地转用手续,报市人民政府审批。

1994—2014 年,全县共批建设项目用地 2.07 万亩,其中耕地 8703.44 亩,其他土地 1.20 万亩。

土地利用总体规划　1997 年,成立县土地利用总体规划修编工作领导小组,对全县土地利用总体规划修编。以 1996 年为基础年,1997—2010 年为规划期,分为 1997—2000 年和 2000—2010 年两个阶段,2030 年为展望期。

2009 年,组织开展土地利用总体规划(2006—2020 年)修编工作。规划以 2005 年为基期年,2020 年为目标年,2010 年为近期目标年。

2013 年,根据省国土资源厅建议,结合本县实际情况,启动规划修改工作,省人民政府于当年 11 月 19 日下发《关于炎陵县和炎陵县霞阳镇土地利用总体规划(2006—2020 年)(2013 年修订版)的批复》。

第三节　建设用地管理

一、土地征收

1995 年 8 月,确定国家建设县城区征地补偿办法和征地价格。其中,稻田(含鱼塘)每亩一类 3 万元,二类 2.7 万元,三类 2.5 万元;专业菜地每亩一类 4.2 万元,二类 4 万元,三类 3.8 万元;旱土每亩一类 2 万元,二类 1.7 万元,三类 1.5 万元;经济林地每亩 1.2 万元;荒地每亩 8000 元。

1995 年 10 月,成立城区建设征地拆迁指挥部,统一承办国家建设征地、拆迁工作。年内征地 14 件,征地面积 36.62 亩。

2010 年 3 月,组建成立"城镇提质战役指挥东城区征地拆迁办公室,负责县城区城镇提质项目征地拆迁工作。2013 年底解散。

2013 年 8 月,成立炎陵县土地征收安置所,实行法律主体和工作主体分离,与国有土地房屋征收办公室合署办公,制定《征地拆迁若干规定》《征地拆迁资金管理办法》等文件,征地拆迁工作进一步规范。全年征地 4104 亩,较 2012 年增加 2400 亩,签订拆迁房屋协议 127 户,拆迁房屋 62 栋。

2014 年,出台《炎陵县征地拆迁公示规定》《征地拆迁启动司法拆除工作程序和资料规范要求》等文件。规范土地报批、预征地公告、到现场调查、概算文本制作、评审等程序。全年征地 2002 亩,处理以前年度开征项目的遗留问题 47 个。征地拆迁 17 个项目,征地面积 392.94 亩,拆迁房屋 17 栋(户)。

二、土地储备

2002 年 7 月,成立县土地整理储备中心。颁布《炎陵县土地市场管理暂行办法》《炎陵县土地储备暂行办法》,县人民政府垄断全县土地一级市场,按照统一规划、统一征用、统一储备、统一供应和统一管理的原则实施,代征土地有偿使用收益。

2003 年,通过各种形式储备土地 22 宗,面积 10.07 公顷,通过公开挂牌出让土地 8 宗,面积 4.37 公顷,土地出让金 1481 万元。2004 年,出让经营性用地 14 宗,面积 6.95 公顷,出让金总额 1413.2 万元,经营性用地 100%实现招拍挂方式出让。

2013 年,出台《加强全县土地集中统一管理的意见》《土地市场交易规则》文件,土地交易市场进一步规范。全年储备土地 660 亩,年末库存储备土地 394 亩。出让土地 43 宗,面积 495 亩,实现收入 3.7 亿元。

2014 年,全年实现城区新增储备土地 305 亩,库存 714 亩。通过招拍挂出让土地 74 宗,面积 882 亩,成交价 5.23 亿元。

三、土地市场管理

土地市场管理活动 1991,在全县开展"三无一增"(无违法批地、无违法管地、无违法用地、耕地有增无减)竞赛活动,依法查处违法占地 60 起(其中县法院强行拆除 1 起),处罚并补办用地审批 55 起,收罚款 1.49 万元,收回土地 482.8 平方米,复耕 309.8 平方米。

1992 年,成立县清理整顿土地隐形市场领导小组,当年办理土地使用权转移 96 宗地,面积 2.11 万平方米,收取转移金 5300 元,出租金 1.6 万元,居民宅基地使用费 1.54 万元,增收土地费 1600 元,共为财政创收 3.86 万元。

1993 年,首次开办土地使用权出让业务,出让国有土地 13 宗,面积 52.15 亩,出让金 454.84 万元。其中,协议出让 8 宗,面积 51.2 亩,出让金 437.67 万元;拍卖出让 5 宗,面积 0.95 亩,出让金 17.17 万元。

1995 年,全县所有乡(镇)实现"三无"目标,被国家土地管理局授予全国土地管理"三无"先进县称号。

2004 年 8 月,完成城区 816.6 公顷土地的基准地价成果更新工作及十都、沔渡、水口、三河、鹿原 5 个建制镇区土地定级,建立宗地地价修正体系、地价动态监测体系。城区商业、住宅、工业一级土地基准地价每平方米分别为 1198 元、432 元、290 元。2008 年 12 月,对基准地价重新进行调整,商业、住宅、工矿仓储一级土地基准地价每平方米分别为 1845 元、605 元、441 元。2013 年 3 月 29 日,基准地价再一次调整,商业、住宅、工矿仓储一级土地基准地价每平方米分别为 2239 元、958 元、478 元。建制镇基准地价每次均作相应调整。

国有土地出让、转让 1993 年 12 月 23 日,首次举行国有土地使用权拍卖大会,拍卖龙井经贸开发区土地 630 平方米,拍卖最高价每平方米 317 元,最低价每平方米 250 元,开创炎陵县国有土地使用权拍卖的历史。

1994 年 6 月,县政府发布《炎陵县城镇国有土地使用权出让、转让和"五统一"管理暂行办法》,规定国有土地使用权出让、转让、出租、抵押、划拨和建设用地实行统一规划、统一征地、统一拆迁、统一开发、统一出让和统一管理。

1995 年,办理国有土地使用权出让 97 宗地,面积 42.75 亩,出让收入 4899 万元。另办理国有土地使用权转让 37 宗地,面积 19.35 亩,土地转让金 9.09 万元。

1997 年,出让国有土地使用权 151 宗地,出让面积 1.72 万平方米,土地出让金481.04 万元。其中炎陵西路中心广场地段,拍卖土地 10 宗,面积 1248.5 平方米,出让金81.59 万元,最高宗地每平方米 724 元,创当时出让土地价最高纪录。

1998—2003 年,办理国有土地使用权出让、转让 954 宗地,面积 30.78 公顷,出让、转让金 5152.53 万元,创纯收 981.16 万元。其中拍卖国有土地使用权 154 宗,面积 15.5 公顷,出让金 2338.18 万元。

2004—2010 年,完成国有建设用地使用权出让 1206 宗,面积 142.60 公顷,土地出让金 3.15 亿元。完成土地使用权转让 1326 宗,面积 6.66 公顷,土地收益金 49.77 万元,

2011—2014 年,完成国有建设用地使用权出让 252 宗,面积 182.33 公顷,土地出让金 11.15 亿元。完成土地使用权转让 580 宗,面积 27.19 公顷,土地收益金 13.57 万元。

第四节　测绘管理

1996 年 3 月,成立县测绘管理办公室。1998 年,在对霞阳镇地籍调查中,采用先进的 GPS 测量技术,建立霞阳首级控制网。采用解析法施测界址点、地形地物要素,完成土地权属调查 2239 宗地。设立界址点 1.47 万个,实现数字化测图与微机计算面积和数据汇总的地籍测绘。

2001 年,开展土地利用变更调查,填写变更调查记录表 1463 份,修改工作底图 98 幅,变更图斑 4390 个。2002 年,建立地籍档案 474 卷,完善土地变更调查统计台账 97 个斑块,变更土地面积 261 亩,调处土地权属纠纷 10 起。2011 年,完成第二次土地大调查工作,调查面积 20.30 万公顷,其中基本农田 1.22 万公顷,调查图斑 5.74 万个;城镇部分共调查面积 1278 公顷,调查街坊 88 个,宗地 1.04 万宗。当年 11 月至 12 月,对辖区内所有测量标志的保护现状重新进行一次普查,确认炎陵县原有的 45 个测量标志中有 7 个因自然灾害或工程建设的原因造成损毁,2 个搬迁,新找到水准点 2 个,GPS 点 1 个,对 40 个现状完好无损的测量标志重新落实保管人,签订委托保管合同。

至 2014 年,全县共有 3 家丁级资质测绘单位,分别是国土资源测绘队、天和房产测绘队和园建城乡规划设计有限公司,有测绘作业人员 18 名,配备全站仪 5 台,水准仪 3 台,经纬仪 2 台,GPS 测量仪 3 台,手持测距仪 3 台,微机服务器 1 台。

第五节　土地执法监察

1986 年,县人民政府作出规定,对 1982 年以来强行占地建房者分别情况进行罚款处理。1987 年,在清理非农业建设用地的同时,查出违法占地村民 3442 户。其中,未经批准 1041

户，买卖出租90户，批少占多2311户，违法占地面积436.28亩。按照《中华人民共和国土地管理法》和《湖南省土地管理实施办法》规定，对3392户分别情况给予补办审批手续、补缴土地费和罚款、拆除房屋与恢复耕地的处理。同时查处国家、集体单位违法占地11起，均补缴土地费和罚款。1989年，对县城营建私房的227户干部职工进行清理，查出108户多占4534平方米，2户非法侵占土地260平方米，另查出3户采用欺骗手段骗取批建，15户未批先建，分别作出处理。

1987年4月至1988年3月，对国家、集体建设用地和个人建房用地进行清理，查出非农业建设用地1.94万亩，其中耕地2511.68亩，占总耕地面积1.29%。建立清查地籍档案2053卷。

1991—1994年，从群众来信来访和日常巡查中发现有关土地问题90件，其中制止在萌芽状态的有65件，另有25件属乱卖乱占土地和土地纠纷，均及时给予查处，结案率100%。

1995年8月，联合开展土地管理法律法规执法监督检查，在下村、塘田、十都、沔渡、水口5个乡（镇）实地抽查28个单位，35宗地，检查合格率100%，没有出现违法用地，越权批地和乱占滥用土地行为。

1997年，县委、县政府成立县非农业建设用地清查领导小组，非农建设用地清查采取与土地使用证年检、土地执法检查、县城区地籍调查“三结合”的方法进行，对1991年后批准使用和未批准而占用的各类非农业建设用地（含农村宅基地）进行全面清理检查。查出批少占多用地993宗，处理894宗，查处率90%。

2001年，清理划拨土地转为经营性用地未补偿土地收益的51宗，面积1.45万平方米，批准减免地价款2宗，减免金额16万元。对全县东、南、西三片进行3次大规模的巡查，依法查处土地违法案件7件，结案率100%。调处土地权属纠纷3起。

2002年，巡查106次，发现违法行为28起，制止违法行为28起；立案查处违法案件10起，结案9起。调处土地纠纷10起。

2012年，卫片执法检查卫星监测图斑63个，监测图斑面积501.15亩（耕地167.25亩），图斑核查率100%。2013年，动态巡查120次，发现违法占地、无证开采等国土资源违法行为22起，及时予以制止。查处各类违法案件19宗，结案18宗。组织“打非治违”专项行动4次，针对新发现的中村乡龙潭村下光阳组非法开采稀土矿，组织9家单位联合执法，销毁硫酸铵20余吨、草酸5吨。2014年，立案14起，结案14起，罚没收入40.39万元。

第六节 矿产资源管理

一、矿产勘查

1991年起，多个地质勘查队入县进行地质矿产勘查工作，为矿产资料开发利用奠定基础。同年，湖南有色地质勘查局416队对三河垄坑锑矿进行普查评价，并编制地质勘查工作报告。

1993 年,对境内辉绿岩、花岗岩、大理石矿进行普查评价,编制《湖南省酃县花岗岩饰面石材矿地质普查评价报告》。1994 年,县矿产资源管理办公室编制《炎陵县零星金矿管理开发利用说明书》。

1995 年,县内专业技术人员在沔渡石下地区开展金矿资源地质矿产简测普查,编制《炎陵县石下金矿开发利用地质报告》,获省储委批复认可。

1996—1998 年, 省地矿厅 416 队对石下金矿周边 8 平方公里范围内的金矿资源进行踏勘和普查工作,编制《湖南省炎陵县沔渡金矿勘查开发利用可行性报告》。

2000 年,省地勘局 416 队对霞阳十里山——石洲安坑——大院铁瓦仙一带辉绿岩饰面石材资源进行普查,编制《炎陵县十里山——安坑矿区辉绿岩饰材矿普查及开发可行性论证报告》。

2001 年,省地勘局 416 队对下村曾祖坳钨矿及铜矿资源进行普查,评查结果资源存入该队档案。

2003 年,省地勘局 416 队对霞阳青山一带铅锌矿资源进行普查评价。

二、矿产开发管理

1990 年,全县采掘企业 4 个,有职工 242 人,固定资产 470 万元,年产值 321 万元,占乡镇及以上工业企业总产值 5%。

1992 年,平乐、城东乡分别在桃树滔和四亩段开采岩金,规模小。

1995 年,沔渡石下地区多处蚀变破碎带型岩金矿脉被发现,县政府决定由地矿主管部门主管,指定县矿业开发公司向国家申请石下金矿和四亩段金矿采矿权,县内金矿资源得以开发利用。

1996 年,福建泉州老板黄亚河投资 500 万元,在石洲乡兴建装饰石材加工厂,开采石洲乡大源村瓦岭地区的辉绿岩,产品出口日本等国际市场,被日本客商称赞为“中国绿光”。

1998 年,霞阳镇企业办投资建成矿泉水生产线,当年生产瓶、罐装天然饮用矿泉水。

2001 年,黄亚河创办的石洲装饰石材加工厂迁至县城,同年在下村乡云里村南顶嶂兴办细粒花岗岩开采场,生产铺街板等石材产品。

2013 年,全县有持证矿山 30 家,所有矿山(含甲、乙两类)都具有“一账三图”(矿山储量台账、储量计算图、采掘工程平面图和井上井下工程对照图)。开展全县范围内矿山安全大检查 4 次,日常巡查 15 次,井下检查 10 次,整改安全隐患 8 处。

至 2014 年,维持生产的涉矿企业有建武鳌头社背石料场、鹿原天星采石场、长兴水泥厂上洞料场、三河盼亮页岩砖厂、太和机砖厂、富源矿业有限公司春塘萤石矿、姜垄里辉绿岩矿(吉利碎石场)、中村鑫田机砖厂、兴丰矿业有限公司新山里萤石矿、十都黄上萤石矿、紫鑫矿业有限公司棠华岭萤石矿、玉江煤矸石新型墙体材料厂 12 家企业。

1998 年炎陵县矿山开发利用现状统计表

表 12-12

现有矿山企业		从业人员(人)			开采矿量	单位	产值
性质	矿产品名称	个数(个)	技术管理人员	生产人员	(吨)	(元 / 吨)	(万元)
国有	萤石矿	1	6	160	10000	180	180
	钨矿	1	3	45	6	14000	8
	金矿	1	12	150	5000	800	400
	小　计	3	21	355	15006	—	588
集体	萤石矿	1	3	20	2000	180	36
	水泥石灰岩	2	20	350	100000	20	200
	天然石英砂	3	6	60	150000	7.5	113
	矿泉水	1	3	10	540	1166	63
	花岗石	1	5	30	600	2000	120
	钨矿	1	2	20	8	14000	11
	小　计	9	39	490	253148	—	543
个体	石灰岩	40	40	560	190000	10	190
	天然石英砂	16	6	180	950000	7.5	713
	黏土	10	10	200	200000	5	100
	小　计	66	56	940	1340000	—	1003
合　计		78	116	1785	1608154	—	2134

第七节　地质灾害与防治

一、地质灾害易发区

全县共划分以崩塌、滑坡、泥石流、地面塌陷为主的地质灾害高易发区 1 个、中易发区 1 个、低易发区 1 个。

霞阳镇—鹿原镇—水口镇—船形乡—东风乡—中村乡—龙渣乡滑坡、崩塌、泥石流、地面塌陷高易发区为县内地质灾害高易发区(Ⅰ)。位于县西部及南部,面积 1184.1 平方公里。发育地质灾害点 68 个,分布密度 0.06 个 / 平方公里。其中滑坡 55 处、泥石流 6 处,崩塌 5 处。

沔渡镇滑坡、崩塌中易发区为县内地质灾害中易发区（Ⅱ）。位于炎陵县北部，面积

114.34 平方公里。发育地质灾害点 5 个，分布密度 0.04 个 / 平方公里。其中滑坡 4 处、崩塌 1 处。

十都镇——石洲乡——大院农场——垄溪乡滑坡、崩塌地质灾害低易发区为县内地质灾害低易发区（Ⅲ）。位于炎陵县东部、中部，面积 731.8 平方公里。发育地质灾害点 4 个，分布密度 0.005 个 / 平方公里。

二、地质灾害重点防治区

全县共划分 1 个重点防治区、1 个次重点防治区、1 个一般防治区。

霞阳镇——鹿原镇——船形乡滑坡、崩塌、泥石流、地面塌陷高易发区为县内重点防治区。防治重点为：炎帝陵省级风景名胜区、湘山省级森林公园及县城、笔架峰地质脆弱保护区 1：1 万地质灾害调查，衡茶吉铁路 1：5 万地质灾害调查，G106 国道 1：5 万地质灾害调查，炎汾—炎睦高速公路 1：5 万地质灾害调查，S321 省道 1：5 万地质灾害调查，新生至梅岗公路 1：1 万地质灾害调查，霞阳镇春塘村春塘萤石矿地面塌陷、炎陵县图书馆滑坡、鹿原镇天星村泥石流群、船形乡新生村木栏组、船形乡沿谭村下沿谭组滑坡 5 处地质灾害的治理工程。

策源乡——水口镇——下村乡——龙渣乡滑坡、崩塌、泥石流中易发区为县内次重点防治区。防治重点为：毛鸡仙银杉保护区 1：1 万地质灾害调查、G106 国道 1：5 万地质灾害调查、S322 省道 1：5 万地质灾害调查、新生至梅岗公路 1：1 万地质灾害调查。

沔渡——十都镇——大院农场滑坡、崩塌地质灾害低易发区为县内一般防治区。防治重点为：神农谷国家森林公园保护区 1：1 万地质灾害调查，G106 国道 1：5 万地质灾害调查，衡茶吉铁路 1：5 万地质灾害调查，炎汾—炎睦高速公路 1：5 万地质灾害调查，S321 省道 1：5 万地质灾害调查，桃源洞至江西荆竹山公路、下村至梨树洲至大院农场公路、新生至梅岗公路、十都至江西亭子坳公路、沔渡至茶陵桃坑公路 1：1 万地质灾害调查，大院农场滑坡治理工程。

三、地质灾害监测预警体系和治理工程建设

2005 年，投入 100 万元完成鹿原陂（炎帝陵）滑坡群一期治理工程。2006 年，在重点地区建立以专业监测为主、群专结合的地质灾害监测预警网络。

2009 年，投入 100 万元完成湘山公园滑坡群地质灾害治理工程。2011 年，健全县级地质环境监测机构，形成覆盖全县群专结合地质灾害监测预警网络。在地质灾害中易发区建立巡查监测、定点监测中小尺度区域自动气象站等专业监测网络，实现地质灾害区域性监测和预报预警目标。投入 600 万元完成鹿原陂（炎帝陵）滑坡群二期治理工程。

2013 年，投入 200 万元完成鹿原陂（炎帝陵）滑坡群三期治理工程。2014 年，投资 100 万元完成船形乡新生村木栏组滑坡，受威胁的 21 户 96 人搬迁避让。

第九章　食品药品监督管理

第一节　药品与医疗器械监管

宋代官府设卖药所、修合所，后改为惠民局、和济局，管理药商，协调药业经营。元、明代药业管理沿用旧制。清代，药业由商会设药业公所管理。

民国元年（1912）6月，设医药同业公会，调解仲裁同行的纠纷，议订药品价格，检查药品质量，摊派税捐。民国36年（1947），成立酃县卫生院药械监察委员会。但各私营药店自行定价，朝升夕降，有的甚至在疫病流行时乘人之危，漫天要价。民间有"黄金有价药无价"之说。以假充真，以次充优现象时有发生。

1952年，成立药材批发部，按照国家规定，对药材质量和价格统一管理。1954年，县人民政府委托财政监察员查处县人民医院药房管理不善，药、账不符，处方更改等问题。1957年，县卫生科设农村医药管理处，配专职干部2名，负责全县各区乡卫生院药品营销、保管、质量等方面的监督与检查，先后查处二、三、六区卫生院假药、过期药和药价混乱、私分滋补中药等问题。1964年，卫生科设药政专干，对药品生产、加工、经营进行监督检查。

1979年，成立药品检验所。由于设备简陋，仍沿用眼观、鼻闻、口尝、水测、火烤等传统方法检测。1981年，检验所没收安徽籍药贩假当归400余公斤。后又查处福建药贩假竹黄案，均当众烧毁，并予以罚款。1982年，各医疗单位和药材公司自查，查出应淘汰药品42种，货值4.78万元。县卫生局检查全县各用药单位，查出中药霉变28种，虫蛀19种，西药、中成药霉变12种，过期失效1种，均予以销毁。

1984年4月，药品检验所并入卫生局，设药政股。1985年执行《中华人民共和国药品管理法》（简称"药品管理法"），县人民政府组织卫生、工商、公安、药材公司等部门，邀请县人大教科文卫委员会，在全县开展药品质量大检查。共查处假劣西药921种次，伪劣中药997种次，其中淘汰药品51种次，无批号药品62种次，假劣药品67种次，霉变药品150种次，过期失效药品77种次。县药材公司自查出伪劣中西药42种，货值1.1万元。次年，株洲市卫生局检查组在塘田、十都、下村等乡镇，抽检17个村卫生室药品，中、西药品合格率90%以上。

1987年，成立药品监督检验所，负责全县药政管理。在全县药品经营、使用单位设置执行《中华人民共和国药品管理法》群众监督岗186个，公布举报电话，张贴《药房（药品）管理制度》。建立县、乡、村药品质量监督网络，聘任专、兼职药品监督员28人，兼职药政管理员

18 人,兼职药品管理信息员 35 人。8 个药品经营单位均依照法规取得《药品经营许可证》《药品经营合格证》,234 个药品使用单位取得《药品调剂许可证》,2 个药品制剂单位获得《制剂许可证》。先后查处假淮山、假虎骨、假石坳等假药案,处理、销毁一批劣质、过期、霉变药品。

1985—2000 年炎陵县药品质量检查情况表

表 12-13

年份	被检单位(个)	中药合格率(%)	西药合格率(%)	假劣药货值(万元)
1985	184	85.60	88.20	5.59
1986	162	86.90	90.30	3.63
1987	144	92.80	95.00	2.71
1988	92	94.80	98.70	1.51
1989	223	95.10	98.80	1.73
1990	186	98.20	99.06	2.11
1991	208	98.90	99.60	0.72
1992	185	96.90	99.48	0.72
1993	163	97.91	99.18	2.02
1994	110	98.62	99.53	不详
1995	175	98.53	99.30	2.83
1996	184	96.36	98.67	2.75
1997	215	98.10	98.62	2.29
1998	220	98.30	99.30	2.21
1999	226	97.83	99.16	2.81
2000	228	98.12	99.35	3.53

1990年,药品检验所购置仪器设备,调配技术人员,开展中药材理化检验和部分西药测定。查处一批用米粉制造的土霉素片、四环素片、快克胶囊、地奥心血康胶囊等假药和数起海马、穿山甲、冬虫夏草、海金沙等贵重稀有中药灌沙、粘明矾、伴黄泥的掺假行为。1997年,药品检验所购置自动旋光仪、分光光度仪、紫外分析仪、分析天平、霉菌培养箱等仪器。检测水平提高。次年查出13个厂家生产的氟哌酸胶囊7210板、10个厂家生产的四环素片226瓶为不合格药品。

1985—2000年,检查抽样药品1763件,723件不合格。查处假劣中、西药,中成药总货值37.14万元,不合格医疗器械580元,取缔游医药贩及无证经营点171个。中、西药质量合格率均达95%以上。

2001年9月,成立药品监督管理局。当年查处、销毁假劣药品514种次,货值3.5万元;劣质医疗器械872付,货值900元。取缔城乡无证药摊14个次,收缴非法药品3000元。2003年,实施药品放心工程,参与防控传染性非典型肺炎的药品和医疗器械(以下简称药、械)监管。全年检查272个药品、医疗器械经营与使用单位,出动执法人员820人次,执法车辆205台次。2004年6月,成立县食品药品监督管理局(以下简称食药监管局)。实施食品药品放心工程,加强农村药品供应、监督网络(简称两网)建设,成立网络建设领导小组和乡镇药品安全协管小组,聘请16名协管员,64名安全信息员。建立农村药店经营连锁体系和乡镇药品供应配送体系。村卫生室实行药品代购制,112个医疗机构药房规范化管理。2005年,强化药械监管,保证药、械安全。食药监管局严查药品质量、购药渠道、药店资质,监管覆盖率100%。当年炎陵县评为株洲市农村药品两网建设示范县。2007年,启动药品市场专项整治行动,开展无证挂靠经营、人血白蛋白、中药饮片、终止妊娠药品、疫苗、医疗器械、检验试剂等7项专项检查。查处无证经营药品案件4起,非法渠道购销假劣中药饮片案10起,违规使用终止妊娠药品案1起,假冒药品案10起,假冒医疗器械案1起。2009年,全面记录药、械经营、使用行为,建立药、械使用单位日常监督档案190个、药品经营企业日常监督档案60个、医疗器械诚信建设档案61个。2010年6月,炎陵县启动创建食品药品安全诚信示范区工作。工作目标:3年内成为药品安全监管示范区、药品消费放心区、医药产业发展先导区。县食药监管局在“3·15”消费者权益日、“12·4”法制宣传日或药、械安全宣传月,向群众广泛宣传药品、医疗器械法律法规知识及质量安全科普常识,免费向公众赠送《科学饮食、合理用药》《农村药品安全监管实用手册》《安全用药100问》《合理用药宣传手册》《健康进我家用药和餐饮小锦囊》等5000余册。2000—2014年,全县出动药、械监管执法车辆2945台次,执法人员9804人次,监管检查单位1.13万个次,查处药、械违法违规案件总数2094起,责令整改单位596个次,依法没收假劣药、械总货值37.63万元,取缔无证经营药品46家次,游医药摊90个次。县内未发生药品、医疗器械安全事件。

2001—2014年炎陵县药械监管检查情况表

表 12-14

年份	执法人员（人次）	执法车辆（台次）	药械案件数			假劣药械货值（万元）	被检单位（个次）	责令整改（个次）	其他	
			总数	简易程序	一般程序				无证经营（家）	游药摊点（次）
2001	865	198	142	122	20	3.59	792	28	—	14
2002	892	223	189	148	41	2.41	890	19	11	24
2003	820	205	158	124	34	4.60	779	37	9	6
2004	720	185	190	128	62	5.10	740	20	2	10
2005	500	120	202	154	48	4.90	480	15	15	29
2006	560	158	179	141	38	3.50	795	18	2	5
2007	395	150	119	107	12	2.80	678	26	1	2
2008	660	220	155	140	15	2.50	854	38	4	—
2009	560	216	145	140	5	2.00	820	41	—	—
2010	590	270	107	100	7	1.80	945	60	—	—
2011	786	262	116	105	11	1.48	917	65	—	—
2012	736	210	105	91	14	1.15	735	66	—	—
2013	952	272	196	185	11	1.00	952	78	—	—
2014	768	256	91	76	15	0.80	920	85	2	—
合计	9804	2945	2094	1761	333	37.63	11297	596	46	90

第二节 毒品、麻醉药品管理

1950年,县人民政府严禁买卖与吸食鸦片。至20世纪70年代,县内鸦片禁绝。各医疗机构严格依规使用麻醉药品。

1977年6月,县卫生局发出《关于加强麻醉药品管理的通知》,对麻醉药品保管、销售和使用作出严格规定,并严禁私种罂粟。1978年9月,执行国务院颁布的《麻醉药品管理条例》,县卫生局对麻醉药品、毒性中药使用单位“五专”管理(专人保管、专柜双锁、专用处方、专账消耗、专册登记)、处方剂量、药品账目进行监督检查,均符合管理条例的规定。1982年,为5个麻醉药品使用单位配发金属保险柜。1984年5月,县卫生局、公安局、司法局及市卫生局药政科等单位协同铲除三河乡庙前村曹某菜地私种罂粟40株,收缴烟土3克,罂粟花瓣16克,上交销毁。8月,查处茶陵县王某在酃县人民医院骗取杜冷丁12支(1200毫克)事件。次年,查处水口竹木工艺厂医务室擅自违规使用麻醉药品事件,收缴美散疼片640片(4800毫克)。1988年,经县卫生局审查确认,全县使用麻醉药品一级单位5个、二级单位4个、三级单位1个,有麻醉药品处方权医师92人。1994年9月,组织麻醉药品使用单位领导及专管人员参加市麻醉药品管理培训班学习。换发11个《麻醉(精神)药品购用印鉴卡》,实行《癌症患者申办麻醉药品专用卡》制度。是年,对医疗单位使用麻醉药品情况年检,发现部分单位未购置金属保险柜,药品保管不规范;有15位医生违规滥用麻醉药品,均受到行政和经济处罚。1995年,年检10个单位,中村卫生院62支可待因被盗,责成该院作书面检讨。次年,使用麻醉药品单位配齐金属保险柜,杜绝药品被盗现象。1999年,县卫生局颁发处方权医师资格证书73个,县药品监督检验所印发《炎陵县麻醉药品处方权医师及药剂管理人员培训资料》80册,发给有处方权医师及药管人员。2000年,县药检所联合公安依法查处醴陵李某非法贩卖罂粟壳案,受到法律制裁。2001年7月,县卫生局规定第一类精神药品限由已取得《麻醉药品(精神药品)购用印鉴卡》医疗单位使用,第二类精神药品限由乡镇卫生院以上医疗单位使用。2014年5月,县食药监管局与公安局联合查处李某非法购进580瓶复方磷酸可待因糖浆(麻醉药品)案,扣押未售55瓶。依法没收违法所得,处罚款8.64万元。

第三节 食品(餐饮业)安全监管

2004年6月16日,成立县食品药品监督管理局,依法对食品安全进行监督管理和对食品安全事故进行查处。

2009年,按照《中华人民共和国食品安全法》(简称食安法)和《中华人民共和国食品安全法实施条例》规定。实施城区餐饮服务业专项整治,与卫生局联合按餐饮服务申办标准现场验收,首次受理餐饮服务许可申请,颁发餐饮服务许可证55个。2010年11月,建食品诚信示范区、餐饮服务消费放心区，提升城乡饮食安全保障能力。2011 年，启动“绿色菜篮子”“放心米袋子”“安心餐桌子” 安全监管一体化工程。参与消费者权益日及安全生产月等宣传活动，向公众发放食品质量安全常识宣传资料 2000 余份。举办餐饮服务卫生法律法规知识培训班 5 期，参培者 300 人次。当年，为加强节日、高考、大型活动期间餐饮安全监管。定期检查餐饮经营单位、学校食堂、旅游风景区等重点单位 680 家次；开展餐饮服务安全专项整治行动 5 次，监管经营单位 260 家次，查处食品违法违规案件 8 起。依法审核办理新餐饮服务许可证 155 个，餐饮业持证率 100%，餐饮店环境卫生焕然一新，经营管理规范。2012 年，全县有大、中、小型餐饮企业 403 家，学校（包括幼儿园）食堂 67 家。当年出动检查车辆 111 台次，执法检查人员 280 人次，监管、整治旅游景区、农村学校学生营养餐食品、学校（幼儿园）食堂、宾馆及餐饮店等 633 家次，查处食品违法违规案件 15 起。食药监管局与全县餐饮服务单位签订《食品安全目标管理责任书》。与 31 所农村学校签订学生营养餐安全工作目标管理责任书，强化学生营养餐安全监管。2013 年，完成 539 家餐饮单位量化分级管理等级评定，办理换发和新办餐饮服务许可证 204 家，核发食品从业人员《健康证》1500 个，发放食品安全常识宣传资料 1000 份，接受公众有关咨询 100 余人次。2014 年，在创建国家文明县城和国家卫生县城活动中，对县内餐饮服务单位全面监管，建立食品统一进货台账，完善食品、原辅料进货验收检查等制度。出动检查人员 1500 人次，监督 600 户次，责令整改 80 家，查处食品违法违规案件 8 起，行政处罚 1.75 万元。当年还对 58 家学校、幼儿园食堂及 10 家校边餐饮服务单位予以重点专项整治检查，对 31 家存在食品安全问题单位依法作出限期《责令整改通知书》。确定县城神农大道为餐饮服务食品安全示范街。当年实现县内餐饮、食品安全零事故。

第四节　保健食品、化妆品监管

20 世纪 80 年代前，市场有少量保健食品和化妆品销售，无专门监管机构。90 年代，市场保健食品、化妆品渐多，始颁布保健品、化妆品制售法规，由卫生行政部门管理。经营行政审批实行备案制。2000 年后，保健食品多为药店兼营，化妆品主要为市场专店销售。2004 年，食药监管局成立后，始有专司保健品、化妆品管理机构。2013 年 6—9 月，组织 5 次保健食品、化妆品专项检查，打击保健食品“四非”（非法添加、非法生产、非法经营、非法宣传）专项行动，监督检查 62 家，共查 1210 余种，查处违规案件 10 起，责令整改 18 家，收缴违规保健食品货值 1.7 万元，罚款 2.3 万元。同时监督抽检缓解体力疲劳、减肥等 5 个批次保健食品质量，结合“四非”专项检查情况，给 9 家经营单位授牌为保健食品规范化经营示范店。2014 年，保健食品、化妆品专项整治工作领导小组成立。是年 4—10 月，出动 120 人次，共检查保健食品经营单位 30 家，化妆品经营单位 10 家。没有发现违法添加未批准辅料的保健品和使用违法标识、假冒批准文号、虚假夸大宣传的现象。美容美发店无违规使用化妆品的行为。

第十章 安全生产监督管理

第一节 机构设置

2003 年,炎陵县安全生产监督管理局组建挂牌。是年 7 月 15 日,炎陵县安全生产监督管理机构明确为正科级事业单位,加挂安全生产委员会办公室牌子,核定全额事业编制 4 名,领导职数 2 人,内设办公室和安全监察室 2 个内设机构,人员实行公务员管理。同时,成立炎陵县安全生产委员会,由炎陵县人民政府县长任主任,分管副县长任副主任,其他有关部门主要负责人为成员。安全生产委员会办公室设在县安全生产监督管理局,由安全生产监督管理局局长任办公室主任。2004 年,正式开展工作。2005 年,县政府机构改革,将县安全生产监督管理局由县政府直属事业单位改为县人民政府工作部门,并根据中央、省、市有关文件规定,将相关部门承担的烟花爆竹安全监管职能和原县卫生局承担的作业场职业卫生监督检查职能调整到县安监局。2009 年 11 月,在全县 15 个乡镇设立了安全生产监督管理站,负责辖区内安全生产监督管理工作,建立了县乡安全生产监督管理体系。2010 年 5 月,设立安全生产监察执法大队,为县安监局下属股级事业机构,核定全额事业编制 2 个。2011 年,政府机构改革,在县经济和信息化局加挂县安全生产监督管理局牌子。2013 年,内部设立职业健康股,为县安监局股级机构,核定全额事业编制 2 个。2014 年 6 月,根据株洲市人民政府要求,炎陵县人民政府成立了以县人民政府县长任组长的打击非法生产经营建设领导小组,领导小组办公室与县安监局合署办公,在其他部门抽调 3 人负责专门工作,建立完善了安全生产打非责任片区网格化实名负责工作机制,在各乡镇(场)、村(居)委会人口密集的地方和交通要道安装了 200 余块公告牌,将打非责任进行了公示。

第二节 职能职效

炎陵县安全生产监督管理局承担全县安全生产综合监督管理职能和县安全生产委员会办公室综合协调职能。历年来,坚持“安全第一,预防为主,综合治理”的方针,深化安全生产“三项行动”和“三项建设”,强化安全监管,严厉打击非法违法生产经营建设行为,保持了全县安全生产形势平稳。2009 年、2010 年、2013 年、2014 年,炎陵县人民政府被株洲市政府评为安全生产工作先进单位。

一、管理职能

2011 年,中共炎陵县委、县人民政府为切实加强安全生产工作,推进全县安全生产形势持续稳定好转，下发《关于进一步加强安全生产工作的决定》，明确了全县安全生产工作的总体要求、目标和责任。2014年，炎陵县建立领导干部带队检查安全生产工作制度；县人民政府出台《炎陵县关于进一步加强安全生产工作的实施意见》，加强了全县安全生产监管能力建设；同时，县人民政府出台《炎陵县安全生产监督管理职责规定》，明确了县内各乡镇和各有关部门的安全生产责任。

二、基层基础

全力推进示范乡镇创建、安全生产标准化建设和安全生产责任保险，乡镇安监站工作得到了提升，企业安全生产条件逐步提高。2012年，鹿原镇成功创建省安全生产示范乡镇；霞阳镇、十都镇创建市安全生产示范乡镇。2013年，水口镇创建成为省安全生产示范乡镇；下村乡、龙溪乡创建为市安全生产示范乡镇。2014年，东风乡、石洲乡创建为市安全生产示范乡镇。全县危化企业、烟花爆竹生产经营企业、非煤矿山企业和工贸企业安全生产标准化工作走在株洲市前列。按照湖南省政府办公厅转发的湖南省安监局和湖南省保监局《关于在全省重点行业推行安全生产责任保险的意见》，为提高企业防灾减损能力，在全县高危行业企业率先推行安全生产责任保险，高危行业企业投保率达100%。

三、行政许可

2005年开始，按照《湖南省安全生产许可证条例》要求，全县高危行业生产企业全部申办安全生产许可证；严格安全生产“三同时”审查，严把安全准入关。

四、宣传培训

认真组织开展每年6月份的“安全生产月”和安全咨询日活动，充分利用各类媒体播放安全知识宣传教育片和宣传标语；组织应急救援演练；举办安全知识竞赛、有奖问答、送安全文化下乡下企业等活动，提高全民安全防范意识。大力开展安全培训，组织乡镇分管领导和安监专干业务培训及高危企业负责人和一般企业负责人安全教育培训；在复产验收的同时组织企业班组长进行安全生产培训，有效提高了安全监管执法水平和安全管理能力；认真开展安全生产三个“第一课”，即县委党校领导干部培训安全生产第一课、县内中小学新生入学安全生产第一课和企业新员工进厂安全生产第一课。2014年，新修订的《中华人民共和国安全生产法》公布后，组织全县党政领导干部开展了新安法知识培训，增强领导干部安全意识和责任意识，同时，在各行业领域企业中全面开展新安法宣传教育，增强企业负责人和从业人员的法律意识，促进依法监管，依法生产经营。

第十三篇 农业与农村经济

第一章 耕地与耕种

第一节 耕 地

明末,全县耕地10.67万亩,其中水田10.27万亩,旱土4070亩。清顺治五年(1648)至十三年,连遭兵乱、病疫,人口锐减,耕地荒芜。顺治末、康熙初,朝廷鼓励垦荒。顺治十五至康熙六年(1667),开垦耕地3.32万亩。雍正十年(1732)、十三年及乾隆十七年(1752)开垦耕地1253亩。咸丰三年(1853)夏,水灾毁田7516亩。至同治十二年(1873)全县耕地10.18万亩,人均0.86亩。

民国元年(1912),全县耕地11.06万亩,其中水田9.58万亩,旱土1.48万亩。民国18年,耕地10.71万亩,其中水田9.6万亩,旱土1.11万亩,人均耕地0.9亩。民国23年,国民党军队对苏区实行烧光、杀光、抢光政策,耕地荒芜2.10万亩。民国24年,全县耕地8.81万亩,其中水田8.54万亩,旱土2700亩,人均耕地0.9亩。1949年,耕地12.41万亩,其中水田11.33万亩,旱土1.08万亩,人均耕地1.52亩。

中华人民共和国成立后,1952年,土地改革结束,随即开展查田定产,新丈出耕地2.8万余亩。加上垦荒地,当年增加耕地4.1万亩。1955年1月,安仁县云秋、草坪、大鹏3个乡划入酃县,增加水田0.74万亩。当年有耕地19.64万亩,比1949年净增7.23万亩。1956—1978年,依靠集体力量,开荒造田,平整土地,扩大耕地2.37万亩,其中开荒1.2万亩。同一时期,基本建设占用耕地2.11万亩。其中,兴修水利占地4528亩,修路占地7754亩,工业建设占地8784亩。改林、改牧占地392亩,其他占地2666亩。1978年,全县耕地19.17万亩。1981—1989年,非农业建设占用耕地2500余亩。1990年4月,县政府制订措施,鼓励开荒造田,当年新开水田170.74亩。年末,全县有耕地18.72万亩,其中水田17.08万亩,旱土1.64万亩,人均耕地1.06亩。

1990年后,调整农业产业结构。部分水田改种多年生经济作物,加之水利、电力、交通设施、乡村企业建设及农民建房用地增加,耕地面积逐年减少。2011年,县政府对基本农田实行立牌保护,耕地减少趋势得到遏制。

1991—2014年，国家建设和农村基建占地0.43万亩，退耕还林还草2.38万亩，水灾毁地和其他原因减少1.19万亩，共减少耕地3.99万亩。同一时期，新增耕地1.59万亩。其中，开荒和园地复耕0.69万亩，恢复灾毁和占补面积9000亩。实际减少耕地2.41万亩。至2014年末，全县常用耕地面积16.31万亩。其中，水田15.14万亩，旱土1.17万亩，人均耕地0.81亩。

1949—2014年炎陵(酃)县耕地利用结构表

表13-1

年号	年末耕地			人均耕地(亩)	农作物占地面积			农作物播种面积			复种指数(%)
	面积(万亩)	其中			粮食作物(万亩)	经济作物(万亩)	其他作物(万亩)	粮食作物(万亩)	经济作物(万亩)	其他作物(万亩)	
		水田(万亩)	旱土(万亩)								
1949	12.41	11.33	1.08	1.52	11.49	0.44	0.48	12.71	1.39	0.29	116
1950	13.49	11.81	1.68	1.55	12.16	0.44	0.89	12.89	1.65	0.32	110.2
1951	14.43	13.74	0.69	1.6	12.64	0.42	1.37	12.99	1.77	0.37	105
1952	18.53	17.86	0.67	2.01	17.87	0.41	0.25	19.49	2.77	0.42	122.4
1953	18.66	17.86	0.80	2.00	18.1	0.41	0.15	19.52	2.83	0.59	122.9
1954	19.66	18.78	0.88	1.97	19.1	0.33	0.23	22.56	2.22	0.64	129.3
1955	19.64	18.66	0.98	1.94	19.08	0.28	0.28	22.49	2.23	0.97	130.8
1956	19.90	18.73	1.17	1.91	19.56	0.19	0.15	24.07	2.19	0.91	136.5
1957	20.25	18.71	1.54	1.94	19.69	0.24	0.32	24.26	1.79	0.83	132.7
1958	19.45	17.38	2.07	1.78	18.89	0.24	0.32	24.75	1.67	0.85	140.2
1959	19.34	17.19	2.15	1.87	19.02	0.14	0.18	26.55	1.64	1.13	151.6
1960	19.25	17.57	1.68	1.87	18.45	0.27	0.29	27.83	1.06	1.82	159.9
1961	19.53	17.71	1.82	1.91	18.71	0.21	0.61	23.44	0.62	0.53	125.9
1962	19.76	17.77	1.99	1.90	18.82	0.27	0.67	22.81	1.14	0.69	124.7
1963	19.8	17.81	1.99	1.81	18.62	0.31	0.87	23.28	1.47	0.79	128.8
1964	19.83	17.75	2.08	1.73	18.72	0.36	0.75	24.11	1.46	0.83	133.2
1965	19.83	17.72	2.11	1.66	18.72	0.44	0.67	24.22	1.44	1.78	138.4
1966	19.80	17.71	2.09	1.62	18.67	0.56	0.57	24.61	1.13	5.88	159.7
1967	19.72	17.68	2.04	1.58	18.68	0.4	0.64	24.84	0.91	8.13	171.8
1968	19.61	17.64	1.97	1.50	18.76	0.33	0.52	23.91	0.96	4.29	148.7
1969	19.65	17.64	2.01	1.48	18.75	0.53	0.37	24.51	0.89	4.15	150.4
1970	19.65	17.65	2.00	1.45	18.64	0.41	0.60	25.14	0.95	6.14	164

续表 13-1

年号	年末耕地			人均耕地(亩)	农作物占地面积			农作物播种面积			复种指数(%)
	面积(万亩)	其中			粮食作物(万亩)	经济作物(万亩)	其他作物(万亩)	粮食作物(万亩)	经济作物(万亩)	其他作物(万亩)	
		水田(万亩)	旱土(万亩)								
1971	19.62	17.64	1.98	1.43	18.34	0.4	0.85	29.62	0.99	8.8	200
1972	19.50	17.53	1.97	1.39	18.24	0.48	0.78	32.18	1.63	11.71	233.4
1973	19.44	17.5	1.94	1.36	18.43	0.49	0.52	31.32	1.57	12.77	234.9
1974	19.37	17.45	1.92	1.33	18.33	0.62	0.42	29.33	1.54	11.15	215.4
1975	19.35	17.42	1.93	1.31	18.29	0.54	0.52	29.17	1.59	9.13	206.3
1976	19.30	17.36	1.94	1.29	18.21	0.46	0.63	29.04	1.55	8.72	203.7
1977	19.22	17.3	1.92	1.26	17.67	0.6	0.95	28.34	1.71	9.76	207.1
1978	19.17	17.27	1.9	1.25	17.98	0.39	0.8	28.3	1.52	10.4	209.8
1979	19.12	17.24	1.88	1.24	17.98	0.3	0.84	27.73	1.83	9.91	206.4
1980	19.07	17.18	1.89	1.23	18.07	0.26	0.93	27.73	1.43	8.42	197.1
1981	19.01	17.16	1.85	1.21	18.15	0.23	0.63	27.36	1.47	6.47	185.7
1982	18.99	17.16	1.83	1.19	17.85	0.19	0.97	27.07	1.17	4.85	174.2
1983	18.93	17.15	1.78	1.17	17.86	0.22	0.85	27.04	1.67	3.68	168.9
1984	18.88	17.15	1.73	1.16	17.74	0.26	0.91	27.00	1.17	3.01	165.2
1985	18.81	17.1	1.71	1.14	17.76	0.26	0.79	27.08	1.18	2.94	165.8
1986	18.75	17.09	1.66	1.12	17.78	0.31	0.66	27.11	1.25	3.1	167.8
1987	18.70	17.06	1.64	1.11	17.57	0.27	0.86	27.2	1.22	4.44	175.7
1988	18.70	16.97	1.73	1.09	17.44	0.19	1.07	26.73	1.21	4.82	175.2
1989	18.70	17.08	1.62	1.07	17.85	0.29	0.56	27.47	1.66	5.53	185.3
1990	18.72	17.08	1.64	1.06	17.83	0.27	0.62	27.66	2.02	7.75	200
1991	18.72	17.08	1.64	1.06	17.58	0.52	0.62	28.07	2.58	8.59	210
1992	18.5	16.94	1.56	1.04	17.37	0.52	0.61	28.05	3.47	5.65	201
1993	18.46	16.88	1.58	1.04	17.41	0.44	0.67	28.28	3.09	3.65	190
1994	18.35	16.77	1.58	1.04	17.24	0.48	0.63	27.74	3.35	3.42	188
1995	18.35	16.77	1.58	1.04	17.24	0.47	0.63	27.83	3.39	4.29	193.5
1996	18.11	16.55	1.56	1.03	17.01	0.47	0.62	28.38	3.59	5.34	206
1997	17.94	16.41	1.53	1.02	16.87	0.46	0.61	27.6	3.60	5.03	201.9
1998	17.87	16.32	1.55	1.02	16.87	0.46	0.61	27.19	3.66	5.03	199.9

续表 13-1

年号	年末耕地			人均耕地(亩)	农作物占地面积			农作物播种面积			复种指数(%)
	面积(万亩)	其中			粮食作物(万亩)	经济作物(万亩)	其他作物(万亩)	粮食作物(万亩)	经济作物(万亩)	其他作物(万亩)	
		水田(万亩)	旱土(万亩)								
1999	17.86	16.31	1.55	1.01	16.77	0.46	0.62	27.18	3.54	5.19	201.2
2000	17.82	16.23	1.59	1.01	16.71	0.48	0.64	26.93	3.65	5.07	200
2001	17.79	16.23	1.56	1.00	16.70	0.47	0.62	26.42	3.00	5.13	194
2002	16.96	15.44	1.52	0.96	15.89	0.45	0.67	25.17	3.60	5.16	200
2003	16.05	14.84	1.21	0.91	15.20	0.36	0.48	23.13	5.82	4.52	191
2004	16.50	15.24	1.26	0.93	15.62	0.38	0.50	23.85	5.78	4.94	192
2005	16.50	15.24	1.26	0.92	15.62	0.38	0.50	23.46	5.81	4.37	186
2006	16.50	15.24	1.26	0.91	15.62	0.38	0.50	23.27	5.54	4.40	183
2007	16.25	15.06	1.19	0.89	15.54	0.30	0.40	22.52	2.43	4.65	182
2008	16.25	15.06	1.19	0.88	15.54	0.30	0.40	21.74	2.28	4.70	162
2009	16.25	15.06	1.19	0.88	15.54	0.30	0.40	23.25	2.43	4.98	189
2010	16.09	15.06	1.03	0.86	15.54	0.30	0.40	23.22	3.02	5.46	197
2011	16.11	15.06	1.05	0.86	15.54	0.30	0.40	22.83	3.18	5.88	198
2012	16.23	15.06	1.17	0.85	15.41	0.35	0.47	23.13	4.23	6.44	208
2013	16.25	15.08	1.17	0.85	15.43	0.35	0.47	23.36	4.25	6.71	211
2014	15.32	14.31	1.21	0.81	15.49	0.35	0.47	23.73	4.40	8.93	227

说明:1.经济作物面积未包括茶、桑、果面积;2.复种指数为农作物播种面积 / 占用耕地面积

第二节 耕作制度

明、清朝县内耕作制度以一季水稻生产为主。民国 25 年(1936),耕地复种指数为 102.7%,1949 年为 116%。1952 年开始耕作制度改革,复种指数不断提高。1973 年达234.88%,为历史最高年份。1991—2014 年,复种指数稳定在 162%—227%之间。

一、一熟制

1949 年,全县一熟制耕地面积占 84%。1952 年后,双季稻面积逐年扩大,一熟制面积渐减,主要分布在海拔 450 米以上山地。1958 年,一熟制面积约占 60%。1972 年,在海拔 450 米以上山区推广双季稻种植,一熟制面积减少到 4 万余亩,占耕地面积 24%。1974 年,调减双季稻种植范

围。1990年后，全县一熟制面积稳定在7—8万亩，占耕地面积40%—50%。随着农村劳动力转移以及种植结构调整，一熟制耕地面积逐年增加。2014年为12万亩，占耕地面积67%。

二、二熟制

民国时期，平原地区农户有水稻—油菜、蚕豌豆、蔬菜连作习惯。1952年，沔渡乡、洞里乡和县农场试种间作双季稻49亩，两季亩产合计350公斤。次年，草坪乡李道学互助组试种0.1亩连作双季稻获得成功。1956年，全县推广2.11万亩，总产5550吨，平均亩产263公斤，比上年一季稻增产28.9%。1960年，扩大到5.68万亩，占水田面积32.3%。因采用传统高杆品种和栽培方法，晚稻亩产仅54公斤。1962年，双季稻面积减少到1.33万亩。1971年开始，在海拔450米以上的石洲、策源、平乐、下村等山区公社强行推广双季稻，由于日照、温度不足，晚稻失收600余亩。1972年，提出"学大寨，拼命干，扩种早稻12万(亩)"口号，双季稻盲目扩大到12.04万亩。导致高寒山区8000余亩早稻失收。1973年9月，中共湖南省委第二书记张平化到县视察，提出种植双季稻要因地制宜，不能搞硬性规定。当年晚稻失收1.54万亩。次年，将双季稻种植任务调整到海拔450米以下区域。此后，双季稻种植稳定在9万亩左右。

1983年，部分农户试种瓜—稻二熟成功。次年，全县扩至70亩，每亩比栽种双季稻增加纯收入290余元。1986年，城东乡颜家村部分农民试种玉米—稻二熟作物7.9亩。1988年，全县种植335亩，亩产玉米425公斤，稻谷487.5公斤，增值113.5元。随后，其他二熟制组合模式相继出现。有水稻—红薯、绿肥、油菜、蔬菜、麦、蚕(豌)豆、荸荠二熟组合；马铃薯—水稻、红薯、玉米二熟组合，以及蔬菜、杂粮、苗木间作、轮作二熟组合。1995年，全县成建制双季稻过吨粮。此后，以杂交水稻为主的双季稻二熟制渐少，其他两熟制组合增加，复种指数相对平稳。2014年，双季水稻两熟制面积仅3.84万亩。

三、三熟制

多在海拔400米以下区域流行。民国时期，水口等地已有水稻—晒烟—油菜；水稻—红薯—油菜等三熟制作物栽培。20世纪50年代，三熟制得到推广。

稻—稻—绿肥 1958年，沔渡乡晓阳、水口乡水中、河漠乡星火等农业合作社种植，以后逐年推广。1973年全县种植11万亩，占水田面积62.9%，为历史最高年份。1982年实行家庭联产承包责任制后，田间放牧无统一管理，影响绿肥种植。稻—稻—绿肥模式仅维持在1~3万亩。1986年，县政府拨专款扶持绿肥种植。1990年发展到5.4万亩。至2014年稳定在2万亩以上。

稻—稻—油菜 1956年在晓阳、水中、星光等农业合作社试种成功。20世纪70—80年代，全县常年种植面积7000亩。主要分布在三河、王家渡、塘田、水口、中村、沔渡、城东等乡镇。平均亩产油菜籽50公斤左右。

稻—稻—麦 推行于20世纪60年代中期至70年代中期，常年种植1500亩左右。1976年，三河公社石鼓大队曾家生产队霍文干种植3亩试验田，三季亩产982公斤，其中小麦125

公斤。1979 年全县停种。1985 年冬恢复。1990 年种植 82 亩，产小麦 10 吨，亩产 122 公斤。

县内流行的三熟制组合还有：稻—稻—马铃薯；稻—稻—蚕（豌）豆；稻—红薯—油菜；稻—红薯—蚕豆；青豆—稻—蚕（豌）豆；花生—红薯—油菜等。

2000 年后，应用综合技术措施栽培反季节作物，出现多熟制耕作模式。

第三节　耕作技术

一、作物栽培

水稻　民国时期，沿袭传统经验栽培水稻。浸种不催芽，秧田不分厢。一般在 4 月上、中旬播种，每亩秧田下种 150—200 公斤，不加覆盖物。秧田水日排夜灌，插满月秧。5 月上、中旬插秧。株行距离一般 40—50 厘米，谓之“稀禾密谷，密禾秕谷”。一个月后，用脚中耕一次，酌施农家肥或石灰，至中夏再中耕一次，有的中耕一次。然后“以水养稻，深灌到老，烂泥割禾”。

1950 年后，水稻栽培技术逐步改进和提高。1952 年，开始使用盐水选种、浸种催芽，并试验推广合式秧田。1957 年，试验推广湿润秧田。1964 年，推行适时播种，使用薄膜覆盖育秧。根据秧苗不同秧龄期，施以科学水肥管理方法，培育壮秧。早稻 4 月下旬移栽，双季晚稻 7 月中下旬移栽，山区单季稻 5 月中、下旬移栽。1965 年，推行矮秆品种后，实行合理密植，株行距一般为 16.6 厘米 × 20 厘米、13.3 厘米 × 16.6 厘米、10 厘米 × 13.3 厘米。早稻每亩插足基本苗 20—30 万株，双季晚稻每亩插 10—20 万株。插秧前施山青、猪牛栏粪、磷肥作基肥，有的采用氮肥深施。中耕加施碳铵、硫铵、尿素、过磷酸钙等化学肥料。中耕改用手抓，松泥除草。禾苗返青施分蘖肥，见苞抽穗施壮籽肥。实行科学管水，插秧后寸水返青，浅水分蘖，中耕露田，落水晒田，干湿壮籽。1970 年，推广水稻小苗带土移栽。1972 年，推广早稻温室育秧。当年，始用“九二〇”、尿素、过磷酸钙溶水喷施叶面，养根保叶防早衰，提高“千粒重”。1975 年，种植杂交水稻，严把种子验（发芽试验）、晒、选（盐水或泥水选种）、消（药物消毒）等 4 关。每亩秧田下种 10—15 公斤，大田一般 2 公斤。每亩插基本苗 1.2—2.5 万蔸，每蔸插 1—2 株带蘖苗，密度 13.3 厘米 × 20 厘米、厘米 16.6 × 20 厘米、20 厘米 × 20 厘米。1990 年后，推广抛秧栽培技术，提高插秧工效，减轻劳动强度。田间管理采用露田为主管水方法，干干湿湿，间歇灌溉，直至成熟。掌握“前期轰得起（分蘖足），中期稳得住（不退黄），后期不早衰”的施肥方法。早稻争发 5 月苗，一季争发 6 月苗，双季晚稻争发 8 月苗，对水稻病虫害实行综合防治。

1995 年，农业部门总结全县双季稻亩产过吨粮成功经验，推广良种、良法、良制组合配套水稻栽培技术，实现水稻生产稳产、高产。2000 年后，先后推广水稻机械化育插秧、无盘旱育抛秧、水稻免耕抛栽、水稻直播等栽培技术。

红薯　一般在春分后清明前下种，5 月中旬开始插夏红薯，处暑前插秋红薯。分厢垄扦插，短蔓杆浅插或斜插，或压通条。夏薯每亩约插 5000 株，秋薯 1.5 万株。插苗时施安蔸灰。苗发后，追肥培土。藤蔓繁茂时，提藤松土。即将蔓藤向上提起，扯出细根，再放回原处。一般亩产鲜薯1000公斤左右，高产3000—4000公斤。

油菜 油菜栽培分布在海拔400米以下区域。有直播和移栽两种形式。直播一般在10月中旬播种。移栽在9月中、下旬播种，苗龄40—50天。株行距17.7×26.7厘米，每蔸1株苗。田间管理的关键是及时开沟排水，防止苗期水多不发根，春后不发苗。越冬重施腊月肥，适时施用硼微肥。

柑橘 县内四季可栽，以秋末、冬初和春初3个时期较佳。民国时期无柑橘苗木繁殖场，农户栽实生苗。20世纪60年代后，开始以嫁接方法繁殖柑桔苗木。1980年后，天坪园艺场、碧江苗圃推广以枳壳嫩籽播种育砧，嫁接繁殖技术。1986—1989年，繁殖柑橘苗51.91万株。柑橘栽培株行距，60年代为4米×4米、4米×3米。70年代改为4米×3米、3米×3米。70年代，普遍推广柑橘保花保果技术，采用抹春梢，喷施"九二〇"、2.4—D激素、复合防落素、植物调节剂等措施，座果率提高4—5倍。同时，开始发展速生丰产园，第一年栽苗，第二年长树，第三年结果。至1990年，有青石林场、炎陵原种场，县园艺示范场，三河乡霍家村，塘田乡星火村、城东乡石子坝村、禾仓源村等建立速生丰产柑园560亩。宫川类早熟品种10月中、下旬采摘；尾张类中熟品种10月下旬至11月中旬采摘；椪柑等迟熟品种11月下旬采摘。

二、良种繁育与推广

（一）选种和繁殖

常规水稻 县内历来有块选、穗选水稻种子习惯。民国30年（1941）起，县农业推广站始用提纯复壮法选育水稻优良品种。1952年，县政府号召群众开展选种活动，要求区乡逐级评选良种。1953年，酃县农场（后更名炎陵原种场）开始繁殖水稻良种。1956年，评选出湖南粘、麻壳白、白米油稻、万粘糯等8个地方良种。次年，有85个农业社建立留种田1647亩，穗选种子10万公斤。1958年，水稻良种栽培面积达64.2%，比上年增产53万公斤。1963年，种子工作实行"四自一辅"（生产队自选、自繁、自留、自用为主，辅以必要的调剂）。当年评选出优良种子有陆才号、南特号、飞粘、矮子红、江西赤、红米冬粘、红米选粘、红米油稻、一五粘等。下村、策源、平乐一带的红米稻，米质好，饭香甜，县内闻名。1964年，优良品种栽培面积占水稻播种面积82.5%。当年穗选种子1.05万公斤。1965年7月，县政府规定换种加成标准，一级良种加30%—40%，二级良种加20%—30%，三级良种加10%—20%，同时给予化肥、农药、农具等奖励。1965年9月，在农业局种子股（站）的基础上建立种子公司，组织生产和经营优良种子。1975年4月，县农业局规定单本良种繁殖田每亩补助5元，当年生产单本繁殖种子10.5万公斤。1978年，种子工作由"四自一辅"转为"四化一供"（生产专业化、加工机械化、质量标准化、品种布局区域化），以县为单位统一供种。1983年，县种子公司在城东公社山垄大队等地建立常规稻种子繁殖基地3965亩，繁殖种子136.3万公斤。1984年开始，选择有一定农业科学技术的农户为常规稻良种繁殖基点。此后，常规稻种子以种子公司基地培育收购或从外地引进经销为主。2009年，县种子公司撤销，种子市场放开。常规稻种多由农技推广部门推荐,由农户自主选购。2014 年,全县常规优质稻播种面积 10.89 万亩,总产 4.76 万吨。

杂交水稻　1975 年秋,首次在县良种场制种 46 亩,生产种子 801.75 公斤。同年冬,组织 149 人,分别到广西邕宁、湛江乐东和海南崖县(三亚)繁殖不育系种子 7327 公斤,制种 8523.5 公斤。1979—1982 年实行"县繁社制"。三系(不育系、恢复系、保持系)提纯繁殖,由县农业部门承担,社队组织杂交制种。1979 年,县农业部门繁殖不育系 337.99 亩,14 个公社 59 个大队杂交制种 5909 亩。1983 年起,繁育体系改由省农业部门提纯三系亲本,地区负责繁育不育系亲本,县负责制种。当年,集中在水口公社桃源、枣树、红光(官仓下)、下垄、水西、水南、水口、渣村等 8 个大队制种,秋制 1605 亩,占全县制种面积 94.1%,总产 8 万余公斤。此后,县内杂交制种由县种子公司负责。随着制种技术发展,杂交制种亩产不断提高。从 1975 年的亩产 20 多公斤提高到 100 多公斤。1985 年,县种子公司在三河乡石鼓村曾家组制种,参加株洲市高产攻关竞赛的 1.36 亩"威优 64",亩平 252 公斤,获第 2 名。1983—2004 年,由种子公司组织的杂交制种累计面积 2.55 万亩,生产杂交种子 3.07 万吨,平均亩产 120.3 公斤。其中,1989 年制种面积最大,达 2260 亩;1998 年单产最高,亩平 188.9 公斤;1995 年总产最高为 272.1 吨。其间,从境外调入杂交种子 1000 余吨。2005 年后,县内供销、邮政、个体户等多渠道经营,价格下跌,种子公司遂停止制种。2009 年种子公司撤销后,农业部门设立种子管理站,种子生产与种子管理分离。

玉米　1976 年,县农业局建立旱粮制种队,在大院农场和城东公社颜家大队进行杂交玉米制种,用新革一号为母本,大院红为父本杂交,培育出革新一号,具穗大粒多特点,亩产 300 公斤左右,比原品种亩平增产 50 公斤左右。后用大院红为母本,新革一号为父本杂交,培育出革新二号,抗性强,适宜海拔 1000 米以上的土地种植。

(二)引种和推广

水稻品种　民国 28 年,省农业改进所在酃县设立工作站,主要负责良种引进和推广。30 年引进黄金籼,两户农民贷种 12 公斤,栽种 2 亩。次年推广胜利籼、黄金籼 92 亩。33 年,种植 132.2 亩。至民国 36 年,累计推广黄金籼 726 亩,平均亩产 270 公斤左右。1952 年,从安仁县引进双季晚稻品种一五粘试种,平均每亩 250—300 公斤。1953 年,从醴陵、宁冈两县引进早稻品种南特号。1955—1961 年,南特号栽培面积占全县双季早稻 80%,一五粘栽培面积占双季晚稻 90%左右。1962 年,县农科所引进矮秆品种矮脚南特号进行区域试验,表现出耐肥、抗倒伏、抗病害等特点。1965 年,大量引进早稻南陆矮、珍珠矮、广场矮、湘矮早、中籼桂武粘、晚粳农垦 58 等矮秆品种。次年,早稻矮秆品种播种 2 万亩,占早稻面积 45.1%。1972 年全县实现水稻品种矮秆化。1975 年,从湘潭引进杂交水稻南优 2 号 0.5 公斤,在县良种场试种 0.3 亩,亩产 683 公斤。次年,成立县杂交优势利用小组,在全县各公社进行多个品种杂交水稻种植示范,种植面积 9150 亩。杂交稻根系发达、分蘖力强,耐肥、耐寒、抗倒伏、穗大粒多、米质优良、增产效果显著,一般比常规稻每亩增产 100—150 公斤。1988 年,栽培 14.97 万亩,占水稻播种面积 59.4%。至 1990 年,全县共引进水稻品种 800 余个,其中杂交水稻品种 70

余个。经过试种和示范,在县内推广过的主要优良品种,早稻有湖南粘、南特号、矮脚南特号、南陆矮、湘矮早3号、湘矮早4号、朝阳一号、二九青、珍珠矮、先锋一号、珍汕九七、湘矮早9号、红410、温选青、湘早籼3号、湘早籼1号、浙辐802、威优64等;晚稻(含一季稻)有一五粘、农垦58、广秋4309—2、广矮一号、湘潭晚粳、农进一号、科字6号、海南糯、湖安糯三号、余赤、花术糯以及杂交水稻南优、威优、汕优、七优等系列。1991年后,县内水稻播种大部分为杂交稻和常规优质稻。相继引进HA88811,湘早籼13、16、19、27号,威优258、402、644,早籼浙9248,汕优149、198、4480、644,特优63、70、158、989,Ⅱ优46、58、86,K优17、金优58、77,岗优22、527,福优58、86,明优101,B优827,川香优3、9838号,湘早汕2、4、5号,早丰优一号,早籼93,中优10—1,固优5、11、21号,培矮64S/E32、64S/9311,嘉早975,南集3号,越糯1号,湘晚糯1号,中糯98,新香荆糯6号,94—317糯稻等200多个常规稻、杂交稻优质良种组合品系。1995年双季稻过吨粮,威优、汕优等系列杂交稻为主要当家品种。其中,双季稻栽培面积最大的为威优64、汕优64、威优46、汕优46、威优77、汕优77、汕优晚3等配套组合。市、县联合办点工作组在城东颜家村示范栽培汕优晚3,晚稻亩均659.4公斤,创山区县汕优晚3栽培高产纪录。2014年引进隆两优华占,晶两优华占,广两优2010,天优华占,中浙优1号,Y两优1、7、696、1998、5867号等水稻优品和两系超级杂交稻品系。

其他作物品种　1955年引进胜利油菜。1962年,引进广东白皮红薯。1965年,引进洞庭一号棉。1970—1980年,陆续引进小麦阿夫、阿波;油菜矮架早、湘油5号、秦油2号、湘油10号;红薯华北48、湘农黄皮;大豆矮脚早、五月黄;玉米苏玉1号;高粱歪脖;花生海花一号;西瓜蜜桂、蜜克;绿肥苜蓿和多个蔬菜良种。1991—2014年,先后引进和培植巴西菇、竹荪、美味牛肝菌等食用菌新优品种。引进培育墨西哥米帮塔食用仙人掌;福建香芋;湘研、春研辣椒系列品种;北京新三号大白菜;白魔芋等近30个蔬菜良种和脱毒马铃薯;川山紫、南薯88、湘辐1号红薯;油杂油1号、631、湘油13、14号、丰油682、中油821等杂交油菜、"双低"油菜;湘春豆系列等粮油品种。引进杜仲、黄柏、厚朴、金银花等中药材和70多个水果品种。启动野生茶、绞股蓝资源调查项目,引进试种日本山葵、樱桃,以及台湾软枝乌龙、铁观音、槠叶齐、迎霜、金鲜、安吉白茶等优质茶叶品种。近年间,农作物品种更替频繁,更新速度加快。

三、病虫害防治

(一)病虫害种类

清代,县内发现的水稻害虫主要有稻蝗、螟虫等。民国时期除稻蝗、螟虫外,稻苞虫、稻瘟病危害严重。随复种指数的提高和滥施农药化肥,病虫种类增多。20世纪50—60年代,主要有三化螟、稻食根叶岬、负泥虫、黏虫、稻叶蝉、黄矮病、稻瘟病等。70年代发现增加的病虫主要有稻飞虱、稻纵卷叶螟、稻秆潜蝇、纹枯病、白叶枯病、褐色叶枯病、稻曲病、稻云形病。1983—1984年,县农业气候资源考察技术组和县农业局植保植检站调查,水稻病虫害的发生和分布随水稻种植垂直高度变化而呈明显立体差异。海拔由低到高,水稻病虫种类由多到少,水稻病虫发生期由早到迟,世代由多到少。据统计,全县水稻害虫主要有:白背飞虱、褐飞虱、灰飞虱、稻纵卷叶螟、二化螟、三化螟、负泥虫、黏虫、稻秆潜蝇、稻春蟓、稻蓟马、稻蚜虫、黑尾叶蝉、白翅叶蝉、稻蝗、稻眼蝶、稻象岬、稻苞虫、铁甲虫、稻食根叶岬、稻螟蛉、稻筒巢螟和稻切螟等24种。主要病害有：稻瘟病、纹枯病、白叶枯病、褐色叶枯病、稻曲病、细菌性条斑病、稻粒黑粉病、恶苗病、青矮病、黄矮病、齿叶矮缩病、小球菌核病、胡麻斑病、赤枯病、紫秆病、稻云形病、叶鞘腐败病、立枯病、稻苗疫病、谷枯病和细菌性褐条病等21种。

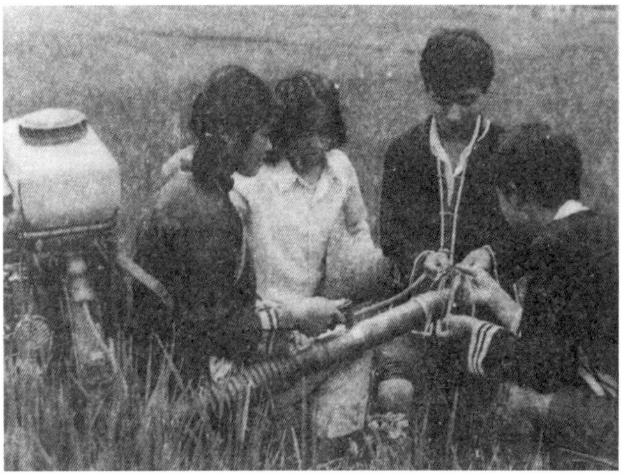
▲动力喷粉器

红薯病虫害主要有：黑斑病、软腐病、猿叶病、龟甲病、金花虫、卷叶虫、楼叶虫和黄蚂蚁等。

油菜病虫害主要有：霜霉病、菌核病、白锈病、病毒病、蚜虫、菜青虫等。

棉花病虫害主要有：立枯病、炭疽病、红叶茎枯病、棉烂铃、棉蚜、金钢钻、红铃、棉铃虫、红蜘蛛等。

柑橘的病虫害主要有：疮痂病、炭疽病、黑星病、树脂病、红蜘蛛、锈壁虱、介壳虫、蚜虫、天牛、爆皮虫、恶性叶岬、潜叶蛾、吸果夜蛾、柑橘实蝇等。

黄桃的主要病虫害有：桃褐腐病、桃缩叶病、流胶病、桃疮痂病、桃炭疽病、桃蛀螟、梨小食心虫、小绿叶蝉、桃潜叶蛾、叶螨、介壳虫等。

（二）防治方法

民国时期，靠铲田勘、烧禾蔸、水田冬浸、施用石灰和人工捕捉等方法灭虫。每遇病虫成灾，只能以唱禾戏、舞火龙、敬神灵等方式，祈求天佑神护。民国38年，全县发生稻瘟病，县府通令各保祭祀炎帝陵，合靖、模炳两乡组织1000余人到炎帝陵告灾。

20世纪50年代，开始使用化学农药。1956年，县农业局设立植物保护科，配备植保干部。1957年始建虫情测报点，1962年改为测报站。测报站调查病虫发生情况，用有线广播、电话、简报形式通报全县，及时防治。70年代后，以化学农药防治为主，试用生物防治。各大队配备植保员1人，生产队指定专人打药治虫治病。建立全县病虫测报、防治网络。1982年，实行家庭联产承包经营后，由农技人员指导各农户开展防治工作。禁止使用六六六、DDT等高毒高残留农药。由于长期使用化学农药，病虫产生抗药性，并伤及自然天敌。不仅增加农业成本，而且污染农产品，引起各级政府和广大群众普遍关注。

2000年后，农业部不定期公布国家明令禁止使用的农药，蔬菜、果树、茶叶、中草药材上不得使用和限制使用的农药以及无公害蔬菜禁用的农药。病虫防治亦由化学防治为主转入综合防治。

物理防治　1950年，县政府号召群众捉一只虫，保一穗禾。一区政府组织农民出动2227人次，捕捉水稻害虫1144公斤。二区政府发动群众在田间地头燃起火把烧虫。1952年，全县冬季“三光”(禾蔸拔光、田埂草铲光、冬板田犁光)面积13万余亩。二化螟羽化高峰时节,组织群众(一个劳力一个松柴笼子)夜间在田间舞火龙。三区塘田乡点灯416盏(煤油灯)诱蛾,每盏灯灭蛾数百只。1962年,开始使用白炽灯诱蛾。1972年推广黑光灯诱蛾,一盏黑光灯灭虫效果相当于190盏煤油灯。1974年,全县点灯诱蛾5.8万盏次,1977年5.6万盏次,诱杀面积13.97万亩次。1978年,发现点灯诱蛾将害虫与其天敌同时消灭,此法逐步淘汰。随着科技进步,利用害虫对音(频振)、色(光谱)、气味等理化条件反映、活动环境和时间的敏感性不同,有针对性地进行诱捕防治。各种技措与设施应运而生。2010年后,推行绿色防控,推广频振式杀虫灯、色彩板诱捕、糖醋液气味诱杀,根据害虫发生规律,在成虫活动高峰期有针对性择时捕杀。

药物防治　1952年,草坪乡石玉村使用化学农药防治棉花卷叶虫,为县内使用化学农药之始。1954年,县内开始推广六六六、DDT化学农药防治水稻害虫。1958年,提倡土法上马,各地大量采集黄藤根、雷公藤、辣蓼、强盗草等野生植物,自制土农药水剂1790吨,防治稻飞虱、稻叶蝉,有效率达60%—70%。20世纪60年代,普遍施用西力生、赛力散、乐果、敌百虫和稻瘟净等化学农药。1970年,农药供不应求,各地自制土农药1785吨。1971年和1972年,新添4090、井冈霉素等生物农药以及治螟灵、克瘟散等化学农药品种。1973年,农药施用量465吨,平均每亩2.66公斤。1979年,发生大面积稻瘟病,防治25.4万亩次。1980年,为防治稻瘟病,各地对迟熟品种喷杀农药西力生、赛力散,并大量推广甲胺磷、杀虫咪、呋喃丹、杀虫双、托布津、稻瘟灵等新农药。全县施用各种农药640吨,造成稻谷大面积污染。12月25日,卫生防疫站对三河、城东两个公社稻谷抽样化验,有机氯超过国家卫生标准1.3—13倍。当年封存农药污染稻谷1700吨。1982年,化学农药施用量高居639吨。此后,逐年下降,1986年减至113吨,1990年减至102吨。2000年后,根据国家农业部《农药管理条例》《农药管理条例实施办法》,县农业部门制定农药监督管理规定,对无公害产品、安全食品、绿色食品分别提出要求,制定并发布绿色食品黄桃、茶叶生产技术规程。严禁使用高毒、高残留、致癌、致畸、致突变化学农药,限制使用全杀性、高抗性农药,严格控制使用激素药剂。2000—2005年,平均年施用80—100吨,2006—2011年,平均年施用100—200吨。随着低毒无公害农药品种增加,茶叶、水果等经济作物面积扩大,2014年,增至222吨。与此同时,建立农产品质量安全检验检测中心,加强对农产品检测监管。

生物防治　1972年,泗渡公社农科站在夏馆大队老古庙生产队放播稻螟赤眼蜂,防治第二代纵卷叶螟,有效率71%。1976年和1977年,在三河等4个公社棉田试放金小蜂1475亩,防治棉红铃虫,有效率98.5%。此外,保护和繁殖稻田青蛙,助迁蜘蛛防治水稻害虫。1979年,县农作物病虫害生物防治站进行虫害天敌昆虫资源调查,采取标本290种。20世纪80年代,人工组织的生物防治渐少。90年代,禁止使用高毒农药,限用全杀性农药后,害虫天敌得到保护,逐步修复自然生物防治环境。2000年后,扩大应用鱼藤酮、苦参碱等植物农药和井冈霉素、苏云金杆菌、白僵菌、核型多角体病毒类等微生物农药,进行生物防治。

农业防治　1975年,开始贯彻“预防为主,综合防治”植保方针,除采用人工、药物、生物综合防治外,还采用精选抗病优良品种、药剂除草、灭鼠等防治方法。1988—1990年,水稻综合防治面积43.4万亩次，其中1990年13.4万亩次。1991年后，开展大面积水稻综合防治。到1995年，每年推广强氯精浸种消毒技术10—20万亩，病虫综合防治推广面积最高年份达24万亩。全面实施统防统治，绿色防控，避免漏治一点，影响一片。同时，定期轮换品种，保持品种抗性。冬耕冬种，减少病虫害越冬。采取轮作换茬、种养（稻鸭、稻鱼）结合、健身栽培等农艺措施，扩展设施农业种植面积和范围，减少有害生物的发生。在水果栽培上，重点推广套袋栽培技术。

四、土壤改良

县内多傍山田，地下水位高，有水涝眼田、冷浸阴山田、烂泥田、青泥田、青夹泥田、鸭屎泥田、锈水田、青沙田、青麻沙田、白鳝泥田、流沙底田等12种低产水田，约占稻田面积80%。民国时期，农民采用开沟排浸，泥土掺沙、沙土掺泥和施用农家肥、土杂肥、石灰等方法改良土壤。

1950年后，县政府发动群众开展改造低产田运动。1957—1958年，掀起第一次高潮，全县改造低产田4.5万亩。由于片面强调深耕，破坏了土壤结构，没有起到改良目的。1970年，掀起第二次高潮。次年冬，县革命委员会主任颜家兰带领工作组在沔渡公社夏馆大队寨下生产队办试点，采取围山对垄开沟排浸，挖开滂湖眼淤泥，打桩垒石，架木"扎楼"排除冷浸田冷浸水、锈水田锈水等方法。至1973年春，改造滂湖田75亩，盘填滂湖眼522个，并将原有116块小丘田平整为49块大丘田。亩产由245公斤提高到740公斤。当年，三河公社近万亩夹泥田和沙泥田，掺客土130多万担。至1977年，全县投工1730万个，完成土石方2000万立方米，改造低产田9.62万亩，建成方格园田1.2万亩。双季稻面积由5万亩增加到9万余亩，粮食产量平均年递增6.3%。1978年12月12日，中共中央办公厅编发的全国《农田基本建设简报》（第65期）刊登《酃县大力改造低产田，实现粮食跨"纲要"》调查报告，向全国推介。1982年，实行家庭联产承包经营后，无大规模土壤改良。1984年，第二次土壤普查，全县有低产田5.14万亩，占水田面积30%。1991年12月，启动"以工代赈"中低产田改良工程。同时，围绕双季稻"吨粮县"开发目标，县、乡各级财政和全县农民投入资金317.45万元，兴修水利工程1480处，改善恢复灌溉面积2.4万亩。投入"以工代赈"等资金74.5万元，改造中低产田2358亩。农户珍惜和保养承包耕地，积极投工参加修渠筑坝、修复灾毁耕地。

2008年，耕地地力调查情况显示：耕地土壤有机质含量平均41.20克/千克，处于较高水平；土壤碱解氮含量平均151.8毫克/千克，处中等水平；有效磷含量平均19.85毫克/千克，处中等偏低水平；速效钾平均含量72.4毫克/千克，属偏低；PH值平均为5.4，属偏酸；土壤耕层大部分在16—22厘米之间呈变浅趋势，耕层15厘米以下的面积7.61万亩。依据《全国中低产田划分与改良技术规范》（NY/T310—1996）和《全国耕地类型区、耕地地力等级划分》（NY/T309—1996）标准，确定县内耕地分为七级。其中，一、二级为高产田，三、四、五级为中产田，六、七级为低产田。全县各等级耕地（含园地）面积和占比：一级29047亩，占13.44%；二级22729亩，占10.52%；三级23855亩，占11.04%；四级35584亩，占16.47%；五级35854亩，占16.59%；六级21383亩，占9.89%；七级47657亩，占22.05%。根据县内中低产田偏多的现实，各级政府发动农户开展冬耕冬种，播种绿肥、油菜等作物，推广秸秆还田。2013—2014年，全县稻草还田面积14.7万亩,中、低产田地力逐步得到提升。

五、肥料施用

家肥、土杂肥 传统家肥、土杂肥主要有人畜粪便、枯饼(榨油后的剩余物)、草木灰、土灰、塘底泥、草本植物(沤制)等。1949年每亩水田施用家肥、土杂肥350公斤。1951年,县人民政府要求各区、乡组织农民开展积肥运动,当年积肥10.64万吨,其中草木灰2.38万吨,土灰9598吨,沟淤泥和塘泥9106吨,清理人粪尿1.47万吨,牛栏粪4.19万吨,亩均施用926公斤。1957年,采取常年积肥与突击积肥相结合的办法,由农业社制订计划,将任务分到社员,实行奖罚制度。当年水田亩均施肥1850公斤。1958年春,开始推行烧、熏、刨、拆、沤、造多管齐下的积肥办法,开展"六清"(清猪牛栏、鸡鸭埘、沟泥、地皮泥、老壁土、烟炭灰)和五烧(烧土灰、冬茅灰、竹灰、石灰、熏土)运动。水口乡水南、水中、水西3个农业社联合从黄茅墩高山上架设1条6000米长的钢索道,将火土灰、山青运至田间。当年全县施家肥、土杂肥亩均2480公斤。20世纪60年代,仍以农家肥和土杂肥为主要肥料。70—90年代,化肥与农家肥并重。2000年后,农户养牛、养猪锐减,节能灶、卫生厕所普及,家肥来源减少,化肥比例加大。稻草(秸秆)还田为主要有机肥来源。但茶农、果农、药农、菜农多使用有机肥,有的从养殖场批量购入禽畜粪便经处理后施用。与此同时,商品有机肥用量剧增。

绿肥 民国时期,种植绿肥满园花。1953年冬,炎陵农场开始试种红花草子。1957年,全县大面积推广红花草子和蓝花草子种植。1973年种植面积12.61万亩,占耕地面积65%,为历史最高年份。1982年始,放牧没有统一管理,绿肥为禽畜损坏,部分农户放弃种植。1985年,种植面积减少到1.6万亩,鲜草产量由70年代的亩均1500公斤降到1000公斤。1986年,县政府鼓励绿肥生产,给予种子差价补贴。至1989年,共补贴29万元,绿肥生产开始回升。1990年绿肥种植5.4万亩。1992年,推广示范丸衣绿肥种子播种技术,增产17%左右。此后10年间,播种面积维持在3—5万亩左右。2000年后,绿肥播种面积下降。至2014年,全县播种面积2.87万亩。

化学肥料 1953年,县内开始使用硫酸铵。20世纪50年代主要化肥有硫酸铵、碳酸氢铵、硝酸铵、尿素等氮肥,其中以尿素最受欢迎。1962年,开始在油菜田中施用磷肥做基肥,以后逐渐推广到红薯、花生、水稻等农作物栽培。70年代,开始施用复合肥。1977年,推广农作物叶面喷施钼酸铵、硼砂、硼酸等微量元素肥料。当年县氮肥厂投产,全县碳酸氢铵施用量亩均27.6公斤。1979年高达60.84公斤。1980年后,水稻普遍施用钾肥。1983年县氮肥厂停产,亩均碳铵施用量减至32.92公斤。1985年,县政府采用以木材指标换购氮肥等多种措施保证化肥需求。1990年,全县化肥施用量1.53万吨,亩均80.2公斤。其中,氮肥8395吨,亩均44.8公斤;磷肥4255吨,亩均22.7公斤;钾肥392吨,亩均4.8公斤;复合肥1478吨,亩均7.9公斤。1953—1990年,化肥施用量共计25.5万余吨。1991—2000年化肥施用量年均1万吨左右。2000年后,推广测土配方施肥技术。2008年,农业部门重新进行土壤取样调查,取样点3400余个,向全县农户发放施肥建议卡4.2万余份,涉及播种面积33万余亩。2014年,全县化肥施用量上升到 1.35 万吨，施用面积 22.35 万亩。亩平 60.3 公斤，其中氮肥 18 公斤，磷肥 7.5 公斤，钾肥 7.7 公斤，复合、复混肥 27.1 公斤。磷、钾肥及微量元素肥比例上升。

其他肥料 县内历来有施用石灰、牛骨粉习惯。山区稻田水温低，农民认为施用骨粉能增强水稻的抗寒能力，习惯把牛骨用谷壳煨烧炭化、碾粉，拌上泥浆沾于秧根，有的与草木灰等土杂肥混合撒施。每亩用量 2—5 公斤不等。1956 年，始用根瘤菌剂拌绿肥种播种。1970 年，始用 5406 抗生菌作水稻基肥和追肥。2000 年后，微量元素肥料和专用复混配方肥、工厂化生产的商品有机肥等逐步推广。

第二章　种植业

炎陵县农作物品种较多。清康熙九年县志载有农作物：稻（籼、糯）、黄豆、绿豆、荞麦及杂粮芋、蕨。果：桃、李、梅、杨梅、银杏、柚、柿、梨。蔬：芥菜、萝卜、苋菜、茄、黄瓜、冬瓜、西瓜、水瓜、南瓜、丝瓜、苦瓜、茼蒿、葱、蒜、韭、薤、豆角、冬苋、姜、苦荬。草本油料作物：油菜、芝麻。

清乾隆三十年县志，谷之属增加粟、包粟（玉米）、黑豆、茶豆、饭豆、扁豆、刀豆、薏苡等。杂粮增加薯（红、白二种）、芋等。果之属增加板栗、枣、桔、柑、橙、枇杷、石榴、慈菰（荸荠）、菱等。蔬之属增加菠菜、白菜、莴苣、蕹菜、苦菜、芹菜、胡萝卜、蕌、甜菜、观音苋、藤苋、马齿苋、禾笋（茭白）等。草本油料作物增花生。此外，蓝（植物染料）、晒烟、苎麻、席草、棉花、茶叶、油茶等经济作物也有种植。

清同治十二年县志，谷之属增加麦、高粱、豌豆、蚕豆、䅟子；水稻增粳稻。果之属增加葡萄。菜之属增加芸薹、观音豆、蛾眉豆、葫芦瓜、瓠瓜等；草本油料作物增加向日葵。

1982—1984 年全县农业区划初步调查，县内粮食作物主要有 4 科 14 种，经济作物和蔬菜主要有 18 科 109 种。

第一节　粮食作物

1949 年，粮食作物播种面积 12.71 万亩，占农作物播种面积 88.3%；粮食总产量 1.97 万吨，人均 242 公斤。1954 年粮食作物播种面积 22.56 万亩，1972 年增至 32.18 万亩，为历史最高年份。1990 年粮食作物 27.66 万亩，占农作物播种面积 73.9%。粮食总产 9.17 万吨，人均 520 公斤。与 1949 年比，播种面积增加 1.2 倍，总产增长 3.65 倍，人均增长 1.15 倍。

20 世纪 90 年代，粮食作物播种面积稳定在 27 万亩以上，粮食总产从 9 万多吨增加到 12 万多吨。1996 年粮食产量 12.53 万吨，人均 711 公斤，为历史最高年份。

2001 年，粮食市场放开，出现卖粮难现象，播种面积逐年调减。2014 年，县内粮食作物播种面积23.73万亩,总产量91461吨,亩产385.42公斤,人均453.7公斤。与1990年相比,使用耕地面积减少2.56万亩,播种面积减少3.93万亩,总产减少190吨。分别减少14.18%、14.2%、2%。

1949—2014年炎陵(酃)县部分年份粮食作物生产情况表

表13-2

年份	面积(万亩)		总产量(吨)	亩产(公斤)	
	使用耕地面积	播种面积		按使用耕地面积	按播种面积
1949	11.49	12.71	19725	172	155
1952	17.87	19.49	32636	183	167
1954	19.10	22.56	41770	219	185
1958	18.19	24.57	41328	219	167
1960	18.45	27.83	30144	163	108
1965	18.72	24.22	40819	218	169
1972	18.24	32.18	56995	312	177
1976	18.21	29.04	57694	317	199
1978	17.88	28.3	75963	425	268
1982	17.85	27.07	81800	458	302
1989	18.08	27.47	91351	505	333
1990	18.05	27.66	91651	508	331
1991	17.58	28.07	89612	510	319
1992	17.37	28.05	88281	508	315
1993	17.41	28.28	88612	509	313
1994	17.24	27.74	111045	644	400
1995	17.24	27.83	124132	720	446
1996	17.01	28.38	125335	737	442
1997	16.87	27.6	113305	672	411
1998	16.87	27.18	122490	726	451
1999	16.77	27.18	118448	706	436
2000	16.71	26.93	114118	683	424
2001	16.70	26.42	107823	646	408
2002	15.89	25.17	98357	618	390

续表 13-2

年份	面积(万亩)		总产量(吨)	亩产(公斤)	
	使用耕地面积	播种面积		按使用耕地面积	按播种面积
2003	15.2	23.22	88308	581	380
2004	15.62	23.96	92600	612	387
2007	15.54	21.65	88100	567	407
2008	15.54	22.04	89400	575	406
2009	15.54	23.24	92900	598	400
2012	15.41	23.13	93100	604	403
2013	15.43	23.36	90019	583	385
2014	15.49	23.73	91461	591	385

县内粮食作物主要品种有水稻、玉米、高粱、豆类、红薯、马铃薯及麦、黍等。

水稻　县内主要粮食作物。有籼、粳与粘、糯之分,以籼稻为主。由于耕作粗放,历来产量不高。

民国 18 年(1929),水稻播种面积 9.6 万亩,总产量 2.16 万吨,亩产 225 公斤。25 年,水稻播种面积 6.08 万亩,总产量 8221 吨,亩产仅 135 公斤。民国时期,稻谷总产量达 2 万吨的年份仅有18、22、23、28 年 4 年。县内稻谷不能自给,山区居民多赖红薯等杂粮果腹,甚而掘食蕨根、野菜。

1949 年,水稻播种面积 11.23 万亩,总产量 1.9 万吨,亩产 169 公斤。1952 年试种间作双季稻。次年,试种连作双季稻。1954 年,水稻播种面积增至 18.92 万亩,其中双季稻面积 2900 亩,稻谷总产量 3.96 万吨。

1958 年,农村工作出现违背生产规律的强迫命令风,挫伤基层干部和农民的生产积极性。1959 年,抽调大量农业劳动力参加基本建设,导致粮食连年减产。当年减产 6640 吨,次年减产 3430 吨,分别比上一年减产 17.5%、11%。1962 年,生产安排权下放到生产队,加上引进矮秆水稻品种,当年增产 5955 吨,年增 21.1%。1965 年,全县推广矮杆品种,增产 3430 吨,年增10.2%。1970 年起,开展农业学大寨运动,治山治水,改造低产田,普及矮杆品种,扩种双季稻。至 1974 年,全县粮食总产量 5.55 万吨,年平均递增 7.8%。

1975 年开始试种杂交水稻。1978 年,杂交水稻种植面积 10.65 万亩,占水稻面积 40.7%。全县水稻总产量 7.31 万吨,按耕地面积计算,实现粮食亩产跨《纲要》(标准为亩产 400 公斤)。1983 年起,在双季稻地区开发"吨粮田",单季稻地区开发"千斤田",大力推广新品种、新技术,水稻年产量连续 8 年超过 8 万吨。1990 年,水稻播种面积 25.49 万亩,总产量 8.85 万吨,亩产 347 公斤。与 1949 年比,播种面积增长 1.27 倍,总产量增长 3.66 倍,年递增 3.8%。亩产增长 1.1 倍。

20 世纪 90 年代，将“吨粮田”开发列为农村工作的重要任务。1995 年，经有关部门测产确认，炎陵县双季稻田成建制亩产吨粮，为全省第一个山区双季稻田亩产吨粮县。1996 年，县内双、单季稻播种面积 24.92 万亩，总产量 12.03 万吨，亩产 483 公斤，人均产粮 683 公斤，创历史新高。

2012 年，炎陵县列入湖南省万亩水稻高产示范园创建项目区。2014 年，全县水稻播种面积 18.56 万亩，总产量 7.94 万吨，亩产 428 公斤，其中优质稻 10.89 万亩，总产 4.76 万吨。

1949—2014 年炎陵(酃)县水稻产量情况表

表 13-3

年份	合计			双季早稻		一季稻		双季晚稻	
	播种面积（万亩）	亩产(公斤)	总产(吨)	面积(万亩)	总产(吨)	面积(万亩)	总产(吨)	面积(万亩)	总产(吨)
1949	11.23	169	18980	—	—	11.23	18980	—	—
1950	11.40	175	19955	—	—	11.40	19955	—	—
1951	11.48	180	20670	—	—	11.48	20670	—	—
1952	17.87	176	31540	0.01	10	17.85	31520	0.01	10
1953	17.89	190	33975	0.03	60	17.83	33875	0.03	40
1954	18.92	209	39580	0.15	290	18.63	39125	0.14	165
1955	18.98	202	38365	0.32	660	18.34	37400	0.32	305
1956	20.84	187	38875	2.12	3755	16.61	33325	2.11	1795
1957	20.53	182	37370	3.14	5885	15.57	29045	1.82	2440
1958	20.36	186	37895	4.45	9005	13.90	25860	2.01	3030
1959	20.43	153	31255	3.86	6750	13.77	22210	2.80	2295
1960	23.06	121	27825	9.02	12340	8.36	12405	5.68	3080
1961	19.78	143	28275	2.48	4315	15.3	22805	2.00	1155
1962	19.1	179	34230	1.45	2685	16.32	30045	1.33	1500
1963	18.93	173	32790	1.68	3290	15.61	27275	1.64	2225
1964	19.86	170	33755	2.39	4630	14.97	26235	2.50	2890
1965	20.87	178	37185	3.35	7210	14.04	27155	3.48	2820
1966	21.70	157	34055	4.43	8965	12.99	23080	4.28	2010
1967	20.81	193	42855	3.37	6580	14.02	26645	3.42	4425
1968	20.75	181	37555	3.56	7415	13.83	26285	3.36	3855
1969	21.38	178	38070	4.09	8130	13.29	25525	4.00	4415

续表 13-3

年份	合计			双季早稻		一季稻		双季晚稻	
	播种面积（万亩）	亩产(公斤)	总产(吨)	面积(万亩)	总产(吨)	面积(万亩)	总产(吨)	面积(万亩)	总产(吨)
1970	22.2	193	42855	4.96	12435	12.24	25155	5.00	5265
1971	27.10	184	49915	9.78	22910	7.46	17020	9.89	9985
1972	29.21	180	52615	12.54	29005	4.68	9965	11.99	13645
1973	28.93	183	52875	12.07	26990	4.82	10110	12.04	15725
1974	26.83	207	55450	9.74	25595	6.88	15650	10.21	14205
1975	26.79	209	56095	9.66	22365	7.00	16275	10.13	17455
1976	26.82	205	54915	9.56	21745	7.10	17330	10.16	15840
1977	26.20	243	63560	9.00	21445	7.51	21190	9.69	20925
1978	26.19	279	73134	9.13	27320	7.26	22865	9.80	22950
1979	26.11	252	65740	9.05	26715	7.34	17980	9.72	21045
1980	25.84	282	72805	8.80	27800	7.51	20955	9.53	24050
1981	25.74	272	70089	8.69	25797	7.55	21325	9.50	22967
1982	25.76	309	79619	8.63	29157	7.65	22193	9.48	28269
1983	25.77	328	84613	8.66	30567	7.64	23381	9.47	30665
1984	25.67	314	80440	8.66	30368	7.58	23277	9.43	26795
1985	25.64	325	83281	8.63	30405	7.51	21967	9.50	30909
1986	25.63	335	85783	8.61	30636	7.51	23621	9.51	31526
1987	25.49	332	84567	8.52	26034	7.19	24535	9.48	33998
1988	25.20	346	87278	8.39	29280	7.52	24943	7.29	33055
1989	25.43	349	88721	8.49	30309	7.55	24348	9.39	34064
1990	25.49	347	88530	8.49	31488	7.56	25384	9.44	31658
1991	25.27	339	85632	8.50	28711	7.57	24423	9.20	32498
1992	25.10	337	84526	8.40	26898	7.53	24619	9.27	33009
1993	24.84	339	84260	8.81	23875	7.74	26358	9.015	34027
1994	24.85	427	106095	8.06	28584	7.79	29208	9.00	48303
1995	24.87	466	115960	8.13	38885	7.71	29133	9.03	47942
1996	24.92	483	120299	8.21	39971	7.68	33031	9.03	47297
1997	24.54	438	107469	8.01	38059	7.59	30745	8.94	38665
1998	24.08	486	116987	7.91	38109	7.37	32469	8.80	46409
1999	24.18	469	113327	7.86	37186	7.58	32293	8.75	43848

续表 13-3

年份	合计			双季早稻		一季稻		双季晚稻	
	播种面积（万亩）	亩产（公斤）	总产（吨）	面积（万亩）	总产（吨）	面积（万亩）	总产（吨）	面积（万亩）	总产（吨）
2000	23.97	454	108788	7.70	34641	7.74	32910	8.54	41237
2001	23.25	442	102344	7.10	29099	8.04	36148	8.10	37097
2002	21.98	421	92534	6.31	25551	8.33	34404	7.34	32579
2003	19.97	400	79871	5.29	20009	8.72	35890	5.97	23972
2004	20.83	413	86087	5.65	20748	8.79	38826	6.39	26513
2005	20.42	429	87048	5.27	20333	9.38	41987	5.78	24728
2006	20.23	430	87067	4.92	19582	9.89	43961	5.43	23524
2007	19.38	438	84957	4.14	16412	10.65	49102	4.59	19443
2008	19.59	448	87695	4.41	17538	10.35	49162	4.83	20995
2009	19.94	432	86564	4.74	17254	9.92	47311	5.28	21999
2010	18.38	442	83328	3.68	13117	11.30	52973	3.87	17238
2011	18.23	447	81542	3.20	11553	11.75	55237	3.32	14752
2012	18.27	454	82926	3.20	11772	11.75	56230	3.32	14924
2013	18.38	428	78610	3.20	11945	11.87	52280	3.32	14385
2014	18.56	428	79385	3.20	11949	12.05	53049	3.32	14387

旱稻 民国时期，县内缺少灌溉条件的旱地、坡地均有种植。1949 年后，水利条件改善，水田面积扩大，旱稻种植面积锐减。20 世纪 80 年代后，船形、中村、塘田等个别山区种植，亩产 50 公斤左右。

红薯 又名甘薯、番薯。清代有红、白(皮)两种，为县内主要旱粮作物。山民多用为主食。多种于旱土，后扩展到大田，作二、三熟制种植。一般亩产鲜薯 500 公斤以上，高产的超过 1000 公斤。民国 29 年种植面积 6928 亩，产鲜薯 4.85 万担。1949 年种植面积 7400 亩，产鲜薯 2600 吨。20 世纪 50 年代，因稻谷不足自给，红薯种植面积有增无减。1959 年种植 4.36 万亩，产鲜薯 2.57 万吨。人民公社时期，红薯折谷作口粮分配(5 公斤鲜薯折 1 公斤稻谷)。1978 年开始，水稻增产，红薯种植减少。农户不再作为主食，多用作饲料和酿酒，或加工干薯片、淀粉。1990 年种植 9740 亩，产鲜薯 8980 吨。2010 年后，红薯作为健康食品为人们青睐，种植面积回升。同时引进优良品种如南薯八八、黄心薯、湘辐一号、86—21、川山紫薯等，并加工为各种保健食品。2014 年，种植面积 2.12 万亩，产鲜薯 2.68 万吨。

马铃薯 俗称洋芋，有白皮、红皮两种，是粮菜兼用作物。清末即有栽培，民国时期大院、下村等高寒山区普遍种植。1951 年全县种植 688 亩，总产 48.58 吨。1961 年冬，从山西购进马铃薯种 100 吨。20 世纪 60—70 年代，年播种面积 1000 余亩。下村、平乐、策源等缺粮区，将马铃薯作口粮分配。80年代,马铃薯多作蔬菜或加工淀粉。1990年种植3549亩,产鲜薯2285吨。大院、梨树洲的马铃薯块头大,淀粉多,远近闻名。21世纪初,推广马铃薯稻田免耕、稻草全程覆盖栽培技术。2006年后,引进推广费乌瑞它、大西洋、中薯3号等鲜食型和加工型脱毒马铃薯品种与栽培技术,在下村乡云里、同乐村栽培,亩产高达1950公斤。且品质优良,不易退化。2014年,全县种植面积6450亩,总产7105吨。

豆类　有黄豆、蚕豆、豌豆、绿豆、红豆、饭豆、豇豆、白沙豆等。其中以黄豆种植面积最广,品种有擂槌豆、八月黄、六月黄、六月青、大粒青、大粒黄等。黄豆多用于制作豆腐等豆制品。其他豆类常搭配主粮作主食或作副食品。民国29年,全县种植黄豆5051亩,产量268吨。1949年种植2400亩,产量90吨。20世纪50—70年代,常年种植面积2000亩左右。1990年,种植黄豆5445亩,产量631吨;蚕豌豆946亩,产量54吨;绿豆68亩,产量7吨。豆类多种于旱土、田界(俗称田界豆),或在果园、菜地间作。有的作二熟、三熟制作物搭配。1991年后,种植面积逐年扩大。1996年,引进湘春豆系列10—14、丰澳占、翠扇等新品种。2014年,豆类播种面积1.49万亩,产量2432吨。

小麦　民国20年,种植小麦4000亩,产量316吨。民国34年,种植8460亩,产量423吨。1950年后,常年种植面积1000亩左右。1967年,扩大稻—稻—麦三熟制,种植1.28万亩,产量690吨。此后,因小麦赤霉病严重,导致减产,种植面积渐减。1990年种植82亩。随后停种。

荞麦　俗称花麦,清代和民国时期都有种植。1954年种植572亩,总产17.2吨。1958年种植952亩,总产47.1吨。1960年后有少量种植。

玉米　俗称包粟、苞谷。清代为县内山民主粮之一。民国24年种植1万亩,产量800吨。29年,种植657亩,产量57吨。20世纪60—70年代,水稻生产发展较快,玉米种植减少。1979年种植100亩。1986年,县政府号召发展玉米生产,规定基地玉米由县粮食部门收购,每公斤保护价0.4元,并引进一批新品种。1988年,政府投资1.6万元,在城东乡颜家村崩坎下组等地建立杂交玉米生产基地355亩,亩产量401公斤。当年全县种植玉米1559亩,亩产量103.34公斤。1990年种植玉米556亩,亩产量127.77公斤。以城东、大院、策源、三河、下村、水口等地种植较多。此后,玉米种植面积随市场变化不断调整。2010年后,通过引进杂交玉米、甜玉米等新品种,推广绿色、无公害生产技术,实施良种补贴等举措,种植面积扩大,出现种植50亩以上的种植大户。2014年全县播种面积8850亩,总产2726吨,亩产308公斤。

黍　俗称黄粟,传统旱粮作物。多为烧垦轮种,头年烧荒种植黄黍,次年种植红薯、玉米等。1958年县内种植98亩,产量4450公斤。1980年以前尚有少量种植。

䅟子　晚清作灾(水旱)后"救荒粮"引种,多栽于河岸沙地,面积仅次于红薯。民国时期亦有种植。1950年后常年种植面积1000亩左右。1980年后仍有少量种植。

高粱　民国24年种植1万亩,产量1500吨。民国30年,种植2100亩,产量147吨。1950年后,种植面积渐减。1958年,种植709亩,产量154吨。1990年,种植238亩,产量20

吨。此后,常年播种面积150—450亩。2009年播种1500亩,是种植面积最多的年份,产量825吨。2014年种植450亩,产量135吨。

第二节 经济作物

县内主要经济作物,一是多年生经济作物,如桑、茶、果和木本药材;二是一年生(含年内多季生、年度再生)经济作物,如棉、麻、蔗、烟、药、瓜、油菜、魔芋、草莓、席草、食用菌等。

蚕桑 宋代,酃县为湖南14个主要蚕桑生产县之一。明、清朝,额征民赋列有“桑丝92斤余”。民国元年,东南西3片均有少量植桑养蚕农户。从20世纪30年代起,蚕桑生产衰退。1973年,中共湖南省委第二书记张平化到县考察,指示“大力发展蚕桑生产,并作为出口的大宗商品来抓”。当年,县供销社从浙江海宁、江苏江阴等地聘请师傅24人,指导蚕桑生产。1974年,县委副书记陈祯炳在三河公社天坪大队组织群众开荒140亩,次年春植桑9万余株。是年冬,全县建蚕桑基地8个,植桑789亩。品种以湖桑为主,多从浙江引进。1981年,桑园面积扩大到2994亩,产蚕茧87.8吨,为全省18个重点产茧县之一。当年,中村公社心田大队桥上生产队20余亩桑园,产蚕茧3.14吨,收入1.02万元,全队人均养蚕收入超百元,评为省植桑养蚕先进单位。1982年实行农业责任制时,集体桑园被瓜分或改种,甚而荒芜,蚕桑生产一度衰落。1990年,全县桑园仅余618亩,产茧37.6吨。1991年4月13日,国务委员兼国家科委主任宋健到县视察,听取井冈山地区扶贫县工作汇报,确定蚕桑为酃县科技兴县项目之一。当年蚕桑扩种至1400亩。在农技部门支持下,1992年涌现当年植桑,当年养蚕,次年高产并达到省内先进水平的典型。三河乡石潮村黄意德在沙洲上栽桑2.03亩,当年亩桑产茧90.02公斤,获省、市“农户小面积丰收”一等奖。1993年,全县产茧182吨。1994年,蚕桑面积达到5300亩。后因蚕茧价格下跌,种植面积逐年减少。

茶叶 县民自古有种茶、制茶、饮茶习惯。多在地头屋角,溪旁山边,栽种十几株,上百株茶叶,自产自用。稍有余剩,在圩场销售。清代,“天堂茶”列为贡品(折抵赋银二十五两七钱)。民国23年植茶650亩,民国时期常年产量10吨左右。1949年,茶园面积700亩,产茶15.5吨。1956年3月,县政府实行鼓励政策,每生产50公斤茶叶,供应大米指标14公斤。1957年,县农业局派技术人员深入主产区扶持生产,培育茶苗,垦复拓宽茶园。次年,茶园面积发展到1800亩。1959—1961年因粮食连年减产,茶农毁茶种粮。1969年开始,县、社政府重视发展集体经济作物种植,茶园增加。1973年,从长沙、浙江请来师傅,在塘田公社天堂大队试种“群芳茶”。1976年,三河、河西、水口,城东、东风、沔渡等地陆续建立一批集中连片的中小茶园。茶园面积发展到4080亩,年产量41.5吨。1979年,三河公社新田大队茶场始制茉莉花茶。1982年,实行农业责任制,集体茶场解体,荒芜茶园2000余亩。1983年,庭院茶园逐步发展,当年经营茶园2亩以上或年产茶叶100公斤以上的农户28户。1990年,全县茶园面积1718亩,茶叶产量77.2吨。1992年秋,塘田乡天堂村集资兴建机制茶厂,聘请农艺师罗复权指导生产技术。次年,生产特级和一级炒青绿茶2吨。罗复权研制的“神农剑”茶,在株洲市品茶评比会上获第一名。1994年获评省优质茶,列第五名。1997年,获全国新技术、新产品交易会科技创新金奖。1999年,获评全国第三届“中茶杯”优质茶。2006年,获农业部无公害产品产地认证书。

1990—2014年,大院农场、船形、垄溪、中村、龙渣等地相继建立茶叶基地和加工厂。除传统绿茶外,还生产乌龙茶、红茶、白茶。期间,酃峰、万阳红、洣溪茗峰、神农茗、秋田康硒等9个茶叶品种取得注册商标。大院高山乌龙茶2007—2009年连续三届获中茶杯全国名优茶评比一等奖,神农铁观音2009年获国饮杯全国评比一等奖。“万阳红”(红茶)、“洣溪茗峰神农白茶”获省第六届茶业博览会金奖。神农白茶获2014年中国(长沙)国际食品展览会—湘茶大赛金奖。至2014年,全县茶园面积7350亩,年产量230吨。其中优质茶55吨,综合经营收入6100万元。全县有茶叶企业10家,其中神农生态茶叶有限公司、神炎春茶叶有限公司、洣溪茗峰茶厂为市级农业产业化龙头企业。神农生态茶叶公司获全省茶叶科技创新十强企业称号。

棉花　清乾隆年间(1736—1795年)县内已有种植。民国29年,县农业推广站引进良种棉“常紫一号”种植68亩,亩产皮棉15.45公斤,比原有“美棉”亩增5.1公斤,比“中棉”亩增8公斤。全县常年种植面积300亩左右。棉种多系“中棉”,棉绒粗短,仅供本地手工纺纱和弹制棉絮。因产量少,不足自给。1964年,县委书记郭步书,县长冯希孟在三河公社太和大队同社员一起种棉,推动全县棉花生产。当年全县植棉1439亩,产皮棉22.5吨,比上年增加种植面积1218亩,皮棉14.24吨。1972年,县政府在三河、河西、水口等地,建立棉花基地1000亩。1974年,植棉3315亩,其中基地2800亩。生产皮棉91.3吨。1982年后,种植面积减少。1990年植棉421亩,产皮棉16吨。此后每年种植面积300亩左右,多为农户自产自用。

苎麻　县内历来有种植习惯,用于捻制麻绳、麻线,纺织麻布(用作夏服、蚊帐等)。1949年种植347亩,产量16.55吨。1953年种植546亩,产量24.55吨。当年引进黄麻,有少量种植。1960年开始,强调粮食生产,苎麻生产受到限制。1973年引进红麻,仅少量种植。1987年,县政府设立苎麻生产办公室,扶持生产。当年种植232亩,产量103吨。1988年后,因苎麻滞销,生产再次衰减,仅维持自用。

油菜　菜籽油为县内主要食用油之一。海拔400米以下地区素有种植习惯。其中三河、王家渡、水口、塘田等地更为普遍。民国34年,全县播种6950亩,产菜籽111.36吨。1949年播种9503亩,产菜籽148吨。1950—1989年,种植面积万亩以上的年份有17个。1990年,种植1.71万亩,产菜籽667吨,亩均39公斤。1991—2014年,油菜种植面积常年在2万亩以上。最高年份为1996年、2002年,年度种植面积近3万亩。期间,引进推广湘研13号、油研7号等“双低油菜”优良品种。三河乡油菜种植多年超万亩,1996年6月,株洲市政府授予油菜之乡称号。2014年,全县播种面积2.67万亩,产量1816吨,亩均68公斤。其中,双低油菜2.25万亩,产量1510吨。

花生　1949年种植1981亩,产量199吨。1956年种植2001亩,产量200吨。20世纪

60—80 年代,年种植面积徘徊在 2000 亩左右。1990 年种植 2284 亩,总产 186 吨。三河、王家渡、塘田等地种植较多。1991 年后稳定增长。主要优质品种有中花 5 号、6 号、7 号,海花二号,新城早,粤选 88,粤油 551—116 等。2014 年,全县种植面积 5700 多亩,产量 821 吨。

烟叶 有晒、烤烟 2 种。晒烟,俗称生烟、土烟。水口渣村晒烟素负盛名,有"楂村叶子"之称。民国时期多运往广东韶关等地销售。民国 35 年,全县种植 911 亩,产烟叶 45.5 吨。20 世纪 60 年代起,盛行吸卷烟,晒烟滞销。此后,仅限于少数老农自产自用。1978 年,东风公社始种烤烟 53 亩,产量 3.7 吨,1988 年停种。1990 年,全县种植晒烟 277 亩,产烟叶 23 吨。此后县内烟叶种植面积一直维持在 150 亩左右。

西瓜 清初县内即有种植。民国时期甚少。1951 年,从江西永新引进大和、嘉宝两个品种,在黄烟铺,坎坪等地栽培。70 年代,引进推广蜜宝、蜜梅等优良品种。80 年代后,推广蜜桂、湘蜜、湘西 2 号、蜜克等杂交品种。1989 年,种植 1246 亩,以城东、三河、水口等公路沿线种植较多。1999 年后,引进麒麟瓜、金花宝等新品种,县内播种面积逐步扩大到 2000 亩左右。2014 年,全县种植面积 2400 多亩,产量 4800 多吨。

其他经济作物 多在庭院或田头地角种植,大田、成片种植较少。有甜瓜、香瓜、木瓜、梨瓜、木薯、草莓、甘蔗、席草、芝麻、向日葵、沙姜、八角、肉桂、花椒、薄荷、茴香、蓖麻、铁扫帚、雪花皮、梧桐皮、棕片、油桐、白蜡、山苍子、石菖蒲、绞股蓝等。中草药材有金银花、五加皮、山茱萸、芍药、桔梗、枳实、白术、云木香、玄参、丹参、天麻、天花粉、厚朴、黄柏、杜仲、山七、牛七、西芎、黄姜、茯苓、五倍子、石斛、西红花等。

附

茶叶选介

炎陵红茶 2000 年,从台湾引进软枝乌龙茶品种,种植在大院农场龟龙窝,为全省海拔最高的茶园。开初制作乌龙茶,其叶鲜嫩,耐泡,厚重,滑润。茶汤香气浓郁,滋味甘甜,色蜜绿中显金黄。"高山乌龙茶"荣获"中茶杯"全国评比一等奖、特等奖多次,"国饮杯"全国评比特等奖 2 次。2010 年,用软枝乌龙品种试制红茶成功。其色、香、味可与台湾阿里山红茶媲美。2011 年,采用新的技术和工艺,制成条索匀整、乌黑油润、汤色明艳、厚实耐泡、气香丰盈、甜醇滑软,具有高山茶特有风韵的高山红茶,获得专家、业界一致好评,遂取名"炎陵红茶"。2014 年,中村、龙渣、船形等茶厂转产红茶,产量急速上升。

炎陵苦茶 野生种,植株为小乔木类型,主干明显,分枝部位高,分枝稀疏,为直立状。在自然生长情况下,植株高 3—4 米,高者 5 米以上。多生长在海拔 300—800 米溪沟边沿。鹿原镇江口,船形乡桐睦、东河、水垄,水口镇盐池、西垄、木湾,中村乡九潭、联西、龙潭,沔渡镇瑞口,十都镇皮坑等地均有分布。叶色黄绿至深绿,叶质柔软,叶面有光泽。茶水入口鲜苦,清凉爽口,回味绵长。1981 年,经长沙商品检验局测定,夏季一芽叶蒸清样中,茶多酚含量占干物质33.8%,蛋白质25.73%,咖啡碱4.6%,氨基酸1.03%,多酚类含量与云南大叶茶接近,有抗氧化,延缓衰老作用。氨基酸含量高于江华苦茶,是制红碎茶的理想群体种。

第三节　蔬　菜

一、播种面积

1949年,蔬菜播种面积2900余亩,均为农户零星种植。1950年后渐增,年均5300亩。1962年,城关公社副业大队建蔬菜基地270亩。从1967年起,社员自留地部分被生产队调换、收回,改种旱粮作物或改水田种稻,蔬菜面积逐年减少,1974年仅余1200亩。1978年蔬菜生产开始发展,次年种植面积回升到6900亩。1988年,县政府实施"菜篮子"工程,设立蔬菜办。当年播种面积扩大到1.05万亩。1990年达1.58万亩,产量2.65万吨。

20世纪90年代后,居民饮食结构发生变化,蔬菜需求数量、品种增加。蔬菜种植面积、种类随之增加,生产基地已不局限于城郊。2011年,实施新一轮"菜篮子"工程,当年蔬菜、瓜果类播种面积4.19万亩,产量6.43万吨,无公害蔬菜生产面积1.13万亩。星光蔬菜基地和辣椒单品种通过国家绿色食品认证。种植技术由传统的因地、随季、露天种植,到设施农业规模生产。推广温室、塑料大棚栽培,叶面施肥,喷、滴灌节水等技术措施;利用海拔、温差等自然条件种植反季节,延季节蔬菜。2014年,设施农业种植蔬菜面积1162亩。大院高山反季节萝卜基地、无公害食用笋基地,神农瓜菜基地,三河星光蔬菜专业合作社,富旺蔬菜专业合作社,下村高山蔬菜合作社等一批农业产业化企业和基地相继涌现。农业部门建立农药残留检测机构,加强安全监管,推广示范无公害、绿色、有机蔬菜生产。2014年,全县有蔬菜农民合作社20个,注册资金600万元。无公害蔬菜产品认证27个,面积7750亩。新建4个直销店和1个保鲜冷库。县内主要蔬菜自给率75%以上,蔬菜农药残留检测合格率99.9%以上。

二、县内蔬菜主要品种

根菜类　白萝卜、红萝卜、胡萝卜、莴笋、大头菜、榨菜、百合、洋葱、藠头、生姜等。

茎菜类　薯(紫薯、板薯)、淮山、木薯、豆薯(凉薯)、芋头、香芋(槟榔芋)、马铃薯、魔芋、茭白、莲藕等。

叶菜类　青菜、腊菜、菠菜、芹菜、莜麦菜、蕹菜(空心菜)、苋菜(观音苋、芥苋)、香菜、甜菜、冬苋、莴苣(生菜)、茼蒿、苦荬、鳝荬、藤菜、恭菜、苦菊、紫背菜、人参菜、雪里蕻、小白菜、大白菜等。辛番叶菜有葱、大蒜、韭菜、紫苏、五香、薄荷、茴香等。结球叶菜有甘蓝、花椰菜、青花菜(西兰花)、甘头菜等。

果菜类　瓠果有黄瓜、南瓜、冬瓜、葫芦、节节瓜、苦瓜、丝瓜、瓠瓜、佛手瓜等。茄果有辣椒、茄子、西红柿等。荚果类有菜豆(四季豆)、荷兰豆(雪豆)、扁豆(眉豆)、刀豆、豇豆(豆角)、蚕豆、黄豆、绿豆、青豆、白沙豆、黄花豆、饭豆、杂色豆等及豆芽。

多年生(杂类)蔬菜 竹笋(楠竹笋、红壳笋、笔杆笋、麻壳笋、竹根笋)、黄花菜、香椿、茨菇、菱角、青茭、食用仙人掌、花椒等。

食用菌类 香菇、木耳、竹荪、金针菇、猴头菇、草菇、平菇、牛肝菌等。

野菜类 木槿花、苦菜、马齿苋、荠菜、蕨子、薇菜、狗爪豆、竹篙薯(野淮山)、雪薯子、奶薯子、沙参、托参、沙萝子、阳薯、洋姜、椿叶、苗笋(乌不站)、水芹、鸭麻脚、白艾、铜钱艾、野百合,石耳、野菇子(杂菌类)、蒲公英、鱼腥草、野姜、汗头(旱头、翰头)等。

第四节 水 果

民国36年(1947),尹培兰在沔渡黄烟铺租佃荒山13亩,建立县内第一个水果栽培园,品种以梨为主。1949年全县果树面积100余亩,大多是农户庭院零星种植。1964年,碧江苗圃、良种示范繁育场、天平园艺示范场、黄烟铺园艺示范场相继建立梨、李、桃等果园,开始栽培示范。1966年,全县果园面积355亩。1972年,城东公社石子坝大队建立柑桔园,面积240亩。1978年,沔渡公社组织3000劳动力,开垦1200亩山地,种金桔12.5万株。1980年,全县果园发展到3228亩,水果产量182.45吨。其中,柑橘面积占89%,产量占30.8%。1982年后,部分集体果园未落实农业责任制被毁弃。至1984年,全县果园面积减少到1308亩。1987年起,县政府从育林费及世界银行贷款造林专项经费中,安排资金扶持水果生产。至1990年,累计下拨扶持款100万元,建立水果基地6200亩。其中,蜜橘4883亩,以柰李为主的落叶水果园1317亩,发展农家庭院果园5000余个。全县果园面积发展到1.12万亩,水果产量1545吨。主要品种为柑橘、梨、李、桃、枣、葡萄、杨梅、板栗、猕猴桃、柿子、枇杷、核桃、草莓等。

1991年,酃县优质水果开发列入井冈山区科技扶贫开发项目,兴建一批高标准水果基地。引进红地球、夏黑葡萄;纽荷尔朋那脐橙;红玉油桃,大白桃;春美、映山红、沪油18号、黄金蜜1、2、3号等新优桃种;金香、红良、翠玉、金艳、大紫、布朗李;翠冠、西子绿、九家种、铁粒头板栗;东魁、乌梅;洛阳青枇杷;中秋酥脆枣等水果品种70多个。与此同时,科技部门针对水果生产中的技术难题组织攻关;推广枳壳嫩籽育砧技术、水果速生丰产、套袋栽培、病虫害综合防治等技术;大量繁育柑橘嫁接苗。

20世纪90年代后,集体经营和庭院种植形式,发展为合资、独资、联营以及专业合作社、协会等多种生产经营形式。水果种植面积、产量、品质大幅度提高。南方早熟梨、柑橘、桃、李等水果多次获部优、省优、市优产品称号。2013年3月,县高山特色水果基地列入株洲市十大产业项目之一。2014年,完成新扩改良水果面积4726亩。其中黄桃3418亩(50亩以上连片基地1751亩),嫁接繁育黄桃种苗15万株,水果套袋栽培面积8500亩,创建市级水果标准园5个。有3个黄桃基地和1个新世纪梨基地获绿色食品认证。建成库容207立方米鲜果冷藏库1座。至2014年,水果产业累计完成投资5040万元。全县果园面积6万多亩,产量1.8万多吨,产值1.3亿多元。

附

水果选介

温州蜜柑　20世纪60年代引入栽培。1987年种植早熟宫川、立间等品种1000亩，表现出抗逆性强，结果早，高产稳产，无核，肉质好等优点。1989年，早熟宫川评为省优质水果，中熟尾张评为全国优质水果。1990年，为国务院国庆招待会选送1500公斤早熟宫川蜜柑。1997年，果园发展到3300多亩。2010年1月，从浙江象山引进大汾一号品种。2014年，全县蜜柑种植面积2490亩，产量1700吨，

椪柑　20世纪60年代从广东潮州引入栽培。1975年，又从广东博罗县引进接穗枳砧嫁接育苗繁殖，县天坪茶场开始联片种植。具有抗病、抗逆、高产、优质等特点。1989年、1991年两度评为全省优质水果。2014年，果园面积2480亩，产量1616吨。

柰李　有青柰、花柰、油柰之分，县内以青柰为主。最早于1964年从福建莆田引入栽培，经优化培育，果实比原产地增大，单果一般重55—71克，最大单果重148克。成熟期迟至8月上旬。成熟果实呈蜡黄色，肉质松脆致密，风味沉香，清香爽口，鲜食、加工兼宜。1986年，省科委列为名优水果推广品种，并列入国家科委名优水果开发星火计划项目之一。1990年，全县种植5280余亩，产量250多吨。当年在湖南省首届时鲜水果品种鉴评会上，获李子组第一名。7月底，为中央军委八一招待会选送1500公斤。1995年，栽培面积发展到1.36万亩，产量540吨。县园艺示范场最高亩产4747公斤。1999年，获湖南省优质水果评比会金质奖。2005年8月、9月，先后获省农业厅、国家农业部无公害产品产地认证书。2009年8月，中央电视台七套《今日农经》栏目组采访下村乡套袋柰李，录制专题片《俏销的柰李》播出。2011年，下村柰李通过国家绿色食品认证。2014年，产量3060吨，果园面积1.05万亩。

黄桃　1987年，县农业局从上海农业科学院研究所引进锦绣黄桃，在城东禾仓源、水口渣村等地试种。比原产地成熟期偏早，单果重150—210克。果形近圆，整齐匀称。肉色金黄，具香、甜、脆特点。1995年组织推广示范，2001年种植面积280亩。引进并推广开心形整形、套袋、桃园病虫害综合防治等先进技术。2007年后进入快速发展期，规模不断扩大。涌现一批黄桃种植与销售专业合作社。平乐黄桃种植合作社入选2009年中国50佳农民专业合作社。2013年，黄桃标准化栽培技术推广与产业开发项目获株洲市科技进步三等奖。2014年，县内种植面积1.12万亩，挂果面积0.54万亩，产量4000吨，产值近亿元。主销深圳、广州等珠三角地区和省内长株潭市场。

蜜柚　1992年冬从浙江玉环县引进苗木1万株，种植于本县炎陵原种场、城东、沔渡、三河等4个基地，面积200亩。1998年在湖南省优质水果评比中获银质奖，1999年再获金质奖。商品名称为“炎陵蜜柚”。具有果大色佳、肉质脆嫩、多汁无渣、甜酸适中、无核或少核，耐

贮运等特点,被誉为天然罐头,可溶性固形物一般为10%—13%,高的达17%,富含维C和锌、镁、锰等微量元素,风味独特可口。2014年,果园面积200亩,产量150吨。

新世纪梨 1994年从台湾引进,种植于下村、大院等高海拔山区。果实近圆形,果实特大,一般单果重200—250克,最大350克。经套袋技术栽培后,皮薄呈乳黄色,光滑鲜艳。果肉乳白细嫩,可溶物达12%—13.5%,富含蛋白质、脂肪、糖、钙、铁、磷、胡萝卜素、抗坏血酸等健康营养成分。入口化渣,汁多味甜香。在湖南省1998年优质水果评比中,以梨子组总分第一获金质奖,1999再获省评金质奖。

早熟梨 县内尚有翠冠梨、幸水梨、黄花梨、早美酥梨等早熟类优良品种。其中早美酥梨于2001年7月选送农业部参评,获全国早熟优质梨称号。2004年,全县1.02万亩南方早熟梨获省农业厅和国家农业部无公害农产品产地认定证书。后因果园品种轮换,面积调减。2014年产量2885吨,果园面积7500亩。

附

农场、园艺场简介

炎陵原种场 建于1951年冬。始称国营酃县农场,属地方国营。1953年,开始繁育水稻良种。1959年元月,酃县、茶陵县合并,农场下放三河公社,属集体所有。1961年6月收归县办,改建渔场。命名地方国营酃县炎陵渔场。1963年10月,更名地方国营酃县炎陵鱼苗鱼种示范繁殖场。1967年3月,改建地方国营炎陵良种示范场,恢复水稻良种栽培示范和繁殖。1971年7月,更名县"五·七"农场,性质、经营项目不变。1972年恢复原名。1980年更名地方国营酃县炎陵原种场,转向水稻原种生产。至1990年,固定资产原值242万元,净值102万元。生产常规稻种1429.8吨,杂交稻种82.3吨。20世纪90年代后,农场改制,保留国有性质,职工实行承包经营,自负盈亏。继续承担农业部门有关项目试验示范工作。炎陵蜜柚为该场牵头示范栽培。2014年,有职工29人,经营土地面积1329亩,其中耕地1296亩,养殖水面33亩。固定资产原值525万元,净值493万元。

天平园艺示范场 1964年1月,中共酃县县委在三河人民公社谢家山(属县五里牌林场山地)划地800亩,建立地方国营天平园艺场,由县林业局主管。1971年7月,并入县"五·七"干校。

1973年重新办场,更名地方国营县天平茶场,划归县农业局管理。此后,大量示范种植茶叶和果树。1978年春更名地方国营县果木园艺场。1985年6月恢复地方国营酃县天平园艺场名称。1985年后扩大果木生产,改善经营管理方式,将生产任务承包到队,实现扭亏为盈。该场以种植水果、茶叶为主,开展新技术试验、示范与推广。为发展茶叶、水果生产培育了大量种苗。

1990年8月更名为地方国营酃县园艺示范场。2014年,有职工34人。期末固定资产原值242万元,净值173万元。

第三章　养殖业

县内传统养殖有猪、牛、羊、犬、猫、兔、马、骡、驴、鸡、鸭、鹅、鸽、蜂、桑蚕等，以猪、牛、鸡、鸭、鹅养殖为主。20 世纪 80 年代后引进鹌鹑、火鸡、珍珠鸡、孔雀、鸵鸟、梅花鹿养殖。并出现人工驯养山鸡、野鸭、大雁、野猪、竹鼠、海狸鼠、狐狸、蛇等野生动物。

第一节　畜　牧

一、家　畜

猪　民国时期，生猪饲养较普遍，饲养周期 1 年以上，单重多为 60—80 公斤。民国 24 年（1935），农户养猪 3.2 万头。1949 年饲养 3.87 万头，户均 1.5 头，人均 0.47 头。1958 年春，实行“私有私养、积极发展集体养猪”政策，当年发展到 5 万头。是年冬，大办公共食堂，社员私养生猪归集体。1959—1961 年，由于粮食短缺，饲养量降至 1.01 万头。1965 年回升到 5.23 万头。1967 年，组建国营坎坪畜牧良种场，引进湘潭沙子岭公猪 1 头，母猪 30 头，经扩群繁殖，逐渐代替传统的“七都猪”而成为县内当家猪种。1977 年，办集体猪场 1309 个，养猪 2.26 万头，全县生猪饲养量突破 10 万头。1980 年，三河兽医站首推生猪人工授精，当年人工配种母猪 500 胎次。1982 年，集体猪场解散，养猪专业户兴起。1983 年，有养猪专业户 153 户，养猪 3180 头。1991 年，推广生猪品种改良。至 1993 年，有长白、大约克、杜洛克等外来良种公猪 50 余头，基本实现种公猪外来良种化、母猪二元杂交化。1995 年，县政府将生猪养殖作为农村支柱产业，全县发展生猪 20.78 万头，其中出栏 12.58 万头。东风乡出栏生猪 1.04 万头，人平出栏 1.2 头，是人平出栏生猪最多的乡。

1999 年，神风饲料公司在沔渡、垄溪、水口、中村等乡镇试行公司＋农户生猪养殖模式。当年发展合同养殖户 200 户，饲养生猪 3000 头，次年发展养殖户 2000 余户，出栏肉猪 5 万余头。

2004 年，鹿原镇沭西村养猪大户谭顺林、谭科军联合周边村组养殖户，成立县内第一家养殖协会——富民养殖协会。有会员 23 户，养猪 3000 多头，其中良种母猪 200 多头。

2007 年，国家出台政策扶持生猪产业，每头能繁母猪补助 50 元，全年发放补助款 20.79 万元。同时推行能繁母猪保险，每头投保 60 元，其中国家补助 48 元，养殖户自筹 12 元。霞阳镇中团村谢小华投资 1500 万元，建成标准化生态示范养殖场，当年出栏商品猪 1500 余头，次年出栏 8000 余头。是年，因各种原因死亡母猪 128 头，赔付理赔资金 12.8 万元。

2008 年，能繁母猪补助增加到每头 100 元。2009 年，生猪散养户降至农户数的 20%，规模养殖户发展到 172 户，饲养生猪3.25 万头。2013 年，生猪散养户 5160 户，占农户数 12.25%,存栏生猪 3.51 万头。2014 年,全县饲养生猪 22.39 万头,出栏 14.31 万头。

牛 主要品种为湘南黄牛,也有少量滨湖水牛。民国 24 年(1935)有耕牛 6300 头,其中能繁母牛 2300 头。1949 年,养牛 1.01 万头。1954 年,发展到 1.38 万头。1955—1957 年,耕牛折价入农业合作社,因管理不善,死牛 1300 余头。1958—1961 年,忽视耕牛管理,存栏降至 7400 头。1964—1969 年,执行保护和发展耕牛政策,存栏耕牛上升至 1.47 万头。1970—1980 年,先后引进秦川牛、南阳牛、河北三河牛、西门塔尔牛与本地黄牛杂交,后代具有生长速度快、体形高大、役力强等明显优势。

1982 年,集体耕牛作为生产资料折价到户,并允许上市交易。牧草资源丰富的山区开始养殖商品牛,以下村、平乐、策源、中村、垄溪、石洲等乡镇养牛居多。全县每年宰杀菜牛 1000 余头。1985 年,养牛 3 头以上的有 80 户。1991 年,全县养牛 2.47 万头,其中出栏 1500 头。1997 年,下村乡田心村养牛 410 头,户平 3.7 头,人平近 1 头,成为全县人平养牛最多的村。2001 年,大院农场职工郭精良投资 10 万元,购进种牛 15 头,开发牧场 200 亩,次年发展到 45 头,时为养牛规模最大的专业户。

2003 年,全县养牛 2.37 万头,出栏 1700 头,年末存栏 2.2 万头。2009 年,十都、三河等乡镇先后有 21 户农户投资 150 余万元,从山东、河南、江西等地引进肉用黄牛 420 头。因气候、水土条件及饲养管理方式变化,引进的黄牛有的发病、死亡,有的生长发育迟缓,经济效益不高。2014 年,全县养牛 2.11 万头,出栏 2600 头。

羊 主要品种为湘东黑山羊。因市场价格、销售渠道等因素影响,饲养量时起时伏。1955 年全县饲养黑山羊 339 只,1963 年仅剩 13 只。20 世纪 70 年代中期,县外贸公司引进济宁青山羊。1976 年,全县养羊 1068 只,次年下降到 551 只。80 年代初,引进成都麻羊、石门马头羊和湘东黑山羊。1984 年,全县养羊 915 只,出栏 270 只。1990 年,饲养 90 只。1992 年,从浏阳等地调进黑山羊 730 只。此后,羊肉价格上升,饲养数量持续增长。1993 年,十都乡瓜寮村村民吴小华饲养黑山羊 231 只,当年出售 70 只,成为县内最大的养羊专业户。1997 年,全县养羊 8600 只,出栏 2200 只。

2011 年,十都镇南流村村民从浙江嘉兴市引进湖羊 53 只,为县内首次引进绵羊品种。此后又有石洲、三河等地村民陆续引进波尔山羊、努比亚羊等外国品种。2014 年,全县养羊 7700 只,出栏 3700 只。养羊专业户 33 户。

兔 民国时期,县内有少量肉兔饲养。1949 年后,出现两次养兔高潮。1958 年,黄烟铺园艺场引进安哥拉长毛兔和青紫兰兔 800 余只。因缺乏科学饲养管理方法,没有正常的兔毛收购渠道,养兔无利可图,于 1959 年全部淘汰。1982 年,国际市场兔毛价格上涨。县土产公司建立长毛兔种兔场,每年提供优良兔种 200 余只。1985 年,全县发展到 5015 只,当年产兔毛 965 公斤,产值 12 万元。次年兔毛滞销,养殖户锐减,兔场解散。1987 年,全县饲养本地肉兔 889 只。1990—2014 年,仅有零星肉兔饲养,年出笼 500—1000 只,存笼

100—300只。

二、家　禽

县内饲养鸡、鸭、鹅、鸽历史悠久，尤以养鹅为盛。清同治十二年(1873)《酃县志》有“祥凤飞岩、群鹅集坂”之述。民国时期，酃县白鹅已扬名广东韶关和南雄等地。民国38年(1949)，全县养禽21.6万羽，其中出笼12.6万羽。1949—1957年，县人民政府鼓励农民养禽。1957年，全县家禽发展到51.29万羽，其中出笼29.92万羽。1958—1961年，强调集体办禽场。因饲料短缺，农户家禽饲养量减至18.72万羽。1962年，家禽饲养逐步回升，1963年达到53万羽。20世纪70年代，社员家庭副业受到限制，全县家禽饲养量为45万羽左右。其时，每年向港澳地区输送酃县白鹅3000—4000羽。

1982年，全国水禽考察组对酃县白鹅进行专门考察。专家认为该品种“遗传素质好，经济价值较高，有发展前途”。1984年，酃县白鹅列为湖南省地方良种并载入《湖南省家畜家禽品种志和品种图谱》。

20世纪90年代，家禽饲养逐步向专业化发展，养殖规模不断扩大。1991年，全县饲养家禽86.18万羽，其中出笼50.14万羽。1993年，城东乡中团村村民钟春莲，饲养肉鸡2100羽，出笼1900羽，获利9500元，时为最大的养鸡专业户。1999年，全县养鸡专业户29户，养鸭专业户38户，养鹅专业户63户。

2001—2004年，养鸭快速发展，以霞阳镇石子坝、颜家、坎坪、草坪，鹿原镇洣西、荆山，三河镇枧田洲、西台等村居多。饲养500羽以上的养鸭专业户50余户。2003年，全县发展家禽129.36万羽，其中出笼80.46万羽。养殖专业户100余户。

2005年，神风牧业公司在三河镇石潮村兴建白鹅繁育基地，饲养种鹅500余羽，发展养鹅专业户300余户。2006年6月，农业部将酃县白鹅列为国家级畜禽遗传资源保护品种。2009年9月，福来喜鹅业公司肉鹅加工厂建成投产，当年实现销售收入3628万元，利润293万元，税收60万元。同年10月，农业部批准酃县白鹅为农产品地理标志，为株洲市首个农产品地理标志。11月，福来喜鹅业公司种鹅场晋升为国家级酃县白鹅保种场。

2012—2014年，实施现代肉鹅产业示范县建设项目，省财政每年扶持建设资金100万元。在项目资金扶持下，福来喜鹅业公司在鹿原镇星火村兴建白鹅养殖示范基地。2014年出笼商品鹅10万羽。

2014年，全县饲养家禽179.24万羽，出笼106.93万羽，年末存笼72.31万羽。

三、蜂

县内养蜂历史悠久，山区农户有收养野蜂的习俗。民国时期，蜂农以养殖中华蜜蜂为主，少则一二箱，多则几十、百余箱。蜂箱一般挂在屋檐下或附近树干上，任其消长。一年中割春蜜和冬蜜各1次,也有只割冬蜜的。每箱产蜜5—10公斤。1979年,全县养蜂1626箱,产蜜1.34万公斤,箱平产蜜8.2公斤。1985年,县三中职工张孝胜首次从上海购进设备生产巢础,向40多位蜂农推广巢础养蜂新技术,当年销售巢础1100片,改榨蜜为摇蜜,蜂蜜产量由原每箱8—10公斤,提高到12—20公斤。

1990年,全县养蜂2345箱,产蜜3万公斤,箱均12.8公斤。2014年,养蜂1922箱,产蜜5万公斤。有养蜂大户27户。

四、特种养殖

20世纪90年代初,有农户养殖特种经济动物。先后饲养过蛇、竹根鼠、海狸鼠、肉用犬、土鳖、蝎子、狐狸、野猪、香猪、梅花鹿、美国王鸽、鹌鹑、珍珠鸡、乌骨鸡、七彩山鸡、火鸡、孔雀、驼鸟等。1995年达到高潮,有特种养殖户84户。其中,养鸽55户,七彩山鸡13户,乌鸡4户,肉用犬1户,竹根鼠9户,蛇类2户。至90年代末,大多数养殖户因产品销售不畅或跟炒种苗上当而失败。2000年,只有竹根鼠等少数几个品种养殖。

2011年,三河镇天平村村民金利军在鹿原镇玉江村兴建珍稀禽类养殖场。2014年销售人工培育的大雁、野鸭、鸵鸟、孔雀、七彩山鸡以及黑凤鸡、贵妃鸡、土鸡等1.27万只。

第二节 水 产

境内有洣水、沔水、斜濑水、东风河4条河流以及密如蛛网的大小溪流。天然水域生息草、鲢、鳙、鲤、鲫、鳜、鲶、花骨、赤眼鳟、翘嘴红鲌、倒刺耙、白甲鱼、湘华鲮、细鳞斜颌鲴、银鲴等70多种鱼类及虾、蟹、蚌、鳖、龟、蛙、鳅、鳝、螺、鲵等水生和两栖动物。传统鱼类养殖品种有:青鱼、草鱼、鲢鱼、鳙鱼、鲤鱼、鲫鱼、鳊鱼、银鲴、细鳞斜颌鲴、罗非鱼等。

一、鱼

苗种繁育 西片鹿原、三河等地,农户素有人工孵化鱼苗习俗。即在每年惊蛰、谷雨时节,将鲜杉枝扎成扇形鱼巢,吊于河潭内,待鲤鲫产卵。俗称“吊鲤子茅”。3至5天后,将杉枝运回,放入净水小池塘中孵化鱼苗。20世纪50年代,县内常年鱼苗产量约50万尾,不足部分从株洲县朱亭调入。鱼苗长到一定大小时,农户肩挑鱼盆,走村串户推销。1965年,国营酃县炎陵渔场首次人工繁育草鱼苗12万尾。1966—1968年先后繁育鳙鱼、白鲢、银鲴鱼苗。1974年6月,鱼苗鱼种场在育种池中发现白鲢变种红鲢,体色橘红,腹部两侧带白,肉质比白鲢细嫩、鲜美,体色遗传性稳定,遂成为酃县特产鱼。1990年后,该场每年繁育销售各类鱼苗1000万尾以上,除满足县内需要外,销往邻近县。2003年,县鱼苗鱼种场改制,不再繁育鱼苗。所需鱼苗从外地购入。

池塘养鱼　为县内传统产业。1949年，全县有水塘653口，其中65口养鱼，放养水面500亩，年产鲜鱼10吨，亩均20公斤，占全县鲜鱼产量22.1%。1957年起，池塘养鱼由集体统一经营。1964年，三河公社新田大队建立集体渔场，放养水面20余亩，养殖鱼苗及成鱼。1982年，池塘承包到户，养鱼户增多。1985年，池塘养鱼1671亩，产鱼291.85吨。1991年，县畜牧水产局首次推广稀土养鱼1300亩，培育鱼种11.23万尾，增产成鱼32吨。2002年，池塘养鱼3800亩，投放鱼种270万尾，产鱼591吨。2014年，放养池塘3148亩，产鱼922吨。

稻田养鱼　民国时期，东、西片农村有稻田养鱼习惯。20世纪50年代，常年稻田养鱼2000亩左右。1966—1976年，强调粮食生产，加上使用农药化肥，稻田养鱼大部分停止。1980年开始恢复，1982年发展到2500亩。据三河、城东、城关、十都、平乐等乡镇41户调查，稻田养鱼亩平产鱼14.1公斤，培育春片鱼种1249.3尾，亩平收入211.24元。1985年，稻田养鱼6648亩，产鲜鱼58.05吨。1986年起，放养面积逐年下降。2000—2014年，稻田养鱼1500亩左右，产成鱼8—10吨，培育鱼苗150—170万尾。

水库养鱼　20世纪50—60年代，建成水库8座，主要用于灌溉。70—80年代，有少数水库养鱼。因管理粗放，产量较低。1985年，水库养鱼541亩，产鱼4.35吨。1995年以后，大部分水库由村民承包养鱼。1997年，鹿原镇河光村唐育南、唐一文承包经营炎山水库，放养水面12亩，投放鱼苗1.4万尾，产鲜鱼8000公斤。2002年，全县水库养鱼1050亩，产鱼39吨，亩产37公斤。2014年，有40座小型水库养鱼，放养面积1855亩，产鱼78吨。

网箱养鱼　1984年6月，县畜牧水产局与炎山水库管理所在炎山水库投放聚乙烯成鱼网箱2口，面积56平方米，放养草鱼645尾。当年11月起箱，产鲜鱼264公斤。为县内网箱养鱼之始。90年代，县内每年在水库放养网箱3—6口，产鱼1吨左右，培育鱼种700—3000尾。2002—2004年，每年放养网箱753.7平方米，年均产鱼10吨，达到最高峰。后因经济效益不佳停止。

捕捞　河溪沿岸居民素有捕鱼习惯。西乡矮基岭、铺界、潘家、团溪、东江渡、霍家、肖家一带有以捕鱼为业者。传统捕捞工具有捞勺、竹豪、罾网、围网、罾、钓钩、鱼叉等，也有鸬鹚捕鱼。1949年，全县有专业渔民15人，渔船3艘，鸬鹚12只，兼业渔民220人，捕捞量35.2吨，占全县鲜鱼产量77.9%。20世纪50—60年代，常年捕捞量40吨左右。70—80年代，县内主要河道被大小电站拦河坝阻隔，鱼类洄游受阻，加上电鱼、毒鱼影响，河鱼资源遭受严重破坏，捕捞量逐年下降，常年捕捞量为30—35吨。90年代中期以后，加强渔政管理，水产资源得到部分恢复，捕捞产量有所回升。2014年，有渔船18艘，专业渔民18人，兼业渔民480人，年捕捞量60吨。

二、特种水产

珍珠　为县内最早人工养殖的特种水产品。1971年，县炎陵良种场试养三角帆蚌，产无核珍珠250克。1973年因蚌种来源困难停养。

龟 1983年，水口圩一农户人工养殖蛇龟200余只。至1990年，累计繁殖600余只。1991—2010年，有少量养殖。2011年，规模养龟2亩。2014年，全县养龟6亩。品种有巴西龟、草龟、鳄龟。出水商品龟1吨。

鳖 1993年，沔渡镇长江村叶春庭养殖中华鳖1.2亩，存池种鳖15只，幼鳖150余只。1995年扩大到3.8亩，投放种鳖400公斤，出售商品鳖500公斤，纯收12.6万元。1997年，养鳖户发展到28户，放养水面21亩，销售商品鳖2000余公斤。1998年后，鳖价下跌，经济效益不高。2002年，养鳖水面下降至10.5亩，产量500公斤。2011年，鹿原镇塘旺村唐建峰牵头成立县内首家龟鳖养殖合作社，会员5人，养殖水面80亩。其中，中华鳖20亩，乌龟2亩。经过3年发展，至2014年，唐建峰1家出售商品鳖2500公斤，乌龟500公斤，鲜鱼5万公斤，纯收40余万元。2014年，全县养鳖24亩，产商品鳖4000公斤。

鳟鱼、鲟鱼 2009年，三河镇石鼓村罗小艳投资10万元，从西安引进小虹鳟400尾、大虹鳟80尾，俄罗斯鲟60尾等冷水鱼类，在策源乡梨树洲村养殖。2014年，销售商品鱼1400余公斤，纯收14万余元。

泥鳅 20世纪90年代中期，县内有农户试养泥鳅，但规模小，效益差，2014年6月，垄溪乡茶垄村谭光文组织22户农户，投资70万元，改造农田45亩，养殖泥鳅。当年产商品泥鳅3000余公斤，收入10万余元，存池泥鳅2500公斤。

第三节 养殖管理

一、疫病防治

疫病种类 民国及以前，禽畜病死，统称为瘟病。牛瘟、猪瘟、鸡瘟流行广泛，危害严重。民国25年（1936），南乡发生牛瘟，死牛100余头。民国35年（1946）2月—3月，暴发牛瘟，死牛379头。1950年后，动物防疫事业迅速发展。至20世纪80年代，消灭牛瘟，有效控制猪瘟、猪丹毒、猪肺疫、禽霍乱、鸭瘟等疫病流行和传播，但不时出现一些新的病种。2010年9月，下村、策源部分农户露天放养在坪坑村腊菜场的黄牛因低温阴雨、无人管理，引发胃肠炎、腹泻，死亡30头。

常见病疫主要有高致病性禽流感、口蹄疫、炭疽、布氏杆菌病、狂犬病、弓形虫病等。

猪病主要有猪瘟、高致病性猪蓝耳病、猪肺疫、猪丹毒、仔猪副伤寒、仔猪白痢、猪喘气病、猪细小病毒病、仔猪水肿病、猪链球菌病、代谢病和中毒病。1956年县内因猪丹毒死亡1625头。

牛病主要有牛瘟、牛出败、流行热、胃肠炎、风湿、寄生虫病和中毒性疾病。民国25年，南乡发生牛瘟，死牛100余头。民国35年2月、3月，暴发牛瘟，死牛379头。2010年9月，下村、策源部分农户露天放养在坪坑村腊菜场的黄牛因低温阴雨、无人管理，引发胃肠炎、腹泻，死亡30头。

羊病主要有：山羊口疮、羔羊痢疾、羊传染性角膜炎、小反刍兽疫及寄生虫病。兔病主要有兔出败和寄生虫病等。

禽病主要有新城疫、禽霍乱、禽痘、小鹅瘟、鸭瘟、鸡马立克氏病、鸡白痢、寄生虫病和中毒性疾病等。

防治队伍　1949年以前，县内少有民间兽医。一旦疫病流行，往往束手无策。1951年4月，组建酃县兽医小组，有兽医18人。1953年成立家禽保育组。1963年，成立酃县畜牧兽医协会，并在东、南、西片和城关设兽医站。1967年，各人民公社设兽医站。1985年，为全县59名乡镇兽医解决城镇户口和商品粮。1991年，有17个乡镇建兽医站，在职兽医54人。1993年，首次为36名乡镇兽医评定初级技术职称，保留和稳定防治队伍。

2001年，乡镇兽医站并入乡镇农业服务中心，定编畜牧兽医38人。2004年，动物防疫、检疫等职能从农业服务中心划出，设立15个乡镇动物防疫站。通过考试、考核，公开招聘45名乡镇动物防疫员。

2009年5月，乡镇动物防疫站转为全民事业编制，办公条件和基本设备、设施得到改善。自2010年元月起，动物防疫员的工资由县财政统发。2014年，全县有15个乡镇动物防疫站，专职动物防疫员40人，其中高级职称1人，中级7人，初级17人。

防控措施　1950年8月，省农林所兽医防治人员在酃县首次注射牛瘟疫苗。1955年，首次推广猪丹毒菌苗注射。随后，相继开展牛炭疽、牛出败、猪瘟、猪肺疫、仔猪副伤寒、新城疫、禽霍乱、鸡瘟、鸭瘟、狂犬病等多种疫苗注射。1975年实行“四包一补”（包防疫、治疗、药品、阉割，因病死亡适当补偿）合作防疫措施。1981年，注射猪瘟、猪丹毒、猪肺疫三联苗7.5万头，免疫仔猪副伤寒200头，鸡瘟、禽出败各1万羽，牛出败1050头。生猪免疫密度达75.5%。1999年12月，因外地商贩贩运带毒仔猪在县内销售，引发口蹄疫，并在水口、中村、策源、龙渣4个乡镇41个村扩散。县政府立即封锁疫区，组织工作人员60多人分赴疫区，对染疫病畜及同群畜实施扑杀。共扑杀家畜450头，其中大猪70头，小猪378头，耕牛2头。随后组织乡镇兽医对疫区及周围的牲畜注射口蹄疫疫苗，疫情被扑灭。

1985—2004年，以预防猪瘟、五号病（口蹄疫）、鸡瘟为主。因乡镇兽医没有固定工资，防疫积极性不高，猪瘟常年免疫密度为50%—70%，鸡瘟为30%—40%。

2007年8月，县内陆续发生高致病性猪蓝耳病疫情，下村、鹿原、霞阳、水口、中村等5个乡镇37个村318户养猪户，共发病8067头，死亡5387头。县政府成立疫情处置领导小组，紧急调运防护用品、消毒药物和预防疫苗，派出3个扑疫小组，分赴东、南、西片，指导各乡镇开展隔离、消毒、治疗和疫情排查。至10月，疫情得到有效控制，疫区生猪生产逐步恢复。

2008年起，对存栏牲畜、家禽口蹄疫、猪瘟、高致病性猪蓝耳病、高致病性禽流感等重大动物疫病实行强制免疫。当年免疫生猪口蹄疫、猪瘟、高致病性猪蓝耳病6.8万头，免疫牛、羊口蹄疫 2.49 万头，免疫家禽高致病性禽流感 52.9 万羽。注射疫苗的同时张贴免疫公示卡、佩挂免疫耳标、填写免疫档案。

2014 年，全县共免疫生猪口蹄疫、猪瘟、高致病性猪蓝耳病 9.9 万头、免疫牛、羊口蹄疫 1.14 万头、免疫家禽高致病性禽流感 73.3 万羽。

动物检疫 1985 年 6 月，城关、城东、三河、水口、垄溪等乡镇开展市场检疫，对上市猪肉、仔猪实施检疫，严禁病死动物及其产品上市交易。当年检验白肉 5500 头，仔猪 5100 头，检出病害猪肉 12 头，病猪 20 头。1993 年，成立鄱县兽医卫生监督检疫检验所，专司动物检疫和兽药监管。1994 年，全县有 13 个农贸市场开展市场检疫，检疫仔猪 8400 头、白肉 10148 头，检出病死猪肉 9 头，销毁 2 头，禁止交易 7 头。检疫出境生猪 9666 头，畜产品 6 吨，兽皮 3366 张。

1996 年 1 月，县城实行定点屠宰、集中检疫。专职动物检疫员到屠宰场检疫，未经检疫、检验的新鲜畜产品，不准上市销售。2003 年，全县共检疫外销生猪 2.8 万头，检验外销产品 40 吨，检验上市白肉 2.1 万头。2006 年 7 月，机械化生猪屠宰场投产，派驻专职检疫员负责宰前检疫、宰后检验工作，严禁病死猪和无免疫耳标生猪进场。2014 年，检疫生猪 3.5 万头，检疫上市菜牛 1200 头。

二、畜禽产品质量安全监管

饲料监管 1980 年前，家畜家禽饲养以蔬菜下脚叶、农作物藤蔓、瓜果及野生植物等青粗饲料为主，辅以米糠、麸皮、碎米和糟粕等精料。1980 年后，配合饲料进入县内销售。1984 年，县粮食局饲料厂建成投产，年生产能力 1000 吨。1995 年，全县有饲料销售点 60 余家，销售饲料 4000 余吨。

1999 年开始对饲料进行监管。2003 年后，饲料监管职能由县计委划归县畜牧水产局，并成立县饲料工业办公室。当年，对饲料行业进行清理整顿，培训从业人员，核发饲料准销证 51 家。2005—2014 年，每年对饲料市场进行 4 次以上清查，送检饲料样本 10 个以上。主要查处假冒伪劣、过期变质饲料和添加瘦肉精等违禁药物。

兽药监管 1981 年起，由县畜牧行政部门监管兽药。监管人员对县内经营兽药摊点、门店进行例行检查。检查药品有无批准文号，有无过期、变质，仓贮条件是否达标等。1998 年，查验兽药经营店 41 家，取缔无证经营店 10 家，收缴假劣兽药货值 5600 元，对当事人罚款 1650 元。2000 年以后，在常规检查基础上，重点查验国家违禁药物。在监管兽药经营者的同时，对畜禽生产环节进行监管。2014 年，对全县 30 余家兽药经营店、50 余家规模养殖场进行 4 次排查，清理无证无照等不合格市场主体，查处假冒伪劣、过期变质兽药和瘦肉精等违禁药物。查处违法案件 6 起。

瘦肉精检测 县内查处瘦肉精（盐酸克仑特罗）始于 2002 年。县畜牧水产局联合县计委、药监局对20余家饲料生产、经营户进行2次专项检查。2007年，首次使用瘦肉精试纸检测生猪尿样20个，与养殖大户，饲料、兽药经销户，生猪贩运户签订不使用瘦肉精承诺书51份。2011—2014年，在规模养殖场抽检生猪尿样6500头，在定点屠宰场抽检生猪尿样7350头，瘦肉精检测全部呈阴性。

三、养殖污染治理

2000年前，境内畜禽养殖规模不大，养殖污染不甚突出。随着生猪规模养殖户逐年增多，规模不断扩大，猪粪尿对空气、水质污染日益严重。2001年始，县畜牧水产局、县环保局加大监督、治理力度。2009年，县畜牧水产局技术人员指导大型养殖场建设沼气池，实施立体生态养殖等措施，对粪污进行无害化处理。

2012—2014年，开展美丽炎陵清洁家园大行动。县政府在神农谷、炎帝陵等风景名胜区，县城饮用水源区，106国道沿线及洣水、斜濑水、沔水沿岸，确立11个禁养区。区内禁止规模养殖家畜家禽，责令原有规模养殖场限期搬迁。县畜牧水产局扶持养猪500头以上的规模养殖场修建病死动物化尸池28个，沼气池120个。监督养殖户（场）无害化处理病死生猪1916头，处置河道丢弃死猪16起68头。

四、渔政管理

县内天然水域面积小，渔业资源少，渔政管理未引起重视。河溪炸鱼、毒鱼、电鱼现象屡禁不止。1986年 7 月后，贯彻《中华人民共和国渔业法》《湖南省渔业条例》，县畜牧水产局加强渔政管理，渔政秩序有所好转。1991年，发生河溪炸鱼5起，毒鱼25起，电鱼1100余起。2002年7月，县政府下发保护水产资源，发展渔业生产的通告。渔政执法人员深入各渔业水域进行法制宣传教育，严厉打击毒鱼、炸鱼、电鱼等违法行为。查处渔政案件15起，没收电力打鱼机10台；取缔制造、销售电力渔具窝点5个，查封一批电力渔具配件，违法捕鱼现象得到遏制。2014年，发放渔政宣传资料5000余份，在渔业水域设立禁渔宣传牌15块。禁渔期间，出动渔政执法人员对境内较大河道进行巡查。劝退违法捕捞人员60余人次、查处渔政违法案件16起，没收电鱼机15台。

五、人工增殖放流

2011年5月，县内首次开展大型水生生物放流活动，在霞阳镇双江口、炎帝陵、沔渡镇大江村3个投放点放流春片鱼种30万尾。

2013—2014年，在炎帝陵、霞阳镇双江口、水口镇木湾村、沔渡镇晓阳村放流春片鱼种50万尾，夏花250万尾。

第四章 农业机械

县内传统农具有耕地农具犁、耙、锄、铲、蒲滚、划行器等;收割农具禾镰、扮桶、撮箕、箩筐、晒垫、风车等;排灌工具筒车、水车、孔明车、戽水斗等;加工工具砻(俗称推子)、碓臼、磨、碾、油榨等。多以木竹石材料、辅以铁制部件,由工匠手工制作。动力为人力、畜力、水力。1950—2010年,为半机械耕作时期,人力耕具与动力机械并用,以人力耕具为主。2010年后,除插秧仍以人力为主外,基本实现机械化,劳动生产率大幅提高。

第一节 农机种类

一、耕作机具

1956年,商业部门调进中耕器30部,双轮双铧犁35部,改良水田犁35部,由于机具体形大、笨重,不适应山区作业而逐步弃用。

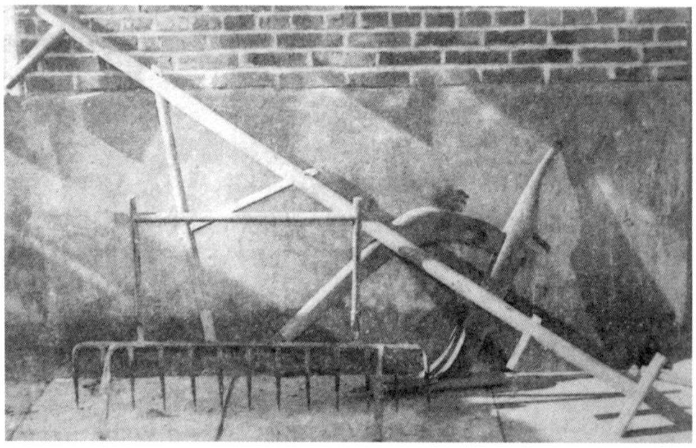

▲扛犁

拖拉机 1965年4月,引进第一台工农—7型手扶拖拉机,在三河人民公社西台生产大队进行耕作表演,数百人围观,日犁田5亩多。1967年,购进丰收27型轮式拖拉机(以下简称轮拖)1台,在塘田人民公社新坪生产大队试犁,未获成功。1969年,全县有拖拉机28台,其中手扶拖拉机(以下简称手拖)17台,轮拖11台。1971年,购入链式拖拉机(以下简称链拖)。1979年,拖拉机发展到658台,其中轮拖109台,链拖5台,手拖544台,机耕面积13.23万亩,占耕地70.75%。轮拖型号有天津铁牛—55、洛阳东方红—40、长春东方红—28、上海丰收—35等。配有四铧犁、三铧犁、圆盘耙滚等多种机具。20世纪80年代后未再使用。链拖机型有洛阳东方红—75,配有推土铲,多用于农田基本建设推土作业。手拖机型有工农—12、湖南—12、工农—10等,配有旋耕机式双铧犁、耙滚等耕具,操作灵活,耕作质量较好。1982年起,集体拖拉机相继承包或变卖给农民。农民自购拖拉机增多,但主要从事运输,下田作业较少。1984年机耕面积减至3.86万亩,占耕地面积20.64%。

1990年,机耕面积回升到9.85万亩,占耕地面积52.6%。当年有拖拉机1180台,其中轮拖46台,手拖1134台。1995年,农机监理所办理拖拉机新车上户99台,旧车入户129台,转户180台,年检拖拉机642台,占应检数83.8%。1996年,有拖拉机1155台/10401千瓦。1998年, 有大中型拖拉机7台/313千瓦, 小型及手拖1322台/11583千瓦; 配套机具1389部。2001年,全县有各类拖拉机1616台。其中,大中型拖拉机52台,小型及手拖1564台。2010年后,随土地流转,连片承包、租赁种田户增加,耕田机械趋向大型化。2014年,全县有各类拖拉机1382台/27200千瓦。其中,大中型拖拉机增至596台,小型及手拖减至786台;配套农具1053部。

机滚(耕)船　1974年,城东人民公社东风生产大队购进湘农—5型机滚船1台,日耕田7亩余,适合深泥,小丘田块。1979年,有机滚船363台。因售价较高,20世纪80年代逐年减少。1990年尚有45台,2003年机耕(滚)船仅剩11台。

耕整机　1984年,三河乡天平村购进水田耕整机,日耕田9亩左右,具有小型灵巧、多功能等特点,深受山区农民欢迎。1990年发展到155台。1996年,增至418台。全县机耕地面积17万亩。2001年,有耕整机679台、机引犁586台、机引耙601台、旋耕机775台。至2014年,全县有各种耕整机械17364台,其中耕整机12586台,机引犁2056台,机引耙2099台,旋耕机623台。机械化耕整地面积23.28万亩。

插秧机　1969年,县内购进第一台插秧机,在城东公社草坪大队使用。当年,插秧15亩。1976年发展到25台,插田面积3154亩。因插秧机结构与农艺不配套,一部分插秧机闲置报废,损失资金4万余元。2012年,为推广水稻插秧机及技术,组织农机合作社员和农机推广站人员到衡南县、醴陵市等地参观学习,当年推广水稻插秧机9台,完成水稻机械化插秧面积500余亩。2014年, 全县有手扶式和乘坐式水稻插秧机34台, 插秧面积1500余亩。

二、植保机具

1955年,县供销社购进5台人力单杆式喷雾器。1956年,调进各类喷雾器、喷粉器777部。1960年开始,推广背包式552丙型人力压缩喷雾器,手摇风压式喷粉器,由于结构简单,使用方便,价格低,很受欢迎。

1973年,购进北京东方红WFB—18AO型动力喷雾器4台。1981年,动力喷雾器发展至179台,功率260千瓦,人力喷雾器19台,功率34千瓦,人力喷粉器1625台。1982年,集体所有的动力植保器械相继折价到户,许多闲置报废。至1990年,动力植保器械仅剩10台,人力植保器械2.19万台。1996年,全县机械植保面积3.3万亩。1999年,机动喷雾器增至30台。到2014年,有机动喷雾器1043台,功率1567千瓦,机械植保面积7.02万亩。

▲人力打稻机

三、收获机具

人力打稻机 1956年,开始使用人力打稻机。1958年,县农具厂仿造737型木制单人脚踏打稻机,并在全县推广使用。20世纪60年代,县农机厂与县木工厂联合生产铁制摇杆、齿轮变速双人脚踏打稻机,两个全劳力一天可打毛谷800—1000公斤。但机体笨重,搬动不便。1971年,有人力打稻机1792台。1981年,县农机厂和省农机研究所联合研制TR45K型单人打稻机,全重28公斤,轻巧灵便,适于山区使用。1985年,有各种人力打稻机1.25万台。1990年,增至1.75万台。1999年,达2.47万台。

动力打稻机 1975年,首次在中村人民公社梅岗生产大队桐坑生产队使用。当年全县购入16台,功率35.3千瓦,工效比双人脚踏打稻机高3—4倍。1981年,发展到566台。1982年起,折价变卖到户,多被闲置。1990年仅剩157台。1998年,垄溪乡茶垄村袁黄发、史有昌将传统打稻机改进为谷草分离、自动装箩动力打稻机,获国家专利。1999年,全县有动力打稻机1081台。

割晒机 1975年,购进湘农5型动力割晒机12台,因效率低未普遍推广。

联合收割机 1996年7月14日,县农机局在三河乡星光村举行联合收割机示范表演,该机为福建农友90型,适应小田块作业。2001年,全县有水稻联合收割机4台,机械收获面积1500亩。2014年,全县有水稻联合收割机338台,功率12147千瓦,油菜籽收割机4台,机械收获面积13万亩。

四、农用运输机具

胶轮板车 1958年始,以木轮制作手推独轮车(俗称鸡公车)、双轮板车。1970年,县百货公司引进胶轮板车200部。以人力或畜力拖拉,1次载重提高10—20倍。1989年增至4262部。后为农户常备短途运输工具。

拖拉机 1962年,省农业厅分配鄱县2台轮式拖拉机(天津产铁牛40型、江西丰收27型各一),长期用于农业生产资料运输。1965年4月,三河公社西台大队引进第一台手扶拖拉机,耕田兼运输。1970年,发展到大中型拖拉机7台,手扶拖拉机15台。1982年,集体拖拉机承包或变卖给农民,农民自购拖拉机增多。1983年,有大中型拖拉机115台,手扶拖拉机693台。2014年,全县拥有各类拖拉机1382台/27200千瓦。其中,大中型拖拉机596台,小型及手扶拖拉机786台。

农用汽车　1973年,购入湘江牌货车2辆,功率132.5千瓦。1985年,县农机供应公司引进第一台千山牌农用小四轮。1986年,引进加装液压自卸车装置桔州牌农用运输汽车。1989年,全县有农用汽车441部,功率15895千瓦,占农用动力机械动力77.8%。此后,农用拖拉机增多,农用汽车逐渐减少。2008年,农用运输车回升至750台,功率18375千瓦。2014年,全县有农用运输车902台,功率21120千瓦。其中,三轮汽车221台,低速载货汽车681台。

五、农副产品加工机具

1956年,县商业部门引进刨丝机、铡草机。1958年,引进销售红薯加工机械23台,农副产品加工机械逐渐推广。

碾米机　1950年,城关群众集资购入一台碾米机,为县内最早的动力加工机械。1959年,农村使用碾米机,以水轮泵带动。手工砻谷舂米时代逐渐结束。

其他加工机械　1967年,始有榨油机和揉茶机。1968年,引进磨粉机。1970年后,购入米粉机。

至2014年,全县有各种农副产品加工机械6844台。其中,粮食加工机械6492台,油料加工机械352台。

第二节　农机管理与服务

农机技术培训　1966年12月,县农机管理部门开办酃县第一期内燃机培训班,学员45人,后成为拖拉机驾驶员。1978年后,开办农机学校,培养拖拉机手,年度举办培训班4—5期,培训100—200人。

2010年,农机技术培训纳入农村劳动力转移培训阳光工程,当年举办培训班5期,培训264人。2014年,召开水稻机插秧、油菜种植机械直播和机械收获以及先进农机具作业等现场会10场次,参会农民900余人次。

安全监理　1984年5月,县农机安全监理站成立。1991年,办理拖拉机驾驶员报考4起共240人。驾驶员年审553人,拖拉机年检511台。1998年,开通“农机110”,推行社会服务承诺,处理农机事故,疏导交通。2005年,农机监理人员下乡路检路查500多台次,办理农用机动车上户484台,年检农用车、拖拉机760台。2010年,办理农业机械年检上户换牌430台,共检查拖拉机540台。2014年,检查拖拉机263台,收割机40台。

农机推广　1994年12月,西片炎陵农机中心站、城郊区农机中心站和农机技术推广站合并为县农机技术推广站。1996年,组织农机化服务队,推广联合收割机作业,在三河、十都、城东等乡镇进行机械化收割水稻服务。1999年,主办农业机械产品展销会,销售产品157台套。2003年,推广销售各类拖拉机 230 台，三轮车、农用车 45 台、耕整机 300 台、微型碾米机 600 台，全年完成销售总额 684 万元。2013 年，在霞阳、三河、鹿原等乡镇开展水稻种植全程机械化示范点。成立农机专业合作组织 11 家，注册资金总额 417 万元，社员 62 人，农机作业服务收入 2000 万元。农业机械装备万元以上的大户 3298 户。2014 年，新农机具全面推广。投入耕整机 7002 台，完成机耕面积 15 万亩；投入机插机具 18 台，机插面积 0.21 万亩；排灌机械 850 台，机械排灌面积 6.8 万亩。

购置补贴　2006 年，炎陵县列入省农机购置补贴项目县，按机具价格 30%标准补贴。当年有 186 户农户享受农机购置补贴，购置机具 178 台。2010 年，补贴机具 4023 台，资金 332.1 万元，享受补贴农户 4000 余户，新增农机资产总值 1100 余万元。2012 年，农机购置补贴直补到户，补贴资金 155.24 万元，受惠农户 1472 户。2014 年，补贴农机具 904 台，补贴资金 149.64 万元，受益农户 611 户。

第五章　农田水利

第一节　水利设施

县内农田水利设施以山平塘、小堰坝、小水圳为主，抗洪、抗旱能力较低。“五日雨，则苦涝。五日不雨，则苦旱。”农田灌溉主要靠堰塘、陂坝、水圳、筒车、水井。清康熙九年(1670)，全县仅有陂坝 21 座，水圳 11 条，堰塘 3 口。同治十二年(1873)，较大的堰塘有长塘、砚池塘、七井塘、大塘、塘旺老堰塘和鹅公塘、天平老堰塘和新堰塘、上塘等 9 口。

民国 24—38 年(1935—1949)，修塘 319 口，用工 47.8 万个。全县有各类水利设施 2055 处。其中，山平塘 653 口，陂坝 80 座，水圳 979 条，水车 305 架，筒车 38 部。时有耕地面积 12.41 万亩，蓄、引、提水总量近 4000 万立方米，亩均 325 立方米。有效灌溉面积 9.09 万亩，占耕地面积 73.2%。旱涝保收面积仅 3.6 万亩，占耕地面积 29%。

1952 年，贯彻以整修为主，逐步新建方针，大兴农田水利建设。按照“以蓄为主，蓄、引、提相结合；小型为主，中小型结合；配套为主，挖潜与新建相结合；人民公社(乡)办为主，民办与公助相结合”的原则，组织农民兴修水利，在资金、物资、技术等方面加大投入。至 1957 年，先后建成岩穴口、四季坑、东冲、炎山、陈家垄 5 座水库。修建山平塘 140 口，堰坝 28 座，水圳 194 条，增加灌溉面积 3.4 万亩。1958 年 4 月，建成西山水圳。1959 年提出“奋战一百天，实现水利化”口号。因盲目动工建设，工程质量差，有的半途而废。1962 年冬，整修、兴建水利设施 3032 处，增加蓄、引、提水量 420 万立方米。1966 年 11 月，县委作出大办水轮泵的决定。当年兴建水轮泵站 38 个，实现灌溉、发电、加工综合利用。1969 年 11 月，建成河东渠道，为县内最大的水利工程。1973—1976年,建成龙江、七姑潭水库。实行家庭联产承包责任制后,集体经济薄弱,劳动力难于组织,农田水利建设一度停止。

1980年起,水利建设重点转入挖潜和扩大蓄水规模。推广混凝土防渗节水措施和土坝土工膜防渗,增加了有效蓄水量和防洪保安可靠性。1994年5月底及7月初,连遭两次洪灾,水利工程遭受严重破坏。当年冬修,全县组织劳力6万余人参加水利整修,恢复灌溉面积6.5万亩。1996年8月2日,全县普降暴雨,冲毁水利水电设施1972处。当月,全县干部职工捐献月工资三分之一,用作水毁工程抢修。当年县、乡两级投入资金300万元,投工300万个,农民集资和以资代劳投入156万元,修复水利工程。

1950—2000年,水利工程建设累计投工4896.55万个,完成土石方4448万立方米,总投资3157.86万元。

2000年后,在继续抓好防洪堤建设、病险水库治理、两渠三面防渗、重点水毁工程修复等传统水利工程的同时,重点实施小流域治理、水土保持、河道疏浚以及农村人畜饮水解困工程,开始系统性地解决水利问题。投资1000余万元,新建炎帝陵防洪堤1743米。投资1993.47万元,建设斜濑水中村圩段和洣水三河镇霍家圩段防洪堤,合计加高加固堤防4.07公里,新建护岸4.85公里。2006年,投资316万元,兴修水保工程31处,治理水土流失面积6.1平方公里。

至2014年,全县有大小农田水利工程9225处,蓄引提水量1.25亿立方米,有效灌溉面积19.83万亩,占耕地面积81.98%。其中,旱涝保收面积13.86万亩,占耕地面积57.3%。

第二节 灌 溉

一、蓄 水

山平塘 山平塘是县内主要蓄水设施。清同治十二年,康乐乡一都有长塘、砚池塘,灌虎背垄田;上塘灌直塘垄田;七井塘灌东冲坑田;大塘灌丁家冲田。二都塘旺老堰塘、鹅公塘灌榇树下、老湾、草坪田;天平老堰塘、新堰塘灌天平圩、豪镜田。民国24年,成立县塘坝委员会,各区成立修浚塘坝办事处。民国31年,修建山平塘77口。次年,修整山平塘19口。民国37年,筑塘200余口。至1949年,有山平塘653口,蓄水49万立方米。

1952年,中南军政委员会发布农业生产十大政策,要求各地以最大力量到处挖塘。当年,区、乡人民政府均设立塘坝委员会,按照"以整修为主,恢复所有塘坝蓄水功能"的要求,掀起挖塘高潮。1953年,整修新建山平塘514口,蓄水46万立方米。1954年冬,开始兴建模范塘。首先在三河乡庙前村兴建畔塘,接着在天平整修、新建长塘、腰塘、鹅公塘等14口。

1957年,新增山平塘100口,其中模范塘75口。全县有山坪塘870口,蓄水105万立方米，灌田3160亩，提高抗旱能力10天。1958年，水利建设重点转向较大工程，山平塘建设速度放慢。

1963年，贯彻“小型为主”方针，开展小塘扩大、浅塘挖深、漏塘整修、废塘恢复、无塘新建的“五塘”运动。至1966年，修筑新塘216口。1967—1976年，农水部门先后组织人员到双峰、湘潭、韶山灌区学习经验，兴建山平塘319口。全县累计山平塘1479口，蓄水186万立方米，灌田4030亩。

1980年起，建设重点放在挖潜和扩容。1982年冬至次年春，建筑蓄水1万立方米以上的骨干山平塘30口，维修扩建256口。重点扩建河西公社鳌头大队民兵塘。至1987年，全县山平塘增加到1860口。

1988—2000年，贯彻加强经营管理，讲求经济效益方针，对兴建蓄水工程实行以奖代投。期间兴修山平塘240口。1990年，全县有山平塘2100口，蓄水能力670万立方米，灌溉面积5.25万亩。其中蓄水1万—9万立方米以上的骨干山平塘57口，灌溉面积5463亩。2010年后，实施山平塘清淤扩容工程。投资573.86万元，对163个村668口山塘进行清理扩容。完成清淤354万立方米，清淤后蓄水面积2769亩，塘容319.4万立方米，灌溉面积2.89万亩。2014年，全县有山平塘3065口。

水库 1952年4月，二区霍家乡农民协会主席霍经龙、霍秋发牵头，将土改分得的果实作为投资，组织农民自带工具和午餐，在庙前村动工修建岩穴口水库。农民霍远留担任设计。岩穴口水库是县内第一座小Ⅱ型圬工重力坝水库。坝高8米，蓄水11万立方米，灌田1100亩。抗旱能力由25天提高到50天。当年12月主体竣工蓄水。1954年冬，完善排水卧管和溢洪道，全面完工。1955年12月，县人委从霍家、塘田、城东、十都、水口、中村、下村、城关等地抽调劳力2476人，编成3个大队11个中队、7个青年突击队，修建炎山水库。1956年3月全面竣工。投资6.17万元，投工7.15万个，完成土石方4.26万立方米。水库坝高17.5米，总干渠一条长5.55公里，支渠6条长2公里。集雨面积2.3平方公里，蓄水能力120万立方米(包括长塘副坝)，灌溉面积3200亩。

1957年，县内共建成小Ⅰ型水库1座，小Ⅱ型3座，蓄水能力202万立方米，灌溉农田6330亩。1965年开始实行国家适当扶助，人民公社和生产大队合理负担，集中劳力短期会战和专业队伍长年修筑相结合的方式进行水库建设。至1982年，建成小Ⅰ型水库3座，小Ⅱ型水库3座，蓄水能力450万立方米，灌溉面积7120亩。1990年，全县有水库11座，蓄水能力652万立方米，灌溉面积1.35万亩。

2002年，原属小Ⅰ型类的东风水库，因水源缺少被降为小Ⅱ型，筷子篓电站水库列入小Ⅰ型。全县小Ⅰ型水库4座，小Ⅱ型水库8座。2008—2014年，实施战备、梨树洲、筷子篓、炎山、跃进、东风、七姑潭、东冲、长龙、四季坑等11座水库除险加固，总投资2625万元。至2014年末，全县有水库40座，其中小Ⅰ型水库7座，小Ⅱ型水库33座。

2014 年炎陵县小Ⅰ型水库情况表

表 13-4

序号	水库名称	所在乡镇	所在村	注册登记号	管理单位	集雨面积(平方公里)	总库容(万立方米)	主坝坝型	最大坝高(米)
1	梨树洲水库	策源乡	梨树洲村	43022540006-A4	炎陵县梨树洲水电站	13.0	130.0	浆砌石坝	30
2	战备水库	九龙局	九龙村	43022540003-A5	九龙社会事务管理局	5.7	103.0	土坝	26
3	东风水库	鹿原镇	金紫峰村	43022540004-A5	鹿原镇人民政府	0.3	106.0	土坝	29
4	天堂水库	鹿原镇	天堂村	43022540007-A4	炎陵华兴实业有限责任公司	24.5	141.0	浆砌石坝	35
5	炎山水库	鹿原镇	塘旺村	43022540001-A4	河东灌区管理局	0.5	101.0	土坝	22
6	跃进水库	霞阳镇	石子坝村	43022540002-A5	霞阳镇人民政府	4.5	130.0	土坝	27
7	筷子篓水库	下村乡	小横溪村	43022540005-A4	炎陵县水利水电建设投资有限责任公司	120.0	860.0	混凝土坝	60

二、引　水

民国以前，农民在河溪作堰坝拦水。一般堰坝用木桩或木栅固定，垒以大小石块，以路萁、松枝等耐水茅草填缝；大型堰坝以木笼、竹篓填充石块茅草筑成。然后修圳或架枧引水至农田，有的水圳长达十数里。清同治十二年(1873)，县内有较大堰坝 43 座，水圳 16 条，泉水 3 处(七都上泉、下泉、龙活泉)。

民国时期，兴修河坝 30 余座。斜濑、河漠、沔水 3 条河中，筑有总南、济陂苗、新陂、老鸦泷、鹿原、济陂新、天星寨、霞塘飞湖、车田洲、木湾、何家垄、良田等河坝 12 座，均为干砌石坝和木笼竹篓坝，无抗洪能力，常被冲垮，多是一年一修。1949 年，县内有堰坝 80 座、水圳 1300 条。灌溉面积 5.4 万亩。1953 年 12 月，五区官仓下乡组织农民在牛牯潭筑石块浆砌固定式堰坝，灌田 220 亩，为县内最早修筑的浆砌固定式堰坝。1956 年起，陆续建成西山水圳、河东渠道、道任隧洞等骨干引水工程。1987 年 11 月，县水利部门根据山区河床特点，设计铅丝笼土工织物防渗坝，并在三河乡团溪村石狮岩水坝试验成功。新型水坝由卵石、土工模、铅丝笼三部分组成，具有制作简单，不需清基，造价低，适应性强等特点。比混凝土坝节约资金 80%，缩短施工时间 70%。此后，枧田洲坝、河漠坝均采用这种坝式修筑。1990 年，全县有堰坝 326 处，圳渠 3600 条，引水量 1.07 亿立方米，占蓄、引、提水总量 86.29%，灌田 10.53 万亩，占有效灌溉面积 62.01%。

附

引水工程简介

西山水圳 圳首位于鹿原镇江口村栏泷口，从斜濑河引水，尾至玉江村，全长20公里。设计灌溉面积8000余亩。1956年12月1日动工，从河西、塘田、船形、太平、沔渡、垄溪等乡抽调3300余人参加施工。1958年4月建成通水，输水流量每秒1.3立方米。完成土方20.20万立方米、石方3.4万立方米，投工25.6万个。投资20.9万元，其中国家投资14.5万元。附属工程有进水闸、冲刷闸各1处；分水闸、泄水闸、平交道36处；木质渡槽13处，总长328米。另有暗涵3处。1962年，国家又投入2万元，对水圳进行大修。1966年，在圳首筑建混凝土重力引水坝（原为无坝引水）。灌溉泷湖、天星、鳌头、洣西、金花、翠群、玉江等村水田7940余亩。

河东渠道 渠首位于鹿原镇江口村黄石，从斜濑河引水，尾至三河镇源头村，连接河漠水。以灌溉为主，兼以防洪、发电。1965年11月动工，1969年11月竣工通水。县人委组织塘田、三河、河西、沔渡、十都、水口等13个人民公社7188人投入建设。主要工程有引水坝1座，为县内第一座混凝土结构重力坝，坝高7米，长43米。右岸设置筏道，左岸设置进水闸连接输水渠道。主干渠长25公里，输水流量4.5立方米/秒。支渠17条，总长76.5公里。附属建筑物有渡槽5处，长285米；暗涵8处，长2780米；倒虹吸管1处，长165米。工程投资103万元，其中国家投资97.45万元。投工70余万个，完成土方48万立方米、石方10万立方米，浆砌1.07万立方米。可灌溉鹿原、三河两镇17个村和炎陵原种场、县园艺示范场共1.92万亩耕地。

道任隧洞 位于道任与双山交界的冈背山。1970年，中村公社道任、梅冈、心田3个大队开始组织劳力开凿隧洞。之后，雇请外县工程队施工。1986年1月5日打通隧洞，1990年4月8日竣工。为湘东地区修筑时间最长的水利工程。隧洞长960米，高2米，宽1.5米。道任、梅冈、心田3个村2370余亩易旱农田受益。

石狮岩防渗坝 位于三河镇龙伏村，1987年11月动工修建，次年3月竣工。系县内首座铅丝笼土工膜防渗坝。工程编织不同规格铅丝笼554个，填砌块石、鹅卵石586立方米，浇筑坝面混凝土173立方米。坝长185米、高1.5米。用工4300个，总投资5万元。河坝引用流量每秒0.8立方米，灌溉团溪、太和、西台等3个村耕地2240亩，其中农田1810亩。

三、提 水

传统提水工具为龙骨水车、孔明水车、筒车、吊桶、戽水斗等。1951年，有人力水车335

架、筒车57部。1957年起,逐步推广水轮泵、机械(内燃机)和电力提灌。70年代末至80年代初,曾一度推广喷灌,用于桑、果、茶等经济作物。1996年,全县有排灌机械678台,2001年978台,2005年1042台,2008年1418台。2000年,全县有提水工程79处,提水量130万立方米,灌溉面积1.06万亩。2014年,有农用排灌动力机械6317台,功率7090千瓦,农用水泵1580台,机电排灌面积1610公顷。

水轮泵排灌　1957年,首次引进水轮泵6台。其中,40—4型3台,安装在十都良田、三河坎头、船形新生;30—4型3台,安装在城东石玉、垄溪三口垄、中村深渡。1964年,省水电厅在酃县推广水轮泵,选择垄溪公社江口大队谢湾生产队试点,水电厅技术人员带领4名农民水利员勘测、设计,组织施工。次年3月,建成2台40型串联水轮泵站,灌田60亩。同时安装3.5千瓦发电机和200型碾米机各1台,起到示范作用。1966年7月,县委确定沔渡晓阳、中村九山口、垄溪榬树坳3处水轮泵站为重点工程。是年10月,县委作出大搞水轮泵建设决定,成立县水轮泵建设指挥部。当年修建水轮泵站38个,实现灌溉、发电、加工综合利用。至1973年,全县水轮泵发展到170处,178台。其中60型22处23台,40型83处89台,30型32处33台,20型33处33台。灌田4500亩,发电装机1080千瓦。水口公社木湾大队筒车湾生产队和桃源大队河村生产队的8部筒车为水轮泵所代替。省水利厅为支援酃县水轮泵建设,下拨长期无息贷款56万元,并拨沔水流域样板河水轮泵建设专项资金10万元。1976年发展到247台。

在大搞水轮泵建设过程中,亦有少数工程缺乏科学论证,盲目动工,造成半途而废。有的因森林砍伐过量,水源缩小而被废弃;有的水轮泵被洪水冲走,无法恢复;有的水轮泵单纯发电,改接县、乡电网后废除;也有的换成水轮机,作农副产品加工动力,水轮泵逐年减少。1974年,筒车湾恢复使用筒车提水(1982年改抽水机)。1978年,调进50—32型自吸喷灌机5台。次年,在三河乡深坑村安装使用,受益面积114亩。1981年,东风河7个水轮泵站全部停机。全县水轮泵站减至47个,水轮泵55台。其中,60型7处7台,40型31处39台,30型2处2台,20型7处7台。灌溉面积2400亩,发电装机371千瓦。原3处县重点水轮泵站,分别改建为沔渡、九山口、江口水电站。1990年,水轮泵站仅剩24个26台,灌溉面积1100亩。2000年,全县有水轮泵提灌站24处24台,灌溉面积1602亩。

内燃机排灌　1958年,县商业局首次购进25马力1235型煤气机和配套8k—18型水泵,安装在垄溪公社三口垄大队。次年7月,在河西公社玉江大队、塘田公社霞塘大队修建抽水机埠,配以120型煤气机和8k—12型水泵,分别灌田150亩、280亩。1961年,三河河光、深坑、太和、沔渡晓阳等大队亦安装煤气机。当年,有抽水机11台247马力,灌田1922亩。其中,煤气机8台200马力;柴油机3台47马力。1963年,遭受百年少见大旱,全县突击安装36台548.5马力抽水机抗旱。其中,煤气机2台50马力,柴油机5台100马力。当年投入抗旱机械47台809.5马力,灌田7500余亩。1975年后,煤气机被柴油机代替。至1979年,全县共有机械提灌设备130台1475马力,灌溉面积4500亩。1982年,农村推行承包经营生产责任制后,为便于农户分散抗旱,县水电局推广微型抽水机组,或移动式微型机组,改造提灌设施。1990年,全县有135台、846千瓦机电提灌设备。2000年,发展到765台4325马力,灌田3200亩。

电力排灌 随着县内电网发展,水轮泵相继改为电力提灌,小型机械提灌设备及无固定式机埠,改作临时抗旱备用设备。1973年,城东石玉和旱田等地始建移动式潜水泵3处3台,功率16.5千瓦,灌田60亩。同年,河西公社西塘大队桐溪渡生产队,建电力提灌站,装机1台7.5千瓦,配100—20型水泵,扬程10米,灌溉面积50亩。1975年,塘田柳山等地建立固定式电灌站5处,功率40千瓦。至1981年,全县电灌站发展到83处,装机90台,功率846千瓦,灌溉面积8500亩。1983年,县水电局根据旱情,在三河太和、河西西塘、金花;东风太平岭分别建立4座较大的电力提灌站,总功率81千瓦。其中三河太和村电灌站装机一台30千瓦,灌溉面积800亩。1990年,全县有电灌站124处、装机134台,功率1420千瓦,灌溉面积9900亩。其中固定式76处,功率1009千瓦。20世纪90年代,因水灾频繁,有的电灌站被冲毁,部分由于管理不善,被盗窃破坏。固定式电灌站逐年减少,抗旱设备逐步改为微型水泵。2000年,全县有电力提灌设备753台,功率1640千瓦,灌溉面积5850亩。其中固定式电力提灌站46处,装机47台,功率580千瓦,灌溉面积4650亩。

喷灌 1978年,三河公社西台大队首次引进一套移动式喷灌设备,对棉花、桑树、花生、黄豆等作物采用喷灌。是年,该大队再添置12套喷灌机具,喷灌面积1167亩,喷灌技术应用逐步推广。至1984年,全县有喷灌站56处,喷灌面积7047亩,其中柑橘1869亩,茶叶3849亩,蔬菜325亩,桑叶及其他1004亩。安装电动机共39台,473千瓦,喷灌机具108套,552马力,塑料管19.2吨,金属管7吨,喷头758个。喷灌面积中,固定式370亩、半固定式115亩、移动式6562亩。投入资金42万元,其中国家投资27.28万元。1985年后,由于喷灌机具管理不善,利用率低,喷灌面积逐年减少,1990年,全县喷灌面积减少到1500亩。2014年,实施小农水重点县建设项目,在三河镇星光村建设高效节水示范区,低压喷灌面积1175亩。

第三节 防汛抗旱

一、防汛抗旱设施

民国31年(1942)酃县政府拨款210万元(法币)在同保乡水口圩修建河堤。民国33年,湖南省政府拨款630万元(旧币)在水口浆村筑堤,保护农田1000亩。1952年,第五区区委和区政府组织群众投资2750元,投工3.2万个,扩建整修水口圩防洪堤800米,保护农田千余亩,1500余户居民房屋免受洪水侵害。1962年冬至1963年春,投资4.46万元,兴建和维修水口桥头、中村中坪、下村同乐、十都晓东、三河西台、太平三口、塘田澎溪等13处防洪堤，总长7500米。1972年冬至1976年2月，以水口、中村公社为重点，掀起防洪治水高潮，共投工151万个，投资85.45万元，移动土石方123万立方米，筑河堤34.3公里，保护农田7000余亩。

2008年，组建民兵防汛机动连和抗旱服务队。配备挖掘机4台、运输车10辆、冲锋舟6艘、橡皮船3艘、救生衣180件、照明灯具20台套、抽排水泵15台套、移动灌溉设备5台套、清淤设备2台套、发电和动力设备12台套、乡镇有小型抢险机具70台套。

2010年始，建设山洪预警系统，由监测系统、预警系统、图像视频会商系统、监测预警平台和群测群防体系组成。新建自动雨量监测站28个、简易雨量站178个、自动雨量水位监测站23个、简易水位站28个、无线预警广播站134套、铜锣1242面、手摇报警器916个、口哨6000个、图像监测站18个、视频监测站7个、乡镇视频会商系统18套、信息接受主控机1套、防汛会商决策系统1套、水利政务信息网1套、乡镇山洪灾害防御宣传栏17个、村级宣传栏128个、警示牌928块。

2011—2014年，实施河漠水水西段、斜濑水中村圩段、河漠水霍家段、官仓下河策源段、沔水十都段、斜濑水鹿原段、河漠水自源段等7处中小河流治理，综合治理河长53公里，兴建堤防12公里，堤防加固6公里，兴建护岸20公里，总投资10422万元。实施洣水主要支流炎帝陵段、草坪河段等四水治理工程，综合治理河长10.14公里，兴建堤防7.92公里，兴建护岸2.84公里，总投资4510万元。实施土地出让金农田水利建设项目，整治山塘5处，改造田间渠道39条24.62公里，整修排水沟5条1.61公里，总投资500万元。实施三河片区小型农田水利重点县建设项目，改衬砌渠道56条41.15公里，兴建渠系建筑物649处，整修改造排涝沟道17条16.22公里，整修山塘16处，整修河坝9处，总投资1735.42万元。

二、抗洪和抗旱救灾

1960—2010年，发生较大水灾31次，旱灾15次。

1963年，全县发生特大旱情。县委从各部门抽调800多名干部职工，分赴重灾公社帮助抗旱救灾。组织劳力3万余人，找水源2.8万余处，挖水井48口，架水枧3817处，修架筒车246部，筑水坝416座，修水圳1557条，安装抽水设备42台(套)725马力。湘潭专署拨款7万元，无息贷款4.6万元，救济款2万元。从专署水利局工程队和醴陵县农机局抽调技术员13人，帮助灾区维修抽水设备。

1979年发生严重旱灾，县委、县人民政府抽调200多人组成16个工作组，分赴各公社组织抗旱救灾。筹措资金20万元，安装柴油机、汽油机137台、1190马力；兴建电灌站41处50台560千瓦，灌田1.77万亩。兴修水圳227条、河坝49座，维修和筑临时坝1130座，找水源210处，架水枧127处，挽救禾苗1万余亩。

1991年遭受旱灾,全县投入抗旱资金180万元,出动劳动力6万余人,投工140多万个,开展抗旱。购买柴油机109台、电动机62台、微型电泵200台、潜水泵27台、压水泵36台及水泵水管等设备。开动小型电动机抽水643台1692千瓦,柴油机173台929马力,出动水车46架,其他提水工具6.73万件,打水井3411口,开源引水741.9公里,架水枧123公里,筑临时坝432座,拦河筑坝285处;新修和整治渠道、水圳920多公里,打井挖穴150多处。

1996年8月2日,山洪暴发。株洲市委副书记张伦率舟桥部队赶赴抗洪现场,与炎陵县2000余名干部群众、军警官兵,营救三河乡枧田洲村、塘田乡水东村被洪水围困群众。8月4日市长王汀明到县视察灾情,慰问灾民。县财政投入资金298万元,各乡镇自筹资金156万元,用于恢复水毁工程。购买、调动提灌设备387台(套),解决临时灌溉。

1998年6月2日,发生洪灾。次日,县政府组织各单位干部、职工824人奔赴水口镇重灾区,采取单位包户的措施,开展抗洪救灾,为每户灾民送去救济金300—500元、大米25—50公斤以及其他生活必需品。

2000年9月2日,遭受特大洪灾,县人民政府争取省、市下拨救济款60万元,为灾后重建户补助建房资金。2006年,遭受"5·6""5·26""6·17""7·15"洪灾,县政府下拨救灾款286万元。

第四节 水利管理

一、管理体制

民国时期,农田用水由民间自行组织管理,政府未设水利管理机构。较大的水利设施,如山塘、水坝、水圳,成立塘会、坝会。会长由受益户推选。枧田洲农民段平禄从民国7年(1918)至1949年,担任枧田洲水坝(王家渡桥下)坝长32年,维护本村1640亩耕地灌溉。1951年评为县水利模范。

1952年土地改革时规定,塘坝、水圳等水利设施随耕地变动,各地以乡村为单位成立管水组织,制定用水公约。1954年,区乡设立塘坝建设委员会,区、乡长兼任主任,设专干负责塘坝建设与管理。

1956年,有17个乡镇196个农业社成立水利修管委员会,由乡、社主干、水利模范、积极分子或具有管水经验的老农为委员,负责水利工程建设与管理,民主推选水利"管养员"和"行水员"1210人。当年3月,炎山水库建成,酃县炎山水库管理所成立。

1964年,全县建立水利工程管理机构560个,设专管及行水员3160人,其中炎山、岩穴口、四季坑、陈家垄、东冲等5座水库,以及西山水圳均设管理所。

1982年,农村实行承包经营,水权仍归国家或集体,实行统一领导,分级管理。1987年,各乡镇相继成立水利管理站。至2000年,各乡镇场水管站有水利水电管理员

147人。2001年,乡镇水利管理站并入乡镇农业服务中心,核定编制40人(其中河东管理局15人)。

二、管理办法

传统管水办法采取轮流放水、坐水耘田。即按日出、日顶、日落时间点划分用水时间,或以燃香计时,轮流用水。也有的按田亩多少,在主渠道边设分水口。

1952年,各地以村为单位成立管水组织,制定用水公约。1953年,草坪乡坂下坝互助组,经社员民主推荐尹黄生为看水员,实行一把锄头放水,灌溉面积215亩。次年,全县试行民主管水,由受益户选出代表组成管水委员会。

1956年开始,跨乡水利工程由县设置管理所管理,并民主产生水库灌溉管理委员会,制定管理办法及用水公约。灌溉渠道,实行分段用水管理,每段设管水小组,每组与管水员衔接。按规定时间开闭斗门,执行用水计划,办理用水登记,调处用水纠纷,协助管理所收缴水费。

1961年,对所有水利设施施行"三包、五定"的管理办法,即包工程养护、包蓄水保水、包抗旱天数,定工程、定人员、定田亩、定工分、定奖罚。

1964年,炎山水库管理所制定抽水机、山塘、河堤、水库"四结合"和统一领导、统一水权、统一计划、统一管理、统一负担的"五统一"用水公约,克服过去"水头水滥流,水尾干死禾"的现象,合理利用水源,充分发挥各水利设施的作用。

1983年,农村全面推行承包经营责任制,农田到户,水利设施的管理仍坚持队有队管,小Ⅱ型以上水利工程除险加固和重点灌溉工程兴建,省、市、县给予适当投资。面上小型工程维修所需资金、劳力,均按受益面积负担。

第五节　水库移民管理

县内接收的移民主要为20世纪60年代醴陵官庄等水库库区移民。2006年8月,启动大型水库移民管理工作。经移民申报、人口登记、人口核定、结果公示等程序,并多次前往醴陵库区,查找、核对原始资料,核定全县移民1029户,3665人,其中原迁人口1064人,自然增长人口2601人,分布在东风、中村、霞阳等13个乡镇、85个村、231个村民小组。另有县内炎山水库等小型水库移民280人。在确认移民的基础上,区别情况确定扶持方式。县移民管理局制订《炎陵县大中型水库库区和移民安置基础设施建设和经济发展规划》,在关注度高、受益人口多的村组安排项目资金。后期扶持资金管理,采取财政局、移民局、乡镇政府及村四位一体共同核定、监督的办法。

2007年成立县移民局,为水利局下属副科级参照公务员管理单位,设编3人。2009年,实施青年水库库尾村民的搬迁工作,启动一期20户建房。2011—2014年发放移民直补426.48万元,实施移民项目42个,总投资274.76万元。

第六章　乡镇企业

20 世纪 50 年代，部分农业社兴办手工业生产合作社或工副业专业队（组），从事铁木竹加工、缝纫、染织、榨油、挖煤、烧窑等。1958 年，人民公社办林场、猪场和各类工厂 2675 个。农村工副业始称社队企业。60 年代初，因缺技术、原材料，多数停办。1962 年仅余 58 个，205 人。1970 年起，社队企业因地制宜发展种养殖业、农副产品和竹木加工，兴办小水电、采矿和农机修配。

1979 年，中共鄱县县委、县人民政府根据党中央、国务院《关于发展社队企业若干问题的规定（试行草案）》，鼓励发展社队企业。1980 年，社队企业发展到 431 个，从业人员 5628 人，企业收入 1260 万元。1981 年，农村实行经济体制改革，人民公社、生产大队关停并转和下放一批企业。1984 年 6 月，社队企业改名为乡镇企业，并发展村办、组办、联户与个体办等多种形式。经营范围由一种、二养、三加工，发展到农、林、牧、副、渔、工、商、运、建、服全覆盖。1989 年，境内 87 个乡镇企业实行风险抵押，集体承包责任制。1990 年全县有乡镇企业 3431 个，其中乡镇、村办 314 个。从业人员 8006 人，占农村劳动力 10.7%；企业收入 5056 万元，占农村经济总收入 24%。完成利税 583 万元，其中税金 233 万元，占县财政收入 13.3%。

随着改革开放深入，企业规模增大、专业化程度提高。1992 年，王家渡镇企业总产值率先超过千万元，利税超过百万元。次年又有沔渡、塘田、三河、城关 4 个乡镇实现千万产值目标。1994 年，有 7 个乡镇产值过千万，13 个村办企业产值超百万。沔渡晓阳村办企业产值达 313.4 万元。沔渡家具厂、河西水泥厂跻身全省小型工业企业 500 强。1994 年，全县乡镇企业实现利润 930 万元，上缴税金 943 万元。

1996 年，县委、县政府作出《关于加速乡镇企业发展的决定》，号召县直机关单位参与联办乡镇企业，并推行以股份制和股份合作制为主的产权制度改革。1997 年，大部分乡镇、村办企业实行租赁或股份制改造。当年全县有乡镇企业 9097 个。其中，私营企业 146 个，个体企业 8395 个。1999 年，全县乡镇企业 9144 个，从业人员 3.18 万人，完成税收 1782 万元，实现利润总额 3058 万元。完成出口创汇交货值 2000 万元。

2003 年 1 月，县乡镇企业局并入县经贸局。2010 年底，乡镇企业中的种养加工业和旅游休闲农业改由农业部门主管。

2014 年，全县农产品加工企业 226 家。其中，省、市级龙头企业 15 家，休闲农庄 15 家，民俗村 1 个，农家乐 150 个。

1973—2014 年炎陵（酃）县部分年度乡镇企业情况表

表 13-5

年份	单位	企业个数（个）	从业人数（人）	总收入（万元）	工资总额（万元）	税金（万元）	纯利润（万元）	固定资产原值(万元)	流动资金（万元）	出口创汇交货值(万元)
1973	合计	170	2057	118	—	4	16	—	—	—
	乡镇办	65	354	36	—	—	—	—	—	—
	村办	105	1703	82	—	—	—	—	—	—
	村以下办	—	—	—	—	—	—	—	—	—
1975	合计	285	4797	201	66	5	53	17	—	—
	乡镇办	60	1619	87	—	—	—	—	—	—
	村办	225	3178	114	—	—	—	—	—	—
	村以下办	—	—	—	—	—	—	—	—	—
1979	合计	399	6380	1052	231	46	246	718	339	—
	乡镇办	122	1812	350	—	16	72	—	—	—
	村办	277	4568	702	—	30	174	—	—	—
	村以下办	—	—	—	—	—	—	—	—	—
1980	合计	430	5628	1260	212	57	216	9871	330	—
	乡镇办	115	1856	683	—	38	82	—	—	—
	村办	315	3772	577	—	19	134	—	—	—
	村以下办	—	—	—	—	—	—	—	—	—
1981	合计	353	3810	954	152	48	142	2371	218	—
	乡镇办	99	1497	656	—	37	74	—	—	—
	村办	254	2313	298	—	11	68	—	—	—
	村以下办	—	—	—	—	—	—	—	—	—
1983	合计	242	2432	900	145	40	81	4681	238	—
	乡镇办	103	1506	709	—	36	57	—	—	—
	村办	139	926	191	—	4	24	—	—	—
	村以下办	—	—	—	—	—	—	—	—	—

续表 13-5

年份	单位	企业个数(个)	从业人数(人)	总收入(万元)	工资总额(万元)	税金(万元)	纯利润(万元)	固定资产原值(万元)	流动资金(万元)	出口创汇交货值(万元)
1984	合计	1343	4173	1160	164	44	139	507	256	—
	乡镇办	112	1568	873	—	37	65	—	—	—
	村办	188	1269	287	—	7	30	—	—	—
	村以下办	1043	1336	—	—	—	44	—	—	—
1988	合计	2906	6975	4275	279	244	556	2520	943	—
	乡镇办	92	1825	1856	—	194	123	—	—	—
	村办	190	1056	497	—	20	86	—	—	—
	村以下办	2624	4094	1922	—	30	347	—	—	—
1990	合计	3431	8006	5056	298	233	350	2416	461	—
	乡镇办	85	2030	2005	—	121	-33	—	—	—
	村办	229	1115	618	—	20	88	—	—	—
	村以下办	3117	4861	2433	—	92	295	—	—	—
1991		3866	9144	5088	—	332	436	3590	—	—
1993		—	—	11277	—	608	816	—	—	—
1994		5976	14538	—	—	943	930	—	—	335
1995		6562	18931	—	4627	1382	1716	8448	—	610
1996		8535	29519	—	7926	1453	2100	—	—	1666
1997		9097	29628	75168	8972	2185	3462	—	—	2082
1998		9494	30919	90953	9649	1769	3209	9730	—	1337
1999		9144	31785	—	12428	1782	3058	—	—	2000
2011		253	4861	97359	5329	3300	12375	—	—	—
2012		253	4987	114539	5610	3965	16136	—	—	—
2013		265	4983	133185	6233	4553	8693	—	—	—
2014		241	6040	169502	7248	6267	9401	—	—	—

说明：2011—2014 年数据，仅为种养加工业和旅游休闲业

第一节　行　业

一、种养加工业

1958年后，公社大办万亩林场、万头猪场。因名不符实，管理不善，1962年大部分停办。1964年陆续恢复和兴办一批林场、茶场及果园。1968年后，安排一批上山下乡知识青年到社队办农林场从事种养业。至1972年，全县种养殖企业发展到109个，人员1147人，经营面积7034亩。1973年9月，中共湖南省委批转省社队企业局《关于进一步办好农村公社社队企业的报告》，要求大力发展一批种植业与养殖业。各公社组织大批劳动力开辟河滩、山坡兴办一批较大的林场、果园、茶场、药场、蚕桑场以及养猪场。至1979年，全县乡镇种养企业125个，从业1947人。经营林地1276.2亩，果园314.5亩，桑园2784亩，药场917亩，茶场1794亩，农作物1041亩。当年收入115.39万元，占社队企业总收入11%。

1980年后，社队种养企业开始由集体或个人承包，有的下放、解散。1985年种养企业仅49个，人员369人，总收入40万元。1986年，政府提倡完善双层经营，增强集体经济，建立种养商品生产基地，并从政策、资金、物资、技术等方面进行扶植。1990年，乡村两级种养企业恢复到62个，人员383人，收入131万元，占乡镇企业总收入2.6%。其中水果、食品发展较快。1994年，下村乡引进台商成立株洲雪中香农产品开发有限公司，种植新世纪梨。1996年，山王魔芋系列产品开发成功。1999年，全县36家笋竹加工企业产值1.1亿元，占全县乡镇企业产值15.3%。2000年后，种养企业及加工业向联营、个体企业发展，初步形成专业化和产业化规模。公司＋农户成为种养加工业的主要生产经营模式。茶叶、水果、蔬菜、家禽、休闲农业等成为乡镇企业支柱。

二、工　业

1958年号召大办工业。当年人民公社有农具厂、农副产品加工厂、土化肥厂、木炭厂、炼铁厂、煤矿等工业企业186个，年产值25.58万元。至1962年大部分停办。1966年起逐步恢复。1970年后，“五小”企业兴起。1980年，人民公社和生产大队工业企业发展到235个，从业3135人，年产值770万元。1981年贯彻《中华人民共和国森林法》，为保护森林，关停大队、生产队办锯台42个。一批无木材资源的木工厂先后转产，新办一批水电、造纸、电石、水泥等骨干企业。1983年，工业企业调整为130个，工业产值499万元。从业1346人。1984年起，通过内引外联，新上稀土、板式家具、果品、柠檬酸、乙炔气、电极糊等项目。产品由1978年的16种增加到30种。猕猴桃罐头、梨脯等产品评为省、市优质产品。清水笋罐头、卫生筷等有少量出口。初步形成以水电、冶炼、采掘、化工、建材为主，食品加工、竹木深加工为骨干的乡镇工业体系。1990年，全县乡镇工业企业1586个，从业4794人，产值2792万元，占当年乡镇企业总收入50.5%。以水泥、机制纸、家具、石灰、红砖、电石、乙炔、食品罐头等为主要产品的工业企业发展迅速。2001年，完成工业产值6.38亿元，其中乡、镇、村及以下工业产值5.67亿元，占全县工业总产值88.76%，全县总发电量1.77亿度，乡村水电站发电量1.66亿度，占93.8%。

三、建筑业

20世纪60年代初，部分公社和生产大队开始组织小型建筑施工队伍。70年代，三河、塘田等人民公社开始组织上百人的建筑队。至1983年，全县有社、镇办建筑队6个，人员407人，收入120.92万元。此后，建筑企业技术力量增强，施工设备逐步完善，进入城镇承建较大建筑工程。80年代中期，全县乡镇建筑企业发展到18个，其中乡、镇、村办11个，人员629人，收入349万元。竣工建筑面积1.79万平方米。1989年整顿、清理农村建筑队伍。至1990年，建筑企业发展到39个。其中，乡、镇、村办7个，人员688人。竣工建筑面积1.83万平方米。收入339万元，占乡镇企业总收入6.7%。1996年后，建筑企业改为股份制或私营企业。2010年前，尚有三河建筑公司、霞阳建筑公司、鹿原建筑公司、水口建筑公司、沔渡建筑公司、校办建筑队、鲁坑建筑队等有资质的建筑企业仍承揽建筑工程。

四、运输业

1975年，县内人民公社有汽车6辆，中小型拖拉机34台，手扶拖拉机58台，开始从事运输业。1980年，社队办运输企业38个，从业234人，收入92万元。1984年2月，国家允许农民个人购买汽车、拖拉机从事运输业，集体运输工具由农户承包经营。1990年，全县乡镇运输经营单位1004个，人员1110人。有农用汽车309辆，大中小型拖拉机694台，完成货运量15.66万吨，运输收入754万元，占乡镇企业总收入14.9%。1999年全县客货运输车辆1177台。

五、商业　饮食业　服务业

20世纪70年代末，人民公社设立社队企业供销经理部，经营商业、饮食、服务项目。1980年有乡镇商业、饮食、服务企业36个，人员273人，收入311万元。1984年起，联户和个体兴办商业、饮食、服务行业增多。1986年，经营单位534个，人员1005人，收入1086万元。此后，商业、饮食、服务行业遍布乡镇。1990年，乡镇商业、饮食、服务业经营单位740个。其中，乡镇、村办42个，联户、个体办719个，人员1031人，收入1277万元，占乡镇企业总收入25.3%。1993年，商业、饮食、服务业个体户1644户，从业人员2500人。1999年底，工商在册经营户4127户，从业人员7127人，注册资金3261万元，税收1050万元。2010年后，推行休闲农业，将一、二、三产业融合。2014年，全县有休闲农庄15家，其中星级农业庄园4家(省5星1家、市5星2家、市3星1家)，农家乐150家，民俗村1个。休闲农业总资产3873万元，经营总收入6400万元，上缴税金204万元，实现利润1920万元。全县休闲农业经营面积414.14万平方米，从业人员847人。

1990年炎陵(酃)县乡镇企业行业分类情况表

表13-6

行业	合计			乡镇办			村办			村以下办		
	企业个数(个)	从业人数(人)	总收入(万元)	企业个数(个)	从业人数(人)	总收入(万元)	企业个数(个)	从业人数(人)	总收入(万元)	企业个数(个)	从业人数(人)	总收入(万元)
合计	3431	8006	5055	85	2030	2004	229	1115	618	3117	4861	2433
种养加工业	62	383	131	7	43	5	55	340	126	0	0	0
工业	1586	4794	2555	50	1252	1240	152	736	404	1384	2806	911
建筑业	39	688	339	7	599	299	0	0	0	32	89	40
运输业	1004	1110	754	0	0	0	1	1	5	1003	1109	749
商业	598	802	1172	21	132	457	11	22	63	566	648	652
饮食业	46	87	62	0	4	3	5	7	11	41	76	48
服务业	96	142	42	0	0	0	5	9	9	91	133	33

2014年炎陵县种养加工业经营情况表

表13-7

		企业个数(个)	从业人数(人)	增加值(万元)	现价总产值(万元)	工业销售产值(万元)	营业收入(万元)	利润总额(万元)	上交税金(万元)	劳动者报酬(万元)	原材料采购支出(万元)	其中:农产原料采购支出(万元)	固定资产投资(万元)	基地面积(亩)	带动农户数(户)
合计		253	6040	54844	156696	156689	156689	9401	6268	7248	117522	94018	115	119	35373
500万元规模	以上	21	4815	41402	118290	118287	118287	7097	4732	5778	88718	70974	115	69	25712
	以下	232	1225	13442	38406	38402	38402	2304	1536	1470	28804	23044	—	50	9661
2000万元规模	以上	19	4258	40440	115543	115540	115540	6932	4622	5110	86658	69326	115	36	23716
	以下	234	1782	14404	41153	41149	41149	2469	1646	2138	30864	24691	—	83	11657

第二节　企业管理

一、管理机构

1958年,农村工副业和城镇手工业统一由人民公社管理,分别归口县农村办公室和手工业管理科管理,社队企业由所在社队管理。1973年10月,成立县社队企业管理局。16个人民公社(镇)先后成立社(镇)队企业办公室。1984年10月,县社队企业局更名为乡镇企业局。

2003 年 1 月合并到县经贸局，乡镇一级管理机构撤销。2010 年 12 月，乡镇企业局加挂到县农业局，专事农产品加工业、休闲农业和农业产业化工作。

二、经营管理

1958 年人民公社化时期，农业社的副业队与原手工业社（组）统一组成社队企业，因受“五风”影响，大部分企业亏损。1962 年，社队企业经过调整，实行公社、大队、生产队三级所有，生产队为基础的管理体制，公社、大队兴办企业所需用工，按计划由大队、生产队选派，亦工亦农，定期轮换。年终结算时，企业所得利润除上交积累后，按全年用工计算工资，下拨到生产队作副业收入；企业人员按同等劳力或略高于（5%—10%）同等劳力水平，参加所在生产队分配实物和现金。

1979 年，全县社队企业下拨工资 207 万元，职工补贴、奖金 68.96 万元，两项占社队企业收入 26%。管理方式基本上向国营企业看齐，所不同的是社队企业职工回队记工分，没有退休等福利保障。1981 年，社队企业开始推行个人承包，一部分企业出现承包指标难定准，承包人赚得起、亏不起的现象。

1986 年开始，逐步完善企业承包责任制，改一年一包为一包三年；改定额利润承包为利润递增承包；改领导指派承包人为招标择优承包；改少数人承包为全员风险抵押承包；企业用工改摊派为招聘择优录用或自愿协商、雇用等形式；职工劳动报酬改工分制为工资制。大部分企业由集体承包后，采取计件工资与效益工资结合办法，实行工资与任务（产品数量与质量）挂钩。厂核算到班组，班组核算到个人。

1990 年，全县乡（镇）、村两级企业职工 3145 人，工资总额 298.1 万元，人均 948 元。1996 年后，乡镇企业通过拍卖、租赁等形式多改为个体私营企业。

第三节　企业效益

20 世纪 50—60 年代，社队企业的种养、加工以及采掘业，均有一定利润。

70 年代加强企业管理，经济效益逐步提高。1973—1980 年，累计总收入 4495 万元，利润 963 万元，税金 165 万元，平均利税率 25.1%，全员劳动生产率由 1973 年 319 元 / 人，提高到 1980 年 1955 元 / 人。

20 世纪 80 年代，经过调整、改革，乡镇企业总收入、利税增加。1988 年，创利润 209 万元，比 1980 年减少 3.2%；税金 121 万元，增 1.1 倍。资金利税率 15.4%，比 1980 年下降 7 个百分点。全员劳动生产率 7289 元 / 人，比 1980 年提高 2.7 倍。1981—1988 年累计收入 1.19 亿元，利润 1164 万元，税金 619 万元。与 1973—1980 年相比分别增长 160%、20.9%、280%。

80年代后期,由于新增高耗能冶炼、化工及加工企业,职工福利、成本开支增加,固定资产折旧率提高,非生产性开支增多,加之产品滞销,市场疲软,导致部分企业亏损。

1990年,85个乡镇办企业有11个亏损,占12.9%,亏损额119.1万元。乡镇企业费用率由1984年的78.9%增至89.5%。非生产性支出占总费用比例由1984年的20.9%上升到28.2%。按企业收入计算的利税率7.3%,资金利税率6.2%,分别比1984年下降4.7个、3.7个百分点。

1990年炎陵(酃)县乡镇企业主要经济指标情况表

表13-8

乡镇名称	企业数(个)	企业人数(人)	总收入(万元)	总产值(万元)	利润(万元)	税金(万元)
合计	3424	7997	5056	4329	350.26	232.78
城关镇	144	173	148	113	27.6	6.15
水口镇	324	688	404	306	55.16	14.45
沔渡镇	121	572	546	448	33.65	23.89
王家渡镇	278	793	555	492	38.58	26.16
城东乡	402	1032	457	474	10.07	14.55
十都乡	194	351	325	249	15.38	15.53
垄溪乡	232	513	262	236	41.44	10.83
石洲乡	95	167	182	148	30.84	6.61
策源乡	217	451	240	179	-22.86	19.45
下村乡	124	277	143	128	20.29	13.93
平乐乡	68	106	73	53	4.06	4.94
龙渣乡	21	53	53	22	5.41	2.49
中村乡	240	497	263	155	20.69	8
三河乡	275	997	532	561	53.01	30.5
塘田乡	271	584	423	412	21.18	16.08
船形乡	154	266	315	217	-7.62	13.04
东风乡	264	477	135	136	8.22	6.18

1999年炎陵县乡镇企业主要经济指标情况表

单位:个、万元

表13-9

乡镇名称	企业数	其中:个体私营	总产值	其中:个体私营
合　计	8376	7731	152003.86	112299
霞阳镇	1979	1874	26300	24629
水口镇	656	635	816	67
沔渡镇	556	548	16217.2	14403
鹿原镇	1255	1131	24600.7	18553
十都镇	966	943	15998	14040
三河镇	706	659	15003.96	11681
垄溪乡	82	46	4463	—
石洲乡	293	287	7355	7145
策源乡	215	207	8693	5990
下村乡	185	115	7950	3962
平乐乡	11	5	1900	200
中村乡	428	410	7202	—
龙渣瑶族乡	175	159	487(增)	265
船形乡	520	468	4318	2904
东风乡	349	244	10700	8460

2014 年炎陵县乡镇企业经济指标情况表

表 13-10

乡镇名称	企业数(个)	其中:个体私营(个)	总产值(万元)	其中:个体私营(万元)	纳税(万元)	从业人数(人)
合　计	288	278	244883.8	208547.4	9046.287	8487
霞阳镇	26	23	104528.9	68836.9	4967.8	2771
水口镇	23	—	19011	19011	478	305
沔渡镇	37	36	34476	34474	418.08	1385
鹿原镇	15	13	8966	8882	199.65	417
十都镇	38	—	20926	20926	631.41	938
三河镇	14	13	6888	6688	94.4	420
垄溪乡	27	—	13742	13742	332.84	618
石洲乡	19	18	6097	5981	133.4	250
策源乡	16	15	4439.4	4305	348.527	212
下村乡	16	—	3196	3196	311.1	193
平乐乡	10	—	3697.5	3697.5	335	68
中村乡	10	—	5076	5076	128.38	217
龙渣瑶族乡	11	10	4033	3925	137	130
船形乡	13	—	8298	8298	437	243
东风乡	2	—	524	524	25	31
大院	3	—	985	985	68.7	289

2001 年和 2002 年,全县完成乡镇企业总产值(含街道、村及以下办企业)分别为 5.67 亿元、6.21 亿元,分别占全县工业总产值 88.8%和 86.0%。

2010 年全县乡镇企业完成工业总产值增加到 41.32 亿元。

2011 年后,乡镇企业范围仅限种养加工业、乡村旅游、休闲农业。

2014 年,全县 226 家种养加工企业,完成产值 16.95 亿元。其中,规模 2000 万元以上的 15 家省、市级龙头企业营业收入 12.5 亿元,纳税 6780 万元。建立水果、茶叶、食用笋、禽畜水产、蔬果等各类农产品基地119 万多亩。

第十四篇　林　业

炎陵境内山峦重叠，群峰兀立。受气候垂直分布规律影响，形成垂直气候带和微域气候环境，孕育丰富的物种资源与不同的森林群落。1953年，被列为湖南省主伐重点林区县，1964年，定为南方集体林区重点林业县，2007年，入选湖南省林业十强县。

第一章　森林资源

第一节　林　地

一、面　积

民国34年（1945）《湖南省志》载，酃县有宜林地186.14万亩。1951年调查，全县林业用地256.38万亩，森林覆盖率82%。后因连年垦荒，过度采伐，林地面积逐年减少。至1983年，林地面积减少4.4万亩，森林覆盖率降至63%。此后，采取多种措施加强林地保护，林地逐年恢复。1992年“八五”森林资源二类调查，全县有林地255.55万亩，森林覆盖率74%。2001年“十五”森林资源二类调查，林地面积258.25万亩，森林覆盖率82.53%。

2002年始，实施退耕还林工程，项目内退耕还林2.08万亩，林农自发退耕还林与房前屋后造林3万亩以上。2014年“十二五”森林资源二类调查：全县林地面积260.88万亩，森林覆盖率83.49%。其中，有林地230.64万亩，疏林地1.24万亩，灌木林地21万亩，未成林造林地5.66万亩，苗圃地0.07万亩，无立木林地1.94万亩；宜林地0.23万亩；辅助生产林地0.1万亩。有林地中，用材林地121.07万亩，防护林地90.23万亩，特种用途林地34.42万亩，经济林地7.11万亩；无林地中，宜林荒山荒地0.22万亩，迹地1.2万亩，灌木林地0.74万亩。

二、分　布

林地主要分布在东南片,多为集体所有。

全县集体林地205.49万亩。其中,水口镇21.44万亩,下村乡20.64万亩,十都镇19.06万亩,垄溪乡15.52万亩,策源乡14.61万亩,沔渡镇14.55万亩,鹿原镇14.51万亩,船形乡13.52万亩,霞阳镇12.28万亩,中村乡12.27万亩,龙渣瑶族乡11.39万亩,三河镇10.76万亩,平乐乡10.05万亩,东风乡5.15万亩,石洲乡5.05万亩。与国营林场联合经营的集体林地:桃源洞林场0.13万亩,青石冈林场4.56万亩。

国有林地55.39万亩。其中,青石冈林场38.93万亩,桃源洞林场5.06万亩,大院农场11.4万亩。

三、分类区划

生态公益林地　共127.74万亩,占总林地49.88%。主要分布区域:一是湘江支流洣水(原斜濑水与河漠水合流河段)、斜濑水20公里以内汇水区和河流两岸自然地形第一层山脊以内或平地2000米以内重点防护林和特种用途林,湘江支流洣水、沔水、东风河(莲花江源头)10公里以内汇水区和河流两岸自然地形第一层山脊以内或平地1000米以内的重点防护林和特种用途林;二是山体坡度36^0以上,土层瘠薄、岩石裸露、森林采伐后难以更新的生态脆弱区的重点防护林和特种用途林;三是国家级名胜古迹区炎帝陵四周的重点防护林和特种用途林;四是桃源洞国家级自然保护区的重点防护林和特种用途林。

2010年,对境内的生态公益林重新区划界定,将炎帝陵周边区域景观林列入公益林;"三水"(洣水、斜濑水、沔水)的源头两岸和"七线"(衡炎高速、分炎高速、炎睦高速、岳汝高速炎陵段、G106、S321、S322公路干线)两旁林地列入重点保护范围;桃源洞国家级自然保护区、炎帝陵、湘山省级森林公园和县城四周等重点区域实行全境封山育(护)林。

商品林地　共128.47万亩,占林地50.12%。其中,用材林地121.07万亩,全县各乡镇都有分布;经济林地7.11万亩,以油茶林为主,面积5.41万亩,主要分布在鹿原、船形,东风、中村等乡镇;茶叶面积6300亩,主要分布在大院、霞阳等地。其他经济林木有油桐、桑等,主要分布在霞阳、鹿原、船形、沔渡、水口、中村等地。

第二节　林　木

一、树　种

种类　清同治十二年《酃县志·物产·木之属》载,县内树种主要有松、柏、楠、杉、枫、株(槠)、椿、杨、柳、槐、柘、棕、榬、桑、栎、柞、樟、茶、檀、冬青、梓、漆、皂角、梧桐等。

境内有种子植物193科808属1804种(含变种),其中木本植物97科303属815种,占总种数45.2%。种子植物区系中,有中国特有科5科,特有属26属,特有种383种,占总种数21.23%,隶属于100科217属。各类孑遗种110种,隶属于58科85属。有国家重点保护植物83种,隶属于30科61属。在资源植物中,有观赏价值的植物433种,药用植物960种,食用菌类62种。

分布　海拔350—1000米为低山、中低山,是多树种、多层次、多类型地带,以常绿针阔叶混交为主。主要有杉木、松木、楠竹和壳斗科、樟科、山茶科植物。海拔1000—1300米为中山,多分布常绿或落叶针阔叶林,并伴生多种珍稀物种,如钟萼木、毛红椿、华榛、银钟花、伞花木、青钱柳;常绿树种主要有青椆、甜槠、深山含笑等;落叶树种主要有槭属、椴属、鹅耳枥属、灯台树、小果冬青等。海拔1300—1600米,为亚高山,多分布落叶阔叶林与常绿针叶林。落叶树种主要有水青冈、蓝果、五裂槭;常绿针叶树种有资源冷杉(大院冷杉)、南方铁杉、福建柏、黄山松等。海拔1600米以上,一般为山地灌丛或灌草丛。

1984年6月,市、县林木资源普查队林木种源普查,先后发现金叶白兰、福建柏、黄山柏、华榛等珍稀树种,并查得境内有树种820种。1990年,全县共有树种984种。分布广、密度大的有杉木、马尾松、油茶、楠竹等。

珍稀树种　属国家Ⅰ级保护的树木有银杉、大院冷杉、伯乐树、南方红豆杉、银杏等5种。

1981年,湖南省林科所刘起衔在海拔1350—1580米的大院发现冷杉1228株,高20—25米,胸径40—90厘米。是冷杉属植物在中国亚热带地区海拔最低的生长区域。定名为大院冷杉(又称资源冷杉),列为国家Ⅱ级保护植物,并编入中国植物《红皮书》。1986年3月根据龙渣乡龙凤村农民杨叶良、杨书常报告,随后县林业科技人员在毛髻仙考察发现国家Ⅰ级保护树种银杉173株。其中最大一株高18.5米,胸径50厘米。另有3株基部相连。1999年8月,大院冷杉列为国家Ⅰ级保护植物。

属国家Ⅱ级保护的有福建柏、樟树、闽楠、野大豆、花榈木、厚朴、凹叶厚朴、红椿、毛红椿、喜树、香果树、黄皮树、榉树、南方铁杉、穗花杉、黄连、八角莲、杜仲、华榛、青檀、银鹊树、银钟花等22种。

属省级保护的有桂升木莲、乐昌含笑、野含笑、川桂(柴桂、山桂皮)、华南桂(野桂皮)、檫木、尾叶紫薇、多花山竹子、瑶山梭罗(弹皮树)、东方古柯、紫荆、马鞍树、木荚红豆、软荚红豆、大果马蹄荷、阿丁枫(蕈树)、宿柱三角咪(多毛板凳果)、赤皮(湖南石槠)、宁冈青冈、红钩栲(鹿角锥)、毛红椿、少叶黄杞、青钱柳、珠子七、黄莲、六角莲(山荷叶)、绞股蓝、七叶一枝花(重楼)等74种。

引进树种　明末清初,客家人迁酃,从原居地带入粤松等植物。1966年,为公路绿化引进千年桐、悬铃木(法国梧桐)。20世纪70年代初引进榆树,植于水口圩公路两旁。1974年引进湿地松,始栽于城东公社林场和林科所。1988年引进日本落叶松,后大量用于工程造林。2000年引进桉树,在三河至炎帝陵沿线种植近6000亩,后因极端低温影响及管护不到位等原因导致失败。此外,通过各种渠道引进的树种还有水杉、秃杉、池杉、落羽杉、水松、金钱松、火炬松、薄荷香油茶、软枝油茶、红花油茶、马褂木、葡萄桐、桐棉松等。

古树名木 2000年,首次开展古老珍稀树木及风景林资源普查,建立古老珍稀树木及风景林资源档案。对部分濒危珍稀树种挂牌保护。

2008年,县林业部门进行古树名木调查,建立树龄100年以上、胸径100厘米以上古树、珍贵稀有名木(包括国家一、二级保护植物)和古树名木群落档案。全县有三级古树(100—299年)58处、20947株;二级古树(300—499年)11处、18株;一级古树(500年以上)2处、2株。古树名木群落51处、20801株。其中,珍稀古树有沔渡镇苍背村的香樟,胸径306厘米;三河镇大坑村的黄荆(七叶荆),高17米,胸径0.56米,树龄500余年;十都乡深垄村的"杉树王",高35.7米,胸径1.54米,树龄200余年;雷仙寺下的南方红豆杉,高15米,胸径4.17米,基部中空,可容3—4人;中村乡道任村的"华桑王",高29.5米,胸径1米,经中国农学院蚕桑研究所鉴定,是迄今发现的世界上最大的桑树。

二、蓄积量

民国34年(1945)统计,县内活立木蓄积8918.46万株,其中兵工用材4.51万株,交通用材7115.41万株,薪炭材1798.54万株。

1951年森林资源调查,全县活立木总蓄积955.8万立方米。此后由于过量采伐,至1983年调查为642.45万立方米。1992年调查再降至639.78万立方米。2001年调查,活立木蓄积725.66万方米,下降趋势得到遏制。

2014年调查,活立木蓄积增至933.96万立方米,立竹7545.79万根。按林种分,用材林466.43万立方米,占50%,防护林328.27万立方米,占35%,特用林139.26万立方米,占15%。按树种分,杉木446.76万立方米,占48%,马尾松86.17万立方米,占9%,阔叶林401.03万立方米,占43%。

第三节 林副产品

林副产品主要有茶油、桐油、松脂、香姑、木耳、竹荪、竹笋、箬叶、棕片、山苍子油、乌桕子油、樟油、雪花皮、白蜡、花椒、八角、杉皮等。

茶油 县内自古即有栽植油茶,加工、食用茶油习惯。民国20年(1931),全县产茶油78.6万公斤。民国24年,产216万公斤,民国27年,产89.4万公斤,为外销产品之一。20世纪50—60年代,油茶林面积20万亩以上。1977年9月,全县组织2.5万人,在酃茶、酃宁、酃安公路沿线开展垦复油茶大会战,一个月垦复9.7万亩。80年代起,油茶林逐步老化,产量下降,渐次毁弃。1990年,茶油产量减至62.1万公斤。90年代开始,大面积营造杉木速生丰产林,油茶林地锐减。至2014年,全县油茶林地仅5.4万亩,年产茶油21.5万公斤。

桐油 清代和民国时期为县内大宗外销产品。民国36年,产桐油8.16万公斤。1958年,桐油产量5万公斤,1990年降至0.5万公斤。1950—1990年,年均产油1.29万公斤。后因油桐树老化，产量不丰，加上市场疲软，以致无人采摘加工。

香菇　历来是县人嗜好的餐中美味，也是林农的传统收入来源。20 世纪 60 年代以前，多为自然生长，人工采收。亦有林农伐木存山，在自然环境中培育，俗称“放香菇”。香菇品质虽好，但产量不丰。1965 年，省外贸局湘潭地区办事处在酃县建立省内首个香菇实验场，采用人工培育菌种，在段木上打穴接种方法培育。1973 年，分别在中村、水口、船形、策源、下村、平乐、垄溪、十都公社建立香菇试验基地。次年，香菇场发展到 115 个，段木接种 5.3 万筒，生产干香菇 5 吨多。1982 年，集体香菇场相继解散，产量锐减。1988 年 4 月，县供销合作联社引进速生高产袋育香菇技术，当年与城东、垄溪等乡联营生产。次年，在全县有 7 个乡镇 18 个村推广，建立 7 个集体专业场、2 个农户联办专业场、11 个菌棒生产专业户。1990 年，全县发展袋育香菇 5 万袋，生产干香菇 1.31 万公斤。2000 年，产干香菇 1.5 万公斤。此后，由于香菇市场不稳定，部分菇农歇业，产量逐年下降。2014 年，产干香菇 1.1 万公斤。

松脂　20 世纪 70 年代以前，外县脂农到酃县割取松脂，运送外地加工。1975 年 1 月，县政府将印刷厂松香车间扩大为酃县化工厂，并在晏公潭建厂，生产松香、松节油。年初，化工厂与脂农签订收购合同，脂农与林区生产队签订采脂合同。林业部门管理松脂流向，严禁外销。所产松香、松节油由国家统购。1975—1991年共生产松香 7467.1 吨，提炼松节油 1138.15 吨。最高年产量为 1983 年，生产松香 706 吨，松节油 100 吨。1991 年后，由于大径松木过伐，中、幼林出脂率低，脂农生产积极性不高，原料供应困难，松脂加工停产。

干笋制品　主要有烟笋、盐笋、玉兰片等产品，为县内大宗外销产品。传统产品以烟笋为主。1954 年，十都等地生产玉兰片，按不同加工季节，分为宝尖、冬片、桃片、春花 4 种，次年，在十都南流、密花、障下、皮坑，垄溪仙坪，石洲青石，策源梁桥、下坪等地建立 14 个玉兰片加工厂。1954—1988 年，外贸收购玉兰片 3351 吨，全部外销。1990 年，全县生产笋干 249 吨。2014 年，红壳笋干产量 100 吨，毛竹笋干 1200 吨。

清水笋　清水笋加工始于 1979 年，1983 年兴建县外贸清水笋加工厂，当年生产清水笋 190 吨。1987 年进行技术改造，次年生产 733 吨，1989 年达 919 吨，1995 年为产量最高年份达 1178 吨。1980—2002 年，县外贸生产累计出口清水笋 1.18 万吨。2003 年后，清水笋由个私企业加工经营，年产量在 600 吨左右。

第二章　营　林

第一节　采种　调种　育苗

一、采调种子

民国以前，民间有采种补栽油茶、茶叶、油桐习惯。但大量采集种子，培育实生苗造林较为罕见。

1950年，县政府组织酃县林业所开展母树林调查，将采种任务布置到区、乡及学校。同年冬，采集马尾松球果247担，取籽370.5公斤。樟、女贞和栎类等阔叶树种114公斤。1956年采种3000公斤，其中援调延安500公斤。

1970年，各公社安排专人抓采种。当年采杉种1.34万公斤。1971—1972年，县林业局从安徽省黄山市购进黄山松种子，又从攸县、茶陵、浏阳等地购进马尾松种子共2.36万公斤，用于飞机播种造林。1977年，除自采林木种子650公斤外，分别从广西和湘西自治州、攸县调进软枝油茶种子50公斤、葡萄桐种子500公斤及薄壳香油茶种子100公斤。

1983年，县内自采种子21.9万公斤，为历史上采种最多的年份。次年12月，在碧江苗圃建立种子仓库，并从山西省太原冷库、武汉市黄陂县分别调进杉树种子3870公斤、福建柏种子284.5公斤。当年县内自采种5400公斤。1988年春，分别从广西、北京引进桐棉松种子48.5公斤、日本落叶松种子8.5公斤。县内自采种子3万公斤。同时，为培育优良林木种子，建立母树林基地4处，面积320亩。当年10月，林业科技人员在龙渣乡龙凤村采集银杉种子0.25公斤。

从1989年起，强调良种。县内群众性采种渐减。1991年后县内采种停止。

2003年，在策源乡良桥村、上洞村建立阔叶树采种基地1万亩。2006年采取枫香、木荷等种子2940公斤，次年采种1760公斤，统一上交省种子库。2010年后，造林苗木市场化，农户视市场需求，自采自销(自育)。

二、育　苗

民国24—25年，县政府在城南石壁寺及全县4个区各设苗圃一处，培育树苗。民国29年，省农业改进所拨给酃县油桐种子342.5公斤，次年又拨给270公斤，培育苗木。民国30年，设立县苗圃及县属林场。民国25—30年，县内育油桐4.5万株，油茶苗3万株。民国31年，育油桐苗1万株。民国32年，育油桐、油茶苗共4万株。民国33年，各苗圃奉令停办。

1951年，酃县林业所在深坑乡河洲上开荒育苗3亩，培育油桐等树苗1.28万株。次年春，条播马尾松苗30万株，以及扁柏、樟树、女贞等种苗。1953年，县建设科林业组建立民营苗圃7亩，育杉苗22.72万株，马尾松6.33万株。1954年重建石壁寺苗圃，育苗40亩。1956年苗圃迁至夜干洲，育苗23.5亩。1958年国营林场始建苗圃。1962年9月，在城关公社湘山大队筹建国营碧江苗圃。

1973年社队林场相继成立，集体育苗兴起。1975年，社队林场育苗196亩300余万株，1979年达304亩。1982年，实行林业“三定”生产责任制，当年有育苗专业户11户。城东公社禾仓源大队一农户育苗3.5亩，产苗25万株，年纯收入3860元。1984年，县政府对育苗专业户实行奖励，每产苗1万株，奖励12元；每亩水田苗圃补助原粮150公斤。育苗专业户发展到91户，育苗233亩，占全县育苗面积45.8%。除满足本县造林需要外有苗木销往外省。

1985年，县林科所成功培育出大院冷杉苗，出苗2300株。1987年，推行集中连片基地育苗模式,并推广冬育杉苗,育出超级苗 50 亩。当年全县育苗 619 亩,为历史最高年份。同年春,从北京房山引进驯化的日本落叶松种子 5 公斤,在不同海拔的大院农场、青石林场将军山工区、县林科所进行育苗试验,获得成功。1988 年,有 18 户专业户育出广西桐棉松 163 万株,造林 600 亩,为县内中山山区造林增添优势树种。

1990 年,全省推行工程项目种子统一供给制。炎陵县得到杉木良种 545 公斤、湿地松种子 158 公斤,育苗 188 亩。1991 年,开始实施世行贷款造林项目育苗,当年育苗 94 亩。次年增加至 129 亩。项目实施 9 年,共育苗 744 亩,占全县育苗面积 86%。

2003 年,为满足园林绿化苗木需要,培育桂花、香樟等苗木 21 亩。2007 年,林业工程项目推行营造混交林,当年育苗 155 亩,其中枫香等阔叶树育苗 14 亩。2011 年,闽楠、红豆杉等珍贵树种育苗速增,面积达 57 亩,当年全县育苗 339 亩。

2013 年,炎陵县集云珍贵林木种苗种植专业合作社在垄溪乡建立 100 余亩珍贵树种繁育基地,年产苗 600 多万株,成为县内规模最大的私营苗圃。

1951—2014 年,累计育苗 1.12 万亩。其中,工程项目育苗 0.24 万亩,社会育苗 0.88 万亩。

第二节 造 林

一、社会造林

用材林 民国 24 年,开始试育杉苗造林。民国 36 年,成立“酃县造林运动委员会”,但无大规模造林活动。

1950 年 4 月,县政府发布命令,要求全县人民植树造林。当年造林 0.21 万亩。1953 年,开展爱国造林运动。2.34 万人上山,插杉 1.5 万亩,栽松 35.1 万株,栽植其他树种 37.23 万株,直播油桐、油茶 0.39 万亩。三区山林乡农民叶明程用牛粪作基肥插杉 6 亩,实行林、粮、油套种,获得成功。1957 年 4 月至次年元月,水口森林经营所在黄茅墩造林 500 亩,成活率 90%,为县内第一次大面积连片造林。1955 年,水口乡深湾(今木湾、桃岭村)林农合作社利用萌芽杉苗插条造林 1300 亩。该社先后评为全省造林先进单位和全国农业社会主义建设先进单位。1958 年,支部书记张伯良赴北京参加表彰会。该社农民谭世友连年垦山营造杉木林 240 多亩,1961 年省人民委员会授予特等造林劳动模范。

1964 年,青石林场将军山工区在海拔 1100 米的荒山造林,首次尝试高海拔造林。江口采伐场成立 24 人更新队,开展更新造林。次年 7 月,湖南省委书记张平化视察江口采伐场,提议将“采伐场改为采育场”。

1973 年 2 月,贯彻“谁造谁有”营林政策,鼓励群众造林。13 名县委委员到三河公社石鼓、石潮两个大队参加造林,推动造林运动。当年造林 1.84 万亩。1974 年,县直机关干部、职工 720 余人到城东公社石玉大队造林。当年全县造林 3.03 万亩,其中杉 1.43 万亩,松 0.85 万亩。次年,县委组织 1.3 万民兵在东、南、西三片公路干线两侧,开展造林大会战,一个月造林 3.35 万亩，补植 1.36 万亩。1977 年，城东、三河、水口、河西、垄溪等 10 个公社联办"七·九"林场，集中 3000 名基干民兵在县城南郊垦山 1 月余，首次推广撩壕整地方法，造林 8000 余亩。

20 世纪 80 年代初，林业经营体制改变，重点户、专业户、联合体等造林主体取代社队集体造林。1981 年，全县营造用材林 3.26 万亩。1982 年，全县 1.98 万农民上山，造林 2.93 万亩。其中，造林 100 亩以上的生产队 39 个，1000 亩以上的大队 2 个。涌现造林专业户 89 户，造林 6140 亩，占全县造林面积 21.39%。

1956—1983 年，全县造林 64.34 万亩。由于重造轻管，保存率仅 47.3%。1983 年森林资源调查，全县有残疏林 42 万亩。1984 年后，实施残疏林改造工程，社会造林规模趋减。1984—2000 年造林 15.6 万亩，年均 0.92 万亩。

2003 年后，非公有制林业经济快速发展。2004 年，首个民营林业实体——炎陵县金鹿林业发展有限责任公司成立，公司租山造林 1.24 万亩。2008—2011 年，社会投资造林分别为 2.09 万亩、3.18 万亩、3.93 万亩、3.29 万亩。

1956—2014 年，社会造林 115.33 万亩。其中，1991—2014 年造林 41.84 万亩。

经济林　民国 25 年，县政府以征工服役形式组织 1.18 万人，直播油桐 50 万株，油茶3 万株。民国 29 年，成立酃县植桐推广站，省政府拨款 2 万元用于植桐。当年，由省农业改进所给 92 户农户发桐种 685 斤，种植 685 亩，成活 3.43 万株。民国 30 年，推广桐林杂粮间作 200 亩。民国 32 年，为增辟山区财源，县农业推广所推行种植三桠树（造纸原料）、五倍子、蜡树、棕榈等。民国 34 年，直播油茶 0.75 万亩。次年直播油桐、油茶 0.98 万亩。

1952 年 2 月，县政府规定，全县每人保证植树 15 株，以营造经济林为主。1956 年 6 月，县委在太平乡召开油茶生产会议，推广该乡垦山植茶、植桐经验。当年全县植油桐、油茶林 1.22 万亩。

20 世纪 60 年代，强调单一发展用材林，经济林不受到重视。1964 年，天平园艺场首次从福建南平引进柰李、芙蓉李接穗繁殖，试种成功。70 年代，强调发展茶叶、蚕桑、果木，油茶、油桐被毁。1973 年和 1975 年，县供销联社从衡阳购进乌桕苗木，在水口渣村、东风沿汾等地建立乌桕基地 3 个，面积 1000 余亩。1982 年始，一些集体场、园相继解体，乌桕等经济林被毁。

1987 年元月，县政府规定每年从育林经费中列支 30 万元建立油茶基地，规划 15 万亩。与此同时，药材林得到迅速发展。当年，大院棚下等地造厚朴林 260 亩。次年检查验收，平均高 74.5 厘米，保存率 90%。1989 年，平乐乡洞子村、下村乡田心村、策源乡梨树洲村、水口镇官仓下村分别种植辛夷花 94 亩、厚朴 130 亩、厚朴和黄柏 180 亩、杜仲 200 亩。1987—1990 年，全县新建油茶基地 5.67 万亩，药材林基地 0.33 万亩。

1990 年，油茶新造林实行有偿投资，成立合作油茶场 8 个。1991 新造油茶 0.26 万亩。次年，造油茶林 0.61 万亩。1993 年，油茶更新造林 0.74 万亩。1994 年，油茶有偿投资终止，油茶造林随之停止。

1997 年开始,在大院、下村、平乐、策源等地大面积种植厚朴、杜仲等药材,至 2002 年,全县造厚朴等药材林 1.17 万亩。

2009 年,湖南省制定油茶产业发展规划,推动油茶产业快速发展,当年新造油茶林 0.15 万亩。5 月,东风乡油茶种植专业合作社成立,入社农民 220 名,有油茶林 2.2 万亩,标准化基地 0.2 万亩,为县内最大的油茶专业合作社。2010—2014 年,全县油茶造林 1.35 万亩,年平均2300 亩。

1950—2014 年,全县累计营造经济林 22.84 万亩。

二、工程造林

基地造林 1965 年 3 月,省林业厅批准酃县三河、河西、塘田等地为第一批省定杉木林基地,面积 7.6 万亩。同时,县内分别在船形、城东、垄溪公社建立 3 个杉木林基地,面积 10 万亩,到 1966 年止,共造林 0.44 万亩。

飞播造林 1971—1972 年为加快绿化荒山,在湘赣边界以西及湖南桂东、资兴边界以北酃县境内的大院、十都、策源、下村、平乐一带进行飞机播种造林 23.98 万亩,直播马尾松、黄山松等树种,存活约 18 万余亩。

残次林改造 1984 年 8 月,成立县残疏林改造工程指挥部,将残疏林改造列为全县林业建设重点工程,对全县 42 万亩残疏林进行改造。

1985 年起,残疏林改造工程在全县展开。中村乡龙凤村支部书记张录智带领全村农民造林 1348 亩。鹿原镇翠群村村民段忠桂连续 5 年带领全家承包残改工程,造林 600 亩。湖南省政府授予 2 人"林业劳模"称号。城东乡山垄村农民曾年海工程造林 1042 亩,授予"全国林业劳模"称号。1987 年,省林业厅验收残疏林改造工程,3 年期幼林保存率 86.12%,平均高度超过 1.51 米。1985—1990 年,全县基地工程造林累计 16.08 万亩。其中 122 个合作林场营造用材林 4.24 万亩。

外资贷款造林 1990 年 8 月,酃县首次接受世界银行贷款营建速生丰产用材林,贷款总额 993.23 万元人民币。当年造林 1.34 万亩。至 1994 年造林 8.11 万亩。1995—1999 年,第二期世行贷款项目造林 1.27 万亩。其中,杉木林 1.23 万亩,阔叶林 0.04 万亩。2003 年,实施第四期世界银行贷款造林项目,当年造林 0.13 万亩。到 2006 年共造林 2.93 万亩。2013 年,首次承担法国开发署贷款项目,造林 0.48 万亩。

退耕还林工程 2002 年,实施退耕还林工程,造林 3.80 万亩。其中,坡耕地造林 2 万亩,配套宜林荒山造林 1.8 万亩。2014 年,新一轮退耕还林工程坡耕地造林 837 亩。

长防工程造林 2002 年,长江流域防护林工程造林 0.53 万亩。至 2012 年,长防工程造林 2.68 万亩。

财政补贴造林 2010 年,中央财政林业科技推广示范项目——新优生态园林树种观光木在城市森林建设中的运用,在三河镇星光村营造观光林 155 亩。当年,实施现代农业生产发展油茶产业项目,新造油茶林 0.26 万亩。次年油茶造林 0.61 万亩。

2012年,实施中央财政补贴造林项目,当年造林1.66万亩。

1965—2014年,全县工程项目造林71.90万亩。

三、义务植树

1951年,城关镇植树委员会成立,规划县城绿化。1962年,中共酃县县委号召在路旁、屋旁、圳旁、河旁(简称四旁)植树,美化环境。中共酃县县委书记郭步书带领县直机关干部近400人3天植树1.4万余株。当年全县"四旁"植树1.6万株。1966年,县林业局拨款3000元,购进千年桐、苦楝、樟、柳、白杨、悬铃木等苗木在公路两侧植树3.08万株,绿化省、县两级公路69.2公里,成活率84%。

1980年,贯彻全国造林工作会议精神,"四旁"植树13.08万株,其中公路植树2万株。1982年,县政府规定,11—66岁的男性和11—55岁的女性公民,均应参加义务植树,每人每年义务植树不少于5株。次年,县城机关院内开展植树,绿化环境。在街道人行道栽植樟、悬铃木、深山含笑、火力楠等479株。当年,全县"四旁"植树51.25万株。1988年,全县7万余人参加义务植树,"四旁"植树36.23万株。1995年后,义务植树活动蔚然成风。

1962—2014年,全县"四旁"绿化植树1280.48万株。

第三节 抚 育

一、用材林抚育

幼林抚育 传统的幼林抚育多在林地间种杂粮,以耕代抚。1953年10月,湘南行政公署拨给酃县修山抚育专款9600元,当年全县抚育幼林900亩。1960年,北京林学院认定,酃县的粮林间作、以耕代抚是林粮双丰收的好办法。1972年,在湘潭专区林业工作会议上推介酃县以耕代抚经验。当年,全县幼林抚育3.43万亩。

1982年,县政府对幼林抚育标准作出规定。当年幼林抚育16.59万亩。1990年,重新修订抚育标准,规定幼林共抚育5次。第一、二年各抚育2次,第三年抚育1次。要求全面砍山、除萌、培蔸,条件好的山场还要扩穴通带。2002年,再次修订标准,前两年每年抚育2次,每年第一次抚育为锄抚,要求扩穴培蔸,清除杂灌;每年的第二次抚育和第三年的抚育为刀抚,要求砍山除草、除萌定株。当年抚育幼林14.29万亩。2013年,抚育幼林31.26万亩,为幼林抚育面积最多的年份。

1950—2014年,共抚育幼林507.27万亩次。其中,社会造林抚育172.62万亩次,工程项目幼林抚育334.65万亩次。

间伐抚育(森林抚育) 民国32年,县农业推广所开始倡导杉木林疏伐打枝。

1964年,县国营林场间伐抚育300亩,1967年间伐200亩。1979年,石洲人民公社间伐抚育杉木林3303亩。1984年,省林业厅拨款3万元,对5万亩飞播松林进行间伐抚育。

1993年,在集体林场采用“机械法”方式对杉木人工林进行间伐抚育,当年间伐抚育1.53万亩。1995年,在三河镇石潮村办林场进行湿地松人工林间伐抚育试点,采用“机械法+随机法”相结合的方法间伐抚育0.19万亩。当年全县间伐抚育2.09万亩。

2004年,首次使用世界银行贷款资金进行中幼林间伐抚育,当年间伐抚育1.07万亩。2009年,对国有公益林中的人工中幼林实施抚育采伐、补植、修枝、人工促进天然更新以及割灌除草等措施,提升森林资源质量。当年森林抚育补贴试点0.5万亩。次年试点0.8万亩。2011年,对国有林、集体林的公益林和国有林的商品林进行森林抚育试点,当年试点2万亩。2012年,国家森林抚育补贴工作进入常态化,当年森林抚育3万亩,次年3.8万亩。

1950—2014年,全县间伐抚育(森林抚育)53.39万亩。

二、油茶抚育

县内有垦复油茶林习惯,俗称“刨(挖)茶山”,以砍杂、刨草、松土为主要方式。1950年,全县垦复6.23万亩。1956年6月,太平乡成立油茶垦复指挥部,动员60%的劳力上山,垦复油茶林1.76万亩。20世纪50年代,全县垦复油茶46.34万亩,年均垦复4.6万亩。60年代,强调粮食生产,油茶年均垦复量下降到3.2万亩。

1971年,油茶垦复受到重视,国家拨给鄱县油茶垦复原粮2.2万公斤,当年垦复6.94万亩。1977年2月,全县组织2.3万劳力上山大会战,垦复油茶林8.13万亩。当年,东风公社组织2700余社员,垦复油茶林2.44万亩。垦复技术实行“五改”:一改浅刨为深挖(23厘米以上);二改坡地平挖为环山水平梯带;三改自然生长为人工修枝整形;四改单一种植为油粮间作;五改劣种为良种。通过“五改”,东风公社成为全县油茶主要产区。1979年,全县垦复油茶林13.69万亩,为历史最高年份。

1981年,垦复油茶2.16万亩。1989年对垦复油茶实行奖励。每垦复1亩奖励0.1元,当年全县垦复7.34万亩。

1990年,成立鄱县油茶生产领导小组,对油茶低产林改造实行有偿投资。当年抚育油茶8.62万亩。1990—1997年,抚育油茶47.75万亩。

2010年,油茶垦复纳入中央财政现代农业发展项目,至2013年全县油茶抚育26.5万亩。2014年,油茶抚育5.6万亩。

1950—2014年,油茶抚育413.51万亩次,其中低产油茶林改造34.9万亩次。

三、竹林抚育

民谚有“冬笋越挖,竹林越发”的说法,传统的竹林垦复即靠挖冬笋。1965年,省林业厅将十都皮坑列为楠竹基地,拨给专款6000元,每垦复1亩补助3元,修山1亩补助1元,县内始有专项竹林垦复。当年垦复0.3万亩,次年垦复1.3万亩,1979年垦复0.85万亩,1984年垦复1.5万亩。1986年起,因片面强调杉木林生产,竹林垦复面积大减。1990年后,专项竹林垦复被取消。

1993年,策源梨树洲小竹笋干(云雾笋)批量生产进入市场,村民重视小竹林的抚育管理。当年全村抚育0.63万亩。次年抚育1.07万亩。1996年,引进世行贷款改造竹林,当年改造0.1万亩。至1999年,项目抚育竹林2.98万亩。

2002年,县政府在十都镇密花村建立1000亩高标准竹林改造示范基地。当年全县竹林抚育5.8万亩。通过项目和示范基地带动,全县竹林抚育年均5万亩以上。2008年,全县竹林受冰冻灾害严重,县政府制定林业灾后重建规定。对竹林清理抚育连片5亩以上的每亩奖励10元。当年全县竹林抚育20余万亩。2009年,中央财政林业科技推广毛竹林定向培育项目在桃源洞林场实施,进一步规范竹林改造技术。

2013年,利用法国开发署贷款实施毛竹现有林改造2.1万亩。同年,省竹产业发展专项资金基地建设高标准抚育0.1万亩。

第四节 封山育林

清代以前,民间订立乡规民约,自发封山育林。对寺庙林、宗族公有林、风景林、防护林等均实行封禁。光绪三十二年(1906),知县许堃为八都出示晓谕:“盗伐松杉桐茶竹木雪花皮等项,如系初犯,小则由团保及会(禁山禁盗会)内绅老议罚,大则送案究惩。”并勒石立碑。民国15年,县长王文澜勒碑封禁,单坳里水源涵养林得以保存。

1950年,县政府开始有计划地封山育林。次年,县政府饬令各区、乡政府厉行封山育林。至1957年,累计封禁1.57万亩。

1962年4月21日,县人委发出保护炎陵山、湘山风景林木的通知。次年4月,县人委又制订《炎陵山封山育林规则》,并由五里排林场负责对炎陵山进行残改补植和封禁。同时,各国营林场、采育场都对新造幼林进行封禁。1962—1966年,全县封山19.3万亩。封山育林方式由以往单一的全封,改为半封(封树不封草或封乔木不封灌木)、轮封、间封(定期间伐)和季节性封禁等。封禁对象以松、杉等用材林为主。

▲船形公约“封山育林”

1972—1976年,重点封禁新造幼林和飞播林。这一时期,为发展粮食生产,毁林开荒现象严重,5 年间减少森林 7.5 万亩。封禁数百年的西片沿河防护林 1.08 万亩,仅余 0.28 万亩。1977 年 11 月,县革命委员会和有关部门对湘山寺风景林和城郊万亩幼林发出封禁通知。1979 年又规定"逐山规划,专人管理,统一奖罚"。每个大队设专职护林员 1 名,全县竖封山禁牌 740 多块。

1980 年,县第八届人民代表大会第一次会议作出《关于保护森林资源、加速发展林业若干问题的决议》,要求各地发动群众修订乡规民约,严格执行封山育林制度。1985 年,县政府在炎陵山召开塘田、河西、三河 3 个乡 23 个村负责人会议,专题研究炎陵山的封禁,并发公告。1986 年,全县封禁 70.63 万亩,为历史封山育林面积最多的年份。

1990 年以后封山育林多为新造幼林地封禁。至 2001 年,全县封禁 69.04 万亩次。2002 年,开始工程项目封山育林,当年在龙渣、水口等地封山育林 1.13 万亩。在三河镇坪形村分路口等地树立固定禁牌 5 处。2002—2013 年,工程项目封山育林 6.04 万亩。2014 年,天然林保护小区封山育林 30 万亩。

1950—2014 年,全县山林封禁 1054.04 万亩次。

第三章　森林保护

第一节　资源管理

一、资源调查

中华人民共和国成立后,先后 7 次对县内森林资源进行系统调查。

1951 年 7 月,由湖南省林业局和武汉大学 13 人组成联合调查队进行森林资源调查。1960 年 9 月至 1961 年 7 月,林业部安排北京林学院林业系师生配合省林业厅、湘潭专署林校、木湾林校共 562 人,首次利用航空摄影照片,对茶陵(酃茶并县期间)森林资源进行调查。

1975 年 10 月至 1976 年 8 月,以酃县林业工程技术人员为主,省、地业务部门指导,进行"四五"森林资源二类调查。1982 年 8 月至 1983 年 12 月,湘潭市林调队与县林业部门联合组织 369 人,分森林土壤、森林资源、林业区划调查,进行"六五"森林资源二类调查。

1990 年 9 月至 1992 年 6 月,湖南省林业勘查设计院第一室、中南林学院林学系、湘潭市林业调查设计队、本县林业技术人员共 124 人组成森林资源调查队,进行"八五"森林资源二类调查。

2001 年 5 月至 2002 年 2 月,湖南省林业调查规划设计院采用承包方式,组织 36 人进行"十五"森林资源二类调查。2013 年 8 月至 2014 年 12 月,县林业局组织林业技术人员 95 人,进行“十二五”森林资源二类调查。

二、林地管理

2001 年始，林地管理纳入林业主管部门工作职责。用地单位需要占用、征用林地或临时占用林地，须向县林业局提出申请。2010 年，县林业局组织实施“林地管理年”活动，全面清理各类建设项目征、占用林地情况，依法收取林地植被恢复费 820 万元。2011 年，编制《炎陵县林地保护利用规划(2010—2020)》。

2002—2014 年，全县上报办理征占用林地手续 272 件，面积 4780 亩，收取并上缴植被恢复费 3600 万元。其中，长期占用林地 132 件，面积 1980 亩，收取并上缴植被恢复费 1350 万元。

三、限额采伐

1991 年 3 月，县政府根据国家、省、市有关法规，发布《酃县森林采伐全额管理办法(试行)》，森林采伐进入规范化管理。每年根据上级下达的森林限额采伐计划，分配到各乡、镇、场，由乡镇落实到村、组、农户。实行采伐许可证制度和伐区作业设计制度。集体林凭伐区作业设计表、林权证，委托乡镇林业站办理林木采伐许可证；国有林由采伐单位提出申请，凭伐区作业设计、地形图、林权证，到县资源林政站审核签发采伐许可证。2007 年始，全面实行电子办证制度，省、市、县、乡林木采伐许可证办理电脑联网、信息共享，森林限额采伐管理水平得到提高。

四、生态公益林保护

2002 年，炎陵县列入全国第一批森林生态效益资金补助试点县，试点面积 82.64 万亩。其中，重点防护林面积 55.39 万亩，重点特种用途林面积 27.25 万亩。县政府随即制定森林生态补助资金试点工作规定：在界定的 114.36 万亩国家级公益林中，选择 15 个乡(镇)、3 个国营林(农)场、2 个风景名胜区、123 个村开展生态补偿试点工作。每亩生态公益林每年补偿 5 元，其中 3.5 元直接到林权所有者，1.5 元省市县用作工作经费。当年支出生态效益补助资金 567.2 万元，其中中央财政补助 413.2 万元。

2007 年，公益林补偿面积 112.54 万亩。其中，国家级 106.94 万亩，省级 5.6 万亩。至 2012 年，公益林补偿面积 135.53 万亩。其中，国家级 117.84 万亩，省级 17.69 万亩。2013 年，炎陵县继 2011 年后再获全省公益林保护建设先进单位。

五、育林基金

1951 年开始，按照国家林业部和省政府建立育林基金制度的规定，征收育林基金。征收率为销售金额的15%。9月后,育林费改为育林管理费,征收率降为8%。1952年4月8日后,停征育林管理费。育林费只征收国有林木材。代征的集体林育林基金全部上交省局(厅)统一管理。

1964年1月7日,县人委规定,凡是集体完成国家任务所生产的木材进行交易的,按山价款8%征收育林费,作为林业生产(更新、造林、育林)经费。3月16日,省人委会规定凡收购或直接组织采伐集体林木材和竹材的均须缴纳育林基金。

1985年1月起,集体林育林基金和护林费全部下放到产材县,县收县管。育林基金收支、预算、决算由县人大审定和监督执行,用于以林养林,以林还林,扩大林业生产。1986年9月至1993年,林业基金包括育林基金、更新改造资金、林政管理费(简称两金一费)。由买方按集体或林农出售价20%向县林业部门缴纳(育林基金12%、更新改造金8%),林政管理费每立方米1元(后增加到3元)。县物价局、林业局制定销售最低指导价,作为育林基金和更新改造资金的计费基价。

1993年8月25日,停止收取林政管理费。12月,集体林区更新改造资金改为维简费。1994年2月3日起执行国家计委、财政部关于林业保护建设费收费标准，每立方米收取5元,在木材销售环节一次性征取,国有林不征收。1994—2002年,全县共征收育林基金6791万元,维简费2086万元,林业保护建设费317万元。2003年停收维简费。2005年取消林业保护建设费。2010—2014年,征收育林基金4685万元,主要用于营林生产。

第二节　林业行政执法

1950年12月,县政府发出通知,要求各区乡发动群众“普遍护林,严禁乱砍滥伐,实行合理采伐,如有破坏者送交法院分别予以惩处”。1953年,全县有43个乡建立护林委员会,189个村建立护林小组。1958年乱伐林木现象严重,全县依法处理毁林案件21起。20世纪50年代,经县人民法院审理判处盗伐滥伐森林刑事案件47起,48人,民事案件99起。

1961年8月,在木湾采伐场设派出所,为县内第一个林业公安机构。12月,各公社、林场、采伐场均建立护林委员会,由5—7人组成;生产大队建立护林分会,由3—5人组成;生产队成立护林小组。1966年9月,设立分路口竹木检查站,为县内第一个护林检查站。“文化大革命”期间,林政管理制度遭到破坏。1970—1976年,年均减少森林面积1.5万亩。1977年,由于山林权属混乱,林业法规不健全,盗伐滥伐屡禁不止。当年,国营青石冈林场成材林被盗伐3.3万亩、4.9万立方米。1979年,县护林检查站拦截偷运出境木材149立方米,各公社查处毁林案件361起,没收木材191立方米。70年代,经审理的林业刑事案3起,民事案66起。

1981年10月,根据中共湖南省委、省人民政府《关于坚决制止乱砍滥伐森林的紧急通知》,县委、县政府要求各公社坚决迅速地制止乱砍滥伐现象,并在全县范围开展清查。同月,设立林业审判庭和林业检察院,专司林业违法案件。1986年8月,酃县林业公安分局成立。

此后，在水口、塘田、沔渡、桃源洞自然保护区设立4个林业派出所。

山林承包到户后，部分林农无证砍伐现象时有发生。1985年，周边县木材市场放开，木材商贩在县境边界设点，高价收购木材。边境乡镇的林木被盗伐、偷运。1987年3月，西片乡镇偷运木材出境人数每天300余人，最多时500余人。1988年4月，盗伐者每日上千，偷运出境木材日达100余立方米。9月，邻近桂东县的下村、平乐林区，亦发生偷运木材出境事件。为加强执法力量，县林业局组建50余人的护林队，配备专车和无线电通信设施。相关乡镇亦建立护林队。在宣传森林法规政策的同时，突击清查偷盗木材案件。平乐乡护林队巡山护林300余人次，处理林业纠纷10起，制止违法行为19次，先后劝离无证木商70多人次。80年代，全县审理林业刑事案46起，民事案229起。

1990年，县、乡（镇）、场（站）有义务护林员1800人，村护林员1500余人。林业公安分局、林业检察院和林业法庭有干警47人。经省政府批准的竹木检查站有分路口、龙凤、瑞口、耕熟岭、三口、仓背、船形、下村8个，检查员67人。

1991—1999年，全县查处各类林业案件3135起，没收木材4632立方米，查补税费409.9万元，查处违法犯罪827人，其中依法判处有期徒刑92人。2000—2009年，全县查处各类林业案件5749起，没收木材1.09万立方米，查补税费1084.5万元。

2009年上半年，护林队更名为林业执法大队，为副科级事业单位，承担森林防火、林业行政执法、处理林业突发事件等职责。成立木材检查总站，下设分路口、苍背、龙凤、耕熟岭、三口、船形、下村、瑞口等8个木材检查站。下半年，经湖南省人民政府批准设立中团、八字坑2个木材检查站和中团木材检查站沔渡点。当年，林业公安分局更名森林公安局。2012年，林业检察院和林业审判庭收编，分别由县检察院和县法院统一管理。

2010—2014年，全县查处盗伐林木案111起，罚款29.85万元，没收木材94.09立方米；查处滥伐林木案159起，罚款81.41万元；查处毁坏林木和苗木案48起，罚款13.62万元；查处无证收购、运输木材案1234起，没收木材4431.88立方米，罚款59.52万元；查处违法征占用林地案87起，罚款246.68万元，恢复林地19.3公顷。依法取缔非法经营、加工木材厂点44家，罚款26.13万元，没收木材196.17立方米。查处非法猎捕、收购、出售、运输野生动物及其产品案122起，没收放生野生动物3259头（只），罚款12.53万元。

2014年，全县承担林业行政执法工作的行政执法单位有林业执法大队、森林公安局、乡镇林业站、桃源洞管理局，行政执法人员260余名。

第三节　森林防火

山区农户素有烧垦、烧牧习惯，成为山火主要源头。

1951年，县人民政府发布《关于保护森林防止火灾的布告》，禁止烧垦、烧牧。次年11月，各区乡开展爱国护林宣传周活动。12月，成立县护林防火指挥部。1953年，建立乡村护林防火打火队1124个。当年，与桂东交界地分流山起火，七区组织群众700余人星夜赶到山场扑救。1955 年，始设简易瞭望台 3 个。当年，发生森林火灾 52 次，受灾面积 1.49 万亩。1958 年，开展“无山林火灾运动”，各乡划片联防，确定防火责任区，受灾面积由上年的 1.44 万亩下降到 1300 亩。当年，石洲公社被评为省护林防火先进单位。1959 年，推行安全用火“六不烧”规定，即不经批准不烧、风大不烧、天气干燥不烧、未开好防火带不烧、没有准备好打火工具不烧、未组织好劳力无人看管不烧。1962 年 12 月，湘、粤、赣第五联防区护林防火联防工作首次会议在酃县召开，制订《护林防火联防试行办法》。

1966 年 2 月 6 日，大院农场一上山下乡知识青年纵火 7 处，烧毁山林面积 1.1 万亩，受到法律制裁。当年发生森林火灾 34 起，毁林 4 万亩。1970 年 4 月 4 日，十都公社连续发生 2 起山火，蔓延至宁冈县边境。酃县、宁冈、永新 3 个县出动 2200 多人，当天扑灭。十都公社青石冈大队因长期坚持护林防火制度，保持 24 年无森林火灾，1973 年被评为湘、粤、赣、桂、闽五省联防森林防火先进单位。1977 年，设黄茅墩、朦胧山、铁瓦仙、笔架峰 4 座固定式瞭望台，配有专人看管，发现山火，随即联络。石洲公社 11 万余亩山林，实现 32 年无山林火灾，1984 年被评为全省护林防火先进单位。

1988 年，县护林防火指挥部更名为森林防火指挥部。当年，全县培训护林防火人员 2500 余人。1988—1989 年，投资 106.5 万元，营造防火林带 30 公里，开设防火线 200 公里，与河流、公路阻隔配套；在东、西、南 3 片设立 5 个无线电通讯点，以笔架峰为中转站，全县配备 7 台车载对讲机；各乡镇、林场（站）配备 76 部手持对讲机，联成无线电通讯防火网络。与此同时，印发《中华人民共和国森林法》（以下简称《森林法》）《森林防火条例》小册子 1.5 万份，发至林区各家各户。用水泥建造固定护林防火宣传牌 200 余块，木板宣传牌 280 块。1990 年，发生森林火灾 7 起，受灾面积 382 亩，为 41 年来山林火灾最少年份，获评湖南省护林防火先进县。

1950—1990 年，全县发生森林火灾 790 次，年均 19.5 次。扑救山火耗费劳动工日 4.88 万个，年均 1190 个。1991—2000 年，全县发生森林火灾 96 起，火警 51 起，过火面积 8147.75 亩。其中，1998 年夏秋冬 3 季持续干旱，全县发生森林火灾 13 起，火警 4 起，过火面积 1885.05 亩。

2000 年后，人工营造的纯林增多，农村居民生活改用煤、电、沼气，森林防火形势更加严峻。2001—2009 年，全县发生森林火灾 359 起，烧毁林地 4.05 万亩。

2009 年，林业机构改革，加强森林防火工作力量。县森林防火指挥部办公室配备 7 名工作人员，负责森林防火日常工作。指挥部下设 16 个森林防火指挥所，由乡镇政府、林场、农场、森林公园管理局、国家级自然保护区和风景名胜区等管理部门组成，负责本辖区内森林防火工作。组建 60 人的专业扑火队伍和 20 人的森林扑火武警救援队。救援队配备高压水泵 3 台、风力灭火机 3 台、风水灭火机 1 台、油锯 2 台。各乡镇场组建森林扑火半专业队伍，有扑火队员 630 人。全县各机关单位成立由 45 岁以下干部职工组成的 5 个森林扑火应急分队，配备相应的扑火工具。指挥部有运兵车 1 辆、背负式高压水泵 2 台、风力和风水灭火机 10 台、油锯 2 台、2 号扑火工具（俗称灭火拖把）100 把、砍刀 150 把及其他森林防火器材与设备。防火办经常开展大规模宣传活动。森林防火形势逐步好转。2007—2009 年度,炎陵县获全国森林防火先进县称号。

2010—2014 年,全县发生森林火灾 18 起,烧毁林地面积 4969.5 亩。

第四节　野生动植物保护

境内居民素有狩猎习惯,不乏以狩猎为生者。1985 年,《中华人民共和国森林法》实行后,野生动植物保护工作实行法制化管理。

1992 年,县政府下发加强野生动植物管理通知。1996 年成立县级野生动植物保护管理站,配备专人负责保护管理工作。各乡(镇)林业站加挂野生动植物保护管理站牌子,形成全县野生动植物保护管理网络。

下村乡牛头坳,是中国内陆三大候鸟迁徙路线之一,称为"千年鸟道"。每年 3—5 月,候鸟由南往北迁徙;9—11 月,由北往南迁徙。当地村民形成秋季猎捕候鸟的陋俗。1998 年,媒体披露这一违法现象,由此开启炎陵人护鸟之旅。当年 9 月,县林业局发出禁止猎捕候鸟的紧急通知,组织人员赴下村乡进行宣传,并对违法猎捕开展专项打击行动。

2006 年,成立炎陵县野生动物疫源疫病监测站,确定下村(牛头坳)、龙渣、桃源洞自然保护区为监测点,每点配备 2 名专职监测员负责监测工作。2009 年 5 月,县林业局设立森林野生动植物保护站,建立国家级野生动物疫源疫病监测站 2 个,县级监测站 15 个,有专职监测员 2 人,兼职监测员 30 人。9 月,县人民政府颁布《关于加强鸟类资源保护的通告》。当年,查处违法案件 3 起,没收蛙类 172 公斤、蛇 118 公斤、鸟类 680 只。

2011 年,在候鸟迁徙过境期间,县森林公安局、林业执法大队、野保站、资源站连续开展多次打击行动。清查市场门店、宾馆(饭店)180 余家,捣毁猎捕工具 310 多件,没收并放生候鸟 62 只,依法处理 15 人。

2013—2014 年,建立牛头坳、红星桥候鸟保护站。候鸟迁徙期间,由森林公安干警和林政执法人员 24 小时值班,制止、查处非法猎捕以及携带、运输候鸟行为。2014 年 9 月 22 日深夜,牛头坳候鸟保护站值班人员发现有人利用强光灯猎捕候鸟。县森林公安局、林业执法队及时组织人员出警,抓捕非法猎捕人员 8 人,刑拘 5 人、取保候审 3 人。收缴候鸟 96 只。其中,属国家二级保护 1 只,国家三级保护 95 只。在省野生动物救治中心放生。

随着野生动植物保护力度加大,人工培植、驯养珍稀野生动植物逐渐兴起。2014 年,全县办理湖南省野生植物及其产品经营许可证 20 个,办理湖南省地方重点保护陆生野生动物驯养繁殖许可证 8 个。全县 13 家苗圃内, 存有人工培育苗木与野生活立木 129.64 万株、珍稀树种苗木 129.48 万株。其中,红豆杉 5.41 万株、银杏 3.04 万株、珙桐 1.5 万株、香樟 55.2 万株、马褂木 100 株、闽楠 800 株、罗汉松 63.16 万株、竹柏 1.05 万株、紫薇 300 株。

第五节　林业有害生物防治

1990年,县林业局设立森林资源管理保护站,负责森林病虫害预测预报、检疫、防治工作。2009年,设立森防站(与野保站一套人马),负责林业有害生物防治工作。全县有专职森林植物检疫员2人,专职测报员1人,乡(镇、场)兼职测报员18人,业余测报员配备到村(工区)。形成森林病虫害防治工作网络。全县年均林业有害生物发生率2.4%,防治率98.5%。

一、主要有害生物

1960年,县林业部门对森林虫害进行调查,发现常见害虫有松毛虫、松黄叶蜂、杉梢螟、油茶果实象鼻虫、蓝翅天牛、油茶椿蟓、地老虎、金龟子等8种,常见病有杉木黄化病、油茶烟煤病、油茶炭疽病、樟寄生、杉木立枯等5种。1984年调查,发现常见害虫60种,常见病害97种。当年进行速生丰产林建设时,县政府强调适当间以杂树,抑制病虫害发生。

2004年4—12月,县林业局组织30名调查人员对林木病虫害开展全面普查。调查林分面积14万多公顷,代表林分面积16.89万公顷。查出林木病虫害有:松毛虫、松梢螟、松白蚁(黑翅土白蚁)、纵坑切梢小蠹、铜绿丽金龟子、双条杉天牛、杉梢小卷叶蛾、舞毒蛾、象甲虫(绿鳞象甲)、木蠹蛾(小线角木蠹蛾)、黄脊竹蝗、竹笋夜蛾、樟蚕、竹螟、松褐天牛、竹广肩小蜂、杉木黄化病、杉木叶枯病、杉松苗木立枯病、枣疯病、竹秆锈病、板栗疫病、油茶炭疽病等24种。采集标本近20种,拍摄图片100余幅。

主要树种常见病虫害有:

松树:马尾松毛虫、松天牛。

杉木:双条杉天牛、杉梢小卷蛾、杉木细菌性叶枯病、杉木炭疽病等7种。

檫树:檫树透翅蛾。

樟树:木蠹虫、樟叶蜂、樟翠尺蛾、樟蚕等。

楠竹:竹广肩小峰、黄脊竹蝗、刚竹毒蛾。

油茶树:兰翅天牛、油茶金花虫、金龟子等8种。

苗圃地主要病虫害有:地老虎、蛴螬(金龟子幼虫)、立枯病等。

二、防　治

1958年4—5月,3.5万亩松林被松毛虫危害,单株多达3000—4000条,松叶尽为啮食,田土房屋均见毛虫蠕动。县长刘福俊亲赴郴县、长沙等地购买药械,发动群众人工捕杀和药杀,及时制止虫害蔓延。

1989年3月下旬,炎陵山千余亩马尾松突发松毛虫害。县委、县政府主要领导亲自指挥1000余人,捕捉成虫2600余公斤。同时采用溴氰菊酯、“1905”等药物喷杀,药杀面95%,松林得以保全。

2007年5月,十都镇密花村、皮坑村和桃源洞林场楠竹林暴发大面积刚竹毒蛾虫灾,危害面积2.1万亩。其中危害严重的0.75万亩,虫口密度每亩10—20万条。全县32万亩竹林受到威胁。县长谭可敏会同有关部门到现场安排部署防治措施。县林业局筹集45.84万元资金用于防治工作。采用喷粉机、喷烟机喷放农药(甲敌粉剂、烟剂)药杀幼虫;以黑光灯诱杀成虫。经4次药杀与灯光诱杀,虫情得到有效控制。

2012年5月,水口镇木湾村楠木林发生虫害,并出现枯黄现象。森防站技术人员现场查明为舞毒蛾危害。经采取人工、物理和化学等综合防治措施,及时控制了虫害。

第四章　木材经营

第一节　采　伐

清代以前,境内木材多自采自用。清中叶,木材需求渐增,县外木商入境采购,始有批量采伐。民国时期军阀混战,陆上交通时常中断。县内木材得益于水运,木商争相采购。往往择近点买青山,雇人块状皆伐(俗称剃光头),以致近路、近河林木过度采伐。民国21年(1932),全县采伐木材32.5万根。民国30年,采伐杉木30万根、松木82万根、楠竹1万根。

中华人民共和国成立后,百业待兴,木材用量剧增。1950年,全县采伐木材3.15万立方米,由林农运至木材收购点交售或由私商收购。1951年实行采伐证制度,当年采伐木材2.3万立方米。1952年废除采伐证,当年采伐3.39万立方米。1953年,成立森林工业洣水采购站,县内开始成批采伐松枕木、松坑木,用于铁路、矿山建设。当年采伐木材中,杉木占92.7%,松木占7.3%。1954年,木材生产实行“重点采伐,集中收购,普遍订约”政策,开始出现集体采伐和国营采伐两种形式。1956年,林业部门将全县21个乡(镇)划分为过伐林区、一般林区和偏远林区3个经营区域。对过伐林区的采伐实行严格控制,将一般林区定为主要木材生产区。偏远林区因交通不便,有重点、有计划组织采发。1957年,全县采伐木材5.1万立方米。其中,过伐林区占5%,一般林区45%,偏远林区50%。

1958年秋冬,木材生产“发卫星”。12月1—5日,1.5万人上山,日夜不停,伐木3万立方米。是冬,从“大兵团”中抽调3600人组成五里牌、深渡、瑞口3个木炭营,伐薪烧炭。采伐工具以刀、斧为主。采用斧子砍树,柴刀打枝,铲刀削皮,弯把锯、鲤鱼锯截筒等手工生产方式。1959年,江口采伐场木湾工区在彭公田成立油锯采伐队,首次使用H51型汽油锯伐木,工效提高数倍。

1962年,县人民委员会规定采伐批准权限:凡集体山林采伐杉木20根以内,由大队批准,20—35根由公社批准,35根以上由县林业管理机关批准,国有林一律由县林业管理机关批准。当年全县采伐量控制到4.7万立方米。1965年冬,江口采育场首次进行小块状皆伐和迹地更新,实行采育结合。上年冬炼山、整地,次年春造林。

1978年,允许部分木材由县内加工,实行议价购销,以增加集体收入。林区设立锯台290多个,边采伐,边加工,生产半成品材4万余立方米。当年全县消耗林木蓄积40.5万立方米,折算原材约24万立方米。

1981年,县政府重申所有木材、楠竹一律按计划凭证采伐。各地竹木采伐量由县计委统一下达计划。坚持"采育结合、砍造挂钩、砍一造三"原则,全县采伐量有所控制。1982年实行农户承包经营,木材采伐计划失控。1983年超伐1.24万立方米,1984年超伐3.08万立方米。当年森林资源调查分析,全县森林年生长量为21.94万立方米,可伐量13.16万立方米,年均消耗活立木蓄积32万立方米,折算原材约19万立方米,年均过伐6万多立方米。1985年,县人大作出决定,年采伐量不超过8.5万立方米,实行凭证限额采伐,凭证运销。至1990年采伐量得到控制。

1991年,中共酃县县委、县政府决定全县所有集体山林全部由村组集体统一经营管理,林业部门核发林木采伐许可证,由村、组或合作林场统一组织采伐。按照采伐量低于生长量的原则,确定森林采伐量。1996年,县政府进一步明确严格实行限额采伐全额管理,严禁无证和超额采伐,并决定在全县逐步推行小面积皆伐,实行砍造挂钩。

1999年,集体林重新分山到户承包经营,木材采伐由集体采伐为主,转变为以户为单位的个体采伐为主。为加强生态保护,阔叶林采伐按照"划定区域,限额采伐,逐年递减"的原则安排采伐计划,当年安排阔叶林采伐计划0.15万立方米,较上年减少0.45万立方米。天然阔叶林全面禁伐。

传统采伐以择伐为主,"抽壮丁""拔大毛",形成大面积残疏林地,林分质量差。为扭转"越砍越少,越砍越差"恶性状态,在全县推行小面积皆伐。要求采伐面积不能超过0.3公顷,块与块之间呈"品"字形设置,伐块与伐块之间距离不得小于200米,对采伐迹地及时更新。当年皆伐面积2500余亩。

2002年,炎陵县被列入全国第一批森林生态效益补助资金试点县。中共炎陵县委、县人民政府提出"生态立县"发展战略,对生态公益林实行禁伐和限伐,大力保护天然阔叶树,当年未安排杂木采伐计划。2005年,县人民政府对下村、中村、东风3个乡实行封山育林,禁止采伐。当年鼓励林农合理合法流转林木经营权和林地使用权,部分林商大面积租山造林,较大面积块状皆伐和迹地更新随之出现,使用油锯伐木逐渐增多,至2007年,全县有油锯100余台。

2008年,全面推进集体林权制度改革,明确林地承包期70年,林木和林地流转面积进一步上升。至2010年,林木、林地流转及林农自身造林、租山造林规模空前,较大面积块状皆伐和迹地更新面积剧增。当年遭遇罕见冰灾,县内林区林木折损严重,县人民政府下达木材采伐计划 15.94 万立方米,用作冰灾毁损林木的清理,严禁新伐林木。部分林农和林商借清理雪压材之名,滥伐林木。后经林业主管部门采取措施,得以及时制止。

2011 年起,实行有可伐资源的林农或者森林经营者自愿申请下一年度木材生产计划,县政府再结合上级林业部门下达的木竹生产计划及县内森林年生长量情况,下达木竹生产计划。当年下达木材生产计划 12.27 万立方米,楠竹 200 万根。实际伐木 8.66 万立方米,伐竹 110 万根。

2014 年,首次明确林农可自行进行商品材伐区设计,不再统一实行伐前拨交、伐中检查和伐后验收等现场监管方式,当年伐木 7.79 万立方米,伐竹 85 万根。

1950—1990 年酃县木材、楠竹采伐情况表

表 14–1

年份	木材(万立方米)	楠竹(万根)	年份	木材(万立方米)	楠竹(万根)
1950	3.15	—	1971	6.86	34.30
1951	2.30	—	1972	7.05	34.90
1952	3.39	—	1973	8.23	38.98
1953	4.74	—	1974	8.70	40.30
1954	2.75	—	1975	6.10	32.47
1955	2.49	—	1976	8.03	35.24
1956	4.20	3.80	1977	8.27	33.92
1957	5.10	15.00	1978	9.65	41.66
1958	3.60	15.50	1979	10.10	37.57
1959	8.10	36.10	1980	10.56	22.85
1960	8.60	42.50	1981	9.58	23.95
1961	3.60	10.60	1982	9.65	16.07
1962	4.70	12.20	1983	9.34	21.79
1963	6.54	20.62	1984	11.58	30.10
1964	5.19	11.79	1985	9.51	37.20
1965	6.47	21.79	1986	8.58	34.40
1966	5.26	24.03	1987	6.98	29.15
1967	5.77	23.93	1988	6.63	21.14
1968	4.76	20.75	1989	6.55	33.40
1969	5.94	19.57	1990	5.98	30.14
1970	5.38	27.14	合计	269.96	934.85

1991—2014年炎陵县(酃县)木材、楠竹采伐情况表

表14-2

年份	木材计划（万立方米）	实际完成（万立方米）	其中:国有林场完成(万立方米）	竹材计划（万根）	实际完成（万根）	其中:国有林场完成(万根）
1991	12.17	9.2	0.98	65	60.41	7.21
1992	11.37	11.3	1.21	75	74.73	4.04
1993	10.7	10.7	1.16	70	63	12.0
1994	10.5	10.32	1.22	74	74	1.62
1995	10.46	9.73	1.3	60	69.01	5.32
1996	10.08	10.68	1.65	100	63	5.72
1997	10.62	9.72	1.79	115	85.1	11.58
1998	10.65	10.51	1.73	126	110	13.71
1999	10.74	7.46	1.7	150	62	10.0
2000	11.28	9.57	1.8	93.93	72.94	7.28
2001	10.52	10.49	1.74	191.06	118.6	4.5
2002	10.67	9.83	1.86	191.06	110.63	10.0
2003	10.80	9.83	1.90	191.1	152	13.25
2004	10.09	9.45	1.5	191.1	84.92	18.65
2005	9.3	8.9	1.21	191.9	133.77	9.5
2006	14.12	11.7	1.72	444.17	115.0	22.5
2007	12.38	8.84	1.83	283	146	22.2
2008	15.94	11.35	1.87	205	123	18.4
2009	17.94	10.96	2.65	179	130	23.53
2010	19.17	12.45	3.12	163	160	13.5
2011	12.28	8.66	2.48	200	110	15.5
2012	11.98	9.34	2.12	249.5	111	24.5
2013	13.11	10.77	2.05	200	94.5	14.5
2014	14.87	7.79	1.95	200	85	4.5
合计	291.74	239.55	42.54	4008.82	2408.61	293.51

第二节　运　输

一、陆　运

肩运　俗称背树。小树1人肩负，大树须2人或数人合抬。全劳力每次肩负50—100公斤，往返行程一般在5—10公里。山路崎岖，十分艰辛。20世纪70年代后，改善林区交通，肩运逐步为板车、拖拉机取代。至今，肩运仅限于短距离出山。较大面积块状皆伐山场，一般先期用挖掘机修筑简易林道，木材从山上溜至林道旁，再以小型机动车转运。

滑道溜木　县内山高坡陡，木材大都通过滑道溜至山下，俗称"下溜"。滑道一般长里许，长的达数里。明清时期至20世纪60年代，约有80%的木材通过土滑道运输出山。船形梅花岭土滑道、塘田的关门坳、水口的水垄沟、策源的羊角岭等林区土滑道，历史悠久。

平车道运输　又称木轨平车道。装载木材的木平车有坦克式、列车式、蝴蝶式3种。一般每工日每华里运材量3—4立方米，比人力肩背提高工效3倍。1953年，湖南省森林工业局仿效东北林区运材法，在黄挪潭伐区铺设一条木轨平车道，使用两台平车装运木材，每台每次可运材1立方米。1959年，省林业厅在木湾工区架设一条长4公里的福建式木轨平车道，常年运材2000立方米。当年秋，在漕溪林区梅家垄、兰棚、蛇皮嘴，九潭林区落沟垄、平岗山，南岸林区下江洲等地，先后架设平车道10条，长33.9公里。其中梅家垄平车道长1.5公里，每工日平均运材2.4立方米。1961年，湘潭林校部分师生，帮助五里牌林场架设一条从源头冲至石鼓河边木轨平车道，长6.3公里。至1965年，运材5067立方米。

板车运输　1965年，木湾采育场始用板车短途运材，工效为肩运的2.5倍，每立方米降低运输费7.5元。20世纪70年代，全县普遍使用胶轮板车短途运材。1980年，全县采伐场有板车2487部。80年代末，板车只限于运困山材，短途运输逐步为手扶拖拉机取代。

索道运输　1959年12月，江口采伐场在大叶坑庙至枫树下段架设一条长1500米的无动力钢索道，为县内索道运材之始。工效为肩运的8倍左右。1965年，江口采育场投资1.02万元，在茶园工区架设一条混合索道，两端为人力索道，长1300米，中段为自动回空索道，长284.5米，每车次运材0.3立方米。1967年，木湾采育场投资5万元架设冈背山索道，常年运材2000立方米。1970年10月，皮坑采育场投资2.18万元，架设密花乌石下至甲水高空动力索道，全长4500米，设有49个鞍座、8处排索，横跨13个大小山头，其中4座险山，14处深涧溪流，时为全省森林工业运材最长的一条动力回空钢索道。次年，运输楠竹4.5万根，最高日运量950余根。每百根工资1.76元，较溪运加平车道综合运输降低5.47元。1976年，全县共建各种类型钢索道41条，全长52.5公里。其中动力回空索道4条，长9100米。1980年，动力回空索道发展到20条，长3万米，运材2.3万立方米。1990年后，钢索道运输逐步淘汰，至2002年，仅有船形、下村、策源等一些山高路陡的林区仍使用钢索道短途转运。2004年，全县钢索道基本停用。

二、水　运

县内大宗竹木出境靠水路。民国时期，常年水运出境运销木材约2万立方米。1953年9月，成立洣水运输大队酃县中队，人员319人。1956年易名酃县木材运输队，专门担负洣水河木材水上运输。1953—1984年，水运出境木材155.35万立方米，年均4.85万立方米，占同期出境木材总量76.8%；竹材678.54万根，年均18.1万根，占同期外销竹材总量93%。1985年起，水运量减至10%以下。1990年后，外销木材全部为汽车陆运。

单漂　俗称“洗木”“赶羊”，即将单根竹、木顺流漂去，沿途以人工疏塞理乱。民国时期，山民只在小溪短途使用。民国29年，茶陵木商在下村至水口桃村河段洗木一次，因水流急，乱石多，木材损坏严重。1953年10月，洣水采购站6名职工，从木湾筒车湾放漂2000余根枕木，历5天抵至五里牌集材点，全程27公里，开县内大河密集式“赶羊”先例。1957年12月上旬，沔渡收购组组织30余名职工，冒雪踏冰首次跨县密集式“赶羊”，从十都放漂1600立方米规格材，至茶陵县堤洲，全程80.5公里，历时17天。1958年提出“大赶羊、赶大羊、十万木材下洣江”口号，河中漂木无计。1977年10月，从沔渡放漂6000余立方米，经20天至茶陵贮木场，全程80余公里。1980年10月，中村林业站放漂8754根松材，抵达船形林业站，水程28.5公里，历时12天，损耗较大。此后，随陆运发展，大河洗木基本停止。但一些交通死角，仍有木竹单漂。

放排　为县内竹、木水运主要方式。因扎成木排首尾相叠如蓑衣，俗称“蓑衣连子排”，排头安有控制航向的木招或篾招。小河排每块扎6—12绞（每绞扎杉条两根），大河排每块扎18—20绞。

民国时期，县内河道暗礁密布，滩险流急，尤其是斜濑水的栏泷、磨刀泷、老鸭泷，被称之“三大天险”。排临泷口时，水手即弃排上岸，让排随急流冲下。民国37—38年，有3名水手先后死于磨刀泷。民谣谓：“三泷险，水深三丈三。排过要跳泷，船渡莫近前。若要不留神，抛尸阎王殿。”1954年，森林工业部门开始炸礁清障，疏通河道，放运效率提高，每放排由原来的3—5块增至7—10块，运量由5—7立方米，增至10—20立方米，人均运量由每次40立方米提高到60—70立方米。从潘家流放至株洲往返时间由原来的30天减少到21天。1956年排工何龙文放排至茶陵堤洲后，改变扎排方式，将原招排6个把子、二层木18—20绞，改为20—22绞，流放7个把子，一次放运126立方米，为原放运量的1.8倍，创洣水单人一次性放排最高纪录。此后，沔渡收购站将蓑衣排加宽、加厚，改成“龙头蓑衣排”，提高工效1.2倍。1964年11月，湘潭专署成立洣水水运局，在酃县设立潘家工区，接运县西、县南木材。1965年，沔渡集材场改篾索为钢索吊排，全年节约楠竹1340根、资金2010元。其经验推广至全县，每年节约楠竹8000余根。1969年9月，洣水水运局撤销，恢复潘家、沔渡集材场，继续承担木材水运。1975 年,茶陵县在洣水铁甲山段修建青年电站,仅在拦河坝留 1.2 米宽溢洪口,排运出境量减少 43%。1978 年起,溢洪口长期关闭。自此,斜濑、河漠两水的排筏流放到潘家集材场起水,再由陆运出境。

三、车　运

1961 年 6 月,县林业局购置以木炭为燃料的 4 吨汽车 1 辆,始有汽车运材。1965 年成立林业汽车小组,有 4 吨载重汽车 3 辆,每吨位可载木材 1—2 立方米。汽车常年从林区各收购点装运木材至潘家集材场转水运。1969 年,成立酃县林业汽车队,有汽车 5 辆,18.5 吨位,仍以县内转运为主。1976 年开始,酃县松、杂等短材大都由汽车运至茶陵老虎山贮木场。当年 3 月,青石冈林场成立汽车队,有 4 吨载重汽车 6 辆。

1977 年 8—11 月,湘潭地区调集机关、厂矿及湘潭、醴陵等县汽车 236 辆,参加酃县木材运输大会战,运出木材 1.23 万立方米。次年冬,省林业汽车运输公司驻酃车队增加汽车 12 辆。1983 年,车辆下放到县林业汽车队。1984 年,全县有林业运材货车 33 辆,134 吨位,当年运输木材 3.2 万立方米,占木材生产量 27.6%。1990 年,全县有载货大型汽车 326 辆。其中,林业运材车 34 辆,个体货车 194 辆。当年运输外销木材 8 万余立方米,竹材 38 万余根。1994 年,全县有货车 473 辆,运输外销木材 9 万余立方米,楠竹 55 万余根。

1996 年,县林业汽车队划归县绿银集团管理,更名县绿银集团运输公司。次年,运输公司对 14 辆汽车实行承包经营。此后,全县木材均由个体运输户运输。运材车主要为东风牌、解放牌货车,车均载材量 15—30 立方米。

2000 年,出现"单桥车""后八轮"等中大型运材货车。同时,外销木材以板方料为主,车均载材量增至 30—40 立方米。2004 年,大型货车出现,运材能力显著提高。2007 年,全县有大型货车 30 余辆,车均载材 40—60 立方米,当年运输外销木材 8 万余立方米,楠竹 101 万余根。2011 年,全县运材出境 4000 余车次,日均出境 300 余立方米。2014 年,全县挂车发展到近 20 台,车均载材 90—110 立方米,当年运输外销木材 8 万余立方米,楠竹 83 万根。

第三节　购　销

收购和销售　酃县是湖南省东湖木的重要产区,所产木材行销省内外。清朝中叶,县外木材需求渐增,一时"木贾兴起",争相采购,运销各地。清末,县内木商在长沙上铺街一带开设木行,经销木材。稍后,又在长沙南湖巷设木行,设有排筏停泊区,与茶陵、祁阳、长衡永并称南湖巷"四帮"。民国时期,县人廖文职、张灼民等在长沙中六铺街开办酃县木商工所,置有公屋与停筏区,买卖酃县水运长沙的木材。蓝肇祺等人在长沙开办华湘公司,亦长期兼营酃县木材,并在酃县设办事处,负责采购。

民国22—23年,县内木材市场收购木材37200两码(龙泉码,每两码折合1.4立方米),每两码8元(银元),销售金额30万元。常年从事木材经营的有14户27人。民国24年,在长沙销售1.12万立方米木材。民国27年,茶陵木商进入沔渡瑞口采购泡花楠,运销南京制造纸币纸。民国31年,县内初级木材市场有王家渡圩、沔渡圩、水口圩。也有木商直接进入林区以低价购买青山,雇人采运。民国37年初,县内木业行商从业人员217人,资本金(折人民币)9.35万元。民国时期,经县内外木商外销的木材每年约2万立方米。

1950年,木材仍以私商经营为主,占总销售量92.9%。1951年,省林业局在酃县设酃县林业所,并启用木材采购证和运输证,木材经销始有国营成分。当年全县购销木材2.03万立方米,其中国营占28.2%。1952年,废除木材采购证和运输证。全县有私商217人从事木材贩运,其中短途贩运194人,长途贩运23人。当年购销木材3.39万立方米,其中国营10.2%,私营89.8%。1953年7月,成立森林工业洣水采购站,地址设炎帝陵奉圣寺,隶湘南行署森林工业分局。下设潘家、王家渡、五里牌、坑口4个收购组,挂牌收购木材。8月26日,县人民政府发文,限制木商抢购木材贩运出境,规定资产800元以上者为行商,只准在县内木材集中市场进货,销至长沙、株洲一带;800元以下者为小贩,自产地进货,在县内集中市场出售。9月,改木材"龙泉码"计量为"立方米"计量。当年全县购销木材4.74万立方米,其中国营66.24%。次年,木材收购和调运归口县森林工业部门,并增设沔渡收购组,全县东、南、西河木材收购网络形成,县内仅存少数私商从事木材短途贩运。1955年12月,废除木业行商证,撤销各河木商会。1956年,取消木材自由市场,由森林工业部门按国家计划统购统销,非统配材经当地计划部门批准,归森林工业部门计划供应。1962年开始实行木竹派购,由森林工业部门与林木所有者签订派购合同。1978年,县社队企业局和县农产品公司与外县签订以木易物合同288个,换出木材半成品1.28万立方米,换回钢材、玻璃、轮胎等紧缺物资。

1984年5月,成立酃县木材换购代销服务部,对非统配材实行换购代销。当年代销非统配材1.97万立方米,完成销售额679万元,其中返回林农纯利303.6万元,返回均价每立方米205.42元,比国家收购均价提高194.3%。当年完成国家统配木材8.5万立方米。1953—1984年,共完成统配木材211.15万立方米,年均6.6万立方米;竹材736.84万根,年均23.03万根。

1985年,成立酃县木材经销公司,取消木材统购统销,开放木材市场,实行凭证议购议销。为保护林农利益,实行收购保护价,保护价"下要保底,上不封顶"。当年8月,注册经营木材的国营和集体单位82户,个体59户。

1987年起,木材经营由县木材公司实行县、乡购销联营,所得利润木材公司70%,乡(镇)30%,集体林的商品材归口县木材公司一家统一经销,其他单位和个人不准直接进入林区收购。1988年,本县木商在株洲、湘潭、长沙等地设点销售。同时,江苏、浙江、广东等地木商与酃县联营经销。当年省外销售木材7100 立方米,1990 年达 2.99 万立方米。

1991 年,全县集体山林由村组统一经营管理,木材由村组统一销售给木材公司。县木材公司在城关设立木材货场,存放各类木材,供木商选购,当年全县经销木材 8.2 万立方米。其中杉木 77%,松木 19.3%,杂木 3.7%。次年,县木材公司在株洲市设经销站。1993 年起,广东木商进驻酃县经销“老山材”(又名红心木)。常年销往广东红心木 5000 余立方米。1995 年,县木材公司在县城设立木材大市场,同时开始制材。

1985—1995 年,议购议销木材 100.51 万立方米,年均 9.11 万立方米(其中县木材公司 65.22 万立方米);购销竹材 441.91 万根,年均 40.17 万根。

1996 年 3 月,成立公有制股份企业——绿银集团有限责任公司,以木材购销为主业,县木材公司划归绿银集团公司。集体林商品材归绿银集团木材公司一家收购。当年全县经销木材 8.30 万立方米,其中木材公司经销 6.53 万立方米。1997 年,公司在长沙、岳阳等地设立促销点。在销售原木的同时,加工枕木 7016 立方米,板方材 2019 立方米。

1999 年 7 月,放开木材经营,允许其他单位、个人在同一政策下参与木材经销。随之小型粗放型木材加工点入村进山,以加工半成品为主,木材浪费较大。当年全县经销木材 7.4 万立方米。其中,板方料 0.82 万立方米,木地板 2.1 万平方米。

2000 年 5 月,调整木竹经营和林业管理体制,建立木材交易市场,木材由林业部门一家收购,进入木材交易市场进行交易,其他任何部门、单位、个人不得直接从农户收购木材,不得进山加工或收购木材,木商须从木材交易市场购材进行销售和加工。各乡(镇)林业站和木材支公司实行合二为一,两块牌子,一套人马,从事木竹经营加工和其他林业管理工作,实行独立核算、自主经营、自负盈亏。

2001 年,木竹加工厂增多,持有加工许可证的达 102 家,木材经销由销售原木转向木竹加工产品,当年全县经销木材 10.49 万立方米,楠竹 74.3 万根,其中加工材占 60%以上。至 2004 年,全县有大小木竹加工厂(点)近 200 家,产品以半成品为主。1996—2005 年,全县经销木材 87.77 万立方米,楠竹 727.25 万根。

2006 年,绿银集团公司注销,其下辖木材公司自主经营,乡(镇)林业站与木材支公司实行政企分开,全县木材放开经营。当年,全县经销木材 10.2 万立方米。其中,加工材 5.54 万立方米,楠竹 111.3 万根。

木材市场放开后,从事木竹加工经营的人员越来越多。至 2010 年,全县有木竹经营加工单位 282 家,从业人员 6000 余人。在市场竞争中,小型粗放型加工厂(点)逐渐淘汰,逐步形成一批龙头企业。其中,省级林产工业龙头企业 5 家,规模企业 19 家。以三夹板、齿接板、竹木复合板等产品为主,炎陵成为中南地区板材生产基地之一,产品远销全国各地。2014 年,全县经销木材 8.28 万立方米,楠竹 83 万根,其中加工材占 70%以上。

2006—2014 年,全县共经销木材 85.19 万立方米,年均 9.47 万立方米,楠竹 1010.79 万根,年均112.31 万根。

1927—1990年炎陵(酃)县部分年份木材(杉木)购销均价表

表14-3　　单位:公斤、元

年 份	单 位	收购价	折稻谷	销售价
1927	两码	6(银元)	240	—
1933	两码	13(银元)	390	—
1937	两码	(银元)	225	—
1948	两码	2500(金圆券)	50	—
1950	立方米	8.6(人民币,下同)	113	10.70(人民币,下同)
1953	立方米	18.50	196	21.00
1957	立方米	18.20	175	24.20
1964	立方米	23.53	147	36.00
1973	立方米	28.27	149	55.91
1979	立方米	43.68	189	70.13
1981	立方米	46.00	199	90.40
1984	立方米	71.00	307	115.40
1985	立方米	204.00	655	301.91
1988	立方米	386.00	1130	792.29
1989	立方米	376.00	851	711.20
1990	立方米	317.17	718	489.74

1991—2014 年炎陵(酃)县木材(杉木)、楠竹购销均价表

表 14-4

单位:元

年份	木材			楠竹		
	单位	收购价	销售价	单位	收购价	销售价
1991	立方米	235.72	420.00	尺	1.50	2.50 元
1992	立方米	231.57	401.00	尺	1.60	2.80
1993	立方米	259.76	445.85	尺	3.00	4.00
1994	立方米	243.37	470.00	尺	4.00	5.00
1995	立方米	267.00	528.71	尺	4.00	5.00
1996	立方米	250.06	470.13	根	4.00	5.20
1997	立方米	254.21	431.00	根	5.00	6.20
1998	立方米	234.00	367.88	根	5.00	7.00
1999	立方米	220.51	330.00	根	5.50	7.20
2000	立方米	173.45	256.04	根	5.20	7.00
2001	立方米	170.28	273.31	根	5.20	7.50
2002	立方米	172.00	273.00	根	5.50	7.50
2003	立方米	171.15	316.67	根	6.00	8.50
2004	立方米	175.00	453.00	根	6.50	9.00
2005	立方米	176.40	468.0	根	7.00	11.00
2006	立方米	260.00	470.00	根	7.50	12.00
2007	立方米	310.00	530.00	根	7.50	11.50
2008	立方米	400.00	630.00	根	8.00	11.50
2009	立方米	400.00	610.00	根	8.50	12.50
2010	立方米	450.00	650.00	根	8.50	12.50
2011	立方米	550.00	750.00	根	8.50	12.50
2012	立方米	620.00	800.00	根	8.50	12.50
2013	立方米	680.00	850.00	根	9.00	13.00
2014	立方米	850	960	根	8.00	12.00

1991—2014 年炎陵(酃)县木材、楠竹销售量表

表 14-5

年 份	木材(万立方米)			楠竹(万根)	
	总 计	其 中		总 计	其中:国有林场
		木材公司	国有林场		
1991	8.20	7.10	1.10	45	7.21
1992	11.31	8.20	1.18	74	4.04
1993	10.73	8.44	1.07	60.05	2.03
1994	9.7	6.05	1.22	55	1.62
1995	8.8	5.20	1.3	50	5.32
1996	8.30	6.53	1.65	45	11.03
1997	8.88	5.65	1.79	74.5	12.58
1998	8.75	6.52	2.11	92	13.71
1999	7.4	3.05	1.65	73	9.8
2000	8.1	4.52	1.8	65	10.83
2001	10.49	7.83	1.74	74.3	6.52
2002	9.84	7.47	1.59	65	9.99
2003	9.00	6.54	1.5	55	13.25
2004	7.90	6.55	1.32	84.92	18.65
2005	9.12	7.91	1.21	98.53	9.40
2006	10.20	—	1.63	111.3	33.0
2007	8.23	—	1.20	101.6	22.2
2008	8.09	—	1.48	106.6	18.4
2009	9.27	—	2.57	125.19	23.53
2010	11.95	—	3.05	158	14.5
2011	11.78	—	2.45	122.2	16.14
2012	8.83	—	2.00	108.4	25.57
2013	8.57	—	2.05	94.5	15.11
2014	8.28	—	1.90	83.00	4.50
合计	221.72	97.56	40.56	2022.09	308.93

第五章　经营体制

第一节　国　营

民国24年(1935),省政府因出口换汇需要,指示全省各地发展油桐、油茶等经济林。民国24—25年,县政府在城南石壁寺及全县4个区各兴办苗圃一处,面积共12亩。民国29年春,省政府拔专款在炎陵山造油桐林403.9亩。民国30年,征收石壁寺刘、陈两姓族田土10余亩、荒山200余亩,设立县苗圃及县属林场。至民国32年,全县建立乡林场12处、保林场86处,面积1.85万亩,经营原属寺庙、祠堂、书院所有荒山或租用私山,种植油桐、油茶。

1953年,县政府将无益公山、农户无力经营的远山,以及偏远无主的成片天然林、荒山收归国有,由县建设科管理。1955年,将国有林委托当地村组干部代管,并签订《酃县国有林看管委托书》,建立护林员管理制度。同年省林业厅调查队对水口、木湾、江口等地国有林进行勘测设计。1956年,建立省林业厅直属酃县水口森林经营所,职工16人,经营面积1.75万亩,后扩大到10.62万亩。当年,全县实际管理的国有林39万亩。1957年冬至1958春,对国有林进行清山勘界,清出笔架峰、梨树洲、将军山、黄茅墩、卧龙山、大姑仙、铁坑、雷仙等处无主荒山和天然林20万亩收归国有。部分高级农业合作社将无力经营的荒山或残次林10万亩,无偿赠送国营林场。

1958年3月,经郴县专署批准,建立国营酃县青石林场,直属专署,管理石洲、十都、策源、沔渡(部分)等地国有山林共34.23万亩。是年5—8月相继建立下村、平乐、炎陵山、城东、五里牌、梨树洲等6个县属国营林场。9月,水口森林经营所更名水口山林场,与青石林场一并下放县管。是年冬,建立皮坑、江口采伐场。年末,全县国有山林面积约86万亩。建立县属林场8个,职工124人。1959年1月,先后撤销下村、平乐、炎陵山、梨树洲、城东等5个林场,建立沿潭采伐场。1960年11月,建立木湾采伐场。

1963年,开展林权清理,清山划界。国有林场清退部分山林给赠送过头造成无山或少山的大队、生产队。国有山林减至62.26万亩。

1966年1月,皮坑、江口、沿潭(1979年撤销)、木湾4个采伐场更名采育场。1975年8月,经国家计委批准,建立"国营酃县青石冈林场",列为全国9个试点主伐林场之一。下设青石、五里牌、水口山3个分场,16个工区(队)。有职工176人,经营面积62.77万亩。1982年实行林业"三定",县人民政府将20世纪50—70年代由国有林场、采育场采伐集体山场更新造林后的林权,划给营造单位(采育场、林场)所有,面积3.53万亩。

1984年成立林场管理站，与青石冈林场合并(两块牌子一套办事机构)。次年9月，将江口、木湾、皮坑3个采育场改为林场，属林场管理站，划定经营面积10.9万亩。1986年，青石冈林场所属水口山、青石、五里牌3个分场退还20世纪50年代后期部分社队无偿赠送的3.45万亩山林。1990年，全县有水口山、五里牌、青石、江口、木湾、皮坑、湘山7个国有林场，山林面积57.37万亩。其中，有山权及林权的53.84万亩，只有林权的3.52万亩。

1991年元月，省人民政府批准皮坑林场更名桃源洞林场，与桃源洞管理局实行两块牌子一套办事机构，直属县林业局管理。

2004—2007年，完成国有林场55.43万亩国有林地换发全国统一林权证工作。其中青石冈林场37.13万亩，桃源洞林场5.3万亩，大院林场13万亩。

2008年经省林业厅批准成立大院国有林场，为县属正科级事业单位，与大院农场实行两块牌子一套人马管理形式。管辖山林面积13万亩，大部分林地列入桃源洞国家自然保护区，其中70%为核心保护区。

第二节　集体经营

集体林地　1953年春，木湾乡农民张良智组织本村12户农民，成立全县第一个林业互助组，合作经营山林。1954年11月，成立梅仁宪林业社(四区瑞口乡)、张良智农林合作社。1956年，初级农(林)业合作社转为高级农业合作社，除房前屋后等零星树木外，社员所有林地林木折价入社，始有集体林地。

1957年12月，中共酃县县委发出《关于处理林木入社遗留问题的通知》，规定社员房前屋后、自留地、坟地零星树木，以及小块经济林、薪炭林不入社，归社员所有。入社林木"折价计酬，折价收买，固定报酬，比例分益和以山养山，分期偿还"。山林集体所有制初步稳定。1958年10月，各地相继成立人民公社。原由高级社经营的集体山林和社员自留山、零星树木归公社所有，实行集中统一经营。

1961年6月9日，中共中央发布《关于确定林权，保护森林和发展林业的若干政策规定(试行草案)》(简称林业十八条)，明确天然资源和在人民公社以前已划归国有的山林，仍归国家所有；高级合作社时期划归合作社、生产队集体所有的山林和社员所有的山林，仍应归各自所有；原划国有山林中，小片、分散不便国家管理经营的划归就近社队所有或经营。8月，县委派出工作组贯彻"林业十八条"精神，在水口公社木湾大队、垄溪公社牛塘大队、城东公社石玉大队进行林权下放大队试点工作。次年1月，全县进行山林权属清理。11月，以木湾大队为试点，将山林权属下放生产队，允许分给社员少量自留山。随后在全县开展"四固定"(固定劳力、土地、耕畜和大型农具)确权发证工作，年底全面完成。"文化大革命"期间，自留山被取消，无偿收归集体。这种大一统经营模式一直沿袭至 1980 年。

集体林场　1958 年 12 月，中共酃县县委发出突击采种、造林，建立社办林场紧急通知，安排火花、先锋、东风等 12 个人民公社兴办林场 49 个。至 1965 年，全县兴建大队林场 52 个，安排专业劳力 135 人，经营山林面积 1.5 万亩。“文化大革命”初期，队办林场陆续解体。1970 年，全县仅存社办林场 5 个，专业劳力 42 个，面积 3000 亩。

1972 年，为发展集体经济，社队林场先后恢复。至 1975 年，建立 14 个社、队林场，其中社办 10 个，大队办 4 个。经营面积 3.21 万亩，安排专业劳力 182 人。

1977 年 11 月，组织 10 个人民公社 3000 余基干民兵举行垦荒造林大会战，在城关画眉桥至城东草坪一带，撩壕整地 8000 亩。次年 5 月，组建县社合营七九林场，管理山林面积 8546 亩。其中国有山权、林权 82 亩，集体山权 8464 亩。1979 年冬，造林 3591 亩，其中县林业局营造杉、梓、樟、楠、湿地松等多种示范林 174 亩。1979 年沿潭采育场撤销，组建福利垄林场，负责管理采育场租赁集体山场更新造林 4000 余亩中幼林。

1982 年林业“三定”时，全县有集体林场 24 个。其中湘山林场和福利垄林场为县办；社办 9 个，有河西、东风、城东、垄溪、十都、水口、下村、策源等林场；大队办 13 个。社队办林场经营面积 1.72 万亩，专业劳力 92 人。1982 年后，实行家庭联产承包责任制，社队办林场随之解散。1985 年 5 月，黄茅墩瓷业社改为黄茅墩林场，经营集体山林面积 1 万余亩。实行独立核算，自负盈亏。

合作林场　1988 年 9 月，县人民政府颁发《关于建立合作林场的几项规定》，开始兴办合作林场。林场生产经营规模一般在 200 亩以上，以经营集体荒山、残次林为主。林地权属不变，新造林林权归林场所有。主伐时，林木收益扣除成本，利润按比例分成。县木材公司兴建合作林场 4 个，面积 1.47 万亩。各乡镇林业站建立站办林场。

1989 年 10 月，城东乡山垄村 20 户村民建立山垄村山岭合作林场，面积 1000 余亩；东风乡东星村 63 户村民，建立东星村夹石坳合作林场，面积 800 亩。1990 年，全县有合作林场 122 个，面积 8.92 万亩，占集体山林面积 4.5%。

1996 年，以木材公司为主体组建绿银集团公司，木材公司所属的 4 个合作林场合并为绿源林场。经营面积 3 万余亩。2008 年木材公司改制，绿源林场林木资产以股份形式量化到职工个人，遂演变为股份制林场。

2000 年后，各种主体租山造林建立的合作林场发展很快，以个人或合伙租山建立的小型林场为主。

第三节　承包经营

民国时期，县内私有山林约占有主山林总量 80%。其中，50%以上为地主豪绅占有，农民占有山林不到30%。有寺庙、祠堂、风水林、水源林等公益山34.2万亩，约占山林总数20%，另有较大面积的偏远无主天然林和荒山无法统计。

1952年8月，贯彻湖南省人民政府关于土地改革中山林处理实施办法，将地主占有的“熟山”（有收益的山）造册登记。除乡、保留少量公山外，其余分给无山或少山农户。次年，省林调队在船形乡进行林权典型调查：土改后地主占有4%，农民占有88%，公益山8%。

1956年，农户山林折价入社。房前屋后、土边、塘边、田边、坟边零星树木，由农户经营。1958年10月各地成立人民公社，高级社所有山林、农户经营的零星树木统归公社所有。1962年，贯彻中共中央“林业十八条”政策，将零星树木归还社员，并将1.37万亩山地作为自留山划给社员，户均0.5亩，占集体山林面积0.74%。“文化大革命”中，社员自留山收回集体所有。

1981年11月，县委、县政府颁发《山林定权发证中若干具体问题的处理意见》，并抽调县、乡、村三级干部，在全县铺开“林业三定”工作。

至1982年10月，全县集体山林和国有山林均落实山林权属，由县政府颁发《山权林权证》。自留山林权归农户。全县农户承包经营用材林138.8万亩，经济林27.5万亩。

1985年，南方集体林区实行改革，县政府将责任山“四权”中的林权、销售权放给林农，换发农户责任山林木权属所有证。规定林地权属集体所有，林木权属承包者所有，并享有继承权，可以转让。自此，责任山、自留山合并为农户的“自营山”。

1991年3月，县委、县政府对林业责任制作出调整。在坚持“四权在集体”的原则下，实行五统一。此次调整，制止了乱砍滥伐现象，但也影响了农户造林护林积极性。

1998年11月，县委、县政府对林业责任制进行改革，实行有偿出让用材林、经济林、油茶林、笋竹林、荒山等林地使用权。按参加受让人口，每人50元的标准收取受让费，发给《林木林地使用权证》。以后每年按经营面积交纳出让费，笋竹林2元/亩，用材林1元/亩，其他林种0.5元/亩。收取的出让费按3：2：5比例，由乡村组3级分配。

至1999年末，85%以上的林地使用权和林木所有权承包到户，并签订家庭承包合同书，发放《山林经营权证》。2000年4月，换发全国统一林权证。

2003年12月后，林权登记换发证工作全面开展。

2009年3月，县政府制定《炎陵县集体林权制度改革工作方案》，以1998年发放的《山林经营权证》为依据进行登记换发证。实行大稳定，小调整。随后组织150余名林业技术人员参与山林勘界绘图，动员5000余名干部、群众参加林改工作，制订县、乡、村林改方案，实行一村一策，一组一案。7月，县政府启动集体林权制度改革配套改革。次年1月，设立炎陵县林业要素市场，承担林权流转交易、抵押贷款等项业务。当年交易林权7宗，交易额328.6万元。10月12日，县委书记李晖代表炎陵县参加全国集体林权制度改革百强县经验交流会，并作书面发言，受到国务院副总理回良玉接见。炎陵县林改经验在全国推广。至2010年9月底，全县集体山林家庭承包到户率95%。

附

自然保护区、林场选介

桃源洞国家自然保护区

位于湖南省东南部，县境东北隅。地理坐标北纬26°18'00"—26°35'30"，东经113°56'30"—114°06'20"。东、北与江西井冈山毗邻，南与下村乡相连，西与十都镇、策源乡接壤。面积237.86平方公里。其中，核心区72.75平方公里，缓冲区63.96平方公里，实验区101.15平方公里，分别占总面积30.58%、26.89%、42.53%。保护区内活立木蓄积161.47万立方米，森林覆盖率98.75%。保护范围覆盖4个乡(镇)、2个农林场、11个村，总人口2057人。

保护区地处罗霄山脉中段、万阳山北段之西北坡，为南岭山地向湘中丘陵过渡的边缘地带，属中山地貌。气候属中亚热带季风湿润气候区，日照少，气温低，降水多，空气湿度大，风速小，气候垂直变化大。海拔1000米以下区域，年平均气温14.4℃，1月最冷月平均气温3.9℃，7月最热月平均气温23.8℃。年降雨量1967.9毫米，相对湿度86%。无霜期220天。年雾日170.7天。海拔1000米以上区域，年平均气温12.3℃。1月最冷月平均气温2.9℃，7月最热月平均气温为20.7℃。年降雨量2292毫米，相对湿度88%以上，无霜期195天，年雾日200天以上。

土壤以山地黄壤、红壤为主，其次为山地黄棕壤、山地草甸土。除陡壁、石山、山顶、山脊外，土层厚度1米。

发源于保护区内的万阳河是沔水源头。河水流经悬崖峭壁，形成形态各异的大小瀑布1000余处。其中珠帘瀑布(落差48.2米)、神农飞瀑(落差235.2米)为精品旅游景点。监测结果表明，区内水质达到国家一级标准，地表水水质为优。

区内有维管束植物215科896属2019种。有国家重点保护野生植物74种，其中I级6种：资源冷杉、银杏、银杉、南方红豆杉、伯乐树、莼菜；II级68种：福建柏、樟树、闽楠、花榈木、厚朴、凹叶厚朴、毛红椿、红椿、喜树、香果树、黄皮树、榉树、南方铁杉、穗花杉、黄连、八角莲、杜仲、华榛、青檀、银鹊树、银钟花、兰科45种、野大豆、金荞麦。

区内有陆生脊椎动物212种，隶属4纲25目70科。其中两栖动物24种，爬行纲40种，鸟纲106种，哺乳动物42种，东洋界种类占71.7%，动物地理区划属东洋界华中区东部丘陵平原区。有国家重点保护野生动物29种。其中I级4种，II级25种。I级有云豹、金钱豹、白颈长尾雉、黄腹角雉;II 级有藏酋猴、穿山甲、水獭、大灵猫、青鼬、小灵猫、金猫、豺、獐、水鹿、林麝、苏门羚、凤头鹃隼、鸢、松雀鹰、白鹇、勺鸡、红腹锦鸡、褐翅鸦鹃等。

区内有甲水、田心里、九曲水、平坑、横泥山、桃花溪等六大景区。轮廓优美的山体,姿态各异的水体,奇险的深涧峡谷,恬静的田园风光相互渗透,融合为一个完整的景观系统。1982 年,省政府批准建立桃源洞省级自然保护区。1984 年设立桃源洞自然保护区管理所,1989 年升格为管理局,为副科级单位,行政归口县林业局,业务接受省、市有关部门指导。2002 年批准为国家级自然保护区。2004 年 10 月,管理局升为正科级事业单位,2011 年升为副处级单位。

自然资源科学考察与研究 先后开展 3 次自然资源综合考察。2001 年,湖南省林业调查规划设计院出版编制《湖南省炎陵县桃源洞自然保护区综合考察报告》。2002 年,华东师范大学开展蕨类植物的补充调查,发现本地区特有稀齿石杉和井冈山丫蕨。2006 年,中国林业科学院进行昆虫类的补充调查。

2010 年 9 月,保护区与北京师范大学合作开展黄腹角雉人工放养课题研究。先后放飞 4 批人工培育黄腹角雉 20 只。2011 年 10 月 23 日,国家林业局在保护区境内举行黄腹角雉放飞大自然活动,再次将 10 只人工培育的黄腹角雉放归大自然。这是中国首次将人工培育黄腹角雉进行大规模野外放飞。2012 年,开展濒危物种大院冷杉的样地调查,设置样地 15 个,查明保护区内共有大院冷杉 1170 株。2013 年,广州中山大学开展自然资源补充调查。

资源保护基础设施建设 2007 年,投入资金 670 万元,进行自然保护区一期基础设施项目建设,修建环卫设施,购置部分科研设备;增添巡护车和森林防火指挥车各 1 台;修建 6 个检查站和 1 个野生动物救护站及其附属设施;兴建生物防火林带 130 公里;树立界牌界桩 500 余个。2012 年,国家林业局批准桃源洞自然保护区二期基础设施建设项目,投入 1500 多万元用于自然保护区资源保护、科研宣教、基础设施等方面建设。投入资金 300 余万元,进行自然保护区一期、二期能力建设,完善科研设施设备,建立野生动物疫源疫病监测站。与野外巡护、红外相机监测相结合的方式开展野生动植物资源的监测。

国营青石冈林场

1956 年 9 月,湖南省林业厅批准建立酃县水口森林经营所,直属省林业厅。1958 年 3 月,改属郴县专署。经营石洲、十都、策源、沔渡(部分)国有山林,面积 34.23 万亩。1975 年 3 月,国家计委批准,以国营青石、五里牌、水口山林场为基础,成立国营酃县青石冈林场,列为全国 9 个主伐试点林场之一。

林场下设五里牌、水口山、青石冈、江口、木湾5个分场。内设10个股室、1个林调队，职工438人。有林区公路23条、182公里，林道149公里，防火线120公里。年生产木材1.3万立方米。

全场山林853块，散布在全县15个乡镇182个村。经营面积39.04万亩，其中林地38.93万亩。森林覆盖率95.16%，活立木蓄积151.19万立方米，活立竹蓄积373.41万株。

按林场分类属生态公益型林场。生态公益林面积35.48万亩(其中国家级32.17万亩，省级3.31万亩)，占林地面积91.13%，以阔叶林为主。生态公益林天然林保存面积16.16万亩，人工杉木林保存面积8.29万亩，蓄积40.06万立方米，保护区面积9.41万亩。

1957年4月至次年1月，水口森林经营所在海拔1100多米高的黄茅墩造林500亩，成活率90%，为县内第一次大面积造林。至1962年，完成黄茅墩、卧龙山人工造林6000余亩。1964年，将军山工区在海拔1100米的荒山造林。至1972年，造林12.51万亩(其中飞播造林9.73万亩，人工造林2.78万亩)。1999年，开始推广ABT生根粉技术处理杉苗高标基地造林，成活率超过95%，半年林木平均高提高20厘米，地径增粗20%。2003—2005年，建设阔叶林采种基地，规划面积9750亩，分布在右江、庙坝里、铁瓦仙等地。2013年，建立珍贵树种培育示范基地，面积1.26万亩，重点培育乡土珍稀树种。

1958—2014年，完成投资总额6318.43万元，其中营林生产投资5780.42万元（自筹2056.42万元)，占91.49%，累计造林29.87万亩，抚育各林种83.27万亩。

第十五篇 工 业

明末清初,县内已有丝麻纺织、竹藤编制、酿酒榨油、制砖烧瓦等家庭手工业。至清朝末年,出现小规模手工作坊和工棚,加工土纸、草席、土布、金银首饰、日用铁铜器、陶瓷器以及采煤、烧制石灰等。民国时期,采矿、冶炼、造纸、陶瓷、织布等业有所发展。1944 年,日本侵略军进逼茶陵,企业相继歇业。至 1949 年,工业产值为 6.67 万元。

中华人民共和国成立后,1951 年县政府开始建立国营工业企业。1954 年,对私营工业和个体手工业进行社会主义改造。1957 年,全县工业企业 24 个,其中国营 5 个,县属集体 19 个。工业产值 97 万元。

1958 年 6 月,全县开展“大炼钢铁”。在“大跃进”热潮鼓动下,盲目发展一批加工厂。1961 年,在调整中大部分关停。1966 年,全县工业企业 35 个,其中全民所有制企业 8 个,城镇集体所有制企业 27 个,工业产值 234 万元。

“文化大革命” 开始后, 部分企业 “停产闹革命”。1969 年, 工业产值比 1966 年下降 29.2%。1970 年后,大力发展“五小”工业,兴建电机、化工、造纸、萤石、氮肥、竹木加工、陶瓷、电石等国营与集体企业。同时以国家投资为主,兴建水口、石洲等 26 处小水电站。1978 年,全县工业企业发展到 90 个,工业产值 2068 万元。

1979 年起,贯彻“调整、改革、整顿、提高”方针,先后关闭萤石矿、氮肥厂,淘汰一批市场竞争力不强的产品。同时依托县内资源优势,开展横向经济协作与联合,兴建筷子篓电站、铁合金厂、出口工艺瓷厂、清水笋厂等骨干企业,扩建改造水泥厂、造纸厂。开发硅铁、工业硅、板式家具、工艺陈设瓷、羽绒制品等产品 40 余种。在企业管理上,实行厂长责任制和承包经营责任制。至 1988 年,初步形成以森工、水电、矿产为支柱,家具、造纸、冶金、化工、建材为主体的工业格局。1990 年,全县工业企业 1053 个,工业产值 4524 万元(当年价 8741 万元),其中乡镇及以上独立核算工业企业 84 个,产值 3422 万元(当年价 6602 万元)。实现利润 369 万元、税金 566 万元。职工 4273 人,固定资产净值 6958 万元。

20 世纪 90 年代,通过租赁、转让、拍卖、股份制改造、破产重组等多种形式改革,县乡工业焕发新的活力。2000 年,全县工业产值 9.01 亿元,比 1990 年增加 8.35 亿元,增长 12.65 倍。

进入 21 世纪,县委、县政府引导社会资金开发小水电;以工业园区为平台,引进纺织、服装、硬质合金、信息电子、农产品加工等企业,带动全县工业发展。至 2014 年,有规模工业企业 84 家，产值 82.27 亿元，比 2000 年增长 8.13 倍（其中非公有制企业产值 72.10 亿元）。规模企业主要产品产量：发电量 8.81 亿千瓦时，棉纱 4.92 万吨，水泥 14.34 万吨，人造板 26.94 万立方米，玻璃纤维 2.02 万吨，混合饲料 4.57 万吨，铁合金 8200 吨。

第一章　电力建设

县内溪河纵横，雨量充沛，水流落差大，水力资源蕴藏量 30.92 万千瓦，可开发量 23.81 万千瓦。

炎陵县水能资源情况表

表 15-1

河流水系	理论蕴藏量（千瓦）	可开发水能资源		可规划电站（处）
		装机容量（千瓦）	年发电量（千瓦时）	
洣　水	146105	109947	57923	139
斜濑水	80220	78099	39529	58
沔　水	81620	50071	27521	96
东风河	1290	—	150	1
合　计	309235	238117	125123	294

小水电建设始于 1958 年。1966 年，发展水轮泵，带动小型电站发展。1973 年逐步形成县、社、队多层次办电格局。1983 年，有农民个体和联户兴办电站。当年，列为全国 100 个农村电气化试点县之一。至 1985 年，全县建有小水电站 230 座，装机 2.01 万千瓦。1987 年 3 月，经国家水利电力部验收，成为全省第一个农村电气化（初级阶段）达标县。1989 年 3 月，成立酃县小水电公司，对县内 5 家国营电站实行统一管理，对乡、村电站实行行业管理。

20 世纪 90 年代，小水电列为县域经济发展支柱产业之一。1990 年年末，全县有小水电站 233 座，装机 3 万千瓦。乡镇及以上独立核算水电工业企业 13 个，职工 683 人，固定资产 3963 万元，完成工业产值 785 万元（当年价 861 万元），实现利润 304 万元、税金 43 万元。分别占全县工业企业总产值、利润、税金的 13.0%、46.4%和 7.6%。另有村办小水电站 14 个，从业 46 人，固定资产 29 万元，完成工业产值 29 万元（当年价 45 万元）。当年获省政府颁发“农村电气化县”锦旗。1997 年 1 月，撤小水电公司，分设县发电公司和供电公司。

2000 年 8 月，中共炎陵县委、县人民政府作出关于加快小水电建设步伐的决定，鼓励社会资金兴建电站。2009 年 6 月 3 日，湖南省人民政府同意炎陵县电网由省电力公司代管。12 月 17 日，正式签订代管协议。2014 年末，全县水电站实现工业产值 2.98 亿元，税金 4029.67 万元，从业人数 1864 人。其中国有电站 7 座，装机 2.7 万千瓦，固定资产 2.06 亿元，年发电 12848 万千瓦时，完成工业产值 3201.74 万元。

第一节　电站建设

1958 年4 月，县人民委员会动员县城机关干部、工人、学生和居民参加义务劳动，开挖渠道，在城关修建全县第一座水电站—湘山寺电站。电站引水渠长 1500 米，坝高 2 米，装机 124 千瓦 /1 台，水轮机叶轮为木质，次年 1 月投产。1962 年，重建前池和厂房，装机 2 台 /250 千瓦，1964 年 5 月投产，更名城关电站。同年，水口人民公社抽调劳力，修建装机 125 千瓦的牛牯潭电站，为第一座社办电站。至 1970 年，全县建成水轮泵电站 67 处，装机 75 台 /1467 千瓦。1971—1972 年，又建成河东、泷湖两座县办电站。至 1972 年底，全县有电站 98 处，装机 105 台，容量 3085 千瓦。

1973 年 10 月，中共酃县县委从各人民公社调集 3000 民工，兴建水口电站。民工自带工具和粮食，每人每天补助大米 0.25 公斤，伙食费 0.4 元，由民工所在生产队计工分。交队工资由电站打欠条，待电站投产后分 5 年偿还。全部土建工程由县内民工承担。36 个施工连队中，有 29 个在高山上搭棚宿营。全长 8.5 公里的渠道，均修在悬崖峭壁上，生活物资、基建材料靠肩挑背负，施工面又成运输线。第一期工程历时 3 年，肩挑物资 6.2 万吨，开挖土石方 93 万立方米，完成浆砌 5.8 万立方米。1977 年 4 月 9 日一号机组投产，装机 3000 千瓦。

在修建水口电站的同时，中共酃县县委制定“谁建谁有谁受益”政策，调动社队办电积极性。至 1982 年，石洲、中村、三河、平乐、策源、沔渡、十都、船形、垄溪等公社先后建成社办电站 9 个，装机 30 台 /5465 千瓦。水口公社完成牛牯潭电站增容工程。沔渡公社苍背大队，十都公社晓东、南流、太坪、黄上大队，下村公社同乐大队，塘田公社天堂大队建成队办电站 7 个，装机 12 台 /1305 千瓦。

1983 年，着手实施农村电气化规划。11 月动工兴建筷子篓(水库)电站和水口电站二期增容工程。筷子篓电站工地处于高山峡谷之中，交通困难，施工人员采用陆运、水运、索道运输一齐上的办法，进场材料得以及时供应。县水电技术人员邓春明等在省水电厅宓维孝指导下，设计出超薄型双曲砌石拱坝方案，减少工程量 28.6%，节省工程造价 191 万元。大坝基础开挖引进光面预裂爆破技术，保证了开挖质量和基础完整，缩短工期 3 个月。衬砌压力输水隧洞采用薄层素混凝土喷护洞壁，节省钢筋混凝土 800 立方米，减少石方开挖 1000 余立方米，节约木模用材 120 立方米。

同一时期，县内为解决缺电死角用电问题，采取联办、户办等多种形式，兴办一批微型电站。1983 年，垄溪乡农民周良平修建 1 千瓦小电站，除自家用电外，还免费供应 1 户邻居用电。1986 年 4 月，中村罗浮江 23 户农民联办 40 千瓦电站投产。当年，全县有大小电站 232 处，装机 268 台 /20208 千瓦。其中，县办 5 处，装机 13 台 /10640 千瓦，占总容量 52.7%；乡、村、组办 225 处，装机 253 台，容量 9527 千瓦，占 47.1%；户办、联户办 2 处，装机 2 台 /41 千瓦，占 0.2%。

1987 年 12 月，水口电站二期工程竣工投产，装机 2×3000 千瓦。1988 年 7 月，筷子篓电站竣工投产，装机 3×1000 千瓦。

1949—1990 年，全县电站建设共投资 5062 万元。其中，省、地投资 850.8 万元，县自筹 1231 万元，乡村集资、群众自筹 1300 万元，贷款 1623 万元，其他投资 57.2 万元。投入劳动工日 1200 万个。完成工程量 164.29 万立方米。其中，土石方 148.95 万立方米，浆砌石 11.92 万立方米，混凝土和钢筋混凝土 3.42 万立方米。

20 世纪 90 年代，各乡镇积极开发小水电。龙渣瑶族乡龙珠电站、水口镇浆村电站、中村乡罗浮江电站、下村乡判官岭电站以及龙渣乡龙凤电站等相继建成发电。

2000 年 8 月 1 日，中共炎陵县委、县人民政府颁发《关于加快小水电建设步伐的决定》，实施各种优惠政策与激励措施，鼓励、引导社会力量筹措资金开发小水电。当年 10 月，第一家民营电站——筒车湾电站动工；12 月，第一个股份制电站——大院一级电站动工。随后，小水电开发成为热点。至 2014 年，全县新建和改造电站 115 座（其中装机 500 千瓦以上电站 110 座），总装机 18.2 万千瓦，年发电量 7.43 亿千瓦时。共计投入资金 8.6 亿元。同时，淘汰改造单机 100 千瓦及以下电站和微型电站 200 余个。年末，全县有电站 145 座，装机 22.31 万千瓦，占水能可开发量 93.7%。

2014 年炎陵县并网电站（装机 500 千瓦及以上）情况表

表 15-2

序号	电站名称	属性	地址	装机（千瓦/台）	年发电量（万千瓦时）	流量（立方米/秒）	水头高（米）	动工时间	投产时间	投资（万元）
1	河东	县	三河源头	720/2	197	1.96	52	1969	1971.11	130.00
2	水口	县	水口自源	16350/5	8349	9	234	1973.11	1977.4	1052.00
3	石洲	乡	石洲双江	1260/2	560	2	60	1974.12	1978.9	105.00
4	三河	私营	三河石潮	695/5	372	13.5	6.3	1977.12	1979.3	51.00
5	沔渡	镇	沔渡晓阳	500/4	411	10.5	6.2	1978	1980.4	47.30
6	策源	乡	策源长兴	1500/3	574	5.3	24	1978.10	1980.5	102.00
7	船形	乡	船形春江	640/4	300	12.8	8.3	1979	1982.1	75.00
8	垄溪	私营	垄溪坂溪	1200/4	329	1.0	70	1979	1980.8	242.00
9	十都	私营	十都深垄	640/4	256	12.8	8.3	1980	1981.8	75.50
10	同乐	村	下村同乐	570/2	231	0.54	100	1980.12	1982.12	270.00
11	筷子篓	县	下村长溪	3750/3	1452	8.5	48	1983.11	1988.7	1302.00
12	木湾	私营	水口木湾	3000/3	1895	5.7	21	1987.6	1991.5	999.70

续表 15-2

序号	电站名称	属性	地址	装机（千瓦/台）	年发电量（万千瓦时）	流量（立方米/秒）	水头高（米）	动工时间	投产时间	投资（万元）
13	甲水	私营	十都皮坑	600/3	370	5.58	14.6	1987	1990.7	178.00
14	江春	私营	水口浆村	1200/3	665	5.19	32	1990.3	1991.05	420.00
15	龙珠	乡	龙渣乡龙渣	2040/3	825	0.321	246	1992	1995.8	320.00
16	黄石	县	鹿原江口	1600/4	808	16	14	1992	1996.6	925.00
17	罗浮江	县	中村罗浮江	1200/3	462	3.45	47	1993	1996.10	350.00
18	判官岭	私营	下村长远	2000/4	665	1.53	97	1993.11	1996	570.00
19	霞江	私营	鹿原江口	1200/3	403	12.9	12.9	2000	2002.7	492.00
20	筒车湾	私营	水口木湾	750/3	481	1.4	80	2000	2002.3	250.00
21	小湾	私营	水口小湾	5000/2	2363	9.0	70	2001.8	2004.4	2849.74
22	两江口	私营	垄溪牛塘	500/2	115	0.74	85	2001	2002.7	220.00
23	旱田	私营	霞阳旱田	4200/3	2100	18.0	23.3	2001.9	2005.06	1551.40
24	上洞	私营	策源上洞	2000/2	920	2.16	99	2001.11	2003.6	800.00
25	月岭	私营	垄溪月岭	650/2	248	0.43	190	2001.11	2003.6	185.00
26	红星桥	私营	龙渣新开	6600/2	2500	2.51	240	2001.11	2003.11	2500.00
27	大院	股份制	大院六队	2500/2	1200	0.97	338	2001.12	2002.9	930.00
28	柳树坝	私营	石洲柳树坝	1200/3	580	1.24	120	2002.3	2004.3	410.00
29	黄挪潭	私营	策源瓷器窑	1200/3	610	5.36	25	2002.3	2003.6	490.00
30	白石墩	私营	下村坪坑村	1890/3	935	1.41	138	2002.3	2004.4	770.00
31	新屋	私营	垄溪牛塘	1120/3	490	1.10	135	2002.3	2004.8	400.00
32	平湖	私营	策源平湖	1600/2	762	4.36	24	2002.3	2003.11	774.00
33	龙潭	私营	中村龙潭	1600/2	714	2.34	84	2002.8	2004.4	594.60
34	下坪	私营	策源下坪	3630/2	1200	2.6	101	2002.8	2004.8	960.00
35	青石冈	私营	十都青石岗	1500/3	343	1.356	75	2002.8	2003.12	600.00
36	密花	私营	十都镇	1890/3	800	0.76	180	2002.8	2003.12	675.00
37	上井	私营	十都镇	500/3	225	0.35	130	2002.8	2003.12	192.00
38	梨木坳	私营	石洲石坝村	800/2	305.8	1.72	60	2002.9	2004.3	305.55
39	乐富	私营	平乐乡	2000/2	480	0.52	250	2002.9	2005.01	370.00
40	双泷	私营	船形乡	1500/3	750	7.2	28	2002.10	2003.12	603.30

续表 15-2

序号	电站名称	属性	地址	装机（千瓦 / 台）	年发电量（万千瓦时）	流量（立方米 / 秒）	水头高（米）	动工时间	投产时间	投资（万元）
41	梨树洲	私营	策源梨树洲	5000/2	2400	0.986	547	2002.10	2005.12	2208.34
42	小横溪	私营	下村乡	1040/2	480	1.25	100	2002.12	2004.12	450.00
43	石禾坪	私营	策源乡	3200/2	1450	1.76	244	2003.04	2005.09	1200.00
44	螃蟹山	私营	平乐乡	1200/3	578	0.6	270	2003.04	2005.01	567.00
45	深渡	私营	垄溪乡	6400/2	3000	24.7	64.5	2003.04	2005.12	2900.00
46	长龙	私营	沔渡	960/3	441	3.56	25	2003.04	2005.01	300.00
47	井水湾	私营	十都镇	1320/3	499	1.57	75	2003.06	2005.12	328.00
48	江桥	私营	沔渡镇	2000/2	900	2.73	89	2003.06	2005.12	850.00
49	中坪	私营	下村乡	2000/3	818	1.953	105	2003.07	2005.07	800.00
50	牛夹	县	水口镇	1500/3	600	9	29	2003.07	2009.04	33.00
51	凉山	私营	平乐乡	1500/3	750	1.2	120	2003.07	2005.05	541.00
52	月洲湾	私营	船形乡	3000/3	1500	23	12	2003.07	2006.11	1890.00
53	鲁坑	私营	鹿原镇	1600/5	805	1.46/1.58	38/110	2003.07	2005.12	621.00
54	青山下	私营	水口镇	3200/3	1451.8	17.1	25	2003.08	2012.02	2012.03
55	进江源	私营	石洲乡	1000/2	480	0.748	200	2004.01	2005.01	490.00
56	龙沣	私营	龙渣乡	800/3	348	1.68	60	2004.01	2007.03	361.00
57	湘源	私营	中村乡	3830/3	1450	16.8	32	2004.01	2009.06	1800.00
58	将军山	私营	石洲乡	720/2	155	0.50	200	2004.01	2006.01	311.00
59	洋溪	私营	十都	7500/3	2818	11.1	100	2003.3	2006.3	3136.00
60	新生	私营	船形乡	12000/3	4160	14.0	95	2004.2	2007.11	9248.4
61	龙坡	私营	鹿原镇	1500/3	620	0.82	110	2004.02	2009.05	700.00
62	打鸟坳	私营	策源乡	1320/2	320	0.32	350	2004.03	2007.01	374.00
63	铁钩	私营	垄溪乡	820/2	308	0.38	150	2004.03	2007.03	595.00
64	龙沟	私营	十都	1260/2	445	0.99	90	2004.04	2005.10	529.00
65	车坪	私营	平乐乡	640/2	300	0.235	207	2004.05	2005.09	284.00
66	光明	私营	龙渣	800/2	328	0.18	165	2004.05	2006.05	259.00
67	月形	私营	下村乡	1890/3	750	1.38	145	2004.06	2007.05	1200.00
68	白源	私营	水口	640/2	247	1.42	66	2004.07	2006.01	310.00
69	梨源	私营	水口镇	1200/3	612	0.68	150	2004.07	2006.07	560.00

续表 15-2

序号	电站名称	属性	地址	装机（千瓦 / 台）	年发电量（万千瓦时）	流量（立方米 / 秒）	水头高（米）	动工时间	投产时间	投资（万元）
70	云里二级	私营	下村乡	1500/3	600	0.54	100	2004.07	2006.01	800.00
71	梅花岭	私营	船形乡	1200/3	500	0.88	220	2004.08	2006.05	665.00
72	太和塘	私营	沔渡	1890/3	945	25	9.5	2004.08	2007.08	957.00
73	淞江	私营	水口镇	3000/3	1200	2.01	200	2004.08	2008.08	2145.00
74	金源（板坑）	私营	策源乡	1200/3	527	6.72	25	2004.08	2008.03	390.00
75	东岭（竹园）	私营	策源乡	1500/2	450	0.72	180	2004.09	2008.06	549.00
76	双山里	私营	下村乡	1030/3	320	2.1	68	2004.09	2006.09	417.00
77	恩龙	私营	龙渣乡	1580/2	450	0.942	140	2004.09	2005.12	426.00
78	大横溪	私营	下村乡	1500/3	700	0.85	190	2004.09	2007.01	700.00
79	坦下	私营	船形	1050/3	367	0.26	260	2004.11	2006.11	215.00
80	洪水江	私营	策源乡	1260/2	520	0.56	310	2004.11	2007.07	644.00
81	风油山	私营	下村乡	640/2	182	0.9	105	2004.12	2006.11	284.00
82	泷湖	县	鹿原镇	1890/3	980	21	14.6	2004.12	2006.01	980.00
83	洋东	私营	十都镇	3250/3	1400	12.84	24	2005.01	2009.12	1600.00
84	鹫峰	私营	下村	1200/3	217	0.63	252	2005.01	2010.01	515.00
85	石坝里	私营	石洲乡	825/3	230	2.57	120	2005.02	2009.07	220.00
86	银新	私营	沔渡镇	1660/3	650	20.8	12.5	2005.02	2009.12	780.00
87	联西	私营	中村乡	520/2	210	0.176	300	2005.03	2009.11	200.00
88	棚下	私营	船形乡	1000/2	297	0.69	145	2005.05	2007.06	362.00
89	深坑垄	私营	策源乡	1000/2	218	0.63	180	2005.06	2007.06	299.00
90	竹山下	私营	平乐乡	640/2	182	0.48	170	2005.06	2007.04	250.00
91	岭下	私营	十都镇	1890/3	850	0.525	480	2005.06	2010.09	900.00
92	左江龙	私营	十都镇	1000/2	420	0.3	220	2005.07	2007.03	500.00
93	大源（大坑）	私营	三河镇	1200/3	500	2	80	2005.08	2007.06	500.00
94	竹叶潭	私营	船形乡	1250/3	520	2.16	32	2005.08	2010.01	680.00
95	茶垄	私营	垄溪乡	720/2	300	0.6/1.28	164/38	2005.09	2009.11	320.00
96	大水	私营	十都镇	1600/4	436	1.23	130	2005.09	2007.11	580.00
97	大风垄	私营	水口镇	1890/3	811.40	26	9	2005.11	2007.12	1032.80
98	泥湖	私营	下村乡	800/2	386	0.85	120	2006.01	2007.01	321.00

续表 15-2

序号	电站名称	属性	地址	装机（千瓦/台）	年发电量（万千瓦时）	流量（立方米/秒）	水头高（米）	动工时间	投产时间	投资（万元）
99	源坪	私营	水口镇	1030/2	350	0.334	400	2006.01	2010.12	380.00
100	龙泉(横山下)	私营	垄溪乡	640/2	250	0.72	80	2006.01	2008.09	250.00
101	打谷垄	私营	十都镇	820/2	320	1.64	72	2006.01	2008.07	392.00
102	双堂	私营	船形乡	570/2	200	12.3	6.2	2006.01	2007.10	220.00
103	雷公潭	私营	水口镇	1260/2	500	11	15	2006.03	2008.04	700.00
104	宇龙	私营	策源乡	800/2	262	0.25	340	2006.03	2008.03	380.00
105	九墩桥	私营	平乐乡	1200/2	432	0.738	188	2006.03	2007.05	538.00
106	桐睦	私营	船形乡	1580/3	700	3.15	91	2006.03	2009.06	750.00
107	黄泥湾	私营	水口镇	1000/2	420	7.2	14.9	2006.03	2010.02	660.00
108	青山	私营	平乐乡	1040/2	468	1.89	98	2006.03	2007.07	1024.00
109	大坪	私营	策源乡	1460/4	650	0.56	300	2006.06	2008.03	700.00
110	岗背山	私营	水口镇	1000/2	420	0.68	100	2006.06	2010.11	650.00
111	陈家源	私营	十都镇	500/2	200	0.48	140	2006.07	2009.01	200.00
112	九潭山	私营	中村乡	610/2	280	0.26	250	2006.08	2008.04	280.00
113	小茅坪	私营	平乐乡	1000/2	420	0.76	85	2006.08	2010.12	650.00
114	婆婆仙	私营	十都镇	500/2	260	0.99	87.5	2006.09	2009.07	300.00
115	茅坪	私营	平乐	1570/5	372	1.75	35	2006.11	2008.11	630.00
116	龙须沟	私营	水口镇	520/2	200	0.282	300	2007.01	2008.04	200.00
117	双奎	私营	龙渣乡	2400/3	748	1.76	90	2007.01	2008.09	500.00
118	长兴	私营	策源乡	500/2	200	0.286	200	2007.02	2008.11	210.00
119	黄沙龙	私营	水口镇	1030/2	350	0.18	300	2007.06	2008.08	350.00
120	安坑	私营	石洲乡	1000/2	267	2.4	37	2008	2011.08	361.00
121	坂溪	私营	垄溪乡	640/2	250.24	2.42	40	2009	2011.1	370.00
122	大岭背	私营	下村乡	1200/3	376.36	1.025	136	2009	2012.05	738.00
123	横岗	私营	下村乡	1280/4	269.5	0.72	300	2010	2011.08	359.00
124	马道	私营	石洲乡	650/2	233	0.304	170	2010.02	2012.02	367.00
125	西坑	私营	大院西坑	1130/2	516	2.8	185	1992	1996	482.00
126	横雾	私营	大院西坑	1530/3	658	1.5	135	2008	2010.1	682
127	龙源	私营	中村龙潭	640/2	206	0.23	220	2003	2005.10	240

附

电站选介

水口电站 国有企业。位于水口镇自源村。1973年10月27日动工修建，总投资1051.74万元。为引水式高水头电站，水头高242米，渠道长8.5公里，宽3米，高2.7米，流量9立方米/秒。渠道附属建筑物有50米长隧洞1个、沉沙池1个、平交道4处、泄洪闸5个、拱涵15处（长1481米）。压力前池高8.3米、宽14米、长40米。出水室3孔连接3条压力管道，单管长596米。单机流量每秒1.37立方米。设计装机5×3000千瓦。厂房建筑面积1100平方米，有主厂房中控室和水机房以及3.5万伏升压站。变压器容量2.8万千伏安。第一期工程土建任务由县内组织民工施工，输电线路由湖南省机电工程处架设，压力管道由湖南省冶金一公司二处制造安装，并由水府庙电站派人支援安装第一台机组。1977年4月9日，一号机组建成投产，中共湖南省委第二书记张平化、省农委主任史杰剪彩。电站二、三号机组均由该站技术人员和工人安装调试，并于1979年9月发电。由于工程艰险，修建过程中12名民工因公死亡，58人致残。1981年，国家水利电力部授予全国小水电管理先进单位称号。1987年12月，四、五号机组发电。1986—1990年，连续5年获湖南省优秀电站称号。1988年和1989年，又连获水电部全国小水电优秀电站称号。1990年，有职工184人，固定资产1118万元，年发电量7134.75万千瓦时，平均年利用3430小时。1992年起，连续12年获评湖南省文明建设先进单位。

1998年，遭受"6.2洪灾"，阿弥陀地段水渠滑坡。遂投资137.6万元，改由隧洞输水。全长524米，次年5月竣工。2001年3月至2002年3月，投资126万元实施一号机组增容改造工程，增容600千瓦。2006年6月至2012年3月，三、四号机组增效扩容（其中，三号增容600千瓦，四号增容250千瓦）。辅助及直流系统、全站微机综合自动化技改电气化建设项目等，共投资883万元。2011年开始修建芒头排隧洞，2014年12月主体工程完工，全长1060米，投资450万元。2014年，5台机组总装机1.65万千瓦，年发电量8349万千瓦时。固定资产1.22亿元。

石洲电站 石洲社办电站。位于石洲乡双江村百丈寨。为引水式电站，水头高60米，引水渠长1300米，流量2立方米/秒。厂房基建面积510平方米，安装2×500千瓦机组，为县内社办装机最大电站。1974年冬开工，1978年10月建成投产，总投资105万元。1990年，有职工30人，固定资产129.8万元，年发电量546.61万千瓦时。2013年，被列为湖南省农村水电增效扩容改造项目，批复投资375.5万元，2014年完工。至2014年末，有固定资产300万元，年发电量560万千瓦时，产值112.32万元。

筷子篓电站 国有企业。位于下村乡长溪村筷子篓峡谷。为水库坝后式电站，系水口电站梯级配套调节工程。1983年11月动工，1988年8月，3套机组建成发电。次年10月，库坝全部竣工。工程由省地质局水文二队勘探，湘潭市水电设计队、株洲市水电局和县水电局共同组织力量设计。工程实行全承包，总投资1302万元（含水口电站增容工程265万元）。电站分大坝枢纽、输水道、厂房3大主体工程。大坝枢纽由拱坝、溢洪口、启闭机台、闸门控制室等组成。采用省内先进超薄壳双曲拱坝工艺,混凝土砌石结构。坝高60.2米,底宽6米,顶宽3米。坝底弧轴长125.28米,坝顶弧轴长130.06米。水库集雨面积116平方公里,总库容850万立方米。输水道由进水室、压力隧洞、压力钢管组成。压力隧洞内径2米,长243米,水流量每秒8.5立方米。压力钢管3根,各长22米,单机流量每2.7立方米/秒。厂房建筑面积997平方米。主厂房安装3×1000千瓦卧式发电机组;副厂房设有控制室、高压开关室、电气试验室和通讯载波室。尾水渠与水口电站引水渠连成一体。室内装有3.5万伏主变压器1台,容量4000千伏安,经5.3公里线路输至水口电站升压后输出。1990年末,有职工79人,固定资产1053万元,年发电量1040.27万千瓦时。1992年和1993年电站拱坝工程分别获湖南省水电厅、省科委和省建委优秀设计、科技进步、科技成果奖。

2013年被列入湖南省农村水电增效扩容改造实施项目,2014年12月竣工,装机容量3×1250千瓦。项目投资1046.5万元,其中中央补助资金375万元,省级配套资金100万元。2014年,发电1452万千瓦时,固定资产5021.7万元。

木湾电站　位于水口镇木湾村。1987年6月,由合资企业上鄢铁合金厂动工兴建,1991年5月建成投产,装机3×800千瓦,总投资999.7万元。为县内首家站厂自供电站。电站从洣水大凤垄峡谷筑坝引水,坝高12米,水头高22米,水渠长1300米,单机流量每秒4.8立方米,年利用小时4529小时,是县内发电效益最好的电站。2001年5月,在县工业企业改制中,电站与铁合金三厂整体转让民营企业。2014年,进行技术改造和扩容,装机3×1000千瓦。当年有固定资产1000万元,年发电量1895万千瓦时。

大院一级电站　县内第一个股份制电站。位于大院农场西坑。为引水式径流电站,引水坝高6.07米,渠道长2.96公里,压力钢管长937米,水头高335米。装机2×1250千瓦,年发电量1200万千瓦时,总投资960万元。2000年动工,2002年9月建成投产。2014年,固定资产930万元,年发电量1200万千瓦时。

梨树洲电站　民营企业。位于策源乡梨树洲村。湖南省最高水头电站,水库集雨面积13平方公里,库容130万立方米,具有调峰能力。电站水头高570米,装机2×2500千瓦。2002年10月动工,2005年12月建成投产,年发电量2400千瓦时,总投资2208.34万元。2014年,固定资产2850万元,发电量2400万千瓦时。

第二节　电网建设

一、输电线路

1959年,县内有一条由湘山寺电站至汽车站(今炎陵宾馆)10千伏供电线路,长约0.5公里。20世纪60年代,社队小水电多为自发自供,供电负荷轻,范围小。60年代末,江口电站建成投产,县内架设一条长11公里的南片10千伏联网线路。70年代初期,河东、泷湖电站相继建成,又架设城关至塘田全长33公里的西片10千伏线路。

1977年4月,水口电站至县城全长26.8公里的35千伏线路竣工运行,总造价42万元。此后,相继延伸南、西片供电线路,新架设东片供电线路。随着各社办电站兴起,站与站、站与网10千伏线路联通。1979年10月,架设从水口电站至水口小湾6.3公里110千伏线路,与国家电网(花茶线)并网。至1982年,形成以县网为主体,与国家电网并网的格局。

1983年,对全县电网进行改造。筷子篓电站建成以及水口电站增容完成以后,拆除小湾110千伏线路"T"接点,将线路延伸23.85公里至深坑变电站,全长30.15公里。工程由省水利勘测设计院设计,湘乡谷水输变电安装公司施工,造价241万元。对县网10千伏主干线路分期分批进行改造,将原木制电杆换成水泥电杆。1984年,结合开展"一查五定",对全县3000余户电炊户所在乡镇、村组高低压供配电线路及变压器、计量设备进行全面整顿改造。至1990年,县网建成110千伏线路1条30.15公里,35千伏线路5条39.28公里,由县电网直接供电的10千伏线路185条265.1公里,各用电单位低压主干线路1650公里。

1992年,投入130万元,改造水口电站至深坑变电站、县城至深坑变电站线路。至1996年,架设木湾、浆村、黄石、判官岭、罗浮江等改造和新建电站上网线路共44.9公里。1999—2003年,实施国家农网改造项目。全县完成新建和改造10千伏线路130.89公里、低压线路1258.76公里;台区村网改造116个;新增和更换高耗能配电变压器1220千伏安;抄表到户改造4.07万户。共计投资5012万元。2010—2014年实施农网改造升级工程,总投资1.39亿元。其中,农主网工程投资4044万元,建设项目4个,完成35千伏南冲变电站建设,新建或改造35千伏线路10条55.2公里。农配网工程投资9495万元,建设项目29个,新建或改造10千伏线路34条239.8公里,低压线路775.4公里,新增或改造配电变压器335台;完成95个行政村改造升级,户表改造5040户。株洲市最后一个无电村——梨树洲村供电全部入户。县电力公司自筹资金828万元,用于农村集抄改造工程建设,共完成农网94个台区1.03万户集抄改造装置和公变台区487个集中器装置,实现运行在线监测。全县农网户均配电容量由0.5千伏安提高到1.14千伏安。供电可靠率RS3值由99.45提高到99.54。

2014年年末,全县有10千伏线路46条,长868.9公里。其中,城网22条,长80.42公里;农网24条,长788.48公里。有35千伏线路16条,长165.97公里;110千伏线路13条,长158.83公里。

2014年炎陵县35千伏及以上电网线路表

表15-3

序号	线路名称	两侧电站	导线型号	长度(公里)	电压等级(千伏)	调度关系
1	洋沔线	洋溪电站510—沔508	LGJ-185/30	10.165	110	代维
2	竹中线	竹园变522—中村变504	LGJ-185/30、 LGJ—185/45、 LGJ-240/40	31.412	110	代维
3	竹高线	竹园变508—高水桥变504	JL/G1A-240/40	6.841	110	局属

续表 15-3

序号	线路名称	两侧电站	导线型号	长度(公里)	电压等级(千伏)	调度关系
4	竹高沔线	竹沔线 #24 杆至高水桥变 502	JL/G1A-240/40	0.509	110	局属
5	竹沔线	竹园变 514 至沔渡变 502	JL/G1A-240/40	18.453	110	局属
6	竹桃线	竹园变 502 至桃源变 508	1×JL/G1A-240/40	17.468	110	局属
7	水桃线	水口电站 510 至桃源变 502	LGJ-120/20	7.525	110	局属
8	船深线	船形变 504 至深坑变 504	LGJ-150/20	20.317	110	局属
9	中桃线	中村变 506 至桃源变 506	LGJ-150/25	15.245	110	局属
10	竹段线	竹园变 504 至段家坳变 504	LGJ-300/40	12.739	110	局属
11	竹段深线	深坑变 506 至竹段线 #12 杆	LGJ-120/20	6.19	110	局属
12	段深线	段家坳 502 至深坑变 502	LGJ-240/40	3.374	110	代维
13	竹回线	竹园变 512 至牵引变 502	JL/G1A-120/25	8.587	110	局属
14	筷水线	筷 410 至水 406	LGJ-95/20	5.56	35	局属
15	段城线	段 406 至城 406	LGJ-120/25	7.561	35	局属
16	段河线	段 414 至河 406	LGJ-120/25 （#001-#015） LGJ-70/16 （#015-#050）	9.573	35	局属
17	大小线	大 402 至小 404	LGJ-70/10	8.995	35	局属
18	中湘桃线	中 416 至湘 410 至桃 414	LGJ-120/25	16.362	35	局属
19	桃策 I 线	桃 402 至策 402	LGJ-150/25	9.742	35	局属
20	桃下线	桃 418 至下 402	LGJ-120/20	17.417	35	局属
21	段银线	段 402 至深 408	LGJ-150/25	5.792	35	局属
22	沔小线	沔 406 至小 402	LGJ-120/25	6.932	35	局属
23	沔霞线	沔 404 至霞 414	LGJ-120/25	16.818	35	局属
24	东沔线	东 410 至沔 414	LGJ-95/20	7.891	35	代维
25	水竹线	水口电站 402 至竹园变 444	JL/G1A-95/20、 LGJ-70	23.715	35	局属
26	竹城线	竹园变 436 至城关变 402	JL/G1A-150/25	6.5	35	局属
27	竹霞线	竹园变 442 至霞阳变 402	JL/G1A-150/25、 LGJ-185/35	5.834	35	代维
28	船南线	船形变 402至南充变 402	JL/G1A-120/25	9.279	35	局属
29	深霞线	深 404 至霞 414	LGJ-120/25	8	35	局属

二、变电站

1976年，水电部门在碧江苗圃兴建城关35千伏变电站，变电容量2×4000千伏安。由湘潭地区电业局设计，县内技术人员安装。总投资28.96万元。工程于1977年6月竣工，形成以水口电站为主体的全县发供电网络。

1986年冬，筹建深坑110千伏变电站，1987年10月安装，次年10月竣工。变电容量2×10000千伏安，总投资251.67万元，由水口电站负责安装。对解决电源中心远离工业负荷中心的矛盾，增大输送容量，降低线路损耗起到显著作用。

1992年4月，动工兴建水口坝头35千伏变电站，1995年4月竣工。变电容量6300千伏安，总投资165.89万元。解决了南片电站上网难以及生产、生活用电难等问题。同一时期动工兴建河光35千伏变电站，于1995年5月竣工，投资174.45万元。变电容量1.26万千伏安。较好地解决了西片各乡镇及炎帝陵景区用电问题。2006年12月，由县星河股份有限责任公司投资兴建的中村110千伏变电站竣工投运，变电容量4万千伏安，投资1416.5万元。同期竣工的还有船形110千伏变电站，变电容量4.15万千伏安，投资1479.88万元。

2012年10月，在垄溪乡西坑村动工兴建竹园220千伏变电站，远景规模变电容量3×18万千伏安。一期1×18万千伏安，于2014年1月投入运行。

2014年年末，全县有35千伏及以上变电站17座。其中，110千伏7座，220千伏1座，变电容量59.28万千伏安。

2014年炎陵县35千伏及以上变电站统计表

表15-4

序号	变电站名称	电压等级（千伏）	投运时间	台数（台）		容量（千伏安）	
				合计	有载调压变压器	合计	有载调压变压器
1	竹园变电站	220	2014.01	1	1	180000	180000
2	深坑变电站	110	1989.11	2	2	40000	40000
3	船形变电站	110	2006.10	2	1	41500	31500
4	桃源变电站	110	2004.09	2	2	56500	56500
5	中村变电站	110	2006.12	2	2	40000	40000
6	高水桥变电站	110	2014.12	1	1	31500	31500
7	段家坳变电站	110	2012.04	1	1	50000	50000
8	沔渡变电站	110	2006.01	2	1	47500	31500

续表 15-4

序号	变电站名称	电压等级（千伏）	投运时间	台数(台)		容量(千伏安)	
				合计	有载调压变压器	合计	有载调压变压器
9	霞阳变电站	35	2002.08	2	2	16000	16000
10	城关变电站	35	1977.04	2	2	20000	20000
11	小江变电站	35	2003.10	2	2	16000	16000
12	河光变电站	35	1995.05	2	0	12600	12600
13	坝头变电站	35	1995.4	2	0	6300	—
14	策源变电站	35	2007.05	2	2	12600	12600
15	下村变电站	35	2007.10	2	0	8000	—
16	南冲变电站	35	2014.05	1	1	6300	6300
17	龙渣变电站	35	2012.12	2	2	8000	8000

附

变电站选介

城关变电站　城关 35 千伏变电站是县内第一座变电站，也是第一座全自动化变电站。位于县城湘山公园，占地面积 50 亩，1976 年初动工兴建，1977 年 4 月投运，变电容量 2×4000 千伏安。2012 年 11 月，进行整体扩容改造，2013 年 6 月竣工投运，投入改造资金 600 万元。变电容量增加到 2 万千伏安，另增加 35 千伏安站用变压器 1 台和 2 组电容器。二次采用南瑞科技综合自动化装置。该变电站主要承担县城供电任务，常年供电量 6132 万千瓦时左右。2014 年运行指标：母线电压合格率 95%，供电可靠性 99.8%，最大有功功率 8620 千瓦，平均功率因数 0.86，主变负荷率大于 80%以上，年主要设备完好率 99%。

竹园变电站　竹园 220 千伏变电站是县内变压等级最高、变电容量最大的变电站。坐落在垄溪乡西坑村，距县城 4.5 公里，占地面积 37.3 亩。变电站变电容量远景规模 3×18 万千伏安，220 千伏出线 6 回、110 千伏出线 12 回、35 千伏出线 12 回。变电站计划总投资 3.5 亿元(含 110 千伏输电线路配套工程)，时为株洲市投资规模最大的 220 千伏输变电工程。一期 1×18 万千伏安，220 千伏出线 3 回，110 千伏出线 6 回，35 千伏出线 6 回。3 条 220 千伏线路分别至朝阳(郴州)、下东(茶陵县)、桂东(郴州)，总长 176 公里。于 2012 年 10 月 25 日开工，2014 年 1 月 13 日竣工投产。利用光纤传输取代传统的二次电缆，大幅减少线材数量。数据传输和分析高度信息化、智能化，实现信息集成和共享。同时采用全户外式 GIS 成套配电装置，占地少，维护成本低。

第三节　供电　用电

1977 年 4 月，城关变电站投入运行后，县内发电、供电、用电由电力公司（后改称供电所）统一调度。1984 年，成立县“三电”办公室，实行计划用电、节约用电、安全用电。1989 年 3 月，成立小水电公司，对城乡居民颁发用电许可证，整顿用电秩序。1990 年，县网内供配电设备完好率 96.8%，线损率由 1983 年的 20.2%下降到 11.49%。1997 年 1 月，撤销原小水电公司，设立发电公司和供电公司。2000 年 4 月，县供电公司改制，加入省水利电力有限责任公司（简称电力公司）。2009 年 12 月，供电公司由省电力公司代管，并入国家电网。

一、供用电水平

1964 年，全县年发电量 33.28 万千瓦时，1976 年 820 万千瓦时。1990 年，发电量 1.23 亿千瓦时，县内用电量 6751 万千瓦时，向国家电网输送 3000 万千瓦时。县电网有用户变压器 209 处 /222 台 /3.60 万千伏安。县内工业用电装机容量 1.17 亿千瓦。其中，冶炼、造纸、水泥等重点工业用户 19 家，普通工业用户 29 家，机关及单位集体用户 134 个，农村集体用户 89 个。2000 年，发电量 6.56 亿千瓦时，销售电量 0.97 亿千瓦时。其中，县内用电量 0.78 亿千瓦时，向国家电网输送 0.19 亿千瓦时。2010 年发电量 7.20 亿千瓦时，销售电量 6.56 亿千瓦时。其中，县内用电量 5.71 亿千瓦时，输送国家电网 0.85 亿千瓦时。2014 年，发电量 8.81 亿千瓦时，销售电量 7.64 亿千瓦时。其中，县内用电量 5.03 亿千瓦时，输送国家电网 2.61 亿千瓦时。当年城市电网用户 1.59 万户，农村电网用户 4.12 万户，大宗工业用户 90 家。

二、供用电效益

经济效益　1961 年，全县发电量 8.4 万千瓦时，当年工农业总产值 1152 万元。其中，工业用电量 2 万千瓦时，工业产值 252 万元。

1971 年，全县发电量 225 万千瓦时，比 1961 年增长 25.8 倍。工农业总产值 2845 万元，比 1961 年增长 1.5 倍。其中工业用电量 61 万千瓦时，产值上升到 428 万元，比 1961 年增长 69.8%。

1981 年，全县发电量 7553 万千瓦时，比 1971 年增长 32.6 倍。工农业总产值 7350 万元，按可比价计算，比 1971 年增长 1 倍。其中，工业用电量 1073 万千瓦时，产值 2909 万元，比 1971 年增长 5.8 倍。

1990 年，全县发电量 1.23 亿千瓦时，比 1981 年增长 63.4%。工农业总产值 1.06 亿元（当年价 2.21 亿元），比 1981 年增长 43.8%。其中，工业用电量 3725 万千瓦时，产值 4524 万元（当年价 8741 万元），比 1981 年增长 55.5%。

2000年,全县发电量1.84亿千瓦时,比1990年增长49.59%。工农业总产值13.08亿元,比1990年增长11.34倍。其中,工业用电量0.76亿千瓦时,产值9.01亿元,比1990年增长19倍。

2010年,全县发电量7.51亿千瓦时,比2000年增长3.08倍。工农业总产值28.58亿元,比2000年增长1.19倍。其中,工业用电量4.54亿千瓦时,产值22.98亿元,比2000年增长1.55倍。

2014年,全县发电量9.16亿千瓦时,比2010年增长21.97%。工农业总产值93.93亿元,比2010年增长2.29倍。其中,工业用电量3.54亿千瓦时,产值增长到82.27亿元,比2010年增长2.58倍。

2004—2014年炎陵县水电站主要经济指标统计表

表15-5

年份	装机容量（千瓦/处）	全年发电量（万千瓦时）	上网平均电价（元）		工业产值（万元）	设备年利用小时	从业人数（人）	固定资产（万元）
			国网	农网				
2004	63135/254	28390	—	—	3281	4497	1380	12900
2005	103800/247	35300	—	—	6898	3401	1760	25110
2006	121350/260	51710	—	—	9872	4262	1760	38510
2007	174840/264	57800	—	—	12663	3306	1790	70563
2008	181740/115	64810	0.27	0.2393	15499.86	3566	1820	74402
2009	191960/123	59340	0.27	0.2404	13345.22	3091	1840	80740
2010	233980/135	75130	0.31	0.2413	17825.85	3211	1811	89350
2011	215780/140	74603	0.34	0.2797	19937.54	3457	1839	91760
2012	219110/143	103355	0.34	0.281	30236.66	4717	1864	96060
2013	223260/145	89940	0.36	0.3017	27720.31	4028	1864	96510
2014	223140/145	91560	0.36	0.3223	29849.81	4103	1864	96610

社会效益 1983年,县内100%的乡、97.5%的村、93.1%的户通电,有电炊户540户。当年列入全国100个农村电气化试点县建设。1985年,政府决定每年从水电收入中拿出30万元扶助农民安装使用电炊具，并对生活用电实行优惠价，每千瓦时城镇0.05元，农村0.04元。至1986年,共投资321.6万元(国家、集体、用户分别为34%、41.8%、24.2%),电炊户发展到7864户,占全县总户数20%。当年12月,酃县农村电气化(初级阶段)验收合格。次年3月,国家水利水电部正式批准酃县达到农村电气化(初级阶段)标准,成为湖南省第一个达标县。1988年,电炊户发展到8161户,每年减少林木采伐3万立方米。1989年起,工业用电负

荷加大，电力紧张，遂停止电炊户发展。1990 年，有 100%的乡(镇)、91.3%的户通电。家用电器容量 1.23 万千瓦，年用电量 1344 万千瓦时，占全县总供电量 30.9%。生活用电价格每千瓦时城镇 0.08 元，农村 0.07 元，为全省最低价。

1995 年和 1996 年，县小水电公司交县财政专项贡献款 100 万元，承受破产企业坏账损失 331.66 万元，向县中冠竹木制品厂投入启动资金 185 万元。2001 年，炎陵县列入湖南省第一批"十五"水电农村电气化建设县，2005 年验收合格，成为"十五"全国农村水电达标县。2001—2008 年，为创建全国卫生县城，提升城市品位，发展旅游业，县电力部门投入县城亮丽工程建设资金 743.79 万元，投工 2.83 万个。2006—2014 年，炎陵县全面实施"以电代燃料"工程项目，全县 202 个村 6.16 万户居民得到实惠，全年用电 462 万千瓦时，按每千瓦时补贴 0.19 元计算，享受国家补贴 87.78 万元。

第二章　矿物采选

清末至民国年间，境内先后开采过钨、锡、煤、金等矿。中华人民共和国成立后，采矿业有所发展。1958 年，建立地方国营玉江煤矿、下村钨矿。1973 年，兴办萤石矿。在发展国营矿山的同时，先后建立乡办河西寨上煤矿、沔渡稀土矿、十都黄上萤石矿。20 世纪 70 年代末，部分县办矿山因资源枯竭、储量不明，相继关闭或停产，唯萤石矿因产品紧俏得以发展。80 年代，开始开采硅石、钾长石、辉锑矿。1990 年，全县采掘企业 4 个，职工 242 人，固定资产 470 万元，完成产值 141 万元(当年价 321 万元)，占乡镇及以上工业企业总产值的 4.9%。20 世纪 90 年代先后开采金、高岭土、辉绿岩、矿泉水等。2000 年以后，硅石、钾长石、萤石、砂石、黏土等成为主要矿产经济。至 2014 年，县内已开采矿点 68 个。完成矿产总值 1.6 亿元，占县规模以上工业产值的 1.94%，比 1990 年增长 113.29 倍。

第一节　金属矿

一、钨　矿

民国 7 年(1918)，长沙顺昌公司经理人吴中杰在下村鹰嘴岩、曾祖坳发现黑钨矿。时逢第一次世界大战，钨价昂贵。8 月，县政府呈报省建设厅立案开采，并转报中央实业部核准。吴中杰与山权业主邝秀峰订立租山协议。次年，顺昌公司在鹰嘴岩租用山场 1037 亩、德昌公司在曾祖坳租用山场 1748 亩开采钨矿。由于获利颇丰，引起地方豪强觊觎，吴中杰被逼出走，所租鹰嘴岩钨矿委于张记宝华隆经营。德昌公司开办 3 年后停业。民国 30 年，由善至公司接办。两个矿区工人多时近 200 人，少时仅 20 余人。每月产钨砂 650 公斤到 1000 公斤不等。采选全凭手工,所产钨砂需肩挑运至资兴东江,单程100余里,生产成本极高。中华人民共和国成立前夕,两矿皆停止生产。1951年,由省、地、县合资组建酃县钨矿,开采鹰嘴岩、曾祖坳两矿,因产量不高,年底停产。1953年划属湘东钨矿管辖,1956年复归县经营。1958年,再上马,列为全民所有制企业,当年产精钨16吨。1961年调整时停办。1964年6月,设下村钨矿收购站。1970年起,年收购钨砂百吨以上。1972年有职工118人,次年改为自采自选。1975年,曾祖坳矿区下放公社管理,作社办企业,有常年矿工20余人。1978年,国家投资116万元,于鹰嘴岩兴建铜钨矿采选项目。因矿山深部矿体连续性遭后期断层破坏,脉幅明显变狭,无法形成生产能力。1983年项目报废,仅留14名职工收购群众开采残矿和管理矿山。1990年,产精钨矿石28吨,其中县钨矿15吨,下村乡办钨矿13吨。完成产值51万元(当年价65万元),固定资产78.8万元。20世纪90年代,鹰嘴岩和曾祖坳两矿区断续生产,到90年代末,基本停产。

二、铁　矿

清光绪末,九都洞里(今沔渡镇洞里村)开采铁矿,供上七都福兴铁厂冶炼。1958年"大炼钢铁",组织劳力在该地开挖铁矿石2万余吨。因生铁质量差而停采。1971年,在水口楂村开挖铁矿石供水口铁厂冶炼,因品位低,储量少,不久停采。

三、辉锑矿

1972年,三河人民公社组织30人在垄坑开采,当年产矿石90吨。1977年产矿石127吨。不久停采。1990年,涟源人投资再度开采,连续3年,年采矿石60余吨,因矿脉连续性差,产量低而停采。

四、稀土矿

1987年,沔渡镇企业办在苍背村兴建稀土矿,投资53万元。次年8月,试产氧化稀土1.1吨。1989年有职工232人,固定资产47. 5万元,产稀土9吨,产值13万元(当年价45万元)。1990年,因产品滞销而暂停生产。1991年,沔渡企业办恢复开采,当年生产混合氧化稀土20吨,1995年,产35吨,至1998年停产。2000年,江西人承包开采,年产稀土15吨。2003年,当地政府实施国土整理项目,强行关停。

五、黄金矿

1991年,平乐桃树溜金矿区完成地勘后,当地村民组织6人在3号矿脉开采金矿,就地修建15吨矿石氰化池2个,年开采氧化矿石60—200吨,产黄金200—2400克。同年,省地勘416队与城东乡合作,联合开发四亩段黄金矿。随即在矿区架电、修池(氰化池)、采矿。生产不到一年,双方因生产中的矛盾难以调和而停产。至1994年末,仅桃树溜金矿断续开采。期间,随沔渡石下地区找矿工作突破,县政府确定由一名县长助理专抓,县矿管办主管全县金矿开发。将长江咀北布垄坑1号矿脉,石下2—4号矿脉、青山矿点、四亩段矿区等分成7个开采点。每个矿点分别作出对外5—30万元承包价,由广东人出面承包。采用池浸氰化法析出,锌丝吸附,火法炼金工艺生产。修建20—30吨矿石氰化池20个(其中布垄坑2个,石下14个,青山2个,四亩段2个)。1994—1999年,年采矿石1.3—3万余吨,产黄金65—150公斤,产值520—1200万元。每年安排劳动力200余人。至2003年,只有布垄坑、石下4号点、四亩段、青山等4个矿点仍在开采残矿,年产值下降到20余万元,生产人员60余人。2006年,仅余石下矿点,由攸县人谢海清和株洲市人何智峰合伙承包经营。2012年3月,采矿经营权转包福建人黄庆祥。2013年7月,再次转让给锦州恒泰实业有限公司唐洪印。当年,投入1亿余元。因严重亏损,2014年停产整顿。

第二节　非金属矿

一、萤石矿

1973年1月,县工业局、城东人民公社、春塘生产大队在春塘石寮联合开采萤石矿,当年投产。收益按县六、社一、队三比例分成。1974年,产萤石922吨。产品由外贸收购出口。1975年,改地方国营231厂。1978年7月,因矿山浅部有利地段采空而停业。1981年,由玉江煤矿组织20余人重新上马,以拣矿为主,个别井巷少量开采。1983年,十都公社黄上大队组织劳力在本地开采萤石350吨,因矿石滞销而停采。1984年4月,县经委调集钨矿、煤矿转产职工,成立酃县萤石矿,恢复春塘萤石矿开采。1988年,完成310主平窿坑内斜井施工,控制主平窿以下两个中段,设计年产萤石1万吨。当年产萤石1万吨。是年,黄上村筹集资金、劳力采矿200吨。同年,酃县萤石矿投资275万元,建设日处理50吨原矿能力的浮选厂,1989年建成投产。1990年,县萤石矿产原矿8424吨,精矿粉3940吨,完成产值92.7万元(当年价256.2万元),利润21.9万元,税金4.2万元。当年黄上村采矿石2133吨。1993年,全县产原矿1.08万吨。1995年1.68万吨,创历史最高产量。1996年,县萤石矿因资不抵债,破产重组,更名炎陵县广源矿业有限责任公司,职工126人。当年产原矿6964吨,精矿干粉643吨。1991—2000年,共产原矿9.98万吨,精矿干粉1.17万吨,总产值2479.15万元。2000年,广源矿业公司与株洲商家合资开采十都太坪棠华岭萤石矿,当年产原矿200吨。2002年,广源矿业有限责任公司将石寮矿山、棠华岭矿山、精粉加工厂整体拍卖,被浙江商家买断,重组富源矿业有限责任公司。2008年,富源矿业有限责任公司将棠华岭矿山转让给紫鑫矿业有限责任公司。2014年,全县有萤石矿采矿权企业4个(春塘萤石矿、黄上萤石矿、棠华岭萤石矿、平乐新山里萤石矿),年产原矿7.8万吨,工人346人,产值9000余万元。

二、花岗岩、辉绿岩

1993年8月，石洲乡企业办投资25万元，成立石洲花岗石板材厂，在石洲乡太源村瓦岭兴办采矿场，开采辉绿岩，加工建筑用装饰板、方材。年采石100余立方米，生产板材2000余平方米，产值50余万元。辉绿岩制品，结构致密，颗粒均匀，色彩墨绿，光滑透亮，高雅素洁，故称墨绿青，深受市场欢迎。1995年，下村企业办在当地开采坪坑中粒花岗岩和云里细粒花岗岩，年采石100立方米。1997年，因销路不畅停产。1998年，石洲花岗石板材厂引进福建崇武客商投资300余万元，在石洲里新建加工车间，成立炎陵县石业有限公司。生产辉绿岩墓饰半成品，运至崇武精加工后出口，被日本客商誉为"中国绿光"。2000年，公司追加投资，购进成品生产设备，生产抛光板材，墓饰成套产品和石质工艺品，资源利用率由15%提高到85%以上，加工人员由20余人增加到50余人，年产板材3200平方米。2001年，该公司投资50余万元，在下村乡云里村兴办细粒花岗岩采矿场，当年采石料200立方米，产值80余万元。至2003年，因严重亏损，资金短缺而停产。

三、煤　矿

清初，县内即有人采煤烧石灰。民国29年，段祖荣等人在玉江口开办煤矿，有矿工60余人，年产煤25吨。上半年采煤，下半年烧石灰。采煤按劳七资三、烧石灰按劳四资六分成。这一时期，立案开矿的还有久大、信孚、至善煤矿公司。日本侵略军侵湘后，均歇业，由附近农民任意开采。1949年后，采煤业迅速恢复。1951年，开办酃益、群友、劳资3家煤窑及群利、广益石灰煤矿。1954年，私营煤窑和石灰煤矿联合成立第三区玉江石灰生产合作社。1958年3月，正式建立国营玉江煤矿，采煤兼烧石灰。1959年产煤3.5万吨。以后发展到3个工区，职工219人。1960年产量渐减，1972年转迁炎陵山，产量逐渐回升。1975年，河西公社寨上开办小煤矿，常年产煤638吨。1979年9月，玉江煤矿在长塘建井，翌年在180米处见煤。1983年再延伸，但由于资源不清，煤质不佳，1985年8月，长塘主斜井报废。1986年12月玉江煤矿关闭，职工先后调离安置。1990年，仅有王家渡镇寨上煤矿仍在挖煤，年产90吨。1993年关停。

四、其他非金属矿

石灰岩分布占全县面积2.08%，年开采量13.19万吨，用作生产石灰、水泥原料。1987年，策源开采钾长石，高岭土，年产120吨，用作湘玉瓷生产原料。1989年，沔渡、东风、船形、十都等地开采硅石，年产3000吨，供县铁合金厂生产工业硅原料。1991年后，增至5000吨左右。2003年，十都、大院、龙渣、下村等矿点投入开采，年产硅石6000吨。当年，全县有建筑石料采石场22个，年采石料50万立方米，河道采砂场5处，年采砂45万立方米。2014年，县内有石灰石、硅石、高岭土、粘土等持证开采点16处。

第三章 冶 金

清末,县内即有炼铁厂。20 世纪 50 年代末和 70 年代初,又两次兴办铁厂。1985 年起,开发铁合金产品。1990 年,全县有冶金企业 4 个,职工 579 人,固定资产 1253 万元,完成产值 471 万元(当年价 1179 万元),占全县乡镇及以上工业企业产值 17.9%。2014 年,冶金企业增至 41 个。其中,铁合金生产企业 4 个,硬质合金生产企业 37 个。实现产值 35 亿元,实缴税金2547 万元,从业人员 2279 人,分别占全县规模以上工业企业的 42.5%、13.4%、17.2%。

第一节 生铁 土钢(轧钢)

清光绪三十三年(1907),江西省上犹县邱明富等人在上七都石禾坪办福兴铁厂,招雇工人 200 余人。从九都洞里挑铁矿石,木炭在本地烧制,日产饼铁约 2500 公斤。产品销往水口、十都、沔渡和江西遂川县大汾、藻林等圩市。民国 16 年(1927)铁厂烧毁,21 年在原址恢复。28 年,平江人吴中杰在晏公潭办铁厂,因产品质次价高,于 30 年停办。31 年,沔渡夏馆张海庭和江西宁冈戴寿光在瑞口下湾合办炼铁厂,雇工 20 余人,多为江西省上犹县人。1951 年因原料供应不上停办。

1958 年,贯彻“以钢为纲,全面跃进”方针,全县抽调 1.5 万劳动力(占总劳动力 34.64%),建铁厂 12 个(其中县办 3 个),土高炉 56 座,炼钢炉 3 座。配备 2000 人成立 4 个营,在五里排、木湾、沔渡、水口欧家湾等地烧制木炭 5980 吨。不少地方将铁锅和铁制农具砸烂投进土炉,作为原料。塘田公社土高炉木炭接济不上,直接将松柴投进炉中作燃料。经半年折腾,全县产生铁 359 吨,土钢 13 吨。次年初,全部停办。1971 年 3 月,在水口公社木湾大队兴办水口铁厂,1972 年 7 月建成投产,年末产生铁 1167 吨。因矿石大部分需从茶陵清水铁矿购进,亏损 5.85 万元,1973 年 4 月停办。1993 年,县铁合金厂与广东丰顺客商合资新上鄙丰炼钢生产线,用感应电炉生产土钢,7 月 9 日正式竣工投产。1998 年 9 月,沔渡镇引进福建客商投资 40 万元,租赁沔渡果品厂场地创办闽湘轧钢厂,为炎陵县第一家轧钢企业。2000 年,石洲乡兴办钢铁厂,当年生产钢坯 60 吨。2002 年后,钢铁产品市场看好,一些县外商人利用炎陵县电价低廉优势,租用县化工厂和三河、霞阳镇等县镇企业厂房场地安装感应电炉和平炉,回收废、旧钢铁生产地条钢。因地条钢不符合国家质量标准,被明令禁止生产。2005 年后,地条钢生产企业又恢复生产。水口镇水南、浆村,十都镇青石岗、皮坑,船形乡同睦村等地都先后兴办地条钢厂。2008 年,再次全部关闭。至此,县内已无生铁、土钢生产企业。

第二节　铁合金

1985年,县农业机械厂从天津铁合金厂引进设备、技术,兴建1800千伏安矿热炉,改产硅铁,更名酃县铁合金一厂。1986年,县电石二厂兴建1800千伏安矿热炉,更名酃县铁合金厂。9月,与上海市内外联合贸易公司联营,成立酃沪铁合金厂,为县内第一家跨省联营企业。1987年4月,矿热炉建成投产,当年生产工业硅524吨,出口创汇50万美元。工业硅的生产,填补了湖南省产品空白。10月,县竹木工艺厂与上海联合发展公司联营,转产硅锰合金和硅铁。1988年7月,铁合金一厂、上酃铁合金厂、冶炼厂3家全民所有制企业联合组建县内第一家企业集团——酃县铁合金公司。8月,酃沪铁合金厂从江西萍乡钢铁厂引进资金60万元,扩建1号矿热炉,次年4月竣工投产。当年,策源、城东两乡利用本地硅石资源,相继兴建3座1800千伏安矿热炉,生产硅铁产品。

至1990年,全县有铁合金冶炼企业3个,职工570人,固定资产1245万元,完成产值466万元(当年价1174万元),生产硅铁284吨,工业硅502吨,碳素锰铁978吨,硅锰合金1626吨。1991年,工业硅获国家部优产品称号。1992年,因产品价格下跌,原材料大幅涨价,企业亏损严重。一厂、二厂从公司分离,为一级法人单位。1995年上半年,一厂、二厂分别与浙江建德市、湖南涟源市客商签订租赁经营合同,恢复生产。当年,3个铁合金厂实现产值3379万元,缴纳税金251万元,亏损225万元。

1996年11月,铁合金公司及一厂、二厂破产重组,成立炎陵县金宇集团有限责任公司,固定资产4000万元,注册资金1500万元。有1800千伏安矿热炉6座,2400千瓦水力发电站1座,职工513人,成为县内首家规模工业企业。1997年,实现工业产值3458万元,上缴税金167万元。当年12月3日,县金宇公司"工业硅炉外精炼工艺"获国家专利。次年10月5日,经国家对外贸易合作部批准,获自营进出口经营权,为炎陵县首家。当年,公司与日本丰田、三菱公司成交120吨铁合金产品,创外汇9.7万美元,获出口退税7.2万元(人民币)。同年10月,株洲客商投资200万元,利用下村乡判官岭电站直供电,兴建金力铁合金厂,提高电站经济效益。随后,水口、中村、平乐、十都等乡镇企业和县筷子篓电站先后兴建5个以站带厂、站厂直供的铁合金厂。

1998年后,受东南亚金融危机影响,铁合金产品滞销、价格下跌。2001年4月,金宇集团有限责任公司改制。5月,木湾电站和铁合金三厂整体转让浙江林姓客商,组建炎陵县瑞鑫铁合金有限责任公司。6月,一厂、二厂和铁合金厂实行租赁承包经营,分别更名为湘山铁合金厂、宇兴工业硅厂和工业硅厂。12月,金宇公司496名职工全部有偿解除与企业的劳动关系。2011年,县内有铁合金生产企业14家,矿热炉14座,用电装机4.53万千伏安。其中,装机6300千伏安以上的矿热炉2座。生产铁合金系列产品7549吨,创历史最高水平。实现产值2.17亿元,缴纳税金453万元。从业人员750人。2012年,根据国家产业政策,对6300千伏安以下的矿热炉实行逐步关停。

至 2014 年，铁合金产品生产企业有晁鑫硅业有限责任公司（12500 千伏安矿热炉 1 座）、湘顺硅业有限责任公司（8000 千伏安矿热炉 1 座）、航凯冶炼有限公司（8000 千伏安矿热炉 1 座）、华苑铁合金厂（12500 千伏安矿热炉 1 座）等 4 家，共装机 4.1 万千伏安，从业人员 289 人，生产铁合金 8200 吨，实现产值 1.3 亿元，缴纳税金 180 万元。

1985—2014 年炎陵（酃）县铁合金系列产品产量统计表

表 15-6　　单位：吨

年份	产量	年份	产量	年份	产量	年份	产量
1985	1136	1993	3245	2001	4275	2009	2476
1986	1607	1994	3099	2002	6698	2010	5617
1987	2438	1995	6870	2003	6017	2011	7549
1988	2065	1996	6084	2004	6230	2012	6000
1989	2816	1997	6613	2005	4184	2013	7900
1990	3390	1998	4230	2006	3832	2014	8200
1991	1232	1999	6059	2007	3670	合计	135863
1992	2944	2000	6871	2008	2516	—	—

第三节　硬质合金

县内硬质合金生产始于 1992 年。当年 10 月 28 日，酃县铁合金厂与株洲三三一厂五〇四车间联营，成立南酃精密铸造厂，并开炉生产精密铸造件高铬球。连续生产 7 年后停产，共生产高铬球 1566 吨。1994 年，县化工厂和株洲工学院联营，兴建锌熔粉车间并投产。总投资 35 万元，安装 2 台套石墨坩埚，设计年产锌熔粉 25 吨，当年生产锌熔粉 18 吨。1997 年，因产销矛盾停产。2002 年，株洲客商投资 600 万元，注册成立炎陵县金锐新材料有限公司，在九龙工业园新建厂房，安装 32 台套生产设备，生产人造金刚石。2003 年 6 月正式投产，当年生产人造金刚石 151.14 万克拉，实现产值 92.7 万元，从业人员 40 人。同年 9 月 12 日，株洲硬质合金长江工具公司在九龙工业园新建炎陵县精成钨业有限责任公司，投资 4000 万元，建立年产 400 吨的锌熔粉生产基地，2004 年 9 月正式投产。2014 年，县内硬质合金主要生产企业有精成钨业有限责任公司、江钨博大硬面材料有限公司、今成钽铌有限公司等 38 家。实现产值 33.8 亿元，实缴税金 2367 万元，从业人员 1529 人，分别占全县规模以上工业企业的 41.1%、12.4%、11.5%。

2014年炎陵县有色金属材料企业一览表

表15-7

序号	企业名称	成立时间	用电装机（千伏安）	主要产品	2014年		
					总产值（万元）	缴纳税金（万元）	从业人数（人）
1	金锐新材料公司	2003.6	1000	金刚石	9380	4	101
2	精成钨业公司	2004.12	3200	锌熔粉	28761	56	109
3	明珠金属颜料加工厂	2005.9	500	铝银粉	200	18	10
4	高力新材料公司	2006.6	800	钽条	34216	5	48
5	恒源硬质合金公司	2006.9	2500	锌熔粉	8186	1	45
6	华宇稀有金属制造公司	2006.6	2000	钽条	19448	97	45
7	宏大金属颜料公司	2006.6	1800	铝银粉	11082	125	75
8	冠龙金刚石材料公司	2006.6	1000	石墨粉	11752	60	63
9	日东钨钼制品公司	2006.1	1000	钨钼材料	18512	56	48
10	托普硬质合金材料公司	2006.9	315	碳化钨	12278	45	45
11	华驰新材料公司	2006.12	800	碳化钨	8003	94	50
12	江钨博大硬面材料公司	2006.9	1250	钨制品	50067	178	100
13	金瑞锌材公司	2007.1	3000	锌制品	17894	170	100
14	广源硬质材料公司	2007.4	800	碳化钨	10960	58	41
15	潭龙聚鑫公司	2008.4	2000	石墨粉	10079	10	101
16	曙光灵峰钨钼材料公司	2009.12	1000	细钼丝	3825	26	35
17	时代新材料公司	2010.6	800	铬制品	20455	36	77
18	港鑫新材料公司	2010.1	500	铝银粉	2442	41	14
19	长宇碳素公司	2010.11	500	石墨粉	8654	39	12
20	昊坤硬质材料公司	2010.12	315	碳化钛	2369	25	13
21	鸿达实业公司	2010.1	600	碳化钨	2027	2	50
22	金石新材料公司	2011.9	1000	光伏材料	3939	17	10
23	鼎弘合金新材料公司	2011.8	315	碳化铬	600	10	11
24	今成钽铌公司	2011.1	2000	钽铌制品	29086	1106	60
25	华斯盛新材料科技公司	2011.12	800	地板刀	2727	31	52
26	金得来硬质合金公司	2012.3	600	碳化钨	在建	—	—

续表 15-7

序号	企业名称	成立时间	用电装机（千伏安）	主要产品	2014 年		
					总产值（万元）	缴纳税金（万元）	从业人数（人）
27	德兴钽铌公司	2012.3	400	钽铌制品	3818	51	32
28	鑫盛金属材料有限公司	2012.5	300	碳化钨	1260	2	26
29	天力新材料公司	2012.8	200	金刚石	2209	1	29
30	泰鼎新材料公司	2013.8	2000	金刚石	2596	3	37
31	永兴超硬材料公司	2012.9	200	金刚石	2482	—	36
32	晶利新材料科技公司	2012.9	1000	石英砂	试产	—	80
33	福源新材料科技公司	2013.1	1200	碳化钨	在建	—	—
34	明达新材料公司	2013.5	12000	钽铌	在建	—	—
35	金泰铋业股份公司	2014.4	1200	铋粉	在建	—	—
36	欧科亿硬质合金公司	2014.12	—	切削刀具	在建	—	—
37	标卓合金公司	2014.12	—	钨制元棒	在建	—	—
38	潭龙益友新材料科技公司	2014.2	—	石墨粉	在建	—	—

第四节　金属锂

1999 年，广东客商吴某投资 50 万元，在三河电站兴办炎陵锂业有限责任公司，生产金属锂。2003 年，有从业人员 6 人，年产值 300 万元，实缴税金 20 万元。因电解氯化锂制取锂要消耗大量的电能，2004 年停产。

附

企业选介

铁合金一厂　县属全民所有制企业，位于城东横岭，前身为县农业机械厂。1987 年初，生产硅铁，产品大部分出口。1988 年 7 月联合成立酃县铁合金公司，次年更名酃县铁合金公司一厂。1990 年末，厂区占地面积 8.11 万平方米，建筑面积 2 万平方米，职工 97 人，固定资产 155 万元，完成产值 128.57 万元（当年价 311.11 万元），生产锰铁 977.81 吨，硅锰 228.31 吨。2001 年 4 月，企业产权改制，更名为湘山铁合金厂。

铁合金三厂　县属全民所有制企业，位于水口镇木湾村，前身为竹木工艺厂。1987 年与上海联合发展公司联营，兴建 3×800 千瓦电站和一座 1800 千伏安矿热炉，更名上酃铁合金厂。是县内第一家发电兼铁合金生产的联营企业。1988 年 7 月联合成立酃县铁合金公司，次年更名酃县铁合金公司三厂。5 月，矿热炉竣工投产，主要产品有硅锰合金、硅铁。1990 年，发电站主体工程竣工，开始发电。当年，厂区占地面积 3.09 万平方米，有职工 142人，固定资产 201 万元，完成产值 93.96 万元（当年价 253.56 万元），生产硅锰合金 939.61 吨。2001 年 4 月，企业产权改制，组建瑞鑫铁合金有限责任公司。

县铁合金厂　县属集体所有制企业，位于三河乡深坑村，隶县轻工业局，前身为电石二厂。1986 年，与上海南方铁合金公司、上海内外联合贸易公司联营，更名酃沪铁合金厂。1987 年 4 月投产，主要产品有工业硅、硅铁。工业硅于当年 8 月通过省级新产品鉴定，填补省内空白。产品 90%远销西欧、日本等地。至 1989 年，累计出口工业硅 1162 吨，出口产值712 万元。1990 年末，厂区占地面积 3.13 万平方米，职工 101 人，固定资产 342 万元，完成产值 142.8 万元（当年价 255.4 万元），生产工业硅 501.6 吨。有 1800 千伏安矿热炉 2 座。2001 年 4 月，企业产权改制，更名为炎陵县工业硅厂。

株洲江钨博大硬面材料有限公司　位于九龙工业园。2007 年 8 月，由江西稀有稀土金属钨业集团有限公司和株洲博大钨业有限公司合资组建，注册资金 3287.32 万元。是集生产、销售和研发硬面材料产品为一体的高新技术企业。公司拥有 2 项发明专利 1 项实用新型专利和自营进出口权，是湖南省重点新材料百强企业之一。2008 年，通过 ISO9001 产品质量管理体系认证，2010 年 7 月认证为国家高新技术企业。公司主要产品有铸造碳化钨（含球粒、焊条等）、热喷涂粉末、单晶碳化钨、结晶钨、难熔碳化物等，80%以上出口欧美等发达国家。与沃卡、史泰科、斯伦贝谢等世界知名企业形成稳固合作关系。市场占有率自 2011 年起稳居国内同行业前三强。2014 年，工厂占地面积 16 亩，有员工 92 人。年生产硬面材料 5 类 56 个牌号 1200 吨，实现工业产值 3 亿元。

第四章　竹木加工

民国 23 年，县城有常年从事竹木加工作坊 14 家，从业人员 27 人。乡间木、篾匠众多，走村串户，替人制作家具、用具、农具以及木质建房构件。1950 年，全县有竹木作坊 230 家，从业人员 243 人，年产值 6.8 万元。1956 年，全县组织木篾器生产社（组）19 个。1965 年 3 月，城关、城东木器社合并成竹木加工厂（后改名县木工厂）。当年 8 月，兴建竹木藤加工厂。1973 年 10 月，县水口铁厂更名竹木工艺厂，转产竹木制品，为县属全民所有制企业。随后，在城关新建县竹器厂。至 1977 年，县办竹木藤加工企业 5 个。1990 年，全县有木材加工、竹木制品企业 18 个，职工 453 人，固定资产 432 万元，完成产值 460 万元（当年价 578 万元），占乡镇及以上工业企业总产值的 8.8%。1991 年后，县内木、竹、藤加工企业快速发展。2014 年，有木、竹加工企业 66 个，从业人员 3424 人，占全县工业企业从业人员总人数 25.8%。加工木材 26.9 万立方米，加工率 70%；加工楠竹 4 万吨，加工率 85%。实现产值 7.7 亿元，实缴税金 808 万元。

第一节　木制品

一、板式家具

1985 年 6 月，酃县木工厂从上海家具技术服务中心、上海家具机械厂引进技术、设备，建成板式家具生产线。1986 年更名酃县家具厂。当年生产的 8503、8504 型组合套装家具在全省家具新产品评比展销会上获一等奖。1988 年，沔渡镇木工厂转产板式家具，当年完成产值 50.27 万元。1989 年，县家具厂生产的板式办公家具获省优质产品称号。1990 年，全县板式家具生产量达 1.65 万件，远销长沙、湘潭、株洲等地。年末，县家具厂有职工 98 人，固定资产 80 万元，机械设备 19 台，其中进口设备 2 台；完成产值 136.9 万元（当年价 154.7 万元），实现利润 12.3 万元，税金 11.2 万元。厂区占地面积 1.36 万平方米，建筑面积 6114 平方米。沔渡板式家具厂有职工 52 人，固定资产 31.6 万元，完成产值 77.8 万元（当年价 114.9 万元），利润 3.9 万元，税金 10 万元。1992 年，县家具厂生产板式家具 626 套 /15575 件，销售收入 209 万元，上交利税 18 万元，盈利 20 万元，株洲市人民政府授予县属工业先进单位称号。当年沔渡板式家具厂生产的会客厅家具评为省优产品。1993 年 11 月，沔渡板式家具厂在株洲市南区建宁开发区兴建炎陵家具城，得到株洲市扶贫开发资金 185 万元的扶助。1994 年 8 月竣工投产，当年生产高档板式家具 6237 件，次年产量达到 1.37 万件，成为湖南省首家异地扶贫开发企业和湖南省小型工业企业 500 强之一。1996 年，县家具厂与县木材公司等联合组建绿银集团有限责任公司，由县林业部门管理。2002 年，沔渡家具厂改制为私营企业。2007 年，县家具公司产权改制停办。2014 年，全县有兆峰家具厂等生产企业 3 家，生产家具 1890 件。

二、人造板

纤维板　1981 年，石洲公社兴建纤维板厂，总投资 114 万元，年产纤维板 210 吨。因设备落后，纤维板幅面小，产品滞销，于 1985 年停产。

胶合板　1984 年 11 月，在原县氮肥厂兴建县人造板厂，年生产能力 1000 立方米。次年投产，生产人造板 110 立方米。1986—1989 年生产普通胶合板、微薄竹贴面板和异形胶合板等 1096 立方米。1990 年，县人造板厂厂区占地面积 1.43 万平方米，建筑面积 7790 平方米，职工 70 人，固定资产 152.3 万元，完成产值 28.4 万元（当年价 36.3 万元），因产品滞销，年产量下降。1993 年，将厂房和木材加工指标承包给个体经营。至 2000 年，胶合板年产量在40—160 立方米之间。2001 年，胶合板市场需求量增大，当年生产 435 立方米。2003 年 10 月，县人造板厂实行产权改制停办。此后,东风、霞阳、垄溪、水口、中村、策源、龙渣、石洲、十都、船形等乡镇先后兴办胶合板厂和单板厂。2014 年,县内主要胶合板生产企业有秦兴木材加工厂、东福人造板厂、南都木业胶合板厂等 3 个,共有从业人员 302 人,年产胶合板 3 万立方米,产值 7630 万元,缴纳税金 88 万元。

细木工板　1997 年 5 月,垄溪装饰材料公司因拼花杂木地板产品滞销停产,引进浙江客商改建生产细木工板,为县内第一家细木工板生产企业。2012 年,县内主要生产企业有垄溪林氏竹木器加工厂、江陵木业有限公司、盛发木业有限责任公司、金兴木业有限责任公司、华强木业有限责任公司、振盛木业有限公司等 6 家。当年江陵木业有限公司生产的"湘帝"牌细木工板和南都木业生产的"都市明珠"牌系列板材获评湖南省名牌产品。2014 年,全县有从业人员 915 人,年生产量 8 万立方米,产值 2.2 亿元。

刨花板　2006 年 6 月,江西商人陈月英等在炎陵县成立江陵木业有限公司,利用树枝和树丫生产刨花板。2009 年 9 月,江西商人王树生在炎陵县成立振盛木业有限公司,将提炼杉精油后的锯木屑(粉)等生产刨花板,并加工制作成集装箱底板。2014 年,振盛木业有员工 297 人,年产刨花板 1 万立方米,实现产值 8504 万元。当年,全县有刨花板生产企业 3 家,员工 772 人,生产刨花板 2 万立方米,产值 1.7 亿元。

三、实木板

齿接板　1997 年 5 月,垄溪林氏竹木器加工厂开始生产齿接板产品,是县内首家齿接板生产企业。2011 年,主要生产企业有垄溪林氏木器加工厂、垄溪青华木器制品厂、金工木竹制品有限公司、霞阳板业有限公司、南都木业胶合板厂、青天木业有限责任公司、沔渡顺畅木材加工厂、垄溪华强木业制板厂等 8 家。2014 年,全县齿接板生产从业人员 330 人,年产量 5 万立方米,产值 1.8 亿元。

杂木地板　1996 年 10 月,县乡镇企业开发公司引进台商,成立株洲市中冠竹木制品有限责任公司。公司投资 500 万元,从台湾购进成套木地板自动生产设备生产杂木地板,年生产能力 10 万平方米。为县内首家生产木地板企业。2000 年停止生产。

杉木板材　杉木板材是县内传统产品。2014 年,全县有杉木板材生产企业 17 家,从业人员 220 人,年产量 6 万立方米,产值 9100 万元。

第二节　竹藤制品

一、竹制品

县内竹制品有竹筷、竹牙签、竹香签、竹地板、竹凉席、竹胶板、竹砧板、竹拉丝、竹制家用具和竹工艺品等。2014 年,竹加工企业有仙女竹业有限责任公司、神农谷竹制品厂、德篁工艺品厂等26家,从业人员687人,加工楠竹3.6万吨,产值6208万元。

竹筷　1988年,十都乡办企业与县外贸公司联办竹艺厂,当年生产卫生筷3190箱,产值11.46万元,是县内第一家竹产品出口创汇企业。1992年,大院农场、县化工厂、旅游工艺制品厂、乡镇企业开发公司和石洲、垄溪等乡镇先后兴办竹筷加工厂,生产一次性卫生竹筷、天削竹筷、碳化竹筷。主要销往日本、韩国及中国香港等国家和地区。2014年,县内有竹筷生产企业4家,从业人员50人,生产竹筷12万箱。

竹地板　1989年,大院农场自筹资金40万元,引进技术、设备,新建竹制品工艺厂,生产竹木地板和竹家具等。1990年6月投产,当年生产竹地板2000平方米,产品畅销美国、日本等地,产值80万元。1996年,县林业局、绿银集团公司、小水电公司、乡镇企业开发公司、大院农场、青石岗林场共投资330万元,与台商合资兴办株洲市中冠竹木制品有限责任公司,生产竹木复合地板。产品主要销往日本、新加坡及中国台湾等地。1997年"中冠牌"竹木地板获全国(湖南)"双新"会金奖。2005年,中冠竹木制品有限责任公司被授予湖南省林产工业龙头企业称号;"中冠"牌竹地板荣获湖南省林产品十大品牌、湖南省品牌产品称号;"中冠"商标评为湖南著名商标。1998年6月,台商撤股,县林业局独家经营。当年中冠公司生产竹木地板2万平方米,产值300万元。

竹凉席　1993年，县乡镇企业开发公司与广西冶金进出口公司联办竹木工艺制品厂,生产空心保健凉席。1994年,空心保健凉席获全国乡镇企业博览会优秀产品奖。1995年后,大院农场和策源、十都、石洲、垄溪等乡镇先后生产竹凉席。2010年后,产品滞销,停止生产。

竹家具　主要有竹靠椅、竹睡椅、竹凳、竹床、竹沙发和竹办公家具等。1993年,大院农场生产的竹木拼花仿古家具，在湖南省科技新产品展览会上荣获科技兴农创新金奖。2010年后,县内仅有少量传统竹靠椅、睡椅、竹床生产。

竹胶板　2007年6月,益阳客商购买霞阳纸制品厂改建成竹胶板系列产品生产厂。当年生产竹胶板5000平方米。2014年,该厂有从业人员467人,年产竹胶板7200平方米。

竹拉丝　用于竹家用具、竹签、竹香签和竹工艺品等竹制产品制作。2011年,十都耀德竹制品厂率先生产竹拉丝产品。2014年,县内有竹拉丝企业20家,从业人员380人,年产竹拉丝1.3万吨。

竹工艺品　主要产品有竹筒、竹匾、挂画、字画、笔筒、根雕、酒杯、茶叶罐、水果盘、礼品盒等。1973年10月,在水口木湾兴办县竹木工艺厂。1989年,大院农场新建竹制品工艺厂,生产竹笔筒,根雕等。2011年,石洲乡返乡农民利用在外地务工学来的竹艺品制作技术,投资800万元,在当地兴办德篁工艺品厂。2012年1月建成投产,当年加工楠竹6000吨,生产竹工艺品120万件。2014年,全县有3家企业,生产竹工艺品150万件。

二、藤制品

县内有以藤制作家具、用具的习惯。所用藤条为当地所产。传统产品藤篮、藤箱、藤盘等用具,美观耐用。1965 年 8 月,兴建县竹木藤加工厂,生产藤围椅、竹跳板等为主。1977 年全县共生产藤制品 2961 件。1991—1992 年,县家具厂共生产藤木沙发 5244 张。1993 年后,藤制复转为家庭作坊。

第五章　纺织　服饰

1925 年,县内开始有缝纫机加工。1950 年后,成立缝纫组。20 世纪 60—70 年代,先后建立缝纫社、服装厂、织布厂,开始批量生产。80 年代为县轻工业的骨干企业。90 年代市场疲软,企业改制。2002 年后,随九龙工业园区的建立,纺织、服饰业迅速发展。至 2007 年,纺织、服饰业已成为县域工业经济的支柱产业之一。2014 年,全县有纺织、服饰企业 8 家,从业人员 3059 人,占全县工业企业从业人员 23.1%;实现工业总产值 13.5 亿元,占全县规模以上工业企业总产值 16.4%;实缴税金 3905 万元,占全县工业企业实缴税金 20.5%。

第一节　纺　织

纺纱织布为民间的习俗。县内绩麻纺纱多为农家妇女家庭副业,织布则由乡间专业机工串户代织,主要生产麻布(夏布)和棉布(土机布)。1951 年 8 月,县合作社设附属加工厂,有职工 21 人,生产土棉布、袜子。至 1956 年末,生产棉布 1429 米,袜子 11.89 万双。1979 年,从县服装厂划出织布车间在城关镇井冈东路兴建织布厂,占地 4885 平方米,建筑面积 4100 平方米,购进 1511 毫米、1515 毫米织布机 32 台,有职工 35 人,年生产能力 100 万米。当年 3 月投产。棉纱从株洲、湘潭采购。生产劳动布、条花尼、蚊帐布、被单、白细布、打包布、毛巾等。至 8 月底,生产棉布 5.83 万米。1988 年,生产棉布 62 万米,完成产值 40 万元,利润 3.8 万元。1989 年,产品滞销,生产下降。1990 年,生产棉布 12.91 万米,毛巾 1.82 万条,完成产值 9 万元(当年价 20 万元)。1996 年 4 月,依法宣布破产。2003 年 12 月,株洲市天源纺织有限公司在炎陵县成立天伦纺织有限公司,并通过竞购,取得原县湘玉瓷厂厂房,改建纺织厂。2004 年,有职工 226 人,生产棉混纺纱 1678 吨。2007 年后,九龙工业园相继引进银太、万昌、东信、德胜、世和 5 家纺织生产企业。主要产品有棉纱、棉混纺纱等。2014 年,县内有纺织生产企业 5 家,从业人员 2317 人,纺织机械 5660 台套,年产棉纱、棉混纺纱等产品 4.9 万吨,产值 11.9 亿元。

第二节　服　饰

民国时期的服饰,多由家庭预约,裁缝师傅登门缝制。款式多为对开男汉装,女斜襟服和

"牛头裤"。民国14年(1925年),陈梅寿在县城南街开设缝纫店,首家使用缝衣机缝制。17年6月,红四军二十八团驻酃期间,在陈梅寿缝纫店加工军服100余套。民国24年,全县有缝纫店4家,工人20人。

1951年,全县5个区均建立缝纫组。1956年,水口、沔渡、十都等地成立缝纫生产合作社。1958年,城关缝纫生产合作社转国营服装厂,1961年恢复为县服装合作社。1970年10月更名酃县服装厂,为县属集体所有制企业。1974年后,该厂缝衣机由脚踏改电动,裁剪亦改为电动。1977年,县服装厂被省命名为"工业学大庆"先进企业。1980年起,开始生产成衣,产品式样50多种。1987年6月,引进技术、设备,兴办集体企业羽绒制品厂,生产高中档羽绒被、男女登山服、男女茄克、男女活套衣等20余种产品。1990年,全县有服饰企业4家,职工93人,固定资产47万元,年产服装3.95万件,产值31万元(当年价44万元)。另有个体缝纫店95家,从业人员128人。1992年3月,酃县服装厂与株洲市服装厂联营,生产出口服装,更名为酃县如意服装厂。为扩大生产规模,该厂从羽绒厂调进熟练工人13名和缝纫机27台,新招收工人11名。当年生产成衣3213件,来料加工2.83万件。1993年8月,生产成衣2.59万件。1994年后,服装市场发生变化,订单锐减,企业处于半停产状态。2002年3月,如意服装厂产权改制。2010年4月,广东客商在九龙工业园成立炎陵县光大服装有限公司。同年10月,广东另一客商在九龙工业园成立炎陵柏高制衣有限公司。2014年,全县服装生产企业8个,有缝纫机1260台(套),从业人员742人,实现产值13亿元。主要产品有西服、劳保服、运动服、休闲服等。全县有缝纫个体户45家,从业人员59人。

2014年炎陵县纺织、服饰企业一览表

表15-8 单位:人、万元

序号	企业名称	成立时间	从业人数	主要产品	产值
1	天伦纺织有限公司	2003.12	226	棉混纱	11853
2	银太纺织有限公司	2007.1	750	棉纱	43594
3	万昌纺织有限公司	2008.1	481	棉纱	21136
4	东信集团炎陵有限公司	2008.1	740	棉纱	44298
5	德鑫纺织有限公司	2013.12	120	棉纱	1850
6	光大服装有限公司	2010.4	230	服装加工	10307
7	柏高制衣有限公司	2010.10	400	针织服饰	2855
8	华达服装织造有限公司	2014	—	—	在建

第六章　电子信息

第一节　电子企业

2005年6月,长沙客商在九龙工业园区购地40亩,兴建厂房,成立湖南省亮健磁材有限公司,生产扬声器磁体等产品,为炎陵县首家电子信息产业企业。2006年1月,县人黄智勇成立株洲永茂电子有限公司并在九龙工业园新建工厂,生产磁芯电感器等电子元件产品。2007年6月,湘潭客商在九龙工业园成立炎陵县宏达磁电产品开发有限责任公司,主要生产钽电解电容器和电磁体产品等。2014年,县内有电子信息企业17家(其中在建4家),从业人员980人,实现工业产值3.5亿元。

2014年炎陵县电子信息企业一览表

表15-9　　单位:万元、人

序号	企业名称	成立年月	主要产品	产值	从业人数
1	亮健磁材公司	2005.6	磁体	14744	158
2	永茂电子公司	2006.1	电子元件	10600	89
3	宏达磁电产品开发公司	2007.6	磁体	5085	40
4	新松诺电子厂	2009.10	电子元件	150	32
5	瑞丰工贸公司	2010.3	磁体	2515	45
6	富泰欣电子厂	2011.5	电子元件	220	80
7	勋邦电子公司	2011.	电子元件	1000	120
8	玖琪电子厂	2011.1	电子元件	260	120
9	英飞德电子科技公司	2012.	电子元件	280	70
10	惠莲鑫电子科技公司	2012.8	电子元件	120	18
11	德信电子公司	2012.5	电子元件	5631	85
12	勋邦电子厂	2013.	电子元件	1010	95
13	永屹电子科技公司	2013.4	电子元件	在建	—
14	玖琪电子科技公司	2014.11	电子元件	在建	—
15	润达电子有限公司	2014.1	电子元件	900	32
16	诺忒光电科技发展公司	2014.8	电子元件	在建	—
17	宗义电子科技公司	2014.4	电子器件	在建	—

2.02万吨，水泥2.39万吨，完成产值136万元（当年价415万元），实现利润29万元。1991年，王家渡镇河西水泥厂投资92万元进行技术改造。当年6月竣工投产，水泥年生产能力达2.2万吨。1994年，河西水泥厂评为湖南省小型工业企业500强之一。1996年10月改制，组建河西水泥股份有限公司，为县内首家乡镇股份制企业。1997年6月，县水泥厂采取公开招标办法，由本厂职工获得15年生产经营权，组建湘山水泥有限责任公司，同年8月恢复生产。1999年1月30日，公司对机立窑进行扩径技术改造，将原2.2米窑径扩至2.4米，年生产能力提高24%。2003年3月，县水泥厂转租给攸县客商经营，经营期15年，并更名炎陵县长兴水泥厂。同年投入资金200万元扩大生产能力，将年产水泥4.4万吨提高到6.6万吨。并添置槽车、贮罐，开炎陵县散装水泥生产先河，散装化程度达32%。2006年7月，长兴水泥厂兼并河西水泥股份有限公司。2008年12月，长兴水泥厂废弃旧厂，选址新建。2010年5月，在九龙工业园区新建生产线正式投产，年设计生产能力40万吨。主要产品为325、425标号普通硅酸盐水泥。2014年，有从业人员106人，年产水泥14.4万吨，产值3694万元。

二、水泥制品

1984年，县水电修试厂开始生产水泥电杆。1989年，垄溪、策源、龙渣等乡兴建水泥预制构件厂。1990年，全县生产水泥电杆1800根，水泥预制构件9100件。2000年，全县有生产企业25家，从业人员412人，生产预制件4.06万立方米，实现产值3122万元，利税180万元。2003年，县有关部门对水泥制品企业进行整顿，关闭一批无生产许可证和规模小、产品质量差的企业。2008年，县内生产规模较大的企业有霞阳镇建筑材料加工厂、霞阳镇预制件厂、鹿原镇环保水泥制品厂。2010年10月，长兴水泥厂投资兴建年产20万立方米的商品混凝土搅拌站（长兴商砼）。2011年4月，江西客商在九龙工业园成立和泰商品混凝土制品有限公司，公司从业人员126人，厂区占地面积20亩，设计年产商品混凝土20万立方米。同年10月，中铁五局项目部采用混凝土专用车为民用建筑施工输送商品混凝土，受到用户欢迎。从此，县内大面积混凝土浇筑工程均采用商品混凝土施工。2012年6月，三河镇成立恒心水泥制品有限公司，生产水泥混凝土电杆，从业人员21人。年产混凝土电杆2万根。2014年，全县共有水泥制品企业7家，从业人员196人，实现产值5323万元。主要产品有水泥空心砖、水泥混凝土排水管、水泥混凝土压力管、水泥混凝土电杆、水泥混凝土预制构件、商品混凝土等。

第三节 玻璃纤维

1985年，城东乡投资7万元，从浙江温州引进设备和生产技术，兴建以废旧玻璃为原料、年产80吨玻璃纤维厂。4月建成投产，当年生产22吨。1990年，因滞销停产。1991年，酃县织布厂与长沙玻璃纤维总厂联营设立长沙玻璃纤维总厂酃县分厂。1992 年投产，次年实现产值 193 万元。1996 年宣布破产。4 年间生产中碱玻璃纤维布 281.77 万米，中碱无捻玻璃纤维布 21.9 万米，玻璃纤维纱 375 吨，玻璃钢制品 115.16 吨。1996 年，县人造板厂将部分厂房和场地租给客商改建玻璃纤维生产车间。次年 3 月开始投产，当年生产玻璃纤维丝 227 吨。1997 年 1 月，株洲客商在炎陵县成立龙港玻纤有限公司，租用广源公司部分厂房改建玻璃纤维生产厂，安装陶土坩埚 24 台，生产玻璃纤维纱。1999 年 2 月投产，当年生产中碱玻璃纤维纱 745 吨。2000 年后下村、垄溪、水口、中村、龙渣、三河、沔渡、东风等乡镇先后兴办玻璃纤维生产企业。2001 年 12 月，株洲新光明玻璃公司先租后购炎陵县生资公司深坑仓库改建玻璃纤维生产厂，成立株洲新光明玻璃公司炎陵分公司，率先采用铂金坩埚进行玻璃纤维生产。生产人数常年保持 290 人以上，年生产能力 1000 吨。2011 年 1 月，沔渡镇长江村兴办长江短切毡加工厂，年生产能力 1000 吨。2014 年，有玻璃纤维生产企业 10 家，从业人员 1011 人，用电装机 6670 千伏安。全年生产中碱玻璃纤维纱和特种玻璃纤维纱等 2.02 万吨，其中出口 1.8 万吨，实现产值 4.1 亿元。

2014 年炎陵县玻璃纤维生产企业一览表

表 15-10

序号	企业名称	企业地址	成立时间	用电装机（千伏安）	主要产品	产值（万元）	从业人数(人)
1	龙港玻纤有限公司	九龙工业园	1997.1	1000	玻纤丝	7992	145
2	炎帝玻纤厂	垄溪乡	2001.3	200	玻纤丝	6688	79
3	株洲新光明玻璃公司炎陵分公司	九龙工业园	2001.12	2800	玻纤丝、布	9390	296
4	三河玻纤厂	三河镇	2003	100	玻纤丝	100	60
5	嘉新实业有限公司	九龙工业园	2004.6	500	玻纤丝	8692	205
6	神农玻纤厂	九龙工业园	2005.6	1000	玻纤丝	210	69
7	垄溪月岭玻纤厂	垄溪乡	2005.8	100	玻纤丝	85	25
8	耀华玻纤制品有限公司	九龙工业园	2008.4	800	玻纤丝	8214	98
9	长江短切毡加工厂	沔渡镇	2011.1	100	玻纤短切毡	200	20
10	龙渣玻纤厂	龙渣乡	2012.3	70	玻纤丝	70	14

第四节　花岗岩制品

1993 年 8 月，石洲乡投资 25 万元，兴建花岗岩建筑装饰材料厂，是县内首家石材加工企业。当年完成产值 50 万元，利税 10 万元。1998 年，福建客商投资 300 万元在石洲乡成立炎陵县石洲石业公司，开采当地辉绿岩，同年8月投产。员工65人。主要产品有贴面装饰板、茶几、桌凳、梳妆台、石碑、墓碑等。产品销往福建和东南亚市场。同年，下村乡引进上海客商在云里村兴办石材加工厂，开采加工当地花岗岩“下村芙蓉”石板材，当年生产4000平方米。2002年，下村乡引进福建和株洲客商投入320万元进行石材开发。当年开采加工“大白花”花岗岩石材150立方米，实现产值90万元。2014年，全县共有石材加工企业5家，从业人员53人，加工石材产品2万立方米，碎石28万立方米，实现产值1230万元。

第五节 其他建材产品

玻璃马赛克 1991年，县玻璃建材厂投资120万元，兴建玻璃马赛克池炉。1991—1994年生产玻璃马赛克29.86万平方米。后因严重亏损，1996年4月依法破产。

硅酸铝制品 1987年4月，城关镇投资18.5万元，从株洲电力机械修制厂引进技术设备，兴建年产300吨硅酸铝纤维保温材料厂。6月建成投产，当年生产硅酸铝棉115吨。产品主要销往长沙、衡阳和广东韶关等地。1990年，乡（镇）办保温材料企业2个，职工34人，固定资产41万元，年产硅酸铝棉50吨，玻璃纤维棉131吨，完成产值116万元。1995年，城关镇保温材料厂生产硅酸铝棉180.8吨。1998年后，市场需求量减少，1999年停止生产。

塑钢 2008年5月，江西客商熊斌在九龙工业园成立炎陵九龙建材有限公司，生产塑钢制品。公司从业人员42人，当年生产塑钢制品6万件。主要产品有塑钢门窗和塑钢橱柜等。2014年，生产塑钢产品12万件，实现产值4076万元。

防水粉 1995年，沔渡镇山王工贸公司兴办防水材料厂，当年生产防水粉33.7吨，次年生产38吨。2000年，因产品滞销停止生产。

第八章 陶 瓷

日用陶瓷是县内传统产品。20世纪50年代中期开始，规模逐步扩大。1987年，兴建湘玉瓷厂，生产工艺瓷，产品销往国外。1992年，引进技术生产特种陶瓷分离环。至2014年，县内有陶瓷生产企业4家，从业人员783人，产值2.24亿元，分别占全县工业企业从业人员5.9%、全县规模以上工业企业总产值2.7%。

第一节 日用陶瓷

明末清初，江西萍乡等地陶瓷业者相继在沔渡大浪（今苍背）、水口黄茅墩、塘田南冲、城东草坪、策源瓷器窑等地开设碗厂。三四人一棚，六七人一厂，手工操作，生产瓷碗、钵、坛等日用陶瓷。1954 年，全县有陶瓷作坊 10 家，人员 18 人，年产日用陶瓷 5060 件。1956 年，黄茅墩碗厂转为水口瓷业社，属县办集体企业。国家投资 8 万元，帮助建厂房、宿舍 2140 平方米，添置旋坯机、榨泥机以及柴油发电机，生产由手工操作改为半机械化，年生产日用瓷 11 万件。1975 年 3 月，从县红砖厂划出陶瓷车间，在城东坎坪兴建县属集体企业酃县陶瓷厂，生产坛、盆、钵、缸、罐、沟瓦等产品。因陶泥难以为继，1982 年停产。水口瓷业社亦因亏损严重，于 1985 年停产。至 80 年代末，仅南冲碗厂生产普通瓷碗、盆、罐，年产量 2.3 万件。1998 年，县人陈访华投资 50 万元，在垄溪乡江口村兴办富达瓷厂，年产日用瓷和工艺瓷 50 万件，销售收入 80 万元，从业人员 45 人。因产品滞销，于 2004 年停止生产。1999 年，县湘玉瓷厂下岗职工邹春江、罗新云筹资 250 万元，成立炎陵县咏丰瓷业有限公司，在三河镇星光村排上组兴办陶瓷厂，生产日用瓷，年设计生产能力 462 万件。产品全部远销欧美和东南亚各国。2002 年 3 月 28 日，沔渡镇引进江西客商投资 750 万元，成立炎陵县神农瓷业有限公司，在苍背村兴办日用瓷生产厂，当年 10 月正式投产。2004 年，江西客商成立恒达瓷业有限公司，在沔渡镇兴建日用陶瓷厂，当年 8 月正式投产。同年，霞阳镇引进江西客商投资 719 万元，成立炎陵县保华日用陶瓷有限责任公司，在里台村兴办日用瓷厂，当年 4 月投产。2014 年，县内有日用陶瓷厂 4 家，从业人员 783 人，生产日用瓷 9500 万件，实现产值 2.24 亿元。

第二节　工艺瓷

1987 年，省陶瓷研究所将湘玉瓷研究成果转让酃县，在县陶瓷厂兴建湘玉瓷厂，利用箱式电炉生产湘玉瓷。当年生产 15 种产品均进入国际市场。次年 5 月，又从省陶瓷研究所购进电热推板炉，建年产能力 30 万件的工艺陈设瓷生产线。1989 年，湘玉瓷产品列入省“星火计划”，工厂搬迁至城东中团原县汽修厂。同年 6 月，投资 100 万元，扩建年产 90 万件产品生产线，同时与省工艺品进出口公司签订开发湘玉瓷联营协议（省公司投资 30%），更名为酃县出口工艺瓷厂，属县办全民所有制企业。9 月开始扩建，年底竣工投产。该厂选用衡阳界牌的高岭土和衡山马迹钠长石（后改用策源钾长石）为主要原料，采用低温氧化焰烧制。瓷胎细腻，湿润似羊脂，釉面光洁，色调柔和，富有玉感。产品由外贸出口，销往美国、西德等十几个国家和地区。1989 年，经省轻工业厅鉴定，确认湘玉瓷为国内首创瓷种。1990 年，有职工 164 人，固定资产 95.4 万元，建筑面积 5706 平方米。主要设备有电热推板窑 4 台，年产工艺瓷47.07 万件，完成产值 70.6 万元（当年价 101.5 万元）。其中，出口产值 67.4 万元（当年价 89.1 万元），实现利润 11 万元，税金 9.4 万元。1991 年后，连年亏损。1994 年 10 月，转由湖南省工艺品进出口公司承担债务，独资经营。1995 年，从业人员 260 人，生产出口工艺瓷 178 万件，实现产值 425 万元，亏损 30 万元。1996 年继续亏损。当年 10 月，以债务托管形式进行企业改革，组建湖南华南瓷业有限公司。由省工艺品公司湘玉瓷厂与香港陶艺进出口公司合资经营。同年 12 月恢复生产。1998 年 7 月，3 名原湘玉瓷厂下岗职工筹资 22 万元，利用垄溪乡电站自供电力联营创办出口工艺瓷厂。该厂主要生产高档咖啡杯、茶杯等出口产品。同年8月正式投产,安排下岗职工45人,产品全部销往国外。4年后因亏损停产。1999年4月,华南公司也因亏损,重新组建湖南华汇陶瓷有限责任公司,实行个人承包经营。2003年2月,承包人中止生产经营,企业职工下岗。10月,实行产权制度改革,企业资产全部处置。

第三节 特种陶瓷

1992年,县铁合金二厂与醴陵陶瓷研究所联营,投资100万元,生产特种陶瓷水平连铸机用分离环。1993年建成投产,当年生产分离环1万件。1994年,县铁合金二厂与北京方大高新技术陶瓷有限公司签订技术服务合同。随后,项目列入省级"星火计划",省下拨科技贷款指标190万元。1997年,衡阳钢管厂与承包人联营,生产分离环1.2万件。1999年,船形乡兴办特种陶瓷厂,生产分离环1800件。2002年,引进资金164万元扩大生产,当年生产分离环4800件。同年,衡阳钢管厂投入120万元,对生产线进行扩改。次年生产分离环4.6万件,实现产值138万元。同年12月,衡阳客商在九龙工业园成立炎陵鸿宇特种陶瓷有限责任公司,新建特种陶瓷制品厂。2012年,公司实现产值240万元,从业人员42人。由于产品滞销,2013年停产。

第九章 化学工业

1949年前,县内有老墙土熬硝盐、白硝制火药、靛苗制染料、桐油熬光油等简单化工生产。1950—1960年,开始生产山苍子油、樟油、桂皮油、硝酸钾。1970年后,生产松香、松节油、炸药、合成氨、碳酸氢铵、硫磺、电石。1980年后,对电石、硅石、植物油等进行深加工。1990年,县内有化工企业6个,职工188人,固定资产250万元,完成产值278万元(当年价425万元)。1991年,县内化工产品主要有松香、松节油、松焦油、柠檬醛、电石、溶解乙炔气、乙炔炭黑、电极糊、石墨及碳素制品、碳酸钙粉、防锈材料、EM硅复合工程材料等。1998年后,新增氯酸钾、活性炭等产品。2014年,全县化工企业16家。主要产品产量:氯酸钾1.8万吨,高氯酸钾8000吨,活性炭1100吨,松香51吨,杉精油30吨,渗透剂30吨。从业人员597人,实现产值3.3亿元,税金752万元。

第一节 林化产品

1957年5月,江西省吉安市私营红星植物油厂在县城北门垄兴建山苍子油加工厂,从山苍子中提炼油料。1958 年 5 月,兴办地方国营植物油厂,当年生产樟油、山苍子油 12.5 吨;从桂皮中提取桂皮油,产品出口。次年 8 月停产。1973 年,县印刷厂建松香车间。1975 年 1 月划出松香车间,在城关晏公潭建县化工厂,生产松香、松节油、炸药等产品,为全省林产化工重点企业之一。1988 年,船形乡兴办神农油脂厂,利用山苍子油生产柠檬醛。1990 年,全县有林化企业 2 个,职工 77 人,固定资产 87 万元,完成产值 151 万元(当年价 160 万元),生产松香 359 吨,松节油 60 吨,松轻油 50 吨,松焦油 118 吨,210 树脂 12 吨,柠檬醛 80 吨。1992 年,船形神农油脂厂因亏损停产。1996 年,由于松脂供应不上,松香生产停顿。2004 年 3 月,县化工厂产权改制,资产处置。2000 年 5 月,霞阳镇租用县茧丝绸公司厂房引进福建省建阳市客商兴办霞阳化工厂。以竹木屑和稻谷壳为原材料生产活性炭。当年生产活性炭 105 吨。2003 年,浙江客商在鹿原镇兴办鹿原松香厂,从业人员 7 人,当年产松香 51 吨。2009 年,县振盛木业有限公司投资 400 万元,引进生产技术和设备,从杉树锯木粉中提炼杉精油,2010 年 8 月投产。2014 年,县内有林产化学产品生产企业 11 家,生产松香 60 吨、杉精油 30 吨、活性炭 1500 吨。

第二节　氯酸钾

1998 年 3 月,水口镇引进湘潭客商投资 100 万元,成立股份制企业株洲天源化工厂,在自源村建厂生产氯酸钾,当年 8 月投产。1998 年 6 月,船形乡引进郴州客商在春江电站旁兴办三鑫化工厂,生产氯酸钾。次年投产,年产 100 吨。1999 年,石洲乡在安坑村兴办氯酸钾厂,生产氯酸钾 95 吨,铝粉 4 吨。2002 年,水口镇引进湘潭客商投资 500 万元,成立炎陵阿尔法冶金化工有限责任公司,兴办高氯酸钾厂,设计年生产能力 3000 吨。2003 年投产,当年生产高氯酸钾 1000 吨。2003 年 7 月开始,对"小化工"生产企业进行专项整治。对废气、废水排放未达标企业限期关闭。三鑫化工厂率先使用水槽过滤法,实现氯气排放达标。至 2005 年,全县关闭未达标企业 8 家。2006 年,船形化工有限责任公司在船形乡新建化工厂。占地面积 8.7 万平方米,建筑面积 2.7 万平方米,车间面积 2.3 万平方米。设计年产高氯酸钾 3000 吨,氯酸钾 6000 吨,过氧化氢 4125 吨。2008 年,投资 400 万元,新增氢气回收设备。2014 年,县内有氯酸钾生产企业 9 个,从业人员 326 人,年产氯酸钾 1.8 万吨。实现产值 2.6 亿元,税金 670 万元。

第三节　烟花爆竹

1990 年, 东风乡在太平岭村兴办鞭炮厂——东风鞭炮厂, 当年生产鞭炮 583 标准箱, 1993 年停产。同年 8 月,沔渡镇泮坑村民投资 12.5 万元,在苍背村(果品厂)兴办酃县炎陵花炮厂,当年生产花炮200箱,1996年停产。2002年11月,鹿原镇个人投资30万元,兴办炎陵县隆昌鞭炮厂。2006年投资300万元,扩大烟花鞭炮生产规模。2014年,有从业人员80人,生产鞭炮5000万响,烟花10万标准箱。

第四节 化学肥料

1956年,河西乡洣西农业社挖取老墙土,土法生产硝酸钾。1959年,在河西公社西岩建钾钙化肥厂,因产品质量差,翌年停产。1974年7月,县革委在三河深坑动工兴建年产合成氨3000吨氮肥厂,投资395.2万元,1977年4月投产。后因"两煤"(无烟煤、烟煤)全依赖外地调进,成本高,亏损严重,1983年5月停办,累计生产碳酸氢铵5.4万吨,

第五节 电石及其他化工产品

1976年10月,县红砖厂筹建电石车间,兴建650千伏安矿热炉1座。次年,水口电站投产,为利用丰水期电力,筹建酃县电石厂。1977年,三河、塘田公社相继兴建电石厂,均因效益差而停产或转产。1980年,全县产电石786吨。1981年,在银行和水电部门支持下,县电石厂投资3万元,建日产25吨石灰立窑1座。次年恢复电石生产,6个月生产电石1180.6吨,完成产值54.85万元,盈利4.97万元。1983年,新建2号矿热炉(1800千伏安)。1986年,全县产电石4583吨。1987年,河西乡与株洲电碳厂联营办碳素厂,生产电极糊。塘田乡投资31万元,兴建乙炔气厂,生产瓶装溶解乙炔。县电石厂与广东韶关物资贸易发展公司联合投资95万元,新上年产1000吨乙炔碳黑生产线。产品各项技术指标达到国内先进水平。1989年8月,县防锈材料厂从机械电子工业部武汉材料保护研究所引进高效金属薄膜防锈剂生产技术,试制防锈材料成功。经省级新产品鉴定,达到国内先进水平,列为省内新产品。1990年4月,沪酃精细化工矿粉厂从省智能实业开发公司引进技术,生产硅复合工程材料。当年,全县有电石厂及其他化学原料制品企业4个,职工140人,固定资产250万元,完成产值122万元(当年价260万元)。主要产品有:电石1289吨,乙炔气8.16万立方米,电极糊119吨,乙炔碳黑78吨,石墨及碳素制品25吨/8448根,碳酸钙粉292吨,EM硅复合工程材料12吨。实现利润17万元。1992年11月,策源乡铁合金厂租赁给茶陵县平水乡电石厂经营,转产电石。当年实现产值224万元,利税16万元。1993年,城东铁合金厂转产电石,1995年产量达到1534吨。1994年,塘田乙炔厂溶解乙炔气生产量达到3.03万瓶。当年,铁合金市场看好,价格回升。1994—1997年,县铁合金公司(二厂)、城东电石厂、三河电石厂、策源电石厂先后转产铁合金。1997年3月,鹿原镇拍卖塘田乙炔厂和电石厂,并于次年重组股份合作企业。2008年,列入高耗能企业被关闭。

第十章　食品饮料加工业

传统食品加工多为家庭手工作坊。1949年后，逐步发展为机械、半机械集中生产，并形成产业。先后有14种加工食品在市以上产品评比中获奖。1990年，县有食品加工企业4个，职工224人，固定资产271万元，完成产值294万元（当年价556万元）；村办食品加工企业84个，人员289人，固定资产96万元，完成产值95万元（当年价149万元）。1991年后，以大宗农林产品为原料进行深加工。有大米制品、豆类制品、竹笋制品、蔬菜制品、水果制品、肉类制品、食用植物等。2014年，有食品加工企业15家，从业人员575人，实现产值2.4亿元。

第一节　粮油加工

一、大　米

1950年11月，城关镇群众集资购进一台碾米机，县内始有“机器米”。1955年，县粮食局在城关建大米加工厂。1960年后，三河、水口、石洲、垄溪、船形等公社以生产大队为单位，购买水轮机、柴油机与碾米机配套，开始机械碾米。1967年，全县有碾米机106台。1980年后，边远山区农户开始独资购置微型碾米机。17个乡镇粮站亦建立粮食加工厂，培训技工103人、机修人员135人。1990年，县大米厂职工40人，固定资产93万元，完成产值189万元（当年价313万元）。全县有碾米机1442台，年加工大米3.27万吨（其中县大米厂6200吨）、统糠833吨，糠饼535吨。1993年取消粮食计划调拨，县大米厂生产停停打打，亏损10万元。1996年，县大米厂投资50万元进行技术改造。次年，实行工贸结合，将县大米厂并入霞阳粮站。此后，实行粮食流通体制改革，县大米厂从霞阳粮站分离，与饲料厂、粮油经营中心合并成立粮油饲料加工厂。2003年后，粮食购销市场全面放开，私营加工企业和个体经营户成为县内粮食收购加工主体。2006年，县粮食局投资71万元，在马鞍山粮库新建日产60吨精米生产线。当年，办有粮食经营许可证的企业35家，其中加工企业21个，年加工大米1.3万吨。2014年，粮食加工企业和个体加工户6个（其中国有控股企业1个），从业人员25人。加工精米4761吨，产值1.1亿元。

二、食用植物油

县内食用植物油主要有茶籽油和菜籽油。民国30年（1941），有油榨作坊78家，从业人员233人。1949年，油榨坊122家。1967年，开始推行机械榨油。1990年，县大米厂有榨油机

37台,加工菜籽油272吨,毛糠油51.3吨。1990年后,乡村传统油榨坊逐步被榨油机替代。1992年,全县有90型、95型榨油机216台,传统油榨坊11家。2012年8月,东风乡张湘军成立炎陵县金紫峰粮油有限责任公司,投资500万元,在太坪岭村新建粮油加工厂,加工精制茶油和菜籽油。2013年,2条生产线建成投产,年产精制油100吨。2014年,公司从业人员16人,生产精制油140吨,实现产值500万元,缴纳税金20万元。当年,全县共加工山茶油310吨,菜籽油560吨。

第二节 副食品

一、糖果糕点

民国时期,西乡塘旺、茅铺(今炎陵村)等地用木制榨粉机加工米粉丝。塘田、王家渡、西台等地有加工芝麻糖、月饼的小作坊。1956年,县商业局在西正街罗家大屋借用民房,兴办酃县食品加工厂。1958年有职工8人,以加工饼干为主。1964年,从长沙九如斋请来师傅,引进加工技术,品种质量得到提高。1984年,投资48万元,兴建食品加工大楼,增添机械设备,设糕点、饼干、油货、糖果等车间。次年更名酃县糖果糕点厂。有固定资产61万元,职工45人。生产米制蛋糕、饼干、麻饼、油酥、花根等90多种产品。1985年,沔渡、垄溪、河西、水口等乡镇相继兴办食品果品加工厂,产品有饴糖、花生豆、兰花豆、金橘花、香圆片、红姜片、梨脯、猕猴桃罐头、盐藠头、话梅、果露汁、杨梅汁等70多种。沔渡果品厂生产的梨脯、猕猴桃罐头,先后获省、市优质产品奖。1988年,县糖果糕点厂生产的炎陵牌米制蛋糕获首届中国食品博览会铜牌奖。1990年,全县生产糖果150吨,糕点184吨,饼干28吨,蜜橘罐头3吨。2003年后,县糖果糕点厂和乡镇集体加工厂先后改制停产。2014年,全县食品加工厂和作坊29个,从业人员190人,主要产品有麻饼、月饼、面包、蛋糕、兰花根、冷饮等。

二、饮料酒

炎陵农家素有酿酒习俗,原料多用糯米。主要有黄酒(俗称水酒)、白酒(俗称烧酒)及配制酒(俗称药酒)。2014年,县内有饮料酒生产企业8家(其中,黄酒2家,白酒4家,配制酒2家),从业人员72人,生产各种酒16吨。

黄酒 以糯米为原料,蒸熟后拌以酒曲发酵得到酒酿,兑入一定量清水,经发酵制成,故称“水酒”。酒精含量一般在14%—20%,按饮用习惯调节。多为家酿自用,批量生产的不多见。

白酒 以大米、高粱等为原料,经发酵蒸馏而成,俗称“白米烧”。1958年,在策源瓷器窑建县酒厂,有职工17人。1959年停办,1961年复办,定名酃县酒精厂,利用运不出的压仓粮生产白酒。1962年,在县城西外街设酿酒车间。1963年2月,厂部由瓷器窑迁至县城。时粮食紧缺,从外地大量收购“金刚蔸”等富含淀粉的野生植物块茎生产代白酒,产品于1964年在省评比会上获第三名。1973年更名酃县酒厂。除粮食部门按计划供应大米外，从河南等地调进薯片，生产散装白酒。1982年，引进和改造酿酒工艺设备，生产瓶装白酒，获地市级优质产品奖。1990年，该厂有职工59人，固定资产39万元，生产白酒376吨，完成产值46万元(当年价87万元)。1996年，酒厂依法破产。原有设备厂房拍卖后由个人承包经营。1998年12月，引进高档酒生产技术与株洲市炎帝酒业公司联营生产“炎帝神酒”。20世纪90年代，水口、船形等地先后兴办米烧酿酒厂。2000年，县药材公司永康综合经营部兴办酿酒厂，开发“纯粮醇”盒装酒，常年生产粮白酒22.5吨。2011年9月，长沙客商在九龙工业园成立炎陵县炎帝酒业有限公司，生产中、高档白酒。2014年6月正式生产，当年生产白酒80吨，产值3480万元。

配制酒　1982年，县酒厂采用新型串香复制工艺开始生产配制酒，产品有猕猴桃酒、菠萝酒等10余个品种。1990年，生产配制酒124吨。2000年，县药材公司永康酿酒厂开始生产“当归活血”“杜仲补肾”等配制酒。2003年，沔渡镇夏馆村谢满财在本村兴办国人健酒厂，生产“男天生力”“神农健”牌保健酒。当年实现产值60万元。2005年，霞阳镇坎坪村民罗甫生等人合伙兴办炎陵亮健酒厂，生产“阳天盛力”药用酒。2014年，全县有生产企业3家，从业人员20人，生产配制酒20吨。

三、精制茶

炎陵制茶历史悠久。传统制茶全凭手工与经验。清代，“天堂茶”为贡品，年贡折银二十五两七钱。“炎陵饼茶”为赠客礼品。民国时期，全县常年产茶约10吨。

1949年产茶15.5吨。1958年，湖南省供销合作社扶持塘田乡天堂村天堂茶场发展茶叶生产。研制铁木结构揉捻机，采用木制水轮机带动揉茶，当年产茶叶2吨。为县内机械揉茶之端。1968年，三河公社新田大队兴办茶场，栽种2亩茉莉花，加工茉莉花茶100公斤，县内始有花茶。1974年，天平茶场新建厂房1900平方米，安装杀青机1台、揉捻机3台、手拉百叶烘干机1台、瓶式复干机1台，次年春竣工投产，加工绿毛茶3吨，最高年产量7吨。1976年，三河、河西、水口、城东、船形、沔渡等地茶场均采用揉捻机加工茶叶，全县绿毛茶产量41.5吨。1982年，全县建集体茶场13个，厂房面积1353平方米，各种制茶机械41台套，机械加工绿毛茶21.1吨，全县茶叶产量57.2吨。同年末，实行家庭联产承包责任制，公社、大队所办集体茶场陆续转为个体生产经营。1983年，天平茶场加工绿毛茶6.5吨，1984年停产。1990年，全县茶叶产量77.2吨。1993年春，塘田乡天堂村村民新建天堂茶厂，购入茶叶加工机械设备8台，包装机1台。当年生产的“神农剑”“天堂银毫”在湖南省第三届“湘茶杯”名优茶鉴评会上获优质奖。1997年，评为湖南省名茶。同年荣获全国(HN)新技术新产品交易会科技创新金奖。1999年，在全国第三届“中茶杯”名优茶评比中获优质茶称号。2000年，全县茶叶产量130吨。2002年，大院农场引进台商古胜潭兴办乌龙茶基地。2004年，台商投资新建大院龟龙窝生态茶园。2005年，衡东县天然藤茶有限公司在炎陵县设立分公司，生产野生藤茶。2006年产精制乌龙茶1.5吨，产品销往深圳、上海和台湾等地。2007年3月，霞阳镇成立神农生态茶叶有限责任公司，在石子坝村新办茶场，建立生产线2条，年产精制茶16吨。2008年8月，中村乡引进炎陵县湘炎春茶业有限责任公司在联西村新建茶场。同年，垄溪乡秋田村兴办茶叶基地。2009年，船形乡新建茶叶基地和加工厂。是年，大院龟龙窝精制高山乌龙茶产量达到6吨，并荣获全国"中茶杯"一等奖。次年产量增加到9吨，创产值500万元，荣获全国首届"国饮杯"青茶类特等奖。2011年产精制乌龙茶15吨，再次夺得全国"中茶杯"一等奖和特等奖。同年3月，船形乡成立炎帝绿色食品有限公司，投资1058万元，新建大丰龙绿色有机茶叶示范园，引进安吉白茶(白叶茶一号)新品种种苗86万株。同时投资540万元新建洣溪茗峰茶叶加工厂，厂房面积600平方米，年产15吨精制白茶。2012年，炎帝春茶叶有限责任公司天堂茶场生产的"炎帝春"获中国中部(湖南)国际农博会金奖。洣溪茗峰茶叶加工厂注册"神农茗茶"商标。2014年，大院茶叶基地创建国家农业部标准茶园；神农茗茶公司获评为湖南省茶叶"科技创新十强企业"；"炎陵红茶—万阳红""洣溪茗峰—神农白茶"获湖南省第六届茶博会金奖；"神农白茶"获中国(长沙)国际食品展览会"湘茶大赛"金奖。当年，全县建设茶叶生产基地1.1万亩，茶叶生产企业7家，从业人数850人。年产精制茶160吨，产值4000万元。主要有红茶、乌龙茶，白茶、绿茶以及野生藤茶、绞股蓝茶等。

第三节 其他制品

竹笋加工 县内竹笋制品主要有清水笋、竹笋罐头、玉兰片、盐渍笋和烟笋等。1954年，县供销社先后雇请工人67人，在狮头、仙坪、石洲、密花、皮坑、障下、南流、瓷器窑、梁桥、下坪等地兴建厂棚，加工玉兰片。1979年，部分社队企业分散设厂，加工外贸出口清水笋。1981年3月，日本兵库县贸易株式会社宫谷宏等至大院农场交流清水笋加工技术。1983年，县外贸公司自建清水笋厂，承担出口生产任务，当年生产清水笋190吨。后经扩建，生产能力增加。1988年生产清水笋725吨，占全省出口量72.5%。"船牌"9立升罐装清水笋评为全省出口优质产品，获首届中国食品博览会铜牌奖。1990年，全县有清水笋生产厂2个，生产清水笋罐头574吨，笋尖罐头3吨。1990年后，清水笋成为县内主要创汇产品之一。1991—2000年，出口7037吨。其中，1995年出口1178吨，为历史最高年份。2003年，县外贸企业实行产权改制，大院农场亦剥离加工厂资产，县内竹笋制品均由个体私有企业生产。2004年11月成立炎陵县垄溪森泰实业有限公司，2009年3月成立炎陵县晓东罐头厂，均生产经营竹笋制品。2014年，全县生产竹笋制品4233吨。

香菇 20世纪60年代以前，多为自然生长，人工采收、风干后出售。1965年，省外贸局湘潭地区办事处在酃县建立省内首个香菇实验场,采用在椴木上打穴接种方法培育。1973年,在8个公社建立香菇试验基地。次年,香菇场发展到115个,接种5.3万筒,生产干香菇5吨多。1988年4月,县供销合作联社引进速生高产袋育香菇技术。次年,建立7个集体专业场、2个户办联办专业场、11个菌棒生产专业户。1990年,全县发展香菇5万袋,生产干香菇6吨。2000年产干香菇7.5吨。此后,由于香菇市场不稳定,产量时高时低。2014年产干香菇5吨。

鹅肉熟食　2007年10月,湖南福来喜鹅业有限责任公司新建加工厂,以“酃县白鹅”鹅肉为原料,采用酱、卤、熏、烤、腌、蒸、煮等加工方法,制作“鹅行天下”系列鹅肉食品。2014年,公司有员工268人,实现产值1.4亿元。

腌渍菜　县内民间有腌渍果蔬习惯,多为自产自食,少量外销。2011年,三河镇成立李太太农家菜有限公司,采用祖传工艺制作,不含防腐剂、添加剂,低盐、健康,风味独特。主要产品有豆腐乳、剁辣椒、腊八豆、酱蒜蓉、酱萝卜、酱茄子、酱豆豉、酱豆角、酱刀豆、泡蒜、混合泡菜、干姜、大蒜素等。是炎陵县第一家获蔬菜加工QS认证的企业。2014年公司从业人员20人,实现产值200万元。

魔芋食品　县内栽培魔芋和制作魔芋豆腐历史悠久。1996年,沔渡山王工贸有限责任公司投资50万元,引进日本魔芋加工设备和技术,兴办魔芋食品加工厂,生产魔芋丝、片、丸等系列产品,年产量2000吨。产品洁白晶莹,滑嫩爽口,受到市场欢迎。1998年,获中国绿色食品发展中心颁发的《绿色食品证书》。2001年获湖南省第三届农博会奖。为扩大生产规模,1999年4月,县乡镇企业局举办魔芋种植培训班,培训芋农,当年全县种植魔芋260亩。2001年,山王魔芋食品加工厂从沔渡镇搬至县九龙工业园。2010年停产。

天然矿泉水　1997年,霞阳镇成立首家天然矿泉水生产企业——炎陵县神农矿泉水公司,并在石玉村新建天然矿泉水加工厂,日产瓶(桶)装天然矿泉水40吨。1998年,完成“湘山”牌商标工商注册,上市销售。1999年,外贸公司与株洲客商合作在玉石村兴办矿泉水厂,生产“五加伦”桶装天然矿泉水,产品销往株洲、长沙等大中城市。2001年4月转让经营,更名株洲益寿源矿泉水厂,生产瓶(桶)装天然矿泉水。2010年,“石玉泉”天然矿泉水获株洲市名牌产品奖。2014年,生产天然矿泉水18万桶,实现产值126万元。

第十一章　其他工业

第一节　配(混)合饲料加工

1968年,全县有饲料粉碎机6台,农民用“二壮谷”、谷、豆秆、花生藤等粉碎做饲料。1978

年有饲料粉碎机259台,1980年发展到325台。1984年,县粮食局兴办饲料加工厂,生产“金穗”牌配(混)合饲料。1990年,全县生产配(混)合饲料1.2万吨,1992年,东风乡租赁县副食品公司场地兴办饲料厂。1992—1994年,肉价下跌,饲料滞销。1995年,生猪生产回升。当年,县饲料厂投资55万元进行技术改造,使用电脑配方,生产配合饲料742吨,比上年增长5倍。1997年4月,东风饲料厂更名株洲神风饲料有限责任公司,投资35万元新上颗粒饲料生产线,生产饲料系列产品。其中,“中猪202”饲料获中国(湖南)新技术新产品交易会金奖,产品除供应本县外,还销往安仁、衡东、桂东等地。公司获评株洲市十强乡镇企业。1998年,县饲料厂与大米厂、粮油经营中心合并兴办粮油饲料加工厂,因经营不善,于2000年停止生产。2003年,神风饲料有限责任公司改制,更名神风饲料科技有限责任公司,购入闲置房屋场地改建饲料加工厂。当年生产配(混)合饲料3100吨,2008年生产1.9万吨,2014年达4.57万吨。

第二节 机械修造

民国27年(1938),军政部兵工署东南区第一分厂迁酃县潘家圩,有工人400人、卫兵100人,维修兼造枪械。有锻压、切削机床和自备动力。1951年,地方国营企业公司内设农具部,生产铁木农具。1953年后,陆续购置车床、刨床、钻床和动力设备,初具修配能力。1956年,私营群工农具铁锅铸造厂与县企业公司农具部合并,成立县农具厂。1958年,吸收城关铁业社人员入厂,更名地方国营机械厂,有职工150人。购入车床、钻床4台,自制龙门刨床1台。小批量生产7马力卧式煤气机、400型牛头刨床等。1965年后,扩建厂房,增置设备,并从湘潭电线厂调进8名技工,更名农业机械厂。1970年,农机厂仿制“五六”式半自动步枪,在广州军区地方军事工业生产经验交流会上评为射击精度第二名。1971年3月,县农业机械厂更名农业机械一厂。此后,相继兴建县电机厂、农机修配厂、林业机械厂、农业机械二厂。农机一厂于1975年迁至城东店下,扩建机械车间,所产冲击式水轮机远销陕、川、黔、闽、赣等省。1976年3月,从县汽车队抽调11名修理人员组建县汽车修配厂,主要承担汽车大修、三保任务。1978年,全县机械修造企业发展到17个。其中,全民企业5个,集体企业2个,社队农修厂10个,职工241人,完成工业产值182万元。除传统农机具外,还制造机动蒲滚船、干饲料粉碎机、轧花机、微型水轮机、3—5千瓦电动机、20千瓦发电机、30千伏安变压器、配电屏,以及焊管、旋塞、气阀、膨化机、架空索道装置构件等。1980年,根据农村家庭承包经营生产需要,县机械修造企业引进技术、设备,先后生产单人打稻机、微型碾米机和微型水轮发动机。1981年6月,县电机厂划归水电局,更名水电修试厂。1983年,农机一厂承包三河电石厂生产电石。1987年7月,县汽车修配厂因业务不足,与汽车队合并。同年,农机修配厂引进技术,新增电枢生产线。1988年9月,更名县汽车电器厂。县农机二厂从江麓机械厂引进技术，试制果汁压榨机，投入批量生产，产品远销陕西、海南、广东及长沙等地，后更名食品机械厂。20 世纪 80 年代，乡镇农修厂大部分解体。至 1990 年，全县有机械修造企业 6 个，职工 184 人，固定资产 105 万元，完成产值 62 万元（当年价 70 万元）。生产人力打稻机 1154 台，铁制中小农具 7.21 万件，圆钉 14 吨，铸件 50 吨。1992 年后，机械修造企业以机械零配件加工和机械修理为主，处于半停产状态。同年，县林业机械厂、湘酃汽车电器厂被湘酃五车队兼并。食品机械厂改产瓦楞纸箱，1993 年，更名隆吉包装公司。1995 年 6 月，农业机械修配厂、汽车配件厂、机械厂依法破产。1996 年由原县城关修配社等企业部分职工成立炎陵县修配社，后更名炎陵县修配厂。2003 年，修配厂改制。2004 年县水电修试厂改制。2010 年 12 月，县人在九龙工业园成立炎陵申鑫电机有限公司，生产电动机和振动器。2014 年，有员工 36 人，实现产值 2656 万元。同年，全县有汽车、摩托车和家用电器维修店铺及铁匠铺等 48 家。

第三节　造纸　印刷

一、造　纸

土纸　清末，山区农户利用嫩毛竹、黄竹、雪花皮、谷皮等作原料，生产皮纸、引纸、毛边纸、方纸、磅纸等。民国 22 年（1933），船形乡沿潭村叶家亮在作水湾兴办皮纸厂，年产皮纸 1000 刀（每刀 90 张）。1949 年，全县有土纸作坊 11 家。1953 年，在县人民银行贷款扶持下，私营土纸作坊发展到 30 家，年产土纸 14.56 吨。1958 年 4 月，在城关兴建县办湘山寺造纸厂，建纸槽 18 套，运用传统工艺生产土纸。9 月建成投产，有职工 136 人。当年产毛边纸 49 吨。1961 年因亏损停办。1964 年，中村、下村、平乐、策源等公社先后办土纸厂。1965—1974 年，年均生产土纸 702 吨。其中，1966 年生产 1364 吨，为产量最高年份。1980 年起，生产厂家减少，1983 年仅产 1.6 吨。1990—2001 年，平乐、船形、十都、石洲等乡镇农民利用雪花皮生产鞭炮引纸；利用小杂竹、楠竹生产毛边纸。2003 年 7 月，开展“小化工、小造纸”企业治理整顿，年底，土纸生产企业全部关闭。2004 年，湖北客商在安坑村重启毛边纸生产，当年生产 400 吨。2006 年，该厂迁至青石村，利用竹加工废弃物生产毛边纸 380 吨。12 月，该厂出让。2007 年，新厂主投资 79 万元扩建。因不符合国家产业政策，投产 4 个月后关闭，改为竹制品加工厂。此后，县内无土纸生产。

机制纸　1972 年，县革委于城关五里排兴建日产 2 吨小型造纸厂。1974 年 5 月投产，当年生产机制纸（仿纸袋纸）104 吨。后经扩建改造，年生产能力提高到 3000 吨。1979 年，城东、中村公社分别兴建年产 800 吨、300 吨造纸厂。1990 年，全县有机制纸厂 3 个，职工 280 人，固定资产 508 万元，年生产机制纸 1456 吨。其中，县造纸厂 1135 吨，完成产值 204 万元（当年价 450 万元）。1991—1992 年，县造纸厂亏损。1993 年 7 月因资不抵债而停产。1995 年 4

月5日依法破产，是县内第一家破产的地方国营企业。同年8月，由县财政局、林业局、木材公司、小水电公司、青石岗林场联合出资收购重组，成立县内首家国有股份合作企业——炎陵县纸业有限责任公司。当年实现产值168万元，利润6.16万元、税金11.96万元。1996年，纸业公司、家具厂、木材公司、林业汽车队、林业竹木加工厂等联合组建炎陵县绿银集团有限责任公司，生产纸品1150吨。同年12月31日，因造纸废水污染河水而关闭。中村、城东乡造纸厂亦以同样原因相继关闭。1999年，安仁县客商对县造纸厂进租赁承包经营，并投资进行技术改造。2001年该厂采用竹木废料生产牛皮纸2494吨。2003年，原县纸业公司实行产权改制，资产由冠龙金刚石材料有限公司和日东钨钼制品有限公司竞购，并改建成硬质合金生产厂。此后，县内无造纸企业。

二、印 刷

明嘉靖二年(1523)，县内印刷过《酃县志》。清代，民间风行谱牒编印，均为刻板印刷。民国17年(1928)，县城有罗绪俊和谭寿山两家店铺，印刷钟馗画像。22年，私营印刷业发展到5家。其中，集益印刷书局有工人10人，石印机1台，承印《酃县民报》和县政府表册。35年，县政府主办文化服务社，有油印机、石印机，主要承印国民党县党部内部资料。1951年8月，县企业公司设立印刷厂。1954年，私营印刷店铺并入城关印刷厂。1956年7月，印刷厂从企业公司划出，开始使用铅字排版，承印《酃县报》。1964—1969年，先后添置对开印刷机3台，逐步改脚踏为电动。新建排字车间300平方米，购买铸字机、字模，自铸铅字。1975年，自制上腊机，开始生产糖果、糕点包装用纸。1980年，城东公社办印刷厂，年生产印刷品20令(1令=1000张对开纸)。1984年，县印刷厂零印件获株洲市印刷行业单项产品优质奖。当年，城东印刷厂停办。1985年，县五中办印刷车间，承印学生练习本和学校试卷、表册。1986年，县印刷厂新上彩印生产线，承印彩色书报、塑料制品和平装、精装书籍等多种业务。1990年，全县印刷企业2个，职工47人，固定资产37万元，年生产印刷品3.07万令，完成产值38万元(当年价59万元)。1991—1995年县内印刷产量年均在3万令上下。1996年后开始下降，1998年只印刷4200令。1999年12月，县人在霞阳镇兴办理光印刷厂。2000年，县内有印刷企业4家，职工82人，年生产印刷品2000令。2002年，县印刷厂处于半停产状态，次年实行产权改制。印刷机械设备由职工个人竞买，兴办个体印刷厂。同年，一中印刷厂改制为个体私营企业。2014年，全县有个体印刷企业4个，从业人员27人，年生产印刷品3500令。

第四节 塑料制品

1993年7月，王家渡镇筹措资金78万元与株洲市塑料厂联营，将原镇办碳素厂改建成塑料编织袋厂，次年1月建成投产。主要产品为水泥、石灰等建筑材料和饲料包装袋，设计年产塑料编织袋200万平方米，是县内第一家塑料编织袋生产企业。1996年，县财政局投资60万元、王家渡镇干部职工筹资26万元，联合成立金鹿塑料有限公司。公司对原塑料编织袋厂进行技术改造，新上塑料覆膜袋生产线，当年实现产值500万元。1999年，垄溪乡引进江西客商兴办再生塑料厂。2007年6月，浙江客商在九龙工业园分别成立华南、华丰、华耀塑业有限公司，生产高、中、低档塑料纺织袋。2008年，水口镇引进客商兴办宏利塑料制品厂，生产塑料管、塑料袋和回收废旧塑料生产再生塑料颗粒等。2010年12月，县人在九龙工业园成立鑫盛塑编有限公司，生产塑料编织袋产品。2014年，有塑料制品企业4家，从业人员314人，实现产值2.5亿元。

第五节　玻璃制品

玻璃锁口瓶　1991年11月，县乡镇企业局利用财政扶贫项目贷款兴办酃县玻璃制品厂，生产口服液玻璃锁口瓶，总投资33万元。1994年10月，更名炎陵县方园实业公司，扩大经营范围。至1995年停产，生产1000万只。2009年企业实行产权改制。

小电珠　1996年，三河乡石潮村兴办电珠厂。主要生产12伏车用和2.5伏手电筒用小电珠泡。当年生产电珠泡556万只。因产品滞销，于1998年停产。2009年，三河镇西台村兴办LED电子厂，2011年停产。

附

工业园区简介

九龙工业园区　2000年8月，中共炎陵县委决定在三河镇深坑村建立乡镇工业小区，11月，成立炎陵县乡镇工业小区管理委员会，由25个相关单位负责人组成。县委、县人民政府主管工业领导兼任主任、副主任，下设办公室。12月正式动工规划、建设。次年3月，株洲新光明玻璃公司炎陵分公司玻纤厂竣工投产，为首家入驻企业。2002年11月，更名九龙工业小区（工业园）管理委员会。下设办公室，隶县经济贸易局，核定事业编制4名。2006年12月，从县经贸局析出，升格为县政府直属正科级事业单位。当年有入驻企业39家。次年2月，升格为副处级机构，内设办公室、规划建设科、招商引资科。2010年9月，增设企业发展科、财政金融科。次年1月，设立九龙工业园社会事务管理局，为工业园管委会副科级内设机构。霞阳镇深坑、石鼓、石潮、龙伏、坪形等5个行政村的社会事务划属社会事务管理局。同年4月，株洲市发改委批准炎陵县九龙工业园为经济技术开发区。2012年11月，成为湖南省29

家省级工业集中区之一。2013 年 7 月,县政府将 13 个县直部门 36 项行政管理权下放园区管委会。

园区基础设施建设初步完善,九龙大道纵贯东西,10 条次干(支)道路横跨南北。建有输变电站 2 座,装机容量 5 万千伏安,输出线路 15 条,全长 25 公里;安装供水主网管 1 万米,年供水量 60 万立方米;排水排污管道长 14 公里。兴建公租房 9 栋,522 套,建筑面积 3.24 万平方米;标准厂房 9 栋,建筑面积 5 万平方米;科技孵化中心大楼 9195 平方米。邮政通讯、有线电视、医院、学校、幼儿园、农贸市场、垃圾中转站等设施齐备。

2014 年,园区面积 46.3 平方公里,常住人口 1.74 万人。入园工业企业 125 家,从业人员 1.1 万人。其中,纺织服装、新材料、旅游文创三大产业企业 91 家(主营业务收入 2000 万元规模以上企业 53 家),实现工业产值 82 亿元,工业增加值 25 亿元,占全县工业增加值的 86.2%,占全县 GDP46%,拉动 GDP 增长 5 个百分点。实现税金 9100 万元,占当年全县工业企业纳税总额 47.64%。

中小企业创业园 位于霞阳镇颜家村和中团村,为县九龙工业园区"一区两园"的重要组成部分。由县人民政府授权县企业发展促进局负责园区开发、建设和管理。设立中小企业创业园管理办公室(县属副科级单位),隶县企业发展促进局。2010 年 1 月 4 日开工典礼。同年,完成第一期土地征用并开始进行土地平整、房屋征收拆迁、回龙仙河堤整修和杉湾里河道整治等园区基础设施建设。2012 年 7 月,今成钽铌有限公司的钽铌锭生产线正式运行投入生产,当年实现产值 7217 万元,为创业园内第一家建成投产企业。2013 年,省政府公布为"湖南省首批中小企业创业基地"。2014 年,累计投入基础设施建设资金 5 亿元,开发建设用地面积 1500 亩;建成"两纵三横"道路总长 1800 米;整修河堤 210 米、整治河道 450 米;兴建入园大桥 1 座;安装铺设供水管网 1700 米、排水排污管网 1000 米,架设 10 千伏安输变电线路 2200 米和通信光纤电缆线 2300 米;建成标准厂房 5 万平方米和公租房 1047 套;签约项目 34 个,落地项目 18 个,在建项目 12 个,合同引资金额 21.95 亿元,到位资金 8.1 亿元;已建成投产企业 5 家,实现工业产值 10.6 亿元,税金 3530 万元,入园就业人员 1000 人。

第十六篇　环境保护和城乡建设

南宋建县之初，治所设霞阳镇（驻防之地），县署、城垣无考。城乡居民依山傍水建造房屋，多为土木结构，盖以片瓦或杉皮、茅草。明正德六年（1511），县城始筑土墙，门以木栏。嘉靖二年（1523）易土墙为砖石，建宏文、安济、迎恩、镇武四门。城内有房舍 480 间。明末清初，赣、粤、闽人率相徙入，以族姓聚居。日久衍生出大屋、屋场、村落与集市。清代中叶，城内衙署、宫庙、坛壝已臻完备，街巷、商铺穿插其间，湘东赣西风格的庄园、宗祠、书院、寺庵、凉亭星罗棋布。清末至民国时期，战乱连绵，古建筑大部分颓圮，城乡几无建设。1949 年，县城面积仅 0.39 平方公里，店铺 161 户，人口不足 3000 人。

中华人民共和国成立后，1950 年 10 月，县人民政府设立建设科。1954 年 10 月后，基本建设归口县计划委员会。20 世纪 50—70 年代，以改善城乡交通、供电、供水为主的基础设施建设全面铺开。1980 年 5 月，成立基本建设局。1980 年 10 月，成立酃县环境保护办公室。1982 年 2 月，县基本建设局更名为酃县基本建设委员会。1984 年 3 月，县环境保护办公室与县基本建设委员会合并，设城乡建设环境保护局。1985 年 4 月，分设酃县环境保护办公室。1988 年，更名酃县环境保护局。至 1990 年，城区面积扩至 2.5 平方公里，房屋建筑 77.22 万平方米。有大小街道 12 条，长 8000 米。有商店 230 个，常居人口 1.39 万。农村私宅建筑 439.9 万平方米，95.3%的农户用电照明，半数以上的村落可通机动车辆。2001 年 11 月，炎陵县环保局与炎陵县建设局合并为炎陵县建设环保局。2002 年 4 月，县建设环保局更名炎陵县建设局，加挂炎陵县环境保护局牌子。2010 年，获国家卫生县城称号。

2011 年 4 月，县建设局更名为住房和城乡建设局（加挂炎陵县环境保护局牌子）。下属单位有建设工程质量安全监督站、市政管理办公室、城市公用事业管理办公室、建筑工程质量监督试验室、建筑工程管理办公室、建设工程招标投标管理办公室、建设工程交易中心、建筑设计室、县供水中心等。2013 年，获评全省城乡环境卫生十佳县。2014 年，县环保局下设环境监察大队、环境监测站、环境保护咨询服务部。17 个乡镇及有关单位配有兼职环境监察员，重点企业配有兼职环境管理员。

2014 年，县城面积扩至 7.4 平方公里，有大小街道 42 条，总长 32 公里。常住人口增至 5 万余人。县城房屋建筑面积 410.3 余万平方米，农村居民房屋建筑面积约 852 万平方米，人均住房使用面积 59.46 平方米。75%以上的农户住宅更新换代。99%的人口饮水符合卫生标准。

第一章 环境保护

第一节 环境状况

水土流失 20世纪50年代初期，全县水土流失面积13.5平方公里，后因森林面积减少，水土流失逐渐严重。1988年调查，全县水土流失面积228.76平方公里，占县域面积11.26%，以东风、塘田、河西、城东、三河、城关、水口、中村、沔渡、十都等乡镇较为严重。东风乡金山村寒坡年均水力侵蚀损失土层厚度为2.7—3.3厘米。城东乡颜家村白虎坳年均流失达1.3厘米，沟蚀深度35—40厘米，平均流失模数为每年16875吨/平方公里。由于水土流失，土壤有机质、氮、磷、钾含量大量减少，全县年流失泥沙40多万吨，其中有机质2.1万吨，氮、磷、钾肥103吨。水库渠道年淤积量3.2万立方米，工程效益下降。1995年，全县开展水土流失普查，因修路、挖砖泥、采砂石、开矿、陡坡开荒等造成水土流失2400多处，毁坏水利水保工程175处，排放固体物700多万立方米，水土流失面积达228.78平方公里。2005年以后，随公路与铁路建设及小水电开发，植被遭不同程度损毁。2014年，卫星遥感数据显示，炎陵县水土流失面积428.69平方公里，占全县总面积21.12%，平均土壤侵蚀模数2828吨/平方公里。其中，轻度流失面积222.92平方公里，中度流失面积161.19平方公里，强度流失面积38.58平方公里。流失类型主要为水力侵蚀，以面蚀为主，部分区域也有重力侵蚀。

大气环境质量 20世纪70年代起，县、乡工业发展较快。以煤为主要能源，加之以柴油、汽油为能源的车辆逐年增加，大气污染日趋严重。1982年，县城范围内月平均降尘量2.53吨/平方公里；二氧化硫浓度日平均值0.012毫克/立方米；氮氧化物日平均值0.018毫克/立方米。1986年，乡镇工业污染调查，河西、三河、塘田、中村等4个乡的污染物年负荷量为11吨/平方公里。1989年，全县废气排放总量4.63亿标立方米，比1949年增长60.46倍。二氧化硫排放量876.62吨，比1949年增长29.13倍。烟尘排放量829.58吨，比1949年增长21.9倍。1991—1995年，县城区空气中二氧化硫年平均浓度0.097毫克/立方米；氮氧化物平均浓度0.333毫克/立方米。这一时期的大气污染为历史最严重。1996年开始，创建城区无烟区，大气污染明显改善。2001—2005年，县城区空气中二氧化硫年均值0.014—0.075毫克/立方米，二氧化氮年均值0.005—0.020毫克/立方米，总悬浮颗粒物年均值0.065—0.096毫克/立方米。年均值达到国家环境空气质量二级标准，日均值超标率为零，降尘量年均值每月5.466—5.821吨/平方公里，降雨中pH均值6.35，酸雨频率8.92%。2014年，空气环境质量优良率95.34%。

水环境质量　县内对地表水的监测始于1985年，全县大小河流均受到不同程度污染。当年工业污染源调查，每年向河漠水直接排放工业废水134.72万吨，向斜濑水排放12.5万吨，向沔水排放5300吨。从太和、炎帝陵、晓阳河水断面采取水样，各主要有害物质排放量：挥发酚2.24吨/年，悬浮物51.33吨/年，COD863.19吨/年，BOD578.08吨/年，硫化物12.2吨/年。1989年，全县污水、废水排放量207.35万吨，其中工业废水153.71万吨，占74.13%，排放总量比1949年增长24.1倍。1991—1995年各断面水样监测，生化需氧量年均值增至2.31毫克/升，氨氮平均值0.432毫克/升，高锰酸盐指数平均值0.432毫克/升，化学需氧量平均值14.6毫克/升。2010年，进一步加大工业企业污水处理和生活废水治理。2011—2014年，全县3条主要纳污河流4个断面的所有监测项目年均值均未超标，水质较好。其中湘山泵房断面达到GB3838—2002Ⅱ类水质标准，炎帝陵、太和、晓阳断面达到Ⅲ类水质标准。

土壤和生物环境质量　1953年县内开始施用化肥硫酸铵。1954年使用农药六六六、滴滴滴。20世纪60年代后期起，施用量逐年增加。1973年，全县亩均使用农药2.66公斤。1977年，亩均施化肥27.6公斤。1980年，亩均施用农药3.36公斤、化肥60.84公斤，稻田有机氯含量增加。1982年，环境质量调查监测，县内稻田有机氯含量超过湘江流域背景值2.46倍。当年监测县内粮食、蔬菜、猪肝、鲜蛋、人发、人胎盘的有机氯检出率均为100%。人发有机氯含量3.246—19.585毫克/公斤，人胎盘有机氯含量最高的是河西公社，为0.134毫克/公斤。

噪声环境质量　1985年，县环境监测站在城区以100米×100米划分网格点位监测，城区噪声平均值51.4分贝，交通干线道路噪声平均值62.5分贝，均达到国家标准(70分贝)以内。以后每年12月份监测1次。1991—1995年，城区平均等效声级为45.2—59.1分贝，交通干线平均等效声级48.1—52.5分贝。1998年起在4条交通干线分路段多点监测，设7个点位。2001年，县城区以300×300米划分网格，设监测点位34个。2005年以400×400米划分网格，设监测点位30个。2001—2005年的5年间，城区年平均声级51.6—58.4分贝，交通干线年平均声级68.7—73分贝。2011年，在城区以350×350米划分网格，设监测点位50个，主要交通干线设监测点位11个。2011—2014年，城区年平均等效声级51.8—53.7分贝，交通干线年平均等效声级66.4—68.9分贝。

第二节　环境监测

20世纪50年代初，由卫生部门对饮用水、大气和作业现场进行调查和测定。1972年，由工业、卫生、商业部门对大气、地表水等进行监测。1982年，建立环境监测站，陆续购置常规仪器、车辆和设备，形成专业队伍。1985年，开始对地表水、降雨、降尘、噪声、环境空气等进行常规性监测，并对主要污染进行监视性监测。1990年，设监测点17个，监测项目27个。其中，地表水、降尘、降雨、噪声等常规监测项目4个。地面水(主要河流)每季监测一次，降尘每月一次，降雨每次都测，噪声每年一次。监测结果建立台账，记录存档。1996年开始，县环境监测站在县机动车检测线开展机动车尾气检测。1998年起，凡县内建设项目都须提交环境影响评价报告。2000年，县大气监测点由县中国银行、县环保局大楼顶调整到县委党校和县科技局大楼顶。2009年开始，地表水和饮用水由每季监测一次调整为每月一次。其中，饮用水样每季送市监测中心站监测一次，监测项目33项。2013年，建立空气自动监测站，位于县国土局楼顶，监测二氧化硫、氮氧化物、总悬浮颗粒物、可吸入颗粒物等4项参数。2014年，机动车尾气检测发放"绿标"1459张，"黄标"147张。全县建立噪声监测点61个，工业污染源监测单位100余个。当年，环境影响评价执行率和环保"三同时"执行合格率均为100%。

第三节 环境治理

污染治理 1981年3月，县政府发文对超过国家规定标准排放污染物的企业收取排污费，对49个排污超标单位征收超标排污费。1984年，按照"谁污染、谁治理"原则，对已造成污染企业实行限期治理；对影响环境的新建、扩建和技术改造项目，执行环境影响报告书(表)审批制度。坚持防治污染及其他公害设施与主体工程同时设计，同时施工，同时投产使用的"三同时"制度，防止新污染。1985年，水口电站投资16万元，采用隔音室治理运行车间噪声，噪声从99分贝(A)降至75分贝(A)以下。1989年，塘田乙炔气厂投资2万元对废渣废水进行处理，每年节约用水1.3万吨，回收乙炔气864瓶，回收石灰1296吨，价值4.7万元。至1990年末，政府安排治理项目21个，企业自行安排治理项目7个，综合利用项目4个，总投资109.41万元。其中，使用环境补助资金60.19万元，其他资金49.22万元。1996年，县造纸厂因废水污染被关闭。至2009年，先后关闭，取缔污染严重的小造纸厂等企业30余家，改造不合格锅炉10余台，治理县人民医院、县中医院等11个重点污染源单位，实施7家化工企业污染治理设施再提高工程。2010年，在县城区整治油烟污染餐饮业50余家。争取中央专项环保资金1200万元，实施以炎帝陵为中心的农村环境连片整治项目。2012年，争取环保专项资金1000万元，实施重金属污染治理项目2个，改造城区污水主管网，建立生活垃圾无害化处理场。2014年，完成湘江保护和治理项目4个，其中矿山废水治理及回用工程2个，企事业单位废水治理2个。12月22日，中央电视台新闻、综合、财经等频道报道中村乡2家铁合金厂废气直排问题后，县政府积极应对，当即对全县铁合金等47家存在问题的企业实施停产整顿，关停铁合金等落后产能企业10家，限期治理污染企业3家，关闭非法企业3家。1991—2014年，全县实施治理项目110余个，总投资7000万元。其中，环保专项资金2600万元。

水土流失治理 传统水土保持方式主要是封山育林，林木间伐等。为加强水土保持监督和治理，1995年12月，设立炎陵县水土保持监督站，隶县水利水电局。次年3月以后，各乡镇相继成立水土保持监督分站，配备27名监督员，各村备配357名管护员。县政府制定"水土保持方案报告审批办法”“水土保持审批验收制度”“水土流失防治补偿费收缴管理办法”，加强对开发建设项目的事前监督。1999年，全县治理水土流失面积430公顷。其中，基本农田40公顷，水保林96公顷，经济林、果木林205公顷，采矿和开发性建设89公顷。完成水保工程12处，土石方1.5万立方米，投工1.8万个，投资36万元。2008年，洣水中上游水土保持生态环境建设重点治理区——炎陵县草坪河流域水土保持治理项目动工。2010年4月竣工，完成治理面积800公顷。其中，建立水土保持林70公顷，经果林60公顷，封山育林禁伐补种610公顷，保土耕作60公顷，新修水保工程31处，植树38.9万株。投入资金240万元。其中，中央财政120万元，省市财政72万元，群众自筹48万元。2010年5月，水土保持监督站升格为副科级机构，更名县水土保持局。当年征收水保规费50余万元。2013年1月，国家水土保持重点工程革命老区项目，炎陵县西片项目区动工，当年5月竣工。完成治理面积16平方公里，总投资657万元。其中，中央财政460万元，省配套160万元，县级自筹37万元。2014年1月至5月，完成西片项目区和黄沙垄河生态清洁小流域建设项目工程，治理面积6.06平方公里。完成水保林114.05公顷，修建道路5.92公里，岸坡防护5.56公里，生态沟1公里，设立垃圾桶180个，垃圾池3处，改造厕所60处，绿化美化面积0.54公顷。工程投资835万元。其中，中央财政585万元，地方配套250万元。

排污管控　2007年起，实行污染物总量控制。次年，实施减排项目6个，削减二氧化硫130.8吨，化学需氧量31.93吨。2008年，全县污染源普查，有生活源191个，工业源118个，农业源616个。2009年11月，县城生活污水处理厂建成运行，形成减排能力。2011年，长株潭地区启动初始排污权交易试点工作。炎陵县完成主要污染物COD、SO^2排污权交易企事业单位59家。2014年完成氨氮、氮氧化物的初始排污权交易企事业单位65家。2007—2014年，全县实施减排项目40余个，削减二氧化硫195.59吨，化学需氧量173.5吨。

第四节　生态保护

1979年起，中共酃县县委、县人民政府逐步采取措施，鼓励农民造林，限制采伐量，提倡以电代柴，推广省柴灶与沼气。1981年，县人民政府发出保护野生动物，加强自然环境管理的通告和加强珍稀动植物资源保护的布告，县林业、公安、环保、工商等部门协同整顿狩猎队伍，划分可猎、禁猎范围与野生动物种类，严禁捕猎国家重点保护动物，严禁在保护区、风景名胜区、封山育林区狩猎。当年，停止使用六六六、滴滴涕等高毒高残留农药。1982年4月，省政府批准建立桃源洞自然保护区。1983年，县环保部门提出以农业环境保护为工作重点的建议，得到国家环保办大自然保护处的肯定。随后，农业部门提供技术辅导，环保部门负责组织实施，在城东乡石子坝、水口乡官仓下进行农业生态试点，探索农业能源与物流的规律，建立适合山区特点的农业生态环境。20世纪90年代起，进一步加强矿山、采矿场、采石场管理，注重水土保持和生态恢复。2003年，中共酃县县委提出“生态立县”发展战略，随后成立“生态立县”领导小组，对所有新、扩、改建项目逐一进行审批把关，凡不符合环境排放要求的项目予以否决。2007 年，县政府委托湖南农业大学编制《湖南省炎陵县国家级生态县建设规划》，2009 年 11 月通过省环保厅专家评审。2010 年 1 月，县人大审议批准实施。当年，炎陵县被列入湖南省首批国家重点生态功能区（重点水源涵养区）。次年，下村乡获全国环境优美乡镇（后改称国家级生态乡镇），为株洲市第一个。至 2014 年，全县乡镇场均获国家级生态乡镇称号。2010—2014 年，炎陵县获国家生态补偿资金 1.16 亿元。其中，2014 年 3507 万元。

第二章 城乡规划

1984 年 4 月，酃县成立县城镇规划办公室（简称规划办）。1991 年 3 月，县政府根据《中华人民共和国城市规划法》，确定城镇规划办为城市规划行政主管部门。2007 年，成立炎陵县规划局，为建设局副科级二级机构。2012 年，成立县规划委员会。次年 7 月，县规划局从县住建局析出单列，升为正科级全额拨款事业单位，核定编制 12 名。同年，各乡镇成立乡镇规划所。

第一节 城市总体规划

1961 年，第一次制订县城规划。规划以农业为基点，划分城区功能区，并对城区道路作出基本规划。规划面积 0.82 平方公里，无规划年限和专业规划。

1982 年，按照国家“积极建设小城镇”的方针，酃县人民政府委托湘潭地区建委编制以林业、农业为基点的县城总体规划。1983 年 3 月，经湖南省建委批准实施。规划控制区扩大到 3.05 平方公里，规划年限为 1983—2000 年，有简略专业规划以及近期、远期要求。对街道、自来水、农贸市场等建设起到一定指导作用。1986 年，在株洲市城市规划办公室帮助下，再次制定《县城总体规划》。首次将旅游事业列入规划；改向东条状发展为近期向东南、西南方向块状发展，并开辟以深坑为中心的工业建设区；对中团高水桥、铁路（炉）下和深坑等远期规划区实行规划控制。规划期限 1986—2000 年。因基础资料缺乏，仍无电信、给排水等专业规划。

1991 年，县政府委托株洲市规划设计院对《县城总体规划》进行修编，强调以旅游资源为依托，将县城打造为旅游城镇。编制给排水、防洪、电力电讯、环境卫生等专业规划。道路建设南伸解放路，跨过斗笠河；开通炎陵路至灵官坳；北环路接通县府路。并确定 106 国道县城段改线方案。1996 年，由株洲市规划设计院第二次修编，强化县城整体功能，同时考虑用地置换、兼容性、可持续发展等特点和超前意识。规划年限：近期 1998—2005 年，远期 2006—2020 年，远景 2020 年以后。县城控制范围，西起石潮村，东至石子坝，北起党校，南至草坪村，面积 10 平方公里。总体布局以老城区为核心，炎陵路、解放路为轴线，呈“剪刀状”双向发展，形成山水风光新城镇。城区道路方格网结构，建成内外环线。远期规划列入火车客运站（三里亭，后改建在横岭）、直升飞机场（马鞍山）。同时，对给水排水、电力电信、环境卫生、防灾等专题规划进行完善。1998 年，由株洲市城市规划设计院承担编制《炎陵县总体规划》。规划期限：近期至 2015 年，中期至 2020 年，远期至 2030 年，远景 2050 年。将全县区域划分为禁建区、限建区和适建区 3 个类型，以及北部、东北部和南部经济区。重点发展城镇，形成城乡一体化。

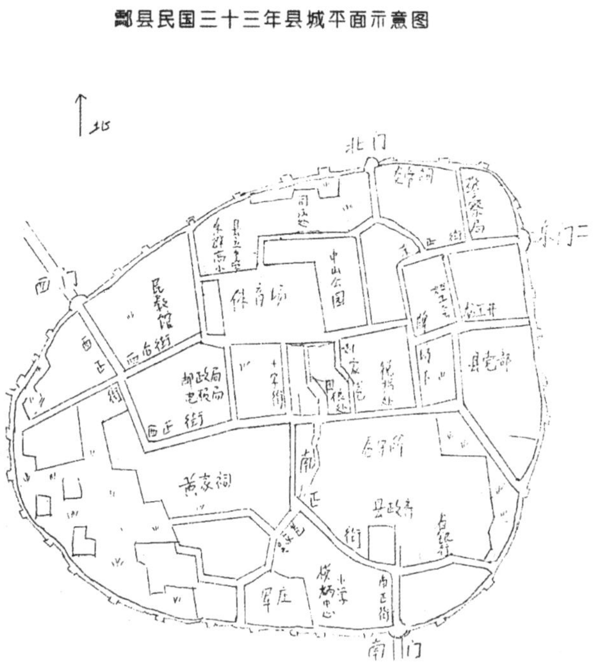

▲老县城图

2005 年，完成《炎陵县城总体规划（2007—2030）》修编工作。2012 年再次修改，2014 年 12 月，经县人大常委会审议通过。规划期限：近期至 2020 年，远期至 2030 年，远景 2031 年以后。规划全县总人口：2020 年 22.4 万人，2030 年 26.0 万人。城镇化水平：2020 年达 54%，城镇人口 12.1 万人；2030 年达 70%，城镇人口 18.2 万人。确立“南提北拓，东延西展”发展方向。形成以县城为中心，水口为次中心和县域中部生长点，以中北部为城镇综合发展区，东部为生态涵养区，西南部为农业发展区。以炎汝高速、衡炎——炎睦高速、国道 106 和株洲市域旅游东线为轴线建好小城镇。

第二节　乡镇规划

一、集市规划

1984 年，开始编制乡镇集市规划。是年春，县城乡建设环保局结合编制沔渡集市规划，在沔渡乡政府举办乡村规划培训班。当年 10 月，又在水口乡政府开展集市规划编制。1985 年，全县实施乡集市规划编制，次年完成。1987 年，县人民政府批复实施。1991 年后，依据《中华人民共和国城市规划法》，对乡镇集市规划进行修编。至 2000 年，全县 5 个镇（除霞阳外）9 个乡和大院农场总体规划完成。2013 年，全县各乡镇总体规划和村镇布局规划全面完成。

二、村庄规划

1996—1999 年，完成桐睦、三口、浆村、翠群、夏馆、龙渣等村庄总体规划。2006 年，启动社会主义新农村建设村庄建设规划编制工作。成立建设规划工作领导小组，负责全县村庄布局规划和村庄整治建设规划编制。至 2008 年，完成 35 个村庄规划编制。规划立足构建县城区、重点镇、中心村 3 个层次协调发展的现代城镇体系。以十都镇、水口镇、鹿原镇为中心镇，和其他乡镇的集市构成第一层级；以上关村、双江村、青石村、江洲村等 24 个重点村庄为中心村编制村庄规划构成第二层级；对于偏远的山区村庄、人口少且居住分散的村庄，作为村落划定村民相对集中建房区，构成第三层级。至 2014 年，共计完成 167 个村庄规划编制工作，其中重点村庄 34 个。

第三节　规划管理

20 世纪 60—70 年代，规划管理、各项建设由县政府进行宏观控制。1984 年 4 月开始，建设用地的审批，由规划办确定四界，再由征地办审批，实行双控管理。同时，规划办对主要街道临街建筑实行规划红线控制。

1988 年 6 月，县政府颁布《城镇建设规划管理暂行办法》，对规划管理区域，规划管理部门的职责，用地规划（建设规划）的内容及审批程序，实行建设许可证、预交规划保证金等制度作出规定。同时，明确对违规用地、违章建设的处罚办法。

1994 年，规划办实施建设规划用地许可证、建设工程规划许可证、选址规划意见书（简称一书两证）制度，依法进行规划管理。当年，办理私房建设用地许可证 57 件，建设工程规划许可证 61 件。但部分居民规划观念淡薄，不办证件，乱拆乱建，占用道路红线等现象时有发生。1998 年，县建设局全面推行《建设工程规划许可证》正、副本制度。次年 7 月，县人民政府修订《城镇建设规划管理暂行办法》，增加城镇规划编制、报建审批、新区开发、旧城改造、临时建筑、规划技术及规划管理等条款。当年，办理建设工程规划许可证 212 件。至 2000 年，办理选址意见书 4 份，用地规划许可证 315 份，建设工程规划许可证 1103 件，依法查处违章建筑行为 37 起，共 2326 平方米。

2010 年，办理建设工程用地许可证 91 件，建设工程规划许可证 97 件，查处违法违章建筑 36 起，行政处罚立案 3 件。2013 年 9 月，成立拆建大队，加大对违法违章建设查处和拆除力度。当年拆除违法建筑 16 户，面积 1728 平方米。2014 年，办理建设工程规划许可证 167 件（公建 47 件，私建 120 件），建筑规模 59.6 万平方米；建设工程用地许可证 369 件（公建 42 件，私建 327 件），用地规模 105.47 万平方米；办理选址意见书 32 份，建筑规模 43.55 万平方米。拆除违法建筑 59 户（其中强拆 20 户），拆违建筑面积 3.72 万平方米。

第三章　县城建设

第一节　街　道

清乾隆年间(1736—1795),以县衙为中心,旁伸东、南、西、北4条正街分达城4门。光绪元年(1875),形成衙前街、学前街、店街、东门正街、西门正街、南门正街以及龙王井巷、五马坊巷、扶家冲巷等6街3巷。民国时期演延为7街,总长3480米,宽约3米,街道以卵石镶铺。

1951年,拆除城墙,建成环城大道,城内外街巷相接。20世纪60年代,酃宁公路经县城过境段建成井冈路,106国道经县城区段形成文化路雏形。1982—1983年,县政府投资1.5万元,组织机关单位职工开展义务劳动,将12条街巷全部铺成混凝土路面,晴天灰、雨天泥的状况得到改变。1986年,县政府筹资146万元修建解放路,1988年元月竣工。街长468.7米,宽20米,其中车行道10米,双向人行道各4米,绿化池各1米。临街陆续建有商业店铺56家,储蓄所5家,农贸市场1个,成为县城商业新街。至1990年,县城有街道17条,长8000米,街道面积8.3万平方米。

1991年以后,相继修建炎陵路、洣泉路、鹿原路、霞阳路,延伸解放路,拓宽改造县府路、北环路,修通龙井路、圳界路、溪源路,高标准改造井冈路、炎陵路、文化路、苏洲路;修建草铺湾至中心广场和神农大道湘山区路段,连通凌云桥至画眉桥;完成106国道县城改道工程,并在城西修建中心广场。2000年,县城街巷70余条,长2.61万米。其中,街道32条,长1.71万米,面积17.5万平方米,混凝土(以下称砼)路面占66%。2001年,井冈路、炎陵路车行道扩宽为14米,全部改为抗折4.5砼路面,两边人行道铺设花岗石火烧板,路缘镶嵌花岗岩条石。

2005年,县城内第一条环线动工建设。环线连接霞阳路和神农大道,其中霞阳路从炎陵中学路口延伸1.3公里, 神农大道从画眉桥开始向东延伸1.2公里, 车行道宽24米,为沥青砼路面,人行道宽10米,铺设透水砖人行道板。在画眉桥至霞阳路段草坪河边建设县城第一条风光带。内环线工程历时3年,于2008年全面完工。2012年主要次干道全面升级,改成改性沥青砼路面。至2014年,县城有大小街道42条,总长3.2万米。主要街道有:

井冈路　西起凌云桥,东至迎宾路,全长2451米,路宽14米。2001年改造成20厘米厚砼路面,2009年升级为改性沥青砼路面。人行道宽4.0—6.0米,铺设花岗岩火烧板。

文化路　北起井冈路,南至画眉桥,全长926米,路宽9米,路面为改性沥青砼路面,两边人行道宽3.0—5.0米。铺设花岗岩火烧板。2009年升级改造完成。

解放路　北起县政府大门口,南至霞阳路。全长1850米。县政府门口至房产局段路宽

10米,两边人行道宽6米。2012年,房产局至霞阳路段延伸改造完成,宽14米,两边人行道宽3.0—5.0米。2013年,改造成改性沥青砼路面,铺设透水砖人行道。

炎陵路 西起凌云桥,东至东区居委会。全长2375米,路面宽14米。2001年全部改造成20厘米厚砼路面,2009年升级成改性沥青砼路面。人行道宽5米,2003年铺设花岗石火烧板人行道。

霞阳路 北起井冈路,南至神农大道。其中,炎陵中学路口至神农大道路段为老霞阳路延伸成县内环线。2005年动工,2008年完工。全长2108米,路面宽度24米,为改性沥青砼路面。两边人行道宽9米,铺设花岗岩火烧板和透水砖。

神农大道 西起中心广场,东至坎坪农场。全长2985米,路面宽度24米,为改性沥青砼路面。路北侧人行道宽8米,铺设透水砖人行道板,路南侧为草坪河风光带。其中,画眉桥至霞阳路段于2005年动工,连接霞阳路成县城内环线,2008年完工。霞阳路至坎坪农场段于2011年动工,2012年完工。

第二节 桥 梁

城区古桥,有安济桥,始建于宋代。清代,在城西修建接龙桥,城南修建画眉桥。民国时期尚存古桥9座。1950年后,城区建设加快,桥梁增多。1968年后,相继修建兴龙桥、县府路桥、碧江桥、双江口桥、小康桥、湘山桥,洣泉桥、凌云桥、常乐桥等,均为钢混结构。2000年以后陆续兴建鄙峰桥、黄沙垄河桥、坎坪新桥等,至2014年,县城有公路桥梁24座。主要桥梁有:

安济桥 位于县城西外街。南宋绍定三年(1230)南京都统、鄙人陈平宁始建,未竣而殁。元泰定元年(1324),其孙媳江氏续建成。桥长17米,宽4.8米,高4.7米,1墩2孔,石拱跨径4.8与5.3米,设双向石栏。明清时期3次整修,民国时期亦作修补。1950年后,2次整修加固,今存。

接龙桥 坐落城西,跨草坪河。清咸丰元年(1851),县人罗绍颜、罗廷明捐建。桥长28米,宽4.3米,高6.1米,1墩2孔,跨径13.1与6.2米,麻石砌筑,设护栏。1950年后多次修缮,今存。

画眉桥 位于县城南,跨草坪河。清光绪年间(1875—1908),由广东石匠施工修建。桥长36.5米,高6.5米,宽5.0米。2墩3孔,每孔跨径9米,麻石砌筑。桥面有石制护栏,高1.2米。中孔拱顶凿一鸟笼,笼内雕有画眉,桥因之得名。桥成第二年石笼为洪水所毁。1958年加固,作106国道公路桥。1984年将桥面加宽至7米。因车流量大,超负荷运行,渐被损坏。2008年,鉴定为四类危桥。次年5月拆除,重建钢筋混凝土双柱桩基,桥面为预应力空心板。桥长42.6米,宽8.5米。当年12月建成。自此,古桥不存。

双江口桥 位于城西,跨洣水(原河漠水)。北接106国道,南至潘家垄。1989年元月竣工。系石墩钢筋混凝土平板桥。长76米,宽4.5米,高5.5米,4墩5孔,每孔跨径12米,设双向护栏，为县城最长的桥。

小康桥　位于解放路南段，跨斗笠河。为钢筋混凝土拱桥，1993 年建成。桥长 14 米，宽 18 米，单孔，跨径 12 米，设双向护栏。

湘山桥　坐落炎陵广场西端，湘山门前，跨草坪河。钢筋混凝土平板桥。长 34 米，宽 12 米，高 5 米，1 墩 2 孔，每孔跨径 15 米。1996 年竣工。

凌云桥　位于城西草铺湾，跨草坪河。属 106 国道城区段公路桥。钢筋混凝土结构。桥长 50.64 米，单孔净跨 30 米，桥面宽度 18.5 米，纵坡 2.5%，与草坪河成夹角，斜交 30 度。1997 年 12 月动工，次年 8 月竣工。

鄘峰桥　位于炎陵广场西侧，跨草坪河，为 106 国道城区段公路桥，全长 55 米，宽 18 米。2000 年 8 月动工，2001 年 10 月竣工。

黄沙垄河桥　位于黄沙垄河与草坪河交汇处，为神农大道区段桥，横跨黄沙垄河，3 墩 2 跨，每孔跨径 9 米，桥面宽度 18 米，钢混凝土桥墩，预应力预制桥板面。2011 年 10 月动工，2012 年 6 竣工。

坎坪新桥　位于新屋组，为神农大道与 106 国道（改道后）连接桥梁，横跨草坪河，3 墩 2 跨，每孔跨径 12 米，桥面宽度 16 米，钢筋混凝土桥墩，预应力预制桥板面。2012 年 10 月动工，2013 年 5 月竣工。

第三节　照　明

一、室内照明

清代，县城居民多用桐油、茶油点灯照明。民国初年始用煤油点灯。1950 年 11 月，城关居民集资购买 75 千瓦发电机，创办电灯公司，白天碾米，夜晚发电照明。1959 年，湘山寺水电站建成，县城居民基本上使用电灯照明。当年，城区用电 3.1 万度。1970 年后，随着县内小水电发展，照明供电逐步稳定。1977 年 4 月建成城关变电站，保障城市供电。2013 年 6 月，完成城关变电站自动化装置改造，常年供电 6132 万千瓦时。

二、路　灯

清代，县衙配灯伕 4 名，兼行巡夜打更。民国时期，由警察局督令街坊民户扎制方型木框纸糊灯笼，悬于路口街角，数家为一组，轮流添油点灯。20 世纪 70 年代初，县供电管理所在井冈路、文化路、新市街、西正街安装路灯 43 盏。1990 年，有路灯专线 10 条，长 6780 米，高压汞灯 80 盏。

随着城区面积扩大，街道增延，路灯数量不断增加，灯具形式不断更新。1998 年，县建设局筹集资金 15 万元实施“亮丽工程”。炎陵路、霞阳路、洣泉路安装彩色广告灯 400 盏，解放路安装彩灯拱门5处。有21个单位、上千个门店铺面分别安装霓虹灯、投射灯、轮廓灯。2001年改造井冈路、炎陵路,安装宫廷式路灯260盏。2003年,投资200余万元新装单臂路灯50套,水晶、宝石、钻石、椰树等各式灯具64套,轮廓灯4350米。沿街主要建筑安装霓虹灯、反射灯。街道照明设施日趋完善。

2003年后,县城主要街道安装250瓦高压钠气路灯,灯杆高度8—10米。主要主次街道设立路灯专线,路灯数达1200多盏。2012年开始,县城次街和小街小巷开始安装太阳能LED路灯。至2014年,鄗泉路、坎坪路、东山小区、鑫林小区、步行街、湘山路、龙井巷、洣泉路东段、长江西路、水斗冲、扶家冲等主要街巷安装太阳能LED路灯230盏。2014年,部分街道与道路改造成节能型量子灯。其中,草坪河风光带68盏,县府路4盏,东城高速路口至县城接线150盏,西城高速路口至九龙大道79盏。

第四节 供水 供气

一、供 水

民国以前,县城居民用水取自城区泉井。主要水井有龙王井、洣泉、学门前、李家等12口,以龙王井水最佳。时有居民挑水售于饭铺、商店,每担收铜板1—2枚。

1950—1975年,机关单位、学校先后打井71口,兴建蓄水塔、水池48处。1976年,县政府组织机关职工、学校师生参加义务劳动,于城北丫杈垄兴建饮用蓄水池,蓄水量1.48万立方米。投资22万元,1979年建成,居民始用自来水。当年10月成立县自来水公司。1985年6月,建成西门蓄水池。1985—1988年,省、市、县联合投资147万元,在城西建自来水厂,从碧江提水至旗形山山顶,与原有蓄水池连通,形成供水网络,并进行净化、过滤、消毒处理,送入用户。供水管道长13公里。1989年,在北门垄蓄水池建过滤消毒处理设施,形成两套供水设施,日供水能力5000立方米。1990年,县城1.26万人使用自来水,普及率98%,年供水量132.7万立方米。

1993年5月,改造河漠水碧江自来水水泵房机组。1995年,水泵房机组变压器迁移并增容,由200千伏安增为315千伏安。当年,改造城区供水管道,从净化场至县政协大院、炎陵西路县科技楼至中心广场路段,首次敷设直径250毫米PVC管道800米。次年,县建设局筹措资金250万元扩建旗形山水厂,建反应沉淀池、虹吸滤池、制水化验室,增加电机功率,更换上山管道。1998年12月竣工。日供水能力提高到1万立方米。2000年开始对城区管网进行改造。至2003年,城区敷设直径100毫米以上供水管道31公里,比1990年增加18公里,管网密度每平方公里为5.54公里。城区自来水用户5100多户,3万余人,城区供水普及率98%。年供水量215.78万立方米,收入125.92万元。

2007年6月,县政府批准,在长江路西侧,知青阁东南侧坡下选址新建自来水厂,当年7月动工,2009年7月竣工运行,投资3600万元,日供水能力2万立方米,远期4万立方米。同时,完成城区供水管网配套工程。2010 年,投入 100 余万元,购置水质检验仪器、设备,检测项目增至 38 项。当年,湖南省卫生厅授予县自来水公司为湖南省集中式供水卫生信誉度 A 级单位称号。2011 年 1 月,县自来水公司更名县供水中心,升为副科级机构。3 月,全国妇联授予“巾帼文明岗”称号。

2010—2013 年,投入资金 1700 余万元,先后完成接龙桥至回龙仙改造扩容,坎坪路、解放南路、九龙工业园西园区管网延伸,北门垄供水改造等建设工程。2013 年 4 月,县供水中心获评全国县镇供水先进单位。

2014 年,城区有直径 100 毫米以上供水主管网 30 条 50 余公里,供水区域东至霞阳中学,南至坎坪村山下组,西至工业园西园区,北至县委党校。县供水中心有固定资产 2600.19 万元,职工 55 人(含聘用人员)。县城自来水用户 1.38 万户(其中企事业单位 308 户,厂矿企业 142 户),用水人口 4.5 万,供水普及率 99%。年供水量503 万立方米,总收入 994.94 万元。

1990—2014 年炎陵(酃)县部分年度城区自来水价目表

表 16-1　　单位:元 / 吨

年　份	生活用水	生产用水	经营用水	特种行业用水	调整时间
1990	0.25	—	0.28	—	—
1992	0.30	—	0.35	—	1 月 1 日
1993	0.40	—	0.45	—	6 月 1 日
1994	0.60	—	0.70	—	7 月 1 日
1996	0.70	—	0.80	—	3 月 1 日
1999	0.80	—	0.90	—	4 月 1 日
2000	1.00	—	1.10	—	1 月 1 日
2005	1.30	1.45	1.70	—	6 月 1 日
2008	1.62	1.82	2.92	6.48	11 月 6 日
2013	2.05	3.07(非居民生活用水)		8.19	4 月 22 日
2014	2.05	3.07		8.19	—

二、供　气

瓶装液化石油气　1999 年,县内居民开始使用瓶装液化石油气。2009 年,炎陵县炎帝液化气有限责任公司建成液化石油气储气充装站,储罐容积 78 立方米,可储存 30 吨液化石油气。2014 年年底,全县城乡设有瓶装液化气经营网点 25 个。其中,县城 8 个(含西城区),鹿原镇、船形乡、十都镇、中村乡各 2 个,其他乡镇场(垄溪乡未设点)各 1 个。液化石油气用户

5000 户，年销售量 300 吨。

管道天然气 2008 年 11 月，炎陵圣火燃气有限责任公司开始在霞阳镇马道村矮山下建成压缩天然气供气站，利用中低压聚乙烯(HDPE)管道向县城用户供气。储气容量 8000 立方米，敷设输气管道 6 公里，总投资 3000 万元。先后向县城华联二小区、人民医院、东山别墅区一期和二期及周边 300 余户居民供气。2014 年年底，敷设输气管网 60 公里。城区天然气用户 2063 户，其中商业用户 10 户。

第五节 排水 排污

清代，城内有排水沟 4 条。其中，城中心为暗沟，宽 1 米，深 1.5 米；东、南、西街为明沟，狭窄弯曲，常被淤塞。民国期间，因年久失修，每遇暴雨，街巷成渍。

1956 年，西街居民集资对城中心暗沟进行大修。20 世纪 70 年代初，沿井冈路北侧挖渠排水。70 年代末至 80 年代初，排污设施未与房屋建设同步，每遇暴雨，积水盈街。1982—1983 年，将原东、南、西 3 条明沟改成宽 0.5 米、深 1 米暗沟。此后，相继在圳界巷、井冈路、解放路等地段修建下水道 8 条，直排斗笠河。1988 年，开发北门垄住宅小区，未考虑排污，致使丫叉垄上溪变成污水溪。

1990 年底，县城有下水道 12 条，长 7.2 公里，平均每平方公里 3400 米，日排放污水 2500 吨。下水道污水循地势自东北流入西南斗笠河与草坪河。

1991 年，改造坎坪路排水沟，埋设直径 500 毫米水泥管，长 210 米。1994 年，改造扶家冲排水沟，加高沟界 0.6 米，上覆钢筋混凝土板。1997 年，兴建井子垄排水沟，经环保局、井冈路、国税局、霞阳路东侧水渠排入斗笠河。当年，新建中心广场，砌筑下水道 170 米，沟高 1.5 米，石拱宽 1 米。1998 年，结合斗笠河治理，兴建排水沟 500 米，石拱宽 1 米，高 2 米。1991—2000 年，城区新增排水沟 7.8 公里。至此，县城有大小排水沟 34 条，总长 15 公里。形成以水斗冲、长垄、扶家冲、北门垄、井子垄、文化路、解放路等下水道为主，连接各排水沟、点的排水排污网络。2003—2004 年，县城改造、新建排水沟 6559 米。

2009 年 6 月动工，在霞阳镇五里排村潘家垄组征地 34.4 亩，兴建日处理污水能力 1 万吨的县城生活污水处理厂。沿斗笠河(霞阳中心小学至神农桥)、草坪河(画眉桥至污水处理厂)、北门垄河(县经信局至县住建局)敷设污水收集管网 12 公里，将城区生活污水输至污水处理厂。处理厂采用 CASS 工艺(周期循环活性污泥法)处理污水。10 月竣工使用，总投资 4700 万元。至 2014 年，敷设污水收集管网 32 公里，年处理生活污水 272.76 万吨，污水集中处理率 91.37%。年末，修建大小排水沟 80 余条，总长 28 公里。

第六节 城市公交

2003 年，炎陵县康华汽车贸易出租车有限责任公司成立，县城始有出租车 10 台、公交车5台。年底,有出租车36台。2009年9月,县城管局完成出租汽车特许经营权续牌(2009—2014)和县城公共交通专项规划(2009—2020)编制工作。当年有出租车52台,公交车5台。

2010年7月,投入4台电混公交和6台电动公交,开通湖南省首条电动汽车旅游示范线路。年底,增加6台电动公交。2011年,城市公共客运管理有关职能划入县交通运输局。2014年,有城市公交线路5条,公交车辆16台,326座,年载客量58.8万人次。

注:城区建设,指炎陵县城中心区建设,不包括九龙工业园和中小企业创业园。

第四章　城市管理

第一节　管理机构

1975年4月,城关环境卫生管理所成立,隶县爱卫办。1982年由城关人民公社接管。1986年1月,更名酃县环境卫生管理所,隶县建设委员会,为股级事业单位,定编25人。1987年12月,县市政管理办公室成立,为县建委股级单位,有人员6人,管理市政设施、城区绿化和查处城区违法、违章建设。1990年10月,县城市建设管理监察队成立,为县建委股级单位,有人员5人。1999年12月,县城市绿化管理办公室成立,与市政办合署办公。2009年6月,设立县城市管理局,全额事业编制41人。内设城市管理行政执法大队(副科级)、城市公共客运管理处、户外广告管理处、园林绿化管理处、公安局城市管理大队(公安局派出机构,定员2人)、交警大队城市管理交警中队(交警大队派出机构,定员2人)。办公地点设原县种子公司大院。县城市环境卫生管理处(副科)核定差额事业编48名。县城管局主要承担县城环境卫生、园林绿化、户外广告、市政审批、规划执法、城市客运和城市管理行政执法等职能。2011年9月,城市管理局更名为城市管理行政执法局,将城市客运、城市绿化有关职能划出,新增数字化城管的监督、指挥、调度和协调等职责。2012年12月,增设县拆除违法建筑综合管理大队,为正股级全额拨款事业单位,定编12名。

2014年,城市管理行政执法局有4个内设机构和城市管理行政执法大队、城市环境卫生管理处、拆除违法建筑综合管理大队、城市户外广告管理中心、市政维护管理中心等5个下属事业单位。

第二节　环卫管理

一、街道清理

民国时期,警察局设卫生警一名,巡查城环境卫生,责令居民清扫垃圾,对乱放牲畜、随地小便者给予训斥、处罚。县政府每年举办夏季卫生运动,组织公务人员清扫城区。

1953年,县防疫委员会更名爱国卫生运动委员会,兼管城区街道清扫工作。县人民政府则不定期组织清洁大扫除与夏季卫生活动。20世纪60年代,配街道卫生员3人,承担主要街道的清扫和垃圾清运。1976年2月,县革委颁布《关于城镇卫生管理的规定》。1986年,城区清扫保洁面积2.5万平方米。1990年,县环卫处全面推行城区清扫保洁承包责任制,实行任务到组,责任到人,定期检查,按质计分,奖罚兑现。当年有清扫工22人,清扫保洁面积6.58万平方米,全年洒水降尘150天。

1994年,开展环境卫生年与创建"卫生县城"活动,机关单位、沿街商店推行卫生区责任制,签订"门前三包"责任合同。1996年,强化全天候保洁,做到一日两清扫。1998年,开展创建"文明卫生县城"活动,县政府修订《城市市容和环境卫生管理暂行办法》。2000年,清扫保洁街巷19条,面积17.5万平方米,洒水降尘220天。

2007年,清扫保洁面积30万余平方米,全年清运垃圾2.2万吨,洒水降尘1095车次,城区街道基本做到"五无五净"。当年通过省级卫生县城复检。2008年,开始创建国家卫生县城。大量向社会招聘临时工,试行个人承包路段清扫保洁权的市场化运作模式。次年,全面推行个人承包制,制定完善质量标准和检查考核机制,城区卫生实行"日评月比",奖优罚劣,市容环境卫生质量大幅提升。2010年12月,全国爱国卫生运动委员会授予炎陵县国家卫生县城称号。2012年,成立专门清洗队伍,按照每半月一个轮回对城区主街道进行人工清洗,洒水降尘作业每天2次。2014年,有清扫工244人(含临时合同工),清扫保洁总面积101.5万平方米。道路清洗和洒水工作实行个人承包运作,由原来的一个车队清洗增加为两个车队清洗,清洗频率增至每路段每月3—4次,洒水按照早、中、晚各1次进行作业。炎陵县城连续4年保持国家卫生县城称号。

二、垃圾处理

垃圾场 1988年8月,县政府投资6.5万元,在霞阳镇颜家村种薯窝(回龙仙)征收荒山荒地25.4亩,始建垃圾场1处。1995年,因洪水泛滥,公路被毁,垃圾场停用。1998年,县政府投资40余万元,恢复水毁公路,垃圾场再度使用。2010年,因垃圾场饱和,县政府决定在原址附近兴建生活垃圾无害化处理场。设计容量90万立方米,日处理能力100吨,有效服务年限20年。工程于2012年年底竣工,投资7852万元。2013年4月,回龙仙生活垃圾无害化处理场采取TOT模式,20年特许经营权通过公开招标,由湖南现代环境科技有限公司获得。当年清运垃圾1.36万吨,无害化处理率100%。2014年,处理生活垃圾1.37万吨,无害化处理率100%。

垃圾中转站 20世纪50—80年代,城区有少量砖砌垃圾围点。1998年,在南桥下游北侧始建垃圾中转站1处。2009—2010年,相继在接龙桥、炎陵东路、画眉桥等地建立垃圾中转站10座,面积469.7平方米。全部采用吊装式装运。

2014 年炎陵县城区垃圾中转站一览表

表 16-2

编号	站　名	设立地点	类型	建筑结构	建筑面积（平方米）	处理能力（吨/天）	启用时间	管护单位
1	接龙桥中转站	接龙桥附近	吊装式	砖混	32	5	2009 年	县环卫处
2	炎陵东路垃圾中转站	霞阳派出所对面	吊装式	砖混	40.5	15	2009 年	县环卫处
3	画眉桥垃圾中转站	画眉桥附近	吊装式	砖混	48.7	10	2009 年	县环卫处
4	南桥垃圾中转站	南桥附近	吊装式	砖混	69.1	15	2009 年	县环卫处
5	环保局垃圾中转站	环保局旁边	吊装式	砖混	83.3	5	2010 年	县环卫处
6	廉租房垃圾中转站	廉租房附近	吊装式	砖混	52.2	5	2010 年	县环卫处
7	北门垄垃圾中转站	国税局附近	吊装式	砖混	40.3	5	2010 年	县环卫处
8	一中垃圾中转站	一中附近	吊装式	砖混	34.8	5	2010 年	县环卫处
9	人民医院垃圾中转站	人民医院内	吊装式	砖混	35.3	5	2010 年	人民医院
10	湘山公园垃圾中转站	湘山公园内	吊装式	砖混	33.5	5	2010 年	湘山公园

果皮箱垃圾桶　20 世纪 70 年代，城区沿街布设少量木制果皮箱。1985 年，县环卫所购置熊猫果皮箱 20 个沿井冈路布设。1990 年，在人口密集区布设船形垃圾斗 52 个，果皮箱 35 个。1995 年，有垃圾斗 65 个，果皮箱 48 个。2000 年，有垃圾斗 54 个，果皮箱 84 个。2008 年，根据国家卫生县城标准，设置果皮箱 237 个。2014 年，将井冈路和解放路果皮箱全部更换为双桶果皮箱，当年有果皮箱 508 个（双桶 108 个，单桶 400 个），密闭式垃圾桶 238 个，垃圾斗 20 个。

垃圾收集、转运　1989 年，县城环卫始有多功能垃圾车、洒水车各一辆。1990 年，清运垃圾 2500 吨。90 年代中期，环卫经费紧张，环卫部门开展有偿上门收集生活垃圾服务。1994 年，签约有偿上门服务 350 户，全年清运垃圾 4100 吨。1998 年，垃圾中转站建成，城区垃圾形成人工清扫收集—中转站转运—垃圾场处理作业流程，全年清运垃圾 6350 吨。2009 年，城区垃圾做到全程密闭式运输，日产日清。同时，积极开展乡镇、机关企事业单位垃圾代运业务，为九龙、垄溪、神农谷等乡镇企事业单位提供有偿垃圾代运服务。全年清运垃圾 1.1 万吨。2014 年，有各类垃圾清扫、运输、洒水等车辆 13 台，签订有偿上门服务 405 户，清运垃圾 1.37 万吨。

三、公厕管理

20 世纪 60 年代，城区始有公厕 1 座（位于城西，1990 年改建为水冲式公厕），建筑面积

50平方米。1987年,县城解放路农贸市场建公厕1座。尔后,在县城大操坪、汽车西站各建公厕1座,建筑面积108平方米。90年代初,在边贸市场、观音阁市场各建水冲式公厕1座,建筑面积459.8平方米。1994年,县人民政府决定,所有公厕交环卫处管理,环卫处多次被市评为管理先进单位。2000年,城区有公厕6座,建筑面积617.8平方米。

2007—2014年,在创建省级文明县城、国家卫生县城过程中,在汽车西站、南站、县府路、炎陵东路等处改建、新建城区公厕9座,建筑面积676平方米。

第三节 市容监察

1987年12月,开始对城市违章违规建筑、设施进行查处。1991年4月,查处马道村居民非法占用耕地、违规建房案。当年,共查处规划违章项目8件、市政违章项目15件、绿化违章项目4件、市容环卫违章项目565件。1994年,县建设局为加强规划管理,建立分片管理,责任到人,巡回检查等制度,对建设项目跟踪监督,及时制止违章建筑。1995年,在城区共查处违章建筑13件,违章建筑面积812平方米。

2000年,查处违章建筑5件,违章建筑面积600平方米。查处市政违章项目5件、绿化违章项目2件、市容环卫违章项目17件、公用事业违章项目2件。此后,以查处乱张贴"小广告"、乱停乱放车辆、店铺住户乱倒垃圾、非法营运"摩的"等为主要内容。2009年起,县城市管理局建立"门前五包责任制",与门店、企事业单位签订《门前五包责任书》4000余份。当年,对户外广告、临时占道、建筑垃圾倒放、树木移栽修剪、市政工程等行为和项目开始实行城市管理行政审批制度。2010年,炎陵县城获湖南省文明城市称号。

2011年,组建九龙执法中队,将西城区纳入城市管理范围。2012年,清除乱张贴、乱涂写"牛皮癣"5.06万张,清理乱吊挂、乱堆放904处,取缔乱设摊、占道经营5735起,规范各类车辆停放6.85万台次。2014年,开通城管热线,为市民提供服务,全年接到并办结市民投诉件92起。设置便民疏导区,安排临时摊位75个,疏导苗木、果蔬经营户入市经营。依法查处违法建筑59处,控违面积2.72万平方米,拆违面积1万平方米。当年,行政审批203起。

第四节 园林 绿化

一、园 林

1990年,北门垄居住小区建成,居民在门前屋后养花植树,蔚然成风。当年,各机关单位建花坛269个,假山6座,栽植各种树木3600余株。1992年,县城开展"创建园林式单位"活动。县委机关、一中、人民医院、中医院、人武部、进修学校等单位被省市评为文明卫生单位。1994 年，在大操场南侧建“承启坊”，纪念酃县更名炎陵县。1997 年，修建龙王井八角亭。1998—2000 年，有观音阁住宅小区，炎陵一中，教师进修学校 3 个单位被湖南省绿化委员会授予省级园林式单位称号。2000 年，各机关单位及居住区有花坛 380 个，假山喷泉 7 座，绿化树木近万株。

2000 年后，县城园林建设进入高潮，所有新建的机关单位、住宅小区均配建园林庭院。2003 年，在双江口兴建休闲广场，面积 1.5 万平方米。2007 年，建成草坪河风光带，面积 3.4 万平方米。2009 年，接龙桥园林广场建成，面积近 9000 平方米。2013 年，省绿化委员会授予正泰新城小区“园林化单位”称号。

二、绿　化

1953 年 2 月 24 日，县人民委员会开展爱国造林运动，在湘山寺、天河仙种植马尾松。1961 年 12 月，各机关干部职工在城南将军山植树造林。1963 年 4 月 10 日，县人委发出《湘山寺封山育林禁令》。次年春，县人民委员会在湘山寺、画眉桥、斗里山营造技术实验山，广植樟、梓、楠、桐 420 亩。1969 年 12 月 18 日，各机关及公社干部在湘山寺、旗形山整地 180 亩，造林 121 亩。1974 年—1977 年，中共酃县县委、县革命委员会为绿化城区周边山场，曾 4 次组织机关干部职工万人次，在石玉、狮子垄、三里亭、湘山寺以及 106 国道城区段等地广植树木。

1973 年春，井冈路改造，栽种法国梧桐为行道树。1987 年，解放路建成，成为城区第一条高标准绿化街。1991 年，县建设局编制绿化专业规划。1994 年 11 月，县人大常委会决定：桂花为县花，杉树为县树。次年炎陵路建成，种植桂花树 580 株，在霞阳路栽水杉行道树 140 株。1997 年，在解放南路、炎陵西路栽行道树 328 株。当年栽绿篱 500 米。1998 年，机关干部职工在洣泉路栽杨柳、石榴 550 株。首次栽种台湾马尼拉草 4500 平方米，洣泉路沿河形成绿化带。至 2000 年，城区有行道树 9334 株，花卉培育场 6 家。

进入 21 世纪，县城园林绿化快速发展。2007 年，东山小区一期竣工，绿地面积 7930 平方米。次年，全面完成西城口（3824.5 平方米）、神农大道三角坪（408 平方米）、中心广场（9362.9 平方米）、双江口停车场（2738 平方米）等处绿化植被工程，栽种树木数十种，增添假山、亭、栈道。2010 年—2011 年，重新设计建成湘山公园门口风光带，面积 5408 平方米。湘山寺风光带经过修葺整合，面积 9956 平方米。洣泉路南侧斗笠河滨形成园林式风光带，绿地面积 1.01 万平方米。2012 年，红军博物馆竣工，绿地面积 1953 平方米。2014 年，草坪河风光带二期补充绿化完成，面积 5550 平方米。街道绿化坚持一街一树，形成以香樟和八月桂为主的特色行道树。

第五章　乡(镇)村建设

第一节　集　市

清同治年间(1862—1874),有市圩18处,除汚渡、水口、甲南(今王家渡)较为发达,其余多无市象,仅路口一二铺面、三四人家。民国初,有汚渡、十都、大院、坂溪、水口、中村、下村、霍家、王家渡、塘田、潘家、天平、船形、桐睦、太平岭、三口等16个集市。大院、坂溪等集市在第二次国内革命战争时期,因国民党军队烧杀而荒落。

1950年后,集市复苏。1958年后,人民公社治所均兴建供销社、邮电所、粮站、医院,街道得以整治。潘家、天平、桐睦、三口4处圩市先后压缩关闭。20世纪80年代,除紧邻县城的城东乡和1985年新设的龙渣瑶族乡,其余乡镇治所均形成一定规模的集市。1990年,县内有汚渡、十都、石洲、垄溪、水口、瓷器窑、下村、中村、茅坪、霍家、王家渡、东风、三口、塘田、新生、船形、桐睦等17处集市。2000年11月龙渣瑶族乡红星桥农贸市场建成。2014年,县内集镇有汚渡、十都、石洲、塘田、垄溪、水口、瓷器窑、下村、中村、红星桥、茅坪、霍家、王家渡、东风、三口、新生、船形、桐睦等18处。其中以水口、汚渡、王家渡、十都、霍家圩规模较大。

一、水口镇

镇治水口圩,位于县城以南28公里,洣水穿镇而过,南片各乡成扇形布列,水口镇位于扇柄,为南片交通、贸易中心。清初分上下圩,各有桥会房产一处。清末,形成“回”字形街道,长500米,宽约4米,卵石铺面,闽、粤、赣商人分别建有天后宫、南华宫和万寿宫3个会馆。小河背福荫寺是无家无业者寄居和存厝骨灰的地方。民国25年(1936),木商袁礼记在上街建砖木结构房屋1栋,高3层,西式格局,为圩内规模最大私宅。其余民房店铺多为低矮土坯墙或木板棚屋。

20世纪50年代,圩内所建卫生院、粮站、商店、邮电所等公用房屋,多为一二层砖木结构。1960年,酃桂公路从圩侧经过。1966年,又从桥头分线至策源。60年代末,圩背叶家祠、圩对面桥头江家、朱家祠3处革命纪念地得到修复。1971年,又从圩侧接公路线至下村。70年代末,圩场扩大。1987年,列为县属建制镇后,沿106国道兴建10余栋3—5层楼房,形成长700米、宽9米的过境公路合面街。1989年,镇政府投资27.5万元,建成日产500吨饮用水的自来水厂。1990年,共有街道6条,长1500米。公房143栋(含各村公房),5.73万平方米;私房248栋,3.98万平方米。镇区面积2.2平方公里。1990年后,陆续兴建国税、中心小学、农科教、交警、镇政府招待所、地税、移动基站等单位用房40余栋6万余平方米以及大量私房。1996 年整修桥头至石角头街道并硬化路面。次年，硬化二中桥道路，新建农贸市场竣工营业，市场占地 7400 平方米，钢架交易棚面积 1800 平方米，商业门面 80 个，摊位 196 个，总投资 120 万元。1999 年，建农民安居楼，率先在乡镇启动安居工程建设。2003 年，镇区形成“二纵三横”街道格局，道路总长 3.6 公里，面积 5.6 万平方米，其中砼、沥青、砂石路面分别占40%、40%、20%。次年，对水口大道进行硬化，从加油站至粮站，街长 1200 米，车行道宽 12 米，双向人行道 3—5 米。2010 年，106 国道绕圩西侧改道。2013 年，投资 1380 余万元兴建居民小区，建筑面积 6800 平方米。投资 300 万元，新建污水处理厂，日处理能力 600 吨。投资近 1000 万元新建自来水厂和配套设施，日供水 1500 吨。至 2014 年，有街巷 15 条，总长 4000 米。公房 42 栋，12 万平方米；私房 1100 栋，20 万平方米。镇区面积 2.2 平方公里。

二、沔渡镇

镇治沔渡圩，位于县境东北，距县城 15 公里，距江西井冈山市砻市镇 19 公里，所处丘陵谷地素称吴楚要津，向为湘赣边界重要集镇。

昔时，县城去江西道路为沔水阻隔，本地人置船渡人。渡口东岸渐成一条直街。东段称上街，西段称下街。清末至民国，上街有朱、何、饶 3 姓宗祠和粤、赣客商所建南华宫、万寿宫，下圩有曾、张、王 3 姓宗祠和闽商所建天后宫。镇东有 1 寺庙，为民国乡公所驻地。店铺多为土筑平房和木板棚屋，民宅简陋。

1958 年，县城至沔渡公路建成。1960 年，又从镇东分线至十都。1984 年，将中心街铺成砼路面，上街拓宽至 10 米，建 600 平方米交易棚和数栋 3 层砖混楼房。1988 年投资 14.48 万元，在桥东端建占地 2794 平方米农贸市场，酃宁公路过境段渐成一条合面街。1990 年 3 月，列为建制镇。当年，镇区有街巷 5 条，长 1000 米。公房 36 栋，建筑面积 3.06 万平方米；私房 254 栋，建筑面积 4.28 万平方米。1990 年后，拆除沿街木棚，陆续建企业大楼、信用社大楼、政府综合楼、学校教学楼、宿舍楼、医院、文化站等各类公房及 80 多栋民房。1994 年，镇区开通程控电话。当年 3 月，兴建商贸街，长 170 米，宽 19 米。1996 年，建晓阳大道，长 1000 米，宽 25 米。此后陆续建成黄岭路、南华街。1998 年，搬迁农贸市场至镇开发区，投资 120 万元新建钢架交易棚 2234 平方米，设摊位 320 个。2002 年，改建自来水厂，采用自流式取用山泉水，日供水量 100 吨。2004 年，镇区街道实施美化、亮化工程，完善卫生、供排水、排污等公共设施，开发居民小区。至 2014 年，有污水处理厂 1 个，日处理能力 600 吨，自来水厂 1 个，日供水能力 600 吨。镇区有街巷 17 条，长 5200 米。公房 40 栋，5.2 万平方米；私房 458 栋，10.6 万平方米。镇区面积 1.5 平方公里。

三、鹿原镇

镇治王家渡圩，处斜濑水西岸，距县城 15 公里，为西片重要集镇。清代，称甲南市。民国初，下圩10余户王姓居民集资置义渡，因称王家渡。圩场长200米，宽3~4米，有南杂、国药、鞭炮等店铺10余家。

1972年后，酃安公路通车，拉动镇区建设。相继改造、兴建学校与机关、企事业单位住房。将南北走向的街道拓宽至12~14米，并开辟东西走向的新街，宽8~10米。1985年，兴建市场交易木制厂棚，面积400平方米。至1990年末，镇区建有商店、百货批发部、税务所、林业站、中学教学楼、中心卫生院等建筑10余栋。

1992年，改建农贸市场。1993年投资108.8万元建镇政府综合楼，此后陆续兴建粮贸大厦、财税楼、中学教学楼和宿舍楼，扩建敬老院。县信用社、县药材公司等单位建门店1500平方米。1996年9月，建成长2300米、宽36米的神农大道。1998年7月，兴建县内首座乡镇数字移动通讯直放基站。启动改水工程，镇区居民以饮用井水为主。2000年10月，修建鹿原大桥，镇区与炎帝陵、塘田圩连成一片。2004年，兴建塘旺街，长325米，车道宽7米，双向人行道宽各4米，安装路灯32盏，共投资150万元。2009年，投资1147万元，建设和完善中心医院、中心小学、幼儿园、商贸小区、卫生公厕、公共汽车站、综合市场等公共服务设施。2014年，有污水处理厂1个，日处理能力600吨。自来水厂1个，日供水能力500吨。有街巷6条，长4800米。公房46栋，5.1万平方米；私房1526栋，45.78万平方米。镇区面积4.1平方公里。

四、十都镇

镇治十都圩，位于县境东部，距县城26公里。万阳河从圩南侧流向沔渡。清代同治年间的圩场呈环形，圩街长300米。民国时期除万寿宫、兰家祠、邓家祠、文昌祠等较大规模建筑外，其余民宅、店铺均矮小破旧。兰家祠为乡公所驻地，圩背文昌祠为小学校舍。

1962年，在圩场南侧修筑防洪堤1公里。1964年，沔渡至桃源洞公路修通，穿过圩场，形成一条长600米的中心圩街。1969年，石洲附中迁至圩场东，改为酃县四中。1970年后，按照集镇建设规划，先后兴建医院、供销营业大楼、企业大楼以及林业站、科教文化中心、电影院、邮电所等。沿街店铺、民宅建筑亦大有改观。1978年，在圩镇南端建成长104米、宽7米的拱桥，为农产品流动带来便利。

1991年建自来水厂，日供水能力300吨。1993年开通程控电话。1995年以后相继建成镇食品厂、信用社综合楼、财税所等。1996年10月，镇中心小学由圩东迁至圩西漆树坝。当年，在圩北侧开发商贸小区，修建长500米、宽15米街道1条。1997年11月，新建农贸市场竣工开业，交易棚面积2000平方米。2005年，自来水厂扩容，日供水能力800吨。2009年，投资200余万元，建设和完善镇区道路、供电、排水、排污、垃圾场等公共设施。2013年，重建万寿宫。2014年，有街巷8条，总长6600米。公房51栋，7.52万平方米；私房865栋，11.71万平方米。镇区面积2.73平方公里。

五、三河镇

镇治霍家圩，位于县境西部，距县城13公里。民国时期，仅一条街，长200米，宽2.7米，沿街有日杂、南杂等店铺。

1952年10月，二区人民政府设霍家圩。随后，卫生院、供销社等先后建立，手工业店铺随之增多。1964年，修建石潮至河光公路从圩侧通过，从而加快圩区建设。60年代，三河供销社陆续兴建百货、五金、日杂、农资、南杂等商店17栋。70年代，扩建长200米，宽7.5米新街1条，市容得以改观。1982年，创办中心小学1所。1983年，建市场交易设施，设立交易棚2个，面积1100平方米。1990年10月，在天平村木子坳新建乡政府办公楼，投资38万元，建筑面积1870平方米。次年9月，乡政府从霍家祠堂搬入新址。1994年开通程控电话，当年用户200门。1997年，建农贸市场开发小区1个，建交易棚面积2200平方米，设固定摊位320个，市场两侧建商住楼19栋，建筑面积5300平方米。2000年，小区沿圩侧公路建成长640米，宽28米合面街1条，名为炎帝路。临街先后建国税、邮电、信用、商贸、医院、商住楼等，建筑面积1.75万平方米。集镇区面积1平方公里。2004—2010年，集镇区进一步扩建，农贸市场交易棚面积3000平方米，固定摊位432个，时为县内乡镇建筑规模最大的农贸市场。炎帝路扩建成炎陵乡镇第一街，全长1.8公里，车行道宽22米，双向人行道宽各4米，安装70余盏太阳能路灯，绿化树木400余棵。供电、供水、排水、排污等配套设施齐全。2014年，建有污水处理厂1个，日处理能力600吨。自来水厂1个，日供水能力1500吨。共有街巷3条，镇区面积2.3平方公里。

第二节　村 庄

宋、元、明时期，迁入县境的以赣民为主，在生产条件较好的盆地落户。清代，闽、粤、赣客家人迁入，多在谷地落户。盆地人口集中，村庄规模大；山地场地狭小，房屋分散，村落小。民国时期，一些农户为方便耕作或图交通便利，从大村庄迁出，形成新的村落。东南部山区村庄发展缓慢。第二次国内革命时期，黄挪潭、梨树洲一带，有自然村14个，300余人，是酃县苏区的核心区，在国民党军队"清剿"后，只剩下4个村、数十人。十都蕉石，石洲大院、下村平坑等地亦村毁人散。山民有的迁出成为豪绅地主的佃户，有的避居深山老林，过着单家独户的生活。此后，策源、下村、十都等地更多地出现一两人家、七八个人口的微型村庄。

20世纪50—60年代，村庄变化不大。70年代，建造几处大寨式居民点，形成一些新村，80年代，部分独居深山的农户向山外迁徙。丘陵地区农户多于路旁新建房屋，筑墙围院独居一处。河谷盆地等平川地带，人口逐年增多，耕地紧缺，建筑用地困难，不少农户从大村中迁出，建房于坡地、河滩。90年代，发展中心村建设。各村采取多方集资或个体、集体连建形式，促进村庄建设,有的初具规模。如龙渣、梅岗、浆村、自源、洣西、荆山、河光、桐睦、新生等。进入21世纪,发展新农村建设,建立一批以三河星光村为代表的新农村建设示范点。2010年后,在建设征地拆迁的同时,新建20多处居民点,安置拆迁居民;对交通不便、生产条件较差的村民小组,实行整体搬迁,形成若干新村。

一、房　屋

旧时,县内民房式样多为传统的"四封六间",结构紧凑,经济实用。立面造型对称均衡,进退有度。屋面为两坡出水、歇山出檐。一般为两层,底层稍高住人,楼屋放物,底层厅屋较两旁正房略高,门廊起进屋避雨功能,上安庆栌作装饰构件。一般农户住宅为泥土夯筑或土坯砖砌。贫家多数用杉皮、茅草覆盖。山区农房斗室小窗,尤其简陋狭窄。豪门富户多采用砖木结构,青瓦覆盖,多为2—3进院落式,外筑坚固围墙,内设天井花池,装饰讲究。清咸丰年间(1851—1861),十都巨富万典璋所建万家大屋,房间上百,回廊连通,繁而不乱,全以青砖青瓦、上等杉木构筑,为县内规模最大的单个建筑。民国时期,一些官绅富户各自建造风格独特、高大宽敞的时新住宅。农村中还有相当数量的祠堂、庙宇,结构精巧,多为青砖青瓦建筑,但大都年代久远,残损破旧。

20世纪50年代初,政府拨专款建造了1200余间农房,解决苏区无房少房的农民住房困难。此后,部分农民建造了一些简陋的土木结构房屋。70年代初,三河公社星光大队建成几十套"大寨式"居民点,红砖建筑,为一字排列的套间。因过于集中,不利于生产、生活,群众不乐意居住。70年代末,农村经济发展,人口剧增,建房者逐年增多。1979—1990年,全县农村建房户1.4万户,占总农户40.5%,新建房屋面积98.16万平方米(其中砖混结构19.43万平方米)。多选择靠近村庄、集镇交通方便地点,采用泥木、砖木结构和砖混结构,多袭用传统"四封六间"式,或略作改良,设高宽门楼、玻璃窗,砌围墙、建庭院,栽植果木花草。少数富户所建"小洋房",结构精巧,装饰豪华。1990年末,全县农村住宅建筑面积437.9万平方米。90年代,随农村经济快速发展,农户建房渐多,至2000年,农户建房(含改造)共1.42万户,总建筑面积293.31万平方米,按14.7万农业人口计算,人均建筑面积20平方米,其中砖混结构60%。此后,农村建房趋向城镇式楼房发展,建凉台楼阁,安装铝合金门窗,墙外贴瓷砖等。富裕农户建别墅和庄园楼宇。2008年起,政府对灾倒房、困难户建房实施每户1万元的农村安居工程补助金。2010年起,政府实施农村危房改造建设项目,每户补助3000—10000元,当年补助400户。至2014年,共补助4752户、资金4627.9万元。

二、公共设施

用水　20世纪70年代以前,平地居民饮用井水,沿河群众多饮用河水。山区农民用竹枧引流,把泉水送至厨房。20世纪70年代后,水源遭工业废水污染。在卫生部门指导下,农村开展改水，整修原有老井，挖掘新井，并对17个乡(镇)的5800口水井建立检测登记卡片。80年代后，农户在住宅附近自建手压水井。三河深坑、沔渡苍背等村架设水管，将山泉引进全村农户，集中供水。1990年，全县97%的人口饮水符合卫生标准。此后，水口、鹿原、沔渡、十都、中村、石洲、垄溪、下村、策源等乡镇和夏馆、梅岗、联西等村陆续兴建自来水厂。2014年，全县99%的人口饮水符合卫生标准。

用电　1965年以前，农村普遍用植物油或煤油点灯照明，山区农民多数点竹篾、松柴照明。1966年，部分社队修建水轮泵发电站，农村逐步用上电灯。1972年后，县内小水电站大发展。1990年，农村供电量达2613万千瓦时，100%的乡村、95.3%的农户用电照明，8000多户农户使用电炊具。1999—2014年，通过农村电网一、二期改造和升级改造，农村用电基本稳定。100%的农户用电照明和使用电炊具等电器，部分村庄安装路灯。

其他公共设施　人民公社时期，生产大队兴建大队部、礼堂、学校、合作医疗室等公用房及机耕道，生产队兴建仓库。房屋多为砖木结构，二层。基础及以上约1米，以石灰砂浆、河(山)石垒筑。除立柱用红砖外，墙体以土坯砖砌墙或以夹板筑土。1970年后，乡村修建道路与省、县道连接。至1990年，全县修建乡村简易公路、机耕路137条，长420.96公里。其中，45条、148公里可通汽车。1997年，实现村村通公路。此后，实施乡村公路提质改造。至2014年，全县乡村公路224条，长620公里，其中75%为砼路面。同时，建立通信网络基站388个，信号覆盖率98%，农村电话用户2.26万户。

第六章　建筑业

第一节　建筑队伍

清代、民国时期，县内各地均有泥木匠人，没有固定的建筑施工队伍，仅西乡有个松散的鲁班会，每年聚会一次。遇有炎陵大祭祀，会员参加“搭祭”，整修炎帝殿。散居各地的泥木匠人，则以包工师傅为主，临时组合班子承建房屋。

1950年后，原有分散的砖木工匠逐步组织起来，从事建筑施工。1953年，成立县建筑工程队，1958年，扩大为建筑公司。1969年，县林业局成立林业基建队。1970年，建筑业职工105人。1973—1975年，三河、塘田公社和城关镇先后成立建筑队。1980年，全县建筑业职工602人，其中县建筑企业324人，公社建筑队278人。

20世纪80年代，建筑业迅速发展。1984年，城关建筑队改为建筑公司。次年，林业基建队改为县基建工程公司。水口、船形、沔渡3个乡镇均成立建筑队。1988年，县城有建筑施工企业2个，职工224人，乡镇建筑队7个，939人。县外亦有9个建筑施工队、356人在炎陵承包建筑施工。

1989年，压缩基本建设规模，清退外县施工队，压缩农村基建队伍。1990年，全县城乡建筑施工企业9个，职工816人。其中，县建筑工程公司取得四级资质，林业基建公司取得三级资质。乡镇集体建筑队均为等外级施工企业，有职工592人。2000年，县内建筑施工企业9家，从业人员2100余人，各类工程技术人员181人，其中建筑工程专业136人。

2001年后，建筑企业升级转型，由原来的人员密集型转变为科技型企业。2013年，县内施工企业4家，其中二级资质建筑企业1家；商品砼企业 1 家。各类专业技术人员315人。2014年，有湖南昌华建设集团等6家施工企业，商品砼企业2家。各类专业技术人员423人，登记从业人员1640人。

第二节　建筑技术

一、勘　察

传统建筑施工，无工程地质勘察，全凭经验。地基开挖后，现场判断地质情况。如地基松软，采取打松木桩办法加固。

1994年，建设瀚森大楼，县内首次采用钻机勘察地质，钻孔16个，总深度190米。1997年，建设大院电站大坝，采用挖井方式进行地质勘察，挖井5口，深度10—30米。2000年5月，县建筑设计室投资5万元添置50米地勘钻机一台，成立建筑勘探队，与有资质的地勘单位联手开展建筑工程地勘工作，县内的地勘工作逐步走向正规。当年完成炎帝陵祭祀神道和祭祀大殿地质勘察。

2004年，根据建设部颁布的《房屋建筑和市政基础设施工程施工图设计文件审查管理办法》，炎陵县开始全面实施县建设工程地质勘察设计工作，当年完成建筑工程地勘项目40个。至2014年，共完成建筑工程地勘项目427个。

二、设　计

1950年之前，建筑设计由工匠按照主家意图构思，各项尺寸由掌墨师傅掌握。大型与复杂构件，用木板拼图，现场量取数据。1951年，县企业公司房屋建筑图纸，由企业公司自行设计绘制。1953年后，大部分公用建筑由建筑公司自行设计绘图。部分教学、医疗、文化、仓储等有特殊要求的建筑，多复用主管部门的通用图纸，县建筑公司作施工图设计。70年代起，工业与民用建筑增加，多为砖混结构，工程设计较为复杂，建筑设计人员由原来4人增至8人。

1980年，县基建局始设建筑设计室，先后配备设计人员7人。工程设计遵照国家设计标准与设计规范。建筑设计在平面布局上打破单调对称格局,根据使用功能、地形与造型要求合理组合。住宅建筑中改外廊加套间为梯户结合的单元设计。商业建筑改封闭型为敞开式,安装卷闸门。立面造型采用高低结合、虚实对比、进退相套、重点点缀或浓妆重彩等多种形式,追求实用、美观。1986 年 3 月,县建委设计室改为县建筑设计室,实行独立核算。1990 年,设计室有职工 10 人,其中工程师 2 人,助理工程师 2 人,技术员 3 人。1980—1990 年,完成各类建筑设计项目 407 个,设计面积 28.60 万平方米,设计费 42.99 万元。

20 世纪 90 年代,县设计室添置电脑、绘图仪、设计软件等软硬件,改手算为电算,手绘图纸为 CAD 电脑出图,提高了设计质量和工作效率。1997 年电脑出图率 90%。此间,完成代表性设计有神农大厦、边贸市场神农交易楼、酃峰宾馆、湘山门楼、交通大楼、民政大楼等。1990—2000 年,建筑设计室完成建筑设计项目 382 个,设计面积 42.1 万平方米。

2000 年后,县城建设项目日增,建筑设计任务繁重。外地设计单位进入炎陵市场,主要设计中高层大型建筑和上规模的住宅小区,如:文体中心、正泰小区、和一国际大酒店、雄森国际假日酒店、贵派钻石湾小区等。县建筑设计室代表性设计项目有:邮政大楼、一中逸夫大楼、德发商业大厦、五中综合大楼、炎陵中学建筑群、中天大楼、人民医院第二住院楼及商业住宅区等。2001—2014 年,炎陵县建筑设计室完成建筑设计项目 1298 个,设计面积 128.34 万平方米。

三、施　工

20 世纪 50 年代,县内建筑施工均架设竹木脚手架,使用传统工具,手工操作。1961 年,县建筑公司购置柴油锯料机用于下料。此后,又陆续添置机动运输车、卷扬机、混凝土搅拌机、洗灰机、钢筋加工机等设备 49 台(件)。至 70 年代末,木作加工、场内外运输、钢筋加工、混凝土搅拌等工序基本机械化。80 年代,各工地普遍配备卷扬机提升井架,并以钢管脚手架代替竹木脚手架。1990 年末,全县有建筑设备 236 台(件),总功率 2766 千瓦,设备总值159.47 万元。其中,县级企业 112 台(件),功率 2368 千瓦,设备总值 134 万元。

20 世纪 90 年代,施工企业在发扬传统工艺的基础上,着力推广新技术、新工艺,施工技术不断进步。2000 年,县内施工企业有机械设备 490 台(件),固定资产 1200 余万元,机械设备总功率 2857 千瓦。

2000 年后,是县内建筑业设备、技术更新最快的时期。建筑工地开始采用大型挖掘机、装载车开挖基础;市政项目使用铲运车、推土机、压路机、平整仪车、摊铺机;建筑施工使用打桩机、静压桩机、旋挖桩机、强夯机等。2010 年后,小高层建筑兴起。双吊篮物料提升机、塔吊、人货电梯、混凝土搅拌车、混凝土泵送车等逐步推广应用。外脚架采用悬挑式钢管架,支模多为扣件式支模架。2014 年,登记的建筑施工设备 189 台(件)。

附

工程选介

供销大楼　位于县城解放路中段东侧。由长沙光明建筑设计事务所设计，安仁县安坪建筑公司施工。1987年12月开工，1989年10月竣工，建筑面积3060.67平方米，平面呈“L”形。一楼营业、二至四楼办公，五楼为宿舍。营业厅为大厅式，前面全敞开，无橱窗，安金属卷闸门。地面为本色水磨石，其他各层为混凝土地面。内墙抹白灰刷106白色涂料，外墙为白色水刷石。全楼为现浇钢筋混凝土框架结构，预制空心楼板与屋面板，屋面以塑料油膏贴纤维布防水。营业厅自然光照和通风条件均好。

红军标语博物馆　坐落县城大操坪。由湖南省建筑设计院设计，株洲三箭建设有限公司承建。主体建筑高16.2米、宽71米，占地面积1572平方米，建筑面积3892平方米。采用现代建筑理念、建筑材料与建筑工艺的同时，融入湘赣边界传统民居元素。建筑外墙通体为红色，正面造型为左右各三面红旗，象征湘赣边革命斗争。2008年9月动工，2011年5月竣工。

西苑小区　位于解放路延伸段与神农大道旁，炎陵华联房地产开发有限责任公司开发，为县城第一个小高层，也是第一个电梯商品楼。由湖南昌华建设集团有限公司施工，两栋15层，建筑面积3.01万平方米，占地面积6666.7平方米，造价2379万元。工程于2011年8月2日动工，2013年7月30日竣工。

雄森国际假日酒店　位于神农大道与霞阳大道交汇处，炎陵华联房地产开发有限责任公司开发，为一类高层酒店，由湖南昌华建设集团有限公司施工，用地面积8730平方米，建筑面积5.97万平方米。工程于2012年5月10日动工，2014年12月30日竣工。负一层为地下停车位，一至三层为裙楼，塔楼分A、B两座。A座为酒店客房，24层，最大跨度11.9米。B座为酒店式公寓，24层，住宅126套。建筑总高度79米，投资约9200万元。

第三节　建筑节能

2010年，县文化体育中心工程采用加气混凝土砌块，墙体自保湿，屋面岩棉板保温和中空双层玻璃铝合金窗等保温技术，为县内建筑节能尝试。次年，对县城范围的民用建筑实施节能技措。当年有中天新村小区、景龙国际小区等建筑，采用屋面挤塑聚苯板保温材料，外墙玻化微珠保温砂浆等节能技术。此后，和一国际大酒店、雄森国际假日大酒店建筑工程采用水源热泵和太阳能供热等可再生能源节能技术。至2014年，共有21个项目实施建筑节能措施，实施面积33.64万平方米。

第四节　建筑市场管理

一、招标投标

1984年前，县内建筑施工任务实行分配，原则上保县建筑工程公司。1984年，按照国家建设部改革建筑企业与管理体制的若干规定，县政府成立建设工程招标领导小组，下设办公室，与建委建工办合署办公。次年4月5日，发布酃县总工会住宅楼工程招标公告，为县内首个招标工程。18日，获得投标资格的3家企业参加竞标。县建公司以每平方米84.01元（低于标底价3元）中标，有效工期150天。工程于当年9月23日竣工。1986年，县政府制定《关于加强建筑市场管理的暂行规定》，为县内第一个建筑市场管理章程。明确5万元以上的建筑工程，必须通过招、投标选择施工队伍。1985年至1987年5月，开工项目51个，建筑面积4.98万平方米，总造价550万元。通过招、投标选择施工队伍23个。其中，公开招标10个，邀请招标3个，定向议标10个。建筑面积2.52万平方米，造价270万元，占开工面积51%。1988年5月，县政府制定建筑工程招标投标规定，对招投标机构设置、工作范围、条件、形式、程序、收费以及县外施工企业参加招标的条件与手续等作出具体规定。当年，招标工程17项，建筑面积2.12万平方米，占当年开工项目63%。

1999年9月后，实施《中华人民共和国招标投标法》，招标投标工作进入规范化、法制化。2000年，全县开工项目14个。其中，招、投标工程10个，建筑面积1.30万平方米，投资额749万元。

2003年5月1日，印发《炎陵县招标投标管理办法》，规定施工单项合同估算价50万元以上的项目必须招标。当年，全县招标项目19个，建筑面积8.37万平方米，投资额4046万元，其中公开招标8个，邀请招标11个。2007年3月，实行工程建设项目招标代理机构资格认定办法。2009年，招标41个项目，建筑面积16.06万平方米，投资额1.52亿元。其中，公开招标29个，邀请招标12个。2010年5月31日起，将投标人施工项目部、现场监理部关键岗位人员配备情况纳入评标评审内容。

2013年1月，湖南昌华建设集团有限公司和炎陵县建筑工程公司获株洲市政府投资工程投标人资格证书，为炎陵县最早进入株洲市资格名录的施工企业。同年8月，设立建设工程招标投标管理办公室。2014年8月，进一步规范招、投标活动，对评标专家库进行重建，并组织评标专家业务培训。当年，全县共招标项目46个，建筑面积42.55万平方米，投资额4.97亿元。其中，公开招标34个，邀请招标12个。最大的建筑工程是天杰商业城市广场工程，建筑面积8.08万平方米，招标造价7515.22万元，以7246.65万元中标。

二、质量安全监督

1979年前，工程质量由建设单位自行负责，政府无管理机构。1979年后，由县基建办公室主管，工程技术人员定期到工地检查，但工程质量管理并不规范。

1984年，县城乡建设环境保护局成立施工管理站，负责工程质量监督（兼管安全生产），开始实行建筑工程竣工验收制。1986年，县建委成立建筑工程质量监督站，行使政府监督职能，认定建筑工程质量等级，检验上报优良工程。1987年，按有关要求，对建筑工程实行强制性受监和验收，质监站加强现场监督管理工作，全县工程建筑质量明显上升。1988年，县建委组织开展比质量、比工期、比安全、比效益（简称“创优四比”）竞赛活动。通过“创优四比”活动，县木材公司住宅楼项目创县内第一个市优良工程。1989年，推行质量抵押承包制，施工单位按建筑面积交质量保证金，工程竣工验收奖罚兑现；施工技术资料不全的，不予验收、不认定质量等级、不准交付使用，并建立季度检查制度。

1990年后，按照国家规定，全面实行安全员持证上岗。安全员考核及安全员证书，由建设与劳动主管部门负责。凡发生过伤亡安全事故的施工企业，年检时，将视伤亡事故的大小，限期整改、降低企业等级直至吊销资质证书。同时，对来年参与工程招投标，将从总分中扣减5分后，再进入评标，限影响一次。1994年后，随县内建筑层数增加，要求各施工工地外架挂安全网；工人佩戴安全帽；在工地醒目处张贴安全生产标语；在危险位置悬挂安全警示牌；从事各工种的工人，必须配备规定的安全防护设备。新招工人必须签订安全生产合同，进行三级安全教育，才允许上岗。1996年，县建设局增设建筑工程安全监督站，与建工办合署办公，设兼职安全监督员。1998年，要求所有建筑工地，必须砌筑临时围墙，高度不低于2.7米。临街围墙必须粉白美化，场地内道路通畅，建筑材料分类堆放，无积水、无垃圾等脏乱现象。2000年，开展安全、质量、文明工地综合考评，县建筑工程公司施工的邮政大楼工地获第一名。2003年，质监站和安全监督站合并为建设工程质量安全监督站，质量验收采用备案方式，其主要工作是加强对施工现场和工程质量、安全生产的综合管理。安全生产监督列为日常主要工作。2013年开始，把建筑起重设备纳入重点管理，设备必须办理备案和使用登记方可投入使用，同时设立重大危险源台账进行重点监督。

三、建材测试

1990年前，县内各种建筑材料及与构件测试，均到攸县或其他测试站，给施工企业带来工作难度。1992年4月，县建委购置测试设备，组建建筑工程质量监督试验室，当年7月竣工。次年3月，经湖南省技术监督部门核定为计量合格单位。县建委制定相关规定，明确建筑材料送检有关事项，建立资料归档、报告书签发等制度。

1997年，新增水泥、简易土工检测、水电测试、地基轻便触探等仪器设备，对工程质量提供检测手段。

2000 年 3 月，建筑工程监督试验室经湖南省建委年审定为二级测试室。2006 年 9 月，成立炎陵县兴业建筑材料检验有限公司，独立承担第二方公正检测。公司为各建筑施工单位提供检测服务。检测范围包括：砼试块强度试压、砂浆试块强度试压、钢材强度试验、红砖与砌块强度试验、水泥物检、混凝土和砂浆配合比设计、砂石级配分析、水电测试、防水卷材试验、预制构件结构性能等检测项目。

2008 年 5 月，公司取得省建设厅颁发的建设工程质量检测机构资质证书。2013 年 3 月，公司添置建筑主体建构检测设备 2 台、道路弯沉检测仪 1 台、桩基静载设备 1 套。

2014 年，检测钢材 990 批次、混凝土 2402 批次、砂浆 450 批次、红砖 110 批次、水泥 286 批次。合格率分别为 98%、97%、98%、99%、97%。

四、工程监理

1998 年 8 月，成立株洲建设监理咨询有限责任公司炎陵分公司。2000 年后，执行国务院颁布的《建筑工程质量管理条例》，将工程监理列入建筑市场管理。县邮政大楼是株洲建设监理咨询有限责任公司炎陵分公司在炎陵县开展业务的第一个工程监理项目。

2006 年 1 月 1 日，炎陵天正建设监理咨询有限责任公司成立。公司有相关专业持证人员 25 人。其中，经济师 1 人、国家注册监理工程师 7 人、湖南省专业监理工程师 2 人、湖南省监理员 11 人。2008 年后，分别有湖南建科工程项目管理有限公司、湖南湘科项目管理有限公司、株洲九丰监理有限责任公司、湖南天福项目管理有限公司在炎陵开展监理业务。

2014 年，建筑工程监理项目 319 项，建筑面积 6.17 万平方米。

第七章　房地产业

第一节　房产占有

明清时期，县衙、学宫、考棚、仓库等为官府所有，为官产；各姓氏宗祠、君庄为各姓共有，为族产；台山、烈山、洣泉、梅岗等书院归各书院所有，为学产；青台寺、铁瓦仙、天河仙等为寺庵所有，为神产。县城及水口、沔渡、十都等圩镇的天后宫、万寿宫、南华宫分别由闽、赣、粤籍商户筹建，为共有会馆产业。其余房屋为私产。私人房产可以抵押、买卖、转让、继承。

民国时期，县署多次遭焚毁，学宫、学署颓圮，官产所剩无几。县政府搬迁青台寺办公，国民党县党部入驻天后宫，县参议会设忠烈祠，城隍庙、贾家祠等馆舍为单位占用。城乡书院，均改为学校,学产大多留存。族产、神产式微。

县内地主豪绅、富商官吏的房屋,多为砖瓦楼房。一般民众房屋,低矮简陋。无房城乡贫民,则长期栖身凉亭破庙。县城西南角一处叫“院子里”的破房,就是无家可归的流浪汉和乞丐的栖身处所。

1949 年,县城城区各类房屋建筑面积 8.29 万平方米。其中,公产 8200 平方米,占 9.9%;私房 7.47 万平方米,占 90.1%。1952 年土改运动和土改复查中,全县没收地主房屋 13025.5 间,分配给无房少房农民,填入土改证以确权属。民国时期的官产与氏族祠堂、庙宇等统称无益公产,收为国有。大部分划给政府机关、学校、团体作办公、教学用房或临时仓库。这个时期,房产占有形式有国家、集体和私产 3 种。国家、集体公产管理形式,分政府房管部门直管和单位或乡村组织自管。

1982 年 10 月,启动城镇房屋三产(产权、产籍、产业)普查。对县城范围内的房屋及农村公房进行全面丈量、登记。1986 年 4 月,普查工作全面完成。普查统计,1985 年,城区有居民 2372 户,拥有房屋 1637 栋,房屋建筑面积 58.26 万平方米。其中,公房 42.61 万平方米,私房 15.65 万平方米;住宅面积 32.1 万平方米(成套住宅 4.6 万平方米),非住宅面积 26.1 万平方米。房管部门所辖直管公房 2.04 万平方米。城区人均居住面积 10.04 平方米,位居全省县级第一。1986—1990 年,新增房屋面积 18.96 万平方米。1990 年末,县城房屋面积 77.22 万平方米。其中,公房 55.29 万平方米,占 71.6%,私房 21.93 万平方米,占 28.4%。住宅面积 41.69 万平方米,占 54%。2000 年末,城区房屋面积 134.51 万平方米。其中,公房 74.58 万平方米,占 55.45%;私房 59.93 万平方米,占 44.55%。2001—2014 年,城区新增公建房屋 32.22 万平方米。2014 年末,县城房屋面积 410.3 万平方米。其中,公房 106.8 万平方米,占 26%;私房 303.5 万平方米,占 74%。农村私宅房屋建筑面积约 851.8 万平方米。

第二节 房屋建设

一、自管公房

民国 35 年(1946)为纪念抗战牺牲烈士,民国政府于县城中心大操坪南侧建造抗日阵亡将士忠烈祠。砖木结构,2 层,18 间,是民国时期县府营造的唯一建筑。1951 年冬,县政府设企业公司,建造 2 层楼房,建筑面积 1960 平方米。至 1965 年,汽车站、人民银行、干部宿舍、人民礼堂、百货大楼、手工业联社、县级机构办公楼群、电影院、文化馆、县一中、城南小学教学楼等一批公有建筑相继建成并投入使用。“文化大革命”期间,县内房屋建筑有木湾铁厂、五里排纸厂、水口电站、深坑氮肥厂、春塘萤石矿等十几处工矿厂房,县城公房建筑很少。此间,为安置知识青年,国家曾拨款 244.13 万元,各地修建 343 栋、3 万多平方米的土筑住房。不少大队、生产队建设礼堂、学校、仓库、饲养场。1985 年后,随着井冈路延伸、解放路拓通,沿街 5、6 层楼房相继建造。图书馆、湘山影院、新华书店、神农宾馆、瀚森宾馆、湘山商厦、文化、五金、供销、房产、科技、妇幼保健院等数十栋大楼建成，给县城增添新的生机。1990 年，县城公共用房建筑面积 34.21 万平方米。其中，工业、交通部门 7.72 万平方米，商业、服务业 9.73 万平方米，文化体育部门 1.74 万平方米，教育、科研、医疗部门 6.32 万平方米，机关办公楼 8.7 万平方米。1992 年 8 月，启动龙井经贸开发区建设，促推自管公房建设增容提质。至2000 年，先后完成湘赣边贸市场、中国银行、示范幼儿园、技术质量监督局、交通费征稽办公楼、保险公司、国税局办公楼、西苑宾馆、信用联社、霞阳公安派出所等 220 余栋公房建设（包括安居工程和单位集资建房）。年末，县城公共建筑面积 74.58 万平方米。2001 年起，自管公房主要建设项目有：法院、检察院、工会大楼、湘运汽车南站、工商大楼、建设大楼、人民医院急诊大楼、房产楼、交警综合楼、移动公司营业楼、新自来水厂、地税办税大楼、龙井宾馆、疾病控制中心、殡仪馆、红军标语博物馆、文化体育中心、国家综合档案馆等。至 2014 年，县城新增自管公房 32.23 万平方米，总面积 106.8 万平方米。

二、直管公房

20 世纪 50 年代初，县政府没收城内房产2.41 万平方米，分给居民与职工 7200 平方米。剩余房产由县房产管理委员会代县政府管理。1962 年 5 月，城区直管公房建筑面积 1.49 万平方米。1970 年，县房管会在县城十字街东侧，修建第一栋居民点，砖混结构，2 层 12 套，建筑面积 700 平方米。1974 年，在解放路东侧修建二居民点，建筑面积 2139 平方米，3 层 30 套，每套约 60 平方米，每层配一公厕，砖砌体结构。至 1984 年，县财政共投资 102 万余元兴建直管公房（居民点）9 栋 158 套，工程师住宅大楼 1 栋 12 套，总建筑面积 1.3 万余平方米。1992 年后，县房产局对二居民点一、二栋进行加层扩建，增加住宅面积 1200 余平方米，安置 17 户。1993 年后，因县城建设之需，先后拆除三居民点 4 栋、一居民点 1 栋房舍。1995 年，工程师大楼出售给个人。2011—2012 年，房产局申请中央财政住房专项拨款 216.8 万元，对二居民点 2 栋、第四、五居民点维修改造，更换门窗和水电管线、新铺地砖、内外墙粉刷，全面维修住房 94 套，面积 6100 余平方米。至 2014 年，房产部门有直管公房 4 栋，住宅 164 套，建筑面积 8415 平方米。非住宅商业门面 24 间，面积 880 平方米。

三、私有房地产

县城私宅　民国期间，县城内极少私人建房。酃县工商巨子陈梅寿的“福利安”3 层商铺，蓝肇祺的四合院是当时规模较大的建筑。1949 年末，县城房屋以私房为主，集中在西门罗家大屋，南街衙前李家祠周边，东门牌坊下谭家大屋，西门外陈姓屋场，东门外扶谭两姓房舍。20 世纪 50 年代初，由政府动员、商户筹资自建 10 余栋二、三层商铺楼房，形成新市街。此后数十年，县城私房建设被限制。1986 年后，鼓励职工、居民私人建造房宅（科级以上领导干部有所限制）。县城部分私人房宅拆旧建新，如西正街、桥下、井头、南门口等处。更多的是在店下、北门垄、扶家冲、斗里、麻垄里等城郊地段，干部职工批地自建房宅，形成住宅小区。

1986—2000年城区新建1500余栋民房。2000年末,县城私人住宅1934栋(其中干部职工1030栋、村民904栋)、59.93万平方米。2001年起,县城私人建房主要集中在东山、神农大道两侧、斗笠河沿岸等处。政府主导拓通环城路,国土部门实施土地开发,推平东山几个山包,开发山下住宅用地120宗、山上别墅用地165宗,出让给私人自建住宅285栋,建筑面积约10万平方米。2010年后,因建设高速公路和铁路,在北门垄、扶家冲和横岭等安置区,兴建数以百栋自建私宅。2014年,县城有私宅建筑面积303.5万平方米。

农村私宅 清初至乾隆年间,因大量移民,人口激增,乡村形成建房热潮。如水口郭家屋场、西乡潘家圩、十都小江万家大屋都是这一时期的民居代表。清末至民国期间,民生凋敝,一般农户无力建房。至1949年末,乡村农舍多为百年老屋,阴暗潮湿,破旧残损。县人民政府成立后,接管无益公产,没收地主豪绅房屋1.30万间,分配给无房、缺房贫困农民。1951年后,国家拨款为老区农民新建房屋1000余间,解决住房困难。此后,因农村经济落后,自建住房者不多。1979年实行改革开放政策,农村经济逐步发展,农民有了改善居住条件的能力。至1990年,全县1.4万户农民新建或扩建住房,面积198.16万平方米。1991—2000年,全县农村住房面积733万余平方米,人平49.88平方米。21世纪后,大多数农民都新建或翻新了住房,别墅式、庄园式新居随处可见。至2014年末,全县私宅建筑面积851.8万平方米。

四、房地产开发

县内房地产开发始于1987年,县房产公司在县城古兴巷五居民点西侧建造1栋4层8套住房,以成本加管理费价格转售县林业部门。1988年3月,县建委组建住宅开发公司,于北门垄腰坝里征地28.5亩,规划99宗土地,当年出让69宗,由城镇职工居民购地自行建造独栋房舍。1992年5月,县房地产综合开发公司拆除县城南门口第三居民点临街一排2层房舍,以集资形式建造商品住宅一栋,建筑面积2056平方米。当年5月,龙井经贸开发区(西起文化路,东至城东中团、上斗里;北接井冈路南侧,南连斗笠河两岸)建设起步,前期一次性征地220亩,每亩地价4万元。1993年,实施龙井经济贸易开发区市政建设和观音阁住宅小区建设。当年4月,启动开发区首个项目—观音阁小区工程建设。至1997年,观音阁小区建成私房120余栋,安居工程楼宇6栋,农贸小市场1栋,临街商业铺面百余间。同时,建成水电新村、光明小区、青林小区、教育住宅楼等职工住宅小区,以及湘赣边贸市场、中国银行(今国土大楼)、示范幼儿园、霞阳镇派出所等公建项目。截至2000年底,龙井经贸开发区建设基本完成。区内兴建各类房屋662栋,18.8万平方米,其中私房426栋,11.76万平方米。城区面积扩大一倍。

2000年之后,县内房地产市场逐渐开放。当年成立湖南华联建设集团公司、鑫林房地产开发有限责任公司等两家个体私营房地产公司。随后平安、中天、东山、鑫发等房地产公司相继成立。2010年间,又有和一、正泰、贵派等外地知名房地产商进入炎陵房地产市场。2014

年，县内有20家房地产开发公司，当年完成投资8.66亿元，商品房施工面积84.66万平方米，竣工面积12.66万平方米，销售面积28.1万平方米，完成销售额10.28亿元，销售均价3657元/平方米，其中住宅销售均价3048元/平方米，是10年前房价的5倍。城区中心商用铺面房价格2—3万元/平方米。

2014年炎陵县房地产开发企业一览表

表16-3

企业名称	法人代表	资质等级	注册地址	资质证书编号
炎陵华联房地产开发有限责任公司	颜昌华	三级	炎陵县	湘建房(株)字第160号
株洲鑫林房地产开发有限责任公司	金少林	三级	炎陵县	湘建房(株)字第168号
炎陵平安房地产开发有限责任公司	李永民	四级	炎陵县	湘建房(株)字第200号
炎陵中天房地产开发有限责任公司	万　明	三级	炎陵县	湘建房(株)字第283号
株洲市东山房地产开发有限公司	罗建平	三级	炎陵县	湘建房(株)字第347号
炎陵鑫发房地产开发有限责任公司	谢小华	三级	炎陵县	湘建房(株)字第383号
攸县正泰房地产开发有限公司	谢志敏	三级	攸县	湘建房(株)字第388号
炎陵天和房地产综合开发公司	王　敏	三级	炎陵县	湘建房(株)字第401号
株洲仁华房地产开发有限公司	袁仁华	三级	炎陵县	湘建房(株)字第445号
炎陵东佳置业有限公司	谭宝林	四级	炎陵县	湘建房(株)字第168号
炎陵县瀚森置业有限公司	谭送华	四级	炎陵县	湘建房(株)字第563号
湖南圳阳房地产开发有限公司	陈振勇	暂定	长沙天心区	湘A05092295
炎陵和一置业有限公司	尹德和	三级	炎陵县	湘建房(株)字第232号
炎陵福源房地产有限责任公司	霍大勇	暂定	炎陵县	湘建房(株)字第623号
中冠房地产开发公司	谢建华	暂定	炎陵县	湘建房(株)字第099号
株洲正益房地产开发有限责任公司	刘国平	暂定	株洲	湘建房(株)字第628号
湖南天杰实业有限责任公司	曾庆明	暂定	炎陵县	湘建房(株)字第059号
炎陵和一旅游投资有限公司	尹德和	暂定	炎陵县	湘建房(株)字第599号
株洲市万隆房地产开发有限公司	陈潮生	四级	炎陵县	湘建房(株)字第079号
茶陵贵派房地产开发有限公司	邱满华	暂定	茶陵县	湘建房(株)字第533号

附

住宅小区选介

湘山茗园 地处县城神农大道东侧北段,由房产局下属天和房地产公司兴建。占地面积23.27亩,建筑面积3.52万平方米。建有6栋6+1层(底层车库杂屋)住宅楼、190套住宅,商用铺面房22间,3986平方米。园内有巨型景观石、藤遮休闲长廊,遍栽大型常绿乔木,空地广植草皮花卉。2006年建成,投资3200万元。

东山明珠 地处霞阳大道东侧，斗笠河南岸。由东山房地产公司兴建。园区占地面积9.12万平方米,建筑面积13万平方米。有21栋715套多层住宅,56栋别墅,商用铺面房71间,面积9986平方米。区内建有绿化休闲广场、喷水人工湖、室内带座位篮球场。绿化率35%。至2014年完成投资6055万元。

正泰新城 地处霞阳大道中段。由攸县正泰房地产开发有限责任公司开发建设,2011年建成,总投资2亿元。占地面积10.17万平方米。建有公寓式住宅38栋871套;连体别墅35栋;独栋别墅16栋,住宅面积14.59万平方米。车库杂屋1.33万平方米,物业管理用房397平方米,临霞阳路商铺房近百间,9500平方米,建筑总面积16.91万余平方米。区内建有人工音乐喷泉、环园流水沟渠和遮阳凉亭、藤遮廊道。有标准篮球场1个,体育健身路径场1个。绿化率36.4%。2013年,省绿化委员会授予小区"园林化单位"称号。

天华小区 由湖南华联房地产公司联合天和、中天公司3家共同开发。地处神农大道中段北侧。2014年末主体工程竣工。占地面积2.24万平方米。建筑面积8.17万平方米。其中,住宅398套,4.69万平方米;商用铺面173套(间),1.87万平方米,总投资1.2亿元。

华苑商贸广场 位于县城坎坪南路。由炎陵中冠房地产开发有限公司开发兴建。占地面积4.16万平方米,建筑面积16.36万平方米。其中,住宅462套、6.20万平方米,商铺710套(间)、4.06万平方米。有6.1万余平方米大型地下停车场。2014年1月动工,当年完成项目任务的70%,完成投资2亿元。

第三节 房产管理

一、管理机构

1950年,县人民政府财政科接管民国县政府遗留公产和社会无益公产。1962年5月,酃县公产管理委员会成立(后改称房产管理委员会)。1981年9月,改为房地产公司,隶属县财税局。1983年4月,房地产公司划属县建设委员会管理。1988年8月,公司与县住宅开发公司合并为酃县房地产管理综合开发公司。1991年10月,公司加挂酃县房地产管理局牌子,为副科级事业单位,仍属县建设委员会。1992年4月,注册成立房地产综合开发公司(国有企业)。1994 年 11 月更名房产管理局,机构升格为正科级单位。2014 年末,有下属二级机构 7 个:住房委员会办公室(副科级)、房产权属与市场管理处、房地产开发和物业管理办公室(加挂国有土地上房屋征收管理办公室牌子)、住宅室内装饰装修办公室、天和房地产综合开发公司、公房管理所、白蚁防治所(加挂房屋安全鉴定办公室牌子)。

二、产权登记发证与产籍档案

登记发证　1952 年,土地改革中县政府对房屋土地等不动产发给“土改证”,作为确权法律依据。1986 年 4 月,成立房屋定权发证办公室。在“三产(产权、产籍、产业)”普查基础上,对县城房屋换发房产权证。至 1990 年,共换发房产权证 1235 件,面积 59.36 万平方米,占普查面积 93%。其中,直管公房 40 处,1.89 万平方米。单位自管房 120 处,42.87 万平方米。私房 1075 栋,14.6 万平方米。1990 年 11 月,撤销定权发证办公室,在房地产公司设立房地产产权监理处,接管房屋登记发证业务。当年,开始在建制镇开展房屋登记发证。1991 至 1992 年,完成水口、沔渡、王家渡 3 镇区公私房屋换发权证工作。1993 年,完成全县 13 个乡政府所在集镇公房登记发证工作。同时,对乡镇独立工矿区房屋进行换发权证。1995 年,产权监理处开展房产抵押登记业务,发放房屋他项权证。至 2000 年,共办理、发放他项权证 809 件。其中,单位 198 件、私人 611 件。1999 年 4 月起,换发国家建设部统一印制的房产证书。房屋产权证书登记、确权、发证进入常态化管理。1991—2000 年,产权监理处共发放单位房屋产权证 811 个、68.2 万平方米;私有房产证 3029 个、52.2 万平方米。2005 年 7 月,产权监理处与房地产交易所合并设立房产权属与市场管理处,产权办证、房屋交易业务归并开展。2011 年,房产局在临解放路一楼设立办证大厅,实行“一站式”集中办公,“一条龙”窗口服务。2012 年2 月,房产局建成炎陵房地产综合管理信息系统。房产权属登记、发证、建档都可入网操作,网上调档查询。2014 年,完成房产登记发证 2290 件,发证房产面积 95 万平方米。完成房屋测量 150 件,测绘面积 55 万平方米。他项权证登记 516 件,42.5 万平方米。

产籍档案　1991 年,房地产公司整理“三产普查”和历年发证档案,建档 2089 卷。其中,直管公房 22 卷,自管公房 117 卷,私房 1950 卷。1992 年,房产局档案室经县档案局验收,认定为省 3 级档案室。1993 年,产籍档案计 5000 卷(册)。1999 年起,档案实行电脑微机管理。2012 年,运用房地产综合管理信息系统搭建电子楼盘 936 栋,2 万户;补登簿(补录房产权属登记簿)6800 宗;完成档案电子扫描 7000 卷。2014 年末,累计搭建电子楼盘 2681 栋、3.17 万户,补登簿 9546 宗,电子扫描 1.83 万卷,档案入库 1.71 万卷。

三、市场交易管理

旧时,民间房屋买卖、租赁多以契纸为凭据,双方签订契约,中介人、在场人签字以作契证。1988 年 8 月,成立县房地产交易所,对房地产买卖、遗赠、交换、租赁进行规范管理,兼顾价格评估服务、供求信息传播。县建委等5个委局联合行文，公布房地产交易管理暂行办法，规范管理房产交易市场。1991年后，交易业务扩大到乡镇。1999年，房产局设立房产交易中心，办理交易业务，开展多种形式的咨询服务。

买卖 1989—1990年，房产交易所办理房屋买卖业务58起，建筑面积1.9万平方米，成交额108万元，代收契税8990元。1993—1997年，办理329起交易，成交额2278万元。1998年，交易所依法查处房屋买卖中的隐价逃税行为14起。2001年，启动房改房上市业务，当年办理房改房交易100余宗。至2005年，办理房地产交易1130件。2009—2010年，办理房屋买卖1307起，交易面积19.56万平方米。2014年，办理交易503件，6.9万余平方米。

租赁 1989年以前，县内住宅房出租未纳入管理，仅对单位、私人临街铺面房出租行为进行管理。1989—1990年，房地产交易所办理房屋租赁手续308户（次），出租面积1.3万平方米。查处抵制租赁管理的出租户15户。1993—1995年，县房产局联合公安局、工商局不定期对房屋出租加强管理，核查租房人员信息，查收国家税费，对拒不服从管理的出租户申请县人民法院执行。1999年，纳入管理的出租户788户。2010年以后，房产租赁市场管理更为开放，实行出租房屋租赁备案制度。2012年，县城租赁备案222件，面积2万余平方米。2014年降至23件。

评估 旧时房产交易，双方实地勘验，议价商定，达成交易。1990年后，县房地产公司组建价格评估所，实行持证上岗，规范价格评估行为。1996年，配合出售公有住宅，评估业务113宗。至2000年，5年评估业务770宗。其时，国家实行房地产价格评估师考试、执业制度。县房产局先后有6人取得注册资质，准予执业。2000年后，国家规定房地产价格评估实行中介机构社会化服务，房产局依规撤销价格评估所，评估业务转至株洲市建业、天正等房地产价格评估公司在本县设立的分公司。2014年，全县房产价格评估260件。

四、房屋拆迁管理

1950—1980年，城市或单位建设动迁房屋，以行政调拨为主，适当补偿。1985—1987年，县城拓建解放路时，房屋拆迁由县政府组建的解放路通街工程建设指挥部统一领导，临街地段由县工商、林业等单位筹建，并负责拆迁户安置补偿。工程指挥部在北门垄、南桥两处征地2.93公顷，安置56户，用地1.5万平方米，房屋建筑面积2.4万平方米，安置补偿费137万元。1991年，解放路向南延伸，拆迁房屋5户，用地面积1300平方米，拆迁补偿67.9万元。

1992年，县人民政府房屋拆迁办公室成立，隶属县房产局。次年，县政府颁发《城镇房屋拆迁管理暂行规定》，要求城区房屋拆迁项目实行申报、许可、公示制度，执行统一价格，规范管理房屋拆迁行为。县龙井经济贸易开发办公室在开发区建设中，对居民私房征拆采取以地补地、建筑物估价补偿办法。行政事业单位一律不补偿土地，按征收价格适当予以弥补。企业动迁，补偿建筑重建费用。至1995年，开发区动迁12个单位，73户居民，占地面积1.2万平方米，建筑面积2万余平方米。当年，县政府以房产局为主体组建炎陵西路拆迁建设工程指挥部。至1999年，动迁建设炎陵西路、龙井路、洣泉路、龙井亭、洣泉桥，拆迁单位房屋12栋（处），居民房舍44栋，建筑面积9101平方米、补偿（含土地费）资金311.4万元。

进入21世纪，基础设施建设快速发展，工业园区、高速公路、吉衡（衡茶吉）铁路、旅游环线公路等重大工程项目上马，拆迁任务剧增。房产局主要承担城镇国有土地上房屋拆迁工作任务。2003年，完成文化路拓宽，拆迁单位7个，私房12户栋，面积3850平方米，补偿65万余元。下半年，启动106国道草坪段、石潮—炎帝陵线、沔渡—桃源洞线公路改造项目，房产局对三河、沔渡、十都3镇，14村，32个村民小组的97户农户以及5个单位房屋实施拆迁安置。征收房屋面积7283平方米、安置建房土地2580平方米、补偿资金170余万元。2005年起，衡炎（衡阳—炎陵）、分炎（分路口—县城）与炎睦（炎陵—睦村）、炎汝（炎陵—汝城）高速公路先后启动。2008年，实施苏洲北路拓建，拆迁单位3个、私房24户，7515平方米。2009年初，吉衡（衡茶吉）铁路炎陵县路段开始动迁。房产局拆迁人员承担房屋拆迁丈测、评估、签约工作任务。至2012年，高速公路与铁路修建项目共拆迁1037户（栋）、面积31.5万余平方米。其中，高速公路征拆房屋578栋（户）约17.3万平方米（炎汝高速192户，3.4万平方米；衡炎、分炎、炎睦高速386栋，13.9万平方米），补偿金额近6000万元；吉衡铁路炎陵段征拆各类房舍459栋（民房436栋，单位、园区企业、农村小厂场23家），征拆面积14.2万余平方米。与此同时组织力量，完成神龙福地、回龙仙垃圾场、炎陵路东延、中华如意古街、火车站站前广场及迎宾路、外环线、草坪河风光带、九龙工业园及中小企业创业园等重点项目的征地拆迁工作。累计完成国有土地上房屋征收8栋、2400平方米，集体土地上房屋拆迁183栋、5.5万平方米。2013—2014年，完成房屋征拆测量、评估440户，签订协议280多户，建筑面积4.47万平方米。

五、房屋安全鉴定

1990年，县房屋安全鉴定办公室（简称安鉴办）成立，定专职鉴定人员1人，兼职工程技术人员2人，设房地产公司。至2000年，鉴定危房99处，建筑面积7.85万平方米。其中，农村中小学危旧房屋的安全鉴定，占全部鉴定工作量70%。2005年后，主要为重点工程建设中桩基震动、隧道爆破作业对沿线民房的“震损”鉴定。其中，高速公路、铁路修筑施工“震损”鉴定事项480余件、鉴定面积9.6万平方米。2010年开始，房屋安全鉴定业务交由中介市场执业，县安鉴办行使管理职能。2011年，县安鉴办办理工程“爆损”鉴定60件（处），面积2.57万平方米。2014年，县城华联二小区10栋、农业发展银行住宅楼两处住房引发业主因房屋安全投诉,县安鉴办负责协调,由湖南大学土木建筑工程检测有限公司依法依规作出技术检测。经检测住房均为安全、可居住建筑。

六、白蚁防治

1993 年,县房地产局设立白蚁防治所,负责对房屋建设工程进行地下基础、木质构件实施药物喷洒涂抹,预防白蚁。对发生的蚁害予以灭治。1996 年,根据居民申请,白蚁防治所在草坪河下游河岸郭姓居民房舍窗外墙体下发现一处直径 1 米多的巨型蚁巢, 灭治处理后将其制作成标本,宣传展示白蚁防治的现实性和必要性,收到良好效果。1997 年,全省白蚁防治业务人员培训班在炎陵举行。1990—2000 年, 县白蚁防治所年预防面积约 1 万平方米。2005 年,预防合同面积 5.2 万平方米、预防施药 30 户(栋),3.9 万平方米。2011—2013 年,白蚁防治所连续获得全省白蚁防治先进单位。2014 年,签订预防合同 254 户,合同面积 53 万平方米。完成预防施药面积 39 万平方米,回访复查 81 户。当年评为全国白蚁防治优质服务先进单位。

七、物业管理

1995 年 9 月,县房产局成立县物业管理责任有限公司,时为株洲市属各县、市、区第一家。当年,物业公司维修房屋大小项目 110 个,支出维修费 3.7 万元。1996 年,物业公司与县直机关 80 个房改单位签订售后房屋维修合同, 纳入物业管理。物业管理费每月每平方米 0.04 元,当年经营收入 10.8 万元。此后逐年接管湘山花园、水电新村、洣泉花园、梓园小区、湘山茗园、滨江、中天、江宁、东山明珠、正泰新城等 16 个小区楼盘物业管理、维护服务。1998 年,县物业管理公司获全省物业管理竞赛第二名;湘山、观音阁两个小区获“全省文明住宅小区”称号。1999 年,物业管理费收入 96 万余元。其中,水电费代收、铺面房租金收入 30.5 万元,维修安装工程收入 65.7 万元。2000 年以后,各房地产开发企业,均组建相应物业管理公司。先后成立通和、金鑫、泰丰等私营物业公司从事物业管理服务业务。物业管理费根据管理项目、质量,物价部门分别制定指导价格。2012 年起,湘山茗园、正泰新城等小区物业管理费调整到每平方米每月 0.5 元。当年 6 月,县人民政府成立炎陵县物业维修资金管理委员会,对自 1995 年后出售公房提取的该专项资金加强管理。2014 年年末,全县物业维修基金余额 2562 万余元。

第四节　房产经营

一、私房出租

1995 年以前,本县罕有私人经营房地产。一般居民有点祖业老房,多为自住,很少出租营利。少量出租房屋,也是租金低微,一间约 10 平方米面积的房间,月租金不过 1 元左右。1995 年,公有住房私有化。始为自住,后不少人将多余住房出租。21 世纪起,城镇化步伐提速,县城人口增长较快,租房需求大增,租金标准逐涨。2014 年,县城中心地带一套 120 平方米左右套房,月租金 500—800 元。

二、住宅公房出租

1950 年开始,国家对干部职工住房实行计划建设,统管统分,福利型安排。单位住房一般是单间。不少单位多人一间(如工人),每间月租金 0.2—0.4 元不等。1962 年,房管会直管公房 1.49 万平方米,每平方米月租金 0.03 元。年收租金 5000 余元。1967 年,租金提高至每平方米月租金 0.06 元,年收租金 7692 元。租金不够“养房”,维修靠拨款,财政不堪重负。1992 年,实施住房制度改革,住房户交纳抵押金 200 元 / 平方米,以息抵租。县城直管公房 199 户、1.46 万平方米,有 192 户交抵押金 32.57 万元。7 户困难居民实行月租金,每平方米由 0.09 元提高到 0.16 元。不交抵押金的,按成套住宅面积每平方米月租金 0.1 元。当年收取房租仅 5.94 万元。1995 年,深化住房制度改革,单位自管房出售给职工个人。不符合出售条件的未出售公房按住房使用面积及房屋等级,每平方米月租金提高到 0.55—0.80 元,超面积标准则加收租金。干部职工住宅面积标准为:一般职工 50 平方米;科级干部 55 平方米;县处级干部 65 平方米。超过标准 10 平方米以内的,月租金每平方米按 0.85 元计算,10 平方米以上部分,每平方米按 1.67 元计算。对中华人民共和国建立前参加革命的离休和退休干部职工,民政部门确认的社会救济和非在职优抚对象,仍采取政策性减免政策。1996 年,直管公房减至 1.27 万平方米,收取年租金 21 万元。2014 年,直管公房尚余住宅 164 套,7786 平方米,年租金收入 40 万元。

三、门店公房出租

1987 年,县城解放路拉通,房产公司改二居民点 1 栋一楼临街住房为营业性铺面房,建筑面积 531 平方米,月租金 4 元 / 平方米,年收入 2.5 万元,为住宅租金的 50 倍。1994 年,营业性铺面房 3200 余平方米,35 间。年租金收入 14.9 万元。2000 年,县城有各类门店铺面 2191 间,6.57 万平方米。其中房产部门 186 间、单位 688 间、私人 1317 间。2014 年年末,直管公房营业性铺面房仅剩 880 平方米,24 间,月租金约 23 元 / 平方米,年租金 24.3 万余元。

第五节　住房制度改革

一、以息代租

1988 年 11 月,酃县住房制度改革领导小组成立。1991 年 10 月,领导小组下设办公室

(简称房改办),与房产局合署办公。1992 年元月 1 日起,实施住房制度改革,基本作法是“按照面积,实行抵押,房租免交,以息抵租,还房退押,违章处罚”。原单位公房以住户的使用面积为依据,按房屋新旧程度不同,每平方米缴纳规定抵押金,存入相应银行,存款利息抵交房租。新旧房以建造时间划分,1991 年元月 1 日后入住的住宅为新房,之前为旧房。老红军免交抵押金,仍按旧制。抗日战争期间参加革命的,押金减交 30%。解放战争时期入伍人员押金减交 15%。享受抚恤待遇的烈士遗属,享受遗属补助的家属以及市、县民政局确定的社会救济户,单独居住者,押金全免,原房租照交。经济特困户,经批准,可分期交纳,但第一次不能低于应交抵押金的 30%。至 1992 年 2 月,城区房改面积 13.12 万平方米,收抵押金 283.23 万元。调剂住房 8600 平方米,解决住房困难户 100 余户。规定单位收取的押金、押金利息、住房租金,全部进入住房基金,由房改办住房基金管理中心统一管理。住户退房,退回押金。不愿交纳抵押金的,由产权单位按新规定的月租金标准收取房租。

直管公房按照 1970 年前竣工的非成套住房每平方米收押金 30 元;1970 年后竣工的成套住房每平方米收押金 40 元。房改后,直管公房每平方米月租金从原来的 0.06 元增至 0.15 元。

二、住宅公房出售

1995 年 6 月,经省政府住房制度改革领导小组批准,实施《炎陵县深化住房制度改革实施方案》,出售公有住房。公房以成本价(按不同地段、建筑结构、楼房层次及折旧率综合计算)出售。城镇户口职工每户可购买一套。对以成本价计价的购置面积进行控制,标准是:一般职工 75 平方米,科级干部 85 平方米,县处级干部 95 平方米。超出标准 15 平方米以内的面积,按成本价全价计算,15 平方米以上的面积按市场价(比成本价高 25%)计算。职工购买住房,单位给予职工(含夫妻双方)工龄(截至 1994 年)折扣,每年工龄折扣额 3.53 元 / 平方米;购买现住公房优惠 5%;一次性付款优惠 20%。购房免缴契税,享有产权,5 年后可进入市场。

对不同地段划分价区。一类价区:北起县中医院、教育局,南至解放路南端,东起霞阳路,西至接龙桥以内。按成本价增加 2%购房。二类价区:霞阳路以东至高水桥,教育局以北;接龙桥以西至玻璃马赛克厂、林机厂、林科所;解放路南端至县农业局。按成本价购房。三类价区:双江口以西,碧江苗圃、变电站一带及二类价区以外所有公有住宅。按成本价降低 20%购房。

1995 年炎陵县城区住宅分类、分等成本价表

单位:元 / 平方米

表 16-4

类别		房屋结构	成本价
钢混	一	主体为钢混结构,内墙抹灰,外墙瓷砖或马赛设施齐全的成套住宅	588
	二	主体为钢混结构,内墙抹灰,外墙部分瓷砖或水泥抹灰,非正式成套住宅	504
砖混	一	承重部分采用钢混结构,砖墙,设施齐全的成套住宅	420
	二	砖墙,主要承重部分采用钢混结构,外部清水墙无阳台,设备不齐的非单元式住宅成套住宅	378
砖木	一	砖墙,屋架,楼板,木门窗,材料上等,标准较高的砖木结构,外部装修一般,设备完善的住宅	378
	二	材料较好,外部有装修处理,室内有专用上下水设备的普通砖木结构住房	340
简易		结构简单,材料较差的杂屋	306

截至 1995 年 10 月 31 日，全县参加房改单位 81 个，住宅 133 栋 1710 套，建筑面积 13.94 万平方米。当年出售 132 栋 1423 套,建筑面积 11.78 万平方米。实收售房款 2234.36 万元。1997 年 9 月,对房改执行情况进行检查。补交房价款 29.2 万元,罚没资金 5 万元。至1999 年年底,全县出售公有住宅 1740 套,实收售房款 2268.46 万元。

公有住房出售后,尚余部分按规定不宜出售的公房(约 2.2 万平方米)则采取直接提高租金办法。各单位未出售的公房仍由单位自管,但维修则实行物业管理。

三、住房公积金制度

1995 年,建立住房公积金制度。从当年 7 月 1 日起,所有行政、事业、企业单位在职职工均交纳住房公积金,实行“个人存储、单位资助、统一管理、专项使用”原则。当年规定单位资助与个人缴交比例各 3%,1997 年提高到各 5%。2005 年,国家规定缴交上限 12%。个人缴纳与单位资助两部分均存入住房资金管理中心,记入个人专户,为职工个人所有,用于个人购买、建造或大修住房。职工调动,公积金账户转新单位。职工出国定居或离退休,本息余额一次结清。职工去世,公积金由其合法继承人领取。住房公积金免征个人所得税。离退休职工、临时工、计划外用工、外商投资企业中的外籍职工不建立住房公积金制度。对交纳住房公积金有困难的企业,经批准可缓交公积金。对职工生活困难,经单位同意可缓交,缓交期间单位亦暂停资助住房公积金。至 1999 年 10 月 31 日,建立住房公积金的单位 188 个,占单位总数 85%；职工 9000 人，占职工总数 80%。归集住房公积金 849 万元。2001 年，归集公积金 367.89 万元,至年末,住房公积金累计 1381.39 万元。2003 年,成立株洲市公积金管理中心炎陵县管理部,上划市管;县住房办公室只负责住房基金和住房维修资金业务,归转建设局,2010 年再划归房产局。2014 年,归集公积金 7146 万元。年末,全县累计归集住房公积金 3.76 亿元,余额 2.41 亿元。发放公积金贷款 2.43 亿元,余额 0.91 亿元。

四、安居工程(经济适用房)

1994年8月,县政府成立安居工程建设领导小组,出台《"安居工程"实施方案》,规定本县安居工程的5年目标、资金筹措、税费减免、土地划拨、住房困难户认定等具体政策,要求县内所有单位停止建设公建住宅,可组织职工集资建房,统一纳入安居工程建设。起初规定安居住房控制面积每户60平方米。1995年,房产局下属房地产开发公司开工建造第一批安居住宅3栋78套,6245平方米。当年房价每平方米410元。1998年后,安居工程建设改称经济适用房建设,基本作法不变。放开面积控制,仅规定144平方米内可享受安居工程有关税费优惠政策,逐步走向市场,由房价调控需求。2000年,安居住宅房价升至530元。至2005年,天和公司陆续建造安居楼宇50栋990套,11.2万平方米。其中,天和公司投资建造29栋,单位职工集资、天和公司代建纳入安居工程项目的21栋。此后,停止经济适用房建设,住宅建设全部纳入市场化运作。

1995—2004年炎陵县城区安居(经济适用房)住宅房建设一览表

表16-5

栋号	坐　落	层数(层)	建筑面积(平方米)	其中住宅		投资额(万元)	建设单位	建成时间	备　注
				套数(套)	面积(平方米)				
1	鹿原路	5	1716	20	1460	85.8	天和公司	1995.9	—
2	鹿原路	5	1185	15	1016	59.2	天和公司	1995.5	—
3	洣泉路	6	3917	43	3557	195.9	天和公司	1995.12	—
4	炎陵东路	6	2192	20	1843	109.6	天和公司	1996.1	—
5	观音阁小区	5	1139	12	943	58.1	天和公司	1996.5	—
6	观音阁小区	6	2115	20	1800	107.9	天和公司	1996.6	—
东7	观音阁小区	5	1823	16	1623	86.0	天和公司	1995.1	—
西7	炎陵西路	6	3170	30	2721	164.8	天和公司	1997.5	—
8	炎陵西路	5	780	8	649	40.6	天和公司	1997.9	—
9	炎陵西路	6	2123	20	1810	110.3	天和公司	1997.10	—

续表 16-5

栋号	坐　落	层数（层）	建筑面积（平方米）	其中住宅		投资额（万元）	建设单位	建成时间	备　注
				套数(套)	面积(平方米)				
10	炎陵中路	6	1964	20	1742	102.1	天和公司	1998.4	—
11	湘山小区	7	2699	22	2339	143.0	天和公司	1998.4	—
12	炎陵西路	6	1254	10	1071	66.5	天和公司	1998.7	—
13	解放路	6	2164	20	1884	114.7	天和公司	1998.10	—
14	湘山小区	6	2341	24	2341	124.1	天和公司	1998.11	—
15	炎陵中路	6	2017	15	2071	109.7	天和公司	1999.2	—
16	井冈西路	5	1180	9	1058	集资	搬运公司	1997	—
17、18	湘山小区	6	2635	24	2635	139.6	天和公司	1999.6	—
19	解放南路	5	1643	15	1643	集资	大院农场	1999.10	—
20	炎陵中路	5	2200	16	1834	集资	物资公司	2000.3	—
21 至 24 栋	霞阳路	6	9780	90	9180	集资	水电公司	1999.12	水电新村
25	县府路	5	2099	20	2099	集资	中医院	2000	—
26	北环路	4	960	8	960	集资	教育局	2000.4	—
27	井冈中路	6	3080	20	2234	集资	粮食局	2000.6	—
28	县委大院	6	3680	36	3680	集资	县委会	2000.6	—
29	洣泉路	6	3744	30	3120	207.5	天和公司	2000.8	—
30A	井冈中路	5	1078	8	890	集资	公安局	2000.7	—
30B	炎陵东路	6	2754	24	2754	集资	公安局	2000.11	—
31	解放北路	5	2442	20	2000	集资	邮政局	2000.11	—

续表 16-5

栋号	坐　落	层数（层）	建筑面积（平方米）	其中住宅		投资额（万元）	建设单位	建成时间	备　注
				套数(套)	面积(平方米)				
32	井冈西路	5	1124	8	976	集资	药材公司	2000.7	—
33	炎陵中路	6	2759	20	2339	145.0	天和公司	2000.12	—
34	霞阳路	5	1300	10	1300	集资	电信局	2001	—
35	（未建）	—	—	—	—	—	—	—	空号
36	井冈西路	6	2350	16	1920	集资	农业局	2001	—
37	洣泉路	6	2798	21	2633	103.0	天和公司	2002	洣泉花园
38	文化路口	6	2310	20	2207	集资	公安局	2002	—
39	炎陵西路	6	5765	47	4877	290.0	天和公司	2003	湘山花园
40	南门口	6	5114	42	5114	255.0	天和公司	2003	—
41	炎陵东路	6	2827	20	2319	集资	水电公司	2003	水电新村
42	洣泉东路	6	2740	20	2384	集资	发电公司	2003	水电新村
43 至 48	井冈中路	6	23920	147	20419	1610	天和公司	2004	梓园小区共 6 栋
49	文化中路	6	3139	20	2643	集资	供销联社	2004	—
合计	—	—	126020	990	112088	2750.1	—	—	—

五、保障性住房

2005 年起，国家加强中低收入群体住房解困工作，中央财政下拨专项廉租住房租赁补贴资金发放城镇低收入困难家庭；下拨廉租住房、公共租赁住房专项建设经费；下拨各类棚户区专项改造资金。省政府配套拨发上述各项资金，以促进各类保障性住房建设，改善基层住房状况。2007 年，县内开始发放中央财政下拨的廉租住房租赁补贴。2009 年，启动廉租房建设。此后，陆续铺开公共租赁住房、经济适用房、各类棚户区改造建设工程。至 2014 年，建设各类保障性住房4415套。其中,廉租房999套,公共租赁房1789套,经济适用房44套,林业棚户区1179套,城市棚户区114套,国有垦区危房改造140套。建筑面积31.96万平方米,规划用地面积16.24万平方米。

发放廉租住房租赁补贴　2007年,县住房委员会办公室(简称住房办)按照政策向本县城镇低收入困难家庭发放廉租住房租金补贴。至2008年,确认低收入保障家庭466户,1167人。按每人每月20元标准,发放补贴66万余元。2009年,发放补贴53.4万元。享受廉租住房租赁补贴的低收入住户887户,2222人。2010年,补贴标准提高到每人每月40元。当年9月,对2008年起实施廉租住房保障对象进行第一次年审。此后,每年进行一次滚动式三级联审和两次公示。2014年,保障家庭533户,发放租赁补贴51.48万元。累计1340户,2860人,发放租赁补贴581.15万元。累计退出不符合廉租住房保障条件的家庭675户,1496人。其中,租赁补贴654户,1442人;实物配租21户,54人。

廉租房建设　2009年,炎陵县启动坎坪廉租房小区建设,年底基本建成。小区占地1.17万平方米,投资1380万元,共建廉租房8栋336套,建筑面积2.18万平方米。2010年,完成收购和改造63套廉租住宅。2010年,县政府制定《炎陵县保障性住房管理办法》。县住房办选址霞阳镇草坪村山下组兴建和顺家园保障性住房小区。小区规划用地5.83万平方米,建筑面积8.55万平方米,工程概算投资1.81亿元。当年兴建住房2栋120套,建筑面积6495平方米。2012年,新增廉租房4栋240套。其中,新建3栋168套,建筑面积9092.55平方米;收购1栋72套,建筑面积3897.39平方米。2013年,建设保障性住房6栋356套。其中,廉租房4栋240套;公租房1栋72套;经济适用住房1栋44套。至2014年末,和顺家园小区已建成保障性住房15栋876套。配套建设幼儿园1所,园舍1栋。完成建筑面积1.9万平方米,投资9100万元。

公共租赁房建设　2012年,九龙工业园管委会在园区石鼓村建造公共租赁房150套,7769平方米。2013年和2014年,分别在石潮村、星光村建造公共租赁房160套和200套。总套数510套,面积3.1万余平方米。同期,县住房办在草坪村和顺家园建造公共租赁房232套,1.70万平方米。中小企业创业园在霞阳镇颜家村回龙仙建设公共租赁房1047套,5.25万平方米。全县共建公共租赁房1789套,10万余平方米。

棚户区改造　2010年,县住建局在解放南路坎坪农贸市场旁建设城市棚户区改造安置住宅114套、1.86万平方米。2011年起,青石冈、大院、桃源洞3个国有林场共同在草坪村建设林业棚户区改造安置住房1179套。2014年年末,完成755套、6.6万平方米。

国有垦区危旧房改造　2011年起,大院农场开始实施国有垦区危旧房改造工程。至2014年年末,建成140套,1.4万平方米。

第十七篇　交通运输

炎陵县山高地僻，交通艰难。清初，有 1 条西出驿道通衡州，其余方向因“不干郡摄”，极少往来。县城通往东、南、西片，各有卵石铺就的便道，俗称“官路”，与四方羊肠鸟道相勾连，形成路网。山道深处，时有虎豹袭击，孤旅畏途；险要之处，路悬一线，行人心惊。两山之间，鸡犬相闻，往来则需半日。为改变行旅困境，县人付出极大代价。凿石取道，临渊架桥；修凉亭，置义渡。或举族捐助，或一人义建。数代传承，蔚成风气。

1951 年，修通酃县至茶陵出境公路。1958 年，县委号召大办交通。全民动员，自带粮食、工具，修筑县内主要干道。1970 年后广修机耕道，改善短途运输。1978 年社社通公路，1990 年乡乡通客班车，1997 年村村通公路。2009 年后，高速公路、铁路先后建成通车。交通条件的改善，促进经济社会跨越式发展。

第一章　水　路

第一节　航　道

县内主要河流有斜濑水、河漠水、沔水，皆入洣水。旧时，3 条干流均行舟楫，竹木出境全靠水路。各航道有主要险滩 105 处，全由水运人员随行疏滩掏泓（清淤）。1949 年，有船运航道 12.5 公里，水道 310 公里。

1954 年 12 月，省森林工业局洣水支局组织炸礁队，首先在河漠水大风垄河段炸礁，整治木材放运水道。次年初又组织 87 人的炸礁队分赴县内各主要河流炸礁。通航条件改善，航道亦得延伸。1959 年，有船运航道 34 公里，筏道 335.5 公里。20 世纪 60 年代，县交通部门成立航道养护队，国家先后投资百万元用于航道整治，水运一度兴旺。当时帆船自矮基岭入境后，西可沿斜濑水上行王家渡，盛水期可行至塘田；南可沿河漠水上行城西双江口，丰水期可至旱田、江口。1964 年，从西片用小船运石灰 1.2 吨上行至水口，为历史仅有。东片顺沔水自瑞口入境，可上行至沔渡圩。至 1970 年，全县共投资 56.23 万元，整治溪河 15 条，计 280.5 公里。70 年代起，河水流量明显减少，县境航道锐减。1977 年 6 月，茶陵青年电站蓄水，斜濑、河漠两条干流出境航道截断，仅沔水有排筏出境。90 年代，随公路交通的发展，沔水排筏停运。

第二节　渡　口

县内津渡，分义渡和官渡。运载工具有船和排筏，操作方式有撑渡和拉索渡。部分渡口桥、船具备，丰水行渡，枯水架桥。

清康熙年间（1662—1722），县境官渡有斜濑渡、河漠渡、水西渡（王家渡）、桐溪渡等 6 处，各有官船 1 只，渡夫 1—2 名。乾隆年间（1736—1795）有渡口 18 处，其中官渡 4 处。同治年间（1862—1874），有渡口 23 处，均为义渡。民国 38 年（1949 年 9 月 30 日止），全县主要渡口 12 处，多无渡工，由过往行人自撑自渡。中华人民共和国成立后，所有渡口由政府管理。1958 年后，公路建设发展，王家渡、河漠渡、沔渡等重要渡口为公路桥取代。1990 年，全县有主要渡口 11 处，渡船 11 只，排筏 3 块。20 世纪 90 年代末以后，公路事业进一步发展，省、市、县政府实施渡改桥工程，县内先后有 8 处渡口改为永久性桥梁。至 2014 年，县内仅存三河的东江渡、连下渡，垄溪长潭洲渡 3 处渡口。

1990—2014 年炎陵（酃）县渡口一览表

表 17-1

地址	名称	渡船		备注
		数量	载重（吨）	
霍家	石狮岩渡	2	6	1991 年 2 月 5 日发生重大沉船事故，县拨款和乡自筹资金架设桥梁，渡废
西台	东江渡	1	2.4	—
太和	横溪渡	—	—	2010 年渡改桥
太和	连下渡	1	2.7	—
石玉	船边渡	—	—	2007 年渡改桥
石玉	邓家渡	—	—	2009 年渡改桥
旱田	江洲渡	—	—	1993 年渡改桥
江口	长潭洲渡	1	2.4	—
坪形	斜濑渡	—	—	2008 年渡改桥
深坑	井字头渡	—	—	2010 年渡改桥
瑞口	瑞口渡	—	—	1994 年渡改桥

第二章 陆 路

第一节 铁 路

吉衡铁路(原名衡茶吉铁路,2013 年 11 月,经中国铁路总公司运输局批准,更名吉衡铁路线),是国家规划中西北川渝地区至福建省南部便捷通道。东连京九线,西接京广线。途径湖南省衡东、安仁、攸县、茶陵、炎陵,进入江西省井冈山市,接吉井线井冈山站。

原方案只从县边境沔渡镇范围通过,不在炎陵县设站。后经中共炎陵县委、县人民政府争取,并得到中共湖南省委、省人民政府的高度重视和支持。2007 年 3 月 7 日,国家铁道部与湖南、江西省达成合资建设衡茶吉铁路框架协议,将线路调整深入炎陵县境内,并在炎陵县城北郊设客货两站。2007 年 12 月,国家发改委正式批复立项。2008 年 12 月 28 日,开工典礼在炎陵县沔渡镇苍背村与江西省井冈山市睦村乡交界处举行,铁道部与湖南、江西省委主要领导共同启动开工按钮。2009 年 4 月,中铁五局机械化公司正式进入炎陵县开工建设。至 2013 年 12 月,全线竣工。当月 30 日,货运通车试运行。2014 年 7 月 1 日,客运通车。炎陵段工程总投资 11.32 亿元。

线路 吉衡铁路隶属南昌铁路局管辖,正线井冈山市至衡阳市段长 211.46 公里,其中湖南境内长 149.14 公里,江西境内长 49.32 公里,为国铁 1 级,正线数为单数,客运列车设计时速 160 公里 / 小时,牵引种类为电力,全线设中间站 7 处,会让站 12 处。吉衡铁路炎陵段东起沔渡镇苍背村砖下组黄烟铺（DK49+590），西至霞阳镇坪形村老大屋组飞盐坪隧道(DK83+000),全长 34.12 公里。由中铁第五勘察设计院设计,中铁五局机械化施工公司承担路基土建和路面铺轨等,中铁二局承担机动车动力和通信线路架设。正线路基顶宽 7.8 米,路基最小半径 2800 米，最大纵坡 12.75‰，完成正线土石方 343.3 万立方米，站场土石方 132.5 万立方米,桥梁 16 座 6314.6 延米,隧道 9 座 11894 延米,涵洞 78 座 2356.78 横延米,护坡 15.48 万立方米,征地 1537.37 亩。线路工程总投资 6.96 亿元。

吉衡铁路炎陵段桥梁一览表

表 17-2

序号	桥梁名称	坐落地点	桥墩个数	桥长(延米)	桥宽(米)	总投资(万元)	开工时间	竣工时间
1	黄烟铺跨 S321 大桥	沔渡镇	12	386.14	4.96	534.0	2009-10-24	2014-5
2	苍背特大桥	沔渡镇	29	911.38	4.96	831.4	2009-6-20	2014-5
3	沔渡特大桥	沔渡镇	34	1056.95	4.96	1704.6	2009-6-20	2014-5
4	石子坝跨 S321 特大桥	霞阳镇	23	660.35	4.96	796.9	2009-7-10	2014-5
5	霞阳大桥	霞阳镇	11	331.51	4.96	458.5	2009-9-15	2014-5
6	炎陵大桥	霞阳镇	8	216.02	4.96	298.8	2010-9-10	2014-5
7	晏公潭大桥	霞阳镇	6	148.72	4.96	205.7	2011-11-25	2014-5
8	深坑大桥	霞阳镇	14	434.46	4.96	600.9	2009-10-15	2014-5
9	石鼓特大桥	霞阳镇	23	707.71	4.96	775.9	2009-7-18	2014-5
10	山水大桥	霞阳镇	11	342.55	4.96	473.7	2009-9-20	2014-5
11	石潮跨 G106 大桥	霞阳镇	11	174.86	4.96	241.8	2010-5-15	2014-5
12	六担垄中桥	霞阳镇	3	70.25	4.96	109.0	2010-3-15	2014-5
13	大源垄中桥	霞阳镇	2	51.04	4.96	79.2	2009-7-15	2014-5
14	大源垄大桥	霞阳镇	4	129.00	4.96	178.4	2009-6-25	2014-5
15	分路口洣水特大桥	霞阳镇	16	610.00	4.96	1652.5	2010-4-10	2014-5
16	斜濑渡中桥	霞阳镇	3	83.74	4.96	129.9	2009-9-1	2014-5
合计		—	210	6314.68	—	9071.1	—	—

吉衡铁路炎陵段隧道一览表

表 17-3

序号	隧道名称	地点	洞长(延米)	净宽(米)	净高(米)	总投资(万元)	开工时间	竣工时间
1	下关隧道	沔渡镇	1880	8.52	4.96	3423.9	2009-6-16	2014-5
2	锡坑隧道	沔渡镇	1024	8.52	4.96	1865.0	2009-7-15	2014-5
3	沔渡隧道	沔渡镇	116	8.52	4.96	356.8	2010-6-15	2014-5
4	山垄隧道	霞阳镇	3454	8.52	4.96	9183.9	2009-7-10	2014-5
5	石子坝隧道	霞阳镇	607	8.52	4.96	1866.8	2009-7-30	2014-5
6	炎陵隧道	霞阳镇	2768	8.52	4.96	6823.5	2009-8-10	2014-5
7	晏公潭隧道	霞阳镇	327	8.52	4.96	1005.7	2009-10-20	2014-5
8	长中坪隧道	霞阳镇	253	8.52	4.96	778.1	2010-8-15	2014-5
9	飞盐坪隧道	霞阳镇	1465	8.52	4.96	3807.2	2009-6-25	2014-5
	合计	—	11894	—	—	29110.8	—	—

货运站 位于炎陵县霞阳镇中团村店下组，占地面积5.3万平方米，建筑面积6315平方米。其中，货房面积1354.09平方米，车站综合楼3470.06平方米，综合维修房338.1平方米，车辆其他用房1152.75平方米。投资1138万元。

客运站 位于霞阳镇中团村横岭组。占地面积5.78万平方米，建筑面积6040平方米，投资4816.6万元。其中广场占地面积4.58万平方米，投资4000万元。2014年7月1日营运，当年完成乘客量1.94万人次。

2014年7月1日炎陵站列车时刻表

表17-4

<table>
<tr><th>序号</th><th>车次</th><th colspan="2">运行区段</th><th>到点</th><th>开点</th><th>停靠时间(分钟)</th></tr>
<tr><td rowspan="2">1</td><td rowspan="2">K1561</td><td colspan="2">合肥—南宁</td><td rowspan="2">11：22</td><td rowspan="2">11：27</td><td rowspan="2">5</td></tr>
<tr><td>22：14</td><td>0：15</td></tr>
<tr><td rowspan="2">2</td><td rowspan="2">K161</td><td colspan="2">徐州—南宁</td><td rowspan="2">13：33</td><td rowspan="2">13：37</td><td rowspan="2">4</td></tr>
<tr><td>17：40</td><td>4：55</td></tr>
<tr><td rowspan="2">3</td><td rowspan="2">K1562</td><td colspan="2">南宁—合肥</td><td rowspan="2">21：34</td><td rowspan="2">21：39</td><td rowspan="2">5</td></tr>
<tr><td>8：40</td><td>9：41</td></tr>
</table>

征地拆迁与安置 2009年7月，县内开始铁路修建征地拆迁，由炎陵县铁路协调指挥部组织相关单位人员实施。2010年5月，中共炎陵县委、县人民政府开展“三高一铁”征地拆迁攻坚战。抽调副县级以上干部40余人，县直单位37个，200余人。任务到单位，分别由县领导牵头，包村组到户。至2014年末，共征用各类土地2773.37亩，支付补偿金6589.52万元；拆迁各类房屋370栋(其中机关单位、企业24家)，面积14.38万平方米，补偿金1.51亿元；投资2031万元，兴建集中安置区14个，安置拆迁房326户；投资700万元，兴建置换安置房2栋40套，建筑面积6417平方米。

第二节 高速公路

2001年3月6日，国务院总理朱镕基参加九届四次全国人大会议湖南代表团讨论，在听取炎陵县政府副县长曾筱萍发言后，指示“修一条高速公路过去，再造一个张家界”。2002年12月25日，衡阳至炎陵高速公路，经国务院总理办公会批准立项。

2005年11月，成立“衡炎高速公路建设炎陵县协调工作领导小组和衡炎高速公路炎陵征地拆迁指挥部(后更名衡炎高速公路建设炎陵县协调工作和征地拆迁指挥部、炎陵县高速公路建设协调指挥部)。当年12月29日开工建设。2009年后，衡炎、炎睦、炎陵、炎汝4条高速公路相继建成通车。境内高速公路路段总里程88.73公里，完成投资98.94亿元。县指挥部分别在霞阳镇、沔渡镇、三河镇、鹿原镇、船形乡、中村乡、龙渣乡7个乡镇和九龙工业园等

57 个村、205 个组、1 个居民区，征用永久性土地 9190.55 亩，租用、复垦 4226.12 亩临时用地；征拆房屋 743 栋，建设拆迁集中安置区 51 处、569 户、2586 人，零星安置 211 户、959 人；搬迁坟墓 3608 座；同时完成沿线 82 处通涵，86 处接线工程，以及 42 条县、乡、村道路的租用、维修等各项协调工作。征拆经费共计 4.33 亿元。

衡炎高速公路 起于衡东县大浦（接京珠高速），途经攸县、茶陵县，止于炎陵县霞阳镇坪形村。路面宽 24.5 米，双向 4 车道，全长 114.19 公里，其中，炎陵段起于大面山隧道，止于坪形村，全长 3.48 公里，投资 2.74 亿元。另建 10.99 公里一级公路由坪形村至炎帝陵。2005 年 12 月 29 日开工建设，2009 年 12 月 26 日建成通车。

炎睦、炎陵高速公路 炎睦高速公路于 2008 年 6 月 15 日开工建设，西接炎陵高速公路，东至沔渡镇苍背村与江西省井冈山市睦村乡交界处，长 18.12 公里，路面宽 21.5 米、双向 4 车道，工程建设概算投资 20.8 亿元。炎陵高速公路起于三河镇坪形村（衡炎高速公路终点），止于霞阳镇颜家村，长 12.55 公里。2009 年 2 月 27 日开工建设。两条高速公路均于 2012 年 12 月 23 日建成通车。2013 年 10 月 28 日，江西井睦高速公路建成，与炎睦高速公路贯通，成为湘赣两省重要通道。

炎汝高速公路 起于坪形村衡炎高速公路终点，途经桂东县，止于汝城县，接广东仁化至翁源段，路面宽 24.5 米、双向 4 车道，全长 151.20 公里，概算投资 144 亿元。其中，炎陵段起于坪形村衡炎高速公路终点，止于八面山隧道，全长 54.59 公里，投资 55 亿元。工程于 2009 年 5 月 27 日开工，2013 年 12 月 30 日建成通车。炎汝高速公路桥隧相连，全线桥隧比达 43.99%。其中，炎陵县境内桥梁 37 座、长 12.2 公里，隧道 16 座、长 19.46 公里，桥隧比达 57.98%。洣水河特大桥，坐落在龙渣瑶族乡龙凤村峡谷。左线桥长 541 米，右线桥长 524 米，净高 230 米，为全省第二；最大标高 712.72 米，为全省第一，全国第二；空架起架高度 710 米，居全国第二；起吊高度 270 米为全国第一；吊重 10 吨的悬索（缆）吊，创国内纪录。炎汝高速公路的建成，打通湘东地区南下香港，北上武汉的快捷通道。

2014 年高速公路炎陵段桥梁一览表

表 17-5

<table>
<tr><th>路段</th><th>序号</th><th colspan="2">桥梁名称、等级</th><th>长度 / 高（米）</th><th>位 置</th></tr>
<tr><td rowspan="7">衡炎高速公路炎陵段</td><td>1</td><td colspan="2">分路口洣水大桥</td><td>516/21</td><td>霞阳镇坪形村</td></tr>
<tr><td>2</td><td colspan="2">跨主线中桥</td><td>125/6</td><td>霞阳镇坪形村</td></tr>
<tr><td>3</td><td colspan="2">互通跨 106 中桥</td><td>55/7</td><td>霞阳镇坪形村</td></tr>
<tr><td>4</td><td rowspan="4">炎帝陵连接线</td><td>K3.25 三河洣水大桥</td><td>542/14</td><td>霞阳镇团溪村</td></tr>
<tr><td>5</td><td>K5.31 玉江中桥</td><td>67/6</td><td>鹿原镇玉江村</td></tr>
<tr><td>6</td><td>K6.48 庄铺中桥</td><td>65/5</td><td>鹿原镇荆山村</td></tr>
<tr><td>7</td><td>K10.72 鹿原洣水大桥</td><td>246/12</td><td>鹿原镇柳山村</td></tr>
</table>

续表 17-5

路段	序号	桥梁名称、等级	长度 / 高(米)	位置
炎睦高速公路	1	磨石湖大桥	305/25	霞阳镇颜家村
	2	石子坝中桥	65/9	霞阳镇石子坝村
	3	湾里大桥	206/25	霞阳镇山垄村
	4	十里山高架大桥	249/33	沔渡镇狮头村
	5	东茅湾高架大桥	208/22	沔渡镇狮头村
	6	赵公亭高架大桥	285/11	沔渡镇狮头村
	7	朱子 1 号高架大桥	348/21	沔渡镇长江村
	8	朱子 2 号高架大桥	125/18	沔渡镇长江村
	9	沔水大桥	486/54	沔渡镇晓阳村
	10	沔渡高架大桥	246/31	沔渡镇晓阳村
	11		260/31	沔渡镇晓阳村
	12	寨下 1 号高架大桥	245/19	沔渡镇夏馆村
	13		225/19	沔渡镇夏馆村
	14	寨下 2 号高架大桥	166/16	沔渡镇夏馆村
	15		166/16	沔渡镇夏馆村
	16	下湾里大桥	396/23	沔渡镇苍背村
炎陵高速公路	1	石潮中桥	96/11	霞阳镇石潮村
	2	牌坊大桥	366/24	霞阳镇石潮村
	3	石鼓大桥	246/16	霞阳镇石鼓村
	4	深坑大桥	320/17	霞阳镇深坑村
	5	晏公潭大桥(左)	366/34	霞阳镇晏公潭
	6	晏公潭大桥(右)	396/36	霞阳镇晏公潭
	7	井字头大桥(左)	325/29	霞阳镇北门垄
	8	井字头大桥(右)	456/31	霞阳镇北门垄
	9	沿城村大桥(左)	167/16	霞阳镇沿城村
	10	沿城村大桥(右)	166/18	霞阳镇沿城村
炎汝高速公路炎陵段	1	主线 2 号中桥(炎陵西互通)	66/6	霞阳镇坪形村
	2	湖田大桥	706/7	鹿原镇湖田村
	3	主线上跨中桥(炎帝陵互通)	66/6	鹿原镇湖田村
	4	塘田大桥	331/21	鹿原镇柳山村

续表 17–5

路段	序号	桥梁名称、等级	长度 / 高（米）	位　置
炎汝高速公路炎陵段	5	长水垄大桥	306/53	鹿原镇泷湖村
	6	泷下大桥	411/70	鹿原镇泷湖村
	7	大窝里大桥	429/37	鹿原镇泷湖村
	8	曾家大桥	723/57	鹿原镇江口村
	9	牛湖塘大桥	221/55	鹿原镇江口村
	10	陡下大桥	522/65	船形乡新生村
	11	月洲湾大桥	169/69	船形乡新生村
	12	兰盆里大桥	711/52	船形乡新生村
	13	木栏中桥	71/13	船形乡新生村
	14	团山 1 号中桥	73/15	船形乡新生村
	15	团山 2 号中桥	53/12	船形乡新生村
	16	团山 3 号中桥	69/13	船形乡新生村
	17	团山 4 号大桥	329/16	船形乡新生村
	18	团山 5 号大桥	151/22	船形乡新生村
	19	船形互通主线中桥	86/5.5	船形乡新生村
	20	船形 A 匝道大桥	277/10	船形乡新生村
	21	珠山背大桥	447/16	船形乡新生村
	22	下桐坑大桥	322/34	船形乡长旺村
	23	长旺大桥	190/35	船形乡长旺村
	24	河背沟大桥	130/44	船形乡长旺村
	25	沿潭大桥	877/70	船形乡沿潭村
	26	油铺脑大桥	140/35	中村乡九潭村
	27	大弯背大桥	232/59	中村乡九潭村
	28	水源坑大桥	207/60	中村乡九潭村
	29	中村互通式立体交叉主线中桥	82/7.5	中村乡深渡村
	30	中村互通式立方体交叉 P 匝道大桥	232/26	中村乡深渡村
	31	中村互通式立体交叉主线大桥（枫树排大桥）	432/29	中村乡深渡村
	32	南山垄大桥	296/65	中村乡龙潭村
	33	水口山特大桥	1209/112	中村乡龙潭村
	34	新家洞大桥	162/35	龙渣乡新开村
	35	洣水河特大桥	541/204	龙渣乡龙凤村
	36	下湾大桥	313/35	龙渣乡双奎村
	37	李家湾大桥	607/45	龙渣乡双奎村

2014 年高速公路炎陵段隧道一览表

表 17-6

路 段	序号	隧道名称	长米×(宽 10 米×高 5 米)	位 置
衡炎高速炎陵段	1	大面山隧道	2305(炎陵境内 514 米)	霞阳镇坪形村(炎陵与茶陵交界处)
炎陵高速	1	炎陵Ⅰ号隧道	Z(左线)330 Y(右线)314.68	晏公潭天河仙麓
	2	炎陵Ⅱ号隧道	Z2340 Y2326	北门垄天河仙麓
炎睦高速	1	沔渡隧道	Z780 Y780	沔渡镇晓阳村
炎汝高速炎陵段	1	排里隧道	Z1000 Y975	船形乡新生村
	2	长旺 1 号隧道	Z855 Y835	船形乡长旺村
	3	长旺 2 号隧道	Z824 Y800	船形乡长旺村
	4	河背隧道	Z333 Y367	船形乡沿潭村
	5	牛角垄隧道	Z2080 Y2105	中村乡九潭村
	6	大湾背隧道	Z510 Y444	中村乡九潭村
	7	水源坑隧道	Z260 Y300	中村乡九潭村
	8	梅子山隧道	Z3585 Y3578	中村乡九潭村
	9	花子坳隧道	Z923 Y944	中村乡深渡村
	10	田螺窝隧道	Z125 Y125	中村乡龙潭村
	11	水口山隧道	Z966 Y983	龙渣乡龙潭村
	12	新家洞隧道	Z817 Y805	龙渣乡新开村
	13	四峰山隧道	Z1349 Y1228	龙渣乡龙凤村
	14	牛角湾隧道	Z150 Y150	龙渣乡双奎村
	15	大奎隧道	Z3192 Y2823	龙渣乡双奎村
	16	八面山隧道	Z4715 Y4705 (炎陵境内一半)	龙渣乡双奎村 (炎陵县与桂东县交界处)

2014 年高速公路炎陵段收费站和服务区一览表

表 17-7

<table>
<tr><th>高速名称</th><th>站区名称</th><th>被交道路</th><th>位　置</th></tr>
<tr><td rowspan="2">衡炎高速
炎陵段</td><td>炎帝陵收费站</td><td>106 国道</td><td>霞阳镇坪形村</td></tr>
<tr><td colspan="3">2009 年在衡炎高速公路终点炎陵县霞阳镇坪形村炎帝陵连接线起始端建设炎帝陵收费站。2013 年炎汝高速公路建设拆除炎帝陵收费站，建设互通式立交，设炎陵西收费站，炎帝陵收费站则南移至炎汝高速公路 K10+400 炎帝陵互通处</td></tr>
<tr><td rowspan="3">炎陵高速</td><td>炎陵东服务区</td><td>主线</td><td>霞阳镇中团村</td></tr>
<tr><td>霞阳收费站</td><td>S321 公路</td><td>霞阳镇石子坝村</td></tr>
<tr><td colspan="3">炎陵高速公路设置互通式立交 1 座，环评阶段位于本道路的终点（K12.545）处，是本道路与炎睦高速公路的分界点。实际建设过程中由于互通位置与衡茶吉铁路炎陵火车站选址相冲突，因此将互通位置向东调整了 1940.55 米，移动之后实际建设位置位于炎睦高速公路段，设为霞阳收费站，与炎陵互通一起仍作为本项目的内容</td></tr>
<tr><td rowspan="2">炎睦高速</td><td>神农谷收费站</td><td>S321 公路</td><td>沔渡镇长江村</td></tr>
<tr><td>炎陵收费站</td><td>主线</td><td>沔渡镇苍背村</td></tr>
<tr><td rowspan="5">炎汝高速
炎陵段</td><td>炎陵西收费站</td><td>106 国道</td><td>霞阳镇坪形村</td></tr>
<tr><td>炎帝陵收费站</td><td>S205 公路</td><td>鹿原镇湖田村</td></tr>
<tr><td>船形收费站</td><td>S205 公路</td><td>船形乡新生村</td></tr>
<tr><td>中村收费站</td><td>106 国道</td><td>中村乡深度村</td></tr>
<tr><td>炎陵服务区</td><td>主线</td><td>中村乡深度村</td></tr>
</table>

第三节　国道、省道、县乡公路

民国 23 年（1934）1 月，湖南省政府为配合国民党军对酃县苏区的军事进攻，动工修建茶陵浣溪至酃县公路，旋因款绌停工。民国 28 年再动工，时值日军进逼，省政府议迁炎帝陵，遂从坪形分线修建至炎帝陵公路。民国 29 年 2 月，两线竣工。酃茶线县境内长 14.7 公里，坪炎线 9.44 公里。当月 24 日，酃茶线通车。《酃县民报》刊文欢呼："此后酃茶交通便利，文化水准由此提高矣。"民国 33 年 7 月，日军攻陷茶陵，县政府奉命破路。1950 年 1 月，县人民政府组织民工修复酃茶线，次年 1 月 8 日通车。

1958 年 7 月，县人民委员会组织 4765 名基干民兵修筑酃（县）宁（冈）公路县城至沔渡圩段，长 15 公里，13 天建成路基。连同沔渡圩石墩木面桥在内，每公里国家投资 6000 元。11

月，又投入8600余名劳力修建县城至中村公路，各人民公社组成筑路兵团，自带铁木泥蔑诸工匠，砌筑涵管和挡土墙，修理打造工具。技术人员凭借自制盘度仪，木十字架方向仪勘测施工。全线于1960年1月竣工，平均每公里国家投资1.66万元。1964年1月，动工修建石潮至塘田公路，10月竣工。至1967年，共修公路191.44公里，建成通向东、南、西三片主要干线。

1968年以后，建设重点转向支线配套和林业公路。1969年11月，东风、河西两公社联合，以民工建勤方式修建河光至夺魁湾公路，国家只补助外购材料和民工伙食。1971年12月，动工修建水口至下村公路，全线在高山峡谷中穿行，为全县施工条件最艰苦，工程量最大的工程。1978年12月，县政府和船形公社合建的桐睦至船形公路竣工，全县实现社社通公路。同期，建成高水桥至牛溪垄、新田埂至盐池、柳树垄至芋头垄、青石至铁厂坝、水口圩至水垄沟、画眉桥至碧江等林业公路。

1979年以后，建设重点转向边缘山区和断头公路。1987年，牛岗排至双奎、营里至田心等公路先后建成，并动工修建船形至资兴七里公路。1988年12月，县人民政府采取以工代赈方式，修建下村通向江西遂川县营盘圩公路，省、市、县三级拨款210万元。1990年，船形至七里、下村至营盘圩公路先后竣工，至四邻各县均有直达公路。

1958—1990年，全县公路建设共计投工367.3万个，投资2484万元（其中林业部门占56%），开挖土石方961万立方米，建成公路47条，计576.06公里。平均每百平方公里有公路29.10公里，高于省均水平6.4%；万人公路拥有量33.5公里，为省均数的2.4倍。

1995年8月，中共炎陵县委、县人民政府根据省、市政府的要求，提出苦战3年，实现村村通公路。时有无公路村25个，占全县行政村数12.3%。当年，新建公路里程148.5公里，开挖土方76.47万立方米，架设中、小桥梁32座，砌筑涵洞228道，防护砌体7.7万立方米。市、县两级每公里补给材料费2—3万元，共投资280万元（其中县林业部门投入60万元）。土方工程由所在村村民投工投劳完成，桥梁由市、县全额拨款。至1997年1月，全部完工，实现村村通公路。

2000年以后，县内公路建设主要为提质升级改造。2012年新建旅游环线102.96公里。2014年末，县内有国道炎桂公路（G106）、炎睦公路（G356）、炎资公路（G357），省道沔船公路（S205旅游环线）、鹿船公路（S207）、草大公路（S207）、石垄公路（S347）、青下公路（S349），县道水下公路（X179）、沔荆公路（X170）等通往四邻各县（市）和县境内各乡镇的主干线25条，共654.96公里。其中，国道3条118.17公里、省道4条250.23公里、县道17条286.56公里。

一、干线公路

炎桂公路（G106） 北起与茶陵县交界处矮基岭，南至与桂东县交界处槽里，长76.22公里。其中矮基岭至县城段于民国23年开始修建，29年2月竣工通车。1958年，县人民委员会组织修建县城至中村路段。当年11月25日动工，1961年2月17日建成通车。长45.35公里，路基宽5.5—6.5米，路面宽3.5米，最大纵坡13%（椋树坳），最小弯道半径13米，架设大小桥梁13座、306.9延米，涵管287处。县投资75.2万元（粮食、商业、林业局投资69万元），每公里1.66万元，用工67万个，完成土石方112.35万立方米。其中，水口大风垄壁立千仞，有“小三峡”之称。建成后，有人在石壁上题联：征服大风垄，英雄功绩传千古；建成幸福路，党的恩情比天高。1965年6月，动工修建中村至槽里路段，长28.89公里，因战备需要，国防拨款284.6万元。由省交通设计院勘察设计，省公路管理局、湘潭地区和酃县人民委员会组成工程处。省公路局施工七队和省交通系统调配职工1600人，湘潭地区从各县抽调民工3500人施工。工程于1966年11月竣工。共完成土石方114.9万立方米，建中、小桥5座，214.84延米，涵管154道，路基6.5—8米，路面3.5—6米，最大纵坡8%，最小弯道半径20米。

此后，进行多次改造提质。1978年矮基岭至县城段改线5.6公里，拓宽9.06公里，路基宽由5.5米扩至8.5米。1980年由湘潭公路总段投资33万元，全段铺设沥青路面。1991—1992年，对坎坪至水口大风垄地段26公里进行路基拓宽、裁弯、降坡改造，达到三级公路技术标准，路基宽8—8.5米，路面宽6—6.5米，最大纵坡10%(榇树坳)。2008年6月，县城段和水口圩段改道5.77公里，新增桥梁6座，投资2014.75万元。其中接龙桥至三里亭4公里路宽32米。2009年6月，炎帝陵牌坊至县城段改造6.96公里，总投资3447万元。全线按二级公路技术标准改建，路基宽10—12米，路面为沥青混凝土、宽8.5米。12月，县城至桂东县槽里段改建67.36公里，总投资38605万元。全线按二级公路技术标准改建，路基宽8.5—12米，路面为沥青混凝土、宽7—9米。2011年3月，衡炎高速公路分路口互通至炎帝陵牌坊段改建3.92公里，总投资2652.4万元。全线按二级公路技术标准改建，路基宽15米，路面为沥青混凝土、宽13.5米。

炎睦公路(G356，原名酃宁公路) 从106国道县城处接线，经高水桥、沔渡、夏馆至宁冈县(今井冈山市)睦村，长21.7公里。县城至沔渡路段于1958年7月动工，11月29日建成通车。沔渡至睦村路段于1964年1月动工，10月25日建成通车。长7.2公里(后改线为6.7公里)，省拨款24.53万元。省军区司令员龙书金亲临剪彩。1977—1978年，中央资助老苏区资金22万元，省拨10万元，将路基由5.5~6.5米拓宽到8.5米。对长江、黄烟铺段8处大纵坡和弯道路段裁弯降坡，技术等级由四级提至三级。1979年，省拨款44万元铺沥青路面，当年12月竣工。2007—2009年，全线22公里按二级公路技术标准拓宽改造，并对沔渡圩段改线，重新架设125.24米预应力空心板桥梁1座，裁弯降坡3处，总投资6600万元。

炎资公路(G357，原名酃资公路) 东起龙渣瑶族乡牛岗排106国道接线，西至资兴县彭公庙深坳，长10.98公里。该线系江西遂川至广西南丹县公路的中段，是106与107国道东西走向的连接线。1966年10月，由省“酃桂公路工程处”修建，1967年12月竣工通车。建桥2座，长184.8延米，涵洞74道，最大纵坡8%，最小弯道半径20米，路基宽6.5—7.5米，国家投资204.2万元(含建红星大桥55.5万元)。线路沿途悬崖峭壁，施工中曾发生7次爆破事故，7死5伤。此后，经改造提质。2003年，投资559万元，由砂石路面改为砼路面，为四级公路技术标准。2010年8月，全线按二级公路技术标准改建，路基宽8.5米，路面宽7米，铺设沥青路面，总投资4535万元。

沔桃公路(X170) 西起沔渡圩，东至桃源洞(2005年更名神农谷)国家森林公园与井冈山市荆竹山村交界处(分水岭)，长41.90公里。沔渡至桃源洞段30.10公里达三级公路技术标准，其余为四级公路。公路分期建成。1959年10月至次年1月，由沔渡、十都两公社联合施工，以民办公助方式建成汭渡至十都简易公路11.1公里。1962年10月至次年5月，由县交通局主持，全面整修一次，达四级公路标准。其中县林业局投资12.49万元。1964年1月，县林业部门动工修建十都经南流至皮坑段8.99公里，当年12月竣工，投资73万元。1966年，县林业部门续修皮坑至桃源洞村楠木坝10.01公里。1974年，接修至桃源洞村牛角垄，长5公里，投资50万元。1996年11月，列入省以工代赈项目，投资89.44万元，修建牛角垄至荆竹山交界处公路6.88公里。

此后，分段进行提质改造。1999年对十都至桃源洞管理局区段16.5公里实施砂改油，投资338万元。2003年6月，动工改造南流至桃源洞段12.4公里，投资160万元，路基拓宽至7米，路面宽6米；汭渡至南流段18.6公里，路基拓宽至8.5米，路面7米。全线铺设沥青路面，总投资1500万元，2004年底竣工。2006年，桃源洞管理局处至牛角垅段9公里铺设混凝土（以下简称砼）路面，投资270万元。2013年，汭渡至十都圩路段升为省道（S205）。

草大公路（S207） 由106国道草坪段接线，经坂溪、石洲、吊凤楹，铁瓦仙至大院，长37.84公里，分期建成。1959年10月，县林业投资13万元，由石洲、垄溪两公社联合修建草坪至石洲段15公里，次年2月竣工。1967年3月，县政府主持修建石洲至大院24.8公里，1969年12月竣工，投资80万元。全线路基宽5.5—6.5米，最大纵坡13%40处，最小弯道半径8米27处，小桥8座98延米，涵管205道。

2004—2006年，分别将草坪至石洲段15公里，石洲至大院段24.8公里改造为砼路面，路面宽4.5—5.5米，投资1194万元。2013年，升级为省道S207。其中石洲至团苍山15公里与旅游环线S205重叠。同年该路段与旅游环线同步改造为二级公路铺设沥青路面。

石垄公路（S347，原名炎安公路） 从106国道石潮段分线，经霍家、塘旺、王家渡、泷湖、夹石坳、三口圩等地至夺魁与安仁县豪山垄下交界处，长27公里。1964年建成石潮至塘旺路段，长8.5公里。1969年11月，由东风、河西公社联合，以民工建勤修建塘旺至夺魁段，由国家补助外购材料和民工伙食费。1971年，修至三口，1975年，修至夺魁。1977年10月，全线竣工通车。投资57万元（含建河西大桥），用工31万个。全线大桥2座273延米，中桥1座32延米，小桥2座18.8延米，涵管153道，路基宽6.5米，路面宽3.5—4.5米，最大纵坡11%12处，最小弯道半径10米3处，系四级公路。

1993—1996年，投资187.5万元，完成石潮至塘旺段砂改油工程。2005年，完成塘旺至夺魁段18.5公里砼路面工程，投资600万元。2003年冬，县政府组织对石潮至塘旺段8.5公里按二级公路技术标准拓宽改建。路基12米，路面9米，并对天平至塘旺段3.5公里改线，投资400余万元。2013年，升级为省道S347。2014年7月，从石潮至垄下26.89公里按二级公路技术标准改建，路基宽8.5米，路面满铺沥青混凝土，新建河漠大桥和河西大桥。总投资12333.3万元。

鹿船公路（S207，原名河资公路） 从石垄公路湖田段接线，经湖田、塘田、桐睦、新生、船形至资兴七里，长24.99公里。1964年，建成塘旺经水东、炎陵、柳山至塘田路段。1968年10月至次年10月，县林业基建队从塘田修至桐睦，长9.5公里，投资34.7万元。1975年11月至1978年12月，县与船形公社合建桐睦经新生至船形段9.3公里，投资33万元（含建新生大桥），用工8.9万个。全线路基5.5—6.5米。最大纵坡10.5%6处，最小弯道半径9米1处，大、中、小桥 4 座 160.5 米，涵管 102 道，系四级公路。1988 年，县交通局组织修建船形至资兴七里公路 1.89 公里，打通县内至资兴第二条公路出口。1997 年冬，按照炎帝陵建设规划，将该线炎帝陵段改经河西大桥、王家渡圩、湖田至塘田，改线长 4 公里，架设鹿原大桥 1 座，投资 500 余万元。1999—2006 年，分期对全线改建沥青和砼路面，共计投资 750 万元。2013 年升级为省道 S207。

水策公路（S205） 从 106 国道水口桥头北端接线，经下垄、浆村、瓷器窑至东岭，长 18.1 公里，后又延伸至黄草，共 21 公里。县林业基建指挥部于 1966 年 3 月，动工兴建，次年 1 月竣工通车，投资 57.5 万元。全线架小桥 4 座 86 延米，涵管 107 道，系等外公路。2004 年，实施县到乡公路改建，对水口至浆村段原双向爬坡，改沿河而上，经下垄村至浆村，改线长 7 公里。并对水口至策源乡政府段 13.6 公里全线路基拓宽至 7 米，铺设砼路面，投资 710 万元。2009 年起，兴建旅游环线，又将该线路路基拓宽至 8.5 米，全线铺设沥青路面，达二级公路标准。2013 年，升级为省道 S205。

水下公路（X179，原名水云公路） 西起水口圩 106 国道接线，东至下村鹫峰与江西遂川县营盘圩牛头坳交界处，长 40.4 公里。1971 年 12 月，由县政府组织劳力，以民工建勤形式修建水口圩至下村圩路段，长 27.8 公里，1975 年 12 月竣工。全线路基宽 4.5—6.5 米，最大纵坡 10%—17%，平曲线半径 7—10 米 42 处。完成土石方 64.2 万立方米，建小桥 6 座长 145 延米，修涵管 249 道。总投资 168.9 万元，其中林业投资 86.2 万元。该段建成后，只有水口至小湾 5 公里达到四级公路，其余为等外公路，安全隐患多，未通客班车。群众反映“没有公路想公路，有了公路仍走路”。1981 年 5 月，投资 21 万元，按山岭区四级公路技术标准进行改造。次年 9 月 1 日开通客班车。1990 年 3 月，动工修建下村圩至鹫峰与江西遂川县云盘圩牛头坳路段，当年 12 月竣工。建成山区四级公路技术标准公路 12.6 公里，投资 210 万元。1998 年 6 月 2 日，山洪暴发，公路多处崩塌。马颈 10+800 米段冲毁路基 100 米，深至河谷 20 多米。县政府筹款组织人员抢修，架设桥梁 2 座 80 米，恢复涵洞 20 道 193 米，砌筑挡土墙 2000 立方米，于 1999 年 1 月，恢复通车。1999 年，投资 67 万元，铺设凤头坳至下村圩段沥青路面 4.5 公里。2003 年，改造水口圩至凤头坳段 27 公里，路基拓宽至 7 米，路面 6 米，铺设砼路面，投资 1432 万元。2007 年，下村圩至牛头坳路段全线铺设砼路面，投资 403.2 万元。2013 年，该路段下村凤头坳至江西省营盘圩 13 公里升级为省道 S349。

青下公路（S349） 起于 106 国道青广坪段，经洞子、茅坪、乐富、棉榅至下村青松，全长 25.44 公里。分两段建设。第一段青广坪至茅坪 11.8 公里，由省交通规划设计院设计，1976 年 11 月开工，民工建勤修建，1977 年 12 月竣工。按山区四级公路标准，路基宽 6.5 米，路面宽 3.5 米，平曲线最小半径 15 米 39 处，最大纵坡 8%32 处，桥梁 2 座 60 延米，涵管 121 道。隧道一个，全长 427 米。投资 112 万元，用工 24 万个工日。1978 年通货车，1980 年通客班车。第二段从茅坪接线，经乐富、棉榅至下村青松的凤头坳，与水云线连接，为山岭区四级公路，全长 13.6 公里，投资 257 万元。路基宽 6.5 米，路面宽 3.5 米，最小平曲线半径 15 米 46 处，最大纵坡 9%7 处。1995 年 4 月 1 日开工，12 月竣工。2001—2007 年，分期提质改造，投资 915.84 万元，先后铺设砼和沥青路面。2013 年升级为省道 S349。

旅游环线(S205,原名沔船公路) 起于沔渡镇大和塘,沿晓阳、沔桃公路,经十都、九峰坳至石洲,沿石大公路至团苍山。再开辟新线至策源下坪,接上洞—瓷器窑公路(Y145)至瓷器窑。再沿水策公路至水口圩,与106国道相接并重合至中村梅岗。从梅岗开辟新线,经九潭、沿潭至船形,与河资线相接,形成环线。全线长111.76公里。该公路分两期提质改造,第一期沔渡至船形段,全长102.96公里。新建19公里,利用原有老路拓宽改造84公里,新建桥梁20座,长1696延米。其中,大桥8座1160延米,中桥10座490延米,小桥2座46延米。全线按二级公路技术标准建设,路基宽8.5米,沥青砼路面,桥与路面同宽。预算总造价5.86亿元。规划工期3年。2013年6月开工,2014年底路基、桥梁主体工程基本完工,进入路面铺装和附属设施施工。该线路连接沔渡、十都、石洲、大院、策源、水口、中村、船形8个乡(镇、场)和神农谷、炎帝陵等主要旅游景点。

二、农村公路

20世纪70年代,全县在园田化建设中修机耕道137条,总长420.96公里。其中46条148.4公里可行汽车。至80年代末,87.7%的村,95.6%的村民小组通机耕道。90年代,大部分机耕道拓建为乡村公路,实现村村通公路。2000年后,采取政府定额补助,发动村民筹资、投工投劳等措施,加快乡村公路提质改造,81%的乡村公路修建砼路面。有的乡村公路实现县际、乡际、村际连网。如十都大坪与井冈山市大陇,青石岗与井冈山市八面山,东风高山村与船形高路村等地的乡村公路,成为跨境连网公路。至2014年,全县有乡村公路224条,长620公里。其中,乡道29条217公里,村道195条403公里;砼路面503.62公里,砂石路面116.38公里。村道砼路面工程国、省定额补助1.1亿元。至此,农村公路通达面广、纵深长、等级高、路网结构改善、交通便利。

2014年炎陵县省县乡公路一览表

表17-8

序号	行政等级编码	路线名称	起讫地点	里程(公路)	线路技术等级				路面类型			建成年度	改建年度	路基宽(米)	路面宽(米)	备注
					二级	三级	四级	等外	沥青	砼	砂石					
1	G106	炎桂线	矮基岭—槽里	74.89	74.89	—	—	—	74.89	—	—	1932-1966	2012	8~12	8~9	—
2	S207	河资线	塘旺—塘田	4.3	—	—	4.3	—	4.3	—	—	1964	1997-2003	6.5	6	1997年炎帝陵段改道,2003年三河天坪至河光段改道
3	S347	炎安线	石潮—塘旺	8.5	—	—	8.5	—	8.5	—	—	1964	2004	7	6.5	2003年改建为三级公路,2014年开工按二级公路改造为沥青路面,2013年升级为省道
4	S347	—	塘旺-夺魁	18.5	—	—	18.5	—	—	18.5	—	1969-1977	2014	6.5	6	2004年改建砼路面,2014年按二级公路改造,改造为沥青路面,升省道

续表 10-8

序号	行政等级编码	路线名称	起讫地点	里程(公路)	线路技术等级				路面类型			建成年度	改建年度	路基宽(米)	路面宽(米)	备注
					二级	三级	四级	等外	沥青	砼	砂石					
5	G356	炎睦线	县城－睦村	19.1	19.1	—	—	—	19.1	—	—	1958	2009	8—12	8—9	—
6	S207	草大线	草坪－石洲	15	—	—	15	—	—	15	—	1960	2004	5.5	4.5	2004年铺设水泥混凝土路面
7	S207	坪坑线	营里－田心	9.96	—	—		9.96	—	—	9.96	1987	—	4.5	3.5	—
8	S206	下营线	下村－营盘圩	12.6	—	—	12.6	—	—	12.6	—	1988-1990	2006	6.5	6	2006年改造为水泥混凝土路面,2013年升为省道S206
9	S206	青平线	青广坪—平乐	11.8	—	—	11.8	—	—	11.8	—	1976-1977	2005	6.5	6	2005年改建为水泥混凝土路面,2013年升为省道S206
10	S206	平下线	平乐—凤头坳	13.06	—	—	13.06	—	—	13.06	—	1995	2006	6.5	6	2006年改造为水泥混凝土路面,2013年升为省道S206
11	S206	钨矿线	凤头坳—钨矿	2	—	—	—	2	—	—	2	1975	—	6.5	6	钨矿建,1995年改建为平下线一段,2006年改建水泥混凝土路面
12	S205 S206	沔石线	沔渡－石洲	21.6	—	—	—	21.6	—	—	21.6	1978	2008-2014	5.5	4.5	2008年改建水泥混凝土路面,2013年分别升省道S205,S206。
13	S205	沔桃线	沔渡－十都	11.1	—	—	11.1	—	—	—	—	1960	2013	6.5	4.5	2003年-2013年两次改造成二级公路,现旅游环线的一段S205
14	S207	—	塘田－桐睦	9.5	—	—	9.5	—	—	9.5	—	1969	1999	6.5	6	改造为沥青混凝土路面,2013年升省道
15	S207	—	桐睦－船形	9.3	—	—	9.3	—	—	9.3	—	—	2004	6.5	6	改造为水泥混凝土路面,2013年升省道
16	S207	—	船形－七里	1.86	—	—	1.86	—	—	1.86	—	1989	2010	6.5	6	2010年铺设水泥混凝土路面,2013年升省道
17	S205	水策线	水口－策源	13	—	—	13	—	—	13	—	1966	2003	6.5	6	水口至浆村段改经下垅至浆村,2014年按二级公路改造为沥青路面,升省道
18	S205	旅游环线	十都－船形	91.48	81.93	—	9.55	—	1.93	9.55	—	2002-2014	—	10	8.5	湖南平江龙门至汝城线路炎陵段
19	G357	炎资线	牛岗排－深坳	11.3	11.3	—	—	—	11.3	—	—	1967	2012	8—12	8—9	—
20	S522	梨草线	梨树洲-草角源	7.42	—	—	7.42	—	—	7.42	—	2000-2013	—	4.5	3.5	断头
21	X179	水下线	水口－下村	27.8	—	—	27.8	—	—	27.8	—	1971-1978	2003	6.5	6	东岭至下村段5.96公里于2013年升为省道S206

续表 17-8

序号	行政等级编码	路线名称	起讫地点	里程(公路)	线路技术等级				路面类型			建成年度	改建年度	路基宽(米)	路面宽(米)	备注
					二级	三级	四级	等外	沥青	砼	砂石					
22	X184	石大线	石洲－大院	24.8	—	—	24.8	—	—	24.8	—	1967-1969	2006	5.5	4.5	石洲－铁瓦仙 18.6 公里 2014 年改造成 2 级公路,并升为省道
23	X184	策上线	策源－上洞	16.2	—	—	16.2	—	—	—	16.2	1977	—	—	—	其中 13 公里于 2014 年改造成二级公路沥青路面,升为省道 S205
24	X184	大策线	大院－策源	35.89	—	—	35.89	—	—	28.35	7.54	1990-2014	2007-2014	4.5	3.5	大院与策源连网公路,2013 年升为县道
25	X183	洞七线	洞子-106线72公里处	16.01	—	—	16.01	—	—	16.01	—	1990-1996	2008-2014	4.5	3.5	平乐与 106 国道连网公路,2013 年升为县道
26	X182	231 线	春塘－231 厂	3	—	—	—	3	—	—	3	1975	—	4.5	3.5	231 厂建，现为太源至颜家一段,已铺砼路面升县道
27	X182	太颜线	太源－颜家	7.86	—	—	7.86	—	—	—	—	2013	2007	4.5	3.5	颜家至春塘另计。石洲与霞阳连网公路
28	X180	浆自线	浆村－自源	7.7	—	—	7.7	—	—	7.7	—	1973	2007	5.5	4	水口电站建,2007 年改造为水泥混凝土路面
29	X180	自小线	自源－小湾	5.9	—	—	5.9	—	—	5.9	—	2002	2008	5.5	4	水口镇新建公路,2008 年改建水泥混凝土路面
30	X178	沿西线	沿潭－西垄	13.51	—	—	13.51	—	—	12.83	0.68	1990-2013	2007-2014	4.5	3.5	船形与鲁坑连网公路,2013 年升为县道
31	X177	鲁盐线	鲁坑－新田埂	17.7	—	—	—	17.7	—	—	17.7	1970-1975	2007-2012	4.5	3.5	改建水泥混泥土路面 12.9 公里，由林业修建,2013 年升县道 X177
32	X177	鲁盐线	新田埂－盐池	15.3	—	—	—	15.3	—	—	15.3	1976-1978	—	4.5	3.5	—
33	X176	三太线	三口－太平圩	8.43	—	—	8.43	—	—	8.43	—	—	—	4.5	3.5	东风乡内连网公路,2013 年升为县道
34	X175	新太线	新生－太平圩	13.98	—	—	13.98	—	—	13.98	—	1990-2004	2008-2014	4.5	3.5	船形与东风连网公路,2013 年升为县道
35	X174	上东线	上村－东风	6.79	—	—	6.79	—	—	6.79	—	1975	2004	6.5	5.5	改建为水泥混凝土路面
36	X173	江星线	江洲—星火	19.00	—	—	19	—	—	14.06	4.94	1990-2014	2008-2014	4.5	3.5	垄溪与塘田连网公路,2013 年升为县道
37	X173	榇刘线	榇树坳—刘家塘	9.5	—	—	—	9.5	—	—	9.5	1959-1962	—	4.5	3.5	林业修建
38	X173	刘茶线	刘家湾—茶园里	3.5	—	—	—	3.5	—	—	3.5	1981	—	4.5	3	林业修建
39	X172	南岸线	深渡—南岸	7	—	—	—	7	—	—	7	1986	—	4.5	3.5	1961 年动工，中途停工,2008 年改建水泥混凝土路面，升县道 X177

续表 17-8

序号	行政等级编码	路线名称	起讫地点	里程（公路）	线路技术等级				路面类型			建成年度	改建年度	路基宽（米）	路面宽（米）	备注
					二级	三级	四级	等外	沥青	砼	砂石					
40	X172	桃坂线	桃岭－坂溪	12.62	—	—	12.62	—	—	—	—	1990-2014	2008-2014	4.5	3.5	2013 年升县道，其中上江洲至两江口 3 公里暂未建
41	X172	垄古线	垄溪－古塘	13.3	—	—	—	13.3	—	—	13.3	1972-1975	2006-2008	4.5	3.5	2006-2008 年改造成水泥混凝土路面，2013 年升级为县道 X172
42	X171	桃荆线	桃源洞村－荆竹山	3.51	—	—	3.51	—	—	—	—	1966-1997	2004	6.5	6	桃源洞－牛角垅铺设水泥混凝土路面
43	X170	十桃线	十都－桃源洞	18.84	—	—	18.84	—	—	—	—	1964-1969	2003	6.5	6	2003 年改建为三级公路，沥青路面。皮坑至桃源洞段 16 公里由林业移交县交通局管养
44	X168	十瓜线	十都－瓜寮	21.75	—	—	—	21.75	—	—	21.75	1976-1978	2006-2008	6.5	4.5	2006-2008 改水泥混凝土路面，2013 年升县道 X186
45	Y527	联龙线	联西－龙坪	3.90	—	—	3.90	—	—	3.90	—	2008	—	3.5	3	—
46	Y526	油潺线	联坑－潺水湖	1.98	—	—	1.98	—	—	1.98	—	—	—	5.5	4.5	—
47	Y525	岭爱线	晓阳－上老	3.51	—	—	3.51	—	—	3.51	—	—	—	5.5	3.5	—
48	Y524	苍小线	苍背－小里	7.05	—	—	2.57	4.48	—	2.57	4.48	1978-2010	—	4.5	3.5	—
49	Y523	密花线	甲水－左岗垅	9.05	—	—	—	9.05	—	—	9.05	1980-1983	2009	4.5	3.5	2009 年改建水泥混凝土路面
50	Y521	桃焦线	桃源洞－焦石	3.49	—	—	3.49	—	—	—	3.49	1974	—	6	5	县林业建管
51	Y520	拱吉线	太坪－江西大垅	3.01	—	—	3.01	—	—	1.99	1.02	1996-2013	—	4.5	3.5	—
52	Y519	深双线	深垄－双江	10.54	—	—	10.54	—	—	10.54	—	1996-2010	—	4.5	3.5	—
53	Y518	平龙线	坪形－垅湖	9.17	—	—	9.17	—	—	9.17	—	1964	2012	4.5	3.5	2012 年改造成水泥混凝土路面
54	Y517	河源线	河漠桥－源头	1.2	—	—	—	1.2	—	—	1.2	1974	2007	4.5	3.6	2008 年改建水泥混凝土路面，升级为乡道 Y517
55	Y517	源大线	源头－大坑	12.13	—	—	7.35	4.8	—	7.35	4.8	1996-2013	—	4.5	3.5	—
56	Y516	新泷线	新田－泷湖	5.06	—	—	5.06	—	—	5.06	—	2011	—	4.5	3.5	—
57	Y515	上西线	上冲－西塘	10	—	—	—	10	—	—	10	1976	2007	4.5	3.5	2007 年改建水泥混泥土路面
58	Y514	塘炎线	塘田－淡水水库	3.34	—	—	3.34	—	—	3.34	—	2012	—	4.5	3.5	—
59	Y513	桐沿线	桐睦－沿潭	24.16	—	—	11.49	12.67	—	4.10	20.06	2013	—	4	3	—
60	Y512	龙中线	龙潭－中村	4.99	—	—	4.99	—	—	4.99	—	1990	2009	4.5	3.5	—
61	Y511	梅道线	梅岗－道任	7.22	—	—	7.22	—	—	7.22	—	1990	2009	4.5	3.5	—
62	Y510	马九线	马脑下－九潭	5.26	—	—	5.26	—	—	—	5.26	1996	—	4.5	3.5	—
63	Y509	棉茅线	棉榅－茅坪	11.19	—	—	11.19	—	—	8.77	2.42	1996-2013	2007-2013	4.5	3.5	—

续表 17-8

序号	行政等级编码	路线名称	起讫地点	里程(公路)	线路技术等级				路面类型			建成年度	改建年度	路基宽(米)	路面宽(米)	备注
					二级	三级	四级	等外	沥青	砼	砂石					
64	Y508	龙新线	龙渣－新开	14.14	—	—	14.14	—	—	14.14	—	1987–2010	2013	4.5	3.5	—
65	Y507	同横线	同乐－横岗	10.65	—	—	10.65	—	—	10.65	—	1977–1996	2001	4.5	3.5	—
66	Y506	青溪线	青松－溪源	6.04	—	—	6.04	—	—	6.04	—	1996	2012	4.5	3.5	—
67	Y505	策东线	策源－东岭	8	—	—	8	—	—	8	—	1968	2012	4.5	4	原林业修建,2013 年升为乡道
68	Y505	栗深线	黄草－东岭	2.15	—	—	2.15	—	—	2.15	—	2007	2013	4.5	3.5	—
69	Y504	西西线	西垅－西垄	2.48	—	—	2.48	—	—	2.48	—	2001	2013	5	4	—
70	Y503	黄长线	黄草－长兴	8.58	—	—	8.58	—	—	8.58	—	1996–2004	—	4.5	3.5	长兴至倒坑另计
71	Y501	中茶线	中坪－茶垄	2.8	—	—	—	2.8	—	—	2.8	1977	2008	5.5	4.5	2008 年改建水泥混凝土路面
72	Y500	马旱线	马道－旱田	7.01	—	—	7.01	—	—	7.01	—	1989	2007–2017	4.5	3.5	—
73	Y141	颜春线	颜家－春塘	6.5	—	—	—	6.5	—	—	6.5	1974	2007	6.5	4—4.5	2009 年改造为水泥混凝土路面,2013 年升级为乡道 Y141

说明:G、S、X、Y 分别为国道、省道、县、乡公路编码符号。

三、桥　梁

民国 23 年至 29 年,修筑酃茶(茶陵浣溪至酃县城)公路,建石鼓一桥、二桥和西门码头桥,均为石墩木桥面,同时对分水坳桥、晏公桥和义凤桥等 3 座旧石拱桥进行改造。1958 年,在水口赖家建木墩木面桥 1 座,在水口圩等地建石墩木面桥 9 座。此后相继建成的江口桥、沔渡桥均为石墩木面桥。1965 年以后,上述桥梁改建为石拱结构或钢筋混凝土结构桥梁,新建桥梁亦均为永久性桥梁。1990 年,共有永久性公路桥梁 124 座,总长 3195.38 延米。其中,石拱桥 107 座(含改造的 8 座旧石拱桥),2129.70 延米;双曲拱桥(含箱型桥)14 座,884.94 延米;钢筋混凝土平板桥 3 座,180.74 延米,砌筑涵管 2872 个。平均每 5 公里 1 座桥梁、5 个涵管。

1991—2000 年,主要建设“无路村”公路桥和重要旅游景点公路桥梁。县财政和县林业局安排资金 350 万元,省、市补助资金 700 余万元,架设村公路桥和重要旅游景点桥梁 28 座,1004 延米。如水口下垄、小湾、木湾,垄溪长潭洲,霞阳旱田,三河石狮岩,炎帝陵神农大桥、鹿原大桥等。2000—2012 年,106 国道过境全线拓宽改造为二级公路,沿线改造桥梁 11 座,376.95 延米,县城段和水口圩段改线新增桥梁 6 座,313.64 延米。新建旅游环线(沔渡至船形S205),架设桥梁 20 座(跨径 50 米以上大桥 8 座),长 774.91 延米。红星桥、河漠桥、王家渡桥在原桥旁边架设新桥。干线公路上新建的桥梁均采用钢筋混凝土双柱桩基或双柱重力扩大基,桥面为预应力空心板或现浇空心板结构,桥面宽 9—12 米。2014 年,全县有公路桥梁262 座,长 8006.9 延米。其中,5—20 米小桥 162 座,2112.86 延米;21—50 米中桥 56 座,2799.54 延米;51 米以上大桥(100 米以上 11 座)34 座,3094.5 延米。

2014年106国道炎陵段桥梁一览表

表17-9　　单位:米

名称	结构	桥长	桥宽	桥高	孔/跨	建成时间	改造时间
凌云桥	双幅钢构	50.64	18.5	7.28	单孔	1998.7	—
永丰桥	双幅钢架	51.00	18.5	7.27	单孔	2001.7	—
斗里河桥	空腹石拱	32.00	36.2	7.00	单孔	2002.12	—
草坪一桥	双柱空心板	40.00	16	7.00	2×20	—	2012
草坪二桥	双柱空板	40.00	16	7.00	2×20	—	2012
深渡桥	双柱基拱	10.50	10.5	6.0	1×503	—	2012
横溪江桥	双柱基拱	18.20	10.5	6.0	2×9.1	—	2012
官山下桥	拱　桥	20.00	10.5	6.0	2×10	—	2012
水中大桥	预应力板 双柱桩基	100.00	12.5	—	5×20	—	2012
水口大桥	预应力板 双柱桩基	80.00	12.5	—	4×20	—	2013
联坑桥	拱桥	5.90	10.5	—	1×5.9	—	2012
梅岗桥	拱桥	7.70	10.5	—	1×7.7	—	2012
桐坑桥	拱桥	5.30	10.5	—	1×5.3	—	2012
袁家垄桥	预应力板 双柱桩基	80.00	10.5	—	4×20	2012	—
中村大桥	预应力板 双柱桩基	83.55	10.5	—	5×16.77	2012	—
龙潭桥	拱桥	5.30	10.5	—	1×5.3	2012	—
龙渣桥	拱桥	10.00	9.0	—	10.0	—	2012
吕公坳桥	预应力板 双柱桩基	80.00	11.7	—	4×20	2012	—
弯　桥	拱桥	10.00	9.0	—	1×10	—	2012

2014年炎陵县省道桥梁一览表

表 17-10

单位:米

线路名称	桥梁名称	桥梁结构	桥　长	桥　宽	桥　高	孔 / 跨数	建成时间	改造时间
S321 线	高水桥	预应力板	25.12	10.3	—	1 × 20	—	2008.11
S321 线	石子坝桥	双柱桩基	17.04	10.5	—	1 × 13	—	2008.11
S321 线	山垄桥	空心板	15.25	10.5	—	1 × 13	—	2008.11
S321 线	湾里桥	板拱	14.89	10.5	—	1 × 13	—	2008.11
S321 线	沔渡二桥	空心板	8.00	10.5	—	1 × 8	—	2008.11
S321 线	沔渡新桥	板拱	120.00	10.5	—	6 × 20	—	2008.11
S321 线	下关桥	空心板	30.00	10.5	—	2 × 13.5	—	2008.11
S322 线	红星大桥	双曲拱	155.8	8.2	67.00	1 × 107.4	1967	—
S322 线	红星大桥新桥	预应力板 砼 T 梁	175.00	10.5	—	5 × 35	在建	—
旅游环 线 S205	十都沔水大桥	预应力板 双柱桩基	67.04	8.5	7.4	3 × 20	2013	—
S205	小江桥	预应力板 双柱桩基	21.08	8.5	3.5	1 × 14	2013	—
S205	龙口桥	预应力板 双柱桩基	23.00	8.5	3.8	1 × 13	2013	—
S205	马道桥	钢砼桥	10.00	8.5	4.0	1 × 7	2013	—
S205	石洲桥	预应力板 双柱桩基	25.68	8.5	4.4	1 × 15	2013	—
S205	余屋桥	钢砼	10.00	8.5	4.0	1 × 10	2013	—
S205	下坪中桥	现浇板、 双柱扩大基	55.26	8.5	10.9	3 × 16	2013	—
S205	平湖桥	石拱	30.00	8.5	4.9	1 × 15	2013	—
S205	瓷器窑桥	预应力板 双柱桩基	16.88	8.5	3.9	1 × 16.88	2013	—

续表 17-10

线路名称	桥梁名称	桥梁结构	桥　长	桥　宽	桥　高	孔 / 跨数	建成时间	改造时间
S205	瓷器窑桥	预应力板 双柱桩基	16.88	8.5	3.9	1 × 16.88	2013	—
S205	白源河桥	现浇空心板 重力扩大基	24.08	8.5	6.7	1 × 14	2013	—
S205	中村桥	现浇空心板 重力扩大基	23.00	8.5	4.8	1 × 13	2014	—
S205	梅岗一号大桥	预应力板 双柱桩基	126.00	8.5	10	6 × 20	2014	—
S205	梅岗二号大桥	预应力板 双柱桩基	90.08	8.5	6.3	4 × 20	2014	—
S205	梅岗三号大桥	预应力板 双柱桩基	69.04	8.5	10.3	3 × 20	2014	—
S205	竹节坑大桥	预应力板 双柱桩基	69.04	8.5	17.8	3 × 20	2014	—
S205	长旺大桥	预应力板 双柱桩基	107.54	8.5	18.00	5 × 20	2014	—
S205	船形大桥	预应力板 双柱桩基	127.12	8.5	23.00	6 × 20	2014	—

2014年炎陵县县级公路桥梁一览表

表 17-11

单位:米

线路名称	桥梁名称	桥梁结构	桥 长	桥宽	桥高	孔/跨数	建成时间	改造时间
沔桃线	南流桥	平板	45.00	8.0	—	2×16	1989	—
沔桃线	皮坑桥	石拱	17.50	8.0	—	1×5	1989	—
沔桃线	皮坑桥	石拱	21.30	8.0	—	1×8	1989	—
沔桃线	楠木坝桥	石拱	21.60	8.0	—	1×15	1989	—
沔桃线	荆竹山1桥	石拱	14.00	8.5	—	1×8	1995	—
沔桃线	荆竹山2桥	石拱	10.00	8.5	—	1×6	1995	—
沔桃线	荆竹山3桥	石拱	18.20	8.5	—	1×12.1	1995	—
炎安线	河漠大桥	石拱	123.00	7.0	10.2	1×27 2×30	1966	—
炎安线	河漠新桥	预应力板 双柱桩基	100.68	12	12.5	5×20	2014年开工	在建
炎安线	河西大桥	双曲拱	150.00	6.5	9.2	1×27 1×60 1×30	1972	—
炎安线	河西大桥新桥	预应力板 双柱桩基	129.00	12	9.28	6×20	2014年开工	在建
炎安线	三口桥	扳拱	26.00	8.5	5.5	1×20	2014年开工	在建
河船线	鹿原大桥	钢混	185.73	10.5	9.8	6×30	2001.1	—
河船线	彭溪桥	双曲拱	42.00	7.5	6.2	1×30	1969	—
河船线	新生大桥	箱型拱	90.00	7.1	11.00	1×40 5×4.1	1978	—
河船线	船形桥	石拱	56.20	8.0	13.8	1×40	1989	—
水策线	列入S205线	—	—	—	—	—	—	—
青下线	平乐桥	石拱	35.00	7.0	14.6	1×28	1980	—
草大线	谭巩形桥	板拱	20.00	7.0	—	1×19.7	1959	2011年加固
草大线	里台桥	板拱	14.50	7.0	—	1×10.9	1959	—
草大线	船坑桥	板拱	10.00	7.0	—	1×5	1959	—
草大线	中坪桥	板拱	11.26	7.0	—	1×6	1959	—
草大线	石洲桥	石拱	26.00	7.0	—	1×16	1987	—
草大线	将军山桥	板拱	70.00	8.5	—	3×16	2014	—

续表 17-11

线路名称	桥梁名称	桥梁结构	桥　长	桥宽	桥高	孔/跨数	建成时间	改造时间
石大线	乔龙口桥	板拱	9.00	6.5	—	1×6	1987	—
石大线	大院桥	板拱	10.00	7.0	—	1×8.1	1989	—
石大线	小院桥	板拱	7.50	7.5	—	1×6.8	1987	—
水云线	马颈桥	石拱	40.00	5.0	12.0	1×30	1971	—
水云线	大湾一桥	石拱	47.00	7.0	15	1×30	1998	—
水云线	大湾二桥	石拱	47.00	7.0	15	1×30	1998	—
水云线	老屋场桥	石拱	15.50	6.8	—	1×8	1911	—
水云线	圩上桥	石拱	12.27	6.5	—	1×12	1911	—
水云线	鹫峰桥	石拱	56.40	7.4	—	1×20	1990	—
水云线	黄泥垄1桥	石拱	13.00	7.5	—	1×8	1990	—
水云线	黄泥垄2桥	石拱	13.00	8.6	—	1×8	1990	—

附

公路桥梁选介

红星大桥　位于炎资线(S322)牛岗排处。1967 年 3 月动工,12 月竣工。桥以河谷两岸悬崖为台墩,单孔跨越斜濑水,高 67 米,净跨 107.36 米,长 155.80 延米,宽 8.20 米,载重汽车 13 级,为湖南省第一座双曲大跨径拱桥。远眺如长虹卧涧,颇具气势。该桥由省交通厅规划设计院设计,省公路管理局工程六队施工。桥身采用葵花形拱上构造,依地形布置双层腹拱,采用满堂拱架施工。造价 55.5 万元,每延米合 3550 元。施工期间上海复旦大学师生曾在工地实习一个月,17 个省、地区的工程技术人员到现场观摩。该桥因长期超重车辆多,桥身出现裂缝,2001 年经省交通厅桥梁专业机构鉴定为危桥,在原桥的下方(右)30 米处选址新建,2014 年 4 月开工。桥墩采用桩式墩及薄壁墩,共 5 墩,每墩跨径 35 米,桥长175 米,桥上部结构为预应力砼 T 梁,桥面呈弯形 9—10.5 米。预算总投资 1400 万元。在建。

鹿原大桥　位于河船公路(炎帝陵大殿西南一公里处),跨斜濑水。6 孔,每孔跨径 30 米,桥长 185.73 米,桥面宽 10.5 米,呈纵立面圆曲线,花岗岩石仿古桥栏杆,荷载汽—20,挂—100。桥的下部结构为挖基坑,中低层采用冲抓钻、冲击钻联合成孔。灌注桩基础,最长桩 22 米,最短桩 16 米,基桩均达二迭系石灰岩,桥台为 4×120 厘米桩基,桥墩为 2×150 厘米桩基。上部结构为预应力钢筋混凝土“T”形梁,预应力现浇钢筋混凝土桥面。1998 年 7 月 23 日开工,中途因资金原因停工 4 个月,2001 年元月竣工。该桥是炎陵县建桥史上第一座设计新颖,结构复杂,施工工艺先进的桥梁,气势宏伟,俯瞰如长龙拱背卧波,侧看如长龙腾跃。

船形大桥　位于旅游环线与河资公路接线处,跨斜濑水支流,桥长 127 米,桥面宽 8.5 米,高 23 米,6 孔,每孔 20 米,桥墩为双柱桩基,桥面为预应力钢筋混凝土空心板。2013 年 8 月开工,2014 年 12 月竣工。为旅游环线跨径最长的桥梁。

四、隧　道

县境国道及省县公路隧道仅有平乐隧道 1 处。位于海拔 1100 米的平乐炮仙坳。山体为花岗岩,整体结构强度高,稳定性好。长 427 米,净宽 5 米,净高 4.5 米,直线形,纵坡+2.2%,无照明设备,泥碎石路面。由省交通厅规划设计院设计,施工由铁道部第二局 26 名技术工人骨干,配以 56 名民工完成。1977 年 4 月 9 日动工,12 月 27 日竣工。耗资 48.4 万元。

第四节　便　道

一、线　路

东路　自县城出东门,经高水桥、十里山、长江至沔渡圩,全程 15 公里。沔渡圩始分三支:左支经上老至瑞口出境至茶陵,8 公里;中支经夏馆、苍背至黄烟堡出境至砻市睦村,6.7 公里;右支经大江、良田、十都圩至南流,20 公里。南流再分 3 支:左支经障下、大坝里至松木坪出境至宁冈大陇,7.5 公里;中支经皮坑至桃源洞,16 公里;右支经密花至小院、大院,22 公里。

南路　自县城出南门,经三里亭至五里亭始分 2 支:左支经坂溪、石洲里、吊风楹、大院至江西坳出境至遂川,47.7 公里;右支经三口垄、木湾、大风垄至水口圩,24 公里。水口圩再分 3 支:左支经浆村、瓷器窑至上洞,30.9 公里;中支经小湾、雷仙、下村圩、营里至泥湖出境至遂川,37.75 公里;右支经打蘸坪、梅岗、中村圩至新开,24.3 公里。新开又分 2 支:左支往青广坪至槽里出境至桂东,14.5 公里;右支经龙凤至深坳出境至资兴,9.4 公里。

西路　自县城出西门,经五里牌至石鼓、马鞍山,6.6 公里。马鞍山始分 2 支:右支经龙伏、潘家圩、斜濑渡至桥头岭出境至茶陵,14 公里。左支经河漠渡、霍家圩、天坪圩至塘旺,11 公里。塘旺再分 2 支:左支经炎陵、塘田圩、桐睦、至船形圩出境至资兴,22.15 公里;右支经王家渡、夹石坳、三口圩至夺魁湾出境至安仁,12.5 公里。

1958 年后,上述线路渐次为公路取代,至 2014 年,仅大院至江西坳仍为故道。

二、桥

南宋绍定三年(1230),县人陈平宁捐修城西安济桥,未竣而殁。元泰定元年(1324),孙媳江氏续志克成。明朝，县内建义风桥、南桥、晏公桥。清代，独资或集资建桥成为风尚，且多为石拱桥。清同治十二年(1873)，全县有便桥72座，其中东片27座，南片30座，西片15座。民国期间，战事连绵，建桥风衰。

20世纪50年代初，县、区政府曾抢修一批危桥，农民亦自发架设木桥、石桥。1954年开始，县人民政府规定每年财政附加5%用于建桥设渡。1957年道路普查，全县有木桥465座，石桥257座，总长4969.9延米。1958年以后，大部分主干道便桥为公路桥梁取代。1986年，酃县第九届人民代表大会第三次会议决定，每年从县机动财力和林业更新改造资金中分别提取5%和20%，补助乡村修建钢筋混凝土结构或石拱桥(以下简称永久性便桥)。1987年，水口镇木湾村与国营木湾林场合建木湾钢索吊桥，钢缆梁上横铺木板，桥长40米，宽2.2米，高6.1米。1989年拆除改建板肋石拱桥。至1990年，共提取154.57万元，资助建成永久性便桥154座，3971.15延米。当年，全县有5米以上永久性便桥202座，总长4495.85延米。其中，石拱桥121座，1911.95延米；双曲拱桥9座，444.20延米；平板桥70座，2087.70延米；吊桥2座，52延米。至2014年，全县有永久性便桥205座，4750延米，其中平板桥52座，石拱桥125座，混凝土梁和钢梁桥26座，桁架拱桥2座。

第三章　运　输

第一节　运输工具

县内主要运输工具有：

轿　有衙轿、花轿之分。2—4人抬行。官员出行，女子婚嫁时乘坐，亦可出租。椅轿，一般运送病人或老人出远门时使用。20世纪60年代后消失。

独轮车　可载重150—200公斤，适用于乡村小道。20世纪50—60年代广泛使用。

板车　有木轮和胶轮两种，1960年引进。适应城乡短途运输。1990年，全县有板车4826辆。至今，山区林间转运木材至公路仍用胶轮板车。

自行车　民国时期，霍家圩有人从外地带回1辆，俗称线车。1953年，县公安局、企业公司、供销社各有1辆。1970年起渐增。至1990年，商业部门累计销售自行车3.74万辆。此后，汽车、摩托车成为主要交通工具，自行车出行多为锻炼身体和学生上学。

摩托车　1970年，全县始有摩托车。随后公安、邮电、交通监理等部门相继购入。1976年，全县有各种摩托车10辆。1990年，有摩托车249辆。至2014年年末，全县登记注册的摩托车有2.71万辆。

拖拉机　1962年，县内始有轮式拖拉机2台，1965年，始有手扶拖拉机2台。1970年，拖拉机增至35台(轮式13台、手扶22台)。1979年,全县有拖拉机658台(轮式109台、手扶549台),成为城乡短途运输的主要工具。农村实行承包责任制后,增长速度更快。1990年,全县有拖拉机1180台(大型46台,小型和手扶1134台)。其中,个体所有1148台,占总数97.3%。90年代末,拖拉机的运输功能被农用汽车和三轮运输车替代。至2014年末,仅有小型轮式拖拉机105台。

汽车 1951年6月,县人民政府从上海购进一辆以木炭为燃料的5吨位苏联"大道奇"卡车,为酃县第一台汽车。1966年,全县有汽车14辆,其中货车9辆、吉普车1辆。1978年,县内车辆增加到174辆,其中货车165辆、特种车3辆、客车6辆。1982年,垄溪公社三口垄大队农民何石生购回一辆3吨位汽车搞运输,为县内第一台私营汽车。1990年,全县注册登记车辆744辆,其中货车623辆、客车108辆(大型客车38辆、吉普车43辆、轿车11辆、旅行车16辆),特种车13辆。属个体所有的296辆,占总数39.6%。平均每万人有汽车42辆,为省均万人拥有量的2.63倍。至2014年末,全县注册登记汽车7492辆,比1990年增长9.07倍。

火车 2013年12月,吉衡铁路建成通车,炎陵县始有火车运输。

其他运输工具还有马车、船、木排、竹排等,至2014年,基本被淘汰。

第二节 运输方式

一、人力运输

山区田土多鱼鳞小坵,四处分散,施肥、收割全靠肩挑。近者半里一里,远者三里五里。竹木集材,也靠肩背。

县民历食粤盐,需经桂东、汝城至广东仁化县挑运,往返300余公里,费时10余天。每年收冬之后,挑盐竟成盛事,吆喝上路者日计百人,虽累断筋骨而不敢辞其难。民谣云:"爬山涉水担盐汉,一分脚力钱,九分血和汗。"抗日战争期间,供盐改由江西遂川,又需经石洲、大院,翻越江西坳,至遂川县草林、大汾等地挑运。大院11家伙店,天天为挑夫挤满。

20世纪50年代始,县人民政府多次组织大规模粮食调运。1950年,外调公粮275万公斤,全县3.6万男女劳力,人均挑运76.4公斤。三区下村、茅坪等地运程70—80公里,往返6—7天,挑运费占调出粮食总值57.1%。1953年,县内完成集并粮食任务106万公斤,全靠民工肩运。沿途设茶水站52处,医疗站15个,配置服务人员52人,医护人员38人。挑运下村"死角粮"至水口,需翻越海拔1400米的雷仙坳,上下各10公里。南片仅运粮一项,每个劳动力每年需付工日56个。

20世纪70年代以后,肩运仍是大部分山区主要要运输方式。90年代,实现村村通公路,肩运渐少。

二、畜力运输

1951年，县贸易公司曾购蒙古马1匹、马车1辆，在城乡间运送日杂百货。1955年，县供销社置大马车1辆，载重1.25吨，往返于酃茶公路。1956年，成立商业马车队，有马12匹，马车4辆。

1961年下半年，湘潭专区副专员定平（河南人）到酃，深感山区交通困难，帮助县搬运社雇请52名河南驭手组建马车队。当年有马14匹，驴12头，马车26辆，完成货运量8417.4吨，周转量1.6万吨公里。1965年，设立水口转运站，转运中村、策源等地进出物资。1968年以后，畜力运输渐被机动车运输取代。至2014年，仍有少量山民使用马匹为地处高山峻岭的基建工程运输材料。

三、船　运

元至正二十三年（1363），县人李玑“运米百余艘”济朱元璋。历代朝廷命官祭祀炎陵，多由旱路而至，水路以返。民国33年（1944），日本侵略军占领茶陵，不少难民由水路避入酃县。当时泊于东江渡的民船多达百余只，船运一度兴旺。1949年，县内有木船14艘，65吨位。

20世纪50年代初，县人民政府及时组织，恢复船运事业，用以调运粮食和农用物资。霍家、西台、王家渡、矮基岭均建粮仓、设码头。1951年，船运粮食52.25万公斤至衡山，1953年船运外调粮食126.8万公斤。

1961年10月，县交通部门在河西新庵（斜濑水、河漠水交汇处）成立酃县帆船运输合作社。1965年，有木帆船30艘，228吨位，完成货运量5800吨。1971年始购机动船1艘，10吨位，20马力。1976年，全县有木帆船34艘，246吨位，机动船3艘，37吨位，60马力，完成货运1.64万吨。1978年，水运完成3400吨，船运社停业。此后，仅沔水有船只出境，1990年后，随陆路交通的发展，出境船运停止。

第三节　机动车运输

一、货　运

1952年，县企业公司在酃县城和茶陵县城之间承接货运业务。1956年6月开始，县内汽车货运由省公路运输局接管，平均每日往返货车10—12辆。

1963年12月，县汽车队有旧货车2辆，大、中型拖拉机各1台，职工5人。林业部门2辆货车，运送竹木自顾不暇。1965年1月，湘潭地区分配给酃县化肥2.11万担，至3月底只运回4400担。1970年后，林业、粮食等部门先后成立汽车队，以运输竹木、粮食为主。据70年代初对 25 个单位调查,每年汽车货运吞吐量 40.5 万吨,运力缺口 9.65 万吨。1972 年,为抢运县内积压粮食、木材,组织运输会战 8 次。1975 年至 1976 年,为保证农用物资和自源电站、氮肥厂等重点工程基建材料运输,组织运输会战 10 次。1977 年 6 月,茶陵青年电站关闸蓄水,铁甲山 8.9 公里路段被淹,汽车需绕道安仁安平司,增加运距 62 公里。至 1978 年上半年,在茶陵、攸县等地积压运酃物资 9000 余吨,县内外销工农业产品亦积压 100 余万元。为此,湘潭专区成立运输会战临时领导小组,专区交通局副局长坐镇酃县,调集专区所属各县和地区有关单位车辆,从 6 月 20 日开始突击运输,7 月底完成。1980 年后,县内机动车运输发展迅速。1984 年,全县非国营交通系统货运量 63.91 万吨,周转量 3901 万吨公里,分别为同期国营交通系统的 16 倍和 8.7 倍。运量大于运力的矛盾基本解决。1990 年,全县机动车货运量 94.21 万吨,周转量 5968.5 万吨公里,均为 1980 年的 2.1 倍。

20 世纪 90 年代中后期,粮食和原木等输出物资量渐减。同时,钢筋、水泥、瓷砖等建筑材料和工业原材料运输大都由外地车辆承运,县内货运车辆的装载率为 60%左右,出现运力大于运量现象。2008 年始,县内开设物流公司,承担货物进出境运输,货运车辆装载率逐渐提高。同时,电商和网络购物兴起,长沙、株洲、衡阳、郴州等地的快递公司进入炎陵县。2014 年,全县每天快递货物量 2000—3000 件。其中速安达、中兴等物流公司年货运量 5.8 万吨。当年全县货运量 292 万吨。

1952—2014 年炎陵(酃)县部分年份货运情况表

表 17-12

年份	货运量(万吨)					周转量(万吨公里)				
	合计	汽车	船	拖拉机	短途运输	合计	汽车	船	拖拉机	短途运输
1952	0.2	0.2	—	—	—	12.34	12.34	—	—	—
1958	0.96	0.74	0.22	—	—	56.8	53.0	3.8	—	—
1962	2.24	1.18	0.26	—	0.80	102.7	97.0	4.1	—	1.6
1968	1.62	0.58	0.23	0.07	0.74	53.82	33.94	11.58	0.72	7.58
1978	14.01	12.37	0.34	0.94	0.36	532.97	496.02	13.8	9.4	13.75
1980	45.1	26.99	—	17.7	0.41	2856.55	2461	—	354	41.55
1984	67.83	34.49	—	32.95	0.39	4349.46	3652	—	659	38.46
1990	94.21	40.9	—	52.9	0.41	5968.5	5135	—	793	40.5
1996	143.2	89.78	—	50.78	2.64	9053.36	5687.64	—	3199.4	166.32
2000	193.20	155.01	—	28.32	9.87	11785.2	9379.23	—	1784.16	621.81
2006	242.70	214.11	—	10.17	18.42	14804.7	13003.53	—	640.71	1160.46
2014	292.2	265.15	—	6.42	20.63	17824.2	16120.05	—	404.46	1299.69

二、客　运

民国 29 年(1940)3 月,湖南省公路局酃县汽车站(设城西码头)始在茶陵县城、酃县城和炎帝陵之间开行客班车。车辆系货车改装的客货两用车,自茶陵汽车站开出,隔日或多日 1 班。民国 31 年取消开炎陵班车。民国 33 年公路破坏,客运停止。

1951 年,企业公司将“大道奇”卡车改装成客货两用车。1952 年,在城关新建汽车站(井冈西路原政府招待所址),雇请司机 1 名,自办客货运输。行车路线限于酃县城至茶陵县城之间。当年客运量 4900 人次,周转量 56.57 万人公里。1956 年 5 月 23 日,湖南省公路运输局接管酃县汽车站,办理客运。

1963 年 5 月,始开农村客班车,南片至中村,东片至十都。

1977 年,县汽车队(后改为汽车运输公司)开办客运业务,打破 1956 年来由省公路运输局独办客运局面。1982 年 9 月,县车队首开县城至下村人民公社客班车,县内实现社社通客班车。20 世纪 80 年代后期,客运行业引进竞争机制,水口电站等单位相继购置客车,专营或兼营客运。1988—1990 年,有 3 户农民购置客车参与客运。

1990 年,全县有大小营运客车 41 辆 1815 座。县境客运线路 25 条,农村投宿点 16 处。日发客班车 61 班次,过境客班车(往返)10 次。县内客班车不仅通茶陵、安仁、资兴、桂东、宁冈等邻近县,还直通长沙、株洲、湘潭、衡阳、郴州等城市。当年酃县汽车站和县汽运公司完成客运量 257.8 万人次,周转量 5851.3 万人公里。此间,县内客运实行公私运营并进,出现大批个体户购置客车挂靠运营。

1994 年, 首家民营运输企业——顺达汽车运输公司成立, 有客运中巴车 14 辆 336 座。1997 年 7 月,该公司引进社会资本,改为股份制,更名炎陵县运输有限责任公司。当年 12 月 18 日,炎陵客运中心站(南站)竣工运营,占地面积 1.07 万平方米。同时,湘运炎陵客运分公司(原炎陵汽车站)与炎陵县汽运公司(县汽车队)合并,成立株洲湘运集团炎陵客运分公司,有客车 36 辆,中巴车 4 台。开通县城井冈路、解放路、炎陵路公交车。因县城规模小,载客率低,试运行 3 个月即停。1997 年末,全县有客运车辆 121 台(其中个体户和民营客车 81 台),日发 108 班次,年客运量 221 万人次。1998 年,炎陵客运分公司开通长、株、潭夜班车,购置空调快巴和卧铺车。形成高、中、低档和大、中、小型运力结构,并增开炎陵至广州、深圳、珠海、瑞安等长途客运班线。2002 年 10 月,炎陵县运输有限责任公司与醴陵鑫发运输有限责任公司合并,更名醴陵鑫发运输有限责任公司炎陵分公司。2003 年 1 月,炎陵康华汽车贸易出租有限责任公司成立,有客运出租车 36 台,市内公交车 5 台,在县城主要街道开通城郊班线。2010 年成立炎陵县炎帝旅游公共交通有限责任公司,原康华公司 5 台市内公交车并入该公司,并添置 4 台电混和 12 台电瓶公交车,开通井冈路、炎陵路、神农大道、霞阳大道等公交线路,西至工业园,南至草坪,东至高水桥。2014 年 7 月,由炎陵县鑫发有限责任公司投资的汽车东站投入运营。车站占地面积 1.68 万平方米,建筑面积 6140 平方米,停车场面积 7100 平方米，投资 5800 万元。至 2014 年，县城拥有汽车客运站场 3 个（东、南、西站），农村客运招呼站 210 个，客运车辆 109 台 3240 座，年客运量 478 万人次。客运线路 39 条。其中，县内 19 条，县际 4 条，地（市）际 8 条，省际 8 条。县城至长、株、潭地区每半小时开出一趟客班车。县城公交线路 5 条，公交车辆 16 台，326 座，年载客量 58.8 万人次。持证出租车 20 台。火车客运站 1 个，当年客运量 1.94 万人次。

第四章 交通运输管理

1950 年 4 月，酃县人民政府设建设科，分管交通、农、林、水利、工业。1956 年 3 月，县人委设交通科，主管交通邮电。1961 年 7 月交通科改称交通局。1962 年下半年将工业、交通合并为工业交通科。次年 12 月更名为工业交通局。1968 年，成立县革命委员会生产指挥组工交小组，后改为工交小组交通运输指挥部。1973 年成立县革命委员会交通局。1981 年 4 月更名酃县交通局。2011 年 9 月，设炎陵县交通运输局。内设办公室、政工股、计财股、交通基本建设股、综合运输股，定编 8 名。下辖农村公路管理站和道路运输管理所 2 个副科级事业单位。2014 年末，县交通运输局内设办公室、政工股、计财股、交通基本建设股、综合运输股。下辖道路运输管理所、农村公路管理站 2 个副科级事业单位。

第一节 公路养护

一、国省公路养护

1958 年，县人委会颁发《酃县交通管理办法》，规定公路修建及养护负责制。以乡（社）为单位组成交通委员会，经费主要由县乡自筹。1960 年 2 月，成立酃资公路养护队，下设 5 个工班，共 75 人，承担酃资公路县城至中村 45 公里养护任务。1961 年 10 月，成立酃宁公路养护队，负责酃宁公路县城至沔渡 14 公里养护任务。同期，将酃资养护队合并成立酃县交通局公路养护队。1962 年 8 月，以县交通局公路养护队为基础，从湘潭专区公路总段调进 11 人共 86 人，成立公路养护段，隶湘潭地区公路总段，将县交通局公路养护队管养的公路划入总段养护。设棣树坳、木湾、梅岗、晏公潭、分路口工班，担负茶陵铁甲山渡口至中村 68 公里管养任务。同时，实行“三定一奖”（定人员、定任务、定经费、年终表彰奖励）。工班人员编制不足，以民工建勤补充。1964 年，接管县航道养护队移交的酃宁公路 22.36 公里。1967 年，接管中村至槽里 29.4 公里。1968 年接管酃郴线 11.8 公里。1969 年接管河光至红星、河光至桐睦、青广坪至平乐共计 39.6 公里。

1979 年，停止民工建勤，实行亦工亦农轮换工制度，招收轮换工 145 人。1982 年，停止轮换工制度,实行经济责任制,采取计时工资加奖励,按路况优、良、次、差评定计酬。1983年,好路率达90.44%,列全省第一。1984年,县公路段达"全良段"水平。1989年9月,耕熟岭工班班长罗王苟荣获全国劳动模范称号。1990年,国家专业养护路段200.8公里。同年,县公路段参加全省雨季公路养护金杯竞赛夺得金杯。1998年,根据省、市公路管理部门要求进行养护体制改革,撤小班建大班,实行独立核算,自负盈亏经营模式。2002年,深化养护体制改革,撤销所有养护工班,成立2个养护公司,下辖5个砂石路养护组和5个油路养护组。实行定人员、定经费、定好路率、定养护材料竞标承包,形成公路养护内部市场。2014年年末,县公路局负责养护国道76.22公里,省道30.4公里,共计106.62公里。县交通局负责养护省道271.1公里(升级省道和旅游环线尚未划入)。

二、县乡公路养护

1963年1月,成立酃县公路养护队,职工28人。下设坂溪、良田工班,负责草坪至石洲、沔渡至十都路段养护,共41公里。次年10月,县公路养护队与县航道养护队合并,成立县公路航道养护队。1965年12月,湘潭地区交通局撤销各县航道养护队编制,恢复地方公路养护队。1966年春,县地方公路养护队和县汽车队合并,成立酃县汽车养护队,有职工32人,其中养路工24人。设河光、坂溪、良田工班,负责石潮至塘田,草坪至石洲,沔渡至十都路段养护,共38.9公里。1969年11月,县地方公路养护队从县汽车队分离,人员和所管养的公路并入县公路段。

1970—1974年,县乡公路由人民公社组织养护工班养护,县交通部门下拨经费给人民公社。1981年5月,县交通局始设工程建设股,负责新垄至东风、桐睦至船形、水口至下村、水口至策源、石洲至大院、沔渡至石洲等10条县乡公路养护。1982年10月更名县社公路站。1981—1990年,按照县道县养、乡道乡养、村道村养的原则,县乡公路养护采取民工建勤和民办公助办法。县道养护按照线路里程,由所属乡(镇)政府抽调民工,县公路站按每人每月付给50元至380元工资,乡(镇)每人每月补助15元;乡道则由县公路站每人每月补助15元至330元,工资由乡(镇)政府确定,一般为每人每月60元。1989年,实行以良等路率为考核指标的养护承包责任制,坚持对县道的养护每月检查1次,乡道每季抽查,根据好路率兑现工资,公路养护质量稳步上升。1990年,好路率由1985年的56%上升到84.4%,公路站连年被省、市公路管理部门授予"先进单位"称号。1996年,公路养护管理进一步改革,实行工班班长承包(路段)责任制。县道的养护,由公路站协同乡(镇)政府选定工班班长,养护工由工班班长聘请,县公路站按每公里每年1000元标准拨给养护工资,年终根据综合考核和好路率给予奖励;重点乡道由乡(镇)政府组织人员养护,县公路站按养护里程固定拨给养护补助费。

2009年,县乡公路由砂石路面改造为砂石砼或沥青砼路面,遂实行专业养护公司招标制度。公路站根据道路状况和养护工程量作出预算,规定养护质量要求,面向社会公开招投标，选定有工程施工资质的专业养护公司承担公路养护，全程采用合同和质量目标管理。至2014年，县交通局养护县道214.7公里，监管乡道175公里，对30%的乡道和10%的村道养护实行以奖代补。县公路局养护县道73.1公里。

第二节　路政管理

1951年3月，县人民政府土地改革委员会，依照中南交通部关于在土地改革中留地办法之规定，对拟建公路地段所留土地打桩划界。1962年，县公路养护部门实行划段包干，巡回检查，清扫路障，维护公路绿化及沿线桥梁等设施，路况良好。“文化大革命”期间，公路沿线边坡取石、乱搭乱建、乱堆乱放，影响公路畅通现象时有发生。1979年，县交通安全委员会向全县发出《加强路政管理，保障交通安全的通告》，县公路段路政人员与各有关职能部门密切配合，路检路查，清除路障，路政管理出现新局面。1982年，县交通局工程股更名为县社公路站，负责县乡公路路政管理。1985年，县政府对乡道以上公路逐段勘测丈量，重新划定公路用地，明确路权，并在线路两侧设立永久性界桩。1986年11月，县公安局公路派出所成立，由公安局、公路段双重管理。1988—1989年，以国省道沿线城镇为重点，开展清障大行动，拆除违章建筑30处，清除路障1426处，并与公路沿线乡镇签订爱路护路公约。1997年，撤销县公路局公路派出所，成立路政所，县交通局公路管理站设立路政股。2001年，县公路局成立路政大队。至2014年，县内公路环境不断改善，路政秩序稳定。

第三节　运政管理

1970年，成立联合运输办公室，对货物运输实行“三统管理”(统一承揽货源、统一运价、统一调配运力)。1982年县联运办改为交通管理站。1983年初，根据国家公路运输实行多家、多种形式经营要求，运输市场开放。1984年2月，交通运输全面放开，形成多层次、多渠道、多种经济形式并存，相互竞争的运输市场，县内运力不足的矛盾得以解决。1986年3月，成立县交通运输管理站，并设城关、三河、水口、沔渡交管站。1988年1月，酃县交通运输管理站更名为酃县交通运输管理所。运输市场开放初期，监管工作一时跟不上发展变化，运输市场经营秩序比较混乱。湘运和县汽车运输公司的客运车辆承包给个人经营，个体户购置客车挂靠公司参与客运。出现车不进站，以路、街为站，运行途中不按班线正点行驶，超速超载、抢客源、甩客等现象时有发生。甚而出现经营户之间、车主之间发生暴力竞争事件。1996年，对客运市场进行全面整顿。实行“车进站、人归点”，严格规定班线正点行驶，定点停靠；严禁满街揽客，中途甩客；严格执行统一票价。对违规者，按情节轻重，依法进行处罚，客运市场秩序逐步规范。当年12月，运管所升格副科级事业单位，归口市、县交通局双重管理。次年9月，交通运输管理所更名道路运输管理所。

至2014年，县内基本形成公开、公正、公平、有序竞争，运力与运量比较协调的公路客货运输市场。

第四节　车辆维修

1982年以前，社会机动车维修由交通局直属企业汽车修配厂承接。运输企业、林业、粮食、搬运公司、公路段等单位设有维修车间或班（组），承担内部车辆维修。费用按国家统一规定收取。运输市场放开后，维修市场也随之放开，多种经济成分进入维修市场。1988年，成立县汽车维修管理办公室（简称维修办），对维修业的准入、核发经营许可证、工时定额、收费标准、维修技术质量、新技术推广应用、职工技术培训等方面实施监管。至2014年，全县共有机动车维修厂（点）19家（不含摩托车维修）。其中，一类2家、二类6家、三类11家，从业人员209人。

第五节　驾驶员培训

20世纪50年代至70年代，驾驶员培训主要采取师傅带徒弟办法，达到驾车上路行驶要求后，由地区交通部门考核合格，发给驾驶证。80年代至90年代初期，县汽车队、县供销联社等单位和部门汽车队曾举办驾驶员培训。90年代中期开始，由市驾校每年派1—2台教练车来县培训驾驶员，每年培训1—3期，每期培训驾驶员10—30名，市交警部门组织考试，合格后发给驾驶证。2009年6月，县内成立民办陆安驾校，为县内第一所汽车驾驶培训学校。该校有注册教练员29人，教练车22台，教室156平方米，办公室364平方米，训练场1.45万平方米，训练车跑道1200米。2013年，锦添驾校成立，有注册教练员24人，教练车20台，教室105平方米，办公室520平方米，训练场1万平方米，训练车跑道1000米。至2014年，两校共招收学员10044人，考试合格领证7860人。

第六节　规费征收

1975年，县内开始征收交通规费。至1993年，共征收1627万元。1994年元月，县车辆购置费征收办和县公路段养路费征收站合并组建酃县交通规费征稽所，为副科级事业单位，负责征收汽车养路费、车辆购置附加费、公路客货运输附加费、交通建设基金、新车交通建设费等。县交通局下属的运管所负责征收农用车、拖拉机、摩托车养路费、客货运输管理费等。交通规费的费率、金额均根据国务院、省政府或省以上计划、财政、物价、交通等主管部门的规定执行，所征规费全额上交省，统一使用，实行收支两条线。2009年1月1日起，停止征收各项交通规费，列入燃油税。

1994—2008年炎陵县交通规费征收情况表

表17-13　　单位:万元

年度	公路养路费	客运附加费	货运附加费	车辆购置费(税)	新车建设费	交通设施费	运输管理费	合计	备注
1994	330.52	122	34.62	18.41		2.60	35.71	543.86	—
1995	326.03	131.29	33.76	38.88	6.80	0.73	37.00	574.49	—
1996	360.63	153.86	21.92	65.18	21.25	0.23	42.57	665.64	—
1997	358.06	158.89	28.15	29.34	10.20	—	48.56	633.20	—
1998	365.03	187.42	25.06	36.19	18.26	—	52.22	684.18	—
1999	323.92	179.70	22.18	40.01	41.47	—	52.90	660.18	—
2000	322.01	177.34	20.08	38.75	—	—	53.90	612.08	—
2001	323.88	177.81	20.20	34.26	—	—	57.16	613.31	—
2002	323.37	169.90	17.33	81.45	—	—	59.20	651.25	—
2003	365.67	153.36	18.27	56.37	—	—	59.56	653.23	—
2004	466.68	134.18	19.02	—	—	—	60.12	680.00	车辆购置移交税务
2005	488.50	131.45	19.89	—	—	—	60.78	700.62	—
2006	517.42	132.87	20.13	—	—	—	61.34	731.76	—
2007	542.49	122.88	21.05	—	—	—	60.89	747.31	—
2008	571.72	104.85	22.38	—	—	—	62.12	761.07	2009年停征各项交通规费
合计	5985.93	2237.80	344.04	438.84	97.98	3.56	804.03	9912.18	—

炎陵县志

YAN LING XIAN ZHI

炎陵县地方志编纂委员会 编

下册

方志出版社
Publishing House of Local Records

总目录

上册

下册

目　录

下册

第二十五篇　法　治

第二十六篇　军　事

第二十七篇 教 育

第二十八篇 科 技

第二十九篇　文化　体育

第三十篇　医药卫生

第三十一篇　社会　风土

第三十二篇 炎帝陵

人 物

附 录

索 引

后 记

第十八篇　邮政　通信

炎陵县地处偏远山区,民国以前未设驿站,来往公文由铺司传递。民国初期,始有电报、电话通信,但因战乱频繁,经济萧条,发展缓慢。中华人民共和国成立后,通讯事业呈现跨越式发展。1956年乡镇全部开通电话,20世纪80年代入户,90年代末移动网络开通。进入21世纪,微信、视频电话、数据网络进入现实生活,几乎人人持有手机,家家装有电脑。同时,邮件传递由传统的步班传递逐渐被机动车辆传递所代替,邮政业务不断拓展。2014年,全县建有通信基站388个,移动网络用户突破10万户,信号覆盖率98%以上;固定电话交换机容量5.21万门,电话用户3.37万户。其中,市话用户1.11万户,农话用户2.26万户。邮政业务函件、包件、速递物流18.71万件。

第一章　邮　政

第一节　机　构

清康熙九年(1670),县内有递铺3处:县城设总铺,铺兵4名;西出5公里为石鼓铺,再5公里为斜濑铺,各有铺兵3名。过斜濑铺7.5公里与茶陵的牛路铺衔接。

光绪三十三年农历一月(1907年2月),长沙邮政分局在县城设酃县大清邮寄代办所,寄递官吏文书,邮官不邮民,来往邮件由攸县经转,县城以下未设网点。

民国2年(1913),废大清邮寄代办所,设中华邮政代办所。民国6年,开设王家渡、中村、水口、沔渡、十都5个信柜,乡村始有邮政网点。民国19年5月,酃县邮局(三等)成立,设局长1名,邮差4名,杂工1名,租赁县城西后街6间民房营业。民国23年,奉省局训令,酃县邮局管辖湖南桂东,江西永新、砻头(今砻市镇)3个代办所和江西龙源口信柜。民国24年,管辖酃县潘家、霍家、桂东3个邮政代办所和中村、水口、沔渡、十都、王家渡、观音岩(今中村乡龙潭村)等信柜。

民国28年6月,湖南省干部训练团1000余人由泸溪迁至酃县王家渡,邮政业务陡增。9

月,王家渡信柜改为三等乙级邮局,租赁民房营业。次年军校迁出,邮局改为代办所。民国35年,县邮局辖水口、王家渡、潘家、霍家、沔渡5个邮政代办所和塘田、船形、三口、十都、九都(沔渡洞里)、木湾、中村、观音岩、下村9个信柜,为民国年间基层网点最多的时期。民国38年2月,只剩沔渡、王家渡2个代办所和十都、三口、塘田3个信柜,县局地址仍在西后街民房。

1949年10月后,人民政府接管邮局,邮政业务由衡阳中心邮局领导,营业间仍租用西后街民房。1950年,取消信柜名称,设沔渡、十都、水口、中村、下村、塘田、霍家、船形、潘家、王家渡、天平、三口12个邮政代办所,均由圩场店铺代理。

1951年5月,奉省局指示,邮政和电信机构合并,成立酃县邮电局,租用南街民房营业。1954年6月,基层代办所改由供销社代理。1955年6月开始,陆续收为县邮局自办。1959年2月,邮电局并入茶陵县邮电局,县境内12个人民公社各设邮电支局。1961年6月,恢复酃县邮电局。当年,全县有邮电职工85人。1969年12月,邮政、电信分设,成立酃县邮政局,由湘潭地区邮政局和酃县革命委员会双重领导。1973年12月20日,邮政、电信合并为酃县邮电局。

1985年和1988年,县局评为省邮电系统"双文明建设"先进单位。1990年,县局所辖基层网点有沔渡、十都、水口、三河、王家渡5个支局,石洲、垄溪、中村、平乐、下村、策源、塘田、东风、船形9个邮电所,有邮电职工140人。1993年11月设龙渣邮电代办所。次年5月,河西支局改为炎帝陵邮电支局。6月,酃县邮电局更名为炎陵县邮电局。1996年增设大院邮电代办所,次年增设炎帝陵风景区自办邮电所。1998年9月,邮、电分营,更名炎陵县邮政局。辖沔渡、十都、水口、炎帝陵4个支局,石洲、三河、垄溪、中村、下村、平乐、策源、塘田、东风、船形、炎帝陵等11个邮政所,龙渣、大院2个代办所。内设行政办、工会办公室、人事劳动、邮政、督察、计财、邮政代办、后勤、多种经营办9个股室和储汇、发投、集邮3个公司。

2004年,设综合办公室、市场经营部2个职能部门和金融营业部、服务三农及电子商务部、报刊邮件发投部、安全保卫部、函件集邮部、快递包裹部等6个业务部门。下辖十都、沔渡、水口、三河、炎帝陵、船形、东风等7个农村邮政支局;在县城设立2个邮政储蓄所,一个营业中心,辖垄溪、石洲、策源、中村、下村、平乐、龙渣等7个农村邮政所。设邮政报刊亭4个。

2014年,内设机构有局长办、综合办、经营部。综合办下设安保部、财务部、经营部。经营部下设函件、集邮、报刊投递、金融、保险、分销、渠道建设、快递包裹等业务部门。下辖2个县城邮政储蓄局,6个农村邮政支局(含储蓄业务),7个农村邮政委办所。

第二节 邮 路

一、跨县邮路

清初,酃县"惟向西有驿道通安仁至衡州府",单程140公里,其中县境内17.5里。清中叶,在长沙东去江西的干线上,从醴陵分出一支,经攸县、茶陵州、安仁县至酃县城;再东行,自坂溪上石洲大院，越过海拔1470米的江西坳至龙泉县（今江西遂川），县境内63.5公里。清末增至2条：一条仍由长沙出发，经醴陵、攸县、茶陵至酃城；再南行，经水口、中村至桂东，单程374公里，其中县境内87.7公里，此为湘东南邮政动脉；另一条自县城分线，经沔渡至江西砻头，单程36公里，其中县境内22.4公里。

民国初期维持清末跨县邮路。民国4年（1915），北路邮件由攸县经转。8年，改茶陵经转。民国11年，县城至砻头邮路延伸至永新，延长19公里。民国19年，省邮务管理局第40号指令，由茶陵经转改寄兴宁（今资兴市）经转。中村、水口邮件由桂东经转；酃县王家渡、十都，茶陵湖口、坑口、河坞、翎坊、黄堂邮件由酃县转递，故酃县至资兴邮件总封总套。民国22年，恢复酃县至桂东邮路运转，茶陵为起点，经酃县城、水口、中村、观音岩至桂东，回程由桂东走中村、船形经王家渡至酃县城再返茶陵。民国28年，酃县跨县邮路3条：酃县至茶陵、酃县至桂东、酃县至江西永新。民国33年10月，日本侵略军逼近县境，省局划酃县邮局由江西代管，县内邮件由江西莲花经转，并开临时邮路，次年10月，该邮路撤销。

20世纪50年代初，跨境邮路有县城至茶陵、桂东、江西宁冈3条。1952年，县城至桂东邮路停开，仅维持酃县城至茶陵、宁冈两条。1956年6月1日，酃县至茶陵客运班车正式通车，酃、茶邮件委办汽车运邮。1963年，县城至宁冈步班邮路无固定交接点被撤销。1965年，酃宁公路修通，委办汽车运邮，1967年停开。1977年，茶陵县在铁甲山修建青年电站，酃茶公路时通时阻，邮件不能及时运转，遂改由郴州经转。1979年，酃茶公路复通。自2月1日起，酃县自备邮政专车从茶陵火车站交接长沙至茶陵运转的邮件，全长64公里。同年9月1日，长沙至酃县自办汽车邮路开通，全程280公里。1990年3月1日起，长沙至酃县邮车停开，改由株洲至酃县自办邮运汽车运邮。2006年起，改为从长沙直通茶陵至炎陵运邮。

二、县内支线邮路

民国33年，县内支线邮路3条，即从县城起，东至沔渡、九都、十都；南至木湾、水口、中村、下村、观音岩；西至潘家、霍家、王家渡、三口、塘田、船形。

1953年，县邮电局开辟5条直达邮路：南路由县城经水口至中村，45公里；水口至下村，28公里。西路由县城经霍家、王家渡、塘田到船形，37公里。东路由县城经沔渡到十都，26公里；县城至石洲，21公里。全长157公里，均为步班。专辟农村路线，全长430公里，有邮递员9人。1963年，邮件运送工具开始改善，投递范围扩大，服务面和投递频次增加。全县投递邮路20条，计程879公里。其中，自行车班89公里，步班719公里，始设委办汽车运邮71公里。水口至下村邮路28公里，须翻越海拔1400余米的雷仙坳，上下各10公里，仅山顶住有一户人家。1969年，复员军人罗春生承担该路段邮运，肩挑邮件，手持棍杖，往返劳顿6年。1972年，农村投递路线单程总长1256公里，为1950年后的最高年份。1976年，邮电通信"四化"（电话自动化、电路载波化、电报传真化、投递摩托化）中，始用摩托车运邮。邮路7条，全长265公里。1982年，因境内山高路险，摩托车损耗大，事故多而辍。1990年，农村以委办汽车邮运为主。全县邮路10条总长323公里，其中委办汽车300公里，自行车14公里，步班9公里。

1994年7月1日起，县局开辟自办汽车邮路，启用邮车一辆，开通邮运路线2条，全程152公里，有7个邮件交接点，即县城至龙渣邮路，沿途有垄溪、水口、中村、下村、龙渣，110公里；县城至塘田邮路，沿途有三河、炎帝陵、塘田，42公里。1995年4月1日，启用邮车2辆，延伸塘田至船形邮路；新增县城至十都邮路1条。1997年起，县内邮路9条，总长526公里。其中，自办汽车邮路3条234公里，委办汽车邮路4条232公里，自行车邮路2条60公里。2005年，县内邮路调整为52条。其中，城投4条，乡本埠15条，乡村33条，总长度936公里，全部由摩托车运邮。

2014年，15条乡本埠改为15个乡镇区，34条乡村邮路，县城农村段为3条即东片，南片，西片。炎帝陵为第4条。

第三节 邮政业务

一、函 件

清代邮传函件主要是信函、明信片、印刷品。其中，有3种特殊信函：一是火烧信，将信烧去一角，表示火速寄递；二是鸡毛信，将鸡毛插在信封上，需要迅速传送；三是么帮信（相当于现在的快信），不和普通信件同送，须特派脚夫专送，信资面议。民国时期，开设货样信函。

1949年12月起，函件有计费和免费两种，军队邮寄烈士遗物和士兵平信免费交寄。1950年，县内出口函件3.41万件。1955年，开办银行联行汇款专用信函，并规定使用特殊标识的信封，便于分拣封发和投递。1960年1月，开办特种挂号信函，印制专用信封，准许用户在信内装寄限额粮票、布票和油票以及共青团组织关系、粮食关系转移证和户口关系转移证，并实行粮、布票丢失补偿办法。1961年，县内出口函件9.27万件，进口函件8.67万件。1979年5月3日，省邮局规定收寄台湾平信和挂号函件。1987年5月29日，县邮电局正式开办有声信函。1989年，开始试行全国邮政编码制度。1990年，交换量43.62万件，其中国际2800件。1995年，交换100.74万件，达到最高值。此后，由于电信和移动电话普及，函件逐年减少。2000年，交换量83.2万件，2010年，46.4万件，2014年，降至12.71万件。

二、包 件

清代、民国时期，因交通不便，无力转运，靠邮差肩挑背负。故大包件限量20公斤，小包件5公斤。

民国20年（1931），省局指令酃、茶邮局停止收寄包裹。民国24年，恢复包件业务，增加快递小包，但运转缓慢。

20世纪50年代初期，规定邮寄包件限重15公斤。随着经济社会发展，人口流动增多，包裹业务逐年上升。1962 年出口 1900 件,进口 2200 件。1973 年出口 6500 件,进口 1.22 万件。1978 年始,开办国际包件业务。1987 年,开办大件商品包件业务,当年出口包件 2900 件。2000 年增至 2.69 万件。2010 年出口包件 2.8 万件,2014 年,出口包件 3.3 万件。

三、汇　兑

民国 19 年,酃县邮局始设汇兑业务,所汇现款(银圆)随票传递。民国 24 年,开办电汇业务,只兑付,不开发。民国 33 年,日寇侵湘,汇兑停止。

1950 年,重新开办汇兑。全县出口汇票 3300 张。汇兑种类有普通汇票、电汇定额汇票、代收货价汇票、高额汇票等 5 种。1951 年 3 月 3 日,建立新汇兑制,省邮局规定酃县邮局汇兑基金 270 万元。1953 年,规定私人汇款 300 元内可在邮政代办所办理,单位汇款及个人高额汇款由银行办理。当年出口汇票 4600 张。1956 年,县内只办理普通汇票和电报汇票。当年出口汇票 6800 张。1961 年,全县各支局均可办理汇兑业务。出口汇票 3.94 万张。1981 年 7 月 1 日起,汇款额由 300 元调整为 5000 元,当年出口汇票 1.81 万张。1990 年,全县出口汇票 2.17 万张。1997 年,完成 2.23 万张。此后,随着各银行汇款业务扩大、银联卡的普及使用,邮政汇款业务锐减。2000 年,汇兑业务量 1.86 万张。2014 年,汇兑业务量降至 5600 张。

四、报刊发行

民国时期的杂志由书店经营,报纸向报社订阅,邮局作印刷品传递。民国 21 年 9 月,创办《酃县民报》。经报馆申请,省邮局核准酃县邮局代理发行。

1950 年,邮政和报刊发行合并,县邮局专设报刊发行员。当年订销《岳南人民报》85 份。1951 年订销《新湖南报》105 份、《大众报》310 份。1952 年,报刊发行扩展至农村,期发数 2104 份。1956 年聘请群众报刊推销员,年终报刊期发数 3500 份。1958 年,报刊发行放“卫星”,期发数 1.26 万份。其中,《酃县报》发行 1 万份。生产队、作业组、公共食堂均成立读报组。投递员将报纸送到大队,大队当天转送到读报组。“文化大革命”初期报刊发行减少,1969 年期发数 4800 份。1973 年有所回升,期发数 1.35 万份。1974 年,建立社会报刊发行站 7 个,全县 16 个人民公社,202 个生产大队,1354 个生产队都订有《人民日报》《湖南日报》等报刊。全县报刊发行 1.59 万份。1990 年,期发数 3.37 万份,平均 5 人有 1 份报刊,县邮局连续 9 年(1982—1990)被省局评为报刊发行先进单位。1997 年,期发数 2.84 万份,比 1990 年减少 5300 份。1998 年起,报刊发行数稳中有增。2000 年发行 2.41 万份,2010 年发行 2.56 万份,2014 年发行 2.80 万份。

五、速　递

1988 年,开办邮政速递物流业务。速递邮件既有函件,也有包件。1991 年邮政快件 4.19 万件,1994 年上升到 7.09 万件,1997 年 7 月 1 日取消邮政快件业务。改为特快专递。由于社会快递物流发展迅速,邮政特快专递业务很快压缩,2010 年,进出口快件 1.2 万件。2014 年进出口快件 2.7 万件。

第四节 集邮与邮票发行

1987 年 5 月 1 日,经湖南邮票公司批准,酃县始办集邮业务。10 月 1 日,县局门市部设集邮专柜,出售中华人民共和国成立以来发行的特种邮票(T 票),纪念邮票(J 票)、首日封、纪念封、小型张、小本票、美术明信片、贺年片、生肖香币、纪念香币等邮品,以及书签、邮袋、邮册、新邮导报、中小型放大镜、插册、图释、邮票价目表、邮票目录等集邮资料与用具,刻制纪念图章。1988 年 11 月 30 日,炎帝陵主殿修复开放,发行“炎帝陵主殿修复”纪念封一枚。1991 年 11 月 8 日,酃县集邮协会成立,会员 60 人,同时举办首届集邮展览。1993 年 8 月 15 日,配合’93 世界华人华侨龙舟赛炎帝陵取圣火仪式和’93 湖南省各界首次公祭炎帝陵典礼活动,发行集邮纪念封一套 2 枚(《公祭炎帝陵》《炎帝圣火》)和炎帝陵风光明信片一套 10 枚。1994 年 5 月 31 日,发行《酃县更名炎陵县》纪念封;同年 10 月 13 日,发行《江泽民主席为炎帝陵题词》纪念封、《’94 湖南省各界公祭炎帝陵》纯银纪念章、《桃源洞国家森林公园开园》纪念封、《湖南省各界公祭炎帝陵》纪念封各 1 枚。1995 年,出售邮票 69.23 万枚,业务收入 32.54 万元。1996 年 9 月 29 日,发行《96 金秋知青炎陵(酃县)第二故乡行》面值 2 元纪念封 1 枚。集邮业务在山区迅速发展。

1998 年 10 月 28 日,在炎帝陵举行《炎帝陵》特种邮票首发式,是历史上第一次在全国发行株洲地方题材邮票。全套 3 枚,共计面值 3 元,同时发行《炎帝陵》邮票小全张 1 枚,售价 4 元。为纪念《炎帝陵》邮票发行,湖南省邮政局与株洲市人民政府联合在炎帝陵修建纪念亭,亭内竖立汉白玉纪念碑,镌刻《炎帝陵》邮票小全张放大图案。湖南省邮政局和省集邮协会在炎陵县举办湖南省第八届邮展。湖南省集邮公司和炎陵县邮政局联合发行了 16 个品种的系列邮品。同时,湖南省和陕西省邮政邮票局、炎陵县、黄陵县邮政局联合发行《炎帝陵、黄帝陵邮票专题册》1 册。炎陵县邮政局启用 5 枚风景邮戳和《炎帝陵》邮票首发式纪念戳。当日,炎陵县邮政局共销售邮票、邮品 120 多万元。2007 年,销售炎帝陵邮品 6.38 万元,销售奥运邮品 5.16 万元。2010 年 12 月 24 日,发行《圣地炎陵》邮册 5000 册。2011 年,发行《梨树洲风光》纪念册 1000 册。2014 年,集邮协会会员发展到 150 人,销售邮品金额 100 万元。

第五节 邮政储蓄

中国邮政储蓄始于民国 8 年(1919),时称邮政储金。民国 37 年,酃县邮局销售万元甲种储蓄券 200 张。1951 年 7 月,县邮电局代办人民银行有奖储蓄业务。1953 年,邮政储蓄停办,由人民银行专营。1987 年 6 月 10 日,恢复邮政储蓄业务,种类有活期储蓄,零存整取储蓄,整存整取储蓄,年终收储余额 26.25 万元。储蓄银行设有解放路、三河 2 个支行以及县中心所、霞阳、沔渡、十都、水口、船形、东风，炎帝陵等8个邮政储蓄所。1988年，增加定活两便和保值储蓄，年末储蓄余额43.8万元。1990年末储蓄余额55.22万元。1997年上升到2771万元。2007年累计净增余额4181万元。2012年，年终余额5.19亿元，累计净增余额8552万元。2014年，年终余额6.36亿元，净增余额7504万元。代办业务主要有：代理社保局发放养老金、代收水电费、代购火车和飞机票、代收保险费等。

第六节 邮政设施

邮政用房 清代和民国时期，酃县邮政通信租赁民房营业，多次搬迁，居无定所。1957年，省邮电管理局拨款2.78万元，在五马坊张家试馆（今解放路5号）修建面积676.1平方米砖木结构二层邮电营业楼房，结束租房营业历史。1970年，邮、电分设，邮政购买县木材转运站（原药材公司门市部）房屋作邮政用房。1973年邮、电合并。1977年6月，省局拨款17万元，在观音阁（今井冈东路43号）兴建3层1109平方米砖混结构邮电大楼。

1978年后，经济形势持续好转，沔渡、十都、水口、三河、河西5个邮电支局及石洲、垄溪、中村、下村、平乐、东风、船形7个邮电所都相继修建营业与生活用房，建筑面积共5196.09平方米。策源、塘田2个邮电所购买房屋，建筑面积共252平方米。

1998年电信从邮电分出。同年8月，县邮政局征收原县织布厂厂房，面积3325.6平方米，地价198.94万元。2000年1月开工建设邮政大楼，当年11月30日竣工，建筑面积3696.23平方米，造价308.5万元。2014年，县邮政局有邮政用房7000平方米，其中支局（所）面积2900平方米。

邮政用车 1960年以前，邮运投递靠肩挑步行。1961年启用6辆自行车运邮，是县内邮路以自行车运邮之始。至1975年，自行车增添到47辆，同时启用6部摩托车运邮。1979年摩托车增至12部，自备汽车1辆。1982年，因摩托车消耗费用大停用，改委办汽车运邮和自行车投递。1984年，实行自行车承包责任制。1990年底，有邮政用汽车1辆，后三轮摩托2辆。1991—1998年，有邮政用汽车5辆（其中储蓄押钞车1辆），自行车45辆。2014年，有邮政汽车7辆，电动三轮车5辆，摩托车24辆。

第二章 通 信

第一节 机 构

民国10年（1921）10月1日，酃县创办电信通信。县小业务清淡，收入甚微，于民国17年

7月裁撤。民国22年,省局批准酃县办理邮传电报,县政府设立电话室。24年2月24日,省电政管理局核准,派员开办报话营业处,与邮局同址办公。27年11月1日,经上级批准,将报话营业处改建为五等报话局。设局长1人,主任1人,报务员2人,话务员3人,线务员2人,报差2人,共11人,隶属茶陵电信局管辖。仍与邮局同借民房办公营业。32年更名电话组,由县政府建设科直接领导,服务对象为国民党统治下的党、政、军机构。同年,县无线电台与电话组合并,成立电信分局。38年8月,盘踞酃县的"反共自卫救国军"第二支队长唐向荣下令搬走电信设备,未逞。所有人员自动走散。

1953年,县电信分局归口县邮电局管理。1965年5月25日,县邮电局重新设立无线电台,开办业务。

1969年12月,根据国务院、中央军委规定,实行邮、电分设,酃县成立电信局,局址设原邮电局(今解放路5号)内,属县人民武装部领导,业务归省电信局管辖。1973年8月,邮政、电信合并为酃县邮电局。1998年9月25日,邮、电分营,成立炎陵县电信局。有员工55人,下设1个公司、3个支局、6个班组、12个代办所。1999年7月5日,移动通信从电信分离。2004年7月,炎陵县电信局更名湖南省电信有限公司炎陵县分公司,下设综合办公室、市场客户部、维护建设部;3个支局:炎帝陵支局、沔渡支局、水口支局;8个中心班组:营维班、公话数据营维班、营业中心、业务处理中心、运维中心、后勤服务中心、大客户、商业客户中心;17个乡镇场代办所。2010年,更名中国电信股份有限公司炎陵分公司,内设两部一室,下辖7个中心班组、5个支局、17个乡镇场代办所。在职员工49人。2014年,设两部一室、5个中心班组、5个支局、17个乡镇场代办所,在职员工43人。

第二节 电 报

一、有线电报

民国10年10月1日,酃县开办至茶陵话传通报业务,因业务量少,入不敷出,于民国17年停办。民国22—23年,开办邮传电报,由茶陵经转。

1962年4月,职工谭绍文自制一台交直流两用音频震荡机,开始与湘潭人工作报,结束长途话传通报历史。1965年,省邮电管理局拨给酃县局莫尔斯B65—1型半导体人工发报机1部,自制交直流振荡机淘汰。1979年,酃县邮电局报房与报话组分开,报务成为独立电报通信班组。1980年,省局拨给2部55型机械式电传打字机,1983年1月开始使用,人工作报方式亦废。同年7月,随着行政区划变动,撤销湘潭市局电报电路,改开酃县至株洲市局电报电路1条,进行电传通报。

1988年11月24日13时30分,酃县邮电局受理城东乡唐大华发往居住台湾桃园县八德乡兄长唐大成的电报,这是中华人民共和国成立后炎陵县发往台湾的第一份电报。

1989年12月30日23时26分,酃县电报电路进入全国自动转报网。1990年11月,酃县邮电局电报设备全部更新，由机械式电传机更新为桑达GITT—180型中英文公众电传机，省去人工译电程序，提高了电报准确率，初步达到电报通信现代化。1994年2月1日，随着光缆电路的开通，有线电报由架空明线传输改为光缆电路传输。1994年增设鲜花礼仪电报，1995年6.2万份，1997年1.99万份。1998年10月，撤销基层局所业务网点和县局报房(班)，全县来去电报均由县局营业大厅受理，发往盐城报房或转交客户。2003年，天气、水情两类预报转为部门专线电报电路。2005年，电报出口仅有400份。2008年，停办电报业务。

二、无线电报

民国27年，在县政府内设无线电区分台，与耒阳区台联络。32年，酃县无线电台与县政府电话室合并为酃县电信分局。中华人民共和国成立前夕，酃县无线电台的电报机被败退过境的国民党军队掳走。

1965年5月25日，酃县邮电局组建无线电台，由省邮电局拨给55A型15瓦短波无线电台1套与湘潭定期会晤。次年3月，经省邮电局核定酃县无线电台呼号频率，于4月15日正式启用。

1968年8月6日，湖南省革命委员会、湖南省军区和第四十七军联合发文规定："除邮电系统可保留省际联络的电台外，专区以下各种功率电台一律封存，凡封存的电台一律交由军区或相关军分区，县市人民武装部封存保管。"按照规定，酃县无线电台上交县人民武装部封存。1973年解封，仍归邮电局与湘潭市联络。

1974年，省局拨给酃县局55B型无线电台1部，1979年又拨给XA6型无线电收发信机2部，1982年再次拨给XD6型收发信机1部。1983年7月，行政区划调整，无线电联络改为株洲市局。

1994年，随着通信条件的改善和各种通信手段的发展，根据株洲市邮电局规定，在有线电路正常时，暂停电台定时联络，电路仍然保留。当有线电路全部中断时开机联络，或遇特殊紧急情况时，临时通知开机。

第三节 固定电话

一、长途电话

民国22年8月，湖南省政府配合国民党军队对酃县苏区"清剿"，架设茶陵、兴宁(今资兴)、桂东三县至酃县的长途电话线路，作电话、电报双用电路。民国26年，酃县黄烟铺至江西宁冈抗日联防线路架成。民国28年，湖南省政府议由沅陵迁酃县。次年，由省建设厅架设衡阳至酃县长途电话线路。衡阳至耒阳线路于5月30日建成，9月20日至酃县线路全线建成。另从茶陵浣溪交换点架设1条至酃县分支线。酃衡线路全长250公里。至此，酃县与邻近县开通直达长途电话线路。民国31年，省府改变迁酃计划，省交通厅派员拆除浣溪至酃县支线，所有材料，由省长途电话局派员运走。民国33年8月，抗日战争进入紧要关头，为维持通信联络，酃县报话局主任张乔桂将从浏阳、醴陵、攸县、茶陵等县撤退下来的电信人员组织起来，坚持通信工作。解放战争末期，败退过境的国民党军队，将境内残存的电话线拆去，线路几乎全毁。

1949年11月，县人民政府组织力量抢修电话线路，恢复酃县至茶陵、酃县至宁冈的长途电话。次年，又恢复酃县至桂东线路。县人民政府电话组安装10门磁石式电话交换机用于长途和县内电话接转。1953—1958年，随行政改隶，先后开通与衡阳、郴县的长途电话线路。因酃县经桂东至郴州线路太长，音量小，乃改建酃县至资兴到郴州直达线路，缩短里程，提高了音质音量。

1959年，酃、茶并县后调整管理体制，至郴州长途电话线路撤销，维持城东支局与宁冈、桂东长途电话线路，其余长话由茶陵经转。1961年，酃、茶分县，恢复酃县邮电局，改换50门磁石式交换机。长途电话线路增加酃县至茶陵、酃县至湘潭两条。酃县至宁冈、桂东不变。1965年，酃县至江西宁冈联防通信线路由湘赣两省地方共同拨款大修，将原直径2.5毫米铜线更换直径4.0毫米铁线，固定资产列入农话，收入归长话。

1973年，县邮电局首次安装IM202三路载波机1端，长途电话电路总数为3路(载波1实线2)。其中，至湘潭2路(载波1实线1)，至茶陵1路(实线)。1978年，由茶陵经郴州到广州方向的“702工程”长途电话线路进入酃县邮电局，酃县开通至郴州直达载波电路。

1985年，县局至沔渡线路大修，将酃县至宁冈线路中的县局至沔渡段拆除，酃、宁直达电路改由沔渡支局交换机接转。同年5月，从县公安局至株洲市公安局直达出租载波电路开通。1986年7月，酃县至攸县、株洲电路安装EJ12计12路载波机1端，缓解长途电路紧张状况。当年7月又增开1条从酃县县委传真室至株洲市委机要科专线出租载波电路。1987年，根据湖南省邮电管理局指示，从11月1日零点起停开酃县至桂东业务话路电路。1989年，按照省局指示，酃县发往宁冈县以外的去话，从9月21日零点起，按长途电话的计费标准计算，使用长话记录单，收入归长话。

1990年，酃县共有长途电路9路。其中，载波7路，实线2路。即酃县至株洲5路(载波，含出租2路)，至茶陵3路(载波1，实线2)，至攸县1路(载波)。另有酃县沔渡至江西宁冈1路(实线)。县局装有3路和12路载波机各1端，总容量15路，长途电话磁石式交换机30门1部。全年长途电话业务量3.18万张。1992年12月29日，开通长途半自动拨号DD14电路5条(出3进2)，结束了酃县无直拨电路的历史。1994年1月，从株洲经醴陵、攸县、茶陵至酃县，省长途二级光缆架通。随着交换设备的改制换型，开通英国GPT公司16×20LTE长途光端机电路90路，实现国内国际长途直拨。1995年，开通长途数字终端复用设备容量480路，实占容量360路，其中用作长途电话话路90路。1997年，长途电话业务量通话总次数67.52

万次。2000年接入11.65万门。2008年接入17.16万门,长话收入1387.01万元。至2014年,随着数字程控电话的全面开通,国内、国际直拨长途电话业务停办。

二、市内电话

民国时期,酃县长话、市话、乡村电话统称县内电话,由县政府电话室管理。

1953年,酃县邮电局代管电信,经省局批准,正式单独开办市内电话,安装20门市话交换机1部,实占容量15门,接入市话交换机的电话单机17部,均系免费使用。1955年,更换1部50门市话交换机,实占容量48门,杆路长度3公里,架空明线线长13对公里,当年按规定收费,市话资费收入2900元。1956年,市内电话更新为1部100门交换机,架空明线增加到21线对公里,用户发展到80户。1965年,市话交换机实占容量89门,实际接入电话机110部。因市话交换机不够用,寄挂长话机上9部,农话交换机上10部,另有同线电话2部。是年,市话电缆总长度1.2皮长公里,电缆芯线总长度64对公里,总配线架出局线212对,其中实用108对。1973年,市话装机扩充到200门,实装用户150户。1980年元月,安装HJ976—Ⅱ型400门纵横制自动电话交换机,20日正式开通211户。1984年人民医院安装用户磁石交换机30门。1985年公安局安装用户磁石交换机30门。1986年6月15日,由400门扩装为500门,用户270户,由四级局升为三级局。1988年,县委机关安装自用自动交换机10门。1989年,小水电公司安装3门程控自动电话交换机。1990年,市话交换机容量602门。

1992年,省政府、省邮电管理局提出湖南省"165"通信工程计划。6月,县委、县政府成立程控电话建设工程指挥部,县长任指挥长。建成后,市话交换机容量增至800门,市话用户633户。1993年4月,敷设管道1.96管程公里,18003单程公里,市话交换机容量1200门,市话用户972户。1994年2月1日22时割接开通,电话号码由4位升6位,交换机容量2520门,市话用户2080户。1995年扩容至3000门,3月5日零时起,炎陵县电话号码由6位升为7位,顺利并入株洲地区号码网,拨往株洲市县区的号码无需加拨长途区号。升位方法是在原号码前加"6"。交换机容量4576门,市话用户2798户。1996年,再扩容3000门,3月5日电话网并入株洲地区电话网,长途区号由"0734"改为"0733"。1999年,交换机容量7754门,用户数6824户。2003年,达到1.12万门,市话用户7889户,电话普及率每百人15.93部机。2010年,全县市话用户9181户。2012年3月,梓园小区开通第一个光纤到户业务,光纤到户工程正式启动,全县市话交换机容量1.4万门。2014年,交换机容量1.46万门,市话用户1.11万户。

三、农村电话

民国22年8月,酃县有旧式西门子洋行造磁石式交换机2部,分别安装在县保安警察队和龙渣坳。西门子洋行造铁壳桌机10部。民国24年,架设县城至王家渡(第四区公所)到船形电话线路,全长32.5杆程公里。民国25年6月,从县城至王家渡杆上加挂一线,再从王家渡新建到三口圩电话线一条。同年又加县经沔渡、十都至大陇(宁冈县境内)线路,全长50杆程公里。26年6月,增加水口经下村与龙渣坳衔接一线。33年,日本侵略军侵犯茶陵,酃县奉命拆除乡村电话线路。

1950年,酃县人民政府为配合乡村政权建设和土地改革运动,拨款筹集材料,组织电信人员和民工,经过短时间抢修、恢复农村电话线路55杆程公里。利用接管旧政府2部10门交换总机,17部电话单机,迅速恢复部分区乡电话通信。1952年,全县有农村电话线路190杆程公里,交换机4部,总容量115部。1953年县邮电局代管县内电话。1954年,有交换机6部、单机51部,杆路211杆程公里,线路285公里。1956年,有交换机106部,单机91部,杆路245杆程公里,线路379公里。

1961—1963年,大修3条线路全长93.8公里。1963年5月1日,根据上级指示,将城东、垄溪、塘田、船形、太平、石洲、中村、策源、下村、平乐等10个人民公社以下机线设备划为集体所有,由人民公社管理。人民公社以上的线路设备及王家渡、霍家、沔渡、十都、水口等5处交换机中心总机属省管。年底全县15个人民公社均为双线回路线路,实现社社有总机,队队有电话。1967年,农话进局线由明线改电缆3100皮长公里。1976年,农话首次安装使用载波电路通信,开通县城至沔渡B—847型单路载波机。1977年开通县城至水口三路载波。

1984—1987年,先后完成县城至河西、沔渡、下村、平乐等木杆改水泥杆工程。1988年,县局安装环路载波终端机主机1台,分机安装至河西5台、三河1台,解决酃县山高、林密、道路弯多,线路难以架设和维护困难。同年,安装试用县城至水口BJP—4A三路2套和至木湾沪酃铁合金厂3路1台特高频无线收发信机,取代有线电路。同年11月,开通十都皮坑采育场到桃源洞自然保护区的电话线路架设工程。1989年,湖南省农村电话局第一批农村电话改制工程计划,将水口镇定为酃县首个自动电话乡镇。同年,落实省局关于实行半自动接转的农村支局开办"立即制"通话业务的通知,县局、河西、沔渡等3个交换点开办农话"173"业务。1990年全县农话总容量996门。

1995年12月26日10时18分,随着东风乡256门数字程控电话开通,炎陵县电话告别"摇把子"。全县农话交换机容量5460门,农话用户1778户。1997年,建成8个电话村,电话村增至17个,新增用户1803户。全县农话数字程控电话交换机容量6232门,总用户3560户。2007年,全县农话交换机容量2.91万门,农话用户2.21万户。2010年,全县农话交换机容量3.75万门。

2014年,建成鹿原、三河、沔渡、十都、水口、中村、石洲、下村、九龙开发区9个集镇和鹿原塘旺、沔渡长江、水口浆村等3个村光纤网络,为农村光纤网络转型奠定基础。当年农话用户2.26万户。

四、会议电话

1959年,全县有十都、沔渡、城东、石洲、垄溪、水口、中村、策源、下村、三河、河西、塘田、太平等13个人民公社安装会议电话机。1960年5月,邮电局职工谭绍文、罗义芳成功试制省、专署、县、社四级会议电话汇接台,电话音质清晰,音量增大,汇接速度加快。1976年,县内开始使用电话会议服务,以接收中央和省、市级对县召开的相关工作会议为主,每年20多次。1977年2月,谭绍文等5人自制20CH—76—12型农村会议电话汇接台,县内电话会议由单向对讲改为双向对讲。此项革新分别获省、专区邮电部门奖励。1985年6月,县委、公安局自设会议电话室,由县邮电局接转。2004年,在电信公司设置电视视频会议室。2005年,在县会展中心设置电视会议室分会场。2008年,县内接收视频会议30次。此后,随着县政府、水利水电局、公安局、教育局、银行系统等内部电视会议室的开通,炎陵电信公司每年承接公众性会议10次左右。

五、传真通信

1980年6月,酃县人民政府开通第一台有线传真机。1981年10月,中共酃县县委设立传真室。1985年4月,公安局租用邮电局至株洲电路1条,设传真专线。1986年7月,县委传真室租用至株洲长途载波电路。1990年8月,省邮电局配发县局EAX(佳能)传真机1台自用。1991年,开办传真业务,当年传真出口53份。次年407份。1996年4003份。后由于互联网快速发展,政府机关、企事业单位自备传真机。1993年,公众传真业务正式对外营业。1996年6月17日,全县17个乡镇全部开通传真机业务。1997年,全县有公众业务传真机5台,用户传真机37台。此后,电信经营的传真业务逐年减少,2000年2353份,2005年1100份。2007年,各镇营业所停办此项业务。2008年,县局办理传真业务260份。至2014年,电信经营传真业务全部停止。

第四节　网络通信

一、无线寻呼

1993年12月31日,开通“126”人工台,发展用户26户。1994年8月23日,开通“127”自动寻呼台,12月10日,在笔架峰建立发射台,覆盖全县12个乡镇。1995年8月,开通二频点。1996年11月底三、四、五、八、九频点设备安装放号投入使用。次年无线寻呼(BB机)用户达2610户。1998年7月1日,寻呼台从邮电分离,成立炎陵寻呼事业部。1999年7月,并入中国联合通信有限公司。2001年,有无线寻呼用户8500户。此后,随着移动电话的发展渐被淘汰。

二、电信网络

1994年8月30日，在笔架峰建成蜂窝移动电话发射基站，投资153万元，拥有900兆通信信道8个。当年发展用户48户。1995年新增信道8个。1996年，再增8个信道，5月25日开通数字移动电话。1997年12月，在炎陵—株洲、炎陵—长沙长途客车上安装公众移动电话。当年移动电话用户775户。1998年用户数739户。2003年9月25日，炎陵县电信分公司“小灵通”业务正式在全县开通。当年发展到1.45万部。2008年9月，炎陵电信分公司正式承接C网业务，当年11月，中国电信经营移动互联网业务，开通移动电话、手机上网、电子邮箱、无线宽带、宽带漫游等多种功能，为用户提供移动互联网应用和便捷的语音沟通服务。当年末“小灵通”业务达9.8万部。2009年，新建C网基站41个，重点加强县城、集镇覆盖和县城EVDO建设，组织“春风行动”，开展移动网提质大会战。经过一年的建设和优化，网络指标大幅提升。网络覆盖率由上年20%提升到95%，全县C网用户9534户。2011年，全县C网用户1.70万户。2014年，有3G基站69个，直放站15个，覆盖全县164个行政村，覆盖率81.18%；4G基站61个，主要覆盖县城、乡镇所在地和重要景区，覆盖率11.38%，用户6089户。

三、移动网络

1999年7月，从炎陵县电信局分离移动通信业务，成立湖南移动通信有限公司炎陵县分公司。2002年，更名湖南移动通信有限责任公司株洲分公司炎陵县营业部。2009年，更名中国移动通信集团湖南有限公司株洲市炎陵县分公司。2014年，县移动公司设综合部、网络部、市场部。市场部内设水口、鹿原、沔渡3个营业部。

服务网点　1999年7月，在电信营业厅内专设一个柜台办理移动通信业务。2002年7月，新建下村、邮政各网点。2004年，新建迅达1个指定专营店，水口、沔渡2个特约代理店。2005年，新建鹿原、三河、新生、下村、石洲、中村5个特约代理店。2006年，新建十都、立达2个特约代理店。2009年，设立水口、沔渡、鹿原3个乡镇营业部，每个营业部配备1名经理、1名区域营销经理、1名大客户经理，分别管辖所属乡镇的移动业务，为本区域移动业务服务提供平台。2014年，形成自办营业厅、指定专卖店、邮政代办服务相结合的服务体系，有服务网点48个。

通信基站建设　1994年8月至1999年7月，移动通信基站建设由电信负责。从电信分出后，拥有数字载频4个，模拟信道24个。1999年，完成神农数字基站、十都数字基站5B工程测量工作和基础建设工作。2000年，扩容县城数字机站信道，开通炎帝陵基站，完成笔架峰模拟基站搬迁和电源整治工程，解决县城信号盲区和信号弱难题。同时开通十都、中村、下村、炎帝陵、垄溪、三河等基站，为开发农村市场打下基础。2001年，建立船形、东风、石洲、桃源洞基站。此后将各基站进行整合和优化，解决信号交叠和漫游信号交叠问题，同时以数字机替代模拟机。2004年，实施“8B工程”，兴建大院、平乐、龙渣基站，基本实现乡乡通移动。为解决移动信息盲区、死角，先后新建县城民政局、塘田、澎溪、梅岗、皮坑、十里山等基站和分路口、木兰、小湾、瓜寮、梨树洲等20个直放站，以及垄溪—木湾等10个地段的传输网优光缆，天星、沿潭、瑞口、扶家冲、黄沙垄、倒坑、耕熟岭等13个基站的传输、土建、铁塔，实现当地网络畅通目标。2008年，新增16个自然村（涉5个行政村）开通移动电话（县委、县政府10件实事之一）。2009年，完成溪源、九潭、漕溪、黄草、古塘等16个基站建设和村通工程。次年，投资1950万元，新增通移动电话自然村13个（涉8个行政村）。年底基站数达到130个。2011年，在10个乡镇29个村组兴建41个基站，其中33个GSM基站，8个TD基站，共解决23个自然村以及炎汝高速沿线的移动信号覆盖。2012年，兴建GSM、TD基站10个。（其中，炎睦高速5个，村通基站5个），TD—SCDMA基站12个。至此，炎陵县移动网络架构已基本完成。2014年末，基站数达到188个，全县覆盖率98.02%。

通信业务　1994年8月30日，开通移动电话（大哥大），开通号码段139，全县60%的地域在有效覆盖范围内。年末大哥大用户48户。1996年5月25日，开通号码段位长11位的数字移动电话。1997年后，陆续开通移动通信号码段有137、138、134、135、136、147、150、151、152、157、182、187、188。2000年，炎陵县移动公司采取电视广告、邮送广告、固定标牌、上门宣传、设点宣传、印发资料和在所有营业窗口放置客户业务服务咨询、服务网点分布图、业务处理流程图和服务指南等形式开展业务宣传。推介网络电话、知信息、呼叫转移、语音信箱、三通电话等新业务。当年，县移动公司拥有用户3335户，业务收入286万元。2001年，通信业务模拟移动电话向数字移动电话转移，语音通话业务用户不断上升，数据增值和信息化业务量扩大。2003年，用户数突破1万户，业务收入过千万元。开展集团单位和个人大客户的业务服务，设立大客户经理，对大客户实行优质服务；为用户全方位提供语音（通话）、数据增值、信息化多种类业务服务。2010年，用户达7.37万户，业务收入4074万元。2014年，用户数7.89万户，业务收入4708万元。

1994—2014年炎陵县移动公司业务情况表

表18-1

年份	网点数（个）	用户数（户）	业务收入（万元）
1994	—	48	—
1995	—	106	—
1996	—	422	—
1997	—	775	—
1998	—	1060	—
1999	1	1410	146
2000	1	3335	286

续表 18-1

年份	网点数(个)	用户数(户)	业务收入(万元)
2001	2	5506	383
2002	4	7141	563
2003	9	10641	1125
2004	12	15190	1269
2005	17	17943	1304
2006	23	25330	1563
2007	33	37348	2135
2008	37	48455	2446
2009	43	62414	3603
2010	47	73674	4074
2011	50	78322	4647
2012	51	83520	4850
2013	51	81027	4936
2014	48	78919	4708

通信管理 1999年,完善内部管理机制,提高服务水平,采取系列配套措施,确保各项业务稳步发展。2000年,建立健全客户欠费管理制度,要求各营业厅、代办点、托收银行将个人通信费按月上解,确保资金管理安全,回笼率100%。次年,落实首问责任制,把服务质量责任落实到每个岗位和员工。2004年,完善代办管理机制,建立《代理服务质量考核办法》,对代理商进行全方位考评,制定代办酬金发放标准。为不断优化网络,维护人员每月定期对所辖基站进行巡视。2006—2007年,开展基础管理提升达标活动。按达标要求,分别对市场经营管理、网络运行维护管理、安全生产管理、综合管理指标进行量化分解。把各个乡镇的移动通信业务分为3个片区进行管理,确立各片区的管理中心位置,直接管理所辖乡镇及行政村业务。明确片区经理服务站职责、服务标准和规范。2008—2010年,落实以资费套餐量身优选、异地交费随时随地、电子渠道以指代步、积分兑换足不出户、业务无障碍办理、垃圾信息自主屏蔽等六大服务举措;设立客户服务小组,设置24小时值班热线,负责客户投诉受理、解释、投诉督办,落实不良信息举报、收费误差双倍返还、客户投诉处理等工作。2011—2014年,开展"10分满意"优质服务活动,充分调动窗口服务人员的服务热情,提高主动服务意识,创新服务手段,进一步凸显移动网络的服务优势。

四、联通网络

1999 年 7 月，炎陵寻呼事业部并入中国联合通信有限公司，成立中国联合通信有限公司炎陵营业部。2003 年 1 月，更名中国联合通信有限公司炎陵县分公司。2008 年 10 月，中国联合通信与网通合并，更名为中国联合网络通信有限公司炎陵县分公司（简称中国联通炎陵县分公司）。公司位于霞阳镇井冈东路 35 号，内设综合、市场、集团、运维等中心，下设东、西、南片业务经理，负责所在片区的全业务管理，有营业厅 2 个，经销服务网点 30 个。

业务范围　1999 年 7 月之前，经营无线寻呼业务。当年 7 月 1 日，开通 GSM130 移动业务。至 2001 年，有 GSM130 手机用户 4500 户。次年，开通 CMDA133 移动通信网络，当年有用户 110 户，GSM130 用户 6500 户。此后，业务拓展。主要有 GSM、WCDMA 移动通信，固网通信（固定电话、宽带）、互联网、IP 电话（接入号 17911、17910、17919）、电信增值业务等。业务服务号码段有 130、131、132、133、153、155、156、185、186 等。2008年 10 月，133、153 号段并入中国电信。当年，炎陵县联通用户突破 1 万户。至 2014 年拥有手机、固定电话、宽带用户 2 万户。

通信基站　1999 年，在县城建立第一个 GSM 基站。至 2002 年，先后在瀚森宾馆、三河、小西苑、水口等地建立 GSM 基站 4 个、CDMA 基站 2 个。2006 年，有基站 23 个，网络覆盖率 80%。2008 年，二期工程完成沔渡夏馆、中村梅岗、龙渣、东风、策源等乡镇移动基站建设并开通业务。同时，为改善炎帝陵景区及周边通信状况，先后在炎帝陵景区附近开通直放站。到 2008 年底，炎陵分公司开通 33 个移动基站，项目投资 3000 万元。2009 年度，新建基站 30 余个。2014 年，开通基站 70 个，网络信号覆盖全县 15 个乡镇，网络覆盖率 90%。

五、数据通信

1995 年 5 月，开通数字数据通信网 DDN 节点，容量 30 路，有用户 6 户。1998 年用户数 40 户。1999 年，开通 IP 用户 17 户。2004 年，DDN 用户 94 户，IP 用户 4 户。2007 年 8 月 9 日，炎陵电信与炎陵公安局签订平安城市报警监控系统合作协议，“全球眼”业务正式落户炎陵。2010 年 9 月 28 日，开通“县长服务热线”。当年，全县宽带用户 6121 户。2014 年，全县宽带用户 1.3 万户。

第十九篇 旅 游

炎陵县山水秀丽，名胜荟萃，古有“文明奥区，湘东福地”之誉。文人雅士游历其间，常抒“瞻古陵而思跻民于仁寿，酌酃水而期明志于洁清”之情。

1988年10月，炎帝陵整修竣工。1992年桃源洞(后更名神农谷)名列国家森林公园。寻根祭祖、探幽览胜者纷至沓来，旅游业顺势而兴。1996年，中共炎陵县委、县人民政府作出加快旅游业发展，建设旅游大县的决定。2008年，县政府制定鼓励投资开发旅游业若干规定。2010年，县委十届八次会议提出打好旅游升温战，建设旅游强县，旅游业成为县域支柱产业之一。2014年，全县接待海内外游客351.08万人次，旅游综合收入17.8亿元，旅游从业人员1.5万人。

第一章 旅游资源

第一节 资源分类

按照旅游资源分类标准，炎陵县旅游资源分8个大类24个亚类71个基本类型226处景观。从资源要素价值、影响力、附加值等方面综合评价，五级景观7处、四级15处、三级93处、二级68处、一级43处。

2014年炎陵县旅游资源分类表

表 19-1

大类	亚　类	代表性景观
地文景观	综合自然旅游地	桃源洞国家森林公园　大院　梨树洲　密花
	地质地貌过程形迹	神农峰　金紫峰　团苍山　笔架峰 狮子岩　鸡公岩　仙坪石碕　金花崖 神农谷　青龙峡　大风垄小三峡　螃蟹山一线天
水域风光	河段	石板滩　石禾坪　青石冈溪段　黄挪潭溪　九曲水　江洲河滩　石钟滩
	天然湖泊与池沼	大院泥炭藓金发藓共生沼泽湿地 白龙潭　黑龙潭　圆潭　方潭
	瀑布	珠帘瀑布　神农飞瀑　白米下锅　坪坑瀑布
	泉	螃蟹山温泉　天星温泉　龙王井　洣泉　镜泉　井水坳
生物景观	树木	大院冷杉群落　南方铁杉群落　桦桑群落　南方红豆杉群落　穗花杉群落　福建柏群落　万亩竹林　万亩桃林 道任桦桑王　西坑、密花、下坪千年红豆杉　深垄千年古杉　沔渡、石鼓、桃岭千年古樟　山垄东方古柯　大坑古黄荆
	草地	横泥山高山草甸　腊菜塘草场　南风面高山草场
	花卉地	大院云锦杜鹃
	野生动物栖息地	神农谷黄腹角雉、大鲵、水鹿、猴群
天象与气候景观	光现象	神农峰日光环
	天气与气候现象	团苍山云海　神农谷云雾
遗址遗迹	史前人类活动场所	鹅坡上、伏米岭、樟树下、茶子山等龙山文化遗址
	社会经济文化活动遗址遗迹	平岗山、胡家坳、朱下坪、庙山等商周文化遗址
		瑶寨古堡(清)　黄杨寨遗址　天星寨遗址(元末)　月岭寨遗址(明)　鹰嘴岩钨矿碉楼(民国)
		御祭故道　湘赣边古道　夹石坳古道　东江渡、斜濑渡、王家渡、沔渡等古渡口
		黄草古瓷窑(明清)遗址　百年钨矿遗址　玉江口百年石灰窑遗址　鹰嘴岩运矿隧道
		朱毛首晤旧址十都万寿宫　连队建党旧址叶家祠（水口）　工农革命军第一师第一团团部旧址洣泉书院　工农革命军第一师师部旧址朱家祠(水口)、周家祠(中村)　首次插牌分田遗址道任(中村)　毛泽东为工农革命军讲课遗址八担丘(中村)　红四军第三次党代会遗址(沔渡)　红七军与湘东南独立师会师后驻地旧址(十都) 酃遂中心县委遗址(中洞山、桃源洞)　中共酃县县委、酃县苏维埃政府遗址(大院、板下楼、大坝) 红军医院遗址(桃源洞、上洞)　红军兵工厂遗址(上洞)　接龙桥战斗遗址　云虎战斗遗址　下坪战斗遗址　九曲水哨口遗址

续表 19-1

大类	亚类	代表性景观
建筑与设施	综合人文旅游地	湘山寺 湘山大雄宝殿 五子庙 铁瓦仙 婆婆仙 雷山寺
		神农园 湘山公园 文体活动中心
	单体活动场馆	红军标语博物馆 鲁坑小学复式教学
	景观建筑与附属型建筑	湘山塔 凌云塔 邑有圣陵石刻 黄冈碑 御碑园 知青阁
	居住地与社区	洣泉书院 江家试馆 何孟雄故居 郭春涛故居 下村刘家大屋 浆村民居 龙渣村古民居 鹏塘张家祠堂 潘家祠堂
	归葬地	炎帝神农氏陵墓、陵殿、陵园
		湘山、石洲、大院革命烈士陵园
		铁头太子墓 宋郡主墓 后晋尚书欧阳林启墓
	交通建筑	安济桥(宋) 接龙桥(清) 石桥村古桥 密花村古桥(清) 红星大桥 洣水特大桥
	水工建筑	筷子篓水库 春江筏道
旅游商品	地方旅游商品	新世纪梨 奈李 炎陵黄桃 炎陵红茶 绞股蓝茶 藤茶 香菇 木耳 云雾笋 清水笋 鲜笋(冬笋、春笋、小笋) 炎陵奇石 炎陵根雕 竹工艺品 花卉盆景
人文活动	艺术	炎帝陵系列邮品 钟馗画像(石刻版) 炎陵故事 炎陵歌谣三节龙 火星龙 瑶歌 瑶舞 瑶拳 藤牌舞 红旗舞
	民间习俗	尝新节 端午节 春节 春社 六月六 元宵摆灯 中元节 盘王节 三月三畲族祭祖
	现代节庆	炎帝陵公祭大典 清明祭祀炎帝陵 海峡两岸神农文化祭 杜鹃花节 黄桃节

第二节 旅游景区

一、炎帝陵景区

炎帝陵坐落县城西 19 公里处,是中华民族人文始祖炎帝神农氏的安寝之地。由圣陵、圣地、圣迹构成的炎帝陵风景名胜区,规划面积 118.86 平方公里,核心区范围 5 平方公里,设 6 个功能区。现已建成谒陵区、公祭区、缅怀区。

谒陵区是谒陵、进香之处,以炎帝陵墓、陵庙为中心。四周分布附属建筑与景观有:“邑有圣陵”“鹿原陂”石刻、龙脑石、龙爪石、洗药池、天使公馆、崇德坊等；纪念性建筑与景观：炎帝陵牌坊、御碑园、皇山碑林、咏邮亭、九龙印、白鹭亭、鹿原亭等。

公祭区是举行大型祭祀活动与文化旅游活动之地。以神农大殿、祭祀广场为主体。在长714米、宽12米的祭祀大道上，由北至南，布列九鼎九簋、龙珠桥、朝觐广场、咏丰台、圣火台、圣德林、福林、鹰鹿广场、五谷柱、阙门等人文景观。

缅怀区以神农园为主体，是炎黄子孙追缅始祖功德的场所。园区面积9.3万平方米，其中景观水域2.5万平方米。主游道长950米。建有神农教耕、“三母”育圣、炎帝儿女、“安寝龙宫”等大型雕塑，以及“锦绣潇湘”（橘子洲头、巴陵胜状、桃源仙境、武陵风光、崀山丹霞、天下南岳、九嶷翠微、邑有圣陵）微缩景观和国内名家制作的大型盆景，荟萃各地奇花异木3000余株。

二、神农谷景区

神农谷景区（神农谷国家森林公园）位于炎陵县东北隅，罗霄山脉中段，与井冈山风景区相连，面积237.86平方公里。距县城39公里。1992年7月由国家林业部批准设立，初名桃源洞国家森林公园，2005年更名。

景区平均海拔1000米。年平均气温12.3℃，旅游舒适期196天/年。区内重峦叠嶂，溪谷纵横，古木参天，飞泉挂瀑，云锦霞光，变幻莫测。有维管束植物2019种、陆生脊椎动物212种。其中，有国家重点保护的野生动植物103种。青山绿水之间，点缀众多人文景观，形成神秘、野趣、奇险、恬静的风景特色。

神农谷风景区包括甲水、田心里、桃花溪、平坑、横泥山、九曲水等6个风景片区、46个景点。其中，三级景点28处，二级景点12处，一级景点6处。有亚洲第一高负氧离子区——珠帘瀑布，负氧离子最高达13万个/立方厘米；湖南最高落差瀑布——神农飞瀑，落差235.2米。此外，尚有山区民居、客家风情、革命遗址等诸多人文景点。

三、湘山公园景区

湘山公园位于县城西郊湘山。一峰兀立，二水夹流。宋代在山顶修建宝塔、湘山寺，历朝为佛教圣地。1995年修建5公里环山游道，拓为公园。1997年入选省级森林公园。园区面积7平方公里，其中河流水域面积0.4平方公里。山上古木葱茏，山下水波粼粼。临高眺望，尽览县城风光。主要景点有湘山宝塔、湘山寺、大雄宝殿、五子庙、知青阁、新世纪碑、革命烈士纪念碑、名人园、革命烈士纪念堂、炎陵风情苑、珍稀植物园等。

四、红军标语博物馆景区

红军标语博物馆位于县城。由洣泉书院（工农革命军第一师第一团团部）、大操坪（工农革命军召开群众大会遗址)、红军标语博物馆、江家试馆(红军标语遗存地)、接龙桥红军战斗遗址等组成。占地面积 1.35 万平方米。主体建筑红军标语博物馆,占地面积 1572 平方米,建筑面积 3892 平方米,高 16.2 米,分 6 个展室。是全国首家以红军标语为主题的博物馆。2011 年建成开放。2013 年,开始创建国家 AAAA 级旅游景区,先后建成游客服务中心、生态停车场、文化墙、旅游购物小区等基础服务设施。

第三节 红色景点集群

1927 年 10 月至 1934 年 10 月,炎陵县(原酃县)先后成为井冈山、赣西南、湘赣革命根据地基本苏区县之一。工农革命军、红四军、红五军、红七军、红二十军、红三军团五军一师、湘赣(湘东、湘东南)独立一师、湘赣红军新编独立一师、湘赣红军十八师、湘赣红军独立四团、湘赣红军第九营等在炎陵县进行过浴血奋战。毛泽东、朱德、陈毅、彭德怀、罗荣桓、王震、滕代远、张云逸、萧克、黄克诚、张平化、周里等无产阶级革命家,在炎陵的山山水水留下他们的光辉足迹。已发现的红色旅游资源有 2 个主类,7 个亚类,9 个基本类型,共 58 处。其中五级景观 4 处,四级景观 6 处,三级景观 15 处,二级景观 10 处,一级景观 23 处。

水口镇—策源乡 1927 年 10 月,工农革命军第一师第一团在水口驻军 10 天。毛泽东在这里作出建立"工农武装割据"(革命根据地)决策。红色景点主要有:工农革命军第一师师部朱家祠,毛泽东主持士兵入党宣誓、首次连队建党旧址叶家祠,毛泽东旧居桥头江家,工农革命军练兵打靶遗址松山坝等。策源乡有:酃县红军医院,列宁小学旧址上洞廖家祠,酃遂红军医院,酃县兵工厂(后更名湘赣省军区第二军分区兵工厂)遗址石禾坪老厂里等。

中村乡 1928 年 3 月,工农革命军第一师第一、二团在中村驻军 10 余天。毛泽东亲自领导了井冈山革命根据地第一次分田运动。主要红色景点有:第一师师部周家祠,中共师委和酃县县委、中村区委联席会议旧址周南学校,毛泽东给工农革命军上政治课遗址八担丘(稻田),插排分田试点道任村等。

沔渡—十都镇 1928 年 4 月,井冈山工农革命军和南昌起义余部、湘南起义农军在沔渡、十都先后会师。红色景点主要有:毛泽东和朱德首次会面旧址十都万寿宫,红七军和湘东南独立师会师、驻军旧址十都万家大屋,红四军第三次党代会(军委扩大会议)旧址沔渡张家祠,毛泽东、朱德亲自指挥的井冈山革命根据地第一次反"会剿"战斗遗址虎爪(沔渡大江)、云凤仙(十都晓东)。

第四节 特色旅游名村

大院村 湖南省特色旅游名村。位于县境东部、湘赣边界,与神农谷景区接界。面积 89 平方公里。距县城 46 公里。境地为万阳山北段台地,台面为大小丘冈,四面为陡峭沟壑。平均海拔 1350 米,森林覆盖率 96.6%。三季有雪,四季有霜,终年无暑期,年平均气温

12.5℃,是理想的避暑之处。区内有长江以南地区面积最大的沼泽湿地,面积1.24万亩。村内旅游资源类型丰富,涉及8个主类,19个亚类,34个基本类型,73个旅游资源单体。主要景点有:十里云锦杜鹃林、南方铁杉群落、大院冷杉群落、高山湿地、高山茶园,以及铁头太子墓、铁瓦仙、湘赣边古道。红色景点有:毛泽东主持召开西坑会议遗址,中共酃县县委、县苏维埃政府(1928年6月至1929年1月)遗址,湘赣省工农银行酃县分行(中华苏维埃共和国国家银行湘赣省分行酃县支行)、中华苏维埃共和国国库湘赣分库酃县支库遗址等。

龙渣村　中国少数民族特色村寨。位于县境南部龙渣瑶族乡,距县城54公里,面积98平方公里。是瑶族居民聚居地。景区内横跨洣水支流的红星桥曾是亚洲最大跨度的单孔桥。新建炎汝高速公路洣水特大桥,长541米,主跨180米,最大标高712.72米,为湖南第一、全国第二标高的高跨大桥。区内有银杉群落、屏水山、青龙峡、"白米下锅"瀑布、瑶寨古堡遗址等景点,瑶歌、瑶舞、瑶拳、盘王节等非物质文化遗产,民族风情浓郁。

梨树洲村　全国乡村旅游扶贫重点村。位于策源乡东南部、湘赣边界,距县城50公里。湖南省特色旅游名村。景区面积39.98平方公里,平均海拔1450米,最高峰——神农峰(酃峰),海拔2115.2米,为湖南之最。森林覆盖率92%。年平均气温10℃—15℃,旅游舒适期大于200天。区内有珍贵孑遗植物—福建柏群落,"植物活化石"之称的南方铁杉顶级群落等,是旅游观光、休闲疗养、野外活动和科学考察的胜境。主要景点有:神农峰、原始森林、天然石臼群、天马寨、白水寨、高山草甸、福建柏群落、铁杉群落、万亩竹林等。

密花村　湖南省首批五星级乡村旅游区(点)。位于十都镇东南部,距镇政府驻地25公里,与神农谷国家森林公园交界。平均海拔800米以上。明清时期,这里曾驻军设卡(塘汛),故称密花塘。主要景观有:千年古道、古桥(莲积桥、同庆桥、永乐桥)、千年红豆杉、天然乌石、天然石洞、山涧飞瀑、龙源仙等。红色景点有:湘赣省军区第二军分区遗址(藤蓬山)、酃遂中心县委驻地遗址(中洞)等。

第二章　旅游规划与建设

第一节　旅游规划

一、景区规划

炎陵县旅游业起步之初,即着手制定各景区建设、保护与旅游发展规划。

1992年,株洲市、酃县人民政府委托国家建设部城市建设研究院风景园林研究所、株洲市规划设计院编制《中国炎帝陵风景名胜区规划大纲》。次年5月,经全国著名文物、古建、园林、旅游等方面专家评审通过。编制单位根据大纲要求,继续编制规划。

中南林学院旅游研究中心经过10个月工作,于1993年10月完成《中国·湖南酃县桃源洞国家森林公园总体规划》编制。将公园性质确定为观光游览、避暑度假、疗养健身、科学研究及教育等多种功能的综合性森林公园。当年12月通过专家评审。

1995年,由国家建设部城市建设研究院、株洲市规划设计院联合编制《中国炎帝陵风景名胜区规划(1995—2015)》。次年12月24日,湖南省人民政府批复实施。规划将炎帝陵风景名胜区定性为"以炎陵山及其附近的山水自然景观为基础,以炎陵庙、御祭建筑、故道及遗址和有神话传说等人文景观为核心,以祭奠拜谒人文始祖、弘扬炎帝文化为主,以观光游览和科研教育为辅"。风景名胜区由炎帝陵谒拜祭祀区、炎帝陵祭祀故道区、康乐乡农耕文化区、夹石岭神农采药区、王家渡日市集贸区、华夏墓园和管理用地与发展备用地等7大功能区构成。总面积111.1平方公里。1999年12月,通过《炎帝陵总体规划修编》评审,对《炎帝陵总体规划》作出适当调整,将七大功能区调整为6个。2000年,编制《炎帝陵公祭区景区控制性详规》。规划以炎帝陵文物核心区为中心,形成纵贯南北的炎帝陵祭祀文化景区。分4个部分,即文物核心区(以炎帝陵墓为中心)、纪念展示区(东南侧公祭区)、生态休闲区(炎陵山)、旅游配套设施区(纪念展示区以南)。4月,湖南省人民政府下发《关于炎帝陵公祭区规划方案的批复》,同意公祭区建设方案。

2008年,完成《梨树洲生态旅游区总体规划》。确立梨树洲生态旅游区以"亲近自然"与"生态养生"相结合的开发理念,逐步开发康体度假、生态养生、森林探险、户外拓展、森林观光等生态旅游产品。2012年,编制《大院旅游发展总体规划》,确立大院景区开发和建设的总体思路是:围绕森林康养、森林避暑的总体发展方向,建设"一心一带三区"功能分区(小院综合服务中心,大院生态骑行绿带,以及文化风情体验区、森林运动康养区、高山养生度假区)。梨树洲与大院规划,均由长沙国盛旅游规划设计有限责任公司编制。

2013年,委托中南生态旅游规划设计有限公司编制《湖南炎陵桃源洞国家级自然保护区生态旅游规划(2013—2023)》。规划范围包括万阳河、大院两大景区,总面积2045公顷。规划提出建设森林观光游憩、旅游综合服务、户外休闲游览及景观生态保育等四大功能区。

2014年,编制《炎帝陵景区发展总体规划》,由北京江山多娇规划设计院完成。提出将炎帝陵景区打造成集拜祖祈福、生态观光、文化体验、休闲度假、商务休闲于一体的国际性文化生态旅游景区及炎陵县旅游的核心品牌、株洲市旅游的龙头驱动极、罗霄山片区休闲度假胜地、湖南省精品旅游景区和中国根祖文化旅游胜地,最终将炎帝陵景区建设成为国内一流、国际知名的综合性旅游景区。

二、全县旅游发展规划

1996年,中共炎陵县委、县人民政府作出《关于加快旅游发展建设旅游大县的决定》,提出2000年建成旅游大县目标。2001年,由中南林业科技大学森林旅游研究中心、中南生态旅游规划设计有限责任公司编制《湖南·炎陵旅游发展总体规划》。11 月完成规划大纲，2005 年公布。制定的战略目标是，将炎陵县建设成特色鲜明、设施完善、服务一流的旅游大县、旅游强县、优秀旅游县。2005 年，委托长沙国盛旅游规划设计有限公司编制《炎陵县红色旅游发展专项规划》。对炎陵县革命历史文化遗产保护与修葺、挖掘与整理、科学整合、红色旅游产品开发等作出规划。提出打造中国首创性革命活动遗址集群旅游目的地品牌，把炎陵建成一个以红色旅游为特色、集民族寻根、生态休闲和参与体验等为一体的综合型旅游区。

2012 年 12 月，国务院扶贫开发领导小组办公室、国家发展和改革委员会制定《罗霄山片区区域发展与扶贫攻坚规划（2011—2020 年）》，提出依托红色教育基地、古村古镇和风景名胜区、森林公园、湿地公园、自然保护区等旅游资源，重点发展红色旅游、生态旅游、乡村旅游、历史文化游。加强旅游资源整合和旅游产业区域合作，构建旅游开发协作网络。

2013 年，委托湖南师范大学旅游研究所编制《炎帝神农文化旅游产业园总体规划（2013—2020）》。提出将炎帝陵旅游片区和神农谷旅游片区及霞阳旅游综合服务中心区联合设立炎帝神农文化旅游产业园。规划面积 82.06 平方公里。规划目标：建成以炎帝文化为内涵的多功能综合性的具有国际影响力的旅游产业园和湖南国际旅游精品。

2013 年 3 月，炎陵县人民政府发布《炎陵县旅游特色产业发展规划》，确定旅游特色县域经济发展目标是：建成全国知名旅游胜地、全球华人精神家园、全国低碳经济先行区；创建炎帝陵国家 AAAAA 级旅游景区、红军标语博物馆国家 AAAA 级旅游景区、神农谷国家级生态旅游示范区，实现旅游总收入、旅游就业人数和旅游接待人次翻倍。

第二节　旅游建设

一、景区建设

炎帝陵景区　1988 年 10 月，炎帝陵殿整修工程竣工。1992 年 3 月，株洲市人民政府公布炎帝陵为风景名胜区。1993 年 4 月，省长陈邦柱召开省长办公会议，重点研究炎帝陵建设。此后，省、市、县政府根据规划，相继修复、建设一批附属工程与纪念性建筑，并启动炎帝陵绿化工程。1993 年 7 月，修建圣火台。“炎黄杯”世界华人华侨龙舟赛取圣火仪式在圣火台举行。1994 年 2 月，县政府组织 1000 余名干部职工参加绿化圣火台义务劳动，栽植花木 3000 余株。10 月，炎帝陵地标建筑——炎帝陵牌坊建设竣工。1995 年 8 月，县直机关干部 2000 余人参加义务劳动，修建炎陵山游道（兼消防通道）2.1 公里。同年，全面维护修葺文物建筑、景点、游道、卫生设施、路标等。1996 年后，炎帝陵管理局自筹资金，先后建成御碑园、皇山碑林，九龙印等景观。1997 年，兴建杨钱洲停车场。

2000 年 5 月，由炎帝陵基金会筹集资金，实施炎帝陵一期工程建设。至 2010 年，基本完成一期工程项目。相继建成阙门、五谷柱、鹰鹿广场、圣德林、福林、咏丰台、圣火台、朝觐广场、龙珠桥、九鼎九簋、祭祀广场、神农大殿及东西配殿。增强炎帝陵的圣地感和祭祀活动的仪式感。2012 年，兴建旅游生态停车场，在神农大殿、陵殿、圣火台、咏丰台等主要景点安装饮水设施，更新景区导游标识牌。2014 年动工，兴建神农园，面积 140 亩。园内有以炎帝传说为主题的大型群雕和有代表性的湖湘山水盆景。遂形成炎帝陵庙区谒陵、公祭区祭祀、神农园缅怀三大功能区。同年，启动旅游服务中心建设。

神农谷景区 1991 年，修建游道 20 公里，始有散客入区旅游。1995 年，建成珠帘瀑布 300 米环形游道。1996 年，建设十里桃花路、兰花园、凉亭、珠帘瀑布铁索桥(后拆除)等景观 12 处，全面开发珠帘瀑布和黑龙潭景点。1998 年，兴建竹园度假村，推出“客家风情游”，将旅游线路延长至蕉坑。2000 年，改造黑龙潭景点游道 2 公里，形成环形游道；装修珠帘山庄，建立卫星电视接收站，初步具备旅游接待能力。2003 年，开发落水源瀑布群以及龙母生双子等景点。2004 年改造公园门楼，以崭新面貌迎接八方来宾。同年，引进客商，开发水上乐园项目。修筑游道 2.3 公里，开发溯溪景点。2005 年，景区入口增设咨询台和导游图，在景区内安装垃圾箱，更新景区内危险地段栏杆。2007 年，修建游客服务中心，集旅游、接待、保护、科研、宣教于一体，建筑面积 2000 平方米。2010 年，修建珠帘瀑布停车场 1500 平方米，生态环保厕所 2 座，安装标示标牌 93 块、游道安全防护栏 23 米、垃圾箱 13 个。2011 年，修建桃花桥至神农飞瀑游道 1000 米。完成楠木坝游客服务中心建设，新修 1.2 万平方米生态停车场。2012 年，修筑神农飞瀑景点 6000 米栈道、安全护栏及休息长廊。2012 年，建成神农湾大酒店。

湘山公园景区 1979 年，修建酃县革命烈士纪念碑。1995 年，修建湘山桥。1996 年，机关干部职工 3000 人参加义务劳动，开辟环山游道 5 公里。当年 7 月，成立湘山公园管理局。投入 480 万元，建造知青阁、五子庙、公园门楼、游泳池、名人园等景点与设施，硬化知青阁至五子庙游道，维修湘山宝塔。

1997 年，在山上打造“神话第一山”和天园娱乐场。1998 年，修复接龙桥战斗遗址，完善名人园、五子庙等景点，硬化 1.6 公里园内主干道。1999 年，兴建谐趣园、古桩盆景园。年末，在公园南山，竖立跨世纪纪念碑。2000 年，修建湘山度假村，兴建娱乐城 300 平方米、美食宫 200 平方米。次年，续建音乐茶座、桑拿浴室、公共场所等。2001 年 7 月，在湘山西侧新建大雄宝殿。2004 年，完善斋堂、凉亭等附属设施，恢复湘山寺香火。

2008 年后，建设湘山滨景园、接龙桥风光带，在接龙桥建立“朱毛红军在酃县”大型石雕。以神农炎帝十大功绩、朱毛红军在酃县革命实践活动、炎陵民俗文化等为题材，兴建文化墙 3 座。2013 年，修整改造烈士陵园，兴建革命烈士纪念馆，陈列革命烈士事迹。

二、红色景点建设

1974 年，全面维修洣泉书院，并成立毛泽东在酃县革命活动纪念馆，陈列毛泽东和工农红军在酃县革命活动相关资料、图片、文物等。2003 年，整修江家试馆。2005 年，对朱家祠进行抢救性维修，并在 106 国道旁设置向导标志牌。同年，维修洣泉书院并全面修改陈列内容与形式。2007 年，维修中共酃县县委旧址（石洲锅厂下）。2008 年 9 月，红军标语博物馆动工兴建。工程包括主体建筑、红军文化广场及周边绿化等，投资 2000 万元。2011 年建成开馆，并列入第二批全国红色旅游经典景区名录、湖南省全民国防教育基地、当代军人核心价值观培训基地、中国井冈山干部学院现场教学点和思想政治教育基地。同年，修缮叶家祠、朱家祠、周家祠并重新陈列布展。2012 年，全面维修水口江家桥头毛泽东旧居，对外开放。2013 年，修复朱毛首晤旧址——十都万寿宫，次年陈列布展，对外开放。

三、特色旅游村建设

2010 年，密花村拓宽、硬化村内道路25.6 公里，修建占地 1300 亩，集休闲、娱乐、餐饮为一体的密花山庄。开发林中休闲、商务休闲、田园超市、会议接待中心、休闲运动场、河滩烧烤、戏水、垂钓、泉水游泳等旅游项目。2011 年，龙渣村启动瑶族民居房屋改造，随后修建文化广场、民族牌楼、风雨桥等旅游活动设施。2012 年，梨树洲村修建中洲至上洲乡村慢游路 2 公里，上洲至杜鹃花海、高山草甸山林便道 3 公里，天马寨溯溪景观临溪安全通道 800 米，安装村道保护栏 5.8 公里。兴建旅游服务综合楼，开通光纤网络和移动 4G 网络。大院村对村内公路网进行改造，修建东坑飞瀑、白鹇谷游道；建设户外营地、停车场、景观台，完善旅游标识牌。至 2014 年，特色旅游村普遍建成通讯、供水、供电、垃圾及污水处理设施，有比较完备的餐饮、住宿、购物、娱乐配套设施。村内景点之间、景点与服务区之间的道路进行升级改造，并安装标识系统及安全防护设施。

四、基础设施建设

交通　1990 年以前，炎陵县进出境公路有 106 国道和通往江西井冈山、遂川，湖南桂东、资兴、安仁等周边县市公路。公路等次低，旅途耗时长，成为炎陵旅游短板。2000 年后，对 106 国道以及省道、县道进行全面提质改造，2004 年，完成乡通村公路改造，旅游交通大为改善。

2009—2013 年，衡（阳）吉（安）高速公路、平（江）汝（城）高速公路、衡茶吉铁路相继建成通车，境内设有高速公路收费站与火车站，县内公路与之连接。出入境交通东西方向有衡茶吉铁路、衡吉高速，南北方向有 106 国道、平汝高速。实现公（路）铁（路）交联，南北通达。

2013 年，修筑 S205 旅游环线 103 公里，途经 8 个乡镇（场），串连各个景区、景点以及特色旅游村。游客在进入目的景区同时，还可游览沿途山水风光和风土人情。

宾馆　1992 年，县内仅有酃县招待所一家涉外接待单位。1996 年，县粮食局兴建神农宾馆（1998 年晋级二星级宾馆）。随后，县绿银集团公司兴建瀚森宾馆，县国税局兴建小西苑宾馆。

2000年后，旅游持续升温，文化旅游活动密集，游客急剧增加，旅游接待能力随之快速提升。2000年，原县委招待所改造为鄢峰宾馆（2002年晋级二星级宾馆），2001年县邮电局兴建邮缘宾馆（2013年晋级三星级宾馆），2004年县地税局兴建龙井大酒店。2012年，投资1.63亿元的和一国际假日酒店竣工营业，为县内第一家五星级宾馆。同年，洣西客栈、星河宾馆、168商务宾馆、金泰宾馆、威斯汀宾馆晋级株洲市旅游家庭宾馆。2014年，洣江楼山庄入选湖南省五星级乡村旅游区（点）。2014年，建成五星级宾馆雄森国际大酒店。旅游接待能力与接待水平显著提升。

农家乐 2003年，沔渡镇兴建竹园山庄，开发农村观光休闲旅游。2006年，神农谷珠帘山庄晋级五星级休闲农业山庄。2008年，县政府制定鼓励投资开发旅游政策，鼓励民间资金投入旅游建设。当年，十都镇建成江南民俗风情一条街。2010年，十都镇密花村密花生态山庄开业，翌年入选湖南省五星级乡村旅游区（点）。2011年，鹿原镇荣获湖南省旅游名镇。2012年，芙蓉宾馆晋为湖南省旅游家庭宾馆；问荷山庄入选湖南省五星级乡村旅游区（点）。

2014年年末，全县有宾馆、酒店、山庄等100余家，床位7000余张。其中，星级宾馆11家（五星级标准酒店2家，三星级宾馆2家）。农家乐近100家。其中，五星级3家，四星级11家，三星级9家。餐饮业经营户503户。其中，神农福、红厨房、梓诚土菜馆为株洲市旅游餐饮示范点。特色菜肴有什样锦、乡里腊肉、粉蒸鹅肉、云雾翠玉笋、豆腐乳等。风味小吃有馓子、豆饼、姜糖丝等。传统点心有艾叶米馃、糍粑、油炸蕨饼等。土产酒水有糯米水酒、甜酒、压酒等。

第三章 旅游文化研究与宣传

第一节 旅游文化研究

1992年3月，湖南省政协组织炎帝陵考察团，考察炎帝陵建设与旅游开发。提出加强文化研究，为发展旅游提供支撑。11月，全国政协组织文物、古建、考古专家考察炎帝陵，确认炎帝陵具有“特殊的重要价值”。围绕炎帝、炎帝陵、炎帝文化、炎陵县文化旅游的研究自此展开。

1993年9月，湖南省举办第一次炎帝文化学术研究会。来自海内外49位专家学者参加。至2014年，以中国稻作文化、中华医药文化、中华茶文化、中华龙狮文化、世界客家文化、湘赣边界神农文化为主题的研讨会召开15次。其中，由中华炎黄文化研究会和湖南省、株洲市政府联合举办的全国性研讨会5次；由海峡两岸有关组织在炎陵县举办的海峡两岸文化交流讲座3次。

炎陵县文化研究会先后在炎帝陵、桃源洞、大院、沔渡、水口、十都、中村、龙渣、密花、梨树洲进行文化考察，并召开专题研讨会，对各地的历史文化、民俗文化、生态文化与旅游开发进行整理与探讨。1997年12月26日，中共炎陵县委在洣泉书院举行纪念毛泽东和工农红军在炎陵县革命活动70周年，邀请老红军、老干部及党史工作者，对进行革命传统教育，发展红色文化旅游提出建议。2011年6月，湖南省委“支部建在连上”理论研讨会在炎陵县召开，高度评价“水口连队建党”的重要意义。

第二节　旅游宣传

书刊　1988年，株洲市修复炎帝陵筹备委员会、酃县修复炎帝陵工程指挥部编写《炎帝和炎帝陵》，由光明日报出版社出版，是第一本系统介绍炎帝与炎帝陵的书籍。此后，相继出版发行宣传炎帝、炎帝陵、炎帝文化的专著与读物有：《神州第一陵——炎帝陵史话》《炎帝文化历史丛书》《神州第一陵·炎帝陵》《神农医药文化系列丛书》《炎陵文化丛书》《鹿原陂上炎帝陵》《炎帝祭文集》《炎帝故事》《炎帝神农氏说传》《天下炎陵·诗词楹联集》《海峡两岸共祭炎帝神农》等100余种。编印宣传炎陵红色文化的专著与读物有：《湘山风云》《毛委员在炎陵》《丰碑》《走进红色炎陵》《炎陵飞歌》《炎陵人物》等。推介旅游景点及旅游指南的读物有：《天生一个桃源洞》《可爱的炎陵》《带你游炎陵》《炎陵旅游指南》《炎陵旅游手册》《始祖圣地，山水炎陵》《读享炎陵》《炎陵圣境》《炎陵情》以及画册、摄影作品《美丽炎陵》《炎陵风光》《炎陵之旅》。光碟有：《炎帝陵旅游服务指南》《炎陵情》；挂历有《炎陵览胜》等。至2014年，县政协编印《炎陵文史》10余辑，炎陵县炎陵文化研究会编印《炎陵文化》23期，整理大量文史资料，为文化旅游提供丰富资源。

报纸　1987年9月8日，香港《华侨日报》报道炎帝陵修复的消息。1989年1月，台湾台中县雾峰乡圣贤宫从炎帝陵迎回一尊神农炎帝金身塑像，台湾《联合报》《中国时报》均作报道。5月，香港大公报报道台湾同胞赴炎帝陵祭祖盛况；日本《读卖新闻》《产经新闻》《朝日新闻》等刊登日中友好人士米仓大谦题词“耕不尽”，并载文介绍炎帝神农氏与炎帝陵，在中国港台地区及海外引起反响。

1993年3月，株洲市政府在北京召开炎帝陵新闻恳谈会，《人民日报》《中国旅游报》《香港大公报》等报刊相继报道，推介炎帝陵。1995年5月，由新华社、《人民日报》、中央人民广播电台、中央电视台、《光明日报》《经济日报》《法制日报》《工人日报》《中国企业报》《中国旅游报》等组成中央新闻单位采访团诣陵祭祀、采访，炎帝文化得以广泛传播。

为推介炎陵旅游，2002年，株洲日报开辟“炎陵专版”和“旅游专栏”；湖南日报以“一方神奇的山水”“炎帝：华夏根脉千千结”“相约重阳！洣水鹿原”等形式整体介绍炎陵旅游。2003

年10月,《人民日报》《深圳日报》《深圳晚报》《深圳商报》《羊城晚报》《香港大公报》等相继报道在深圳市举行的炎陵(深圳)旅游推介会。

2008年,《株洲日报》《长沙晚报》开辟专栏,推介炎陵旅游。2010年,《湖南日报》《株洲日报》开辟专版,宣传炎陵文化和旅游。2013年,在深圳文博会上,与《湖南日报》合作,制作整版宣传特刊,宣传推介炎陵旅游。

2014年,与湖南旅游、湖南旅游年鉴、湖南自驾游精品指南·亲子游、湖南日报、中国旅游报、潇湘晨报等报刊合作宣传炎陵旅游。

电视 1999年5月,邀请广东卫视台拍摄专题宣传片《神州第一陵——炎帝陵》,分别以国语、粤语在广东卫视台、珠江电视台、香港翡翠台、香港本港台播放。当月,湖南省电视台播放《神奇的桃源洞》全面介绍桃源洞旅游。6月,中央电视台《我爱中华》栏目播放爱国主义教育专题片《炎帝陵》。10月17日,举办中华5500年祭祀炎帝陵典礼。中央电视台第一套节目《早间新闻》和当晚《新闻联播》、第四套国际频道及广东卫视台、香港凤凰电视台分别报道。

2000年5月20日,炎陵县政府与湖南卫视文体中心联合举办'2000中国湖南"鸳鸯戏水漂炎陵"活动,湖南卫视6月8日《聚艺堂》专栏节目66期播出。

2001年1月10日,《炎陵红军标语》在中央电视台七套《农村文化巡礼》栏目播出。

2002年,香港凤凰卫视首次聚焦炎陵,赴炎帝陵拍摄"神州第一陵",与张家界、岳阳楼、衡山等列为湖南旅游主要景点宣传片,在该台连续播放半年。中央电视台5台《早安中国》栏目推介:神州第一陵——炎帝陵,炎陵民俗文化——火星龙表演,国家森林公园——桃源洞原始森林风景。湖南卫视首次在天气预报栏目中以炎帝陵风景图片为背景。

2005年,炎陵县电视台制作红色旅游专题片《寻访红土地》,在县台滚动播出。2006年,中国教育电视台《文明中华行》栏目组、香港有线电视台《直通世界》栏目组、湖南电视台《快乐之旅》栏目组赴炎陵采访、制作炎帝陵和炎陵文化宣传纪录片,在全国80多家电视台播出。

2007年11月19日,中央电视台综合频道、新闻频道《新闻联播》节目,以《寻根文化·红色文化·助推湖南旅游热》为题,对炎陵红色文化旅游进行报道。2008年,在湖南卫视气象栏目播放炎帝陵景区图片广告。2010年,在中央电视台一套、四套、香港凤凰卫视开辟专栏,宣传炎陵文化和旅游。

2014年,与湖南电视台国际频道《相当韵味》栏目组、江西电视台合作拍摄炎陵旅游文化、饮食、民风民俗等主题节目,在江西电视台五频道午间播出。

广告 1996年,向社会公开征集炎帝陵旅游广告用语,印制2000份张贴在炎陵县客运班车上,营造旅游气氛。1998—2001年,先后在井冈山黄洋界、井冈山市区、炎帝陵牌坊、106国道、1857省道、炎资公路、沔桃公路沿线设置炎陵旅游宣传广告牌。

2003年,湖南旅游形象广告片——炎帝陵景区,全程在香港凤凰卫视中文台滚动播出。

“十一黄金周,炎陵任你游”旅游广告片在茶陵、攸县等县电视台滚动播放。

2005 年,在长潭高速马家河、长益高速幸福渠路段分别设立双面立柱和三面立柱巨型旅游形象广告宣传牌。2007 年,在长沙市公交车车身刷制宣传广告。

2008 年,与红网合作,征集炎陵旅游形象宣传广告词,收到 6526 条。

2011 年,在京珠高速、衡炎高速先后设立“四月来炎陵——拈花惹草”“风雨吹不去墙上的历史——炎陵红军标语博物馆献礼建党 90 周年”“炎陵神农谷——负氧离子天然工厂”“登山是一种生活态度”等巨幅广告牌。次年,在井冈山井泰高速、武广高铁衡山西站、株洲火车站、井冈山茨坪至砻市公路沿线竖立巨型旅游广告牌。

2014 年,在湖南卫视天气预报栏目、长沙公交车、长沙地铁 2 号线投放炎陵旅游形象广告。

邮品　1988 年 11 月,炎帝陵主殿修复竣工,县邮电局发行《炎帝陵主殿修复》纪念封 1 枚。1991 年 6 月 8 日,发行“炎帝诞辰”集邮卡 1 枚,纪念戳图案为神农种谷图。1993 年,发行《公祭炎帝陵》《炎陵圣火》纪念封 1 套 2 枚;炎帝陵风光明信片 1 套 10 枚,以及炎帝陵旅游纪念册和纪念卡。1994 年,发行《酃县更名炎陵县》《江泽民主席为炎帝陵题词》《湖南省各界公祭炎帝陵》《桃源洞国家森林公园开园》纪念封各 1 枚。

1998 年 10 月 28 日,举办《炎帝陵》邮票首发式。第 22 届中国邮联大会暨’99 世界集邮展览中国组委会副主席刘平原,邮票设计者李德福等莅临仪式,吸引全国集邮爱好者 5000 余人参加。翌年,中央电视台第二套节目《邮市行情》推出《炎帝陵》邮票小型张,受到海内外广泛关注。

2006 年,制作发行 1300 套本册式和 7500 枚单枚式旅游风光明信片。2010 年 12 月,发行《圣地炎陵》邮册 5000 册。2011 年,发行《梨树洲风光》1000 册。

第四章　旅游开发

第一节　旅行社与旅游线路

一、旅行社

1996 年 7 月,县内第一家旅行社——神农旅行社正式营运。1998 年,县烟草局创办金叶旅行社。2002 年 3 月,炎帝旅行社注册开业。2005 年 8 月,株洲中联国际旅行社有限责任公司设立炎陵县营业部。2010 年 8 月,株洲市亲和力旅游国际旅行社有限责任公司在炎陵设立营业部。2011 年 4 月,株洲新闻国际旅行社有限责任公司在炎陵设点。2012 年 2 月,株洲市环球国际旅行社有限责任公司、株洲市完美假日国际旅行社有限责任公司分别在炎陵设点。2014 年,全县有旅行社 4 家。

二、旅游线路

经过多年经营,至 2014 年,建立 10 条旅游线路。

跨区域旅游线路 6 条:株洲(炎帝陵)—衡阳(南岳)—永州(舜帝陵);岳阳(平江)—长沙(浏阳)—株洲(茶陵、炎陵)—衡阳(衡东)—郴州(汝城);长沙—炎陵—井冈山;广州—南岳(郴州)—炎陵—井冈山;韶山—炎陵—井冈山;炎陵—衡阳—韶山—张家界。其中,长沙—株洲(炎帝陵)—衡阳(南岳)—永州(舜帝陵)旅游线路被湖南省旅游局列为全省 7 条旅游精品线之一;长沙—炎陵—井冈山旅游线路被列为“寻根祭祖、重走红军之路”湖南跨省游 4 条精品线之一。

县内经典景点旅游线路五条:香樟温泉度假村—炎帝陵祭祖(祭祖祈福游);炎帝陵—红军标语博物馆—神农谷生态旅游度假区(古、红、绿游);神农谷—大院—梨树洲(生态休闲度假游);洣泉书院—红军标语博物馆—叶家祠—周家祠;红军标语博物馆—万寿宫—万家大屋(爱国主义教育游)。

第二节 旅游产品

现已开发的旅游产品(活动)有五大类 70 余项。

炎帝陵祭典 炎帝陵公祭、海峡两岸神农文化祭(大陆、台湾)、炎帝陵进香祈福、神农赐福·两岸同沐(神农大帝圣驾遶境,台湾)、朝圣之旅(台湾)、炎帝金身塑像开光、炎帝千秋圣诞(农历四月二十六日)、炎帝生忌日(农历七月七日)、农历新年头炷香、圣火台取圣火、百龙祭祖、中国寻根之旅(海外华人)、世界客家人祭祀炎帝陵、客家文化寻踪夏令营、湘台学子友好夏令营、两岸青年联欢节、炎帝陵自驾游、平安大典、药王节、中华茶祖节、祭祀农祖、祭祀贸易始祖、祭祀陶祖、祭祀酒业始祖、开耕节、祈福世界和谐(佛教)、弘道祭祖·祈福和谐(道教)。

红色经典 重走红军路、红色课堂、红色印记、重温入党誓词、苏区歌谣汇唱、欢乐潇湘·红色炎陵、红歌会、红色景点游。

文体娱乐 鸳鸯戏水漂炎陵、炎陵漂流、美食节、十都龙灯文化节(正月十五)、沔渡客家文化节、石洲竹文化节、农耕趣味健身、重踏青春足迹·知青第二故乡行、盘王节、畲族三月三祭祖、旅游笔会、森林写生、客家山歌会、三月三·登金紫仙、登神农峰、酃峰“新铁人”三项挑战赛、大院骑行、科普旅游、马安健复式教学观摩、摄影大赛、篝火晚会、夜游。

观光游览 黄桃大会、黄桃节、桃花节、云上大院·云锦杜鹃花节、生态民俗美食文化节、炎帝文化旅游节、云锦杜鹃花暨户外旅游节、挖笋大赛。

休闲度假　周周有约、农家有乐、深呼吸大赛、森林康养、森林度假、艺术休假、科普度假、茶园养生。

第三节　旅游购物

1990年以前，县内有竹木藤厂、竹木工艺厂、竹制品厂、雕刻工艺厂，生产少量竹木工艺品，按单接产，产品外销。湘玉瓷厂生产工艺瓷，供外贸出口，有少量内销。1985年，县雕刻工艺厂刘辉煌制作根雕作品，参加首届全国林产品展销会，获得好评。2000年后，奇石收藏成为热门，炎陵根雕、炎陵奇石为游客青睐。

至2014年，已开发的旅游商品：特色工艺品有竹木根雕、奇石、竹编；纪念品有炎帝像（多种造型）、炎帝香包、五谷包；文化制品有炎帝陵邮票邮品、炎帝陵风景画册、钢笔写生画、工笔花鸟画、钟馗像（清代石刻拓片）；土特产品有炎陵黄桃、新世纪梨、奈李、高山云雾笋、野生香菇、清水笋、玉兰片、黑木耳、天堂茶、高山乌龙茶、神农铁观音、炎陵红茶（万阳红）、洣溪茗峰、绞股蓝茶、藤茶、茶籽油、山蜂蜜、酃县白鹅（制品）、腊肉、豆腐乳、炎陵米酒等。

第四节　旅游推介

一、推　介

1994年，随株洲市旅游局参加湖南省招商局在日本举行的招商洽谈会和香港旅游交易会。1999年，首次组团参加全国性旅游交易会——’99昆明国内旅游交易会。展出炎陵旅游风光图片20余幅，发送宣传资料2000份。2001年，省人民政府在香港举行湖南重点旅游项目推介说明会，向海内外隆重推出炎帝陵旅游项目。同年组团参加广州国际旅游展销会、成都全国旅游产品交易会、湖南—香港投资贸易洽谈会，推介炎陵旅游。2002年，组团参加2002年中国国内旅游交易会，“炎帝陵—井冈山”旅游线路被评为省际精品旅游线路。

2004年，与广东飞霞风景名胜区合作，设立炎陵县旅游局驻广州办事处，并在广州举办“开展泛珠三角大旅游，开辟炎帝文化新系列”旅游产品大型发布会。2006年，组织召开首届中博会炎陵（长沙）旅游推介会，与来自长株潭近百家旅行商签订意向合同。2007年，组团参加中国（苏州）国内旅游交易会、湖南人游湖南——首届湖南省自驾车旅游黄金线路展览会暨推荐活动、湖南旅游节博览会，推介炎陵旅游，当年来炎陵旅游人数大幅上升。

2009年，随株洲市旅游局代表团参加昆明“中国国际旅游交易会”，推介炎帝陵、神农谷等景点及旅游线路。2012年，组团参加2012中国欢乐健康游主题旅游年港澳启动仪式暨主题推广活动。2013年，参加湖南省旅游局举办的“北京、石家庄、深圳”高铁旅游推介会、贵州国内旅游交易会和株洲—宜春旅游推介会。在湖南省第四届旅游产业博览会上，开设炎陵展厅，宣传推介炎陵旅游。2014年，在长沙、衡阳、郴州等地举办专场旅游推介会，成功组织200多名来自江西、郴州等地的旅行社负责人、导游来炎陵踩线，与90多家省内外旅行社签订合作协议，开通旅游专线。

二、促 销

1996年2月，向海内外寄发贺年卡(邀游函)30余份，先后收到台湾等地8家回复，计划组团到炎陵祭祖旅游。9月29—10月2日，举办'96金秋知青炎陵第二故乡行活动。来自全国各地的1300余名知青代表回到第二故乡，参加祭祀炎帝陵、知青阁落成暨湘山公园开园典礼、联欢晚会、重踏青春足迹等活动。当年旅游创收突破百万元大关，达到108万元，其中门票收入72.9万元，较上年增长73%。

1998年，举办'98炎陵旅游节，推出神农歌舞、御祭盛典、湘山宵夜、客家风情等经典节目和森林浴、探险漂流、篝火晚会、炎陵史话等专题旅游项目。是年，共引进各类会议旅游团队70批次，309人次，总消费114.9万元。全年接待游客18.7万人次，门票收入113万元，景区直接收入238万元，全县旅游总收入2910.6万元。

2002年，春节及“五一”“十一”黄金周期间，推出一系列蕴含炎帝文化的特色旅游项目(炎帝御祭礼制表演、客家婚俗表演、炎帝广场文艺、神农溪漂流等)。对周边县市老百姓前来祭祖实行“大开门”、对学生团体夏令营和爱国主义教育实行优惠政策。全年共接待游客32.1万人次，实现门票收入290万元，旅游综合收入9048万元，同比分别增长10%、39%、45%。

2003年，县委、县政府制定《炎陵县旅游产业发展考核办法》，各考核单位全年共招徕游客1.9万人次，实现旅游消费311万元。全年接待游客34.7万人次，实现门票收入315.6万元，旅游综合收入1.01亿元，同比分别增长8%、7%、11.6%。

2005年，组织“五月相约株洲(炎陵)，共商做大旅游”踩线交流活动，邀请岳阳、常德、衡阳、邵阳、湘潭等市50余家旅行社到炎陵实地考察、现场踩线，当场签订旅游合作协议书近70份。全年接待游客50万人次，实现门票收入503万元，旅游综合收入1.37亿元，同比分别增长25%、35%、15%。

2007年，组织南京至炎帝陵首次包机贵宾团寻根活动。全年共接待游客64万人次，实现门票收入640万元，旅游综合收入1.97亿元，同比分别增长16%、24%、25%。

2009年，组建旅游营销招商小分队，分赴江西吉安、南昌、宜春和湖南衡阳、郴州、湘潭、长沙及广东广州、韶关等地促销。与衡阳市、郴州市、永州市、双峰县结成大湘南3+2旅游合作联盟。

2010年,开通衡阳—炎陵旅游专线。在8月7日首发式上,220名游客赴炎陵旅游观光。全年共接待游客150万人次，门票收入2800万元，旅游综合收入8亿元，同比分别增长47%、29%、55%。

2012年,举办国台办重点交流项目——“海峡两岸炎帝神农文化祭”。参加中国湖南旅游博览会以及武汉、韶关、广州旅游专场推介会,提高炎陵旅游知名度、美誉度,带动炎陵旅游人气持续上升。全年共接待游客23.49万人次,门票收入6785.5万元,旅游综合收入11.39亿元。同比分别增长32.1%、31.3%、21.9%。2013年,开通炎陵旅游网,启动网上营销。

2014年,邀请江西省60余家、郴州市40余家旅行社和井冈山景区游客服务中心100余名导游和讲解员到炎陵考察、踩线,组织踩线团与县内景区景点、星级宾馆、旅行社及在炎旅游服务网点、旅游团队、餐饮店、旅游购物点等涉旅单位签订合作协议。对周边7个县市当地居民来炎陵旅游,景区实行门票折扣优惠。相继推出春节祈福祭祖游、神农谷认养“爱情常青树、欢在神农谷、乐在女人心”、景区“周周有约”“深呼吸大赛”、民俗表演互动等活动。以炎陵旅游网、炎陵旅游官方微博、微信为传播阵地打造新媒体营销,与同程网、携程网、兜兜网合作,实现网络宣传和购票。全年共接待游客351.08人次,旅游综合收入17.8亿元,同比分别增长16.3%、18.5%。

第五章　旅游管理

第一节　管理机构

1992年10月,酃县旅游管理局成立,为正科级事业单位,定编3人。次年2月挂牌办公。1993年,与株洲市对口,县设公祭办,负责省、市、县炎帝陵公祭活动的联络与协调工作。1994年,县直机关机构改革,旅游管理局定编6人,设办公室、旅游工作股、外事工作股。4月,开办旅游经济开发公司。2001年,旅游管理局更名旅游局。2005年,县政府重新划定人员编制、职能,定编10人,内设机构不变。2013年,旅游质量监督管理所成立,定编2人。2014年末,旅游局内设办公室(加挂外事办公室牌子)、市场营销股、行业管理股,定编8人。

涉旅管理单位还有炎帝陵管理局、神农谷管理局、湘山公园管理局、县文物局、红军标语博物馆以及红色景点集群、特色旅游村所在乡镇等。

第二节 旅游行业管理

一、从业人员培训

导游、讲解员 1995年8月，举办首期旅游服务（导游）培训班，39人参加。系统学习导游基础知识，听取县情及县内主要景点介绍，并到炎帝陵、桃源洞景区进行实地导游练习。对考试考核合格者，颁发导游培训合格证书。1999年5月，举办炎陵景区导游员资格培训班，学习导游业务知识、汉语言文学、旅游资源学和旅游法规。对考核合格者颁发《导游资格证》和炎陵景区导游证。2005年，炎帝陵景区、神农谷景区、工农红军在酃县革命活动纪念馆（简称纪念馆）讲解员及炎帝、金叶旅行社导游人员参加在韶山举办的中国湖南红色旅游导游大赛。2006年，炎帝陵景区、神农谷景区讲解员参加株洲市旅游局举办的创优迎国检景区讲解员培训，强化讲解员标准英语、普通话训练。2009年，组织开展旅游行业岗位技能竞赛活动，100余人参加。选派能手参加株洲市第二届旅游行业岗位技能比武总决赛和旅游形象大使赛，唐雨春获株洲市旅游形象大使季军。2011年，全面推行旅游从业人员资格认证和持证上岗制度。2012年，红军标语博物馆开馆前，组织讲解员在井冈山革命博物馆培训。2014年，开办导游培训班，选拔13人参加全国导游资格考试和中级导游考试。

宾馆服务人员 1999年3月，举办“炎陵酒店服务培训班”，聘请富有理论和实践经验的老师授课，系统学习酒店管理、客房服务和餐饮服务知识。2005年，组织酃峰、大华、小西苑、瀚森、华苑、邮缘、神农7家二星级宾馆参加湖南省第二期旅游饭店星级标准培训班学习。2006年，邀请华天大酒店老师到炎陵举办宾馆服务员培训，开展“比道德、比诚信、比质量、比技能”岗位能手评比活动。2009年，组织行业信息管理培训班和旅游宾馆及餐饮行业培训班，20多家宾馆200名学员参加培训。2012年，组织涉旅企业负责人参加湖南省旅游星级饭店总经理岗位职务培训班。

二、质量安全监督管理

1998年，向各旅游服务单位发放《关于推行文明服务用语50句和服务忌语50句》《涉外礼节礼貌规范》。次年，炎帝陵管理局在景区内设立“炎帝陵旅游服务投诉箱”和“旅游服务投诉电话”，随时接受游客的监督。

2004年，神农谷管理局成立游客服务中心，为游客提供食宿、行程安排、旅游咨询服务，受理旅游投诉。建立健全旅游市场价格管理体系，建立规章制度，监督价格欺诈、短斤少两等行为，宾馆饭店等服务场所旅游商品全部明码标价。

2005年5月，成立炎陵县旅游行业协会和旅游饭店分会，加强行业自律。2006年，炎帝陵管理局全面推行《炎帝陵旅游服务承诺制》,制定岗位服务细则,层层签订《炎帝陵旅游服务承诺书》,发放服务卡,持证上岗,接受社会和游客监督。2007 年,在全县旅游行业开展“讲文明、树新风”为主体的文明诚信建设活动,组织从业人员学习湖南省委、省政府《关于加快发展旅游产业的决定》《湖南省“十一·五”旅游业发展规划的通知》,宣传贯彻《中国公民出境旅游文明行为指南》《中国公民国内旅游文明行为公约》。

2008 年 6 月,颁发《炎陵县星级农家乐评定标准》,指导规范农家乐提质增效。2009 年,制定《炎帝陵祭祀活动管理办法》,明确祭祀活动规格和程序。颁发《炎陵县旅游景区门票管理暂行办法》,规范管理旅游景区门票。

2013 年,成立县旅游质量监督管理所、旅游执法大队,开展“旅游安全月”活动,在春节、清明节、“五一”“中秋节”“十一”期间,对景区、宾馆、旅行社、农家乐进行执法大检查。2014 年,发放旅游质监文件到各涉旅机关单位和企业,旅游执法检查步入常态化。

第三节　旅游资源保护

一、炎帝陵文物保护

1994 年 3 月 10 日,县政府在炎帝陵主持召开炎帝陵风景名胜区资源保护联席会议,落实炎帝陵文物保护工作。开展炎帝陵文物资源普查、收集和整理,完成炎帝陵文物“四有”档案。1996 年 11 月 20 日,国务院公布炎帝陵为全国重点文物保护单位。翌年,炎帝陵管理局与周边单位和居民签订《安全文明管理责任书》。

2007 年,炎帝陵景区制定《预防和处理突发事件(事故)工作预案》,对重点区域实行全天候值守。组织职工学习《风景名胜区条例》,加强景区白蚁防治和地质灾害监控。

2011 年,以“邑有圣陵”石刻为重点的御祭古道列入湖南省文物保护单位。是年,管理局按照《中华人民共和国文物保护法》要求,层层签订保护文物责任状。2013 年,管理局成立文物保护领导小组,增设监控设施 10 余个(点),按照“一岗双责”原则,层层签订责任状,将文物保护、安全生产责任分解到区、落实到人。

2014 年 5 月,国家文物局批复《炎帝陵文物保护规划》。

二、神农谷生态资源保护

1991 年,建成无线电防火指挥中心,成立防火指挥部,构筑森林防火线 40 公里。

1993 年,完成桃源洞自然资源综合考察,为桃源洞自然保护区资源保护提供可靠依据。1999 年,对景区内珍稀树木实施挂牌保护。召开专题会议,把森林防火责任落实到人,形成山山有人管,户户有人问,道道有人巡,全年长距离巡山 40 余次,

2001 年，桃源洞山庄实行退耕还林，46 户农户退耕 85.9 亩，改造荒山 22.5 亩。次年，桃源洞自然保护区升格为国家级，面积 2.38 万公顷。翌年，全面禁止保护区内挖山找矿等破坏生态行为。2006 年，实施桃源洞国家自然保护区一期基础设施建设，完成检查站、巡护步道、野生动物救护站建设。2009 年 12 月，对境内 2.25 万棵百年以上古树名木建立保护档案。2010 年，与北京师范大学珍稀濒危野生动物拯救、繁殖科研小组合作开展“人工培育黄腹角雉回放大自然”科研项目。9 月 9 日，4 只人工培育的国家一级保护动物黄腹角雉（2 雄 2 雌）放回野外。2011 年，完善《森林防火工作预案》，与 11 个行政村及园内农家乐、农场、种植基地等相关单位签订森林防火责任书。组织大巡护 15 次，日常巡护 200 余次，巡护里程 1500 公里。与林业公安部门共同查处猎杀野生水鹿案 1 起、违法采伐大院冷杉案 1 起，没收非法采集野生药材 10 公斤，珍稀树种苗 10 株。

2012 年，开展重点森林资源样地调查，建立大院冷杉保护样地 7 个、固定样地 3 个，查明园内大院冷杉 339 株，占全国总量 70%。

2014 年，争取国家投资 1542 万元，启动桃源洞国家级自然保护区二期基础设施建设。

三、旅游生态环境保护

2002 年 10 月，中共炎陵县委第九次代表大会提出“生态立县、产业富县、实干兴县”战略，要求大力治理现有污染企业，限制新上高污染工业企业和水土流失严重的项目，严格保护旅游景点周边环境。随后，各部门积极行动，落实全会要求。县林业部门严格限额采伐、鼓励植树造林、封山育林、提倡木材综合利用和节约使用，切实扩大森林覆盖面。环保部门加强环保知识教育、严格环境保护执法和建设项目审批、控制污染总量、大力查处和打击破坏生态环境的违法行为。水利部门加强水利建设、开展水土保持和水资源保护，保障水资源合理开发利用。景区建设项目坚持做到环评、能评、土地预审先行，确保在保护中开发。各部门通力协作，严厉打击偷伐树木、捕杀野生动物、挖石取砂（土）、葬坟等违法行为。

2007 年，县政府委托湖南农业大学编制《湖南省炎陵县国家级生态县建设规划》，2009 年 11 月，通过省环保厅专家评审。2010 年，炎陵县被列入湖南省首批国家重点生态功能区。2013 年 3 月，县人民政府颁发《炎陵县旅游特色产业发展规划》，从森林生态、文化古迹、水体景观、乡村风貌 4 个方面细化旅游资源的保护措施，对水污染、大气污染防治提出具体要求，旅游生态环境得到进一步优化。

第二十篇　商　贸

清代，赣、闽、粤等地商贾先后到酃经商。赣人专营国药、金银首饰，粤人则以小百货为主。县内亦有商民收购农林特产，贩运至赣、粤、鄂及省内各地销售，主要有木材、茶油、香菇、土纸、皮张、桐油、药材、青靛等。

民国18年(1929)，全县有商户108户。抗日战争时期，县城有商户134户，从业人员173人。几个较大的集镇也聚集不少商户，其中王家渡68户120人，沔渡33户37人，水口45户55人。抗战胜利后，流动人口减少，加上通货膨胀，货币贬值，不少店铺倒闭。

中华人民共和国成立后，1950年4月，成立国营贸易营业所，12月改称国营贸易公司。1951年9月，成立县合作社，1955年1月，更名为县供销合作社。1956年6月，成立县商业局。国营、集体商业开始占居县内商贸主导地位。

1972年，始营对外贸易，当年收购干香菇2.23吨，全部出口。1973年，湘潭地委确定酃县为香菇生产出口基地县。

1994年11月，县商业局改制为县商业总公司。1998年5月，商业总公司并入县供销合作社联合社。其时，私营商企、个体商户占县内商业主导地位。各类超市、专卖店、连锁店、个体经营户遍布城乡。2014年，县供销合作社联合社有商业企业3家，从业人员102人；私营商业企业954家，从业人员4770人；个体商户3305家，从业人员4958人。社会消费品零售总额16.08万元。

第一章　市场　网点

第一节　市　场

清乾隆三十年(1765)，县内有石子坝、沔渡、九都、福口、十都、头巾石、水口、梅江、中村、石鼓、河漠、霍家、甲南(王家渡)、龙爪石、夹石、大陂头(三口)、桐睦等17处圩场。同治年间(1862—1874)，新设槐树、坂溪、天平、船形、塘田等圩场，同时福口、河漠、龙爪石、大陂头等圩场消失，全县圩场增至18处。其中，定期圩场8处：十都、甲南逢一、四、七日开市，水口、天平逢二、五、八日开市，沔渡、坂溪、塘田、中村逢三、六、九日开市。

民国29年（1940），全县定期圩场18处：县城、坂溪、黄沙垄、沔渡、十都、洞里、水口、下村、龙渣、蒲田、霍家、潘家、天平、王家渡、三口、塘田、桐睦、船形。圩场功能逐步完善。不仅有伙铺（旅馆）、商店、粉店、药铺、茶馆，还有打铁、剃头、缝衣、染布等手工业作坊。1945年后，集市贸易萎缩。黄沙垄、洞里、龙渣、蒲田、桐睦等圩场随之消失。至1949年，全县圩场仅剩13处。1955年，随安仁县3个乡划入酃县，增加太平圩。

1956年，放宽农村市场管理，准许农民在完成国家统派购任务后自由收购，自由贩运。1958年，为集中劳力搞基本建设，限制圩场与圩日，潘家、天平、三口等圩场关闭，其他圩场由每月9圩改为6圩。1962年恢复每月9圩。1971年，县革命委员会规定县内所有圩场每月3圩，圩期为初五、十五、二十五。1976年5月，组织干部阻拦逢圩，强行关闭农贸市场。1978年，圩期全部恢复，当年集市贸易成交额170万元。1979年，恢复插花圩期，集市贸易成交额增至382万元。1980年，增设策源、石洲、平乐、垄溪4处圩场。

1984年起，为改变马路市场影响交通，部分乡镇在圩场附近修建钢制桁架、钢化玻璃瓦屋顶交易大棚（俗称农贸市场），按类分区摆摊交易。1990年，全县农贸市场发展到19处，占地面积4.45万平方米，集市贸易成交额2359万元。

1991—2001年，全县掀起建设农贸市场热潮。1992年，王家渡、下村、红星桥农贸市场建成开业。1993—1997年完成十都、塘田、石洲、东风三口农贸市场改扩建工程。三河、水口、中村、平乐农贸市场于1998年改扩建后投入使用。1999年，中村梅岗农贸市场建成开业。东风太平岭、策源农贸市场分别于2000年、2001年，完成改扩建。至2014年年底，全县农贸市场21个，占地面积8.32万平方米。

与此同时，各乡镇利用圩场人口集中、交通方便的有利条件，学校、医院（卫生院、诊所）改扩建工程完成，投入使用；兴办幼儿园、文化站、图书室。银行、保险、电信、客运亦纷纷设点营业。旅馆业、餐饮业、机电修理业、食品加工业等随之兴起。乡镇圩场成为当地政治、经济、文化中心。

附

湘赣边贸市场

20世纪80年代以前，县城农贸市场几经迁址，最终定址于新市街，占地面积不足2000平方米。80年代末，县城人口猛增，新市街农贸市场远不能满足需要，县人民政府筹建解放路农贸市场。1990年5月竣工开业，新市街农贸市场同时关闭。当年贸易成交额2013万元，1995年3405万元。

随着县城扩容，解放路农贸市场容量日显不足。1995年，县人民政府又在炎陵中路新建湘赣边贸市场。市场占地面积6272平方米,建筑面积5372平方米,总投资847.75万元。建有主楼一栋5层,一层销售干货、猪肉、种子、大米、铁器等;二层销售服装、百货、塑料、布匹等;三层为办公场所。主楼东边有2个厂棚(简称东厂棚),主要销售水产品、肉类、蔬菜等。主楼西边为临时停车场。1996年2月开业,解放路农贸市场同时关闭。1996年,湘赣边贸市场贸易成交额4256万元。

2003年,主楼西停车场改建成钢架结构厂棚(简称西厂棚),方便人们遮风避雨。将主楼二层敞开式摊位改建为集装箱式摊位。2005年,翻新东厂棚。2006年贸易成交额1.07亿元。

2007年8月,炎陵鑫源市场开发有限公司以承包形式取得湘赣边贸市场经营权20年。当年投资261万元进行改造,拆除原主楼一楼北边楼梯,改建成二层门店,经营冷冻、调味品等。二层门店与二楼市场连通,经营布匹、服装和小百货。东厂棚延伸到主楼,北边经营蔬菜类,南边经营鱼肉豆腐等。西厂棚改建为摊位,经营香菇、木耳等干货。2008年贸易成交额1.1亿元。

2010年,创建国家卫生县城,对湘赣边贸市场进行第三次改造。翻新厂棚,疏通下水道。并于东厂棚区兴建一排小型门面, 西厂棚区改造成农副产品自产自销区。当年贸易成交额1.43亿元。

2014年,炎陵县创建国家文明县城,第四次对湘赣边贸市场摊位、下水道、厂棚、活禽区等进行维护改造。当年市场贸易成交额1.83亿元。

第二节 网 点

1949年底,城关有私营商店161户。1950年,建成国营商业1家。次年,在王家渡、水口、沔渡增设贸易小组,一区机关所在地成立供销合作社。1952年,县城设供销经理部。是年末,全县商业网点439个,从业人员470人。平均每万人拥有网点48个,服务人员51人。

1956年,完成私营商业社会主义改造,网点增至465个,从业人员660人。其中,县城10个,153人;农村455个,507人。1957年,重新颁发营业执照,商业网点减至99个,从业人员863人。1958年,撤并网点。至年末,全县仅有网点32个,比1956年下降93%。1961年,调整商业机构,组建合作商店14个,合作小组5个。至1963年,网点增至134个。尔后,各人民公社分别在生产大队建立代购代销店,网点日趋增加。1966年,合作店(组)与个体商店全部撤销。

1979年,改革商业体制,商业网点出现国营、集体、个体多形式发展局面。1980年,全县商业网点462个,从业人员1630人。1988年,发展至1307个,从业3054人。1990年,全县商业网点1284个,从业3552人。其中,县城270个,1418人;农村1014个,2134人。1995年,全县有商业网点1267个,从业3504人。其中,县城273个,1433人;农村994个,2071人。

2000年,全县商业网点1274个,从业3520人。其中,县城276个,1442人;农村998个,2078人。至2014年,全县商业网点1318个,3638人。其中,县城306个,1530人;农村1012个,2108人。

第三节 电 商

2008 年 12 月，炎陵网民在淘宝网创建炎陵县高山土特产店铺，为炎陵第一家网购店铺。2009 年,炎陵第一家民营申通快递在县城开业。

2011 年后,网上购物渐成风气,网上店铺、物流快递迅速发展。当年网上交易额 1.1 亿元,购入商品以服饰、床上用品、洗涤剂等日常生活用品和食品居多。销出商品主要有鹅肉制品、黄桃、腊肉、米粉、米酒、花生、黑芝麻、燕麦、红豆、绿豆、绞股蓝、杨梅干、笋干等。

2014 年,县内网民在淘宝、阿里巴巴等平台建有店铺 402 家(实际发生交易 47 家),交易额 4.46 亿元;物流快递公司 33 家。网上购物发展到海外代购。商品包括大型家电、农资农机等各类生活生产用品。

第二章 经济成分

第一节 私营商业

民国 18 年(1929),全县私营商业有 7 个行业 108 户。其中,绸布丝棉业 43 户,经营资本 1.06 万元(银元,下同);油盐南货业 24 户,资本 2170 元;食品业 14 户,资本 1260 元;日用品业 4 户,资本 710 元;文化艺术业 1 户,资本 240 元;药材业 21 户,资本 4290 元;其他商业 1 户,资本 100 元。民国 23 年,全县私营商业 167 户,年输入丝织品、布匹、毛线袜、煤油、食盐等货物总值 8.6 万元,输出杉木等货物总值 20 万元。

日军侵湘后,战区机关、学校和居民入迁酃县,日用品销量剧增。全县私营商业增至 24 个行业 280 户。据民国 31 年 3 月统计,私营商业输入商品有食盐、食糖、布匹、百货等,商品总值 7.5 万元(法币,下同)。输出商品有杉木、茶油、蜂蜜等,货物总值 2.9 万元。民国 37 年起,因通货膨胀,私营商业一蹶不振。

1950 年,县人民政府对私营商业采取扶植发展、保护政策。当年,私营商业零售额 138.1 万元,占全县社会商品零售总额 92.5%。1952 年,私营商业零售额 113.6 万元,占全县社会商品零售总额 64.1%。1953 年,实行粮食、食油统购统销,私营商业零售额下降到 73.6 万元,占全县社会商品零售总额 40.2%。1954 年 9 月至 1956 年 3 月,对私营商业进行社会主义改造。全县私营商业 588 户 951 人,有 539 户 916 人改为公私合营性质。

1958 年，限制小商贩活动。私营商业零售额降至 18.21 万元，占社会商品零售总额

3.7%。尔后连年下降。1962 年，调整国民经济，开放集市贸易，私营商业零售额升至 36.82 万元。1967 年，私营商业零售额又降至 18.18 万元，仅占全县社会商品零售总额 1.8%。1969 年 2 月 28 日，县革委发布《关于加强市镇管理，坚决打击投机倒把，强化无产阶级专政》布告，218 名私营商业人员，除 82 人被吸收进入国营商业、供销商业，其余 136 人作闲散人员下放农村。从此，私营商业全部取消。

1978 年，允许私人开业经商。1979 年，有 14 户个体工商户登记营业。1980 年，个体有证商户 39 户，从业 44 人。1985 年发展到 663 户 809 人，资本金 143 万元。全年商品零售额 972 万元，占全县社会商品零售总额 18.73%。

1990 年，有证个体商户 730 户，从业人员 1075 人，注册资金 1386 万元，全年商品零售额 2449 万元，占全县社会商品零售总额 26.51%。1995 年，个体商户 2675 户 3695 人，私营商业企业 8 户 154 人，全年商品零售额 7003 万元，占全县社会消费品零售总额 59.1%。2000 年，个体商户发展到 4128 户 7811 人，私营商业企业 25 户 603 人，全年商品零售额 1.57 亿元，占全县社会消费品零售总额 68.9%。2010 年，个体商户 3912 户 3912 人，私营商业企业 470 户 3760 人，全年商品零售额 7.8 亿元，占全县社会消费品零售总额 84.1%。2014 年，个体商户 3305 户 4958 人，私营商业企业 954 户 4770 人，全年商品零售额 14.15 亿元，占全县社会消费品零售总额 88%。

第二节　集体商业

1928 年，酃县工农兵政府发动农民集资入股，先后创办供销合作社 5 个，消费合作社 2 个。1934 年 10 月，国民党军队占领苏区，合作社解散。

民国 26 年，县政府设立合作指导室，负责全县各类合作社的建立。民国 29 年 8 月，全县建有 76 个合作社，社员 1963 人，交纳股金 29.75 万元（法币）。民国 35 年，各类合作社发展至 105 个，其中消费合作社 70 个。民国 38 年，所有合作社倒闭。

1951 年 9 月，成立县合作社。10 月，在一区发展社员 4202 人，筹集股金 8700 元，成立全县第一个农村供销合作社。当年合作社零售额 19.4 万元，占全县社会商品零售总额 11.9%。1952 年，集体商业企业发展至 32 家，社员 1.82 万人，股金 3.63 万元，零售额升至 32.3 万元。1955 年 1 月，召开全县首届社员代表大会，合作总社更名县供销合作社。供销社坚持组织上的群众性，管理上的民主性，经营上的灵活性，在农村发展较快。1956 年，集体商业企业增至 76 家，社员 2.34 万人，股金 4.52 万元，完成商品零售额 287.87 万元，占全县社会商品零售总额 73.8%。

1958 年 6 月，集体商业并入国营商业系统。10 月，基层供销社交人民公社管理，成立 12 个公社供销部，85 个大队供销分部。当年，商品零售额降至 91.35 万元。1961 年 8 月，恢复集体商业，各基层供销社增至 15 个，当年商品零售额增至 339.56 万元。1965 年，商品零售额

423.99万元，占全县社会商品零售总额54.7%。1968年12月，集体商业再次改为全民所有制商业。

1983年，恢复供销社集体所有制性质，县供销合作社更名为县供销合作联社，全县集体商业企业415家，完成商品零售额1940万元，占社会商品零售总额55.2%。1990年，全县集体商业企业426家，职工1148人。其中，供销联社系统301家，职工792人；其他集体商店125家，职工356人。供销联社社员4.35万人，股金9.8万元。全年完成商品零售额3725万元，占全县社会商品零售总额40.33%。1995年，供销集体商业企业26家，职工635人，全年完成商品零售额3388万元，占全县社会商品零售总额31.13%。

2000年2月起，县供销系统开始改制。2006年，供销集体商业企业保留专业公司3家，在册干部职工131人。2008年，仅存农业生产资料公司1家，在册干部职工74人。2009年，成立烟花鞭炮有限公司。2010年，成立农村现代流通网络建设服务公司。2014年年末，供销集体商业企业3家，在册干部职工102人。

第三节 国营商业

1950年4月，成立国营贸易营业所，有职工10人。12月改称国营贸易公司。1952年，商品零售额31.18万元，占全县社会商品零售总额17.6%。1953—1955年，先后成立鄠县粮食购销公司和鄠县食品公司等国营商业企业。1956年，相继成立食品、百货、食杂、专卖（专营烟酒批发）等专业公司和药材购销组、零售贸易管理处。1957年3月，各专业公司在沔渡、水口、王家渡、霍家、城关设立门市部直接零售商品，重点控制县内工业品批发业务。当年，商品零售额141.9万元，比上年增长69.3%，占全县社会商品零售总额35.4%。

1958年，集体商业全部转为全民所有制，小商小贩也过渡为国营商业。当年国营商业商品零售额增至376.81万元，占全县社会商品零售总额77.5%。1962年，成立物资局，专营金属、机电、建材等生产资料。当年，全县国营商业职工692人。1965年，商品零售额349.2万元，占全县社会商品零售总额45%。

1968年12月，集体所有制商业企业改为全民所有制。1980年，全县国营商业企业307家，职工1426人。完成商品零售额1200万元，占全县社会商品零售总额40.6%。1983年，国营商业推行承包经营责任制，将小型国营零售商店、饮食业转为集体经营或租赁给个人经营，国营商业企业减至108家，职工减至816人，完成商品零售额1372万元，占全县社会商品零售总额34.3%。1990年，国营商业企业128家，职工1329人，完成商品零售额2403万元，占全县社会商品零售总额26%。1995年后，个体、私营商业、服务业迅速发展，部分国营商业企业因资不抵债，宣布破产。当年，有国有商业企业11家，职工350人。2000年起，国有商业企业开始进行产权制度改革，2006年全面完成，原商业局系统所属国营企业不复存在。

第三章　商品购销

第一节　粮　油

一、收　购

(一)粮食

民国时期,粮食多由私商收购。民国29年(1940),县府奉命成立粮食分会,以每石15元(法币,下同)价格,收购军粮。分配任务22750石,实际收购7700石。民国31年,国民政府实行"随赋带购"政策。民国33年起,改为"随赋带借",不付现款,全发库券。

1950年4月,国营酃县贸易营业所参与粮食收购,当年收购1925吨。1951年9月,酃县合作社亦收购粮食。1953年5月,成立酃县粮食购销公司,统管粮食收购,当年全县收购粮食4995吨。

统购　1953年11月,实行粮食统购统销,统购价每50公斤稻谷4.71元(折新币,下同),全年统购粮食7230吨。1954年,实行"多余多购,不余不购,缺粮供应"政策。统购价定为每50公斤5.20元,以户为单位征购粮食。当年,全县余粮户1.49万户,占总农户54.51%,实际征购粮食9185吨。1955年8月25日,国务院制定《农村粮食统购统销暂行办法》,粮食统购实行"三定"(定产、定购、定销)政策。全县粮食定产3.76吨,定购8941.2吨(含征收,下同),定销1342.5吨。当年实际入库9960吨。1956年,粮食"三定"到社。至1958年,共征购3.04万吨,年均入库1.01万吨。1959年起,由于政策失误和自然灾害影响,粮食连续3年减产。1959年,全县粮食总产3.71万吨,上报产量7.25万吨,征购入库1.36万吨,占实际产量36.64%。农村人均口粮198公斤(稻谷,下同)。1961年底征购入库1.25万吨,占粮食总产量40.51%,人均口粮降至157.5公斤。1962年开始,采取"少购少销,减轻人民负担"措施,全县核减购粮2656吨。1965年,统购粮食价格每50公斤提至8.30元,另对超交部分实行加价奖励,人均提供商品粮超出50公斤部分,按12%加价。1966年,实行粮食调拨包干,征购任务一定5年不变政策。粮食征购基数定为1.05万吨,上调3640吨,销售5790吨。粮食购销同价,每50公斤稻谷9.50元。当年实际入库9850吨。1971年起,在执行上述政策的基础上,又规定人均年口粮不足200公斤的生产队不予征购。超产适当增购"三超粮"(超产、超购、超奖),价格高于统购价30%,每超购50公斤稻谷奖售化肥指标35公斤。1979年,粮食统购价调至每50公斤11.55元,超购价17.32元。当年实际入库7575吨。1981年,全县粮食征购基数核减为6910吨,超购粮任务增加到6120吨,征购超购共计1.30万吨,实际入库1.94万吨。1982年,生产队将积存多年的储备粮一次性作生产投资全部分给农户,农户转卖给国家,当年实际入库31243吨,创历史最高纪录。1983年,出现农民"卖粮难"现象。粮食部门限于仓储能力,收购3.09万吨,1984年收购2.26万吨。32年累计,全县粮食征购入库30.09万吨,年均9403吨。

合同订购 1985年,改革粮食流通体制,实行合同定购,全县合同定购任务2.75万吨。价格按"倒三七"(3成按统购价,7成按超购价)计算。每50公斤稻谷综合价15.59元。因定购措施不完善,当年实际入库仅1.26万吨。1986年,合同定购基数减为1.35万吨,实际入库1.2万吨。1987年,采取粮油、粮肥、粮贷三挂钩办法,合同定购基数核减至1.24万吨,一定3年不变。1990年,定购基数不变,年末实际入库1.21万吨。至1992年的8年间,全县合同定购粮食实际入库10.90万吨。

1993年,粮食价格和经营全面放开,取消国家定购任务,实行合同收购(即协议收购)办法和保护价制度,并改进挂钩物资兑现办法。全县合同收购原粮9476吨。收购价格每50公斤早籼谷21元、中籼谷26元、晚籼谷28元。1994年5月,国务院发布《关于深化粮食购销体制改革的通知》,规定继续坚持政府定购,即改粮食协议收购为合同订购,全年共收购原粮1.09万吨。1995年,全县粮食单产、总产均创历史最高水平,亩产达1012公斤,成为湖南省第一个山区双季稻成建制亩产吨粮县。由于粮源充足,1995—1996年,全县共收购原粮2.92万吨,其中合同订购任务粮2.67万吨。1996年,洞庭湖区发生严重洪灾,株洲市政府增征炎陵县救灾粮1320吨,并分配无偿捐献粮250.5吨。县政府按照农业人口人平1.7公斤、公职人员人平5公斤(折款7.8元)落实到基层单位和农户。2001年,全县共收购原粮1.66万吨。

其他收购办法 1956年始,视增产幅度,收购农民手中余粮,充实粮库。收购余粮比例不超过增产部分40%,同时实行多品种换购业务。1961年,采取奖励工业品措施,鼓励农民超交粮食。1962年,开展粮食议价收购,当年收购议价粮10吨。1964年,中等稻谷议购价每50公斤13.5元,当年收购10吨。1979年,规定稻谷议购价不得超过统购价的1倍。1982年收购1.8万吨,创历史最高纪录。1983年,成立粮油议购议销公司。允许供销社、合作商业和个体商贩运粮出境。1985年,议购价格随行就市,当年收购91吨。1990年收购1.23万吨。1956年至1990年35年累计,其他形式收购入库15.98万吨,占粮食入库总量28.9%。其中,超购、换购8.85万吨,议价粮7.13万吨。

1997年,国务院发出《关于按保护价敞开收购议价粮的通知》,实行按保护价全年敞开收购农民余粮,并做到不拒收、不限收、不停收,不压级压价,不打白条。保护价为每50公斤早籼稻56元、中籼稻62元、晚籼稻66元。1997—2001年,共收购原粮7.3万吨,其中,收购农民余粮4.67万吨。

2002年起,国家取消粮食合同订购,放开粮食市场,敞开粮食收购,粮食市场经营主体多元化。2003年7月,全县国有粮食企业全面改制,重组国有控股公司——炎陵县神农粮油有限责任公司。2004年5月,国务院颁布《粮食流通管理条例》,进一步规范粮食流通管理,放开粮食流通市场,允许粮食流通主体多元化。全县粮食经营企业由原来的国有企业1家发展到34家。2002—2004年,国有粮食企业收购原粮1.79万吨。

2005 年,国家启动“粮食最低价收购预案”,实行最低保护价敞开收购农民余粮。当年以每 50 公斤早籼稻 70 元、中晚籼稻 72 元保底价敞开收购,全年累计收购原粮 1.93 万吨。其中,国有控股粮食企业代收最低价粮 1.32 万吨,占 68%;非国有企业收购市场粮 6134 吨,占 32%。2006—2008 年,市场粮价上涨,国家未启动“粮食最低价收购预案”。全县 3 年累计收购原粮 5.39 万吨。其中,国有控股粮食企业收购 30%,私营企业收购 70%。

2009—2014 年,物价上涨,粮食生产成本增高,国家最低价粮从每 50 公斤 70—72 元逐步提高到 135—138 元。全县大面积双季稻改种单季稻,商品粮数量有所下降。6 年间,全县粮食收购总量10.41 万吨,年均 1.74 万吨。其中,国有粮食企业收购 33.7%,非国有企业收购 66.3%。

(二)食油

民国时期,所产茶油、菜油除自食外,均自由上市销售,有的销至广东、江西。民国 20 年(1931),每担销价(银元)茶油 14.2 元、菜油 13.6 元。

1954 年 3 月起,由粮食部门统一收购,每 50 公斤茶油 39 元,菜油 38 元。当年实际入库 276.1 吨。1957 年,实行茶油定产、定购,每 50 公斤购价提至茶油 52 元,菜油 40 元。年底入库食油 329.9 吨。统购占食油总产量 48%。1959 年,统购入库高达 602.6 吨,统购量占总产量 91.6%。农民积极性受挫,茶油产量下降。1960 年入库降至 28.9 吨。

1962—1966 年, 食油统购实行一定 5 年不变政策,5 年统购基数为 574.6 吨, 实际入库 588.7 吨。1967 年开始,提高超交食油价格,按高于统购价 10%计算。至 1970 年,食油入库 430.4 吨,年平均入库 107.6 吨。1971 年,统购茶油、菜油价每 50 公斤 90 元,超交部分加价 30%,年统购基数调为 152.25 吨。

1983 年,实行山林定权到户以后,部分农户上交任务以按市场议价补差价完成。全年入库 4 吨。

1985 年,食油统购改为合同定购,定购基数 17.5 吨。40%按统购价,60%按超购价。每 50 公斤定购价茶油 153.40 元,菜油 137.80 元。当年入库 12 吨。1987 年入库 2 吨。1989 年 17.8 吨(其中议价收购 7 吨)。1990 年 63.7 吨(其中议价收购 23.2 吨)。1985—1990 年,6 年累计入库食油 118.5 吨,其中合同定购 83.3 吨,议价收购 35.2 吨。

1991—2000 年,共入库食油 53.6 吨,比 1959 年(共和国成立后,食油产量最高年份)少 549 吨。2001 年以后取消食油收购,县内食油供应基本依赖县外调入,农村有少量菜油和茶油自产自销。

二、销　售

(一)粮食

民国 1—25 年(1912—1936),酃县粮价平稳,稻谷每石最高价 2.6 元(银元,下同),最低 1.3 元,籼稻米每石最高 3.7 元,最低 1.8 元,多为私商经营。民国 30 年 4 月,县政府按省政府《士兵长警粮食救济办法》《学校教职员、学生购粮办法》规定,实行公粮配发制度,当年配发粮食 1794.06 石,次年配发 1580.28 石。民国 32 年,又依照省政府《公粮配发标准》,调整配发数量,由领用单位按月向田赋粮食管理处造报具领。配发标准为各机关文武职公务员、学校教员、警察,乡镇公所员丁每人每月按 3—8 市斗供应;囚犯每人每天 8 市合。其时,“县内所产稻谷,不足一县之需”。粮食年消费量 35.43 万石,缺口 20.64 万石。不足部分大都赖私商从宁冈、资兴、安仁、茶陵等地运至县内销售。民国 37 年 1 月,市场稻谷销售价每石 22 万元(法币,下同),7 月,每石涨至 540 万元。

1949 年,粮食以私商经营为主,供应紧张。1950 年,国营贸易所销售稻谷 75 吨。次年销售 605 吨,基本生活得到保障。1952 年 2 月,受邻县粮价影响,县城出现抢购粮食现象。为稳定市场,贸易所在县城一次抛售稻谷 36.2 吨。1953 年 6 月,再度出现粮食抢购风,县政府从安仁、资兴调入稻谷 335 吨,平抑粮价。11 月,实行粮食统购统销,取缔粮食自由市场。非农业人口由粮食部门实行定量供应,每 50 公斤稻谷销售价 4.68 元(折新币,下同)。

1954 年,非农业人口粮食实行按工种分类定量供应,机关、团体、学校每人每月稻谷 23.4 公斤,重体力劳动者 42.2 公斤,轻体力劳动者 34.7 公斤,居民 15.4 公斤,稻谷销售价每 50 公斤 5.65 元,当年供应粮食 775 吨。农业人口 3936 户、14807 人,实行粮食定销,当年供应定销粮 335 吨。针对统购中存在购“过头粮”现象,供应返销粮 2225 吨。1955 年起,非农业人口实行 7 类 30 个等级供应标准。体力劳动者月定量大米 14—27.5 公斤,脑力劳动者 13—16 公斤,大中学生 13—16.5 公斤,婴幼儿和一般居民 3—12.5 公斤。按照《农村粮食统购统销暂行办法》,对缺粮队、受灾户、菜农和专业人口口粮及种子、饲料、各种奖售粮、民工补贴粮实行供应。当年,大米销售价每 50 公斤 8.38 元。粮食购价高于销价,出现第一次购销价格倒挂,亏损部分由国家财政补贴。1966 年后,大米销售价每 50 公斤 13.80 元,购销价持平。1979 年,出现粮食购销价格第二次倒挂,每销售 50 公斤大米亏损 3 元。当年,全县平价销售大米 4966.5 吨,政策性亏损 29.80 万元,仍由国家财政补贴。

1985 年,农村各类奖售粮终止。1986 年,食品工业用粮改为议价供应。1990 年,销售粮食 6717 吨。其中,城镇定量口粮 4716 吨、食品业 7 吨、副食及酿造 37 吨、事业供应 37 吨、菜农口粮 321 吨、定销人口口粮 779 吨、因灾统销人口口粮 527 吨、农技农电员口粮 19 吨、退耕还林粮 3 吨、饲料粮 125 吨、议价粮 140 吨。1953—1990 年,全县销售粮食 24.17 万吨,年均 6362 吨,相当于同期粮食收购总量 43.7%。

1991—1992 年,全县国有粮食企业年均销售 11226 吨(含居民定量口粮)。其中,平价粮供应 8865 吨。1992 年 11 月 1 日取消粮证、粮票和统定销粮食指标供应,放开粮油市场,价格随行就市,国有粮食企业购销同价。1993—1997 年,动用专项储备粮 4455 吨作灾销供应。1996 年,粮食管理权下放到县,所有政策性库存粮(老粮)由县包干消化,价格随行就市,亏损实行政策性挂账;新粮上市由企业购销,自主经营、自负盈亏。1999 年,县粮食局在广东省东莞建立粮食销售窗口,实行购、调、加、销一条龙管理。至 2003 年,全县国有粮食企业政策性库存粮全部处理,年均销售粮食 2 万余吨(含当年新收粮)。2004 年,私营粮食企业兴起。2006 年,全县有非国有粮食企业 33 家、国有粮食企业 1 家。2005—2014 年,全县年均销售粮食1.77万吨。其中,国有粮食企业年均销售5383吨,占30%。

(二)食油

1954年起,城镇人口食油由国家统一按计划供应。居民每人每月250克,统销价茶油每50公斤45元,菜油44元。1956年,居民供应标准调整为265克,机关、团体、学校每人每月292克,解放军、民警战士750克,勘探、采伐工375克。1957年,标准提高,机关、团体、医院每人每月375克,学生250克,厂矿职工415克。1960年食油供应标准下降。居民每人每月供应100克,机关干部150克,工厂职工250克。1962年再度下降。1979年起,供应标准提高,非农业人口每人每月250克。1990年,全县销售城镇定量油55.1吨。

1991年,压缩居民定量供应粮油销售。1992年8月起,各种油(粮)票过期作废,11月起,取消居民定量食用油供应,价格随行就市。

1950—2014年炎陵(酃)县部分年份粮油购销情况统计表

单位:吨

表20-1

年 度	粮食(稻谷)		食用植物油	
	收购量	销售量	收购量	销售量
1950	2750	—	—	—
1953	7230	3205	—	—
1956	10095	3620	146.10	50.30
1960	9455	5545	28.90	51.00
1965	10015	6945	178.50	61.80
1978	17343	6117	136.00	48.00
1980	19283	8203	114.00	70.00
1985	12741	8980	12.00	155.00
1989	32013	6643	17.80	83.20
1990	24386	6717	63.70	112.70
1991	22303	10846	市场运作	市场运作
1995	13937	15426	—	—
2001	16577	15831	—	—
2005	19311	6892	—	—
2009	17400	18703	—	—
2014	15859	18310	—	—

说明:1.粮食购销量含非国有粮油企业购销量

2.粮油收购量为保护价收购量

三、仓　储

明永乐二年(1404),县内始建预备仓4所。分设于一都(潘家)、五都(垄溪)、七都(水口)、十一都(沔渡)。崇祯年间(1628—1644),在县治东西分设社仓、预备仓,共计4间,库容约2000石。清初,设常平仓2所,一在县治左,共32间;一在县治右,共15间。乾隆二十八年(1763),设社仓7所,积谷3242石。光绪元年(1875),增常平仓2所,积谷1.22万石。民国初年(1912),军阀混战,积谷掠夺殆尽,社仓倾废。民国18年,湖南省民政厅饬令各县成立积谷义仓管理委员会。民国21年,酃县筹积谷2820石,民国25年增至6827石。民国29年,县内建成县仓、乡镇仓、义仓等36处。民国30年,县田赋管理处按地理分布,在全县各地选择17个祠堂改建成粮仓,全县仓容达4.43万石。民国31年9月至34年9月,县城、霍家、塘田、沔渡、十都、水口、下村等地17个粮仓累计入库稻谷4.23万石。1949年10月后,县人民政府财粮科接管田粮处遗留的8栋粮仓,仓容870吨。

国家仓储　1950年,县内设4个中央粮库。全县筹资8441元,改建仓库5栋,仓容745吨;新修简易粮仓11栋,仓容2275吨,全县总仓容3890吨。粮食实行统购统销后,入库量大增,仓库建设速度加快。1954年,投资2.10万元,在二区西台建成仿苏式粮库一栋,仓容1130吨。20世纪60年代后,相继在各乡镇建落地薄壳仓、土圆仓、土方仓、房式仓、拱顶房式仓等多种形式粮仓。1978年,全县有6个储粮较多的粮站,分别添置精密检测仪器、通风设备,调节储粮温度、湿度变化。城关粮站还购置平行运输机、移动式输送机、自动磅、吸尘器等全套入库机械。1990年,县内有55栋粮库,2座储油池,14个储油罐。仓容3.94万吨,储油能力340吨。

1991年后,粮食生产稳步增长,粮食入库量逐年增大,仓容严重不足。1991年6月,龙渣粮站建站,新建粮仓一栋,仓容500吨。县粮食局于1991年、1995年先后在马鞍山粮库新建仓容5000吨、1500吨储粮仓库各1栋。1996—2000年,又先后在河漠大桥、十都、垄溪等粮站新建储粮仓库8栋,新增仓容4714吨。至2000年底,全县15个粮站,28个收购网点,有仓库60栋,建筑面积3.08万平方米,总仓容量5.55万吨。2007年,马鞍山粮库恢复省级储备库资格,新增5000吨省级储备粮代储任务。同年,添置电动机械通风设备、收购入库装补仓机械和电子地磅。2009年,新建储粮仓库一栋,建筑面积718.08平方米,新增仓容2500吨。2013—2014年,争取国家危仓老库改造资金在马鞍山粮库新建储粮仓库一栋,建筑面积1188平方米,新增仓容3357吨。同时,添置移动式抛投输送机、液压补仓机、清杂机等现代入库机械设备,并按信息化保粮要求,购置电子测温系统、环流熏蒸设备。粮食仓储管理进入信息化时代。

集体仓储　1957年,农业合作社开始集体储粮。当年,河东深坑、沔渡晓阳农业社共储粮34.27吨。1958年后,农业社储粮被公社无偿调拨。1962年,开展备战备荒、广积粮藏宣传,集体储粮渐增。当年,全县以生产队为单位建仓储粮321.75吨。1965年起,县内各粮站开始为部分无力建仓的生产队代储粮食。至 1980 年,全县各生产队储粮 1.58 万吨。1982 年,实行家庭联产承包责任制,不再提留集体储粮,生产队粮仓亦变价出售。

四、调　运

民国时期,入境粮食大都由商贩租借木船于春泛之际水运,县内调运则靠人力。

1950 年,粮食调运由国家统筹安排。当年,县人民政府动员各区分两批组织 1000 余名劳力运粮,历时 23 天,将 1150 吨稻谷运至茶陵县湖口。1953 年起,调运由省、地、县粮食部门统一组织,当年调出稻谷 1920 吨,小麦 3.4 吨;调入大米 572.45 吨,小麦 8.4 吨,大豆 15.05 吨。付运杂费 10.02 万元,占商品流动费用总额 73%。

1954 年,省粮食局组织汽车入境调运粮食 3100 吨。1956 年,调出稻谷 6535 吨,小麦 2.61 吨,杂粮 37.65 吨,食油 20.85 吨;调入大米 27.5 吨,小麦 28.75 吨,大豆 18.1 吨。1965 年后,常年调出、调入粮食在 1000 吨左右,运杂费降至 6.81 万元,占商品流通费用总额 22.1%。

1974 年,县内始有专用运粮汽车。1978 年,增至 5 辆。同年 11 月,成立粮运汽车队。当年,调出稻谷 1.26 万吨,杂粮 31.55 吨,大豆 95.3 吨,食用油 71.7 吨,毛糠油 20.36 吨,花生仁 1.85 吨。调入稻谷 75.55 吨,面粉 556 吨,杂粮 4.15 吨,大豆 0.55 吨。年运杂费 7.64 万元,占商品流通费用总额 21.4%。1990 年,全县调出稻谷 8750 吨,食油 35.1 吨;调入稻谷 1293 吨,食油 166.5 吨。年运杂费 7.77 万元,占商品流通费用总额 4.5%。

1993 年,粮食经营放开,国家储备粮和省储备粮由国家统一调拨,定购粮和议价粮由市场调节。县内收购的粮食大部分由粮食企业或个体粮贩自行销往安仁、桂东、汝城、广东等地。1996 年后,粮食市场向卖方市场转变,政策性库存粮由各县自行消化。1998 年,库存省储粮全数上划,县内粮食由市场调节,当年全县库存原粮 4 万吨。1999 年,为解决库存积压,县粮食局将大部分原粮加工成大米通过铁路运输外销。至 2001 年底,调出省外窗口销售粮食 4.27 万吨。

2005 年以后,国家实行最低价粮食收购,中储粮公司授权委托县神农粮油有限责任公司收购县内余粮,粮权归中储粮公司。至 2014 年年底,分 5 年次网上拍卖最低价粮 2.57 万吨。

第二节　生产资料

一、煤　炭

1950—1970 年,县内无煤炭经营机构,各单位所需煤炭均直接从产地购入。1971 年 1月,县生产资料公司始经营生活用煤,年销 4—5 吨。

1976年,县内一批中小型工业企业建成投产,煤炭销量剧增。当年6月,成立煤炭公司,销售煤炭4130吨。此后销量逐年上升。1979年5月,煤炭出厂价格调整,高于销售价。国家对计划销售的生活、生产用煤实行补贴。当年煤炭公司购进煤炭6.41万吨,销售3.86万吨(其中工业用煤2.15万吨,农村生产用煤1.60万吨,城镇居民1186吨),财政补贴4.51万元。

1983年,实行居民定量供应煤炭,单人户每年供应500公斤,双人户700公斤,双人以上每增1人增加200公斤。当年,全县销售生活用煤3748吨。因县氮肥厂关闭,工业用煤销量降至4441吨。1985年8月,县办小煤矿关闭,县内用煤全部由县外调人。1987年5月,县煤炭公司开拓农村供煤市场,在三河建立煤炭供应站。1990年,全县购进煤炭5741吨。其中,统配971吨,省内分配3900吨,自行组织870吨。销售5628吨。其中,工业490吨,城镇生活4680吨,农村生活306吨,农业生产152吨。财政拨付补贴款15万元。

1993年,国家取消煤炭计划供应,放开市场,城镇居民生活用煤补贴改为随职工工资发放。县煤炭公司全年销售额仅56.33万元,亏损12.99万元。1994年,工业用煤基本上由企业自行采购,煤炭公司实行内部租赁经营,年销售额降至14.68万元。1996年,全县生活用煤1800吨,工业用煤1500吨。散煤200元/吨,蜂窝煤(直径12厘米)0.22元/个。煤炭公司加工销售蜂窝煤2500吨。1997年,居民生活普遍使用液化气,煤炭销量骤降。2000年,煤炭公司退出市场。

二、石　油

民国时期,县内有30余户店铺经营煤油。民国23年(1934),酃县从长沙购进煤油2000听(每听7.5公斤)。

1950年,国营贸易营业所始兼营煤油,全年销售500公斤。1959年,开始销售柴油、汽油、润滑油等,当年销售石油产品100吨。1967年,县副食品公司始在城东店下安装4个卧式油罐,建成全县第一座油库。1969年石油产品年销量388吨。

1976年,酃县副食品公司石油批发部成立,年石油产品销量突破1000吨,完成销售额100万元,实现利润3万元。1978年12月,批发部更名石油公司,石油产品年销量突破2000吨。1980年,石油公司改称湖南省石油公司酃县支公司,石油产品由公司独家经营。1987年,销量突破3000吨。1990年,经营石油品种56个,年销量3235吨,完成销售额329万元,实现利润17.28万元。

1990年后,成品油销售量逐年提升。1994—1997年,湘运公司炎陵分公司、沔渡供销社、水口企业办分别在城东三里亭、沔渡圩、水口圩设加油站。

1998年,县石油公司更名中国石化销售有限公司湖南株洲炎陵石油分公司,当年成品油批发零售突破5000吨。2000年后,石油公司逐年整体收购三里亭、沔渡圩、水口圩加油站,并于县城湘山广场、炎帝陵、十都、九龙工业园等地新建加油站，形成覆盖城乡、功能完善的石油供应网络。由于加油站规模不断增大、服务功能不断提升及物流优化，公司油库存储功能弱化，于2005年关闭。2008年，各加油站开始兼营水饮料、香烟、粮油、预包装食品及汽车用品等。2012年，成品油销售总量创历史新高，突破1万吨，销售额突破7000万元。2014年，全县有加油站14座，经营含汽油、柴油、润滑油等石油产品48种，全年销售成品油9500吨，非油商品销售额299万元。

三、燃 气

液化气 1999年，个体户谭德发组建炎陵县液化气有限公司，始销瓶装液化气。2009年，建成储气充装站，储罐容积78立方米。2014年，全县经销网点25个，用户5000户，销售液化气300吨。

天然气 2008年6月，炎陵圣火燃气有限公司成立，当年投资655万元建成燃气供应站1座，开发商业用户3户，居民用户188户，全年销售燃气4000立方米，营业额5.6万元。2012年，商业用户发展到8户，居民用户1290户，全年销售燃气25万立方米。2014年年底，燃气输送管网延伸到50公里，覆盖整个县城。商业用户发展到16户，居民用户2033户，全年销售燃气40万立方米，营业额520万元。

四、金属材料

民国时期，县内无金属材料商店，小作坊所需金属原材料由私商从外埠调入。

1951年，国营贸易营业所始经营金属材料。1962年，金属材料划归物资局统一经营，指标由上级主管部门分配，价格由国家统一制定。当年购进钢材63吨，生铁15吨，销售钢材32.87吨，生铁15吨。1965年，县内大办水利建设，当年购入钢材105.2吨，生铁44.38吨，铜、铝材各1吨。销售钢材110.94吨，生铁14.54吨，铜材0.5吨，铝材0.42吨。

20世纪70年代，县内“五小”工业发展，基本建设规模扩大，金属材料需求量成倍增长。1978年，购进钢材955.47吨，生铁350.16吨，铝材4.45吨，铜7.46吨(含废铜，氮肥生产用)。销售钢材865.57吨，生铁291.16吨，铝材3.55吨，铜5.82吨。1979年起，物资部门积极组织计划外金属材料，先后与6个省、25个县市240个单位签订物资串换协议，调入钢材666吨，生铁198吨。价格分计划价、指导价与市场调节价3种。全年销售钢材1083.26吨，生铁77.8吨，铝材0.26吨，铜5.31吨。80年代，计划物资范围逐步缩小，金属材料经营逐步放开。1985年，县物资公司购入钢材1255吨，生铁23.3吨，铝材0.4吨，铜材0.7吨。销售钢材1202吨，生铁33.3吨，铜材0.7吨，铝材0.4吨。1986年，调入钢材1592吨，销售1432吨，购、销量为最高年份。1994年，县物资公司购进钢材889吨，销售885吨。2005年，县物资公司退出钢材市场，由私营企业、个体商户经营。2014年销售钢材9万吨。

五、机电设备

1962 年前，机电设备由用户直接从外地订货购入。1963 年，始由县内物资部门供货。当年销售电动机 4 台 /9.3 千瓦，发电机 10 台 /134 千瓦，水泵 32 台。至 1965 年，销售电动机 20 台 / 65.8 千瓦，发电机 43 台 /587 千瓦，水泵 102 台。1972 年起，物资部门对县内厂家生产的电动机、变压器、台钻等产品实行包销(1982 年改为厂家自销)。1978 年，社队企业及小水电建设迅速发展，全年销售机床 5 台，汽车 32 辆，电动机 290 台 /1763 千瓦，变压器 33 台 /1816 千伏安。1990 年，销售汽车 8 辆，电动机 29 台 / 154.5 千瓦，销售金额 49 万元。1994 年，销售汽车 7 辆，轮胎 317 套，轴承 2503 套。2000 年前后，县内掀起小水电建设高潮，发电机等机电设备多由建设单位与生产厂家直接订购。2005 年，县物资公司撤销。通用机电设备及零配件、摩托车等由私营企业和个体商户经营。2008 年，县内首家私营小汽车经销店开业。2014 年年末，有小汽车经销店 22 家，其中，上联网直报 2 家。销售小汽车 535 辆。摩托车经销店 50 家，销售摩托车 1680 辆。其他机电设备经销店 80 家，营业额 78 万元。

六、建筑材料

水泥 1962 年，物资部门从外地调入水泥 25 吨。当年销售 4 吨。1970 年，调入 884 吨，销售 883 吨。1971 年，县水泥厂建成投产，产品由物资部门收购包销。当年，收购、调入水泥共 1411 吨，全部销出。1978 年，收购、调入 7812 吨，销售 7688 吨。1983 年，水泥销量突破 1 万吨。1985 年，改收购包销为厂家自产自销。当年物资部门销售水泥 4277 吨，生产厂家自销 1.20 万吨。此后，形成物资部门、生产厂家、个体商户多家经营格局。1994 年，物资部门购进水泥 1286 吨，销售 1176 吨。2005 年，物资部门退出水泥市场，经营水泥的私营企业、个体商户遍布城乡。2014 年，销售水泥 10 万吨。

玻璃 1962 年，县物资部门购入玻璃 750 平方米，销售 720 平方米。至 1970 年 9 年，共购入玻璃 3.35 万平方米，销售 3.26 万平方米。1971 年，购入 7.73 万平方米，销售 3.84 万平方米。1978 年，购入 4.97 万平方米，销售 4.67 万平方米，为最高年份。1985 年后，多家个体商户参与经营。1990 年，县物资部门购进平板玻璃 2.61 万平方米，销售 2.64 万平方米。1991 年后，县物资部门经营业绩每况愈下。到 1994 年，仅销售 810 平方米。2005 年 11 月，县物资公司撤销，玻璃市场全部由个体商户占领。2014 年，销售玻璃 21 万平方米。

七、化工产品

明代，酃县所产青靛运销湘潭，客商争相采购。清代、民国时期，县内杂货铺有青靛出售，另有少量日用化工产品供应。

1962 年，物资部门开始经营化工产品，当年销售炸药 0.13 吨，工业酒精 1 吨。1964 年始经营硫酸,当年销售5.22吨。1967年后,开始经销电石、纯碱、烧碱。1990年,销售的主要化工产品有炸药60.3吨,工业酒精29吨,纯碱25吨。1962—1990年,累计销售硫酸91.36吨,炸药2363.32吨,工业酒精68.07吨,烧碱335吨,纯碱174.95吨,电石154吨(厂家自产自销2.42万吨在外)。1995年后,商品房建设趋热,油漆、涂料等化工产品销量大增,私营专卖店迅速发展,年销售额在1000万元以上。2001年5月,成立县民爆器材经营有限公司(国有民营),专营专管民爆器材。2014年,销售炸药263吨,雷管23万发。

八、化肥、农药、农机具

化肥　1953年4月,县合作总社调入10.55吨硫酸铵,开始经营化肥,并组织职工带化肥下乡,向农民推广施用技术。次年,销售化肥25吨。至1959年,累计销售化肥889.2吨。

20世纪60年代,化肥实行计划分配。县生产资料公司主动与生产厂家联系,从攸县、茶陵、安仁、郴县及江西省禾埠等地调运碳酸氢铵供应农村。至1969年,共计供应化肥1.02万吨。70年代初,化肥仍供不应求。1977年4月,县氮肥厂投产后,氮肥销售量显著上升。至1979年10年,供应化肥10.39万吨。80年代,化肥供应渠道增加,销售网点增多。1983年,供销合作社恢复合作商业性质后,在全县设立农业生产资料购销点120个,方便农民购肥。1990年,销售化肥1.53万吨。其中,氮肥8396吨,磷肥4508吨,钾肥892吨,复合肥1478吨。11年累计,供应化肥13.92万吨。

1991年,执行农资专营政策,全县农资供应由县供销社承担,全年销售化肥1.45万吨。其中,氮肥7834吨,磷肥4011吨,钾肥701吨,复合肥2000吨。是年,国家定购粮食实行奖售平价化肥和柴油,每50公斤粮食定购任务凭票供应平价尿素4.5公斤,钾肥、柴油各1公斤。全县共计供应平价尿素1117.8吨、钾肥248.4吨、柴油248.4吨。此外,以优惠价供应油菜种植专用肥263吨,柑橘种植专用肥16吨。

1992年,农业技术推广服务配套用肥由县农资公司以批发价供应。1994年,化肥销售实行一级批发、一级零售,形成以供销社系统为主,农业系统“三站”为辅的经营格局。1995年,为平抑化肥市场价格,实行平价销售,以平均每吨低于周边县240元的价格销售化肥1.36万吨。其中,氮肥7138吨,磷肥3740吨,钾肥650吨,复合肥1860吨,共让利88万元。

1998年,取消以实物补农方式,化肥销售实行市场价。1999年,化肥市场全面放开。2000年,销售化肥3800吨。其中,氮肥2047吨,磷肥1048吨,钾肥183吨,复合肥522吨。2004年,建立化肥销售网络,全县设网点56家。2010年,销售化肥5182吨。其中,氮肥2791吨,磷肥1429吨,钾肥250吨,复合肥712吨。2014年,销售化肥5754吨。其中,氮肥3010吨,磷肥1587吨,钾肥277吨,复合肥880吨。

农药　1954年,县内开始销售农药六六六粉剂0.05吨。此后,农药销售种类逐年增多。1970年,农药供应不足,发动群众以植物原料加工土农药代替。1972年,开始销售除草醚、

4049。1977年起，推广井冈霉素、苏化二O二、克瘟散。1980年，销售量较多的农药有甲胺磷、杀虫醚、速灭威、呋喃丹、杀虫双、托布津、富士一号等。当年农药销售量640吨，部分农作物受到严重污染。1981年，高毒高残留农药西力生、内吸磷(1059)、1605、六六六粉、赛力散等先后停止销售。

1982年后，实行家庭联产承包责任制，农民普遍重视安全节约用药，农药销售量下降。1985年，农药一度多渠道经营，一批伪劣产品进入农户，出现坑害农民利益事件。1988年12月，对农资市场进行整顿，伪劣农药被查处。1990年，井冈霉素、托布津等一批新型农药及除草剂销量增加，当年销售农药102吨，比1980年下降84.1%。

1991—1992年，建立各乡镇庄稼医院、村级服务站，大力推广高效低毒农药，杀虫威、扑虱磷、三唑磷、40%富士一号、25%功夫菊酯、21%加收热必、20%灭扫利等新农药受到农户欢迎。1995年，推广使用田间新型除草剂灭草威、精克草星等，减轻农民劳动强度。当年销售农药66.1吨。

2002年起，限3年内停止使用甲胺磷、叶胺磷等高毒农药，农药销售量逐年减少，2003年销售各类农药35吨，2014年仅9吨。

1953—1993年鄗县部分年份化肥、农药销售量统计表

单位:吨

表20-2

年度	销售化肥总量	其中				农药销售量
		氮肥	磷肥	钾肥	复合肥	
1953	10.55	10.55	—	—	—	—
1956	126.50	121.50	5.00	—	—	3.95
1965	1278.80	380.00	898.00	—	—	85.00
1978	19043.80	9094.30	9490.40	316.70	142.40	435.00
1984	7333.70	5599.20	1098.10	602.10	34.3	288.00
1985	10357.60	6511.40	3009.70	609.40	227.10	208.65
1986	11582.40	7071.00	3606.00	776.00	129.40	113.00
1987	13010.00	7452.10	4445.00	738.00	374.90	250.00
1988	16048.00	9899.00	4775.00	696.00	678.00	174.00
1989	14805.00	8976.00	4255.00	865.00	709.00	96.00
1990	15274.00	8396.00	4508.00	892.00	1478.00	102.00
1991	14546.00	7845.00	4009.00	697.00	1995.00	89.00
1992	13640.00	7356.00	3760.00	654.00	1870.00	71.00
1993	11713.00	6317.00	3229.00	561.00	1606.00	65.00

1994—2014年炎陵县化肥、农药、农膜销售量统计表

表20-3 单位：吨

年度	销售化肥总量	其中				农药销售量	农膜销售量
		氮肥	磷肥	钾肥	复合肥		
1994	10560	5696	2910	506	1448	61.40	28
1995	13568	7318	3740	650	1860	66.10	25
1996	11645	6280	3210	558	1597	71.30	31
1997	9111	4913	2511	436	1251	68.10	33
1998	8152	4396	2246	390	1120	66.00	38
1999	5823	3140	1604	279	800	51.00	34
2000	3800	2049	1046	182	523	45.00	29
2001	5311	2864	1462	254	731	66.00	32
2002	9316	5024	2564	445	1283	5900	37
2003	9560	5156	2631	456	1317	35.00	39
2004	9284	5007	2555	443	1279	39.00	33
2005	8734	4710	2403	417	1204	34.00	31
2006	8850	4772	2435	422	1221	30.00	35
2007	8890	4793	2446	424	1227	49.00	30
2008	11900	6416	3274	567	1643	60.00	50
2009	5182	2794	1426	247	715	63.00	10
2010	5182	2790	1430	241	721	63.00	10
2011	5146	2774	1416	245	711	16.00	46
2012	7977	5460	1502	260	755	8.00	20
2013	8274	5663	1558	270	783	11.00	22
2014	8284	5754	1583	274	796	9.00	24

手工农具 县内销售的传统手工农具主要有犁、耙、蒲滚以及小件竹、木、铁制农具。1956年，开始组织木工社、铁业社生产农具，并由供销合作社收购销售。当年销售手工农具1.68万件。1972年起，竹木制手工农具列为省管计划物资，由省计划委员会计划调拨。至1978年，先后调出15.95万件，县内销售121.54万件。1980年，销售中小农具17.72万件。1981年以后，中小农具供应以市场调节为主，当年销售量减至15.36万件。1990年，降至1.87万件。1993年，销售中小农具1.15万件。2000年，县农业生产资料公司停止销

售手工农具。

机械农具 1954年销售单管喷雾器314部。1958年经销脚踏打谷机。1965年开始经销大中型轮式拖拉机、手扶拖拉机。1971年后,经销县内工厂生产的蒲滚船、动力打谷机、干饲料粉碎机、轧花机、微型水轮机等。至1990年,累计销售轮式拖拉机83台,手扶拖拉机1017台,各种喷雾器5.78万部,其他机械农具2.39万件。1995年,销售轮式拖拉机48台,手扶拖拉机670台,各种喷雾器2.9万部,其他机械农具1.08万件。1999年,销售轮式拖拉机16台,手扶拖拉机202台,各种喷雾器1.4万部,其他机械农具0.88万件。2000年,县农业生产资料公司停止销售机械农具。县农机公司销售农业机械793台,销售额220万元。2005年,销售925台,销售额310万元。2010年,销售1662台,销售额410万元。2014年,销售1240台,销售额320万元。

第三节 农副产品

明、清时期,酃县除田赋外,每年额征桑丝92斤3两,麂皮150张、茶叶(折银25两7钱)。民国31年,酃县选送19件农副产品参加湖南省农产品展览会,其中线棕、白蜡、黄蜡、青皮梨等入选湖南省名产。

1950—1990年,农副产品主要由基层供销合作社、土产公司、外贸公司等企业经营。主要产品有香菇、玉兰片、茶叶、棉花、蚕茧、棕片、箬竹叶、家禽、家畜等。1990年后,农副产品市场开放,由个体、私营企业经营。

一、香　菇

清乾隆年间(1736—1795),九潭、长旺、瑞口等地农户,利用自然条件在野外培育香菇。产品质量上乘,但产量少。除少量应市外,大部分贩销广东。

民国时期,香菇收购金额仅次于竹木、茶油。除销往广东外,经牙行转销衡阳、湘潭、长沙等地。1950年,香菇经营仍以私商为主。1959年,酃城购销经理部以乙级干货每50公斤357元的价格,收购香菇406公斤。此后,收购量连年增多。1969年,收购1.45吨,金额7250元,首次试销香港。1967—1973年,年收购量1吨左右。1974年,收购量超过5吨。1976年,香菇生产进入高峰,收购量(选)14.4吨。1977年,收购13.70吨,经过挑选分等,有9.03吨销往香港,占当年全省香菇外销量39.3%。外商评价酃县香菇“菇形好、色泽也好、规格挑选也标准”。1977年后,酃县香菇畅销香港,平均每吨9127.40美元。1978年,香菇减产,收购量降至4.75吨。1980年收购5.4吨。1981年始,香菇场由农户承包经营,市场开放,个体商户进场高价收购。后因生产技术落后,产量低,比较效益不高,农户积极性他移,香菇产量连年下降,1983年只收购0.5吨。1988年,引进速生高产袋育香菇技术,产量增加,当年收购量增至7吨。1990年,乙级干货收购价为每50公斤1200元。由于销售市场变化,全年收购2.45吨。

1994 年，乙级干货收购价每 50 公斤 1500 元，全年收购 3.6 吨。1995 年，县食用菌公司因亏损停止生产经营。

二、玉兰片

1954 年，县合作总社从新化县聘请技术人员，在十都试制玉兰片成功。当年收购 10.25 吨，收购价每 50 公斤 72 元。主要销往苏联，县内有少量零售。1955 年春，全县有 4 个乡建成 12 个加工厂，收购量增至 73.75 吨。1958 年后，集中劳动力大搞农田基本建设，玉兰片产量逐年减少。1962 年后，逐渐回升。1966—1976 年，年均收购 66.31 吨。

1978 年后，玉兰片产量增加，当年收购 100.8 吨。1979 年增至 239.9 吨。1981 年起，玉兰片收购多家竞争。收购单位采取上下联合、分购联销、合同定购、上门收购等措施，年收购量保持在 200 吨以上。1985 年，出现抢购、抬价现象，收购价提至每 50 公斤 300—350 元。1986 年，长沙、湘潭、浏阳、武冈等地 25 家客商在县内挂牌收购。县内经营企业制定收购保护价，实行分片包干等措施，当年仍收购 197.5 吨。1989 年，收购 330.3 吨，创历史最高纪录。1990 年，玉兰片收购价掉至每 50 公斤 280 元，全年收购 175.9 吨。1990 年后，市场逐步放开，多家经营。2000 年，县内企业收购 143 吨。

三、皮　张

民国时期，皮张大都由猎户在圩场出售，或由私商走村串户收购，贩运外地。

1952 年，合作社始收购皮张 515 张。有虎、水獭、狐、獾、狸、猸、山兔、山羊、黄狼、松鼠、麂、狗、猪、牛等动物毛皮 10 余个品种。所购皮张运至长沙市土畜产公司。1955 年，虎、水獭、黄狼皮张列为二类物资，实行统一收购。当年收购各类皮张 3205 张。1957 年，收购 5502 张，为历史最高纪录。1958 年开始，收购量下降。1963 年，实行单项对口奖售，对交售牛、麂、黄狼、猸、狸、獾等 10 种动物皮张，分等级奖励布票和化肥指标。1966—1977 年，年均收购 4065 张。1978 年执行野生动物保护法规，凡珍贵野生动物的皮张严禁收购。1981 年 10 月，县人民政府颁布《关于保护野生动植物和加强自然环境管理的通告》，严禁猎捕国家保护动物。此后收购皮张多为牛皮、猪皮、杂皮。1985 年，皮张多家经营，当年国家收购 4669 张。1988 年收购 700 张。1990 年194 张。1991 年停止野生动物皮张收购。

四、茶　叶

酃县茶叶品优量少。清代、民国时期，多为私商收购，运销长沙等地。民国 23 年，全县产茶 200 担。

1951 年，合作社始组织收购。当年收购 0.2 吨。1953 年，采取供应茶农口粮办法，鼓励支持茶叶生产，产量逐年上升。1955年，县供销社与茶农签订派购合同，当年收购茶叶13.15吨。价格由省统一制定，炒青三级每50公斤90元。1956年，收购18.05吨。1957年，县农业部门与供销社帮助农民制订茶叶生产计划，茶园面积扩大，至1960年，共收购62.4吨，年均15.6吨。1961年，强调粮食生产，部分地方毁茶种粮，当年茶叶收购跌至11.8吨。1966—1983年，年均收购15吨余。实行家庭联产承包责任制后，农户自产自销，收购量逐年下降。1985年，取消茶叶派购与奖售，收购价格在原基础上向上浮动34.4%，当年收购茶叶21吨。1989年，茶叶市场价格上涨，当年全县仅收购7吨。1990年，炒青三级茶叶收购价提至每50公斤350元，年收购5吨。1995年，收购茶叶9吨。

1951—1995年累计，供销合作社收购茶叶561.6吨，年均12.48吨。县内零售茶叶283吨，其余调外地销售。1997年停止收购，由市场调节。

五、棉　花

收购　境内产棉甚少。民国时期，多从茶陵、安仁等地购进。1952年，县合作社与农民签订棉花预购合同，收购价每50公斤皮棉58.48元，按合同额预付15%—20%定金。当年收购棉花0.15吨。1954年9月，政务院颁布《关于实行棉花计划收购的命令》，严禁私商经营籽棉、皮棉。当年收购棉花3.25吨。1961年，采取奖售政策，每交售50公斤皮棉，奖化肥指标和国家平价稻谷指标各50公斤，布票3.33米。当年收购棉花3.25吨。1964年收购16.6吨。1964年后逐年上升，1966年55.6吨。1967—1971年，单一强调粮食生产，棉花种植而积减少，年均收购量跌至26.9吨。1972年，重建棉花生产基地，并规定种植棉花占用水田的，每亩减购稻谷125公斤，旱土减购82.5公斤；每亩棉田供应磷肥50公斤，氮肥20公斤；每交售50公斤皮棉奖化肥15公斤。当年收购升至68.4吨。1974年83.35吨，创历史最高纪录。至1980年的9年间收购棉花431.3吨，年均47.9吨。1981年，植棉面积锐减，收购跌至8.3吨。1982年4.9吨。1985年，收购价调至每50公斤145.8元，次年收购3吨。1987年停止棉花收购业务。1952—1987年，累计收购棉花696.4吨，年均27.9吨。

销售　1950年起，城镇非农业户口用棉实行“凭票不定量”；农村按资源分配指标，内部控制供应。对新生一、二胎婴儿每人补助絮棉0.5公斤，死亡者每人补助0.5公斤。现役军人凭军人购货证购买，转业军人每人补助1.5公斤，复员、退伍、还乡军人予以适当补助。销售价格每公斤1.44—1.68元。

1962年起，民用棉供应改为按人定量，每人每年发放0.25公斤棉花票。1981年后，票证逐步取消，棉花敞开供应。1985年1月14日，县供销合作社对贫困地区的严重困难户实行赊销棉布、棉絮。当年平乐乡1827人、下村乡5389人、策源乡4063人，每人赊销絮棉2公斤，共22.6吨，折合人民币9万元。1990年，销售价格每公斤4.47元，全县销售絮棉41吨。1995年，销售价格每公斤5.4元，全县销售絮棉38吨。1997年，供销合作社停止絮棉经营，由市场调节。1950—1997年，累计销售民用棉1520.2吨。

六、蚕　茧

1974年，县供销社开始收购蚕茧100公斤，收购价每50公斤149元。次年收购800公斤。1976年，全县掀起植桑养茧高潮，蚕茧收购量增至7.5吨。1978年，达35吨。1980年，71吨。1981年，87吨。

1983年，桑园分户经营，部分农户毁桑改种，蚕茧收购量跌至65吨。1988年，降至19吨。1989年，县委、县人民政府强调发展蚕茧生产，当年收购29吨。1990年，把发展蚕桑列入科技扶贫“星火计划”项目，蚕茧收购价每50公斤调至396元，当年收购37吨。1990年后，桑园面积逐年增大，1991年，发展到1340亩，收购鲜茧1083.8担，产值49.3万元。1992年，种植3940亩，收购鲜茧2579担，产值95.9万元。1993年，增至到6035亩，收购鲜茧3520担，产值125.7万元。

1994年，蚕茧市场开始回落，桑园面积减少，仅存4992.5亩，收鲜茧3893担，产值271.9万元。1995年，受国际市场影响，蚕茧价格下跌，全年收购鲜茧1977.5担，产销倒挂损失近70万元。1996年，县茧丝绸公司停止收购鲜茧。1974—1996年，22年累计，全县收购蚕茧1292.4吨，全部销往湖南津市与江苏、浙江等地缫丝厂。

七、棕片　箬叶

棕片　1953年，县合作总社收购棕片1.05吨，乙级棕片每50公斤12.5元。1963年，实行奖售政策，每交售50公斤棕片奖稻谷指标8.5公斤。1964年后，改为每交售50公斤奖布票3.33米。1978年，收购量增至25吨。1980年，实行议购，当年收购14吨。1985年后，县内外多家参与棕片购销，县商业经销单位仅收购7吨，仅供县内需要。1990年，乙级棕片价调至每50公斤120元，全年收购11吨。1992年收购5.8吨。1993年停止收购。

箬叶（俗称蓼叶）　盛产于十都、垄溪、石洲、大院等地。1964年，开始收购，当年收购0.64吨，全部调外贸出口，转销港澳台及东南亚各地。1966—1969年，一度中断收购。1970年，收购2.1吨。1980年增至42.5吨。1990年收购157吨。1991年外贸公司停止收购。累计收购1349.91吨。

八、山苍子油

1959年，供销社收购1.3吨。1966—1972年，收购23吨。1973年增至16.9吨，其中船形公社收购量占29.6%。1975年，全县收购17.4吨，创历史纪录。1976—1982年，收购79.9吨。1983年，山苍子油出现多家经营局面，收购量降至7.8吨。1985年，因销路不畅，降为2.5吨。1986—1990年，收购18.45吨。1996年，回升至60吨。1997年，供销社停止收购。

九、生猪 禽蛋 水产

生猪收购 民国时期,县内屠商收购生猪多由经纪人撮合成交。1950年后,生猪实行自由收购政策,以私营屠商收购为主。1952年,县合作社开始收购生猪,至1953年,收购113头。1954年,实行生猪派购,当年收购生猪9400头。1955年饲养生猪1.4万头。1960年后,由于粮食减产,生猪饲养量骤降,至1962年,共收购生猪6300头,年均2100头。1963年,贯彻以私养为主、公私并举,划地补粮,物资鼓励等措施,家庭养猪增多。至1977年,共收购肉猪17.07万头,年均1.14万头。1978年收购2.21万头,至1984年,年均稳定在2万头以上。1985年,改派购为合同定购,农户养猪积极性提高,饲养量及出栏量增加。同时,县内个体、集体及外地商贩进入农村收购,县肉食部门的定购合同无力约束,当年仅收购生猪4100头。1991年,全年收购生猪1.78万头,是历史上最多的一年。1996年后,实行生猪定点屠宰,生猪收购视销售情况而定,实行即收即宰。

猪肉销售 1950年,县贸易所组织鲜肉上市,当年销售3.7吨。1954年,县食品公司销售鲜肉200.1吨。1956年,城镇非农业人口开始实行凭证定量供应。1957年销售鲜肉215.1吨。1958年,农村集中办公共食堂,社员自养量锐减,市场供应量连年下降。1962年,县肉食水产公司仅销售鲜肉14.95吨。1963年,农村肉猪饲养量增多,肉食市场日趋兴旺,当年县肉食水产公司销售鲜肉87.45吨。1965年增至322.4吨。1966—1972年,县肉食公司年均销售鲜肉400吨左右。1976年,城镇非农业人口肉食年供标准10公斤。1978年后,粮食连年增产,农户养猪积极性提高,市场鲜肉供应充裕。1980年,销售鲜肉817.25吨。1985年3月,取消生猪派购,实行议购议销,国营肉食供量下降,集体、个体销售量猛增。当年,集市贸易销售猪肉1956吨。至1990年,销售量基本稳定。1991年,县肉食水产公司开始拓展外销市场,全年收购生猪1.78万头,外销1.51万头,营业额601.6万元,创历史最高纪录。1993年,城镇居民肉价差补贴改为随工资发放。当年县肉食水产公司销售额降为182万元。

1996年,指定由县食品公司经营。在株洲市率先实行定点屠宰、集中检疫、统收税费、分散经营。屠宰场实行"两章一证制"(定点屠场专用章、畜牧检疫验讫章,税费证明单),只准许取得"两章一证"的肉品进入市场销售。当年屠宰生猪7375头,其中定点屠宰5065头,上市供应鲜肉922吨,代收代缴国家税费38.1万元。1998年屠宰生猪7848头,其中定点屠宰6460头,代收代缴国家税费38.2万元。2000年,加强定点屠宰管理,组织市场稽查队在传统节假日集中稽查,当年屠宰生猪7957头,其中定点屠宰6198头,代收代缴国家税费37.8万元。2007年,定点屠宰1.1万头,上缴税费42万元。2014年,定点屠宰生猪1.38万头,上市供应鲜肉709吨,销售额2557.46万元,上缴税费23.77万元。

家禽、鲜蛋 1955年前,禽、蛋大都为农户自产自食,少量上市。1956年实行禽、蛋派购。当年收购家禽559只,鲜蛋8.8吨。以上调为主,节假日有少量供应县城机关单位、学校。1961年,交售家禽或鲜蛋奖给稻谷、煤油指标,收购量逐年上升。1976年,收购家禽5万只,鲜蛋

40.5 吨。1980 年,取消家禽、鲜蛋派购。当年收购家禽 2.56 万只,鲜蛋 32 吨。1990 年,收购家禽 7.98 万只,鲜蛋 130 吨。1963—1990 年,县肉食水产公司销售家禽 9.51 万只,鲜蛋 5096 吨。1991 年,肉食水产经营单位停止禽、蛋购销,由市场调节。

水产　县内水产品种少,产量不大,自给不足。1961 年始,实行鲜鱼派购,并奖售白酒、卷烟、胶鞋等工业品。当年收购 1.9 吨,收购价每 50 公斤鲜鱼 64 元。1964 年,除城郊外,其他地区一律停止派购,当年收购 4.9 吨。此后数年徘徊在 2 吨左右。1973 年,每交售 50 公斤鲜鱼奖粮食加工副产品指标 10 公斤。1979 年起,年收购量不足 1 吨。1985 年,鲜鱼市场放开,外地鲜鱼大量进入县内集市。县内养鱼、鳖专业户增多,商品量增加。当年水产品零售量 166 吨。1990 年,全县水产品零售量 387 吨。1991 年,肉食水产公司停止购销,由市场调节。

十、桐　油

清代、民国时期,县内所产桐油多由私商收购。民国 29 年(1940),湖南省人民政府拨款 4 万元,营造油桐林 400 余亩。民国 36 年,酃县桐油输出 518 担。

1949—1955 年,县粮食部门、贸易公司、供销合作社及私商都收购桐油。1956 年起,实行"统一收购、重点供应"政策,由粮食部门独家经营。当年收购 3.4 吨,收购价每 50 公斤 41 元。此后价格多次调整。1959 年,收购 18.25 吨。1961 年起,桐油产量逐年下降,收购量随之减少,当年仅收购 1.2 吨。1964 年起,收购量回升,连续 3 年超过 10 吨。1969 年,收购 22.4 吨,创历史最高纪录。1971—1975 年,连续 5 年收购量超过 10 吨。1979 年,收购价每 50 公斤调至 130 元,当年收购 1.6 吨。1984 年,取消桐油派购,实行议购议销,当年收购 2.1 吨。1985 年起,实行多家经营,县粮食部门仅收购 1 吨。至 1988 年,县粮食部门累计收购桐油 244.85 吨,年均 7.42 吨。1989 年,停止收购。

十一、草席　土纸

草席　民国 22 年,全县产草席 6000 余床,主要产地为水口、十都、王家渡。水口席质量上乘,供不应求。

1950 年后,贸易所始经营草席,供应量连年增加。1957 年,销售 3800 床,1959 年,销售 9400 床,多从外地调入。1965 年,销量上升。1978 年,销售 2.24 万床。1979 年后,布床单、竹凉席、毛毯销量上升,草席销量回落。至 1990 年,年均销售 1.92 万床。1991 年,县供销社停止草席经营。

土纸　民国元年,船形、十都、垄溪、水口等地农民从事土纸生产,品种有皮纸、引纸、湘磅纸等,主要供应县内。皮纸、引纸行销攸县、醴陵。1953 年起,土纸概由合作总社收购包销。至 1975 年,共收购土纸 640 吨。1976 年后,土纸作坊大部分停办,仅有个别作坊由生产者直接与醴陵鞭炮厂挂钩。县供销社停止收购。

1953—1990 年酃县部分年份主要农副产品收购统计表

表 20-4

年份	收购总额（万元）	香菇（吨）	玉兰片（吨）	皮张（百张）	茶叶（吨）	棉花（吨）	蚕茧（吨）	棕片（吨）	箬叶（吨）	山苍子油（吨）	生猪（百头）	家禽（百只）	鲜蛋（吨）	鲜鱼（吨）
1953	184.38	—	10.25	1.83	10.1	3.25	—	1.05	—	—	9.4	5.0	11.8	—
1956	178.17	—	40.6	36.41	18.05	0.7	—	21.3	—	—	101.1	5.5	8.8	—
1965	462.38	0.2	55.9	35.46	12.9	29.7	—	14.1	0.04	1.7	46.9	10.0	8.75	1.6
1978	1160.0	4.75	100.8	22.35	14.0	44.9	35.0	25.0	47.0	13.4	221.0	318.0	27.0	2.0
1980	1472.0	5.4	36.5	32.72	13.8	9.6	71.0	14.0	42.5	10.1	201.0	256.0	32.0	12
1982	2126.0	1.7	115.0	33.57	25.0	4.9	83.0	13.8	105.0	13.8	199.0	334.0	26.0	73
1984	2035.0	0.9	158.8	27.37	24.0	—	57.0	22.6	136.0	6.2	208.0	333.0	42.0	115
1986	3137.0	0.5	197.5	10.18	22.0	3.0	32.0	8.2	85.0	2.8	157.0	2335.0	56.0	109
1989	5859.0	4.0	330.3	1.71	7.0	—	29.0	5.6	135.4	2.0	398.0	7830.0	126.0	365
1990	6337.0	2.45	175.9	1.94	5.0	—	37.0	11.0	157.0	—	367.0	798.0	130.0	370

第四节 副食品

一、食 盐

县人历来食粤盐。清代，县内盐商雇人从广东仁化、城口等地挑回，往来千余里，价格昂贵。咸丰三年（1853），1 石稻谷换购食盐 3.4 公斤。民国时期，食盐供应紧张。民国 21 年（1932），国民党军队对酃县实行经济封锁，食盐价格暴涨，1 石稻谷换购食盐 0.5 公斤。31 年，实行食盐专卖，成立食盐运销处，各乡镇设立专卖点，每人每月定量供应 0.25 公斤。34 年废止食盐专营，仍由私商运销，价格由其操纵。

1950 年，食盐由贸易所经营，100 公斤稻谷换购食盐 21.2 公斤，年销 192.7 吨。1956 年，实行食盐专营，年销量增至 572.2 吨。1978 年，食盐年销 911.3 吨，全县人均 6 公斤。1984 年，成立湖南省盐业公司酃县支公司（以下简称县盐业公司）。1987 年，食盐购销实行城乡差价制，以缓解局部地区出现买盐难、卖盐难的矛盾。1988 年，出现抢购食盐风，当年销售食盐 2243 吨，人均购买 13 公斤。次年，实行定量供应，非农业人口每人每年 6 公斤，农业人口 7 公斤。当年销售食盐 1011 吨，人均 5.8 公斤。1991 年，县盐业公司加挂盐务管理局牌子，增加打击私盐、维护市场稳定等管理职能。

2005 年，撤销县盐业公司，成立炎陵盐业批发部，隶属攸县盐业配送中心，仍保留县盐务管理局机构。年销 1461.42 吨。2008 年,建立食盐特许经营户,颁发由湖南省盐务管理局统一制作的食盐销售特许网点牌子,当年销售食盐 1842 吨。2011 年,炎陵县盐业批发部划归茶陵配送中心。当年提倡"少吃盐、吃好盐"消费理念,年销售食盐 750 吨。2013 年,成立湖南盐业股份有限公司炎陵县分公司,隶属株洲市盐业公司,仍保留盐务管理局机构。2014 年,销售食盐 650 吨。

二、蔬　菜

1950—1961 年，县内蔬菜自产自食，城镇则由郊区农民和小贩贩运至集市交易。1962 年,县人民政府在城关人民公社建立蔬菜基地 270 亩,生产的蔬菜由国营零售贸易处实行统购包销,当年购、销 475 吨。1965 年,县商业局组织菜农赴湘潭参观学习,从长沙聘请师傅传授种菜技术,蔬菜产量、质量均得到提高。当年蔬菜购销量升至 645 吨。随着城镇人口增加,蔬菜供应紧张。1977 年,县政府增划菜地 60 亩。当年购、销蔬菜 1419 吨。1978 年,购、销 1517.6 吨。

1979 年,改国营商业企业收购包销为蔬菜大队自产自销。1980 年,成立蔬菜公司。1982 年,采取"农商挂钩,联合经营,以店定队,单独核算,店队盈亏比例分成"办法,当年销售蔬菜 1539 吨。1983 年,蔬菜生产实行家庭联产承包责任制。1984 年,蔬菜市场全部放开。菜市品种日趋丰富,但价格偏高,淡季上市量偏紧。1987 年,县蔬菜公司从外地购进蔬菜 245.1 吨,平抑市场菜价,县城 10 个主要品种的蔬菜价格平均下跌 50%。当年起,县财政每年拨付蔬菜补贴款 3 万元。1988 年,县城人口增至 1.95 万人,蔬菜基地被征收占用,减至 240 亩。为解决蔬菜供需矛盾,当年 3 月,在城东颜家、中团村新辟菜地 136 亩,每亩菜地每年由县粮食部门补助粮食指标 600 公斤。城镇居民菜地拥有量达到湖南省规定的人均 2.5 厘标准。1990 年,蔬菜销售量 2214 吨。

1991 年,蔬菜公司停止蔬菜购销业务,由菜农自产自销。2000 年前后,城乡兴起大棚菜、反季节蔬菜。2009 年,三河镇星光村建立无公害蔬菜生产基地,产品除在县内销售外,远销株洲、长沙、广州、深圳等地。2014 年,生产、销售蔬菜 2200 吨,销售额 460 万元。

三、食　糖

民国时期,食糖由南货店经营。主要品种为红糖。从长沙市、衡阳市、湘潭市及江西省遂川县、广东省乐昌县等地购进。

1950 年,国营商业始经营食糖。当年销售食糖 0.3 吨。1956 年,兴建县食品加工厂,销售食糖 52.7 吨。1959 年,食糖列为国家一类商品,由国营商业集中经营。货源按计划分配,实行凭票定量供应,非农业人口每人每季 0.3 公斤,农业人口每人每年 0.25 公斤。全年销售食糖 44 吨。1967 年,取消凭票供应,食糖销量 209.85 吨。1970 年,恢复凭票供应。产妇、婴儿及从事高温、井下、高空、有害作业工作等特需用糖,每人每月供应 0.5 公斤,住院病人凭医院证明酌情供应，当年销售食糖 144.15 吨。1980 年达 273 吨。1982 年，再次取消凭票供应，销售食糖434 吨。1982 年后，县内糖果糕点加工企业增多，食糖需求量猛增。1985 年，销售食糖 626 吨。1986 年起，食糖改由县副食品公司专营，再次恢复凭票定量供应，城镇人口每人每季 0.5—0.75 公斤。农村于春节、端午节、中秋节供应，计划生育对象每人 2 公斤。对耗糖量大以及食品卫生不合格企业压缩或停止供应。当年销售量降为 334 吨。1987 年起，对副食、冷饮、制药、酿酒等行业用糖，取消行业平价供应。城乡居民仍按平价定量供应。当年全县销售食糖 674 吨。1990 年，食糖价格放开，销售 528 吨。1950—1990 年，累计销售食糖 7949.1 吨。

四、卷　烟

中华人民共和国成立前夕，全县有 6 家店铺销售卷烟，购买者极少。

1950 年，贸易所经销卷烟 29 箱(每箱 250 条)。1956 年，卷烟实行专卖，沔渡、水口、王家渡设立批发商店，当年全县销售卷烟 147.2 箱。1958 年，取消专卖。1961 年，货源紧张，实行凭票供应。1963 年，实行高价供应。1965 年，恢复平价销售，全年销售 414.4 箱。1975 年，为防止卷烟外流，城关地区一度实行凭票供应。1976 年，省产卷烟实现自给，销量大增。1978 年，销售 1667 箱。1979 年后，卷烟消费量增大，档次提高，精装烟、过滤嘴香烟大量应市，年销量 4000 箱以上。

1983 年，国家实行烟草专卖制度。1984 年，酃县烟草专卖局(烟草公司)成立，依法对辖区内烟草市场实行专卖管理。1985 年，卷烟批发和零售实行许可证制度，全县城乡持证零售卷烟户 735 家，业务量剧增，卷烟批发业务委托副食品公司和供销合作社同时经营。1990 年，全县销售卷烟 9841 箱。

1992 年，逐步扩大批发业务。1994 年，取消委托批发。1995 年，经国家烟草总局批准，炎陵县烟草公司进入北京批发市场，取得二级站资格。同时，取得云南省烟草拍卖资格。1997 年，设立农村销售网点，与持证零售户签订送货合同，实行送货上门。2000 年，湖南省实行烟草“最低批发限价”和“顺价销售”政策。2002 年，实行“电话订货、网上配货、电子结算”流通方式，撤销农村批发部。2003 年，推行客户经理制，取消宾馆和农村客户零星坐销行为，真正实现全面配送。

2004 年，统一取消县一级烟草公司独立法人资格，设立湖南省烟草公司株洲市公司炎陵县营销部。实行集中购进、集中订货、集中配送、集中管理、集中核算。2006 年，撤销卷烟仓库。2007 年，全面实行电子结算业务。2008 年，株洲地区实行跨区域配送，炎陵分公司承担茶陵县湖口、浣溪、桃坑、江口 4 个乡镇卷烟配送工作。2010 年，卷烟销售逐步向网上订货、配货、支付、营销电子商务模式发展。

2014 年，实行网格化管理。至年底，全县卷烟零售网点 770 个。其中，国有 2 个，集体 10 个，个体 758 个。1991—2014 年，销售卷烟 26 万箱，年均 1.08 万箱。

五、酒

民国时期，县内农户饮用家酿米酒，俗称水酒，均为自酿自饮。有少量出售。

1950年，国营贸易营业所始调入饮料酒（白酒，俗称烧酒），当年销售3.65吨。1951—1955年，年均销售5.23吨。1956年始，酒类产销由县专卖公司专营。当年扩大零售点，在沔渡、水口、王家渡等地设批发商店，全年销售饮料酒39.60吨。1959年，建成酃县酒厂，生产粮白酒和各种代白酒，缓解县内白酒供需矛盾。当年销售125.45吨。1962年，因酿酒原料（粮食）供应紧张，白酒实行凭票供应，供应1公斤白酒，收取1公斤粮票。井下、伐木工每人每月分别平价供应白酒0.75公斤、0.5公斤，不收粮票。其余均实行高价供应。。1963年，实行平价敞开供应。1965年，销售108.1吨。1978年，销售230.20吨。1988年，国家对13种名牌酒，实行价格放开，上浮17.6%。1990年，销售饮料酒1074吨。1991年以后，饮料酒销售呈递增趋势。1999年，销售8万吨。2000年，国有、集体商业企业退出饮料酒市场。

第五节　日用工业品

一、布匹　百货

民国20年，县内有经营服饰、日用品商店47家，资本11281元（银元），棉布概由长沙调入。民国23年，酃县商人从长沙购进丝织品500疋（每疋15米），布匹2万疋，毛线袜5万打，总值5.6万元。民国27年，县内经营绸布丝棉业、日用品业共48家，经营资本11521元（法币）。民国38年为9家。

1950年，国营贸易营业所经营棉布、百货，当年销售棉布7.39万米，汗衫背心1000件，卫生衫裤800件，棉毛衫裤400件，胶鞋6400双，毛巾3900万条，肥皂4100条。1954年9月，棉布实行计划供应，按人定量，发给布票。农民每人每年5米，城镇职工9.33米，婚丧另给补助。全年销售棉布50.99万米。1956年，销售棉布80.43万米，汗衫背心5000件，卫生衫裤5600件，棉毛衫裤800件，胶鞋2.15万双，毛巾1.72万条，肥皂2.66万条。

1957年，棉布供应紧张，县内节减生产、公共用布，扩大收票范围。当年棉布销量降为52.64万米。1963年棉布百货销量回升。1966年，开始销售化纤布，当年销售3.81万米。1967年，针棉织品实行免票或减票供应，1970年，敞开供应。1977年12月起，棉花化纤混纺布均按40%收票供应。1978年，销售棉布96.69万米，化纤布4.15万米，混纺布7.89万米，汗衫背心5.48万件，卫生衫裤1.48万件，棉毛衫裤1.34万件，胶鞋9.92万双，毛巾7.36万条，肥皂14.91万条。

1979年，社会零售化纤布9.19万米，混纺布16.66万米，占当年布匹销售量27.62%。1980年，棉布、化纤布、混纺布、针织品、胶鞋等12种主要衣着类销售总额548万元。肥皂、洗衣粉等11种主要日用品销售总额334万元。1983年12月起，棉织品取消票证，敞开供应，国营、集体、个体多家经营。1985年,主要衣着类销售总额增至1389万元,主要日用品类销售总额764万元。1990年,零售棉布18.19万米,化纤布10.72万米,混纺布21.99万米。主要衣着类商品销售额1490万元,主要日用商品销售额662万元。

1991年,市场平稳,当年销售各种布匹26.89万米(其中棉布9.8万米),新棉絮19吨,鞋16万双,服装2.58万件,洗衣粉33吨。1993年,服装销售5.73万件,为历史最高额。1995年,销售棉布9万米,鞋31.52万双,洗衣粉13吨。1996年,鞋类销售创历史新高,达到54.8万双。1991—1999年,累计销售布匹87.51万米(其中棉布30.05万米),棉絮56吨,鞋150.35万双,服装22.94万件,洗衣粉107吨。2000年后,布匹、百货市场全部为民营企业和个体商户占领。

二、五金　交电

清代、民国时期,县内日用五金、建筑五金等小件均由工匠手工打制。多为定制,有少量通用工具、配件销售。

1955年,销售元钉1.25吨,铁丝2.61吨。1956年,开始销售"三大件"。当年销售缝纫机6台、手表30块、自行车5辆。1961年,销售缝纫机34台,手表12块,自行车36辆,收音机14部,电灯泡3.28万只,元钉、铁丝各3.67吨。至1978年,累计销售缝纫机1189台,手表5313块,自行车2757辆,收音机2946台,元钉281.58吨,铁丝284.28吨。1979年,开始销售中、高档家用电器。当年销售电视机80台。1981年,销售电风扇1台,录音机9台。1982年,销售洗衣机1台。1985年,销售电冰箱29台。此后销量逐渐增大。至1990年,累计销售电视机14917台(其中彩色电视机1182台),电风扇14737台,录音机9102台,洗衣机3750台,电冰箱562台。

1991年,继续执行工业品联购分销办法,国合商业居市场主导地位。当年销售自行车667辆,电视机746台,录音机191台,电风扇1202台,洗衣机85台,电冰箱57台,元钉20吨,铁丝17吨。新"大三件"电冰箱、电视机、洗衣机成为居民消费热点。1996年,日用工业品销售达到新的高度,当年销售电冰箱470台,洗衣机317台,电视机831台,自行车839辆,录音机261台,电风扇1248台。1999年,个体私营商店、各种家电专卖店成为市场主体,国合商业销售量锐减。当年仅销售自行车228辆,电视机47台,录音机3台,电风扇196台,洗衣机8台,电冰箱18台。

2000年,国合商业退出市场。2014年,五金交电商店遍布城乡,主要商品有电视机、电脑、手机、空调、电风扇、洗衣机、电饭煲、电炒锅、微波炉、消毒柜、电热毯、自行车等。

三、铁锅　陶瓷器

铁锅　清光绪三十三年(1907),上七都石禾坪福兴铁厂生产铁锅,产品销往水口、十都、沔渡一带及江西遂川。民国21年,在北门垄、晏公潭设厂铸锅。至1949年,仅余北门垄一家铸锅厂。

1952 年,中团、水口兴办铁锅厂,产品由合作社包销。并从湘潭、邵阳等地采购铁锅供应市场。1956 年,铁锅厂停产。此后,县内铁锅全部由外地调入。至 1992 年,销售铁锅 26.33 万只,年均 6115 只。1993 年后,转入个体经营。

陶瓷器 清末至民国初期,县内有 7 家陶瓷厂,主要生产酒坛、火盆、花盆、水缸、饭钵、陶罐、瓷碗等,产品由私商运销各地。

1955 年前,陶瓷器以私商经营为主。1956 年后,日用陶瓷由供销社经销,对黄茅墩碗厂产品实行收购包销。至 1984 年共收购 297.3 万件,占全县同期总销量 30.7%。1985 年 5 月,黄茅墩碗厂停办。陶瓷器全部从外地调入。到 1990 年,共调入销售 207.4 万件。1991 年,县内兴办陶瓷厂,生产厂家自产自销。不足部分和特殊品种由私营商企或个体商户从外地调入。

四、烟花鞭炮

2000 年前,烟花鞭炮全部私营。当年 3 月,烟花鞭炮批发业务由县日杂公司经营并依法打击售假现象。2001 年,收缴违规和假冒伪劣产品 3000 余封。2005 年,批发销售 4500 大箱,营业额 180 万元。2007 年,批发销售烟花 810 大箱,爆竹 3800 大箱,营业额 184.4 万元。2009 年,成立县供销烟花鞭炮公司。2010 年,批发烟花 5033 大件,爆竹 3280 箱,营业额 421 万元。2014 年,实现销售收入 538 万元。

第四章 饮食 服务业

第一节 饮食业

热饮 民国 20 年,全县有饮食业 38 户,从业人员 73 人。每户营业资本 90 元(银元)。民国31 年为 33 户,从业人员 49 人,每户营业资本 300 元(法币)。

1950 年后,饮食业逐渐发展。1952 年 197 户,从业人员 205 人,营业额 1 万余元。1955 年增至 212 户,营业额 12.1 万元。1956 年,绝大多数店摊户加入公私合营或饮食合作商店。1958 年 10 月,饮食业职工参加农业“大兵团作战”,县城仅保留 1 家饮食店。1961 年,15 个农村供销社恢复饮食服务门市部。1980 年,全县有饮食店 27 家,从业人员 170 人。其中,全民所有制 15 家 98 人,集体所有制 11 家 71 人,个体经营 1 家 1 人。饮食零售额 61 万元,占社会商品零售总额 2.1%。

20 世纪 80 年代,个体饮食店迅猛发展。至 1990 年,全县有饮食店 161 家,从业人员 386 人。其中,全民所有制 9 家 45 人,集体所有制 17 家 49 人,个体经营 135 家 292 人。营业额

221 万元。其中,全民所有制 19.4%,集体所有制 31.7%,个体 48.9%。饮食零售额占社会商品零售总额 2.4%。

1993 年,县饮食服务公司体制改革。饮食业全部由个体商户经营。

冷饮　1966 年,县饮食服务公司投资 5900 元,购进一台 3000 大卡旧冰机,在新市街租赁民房建成酃县冰厂,开展冷饮生产,县内始有冷饮。产品仅有冰棒、冰水。1968 年,始产散装冰淇淋。1973 年,国营冷饮收入 5.19 万元。1980 年,在井冈东路设井冈冰厂,随后增设清泉冰厂。

1982 年后,城关、三河、河西、塘田、沔渡、十都、垄溪等供销社以及天平茶场冰厂相继建成开业,冷饮品销售遍及城乡。1986 年,城东供销社、县肉食水产公司冷饮店开业,县饮食服务公司销售下降,清泉冰厂停产。1987 年,县饮食服务公司兴建 30 平方米冷库,添置一台 4 万大卡冰机,采取集中生产,分散销售方式经营。同时开发中、高档冷饮品种,产品逐步增多,计有棒式冰淇淋、雪糕、冰牛奶、冰糟、冰莲子、冰汽水、冰绿豆稀等 16 个品种。1989 年,国营冷饮收入 13.49 万元。

1990 年后,冷饮替代品(果用瓜等)充斥市场,冷饮业开始走下坡路,当年国营冷饮收入 12.85 万元。1993 年,县饮食服务公司停止冷饮经营。

第二节　服务业

一、旅　馆

民国 28 年,全县有客栈 29 家。其时,广州沦陷,盐源大绌。闽浙食盐西运至赣,攸县、茶陵、安仁等地及县内盐贩多经大院息足至赣西南趸买。大院顿时商贾云集,客栈应运而兴,高峰期多达 11 家,日接待量数以百计。民国 31 年,县内有客栈 33 家,从业人员 49 人,店均资本 300 元,日营业额逾百元。民国 36 年,县城有客栈 22 家。

1953 年,城关、沔渡、王家渡共有客栈 55 家,从业人员 110 人,流动资金 1534 元。其中,城关 19 家,从业人员 62 人,流动资金 476 元。1956 年,对私营工商业实行社会主义改造,城关镇客栈纳入公私合营,组建大众合作饭店,有 88 个床位,食宿兼营。全县客栈减至 8 家,从业人员 59 人。此后几年,酃宁、酃桂、酃资公路相继建成通车,流动人口增多,大众饭店接待能力日显不足。1966 年,兴建国营酃县旅社,兼并大众饭店,设床位 116 个。1973 年,酃县旅社扩建,床位增至 168 个。附设小卖部,经营烟酒、文具和卫生用品等。

1977 年,兴建井冈旅社,内设旅客食堂,有客房 70 间,床位 398 个。同时,河西、船形、沔渡、十都、水口等供销社均附设旅社。1982 年后,出现个体旅馆。

1990 年后,旅店、宾馆随旅游业迅速发展。1991 年,井冈旅社经改造扩建,更名为霞阳宾馆,于 6 月恢复营业。1992—2004 年,先后建成神农宾馆、瀚森宾馆、小西苑宾馆、邮缘宾馆、龙井大酒店。2010 年后,兴建五星级宾馆——和一国际度假酒店、雄森国际大酒店。

至2014年，全县有星级宾馆11家。其中，五星级标准酒店2家，三星级宾馆2家，二星级宾馆7家。农家乐(客栈)近100家(其中五星级3家，四星级11家，三星级9家)。共有床位7000余张。

二、照　相

民国27年，茶陵人陈进先在王家渡等地走村串户为人照相，开县内照相业之端。民国29年，陈在县城南正街，开设雪鸿照相馆。1956年，雪鸿照相馆改为公私合营。1958年，更名红星照相馆。1973年，县饮食服务公司在井冈西路兴建照相馆。摄影室首次采用人工光源。1979年，供销社在水口、霍家、沔渡、中村等地设照相点。1980年，照相营业收入1.75万元。此后，私营摄影点渐增。1987年，县照相馆添置彩色冲影设备，增设彩色照相、摄影广告等业务，营业额回升，1988年，为2.61万元。1990年，全县有照相馆(点)14家，从业人员21人，其中县城6家。1993年，县照相馆停止营业。2014年，全县有照相个体户28家，从业人员49人。

三、理　发

中华人民共和国成立前，乡间理发多为走村串户，流动经营，少有店面。1949年，县城有理发店6家。

1955年，全县有理发店22家。其中，城关9家，沔渡5家，水口4家，霍家4家，从业人员25人。1956年，全县组成35个合作理发店，从业人员38人。1964年，县饮食服务公司派人到长沙学习理发技术，购回电推剪、电吹风各10件，转椅10把，始有电动理发。1973年，县理发店开业。此后，理发业务基本上由国营理发店包揽。1979年，县饮食服务公司引入烫发技术，增加烫发业务，当年营业额提高到1.96万元。1980年后，个体理发店兴起，县理发店营业收入骤跌，1985年停业。此后理发业全部由个体经营。1990年，全县有理发店107家，从业人员128人。其中县城21家，从业人员27人。理发服务项目逐步拓展，染发焗油、洗发按摩、美容美发等不一而足。2014年，县城有理发个体户30家，从业人员55人。

四、维　修

1949年以前，县内有补锅(铁锅)、磨刀剪等，至1960年，仍有师傅走村串户上门服务。1970年后，始有钟表维修，或设店、摆摊，或流动圩场服务。1980年前后，县城及乡镇集市有补鞋、补锅(铝制锅具)，修理自行车、收音机等。1990年后，摩托车、拖拉机、汽车修理成为主要业务。同时，洗衣机、电饭煲、电炒锅、电视机、空调等家用电器维修不断扩大。到2014年，全县有维修店154家。

五、其他服务业

1990年后，兴起娱乐服务业，先后有卡拉OK厅、舞厅、电子游戏室、桌球室、麻将馆、茶座、酒吧等。2000年后，开设干洗店，有干洗、整烫、皮衣上光等业务；健身房有健美操、瑜伽、中式泰式按摩等；家政服务有保姆、家教、室内保洁、搬家等；洗浴服务，有盐浴、药浴、干蒸、湿蒸、足浴等；婚丧服务，包括租车、摄影摄像、场地布置、仪式主持等；广告服务，包括设计、制作、悬挂等。

第五章　对外贸易

第一节　商品基地

一、香菇生产基地

1965年，省外贸局湘潭地区办事处在酃县创办香菇试验场，经2年探索，研究出香菇人工制种、接种、管理新技术，随后在全县推广。至1972年，有11个人民公社建成80个香菇场，年末收购干香菇2.23吨。1973年，湘潭地区确定酃县为香菇生产出口基地县。1975年，省外贸局在酃县召开香菇生产现场会，推广酃县发展香菇生产经验。1977年末，全县建成香菇场195个。1978年3月，中国土畜产进出口总公司确定酃县为全国十大香菇出口基地之一，相继拨付无息贷款及各项投资38.19万元，汽车指标7辆。1979年5月，北京农业大学娄隆厚教授赴酃县考察陈公山、漕溪等香菇场，指导香菇种植。1983年干香菇收购降至0.5吨。1988年4月，投放9万元扶持资金，与城东、垄溪乡联营，组建香菇生产专业场。当年香菇收购量增至7吨。1990年，全县有9个袋育香菇场，袋育香菇32.5万支，年产香菇13.11吨。1995年，县食用菌公司因严重亏损停业。其他基地也未能走出低谷，逐步衰退。至2014年，仅有少量生产，产品自产自销。

二、清水笋生产基地

1980年8月12日，日本商人宫谷宏等到大院农场交流清水笋生产技术，达成进口清水笋产品意向。县对外贸易公司按照日商提供的技术要求，在大院农场组织试生产，获得成功。当年生产24吨，由省外贸公司出口，得到日商认可，随即签订2年供货100吨的合同。省外贸易公司将出口指标下达酃县。县人民政府组织策源、石洲、十都等产笋公社和大院农场加工生产。因加工点分散,设备简陋,产品质量出现问题,2 年生产成品 99 吨。

1983 年，县外贸公司投资 6.49 万元，在县城兴建清水笋加工厂。当年生产清水笋 160 吨。1984 年后,产量、出口量成倍增长,但因技术不成熟和管理不善,质量下降。1986 年,日商退货 190 吨(带水物),造成重大经济损失。1987 年,县清水笋加工厂利用 71.1 万元省贷款和自筹资金,进行技术改造。添置锅炉、蒸煮锅、灭菌锅,兴建成品库、过磅房、地磅等,年生产能力达 1000 吨,成为全省外贸系统第一个设备完善的清水笋加工厂。当年 12 月投产,生产的 9 立升"船牌"清水笋罐头,评为省出口优质产品。1988 年,参加全国首届食品博览会,获铜质奖。1989 年,生产 1469 吨。1990 年,县清水笋加工厂经湖南省人民政府批准为出口生产基地单位。

1993 年,县外贸公司以技术承包方式与十都食品罐头厂进行联合生产,从大院、十都、桃源洞各笋厂调进清水笋半成品 362 吨,从县外调进 123 吨,全年生产清水笋 850 吨。2000 年后,个体经营户参与清水笋生产经营,原料市场竞争激烈。2003 年,县外贸公司改制,清水笋加工厂被拍卖。1990—2002 年,县外贸公司共计出口清水笋 8761 吨。

第二节　商品出口

1961 年,酃县开始组织山苍子油、玉兰片等商品出口,收购总值 18.5 万元。此后出口品种逐年增多。20 世纪 70 年代,每年向港澳等地区销售活鹅 3000—4000 只。1980 年,有活猪、活禽、盐渍笋、清水笋、篙竹、松香、羽毛、山苍子油、芳樟油、箬叶、药材、猪肠、皮张、香菇、钨砂等 15 个主要商品出口,收购总值 103 万元。1981 年以后,出口种类减少,总值增大。1990—1998 年,出口商品有清水笋、箬叶、香菇等。收购总值 166 万元。

1991—2000 年,出口产品仍以清水笋、箬竹叶等农产品为主,另有少量工艺瓷等工业产品出口。1991 年,出口清水笋 850 吨,工艺瓷出口收购额 40 万元,木衣夹、车圆木等木制品出口收购额 12 万元。1998 年 10 月,县金宇集团获自营出口经营权,当年出口铁合金 120 吨,创汇 9.7 万美元。2000 年,除自营进出口业务外,尝试补偿贸易等直接贸易方式。

2002 年,在株洲海关设立办事处,出口玻璃纤维产品,当年创汇 12 万元。此后,出口产品转向以工业产品和劳务输出为主。2004 年,实现出口创汇 40 万美元。2006 年,完成劳务输出 16 人,合同额 44.6 万美元,营业额 19 万美元。2008 年,外派劳务人数 30 人,合同额 110 万美元,营业额 52 万美元。实现进出口总额 209 万美元。2010 年,完成进出口总额 290 万美元,外派劳务人数 82 人,完成对外承包工程和对外劳务营业额 60 万美元。2014 年,实现外贸进出口总额 1571 万美元。

第二十一篇 财政 税务

清代，田赋征收由县衙典史负责，除额定存留外，全部上解藩（省）库。乾隆三十年(1765)，实征地丁银412两，田赋（额内额外）9735两，共计10147两。实解藩库银8208两，留存1527两。留存银两主要用于：知县衙门213两（含俸薪，禁卒、杂役工食银，下同），典史衙门39两，教谕衙门30两，训导衙门75两（含官供廪生伙食费35两）；杂支56两（含铺司兵员、河渡工工食银，科举生员盘费、供养孤贫口粮等），祭祀125两。在正额之外加征耗羡银974两，支出养廉银知县600两、典史60两，余额批解藩库。

民国时期，县设财粮处，负责赋税收征。鄗县为三等县财政，入不敷出，靠征收杂税、附加弥补缺额。民国18年（1929），附加收入为正税的1.8倍。民国31年，全县岁入48.24万元（法币，下同）。其中，课税11.1万元，惩罚及赔偿0.51万元，规费0.19万元，财产及权利收入2.9万元，公有事业收入0.3万元，补助30.6万元，其他2.64万元。

中华人民共和国成立后，1950—2014年，全县财政收入累计32.79亿元，上级补助收入53.46亿元。累计县本级一般预算支出81.82亿元。其中，经济建设和民生项目支出59.06亿元，占72.2%；行政管理和其他支出22.76亿元，占27.8%。同期，县本级基金预算支出累计10.59亿元，上解支出累计1.77亿元。

第一章 财 政

第一节 财政收入

一、税收收入

农业税 明初，全县年额征秋粮7400石（每石约60公斤）。隆庆六年（1572），丈官马晋因迎送未能称心，迁怒地方。将鄗田撇除下等，下下之田征上中之赋，池塘亦照水田征收，捏增赋粮6700余石。万历元年（1573）遭水灾，奏准豁免10364亩“水决沙壅，永不成田”之田赋

1311 石。

清代，以明末田赋为原额，将田亩面积、等级、赋税编成《赋役全书》，并严敕各地依《全书》收取赋税。县内赋税与衡阳、衡山、常宁、安仁、临武等县比较，上则田每亩高出三升五合至七升九合，中则田每亩高出二至六升。康熙年间（1662—1722），复征源于明代的“九厘辽饷”，各县按田亩起征，独酃按粮起征，田赋再次加重，一年多征 530 余两。同治十二年（1873），全县额征银 9075 两，加额征耗羡银 973 两，合计 10048 两，比明代中叶增 7.27%。

民国元年（1912），合并丁漕，统称田赋，以清末正供银 8435 两为基数，每两征正供（正税）长平银 1 两 1 钱上解省库，另增附加 5 钱留给地方。当年征正供长平银 9279 两，地方附加 4217 两。尔后，地方附加名目日增，金额逐渐超过正供数倍。民国 10 年，水旱虫成灾，粮食四成失收，当年超征赋谷 2 万石。民国 17 年，国民政府通令豁免历年欠赋，酃县不免反而复征 2 年。加以额外苛索，致有逼死团总之事。民国 19 年，正供 20401 元，地方附加增至 59164 元。民国 22 年，正供19445 元，地方附加 27223 元。民国 29 年，正供 19983 元，地方附加 77932 元（法币，下同），为正供的 3.9 倍。民国 30 年，厘定赋章，改征实物（稻谷）。全县正附税额征银 95864 元，每元折征稻谷 2 斗，计折 1.92 万石。民国 33 年，随赋带购为随赋带借，计折稻谷 8.23 万石。民国 34 年，抗日战争胜利，全县免征一年。民国 35 年 9 月，调整征率，每一元折征稻谷 4 斗，地方附加每亩以 6 角为限，较民国 33 年每亩减少 2—3 升，但每户增配征赋费 25 元。是年，全县配征 7.03 万石，实际征获 4.98 万石。民国 36 年 1 月，田赋粮食管理处奉令豁免民国 21—29 年未征赋银 653.4 两，焚券。民国 37 年，全县正附税额征银 60111 元。每元折征稻谷 7 斗。其中，征实 2 斗 8 升，征借 1 斗 2 升，省、县级公粮 8 升，省级保安士兵饷谷 8 升，公路款 2 升，县级自卫乡镇经费一次捐献 1 斗 2 升。共配征 5.79 万石。县政府为催征欠赋，成立以县长为主任的催征委员会，遣警挨户追缴，实行拘传押追。终因民穷财尽，仅征 4.10 万石。改征实物后，全县 7 年（民国 34 年免征一年）累计，实际征获稻谷 28.69 万石，为配征总额 65.9%。

1949 年 12 月，县人民政府颁布征粮支前布告和《一九四九年度征粮暂行办法》，积极筹措公粮，支援人民解放军解放全中国。至年底，派征公粮 285 万公斤。1950 年改征农业税，以户为单位征收实物（稻谷），按人均产量数分级累计计征。凡人均全年产粮 135 公斤以上者，按 2%—5%的税率稽征；出租收入每 50 公斤加 10 公斤；佃耕收入每 50 公斤减 10 公斤计算税额。当年全县征收农业税粮 275 万公斤，计征率 10.8%。1952 年 8 月，根据政务院关于“查田定产、依率计征、依法减免”精神，全面开展查田定产工作。农业税按 6%—25%计 20 个税率等级稽征。1953 年 8 月，县内遭大旱，减免农业税 17.5 万公斤。同时，对一些定产偏高偏低现象进行调整。革命烈士、革命军人、国家工作人员家属、老弱孤寡残废者、无劳或缺劳贫困户，减免税额 10%—30%，特殊贫困户实行全免。同年开征契税，当年收入 2000 元。1961 年，按照“普遍调整、重点照顾”原则，调整农业税，计征率降至 10%。1962 年，农业税以生产队为征收单位，以地区差别比例税率征收。1970 年以后，农业税计征不分地区，统一为 12%。1979 年，为减轻穷队负担，执行农业税起征点办法：人均口粮低于 275 公斤、人均收入低于 60 元的生产队，全额免征农业税；人均口粮在 275—300 公斤的，减征 70%；人均口粮在 300—375

公斤的,减征 30%。计有 81 个生产队免征,47 个生产队减征,共核减 103.5 万公斤。

1983 年,税粮按“基数在队,任务到户,分户送粮,以户结算”办法计征。停止穷队减免,恢复社会减免。当年,全县农业税减免 57 万公斤。1985 年,中共酃县县委、县人民政府决定:对龙渣、平乐、下村 3 个贫困乡实行农业税全额返回,用于发展生产,5 年不变。1986 年 1 月,开征农(林)业特产税,当年实征 42.2 万元。1987 年 4 月,开征耕地占用税,当年征收 15.6 万元。1990 年,对龙渣、平乐、下村、东风 4 乡,实行部分农业税征收款补贴。当年征收,次年返回,3 年不变,由县财政补贴 50%。所有补贴款均一次性发放到灾减户及发展生产。当年,全县征收农业税 239.3 万元,占财政总收入 13.6%。全年实征稻谷 541.4 万公斤。1990 年,契税列入农业税收类附征,当年收入 1 万元。

1991—1993 年,农业税计税价格实行早、中、晚稻统一计价。计税价格分年提高到每 50 公斤稻谷 22 元、25 元和 27 元,分别完成农业税收入 134.3 万元、162 万元和 169 万元。3 年减免农业税 97 万元,其中社会减免 18 万元。1994—1995 年,粮食价格提高,农业税征收实行分别计价,每 50 公斤早稻 44 元,中晚稻 52 元,农业税收入分别为 302 万元和 317 万元。2 年减免农业税 81 万元,其中社会减免 17 万元。1996 年,实行早、中、晚稻综合价,计税价格提高到每 50 公斤 65 元。当年农业税收入 420.5 万元,全县减免 73 万元,其中社会减免 16 万元。

1997—2000 年,农业税计税价格实行早、中、晚稻分别计价,因市场粮价下跌,计税价格随之下调,早、中、晚稻分别由 1997 年的 65 元、68 元、72 元,降到 2000 年的 46 元、54 元、58 元。农业税收入也由 1997 年的 439 万元减少到 354 万元。同期减免农业税 111 万元,全部为灾减。

2001 年 4 月,在垄溪乡推行农村税费改革试点。当年,全县完成农业税收入 289 万元,减免 95 万元,其中灾减 90 万元。2002 年,推行农村税费改革,8 月全面结束。核定当年全县农业税计税土地面积 17.07 万亩,确定计税常年产量为双季稻每亩 700 公斤,单季稻每亩 400 公斤。核定全县计税总产量 9238.67 万公斤,计税常产 3164.54 万公斤;农业税计税价格每 50 公斤 51 元,税率 6.8%;全县农业税及附加征收代金,按农业税和农业特产税正税额 20%征收附加,用于村集体开支。改革农业税减免办法,按当年农业税征收总额 12%提取减免数额,其中 7%用于社会减免、5%用于自然灾害减免,结余留转下年使用。是年,全县征收农业税正税 640.79 万元,附加 128.15 万元,入库 518 万元,减免 148 万元。2004 年,农业税税率降至 3.8%。2005 年,农业税全部免征。地方因减征、免征农业税而造成的资金缺口由中央财政转移支付给予补助。

1950—2014 年,全县农业税收入总额 3.56 亿元。其中,农业税 7157.7 万元,占 20.1%;农(林)业特产税 4972.2 万元,占 13.9%;耕地占用税 1.18 亿元,占 33.2%;契税 1.17 亿元,占 32.8%。

工商税收 清同治以前,酃县无牙杂各税。田、房税契,按照规定尽征尽解,“原无定额,俱随奏销,批解藩库”。宣统元年(1909),征牙税 6.1 两、田房契税 1379.98 两、杂收入类249.64 两,税收款占总收入额 14.99%。

民国初期,除沿袭清末原有税种外,税种、税率逐年增加,达 13 种之多。民国 9 年 7 月,百货厘率由原来 6%提至 9.6%,定名为军事附捐。民国 16 年,又加征公路捐二成、赈捐一成。

由于厘率无定，各自为政，逢卡加征。据《湖南全省赋税团防警察司法统计概要》载：民国 18 年，酃县竹木捐及团防摊派款 7.52 万元(银元，下同)，规费及附加 6.91 万元，各项赋税 2.73 万元，共计 17.16 万元，人均负担 1.44 元，高居全省第四。民国 24 年，征收的地方附加及税捐收入中，有田赋附加、契纸附加、屠宰税截留、亩捐、竹木落地捐、油榨捐 6 种，岁入总额 6.39 万元(法币，下同)。民国 26 年 1 月，成立税务局。经征各项税捐，年底实征税 5.97 万元，其中县税 2.21 万元。民国 27—28 年，因抗战需要，部队、机关、学校、兵工厂相继迁酃，商贩日多，税收大增。民国 29 年，实征 10.10 万元，其中县税 5.09 万元。民国 34 年，税收 264.26 万元。民国 35 年 7 月，国民政府为筹集内战经费，将地方税移交县政府接办。征收特别课税、杂税、杂捐，只需县议会讨论通过，税率伸缩自如。当年，全县地方税捐收入 3608 万元。民国 36 年，增至 1.99 亿元。民国 37 年，因货币贬值，各项税捐收入 30340.36 亿元。

1950 年 1 月，统一税政，开征货物税等 6 种税种。7 月，开征临时商业税，减并货物税税目，降低部分税目税率，提高所得税的起征点和最高累进率。征收方法在原来单一的民主评议的基础上增加查账征收、定期定额 2 种。各项正税全额上解，县内只留附加收入。至 1952 年累计完成 2.3 万元(折新币，下同)，占同期县级收入 3.7%。

1953 年，修正税制，开征商品流通税，调整货物税和工商业税。贯彻“公私区别对待，繁简不同”方针，发挥税收调节作用，扶植国营、集体经济发展。至 1957 年，国营经济纳税比例由 1953 年 8%升至 28.2%，集体经济由 9.4%升至 37.1%，公私合营经济由 0.2%升至 8.2%，私营及个体经济由 81.5%降至 26.5%。1953—1957 年，累计完成税收 198.9 万元，年均征收 39.8 万元，占同期县级收入 46.8%，以农业税为主的财政收入结构得到改变。

1958 年，改革税制，开征工商统一税等 7 种税种。一度在农村推行税收包干，取消公社征税员；在城市推行“税利合一”。税收的经济杠杆作用被忽视。“文化大革命”中，税务机构撤并，干部下放，税收征管不严。至 1972 年，累计完成税收 970.6 万元，年均 64.71 万元，占同期县级收入 44.4%。

1973 年，简化税制。同年 5 月 15 日，县财政小组请示湘潭地区财金局，要求竹木销售在产地纳税，得到省、地领导重视。8 月，恢复财税局。1974 年 6 月，先后建立城关、河西、水口、沔渡财税所，将驻社财税干部收回统一管理。当年税收达 104.9 万元，比上年增收 1.65%。1976 年开始，由产地预征原木、原竹税，当年征收 14.8 万元，占工商税收总额 11.0%。1979 年 6 月，社队企业竹木加工，按照森林采伐工业税率计征，当年增收 50.4 万元，次年增至 118.18 万元，占当年工商税收总额 34.1%。至 1982 年，累计完成各项税收 2105.2 万元，年均 210.52 万元，占同期县级收入 73.7%。

1983 年 6 月，国营企业实行第一步利改税，产品税成为主体税源。1985 年，对龙渣、平乐、下村 3 个贫困乡，实行一定 5 年不变的优惠政策，工商税全额返回，用于发展生产。年底，实现工商税收 701 万元，其中产品税 292.8 万元、企业所得税 142.9 万元。1990 年，东风乡工商税返回 50%，并继续对龙渣、平乐、下村 3 个乡工商税全额返回。1993 年，工商税收入2379 万元。1983—1993 年，累计完成工商税收 1.32 亿元，年均 1199.34 万元，占同期县级收入

81.2%,其中,产品税 3796.1 万元、营业税 3788.1 万元、企业所得税 2411.5 万元。

1994 年 1 月起，实行分税制财政体制改革，同步进行税制改革。是年，全县工商税收 1430 万元,比上年减少 949 万元。2002 年,地方所得税收入上划中央财政 50%、省财政 15%;次年,调整为上划中央 60%、省 12%。2013—2014 年,实行营改增试点。分税制改革后的 21 年,累计完成工商税收 12.35 亿元,占同期县级收入 30.61 亿元的 40.3%。

1950—2014 年,全县工商税收累计 13.99 亿元,占同期县级财政收入 32.79 亿元的 42.7%。

二、非税收入

1950 年后,非税收入主要有行政事业收费(规费)、罚没收入、专项收入(排污费、城市教育附加、水资源费、矿产资源专项收入)、公产收入、国有资产有偿使用收入、其他杂项收入等。1950—1993 年,非税收入累计 970.5 万元,占同期县级收入 4.5%。1994—1998 年,非税收入累计 5242 万元,占比增至 27.7%。1999 年后,部门收入逐步纳入预算管理。2005 年后,土地使用权出让收入快速增长,非税收入占县级收入的比重越来越高。1999—2014 年,非税收入累计 14.53 亿元,占同期县级收入 50.6%。

三、其他收入

其他收入包括企业收入、国债收入、基金收入、上划收入、上级补助收入等项。

企业收入 1950 年后,县财政开始拨款兴办工商企业。工业企业投入大、效益低,企业收入主要来自商业。1950—1982 年,企业收入(上交利润)827 万元。其中,商业企业 722.2 万元,森工企业 51.5 万元,交通企业 29.7 万元。

1983 年,国营企业实行利改税,企业上缴利润逐年减少。1999 年后,国有企业不再上缴利润。1950—2014 年,企业收入共计 673.9 万元。

国债收入 1950 年 1 月,中国人民银行发行“人民胜利折实公债”,年息 5 厘,分 5 年偿还。当年全县发行 1.92 万元。1954 年发行国家经济建设公债，当年全县完成 6.36 万元,到 1958 年共完成 29.39 万元。国家经济建设公债地方财政留用 40%。

1981 年,国家开始发行国库券,当年全县完成 16 万元。以后历年均有发行。1987 年,发行国家重点建设债券,全县认购 53.89 万元。1988 年,发行国家建设债券,全县认购 14.8 万元。同年,发行株洲湘华机械厂委托代理发行的建设债券 4.91 万元。1989 年,发行保值公债 110.38 万元、基本建设债券 36 万元。1996 年起,国库券发行取消分配任务办法,改由国家商业银行包销。

基金收入 1997 年起,开始编制基金收入预决算。至 2014 年,先后编入基金收入预决算的项目有:农业税附加、地方教育附加、国有土地使用权出让收入、国有土地收益基金、地方水利建设基金、政府住房基金、育林基金、残疾人就业保障基金、农业土地开发资金、城市基础设施配套费、其他政府性基金收入(散装水泥专项资金、新型墙体材料专项基金、基本养老保险基金)、上级基金补助、国家预算调节基金等 15 项。总计县级基金收入 8.10 亿元,上级基金补助收入 3.11 亿元,国家预算调节基金收入 76.7 万元。

上划收入　实行分税制后,上划收入先后有消费税、增值税、企业所得税、个人所得税、营业税、资源税和城镇土地使用税等 7 种。1994—2014 年,上划收入共计 13.74 亿元。其中,上划中央 11.66 亿元,占 84.8%;上划省财政 2.08 亿元,占 15.2%。

上级补助收入　1950—1982 年,上级补助收入只有支出专项拨款,累计 4275.6 万元,占同期县级收入 77.4%。1983—1993 年,上级补助收入共计 7424.1 万元,占同期县级收入 45.7%。补助项目除支出专项拨款外,还有定额补贴、追加(减)收入补助、下放支出补助、能源交通基金总额分成和其他补助。1992—2006 年,累计定额补贴 4959.2 万元,占同期县级收入 6.2%。

1994 年,实行分税制财政体制,上级补助收入有税收返还收入、一般转移支付收入、专项转移支付收入、定额补贴(至 2006 年)和其他补助收入,补助金额大幅增加,占县级收入的比重也大幅提升。1994—2014 年,上级补助收入共计 52.29 亿元,占同期县级收入总额 170.8%。其中,专项转移支付收入 26.17 亿元,一般转移支付收入 21.86 亿元,税收返还收入 3.88 亿元,定额补贴和其他补助收入 3711 万元。

1950—2014 年,上级补助收入(一般预算)总计 53.46 亿元,是同期县级收入(一般预算)32.79 亿元的 163%。

1950—2014 年炎陵(酃)县财政一般预算收入表

表 21-1　　单位:万元

年度	总计	上级补助收入	上年结余	调入分成转贷资金	县级收入										
					小计	农业税收	工商税收	企业收入	公债收入	预算调节基金	专项收入	罚没收入	行政事业收入费收入	国资有偿使用收入	其他收入
1950	5.5	—	—	—	5.5	5.3	0.1	—	—	—	—	—	—	—	0.1
1951	39.0	5.6	—	—	33.4	4.8	1.1	13.2	—	—	—	—	—	—	14.3
1952	55.3	21.9	10.5	—	22.9	7.3	1.1	4.7	—	—	—	—	—	—	9.8
1953	122.5	51.3	9.2	—	62.0	26.4	31.4	0.2	—	—	—	—	—	—	4.0
1954	114.6	31.3	7.7	—	75.6	31.6	35.1	—	6.4	—	—	—	—	—	2.5
1955	137.2	33.7	2.3	—	101.2	41.8	46.4	4.4	4.9	—	—	—	—	—	3.7
1956	162.9	66.7	1.6	—	94.6	37.4	45.8	5.3	3.3	—	—	—	—	—	2.8
1957	149.5	58.1	—	—	91.4	37.1	40.2	5.4	6.9	—	—	—	—	—	1.8
1958	225.8	88.2	6.5	12.4	118.7	39.4	51.5	10.3	8.4	—	—	—	—	—	9.1
1959	227.6	—	—	—	227.6	61.6	74.6	86.8	—	—	—	—	—	—	4.6

续表 21-1

年度	总计	上级补助收入	上年结余	调入分成转贷资金	县级收入										
					小计	农业税收	工商税收	企业收入	公债收入	预算调节基金	专项收入	罚没收入	行政事业收入费收入	国资有偿使用收入	其他收入
1960	285.2	—	—	—	285.2	58.2	107.9	106.7	—	—	—	—	—	—	12.4
1961	158.9	76.4	3.6	—	78.9	46.1	37.8	—5.5	—	—	—	—	—	—	0.5
1962	95.6	9.7	—24.0	—	109.9	52.6	57.3	—0.2	—	—	—	—	—	—	0.2
1963	150.7	43.7	—22.2	27.5	101.7	44.4	57.9	—2.6	—	—	—	—	—	—	2.0
1964	205.6	49.3	5.1	8.8	142.4	55.3	67.0	18.3	—	—	—	—	—	—	1.8
1965	255.6	57.1	6.1	19.4	173.0	58.4	77.1	28.7	—	—	—	—	—	—	8.8
1966	292.2	136.7	14.3	—	141.2	62.4	60.6	15.4	—	—	—	—	—	—	2.8
1967	270.1	133.7	11.2	—	125.2	60.5	52.1	12.2	—	—	—	—	—	—	0.4
1968	206.2	88.2	9.3	—	108.7	64.5	47.5	—6.2	—	—	—	—	—	—	2.9
1969	350.9	178.0	16.8	17.5	138.6	61.0	58.6	11.4	—	—	—	—	—	—	7.6
1970	235.1	53.5	31.7	—	149.9	62.6	62.0	13.6	—	—	—	—	—	—	11.7
1971	287.9	130.9	25.1	—	131.9	64.7	69.5	—6.9	—	—	—	—	—	—	4.6
1972	349.9	169.3	29.9	—	150.7	61.7	89.2	—3.7	—	—	—	—	—	—	3.5
1973	435.0	237.2	31.4	—	166.4	60.7	103.2	0.4	—	—	—	—	—	—	2.1
1974	544.8	289.3	53.6	18.9	183.0	63.8	104.9	12.4	—	—	—	—	—	—	1.9
1975	994.3	697.2	83.4	20.5	193.2	61.6	119.9	8.1	—	—	—	—	—	—	3.6
1976	566.1	310.8	43.2	9.0	203.1	59.9	134.1	4.5	—	—	—	—	—	—	4.6
1977	450.3	238.5	31.3	4.8	175.7	59.7	155.0	—42.4	—	—	—	—	—	—	3.4
1978	710.8	409.8	43.3	28.9	228.8	64.2	208.3	—46.5	—	—	—	—	—	—	2.8
1979	588.4	171.2	35.2	49.3	332.7	63.4	285.0	—17.5	—	—	—	—	—	—	1.8
1980	629.1	114.6	25.4	—	489.1	66.7	346.1	75.4	—	—	—	—	—	—	0.9
1981	666.6	116.8	64.0	—	485.8	66.7	353.0	60.6	—	—	—	—	—	—	5.5
1982	623.8	206.9	19.4	—	397.5	74.1	295.7	22.0	—	—	—	—	—	—	5.7
1983	778.2	334.2	27.7	—	416.3	74.5	368.2	—35.2	—	—	4.2	—	—	—	4.6
1984	997.4	416.1	93.1	—	488.2	73.9	393.4	11.6	—	—	—	—	—	—	9.3
1985	1444.7	562.5	102.9	—	779.3	76.8	701.0	—5.2	—	—	2.1	—	—	—	4.6
1986	1760.0	613.1	268.1	—	878.8	138.4	743.5	—15.1	—	—	6.0	—	—	—	6.0
1987	2242.4	703.2	331.0	—	1208.2	156.8	1038.0	—16.9	—	—	11.5	—	—	—	18.8

续表 21-1

年度	总计	上级补助收入	上年结余	调入分成转贷资金	县级收入										
					小计	农业税收	工商税收	企业收入	公债收入	预算调节基金	专项收入	罚没收入	行政事业收费收入	国资有偿使用收入	其他收入
1988	2545.6	596.4	404.0	—	1545.2	175.4	1353.4	—21.2	—	—	23.1	—	—	—	14.5
1989	2805.8	723.4	295.1	4.2	1783.1	216.7	1456.4	—16.2	—	19.1	11.0	—	—	—	96.1
1990	2662.0	678.2	228.4	1.4	1754.0	239.3	1454.7	—18.8	—	13.6	19.0	—	—	—	45.2
1991	3056.0	822.0	176.8	13.4	2043.8	297.3	1597.1	—2.9	—	14.0	32.0	80.3	—	—	26.0
1992	3450.0	943.0	245.0	1.0	2261.0	384.0	1708.0	—	—	10.0	45.0	74.0	—	—	40.0
1993	4434.0	1032.0	319.0	—	3083.0	425.0	2379.0	20.0	—	9.0	56.0	113.0	—	—	81.0
1994	5193.0	2109.0	284.0	—	2795.0	817.0	1430.0	59.0	—	—	56.0	197.0	79.0	—	157.0
1995	6341.0	2110.0	290.0	388.0	3546.0	797.0	1761.0	35.3	—	—	83.0	327.0	123.0	—	420.0
1996	6917.0	2407.0	263.0	137.0	4110.0	1090.0	1899.0	106.0	—	—	96.0	318.0	227.0	—	374.0
1997	6742.0	2485.0	192.0	31.0	4034.0	1017.0	1720.0	104.0	—	—	52.0	452.0	232.0	—	457.0
1998	6942.0	2367.0	176.0	3.0	4396.0	969.0	1740.0	95.0	—	—	41.0	297.0	773.0	27.0	454.0
1999	7393.0	3107.0	194.0	6.0	4086.0	741.0	1535.0	—2.0	—	—	50.0	226.0	166.0	21.0	1349.0
2000	7592.0	3173.0	416.0	1.0	4002.0	728.0	1648.0	—	—	—	53.0	376.0	115.0	9.0	1073.0
2001	9794.0	5028.0	357.0	—	4409.0	768.0	1781.0	—	—	—	54.0	266.0	128.0	19.0	1393.0
2002	14032.0	8564.0	807.0	2.0	4659.0	829.0	1556.0	—3.0	—	—	60.0	374.0	187.0	31.0	1625.0
2003	15975.0	9302.0	1385.0	—	5288.0	904.0	1807.0	—6.0	—	—	61.0	449.0	179.0	95.0	1799.0
2004	19204.0	11396.0	1504.0	3.0	6301.0	626.0	2112.0	—3.0	—	—	73.0	482.0	267.0	103.0	2641.0
2005	22567.0	12550.0	2626.0	7.0	7384.0	279.0	2755.0	—	—	—	136.0	582.0	317.0	1304.0	2011.0
2006	27144.0	16436.0	1874.0	8.0	8826.0	323.0	3818.0	—	—	—	274.0	482.0	464.0	1737.0	1728.0
2007	41452.0	26486.0	3716.0	2.0	11248.0	378.0	4943.0	—	—	—	333.0	486.0	423.0	2479.0	2206.0
2008	50815.0	28187.0	8866.0	—	13762.0	695.0	5938.0	—	—	—	506.0	542.0	739.0	4404.0	938.0
2009	64635.0	38632.0	5964.0	1000.0	19039.0	2087.0	7417.0	—	—	—	739.0	787.0	651.0	5732.0	1626.0
2010	85772.0	52422.0	9687.0	1104.0	22559.0	2380.0	8606.0	—	—	—	750.0	955.0	1096.0	7297.0	1475.0
2011	103008.0	57178.0	14248.0	1100.0	30482.0	2968.0	12425.0	—	—	—	737.0	1322.0	2424.0	7718.0	2888.0
2012	127602.0	66828.0	17616.0	2868.0	40290.0	3505.0	16839.0	—	—	—	966.0	1338.0	2014.0	12196.0	3432.0
2013	146600.0	74503.0	21681.0	2000.0	48416.0	5417.0	19104.0	—	—	—	1080.0	2661.0	2807.0	15263.0	2084.0
2014	176406.0	97610.0	18542.0	3800.0	56454.0	4358.0	22644.0	—	—	—	1281.0	1654.0	2425.0	19954.0	4138.0
合计	988895.1	534579.7	113754.0	12697.0	327864.4	35621.0	139947.7	673.9	29.9	65.7	7690.9	14840.3	15836.0	78389.0	34758.3

第二节 财政支出

一、基本建设支出

1950—1952 年,基本建设支出 8.1 万元,占同期财政一般预算支出总额(以下简称财政支出)9.8%。1959 年、1960 年,分别支出 58.6 万元、78.6 万元,占当年财政支出 40.4%、42.3%,超过地方财力、物力的承受能力。1968—1978 年,兴建氮肥厂、水口电站等一批国有企业项目,投资规模扩大,基本建设支出累计 1119.8 万元,占同期财政支出 23.9%。其中,1975 年基建支出 387.5 万元,占当年财政支出 40.7%,主要投入氮肥厂建设 200 万元、水口电站建设 89.9 万元。

1980 年后,国企投资改财政拨款为银行贷款,至 1986 年,基建支出累计 106.6 万元,占同期财政支出 1.9%。1987—1989 年,连续 3 年基建支出超百万,计 389.3 万元,主要用于修整和兴建街道、住宅、农贸市场。1990 年后,基本建设支出持续减少。至 2003 年的 14 年支出累计311 万元,年均 22.2 万元。2004 年支出 248 万元,主要用于 106 国道绕城改道和炎帝线工程建设。1950—2006 年,全县基本建设累计支出 2405.3 万元,占同期财政支出 0.3%。2007 年,取消基本建设支出科目。

二、工、交、粮、商等企事业支出

1950—1952 年,国民经济恢复时期,用于工业、交通、国营商业企业等建设支出 21 万元,占同期财政支出 25.5%。1953—1957 年,支出降至 3.3 万元。1958 年,投资 30 万元兴建铁厂。1971—1975 年,县办"五小"企业发展较快,全县工、交、商企业支出 447.5 万元,占同期财政支出 18.9%。1981—1985 年,财政对企业投资实行拨改贷,只安排企业挖潜改造资金、简易建筑费和工交商等部门的事业费等,累计支出 103 万元。1989—1991 年,经济调整,基本建设投资压缩。此后,财政投入每年维持在 50 万—100 万元之间。2007—2008 年,财政投入增至 3223 万元。其中,农村公路建设 2174 万元,工商企业 759 万元,旅游业 76 万元,粮油事务 82 万元。2009—2011 年,实施家电、摩托车和汽车下乡财政补贴政策,同时大力支持中小企业和旅游业发展,累计支出 1.11 亿元。其中,农村公路建设 1931 万元,支持中小企业发展 5076.3 万元,家电、摩托车和汽车下乡补贴 1998.7 万元,旅游业 1624 万元。2012—2014 年,工交粮商支出 1.92 亿元。其中,农村公路建设 6336 万元,支持中小企业发展 6074.8 万元,家电、摩托车下乡补贴 770.2 万元,旅游业 4727 万元,粮油事务 1297 万元。1950—2014 年,工、交、粮、商等企事业累计支出 3.61 亿元,占同期财政支出 4.4%。其中,2007—2014 年,支出 3.35 亿元,占 1950—2014 年支出总额 92.7%。

三、农、林、水支出

农、林、水支出(1950—1980 年) 1950—1955 年,国民经济恢复时期,百业待兴,农林水建设以农民义务投工为主。财政支出6.6万元，用于购置建设材料。1956—1958年，农村水利建设投入增加，累计支出51.7万元，其中水利支出22.7万元。1959—1965年，农林水支出累计235.2万元，年均33.6万元。其中，1961年对“大跃进”期间无偿调用公社、大队、生产队和社员的粮食、木材、砖瓦等生产资料或占用集体和个人房屋列预算专款进行退赔，当年支付退赔金额16.9万元；1963年、1964年，支援穷队支出8.9万元。1966—1967年，大力支持农村水利基础设施建设，支出200.1万元，占同期财政支出40.2%。其中水利支出154.9万元。1973—1980年，累计支出803.9万元，年均100.5万元。主要用于农业机械、耕畜、新建集体猪场和推广杂交水稻良种等事业。其中，1976年起，增设社队造林和林木保护费支出，当年支出15万元；1978年，遭受严重旱灾，小型农田水利建设资金和水利事业费支出102.7万元，占当年农林水支出总额70.1%。1950—1980年，全县农、林、水累计支出1436万元，占同期财政支出18%。

农业支出（1981—2014年）　1981年，农业支出91.9万元，其中支援农村生产支出52.6万元。1982—1986年，累计支出561.8万元，年均112.36万元，其中1983年增设社队农技推广和植保补助费，当年支出32.9万元。1987—1990年，农业支出每年保持在200余万元，其中1989年，全县长期阴雨低温，粮食减产，支援农村生产支出178.6万元，占当年农业支出63%。1991—1996年，农业支出增加，年均487.6万元。1997年，被列为省级扶贫开发重点县，当年扶贫项目资金支出80万元。2002年，被列为中央农业综合开发项目县，当年资金支出15万元。1997—2002年，农业支出累计3742万元。其中，支援农村生产支出966万元，扶贫支出1226万元。2003年，取消支援农村生产支出科目，当年农业支出1001万元，其中扶贫支出611万元。2004年，对农民种粮发放良种补贴和直接补贴。当年，发放早中晚稻良种补贴、种粮直接补贴407.1万元。2006年，增加种粮农民农资综合直接补贴（成品油价格调整补贴）195.5万元；支持建成11个村级组织场所，补助建设资金22万元；补助人畜饮水工程建设资金70万元。2007年，增发油菜良种补贴8.1万元、母猪养殖补助20.8万元，库区移民后期扶持资金131.8万元。2008年起，对村三大主干和任职满30年的离任村干部以及村医生发放补助工资，当年发放55.5万元。2004—2009年，全县农业支出累计1.31亿元，年均2190.7万元，其中扶贫资金支出4063万元，占30.9%。2013年，突破1亿元，达1.05亿元。2014年，农业支出1.13亿元。其中，扶贫支出2617万元，占23.1%；农民种粮补贴1816.9万元，占16.1%。1981—2014年，全县农业累计支出6.62亿元，占同期财政支出8.2%。其中，支援农村生产支出0.35亿元，扶贫支出1.55亿元，农民种粮补贴1.48亿元。

林业支出（1981—2014）　1981年，全县林业事业费财政预算支出12万元，其他林业支出主要通过林业“两金一费”解决。1982—2001年，林业事业费支出708.2万元，年均35.41万元。2002年起，中央加大生态林业保护力度和财政补助金额，对农民实施退耕还林生活和粮食补贴，对县财政实施森林生态效益补偿，当年全县林业支出638万元。2008年，林业支出2119万元。其中，森林生态效益补偿1107万元，退耕还林补贴150万元。2014年，实施森林保险保费财政补贴政策，支出6743万元，比上年增长35.9%。其中，森林生态效益补偿2105万元，退耕还林补贴372万元，森林保险保费补贴166万元。1981—2014年，全县林业累计支出3.04亿元，占同期财政支出 3.8%，其中森林生态效益补偿和退耕还林补贴支出 1.41 亿元，占 46.5%。

水利支出（1981—2014 年） 1981 年，水利事业费支出 7 万元。1982—2001 年，累计支出 811.1 万元，年均 40.6 万元。2003—2008 年，累计支出 1943 万元，年均 323.8 万元。2009 年后，高度重视水利事业，水利工程建设资金大增，当年支出 1604 万元，比上年增长 2.7 倍。2014 年支出 6126 万元，比上年增长 17.1%，占当年财政支出 4.3%。1981—2014 年，全县水利累计支出 2.65 亿元，占同期财政支出 3.3%，其中 2009—2014 年支出 2.35 亿元，是前 28 年支出的 7.9 倍。

四、科技支出

1962 年，县财政始列科学事业费支出项目，后并入科技三项费用科目。至 1978 年，共计支出 7.1 万元，年均仅 0.4 万元。1979 年后，科技事业得到重视，科技支出逐步增加。1978—2004 年，累计支出 524.3 万元，年均 20.2 万元。2005 年后，科技三项费用纳入政府考核目标，当年支出增至 274 万元，比上年增长 6.6 倍。2014 年 1700 万元。2005—2014 年累计支出 8194 万元，年均 819.4 万元，占同期财政支出 1.2%。1962—2014 年，全县科技累计支出 8725.4 万元，占同期财政支出 1.1%。

五、教育支出

1950 年，教育支出 2.1 万元，占财政支出 33.9%。1956—1963 年，维持在每年 29 万元以内。“文化大革命”期间，教育事业受到冲击，教育支出仅占 13%左右。1979 年后，投入显著增加。至 1990 年，年均 307.2 万元。1991 年始，实施学校危房改造工程和教育“两基”达标。1993 年教育支出上升至 1006 万元，比上年增长 27.3%。1996 年再升至 2093 万元，占当年财政支出 34.1%。县乡财政负债运行。1997—2003 年，累计支出 1.55 亿元，年均 1933 万元。2005 年，教育支出 3648 万元，比上年增长 21.3%。2007 年起，全县城乡学生九年义务教育实行学杂费全免，教育支出连续保持高速增长。当年支出 5166 万元，比上年增长 49%。2009 年，对全县中小学校课桌椅进行标准化改造，拨付专项资金支持建立炎陵教育发展基金，解决中小学生饮水问题，是年支出 8679 万元。2010 年，建设“合格学校”“绿色学校”和乡镇公立中心幼儿园，实施“校安工程”建设，支出 1.04 亿元。2011—2014 年，启动全县小学生营养餐“蛋奶工程”、农村教师工作周转房和一校一塑胶运动场建设、增发普通高中助学金和职业教育助学金、进行薄弱学校改造、建设农村幼儿园以及用于贫困寄宿生生活补助、实施“营养餐”工程。2014 年，教育支出 2.78 亿元，占当年财政支出 19.7%。1950—2014 年，全县教育支出累计 15.70 亿元，占同期财政支出 19.2%。

六、文体广电等支出

1952 年，始列文化（含体育，下同）事业费支出 0.4 万元。至 1969 年，共计支出 31.9 万元，年均 1.8 万元。1970—1977 年,支出 62.6 万元,年均 7.8 万元。1978 年起,广播、电视事业得到发展。至 1985 年,累计支出 203 万元,年均 25.4 万元。1986 年,支出 105.7 万元,其中文物保护费(整修炎帝陵)70.4 万元。1978—2004 年,年均支出 130.4 万元。2008 年起,县委、县政府实施文化强县战略,文化与电视传媒事业费支出大幅增加,当年支出 657 万元,比上年增长 114%。其中,文化事业费175 万元,占 26.6%;文物事业费 57 万元,占 8.7%;电视传媒 408 万元,占 62.1%。2009 年,建设红军标语博物馆和县文化体育中心,支出达 1033 万元。其中,文体中心建设及文化事业费支出 411 万元, 占 39.8%; 博物馆建设及文物事业费支出 391 万元,占 37.9%。2011 年,支出 1578 万元。其中,文体中心建设及文化事业费支出 542 万元,占 34.3%;“红博”建设及文物事业费支出 699 万元,占 44.3%。2014 年支出 1329 万元,其中文体中心等建设及文化事业费支出 821 万元。2008—2014 年,累计支出 8313 万元,是 2007 年前 58 年文体广电支出总和的 2.3 倍。1950—2014 年,全县文体广电累计支出 1.19 亿元,占同期财政支出 1.5%。

七、医疗卫生支出

1950 年,卫生事业费实行“全额管理,差额补助”办法,当年支出 0.5 万元。1959 年,支出 4.3 万元。10 年累计 46.5 万元,占同期财政支出 6.1%。1960 年起,实行“全额管理、定额补助、预算包干”办法,支出稍有增加。1970 年后,农村医疗机构发展较快,卫生事业费支出增加。至 1979 年,累计 378.9 万元,占同期财政支出 8%。1980 年起,医疗卫生事业得到高度重视,医疗单位基本建设、医疗设备、工资福利等经费优先安排。至 1989 年,累计 1113.5 万元,占同期财政支出 9.4%。1990 年后,县乡财政负债运行,医疗卫生事业费支出占财政支出的比例连年下降。1992 年,支出 240 万元,占 8.3%,1999 年,降至 5.4%,2001 年降至 3.7%。2002—2004 年,年均支出 390 万元,占 2.8%。医疗单位以药养医。2005 年,设立农村医疗救助基金,对大病患者实施救助,当年支出增至 597 万元。2006 年起,为解决群众看病难、看病贵问题,政府增加财政对公共医疗卫生事业的投入,改造县人民医院、县中医院、县妇幼保健院和各乡镇卫生院,同时实施医疗改革。是年,实施新型农村合作医疗(简称“新农合”),征集个人基金 115.5 万元,中央、省、市、县四级财政补贴资金 462.1 万元,当年医疗卫生事业费支出增加到 1010 万元,比上年增长 84.3%,其中新农合支出 404 万元,占 40%。2008 年,实施城镇居民基本医疗保险,医疗卫生支出 2687 万元,比上年增长 67.7%。其中,城镇居民基本医疗保险支出 112 万元,新农合支出 1000 万元。2009—2011 年,分别投入 2469 万元、430 万元、1313 万元改造县人民医院、县中医院和部分乡镇卫生院。3 年累计医疗卫生支出 1.72 亿元, 年均 5730 万元,占财政支出 8.2%。2012—2014 年,分别投入 2461 万元、5725 万元实施医药卫生体制改革和国家基本药物零差价销售制度,改造县属公立医院和乡镇卫生院。投入 214 万元新建精神病医院。2014 年,医疗卫生支出 1.08 亿元,占财政支出 7.6%。其中,城镇居民基本医疗保险支出 656 万元,新农合支出 4739 万元,公共卫生支出 1417 万元。1950—2014 年,全县医疗卫生累计支出 5.84 亿元,占同期财政支出 7.1%。

八、抚恤救济与社会保障就业支出

1950—1952 年,政府拨大米 17.95 万公斤,救济失业工人、贫苦农民、孤老残废。发放牺牲、病故、残废军人抚恤费,烈军属、复员退伍军人补助费,老苏区救济款共计 8.7 万元。1954 年,山洪暴发,遭受严重水灾,政府发放救济款 5 万元。1963—1983 年,发放自然灾害救济款 68.9 万元,为灾民购回粮食 17.25 万公斤、抽水机 33 台,整修房屋 10 栋;发放抚恤和社会救济福利费 690.2 万元;救济棉被 400 床、棉布 600 米、衣服 1000 件。1964—1981 年,大批城市知识青年安置到全县各公社生产队劳动就业,政府先后安排城市人口下乡安置费 232.3 万元。1984 年始,对原国民党军 105 名起义投诚官兵实行生活困难补助,发放救济款 1.6 万元,发放统战对象生活补助费 7.9 万元。1985 年,支出 158.6 万元,其中发放自然灾害救济费 119.5 万元,占民政支出 75.3%。1997 年起,行政事业单位离退休经费纳入社会保障部门管理,当年支出上升到 743 万元,比上年增长 2.7 倍。其中,行政事业单位离退休经费 522 万元,民政救灾支出 69 万元。1998 年起,实行社会保障补助政策,当年对破产企业下岗职工基本生活补助 44 万元。是年遭受罕见水灾,民政救灾支出 84 万元。1999 年,社会保障补贴支出 339 万元,对国企下岗职工基本生活保障和再就业补助支出 79 万元,年度支出突破千万元,达到 1269 万元,占当年财政支出 20%。2001 年起,对城镇居民实行最低生活保障制度,当年低保支出 31 万元。2002 年,基本实现城镇低保全覆盖,低保支出 70 万元。2003 年,安排就业资金 60 万元,以后逐年增加。2005 年,城镇居民低保标准提高,由每人每月116 元增加到 130 元,当年支出 200 万元。2006 年 10 月起,对农村实行最低生活保障制度,标准为每人每月 15—30 元 4 个档次,当年支出 132 万元;城镇居民标准提高到每人每月 170 元,全年支出 266 万元。以后年度城乡低保标准逐步提高,覆盖面不断扩大,低保制度不断完善,低保标准分为农村一、二、三类和城镇一、二、三类。2011 年 7 月 1 日起,规定年满 60 周岁的城乡居民不用缴费可享受每月 55 元的基础养老金,城乡居民基本实现老有所养。2014 年,抚恤救济与社会保障就业支出 1.08 亿元,占当年财政支出 7.6%。其中,城镇低保支出 996 万元,农村低保支出 1514 万元,城乡居民社会养老保险基金补助 1698 万元,就业补助 1901 万元,企业关闭破产补助 152 万元。2001—2014 年,抚恤救济与社会保障就业支出 10.99 亿元,是 2000 年前 51 年支出总和的 15.9 倍。1950—2014 年,全县抚恤救济与社会保障就业累计支出 11.64 亿元,占同期财政支出 14.2%。

九、城乡社区支出(城市维护费)

从 1984 年起,城市维护费列入专项支出,当年支出 11.2 万元,主要用于县城维护建设。1985 年,增加到 64 万元,以后逐年增加。至 2006 年,共计支出 2423.3 万元,年均 105.4 万元。2007 年起,城市维护费支出并为城乡社区支出,当年支出 716 万元,比上年增长 114.9%,占当年财政支出 2.2%。2008—2010 年,创建全国文明卫生县城,全面改造县城环境卫生基础设施,3 年支出 8285 万元,占同期财政支出 4.9%,相当于 1984—2008 年支出总和的 2.6 倍。

2011年后，支出回落，进入正常状态。2014年，城乡社区支出3988万元，占当年财政支出2.8%。其中，社区公共设施2106万元，环境卫生1232万元，城管执法217万元。1984—2014年，全县城乡社区累计支出（城市维护费）2.23亿元，占同期财政支出2.8%。

十、住房保障支出

2003年，始列住房保障支出，当年支出92万元，全部为行政事业单位工作人员缴存的住房公积金。缴存比例为政策规定的最低限，即应发工资（不含津贴）的5%。2008年起，实施廉租房项目建设，当年支出55万元。2009年，住房保障支出1007万元，突破千万元，其中廉租住房支出升至442万元。2010年起，实施棚户区改造3年工程，住房公积金缴存比例提高到应发工资（不含津贴）的8%，当年住房保障支出3503万元。其中，住房公积金874万元，廉租住房1501万元，棚户区改造780万元，农村危房改造288万元，其他保障性安居工程60万元。从2011年起，计提住房公积金的基数扩大为应发工资＋津补贴。2012年，加大农村危房改造力度，公职人员住房公积金缴存比例提高到10%，当年住房保障支出2509万元，其中农村危房改造1370万元，比上年增长185.4%。2013年，增加公共租赁住房项目支出2349万元，全年住房保障支出升至5350万元，比上年增长113.9%。2014年，职工住房公积金按规定的最高比例12%缴存，全年住房保障支出5277万元，占当年财政支出3.7%。其中，住房公积金1146万元，农村危房改造1610万元，公租房和其他保障性安居工程2521万元。2003—2014年，全县住房保障支出2.21亿元，占同期财政支出3%。其中，住房公积金6156万元，占28%；农村危房改造4553万元，占20.6%；棚户区改造1920万元，占8.7%；廉租房、公租房和安居工程等9428万元，占42.7%。

十一、国土支出

2008年，始列国土支出，当年支出939万元。此前各年度国土事业费全部列入行政管理费支出。2009年，支出1891万元；2013年，3103万元；2014年，升至5414万元。2008—2014年累计支出1.54亿元，占同期财政支出2.5%。

十二、环保支出

2007年，始列环保支出，当年92万元。此前各年度环保事业费均列入行政管理费支出。2010年和2011年，支出分别为2519万元和3657万元，分别占年度财政支出3.6%和4.3%。2012—2014年，年均支出1668.7万元。2007—2014年，累计支出1.24亿元，占同期财政支出1.9%。

十三、行政支出

1950—1952年，全县行政经费支出7.7万元，占同期财政支出9.4%。1953—1954年，行政支出 59.5 万元，占同期财政支出 49.2%。1955 年 7 月，供给制改为货币工资制，当年行政管理费支出 36.4 万元。1956 年 7 月执行新工资标准。1962 年，贯彻“调整、巩固、充实、提高”方针，全县行政单位精简职工 205 人，行政管理费支出降为 36.6 万元。1963—1973 年，年均行政管理费支出 48.7 万元，占同期财政支出 20.5%。1974 年，计划生育经费专列，当年支出 1.4 万元。1978 年，行政单位工作条件逐步改善，待遇提高，加之机构、人员增加，行政管理费支出上升，当年支出 90.7 万元，比上年增长 33%。1981 年，公检法司支出专列，当年支出 5.6 万元，占行政管理费支出总额 4.7%。1989 年，全县行政支出 444.4 万元。其中，公检法司 105.3 万元，占 23.7%；计划生育 49.1 万元，占 11%。1997 年起，行政事业单位离退休人员工资从行政经费支出调整到社会保障支出，口径发生变化，加上县乡财政困难，多举措压缩行政经费开支，行政支出连续下降。至 2000 年，年均行政支出 1218.3 万元，比 1996 年平均下降 13.5%。2001 年，行政事业单位人员普调工资，当年行政支出 1507 万元，比上年增长 20.1%。2003 年，再次普调工资，当年行政支出 2294 万元，比 2001 年增长 52.2%。2004 年，公检法司行政支出提高标准。当年，公检法司支出 905 万元，比上年增长 66.4%，占全县行政支出 30.8%。2006 年 7 月，行政事业单位人员工资改革，实行基本工资＋地方津补贴制度。由于县财政困难，未发放地方津补贴。2008 年 1 月起，按最低标准年人均 1.2 万元发放地方津补贴，县财政拨付 50%，单位自筹 50%。以后津补贴标准逐年提高，由 2009 年人均 1.4 万元，提高到 2014 年的 2.4 万元，2014 年，全县津补贴支出 2.08 亿元，占当年财政支出 14.7%。1950—2014 年，全县行政支出 14.08 亿元，占同期财政支出 17.2%。

十四、政策性补贴支出

财政政策性价格补贴，主要用于对城镇居民的肉价、煤价、蔬菜、粮油的补贴。始于 1985 年，当年补贴支出 18.4 万元。1988 年，通货膨胀，物价上涨，财政补贴支出 159.8 万元，为补贴最多的一年。其中，城镇居民肉价补贴 27 万元、地方粮油价外补贴 67.2 万元、民用煤销售价差补贴 15.4 万元、农业生产资料（化肥）价差补贴 43.9 万元、平抑市场猪肉和蔬菜价格补贴 6.3 万元。至 1990 年，共计支出 403.3 万元，年均 67.2 万元。此后呈下降趋势。1991 年支出 63.1 万元。1993 年，停止民用煤销售价差补贴，补贴支出降至 33 万元。1996 年，财政困难，压缩支出，全年仅支出 6 万元。1997 年起，粮食价格逐渐放开，财政增加粮食风险基金、粮油加价款等补贴支出。地方粮油价外补贴支出大增。至 2006 年，共计支出 846 万元，年均 84.6 万元。2007 年以后取消除粮食以外的财政政策性补贴。1985—2014 年，县财政政策性补贴支出 1489.4 万元，占同期财政支出 0.9%。

十五、专项支出

专项支出主要是征收的排污费和教育费附加收入专项，用于城市环保（排污）和教育。1986 年始列排污费专项支出 8.3 万元。至 1989 年，共计支出 45.7 万元。1990 年始列教育费附加支出，当年专项支出22万元。其中，排污费11万元，教育费附加11万元。1996年，支出排污费专项66万元，为最多的年份。2003年，教育费附加支出229万元，为最多的年份。2005年，增加水资源费专项支出2万元和采矿权使用费专项支出16万元。2006年，专项支出276万元。其中，排污费30万元，教育费附加186万元，水资源费32万元，采矿权使用费28万元。2007年后，全部纳入基金预算支出。1986—2006年，专项支出1413.7万元，占同期财政支出0.9%。其中，排污费558.7万元，占39.5%；教育费附加777万元，占55%；水资源费34万元，占2.4%；采矿权使用费44万元，占3.1%。

十六、其他各项支出

其他各项支出包括其他部门事业费、国防支出、武警支出、民兵事业费、债务还本付息支出、金融支出、其他支出(款项)等。1950—1985年，其他支出累计351.3万元，年均9.8万元，占同期财政支出3%。尔后逐年增多，1986年，达105.6万元；1994年，升至418万元。9年共计支出2788.8万元，年均309.9万元，占同期财政支出11.7%。1995—2004年，县、乡两级财政不同程度地存在空转收入、支出现象。1995年，其他支出649万元，2004年高至4660万元。10年间累计支出1.87亿元，年均1868.7万元，占同期财政支出21.4%。2005年后，财政收入稳定快速增长，基本没有收支空转。至2012年，共计支出4.43亿元，年均5540.9万元，占同期财政支出10.3%。2014年，其他各项支出1.2亿元，占财政支出8.5%。1950—2014年，其他各项支出8.69亿元，占同期财政支出10.6%。

十七、基金支出

1997年始，县财政编制基金支出预算，与一般预算构成财政总支出。基金支出为专项支出，当年支出138万元。其中，城市教育费附加58万元，排污费26万元，农业税附加54万元。1998年，增加地方水利建设基金，当年支出105万元。2000年，增加国土有偿使用支出，当年支出219万元。2002年，增加政府住房基金，当年支出286万元。2003年，增加失业保险基金和新菜地开发基金，当年支出344万元。2004年，增加散装水泥专项资金、墙体材料专项资金、基本养老保险基金、育林基金，当年支出升至657万元。其中，土地有偿使用支出355万元，地方水利建设基金支出174万元。2006年，增加森林植被恢复费支出。2007年，增加残疾人就业保障金、农业土地开发资金、大中型水库移民后期扶持基金支出，当年支出2109万元。2008年，增加彩票公益金支出，当年支出升至3458万元。2011年，基金支出增至1.78亿元，其中土地使用权出让收入安排支出1.17亿元，占66%。2014年，基金支出3.42亿元，比上年增长1.1倍。其中，教育支出532万元，占1.6%；社会保障和就业支出665万元，占1.9%；城乡社区支出2.98亿元，占87.3%；农林水支出1751万元，占5.1%；文化、交通、资源勘探及其他支出1388万元，占4.1%。1997—2014年，全县基金累计支出10.59亿元。

1950—2014 年炎陵(酃)县财政支出情况表

表 21-2

单位:万元

项目 \ 年份	1950	1951	1952	1953	1954	1955	1956	1957	1958	1959	1960
县本级总支出	6.2	29.9	46.1	63.7	57.2	69.4	104	96.5	138.9	144.9	185.9
一、一般预算支出合计	6.2	29.9	46.1	63.7	57.2	69.4	104	96.5	138.9	144.9	185.9
1.基本建设支出	2.2	3	2.9	—	—	—	—	—	—	58.6	78.6
2.工交粮商等支出	—	15.7	5.3	2.5	—	—	0.2	0.6	32.9	0.1	—
3.农业支出(农林水支出)	0.1	0.1	0.1	1.9	0.9	3.5	15.8	19.6	16.3	24.9	32.8
其中:①支援农村生产支出	—	—	—	—	—	—	—	—	—	—	—
②扶贫支出	—	—	—	—	—	—	—	—	—	—	—
4.林业支出	—	—	—	—	—	—	—	—	—	—	—
其中:退耕还林与森林生态补偿	—	—	—	—	—	—	—	—	—	—	—
5.水利支出	—	—	—	—	—	—	—	—	—	—	—
6.科技支出	—	—	—	—	—	—	—	—	—	—	—
7.教育支出	2.1	2.8	17	16.7	14.3	15.8	22.9	24.6	23.8	23.4	28.8
8.文体广电支出	—	—	0.4	0.4	0.5	0.6	0.8	0.9	9.9	0.5	0.6
9.医疗卫生支出	0.5	0.4	4.2	6.6	4.6	6.6	5.4	7.2	6.7	4.3	5.6
其中:新型农村合作医疗支出	—	—	—	—	—	—	—	—	—	—	—
10.抚恤救济与社会保障就业支出	—	0.3	8.4	6.9	5	6.5	10.9	5.3	6.3	2.8	8.9
其中:①城市低保支出	—	—	—	—	—	—	—	—	—	—	—
②农村低保支出	—	—	—	—	—	—	—	—	—	—	—
11.城乡社区支出(城市维护费)	—	—	—	—	—	—	—	—	—	—	—
12.住房保障支出	—	—	—	—	—	—	—	—	—	—	—
13.国土支出	—	—	—	—	—	—	—	—	—	—	—
14.环保支出	—	—	—	—	—	—	—	—	—	—	—
15.行政支出	1.3	3.3	3.1	27.8	31.7	36.4	45.7	37.5	39.7	29.8	29.9
其中:①公检法司支出	—	—	—	—	—	—	—	—	—	—	—
②计划生育支出	—	—	—	—	—	—	—	—	—	—	—
16.政策性补贴支出	—	—	—	—	—	—	—	—	—	—	—
17.其他各项支出	—	4.3	4.7	0.9	0.2	—	2.3	0.8	3.3	0.5	0.7
18.专项支出	—	—	—	—	—	—	—	—	—	—	—
二、基金预算支出合计	—	—	—	—	—	—	—	—	—	—	—
附:上解上级支出合计	—	—	—	—	—	—	—	—	—	—	—

续表 21-2

项目＼年份	1961	1962	1963	1964	1965	1966	1967	1968	1969	1970	1971
县本级总支出	181.5	105.8	121.1	160.2	164.3	237.3	260.9	189.4	308.7	210	258
一、一般预算支出合计	181.5	105.8	121.1	160.2	164.3	237.3	260.9	189.4	308.7	210	258
1.基本建设支出	—	—	—	—	—	—	—	25.6	103.2	41.6	34.9
2.工交粮商等支出	15.9	1.2	1.5	6.1	10.2	8.2	2.8	—	0.7	4.9	33.7
3.农业支出(农林水支出)	61.4	16.4	26.5	37.7	35.5	98.3	101.8	25.7	27.2	24.2	32.7
其中:①支援农村生产支出	16.9	—	4.9	4	—	—	5	17	20.7	17	—
②扶贫支出	—	—	—	—	—	—	—	—	—	—	—
4.林业支出	—	—	—	—	—	—	—	—	—	—	—
其中:退耕还林与森林生态补偿	—	—	—	—	—	—	—	—	—	—	—
5.水利支出	—	—	—	—	—	—	—	—	—	—	—
6.科技支出	—	0.1	0.1	0.3	0.4	0.3	0.3	0.1	0.3	0.3	0.3
7.教育支出	28.4	24.7	26.1	34.9	35.6	36.6	38.6	40	36.9	43.9	49.9
8.文体广电支出	1.2	0.7	0.6	0.7	1.8	3.9	3.1	2.4	2.9	7.1	8.8
9.医疗卫生支出	12.4	11.6	11.2	12.9	14.8	17.1	21.9	14.4	17.4	19.9	26.2
其中:新型农村合作医疗支出	—	—	—	—	—	—	—	—	—	—	—
10.抚恤救济与社会保障就业支出	17.6	9.2	11.1	20.7	16.3	17	35	32.3	47.6	10.9	9.3
其中:①城市低保支出	—	—	—	—	—	—	—	—	—	—	—
②农村低保支出	—	—	—	—	—	—	—	—	—	—	—
11.城乡社区支出(城市维护费)	—	—	—	—	—	—	—	—	9	1.2	—
12.住房保障支出	—	—	—	—	—	—	—	—	—	—	—
13.国土支出	—	—	—	—	—	—	—	—	—	—	—
14.环保支出	—	—	—	—	—	—	—	—	—	—	—
15.行政支出	42.8	36.6	39	41.5	40.6	43.6	48.3	41	45.8	42.8	56.7
其中:①公检法司支出	—	—	—	—	—	—	—	—	—	—	—
②计划生育支出	—	—	—	—	—	—	—	—	—	—	—
16.政策性补贴支出	—	—	—	—	—	—	—	—	—	—	—
17.其他各项支出	1.8	5.3	5	5.4	9.1	12.3	9.1	8	17.7	13.2	5.5
18.专项支出	—	—	—	—	—	—	—	—	—	—	—
二、基金预算支出合计	—	—	—	—	—	—	—	—	—	—	—
附:上解上级支出合计	2	11.8	24.5	39.3	77	43.7	—	—	10.5	—	—

续表 21-2

项目＼年份	1972	1973	1974	1975	1976	1977	1978	1979	1980	1981	1982
县本级总支出	318.5	381.4	461.4	951.1	534.8	407	660.3	562.8	561.7	542.8	579.6
一、一般预算支出合计	318.5	381.4	461.4	951.1	534.8	407	660.3	562.8	561.7	542.8	579.6
1.基本建设支出	22.9	60.4	119.1	387.5	108.9	99.3	116.4	12.5	—	7.2	5
2.工交粮商等支出	67.6	24.7	36.3	283.8	43.8	20.7	130.3	71.3	22.8	9.7	9
3.农业支出(农林水支出)	28.7	58.3	70	60.4	133.1	54.9	146.5	151.6	129.1	91.9	92.3
其中:①支援农村生产支出	—	20.4	39.6	12.2	15	8.6	55.7	31.2	32.3	52.6	30.6
②扶贫支出	—	—	—	—	—	—	—	—	—	—	—
4.林业支出	—	—	—	—	—	—	—	—	—	12	14
其中:退耕还林与森林生态补偿	—	—	—	—	—	—	—	—	—	—	—
5.水利支出	—	—	—	—	—	—	—	—	—	7	9.2
6.科技支出	0.2	0.5	0.6	1.1	0.6	0.6	1	5	2.9	3.1	2.8
7.教育支出	54.8	64.7	64.7	68.8	72.1	79	89.3	102.7	136.7	133.1	151.7
8.文体广电支出	5.4	8.1	7.5	9.4	8.4	7.9	15.7	172.2	13.1	21.4	25.2
9.医疗卫生支出	36.2	36	35.3	41.3	36.7	43.4	46.7	57.2	63.7	76.3	76.9
其中:新型农村合作医疗支出	—	—	—	—	—	—	—	—	—	—	—
10.抚恤救济与社会保障就业支出	30	57.9	64.4	29.9	62.1	29.8	20.7	15.2	39.8	34	45.4
其中:①城市低保支出	—	—	—	—	—	—	—	—	—	—	—
②农村低保支出	—	—	—	—	—	—	—	—	—	—	—
11.城乡社区支出(城市维护费)	—	—	—	—	—	—	—	—	—	—	—
12.住房保障支出	—	—	—	—	—	—	—	—	—	—	—
13.国土支出	—	—	—	—	—	—	—	—	—	—	—
14.环保支出	—	—	—	—	—	—	—	—	—	—	—
15.行政支出	68.3	67.7	59.3	61.2	64.7	68.2	90.7	117.7	134.2	119.9	112.9
其中:①公检法司支出	—	—	—	—	—	—	—	—	—	5.6	9.2
②计划生育支出	—	—	1.4	2.1	2.1	1.5	2.4	5.1	6.7	3.6	6.5
16.政策性补贴支出	—	—	—	—	—	—	—	—	—	—	—
17.其他各项支出	4.4	3.1	4.2	7.7	4.4	3.2	3	12.4	19.4	27.2	35.2
18.专项支出	—	—	—	—	—	—	—	—	—	—	—
二、基金预算支出合计	—	—	—	—	—	—	—	—	—	—	—
附:上解上级支出合计	—	—	—	—	—	—	10.8	0.2	3.4	102	16.6

续表 21-2

项目＼年份	1983	1984	1985	1986	1987	1988	1989	1990	1991	1992	1993
县本级总支出	659.5	849.2	1171.1	1386	1691	2049.8	2349.8	2228	2780.6	2879	3833
一、一般预算支出合计	659.5	849.2	1171.1	1386	1691	2049.8	2349.8	2228	2780.6	2879	3833
1.基本建设支出	21	9	58.2	6.2	125.5	118	139.6	17	25	—	71
2.工交粮商等支出	1.1	31.2	52.1	80.9	33.6	53.2	31.3	29.3	35.6	51	280
3.农业支出(农林水支出)	96	94.3	140.2	139	200.6	222.9	283.5	260.9	359.6	448	447
其中:①支援农村生产支出	32.9	35.7	77.6	75	92.1	123.1	178.6	165.6	179.3	280	255
②扶贫支出	—	—	—	—	—	—	—	—	—	—	—
4.林业支出	13.4	17.3	17.3	19.3	23.2	24.5	28	32	38.2	40	50
其中:退耕还林与森林生态补偿	—	—	—	—	—	—	—	—	—	—	—
5.水利支出	13.9	8.4	9	8.1	10.3	17.1	25.5	20.1	31.5	41	35
6.科技支出	2.4	3.3	19.9	13.1	5.1	6.5	8.7	9.9	10.6	13	10
7.教育支出	171.3	225.3	226	379.4	411.4	494.3	612.3	641.7	658.3	790	1006
8.文体广电支出	27.1	40.7	42.6	105.7	79.1	128.2	92.2	65.9	82.9	118	99
9.医疗卫生支出	73.7	104.3	119	124.4	167.7	140.6	166.9	170.8	174.3	240	254
其中:新型农村合作医疗支出	—	—	—	—	—	—	—	—	—	—	—
10.抚恤救济与社会保障就业支出	60.8	70.7	158.6	60.6	79.8	95.6	129.8	105.5	126	123	129
其中:①城市低保支出	—	—	—	—	—	—	—	—	—	—	—
②农村低保支出	—	—	—	—	—	—	—	—	—	—	—
11.城乡社区支出(城市维护费)	—	11.2	64	63.7	51.8	19.3	26.5	34.3	51.5	42	57
12.住房保障支出	—	—	—	—	—	—	—	—	—	—	—
13.国土支出	—	—	—	—	—	—	—	—	—	—	—
14.环保支出	—	—	—	—	—	—	—	—	—	—	—
15.行政支出	152.3	198.9	189.9	223.6	274.8	371.6	444.4	407.5	509.9	674	812
其中:①公检法司支出	29.8	29.6	28.9	26.2	34.5	74.7	105.3	121.5	161.4	155	185
②计划生育支出	—	—	—	—	—	—	—	—	—	—	—
16.政策性补贴支出	—	18.4	48.1	48.5	159.8	71.3	57.2	63.1	48	33	—
17.其他各项支出	26.5	34.6	55.9	105.6	165.4	191	273.8	353.9	583.1	208	490
18.专项支出	—	—	—	8.3	14.2	7.2	16	22	31	42	60
二、基金预算支出合计	—	—	—	—	—	—	—	—	—	—	—
附:上解上级支出合计	25.6	45.2	5.2	43	147.4	200.7	227.6	257.2	252	279	237

续表 21-2

项目 \ 年份	1994	1995	1996	1997	1998	1999	2000	2001	2002	2003	2004
县本级总支出	4635	5589	6134	6089	6321	6420	6925	8682	12428	14238	16653
一、一般预算支出合计	4635	5589	6134	5951	6216	6343	6706	8394	12142	13894	15996
1.基本建设支出	42	54	28	—	—	—	10	—	12	52	248
2.工交粮商等支出	41	50	183	93	39	41	36	35	58	97	102
3.农业支出(农林水支出)	407	593	671	602	481	435	521	639	1064	1001	1123
其中:①支援农村生产支出	216	293	402	257	181	119	115	119	175	—	—
②扶贫支出	—	—	—	80	48	60	174	284	580	611	474
4.林业支出	56	64	60	47	42	39	54	29	638	613	158
其中:退耕还林与森林生态补偿	—	—	—	—	—	—	—	—	608	528	94
5.水利支出	91	79	108	43	73	61	61	66	230	170	119
6.科技支出	22	24	35	41	78	73	18	24	28	29	36
7.教育支出	1458	1617	2093	1501	1450	1486	1501	1811	2245	2544	2925
8.文体广电支出	139	184	161	175	118	115	147	142	171	171	184
9.医疗卫生支出	332	395	377	419	334	341	357	309	319	378	473
其中:新型农村合作医疗支出	—	—	—	—	—	—	—	—	—	—	—
10.抚恤救济与社会保障就业支出	251	225	201	743	846	1269	1202	1664	2396	2356	2609
其中:①城市低保支出	—	—	—	—	—	—	—	31	70	130	157
②农村低保支出	—	—	—	—	—	—	—	—	—	—	—
11.城乡社区支出(城市维护费)	39	113	92	96	109	83	156	124	153	186	203
12.住房保障支出	—	—	—	—	—	—	—	—	—	92	84
13.国土支出	—	—	—	—	—	—	—	—	—	—	—
14.环保支出	—	—	—	—	—	—	—	—	—	—	—
15.行政支出	1219	1439	1409	1266	1176	1176	1255	1507	1931	2294	2941
其中:①公检法司支出	310	329	373	359	245	277	319	354	456	544	905
②计划生育支出	71	81	83	110	107	98	95	128	208	244	325
16.政策性补贴支出	53	37	6	51	131	76	66	66	108	95	82
17.其他各项支出	418	649	631	874	1297	1117	1251	1894	2762	3552	4660
18.专项支出	67	66	79	—	42	31	71	42	40	264	49
二、基金预算支出合计	—	—	—	138	105	77	219	288	286	344	657
附:上解上级支出合计	268	479	553	581	544	645	540	602	548	577	582

续表 21-2

项目＼年份	2005	2006	2007	2008	2009	2010	2011	2012	2013	2014	合计
县本级总支出	20532	24693	33992	47184	57428	78407	102052	120347	139126	169028	924124
一、一般预算支出合计	20079	22821	31883	43726	53936	70742	84284	103822	122869	134847	818230
1.基本建设支出	43	36	—	—	—	—	—	—	—	—	2405
2.工交粮商等支出	149	161	1465	1758	2540	3887	4627	5177	5044	8984	36109
3.农业支出(农林水支出)	1401	1720	2013	3143	3744	5717	6533	9679	10549	11306	67654
其中:①支援农村生产支出	—	—	—	—	—	—	—	—	—	—	3756
②扶贫支出	556	564	676	813	980	1253	1379	1838	2539	2617	15526
4.林业支出	697	755	584	2119	2210	2838	3658	3713	4962	6743	30408
其中:退耕还林与森林生态补偿	586	632	178	1257	1165	1556	1599	1601	1853	2477	14134
5.水利支出	358	348	513	435	1604	2999	2449	5103	5232	6126	26504
6.科技支出	274	338	583	288	580	762	923	1205	1541	1700	8725
7.教育支出	3648	3467	5166	8205	8679	10358	13519	24148	24239	27766	157047
8.文体广电支出	258	258	307	657	1033	983	1578	1612	1121	1329	11912
9.医疗卫生支出	597	1010	1602	2687	4285	5403	7502	8719	9241	10771	58368
其中:新型农村合作医疗支出	—	404	558	1000	1200	1666	3120	3596	4431	4739	20714
10.抚恤救济与社会保障就业支出	3141	4040	5988	9026	9573	10455	12608	14242	14724	10771	116430
其中:①城市低保支出	200	266	291	411	545	616	675	835	858	996	6081
②农村低保支出	—	132	206	332	605	631	883	1168	1289	1514	6760
11.城乡社区支出(城市维护费)	312	335	716	1703	2497	4085	1603	1794	3459	3988	22279
12.住房保障支出	95	112	264	360	1007	3503	3404	2509	5350	5277	22057
13.国土支出	—	—	—	939	1891	646	2208	1152	3103	5414	15353
14.环保支出	—	—	92	211	960	2519	3657	1729	1429	1848	12445
15.行政支出	3669	4042	6262	7128	8207	10985	13804	18079	24183	20805	140766
其中:①公检法司支出	1191	1175	1839	2158	2798	3638	3867	4299	5164	4815	36382
②计划生育支出	411	513	641	879	787	1179	1166	1321	1795	1573	12182
16.政策性补贴支出	84	58	—	—	—	—	—	—	—	—	1489
17.其他各项支出	5167	5865	6328	5067	5126	5602	6211	4961	8692	12019	86865
18.专项支出	186	276	—	—	—	—	—	—	—	—	1414
二、基金预算支出合计	453	1872	2109	3458	3492	7665	17768	16525	16257	34181	105894
附:上解上级支出合计	614	607	705	1147	1051	761	1204	1190	1200	1226	17686

第三节 财政管理

一、机 构

清代县级不设财政机构，由知县兼管征收赋税，全额上交国库，县所需经费由国库下拨或定额坐支。

民国元年(1912)，县行政厅下设财政科。民国18年，设置酃县财政局，直属省财政厅，受县政府监督，经办省税征解、省税坐支以及县地方财政征收、保管、出纳、会计等事项。同时撤销财产保管处，并附设酃县省税征收处。民国20年，县政府设立酃县财政委员会，讨论议决地方财政整顿及预算等事项。民国27年，撤销酃县财政局，于县政府内设财政科，管理地方财政收支及田赋税捐等事项。民国29年，设立县金库，负责县款保管和出纳。同年，成立县政府会计室，受县长直接领导，主办全县岁款会计工作。民国31年，实行县自治财政。民国35年，恢复抗战前财政体制，田赋仍划归地方。改县田赋管理处为县田赋粮食管理处，县税捐处负责征收县财政所属税捐，基本建立财政科、税捐处和田赋处、会计室、财政委员会互为监督的财政联综制度。

1949年10月29日酃县人民政府成立，下设财粮科，接管民国县政府财政科、田赋处的工作。1950年3月1日，财粮科分为财政科和粮食科。

1958年，县人委财政科与税务局合并为酃县财政局。9—10月，将国家在农村的商业、粮食、财政、税务、银行等机构和人员下放给人民公社管理，人民公社成立财贸部，人民公社包干上交财政收入任务。1958年12月，酃、茶并县，1959年1月，酃县财政局并入茶陵县财政局。1961年6月恢复。1962年11月，改为酃县人民委员会财政科。1964年元月，再改为酃县财政局。

1968年12月，撤销财政局、税务局，在酃县革命委员会生产指挥组下设财政小组，总管全县财政税务工作。1973年8月，财政小组改为酃县革命委员会财税局，并设立城关、河西、水口、沔渡4个财税所。1980年，成立局属自来水公司。1981年，将内设房产管理委员会(原公产管理委员会)改为房地产公司。1982年，自来水公司、房地产公司从财税局划出。

1984年元月，财政局和税务局分设。是年冬，全县16个乡(镇)分别成立财税所。

1985年，龙渣瑶族乡成立，增设龙渣乡财政所。1996年4月，设立炎陵县国有资产管理局(加挂财政局牌子)。11月，炎陵县收费管理局成立，为财政局副科级事业单位。2001年11月，县级机构改革，不再保留国有资产管理局和收费管理局，其职能并入县财政局。2002年3月，将人民银行承担的彩票监管职能，原审计局承担的指导和管理社会审计的职能，原国资局承担的职能划入县财政局。2003年3月，财政局农业税征收管理股升格为炎陵县农业税征收管理局，为财政局管理的副科级事业单位。7月，设立乡镇农税所，乡镇财税所更名为乡镇财政所，农税所与财政所合署办公。

2010年5月，成立炎陵县国有资产管理中心，为财政局管理的副科级事业单位。2011年

4月,国库集中支付中心升为副科级事业单位。11月,炎陵县国有资产管理中心更名为炎陵县国有资产管理局,升格为正科级事业单位,归口县财政局管理。

2014年,县财政局内设股室14个。归属管理的正科级事业单位有国有资产管理局;归属管理的副科级事业单位有:乡镇财政管理局、非税收入征收管理局、财政国库集中支付中心。归属管理的股级事业单位有:政府采购管理办公室、财源建设资金管理办公室(财政投资评审中心)以及乡镇财税所15个。

二、财政体制

县财政体制　民国前期,县财政为省财政的报账单位。民国17年,实行国地两税划分,和统收统付。民国31年,分国家财政与自治财政两级制,始建立县级财政。民国35年7月起,增加国税分成比例,营业税的50%、遗产税的30%以及土地税(除田赋50%)、契税、房捐、屠宰税、营业牌照税、使用牌照税、筵席及娱乐等税全部拨给县。

1950—1952年,实行高度集中的财政体制。收入全部上交,支出由中央逐级下拨,全部纳入省级预算。1953年后,财政管理体制进行过多次调整。1953—1957年,建立行中央、省、县三级预算,"划分收支、分级管理"体制。1958年,财权下放,实行"以收定支、五年不变"。1962—1970年,改为"总额分成、一年一变"。1971—1973年,实行"收支包干、超收分成"制。1974—1975年,实行"收入按固定比例留成、超收另定比例分成、支出按指标安排"。1976—1977年,实行"定收定支、收支挂钩、总额分成、一年一定"。1978—1979年,实行"定收定支、一年一定、收支挂钩、增收分成、下年使用"。1980—1983年,实行"划分收支、分级包干"和"总额分成"。1984—1993年,实行"定收定支、收支挂钩、定额补贴、超收全留"。1992年起,上级核定炎陵县定额补贴为每年226万元。

1994年1月开始,实行分税制。中央财政对地方财政实行税收返还。返还数额及计算方法以1993年为基期年。核定炎陵县"两税"(增值税和消费税)考核基数为897万元。1994年,炎陵县上划中央"两税"收入1060万元,中央返还876万元,返还收入占上划收入82.64%。2002年,中央财政调整所得税收入范围,规定县级地方财政所得税上划65%(中央财政50%、省财政15%),全县上划企业所得税和个人所得税收入405万元。同年,全面实行农村税费改革,取消屠宰税,降低农业税和农业特产税税率,中央财政补助炎陵县农村税费改革转移支付1008万元。2003年,所得税收入上划比例提高到72%(中央60%、省12%)。当年全县上划所得税收入458万元。2004年取消农业特产税和2005年免征农业税后,中央财政增加补助1075万元。2008年起,农村税费改革,转移支付补助增至2357万元。

2010年1月起,湖南省对炎陵县财政实行"省直管县"体制,仍然实行"分税分享"办法。增值税地方部分和营业税按省25%、县75%比例分享;企业所得税地方部分和个人所得税地方部分调整为省30%、县70%比例分享;资源税分享比例调整为省25%、县75%;原实行分享的土地增值税和城镇土地使用税下放给县,与其他税收收入作为固定收入。非税收入除省、县固定非税收入之外,其他非税收入由省、县分享。实行“省直管县”后,县财政支出主要承担县一级的一般公共服务支出和公共安全、教育、科技、文化、医疗卫生、社会保障、环境保护、城乡社区事务、农林水事务、交通运输等各项支出。

乡镇财政体制 1958年,县政府在沔渡公社试点建立公社一级财政,实行“分别核算、以收抵支、收支包干、差额补贴、超收全留”办法,后中止。

1966—1976年,各公社收入全部上交。支出在县核定的预算指标内控制使用。1977年,实行“定收定支、超收分成、结余留用、一年一定”办法,超收部分按50%比例分成。1978年,实行“增收分成”,增收部分按35%比例分成。1980年,农村工商税实行“超收分成”,超收按50%比例分成。1982—1983年,调整为“基数分成和超收分成”结合办法,即按入库基数10%和超收部分40%提留给公社,全面完成的另加2%。1985—1986年,乡镇财政实行“定收定支、收入全额上缴、支出下拨、超支不补、结余留存、一年一定”的预算包干体制。1987年,县政府对城东、十都、垄溪、水口、中村、策源、河西、船形8个乡实行财政体制改革。1988—1990年,乡镇全面实行“定收定支、收支挂钩、收入上缴、支出下拨、超收分成、超支不补、节余留存”和“核定收支、定额补贴、年终结算、一年一定”。1992年开始,乡镇财政实行“核定收支、基数包干”。1994年,实行分税制财政体制,按新体制重新测算确定乡镇税收返还基数和办法。

2008年1月起,乡镇财政实行“定收定支、逐年递增、定额补助、超收分成、一定五年”管理体制。核定霞阳镇定额补助5万元,超基数的地方收入部分按45%分成;垄溪乡、十都镇、沔渡镇、石洲乡、鹿原镇、水口镇、龙渣乡、平乐乡、下村乡、策源乡定额补助10万元,超基数的地方收入部分按55%分成;船形乡、东风乡、三河镇、中村乡定额补助15万元,超基数的地方收入部分按65%分成。当年11月,实行“乡财县管乡用”改革,实行预算共编、核算统一、账户统设、工资统发、采购统办、票据统管。2009年12月,全面推行“村账乡(镇)代理”制度。2011年,重新测算各乡镇收入任务和支出经费。2013—2014年,对乡镇税收收入进行目标考核,以提高财政收入质量。

三、预决算管理

预算 民国19年2月,始编制预算。分岁入、岁出两大类,按性质分经常、临时两门,并送省“县地方预算审核委员会”审核。因县内收入短绌、开支无源,预算制度形同虚设。民国29年10月,成立会计室,负责财政预算。

1950—1952年,县财政收支全部纳入省总预算。1953—1957年,实行县级财政预算分项管理,对经济建设、社会文化教育、行政经费等项目,执行总额控制、调剂使用、节余分成留用的平衡财政预算办法。1961年6月,恢复鄌县建制时,收支按以下比例划分给鄌县:预算收入31%,预算支出31.29%,实际收入31%,上年预算结余31.29%,预算周转金36%。1962—1965年,严格控制人员编制,严格控制开支标准,严肃财政纪律,无预算不拨款,开支不符合规定不拨款,突破预算指标不拨款,擅自购买非生产性设备和家具不拨款。

1979年,实行"超收分成、净结余自行安排"办法。1980年,按照"划分收支、分级包干"原则编制县预算。1982年,因税源变化和自然灾害影响,湘潭地区追减酃县收入57.58万元,核定总收入任务391.02万元。1983年按照省核定的370.5万元预算收入包干指标编制预算。执行中,省又追减酃县收入任务32.72万元(其中追减森工企业亏损22.5万元)。1984年后,株洲市按1983年年初核定包干经费,加上当年实际调整工资所增经费以及市建议的递增比例为基数,分配酃县预算支出指标。1987年,预算执行财政收入始过千万,为1208.2万元,财政支出1691万元。

1992年,乡镇财政开始编制预算并向乡镇人民代表大会报告预算和预算执行情况。1993年,乡镇财政体制改革初见成效,县、乡财政收入分别完成3083万元、1065万元,占预算128.5%、143.5%。1996年,县工商企业多数破产、改制,全县财源急剧萎缩。县财政损失周转金本金657.6万元、占用费207.1万元、企业承包利润166.7万元、企业欠税87.05万元。1999年,县委、县政府出台《关于进一步做好财政工作的意见》等文件,财政预算管理全面趋紧。2000年,全县财政收入继续下滑,一般预算收入完成92.95%,比上年减少84万元。通过县人大常委会,临时调减支出预算29.35万元。

2001年,县、乡两级推行财政统一发放工资制度。2002年,全面推行农村税费改革,上级补助一般预算收入8564万元,财政预算压力得以缓解。2003年,财政预算收入基本实现均衡入库。2004年,受农业税降点和取消农业特产税影响,全县税收收入占比降至52.12%。2006年,税收收入占比提高到65.52%。至2014年,税收占比基本维持在65%上下。

决算　1953年始编年度决算。1956年,各单位上报特种资金收支情况,节余一般不上缴。1962年,清理冻结各单位存款10.09万元。1963年,处理财政遗留问题,核实各项资金13.83万元。1964年,对冻结存款进行处理,凡领取国家经费的单位,除党费、团费、工会费、劳动保险基金、职工福利费、房租收入等6项外,其余一律上交。1967年决算中对行政事业费作出决定:凡是1966年底以前支取的经费全部由财政审核,在农村文化经费支出内列支;享受公费医疗应报而未报的医药费,分别由县卫生科、文教科审核,超支部分在福利节余费中列报。

1968年,国家投资的基本建设年终结余,上缴中央;省分配给地方各项支出结余,除中央通知可结转的项目外,其余全部留给地方。1969年,城市人口下乡安置费、救济费(不含优抚费)和"五七"干校经费作专项资金结转,其余各项结余留县财政。

1971年,除城市人口下乡安置费外,其余各项结余统归县支配使用。决算清理期限15天。1973年,行政事业费结余结转的项目有:安置费、支援农村人民公社支出、科技三项费用、人民防空经费、抚恤和社会救济费、行政机关修缮费、经济作物基地经费等。其余各项结余均归县统筹安排。1976年,支出节余全部留县,其中基建拨款结余作结转处理,城镇知识青年下乡补助费、各项救济费(不包括优抚费)和支援农村人民公社支出、小型农田水利补助费的结余,结转下年使用。对停产一个月以上的企业,免收更新改造和大修理基金。对各机关、企事业单位10月底止的各项经费实行冻结。共冻结145户,资金14.09万元。

1980年起,实行预算结转办法。1984年始,决算实行自求平衡、节余留用办法。1985年,各乡镇农业税附加分成按正税5%提取。各行政事业单位收取的各种检疫费和各种技术服务中心的净收入分成,经财政局审查后执行。1986年,预算外与预算内决算同步进行。1990年,经市审核后,追加补助收入11万元,上解支出增加9.4万元,收支相抵,净结余39.6万元。1992年,乡镇开始编制本级财政决算。

1995年,乡镇财政短收,从预算外调入388万元用于预算内平衡。1996年,县财政因短收不能平衡,年终决算挂账260万元。1999年和2000年,县、乡财政决算均因短收,出现赤字或隐性赤字。

2004年,市追加决算补助收入56万元,一般预算年终滚存结余2626万元,净结余163万元。2005年,市加大对县财政资金调度,年终结算县欠市资金1136万元。2008年决算,县欠市财政资金4920万元(含国债转贷资金218万元)。2009年,省决算补助33万元,市决算补助100万元,一般预算年终滚存结余9687万元,净结余222万元。

2010年,财政实行"省直管县"体制,年终与省直接结算,结转下年支出1.35亿元,县欠省资金3657万元。2012年,一般预算年终滚存结余2.17亿元,净结余100万元。2013年,对部门决算编制、送审、批复、公开进行规范化管理。一般预算滚存结余1.85亿元,净结余618万元,年终结算省欠县财政资金672万元。2014年,全面公开县本级和各部门各单位2013年度决算。当年,一般预算年终滚存结余1.55亿元,净结余133万元。

综合预算 1995年和1996年,县、乡财政年终决算收支不能平衡,从预算外调入资金平衡预算内,始议综合财政预算,即将预算内和预算外资金捆绑使用,年初统一编制预算,年终实行综合平衡。1997年,正式实施综合财政预算管理暂行办法,对县直行政事业单位预算外资金实行"全额管理、核定收支、超收分成、短收自负、比例调控、综合平衡",成为株洲地区率先实行收费和罚没收入收缴环节分离、推行综合财政预算的县。6月,制定实施《炎陵县财政预算管理工作规程》。是年,纳入财政预算的预算外行政性收费收入232万元。1999年,进一步强化综合财政预算,将单位预算内、外两个预算合并为一个预算,各项财务收支全部纳入单位预算。2004年,规定县直行政事业单位执收的预算外资金严格实行"定收定支、收支挂钩、比例拨款、节余分成"管理办法,明确单位预算外支出的项目及标准,拨付单位经费采取与实际入库收入进度挂钩,收入节余部分财政与单位实行三七分成。2008年,县本级综合财政收支预算实行"定收定支、收支挂钩"办法,超收部分单位不参与分成,短收部分按收支占比核减支出拨款。2011年,对28个县直单位开展部门综合财政预算试点,2012年后,县直单位全面实行部门综合财政预算。

国库集中支付 2003年,制定《炎陵县国库集中收付实施方案》。2004年2月,设立炎陵县财政国库集中支付中心。4月1日,正式实施财政国库集中支付制度,成为株洲市第一个、湖南省第三个推行集中支付制度的县(市、区)。是年,县本级47个一级预算单位、15个基层预算单位实行国库集中支付,月均减少库外沉淀资金221万元。2006年,县本级国库集中支付资金1.68亿元,其中直接支付资金1.07亿元,全年月均减少库外沉淀资金220万元,财政资金效益得到提升。2008年,县本级83个单位纳入国库集中支付范围,月均减少库外沉淀资金402万元。

2011年10月,建成国库—银行—单位的支付网络。2012年,进一步精简压缩财政专户,制定实施预算单位银行账户管理办法，对银行账户的开立、变更、撤销、管理和监督等进行明确规定。9月，推行行政事业单位工作人员使用公务卡(信用卡)结算公务费用。是年，15个乡镇财政所、15所乡镇学校通过乡财县管网络，以直接支付方式纳入县国库集中支付系统。2013年，全县纳入国库集中支付的单位110个。2014年，财政国库集中支付资金9.79亿元，占财政支出的69.40%，其中国库直接支付4.10亿元；使用公务卡结算资金109万元。

预算绩效评价　2013年4月，县财政局设立绩效评价股。是年，对普通高中助学金、新型农村合作医疗、农业生产保险补贴资金、廉租房新建项目等2012年度17个财政支出项目1.05亿元进行绩效评价。2014年，对文化、卫生、林业、环保等2013年度17个财政支出项目1.16亿元进行绩效评价。

四、财务管理

(一)工业企业财务管理

固定资产管理　1962年4月，首次进行清产核资。8户企业清出库存物资40.11万元，清仓损失冲减国家基金21.43万元。1972—1973年，核定企业固定资产原值192.2万元，净值161.83万元。1979年对13户企业核减固定资产79.2万元，其中报废61.2万元、有偿调出4.6万元、无偿调出4.6万元，核定固定资金原值738.1万元，净值633.3万元。1982年，实行固定资金有偿占用(按每月月初固定资金余额的2%—5%，分别缴纳占用费)。1983年，停止收取固定资金占用费。1987年，实行固定资产分类折旧办法。1990年，固定资产净值1278.6万元。

流动资金管理　1953—1955年，企业定额流动资金由财政和银行提供。1956年，自有流动资金计划定额由财政拨款。1961年，定额流动资金由财政和银行提供。当年下拨31.92万元，周转速度94天。1980年10月1日起，国拨流动资金实行有偿占用，14户企业定额流动资金236.05万元，周转速度135天，每百元产值占用流动资金35.27元。1983年7月起，流动资金实行信贷供应。当年定额流动资金350.3万元，周转速度87天，每百元产值及销售收入分别占用流动资金32.8元和24.2元。1990年，流动资金2085.5万元，其中定额流动资金1154.0万元。

利润分配管理　1950—1956年，企业实行奖励基金制度。1957年，实行企业超计划利润留成。1961年实行企业利润留成。1962—1968年，恢复企业奖金制度。1969年，建立“企业职工福利基金”制度。1971年，县办“五小”实行企业利润“四六分成”、亏损“二八分担”。1978—1981年，设立企业基金。1982年，实行“超计划利润(减亏)分成”办法。1983—1984年，国营企业实行“利改税”，改上交利润为征收所得税。1986—1990年，累计实现税利1.12亿元。

(二)行政事业财务管理

1950年，采取定员定额管理办法。1953年，确定行政事业人员编制和开支标准，当年行政支出27.8万元，占总支出43.68%。1955年，严格控制开支范围和标准，对使用公物实行收费，当年行政支出 36.4 万元。1961 年 7 月，制定酃县国家机关事业经费开支范围及标准。1962 年，执行中共中央关于压缩行政费开支的 10 项措施，精简 205 名行政人员，全年行政支出比上年下降 14.49%。1965 年，厉行节约，压缩开支，全年行政费支出比上年下降 2.17%。1974 年，建立财务互审制度，行政费节约 7.1%，比上年减少 12.41%。1979 年，因落实政策、招工招干等原因，人员增加，行政支出 117.7 万元，比上年增长 29.77%，超过年初预算 32.81%。1980—1985 年，实行预算包干办法，除农业系统全额管理的业务费和支援社队生产的专款外，对全额拨款单位采取“预算包干、结余留用”办法，对差额管理单位实行“定收入、定补助、结余留用”。6 年间，全县行政支出 913.2 万元，平均年支出 152.2 万元。1987 年，加强支出包干管理，实行“超支不补、超支受罚、结余留用、节约有奖”办法。当年行政人员比上年增加 388 名，加之调整工资等因素，行政管理费用增至 274.8 万元。1990 年，全县行政管理费用 407.5 万元，比上年减少 8.3%。1994 年，行政费用超千万元，达 1219 万元。1996 年后执行《事业单位财务规则》《行政单位财务规则》。1996—2000 年，行政经费全面压缩，每年行政支出基本维持在 1100 万元左右。2003 年，行政开支 2294 万元，以后连续多年以较大幅度增长。至 2009 年，达 8207 万元。2012 年后，执行修订后的《事业单位财务规则》《行政单位财务规则》。2014 年，全县行政管理费支出 2.08 亿元。

五、融资与债务管理

20 世纪 90 年代中期，县、乡财政困难，始有财政债务。1995 年，乡镇财政决算赤字 388 万元。1997 年底，乡镇财政账面赤字和隐性赤字累计 1098.2 万元。1998 年，各乡镇成立消赤领导小组，清查乡镇财政赤字，制定消除规划。1999 年，全县各乡镇消赤 38 万元。

进入 21 世纪后，政府通过各种方式举债融资搞建设，设立城投公司。2008 年 3 月，县人民政府制定《炎陵县政府债务管理暂行办法》，规范部门举债行为和债务管理，防范政府债务风险。2010 年底，全县地方政府债务总余额 5.25 亿元，其中由县本级财政逐年偿还的直接债务余额 1.84 亿元，乡镇级财政担保债务余额 5163.06 万元。截至 2013 年 6 月 30 日，全县政府债务余额 10.66 亿元。2014 年，地方政府存量债务纳入预算管理。截至 12 月底，全县纳入预算管理的政府性债务合计 15 亿元。

六、政府采购管理

2000 年 4 月，炎陵县政府采购中心成立。当年，举行 11 批次集中采购，采购金额 56 万元。2001 年，公布《炎陵县 2001 年政府采购目录》。此后，县财政局每年公布一次年度政府采购项目和项目标准。当年共举行 23 批次集中采购，采购金额 1480 万元，比预算节减 100 万元。

2003 年，政府采购中心更名为政府采购管理办公室。2008 年 6—8 月，县财政局、监察局、审计局联合开展政府采购执行情况专项检查。2012 年，政府采购金额突破亿元大关，达 1.11 亿元，比上年增长 24.2%，资金节减率 14.62%。

2014 年，推行办公自动化设备和电气设备定点协议供货办法，简化办公日常用品政府采购审批程序，提高政府采购办事效率。全年完成政府采购 635 批次(其中公开招标 120 批次)，采购金额 1.15 亿元，其中货物与服务类采购 7654 万元、工程类采购 3833 万元。

七、财政投资评审

财政投资评审工作始于 2005 年。是年，审结 8 个工程项目，送审预算金额 405.2 万元，审定金额 383.5 万元，审减 21.7 万元。2008 年 5 月，正式成立炎陵县财政投资评审中心。县人民政府出台《炎陵县财政投资评审管理暂行办法》。2011 年，共完成财政投资预决算评审项目 138 个，送审预算金额 2.56 亿元，审定金额 2.22 亿元，审减 3421 万元，审减率 13.3%。2012 年 9 月，县人民政府对财政投资评审工作进行分工调整，县财政局负责工程预算评审，县审计局负责工程结算评审。2014 年，共评审 158 个项目，送审预算金额 2.2 亿元，审定金额2.05 亿元，审减 1506 万元，审减率 6.85%。

八、财政监督检查

1954 年，县财政局设置财政监察机构。采取凭证检查、实地实物检查、询问检查等方式，检查处理违纪违法案件。至 1965 年，组织检查 80 个单位，查出违纪金额 3.35 万元、贪污 0.49 万元、损失浪费 0.11 万元，为国家挽回损失 2.26 万元。1966 年后，财政监察机构瘫痪，监察工作停顿。

1981 年 4 月，恢复财政监察机构，在全县建立财政监察网。至 1989 年，查出违纪金额 260.48 万元，挽回损失 113.31 万元，上缴财政 84.47 万元，清理拖欠公款 70.12 万元，清理“小钱柜”资金 4.29 万元。1990 年，检查 90 个行政、企事业单位，查出违纪金额 430.16 万元，上缴财政 185.17 万元。同时查出 35 人有违纪行为，违纪金额 5041 元。

1995 年 6—8 月，开展单位“小金库”专项清理检查，重点检查 89 个单位，查出“小金库”资金 80.5 万元，上缴财政 7.53 万元。年底，税收、财务、物价三大检查(简称“三大查”)办公室，从财委划为财政部门管理。是年 10 月至次年 1 月底，“三大查”重点检查 263 个单位，查出违纪资金和应缴未缴财政收入 641 万元，应缴财政国库资金 488 万元，实际入库 444 万元。

1996 年 5—8 月，县人民政府组织县财政局、审计局、监察局等 19 个成员单位，按照“统一组织、统一认识、统一处理、统一奖罚”的要求，对全县 68 个行政事业单位的预算外资金进行全面清理，共查出各类违纪资金 1093.1 万元，应上缴财政资金 22.72 万元。1998 年，取消税收、财务、物价三大立案集中检查，撤销“三大查”办公室。

2000 年，开展新《中华人民共和国会计法》执法情况专项检查，查出各类违纪违法资金 213 万元。2003 年，从严从重查处理乡镇财税所工作人员违规违纪使用税收票证和收费票据行为。2004 年，委托会计师事务所开展《中华人民共和国会计法》执行情况检查。2005 年，专项清理检查“小金库”，重点检查9 个单位，查出违纪资金 416.13 万元。2010 年 7—9 月，开展 2007—2009 年度强农惠农资金专项清理和检查。全县所有涉农单位自查清理涉农项目 95

项、资金总额4.16亿元，查出违规违纪违法（项目）行为55起、金额614.55万元。2014年，财政财务检查23个单位，查出违纪资金437万元，查缴各项收入53万元；全面清理党政机关办公用房和公务用车，清出94个单位办公用房超标面积1.76万平方米，清缴超标、超编以及违规占用（挂靠）企业车辆19台，公开拍卖处理。

九、会计管理

会计资格证考试 1986—1990年，依照《湖南省会计证管理办法》颁发会计证及实行管理。1991年1月起，会计证考试及管理依照《湖南省会计证管理实施办法（试行）》执行。是年，全县有150人经统一培训学习后参加全省统一考试，其中63人4科全部及格取得会计证。2000年4月，会计证全部换发新证。2014年，全县持有效会计从业资格证人数1169人。

会计技术职称考试 1992年，全县有405人参加全国首次会计专业技术资格统一考试，考取会计师10人、助理会计师36人、会计员37人。1996—1998年，全县有22人考取会计师资格，49人考取助理会计师资格，103人考取会计员资格。1999年，会计专业技术资格调整为初级（原助理会计师、会计员）和中级（会计师）两种。1999—2003年，有59人考取中级职称，86人考取初级职称。2014年，全县有会计师89人，助理会计师258人。

会计新制度及继续教育 1993年以后，会计人员的继续教育形成制度。1993年7月起，全面实行新的《企业财务通则》《企业会计准则》。县财政局分期分批对582名企业财务及有关人员进行"两则"培训学习。1995年，《财政机关总预算会计制度》实施，财政部门工作人员参加培训学习。1998年1月，事业单位正式实施《事业单位会计准则（试行）》和《事业单位会计制度》，组织事业单位财务人员培训学习。1999年1月，执行新的《农业税收会计制度》，举办会计人员继续教育培训班18期，培训财会人员1100人。2005年，组织21期698名会计人员培训学习。对全县202个村的会计进行财会管理知识培训。2008—2014年，每年举行全县农村财政支农政策及农村会计业务培训，培训对象为各村村主任和会计、乡镇经管站站长、乡镇财政所所长，累计培训1481人次。2013—2014年，会计人员继续教育培训实行网上报名、培训、考试，累计有2115人次参加网培并考试合格。

十、国有资产管理

国有企业资产管理 1991年3—5月，对全县国有工商企业和企业化管理的事业单位进行产权登记。登记审定县属企业61个，资产总额2.08亿元，国有资金8200.19万元。1994年4—8月，炎陵县作为全国"优化资本结构，增强企业实力"综合改革试点地区之一，对县内224个国有、集体、乡镇企业全面开展清产核资，清出全部资产损失总额1101万元，全部资金挂账总额2274万元。1996—1997年，22个中小企业实行破产清算。同时组建3家集团性质的股份企业，注册资本3770万元。此外，通过股份制改造，搞活6家企业，收回财政资金140万元。1998年，对180个县、乡独立核算企业资产负债情况进行全面调查。截至1998年

3月底,总资产4.61亿元,总负债2.92亿元。2000年,粮食企业实行改革,全部资产划分为粮食收购资产和经营性资产。2001年,对10个企业的闲置资产进行公开拍卖,拍卖收益1417万元,一次性置换职工身份611人。2002年,饮食服务公司、制酱厂、糖酒副食品公司等9个企业部分或全部资产公开拍卖,取得资产处置收益803.26万元,一次性置换职工身份284人。2003—2006年,44个整体改制企业资产划由国有资产经营公司向社会公开拍卖,共取得资产收益5189万元,一次性置换职工身份1912人,支付置换补偿费945.5万元。补充社会养老金396万元,收回财政资金185万元。2010年5月,成立国资中心后,县城开发储备土地亦纳入管理范围。是年,拍卖解放路延伸段、炎陵中学、神农福地等7宗土地5.29万平方米,取得收入7753.3万元,拍卖增值2505万元。2011年,发电公司自行组织清产核资,核销不良资产192.6万元,清查呆账129.45万元,同时在资本公积中转增注册资本7000万元。2013年,县政府明确14家企业为国资局首批直接监管企业。2014年,对17个县本级国家出资企业进行清产核资。国有资产总量16.19亿元,固定资产原价7.13亿元,流动资产7.42亿元,国有资本7.95亿元,其中国有法人资本2.57亿元。

行政事业单位资产管理　1991年,对行政事业单位国有固定资产和流动资产的存量、分布、结构进行清查摸底,国有固定资产2.83亿元。1993年,对386个行政事业单位财产进行清查登记,核实资产为9669.2万元,盘盈资产2711.7万元,核销账面资产76.1万元。1998年,对全县115个行政事业独立核算单位资产负债情况进行全面调查。总资产1.59亿元,负债5732.3万元,净资产1.02亿元。2001年年末,资产总额3.11亿元,盘盈资产0.33亿元,负债1.37亿元,净资产1.74亿元。2002年5—7月,对139个预算单位资产存量、结构及使用情况进行清查摸底,登记造册,建立监管台账。2003年,对党政机关事业单位公务用车实行定编管理,县、乡党政机关和事业单位公车定编188台。其中,县直73个单位定编158台,15个乡镇定编30台。2010年,对148个行政事业单位2000余宗土地房屋资产进行清查和价值重估。截至2010年6月30日,资产重估总值20.15亿元,比账面4.23亿元增值3.76倍。2014年,全县行政事业单位资产总额15.43亿元。其中,固定资产5.53亿元,土地面积91.87万平方米,房屋面积53.02万平方米,汽车330台。

第二章　税　务

第一节　税　种

清代,税收主要为地丁和漕粮。咸丰二年(1852),对丁漕、盐税、关税等实行附加征税。地漕之外,加征牙当、田房契税和杂项收入等项。五年,湖南试办百货厘金,至十一年,自由课税之风盛行,不断扩大工商税征课范围,增加税负。于百货厘金中对烟、酒、糖、茶4项单独加成。光绪二十四年(1898),开征房捐。三十年,征收厘金有百货厘、茶厘、茶厘加抽、内地谷米厘、出口谷米加抽、竹木厘等。三十四年,开征屠捐、船捐。

民国初期税制多循清末旧法。于原有税种外,先后开征印花税、货物税、房产税、产销税、遗产税、土地税(分地价税、土地增值税)、筵席及娱乐税、所得税、营业牌照税、车船使用牌照税等。民国6年(1917)屠捐改征屠宰税。民国17—25年,废除厘金、杂捐。国家收入与地方收入实行分级管理。盐税、直接税、关税、印花税等划为中央税;营业税、土地税等划为省税。县只征收地方杂税、行捐及地方附加等。民国24年,地方附加及税捐收入有田赋附加、契纸附加、屠宰税截留、亩捐、竹木落地捐、油榨捐6种。民国26—34年8月,田赋改为征实、征购、借购。县内先后开征房捐、船捐、遗产税、筵席及娱乐税、薪给报酬所得税、财产租赁出卖所得税、营业牌照税等新税种。民国34年,开征土地增值税。

中华人民共和国成立后,1950年1月,统一税政,建立新税制。县内开征货物税、工商税、利息所得税、印花税、交易税、屠宰税等6种。7月,停征薪给报酬所得税和遗产税,开征临时商业税,减并货物税。1953年,根据"保证税收、简化税制"的原则,开证商品流通税,修订货物税、工商业税。取消特种消费行为税,改征文化娱乐税。缩小交易税范围,粮食、土布交易税改征货物税,停征药材交易税,保留牲畜交易税。

1958年,开征的税种有工商统一税、工商所得税、屠宰税、牲畜交易税、文化娱乐税、车船使用牌照税、盐税等7种。1973年,简化税制,县内只征收工商税、工商所得税、屠宰税。

1983年,国营企业实行第一步"利改税",开征国营企业所得税、增值税、建筑税和国家能源交通建设基金。1984年,进行第二步"利改税"。工商税按性质划分为产品税、增值税、营业税和盐税。1985年,全县相继开征奖金税、国营企业工资调节税,原工商所得税改为集体企业所得税。1986年,完善收益税,征收城乡个体工商业户所得税、个人收入调节税。1989年开征国家预算调节基金。至此,工商税制形成以流转税和所得税为主体,其他各税相配合的复合税制。

1993年,全县开征的税种有:产品税、增值税、营业税、盐税、集体企业所得税、私营企业所得税、城乡个体工商户所得税、个人收入调节税、国营企业所得税、国营企业工资调节税、国营企业奖金税、集体企业奖金税、事业单位奖金税、建筑税、印花税、房产税、城镇土地使用税、车船使用税、固定资产投资方向调节税、城市维护建设税、牲畜交易税(无税源,保留税种)、集市交易税、屠宰税23个税种,以及国家能源交通重点建设基金、国家预算调节基金、教育费附加。

1994年,实行分税制,按税收种类划分为中央与地方收入,核定地方收支数额,建立规范的中央财政对地方的税收返还和转移支付制度。税种调整为16种。

1996年,国税停征国家预算调节基金。1998年,地税开征营建私房税、个体行医个人所得税。1999年,国税开征金融单位营业税、个人利息所得税。地税接管个体工商户增值税。2001年,国税开征车辆购置税。2002年,国税接管新办企业所得税。地税停征屠宰税,代征防洪保安基金、教育费附加、社会保障费、文化事业建设费。是年起,企业所得税、个人所得税由地方税变为共享税,中央 50%,省 15%,县 35%。2010 年,地税接管耕地占用税、契税。次年,开征价格调节金。

2014 年,国税开征的税种有增值税、消费税(中央税种)、车辆购置税、固定资产投资方向调节税(未征)。地税开征的税种有营业税、企业所得税、个人所得税、资源税、城市维护建设税、房产税、印花税、城镇土地使用税、土地增值税、车船税、契税、耕地占用税。

第二节　征　收

一、统税征收

宣统元年(1909),酃县赋税杂收额征银 10914.67 两。

民国 18 年(1929),县内征收各项赋税、附加和捐款 171614 元。抗战时期,国民政府实行“战时财政”,田赋改为征实、征购、借购。民国 31 年,自治课税收入逐年递增。民国 34 年 4 月,湖南省政府制定《各县(乡)镇地方筹款通则》,酃县为了增筹经费,当年除开征财产租赁所得税、财产出卖所得税和土地增值税外,并采取提高田赋附加、契税附加、加重罚金、征收乡镇造产收入等办法,全年税捐收入 152.95 万元。民国 36 年,激增至 19895 万元。

民国 26—29 年(1937—1940)酃县税收实征数表

表 21-3　　单位:元(法币)

年度	合计	其中	
		省税	县税
26 年	59653	37537	22116
27 年	25241	12587	12654
28 年	93862	48467	45395
29 年	100954	50032	50922

1950—1952 年完成工商税收 37.73 万元,占工农业总产值 1.36%。1953—1957 年,完成工商税收 198.9 万元,年均 39.8 万元(同期农业税年均收入 34.8 万元),平均每年增长 24.06%,占工农业总产值 3.03%。工商税收占县财政总收入 45.52%,改变了以农业税收入为主的财政收入结构。

1960 年,国家困难时期,工农业生产受到影响;1961 年,工商税收仅入库 37.82 万元。1962 年后逐步恢复,当年完成工商税收 57.26 万元,比 1961 年增长 51.4%,占全县财政总收入 52.2%。1963—1965 年,完成工商税收 202.33 万元,占县财政总收入 48.5%。

1971—1975年,完成工商税收486.69万元,比“三五”期间280.98万元增长73.21%。“五五”期间,工商税收完成1128.43万元,比“四五”期间增长1.3倍。

1987年工商税收迈过千万元台阶。“六五”期间,共完成工商税收2111.3万元,占县财政总收入46.8%。“七五”期间,工商税收完成6046万元,比“六五”期间增长1.86倍。1950—1993年累计完成工商税收1.47亿元。

二、分税征收

国税 1994年,分税伊始。国税征收采取分片包干、基层配合、督促检查、促产促销、审核抵扣、查漏清欠等措施,整顿税收秩序,加强征收管理。查补欠税75.4万元,加收滞纳金4.6万元。全年征收“两税”(增值税、消费税)1412.8万元,同比增长18.6%。征收中央企业所得税2万元、能源交通重点建设基金1万元、调节基金10.1万元。

1997年,开展税务大检查,严格管控增值税抵扣凭证,共检查纳税户667户,查补增值税50万元,罚款3万元。2000年,强化征收措施,实行征管考核。清理1000余户纳税户欠税、预缴、申报、定税、停歇业情况,做到台账数据与实际相符。积极促产培源,加强税源调查、入库进度分析和重点税源、零散税收征管,规范个体纳税人税收委托代征工作。全年征收入库工商各税1608.7万元,其中增值税、消费税1409万元,同比增长9.2%。入库企业所得税38.2万元,营业税34.5万元。

2001年5月,举办税法培训班,学习《中华人民共和国税收征收管理法(修正案)》。加强税源管控,及时查漏补欠,达到均衡入库。当年查补入库税款138.1万元。2002年,检查全县19个集贸市场,清查个体户589户,查补税款7.9万元;检查建材、木材等13个行业93个纳税人,查补税款及罚款53.78万元。

2003年,依法调高增值税起征点。对原定税在起征点以下的973户进行税负测算,实行分类管理。2004年,落实增值税起征点再次调高政策。对全县个体工商户分免征户、淡旺季经营户、正常纳税户三类实施定额调整,确定免征户496户,免征月税额4.51万元。当年个体私营税收入库1007万元,比上年增长20%。2006年,累计征收税款5271.2万元,税收突破5000万元。

2008年,全面优化纳税服务,成立纳税人学校,开办培训班,为纳税人提供政策辅导;建立健全“星级”办税员评定制度,设立纳税人投诉箱,保护纳税人合法权益;落实中部地区固定资产扩大抵扣政策,认定试点企业44户,退还14户企业购进固定资产增值税215.78万元;落实资源综合利用税收优惠政策,3户企业即征即退增值税180万元。是年,征收工商各税入库(不含车辆购置税)8252.4万元,同比增长15.25%。

2013年,开展“营(营业税)改增(增值税)”试点,重新核查纳税人信息,核定发票,甄别税种,认定增值税一般纳税人。8月1日开出第一张发票,9月1日全面铺开。至年底,申报入库率 100%。2014 年,组织风险管理团队,针对税收风险点,分别级别,采取差异化应对,综合运用纳税提醒、纳税评估、税务稽查等措施,检查税收风险点 63 户,共补缴税款、罚款、追加滞纳金 345.2 万元,抵减增值税 11.2 万元,弥补企业亏损 75 万元。是年,征收工商各税 2.22 亿元(不含车辆购置税),同比增长 3.37%。

1994—2014 年炎陵县国税收入统计表

表 21-4　　单位:万元

年度	合计	增值税	消费税	企业所得税	营业税	个人所得税	车辆购置税
1994	1414	1412	—	2	—	—	—
1995	1645	1635	—	10	—	—	—
1996	1347	1328	—	19	—	—	—
1997	1683	1657	2	22	2	—	—
1998	1797	1659	1	76	61	—	—
1999	1401	1290	—	64	47	—	—
2000	1569	1409	—	38	34	88	—
2001	1809	1588	—	50	29	142	—
2002	2002	1756	—	66	10	170	—
2003	2245	1981	—	94	1	169	—
2004	2703	2281	1	240	—	181	—
2005	3325	2917	4	149	—	201	54
2006	5262	4913	1	44	—	256	48
2007	7193	6706	2	146	—	306	33
2008	8308	7350	2	684	—	217	55
2009	8278	7518	2	585	—	100	73
2010	10548	9194	4	1081	—	25	244
2011	15087	11890	6	2627	—	10	554
2012	19815	14094	6	4937	—	3	775
2013	22550	15883	23	5600	—	1	1043
2014	23411	14848	9	7375	—	—	1179
合计	143392	113309	63	23909	184	1869	4058

地税 1994年分税后，强化征管措施，提高征管质量，重点清理和检查固定资产投资方向调节税、建安营业税、房产税、城镇土地使用税及个人所得税。当年，检查纳税户181户，查补入库税款145.6万元。全年征收入库地方各税1176.93万元，同比增长23.35%，其中工商税收907.5万元，同比增长26.92%。

1997年，建立健全护税协税网络。2000年，完善考核制度，重点考核登记率、申报率、征管资料完整率、入库率、滞纳金加收率、处罚率，加强税收征管。全年征收入库税款1464万元。2001—2002年，全面推行税务政策公开、工作人员职责公开、办税公开，接受纳税人监督、制约。对税收征管、税务稽查、发票管理、税政管理实施责任追究制。2002年，地方各税入库1714.2万元。

2003年，对工程施工专用车（吊车、推土机、挖掘机）、挖沙船舶开征营业税、个人所得税、城建税、教育费附加及资源税（挖沙船舶）。2004年，开展规范管理年活动，以宣传教育为基础，以优质服务为核心，为纳税人排忧解难。实现税务工作“零上访”、抗税事件“零发生”、行政处罚“零复议”“零诉讼”。全年税费入库2301.4万元。其中，税收2223万元、教育费附加36.1万元、防洪保安基金35万元、文化事业建设费2万元、社会保障费5.2万元。

2005年，全面落实税收优惠和提高起征点政策，依法为纳税人减免税收390余万元。2006年，对铁合金行业进行纳税评估，以各企业申报的原始数据为依据，确定其主营业务变动率、产品原材料耗用率、成本费用率、税收综合贡献率、主营业务成本率、利润率6项预警指标值。对照预警值查漏补欠，查补税款1.8万元。

2010年，启动POS刷卡缴税，减少纳税人办税环节和时间，当年90%税款通过银行卡缴纳，其中，农村征收分局100%。2011年，县政府成立综合治税工作领导小组，建立稳定的涉税信息数据交换机制，税源管理、税费征收更加规范。

2014年，全面优化纳税环境，规范纳税服务。按照“全员、全程、全方位”服务要求，形成上下联动、部门协同、全员参与、齐抓共管服务格局。探索“免填单”纳税，提供预约服务、延时服务，落实首问责任制和限时办结制度。开展回访活动，畅通“0731与您相约”服务热线，接受纳税人监督，听取纳税人诉求，采纳纳税人建议。是年，税费入库3.22亿元，同比增长10.7%，其中税收收入3.04亿元，同比增长11.89%。

1994—2014 年炎陵县地方税务局税收统计表

表 21-5　　单位:万元

年份	收入总额	营业税	企业所得税	个人所得税	资源税	城市维护建设税	房产税	印花税	城镇土地使用税	土地增值税	车船税	契税	耕地占用税	固定资产投资调节税	屠宰税
1994	1178	454	336	24	8	45	38	9	25	—	8	—	—	208	23
1995	1462	590	417	85	13	62	53	8	51	—	9	—	—	143	31
1996	1689	675	364	172	10	77	69	15	66	—	4	—	—	203	34
1997	1431	612	247	157	7	118	79	15	66	—	13	—	—	68	49
1998	1461	634	159	219	9	87	92	11	62	—	7	—	—	120	61
1999	1393	590	103	253	8	106	84	11	67	—	6	—	—	119	46
2000	1452	667	149	288	6	108	98	12	32	—	7	—	—	30	55
2001	1515	538	254	374	14	122	97	9	52	—	4	—	—	8	43
2002	1687	753	244	384	6	123	92	11	44	1	5	—	—	—	24
2003	1937	979	245	386	12	148	91	14	46	10	6	—	—	—	—
2004	2225	1225	250	387	12	165	94	17	47	19	9	—	—	—	—
2005	2733	1559	248	414	15	232	128	21	61	33	22	—	—	—	—
2006	3335	1912	254	463	20	360	158	48	66	39	15	—	—	—	—
2007	4201	2401	300	657	40	411	172	57	76	56	31	—	—	—	—
2008	5109	2953	336	793	41	430	204	83	134	93	42	—	—	—	—
2009	6886	4298	348	993	58	550	218	107	160	91	63	—	—	—	—
2010	11408	4313	541	1387	85	621	265	189	321	1217	78	1202	1189	—	—
2011	16037	5549	1447	1570	126	843	368	210	356	2499	101	1198	1770	—	—
2012	21605	7674	2536	2230	186	1058	395	260	421	3210	130	1405	2100	—	—
2013	27187	9911	4107	2562	275	1054	383	245	450	2626	157	2925	2492	—	—
2014	30422	12056	4332	3067	222	1156	506	303	399	3826	197	2875	1483	—	—
合计	146353	60343	17217	16865	1173	7876	3684	1655	3002	13720	914	9605	9034	899	366

1994—2014年炎陵县地方税务局费金收入统计表

表21-6　　　　单位：万元

年份	收入总额	教育费附加	地方教育费附加	文化事业建设费	社会保险基金	残疾人就业保障金	工会经费	水利建设基金	价格调节基金
1994	31	31	—	—	—	—	—	—	—
1995	13	13	—	—	—	—	—	—	—
1996	24	24	—	—	—	—	—	—	—
1997	26	26	—	—	—	—	—	—	—
1998	21	21	—	—	—	—	—	—	—
1999	26	25	—	1	—	—	—	—	—
2000	15	14	—	1	—	—	—	—	—
2001	19	17	—	2	—	—	—	—	—
2002	27	25	—	2	—	—	—	—	—
2003	35	27	—	2	6	—	—	—	—
2004	43	36	—	2	5	—	—	—	—
2005	72	64	—	2	6	—	—	—	—
2006	202	186	—	3	8	5	—	—	—
2007	257	212	—	4	30	11	—	—	—
2008	549	373	30	4	30	13	41	58	—
2009	676	346	173	4	21	18	55	59	—
2010	819	424	181	6	33	21	84	70	—
2011	1201	575	357	6	41	25	114	83	—
2012	1413	634	419	9	63	33	158	89	8
2013	1597	728	484	5	56	36	154	123	11
2014	1814	815	468	4	64	37	232	181	13
合计	8880	4616	2112	57	363	199	838	663	32

第三节　税务管理

一、统税统管

民国 26 年(1937),成立酃县税务局,办理省、县赋税统筹征解事项。县长曾耘农兼任局长。民国 31 年,酃县税务局改为酃县税捐经征处,归属县政府,负责征收县财政所属各项税捐。

1949 年 10 月酃县人民政府成立,11 月成立酃县税务局,征收工商税收,初时沿用民国时期部分税制,废除国民政府的苛捐杂税。1958 年,酃县税务局与县人委财政科合并为酃县财政局。9—10 月工商税制改革,人民公社包干上交财政收入任务。1959 年元月,酃、茶并县,域内税务工作由茶陵县财政局管理。1961 年 6 月 29 日,分县,酃县税务局随之恢复。

1968 年 12 月 29 日,撤销税务局、财政局,在县革命委员会生产指挥组下设财政小组,统揽全县财政税务工作。1973 年 8 月 6 日,酃县革命委员会撤销财政小组,恢复县财税局,下设税政股,分管税务工作。

1984 年元月,县直属机构改革,恢复酃县税务局。机构设置、人员编制和经费开支由省税务局垂直管理。1986 年,实施征管改革。11 月,组建征管股,同时成立稽查队,两块牌子一套人马合署办公。1989 年 1 月,征管股与稽查队分立,3 月,成立税务检察室。1990 年 7 月,县检察院派专员进驻县税务局检察室,与税务稽查队一起办案,依法开展税收检察,查处偷税、抗税案件。形成征、管、查相对独立,相互联系、相互监督制约管理机制。在征管形式上,改"一员进厂、各税统管",为"一组进厂,查征分管";由"划片分管,巡回征收"改为"定期定点征收、双线管理"。1989—1990 年,稽查队共检查纳税户 265 户,查出 250 户偷漏税款 113.04 万元。

1993 年 1 月 1 日开始发票换版,清查纳税户 562 户,收缴旧版发票 1.3 万本,查处发票违章行为 46 起,罚款 5732 元。接管屠宰税征收工作,对全县 17 个乡镇 203 个村的税源、税赋情况进行调查,废止按村承包、按户分摊征收方式,实行按实征收。5 月,对个体运输业税收开展清理检查。检查个体运输业 900 户,查补税款 38.5 万元。1994 年,实施新税制。重新调查税源分布及变化情况,考核审查企业增值税一般纳税人 130 户,换发税务登记证 1689 户。其中,国有、集体企业 394 户,个体、私营企业 1295 户。

二、分税管理

(一)国税管理

机构设置　1994 年 9 月,炎陵县国家税务局成立,内设 9 个股室(队),下辖城关第一税务所、王家渡税务所、水口税务所、沔渡税务所等 4 个基层税务所。1995 年 1 月,成立税务稽查局,为局属机构。1996 年 8 月,撤销城关、炎陵、水口、沔渡税务所,组建城关、炎陵、水口、沔渡征收分局。内设机构改股为科。2003年11月,撤销沔渡征收分局,业务划归管理科。2014年,内设10个行政科室和信息中心(事业单位),下辖炎陵税务分局、水口税务分局,稽查局为局直属单位。

发票管理 1995年1月,成立发票管理所。在增值税发票管理上,严把制定关、检查关、严打关。对用票单位开展验票工作,查验企业178户,发票318本,查出不符合规定抵扣联43份,剔除不允许抵扣款12万元。查处发票违章案件16起,其中增值税专用发票9起,补征税款2.59万元。

1999年,开展发票专项检查,重点检查增值税一般纳税人82户,小规模纳税人209户,查处发票违章户45户。2001年,全面推行使用电脑制作发票,实现发票领、用、存、缴、销、补税全过程电脑管理,实现以票管税。2003年规定,所有一般纳税人必须通过防伪税控系统开具增值税专用发票。2009年,按照《湖南省国税局普通发票内部管理制度》实行"双人、双岗、双锁"管理库房,按季进行实物盘存,严把发票出入关。2010年,完成普通发票换版工作,全面实施税控开票。2012—2013年,对药品、医疗器械生产单位和医疗机构发票使用情况开展专项检查,进行信息比对、分析与核实61户次。

税源管理 1999年,全面清理税源底册。将计算机录入的管理户与实际管理户核对,全县纳税户由3292户减少到1758户,非正常户由314户减少到121户,欠税户由628户减少到378户,欠税额由137.3万元降至110.3万元。对55户漏管户,全部纳入计算机管控。

2010年,实行征收管理和纳税评估职责分开,征管人员负责对纳税评估工作进行指导、监督、审查和考核,评估组人员专司税源评估工作。按税源规模、征收方式、行业、经济性质、区域的不同,实行专业化分类管理。强化宏观监控,按季度分析和发布全县宏观税赋和监控信息。将纳税额50万元以上35家企业纳入重点税源监控系统,实现科学化、精细化管理,全面提高税收征管质量和效果,确保税源及时、足额入库。2011年,健全和规范纳税人财务会计制度,杜绝人为迟滞应税收入时间,及时申报纳税。严格执法,加强对固定资产进项税额不允许抵扣的纳税征管。

2014年,重点查处纺织、服装、竹木加工企业、新开业、一户多证、外省法人和注销企业7类纳税人虚开发票、虚抵税收行为。追缴29户税款78.8万元。年底,全县有国税纳税人3934户。其中,企业551户,个体工商户3383户。企业一般纳税人229户,个体一般纳税人14户。

稽查 1995年1月,成立税务稽查局,履行"外查内监"双重职能。4月,组建国税系统税务行政复议机构。当年,检查所得税纳税户25户,增值税纳税户94户,查补所得税5万元,增值税75.5万元。1997年,稽查局采取各组交叉执行检查处理决定和追补税款方法。查补增值税155万元,入库130万元;查补所得税14万元,处以罚款9万元。1998年,进一步建立健全税务稽查业务流程、税务违法案件查处制度、审理制度、税务稽查工作报告制度、资料归档制度和税务违法案件举报制度等一系列稽查制度。查出漏征漏管户127户,责令92户漏管户补办税务登记证,查补增值税21.2万元;城乡交叉检查企业19户,查补税款183万元;稽查7户纳税户,查补增值税15.5万元,清理并收回欠税50.4万元;专项检查纳税户46户,查补增值税92.5万元。1999年,重点检查农村小水电、粮食加工销售、笋制品加工、木材经营,共检查纳税户112户,查补税款49万元。查补经营成品油税款16.6万元。与公安机关联手查处涉税案7起,查补税款13.7万元,入库11.3万元,罚款2万元。2000年,稽查纳税户106户,查补增值税130万元,企业所得税3.8万元,营业税1969元。对12家税法违法企业罚款6.5万元。清理个体工商户185家,查补增值税2.5万元,追缴欠税4.9万元。2001—2002年,转移稽查工作重点,施行征管并重。主要稽查验收、监督考核和办理专案以及配合征管抓薄弱环节。2003年,推行"开门选案、集体办案、个案负责、稽查辅导"制。以木材经销加工、清水笋罐头加工、铁合金、电力4个行业为重点,稽查纳税户85户次,查补入库税款及罚款143万元,立案率、结案率、入库率、处罚率、滞纳金加收率均达100%。2004年,重点稽查个体竹木加工业。2011年,以发票打假和专项检查为重点,依法打击涉税违法行为。2012年,实行稽查预告制度。2014年,制定和执行《税务稽查工作规程》,全年稽查开矿点和化工厂16户,结案16户,查补入库增值税26万元、企业所得税123.62万元,滞纳金24.34万元,合计入库税款173.96万元,罚款7.77万元。

征管改革　1994年,改革原有"一员到户,各税统管,征、管、查一条线"的征管方式,实行征收和检查分离,公开办税,直接征管。1995年,推行"申报、代理、稽查"三位一体征管方式。在县、乡、村三级分别成立税收征管领导小组,村聘请助征员,组聘请护税员。明确规定各级机构的设置,划分职责,建立账册、征收管理和监督考核办法。在全县开展税源普查,合理确定任务,实行"以户建册、逐级设账、分块征收、按月清缴、年终结算"办法,形成以县、乡、村、组四级结合的税务管理体系。7月,成立炎陵县税务师事务所,制定税务代理实施方案、章程、操作规程、收费标准、管理和财务制度。至年底,全县有27家企业办理常年代理,临时代理313次。1997年,实行以纳税人自行申报纳税和优化服务为基础,以计算机网络为依托,分类管理,重点稽查,对税收征管全过程进行有效监控的征管模式。推行银行税务一体化管理,启动预储税款"储蓄卡"缴税,办理储卡缴税户824户,月划缴税款11万余元。拓展税务代理业务,委托常年税务代理企业50户,先后25次为10户企业申请延期税款入库金额286.6万元。1998年,以城关分局为示范点,启动网上办税。2001年,按照"集中征收、属地管理"原则,实行征收、管理、稽查三分离,建立以专业化为主,综合性为辅的税收征管模式:对全县的一般纳税人和县城及周边地区的小规模纳税人实行县局一级征收;农村由三个税务所分别征收,实行征管合一。7月1日,新建局域网4个,建立防伪税控开票、认证、计算机稽核、发票协查4个子系统,实现全县国税系统及与株洲市国税局资料互传、信息共享。2003年,征管工作推行"一站式"服务,"一窗式"办理。全县86户增值税一般纳税人全部在整合后的"报税、认证、稽核"窗口一次性办妥纳税申报。2009年,整合办税服务体系和征管流程,调整办税服务厅职能,规范办税服务程序,改"一窗"为"三窗",即综合服务、发票管理、车辆购置税专台,减少纳税人办税环节和时间。2014年,按照"标准化、正规化"要求,优化预约服务,延时服务,推行首问责任制,实施全县通办和网络办税,全面提高办税服务厅服务质量和水平。

（二）地税管理

机构设置 1994年9月15日，成立炎陵县地方税务局。内设7个股（队）室，下辖城关、王家渡、水口、沔渡税务所。1995年成立稽查局，为局直属机构。1998年3月，撤销城关、王家渡、水口、沔渡税务所，组建3个征收分局。2002年，征收分局更名为税务分局。2014年，内设机构改股为科，设办税服务中心、稽查局。下辖第一、第二、第三税务分局。

发票管理 1995年，制定专项票证管理办法，进行全面票证检查工作。1996年，举办基本票证填写培训班，选派税务干部参加湖南省票证填写竞赛，1人获优秀填票员称号。1998年，采取严格领发手续，规范管控，及时检查，严格执行奖惩制度等措施加强票证管理，连续4年无事故。1999年，开展发票专项检查。共检查用票单位29户，个体户6户，查补税款9000元，罚款5000元；查处非法印制发票案1起，收缴非法印制空白发票164本10705份；清退发票保证金10.4万元。2001年，规范发票使用，除账务健全、财务制度完备的企业外，其他纳税人一律使用定额发票，减少发票的转借、代开、买卖、流失，堵塞漏税。2008年，推广使用税控收款机收款，当年推广税控收款机108台，开出发票23267张，开票金额2700万元。此后，工商户全部使用税控收款机。2010年，开展POS机刷卡缴税工作，全县银行卡缴税总额占税款总额90%。2013年，加强发票管理，加大宣传力度，提高市民索票意识，强化以票管税；严格按照"查账必查票、查案必查票、查税必查票"工作要求。2014年，设立票证保管仓库，对票证实施专柜、专人管理，使用票证提前上报计划，专人领取，票证入库及时分类、装订、归档，用量大的票证每日盘点，用量小的票证定时盘点。

税源管理 1994年，县政府组织开展税收、财务、物价大检查，全县组成7个地税税收检查小组，重点清理检查固定资产投资方向调节税、建安行业营业税、房产税、城镇土地使用税以及个人所得税等地方税种，检查纳税户181户，查补入库税款145.6万元，实现以查促收、以查促管。1995年，开展个人所得税和行政事业单位税收专项清理、检查工作，进一步明确地税征管范围，澄清税源底子。1997年，在15个乡镇成立协税护税领导小组，202个村有协税员，建立县、乡、村三位一体协税护税网络。1999年，深入纳税单位进行汇算清缴，查补地方各税65.8万元；挖掘行政事业单位增收潜力，入库税款50多万元。2006年，全面换发税务登记证。全县共办理税务登记证2506户。其中，企业415户，个体工商户2091户。换证2020户，未办补办260户，新办226户。2007—2008年，抓实建筑业、房地产业、水电业、金融业4个主体税源，稳定税收基数；管好小砖厂、小碳粉厂、小酒厂、小砂石场、小瓦厂、小针织厂、小竹木加工厂等7个小税源，防止零星税收漏征漏管。2009年，加大零散税源征管力度，与有关部门合作签订委托代征和代扣代缴协议，堵塞税收征管漏洞。2010年，检查清理土地增值税、印花税、城镇土地使用税等可能漏征漏管税源，当年征收土地增值税1217.62万元，是上年的12.38倍。印花税增长76.64%，城镇土地使用税增长100.63%。

2012年，落实各项税收优惠政策，全面清查小型微利和经营困难企业、个体工商户，依法为企业减免税收 112.3 万元,弥补以前年度亏损 2119 万元。个体工商户个人所得税纳税人从 2011 年 3720 人减至 160 人,降幅 95%。7 月 1 日,存量房交易纳税评估系统上网运行,至年底,完成网上系统存量房交易纳税评估 65 户,评估交易纳税价格 1314.6 万元,比申报价格高出 65.4%。2014 年,完善税源巡查记录,改勾选式为填写式;扩大巡查面,提升巡查质量和效果。健全重点税源统计分析台账和动态分户监控档案,指定专人全程跟踪管理。

稽查 1995 年成立稽查局,检查纳税户 83 户,查补税款 68.3 万元。1996 年,严查偷税、漏税、逃税行为,检查定案纳税户 110 户,查补税款 238 万元。1998 年,全面清查漏征漏管企业,清缴欠税。清出漏征漏管户 102 户,追征税款 34.7 万元,罚款 1 万元。清缴老欠税 110 万元,清缴新欠税 50 万元。1999 年,采取交叉检查办法,查补税款 31 万元,入库 20.16 万元。2001 年,稽查工作实行稽查计划制、稽查建议制、信息反馈制。10 月,全面清理交通运输税收,查补税款 8 万元。2007 年,对房地产、小水电、铁合金企业及工业园区企业、林业企业、金融企业进行税收检查,重点稽查漏征漏管户,共检查纳税户 102 户,查补税款 331.38 万元。2009 年,重点对建筑行业、大型木材加工企业开展专项检查。2010 年,创新稽查审理方式,在稽查工作中引入义务监督员代表参与审理;积极开展建筑安装行业、交通运输业、旅游业、省重点工程建设竣工项目、房地产及年所得 12 万元以上个人所得税自行申报纳税情况专项检查,全年查补入库地方各税 303.19 万元。2014 年,全面推行"先自查后检查",加强检查前约谈和审计式涉税自查辅导,实现税企双赢。对房地产业、建安项目、资本性股权交易等行业和项目进行专项检查,查补房地产税款 1150 万元。

征管改革 1995 年,与全县 210 家行政、企事业单位签订《个人所得税代扣代缴责任书》,委托代扣代缴个人所得税 25 万元。1996 年 4 月 25 日,成立炎陵县地方税务师事务所,制定税务代理实施方案、代理章程、工作规程、收费标准。在纳税人自愿的基础上,为其提供服务。至年底,有 28 户企业办理常年代理,临时代理 110 次。1999 年,改革农村零星分散税收征管方式。每月上旬办理纳税申报、窗口开票、税款征收,中旬催缴结算入库,下旬清理检查。2004 年,建立局域网,纳税人信息、纳税申报、税款征收等全部进入信息化管理系统。2005 年,对采取定期定额方式征收税款且有固定经营场所的个体工商户,实行"系数定税法",核定其月应纳税额。2007 年 8 月起,启动税库银互联网申报划税方式征税,当年有 200 户企业通过三方联网缴纳税款 50 万元。2010 年,聘请义务监督员,开展阳光大检查,既检查纳税人依法纳税情况,又监督征管机关和工作人员执法行为。2011 年 5 月,株洲市地税局在炎陵县率先试点个人所得税全员全额扣缴申报,全县有 357 家企业安装个人所得税全员全额扣缴申报软件,申报人数 11131 人。全年入库个人所得税 1570 万元,同比增长 183 万元。2014 年,健全重点税源统计分析台账和动态分户监控档案,突出抓好房地产行业税收管理工作,开展房地产税收专项检查与评估工作。深化信息管税、强化部门协税,管理效率进一步提升。

第二十二篇　金　融

清咸丰九年(1859),县人在县城北正街设立当铺,开业不久,便因亏损而倒闭。是为酃县金融业之发端。

民国28年(1939)9月,湖南省银行在县城西后街罗家试馆设立酃县分理处,隶属衡阳分行。29年,在县合作指导室指导下,以乡保为单位,组织成立无限责任信用合作社81个。当年发放农业贷款15.47万元(法币,下同),用于农民购买耕牛、农具、种子等。贷款月息为9‰—25‰,一年为期,额期加息5‰。30年1月,酃县分理处改为办事处。33年,日本侵略军攻入长沙,办事处与总行失去联系,业务中断。至33年,信用合作社共发放农业贷款105.01万元,借款农民1151人,占入股社员的55%。次年,县内办理合作社讲习所,训练职员,合作社发展到91个,社员2093户,股金3863元。36年4月,孟奇甫、邓凯元、陈贻谋等人发起筹建酃县银行,县救济基金保管委员会所管5000万元(法币,下同)作为公股,向社会各界募集私人股金3230万元,行址设县城天香书院。发行5角、2角、1角、5分、2分、1分等6种纸币。同年8月25日,酃县办事处恢复业务。

民国38年5月24日,奉省总行通知,酃县办事处撤销,所有人员、账册、档案迁往长沙。10月,酃县银行撤销,库存及部分账册交由中国人民银行酃县支行筹建小组接收,会计人员一并录用。同年,信用合作社自行解散。

中华人民共和国成立后,1950年1月,成立中国人民银行酃县支行。此后,先后成立银行8家,保险公司8家。至2014年底,县内有银行5家:湖南炎陵农村商业银行股份有限公司、中国农业银行炎陵支行、中国工商银行股份有限公司炎陵支行、中国人民建设银行股份有限公司炎陵支行、中国邮政储蓄银行炎陵支行。保险公司6家:中国人民财产保险股份有限公司炎陵支公司、中保人寿保险有限公司湖南省炎陵县支公司、中华联合财产保险股份有限公司炎陵支公司、新华人寿保险股份有限公司株洲中心支公司炎陵营销服务部、泰康人寿保险有限责任公司湖南株洲炎陵营销服务部、长安责任险股份有限公司炎陵支公司。

第一章　银　行

第一节　机　构

中国人民银行酃县支行(以下简称县人民银行)　1949 年 12 月筹建,1950 年 1 月成立。1951—1958 年,先后在王家渡、水口、沔渡、十都、霍家、下村等地建立营业所。1959 年 1 月,并入茶陵县支行,基层营业所全部撤销,县支行改称酃城分理处。1961 年 7 月,恢复酃县支行,在水口、下村、策源、中村、三河、太平、河西、塘田、十都、沔渡、垄溪、城东、江口等地重新设立营业所(储蓄所)。1985 年 1 月 27 日,根据上级指示撤销,人员、资金、设备、存款和结算业务归入中国工商银行酃县支行。业务划入中国人民银行茶陵支行。

湖南炎陵农村商业银行股份有限公司(以下简称县农村商业银行)　1951 年,全县在农业劳动互助组基础上建立信用互助组 20 个。1952 年,扩大到 29 个,社员 1240 人。同年 5 月,草坪乡瓦铺组建立全县第一个信用合作社,入社社员 61 户,股金 122 元。1955 年,全县建立信用合作社 128 个,股金 6.7 万元。1959 年,以大队为单位,设 67 个信用分部。1962 年调整为 16 个公社信用合作社,将大队信用分部改为非独立核算信用站。1966 年后,部分信用合作社下放。1971 年,公社信用合作社机构和业务恢复。1984 年,全面清理股金,落实 1520 户股权,股金 7.6 万元,股金分红 6.5 万元,新增股金 3.94 万元。当年召开社员代表大会,成立酃县信用合作社联合社,实行独立核算、自负盈亏经营承包责任制。1993 年 4 月,县信用联社与县农业银行合署办公,基层信用社与农行营业所联营。同年 8 月 4 日,行、社联营终止。1996 年 12 月 9 日,根据国务院《关于农村金融体制改革的决定》,与农业银行脱离行政隶属关系,实行自主经营,自我约束,恢复合作金融体制。1997 年 10 月,全县 16 个基层信用社召开社员代表大会,建立民主管理制度,入股社员 36570 户,入股面由 88.6%上升到 92.3%。其中,团体社员 73 户,员工社员(含临时工与信用站业务员)272 户。吸收股金 250.22 万元,净增 167.62 万元,增长 202.93%。股金分红 17.2 万元。2004 年 4 月,按照国务院《深化农村信用社改革试点方案》要求,进行产权制度改革。2005 年 12 月基层信用站全部撤销。2006 年 12 月 8 日,组建炎陵农村信用合作联社,募集股本金 1799 万元,入股社员 1543 户。其中,自然人社员 1484 户,股本金 1298 万元;法人社员 59 户,股本金 501 万元。年末股本总额 1855 万元。2007 年 5 月 27 日,正式营业,隶属省农村信用合作社联合社。内设办公室、人力资源部、财务部、计划信贷部、业务拓展部、稽核监察部、技术保障部、安全保卫部和联社营业部。下辖霞阳、沔渡、十都、垄溪、石洲、大院、水口、策源、下村、中村、龙渣、平乐、船形、鹿原、东风、三河 16 个非独立核算信用社,城南、南桥、龙井、井冈路、九龙、三口、塘田、夏馆、桐睦9个信用分社。在职员工204人,其中固定工151人。2010年4月30日,炎陵农村信用合作联社整体改建为湖南炎陵县农村商业银行股份有限公司,系湖南省第一家农村商业银行。当年,募集股本金(注册资金)1.21亿元,持股户151户。其中,企业法人股8户,股金6421万元,占53.07%;自然人股143户,股金5677.6万元,占46.93%。此后,停止向外募集股本金。2014年年末,总股本金2.33亿元。其中,法人股8户,股金1.24亿元;自然人股143户,股金1.09亿元。

中国农业银行炎陵支行(以下简称县农业银行) 1955年6月,中国农业银行酃县支行成立,设王家渡、水口、沔渡、十都、中村、下村、霍家等7个营业所。1956年8月撤销,所属机构全部并入中国人民银行酃县支行。1964年1月,重新成立中国农业银行酃县支行,下设水口、中村、沔渡、十都、河西、塘田、城东7个基层营业所。1966年1月,再次撤销,所属机构并入中国人民银行酃县支行。1979年10月,第三次成立中国农业银行酃县支行,在三河、水口、中村、沔渡、十都、河西、塘田、城东设有8个营业所。在县城设城乡、北门2个储蓄所。1991年10月成立房地产信贷部。1992年8月,设立外汇储蓄专柜(限港币、美元两种)。12月成立中国农业银行银兴实业公司。1993年8月,设置57个农村信用站。1995年,分别在垄溪、石洲、策源、东风、船形乡设信用代办站。1996年8月31日,县农村信用联社与县农业银行脱离隶属关系,划转存款和存款准备金及职工5人。同年底,分设县农业发展银行业务组,划转业务及职工6人。1997年,向商业化经营转轨,机构人员按照效益原则配置。撤并为6个营业网点:塘田储蓄所、三河营业所、中村营业所、水口营业所、沔渡营业所、十都营业所。1998—2002年,先后撤销中村、三河、沔渡、十都、水口营业所。2013年4月,设东山自助银行并对外营业。2014年1月,设九龙自助银行并对外营业。年末,有营业部1个;城区、霞阳、鹿原分理处3个。在职员工61人。

中国建设银行股份有限公司炎陵支行(以下简称县建设银行) 1975年,湘潭地区建设银行派员驻酃,代管基本建设拨款、贷款及基建财会业务。1976年6月,成立中国人民建设银行酃县办事处。1983年1月,办事处改为支行。1989年8月,设解放路储蓄所,办理城镇集体企业和个体经济组织、城镇私人储蓄业务。1992年成立房地产信贷部。1993年3月迁址坎坪路5号。1994年6月,设文化路储蓄所。1995年1月,设龙井储蓄所。1998年,先后撤销文化路、解放路、龙井储蓄所和房地产信贷部。1999年12月,改为办事处。2003年,恢复支行,迁址炎陵中路16号。2004年9月,更名为中国建设银行股份有限公司炎陵支行。2014年年底,内设行长室、业务部、营业部,在职员工15人。

中国工商银行股份有限公司炎陵支行(以下简称县工商银行) 1985年1月27日,撤销中国人民银行酃县支行,成立中国工商银行酃县支行,县城设有4个储蓄所。1998年12月,设2部1室,辖4个储蓄所和1个分理处,在职员工70人。1999年10月,改为分理处,隶属中国工商银行茶陵支行。2001年9月撤销。2011年7月,重新筹建中国工商银行股份有限公司炎陵支行,2012年1月17日恢复对外营业。2014年年末,内设2部1室,辖2个自助网点,在职员工13人。

中国银行炎陵支行(以下简称县中国银行)　1992年12月20日,中国银行株洲市支行酃县分理处成立,行址设县外贸公司大楼。内设人秘股、信贷计划股、存汇股、营业部。主营本外币储蓄、国内人民币贷款、结算等业务。1993年5月,升格为中国银行酃县支行,并增设井冈路储蓄所。同年4月、11月,分别加入全省联行、全国联行系统。1994年,增开自营外汇买卖业务。2000年,按上级规定撤销。

中国农业发展银行炎陵业务组(以下简称县农业发展银行)　1994年7月1日,中国农业银行炎陵县支行设立中国农业发展银行业务专柜。1996年12月,升格为中国农业发展银行炎陵业务组。1997年1月3日,迁至井冈路独立营业,内设计划信贷股、保卫股、综合办公室、营业部,有员工9人。主要业务是强化粮棉油政策性收购资金的封闭运行和专项贷款管理。2005年,按上级规定撤销。

中国邮政储蓄银行炎陵支行(以下简称县邮政储蓄银行)　2008年4月10日成立,内设综合管理部、综合业务部、信贷业务部,下辖网点10个。其中,自营网点2个,邮政代理网点8个。2013年,调整为综合管理部、综合业务部。2014年,内设机构、服务网点未变。在职员工31人。

第二节　货币流动

一、币种发行

清末,县内流通铸币,以银两(银锭)为主,铜元(铜角子)、铜钱为辅。

民国初期,县内流动的货币既多且杂。银两与银元并用,以银元为主。银元,分外来洋和中国洋,有光洋、杂光、常洋、烂板、哑板之别,其中光洋流通最广,比值最高,每元值铜钱6840文。另有银角、铜钱、铜元。银角(银毫子)面值有5分、1角、2角、5角4种,以广东“双毫”“单毫”为多;铜钱多为清代各年号的“通宝”;铜元以湖南铸双旗版为最多,次为大清铜币、中华民国开国纪念币、孙中山纪念币等。亦有少量四川、湖北、江西、广东、广西所铸铜元流通,面值有5文、10文、20文、50文、100文、200文6种,以10文、20文流通较多。

民国24年(1935)11月,民国政府改革币制,发行法币,法币与银元的比值为1∶1。次年,酃县商会发行流通券,面值为1角、2角2种。后因物价猛涨,县政府责成商会停止使用,迅速回笼。商会仅兑换2天票券,会长和财务人员即避而不见,百姓蒙受巨大损失。民国31年4月,关金券与法币在县内并行流通,比值为1∶20。民国35年,沔渡圩湘桂、何良运、恒泰和3家油盐行联合发行市票,有角票、分票,不久便全部收回。是年10月,法币急剧贬值,银元与法币比值为1∶1867。12月再降为1∶2451。民国36年9月,酃县银行开始发行纸币,面额有1分、2分、5分、1角、2角、5角6种,作为辅币在县内流通。民国37年8月,国民政府发行金元券取代法币。金元券与法币的比值为1∶300万,与银元的比值为2∶1。民国38年2月，金元券狂跌。6月，银元与金元券的比值为1：5亿。7月，国民政府发行银元兑换券，受到广泛抵制，县内没有流通。

1949年10月，酃县人民政府成立后，宣布废止国民政府发行的各类货币，禁止银元、铜元流通，开始发行第一套人民币。共12种面额62种版别。其中，1元券2种、5元券4种、10元券4种、20元券7种、50元券7种、100元券10种、300元券5种、500元券6种、1000元券6种、5000元券5种、10000元券4种、50000元券2种。1955年3月1日起，发行第二套人民币，共10种。面值1分、2分、5分、1角、2角、5角、1元、2元、3元和5元各1种。1957年，发行纸币10元1种，金属币1分、2分、5分3种。第二套人民币和第一套人民币比率为1：10000。1962—1974年，陆续发行第三套人民币13种。其中，纸币10元、5元、2元、1元、5角、2角各1种，1角3种；硬币1元、5角、2角、1角各1种。1964年4月，奉令停用、兑换苏联版3元、5元、10元币。1980年4月，发行金属币1角、2角、5角、1元4种。1987年4月起，发行第四套人民币，共9种。其中，主币有1元、2元、5元、10元、50元和100元6种，辅币有1角、2角和5分3种。1999年10月起，发行第五套人民币共8种，100元、50元、20元、10元、5元、1元、5角、1角各1种。至2014年底，除1、2、5分3种硬币外，第一套、第二套和第三套人民币已经退出流通，现行流通的人民币为第四套和第五套人民币，以第五套为主，两套人民币等值流通。纸币有1角、2角、5角、1元、5元、10元、20元、50元、100元；硬币有1角、5角和1元。

二、货币投放与回笼

1950年，县人民银行在县内投放现金22万元，当年回笼18万元。1950—1984年，贷款额一直多于储蓄存款，投放差4748万元。1985年起，储蓄存款多于贷款额，当年投放5758万元，回笼6791万元。1990年投放1.52亿元，回笼1.6亿元。

1990—1995年，县内市场日趋活跃，商品销售收入年均增长13.1%，银行储蓄存款水涨船高，年累计储蓄存款大于贷款，现金净回笼连年上升。1996年，国家实行适度从紧的货币政策，消费基金投放速度放慢，商品销售累计收入连年减少，储蓄存款支出渠道投放现金增多。现金回笼额下降。

1998年后，炎陵经济持续发展，城乡居民收入逐年增加，储蓄存款递增，信贷投入加大。消费市场日趋活跃，商品销售和服务业收入回笼现金增加。居民投资结构多元化发展。现金投放、回笼同步增长。

三、现金管理

1950年4月，县人民银行执行政务院《关于实行国家机关现金管理的决定》，机关、部队、团体、企事业、合作社等单位全部在国家银行开户。所有现金收入，除核定库存限额外，一律存入银行。除发放工资、旅差费、收购农副产品的小额支付外，30元以上开支，一律实行转账结算。至年末，全县有32个单位到银行开户存款，80%的收付款项实行转账结算。1951年，扩大转账范围，机关、团体、公营企业存款11.71万元。全年在银行的现金收付总数为转账收付总数的37.2%。1956年降至10.2%。

1958年，现金管理偏松，提出“要钱有钱，要人有人”的口号，社会游资剧增。1961年6月至1962年2月，现金付出606万元，收入498万元。1962年3月，县人民银行加强现金管理，实行贷款按计划，追加按程序的规定，严格控制货币发行，重新核定130个单位的库存现金限额。到1965年，现金管理工作基本走上正轨。

“文化大革命”初期，现金管理制度受到冲击。1976年10月，县革命委员会重申国务院有关现金管理政策，作出加强城乡现金管理10条规定。1977年11月24—12月3日，组织金融、公安、工商等部门29名干部，对72个单位执行规定情况进行抽查，核定库存限额1.10万元，实际保存现金1.78万元。通过检查，压缩库存6792元。当年，加强柜面监督，堵住不符合规定现金支出107笔，金额45.8万元。

1978年，金融体制改革。银行对开户单位使用现金起点由30元放宽到200元。1980年9月，中国人民银行放宽农村现金管理，全县投放现金2483万元，比1979年增加361万元。此后，现金投放额逐年上升。1989年9月，贯彻国务院《现金管理暂行条例》，加强现金管理监督，严格控制社会团体购买力。简化现金审批手续，现金结算起点放宽到1000元。10月5日，县人民政府召开控制货币、稳定金融紧急会议，各专业银行采取措施，紧缩银根，治理通货膨胀。货币投放减少，回笼增加。当年净回笼1791万元，创历史最高纪录。

20世纪90年代，严格按照《现金管理条例》《出纳业务操作规程》，加强现金管理和尾箱监管。每年根据现金流量情况，核定网点现金库存限额，要求网点必须做好现金预测，合理调配库存现金。1996年开始，核定各网点现金备付率，以加强对库存现金、中央银行存款、在途资金、暂收暂付资金等低效无效资金管理。在确保正常支付的前提下，减少库存现金占用，及时清点回笼现金上缴人民银行。

2003年起，执行《人民币银行结算账户管理办法》《人民币大额和可疑支付交易报告管理办法》，制定大额现金支付审批权限和大宗现金支付预约制度，加强对企业和个人的现金管理，加强对大额交易和可疑交易的管理。一次性支取10万元以下的由业务部门审批；一次性支取10万元至20万元现金的，由现金管理员审批；一次性支取20万元以上大额现金由行长审批。异常大额现金支取（金额异常、取现次数异常、取现时间异常、用途异常等），先由现金管理员审批，再报人民银行支行审批。

第三节 存 款

一、单位存款

民国28年（1939），湖南省银行酃县分理处开办公营事业存款业务。县内交通、邮电、机关团体、地方财政等各项现金都存入该行。是年存款余额56412元(法币,下同)。其中,活期存款占98.7%,定期存款占1.3%。次年6月,分理处存款额仅占湖南省银行存款总额0.24%。37年后,货币贬值,物价上涨,存款户甚少。

1950年,县人民银行规定各机关、行政事业单位一律在银行开立存款户。年末,单位存款余额8000元。1956年增至30万元。

1958年年末,单位存款余额76万元。其中,财政存款占13.2%,企业存款64.5%,机关存款18.4%,农村存款3.9%。1961年,为稳定物价,压宿社会团体购买力,上年各单位存款除上缴财政归还贷款外,其余全部冻结。当年存款345万元。1962—1963年,连遭特大旱灾,经济受损,年末存款余额分别比1961年下降15%和32.4%。1965年,全县存款余额254万元。其中,财政存款占15%,企业存款31.5%,机关存款10.2%,农村存款31.1%,基本建设存款12.2%。

1966年起,存款管理制度严格,严控大额经费拨付,全县财政性存款上升。1968年2月,根据中央精神,除未完工程基本建设投资,企业设备更新资金、大修理基金、流动资金,农田水利、优抚救济、安置移民经费外,其余各机关、企事业单位的各项存款冻结。1978年,全县年末存款余额846万元,企业存款288万元,机关存款86万元,农村存款470万元,基本建设存款负82万元。

“文化大革命”结束后,县内经济持续发展。1979年,单位存款余额突破1000万元。1984年,超过2000万元。

1986年,深化金融体制改革,允许企业选择银行。银行采取放宽现金管理、扩大信贷发放范围等办法争揽存款,造成银行信贷资金分散,影响资金效益发挥,增大信贷资金回收风险。1990年。经济形势好转,单位存款余额回升。年末单位存款增至5854万元。

1992年后,社会办金融异军突起,一些乡镇建起农村合作基金会,农村资金大量分流。1994年,国家加强宏观调控,紧缩银根,单位存款持续滑坡,资金供求矛盾十分突出。1996年,各银行开展银企联谊,主动上门,为企业服务,吸纳对公存款。1997—1999年,企业经营困难,资金循环受阻,单位存款增长缓慢。

2000—2005年,通过扶植乡镇企业、集体农业经济组织发展,鼓励社会资金参加小水电开发等举措,单位存款余额迅速增长。2005年末,单位存款余额2.19亿元。其中,县信用联社1.12亿元,农业银行7096万元,建设银行3592万元。2009年后,衡茶吉铁路和炎睦、岳汝高速公路相继开工,建设资金注入当地银行,单位存款迅速增加。2012年,县人民政府开展“项目建设年”活动,加大招商引资力度,吸引大量域外资金流入。

2014年年末,单位存款达18.93亿元。其中,农村商业行11.2亿元,农业银行4.14亿元,工商银行5576万元,建设银行1.9亿元,邮政储蓄银行1.13亿元。

二、个人储蓄

民国28年(1939),湖南省银行酃县分理处始办储蓄业务。当年吸蓄1869元(法币,下同)。31 年底,储蓄余额 3400 元,占湖南省银行储蓄总额 0.03‰。37 年,因通货膨胀,储蓄业务停办。1950 年,县人民银行配合政府稳定市场物价,提高人民币信誉,先后开办活期储蓄、整存整取、折实保本保值和定额有奖储蓄业务,引导群众参储。当年有储户 372 户,年末储蓄余额 314 元。1953 年,储户发展到 22140 户,年末储蓄余额 3.07 万元。1957 年,年末储蓄余额增至 61.19 万元。

1958 年 5 月,开展“储蓄大跃进”活动。11 月,又开展“储蓄双周卫星”活动。在城镇设储蓄代办机构 40 处,将修建酃资公路款项及各单位食堂伙食费存款亦转作储蓄存款。1959 年底,个人储蓄余额 142.93 万元,城镇居民人均储蓄 268.2 元,农村居民人均储蓄 10.46 元。

1965 年 6 月,存款利率下调,存款额徘徊不前,全县年末储蓄余额 64.09 万元。1966 年,储蓄利息被看成“剥削”“滋生新生资产阶级的温床”。国家银行“存款自愿,取款自由,为储户保密”的原则遭到破坏。不少储户缩小存单面额,有的不愿存款,甚至不敢收取利息。1971 年,重申储蓄原则,恢复并增加储蓄种类,储蓄额增加。至 1978 年,年末储蓄余额 171.91 万元,为 1970 年的 3.11 倍。

改革开放后,城乡居民收入逐年增长。1979 年,个人储蓄升至 230 万元。1981 年,县农业银行组织 240 余名干部深入农村,宣传发动,上门揽储,仅一个季度,全县社员储蓄人均净增 8 元。1987 年起,国家加大资金投放,增加群众收入,并开展保值储蓄活动。银行竞相揽储,一系列有奖储蓄活动应运而生。1988 年末,储蓄余额增至 3522 万元。1989 年,国家紧缩银根,对储蓄种类、储蓄来源进行清理,制止变相提高储蓄利率。由于市场物价趋向平稳,个人储蓄仍呈上升态势,年末储蓄余额 5186 万元。1990 年末,个人储蓄余额 6469 万元,城镇人均储蓄 1987 元,农村人均 161 元;定期储蓄占 79.4%,活期 20.6%。

1994 年,银行普遍开办代发工资、工资转存等业务,同时实行储蓄目标管理承包责任制等激励机制,举办“月月乐”“连环发”等有奖储蓄活动,并且通过延长服务时间、走出柜台上门服务,提高服务质量和服务水平,全方位吸引存款。到 1995 年末,个人储蓄余额 2.09 亿元。其中,县农业银行 5388 万元、县建设银行 1816 万元、县信用联社 9560 万元、县工商银行 2858 万元、县中国银行 1263 万元。

1999 年,开征利息所得税,连续 7 次下调利率,银行虽采取多种措施,吸纳存款,存款余额仍增长缓慢。2000 年,银行充分利用电子汇兑、银行卡等优势,努力创造安全、快捷、方便的金融服务,积极主动抢占市场,力保全县存款余额稳中有增。年末个人储蓄余额 3.3 亿元,其中,县农业银行 8644 万元,县建设银行 4962 万元,县信用联社 1.94 亿元。

2004 年 1 月,县农村商业银行在全县开展“富民兴县储蓄存款宣传月”活动,县委、县政府组织 50 多个单位召开组织资金座谈会,动员各单位支持信用社组织资金工作,累计吸收存款 1600 万元。

2014 年,各银行实行存款净增工效挂钩考核与奖罚制度,建立便民服务机制,合理增设服务网点,加强网上银行建设,大力推广使用 ATM(自助取款机)、CDM(自助存款机)、CRS

（存取款一体机）和 POS 机（销售网点终端，又叫刷卡机），为客户提供方便、快捷、安全服务。年末个人储蓄余额 35.65 亿元。其中，县农村商业银行 23.78 亿元，县农业银行 6.2 亿元，县工商银行 4642 万元，县建设银行 2.76 亿元，县邮政储蓄银行 2.45 亿元。

1950—1990 年鄠县机关、企事业单位存款与个人储蓄年末余额表

表 22-1　　单位：万元

年度	机关、企事业存款	个人储蓄	年度	机关、企事业存款	个人储蓄
1950	0.80	0.03	1971	404.00	67.18
1951	12.00	2.00	1972	319.00	76.03
1952	13.50	4.31	1973	466.00	86.29
1953	52.40	3.07	1974	509.00	99.88
1954	29.30	5.45	1975	838.00	103.01
1955	56.00	9.43	1976	506.00	114.61
1956	30.00	20.90	1977	534.00	129.91
1957	64.00	61.19	1978	846.00	171.91
1958	76.00	63.75	1979	1023.00	230.00
1959	146.00	142.93	1980	1602.00	367.00
1960	129.00	55.38	1981	1559.00	544.00
1961	345.00	44.25	1982	1894.00	779.00
1962	293.00	37.90	1983	1908.00	986.00
1963	233.00	35.89	1984	2469.00	1231.00
1964	255.00	48.53	1985	3589.00	2025.00
1965	254.00	64.09	1986	4105.00	2658.00
1966	285.00	64.15	1987	6478.00	3522.00
1967	246.00	63.54	1988	5590.00	4104.00
1968	310.00	53.63	1989	5406.00	5186.00
1969	337.00	51.86	1990	5854.00	6469.00
1970	380.00	55.27	—	—	—

1991—2014 年炎陵(酃)县存款年末余额统计表

表 22-2　　　　单位:万元

年份	农村商业银行		农业银行		建设银行		工商银行		中国银行		农业发展银行		邮政储蓄银行		合计	
	小计	其中个人	小计	其中个人	小计	其中个人	小计	其中个人	小计	其中个人	小计	其中个人	小计	其中个人	小计	其中个人
1991	4178	3104	7028	2863	704	151	3269	2393	—	—	—	—	—	—	15179	8511
1992	5777	4119	8080	3306	731	180	3817	2358	28	28	—	—	—	—	18433	9991
1993	7530	5757	9597	4138	1221	571	4364	2897	648	446	—	—	—	—	23360	13809
1994	10594	8385	11512	5095	1808	886	4601	3302	1163	860	—	—	—	—	29678	18528
1995	12176	9560	10358	5388	2894	1816	4361	2858	1700	1263	—	—	—	—	31489	20885
1996	14192	11553	7728	5921	3181	1952	5357	3343	2180	1639	—	—	—	—	32638	24408
1997	17040	14265	8868	6007	3877	2958	4911	3157	2073	1571	—	—	—	—	36769	27958
1998	18533	15782	7851	5218	3891	2950	5793	3614	2537	1959	—	—	—	—	38605	29523
1999	20463	17523	9164	5781	4102	3253	5157	3766	3557	2735	—	—	—	—	42443	33058
2000	22485	19363	11940	8644	6895	4962	—	—	—	—	—	—	—	—	41320	32969
2001	28348	24045	16785	11954	10295	6423	—	—	—	—	—	—	—	—	55428	42422
2002	33693	28598	20306	13045	10334	7456	—	—	—	—	—	—	—	—	64333	49099
2003	39858	32509	25574	16544	11979	7290	—	—	—	—	231	—	—	—	77642	56343
2004	45552	36405	29063	17832	11591	8265	—	—	—	—	323	—	—	—	86529	62502
2005	52398	41194	33458	20565	9759	6167	—	—	—	—	—	—	—	—	95615	67926
2006	63430	49614	30972	24078	18489	12011	—	—	—	—	—	—	—	—	11289	85703
2007	73979	59060	36384	27331	16385	12308	—	—	—	—	—	—	—	—	126748	98699
2008	96566	74872	45793	32629	25267	14664	—	—	—	—	—	—	8214	8212	175840	130377
2009	12213	91276	58116	39042	35402	18100	—	—	—	—	—	—	12700	9915	228434	159198
2010	154043	120113	69370	47076	49504	21327	—	—	—	—	—	—	20127	11700	293044	200216
2011	202148	146330	80605	50510	51594	23679	—	—	—	—	—	—	27800	14100	362147	234619
2012	240507	170097	92395	56363	55959	28507	6862	2503	—	—	—	—	28700	18000	424423	275470
2013	301489	205017	124496	60888	59751	29851	8900	3922	—	—	—	—	27500	—	522136	321778
2014	350208	237830	103632	61949	46619	27624	10218	4642	—	—	—	—	35831	24496	546508	356541

第四节 贷 款

一、湖南省银行酃县办事处贷款

民国28年(1939),发放利率9‰的工商贷款、6‰的活期贷款、12‰的质押定期(一年)贷款。至37年,累计发放贷款1.52亿元(法币,下同)。民国29年,向农村发放农业贷款6.82万元。至33年,累计发放农业贷款315.08万元。

二、县人民银行贷款

农业贷款 1950年,以恢复农业生产为目的,县人民银行向贫苦农民发放农业贷款5.44万元。1952年,土地改革基本完成,农民分得土地,生产积极性空前高涨。全年发放农业贷款8.76万元。全县粮食播种面积达19.29万亩,产粮3251万公斤,比上年增加1056万公斤。1950—1952年,累计发放农业贷款14.88万元。

1953年,农业贷款持续增长,全年发放15.47万元。利用贷款,兴修和恢复山塘22口,水坝11座,河堤14条,水圳28条;帮助农户购买耕牛62头,大小农具5105件,肥料7.08万公斤;发展生猪1637头。1.47万户(占农户总数53.8%)缺乏生产资料的农户、500户生活有困难的农户得到帮助。

1956年,农业合作化进入高潮,农业贷款大幅增长,全年发放贷款49.53万元。其中,贫农合作基金贷款14.17万元,农业生产资料贷款27.27万元。1956—1957年,发放水利贷款8.98万元,兴建炎山水库、西山水圳和陈家垄水库。

"大跃进"期间(1958—1960年),贷款失控,3年中发放贷款389.19万元。1962年,执行《银行工作六条》关于"当年平衡,略有回笼"规定,收回1958年以来银行工作下放的一些权力,相对控制贷款规模,全年发放贷款78.98万元。1963年,酃县遭受100年来未有的特大旱灾。银行响应县委"联合抗旱"号召,发放救灾贷款65.3万元(其中灾情最严重的三河公社河光、天坪、新田3个大队2.43万元),帮助公社、生产队添置抽水机46部,龙骨车596部,架设筒车246架;新开水圳1600多条,开辟水源2.8万多处,建筑水坝1.5万多座。年末全县粮食总产量3671万公斤,比上年仅减产4%左右。

1966年,发放财政委托款42万元、农贷款5万元,兴建小水电工程40余处。因忽视工程质量,致使27处报废,仅收回3万余元农贷款。

1970年,奉上级指示,免除农村社队与贫下中农1961年以前所欠4项贷款(农业贷款、预购定金、赊销款、预付款)53.50万元,占农村同期贷款29.9%。

1978年,县内再度兴起小水电建设高潮。至1980年,全县发放贷款236.79万元,支持9个乡镇建小水电站62座。1979年起,与县农业银行共同发放农业贷款,并向乡镇企业倾斜,当年发放设备贷款21万元,支持河西公社兴建水泥厂。

1982年,农业贷款转向支持农业承包户、专业户、重点户,促进农村商品生产。次年,全县发放三项支农贷款235.95万元,其中生产费用贷款40.26万元。1984年,农业贷款255.7万元,年末余额184.17万元。

1950—1984年酃县人民银行部分年份农业贷款统计表

表22-3　　单位:万元

年度	农户贷款		社队集体贷款		乡镇企业贷款		对信用社贷款	
	发放	余额	发放	余额	发放	余额	发放	余额
1950	5.44	0.90	—	—	—	—	—	—
1956	12.29	5.60	17.22	2.13	—	—	20.02	11.22
1965	—	5.97	27.01	31.23	—	0.25	2.00	0.70
1978	—	—	107.46	51.26	22.48	39.57	—	—
1980	—	—	107.81	37.62	128.98	116.74	—	—
1982	103.31	7.62	10.85	18.07	62.47	116.26	—	—
1984	78.55	50.46	0.25	10.73	108.90	122.98	68.00	—

说明:1979年起,农业贷款含县农业银行贷款

工业贷款　1950年,县人民银行对国营工业企业发放贷款1.3万元,购入县内第一台发电机、碾米机。1952—1957年累计发放贷款21.11万元。其中,国营工业贷款15.36万元,集体工业贷款5.75万元。先后兴建电力、农具加工、水泥生产、采矿、印刷等一批工业企业。1958年大办工业,大炼钢铁,盲目兴办一批工厂。由于片面强调充分供应,忽视监督管理,对企业实行全额信贷,当年发放贷款101万元。1960年达418万元。1962年,加强流动资金管理,开展"两清"(清资金、清物资)工作,全县清出企业亏损及不合理资金占用54.2万元,积压待处理物资6.3万元。银行贷款逐年下降,1965年降至132万元。

"文化大革命"期间,银行行之有效的规章制度被视为"管、卡、压",1970—1976年连续7年将银行结算报表中贷款发生额取消。1973—1978年,支持"五小"工业发展,发放贷款9435万元,建成铁厂、造纸厂、水口电站、氮肥厂等一批骨干企业。

1979年,实行"区别对待、择优扶持"信贷原则,将全县24个有贷户工业企业划分为三类,第一类(5个)优先提供信贷,第二类(12个)合理提供,第三类(7个)从严控制,当年发放贷款154万元。1983年,银行开始发放短期设备贷款,归还期限1—3年,经济效益明显增加。1984年,全县工业贷款844万元,其中,国营工业贷款424万元,物资企业贷款193万元,集体工业贷款108万元,设备贷款40万元,技术改造贷款79万元。

1950—1984 年鄠县人民银行部分年份工业贷款统计表

表 22-4 单位:万元

年度	合计	其中				
		工业贷款	物资贷款	集体工业	设备贷款	技术改造贷款
1950	1.3	1.3	—	—	—	—
1956	5.6	2.7	—	2.9	—	—
1965	132	62	69	1	—	—
1978	624	94	506	24	—	—
1980	525	242	150	95	—	38
1982	530	195	208	85	—	42
1984	844	424	193	108	40	79

商业贷款 1950 年,县人民银行发放商业贷款 2 万元,支持私营恢复经营。1951 年 11 月,发放 1.6 万元贷款,协助国营商业筹办首届物资交流会。同时发放 9500 元贷款,扶持小商小贩。1953 年商业贷款增至 52 万元。1954 年,为完成粮食收购,稳定粮食市场,发放粮食贷款 35.4 万元。1955 年,粮食贷款 174 万元,占商业贷款总额 49.29%。1956 年,完成私营企业社会主义改造,国营商业公司相继成立,商业机构增多,资金需求量剧增。年底,粮食、商业、供销 3 项贷款 909 万元,占商业贷款总额 99.45%。1957 年,商业贷款分为农副产品采购、商品流转、预购定金、临时贷款、特种贷款 5 种。当年发放农副产品采购和商品流转贷款 789.9 万元,预购定金 10 万元,占年贷款总额 75.82%。

1958 年,收购大量不适销和质次价高商品,造成贷款激增,当年商业贷款 1364 万元,比上年增长 29.3%。1959 年,鄠茶并县,商业机构锐减,加之农业歉收,农副产品采购量减少,当年商业贷款降至 713 万元。1961 年 6 月,恢复鄠县建制,是年商业贷款 1124 万元。1962 年增至 1700 万元。1963 年后,商业贷款重点支援农业生产发展,扩大 3 类农副产品收购。1965 年,全县发放商业贷款 1954 万元。其中,国营商业贷款 692 万元,供销社商业贷款 749 万元,粮食收购贷款 513 万元。

"文化大革命"期间,贷款发放与商品销售比例失调,企业商品长期积压,贷款效益降低。1979 年,商业贷款以企业信誉为条件,采取"区别对待、择优扶植"办法,发放贷款 7511 万元,信贷资金效益提高。1980 年,商业贷款从对象、条件、期限到额度等均放宽政策,积极发放第三产业贷款,增设中短期设备贷款和小型技术措施贷款,当年发放 7591 万元。1981 年,银行实行"以销定贷"信贷原则,协助商业企业处理质次价高、残损变质、冷背呆滞商品。发放贷款 8747 万元。1984 年,全县商业贷款 9399 万元。其中,国营商业贷款 3751 万元,供销部门贷款 2622 万元,粮食部门贷款 2298 万元,外贸部门贷款 246 万元,其他贷款 482 万元。

1950—1984 年酃县人民银行部分年份商业贷款统计表

表 22-5　　单位:万元

年度	合计	其中					
		商业	供销	粮食	外贸	预购定金	其他
1950	2	2	—	—	—	—	—
1956	909	311	423	175	—	—	—
1965	1954	692	749	513	—	—	—
1978	5879	1938	2589	1102	56	18	176
1980	7591	2808	2827	1563	148	—	245
1982	9676	3488	2757	2967	174	—	290
1984	9399	3751	2622	2298	246	—	482

三、县农业银行贷款

1955—1966 年,县农业银行贷款量极少。1979—1984 年,农业贷款由县农业银行与县人民银行共同发放。

1985 年 1 月起，县农业银行全面接手县内农业贷款，当年发放生产设备贷款 82.01 万元,购回汽车 34 辆,农用车 45 辆,拖拉机 13 台。同年,开始发放林业开发性贷款,当年发放 40 万元,翌年又发放 93 万元,造林 5.83 万亩,中幼林抚育 7.75 万亩,育苗面积 396 亩,油茶林更新改造 4.4 万亩。至 1990 年,累计发放林业贷款 651.42 万元,更新改造林业基地 1440 万亩,发展经济林 22.5 万亩。同期累计发放社队(乡镇)企业贷款 3923.9 万元。城东纸厂、沔渡果品厂、塘田电石厂、河西电极糊厂、中村造纸厂、十都电站、坎坪良种场等一大批企业得以建设投产。累计发放小水电贷款 1072.43 万元,修建大小水电站 231 座,装机 271 台,总装机容量 3.2 万千瓦,年发电量 1.3 亿千瓦时;建成高低压输电线路 2012 公里,1 万伏配电变压器 304 台,容量 28711 千伏安。

1994 年,重点保障农业、乡镇企业、县办工业和供销、商业、粮食等部门资金运转以及农副产品收购。年末各项贷款余额 9894 万元。1995 年,坚持“四个倾斜”(向科技兴农和吨粮田建设、丘岗山地开发和综合经营、县办工业和乡镇企业、搞活市场和抑制通货膨胀倾斜)。全年累计发放支农贷款 9628 万元。其中,农资贷款 1210 万元,种子收购贷款 200 万元,制种贷款 50 万元,农田水利和中低产田改造贷款 158 万元,农机具贷款 50 万元,农户农业生产贷款 1485 万元,粮食收购贷款 1417 万元。年末各项贷款余额 7080 万元。

1996 年,以吨粮田、丘岗山地开发、支柱产业、科技示范户、乡镇企业、城乡商贸以及农业产业化调整为农业贷款重点，对县乡两级生资、种子、农机部门和农户发放贷款1580万元，购回化肥8607吨，农药30吨，农膜20吨，杂交种子24万公斤，农机具1865件。向林业、水果、药材、笋竹两用林、食用菌、养殖业等支柱产业发放贷款912万元。全年累计发放贷款9051万元。年末各项贷款余额7116万元，比年初净增36万元。

1998年，农业贷款投放确保农业、重点行业、重点企业、新的经济增长点等4个重点。1999年，农业贷款向农业产业化、优良产业和优良客户倾斜。2003年，发放贷款1200万元，支持炎陵一中改善办学条件，添置教学设施，申报省重点中学。

2005—2006年，重点扶持种、养、加工业和房地产开发。向360户农户和个体专业户发放贷款2670万元。先后向炎陵神风饲料有限公司投放扶贫贴息贷款200万元，完成技术改造和新产品开发。为九龙工业园重点企业炎陵精诚钨业有限责任公司提供扶贫贴息贷款500万元，用于扩大再生产。向776户购（建）房户投放贷款4178万元。其中，住房按揭贷款969万元，住房公积金委托贷款3209万元。2008年，按照“面向三农、服务三农”总体要求，以农户为重点，以惠农卡为载体，以农户小额贷款为推手，集中时间、人员、精力，走村串户，全力营销惠农卡和农户小额贷款。全年发放惠农卡1892张，农户小额贷款授信184户，授信金额243万元。累计发放各项贷款4209万元。年末贷款余额4078万元，剔除剥离不良贷款，净增813万元。

2012年，围绕“项目建设年”，加大信贷投入。向有关部门采集厂矿、企业、个体工商户、个私业主信息，精心筛选后，主动上门营销。全年发放法人贷款9宗1.16亿元，发放个人贷款404宗6591万元。年末各项贷款余额2.88亿元，比年初净增1.19亿元。

2014年年初，成立个贷团队，配备5名客户经理，上门服务，做成首个500万元个贷客户。全年累计发放贷款1.68亿元，年末贷款余额3.99亿元，比年初净增5605万元。

1991—2014年炎陵(酃)县农业银行贷款统计表

表22-6 单位：万元

年度	合计		农户贷款		农经组织贷款		农村工商业贷款		其他贷款	
	本年发放	年末余额	本年发放	年末余额	本年发放	年末余额	本年发放	年末余额	本年发放	年末余额
1991	12637	6442	244	1007	2287	2080	9527	3212	579	143
1992	14152	7240	422	1180	2885	2133	10790	3758	55	169
1993	8161	7974	430	1388	528	2297	7083	4259	120	30
1994	9928	9894	521	1161	387	1007	6180	4483	2840	3243
1995	9628	7080	635	1337	720	1403	8213	4172	60	168
1996	9051	7116	831	1451	1720	2198	6420	3417	80	50
1997	10457	7390	925	1457	1430	2181	8102	3752	0	0

续表 22-6

年度	合计		农户贷款		农经组织贷款		农村工商业贷款		其他贷款	
	本年发放	年末余额	本年发放	年末余额	本年发放	年末余额	本年发放	年末余额	本年发放	年末余额
1998	7865	7228	2920	2457	2100	2219	2720	2506	125	46
1999	6998	7095	2850	2690	3020	2560	1018	1789	110	56
2000	4468	4566	980	1748	2860	2390	628	428	0	0
2001	6320	5131	760	1030	2110	1870	3450	2231	0	0
2002	5460	5148	1390	1290	1230	1690	2840	2168	0	0
2003	4505	5077	975	1354	1420	1784	2110	1939	0	0
2004	5701	5120	1125	833	0	0	0	0	4576	4287
2005	5260	5255	1280	967	0	0	0	0	3980	4288
2006	6640	7349	1680	1160	0	0	0	0	4960	6189
2007	7300	9747	1580	1392	0	0	0	0	5720	8355
2008	2788	4078	39	552	270	270	1000	1000	1479	2256
2009	8825	11581	1940	1014	550	550	530	530	5805	9487
2010	7393	14345	1350	1340	1000	1000	450	450	4593	11555
2011	9419	16843	2915	2621	800	800	400	400	5304	13022
2012	18436	28785	3578	3405	450	450	0	0	14408	24930
2013	13421	34333	4337	3933	660	660	1010	1010	7414	28730
2014	16803	39938	3832	3264	2550	2550	300	300	10121	33824

四、县建设银行贷款

1949年以前，无基本建设贷款。1950—1979年7月，县内基本建设由国家财政部门按计划无偿投资。

1979年8月起，基本建设投资实行“拨改贷”，贷款期限根据不同的建设项目，短的3年，长的10年。当年，中国人民建设银行酃县办事处由事业单位改为企业单位，开始办理全县基本建设项目投资及结算监督等业务工作。1980年，接管建筑业流动资金存贷业务，发放临时周转贷款。利用存款，首次发放基本建设贷款6万元。

1983年1月，建行酃县办事处改为支行，业务逐步拓宽。1984年，为4个国家预算单位建设项目、2个自筹基建项目发放贷款51万元。1985年起，建筑业流动资金全部由拨款改为贷款，分别按定额内和超定额两种形式发放，实行单位担保制度。给12家申请贷款的施工企业和建筑材料、物资供销企业发放流动资金贷款176万元，解决企业资金周转困难。当年县支行组建专门班子，加强对国家拨改贷项目的投资管理。对国家批准的重点工程——筷子篓水电站基本建设计划，按财政预算和工程进度供应资金，实行事前和事后监督。至电站建成投产，累计发放国家预算内基建贷款330万元，利息贷款30万元，占电站工程总投资34.3%。1986年，先后3次向县外贸公司发放贷款60万元，改扩清水笋厂，改进生产工艺，提高产品质量。

1988年，调整信贷结构，控制投资规模，实行“保重点，压一般”的信贷原则，重点支持小水电工业发展。先后发放信托贷款150万元，支持酃县铁合金一厂改造工程，上酃铁合金厂新建工程，水口至深坑输变电工程。同时积极回笼停、缓建工程贷款。是年，全县贷款降至309万元。1990年，全面清理信贷资产，发现仅有20万元固定资产的神农油脂厂，积压近70吨山苍子油产品，价值60多万元，企业负债102万元，资不抵债。县建设银行及时提出归还贷款计划和处理积压产品建议，促使该厂年内销售积压产品，回收贷款35万元。当年县内继续紧缩信贷，压缩投资规模，全年仅发放贷款93万元。

1991—2000年，重点支持建筑、建材、工商、房地产开发等行业和个人住房贷款。首开个人住房按揭贷款业务。以低利率个人住房贷款支持县一中、中医院、供电公司集资建房。2001年，发放贷款2672万元支持县农村电网改造。2002年，发放贷款600万元，开发县城湘山南路和湘山小区。

2003年，向县土地储备中心发放贷款400万元，购买县绿银集团家具公司和县隆吉包装公司土地；向县华兴实业有限公司发放贷款6000万元，开发小水电。至2005年末，共发放小水电建设贷款2.56亿元。2008年，炎陵县遭受特大冰灾，小水电企业多数未能按期履约还款，影响县建设银行在县内信贷业务。

2009—2013年，衡炎、炎陵、炎睦、炎汝高速公路相继开工建设，县建设银行累计发放贷款1.96亿元，支持高速公路建设。2014年年末，各项贷款余额2.97亿元。当年回收贷款6590万元，存贷比59.6%。

1980—1990年酃县建设银行基本建设贷款统计表

表22-7

单位：万元

年度	合计		基本建设贷款		其中：拨改贷		流动资金贷款	
	发放数	年末余额	发放数	年末余额	发放数	年末余额	发放数	年末余额
1980	6	6	6	6	—	—	—	—
1981	27	13	27	13	—	—	—	—
1982	32	23	32	23	—	—	—	—
1984	51	51	51	51	—	—	—	—
1985	311	192	135	145	76	120	176	47

续表 22-7

年度	合计		基本建设贷款		其中:拨改贷		流动资金贷款	
	发放数	年末余额	发放数	年末余额	发放数	年末余额	发放数	年末余额
1986	272	360	228	331	170	290	44	29
1987	363	491	294	457	133	423	69	34
1988	309	654	200	587	80	503	109	67
1989	213	662	125	578	—	478	88	84
1990	93	680	35	605	—	478	58	75
合计	1696	3153	1152	2817	459	2292	544	336

1990—2014 年炎陵(酃)县建设银行贷款及现金投放回笼统计表

表 22-8

单位:万元

年度	贷款余额	现金投放	现金回笼	房信部贷款余额
1990	625.5	764	428	—
1991	745.9	1297	1286	—
1992	747	3158	3128	—
1993	863	27683	2808	—
1994	792	4047	4048	—
1995	1149	6047	6210	343
1996	1149	6062	5947	362
1997	2715	12209	12157	471
1998	2831	16079	16052	328
1999	1074	11785	12318	448
2000	946	2400	2075	460
2001	3511	29579	28280	648
2002	4252	3597	4116	947
2003	8247	34418	44230	—
2004	8337	4034	5832	—
2005	25651	28039	90578	—
2006	27885	6435	14015	—
2007	27500	47077	113324	—
2008	26899	8794	14600	—
2009	29349	101715	135076	—
2010	27504	17230	17153	—
2011	25788	148238	140821	—
2012	38384	19466	23497	—
2013	35892	171674	187155	—
2014	29692	16226	20134	—

五、县工商银行贷款

1985年1月，县人民银行撤销，成立县工商银行。至1999年10月，县工商企业贷款业务主要由工商银行承担。

商业贷款 1985年，根据国家宏观调控政策，压缩商业贷款。当年，商业贷款4915万元。1986年，开展“支、帮、促”活动，提高商业企业资金使用效益，全年累计发放贷款3556万元，实现利润110万元，比上年增长42.9%。

1988年物价上涨，贷款增加。至8月止，发放各种贷款7332万元。10月，银行除保证农副产品和出口产品收购，适销对路工业品生产和国家计划内重点项目资金外，停止其他贷款发放。当年商业贷款高达8441万元。1989年，银行实行“控制总量、调整结构、保证重点、压缩一般、适时调节”信贷方针。将商业企业划分为4类，对第一、二类企业贷款实行倾斜政策，严格控制第三、四类企业贷款，全年发放贷款1.12亿元。收回风险贷款及不合理贷款400万元，协助企业挖掘物资潜力413万元，有效地缓和了资金供求矛盾。同时，为商业企业办理贷款担保及抵押业务，首次在全县开展信用评估活动，县木材公司、石油公司、五金交电化工公司评为特级信用企业。

1990年，继续实行紧缩信贷方针，全县商业贷款累计发放1.09亿元。其中，国营商业贷款1696万元，供销社贷款4462万元，粮食贷款4285万元，外贸贷款149万元，医药贷款249万元，个体商业贷款2万元，其他商业贷款84万元。

1991年，为促进商品购销业务，确定百货商场、五交化公司、纺织品公司等企业为“支、帮、促”联系点，组织小分队深入企业进行调研和帮助工作，加大资金投入，促使商业企业实现销售1325万元，盈利42万元。

1992—1996年，累计发放贷款6120万元，重点支持烟草、石油、物资、百货商场等国有商业企业，扶持纳税大户。1997年，按照择重取优原则，调整和优化信贷结构。主要投向烟草、石油、新华书店、百货商场等经营效益好的企业与行业。至1999年，累计发放商业贷款6793万元，比前6年增长11%。1999年10月，因机构撤并，业务停止。

2012年1月17日，县工商银行恢复对外营业，至2014年，累计发放个人贷款5864万元，重点支持炎陵和一公馆商住房建设和个人商住房按揭贷款。2014年年末贷款余额7901万元，比2012年增加1218万元。

工业贷款 1985年1—6月，县工商银行向工业企业发放中短期设备贷款135万元，小型技术措施设备贷款79.4万元，大修理基金贷款15.5万元，支持63项新工艺、新技术、新产品开发。1986年，发放集体工业贷款275万元。1988年，开始发放科技贷款，当年发放技术改造贷款755万元，其中科技贷款239万元。全年工业贷款3688万元，创历史最高纪录。

1989年，增加重点项目工业流动资金贷款，协助企业积极推销产品，清理“三角债”。清出应收货款579万元，应付货款351万元，挤占挪用贷款198万元，超储积压产品价值397

万元,私人拖欠公款 26 万元。年底收回拖欠货款 585 万元,处理积压产品及物资 253 万元,处理挤占挪用 5 万元,收回风险贷款 40.1 万元,私人拖欠公款 15 万元。全年工业贷款降至 2036 万元。1990 年,继续执行紧缩银根方针,工业贷款 2114 万元。其中,工业生产贷款1035 万元,工业供销贷款 215 万元,物资供销贷款 232 万元,集体工业贷款 371 万元,科技贷款 167 万元,技术改造贷款 94 万元。

1991—1994 年,支持开发板式家具、竹木胶合板、玻璃纤维、电力瓷分离环等项目 22 个,累计发放贷款 8000 余万元。1995—1996 年,发放工业贷款 118 万元,新增贷款 71 万元,支持绿银集团公司组建和经营。发放科技开发贷款 700 万元,支持县邮电通信建设。

1997—1999 年,县内工业企业因规模小、科技含量低、盈利能力差,难以达到银行信贷支持条件。工业贷款余额呈逐年下降趋势,1999 年末,工业贷款余额 1121 万元,比 1990 年减少 896 万元。2012—2014 年,贷款主要投向利用本地资源优势,从事木材深加工企业江陵木业和涉农企业福来喜鹅业。3 年分别累计发放贷款 5600 万元和 4800 万元,占公司累计新增贷款的 73%。

2014 年年末,累计发放贷款 1.35 亿元,贷款余额 4851 万元,比 2012 年增加 851 万元,年均递增 10.3%。

1990—2014 年炎陵(酃)县工商银行部分年份各项贷款年末余额表

表 22-9　　单位:万元

年　度	各项贷款余额	其　中				
		工　业	商　业	其　他	公　司	个　人
1990	3237	2017	1118	102	—	—
1991	3678	2244	1324	110	—	—
1992	4277	2661	1375	241	—	—
1993	4482	3034	1213	235	—	—
1994	4672	3177	1265	230	—	—
1995	4262	2701	1185	376	—	—
1996	4722	3148	1063	511	—	—
1997	4253	2706	1045	502	—	—
1998	3702	2251	967	484	—	—
1999	2112	1121	725	266	—	—
2012	6683	—	—	—	4000	2683
2013	9564	—	—	—	4600	4964
2014	7901	—	—	—	4851	3050

六、县中国银行贷款

县中国银行贷款重点是支持出口创汇。1993—1994年，向县外贸公司累计发放贷款385万元，贷款余额163万元。1994年，县外贸公司生产清水笋580吨，产品销售额380万元，创利税19万元。1995年，继续对县外贸公司贷款106万元，当年生产清水笋1200吨，销售额655万元，获利税40万元，创历史最好水平。

七、县农业发展银行贷款

1994年，中国农业发展银行业务专柜发放粮食专储、收购、调销贷款2253万元。1995年发放粮食收购贷款1417万元。

1997年，中国农业发展银行炎陵业务组接管粮油购销流动资金存贷业务，当年各项贷款余额5297万元，比年初净增投放1470万元，增长38.4%。其中，粮油收购贷款4856万元，占贷款总额91.6%。笋竹林贷款330万元，改造林地1万亩，高标准垦复6000余亩。恢复水毁工程贷款130万元，修复河东渠道。

1998年，全面推行“一基三专”管理办法，全县14个粮油收储企业设基本存款账户、财务资金专户、收购资金专户、应收利息资金专户。建立粮棉油购、储、销、存管理台账，规范政策性资金管理方式。全年累计发放贷款998万元，年末贷款余额5456万元。其中，粮食收购贷款5362万元，收购原粮8479吨，新增库存值995.4万元，资金回笼406.6万元。

2000年，累计发放贷款1343万元，企业收购原粮1488万公斤，新增库存值1343万元。累计销售原粮2325万公斤，销售收入2257万元，回笼货款2257万元，归行2257万元。粮油收购资金封闭运行落到实处，实现“收一斤粮，贷一斤粮款；销一斤粮，收回一斤粮所占用的贷款本息”。年末各项贷款余额3949万元，其中粮油库存占用贷款2835万元。

2002年，保护价粮收购按照“收多少粮，贷多少款”原则，非保护价粮收购按照“以销定贷，以效定贷”原则供应贷款。全年发放贷款31万元，收购原粮31万公斤，促销老粮1696万公斤。粮油收购资金封闭运行持续良好，新增库存值与新放贷款比率100%，销售贷款回笼归行率100%，回笼贷款收贷率100%，贷款利息收回率100%。

2003—2004年，国家农业、粮食等经济政策进一步开放，市场调节粮食供求关系能力越来越强。炎陵县未列入国家级粮食主产区，国粮储备任务越来越小。2003年，各项贷款余额2024万元，同比减少670万元。2004年，各项贷款余额减至2001万元。

八、县农村商业银行贷款

1952年6月，草坪乡信用合作社发放社员贷款2800元，帮助农民解决生活困难，同时打击了高利贷活动。至 1954 年,信用社发放社员贷款 8.4 万元,相当于国家银行同年农业贷款的 39%。

1956 年,贷款重点转向农业生产合作社。当年发放贷款 32.2 万元,其中集体贷款占 57.1%,个人贷款占 42.9%。1958 年,信用社盲目发放贷款,当年发放集体贷款 166.8 万元,社员贷款 26.2 万元,发放总额为前 6 年的 3.3 倍。年底仅收回集体贷款 28.3 万元,社员贷款未收回分文。1961 年,滥放贷款之风被刹住。1962 年,信用社贷款压缩至 12 万元。

1965 年,信用社发放扶贫贷款 8.5 万元,帮助贫困社员 895 户添置农具,购买口粮,治疗疾病。当年累计发放贷款 38 万元,集体、个人贷款各占 50%。

1966 年,信用社改由公社、大队两级管理,两级核算,业务几乎停顿。1968 年,发放贷款 13 万元,亏损 4.4 万元。1971 年,机构重建,人员收回,发放贷款 33 万元,信用社净盈利 1 万元。1978 年,发放贷款 209 万元,其中集体占 97.6%。

1982 年,贷款重点转向农村专业户,当年发放贷款 350.52 万元,集体占 15.2%,专业户占 84.8%。1983 年,发放贷款 645.39 万元,专业户占 95.8%。1985 年,新入股社员 1731 户。全年发放各项贷款 617 万元,年末收回 615 万元。同时,向外拆放资金 29.5 万元。

1988 年,信用社推行经营承包责任制,发放贷款 1074.48 万元,比上年增加 193.97 万元,收回贷款 854 万元。1989 年,贯彻"紧中求活,活中求发展"方针,贷款额降至 730.19 万元。当年,县内完善双层经营责任制,集体经济得到一定发展,集体贷款所占比例回升到 44.72%。1990 年,发放贷款 1308 万元。其中,农户贷款 699 万元,集体农业贷款 4 万元,乡镇企业贷款 605 万元,分别占 53.44%、0.31%和 46.25%。农户和乡镇企业贷款大幅上升,集体农业贷款大幅下降。

1991—2000 年,累计发放贷款 5.98 亿元,年均贷款 5984.3 万元,比 1990 年前 10 年平均贷款增长 757.60%。信用社贷款成为支持县域经济发展的重要资金来源。2001—2005 年,重点支持全县小水电建设,累计发放贷款 9.14 亿元,年均贷款 1.83 亿元。至 2006 年,累计投放小水电贷款 1.96 亿元,建成小水电站 59 座,装机 150 台,装机容量 9.35 万千瓦,小水电贷款年末余额 1.35 亿元,占各项贷款余额 31.24%。2007—2009 年,农村信用社统一法人后,信贷投向与结构,信贷管理与服务逐步发生转变。3 年累计发放各项贷款 10.44 亿元,年均投放 3.48 亿元。主要支持小城镇开发建设、小水电、各类种养专业合作社、高效农业、私营企业和个体工商户以及九龙工业园纺织、稀有金属、冶炼等产业发展。

2014 年年末,农商行各项贷款余额 27.62 亿元,比成立前的 2009 年年末净增 19.86 亿元,贷款余额占全县金融机构贷款余额的 74%。

1991—2014年炎陵(酃)县农商行(信用社)贷款统计表

表22-10

单位:万元

年度	合计		农户贷款		农业经济组织贷款		农村工商业贷款		其他贷款	
	本年发放	年末余额	本年发放	年末余额	本年发放	年末余额	本年发放	年末余额	本年发放	年末余额
1991	2338	2005	1130	917	70	14	1138	1074	—	—
1992	2418	2805	1431	1259	51	47	936	1499	—	—
1993	4436	3841	2005	1704	16	37	2415	2100	—	—
1994	6414	5541	1766	1482	—	—	2911	2993	1737	1066
1995	5656	6540	1706	2639	—	—	1972	2595	1978	1306
1996	9066	8916	3446	2723	—	—	4121	4878	1499	1315
1997	9116	10730	4519	4198	—	—	3069	5125	1528	1407
1998	7780	11939	3453	3630	970	2067	2174	4957	1183	1285
1999	6397	12996	3563	4359	404	2143	1675	5190	755	1304
2000	6222	13226	3960	5364	793	2023	795	4846	674	993
2001	7230	14481	5256	7112	188	2037	1537	4592	249	740
2002	14300	20079	8601	10211	1072	2265	3287	6606	1340	997
2003	21127	28239	9818	13624	498	1825	8711	10318	2100	2472
2004	25535	37921	11234	15499	2373	2177	8757	16066	3171	4179
2005	23220	40084	9164	16117	540	2134	11115	17408	2401	4425
2006	20977	43276	10449	17675	191	2076	8129	19345	2208	4180
2007	22358	50382	10596	18369	616	1662	7972	24545	3174	5806
2008	29284	59337	9789	17818	979	1697	10461	29428	8055	10394
2009	52797	77583	28572	31741	45216	41821	-20287	20	-704	4001
2010	65901	96708	41531	46693	19556	44637	—	20	4814	5358
2011	75950	117204	56432	62319	9134	40661	9083	9053	1301	5171
2012	95182	157928	72932	94418	3270	32886	16531	24800	2449	5824
2013	190226	207718	138779	127950	4649	23013	35768	50015	11030	6740
2014	317644	276167	220043	165354	1682	12584	63381	84015	32538	14214

九、县邮政储蓄银行贷款

县邮政储蓄银行贷款面向农业、工商业和消费领域。

农业贷款　有农户联保贷款、农户保证贷款、商户联保贷款和商户保证贷款 4 个产品。2008 年，发放农业贷款 760.50 万元，年末贷款余额 752.09 万元。2014 年末，农业贷款余额 3420 万元。

工商贷款　针对工商企业资金需求“短、小、频、急”特点，推出房产抵押、设备抵押、经营权抵押、动产质押、转期贷、税贷通等 10 余种有地方特色的信贷产品，并设计了额度循环支用的贷款模式和灵活的还款方式，支持小微企业发展。华丰塑业有限公司、日东钨钼制品有限责任公司、时代新材料有限公司等炎陵县企业先后得到贷款扶持。2014 年年末，工商贷款余额 1.07 亿元。

消费贷款　种类有综合消费贷款、个人信用消费贷款、汽车消费贷款、网贷通等。2014 年年末，消费贷款余额 3049 万元。

第五节　结　算

一、结算原则

民国 28 年，湖南省银行酃县分理处通汇可达茶陵、衡山、湘潭、衡阳、长沙、耒阳、沅陵、宁乡等 8 个县市。36 年 9 月 1 日成立酃县银行，其结算原则为不问资金来源和用途，只要有足够现金交入银行就受理。

1950 年起，县人民银行对国家机关、企事业单位实行现金管理。规定所有企业、机关、事业单位，必须在银行开立存款账户，各项收入，必须当日存入银行，各项支出不得在收入款中坐支，必须通过银行办理转账结算。私营企业只能到国营单位购进商品。结算坚持钱货两清、维护双方权益、银行不予垫款三项原则。

随着计划经济向市场经济转型，企业之间经济往来允许赊销、预付货款。1989 年 4 月 1 日起，结算原则修正为“恪守信用，履约付款；谁的钱进谁的账，由谁支配；银行不垫款”。

1997 年 12 月 1 日与 2003 年 4 月 10 日中国人民银行分别发布《支付结算办法》《人民银行结算管理办法》，强调单位和个人办理支付结算必须遵守结算纪律。对票据签发、开立账户、银行支付、汇款办理、结算等作出制度性规定。

二、结算方式

现金结算　20 世纪 50 年代，银行（含信用社，下同）对农村集体，个人交售农副产品，采购生产资料大都采用现金结算。70 年代，对生产队出售农副产品，基本上通过转账结算。80

年代，农村实行联产承包责任制，各种经济体大量涌现，商品流通活跃，现金使用范围和额度扩大，现金结算仍为资金结算的主要形式。1988年9月《现金管理暂行条例》颁布后，单位大额现金支付受到限制。

转账结算 1953年3月，鄢县人民银行同城结算方式有四联结算收支凭证、转账支票、专用支票、一般支票。异地结算有信汇、票汇和电汇。1955年9月，照搬苏联国家银行结算制度，异地结算方式有托收承付、信用证、特种账户、汇兑（电汇、信汇）4种。同城结算方式有同城托收承付、付款委托书、计划结算、支票、限额支票5种。在具体操作中，由于采用复式凭证、多栏式日记账、双线核算，造成机械重复、凭证传递烦琐、降低工作效率等负面影响。到1958年，异地结算方式只保留汇兑、托收承付。同城结算方式只保留同城托收无承付、付款委托书、计划结算、支票。异地托收承付金额起点为50元，低于起点的用汇兑方式结算；同城结算金额起点为30元，低于起点的用现金结算。"文化大革命"期间，结算制度混乱。1973年1月起，全国统一实行托收承付、汇兑和信用证3种异地结算方式。1974年，县人民银行完善同城结算，有支票、转账存款单、付款委托书、同城托收无承付等4种方式。1976年9月，推行"农副产品结算""社队存折结算"和"城乡限额结算"等3种转账方式。1989年4月1日起，使用银行汇票、商业汇票（银行承兑汇票、商业承兑汇票），汇兑（信汇、电汇）和委托收款6种结算方式，逐步废除各种旧的结算方式。1990年4月，恢复办理"异地托收承付"结算业务。2010年后，国家银行作为支付结算和资金清算的中介机构，使用汇票、本票、支票和银行卡支付工具和汇兑、委托收款、托收承付等结算方式。

三、结算管理

1953年，国家实行粮食统购统销政策，为避免资金供应脱节，县人民银行在购粮付款中搭配不同期限的"购粮分期付款存条"。到1954年3月，共吸收粮食存款18.21万元，占购粮付款总额68%，减少了现金集中投放。

1955年7月1日起，根据中国人民银行结算放款暂行办法，将商业等企业在途结算资金，从信贷指标内划出，给予办理结算放款。当年共发放结算贷款262.1万元，弥补了流动资金贷款的不足，并给予结算贷款月息3‰的优惠。

1958年，县人民银行提出打破陈规旧制，改革信贷、结算办法，造成结算和账务严重混乱，短款和记账差错不断发生。1962年6月，恢复各项规章制度，并对辖内资金、账务、财产进行全面清理（简称"三清"）。至1963年1月，清出可报损资金3496.85元，盈溢可收账资金814.44元。1966年三清工作基本结束。1966年下半年开始，银行结算中履行监督职能，被认为是"管、卡、压"，以结算方式促进企业经济核算，提高效益被指责为"利润挂帅""物资刺激"，结算管理形同虚设。

1977年，县人民银行根据中国人民银行《账户管理办法》，对全县573个账户进行清理，合并多开账户32个，重新登记集体企业账户29个，处理不合规定和呆户账户127个。查处违纪账户 91 户，违纪金额 111.19 万元。1978 年，沿用“三清”办法，清理 1966 年以来结算过程中出现的账务混乱现象，结算秩序恢复正常。

1985 年 1 月，县人民银行撤销后，结算划归中国人民银行茶陵支行管理。

第二章　保　险

第一节　机　构

中国人民保险公司炎陵(酃县)支公司(以下简称县人民保险公司)　1950 年 9 月，中国人民保险公司衡阳支公司在酃县设立特约代理处。1952 年 7 月，撤销特约代理处，成立中国人民保险公司酃县支公司，隶属县人民政府财政科。办公地点设县企业公司内，有干部职员 20 名。下设王家渡、沔渡两处保险服务站，每站配备干部 2—3 名。1953 年改称酃县营业所。1955 年 10 月，酃县营业所并入茶陵县保险支公司，酃县保险业务停办。1981 年 6 月，成立中国人民保险公司酃县代理处，与酃县人民银行信贷股合署办公。1984 年 7 月，代理处升格为中国人民保险公司酃县支公司，设业务、计财、人秘 3 个股室。1986 年 2 月，增设人身保险股。当年末，在全县 17 个乡镇设立保险代办站。1986 年 12 月，公司迁入县城井冈东路办公楼。1994 年 4 月，随县名更名为中国人民保险公司炎陵县支公司。1995 年末，支公司内设财产保险、人身保险、计划财务、人事秘书 4 个科室，在编干部职工 15 名。1996 年 5 月，财产保险和人寿保险分设机构、分业经营。县人民保险公司分设为中保财产保险有限公司湖南省炎陵县支公司和中保人寿保险有限公司湖南省炎陵县支公司。

中国人民财产保险股份有限公司炎陵支公司（以下简称县财产保险公司）　1996 年 9 月，中保财产保险有限公司湖南省炎陵县支公司挂牌营业。内设综合、财产保险、运输工具保险 3 个科。有干部、职工 12 人。1999 年，更名为中国人民保险公司炎陵县支公司。2003 年 7 月，中保财产保险有限公司湖南省炎陵县支公司更名为中国人民财产保险股份有限公司炎陵支公司。2014 年末，内设综合、车险、非车险 3 科和理赔分部，有员工 18 人。

中国人寿炎陵县支公司(以下简称县人寿保险公司)　1996 年 5 月，中保人寿保险有限公司湖南省炎陵县支公司成立，内设业务、计财、综合 3 个科和营销部。有干部 5 人，专职保险员 18 人，兼职保险业务员 30 人。1999 年 4 月 30 日，更名中国人寿炎陵县支公司。

中国平安保险公司炎陵代办所(以下简称县平安保险公司)　1996 年 2 月设立，有员工 6 人。1998 年 8 月停办。

中华联合财产保险股份有限公司（以下简称县联合保险公司)　2007 年 4 月 9 日成立，2014 年年末，内设综合科、业务科、经理部。有员工 7 人。

新华人寿保险股份有限公司株洲中心支公司炎陵营销服务部（以下简称县新华保险公司） 2008年2月14日设立，有员工8人。2014年有员工10人。

泰康人寿保险有限责任公司湖南株洲炎陵营销服务部（以下简称县泰康保险公司） 2008年7月设立，内设营业部、续期收展部。有员工6人，编外业务人员15人。2014年，编外业务人员发展到30人。

长安责任险股份有限公司炎陵支公司（以下简称县长安保险公司） 2013年3月成立，内设综合、理赔、财务、业务等4个部。2014年，有员工8人，编外业务人员20人。

第二节　险　种

一、县人民保险公司

1950年，酃县保险业有货物运输保险、财产火灾保险、财产强制保险、耕牛保险、生猪保险、简易人身保险、意外伤害保险等7个险种。其中，生猪保险、简易人身保险、意外伤害保险展业不久即奉命停办，全部退保。其他4个险种，到1953年年底，基本歇业。

1981年6月，酃县保险业务恢复后，起初只有企业财产和货物运输保险2个险种。1982年，增设普通家庭财产保险、汽车保险等险种。1983年，汽车、拖拉机、摩托车及其他机动车辆保险统一更名为机动车辆保险。1984年，恢复人寿保险业务。1985年新发展机动车辆承运货物保险。1986年，增加个人养老年金保险，甲种简易人身保险和少儿两全保险。同年，采取"统一投保、统一交纳保险金、统一赔付"办法，开办森林火灾保险。凡保险面积之内的用材林，因火灾造成面积5亩以上的损失，由保险公司统一赔付，投保的森林每亩每年保险金额25元，交纳保险费0.2元。同年，在石洲乡石坝村试办耕牛保险，保险期1年，每头耕牛保险金额300元，交纳保险费18元。1987年，停办耕牛等零星承保业务。1988年，增办简易人身险统保。1989年，新办短期定额简易人寿保险业务和生猪保险。1990年，试办简易人身特约型保险。6月，开办村干部趸交养老保险业务，承保村干部达退休年龄可领取养老金。1992年，与计划生育服务配套，县保险公司与县计划生育协会设立中国人民保险公司酃县计划生育协会保险站，开展计生保险业务。同年，县人民政府与株洲市保险中心支公司签署酃县农村保险业务联合共保协议书，成立联合共保灾害风险基金委员会，开展农村保险业务。翌年，根据国家有关减轻农民负担的指示，停止执行农村保险业务联合共保协议。1993年，增开少儿两全保险和人身险附加公费住院医疗保险。1995年，新开甲鱼投毒保险。

1984年起，先后开办学生平安、五保户丧葬、机动车船驾驶员意外伤害、乘坐旅客意外伤害、企业骨干人身平安、人身意外伤害满期还本、家庭财产"两全"保险（家庭财产、保户储金）等险种。

1951—1990 年炎陵(酃)县人民保险公司部分年份各险种保费收入表

表 22-11　　单位:万元

年份	财产险	人身险	其他险	保户储金	合计
1951	36.67	—	—	—	36.67
1952	34.47	—	—	—	34.47
1953	9.23	—	—	—	9.23
1981	6.56	—	—	—	6.56
1982	6.37	—	—	—	6.37
1983	7.65	—	—	—	7.65
1984	12.25	2.39	0.08	0.09	14.81
1985	22.14	11.67	0.36	9.61	43.78
1986	41.73	23.82	1.75	7.33	74.63
1987	68.23	66.93	5.14	14.99	155.29
1988	77.46	82.96	4.84	6.22	171.48
1989	76.51	73.39	7.33	9.68	166.91
1990	64.36	93.26	9.95	4.53	172.10
合计	463.63	354.42	29.45	52.45	899.95

1951—1990 年酃县人民保险公司部分年份各险种赔款表

表 22-12　　单位:万元

年份	企业财产险	家财险	汽车拖拉机险	货运险	森林火灾险	耕牛险	生猪险	合计
1951	—	—	—	1.06	—	0.36	—	1.42
1952	—	—	—	5.48	—	—	—	5.48
1953	—	—	—	12.00	—	—	—	12.00
1982	0.53	—	0.14	—	—	—	—	0.67
1983	0.41	0.01	0.13	—	—	—	—	0.55
1984	4.02	0.12	5.23	—	—	—	—	9.37
1985	0.67	0.08	5.28	—	—	—	—	6.03
1986	2.47	0.09	10.93	0.23	4.10	—	—	17.82
1987	6.46	0.26	14.85	0.15	14.09	0.03	—	35.84
1988	3.06	0.18	34.97	0.79	11.48	—	—	50.48
1989	2.72	0.19	26.89	2.29	11.59	—	0.02	43.70
1990	4.50	0.46	46.86	1.69	9.32	—	0.03	62.86
合计	24.84	1.39	145.28	23.69	50.58	0.39	0.05	246.22

1991—1995 年炎陵(酃)县人民保险公司业务统计表

表 22-13　　　　单位:万元

年　度	保费(含储金收入)(万元)	其　中		共给付赔款(万元)	其　中		共给付各类赔案(个)	其　中	
		保费	储金		财险赔款	人险赔款		财险赔案	人险赔案
1991	190	86	104	72	43	29	275	181	94
1992	300.7	137.2	163.5	192.7	122.6	70.1	350	181	169
1993	428.7	178.7	250	293	121	172	851	321	530
1994	401	206	195	232	161	71	978	402	576
1995	423.8	365	58.8	229.3	114.0	115.3	884	420	464
合　计	1744.2	972.9	771.3	1019	561.6	457.4	3338	1505	1833

二、县财产保险公司

1996 年 5 月,开办的险种有:企业和单位团体财产保险、家庭财产保险、机动车辆保险、森林火灾保险、养殖业保险、货物运输保险和其他信用、责任保险等近 20 个。1997 年,新增工程责任保险、蔬菜保险、运输工具和财产保险中的其他附加保险等 10 余险种。1998 年,开办雇主责任保险及附加医疗险。2007 年起,陆续承保能繁母猪保险、水稻及油菜种植保险。2011 年,新开农房统保、景区责任险、环境污染责任险、建筑工程安全意外险、游客意外险等新险种。

2014 年,开办的险种有机动车险、非机动车险和农业保险三大类。机动车险中分机动车损失险、第三者责任险、车上人员责任险、全车盗抢险 4 个主要险种和玻璃单独破碎、自燃损失、新增设备损失、车上货物损失、车身划痕损失等 7 项附加险。非机动车险包括企业财产保险、家庭财产保险、责任意外险和货物运输险 4 个主要险种。其中,责任意外险项中分医疗责任、校园方责任、建筑工程安全责任、食品安全责任和团体意外、个人人身意外等多个险种。农业保险方面有种植业(水稻、油菜)、养殖业(能繁母猪、育肥猪、白鹅)、林业 3 个类别 6 个分项险种。其中,种养殖业保额是:能繁母猪每头缴交保费 60 元(农户自交 12 元,中央和省财政各补贴 30 元和 18 元),每头最高赔额 1000 元;水稻每亩保费 18 元(农户自交 4.5 元,中央、省财政分别补给 7.2 元、4.5 元,市、县财政各补给 0.9 元),每亩最高赔额 360 元;油菜每亩保费 9 元(农户自交 2.2 元,中央、省财政分别补给 3.6 元、2.2 元,市、县财政各补给 0.5 元),每亩最高赔额 150 元;育肥猪每头保费 30 元(农户自交 6 元,中央、省、县财政分别补助 15 元、3 元、6 元),每头最高赔额 500 元;白鹅每羽保费 2 元(农户自交 1 元,省、县财政分别补给 0.8 元、0.2 元),每羽最高赔额 50 元。

三、县人寿保险公司

1996 年 5 月设立。当年开办人寿保险、健康保险、意外伤害三大险种,包括新推出的附加健康医疗系列保险(住院医疗保险、少年儿童住院医疗保险、住院医疗补贴保险、意外伤害医疗金保险)险种 30 余个。其中,99 鸿福终身保险颇受欢迎。1997 年,开发险种 9 个,其中主险 7 个,附加险 2 个。1999 年,根据中国保险监督管理委员会条款,相继推出人寿保险、健康保险、意外伤害保险三大类 56 个新险种。其中,康宁终身、康宁定期、简易人身、独生子女、英才少儿、如意两全、福馨两全、个人养老、综合意外、学生平安、疾病住院、全家福、旅游意外保险等深受客户欢迎。2001 年 5 月,推出国寿千禧理财(分红型)保险。2002 年,新增鸿泰、鸿星、重大疾病 3 个分红型保险。至此,人寿保险商品实现由单一储蓄型向储蓄、保障、投资分红型商品转变,更大程度地满足不同层次的客户需求。2004 年,为配合县内小水电开发,推出团体人身意外伤害保险。2006 年,推出集储蓄、分红、保障于一体的国寿鸿鑫两全(分红型)险种,深受客户青睐。

2014 年,开办的险种有 8 类 90 种。定期返还类有国寿千禧理财两全保险(分红型)等 7 种;普通两全类有国寿鸿裕两全保险(分红型)等 13 种;寿险类有国寿祥福定期寿险等 8 种;年金类有国寿保险金转换年金保险等 14 种;健康险类有国寿附加关爱一生长期医疗保险、国寿附加瑞鑫提前给付重大疾病保险等 21 种;万能类有国寿瑞祥终身寿险(万能型)等 6 种;少儿类有国寿英才少儿两全保险等 7 种;短期险有国寿附加长久呵护意外伤害保险、国寿长久呵护住院定额给付医疗保险等 14 种。

四、县平安保险公司

1996—1998 年,在炎陵营业期间,开办的险种包括车辆保险、企业财产保险、学生平安保险、妇科癌险、少儿终身幸福险、平安长寿递增养老险、重大疾病险、平安康利险等财产保险、人寿保险等 18 个险种。

五、县联合保险公司

2007 年,仅受理车辆保险及意外险。2008 年,增加财产险。2011 年,增加责任险和农业险。2014 年,经营的险种有:机动车辆保险、企业财产保险、家庭财产保险、工程保险、船舶保险、货物运输保险、责任保险、信用保证保险、短期健康保险和意外伤害保险。

六、县新华保险公司

2008—2014 年,经营的险种有 3 类 57 种。其中,团体险 5 种,个体险 41 种,银行代理险 3 种,意外险 5 种,医疗险 3 种。

七、县泰康保险公司

2008—2014 年，经营的险种有：个人意外伤害保险、个人定期死亡保险、个人两全寿险、个人终身寿险、个人年金保险、个人短期健康保险、个人长期健康保险、团体意外伤害保险、团体定期寿险、团体终身保险、团体年金保险、团体短期健康保险等。

八、县长安保险公司

2013 年，进驻炎陵，以责任险为特色，主营车辆保险、一般性财产保险、信用保险、保证保险等。

第三节 保费收入和理赔

一、县财产保险公司

1951 年，共收保费 36.67 万元，付赔款 1.42 万元。此后，保费收入逐年下降，支付赔款额上升。1953 年，保费收入 9.23 万元，支付赔款 12 万元。当年 4 月 12 日，茶陵民船联运社至酃运粮，行至茶陵米渡乡河段，遭暴雨飓风沉船，损失稻谷 7331 公斤，损船 7 只，获保险赔款 1.2 万元。

1981 年，酃县恢复保险业务，当年收保费 6.56 万元。1982 年，保费收入 6.37 万元。处理赔案 11 起，支付赔款 0.67 万元。1984 年保费收入 12.25 万元，处理赔案 42 起，支付赔款 9.37 万元。1986 年，保费收入 41.73 万元，处理赔案 178 起，支付赔款 17.82 万元。其中处理森林火灾赔案 4 起，支付赔款 4.1 万元。1990 年保费收入 64.36 万元，处理赔案 196 起，支付赔款 62.86 万元，赔付率 97.67%。

1981—1990 年，企业财产保险签单 697 户（单位），收保险费 97.7 万元，决付赔案 108 起，给付赔款 24.84 万元，赔付率 25.4%。县化工厂 1984—1989 年间，先后发生 2 次火灾、1 次水灾，损失 11.3 万余元。共赔付 8.6 万元，是该厂 5 年所交保费的 3.5 倍。

1992 年 7 月，酃县遭遇洪灾，投保户 26 家企业、100 余户个人受灾，共获赔 50 余万元。1994 年，参保企业 53 家，居民 4804 户，汽车、拖拉机 1169 辆；森林火灾保险面积 65 万亩。1995 年，承保财产保险 123 宗（其中企业 42 个）；汽车 461 辆、拖拉机 468 台、摩托车 4 台；森林火灾保险面积 52.11 万亩。1991—1995 年，保费收入 972.9 万元，赔案 1505 起，赔款 561.6 万元，赔付率 57.72%。

1996 年 9 月，中保财产保险有限公司湖南省炎陵县支公司成立后，炎陵县连续 3 年遭受特大洪灾，决付赔案 300 余起，支付赔款额 160 余万元。1998 年 10 月 9 日深夜，县木材公司十都支公司储木场突发火灾，公司给予企业财产保险理赔 48 万元。

2007—2008 年，炎陵县连续发生"圣帕"台风、特大冰灾、水灾，共赔付受灾企业 780 万元。其中，因"圣帕"赔付 135 万元，特大冰灾赔付 545 万元，水灾赔付近 100 万元。

2010 年，车险业务发展较快，当年承保大小车辆险 6870 宗，保费收入 648 万元，同比增长 13%。完成保费收入 1210 万元，承担风险保障 23.99 亿元，代扣代缴车船税 51 万元。2012 年，保费收入 1556.3 万元。当年水稻大面积发生稻瘟病，支付农业各项保险赔款 285 万元。

2014 年，完成保费收入 1891.57 万余元。其中，车险收入 1147.9 万元，企业财产险 136.3 万元，家庭财产险 77.8 万元，货运险 4.5 万元，责任险 131.3 万元，意外险 3.1 万元，健康险 7.4 万元，涉农保险 353.2 万元（水稻保险 13.7 万亩，保费收入 219 万余元；油菜保险 1.12 万亩，保费收入 10 万余元；能繁母猪 3306 头，保费收入 19.8 万元；育肥猪保险 3000 头，保费收入 9 万元；白鹅保险 6 万羽，保费收入 12 万元；用材林保险 50.36 万亩，保费收入 80.58 万元）。全年共支付赔款 863.7 万元。其中，车险 509 万元、企业财产险 46.5 万元、家庭财产险 21 万元、货运险 1.9 万元、责任险 131.3 万元、工程险 23 万元、意外险 0.9 万元、健康险 11.2 万元；涉农险 194.6 万元，赔付率 55.2%（水稻赔款 124.6 万元，赔付率 57%；油菜赔款 5.18 万元，能繁母猪赔款 22.9 万元，育肥猪赔款 2.94 万元，商品林赔款 31.8 万元，白鹅赔款 6.1 万元）。1996 年分业经营起至 2014 年，累计收入保险费 1.5 亿余元，累计给付保险赔款 9184.9 万元，总赔付率 61.05%。

1996—2014 年炎陵县财产保险公司业务统计表

表 22-14　　单位：万元

年份	收入	赔付	赔率（%）	年份	收入	赔付	赔率（%）
1996	196	210.6	107.45	2006	613	367.8	60.00
1997	311.1	126.2	40.57	2007	761	840	110.38
1998	271	285	105.17	2008	1141	1262	110.60
1999	310.8	98.1	31.56	2009	1110	737	66.4
2000	317	155	48.9	2010	1210	691	57.11
2001	342	163.5	47.8	2011	1247.9	673.8	53.99
2002	356	202	56.74	2012	1556.3	825.3	53.03
2003	420	300	71.43	2013	1824.3	896.9	49.16
2004	549	119	21.68	2014	1891.6	863.7	45.66
2005	618	368	59.55	—	—	—	—
—	—	—	—	合计	15046	9184.9	61.05

二、县人寿保险公司

1951 年，开办团体、简易人身保险和人身意外伤害保险。1953 年 10 月，执行有关决定，11 月限期全部退保，该项业务停办。

1984年，恢复人寿保险业务。当年承保344人，保险储金2.39万元。1986年，承保达8765人，保险储金23.82万元。处理赔案4起，支付赔款1.36万元。1988年，承保8478人，收保险储金82.96万元，处理赔案60起，支付赔款4.26万元。1990年，十都乡政府率先为全乡21个村60名村干部一次性趸交养老保险费5万余元。至年底，全县共承保村干部1163人，收保险储金28.82万元。当年，共收人身保险储金93.26万元。其中，参加集体职工养老人数2854人，储金1.95万元；个人养老年金2人，储金200元；趸交养老金1163人，储金28.82万元；甲种简易人身保险787人，储金11.67万元；简易人身统保73人，储金7.62万元；简易人身特约型保险754人，储金11.67万元；少儿两全储金1.21万元。处理赔案55起，支付赔款4.39万元，赔付率4.71%。

1981—1990年，人寿保险共承保31646人次，收保险费（储金）354.42万元，赔付金额18.7万元，赔付率5.3%。

1993年，参加人身险附加公费住院医疗保险的有机关、学校、厂矿企业等20个单位，近2000人。1995年，参加各类人身保险35954人，总保险金额2.9亿元。

1996年5月，参加99鸿福终身保险的人数1000余人，承保金额822万余元。参加附加健康医疗系列保险的有73个单位，3767人。当年处理各类赔案4573件，赔款（给付款）205万元。

1998年5月4日，沔渡镇泮坑村一村民为其父龙某购买一份20年期简易人身保险（1998年版，保险金2991元），附加意外伤害保险（保险金1000元）。12月10日，龙某意外受伤，经医治无效于26日死亡。28日，接案后核定属保险责任范围，根据保险条款，给付简易人身保险保险金2倍即5982元，附加险保险金1000元，共计6982元赔款。

1999年起，对1996年以来投保99鸿福终身保险客户，陆续履行生存金给付责任，当年给付生存金92人8.7万元。全年赔付案1486起，赔付额154万元。县供电公司苏某1998年为其女投保99鸿运型保险1份，交费514元。苏某于1999年8月20日遇害。公司依照保险条款，核定该保单予以免交保险费8730元优待。同时，自2000年1月起向被保险人每年提供500元成长保险金直至21周岁。

2001年，国寿千禧理财（分红型）保险签约突破10万元。2002年，鸿泰、鸿星、重大疾病3个分红型保险实现销售365万元。全年，实现保费收入960.1万元。2004年，参加团体人身意外伤害保险的有400余人，保险金1200万元。2006年，集储蓄、分红、保障于一体的国寿鸿鑫两全（分红型）险种销量猛增。全年保费收入1380万元，比上年增长10.6%，其中国寿鸿鑫两全占40%。

2014年，保费收入4297万元，同比增长18.35%。其中，寿险新保单保费2222万元，期交新单保费644万元，短期保险保费228万元，续期保费1853万元。赔付总额1122.56万元。是年，先期购买国寿康宁终生重大疾病保险（2012版）的唐某意外身故。公司接案后，快速理赔，决付赔款15.5万元。

1996—2014年炎陵县人寿保险公司业务统计表

表22-15　　单位：万元

年份	收入	赔付	赔率(%)	年份	收入	赔付	赔率(%)
1996	360	0.53	0.15	2006	1127.34	332.45	29.49
1997	400	0.88	0.22	2007	1580.31	480.78	30.42
1998	480	0.69	0.14	2008	2559.7	381.83	14.92
1999	530	2.5	0.47	2009	3069.32	299.95	9.77
2000	428	5.9	1.38	2010	3248.46	323.21	9.95
2001	365	6	1.64	2011	3557.29	458.91	12.90
2002	466	7	1.50	2012	3672.09	656.39	17.88
2003	546.7	127.8	23.38	2013	3614.06	1567.84	43.38
2004	829.36	281.8	33.98	2014	4303.73	1122.56	26.08
2005	521.4	148.46	28.47	合计	31658.76	6205.48	19.60

三、其他保险公司

县平安保险公司　1996年，承保金额1.5亿元，处理各类赔案232件，赔付金额86.3万元。1997年保费收入110万元，各项理赔支出58万余元。其中，财产保险理赔50万元，人寿保险理赔8万元，豁免保费7920元。当年9月4日，投保人十都镇村民曾某因车祸死亡，死者投保的少儿终身平安保险（两个子女1人1份）获豁免保费3240元。

县联合保险公司　2007年，车辆保险保费收入70万元，处理赔案85件，理赔36万元。2011年，承保炎陵全县公益林保险，至此，经营范围涵盖非寿险业务的各个领域。2012年，保费收入912.48万元，处理各类理赔案件554起，赔款278.9万元，其中公益林火灾赔案8起，85.6万元。2014年，保费收入1195.79万元。其中，车险849.44万元、财产险43.65万元、意外险18.75万元、责任险27万元、农业险256.95万元。处理各类理赔案件809起，赔款510.7万元。

县新华保险公司　2008年，保费收入208万元，理赔26万元。2012年，106国道拓宽工程队购买团体险后，1人死亡，获赔30万元。2014年，保费收入1000余万元，理赔198万元。

县泰康保险公司　2008年，保费收入270万元，赔付30万元。2014年，保费收入120万元，理赔15.6万元。

县长安保险公司　2013年，保费收入270万元，理赔56万元。2014年，保费收入460万元，理赔79万元。当年6月，投保人郭某投保的汽车因追尾全损，获赔偿16万元。

第二十三篇　人力资源和社会保障

民国以前，县府未设劳动人事管理机构。劳动者自谋职业，用工由雇主自行雇用。县府主要官员由上级遴选、派遣、委任、考核。一般职员均由县府雇佣。

鄗县人民政府成立初期，劳动、人事工作由民政科兼管。1953 年 10 月，设人事科。1958 年，人事科与监察科合并为人事监察科。1961 年 6 月，恢复人事科。7 月，设立劳动科。1968 年 9 月，人事工作由县革委会政工组接管。1969 年 1 月，劳动管理工作由县革委会生产指挥组所属计划组接管。1973 年 5 月，人事工作归口县委组织部。8 月，设劳动工资局。1979 年 5 月，设人事局。1984 年，劳动工资局更名劳动局。2001 年 11 月，人事局、劳动局合并组建劳动人事和社会保障局。内设办公室、公务员管理股、专业技术人员管理股、工资福利股、劳动人事争议仲裁股、劳动法规监察股、人才服务中心。下设劳动就业管理局、机关事业社会保险局、社会劳动保险事业管理局 3 个二级局。2011 年 9 月，更名人力资源和社会保障局（简称人社局）。2014 年，人社局核定人员编制 56 个，内设办公室、公务员管理办公室、人力资源市场管理股、工资福利股、劳动人事争议仲裁股、劳动法规监察股、基金监督股、事业单位管理中心、人力资源服务中心、劳动就业培训中心。下设劳动就业管理局、机关事业社会保险局、社会劳动保险事业管理局、城乡居民养老保险局、医疗保险局、工伤保险局 6 个二级机构。

第一章　劳　动

第一节　劳动用工

一、职工来源

1956 年，对私营资本主义工商业进行社会主义改造，全县 423 户私营工商户实行公私合营，原有雇工转为集体所有制企业职工。此间兴办的国营企业，按照国家下达的招工计划，通过民政部门向城镇招收闲散劳力就业，经一年试用转为固定工人。1958 年大办地方工业，部分合作厂(社)转为国营企业,各厂原来的长期工相应转为国营企业固定工。

20 世纪 60 年代初,国民经济实行“关、停、并、转”的调整方针,各厂矿将 1958 年 9 月后从农村招收的临时工、合同工全部清退。接着贯彻中共中央关于精简职工和压缩城镇人口的指示精神,将家住农村的部分职工,发给生产补助费下放回乡。尔后,对企业用工作出了严格规定,职工队伍大体由固定工、临时工、合同工、学徒工构成。固定工:一是国家分配招工指标,按指定范围、条件,招收待业知识青年;二是接收和安置复员退伍军人;三是国家分配的大中专毕业生。临时工:根据企业生产需要雇请,工作任务完成后随即解雇。合同工:在不超过工资总额前提下招收,签订用工合同,期满清退或续订合同。学徒工:为保护手工业技艺,经县手工业主管部门同意,劳动部门审查,可吸收手工业厂(社)工人子女进厂、进社学艺。70 年代,县革命委员会在组织重点工业企业工程会战中,动员各乡民兵参加建设,其中以复员退伍军人为骨干。这些支工民工通过建厂考察,绝大部分招工留厂。同时从上山下乡知青和留城知青中,招收大批人进厂当工人,职工队伍发展较快。

20 世纪 80 年代,政府除解决城镇待业青年就业,分期分批招工补充职工队伍外,对家住农村的职工离退休后,实行子女招工顶替制度。1987 年起,结合用工制度改革,各厂用工通过劳动部门公开向社会招收城镇待业青年,经考试择优录取,公开招聘业务、技术人员。至 1990 年,县属工业企业职工队伍有 1715 人,其中全民所有制 1296 人,集体所有制 419 人。90 年代后,建立与社会主义市场经济相适应的新型劳动体制,以实现劳动者充分就业为目标,促进劳动服务企业与第三产业的发展。农村剩余劳动力成为职工主要来源,至 2014 年,县内从事第二产业 3.59 万人之中,农民工加入工会的就有 1.3 万余人。

二、从业结构

20 世纪 50 年代起,县内职工按所有制性质分全民、集体两种。1957 年有全民职工 1809 人,1964—1968 年全民职工人数稳定在 4000 至 5000 人之间,1978 年全民职工人数增加到 7793 人。至 1990 年,全民职工 9770 人,按行业分:农林牧渔水利业 1508 人,工业 2470 人,建筑业 100 人,交通邮电通信业 300 人,商、饮、物、供、仓储业 1008 人,房地产管理、公用居民服务业 94 人,卫生、体育和社会福利业 382 人,教育、文化和广播电视业 1688 人,科技综合服务业 68 人,金融保险业 187 人,国家党政机关和社会团体 1965 人;县属集体职工 2269 人,按行业分:农林牧渔水利业 25 人,工业 582 人,建筑业 178 人,交通邮电通信业 90 人,商、饮、物、供、仓储业 1013 人,卫生、体育和社会福利业 190 人,教育文化艺术、广播电视业 37 人,金融保险业 107 人,国家机关和社会团体 47 人。

随着县域经济发展和产业结构调整,县内用工需求量不断增大,2000 年全县从业人员增至 11.29 万人。至 2014 年,从业人员 12.31 万人,其中第一产业 4.93 万人,第二产业 3.59 万人,第三产业 3.79 万人,分别占总人数的 40.05%、29.16%和 30.79%。

第二节 工资福利

一、劳动工资

民国时期，工商企业无统一的工资制度，普遍实行的是雇佣工资，应聘职工与资方协议工资，如：西台、玉江私营煤矿，老板对雇工分三级支付工资，以银元为单位结算。档头上的挖土、支柱工月工资0.2元；档头上的铲煤工月工资0.15元；井下运输工月工资0.1元。雇工无任何福利。

中华人民共和国成立后创办的企业，其劳动工资经过了多次变革。20世纪50年代初，职工工资一般为供给制与工分制；工人则有计时、计分与计件等多种工资制。1956年，实行工资改革，工人和职员分别执行级别工资制度。对私有制改造完成，实行公私合营过渡人员的工资待遇，原工资高于相应级别的按原工资发给，低于相应级别的在调资中调平补齐。国营企业生产工人，原则上执行级别计时定额考核计算工资。合作化时期，手工业工人没有工资级别。企业除会计、保管、供销业务人员是月薪或定额以外，其他人员均实行计件工资制，按每件产品加工工序确定工资额，期终按实际完成工件数量计发工资。合作社（组）主要负责人和工人，因公误工由职工集体讨论实行误工补贴。

1958年，国营企业取消计时定额工资。1960年，恢复计时定额，实行超产有奖。1964年，社会主义教育运动中批判"物质刺激、奖金挂帅"，取消超产奖，改为综合奖，职工只要没有出现差错，人均一份。1966年，"文化大革命"开始后不久，把按劳分配当作资产阶级法权批判，凡计件考核的工种，改为等级计时工资制，取消综合奖。1970年，将取消的综合奖，改为保留工资发放。1980年，改称附加工资，并在以后调资中分次冲减。

1980年以后，扩大企业自主权，开始实行利润留成和经济承包责任制。按照各企业完成产值利润情况，核发2—3个月标准工资额资金，企业内部实行计分算奖、成本包干，计时定额加奖罚等经济责任制。1984年以后，进一步简政放权，对企业在核定连续3年产值、销售、上交利税的平均基数上，实行经济效益与工资总额挂勾的经济承包责任制。企业内部实行厂长（经理）和管理人员根据经济效益发放职务津贴，职工工资实行"上不封顶，下不保底"的联产计酬或级别计时定额加补贴，或据经济效益工资上下浮动等多种形式。工资级别在一些企业和绝大多数人中，只是成为定级、升级、调类、调编和工伤、病假以及退休发放工资标准的依据。

1994年，企业工资开始实行工效挂钩、工资总额包干、工资总额计划控制3种调控方式，当年实行工效挂勾企业15家，工资总额包干4家，工资总额计划控制24家。同年，对81家企业的4637名职工的工资进行技术等级工资套改，人平年工资3434元。1995年，开始执行最低工资保障制度，县内部分企业经营者（厂长或经理）开始实行年薪制。1996年，对24家企业4035名职工进行工资套改。1997年，为2864名职工调整档案工资，对9家企业1528名职工进行工资晋级。1998年，改用工资指导线控制企业年度工资总额，职工年均工资的增长低于劳动生产率的增长幅度。

2000 年开始，随着县域经济发展，适合现代企业制度的工资调控办法不断完善，岗位结构工资、产量包干工资、计件工资、定额工资、劳动力市场价格工资等多种分配方式并存，企业职工工资水平也逐年提高。2010 年起全面推行工资集体协商制度，至 2014 年，共有 174 家企业签订了工资集体协商专项合同，覆盖职工 1.17 万人，其中区域性合同 10 个，行业性合同 3 个，已建工会组织企业工资集体协商率达 95%。

二、劳动福利

法定节假日　不同历史时期，县内均严格执行国家法定的节假日，让职工享受到应有的劳动福利待遇。1949—1998 年，法定节假日每年共 7 天，分别是：元旦节 1 天，春节 3 天，劳动节 1 天，国庆节 2 天。1999—2007 年，法定节假日调整至 10 天，分别是：元旦节 1 天，春节 3 天，劳动节 3 天，国庆节 3 天。2008—2014 年，法定节假日调整至 11 天，分别是：元旦节 1 天，春节 3 天，清明节 1 天，劳动节 1 天，端午节 1 天，中秋节 1 天，国庆节 3 天。

法定劳动时间　《中华人民共和国劳动法》施行以后，开始对职工劳动时间作出明确规定，劳动者每日工作时间不得超过 8 小时，平均每周工作时间不得超过 44 小时。用人单位因生产经营需要，经与工会和劳动者协商可以延长工作时间，一般每日不得超过 1 小时；因特殊原因需要延长工作时间的，在保障劳动者身体健康的条件下延长工作时间每日不得超过 3 小时，每月不得超过 36 小时。

生活福利　假期工资：职工婚、丧均享受按规定休假和工资待遇。工伤病假除给治疗假期外，按规定发给工资。女职工产假按规定给假、发给工资，例假、节假照发工资。外地职工可按规定享受探亲假，假期路途除报销车旅费外，照发工资。

职工宿舍：县属工业企业职工住宿由所在企业给予妥善安排。职工宿舍备有床、凳子等用具。大部分企业为双职工建有家属宿舍，一般每户都在 45 平方米以上。宿舍区水电费由企业给予部分补贴或全额补贴。

二堂一室：企业大力办好食堂、澡堂。兴办文娱室，让职工在工作之余可以广泛开展各自爱好的文体活动。

困难补助：职工直属供养亲属丧亡，除享受企业按规定发给的丧葬补助费外，伤病期间造成家庭经济困难，或遭受天灾人祸的职工可向企业申请困难补助。

病休、离退休待遇　1960 年起，根据《国家机关工作人员退休处理暂行办法》与《劳动保险条例》的有关规定，对年老体弱、长期患病的职工给予免费疗养。治疗终结，身体状况如不适应原来工作的职工，企业将适当调整工作或给予半休息半工作的安置。因病或体弱确实不能坚持工作，也可以根据具体情况办理退职长期休养。退职以后的职工，企业按原工资的一定比例，按月发给生活费。职工到了规定年龄，享受离退休待遇。

20 世纪 80 年代中期，县内企事业单位退休人员逐渐增多，退休费用急剧增加，企业之间负担不均。针对这一情况，1987 年，按照《酃县退休基金统筹暂行办法》，开始对企事业单位采取“以支定金、略有结余”原则，按单位职工月工资总额及离退休费总额之和的一定比例提取退休基金，统一管理，调剂使用。1990 年，全县实行退休金统筹的单位 65 个，职工 4011 人，占职工总数 87.5%。当年退职、退休 1714 人（其中全民所有制职工 1320 人，县属集体职工 394 人），均按月发给退休金。

1990—2004 年，企业单位离退休人员工资每 2 年增加一次。2005—2014 年，国家对企业离退休人员工资进行了“十连调”，至 2014 年，全县 5139 名企业离退休人员平均月工资 1712 元，较 2004 年同比增长 231%。

工伤待遇 2010 年以前，职工工伤待遇全部由用人单位承担。2010 年 4 月以后，启动工伤保险制度，参加工伤保险用人单位的职工工伤待遇由工伤保险基金与用人单位共同承担，降低了企业经营风险，保障了职工工伤待遇。2010—2014 年，共认定工伤 524 起，工伤保险基金累计支付工伤待遇 672 万元。

死亡待遇 企业职工因病或非因工（公）死亡待遇：1990—2012 年 6 月，发给当地上年度职工社会平均工资 4 个月的丧葬补助费，并一次性支付给供养直系亲属救济费。救济费标准：供养直系亲属 1 人者，为当地上年度职工社会平均工资的 24 个月；2 人者，为当地上年度职工社会平均工资的 28 个月；3 人以上者，为当地上年度职工社会平均工资的 32 个月。2012 年 7 月至 2014 年，死亡职工遗属可以领取丧葬补助金和抚恤金，其中：丧葬补助金按职工死亡时上年度省企业退休人员月平均基本养老金的 4 个月发放；抚恤金根据死亡职工基本养老保险缴费年限，每满 1 年按死亡时上一年度省企业退休人员月平均基本养老金计发 1 个月，最多不超过 20 个月。

企业职工因工（公）死亡待遇：1990 年至 1996 年 10 月，发给丧葬费和供养亲属抚恤金。丧葬费标准：死亡职工所在企业 3 个月平均工资。供养亲属抚恤金标准：供养亲属 1 人者，为死者本人工资的 25%；2 人者，为死者本人工资的 40%；3 人以上者，为死者本人工资的 50%。1996 年 10 月至 2014 年，发给丧葬补助金、供养亲属抚恤金、一次性工亡补助金。丧葬补助金按省上年度职工平均工资 6 个月的标准发给。供养亲属抚恤金发给由死亡职工生前提供主要生活来源的亲属，死亡职工的配偶每月按省上年度职工平均工资（2004 年以后按死亡职工本人工资）的 40%发给，其他供养亲属每人每月按省上年度职工平均工资（2004 年以后按死亡职工本人工资）的 30%发给，孤寡老人或者孤儿每人每月在上述标准的基础上加发 10%。一次性工亡补助金发放标准：2011 年以前，按省上年度职工平均工资 48—60 个月发给，2011 年起，按上年度全国城镇居民人均可支配月收入 20 倍发给。

第三节 劳动就业

一、城镇居民就业

1951 年，对失业工人和待业人员进行登记，采取以工代赈，组织生产自救与自谋职业等方式就业。1952—1955年，先后创办建筑队、砖瓦厂、铁锅厂等企业，大部分城镇失业工人就业。

1956年后，对城镇居民实行“统包统配”就业制度。由于城镇人口增加，就业矛盾逐渐突出。

1980年8月，国务院在《进一步做好城镇劳动就业工作》通知中提出，在国家统筹规划和指导下，实行劳动部门介绍就业、自愿组织起来就业和自谋职业相结合的方针。为在县内贯彻“三结合”就业方针，劳动部门根据用工单位需要，统一招工分配；厂矿、企业、机关、学校成立劳动服务公司，开办服务性企业；待业人员自谋职业。至1990年，共安置城镇待业人员716人，安置率为57.6%。1991年起，城镇居民主要依靠劳务市场进行调节，通过自愿组合、职业所介绍、外出务工等实现就业。

二、知识青年上山下乡

1963年9月，成立中共酃县县委安置办公室（后更名为县委知青上山下乡领导小组办公室）。1963—1978年，动员县内城镇知识青年下乡及接受长沙、湘潭、醴陵知识青年共7196人，分批下到田多劳动力少的山区与粮食产区插队落户或国营农林场安家，其中集体插队落户4071人，安置到国营林场的168人。1972年，安置知青718人到6个国营农场。此后，陆续安排997人插队落户。1976—1978年，推广株洲市厂、场挂钩，厂、社挂勾经验，分别在国营与集体农林场安置知识青年780人，插队落户464人。国家先后拨款244.13万元，作知青建房和生活费用。至1980年，共招工招干和返迁回城6634人，外迁445人，参军71人，升学36人，在乡死亡12人。

三、职业培训

职业技能培训　1960年以前，各企业职工技能培训主要是自培。方法有：师傅岗位操作示范传艺，学徒从事勤杂、下手工作，开始观摩、练习，直到基本熟练才上岗顶班作业，一般学徒期3年，学徒工3年以后评定技术等级。专业管理人员则由企业选送到学校或训练班参加中短期培训，结业后回企业任职。60—70年代，新办企业职工上岗前除普工外，均送同行业厂家委托代培后，才准上岗位操作，受培职工基本上成为企业生产上的技术骨干。进入80年代后，职工技能培训除继续采用上述方法外，劳动部门对新招职工，开设上岗前培训班，进行训练，并规定未经培训不准上岗。据统计，70年代中后期至80年代，县属各厂矿自培、重点专业培训和全员培训1038人次，县内各类训练班培训182人次，招工培训528人次，派送外省、市专业培训699人次。

1991—2004年，就业培训工作由县劳动人事部门牵头，行业主管部门配合组织实施，开办就业前培训班，开设的课程有园林、财会、机电、幼教、家电、电脑、电焊、电工等，共培训下岗失业人员、农村转移劳动力等5705人。2005年，设立劳动就业培训中心。2009年，县举办劳动技能大赛，设电气焊工、维修电工、收银点钞、文印打字、挡车工、抹灰工、砌筑工、导游、宾馆服务等12个竞赛工种，全县共有200余家单位组织6000余名选手参赛，其中256名选手进入决赛，最后评出12名技术能手，60名岗位技术能手。当年2月16日，中共株洲市委副书记、炎陵县委书记李晖率21名县内农民工参加湖南卫视“蓝领无敌”栏目，有15名被圣得西服饰集团当场录用。2010年，开始实行职业培训定点机构公开招投标，中标的培训机构可以定点开展职业培训2年。至2014年，职业技能培训质量不断提高，培训课程与市场需求、岗位技能的衔接更加紧密，先后开设电脑操作、旅游管理、农业技术、汽车驾驶等专业课程，确定4家职业培训定点机构，累计培训农村转移劳动力3.5万余人、失业人员7000余人、企业职工5000余人、被征地农民1021人，其中参加职业技能鉴定1.3万余人，有1.1万余人取得技能等级证书。

创业培训 2008年，启动SYB创业培训，即“创办你的企业”培训，是针对具有创业愿望和相应条件的人员所进行的免费培训，主要培训开办小企业或自谋职业者所必备的基础知识和创业能力。至2014年，累计举办创业培训班59期，培训1770人，同时组织各行业专家为参加创业培训人员提供创业后续服务1500余人次。

实体经济人才培养 2014年，制定《炎陵县培育实体经济人才实施意见（试行）》，结合全县产业发展实际，重点扶持新材料、旅游、茶叶产业人才30名，并给予2万元/人的扶持补贴。

四、就业创业

就业援助 1991—1997年，就业援助工作主要是通过搜集供求职信息、开辟就业渠道等方式，依靠劳务市场调节城镇就业，累计安置城镇待业（失业）人员1.03万人。1998—2004年，指令性全民安置政策基本取消，城镇新增就业主要通过自愿组合、职业介绍所介绍、自谋职业、外出打工等方式实现，累计新增城镇就业人员5586人。2005年以后，按照省、市的统一安排，每年组织开展“就业援助月”“春风行动”等就业援助活动，在县城、各乡镇和工业园区的主要街道设立专门平台，为求职人员提供就业信息、职业介绍、劳动保障政策咨询等公共就业服务，就业援助工作也逐步从单一的就业帮扶转变为就业帮扶与促进创业带动就业并重，至2014年，累计举办招聘会200余场次，提供岗位3.2万余个，为100余家企业招聘员工2万余人，免费发放春风卡等就业宣传资料11万余份；新增城镇就业人员3万余人，失业人员再就业8000余人，其中就业困难对象再就业1500余人，新增农村劳动力转移就业6万余人。零就业家庭动态就业援助100%，城镇登记失业率控制在4.5%以内。

公共就业服务平台建设 2004年，为加强城乡就业统筹管理，在县城6个居委会成立劳动保障服务中心（之后县城6个居委会合并为4个社区），在15个乡镇成立劳动保障服务站，配备专职工作人员和办公设施，工作和人员经费由各乡镇自筹，人员编制从各乡镇编制中调剂。2007年，为县城4个社区建设统一建筑风格、建筑色调、建筑标志的办公用房，社区劳动保障服务中心的办公条件得以改善。2012年，县人力资源市场、县城4个社区及部分乡镇实现柜台式办公，在202个行政村设立劳动保障联络员。2014年，将建设就业创业保障平台列入“民生100”工程，计划用3—5年时间实现全县公共就业服务平台的全面提质升级。当年完成霞阳镇、霞阳镇南区社区公共就业服务平台的提质升级工作，并组织各乡镇、九龙社会事务管理局、各社区劳动保障专干21人参加全国劳动保障协理员考试，全部取得职业资格证书，施行持证上岗。

促进就业小额担保贷款　2009年，启动促进就业小额担保贷款发放工作（以下简称小额担保贷款），贷款额度为5—10万元，并将小额担保贷款发放与创业培训相结合，引导贷款者参加创业培训，增强其创业技能，降低贷款风险，同时做好政策宣传、贷前审查、贷中监管、贷后回访等工作，保证小额担保贷款担保基金安全运行。至2014年，小额担保贷款担保基金由100万元增加到1150万元，不良贷款率保持为零，累计发放小额担保贷款4493万元，扶持创业对象609人，带动就业8000余人。

创建国家级创业型城市　2009年，炎陵县以“创业带动就业，推进创业富民”为主题，开展创建国家级创业型城市工作，制定《炎陵县创建国家级创业型城市实施方案》，建立创业培训等五大体系。2010年，成立炎陵县创建国家级创业型城市工作领导小组，各乡镇及有关成员单位成立了专门的组织机构。此后，每年都制定《炎陵县创建国家级创业型城市考核办法》，并将创建国家级创业型城市列入县政绩考核内容。2014年开始，全县每2年举办一次“神农杯”创新创业典型评选活动，当年评选出10名创新创业典型。至年末，县内12人获评株洲市创业能手，5人获评株洲市创业先进典型，酃县白鹅产业开发获评株洲市创业项目奖。

第四节　劳动保护

1949年以前，县内私营煤矿和钨矿公司的工人下井作业没有安全防护设施和劳动防护用品。炎陵县人民政府成立之后创办的企业，职工劳动条件不断改善，在企业中不同工种分别发放劳保用品，如工作服、工作鞋、手套、口罩、毛巾、肥皂、防护眼镜、安全帽等。对高温、井下、有毒、沙尘、放射、高空等岗位以及零点班发给补贴、保健费。企业和卫生防疫部门定期和不定期对接触粉尘、有毒物质的职工进行体格检查，以便及时有效发现和防治病情。1950年开始，县属工业企业认真落实国家颁布的一系列安全法规和监察条例，实施劳动保护“三大规程”（工厂安全卫生规程、建筑安装工程安全技术规程、工人职员伤亡事故报告规程），并根据各厂矿的具体情况制定一整套规章制度，如安全检查制度、安全培训制度、用电安全管理制度、用火安全管理制度、压力容器安全管理制度、高空安全管理制度、机动设施安全管理制度、火药安全管理制度、防尘和防毒管理制度、顶板管理制度、井下防水与治水管理制度、瓦斯安全管理制度以及执行安全操作规程和事故分析制度、工伤救护制度等等。

“文化大革命”期间，企业安全生产机构瘫痪，安全制度未能落实。1979年，逐步恢复、健全安全生产领导机构，各厂矿企业重新制订安全生产制度和操作规程，并对职工进行安全教育。至1990年，先后举办安全生产学习班6次，培训360人次，对106名电工、焊工、司炉工、起重工等特种作业人员和安全管理干部进行安全培训和考核，发给合格证与特种技术工种操作证。开展安全生产大检查56次。当年,检查企事业单位和建筑工地35个,查出不安全隐患14项,整改率95%。

1995年1月1日起,贯彻施行《中华人民共和国劳动法》,加强劳动安全卫生、女职工和未成年工特殊保护等方面的监管。用人单位必须建立健全劳动安全卫生制度,严格执行国家劳动安全卫生规程和标准,对劳动者进行劳动安全卫生教育,有计划的对劳动者进行职业培训,防止工作事故发生,减少职业危害。1996—2001年,安全监察工作以预防和整治事故、降低事故发生率为目标,重点抓好矿山、建筑、易燃易爆等重点行业和部位的安全生产监管,累计开展定期或不定期检查161余次,查处各类安全隐患1177起,下达整改意见914份,培训安全生产工作人员315人次。2002年,安全监察工作从县劳动人事局划出归口县安全监督管理局。

2004年开始,施行《劳动保障监察条例》《中华人民共和国劳动合同法》,劳动保护以劳动保障监察、农民工工资支付监管、维护劳动者和用人单位合法权益为主。当年,建立建筑行业农民工工资支付保障金制度,全县所有新开工的建筑项目必须按照工程总造价的2%交纳农民工工资支付保障金,并存入农民工工资支付保障金专用账户,由人社局、住建局、开户银行签订三方协议书,实行三方共同监管。2013年,施行《株洲市农民工劳动合同和工资支付监督管理办法》,进一步加强农民工工资支付监管工作,建立农民工工资支付情况季报制度、重大节假日农民工工资支付情况摸底清查制度和相关部门监督管理联席会议制度,定期研究解决农民工工资问题。2004—2014年,县劳动保障监察大队检查企业668家,规范、审查和备案企业劳动合同2.28万份,全县用人单位劳动合同签订率95.2%,督促80个工程项目缴存保证金1264万元,帮助农民工追回劳动工资4147万元。

第五节 劳务输出

1952年,全县有农村劳动力3.62万人,人均负担耕地5.1亩,劳力不足。80年代,农村实行家庭联产承包责任制后,富余劳动力逐渐增多,利用劳动力资源发展二、三产业和组织农村富余劳动力外出务工成为必要,1987—1990年,全县乡镇企业安排农村富余劳动力8006人,向深圳、珠海、东莞等地输出务工劳动力720人。

1996—2005年,各乡镇劳动保障站采用以会代训形式进行业务培训,每期一天半,共有2.92万名农村富余劳动力转移就业,其中8000余人在本县就地转移,2.1万余人走出山区往广东、浙江、福建、上海、北京等省市务工,2004年劳务总收入1.8亿元,2005年达到2亿元。2006—2014年,通过采取提供政策咨询、求职登记、就业指导服务,开展“订单式培训”,调查、搜集和发布县内外务工信息等方式积极组织引导劳务输出,农村劳动力外出务工经商年均3万余人,主要流向东南沿海的珠江三角洲、长江三角洲一带。2014年,16—40岁的外出务工人员3.92万人,占当年农村劳动力转移就业总人数80.9%。其中省外务工人员占外出务工人员总数75%。

第六节　劳动仲裁

1993—2007 年,县内劳动争议案件,涉及的企业以国有企业为主,通过补偿、换岗安置等方式解决,累计处理各类劳动争议案件 46 起,其中裁决 22 起,调解 24 起。2008 年后,随着《中华人民共和国劳动争议调解仲裁法》的施行,开辟更加方便的劳动者维权渠道,全县劳动争议数量呈现增加趋势。2012 年,成立由县人社局、总工会、经信局、司法局、企业、律师事务所等相关部门组成的劳动人事争议仲裁委员会,同时在全县 15 个乡镇及部分企业建立劳动争议调解委员会。2008—2014 年,发生的劳动争议以解除劳动关系经济补偿、工伤待遇争议、确认劳动关系为主,大多数涉及私营企业,累计处理各类劳动争议案件 239 起,案外调解 201 起,立案受理 38 起(其中裁决 26 起,调解 12 起)。

第二章　人　事

第一节　干部来源

1949 年 10 月 29 日,县人民政府成立时仅有南下干部 46 人。采取外地调入、留用旧职员、安排地下党团员、录用工人农民和知识青年等方式组建和发展干部队伍。1952 年 8 月全县有干部 665 人,1956 年发展到 939 人。至 1990 年全县有干部 3655 人。1991 年以后,采取录用、安置、招募等措施充实和优化干部队伍。1996 年起,国家干部逐步向国家公务员过渡。至 2014 年全县有干部 4962 人,其中国家公务员 1122 人。

外地调入干部　1949 年 10 月至 1990 年，由国家从外地分配到县工作的干部共 2378 人。其中,大中专毕业生 1365 人,军队转业干部 193 人,直接调入 820 人。

留用旧职员　1949 年 11 月,县人民政府经政治审查,从原县政府一般职员中留用 18 人转为国家干部。

安排地下党团员　1949 年 12 月 4 日，中共酃县县委和中共酃县区工委举行会师会议，会后，中共酃县区工委 13 名党员和新民主主义青年团酃县区委员会 12 名团员全部由县委重新分配工作,成为国家干部。

录用工人农民和知识青年　1949 年 11 月至 1990 年,共招收优秀工人、农民、复员退伍军人和城镇待业青年 760 人,录用优秀社会知识青年 321 人。

乡镇合同制干部录干　至 1991 年,招聘乡镇合同制干部 175 人,办理乡镇合同制干部续聘手续 40 人，解聘乡镇合同制干部 4 人，被录用为国家正式干部的乡镇合同制干部13 人。1992 年,办理乡镇合同制干部续聘手续 43 人,解聘乡镇合同制干部 1 人。1995 年,被录用为国家正式干部的乡镇合同制干部32人。1991—1995年,炎陵县共有81名乡镇合同制干部经考试考核后集中录用为正式国家干部。1996年以后,乡镇干部的录用与公务员制度接轨。

军转干部安置 1991—2014年,按照省、市要求落实军转干部安置工作,对符合安置政策的军转干部都安排到公检法、交警、水电等部门。至2014年,累计安置军转干部10名,安置随军家属2名进入事业单位。

五大生、优秀工人和农林水工作人员录干 1993年开始,逐年将在管理岗位上工作的工勤人员部分录用为国家干部,当年从优秀工人、农林水工作人员录干29人。1994年,对258名城镇待业并由国家教育部门备案或审定的电大、职大、业大、函大和夜大的毕业生(以下简称"五大生")、部分中专毕业生吸收录用为国家干部。1995年,把录用国家干部的计划指标向农林水一线和专业人才倾斜,采取多种选择办法,将55名专业人才录干,其中农林水一线优秀工人、专业技术人员录干30人;将142名城镇待业的五大生录干并充实到乡镇企业。1997年,通过株洲市人事局组织的以工代干人员录用考试,炎陵县从在机关干部岗位上工作的工人中录用国家公务员(干部)191人。1993—1999年,全县五大生、优秀工人和农林水工作人员录干共1721人。

国家公务员录用 1995年,启动国家干部向国家公务员过渡工作。经过渡培训考试,全县共有1022名国家干部过渡到国家公务员。1997年起面向社会公开考试录用国家公务员。至2014年,全县有公务员934人,参照公务员法管理人员188人。

"三支一扶"人员招募 "三支一扶"即高校毕业生支农、支教、支医和扶贫。2014年,株洲市人社局下达给炎陵县"三支一扶"人员招募计划5名,经过面试、体检、考察和公示等环节,完成招募计划,并全部派遣到乡镇人民政府所属事业单位工作,服务期2年。

第二节 干部工资福利

一、工资制度

20世纪50年代初,供给制与薪金制并存,党政机关和部分企事业单位行政管理人员实行供给制,即将生活费折成大米包干供给。企事业单位及中小学教师实行以"工资分"为计算单位的薪金制。1956年,实行工资改革,取消供给制和薪金制,实行以职务(或技术)工资为主,以货币为计算单位的等级工资制。国家机关、事业单位实行行政30级的工资标准,正副县长14—17级,正副科(局)长17—21级,科员21—24级,办事员25—26级,酃县定为二类工资区。1963年,升为三类工资区。1979年,升为四类工资区。

1985年7月,进行第二次工资改革,废除工资等级制,实行以职务工资为主要内容的结构工资制。包括基础工资、职务工资、工龄工资和奖励工资4个组成部分。基础工资每人为40元/月,工龄工资按参加工作年限计算为0.5元/年,职务工资按职务高低定等级,奖励工资分为节支奖、立功奖等。全县在职干部、职工3847人,按以上方案套改,人均月增工资20.4

元,当年工资区类别升为五类工资区。1987 年,升为六类工资区。1989 年,工资实行普调,共有职工 5334 人,月合计增资 6.9 万元,人平月增资 12.93 元。

1993 年,机关事业单位在职人员和离退休人员同时进行工资改革,改革后的工资制度为:机关单位工作人员工资由职务工资、级别工资、基础工资、工龄工资四部分组成;事业单位专业技术人员实行等级工资、岗位工资、结构工资、津贴、奖金等类型的工资制度。1995 年开始,对连续 3 年年度考核为优秀的行政人员晋升级别工资。1997 年,机关单位工作人员基础工资标准由每人 90 元 / 月提高到 110 元 / 月。机关单位新录用人员试用期工资标准相应提高。其中,本科学历的由 70 元 / 月提高到 225 元 / 月,研究生学历的由 97 元 / 月提高到 260 元 / 月。1999 年,机关单位人员基础工资由每人 110 元 / 月提高到 180 元 / 月,级别工资根据原有级别基数,按一定幅度分别进行调整。2001 年,公务员基础工资标准由 180 元 / 月提高到 230 元 / 月,级别工资和事业单位工资标准根据原有档次和基数,按一定幅度进行调整。2003 年,机关事业单位工作人员工资标准按人平增加 50 元 / 月进行调整,离退休人员相应增加离退休费。

2006 年,机关事业单位工作人员工资改革,实行职务与级别相结合的工资制度,改革后的工资制度为:公务员基本工资由职务工资、级别工资两部分组成,并调整基本工资正常晋升办法;事业单位建立岗位绩效工资制度;离退休人员的工资标准也相应提高。全县共有 129 个机关事业单位 6370 人进行了工资套改,工资标准人均每月增加 300 余元。

二、津补贴和其他福利

20 世纪 60 年代,国家干部职工补助粮食差价。80 年代,增发副食差价、洗理、交通、报刊杂志补贴费及山区津贴费。工作人员的医药费先是由所在单位报销,1985 年实行包干使用,超过部分由单位和个人分别负担。福利费每年按工资总额 2.5%提取,分别由所在单位和县人事部门掌管,主要用于集体福利事业和解决干部职工因天灾人祸所带来的特殊困难。因公伤残人员,国家给予优惠待遇或一定数量的补助金。

1990—2007 年,在未规范津补贴前,由于各单位条件和经费来源不一,福利待遇不均衡,部分单位设有名目不一的福利补助,其中有的属于政府开“口子”“给政策”,经费由单位自筹。2008 年,炎陵县开始规范机关事业单位工作津贴和生活补贴,并按照不同职级和技术等级设定对应的发放标准。其中,公务员每年 0.94 至 1.44 万元,工勤人员每年 0.94—1.26 万元,离退休人员按 78%的比例发放生活补贴。2010 年 1 月至 2012 年,平均每人提高 2000 元 / 年。2013 年,平均每人提高 3000 元 / 年。2014 年,平均每人提高 4000 元 / 年。公共卫生与基层医疗卫生事业单位、义务教育学校和其他事业单位先后实施绩效工资,各事业单位绩效工资总量水平随基本工资和当地公务员津补贴的调整相应调整。

三、离退休

1980 年 7 月,根据国务院《关于老干部离职休养的暂行规定》,凡中华人民共和国成立前参加革命的老干部,达到离休年龄的应办理离休手续。当年,办理离休手续的老干部3人。根据国务院《国家机关工作人员退休处理暂行办法》和《关于安置老弱病残干部的暂行办法》,干部退休后,其经济待遇依照工作年限,按本人原工资的60%—75%发给,有特殊贡献者可增加5%至15%,退职人员只发给原工资40%的生活补助费。1985年工资改革后,国家多次给退休人员增发副食、物价和生活补贴费用。至1990年,全县有离休干部130人,办理退休手续的干部1002人,办理退职手续的干部3人。1991—2014年,共为1840人办理了退休手续。至2014年,县机关事业单位离退休人员计2461人,其中离退休干部1975人,退休工勤人员486人。

四、抚恤费、丧葬费和遗属补助金

1990年之前,机关事业单位的在职和离退休人员因病或其他原因死亡后,按政策由单位或县财政支付一次性抚恤金、丧葬费。其遗属根据生活困难程度,享受临时或定期的困难补助,在职职工亡故可照顾招收1名符合招工条件的子女参加工作。2004年10月开始,炎陵县将一次性抚恤标准由死者生前10个月基本工资额提高到20个月基本工资额。2005年7月开始,将因病或非工(公)死亡丧葬补助费提高到4000元,因工(公)死亡丧葬费提高到5000元。机关事业单位在职和离退休人员死亡后,其无固定收入的父母、配偶、未成年子女可按月享受遗属补助金,其中城镇户口210元/月,农村户口170元/月。2009年7月开始,因病或非工(公)死亡丧葬补助费提高到5000元,因工(公)死亡丧葬费提高到6500元,城镇户口遗属补助金标准提高到285元/月,农村户口遗属补助金标准提高到235元/月。2013年7月开始,因病或非工(公)死亡丧葬费提高到7000元,因工(公)死亡丧葬费提高到9000元,城镇户口遗属补助金标准提高到425元/月,农村户口遗属补助金标准提高到335元/月。其遗属根据生活困难程度,享受临时或定期的困难补助,在职职工亡故可照顾招收1名符合招工条件的子女参加工作。

第三节 人事制度改革

一、建立国家公务员制度

公务员过渡 1994年开始,以落实机关事业单位岗位责任制,作为贯彻《国家公务员暂行条例》的基础,通过调研、宣传、摸底、培训等工作为国家公务员过渡做好准备。1995年,启动国家行政机关干部符合条件的人员在本单位行政编制范围内过渡到国家公务员的工作,当年开展国家公务员过渡培训,并于6月11日和18日举办县直行政党群机关和乡镇人民政府国家公务员过渡培训考试,全县共有82个单位,1476人参加考试,合格率99.9%。1996年底,首批核定过渡为公务员管理单位有54个。其中,县直机关单位37个;首批审核过渡为国家公务员共有609人(其中在职在岗的509人,离岗不占编的40

人，已在政府行政机关干部岗位上工作的工人通过全国统一考试择优录用为国家公务员的 60 人）。1997 年，县直机关单位和各乡镇机关中过渡为参照公务员管理对象 302 人。2000 年，按照株洲市人事局要求，将县供销联社、经管局、水电局防汛办、乡镇财税所等单位纳入公务员管理范围，为 111 人办理过渡为国家公务员手续。当年，国家公务员过渡工作基本结束。

1999 年炎陵县公务员管理单位和参照公务员管理单位名录

表 23-1

类　别	单位名称
公务员管理单位	政府办、法制信访办、劳动局、工商局、文体局、房产局、技术监督局、国土局、统计局、粮食局、卫生局、爱卫办、乡镇企业局、农办、扶贫办、经委、水电局、计生委、农机局、审计局、环保局、司法局、档案史志局、广播电视局、计划物价局、林业局、民政局、农保局、交通局、建设局、农业局、教育局、财政局、畜牧水产局、科技局、人事局、公安局、森林公安分局、交警大队、经管局、供销联社、各乡镇政府、招商局
参照公务员管理单位	县委办、纪委、组织部、编办(登记办)、老干局、宣传部、统战部、工商联、政法委、团县委、妇联、总工会、人大机关、政协机关、各乡镇党委

公务员登记　从 2007 年 1 月开始，按照省、市统一安排部署，启动对公务员法管理单位、参照公务员法管理单位和具有国家公务员身份人员的登记工作，当年对 43 个单位进行公务员登记。其中，公务员法管理单位 41 个，参照公务员法管理单位 2 个；对 917 人进行了公务员登记，在职在岗人员 718 人，离岗休息人员 199 人；对 5 人暂缓公务员登记。2009 年，经湖南省实施公务员法领导小组审批，正式批准炎陵县的 18 个事业单位列入参照公务员法管理单位，并对 132 人进行公务员登记。至 2014 年，全县有公务员法管理单位 58 个，参照公务员法管理单位 30 个。

2014 年炎陵县公务员法管理单位和参照公务员法管理单位名录

表 23-2

类　别	单位名称
公务员法管理单位	县委办、信访局、农村工作部(农办)、组织部、宣传部、统战部、政法委、编办、纪委(监察局)、人大机关、政府办、发改局、物价局、住建局、环保局、科技局、教育局、民政局、交通局、农业局、林业局、水电局、文体广新局、卫生局、计生局、统计局、国土局、粮食局、经信局、人社局、财政局、审计局、商务局、安监局、食品药品监管局、政协机关、司法局(含乡镇司法所)、公安局、交警大队、森林公安局、法院、检察院、各乡镇党委和政府
参照公务员法管理单位	接待办、档案史志局、老干局、扶贫办(农综办)、党员教育中心、党校、九龙管委会、红十字会、应急办、供销联社、旅游局、经管局、畜牧水产局、农机局、规划局、以工代赈办(重点项目办)、社会救助局、移民局、文物局、合管局、卫生执法局、国土资源局、执法大队、机关社保局、医疗(工伤)保险局、劳动就业局、劳动社保局、非税局、乡财局、财政国库集中支付中心

公务员考试录用 县国家公务员录用工作始于1995年,在实施国家公务员制度之前称为录用国家干部。1997年,实施国家公务员制度之后称为录用国家公务员,主要是依据《湖南省国家公务员录用实施办法》等政策法规,面向社会公开考试录用国家公务员。1997—2001年,由县人事局全程组织笔试、面试、体检、考核、公示等环节,报省、市人事部门批复录用。2002—2007年,由省、市人事部门组织笔试环节,县劳动人事局负责组织面试、体检、考核、公示等环节,并报省、市人事部门批复录用。2008年以后,由省、市人社部门全程组织笔试、面试、体检、考核、公示等环节,县人社局负责协助配合。1995—2014年,全县累计公开招录国家公务员281人。

选拔生考试录用 按照湖南省人事厅《关于选拔高校毕业生到农村基层工作的通知》要求,2000年开始,由省、市人事部门组织在应届本科毕业生中选拔考试录用国家公务员(以下简称选拔生考试)。至2011年,累计有24名应届高校毕业生经选拔生考试安排到炎陵县乡镇工作,均在工作2年后考核合格,按程序录用为国家公务员。2012—2014年,省、市人社部门未组织选拔生考试。

二、事业单位制度改革

工作人员公开招聘 2009年,按照人事部《事业单位公开招聘人员暂行规定》、湖南省人事厅《关于事业单位全面实行人员聘用制有关问题的意见》规定,开始实行事业单位工作人员公开招聘制度,其中教卫技术人员招聘由县教育和卫生主管部门按照县编办所核定的编制牵头组织实施,县人社部门、纪检监察部门指导监督;其他事业单位工作人员由县人社部门牵头、用人单位主管部门配合组织实施,县纪检监察部门指导监督。2011年以后,按照《湖南省事业单位公开招聘人员试行办法》规定,实现事业单位工作人员公开招聘制度全覆盖。2009—2014,事业单位累计公开招聘工作人员410人(含人才引进人员),其中教育系统171人,卫生系统76人,其他部门事业编制人员共163人。2010—2014年,按照《炎陵县人才引进暂行办法》规定,累计从高校引进紧缺人才28人,其中研究生以上学历5人。

岗位设置 2011年启动事业单位首次岗位设置工作,至2014年10月,基本完成全县股级以上事业单位的岗位设置并兑现了岗位工资,除2个事业单位因机构改革等影响未完成岗位设置外,有239个事业单位完成岗位设置,共计设岗3595个,涉及人员3159人。其中,设管理岗位636个,聘用管理人员456人;设专技岗位2833个,聘用专技人员2416人;设工勤岗位126个,聘用工勤人员287人(首次设岗可占其他职数聘用)。同年,晋级的专技人员共1849人,每月岗位工资增加13.82万元。

2011 年炎陵县事业单位专技岗位工资标准一览表

表 23-3

专技职务	对应工资级别名称	岗位工资标准（元 / 月）	岗位晋级增资（元 / 月）
正高级	专技一级	2800	1380
	专技二级	1900	480
	专技三级	1630	210
	专技四级	1420	0
副高级	专技五级	1180	250
	专技六级	1040	110
	专技七级	930	0
中级	专技八级	780	100
	专技九级	730	50
	专技十级	680	0
初级	专技十一级	620	30
	专技十二级	590	0
员级	专技十三级	550	0

第四节　干部管理

一、调配　交流

1953 年起，干部调配分别由县委组织部和县人民政府人事科管理。1980 年，省委组织部和省人事厅联合下发《关于干部调配工作暂行规定》，县人事局负责办理同级党委管理以外的国家干部调配。县直机关一般干部在本系统内调动由主管部门办理调动手续。跨县跨系统和跨乡镇的一般干部调动，均由县人事局统一办理。1981—1990 年，县外调进干部 126 人，县内调出干部 204 人，其中属照顾夫妻分居的 136 人。1993—1996 年，共调配交流干部 563 人。1997 年，县人事局把干部岗位轮换列为公务员管理的重要内容，要求基层单位有条件的可拿出三分之一的中层领导职位（即股所级职位）进行竞争上岗，促进优秀人才脱颖而出，当年全县党政机关岗位轮换人数 720 人，轮换面 37.9%，其中重点岗位轮换人数 325 人，轮换面 45.2%。1998 年，实行机构人事制度改革，44 个县直机关（含全额事业单位）和 15 个乡镇机关共分流人员 1117 人，其中轮岗 94 人，换岗 637 人。1990—2014 年，累计办理干部调出县外手续 145 人，办理县外调入干部手续 38 人。

二、职称评聘

1980—1981年，根据国务院和省政府文件规定，对科技干部职称进行套改，1960年以前已取得技术职称的技术人员、大学本科毕业的技术人员套改为助理工程师，中专毕业的助理技术员套改为技术员。共套改职称283人，其中中级职称5人，初级职称273人。1987—1988年，在国务院和省市统一部署下，全县25个事业单位、17个系列全面开展专业技术职称改革工作，全县取得任职资格的科技人员2999人，其中高级53人，中级747人，初级2199人。

1993年，改进和简化企业、事业单位专业技术人员的技术职称评聘程序，实行评聘分离、以考代评、业绩考核等方式。1996年，由于教育系列占全县职称评聘的大部分，教育系列职称评聘申报指标开始下放到县教育局，由县教育局对申报对象按评优的项目打分排序，从最高分依次划定拟申报对象，并张榜公布，接受社会监督。1997年，加强对专技人员的日常管理，完善聘用手续。2002年，清理调整3个系列初级评审委员会，更新评委数据库。2003年，完成各类专业技术人员资格证书换发工作，共换发资格证书4273本。2005年开始，落实职称评聘指标向山区、农村中小学倾斜的政策。2012年开始，根据《株洲市事业单位岗位设置管理实施意见》和《炎陵县事业单位岗位设置管理实施方案》的规定，事业单位职称评审原则上在完成岗位设置且有空缺岗位，并在核定的岗位结构比例内对空缺岗位(专业)组织差额申报，事业单位无空缺岗位的，原则上不得组织申报；非事业单位根据单位实际和发展需要，按照优中选优的原则，严格对照职称评审条件择优推荐申报。2014年，经济、审计、会计、统计、翻译、卫生等系列的中级和初级职称实行以考代评，同年累计10个系列共有专业技术职称人员3198名，其中高级职称219名，中级职称1321名，初级职称1658名。

三、考核　奖惩

国家行政机关工作人员的奖励分为评先进工作者、记功、记大功、升级、升职、通令嘉奖6种。惩戒分为警告、记过、记大过、降级、降职、撤职、开除留用察看、开除8种。1985—1990年，全县受奖干部3478人，其中升级88人，记大功74人，记功453人，评为先进工作者2863人；受惩戒的76人，其中警告5人，记过18人，记大过12人，降级10人，降职2人，撤职10人，开除留用察看14人，开除5人。

1994年，按照《国家公务员暂行条例》规定，炎陵县开始对机关事业单位国家公务员和其他工作人员的德、能、勤、绩、廉5个方面内容进行年度考核，考核方式以定期考核为主，考核结果进入本人档案，并与本人的工资套改、晋级、立功和奖惩挂钩，对年度考核评为优秀的人员予以嘉奖，对连续3年年度考核评为优秀的人员予以记三等功，对在县委、县政府确定的重要工作中表现突出人员的评优和立功单独予以表彰，记二等功人员报株洲市人民政府批准并表彰，记一等功人员报湖南省人民政府批准并表彰。1999年，进一步改进年度考核方法，增设基本称职(基本合格)考核等次。1994—2014年，累计记一等功1人，二等功172人，三等功 1454 人，嘉奖 1.1 万人。确定基本称职（基本合格）等次 176 人，不称职（不合格）等次 120 人，不定等次 946 人。

1990—2014 年炎陵县机关事业单位工作人员年度考核情况表

表 23-4　　　　单位：人

年度	总人数	结果					获奖励总人数	其中					备注
		优秀	称职	基本称职	不称职	不定等次		一等功	二等功	三等功	嘉奖	先进个人	
1990	—	—	—	0	0	0	0	—	—	—	—	—	未统一考核
1991	—	—	—	0	0	0	552	—	晋级 13	大功 28	记功 131	380	
1992	—	—	—	0	0	0	576	—	晋级 13	大功 28	记功 115	420	
1993	—	—	—	0	0	0	568	—	晋级 13	大功 30	记功 110	415	
1994	—	—	—	0	0	0	244	—	3	60	181	—	—
1995	1656	196	1457	0	3	0	426	—	5	91	330	—	专技未考核
1996	1749	412	1332	0	5	0	412	—	0	113	299	—	—
1997	2495	385	2042	0	5	63	385	—	4	120	261	—	—
1998	4881	588	4200	0	27	66	588	—	19	73	496	—	—
1999	4798	609	4126	43	8	12	609	—	22	72	515	—	—
2000	4606	641	3811	54	5	95	641	—	25	76	540	—	—
2001	4539	623	3891	15	10	0	623	—	19	84	520	—	—
2002	4520	589	3918	10	1	2	589	1	15	81	492	—	—
2003	4486	540	3919	8	5	14	540	—	11	71	458	—	—
2004	6257	839	5408	1	5	4	839	—	14	89	736	—	教师纳入考核
2005	5592	667	4914	3	4	4	667	—	10	69	588	—	—
2006	6232	663	5555	7	5	2	663	—	12	60	591	—	—
2007	6063	779	5250	5	2	27	779	—	13	60	706	—	—
2008	5978	696	5221	9	3	49	696	—	0	58	638	—	—
2009	6064	600	5421	0	2	41	600	—	0	56	544	—	—
2010	5855	690	4989	4	3	169	690	—	0	30	660	—	—
2011	5174	665	4387	2	2	118	665	—	0	56	609	—	—
2012	5978	626	5221	5	11	115	626	—	0	53	573	—	—
2013	5618	726	4756	5	5	126	726	—	0	47	679	—	—
2014	4385	649	3683	5	9	39	649	—	0	35	614	—	不含领导干部
合计	96926	12183	83501	176	120	946	14353	1	211	1540	11386	1215	—

四、人员培训

1990—2014年，由县人社部门承担的人员培训主要有初任公务员和新聘事业单位工作人员培训、计算机初级知识普及培训、公务员轮训等，累计举办初任公务员和新聘事业单位工作人员培训班32期，培训1757人次；举办计算机初级知识普及培训班28期，培训1091人次；举办公务员轮训班74期，培训2490人次，合格率均为100%。

五、人才市场

1994年，成立人才流动服务中心，是株洲市第一个县级人才市场，并发布《炎陵县人才市场管理暂行办法》，当年交流人员98人，其中县内交流69人，输出到县外28人，引进到县内1人。1999年，由县人才流动服务中心牵头对县内人才资源进行调查，建立专业技术人员数据库、乡土人才数据库并初步实行电脑管理，同时重点开发农村人才市场，造册登记农村有一技之长的实用人才，将1025人纳入人才市场的管理和服务范围，向株洲市推荐县乡村优秀实用人才13人，1人评为全省县乡村优秀实用人才。1999—2002年，县人才交流服务中心先后输送人才去县外就业942人、引进各类人才87人，为企业招聘各类人才110人。2009年，县人才流动服务中心更名为人才交流服务中心。

六、人事代理和档案托管

1997年，针对大中专毕业生未就业前的个人档案无单位管理；县属改制企业专业技术人员和管理干部、机关事业单位辞职、辞退人员存在档案管理问题等状况，开始逐步推行人事代理制，为企业提供直接的人事管理服务。当年9月3日，经县编委会批复县人才流动服务中心加挂县人才市场管理办公室牌子，主要负责人事信息咨询、档案托管、人事代理、求职登记、人才交流等业务。1997—2014年，县人才交流（流动）服务中心实行人事代理“一站式办公”“一条龙服务”，人事代理和档案托管由原来40人增加到657人。

第三章　社会保障

第一节　养老保险

一、企业养老保险

1986年，县社会劳动保险管理所开始办理劳动保险业务，对当年新参加工作的全民合同制工人按其工资总额20%收取退休养老基金。1987年7月,启动全民企业、差额拨款和自收自支事业单位职工参加企业养老保险。1988年开始,对临时工亦按同样标准收取。1990年以前,企业退休人员养老金由各自企业支付。至1990年,全县计有104个单位1935名职工(全民合同工1150人,临时工785人)参加社会劳动保险,交纳养老保险金101.64万元,其中全民合同工74.87万元,临时工26.77万元。

1990年至1992年6月,企业养老保险实行县级统筹,征缴基金按参保单位职工工资总额的一定比例提取,提取比例采取过渡办法。其间,从1990年起,企业养老保险征缴拨付采取差额结算方式,受益单位扣除应缴保费后拨付差额养老金,增支单位缴纳扣除单位退休费后的差额部分,参保单位离退休人员的养老金由各单位自行发放。1991年11月,启动集体企业职工参加企业养老保险。1992年7月,企业养老保险开始实行市级统筹。1995年9月,建立社会统筹与个人账户相结合制度,参保人缴纳的养老保险费计入个人账户,参保人在办理退休手续前死亡的,其个人账户资金可以继承。

1999年,中央财政开始对炎陵县实行财政转移支付,当年转移支付补助资金280万元,此后逐年增加转移支付资金。2000年,开始将企业养老保险基金纳入县年度财政预算,每年给予配套资金补助。同年,开始实行企业养老保险养老金社会化发放。至2001年1月,社会化发放率达到100%。同年11月以后,企业养老保险由县劳动人事和社会保障局管理。2004年1月,启动农垦企业参加企业养老保险,并将大院农场农牧工纳入企业养老保险保障范围。

2008年1月,启动灵活就业人员参加企业养老保险。2010年,启用湖南省养老保险信息管理系统,企业养老保险开始实行省级统筹,企业养老保险关系实现全国跨区域无障碍转移接续。2012年起,开展城镇小集体职工参加企业养老保险工作。同年10月,启用离退休人员人脸建模系统,建模人数2636人,建模率75.9%。2013年7月,启动被征地农民基本生活保障工作。同年12月31日以后,城镇小集体职工参加企业养老保险政策不再实施,两年间共有381名城镇小集体职工纳入参保范围。至2014年,全县共有25个村民小组6106人被纳入被征地农民基本生活保障,累计征缴被征地农民保障金4797万元。

至2014年,企业养老保险参保对象为:全县公有制和非公有制企业职工、自收自支事业单位职工、农垦企业职工、灵活就业人员、被纳入被征地农民基本生活保障的农民。缴费标准为:参保单位按照缴费基数的20%缴费,参保职工按照缴费基数的8%缴费,灵活就业人员按照缴费基数的20%缴费。企业养老保险参保人数1.21万人,实际缴费人数9705人。离退休人数5139人,较2005年的2366人增长117%。当年征缴基金5780万元,发放养老金9023万元。人均月养老金1712元,较2005年的475元增长2.6倍。中央财政累计转移支付补助资金2亿元,县财政累计投入补助资金1810万元,基金累计结余3833万元。

二、机关事业养老保险

1996 年 10 月 1 日，启动机关事业养老保险，由人事局管理。参保范围为全县党政群机关和事业单位正式在职人员和离退休人员。

1996 年 10 月至 1998 年 12 月，缴费标准为缴费基数的 28%，其中单位缴纳 25%，个人缴纳 3%。2001 年 11 月后，机关事业养老保险由县劳动人事和社会保障局（人社局）管理。1999 年至 2003 年 3 月，缴费标准调整为缴费基数的 29%，其中单位缴纳 25%，个人缴纳 4%。期间，从 2002 年起，离退休人员养老金逐步实行社会化发放。2003 年 4 月至 12 月，缴费标准调整为缴费基数的 29.5%，其中单位缴纳 25%，个人缴纳 4.5%。2004 年，缴费标准调整为缴费基数的 30%，其中单位缴纳 25%，个人缴纳 5%。从 2007 年起，基金收支缺口由县财政兜底。2009 年 3 月起，暂停征收公务员和参照公务员法管理人员的个人部分养老金。

至 2014 年，参保单位 219 个，在职参保人数 4962，离退休人数 2443 人。当年征缴基金 3567 万元，发放养老金 3684 万元。县财政累计补助资金 3676 万元，基金累计结余 1430 万元。

三、城乡居民养老保险

2011 年 7 月，启动新型农村社会养老保险和城镇居民社会养老保险（以下简称新农保和城居保）。参保对象为具有炎陵县户籍年满 16 周岁（不含在校学生），且未参加企业养老保险的城乡居民。

新农保和城居保采取自愿参保方式，未满 60 周岁的参保对象可自主选择任一档次参保缴费。新农保设 7 个缴费档次：100 元、200 元、300 元、400 元、500 元、800 元和 1000 元。城居保设 10 个缴费档次：100 元、200 元、300 元、400 元、500 元、600 元、700 元、800 元、900 元和 1000 元。省、县人民政府对参保对象缴费按每人每年 30 元的标准给予补贴。为鼓励城乡居民积极参保，炎陵县以最低缴费档次为基准，每提高一个档次缴费的，增加 5 元补贴，超过 500 元档次缴费的，按 500 元档次补贴。对城乡缴费困难群体由政府给予缴费补贴，其中列入城乡低保的重度残疾人、“无劳动能力、无收入来源、无赡养对象”人员（以下简称“三无”人员）、55—60 周岁的城乡低保户中的一类对象及计生手术并发症人员由县人民政府每年按最低缴费档次给予全额代缴；其他城乡缴费困难群体由县人民政府每年按最低缴费档次的 60%给予代缴。

新农保和城居保的待遇领取年龄为年满 60 周岁，2011 年 6 月 30 日（含 30 日）前到龄的，无需缴费即可享受国家基础养老金；2011 年 7 月 1 日以后到龄的，按规定缴费后，可从到龄次月起享受基础养老金及个人账户养老金。对缴费年限超过 15 年的参保人员，在 15 年基础上每增加 1 年缴费年限，其基础养老金提高 0.5 元 / 月。新农保和城居保养老金由个人账户养老金和基础养老金组成，个人账户养老金包括个人缴费、政府补贴、各类资助等，并按规定计息。2011 年 7 月起，基础养老金标准为每人 55 元 / 月，后调整为每人 60 元 / 月。参保人死亡后，个人账户中的余额除政府补贴外，可以依法继承。

2012 年开始，每年 6 月和 11 月开展领取待遇人员资格认证工作，确保基金安全。同时，大力提倡参保人员持卡缴费，在各乡镇的银行网点均设立社保专用窗口，方便参保人员缴费。两年后，累计向新农保和城居保参保人员发放国家统一标准的社会保障卡 7.66 万张，全县城乡居民持卡缴费率 91%。

至 2014 年，新农保参保人数 8.71 万人，其中缴费人数 6.35 万人，领取待遇人数 2.36 万人，当年征缴基金 673 万元，发放养老金 1640 万元。城居保参保人数 918 人，其中缴费人数 559 人，领取待遇人数 359 人，当年征缴基金 9 万元，发放养老金 25 万元。

第二节　城镇基本医疗保险

一、城镇职工医疗保险

1953 年起，国家预算内开支工资的党政机关、事业单位在编人员和二等乙级以上残废军人实行公费医疗。企业职工实行劳保医疗，60 年代起，企业普遍设有医疗室，一般病可在本单位就医，病情重的职工送到县医院或县外医院诊治。80 年代起，企业实行医药费包干，按月发放到人。重病号的住院治疗，基本上由企业负责。实行全劳保的企业，职工家属医药费报销 50%。

2004 年 4 月 1 日，建立城镇职工医疗保险制度，参保对象为全县各类企业、个体经济组织、事业单位、国家机关、社会团体、民办非企业单位的在职职工和退休人员。城镇职工医疗保险（含大病医疗）基金设置首次住院、一个年度内第二次住院起付标准和最高支付限额。参保人一个年度内所发生的医疗费用为起付标准以上、最高支付限额以下的按“分段计算，累加支付”的办法计算；超过最高支付限额的，基本医疗保险统筹基金不予支付超过部分的医疗费用。同年起，城镇职工医疗保险保障范围不断扩大，先后将企业军转干部、离休干部、国有和集体改制企业退休人员、伤残军人纳入城镇职工医疗保险统筹管理，其中，离休干部、伤残军人的住院医疗和特殊门诊医疗费用由财政拨付专项资金解决；国有和集体改制企业退休人员享受住院医疗和特殊门诊医疗费用报销，但不设立个人账户。2006 年，对细菌性肺炎等 46 个单病种实行费用包干结算，并执行新版《湖南省基本医疗保险药品目录》。2011 年 1 月，借鉴“湛江模式”，城镇职工医疗保险在全市率先引进商业保险，由县医疗保险局测算交纳一定的商业保险费，商业保险支付大病以上的医疗费用，增强基金抗风险能力。2012 年，城镇职工医疗保险启用国家社会保障卡。

2013年1月，启用“大医保”系统，并对城镇职工医疗保险政策进行调整，实现与市本级在系统和政策上的统一。缴费标准调整为：用人单位和在职职工按月缴费，用人单位按上年度本单位月平均工资总额的7%缴费，在职职工按本人上年度月平均工资的2%缴费，退休人员不用缴费。待遇标准调整为：参保人首次住院的起付标准分别为三级医院900元、二级医院700元、一级医院500元；一个年度内第二次住院的起付标准分别为三级医院700元、二级医院500元、一级医院300元。

2013年炎陵县城镇职工医疗保险支付标准一览表

表23-5

类别		统筹共付段(%)						大病互助段(%)	
人员类别	医院级别	第一段（起付线以上0—8000元）		第二段（8000—30000元）		第三段（30000—60000元）		大病段（60000—180000元）	
		个人自付	统筹基金	个人自付	统筹基金	个人自付	统筹基金	个人自付	统筹基金
在职	三级	14	86	12	88	8	92	6	94
	二级	12	88	10	90	7	93	6	94
	一级	10	90	8	92	6	94	6	94
退休	三级	9.8	90.2	8.4	91.6	5.6	94.4	6	94
	二级	8.4	91.6	7	93	4.9	95.1	6	94
	一级	7	93	5.6	94.4	4.2	95.8	6	94

说明：参保人在统筹地区外就医，其住院医疗费用先由个人自付20%

2014年1月，按照《株洲市城镇基本医疗保险和生育保险市级统筹实施方案》规定，城镇职工医疗保险缴费标准调整为：用人单位按上年度本单位月平均工资总额的8%缴费，在职职工按本人上年度月平均工资的2%缴费，退休人员不用缴费。按照《炎陵县人民政府办公室关于调整城镇职工大病医疗互助缴费标准的通知》规定，大病医疗缴费标准调整为每人160元／年。

至2014年末，城镇职工医疗保险参保人数1.28万人，全县共有定点医疗机构38家。其中，定点药店26家、定点门诊5家、定点医院7家。当年征缴基金2991万元，支付医药费2669万元，基金累计结余5109万元，累计向参保人员发放国家统一标准的社会保障卡1.21万张。

二、城镇居民医疗保险

2008 年 1 月，启动城镇居民医疗保险。筹资采取政府补贴与个人缴费相结合的形式，参保对象为县内不属于城镇职工医疗保险制度覆盖范围内的三类人员：中小学幼儿园阶段城镇户口学生、未在校少年儿童、在县外就读的学生（以下简称学生儿童）；具有炎陵县城镇户籍或长期定居炎陵的年满 18 周岁以上，60 周岁以下的非从业居民（以下简称非从业居民）；具有炎陵县城镇户籍或长期定居炎陵的年满 60 周岁以上的居民（以下简称老年居民）。

2009 年 9 月 1 日，建立学生儿童意外伤害保险制度，并引入商业保险机制，对学生儿童因突发的、外来的、非本人意愿的无第三方责任的意外伤害、伤残或者死亡给予适当补助。2011 年 11 月，启动城镇居民医疗保险门诊统筹，参保人员在参保所在地的乡镇卫生院就诊可以享受门诊统筹，起付额为 10 元 / 次，支付比例为 50%，一个年度内门诊医疗费用最高支付额为 600 元，超出部分费用由参保人员个人支付。

2013 年，启用“大医保”系统，并对城镇居民医疗保险政策进行调整，实现与市本级在系统和政策上的统一。缴费标准调整为：每人 60 元 / 年，对享受最低生活保障的人员、持有《中华人民共和国残疾人证》且残疾等级为 1—2 级的人员按比例降低为每人 30 元 / 年，“三无”人员及五保户参保缴费由政府全额补助。待遇标准调整为：参保人首次住院按医院级别和所属参保人员类别设置不同的起付标准，一个年度内第二次以上住院不设置起付标准。学生儿童因突发的、外来的、非本人意愿的无第三方责任的意外伤害医疗补助和住院治疗合计最高支付限额为 15 万元，非从业居民和老年居民住院治疗最高支付限额为 10 万元。学生儿童发生无第三方责任意外死亡的，按每人 4 万元的标准给予补偿。参保人员未享受城镇职工生育保险补助且符合计划生育政策的生育住院分娩费用，纳入城镇居民基本医疗保险基金补助范围，补助标准为：顺产 500 元、难产 800 元、剖宫产 1000 元。

2014 年 1 月，按照《株洲市城镇基本医疗保险和生育保险市级统筹实施方案》规定，缴费标准调整为：每人 90 元 / 年，享受最低生活保障的人员和持有《中华人民共和国残疾人证》且残疾等级为 1—2 级的人员为每人 60 元 / 年，“三无”人员及五保户由政府全额补助。同时明确婴儿的参保待遇享受条件：6 个月以下的婴儿在办理户籍登记后，当月参保缴费，次月 1 日起享受城镇居民医疗保险待遇；新生儿在出生后 28 天内（含 28 天）参保缴费，并且新生儿父母均参加了城镇基本医疗保险，其出生至参保日的住院医疗费用纳入城镇居民医疗保险支付范围。

至 2014 年末，城镇居民医疗保险登记参保人数 9757 人，当年征缴基金 777 万元，支付医药费 383 万元，基金累计结余 2491 万元。住院医疗费补偿率 72%。

2014 年炎陵县城镇居民医保住院费用支付标准一览表

表 23-6

医院级别	起付标准(首次住院)		个人支付比例(%)	基金支付比例(%)
	非从业和老年居民(元)	学生儿童(元)		
一级医院	500	300	15	85
二级医院	700	400	20	80
三级医院	900	500	25	75

说明:参保人在统筹地区外就医,其住院医疗费用先由个人自付 20%

第三节 其他社会保险

一、生育保险

2005 年 3 月,县启动生育保险,参保对象为参加城镇基本医疗保险的所有行政、企事业单位的在职职工。生育保险基金支付的费用主要是:参保人员符合有关计划生育法律法规的生育、终止妊娠、节育、绝育、施行输精(卵)管复通术等所产生的费用,经有关部门确认治疗并发症的费用。

生育保险基金征缴比例为用人单位上年度职工工资总额的 0.4%,职工个人不缴纳生育保险费。生育保险基金与医疗保险基金同时征缴,实行“三统三分”管理模式:(统一参保,统一征缴,统一管理,分别确定费率,全年分别核算,待遇分开支付)。2014 年 1 月,按照《株洲市城镇基本医疗保险和生育保险市级统筹实施方案》规定,生育保险基金征缴比例调整为用人单位上年度职工工资总额的 0.7%, 并将生育津贴待遇纳入生育保险基金支付范围。

至 2014 年年末,生育保险参保人数 7617 人,当年征缴基金 193 万元,支付生育费用 18 万元,基金累计结余 347 万元。

二、工伤保险

2010 年 1 月,炎陵县正式启动工伤保险。参保对象为全县各类行政、企业、事业单位,有雇工的个体工商户的全部职工或雇工。同时按规定不属于参保对象的有:16 周岁以下的人员、女年满 50 周岁的人员(如未享受养老保险待遇,则放宽至年满 55 周岁)、男年满 60 周岁的人员、在用人单位实习的学生。工伤保险基金由用人单位缴纳的工伤保险费、利息和依法纳入工伤保险基金的其他资金构成,并按照以收定支、收支平衡的原则,确定不同行业内用人单位的缴费费率，一类、二类、三类行业分别为缴费基数的 0.5%、1%、2%，职工个人无需缴费。同年 8 月，国有、集体企业和事业单位老工伤人员纳入工伤保险统筹管理范围，全县共有 6 人。2012 年 1 月，按照株洲市人社局《关于调整工伤保险基准费率的通知》规定，炎陵县对用人单位的缴费率进行调整，一类、二类、三类行业分别为缴费基数的 1%、2%、3%。

至 2014 年，工伤保险参保人数 1.54 万人，当年征缴基金 574 万元，支付工伤待遇 384 万元，基金累计结余 769 万元。

三、失业保险

1986 年，县劳动服务公司设立待业保险所，办理职工待业保险业务。对企业倒闭和劳动优化组合下岗的停工待业人员实行社会救济。提取标准为标准工资的 1%。1988 年 10 月开始，按工资总额 1%提取。1990 年，对停工企业的老、弱、病、伤、残职工 76 人，按照政策，发给一定的生活困难补助费。1986—1990 年，共有 98 个单位参加待业保险，收取保险金 29.57 万元。1994 年，职工待业保险改为失业保险。1998 年，失业保险缴费标准调整为：用人单位和在职职工按月缴纳失业保险费，用人单位按本单位职工工资总额的 2%缴费，在职职工按本人工资的 1%缴费。1995—1999 年，失业保险为县内改制企业职工 4455 人发放失业救济金 213 万元。2001 年 11 月后，由县劳动人事和社会保障局管理。失业保险参保对象为全县城镇企业、事业单位及其职工，社会团体及其专职人员，民办非企业单位及其职工。

至 2014 年年末，失业保险参保人数 1.25 万人，当年征缴基金 157 万元，发放失业保险金 10 万元，基金累计结余 1476 万元。

第二十四篇　民　政

明、清时期，酃县民政事务包括户政、地政、社政、赋役等，由县署户房掌管。民国元年(1912)酃县行政厅设民政科。3年，改称第一科，掌管地政、社政、户籍、保甲自治、警政自卫、兵役、抚恤、区乡建设、禁烟卫生等事务。

中华人民共和国成立后，1949年10月，成立酃县人民政府民政科。20世纪50年代，主要职能是协助政府建立区、乡人民政权和民主建设；负责行政区划、优待抚恤、复员安置、社会救济、老区建设、婚姻登记等工作。1963年，改为酃县人民委员会民政科。1968—1971年，改为酃县革命委员会办事组民政小组。1973年，成立酃县革命委员会民政局。1981年，成立酃县人民政府民政局，增加地名管理职能。1984年，成立酃县民政局。1983—1984年，负责指导村(居)民委员会建立与民主管理。1992年后，增加殡葬管理、社团登记和老龄工作。1994年4月，更名为炎陵县民政局。2000年后，社会保障职能扩大，相继设立农村社会养老保险局、最低生活保障局(后改为社会救助管理局)等下属机构。

第一章　拥军　优抚

第一节　拥　军

一、拥军支前

民国15年7月，成立湖南人民慰劳北伐军兵士委员会酃县分会，召开群众大会，欢迎途经酃县的北伐军第二军(一部)。慰劳队、运输队在境内沿途慰劳支援北伐军。

1930—1934年，县、区、乡苏维埃政府组织数千群众参加运输队、慰劳队、救护队、洗衣队、文艺宣传队，为红军部队服务。

抗日战争时期，酃县县政府为前线征集兵员5989人，征派民工、民伕29.3万人次。县政府从积谷中支付民伕粮食5200公斤。民国30年，为收集社会游资支援抗战，县政府成立战时公债酃县劝募分队，动员城乡人民购买公债5万元。民国32年，县内人士组建“抗日剧团”巡回演出，宣传抗日。民国33年，县内工商界陈桂元等44户商家捐款6800元支援抗战。

1949年12月，为支援大西南解放，县人民政府发动群众交售粮食285万公斤、稻草86万公斤、柴火110万公斤。1950年春节，一区群众祝贺剿匪大捷，抬着生猪、鲜肉、鸡蛋、蔬菜、布鞋、袜底，慰问解放军县大队指战员。1951年5月1日，县内6万余名群众游行示威，声讨美帝国主义侵略朝鲜。当月中旬至次年6月，捐款5.22万元，认购“酃县号”大炮一门，支援志愿军打击侵略者。抗美援朝期间，全县745人批准参加志愿军。

二、拥军优属

1956年起，每年召开一次烈军属、复员退伍军人、残废军人代表会，进行慰问和表彰。20世纪60—70年代，县财政先后拨款20余万元，帮助县人民武装部修建办公楼、宿舍、武器仓库和民兵训练场地，帮助酃县武警中队修建营房。80年代，每年“八一”建军节，县委、县政府均主持召开拥军优属座谈会，总结经验，表彰先进。

1991年起，县委、县政府每年走访驻县武警中队、消防中队和人民武装部，走访老红军、革命伤残军人、军烈属以及复转退军人，发放慰问信、年画及慰问品，为现役军人发放家属优待金，为现役立功军人发放家属奖励金。2006年，为在乡伤残军人发放慰问金5100元，为25户特困对象发放每户慰问金300元，为失散红军每人发放慰问金4000元。义务兵家属优待金从每人每年800元提高到1000元，为86名现役立功军人发放家属奖励金8000余元。当年，县获第七届省级双拥模范县称号。2008年，为在乡伤残军人发放慰问金6800元，为25户特困对象发放每户400元慰问金，义务兵优待金提高至每人每年1500元，为48名现役立功军人发放奖励金6000元。2009年，为在乡伤残军人发放慰问金7500元，为在乡老复员军人、红军失散人员、烈属、在乡伤残军人给予每人500元门诊医药费补助，给予带病回乡、参战、退伍军人每人200元门诊医药费补助，为重点优待对象补助25万元重建住房补贴，为现役立功军人发放奖励金4000元。2010年，县获评第八届省级双拥模范县。2011年，走访慰问部分失散红军、在乡复员军人、伤残军人、烈属、自主创业退伍军人、特困对象共110户，给每户送去慰问金500元。为在乡伤残军人及西藏义务兵家属发放慰问金1.25万元，为重点优待对象缴纳城乡新型合作医疗保险7.6万元，补助大病医疗救助费15万元和发放38.4万元门诊药费，为现役立功军人发放家属奖励金1.3万元。2012年，为现役立功军人发放家属奖励金1万余元。为现役军人发放义务兵家属优待金69万元，为新疆义务兵家属发放每人1万元的一次性奖励金。2014年，实施农村兵与城镇兵同等待遇，按每人每年1.2万元标准发放义务兵家属优待金，共发放134.4万元。为新疆义务兵家属发放每人1万元的一次性奖励金。当年，县获评第九届省级双拥模范县。

第二节 优待抚恤

土地革命战争时期，酃县苏维埃政府制定《红军优待条例》，规定在土地改革中，红军家属要多分田、分好田。5户群众包耕1户红军家属的田，包耕种、包管理、包收晒、包上仓。

民国28—32年，国民政府对抗日战争中牺牲的酃县籍181名官兵先后发放抚恤费3228元（法币）。

1950年，县人民政府成立拥军委员会，发动群众组织"代耕队""帮工队"，给缺少劳力的烈、军属和残废军人代耕，全县享受代耕优待的烈军属和残废军人4934户，代耕面积1.79万亩。1951年8月，中央人民政府南方老根据地访问团湖南分团湘东南大队在坂溪、南岸等老苏区进行为期12天的走访慰问。县政府配合访问团对革命烈士和革命老人进行登记，经审查认定烈属546户，军属19户，发急救金1200元（折新币）。次年，按照中南军政委员会民政部和湖南省民政厅《关于战争中失踪人员的家属待遇的解释的通知》精神，县政府指示各乡成立烈、军、工属审查委员会，办理土地革命时期红军烈、工、残和失踪人员的审查工作。当年批准烈士6人，发一次性抚恤大米2777公斤。1956年，成立县追恤委员会，组织人员对全县烈士进行调查、评审、核定、造具烈士名册，给334位烈士的直系亲属发放一次性抚恤金3.86万元。1957—1964年追认烈士168人，发放抚恤金9174元。为烈军属、残废军人改代耕为优待劳动日，至1981年，全县共优待劳动日76.55万个，折合人民币38.23万元。1982年，改优待劳动日为优待现金，每户每年优待200—360元。至1990年，共优待烈、军属、残废军人3933户，发优待金108.9万元。

在发动群众优待的同时，政府对烈、军属、病残复员军人及老红军战士发放临时补助款和"双定"（定人、定量）补助款。1992年为革命烈士家属、因公牺牲家属、病故军人家属（以下简称"三属"）、革命伤残军人、失散红军、在乡老复员军人579人发放定期抚恤金24.36万元，发放定期补助金21.72万元。为退伍军人建房补助每户2000元，共8.1万元。1993年，为25名城镇优抚对象发放每月10元的粮、肉补差。1994年，为230名退伍军人和优抚对象下拨8.5万元优抚款解决治病、住房困难。1995年，为1225名优抚双定对象发放"双定款"38.51万元，为"二战"错杀人员15人家属补助3.87万元优待金。1996年起，"三属"对象、伤残军人、失散红军的"双定"补助和抚恤对象补助，其标准几番递增。其中，1996年增发4万元，1998年增发4.65万元，2001年增发11.97万元，2003年增补11.88万元。2007年新审核参战及参核人员810余人享受定期补助。2011年，为年满60周岁的农村籍退役士兵466人发放老年生活补助，为43名重点优抚对象补助15万元医药费，发放门诊药费38.4万元。2012年，为部分新定的烈士子女发放每人每月130元生活补助。2014年，为在乡老复员军人，失散红军、"三属"对象、伤残军人、带病回乡人员及参战人员、成年烈士子女、年满60周岁退伍军人分别按标准发放优抚金。

第三节　褒　扬

民国 28 年(1939),酃县政府在县城关岳庙旧址为抗日阵亡将士修建忠烈祠,在中山公园竖“抗日阵亡将士纪念碑”。

1950 年,酃县人民政府成立烈、军、工属审查委员会。年底,给 20 名在解放战争中立功的战斗英雄挂光荣匾,向 82 名立功官兵家属送喜报。1951 年,给 423 户烈属挂光荣牌。1974 年,县民政局在石洲金钟山为第二次国内革命战争中牺牲的工农红军酃县独立第九营营长何德胜、政委梁文光、战士古朝仁、罗俊寿修建陵墓。1979 年,省民政厅拨款 10 万元,县城机关干部、职工及学校师生义务劳动,在城西湘山建酃县革命烈士纪念碑,次年 9 月落成,碑高 19.28 米。时任中共中央宣传部部长张平化、省政协主席周里为之题文赋诗。1981 年,县政府组织人员普查编写《酃县革命烈士英名录》,随后斢换、补发革命烈士证明书。

1982 年,县民政部门与策源公社党委为刘寅生烈士迁葬修墓(后列为县文物保护单位)。1985 年冬,县委牵头成立酃县革命烈士传编纂委员会,下设办公室,经过 3 年多努力,编印《酃县英烈》一书,为何孟雄等 39 位著名烈士立传。

1988 年 6 月 2 日,县委、县政府为中共创始人之一何孟雄诞辰 90 周年举行隆重纪念活动。中共中央顾问委员会委员张平化和国家民政部、省市有关领导及烈士亲属应邀参加,到会者千余人。党史办和纪念馆在洣泉书院联合举办“何孟雄烈士生平事迹展览”,参观者达 5 万余人次。

1990 年 7 月,县民政局与大院农场在马鞍形为第二次国内革命战争时期牺牲的 48 名烈士建英烈亭,并为徐鼎燕、周亚水等烈士建墓。

1994 年,启动县烈士陵园建设,完成测绘和资料整理工作。1996 年,投入 20 多万元,在烈士陵园建成名人园牌坊、大理石踏步、水中仿竹亭等。1997 年,投入 25 万元新建烈士碑廊、名人园。1998 年,投入 15 万元在烈士陵园建起 6 座大理石炎陵名人塑像和“接龙桥战斗旧址”。2003 年,投入 4 万元对烈士陵园进行维修改造。2004 年,投入 10 万余元再次对烈士陵园进行维修改造。2005 年,投入 2 万余元美化陵园环境。2006 年,投入 70 万元对烈士陵园进行全面维修。

2011 年,对全县 16 个乡镇(场)、202 个行政村内未列入县级管理的零散烈士纪念设施进行全面普查摸底,全县散葬有名烈士墓 1421 座,安葬烈士 1442 人;无名烈士墓 1345 座,安葬烈士 2130 人。完成零散烈士纪念设施抢救保护工作,出台全县散葬烈士墓保护工作方案,并与烈士亲属签订集中保护和就地保护协议。

2012 年,烈士陵园列入全省重点烈士纪念设施维修改建项目,省民政厅拨款 1600 万元对烈士陵园进行改扩建和对零散烈士纪念设施进行保护,启动烈士陵园的重修总体规划。2013 年 10 月 17 日,县烈士陵园改扩建工程动工。对烈士纪念碑进行重修,用花冈岩大理石装饰主碑,汉白玉做碑座和四周护栏;新修烈士英名长廊和烈士墓群;对原有的名人园进行改建，名人园摆放何孟雄、缪伯英、刘寅生、廖纲绍等4尊英烈的半身塑像，摆放何炳麟、张经武、郭春涛、廖海光、张平化、周里等6位炎陵籍知名人士的雕像；修缮毛泽东指挥的接龙桥战斗遗址；新建380平方米的纪念馆；新建烈士陵园管理用房和公厕；新建1200平方米供群众瞻仰烈士活动的广场和一条500米长的游道；对园区3250平方米活动区域进行绿化和亮化，并安放部分休闲运动器材；全县散葬烈士墓集中保护入园工作在12月底完成，葬有135位烈士遗骨和无名烈士墓。同年，根据《民政部关于启用<烈士通知书><烈士证明书>和换发<烈士证明书>工作的通知》精神，为54位烈士家属换发烈士证明书。

2014年4月，烈士陵园纪念馆布展完成，全面对外开放。9月30日全县社会各界在烈士陵园集会，举办全国首个“烈士纪念日”活动。同年底，炎陵县认定烈士1467名。其中，第一次大革命时期12名，土地革命战争时期1404名，抗日战争时期2名（未含181名国民革命军抗日官兵），解放战争时期3名，基本完成社会主义改造和全面建设社会主义时期43名，社会主义现代化建设时期3名。

第二章　救济　安置

第一节　救　济

一、灾害救济

清同治三年（1864）奉巡抚札，劝捐积谷以备灾荒，全县新捐积谷4009石。五年元月四日，朝廷批准豁免酃县自咸丰三年（1853）以来因水灾冲毁田亩所欠田赋。当年减免年征赋额银725两。民国18年（1929）7月，发生特大洪灾，毁田万余亩，倾房千余栋，溺死千余人。省赈务委员会派人勘察后，于8月和9月两次拨发急赈计款5000元（银元）。民国37年7月，全县大水，毁田1.86万亩，塌房25栋，死亡牲畜683头，省拨赈灾粮9000石，被县参议长、财政局长等官绅瓜分，高价出售，每户灾民仅得灾款0.5元（金圆券）。

中华人民共和国成立后，县内每遇较大自然灾害，人民政府一面组织群众生产自救，一面在经济和物资上给予救济。1950—1990年，人民政府共发放救灾款222.7万元，无息、低息贷款1.17万元，大米16.3万公斤，稻谷627万公斤，棉絮833床，棉衣裤3042套，布疋1.88万米，棉花1500公斤，农具1000件，化学肥料2.78万公斤。

1991年，遭受旱灾，8.36万亩水稻严重减产，5000余人饮水困难。株洲市政府先后调运钢材4吨、水泥16吨、床单400条、衣物10万余件等物资，市民政局拨来自然灾害救济款42万元。同时，县委、县政府组织抗旱救灾募捐，共筹集资金17万元、粮3000余公斤支援灾区。

1994年,遭受5次洪水侵袭,6万名群众投入抗洪救灾,先后多方筹集救灾资金296.38万元,大米1万公斤、衣物1.49万件赈灾。1996年8月1日,山洪暴发,16万余人遭灾,10个圩镇被淹。县委、县政府组织全县人民抗洪救灾,全县机关单位干部职工捐出本月工资的三分之一(公安干警平均捐出一月工资),多方募集捐款188.65万元,物资价值53.5万元用于赈灾。市委副书记张伦连夜率舟桥部队赶赴灾区营救被困群众。1998年6月1—2日暴雨,全县普遍遭灾。县委、县政府组织机关干部下村包组入户抗灾救灾,募捐救灾款125万元,其中个人捐款79.64万元。2006年,遭受“4·10”风雹灾害和“5·6”“5·26”“6·17”“7·15”洪灾,造成全县6.8万人受灾,上级民政部门下拨救灾款286万元。2007年,特大洪涝灾害,受灾人口12.6万人。县民政部门向灾区发放矿泉水200箱、方便面400箱、饼干240箱、面包150箱、食油3000瓶、大米45吨、棉被500床、手巾4000条,上级民政部门下拨救灾资金550万元、灾民生活救济资金200万元。为110户受灾居民重建住房。187个单位捐款92.81万元,社会团体捐款50万元,衣物9600件用于赈灾。2008年,遭受特大冰灾,受灾人口15.41万,农作物受灾面积4709公顷,毁坏耕地254公顷。倒塌房屋1927间,损坏房屋5091间。其中,倒塌居民住房1389间,住房全倒户138户。直接经济损失23.03亿元。当年,民政部门下拨360万元救灾经费和2400床棉被,采购6万余元蜡烛,对住房全倒户每户发放500元慰问金、25公斤大米、一桶食用油、两床棉被和其他衣物。2014年,通过“一卡通”发放救灾资金130万元,惠及3093户困难对象。

二、贫困救济

1950—1952年,发放社会救济粮35.88万公斤,生产补助粮26.79万公斤,帮助1500户特别困难的农民度过夏荒。1960—1961年,发放救济款4万元,为1.4万人治疗水肿病。1974年,发放社会救济款8.29万元,减免贫下中农医药费欠款6万元。80年代,扶贫工作由单一的救济生活困难改为帮助发展生产。政府通过贴息贷款、以工代赈等形式,增强贫困区经济活力。1984年,成立县扶贫工作领导小组,对农村贫困户进行重点扶持。当年下拨扶贫周转金10万元,帮助129户贫困户从事种养、加工、运输、建筑和饮食服务业。至1989年,共投放扶贫周转金418.2万元,扶植乡镇企业35个,创产值699.5万元,实现利润112.7万元;扶植贫困户1.98万户次,帮助5184户脱贫致富。至1990年,共发放冬令救济费56.1万元,精神病、麻风病人医疗费114.15万元,精简退职职工救济费52.85万元,中国国民党军队投诚起义人员救济款9.52万元,少数民族救济款23.46万元,城镇失业人员救济款15.89万元,扶贫专项贴息贷款180万元,以工代赈款679.6万元。

2008年起,贫困救济资金主要投向受灾户住房建设。当年,全县发放100栋“安居工程”补助资金100万元。2009年,新建和维修房屋200栋,发放补助资金186万元。2010年,为全县150栋“农村安居房”建房户发放建房补助150万元。2010年、2011年、2012年,分别完成危房改造400栋、600栋、1500栋,建房补助分别为372.9万元、480万元、1365万元。2013年起，农村危房改造工作由民政部门整体移交至住房和城乡建设部门。2011—2014 年，每年投入 30 余万元为 4.29 万户农户住房投保，为各类农村住房受灾户争取理赔 390 户，共计理赔金额 90.5 万元。

三、临时救助

2011 年，出台《炎陵县城乡困难群众临时生活救助制度》，对由于各种原因造成基本生活困难的低收入家庭给予非定期、非定量生活救助。2012 年，对全县 50 多名特殊困难群众实施临时救助，人均救助金额 830 元，救助总额 4 万余元。2013 年，对全县 150 多名特殊困难群众实施临时救助，救助金额 14 万元。2014 年，对全县 1000 多名特殊困难群众实施临时救助，救助金额 44 万元。

第二节　安　置

一、移民安置

20 世纪 60 年代初期，醴陵县修筑官庄等大中型水库，湘潭地区人民政府安排官庄、荷田、望仙桥、雪峰山等水库居民迁移酃县落户。1963 年 11 月，开始接收醴陵水库移民。至 1965 年，共接收 542 户 2321 人，分别安置在城东、沔渡、十都、石洲、垄溪、水口、中村、东风等 8 个公社 53 个大队 211 个生产队和县办的坎坪畜牧场。

二、收容遣送

1949 年冬，遣送国民党部队战俘 36 人。1950 年，发给 214 名湖北到酃县的灾民大米 687 公斤，并派人遣送回原籍。1962 年 1—6 月遣送盲流人员 152 人，开支遣送费 8000 余元，大米 3000 公斤，食油 50 公斤。1972 年，县革命委员会成立收容遣送站。1972—1977 年收容遣送 977 人，支付费用 1.4 万元。1978 年，撤销收容遣送站，少数盲目外流者由公安、民政部门负责收容、遣返、安置。1978—1990 年收容 2581 人，遣送 1895 人，交有关部门处理 260 人，就地安置 21 人，开支经费万余元。

三、复退军人安置

1950 年 9 月，成立复员工作委员会，当月开始接收复员军人，至年底共接收 44 人并全部安排工作。1952 年，复员工作委员会改为转业建设委员会，当年接收复员军人 459 人。其中，城镇接收 26 人全部安排工作；农村接收 433 人，有 288 人被安排担任基层干部或从事教学等工作。1954 年 7 月，实施《中华人民共和国兵役法》，志愿兵改义务兵。1958 年县内开始安置退伍义务兵。1978 年，转业建设委员会改为安置工作领导小组，由人民武装部、民政局、劳动局等单位负责人组成，负责协调复员退伍军人、残废军人和离退休军官的安置。1982 年，开始推荐在军队有技术专长的“军地两用人才”，至 1988 年，推荐安置人员，占同期退伍军人的 35.62%。1950—1990 年，共接收复员退伍军人 3000 余人。分别由城镇安置工作和由农村安置。

2006 年，出台《炎陵县城镇退役士兵（士官）自谋职业暂行办法》，开始实行货币安置。当年，15 名退役士兵领取自谋职业一次性补偿金。2007—2012 年，有 84 名城镇退役士兵领取自谋职业一次性补偿金，为 77 名自主择业退役士兵发放自谋职业补偿金。2013 年，8 名城镇退役士兵领取自谋职业补偿金，为 36 名自主择业退役士兵发放自主择业补偿金。5 名符合安置条件的退伍士兵安置到县城管局拆违大队。2014 年，安置 4 名转业士官上岗，为 49 名自主择业退役士兵发放自主择业补偿金。

第三章　基层自治组织

1983 年 4 月，实行政社分设，建立乡（镇）政府，乡（镇）以下设立村民委员会和居民委员会。

第一节　村民委员会

一、村委选举

1987 年，县政府成立贯彻《中华人民共和国村民委员会组织法（试行）》领导小组，并在城东乡进行试点。至 1990 年 4 月，全县 203 个村全面贯彻实施村民委员会组织法，由村民代表大会选举产生村主任及村委会组成人员。

1996 年 2 月初，县政府下发《炎陵县第三次村委会换届选举工作方案》，至 4 月底，全县共选举产生村委会干部 1042 人，村民参选率 98%。各乡镇政府首次给新当选的村干部颁发当选证书。1999 年，第四次村委会换届选举，炎陵县为民政部“村委会换届选举微机化管理”首批试点县之一。2002 年，第五次村委会换届，全面实行差额选举，选出村主任 202 人，委员 604 人。2008 年，第七次村委会换届选举，实行候选人计生“一票否决”制，对 1990 年以来有违反计划生育政策的第一轮候选人进行全面审查，取消 23 人的村主任候选人资格和 57 人的村委委员候选人资格。县获评“湖南省第七次村级组织换届选举工作先进单位”。2014 年，第九次村委会换届，选举产生村委会成员 610 人，202 名村委会主任中女性 6 人。年末，全县有 202 个村民委员会，1453 个村民小组（含大院农场 11 个生产队）。

二、村干培训

1991年，县民政局会同县委组织部在党校分三期对203名村主干、67名村级后备力量进行21天的集中培训。1993年、1995年、1998年、2000年、2007年分别对换届后新任村主任进行集中政治业务培训。2014年9月21—27日，民政局组织15名新当选的女村主任参加在湖南师大举办的全省第十二期展璞计划——村"两委"女干部培训班，十都镇车溪村、中村乡罗浮江村、东风乡沿汾村各获得培训机构赠发5000元的种子基金，用于发展村公益事业。

三、村务公开

1998年3月31日，县委办、政府办下发《关于实施村务公开加强村民自治的意见》，成立县村务公开工作领导小组。在霞阳、十都等8个乡镇的20个村开展第一批村务公开试点。当年，全县189个村建立村务公开工作领导机构，占总村数的94%，145个村设立民主评议党员干部小组。1999年，县村务公开工作领导小组办公室、组织部、民政局、监察局、人事局联合下发《关于印发＜湖南省村务公开、民主管理工作实施办法＞的通知》，进一步加强村务公开工作力度。2000年3月，县委办、政府办下发《关于继续深入开展村务公开工作的通知》。各乡镇在村务公开中，查处违法违纪人员4人。其中，撤职3人，处分1人。各乡镇筹集资金2.4万元用于建设规范的政务公开专栏。至2003年底，全县15个乡镇的202个村普遍开展村务公开，其中192个村建立了固定公开栏。2006年，县乡两级党委、政府将村务公开工作纳入政绩考核的重要内容之一。按照省村务公开工作领导小组的统一部署和县村务公开工作领导小组的工作安排，全面完成上一届村"两委"班子成员的离任审计工作，并将审计结果在村务公开栏中予以公布。确定16个村为村务公开示范村，投入6.3万元为每个示范村建成一个高标准村务公开栏。2009年，全县202个村，9个社区居委会均按照《村务公开目录》开展村务公开，做到公开及时、真实、全面，有台账、有内容、有记录。各乡镇结合第七次村委会换届工作，对村委会财务进行清理审计，并将清理情况在村务公开栏里进行公开。2012年7月，县委办、政府办下发《关于建立村监督委员会的实施意见》，至2013年建立202个村监督委员会。2014年，新一届村务监督委员会履行对村级财务及各项村务公开的监督职能。县民政局为202个村发放《村民(代表)会议记录本》和《村务公开台账》。

第二节 居民委员会

1961年7月，城关人民公社更名为城关镇，始设1个居委会。1981年12月，城关镇人民政府辖东街、南街、西街和西门工矿居委会。1987年4月增设北门垅居委会。当年在沔渡乡、十都乡、水口镇、三河乡、河西乡各设1个居委会。1991年6月，成立北环路居民委员会。至此，全县共有居民委员会11个。1997年9月至12月，按照《中华人民共和国居民委员会组织法》规定,在全县6个建制镇(霞阳、沔渡、十都、水口、三河、鹿原)11个居委会124个居民小组开展第三次换届选举工作。1.44万名居民参选,参选率96%。共选出居委会干部57人,其中连选连任的34人,3名国家干部担任居委会主任,23名致富能手进入居委会领导班子。2000年底,霞阳镇6个居委会合并成4个社区居委会,并全面启动4个社区居委会办公服务大楼建设。2009年,县财政局、民政局为每个社区居委会安排资金25万元,各社区帮扶单位分别资助5000元至1万元。8月份,霞阳镇东、南、西、北4个社区居委会全部搬入社区服务大楼办公。同年,全县举行第七次社区居委会换届选举。11月18日,全县9个社区居委会组织选民投票,首次实行居民直接选举。社区居委会推选出社区居民代表235人,居民小组长125人。2012年,全县第八次社区居委会换届,选出新一届社区居委会班子成员51人,其中主任9人,副主任4人,委员38人。

2014年年底,全县城乡居民自治组织实现全覆盖,9个社区居委会依法自治达标。

第四章 社会事务管理

第一节 社会组织管理

1996年,县民政局首次对1995年6月30日前核准登记的33个全县性社会团体进行年检,25个合格、8个社团被撤销,批准成立学会2个。1997年,对27个社团进行年检,26个合格,撤销登记1个。全年新批3个,全县社团总数29个。2000年,全县新批社团3个,撤销社团1个,共有社团33个。2001年7月27日,县委、县政府成立民间组织管理领导小组。9月,制定《炎陵县民办非企业单位复查登记工作实施方案》。2003年,新批准成立社团3个,注销社团1个。2004年,新批准成立社团6个,其中农村专业经济协会4个。2005年,新批准成立民间组织7个。2007年,依法登记民间组织7个。2008年,依法新登记民间社会组织22个,乡镇中心幼儿园16个。2010年,新登记民间组织4个,全县民间组织发展至89个。2014年,受理社会组织申请9项,新登记社会组织8个,办理社会组织变更登记手续12项,办理注销登记手续1个。全县有各类社会组织110个(其中社团64个,民非46个)。

第二节 婚姻登记

1950年5月1日,中华人民共和国政务院颁布《中华人民共和国婚姻法》,婚姻事务开始由人民政府管理。1952年10月,酃县妇女联合会专门召开县、区、乡妇女联合会主任会议,贯彻《中华人民共和国婚姻法》。1949—1952年共登记结婚2788对,多是贫农和雇农。解除婚约1879对,多系旧婚姻中一夫多妻的妾妇、原属童养媳、年龄相差太大者、父母包办婚姻感情不和者或男方外出多年无音讯等原因。1957 年,结合拥军优属活动和“三八”妇女节再次大力开展婚姻法的宣传活动,开始宣传晚婚晚育。1958 年全县建立人民公社,婚姻登记工作由公社管理委员会办理。次年,有 4 个公社将婚姻登记工作下放由大队办理,出现一些不严格依法办事的问题。1962 年元月,一律收回公社掌管,由管委秘书兼办。80 年代,宣传贯彻五届全国人民代表大会修订的《中华人民共和国婚姻法》,结婚登记严格执行年龄规定(男为 22 周岁,女为 20 周岁)。号召晚婚晚育,实行计划生育。

1991 年,县民政局查处违法婚姻登记 1 起,培训婚姻登记员 17 名。县乡两级婚姻登记机构全年办理结婚登记 1443 对,离婚 33 对。1993 年,加大《中华人民共和国婚姻法》和《婚姻登记办法》的宣传力度,严格依法办事,办理结婚登记 1540 对(涉港澳婚姻 2 对),离婚登记 20 对,开具外出打工等流动人员婚姻状况证明 500 余份, 查处违法婚姻和事实婚姻 2 对。1994 年下半年,乡镇婚姻登记员全部由民政助理员兼任。1996 年 8 月,县民政局会同县纪委、监察局对各乡镇婚姻登记收费情况进行督察,有效地制止了各部门违章搭车收费的现象。2000 年 1 月,对 15 个乡镇的婚姻登记员进行集中业务培训,颁发《婚姻登记员证》,实行持证上岗。当年共办理结婚登记 1511 对,离婚登记 76 对。2001 年,县内加强宣传贯彻第九届全国人大常委会修改《中华人民共和国婚姻法》的决定。2003 年 4 月份,处理违法离婚案件 1 件,查处越权登记 1 例。从 10 月 1 日起,贯彻执行《婚姻登记条例》,撤销各乡镇婚姻登记点,收回印章,依法成立县婚姻登记处,归属县民政局管理。当年办理结婚登记 1695 对,离婚登记 63 对。2006 年,开展婚姻登记工作规范化建设活动,加强婚姻登记工作机构、编制、场地建设,选送人员参加婚姻登记业务知识和礼仪培训,购置电脑、数码相机,提高婚姻登记工作质量,保护婚姻当事人和妇女儿童的合法权益。2007 年起,县民政局在婚姻登记工作过程中,宣传倡导婚事新办、俭办的良好风尚。2010 年 5 月 7 日,株洲市民政局在炎陵县民政局举办株洲市婚姻登记员业务培训班,开展婚姻登记机关行风建设活动。当年,县民政局婚姻登记处被评为全省民政系统基层窗口单位行风建设先进单位。2011 年,县民政局婚姻登记处被民政部命名为首批全国民政系统行风建设示范单位。2014年 4 月 4 日,炎陵县婚姻登记处被评为国家 AAA 婚姻登记机关。

2004—2014 年炎陵县婚姻登记情况表

表 24-1　　单位:对

年度	结婚登记	离婚登记	年度	结婚登记	离婚登记
2004	1596	136	2010	1674	222
2005	1332	146	2011	1805	256
2006	1543	142	2012	1750	235
2007	1328	159	2013	1360	226
2008	1526	170	2014	1458	315
2009	1784	248	—	—	—

第三节　老龄工作

1989年，县设立老龄工作委员会办公室(简称老龄办)。从1990年10月始，发放百岁老人补贴，每人每月30元。90年代初，老龄工作重点是贯彻实施《湖南省老年人保护条例》和《关于共产党员、国家干部保护老年人合法权益的规定》，举行“敬老好家庭”“敬老好儿女”“敬老好干部”评比表彰活动，并将尊老爱幼列入全县“十佳”评比。1992年3月，老龄办与老干局合署办公。1996年起，宣传贯彻《中华人民共和国老年法》(以下简称《老年法》)。1998年，在全县评出敬老先进单位6个，先进工作者68名，敬老好领导8名。同年，宣传《老年法》，有670名科级干部参加《老年法》知识考试。1999年，全县有60岁以上老年人1.86万名，占总人口数10.59%。

2001年，老龄办划归县民政局管理。次年，筹措12万元资金，在县内承办株洲市第六届农民老年人运动会。2004年，开展全县第四次农村老年人运动会，组团参加首届全省老年艺术节。2009年，在全县开展“夕阳红”公益性免费摄影活动，共赠送免费照片1.5万张。2010年重阳节，县委、县政府在炎帝陵举行“孝行天下、瑞满炎陵”祭祖活动和文艺演出，县内99位九旬以上老人参加活动。当年，县委办、县政府办出台《关于进一步加强老年人优待工作的通知》，启动90岁以上老人的高龄补贴，当年补贴人数310人，补贴标准每人每月60元。2013年，开展“敬老文明号”创建活动，十都镇敬老院、县中医院保健康复中心获第一届全省敬老文明号称号。2014年，县内启动基本养老服务补贴，对65岁以上失能和半失能的困难老人，由政府向提供服务的单位或个人购买每人每月20元各类服务，开启政府购买居家养老新模式。全县补贴人数570人，补贴覆盖率52%。百岁老人补贴增至每月600元/人，同时养老服务示范点首次延伸到村、社区。北区社区、霞阳镇塘垄村、垄溪乡坂溪村、三河镇西台村为县内首批养老服务示范点。当年，垄溪乡敬老院院长廖太明获评全国孝心敬老之星。

第四节　地名管理

一、地名普查

酃县自宋建制以来，地域无大变更，毗邻江西2个县、本省4个县(市)，多以山、水、路为界，极少争纷。境内山谷、丘陵间形成千余个大小村落，或以地形命名，如船形等；或以古代军事遗迹命名，如营里等；或以自然景观方位命名，如西坑等；或沿用历史行政区划命名，如十都等；或以原有渡口命名，如沔渡等。大地名含小地名，小地名中含更小地名，异地同名、同音者多，全县“西坑”即有4个。

民国时期，以数序排列区、保、甲区划，乡级则以政治含义命名，如久安乡、定治乡、镇定乡等。中华人民共和国成立后，区、乡、村名多遵从历史习惯，沿用名称。人民公社初期，曾以政治含义命名，如红旗人民公社等，不久，复以原地名冠称。

1981 年，成立酃县地名普查领导小组，下设办公室，领导实施全县地名普查工作。1989 年 2 月，由县人民政府办公室、建委、民政、交通、公安、国土、邮电、文化等部门联合成立地名管理委员会。4 月，县编委行文为地名办公室，定编 2 人，归口民政局。依照省发《关于全面开展地名普查的指示》在全县城乡开展地名普查，历时 2 年，共收录地名 4007 条。其中，行政区划 221 条，自然村 3202 条，自然地理实体 137 条，人工建筑物 145 条，机关、企、事业单位 278 条，革命纪念地 11 条，名胜古迹 13 条。普查后，更名 15 条(其中重音 1 条、重名 12 条，当地自行更名 2 条)，新增地名 730 条，删减地名 730 条，勘误 829 条(其中更改大队名称 15 条)。根据此次普查资料，编辑出版《酃县地名录》一书(158 个版面，约 20 万字)。2004 年，完成《株洲地名志》炎陵部分的编撰工作。2012 年 12 月编制出版《炎陵县行政区划图》。2014 年 12 月 30 日，召开第二次全国地名普查动员会，启动第二次地名普查工作。

二、边界勘定

1993 年，县民政局、国土部门、龙渣乡与资兴市相关部门、乡镇商讨和调处龙凤村的深坳大山与资兴市彭市、中村联西村的平岗山与资兴汤市、中村九潭村落沟垄王祖雁山场与资兴市汤市的纠纷。1997 年，对 342 公里的行政区域边界线进行全面勘定。对炎茶线 55 公里界线进行勘界，复制边界线土地权属认定材料 138 份，毗邻 7 个县(市)边界线测绘图 516 份。8 月 7 日，召开茶炎 2 个县勘界联席会议。勘定重叠区段 4 处，拟定界线协议书 4 份。除蓼叶垄 3.5 公里待市裁决外，已贯穿 51.5 公里，并设定 3 个永久性界桩。1999 年，调整勘界工作领导小组。与周边县(市)26 次协商，勘定省界 133.5 公里，市(县)界 136 公里。2000 年，完成全县勘界任务，全县共有行政区域界线 7 条，其中省界 3 条、市界 3 条、县界 1 条。一季度，县勘界办开展调查取证、协商，全县难度最大的“炎资线”“炎桂线”贯通。对 1997 年以来勘界资料进行全面整理，形成档案 42 本。2002 年 6 月 19 日，省国土资源局委托省第二测绘院对湘赣边界炎陵境内的无名山峰(南风面西侧)进行测量，测定高度为海拔 2115.2 米，系湖南第一高峰。2007 年，完成湘赣、株郴线炎陵段省市界线联合检查档案的整理归档工作。

三、地名标志设置

1989 年 12 月，县地名办公室召开第一次委员会并邀请城关、水口两镇负责人列席，就县城的井冈路、北环路、县府路、文化路、新市街等 7 条骨干路、街的命(更)名及标志的设立问题进行讨论定案。1990 年 5 月，召开第二次委员会，确定县城第二批 31 条路、街、巷的命名。当年 10 月发布《关于城乡设置地名标志的意见》。完成县城 10 条路、7 条街、14 条巷的标志设置工作,均由县地名办公室统一制作钢柱铝牌。1993 年,在国、省道沿线设置乡、镇碑和村碑 14 座。1994 年,命名县城炎陵路、湘山路、体育路、建设路和友谊路 5 条路。1997 年,提请县地名委员会讨论通过,对县城原有 2 条路更名,对 7 处 18 条新巷命名。2003 年,投入 2.22 万元完成炎陵路等 8 条路的 37 块标准地名牌的设置。2005 年,对县城新建广场、路、巷进行调研,制定命名方案。办理路、街、巷命名 11 处,更名 2 处。2010 年,命名九龙经开区的 28 条路、街、巷,完成县城地名牌及 G106 国道、炎帝陵景区、神农谷景区沿线镇村 131 块地名标志的设置。2014 年 9 月,对县城城区损毁的路牌进行维修加固,制作维护路街牌 32 块。

第五节 殡葬管理

1992 年 7 月,县民政局投入 25 万元资金在画眉桥头筹建酃县殡仪管理服务站,征地 3 亩兴建殡仪厅。当年完成第一期工程,建筑面积 240 平方米。2001 年 8 月 12 日,县政府下发《炎陵县人民政府关于整顿和规范殡葬秩序的通告》,禁止三桥以内乱埋乱葬。2002 年,县政府又下发《关于进一步整顿和规范殡葬秩序的通告》,树立禁止牌,对坟主下发限期掩饰的通知。2003 年,筹措资金 230 万元,在马道村江下组雷冲垄山场建设殡仪服务中心和公墓山,当年一期开工。2004 年,投入 5000 元对公墓山第一期开发山场规划整带,投入 2 万元完善殡仪服务中心。2008 年,县政府常务会议决定将殡仪服务中心搬迁至霞阳镇草坪村山下垄。新殡仪服务中心于 2010 年 12 底建成,工程造价 1387.3 万元,占地 68.4 亩(其中公墓山 42.5 亩),建筑面积 2480 平方米。2014 年 2—5 月,由霞阳镇牵头,联合民政、国土、林业等单位对城区附近村组的乱埋乱葬、"活人墓"、非法经营墓地等情况进行摸底,对非法经营墓地的村组下达停建整改通知书。年底出台《炎陵县人民政府关于进一步规范殡葬管理秩序的通告》《关于进一步加强规范殡葬管理工作的意见》《炎陵县城规划控制区范围内规范殡葬秩序和"活人墓"专项整治行动方案》等,对殡葬秩序开展专项整治。同时,开展殡仪服务督查,规范服务收费。

第六节 老区建设

土地革命战争时期,酃县是井冈山、赣西南、湘赣革命根据地的基本苏区县,属革命老区(简称老区)。

县人民政府从 1950 年至 1954 年发放安抚粮大米 33 万公斤,建设费、救济款 5.05 万元,扶持老区人民购买耕牛 717 头,添置农具 5227 件,置衣 2005 件,被盖、蚊帐 816 床,建校舍 47 间,建民房 207 间,修民房 782 间,建窑 1 个,纸厂 1 个,修水圳 57 条。发给烈、军属和贫苦农民子女入学补助 1592 人次,5298 元,帮助解决入学困难。1963 年,成立酃县老区建设委员会。1967 年，支付老区建设费 20.4 万元。1969 年，支付 21.2 万元。1976—1977 年拨款 40.2 万元用于水口、中村治河。1978 年，支持 4 万元用于道任隧道、东风和跃进水库建设元。

1988 年，酃县被列为中央、省重点扶持县。1985—1990 年，湖南省老区促进会共投放酃县专款 93 万元。1990 年 7 月，县成立老区经济开发工作领导小组办公室，具体负责全县老区建设投放项目的考察、论证、管理和回收工作。主要扶持项目 33 个，其中水果、药材、食用笋基地 15 个，共 1500 亩。1991—2008 年，主要扶持项目 89 个，投放老区资金 272.8 万元。2011 年 9 月 13 日，炎陵县列入国务院扶贫办罗霄山脉连片特困区域扶贫开发范围。2013 年 6 月 18 日，湖南省政府批准《湖南省罗霄山脉片区区域发展与扶贫攻坚县级实施规划（2011—2020 年）》，炎陵县列入规划范围。2014 年，投放老区资金 13 万元，扶持项目 4 个，全部用于改善基层基础设施和扶持种养殖等产业开发。

2009—2014 年炎陵县老区发展资金投放表

表 24-2　单位：万元

年度	序号	项目内容	项目类型	省级财政扶贫资金
2009	1	东风乡油茶林种植	产业化—种植业	2
	2	水口镇下垄村修桥	小型公益—乡村道路	3
	3	中村乡罗浮江村修路	小型公益—乡村道路	3
	4	平乐乡黄桃种植（黄桃种植专业合作社）	产业化—种植业	2
	5	三河镇天平村修路	小型公益—乡村道路	1
	6	鹿原镇天星村建材开发	产业化—加工业	1
	7	鹿原镇科华养殖场水产养殖	产业化—养殖业	2
		小　计	—	14
2010	1	霞阳镇马道村综合养殖	产业化—养殖业	2
	2	垄溪乡仙坪村水果种植	产业化—养殖业	2
	3	三河镇天平村蔬菜种植	产业化—养殖业	2
	4	石洲乡大革命时期县委机关旧址红色纪念地维修	小型公益—其他	2
		小　计	—	8
2011	1	三河镇星光村生态农业基地建设	产业化—养殖业	3
	2	三河镇石潮村鱼子湾养鹅	产业化—养殖业	2
	3	鹿原镇天星村修路	小型公益—乡村道路	2
	4	策源乡中药材基地开发	产业化—种植业	2
		小　计	—	9

续表 24-2

年度	序号	项目内容	项目类型	省级财政扶贫资金
2012	1	中村乡梅岗村油茶种植基地开发	产业化－种植业	2
	2	沔渡镇瑞口村中蜂养殖	产业化－养殖业	2
	3	三河镇霍家村白鹅养殖	产业化－养殖业	2
	4	红军标语博物馆建设	—	3
		小　计	—	9
2013	1	沔渡镇小里村、上关村	乡村水利	6
	2	中村乡梅岗村茶叶种植	生产发展	4
	3	霞阳镇塘垄村白鹅养殖	生产发展	3
		小　计	—	13
2014	1	石洲乡双江村	乡村水利	4
	2	策源乡上洞村综合养殖	生产发展	3
	3	垄溪乡秋田村茶叶种植	生产发展	3
	4	三河镇霍家村白鹅养殖	生产发展	3
		小　计	—	13

第五章　社会救助与慈善事业

第一节　社会救助

一、五保供养

明初，县城南门外设有养济院，收养丧失劳动能力的孤寡老人和残疾人。明末兵乱而废。清康熙二十五年(1686)重建，有瓦房一栋，菜园一处，鱼塘一口，对收养的孤老、残疾者，每人每年发给大米3石6斗，另发布衣银3钱，清末废弃。1949年，县人民政府成立后，对无依无靠的孤老残疾人给予多方照顾。土地改革时，从优分配土地、房屋和其他生产、生活资料。农业合作化后，对他们实行“五保”(保吃、保穿、保住、保医、保葬)。1958年，全县兴建敬老院11所，有198名孤老残废者入院供养。因经费不能保障，至1962年，敬老院仅存2所，供养老人78人，其余644人由各地分散供养。“五保”户的粮食、生活费由生产队实行工分补贴，参加年终分配。当年“五保”户人均口粮 223 公斤，生活费 57.47 元。1982 年起，“五保”户供养改为每人每年供给粮食 300 公斤，食油 3 公斤，生活费 60 元。1986 年，每人每年粮食 350 公斤，食油 5 公斤，生活费 100 元，并供应柴火 1000 公斤或煤 500 公斤，单衣裤 1—2 套，鞋 1 双，袜 2 双，5 年 1 套棉被，1 床蚊帐。1988 年，全县办光荣院 4 所，供养 38 人，其中“五保”户 19 人。1989 年，县办敬老院 4 所，供养“五保”户 27 人，其余 414 名“五保”对象由村、组分散供养。

2004 至 2008 年，投资 700 万元对三河、十都、垄溪、下村、水口、中村、霞阳、船形、东风等敬老院进行改扩建。2008 年，全县农村五保对象 577 人，其中集中供养 397 人，年集中供养标准为 2520 元 / 人。2003—2008 年，为五保对象 2964 人次发放五保供养资金 206.06 万元。2010—2011 年投入 440 万元，改扩建鹿原敬老院、新建沔渡敬老院。2014 年，全县共有五保对象 650 人。其中，集中供养 262 人，年供养标准 8084 元 / 人；分散供养 388 人，年供养标准 2640 元 / 人。

2009—2014 年炎陵县五保供养情况表

表 24-3

年份	总户数(户)	总人数(人)	保障标准		保障资金(万元)
			分散	集中	
2009	525	549	1200 元 / 年	3840 元 / 年	135
2010	517	546	1500 元 / 年	4260 元 / 年	166
2011	555	574	2000 元 / 年	5480 元 / 年	208
2012	571	601	2000 元 / 年	5480 元 / 年	267
2013	265	591	2400 元 / 年	6650 元 / 年	271
2014	624	650	2640 元 / 年	8040 元 / 年	304

二、最低生活保障

农村低保 2003 年，县政府制定《炎陵县农村特困户救助工作实施方案》，农村特困户救助工作以户为单位，按每人每月 10 元救助。2006 年，出台《炎陵县农村居民最低生活保障实施办法》，9 月，农村特困户救助制度向农村低保过渡，从 10 月 1 日起实施农村低保。月人均补差从 2003 年的 10 元 / 人提高到 2014 年的 107 元 / 人，增长 970%。2014 年，出台《炎陵县人民政府关于进一步完善农村低保应保尽保工作实施方案》，结合《社会救助暂行办法》开展城乡低保“阳光行动”，对城乡低保对象进行全面核查，实现动态管理下的应保尽保。

2004—2014 年炎陵县农村低保情况表

表 24-4

年　份	农村低保(农村特困户)				
	保障标准	月人均补差(元)	户数(户)	人数(人)	保障资金(万元)
2004	—	10	945	1572	18.79
2005	—	15	958	1630	28.61
2006	825 元 / 年	15	1558	2948	18.41
2007	825 元 / 年	35	1566	2973	103
2008	825 元 / 年	45	2838	5666	209
2009	825 元 / 年	50	3695	7170	407
2010	825 元 / 年	55	3673	6997	481
2011	825 元 / 年	99	3834	7110	796
2012	2000 元 / 年	100	3911	7038	817
2013	180 元 / 月	118	4080	7142	970
2014	180 元 / 月	107	3050	6724	961

说明:均以每年 12 月底数据为准

城市低保　1999 年 7 月 1 日起,实施《炎陵县城镇居民最低生活保障制度实施细则》,霞阳镇 16 户 38 人特困居民成为全县第一批最低生活保障对象,城镇居民最低生活保障标准为人均 104 元 / 月,全年发放最低生活保障金 1.16 万元。经过两次扩面,数次提标,城市低保月人均补差从 1999 年的 25 元 / 人提高到 2014 年的 278 元 / 人,增长 1012%。其间,争取县广电、自来水、供电、劳动人事、工商、教育等部门在有线电视收视费、水费、电费、再就业证、营业执照、子女上学等方面为城市低保人群给予相应的配套优惠政策。

1999—2014 年炎陵县城市低保情况表

表 24-5

年 份	保障标准	月人均补差(元)	户数(户)	人数(人)	保障资金(万元)
1999	104 元 / 月	25	16	38	1.16
2000	104 元 / 月	38	24	50	2.97
2001	104 元 / 月	38	189	235	15.56
2002	116 元 / 月	38	1473	2883	79
2003	116 元 / 月	44	1114	2104	123
2004	116 元 / 月	45	1394	2783	151
2005	130 元 / 月	58	1354	2484	173
2006	170 元 / 月	83	1447	2582	218
2007	210 元 / 月	97	1472	2513	275
2008	210 元 / 月	115	1553	2646	346
2009	220 元 / 月	140	1608	2744	463
2010	230 元 / 月	162	1557	2581	503
2011	280 元 / 月	171	1604	2603	744
2012	340 元 / 月	265	1576	2561	816
2013	360 元 / 月	285	1530	2439	850
2014	360 元 / 月	278	1328	2130	763

说明:均以每年 12 月底数据为准

城乡医疗救助 2005 年 5 月,县政府批准实施《炎陵县农村医疗救助办法》。2007 年,建立和完善城乡最低生活保障对象的基本医疗救助制度,出台《炎陵县城市医疗救助办法》。全年城市低保对象中有 24 名困难群众得到医疗救助,支出城市医疗救助金 4.57 万元;219 名农村特困群众享受大病医疗救助,支出救助金 42.28 万元,覆盖率 100%。2008 年,城乡医疗救助力度加大,对 4516 名农村困难群众、581 名五保户参加合作医疗个人缴纳部分给予全额代缴,共代缴资金 2.97 万元。新农合个人年均代缴金额从 2008 年的 10 元增长到 2014 年的 60 元,增长 5 倍。

2005—2014 年炎陵县医疗救助情况表

表 24-6

年份	住院及门诊救助		新农合代缴		
	救助人次（人次）	救助金额（万元）	代缴金额（元 / 人）	人数（人）	总金额（万元）
2005	138	19.8	—	—	—
2006	154	26.5	—	—	—
2007	219	42.3	—	—	—
2008	621	88.6	10	2973	2.97
2009	1082	79.5	20	4453	8.9
2010	792	83.4	20	6007	12
2011	1305	117.6	30	7545	22.6
2012	1656	177.8	50	7626	38.1
2013	1964	219.4	60	7554	45.3
2014	2647	284.2	60	7526	45.2

新农保民政代缴　2011 年 7 月 11 日，国务院批准炎陵县列入第三批国家新农保试点县。从 2012 年开始为符合新农保代缴条件的年满 16 周岁，已列入城乡低保的重度残疾人、未满 60 周岁的五保户、55—60 周岁的农村低保户中的一类对象按个人缴费标准的最低档次 100 元 / 年给予新农保代缴。2012 年，全县有符合新农保代缴条件的农村低保、五保对象 489 人，代缴参保资金 4.89 万元。2013 年，全县有符合新农保代缴条件的农村低保、五保对象 496 人，代缴参保资金 4.96 万元。2014 年，全县有符合新农保代缴条件的农村低保、五保对象 475 人，代缴参保资金 4.75 万元。

三、残疾人保障

1990 年 4 月 26 日，县人民政府号召社会各界为残疾人康复募捐，当年捐款 6725 元，有 78 名残疾人得到康复治疗。1991 年，县残疾人联合会（以下简称县残联）成立后，按照特困残疾人500元/户,困难残疾人300元/户标准,每年春节期间慰问残疾人家庭100余户。对因突发疾病或其他意外事故的残疾人给予临时性救助。

2009年,县残联开始实施残疾人居家托养阳光家园项目。年龄男16—59周岁,女16—54周岁的精神、智力和重度肢体残疾人为居家托养服务对象。抚养人为其提供日常生活护理或照料服务,县残联依据托养人所服务的人数,给予每人每年550元至800元的托养服务补贴,累计补助723人次,补助金额50万元。按照《湖南省彩票公益金农村贫困残疾人危房改造项目"十一五"实施方案》规定,2009—2013年,改造残疾人住房296栋,投入资金180余万元。根据《炎陵县特困群体参加新农保(城居养老保险)缴费补贴实施办法》,已列入城乡低保的重度残疾人参加新农保,由县政府每年按最低缴费档次给予全额代缴,未列入城乡低保的重度残疾人参加新农保,由县残联每年按最低缴费档次的60%给予代缴。2011—2014年,县残联累计为464人次代缴新农保。

2014年9月,重度残疾人本人或其法定监护人向户籍所在村(居)民委员会提出书面申请,经乡(镇)、县残联审核,公示无异议后,每月可领取50元护理补贴。当年末,首批1250名申报人员的47.59万元重度残疾人护理补贴发放到位。

四、孤儿保障

2012年10月22日,出台《炎陵县人民政府办公室关于加强孤儿保障工作的实施意见》,对认定的孤儿按照省社会散居孤儿每人每月600元的最低养育标准给予生活保障,按季度拨付到孤儿或孤儿监护人银行账户。对孤儿救助实行动态管理,既保证新增的孤儿能及时进入补助范围,又及时将超龄孤儿剥离补助范围。2014年末,全县有14名孤儿,发放孤儿基本生活费10万元。

第二节 慈善事业

一、善捐善助

2000年代初,县内出现善捐善助的义工队伍。被誉为"湖南杰出金牌义工"的县教育局职工刘朝华于2008年5月17日在下乡助学返回途中遇车祸殉职,团中央追授刘朝华中国杰出青年志愿者称号。

2009年,炎陵县成立慈善办。县委、县政府下发《关于开展"天天慈善一元捐"活动的通知》,在全县范围内募集慈善捐款20余万元。开展"金叶慈善卡"医疗救助,对80位患慢性疾病和重大疾病的困难家庭实施医疗救助,发放资金4万元。

2010年1月30日,县委、县政府召开炎陵县慈善会成立大会暨第一届理事会第一次会议,选举产生第一届理事会理事106名和领导班子,会上17家企事业单位进行献爱心捐款,共捐赠善款 29 万元。4 月 14 日，为青海玉树募集善款 20.3 万元。开展“金秋助学”活动，对考取二本以上，品学兼优的大一贫困新生 19 人分别给予 2000—3000 元的学费资助，共资助学费 3 万元。开展“迎端午，情系五保老人”活动，投入经费 10 余万元为全县敬老院的老人添置衣物 600 余套。开展助学、助医的慈善救助公益活动，为困难群体提供资金帮助 8 万元。开展“天天慈善一元捐”，全年募集慈善捐款 66 万元。2011 年，接收慈善捐款 46 万元。2 月，启动“扶贫助学”慈善项目，对全县中小学贫困寄宿生进行生活费补助：小学生 100 元 / 月，初中生 160 元 / 月，高中生 200 元 / 月，每学期按 5 个月计算补助，每年扶助中小学贫困寄宿生 215 名，年补助资金 30 余万元，资助时间为两年。开展“金叶慈善医疗卡”救助活动，发放 8 万余元救助 54 人。为患者家庭做好“微笑列车”“唇腭裂”“贫孤先心病儿童”助医项目的申报和联系工作。2013 年，制定《关于开展经常性慈善募捐活动的通知》，开展经常性慈善募捐活动。机关和企事业单位的干部职工按以下标准捐款：处级 300 元 / 年、正科级 200 元 / 年、副科级 100 元 / 年、科员 50 元 / 年，共接收捐款 34.49 万元。为 22 名大一贫困新生发放 6 万元“金秋爱心助学”金。发放 13.4 万元救助大病特困对象 32 人。为 53 名困难对象发放 60 张“金叶慈善卡”共 3 万元。为 11 名未满 14 周岁孤儿申报“大爱助孤”生活补助。走访慰问十都、鹿原敬老院、困难对象，发放慰问金 12 万元。

2014 年，接收捐款 156.77 万元（其中烟草公司定向捐款 146.5 万元）。为 11 名散居孤儿发放“大爱助孤”救助金 2.64 万元，为考上大学的孤儿送去助学金 5000 元。发放 8.1 万元救助 14 名困难对象。为 20 名困难对象发放 1 万元“金叶慈善卡”。开展慈善“助鹰”项目，投入 3.06 万元为 38 名孤儿和事实无人抚养未成年人解决生活、教育方面的困难。同年 3 月，县残联成立助残志愿服务组织。谭德发、王柯被株洲市残联评为 2014 年度志愿助残先进个人。

二、发行福利彩票

1987 年，炎陵县首次在县城解放路小康桥发行中国社会福利有奖募捐券，实现销售 2 万余元。2000 年，民政局在县城炎陵中路举行大奖组销售，发行中国社会福利有奖募捐券 100 万元，销售 89.5 万元。1987—2001 年间，累计销售中国社会福利有奖募捐券 242.61 万元。2002 年，开始销售电脑型福利彩票。2011 年 11 月，快开类视频彩票快乐十分之动物总动员在炎陵县上市销售。2012 年，快乐十分之动物总动员彩票实现销售 407.2 万元。当年，炎陵县福利彩票销售首次突破千万大关，实现销售 1298.3 万元。2013 年，县城解放路即开型福利彩票销售亭建成并投入运营，当年实现销售 22.17 万元。至 2014 年底，全县设有 20 个福利彩票投注站，其中城区 13 个，乡镇 7 个。当年销售福利彩票 1417 万元。

第二十五篇 法 治

明代,县内民事调解始有专人负责。清代,司法行政合一,至光绪年间设巡警署,负责社会治安。民国初期设司法署,后改为司法处,始由司法机构审理刑、民事案件,并成立看守所,内设监狱。

中华人民共和国成立后,1950—1955年,先后成立人民公安局、法院、检察院,分别行使侦破、审判、检察职能。20世纪50—70年代,反革命案件占刑事案件总数50%。受"以阶级斗争为纲"的影响,造成大量冤假错案,其中错判反革命案件超过案件总数70%。"文化大革命"后经申诉复查全予纠正。1980年县司法局成立后,着力对公民进行法制宣传教育,并开展法治示范创建活动。20世纪80年代,公安司法机关依法重点打击贪污贿赂等经济犯罪,侦破审结经济犯罪案件占案件总数48%。20世纪90年代起,不间断地开展禁毒、禁赌、禁娼和反邪教专项行动,整顿社会秩序。严打抢劫、谋杀、盗窃、强奸、拐卖等恶性犯罪,维护社会稳定。21世纪,办案注重调解,审结民事、行政、经济纠纷等案件,调解结案率占90%。同时,竭力清理执行积案,维护案件申请执行人权益,最大限度化解社会矛盾,创建平安县。

历经几十年改革发展,至2014年,公安司法机构健全,基础设施设备日趋科技化,队伍近500人。

第一章 公 安

第一节 机构队伍

清代,治安案件由典史辅佐知县办理。光绪二十七年(1901)设巡警署,负责县内治安。

民国7年(1918),改巡警署为警察所。民国22年,因战事纷繁,财政困难,警察所受命停办。民国26年,重设警察所,后易名为警佐室,下设城区警察所。县府在警佐室外增设保安警察队,内设政务警察队。民国28年,警佐室同保安警察队、政务警察队合并为警察局,内设督察室、训练室及总务、行政、司法3个科。下设警察队、外勤班、特务班,在王家渡设派出所。民国30年，派出所更名为分驻所，分别在沔渡、水口增设分驻所。民国35年，分驻所复用派出所名称，增设瓜寮、中村派出所。民国36年，增设船形派出所。民国37年，总警力203名，其中警官16名，警长17名，警士162名，行政人员7名，雇员1名。

1949年10月，中共酃县县委机关内设社会部，成员5名，负责治安工作。1950年3月，撤销社会部，成立公安局，内设秘书、行政、司法、侦察、审讯、治安6个股和看守所，派出机构有城关派出所、王家渡派出所。1967年8月，公安、检察、法院实行军事管制，由革命委员会下设的人民保卫组行使公、检、法职能。1973年5月，撤销军管，恢复县公安局，内设政工室、秘书股、政保股、治安股、预审股、消防股和看守所。1987年起全面实施“以乡设所”。1988—1989年，陆续在乡镇合同制干部中招收一批人员充实到基层派出所弥补警力不足，称之为“乡编民警”。1990年公安局增设法制股、户政股。1993年，实行警衔制度，县局146名警察首次授衔。1996年11月26日，成立公安巡逻警察大队，开通110报警服务台。1998年，增设警务督察大队。2003年，在红星桥、沔渡、鹿原三个派出所实行治安、交警、森林“三警合一”，在十都、垄溪、水口、策源、下村等派出所派驻森林民警。2007年，调整乡镇派出所，保留霞阳、沔渡、十都、垄溪、水口、红星桥、三河、鹿原派出所。撤销东风、船形、下村、策源、中村、石洲派出所，各设警务室。凡被撤派出所的机构、编制按就近原则并入保留所。2009年，鹿原派出所更名为炎帝陵派出所，十都派出所更名为神农谷派出所。同年，设立城市管理大队。2010年，向社会招入公安民警47名，充实警力。2011年9月，县直机关机构改革，公安局内设机构为政工监督室、法制工作室（后更名为法制大队）、纪检监察室；执法机构为指挥中心、刑事侦察大队、国内安全保卫大队、治安大队、人口与出入境管理大队、监所管理大队、城市管理大队（后改为综合执法大队）；派出机构有霞阳、沔渡、神农谷、垄溪、水口、红星桥、三河、炎帝陵派出所；2014年，县公安局编制203名，实有警力192名。

第二节　政权保卫

一、清匪肃特

1950年6月，县人民政府开始对国民党、三青团、特务和原军、政、警、宪骨干进行登记，促其自新。原国民政府代理县长邓凯元、惯匪朱世根，原乡长周少芳和土匪头目周良玉等窜入深山，拒绝投案自新，或打家劫舍，或袭击值班民兵。11月，县委成立清匪肃特委员会，抽调民兵、猎人组成72支打猎队，配合县大队、区中队和公安人员进行大规模搜山。次年1月14日，四区武装干部沈天虎在追捕邓凯元时，被邓击中牺牲。当月惯匪朱世根一伙被擒获。3月，公安局长王禧亲率干警到十都发动群众，切断地方反动势力与邓凯元的联系，17日邓走投无路自杀。8月，周少芳、周良玉被击毙。原“反动救国军”第四支队独立大队大队长萧丙坤率部投诚。至年底，共歼匪10余股，击毙擒获土匪特务981人，缴获各类枪500余支，子弹近3万发，手榴弹64枚。

二、镇压反革命

中华人民共和国成立前夕，酃县有国民党、三青团、中统、军统等反动组织20余个，大小头目及骨干分子2000余人。1949年，酃县人民政府成立后，县内仍有部分反动组织、头目活动频繁，气焰嚣张。1950年11月，县委部署镇压反革命运动（简称“镇反”），至1953年5月先后进行3期集中“镇反”，逮捕土匪、特务、地主恶霸、反动党团头目骨干、反动会道门头目（简称“五类反革命分子”）400多名，并依法处决一批罪大恶极分子。同时，公安局派员先后到长沙、郴州等地追捕外逃的地主恶霸和反动党团骨干，抓获此类人员100余名。1955年8月，县委部署“继续镇反”工作，9月5日，集中搜捕“五类反革命分子”59名，全部作出有罪判决。

三、内部肃反

1956年4月，县委遵照中共中央关于彻底肃清暗藏反革命分子的指示，成立内部肃反领导小组（又称“五人小组”），按照“提高警惕，肃清一切反革命，防止偏差，不冤枉一个好人”的方针，在机关、学校、厂矿等单位分6批开展肃反运动。公安派员参加，紧密掌握情报信息和运动发展情况。至1962年10月，共清查出暗藏在革命队伍中的反革命分子97名，根据“一个不杀，大部不捉”的政策，全部作出相应处理。

四、监督改造

1956年3月，根据《农业发展纲要（草案）》第四条和第五条规定，结合生产、整社（整顿农业生产合作社），对全县1284名地主分子、富农分子和反革命分子全面开展评审活动。对诚实守法、改造好的摘掉“帽子”吸收为社员。表现一般的作为候补社员，改造不好有一般违法行为的交群众监督劳动。经评审，批准为正式社员占20%，候补社员占59%，监督劳动占21%。1957年，将增划的坏分子列入地、富、反行列，合称为“四类分子”。由基层治保组织和生产队进行经常性教育和监督，劳动报酬与社员一视同仁。半年或一年进行一次评审。1979—1983年，按照中共中央〔1979〕5号文件精神，对仍被监督劳动的“四类分子”全部摘掉“帽子”，个人成分改为社员。

五、打击取缔非法组织和邪教

清光绪十九年（1893），“归根教”传入酃县。民国5年和8年，“紫霞教”和“同善社”又先后传入。三教共设活动坛（点）140处，发展教徒近3000名，其中道首199名。民国时期，反动会道门组织均被反革命势力收买和利用，从事反共反人民活动。1949年，县人民政府成立后，反动会道门组织继续秘密发展组织和教徒，从事反革命活动和封建迷信活动，阻碍经济发展，危害政权稳定。1953年3月，县人民政府发布公告，取缔“同善社”“紫霞教”“归根教”等反动会道门组织，限令道首登记，劝告教徒退教，构成犯罪的 52 名道首被逮捕，83 名一般罪行的道首交群众管制。1959 年，在垄溪破获“西华教（归根教派系）复辟”案，抓获道徒 50 名，查处两个秘密活动场所，两名道首被起诉判刑。1994 年，陕西省人毛仪明将非法组织“门徒会”传入酃县。该组织打着宗教旗号，从事反宪法、反法律，蛊惑人心，危害社会稳定活动。1995 年，县公安局在全省率先取缔“门徒会”，教育和处理执事 24 名。1996 年“8·2”特大洪灾后，“门徒会”在炎陵活动加剧。1997 年 4 月，县委召开常委扩大会议，专门研究部署“打击取缔非法组织‘门徒会’统一行动”，成立以县委书记任指挥长的指挥部，当年对“门徒会”成员逮捕起诉 6 人，劳动教养 1 人，治安处罚 91 人，教育训诫 1100 余人。1998 年，“门徒会”更名“福音会”在鹿原、三河等乡镇部分村组继续活动，县公安局再次坚决打击。1999 年，对“法轮功”邪教组织展开调查摸底发现，全县有 7 名邪教“法轮功”练习者，县公安局对该 7 人严密监控，耐心教育，成功转化。2000 年，部署开展“依法查处对社会有危害气功组织”专项行动，对在炎陵县有一定规模的“中功”组织依法取缔。1998—2014 年共查处案件 40 余起，治安处罚 132 人，收缴反动宣传资料 2420 余份。

第三节　治安管理

一、治保组织和辅警配备

1951 年，县公安局在各区乡先后配备公安员。以小乡为单位建立治安保卫委员会（简称“治保会”），每个治保会由 5—7 名委员组成。1955 年开始以农业社为单位建立治保会。1958 年成立人民公社后，公社成立“政法部”，大队有治保会，生产队有治保小组。1963 年起，各厂矿、机关、学校、居委会先后建立治保会。1980 年，部分单位开始建立保卫股，配备专职或兼职干部。1986 年县公安局组建城关治安联防队。1990 年，全县有农村治保会 205 个。县政府专门发文规定，将村级治保主任列为村主干，明确其报酬由县、乡两级财政负担。1994 年，15 个乡镇建立治安联防队，共有公开招聘的治安联防队员 46 名，厂矿、企业、学校、建立护厂队、护校队，全县有义务联防组织 124 个，义务联防队员 915 名。2005 年，《企业事业单位内部治安保卫条例》实施后，县公安局主要职责转为指导、监督本行政区域内的单位内部治安保卫工作。2008 年，组建 30 人的城区专业巡防队，由霞阳派出所管理和考核。2013 年起，贯彻上级关于辅警配备的要求，至 2014 年共配备辅警 87 名。

二、特种行业管理

清末，旅店首称特种行业。民国时期，旅栈业、荒货业、印刷业和刻字业被列入特种行业。酃县人民政府成立后，公安机关将印铸刻字、旅栈、无线电维修和器材销售、废旧收购等行业列为特种行业，实行审查登记，发给营业证，保障合法经营，防止犯罪分子利用。公安机关定期组织上述行业从业人员学习培训，指导督促建立治安防范措施。1986 年起，对特种行业逐步建立治安承包责任制和交纳治安保证金等制度。1990年，通过整顿登记，全县经营的特种行业共有157家，其中旅店127家，印铸刻字10家，废旧收购19家，寄卖1家。1991年，对全县范围内的特种行业重新审核，给79家符合条件的单位颁发《特种行业许可证》，并对特种行业的《安全许可证》实行年审制度。1993年，将特种行业(含公共娱乐场所)经营审批权下放到派出所。1994年，对全县的特种行业进行清理整顿，共清理整顿旅馆93家、废旧收购店39家、歌舞厅9家、电游室26家、桌球室135家。1996年将全县47家汽车和摩托车修理业纳入特种行业管理。1997年全县特种行业达213家，当年起至1998年，开展创建安全文明小区和治安模范公共场所活动，监督指导全县特种行业开展创建活动，13家单位达省标、市标，其余单位全部通过县综治办验收合格。1999年，为推动区域经济发展，防止多头列管、重复检查，规范和简化特种行业的证照办理手续，允许《特种行业安全许可证》可跨年度审检。2004年《行政许可法》实施后，分类逐步取消对特种行业的审批，仅旅馆业、刻字印章业、开锁业需经县公安局行政许可，开办其他特种行业只需到县公安局报备。2010年，全县旅馆业均接入"旅馆业治安管理信息系统"。至2014年，全县特种行业有废旧收购16家，各类休闲娱乐场所45家，寄卖行12家，汽车(摩托车)维修店85家，开锁业1家，旅馆业60家。

三、枪支弹药管理

1949年11月至1951年底，公安机关收缴流散于社会上的各类长、短枪539支，子弹2.9万发，手榴弹132枚。1952年起，县公安局按公安部发布实施的《枪支管理办法》管理枪支，至1995年，追回被盗枪支1支，缴获私藏手榴弹4枚，子弹2500发，登记狩猎用枪1486支。1996年，《中华人民共和国枪支管理法》颁布实施，县公安局对公务用枪依法管理，对原狩猎用枪依法收缴，并组织多场次的统一收缴行动。1996—2014年，共破获涉枪刑事案件16起，治安案件267起，逮捕21人，治安处罚283人，收缴各类枪支2984支、子弹783发、黑火药40余公斤，管制刀具7843把。其中绝大多数枪支属持枪人主动上缴。

四、危爆物品管理

国家《民用爆炸物品安全管理条例》和《化学危险物品管理条例》先后于1984年、1987年发布实施，县公安局依据条例对危险化学品和民用爆炸物品，在生产、运输，储存、使用等环节严格管理。1993年，县公安局将民爆物品审批权限下放到派出所，派出所对辖区涉爆单位每季至少开展一次安全检查，重大节会、重大活动前实行必检制度，对民爆物品的购买、运输审批由派出所负责人、公安局治安负责人、分管治安副局长三级审核审批，由县物资公司定点供货，爆破作业由具备资质的人员实施。2002年，组织"整治危险有毒化学品"专项行动，当年收缴"毒鼠强"等危险化学品42公斤，收缴无证运输的二氧化砷6吨。2010年，县公安局破获公安部督办的"10·4"涉爆案，当场抓获制造、贩卖爆炸物品犯罪嫌疑人5名，缴获自制炸药210多公斤。当年县公安局建立民爆专干、兼干制度，对民爆物品、涉爆单位和涉爆从业人员，做到严明职责，确保安全。2012 年 5 月 19 日，炎汝高速十三标八面山隧道施工人员因违规储存、运输民用爆炸物品，发生当场炸死 20 人特大事故，事后县公安机关 3 名责任人员均受到责任追究。至 2014 年，县公安局共破获涉爆刑事案件 26起，查处治安案件 165 起，逮捕 33 人，行政拘留 178 人，收缴非法购买、运输、储存的炸药 4200 公斤、雷管 16000 多枚、导火索 12000 多米。

五、禁毒禁赌扫黄

禁烟禁毒　民国时期，县府曾有禁毒之举。1952 年 7 月县人民政府成立禁烟禁毒委员会，各区成立相应机构。10 月，全县抽调 100 余名干部到烟毒较严重的城关、水口、中村、塘田等乡区重点查禁，其余乡由中心工作组结合查田定产工作开展查禁，至年底逮捕烟毒犯 10 名，罚款 30 名，收缴、销毁烟土 5 公斤，烟具 232 件。此后，县内很长时间未见烟毒。1995 年，炎陵出现吸食毒品海洛因人员，县公安局对涉毒人员、易发生涉毒案件场所登记列管。1996 年起，县委设立禁毒委员会，主任由县委副书记担任，办公室设在公安职能部门。1996 年 5 月，在炎陵县和湘潭市抓获贩毒分子张某和刘某，破获炎陵首起贩毒案件。2000 年，县公安局联合文化、工商等部门对全县公共娱乐服务场所全面清理整顿，严厉打击娱乐服务场所吸毒贩毒违法犯罪。2001 年，查处以周某为首的吸贩毒团伙，对县内在册吸食、注射毒品 28 人实行列管。2004 年，麻古、冰毒、K 粉、摇头丸等新型毒品开始在县内出现，毒情形势日趋严峻。2005 年，根据上级部署决定开展为期 3 年的禁毒人民战争“阳光工程”。2006 年 1 月，县公安局成立禁毒大队，次年撤销，其职能并入刑侦。2008 年，《中华人民共和国禁毒法》颁布实施，县公安局大力开展禁毒宣传，当年破获谭某贩毒案，当场缴获摇头丸 100 粒，K 粉 111 克，麻古 245 粒。2011 年起，开展为期 4 年的大型禁毒宣传活动—“蓝结行动”。禁毒宣传进学校、进企业、进社区，当年 3 月破获省公安厅“毒品目标案”，起诉贩毒嫌疑人 10 名。2014 年，开展“百城禁毒破案会战”，县公安局查处首例贩卖盐酸曲马多案。截至 2014 年末，共破获毒品刑事案件 34 起，治安案件 186 起，逮捕(直诉)49 人，强制戒毒 32 人，社区戒毒 47 人，治安处罚 425 人，动态管控涉毒人员 266 人。列管涉毒药品店 54 家、娱乐服务场所 10 家、使用易制毒化学品企业 22 家。开展禁毒检查 138 场次，禁毒宣传 42 场次。

禁赌　清代有禁赌条文。特别重申：官吏赌博革职，枷号两月，鞭一百。民国时期，酃县警察局曾发布涉及“禁赌禁娼禁宰耕牛”之内容的布告。中华人民共和国成立后，人民政府三令五申禁止赌博。1953 年 2 月，县人民政府和县人民武装部联合发出《关于禁止赌博或变相赌博的通告》。同年 11 月转发湖南行署公安处《关于严禁赌博流行的通报》。1954 年，在五区水口乡破获一起聚众赌博案件，三名首犯被判刑，其余赌徒或被罚款或在群众大会上作检讨，由群众监督劳动改造。此后，赌博现象大为减少。1980 年后，赌博现象日趋严重。1985 年 12 月，全县以公安为主力开展禁赌运动，从县到乡成立领导机构，组织 460 余名干部，1130 余名治安积极分子参与禁赌工作。至1990年,共查获赌博案件1200余起,处理赌博人员900余人,对参赌人员除刑事打击、治安处罚外,还集中办班学习法律知识。2003年,开展打击“地下六合彩”赌博,查获两起赌博案件。2005年元月,部署开展为期5个月的打击赌博违法犯罪行动,严打聚众赌博、“六合彩”地下赌博、赌球赌博、网络赌博、党员干部和公职人员赌博。2011年3月,查处一个以茶陵籍人员为主的聚众赌博团伙,抓获赌博人员29名,缴获赌资20余万元。2013年6月,抓获叶某等8名利用网络平台开设赌场犯罪嫌疑人,破获县内首起网络赌博案件。1991—2014年,全县共破获赌博刑事案件9起,查处赌博治安案件786起,逮捕12人,劳教7人,治安处罚5543人,收缴赌资1820万元,赌具830余件,电游赌博机320余台。

禁娼扫黄 民国时期,酃县有“堂班”“马屋”等卖淫场所。1950年3月,县人民政府开始取缔卖淫场所,安置卖淫妇女。20世纪80年代起,卖淫现象再度出现,至1990年查处卖淫嫖娼案件72起,查处94人。1991年后,卖淫嫖娼案件上升,路边餐馆(饭店)卖淫现象突出。2008年后,县城洣泉路沿线休闲娱乐场所密集,有部分场所存在卖淫嫖娼现象,两次被上级公安机关暗访发现并通报,县公安局多次对该地区重点整治。1991—2014年先后组织开展“打击卖淫嫖娼传播淫秽物品”“扫黄打非”“除六害”等专项行动23场次,破获介绍容留妇女卖淫案件18起,逮捕23人,劳动教养9人,查处卖淫嫖娼治安案件328起,收容教育183人,治安处罚813人,收缴淫秽物品(书刊)2542件、册。

第四节 户政管理

一、户籍人口管理

清乾隆二十三年(1758),实行保甲法管理人口。嘉庆十九年(1814),始设户口簿册。民国时期,县政府设有户籍室,乡、保配有户籍干事和户籍员。

1950年7月,废保甲制后由公安机关负责户口稽查。1951年,根据公安部公布的《城市户口管理条例》规定,建立城镇户口簿册,对城镇人口实行“常住、暂住、出生、死亡、迁入、迁出和变更更正”7项登记。1953年,结合第一次全国人口普查,各乡、村均建立户口卡片,对农村人口实行“出生、死亡、迁入、迁出”4项登记。1958年,《中华人民共和国户口登记条例》实施后,户口登记工作由县公安局主管,乡、镇人民委员会和公安派出所为户口登记机关,设立户口登记簿。1987年,全县组织300余人对县内户口逐户、逐人、逐项核对,重新填写户口底册并换发户口簿,给全县7.88万名年满16周岁的常住人口颁发居民身份证。1989年,县人民政府决定,从当年9月1日起,在全县范围内使用身份证,并实施检验制度。1992年12月,县政府下发《关于加强农村户口归口管理配备乡镇专职户政管理员的通知》,自1993年1月1日起,各乡(镇)的农村户口(即农业人口)统一归口当地派出所管辖,并配备乡(镇)专职户政管理员,各派出所设立户籍室,配备一名户籍内勤,未设派出所的平乐乡在乡政府设农业人口户籍室。当年，全县完成居民证基础证12.16万人，占全县人口68.4%。1994年，推行地方政府城镇户口制度，农村户口人员只要交纳一定数额的城市增容费，即可转为“城镇户口”，时称“蓝印户口”。1995年起，推行“成建制农转非”，城关镇周边部分村组农业人员陆续集体“农转非”。当年，根据省、市要求，在全县换发户口簿。常住人口的户口内容涉及姓名、性别、籍贯、民族、出生地、出生日期、婚姻状况、文化程度等多项内容。2005年7月1日启动第二代身份证换发工作，至2008年10月，完成换证13.15万本，完成第二代证信息采集13.1万证。2010年，经摸排掌握全县精神病患者310余名，并进行危险等级评估，分级管理，将其中144名重性精神病患者(有肇事肇祸倾向)动态管控。当年11月起，根据省政府关于“建立城乡统一的户口登记管理制度”之规定，取消农业户口、非农业户口性质和由此衍生的其他户口类型，统一登记为“居民户口”。至2014年，全县总人口193891人，列入公安工作对象2400余名，重点人口1040名。

二、暂住与流动人口管理

1985年起，对外来暂住人口实行常态管理，填写《暂住人员户口登记卡》，颁发《暂住人员证》。2009年，对暂住人口统称为流动人口，实行《居住证》管理。2013年起，开始实行流动人口居住证“一卡通”制度。登记在册、有效管理的流动人口3000余人。

第五节　侦察破案

一、重案要案侦破

1949年11月，破获“城厢情报组特务”案。

1951年3月，摧毁“复兴救国团”，逮捕骨干分子20余名，破获“青年救国团酃茶义勇总队独立大队”反革命案，破获三区桃源乡地主恶霸张某父子报复杀害贫雇农钟某案，破获并平息二区三口乡原国民党特务分子张某、廖某等暴动案。1958年10月破获“中华民族独立党”反革命案。1961年9月破获“中华爱民党”反革命案。1972年7月破获邹某灭门杀害沈某一家6口案。1981年7月查处一个多达68人，作案209起的盗窃团伙。

1992年，侦破黄某犯罪集团抢劫、强奸、拐卖妇女、强迫妇女卖淫系列案件。2001年4月破获尹某强奸幼女系列案件。2002年8月，破获刘某团伙系列强奸案，查处黄某等5人组织的盗窃汽车团伙。

二、专项行动

1970年1—6月，开展“一打三反”[①]运动，破获各类案件124起，缴获枪支2支、子弹385发，手榴弹10枚，反动证件392本，依法抓获各类罪犯53名。

1977年4至11月，开展“打击阶级敌人破坏活动，打击资本主义势力”斗争，共破获各类案件38起，逮捕20人。

1983年12月，根据中共中央关于严厉打击严重刑事犯罪活动的指示和全国人大常委会《关于严惩严重危害社会治安的犯罪分子的决定》，部署全县“严打”斗争，至1987年4月结束，分3个阶段集中打击11次，重点打击杀人、放火、爆炸、强奸、重大盗窃和流氓犯罪，共查处流氓、盗窃团伙48个，破获刑事案件1636起，逮捕338人，直诉27人，劳动教养10名，挽回经济损失320余万元。

1988年12月起，全省开展以整顿治安秩序、交通秩序，打击严重刑事犯罪、经济犯罪为主要内容的整顿社会治安的综合治理行动，鄠县结合当地治安实际增加“整顿林政秩序，打击严重毁林犯罪”内容，至1989年2月行动结束，共破获刑事案件133起，逮捕33人。

1991年，全国“严打”第三战役收尾。结合县治安实际，春季开展“打击破坏春耕生产”专项斗争，破获盗窃耕牛案件43起，抓获盗窃耕牛犯罪分子13名。秋季开展“打抢劫、扫地痞”专项斗争，破获抢劫案件30起、敲诈勒索案件17起，逮捕50人。

1992年6—10月，开展“反盗窃自行车”专项行动，全县自行车打钢印换证2.58万辆，查破盗车案件150余起(其中盗窃摩托车案件2起)，打击盗车犯罪人员21人，缴获赃车104辆(其中摩托车2辆)。建立自行车管理机构17个，在公共场所建立自行车集中存放点30处。

1993年，开展“三打三整”②总体战和“金剑·卫陵”行动，查处犯罪团伙10个，抓获各类违法犯罪人员547人。11月至1994年5月底，按照全国统一部署，开展以围歼抢劫等13种对象为重点的整治农村社会治安总体战，破获刑事案件259起，治安案件817起，逮捕62人，直诉13人，追捕逃犯39名。24名刑事犯罪分子到公安机关投案自首。

1996年，严打斗争以“打团伙、破大案、追逃犯、禁毒品、治乱源”为重点，在专项行动中，查处犯罪团伙6个，破获刑事案件89起，查处治安案件348起，逮捕42人，追回逃犯8名，治安处罚320余人，整治重点地区8个。

2000年，开展“打黑除恶”“打拐追逃”和“夏季严打”等专项行动，破获刑事案件72起，查处治安案件230余起，逮捕43人，治安处罚320余人。

2004年后，不间断地组织开展打击严重暴力犯罪，多发性侵财犯罪，黑恶势力犯罪，毒品犯罪，食品药品犯罪和网络诈骗犯罪等专项行动。

2005年，组织开展了“金盾之光”百日竞赛活动和打击“两抢一盗”③专项行动，当年现行刑事案件破案率为56%，23起恶性案件破获22起。2006年3月始，开展为期一年的“打黑除恶”专项斗争，抓获恶势力团伙成员46人，其中逮捕15人，治安处罚25人，侦破恶性刑案16起，6—12月，按照上级部署，开展打击“两抢一盗”犯罪专项行动，共破获“两抢一盗”案件53起，抓获“两抢一盗”违法犯罪人员64名。2007年，开展打击“两抢一盗”“打黑除恶”“百日侦破战役”“集中侦破打击”“严厉打击黄赌毒违法犯罪”“自行车被盗问题专项治理”“整治校园及周边秩序”等专项行动。2008年，开展打击“两抢一盗”“迎奥运保平安严打整治百日会战”等专项行动。2009年，为做好中华人民共和国成立60周年大庆安保工作，开展治爆缉枪专项行动，共收缴管制刀具260把，各类枪支(鸟铳)160支，炸药1015公斤，销毁雷管3000余枚。2011年，开展“三打三清”[④]“春季攻势”“打击多发性侵财犯罪”“社会治安重点地区排查整治”“清网行动”“打现行、压发案、治乱源、顺民意”“打四黑除四害”[⑤]等专项行动和侦破战役，破获刑事案件236起，逮捕(直诉)149人，同比上升45%，抓获在册网上逃犯27名，在册网上逃犯下降93.1%，成功抓获杀害公安民警潜逃14年的逃犯。2014年，持续开展“三打”行动，严厉打击侵害群众利益，破坏发展环境和多发性侵财犯罪违法犯罪活动。

1949—2014年炎陵(酃)县侦破处理案件统计表

表25-1

立破案(起)				判决处理(人)							
立刑案	破刑案	受理治安案件	查处治安案件	逮捕直诉	劳教	收教	收容审查	强制戒毒	治安处罚	管制	戴帽
17449	11936	28821	24083	5470	185	249	1165	32	25189	731	3169

说明：管制措施系1951—1965年期间，对特定的对象由公安机关批准，交由群众监督劳动的措施；收容审查系1983—1996年严打期间使用的强制措施之一；戴帽措施系1956—1958年期间，对特定的对象划分成份加以管理的措施

附

典型案例

耕熟岭特大抢劫案　1988年12月18日20时许，106国道酃县和桂东交界处耕熟岭发生一起有组织、有预谋的特大抢劫案。从广东贩卖生猪返回的熊某等3人遭到5名不明身份的人设路障拦截，脸部、双眼被不明液体喷射烧伤，随身携带的2.6万余元现金被抢。案发后一个多月侦破工作没有任何实质进展。民警通过广泛深入调查，发现一个年龄40来岁的络腮胡男子与这起劫案看似有关，但络腮胡男子姓什名谁、何方人士，不得而知，让侦查人员举步维艰。时间转眼到了新的一年。1989年1月22日晚，水口交通旅社服务员不经意地说了句“那个络腮胡好像跟江西莲花一个周姓木材老板打过招呼”，让迷茫中的民警顿时醒悟。接下来，负责侦办此案的刑侦人员乔装打扮成木材贩子来到江西莲花，几经周折找到了周老板，并巧妙地套出了在水口交通旅社同其打招呼络腮胡男子身份肖某，莲花县人。民警又找到肖的照片让受害人、证人一一辨认，认定肖某就是劫案的真凶之一。3月15日，肖落网并交代了伙同本地人朱某、黄某、贺某，萍乡人卜某制造“12·18”耕熟岭劫案的经过。后肖某、朱某、卜某被判处死刑，贺某被判死缓。黄某案发后潜逃，1990年落网被判死缓。

同窗杀人案　2013年4月30日，十都镇小江村小江边组发生一起命案，年仅15岁的留

守儿童、在校学生万某被人杀死在家中。公安机关接到报警后，迅速派员赶赴现场，并立即成立“4·30”命案专案组。现场惨不忍睹，凶手手段残忍。是什么人，又是为了什么要对一个花季少年下此毒手呢？专案刑警对现场全面细致勘查，提取了相关痕迹物证，广泛排查被害人及其家属社会关系，掌握被害人遇害前的活动轨迹，于5月3日锁定并抓获真凶谢某。凶手是一名年仅16岁的花季少年，与被害人系同窗好友。案发前不久，常年在外务工的被害人万某父母为方便联系独自留守儿子，为其购置了一台时尚手机，恰是这台手机让谢某心生歹意。为将该手机占为己有，谢某趁万不备偷取万家钥匙。30日凌晨，谢携带凶器，用钥匙开门潜入被害人卧室，连捅睡梦中的万某数刀，找到手机后逃离现场。此案的迅速破获，留给人们更多的是思考，如何加强青少年的法制教育，关心关爱农村留守儿童等问题引起社会热议。

第六节　道路交通安全管理

1972年11月，成立车辆监理站。1987年5月，遵照国务院《关于改制交通体制的通知》精神，将车辆监理站划给公安局管辖。同年，成立交通警察队。内设机构为办公室、安全宣传股、技术考核股，下设城关执勤中队。

1990年，经县长办公会议研究决定，在国省道线上以竹木检查站为依托，组建分路口、苍背、红星桥3个联合检查站，由交警队领导，各站配备交警3人。1991年8月，交通警察队升格为交通警察大队（以下简称交警大队），增设事故处理股，有民警25人。1992年5月，城关执勤中队更名为第一执勤中队，撤销分路口、苍背、红星桥3个联合检查站，在水口镇建立第二执勤中队，负责南片道路交通安全管理。1994年8月，成立第三执勤中队，负责西片道路交通安全管理。1997年6月，交警大队加挂公路巡逻民警大队牌子。2001年，增设第四执勤中队，负责东片道路交通安全管理。2011年，炎陵县乡镇“交通安全服务站”正式挂牌成立。4月25日，设立交通事故社会救助基金管理中心，隶属交警大队管理。

2014年9月，按照公安部、国家质量监督检验检疫总局《关于加强和改进机动车检验工作的意见》的要求，撤销1996年成立的机动车检测站，机动车检测走向市场。同年，交警大队被省公安厅评为“全省国庆交通安保工作成绩突出集体”“全省县级道路交通管理绩效评估先进单位”。年末，交警大队有民警46人，其中在岗34人，离岗3人，退休9人。工作机构为办公室、法宣室（直属中队）、车辆管理所、事故处理中队、道路交通事故社会救助基金管理中心，下辖一、二、三、四4个中队。

一、驾驶员管理

1990年，对所有驾驶员进行年审，并换发新证。1990—1995年，对驾驶员和机动车辆较多的车队、单位，采用单位内部交通安全联组、车队模式管理。1995 年 9 月，经县政府办批复，原来的各交通安全联组、车队均改成协会，全县在民政局注册登记的驾驶员协会 36 个，全县机动车驾驶员 1150 名，其中摩托车驾驶员 867 名，其他机动车驾驶员283 名。至 2000 年，全县机动车驾驶员达 6209 名，其中汽车驾驶员 2888 名，其他机动车驾驶员 3321 名。2000 年 4 月起，遵照省、市相关文件精神，对全县机动车驾驶员发放驾驶员管理卡(牡丹交管卡)，实行 IC 卡管理制度。至 2010 年，全县机动车驾驶员 14154 名，其中持 A 证235 名，持 B 证 586 名，持 C 证 3891 名，持 D 证 498 名，持 E 证 8401 名，其他 543 名。至 2014 年 12 月，全县机动车驾驶员发展到 20064 名，其中持 A 证 243 名，持 B 证 607 名，持 C 证 8862 名，持 D 证 567 名，持 E 证 9240 名，其他 545 名。

二、机动车管理

1991—1995 年，共注册登记摩托车 669 辆，其他车 315 辆。其间，1994 年 7 月，对机动车统一换发“九二”式机动车号牌。至 1995 年底，全县共对 1279 辆机动车换发“九二”式机动车牌、证。至 2000 年，全县注册登记机动车 4485 辆，其中汽车 810 辆，摩托车 2419 辆，其他 1256 辆。至 2010 年，全县注册登记机动车 19822 辆，其中汽车 5392 辆，摩托车 13109 辆，其他 1321 辆。2010 年 6 月 17 日，交警大队正式开通小车注册登记业务系统。至 2014 年，全县注册登记机动车 36222辆，其中汽车 7492 辆，摩托车 27067 辆，其他1663 辆。

三、交通事故处理

1972—1990 年，共处理交通事故 602 起，年均 31.6 起。1991—1995 年，共处理交通事故 740 起，年均 148 起，因交通事故死亡 53 人，年均 10.6 人。1996 年 5 月 22 日，开通“122”交通事故报警电话。

1998 年 2 月 9 日，驾驶员纪某(郴州宜章人)驾驶湘 L95589 大客车(核载 27 人，实载 61 人)从桂东往郴州行驶，在 G106 线 2005KM+300M 处翻入 3.4 米高的坎下河中，造成 7 人死亡、32 人受伤的特大交通事故。12 月 19 日，顺达客运公司驾驶员邹某(炎陵下村人)驾驶湘 BX9042 小客车(核载 19 人，实载 65 人)从坪坑村驶往下村圩，至判官岭路段时，制动失效，车辆驶出路面，坠入 68 米的深谷中，造成 12 人死亡，46 人受伤(6 人重伤)的特大恶性交通事故。12 月 25 日，县公安局、交警大队召开联席会议，要求全县各派出所联合交警执勤中队对辖区道路营运车辆加强执法检查，严肃查处超载违法事件。并对道路进行全面摸底排查，排出危险路段(包括通行客车的国、省道、县乡道以及乡村道)，并设置禁令牌和警示牌。

2001—2005 年，共处理交通事故 1797 起(年均 359.4 起)，死亡 66 人，直接经济损失 20.78 万元。2006—2010 年，共处理交通事故 3453 起(年均 690 起)，死亡 118 人，直接经济损失 40.51 万元。2011—2014 年，共处理交通事故 4466 起(年均 1115 起)，死亡 95 人，直接经济损失 296.05 万元。

四、交通监控与警卫

交通电子监控 2004 年 5 月,县城井冈路—解放路口、解放路—炎陵路口建成信号灯控制路口,城区交叉路口始有“红绿灯”。

2007 年 5 月, 县城文化路—炎陵路口建成信号灯控制路口。2012 年 7 月, 在 S321 线 OKM+400M(沔渡镇苍背村)建设带有测速功能的省级电子卡口,次年 6 月投入使用。2013 年 9 月,城区炎陵中学路段、城南小学路段、第一中学路段均设置学生出入警告标志、黄闪灯、限速标志等。同年起,县智能信号灯控制路口纳入平安城市建设项目,在霞阳路—炎陵路口新建一个带有电子警察的红绿灯控制路口,对城区原 3 个信号灯控制路口进行升级改造,建成配备电子警察的智能灯控制路口,均分设有东、南、西、北 4 个方向的电子警察功能。同时,分别在 G106 线 1950KM+100M(霞阳镇草坪村)路段、G106 线 1993KM+600M(中村乡龙潭村)路段和 S321 线 17KM+600M(霞阳镇石子坝村)路段建设带有测速功能的电子卡口,均于 2014 年投入使用。

交通安全警卫 1993 年 8 月 15 日,完成在酃县举行的’93 公祭炎帝陵暨炎黄杯世界华侨华人龙舟赛取火种仪式的交通安全保卫任务。此后, 凡在炎举行的公祭炎帝陵等重大活动,交警大队均承担交通安全警卫工作。

1996—2000 年,完成省政府炎帝陵祭祀大典、中华世纪龙年九九重阳“龙的传人”炎帝陵祭祀大典等警卫任务 58 次。2005—2010 年,完成中国湖南旅游节开幕式活动、省政府甲申重阳炎帝陵祭祖大典等交通警卫任务 86 次。2014 年,完成甲午年湖南省政府炎帝陵祭祖大典等活动的交通警卫任务。

第七节 消 防

民国时期,县内无消防机构与设备。遇有大火,由县警察机关组织人员扑救。

1950 年,县公安局成立,由治安股兼管消防业务。1950—1956 年,全县发生火灾事故 449 起,年均 64 起。1959 年起,每年冬季开展一次“安全防火月”活动。经过宣传教育和落实防火措施,火灾事故逐年减少。1961 年,城关派出所在城关公社组建一支 50 人的义务消防队。1964 年,在“安全防火月”活动中,县、社两级组建防火领导小组 157 个,并开展大检查,发现隐患 1413 处。县人委及时拨出资金 2780 元,帮助一些重点单位整顿改造。1965 年,城关公社义务消防队扩充到 306 人。县级各单位集资 6750 元,购置手抬机动泵 2 台,灭火器 5 个,水枪 15 支。

1973 年,县公安局增设消防股,编制 3 人。1974 年,县财政拨款 3.4 万元,购置消防车 1

辆、22马力机动消防泵1台，实行股队合一，遇火灾组织全局干警与当地义务消防队共同参与灭火。1981年，在轻工、纺织、化工、商业、交通和能源6个系统中，确立重点防火单位51个，并在重点单位集中的西门工矿居委会建立由13个单位组成的安全消防联防协会。1984年起，采用分级管理和重点管理相结合的方法，建立健全防火责任制，实行定点、定人、定责任的目标管理。同时，举办各类防火培训班，普及群众消防知识。1985年5月，在公安局安装报警电话，启用步话机。1989年，全县义务消防队发展到119个，队员1400余人。拥有灭火器2300只。1980—1990年，全县发生火灾事故68起，年均6.2起。

1996年3月，撤销消防股，设立县公安消防大队，又称武警炎陵县消防大队，受武警株洲市消防支队和县公安局双重领导。1999年1月1日，挂牌成立炎陵县公安消防中队，编制15名，开始驻兵执勤。从此，消防工作由县消防大(中)队主管。

2005年，消防列管重点单位32家，其中公共聚集场所11家，高楼建筑2家，化危场所19家。履行消防安全检查100余次，消除火灾隐患16处。全年发生火灾24起，比上年下降15%。2006年，加大《中华人民共和国消防法》和公安部“73号令”宣传力度，全年发生火灾20起，比2005年下降20%。2009年，对全县46处人员密集场所，2栋高楼建筑和4处大跨度大空间建筑及17处涉危物场所逐一排查，建立台账，制定应急预案100余份。与银太纺织、圣火天然气、龙井酒店、湘山加油站、炎陵一中、移动公司等多家开展联合演练，不断提高消防保障能力。同年，消防大队提请县政府修订《炎陵县消防安全委员会工作规则》和《炎陵县消防安全委员会成员单位工作职责》，进一步强化消防安全委员会工作职能和各职能部门的消防安全工作责任。与各乡镇各部门及社会单位签订消防安全责任状120余份，制定下发贯彻落实消防工作文件17份，召开专题会议10余次。2009—2010年，消防大队发放《中华人民共和国消防法》读本3000余本，检查单位408家，发现火灾隐患和消防安全违法行为197处，责令当场整改152处。下发《整改通知书》127份，责令“三停”19家，临时查封5处，办理消防安全检查17个。县应急救援大队成立后，消防大队先后投入50多万元添置设备及消防器材。至2014年，炎陵县消防大队下辖1个中队，备配消防车6台，灭火抢险器材200余类。

1996—2014年，共接处警361起，出动灭火救援车辆485台次，出动消防警力2926人次，抢救被困人员128人，疏散被困人员860人，抢救财产价值2.5亿元。

第八节　看守所

清代，县衙设刑房。民国初，设典狱署。民国3年(1914年)，改称监狱。30年2月，奉省高等法院命令，成立看守所，原监狱附设于看守所内，更名为尉处看守所附设监狱。

中华人民共和国成立后，1949年11月，看守所为县人民政府司法科接管。1950年12月，改由县人民法院管辖。1951年9月，移交公安局管辖。因监房改作他用，遂将东门外扶家冲祠堂改建成看守所，共有监房8间。1979年，看守所移址北门垄校射坪，有监房12间。1991年，治安拘留所移址北门垄现址。1996年前后，在看守所建立计算机局域网，安装监控设施和在押人员受虐报警装置。至1997年，看守所连续9年无安全事故，当年被市公安局授予"监所安全无事故达标单位"。1998年，县公安局成立监管大队，下辖看守所和治安拘留所。2006年，监所重建获国家发改委立项，获国债资金250万元。2007年破土动工，次年5月建成投入使用，监所占地1881平方米，监房10间，最大关押量200人，监房配套卫生间、洗浴房、有线电视等设施，监区建有在押人员太阳能受虐报警装置和覆盖审讯室、会见室、谈话教育室、阅览室的全方位监控系统，及高墙刀刺网和智能电网等设施。2007年，通过省公安厅等级评定为三级所。2008年看守所获得全省公安机关"三基一化"工程建设优秀基层单位称号。当年启动治安拘留所拘室楼重建，2009年建成投入使用。2010年，在监区安装热水器，在押人员给养费由157元/月/人提高到210元/月·人。2012年被省厅评为二级所。2013年，建成远程视频会见系统，在押人员给养费提高到270元/月·人。当年看守所被省公安厅授予集体二等功，民警周丽萍获评全省公安机关学雷锋活动标兵。

看守所自建所(1949年11月)以来至2014年，共收押各类犯罪嫌疑人4994人，拘留所收拘行政拘留人员9475人。

第九节　森林公安

炎陵县是湖南省6个重点林区县之一，涉林案件时有发生。1961年8月，县公安局设立林业派出所。1987年1月，经上级批准设立酃县公安局林业分局，在编44人，内设办公室和刑侦、治安、防火3个中队，下设水口、沔渡、炎帝陵、桃源洞4个派出所。1987—1993年，执行"严打"方针，及时打击盗伐、盗窃木材的流窜犯，及时堵卡设防，查处偷运木材出境案件。共查处各类案件2633起，其中刑事案件948起，收缴木材2780立方米，处罚1678人次。其间，1989年侦破一起重大结伙盗窃抢劫木材案件。案犯尹某等人(均系茶陵县舲舫乡大岳村人)多次窜到酃县盗窃木材，当年7月5日，纠集43人，携带柴刀、锯、绳、手铐等作案工具，窜至酃县沔渡乡上老等地，公开抢劫山主已砍倒的杉木，用木棍打伤林政人员和护林员14人，镣铐和捆绑7人，抢去现金和手表等物。案件侦破后，经株洲市中级人民法院审结并呈省高级人民法院核准，依法判处罪犯2人死刑、1人无期徒刑，其余10名主要同案犯分别被判处4至15年有期徒刑。

1994—2000年，侦破各类案件1565起，其中刑事案件416起，收缴木材3497立方米，打击处理1316人次。其间，1997年5月27日，破获一起猎杀国家保护动物案。下村乡云里村陈姓村民多年以来猎杀国家二级保护动物水鹿(俗称山牛)5头，被依法拘留。

2001年5月，林业分局更名为森林分局，同时挂牌炎陵县林业局森林公安分局，受县公安局和县林业局双重领导。2009年2月，森林分局升格为森林公安局，设政法专项编40人，配有局长、政委各 1 名，副局长 2 名。2011 年领导班子高配，内设机构增设法制工作室。2001—2008 年，侦破各类案件 717 起，其中刑事案件 134 起，收缴木材 4035 立方米，打击处理 710 人次。其间，民警朱平于 2007 年被国家森林公安局授予全国森林公安系统优秀人民警察称号。

2009—2011 年，侦破案件 442 起，其中刑事案件 66 起，行政案件 376 起，收缴木材 1032 立方米，打击处理 445 人。2012 年 10 月至次年 6 月底，犯罪嫌疑人郭某、周某等 11 人，采取不固定作案成员结伙作案的方式，用油锯、手锯、柴刀等作采伐工具，皮卡车为运输工具，昼伏夜出，多点非法采伐国家一级保护植物——野生南方红豆杉 9 株，共计材积 3.3 立方米，折合活立木蓄积 4.6 立方米。破案后，郭某、周某均被判刑 4 年，其余涉案人员分别被判处 1 至 3 年刑罚。

2013 年，县森林公安局成立牛头坳和双奎执勤室，安排民警在候鸟迁徙期间日夜值守，确保候鸟平安过境。次年 9 月，牛头坳执勤民警破获一起猎捕候鸟案件，抓获猎捕候鸟犯 6 人，当场缴获国家二级重点保护动物—斑头鸺鹠 1 只，国家三级保护野生动物—池鹭等候鸟 95 只以及电瓶等猎捕候鸟工具。案犯 6 人均被处以刑事处罚。2014 年，县森林公安查办林业行政案件 400 余起，刑事案件 100 余起，治安案件 50 余起，执法质量连续 3 年全省一等。

第十节　公安设施

酃县人民政府成立初期至 20 世纪 70 年代，县公安局设在县城东街原谭家祠堂，80 年代初，县人民政府拨专款拆除老祠堂，改建成 1100 平方米砖木结构办公楼，与县法院、司法局共用一院。1985 年，县公安局与株洲市公安局通讯专线架成通话。1987 年和 1989 年县司法局、法院先后搬迁他处。1996 年，在原址新建公安指挥大楼。筹资 299.4 万元，在炎陵东路建成一条全自动汽车检测线和一条半自动摩托车检测线，一次性通过省级技术鉴定，于 12 月 8 日正式开检。同时新建 2 个无线通信网络，成为全省率先组建 110 报警服务台的县级公安机关。1996—1999 年建成炎陵公安人口管理系统。2001 年初步建成县公安局计算机信息网络（局域网）。2003 年，更新网络设备，局机关院外单位全部采用 ADSL 接入，网速提升到 1 兆，局域网提升到 4 兆，新建可视电话会议系统，看守所电子监视系统。2006 年，完成 110、119、122“三台合一”工程建设，改造升级公安信息三级网。2007 年，在城区建设治安监控系统，改扩建人口与出入境管理窗口。2009 年，结束无房派出所历史，全县 8 个公安派出所均拥有独立办公大楼，新建人口与出入境服务大厅，局域网硬件和电视电话会系统等设备升级换代，全局基层所队全部连通全国公安信息网。2011 年全警配发警务通。2012—2013 年，建设 8 个执法办案区，建成平安城市电子防控系统。2014 年，投资 1100 万元，改扩建办公楼。

第二章　检　察

第一节　机构队伍

民国26年(1937),成立酃县司法处,设检察官1名,由县长兼任。

酃县人民政府成立初期,检察事务由公安机关办理。1955年8月10日,成立酃县人民检察院,在岗3人,次年增至10人,办公地点设县委机关,主要负责批准逮捕、提起公诉工作。1955—1958年,内设秘书股、侦查股、一般监督股、侦查监督股4个机构。在岗人员增至17人。1961—1966年,内设秘书股、批捕起诉股、向违法乱纪斗争股、劳改社改股4个机构,人员减至7人。1967年8月,检察院被取消。1978年12月,恢复检察院,内设办公室、刑事检察股、经济检察股、法纪检察股4个机构。在编8人。办公地点移至井冈路。1980年5月,内设办公室、刑事检察一股、刑事检察二股、经济检察股、法纪检察股、监所检察股6个机构,在编22人。1981年1月,设立检察委员会。1985年8月14日,将内设机构科室改称为组。当年除办公室外,有刑事检察一组、刑事检察二组、经济检察组、法纪检察组、监所检察组,人员编制增至29人。1993年3月,办公地点迁入圳界巷11号(现为鹿原路6号)。9月25日,增设法医鉴定室。该室于1994年起与技术室合署办公。2001年,在编人员40人,内设办公室、政工室、侦查监督科、公诉科、监所检察科、反贪污贿赂局、渎职犯罪侦查局、民事行政检察科、控告申诉科、举报中心、技术检察科、法医鉴定室、监察室、林业检察院14个机构。2005年7月20日,政工科、反贪污贿赂局、渎职犯罪侦查局升格为副科级二级机构,人员编制增至42人。2008年12月26日,整体搬迁至神农大道新址。次年,检察院获湖南省先进基层检察院称号。2010年,县人民检察院作为湖南省检察系统唯一先进典型入展最高人民检察院自身反腐倡廉教育展。

2014年,人员编制增至50人。内设办公室、政工科、反贪污贿赂局、反渎职侵权局、侦查监督科、公诉科、民事行政检察科、监所检察科、职务犯罪预防科、检察技术科、控告申诉科、检务督察室、司法警察大队、行政装备科、案件管理中心、林业检察院16个机构。当年再次获湖南省先进基层检察院称号。7月10日,最高人民检察院检察长曹建明到县人民检察院慰问,对县人民检察院恢复建院36年"无干警违法违纪受处分,无干警家属违法受刑事处罚"的队伍建设成就给予高度评价。

炎陵(酃)县检察院历任检察长名录

表 25-2

姓　名	籍　　贯	任职时间
肖克强	湖南酃县	1955 年至 1958 年
杨中柱	湖南酃县	1978 年 9 月至 1981 年 7 月任代理检察长,1981 年 7 月至 1985 年 7 月任检察长
李兆斌	湖南酃县	1985 年 7 月至 1986 年 5 月任代理检察长,1986 年 5 月至 1995 年 12 月任检察长。
唐学华	湖南酃县	1995 年 12 月至 1996 年 12 月任代理检察长,1996 年 12 月至 2001 年 12 月任检察长
龙年喜	湖南茶陵	2001 年 12 月至 2002 年 2 月任代理检察长,2002 年 2 月至 2007 年 10 月任检察长
刘永初	湖南茶陵	2007 年 12 月至

第二节　刑事检察

一、侦查监督

1955 年,酃县人民检察院设立侦查监督股,对侦查机关提请逮捕案件进行审查,决定是否批准逮捕,对侦查机关的侦查活动实施监督。1955 年 8 月至 1966 年,受理公安机关提请批准逮捕案件 584 件 599 人,经审查决定批准逮捕 395 件 406 人,不批准逮捕 98 件 102 人,作劳教、拘留和撤案处理 91 件 91 人。“文化大革命”期间,法制遭到破坏,错捕案件达 63.4%。1980 年 1 月 1 日起,实施《中华人民共和国刑法》和《中华人民共和国刑事诉讼法》,检察院实行“专人审查、集体讨论,检察长决定”的审批制度。1987 年 7 月,检察院自侦案件实行改革,经检、法检案件亦归口刑检部门审查。至 1990 年,共受理公安机关提请批准逮捕案 508 件 840 人,经审查决定批准逮捕 458 件 727 人,不批准逮捕 31 件 82 人,作劳教、拘留和撤案处理 19 件 31 人。共受理检察机关自行侦办,提请批准逮捕案 27 件 27 人,经审查决定批准逮捕 26 件 26 人,不批准逮捕 1 件 1 人。1999 年,检察院建议公安机关立案 7 件,追捕 2 人;纠正侦查活动违法行为 20 余起。2003 年,向公安机关发出《应当逮捕犯罪嫌疑人意见书》8 件,发出《纠正违法通知书》20 件。2009—2010 年,发出《说明不立案理由通知书》3 件、《应当逮捕犯罪嫌疑人意见书》5 件、《检察建议书》66 份。2014 年,作出不批准逮捕决定 16 件 21 人,立案监督 2 件 3 人,纠正漏捕 3 件 3 人,发出《检察建议书》3 件。1978—2014 年,共向公安机关发出《纠正违法通知书》62 件、《检察建议书》173 件。

1979—2014 年炎陵县审查批捕案件统计表

表 25-3

年份	批准逮捕		不批准逮捕		年份	批准逮捕		不批准逮捕	
	件	人	件	人		件	人	件	人
1979	10	10	4	4	1998	58	76	6	10
1980	18	21	1	2	1999	57	77	10	10
1981	19	26	0	0	2000	57	88	6	10
1982	29	30	0	0	2001	53	76	4	5
1983	56	81	7	7	2002	48	75	2	3
1984	58	81	6	22	2003	42	74	2	3
1985	43	55	2	10	2004	94	119	6	8
1986	153	198	7	12	2005	68	98	3	3
1987	53	74	7	11	2006	66	110	7	10
1988	45	64	4	9	2007	65	102	9	14
1989	106	112	3	9	2008	80	110	9	12
1990	76	147	5	6	2009	47	59	4	6
1991	80	180	10	30	2010	58	88	6	9
1992	50	101	9	32	2011	69	112	10	19
1993	69	151	2	20	2012	60	88	17	21
1994	57	110	6	28	2013	64	89	3	13
1995	66	113	7	16	2014	41	68	16	21
1996	87	122	9	35	合计	2182	3345	222	476
1997	80	160	13	46	—	—	—	—	—

二、审查起诉

1955 年 8 月至 1966 年，共受理公安机关移送起诉案件 359 件 377 人，经审查决定起诉 345 件 362 人，免予起诉 1 件 1 人，不起诉 4 件 4 人，退回公安机关补充侦查 9 件 10 人。起诉到法院的案件作有罪判决的占 94.7%。1980—1990 年，受理公安机关移送起诉案件 608 件 917 人，经审查决定起诉 574 件 852 人，免予起诉 30 件 59 人，不起诉 4 件 6 人。受理检察机关自侦部门、移送审查起诉案件 73 件 88 人，经审查决定起诉 44 件 51 人，免予起诉 25 件 33 人，不起诉 2 件 2 人，自侦部门撤诉 2 件 2 人。2000 年，受理公安机关移送审查起诉案件 83

件121人，经审查决定起诉65件97人，不起诉6件6人，建议公安机关撤回8件11人，移送市检察院4件7人。2007—2008年，受理公诉案件200件309人，提起公诉178件285人，不起诉19件20人，适用刑事和解制度2件2人，提请市检察院抗诉1件2人。2014年，决定存疑不起诉15件21人，纠正漏诉2件2人。1978—2014年，共向市检察院提请抗诉35件，经法院再审改判26件。共向法院发出《纠正违法通知书》82件、《检察建议书》141件。

1979—2014年炎陵(酃)县审查起诉案件统计表

表25-4

年份	起诉		不起诉		年份	起诉		不起诉	
	件	人	件	人		件	人	件	人
1979	10	10	0	0	1998	50	72	3	3
1980	22	25	3	3	1999	76	108	1	5
1981	17	22	2	2	2000	65	97	6	6
1982	30	35	1	1	2001	62	78	1	1
1983	53	73	3	4	2002	65	77	3	4
1984	62	84	3	6	2003	56	93	3	3
1985	27	35	2	4	2004	94	134	1	1
1986	144	187	7	8	2005	92	153	0	0
1987	44	88	5	8	2006	78	140	2	4
1988	46	91	6	9	2007	84	142	4	7
1989	88	173	18	32	2008	94	143	22	24
1990	81	180	14	16	2009	61	88	7	7
1991	91	162	15	20	2010	68	101	9	12
1992	96	194	16	19	2011	109	114	17	21
1993	53	98	2	12	2012	80	128	12	22
1994	99	202	8	16	2013	95	153	16	20
1995	61	94	2	5	2014	99	142	15	21
1996	84	120	5	12	合计	2520	3956	237	344
1997	84	120	3	6	—	—	—	—	—

第三节　职务犯罪侦查

一、反贪污贿赂

1955—1966年，贪污贿赂案件主要依靠发案单位自行办理，检察院负责指导和办理法律手续，共立案侦查贪污案件24件28人，起诉后被法院判处刑罚17件21人。

1978年，县人民检察院设立经济检察股。1982年3月，检察院集中60%的人员查办贪污贿赂犯罪案件，当年共收到各单位和群众举报经济犯罪线索140余件，主动自首交待罪行的有17人，立案16件24人。1989年3月15日，为加大对贪污贿赂犯罪打击力度，在税务、财政、审计、供销、农行等单位设立检察室。同年8月15日，最高人民法院、最高人民检察院发布《关于贪污、受贿、投机倒把等犯罪分子必须在限期内自首坦白的通告》，敦促有各种经济犯罪行为的人在1989年8月15日至10月31日期限内向司法机关和有关部门自首坦白，争取从宽处理，共有87人主动到公、检、法机关投案自首，立案查处32件36人。1994年7月21日，撤销经济检察组，成立反贪污贿赂工作局，此后，打击贪污、贿赂、挪用公款、私分国有资产等国家工作人员职务犯罪成为检察院的重要职能之一。2001年，反贪污贿赂工作局更名为反贪污贿赂局。

2001—2006年，查办贪污案12件21人，贿赂案26件26人，挪用公款案3件3人，私分国有资产案2件10人，挽回直接经济损失332万元。2007—2012年，开展预防职务犯罪法制宣传活动21次，发资料1.5万份，接受群众咨询700余人次，受理行贿犯罪档案查询84次，初查贪污贿赂案件线索34件，立案18件32人。2013年，立案查办贪污贿赂犯罪案件11件11人。查办中铁衡茶吉铁路工程一、四项目部侵吞截留项目建设资金等贪污贿赂、私分国有资产系列案，立案9件9人，为国家挽回经济损失2000余万元。2014年，查办贪污贿赂案件8件8人，其中省检察院指定异地管辖案件1件1人。

注释：

①“一打三反”：打击现行反革命破坏活动，反对贪污盗窃、反对投机倒把、反对铺张浪费。

②“三打三整”：打击黑恶势力、打击恶性暴力、打击多发性侵财犯罪，整治“黄赌毒”、整治非法消费、整治非法集资高利贷放贷。

③“两抢一盗”：抢劫、抢夺和盗抢机动车。

④“三打三清”：“铲赌患·正风气”行动，打生产厂家、清赌机源头、打销售体系、清组织网络、打赌厅窝点、清幕后保护。

⑤“打四黑除四害”：打击整治制假售假、收脏销脏、涉黄涉赌的“黑作坊”“黑工厂”“黑市场”“黑窝点”，清除“害百姓”“害家庭”“害社会”“害国家”违法犯罪行为。

1979—2014年炎陵(酃)县贪污贿赂案件查办统计表

表 25-5

年份	案件数		年份	案件数	
	件	人		件	人
1979	1	1	1997	11	12
1980	0	0	1998	7	7
1981	2	3	1999	5	5
1982	9	9	2000	9	12
1983	6	7	2001	11	11
1984	3	3	2002	22	29
1985	7	9	2003	2	2
1986	14	18	2004	5	8
1987	8	10	2005	1	7
1988	7	8	2006	2	3
1989	7	8	2007	2	3
1990	21	26	2008	1	6
1991	15	16	2009	3	5
1992	5	6	2010	3	6
1993	10	11	2011	4	7
1994	15	21	2012	5	5
1995	20	23	2013	11	11
1996	11	12	2014	8	8
—	—	—	合计	273	338

二、反渎职侵权

1955年，县人民检察院设立一般监督股，对国家机关和国家工作人员的违法行为实行只提出建议不进行刑事诉讼的一般监督，当年共收到对国家工作人员违法行为的举报5件。1956年，最高人民检察院颁布《各级人民检察院建立检察通讯员试行办法(草案)》，县检察院在机关、企事业单位及乡村发展检察通讯员69人。至1957年7月，共查办国家工作人员违法案件40件，作出党纪、政纪处分27件27人。当年在反右派斗争初期，一般监督被认为是“凌驾于党政之上”被取消。1961年，设立向违法乱纪斗争股，负责查处国家工作人员的违法行为。

1978年设立法纪检察股。至1990年,共查办侵权案件18件19人,渎职案件18件22人。1998年,法纪检察组改称渎职犯罪侦查局。2006年,更名为反渎职侵权局。2006—2010年,共查办渎职侵权案11件15人。2013年,查办渎职侵权犯罪案件3件5人,其中涉及副处级干部1人,科局级干部4人。2014年,查办渎职侵权案件3件3人,均为市检察院指定异地管辖案件。

1979—2014年炎陵(酃)县渎职侵权案件查办统计表

表25-6

年份	案件数		年份	案件数	
	件	人		件	人
1979	0	0	1997	7	9
1980	0	0	1998	5	5
1981	0	0	1999	9	9
1982	7	9	2000	4	4
1983	0	0	2001	3	3
1984	4	8	2002	2	2
1985	2	3	2003	1	1
1986	6	6	2004	1	1
1987	8	10	2005	1	3
1988	2	4	2006	1	1
1989	3	4	2007	2	3
1990	5	5	2008	1	1
1991	6	6	2009	4	6
1992	4	4	2010	3	4
1993	10	12	2011	3	5
1994	2	2	2012	3	8
1995	1	2	2013	3	5
1996	1	3	2014	3	3
—	—	—	合计	117	151

第四节　民事行政检察

1991 年,县人民检察院设立民事行政检察室。1996 年,受理民事申诉案 10 件,经审查决定立案 8 件,提请抗诉 2 件。1998 年,受理不服法院判决的民事经济行政案件 14 件,经审查,向市检察院提请抗诉 5 件,再审 9 件,其中改判 8 件,改判率 98%。2001 年,民事行政检察室改称民事行政检察科。2002 年,受理民事行政申诉案件 10 件,立案 3 件,息诉 4 件,提请抗诉 1 件,经法院再审改判 2 件。2010 年,受理民事行政申诉案件 4 件,提请市检察院抗诉 2 件,息诉 2 件。2011—2014 年,共受理民事行政申诉案件 14 件。

1991—2014 年炎陵(酃)县民事行政监督案件统计表

表 25-7

年份	案件数(件)	年份	案件数(件)
1991	12	2003	—
1992	0	2004	5
1993	4	2005	2
1994	9	2006	3
1995	10	2007	5
1996	10	2008	3
1997	8	2009	3
1998	14	2010	4
1999	15	2011	6
2000	12	2012	4
2001	8	2013	1
2002	10	2014	3
—	—	合计	151

第五节　林业检察

1955—1966 年, 破坏森林资源的案件由公安机关办理,1978 年恢复检察院后归检察院负责。1981 年 10 月 3 日,设立林业检察院,为县人民检察院派出机构,负责查办盗伐、滥伐森林案件。至 1985 年 8 月,自办森林案件 42 件 61 人,起诉后法院作出有罪判决 29 件 48 人,无罪判决 1 件 1 人。检察院决定免予起诉 11 件 11 人,罚款处理 1 件 1 人。

1989—1990年，共受理公安机关提请批准逮捕案件40件88人，经审查决定批准逮捕32件78人,不批准逮捕8件10人。受理公安机关移送审查起诉案件24件72人,经审查决定起诉23件71人,免予起诉1件1人。1995年,受理公安机关提请批准逮捕案件8件23人,经审查批准逮捕6件20人。受理公安机关移送审查起诉案10件21人,经审查决定起诉6件12人。协助办理林政案件15件18人,收缴无证木材90立方米。1996年,深入开展“严打”斗争,办理刑事案件25件39人。2010—2014年,共受理公安机关提请批准逮捕案件11件33人。经审查,批准逮捕10件31人,不批准逮捕1件2人。受理公安机关移送审查起诉案件68件97人,经审查决定起诉62件88人,不起诉6件9人。

2014年12月25日,撤销林业检察院,县检察院内设林业检察科,林业检察院职能分别并入侦查监督科、公诉科、反贪污贿赂局和反渎职侵权局。

1982—2014年炎陵(酃)县林业检察审查批捕案件统计表

表25-8

年份	批准逮捕		不批准逮捕		年份	批准逮捕		不批准逮捕	
	件	人	件	件		件	人	件	人
1982	5	7	1	2	2001	4	6	2	2
1983	0	0	0	0	2002	3	8	3	3
1984	0	0	0	0	2003	2	3	0	0
1988	4	10	0	0	2004	13	13	1	1
1989	17	46	0	0	2005	4	4	0	0
1990	15	32	8	10	2006	2	2	1	1
1991	14	31	0	0	2007	3	4	1	1
1992	12	23	6	7	2008	8	8	2	2
1993	11	19	6	7	2009	6	6	3	3
1994	8	12	1	3	2010	1	1	1	2
1995	6	20	2	3	2011	1	1	0	0
1996	5	19	2	3	2012	3	13	0	0
1997	4	10	1	1	2013	5	16	0	0
1998	3	9	2	4	2014	0	0	0	0
1999	3	3	0	0	合计	166	331	44	56
2000	4	5	1	1	—	—	—	—	—

1981—2014年炎陵(酃)县林业检察审查起诉案件统计表

表 25-9

年份	起诉		不起诉		年份	起诉		不起诉	
	件	人	件	人		件	人	件	人
1981	5	7	0	0	2000	9	13	0	0
1982	5	8	1	3	2001	3	4	2	5
1983	10	13	1	1	2002	10	22	2	3
1984	11	12	1	1	2003	14	18	0	0
1988	4	9	2	2	2004	17	18	1	1
1989	13	38	1	1	2005	9	9	0	0
1990	10	33	0	0	2006	5	6	1	1
1991	16	24	2	2	2007	6	7	0	0
1992	12	36	0	0	2008	16	16	0	0
1993	16	25	2	5	2009	10	10	1	1
1994	15	31	3	11	2010	6	8	3	3
1995	6	12	1	3	2011	17	21	2	3
1996	11	20	2	2	2012	14	20	1	3
1997	9	17	1	1	2013	10	22	0	0
1998	3	5	1	2	2014	15	17	0	0
1999	6	6	0	0	合计	313	501	31	54

第六节　监所检察

1955 年,县人民检察院开始行使监所检察职能,至 1957 年 5 月,与公安机关、法院联合检查 3 次,纠正不应羁押的精神病犯 1 人,错押 1 人,久押不决 1 人。1958 年 7 月,根据全国劳改检察工作会议精神,开展大规模联合检查和整改,减刑 2 人,提前释放 2 人,物质奖励 1 人,对重新犯罪的 9 人加刑处罚。

1978 年,恢复检察院初期,监所检察职能由刑事检察股行使。1980 年,设立监所检察股,重点对在押人员进行管教。1983 年起,履行监外执行检察职能。1986—1987 年,开展久押未决专项检察,督促相关部门对超期羁押的 17 件 17 人全部审理结案。1997 年起,依据刑诉法规定着重加强对看守所、拘留所及驻所工作人员的执法活动实施监督。同年开展执法检察

129次,发现并纠正违法行为8件,其中超期羁押3件。2003年,开展执法检察135次,发现并纠正违法行为35件。2004—2013年,开展执法检察1500余次,发现并纠正违法行为200余件。向在押犯上法制课80余场,提供法律咨询216人次。2014年起,与侦查监督部门共同行使羁押必要性审查职能。

第七节 控告申诉检察

1983年,县人民检察院设立信访接待室,有信访专干1人。组织人员在东、南、西三片中心圩场定期定点接待。1985年,湖南省人民检察院在全省检察系统推广酃县人民检察院"走出机关办信访,下乡定点搞接待"的经验。1987年,群众来信来访提供各类刑事犯罪线索81件,其中经济犯罪线索42件、法纪犯罪线索33件。经查证,移送公安机关立案查处各类刑事犯罪13人,检察院立案查处经济犯罪案件3人、侵权犯罪2人。

1988年8月,设立经济、法纪犯罪举报站,开通专用电话,9月26日,设立控告申诉检察组。1995年3月1日,增设举报中心,与控告申诉组合署办公。

2002年5月11日,控告申诉科、举报中心、刑事赔偿工作办公室3块牌子一套人马合署办公。同年9月,尾号为"2000"的全国检察机关统一举报电话开通。2009年6月22日,全国统一举报电话12309开通,24小时受理群众举报。2002—2014年,共接待群众来信来访1100余件次,受理举报线索126件,开展各类检察专项法律宣传1300余次,办理国家刑事赔偿3件,赔偿金额4万余元,发放举报奖励金3万余元。开展刑事被害人救助12人次,救助金额2.4万元。

第三章 审 判

第一节 机构队伍

清代,司法与行政合一。民国元年(1912),设立司法署。26年7月1日,成立司法处,配有审判官、书记官、检验员、录事、缮状员、执达员、法警等,负责审理民、刑事案件。35年,司法处配备主任审判官1名,县长不再兼理司法业务。36年6月,主任审判官潜逃,司法处解体。

1949年11月,县人民政府设立司法科,办理一般民事案件。1950年5月,成立酃县人民法庭,随后在4个区设立分庭。12月,撤销司法科,成立酃县人民法院,县长李秀山兼任院长。1955年4月,酃县第一届第三次人民代表大会选举刘福俊为法院院长,同时建立人民陪审员制度。

1959年元月酃、茶并县后，原酃县城设立酃区人民法庭。1961年6月，恢复酃县人民法院。1967年8月，实行军管，审判职能由军管小组行使。1973年5月，撤销军管，重组酃县人民法院。

1990年末，县人民法院内设办公室、政工室、刑事审判庭、民事审判庭、经济审判庭等9个机构，在城关、沔渡、水口、王家渡设立4个人民法庭。通过选举，共有人民陪审员20名，其中男13名，女7名。

1991年3月，成立法医技术室。1994年3月，成立酃县人民法院司法警察中队。1995年6月，撤销1991年4月成立的房地产人民法庭。1997年，实行立审分离，强化内部监督，设立立案庭。司法警察中队升格为司法警察大队。1998年，告诉申诉庭更名为审判监督庭，实施审判监督职能。1999年、2000年，城关法庭、沔渡法庭相继撤销。2000年7月3日，举行首次法官等级证书颁发大会，35名法官参加晋级评定，会上全体法官重温“法官誓词”。2001年，原执行庭更名为执行工作局。2002年，原民事庭更名为民一庭，原经济庭更名为民二庭。2005年，最高人民法院院长首席大法官肖扬来炎陵县法院视察指导工作。2008年9月，炎陵县审判学会成立大会暨第一届会员大会召开。2011年3月，首个巡回审判点在十都正式挂牌成立。2014年末，县人民法院内设立案信访局、刑事庭、民一庭、民二庭、行政庭、非诉执行局、执行局、林业庭、审监庭、政工室、办公室、司法技术室、纪检监察室、法警队和审管办等15个机构，下辖水口、王家渡两个基层人民法庭。在岗干警64人，退休干警17人。人民陪审员增至50人。

炎陵(酃)县人民法院历任院长名录

表25-10

姓名	籍贯	任职时间
李秀山	山西介休	1950.12—1952.3
曹生维	山西	1953.3—1954.8
刘福俊	湖南湘阴	1954.8—1956.12
唐自动	湖南酃县	1956.12—1958.12
吴仲仁	湖南酃县	1961.6—1964.7
谭永隆	湖南茶陵	1964.8—1967.2
刘英万	湖南酃县	1973.8—1993.10
李正果	湖南酃县	1993.10—2002.01
颜会明	湖南茶陵	2002.01—2007.11
刘仕明	湖南醴陵	2007.11—2011.01
皮亮钦	湖南益阳	2011.01—

第二节 刑事审判

1950年5月4日，县人民法庭在县城大操坪首次开庭，公开审判地主恶霸尹志汤和惯匪李忠自。同年11月，开展镇压反革命运动。1953年，开展"三反""五反"运动（反贪污、反浪费、反官僚主义；反行贿、反偷税漏税、反盗窃国家财产、反偷工减料、反盗窃国家经济情报）。在运动中，贯彻执行"镇压与宽大相结合""首恶必办、胁从不究、立功受奖"等政策。至1957年底，共审结各类案件1441起，其中反革命案件707起，占刑事案件总数49.1%。

1958年，受"左"的影响，在司法系统中推行"一长代三长"（公安局长、检察院检察长、法院院长）、"一员代三员"（预审员、检察员、审判员）的办案方法，把在整风学习中"大鸣大放"的某些意见和对"五风"（共产风、浮夸风、强迫命令风、瞎指挥风、干部特殊化风）、"大炼钢铁""大办公共食堂"的某些批评、意见，都当作政治问题处理，致使刑事审判出现失误。1961年，审判工作恢复正常程序，贯彻执行中共中央关于"少杀、少捕、管制也要少"的指示，以打击现行破坏为重点。至1965年，共审结各类案件52起82人，其中判处有期徒刑的仅20起24人。1966—1976年，凡对"文化大革命"有不同看法的，都以现行反革命治罪，造成大量冤、假、错案。据复查，错判反革命案件占总数73%，错判普通刑事案件占总数28%。

1980年1月1日，《中华人民共和国刑法》《中华人民共和国刑事诉讼法》实施后，审判工作走上"有法可依、有法必依"的轨道。至1982年，共审结经济犯罪案件172起，判处有期徒刑242人。1983年8月起，以打击严重刑事犯罪分子为主要内容，实行综合治理。至1985年底，共审结各类案件318起，判决犯罪分子338名。1986—1990年，共审结各类案件82起159人，其中贪污、贿赂等经济案件38起64人，分别占总数46.34%和40.25%。

1991年，审结各类案件83起145人，其中重点打击扰乱农村社会治安和破坏工农业生产的犯罪行为，审结案件78起131人，分别占案件总数和案犯总数94%和90%。1993年，审结各类案件78起，144人。开展"严打"，对23案45名罪犯进行集中审判，依法处决4名死刑犯，其中重大抢劫犯1名，组织卖淫犯3名。1995年，审理案件109起175人。继续加强"严打"力度，审理两起中华人民共和国成立以来涉案金额最大的盗窃、受贿案件。实行公诉、自诉案件分流制。1996年，审结各类案件108起166人，刑事审判突出重点，确保"严打"斗争声威，依法审判县内首起毒品犯罪案，全年召开7场公开打击处理大会，依法宣判50起案件80名罪犯，对2名故意杀人犯执行死刑。1998年，审结案件81起119人。经济犯罪有所抬头，一些科局领导干部和科技人员利用职务之便在一些工程项目和经济交往中侵吞、贪污、挪用公款、收受贿赂，县法院在办案中顶住压力和说情风，严格依照新刑法定罪科刑。2001年，审结各类案件80起105人。召开4次公开打击处理大会，共宣判9案11人。对轰动一时的"5·18"画眉桥抢劫（未遂）案主犯顶格判处10年有期徒刑。2003年，审结案件63起95人。

把“严打”斗争与优化经济发展环境紧密结合起来，重点打击破坏市场经济秩序犯罪。组织集中宣判大会 3 场次，判处死刑 2 人。2004 年，审结各类案件 102 起 141 人，积极对普通案件进行“简化审”，采取“简化审”方式审理 37 起。2005 年，审结案件 94 起 150 人。突出打击黑恶势力、有组织犯罪和杀人、爆炸等严重暴力犯罪和“两抢一盗”等多发性犯罪。加快办案节奏，案件审理周期仅 6.63 天。2006 年，审结案件 81 起 131 人。推行刑事审判判后释疑制度，坚持“教育、感化、挽救”相结合，认真做好未成年人犯罪案件审理工作，审结未成年人犯罪案件 16 起 25 人，对 12 名初犯、偶犯的未成年罪犯，本着有利教育的目的，给予单处罚金和宣告缓刑等较轻的处罚。2007 年，审结案件 80 起 125 人。严惩商业贿赂犯罪，审理涉案金额 515 万元的县某金融单位员工侵占单位资金案。2009 年，审结案件 84 起 118 人。对故意危害公共安全，严重破坏社会管理和经济秩序、侵害公民人身权利的严重暴力犯罪等始终保持高压态势。2010 年，审结案件 64 起 92 人。认真贯彻《人民法院量刑指导意见（试行）》和《人民法院量刑程序指导意见（试行）》，严把证据关，着力规范自由裁量权。2013 年，审结案件 91 起 122 人。刑事审判在充分发挥惩处犯罪，维护社会稳定职能的同时，灵活运用修改后的《刑事诉讼法》，通过庭前会议、附带民事调解等工作，既让犯罪分子得到公正审理，又最大限度地保护受害人的利益。2014 年，审结各类案件 81 起，比上年减少 10%，判处 145 人，其中判决 3 年以上有期徒刑的 12 人。

第三节　民事审判

民国时期，民事纠纷一般由宗族与豪绅调处，调解不成才告至官府。

1950 年 5 月 1 日，《中华人民共和国婚姻法》颁布实施后，婚姻纠纷案件骤增。至 1955 年，共审结各类民事案件 1900 起，其中离婚案件 1616 起，占审结总数 85.1%。1961 年 8 月，贯彻落实《人民公社工作条例》，实行以生产队为基础的三级（公社、大队、生产队）所有制，山林、土地、水利、房屋、农具等财产权益案增多。至 1965 年，共审结财产权益案 158 起，较 1956 至 1960 年增长 1.6 倍。“文化大革命”开始后，民事审判停顿，1973 年恢复。1982 年 3 月，《中华人民共和国民事诉讼法（试行）》和《中华人民共和国民法通则》实施后，新型的权益纠纷案件激增，至 1990 年，共审结各类民事案件 4171 起。其中，房屋、宅基地和土地、山林权属纠纷案 1395 起，占审结总数 33.4%；抚养、赡养、继承和借贷、债务、合同等权益纠纷案 2281 起，占审结总数 54.7%；其他伤害赔偿和离婚等案件 495 起，占审结总数 11.9%。

1991 年，审结各类民事案件 720 起，落实新《中华人民共和国民事诉讼法》，巡回办案 450 起，占总数 62%。1994 年，大量民事纠纷采用调解方式化解，全年共审结 540 起，其中调解 420 起，调解率 77.78%。1995 年，审结各类民事案件 478 起，推行以直接开庭为核心的审判方式改革，进一步完善当事人举证制度和举证责任制度。1996 年，审结民事案件 496 起，严格实行案件审立分离制度，所有案件都归口于立案庭审查。1998—2000 年，民事案件逐年下降。其中1998年，收案252起，审结245起。1999年，收案195起，审结190起。2000年，收案168起，审结168起。2001年，《中华人民共和国婚姻法》修改颁布后，婚姻家庭纠纷案件增加，在审结的176起案件中，婚姻家庭案件达90起，占审结总数50%。2003年，在院立案庭成立调解速裁室，对简单民事案件实行当日速裁调解。审结各类民事案件279起，其中调解结案160起，调解率从上年的30%上升到57.34%。至2007年，建立和完善诉讼调解、人民调解、行政调解的"三调联动"机制，最大限度化解社会矛盾，切实做到"案结事了"，调解率66%，撤诉率13.8%。2008年，审结各类民事案件619起。创造了高调解撤诉率(82.86%)、高当庭兑现率(89.27%)、高服判息诉率(99.96%)、审理周期短(17.2天)"三高一短"的全国一流的司法绩效。完善司法救助，从财政资金中安排10万元成立司法救助基金，为困难当事人提供司法救助195起，依法缓、减、免交诉讼费21万元。依法为符合法律援助条件的9名被告人指定辩护人。2009—2013年，共审结案件3258起，通过发挥"三调联动""诉前调解"等多元化调解机制功能，共调解、撤诉案件2608起，调撤率一直保持在80%以上。2014年，审结各类民事案件626起，对民事平等主体间的纠纷，坚持"调解优先，调判结合"的原则，将调解贯穿于诉前、立案、审理、执行全过程。

第四节 经济审判

1981年5月，县人民法院设立经济审判庭，专司经济案件的审判。1982年，《中华人民共和国经济合同法》颁布实施后，经济审判有法可依。至1983年，以保护"两户一体"(农村生产经营户、重点户、经济联合体)的合法权益为重点，共审结经济纠纷案件42起，经济犯罪案件5起。1984年起，经济犯罪案件归刑事审判庭审理，经济审判庭只受理在生产、流通、交换、运输等领域中发生的经济纠纷案件。至1990年，共审结各类经济纠纷案件1682起，诉讼标的465万余元。其中，调解结案1616起，占审结总数96%；判决结案45起，占审结总数2.8%；撤诉、移送等方式结案21起，占审结总数1.2%。

1992年，审结案件518起，诉讼标的130.6万元。设立经济纠纷调处中心，通过简便的非诉讼方式予以调解。1993年，审理案件140起，同比下降270%，诉讼标的116.38万元。开展全县"集中清欠"行动，查出县内外共有2400余万元债款、贷款尚未收回，经过努力，共收回各种资金269万余元。1995年，审结案件113起，结案标的1493万元。依照《中华人民共和国企业破产法》和《中华人民共和国民事诉讼法》的规定，于4月5日对县造纸厂申请破产一案立案审理，经过5个月的审理，9月16日审结，系县内首次审理的破产案件。1996年，审结各类案件788起，诉讼标的5354.98万元。依法审理县铁合金厂等一批企业破产案22起，处理不良债务9240.68万元，重新安置职工1794人。1998年，建立10个驻企联系点，直接为企业提供法律服务。1999年，审结案件38起，结案标的318万元。与70多个行政村和县乡企业建立审判服务联络点，依托审判职能开展多种形式的法律服务。2002年，建立新民事审判大格局，撤销经济审判庭，成立民二庭，经济案件交由民二庭进行审理。

第五节　行政审判

1987 年 2 月，县法院设立行政审判庭，负责行政诉讼案件的审理。8 月，一村民对林业部门的行政处罚不服，向法院提出行政诉讼。经行政审判庭审理，认定林业部门的行政处罚确有不当之处。判决时维护其正确部分，撤销其错误部分，双方当事人均表示服判。此案为行政审判第一宗案件。至 1990 年，共受理行政诉讼案件 9 起，其中不服林业行政处罚 3 起，不服治安行政处罚 2 起，不服土地行政处罚 3 起，不服卫生行政处罚 1 起。经审理，维持原行政处罚的 3 起；维护正确、合法部分，撤销不正确、不合法部分的 1 起；判决撤销原行政处罚的 2 起；原行政处罚单位发现有错误重新作出处理，原告表示服从并撤诉的 3 起。

1991 年，审结行政诉讼案件 15 起，同比增长 67%。湖南省高级人民法院明确从 7 月11日起，山林权属纠纷案作为行政案件受理。县法院从实际出发确定山林权属纠纷案件，属民事财产权属案件由民事庭或基层法庭受理，属对政府处理不服的，林业行政案指定由行政审判庭或林业审判庭受理审理。1995 年 4 月，将诉外行政执行案件划由行政庭管理，做到统一收案，专人管理，全年共审结行政案件 11 起，非诉行政执行案件 58 起。1996 年，审结行政案件 4 起，非诉行政执行案件 46 件，其中为环保局执行 32 起收缴排污费案，占非诉执行案件总数 69.57%。2001 年，审结行政案 2 起，非诉行政执行案 156 起，其中裁定准予强制执行 147 起，不予强制执行 9 起，执行标的 30 余万元。2004 年，审结行政案 4 起，非诉行政执行案 8 起。2007 年，探索多元化的行政争议解决机制，注重行政协调，审结行政案 5 起，非诉行政执行案 23 起。2009 年，行政审判注重服务重点工程建设，审结行政诉讼案件 8 起，执结非诉执行案件 136 起。2011 年，审结行政案件 9 起，非诉执行案件 127 起。2013 年，坚持一案一调的工作做法，审结行政案件 12 起，其中有 10 起以协调撤诉方式结案。2014 年，审结行政案 11 起。倡导行政机关负责人出庭应诉制，实现司法与行政良性互动。严格审查非诉执行案件的立案工作，及时阻止违法具体行政行为进入执行程序，围绕重点工程、征地拆迁、社会抚养费征收等推进县域经济社会发展与民生关注的工作，全年执结非诉执行案件121 起，执结率 100%，执结标的 360 余万元。

第六节　申诉复查

1953 年 6 月开始，对“三错”（错押、错捕、错判）案件进行复查，至 8 月纠正错判案件 16 起，错捕 8 起，错押 3 起。1956 年 8 月，按照“有反必肃、有错必纠”原则，对社会镇压反革命和内部肃反所判案件进行检查，改判 14 起。1961 年 8 月开始，对 1958—1961 年 6 月所判案件进行甄别，至 1962 年底，纠正错判案件 63 起 63 人。

1979 年 1 月开始复查“文化大革命”以来所判案件，至 1982 年 4 月，改判反革命案件

179 起 195 人，其中宣告无罪 171 人，免于刑事处分 11 人，改变案件性质 7 人，减轻刑罚 6 人。同时，改判普通刑事案件 25 起 25 人。在撤判平反人员中，有 92 人恢复公职，131 人因错判造成家庭生活困难，发给生活补助费 2.4 万余元，被错杀的给予抚恤。同时复查改判知识分子申诉案件 64 起 64 人，起义投诚人员申诉案件 25 起 25 人。

1987—1989 年，由告诉申诉庭负责审理各类刑事申诉案件，发现原判有错误，依照审判监督程序再审改判 17 起 17 人，其中宣告无罪 9 人，减轻刑罚 8 人。

1991 年，受理申诉案件 32 起，比上年提高 22.6%。1992 年，受理申诉案件 49 起，审结 47 起，结案率 97.9%。1995 年，受理申诉案件 21 起，审结 20 起。其中，刑事审诉案件 3 起(驳回1 起，撤诉 2 起)，民事申诉案件 17 起(改判 3 起，驳回 6 起，做工作息诉 6 起，建议二审再审2 起)。1996 年，受理申诉案 34 起，审结 33 起。2001 年，坚持“有错必纠”，充分发挥审判救济作用。全年办理申诉、再审案件 11 起，针对这 11 起疑难案件召开 9 次审判委员会会议认真讨论，做好当事人服判息诉工作，维护当事人合法权益。2002 年，申诉复查案件和再审案件 4 起，同比下降 63.64%，全年无一错案。2004 年，全年上诉案件 20 起，同比减少 25%，再审案件2 起，同比减少 100%。2005—2012 年，再审案件 11 起。2013 年、2014 年，无再审案件。

第七节 审判执行

1984 年 7 月，县人民法院增设执行庭，审执分离。1991 年，开展两次集中执行活动。共有应执行案件1113 起，执结 1051 起，执行率 94.4%，执兑标的 70 余万元。1992 年，执行收案 1108 起，执结937 起，执兑标的 95.7 万元。是年，协助外地法院执行案件 3 起，同时请求外地法院协助县法院执行案件 4 起，两项执兑标的 6 万元。1993 年，执行收案 165 起，执结 143 起，执行率 80%，执兑标的 36.73 万元。1996 年，收执行案 113 起，全部执结，执行率 100%，执兑标的 62.67 万元。1999 年，以全国法院开展“执行年”活动为契机，开展清理执行积案活动。10 月下旬开始，清理执结积案 60 余起，执兑标的 30 余万元。2001 年 3 月，将执行庭改为执行工作局。全年兑现执行标的 210.36 万元。2003 年，采取“三限”措施，对 2001 年以前的积案要求限期清理底数、限期执结、限期归档，下大力气清理执行积案，执结积案 174 件。2006 年，清理执行积案 247 起，执兑标的 341.4 万元，其中 11 起涉政府执行案件全部执结。全院干警捐款建立执行救助基金，对 8 起案件 9 名特困执行当事人开展困难慰问。2008 年，依托解决“执行难”联席会议，加强与有关部门的协作，构筑基层协助执行工作网络，执结 121 起。11 月 20 日，召开集中执行兑现大会，对 45 起案件申请执行人兑现执行标的款 300 余万元，拘留有履行能力而拒不履行义务的被执行人 11 人。2009 年，执结案件 283 起，执兑标的 1024.7 万元。2010 年，执行案件 328 起，执兑标的 441.5 万元。采取财产调查、财产审计、建立威慑机制等手段和方法，敦促被执行人自动履行案件 321 件，占结案数 98%。2013 年，执结案件 145 起，执兑标的 1200 余万元。开展金融债权案件专项清理活动，为金融机构收回不良贷款100余万元。执行兑现大会现场向20余名申请执行人发放执行款63万余元,当场拘留有履行能力而拒不履行义务的被执行人2人。2014年,运用科技手段,借助“司法查控系统”平台对被执行人财产进行信息化查控,提高执行工作效率。执结案件190件,执兑标的2039万余元。

第四章　司法行政

1950年起,司法行政工作由县人民法院负责。1980年11月成立酃县司法局,接管民事调解和法制宣传工作,并按归口管理公证处和法律顾问处。1981年起,县司法局先后设立办公室、宣教股和基层工作股,各乡镇配有司法助理员。1991年11月增设政工股。1996年增加安置帮教工作职能,归口基层工作股管理。1997年年初在各乡镇场建立16个司法所。2011年,设立社区矫正工作管理股。同年,对全县16个司法所进行收编管理,统一纳入县政法专项编制,为县司法局派出机构。2014年12月,县司法局内设办公室、政工室(加挂政策法规股牌子)、基层工作股(加挂县“三调联动”工作领导小组办公室牌子)、法制宣传教育股(加挂县依法治县领导小组办公室牌子)、社区矫正工作管理股、计划财务装备股6个职能股室,下辖县公证处和县法律援助中心2个事业单位。局机关政法专项编制22名,全额事业编制5名,基层司法员政法专项编制17名。

第一节　民事调解

明清时期,由里卫、里长和乡正、保正负责民事调解。民国19年(1930),国民政府颁布《区自治实施法》和《乡自治实施法》,规定设立调解委员会,但未实施。第二次国内革命战争时期,苏区乡民大会曾选出人员组成乡、村公断处,评判民间争执。由于严酷的战争环境,无法形成制度。

1952年土地改革结束后,一区中团乡建立全县第一个农村调解委员会。1954年2月,全县140个乡均建立调解组织。7月,在县城首次举办调解主任培训班。1957年2月,县人委发出“建立健全乡调解委员会”指示,并规定每个农业社应有一位副主任管调解工作。全县231个农业社均建立调解小组,有调解人员1543人。1958年,将调解委员会与治安保卫委员会合并,成立治安、调解委员会。“文化大革命”开始后,调解组织消失。1976年开始,在公社配备专职司法员。1978年12月,有23个县属厂矿建立调解组织,有兼职调解委员64人。1980年冬,民事调解工作由县司法局管辖,主要受理调解各类民间纠纷。1980—1990年,共受理民间纠纷1.24万件,调解结案1.14万件,占受理总数91.9%。

1991年4月,县司法局主动与茶陵县、江西省宁冈县司法局联系,组建“酃、茶、宁”三县边界民间纠纷联防联调指导小组，制定章程和边界联防公约。

1998 年，全县 202 个村均建立村级调解组织，2008 年，建立“三调联动”矛盾纠纷快速反应流动调解庭，2009 年，在全市率先建立驻检察院人民调解工作室、驻法院和基层法庭人民调解工作室各 1 个，建立驻公安派出所人民调解工作室 8 个，2010 年，建立医患、交通事故、劳动争议等 3 个专门人民调解委员会。2013 年，县司法局与江西省遂川县、井冈山市司法局再次就边界矛盾纠纷联防联调工作进行协商，签订联防联调协议，进一步完善湘赣边界联防联调机制。2014 年，成立山林纠纷、劳动纠纷、婚姻家庭纠纷、物业纠纷、征地拆迁纠纷、医疗纠纷等 6 个专业、行业人民调解委员会。当年，开展首届“金牌调解员”评选活动，重点化解积案、难案，每季度评选出 6 名金牌调解员并给予奖励。

截至 2014 年冬，全县有人民调解组织 244 个，其中县级矛调中心 1 个，快速反应流动调解庭 1 个，专业性行业性人民调解组织 7 个，乡镇人民调解委员会 15 个，村(社区)人民调解委员会 208 个，其他企、事业单位调委会 2 个。派驻公安、检察、法院人民调解室 10 个。有专、兼职调解员 935 人。1991—2014 年，共成功调处 3.6 万多起矛盾纠纷。

第二节　法律服务

一、公证

清代，县人遇有买卖土地房屋、分家、继承等问题，由双方当事人请“中见人”在所立契约上签名画押，名为“私证”。民国时期，通过税捐部门办理“税契”，以税契代替公证。

1951 年 9 月，根据《中华人民共和国法院暂行组织条例》，公证业务由县人民法院负责办理。1958 年，司法战线受“左”的影响，公证工作被取消。1980 年，县人民法院恢复公证室。1981 年 8 月，正式成立公证处，归口县司法局管理。

2002 年 8 月，根据国务院、省、市有关公证工作改革的意见要求，撤销炎陵县公证处，业务归属株洲市第三公证处(设在攸县)，在炎陵县设置办事处。2007 年 3 月，重新设立炎陵县公证处。1980—2014 年，共办理公证事项 8009 件。

二、法律事务

1955 年 3 月，县人民法院在审理一起贪污案时，开始实行律师辩护。1957 年，在“整风”“反右”斗争中，把曾为被告辩护的人打成“右派”，律师辩护制度被否定。

1979 年 11 月，根据《中华人民共和国刑事诉讼法》规定，县人民法院配备专职律师 1 名，同时成立法律顾问处。1980 年，根据《中华人民共和国律师暂行条例》规定，将法律顾问处归口县司法局管理。6 月，法律顾问处改称律师事务所。

1994 年 3 月，原律师事务所更名为第一律师事务所，并组建第二律师事务所。1996 年 3 月 15 日，县律师事务一、二所分别更名为“湘山律师事务所”和“言灵律师事务所”。2000 年，洣泉法律服务所成立，系县内基层法律服务机构，成员 6 名。2001 年，湘山律师事务所与言灵律师事务所合并改制成湘山律师事务所。2009 年，县内个体律师事务所—武超律师事务所成立。2014 年末，县内有湖南湘山律师事务所和湖南武超律师事务所，共有专职律师 13 人，1980—2014 年，律师事务所先后为 1297 家次企事业单位担任法律顾问，办理各种诉讼与非诉讼案件 7449 件。2000—2014 年，洣泉法律服务所办理各类案件 786 件。

三、法律援助

2002 年 8 月 20 日，成立法律援助中心，为司法局的内设股所级机构，主要为贫弱人群免费提供法律咨询、诉讼代理等法律援助。2009 年，投资 20 万元在司法局临街门面建立县法律援助便民服务窗口。2014 年冬，全县有法律援助工作站 21 个，县法律援助中心有专职律师 1 名，工作人员 2 名。2002—2014 年，办理法律援助案件 1023 件。

四、司法鉴定

2005 年，成立株洲神农司法鉴定所，设在县人民医院。鉴定类别为法医临床鉴定，主要项目有损伤程度鉴定、伤残程度鉴定等 20 个。2014 年年末，株洲神农司法鉴定所有司法鉴定员 7 人，其中 4 人为副主任医师。2005—2014 年，共办理司法鉴定事项 1292 件。

第三节　法制宣传与法治示范

一、法制宣传

1950 年，配合减租反霸和民主建政等运动，宣传《中华人民共和国婚姻法》，提倡“行平等礼，结自由婚”，一些不幸的婚姻解体，并建立许多团结互爱的新家庭。县人民法院依法惩处虐待、迫害妇女、干涉婚姻自由的刑事案件 16 起，1954 年，发动群众学习第一部《中华人民共和国宪法》，激发全县人民建设社会主义祖国的热情。1981 年，司法局结合参与公开审理刑、民事案件和调解、公证、法律咨询等业务，进行法制宣传教育，预防犯罪案件的发生。

1985 年 11 月 15 日，中共中央、国务院制定向公民基本普及法律常识的五年规划，县委成立普及法律常识领导小组，司法局负责落实，当年开始在全县公民中进行《中华人民共和国宪法》《中华人民共和国刑法》《中华人民共和国刑事诉讼法》《中华人民共和国民事诉讼法》《中华人民共和国民法通则》《中华人民共和国婚姻法》《中华人民共和国继承法》《中华人民共和国经济合同法》《中华人民共和国兵役法》《中华人民共和国森林法》和《中华人民共和国治安管理条例》（简称“十法一条例”）的宣传教育。

1986 年，启动“一五”普法。先后培训普法宣传骨干 6700 人次，印发普法书籍 27 万册,各种宣传资料28万份,出动宣传车600台次,举办广播讲座963次,辅导讲课6789次,组织法律知识竞赛活动15次,参赛者6.8万余人。有12.9万人受到法制教育,占普法对象总数92%。

1991年,启动"二五"普法。先后培训普法骨干6337人,出动宣传车近千台次,办法制宣传栏和板报4500期。组织上街宣传9次,受教育者6万余人。利用广播电视,宣讲33部法律,收听、收视率分别为75%和85%,播放法律专题片47部,法制专题教育片32部,观看人数11.6万人,购买发行《宪法讲法》《全民普法读本》等书籍4.7万册。据统计,全县13万普法对象,均不同程度接受了法律常识教育。

1996年,启动"三五"普法。当年,征订"三五"普法教材1.4万余册,1997年,全面实施干部《普法合格证》,编发普法资料1万余份,开展"庆七一、迎回归,公民学法答题有奖一条街"的大型普法活动。1998年,组织编写《"娃娃工程"普法教育读本》约6万字,共发行1.7万余册,做到在校学生人手一册。普法工作在全市司法行政年度考核评比中获得第二名。1999年,组队参加全市"走向法治"的诗歌朗诵大赛,1名选手获三等奖,2名选手获优胜奖。其间,编写制作板报460块,出动宣传车450台次,录制宣传磁带46盒,悬挂横幅263条,张贴标语475条,开展法律咨询67场次,解答法律咨询2675人次。

2001年,启动"四五"普法。2002年,全县首次开展农村法制宣传月活动。2004年,县司法局在洣泉路开辟法制宣传阵地,组织10家县直机关单位在洣泉路开展"12.4"法制宣传一条街活动。2005年,在全省干部学法抽考和"四五"普法依法治理工作验收中,炎陵县一次性合格。期间,征订普法读本1.2万册,出动宣传车110台次,举办宣传栏291期,张贴标语9000余条,举办各类法律知识讲座1120场,自编法制宣传资料230套。

2006年,启动"五五"普法。2007年,首次建立干部学法考试电子档案。2010年,组建"法制宣传义工队伍"130多支,推进"法律六进"(进机关、进单位、进乡村、进学校、进社区、进企业)活动,在学校配置法制副校长,并在县城洣泉路和4个社区开辟法律宣传固定宣传栏30多块,形成具有炎陵特色的洣泉路法制宣传长廊。其间,征订普法读本1.5万册,开展"法律六进"活动460余场,发放各类法制宣传资料14万余份,发放给农民法律书籍6.5万份,开展各类法制讲座679场。

2011年,启动"六五"普法,有法制宣传义工队伍130余支,义工700余人。2012年,组织人员编印并免费发放《公职人员常用法律知识读本》《青少年常用法律知识读本》《农民工实用法律知识读本》。2013年,县司法局积极创新法制宣传方式,将法制宣传与送戏下乡、赠送春联、趣味性有奖竞答等活动有效地结合起来,如县司法局自编自演的《客家山歌唱调解》节目深受百姓喜爱。同年,启动无纸化学法用法考试系统,次年全面推行。2014年,在新进公务人员培训班中开设一堂法制课,加强公务人员法制教育。2011—2014年,全县开展"法律六进"活动545场,发放各类法制宣传资料22.6万余份,现场解答法律咨询4500人次,开展各类法制讲课67场。

二、法治示范

按照“五五”普法规划要求，从 2007 年春开始，开展“法治机关”“法治企业”“法治学校”“法治乡镇”“法治村（社区）”等创建活动，“民主法治示范村（社区）”创建达到省市要求。同时扎实推进“法治政府”建设进程，积极推进“依法办事示范窗口单位”建设。2008 年 4 月，司法部、民政部授予鹿原镇塘旺村全国民主法治示范村称号，鹿原镇新坪村被评为全省民主法治示范村。2012 年，霞阳镇草坪村获省民主法治示范村称号，三河镇星光村、霞阳镇南区社区获评市民主法治示范村。2013 年，县地税三分局获省依法办事示范窗口单位称号；2014 年，三河镇天平村、沔渡镇夏馆村成功创建省级民主法治示范村。

第四节　安置帮教与社区矫正

一、安置帮教

刑满释放和解除劳动教养人员安置帮教工作 1996 年前由县公安局负责，1996 年开始由县司法局接管。1998 年，成立县“两劳回归人员”安置帮教工作领导小组，各乡镇村均建立安置帮教机构，实行帮教管理工作责任制度。全县建立安帮工作管理站 15 个，帮教组织 218 个，主要对全县的刑满释放和解除劳动教养人员进行摸底调查，清理登记，建立台账进行管理，根据有关政策进行安置帮教，如帮助落实责任田土、联系务工、低保救助等，平时通过开展公益劳动等进行教育培训，引导其走上正轨。1998—2012 年，共接茬刑满释放和解除劳动教养人员 1127 人，解除 904 人。2013 年，废除劳动教养制度，从此安置帮教对象均为刑满释放人员。2014 年年底，全县有在册刑满释放人员 223 人。

二、社区矫正

社区矫正工作 2010 年前为县公安局负责，称为重点人口管理，2010 年 10 月由县司法局接管，称为社区矫正工作。针对社区矫正人员，县司法局主要是充分运用信息管理平台，完善社区矫正人员电子档案，实行每月例行见面、学习、汇报和分类管理，并经常组织社区矫正人员参加各项公益劳动等进行管理。2012 年，为工作人员和具备条件的 42 名矫正人员配备 GPS 定位手机，实现电子监控管理，同年开始实行社区矫正社会调查评估工作。2010—2014 年，共接茬社区矫正人员 232 人，解除社区矫正人员 148 人，开展社会调查评估 150 次，出具社会调查评估报告 150 份。2014 年年末，有社区矫正工作领导小组 17 个，在册社区矫正人员84 人。

第二十六篇　军　事

第一章　军事机构和驻军

第一节　机　构

民国26年(1937),县政府内设征训科。29年改称军事科。30年,设酃县国民兵团,县长兼任团长,另设中校副团长1人专司征兵。33年撤销。35年,军事科改为警保科。37年,改回军事科,旋与县民政科合并为第一科。

中华人民共和国成立后,1950年初,县人民政府内设人民武装部,负责民兵和征兵工作。1951年8月,人民武装部从县政府划出,成立中国人民解放军衡阳军分区酃县人民武装部(以下简称人武部)。当年开始,人武部设第一政委,由县委书记兼任。1953年,中共酃县县委遵照中共中央《关于建立各级人民武装委员会的决定》精神,设立人民武装委员会(简称武委会),县委书记任武委会主任。

1954年6月,人武部改隶郴县军分区。8月,改称酃县兵役局,同时保留"酃县人民武装部"称号,实行县委和军分区双重领导。兵役局工作机构设民兵、兵役2科。1955年,增设动员科。1959年1月,酃县人武部随县并入茶陵县人武部,隶属湘潭军分区。1961年6月,恢复酃县人武部,仍隶属湘潭军分区,内设军事、政工2科。1962年军事科改为民兵组织科,1963年又改回军事科。1964年,酃县人武部被湖南省军区授予"四好人民武装部标兵"称号。

1969年元月,人武部内设工作机构增加后勤科,1970年8月撤销,1976年2月改设供管科。10月以后,仍设军事、政工、后勤3个科。

1983年,人武部改隶株洲军分区。1986年5月28日,划归地方建制,为副县级机构。辖19个基层人武部(17个乡镇及林业局、大院农场各一)。1988年5月,工作机构增设办公室。1990年,省委、省政府、省军区授予酃县人武部"先进人民武装部"称号。

1996年3月27日,县人武部收归中国人民解放军建制。湖南省政府、省军区授予炎陵县政府、县人武部"建设一个好人武部,迎接收归军队建制"工作先进单位称号。人武部收归军队建制后办公室撤销，保留军事、政工、后勤3个科。1997年，县成立国防动员委员会（简称国动委），与县武委会一个机构、两块牌子。2005年8月，人武部征兵工作创连续31年33次（1979年与1990年各征兵两次）无责任退兵纪录，国防部授予全国征兵先进单位称号。人武部主要担负民兵队伍和国防后备力量建设、征兵和抢险救灾等工作。

2014年，人武部设军事、政工、后勤3个科。

1951—2014年炎陵（酃）县人民武装部（兵役局）负责人一览表

表26-1

部（局）长	籍贯	任职时间	副部（局）长	政委	籍贯	任职时间	副政委
刘传俊	河北	1951.8	胡志亮 张耀增	申祖训	山西	1951.8	刘志全
李　奇	—	1956.5	侯玉凤	—	—	1956.5	刘志全
高改明	—	1957.8	—	—	—	1957.8	刘志全
刘志全	河北	1961.6	刘善福	赵忠义	河北	1964.4	赵忠义　张春林 常青树
孙希庆	山东	1968.4	刘善福　李国起 李景新	姜宝贵	河北	1969.7	张春林　常青树 周楚才
李国起	天津	1970.4	刘善福　李景新 赵长干　罗炳元 刘　斌　张余兴	段成龙	河北	1970.4	周楚才　郭海清 葛克煦　王建惠 熊宗泽　门洪图 谭秋苟　张自隆
王菊芬	攸县	1979.8	刘善福　李景新 张余兴　张圣太	张仲基	河北	1979.8	熊宗泽　谭秋苟 张自隆
肖友水	江西	1983.8	张圣太　熊才贵 霍友生	熊宗泽	湘潭	1983.8	—
曾友晚	茶陵	1986.1	—	霍友生	酃县	1986.3	—
张武珠	茶陵	1989.11	—	霍友生	酃县	1989.11	—
钟海庭	炎陵	1994.8	陈接发	霍友生	酃县	1994.8	—
曹友良	益阳	1996.4	陈接发　马先进	段涛辉	茶陵	1998.4	—
毛承义	浏阳	2000.3	马先进　罗友辉	田志高	株洲	2002.3	—
江洪治	醴陵	2003.3	陈典照	曾湘华	洞口	2005.4	—
陈典照	浏阳	2006.3	杨建平	曹运社	耒阳	2007.3	—
丁光辉	望城	2008.3	李辉军	郭　林	韶山	2009.3	—
王中凡	湖北	2010.3	蓝曙光	欧阳权	益阳	2011.3	—
宁伟豪	衡阳	2012.3	谭运平	吴安平	茶陵	2013.3	—

第二节 军事设施

城垣 明正德六年(1511),知县陈钏始在县城修筑土城墙,以木栅作城门。十二年改为砖墙石门,至嘉靖二年(1523)竣工。墙高1.5丈,周长480丈,四门之上建城楼。明末清初,城墙毁于兵乱。清康熙三十一年(1692)依旧址筑土墙,门制如旧。嘉庆十年(1805),城乡士民集资以砖墙易土墙。道光三十年(1850),知县邱华东令开捐局,募资重修。墙址依旧,墙体砖石参半。四门层楼轩举。1951年后,为扩大城区,城墙相继拆除。

堡 明初,在县南八都与桂东交界处设烟竹堡。成化二十二年(1486),在县东沔渡与江西永宁(宁冈)交界处设黄烟堡。民国22年(1933)10月,国民党军队对苏区发动第五次"围剿",实行步步为营的"堡垒政策",在交通要塞修筑碉楼、碉堡。至次年5月,境内修筑碉楼38座(建成25座),碉堡1座。1950年后,陆续拆除。

塘 明清代皆设塘驻防。清代境内有斜濑渡水塘;沔渡、黄烟堡、女子庙(今水口官仓下)陆塘,有塘房1座,望楼、烟墩俱备。1950年后,陆续拆除。

校场 原在北城外建校场(地因名校场坪,一名校射坪。今一中操坪)。后迁至东城外(今霞阳镇马道村),建年无考。校场设演武厅1栋、旗纛台1座。修有跑马道。民国废。

寨 元末,谭德昌结寨于城东回龙山,段清远率众集聚县西天星寨。明天顺、成化年间,谭九霄、尹俊俭结寨于城东青云寨。正德六年,罗宓明率乡人在县西月岭结寨。清咸丰五年(1855),乡勇在县南与资兴交界处设青草寨。此外,还有分布各地的黄峰寨、崖嘴寨、香炉寨、造功寨、得胜寨等。遗址尚存。

民兵训练基地 1983年,建民兵训练基地,设训练大楼和射击场、战术场。训练大楼(县人武部院内)有宿舍、课堂、食堂,建筑面积1289平方米。射击场和战术场面积4000平方米。1990年经省人民政府、省军区工作组验收为合格训练基地。1997年,省政府、省军区授予县人武部民兵训练基地建设先进单位称号。

2013年10月,新建成训练基地综合楼。

第三节 驻 军

一、明清及民国时期驻军

明代,设烟竹堡,由千户一员率兵驻守。天顺年间(1457—1464)江西梅花峒萧彦政等聚众起义,湖广、江西各遣都指挥率兵驻黄烟路防御。成化二十二年(1486),江西省永宁县歉收,流民过境。知县裘叔登请设军堡,获准拨衡州卫百户 1 员率军士 50 人驻守。

清初,衡州协派专汛千总(正六品)1 员,领马步战守兵 30 名驻防县城。斜濑渡、沔渡圩、黄烟堡、女子庙 4 塘,各置塘兵 2 名。乾隆年间,撤黄烟堡陆塘。县城营兵裁至 24 名。道光二十五年(1845),守城千总移驻耒阳,另拨经制外委(正八品)1 员,驻防县城。同治年间(1862—1874)依旧制,配备马 1 匹、金蟒小旗 3 面杆、金蟒大旗 1 面杆,盔甲 24 顶副、腰刀 24 口、鸟枪 11 杆、火药 33 斤、行营炮位 1 座、铅弹 1100 颗、战箭 390 支、锣锅 5 口、帐房 3 笼。咸丰五年(1855)因兵燹多有遗失。

民国期间,无固定驻军。民国 7 年(1918)5 月,湘军第二师独立第二旅旅部(旅长林修梅)驻天子坟(炎帝陵),警戒驻扎茶陵县城之北军,历时近 2 年。11 年,省政府派驻酃县游击一中队哗变,抢劫商铺富户后自行解散。16 年 5 月,省政府派国民革命军驻衡阳喻业裕团曾输仁连驻防酃县,6 月奉命撤回。17 年 7 月至 18 年 2 月,国民党军队对井冈山苏区发动 3 次"会剿",湘军第八军吴尚部驻酃县。20 年 7 月至 23 年 10 月,国民党军队对湘赣苏区进行 4 次"围剿",第十五师王东原部、湖南保安十七团驻酃。

二、中华人民共和国成立后驻军

中国人民武装警察部队炎陵县中队　1950年 3 月,中国人民公安部队酃县中队成立,驻公安局院内。1955 年 8 月,改称中国人民武装警察部队酃县中队。1968 年,更名为中国人民解放军酃县中队。1975 年 12 月,改为中国人民武装警察部队湖南总队酃县中队。1983 年,改称中国人民武装警察部队湘潭市支队酃县中队。主要担负维护地方和平稳定,处置突发性事件和抢险救灾等工作。1991 年,县武警中队被武警总部评为基层建设先进中队。次年,政治指导员郑加林代表中队,参加总部召开的"双先会",受到中共中央总书记、中央军委主席江泽民接见。1994 年,改称中国人民武装警察部队湖南总队株洲市支队炎陵县中队。

炎陵(酃)县武警中队获总部、总队荣誉一览表

表 26-2

级别	荣誉	获得年份
总部荣誉	拥政爱民先进集体	1988
	基层建设先进集体	1981
	基层建设先进中队	1991
	军事训练先进单位	1992
	先进党支部	1989 2007 2012
总队荣誉	标兵中队	1996 1999 2003 2005 2007 2009 2011 2013
	先进中队	1990 1991 1992 1993 1994 1995 1997 1998 2000 2001 2002 2004 2006 2008 2010 2012 2014
	先进党支部	2001 2002 2003 2004 2005 2006 2008 2009 2010 2013 2014
	集体二等功	1998 1999 2003 2005 2007 2009
	集体三等功	1988 1991 1993 1995 1996 2008 2010 2011 2013
	执勤标兵中队	2013

中国人民武装警察部队炎陵县消防大(中)队 1993 年,酃县公安局始设消防股。配有消防车 1 台。1995 年,消防从公安局分离,成立炎陵县消防大队。1998 年,成立中国人民武装警察部队炎陵县消防中队,兵员 13 人,消防车 3 台。县政府划拨原城东乡政府场地(高水桥)为中队驻地。

第四节 地方武装

一、封建地主武装

团练 明正统十四年(1449),朝廷命各处招募壮勇,由本地官司率领操练,遇警调用,酃县始有团练。清咸丰二年(1852)秋,太平军克郴州、桂阳,由永兴、安仁、茶陵直下长沙。知县邱华东令城乡绅民设团防堵。次年,奉上谕令民间举办团练,县城设总局,按都立团,平时耕种,有事聚集巡城。同治年间,全县设 14 团。其中,城厢(县城及城郊)有虎威、炳蔚 2 团;东片有保合、合心、效忠、靖安 4 团;南片有泰安、聚奎、保安 3 团;西片有一都、二都、三都、四都、中定 5 团。

民团、警备队 民国元年(1912)成立民团,人枪 50 余。次年改编为警备队。11 年,东片贾、孙等族绅先后添置步枪 60 余支,以扩充地方实力。1928 年 3 月 12 日,毛泽东率工农革命军策应酃县三月起义,途径沔渡夏馆,活捉民团团长戴同德,打开粮仓给穷人分粮。

团防总局　民国 14 年成立。下辖 2 个排,人枪 80 余,大地主贾威、孙秉文分别任正、副局长。马日事变后成为镇压酃县农民运动主凶。

挨户团总局　民国 16 年 8 月,团防总局改为挨户团总局,总局主任由县长兼任。大地主孙秉文、陈太观、周传易等先后任总局副主任。初时,总局直属兵力 2 个排,城东和东南片分设基层机构,各有 2 个排的兵力。17 年 5 月 20 日,挨户团袭击设在南岸的中共酃县县委机关,县委书记刘寅生在突围中牺牲。在不到半个月的时间内,挨户团杀害共产党人和革命群众 200 余人。6 月,为集中机动兵力"围剿"苏区,挨户团改编为 3 个常备队,每队 90 人,分驻城关、水口、沔渡,由总局统一指挥。22 年冬,改编为湖南第五区保安 3 团特务连,隶属省保安旅。

铲共义勇总队　民国 20 年 12 月成立,总队长由县长兼任。大地主孙秉文、周传易先后兼任副总队长。22 年冬,周铎任总队长。城关及东、南、西 4 个地区设支队,有常备队员 400 余人,另有可供调集的壮勇 1.5 万余人。该队多次配合国民党军队进攻苏区,为土地革命战争时期县内最庞大的地主武装。23 年 6 月,湖南省政府决定每月补助该队经费 1000 元,共补 6 个月。24 年撤销,部分武装编入保安警察队。

自卫总队　民国 36 年 11 月,奉省政府命令,成立酃县自卫总队。总队长由县长兼任,县警察局长何文化任副总队长。所属 4 个中队分驻城关和东、南、西 3 片,另设 1 个特务分队。各乡公所设普通自卫大队,各保设普通自卫中队。38 年 10 月为中国人民解放军击溃。

二、人民武装

第九战区酃县国民抗敌自卫团　民国 33 年 12 月成立。县长李资任司令官,下辖自卫、警察两个大队。自卫大队辖 4 个中队,300 人枪,分驻县城和东、南、西 3 片。次年 8 月日寇投降,9 月撤销。

武工队　1949 年 7 月初成立,全称为粤赣湘边区人民解放总队北上先遣队酃县武装工作队。欧孝信任队长,黄存斌(桂东人)任政治指导员,人枪 120 余。武工队与"反共自卫救国军"李时英部先后战斗 10 余次。10 月,配合人民解放军围歼盘踞水口的"反共救国军"第二支队。11 月裁撤,部分战士编入县大队新五连。

县大队　1949 年 11 月成立,人员来自衡阳军分区和酃县武工队。下辖 1 个连,李大福任大队长。队部驻城关炎帝祠。1950 年 1 月与中国人民解放军衡阳军分区第二营合并,扩编为 3 个连。县委书记申祖训兼第一政委,原二营营长刘宝珠、教导员徐桐分任大队长、政委。2 月,刘、徐调走,丁海林、龚明德分任大队长、政委。3 月,抽调 1 个排编入县公安队。同时抽调人员到各区组建区中队。1952 年,又抽出部分人员编入县公安队和人民解放军耒阳暂编团。

一部分复员、转业。1953年裁撤。

民　兵　始建于1950年4月。每乡设1个中队，配合清匪反霸。训练以乡为单位，学习射击，投弹和单个军事动作，每年训练90—100小时。1956年，有21个分队，8172人。

▲民兵训练

1958年，全县设1个民兵师、12个团、57个营、280个连，有民兵4.31万人，占总人口39.5%。

1962年，贯彻毛泽东关于民兵工作"三落实"(组织、政治、军事落实)指示，以后每年对民兵进行一次整顿。"文化大革命"初，民兵工作一度停止。1970年，县组建民兵独立营，公社设独立连。1977年，在民兵中设立高机炮连、卫生班等专业分队。1978年，又组建一个八二迫击炮连。1989年，根据上级指示，从基干民兵中抽调人员，组成一支应急分队。

1994年，按照民兵编组原则，以乡镇为单位组建基干民兵连，以行政村为单位组建普通民兵营，村民小组组建普通民兵排(班)。并按上级要求，各乡镇组建民兵应急分队排，县组建民兵应急分队连。

1999年，突出民兵应急分队和科技含量较高的专业技术分队建设，新组建地方对口、专业对口分队4个连(电信局、交通局、公路局、卫生局各1个连)。2003年，全县有基干民兵和普通民兵队伍。

2006年，组建县、乡两级森林防火应急分队，精简和裁撤3个步兵分队，增设2个应急分队和2个专业技术分队。2014年，调整组建县民兵应急连，优化乡镇民兵应急排和专业保障分队结构。当年全县在6个镇、9个乡以及大院农场、九龙经济开发区和县林业局等18个单位建立基层武装部。

第五节　人民防空

1950年10月，国家设立人民防空办公室。次年成立人民防空委员会。之后，县级防空工作由人民武装部负责。

1969年，贯彻落实毛泽东"深挖洞，广积粮，不称霸"和"提高警惕，保卫祖国，要准备打仗"的指示，从9月开始，县城48个单位挖防空洞和防空壕，可容纳县城当年人口104%。与此同时，发动群众寻找自然山洞114个，长8781米，分布在县内11个公社69大队，可容纳1.73万人。1969—1972年，全县除挖防空洞外，还选定有利山顶建设防空瞭望哨所(部分为林管所作防火用)。

2009 年 4 月，成立炎陵县人民防空办公室（简称人防办），办公地点设在县人民武装部院内。县人防办按照“长期准备、重点建设、平战结合”方针开展工作。人防知识宣传进学校、进企业、进党校、进网络、进社区。确定每年 5 月 12 日会同县应急办及相关单位在县城步行街举行防空防灾应急宣传活动。2010 年 3 月 30 日，开始征收防空地下室易地建设费和公用人防工程维护费。9 月，在炎陵中学、政府办公大楼和建设局大楼安装电声防空警报器。2012 年 8 月下旬，全省人防机动指挥通信系统在炎陵县开展跨区演练，12 个地州市人防办近百人参演。2014 年 3 月，县人防指挥所迁至县武装部新营院内。

第六节　国防教育

1988 年 7 月，酃县成立国防教育领导小组，办公室设人民武装部。1991 年，在国防教育领导小组基础上，建立全民国防教育委员会（简称国教委）。当年，主要抓全民《国防教育条例》的学习、宣传，全县开办专题广播讲座 51 次，上国防教育课 72 堂，组织 1658 人参加国防知识答题竞赛。1995 年，结合纪念抗日战争和世界反法西斯战争胜利 50 周年，组织抗战影片宣传周和抗战歌曲歌咏比赛活动。全县 1.5 万多机关干部、职工、学生观看《西安事变》《七·七事变》等抗战影片，28 个单位 1 万余人参加歌咏比赛。1999 年，在县人武部设立军事新闻报道站，所组稿件被中央级新闻单位采用 2 篇、省部级采用 1 篇。

2011 年 6 月，湖南省人民政府授予红军标语博物馆为全民国防教育基地。2012 年 12 月 11 日，省国防教育频道一行 4 人在炎拍摄“红军标语背后的故事”。2014 年 9 月 20 日，在第十四个全民国防教育日，结合新中国成立 65 周年和甲午战争 120 周年，在全县贯彻国防教育法，开展以“关心国家安全，维护海洋权益”为主题的条例宣传教育活动，举办“维护海洋权益，共建强大国防”主题征文活动。

第二章　兵　役

第一节　一般兵役制

募兵　明清两代实行募兵制，按月发饷，从军者多为无业游民或失去土地的农民。军中分工严格，有马兵（骑兵）、步兵，步兵又分战兵和守兵。同治十二年（1873）《酃县志》载，嘉庆前县城有马兵、步兵 24 名。同治年间马兵已裁，保留战兵、守兵 19 名。战兵每月饷银18两,守兵12两,各兵每月支大米3斗(约21.5公斤)。募兵制一直延续至民国初年。

征兵 民国22年(1933)6月,国民政府颁布《兵役法》,废除募兵制,实行征兵制。规定凡年满18周岁至45周岁的男性公民,均有服兵役之义务。在实施中,买卖壮丁、虐待壮丁、敲诈勒索、徇私舞弊等现象丛生,导致兵役不公,征兵困难。民国26—31年,全县共征壮丁5162名,实欠兵额550名。定治乡茅坪村一农民为躲壮丁,无偿替保长做5年长工。中华人民共和国成立前夕,县内数百青年被征集至国民党青年军。

志愿兵 始于土地革命战争时期的苏区。红军兵员的扩充,主要是通过广泛宣传,动员青壮年自愿报名参加红军。规定"不能有丝毫的强迫命令和指派欺骗的办法。"仅1932年3月至1933年3月,酃县苏区就有920名青年自愿报名参加红军。

1950年11月10日,开展"抗美援朝、保家卫国"运动,当月,全县1000多名青年报名参加中国人民志愿军。至1954年,有400余名青年参加志愿军。1955年7月起实行义务兵役制,志愿兵役制一度废除。

1984年起,国家实行义务兵役制为主体的义务兵与志愿兵相结合的兵役制度。超期服役满5年的义务兵,根据军队需要和本人自愿可改为志愿兵,续服现役。

义务兵 1955年7月征集义务兵。义务兵的耕地,由当地政府代耕。人民公社时期,由集体补贴工分参加分配。实行联产承包责任制后,由当地政府统一筹集优抚款。1956—1990年全县按期完成征集义务兵任务。1996年,炎陵始征驻港新兵。1997年征集进藏新兵。2000年,为分配炎陵县兵员征集量最多的一年,按时完成当年新兵的征集任务。2002年,对全县所有适龄青年进行兵役登记。2013年,征集新兵时间由冬季调整为夏秋季,县征兵办动员49名在读大学生回县报名应征,高标准完成大学生征集入伍任务。

2014年,炎陵县农村义务兵优抚款从每人每年6000元增至1.2万元,实现城乡统一标准,受到省征兵办表彰。1991—2014年,按上级指标征集义务兵,如数完成征兵任务。

第二节 预备兵役制

预备兵役制始于1955年,1957年一度停止。1984年9月,中国人民解放军株洲军分区根据新兵役法,在县内进行预备役登记试点工作。县内预备役若干人,其中技术兵若干人。此后,每年6月为预备役登记月。

2012年7月,炎陵县组建湖南省预备师炮兵团火箭炮营二连。

第三章　兵事纪略

第一节　清朝初期兵事

一、南明诸军抗清入酃

清顺治五年(1649)四月,据守南昌的降清明将金声桓、王德仁易帜拥戴明桂王,遭清军围困后,金从城墙纵身自尽。部属彭嵩年、向文明、陆士毅、龚龙、程文遇率众数万自永宁县入酃县并占领县城。当年夏季,又有张士举、盖遇时等南明军队于衡州兵败后进入酃县。一时间,10余万人马屯驻城乡,百姓困苦不堪。9月,长沙镇镇总徐勇率清军追杀,反水军队退向桂东。县人死伤逃亡者甚众,无辜百姓被指为“附逆”,或为杀戮,或被讹钱财。

当年9月,明朝进士田辟率抗清溃兵自桂阳(今汝城县)至桂东,途中被江西溃兵所杀。12月,田辟余部王宗、赖龙在桂东聚众5000人,宣称为田报仇。因头裹红巾,号称红头军。八年六月,红头军万余自桂东杀入酃县,知县徐鼐臣、于琨先后殒命。十一年,经略总督洪承畴率兵剿灭,余部退守万阳山。

二、太平军入酃受挫

清咸丰五年(1855)九月,太平军自郴州、永兴入安仁、茶陵,屯兵酃安茶三县边界。酃县知县梁作霖派城守金超群召集西乡团绅募勇,在大江边布防;局绅段寅清、李隆发、罗星照等募勇在桥头岭布防。十一日,太平军由桥头岭入酃,遭枪炮轰击后稍退。是夜,太平军一部潜入桥头岭背埋伏。次日晨,太平军万余众从正、侧两面夹攻得手,挥师入境。随即占领二都。十四日克县城,梁作霖退据龙渣。金超群召集溃勇驻水口圩。二十七日,太平军一部进东乡九、十都界筹粮,遭保合团督勇袭击,退回县城。十月初五,金超群率泰安团勇在营盘湾以枪炮轰击驻三口垄太平军。太平军2000余人蜂拥四出,团勇大溃,水口失守。梁作霖急向桂东借援,添募壮勇千余。二十日四更,太平军屯驻西乡桐睦一部,遭四邻团勇联合兴宁县(今资兴)守隘团勇袭击,溃败。梁作霖率桂东壮勇由南路进,收复县城。太平军败退安仁、茶陵。二十一日,复遭清军由茶陵、安仁两路堵剿。金超群率西乡各都团丁在斜濑渡沿岸驻扎五里,连夜火光冲天。太平军知不能进,遂由茶陵入江西吉安。

咸丰六年三月十八日,太平军一部会同江西农民义军数千,自永宁县长驱入酃县,直逼城下与守城兵勇自午时战至申时。太平军久攻不下,伤亡数百人,退永宁砻市。四月二十日,复谋攻城，被沔渡团勇堵截，受挫后退守永宁县睦村。十月二十日，太平军万余屯驻黄烟堡，再谋攻城。被驻酃衡勇、酃县团勇分三路堵御，伤亡200余人，退回永宁。

第二节 解放酃县与武装清匪

一、解放酃县的战斗

1949年10月16日，人民解放军湖南军区衡阳军分区独立团（原49军162师484团）向安仁、酃县一带进军。21日，“反共自卫救国军”第一纵队司令霍远鹏将司令部秘密迁至酃县与安仁县交界处高路，并派出两个便衣送信给他的直属大队长张佐夏，要张前去接受任务。其时，盘踞在太平圩一带的张佐夏部83人在人民解放军独立团的强大压力下，经中共安仁、酃县地下组织的策动，于10月21日宣布起义。两个送信便衣进入鹏塘即被抓获，经审问，得知霍远鹏意图。解放军独立团决定将计就计，22日凌晨，派一支小分队在张佐夏配合下化装成张部赶至高路，一举捣毁“反共自卫救国军”司令部，活捉司令霍远鹏，并缴获美式武器数十箱，电台一部。当日，中共酃县地下组织派金健、谭汉伟化装成进山买杉木商人前往安仁与解放军独立团接头，在夹石坳遇到独立团侦察连，随即跟侦察连长返回太平圩团部驻地。金键摊开酃县地图，将敌兵力部署、武器装备以及中共地下组织迎解工作向团长钟美科、政委崔琳作了汇报。

为进一步弄清敌军动向，23日，独立团派赵排长等4名侦察员在金健的带领下深入酃县西乡侦察敌情。经4天秘密活动，得知敌军全部逃遁聚集水口，西乡已无驻守。独立团决定兵分两路组织水口歼灭战，围攻“反共自卫救国军”唐向荣支队。

27日，钟美科率领一部经船形、中村直奔水口东南面，切断敌军潜逃后路。崔琳率领一个加强营500余人经王家渡、霍家圩直达县城，然后从北向南经三口垄、木湾直奔水口，完成封闭式包围。县城敌军及政府机关工作人员听说大军压境，早已逃循，丢下一座空城。傍晚时分，部队和随军南下干部顺利进入县城，中共衡阳地委组织部副部长徐天贵宣布10月27日为酃县解放日。当晚，部队继续向水口进军，经过三口垄时遭到小股敌人偷袭，尖刀班班长王玉书壮烈牺牲。28日拂晓，部队刚至水口被敌发现，战斗打响。由钟美科率领的部队一路上多次遭到敌军骚扰阻击，不得不一边还击一边前进。经过中村时，战士徐凤坡在战斗中牺牲。部队于中午时分方至水口与崔琳所率部队会合。“反共自卫救国军”唐向荣支队受解放军南北夹击，纷纷向黄挪潭方向逃窜，在桃村，受到活动在浆村一带的酃县武工队英勇阻击。

经过激烈战斗，敌300余人投降，国民政府桂东县县长欧尧被活捉。唐向荣率残部逃往资兴县彭公庙，解放军及武工队乘胜追击，在彭公庙全歼唐向荣残部，唐向荣化装逃脱（1951年2月在安乡县被抓获归案）。至此，酃县全境解放。在解放酃县的整个战斗中，共歼（含毙、伤、俘）敌军1200余人，缴获轻、重机枪9挺，长短枪520余支，子弹27400余发，电

▲1951 年 3 月 18 日清剿匪首邓凯元胜利合影

台 5 部。

二、武装清匪

1949 年 11 月 7 日，鄠县人民政府颁发剿匪布告。30 日，在县城召开鄠县首次各界人民代表大会，会议制订和通过了《清匪公约》并作出决议案。为加强领导，县委成立清匪委员会，抽调民兵，配合县大队、区中队和公安人员先后进行 9 次大规模搜山，次年年底结束。共歼匪 10 余股，毙顽匪 5 人，擒匪首 6 人，清剿匪特 970 余名，缴获枪支 520 支，子弹 28 万发。

第四章　参建参治

第一节　执勤　维稳

20 世纪 50 年代初期，土匪特务被肃清之后，民兵的任务转至执勤、维稳。60 年代至 70 年代，每年照例将地主、富农、反革命、“右派”和坏分子（简称五类分子）以及劳改释放人员、伪保长等（统称“二十一种人”）集中一段时间，白天劳动，晚上接受训话。这段时间由大队治保主任安排基干民兵全程看押。鄠县境内的 106 国道沿线，基干民兵在节假日要坚持巡逻值勤，生产队的仓库，要派民兵不间断守护。

20 世纪 80 年代以后，阶级矛盾不再作为社会主要矛盾来强调，维护社会稳定成为民兵和驻县部队一项重要任务。1996 年，全县出动民兵协助公安部门参与春节前后的整治农村社会治安和 5 月份开始的“严打”活动，搜捕、抓获赌徒 34 人，卖淫嫖娼 8 人，收缴赌资和罚款 3.3 万余元。抓获逃犯 7 名，盗窃犯 10 人，捕灭火险 54 次。2005 年，霞阳镇和鹿原镇针对辖区人口密集、治安任务重的特点，分别组织民兵义务巡逻队，配合公安机关参与抓赌、扫黄、打击走私等违法犯罪，维护社会稳定。在每次的公祭炎帝陵活动中，县武警中队官兵和民兵均出动兵力参加警卫执勤、舞龙、卫生清扫等工作。

2012 年，城区 3 个民兵应急分队圆满完成 4 个节日战备值班和 3 次大型祭祖值勤任务。1992—2014 年，武警中队发现并制止各类执勤事故苗头 23 起，完成各类警保卫勤务 300 余人次,协助公安机关执行抓捕和设卡追捕行动600多人次。

第二节 工程会战

1949年10月,县人民政府作出修复酃茶公路县城至茶陵浣溪段的决定,县内2500名民兵开赴工地,次年1月修复通车。此后,重大工程建设都是采取准军事化方式,抽调民兵组成会战兵团去完成。

1956年,县人委紧急动员,组织1250名民兵修建炎山水库,3月底竣工。1958年8月,县人民委员会和县人武部抽调参加训练的基干民兵承担修建酃宁公路县城至沔渡段的任务。民兵指战员白天修路,晚上军训。13天基本建成15公里的路基。同年11月修建酃郴公路(原酃资公路)县城至中村段,各公社民兵组成筑路兵团,下设营、连、排、班,共8600人,顶暑冒寒奋战14个月,完成全部工程。

1965年11月5日,河东渠道工程动工,组织全县7000多民兵上阵。1969年11月竣工通水。

1970年10月16日,奉上级指示,县革委会和县人武部从各公社抽调民兵共3000余人,另派200名国家干部组成21个连队开赴茶陵,参加湘东铁路建设,历时3年。县委、县人武部为培养锻炼妇女干部,在湘东铁路工地组建女民兵二十二连。二十二连在湘东铁路奋战三年后,转战水平公路和水口电站建设。该连成绩突出,以敢干吃苦著称,共发展中共党员23名,共青团员148名,输送女干部120余名。被省委、省政府、省军区授予"民兵工作先进单位"称号。

1973年11月,县委抽调民兵3000人组成36个施工连队,动工兴建水口电站,县人武部派员驻工程指挥部进行管理。第一期工程历时3年。

1975年,全县组织1.3万民兵分东、南、西三个片沿公路线两侧开展造林大会战,持续月余,造林3.35万亩。大规模准军事化的工程会战一直延续至70年代末。

第三节 救灾抢险

20世纪80年代之前,县内出现洪水、山火灾害,多为县、乡(公社)政府组织当地民兵抢险扑救。

1992年7月5日,县内普降暴雨,山洪暴发。三河乡太和村民兵营长潘泽凡组织32名民兵,用两只小船往返多次将100余名被洪水围困的群众转移到安全地带。然后又带领9名水性好的基干民兵,救出被洪水围困而爬到树梢达6小时的村主任潘宗儒,还组织民兵抢救国家木材20多立方米。1995年6月6日下午,三河发生大面积山火,县武警中队官兵快速开赴火场救火，扑灭山火面积60多亩。1996年8月2日，全县遭受百年一遇洪灾，王家渡发生特大洪水，武警中队官兵带头跳入洪流之中，解救被困群众10多人，抢救群众财产150余件。县人武部干部职工投身抗洪抢险，并捐款近3000元，及时发动民兵带头开展生产自救、重建家园活动。1998年5月，人武部在林业部门组建民兵舟桥排，民兵40人，装备冲锋舟2艘，橡皮艇2艘。当年2次洪灾，人武部领导亲临灾区，组织民兵舟桥排抢救被洪水围困群众。1999年，消防中队出警32次，出动消防车64车次、消防官兵250多人次，扑救火灾18起，抢救和保护126万余元物资，被省消防总队评为安全防事故先进单位。

2005年，全县民兵出动3000余人次，参加各类抢险救灾行动。县武警中队参加抗洪抢险2次，出动兵力20人次；参加扑救山火8次，出动兵力103人次。2006年，县人武部先后两次带领全体干部职工和三河、鹿原、霞阳、船形等乡镇400多名民兵参加扑救森林大火。2008年初，炎陵县遭遇冰雪灾害，人武部先后组织民兵2400多人抗冰救灾和恢复生产生活。7月30日受8号“凤凰”台风影响，县内遭受洪水灾害，人武部组织出动民兵326人，车辆15台次，冲锋舟4艘，皮筏艇6艘参与抗洪抢险。转移群众1291人，解救被困群众346人，转移物资10余吨。“8·20”抗洪中，人武部组织民兵2100多人次，和干部职工一起，连续奋战3天3夜，紧急转移群众3900余人，救治伤病人员200余人，抢救物资100余吨，搭建灾民临时居住地3处，帐篷12顶。2009年10月8日，霞阳镇笔架峰地区发生大面积火灾。人武部组织霞阳镇民兵应急分队80人，林业局民兵应急分队30人，进行灭火救灾，至9日12时大火被扑灭。共出动120多人，车辆6台次，转移群众267人，解救被困群众110人，转移物资10余吨。

2010年4月22日凌晨2时，国家重点工程“衡茶吉”铁路施工单位中铁五局有2名施工人员和1台重型机械被山洪围困在距离县城15公里的工地上，情况十分危急。人武部带领应急分队民兵6人和冲锋舟1艘，迅速赶往事发地点，经过4个多小时的努力，成功将被困人员救出。中铁五局领导专门给人武部送来“抗洪抢险尖兵、排忧解难卫士”锦旗。6月20日，炎陵县普降大到暴雨，三河镇100余名村民被洪水围困，接到信息后，县人武部立即启动抢险救灾预案，出动干部6人，民兵30余人，冲锋舟4艘，实施抢险，转移人员55人，物资10余吨。2011年1月11日上午6时，平乐乡被冰雪围困。人武部启动抢险应急预案，出动民兵应急分队30人、车辆2台次，赶至平乐乡实施抢险救灾。经3个多小时努力，安全转移群众25人，慰问群众50人，发放矿泉水20箱，方便面30箱，解救被困群众126人，转移群众物资1.8吨，抢修道路2公里。2012年5月19日，炎陵县境内炎汝高速十三标段隧道发生爆炸事故，人武部迅速组织应急分队120人赶赴现场实施救援。2014年，县武警中队参与扑救山火2起，出动兵力22人次，挽回经济损失近百万元。

第二十七篇 教 育

南宋建县之初，即立县学，由主学主持，教谕辅之。祀先圣先师，庙学合一。元代兴县学，创社学（官倡民办），以教谕领学事。明代县学设教谕1员、训导佐之，掌县学与文庙祭祀。于原额外增广生员。普遍开办社学。清代县学已臻完备，书院勃兴。教谕、训导设衙署事，历任88人，各有建树。同治十二年（1873），县人习儒之所，有县学（学宫）1座、书院13座、私塾数十座。光绪三十二年（1906），罢科举，废学宫，兴办新学。宣统元年（1909）设劝学所，管理全县教育。

民国元年（1912），撤劝学所，设教育科。4年，复设劝学所，设所长、视学。16年，改劝学所为教育局，设局长、视学（兼课长）。22年，改教育科为第四科。29年，恢复教育科，设科长、督学、教育产款经理。

中华人民共和国成立后，1949年10月，县人民政府接管教育科。1951年，改教育科为文教科。1963年，改称文教局。"文化大革命"期间，县革命委员会设教育革命办公室。1980年，设教育局。2007年，设县政府教育督导室，督学3名。2010年，教育局内设股室21个，编制50人。

第一章 县学 书院 私塾

第一节 县 学

一、学宫

宋嘉定四年（1211），在县城西建县学。有进德、修业两学舍，生员宿舍10间，神厨、膳堂、射圃等6间。元至元二十三年（1286），邑人尹起莘主管学事，呈准县尹，迁学宫于城东弘文门外。大德年间（1297—1307）修明伦堂及两庑，朔望祭祀先圣先师，故县学场所称为学宫、文庙。明洪武三年（1370）重修县学。景泰六年（1455），学宫南向拓展，新建斋舍、两庑、棂星门。

嘉靖二十三年(1544)建启圣祠。

清顺治十五年(1658),修葺大成殿及文昌祠,建大成门及两庑。雍正十年(1732)始,历7年,新建大成殿、两庑、戟门及名宦、乡贤祠。乾隆、嘉庆年间均有修葺与增补。经多年改扩建,至同治年间,规模恢宏,功能齐全。主建筑大成殿,南向,重檐。四周回廊曲栏,前有月台,中嵌蟠龙石。东庑为祭器、盥洗所;西庑为乐器、更衣所。殿后有崇圣祠,祠旁有神厨库、宰牲房,左右建尊经阁、御碑亭。殿前有大成门,左为名宦祠,右为乡贤祠。最前有棂星门,门前建环桥泮池。东西各立"德配天地""道冠古今"坊,坊外有下马碑。大成殿左为大奎楼,楼后甬道直上明伦堂,堂后为教谕署;大成殿右为训导署。学宫毁于清末民国初期。

二、学额

宋崇宁三年(1104)诏增县学弟子员,小县30名。元代生员定额15名,最多时达50人。由官府供给伙食,称廪膳生。明洪武元年,定县学生员20人。除供给伙食外,生员家庭免差徭2丁。宣德间,增广20名,不供伙食,称增广生。正统十二年(1447),于廪膳、增广之外招收俊秀附学肄业,称附学生。清同治十二年有廪膳生、增广生各20名。

自宋至清,酃县生员举业者凡进士25人、举人50人、贡生387人。

第二节　书　院

宋嘉定四年,县人尹沂在康乐乡台山(今西台)创台山书院,为酃县书院之始。元、明两代,因为政者只推官学,书院发展受挫,至清初,仅有两所。清康熙五十二年(1713),知县张瑶在县城西北建黄龙书院,开官办书院之风气。五十六年,教谕彭之昙将原学宫右进德、业二斋改建为天河书院。

乾隆十九年(1754),知县周仕魁在黄龙书院旧址建修烈山书院。嘉庆二年(1797)更名洣泉书院。二十二年,知县麦连倡建梅冈书院。

道光五年(1825),知县沈道宽在北城外校射坪之上新建酃湖书院。同治二年,以"酃湖"不利科名,邑绅万典璋撤"酃湖故材",耗资40余万,重建洣泉书院。书院前列屏墙,左右角门。历十数级为院门,额书"洣泉书院"。门左右室各一,上为魁星楼。循两廊历数级为讲堂,上为(大成殿)。其后为穿亭,两旁有天井。左右耳门通横舍。亭后为寝堂,祀先师。背堂之室4间,为山长居室。讲堂、寝堂室各4间。左右宿舍各20间,厨浴7间。

清代,受湖湘之学熏陶和乡贤助学垂范,各地士绅大族纷纷捐建书院。书院功课,多为习举子业而设。书院主持称山长,由书院聘请。至清末,全县有书院13所,名列湖南省第二。光绪三十年起,各书院先后改为小学堂或义塾。

炎陵县历代书院情况表

表 27-1

书院名称	创办时间	创办人	院 址	备 注
台山书院	宋嘉定四年	尹沂	二都台山(今三河乡西台村)	清同治年间改为家塾
天香书院	明代	谭如春	县城南(今林业局院内)	—
黄龙书院	清康熙五十二年(1713)	张瑶(知县)	县城西北(今洣泉书院址)	—
天河书院	康熙五十六年(1717)	彭之昙(教谕)	县城东门外(今公安局院内)	—
烈山书院	乾隆十九年(1754)	周仕魁(知县)	县城西北(今洣泉书院址)	在原黄龙书院址重修
日新书院	乾隆年间	唐三元	西城外上二都	—
图南书院	乾隆年间	段姓众建	枧田洲(今三河镇枧田洲村)	—
延庆书院	乾隆年间	谭姓众建	县东门外	—
文明书院	乾隆年间	霍姓众建	县西霍家(今三河镇霍家村)	—
洣泉书院	嘉庆二年(1797)	赵宗文(知县)	县城西北(今洣泉书院址)	在原烈山书院址重修
梅冈书院	嘉庆二十二年(1817)	朱光贤(武举) 贾元贞(文举)	东城外梅花园(今炎陵一中校园内)	—
酃湖书院	道光五年(1825)	沈道宽(知县)	县城北校射坪	—
洣泉书院	同治二年(1863)	万典璋	县城西北(今洣泉书院址)	在原洣泉书院址扩建
鹿原书院	道光年间	唐姓众建	三都塘田(今鹿原第二中心小学址)	—
船山书院	光绪十一年(1885)	李密	黄板桥村(今水口镇板桥村)	—
龙门书院	光绪年间	何卿云	龙潭(今中村乡龙潭村)	—
峨峒书院	光绪年间	孟姓众建	浆村(今水口镇浆村)	—
一峰书院	光绪年间	钟姓众建	中村(今中村乡钟家湾)	—

第三节 私 塾

明万历十一年(1583),县城李姓合族于南正街创办李氏家塾。清代,私塾渐增,多为氏族兴办。规模较大的有县城西街的罗氏家塾、枧田洲的段氏家塾、西台的张氏家塾、霍家的霍氏家塾、浆村的孟氏家塾、龙潭的何氏家塾、水口的朱氏家塾、十都的万氏家塾(后改称义学)。家塾之外,有官宦富户延师至家的“坐馆”;有塾师自行设馆的“私塾”。每馆少则3—5人,多则20—30人。

塾馆分蒙馆、经馆。蒙馆以识字为主,教授《三字经》《百家姓》《千字文》《增广贤文》《幼学琼林》《千家诗》等。经馆以读经为主,教授《四书》《五经》《古文观止》,旁及史传、诗赋等。教学重字词训诂,作诗联对,应考时文。

私塾多于正月二十日左右开学,农忙放假。七月中旬复学,九月散学,谓之一学年。十月开学,腊月二十日左右解假的叫“冬学”。

民国时期,科举虽废,但政府无力办学,私塾仍遍布城乡。民国 18 年,全县私塾 117 馆,数量居湖南省第九位。入馆学童 1212 人,塾师 117 人。1950 年,县人民政府宣布取缔私塾。1952 年,全部停办。

第二章　学前教育

第一节　幼儿园

1958 年,县人民委员会在西后街罗家大屋创办城关镇幼儿园。入园幼儿 37 人,保教员 4 人。同年,农村劳动力实行集体化、军事化管理,公社、大队创办幼儿园 19 所,入园幼儿 725 人,保教员 42 人。1959 年,幼儿园增至 35 所。1961 年,因集体经济无力承受,农村幼儿园全部停办。1963 年 2 月,城关镇幼儿园更名县直机关幼儿园,迁址南街 3 号。

20 世纪 70 年代,开展“农业学大寨”运动。为解放妇女劳动力,农村逐步恢复幼儿园(时称“红孩子班”)。至 1977 年,全县兴办幼儿园 60 所,入园幼儿 1529 人,保教员 72 人。园舍多利用生产队仓库或借用民房,教师、保育员未受专业培训。1978 年,幼儿园减至 5 所,在园幼儿 233 人,保教员 11 人。

1980 年,学习桃江县“普通教育、业余教育、幼儿教育一齐抓”的经验,成立县托幼工作领导小组。当年全县兴办城镇幼儿园 3 所、4 个班,入园幼儿 102 人;农村 12 所、55 个班,入园幼儿 1116 人。保教员 51 人。幼儿园招收 3—5 岁儿童,分小、中、大班,学制 3 年。开设语言、计算、常识、体育、音乐、美工等课程。1982 年,农村实行联产承包责任制,保教人员报酬未能落实,农村幼儿园降至 16 个班,在园幼儿 255 人。当年起,教育局、商业局、水口电站相继创办幼儿园。1984 年,取消农村幼儿园(班),在小学附设学前一年制幼儿班,称学前班。1990 年,全县有幼儿园 4 所,在园幼儿 383 人,保教员 27 人。

1992 年,县水口电站幼儿园停办。1996 年,教育局机关幼儿园与县直机关幼儿园合并,设炎陵县示范幼儿园,并迁至新址(炎陵中路)。当年,在园幼儿 7 个班、213 人,教职工 27 人。全县仅存幼儿园 2 所。

1998 年起,十都、鹿原、水口、三河等乡镇中心小学先后附设中心幼儿园,县城相继创办金太阳、文化馆、关工委、天骄等幼儿园。2003 年,全县有幼儿园 10 所,37 个班,在园幼儿 1149 人,教职工 92 人。其中,园长 12 人,专任教师 66 人。

2004 年,县教育局加强对幼儿园安全管理督查。2006 年,县政府下发《关于加快幼儿教育改革与发展的意见》,各乡镇中心小学均附设中心幼儿园。2008 年,学前教育与中心小学脱钩分设。当年全县有幼儿园 28 所(其中民办幼儿园 27 所),入园幼儿 2851 人,幼儿教师 242 人。

2010 年,教育局加强对幼儿园的指导和规范,对符合办园条件的及时注册登记,并实施年检制度。2011 年,学前教育加快发展,全县幼儿园发展到 32 所,在园幼儿 4709 人,幼儿学前一年入园率 98%,学前三年入园率 77.16%。2013 年,乡镇中心幼儿园转为公办。

2014 年,全县有幼儿园 44 所。其中,公办幼儿园 16 所(县属 1 所,每个乡镇各 1 所),民办幼儿园 28 所。达到三级以上办园标准的 26 所。其中,公办 8 所、民办 18 所。实行普惠性政策的 13 所。全县入园幼儿 5497 人,学前三年教育入学率 86.7%。

第二节 学前班

1983 年冬,根据教育部关于《农村现阶段一般应首先发展学前一年教育》文件精神,针对山区农村居住分散,不便发展幼儿园的特点,县教育局在有条件的小学附设一年制学前班,取代农村幼儿园。1984 年,全县开办学前班 8 个,入班幼儿 243 人。

1985 年,县政府将学前教育纳入九年制义务教育规划。当年学前班增至 16 个。学前班一般招收 5—6 周岁幼儿,开设语言、计算、常识、音乐、美工、体育等课程,一年学完幼儿园小、中、大班三年的教育内容。1990 年,全县有学前班 74 个,入班幼儿 1649 人,专职教师 77 人,5—6 岁儿童入班率 24.67%。1992 年,制定《酃县农村学前教育工作细则》,对学前班进行注册登记,达不到办班条件的限期整顿。为提高学前班教师业务能力,举行学前班教师语言、计算、常识、音乐、体育、美术 6 科讲课评优活动。1994 年,全县学前班 132 个班,在班幼儿 3373 人。

1998 年,学前班班数和人数渐减,当年有学前班 73 个,在班幼儿 1053 人。2004 年,学前班减至 52 个、1291 人。2006 年,启动乡镇中心幼儿园建设,各小学不再附设学前班。

第三章 基础教育

第一节 小学教育

清光绪二十九年(1903),县人尹瀛臣在沔渡创办新民高等小学堂,为县内新学之始。次年,洣泉书院改为高等小学堂。三十一年,梅冈书院亦改为高等小学堂,并先后创办炎陵高等小学堂与水口群益初等小学堂。三十三年,县内有小学堂 8 所。其中,高等小学堂 3 所,初等小学堂 3 所,两等小学堂 2 所,学生 236 人。初小开设修身、读经、国文、算术、图画、体操等课，高小加历史、地理、格致等课。学制初小5年、高小4年（简称五·四制）。

民国元年（1912），学堂改为学校。小学学制改为四三制（初小4年、高小3年）。私人与宗族办学者渐多。11年，小学发展到75所，其中高小5所，初小70所，在校学生2600余人。废除读经课，修身课分为公民、卫生两科。改四三制为四二制（初小4年、高小2年）。18年，因战事频繁，小学减至29所，在校学生1156人，其中女生仅119人。学龄儿童入学率8.30%。24年，实行短期义务教育，创办公立短期义务学校12所，接收12—15岁失学儿童入学。26年，公立短期义务小学增至27所，学生916人；私立小学59所，学生2558人。全县教职工213人。29年，推行“政教合一”，实行国民教育，规定每乡（镇）设中心国民学校一所，每保设保国民学校一所，学校改为公立。县政府将9所私立高小改为代用中心国民学校，50所私立初小改为代用保国民学校，27所公立短期义务学校改为保国民学校。延至34年，方实现“一乡一校、一保一学”。当年全县有小学154所。其中，乡（镇）中心国民学校15所（含代用），保国民学校124所（含代用），私立学校15所。在校学生7117人，学龄儿童入学率82.56%。教职工451人。

1950年3月，县人民政府接管民国时期151所公、私立小学。时有学生4317人。当年，按新区划将学校调整为117所，其中完全小学9所，高小1所，初小107所，并全部改为公办。废除民国教材，国语改为语文，沿用“四二”制。各学校放宽入学年龄，减免生活困难的农民子弟学费，教师深入乡村劝学，学生比上年增加2500余人。1956年，城东十里山等5个乡创办民办小学。当年全县小学增至179所，其中高小、完小15所，初小164所。在校学生11397人，教职工375人。各校以教学为中心，教师恪守苏联凯洛夫的系统性、直观性、量力性、自觉性、巩固性五个教学原则和普希金的组织教学、复习检查、讲授新课、巩固新知、布置作业五个教育环节。基础知识教学与基本技能训练加强，教育得到正常发展。

1958年，提出“苦战一百一十天，普及中小学教育”口号。创办民办小学50所，全县小学增至226所，在校学生14170人，学龄儿童入学率95%，教职工增至536人。受“大跃进”影响，学校随意停课参加劳动，加之教师人数不敷，中师、高中毕业的教师仅占20%，教育质量下降。1959年小学升学统考，全县语文课平均39.5分，算术44.6分，自然常识35.6分。

1961年，将城东乡坎坪等28所公办小学转为民办，全县小学调整为198所。679名超龄学生被动员回队劳动。1963年，实施《全日制中小学暂行工作条例》，教学秩序恢复正常。当年在校学生10586人，学龄儿童入学率62.1%。

1964年，推行“两种劳动制度与两种教育制度”，发展耕读小学。耕读小学有初小、高小；有全日制、半日制和早晚班，多为复式教学。人烟稀少的大山区，教师跋山涉水，巡回授课。至1966年上学期，共开办耕读小学109所，全县小学增至323所，在校学生17629人，学龄儿童入学率回升至94.8%。

1966年下学期始，受“文化大革命”冲击，正常教学秩序被破坏，传统教材废除。语文课以学习毛泽东著作为主，数学教学生硬插进阶级斗争内容，体育课多为列队、刺杀、匍匐前进，历史、地理课停开。取消考试，学生能否升学，由大队干部按“政治标准”决定。1969年，根据上级指示，改四二制为五年一贯制。当年，小学下放至生产大队，公办教师回原籍，由贫下中农重新推荐任教。全县有84名公办教师未被推荐，44所小学停办，学校减至279所。在校学生比1966年上期减少5622人，下降31.89%。

1972年后，一度重视教育质量，教学秩序逐步恢复正常。1974年，教育界反击“右倾回潮”，批判“智育第一”“师道尊严”，教学秩序再度混乱。1975年，学习朝阳农学院与攸县里旺办学经验，实行读小学与初中不出大队，读高中不出公社。全县小学恢复至314所，其中完全小学205所，在校学生2.44万人，学龄儿童入学率97.57%。90所完小附设初中班，较为优秀的小学教师拔高教中学。民办教师队伍膨胀，1025名小学教师中民办教师占60.6%。加之片面强调学费自给，学校随意停课参加勤工俭学。教材亦变动频繁，教学无章可循，教育质量低下。这一年招收的新生参加后来的升学考试，3262人中各科全部及格者仅4人，各科平均及格98人，毕业合格率3.12%。

1978年8月，召开全县教育工作会议，贯彻全国教育工作会议精神。会后，调整学校布点，将205所完小压缩至66所，裁减不合格民办教师，恢复以教学为中心的学校正常秩序，教育质量逐年提高。1983年，进一步调整学校布局，实行公社办中心小学，联队办完小或高小，大队办初小，高、完小减少。1984年，湖南省小学毕业生会考，酃县语文、数学平均81.3分，毕业合格率88.20%。当年，根据统一规划，各乡、镇筹建中心小学。恢复“四二”制学制，增加思想品德课。1985年，县委、县政府贯彻中共中央和湖南省关于教育改革指示，要求乡、村两级包改善办学条件，教育部门包提高教育质量；共包学龄儿童入学率和在校学生巩固率。采取国家拨款、群众集资等多种形式筹集资金，兴建校舍，改造危房，添置设备。各学校开展复式教学研究，评选青年教师最佳课，进行“三算结合”“自学辅导”“集中识字”等教学改革实验活动，开辟“第二课堂”。采取函授、自学考试、办培训班等多种形式提高教师业务素质。教学质量稳步提高。1988年，全县学龄儿童入学率99.8%，在校学生巩固率98.5%，毕业生合格率89.6%，初等教育普及率98.4%，均超过国家规定标准。17所中心小学先后新建校舍，改造危房。1990年，全县小学265所，在校学生22148人，教职工1080人。学龄儿童入学率98.9%，在校学生巩固率99.0%，毕业生合格率95.0%，初等教育普及率99.4%。株洲市政府连续两年认定酃县普及小学教育基本合格。

1991年，为使弱智残疾儿童能够受到教育，创办弱智儿童实验班（设于原教育局幼儿园，称启明学校），各乡镇设随班就读点66个。当年，县第十一届人民代表大会第二次会议通过《酃县普及九年义务教育规划》。1993年，小学一、二年级增设自然课，减少手工劳动课，开设思想品德、语文、数学、体育、音乐、美术、自然7门课程，四年级起增设劳动、社会课，五、六年级增综合实践活动课，不再设地理、历史。1995年，创建实验教学普及县，各学校加强实验设施建设，强化实验教学，10月验收合格。1996年元月，县委、县政府召开基本普及九年义务教育、基本扫除青壮年文盲（简称“两基”）动员大会，将“两基”达标当作当年工作的重点，实行“分级办学”(县学县办、乡学乡办、村学村办),加快设施建设。全县校舍、仪器设备、图书、体育设施达标。适龄儿童入学率、合格率100%,辍学率为零。10月,经省政府“两基”评估验收团验收合格。

1997年,小学入学新生4086人。由于执行计划生育政策,出生人数锐减,预测数年内一年级新生将降至1600余人。县委、县政府及时作出调整学校布局规划:万人以上乡镇办一所初中与中心小学,万人以下乡镇只办1所九年一贯制学校。两个年级合计人数不足35人的办成复式班;学生总数不足20人的设教学点。当年调减小学46所。1999年5月,制定调整学校布局实施方案。坚持“抓紧缩班,平稳过渡,分类指导,自然撤校”原则。当年撤销村小6所、教学点13个,联办完小2所,合并为九年一贯制学校1所。针对布局调整中出现的低龄小学生寄宿问题,配备生活指导老师(小学一、二年级每20名寄宿生配1人,三、四年级每40名配1人);建立家长定期接送制度;实行“一周一休”或“两周一休”等办法。当年6月,全县启动素质教育。各学校开展以教法、学法、考法为核心的教学改革活动,推广艺术型、思维型、活动型、学法型、综合型、训练型课。开展教研活动,31名学科带头人上示范课,参与研讨1173人次,撰写素质教育论文400余篇。2000年下学期起,在全县中心小学四年级以上年级开设英语课,部分学校开设计算机课;改学业成绩百分制为等级评定。小学毕业生全部免试就近升入初中。

2001年,县委、县人民政府下发《关于进一步做好我县农村小学布局调整工作的通知》,提出归并、隔年招生、撤点3条原则,撤并工作加快。当年,全县小学减少100所。2002年,撤销乡镇教育办(原学区),实行以中学管理农村小学的体制。城北小学并入五中。次年,全县小学降至47所。2004年2月19日《人民日报》第三版以《炎陵集中办学,创新农村教育》为题,推介炎陵县“乡镇集中办学”经验。3月27日,中国教育电视台一套(CETV—1)播出炎陵县《深化教育体制改革,因地制宜创新农村教育》专题片。《光明日报》以《破解农村教育难题的新路子》为题,肯定炎陵教育开始从传统的分散粗放型向集中效益型转变。2006年,历经10年的农村学校布局调整全面完成,霞阳、沔渡、十都、水口、三河等镇各设1所中心小学,鹿原镇设2所中心小学;石洲、垄溪、策源、下村、平乐、龙渣、中村、船形、东风等乡各设1所九年一贯制学校,并根据需要设少量教学点。当年全县小学减至32所。其中,中心小学10所,九年一贯制学校附设小学8所,教学点14个。教学班253个,在校学生9778人,寄宿生4190人,其中低龄寄宿生1638人。当年小学适龄儿童入学率100%,毕业合格率100%,小学生辍学率为零。集中办学引起各界高度重视,国家财政部拨专款予以支持。各乡镇中心小学均新建教学楼、学生宿舍,修建运动场,添置教学设备和图书,办学条件得到改善。

2007年,实行义务教育经费“以县为主”管理体制。所有公办学校学生均免交学杂费和教材费,对贫困寄宿学生补助生活费。2009年,全县学校大力推进课堂教学改革、校园文化建设、书香校园建设、学生特长培养、文明礼仪教育、家长学校建设、安全和亮丽校园建设“七大工程”,开展“六个一活动”(每天写一页毛笔字、诵记一首好诗词、唱一首好歌、学走一分钟路、每周写好一篇周记、每月看一场好电影)。全面推进学生“阳光体育运动”,保障学生每天有一小时以上的体育锻炼时间。龙舞、狮舞、客家山歌等民俗风情,《三字经》《弟子规》等国学经典一同走进课堂。2011 年 6 月始,县内农村小学生享受免费牛奶、鸡蛋、蛋糕、水果等营养午餐。当年,炎陵县评为省义务教育均衡发展试点县、市义务教育均衡发展示范县。炎陵县在全市小学抽考中成绩排位第三, 连续 5 年保持小学适龄儿童入学率 100%, 毕业合格率 100%,小学生辍学率为零。

2012 年,与长沙市教育局签署对口援助办学协议,长沙市芙蓉区大同小学等 7 所优质小学对炎陵 15 个乡镇小学进行为期两年的“手拉手”援助办学,省级贫困县与省城名校合作办学。2013 年 10 月,炎陵县以全省最高分通过全国义务教育发展基本均衡县评估认定。当年,教育信息化建设加快推进,全县小学班班装备多媒体,所有学校完成“三通”(宽带网络校校通、优质资源班班通、网络学习空间人人通)、“两平台”(教育资源公共服务平台、教育管理公共平台)建设,建有小学语文高、低年级,小学数学高、低年级,小学英语等 5 个学科教研基地。

2014 年,炎陵县成为国家教育资源公共服务平台应用试点县、中央电教馆专题教育社区试点项目县。学科教研基地网络教研列入中央电教馆组织的全国教育信息化巡回展。当年全县所有小学均为省合格学校,所有小学教学点均为省合格教学点。形成“一校一特色、校校出品牌”格局。当年全县有小学 9 所,九年一贯制学校 10 所,教学点 10 个,教师 657 人,教学班 287 个,在校学生 11483 人。与 1994 年相比,小学减少 259 所,教师减少 493 人,学生减少 11493 人。

1949—2014 年炎陵(酃)县小学教育情况表

表 27-2

单位:所、人

年 度	学校数	在校学生数	毕业生人数			招生人数			教职工人数
			合计	初小	高小	合计	初小	高小	
1949	151	4317	—	—	—	—	—	—	485
1950	117	6838	180	138	42	—	—	—	355
1951	120	7464	208	132	76	2105	—	—	345
1952	126	7674	838	653	185	2086	1536	550	348
1953	177	6862	807	625	182	2365	1793	572	359
1954	174	7847	1098	799	299	3231	2627	604	351
1955	178	9450	1337	1097	240	3293	2493	800	370
1956	179	11397	1613	1113	500	3791	2675	1116	375
1957	185	11710	1938	1098	840	3998	2898	1100	429

续表 27-2

年　度	学校数	在校学生数	毕业生人数			招生人数			教职工人数
			合计	初小	高小	合计	初小	高小	
1958	226	14170	3205	2003	1202	4248	2451	1797	536
1959	207	15131	3361	2359	1002	4782	3368	1414	440
1960	202	15529	3189	1965	1224	5413	3851	1562	459
1961	198	11116	2283	1467	816	3487	2323	1164	496
1962	201	10169	1861	1241	620	3323	2444	879	445
1963	206	10586	1656	1123	533	3442	2584	858	463
1964	232	14111	1735	1170	565	5225	4122	1103	529
1965	212	14825	2593	1769	824	4496	3278	1218	509
1966	323	17629	1917	—	—	2915	—	—	776
1967	321	12761	1365	—	—	3112	—	—	662
1968	335	12147	1113	—	—	2600	—	—	661
1969	279	12007	2177	—	—	2385	—	—	703
1970	289	15217	1751	—	—	6287	—	—	765
1971	288	17607	2024	—	—	5141	—	—	753
1972	323	19246	1992	—	—	5514	—	—	839
1973	322	20921	1872	—	—	5444	—	—	868
1974	309	23420	1852	—	—	6080	—	—	991
1975	314	24389	3209	—	—	5138	—	—	1025
1976	303	24520	3875	—	—	5475	—	—	1106
1977	224	24432	3913	—	—	5381	—	—	1002
1978	284	24903	3490	—	—	5073	—	—	1045
1979	283	24017	3333	—	—	4522	—	—	1102
1980	284	24606	3362	—	—	4497	—	—	1115
1981	279	24636	3249	—	—	4454	—	—	1076
1982	276	24161	3405	—	—	4651	—	—	1078
1983	274	22916	3380	—	—	3873	—	—	1065
1984	274	22451	2854	—	—	3704	—	—	1063
1985	279	22715	2094	—	—	3573	—	—	1060
1986	275	23512	1633	—	—	2770	—	—	1153

续表 27-2

年　度	学校数	在校学生数	毕业生人数			招生人数			教职工人数
			合计	初小	高小	合计	初小	高小	
1987	273	23132	2638	—	—	3185	—	—	1152
1988	270	22570	2974	—	—	3557	—	—	1196
1989	268	22208	3314	—	—	3626	—	—	1132
1990	265	22148	3191	—	—	3628	—	—	1080
1991	267	22003	2988	—	—	3401	—	—	1090
1992	267	22111	2996	—	—	3456	—	—	1095
1993	267	22508	2887	—	—	3647	—	—	1120
1994	267	22976	3137	—	—	3781	—	—	1150
1995	256	23360	3369	—	—	3966	—	—	1115
1996	214	23995	3650	—	—	4183	—	—	1136
1997	213	23763	3630	—	—	3521	—	—	1113
1998	225	22209	3941	—	—	2222	—	—	1128
1999	201	19389	3808	—	—	1418	—	—	1058
2000	191	16749	4100	—	—	1377	—	—	887
2001	97	13995	3989	—	—	1467	—	—	857
2002	83	11526	3989	—	—	1592	—	—	646
2003	63	9673	3523	—	—	1762	—	—	651
2004	34	9225	2233	—	—	1836	—	—	642
2005	34	9506	1392	—	—	1751	—	—	634
2006	34	9778	1323	—	—	1663	—	—	677
2007	32	10111	1381	—	—	1799	—	—	719
2008	32	10344	1518	—	—	1773	—	—	715
2009	32	10315	1696	—	—	1694	—	—	711
2010	32	10289	1767	—	—	1833	—	—	694
2011	32	10433	1659	—	—	1896	—	—	531
2012	32	10836	1631	—	—	1896	—	—	737
2013	29	11130	1762	—	—	2087	—	—	668
2014	29	11483	1708	—	—	2132	—	—	657

附

小学选介

城南小学

城南小学位于霞阳镇新市街15号。其前身系李氏族学,创办于民国8年(1919),校址设南正街李氏公屋。民国16年,改由李、谭、刘、扶、罗等姓合办,易名四维小学。民国29年,易名模炳乡中心小学。1950年3月,县人民政府接管,易名酃县第一完全小学。次年,易名城关完小。1965年9月,城关完小分为城南、城北两所小学,城关完小校址设城南小学。1979年8月,由城关公社城南完小转为县办小学,被列为酃县和湘潭地区重点小学。

1981年,该校少先队获评湖南省优秀少先队集体。1982年、1983年,连续被评为全国红领巾读书读报活动指导先进单位。1986年,科技兴趣小组制作的"晶液显示测电器"获省科技小发明一等奖,先后在深圳专利技术展览会和全国科技发明展览会上展出。1988年,学校少先大队获全国红旗大队称号。1990年,'94中队获全国红旗中队称号。

1999年3月,县政府将县电影院划归城南小学,拆除后新建教学楼。2002年5月,又将建设局(含县建筑设计室)办公楼划拨学校。2010年9月,学校开办的家长学校,被湖南省教育厅授予湖南省示范家长学校。当年被评为湖南省合格学校。2011年,获评湖南省优秀少先队集体、全国青少年五好小公民主题教育"光辉的旗帜"读书活动示范学校。2012年,教学质量抽测,居株洲各县、市、区第二名。2014年,有教学班47个,学生2513人,教职工123人。

鲁坑小学

位于鹿原镇澎溪村鲁坑芭蕉垄。原系私塾, 创办于民国38年(1949年9月30日止)。1950年,改为公办小学。1962年,转为民办小学后,积极开展勤工俭学活动,种水稻、育树苗、养鱼、蒸山苍子油、复收油茶籽、开辟果园、麻园,建粉丝厂。1963—1965年,实行半费入学。1966年起学杂费全免,并为家庭经济困难的学生购置生活、学习用品850余件。学校年级多,采取单班复式教学。校长马安健经过反复实践,首创"短动教学法",打破传统的"复式单教法",提高了教学质量。1977年,学校恢复为公办小学,新建校舍。1981年,湘潭地区小学统一考试,鲁坑小学一、二、三3个年级的语文、数学及格率名列全地区第一。1986年,时任湖南省委副书记、省长刘正视察学校,题写"努力把鲁坑小学办成复式教学明珠"。1988年,学校与27个省、市、自治区教育部门及北京师大、天津师大、南京师大、湖南师大等高等学校建立教育科研联系。1992年10月,国家教委副主任柳斌为鲁坑小学题字:"复式教学开鲜花,义务教育结硕果"。1993年,在原址兴建教学楼。2000年后,相继兴建科教楼、综合楼、学生公寓、学生食堂。学校占地面积7495平方米,建筑面积6814平方米,固定资产360多万元。设有电脑室、科学实验室、师生图书室、美术音乐室、少先队活动室。先后被授予株洲市复式教学示范学校、湖南省复式实验学校、全国复式实验学校、湖南省教育科学学科(复式教学)基地、株洲市学生劳动实践基地、湖南省红十字会模范学校、市教育学会先进单位、全国基层家长示范学校等称号。2014年,学校有3个年级,学生86人,教师8人。

第二节　中学教育

民国28年(1939),湖南省教育厅在霍家圩设湖南省临时中学酃县分校。分初中、高中、师范三部。学生430人,其中酃县籍学生34人。次年,高中、师范部迁炎陵山,初中部留霍家圩。民国30年,临时中学与省立衡阳中学合并为省立二中二分校,校址迁茶陵。民国32年8月,创办县立初级中学,招生60人,教职工6人。民国33—34年,湖南省私立五四中学、育民中学、协均中学、衡阳扶轮中学先后迁入霍家、矮基岭(今坪形村)、十都万家、塘田炎陵山。抗战胜利后陆续迁回原址。38年上学期,全县有中学1所,学生191人,教职工27人。

1950年3月,县人民政府接管县立初级中学。学校优先接受工农子弟入学,废除解放前的童子军、公民课,改设政治课,废除训导制度,删除旧教材烦冗及不健康的内容,教学秩序正常。1952年,县立初级中学改名酃县初级中学。当年初中毕业统考,在衡阳地区19所中学中,成绩名列第七,受到衡阳专署表扬。

1957年,水口完全小学创设初中班。1958年,酃县初级中学更名酃县第一中(下简称县一中),首次招收高中学生49名。水口附设初中改为酃县第二中学(简称二中),迁至水口黄泥湾。河东、石洲、中村、炎陵等高小、完小先后附设初中班。兴办十都等农业中学17所。当年,全县普通中学增至6所,在校学生916人,教职工62人。1958年,受"大跃进"影响,学校办工厂、农场,炼钢铁,停课支援农业生产,以劳动代替教学,教学质量下降。1960年,龙渣、沔渡完小附设初中。1961年,将原炎陵附中改为酃县第三中学(下简称三中),保留石洲附中,其余附设初中陆续撤并,动员83名17岁以上学生回队劳动生产,教学秩序逐步恢复。1965年,全县有中学4所(县一中、二中、三中与石洲附属中学),在校高中学生211人,初中学生968人,教职工91人。当年高考升学率51.52%。

1966年"文化大革命"开始后,各中学"停课闹革命",开展"革命大串连"。实验仪器多数被毁,图书散失殆尽。部分教师被批斗,强迫"劳动改造"。1968年,"工人(贫下中农)毛泽东思想宣传队"进驻学校。学校按上级指示,废除传统教材,取消考试。升学由贫下中农推荐,大队干部决定。教学必须突出"无产阶级政治",上、下课朗诵一条毛泽东语录。

1969年,遵照毛泽东"学制要缩短"的指示,改三三制(初、高中各3年)为二二制(初、高中各2年)。沔渡、水口、下村、中村、三河、河西、太平(7月改为东风)等7所农业中学先后改为普通中学,相继创办城东、垄溪、平乐、船形、龙渣、策源等6所普通中学。石洲附中迁十都,与十都农业中学合并,改为十都中学。原石洲附中校址设石洲中学。1970年,塘田农业中学改为普通中学。1972年,十都中学改为县属第四中学(下简称四中),另建乡办中学。当年,全县有普通中学28所(其中完全中学10所),在校学生4551人(其中高中1532人),教职工360人。1973年,批判修正主义教育路线回潮,各校开展"开门办学",请工人、贫下中农上课,教学工作无章可循。1975年,推行"五·七"教育体制,大队办初中,公社办高中,普通中学激增。1976年,全县完全中学18所,初中114所(含七年制学校90所)。在校学生8548人,其中高中1960人,初中6588人,各公社抽调172名小学教师,319名青年农民担任中学教师,教职工745人,其中民办教师占42.8%,造成"小学抽空、中学悬空"局面。推行攸县里旺"五·七中学"半农半读经验,部分学校劳动时间多于上课时间。当年下学期,四中高一两个班整个学期在离校15公里的蕉石农场劳动。课堂教学中,政治课讲阶级斗争,语文课写批判文章,数学课到野外测绘,物理讲"三机一泵"(柴油机、发电机、抽水机、水轮泵),化学课讲烧石灰、施化肥,生物课讲农作物病虫害防治,外语课废除;改闭卷考试为开卷考试,师生共同评分,教学质量低劣。1977年恢复高考,全县应届毕业生只考取1人。1978年6月,全县2636名初中毕业生统考,政治、语文、数学、物理、化学各科平均及格的仅16人,占0.61%;平均30分以下的1710人,占64.87%。

1978年下学期,在开展拨乱反正的同时,调整教育结构与学校布局。停办所有公社高中与大队初中,创办县级第五中学(校址设原三河中学)。将城关中学改为第六中学。实行县办高中,公社办初中,完全中学减至6所,初级中学减至27所,教职工592人。初中恢复三年学制,按新编教材与新教学大纲教学。1980年,撤销第五中学,恢复三河中学,改六中为五中,四中停招高中学生。完全中学与初中分别调整为4所和17所,教职工525人。1982年,高中恢复三年学制。各校工作以教学为中心。县政府多方筹集资金,改善办学条件,提高教师政治待遇与经济待遇,尊师重教渐成风气,教学质量逐步提高。先后有一批学生考入清华、北大等重点大学。1989年,县第四中学与十都中学合并为乡办中学。1990年,全县完全中学3所,初中17所,在校高中学生1403人,初中学生7229人,教职工669人。高中文科毕业合格率93.5%,理科毕业合格率91.6%,初中毕业合格率88%。

1991年,实施《义务教育新课程计划》,教育局组织初中各科教师和中学教研员参加市教科所举办的初中"新课程计划"培训班。1993年,举行首届初中毕业生体育考试,合格率97.8%、优秀率62.34%。1995年起,实施"普实",加快"普九"进程。其间,全县初中增加12个班,学生增加346人,入学率、巩固率提高至98.3%。炎陵县第二中学(简称县二中)、第三中学(简称县三中)高中部并入县酃县第一中学(简称县一中),不再招高中新生。当年县第一中学有高中班22个,毕业359人,毕业合格率98.35%。1996年,二中与水口镇中学合并为水口镇中学,一个乡(镇)不再设2所中学。县一中为留住优质生源,创办首届高中重点班。

1997年,推行素质教育。各中学以教法、学法、考法为核心开展教学改革,推广"六型课"(艺术、思维、活动、学法、综合、训练课),加强"三课"(选修、劳技、活动课)和实验教学,充分发挥教师的主导作用和学生的主体作用。初中取消百分制，实行等级评分。全县上教改公开课450余堂，撰写素质教育论文400余篇。1998年，炎陵县第一中学高中二年级（含2个首届重点班）参加全省会考，315人参考，6科合格率95.3%，其中优秀率43.4%，高于全省平均水平。1999年高考，一次性上线率58.9%，文、理科综合成绩排名居全市第三，其中语文、历史高考平均成绩居全市第一，化学、物理平均成绩居全市第二。同年，高二6科会考合格率95.82%，高三语文、数学、政治全省毕业会考合格率99.41%，跻身省、市先进行列。当年开始，先后有石洲、垄溪、策源、下村、平乐、龙渣、中村、船形、东风等中学与乡中心小学合并为九年一贯制学校。

2000年，县委、县政府要求县一中在两年内争创湖南省重点中学。县一中制定校园建设规划，动工建设教工住宅、学生宿舍、学生食堂。当年9月，一中率先实行教职工结构工资制，推行"学科带头人""劳动模范""优秀青年教师"评选活动，首届评选出各学科杰出代表10人，教职工爱岗敬业蔚然成风。自筹资金290余万元，创办民办中学——湘山实验学校。2002年，一中逸夫综合大楼竣工（香港名人邵逸夫部分捐资），建筑面积9982平方米，总投资1100万元。当年利用一中逸夫大楼的计算机设施培训中小学计算机教师，全县中学均能开设计算机课。2003年，县三中、五中、城北小学合并为12年一贯制炎陵中学。各中学开展学校管理"七项工程"和"六个一"校园文化建设，当年省教育厅确定炎陵县为创新学生社会实践基地，在"普九"年检中，获省优秀单位。2004年，制订基础教育新课程推广实施方案，除传统思想政治、语、数、外、理、化、生、史、地、音、体、美等课程外，综合实践活动成为学生必修课，并设地方、学校课程。各中学开展"一师一优课，一课一名师"教坛新秀选拔活动，举办中小学生体育艺术节，全面落实素质教育。

2004年后，炎陵县乡镇集中办学，引起有关部门高度重视，国家投入资金予以支持。县委、县政府以此为契机加快校园和设施建设，将改善办学条件列入民生改善的十件实事之一，先后筹集1600余万元，用于完善办学条件。各中学教学设备实现标准化、现代化。2007年，先后有部分学校建成省合格学校。炎陵一中成为全省5个获通报表彰的优秀单位之一；十都镇学校评为全国教育系统先进集体。当年，创办沭泉学校（初中）。至此，全县有高中2所，初中7所，九年一贯制学校8所。有教学班195个，其中高中78个，初中117个。

2011年，一中高中学业水平考试合格率100%，比上年提高6.5个百分点，居全省第一；高考上线率100%，其中本科上线率65.6%。当年6月起，县财政出资为县内农村初中学生提供免费营养午餐。2012年6月，县政府与长沙市教育局签署对口援助办学协议，与湖南第一师范学院、长沙市第一中学合作办学，长沙市长郡双语实验中学等8所优质初中对炎陵15个乡镇学校进行为期两年的"手拉手"援助，开启省级贫困县与省城名校合作办学先河。各学校组织教师赴长沙对口学校学习先进教育理念、教学手段、教育信息，教师的专业水平得到提升。全县中学教师在省级以上刊物发表论文350余篇，出版专著67本。

2013 年,全县 17 所初中学校有 9 所跃居全市初中前 40 名。初中毕业考试,洣泉学校"人均分"位居全市第五。全县适龄初中学生辍学率仅 0.06%。当年,一中高中学业水平考试一次性合格率居全省之首,获市高中学业水平考试先进单位。一中 324 班的"炎陵地形地貌对野生水果生长影响之探究" 科研活动获 2013 年省科技创新大赛优秀科技实践活动一等奖。

2014 年,全县所有初级中学均评为省合格学校,下村学校获评全国快乐希望学校,龙渣学校获评市唯一的省级书香校园。十都中学李世清获全国中学生作文大赛一等奖和中国"恒源祥"文学之星提名奖。一中高中学业水平考试合格率 98.6%,评为市高中学业水平考试先进单位。当年,全县有初中 17 所(含九年一贯制学校 9 所),在校学生 4820 人,教师 474 人。高中 2 所,在校学生 2318 人,教师 191 人。

1949—1990 年酃县部分年份中学基本情况表

单位:所、人

表 27-3

年度	学校数量			在校学生人数			招生人数			毕业生人数			教职工人数	民办教师人数
	合计	完全中学	初中	合计	高中	初中	合计	高中	初中	合计	高中	初中		
1949	1	—	1	191	—	191	30	—	30	33	—	33	27	—
1950	1	—	1	206	—	206	122	—	112	59	—	59	22	—
1954	1	—	1	380	—	380	110	—	110	136	—	136	34	—
1958	5	1	4	916	49	867	561	49	512	133	—	133	62	—
1961	6	1	5	1160	233	927	400	91	309	371	37	334	95	—
1963	4	1	3	828	157	671	357	50	307	258	47	211	88	3
1966	4	1	3	1280	247	1033	449	83	366	399	81	318	101	39
1968	4	1	3	948	159	789	271	—	271	276	73	203	118	39
1970	23	5	18	2779	387	2392	2056	273	1783	437	30	407	244	8
1975	66	15	51	6251	1640	4611	3979	889	3090	1974	799	1175	476	101
1976	132	18	114	8548	1960	6588	5259	1486	3773	2319	708	1611	745	319
1977	138	20	118	10357	3226	7131	6307	2325	3982	3434	786	2648	872	400
1979	25	6	19	6891	1490	5401	2950	484	2466	3118	1342	1776	510	40
1981	20	4	16	6167	812	5355	2262	375	1887	1588	394	1194	534	23
1984	18	3	15	6619	1158	5461	2323	416	1907	1292	242	1050	507	10
1987	20	4	16	7283	1498	5785	2893	579	2314	1811	424	1387	563	11
1990	20	3	17	8632	1403	7229	3005	479	2526	2024	494	1530	669	5

1990年鄱县中学基本情况表

表27-4

学校名称	校址	创建时间	班数		学生（人）	教职工（人）	占地面积（平方米）	建筑面积（平方米）	教室（间）
			高中（个）	初中（个）					
鄱县一中	县城一中巷	1943年9月	18	6	1212	115	67603	16944	24
鄱县二中	水口黄泥湾	1957年8月	6	7	638	54	56000	7352	13
鄱县三中	塘田炎陵山	1958年8月	6	6	568	53	69333	7906	12
鄱县四中	十都晓东	1969年9月	—	11	552	40	8667	2905	11
鄱县五中	县城北环路	1978年8月	2	11	640	51	12000	601	18
城东中学	城东松树坪	1969年2月	—	11	503	36	39867	2257	11
沔渡中学	沔渡晓阳	1969年2月	—	11	558	38	3800	2407	11
石洲中学	石洲安坑	1969年9月	—	6	270	18	16667	3250	6
垄溪中学	垄溪太平岭	1969年2月	—	9	409	31	6467	4006	12
水口中学	水口水南	1969年9月	—	7	337	24	8000	2764	10
策源中学	策源瓷器窑	1969年9月	—	6	254	19	5334	2041	12
下村中学	下村同乐	1969年2月	—	6	242	20	4667	2276	6
平乐中学	平乐暖水湖	1969年4月	—	3	108	11	2133	1612	5
龙渣中学	龙渣洞	1969年9月	—	3	84	9	2067	931	3
中村中学	中村圩	1969年2月	—	6	286	22	10667	2000	8
三河中学	三河霍家圩	1969年2月	—	14	687	44	7667	2545	14
河西中学	王家渡圩	1969年2月	—	8	413	25	10067	2380	11
塘田中学	塘田南头坳	1970年2月	—	6	293	22	8667	1020	6
船形中学	船形圩	1969年9月	—	6	284	19	3334	1380	6
东风中学	东风太平岭	1969年2月	—	6	294	18	7133	2757	12
合计	—	—	32	149	8632	669	350140	69334	211

2014年炎陵县小学、中学学生情况表

表 27-5

学校名称	各年级人数(人)											
	一	二	三	四	五	六	小计	七	八	九	小计	合计
炎陵中学	207	237	234	204	207	161	1250	273	284	237	794	2044
城南小学	490	466	433	378	383	353	2503	—	—	—	—	2503
湘山学校	88	46	48	61	35	—	278	—	—	—	—	278
霞阳学校	81	79	81	83	78	92	494	110	107	94	311	805
沔渡学校	118	126	130	136	124	114	748	122	125	114	361	1109
十都学校	99	90	125	91	94	83	582	84	101	90	275	857
石洲学校	27	26	25	25	37	36	176	47	51	49	147	323
垄溪学校	88	86	83	71	89	88	505	152	157	118	427	932
水口学校	145	175	158	146	123	119	866	113	120	70	303	1169
策源学校	26	29	45	45	59	45	249	53	46	60	159	408
下村学校	95	85	96	80	59	62	477	55	67	68	190	667
平乐学校	20	20	25	22	16	18	121	20	19	19	58	179
龙渣学校	31	28	23	16	23	21	142	26	23	14	63	205
中村学校	86	74	58	68	57	56	399	55	44	53	152	551
三河学校	138	110	133	124	110	118	733	106	141	151	398	1131
鹿原一小	124	120	127	114	79	87	651	160	157	129	446	1097
鹿原二小	115	113	82	80	69	69	528	—	—	—	—	528
鲁坑小学	18	8	16	16	19	7	84	—	—	—	—	84
东风学校	71	67	70	78	44	54	384	53	60	69	182	566
船形学校	65	50	47	45	48	48	303	53	68	53	174	477
沭泉学校	—	—	—	—	—	—	—	155	118	106	379	379
合计	2132	2035	2039	1883	1753	1631	11473	1637	1688	1494	4819	16292

2014年炎陵县高中班级、学生情况表

表27-6

学 校	人数(人)				班数(个)			
	高一	高二	高三	合计	高一	高二	高三	合计
一中	585	552	468	1605	12	12	10	34
湘山	258	226	229	713	5	5	5	15
合计	843	778	697	2318	17	17	15	49

1977—2014年炎陵县高考录取人数情况表

表27-7　　单位:人

年 份	合 计	本 科	专 科	中专	年 份	合 计	本 科	专 科	中 专
1977	70	9	26	35	1996	107	28	57	22
1978	92	16	28	48	1997	108	30	67	11
1979	83	8	10	65	1998	64	20	34	10
1980	69	15	6	48	1999	175	105	70	—
1981	58	9	16	33	2000	202	125	77	—
1982	76	15	20	41	2001	325	153	172	—
1983	47	13	16	18	2002	533	222	311	—
1984	106	20	28	58	2003	685	239	446	—
1985	109	27	40	42	2004	820	177	643	—
1986	140	21	62	57	2005	772	206	566	—
1987	99	26	54	19	2006	701	178	523	—
1988	129	32	73	24	2007	671	151	520	—
1989	100	17	55	28	2008	758	158	600	—
1990	88	13	57	18	2009	923	246	677	—
1991	115	21	59	35	2010	750	228	522	—
1992	94	9	58	27	2011	467	144	323	—
1993	119	12	81	26	2012	507	173	334	—
1994	127	35	81	11	2013	507	176	331	—
1995	124	31	75	18	2014	538	203	335	—

附

中学选介

炎陵县第一中学

炎陵县第一中学创办于1943年，前身是洣泉书院和梅冈书院。始称酃县县立中学，1952年更名酃县初级中学，新建教室1240平方米。1958年增设高中班，更名酃县第一中学，为酃县首所完全中学。1959年1月至1961年6月，酃茶并县期间，改称茶陵县第二中学，分县后恢复原名。“文化大革命”期间，更名酃县东方红中学。1970年开始拆除旧建筑，新建校舍。1978年，定为湘潭地区重点中学。1994年4月，改称炎陵县第一中学。学校先后新建教学楼、实验楼、400米田径场、逸夫综合楼、师生宿舍。以“创品牌学校、做品牌教师、育品牌人才”为发展目标，推行素质教育，教育教学质量不断提升。2003年8月，授予“湖南省重点中学”称号。2013年，新建教学楼1栋，升级理化生高标准实验室各1间，新建通用技术实验室2间，新建录播室1间。全面更新高考监控系统和多媒体教学终端。

2014年，校园面积9.87万平方米，按五路两园两广场布局。建筑面积5.24万平方米，绿化面积5.02万平方米。图书馆藏书近10万册。实验电教仪器和文体卫器材达省重点中学Ⅰ类标准。高中学业水平考试一次性合格率居全省之首。有36个教学班，在校学生1605人。教职工162人，其中专任教师139人。专任教师中有特级教师1人，正高级教师1人，高级教师55人，一级教师72人。学校坚持“合格加特长求发展”培养目标，为社会发展培养了大量合格人才。荣获湖南省示范性高级中学、湖南省现代教育技术实验学校、全国科学教育实验基地、国家级重点课题子课题研究单位等称号。

炎陵中学

2003年，炎陵三中、炎陵五中、城北小学合并为炎陵中学，校舍设原炎陵五中，是炎陵县唯一一所12年一贯制学校。2005年，投资4000万元，在东山择址新建校舍，历时3年竣工。新校园占地面积14.03万平方米，校舍面积2.67万平方米，运动场面积7905平方米。2010年秋季停办高中，改为初中、小学9年一贯制学校。学校以“质量为根、特色为翼”办学理念，培养学生学会学习、健身、审美，成效显著，评为株洲市素质教育先进学校。2010年，小学部成为湖南第一师范学院实验小学。2012年，与东莞台商子弟学校结为友谊学校。学校重视教学教研工作，承担省、市级教研课题各一个。是国家教育部全国科学教育实验基地、炎陵县初中数学物理教研基地、炎陵县小学数学教研基地、株洲市学校课余体育训练基地。2014年，有教学班46个，其中初中部18个，小学部28个，学生2044人。教职工138人，其中特级教师1人，市学科带头人2人。先后荣获湖南省安全文明校园、湖南省文明卫生单位、株洲市“十佳”

平安校园、湖南省示范性家长学校、株洲市经典诵读特色学校、湖南省文明美德学校等称号。2014年获株洲市科技创新大赛一等奖。

湘山实验学校

2000年,县一中在职和离退休教职工筹集资金290万元,创办民办湘山实验学校。当年招收3个高中班166人,按国家教育部规定的课程和课时计划教学。

学校开办以来,规模逐年扩大,从3个高中班,增至15个高中班,9个初中班,学生1100余人。学校设施和教学设备也日趋完善,师资力量日渐雄厚。学校始终把德育工作摆在第一位,根据学生的实际情况,确立"既成人,又成才"的目标,狠抓学生行为规范,培育校风正、学风浓、讲文明、有礼貌校园文化。先后发展团员142人,培养建党积极分子22人。2002年下期,初一学生参加数学奥赛,获全县一、二、三等奖265名,囊括11个一等奖。初二学生参加初三数学、物理奥赛,数学获市二等奖,物理获市三等奖各1人,县二等奖1人。2003年下期期末统考,初三人均93.4分,比县平均高出40.13分,合格率100%,优秀率96.3%;当年,第一届高中生毕业,9科会考合格率97.5%,物理、化学、生物、劳技、实验考查一次性全部过关。参加高考,专科以上一次性上线率90%,录取率89%。连续多年评为株洲市民办教育先进学校,炎陵县学校管理综合考核优秀单位。2011年,被评为特长生培养工作先进单位、课题教学改革工作先进单位、民办教育优秀单位。

2014年,学校占地面积8678平方米。有面积4180平方米的教学大楼一栋,教室30间,其他教学用房24间。教室装有广播系统及三机一幕,电脑室一间。固定资产279万元。学校有教职工83人。其中,高级7人,中级19人,初级38人;本科55人,专科9人,研究生1人。有24个教学班（其中初中9个班,高中15个班)。当年高中学业水平考试参考总人数234人,合格率97%。

洣泉学校

2007年成立,坐落在炎陵县霞阳镇北环路2号,是一所联合办学的民办初级中学。2008年,学校整体搬迁,改租湘山实验学校大楼左侧一至五楼为教学用房,共用湘山实验学校的运动场地以及实验室、计算机室、阅览室、图书馆等功能教室。学校教学设施基本完善,学校为每位教师配备了手提电脑,教室安装电子白板,实现网络"班班通"。

学校以"立足成才,追求成功"为办学理念,以"人本育英,和谐兴校"为办学宗旨。先后评为株洲市民办教育工作先进单位、全国青少年五好公民主题教育活动示范学校、炎陵县义务教育阶段教学质量突出单位、初中学业水平考试综合考核优秀单位、初中教学质量考核先进单位、县市优秀民办学校、空军青少年航空学校优质生源基地。

2014年,有教职员工33人,6个教学班,学生333人。

第四章　职业教育

第一节　师范教育

民国元年(1912),创办初等小学教员养成所,为县内师范教育之始。次年10月,第一班学生毕业,教员养成所停办。16年冬,中村私立龙门学校设师范班,先后招生两次,招生100人,学制2年。18年,创办酃县乡村师范学校,校址设县城南门口陈家祠,先后办速成班2个,普通班1个,共招生94人。速成班学制1年,普通班2年。乡村师范于21年停办,龙门学校于22年停招师范班。23年春,茶陵、攸县、安仁、酃县联合创办茶、攸、安、酃联立简易乡村师范学校,学制4年,校址设茶陵洣江书院。酃县负担经常性费用15%,每年招酃籍学生10—20人。28年,省第一临时中学酃县分校设师范班2个,招生79人,其中酃县籍学生8人。30年并入省立二中师范部。

1952年,开办小学师资短期训练班,招收41名社会青年,培训三个半月,39人结业后担任小学教师。1958年,创办酃县师范学校,招生47人。1959年并入茶陵师范学校。1964年下期,开办酃县小学教师训练班,招收初、高中毕业生27名,学制2年。1966年7月毕业后分配,任小学教师。

1970年9月,创办"五·七"师范学校,校址设文教局。1971年招中师班2个,学员80人。1972年元月,75人毕业,分配到县内小学任教。此间,相继举办短期训练班6期,培训民办小学教师270人。1974年2月停办。

1975年9月,创办酃县"五·七"大学师范分校。校址设酃县三中。当年培训民办教师54人。次年8月,招中师学员26人,学制2年。1978年2月,学校迁县教师辅导站。7月,学员毕业分配后停办。

1980年,创办教师进修学校,校址设北环路教育局院内。1984年,经省教育厅验收,被批准为中等师范性质学校。1985年起,县政府先后拨款69.66万元,于井冈东路新建校舍。学校主要培训在职公、民办教师,管理中等函授学习。1986年,招中师班1个,录取当年高考未上线考生25名。按中等师范教学大纲授课,学制2年,毕业后分配任教。至1990年,进修学校共办中师班4期,94人获中师毕业证;中师函授班8期,363人参加学习,136人获中师函授毕业证;办进修班13期,短期培训班41期,培训教师1183人次。1990年,学校占地8467平方米,建筑面积2990平方米。有教师进修班1个,学员42人,中师函授学员66人,教职工20人。

1991年起,先后举办小学校长等行政管理人员培训班16期,756人次结业;小学语文骨干教师培训班9期,987人次结业;小学数学骨干教师培训班9期,872人次结业;小学自然教师培训班 2 期,74 人次结业;音乐教师培训班 2 期,98 人次结业;中心小学(联小)美术教师培训班 3 期,128 人结业。1995 年,开设城区小学语文、数学教师培训班 4 期,学员 273 人;乡村语文、数学班各 1 期，学员 151 人。培训班按照国家教委规定的教学计划安排课程。1996 年,教师进修学校被省教委评为教育教学管理工作先进单位。当年开设学制 2 年的中师班 1 个,录取小学教师 50 人;中师函授班 1 个,录取小学教师 68 人;自学与辅导相结合的补修语文或数学学历班 2 个,学员 28 人。学员毕业后,学历补偿教育结束,进修学校的主要工作转向指导全县小学教师继续教育与基本功训练。1997 年,办基本功培训班 4 期,培训教师 273 人。1998 年,办小学语文、数学高级教师培训班 6 期,学员 332 人;普通话骨干教师培训班 1 期,学员 23 人,经市语委测试小组测试 23 人,全部获取二等乙级以上普通话等级证书。办中小学教师计算机培训班 6 期,300 人参加培训，其中 226 人参加全省计算机等级考试,优秀率 37.2%。

1999 年,教师进修学校与林业职业中学合并,成立职业教育中心。2003 年,改为职业技术学校。至 2007 年,共办普通话培训班 9 期,培训 1613 人次,其中 549 人参加测验,获二等甲级证书 113 人,二等乙级证书 198 人,三等甲级证书 235 人。举办各种计算机技能培训班 17 期,培训 1837 人次,591 人参加省信息技术高等级考试,合格率 85%。办新课程培训班 18 期,415 人次参加培训。

2008 年 8 月,学校迁至原炎陵中学校址。先后办中小学教师信息技术高级培训班 3 期,培训 192 人。中小学教师信息技术应用能力提升班 5 期，培训 302 人。培训幼儿园园长 31 人,幼师、保育员 124 人。

第二节 农业职业教育

1958 年 3 月,十都乡创办农业中学。4 月,全县农业中学发展到 17 所。10 月,在炎陵农场创办酃县农学院,招生 150 人,教职工 6 人。设农作物栽培、经济作物栽培、畜牧水产 3 个专业,实为中等职业学校。次年 10 月,并入三河农业中学。1961 年,国民经济调整,农业中学全部停办。

1963 年,为培养农村会计与农业技术员,在沔渡公社创办酃县农业初级中学。第一班学生毕业后改为沔渡公社农业中学。1964 年起,贯彻“两种劳动制度与两种教育制度”,城关、三河、河西、塘田、太平、水口、中村、下村、策源、沔渡、十都、船形等 12 个公社先后兴办农业中学。1966 年,全县农业中学在校学生 860 人,教职工 40 人。学校由公社管委会主任兼任校长。

农业中学有实验农场,实行半农半读。设政治、语文、数学、农业常识、理化常识、卫生常识等文化课;水稻、棉花、油菜、果树栽培及畜牧、水产等专业课程。实行学校、生产队、农业技术推广站“三挂钩”,教师、学生、农技员“三配合”教学方式。学生毕业后回家务农,部分担任农技员与会计。1969—1971 年,策源与城关两所农中停办,其余先后转为普通中学。1987 年,创办林业职业中学,设少量相关农业技术教学内容。农业广播学校也开设部分农业技术课程。

第三节　林业职业教育

1958 年 10 月,在石洲公社青石大队创办林业大学,招收高小、初中毕业生 105 人,教职工 9 人。按中等林业学校教学大纲开设课程。1960 年,招生 50 人。1961 年 2 月迁水口木湾,7 月停办。学生多数分配在各林场工作。

1965 年 9 月,在三河公社坪形大队创办酃县农林中等技术学校。学生 37 人,教职工 5 人。次年 2 月,迁县城湘山寺,改名为酃县林业学校。学生垦山育林,实行半工半读。1967 年因经费困难停办,学生回生产队参加劳动。

1983 年 8 月,在三中附设职业高中班,招收新生两个班 100 人,设林果、农作 2 个专业。次年招收林业专业班 1 个,学生 49 人,学制均为 3 年。1986 年,4 个班学生共 206 人。由于师资、设备不足,1986 年 8 月招收的林果专业班,改授普通高中课程。此后停招。1986 年和 1987 年第一、二届职业班学生毕业,对口升学,考取本科 1 名、专科 3 名、中专 10 名。

1987 年 8 月,创办酃县林业职业中学,校址设县城南郊狮子垄湘山林场(次年 8 月迁入),占地面积 1.1 万平方米,建筑面积 3400 平方米,实习基地有松杉林 7262 亩,橘园 5 亩。学制 3 年,设林业、财会两个专业。按规定设政治、文化、专业、实习 4 大类课程。当年招收 1 个班、62 人。1990 年,开始面向株洲市各县(市)招生,当年在校学生 245 人,教职工 34 人。

1992 年,设林业、林果、园艺、花卉等专业。因林业专业师资、教学设施缺乏,另设水电、电工、文秘、机电工艺、家电维修、办公自动化等专业。先后与县委党校职业高中部、县农业广播学校联合办学,仍连续几年不能完成招生计划。1999 年,林业职业中学与电大工作站、教师进修学校合并,成立县职业教育中心,林业职业教育停止。

第四节　卫生职业教育

1958 年 10 月,创办酃县医学院(实为中等职业学校),招西医班一个,学生 52 人,教师 5 人。次年元月并入茶陵县卫生学校,校址设原酃县人民医院。1961 年学生毕业,学校停办。

1964 年 9 月,在县人民医院创办酃县中医训练班,招收学员 22 人,学制 2 年。1966 年,19 人毕业,分配到各医院工作。同期,开办半农半医培训班 2 个,招收学员 59 人。1968 年、1969 年先后毕业,多数分配到各医疗单位工作。

1970 年 9 月,在县人民医院设湘潭地区卫校酃县医技班,招生 8 人,学制 1 年。1974 年 9

月，在县人民医院开办湘潭地区卫校酃县分校，先后招妇幼卫生、护士、医士3个班各25人，学制均为2年。学员毕业分配后，学校停办。

1976年4月，在水口卫生院创办酃县“五·七”大学卫生分校。次年9月，迁县人民医院。有专职教师3人，兼职教师2人。先后办“赤脚医生”(农村“合作医疗”医生)培训班3期，培训120余人。

1979年，创办酃县卫生学校，校址设县中医院。有专职教师6人，兼职教师6人。开设基础、专业两类课程。至1990年，先后办各种培训班12期，培训在职医士、护士155人，乡村医生123人，待业青年68人。1991年，停办。

第五节 技工教育

民国10年(1921)9月，县人张卓峰在七都黄板桥(今水口镇板桥村)创办酃县第三区公立船山乙种实业学校，开设织布、织袜等专业。12—16年，相继在水口枫树下(今水口镇水南村)、县城东门外开办职业学校。在塘田笃修小学(今鹿原镇新坪村)附设职业班，开设织布、缝纫等专业。除水口职业学校维持2年，其余均办一期即行解散。20年，借用第一高等小学堂(洣泉书院)校舍创办酃县第一职业学校，设简易、初级2班，设缝纫、藤竹编织、染织等专业，一期即停。职业教育在县内时起时落，发展缓慢。

1974年，创办酃县农业机械学校，校址设县农机局。主要培训拖拉机驾驶员、农机修理与农机管理人员。1976年，农业机械学校改为“五·七”大学农业机械分校。1978年恢复为农业机械学校。先后举办各种培训班40期，培训拖拉机驾驶员、农机修理工、农机管理员2600余人次。

1980年9月，创办湘潭地区技校酃县分校，招水电专业学生100名，学制2年。校址设县电石厂。次年迁至水电局。1982年7月，学生毕业，全部分配在县内水电部门，学校随即停办。

1988年，酃县五中附设电视中专班。设家用电器维修与农村家庭经营两个专业，学制3年。1989年下期，农村家庭经营班学员转入攸县第一职业中学就读，仅留家用电器维修班学员16名。学员毕业后，电视中专班停办。1990年，县内职业中学招生数仅占当年初中毕业生的6.54%。

1999年，成立职业教育中心，负责县内职业技术教育。当年，全县有中等职业班9个，在校学生449人，毕业56人，毕业生参加全省外语、计算机等级考试名列全市第三名。毕业生就业推荐率90%。

2003年，职业教育中心更名职业技术学校，分职高、中专两部，有全日制、非全日制两种。当年有11个班，512人。应届职高毕业生参加对口高考，上线率100%，其中本科上线12.5%，在株洲市同类学校中上线率第一。2004年，招收新生281名，其中计算机应用专业185名，电子电器专业96名。确定“习有所长，注重实践”育人目标，坚持“学一技之长，圆大学之梦”育人方向，狠抓学生的职业技能养成，完善“三证”(计算机等级证、英语等级证、普通话等级证)培训考试方案，实行对口高考教学。当年参加对口高考，一次性上线 98.3%，本科上线率 5.1%。此后每年招生 200 余人，专业多为社会热门，以计算机及网络技术、旅游服务及管理、商贸英语及文秘、电子电器、学前教育为主。学校采取“工学结合”学习模式，既满足了部分家庭困难学生就学愿望，也为企业培养大批技术人才。2006 年，县政府获评“湖南省职业教育先进单位”。

2008 年，迁入原五中校舍。2012 年，投入资金 135 余万元装修教学楼，改造学生宿舍。以校企合作方式，先后与深科技、华为集团、长城科技苏州联致集团、昆山富士康等十几家国内大型企业及县内恩思迈集团、和一集团等企业建立长期合作关系。签订由企业出资培训学生，学生毕业后进入企业工作协议，实现学生、学校与企业共赢。

2014 年，投入 210 万元，新建培训、食宿设施；投入 105 万元，装备客户服务、汽修模拟实验室；投入 50 万元，组装汽车维修实训室。当年，在校学生 9 个班、281 人，教师 39 人。毕业 435 人，其中全日制 138 人，非全日制 297 人。就业 418 人，就业率 96%。其中在各类企业就业 408 人，个体经营 2 人，升入高一级职校 8 人。

第五章　成人业余教育

第一节　农民业余教育

民国 19 年(1930)，在县城创办民众学校，对 16—50 岁“文盲”进行扫盲教育。20 年，各区先后指定部分学校附设民众学校。26 年，全县有民众学校 13 所，526 人脱盲。30 年，各小学设民教部。34 年，有成人识字班 119 个，学员 3307 人。37 年，全县仍有“文盲”5.78 万人，占全县人口 71.2%。其中妇女“文盲”3.52 万人，占妇女总数 97.0%。

1950 年，四区沔渡乡晓阳村创办县内第一所冬学，学员 100 余人。当年冬，全县共办冬学 219 所，学员 3428 人。学员学习多在晚上，每周 3—5 次，每次 2—3 小时，以识字为主。1951 年，成立工农业余教育委员会，各区、乡成立文教委员会。冬学发展到 317 所，学员 17219 人，群师 400 余人，小学教师全部担任冬学教师。不少父子、母女、夫妻、婆媳同校学习，一时传为佳话。1952 年，在一区城关、吉利开办速成识字实验班，并向全县推广速成识字教学经验。当年，冬学逐渐转为长年性农民业余学校(简称民校)。1955 年，全县共办民校 349 所，学员 17446 人，占青壮年“文盲”的 42.2%。次年，各乡组织 83 个扫盲队，长年送教上门，设街头、路旁识字站 180 个。全县有 3500 人脱盲。沔渡乡晓阳民校评为省扫盲先进单位。

1958年,县人民委员会号召全县14—40岁"文盲""半文盲"学习文化,要求第二年全县扫除"文盲"。受"浮夸风"影响,当年8月底即宣布成为无"文盲"县。1960年,多数民校停办,沔渡晓阳大队民校仍坚持办学,被誉为"铁民校",评为全国工农教育先进单位,曾文星代表民校出席全国文教系统群英大会。1962年,农民业余教育逐渐恢复。1964年,全县民校恢复至128所,学员2892人。

"文化大革命"开始,农民业余教育停顿。1973年,成立县扫盲办公室,民校改为"政治夜校",强调政治学习与文化学习结合。当年,全县有"政治夜校"829所,学员25384人,群师1758人。其时,在"读书无用论"思想影响下,农村出现新"文盲"。

1977年,农民业余教育恢复。1980年,民校发展至650余所,扫盲班1300个,学员11300余人。当年培训群师1100余人,全县1000余小学教师到民校兼课。1980年4月,经湘潭地区工农教育委员会验收,10094人脱盲,青少年无盲率97.2%,壮年无盲率85.7%。

扫除"文盲"后,农村业余教育重点转为技术教育。1982年,创办农民业余技术学校38所,学员970人。三河公社垄坑业余学校、垄溪公社山林业余学校、河西公社金花业余初中班、沔渡公社中学缝纫班获湘潭地区农技学校最佳校(班)称号。1983年,石洲乡成立成人教育中心,推广农业生产新技术,当年全乡粮食总产翻一番。1986年,全县乡、村农业技术学校增至71所,学员8188人。1988年起,各乡、村农民业余学校开设农技、缝纫、快速养猪、食用菌栽培、果树栽培、西瓜栽培、藤编、湘绣、食品加工、禽畜疾病防治等技术培训班92个。次年,经株洲市工农教育委员会验收,石洲、垄溪、水口、中村、下村、塘田、河西等7所乡农民文化技术学校达合格标准,县工农教育办公室获株洲市创合格农民文化技术学校一等奖。1990年,城东乡、十都乡创办农科教中心。十都乡农科教中心投资20余万元添置设备,创办农技推广、畜牧兽医两个中专班。1990年4月,县政府组织验收团,对各乡镇扫盲工作检查验收,全县青少年无盲率97.2%,壮年无盲率85.7%。6月,湘潭地区验收确认,酃县青、少、壮年"文盲""半文盲"基本扫除。

1992年,乡镇农民文化技术学校共办班313个,学员11300人,其中文化班77个,学员1578人;各类技术班201个,学员9400人;私人办班35个,学员340人。共有校舍2127平方米,图书资料13290册,实习基地1042亩。

1994年,对全县青壮年文化状况普查,县内有"文盲""半文盲"6570人。全县乡镇扫盲办学面100%,村办学面95%。1991—1994年,脱盲4347人,脱盲学员3264人继续学习,其中达业余小学毕业程度者2544人,巩固率75%。

1998年,在普查基础上,再次部署全县扫盲工作。县、乡分别召开扫盲工作动员会,并向县政府递交责任状。各乡镇定教学点、定对象、定群师、定时间、定报酬,实行"三级"(县、乡、村)、"双线"(乡村包组织入学,学校包脱盲教育)承包制,落实扫盲责任,采取集中办学,送教上门,电化教学等多种形式进行教学,分别于4月和5月开办近3年脱盲学员巩固提高班。举行两次脱盲学员巩固考试。当年10月,经省教委"两基"评估团验收,合格率

100%,优秀率 75%。

在高标准扫除“文盲”的同时,农民文化技术学校快速发展。1999 年,全县有农民技术学校 216 所,教学班 285 个,在校学员 10860 人。在校学员中长班 566 人,短班 10294 人。毕业学员 9218 人次,其中长班 409 人,短班 8809 人次。有兼职教师 289 人,其中乡镇 69 人,村 220 人。全县乡(镇)、村农校有教室 33 间,图书 5.46 万册,仪器价值 7.91 万元,生产基地 584 亩。

2004 年,县职业技术学校为农村富余劳动力转移(以下称“阳光工程”),举办培训班 8 期。其中,养蜂班 1 期,培训 20 人;酒店管理与服务班 2 期,培训 60 人次;摩托维修班 3 期,培训 213 人次;锅炉工班 1 期,培训 30 人次。转移安置农村富余劳动力 962 名。2005 年,“阳光工程”培训专业有宾馆服务、陶瓷制造、玻璃纤维制造、冶金制造、计算机组装与维护、电子技术、木业加工、机动车维修等,参加培训的 950 名农民全部推荐就业。2008 年,为提高农民进城务工能力,举办扶贫培训班,共培训 313 人;实施李兆基“温暖工程”,培训 431 人;培训残疾人 70 人。与县旅游局合作,办宾馆服务员培训班 12 期,培训宾馆管理及服务人员 534 人次。2009 年,株洲市劳保局将县职业技术学校定为农村劳动力转移技能培训定点机构。

职业技术学校按照“先培训、后转移”“管培分离、农民受益”原则,以职校为主阵地,与 15 个乡镇农校、县农业科技推广站配合,加大农村劳动力转移培训力度,提升转移劳动力的质量,基本实现农村劳动力由体力型无序转移向技能型有序转移转变。2010 年,扶贫转移培训内容有计算机操作与应用、电子电器、乡村保险员、畜牧产品加工、旅游服务与管理等。2011 年,实施“阳光工程”和“劳动技能培训”,开办陶瓷、纺织、白鹅饲养与加工、食品加工、竹木加工、美容美发、锅炉操作、电动缝纫、起重机操作和导购等培训班,为新农村建设和九龙工业园的发展提供了一大批技能型和实用型人才。至 2014 年,对全县农村劳动力举行职业技术培训 2.5 万余人次。

第二节　职工业余教育

1951 年,在县城创办职工业余学校 1 所,学员 74 人,教师 3 人。学员早晚学习。初小班以识字为主,高小班开设语文、算术、自然常识。1954 年,在县城创办干部业余文化补习学校。至 1957 年,先后设教学班 19 个,学员 840 余人。1958 年,干部业余文化学校改为“红专大学”。次年,“红专大学”并入中共茶陵县委党校,1960 年停办。1964 年,在县城创办县直机关干部职工业余学校。设初小、高小、初中 3 个班,学员 125 人,教师 3 人。同年,林业局下属 11 个采伐(育)、集材场(站)亦创办职工夜校,共设教学班 41 个,学员 774 人。至 1966 年,全县有 3600 余干部职工参加业余文化学习,1583 人脱盲,959 人高小毕业,500 余人受到初中文化教育。“文化大革命”期间,职工业余教育中断。

1978 年,职工业余教育恢复。次年,全县办职工业余学校 10 所。1980 年,县总工会开办酃县职工业余学校,招 4 个班,学员 225 人,开设英语、数学、机械原理等课程,教师多为兼职,每周上课 4 节。4 年后学员毕业,学校停办。1982 年,对 1968—1980 年初、高中毕业生与 45 岁以下未达初中毕业文化水平的干部职工进行文化补课,对三级以下工人进行技术培训。当年,农业银行、工商银行、商业局、供销社、邮电局、卫生局、财政局、药材公司等单位先后开办职工业余学校 14 所。其中,高中 1 所,初中 12 所,小学 1 所,学员 521 人,专职教师 16 人。除补习文化外还采取集中上课、岗位练兵、技术表演等多种形式进行技术培训。1984 年起,县委党校先后举办高中文化补习班 1 期,干部中专政工班 2 期,干部中专专修班 2 期,共 188 人毕业。在职干部职工踊跃参加函授学习与自学考试。1982—1990 年,全县参加高等业余学习的有 323 人获毕业证,参加中专学习的有 631 人获毕业证,346 人获高中毕业证,168 人获初中毕业证。5125 人参加技术培训,4230 人达合格标准。

1990 年后,职工业余教育形式多样。一是通过职校对口培训,提高职工技术水平。二是通过开展技术竞赛活动,提高职工的操作能力。如玖琪电子厂于 2013 年开展技能竞赛,培训职工 2000 余人。三是聘请县内专业技术人才到企业开展书画、电工等技术讲座。至 2014 年,共培训各类技术工人 4000 余人次。

第三节　函授　自学考试　广播电视教育

一、函　授

高等函授　1956 年 9 月,湖南师范学院在县内招收中文本科函授学员 4 名。为县内高等函授(简称高函)学习之始。至 1961 年,共招收中文、数学、物理、化学、生物 5 个专业函授学员 53 名。至 1966 年,共 23 人毕业。其中,中文本科 14 人,专科 4 人;数学本科 2 人,专科 1 人;物理本科 2 人。1967—1977 年,高函教育中断。1978 年,湖南教育学院在县内招收函授学员 257 名。至 1984 年,有 45 人获专科毕业证书。其中,中文 39 人,数学 4 人,化学 2 人。1984—1990 年,湖南师范大学、华中师范大学、北京师范大学及省内部分师范专科学校与教师进修学院在酃县招收高函学员 182 名。其中,本科 64 名,专科 118 名。至 1990 年,有 26 人本科毕业,46 人专科毕业。获函授本科文凭的教师占本科毕业教师的 37.7%,获函授专科文凭的教师占专科毕业教师的 29.6%。

1990 年起,县内高函教育成为成人教育的主要形式,中小学教师多报考各类师范院校,公务员多报考各级党校。工商金融等部门干部职工则报考对口专业。1991 年,326 人报名,录取大专以上学员 126 人。1995 年,报名 899 人,为报名人数最多的一年。2001 年,录取 354 人,为录取人数最多的一年。随着时间的推移与大学扩招,报名与录取人数逐渐减少。2006 年,报名 88 人,录取 69 人,当年起,炎陵不再设成人高考考点。2014 年,仅 3 人报名,录取 3 人。

1991—2014 年炎陵(酃)县成人高考(函授)报名与录取大专以上人数情况表

表 27-8　　单位:人

年份	报名	录取	年份	报名	录取
1991	326	126	2003	509	326
1992	582	157	2004	314	268
1993	657	259	2005	158	133
1994	685	224	2006	88	69
1995	899	175	2007	106	64
1996	720	223	2008	77	45
1997	634	119	2009	22	11
1998	496	115	2010	15	6
1999	302	164	2011	7	5
2000	498	269	2012	31	14
2001	577	354	2013	14	11
2002	533	341	2014	3	3

中师函授　县内中师函授(简称“中函”)教育始于 1961 年,当年有 200 余名小学教师参加中函学习。1963 年,创办酃县函授师范学校,各学区设函授站。1965 年,全县中函学员284 人,均学单科(语文或数学)。1968 年,函授师范学校停办,中函教育中断。1978 年,恢复中函教育,当年有 355 人参加中函语文或数学单科学习,19 人学习中师函授全部教材。1980 年,创办教师进修学校,负责县内中师函授教学工作。所招中函学员均学习全部中函教材。至 1990 年,共招收学员 322 人,136 人获中师毕业证。1991 年,招收中师函授学员 102 人。1996—1999 年,招收学历补习函授学员 96 人,学完应修课程后全部毕业。至此,县内小学教师全部学历达标。

会计函授　1987 年 5 月,中华会计学校酃县函授站成立。招收在职财会工作人员与社会青年。1987 年招收第一班学员 26 人。1988 年招收第二班学员 29 人。学员以自学为主,电视教学、面授为辅。1990 年 8 月,第一班学员由省财会学校主持毕业考试,学员全部毕业。之后,没有学员报名而停办。

二、自学考试

1984 年 10 月,县内 89 名考生首次赴醴陵考点参加湖南省高等教育自学考试(简称自考)委员会组织的自学考试。1985 年 7 月,成立酃县高等教育自学考试办公室(简称自考办)。同年10月,自考办在酃县五中设考点。考生不受年龄、职业、户口限制,自选专业,业余自学,于每年4月底、10月底参加统一考试。先后开设法律、汉语言文学、行政管理、公安管理、农业经济管理、工业企业管理工程、机电一体化、中文秘书、数学、英语、历史、中医医疗、中药、会计、统计、金融、档案等专业。至1990年,县内共开考13次,报考4694人次,及格3232科次,有1人获大学本科文凭,89人获大学专科文凭;495人结业1科以上。县考点评为省优秀考点。

1991年,首次使用机读报名卡报名,当年报名1421人,报考科目3161科次,全县每万人中有42人报考,报考人数比率居全省第一。1992年起,县五中考点连续3年评为省高教自考优秀考点。先后有3人获勤学奖。

1993年,自考办自筹资金购置计算机5套,创办酃县第一家计算机培训站。1994年,在湖南省高教自考10周年工作评比中,获评省高教自考先进单位。1997年,有2029人(次)报名参考,报考人数最多。2001年,有178人考完所有课程毕业,毕业人数最多。2003年,五中考点停考,一中考点第一次组考。2007年,因考生不足,炎陵县停设考点,考生到茶陵县报名参考。2014年,30人报考,7人毕业。至此,县内自考累计1000人毕业。其中,本科216人,专科784人。

1984—2014年炎陵(酃)县高等教育自学考试报名与毕业人数情况表

表27-9

单位:人

年份	报名	毕业	年份	报名	毕业
1984	89	—	2000	1859	107
1985	255	—	2001	1444	178
1986	565	9	2002	1285	98
1987	913	7	2003	962	27
1988	848	28	2004	582	29
1989	899	22	2005	325	32
1990	1125	24	2006	93	23
1991	1421	18	2007	133	14
1992	1560	25	2008	95	12
1993	1186	46	2009	62	5
1994	1124	37	2010	50	2
1995	1326	34	2011	41	5
1996	1871	47	2012	35	1
1997	2029	43	2013	32	4
1998	1931	53	2014	30	7
1999	1965	63	—	—	—

三、广播电视教育

广播电视大学　1979 年，县内首次招收广播电视大学（简称“电大”）学员 5 名，寄读于湖南电大湘潭分校。至 1985 年，仍有部分学员寄读于株洲、攸县、茶陵等市县电大教学班。1986 年，成立湖南省电大株洲分校酃县工作站，教学班设于县教育局。先后开设汉语言文学、党政管理干部基础、法律、英语、数学、机械、土建、工商业会计、教育行政管理、文科秘书、财务会计等 16 个专业，学制 2—3 年。各班配有兼职或专职班主任或教师。课程、考试由省电大统一安排。学员定时收看、收听电视广播，平时则以自学为主。至 1990 年，共招收电大学员 236 人，毕业 92 人。

1993 年，电大有 5 个班，学员 135 人。当年举办职称英语班和仪器卫生等各类非学历培训班 7 期，培训 152 人。新建教室、办公用房 224.8 平方米，新添、维修课桌 110 套。1996 年，电大毕业生有 2 人推荐分配工作。当年办计算机培训班 4 期，培训电脑打字员 56 人。

1998 年，电大工作站，并入教师进修学校，招大专班 2 个，学员 28 人。其中，汉语言文学班 1 个，学员 11 人；财务会计班 1 个，学员 17 人。

2001 年，电大工作站评为省电大“信得过”考点，在全省通报表扬。2002 年，招收开放教育本科班 3 个，学员 58 人；成人教育专科班 11 个，学员 257 人。6 月，组织学员参加全省计算机英语等级考试，合格率 100%。当年有 133 人毕业。

2005 年，开设“一村一名大学生”（简称“一村一大”）培训班，招收学员 90 人，为农村培养“留得住，用得着”的人才，受到省委组织部和省电大好评。2009 年，有 5 位学员被评为省电大“优秀学员”。2010 年 3 月，有 2 位学员获中央电大“希望的田野奖学金”。当年开放本科设有水利水电工程、会计学、法学、数学及应用数学、汉语言文学、土木工程、英语教育、计算机科学与技术、经济学、行政管理 10 个专业，学员 171 人。开放专科设有学前教育、水利水电工程与管理、会计学、法学、汉语言文学、现代文员、旅游 7 个专业，学员 50 人。

2012 年，有开放本科 11 个专业，学员 265 人；开放专科 8 个专业，学员 296 人；成招专科 8 个专业，47 人；“一村一大”5 个专业，275 人。在籍学员 836 人，占总人口比率远高于全省平均水平。当年在省电大支持下，建设高规格多媒体教室，建立校园网站和电大 QQ 群，将“一村一大”的黄桃种植、白鹅养殖、畜牧兽医打造成市级实习实训基地。

至 2014 年，电大为县内培养专、本科实用人才近 3000 人，农村科技致富带头人及农村实用技术人才 2000 余人。

1991—2014年炎陵(酃)县电大工作站学员情况表

表27-10　　单位:人

年 度	招生数		毕业数	
	专 科	本 科	专 科	本 科
1991	15	—	1	—
1992	30	—	18	—
1993	93	—	14	—
1994	50	—	29	—
1995	72	—	90	—
1996	86	—	47	—
1997	93	—	70	—
1998	28	—	82	—
1999	150	85	91	—
2000	128	76	58	—
2001	127	58	145	80
2002	133	77	125	71
2003	35	158	120	55
2004	153	65	130	72
2005	257	46	56	130
2006	38	48	150	63
2007	215	78	255	45
2008	97	23	38	47
2009	167	50	210	77
2010	132	27	96	21
2011	137	67	166	49
2012	136	93	131	26
2013	133	69	135	66
2014	106	39	132	90

农业广播电视学校　1984年5月创办。设农学、农业经济、畜牧、水产、林学、果树栽培、乡镇企业、农业技术推广、兽医等专业。学员定期收看、收听电视与广播教学课，以自学为主，每月面授4天，定期考试。成绩及格者由中央农业广播电视学校颁发中专毕业证。至1990年，共招生675人，毕业101人，结业204人。有2人评为省优秀学员，29人录用为国家干部。大部分成为基层农业、林业生产技术骨干。1991年开始，县农业广播电视学校划归县农业局管理，主要从事农民业余教育。

第六章　复式教学

第一节　复式教学班

民国11年(1922)，全县小学75所，学生2600余人，学校服务半径平均为13.5公里。每校平均35人，均实行复式教学。36年，仅有炎陵高小与中心国民学校高小班实行单式班教学，其余小学均实行复式教学。复式教学班占教学班总数82.67%。

1952年，全县复式教学班239个，占小学班总数79.67%。其中，高小复式班11个，占高小班44.0%；初小复式班228个，占初小班82.91%。1964年，全县411个教学班，复式班256个，占62.29%，高小班全部实行单班单式教学。1973年，全县复式教学班394个，为复式班最多年份。随着小学教育的发展，学校、学生人数增加，复式教学班比例渐降。1976年，全县888个教学班，复式教学班331个，占37.27%。东、南山区村级小学仍以复式班教学为主，少则一、二个年级一班，多则三、四个年级一班。1990年，有复式班的学校162所，占全县小学数61.13%。石洲、龙渣2个乡的村级小学教学班全部为复式班。策源乡复式班占94.4%，十都乡92.8%，平乐乡81.8%，垄溪乡75%。全县有教学班838个，其中复式班225个，占26.85%。

1991年4月，在总结马安健复式教学经验的基础上，县政府作出推广复式教学的决定，对复式教学的办学体制、师资培训、教师待遇及复式教学的研究和管理作了规定。下期，全县新办复式班31个，比上年增长13.8%。至1999年，全县复式教学班超过200个。集中办学后，复式教学班骤减。2004年降至22个班，2014年降至4个班。

第二节　复式教学研究

1955年，各乡成立复式教学研究组，开始复式教学研究。1957年，县教育部门在垄溪乡坂溪小学举行全县复式班观摩教学，专题讨论复式教学中各年级教师授课与学生自动作业的搭配。1962年，塘田公社鲁坑小学教师马安健针对复式教学中年级多、相互干扰大、施教对象差异大、授课时间短、自动作业时间长等问题，边教学边研究。经过20多年的探索，提出正确处理复式教学中“动”与“静”的关系，并从中总结备课十要素，即备教材、备学生、备教具、备提问、备板书、备作业、备方法、备时间、备路线、编写教案，创造“短动教学法”。改传统复式教学“长动、长静”的单教模式为“短动、短静”相互交叉配合。1982年，教育局着手建立县教研室、乡中心学校、村联校三级复式教学研究网，县教研室设专职复式教学教研员。先后以鲁坑小学、石洲学区、东风学区为试点，推广“短动”教学法，培训复式教学班教师。

1983年，马安健开始撰文介绍复式教学经验，在《湖南教育》连载。县内复式教研活动开始普及。次年，马著《复式教学浅谈》一书由湖南出版社出版，在国内同行中受到广泛好评。

1986—1987年，县教育局组织全县复式教学课评优活动，先后有480余名复式班教师参加讲课比赛，评出优秀复式课30堂。1987年11月，全国复式教学第四次研讨会在酃县召开，13个省、市、自治区的93名代表参加会议。会上宣读论文18篇，其中县内复式教学研究人员撰写的《复式教学优势浅析》《谈谈“短动”及其优势》受到好评。会议审定组专家教授一致认为：“短动”教学法有利于提高信息反馈频率，加强课堂结构密度，调节学生情绪，训练学生能力，开发学生智力，为全面提高复式教学质量找到了一条很好的途径。在湖南省居领先地位，达到国内先进水平。同年，省教委在鲁坑小学拍摄的电视片《马安健和他的复式教学》被中央电视教学馆批准为教学片。1988年，马安健应邀参加联合国亚太地区教科文组织委托国家教委在河北省张家口召开的“中国农村复式教学研讨会”，宣读论文《在复式班全面贯彻国家教育方针初探》。当年，成立酃县复式教学研究中心。1990年，全县20%的复式教学班学生成绩超过单式教学班学生成绩。

1992年10月，在山东全国复式教学研讨会上，马安健和蔡百成撰写的复式教学论文分别获国家级一等奖和三等奖。鲁坑小学“小学复式教学经验”在株洲市推广教改成果中获奖。1993年起，马安健先后14次为省内外学习、取经的171位教师作现场教学演示。

1995年，举办复式教学骨干教师培训班，培训教师61人，举行“乡复式示范学校骨干教师”讲课比赛，评出城东坎坪、石洲安坑、十都洋岐、策源下坪、船形水垄等5所小学为合格示范学校。当年10月，马安健当选为全国复式教学研究会副理事长。11月，当选为湖南省复式教学研究会理事长。与马永清合编《小学师资培训手册——复式教学》一书由北京师范大学出版社出版。当年成立炎陵县复式教学中心、炎陵县复式教学师资培训中心。1997年11月，在中南六省（区）第一次复式教学研讨会上，马安健介绍了县内复式教学实施素质教育及教学改革经验。12月23日获“第三届柏宁顿基金孺子牛金奖”。1999年，鲁坑小学教师黄燕妮在中南六省区复式教学语文讲课比赛中获一等奖。

2001年，炎陵县承办湖南省首届复式教学教研员与骨干教师培训班。鲁坑小学的《21世纪发展山区教育模式探索》获第六届湖南省基础教育科研课题成果二等奖。2002年，教研室复式教学教研员马永清获省特级教师称号。2004年10月，鲁坑小学协助组织中国教育学会复式教学专业委员会在炎陵召开第六届年会，与会专家代表来自17个省市共126人。会议期间考察了鲁坑小学，研讨交流新课程下农村复式教学多种模式实施的效果与发展趋势。

2007年，炎陵县学校布局调整结束，一个乡镇只办一所中心小学，复式教学式微。2009年4月25日，在炎陵县召开马安健教育思想研究会。同年，株洲市政府设立株洲教育最高奖“马安健教育奖”。2014年10月，在全国基础教育教学成果评奖会上，马安健获国家基础教育教学成果一等奖。

1952—2014年炎陵(酃)县部分年份复式教学情况表

表27-11

年份	学校数(所)	教学班数(个)			在校学生数(人)		
		合计	其中:复式班	占比%	合计	其中:复式班学生	占比%
1952	126	300	239	79.67	7674	—	—
1953	177	284	239	84.15	6862	—	—
1956	179	321	225	70.09	11397	—	—
1962	201	367	243	66.21	10169	—	—
1965	212	390	225	57.69	14825	—	—
1973	322	811	394	48.58	20921	—	—
1976	303	888	331	37.27	24520	—	—
1977	284	934	313	33.51	24432	—	—
1982	276	827	202	24.42	24161	—	—
1986	275	916	188	20.52	23512	—	—
1987	273	832	210	25.24	23132	—	—
1990	265	838	225	26.84	22148	4707	21.25
1991	288	838	229	27.32	22003	4810	21.86
1994	288	830	255	30.72	22976	4926	21.44
1995	276	809	261	32.26	23360	5534	23.69
1998	225	751	219	29.16	22209	4398	19.80
2000	208	625	189	30.24	16749	3023	18.05
2003	103	318	70	22.01	9673	1357	14.03
2004	71	268	22	8.20	9225	572	6.20
2007	45	273	5	1.83	10111	127	1.26
2008	45	276	9	3.26	10344	180	1.74
2010	41	272	7	2.57	10289	168	1.63
2011	39	272	5	1.84	10433	113	1.08
2014	39	287	4	1.39	11483	94	0.84

第七章 教师队伍

第一节 教师任用

清代,书院由名儒执教。私塾、义学塾师多由秀才担任。民国期间,教员由校长聘任,任期多为一年。选聘受地方官绅把持,教师职业没有保障。应聘对象多为师范学校毕业生和辍学青年,仅县立中学有少量大学毕业生。民国18年(1929),全县小学29所,教职工111人。民国29年起,实施国民教育,学校、教师渐增。民国38年,全县中学教职工27人,小学教职工485人。

1949年下期,各校教师仍沿用聘任制。1950年3月,县人民政府接管公、私立学校,执行"团结、教育、改造"方针,留用民国期间教师300余人。教师任用改校长聘任为教育行政部门分配,并将原有教师全部转为公办。1952年,培训39名社会知识青年任教,并陆续招收有文化的转业军人补充教师队伍。1954年起,开始分配师范院校毕业生。规定小学、初中、高中教师合格学历分别为中等师范、高等师范专科、高等师范本科毕业生。1955年,全县中学教师34人,小学教师370人。1956年,县内创办民办小学,教师由各乡聘用。1958年,民办小学增至50所,民办教师增至67人。1964年,创办耕读小学与农业中学,均由民办教师任教。1966年,全县中学教师101人,民办教师占39%;小学教师776人,民办教师占25%。"文化大革命"期间,教师选任与师范院校招生以阶级出身为标准,由生产大队干部决定,部分教师被除名回家参加生产劳动。1970年起,先后创办鄢县"五·七"师范学校与"五·七"大学师范分校,培训并录用教师100余人。1975年,县内生产大队办完全小学与初中,公社办高中,学校激增,大量任用民办教师。次年全县中学教师745人。其中,民办教师319人,占42.8%;小学教师1106人,其中民办教师716人,占64.7%。

1978年,调整学校布局,精简不能胜任的民办教师。1979年起,陆续平反冤、假、错案,330名被错误处理的教师重返教学岗位;121位退休教师子女经过培训,顶替补员;320名民办教师先后转为公办教师。部分民办教师进入师范学校,毕业后回县任教。师范院校分配毕业生逐年增多。1990年,全县教师1749人。其中,中学教师669人,小学教师1080人。小学教师中民办教师339人。

1992年6月,召开全县教职工队伍建设会议,对教师任用、培训和民办教师管理作出规定。此后,相继接受大中专毕业生137人,68名学历不合格教师离岗培训,18人参加"三沟通"函授学习。对民办教师进行清理、整顿,重新造册、发证和建档。录用6名为公办教师,18人考入中师。招收待业青年17人,以工人身份上岗教学。对全县中小学教师进行考核,不称职者调离教学岗位。

1998年起,学生数骤减,师生人数比远低于教育部规定,编制审核需裁减教师。教育局制定教职工聘任工作有关规定，各校根据教师的德、能、绩、勤，打分排队，排名靠后者落聘分流。当年 177 人落聘，占在职教工人数 8.26%。其中，乡镇学区 20 人，中学 62 人，中心小学 51 人，村小 44 人，部分以工代教工人返回后勤服务岗位。1999 年，分流 142 人。其中，调出15 人，停薪留职 21 人，落聘下岗 22 人，离岗休息 24 人，清退代课教师 60 人。2001 年，实施《关于教育系统新进人员实行人事代理的办法》，根据"按编设岗，依岗定职，公开招聘，择优聘任"的原则，再次进行教师聘任工作，分流教职工257 人。其中，下岗 122 人，待岗 58 人，停薪留职 69 人，病休 8 人。

2002 年，撤销乡镇教育办（学区），撤并局机关股室，乡镇教育财务会计实行委派制，裁减 51 人。当年，有 2202 名教职工参加应聘，聘任 1861 名，落聘 341 名（下岗 183 人，停薪留职 105 人，待岗 53 人）。县内最后 5 名民办教师转为公办教师。2005 年，在城南小学实行校长、副校长竞聘，各学校的教务主任，总务主任也竞争上岗，全面推行人事制度改革。

2014 年，县内引进本科毕业生 5 人，大专毕业生 6 人。全县有中学教师 839 人，小学教师 657 人。

第二节　师资水平

民国期间，县内教师分合格、代用、暂代用 3 种。民国 32 年（1943），全县小学教师 443 人，合格 174 人，代用 51 人，暂代用 218 人，暂代用者业务水平不高。民国 37 年，登记在册的 361 名小学教师中，中师、高中毕业的 37 人，占 10.2%；初师、初中毕业的 270 人，占 74.8%；小学毕业的 54 人，占 15.0%。27 名初中教师中，大学毕业的仅 6 人，占 22.2%。

1950 年始，派出中小学教师至省、地区高、中等师范院校（含培训班）进修；寒暑假开设短期培训班，加上教师业余自学，文化、业务素质逐渐提高。师范院校亦陆续分配毕业生充实教师队伍，教师学历结构逐渐变化。1963 年，全县专任小学教师 354 人。其中，中师、高中及以上学历 163 人，占 46.0%；初师、初中学历 183 人，占 51.7%；小学学历 8 人，占 2.3%。初中专任教师 28 人，大学专科及以上学历 25 人，占 89.3%；中专、高中及以下学历 3 人，占 10.7%。高中专任教师 25 人。其中，大学本科学历 6 人，占 24%；大学专科学历 9 人，占 36%；中专、高中及以下学历 10 人，占 40%。

1970 年起，中、小学激增。大部分合格小学教师拔高教中学，招收一批"文化大革命"前后毕业的初、高中生充当教师。文教局先后创办"五·七"师范学校、教师辅导站，培训中、小学教师，但"中学生教中学，小学生教小学"现象仍普遍存在。1981 年，1020 名专任小学教师中，中师、高中毕业的 613 人，占 60.1%；初师、初中毕业的 337 人，占 33.0%；小学毕业的 70 人，占 6.9%。293 名初中专任教师，大学专科毕业及以上的 86 人，占 29.40%；中师、高中毕业及以下的 207 人，占 70.6%。67 名高中专任教师，大学本科毕业的 13 人，占 19.4%；大学专科毕业的 45 人，占 67.2%；中专、高中毕业及以下的 9 人，占 13.4%。经考核，中、小学教师胜任教学的分别占总数 24.4%和 32.1%；不能胜任的各占 28.6%和 16.5%。

1981 年起，分配入酃的大、中院校毕业生逐年增多。教育局先后选送 34 名中学教师赴湖南师院、湘潭师专及省、市教育学院进修。384 人参加高等函授学习，150 人参加高等自学考试。有 38 人获大学本科毕业证,151 人获大学专科毕业证。教师进修学校先后开办中师函授班、进修班、短期培训班,培训教师 1546 人次,教师文化素质普遍提高。1985 年,对小学教师进行第二次考核,能胜任教学的占 48.5%;不能胜任的占 7.6%。1990 年,全县 1009 名小学专任教师,中师、高中毕业及以上的 847 人,占 83.9%;初师、初中毕业的 148 人,占 14.7%;小学毕业的 14 人,占 1.4%。421 名初中专任教师,大学专科毕业及以上的 273 人,占 64.8%;中专、高中毕业的 141 人,占 33.5%;初师、初中毕业及以下的 7 人,占 1.7%。105 名高中专任教师,大学本科毕业的 49 人,占 46.7%;大学专科毕业的 54 人,占 51.4%;中专、高中毕业的 2 人,占 1.9%。当年,全县有中学高级教师 16 人,一级教师 115 人,二级教师 158 人,三级教师 60 人。小学高级教师 91 人,一级教师 424 人,二级教师 297 人,三级教师 78 人。1 名小学教师、2 名小学教研员分别评为小学、中学高级教师。

1990 年起,参加函授、自考、电大学习的教师逐渐增加,相继毕业。1995 年新增学历达标教师 120 人,其中本科 16 人,专科 22 人,中师 82 人。同期进行第一轮小学教师继续教育,小学教师普遍受到各种不同形式的培训。1996 年,全县小学教师开展以读、写、画为基础的基本功训练。2000 年,启动第二轮小学教师继续教育,有 300 余人参加第二学历或学历提高学习,359 位中小学教师获计算机一级证书,10 位获二级证书。

2005 年,全县开展“五个一”活动(订阅一本业务学习刊物,上好一堂教研、教改公开课,撰写一篇高质量学术论文,参与一项课题科研,写一篇观看先进事迹观看感)。2006 年,深入开展校本培训、新课程培训、职业道德培训、岗位培训,当年参加省级培训 18 人,市级培训 68 人,县级培训 452 人,校级培训 1262 人。当年学历拔高教师 99 人,其中小学教师 38 人,初中教师 57 人,高中教师 4 人。2013 年有 1000 余名教师参加网络在线培训、远程非学历培训和适岗培训。

2014 年,全县小学教师 657 人,其中中师毕业以上的 654 人,学历合格率 99.54%;小学高级教师 301 人,一级教师 211 人,二级教师 138 人。初中教师 412 人,其中大学专科及以上的 402 人,学历合格率 97.57%;中学高级教师 35 人,一级教师 218 人,二级教师 130 人。高中教师 169 人,其中大学本科及以上的 159 人,学历合格率 94.08%;中学高级教师 45 人,一级教师 89 人,二级教师 35 人。职业高中教师 39 人,其中大学本科及以上的 35 人,学历合格率 89.74%;中学高级教师 12 人,一级教师 13 人,二级教师 14 人。当年末,全县有省特级教师 10 人。中、小学教师出版专著 67 部;在省级及以上刊物上发表论文 740 余篇,有 3200 余篇论文获省级以上教育学会奖励。

第三节　教师待遇

一、政治待遇

民国期间,教员受尊重。但聘用权由官绅把持,无靠山的教员时被排挤,朝不保夕。思想进步即遭打压,甚而被迫害。

1950 年,县人民政府留用解放前教员 300 余人。1952 年,首次吸收一名教师加入中国共产党,110 名青年教师加入中国新民主主义青年团。至 1957 年, 有 24 人加入中国共产党,2 人当选为中共酃县代表大会代表,18 人当选第一、二届县人民代表大会代表。

1957 年,“反右派”斗争扩大化,68 名教师被划为“右派分子”,占全县教师 15%。37 人被开除公职,留用者降级降薪。“文化大革命”中,教师被称为“臭老九”,200 余人被批判斗争,开除、判刑的教职工 63 人。

1978 年,县委对 425 名受到处分的教职员进行甄别,330 人得以平反。注重在优秀教师中发展中共党员。1980 年以后,地(市)县先后安排专用劳动指标,直接录用民办教师 83 人;通过中师招生,招收民办教师 127 人。1981 年,县人民政府给从事教育工作 30 年的教师颁发荣誉证书。1984 年起,采用特殊政策将 127 名教师农村户口家属 377 人转为城镇户口(称“农转非”)。安排 252 名教职工家属子女就业;报销教职工超支公费医疗款 49.38 万元;为 50 对分居夫妻调动工作;新建教工住宅,108 位教师住进新居。免费为中教五级、小教三级以上教师进行身体健康检查,对困难的教师给予补助。教师的社会地位显著提高。历届县党代大会、人民代表大会、政治协商会议,均有教师代表(委员)。至 1990 年,教职工受到浮动工资奖励 43 人次,记大功 85 人次,记功 367 人次,评为先进工作者 370 人次。当年,中、小学教师中有共产党员 335 人。

1990 年起,建立教师表彰与奖励制度,每年评选、嘉奖一批优秀教师、优秀班主任。至 1995 年,全县教职工获各级各类奖励 470 人次。其中,县级优秀班主任 48 人,县级嘉奖 305 人;市级二等功 21 人,三等功 65 人,市优秀教育工作者 6 人,市优秀教师 9 人,市优秀班主任 7 人,省优秀教育工作者 1 人,省优秀教师 7 人,省扫除文盲先进工作者 1 人。10 位教师获县委、县政府首次授予十佳教师称号。

2000 年后,教育的社会地位日益提高。2009 年,成立县教育发展促进会,设立教育发展促进基金。县领导与 5 家企业代表首批捐款。除社会各界捐助,县财政每年安排 100 万元专项资金,设立“政府人才奖”。当年教师节,隆重表彰先进工作者,10 名杰出教师每人获奖金 1 万元。与此同时,争取各种基金与项目资金资助 29 位贫困教师家庭。

至 2014 年,全县教师中当选全国人大代表 1 人;当选省、市、县人大代表 158 人次;当选地(市)、县党代表 92 人次;推荐为市、县政协委员 95 人次。获全国劳动模范、优秀班主任、优秀教师 11 人次;获省劳动模范、优秀班主任、优秀教师称号 54 人次;有 10 人评为湖南省特级教师。在职教师中有中共党员 436 人。

二、经济待遇

清代,私塾、义学塾师、教员经济收入低`。塾师薪酬因学生数量而定,一个学生一学期交 2—5 元(银元),并轮流派饭或交纳粮食、菜蔬。义学教员视学田多少,每学期得稻谷 10—24

石。清末,小学堂教职员实行月薪制。薪资无统一标准,视各学堂经费之多寡及所聘教习资历自行确定。光绪三十三年(1907),县内小学教职员年均工薪76.8两(银两)。

民国时期,小学教职员薪资菲薄。民国12年(1923),《小学教员俸给法》规定小学教员最高月薪60元(银元),最低8元。各校多以经费无着为由,未予实施。24年,县内教员月薪最低仅3元。28年,执行湖南省教师最低工资标准,最高月薪16元,最低4元,难以维持生计。31年,物价飞涨。以谷代薪。中学教员每月稻谷3—4石,小学教员1—2.5石。38年,县中学教员最高每月俸米2石,最低1.5石;小学教员多为1石。14所边远贫困地区的小学教员每月仅5斗。

1950年,仍实行俸米制,标准为县立初级中学教员每月大米2—2.6石,高级小学教员1.8—2.2石,初小教员1.6—2石。1951年下期,标准有所提高。1952年7月,实行"工资分"为单位的工资标准。中学教职工180—265个工资分,月均46.37元;小学教职工80—140工资分,月均21.25元。

1955年,由工资分改为工资制。月平均工资中学教师44.5元,小学教师24.69元。福利有公费医疗、丧葬费、抚恤费、遗属生活补助费、家属困难补助费、特殊困难补助费等。病假工资照发,女职工享受生育假。

1956年,改为等级工资制。中学最高为5级,月工资81.4元,最低为21级,月工资23.1元;小学最高为4级,月工资61.6元,最低为19级,月工资16.5元。1963年,88名中学教师,有49人提升工资;407名小学教师,有228人提升工资。调整后中学教师月人均工资增至49.9元,小学教师增至37.2元。"文化大革命"期间,仅1971年对工龄长的低工资教师作少量调整。1977年起,多次部分调整,当年升级率40%,1978年2%,1979年40%。1981年,普调工资,除每人提升一级外,还有211人连提二级。1983起,发放山区津贴,本科毕业生每月17元,专科15元,中专10元。1985年,全县公办教职工补助工资和福利费,从1965年的2.5元—1.5元增至18.6元—6.6元。全县教职工月均工资70.51元,比上年增加21.1元,增长率42.7%。民办教师报酬实行工分制,参加生产队年终分配,工分值一般约每年200元左右。国家予以补助,称"民办公助"。补助标准,中学每人每月10元,小学5元。后增至中学22.5元,小学19.5元,再增至中小学均为49.5元。实行家庭承包责任制后,民办教师与社员一样,分得一份责任田(山、土),工资实行集体统筹,集体统筹部分每月34元左右。

1987年1月,教师实行职称工资制,增岗位津贴,教职工月平均工资99.42元,比1985年提高28.91元,增长41%。1989年10月,普升1—2级,月平均工资114.40元。1993年,套改职称工资,最高的中学高级教师每月增760元,最低的初级职称每月增230元,全县教师月均增480元。民办教师人均月工资326.81元。1994—1996年,连续晋档,高级职称教师每月增100—120元,中级职称80—100元,初级职称50—80元,并享受养老、医疗、失业、工伤、生育保险、住房公积金(简称"五险一金")。1997年7月,工资标准调整,高级职称教师每人每月增300元,中级职称增200元,初级职称增150元。1999年、2001年、2003年,又连续调整提高工资标准。

2006年,第五次工资制度改革。教师工资构成为:岗位工资与薪级工资加二者之和的

10%，再加上绩效工资、教龄津贴、山区津贴。岗位工资高、中、初级职称最高分别为 980 元、589 元、395 元，最低分别为 562 元、428 元、366 元。薪级工资高、中、初级职称最高分别为 930 元、680 元、570 元，最低分别为 680 元、580 元、471 元。津贴、补贴高、中、初级分别为 165 元、160 元、155 元。此次改革后，全县教师工资最高的 2561 元，人均工资 1235 元。2009 年，增加绩效工资，高级职称教师每年 12000 元，中级职称 10800 元，初级职称 9600 元。外县教师可报销每年 2 次探亲往返车旅费。为外地单身和已婚两地分居教师安排 33 套周转房，房间彩电、冰箱、热水器、炊具等设施一应俱全。2013 年，县政府制定《炎陵县农村基层教卫人才津贴发放管理办法》，发放罗霄山片区教育人才津贴，鲁坑小学与教学点每人每月 500 元，其余农村中小学教师每人每月300 元。

2014 年，调高工资标准，岗位工资高、中、初级职称最高各增加 300 元、91 元、95 元，薪级工资高、中、初级职称最高各增加 359 元、255 元、150 元。绩效工资（改称津补贴）高、中、初级职称每月最高各为 2670 元、2250 元、1980 元。调标后全县教师工资最高的为 5596 元，人均工资 3190 元。

第八章　教育经费设施

第一节　教育经费

清代，县学经费由官府支付，书院经费主要来自学田租税。学田包括官绅、士民捐田与官府拨给官田，寺庙、宗祠、会社公田亦按比例提留以充教育基金。嘉庆初，洣泉书院学田 207 亩，梅冈书院学田 200 亩。同治十二年（1873），洣泉书院学田增至 558 亩。其中，捐田 489 亩，寺庙、宗祠、会社公田 4 亩，官田 65 亩。梅冈书院学田 291 亩，均为捐田。光绪三十年（1904）起，书院改学堂，学田改属学堂。三十三年，县内共有学田 1803 亩。义学经费则由宗祠族产负担。

民国初，学田仍为学校经费重要来源。各校自置田产，接受捐赠，扩充校产。民国 6 年（1917），县政府始征田赋附加教育捐，税率为 30%，用作教育经费。民国 17 年，又将部分田赋息金、烟酒税附加、契税附加、屠宰税留成、亩捐、房捐、殷实捐、竹木杂捐等用作教育经费。当年，教育经费 2.6 万元，分别由县、区政府管理。民国 18 年，提取寺庙、宗祠、会社公产的 10—60%，共 2.63 万元用作教育经费。民国 19 年，各项赋税附加与提取公产款共 4.54 万元。民国 22 年，烟酒税附加、田赋息金上解，田赋附加因灾豁免，竹木杂捐停征，教育经费奇缺。民国 24 年，中央、省国民政府始拨教育专款。民国 29 年，实施国民教育，规定学校经费由中央、省各筹 25%，地方自筹 50%，但并未实行。当年，中央、省国民政府仅拨款 6797 元，分配给各学校作为补助，学校经费仍主要来自学田学租。民国 30 年，全县中心国民学校共有田租 3498

石。最多的炎陵、康乐2所中心国民学校,达850石;最低的为同保、尚永、和合3所中心国民学校,仅220石。保国民小学共有田租7507石,80石以上的51校,80石以下的57校。当年,鄗县第二届扩大行政会议特别类提案决定,将所有学田收归县政府统一管理,改称鄗县教育产款基金,充作县自筹教育资金。36年,县内教育产款基金共有学田10642亩,年学租20754石。

1950年,县人民政府将拨地方粮的45%,及清理学产、会产、寺庙公产所得稻谷16816石一并作为教育经费。1952年,因学田全部分给农民,教育经费改为财政拨款。当年拨款17万元。50年代兴办民办耕读学校,修建校舍,添置设备,支付教师工资等,均由群众集资。

随着国民经济与教育事业发展,教育经费逐年增加。1958年开始掀起勤工俭学活动,其收入主要用于改善办学条件,其次用于改善师生福利。1970年,全县教育经费43.90万元,1979年增至102.70万元,占县财政支出20.90%。1984年,县委、县政府颁发《关于增加教育投资和集资办学的规定》,从县机动财力中提取20%,从水电利润中提取4%用作教育经费,当年教育经费增至225.30万元,占县财政支出26.53%。1986年,县政府决定,教育经费的增长高于财政支出增长20%,机动财力用于教育的比例不能低于20%,乡财政收入主要用于教育,城市建设维护税15%—20%用于建设校舍。当年开征城市教育事业费附加,征得1.59万元。1987年,开征农村教育事业费附加,征得10.22万元。至1990年,全县厂矿、机关集资264.5万元,乡、村集资765.46万元,个人捐赠20.15万元,征收城乡教育附加费266.32万元,多用于修建校舍,添置设备。当年,全县教育经费641.70万元,占全县财政支出28.80%。1952—1990年,共拨教育经费4767.20万元,占县财政支出22.19%。收取学杂费187.65万元,勤工俭学收入110.26万元。

1991年,县政府颁发《关于人民教育基金和奖励教育基金的筹集及管理实施办法》,规定:凡职工、干部月标准工资在131元及以上者,每人每年交24元;64—131元之间者,每人每年交18元;64元及以下者,每人每年交12元;多交不限,连续筹集5年。成立人民教育基金管理委员会,负责基金筹集和管理工作,并监督使用。由县教育行政部门统筹安排,主要用于中、小学校舍建设,添置教学设施、设备。共筹集人民教育基金106.2万元。

1992年,首次接受世界银行贷款发展教育。贷款额559.65万元,国内配套资金898.8万元(主要是县内筹集),用于改善办学条件。当年,全县教育经费支出1217.3万元。其中,人员经费1001.84万元,占82.3%;公用经费215.46万元,占17.7%。

1996年,教育经费分预算内、预算外资金。预算内主要包括:县财政拨教育事业费、中央、省、市、县专项补助、乡镇财政拨教育事业费、其他预算内教育经费、财政预算内基建支出费等。预算外主要包括:城市教育费附加、农村教育事业费附加、农业税附加、勤工俭学收入、学杂费收入、捐资与集资助学、其他收入等。当年,教育经费支出2089.8万元,其中人员经费1436.11万元,公用经费653.69万元。

2000年,全县教育经费支出3254.1万元,其中人员经费3189.02万元,公用经费65.08万元。2001年,乡(镇)级财政欠拨705.17万元。次年,又欠拨349.8万元。2004年,全年教育经费支出增至5538.3万元,其中人员支出2686.08万元,公用支出1489.80万元,基建支出

559.37 万元，其他支出 803.05 万元。2005 年，全县教育经费支出 5568.1 万元，其中预算内教育拨款 3759.02 万元，占教育经费总支出 67.51%，占财政支出 23.45%。全年争取上级补助教育经费 443 万元。在预算内教育经费总支出中，人员经费占 84.17%，公用经费占 15.83%。

2006 年 11 月，县政府下发《深化农村义务教育经费保障机制改革的意见》。按照“明确各级责任、中央地方共担、加大财政投入、提高保障水平、分步组织实施”的原则，逐步将农村义务教育全面纳入公共财政保障范围，建立各级政府分项目、按比例分担的农村义务教育经费保障机制（简称“新机制”）。2007 年，实施“以县为主”新机制，规定教育建设经费以中央和省级财政项目资金为主，城市教育费附加作为补充；公用经费以中央和省级财政资金为主。义务教育阶段不再向学生收取杂费（小学生 95 元 / 人·期，初中生 130 元 / 人·期）和教材费，对特困学生给予生活补助；人员经费主要由县级财政负担。遵照省政府规定，杂费由中央和地方按 6∶4 比例分担，炎陵县属省扶贫县，地方承担部分按省、市、县 8∶1∶1 比例分担，国家免费提供教科书；公用经费拨款标准，小学生每人每年 10 元，初中生每人每年 15 元，地方资金分担比例同杂费；学校校舍建设与维修不再向群众和村组集资，所需资金，由中央和地方按照 5∶5 比例共同承担，地方资金分担比例亦同杂费；巩固和完善农村中小学教师工资保障机制，教师各种政策性津贴、补贴不得低于当地公务员水平。当年纳入“新机制”保障学校26 所，下拨免杂费补助资金 411 万元，免教科书资金 80 万元，贫困寄宿生生活费补助金 73 万元。教师工资进入统发中心。当年，全县教育经费支出 8687.30 万元，占财政支出 20.54%，其中县本级 8026.30 万元，占财政支出 18.46%。上级补助教育经费 661 万元。在预算内教育经费总支出中，人员经费占 75.11%，公用经费占 24.89%。此后教育经费增幅逐年增大。

2008 年起，教育经费“新机制”政策调整。贫困寄宿生生活补助标准增至小学每天每生补 2 元（500 元 / 年），初中补 3 元（750 元 / 年）。受补助学生比例为寄宿生的三分之一。资金来源为中央、地方各 50%。提高生均公用经费标准（原杂费与生均公用经费之和），农村小学每生每年 250 元，初中 387.5 元；县镇小学每生每年 280 元，初中 417.5 元。地方资金分担比例均同杂费。当年上级财政拨付公用经费 314 万元，贫困寄宿生生活补助金 153 万元，免除教科书费补助 180.4 万元。当年“普九”化债（国家拨专项资金化解各地实施普及九年义务教育期间的债务），炎陵获国家和省补贴资金 1061 万元。当年，全县教育支出 1.12 亿元，占财政支出 22.59%。其中，县本级 8803.40 万元，占财政支出 16.27%。上级补助 2359 万元。人员经费占 55.2%，公用经费占 44.8%。当年教育经费首次突破亿元。

2011 年，公用经费标准提高到小学 500 元 / 人·年，初中 700 元 / 人·年。当年，全县教育经费 1.48 亿元，占财政支出 18.13%。总支出中，人员经费占 40.57%，公用经费占 59.43%，公用经费首次超过人员经费。当年 6 月起，县财政出资，为县内农村中小学生提供免费牛奶、鸡蛋、蛋糕、水果等营养午餐。2013 年 3 月，改由中央财政支付。

2014 年，公用经费标准提高到小学 600 元 / 人·年，初中 800 元 / 人·年。当年，全县教育支出 3.05 亿元，占财政支出 19.68%。其中，县本级 2.20 亿元，占财政支出15.60%。上级补助教育经费 8491.7 万元。总支出中，人员经费占 41.86%，公用经费占58.14%。

1952—1990年鄠县教育经费及分项支出情况表

表27-12 单位:万元

年份	教育经费总数	合计	普通教育费	职业教育费	幼儿教育费	业余教育费	师资培训费	民办教师补助费	其他费用
1952	17.00	17.43	16.78	—	—	0.59	0.06	—	—
1954	14.30	14.28	13.59	—	—	0.63	—	—	0.06
1956	22.90	22.03	22.03	—	—	—	—	—	—
1958	23.80	23.77	22.68	—	0.01	0.57	—	—	0.51
1961	28.40	29.32	27.58	0.58	0.05	0.52	0.23	0.13	0.23
1963	26.10	26.13	24.45	—	—	0.48	0.33	0.29	0.58
1965	35.60	35.50	31.09	—	0.04	0.73	0.31	2.89	0.44
1967	38.60	37.19	32.26	—	0.05	0.61	0.43	2.17	1.67
1969	36.90	39.70	35.14	—	0.05	0.31	0.36	2.61	1.23
1971	49.90	50.85	41.46	—	—	—	2.92	4.92	1.55
1973	64.80	64.74	54.01	2.58	—	—	—	6.67	1.48
1975	68.80	71.42	53.31	—	—	1.67	1.23	13.14	2.07
1976	72.10	74.61	55.86	—	—	1.28	—	14.46	3.01
1977	79.00	78.15	58.89	—	—	1.01	0.55	14.44	3.26
1978	89.30	89.46	68.41	—	—	2.90	0.30	12.87	4.98
1980	136.70	135.97	106.21	—	0.08	3.87	—	14.44	11.37
1981	133.10	136.54	112.54	—	—	1.71	3.68	11.54	7.07
1982	151.70	150.93	124.03	—	0.32	1.63	4.31	14.46	6.18
1983	171.30	174.56	141.60	6.72	0.44	2.61	3.40	12.25	7.54
1984	225.30	214.52	181.75	—	2.26	1.11	8.44	11.53	9.43
1985	226.00	224.69	184.80	1.61	0.62	1.85	5.17	17.30	13.34
1986	379.40	377.75	305.54	1.71	1.03	4.26	22.37	17.35	25.49
1987	411.40	407.77	338.18	3.00	0.93	4.19	27.69	15.10	18.68
1988	494.30	491.41	418.70	—	1.12	3.14	25.20	18.57	24.68
1989	612.30	607.12	532.29	2.70	1.38	3.29	12.33	21.27	33.86
1990	641.70	630.64	547.84	7.23	1.63	2.51	15.08	22.82	33.53

1991—2014年炎陵(酃)县教育经费支出情况表

表27-13

单位:万元

年份	合计	职业教育	高中教育	初中教育	小学教育	学前教育	师资培训	其他费用	业余教育
1991	715.024	4.325	50.248	181.131	388.815	2.039	9.554	73.868	5.044
1992	822.717	5.418	46.019	248.879	420.569	2.948	14.328	77.912	6.644
1993	1217.30	7.90	75.80	383.00	643.40	2.70	16.80	79.70	8.00
1994	1782.90	11.10	122.10	522.80	959.70	4.20	29.20	123.10	10.70
1995	1683.70	38.30	82.30	520.50	957.80	6.10	—	78.70	—
1996	2089.80	47.00	116.50	661.70	1121.50	18.80	—	124.30	—
1997	1767.20	60.40	95.50	530.50	988.70	21.70	—	70.40	—
1998	2862.70	120.00	368.80	842.00	1305.70	53.20	—	173.00	—
1999	3100.50	110.70	464.80	879.70	1440.70	64.50	—	140.10	—
2000	3254.00	97.10	610.20	919.40	1382.70	87.80	—	156.90	—
2001	3668.30	117.60	717.50	1011.70	1610.40	65.90	—	145.20	—
2002	4162.10	144.90	800.60	1416.10	1556.30	69.80	—	174.40	—
2003	4812.10	236.70	1340.70	1281.80	1624.20	87.10	—	241.60	—
2004	5538.30	188.00	1921.60	1305.60	1706.90	93.10	—	323.10	—
2005	5568.10	189.00	1731.50	1415.50	1520.00	95.00	—	617.10	—
2006	5958.10	320.00	1464.00	1411.90	1790.30	123.00	—	848.90	—
2007	8687.30	470.10	1977.20	2014.90	3153.00	123.20	—	948.90	—
2008	11162.40	645.80	2471.90	2897.40	4343.10	167.20	—	637.00	—
2009	12525.80	483.10	2280.50	3537.70	5492.20	166.60	—	565.70	—
2010	14393.30	586.80	1483.90	4381.30	6802.60	215.80	—	922.90	—
2011	17433.50	856.80	1423.20	59.4390	8471.60	356.40	—	381.60	—
2012	25665.40	1290.80	1666.30	7164.40	12006.00	1853.70	—	1684.20	—
2013	25346.00	904.00	1762.90	6803.40	13093.30	1871.60	—	1724.80	—
2014	30503.70	1182.80	2364.70	9237.10	15409.70	856.10	—	1453.30	—

第二节　教育设施

民国期间,多借用祠堂、庙宇、公仓办学,房舍阴暗破败。民国32年(1943),县立初级中学创办后无校舍,借一高、二高两校教室上课。县城中心国民学校设在南门李家祠堂。民国34年,全县156所小学,设备列为一等的仅3所。民国38年,全县中学建筑面积5662平方米,小学7.23万平方米,图书3600余册,无实验仪器、生物标本。

1950年起,地区、县拨专款修建校舍。至1960年,新建中学校舍7544平方米,小学校舍2.12万平方米。各中小学逐渐添置仪器、标本、图书。1969年起,公社办中学,部分小学附设初中班,各公社、大队自筹资金,群众献工献料,新建、扩建校舍。至1979年,全县新建、扩建校舍4.19万平方米。原在祠堂、庙宇的学校陆续搬进新校舍。当年,中学人均校舍3.96平方米,小学2.44平方米。因资金不足,这一时期所建校舍多系干打垒泥墙,使用数年,渐成危房。

1981年,中小学校舍有一级危房1.22万平方米,遂拨专款维修。至1984年,共拨款82.98万元,维修1.16万平方米。同年,县人民政府将改造危房、新建校舍纳入重要议事日程,并多方筹措资金。

1986年,为实现全县基本普及初等教育目标,教育局规定新建校舍一律采用钢筋水泥结构或砖木结构,不准再建干打垒泥墙校舍。并做到"一无两有"(学校无使用危房、班班有教室、人人有课桌)。先后投资1500余万元,新建中心小学17所,乡村小学132所,教师进修学校1所,林业职业学校1所,共计10.04万平方米;改造危房4万余平方米。各小学彻底告别祠堂、庙宇。县办中学与部分乡办中学新建教学大楼,教师、学生宿舍。1990年,全县有校舍20.81万平方米。其中,中学校舍7.48万平方米(不含教工宿舍、食堂等),生均6.85平方米;小学校舍13.33万平方米,生均4.81平方米。教学仪器价值65万元,中学、中心小学演示实验仪器配备率75%,分组实验仪器配备率30%,藏书13万册。

1992年4月,县政府首次接受世界银行贷款,改善办学条件。项目包括土建、设备、图书、技术援助、管理信息系统和课桌椅等。1993年,县政府召开危房改造会议,根据"分级办学、分级负责"原则,采取"六个一点"(县乡财政筹一点、争取上级拨一点、发动群众集一点、动员社会捐一点、献工献料凑一点、承建单位欠一点)的方式筹集经费。新建校舍1.32万平方米,改造43个村小学危房1.82万平方米。1995年,创建实验教学普及县,投入资金1100.9万元(其中乡村筹款341.4万元),新建校舍2.41万平方米,改造危房2.03万平方米。修建仪器室107间2692平方米,实验室68间4171平方米,添置学生实验桌凳1065套,实验柜1306个,演示实验桌68张,实验准备桌78张。经省、市教委验收合格。当年,全县中、小学校舍面积26.30万平方米,教育固定资产总值5324.8万元。其中,房屋3973.5万元,教学实验设备605.3万元,图书资料59.9万元、16.2万册。

1996年,炎陵县被列为"国家贫困地区义务教育工程"(简称"义教工程")项目县,省教委、省财政厅安排炎陵县“义教工程”经费 230 万元，其中，中央专项款 103 万元，省配套资金 127 万元，市、县、乡配套 230 万元(市 70 万元，县 60 万元，乡 100 万元)。县委、县政府抓住“义教工程”机遇，力争提前实现“两基”达标。先后投入 6441 万元，改建、扩建校舍 1.35 万平方米，扩建、维修运动场 1.33 万平方米，添置实验教学设施 309 万元，购置图书 23.89 万册。村小学达到“一无六有”(无危房、有校门、校牌、围墙、旗杆、班班有教室、人人有课桌)；乡中学、中心小学、片完小有“十室一道两场”(仪器室、实验室、图书室、阅览室、活动室、卫生室、音乐室、体育器材室、办公室、会议室、跑道、运动场、篮球场)。经省教委验收，达到普及九年义务教育标准。

1997 年起，先后启动创建中小学图书馆(室)合格县、中小学实验提档升类项目。3 年投资 943 万元，新建校舍 1.31 万平方米，改造危房 884 平方米，添置图书 10.45 万册。中小学仪器室增至 7519 平方米，实验室增至 1.24 万平方米，实验桌凳增至 1888 套，实验柜增至 1702 个，仪器总价值由 281 万元增至 590 万元。学生实验由四、五人一组改为二人一组。全县中学和中心小学实验教学由国家二类标准升为一类标准。县内大部分学校教室有“两机一幕”(录音机、幻灯机、银幕)，部分学校有计算机室、语音室。3 年添置计算计机 381 台。至 2000 年，全县多数学校理科、音乐、美术教学仪器，体育器材设备达标。分组实验达标的中学 15 所，小学 40 所。图书馆(室)藏书达标的中学 16 所，小学 145 所，藏书 3.61 万册。评为湖南省现代教育实验县，中小学图书馆合格县。

2001 年，启动新一轮危房改造。在全县中小学校舍排查中，鉴定共有危房 2.45 万平方米。次年，投入危房改造资金 1446.1 万元，改造危房 2.05 万平方米。2003 年，为支持炎陵县集中办学，国家财政部拨 820 万元，省教育厅拨 25 万元予以奖励。至 2004 年，共投入 1578 万元，相继新建校舍 2.77 万平方米，维修改造 2939 平方米，修建活动场地 3.47 万平方米，消除危房 4663 平方米。同时启动运动场、休闲广场、文化墙、校门、道路等配套设施建设。

2007 年，实施国家义务教育经费保障新机制，学校建设维修经费改为以中央和省财政项目经费为主，结束“村民集资建校”历史。当年投资 1868.13 万元，新建校舍 1.80 万平方米，改造校舍 5204 平方米，修建活动场地 1.25 万平方米。炎陵一中所有教室率先装备以背投为主的多媒体设备，教师配备笔记本电脑。县内初中、小学教室也先后装备以液晶电视 + 电脑模式的多媒体“班班通”设备，县内教学进入多媒体信息化时代。同期，启动学校标准化项目建设，先后投资 2684 万元，进行教学和生活设施、校门道路、运动场地、文化广场、绿化美化等 37 个标准化项目建设，建成省级标准合格学校 26 所。投资 5000 多万元在东山新建炎陵中学。

2013 年，所有学校完成“三通两平台”建设，建成教育城域网和 2 个直播录播教室，学校网络千兆相连，名师课堂可同步直播。添置大量图书、体育、艺术器材，建塑胶运动场。全县 1—9 年级学生全部用上符合国家标准的钢木结构桌椅。所有学校食堂更新餐桌餐具，配备消毒柜；所有学校建设太阳能路灯、太阳能热水系统；所有寄宿学生均实现单人单床。投资

2200多万元，在16所农村中小学建设教师周转宿舍442套，大多数乡村教师能住上带卫生间、小厨房的周转房。相继建成校车监控平台和学校动态监控系统。全面完成省合格学校、乡镇公立幼儿园和少年宫建设。

2014年，全县中小学校园占地面积86.94万平方米，生均45.06平方米。校舍建筑面积26.62万平方米，生均13.79平方米。公办幼儿园占地4.81万平方米，生均19.50平方米；园舍建筑面积1.83万平方米，生均7.42平方米。教育固定资产总值2.09亿元。其中，县直学校1.17亿元，乡镇9188万元。中小学体育运动场（馆）面积达标18个；体育、音乐、美术器械配备均达标的学校，中学17所，小学20所。实验仪器价值2935.94万元，实验达标学校，中学12所（含职校）、小学8所。图书馆（室）藏书61.17册，价值1529.23万元，其中中学31.42万册，小学29.75万册。计算机2919台，其中中学1720台，小学1199台。多媒体教室471间，其中中学183间，小学288间。

第九章　教育管理

第一节　教学管理

一、整体推进课程改革

成立课程改革工作领导小组，制定《炎陵县基础教育课程改革样板校建设实施方案》及《炎陵县基础教育课程改革样板校建设推进方案》，在全县学校着力构建以自主、合作、探究为核心的学习方式，创建民主、轻松、和谐的师生关系，注重培养学生的创新精神和实践能力。通过实践，全县形成了适合本校特点的教学方法和模式，取得阶段性发展成果。全县27所中小学，有市级课改示范校一所（东风乡学校），市级课改样板校2所（霞阳小学、沔渡中学），市级课改基地校6所（东风乡学校、霞阳小学、沔渡中学、水口中学、炎陵中学、中村中学），县级课改样板校9所。2012年3月，“株洲市整体推进区域课堂教学改革促进义务教育均衡发展现场会”在炎陵县召开。

二、建设书香校园

加强学校图书室、阅览室和班级图书角建设，很多学校定期编印校刊、校报、办好学习园地，成立了文学社。各学校每周组织学生集中诵读《三字经》、《弟子规》、《论语》、《千家诗》、《增广贤文》、《名言警句》等国学经典名篇，在全县中小学大力开展“阅读浸润思想，书香伴我成长”的经典图书阅读活动，让学校书香流淌、朝气蓬勃、催人奋进，让浓郁的书香伴随孩子的每一步成长。

三、创建平安美丽校园

在全县中小学、幼儿园均安装了监控设施、配备了专职保安，加强师生安全防范教育，为每个学生食堂统一配备了冰箱、消毒柜和灭蚊防蝇设备，经常组织开展各种应急演练，坚决制止学生私自下河洗澡和搭乘非营运车辆，严格预防食物中毒和传染病等安全事件，高度重视消除设施隐患、防洪、防雷、防泥石流、防风等工作，坚决确保一方平安，多年来，全县没有发生一起校园安全责任事故。积极打造绿化、美化、生态、环保校园，对校园道路、活动场所、绿化区、文化墙进行统一规划、科学布局，力争一年一变化，校校成为美丽校园。

四、课堂教改

2008 年开始，全县率先推进中小学课堂教学改革，不断学习先进的教学理念，积极探索和实践课堂教学方式的改革，各校结合自身特点，勇于创新，形成了适合本校特点的教学方法和模式，并取得阶段性成果。如霞阳中心小学的"学、议、导、练"，东风学校的"1+1 小组合作"，十都小学的"一议二学三练"，下村学校的"三步两清"，水口中学的"小组合作，边学边清"，沔渡中学的"三五"课堂，平乐学校的"精讲多练堂堂清"等课堂教学模式都已成型。2012 年，全县 27 所中小学，有市级课改示范校一所（东风乡学校），市级课改样板校 2 所（霞阳中心小学、水口中学），市级课改基地校 6 所。2012 年 3 月 23 日，"株洲市整体推进区域课堂教学改革促进义务教育均衡发展现场会"在炎陵县召开，进一步推进了全县课堂教学改革的步伐。2013 年，全县 17 所初中学校教学成绩有 12 所排在全市 169 所初中学校前 50 名，占 71%。东风乡学校成为湖南省课堂教学改革试点校 1 所。

通过推进课堂教学改革，提高课堂教学效率，教学质量也在逐年提升，中考成绩由 2006 年的各科倒数第 1、第 2，到 2012 年，政治、历史、物理全市 11 个单位（含市直学校）排名第 4，地理、生物排名第 5，化学排名第 6，数学排名第 7，英语排名第 9，语文排名第 10，综合成绩全市排名第 5。2013 年，全县 17 所初中学校教学成绩有 12 所排在全市 169 所初中学校前 50 名，占 71%。

2010 年，高中学业水平考试合格率达 96.4%，株洲市五县排名第 1；全县高考上线率 97%，本科上线人数达 352 人。

五、教育科研

县教研室，秉承"以课题促科研、以科研促教改、以教改促教学"的指导思想，积极推进课题工作。

“十五”期间,全县有课题26个(国家级子课题2个,省级、市级、县级分别为1个、4个、19个)。其中《复式教育教学研究与实验》、《农村低龄儿童寄宿制学校办学模式研究》获得专家好评,分别荣获省教育科研优秀成果一等奖和二等奖。

“十一五”期间,全县有课题26个,省级课题4个,市级课题7个,县级课课题15个。其中十都小学吴爱华老师主持的《开发和利用语文课程资源的研究》和张开生老师主持的《从生活中体验数学价值研究》获省二等奖。

“十二五”期间有课题27个(省级4个、市级6个、县级17个)。其中教育局周国军主持的《县域义务教育均衡发展长效机制建设与实践研究》为省规划资助课题。

1995年,马永清与人合编《小学师资培训手册一一复式教学》一书由北京师范大学出版社出版。2003年,炎陵县教研室汇编的中小学《管理与教学》丛书由中国教育出版社出版。2005年,《复式教育教学研究与实验》、《农村低龄儿童寄宿制学校办学模式研究》获得专家好评,分别荣获省教育科研优秀成果一等奖和二等奖。

每年组织教师参加省市教学比赛,省级以上有:1998年,沔渡中学物理教师肖艳平,县一中数学教师彭红英获省二等奖。2009年,一中的朱忠传参加湖南省中学理化生实验创新大赛获得省一等奖。2013年,霞阳镇中学何腊艳老师代表株洲市参加湖南省生物实验创新大赛,获得省二等奖。2014年,何腊艳老师获全国中学生物课堂实验教学展评活动一等奖。

1991年以来,全县教育工作者在国家级发表文章86篇,获奖219篇,省级发表文章118篇,获奖870篇。学生竞赛获奖国家级89人,省级获奖133人。2008年6月炎陵县教研室在“2008年湖南省教育教学改革发展优秀成果评选”活动中,荣获——优秀组织奖。

六、重大教研活动

1、1991年,县教研室着重抓了全县教学常规管理调查,全体教研员历时73天,下到17个乡(镇)54所学校,全面了解全县教学情况。全县开展了四项专题教改实验:减轻学生负担,提高教学质量”(城北小学)、“小学数学“三算”结合”、“弱智儿童智力开发”(城南小学)、“低起点、多层次、全面提高教学质量”(五中)。

2、1992年, 全年推广教改成果八项:“小学复式教学经验”(鲁坑小学)、“弱智儿童智力开发实验”和“小学数学”“三算结合实验”(城南)、“减负提质”和“注音识字,提前读写”(城北)、“中学数学自学辅导法”(一中),“初中数学竞赛实验”和“低起点、多层次、全面提高教学质量”(五中)。1993年继续推广八项教改成果。

3、2011年2月,县教研室开展炎陵县“课堂教学效益年”活动。教研室下发了《炎陵县中小学学科教研基地建设方案》, 成立了11个学科教研基地。2013年1月在第一批学科教研基地的基础上再成立5个教育学科教研基地。

4、2012 年，履行“研究、指导、服务”教研职责，围绕一个中心、开展两项研究、实施三项常规、落实四个促进、搭建五个平台开展打造教师队伍，提高教学质量。

5、2014 年，教研室始终围绕“转变教育观念、推动课堂教学改革、狠抓课堂实效”开展工作，提升教师的专业水平，促进学校内涵发展。数字盘点 2014 年教研工作如下：

1 项计划，3 年行动。制定并实施《炎陵县实效课堂达标创优三年行动计划》，历时 3 年（2014 年—2017 年），整体提升全县教师课堂教学水平。2014 年，全县 30 所学校 1095 位专任教师上了 1021 堂达标创优课，评选校级优秀课堂 395 节。

5 科抽测促课程落实。以落实国家课程计划为抓手，关注学生综合素质的提升，2014 年，首次组织科学、信息技术、音乐、体育、美术等 5 个学科的教学质量抽测，参与抽测的小学生 2604 人，占学生总数的 22.69%，参加抽测的初中学生 887 人，占学生总数 18.35%。

13 校课改省市有“名”。目前已培植省课改样板校 1 所（东风乡学校），市课改样板校 3 所（霞阳镇小学、沔渡镇学校、炎陵中学），市优秀课改基地校 2 所（船形乡学校、鹿原镇二小），市课改基地校 7 所（中村乡学校、霞阳镇中学、水口镇学校、十都镇小学、城南小学、下村乡学校、策源乡学校）。

首评微课，尝新教法。在全县开展首届微课大赛，评选出 42 个优秀作品给予表彰奖励，助推信息技术与课堂教学深度融合。

19 学科基地，扎根基层。全县组建 19 个学科教研基地，制定完善考核机制，以学科教研基地为平台，组织一线教师开展每周一主题网络教研活动，举办 9 次中考教学研讨会，录制 38 堂视频课，开展学科教研活动 31 次，涵盖 17 个学科，培训教师 900 余人。

22 批次教师，他山取玉。送专任教师 22 批次 167 人到株洲、郴州、长沙、成都、深圳、山东等地观摩培训，汲取外地先进的教学理念和做法，投入资金 18.25 万元。

50 人次专家视导、送教。全年组织 4 批 3 类 38 科教学视导和送教下乡活动，46 位省、市教研专家深入课堂听课、评课，现场把脉我县课堂教学。

5000 人次竞赛，1000 人次获奖。组织 3 类 11 科（小学作文、数学，初中作文、数学、物理、化学、生物，高中数学、物理、化学、生物）学生学科素质竞赛活动，参赛学生 5000 余人次，近 1000 人次获省、市、县奖。

100 万奖金表彰先进。全面表彰奖励 45 个抽测科目教学质量先进单位，129 位教学先进个人，奖金 10.25 万元；表彰奖励 64 个义务教育教学质量先进集体和 355 名先进个人，奖金 50.34 万元；表彰奖励 47 名高考先进个人和 51 名学考先进个人，奖金 50.23 万元；表彰奖励 10 个优秀学科教研基地，10 位优秀学科教研基地主持人，122 名教研先进个人，奖金 9.5 万元。

第二节　教育督导

2003 年，炎陵县“普九”工作被株洲市教育局评为“优秀单位”。

2004 年,中共炎陵县委组织部下发了《关于实行乡镇党政主要领导干部教育工作实绩督导考核制度的通知》,督导考核的结果分三个等次:优、合格、不合格。督导考核结果作为党政主要领导干部政绩考核的重要内容。

2005 年,4 月份,市人民政府教育督导室对炎陵县“落实两项评估制度”(即“县级党政主要干部教育实绩督导考核评估”和“县级人民政府教育工作督导)进行评估检查。评估认为县级党政主要干部教育实绩督导考核评估等次为优秀(95 分)县级人民政府教育工作督导评估为良好(86.15 分)

2006 年,炎陵县县委办公室、炎陵县人民政府办公室联合下文《关于实行乡镇党政主要领导干部教育工作实绩督导考核制度的通知》,决定从 2006 年开始,实行乡镇党政主要领导干部教育工作实绩督导考核。

当年,霞阳中心小学被评为“株洲市示范(农村)小学”,机关幼儿园被评为“株洲市示范幼儿园”。

2007 年,成立炎陵县人民政府教育督导室并挂牌。

2008 年 4 月 24 日,县人民政府发文《炎陵县人民政府关于聘任曾筱萍等同志为县人民政府教育督导室兼职督学的通知》,聘任曾筱萍为正处级兼职督学,朱新华为副处级兼职督学,李羽齐、陈茂森为正科级兼职督学,罗贞、钟立林、郭宏久为副科级兼职督学。4 月 30 日,县人民政府发文《炎陵县人民政府关于马永清等同志任职的通知》:马永清同志任县人民政府教育督导室主任督学;向荣同志任县人民政府教育督导室副主任督学;翁荣跃同志任县人民政府教育督导室副主任督学。9 月 23 日县政府发文《关于设立“炎陵县人民政府教育督导室”的批复》,明确“炎陵县人民政府教育督导室”机构,核定行政编制 3 人。

2009 年,县机构编制委员会办公室 3 月 26 日发文《关于调整炎陵县人民政府教育督导室编制的通知》,将教育督导室 3 行政编制改为 3 名全额事业编制。12 月 12 日,《炎陵县人民政府关于段旭同志职务任免的通知》决定:段旭同志任县人民政府教育督导室主任。

2 月 16–18 日, 经株洲市人民政府教育督导室督导评估和省人民政府教育督导室对炎陵县教育“两项督导评估考核”工作抽查验收,湖南省人民政府教育督导室认定:东风乡学校、鹿原镇中学、霞阳镇中心小学、十都镇小学、十都镇中学 5 所学校为湖南省义务教育合格学校。

2010 年,炎陵县人民政府教育督导室建立教育督学责任区制度,根据学校实际,兼顾区域分布,全县划分为东片、西片和南片三个责任区,实行目标责任制。每个责任区设 1 名牵头督学,安排 5—6 名督学,具体负责责任区内若干学校的督查指标。责任区督学均为任职期限内的市级或县级督学,任期与督学聘期一致。8 月 25 日,县人民政府下发《炎陵县人民政府关于聘任第二届县级督学的通知》,决定聘任曾筱萍、朱新华、赖春秀等 25 位同志为第二届县级督学,聘期三年。

市政府教育督导室和市教育局对 2010 年度教育工作进行了“两项”督导评估考核,炎陵县人民政府评为优秀等次。株洲市人民政府教育督导室授予“炎陵县2010年度督学责任区工作先进单位”称号。

2011年,3月24—25日,湖南省政府教育督导室主任雷桂平率教育督导专家一行20余人在我县开展“湖南省义务教育均衡发展评估试点研讨活动”,炎陵县被评为全省两项督导评估先进单位,确定为湖南省义务教育均衡发展试点县,并荣获2011年度“株洲市推进教育强县先进县”和株洲市唯一的“义务教育均衡发展先进县”。

2012年4月12—16日,湖南省人民政府由省委教育工委委员、省教育厅副主任督学聂荣华率评估考核组一行10人对我县进行了为期5天的教育“两项督导评估考核”、“教育强县视导”和“职业教育督导评估”工作。2013年1月14日,中共湖南省委办公厅　湖南省人民政府办公厅下发了《关于2012年县级教育工作两项督导评估考核和教育强县市区视导及县级政府职业教育工作督导评估结果的通报》,炎陵县人民政府教育工作、黄诗燕与龙志华县党政主要领导教育工作实绩、县人民政府职业教育工作均被评为合格等次。

在国家督学、省政府教育督导室副主任督学唐亚武率领下,10月28日至30日,到炎陵采取听、看、查、访、问的形式,对炎陵县推进义务教育均衡发展工作进行了督导评估。炎陵县的教育均衡工作顺利通过省义务教育基本均衡县的评估验收,并申报国家验收。

沔渡中学、鹿原一小、鹿原二小等3所学校经省人民政府教育督导室和有关部门抽查认定并报省教育厅审核,确认学校为省义务教育合格学校

经市人民政府教育督导室考核认定,授予炎陵县政府教育督导室“2012年度教育督导工作先进单位”称号。

2013年,10月10—16日,国家教育督导检查组对湖南省报的18个义务教育发展均衡县(市、区)进行了督导检查。炎陵县以总分97.5分的全省最高分顺利通过国家义务教育发展基本均衡县评估认定。

2014年,义务教育学校基本办学条件迎国检得到高度评价。9月13日—14日,国家督导组国家督学,广东省教育厅副总督学陈健督学和湖南省人民政府教育督导室副主任崔书芳督学一行对炎陵县进行义务教育学校办学条件专项督查。

炎陵中学、明德小学创建为株洲市“市级素质教育先进学校”。

第三节　学生工作

一、创新学生家长工作

在每所学校、幼儿园办好家长学校,每所学校建立了家长联系卡、留守儿童登记卡和成长袋,实行了留守儿童教师代理家长制度,学校每期召开全体家长会、开展教师全员家访,定期举办家教讲座、经验交流和演讲活动等,相互交流教子心得、探讨教子良方、调整教子策

略、明确教子责任，不断激发其教儿育女的责任，不断提升家教能力和水平。

二、崇尚学生礼仪教育

学校把培养学生知书达理、彬彬有礼、温文尔雅作为德育教育的重点，制订了涵盖谈吐礼仪、服饰礼仪、体态礼仪、餐饮礼仪、家庭礼仪、交往礼仪等礼仪技巧的中小学生文明礼仪规范，每天更新校园"真情提示牌"，在每所学校办好了文明礼仪宣传栏，每周开展礼仪指导、礼仪培训、礼仪宣传活动，每月评选礼仪之星，以此积极引导学生做优雅大方、豁达乐观、明礼诚信的好少年，从小成就良好的仪表形象、言行举止、文明习惯和精神面貌。

三、突出育人特色

始终将打造优秀校园文化作为陶冶学生情操、美化学生心灵、激发学生灵感、启迪学生智慧、提升学生素质作为重要课题来抓，在每所学校建设了主题文化墙、组建了学校网站和校园广播，编印了学校文化手册，确立了办学理念和发展愿景，确立了校歌、班歌、校训、班训，设计了个性鲜明的视觉形象系统，将炎帝文化、传统文化、红色文化、绿色文化、名人文化、客家文化和砺志文化制成铭牌、展板镶嵌校园，编制了《炎帝故事》《红土地》《红军标语赏析》《我可爱的家乡》等校本教材。通过多年的努力，全县中小学校园文化建设已初显成效，沔渡等学校被评为"中华优秀文化艺术传承学校"，龙渣学校的瑶族武术表演获第七届省民运会金奖、第九届全国民运会铜奖。

四、关注特长培养

县教育局在每个学校办了声乐、舞蹈、书法、绘画等各种兴趣班、特长班，每个学生都积极参加了至少一项的兴趣小组活动，每周至少开展了两次专门训练和重点培养，每期进行了两次以上的特长展示和评选活动，每个学生每期至少得到了一项表彰。同时大力开展体艺2+1活动，确保全体学生每天锻炼1小时，每人掌握2项体育技能、1项艺术特长。教育局每年举办中小学生文体艺术科技节和师生同台文艺汇演，举办中小学生特长展示节，进行学生现场作文、艺术展示、英语竞技和学科奥赛等各个方面的现场展示。

第二十八篇　科　技

第一章　机构　队伍

第一节　科技机构

一、科技管理机构

民国时期,县乡未设科技管理机构,亦无管理人员与经费预算。

中华人民共和国成立后,1961 年 7 月,成立酃县科学委员会,设专干 1 人。1962 年精简机构被撤销。1965 年 5 月,成立中共酃县县委科学技术委员会,9 人组成,配专干 2 人。次年因“文化大革命”而解散。1973 年 10 月,成立中共酃县委员会科学实验领导小组。1978 年 9 月,成立县科学技术委员会。1981 年,县农业局、经济委员会、轻工业局、卫生局等单位先后设科技股(站)。县林业局、水利水电局、畜牧水产局、气象局等单位均有专人管理科技工作。1985 年,全县有 14 个乡(镇)成立乡(镇)科学技术委员会,成员 83 人。

1990 年 3 月,县科学技术委员会、县科学技术协会合署办公,设办公室、科技开发中心、计划成果股、技术市场办公室。1994 年,酃县科学技术委员会更名炎陵县科学技术局。全县 17 个乡镇均成立乡镇科学技术委员会,设专职科技副乡(镇)长,配科技专干 1—2 名。1995 年,县科技局内建炎陵县微机信息终端站。1996 年,农业局、林业局、水电局、畜牧水产局、农机局、卫生局、经委、乡镇企业局、技术监督局、建设局等先后设科教股、技术培训股和技术推广(服务)中心等科技管理机构。1997 年后,科技局、科学技术委员会几次易名,科学技术局与科学技术协会亦几度分合。2008 年,科技局增设地震工作办公室,负责地震监测、地震预报、救灾技术研究。先后在三河镇枧田洲、神农谷、水口镇下垄村设县级地震观测点。2013 年,设知识产权局,隶属科技局。2014 年年末,县科学技术局在岗 8 人,机关内设办公室、计划成果股、技术市场管理股、地震办,下辖炎陵县信息情报站、炎陵县食用菌研究所。各乡镇均配有分管科技工作的副乡(镇)长和科技专干。

二、科研及科技推广机构

民国28年(1939),省农业改进所在炎帝陵奉圣寺设工作站,开展良种推广和品种区域种植试验。民国31年,县政府在县城南门外石壁寺设农业推广所,有职员16人。民国33年,因日本侵略军进逼,经费困难而停办。

1953年6月,县政府建设科设农业技术指导站。1955年,在城东区建农业技术推广站。1961年,县人民委员会在城东坎坪设农业科学研究所,负责水稻良种繁殖与推广,隶属农业局,1966年撤销。1971年,建农机具研究所。1973年,农业科学研究所恢复,迁址炎陵良种场。同年,在湘山寺设林业科学研究所,隶属林业局,有科技人员和职工23人,担负林木良种和速生丰产技术的研究工作。1979年,成立中草药研究所,设中医院内,有职工4人。1982年,农业科学研究所撤销,工作人员与财产并入炎陵良种示范场。1985年,成立酃县农业技术推广中心,下设炎陵、水口、沔渡3个农技推广站,每站配2名农业科技人员(以下称农科员),其余乡(镇)设农业科技站,各有2名农科员,负责先进耕作技术和良种推广示范,开展科学技术综合服务。1987年12月,成立县食用菌研究所,有职工3人,负责菌种培养和推广。1990年,科研机构有林科所、食用菌研究所;科技推广机构有县农业技术推广中心,沔渡、水口、炎陵3个农技推广站及17个乡(镇)农科站。2014年,有林业科学研究所、食用菌研究所、农业机械研究所等科技研究机构。乡镇均设科技推广中心站(所),乡以下设有科技信息服务工作站(点),村组有科技示范户。

第二节 科技队伍

一、科技专业队伍

民国37年,全县仅有工农医卫专业技术人员10人。1956年,发展到160人。1957年,"反右派"斗争中,部分科技人员被划为"右派分子"。1978年,全国科学大会后,科技人员受到尊重。当年,全县有自然科学科技人员642人。1987年10月,县农业局长、农艺师程国忠被中共湖南省委、湖南省人民政府授予湖南省优秀科技工作者称号。1990年,全县有科学技术人员2668人。其中,社会科技人员1707人,自然科技人员961人。科技人员学历结构:大学本科毕业97人,大专459人,中专1103人,高中及以下1009人。

1990 年酃县自然科学技术人员统计表

表 28-1　　单位:人

行　业	合计	高级职务	中级职称	初级职称	其他
工业、林业	304	5	82	202	15
农业	93	7	29	49	8
医药、卫生	333	7	143	168	15
自然科学教学	225	9	80	91	45
自然科学研究	6	0	0	0	6
合计	961	28	334	510	89

1992 年,召开科技兴县大会,成立科技兴县指挥部。随后,选送 79 名学生至株洲工学院培训、学习。当年有科技人员 2621 人。其中,高级职称 38 人,中级职称 583 人。马安健、吴建成获科技兴县奖。

1996 年,汪立人、于六香分别被评为全国农技推广先进个人、全国科普工作先进个人。1998 年,罗复权晋升农技推广研究员。2000 年,于六香被科技部、中国科学院、中国科学技术协会授予科技扶贫先进个人称号。国家科技部授予鹿原富民养殖协会会长谭顺林星火科技"二传手"称号。

2003 年,全县科学技术人员增加到 5686 人。其中,中小学系列 2004 人,卫生系列 737 人,工程系列 2223 人,农业系列 179 人,其他系列 543 人。

2003 年炎陵县专业技术人员情况表

表 28-2　　单位:人

专业(系列)	专技人员人数	学　历			职　称		
		本科	大专	中专以下	高级	中级	初级
合计	5686	302	2138	3246	126	1331	4229
中小学系列	2004	203	776	1025	90	898	1016
卫生系列	737	17	197	523	21	207	509
工程系列	2223	44	826	1353	6	82	2135
农业	179	6	78	95	4	29	146
其他系列	543	32	261	250	5	115	423

2014 年,全县在职在编各类专业技术人员 2803 人。其中,高级职称 238 人,中级职称 1246 人,初级职称 1319 人。当年县农业局高级农艺师刘玉芳、金泰铋业公司夏纪勇获株洲

市创新领军人才称号。刘玉芳与陈明中入选株洲市核心专家名单。

二、业余队伍

1973 年前后，各公社聘任农民技术员和林业科技员，每个生产队确定 1—3 人担任农科员，形成县、公社、大队、生产队 4 级农业科技网。1987 年，对 33 名乡（镇）农民技术员进行技术考核，评为助理农艺师 3 人，农技员 24 人；41 名林科员，评为助理工程师 3 人，技术员 32 人。1996 年，全县各乡、镇、场农科站有技术员 46 名。其中，评为农艺师 4 人，助理农艺师 20 人。2002 年，乡、镇、村组有农民技术员 145 人，农村专业技术研究会会员 188 人。各级科技示范户（农技推广二传手）2855 户。

2014 年，全县有县级科技学会 17 个，乡镇科技协会 15 个，社区科技协会 4 个，会员 6144 人。农村专业技术协会 101 个。其中，市级 11 个，县级 30 个，会员 6886 人；乡镇级 60 个，会员 15160 人。

第二章 科技活动

民国 28 年（1939），省农业改进所水稻组在酃县开展水稻品种区域试验。

20 世纪 50—60 年代，开始在城乡广泛普及科技知识。70 年代，科技活动主要围绕水稻良种引进推广、病虫害防治等进行。1979 年后，各部门、单位科技工作者开展技术革新、技术推广和新产品开发。至 1990 年，完成科研项目 354 个，开发产品 22 个，新增产值 341 万元。1991 年后，科技人员广泛开展科技培训、送科技下乡、科技咨询服务、研究试制以及技术引进等活动。至 2014 年，完成科技项目 620 个，引进新技术、新品种 40 余项，开发产品 90 多个，推广科技成果 327 项。培育优质水果、笋竹林、速生丰产林等 6 个支柱产业，形成基地 65 万亩。

第一节 科技普及

一、科普宣传

1950 年后，各级政府和部门、单位通过办墙报、黑板报，巡回放映幻灯片、电影等形式向广大干部、群众进行普及科学知识，破除迷信的宣传教育。1958 年，贯彻“农业八字（水、肥、土、种、密、保、管、工）宪法”，进一步推动了农业科技知识的普及。60—70 年代，举办各种学习（培训）班、现场会，宣传科技知识。根据农民“眼见为实”的特点，农业科技人员配合党政领导种试验田(土)、样板田(土),推广良种良法;农机部门通过现场表演,推广农业机械知识。医疗卫生人员进村入户,结合看病,宣传卫生防疫知识。

1978年,全国科技大会后,科技宣传教育工作进一步加强,县科协及其学(协)会、各乡(镇)科协把科普宣传作为主要工作。农业、林业、工业、卫生部门领导亲自抓科技普及工作。1982年起,县科协与农业局合办《酃县农技报》(后改名为《炎陵农技报》),每年印发6—10期,每期3000余份,宣传农业政策和农业信息,推广先进技术。1990年后,科技宣传内容增加环保、卫生、生命健康、农村致富技术等内容。1993年9月,由县人大牵头,县科委具体负责,组织全县74个单位科技人员和行政副股级以上干部3485人,参加湖南省举办的“深湘杯”科技法律知识竞赛,获省级个人优胜奖2人、市级奖11人、县级奖149人,2个单位获市组织奖。1998年,大力宣传《中华人民共和国科技进步法》《湖南省科技进步条例》等科技法规,先后举办电视讲座、科技法规知识竞赛等活动。全县6500多名国家工作人员和农业技术人员参加培训和考试。1999年,县科技局、科协与县广播局开办电视“星火科技30分”(后改名“科普在线”)专栏,每周一、三、五首播,二、四、六重播,每年观众20余万人次。1979—2014年,县科协联合各有关单位在全县举办各种科普讲座7712场,听众46.33万人次;开展科技下乡活动828次;放映科技影片、幻灯8739场,观众129.06万人次;开办科普宣传栏5631处,刊出6.08万期次;发放科普宣传资料1373种,181.26万份。主办科普集市130次,受益人数9.8万人次。组织学术交流99次,参与人数4290人,发表科技论文3962篇。

二、科技培训

1954年2月,举办县内第一次农业技术训练班,358人参加训练,学习连作双季稻栽培技术。此后,以县乡干部与农科人员蹲点示范形式,开展现场培训。60年代,结合农民业余文化教育学习科技知识,提高科学种田水平。1968年,农机部门举办农业机械培训班,培养拖拉机驾驶员100余人。70年代,县乡农技推广机构举办多层次科学种田技术培训班,学习化肥和农药使用、推广浸种催芽、薄膜育秧、杂交水稻制种等技术。聘请江苏、浙江农民师傅传授种田技术。80年代,县、乡举办快速养猪、食用菌和果木栽培、食品加工等短期专业培训班,为科技致富培训人才。90年代,县科技部门重视对科技宣传辅导员培训,科技培训基地建设。先后举办辅导员培训班8期,培训科技辅导员320余人次。培训内容除实用知识与技术,还学习计算机、网络等知识。先后建成电教设备齐全,并配有万册图书的农科教中心19个。各乡镇依托农科教中心开办农业函授大学教学班,招收果树、茶叶、食用菌种植和生猪养殖等专业学员,每年培训100余人。与此同时,重视农村科技示范户的带头示范作用。1995年,培训科技示范户708户,其中省级4户、市级29户、县级69户、乡级606户。2000年,有科技示范户3246个,其中省级19户、市级48户、县级730户、乡级1737户。进入21世纪,科技局、科协在农村培训、创建科技示范乡镇、示范村。2002年,船形乡、水口镇被评为株洲市科技示范乡镇。2012年,有6个科技示范乡、25个科技示范村、31个科技示范基地。

至2014年,县科技局、科协联合各乡镇科协、县直相关单位共举办农、林、牧、渔等专业技术培训班7848期,培训人数39.29万人次。

三、青少年科技活动

1979年,开始组织青少年科技活动,当年有15件作品送省展出,4件获奖。1982年,成立县青少年科技领导小组。1989年,酃县被列为"中国科协与联合国儿童基金会第四周期(1990—1994)合同项目受益县"。1990年6月,成立青少年科技活动中心,联合国儿童基金会赠送1台21英寸彩电、1部录相机和1部16毫米电影放映机。90年代,青少年科技活动扩展到参加全国物理、化学竞赛(初中)、省市生物百科竞赛、株洲市青少年发明创造竞赛。举办最多的是青少年科技创新大赛,每年举办一次,参赛者多为各校优秀选手。2000年后,中小学举办文体科技节,参加科技活动者激增,每年有3000余名中小学生参加省市青少年科技创新大奖赛。获奖人数从20世纪90年代每年10余人,增至每年120余人;获奖等级由原来多为县级二、三等奖,升至有一定数量的国家、省、市级一、二等奖。截至2014年,县科协联合教育局、环保局等相关部门举办34届青少年科技创新大赛,向省市选送参赛作品3263件,获全国二等奖作品2件,三等奖作品9件,优秀奖作品8件;获省一等奖作品1件,二等奖作品8件,三等奖作品9件,优秀奖作品3件;获市一等奖作品28件,二等奖作品78件,三等奖作品124件。

第二节 科技调查规划

一、科技调查(普查、考察)

森林资源调查 1951年7月,由湖南省林业局和武汉大学组成联合调查队(共13人),在酃县进行了第一次森林资源概况调查。1961年9月至1962年7月,林业部、北京林学院林业系师生、省林业厅、湘潭专署林校和县内林业职工共562人,利用航空拍照资料对县内森林资源进行调查。

1975年10月,县委、县革委会成立森林资源调查指挥部,抽调技术干部、工人、知识青年、一中师生共200人,组成林业调查队,采用分层抽样、机械布点、角规测树等方法,在全县进行"四五"森林资源二类调查,历时8个月,完成24052个角规测样点计算,编绘出全县一元形高材积表和森林资源分布图。测得全县森林蓄积量681.67万立方米,森林覆盖率74%,林木年消耗量25万立方米,年生长量17万立方米。首次用科学方法测算林木资源,警示县内木材消耗量超过生长量。

1981年,县林业局抽调技术干部、工人,对桃源洞林区资源与天然次生林结构进行调查。查得保护区有主要乔灌木478种,同时鉴别一批属国家级保护的动、植物,为合理开发利用桃源洞森林资源提供科学依据。1982年8月—1983年12月,湘潭市林业调查队与县林业工程技术人员共369人,对全县森林土壤、森林资源、林业区划开展"六五"森林资源二类清查,掌握林种、树种的结构比例。查得县内活立木蓄积量642.45万立方米;乔、灌木670余种,其中属国家级保护的珍稀树种21种。

1990年9月至1992年6月,由省林业勘测设计院第一室、中南林学院林学系、湘潭市林业调查设计队、县林业局工程技术人员和县内部分"五大"毕业生共124人组成森林资源调查队,按照省林业厅颁发的《湖南省森林资源调查技术规定》,在全县开展"八五"一、二类森林资源调查。此次调查,全小班区划精度87.8%,角规测树精度91.3%,总体蓄积调查精度88.3%。测得林木年生长量38.7万立方米。

2001年5月至2002年2月,省林业厅派遣林业调查规划设计院21人,由县林业局27人配合,完成炎陵县"十五"二类森林资源清查。查得全县林地面积16.89万公顷,森林面积14.77万公顷,森林覆盖率82.62%,活立木蓄积量725.66万立方米,林木绿化率82.54%。

2013年4月至2014年12月,在全县开展"十二五"二类森林资源调查工作。调查表明,炎陵县林地面积17.39万公顷,森林覆盖率82.29%,活立木蓄积量963.07万立方米,林木绿化率83.71%。本次调查森林覆盖率比"十五"调查时减少0.33%;林木绿化率增加1.17%。平均每公顷活立木蓄积量:林业用地55.37立方米,有林地60.90立方米,乔木林地72.17立方米。

土壤普查 1959年冬,酃茶并县期间,在境内进行第一次土壤普查。1982年8月,县政府抽调农、林业科技人员211人对全县耕地与山地进行普查,历时19个月,开挖剖面9840个,取地块样7445个,农化样594个,获各种化验数据4.83万个。查得全县有9个土类、18个亚类、52个属、129个土种。1983年,根据普查数据编写《酃县土壤》,绘制县乡两级土壤图、土壤养分图等资料46套。

中草药资源调查 1985年5月,县政府组织药材公司、卫生局、林业局和农业局,会同株洲市药材公司组成中草药资源普查队,对桃源洞自然保护区、大院农场和全县77个村进行实地调查,历时两年。普查队翻越有名可查的大山346座,走访药农、乡村医生60余人次,行程5000余公里。查得全县中草药1310种,对221个重要品种蕴藏量进行评估。其中"湖南圆苞山萝花"(新变型)为国内首次发现,有30种药材属省内首次发现。根据调查结果,编写《药用名录》等技术资料40余万字。1987年6月,株洲市科学技术委员会邀请有关专家、行家对本次调查进行鉴定,认为该次调查在全市领先,达省内先进水平。

2012年1月,县政府委托中医院开展县内中药资源普查,湖南省中医药大学教授刘塔斯亲临指导。此次普查将全县16个乡镇的5个代表区域分为5个样带,40个样地。共采集植物标本1364种,压制腊叶标本4787份,拍摄彩色照片6771张,并作出详细的采集记录。查得全县共有中草药155科1200余种,其中植物药物1100余种,动物药物70余种。属省重点普查品种164种。普查中广泛总结民间用药经验，收集民间单、验方132个。普查队还对炎陵县瑶族、畲族传统医药作了详细调查，编写了《湖南省炎陵县瑶族特色民族药的调查》和《湖南省炎陵县畲族特色民族药的调查》。

毛髻仙银杉考察 1986年3月21日，龙渣瑶族乡龙凤村村民杨叶良、杨书常报告，在毛髻仙一带发现银杉。县政府组织科技人员前往考察。发现龙凤村毛髻仙有银杉173株，毛髻仙东北走向的山脊两侧（小地名齐檐滴水）74株，组成两个群落。另有88株散生于陡壁之上；东南坡（曹对垄）一个群落共5株；另有6株与马尾松、南方铁杉伴生。生长地均在海拔1250—1450米之间。经中南林学院刘洪恩教授等有关专家验证，予以肯定。

二、科技规划

水电规划 1956年，县农林水利局根据勘查结果和规划，按中共中央农业发展纲要四十条精神，制订出《酃县1956—1962年电气化初步草案》，确定湘山寺水电站建设项目。

1964年，县山区建设委员会抽调40余人，历时两年多，对全县主要河流作系统调查，编制酃县水利水电第三个五年规划，规划全县建水电站66处，装机9384千瓦，满足县内百分之八十以上农户照明用电。

1983年初，按国家水电部部署，制订《酃县电气化规划草案（1983一1990年）》。县水电局重新勘测水力资源，查得全县水能蕴藏量30.92万千瓦，可开发利用23.83万千瓦，可建电站294处。《规划》提出近期与远期设想。近期设想包括新建筷子篓电站和完成水口电站增容等骨干工程。

1989年6月，在实现农村电气化（初级阶段）达标基础上，水电局制订《农村基本电气化规划》。对5—15年用电负荷进行预测，提出10年水电建设规划。

2000年，县水利水电局抽调工程技术人员，按照国家水利部《小水电供电区农村电气化规划编制规程》《中国水电农村电气化2001—2005年发展纲要》要求和县水能资源状况，编制《炎陵县水利水电"十·五"和2015年规划》。提出水电建设要全面规划、综合利用、合理开发、分期实施，以满足县域经济发展用电需求，壮大水电事业，扩大电力市场。坚持"谁建、谁有、谁受益"政策，以县办为主，多层办电为辅，引进投资兴办股份制电站。争取"十·五"期间全县新建、改建水电站12座，水电装机5万千瓦以上，100%的村、组通电，100%的村民用上电，人均年用电1000千瓦时，户均生活用电700千瓦时。

综合农业区划 1982年9月至1984年9月，县农业委员会陆续抽调100余名技术人员，组成14个专业组，按照《湖南省农业资源调查和农业区划实施细则》要求，对县内农业资源进行全面调查，综合评价，提出合理开发利用和保护方案。编制《酃县综合农业区划报告》《酃县农业区划报告集》《酃县农业地图集》《酃县农业区划典型集》《酃县农业资源数据集》等资料。株洲市区划办公室主持鉴定，认为酃县农业区划"针对山区特点，进行立体类型区划，在湖南省区划中为首创"。

第三节　科研　试种(制)

一、科　研

农作物病虫害分布层次研究　1972年,县农业局技术干部彭鹏飞等人开始对县内不同海拔高度的病虫害进行观察研究。1988年,提出酃县病虫害按层次分布的观点,即随海拔升高,病虫种类由多到少,个体由大到小,发生由早到迟,防治由易到难。并且从理论上阐述其层次分布原因,提出以稻瘟病、二化螟、稻飞虱为中心的防治策略。研究成果对有效控制山区病虫害起到指导作用。

毛萝摩治疗蛇伤研究　1978年，中村公社蛇医蒋卜书发现草药毛萝摩治疗蛇伤有奇效,次年列入县科研计划。县人民政府抽调医务人员组成科研小组,进行研究,进一步发现该药具有抗蛇毒、抗溶血、镇痛、止血、消炎、消肿等作用。1980年,将提取物制成注射剂和流浸膏片。长沙、株洲等8个地、市14个医疗单位先后用此药进行治疗观察,临床333例、治愈率97.8%。1982年,毛萝摩制剂在全省首届科研成果展览会上展出。1984年,株洲市科委、卫生局邀请省卫生厅、湖南中医学院等单位专家、行家对该研究项目进行鉴定,一致认为,采用单味毛萝摩治疗蛇伤在国内尚属首次报告。1985年3月,研究项目获省卫生厅科技成果四等奖。

二、试种(制)

杂交水稻制种　1975年秋,首次在县良种场试制杂交水稻种子,试制面积46亩。同年冬组织149人,分别到广西邕宁、广东湛江乐东和海南崖县制种。1979年,由县农业部门负责提纯繁育“三系”(不育系、恢复系、保持系),社队组织杂交水稻制种。当年,全县14个公社、59个大队有杂交稻制种田5909亩。1983年起，建立由省农业部门提纯,地区繁殖,县内制种的繁育体系。1991—2004年,县内累计杂交稻制种1.40万亩,生产杂交稻种子1725.28吨,平均亩产123.53公斤。2006年后,县内停止制种,种子市场逐步放开。

猕猴桃系列产品开发　1984年，县科委技术干部王乐群对猕猴桃等小水果的资源、深加工与市场调查,并试制部分产品。次年,将生产技术转让给沔渡乡果品厂。该厂所产猕猴桃罐头、果脯打入北京、唐山、长沙等市场。猕猴桃罐头获株洲市1985年食品行业新产品奖。

绞股蓝开发　绞股蓝在县内素有零星、小群分布。1987年,县科委下达人工栽培试验任务。1987—1988年科研人员同时采用有性繁殖和无性繁殖方法,在水口、大院,平乐、中村及林科所栽培成功。1989年,全县栽培10亩,亩产鲜草2500公斤。试制的绞股蓝茶畅销县内外。

第四节　科技革新开发

水轮泵发电　1968年,水电局技术干部陈远超在石洲公社指导修建水轮泵站时,根据“可逆式水轮机原理”改装水轮泵,既可抽水,又可发电。当年在沔渡公社狮头大队试验成功。次年在十都公社梅冲大队兴建一座6BA—12型水轮泵发电站。此后,山区多采用水轮泵发电照明。1974年《中国科技简报》对这一革新予以报道。

筷子篓格栅潜拱坝　水口电站筷子篓拦河坝,原设计为砌石重力坝。1976年,水电局干部吴建成等根据坝址地形、地质情况,改为格栅潜拱坝。坝体最大高度7.2米,坝面弧长26.4米,厚3米,坝内空心槽1.2米。与原设计方案相比,节省资金15.46万元,省工6.23万个,且坝体体积缩小,引水含沙量减少,泄洪面增大。大坝工程获省水利水电科技进步一等奖、优秀设计奖、优质工程奖。

春江筏道施工方案改进　春江筏道位于船形乡春江电站拱坝右侧,主坝工程于1981年3月建成。为解决排筏过坝,由湘潭地区林业设计队设计筏道,酃县林业基建队施工。施工期间,县林业工程队技术人员彭怀政、李广初等征得原设计单位同意,将原两孔8米跨径的石拱改为一道跨径15米的钢筋混凝土梁,降低工程造价3229元,并使排筏行驶平稳,节省拆散排筏过坝的时间与费用。1982年,项目获国家林业部工程质量和安全施工二等奖。

高档竹木地板生产技术　2006年,中冠竹木制品有限公司承担市科技成果“高档竹木地板及生产技术”转化项目的实施。公司创新竹木片料生产流程,采用纵横交错拼板方式,提高坯板成型压力等新工艺,生产系列环保高性能耐磨竹、木地板。产品式样美观、质量上乘,荣获株洲市科技成果转化优秀项目三等奖,获实用新型和外观设计两项国家专利。中冠竹木制品被列为湖南省名牌产品,“中冠”商标被列为湖南省著名商标,生产技术被列入国家星火计划。

硬面材料制造　2010年7月,江钨博大硬面材料有限公司采用高新技术生产难熔金属粉末、热喷涂粉末,铸造炭化钨、结晶钨粉等硬面材料,产品主要应用于航空航天、石油钻探等多个领域,属钨制品下游产品,产品出口欧美。其中结晶钨粉占国内市场份额80%。是国家《高新技术企业认定管理办法》颁布实施后,炎陵县被国家科技部认定的第一家高新技术企业。

湘玉瓷　1986年省陶瓷研究所研究成功。次年,县经委引进湘玉瓷生产技术,在箱式电炉中烧制成功。随后购进推板式电窑一台,创办湘玉瓷厂。以钾长石为主要原料,经配料、成型、上釉、烧制等工艺,试制出15种工艺瓷产品。该瓷种乳白透黄,手感温润似羊脂,光泽柔和如玉。1989年,省轻工业厅鉴定,确认湘玉瓷生产工艺属国内首创,质量达到国际水平。当年,被列入湖南省“星火计划”,并获省科委颁发的科技新产品奖。

清水笋　1987年,县外贸公司清水笋加工厂将原生产设备进行配套改造,引进技术,改进生产工艺,产品成本降低,质量提高。所产"船牌"清水笋罐头于1988年11月在全国首届食品工业博览会上获铜牌奖。

工业硅　1987年,酃县铁合金厂从上海引进生产工艺试制工业硅。8月试制生产309吨。经省质监部门鉴定,认为该产品几项主要指标达到国内同类产品水平,填补省内空白。产品远销西欧、日本等地。当年12月,酃县铁合金厂被省经济委员会、省对外经济委员会和省进出口商品检验局列为商品质量保证合格企业。

蚕桑基地开发　20世纪70年代初,种桑养蚕成为部分农村的重要副业。西片、南片沿河社队种养犹多。1973年,县农产品公司从江苏、浙江聘请蚕桑师傅24人,传授种桑养蚕技术。1981年,桑园面积2994亩,产茧88吨。

1991年,洣水流域蚕桑基地技术开发(酃县段)项目报湖南省山区开发中心立项,下拨周转金30万元,当年开发866亩。1992年聘请省蚕桑研究所副研究员林高堂作技术指导。1993年,在三河乡龙伏村建立百亩"三年一步成园"示范基地,全县桑园发展到4500亩。县供销社成立茧丝绸公司,实行产供销一条龙管理。

食用菌产业开发　1993年,县食用菌研究所引进食用菌新品种及椴木栽培技术,在全县推广。1994年,全县产食用菌2000吨,产值600余万元。1995—1996年,县食用菌研究所筛选16个品种进行试验栽培,选育出7个新品种。1997年,县食用菌研究所和县供销社食用菌开发公司合作,从福建引进新菌种和袋栽新技术。当年培植袋栽香菇200万袋,栽培椴木香菇2000立方米,杂木木耳2000立方米,其他菇类2000平方米,年产值700万元。

新世纪梨基地开发　1993年,原下村乡台胞朱代将与乡政府签订合同,租赁云里村167亩低产单季稻田种植新世纪梨,投资52万元,开发基地167亩。1994年春移植4年生幼树,次年有70%挂果。果实以形美质优赢得消费者青睐,首次投放市场,每公斤销价58元。1995年,县委、县政府将新世纪梨开发列入县"九五"星火科技计划项目。次年又被列入省、国家星火计划项目。1996年,在大院、策源、下村等乡(场)种植2170亩,成片果园多建于800—1200米高山。1998年,果园大面积推广套袋和棚架整形技术,果实质量提升,被誉为无公害高山雪晶梨。至2004年,县内新世纪梨种植面积1.13万亩,套袋栽培面积6800亩,年产套袋梨1650吨。炎陵新世纪梨外形美观,果皮薄且乳白光润,果肉白色,细嫩无渣,芳香多汁,风味浓甜,单果重200—280克,可溶性固形物含量12%—13.5%,品质极佳。连续2年荣获湖南省优质水果评比金质奖,产品先后销至新加坡和菲律宾市场。

第五节　科技引进推广

常规水稻优良品种　民国28年(1939),省农业改进所在酃县设立工作站,从事良种引进和推广。民国30年,改进所引进黄金籼,两户农民播种12公斤,种植2亩。次年引进胜利籼,两品种种植92亩。民国33年,增至132.2亩。至民国36年,累计推广726亩,平均亩产

270公斤。

1952年,从安仁县引进试种双季晚稻品种一五粘,平均亩产250—300公斤。1953年,从醴陵、宁冈两县引进早稻南特号。1955—1961年,南特号栽培面积占全县双季早稻80%,一五粘栽培面积占双季晚稻90%。1962年,县农科所引进矮秆品种矮脚南特号,在区域试验中,表现具有耐肥、抗倒伏、抗病害等特点。1965年,大量引进早稻南陆、珍珠矮、湘矮早、中籼桂武粘、晚粳农垦58等矮杆品种。次年,县内早稻矮秆品种种植2万亩,占早稻面积45.1%。1972年全县实现水稻品种矮秆化。

1978年,农业局从省农科院引进温选青种子0.5公斤,在城东公社颜家大队第四生产队作倒种春繁殖,试插0.1亩,收干谷44.1公斤。次年作早稻种植2亩,亩产362.6公斤。1982年,全县种植8412亩,亩产均在400公斤以上,比同类品种高40—75公斤。呈早熟、抗性较强等特点。

1980年,从福建厦门市农科所引进花术糯种子0.1公斤,当年冬到海南岛单本繁殖,收种子32公斤。1981年,回县布点秋繁9亩,1982年种植1148.8亩。1983年,种植7408.6亩,占全县糯稻面积60%,亩产400公斤。

1982年,种子公司从安仁县引进HA79317—7、HA79317—4、HA80848共3个品种,当年试种157亩,均表现抗病虫害、米质好等特性。1984年,扩大到5100亩,平均亩产373.8公斤,比一般早稻增50公斤左右。1982—1985年,全县累计种植4.22万亩,并向外地提供种子75万公斤。

优良林木品种引进 1973年,县林科所从攸县引进薄壳油茶,从广西岑溪引进软枝油茶,从江西引进红花油茶3个优良油茶品种,共栽植330多株。3年后均结果,比本地油茶提早3年,且抗病能力强。受"以粮为纲"观念影响,油茶生产未受重视,引种没有推广。

1979年冬,船形乡从泸溪引进葡萄桐种子。次年春种植112亩,表现出结果早、产量高、果实丛生性强等特点,产油率比本地品种高50%—200%。1986年,扩种至8个村25个组,种植面积452亩。1988年,县林业局、青石冈林场技术人员从北京房山县引进已经驯化的日本落叶松种子5公斤,分别在大院农场、青石林场将军山工区育苗栽植并获成功,为县内高寒山区树种贫乏提供一条新的解决途径。

杂交水稻推广 1975年,县农业局从湘潭地区农科所引进杂交水稻南优2号种子0.5公斤,在良种场试种,并派人到广西、海南制种。次年,成立杂交稻优势利用小组,在全县16个公社推广,种植面积9150亩。1979年,县农业局科技人员开始指导各社、队繁殖杂交稻种。当年,全县杂交稻种植面积10.74万亩,平均亩产380.5公斤。1981年,农业局用自制威优6号种子,在三河公社天平大队桐子园生产队种植107.19亩。早稻亩产418.8公斤,晚稻亩产426.56公斤,获湘潭地区"百亩杂交稻模式栽培"竞赛第一名。1983年,县农业局组织"双杂亩产吨粮田"示范与推广,至1988年,全县共推广"双杂亩产吨粮田"2.41万亩,亩产1013—1032公斤。1991—2004年,县种子管理站向农户推介高产优质的杂交水稻良种,先后引进杂交水稻子928.8吨。

酃县白鹅的保种与开发　酃县白鹅具有生长快,耐粗饲、肉质好、羽毛纯白、抗病力强等优良特性。因原产于酃县一带而得名。1984 年,列入湖南省地方良种,载入《湖南省家畜家禽品种志和品种图谱》。1986 年录入《中国家禽品种志》。2006 年,被农业部列为国家级畜禽遗传资源保护品种。2007 年度被农业部选入国家种质资源基因库地方良种。2009 年,国家农业部授予酃县白鹅为中华人民共和国地理标志产品。酃县白鹅原种场成为首批 97 个国家级畜禽遗传资源保种场之一。酃县白鹅在县内有养殖场集中饲养和农户分散饲养等方式繁衍,并建有鹅肉加工厂,产品销国内各大市场。

速生丰产林工程建设技术推广　1985 年,县林业局根据农业区划要求,将营造速生丰产用材林纳入林业发展重点。组织林业工程技术人员对各乡镇、村进行测量规划。在 17 个乡镇、6 个国营林场按速生丰产林营造技术要求,成片营造幼林 1236.4 公顷。1988 年,经中南林业规划院组织验收,保存率 83.7%,平均生长高度 2.15 米,地径 0.8 厘米,达到和超过国家林业部、湖南省同类丰产林先进水平。至 1988 年,全县共营造速生丰产林 7300 公顷。1991 年以后,国营林场、个体农户均采用此法营造用材林。

锦绣黄桃引进及标准化栽培　1987 年,从上海市农业科学院引进锦绣黄桃苗木,进行试种。1995—1999 年全县大面积推广,在海拔 400—650 米区域建园 215 公顷。标准化示范园位于平乐乡洞子村,面积 10 公顷,海拔 550 米。果实 8 月中旬成熟,果皮金黄色,平均单果重 235 克,果肉金黄,可溶性固形物含量 16.0—18.0%,风味独特,香气浓甜。苗木栽后第 2 年开始结果,4—5 年进入盛果期。采用高效、低毒、低残留农药防治病虫害,应用振频器诱杀和套袋等方法防止虫害。产品经中国绿色食品发展中心审核,认定为绿色食品 A 级产品,许可使用绿色食品标志。2014 年,全县栽培 7800 亩,其中挂果面积 3500 亩,产量 2800 吨。

高山无公害反季萝卜生产　2002 年,引进韩国萝卜新品种农大根等进行试种,当年成功生产出高山反季节萝卜,并总结出一整套高山反季萝卜栽培技术。大院农场利用独特的高山气候、土壤条件进行反季节栽培,一般单个重 1—1.5 公斤,具肉质松脆、味甜多汁、营养丰富等特点,品质极佳。最高亩产 5000 公斤,平均亩产 3500 公斤。2004 年 7 月,获得国家农业部颁发的无公害农产品认证证书。

早熟梨(萃冠)引进　2003 年,县科技局从湖南省岳阳县引进早熟梨—萃冠苗木 500 株,在霞阳镇黄沙垄试种。苗木生长良好,正常开花结果,适宜在炎陵县种植。现县内广泛种植。

特色红薯品种引进　2003 年 2 月,县老年科技工作者协会从湖南农科院特色红薯示范基地引进特色红薯川山紫。该品种皮紫黑色,肉紫红色,外形美观,呈纺锤形,单个重 200—300 克,大的 600 克。可生食,熟食则集色、香、软、甜于一体,富含花青素。当年在霞阳镇希望果场试种成功。次年,在霞阳、水口、平乐、三河等 4 个乡镇示范推广。现广泛种植。

笋竹两用林高标改造丰产技术　2004 年,县内实施笋竹两用林高标准改造项目。先将混于竹林中杂树、杂草砍去,再垦复、施肥、合理留取母竹,操作容易,示范性强。是辐射面广、投资小、见效快、林农增效、财政增收的生态五保型项目。2005年,确定为湖南省农业标准化示范项目。2008年3月,被国家标准化管理委员会列入第六批全国农业标准化示范项目。已建成的笋竹林既为用材林又为经济林,同时可保持水土,改善生态环境。县内企业利用楠竹加工优质竹地板、竹胶板、竹帘、竹凉席、工艺品等,竹笋制成清水笋、烟笋、笋罐头。全县有笋竹两用林32万亩,竹笋产品销往全国各地,并出口欧美及东南亚各国。

砂糖橘栽培技术示范与推广 2005年,从广东四会引进砂糖橘,果实扁圆形,顶部有瘤状突起,蒂脐端凹陷,色泽橙黄,果皮薄,易剥离。引进后先在船形乡、三河镇小面积试种,所结果实果形指数0.84,果皮厚2.5毫米,平均单果重47.14克,囊瓣平均9.3瓣,可食率70.59%,可溶性固形物含量16.75%,香气浓,风味更佳,内在品质超过原产地。次年,全县种植砂糖橘800余亩。

苏太猪繁育推广项目 2006年,腾飞畜牧有限公司承担实施苏太猪繁育推广项目,公司建苏太猪原种繁殖场一个,栏舍5栋,面积2400平方米,引进原种苏太猪100头。畜牧水产局举办苏太猪饲养技术培训班10期,培训600余人次。聘请5名专业科技人员对母猪饲养户和苏太猪专业养殖户进行跟踪服务和指导,采取协会+基地+农户产业发展方式,逐步建成产、供、销一体化经营模式。

柑橘新品种大分一号引进 2010年1月,县科技局从浙江省象山县引进柑橘新品种大分一号600株。该品种属特早熟温州蜜柑品种。县内种植后,表现树势强、丰产、稳产、肉质嫩、风味浓、成熟早的特点,成熟果实平均单果重90克左右,扁圆形,果皮橙黄色,较光滑,囊衣薄,汁多,减酸增糖快,9月中下旬可溶性固形物可达10.5%,甜酸适度。适宜在县内栽种。科技局建大分一号新品种示范园10亩,为采穗母本园和育苗基地。现广泛种植。

黄姜基地开发 1993年,炎陵县从安化县引进黄姜种子,在桃源洞试种成功。1995年12月,县乡镇企业局成立炎陵县黄姜联合开发推广站,负责全县黄姜种子供应,产品回收和栽培技术指导工作。1995年,全县有城东、沔渡、十都、垄溪、策源等乡镇试种,共计140亩,最高亩产1500公斤。1996年元月,县人民政府将黄姜列为炎陵县支柱产业进行开发,成立黄姜开发领导小组,县科技局编印《黄姜栽培技术小册子》500份,并安排科技"三项经费"。当年,全县种植400亩。后因收购、加工滞后而未形成产业。

第六节 科技合作

技术援助 1992年,株洲市16家厂矿企业和科研院所与酃县13个乡镇建立合作关系,帮助酃县新建8个乡镇企业,年产值470万元,年利税79万元。当年12月,县科委帮助县化工厂从株洲工学院引进硬质合金——锌熔粉生产项目与技术,年利润20余万元。

1993年,日本协力队先后派遣岛田明彦、宫林司至炎陵县考察,提供120万日元食田菌研究设备，合作开发食用菌新品种、新技术。县内食用菌生产得到快速发展。1999 年3月，日本花甲协会水果专家重田利夫到炎陵讲学，到下村、大院新世纪梨基地现场传授技术。

千斤拔试种　2005 年，县科技局承担株洲千金药业股份有限公司与中国科学院西双版纳植物研究所合作的千斤拔人工种植试验课题。2006 年，在三河镇天平村小面积试种，获得初步成功。2007 年 10 月，采 2006 年试种小区产千金拔根茎送千金药业进行色谱鉴定，其药性完全达到指标要求。2008 年 7 月，县政府与千金药业股份公司合作建设炎陵中药材 GAP 基地成功签约，在炎陵良种场建千斤拔药材 GAP 基地 200 亩。

杉木加工剩余物高效利用关键技术　2012 年，炎陵县振盛木业与中南林业科技大学共同研究杉木加工剩余物高效利用关键技术。当年 10 月，省科学技术厅鉴定委员会专家认定，研究成果居国内同类研究领先水平，适合杉木产区推广。2013 年 5 月，振盛木业在县林业科技推广站指导下进行推广应用。先从杉木屑中蒸馏提取杉木精油，再用蒸馏后的杉木屑制造刨花板。该项技术为杉木屑利用起到示范作用，杉木得到全方位利用。现已建成杉木加工剩余物高效利用示范生产线。

第七节　科技扶贫

1991 年 4 月，国务委员、国家科委主任宋健主持，在县城召开酃县、茶陵、桂东、汝城、平江等井冈山地区湖南五县党政领导参加的科技扶贫开发工作座谈会。提出要在 90 年代努力把井冈山老区建成社会稳定发展、经济发达的示范区。同年 8 月，以李翔为团长的国家科委井冈山地区科技扶贫团一行 7 人到酃县考察，确定将酃县水果、笋竹林、速生丰产林等 9 个项目列入国家科委“八五”期间科技扶贫开发项目，每年下拨科技扶贫经费，派出扶贫团指导工作。当年，酃县成立科技扶贫领导小组和科技兴县指挥部，制定《科技兴县方案》和《科技扶贫规划》。1995 年 10 月，国家科委扶贫办李定梅副主任、顾问赵素彬等到炎陵县视察，并召开井冈山地区湖南五县科技扶贫座谈会。1996 年 6 月，省人大常委会副主任刘玉娥视察炎陵县科技扶贫工作，针对科技扶贫县产业开发存在的困难，向省人民政府递交有关支持炎陵县科技扶贫议案。省政府决定：“原已下拨给科技扶贫县要回收的 300 万元不再回收，留给县建立科技扶贫发展基金，周转使用，滚动发展。”省财政厅、省计委等部门资助炎陵县 50 万元用于建设科技培训中心。1997 年 3 月，炎陵县评为全国科技扶贫先进集体，县长何龙彪获评全国科技扶贫先进个人，并在全国科技扶贫工作表彰大会作典型发言。1998 年9 月，国家科技部副部长韩德乾至炎陵县指导技科扶贫工作，考察大院农场新世纪梨基地、县中冠竹地板厂。至 2003 年，国家科技部先后 11 次派科技扶贫团视察指导工作，累计拨给科技扶贫资金 428 万元，其中无偿拨款 386 万元。建成名优水果、笋竹林、速生丰产林基地。

第三章　科技管理与服务

第一节　科技管理

一、科技计划管理

1978 年，县科委制订全县科学技术发展纲要、中长期规划和年度计划，负责各类科技计划项目的申报、推荐和管理工作。科研项目由实施单位申报立项，县科委审查后，报上级科委批准立项，并会同计划、财政部门下达科技计划项目，由项目主管单位组织实施。1979—1990 年，批准立项 214 项。其中，省级 6 项，地（市）级 36 项，县级 172 项。

1991 年后，县科局（科委）根据工农业生产实际需要和全国各地科研成果交流情况，每年筛选 10~30 个科技成果推广（转化）项目，报县政府批准，由各相关单位组织实施。由县科技局与承担单位签订合同，集中管理。各级财政拨给项目专款扶持。至 2014 年，实施科技成果推广（转化）项目 710 项。其中，国家级 14 项，省级 40 项，市级 67 项，县级 579 项。国家财政拨给项目经费共 156.2 万元，省、市拨给 548.8 万元，县内自筹 6752.7 万元。

二、科技成果管理

1980 年，实施国家《自然科学奖励条例》，科技成果由各部门、各行业自行管理改由县科委集中管理。1986 年，成立科技进步奖评审委员会，各部门申请成果奖励，由县科委组织有关专家进行鉴定、验收，经县科技进步奖评审委员会评审，报县政府批准。分年度召开授奖大会。对重要科技成果报送上级科技管理部门评选。1978—1990 年，获部、省级科技成果奖 1 项，厅（地、市）级奖 29 项，市局、县级奖 324 项。

1993 年 6 月，县政府下发《关于提高酃县科学技术进步奖励标准的通知》，科技进步奖标准由原来一等奖 300 元提高到 1000 元，二等奖由 200 元提高到 800 元，三等奖由 100 元提高到 600 元。1996 年 3 月，颁布《炎陵县科学技术奖励办法》。1999 年 6 月，县政府发布第 1 号令，再次提高科学技术进步奖标准，一等奖 3000 元，二等奖 2000 元，三等奖 1000 元。2011 年 3 月，县政府常务会议再次修订《奖励办法》，设科学技术杰出贡献奖、科学技术进步奖、科学技术成果推广（应用）奖和青少年科技创新奖，各奖项每 2 年评审一次。科技杰出贡献奖每次授予人数不超过 2 名。奖励标准：科技杰出贡献奖 5 万元；科技进步奖分一、二、三等，奖金分别为 3 万元、2 万元和 1 万元。新增科技成果推广（应用）奖，分一、二、三等，奖金分别为 1 万元、8000 元、6000 元；新增的青少年科技创新奖，分一、二、三等，奖金分别为 2000

元、1000 元、500 元。

1991—2014 年，炎陵县获省科技成果及科技进步一等奖 2 个、二等奖 1 个、三等奖 1 个、四等奖 4 个；获地市级一等奖 1 个、二等奖 4 个、三等奖 14 个；获县级一等奖 14 个、二等奖 19 个、三等奖 23 个。全县获省、市、县科技奖励共 195 人次。先后有马安健、吴建成、陈建宇、单书成、曾庆章获科技兴县奖；宁志钦获株洲市科技兴市突出贡献奖；汪立人、马安健获株洲市科学技术重大贡献奖。

三、技术市场管理

1984 年，开始对技术市场进行管理。1985 年，将果脯、罐头、精制（强力）米粉等生产技术实行有偿转让。1988 年 7 月，科委下设科技市场管理办公室，按照《中华人民共和国技术合同法》对技术市场进行指导，协调业务部门关系，推动技术市场发展，审批技术商品贸易酬金，贯彻执行技术贸易政策、法规。至 1990 年，办理技术贸易登记单位 27 个，从业人员 64 人。认定登记的技术合同 20 份，技术贸易成交额 28 万元，新增产值 500 万元，利税 100 万元。1994 年，技术市场管理办公室改为管理股。当年，核准技术贸易机构 14 个，通过年审的有炎陵县科技开发中心、炎陵县科技咨询服务部、炎陵县经委技术推广站。1997 年，注销 5 个没有开展活动的科技贸易机构。当年组织县乡企业产品参加'97 中国双新交易会、首届林产品博览会，中冠竹地板、神风牌 202 中猪饲料、神农剑茶获交易会科技创新金奖。中冠竹地板、新世纪梨获金奖，大院木制花瓶获银奖。1991—2003 年，认定登记技术合同 244 份，技术贸易额 1053.3 万元。2004 年后，科技市场由市科技局管理。

四、科技经费管理

1971 年起，科技经费由上级主管部门随项目下达。1978 年，省、地（市）科委从科技立项经费中的重大科技研究、新产品试制、中间试验三项经费中划出部分归县安排，专款专用。1979—1990 年，共使用科技经费 47.39 万元。其中，科技事业费 27.18 万元，科技三项费用 20.21万元。1985—1990 年，回收经费 3 万元，列入科技发展基金，用于科技再投资。1991 年后，除县财政安排科技三项费用外，县科技局向国家、省、市科技主管部门申报项目，上级随项目下达科技扶贫周转金。1991—2014 年，向国家、省、市申报 121 个项目立项，随项目下达科技专项费用 705 万元。县财政对接省市考核目标的比例要求，安排科技三项经费 6752.7 万元。科技三项经费和上级科技部门下拨的科技专项费用，由科技局与项目承担单位签订合同，专款专用，滚动发展。

五、专利管理

1995 年，申报专利项目有电风扇自动风车等 3 项，受理登记有便携式多功能垂钓箱（申请号 951005)和双轮双向转盘式耕整机(申请号 95236988.5)。城东乡木工厂谭福云开发生产的专利产品—木制折叠床,走俏长沙、株洲及广东市场,年创产值 18 万元,利税 3.6 万元。1997 年,科技局协助霞阳镇建成炎陵县第一家生产专利产品为主的民营科技型企业——城东竹木工艺厂。1979—2014 年,全县申报专利 526 件。其中,发明专利 23 件,外观设计 503 件。

第二节 科技服务

1985 年 1 月,成立科技咨询服务中心(后改为咨询服务部),隶属科协。1986 年,县科委、科协采取技术培训、上门技术服务、提供科技信息和发放科技贷款等方式,开展科技扶贫。1988 年,县咨询服务中心组织科技人员咨询服务 365 人次,受益单位 49 个,帮助 24 个企业单位扭亏为盈,增加产值 77.2 万元。1989 年,有 13 个学会和协会开展咨询服务 65 次。县医学会成立健康咨询门市部,为科技群团开创第一个科技服务实体,全年咨询服务 1 万人次。1990 年,由科技扶贫转为科技开发与示范。科技部门以城东乡草坪村为基点,完成基地造林 2100 亩,开发高标准油茶林 1530 亩、名优特水果 150 亩、吨粮田 1200 亩。至 1990 年,共开展咨询服务 5.69 万人次,咨询服务项目 196 项。科技扶贫 1367 户,其中基本脱贫或已脱贫 748 户。

1993 年 8 月,由省科委资助、国家科委扶贫团指导,县科技局筹建县内第一家微机信息终端站,2002 年 12 月更名炎陵县信息情报站。信息情报站利用国家万方数据库查询科技信息,为全县科技发展、经济振兴提供服务。2003 年元月 9 日向株洲信息港申请域名,25 日正式开通。为获取科技信息与市场信息,推介炎陵县产品开辟了一个新的窗口。

2005 年,株洲市科技局将炎陵县列为全市科技信息"户"联网工程试点县。6 月 2 日,科技信息热线服务中心成立,设专家组、农技骨干组和农业技术协作组,同时,开通"96318"科技信息服务热线电话。服务中心为用户提供专题信息,处理农民技术难题,推广新技术、新品种、新农资。2011 年 4 月,炎陵县被列入湖南省科技厅区域科技条件服务平台建设试点县,信息情报站授予湖南省科技基础条件平台竞争情报工作站称号。网站容量由 300 兆提高到 500 兆,由普通宽带升级到 4 兆光纤。网站设三大栏目:一是以炎陵相关图片、通知公告、政策法规、炎陵资讯、炎陵科技等为主体;二是以竞争情报相关内容为主体;三是以走进炎陵,介绍炎陵为主体。设置《炎陵县农村科技信息"户"联网》《三农热点》《农业技术》《涉农政策》《市场分析》等专题。2013 年,信息情报站列为全省农村农业信息化试点单位。依托湖南省竞争服务平台,建立以县科技信息情报站为中心的炎陵县农村农业信息化服务平台,并先后在霞阳、鹿原、下村、水口等 10 个乡镇建立农村专业合作组织服务站点。进一步完善农村科技信息服务网络,增强科技信息服务功能。2014 年,在农业农村信息化服务平台注册的涉农企业用户 20 家,平均每月发布有针对性的产业情报与科技信息 136 条,累计发布动态信息万余条,图片信息 1.5 万余幅,专题报道 500 余条,信息发布量居全市前列。

第二十九篇　文化　体育

炎陵山水不仅养育了一方百姓,而且荟萃了四方人文。远古农耕,遗韵犹在;先后移民,自强不息;南风北俗,荟萃融合;形成丰富多彩的县域文化。

第一章　文　化

第一节　机构

一、管理机构

中华人民共和国成立之初,县人民政府设教育科统管文化教育事业。1956 年,设立体育运动委员会,设正副主任管理体育工作。1984 年,机构改革,成立县体委,设专职主任。1980 年,县文化局从教育局分出单设,成为全县文化事业专职管理部门。1994 年 12 月,县文化局、体委合并成立县文化体育局。2011 年 11 月,炎陵县文化体育广电新闻出版局挂牌组建,全县文化相关行业行政管理职能归并统一。2014 年末,内设办公室、文化行业管理办公室、文化股、体育股、新闻出版广电股、市场管理股。下辖文物局(含纪念馆、红军标语博物馆)、文化馆、图书馆、炎帝文化演艺公司、电影发行放映公司、体育运动学校等六个事业、企业单位。

二、群众文化机构

(一)民众教育馆

民国 26 年(1937),在县城西后街三民小学(罗氏祠堂内)创设民众教育馆。职员 4 人,罗卓杰任馆长。内设教导组、艺术组、阅览室、中心民校。民国 30 年 2 月,增设收音室。抗日战争期间,民众教育馆成立壁报组、歌咏戏剧队、抗建剧团、话剧团,印刷抗日宣传品,宣传抗日救亡。民国 33 年,侵华日军压境,加之经费奇缺而撤销。民国 35 年恢复。次年,因县参议会占用馆房再次撤销。

(二)文化馆

1951年12月,成立县文化馆,设于大操坪。工作人员4人,唐丰华任首任馆长。内设阅览室、游艺室、借书室, 有乐器、道具和演出舞台,图书3000余册。1959年与茶陵并县,文化馆活动停止,部分图书散失。1961年分县,恢复活动。“文化大革命”开始后,文化馆并入县毛泽东思想宣传站。1972年重设。1978年,省文化厅、湘潭地区文化局拨款,于井冈路与文化路交叉口新建馆舍。次年,县文化馆评为湖南省和湘潭地区群众文化先进单位、全省先进文化馆。1985年,陆续添置乐器、服装、音响、照相器材、办公设备。1993年,在原址新建文化馆大楼,面积2734平方米。新馆设施齐全,功能多样。当年评为全国标准文化馆、湖南省一级文化馆。文化馆除担负全县音乐、美术、舞蹈、演唱活动辅导,指导乡镇文化站工作外,还承担公祭炎帝陵仪仗队的组织、培训和道具、乐器管理。2000年后,负责全县非物质文化挖掘、整理、报批以及传承和保护工作;组织、举办大型文化演出活动。2014年,对场馆进行全面修缮改造。向社会开放形体训练室、舞蹈排练室、健身房等活动室。免费开办音乐、美术、器乐、舞蹈等培训班。

(三)文化站

1952年,建立十都、水口、河西3个乡(区)文化站,开展读书读报活动,辅导农村业余剧团排练、演出。1958年,各公社设文化站。1960年全部解散。1963—1966年,公社文化站相继恢复,每站配辅导员1人。1968年再度解散。1973—1974年,先后恢复。辅导员多为兼职,经费欠缺,活动难以开展。1979年,县文化馆为每个文化站培训一名辅导员。80年代,文化站先后设电影队、放像队、业余演出队、图书室、电视室。有的公社(乡)还修建影剧院和体育运动场。1986年,酃县成为株洲市第一个乡乡有文化站的县。1987年,沔渡乡文化站被列为全省11个农村窗口文化站之一,1990年,获省文化厅授予的先进文化站称号。当年,全县有乡镇文化站17个。1991年,开展乡镇文化站上等级活动,要求有一院(电影院)、一窗(宣传橱窗)、二室(文化室、图书室)、四队(电影队、放像队、文艺宣传队、体育运动队)。各乡镇增加资金投入,添置设备,开辟场地,培训农村文艺活动骨干,开展群众性文体活动,先后达标。十都、水口文化站分别评为株洲市明星乡镇文化站、全省百强集镇文化站。沔渡、霞阳评为全省群众文化艺术之乡。十都镇获湖南省龙灯艺术之乡称号。2000年始,各乡镇开展综合文化站建设。2014年,全县15个乡镇文化站均达到综合文化站标准要求。

(四)俱乐部 文化室

1950年,始建村级俱乐部,1956年发展到32个。俱乐部组织读书、读报、学文化,教唱歌曲,排练文艺节目。1958年全县各生产大队都建立俱乐部。1960年停办。1963年恢复到24个。1965年,举办酃县首次农村先进俱乐部经验交流暨文艺会演大会,演出节目40余个。

1972 年,生产大队俱乐部改称社会主义文化室。主要活动为读报、学唱《毛主席语录》歌和样板戏选段。80 年代,农村实施文明村镇建设,各村兴办图书室、阅览室、电视室、游艺室。中村乡梅岗村还建有电影院、民乐队。文化室除开展文娱体育活动,还组织村民学习文化,交流致富信息。1989 年,全县有村文化室 108 个。90 年代,在乡镇文化站上等级活动中,建村文化室 123 个,涌现文化示范户 102 户,农村文艺活动骨干 1671 人。2007 年,村文化室改建为农家书屋,置有报刊、图书、电子音像和网络设备。2014 年,全县有农家书屋 214 个。

(五)社区文化活动中心

2000 年后,县城东、南、西、北 4 个社区相继成立文化活动中心。设有图书室、文艺活动室。活动中心与关心下一代工作协会、老年大学、县城中小学等组织联合开展读书、歌咏、舞蹈、健身、联欢、慰问敬老院老人等活动。

第二节　群众文化

一、演唱

民国 31 年(1942),模炳小学师生组织演出队,演出《汉魂》。随后,县民众教育馆陈建中、吴道志等人组建抗建剧团,县中学成立新生剧团,深入乡村,演出话剧、歌剧,宣传抗日救亡。

1950 年,酃县中学成立业余剧团,在全县城乡巡回演出《赤叶河》《白毛女》《兄妹开荒》《绣金匾》。1952 年,下村同乐乡组建县内第一个农村业余剧团,春节期间演出《九件衣》,观众感动得当场流泪。为提高演员水平,1953 年,县文化馆选派 4 名业余演员到郴州群众业余文艺骨干培训班学习。1954 年,农村剧团发展到 16 个,全年演出 221 场,观众 7.77 万人次。

▲20 世纪 60 年代文艺下乡演出

业余剧团于农闲演出,演员不要报酬,以参与为荣。既演花鼓戏、歌剧,也有表演唱、渔鼓词、相声、快板、莲花闹、独唱、合唱、舞蹈等。《刘海砍樵》《蓝桥会》《朱买臣卖柴》《六郎斩子》《穆柯寨》等,是经常演出的传统节目。反映农村土地改革、合作化、兴修水利、科学种田的自编节目更受农民喜爱。剧团演出之日,人们扶老携幼、奔走相告。夜间火把蜿蜒,如同盛大节日。

1955 年 1 月,县城举办为期 4 天的全县民间文艺观摩汇演,138 人参演,观众 4 万余人次。《人往高处走》《不能走那条路》《雨过天晴》评为优秀节目,推荐参加专区、省农村群众文艺观摩会演。此后,农村业余文化活动蓬勃开展,每年都举行会演。1965 年 9 月,举办全县农村先进俱乐部经验交流会暨文艺创作汇演，26个业余剧团(含俱乐部)、243名业余演员参演，演出节目40个，历时5天。评选先进演出单位15个，演出奖7个，创作奖11个，“五好”文艺宣传员10名。“文化大革命”开始后，节目内容多为学习毛泽东著作、歌颂井冈山根据地、宣传阶级斗争和两条道路斗争。1970年，举行首届酃县民兵营、连业余文艺会演，284人参演，演出节目102个。其中《水口民兵飒爽英姿》《靶场小息》等26个节目评为优秀节目。1976年，全县农村文艺创作会演，39个业余剧团(含俱乐部)760余名演员参演，演出节目126个，观众1.3万余人次。1979年，县文化馆将各公社文化站辅导员，集中于十都、水口公社业余剧团组，组成文艺服务队，指导排练《刘海砍樵》《喜荣归》《真的对不住》《牛多喜坐轿》等戏。在全县演出63场。

1983年，县文化馆从县城各机关厂矿选出23名业余文艺爱好者，组成职工业余剧团，在全县8个乡37个村演出73场。新编计划生育戏《儿女传奇》受到好评。因人员分散，难以集中，5个月后自行解散。同年，举办全县首届农民音乐会，161名歌手登台演唱。1990年，赵媛丽参加株洲市农民歌手大赛，获最佳歌手称号。至1990年，全县共举办文艺会演46次。

1993年8月，湖南省政府首次公祭炎帝陵。文化馆组织10个乡镇600余名民间文艺爱好者，成立12支表演队、42支民乐龙狮队举行盛大龙灯会。1994年，举办“炎帝颂”文艺晚会，全县16个乡镇、28个县直机关702人参加演出，演出节目69个。1999年10月，举办50周年国庆、澳门回归、迎接新世纪“炎帝颂”大型广场晚会。全国政协副主席毛致用，省委副书记、省长储波，省政协主席刘夫生，省委副书记吴向东，省委常委、宣传部长文选德等党政领导及中外嘉宾亲临观看。

2000年，举办新世纪龙年九九重阳“龙的传人”炎帝陵祭祖大典暨迎接新世纪建设新炎陵文艺晚会、全球华人新千年炎帝陵寻根祭祖迎宾晚会。2001年，庆祝中国共产党成立80周年，举办1200人参演的“颂歌献给党”大合唱比赛。2002年起，县内开展月月乐活动，每月在县城广场举办一场文艺演出。2004年培训数百名中学生合唱团参加祭祀典礼仪式。2008年，组建炎帝合唱团、炎陵客家山歌合唱团。举办炎陵飞歌歌手大赛，200余名歌手参赛，29名选手入围参加总决赛。沔渡农家姐妹罗晓艳、罗晓玲“双火组合”，登上中央电视台“星光大道”。此后，相继举办“有色之光”“歌唱祖国、唱响炎陵”“老区老人红歌赛”“庆国庆，抒情怀”“创国家卫生城”等专场文艺晚会30余场。2010年清明，举办海峡两岸民俗文化展演；重阳节举办“福寿健康久久长”尊老敬老文艺晚会。2012年，举办“庆两会、贺新春”“唱响中国、喜迎十八大”晚会和首届“株洲歌王”电视大赛炎陵区专场比赛。2014年，组织“欢乐潇湘，美丽炎陵”大型群众文化系列活动。活动于4月24日开幕，历时3个月。分民星大舞台、罗霄放歌四县联演、文艺调(会)演三大部分。演出11场，节目300多个，其中原创作品40个。机关单位、乡镇1500人次参演，年龄最大的75岁，最小的2岁半。观众4万余人次。

二、舞蹈

龙舞 县民好舞龙，村庄、家族都有舞龙班子。遇节庆、喜事，常舞通宵，以增添喜瑞之气;遇丧事,外戚亲友则以舞龙祭奠,以示礼节隆重。县民多山居,庭院、场地局促,故以3、5、7节龙为主,每节长约0.6—0.8米,少有10余节长龙。龙头龙身骨架以竹篾编制,外披绘有鳞片的彩布。西片和水口、策源、中村、城东等地舞香火龙。东乡十都、沔渡舞火星龙。有的地方流行板凳龙、竹节龙、蓼叶龙、草药龙等。舞龙时配锣鼓唢呐,燃放鞭炮、烟花。1993年后,每逢炎帝陵公祭典礼,仪仗队配有20余节长龙。1997年10月9日,县城举办"炎陵重阳百龙会"大型巡游晚会,有12个种类102条各色彩龙参加,百龙狂舞,万人空巷。

狮舞　以狮头分有文狮、武狮。文狮儒雅庄重,武狮威武雄壮。造型有单狮、双狮、雄狮、禅狮、黄毛狮、香火狮、云头狮、青草狮等。狮舞重技巧。沔渡的舞狮能手能在数张叠起的八仙桌上表演高难动作。狮舞常于春节与戏班轮流表演,白天舞狮,晚上唱戏,俗称"狮子带采茶(戏)"。1993年,为公祭炎帝陵组建舞狮队,多次参加县内大型文艺活动。

灯舞　俗称摆灯、迎灯。灯舞用的灯称花灯、彩灯。分吊灯、座灯、壁灯、提灯。旧时用蜡烛、油灯照明。花灯以竹、木、麻线、铁丝扎制框架,用绫绢、彩纸、明球、羽毛、贝壳等材料装饰,经过裱糊、编结、刺绣、雕刻、剪纸、书画等工艺制成。花灯图案有十二生肖、五谷丰登、六畜兴旺、玉兔望月、仙人推磨、猴子上树、刘海戏金蟾、三打白骨精等。灯舞花样有排灯(扁角灯)、风车灯、太平灯、走马灯。水口、木湾一带的"竹马灯",由几个至几十个打扮靓丽的童男童女组合,前扎马头、后扎马尾,随音乐翩翩起舞。20世纪80年代十都圩每年元宵节举行盛大灯会,称之"摆龙灯"。各种花灯舞于圩头巷尾,伴以龙舞狮舞,锣鼓唢呐,热闹非凡。2013年,十都镇获湖南省龙灯之乡称号。

茅山教　属宗教祭祀舞蹈。流行于十都、沔渡、霞阳、垄溪、水口等地。其中有"上刀山""过火岭"。"上刀山"的表演者赤足攀上捆扎有十几至几十把利刃的木柱上,脚踩利刃登至最高处,完成各种高难动作。"过火岭"即在场中置大火一堆,待烧有许多红炭时,表演者赤足起舞,从炭火上面走过。意在迎神驱邪,除疫祛灾。20世纪60年代消失。

腰鼓舞　秧歌舞　1950年后从北方传入。舞步简约,节奏明快,男女老少皆宜。县城每逢集会或节日,大操坪几十上百人随着锣鼓节奏起舞,场面欢快热烈。

"忠字"舞　"文化大革命"时期兴起,多配合毛泽东颂歌与"语录歌",边唱边跳,热情洋溢。

现代舞　20世纪80年代初,集体舞、迪斯科、霹雳舞传入。末期,又引入交谊舞、伦巴、探戈。参与者中青年居多,一般在舞厅进行。1990年,有营业性舞厅4个。2000年起,广场健身舞风靡城乡。一到夜晚,县城各处空坪都有中老年人随着悦耳的音乐翩翩起舞,成为一道靓丽风景。2010年前后,由文化体育部门推广到乡镇及部分村,中青年农民,尤其是妇女多有参加。

三、绘画　雕塑　书法　摄影

(一)绘画

明代,周希尧"涉历诗史书法,尤工画",称"写生妙手"。清代,邓柯、陈福春水墨画称著吴楚间，“邓以人物显，陈以山水重”。罗先馨善写真，所画人物“行止坐卧，宛然若生”。罗承邦善写物，“其画牛，得劳逸作息之状”，呼之欲出。

民国时期，刘泳久善山水，以工笔见长。唐鹤松工山水，善画梅。贾兆熊善翎毛，长山水，融书画于一体。谭寿山工水墨，精雕刻。

1949年后，县内美术创作活跃。1954年，吴若光版画《过去的战场，今日的工地》获中国人民解放军征画三等奖。1975年，举办酃县首次美术展览，展出作品45件。随后举办科普美术创作展览、青年美术展览、妇女美术展览、少年儿童美术展览、储蓄美术展览。1984年，陈林生漫画《霸王求情》《思凡》参加全国第六届美术展览，《霸王求情》获省佳作奖。吴若光版画《黄洋界》编入湖南美术出版社出版的《风景小品》画册。1988年，业余美术爱好者刘青春创作水印版画《白花》《深夜，这里静悄悄》，先后在中国美术馆展出。1990年元月，刘青春举办县内首届个人画展。90年代，多人专攻钢笔画。一批青年画家脱颖而出，成果丰硕。刘红军钢笔画《古桥》《小镇今昔》《乡村小景》《桃源洞风光》等作品于2005年入编大型美术画册《当代素描艺术》《当代速写艺术》《中国艺术博览》。次年，巨幅钢笔画《炎帝陵风光》在全国首届钢笔画邀请赛中展出。2008年起，又有《森林（凝霜）》《岁月有痕》相继获全国第三届、四届钢笔画画展金奖。期间，邓文勇钢笔画《逝去的风景》获银奖。全县有多名作者的钢笔画作品《树抱石》《神农飞瀑》《古树参天》《晨曲》《离离原上草》《深秀》《溪》等入选画展。周峻宇油画《高楼大厦平地起》在浙江省美术作品展中获二等奖；《油菜花与客家妹》在第二届全国群众文化美术书法大展中展出；数十幅水粉静物画为《美术院校考题全解—色彩》等书刊出；钢笔画《新生》在全国群文系统文艺作品选集刊登。张祖柱多次参加全国书画大赛，获奖10余次。2014年，刘红军钢笔画《日落而息》《牧归》《等待》《炎陵美》参加中国美术家协会等单位主办的“新荷浴辉”首届新钢笔画展，《日落而息》为鲁迅美术学院收藏。

（二）雕塑

清代，县人宋山姥善书画、工雕刻，“近邻得其竹刻者，视若珍宝，密不示人。”谭显启善泥塑，作人肖像时与人对坐闲谈，藏细泥于袖中，顷刻即成，生机逼肖。民国时期，康乐乡上西江洲木匠罗春龙善雕龙凤，犹工花草树木。炎帝陵、关王庙、城隍庙，以及罗、孟、张、万姓等宗祠都有其雕刻。民国30年，整修阳麓仙，与长沙有名的李师傅各雕1根7层漏花走边双龙戏珠木柱。雕成后90余位工匠一致称赞罗的技艺高出一筹。主事另奖稻谷百担。

20世纪80年代始，县内兴起根雕。1985年，林场职工刘辉煌根雕作品《观音座莲》，获国家林业部根雕艺术展一等奖。1993年，其作品《西游记》获国家林业部根雕艺术展二等奖。2000年后，城乡专业与业余根雕作者达100余人。作品大多作为旅游商品外销。

（三）书法

清代，罗沛、尹明经、罗光熙、李绳忠、曾治之等人书法闻名遐迩。罗琼璋“楷法尤劲秀，得者奉为拱璧”。民国期间，唐鹤松、贾兆熊、刘泳久、孟乾初等人书法颇有造诣。

20世纪50—60年代，县内书法界影响较大的有曾如松。80年代，习书者渐多。1986年，尹晓毅书法作品在省农业银行举办的书画展中获一等奖。1989年，成立酃县书法工作者协会。当年,张志雄书法作品发表在《中国书画报》。至1990年,全县举办书法展10次,展出作品400余件,参加书法竞赛的超千人。90年代,县图书馆聘请书法教师,开办书法培训班,培训了一批书法爱好者。

2000—2010年,先后有黄建中、黄建林、张志雄、谭立军、张建宇、张建云等人书法作品入展中国书协主办的各种书法展并获奖。郭建平、段贱华书法作品分别获省金融系统中信杯书法赛一、三等奖。谢和连、李小友、霍泽勇书法作品在省书协举办的展会上展出并得奖。唐武生书法篆刻作品集、黄建林书法作品集先后出版。至2014年,有黄建中、谭立军、张志雄、张建宇等加入中国书法家协会。加入湖南省书法家协会10人,加入株洲市书法家协会29人。

四、摄影

民国27年(1938),茶陵人陈进先在王家渡开设酃县第一家照相馆。次年,照相馆迁至县城南门口,取名雪鸿照相馆。

20世纪50年代,一些机关单位因工作需要,购置照相机,一批专业和业余摄影工作者相继出现。70年代,成立摄影协会。摄影爱好者钻研摄影艺术,水平不断提高。唐学琴于1970年始,先后在《人民中国(日文版)》《解放军画报》《湖南日报》等报刊发表《女伐木工》《山区夜明珠》《井冈西麓》《送戏下乡》《采菇》等作品400余幅。刘会生摄影作品《师徒》《老中医》《小淘气》参加1984年湖南省举办的第二届人像摄影展,获得好评。谭振楚所摄《山村老农》被选送参加全国第三届人像摄影展。李时雄《高寒山区放映员》《女子放映队映前宣传》等作品在《湖南日报》发表。1980—1990年,全县举办4次摄影作品展览。90年代,摄影爱好者剧增,作品题材逐步拓展。桃源洞、炎帝陵景区风景以及民俗风情为摄影者所钟爱。1994年,举办全县“神农杯”摄影大奖赛,收到作品147件,获奖34件。此后,有莫剑华摄影作品两次在《中国摄影报》发表,何品佐的《客家火星龙》《东风梯田》等多幅作品在各级媒体发表,并在省、市摄影大赛获奖。2000年后,数码相机普及,摄影爱好者队伍不断扩大。“摄友”跋山涉水,用光和色记录秀美炎陵。

第三节　文学　艺术

一、文　学

清同治《酃县志》载明、清朝文苑名人45人。周仕仪、刘稳、尹荣祖等20余人著有文学著作40余种。清雍正年间(1723—1735),八都(今下村)女诗人朱梅秀有《寒英诗稿》传世。民国时期,何鼎丞著《何鼎丞诗文全集》,刘鼎汉著《血溅昆山》,刘乐扬著《冷如花》等。

1949年后,县文化馆先后创办《山歌》《映山红》《酃县文艺》《湘山》等不定期刊物,刊载县人业余文学作品。1979年,县文化馆萧成荫短篇小说《孟春花》发表在《湘江文学》第1期。1985年,中村中学教师李天亮短篇小说《金樱子》,首先茂短篇小说《一泓明丽的清水》,黄建林新诗《无题》分别在《人民文学》第11期和湖南《文学月刊》第1、6期发表。1989年,首先茂小说《局长的变化》获"丁玲杯"文学创作优胜奖。至1990年,全县有62篇文学作品在省级及省以上报刊发表。

20世纪90年代,青年教师兰戈出版《我用伤心的手蒙住眼睛》等3部诗集,黄建林出版诗集《苦楝歌谣》,王锡堂出版长篇传记文学《张经武传》,萧学菊出版中、短篇小说集《林间的诱惑》。其间,炎陵文化研究会创办《炎陵文化》,收集县内外有关炎帝、炎帝陵、炎帝文化、炎陵县文化等方面的文学作品。

2000年始,先后创办《炎陵荟萃》和《神农风》(县文联)、《石洲文学》(石洲乡办)、《鹿原文学》(县一中办)等文学刊物,刊登业余文学爱好者作品。2000年7月,黄建林《今日炎帝陵》在《人民日报·海外版》发表。

此间,文学创作进入繁荣时期,新人新作迭出。2002—2014年,先后出版文学作品40余种。

诗歌、散文作品:黄建林诗歌、散文集《乡村笔记》《老家》等6种,李天亮散文集《度释人生》,张观怀散文集《炎陵漫步》,黄润妹散文集《点辣椒长不出萝卜》,刘青崧诗集《琴声集》,欧阳建平诗词集《松声竹韵》,罗玉珍诗集《喧嚣与孤独》。

小说作品:萧学菊长篇《回到家园》;黄建林长篇《爱在神农谷》《炎帝神农氏说传》,中短篇集《凉桥旧梦》《爱情没上保险丝》,中篇《与你无关》《朱二贵,你这个坏分子》(获2009年中国作家协会创作年会一等奖);谭博文长篇《铁血兵魂》;谭博文、魏笑宇长篇《我把热血献给你》;邹绍龙历史题材长篇《元嘉狂飙》;邹绍龙、刘青崧历史题材长篇《天下南风》;王锡堂人物传记《张经武将军传》,纪实文学、报告文学集《红土情怀》等。

编著作品:廖德文《炎陵历代诗选注》,周新发《鹿原古韵》,周新发、罗炳生《炎陵故事》,周新发、张观怀、罗炳生《炎陵歌谣》,朱建军主编的《天下炎陵——"炎帝神农杯"诗词楹联精品选》等。

二、音　乐

(一)民间音乐

山歌　境内群山连绵,地阔人稀。人们习惯吆喝对答,兴致好时即拉腔拖调,顺口成歌,并形成相对固定的腔调,俗称山歌。唱山歌是山民消乏舒困、释放精神压力和交流感情、传递信息的重要方式。农家莳田、割禾、摘茶子,作兴帮工,山坡田头,歌声此起彼伏。炎陵山歌诙谐风趣,内容不外生产、生活、爱情等。本地人、客家人、瑶族居民都爱唱山歌,但曲调、音韵各有特色。20世纪80年代后,年轻人喜欢流行歌曲,对传统山歌热情不高。90年代,县文化馆发掘、整理出一批传统山歌。2000年又整理创作了一批新山歌。2005年,炎陵客家山歌被列为县级非物质文化遗产保护项目。尹秉华将多年收集的山歌汇编成《炎陵飞歌》,传统山歌得以保护和传承。2006年,《客家人喜欢唱山歌》获广东泛珠三角优秀客家山歌邀请赛金奖。2009年,《山歌唱来丫哇(戏谑语)多》获湖南省艺术节金奖和非物质文化遗产保护贡献奖。2014 年,原创客家山歌类节目《春耕》,获湖南省"欢乐潇湘"大型联演活动一等奖。

山歌歌词选

山歌好唱难起头,木匠难做八角楼,石匠难雕石狮子,铁匠难打钓鱼钩。

一下鼓来一下锣,作田郎子爱唱歌,好好山歌唱两担,一年割得两年禾。

要唱山歌就开声,莫要等到打三更,等到三更人睡尽,山歌再好有人听。

茶树开花笑盈盈,茶树底下好交情,茶树千年不落叶,哥妹万年不断情。

配曲山歌选

山歌唱来丫哇多

(炎陵原生态客家山歌)

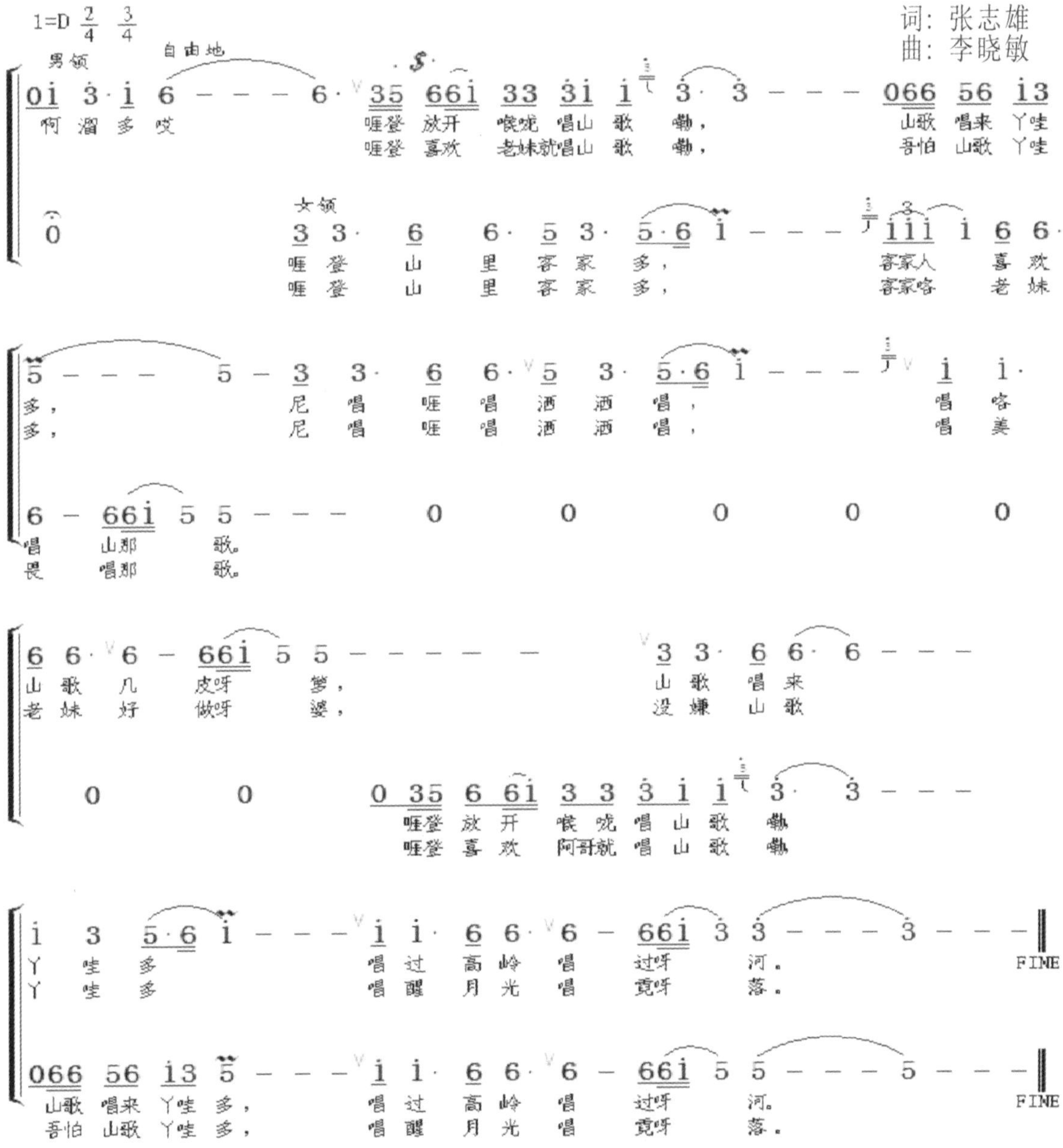

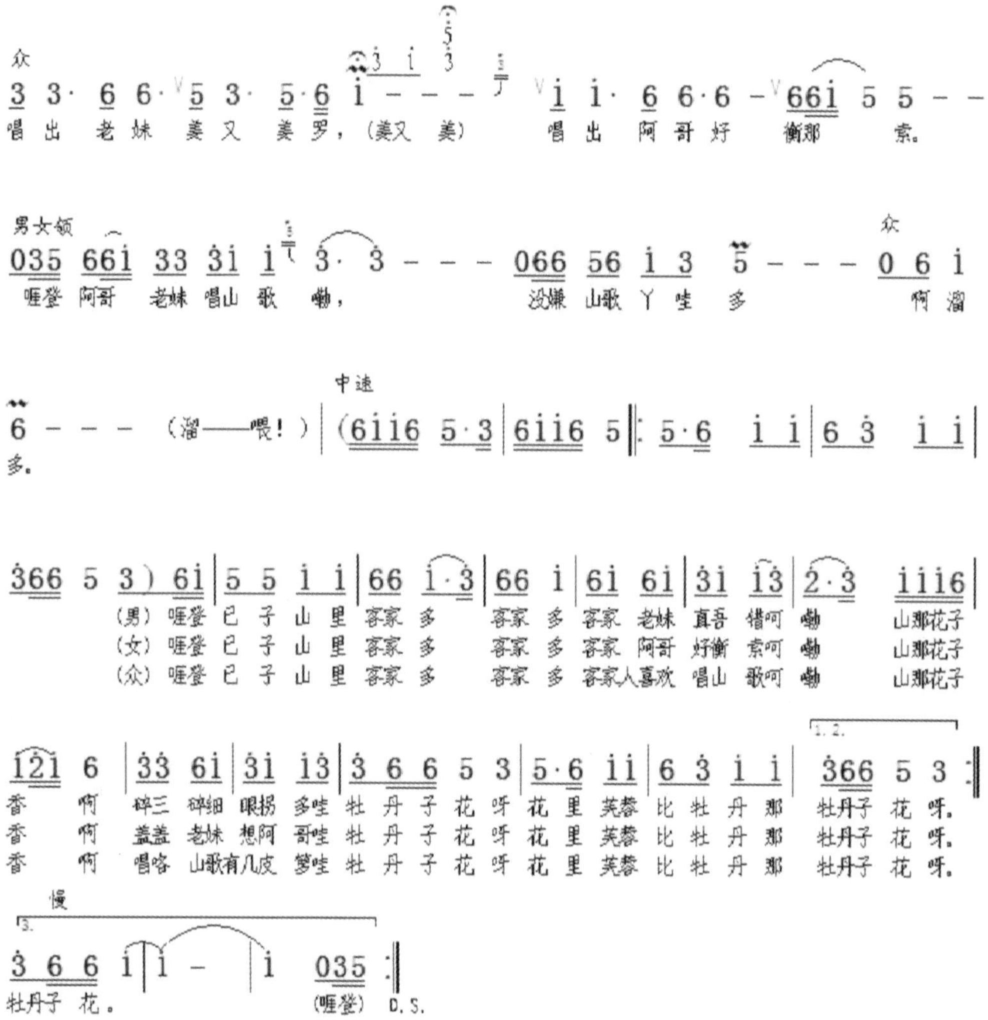
众
唱出老妹美又美罗，(美又美)
唱出阿哥好衡那索。
男女领
喱登阿哥老妹唱山歌嘞，
没嫌山歌丫哇多
众
啊溜多。
(溜——喂！)
中速
(男)喱登巳子山里客家多 客家多客家老妹真吾错呵嘞 山那花子
(女)喱登巳子山里客家多 客家多客家阿哥好衡索呵嘞 山那花子
(众)喱登巳子山里客家多 客家多客家人喜欢唱山歌呵嘞 山那花子
香啊 碎三碎细眼拐多哇牡丹子花呀花里芙蓉比牡丹那 牡丹子花呀。
香啊 盖盖老妹想阿哥哇牡丹子花呀花里芙蓉比牡丹那 牡丹子花呀。
香啊 唱咯山歌有几皮箩哇牡丹子花呀花里芙蓉比牡丹那 牡丹子花呀。
慢
牡丹子花。
(喱登)
D.S.

小调　小调演唱是县人的重要娱乐形式，尤以清末、民国时期为盛。冬闲围炉取暖或夏秋夜晚纳凉，人们常哼唱小调抒怀解乏。较为流行的有《送郎调》《戒洋烟》《十劝郎》《十劝妹》《柑子树上打白花》《十月怀胎》《探妹》《骨牌调》《五更劝夫》《孟姜女哭长城》《十杯酒》《十二月长工歌》等。20 世纪 80 年代后，人们的娱乐方式、生活情趣多样化，小调面临绝迹。

小调选

送郎调

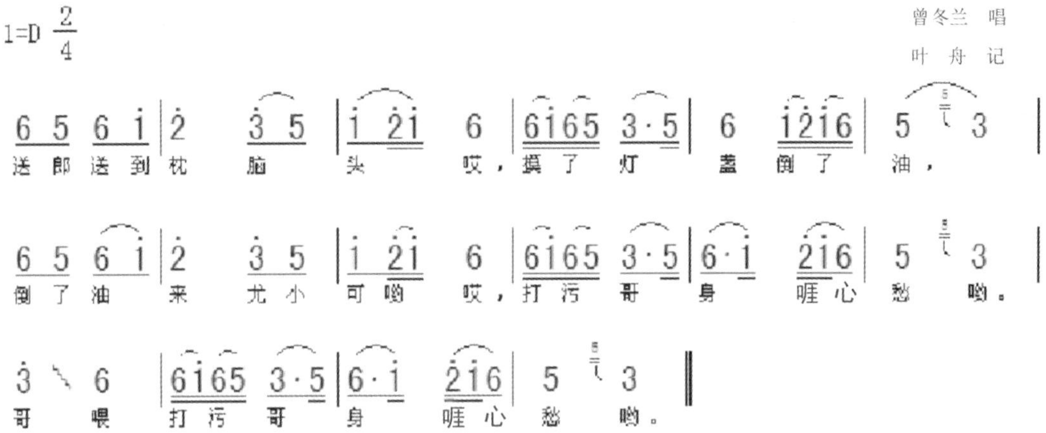

丝竹乐　丝竹乐多用二胡、月琴、京胡、大筒、箫、笛等乐器合奏、齐奏或独奏。在民间祭祀活动中称“小乐”。演奏者多为民间乐手，普及程度不如小调。

县内流行的丝竹乐曲牌有《天下同》（又名《小拜门》）及《八板子》《快板令》《哭竹》（又名《富竹》）《一枝花》《下山虎》《落店》《梳妆台》等。至今，城乡红白喜事鼓乐队仍有演奏，但不普遍。

丝竹乐曲牌选

天下同

又名《小拜门》

陈俊田等演奏
李晓敏 记谱

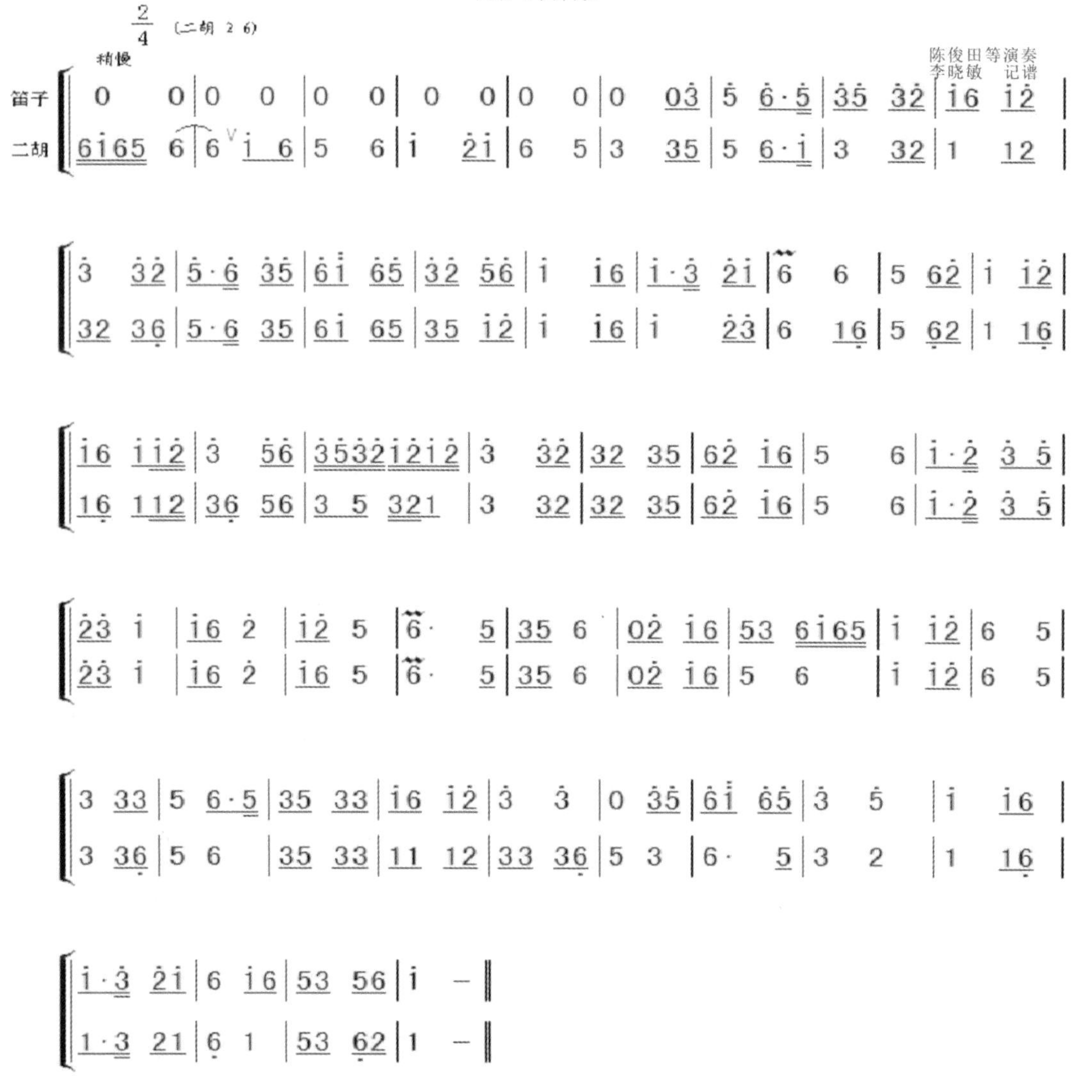

吹打乐 吹打乐多由两支唢呐加一套锣鼓，于婚丧、舞龙、舞狮时演奏。堂鼓指挥，司鼓与锁呐演奏者多为半职业人员，称“吹鼓手”。较有名气的以城关镇居多。流行的吹打乐曲有《南山耕田》《扯笋》《送伞》《双采莲》《八板头》《双蝴蝶》《画眉钻山》《探妹》（又名《狐狸闹街》）等。

东南山区还流行一种传统锣鼓乐，名“高山滴水”。以高音小锣 1 面，大钹 2 副，70—80 厘米直径大铜锣 3 面以上，甚至几十面。不用唢呐，由堂鼓指挥。乐谱为：

得 / 得得 / 且 / 得得/ 且得 / 且得 / 匡—，或为：得 / 得得 / 且 / 得 / 得 / 得得 / 匡—。

吹打乐曲牌选

八板头

《狐狸脑街》

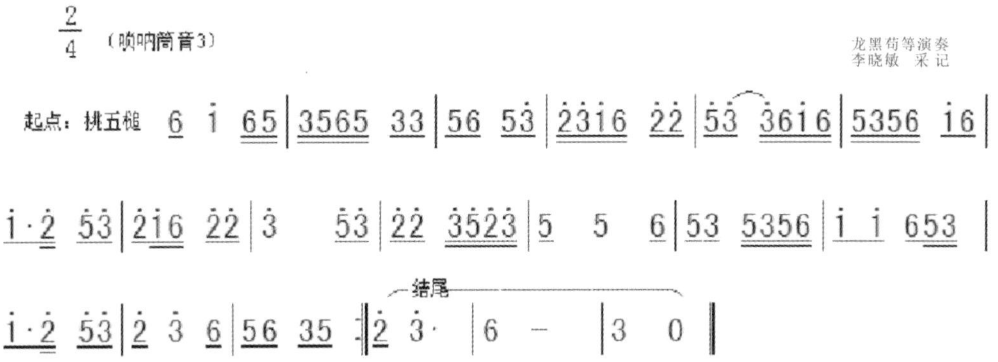

吹树叶　用树叶吹奏乐曲，音色清脆悦耳。农民在山上田间劳动之余，可随手摘下树叶吹奏山歌小调。1957 年秋，县文工团在沔渡乡苏洲村演出时，台上表演吹树叶，台下观众自发和奏，台上台下连成一片。1973 年 8 月，县剧团参加湘潭地区文艺会演，尹华松用树叶吹奏《在北京的金山上》《延边人民热爱毛主席》，获得好评。此后，在联欢或会演时，常有吹树叶节目。

铜管乐　1985 年春节，水口乡水西村成立县内第一个农民铜管乐队。有小号 3 把、中号 1 把、长号 1 把，军鼓 1 套，民族打击乐器 1 套，唢呐 2 把、胡琴 3 把。吹奏乐曲多为群众喜欢的流行歌曲。乐队走村串户，为乡村红、白喜事演奏，有时也参加群众性娱乐活动。随后，塘田、沔渡、城关、城东等乡镇相继组建农民铜管乐队，并增加键盘乐器。2014 年，东南西 3 片均有农民铜管乐队。

（二）音乐创作

抗日战争期间，炎陵县音乐爱好者创作一批抗战歌曲，广泛传唱，因无发表园地而失传。20 世纪 60、70 年代，业余音乐爱好者创作《俚话（我说）酃县好》《山里人爱唱歌》《井冈清泉》《井冈山人民热爱解放军》《叶家祠红灯闪闪亮》《木排摇摇下长沙》等歌曲，参加湘潭地区及全省调演。《荒山迎春鸟朝阳》《祖国的恩情》《哥不富裕妹不来》先后在《湘江歌声》等刊物发表。80 年代后，创作主题多为反映改革开放、井冈山革命斗争历史、炎帝精神、客家风貌等。参加省市创作歌曲调演、比赛及获奖的作品有《八个娭毑数票票》《山妹妹出嫁》《采桑姑娘》《泉之梦》《我爱山乡是真情》《山里妹子穿红鞋》《炎陵情思》《炎陵一个美丽神奇的地方》《圣地炎陵》《客家人喜欢唱山歌》《山歌唱来丫哇（戏谑语）多》《客家山歌洒洒（人人）唱》《春耕》《闭上眼做个好梦》等歌曲。《井冈嫂》《朱军长挑粮上井冈》《我当检察官第一天》《忘不了我那双舞鞋》等分别在《湘江歌声》等省级音乐刊物上发表。《欢迎您到炎陵来》成为旅游宣传的保留歌曲。

创作歌曲选

井冈山人民热爱解放军

南方草 作词
罗柄生 作曲

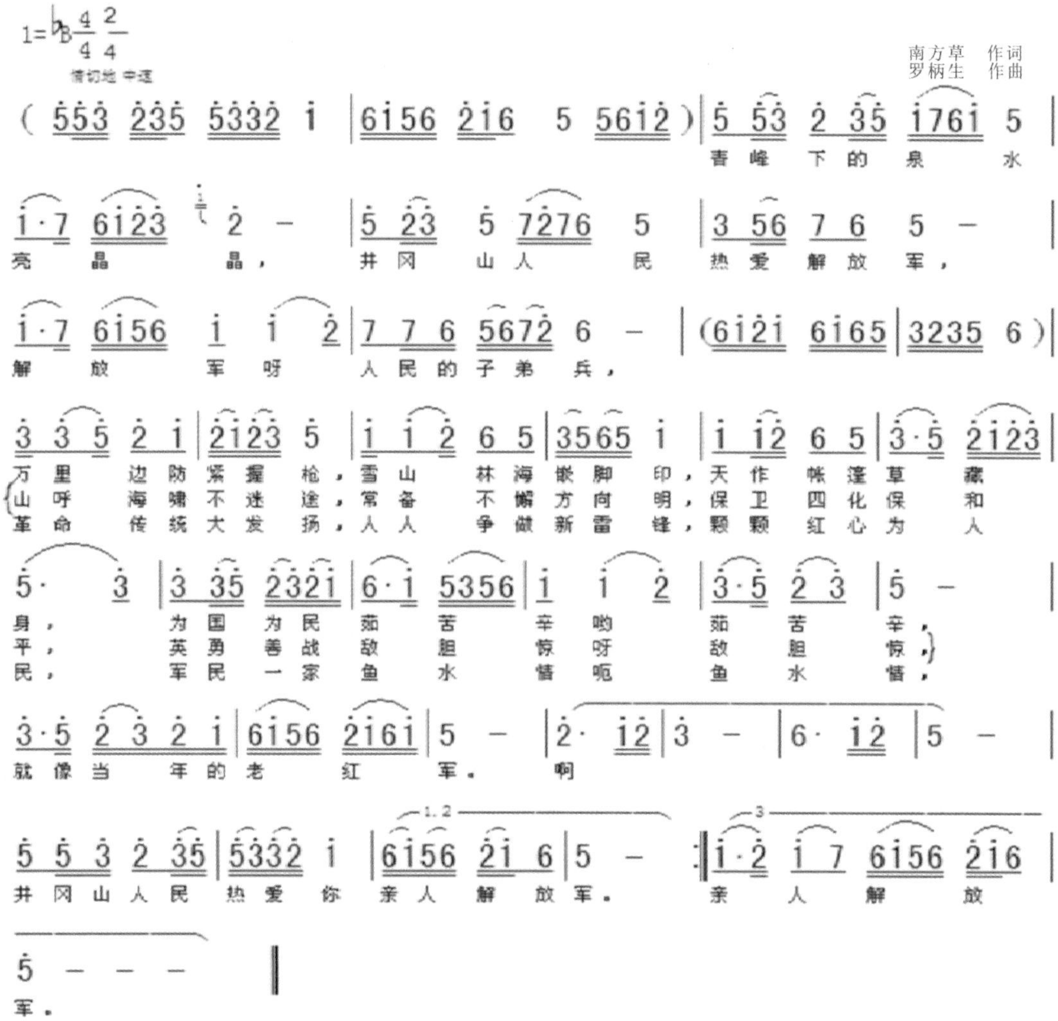

欢迎您到炎陵来

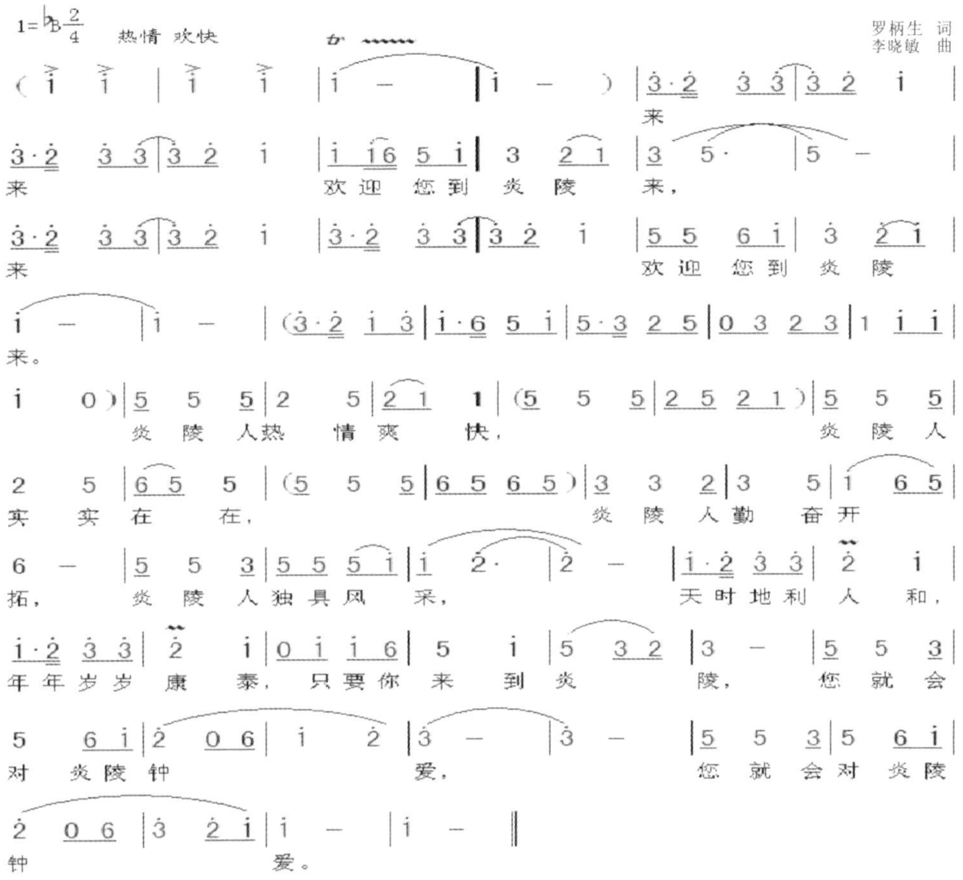

第四节　戏　剧

清代，县内“素好演剧。每岁夏间演唱多日”“城隍庙每岁诞期演戏奉祀”，县人如逢盛典，欣喜若狂。宣统年间(1909—1911)，塘田唐志修、唐万兴等倾家资筹办花鼓戏班，演员20余人。除在县内演出小型花鼓戏外，活动于周边县。

民国年间，长沙、衡阳、攸县、茶陵等地的湘剧、花灯剧、采茶剧、木偶戏先后传入。演出最多的是衡阳春台班、赵天成班，攸县娃娃班，茶陵石井班与仁和班等半灯半戏的艺班，也有江西吉安等地的采茶艺班。民国23年(1934)，沔渡刘汉文等拜茶陵、衡山艺人为师，创建沔渡戏班。初学板凳戏，后演花鼓戏。25年，茶陵艺人谭永鸿与县人陈育生、潘玉桥等创办永鸿凑角班。初演《蓝桥会》《小姑贤》等小型花鼓戏，后吸收衡阳、茶陵艺人入班，角色行当齐全，能演《蔡鸣凤》《杨子云过关》等大中型剧目。27年，沔渡洞里张某、尹某组建洞里戏班，请茶陵艺人授艺，演出《刘海砍樵》《磨坊生子》等花鼓戏。受地域与师从影响，此时县内采茶、花鼓等并存。

20世纪50年代初，县内无专业戏班。1958年，成立酃县文工团，张文陛任首任团长，初有38名演职人员。主要配合政治、经济工作，编排小演唱、舞蹈，也演歌剧、话剧。歌剧《两个党员》《红军妈妈》初演时场场爆满。1959年,文工团随县并入茶陵。1961年10月,成立地方国营酃县花鼓剧团,初有40人。流行于县内的歌剧、话剧、采茶剧逐渐为衡阳派花鼓剧取代。1964年,省委宣传部从省花鼓戏剧院调送7名专业演员,县委宣传部亦从宁乡、湘阴业余剧团招收7名演员,省戏剧学校分配杨光等2人到酃。酃县花鼓戏逐渐转为长沙派,演艺水平也明显提高。1965年8月,成立农村文艺宣传队,14名队员深入农村巡回演出花鼓戏、小演唱、弹词、歌舞等小型节目。县花鼓剧团既演现代戏,也演古装戏;既巡回于县内农村,也常赴外省、市、县演出。现代戏《三里湾》《野火春风斗古城》《江姐》《打铜锣》《补锅》《焦裕禄》,古装戏《十五贯》《生死牌》《荷珠配》《金钏会》《皮秀英四告》深受观众喜爱,成为剧团保留剧目。

1966年"文化大革命"开始,剧团演出活动一度停止,传统戏服装道具被烧毁。1969年,花鼓剧团改为毛泽东思想文艺宣传队,农村文艺宣传队随之解散,部分演员调入毛泽东思想文艺宣传队。1970—1976年,宣传队平均每年在农村演出190余天。

1979年,恢复酃县花鼓剧团。此时,演员年轻,行当齐全,管理规范,演艺精湛,剧团臻至鼎盛。由于县内需求不足,多到周边县市和外省演出。1980—1984年,共演出1718场(其中县外演出1512场),演出收入35万元,创历史最好水平。

1985年后,电视逐步普及,戏剧观众渐减,农村集体经济组织包戏成为历史。全县103个村级演出场地(包括部分古戏台),有87个被拆毁、变卖,剧团多在外县、市演出,赖以生存。1988年,剧团导演、编剧、骨干演员等11人调离,剩余人员实行责任承包。既演花鼓戏,又排演新潮歌舞。90年代,剧团实行定员定岗、按劳分配等改革措施。同时,培训小演员,外招业务骨干补充班子。相继排练《刘海戏金蟾》《蓝寄子搬砖》《三子争父》《蟒蛇洞》等大型传统花鼓戏,《小姑贤》《柜中缘》《喜荣归》等折子戏,《九峰山》《难咽的苦果》《木乡长》《军民鱼水情》《公民道德歌》《老知青回炎陵》等现代戏共30多个剧目,在县内和周边县市演出。禁赌剧《难咽的苦果》在桂东县连演9场,场场爆满。为维持正常运转,兴办舞厅,开展以文补文业务。此间,在参与县内群众文化活动的同时,承办知识青年第二故乡行文艺活动、庆祝井冈山革命根据地创建70周年、迎香港回归、湖南省公祭炎帝陵等大型文艺晚会。

2000年后,剧团体制改革,废弃档案工资,实行人员分流。组成一支18人的演出队,深入农村、旅游景点演出。2002年演出收入9万余元。2004年,更名炎帝文化艺术团。艺术团为适应县内旅游开发需求,排练"围猎""跳竹杆""大花轿""进酒山歌"等与观众互动节目。创作歌伴舞《"三个代表"进万家》,表演唱《客家人喜欢唱山歌》《湘山深情》《请到桃源洞里来》,小品《壮壮招亲》《在列车上》,舞蹈《红豆红》等,应约在旅游景点演出。2006年,为方便惠民演出,配发流动演出舞台车1辆,当年演出170余场。

2011年,创作排练《百龙争先》《桃花朵朵开》《新龙船调》《盛世欢歌》《麻辣婚礼》等30余个节目。先后参与平乐乡桃花节、炎陵云锦杜鹃花旅游节、海峡两岸文化祭、株洲市建军85周年双拥文艺晚会、贺新春联欢晚会演出。配合炎帝陵旅游活动演出156场,送戏下乡惠民演出70场,商业演出30余场。在"美丽株洲、精彩市运"运动会开幕式上演出《百龙争先》,受到观众称赞。2012年,艺术团改组,成立炎陵县炎帝文化演艺有限公司。公司自筹27万元,耗时 4 个月，排练音乐情景舞剧《神农颂》，在湖南省旅游风景区协会会议期间展演，获得好评。2014 年，创作排练《九品官上树》《俏花旦》《溜溜的情歌》《茶香中国》等 20 个节目，完成“政府买单、群众看戏”惠民送戏 90 场，炎帝陵公祭展演 47 场。

第五节　电　影

民国 28 年（1939）11 月，湖南省教育厅电化巡回施教一队在省立临时中学酃县分校（今三河镇中学）等地公映《中华儿女出征》，开县内放映无声电影之端。1951 年，中央人民政府南方老革命根据地访问团湖南分团在县城公映国产故事片《翠岗红旗》，是县内放映的第一部有声电影。1955 年，省电影总队第 77 队在酃县巡回放映国产彩色戏曲片《拾玉镯》，是县内放映彩色影片之始。

一、电影队

县电影队　1956 年 9 月，省电影总队第 77 队划归酃县，成立酃县第一电影队，共 3 人。使用捷克 OP 型 16 毫米放映机，配国产 1101 型汽油发电机发电。1958 年，成立酃县电影第二队，两队共 6 人，隶属酃县电影中队部。时大部分农村不通公路，下乡放映，由放映点安排 2 人抬发电机。许多农民对视之有形，听之有声的银幕大惑不解。放映时，每有人钻入幕后窥探，以为另有“机关”。

1965 年，电影中队部改名电影事业管理站，电影队发展到 4 个，全县设放映点 230 个。然地广人稀，山高路远，山区农民为看一场电影，竟打着火把夜行数十里，农村每人年均只能看到 4 场电影。1966 年“文化大革命”开始，绝大多数影片封存停映。当年发行收入仅 1.1 万元，比上年减少 42.1%。1980 年，电影事业管理站改名电影发行放映公司（简称电影公司），放映兼发行。此后，影片逐步丰富。大队、生产队与机关学校交叉包场放映。农村放映多在露天，人们扶老携幼，早早入场等候。1989 年，全县放映 8300 余场，人均看电影 21 场。

20 世纪 90 年代，电视、录像厅，卡拉 OK 厅渐多，电影观众趋减。1995 年，公司内部实行改革，精减人员，推行结构工资，开展多种经营，增设录像放映业务。组织 3 个放映队下乡放映，当年减亏 8.7 万元。1997 年，酃县电影院房产划拨城南小学扩建教学楼，县城仅有湘山电影院。当年放映进口片《泰坦尼克号》，连放 14 场，收入 2.7 万元，为单片最高收入。1999 年，通过购、租、交换方式引进影片 20 余部，县城影院全年放映 640 余场，电影队在农村放映 468 场，收入 15.3 万元。2000 年起，坚持影院、农村两个市场并重。投资 2.4 万元购置 4 台 16 毫米氙灯放映机，提高放映质量。至 2007 年，年均放映 1000 余场。2008 年，实施国家农村电影工程，农村实行免费放映，每村每月放映 1 场。上级配发电影工程车 1 台，数字放映机 7 台。公司组织 7 个放映队，下到全县每个村放映。当年国家补贴 28 万元。虽然受到娱乐方式多样化影响，仍保持年均放映 2400 余场。2014 年，电影公司有职工 16 人，放映队 7 个，放映农村公益电影 2457 场，上级补贴 48.4 万元。

社队电影队　1971年5月起,各公社先后组建电影队,使用8.75毫米放映机,配以脚踏发电机,全套设备35公斤。放映员从农村选调,每队2人。业务由县电影管理站(公司)指导、管理。所放影片多为几部“样板戏”。其时,农村文化生活单调,即使数次重映,仍是观众云集。县内首位8.75毫米影机放映员—策源公社电影队队长邱征平,一年行程1500公里,为社员放映电影。海拔1470米的梨树洲,农民下山看电影需带饭跋涉20余公里。邱征平电影队坚持每年上山放映8场以上,被评为湖南省电影工作标兵,并参加湘潭地区电影放映比赛,获操作冠军。1973年,全县放映点577个,平均每3.4平方公里、200人有一个放映点,全年放映7067场。生产队花5元钱即可包放一场。1975年,酃县以社办电影成绩显著,被中国电影公司定为全国发行放映系统2个联系点之一。当年有石洲、策源、三河、中村等公社22个生产大队成立电影队,多在本公社范围放映。1979年,全县有各种电影队46个,放映1.41万场,观众533.8万人次。1982年后,公社、生产大队电影队先后解体,至1985年,全县仅存沔渡公社电影队。

个体电影队　1983年6月,县内农民自筹资金,购买或承包公社电影队放映设备,兴办9个个体电影队。至1985年底,全县个体放映队增至78个,其中16毫米放映机队11个,8.75毫米放映机队67个。多为农家红白喜事包场放映。三河公社深坑大队潘建良租用大队礼堂首办个体售票放映厅。1990年后,由于电视普及,个体电影队逐年退出,8.75毫米与16毫米放映机亦相继淘汰。

企事业单位电影队　1971年6月起,县内有大院农场、龙井山医疗站、林业局、青石冈林场、水口电站、公路段、氮肥厂、龙渣学校等8个单位自办电影队。1979年,放映2300场。1985年后,陆续停办。

二、电影院

酃县电影院　位于县城新市街。1963年7月1日建成启用,占地2340平方米,影厅建筑面积570平方米,座位857个。初用长江54型35毫米移动式放映机。1970年安装松花江牌5501型弧光35毫米座机。1972年10月,放映朝鲜故事片《卖花姑娘》,为酃县首次放映宽银幕电影。1985年,松花江牌放映机搬至新落成的湘山电影院,以解放103A型35毫米移动式放映机代替。此后,日渐冷落。1998年,县政府将产权划拨给城南小学。

湘山电影院　位于县城井冈路。1983年5月15日落成。占地2259平方米,影厅建筑面积660平方米,座位1050个。影厅混响时间在1.5秒内。影院资料收入1985年华东地区影院资料汇编图集。1985年9月,添置金属银幕。同年,放映美国故事片《枪手哈特》,为炎陵县放映立体电影之始。1986年,添置5000瓦氙灯光源及立体放映光学设备,为酃县设施最好的影院。1989年,省文化厅授予电影发行放映先进单位。90年代后,由于电视普及,电影观众寥落可数。

水口影院　位于水口圩。1979年1月19日落成。建筑面积1056平方米,其中影厅510平方米,座位660个。有解放103A型35毫米移动式放映机,16毫米、8.75毫米放映机(配1101型、75型发电机)各1套。为配合水口革命纪念地建设,省电影公司拨款7万元资助。

1989 年,由影院退休职工个人承包经营。

十都电影院　位于十都圩。由十都乡政府筹资 16.7 万元兴建,文化局拨 1.8 万元资助。1986 年 9 月 1 日竣工开业。座位 619 个。设地下天然通风设施。1989 年 8 月 18 日,租给县电影公司经营。2012 年因城镇改造拆除。

1957—2014 年炎陵(酃)县部分年份电影事业一览表

表 29-1

年份	电影队(个)		放映场次	观众(万人次)	放映收入(万元)	发行收入(万元)
	公办	民办				
1957	1	—	203	13.23	0.73	—
1962	3	—	644	32.78	2.8	—
1963	3	—	764	47.10	2.24	0.99
1965	4	—	1337	87.53	3.71	1.90
1970	5	—	898	46.73	1.78	0.66
1971	6	10	2689	122.33	3.13	1.19
1973	4	17	7067	260.12	6.11	2.01
1977	4	39	9525	250.92	7.98	1.94
1979	3	45	14069	533.80	14.65	4.27
1985	3	81	8324	228.75	18.01	7.49
1989	4	55	8371	362.16	24.11	9.04
1990	4	42	4901	241.58	22.70	8.48
1993	4	—	3985	196.32	22.41	4.15
1995	3	—	1987	103.12	25.7	4.11
1997	10	—	749	23.6	17.01	3.10
1999	8	—	502	10.25	15.3	1.98
2001	6	—	1046	11.65	23.06	0.98
2003	5	—	1634	12.64	20.52	0.57
2005	5	—	1078	10.83	19.63	1.38
2007	5	—	1797	10.21	17.81	1.83
2008	7	—	2424	公益放映	28	—
2010	7	—	2424	公益放映	34.77	—
2012	7	—	2424	公益放映	43.00	—
2014	7	—	2459	公益放映	48.4	—

三、影片发行

1971 年 6 月，湘潭地区电影公司始将 8.75 毫米、16 毫米影片发行管理权下放给县。次年，建成影片仓库、检片室、试片室。县电影管理站严格按照《发行管理条例》规定，对影片的排映、检查、保护、运输、交接进行规范管理。1973 年，按大、中、小三种巡回圈放映点计划发行影片，建立台账。省文化厅将此经验在全省推广。视放映点不同，16 毫米影片租价分别为 6 元、8 元、10 元；8.75 毫米影片租价分别为 4—6 元。也可以日计场或实行浮动。1987 年起，允许放映队按月、季或按年承包发行费。

发行收入按比例分成。县得比例：1971—1982 年 50%；1983—1986 年 40%。1987 年调整为城区 11%，农村 19%，另补贴总发行收入的 27%。2001 年发行收入 9800 元，2007 年发行收入 1.83 万元。

第六节 图 书

一、图书发行

民国 9 年（1920），天平张俊山在县城创办精一书店，为县内首家书店。相继有启明、集益、民生等私营书店开业。主营学生课本，兼营文具、纸张。因生意萧条，精一、启明书店不到 3 年即歇业。集益、民生书店延续到 1950 年前后。

1950 年 8 月，在南正街设文化书社。1952 年，改名新华书店中南总分店酃县支店，迁至西正街。有职工 4 人，门市部与住房各 1 间。销往农村的图书由职工肩挑运送。当年发行图书 2.55 万册。

1956 年，县支店在十都等 6 个乡供销社设图书销售点。销售图书 1.02 万元，占全县 1/3。是年，县支店始盈利 572 元。1958 年，县支店更名酃县新华书店。当年有 9 个公社创办公社书店，乡供销社图书销售点同时撤销。公社书店因经营不善，连年亏损，1962 年全部停办。1964 年全县农村图书发行、销售仍由 16 个公社供销社经营。1965 年，新华书店在解放路新建门店，职工 7 人，同年发行图书 24.91 万册，发行金额 4.78 万元。

“文化大革命”期间，大量发行马克思、恩格斯、列宁、斯大林和毛泽东著作、画像及有关“文化大革命”文选，科技图书与教科书发行量减少，古籍与部分文艺书籍封存，图书大量积压。1966—1972 年，7 年中 5 年亏损。1978 年始，科技书、教科书、工具书发行量逐年增加，被封存的古籍与文艺书籍重新上架。1979 年，在县城井冈路新建面积 180 平方米营业大楼，职工 10 人。书店长期坚持办理新书征订、缺书登记、增设摊点、送书上门、指导公社供销社图书发行销售等工作，发行、销售量与上交利润逐年递增。1981 年，发行图书 88.97 万册，金额 25.5 万元，上交利润 1.08 万元。1989 年，书店改造翻新营业大楼，职工 14 人。县城设销售点 5 个，乡镇供销社设销售点 17 个。1990 年，全县发行图书 129.7 万册，金额 113.98 万元，上缴利润 2.77 万元，其中乡镇供销社销售 60.27 万册，全县人均购书 7.38 册。

20 世纪 90 年代，书店改为企业管理，实行推销责任制。职工除做好门店服务，坚持设点摆摊，征订、送书上门、下乡，开展读书竞赛、征文等活动。1998 年，职工增至 19 人。门店陈列图书 6000 余种，发行金额 562 万元；农村图书销售 11.88 万元。1999 年，营业大楼进行全面改造，营业厅面积增至 360 平方米，书架增至 32 个，陈列图书增至 8000 余种。因各乡镇供销社先后改制，乡镇图书销售业务逐渐由圩场个体私营书店取代。2000 年，图书发行开放。鹿原镇创办县内第一个农村图书发行站，建筑面积 300 平方米。县城有专营或兼营个体私营书店 22 家。规模较大的有三味书屋、新星书店，年销售图书 1 万余册。2006 年，新华书店实行精简机构，竞聘上岗，按岗定薪，薪酬浮动等改革措施，全年发行图书 397.2 万册，金额 570.5 万元。2007 年，获全国新华书店系统先进集体称号。2009 年，随省新华书店改制重组，更名湖南省新华书店有限责任公司炎陵县分公司。分公司调整领导班子，规范业务流程，推行门店标准化管理，当年门店达省首家“二星级”标准。2014 年，分公司职工 8 人，发行图书 975.15 万册，金额 1400.3 万元，上缴利润 183.85 万元。私营新星书店销售 4 万余册，金额 60 万元。当年全县人均购书 48 册（包括教科书与教辅资料）。

1951—2014 年炎陵（酃）县新华书店部分年份发行情况表

表 29-2

年份	发行总册数（册）	发行总金额（元）	供销社、私营书店发行数（册）	供销社、私营书店发行额（元）	上交利润（元）	人均购书（册）
1951	15000	5000	—	—	—	0.17
1958	153700	43103	19500	6919	2445	1.14
1964	217563	42715	10780	5388	271	1.90
1966	628019	75293	67960	23982	2132	5.13
1970	256340	52679	76800	11339	−3561	1.90
1984	907070	310948	512880	128631	13432	5.57
1990	1297000	1139800	602700	448900	27700	7.38
1995	—	2697530	—	—	67176	—
1999	—	4215387	—	—	170748	—
2003	—	5325791	—	—	134628	—
2006	3972000	5705099	—	—	181135	23
2008	—	6628021	—	—	167016	—
2010	—	8115737	—	—	637583	—
2012	—	1249208	—	—	146073	—
2014	9751500	14003179	—	—	1838487	48

二、图书馆藏

(一)县图书馆

民国18年(1929),创办民众图书馆,藏有《万有文库》《船山遗书》等图书,对民众开放。35年,有图书3750册,杂志643份,报纸340张。当年移交民众教育馆。

1951年12月,县文化馆内设图书室,原民众教育馆图书部分封存、部分散失或损毁,剩余400册移交图书室。1959年元月,藏书增至7814册。因酃县并入茶陵县,图书室藏书移交酃县镇城市人民公社。因管理不善,部分散失。至1961年恢复酃县建制时,减少近千册。"文化大革命"期间,图书室关闭。1972年,图书室重新开放,仅余图书3877册。

1976年10月,成立酃县图书馆,藏书2.11万册。借用文化馆房舍,设采编室、阅览室、外借处等。外借处与阅览室每星期开放39小时。1984年,在井冈西路新建馆舍,建筑面积1417平方米,设主书库、辅助书库、采编室、外借室、目录室和3个阅览室。图书馆通过个人外借、馆际互借、农村图书室集体外借、流动书箱等形式,改封闭式办馆为开放式服务。对读者借书采取预约、邮寄、送书上门等方式。建立重点读者及科研项目档案;设立咨询室,定期编印新书介绍、推荐目录,提供文献资料和情报信息。1988年,馆长胡昭仁评为全国图书馆先进工作者。1990年,馆藏图书6.76万册,其中社会科学类67.36%,自然科学类19.41%,综合类13.23%。当年持借书证读者4273人。

图书馆除做好阅览、外借工作,开展"做党的好孩子"读书读报(简称红读)和科技服务活动。先后自筹26万元建红读活动厅,内设会议室、报告厅、教室、阅览室。20世纪90年代,县内268所学校、累计2.73万名中小学生参加读写活动。100余名学生先后获省、市、县"红读"奖。县图书馆评为全国和湖南省10年"红读"先进集体。图书馆先后编印《农科文摘》《信息摘报》《科技文献》《酃县科技致富通讯》《星火科技》《农村科技文摘》等资料,免费发至乡、村及专业户。

图书馆广泛收集读者喜闻乐见的通俗读物和科学知识书籍,以农、林著作为科技书籍入藏重点。20世纪90年代,除上级专项拨款外,自筹资金购置书刊。1991年,购书1693册,订报刊43种。1997年,购书7000余册、200余种,馆藏增至9.1万册。同期建立名人书库,收集炎陵籍名人尹华明、刘乐扬、张少松、周定一、唐山樵、罗发、石汉基等捐赠图书7320册。收集县志、部门志、家谱、当代县人著作等地方文献156册。当年,获评国家二级图书馆、全国文明图书馆。馆长曾筱萍被文化部授予全国文化系统先进个人称号。1999年,馆藏图书10.59万册,持借书证读者6090人。当年10月,晋级国家一级图书馆。

2003年,图书馆开通自动化集成系统编目、流通2个子系统。2008年12月,成立全国文化信息资源共享工程炎陵县支中心。设中心机房、多媒体报告厅。配计算机29台,服务器5台,开设电子阅览室。次年为全县乡镇配送设备,成立15个乡镇文化信息共享工程服务点,173个村文化共享工程服务点。为提高"共享工程"村级服务点管理员业务水平,相继举办3

期培训班，为全县202个村培训404名管理员。先后开展少年网页设计比赛，全县中小学生电脑小报设计比赛。2009年，建炎陵县图书馆网站，利用中心机房设备，制作并在网站上传《酃县志》《客家山歌》等书籍。县支中心相继开展文化助春耕光盘下乡、文化共享惠泽三湘，践行雷锋精神、推动惠民服务等系列活动。刻制光盘200余张，免费送至全县202个村。2011年，共享工程支中心获省文化厅文化共享惠泽三湘活动先进单位一等奖。

至2014年，县图书馆藏书15.26万册。其中，社会科学类8.32万册，占54.50%；自然科学类2.35万册，占15.40%；综合类4.59万册，占30.10%。持借书证读者9733人。

（二）乡村图书馆（室）

1958年，全县建乡村图书室25个，1961年降至9个。1965年，开展社会主义教育运动，建农村图书室44个。1974年，学习小靳庄经验，建公社、大队图书室221个，藏书1.65万册。1976年以后大部分解散，图书散失。80年代，重建农村乡镇图书室，管理逐步规范，规模逐渐扩大。1983年，县城百名机关干部向农村图书室捐书4680册。次年，团市委发动共青团员向酃县乡镇图书室捐书5万余册。1987—1995年，先后有策源、水口、十都、沔渡等4个乡镇建成万册图书室。11个乡镇图书室藏书超3000册。策源、水口图书室获评省优秀图书馆（室）。2007年，将原村图书室改建为村农家书屋。首先建成三河镇星光、沔渡镇晓阳、霞阳镇中团等3个农家书屋。每个农家书屋图书在1500册以上，报刊超过30种，网络图书、报刊和音像制品超过100种（张）。2009年，全国文化信息资源共享工程湖南省中心在炎陵县建立15个乡镇服务点、173个村级服务点。至2012年，全县村村建有农家书屋。县图书馆为农家书屋配送图书35万册，音像光盘2.8万张，报刊3200份，组装书架642个、阅览桌214张。三河镇星光村农家书屋获评全国示范农家书屋。霞阳镇石子坝村何维义、水口镇水西村李晓群、垄溪乡三口村胡秀英等管理员获评湖南省优秀农家书屋管理员。2014年，全县有乡镇图书馆14个，藏书20万册。其中藏书万册以上8个，7000册以上6个。村农家书屋214个，藏书42万册。

（三）学校、机关单位图书馆（室）

明、清代县学、书院均设藏书室。清同治《酃县志》载，县学藏书67种，985本另60函，其中十三经注疏13种132本，二十一史21种530本。

20世纪60年代，酃县总工会工人俱乐部设图书室。70年代，县直机关、事业单位均设图书室，供本单位干部职工阅览。藏书较多的有县委宣传部、县总工会、人民医院、水口电站等图书室。县内各中心小学、乡镇中学、县办中学均设图书室（馆），藏书2000—10000册不等。80年代，各学校藏书渐丰。县一中图书馆书库116平方米，阅览室200平方米，座位100个，藏书5万余册。2014年，各机关单位藏书7.5万册，学校藏书50万册。

（四）个体图书室

清代县人罗元贯家藏典籍千册，捐给洣泉书院十几种。1942年，沔渡夏馆戴德嵩创办云峰图书室，藏书2000余册，为酃县首个乡村家庭图书室。张经武多次寄回进步书刊充实馆藏。城乡有少数富裕乡绅亦有数量不等私家藏书。1981—1986年，先后有龙渣罗四维、城东吴寿山、沔渡晓阳吴石牛和上关尹东明，三河大坑廖章友、廖伟华、廖成美等建家庭图书室，设有阅览室并建立借阅制度，无偿对村民开放。起初均在千册以下，后增至2000—3000册。

1990—2014年炎陵(酃)县部分年份馆藏图书情况表

表29-3 单位：万册、人

年份	县馆藏书	其中			持借书证读者	乡镇馆藏图书	村图书室藏书	机关藏书	学校藏书
		社科类	自然科学类	综合类					
1990	6.76	4.55	1.31	0.90	4273	3.6	0.8	1.0	2.0
1995	8.42	4.66	1.45	2.31	5284	15.2	3.3	2.0	19.1
1997	10.27	5.89	1.47	2.92	5662	17.2	3.5	2.0	41.0
2000	10.77	6.19	1.49	3.81	6179	17.5	4.0	2.5	61.1
2002	11.13	6.43	1.50	3.19	6515	18.0	4.2	3.0	61.0
2004	12.37	6.84	1.85	3.68	6865	18.0	4.4	3.0	61.0
2006	12.77	7.07	1.84	3.76	7350	18.2	4.8	4.0	61.0
2008	13.26	7.23	1.99	4.99	7362	18.6	5.4	5.0	61.0
2010	13.88	7.52	2.1	4.26	7980	18.7	22.3	5.5	61.0
2012	14.68	8.03	2.21	4.44	8580	19.0	41.7	6.5	61.0
2014	15.26	8.32	2.35	4.59	9733	20.0	42.0	7.5	50.0

第七节 文物 古迹

一、历史遗址、文物

(一)文化遗址

已发现遗址46处，多在文物普查及建设施工时发现。

龙山文化遗址 共6处：梅山口遗址(东风乡太平岭村一组)，鹅坡上遗址(东风乡太平岭村三组)，伏米岭遗址(东风乡木新村留星组)，月形山石器点(东风乡新垄村田坪组)，樟树下遗址(霞阳镇坎坪村樟树下组)，茶子山遗址(霞阳镇黄沙垄村)。其中，樟树下遗址面积6400平方米，文化堆积层厚1.6米，出土文物有斧、锛、砺等石器，夹沙质灰、红陶片，泥质灰陶片，为县内龙山文化堆积层最厚的遗址。茶子山遗址面积2700平方米，堆积层0.1—0.5米，采集石器有斧、凿、镞。陶器有夹沙灰、红陶，泥质灰陶，纹饰为弦纹、方格纹。器形有大口缸、大口尊、鼎、豆、器座等。

商、周文化遗址 共23处。其中鹿原镇8处，东风乡5处，霞阳镇4处，三河镇、沔渡镇各2处，下村乡、龙渣乡各1处。霞阳镇草坪村蓝家组平岗山遗址面积2500平方米，堆积层1.2

米，是遗址中面积最大，文化堆积层最厚的。出土石器多为石斧、石镞、石锛。陶片有夹沙灰陶、红陶和泥质灰陶、红陶。形器有釜、鼎、罐等。朱下坪遗址位于鹿原镇天星村，面积 700 平方米，堆积层厚 0.1—0.4 米。采集器物有石斧、砺石和夹沙灰、红陶，泥质灰陶等，陶片纹饰为方格纹。形器有鼎、罐等。胡家坳遗址位于鹿原镇荆山村，面积 500 平方米，出土器物有铁器残块、磨制石镞。庙山遗址位于沔渡镇苍背村田头湖组，面积 500 平方米，清理出灰坑 6 个、房址 1 座、灶址 1 座、灶 1 座、灰沟 1 条，出土砍砸器、砺石、石斧、石锛、石箭镞、石刀、陶纺纶、陶罐等器物。

汉代文化遗址　2 处，位于三河镇天坪村。其中，木子坳遗址 1000 平方米。采集多为泥质灰陶、硬陶，另有刀、镞等石器。

晋代文化遗址　2 处，位于水口镇。一处为官仓下村塘铺遗址；另一处为桃岭村田排蕉垄里古瓷窑遗址。蕉垄里遗址面积 1500 平方米，存褐色釉碗、长颈瓶壶，另有支垫等窑具。釉碗底有近似“　”样文饰。

明清文化遗址　2 处。一处为策源乡黄草村下山棚古瓷窑址，面积 2000 平方米，存有绿釉小碗、壶，以及支垫等窑具，龙窑长约 9 米；另一处为龙渣瑶族乡龙渣村的瑶寨遗址。

以上遗址于 2012 年 9 月列为县级文物保护单位。部分升为市级文物保护单位。

御祭古道　自三河镇坪形村桥头岭（炎陵、茶陵交界处）始，经太和、西台、枧田洲、塘旺等村至炎帝陵。长 15.5 公里。桥头岭处道宽 1.9 米，以鹅卵石铺砌，斜坡处垒以石级。官垄口有摩崖“邑有圣陵”4 个大字。斜濑渡口处有御祭官驿站旧址。2011 年，被列为省级文物保护单位。

2012 年，被列为市级文物保护单位的遗址还有：平头岭遗址（霞阳镇坎坪村），庙主上遗址、平湖里遗址（霞阳镇黄沙垄村），洣山坡遗址（鹿原金花村），松树坪遗址（东风乡东星村），婆婆仙遗址（十都镇瓜寮村），古老仙遗址（桃源洞村），茶盐古道遗址（大院农场 11 队）。列为县级文物保护单位的有：桃岭窑址（水口镇桃岭村），洞下窑址（策源乡黄草村），赵公亭遗址（大院农场），高山片遗址（沔渡镇苍背村）。

（二）古墓葬

炎帝神农氏墓　位于鹿原镇鹿原陂。1996 年 11 月 20 日，公布为国家级重点文物保护单位。

后晋春官尚书欧阳林启墓　位于三河镇太和村紫金园。欧阳林启原籍江西庐陵，钦命告祭炎帝陵后，迁居斜濑。墓冢曾被沙石湮没。清乾隆七年（1742），其后裔重修。墓、碑今存。封土高 2 米，底径 9 米，占地 80 平方米。1994 年，被列为县级文物保护单位，2011 年，被列为市级文物保护单位。

宋长沙郡主赵玉蝶墓　位于沔渡镇苍背村砖下组。墓前正中曾建石牌坊，旁立石狮、石马。有三台九级石阶。墓碑系清乾隆十一年后裔修墓时重立，书“宋司马平阳候尹公鹏飞翁配长沙郡主赵玉牒墓”。距墓 300 米处立“下马台”碑。附属建筑毁于 1966 年，仅存封土。1989 年列为县级文物保护单位。2000 年后，尹氏后裔略作修葺。2011 年，被列为市级文物保护单位。

1994 年，被列为市级文物保护单位的古墓有：南宋大理寺评事段昇墓（鹿原镇炎陵村），元末管军元帅段清远墓（三河镇霍家村），明大仆寺少卿刘稳墓（霞阳镇坎坪村），清代州司马廖英祥墓（垄溪乡秋田村）。列为县级文物保护单位的有铁头太子墓（小院）。

此外，有无名氏汉墓18处，分布在霞阳镇坎坪村，垄溪乡西坑村石盘组，沔渡镇夏馆村、晓阳村，十都镇南流村、洋岐村、小江村、车溪村，三河镇庙前村，鹿原镇塘旺村、荆山村、星火村、湖田村，东风乡红星村，水口镇水口村、官仓下村，下村乡云里村，龙渣乡龙渣村。

2010—2012年，分别在垄溪乡西坑村石盘组和三河镇虎形山抢救性发掘汉墓各1座，出土罐、器盖、网坠和矛、刀等文物。2013年，在霞阳镇坎坪村三里亭组抢救性发掘东汉墓2座，出土陶罐、陶杈、器盖等文物5件。

古墓群　1982—1989年，发现古墓群23处，其中汉墓群21处，分布在霞阳镇、垄溪乡、沔渡镇、鹿原镇、三河镇。

2000年，在霞阳镇坎坪村发掘东汉古墓群，出土釜、钵、陶井、陶杈、陶纺纶等文物22件。2010年，抢救性发掘鹿原镇湖田村西汉墓群，出土铜器、漆器残件，以及盖弓帽、器盖、耳杯，车轮、车伞、车辕等文物。

2012年，发现龙渣乡龙渣村瑶族古墓群，被列为市级文物保护单位。

（三）古建筑

清同治《酃县志》载有县内寺观宫庙178座，亭坊塔118座，桥69座。因自然销蚀，人为损毁，幸存者寥寥。

安济桥　位于县城西门外，南宋绍定三年（1230）县人陈平宁捐修，后裔续修。明清朝修葺3次。桥长17米，宽4.8米，高4.7米，一墩两孔，石栏高0.7米。桥今完好，为现存最早的桥梁。2012年列为市级文物保护单位。

画眉桥　又名广德桥，位于城南。明代县人罗永昌、李珩同建。清乾隆七年，县人罗俊、谭显开重建。为双拱石桥，以石灰、桐油、豆汁混合浆料粘砌而成。长36.5米，宽5米，高6.5米。扼县南交通要津。20世纪60年代后，用作县城通往县南的公路桥。1984年加宽。因不堪承载，2009年拆毁另建。

接龙桥　位于县城西，花岗石砌筑。长28米，宽4.2米。双孔，一大一小。清咸丰元年（1851），县人罗绍颜、罗廷明建。桥北头嵌石碑，记修桥事。2011年，被列为省级文物保护单位。

湘山宝塔　位于县城西湘山顶，始建于宋宣和年间（1119—1125），旧称永怀塔。元末，刘三吾游湘山，诗云："湘原有塔极嵯峨，坐阅人间岁月多。昭代已题元至正，旧碑犹记宋宣和。星辰上下疑轇轕，日月东西相荡摩。闻说张灯更奇绝，重重光焰烛山河。"明万历年间（1573—1619）重修。清康熙二十四年（1685），知县汪曾垣重建。塔身六角、七层，实心，砖石结构。更名"文塔"。道光二十八年（1848），县绅罗汉章捐资增建二层。咸丰元年，县人罗鼎重建。塔高九层、八角、空心，砖石结构。底层拱门，东向。上嵌"湘山宝塔"石刻题名。门联：文开一峰见；塔旁九霄明。三、五、六层窗口上方分别有"环拱""文星""奎光"层名碑，余剥蚀不可识。门两侧嵌八仙浮雕。塔内存"永怀塔"残碑。1983年，被列为市文物保护单位。1988年、1996年，两次修葺。镌联：月携塔影天河去，风载琴声鹿原来。2000年，被列为省级文物保护单位。

凌云塔　位于霞阳镇草坪村横龙山顶，建于光绪元年（1875）。为楼阁式空心塔，花岗石砌筑。八角，五层。第二层门额嵌"凌云塔"阴刻塔名。因遭雷击，今存二层。

张氏祠堂　位于东风乡西草坪村。建于明洪武元年(1368)。占地670平方米,砖木结构,风火山墙,硬山顶。前堂平列3门,有圆木柱4根,八角石础。前堂梁坊、斗拱透雕龙、凤、狮、鹿,八角藻井。后堂两侧为厢房,侧壁嵌碑刻。正门悬挂明太祖朱元璋题"柱国堂"匾额(复制)。现为市级文物保护单位。

潘家祠堂　位于三河镇太和村圩头。始建于明嘉靖元年(1522)。占地577平方米,砖木结构,风火山墙,硬山顶。前堂面阔3间,梁坊、斗拱透雕龙、凤、狮、鹿等,八角藻井。后堂两侧为厢房。前廊平列3门,立木柱4根,八角石础。1928年,酃县三月起义期间,西乡游击总队指挥部设此。抗日战争时期,国民政府军政部兵工署东南区第一分厂迁此。

团苍庵　亦名铁瓦仙。位于策源乡上洞村。元至正年间(1341—1368)尹文渊建。庵处石崖之间,条石砌成,顶覆铁瓦(湘、赣两省信士捐)。"文化大革命"期间多损毁。1980年后重建。2012年,被列为市级文物保护单位。

雷仙寺　位于水口与下村交界的雷山,海拔1433米。砖木结构。建于清顺治年间(1644—1661),康熙、乾隆时两次修葺。正殿有大小塑金菩萨58尊,悬挂清嘉庆知县龚志曾撰书木刻对联,联云:一境插天空,野竹朝参,问是何年禅杖;千山蟠地厚,雷峰夕照,长留此处仙踪。殿悬铁钟,康熙四十五年(1706)铸。有清碑多块,漫散于寺外。门墈下有一红豆杉,高15米,胸围4.17米,基部中空,可容3—4人。

2012年,被列为市级文物保护单位的古建筑还有:龙王井(霞阳镇沿城村),凌氏祠堂(沔渡镇泮坑村)。列为县级的有:望云学校(东风乡三口村),朱氏宗祠(下村乡鹫峰村),黎氏宗祠(下村乡坪坑村),孟家大屋(水口镇浆村村),碛脑石拱桥(大院农场大坝村),焚(字)纸炉(沔渡镇苏洲村果合形)。

(四)摩崖

桥头岭摩崖　在三河镇坪形村铺界组桥头岭下官垄口、御祭古道旁石壁之上。"邑有圣陵"4大字,单字30×30厘米。款"乾隆十六年衡州知府黄岳牧书"13个小字,单字10厘米×10厘米。均为楷书阴刻。被列为省级文物保护单位。

瓜寮摩崖　在县东十都镇瓜寮村婆婆仙。相传唐代骆宾王避武氏之难来到酃县,赋诗一首。乡人尹朴将诗刻于婆婆仙棋盘石,阴刻楷书,每字约10厘米×8厘米见方。因年久剥蚀,明末江西吉水司马陈玉过此仅识"小、八、荒"3个字。1989年,被列为县级文物保护单位。

天星寨摩崖　在鹿原镇天星村天星寨崖壁上。天星寨怪石嶙峋,地势险要。元末,陈友谅率部入县,县人段清远率众结寨以拒,后人于此勒石记事。全文450字,清同治间(1826—1874)余172字,今存138字。1989年列为县级文物保护单位。

(五)馆藏文物

陶片　共1100件。为龙山文化遗物。1980—1987年收集。

石器　共32件。新石器时代文物。其中斧13、镞11、锛8,系磨制石器。1987年,于霞阳镇坎坪、黄沙垄、草坪和鹿原镇天星、洣西、荆山、新坪等地收集。

东周青铜剑　剑身为菱角形,素面,剑柄残缺。2005年,于鹿原镇征集。

汉环首铁刀 4件,规格一致。单面刃,长105厘米,铁环柄。1984年7月,在霞阳镇蔬菜村清理汉墓时出土。

汉铁斧 4件。2厘米×8.4厘米,上端有方柄孔,下端为斧刃。1982年,在鹿原、沔渡等地清理汉墓时出土。

汉玛瑙鼻塞 2件。小圆柱形,长2厘米。1983年,清理沔渡镇苍背村黄烟堡汉墓时出土。

晋四系青瓷罐 东晋遗物。瓷质,平口无盖,束颈,溜肩,鼓腹,近底处内收,无圈足。肩部有四系和两圈弦纹,器身饰网纹。器表施釉,未及底。1983年征集。

宋花鸟纹铜镜 宋代遗物。铜质,圆形,直径15.5厘米。背面有一圈弦纹和花鸟图案。1985年在鹿原镇洣西村出土。

宋堆塑人物纹陶魂瓶 宋代遗物。陶质,敞口无盖,溜肩,鼓腹,近底处内收,无圈足。肩与腹部有两道弦纹,肩部弦纹上置5个人物俑。素面,器表施釉未及底。1998年征集。

元陶谷仓与酒器 元代冥器。12件,形制相似。陶泥质。1983年,先后在霞阳、三河等建筑工地出土。

元团苍庵铁瓦 2片。生铁铸制,40厘米×25厘米,厚0.5厘米。元至正年间铸造。从团苍庵收集。

明双龙戏珠铜镜 14.60×9.7厘米。背有双龙戏珠图案。1985年,在鹿原镇洣西村出土。

明文官陶俑 明代陶像。高22厘米,站像,官帽、长衣、双手置胸部。体态不瘦不胖,面目慈祥,青灰陶质。1981年,在鹿原镇玉江村出土。

清狮形铜鼎 2件。铜质。圆形双耳,盖圆帽形。一为麒麟顶盖,一为狮子顶盖,盖面有狮子滚绣球。三蹄足,颈部饰有网格纹。22×21.5×10厘米。1983年11月,在鹿原镇天星村出土。

清狮钮铜香炉 铜质。葫芦形双耳,圆帽形盖,盖面有一麒麟,三蹄足。通体素面。炉为圆桶形。底径21.8厘米,高18厘米。1984年,在林业局机关基建工地出土。

炎陵文梓琴 伶官式,琴身长125厘米,宽14.8—20.3厘米。琴面与琴底皆梓木所制,漆灰黑色;冠角、岳山、承露为红木所制,未上漆,雁足木质。琴轸与龙池之间刻有篆字"炎陵文梓",为清道光间知县沈道宽监制。

清宝刀 1件。长50厘米,钢质,有圆形木套,套与柄嵌铜饰。1928年,黄挪潭区上洞村赤卫队员杨圣贵缴获。1983年捐献。1986年,在全国武术展览会展出。

铁鼎、陶罐、带纹饰古汉砖 1995年,征集入馆。

此外,还有龙山文化时期瓷钵、汉铁洗、汉魂坛、晋四罐、陶罐、古铜币、铁犁头等由三河镇廖兵生,霞阳镇石子坝村罗合斌、蔬菜村李冬发,鹿原镇鳌头村谭新国等捐赠入馆。

二、革命纪念地与革命文物

(一)革命纪念地

共26处。其中,国家级文物保护单位1处,省级9处,市级6处,县级14处。

洣泉书院　工农革命军第一军第一师第一团团部;毛泽东旧居(1928 年 3 月中旬)。位于县城。始建于南宋。民国时期改为高等小学校。1928 年 3 月中旬,毛泽东和一团团长张子清在此部署接龙桥阻击战。1950 年后,作机关用房。1970 年,按原貌修复,并于书院左侧增建陈列室。郭沫若手书“毛泽东在酃县革命活动陈列馆”。1984 年,被列为市级文物保护单位。1996 年、2013 年,先后升为省级、国家级重点文物保护单位。

朱家祠　工农革命军第一军第一师第一团团部(1927 年 10 月 12—21 日)。位于水口镇水口村。毛泽东在此接见中共梁桥党支部书记周礼与何健础等人,指示酃县党组织恢复农会和农民武装,发动武装起义。并作出分兵游击,实行“工农武装割据”(建立革命根据地)决策。1984 年列为市级文物保护单位。2002 年,升为省级文物保护单位。

桥头江家　毛泽东旧居(1927 年 10 月 12—21 日)。位于水口镇水口村,为江姓农户住房。1972 年,被列为省级文物保护单位。

▲赖毅在叶家祠讲述入党故事

叶家祠　毛泽东主持士兵入党宣誓旧址(1927 年 10 月 15 日)。位于水口镇水南村。毛泽东在此主持 6 名工农出身的士兵入党宣誓仪式。随后在二连建立党支部,为人民军队在连队建立党组织之始。1972 年,被列为省级文物保护单位。

周家祠　工农革命军第一军第一师师部(1928 年 3 月 18 日至月末)。位于中村乡中村村小铺头。工农革命军第一军第一师师长毛泽东、党代表何挺颖在此主持中共师委和酃县特别区委联席会议,将中共酃县特别区委升为中共酃县县委。后又召开师委与酃县县委联席会议,部署分田运动。1970 年修整。1984 年,被列为市级文物保护单位。2002 年,升为省级文物保护单位。

江家试馆　红军标语遗址(1930 年 6 月至 1931 年末)。位于县城老东正街。1930 年 6 月,湘东南独立师第三团政委王震率部攻克酃县县城,驻扎 10 天,所部三团十一连官兵在内外墙壁书写标语 50 余条(组)。1970 年,定为红军标语参观点。2000 年,被列为省级文物保护单位。

接龙桥战斗遗址　(1928 年 4 月中旬)。位于县城西。1928 年 4 月中旬,毛泽东、张子清率工农革命军第一团在县城西郊接龙桥一带击溃湘敌吴尚第八军一个团和攸县、茶陵地主武装进攻,接应朱德率领的南昌起义余部和湘南起义农军顺利撤退至井冈山。1987 年,被列为县级文物保护单位,2011 年,升为省级文物保护单位。

万家大屋　红七军、湘东南独立师会师驻军旧址(1931 年 3 月)。位于十都镇小江村。1931 年 3 月 14 日,湘东南独立师第三团政委王震率部与红七军军长张云逸率领的军部和五十八团在十都会师。会师后驻军万家大屋。2011 年,被列为省级文物保护单位。

何孟雄故居　位于中村乡龙潭村。何孟雄是全国最早的 53 名党员之一,北方工人运动领袖，无产阶级革命家和政治活动家。1931年2月7日，牺牲于上海龙华，年仅33岁。其故居于2006年按原貌整修。2011年，被列为省级文物保护单位。

中共酃县县委机关和县苏维埃政府旧址（1930—1933年） 位于石洲乡石坝村锅厂下（张平化旧居）。土木结构，三封六间加左右小厅。中共酃县县委机关设在此。1932年，王震率部来到酃县，曾在这里驻扎并开展调查研究工作。2011年，被列为省级文物保护单位。

军民诉苦大会旧址（1928年3月下旬） 位于中村乡圩头。中共酃县县委在此召开3000余人参加的军民诉苦大会。毛泽东在大会上发表讲话。现为市级文物保护单位。

毛泽东给工农革命军战士上政治课旧址八担坵（1928年3月下旬） 位于中村乡中村村小铺头八担坵，面积1.6亩。1928年3月，毛泽东在此给工农革命军上政治课。现为市级文物保护单位。

被列入市级文物保护单位的还有：

石洲革命烈士墓（石洲乡石坝村金钟山），酃县革命烈士纪念碑（县城西湘山公园），大院革命烈士纪念建筑群（大院农场马鞍山）。

列为县级文物保护单位的有：红军医院旧址（策源乡上洞村上湾组廖家祠），刘寅生烈士墓（策源乡下坪村下坪组炮楼墩山顶），邓澍霖烈士墓（中村乡心田村垅下组），周介甫烈士墓（中村乡中村村下铺组），何炳麟故居（中村乡龙潭村何家组），郭春涛故居（水口镇水西村龙头组），周礼故居（策源乡梁桥村塘头组），李却非故居（水口镇水南村），张经武故居（沔渡镇夏馆村），中共酃县地下党团（区工委）早期活动旧址（三河镇西台村下西江洲组）。

（二）馆藏革命文物

湖南省第一次农民代表大会议事草案 1926年12月，何国安为湖南省第一次农民代表大会代表收到的文件。纸质长方形，56页，42条，为油印合订本。封面以毛笔书写，下盖“何伯刚”方印。1972年，在何健础家征集。

酃县农民协会筹备处主任朱子和训令 八行信笺纸，天头印有总理遗嘱。训令以毛笔书写，书于1927年4月。内容为批评酃县近郊第七乡农民协会向农民派款。1971年8月，原酃县农民协会会员彭德普捐赠。

中华苏维埃邮政公缄 纸质，长条形公文信封。中印红色条框（无收信人姓名），左印竖写“中华苏维埃邮政公缄”，红字楷体。为1934年中华苏维埃邮政局印刷发行。1986年，酃县邮政局干部李鹏飞捐。

何孟雄、缪伯英书箱 书箱外层藤质，内层木质，贴花纸。长方形，箱盖与箱体以子母口套合，背面以铜铰链连接，前置箱锁。双提手。何孟雄与缪伯英（中共最早的女党员）结婚时添置，并取名“英雄书箱”。婚后，夫妇随身携带，辗转于北京、上海、武汉等地。1927年，何孟雄在武汉工作，此箱留在武汉何少春家保存。1988年，何孟雄侄子何广吾捐。

铜烧壶 高41.5厘米，底径20厘米，重3.65公斤。双耳，配有出水龙头。底部为炭炉，可烧木炭。1928年何孟雄在武汉工作时用过，其侄何广吾保存。1988年，征集入馆。

农民协会成立大会代表证 布质，红色，12厘米×9.5厘米。有五角星、火炬、和平鸽、齿轮、稻穗等组合图案,下边横书日期。1926 年,省农民运动特派员兼中村区农民协会委员长何健础参加中村区农民协会成立大会时使用。何健础本人于 1982 年捐出。

县工农兵苏维埃政府代表大会代表证　麻布质,长 14 厘米,上书“酃县工农兵苏维埃政府”,有姓名、编号。1928 年 6 月,中共酃县县委组织部长黎育教参加酃县工农兵苏维埃政府代表大会时使用。1974 年,征集入馆。

中国工农红军袖章　布质,红色,22 厘米 × 16.5 厘米。有五角星、镰刀、斧头图案以及“全世界无产阶级联合起来”和“中国工农红军”字样、姓名。红军战士朱保根使用,石洲乡黄国炳保存。1980 年征集入馆。

叶家祠阁楼楼梯　杉木质,9 级,长 3.3 米,宽 0.97 米。1927 年 10 月,毛泽东在水口叶家祠阁楼主持新党员宣誓仪式,登楼时使用过。水口镇水西村叶青云收藏。1968 年,征集入馆。

腰刀　42 × 4 厘米,铁质木柄。1928 年,酃县第一任工农兵政府主席徐鼎燕用过。1970 年,在大院农场征集入馆。

抬枪　杆长 190 厘米,托长 40 厘米,腰围 21 厘米。铁铸。酃县赤卫大队用过。1971 年,在下村乡坪坑征集入馆。

土炮　3 门。铁质,重量分别为 17 公斤、15.4 公斤、11 公斤。1928 年区乡游击队使用过。1971 年,在垄溪乡坂溪村征集入馆。

药研槽　长 85 厘米,腰宽 17 厘米,高 11 厘米,研轮直径 19 厘米,生铁铸制。1934 年,酃遂红军医院用过。1980 年,在策源乡石禾坪老厂里征集入馆。

油箩　篾织,以熟桐油、皮纸贴于内外,圆桶形,高 41 厘米,腰围 106 厘米,口径 87 厘米。群众为红军送油盐的用具。

《赤色游击战争术》　中共湘赣苏区红军读物。一本。1996 年,石洲乡安坑村邹安忠捐。

附

井冈山博物馆收藏的炎陵县革命文物(部分)

1927 年毛泽东在酃县水口黄昌秀家吃饭使用的瓷花碗

1928 年红军在酃县青石岗帮助群众割禾用过的禾刀

1928 年酃县三区六乡赤卫军军旗

1928 年红军打土豪分给群众的棉袄(1965 年 6 月酃县县委拨交)

1928 年酃县密花塘乡赤卫军名单

1931 年 7 月 20 日印发的《中国共产青年团酃县第二次代表大会政治决议案》

1931 年少共酃县委油印本《少共酃县三全代表大会对目前几项主要工作决议》

1931 年 12 月 31 日中华苏维埃共和国临时中央政府批准的《江西省苏维埃政府没收和分配土地的条例》

1932 年 4 月 3 日酃县赤色总工会油印本《第一次执委会决议案》

1932 年酃县少共三区委手抄本《第十四次支部会议的决议》

1932 年酃县共青团油印本《接受省委红色五月工作决议的决议》

1932 年少共酃县委油印本《接受省委第一次三个月竞赛条约决议的决议》

1932 年 7 月 7 日少共酃县县委印发的《第二次委员扩大会议总结的决议》油印件

第二次国内革命战争时期少共酃县县委油印本《三、四两个月工作计划》

1931 年 7 月 20 日油印本《少共酃县第二次代表大会组织问题决议案》

1931 年 8 月 19 日少共酃县委手抄本《议决邱成福问题的通告》(前字第五号)

1931 年少共酃县委手抄本《关于第三次常委会的通告》(前字第三号)

1931 年 8 月 25 日酃县工农兵苏维埃政府印发的《关于来往行人一律要用通行证的通知》(第二号)

1931 年 10 月 21 日印发的《少共酃县三全大会的通知》(第一号)

1932 年酃县少队委员会印发的《动员全体队员一致慰劳红军的通知》(第二号)

1932 年 2 月 14 日中共酃县委员会印发的《酃县第四次工农兵代表大会议案的通知》(第十四号)

第二次国内革命战争时期少共酃县委员会手抄本《罚范昌梅、曾五海二同志的通知》(第三号)

1932 年少共酃县委员会印发的《关于举行“三八”纪念及拥护全省劳妇代表大会与追悼警卫营死亡烈士的工作决议的通知》(第二号)

1932 年少共酃县委员会印发的《关于三一八纪念的通知》(第五号)

1932 年共产青年团酃县委手抄本《取儿童团部委员会的组织成立儿童局执行转变儿童团工作的通知》(第七号)

1932 年少共酃县委手抄本《关于开办县初级小校一所提高青年文化程度的通知》(第三号)

1932 年 6 月 4 日少共酃县县委油印本《六月份工作计划》

第二次国内革命战争时期少共湘赣省委编印的《扩大红军工作竞赛条约》

第二次国内革命战争时期少、中共酃县委《通知》(合字第三号)

第二次国内革命战争时期酃县县队部《建立列宁室工作的通知》

1932 年 4 月 21 日少共酃县委员会印发的《纪念“四·一二”工作比赛的公函》(第二号)

1932 年 4 月 5 日中国共青团酃县委印发的《关于组织轻骑队和实行革命竞赛等转变新的工作方式的公函》(第一号)

1932 年 7 月 14 日中共酃县县委于石洲里村印发的《公函》(第二号)

第二次国内革命战争时期少共黄挪潭区委给各支部的指示信

第二次国内革命战争时期黄挪潭区委给下坪支干事会的指示信(2 件)

1932 年油印本《列宁青年》(半月刊)

1932 年酃县黄挪潭区油印廖厚芳的新同志入团介绍表

1932 年油印本《红色五月宣传鼓动标语口号》

(三)红军标语

1927 年 10 月至 1934 年 10 月,活动在酃县的工农革命军第一师第一团、红四军、红五军、红七军、红军河西总指挥部、湘赣红军独立一师、湘赣红军独立第四团等红军部队以及湘赣省军区第二军分区、酃县赤卫队、酃县警卫营(连)、湘赣红军独立第九营等地方武装队伍书写了大量宣传标语。20 世纪 50 年代初调查,全县城乡有遗存红军标语 1 万余条。60 年代初,调查尚存 8700 余条。随后几十年中,由于标语附着物自然剥蚀、坍塌或人为损毁而大量消失。1990 年普查,仅发现 500 余条,大部分仍可识别。分布在 12 个乡镇(场)32 个村。其中,县城 38 处、58 条,十都、沔渡、水口、中村、下村等乡镇村落遗存 70 处、139 条。现存标语署名单位 110 个。

2008 年,在大操坪兴建红军标语博物馆。主体建筑高 16.2 米、宽 71 米。占地 1572 平方米,建筑面积 3892 平方米,分 6 个展室。以实物(剥取)、照片等形式展出各个时期红军部队书写的标语 100 余条。红军标语馆入选第二批全国红色旅游景区名录。至 2014 年,接待 2000 多个单位和社会团体 150 万人参观。

第八节　非物质文化遗产

一、非遗项目申报

2005 年,县政府遵照国务院《关于加强我国非物质文化遗产保护工作的意见》,开始实施非物质文化遗产(以下简称非遗)调查与申报工作。对非遗项目分布区域、自然环境、历史渊源、基本内容、主要特征、重要价值、存续情况、传承谱系、保护计划、保护情况等进行系统调查整理,建立档案。至 2009 年,共收集整理非遗项目 13 类,收集信息 175 条并附代表性图片、视频光盘。随后申报一批国家级、省级、市县级非物质文化遗产项目。当年,炎帝陵祭典公布为国家级非物质文化遗产。次年,3 人龙公布为省级非物质文化遗产。2009 年,炎帝传说、客家山歌、苏区歌谣公布为省级非物质文化遗产。2010 年,瑶拳公布为市级非物质文化遗产。至 2014 年,收集整理非遗项目 152 项。其中,瑶歌、元宵龙灯、畲族祭祖、藤牌舞、青草狮、铁器加工、结石药方等已上报待批。

二、非遗传承保护

2006 年,县人民政府颁发《关于加强非物质文化遗产保护工作的实施意见》,明确提出非物质文化遗产传承和保护的指导方针是保护为主,抢救第一,合理利用,传承发展。工作原则是政府主导,社会参与,明确职责,形成合力,长远规划,分步实施,点面结合,讲求实效。2011 年,成立炎陵县非遗保护中心,设有非遗展厅和实物保管室。为传承非物质文化遗产,确定传承人代表。对已批准和整理好的项目确定传承人代表。与此同时,开展代表性非遗项目研究与展演。炎陵文化研究会编写《神土炎天》《炎陵故事》《炎陵歌谣》,全面介绍炎帝功绩与炎帝、炎帝陵祭祀源流、炎帝故事、炎陵歌谣。文化部门组织编创大型情景舞蹈《炎帝颂》,

在炎帝陵公祭活动中演出。客家山歌、3 人龙、苏区歌谣、炎帝传说与瑶歌、瑶拳已走进课堂，在县一中和十都、沔渡、龙渣等乡镇学校列入课程，由专职教师讲授。财政部门将保护工作的经费纳入县财政预算，并向上级申请经费支持。

三、非遗项目

（一）炎帝陵祭典

炎帝、炎帝陵祭祀源远流长。宋乾德五年（967）修建炎帝陵庙后，始有陵庙祭祀与祭典。千余年来，炎帝陵祭祀已形成御祭、公祭、民祭形式和礼仪。

御祭 即皇帝遣官诣陵致祭。有即位告祭、靖边军功、亲政复储、万寿晋徽、禳灾祈福、配享礼成等。祭期、祭品、祭器、仪注，各朝都有定制并载入典籍。

公祭 由政府主持，社会各界参加。民国 29 年（1940），湖南省政府举行祭祀炎帝陵大典。是朝廷御祭终止后，由地方政府主持的首次公祭。

1990 年，酃县人民政府举行清明公祭炎帝陵典礼。1993 年重阳，湖南省人民政府举行首次公祭炎帝陵典礼。1995 年，株洲市人民政府举行公祭炎帝陵典礼。遂形成重阳（包括前后日）省、市祭，清明日县祭格局。

现代公祭典礼沿袭传统祭祀基本程序，剔除繁文缛节，融入现代文化内容，按照隆重、热烈、安全、节省原则举行。供品有三牲（牛、猪、羊头）、九谷（稻、粟、粱、菽、黍、小麦、荞麦、稈子、芝麻）、九果（时令水果与干果）等。仪仗队依次为大祭旗、直幅龙旗、刀型幡旗、五人彩龙、九人彩龙、单人狮、长号、大锣、唢呐、神农钹、神农鼓，随后是供品队、花篮队。仪注为：击鼓鸣金；鸣炮奏乐；歌《祭炎帝》；敬献花篮；主祭人敬献高香；全体行三鞠躬礼；主祭人恭读祭文；焚帛书；鸣炮奏乐礼成等项。礼成后谒陵。

民祭 由行业、社团、家族、社区组织或个人、家庭自发祭祀。传统祭祀日有春节、春分节（又称分社节、药王节）、清明节、炎帝诞辰日（农历四月二十六日）、尝新节（农历六月初六前后）、炎帝忌日（七月初七）、冬至节等。此外还有禳灾祈福、感恩还愿等无定期祭祀。其中历时最长，参与范围最广的是春节祭祀。民祭沿袭民间传统礼仪。其中墓前宰牲血祭习俗，可追溯至殷商时期。

专祭特祀 专祭，有行业始祖祭（如祭农祖、医药祖、茶祖、琴祖、陶祖、酒祖、贸易神）、海外华人华侨寻根祭、海峡两岸文化祭、宗教界文化祭等。特祀，指重大节庆日与纪念日举行的祭祀活动。专祭特祀仪注与公祭大致相同，但细节上各具文化特色。

（二）三人龙

传说远古时代，炎帝陵附近的村庄发生虫灾。正在众人一筹莫展的时候，炎帝神农将他的龙头拐杖丢向空中，化作一条火龙，接连 3 天在田野上空来回飞舞，烧光田里的虫子。为感谢炎帝神农的恩德，老百姓于每年 6 月 11—13 日在田间舞火龙。后来相沿成习，舞龙成为文化娱乐活动。山居场地狭小，百姓以 3 人龙舞为主。

3人龙长约2米，由3人舞动，既可表演，也有竞技。类型主要有布龙、香火龙、火星龙等。布龙以竹篾扎成笼子并固定手把，外覆画有鳞片的黄布或红布将龙头、龙身、龙尾连成一体；香火龙以稻草扎成，在龙身插满点燃的香火；火星龙则在龙身加挂金属网兜，内装点燃的特制炭球。3人龙短小灵巧，活跃敏捷，对场地要求不高，在数张垒起来的八仙桌上，也可腾跳挪闪。香火龙、火星龙一般在晚上表演。舞龙人以娴熟默契、连贯流畅的舞技，将香火的火点、炭球火迸发的火星变成凌空飞舞的火龙，在锣鼓、唢呐、鞭炮的渲染下，热闹非凡。2006年，中央电视台5频道《早安中国》栏目将3人火星龙表演作为栏目片头。

（三）炎帝传说

炎帝神农氏是中国上古时代杰出的部落首领。他创耒耜、播五谷、作陶器、织麻布、尝百草、倡交易、制乐舞、兴教化，开华夏农耕文明先河。在没有文字的时代，炎帝神农事迹通过口口相传流传下来。进入文明社会之后，人们用文字记录这些神话，并发展演变为传说。当传说流入民间，经过加工改造，成为妇孺皆知的故事。

炎帝神农崩葬炎陵县，因而炎陵县的炎帝传说十分丰富。大致分3个部分。一是出世传说。如《炎帝的三个母亲》；二是创世传说。如《五谷的传说》《天降嘉禾》《神农犁》《麻与布的传说》《日中为市》《神农琴》《神农箭》《神农宝鞭》《生姜的故事》等；三是身后传说。如《响鼓坳，石人排》《倒挂金钩》《白鹭守炎陵》《鲤鱼朝天子》《火龙会》《踩田的来历》《赏狗与抬狗》等。这些传说，对于传播炎帝神农事迹和弘扬民族精神，增强中华文化认同感发挥了不可替代的作用。

（四）苏区歌谣

1927年10月至1934年10月，酃县先后成为井冈山苏区和湘赣苏区的核心县之一。在创建和保卫苏维埃政权过程中，酃县军民创作了大量歌谣，为宣传群众，组织群众，鼓舞军民斗志，分化瓦解敌人，丰富军民文化生活发挥过重要作用。歌谣一般用传统民歌、民间小调、山歌曲调填上新词，通过宣传队、慰劳队、列宁小学、列宁室传唱。流传最早的有《暴动歌》《三大纪律六项注意》《插牌分田歌》等；流传最广泛的有《拥护苏维埃》《红区建立苏维埃》《劝郎当红军》《不嫁红军心不甘》《当兵就要当红军》等。此外，还有宣传妇女解放，发动妇女投身革命的《五劝姐》《妇女革命歌》；有慰劳红军的《慰劳红军歌》《红军百姓一家人》《支援红军歌》；有揭露统治阶级残酷压迫农民的《雇农苦》《十恨心》《工农兵痛苦歌》；有分化瓦解敌军的《十劝士兵》《白军士兵五条苦情》《十二（个）月当兵》等。歌谣多用比兴手法，语言通俗，感情朴实，曲调明快。

（五）客家山歌

客家山歌是用客家话编唱的民间歌谣。上承《诗经·国风》余风流韵，与唐诗、宋词、元曲并行发展，至明代已十分盛行。千百年来，炎陵客家人在“冈头溪尾，肩挑背荷，竞日往复”的劳动中，在婚丧节庆的场合中，或独自抒情，或众口合唱，抒发肺腑真情，留下无数动人的山歌。客家话语音优雅悠长，柔和缠绵，保留了古中原音韵的发音特点。山歌婉转悠扬，长于抒情。客家山歌内容可分为：劳动歌、叙事歌、学教歌、孝歌、情歌、盘歌、酒歌、骂歌、儿歌、苦歌、风俗歌、节令歌、虚玄歌、拉翻歌、谜语歌、逗趣歌等。风格有高腔、平腔、低腔。歌词以口头语即兴创作,整齐押韵。散板歌词最短的仅两个字,最长的几十个字。以比兴、双关见长。有独唱、对唱;有叠声、叠句、尾驳(续接)尾、问答、绝气等多种形式。起初,用吹树叶伴奏,后来加进竹笛、二胡等小型乐器。现今传唱的客家山歌有2000余首。炎陵客家山歌参加湘潭、郴州、株洲群众文艺会演,广东优秀客家山歌邀请赛,湖南省2014年"欢乐潇湘"会演,多次获奖。

(六)瑶拳

瑶族先民勇敢善斗。闲暇时,常做一种两人一组肩靠肩,头靠头,相互扭扯的游戏,用滚翻摔扑等技能来定胜负。这种游戏逐渐发展成为一种近距离搏击。瑶民所崇奉的盘王在率领族人扩张自己领地和反击侵略者的战斗中,将这种近距离搏击发展成在战场上有杀伤力的战斗技能,即为瑶拳。瑶拳模仿多种飞禽猛兽厮杀进攻、防御的形态。动作原始古朴、招式明快、吞吐自如。始终保持矮桩。拳击套路有踢、打、摔、拿,跌扑滚翻,闪展腾挪。发力时配以深沉短促的发声。充分展示一种节奏美、技击美、惊险美、力量美,尽显瑶族人民粗犷豪爽、不畏强暴、勇敢剽悍的雄风。

第九节 文化市场管理

20世纪80代后,文化市场进入发育、发展、繁荣的渐进阶段。1991年,炎陵县各类文化经营户(网点)43家,1993发展到128家,从业人员逾300人,有歌舞厅、印刷打字复印社(厂)、录像租放点、书店报摊、桌球、电游室以及网吧等,遍布城乡。县政府设置文化市场管理部门,组建市场稽查队,管理各类文化娱乐事业。2014年12月,全县有各类文化经营场所89家。其中,网吧11家,KTV10家,印刷企业5家,打字复印门店28家,出版物及音像制品店21家,电子游戏室4家,其他经营场所10家。市场从业人员约600人,年生产总值约2000万元。公共文化体育设施5处,广播电视台1家,国营新华书店1家,演艺公司1家。

一、管理队伍

1980年5月,县文化局设立。文化市场执业实行许可证申办、验证、年检年审制度。80年代中、后期,县内分别成立由主管副县长牵头,文化、广播电视、公安、工商等多部门参与的文化市场临时管理、执法机构——"领导小组",对娱乐场所、音像制品、扫"黄"打"非"等专项联合稽查执法。1993年7月,成立酃县文化市场稽查队。2002年,设立炎陵县文化市场稽查大队,定2名专职稽查员。翌年,附设文物稽查中队,专司文物市场监管职责。县文化市场稽查大队获2004年度省文化市场稽查机构先进集体称号。

2011年末,组建炎陵县文化市场综合执法大队,将原文化体育新闻出版局、版权局、广播电视局所辖行政执法职能整合归并,实行文化市场统一执法。2013年6月,更名为文化市场综合执法局。

二、执法管理

1987年，开展“打击非法出版”行动，查处50人，法办2人。1991—1995年，围绕扫“黄”打“非”、整顿校园周边环境等专项整治工作，县文化市场管理相关部门联合行动，共出动168次、896人次、155车次对县乡集镇开展突击检查，查处无照经营或证照不全184家。查缴淫秽色情音像品、扑克画册316件，非法录、复制音像盒带410盒，违禁书刊1100册及非法出版的画册、明信片9300余张。进入21世纪，文化市场管理重点，除持续扫“黄”打“非”之外，网吧监管、气功传练成为重中之重。每年开展文化市场联合执法检查5—8次。2012—2014年，共查处违法案件61起。其中，2012年，共出动检查700多人次，检查290余家次，立案调查11件，办结10件，罚款近4万元。2013年，出动巡查3100余人次，检查经营场所1000余家次，查办网吧、娱乐场所、出版印刷等行业违法违规案件16起。收缴各类非法报刊、图书500余册、计算机软件及音像制品800余张，取缔游商地摊2家，关停违规网吧1家。2014年，出动执法人员4000余人次，日常巡查文化市场经营单位(户)800余家次，开展专项执法行动8次，下达责令整改通知书52份，取缔无证摊点3个，查缴违禁物品3000余件(份)，依法取缔“黑网吧”1家，查办各类案件24起。

娱乐及演艺　旧时酃地民间娱乐活动甚为单调，乡村山民唱唱山歌，讲讲“拐经”(一种押韵的对口调侃)。城镇圩场居民茶馆闲谈“讲经”，亲朋玩牌下棋，有麻将、字牌、骨牌、象棋门类，民国期间传入扑克、军棋、康乐棋，多为娱乐，也有小额博彩。圩镇不乏聚赌场所，游闲浪荡子弟常聚于此，“妨害治安，败坏风俗”。清乾隆三十年(1765)，衡州知府李文在因辖区各县演唱“大戏”衍成风俗，废业妨工、兴赌生事，发布告示严禁演戏。民国37年(1948)5月，酃县警察局在船形市(圩)查禁县外戏班唱演花鼓，优伶刘苟仔3人交保责令出境，6名赌犯处罚“国币七千万元”。1993年，县文化稽查队登记的合格文化经营户(网点)128家，查处无证经营的130家(桌球点为主)，稽查队取缔了一批非法店点。

电子游乐　文化市场管理部门采取常态化管制措施。严格执行准入审验证制度，经常突击抽检电子游戏室，禁止校园周边200米范围开办电子游乐厅室。2001年和2005年，分别勒令停业、搬迁校园周边的电游室各3个。2008年，处罚5个违规电游室。

网吧　21世纪，互联网推广普及，营业网吧火爆。2001年，县城有注册网吧10家。2004年，文化稽查部门开展“零点行动”24次，检查140家次，查处违法违章31家，责令停业整顿19家，搬迁2家，吊销营业许可证4家。2006年5月，建设网络文化市场计算机监管平台，安装“净网先锋”监控系统。翌年，投资5万元，全面启动网吧网络视频监控系统建设，对县城18家网吧安装“全球眼”监控装置，解决监控漏洞。2009年，网吧被查违规行为降至6起。

音像　1984年，县广播电视服务部购进县内第一台电视放像设备，开设放像厅。成立县内第一个电视录像放映队，在全县巡回放映。1986年，县广播电视局设音像管理站。至1990年，全县有营业性放像厅17个，非营业性放像点19个，另有闭路电视7个。1993年11月，成立广播电视局音像稽查队，在全县城乡开展卫视、音像市场专项整治。至1997年，没收非法像带271盒，办理音像许可证10个。1998年6月，成立县文化市场稽查大队，音像管理移交稽查大队。除例行检查外，每年开展文化市场联合执法检查5—8次。至2014年，共查处无证照经营184家、色情音像316件、非法复制音像410盒。

第二章　广播　电视　报纸

第一节　广　播

一、广播设施

有线广播　1956年6月，酃县收音站改建为酃县广播站。配收音机、录音机、300瓦扩音机各1台，电唱机2台，自动控制台1个，有工作人员4名。每天播音1小时。当年在城关、城东、沔渡3个乡镇安装舌簧喇叭29只，广播信号由电话线传输。1957年5月，全县各乡镇有高音喇叭、广播喇叭21只，舌簧喇叭300只，实现乡乡通广播。1958—1969年，陆续建成15个公社广播放大站，配置扩音机16部，喇叭1560只。全县社社都建有广播站。广播信号仍由电话线传输。

1974年6月，成立酃县广播事业局，广播设施分三级负责：县广播局负责架设县城至公社专线，装备公社广播站；公社、大队负责架设社队之间专线；生产队负责购置农户喇叭。平乐公社青山大队组织20余人抓副业生产，筹资2000余元，购铁丝1000公斤，喇叭40只，实现户户通广播。1975年，实施广播专线工程。至1977年，架设县城至公社广播专线88公里，公社至生产队、农户专线2083.5公里，用水泥电杆替代木电杆，结束用电话线传输广播信号历史。全县安装高音喇叭306只，舌簧喇叭2.54万只，每天播音7小时。1983年冬，持续月余大雪，毁坏线杆4.25万根，断线1753公里，损失51.3万元，通播率下降。1984年，湖南省广播普查，酃县公社一级广播通播率100%，居全省第一；村通播率98%，居第七；村民小组通播率91.5%，居第八；喇叭入户率71%，居十一。全县广播专线长3838公里，线杆6.58万根。1990年，全县广播专线降至1127公里，线杆2.25万根。乡（镇）通播率100%，村通播率62.1%，村民小组通播率35.2%，喇叭入户率48.1%，音响率51.6%。

1993年，实行有线与无线混合覆盖新模式。随着电视普及和调频广播的使用，有线广播渐减。1994年，受风暴袭击，损坏发射机13台，喇叭2420只，毁杆线125公里。乡镇、村组维护乏力，通播率直线下降。农村有线广播逐步停播。1999年9月，架设在县广播电视大楼的最后2只有线高音喇叭停播，运行44年的有线广播网废弃。

无线调频广播　1987年1月,广播局利用笔架峰电视差转台铁架兴建功率50瓦调频广播发射台,发射频率89.9兆赫,传送中央和省台广播节目信号。除策源乡部分地区外,其余地区信号均接收良好。全县有11个乡镇安装调频接收机,扩音机总功率8730瓦。此后县至乡镇广播信号以无线调频传输,乡镇至村、组以有线传输。乡、村广播信号质量明显提高。当年,沔渡乡夏馆村村民胡田生利用调频信号创办县内第一个家庭广播室。1989年9月,在笔架峰转播台安装第二台50瓦调频广播发射机,全县15个乡镇全部安装使用调频接收机,调频广播人口覆盖率85%。1990年,王家渡镇兴建县内第一座乡级调频广播电台。次年,水口镇建地面卫星电视差转台和调频广播电台,架设55米高广播电视发射塔一座,调频广播人口覆盖率达100%。1993年11月,县调频广播频率由89.9兆赫改为95.5兆赫。次年起,县站到笔架峰发射塔广播自办节目信号采用微波传输。

2000年起,县内有线广播停播。笔架峰广播电台以无线调频方式转播上级广播电台信号。2005年10月,株洲市广播电台交通频道在县笔架峰建立发射转播基地,实行24小时播出,节目覆盖株洲市和周边部分县市。

2007年,笔架峰广播电台纳入国家"十一五"农村中央广播电视无线覆盖工程,转播中央人民广播电台中国之声节目。调频发射功率增至300瓦,发射频道由95.5兆赫改为88.4兆赫,信号覆盖本县和周边茶陵、安仁、宁冈等地。2014年,笔架峰转播台添置300瓦调频广播设备。

二、自办节目

新闻节目　县广播站成立之初,主要转播中央、湖南人民广播电台新闻节目,不定期播出本县新闻。20世纪60年代末,自办节目增加。新闻节目有《本县新闻》(后改为《酃县新闻》)、《酃县快讯》(后改为《今日新闻》《一周要闻》)。报道县内政治、经济、文化等要闻。全天播60分钟。1979年,县广播站有采编、播报人员3人,年编发新闻稿1000条左右。1980年,采播人员增至9人,先后聘请21名特约评论员。新闻稿件增多,质量提升。《酃县新闻》每天20点30分至21点首播,次日7点30分至8点重播。其中《经济新闻》占80%。至1989年,各乡镇广播站亦开办自办节目,播放地方新闻,酃县成为株洲市首个乡乡有自办节目的县。1990年,县广播站播稿4692篇,每日播报时间1小时以上。1995年,改单独电台为综合广播电视台,保留一套广播节目。当年编发新闻稿6387篇,为历史最高纪录。向省市广播电台供稿261篇,列全省县级台前茅。1999年8月24日,自办广播节目终止。

专题节目　有科技信息服务和特设专题节目。科技信息服务有《天气预报》《为您服务》《科技知识介绍》《知识天地》《经济信息》等。《天气预报》从1958年8月开播,由县气象局提供气象资料。其他节目于1978年后陆续开播。1984年,专题节目始纳入周播表,每周一专题。节目时间5—10分钟(次日重播一次),安排在新闻节目之后。1996年,科普专稿《空气负离子可治多种疾病——国家森林公园桃源洞探秘》获中国广播奖三等奖。特设专题节目有1981年开播的《听众信箱》,1983年开播的《法制宣传》(后改为《法制园地》《民主与法制》)和

《今日市场讯息》《青少年之友》《农村生活》等。1989年，开播《炎陵之声》，融新闻性、服务性、知识性、娱乐性为一体，每周五20点50分播出，次日8点20分重播，有近百名通讯员撰稿。

文艺节目 县广播站成立初期，以播放唱片为主，有时也录制山歌、快板、渔鼓等小节目。文化大革命时期以播放样板戏为主。1978年后，文艺节目开始多样，播出时间增多。1984年，文艺节目纳入周播表，开播《文艺晚会》（周六）、《音乐》（周二、四、日）。1986年改为《周末文艺》（周日）、《音乐与曲艺》（周四）、《音乐》（周六）。每档节目每次播出10—15分钟，次日重播，每日播出时间为40分钟。1989年，增《湘山文艺》（周六），每档节目播出时间增至30分钟，日播时间100分钟。1981年，县广播站编辑播出的广播剧《孟春花》，获湘潭地区节目调评一等奖。

教学节目 1979年3月开播广播教学节目。聘请农业、林业、畜牧业、水电、卫生等部门高、中级专业技术人员授课，每周两课时。县农业局高级农艺师彭鹏飞的《走访防治二化螟》获湘潭地区调评一等奖。1985年节目停播，共播出710课。

第二节 电 视

1971年，县广播站购置66厘米菲利浦牌彩色电视机与22.5厘米日立牌黑白电视机各一台，为县内最早的电视机。此后，机关、团体、学校等单位陆续购买。晚间收视，观看者甚众。20世纪70年代末，始有个人购置电视机。80年代，电视机拥有量激增。1990年，全县有电视机1.67万台，其中彩色电视机1182台。90年代末，黑白电视机被显像管彩色电视机取代。2000年后，显像管彩电渐被高清、智能、超薄液晶电视机取代。90%的家庭拥有1台以上电视机。

一、电视设施

转播台（差转台） 1974年9月，广播局在县城北笔架峰（海拔1131.8米）建成湖南省第一座县办电视差转台，用1.5千瓦汽油发电机供电。发射功率10瓦。覆盖城关、城东、垄溪、沔渡、三河、河西等6个公社。1976年5月10日，中央广播事业局电视办公室发专电祝贺。1982年，水口电站建成县内第一个自办电视差转台，发射功率10瓦。1983—1984年，水口公社木湾大队，策源乡长兴村谭观坳组先后建成发射功率3瓦和1瓦差转台。谭观坳差转台是省内第一个村民小组办差转台。此后，边远乡（镇）、厂矿企业陆续兴建电视差转台。同期，架设笔架峰差转台高压输电线，结束肩挑汽油上山发电的历史。

至1990年，笔架峰差转台装有300瓦差转机1台、50瓦机2台、3瓦机1台。接收中央电视台1、2套和湖南电视台节目，用6、8、10等频道发射信号。全县电视人口覆盖率75%。1991年，笔架峰电视差转台更名笔架峰广播电视转播台。1994年，建成40米高铁塔和县电视广播局至笔架峰微波传输系统。次年，购置全固态电视差转机（用于转播央视2套、株洲电视台和自办电视节目），并扩建机房，恢复两次冰冻灾害损毁设备。1999年，开工修建县城至笔架峰公路，并完成一期工程。当年，县内建成36座小功率电视差转台。其中，乡镇18座、村组6座、厂矿企业12座,发射功率158瓦。形成山区电视差转小功率、多布点格局。2012年,笔架峰转播台基础设施建设获中央150万元,省50万元资助,先后完成高压供电线路改造,架设光纤线路,维修发射机房,硬化公路,扩建配套用房等建设项目。2014年,笔架峰转播台有正常运转发射机4台,总功率1900瓦。发射央视1套(模拟300瓦)、7套(模拟300瓦),中央人民广播电台(主300瓦,备300瓦);央视1套(数字)、7套(数字),湖南卫视(数字),炎陵台(数字1000瓦)共7套节目。信号覆盖全县16个乡镇和周边县。笔架峰转播台获全省广播电视系统先进单位称号。

地面卫星接收系统　1987年,县教育局购置直径3.2米地面卫星接收天线及收视系统1套,为县内地面卫星接收之始。无发射系统,仅供录制电视教学节目。次年,广播局在笔架峰安装直径6米地面卫星接收天线,向县内发射信号。1990年,全县有地面卫星接收系统8套,部分不能接收笔架峰差转台信号的用户亦能收看中央电视台节目。1999年,安装地面卫星接收设施(俗称卫星锅)的农户激增,当年办理244座地面卫星接收站许可证。至2007年,全县地面卫星接收设备2.25万套,信号全部转到鑫诺三号与中星6B两卫星。2009年,实施国家"村村通"广播电视工程,将2683套直播卫星接收设备送到各乡镇电视盲村。2013年,在省广电局支持下,为策源乡电视盲村梨树洲全村安装60套直播卫星设备。至2014年,为边远山区3617户群众安装直播卫星接收设备,全县279个电视盲组(村民小组)都能收看电视,实现电视信号村村通、户户通。

有线电视　1992年6月始在县城兴建有线电视机房。年底在城区开通4条主干线路,总长8.5公里,传输电视节目7套,用户1120户。1994起年,十都、水口、沔渡、垄溪等乡镇,木湾、龙渣等地林业单位先后开通有线电视。1997年,乡村共建有线电视片网41个(乡镇场16个、村组15个、企业10个),传输节目7套。1998年,城区电视网络宽带由300兆增至550兆,节目增至22套,用户增至5377户。2000年,为使电视盲村村民看到电视节目,采用县乡联网和在边远地区建小片有线电视网方式传送电视信号。先后建乡村有线电视网络前端机房120座(其中,乡镇场15座、村组99座、厂矿6座),70%的自然村通有线电视,用户1.03万户。后由于各种原因,农村有线电视用户逐年减少。

2003年,全县91个机关单位,2505人捐款26.87万元,广播电视局拍卖门店收入61万元,用于城区有线电视750兆光纤宽带网络改造升级。当年县城电视节目增至45套。2005年,实施广播电视村村通工程,县委决定将14个乡镇广播电视站收编至县广播电视总站,增开一条农村模拟有线电视信号,联网线路采用自架电杆、电力杆寄挂、联通公司线路寄挂等方式。先后架通县城至三河、鹿原、东风,鹿原至船形,县城至沔渡、十都,县城至垄溪、水口、中村100余公里光纤传输线路,改造小片网站16个。有线电视网络联通8个乡镇,农村有线用户2600多户。2008年,县广播电视局与省广电传媒股份有限公司合股经营,次年更名湖南省有线炎陵网络有限公司,完成城区有线电视用户从模拟向数字整体转换。转换数字电视用户9428户,开通基本频道77个,付费频道68个,高清频道13个,开通电视节目168套,城区有线电视用户1.2万户。2013年,湖南有线网络公司投资400多万元,接通郴州干线信号，形成株洲、郴州同时提供信号源的南北环线，增建从茶陵至炎陵挂杆干线，确保安全播出。2014年，城区有线电视视用户1.3万户，农村5200户。

无线数字电视 2010年，县广播电视局与省移动数字电视有限责任公司协议，组建炎陵分公司。2011年，公司投资400多万元，在笔架峰设立机房和发射基站，发射含炎陵台、株洲台等43套节目，信号覆盖霞阳、沔渡、十都、垄溪、石洲、三河、鹿原等乡镇。当年发展农村用户482户。次年节目增至49套，新增用户608户。2014年，更新设备，信号由标清升为高清。有用户2600户，传送无线数字电视节目49套。

二、自办节目

新闻节目 1991年，县广播电视局购置摄像、编辑等设备。当年摄制《酃县水利工作会议实况》，为县内摄制、播出的第一条电视新闻。次年，不定期摄制、播出本县新闻98条。播出时间为当日17:35和22:00。1994年，建立炎陵电视台，更新摄像、编辑设备，购置特技字幕机，成立电视宣传小组。1995年5月2日，成立炎陵县广播电视中心，呼号为炎陵电视台。5月4日，制作首期电视《炎陵新闻》，在有线台8频道、笔架峰无线6频道播出。每周1期，周四首播，周五重播，播出时间为19:35，时长17分钟。当年播出35期268条，次年增为每周2期，周一、周三首播。1998年，增为每周3期，全年播出154期847条。有84条新闻被市以上电视台选播。2004年，购置数字化摄像、编辑、刻录、自动播放设备，自办节目编、播实现数字化处理。当年首次现场直播炎帝陵公祭大典。次年，新闻记者开展走、转、改活动，全年播出电视新闻154期1172条。2008年，更新设备、引进人才，提高节目质量，加快节目制作周期。《炎陵新闻》每周增至5期，每日20:00首播，21:00和次日12:30重播。全年播出256期2056条。2010年，添置高清摄像设备和高档交换系统、资讯制播系统，选送采编人员到湖南卫视学习，新闻队伍业务水平不断提高。2012年，以《炎陵新闻》特辑形式创办《一周要闻回顾》，周六首播，周日重播，实现炎陵新闻日播制。2014年，播出《炎陵新闻》314期2459条。其中，中央台采用3条，湖南台采用75条，株洲台采用154条。建台以来，共播出《炎陵新闻》3502期2.33万条。

专栏节目 1997年，广播电视台开播《天气预报》《今宵祝福》《广告文艺》。1999年，开播《星火科技30分》《炎陵风情》，宣传科普知识，介绍炎陵旅游景点和风土人情。2002年，创办社教类专栏《今日炎陵》。半月1期，每期15分钟。2005—2010年，先后播出《理论纵横》《政法在线》《快乐炎陵》《洣泉开讲》，介绍县内宣传、政法等工作和红色旅游、历史人物。2012年，《天气预报》扩为《炎陵及周边天气预报》。2014年，先后创办《古酃风火》《百姓视线》《科普在线》等栏目。

广告文艺 1991年，推出点播电影、电视剧、歌曲等服务，当年收入6万元，后逐年增加。1998年，成立广告文艺部，与湖南省广播电视节目中心签订供片合同，每年引进电视连续剧850集，插播广告。2002年，广告文艺部改名广告部，插播文艺节目。2014年，尝试举办群众参与型、竞技型节目，创办以讲述梦想故事，展示绝技才艺为主题的《梦想达人秀》综艺节目，首次将文化舞台搬上电视荧屏。当年电视广告收入130万元。

第三节　报　纸

《酃县报》　中共酃县县委、酃县苏维埃政府机关报。1931 年 8 月在石洲里创刊,油印,16 开,2 版,不定期。刊登苏区政策、作战快讯、红军纪律、革命歌谣等内容。当年 10 月停刊,共出版 10 余期。其中某期刊出一首歌谣:“牛耕田,马吃谷;工农劳动,土豪享福;世界太不平,穷人闹革命”,在苏区广为流传。

《酃县民报》　国民党酃县党部机关报。民国 21 年(1932)创刊。周刊,对开,4 版。初时李肇鑫任社长,下设编辑、录事、缮写、发行各一人。刊登新闻、文艺作品、经济信息等内容。开辟炎陵公园、民众园地、社会服务、漫谈等专栏。开始由集益书店石印,后因款绌,改为油印。发行量 300 余份。抗日战争时期,宣传抗日救亡,发行量增加。办报经费主要由省、县拨给。38 年 8 月 20 日停刊,共出 1167 期。

《酃县小报》　中共酃县县委、酃县人民政府、酃县收音站合编。1952 年 10 月创刊,油印,5 天一期,每期 350 份。刊登时事新闻、政策、工作经验、农业技术等内容。发行至区、乡党政机关、学校等单位。1953 年 2 月停刊,共出 27 期。

《酃县报》　中共酃县县委机关报。1956 年 7 月 15 日创刊。1—175 期为 4 开 2 版 7 日刊。176 期起改为 4 版 3 日刊。依次为理论版、农村版、文艺版、国际时事版。酃县人民印刷厂(次年 6 月,改名酃县报印刷厂)铅印。创刊初,发行 2000 份,1958 年达 7500 份。订户遍及 8 省 27 县。张平化、周里、张经武、廖海光等在外地工作的酃县籍领导干部均自费订阅。1959 年 1 月停刊,共出233 期。

第三章　档案　方志

第一节　档　案

民国期间,档案由县政府秘书室管理。民国 33 年(1944),日本侵略军逼近县境,县政府焚毁大量案卷。民国 38 年存各类案卷 2397 卷。中华人民共和国成立前夕,国民党县政府烧毁、转移近 2000 案卷,不知所终。

1956 年,酃县县委、县人民委员会设立档案室。1963 年,成立县档案馆。1968—1972 年,因“文化大革命”影响,档案工作中断。1973 年恢复。1980 年,成立档案局,辖档案馆。1990 年,全县 17 个乡镇和 50 个县直属机关建有档案室。1991 年,县档案馆达省 4 级标准。1994 年,县直机关机构改革,档案局与党史征集办公室、地方志编纂委员会办公室合并为档案史志局。2014 年,档案史志局设办公室、史志股、档案业务股、现行文件管理中心。

一、档案库房

1963 年,档案馆库房设县委机关院内,面积 30 平方米。1976 年,院内新建小礼堂,二楼作档案库房,面积 316 平方米。1981 年,库房墙壁出现裂缝,停止接收档案入馆。1987 年,受江西寻乌县地震影响,库房裂缝扩大。10 月,库房临时迁至县委党校平房内,因高温高湿影响,档案出现霉变。1988 年,在北门垄修建新馆,库房面积 825 平方米,装有通风、防漏、防潮、隔热设施,1990 年迁入。2012 年 4 月,实施国家西部县级综合档案馆建设项目,国家财政补助 614 万元,地方政府配套 463 万元,在县城东山新建档案馆。新馆占地 4419 平方米,建筑面积 3447.74 平方米。其中,库房 1589 平方米,附属楼 120.02 平方米。2014 年,添置防磁柜、图纸柜各 1 个,铁皮文件柜 15 个,密级架 90 组,实现办公信息化。

二、档案收集

1958 年,档案室收集酃县革命历史资料 49 种,接收中共酃县委员会档案 4540 卷,酃县人民委员会档案 1072 卷。1981—1987 年,接收县公安局移交中华民国时期酃县县政府档案 473 卷。收集族谱 22 姓 30 种 144 册;康熙九年、乾隆三十年、同治十二年县志 3 种 18 册。接收县财政局及各乡、村保管的土地与房产所有证存根 1.15 万份,土地房产登记册 1.49 万份。收集酃县人民政府集体山、自留山清册、证件 221 本。至 1990 年底,共藏档案 100 个全宗,1.23 万卷。藏有各种书刊资料 4345 册。20 世纪 90 年代,协助乡镇、县直机关整理档案,并开始按规定收集县直单位和乡镇档案入馆。至 1997 年,档案馆接收县属单位进馆档案 1488 卷,资料 136 卷,作废公章 300 多枚。征集炎陵籍在外地工作的地师级以上领导干部和炎陵县省级以上劳模、副高以上职称知识分子 90 余人的资料。其中,照片 77 帧,证书 82 张,作品(资料)383 册(篇)。年底馆藏档案 2.84 万卷(册)。1998 年,接收 11 个县直单位、两个乡镇档案 2273 卷。征集名人档案资料 1161 件,整理 44 位名人档案 50 卷,革命历史档案 2 卷。整理名、优、特产品档案 2 卷,桃源洞、炎帝陵管理局档案 2 卷、照片 4 册 636 幅,各类资料 429 册。1999 年,收集整理名人档案 101 卷。接收路桥义济石碑 8 块。建立农业科技档案目录中心,收集农、林、畜牧水产等行业科技档案 480 卷。2003 年,收集炎帝陵照片 320 帧,领导与名人题词、绘画、书法等入馆。收集炎陵县中草药标本 1937 种、中草药药品标本 400 余种,并标明采集地点、生长地地形、地貌、地质、环境、习性、形态、别名、分布状况等。当年馆藏档案 3.34 万卷。此后,县档案馆每年协助乡镇、县直单位整理档案。先后整理乡镇档案 5200 余卷,霞阳社区保障站职工档案 3000 余卷。2009 年,协助霞阳中团、三河深坑、十都黄上等村整理档案, 县内始有村级档案管理。同期,收藏县内 31 姓 52 种 99 册新修家谱。2014 年底,档案馆有全宗 194 个,馆藏档案 3.64 万卷。

三、档案利用和编研

20 世纪 70 年代末，为落实政策、调解民事纠纷，查阅档案人数骤增。1981 年，编写《酃县行政区划演变》《中国共产党酃县党代会、委员简介》。1989 年，参与《中国共产党酃县组织史资料》《酃县编制史》编写。1990 年，档案馆向社会开放。当年 6—7 月，各单位为编纂《酃县志》撰写资料长篇，每日查档者近 100 人次。1979—1990 年，接待利用档案者 1.25 万人次，查准率 95.2%。1991—1996 年，向社会开放档案 3 批、44 个全宗、3073 卷。1999 年，利用档案资料，编印《炎陵县党史大事记》《炎陵县自然灾害大事记》《档案馆指南》《档案利用事例汇编》，并为省档案局编写《湖南省历史上的今天》提供有关文字资料。1991—2000 年，接待查档 4619 人次，查阅档案 1.02 万卷。2001 年，县委党校将《井冈山革命根据地的建立发展及其斗争》作为党员教育教材。2006—2009 年县委组织编纂《中国共产党炎陵县历史》，查阅档案 2000 余卷。2013 年，开展“以史铸魂”党史宣传教育活动，编撰《20 世纪湖南炎陵人物》，发放科局干部和部分中学生，进行县情、县史教育。2001—2014 年，有 1.24 万人次查阅档案1.61 万卷。

四、档案执法

1988 年，县政府法制办公室举办《中华人民共和国国家档案法》学习班，为档案馆管理人员颁发《行政执法许可证》。1992 年，县内某单位雷某涂改馆藏档案，受到开除党籍处分。档案管理部门利用广播、电视、网络、墙报等形式广泛宣传《中华人民共和国档案法》。每年 6 月 9 日国际档案日，上街开展图片展览、知识问答、有奖竞赛等活动，普及《中华人民共和国档案法》。2006 年 5—6 月，由县委、县人大、县政府办公室与县史志档案局组织，对全县各乡镇场、县直机关及企事业共 77 个单位年度归档和安全管理工作进行检查，对发现的问题，下发整改通知书 60 份。2014 年，全县档案执法检查 125 个单位，下发整改通知书 107 份。

第二节　方　志

一、方　志

(一)县志

明嘉靖初，知县易宗周主持修纂《酃县志》，为酃县修志之始。后毁于兵燹。

清康熙九年(1670)，知县李朝事主修，县人谭楚硕、谭士英、罗士彝纂修县志 4 卷。分装 4 册，凡 6 万余言。其时兵燹方定，满目疮痍。故其叙简略，其词悲怆。上海古籍书店有藏本。1985 年，县档案馆从沪购回缩微胶卷，抄写复印存入县档案馆。

康熙二十七年，知县黄文年鉴于李志“简编残缺，稽考维艰”，于是“刻意搜求，重加修辑”，且捐资印刷。后散轶。

康熙五十三年，知县张垚“以所因所革及身所至、目所睹者著之于书”。今书佚《序》存。

乾隆二十六年（1761），知县陈膺笏“检阅酃邑旧志，剥蚀残阙，不堪卒读”，遂集邑士谭衡珙、罗煜先、刘武才，“令各举所知，兼采省志，补其阙略，汇而成册，用作粉本”。后散轶不存。

乾隆三十年，知县林愈蕃重修县志。择人采辑，自任纂修，“折衷往牒，勒为成书”。“林志”23卷，分装6册，计21万言。以烈山书院藏版传世。湖南日报社、湖南省图书馆有藏本。县存复印本。

嘉庆二十一年（1816），知县麦连“筹经费，任采访”，重修县志。次年，新任知县叶起鹏“踵而成之”。是志散逸不存。

同治十二年（1873），知县唐荣邦任主修，教谕杨岳方、训导谭培滋任主纂，集120余人重修县志。是志20卷30万言，分装8册。以文昌宫藏版传世。1961年，张教海从当地废品收购门市部偶得原印本一套，收藏于县档案馆。另有1984年湖南日报社复印本传县内，台湾影印本传大陆。县人周新发于2011年为之标点、注释，以横排、简化字付印。

1988年6月，县委、县政府成立《酃县志》编纂委员会，先后由唐剑平、刘祖文、彭志瑞为主编，160余人参与。征集资料4687余万字，完成资料长编263万余字。1993年成稿。先后由株洲市地方志编委会、湖南省地方志编委会审查合格后，1994年由中国社会出版社出版发行。《酃县志》计22篇、99章、315节。另有概述、大事记、人物传记、名录、数据图表等，刊彩照80余幅。全志105万字，记述酃县置县以来近800年自然、社会、经济等方面的发展变化。获湖南省地方志优秀成果评比一等奖。

2014年3月28日，县人民政府常务会议决定重修县志。11月27日，召开修纂《炎陵县志》工作会议。修志工作随之展开。

（二）专业志

炎帝陵志 康熙初，县人罗士彝撰《炎陵述古》（又称《鹿坡山志》），为炎帝陵有志之端。此书早佚。康熙六十年，酃县教谕、湘潭人彭之昙撰《炎陵初志》4卷，是志至道光年间，即“板片剥蚀无多，藏书家亦尠有之”。今无存。道光八年（1828），县令沈道宽主持，客住酃县的宁乡人王开琸、长沙人毛国瀚，撰炎陵志8卷，设帝纪、陵庙、祀典、碑碣、山川、诗赋、杂说等7门。道光十八年，县令林愈蕃再举重修。《（重修道光）炎陵志》未署撰人名氏，无重修序文。惟“例言”载：“兹编盖主王本（道光八年王开琸撰本），而类述特加详悉”，对所引经史诸子之先后、门类，“略为诠次”。乃设7门，将杂说移至诗赋之前，而帝纪、碑碣、诗赋各析为2卷。全书10卷，约6万字。现道光八年、十八年两志有藏本存湖南省图书馆。2007年，县人周新发将道光十八年《炎陵志》标点、校注，以横排、简化字重印。

义田志 清代修有《酃湖（书院）义田志》《洣泉书院义田志》《梅冈书院义田志》。详载各书院“膏火修金”“宾兴”义田捐户姓名、田土山塘坐落、面积等，“以垂永远”。现存《洣泉书院义田志（续修）》《梅冈书院义田志》，由个人收藏。

（三）部门志

1990年前后，为编修《酃县志》，县内各部门抽调人员，组成修志小组，为县志收集资料，编写资料长编。完成县志资料收集任务后，部分单位、部门即开始编纂部门志。1994年，编成印刷《交通志》《金融志》《农业志》《商业志》《教育志》《民政志》《工业志》。此后，相继编成印刷《药志》《建设志》《粮食志》《水电志》《邮电志》《供销合作社志》《株洲市麻风病防治志》《农村信用合作志》《军事志》。2014 年，文化广播新闻出版局组织编撰《炎陵文化志》初稿。

二、年　鉴

1994 年完成第一轮县志编纂后开始编修年鉴。1996 年 6 月出版第一部《炎陵年鉴》（1991—1994 年）。《炎陵年鉴》由县地方志编纂委员会编修，县委书记任编委会主任，县长任主编。年鉴采用分类编辑，以横为主，纵横结合。设综述、文献、大事记、部类（政治、经济、文化、社会、乡镇场）、人物以及附录（文件选登、年度新闻照片）。1996—2001 年，每年出版一部。2003 年起改为每两年出版一部。至 2014 年，共出版《炎陵年鉴》13 部。

第四章　体　育

第一节　学校体育

一、体育教学

明代书院、私塾无体育课。清末，书院、私塾改为新式学堂后，设体操课。民国初，将体操课列为必修。民国 12 年（1923）改为体育课。限于设备，以队列训练与游戏为主。民国 22 年，县立第一高级小学修建县内第一个篮球场，始有篮球教学与活动。此后相继有排球、乒乓球、单双杠等设施，但无专职教师，也无统编教材，多为每周 2 课时。抗日战争时期，体育课一度改为童子军课，抗战结束后恢复体育课。

1951 年，县立中学（今一中）教师张克伦派往省体育教师培训班学习，成为县内第一位专职体育教师。1956 年，各中小学按《体育教学大纲》与新编体育教材教学。县立中学成立体育教学研究组，农村学校分东、南、西三片建立联片体育教研组。两课（体育课、课外体育活动）、两操（早操、课间操）列入课程表，体育课每周 2 课时。先后推行儿童、少年和第一至第六套广播操。“文化大革命”期间，先以体力劳动代替体育课，后将体育课改为军事体育课，部分学校进行队列、刺杀、射击、投弹训练和野营拉练活动。

1978 年起，重新按《教学大纲》组织体育教学。“科班出身”的专职体育教师渐增。1983 年，高中招生加试体育，5 所县办中学体育平均成绩 88.9 分。1988 年起，规定初、高中毕业生体育成绩不及格者不得参加升学考试。次年，中学毕业生体育成绩全部及格。1990 年，全县有专职体育教师 43 人，其中大专院校体育专业毕业生 24 人。20 世纪 90 年代起，注重对体育专长生进行系统训练。县一中每年有学生考入高等院校体育专业学习。

2000年以后,体育教学以《体育与健康》为教材,侧重体艺项目创新扩展,体育运动强度减量,增加课程的趣味性、轻松度和安全度。教学实践以学生健身康乐为主,体育技能提升为辅,取消期末考试,不计学业成绩,以体质检测指标作为学生升留级参考依据。2000—2014年全县有61人考入高等院校体育专业,其中本科41人。2014年,全县有专职体育教师65人,其中本科学历35人,专科学历20人。

二、劳卫制与达标锻炼

1956年,照搬苏联模式,推行"准备劳动与卫国体育锻炼制度(简称劳卫制)"。锻炼项目以田径为主,成绩合格者发给证书、证章。次年,有40%的中学生、25%的13岁以上小学生合格。1961年,全县有1091人达到劳卫制标准,其中少年级450人,三级523人,二级125人。

1964年,改劳卫制为青少年体育锻炼标准。"文化大革命"期间中止。1980年,恢复达标锻炼。各中学在上好体育课的同时,做好三操(早操、课间操、眼保健操),开展文体活动。县一中、四中长期坚持晨跑。1985年,县体委验收20所学校,达标率78.10%,优秀率11.83%。垄溪乡中学与中心小学达标率分别为94.92%、94.28%。

1990年,学校按《国家体育锻炼标准》开展体育锻炼,县体委定期考核。1992—2002年,全县有24.18万人次参加达标活动,达标率93.8%。有45人达少年级、182人达三级、6人达二级运动员标准。2003年,停止执行《国家体育锻炼标准》,实施《学生体质健康标准》。当年,全县1.5万名中、小学生参加检测,1.49万人达标,占99.19%。2007年,实施"阳光体育活动",确保学生每天体育锻炼1小时以上。同时推行大课间操活动(时间延至30—40分钟),门类增加,自由选择,强度减量。各校课外活动亦根据各自条件自主选择开展。特色传统体育学校炎陵学校开展跆拳道、毛笔操、散打、广场舞、健美舞、八佾舞、武术操等体育活动,在大课间操演练。此后学生的课余锻炼,主要侧重于健身康体,调剂身心精神,舒缓学习压力。中小学生体育运动会和各校体育运动会改为集田径运动、阳光趣味竞赛、科技创新比赛、特长展示和文艺会演为一体的体艺科技节。

第二节 群众体育

一、农民体育

县人尚武,多以宗族为单位,习武强身。每逢春节、喜庆,各宗族都要在祠堂表演龙、狮舞及拳、棍、刀、剑技艺。清末民初,林石珠、刘开剪、张邦鑓等武师名震县内外。民国19年,长沙武师陈中泰在县城创武术馆,曾率徒至长沙参加武术擂台赛。民国25年,在县城大操坪举行全县武术比赛。民国30年,推行国民健康运动。

20世纪50年代初,龙、狮舞与武术仍为农村体育活动主要项目,以东、南片较普及。1956

年,成立酃县体育运动委员会。1958 年,各人民公社相继成立体育运动委员会,号召青壮年参加“劳卫制”锻炼。部分公社、大队开辟场地,购置器材,组织农民进行球类、田径训练。全县 3.3 万人参加锻炼,1198 人达“劳卫制”标准。1960 年,公社体育运动委员会解散,农村体育运动停顿。1963 年起,湘潭、醴陵上山下乡知识青年陆续到酃县插队落户,经常开展小型篮球比赛,当地青年参加者逐年增加。“文化大革命”期间,农村体育运动为军事训练代替,多次举办全县民兵运动会,并派出代表队参加湘潭地区民兵比武大会。

1978 年后,武术活动在农村再次兴起。城东、垄溪、十都、沔渡等乡镇均办有武术培训班。县内有二级拳师 5 人,三级、初级拳师 21 人。1984 年,各乡镇成立体育运动领导小组。次年,城东乡成立篮球、乒乓球协会,组建 12 支村篮球队,修建篮球场 15 个,购置体育器材 2.34 万元,并举办第一届全乡体育运动会,有 16 支运动队、300 余名选手参加,历时 10 天。随后,各乡镇相继举办农村体育运动会或文体联欢会,农村体育运动形成热潮。1988 年,东片各乡镇联合举办首届乡镇运动会。历时 3 天,120 多名干部、工人、农民参加。90 年代,东片、南片各乡镇轮流举办片区乡镇运动会。同一时期沔渡镇晓阳村、十都镇小江片(5 个村)、垄溪乡坂溪片(4 个村与乡电站)举办村、片运动会。沔渡、城东、塘田等乡镇评为株洲市先进体育工作乡(镇)。

2009 年, 实施 34 个农民体育健身工程项目建设, 三河镇星光村建成高标准塑胶篮球场。龙渣瑶族乡的瑶拳、高脚马,十都洋岐村畲族香火龙、3 人布龙,学练者渐多。垄溪乡李声华的少林拳、剑术驰名县内外。当年,举办首届全县农民运动会,有 15 个乡镇 300 余名农民运动员参赛。部分比赛项目模拟插秧、抛秧、抗旱、抗洪等农事动作。此后,农村体育运动趋向多样化、趣味化、常态化。

二、职工体育

20 世纪 50 年代,职工体育活动以篮、排球为主。1956 年,县城各机关单位组建男女篮球、排球代表队,开展经常性训练。1962 年,组建县男、女篮球代表队,参加湘潭地区篮球等级赛。1964 年,中南 309 地质勘测队驻酃,常与县篮球代表队比赛。1974 年,县青年男子篮球队参加湘潭地区青年篮球赛,夺第一名。

1979 年后,职工体育运动项目增加滑冰、足球、健美操、门球、围棋等。县一中 400 米跑道田径运动场建成后,田径运动参与者渐多。1985 年,酃县老年人体育协会成立。随后,乒乓球协会、中国象棋协会、门球协会、信鸽协会、围棋协会、篮球协会相继成立,活动常态化。门球协会有球队 24 支,每年开展竞赛活动 10 余次。1987 年,县门球代表队参加株洲市“百强”门球赛,获第 11 名。卫生、林业、财贸、水电等部门体育活动开展经常,赛事频仍。1995 年 9 月,启动全民健身活动月,举办环城跑、球类、太极拳、太极剑、体操、舞蹈等比赛,历时 32 天,8 万多人次参加。此后健身锻炼遂成热潮。1997 年 4 月,成立炎陵县全民健身计划指导委员会,培训 98 名社会体育指导员。12 月,设立炎陵县国民体质测定中心。至 2001 年,连续举办 7 届全民健身月活动。2008 年后,每年奥运日(8 月 8 日),县城开展环城跑、球类、舞蹈、体操等竞赛活动。2012 年,县文体局获湖南省全民健身活动先进单位、湖南省群众体育工作先进单位称号。

第三节 体育竞赛

民国29年(1940),湖南省立临时中学酃县分校在霍家柳山举办酃县首次体育运动会。34年,县立初级中学邀请迁入酃县的扶轮、育民、五四、协均等中学及驻军在县城大操坪举办运动会。第九战区亦在酃主办“胜利光声杯”篮球赛。36年,炎陵高小与其他中心完小相继举办运动会。

1956年,举办首届职工运动会。此后,县内体育赛事多在“五一”“五四”“十一”等节日举行,赛事裁判工作多由一中体育教师张克伦负责。1965年,县一中初中学生刘一生参加湘潭地区中学生体育运动会,夺得400米金牌,为县内中学生首次在地区级运动会上夺得金牌。1971年,酃县代表队参加湘潭地区中学生田径运动会,工农中学(原三中)学生朱彩云获少年组1500米、3000米两个第一名,3000米打破省少年女子组纪录。1974年酃县首次派出代表参加省级运动会。1979年,在湘潭地区中学生篮球赛中,县中(后称县一中)学生女队获亚军,男队甲组、乙组均获第三名。1982年9月,一中学生陈新雷在省田径运动会上夺少年乙组全能第一名。当年,该校学生刘红梅参加省第五次运动会,获女子乙组3000米第三名、1500米第四名。1985年,陈新雷参加省中学生田径选拔赛,夺标枪第一名。次年,又获省中学生五项全能第一名。当年,在全县中小学生运动会上,12人次破市记录,29人次破县纪录,49人次达三级运动员标准,101人次达少年级运动员标准。1989年,县五中学生万小兆参加省传统项目学校田径赛,连夺男子组1500米、3000米第一名。至1990年,全县有8人次参加省级运动会,14次派代表队参加地市级运动会。在地市级运动会上有48人次获第一名,48人次获第二名,47人次获第三名。举办全县中小学生运动会42次。县内有田径、篮球、乒乓球、武术4个比赛项目裁判员95人,其中潘尔强、蓝秋华为田径一级裁判。

1990年后,县内少数民族、残疾人体育和武术竞技活动得到重视。1991年,盲人女青年张爱武在省第三届残疾人运动会上获跳高、标枪、铁饼三项金牌,打破两项省纪录。次年,无臂中学生唐军在省少年残疾人运动会上获A5、A7级700米、800米、1500米三项金牌。1995年11月,十都镇12位畲族青年组成的“3人龙”表演队参加全国第五届少数民族传统体育运动会,获表演赛一等奖,为炎陵县首次在全国运动会获奖。次年4月,参加湖南省首届农民运动会,又获表演赛特等奖。

2000年后,各地重视竞赛体育。2005年,在株洲市第十届青少年运动会上炎陵县获2金9银17铜奖牌。其中,炎陵中学学生贾盛顺获跆拳道男子乙组39公斤级金牌;体校学生伍鹏获52公斤级举重金牌。2006年,在湖南省第十届体育运动会上,炎陵代表队获4×100米接力赛金牌,周宇晨获女子跳高金牌,廖思羽获男子乙组古典式摔跤46公斤级金牌,倪佳柱获皮划艇男子乙组轻量级2000米金牌和6000米银牌,创炎陵县在省运动会竞赛最好成绩。当年,龙渣乡瑶族青年代表队参加全省少数民族传统运动会,获团体第6名。2009年,在市十一届运动会上，炎陵代表团获跆拳道金牌4枚，银牌2枚。2010年3月，孙曚参加香港国际武术节，获少年女子品势第三名，后又获全国大众跆拳道赛6枚奖牌。无掌个体商户潘华连在省第七届残疾人运动会上获10000米金牌，5000米银牌，株洲市人民政府授“自强模范”奖牌。龙渣乡瑶拳表演获省第七届少数民族传统体育运动会金奖。垄溪乡国家一级拳师李声华获2010年株洲市大众运动会陈氏太极拳金牌。2012年，在湖南省第四届大众运动会上，李声华又获陈氏太极拳银牌，瑶乡武师赵强康获传统武术项目银牌。

1973—1991年酃县田径运动男子纪录

表29-4

项目	成绩	姓名	所在单位	记录时间	运动会名称
100米	11″6	段华平	县一中	1986.5	县田径运动会
200米	24″3	钟志诚	县一中	1985.5	县田径运动会
400米	55″3	李亚	县一中	1989.5	市学生田径运动会
800米	2′6″2	万小兆	县五中	1988.5	市第七届运动会
1500米	4′13″5	钟业城	县五中	1991.11	株洲市田径运动会
3000米	9′34″	万小兆	县五中	1989.8	传统项目田径运动会
5000米	16′47″8	陈荣华	县一中	1989.11	县田径运动会
10000米	34′58″4	陈荣华	县一中	1988.11	县传统校田径对抗赛
4×100米	47″	—	县一中	1986.5	县田径运动会
4×200米	1′52″5	—	县联队	1973.12	地区运动会
4×400米	3′53″7	—	县一中	1978.5	县田径运动会
5000米竞走	27′44″2	陈勇	县五中	1991.5	县田径运动会
跳高	1.65米	彭伟文	县一中	1988.6	县田径运动会
跳远	6.04米	李文程	县五中	1990.5	县田径运动会
三级跳远	12.95米	段华平	县一中	1987.5	县田径运动会
撑杆跳高	3.22米	吴兆华	垄溪	1978.6	地区学生田径运动会
2.5kg铅球	28.38米	唐小平	县一中	1977.5	地区田径运动会
5kg铅球	11.94米	刘旭亮	县一中	1986.5	县田径运动会
7.26kg铅球	10.06米	吴兆华	垄溪	1978.6	地区学生田径运动会
1.5kg铁饼	31.2米	朱向阳	县一中	1987.5	县田径运动会
练习标枪	46.42米	魏燕飞	县一中	1979.4	地区学生田径运动会
700g手榴弹	60.5米	魏燕飞	县一中	1978.6	地区学生田径运动会
五项全能	2889分	陈新雷	县一中	1986	省中学生田径运动会

1973—1991年鄗县田径运动女子纪录

表29-5

项目	成绩	姓名	所在单位	记录时间	运动会名称
100米	13″5	邱　燕	县一中	1979.4	县田径运动会
200米	28″8	李江陵	县一中	1985.5	县田径运动会
400米	1′4″6	易飞娥	县一中	1994.5	县田径运动会
800米	2′29″	郭丽琼	县一中	1994.5	县田径运动会
1500米	5′1″1	刘红梅	县一中	1982.9	省五届运动会
3000米	10′47″	刘红梅	县一中	1982.5	省五届运动会
4×100	57″3	—	县一中	1987.5	县田径运动会
4×200	2′8″5	—	县联队	1979.12	地区运动会
4×400	4′48″1	—	县一中	1989.11	县田径运动会
3000米竞走	18′36″8	毛小娥	县五中	1991.5	市学生运动会
跳高	1.32米	刘淑瑜	县五中	1987.5	县田径运动会
跳远	4.6米	李江陵	县一中	1988.6	县田径运动会
三级跳远	10.67米	万　莉	县一中	1993.5	县田径运动会
2.5公斤铅球	9.08米	邹云凤	县四中	1982.5	县田径运动会
1.5公斤铁饼	24.44米	陆素莲	县一中	1973.11	地区学生运动会
练习标枪	29.28米	张霞妹	县五中	1980.5	县田径运动会
手榴弹	45.44米	郭社香	县二中	1975.8	省中学生田径运动会
五项全能	1456分	彭双玉	县一中	1973.11	地区学生运动会

第四节　体育设施

民国期间，县城仅有大操坪一处体育活动场所。民国22年，在大操坪建成县内第一个简易篮球场。农村大部分学校无运动场地和体育设施。

1950年后，随着群众性体育活动的开展，县城和农村相继建造简易运动场所，添置体育用品。60年代末，建灯光水泥球场。1982年，在县城大操坪修建第一个旱冰场。1985年，县一中修建第一个400米田径场。1990年，全县有各种规格田径场9个，篮球场67个，旱冰场2个，门球场6个。体育设施逐渐改善。

21世纪，体育设施建设加快。2001年，县城大操坪安装一套价值4万余元的健身器材。当年全县中小学达标体育运动场83个。其中，中学15个，小学68个。体育器材配备达标学校75所。其中，中学17所，小学58所。2004年，实行集中办学，学校个数减少。中小学有运动场面积16.38万平方米，达标中学12所，小学16所。体育器材配备达标中学17所，小学13所。2009年，县政府实施34个农民体育健身工程项目，在各乡镇建篮球场，其中三河镇星光村建成高标准塑胶篮球场。县城东山明珠小区广场、草坪河风光带等处安装3套健身器材。2010年，投资400余万元，在县一中建成400米跑道塑胶运动场。

2014年，县文化体育中心建成，投资1.2亿元，占地6.6万平方米，体育馆建筑面积8987平方米，室外风雨篷等门球场4个，篮球场2个，广场面积1.94万平方米。当年全县共有运动场27个，各种训练房馆24个。其中，健身房7个，乒乓球房15个，跆拳道房2个。各种室外体育场96个。其中，篮球场49个，排球场2个，网球场1个、羽毛球场9个，乒乓球场34个、门球场5个。共建乡镇全民健身工程11个，村级农民健身工程63个。全县各学校有不同规格田径运动场30余个，其中标准运动场3个。

第三十篇 医药卫生

明、清时期，县内医药奇缺。县人每有疾病，多认为是鬼邪作祟或时运不佳，亦无钱就医，区区小病，足以取人性命。民国期间，天花、霍乱、痢疾、疟疾等传染病经常流行，统谓之曰“瘟疫”，无从治疗，罹难者甚多，常致绝户。民国28年（1939），创办鄗县卫生事务所，亦只能诊治一些常见病。民国38年，仅县城一所卫生院，医务人员10人，设施简陋，没有住院病床。县人期望寿命仅35岁。

1949年后，先后创办县人民医院、中医院和各乡镇医院，成立防疫站、妇幼保健站、药材公司。县内患病人数逐渐减少，天花、疟疾、霍乱、脑膜炎、脊髓灰质炎等严重危害群众健康的传染病绝迹多年。各医院引进大量先进诊疗设备，清晰地看到人体的各个器官甚至一根根血管已不是神话，开颅、开胸也成平常医疗手段。2014年，全县各医院共有医护人员880人，病床691张。县人民医院与县中医院的先进诊疗设备价值1496.77万元。居民预期寿命已达76.47岁，其中男74.39岁，女78.92岁。

第一章 医 疗

第一节 机构 队伍

一、机 构

县卫生院 民国28年，在县城南门万寿宫创办卫生事务所，只设门诊，医务人员5人。民国30年，迁南华宫，改名鄗县卫生院，当年门诊3691人次。民国35年，迁至县城南门外土皇庙。民国37年，卫生院有医务人员10人，无住院病床。

县人民医院 1949年11月，县人民政府接管鄗县卫生院，更名鄗县人民政府卫生院。病床3张，资产7243元，医务人员7人。1953年，建病房1129平方米，医务人员增至32人，病床32张。设门诊、住院两部，成立化验室。1957年，改名鄗县人民医院。1961年，建住院部，设内儿传染科和外妇五官科2科室。1978年与1984年，分别建门诊大楼和老干部住院楼。1992年建新住院部大楼,面积4766平方米。1995年,经国家卫生部审批,为二级甲等医院。2003年,建120急救中心、孕产妇抢救中心、艾滋病筛查试验室。2009年,与湖南省人民医院对口协作。省人民医院选派胡朝晖担任院长,先后派出医护人员106人,开展医疗教学、查房、手术、会诊等培训活动,新开设儿科、新生儿科、泌尿微创外科,建立电视网络远程会诊信息中心。2010年,投资2695万元建门诊大楼、医技楼、第二住院楼、院内污水处理系统。2012年,定为全国县级公立医院改革试点医院,实行药品零差率销售。至2014年,县人民医院占地面积2.33万平方米,建筑面积2.12万平方米,病床250张,固定资产5186.39万元。有医卫技术人员226人,其中高级职称13人,中级职称88人。设普外泌尿、创伤外、妇产、五官、内一、内二、儿、急诊等28个科室。

县中医院　1961年创办。借用防疫站闲置房屋,仅设中医门诊,无住院病床。职工10人。次年并入县人民医院中医科。1964年,分设中医院。新建房屋,设病床18张,兼用西药。1970年,县中医院更名城东卫生院,调出部分人员成立中草药加工厂。1974年复名酃县中医院,院址设高水桥。1977年,在县城张家垄(县府路)另建新院,分门诊和住院两部。有医务人员42名,设病床30张。1979年与酃县中草药研究所协同收治蛇伤病人。1983年,建老干部病房。1994年,在县城井冈东路建门诊楼,门诊各科室迁至新楼。1995年经国家中医药管理局审批,为二级甲等中医医院。2003年,接管精神病防治所,承担县内精神病防治工作。2005年门诊楼扩建，住院部迁入。2012年新建医技楼。原县府路业务用房改建为中医康复中心。2014年,精神病防治所建设项目纳入湖南省为民办实事重点工程之一,投资400万元,在县城石玉路22号新建住院楼1900平方米,维修改造旧房1100平方米。当年,县中医院占地面积1.07万平方米,建筑面积1.05万平方米,医疗用房5800平方米,净资产1474万元。医院分本部、保健康复中心和精神病防治所(脑病科)。设内、外、蛇伤、妇产等11个临床科室、6个医技科室。病床150张。脑病科(精神科)、蛇伤科分别由国家卫生部和省中医药管理局确认为农村特色专科。全院有医卫技术人员152人,其中高级职称9人,中级职称56人。

乡镇卫生院　1951年,创办第五区卫生所,设于中村圩。次年创办沔渡联合诊所。1953年与1955年先后成立老苏区巡回医疗队、医疗站。医疗站设于城关镇炎帝祠。1955年,除医疗队和医疗站外,有区卫生院7所,联合诊所5所。1958年,将区卫生院、联合诊所、医疗队、医疗站与部分公私合营药店人员重组,成立12所公社卫生院。1962年,公社卫生院增至16所。1964年,水口、河西、沔渡3所公社卫生院改建为地区医院,1966年、1968年,十都、中村公社卫生院改建为战备医院,1970年改为地区医院,1978年恢复为公社卫生院。水口、河西、沔渡改为中心卫生院。1984年,公社卫生院改称为乡(镇)卫生院。1990年,创办龙渣瑶族乡卫生院。1995年,撤乡并镇,城关卫生院和城东卫生院合并为霞阳镇卫生院;河西中心卫生院与塘田卫生院合并为河西中心卫生院。1998年后,国家投入资金,对全县卫生院业务用房和职工周转房进行改造。2014年,全县有乡镇(场)卫生院16所(其中中心卫生院3所),病床271张。医护人员与职工236人,其中高级职称2人,中级职称73人。

农村合作医疗室　1969年,农村推行合作医疗制度,生产大队办合作医疗室,有医务人员1—2人,亦医亦农,故称“赤脚医生”。生产队设卫生员。1971年,全县198个生产大队,有合作医疗室197个,赤脚医生377人。1973年,全县合作医疗资产115万元。赤脚医生、卫生员记工分,参加生产队年终分配。生产大队办有药场,合作医疗室多用中、西、草药结合治病,药费低廉,并有部分减免。1982年,随农村经营体制改变,合作医疗室解体。

村卫生室　1950年,县人民医院为全县各村培训卫生员、接生员,配保健箱,建简易卫生室。1982年,农村合作医疗室解体后,部分合作医疗室由乡村个体医生承包,改为村卫生室。2013年,村卫生室实施医药卫生体制改革,全面实施国家基本药物制度,实行药品零差率销售。乡村医生身份不变,财务独立核算,责任独立承担。国家下拨专项公共卫生服务经费,实行药品差额补助。由乡镇卫生院承担村卫生室的业务指导,药械管理,并开展绩效考核。2014年,全县有村卫生室150所,乡村医生188人。

私营诊所　民国时期,县城有3家私营药店延医坐堂诊病。1949年,王子诚在王家渡开设县内第一家私营西医诊所,当年县内私营诊所增至2家。1950年,县内私营诊所撤销。2010年后,相继批准成立私营诊所。2014年,全县有私营诊所5家,执业医师16人。

附

120急救中心

20世纪50—60年代,交通不便,急救药品、器材缺乏。遇有危急病人,请医生到患者家中或田间地头治疗,或用担架抬送医院救治。1968年,县人民医院购置救护车。1979年,建立急诊抢救室,配抢救床、氧气筒、自动洗胃机、电动呼吸机和常用急救药品,设观察床9张,收治急诊病人,由门诊医生兼管,其他科室协助。1992年,成立急诊科,从内科分出,设急诊室和观察室,成立危重病人抢救小组,添置心电监护仪等急诊医疗器械。多次成功抢救车祸、意外事故受伤、中毒及急症病人。1998年,成立“120”急救中心。购置新型救护车一台,24小时电话值守,医生由人民医院各科室派遣。2000年,县中医院与县妇幼保健院也相继购置救护车。拨打电话120—1、2、3,分别选择向人民医院、中医院、妇幼保健院请求救护。2003年,河西中心卫生院亦添置救护车。2014年,全县“120”统一管理,只保留“120”一个急救电话,县城3家医院急救车由急救中心统一调度。

二、队　伍

清代,县内疾病医疗全靠中草药郎中,业者均有师承。行医方式有坐堂、医寓、走方等。民国时期,仍以中医药为主。民国28年(1939)始有西医医生5人。民国32年,国民政府限制、排挤中医,借口整顿,取消大部分中医医生行医资格。至1948年,有中医医生40人,西医医生10人。

20世纪50年代初,25名部队医院医生转调鄢县工作。1953年,始有西医大、中院校毕业生分配来酃。1956年，县内名、老中医招收学徒58人。1958年，创办县卫生学校，陆续招收学员，培训后充实医疗技术队伍。1967年起，分配来县的大中专医卫院校毕业生渐增，以中医为主的医疗队伍结构逐渐改变。至1990年，分配中医大学本科毕业生3人，专科毕业生20人，中专毕业生7人；西医本科毕业生15人，专科毕业生36人，中专毕业生295人。县卫生学校培训学员300余人。当年，全县有中医师109人，其中副主任医师2人，主治医师48人，主管药师5人；西医师306人，其中副主任医师3人，副主任药师1人，主治医师56人，主管药师4人，主管护士8人。乡村医生226人。

1990年后，医护技术人员来源仍主要由医卫院校毕业分配。各医院鼓励在职医师、护士参加自学考试和函授学习。先后有27人获本科毕业文凭，98人获大专毕业文凭。2000年后，院校毕业生分配制度取消，由县卫生局在医卫院校毕业生中择优选聘。各医院执行国家统一的医疗系统继续学习学分制，每年选派医师、护士到上级医院学习，规定每个医护人员每年必须参加二级以上医院培训，并获学分10分以上；参加省、市医卫行政部门举办的业务培训，并获学分8分以上。医护队伍整体水平逐渐提高。2014年，全县有中医医生52人，其中副高级职称7人，中级职称20人；西医医生228人，其中副高级职称12人，中级职称77人。西医中，内科医生157人，外科医生28人，妇产科医生36人，五官科医生7人，化验科12人，放射科9人，功能科6人。中药药剂员40人，西药药剂员30人，护士259名。全县乡村医生188人，村级母婴保健员202人。

1950—2010年炎陵(酃)县部分年份医疗队伍技术职称情况表

单位：人

表30-1

年份	专业/人数/级别		医疗									护理	药剂		医技			其他卫技
			内儿科		外科		妇产科		五官科		针推		中药	西药	化验	放射	功能检查	
			中	西	中	西	中	西	中	西								
1950	副高级		—	—	—	—	—	—	—	—	—	—	—	—	—	—	—	—
	中级		—	—	—	—	—	—	—	—	—	—	—	—	—	—	—	—
	初级	师	40	1	—	—	—	—	—	—	—	—	3	—	—	—	—	—
		士	—	2	—	—	—	—	—	—	—	1	—	—	—	—	—	—
	无职称人员		—	—	—	—	—	—	—	—	—	—	—	—	—	—	—	3
1958	副高级		—	—	—	—	—	—	—	—	—	—	—	—	—	—	—	—
	中级		—	—	—	—	—	—	—	—	—	—	—	—	—	—	—	—
	初级	师	92	4	—	—	—	—	—	—	—	—	13	—	—	—	—	—
		士	—	18	—	8	—	8	—	—	—	11	—	2	2	—	—	—
	无职称人员		—	—	—	—	—	—	—	—	—	—	—	—	—	—	—	38

附表 30-1

年份	专业 人数 级别		医疗									护理	药剂		医技			其他卫技
			内儿科		外科		妇产科		五官科		针推		中药	西药	化验	放射	功能检查	
			中	西	中	西	中	西	中	西								
1966	副高级		—	—	—	—	—	—	—	—	—	—	—	—	—	—	—	—
	中级		—	—	—	—	—	—	—	—	—	—	—	—	—	—	—	—
	初级	师	71	14	—	—	—	1	—	—	—	—	18	—	—	—	—	—
		士	—	46	—	8	—	11	—	1	—	37	—	4	3	—	—	—
	员级		—	—	—	—	—	—	—	—	—	—	—	—	—	—	—	25
1979	副高级		—	—	—	—	—	—	—	—	—	—	—	—	—	—	—	—
	中级		1	1	—	1	—	—	—	—	—	—	—	—	—	—	—	—
	初级	师	67	50	—	5	—	2	—	1	—	—	48	2	—	—	—	—
		士	—	66	—	10	—	24	—	2	—	50	—	—	—	—	—	—
	员级		—	—	—	—	—	—	—	—	—	—	—	—	—	—	—	—
1990	副高级		2	2	—	1	—	—	—	—	—	—	—	1	—	—	—	—
	中级		44	31	1	9	1	6	1	3	1	8	5	4	1	1	2	3
	初级	师	9	19	—	3	—	13	—	4	—	46	20	11	4	3	2	3
		士	1	3	—	—	—	9	—	1	—	44	19	14	9	2	1	—
	无职称人员		—	1	—	—	—	5	—	—	—	28	5	8	1	—	—	—
2000	副高级		8	7	—	—	—	—	—	—	—	—	—	—	—	—	—	—
	中级		42	44	2	8	—	15	—	3	1	66	6	5	2	1	2	—
	初级	师	22	35	—	6	—	11	—	2	2	91	20	15	4	3	1	—
		士	44	36	2	7	—	14	—	—	—	51	23	20	8	5	3	—
	无职称人员		—	—	—	—	—	—	—	—	—	—	—	—	—	—	—	3
2010	副高级		9	6	—	4	—	—	—	—	—	1	—	—	—	—	—	—
	中级		29	51	2	13	1	17	—	1	1	81	11	11	5	4	2	—

第二节 医疗设备

民国以前，县内民间中草药医生以望、闻、问、切诊断疾病，以中草药医治，罕有医疗器械。民国28年，县卫生所开始使用听诊器、体温表、注射器。1949年，酃县卫生院有听诊器、体温表各4个，注射器8具，止血钳、剪刀各4把，体表脓肿切开刀3把，镊子6把，弯盘1只，产钳1副。

20世纪50年代，县人民医院先后添置显微镜、高压灭菌消毒器、离心机、甲乙级手术包；乡镇卫生院配有听诊器、体温表、注射器等。60年代，县人民医院新建住院楼，装备救护车。配置50毫安和200毫安X光机、骨科床、冰箱、恒温箱。70年代起，县人民医院先后建门诊大楼、老干部住院楼，装备万能手术床、无影灯、麻醉机、食道镜、心电图机；县中医院择址新建，添置设备；乡镇卫生院的医疗设备也逐步完善。80年代，县人民医院新建X光机房，购置了A型、B型超声波扫描仪、脑血流图机、脑电图机、纤维光束胃镜、体外反搏仪、心脏起搏器、心电监护仪、分析天平、微波治疗机等。县中医院亦相继购置A型、B型超声波扫描仪，50毫安X光机。1990年，人民医院有500毫安带电视系统X光机、B超扫描仪、纤维胃镜、纤维支气管镜、八频道脑电图机、体外反搏装置、心电监护仪等万元以上的诊疗设备20台件。中医院购进县内首台体外碎石机。乡镇卫生院有X光机11台、显微镜11台、手术床20张、刀包19个、产床15张、无影灯8只、心电图机4台、高压灭菌消毒器16台、离子交换器13台、电冰箱17台、分析天平1台、培养箱1个。

2000年后，诊疗设备更新加快，诊断手段提升，医疗效果明显提高。至2003年，购置单台件万元以上的诊疗设备有电子计算机X射线断层扫描仪、全自动生化仪、电子腹腔镜、脑电图仪等62台件。2010年，县人民医院投资460万元，新建医技楼，建筑面积2000平方米。放射科设3个机房，面积400平方米。购置四层螺旋CT机1台。次年，又购置DR机（数字化X射线摄影系统）1台。外科添置用于微创手术全自动CO_2气腹机1台。儿科购置新生儿无创呼吸机2台。添置全自动生化分析仪、尿液分析仪、细菌分析仪、糖化血红蛋白分析仪、电解质分析仪、免疫定量分析仪、血凝仪、酶标仪等多种生化检验仪器。2012年，购置呼吸道纤维鼻咽喉镜机1台。2013年，购置用于泌尿系统结石治疗体外碎石机1台。县中医院购置血液透析机9台，建立县内第一个血液透析室，先后购置心电图、彩色B超仪、单排螺旋CT、高频遥控透视X机、母婴监护仪、除颤监护仪、全自动生化分析仪、尿液有形成分分析仪、呼吸机等医疗仪器设备300多台件。妇幼保健院也装备四维彩色B超机、婴儿培养箱、麻醉机、无创呼吸机、电子阴道镜、听力筛查仪、全自动生化仪、超声波骨密度分析仪、多普勒监测仪等。乡镇（场）卫生院进行全面改造，新建职工周转房。配有简易手术床19张、CT机1台、X光机6台、DR机1台、全自动生化分析仪5台、血球仪14台、尿液分析仪14台、心电图机14台、B超机13台。河西、水口、沔渡中心卫生院均建立检验科和放射科。2014年，县人民医院万元以上的设备共73件，诊疗设备总价值785.77万元。县中医院诊疗设备总价值711万元。

第三节　医疗技术

一、中　医

县内自古流传神农尝百草，为民治病事迹。用中草药防治疾病源远流长，德馨术精者辈出。清代有唐祖官"工岐黄""术精品正，一时罕出其右"；罗万言"通《灵枢》《素问》《纲目》""以医学名家"安身扬誉。民国期间，县内名医内科有张鼎汉、张伯初、刘凤丹、石基洪、吴耀庭；外科有张美湖、吴明善、刘星亮等。张鼎汉总结出"风病非枢纽失利，则为脾肾伤损"经验，擅用针灸、艾灸、烧吊火治疗惊风、厥症。刘凤丹配制"拔瘰丸"，治疗瘰病，屡用屡验。石基洪精研"五行生克"理论，提出"病有风、寒、暑、湿、燥、火之气，方有寒、热、温、凉之异，医应断其性定其位，择药以利导邪出"，用"加减酸枣仁汤"治愈一位 20 余日不能入睡的患者。尹若霖业余时间学习中医，治愈多例疑难杂症。

1961 年起，县乡医院均有中医师、药师，能较准确地用中药治疗内、外、骨科等常见病。县中医院用中药汤剂代替输液，用温补肾脾法治愈一名患病 3 年、省内外四处投医的大便失禁患者。

1979 年，中医院与中草药研究所共同开展蛇伤研究，创"致伤蛇种快速诊断法"，并从草药百步丹中选制注射剂。收治蛇伤病人 358 例，治愈 355 例。蒋卜书、李正亮等《毛萝摩治疗蛇毒咬伤疗效验证研究》获 1984 年湖南省医药卫生科技成果四等奖

1980 年前后，县中医院外科用手法复位小夹板固定治疗骨折，骨牵引治疗股骨骨折、切口内固定治疗骨折畸形愈合，获得成功。在用矮桃草治疗黄疸型肝炎等科研中，有 7 篇研究论文在省级医学杂志上发表。1988 年，在湖南省中医学院附一医院的援助下，县中医院新设痔瘘专科，用痔内注射药物治疗痔疮，先后接诊病人近 800 人次，治愈率 95%。1989 年 4 月，县中医院与中国人民解放军三二八部队医疗队联合开展割脂埋线治疗慢性支气管炎，接治来自县内外患者 2300 余例，手术 1500 余例，均获成功。

2002 年，县中医院使用 C 臂定位骨折手法复位取得很好疗效。2006 年，中医院脑病科制定躁狂抑郁症、不寐症等 8 个病种中医诊治规范，设置中医音乐治疗室进行辅助医疗。脑病科成为中医院特色鲜明、优势突出的科室，被国家卫生部确认为国家农村中医特色专科。2008 年，中医院重新修订蛇伤中医诊疗要则，研制蛇伤 1、2、3 号 3 种内服药和外用提毒生肌散，蛇伤科被确认为湖南省重点中医专科。

2010 年，中医院兴建保健康复中心，对面瘫、慢性腰肌劳损、肩周炎、颈椎病、腰椎间盘突出症等疾病，用针灸、艾灸、推拿、牵引等中医传统技术进行治疗。2013 年，开展小针刀胶原酶溶解术，椎管外神经阻滞麻醉等新的治疗手段，患者能较快康复。用三伏贴治疗慢性支气管炎、过敏性鼻炎、慢性腹泻和各种颈、肩、腰、腿痛。针灸理疗科成为株洲市重点专科。中医院以中医药理论为指导，逐步形成特色护理模式，各病区建立中医综合治疗室，开展针灸、

刮痧、拔火罐、穴位按摩、中药熏洗等中医护理,并制定中医护理技术操作规程。采用涂药、敷药、艾灸、耳穴埋籽等特色操作护理褥疮患者,有独特效果。

2014 年,中医院制定胃疡、眩晕、中风、锁骨骨折、面瘫等重点病种的中医诊疗方案,提高了疗效。县人民医院也根据患者病情,采用中医药配合治疗。霞阳镇、三河镇卫生院、河西中心卫生院均建立中医馆。各重点专科中医药特色优势明显,中医治疗率保持在 60%以上。

二、西　医

清末,英国基督教徒在县城西门设福音堂,兼售西药酊、粉、水、丸、片剂等,为西医药入县之始。民国 28 年,在县城设卫生事务所,开设门诊,主要负责防疫,亦治疗普通小病。1949 年,成立县人民卫生院,仅有几件简单器械和少数几种药品。内科仅能治疗一般常见病,外科实施清创、体表脓肿切开引流等小手术。经过多年发展,医疗设备、设施基本完善,医技队伍逐步壮大,西医诊断、治疗技术不断提高。2014 年,县人民医院门诊、急诊 10.60 万人次,住院 9872 人次,手术 1881 台次,病床使用率 70%。中医院门诊、急诊 7.43 万人次,住院 4422 人次,病床使用率近 90%。乡镇卫生院门诊 14.76 万人次,住院 9158 人次。

内科　20 世纪 60 年代,县人民医院开始利用 X 光透视、照片诊断,提高了常见病、多发病诊治水平。70 年代后,内科医生能够正确诊断和治疗尿毒症、血液和造血系统疾病、内分泌及营养与代谢疾病、免疫性疾病、急性感染性多发性神经根炎、急性心肌梗塞、脑血管病、先天性心脏病、各种中毒性脑病。多数医师能熟练掌握骨、胸、腰、心包穿刺和离子透析疗法,心电图分析和放射科阅片。1981 年,首次使用硝普钠等综合治疗,治愈 1 例严重尿毒症并发左心衰竭患者。1989 年,成功抢救一高血压脑出血昏迷 60 余天的患者。为一慢性肾衰合并尿毒症患者进行腹膜透析治疗获得成功。2002 年开始使用微创法钻颅引流技术治疗脑出血患者。县中医院 2010 年添置血液透析机等设备,首次在县内进行血液透析治疗。2011 年,县人民医院将内科从内儿科分出,设内一、内二科。内一科主要收治心血管、神经内科、血液疾病病人;内二科收治其他内科病人。至 2014 年,内科共做微创钻颅引流手术 340 例,成功率 90%。当年县人民医院内一科门诊、急诊 2236 人次,住院 1279 人次,出院 1275 人次,病床使用率 78%,平均住院 8.8 天;内二科门诊、急诊 2350 人次,住院 1390 人次,出院 1379 人次,病床使用率 89%,平均住院 9.2 天。县中医院内科住院 1464 人次,出院 1464 人次,病床使用率 146%,平均住院 15 天。

外科　1957 年,县人民医院建手术室,做县内第一例阑尾切除手术。此后陆续开展疝修补术、截肢、产钳助产、会阴侧切、胎盘滞留剥离、剖腹产等急诊手术。1962 年,县人民医院成立外科。1964 年,能用连续硬膜外麻醉、静脉复合麻醉、臂丛神经阻滞麻醉等麻醉方式,做肠切除吻合、胆道造瘘、胆囊切除、肠套叠复位、胸腔引流、胃部分切除、胃空肠吻合、全乳房切除等手术。骨科能做髓内部固定、石膏夹板固定和骨牵引等手术。1968 年,在上海医疗队指导下做全胃切除、乳腺癌根治与输精管吻合手术。1970 年 9 月 20 日,县人民医院外科医师胡运生为一胸外伤、肝破裂大出血休克患者实施开胸止血和肝修补手术，为县内第一例开胸手术。1972 年 8 月，实施县内第一例开颅手术。之后又做了胆总管探查取石、甲状腺囊肿摘除、开胸探查止血、肾破裂修补、肾切除等手术。对一食道烧伤且狭窄的病人，进行食管下段疤痕狭窄部切除，食管下段与胃吻合，胃造瘘术，获得成功。80 年代，先后成功实施陈旧性骨折开放复位内固定植骨、甲状腺大部分切除、前列腺摘除、小儿先天性胆道囊肿胆管空肠 Y 型吻合、胰腺肿瘤 Y 型吻合等县内第一例手术。90 年代，开展卫生部推广的湿润暴露疗法治疗烧伤。能使用硬膜外麻醉，氯胺酮麻醉，r—羟基丁酸钠、氟烷、普鲁卡因静脉麻醉，静脉加吸入复合麻醉以及循环紧闭式全麻等各种方式进行麻醉。1994 年外科分为外一、外二两个科室。外二科成立重症加强护理病房。当年，首例肺叶切除与肾部分切除术成功，开颅手术成功率 97%。2000 年后，实施腰椎间盘突出切除，用腹腔镜作胆囊切除，使用麻醉镇痛泵技术，引入 B 超定位体外冲击波碎石机清除体内结石等手术均取得较好临床效果。

县中医院外科由骨伤、蛇伤、普外等科室组成。成功抢救各类创伤、骨折、胃肠穿孔、肝脾破裂、蛇伤等危重病人。与省中医院长期合作，开展腔镜手术。

乡镇中心卫生院相继设立外科病床和手术室，能开展阑尾切除、疝气修复等腹部外科手术。河西中心卫生院在县人民医院协助下，成功抢救一失血性休克、肺破裂、急性气血胸、多发性肋骨骨折、右肩胛骨骨折车祸患者。并与市三三一医院、凯德微创医院合作，开展腹部微创手术。

2014 年，县人民医院外一科门诊、急诊 9830 人次，住院 1091 人次，住院手术 403 人，病床使用率 70%，平均住院 9 天；外二科门诊、急诊 5981 人次，住院 1206 人次，住院手术 644 人，病床使用率 71%，平均住院 5.7 天。中医院外科住院 1085 人次，住院手术 245 人，病床使用率 83%，平均住院 15 天。

五官科 1965 年，县人民医院设五官科。因设备简陋，仅能做拔牙、补牙、矫正倒睫、摘除扁桃体、鼻泪管造口、鼻内息肉摘除、角膜异物取出等小手术。1970 年，添置乳突咬骨钳、食道镜、扁桃体挤切器、镜片箱等，始能做上颌窦根治术、白内障摘除术、乳突根治术和验光配镜。80 年代初，能做角膜板层移植术、斜视矫正术、结膜成形术、抗青光眼巩膜层间咬切术、角膜与巩膜破裂修复术、晶状体异物取出术。对 30 例出生 12 小时新生儿做唇裂修补术，成功率 95%。1986 年做首例萎缩性泪囊炎鼻泪管吻合术。1989 年，县五官科廖世章创造发明“简易同步前房注吸器”，获国家专利局专利证书。1994 年，开始做人工晶体植入。至 2003 年，成功植入 314 例，复诊视力最佳者达 1.2。2007 年，做义眼置入术，角膜移植术，成功率 100%。电子鼻窦内窥镜微创手术 46 例，成功率 99%。2014 年，为 200 多例白内障患者进行复明手术，成功率 99%。当年县人民医院五官科门诊、急诊 1.04 万人次，住院 353 人次，住院手术 299 人，病床使用率 50%，平均住院 5.2 天。

口腔科 20 世纪 90 年代，县人民医院、中医院以及河西、水口、沔渡、霞阳、三河中心卫生院先后成立口腔科，开展拔牙、牙周炎、牙髓炎、牙根炎等口腔内外科诊疗和牙体、牙列缺损修复。1999—2005 年，县中医院先后推广烤瓷牙修复技术，引进直丝弓口腔固定正畸技术，实施离体牙再植手术，推广普及窝沟封闭预防龋齿术，均获成功。2014 年县人民医院口腔科门诊、急诊 1831 人次。

妇产科　20 世纪 50 年代无妇产科，妇科疾病在各医院内、外科治疗。孕妇多在家庭分娩，助产士或接生员上门接生。孕产妇、新生儿死亡率较高。1958 年，县人民医院开展难产、引产、人工流产、输卵管结扎、卵巢囊肿切除等手术，成功完成第一例剖宫取胎及子宫修补术。1962 年县人民医院开设妇、产门诊。1974 年，开展子宫下段剖腹产、子宫次全及腹式子宫全切术。对子宫脱垂和尿瘘患者进行手术治疗，治疗子宫脱垂患者 120 多例，尿瘘修补 10 余例，全县基本消灭子宫脱垂和尿瘘疾病。1979 年，成立妇产科，与内、外科分开，同五官科合建第二病室，设有产房、抢救室，病床逐步增加。80 年代，引进阴道细胞学检查技术，开展宫颈癌筛查。通过化疗与手术，成功治疗 6 例恶性葡萄胎和绒癌患者。对 50 名合并心脏病、子痫、产后大出血、宫外孕破裂出血休克等高危产妇进行抢救，成功率 95%。1990 年，为体重 42 公斤患者摘除 25 公斤卵巢囊肿。2000 年 5 月，推广新式剖宫产手术（亦称“美容剖宫产术”），2005 年，妇产科医师能熟练掌握腹腔镜微创技术。

县中医院妇产科，能做剖宫产、子宫肌瘤切除、子宫全切等手术，曾成功抢救了多例宫外孕大出血、产后大出血、妊娠高血压综合症等危重病人。

各乡镇卫生院妇产科医生，均能做接生、刮宫、上环、结扎手术，治疗妇科疾病。

2014 年，县人民医院妇产科门诊、急诊 1.27 万人次，住院 1299 人次，住院手术 535 人次，病床使用率 49%，平均住院 5.4 天。中医院妇产科住院 714 人次，手术 267 人次，病床使用率 80%，平均住院 6 天。

儿科　1961 年，县人民医院设内儿科，儿童患者于内儿科就诊。能诊治小儿肺炎、小儿腹泻、小儿夏季热、婴儿难治性心衰等疾病。2011 年 5 月，县人民医院从内儿科分出儿科，设置儿科门诊、普通儿童和新生儿病房，病床 20 张。2013 年，设无陪人新生儿室。2014 年，儿科床位增至 40 张，其中新生儿 10 张，配备多功能监护仪等先进设备，诊治儿童发热疾病，腹泻、支气管肺炎、儿童哮喘等疾病和早产儿、低出生体重儿、新生儿窒息、新生儿高胆红素血症、新生儿败血症、新生儿肺炎、新生儿缺血缺氧脑病、新生儿寒冷损伤综合症等新生儿疾病。2014 年，县人民医院儿科门诊、急诊 1.85 万人次，住院 1855 人次，平均住院 5.2 天。

传染科　1973 年，县人民医院从内儿科分出成立传染科，设病床 32 张（后增至 40 张），分痢疾、肝炎、结核 3 个主要病区。20 世纪 70 年代，住院以痢疾患者居首位，占 42%，经抗感染、抗休克治疗，多能痊愈。80 年代，病毒性肝炎发病率明显上升，占住院人数 4.8%，占传染科住院人次 47.4%，居各种传染病首位。县人民医院成立肝炎科研协作组，负责人唐毓贵采用单味矮桃草治疗急性黄疸型肝炎 126 例，谷丙转氨酶恢复正常时间平均为 23.9 天，黄疸指数恢复正常时间平均为 12.6 天，住院时间平均 25.4 天。该项成果得到中山医学院化学教研室和北京中医学院等科研单位重视，获酃县科研成果一等奖。2002—2003 年，传染科治疗流行性出血热并发急性肾衰竭 20 余例、治愈率 95.2%。2003 年，国内一些地区流行非典型肺炎，由于县内防控措施得力，没有传入。此后县医院设发热门诊，各乡镇卫生院设传染病房，发现传染病立即隔离并送县人民医院传染科治疗。由于疾病预防控制工作扎实,预防接种普及,群众健康意识增强,居住与饮食条件改善,各种传染病发病率大幅下降。2014 年,县人民医院传染科门诊、急诊 200 人次,住院 66 人次(包括感染科患者),传染科病床使用率仅 18%,无死亡病例。

检验科 1955 年,县卫生院建立化验室,有显微镜 1 台,用于大、小便和血液三大常规化验,血型鉴定,交叉配合和二氧化碳结合力测定。60 年代,能做网织红细胞计数,点彩红细胞计数、胸腹水和脑脊液常规检验。70 年代,县人民医院成立检验科,能做肾功能检查和总蛋白、白蛋白测定,部分肝功能测定,微生物检验,血液和各种分泌物细菌培养。80 年代,开始做多种生化检验、微生物检验、放射免疫学检验、血液细胞学检验。90 年代,做肝表面抗体、梅毒血清、碱性磷酸酶、酸性磷酸酶、血尿淀粉酶、胆碱酯酶活性的测定以及临床各种常见的病理切片。生化、微生物、放射免疫、血液细胞等检验技术与准确率提高。2000 年后,县人民医院新建急诊综合大楼,检验科工作室扩大,检验仪器逐步更新。2007 年,开展发光免疫检测法,填补炎陵县该项检查的空白。2010 年起,先后购置一批先进检测仪器,检验科检验师增至 12 人,业务用房 15 间。设临床检验、生化、免疫、微生物、艾滋病初筛等实验室。检验科医技人员能熟练操作多种先进仪器,开展临床、血液、体液、生化、免疫、微生物等 300 多个化验项目,极大地提高了诊断准确性。2014 年,县人民医院检验科做小便常规加尿液沉渣分析 1.95 万人次,大便常规 1.09 万人次,血常规 3.51 万人次,微生物检验 1983 人次,生化检验 1677 人次,免疫检验 1.69 万人次。县中医院各种检验共 7.15 万人次。各乡镇医院均能做三大常规和部分生化、免疫学检验。

放射科 1961 年,县人民医院设 X 光室,装备县内第一台 50 毫安 X 光机,开展胸腹透视检查。1965 年建立放射科,使用 X 光机做四肢、盆骨、脊柱、颅脑和胸、腹部摄片,胃钡餐透视。1982 年,新建 X 光机房,添置 200 毫安双球管 X 光机,开展膝关节造影、子宫输卵管碘油和胃钡气双重造影。1992 年使用 500 毫安带电视 X 光机,开展介入性放射技术。2001 年,使用 Quantex 全身 CT 机,在良好的解剖图像背景上显示病变影像。2010 年,使用四层螺旋 CT 机,快速得到三维重建血管立体图像。2011 年,使用数字化 X 射线摄影系统(DR),实现医学影像全数字化和无胶片化,辐射剂量低,成像速度快。县中医院也添置使用进口螺旋 CT 机、CR、C 臂机等设施检查。2014 年,县人民医院使用 CT(X 射线断层扫描)检查 1.07 万人次,DR 检查 1.42 万人次。县中医院使用 CT 检查 5115 人次,X 光照片 8615 人次。

功能科 1962 年,县人民医院建理疗室,使用直感应治疗机、中波治疗机和电睡眠机进行治疗。后相继添置使用紫外线治疗机、红外线治疗机,超短波治疗机进行理疗。70 年代,始用微波治疗机、电推拿机、风湿治疗仪、超声雾化治疗仪、神灯、心脑检查治疗仪,治疗脑血管意外后遗症及风湿性关节炎等病。80 年代,使用 A 超扫描仪,脑血流图机,纤维胃镜检查诊断。1986 年,开始使用日产 EVB—27 型 B 型超声波诊断仪,诊断手段由过去的曲线图谱诊断提高到灰阶影像诊断,各脏器肿瘤、肝胆泌尿系统结石的诊断率达 90%以上。1990 年,县人民医院设功能检查科,开展心电图、脑电图、B 超、胃镜检查。同年设立针灸推拿门诊,专门从事理疗业务。2007 年,引进使用二维彩超,能立体成像。2008 年,引进使用奥林巴斯胃镜,进行无痛检查。2011 年,使用胃镜做食管静脉曲张套扎术,利用胃肠镜做喷洒止血术、小息肉摘除术。2014 年,县人民医院使用 GES8 高清四维彩色 B 超,为早期诊断胎儿唐氏综合症、先天性畸形、先天性心脏病等疾病提供科学依据。当年功能科设 4 个诊断室,开展心电图、黑白 B 超、四维彩超、胃肠镜检查。县妇幼保健院使用胎心监护仪、红外线乳腺检查仪、生命体征监护仪、蓝光治疗仪。县中医院和大部分乡镇卫生院使用 B 超、心电图仪、便携式胎心监护仪等设备。当年县人民医院做心电图检查 1.34 万人次,黑白 B 超检查 2.41 万人次,彩色 B 超检查 130 人次,胃镜检查 1005 人次,肠镜检查 208 人次。县中医院心电图检查 4751 人次,B 超检查 1.06 万人次,胃镜检查 62 人次。理疗 1.07 万人次。

护理　1949 年,县卫生院有护士、助产士各 1 名,负责注射、换药、平产接生。50 年代末,护理人员增至 6 名。1960 年护理制度日趋完善。“文化大革命”期间,护理制度破坏,实行医护不分家,打破医护职业分工。废除三级护理,病人由家属守护,护士只打针、发药。1976 年,恢复护理制度,部分科室实行专科护理。此后,每年有卫校毕业的护士分配到县内工作,各项护理制度逐步健全。1988 年,实施省卫生厅颁布的《医院护理与工作质量评分标准》,实行交接班、查对制度,实施隔离、消毒措施,护理管理及基础工作日渐规范。1989 年起,县人民医院实行总护士长、护士长二级管理。住院病历中加护理病历、护士嘱语。危重病人由责任护士对病人进行系统观察。全面开展基础护理、分级护理、护理质量控制。2000 年后,推行人文护理,个性化护理。护士工作职责增加健康教育、医患沟通、人文关怀等。2014 年,全县有护士 259 名,其中副高职称护士 2 名,主管护士 69 名,护士占全县卫技人员的 43%,每张床位护士比例为 0.65。

血液供应　20 世纪 50 年代,医用血源来自附近农民有偿献血。60 年代,组织外地人员成立有偿献血队,但献血者输血频繁,影响血液质量,易引发由血液传染的疾病。1995 年,取消有偿献血队,在县人民医院建立中心血库,全县医用血源由株洲市血站攸县分站供应。2007 年,根据病人需要的不同血液成分,实行成分输血。紧急情况下从邻近县调入。2011 年,县妇幼保健院一产妇产后大出血,紧急从株洲市、攸县、茶陵调配红细胞、血浆、血小板、凝血因子,共输血 8000 余毫升,抢救成功。2003 年起,株洲市中心血站攸县分站每月派出无偿献血车来炎陵县采血,炎陵群众积极参与无偿献血。2008 年以来,连续两次获评全省无偿献血先进县,连续多年评为全市无偿献血先进县。有 30 多人获得省、市无偿献血奉献奖。2013 年,无偿献血 914 人,采供比例为 157.27%,居全市第一。2014 年,县内 581 人无偿献血。

第四节　医疗体制

一、公费医疗

1953 年,由国家财政预算内开支工资的党政机关、事业单位在编人员和长期享受抚恤的二等乙级以上残废军人实行公费医疗。同年,森林工业、邮电、粮食、商业、供销和厂矿职工实行劳动保险医疗(简称劳保医疗)。实行劳保企业职工直接供养的父母、子女医疗费也由企业负担50%。80年代初,药价上涨,公费、劳保医疗管理亦出现漏洞,医疗费用大增。1981年,开始推行医疗费用个人包干。从1987年起,享受公费医疗的职工医疗费用实行50元基数包干,超过部分,工龄10年以下的自负30%,11—20年的自负20%,21—30年的自负10%,31年以上的自负5%,结余部分60%奖给个人。离休干部医药费全额报销。劳保医疗也改为包干形式,多数以50元为基数,按工龄每年加0.5元。此医疗制度沿用至90年代底。

2000年后,公费医疗改为基本医疗保险。凡由国家财政支付工资实行公费医疗者均可享受。缴纳标准为:个人按上年度工资收入的2%,单位按上年度该职工工资总额的6%缴纳。基本医疗保险设立个人账户,在职职工个人所交的2%全部进入个人账户,同时单位的6%部分分年龄段划入一部分,即45岁以下者按本人上年度工资总额的0.7%划入、46岁以上者按本人上年度工资总额的1.2%划入,退休人员则按退休金的3.4%划入。个人账户用于门诊和求医购药。参保人员住院治疗起付线(俗称门槛费)为:一级医院400元,二级医院500元, 三级医院600元。起付线以上至3000元个人负担20%,3001—5000元个人负担15%,5001—10000元个人负担12%,1万元至最高支付限额个人负担6%。退休人员按在职分段自负比例的65%负担。参保人员需长期服药治疗,符合特殊病种目录且不需要住院的,可申请特殊门诊治疗,每月药费275元。经批准参保人员转入二级(含二级)医院以下的个人增加自负10%,转入三级(含三级)医院以上的个人增加自负20%。大病医疗保险基金缴费标准暂定每月10元,每年120元,在职和退休人员均应缴纳。参保人员因大病所发生的医疗费用28001—60000元的个人负担8%,60001—88000元的个人负担5%。厂矿企业参照执行。至2014年,此规定未改变。

二、合作医疗

抗日战争时期县内成立卫生合作社。1958年,社员医疗费用由公社负担。1961年后,社员医药费自理。1970年,农村实行合作医疗制度,资金由生产大队、生产队按参加人数在公益金中提留。加入合作医疗的社员每人每年交1—2元基金,国家配给少量药品、器械。赤脚医生自种、自采、自制中、草药,用民间验方治病。多数社队社员医药费减免20—30%。也有少数大队医药费全免。1982年,实行联产承包农业生产责任制后,合作医疗相继解体。

三、新型农村合作医疗

1996年,国家卫生部进行农村合作医疗试点。1998年,县内参加者仅6.50%。2003年,推行由政府组织、引导、支持,农民自愿参加,以大病统筹为主,个人、集体和政府多方筹资的新型农村合作医疗(以下简称“新农合”)。参加人数逐年增加。2006年,参加新农合(以下简称“参合”)的农民11.55万人。参合者每人每年交纳10元基金,在定点医院住院,超过起付线的费用,按一定比例给予补助。2007年,参加新农合人数增至13.43万人,参加率93.7%。全县合作医疗基金总额671.66万元,其中农民个人缴费134.33万元。当年补偿兑付4.38万人次,受益家庭占参合家庭34.10%,最高补助1万元。为节省患者住院费用,实行单病种费用最高限额控制定额补助。2009年,实行门诊统筹,年度内提取新农合基金总额20%作为门诊统筹基金。其中8%用于特殊病、慢性病门诊,12%用于普通门诊,使参合者大病、小病均能得到治疗。2011年,将住院治疗费用分为基本医疗与补充医疗两种补助模式。基本医疗即在乡镇卫生院住院交纳100元,在县级医院住院交纳500元,其余全部报销;补充医疗即在乡镇卫生院、县级医院分别按85%、80%的比例报销。五保户的县、乡两级住院基本医疗费用全免。儿童先天性心脏病、白血病、妇女乳腺癌与宫颈癌、农村重性精神病、终末期肾病、耐药结核病和聋儿人工耳蜗植入抢救性治疗等大病医疗,实施全免救治或大额补助。2012年,启动新农合“一卡通”,将农村商业银行的福祥卡与合作医疗证合并为福祥医疗卡,参合农民可通过福祥卡实行基金缴纳和新农合补偿款领取,实现基金封闭运行。同年,新农合实行医疗保险公司承办大病医疗补助,提高大病补助水平,最高补助限额12万元。2014年,全县有4.18万户15.34万人参加新型农村合作医疗,占农村人口98.60%。农民每人交60元基金,共缴纳920.11万元,民政部门资助52.47万元,筹集基金总额5827.37万元。共补助8.85万人次、5307.64万元,支付率91.08%,受益面48.04%。最大补助限额达到18万元。乡级住院100元起付线至住院费用700元以内实行全免费,超过700元按85%报销。开展178个病种200个支付标准的单病种管理。建立区域卫生信息平台与新农合一卡通信息系统,实现县内就诊信息、农合补助、公共卫生信息互联共享。

第二章　公共卫生

第一节　疾病预防控制

一、机　构

1952年,县卫生院设防疫股。1956年,成立县防疫站,站址设于县城南门口,工作人员3人。1968年,防疫站撤销。1972年7月恢复,迁卫生局院内,工作人员5人。1988年,在北环路新建防疫站办公楼,并添置各种仪器、设施。

2005年,卫生防疫站更名疾病预防控制中心(以下简称疾控中心),在新市街新建疾控中心办公楼。2014年,在岗职工34人,其中副高职称2人,中级职称10人。内设办公室、质控科、检验科和疾控一、二、三科等科室。疾控一科,管理应急办、急性传染病防治、寄生虫与地方病防治、慢性非传染病及传染病防治;疾控二科,管理免疫规划、结核病防治、预防接种门诊、综合门诊;疾控三科管理性病与艾滋病防治、健康教育、卫生监测、职业危害因素控制、病媒生物控制。

二、健康教育

1949年10月,鄗县人民政府成立后,高度重视人民群众健康。县卫生主管部门与各医疗单位根据各自业务特点,利用宣传栏、黑板报、宣传标语开展健康教育。50年代,主要宣传天花、麻疹、疟疾等传染病危害和预防方法,宣传新法接生的优点,发动群众参加除“四害”(老鼠、苍蝇、蚊子、麻雀,误将麻雀列入“四害”)运动。1967年,县内暴发流行性脑膜炎,卫生、教育部门开展“流脑”防治宣传教育。70—90年代,以脊髓灰质病(俗称“小儿麻痹症”)、痢疾、肝炎、钩端螺旋体病的防治为健康教育重点。在农村广泛开展以改水、改厕为重点的“五改”宣传活动。90年代后,健康教育着重宣传健康的生活方式,包括锻炼身体、健康饮食、良好的卫生习惯等。

2009年,开展创建国家卫生县城活动。县委、县政府把健康教育纳入爱国卫生工作发展规划。爱国卫生办公室(以下简称“爱卫办”)设健康教育室,各乡镇、各部门成立健康教育领导小组,配专(兼)职健康教育专干。县电视台、政府公众信息网开设创建国家卫生县城专栏。播放爱国卫生月、预防艾滋病宣传日、禁毒日、防治麻风日、世界无烟日开展的各种群众性活动;定期播放健康教育知识。县城主要街道、广场、车站等公众场所设置固定宣传牌和宣传橱窗;各社区、居民小区、单位建有健康教育专栏。健康教育室每周举办一次公众卫生知识讲座,定期开展健康教育培训班,居民健康知晓率86.86%。县城中小学配备校医或专(兼)职保健教师,设健康教育室,印发学生健康教育教材,做到教师、课时、教材、教案、效果评价五落实,学生健康知晓率95.5%,健康行为形成率86.65%。各医院建立院、科、病室三级健康教育网,设健康教育咨询室,健康教育专栏,对病人及家属进行健康宣传教育。住院病人相关卫生知晓率87.02%。对从事食品、饮食、宾馆、酒店等行业的从业人员,定期举办专业知识、健康教育、女工保健等培训班,从业人员相关卫生知识知晓率85.35%。县卫生局、疾控中心健康教育科开辟电视健康讲座、开展现场咨询、开办健康培训班、发放宣传资料、制作板报墙报,广泛宣传各种传染病和慢性病的防治。2010年5月中下旬,开展以手足口病防控、结核病防治、突发公共卫生事件应急与处理等为主要内容的健康教育下乡巡回培训活动。2014年,开展无烟单位建设和控烟活动,推行无烟会议室和无烟办公室,在公共场所设置禁烟标志,开展万人禁烟签名活动,倡导全民健康生活方式。

2005—2014 年炎陵县健康教育工作开展情况表

表 30-2

年度	健康知识知晓率调查评估(%)					健康行为形成率调查评估(%)					健康教育培训		健康教育活动			印制资料	
	学生	城镇居民	职工	住院病人、陪护	农村居民	学生	城镇居民	职工	住院病人、陪护	农村居民	期数	人数	次数	现场咨询人次	资料发放(万份)	种类	份数(万份)
2005	—	—	—	—	—	—	—	—	—	—	5	280	6	310	2.60	5	3.00
2006	—	—	—	—	—	—	—	—	—	—	9	310	6	800	5.43	8	5.80
2007	90.9	82.9	90.1	87.6	—	87.2	79.7	83.6	83.8	—	9	385	7	390	6.00	6	8.50
2008	93.4	85.6	82.5	88.1	83.4	88.3	80.4	90	84.7	86	7	350	8	380	7.00	7	8.80
2009	95.5	86.86	86	87.02	89.2	86.65	81.2	90	85.2	94.8	8	340	9	550	6.50	8	8.00
2010	96.6	90.6	87	89.9	90	92.6	84.4	87	85.8	96	13	530	9	3100	7.00	10	7.50
2011	90.1	92.9	88.4	87.1	87	96.6	94.1	86.7	89.3	90	13	360	10	3050	6.50	8	7.00
2012	91.8	90.8	84.2	86.2	88.5	88.5	92.1	89.1	84.6	89.9	9	280	12	5000	7.00	10	8.00
2013	92.8	89.8	86.5	85.8	86.3	94.5	92.2	89.3	86.9	88.9	10	340	12	3600	5.60	8	6.00
2014	90.4	86.3	85.1	85.5	84.5	91.2	87.9	86.8	85.4	85.8	10	410	15	4100	5.00	10	6.00

三、免疫规划

民国 29—37 年(1940—1948),县卫生事务所接种牛痘菌苗 5.74 万人次、霍乱菌苗 2.41 万人次、伤寒菌苗 8.3 万人次。20 世纪 50 年代,县内开展以种牛痘为主的预防接种工作。60 年代,接种种类增至霍乱、天花、伤寒、副伤寒、百日咳、麻疹、乙型脑炎、流行性脑脊髓膜炎等菌苗和白喉类毒素等 13 种。随着疫苗研发种类增加,免疫规划工作日渐规范,霍乱、天花、伤寒等传染病得到有效控制。

1979 年,县内实施计划免疫。1983 年,县防疫站设立计划免疫科,首次开展计划免疫接种率调查,并为 12 岁以下儿童建立计划免疫卡。1984 年预防接种率达 70%。1987 年,冷链(疫苗储存、运输、冷藏设备)运行,县防疫站配冷链车 1 辆、低温冰柜和冰箱各 1 台,乡镇卫生院配冰箱,村卫生室配冰包、冰排。次年,全县卡介苗、脊髓灰质炎糖丸疫苗、百白破(百日咳、白喉、破伤风)三联和麻疹疫苗接种覆盖率 81.90%,儿童建卡率 99.52%。1990 年,接种百白破三联疫苗 1.14 万人次,麻疹疫苗 4877 人次,卡介苗 8112 人次,乙脑疫苗 7226 人次,流脑疫苗 1.21 万人次,钩端螺旋体疫苗 2500 人次,口服脊髓灰质炎糖丸 1.20 万人次。1993 年,启动消灭脊髓灰质炎强化免疫活动,当年投服脊髓灰质炎疫苗 9804 人,投服率 99.9%。之后,连续 10 年开展强化免疫活动,每年投服疫苗两次。2004 年,按国家颁布的《疫苗流通与预防接种管理条例》,适龄儿童一类疫苗免费接种,计划免疫信息用网络直接上报。2006年9月,实行入学、入托儿童预防接种证查验工作,当年登记489人,补种979人次,补证589人。2008年,实施新的国家免疫规划,由原来的接种6种疫苗防8种疾病扩大到接种12种疫苗防13种疾病。当年为乡镇预防接种站(点)增配冰箱19台、冷藏箱118个。2012年,开展全省人群乙型病毒性肝炎HBsAg携带率及人群抗—HBs流行率调查,完成285名抽查对象(东风乡三口村、三河镇星光村居民)现场个案调查和血清标本采集送检。对应接种乙肝疫苗人群查漏补种,摸底登记1.35万人,应补种1.03万人,实补种9284人,接种率90.4%。2014年,开展预防接种证查验、麻疹疫苗查漏补种、脊髓灰质炎疫苗强化免疫等专项工作。当年启动县级产科预防接种信息系统、冷链室、冷库温度与湿度实时监控系统、疫苗监管信息和预防接种系统"金苗"客户端等4个工作软件,免疫规划工作实现信息化管理。

四、传染病疫情管理

1950年,疫情由各乡防疫小组负责向县卫生院报告。1952年,开始建立乡、县疫情报告制度。平时每10日报告1次,遇急性与疑难传染病随时报告县卫生院。1958年,规定所有医卫人员均为法定疫情报告人,发现甲类传染病或疑似病人,城镇6小时内,农村12小时内向县防疫站报告;发现乙种传染病或疑似病人,城镇12小时内,农村24小时内报告。防疫站及时向地市防疫机构报告。1980年,建立县、乡、村三级防疫网。1990年,疫情旬报率93.7%。一般疫情由当地防疫员与医务部门进行检诊、访视,并采取相应的消毒与隔离措施。对流行性与危害较大的传染病,县防疫站及时组织人员深入疫区,就地扑灭,并做好病原学调查。2005年起,各医疗机构全面实行传染病疫情信息网络直报,各医疗机构医生发现传染病病例(疑似),填写纸质报告卡,由防保专干负责网络报告,县疾控中心值班人员24小时负责网上疫情巡查,及时上报。发现甲类传染病、传染性非典型肺炎和乙类传染病中的艾滋病、肺炭疽、脊髓灰质炎病人和疑似病人及病原携带者,在2小时内完成网络报告;乙类其余传染病和丙类传染病在24小时内完成网络报告。疾控中心严格执行网络直报规定。

五、传染病防控

霍乱与副霍乱　民国28年,县内霍乱流行,患病94人,死亡22人。民国30年,注射霍乱疫苗2.27万人次。31年,注射霍乱疫苗1.86万人次。1949年起,未出现霍乱病例。1983年,停止接种霍乱疫苗。1991年起,开展霍乱弧菌内源检索和外环境霍乱弧菌监测,未检出霍乱与副霍乱弧菌。2009年,启动肠道门诊腹泻病人霍乱快检。至2014年,连续65年未发现霍乱患者。

天花　民国29年,县内发生天花3例,死亡1人。当年接种牛痘疫苗1.55万人次。至31

年，共接种 4.73 万人次。因疫苗供应不足，天花仍连年流行。民国 35 年，发病 10 人，死亡 7 人。1949 年，中村乡烂泥湖天花暴发，直至年底仍有患者 43 人。1950 年，县卫生院收治天花患者 8 人，全部治愈。同年，县政府发出“三年消灭天花”号召，全县培训牛痘接种员 52 人。至 1952 年，共接种牛痘疫苗 8.7 万人次。该年无天花患者。1953—1980 年对不同年龄组的人群接种牛痘疫苗 15.26 万人次。1980 年，世界卫生组织宣布全世界已消灭天花，次年县内停止接种牛痘疫苗。

流行性脑脊髓膜炎（简称流脑）　民国时期时有流行，死亡率极高。1949 年，发病 65 人，死 26 人。1950 和 1959 年在全县流行。1967 年，全国各地红卫兵大串连，流脑由城镇向农村扩散。全县患病 1773 人，死亡 68 人，除垄溪、策源，其余公社均有死亡病例，发病率高达 1416.79／10 万，病死率 3.84%。上海市、山西省、长沙市均派医疗队支援防治。1970 年，再度流行。当年开始接种流脑疫苗。1978 年，县防疫站开展人群流脑带菌情况调查，人群带菌阳性率 12%。1980 年开始，逐步推广接种脑膜炎双球菌多糖菌苗，流脑患者逐年减少。至 1989 年，共接种流脑多糖菌苗18.84 万人次。1996 年，县内报告流脑病例 1 例。1997 年后，无流脑病例。

麻疹　民国期间，县内麻疹连年流行。1949 年发病 1100 人，死亡 25 人，发病率 1348.58／10 万。60 年代，对儿童接种麻疹疫苗，但因疫苗保管条件差，疫苗时有失效，麻疹仍呈周期性流行。1966 年，县内麻疹大流行，发病 4569 人，发病率 3729.46／10 万，死亡 32 人。次年，发病 1896 人，死亡 29 人。1971 年，麻疹暴发流行，波及全县 18 个公社 203 个大队，发病 9406 人，发病率高达 6372／10 万，死亡 36 人。1972 年，推广麻疹减毒疫苗，改变了周期性流行局面，发病率逐年下降。1986 年，城东乡草坪村、坎坪村麻疹流行，130 人发病，患者多未接种麻疹疫苗。1987 年，冷链运行，疫苗保管条件改善，接种效果提高，麻疹患者逐年减少。此后呈散发、低龄发病状态。2013 年发病 1 例，为 6 个月婴儿。2014 年，无麻疹患者。

白喉　清代、民国时期为常见病。20 世纪 50 年代初，仍呈局部散发性流行。1955 年，中村乡联西村 10 天内 9 人患病，3 人死亡。1964 年，全县发病 266 人，死亡 25 人，发病率 232／10 万。1965 年，试行定龄免疫。1978 年起，按免疫程序实行计划免疫。1981 年，普遍接种白喉类毒素，发病率渐降。1985—2014 年，县内无白喉患者。

百日咳　历年均有患者。1949 年，发病 294 人，死亡 25 人。1956 年、1962 年、1974 年年发病率分别达 459／10 万、409／10 万、396／10 万。1974 年，开始接种百白破三联疫苗，患者逐年减少。1978 年实行计划免疫。1980—1989 年，接种疫苗 14.5 万人次，百日咳发病率降至 15.27／10 万。此后 7 年无百日咳患者。1997 年，发现 1 例。1998—2014 年，县内未发现百日咳患者。

肺结核　俗称痨病、肺痨。清代、民国时期，呈高发病、高死亡状态。20 世纪 50、60 年代，历年都有流行。70 年代，县人民医院传染科住院病人中，肺结核患者占 22%。1973—1975 年，全县 393 人死于肺结核。1985 年起，对新生儿接种卡介苗，将结核病人隔离，实行系统、规范治疗，发病率降低。90 年代，肺结核发病率增加。1993 年，启动世界银行贷款结核病控制项目。2003 年，实施英国结核病控制“卫十”赠款项目，为疑似肺结核病人免费检查，为患者提供免费抗结核化疗。2014 年，发病 126 人，发病率 62.34/10 万。

细菌性痢疾　俗称秋痢、赤痢。清代、民国时期，县内罹病者多，死亡率居各传染病之首。民国 23 年，“疫痢流行，死亡枕籍”。33 年，国民党军队暂编 32 师驻中村、水口。士兵患痢疾者甚众，死 400 余人。当地群众多有传染。渣村、枣树一天死 12 人。36 年，南片痢疾流行，定治乡车坪村 30 余户，12 天死 20 人。20 世纪 50 年代初，痢疾发病率仍居传染病第二位。1950 年，发病 2400 人，死 10 人，发病率 2413 / 10 万。1953 年，开展爱国卫生运动。改善饮水与环境卫生，发病率下降。1958 年，痢疾发病率下降到 205 / 10 万。70 年代痢疾发病率回升，年发病人数超千人。县人民医院传染科住院病人中痢疾患者占 42.0%。1980 年，开展讲卫生运动，县内饮水、食品、环境卫生得到进一步改善，痢疾患者逐年下降。1990 年痢疾患者 172 人，发病率降至 98 / 10 万，1997 年再降至 47.68 / 10 万。2000 年后，在农村推行改水、改厕，城镇普及饮用自来水，生活条件得到改善，卫生习惯逐步养成，痢疾发病率显著下降。2014 年，发病仅 7 例，发病率 3.69 / 10 万。

病毒性肝炎　1958 年，县内报告首例病毒性肝炎（以下简称肝炎），当年发病 46 人，发病率 42 / 10 万。此后每年呈局部或散发性流行。70 年代，肝炎平均发病率 203 / 10 万。其中 1979 年发病 694 人，发病率 445 / 10 万。垄溪公社患者 112 人，其中土垒大队发病率达 53‰。1981 和 1982 年，县防疫站对三河等 4 个公社 2346 人进行乙型肝炎表面抗原测定，阳性率 11.46%，分布明显呈家族聚集性。县防疫站加强饮食、食品卫生监督，改善城乡饮水卫生，防止水源污染。各级医院及时治疗患者。80 年代肝炎平均年发病率降至 107 / 10 万。1990 年，发病 250 人，发病率 142 / 10 万。90 年代起，相继推广接种乙型肝炎和甲型肝炎疫苗。此后，肝炎呈低水平流行。1997 年发病 54 人，发病率 30.65 / 10 万。2014 年发病 84 人，发病率 44.26 / 10 万。

伤寒与副伤寒　清代、民国时期，县内多有伤寒与副伤寒患者。民国 35 年，接种疫苗 3721 人次。1949—1953 年，发病 286 人。20 世纪 70 年代，接种疫苗 1.64 万人次，患者逐年减少。1985—1992 年，无伤寒、副伤寒病例。1993 年发现 1 例。至 2009 年共报告病例 4 例。2010—2014 年无病例报告。

脊髓灰质炎　1966 年，报告县内脊髓灰质炎首例病例，患者为龙景山医疗站一职工子女。当年发病 3 人。1970—1972 年发病 11 人。1973 年起，先后有 39.7 万人次服用预防脊髓灰质炎糖丸，至 1985 年只有 8 人患病。此后开展消灭脊髓灰质炎强化免疫活动。1986—2014 年未发现患者。

疟疾　俗称打摆子。民国时期，发病率居县内传染病之首。以间日疟为主。民国 23 年，县内疟疾流行。省政府指令长沙仁术医院组织医疗队支援。民国 34 年，疟疾暴发，发病 6.3

万余人，发病率每万人 6928 人。城东吉利新屋村 350 人，有 345 人发病，兰姓一家 6 口全部染病身亡。1950 年和 1951 年，疟疾患者仍居高不下，分别为 1.45 万人、1.36 万人，每万人发病率分别为 1661 人、1501 人。1956 年，防疫站与县卫生院进行疟疾病史调查，根治患者 1.33 万人，为高疟区与流行区 1.76 万人提供预防药物，防止疟疾大面积流行。1973 年，酃县与相邻 7 县建立灭疟联防组织（1984 年扩大到 22 个县），对发热病人进行血液检查。在河西、沔渡、水口设主动侦察点，调查、根治疟疾患者。发病人数逐年减少。1974 年发现第一例输入性患者。1976 年后，全县疟疾发病率控制在每 10 万人 10 人以下。1984 年报告最后 1 例本地感染病例。1986 年，省卫生厅认定酃县消灭疟疾。2004 年又发现输入病例 2 例，治愈离境。2005—2014 年无疟疾病例。

麻风　清康熙年间（1662—1722），沔渡赵某在广东染上麻风，致使亲属被传染。民国 26 年，坂溪李某在广西染上麻风亦殃及乡邻。麻风患者讳疾忌医，四处流浪，有的被活埋、焚烧。1949 年县内有麻风流行点 22 个。1952 年，开始麻风普查，并将病人送往汝城县麻风医疗站治疗。1957 年，郴县专署在石洲乡建龙井山医疗站，收治县内及邻县麻风患者。医药费与生活费分别由县卫生、民政部门负担。至 1978 年，共收治 337 例。其中，男性 242 例，女性 95 例；瘤型 215 例，结核样型 122 例。除平乐公社外，其余 16 个公社均有分布。患病率最高的为沔渡公社，达 4.97‰。家族内传染的占 44.5%。垄溪、三河公社均有 3 代连续传染的家庭。1986 年，治疗手段由单一化疗转为联合化疗，由强制性隔离治疗转为社会治疗。1989 年 10 月，瑞典皮肤科专家斯坦·斯特罗姆偕夫人 3 次赴龙井山为病人诊治、换药。1994 年，龙井山医疗站更名炎陵县皮肤病防治所，负责株洲市麻风病的防治。1998 年经省卫生厅验收，株洲市基本消灭麻风病。2004 年，澳门基督教蓝钦文牧师代表澳门基督教宣道堂中国爱心基金会，为炎陵县新建麻风病住院病房，改善麻风病人的治疗与生活条件。至 2014 年，炎陵县皮肤病防治所共收治病人 654 例（其中外县 139 例），治愈 400 余例。患病率从 1958 年的 20.5/10 万下降至 0.1/10 万。麻风病传染得到有效控制。2014 年末，有患者 28 人住院治疗。

钩端螺旋体病　1973 年，中村公社首次报告钩端螺旋体病（以下简称“钩体病”）病例。当年县防疫站进行调查，认定酃县为钩体病疫区。传染源主要是老鼠，菌型为澳洲群、波摩拿群、黄疸出血群。1979 年，垄溪等 4 个公社 10 人发病，2 人死亡。1988—1990 年 135 人发病，4 人死亡。1991 起，发病者增加。1996 年死亡 6 人，均为肺出血型患者。至 1999 年，发病 250 人，死亡 13 人，病死率 5.2%。此后，通过流行季节前接种钩体疫苗，疫情很快得到控制。1997 年报告钩体病例 9 例，1998 年与 1999 年各 18 例，呈低水平流行。2000—2006 年报告钩体病例 21 例。2007 年报告 1 例。2008 年后无钩体病例报告。

狂犬病　民间素有养狗习惯，狂犬伤人事件时有发生。1952 年，城关、塘田等地被犬咬伤 21 人，7 人患狂犬病死亡。70 年代起，狂犬病患者增多。县人民政府多次发文、张贴布告禁止养狗，但屡禁不止。90 年代，狂犬疫苗接种全面推广，1991—1998 年无狂犬病报告。2000 年后，农村养狗之风渐盛。2000—2007 年狂犬病高发，发病 10 例，死亡 10 例。2008 年，疾控中心开展犬伤门诊规范化建设，规范处置动物伤人的伤口，推广新疫苗和使用抗狂犬病毒免疫球蛋白。至 2014 年，接诊处置动物咬伤(抓伤)患者 1.42 万人，全程接种狂犬疫苗 1.41 万人，三级暴露注射抗狂犬病毒免疫球蛋白 285 人。是年县内无狂犬病病例报告。

肺吸虫病　1975 年，县内发现首例患者。1980 年，县防疫站进行流行病学调查，确诊 252 人感染，59 人发病。59 例病人中有肺型、游走性皮下包块型、肝肿大型和脊髓型。疫源地为 300—800 米丘陵山地，致病虫种为卫氏肺吸虫变种或亚种，第一中间宿主为放逸型短钩蜷，县内大小溪中均有。第二中间宿主为福建华溪蟹，保虫宿主为犬、猫。80 年代初，开始在疫区消灭钉螺，禁食生蟹。临床用别丁、纰喹酮治疗，患者减少。1990—2014 年，无肺吸虫病例报告。

艾滋病　2004 年，县疾控中心建艾滋病抗体检测初筛实验室，开展孕产妇艾滋病初筛工作。2005 年起，对既往有偿供血人员、娱乐场所从业人员、吸毒者、性病门诊就诊者进行艾滋病筛查。2006 年，发现县内首例艾滋病患者。患者曾在云南、缅甸等地务工，有吸毒和嫖娼史，返乡后不久死亡。至 2014 年，疾控中心共完成 HIV 初筛 2.84 万人，发现 HIV 阳性 14 人。开展高危人群行为干预 2210 人。发病 14 人，死亡 1 人。是年，管理病例 14 例，在治病人 6 人。

流行性出血热　1978 年，塘田乡发现首例流行性出血热病例，此后散发。1980 年、1982 年、1984 年、1990 年，各发病 1 例。2000 年后，为发病高峰期。2000—2005 年，有 59 人发病，死亡 3 例。其中，2000 年发病 11 例，2002 年 14 例，2003 年 15 例。2006 年，将炎陵县列入省流行性出血热监测项目县，开展流行性出血热动物宿主调查，确认动物寄主为老鼠。2006—2014 年，疾控中心布捕鼠夹 2.91 万个，捕鼠 1290 只。采集送检鼠内脏标本 2508 份，采集、送检易感人群血清标本 605 份，检验结果均为阳性。2008 年和 2010 年，为易感人群中 2644 人接种流行性出血热疫苗，感染者渐少。2014 年，发病 1 例，治愈。

手足口病　2008 年，县内首次报告手足口病例，当年发病 8 例，被列入丙类传染病。2009 年起，开始实施手足口病监测。6 月，鹿原镇翠群村发生聚集性手足口病疫情，发病 4 例。2014 年，全县发病 265 例，系发病最多的年份，无重症患者及死亡病例。

非典型肺炎　2003 年，国内出现感染性、流行性强，死亡率高的“非典型肺炎”(又称非典型呼吸综合症，简称“非典”)。根据县政府统一部署，疾控中心和各医院派医务人员到车站、国道等人口流入关口设点值守，检查体温、消毒车辆。以县人民医院为定点医院，调动医护人员 8000 余人次，调动救护车辆 200 余台次。投入专项资金 700 多万元，建立隔离医院，购置急救车。配置呼吸机、监护仪、电动吸引器、床旁移动 X 光机、血气分析仪以及消毒和防护用品等 2000 余台件。排查发热病人 300 多人次。非典病未流入县内。

1949—2014 年炎陵(酃)县部分年份主要传染病发病与死亡人数统计表

表 30-3　　单位:人

年份	乙脑		流脑		白喉		百日咳		麻疹		疟疾		痢疾		肝炎		钩体病		狂犬病		出血热		肺结核		伤寒+副伤寒		艾滋病	
	发病	死亡	发病	死亡	发病	死亡	发病	死亡	发病	死亡	发病	死亡	发病	死亡	发病	死亡	发病	死亡	发病	死亡	发病	死亡	发病	死亡	发病	死亡	发病	死亡
1949	—	—	65	26	—	—	294	25	1100	25	14500	15	2540	25	—	—	—	—	—	—	—	—	—	—	—	—	—	—
1950	—	—	44	11	—	—	275	19	680	13	14450	4	2400	10	—	—	—	—	—	—	—	—	—	—	—	—	—	—
1954	—	—	—	—	3	—	20	—	847	8	3296	—	192	—	—	—	—	—	—	—	—	—	—	—	—	—	—	—
1957	—	—	—	—	—	—	156	—	1896	29	1289	2	420	3	—	—	—	—	—	—	—	—	—	—	—	—	—	—
1959	6	1	29	2	—	—	56	—	401	12	1407	—	600	3	89	1	—	—	—	—	—	—	—	—	—	—	—	—
1962	—	—	—	—	15	2	427	6	413	16	2689	—	12	—	58	1	—	—	—	—	—	—	—	—	—	—	—	—
1964	3	1	9	2	266	25	344	—	1703	27	1347	—	354	1	47	—	—	—	—	—	—	—	—	—	—	—	—	—
1967	—	—	1773	68	—	—	—	—	—	—	—	—	—	—	—	—	—	—	—	—	—	—	—	—	—	—	—	—
1970	11	1	37	1	15	3	194	—	86	—	—	—	461	6	103	1	—	—	—	—	—	—	—	—	—	—	—	—
1971	70	17	9	—	8	1	290	—	9406	36	—	—	2037	29	114	2	—	—	—	—	—	—	—	—	—	—	—	—
1972	13	1	24	3	9	4	209	1	76	—	46	—	1658	13	465	1	—	—	—	—	—	—	—	—	—	—	—	—
1974	14	4	9	1	3	—	365	3	988	—	10	—	1205	7	212	—	1	—	—	—	—	—	—	—	—	—	—	—
1977	12	1	20	2	2	—	492	—	845	—	3	—	1658	13	199	—	5	—	5	5	—	—	—	—	—	—	—	—
1980	9	—	46	2	2	—	99	—	435	—	—	—	1075	4	385	—	1	—	2	2	1	—	—	—	—	—	—	—
1982	2	—	2	—	1	—	25	—	14	—	—	—	728	2	100	—	1	—	2	2	1	—	—	—	—	—	—	—
1984	5	—	4	—	1	—	28	—	31	—	1	—	411	—	194	—	—	—	2	2	1	—	—	—	—	—	—	—
1986	1	—	2	—	—	—	—	—	188	2	—	—	214	—	206	—	27	2	2	2	—	—	—	—	—	—	—	—
1988	4	—	2	—	—	—	—	—	—	—	—	—	343	5	18	—	55	2	2	2	—	—	—	—	—	—	—	—
1989	1	—	—	—	—	—	—	—	1	—	—	—	321	—	70	—	27	1	3	3	—	—	—	—	—	—	—	—
1990	12	2	—	—	—	—	—	—	—	—	—	—	172	—	250	—	53	1	1	1	1	—	—	—	1	—	—	—
1992	4	—	—	—	—	—	—	—	33	—	—	—	221	—	89	—	22	—	—	—	—	—	—	—	—	—	—	—
1994	1	—	—	—	—	—	—	—	3	—	2	—	131	—	139	—	42	5	—	—	—	—	86	—	1	—	—	—
1996	6	—	—	—	—	—	—	—	3	—	1	—	90	—	60	—	31	6	—	—	—	—	91	—	—	—	—	—
1998	—	—	—	—	—	—	—	—	—	—	—	—	85	—	61	—	18	—	—	—	—	—	37	—	—	—	—	—
2000	—	—	—	—	—	—	—	—	—	—	—	—	7	—	26	1	6	1	1	1	11	2	71	1	—	—	—	—
2001	—	—	—	—	—	—	—	—	3	—	—	—	9	—	16	—	3	—	2	2	6	—	89	—	—	—	—	—
2003	—	—	—	—	—	—	—	—	—	—	—	—	25	—	20	—	2	—	2	2	15	—	194	—	—	—	—	—

续表 30-3

年份	乙脑		流脑		白喉		百日咳		麻疹		疟疾		痢疾		肝炎		钩体病		狂犬病		出血热		肺结核		伤寒+副伤寒		艾滋病	
	发病	死亡	发病	死亡	发病	死亡	发病	死亡	发病	死亡	发病	死亡	发病	死亡	发病	死亡	发病	死亡	发病	死亡	发病	死亡	发病	死亡	发病	死亡	发病	死亡
2005	—	—	—	—	—	—	—	—	—	—	—	—	9	—	55	—	—	—	—	—	9	1	277	1	—	—	—	—
2006	1	—	—	—	—	—	—	—	—	—	—	—	22	—	44	—	3	—	1	1	5	—	123	1	—	—	1	1
2007	—	—	—	—	—	—	—	—	3	—	—	—	16	—	67	1	2	—	2	2	6	—	159	2	—	—	—	—
2009	2	—	—	—	—	—	—	—	3	—	—	—	20	—	65	—	—	—	—	—	1	—	148	1	1	—	—	—
2010	—	—	—	—	—	—	—	—	—	—	—	—	7	—	62	—	—	—	—	—	1	—	313	1	—	—	1	—
2012	—	—	—	—	—	—	—	—	—	—	—	—	19	—	77	—	—	—	—	—	3	—	183	—	—	—	2	—
2014	—	—	—	—	—	—	—	—	—	—	—	—	7	—	84	—	—	—	—	—	1	—	126	—	—	—	1	—

说明:缺 1949—1989 年肺结核、伤寒与副伤寒患病情况资料

六、地方甲状腺肿防治

县内山区、丘陵地区,历史上常有地方甲状腺肿(以下简称“地甲病”)发生。1952 年,县卫生院在患者较多的策源、坂溪开展地甲病调查,共查 3152 人,发现地甲病患者 715 人,患病率 22.68%。1978 年,县防疫站开展地甲病普查,调查 13.35 万人,发现地甲病患者 2338 人,患病率 1.75%,大部分属于弥漫肿大型,女性居多。船形、平乐、城东、城关 4 个乡镇,患病率均大于 3%。1986 年,在上述 4 个病区乡镇抽样调查 2533 人,患病 173 人,患病率 6.83%,其中儿童占 24.0%。县商业、供销部门在全县增加加碘食盐供应,卫生部门在重病区乡镇投服碘油胶丸。1989 年,4 个病区乡(镇)人群碘油胶囊投服率 85.30%,地甲病患者逐渐减少。当年,全县患病率降至 3%,患者甲状腺生理肿大率小于 20%,达到国家卫生部门规定控制指标要求。此后,继续推广加碘食盐供应和碘油胶丸投服,并开展居民食盐碘含量抽样监测。1995 年,全县普查 1.19 万人,发现患者 341 人,患病率 2.87%。2010 年,通过株洲市、湖南省消除碘缺乏病验收考核评估,达到消除碘缺乏病标准。2014 年,监测农村居民碘盐 300 份,273 份合格,合格率 91%,碘盐覆盖率 99%,碘含量均值每公斤 24.48 毫克。

七、疾病谱

20 世纪 50 年代,居民主要死因为麻疹、肺结核。居民预期寿命 35 岁。1973—1975 年,全县前 10 位综合死亡疾病排序为肺心病、肺结核、肺炎、脑血管病、恶性肿瘤、痢疾、慢性支气管炎、风心病、肝硬化、冠心病。2010 年,前 10 位综合死亡疾病排序为心脏疾病、脑血管病、原发性(特发性)高血压、恶性肿瘤、意外事故(损伤及中毒)、慢性下呼吸道疾病、肺炎、自杀、肾炎和肾病综合症肾病、肝脏疾病。死亡率每 10 万人分别为 197.31、97.85、71.65、61.49、54.54、

39.03、13.38、12.30、12.30、10.20。2014 年，前 10 位综合死亡疾病分别为心脏疾病、恶性肿瘤、脑血管病、呼吸系统疾病、意外事故（损伤及中毒）、消化系统疾病、内分泌营养代谢疾病、泌尿生殖系统疾病、精神障碍、先天异常。死亡率每 10 万人分别为 105.34、57.86、49.95、36.10、26.21、10.88、5.93、4.94、2.47、1.48。

第二节　卫生监测

一、学校卫生

民国期间，县内中小学校舍多借用祠堂庙宇，采光不足，潮湿破败。

1950 年，县卫生院不定期派医生到县城中小学指导卫生工作。1956 年，防疫站卫生科兼管学校卫生工作。1980 年后，陆续改建、新建校舍。教室通风采光逐渐好转。县办中小学校设校医并备有常用药品与体检器械，各中心完小设兼职保健教师。1979 年，防疫站设学校卫生科，督促学校搞好环境卫生，建立学校卫生检查制度。次年，举办校医、保健教师培训班 2 期，对全县学生进行健康检查，建学生健康档案 1.5 万份。

县内中小学生眼疾（视力减退、沙眼）、龋齿、扁桃体炎患者较多。1982 年，5 所县办中学与城南小学 3583 名学生中，患眼疾 1142 人，占 31.87%；龋齿患者 927 人，占 25.87%；扁桃体炎患者 217 人，占 6.05%。眼疾中以视力减退为最多，年级越高，近视者越多。小学一年级视力下降者 0.6%，五年级上升到 10.92%，初中一年级上升到 15.24%，至高中二年级上升至 36.36%。

1984 年，防疫站卫生科对全县 7—17 岁中小学生进行生长发育调查，城镇学生身高、体重、胸围、肺活量均优于同龄组农村学生。1986 年，防疫站进行蛔虫感染调查。县一中、城南小学学生 942 人，蛔虫感染 406 人，感染率 43.09%。经驱虫治疗后，352 人蛔虫卵检查转为阴性。1987 年，部分学校肝炎流行，县防疫站对肝炎流行学校的 3300 余名学生进行检查、治疗。次年对 726 名疑似感染乙肝学生进行检测，乙肝表面抗原阳性 48 人，乙肝表面抗原阳性携带率 6.61%。80 年代，县内 3053 人高考体检，身体完全合格者 703 人，占 23.03%；不完全合格者 2321 人，占 76.02%；不合格者 29 人，占 0.95%。不完全合格者中属视力限制的占 2／3。县防疫站对一中、五中患近视的学生用近雾视眼镜矫治，有效率 64.6%。

1992 年起，乡镇学校连年流行疥疮、沙眼。县卫生防疫站向学生宣传防治疥疮、沙眼知识，带药下乡，共治疗疥疮患者 1000 余人，沙眼患者 2000 余人，有效控制学生疥疮、沙眼流行。当年建立学生健康档案卡 1.1 万余份。2005 年起，县卫生局、疾控中心对学校食品、饮水严密监测，对学校周边快餐店进行专项整治，加强对传染病的防控。学校食堂重视食品安全，建立食品进货台账，消除传染病暴发与食品、饮用水等安全隐患。2010 年，全县学校、幼儿园全部集中供水，教室内统一使用桶装饮用水。2014 年，全县中小学校、幼儿园，建立健全学生健康基本情况档案，建档率100%。实行新生入学查验预防接种证制度。各学校教室人均面积、采光、照明、微小气候达到国家标准，寄宿制学校学生宿舍卫生符合要求。

2005—2014年炎陵县部分年份学校突发公共卫生事件发生情况表

表30-4

年份	事件名称	引发因素	波及人数	罹患/中毒人数	罹患率(%)	死亡人数
2005	炎陵中学食物中毒	蜡样芽孢杆菌	40	22	55.00	0
2005	中村乡中心小学腮腺炎	腮腺炎病毒	384	41	10.68	0
2006	石洲学校流感	流感病毒	506	126	24.9	0
2008	县一中风疹	风疹病毒	2947	67	2.27	0
2008	十都中心小学感染性腹泻	G阴性致病性大肠杆菌	717	41	5.72	0
2011	石洲乡学校腮腺炎	腮腺炎病毒	479	55	10.44	0
2011	十都镇中学腮腺炎	腮腺炎病毒	376	39	10.37	0
2012	石洲乡学校流行性感冒	甲型H3N2流感病毒	456	64	14.04	0
2013	东风乡学校腺病毒感染	腺病毒	712	69	9.69	0
2014	龙渣乡学校感染性腹泻	诺如病毒	255	90	35.29	0

二、饮水卫生

山区居民多饮山泉，蜿蜒数十米至数百米的引水枧随处可见。丘陵地区与县城以井水为主，井水以浅水井居多。沿河两岸多饮用河水。

1953年，开展爱国卫生运动，结合冬修水利与积肥，发动群众废除井旁厕所、畜圈，清理水井周围污水沟，清洗水井，用石灰消毒。1970年，县卫生局在三河公社星光大队开展“两管”“五改”（管水、管粪，改水井、厕所、畜圈、灶台、环境）试点工作，打深水井13口。1975年，在全县推开。新建水井614口，改良水井200口，农村饮水卫生得到改善。1976—1981年，先后在城关镇北门垄、西门建饮用水山塘，用铁管送到用户。由于山塘露天蓄水，常被污染，遂增设加氯设施与300立方米沉淀清水池，经加氯沉淀处理后水质符合标准。1985年，县内饮用山泉人数17.98%，饮用地面水（河溪、水库水）17.23%，饮用井水64.79%。全县有水井5800余口，井台符合标准的占47.2%，井壁符合标准的占59.9%，井底符合标准的占65.46%。县城34个单位自备水井符合卫生标准的11个，占32.3%。1987—1990年，县城与水口镇先后建成自来水厂，全县近2万人饮用自来水。

1994年，在全县开展初级卫生保健达标活动。农村实施饮用水改水工程，改造不卫生广口井，逐步推广耗资少、卫生、方便的手压水井。至 1997 年，全县改造广口井 1715 个，建压水井 2220 个。1995 年市爱卫办拨款 1.3 万元支持东风乡太平岭村、船形乡沿潭村改水工程。1996 年，十都镇、平乐乡自来水厂竣工。1997 年，县防疫站设环境卫生科，执行《生活饮用水卫生监督管理办法》，每年对集中式供水单位进行卫生监督检查，并对水源水、出厂水、末梢水进行抽样监测。2005 年，县卫生执法监督局成立，对集中式供水单位实施执法监督。2007—2011 年，共抽检样品 240 份，合格 145 份，合格率 60.42%。2012 年，全县有集中式供水单位 15 家（城区 1 家，乡镇 14 家），建档 15 家。持有效卫生许可证 5 家。对出厂水和末梢水监测 27 次，采集水样 102 份，91 份水样符合生活饮用水卫生标准，合格率 89.22%。2014 年，县水利水电局牵头建设小型饮用水安全工程集中式供水点 13 处。全县以自来水（集中式供水）为生活饮用水的人群 8 万余人；以手压井、广口井、山泉引流等分散式供水人群 11 万余人。当年对全县自来水厂供水、学校自建设施供水、农村分散式供水、农村饮水安全工程供水共 45 处水质实行监督监测，监测水质样品 90 份，检测水质项目 4200 项，除少数乡镇供水点消毒设施不完善外，水质 4 项感官指标（色度、浊度、肉眼可见物、嗅和味）和 96 项理化、毒理、放射指标（铅、锰、铜等）均符合国家生活饮用水卫生标准。

三、食品卫生

1951 年，县卫生院对县城饮食店、肉店经常检查，要求工作人员穿工作服，戴口罩，食品盖防蝇纱罩。1953 年，乡干部与医务人员对各圩场饮食卫生进行监督。1956 年，防疫站设专人管理食品卫生。1960 年，宣传贯彻落实国家颁布的《食品加工、销售、饮食卫生"五四"制》。县内食品加工厂、饮食店均能遵守。

1979 年，食品加工与饮食业迅速发展。当年成立县食品卫生领导小组。防疫站设食品卫生科，成立食品卫生监督检查所，专司食品卫生管理工作。要求食品加工厂与饮食店取得《卫生许可证》方可生产、营业，定期对食品加工与饮食业从业人员进行身体检查，凡不合格者不准从事加工、销售食品工作。生产、出售的食品不符合卫生标准的一律销毁或改作他用。1980—1990 年，食品加工、饮食从业人员体检 1.5 万人次，查出患有肝炎、活动性肺结核、渗出化脓性皮肤病等患者 316 人，调离食品生产、销售岗位。检查食品加工厂家和销售商店 7442 户次，对违反《食品卫生法》的厂家、商店分别予以警告、罚款、停业整顿等处罚 1003 户次。抽查食品 1594 件，合格率 65.6%。销毁变质、不洁食品 75 吨，罚款 1.36 万元。1991—2000 年，检查食品加工、饮食从业人员 1.22 万人次，查出患有不宜从事饮食、食品行业疾病患者 230 人，并调离工作岗位。检查食品加工与销售企业 1.11 万户次，对违反《中华人民共和国食品卫生法》的厂家、商店 742 户次，分别予以处罚。抽查食品 2238 件，合格率 78.6%。销毁变质、不洁食品 15.82 吨。同期开展对餐饮用具消毒效果监测，共监查 538 户次，合格率 84.3%。2003 年，开始对城区学校食堂、学校周边商店、食品生产单位、县城饮用水进行卫生专项整治，对不符合规定的责令限期整改。2004 年起，食品安全工作改由食品药品监督局负责。对宾馆、超市、餐馆、学校食堂共40家单位食品卫生量化分级管理进行评审，评为A级单位1家、B级单位17家、C级单位22家。2005年起，在春节、中秋等节日、公祭炎帝陵等重大活动和高考期间，定期对全县粮油经营市场、米粉与豆制品加工单位、糕点糖果等加工经营厂家、食品批发市场、大型超市、蔬菜市场、酒店、饮食店等公共场所进行卫生监测，确保食品卫生安全。至2009年，县内未出现重大食品安全事故。

四、职业卫生

民国期间，县内工矿条件差。下村钨矿、玉江口煤矿坑道黑暗潮湿，粉尘超标。1950年以后，县内工厂增多，从事冶炼、化工、建材、纺织、木材加工生产的工人部分受到高温、粉尘、噪音侵害。1976年，县防疫站设劳动卫生科。1982年，劳动卫生科为县内21家企业建立劳动卫生档案，进行粉尘、有害金属、高温、噪音监测。其中，粉尘超过国家标准的有县水泥厂、下村钨矿、萤石矿；空气中锰、铅浓度超标的有萤石矿、电石厂、汽车修配厂；热辐射超标的有水泥厂、冶炼厂、铁合金厂；噪音超标的有织布厂、印刷厂、造纸厂、水泥厂。次年，防疫站指导各厂整改治理，各项指标均有改善。1987年，全县7家企业设医务室，49名矽肺病患者得到治疗并调整工作岗位。1988年，对接触粉尘的厂矿工人和从教15年以上教师进行尘肺普查，经县人民医院初筛、株洲市职业病防治所确诊，查出尘肺病人50例(厂矿工人)。都得到妥善治疗并调整工作岗位。

1991年，对县内12家医院使用的医用X光机进行X射线残存量测定，11台合格。1台不合格，被关闭。1992年起，对县内重点企业部分车间进行监测、抽样调查，县水泥厂、河西水泥厂、城东纸厂、县家具厂噪声超过国家标准，县水泥厂、铁合金三厂、河西水泥厂、萤石矿粉尘浓度超标，县印刷厂铸字车间铅浓度超标8.5倍。1997年，对县水泥厂、河西水泥厂使用的放射性同位素原贮存点进行监测，未发现有射线泄漏。1998年起，县卫生防疫站连续6年对县内有毒有害作业企业和使用射线装置单位进行常规卫生监测、监督。2005年起，对全县43家有毒有害作业企业进行日常监督检查，督促整改，并建立职业病危害事故应急救援预案。建立规范职业卫生档案和劳动者健康监护档案。各企业制定职业病防治实施方案，积极治疗患病工人，对存在问题进行整改。2006年，株洲市职业病防治所对县内使用放射诊疗的医疗机构和厂矿(县水泥厂)射线装置进行射线防护监督监测，先后监测医疗机构24户次、厂矿2户次，督促存在隐患的单位整改。2008年10月，县疾控中心通过省职业卫生技术服务资质现场评审，获得职业危害因素监测乙C级、粉尘和毒物作业人员健康检查资质。定期开展厂矿企业职业危害因素监测和职业健康检查工作。2011年，按修订的《中华人民共和国职业病防治法》规定，职业卫生监督工作转由安全生产监督管理部门负责，疾控部门只负责放射装置监督。至2014年，卫生部门对11家医疗机构射线装置每年定期进行常规卫生监督。

2008—2014 年炎陵县职业卫生工作开展情况表

表 30-5

年度	厂矿基本情况摸底			职业危害因素监测				职业健康体检		
	企业（家）	总人数（人）	接触危害因素（人）	监测企业（家）	监测点（个）	监测项目（个）	合格监测点（个）	企业（家）	体检人数（人）	发现职业禁忌患者（人）
2008	—	—	1465	9	14	5	10	9	96	5
2009	—	—	1993	7	10	5	8	7	160	5
2010	—	—	2396	7	10	5	8	7	123	3
2011	38	3767	3014	11	22	5	20	11	66	1
2012	39	4513	3031	2	6	5	6	2	174	1
2013	41	4753	3082	0	0	0	0	2	56	0
2014	47	5542	3266	13	139	5	130	14	184	11

第三节　爱国卫生运动

民国 30 年（1941），县内推行“新生活运动”，颁布《酃县清洁城市街道暂行办法》，由卫生警察负责督促各家打扫门前街道。每年举行几次大扫除。

1953 年，成立酃县爱国卫生运动委员会，开展以反对细菌战为中心的爱国卫生运动。当年清除垃圾 8000 担，疏通排水沟 4500 余米，填污水坑 440 个，改造厕所 136 个，清洗水井，用石灰消毒并加盖防尘。各客栈用开水烫杀臭虫、虱子，并定期检查。1956 年，开展除“四害”运动。县城各单位成立除“四害”领导小组，各农业社成立除“四害”突击队。当年制捕鼠、捕雀工具 4.2 万套，灭鼠 1.4 万只，捕雀 1.3 万只，挖蝇蛹 134.5 公斤，改良厕所 436 个，疏通阴沟 5818 米。“文化大革命”初期，爱国卫生运动组织瘫痪，环境卫生工作无专人管理。1975 年，农村开展“两管、五改”工作。先后新建、改建、改造水井 5800 余口，新建公共厕所 327 个，改造私人厕所 404 个，改造猪牛栏 2327 间，建无烟灶 4948 个。1978 年，恢复爱国卫生运动委员会。1981 年，开展“五讲四美”活动，县政府组织各机关单位干部参加义务劳动，整修街道 12 条、1800 米，修加盖排水沟 1300 米，清除垃圾 3420 吨，新建垃圾围 8 个。规定每月 29 日为干部、职工清洁卫生日。1984 年，县城推行门前“三包”责任制（包清洁、绿化、秩序），确定每年 4 月为“全民爱卫”，县城面貌一新。1989 年，全县有 10 个单位评为省、市级爱国卫生运动先进单位。

1992 年，县政府决定将每年的 4 月 26 日定为“神农洁净日”，投资 60 余万元用于县城卫生基础设施建设，设专职卫生监督员加强县城卫生督查。农村则连年加强改厕、改水工作，开展创文明卫生之家活动，卫生面貌有所改观，评选文明卫生之家 18 户。1998 年，开展争创文明卫生县城活动，将县城划分为 5 个区 95 个路段，并由县委组织部任命路段长，负责各路段创建工作。重点清理穿城而过的斗笠河。从 1999 年起，相继开展以灭鼠为重点的除“四害”（老鼠、苍蝇、蚊子、蟑螂）活动，以清理卫生死角和陈年垃圾、污垢的大扫除活动。2002 年，省爱卫办验收，达到“省级卫生县城”标准。为巩固创建成果，2003 年起，开展以改水改厕、除“四害”为中心的创建卫生村工作，开展三湘农民健康行活动，三河镇星光村成为县内首个市级卫生村。

2009 年 4 月，县委决定创建国家卫生县城（以下简称“创卫”），成立以人大常委会主任为顾问、县长任组长、17 名副县级干部为副组长、42 个单位负责人为成员的创建国家卫生县城领导小组，下设办公室、9 个创卫工作组和 4 个专项工作督查组，制订《炎陵县创建国家卫生县城实施方案》。投入经费 2.8 亿元，先后建成县城污水处理厂和地下管网系统；建垃圾无害化处理场和 9 座中转站，添置密闭垃圾清运车、道路清洗车等车辆和各种环卫设施；修建湘山、接龙桥滨水景观、沿河风光带；整治居民废旧房屋，硬化城郊道路。2010 年 11 月，国家爱卫办检查评审后认为：炎陵县爱国卫生运动组织管理坚强有力；健康教育广泛深入；环境卫生管理规范；环保指标达到要求；病媒生物防制达标；卫生监督全面加强；传染病防治卓有成效；群众满意度不断上升；社区卫生常抓不懈；近郊卫生大有改善。达到国家卫生县城标准。

2011 年，“创卫”工作向农村延伸，按照“城乡环境同步规划、同步整治、同步发展”的要求，开展美丽炎陵，清洁家园行动。当年炎陵县获省环境卫生十佳县称号。县爱卫办主任朱品鑫评为全国爱国卫生工作先进个人。2014 年，炎陵县有省文明卫生单位 3 个，市文明卫生单位 7 个；省卫生村 4 个，市级卫生镇 1 个，市卫生村 6 个。

第三章　妇幼保健

第一节　机　构

1952 年成立县妇幼保健站，站址设于县城南门外双桥村，配专干 2 人。同年，全县 7 个区成立接生站。1954 年，撤妇幼保健站，在县卫生院设妇幼保健股。1962 年 10 月恢复，与防疫站合署办公。“文化大革命”中瘫痪。1973 年 5 月重建，站址设卫生局内，工作人员 4 人。1979 年 7 月，迁入文化南路县中医院原址，由县卫生局临时指配工作用房。1987 年 4 月，编制增至 10 人。1996 年，实施中国与联合国儿童基金会妇幼卫生合作项目，获国际援助和各级政府项目资金 191.4 万元。1997 年起，先后配置项目工作用车，兴建妇幼保健综合大楼，购置医疗、宣教设备。县、乡、村三级妇幼保健网络随之完善。1998 年，妇幼保健站更名为妇幼保健院,设床位 20 张,开展儿童保健、妇女保健、新法接生、妇幼保健人员业务培训、计划生育技术服务等业务。负责辖区内妇幼卫生信息监测与管理。2014 年,妇幼保健院有医师、护士 44 人,各乡镇医院设妇幼保健专干,各村有妇幼保健员。

第二节　婚前检查

1981 年起,县妇幼保健站和各乡镇医院开始婚前健康检查。由于乡镇医院设备落后,婚检医生未经专门业务培训,检查内容简单、程序欠规范,婚前检查质量、检查率较低。1990 年 7 月起,改由县妇幼保健站负责婚前检查。

20 世纪 90 年代,实施《九十年代中国儿童发展规划纲要》。为提高人口质量,减少先天病残儿,1992 年 9 月,规定办理结婚登记必须取得婚前体检证明,婚前体检趋向强制。婚检医生均须参加省妇幼保健院举办的婚姻保健学习班培训,婚检质量得到提高。1994 年,经省卫生厅、民政厅审核,认定为合格婚前健康检查单位。2000 年,全县应婚检 2166 对,实检 1950 对,婚检率 90.03%。2003 年,实施新的《婚姻登记管理条例》,规定婚检自愿,婚姻登记时无须出具婚检证明。2004 年,全县婚检率降为 2.2%。2009 年后,妇幼保健机构加大宣传力度,政府承担婚检费用。年末,婚检率回升至60.71%。2014 年,全县结婚登记 1392 对,婚检 1225 对,婚检率 88.00%。

第三节　孕产接生

民国时期,孕妇无产前检查。多由当地“接生婆”用传统方法接生,致使新生儿破伤风、脐炎,产妇产后出血、产褥热等常发,孕产妇死亡率 20%,婴儿死亡率 35%。产妇主要死于难产,产褥热、产后大出血,婴儿多死于破伤风。民国 29 年(1940 年),卫生事务所所长彭益珍首先推行新法接生,要求做到产包、接生者的手、产妇的外阴部和婴儿的脐带“四消毒”,但实行者不多。

1950 年,县内举办第一期改造旧产婆,培训新法接生员学习班,培训新法接生员 33 人,每人配新法接生药箱一只。至 1956 年,共培训新法接生员 163 人,新法接生 6995 人次,产妇、婴儿死亡率降低。1959 年,各公社成立接生站,提倡产妇到接生站分娩。1961 年,因经费不足,接生站解散。“文化大革命”期间,县妇幼保健站工作瘫痪,农村产妇多在家分娩,孕产妇死亡率和婴儿破伤风发病率回升。

1978 年,县妇幼保健站培训接生员 80 人,配接生器械 599 件,建立接生员学习制度。1979 年,全县新法接生率上升至 90.15%,产妇死亡率下降至 1.5‰,新生儿破伤风患病率下降至 0.74‰。1981 年,16 个公社卫生院重建接生站,建立接生员例会制。各大队接生包由接生站统一消毒发放。同年,县妇幼保健站开展围产期保健工作,对孕妇开展产前检查、产后访视,建立登记卡,及时掌握孕情,加强对高危孕妇的管理。1986 年,全县共有孕妇 3421 人,产前检查 3214 人，查出高危孕妇 116 人，经治疗全部安全分娩。1990 年，全县新法接生率 99.4%，产妇死亡率 0.57‰，新生儿破伤风发病率 0.2‰。

20 世纪 90 年代，实施《中国儿童发展纲要》《中国妇女发展纲要》。为确保孕妇分娩过程中母子安全，大力推行孕妇住院分娩，新法接生的含义也由起初的“四消毒”上升为科学接生。2000 年起，为了提高住院分娩率，禁止村接生员到孕妇家中接产，将非住院分娩视为违规行为。原有村接生员改为村级保健员，由县妇幼保健站重新培训，负责掌握本村孕产妇孕期检查和婴儿出生、死亡及相关情况；为孕产妇和 7 岁以下儿童建卡、建册；动员孕妇定期到医院做产前检查；协助乡妇幼专干做好高危孕产妇的管理工作；负责联系、转送孕妇住院。2005 年后，县内孕产妇除个别因灾害性天气、路况等特殊情况外，全部住院分娩。

2000—2014 炎陵县年接产情况统计表

表 30-6

年份	产妇数(人)	活产数(胎)	住院分娩人数(人)	住院分娩率(%)	新法接生人数(人)	新法接生率(%)	孕产妇死亡数(人)	孕产妇死亡率(/10 万)
2000	1776	1754	1337	76.23	1768	100.80	0	0.00
2001	1889	1877	1670	88.97	1889	100.64	1	53.28
2002	1889	1903	1692	88.91	1889	99.26	1	52.55
2003	1848	1845	1658	89.86	1845	100.00	1	54.20
2004	2009	2019	1886	93.41	2009	99.50	1	49.53
2005	2276	2279	2138	93.81	2276	99.87	1	43.88
2006	2440	2436	2382	97.78	2439	100.12	0	0.00
2007	2374	2365	2351	99.41	2374	100.38	1	42.28
2008	2655	2655	2649	99.77	2655	100.00	1	37.66
2009	2897	2891	2880	99.62	2889	99.93	0	0.00
2010	3077	3075	3073	99.93	3075	100.00	0	0.00
2011	2855	2861	2858	99.90	2861	100.00	1	34.95
2012	2933	2940	2938	99.93	2940	100.00	2	68.03
2013	2736	2757	2757	100.00	2757	100.00	0	0.00
2014	2266	2279	2279	100.00	2279	100.00	1	44.13

第四节　妇女保健

民国期间，县内妇女担负繁重体力劳动，加上生活贫苦，卫生条件差，妇女普遍患有妇科疾病，并多成痼疾。1952 年，县内进行妇科病普查，对尿瘘与子宫脱垂患者实行免费治疗。1961 年，全县妇科病患者 7388 名，多为子宫脱垂、闭经与炎症。1962 年，县政府强调农村妇女劳动保护，对怀孕期、哺乳期妇女给予照顾，并免费治疗子宫脱垂者。1975 年，查出全县妇科病患者 1933 人，治疗 1859 人。1978 年，县卫生局成立治疗子宫下垂专门机构，对子宫下垂者采取手术切除、上环托、悬吊、注射或口服药物等方法治疗。至 1990 年，共治愈 2 度以上子宫脱垂患者 1195 人。

1991 年，为实现 2000 年人人享有初级卫生保健目标，组织县、乡、村三级妇幼保健工作人员开展培训、扩训、补训、复训。共办各种培训班 40 期，培训 941 人次。

1994 年，贯彻执行《中华人民共和国母婴保健法》，强化对妇女身心健康保护。县妇幼保健站重点开展孕产期保健和孕产妇系统管理。从确诊妊娠开始，到产后 42 天，将母婴作为共同监护对象，按照规定的各期检查项目对孕妇进行系统检查、严密监护，发现高危情况，及时转诊治疗和住院分娩，以确保母婴安全、健康。孕产妇和儿童发病率及死亡率降低。2000 年，全县孕产妇 1776 人，建卡率 98.70%，孕期检查率 99.94%，产后访视率 98.37%，系统管理率 95.38%，住院分娩率 76.23%。查出中、重度贫血孕妇 40 人，高危产妇 77 人，均得到及时治疗。孕产妇死亡率为零。当年全县妇科病普查 1.23 万人，按妇女总人数的 1／3 计算，普查率 99.67%。

2008 年，为降低孕产妇死亡率，消除新生儿破伤风（以下简称“降消”），为贫困孕妇建立绿色通道，炎陵县列为省级降消项目县。省、市医疗单位培训县内妇产科医生 78 人次，县内培训妇产医护人员 640 人次。各基层卫生院均配备新型妇产科专门设备。孕妇产前检查增加艾滋病和梅毒检测，并补充叶酸。农村住院分娩产妇还能得到经济补助。当年检查，艾滋病病毒阳性、梅毒病毒阳性率为零，增补叶酸率 72.27%。2014 年，县内产妇 2266 人，孕期检查率 98.42%，产后访视率 96.47%，系统管理率 93.34%，住院分娩率 100%。查出中、重度贫血 24 人，高危产妇 949 人，均得到有效治疗。产妇死亡 1 人，占 0.04%。孕妇产前检查艾滋病病毒阳性率为零，梅毒病毒阳性率 6.17%，叶酸增补率 98.09%。当年妇科病普查 1.35 万人，按总人数的 1／3 计算，普查率 84.47%。

2000—2014 年炎陵县孕产妇保健情况表

表 30-7　　单位：人、%

年份	产检人数	产检率	产后访视数	产后访视率	系统管理人数	系统管理率	高危产妇人数	高危产妇管理数	高危产妇管理率
2000	1753	99.94	1747	98.37	1694	95.38	77	77	100.00
2001	1866	99.41	1871	99.05	1859	98.41	71	71	100.00
2002	1858	97.64	1871	99.05	1841	97.46	76	76	100.00
2003	1615	87.53	1440	77.92	1445	78.19	85	85	100.00
2004	1981	98.12	1994	99.25	1964	97.76	126	126	100.00
2005	2177	95.52	2178	95.69	2167	95.21	171	171	100.00
2006	2384	97.87	2341	95.94	2331	95.53	322	322	100.00
2007	2330	98.52	2265	95.41	2242	94.44	645	645	100.00
2008	2545	95.86	2433	91.64	2368	89.19	1123	1122	99.91
2009	2789	96.47	2745	94.75	2635	90.96	969	969	100.00
2010	3017	98.11	2958	96.13	2795	90.84	960	959	99.90
2011	2802	97.94	2620	91.77	2435	85.29	1017	1017	100.00
2012	2871	97.65	2731	93.11	2583	88.07	1049	1048	99.90
2013	2684	97.35	2633	96.24	2504	91.52	1031	1031	100.00
2014	2243	98.42	2186	96.47	2115	93.34	949	949	100.00

2006—2014 年炎陵县母婴保健技术服务筛查情况表

表 30-8　　单位：人、%

年份	艾滋病毒检测			梅毒检测							增补叶酸	
	人数	检测率	阳性人数	人数	检测率	临床确诊人数	产前筛查人数	产前筛查率	产前筛查阳性人数	产前筛查阳性率	人数	增补率
2006	—	—	—	—	—	—	—	—	—	—	—	—
2007	—	—	—	—	—	—	—	—	—	—	378	18.29
2008	1785	83.33	0	1785	83.33	2	167	7.80	0	0	1548	72.27
2009	2538	114.95	0	2538	114.95	0	164	7.43	10	6.1	1122	50.82
2010	2086	84.93	1	2064	84.04	1	750	30.54	28	3.73	1140	46.42
2011	2352	96.39	0	2364	96.89	2	868	35.57	42	4.84	2094	85.82
2012	2563	99.77	0	2566	99.88	4	1183	46.05	65	5.49	2074	80.73
2013	2368	100.00	1	2368	100.00	5	1104	46.62	87	7.88	2297	97.00
2014	2037	100.00	0	2037	100.00	5	1507	73.98	93	6.17	1998	98.09

第五节　儿童保健

20 世纪 50 年代,儿童保健工作以接种牛痘防治天花为中心。60 年代,除防治天花外,主要防治麻疹、百日咳、白喉、破伤风、肺结核、脑脊髓膜炎、脊髓灰质炎等疾病。1970—1979 年,免费为儿童接种麻疹疫苗 7.36 万人次,百白破三联疫苗 4.61 万人次,卡介苗 4.14 万人次,流行性脑膜炎疫苗 5.20 万人次。1979—1980 年给 7786 名儿童驱蛔虫、蛲虫。80 年代,除预防儿童疾病外,开展儿童保健系统管理。定期进行儿童体检。1981—1984 年,妇幼保健站为 7 岁以下儿童健康普查,共检查儿童 2.91 万人次,查出患病儿童 4153 人。0—3 岁组主要患佝偻病和营养不良;4—7 岁组主要患中耳炎与龋齿。县城儿童身高、体重达标率分别为 66.74%、72.36%。农村儿童身高、体重达标率分别为 15.89%、32.95%。1985 年起,连续 6 年对县内儿童进行佝偻病与缺铁性贫血查治。1990 年, 儿童佝偻病患病率从 1985 年的 28.07%下降到 4.1%,缺铁性贫血患病率由 26.49%下降到 8.6%,儿童死亡率由 26.84‰下降到 1.34‰。90 年代,妇幼保健站对 3 岁以下儿童进行系统管理,并大力倡导母乳喂养,分年龄组定期对儿童进行体格检查和营养评价。

2000 年,炎陵县被指定为省级 5 岁以下儿童监测县,对 3 岁以下儿童进行全面、整体、连续性健康系统管理,对 5 岁以下儿童进行生命质量监测。妇幼保健站将县内儿童分成 3 岁以下、3—5 岁、5—7 岁 3 组,分别监测儿童营养、贫血、体重和婴儿出生缺陷、母乳喂养及死亡情况,为国家妇幼卫生管理提供科学准确的数据。2008 年,开始对新生儿遗传代谢病、苯丙酮尿症、先天性甲状腺功能减低症和新生儿听力免费筛查,做到早发现、早诊断、早治疗。2010 年,实行免费增补叶酸,以预防新生儿神经管畸形,控制出生缺陷。2014 年,炎陵县获贫困地区儿童营养改善项目支持,由国家免费供应 0—3 岁儿童营养包,有效地降低儿童疾病发生率,促进儿童身心健康。当年县内 7 岁以下儿童保健管理率 85.64%,3 岁以下儿童系统管理率 87.73%。5 岁以下儿童监测 1.15 万人,其中体重小于中位数的 159 人,中、重度营养不良率 1.38%,中、重度贫血患病率 0.84%。婴儿母乳喂养率 92.55%,纯母乳喂养 79.71%。新生儿遗传代谢病筛查率 93.36%,苯丙酮尿症筛查率 93.36%,先天性甲状腺功能减低症筛查率 93.36%,听力筛查率 98.54%。有出生缺陷的 13 人,占 5.67‰。5 岁以下儿童死亡 15 人,死亡率 6.58‰。

2000—2014 年炎陵县 7 岁以下儿童保健管理情况表

表 30-9

单位：人、%

年份	7 岁以下儿童保健管理人数	7 岁以下儿童保健管理率	3 岁以下儿童系统管理人数	3 岁以下儿童系统管理率	5 岁以下儿童营养调查人数	5 岁以下儿童体重＜中位数 -2SD 人数	5 岁以下儿童中重度营养不良率	5 岁以下儿童血红蛋白检查人数	5 岁以下儿童中重度贫血患病人数	5 岁以下儿童中重度贫血患病率
2000	10484	96.07	4896	89.83	7863	191	2.43	1386	20	1.44
2001	10934	91.83	5475	94.54	8511	146	1.72	1422	21	1.48
2002	11005	90.84	4925	83.80	8505	193	2.27	1467	24	1.64
2003	9605	77.01	4840	82.01	8207	153	1.86	1449	23	1.59
2004	11663	92.86	5264	91.07	8188	133	1.62	1436	21	1.46
2005	11809	90.59	5436	88.19	8277	86	1.04	1458	18	1.23
2006	10991	81.06	5418	82.77	8128	151	1.86	1433	22	1.54
2007	12010	84.76	6034	85.53	7550	151	2.00	1415	19	1.34
2008	8320	53.96	4546	63.00	6968	99	1.42	1392	16	1.15
2009	8774	54.11	4855	64.02	5980	91	1.52	2108	24	1.14
2010	11302	68.86	5579	63.91	7711	290	3.76	2851	39	1.37
2011	11645	69.32	5424	60.17	8579	186	2.17	3279	17	0.52
2012	13583	76.97	6767	77.94	10286	581	5.65	3768	36	0.96
2013	15281	85.36	7599	85.79	10008	150	1.50	5227	158	3.02
2014	15357	85.64	7179	87.73	11540	159	1.38	8198	69	0.84

2000—2014年炎陵县母乳喂养情况调查表

表30-10

单位：人、%

年份	母乳喂养调查人数	母乳喂养调查率	母乳喂养人数	母乳喂养率	纯母乳喂养人数	纯母乳喂养率
2000	1338	76.28	1330	99.40	1185	88.57
2001	1429	76.13	1419	99.30	1256	87.89
2002	1588	83.45	1577	99.31	1366	86.02
2003	1591	86.23	1535	96.48	1407	88.43
2004	1461	72.36	1398	95.69	1183	80.97
2005	1585	69.55	1538	97.03	1416	89.34
2006	1932	79.31	1913	99.02	1685	87.22
2007	2018	85.33	1996	98.91	1789	88.65
2008	1785	67.23	1732	97.03	1310	73.39
2009	1919	66.38	1881	98.02	1520	79.21
2010	1652	53.72	1565	94.73	1470	88.98
2011	2010	70.26	1985	98.76	1618	80.50
2012	1418	48.23	1254	88.43	1189	83.85
2013	2425	87.96	2380	98.14	1786	73.65
2014	1932	84.77	1788	92.55	1540	79.71

2000—2014 年炎陵县婴幼儿出生情况表

表 30-11

年份	5岁以下儿童死亡数(人)	5岁以下儿童死亡率‰	婴儿死亡数(人)	婴儿死亡率‰	新生儿死亡数(人)	新生儿死亡率‰	死胎死产数(人)	围产儿死亡率‰	低出生体重数(人)	低出生体重百分比%	1-4岁儿童死亡数(人)	出生缺陷数(人)	出生缺陷率(万分)
2000	25	14.25	20	11.40	24	13.68	29	19.63	54	3.08	5	12	67.30
2001	47	25.04	32	17.05	44	23.44	22	22.12	58	3.09	15	11	57.93
2002	30	15.76	22	11.56	28	14.71	9	10.98	62	3.26	8	12	62.76
2003	30	16.26	25	13.55	44	23.85	12	16.69	65	3.52	5	13	70.01
2004	24	11.89	19	9.41	24	11.89	7	7.40	68	3.37	5	16	78.97
2005	17	7.46	11	4.83	14	6.14	14	8.72	73	3.20	6	15	65.42
2006	41	16.83	35	14.37	46	18.88	23	17.49	78	3.20	6	18	73.20
2007	30	12.68	24	10.15	36	15.22	24	16.74	76	3.21	6	22	92.09
2008	34	12.81	23	8.66	32	12.05	19	11.97	90	3.39	11	15	56.10
2009	23	7.96	16	5.53	24	8.30	21	10.30	91	3.15	7	16	54.95
2010	24	7.80	18	5.85	24	7.80	31	13.20	101	3.28	6	18	57.95
2011	27	9.44	19	6.64	18	6.29	20	8.68	104	3.64	8	15	52.07
2012	33	11.22	22	7.48	28	9.52	22	10.13	106	3.61	11	19	64.15
2013	15	5.44	13	4.72	10	3.63	13	5.42	83	3.01	2	16	57.76
2014	15	6.58	11	4.83	14	6.14	11	6.99	83	3.64	4	13	56.77

2006—2014 年炎陵县新生儿疾病筛查情况表

表 30-12　　单位：人、%

年　份	活产人数	苯丙酮尿症筛查人数	苯丙酮尿症筛查率	甲状腺功能减低症筛查人数	新生儿先天性代谢性疾病筛查率	听力筛查人数	听力筛查率
2006	2042	—	—	—	—	—	—
2007	2059	—	—	—	—	—	—
2008	2143	1927	89.92	1927	89.92	198	9.24
2009	2211	1798	81.32	1798	81.32	1040	47.04
2010	2449	2029	82.85	2029	82.85	1770	72.27
2011	2444	2386	97.63	2386	97.63	2208	90.34
2012	2573	2364	91.88	2364	91.88	2462	95.69
2013	2374	2266	95.45	2266	95.45	2315	97.51
2014	2048	1912	93.36	1912	93.36	2018	98.54

第四章　医　药

第一节　中药材

一、中草药资源

(一)中草药种类

县内中草药品类繁多,资源丰富。清乾隆《酃县志》载有中草药有44种。同治《酃县志》载有香附子、五加皮、何首乌、五倍子、香薷、升麻、山茱萸等中草药46种。

1985年5月至1987年5月,组织专业队伍对中药资源开展普查。查出全县有动物、植物中草药1310种。其中,药用动物78科111种。植物中草药隶属264科,665属,1199种,种类占全省药用植物的46.12%。其中,珍稀药种县西低海拔区有杜仲、千斤拔、枣皮、金银花;桃源洞自然保护区有七叶一枝花、黄连、绞股蓝、鸦椿卫矛、八角莲、五岭细辛;县南高海拔区有杜仲、厚朴、辛夷、黄柏、铁皮石斛;大院高山区有独活、牛膝、阴地蕨、边三七、天麻、玄参等。并首次发现湖南圆苞山萝花等30余种新药。2008年,北京大学中药系研究生罗月香科研团队在桃源洞发现一枝黄花。当年9月,湖南中医药大学药学教授刘塔斯科研团队在平乐乡耕熟岭发现紫花前胡。均载入《中国药典》(2010年版)。县内野生中草药分九大类,主要有如下品种:

根茎类　西芎、川牛膝、白芍、山药、玄参、云木香、干姜、白术、南沙参、前胡、大伸筋、香附、黄精、骨碎补、独活、天花粉、射干、丹参、白前、威灵仙、白茅根、黄连、乌药、土茯苓、葛根、狗脊、天门冬、石菖蒲、何首乌、苦参、防己、桔梗、麦冬、续断、天南星、金果榄、草乌、贯众、萆薢、茜草、芦根、白芨、天葵子、白薇、商陆、拳参、仙茅、白药子、萱草根、黄药子、湘半夏、百部、天麻、吊马墩。

种子果实类　女贞子、栀子、白果、南天竹子、充蔚子、苍耳、山楂、枳椇子、鹤虱、澄茄子、楮实子、冬葵子、水红花子、苡米、白扁豆、牛蒡子、木瓜、瓜篓、山茱萸、使君子、桃仁、刀豆、苏子、青箱子。

全草类　绞股蓝、紫苏、穿心莲、香薷、鱼腥草、仙鹤草、田基黄、益母草、乌贼草、淫羊藿、车前草、败酱草、白花蛇舌草、鹅不食草、杜衡、豨莶草、天仙藤、刘寄奴、半枝莲、扁蓄、老鹳草、小伸筋、石斛、灯芯草、翻白草、金钱草、阴地蕨、淡竹叶、遥竹逍。

花叶类　金银花、辛夷、夏枯草、野菊花、大青叶、侧柏叶、合欢花、松花粉、艾叶、厚朴花、芙蓉花。

树皮类　厚朴、黄柏、杜仲、丹皮、桂皮、桑白皮、海桐皮、苦楝皮、香加皮、紫荆皮、雪花皮。

藤木树脂类　钩藤、木通、活血藤、夜交藤、十大功劳、通草、鸡血藤、石楠藤、络石藤。

菌藻类　五倍子、松茯苓。

动物类　豹骨、猴骨、鹿筋、蕲蛇、白花蛇、乌梢蛇、银环蛇、穿山甲、鳖甲、龟板、蜈蚣、桑螵蛸、地鳖虫。

其他类 海金沙。

县内人工养种动植物药材7类44种。

(二)中草药蕴藏量

民国23—36年(1934—1947),湖南省建设厅对各县物产调查记载,县内中草药蕴藏量:厚朴500担,雪花皮、五倍子、石耳各10—300担以上,西芎5800担。

1985年普查,县内国家重点品种中草药蕴藏量:

1吨以内:白芍、白术、山药、云木香、薏苡仁、紫苏、白扁豆、皂角、山茱萸、穿心莲、牛蒡子、使君子、桃仁、青川椒、丹皮、急性子、青箱子、桔梗、五倍子、黄连、通草、金果榄、天葵子、楮实子、侧柏叶、香薷、韭菜子、苏子。

1—5吨量:麦冬、合欢花、大青叶、瓜蒌、天花粉、射干、栀子、白薇、白芨、冬葵子、狗脊、天门冬、山楂、鹤虱、枳椇子、紫荆皮、鹅不食草、败酱草、杜衡、山姜子、芦根、灯芯草、五加皮、木贼草、老鹤草、谷精草、草河车、仙茅、野菊花、充蔚子、玄参、木瓜、干姜、刀豆、芙蓉花、厚朴花。

5—10吨量:金银花、萱草、淫羊藿、金钱草、半枝莲、半边莲、刘寄奴、天仙藤、海金沙、苍耳、旱莲草、商陆、翻白草、续断、合欢皮、水红花子、防己、草乌、十大功劳、牛膝、杜仲、艾叶、西芎、白果。

10—50吨量:虎杖、丹参、何首乌、女贞子、白前、夏枯草、鸡血藤、南沙参、前胡、伸筋草、松花粉、钩藤、夜交藤、独活、石南藤、络石藤、苦参、白药子、扁蓄、天南星、茜草、骨碎补、土茯苓、萆薢、益母草、海桐皮、豨莶草、黄药子、石斛、桑白皮、白花蛇舌草、茯苓、厚朴、黄柏、棕榈子。

50吨量以上:葛根、黄精、香附、鱼腥草、木通、乌药、威灵仙、贯众、仙鹤草、苦楝皮。

二、中草药种植

清代、民国时期,县内居民多有种植中草药的习惯。

1956年,县药材购销组引进新品种药材苗木。次年冬,创办策源乡梨树洲药场。1959年,创办大院药场和桃源洞药材生产实验场。种植西芎、川牛膝、独活、厚朴、黄柏等。60年代,引进多种新药种植。南风面山场有药棚100多个,药材种植面积800余亩,药农200余人,年产量2000余担。1969年,全县药材种植面积1419亩。

1973年,兴办“战备药场”63个,从业人员538人。各药场在保留传统品种的同时,实验“北药南移,野生改家种”,引种天麻、穿心莲、田七、黄芪、党参、当归、杜仲、茯苓、川牛膝、山药、玄参、云木香等30余个品种,栽培成功。其中产量过万斤的有西芎、川牛膝、薏米、山药、茯苓、玄参、云木香等。将野生黄连、黄柏、独活等改为家种,亦长势良好且产量提高。1978年,县内中药种植场44个,药农440人,种植面积4621亩,仅茯苓即有2.6万窖。1980年,全县药材产量176.7吨。

1981年农村经营体制改革,药场先后解散。水口乡官仓下村栏棚药场培育7年的40亩厚朴全部被砍,用来搭建培育杉苗的棚架。南风面山场药棚降至30余个。天麻、淮山等稳产、高产基地被废弃,部分珍贵中药材被药商哄抬价格,造成掠夺式采集。1982年,全县药材种植面积降至210亩。

1987年,部分药场由药材专业户承包,药材公司与专业户签订种植购销合同,重点种植绞股蓝、厚朴、杜仲、黄柏、辛夷、西芎、云木香、川牛膝、茯苓等。创办厚朴、杜仲等中药材生产基地。当年县委、县人民政府制订中药材生产规划，将中药材生产列为十大支柱产业， 列入湖南省星火计划项目。1989 年，药材种植面积增至 2657 亩。

1991 年，县政府下发《关于草、木本药材系列开发的意见》，鼓励农民广种药材，每亩药材由县财政补贴种苗费 210 元。当年新增种植面积 1597 亩，新建药场 5 个，发展种植专业户 60 多户。产云木香 100 余吨、西芎 70 余吨、玄参与茯苓各 60 余吨。1993 年，全县药材种植面积 6079 亩，其中木本药材 4000 亩，草本药材 2023 亩，苗圃 56 亩。1997 年，县药材开发领导小组对县内林木药材种植实地验收，实种面积 9897 亩。其中，乡镇 5146 亩，集体 1903 亩，国有林场及农场 2228 亩，村民联户 120 亩，义务种植 500 亩。100 亩以上药材基地 23 个，连片 500—1000 亩的有水口木湾彭公田，垄溪古塘、仙坪，大院农场上碛脑、马鞍形等基地。1000 亩以上有下村坪坑、辣菜塘基地。发展药材种植产业投资 182.29 万元（世界银行贷款 145.83 万元，育林基金 36.46 万元，县药材公司 9500 元）。是年，药材产值 422.4 万元。1999 年末，县内药材种植面积 1.69 万亩。2014 年达 2 万亩。

1960—1999 年炎陵（酃）县部分年份中药材种植面积统计表

表 30-13　　单位：亩

品名 年度	总面积	白芍	厚朴	黄柏	西芎	牛膝	玄参	薏米	木瓜	白术	川芎	杜仲	茯苓	其他
1960	636.35	30	268	197	98	—	—	—	—	15	—	—	—	28.35
1970	862	139	260	10	225	44	12	3	—	18	110	—	7	34
1978	1367	—	—	—	300	400	40	50	—	—	—	—	217	360
1980	3190	—	700	400	205	150	—	—	—	8	—	800	47	880
1990	867	10	291	70	177	138	155	1	10	5	—	—	—	10
1991	8317	8	3800	620	332	188	160	7	10	4	332	2800	31	25
1992	10012	6	4370	650	600	188	500	10	10	3	600	3060	—	15
1993	13049	6	5370	840	130	200	750	10	10	3	130	5500	50	50
1994	14166	6	5500	870	500	400	550	50	10	50	500	5600	80	50
1995	15422	50	6700	312	400	500	650	—	10	300	400	6100	—	—
1996	15500	40	7000	300	400	300	250	—	10	300	400	6500	—	—
1997	15550	70	7000	260	300	500	250	—	10	250	300	6600	10	—
1998	15986	170	7119	340	300	550	300	150	30	30	300	6667	30	—
1999	16947	450	7900	540	400	450	450	210	120	450	400	5467	110	—

说明：其他包括独活、山药、穿心莲、瓜蒌、生地、黄连等品种

三、中药材加工

（一）传统加工

清代、民国时期，县内各药店均设加工作坊，从事净选、切制、炮制。

净选　有手工挑选、风选、清选、浸漂、刷洗、刷擦、刮削、剪摘、捶碾、锯劈、舂捣、水飞等工序。

切制　净选后，生药依形体分浸泡、刨切、干燥（有晒、烘、烫、晾等方法），切制成传统的片型。

炮制　切制后的药材，按药物特性和入药要求，依法炮制。传统炮制工艺主要有烫制、煮制、蒸制、炙制、煅制、淬制、制霜等方法，使药片达到色（光泽鲜亮）、香（浓郁纯正）、味（药性保质）、形（片型圆满均匀）规范统一。主要用具有刀、锉、锯、刨、盘、碾、舂斗、臼、铁锅、浸缸等设备。采用手工操作，工效甚低。药工各承祖传，技艺保守。县城西街恒仁堂、王家渡陈生记号、十都合泰和等药店（堂）加工炮制的中药饮片，色、香、味、形俱佳。

（二）新法加工

1966年，县药材公司派员赴长沙、衡阳等地学习中药饮片炮制技术，并购置部分加工设备。1970年，县人民医院成立中药加工厂，主要加工自用饮片。1976年，县药材公司组建中药材加工厂，内设净化车间和炮炙车间，逐渐以机械生产代替部分手工操作。1978年后，各乡镇药场面积扩大，药材收购量增加，部分乡镇卫生院自办中药饮片加工厂。1982年，中药材加工厂自制炒药机、磨刀机、碾药机、剥壳机、除皮去刺机，购置制药机械10余台（件），中药饮片生产机械化。1983年，中药加工厂按《湖南省中药材炮制规范》，简化烦琐操作工序，中药材加工科学化、规范化。1987年，药材公司中药材加工厂有职工22人，厂房面积300平方米，内设质检室，备有显微镜、检验仪器等设备6台（件），当年加工品种142个，产量8.12万公斤，产值34.28万元，纯收4.98万元，上缴税费1.99万元。1993年1月，公司改制，加工厂因经济效益差而解散。各医疗机构药材加工厂亦相继歇业。县内所需中药饮片从县外调进。

四、中成药研制

20世纪70年代初，县政府组织名老中医，研发中成药，试制六味地黄丸、藿香正气水、参苏丸以及各种药酒、药膏、散剂。水口医院研制治疗肝炎的“五根散”片剂；塘田卫生院研制治疗痢疾的“红毛将军”和治疗支气管炎的“踏地消”等注射液。

1972年，县蛇伤防治科研小组总结多年蛇伤防治临床经验，成功研制出治疗蛇伤的“百步丹”。除五步蛇伤外，对县内其他毒蛇咬伤，均有疗效。1978年，成立酃县中草药研究所，耗时6年，从“百步丹”中筛选出单味中草药牛奶菜（萝摩科）研制成毛萝摩口服片剂和肌肉注射剂，对血液毒类（如五步蛇）蛇伤的治疗与国内已知蛇伤药疗效相似，对混合毒类蛇伤效果更佳。该项目于1984和1985年分别获省、市科技成果三等、一等奖，有关科研论文在国家、省级医药杂志上发表。其间，县人民医院组织中医、传染、药剂科医务人员，成立以唐毓贵为组长的科研攻关小组，用单味草药矮桃草制成片剂、膏剂、注射液，治疗急性黄疸型肝炎。研制抗腮腺炎注射液、鱼腥草注射液，均获成功。

第二节　药品经营

一、药　店

国营药店　1952年，成立酃县药材组批发部，负责县内中药材收购与药品供应。1956年，撤销县药材批发部，成立中国药材公司湖南省公司酃县药材购销组，设洣泉书院内。下设中药材收购门市部，中西药医疗器械批发部和健康国药店。城乡各医院均设中、西药药房。

1958年，县药材购销组改为酃县药材购销经理部。1959年，在县城井冈西路建门市部与仓库。1963年，撤药材经理部，成立酃县药材公司，负责县内药品与小型医疗器械批发与零售业务，统一划定药价。大型诊疗器械由医疗机构直接向生产厂家购买。是年，成立水口药材转运站，设水口国药店，负责南片中药材收购和药品、医疗器械购销。同期各公社供销社收购门市部经营中药材收购业务。1973年，县药材公司更名酃县医药器材公司。1978年12月，公司划归省药材总公司，归口湘潭地区医药管理局管理。1983年7月，改由株洲市医药管理局管理。1989年公司于县城农贸市场增设神农国药店。相继在县城与中心乡镇开办井冈、益康、保健、振兴等8个国药店和县城零售总店。各乡镇医院也先后开办药店。1991年3月，成立县医药管理局，与县药材公司合署办公。

2004年，因县药材公司连年亏损，难以为继，医药管理局撤销，药材公司改制。

私营药店　元、明时期，县内设惠民局经营管理医药。清代，废除官药制，私营药业发展。乾隆二十一年（1756），江西樟树镇刘世华在县城西街创办恒仁堂中药店。此后江西（主要是樟树镇）国药商纷纷来酃县开设药店。清代开设23家，民国初期开设22家。先后停业13家。主要分布在县城与交通便利、人口集中的圩镇。开设4家以上的有县城、十都、沔渡、水口、塘田等圩镇。药店多为前店后坊的零售店，仅有3家兼营批发。各店盼生意兴隆，讲究中药材炮制。学徒非江西籍者不收，技艺传媳不传女，各种迷信陈规甚多。药品多来自江西樟树镇，有“无樟树不成药屉”之说。全县药店资本共4290元（银元）。恒仁堂资本最多，生意遍及县内与安仁、资兴等地。

1927—1934 年,大院西坑泰和堂药店业主刘福成常用布袋、竹杆藏药秘密送给红军医院。1934 年 10 月,该店多次被挨户团抄袭,业主遭受严刑拷打,重伤而死。贵重药材洗劫一空,药店停业。

抗日战争开始,广东、福建药商涌入鄗县。江西药商注重质量,取信顾客,延医坐堂诊病,几乎独占鄗县国药市场。

1950 年,县内私营药店 32 家。1955 年,国家对私营药店实行社会主义改造。次年,全县私营药店合并组成 6 个公私合营药店。1958 年,城乡公私合营药店分别并入药材公司和公社卫生院,部分店主职员转为药材公司、公社卫生院职工。私营药业终止。

2002 年,龙永达在县城炎陵路创办千金药房炎陵中心店,是私营药店社会主义改造 40 余年后,重新创办的首家私营药店。次年,县城又创办鑫泰、杏林、康泰等私营药店 3 家,各乡镇创办私营药店 15 家。2004 年,全县私营药店增至 30 家。2014 年,全县有私营药店 73 家,其中县城 29 家。除县城 2 家经营批发、配送药品和医疗器械外,其余为零售。药店有独资经营,也有合资、股份制经营。经营项目有西药、中药饮片、中成药、保健食品、小型医疗器械等。价格根据市场情况自定。部分药店延请医师坐堂,免费量血压、测血糖、称体重、粉碎加工中药材以吸引顾客。

二、药品购销

(一)中药、中成药购销

收购 民国时期,县内中药材由药商和各药店收购,收无定时,购无定价,药农获利甚少,大量药材弃置产地。1952 年,药材由县供销总社经营,委托各乡供销社收购当地产药材。1956 年,改由药材公司经营。公司发展药材生产,鼓励农民采售野生中草药,收购量增加。次年收购药材 13 种,12.9 吨,收购金额 1.33 万元。20 世纪 70 年代,收购量增加。1979 年,收购药材 114 种,218.9 吨,收购值 38.31 万元,为收购量最多的年份。

1981 年,农村生产经营体制改变,药场解散。外地药商至县内抢购药材,哄抬药价,药材公司收购量渐减。1989 年,收购药材 43.6 吨,收购值 17.31 万元。1956—1990 年,县内收购中药材 160 余种,3051.2 吨,收购金额 522.32 万元。1991—1999 年,收购药材 703.6 吨,收购值 634 万元。收购量最多的有西芎、牛膝、山药、茯苓、厚朴、玄参、桂皮、白芍、金银花等 10 余个品种。其中 1999 年收购 61 种,40.32 吨,收购值 18.72 万元。药材公司改制后,中药材多由外地或县内个体药贩收购,数量无考。

调出 县内收购药材除自用外调往外地。清代、民国时期调出药材有西芎、厚朴、石耳、五倍子等。1957—1990 年,外调药材 33 种,2648.66 吨,总金额 385.48 万元。其中西芎从 1956 年起连续 31 年平均每年调出 2 吨以上;山药从 1978 年起连续 3 年每年调出 2 吨;1989 年收购“南天竹”籽 3.5 吨全部出口日本。1991—1999 年,调出药材 21 种,179.5 吨,金额 733.62 万元。2000 年后,县内中药材多由私商药贩调运。

调入　县内所缺药材如麝香、鹿茸、羚羊角、牛黄、人参、当归、甘草等,由药材公司从外地调入。1957 年,调入中药材、中成药价值 5.76 万元。1989 年,调入中药材 370 种,中成药 267 种,价值 71.43 万元。1999 年,调入中药材、中成药价值 206.6 万元。1957—1999 年,调入中药材总值 1371.25 万元,中成药总值 1313.1 万元。2000 年后,由私商、药贩调运。

销售　1957 年, 药材公司销售中药材与中成药总值 10.03 万元。1988 年, 销售中药材 631 种,其中根茎类 186 种,果实类 123 种,全草类 70 种,花叶类 40 种,树皮类 17 种,藤叶类 40 种,菌藻类 15 种,动物类 70 种,矿石类 46 种,其他类 24 种。销售中成药 263 种,其中片、丸类 122 种,散、膏类 42 种,药酒 16 种,糖浆冲剂 83 种。此后销售品种类似。1996 年,为中成药销售最高年份,销售金额 198.66 万元。1997 年,为中药材销售最高年份,销售金额 122.91 万元。1957—1999 年,销售中药材金额 2421.69 万元,中成药金额 2450.98 万元。90 年代后期,开放医药市场后,中药、中成药由各医疗单位和药店自行购销。

(二)西药、医疗器械购销

西药购销　民国 28 年(1939),酃县卫生事务所仅有阿司匹林、磺胺等药,价格昂贵。一支青霉素卖银元 5 块。38 年初,在沔渡、水口、王家渡等地设卫生所,西药进入农村。

1950 年,县内西药由各医疗单位自购自用。1956 年起,由县药材批发部经营。1958 年,批发部销售西药金额 6.87 万元,经营品种不足 20 种。1981 年,经营品种增至 574 种。1988 年,经营品种 725 种。其中,片、丸剂 266 种,粉散剂 72 种,酊水、油膏、糖浆剂 175 种,注射剂 212 种。销售值 155.17 万元。1956—1999 年,公司销售西药金额 4357.28 万元。2000 年,医药市场开放后,西药由各医疗单位和药店自行购销。

医疗器械购销　1954 年,医疗器械由各医疗单位自行购置。1959 年,酃县药材购销组购进体温表 437 支,人用注射器针头 172 盒。1963 年,国家加强计划管理,医疗器械由药材公司统一经营。1979 年,公司销售医疗器械 5.23 万元,其中体温表 732 支,注射器 2733 具,注射针头 922 盒。80 年代,医疗器械经营实行总代理制,各医疗单位所需大型医疗器械(如碎石机、B 超机、CT 机等)直接与厂商订货自购。1988 年,公司经销医疗器械 260 种,其中注射器 3645 具,注射针头 2746 盒。总值 9.7 万元。1999 年,经销总值 15.84 万元(未含医疗单位自购值)。

节育药品药具供应　20 世纪 50 年代至 1974 年,节育药品药具实行计划供应,经营品种以避孕套为主。1974 年 1 月,国家规定口服、外用节育药品免费供应。节育药品、药具按比例配给各乡(镇)卫生院发放,县城各单位由药材公司供给。1981 年后,节育药品药具由县计划生育局统一分配。随后节育药品药具取消免费供给,各药店均有销售。

第三节　医药体制改革

2009 年，遵照中共中央、国务院《关于深化医药卫生体制改革的意见》《2009—2011 年深化医药卫生体制改革实施方案》，实施医药卫生体制改革。2011 年起，全县 15 所乡镇卫生院（不含大院农林场卫生院）全面实行国家基本药物制度。基本药品零差率销售，药品网上采购和集中配送。同时对乡镇卫生院实行“核定编制、绩效考核”，国家财政统筹弥补基层医疗机构在实施基本药物零差率销售后的收支差额。同年，成立县医药卫生体制综合改革办公室和乡镇卫生院会计核算中心。乡镇卫生院的基本医疗服务收入全额上缴县卫生局财务专户，乡镇卫生院人员经费和业务支出等运行成本通过服务收费和政府补助补偿。通过实施医药卫生综合改革，乡镇卫生院门诊次均费用下降 30 元，降幅 35%；住院次均费用下降 200 元，降幅 15%；药品收入减少 655 万元，降幅 41%。缓解了农民“看病难、看病贵”局面。

2012 年，实施县级公立医院综合改革，县级医院所有药品（中药饮片除外）实行零差价销售。同时合理提高医疗技术服务价格，降低大型检查服务价格。药品（含高值医用耗材）实行网上采购、集中配送。基本药物配备率不低于基本药物目录种类的 80%，基本药物使用总费用比例不低于药品总费用的 30%，药品收入不纳入医院科室绩效考核，建立“医药分开”工作机制。

2013 年，全县实施村卫生室改革。村卫生室药品由乡镇卫生院统一集中网上采购，实行零差率销售和基本药物报销政策，门诊次均费用控制在 40 元以内。参合农民在村卫生室就诊（除中药外），每人每次自付 10 元以内，其余由新农合全额报销。国家建立多渠道补偿机制，给予乡村医生补助。2014 年，村卫生室年均财政补助 1.75 万元（含中央和省财政专项补助、县财政专项补助、公共卫生服务专项补助）。

第三十一篇　社会　风土

境内居民主要是宋、明、清朝由赣、粤、闽以及湘东、湘南等地迁徙而来。其中入境较早、操赣方言的居民,聚居于平原地区,称“本地人”。稍后入境、持客家方言的居民,散居于东南高山、丘陵、溪谷地带,俗称“客籍(家)人”。瑶族、畲族居民大多于清代迁入,初处县南深山峡谷,后徙居丘冈盆地。

由于地阔人稀,交通不便,长期以来族群之间、民族之间疏于交往,在相对封闭的小社会里,各自传承原居地文化,养育士气民风。

中华人民共和国成立后,建立新型生产关系。居民之间经济联系与社会交往日益密切,生产生活习俗趋同。随着科学文化的普及,一些陈规陋习逐步摒弃,健康文明的社会风尚成为主流。但在语言、礼仪、节庆等方面,各地仍保留一些原居地传统。

第一章　民族　宗教

2010 年第 6 次人口普查统计,境内居民以汉族为主,少数民族有瑶族、畲族、苗族、土家族、回族、壮族、满族、侗族、水族、哈尼族,人口 3518 人。人数较多的是瑶族、畲族。

第一节　瑶　族

一、迁　演

据《评皇券牒》记载,宋代即有瑶民辗转迁徙至万阳山、龙炸(渣)一带安居。明隆庆二年(1568),蓝山瑶民盘正莲迁入酃县朦胧山定居,称“高山瑶”。清顺治末年(1661),盘永堂携家由资兴迁入酃县观音坐莲(山名),以刀耕火种、狩猎、采集为生。后因山地日趋贫瘠,难以维持生计，迁往车坪、茅坪、龙渣等盆谷地带定居。清康熙元年(1662)，知县李朝事邀郴州瑶官赵成隆，清剿藏匿深山、打家劫舍的散兵游勇。功成后，奏准封赵为酃县瑶总，管理瑶民事务。其部众定居于茅坪、龙渣、恩垄、新开、龙塘、深渡一带，称"平地瑶"。是时，常平乡上七都石壁下至八都坳头以南，多为瑶地。二十八年，准新垦荒地6年不纳税，瑶民亦垦荒造田栽种稻谷，衣食渐丰，人口日增。乾隆三十年(1765)，有瑶民1133户，6065人，占全县人口7.57%。咸丰二年(1852)后，太平天国军数次攻入县境，兵火连绵十余年。为避战乱，县民相继外迁。至同治十二年(1873)，瑶民减至290户，1912人，分居茅坪、龙渣、龙塘、南岸等地。设为4团，由瑶管约束。

民国时期，推行保甲制，废除瑶管。地方官吏肆意向瑶民摊派苛捐杂税，汉族地主乘机巧取豪夺，侵占山林土地，瑶民苦不堪言。1926年6月，瑶民盘华坤、盘圆珠等组织成立龙渣乡农民协会，反抗地主豪绅压迫。1928年3月，成立中村区工农兵政府，盘华坤当选主席。5月，地主武装组织反扑，盘华坤被杀害。1929年元月底，井冈山失守后，担任湘赣特委的盘圆珠被捕。瑶民或逃亡他乡，或改名换姓，隐瞒民族成份。至1949年，仅余230人。

中华人民共和国成立后，瑶族同胞享受少数民族各项优惠政策，实现安居乐业。1957年8月，省民政厅批准，成立龙渣瑶族乡。1958年，龙渣乡改为中村人民公社龙渣大队。1985年2月，恢复龙渣瑶族乡，辖龙渣、龙凤、双奎、新开4个村。1993年恢复散居于龙渣、平乐等14个乡镇1200多人的瑶族成份。2000年10月，设立平乐乡车坪瑶族村、中村乡龙潭瑶族村。至2011年，全县瑶族人口为3796人。

二、习　俗

(一)日常生活

服饰　清代、民国时期，县内瑶族男女衣着多为青色，长及膝，无领，衣襟对开或大襟右开，上端安一纽扣，其余系以布条，袖肥而短。衣裤边镶刺绣五彩花边，图案多与本民族图腾神话有关。有象征龙犬、谷神的图案，象征梅山的"米"字图案，象征再生的"四叶草"图案，还有"∽"、梅花等图案。腰系绣花缎带或围裙。男缠青、蓝色粗布头巾，长丈余。女婚前结辫盘发，插竹箭七根；婚后束发熔腊固定成角状，插竹箭五根；生子后插竹箭一根。居家头顶帕丛(头巾)，外出挂五彩丝线绣成并缀有珠子的彩帕或红花。颈戴项圈，胸佩银牌，耳悬银环(贫者以锡代银)，脑后挂珠数串，行走时叮珰有声。男女居家均赤足，外出时男穿草屐，女着尖绣鞋。民国期间，瑶族同胞为隐匿民族成份，大多改穿汉族服装，后习以为常，沿袭至今。民族服饰仅在节日或喜庆时穿戴。

居住　初徙瑶民居无常处。每迁一地，采木营棚，聚族而居。以四柱架空而建的称"观音棚”,以三木叉地而建的称“蓑衣棚”。清康熙中,相继择地定居。单家独处的于山崖、高坎处以石块垒墙,木板架楼,杉皮、竹片或茅草盖顶。门设内外二道。外门建在屋基脚下,入外门后,须登几道石阶方至正门,以防猛兽袭击。多家聚居的则屋连户通,遇暴徒或猛兽袭击时可穿户而逃。房屋多为泥土夯筑,一般为正房3间,中为厅堂,左右居室,矮门、小窗,以防盗窃。民国以迄,房屋格局与当地汉族民居相同,多为四方六间。20世纪80年代开始,建造红砖青瓦二层房屋或钢筋水泥结构的多层楼房。

饮食　迁酃之初,瑶民刀耕火种,多以包谷、穇子、红薯等为主粮。定居后始栽水稻,以少量大米拌红薯丝、菜干等为主食。20世纪50年代后,在人民政府扶植下发展水稻生产,以大米为主食。酿酒多以杂粮,浓烈醇香。传说中瑶族以龙、犬为图腾,故禁食狗肉。有食鼠肉、蛙肉之俗。秋季捕(林)蛙,冬季捕(山)鼠,鲜食之余,熏为腊肉,为席上佳肴。

(二)婚嫁生育

清代、民国时期,县域瑶民有异族通婚之禁,无同族通婚之忌。同族通婚必超过五代,婚姻较汉族自由。男女青年在节庆、赶集、生产劳动时以对歌方式表达爱慕之情。对歌有坐歌堂、隔山对唱、见面对唱等形式。双方情投意合即互赠信物,定情、定婚。为防女子出嫁后受歧视,多为男子入赘女家,女家无厚奁之累,男家亦无纳聘之繁,婚后夫随妻姓。生子须用冷水洗澡,至盘王庙向祖先告祭,请求赐福,礼节甚隆。子随母姓,无女之家亦有抱养女孩者,待长大后招赘,以延续家族香火。1949年以后,多按汉族婚俗缔结婚姻,亦与汉族通婚。

(三)节庆

盘王节　又称调盘王、还盘王愿、跳王。传说盘王上山打猎,不慎被岩羊撞下悬崖。儿女们闻讯赶来,在一株梓树上找到盘王遗体。他们追杀岩羊,剥下羊皮,砍倒梓树,凿空树干,将岩羊皮蒙在两端,制成长鼓,奋力敲击,慨然起舞,以志不忘父仇。此后每年农历十月十六日,一寨或数寨瑶民聚集一起,身着五彩斑斓的服装,燃起篝火,供献杂粮、野味,吹起长笛,敲响云板、长鼓,唱歌跳舞,祭祀祖先,此俗一直相承。活动内容除追忆祖先外,逐渐加入表达瑶民战胜自然的信心和对五谷丰登与美好生活的渴望。年轻恋人乘机相互对歌,定情、定婚。县内瑶族在龙渣修建盘王庙,作为跳王场所。清同治《酃县志》载:瑶俗好跳神,家饶者频赛会,聚集族类,宰牲设祭,男女欢跳歌舞,三五日及散。清代,龙渣、茅坪、大院等地均举行跳王活动,并邀请县内外瑶寨参加。1990年,龙渣瑶族乡举办瑶族乡成立后的首届盘王节活动,瑶族歌手表演了瑶歌对唱,男女老少跳起摇铃舞、响把舞、长鼓舞,在长鼓声中跳王狂欢。此后,每年都举办盘王节活动。

赶鸟节　传说很久以前瑶山多鸟,所播种谷多为群鸟啄食,致使颗粒无收。有个叫细妹的姑娘是瑶山最有名的歌手,歌喉一开,百鸟围转。某年二月初一这天,瑶山播种完毕,细妹带领全村青年放声歌唱,将鸟雀带往深山密林。鸟雀听了歌声,如痴如醉,半月不醒。

待到醒来，播下的种子长成了秧苗。这一年，瑶山获得大丰收，于是将每年的二月初一定为赶鸟节。每逢节日，田间地头到处是欢歌笑语。男女青年相邀来到树林，吹芦笙，唱情歌，至通宵达旦。

耕牛节　古时瑶山没有耕牛，人们刀耕火种，非常辛苦。有一年的四月初八，一对温驯的黄牛来到瑶山。瑶民套牛耕地，耕得又快又好，从此告别刀耕火种，连年丰收。为酬答耕牛，每年的四月初八，不管农活多紧，都会将牛梳洗干净，让它休息一天，采摘牛最喜欢吃的树叶与嫩草捣烂取汁，加入糯米煮成糯米饭，用芭蕉叶包着喂牛，农家也一起吃这种糯米饭。这一天，被视为牛的生日，又称耕牛节。

（四）歌舞　瑶拳

山歌　瑶族大多居住山地，有“人在云中走，鸡在雾中啼，对面能喊话，见面要半天”的说法，常以山歌代替喊话。山歌内容有歌颂盘王的，也有歌唱生活的艰难，丰收的喜悦，唱得最多的是情歌。1949年后，老调多填新词，以歌唱新生活为主。

附

瑶山情歌

男：瑶山花开香又香，蜜蜂采花酿蜜糖，唱支山歌试妹意，不知金口张不张。
女：瑶山花开满山香，蜂恋蝶来花恋冈，哥哥有情妹有意，一曲唱到大天光。
男：妹在东来哥在西，中间隔河两分离，哥想过河会娇妹，可惜搭桥靠自己。
女：妹在东来哥在西，过河莫怕流水急，想要过河你就过，何必隔岸磨嘴皮。
哥：竹子开花世上稀，竹花下面下盘棋，妹是棋盘哥是子，棋盘不动子不移。
妹：哥想移子你就移，阿妹主意在心里，走东走西都一样，棋盘不收子不移。
哥：一杯好酒任我尝，一杯好茶任我品，茶香酒浓情更浓，我爱阿妹情意真。
妹：月下唱歌情意真，歌儿连着两颗心，鸾凤和鸣天长久，恩爱幸福天作成。

舞蹈　瑶族舞蹈源于祭祀活动，以象征劳动、生活的舞蹈动作，表达对祖先艰苦创业的缅怀，教育子孙勤劳、俭朴、勇敢。流传时间最长的有长鼓舞、红旗舞、钩镰舞、打滔舞等。

长鼓舞为祭祀盘王舞蹈之一，瑶语为“播公”。跳舞者一边击鼓一边跳。长鼓长者达4—5米，由十数人抬着打；短者不足1米，由1人抱着打。长鼓舞分为“大打”“中打”“小打”三种套式。大打七十二套，中打三十六套，小打二十四套。舞蹈动作多模仿伐木、锯板、架楼与打猎等动作，缅怀先祖艰苦创业。

红旗舞亦为祭祀盘王舞蹈，瑶语为“喜帕”。身着盛装的瑶族姑娘手执三角红旗，伴随长鼓、铜锣、唢呐的节奏翩翩起舞。舞蹈有象征划船、掌舵、游水等与大风大浪搏斗的动作。追忆盘王渡海南迁的宏举，表现勇敢、无畏精神。

钩镰舞原为武术套数，逐渐演变成舞蹈。秋收后，瑶族男女青年手执钩镰，模仿割稻、扮禾、拾稻穗、挑谷等收割动作，跳舞庆贺丰收。舞蹈动作粗犷，充满劳动与丰收的欢乐。

打滔舞是婚礼上跳的舞。“打滔”即闹洞房。瑶族青年举行婚礼时，前来庆贺的男女老少围成一圈，自由邀请舞伴，边舞边叙。舞蹈动作优美，表达对新郎新娘的祝福和对美满生活的向往。

瑶拳　传说瑶拳为瑶族祖先盘瓠所创。瑶族先民在采集、狩猎过程中常以棍棒、钩镰、钉耙、虎叉、砍刀等为武器，抵抗毒蛇猛兽。久而久之，形成一套连续动作，并代代相传，成为拳术。除了御敌自卫，亦可强身健体。瑶拳具有勇猛彪悍、气势刚烈、招法多变、发招狠绝等特点。拳法以横抛为主。主要套路有：盘王拳、打旗功、上方拳、双桩拳、单桩拳、片章、拳峰、七星拳、打伏马、猴拳、鹰拳、双刀等。踢打摔拿、跌扑滚翻、闪展腾挪，配以发力时深沉短促有力的声音，充分展示出一种节奏美、技击美、力量美。

2010 年，龙渣瑶拳参加湖南省少数民族传统体育运动会，获表演项目金奖。2011 年，挖掘整理出几近失传的多套器械与对练，增加 6 组拳术及器械对练套路。9 月，参加全国第九届少数民族传统体育运动会，获表演项目铜奖。

三、瑶族语言

县内瑶族有语言无文字，瑶语仅在瑶民之间使用。瑶族居民聚居地龙渣村保留较为完整，瑶汉杂居区已部分失传。

瑶语无系统语法，主谓、动宾结构与汉语同；偏正结构中，表示颜色、形状的形容词置名词后；语音中后鼻音多。

附

瑶语词汇选录

表 31-1

瑶　语	注　音	汉　语	瑶　语	注　音	汉　语
阿爸	ba:	父	刀	dau	地
麻	ma:	母	把努欸	bʌnuai	日
嗡	ɔŋ	祖父	旯	la:	月
骨	gu:	祖母	雷	lei	星
伯	be	伯父	岭	linŋ	田

续表 31-1

瑶 语	注 音	汉 语	瑶 语	注 音	汉 语
柚	jəu	叔父	得欸	dei	地
木耳	muə	姑母	奖	dʒan	池塘
得	dei	姨母	不欧	bəu	山
哥	gɔ	兄	翁	wɔŋ	水
弟	di	弟	嚼	dʒiao	风
哚	dɔ	姐	谋	nəu	云
妹	mei	妹	边	biən	雨
端	duan	子	不够	bu'gəu	雷
谢	ʃiə	女	不尔	buən	雪
谷	guŋ	夫	鲁努欸	runrai	白天
噢	au	妻	鲁梦	ruməŋ	夜晚
陇	lɔŋ	天	陇龙	lɔŋləŋ	晴天
乜标	miə'biao	茅房	建	dʒen	蛙
瓦标	wʌ'biao	瓦屋	冬选	dɔŋʃiən	虎
跌	diə	桌	木陇	mulɔŋ	猫
欸	ei	椅	救鸣	dʒu:	狗
愁	tssəu	床	妹	mei	米
跪	guei	柜	昭	dzao	盐
旅	ri	衣	斩	dzan	柴
猴	həu	裤	扎	dza:	茶
准	drin	裙	丢	diu	酒
木耳	muə	帽	缅轰	miənhɔŋ	盘王
喝衣	hi	鞋	缅轰记	miənhɔŋ'dgi	盘王节
马	ma:	袜	轴贝炎	dzəudanŋ	跳王
帕丛	pa:tsŋ	头巾	租刀	dzudao	长鼓
州淋	dzəulin	项圈	嘎	gai	歌
能	nen	耳环	黑尔	hei	戏(舞)

续表 31-1

瑶 语	注 音	汉 语	瑶 语	注 音	汉 语
不尔剪	bu:dʒiən	手镯	的安	diaŋ	树木
盖	gain	门	涝	lao	竹
初银	tsunin	窗	扎厚的安	dzahəuiaŋ	油茶
瓦还	wa:hain	梁	表	biao	水稻
足	dzn	灶	杜欸	duai	红薯
昌北	tsanbei	锅	长子欸	tsandzei	糁子
院	ʒen	碗	酿	niaŋ	年
帚	dzəu	筷	拉	la:	月
南	nan	饭	努欸	nuai	日
来	lai	菜	东	dɔŋ	东
鹅翁	ŋɔŋ	牛	槐	fai	西
湧	jɔŋ	羊	南	nan	南
冬	dɔŋ	猪	罢	ba:	北
阶	dʒai	鸡	佛拗	fao	上
标	biao	鱼	煮尔嗡	drəŋ	中
闹	nao	老鼠	鸡尔	dʒiə	下
五尔尼尔	'venjə	里面	木安	man	看
耐尼尔	ndiniə	外面	蒙	məŋ	听
夜	jiə	一	希喔	ʃɔŋ	短
衣	i:	二	欢嘿	huan'hei	喜爱
不儿	bə:	三	鹃	dəian	冷
笔	biei	四	月	juə	热
笔鸭	bia:	五	啷	lang	高
句五	dʒu:	六	爱	ai	矮
希尔	ʃə:	七	叨	dao	长
写	ʃə	八	难	nan	短
鹿二	luə	九	细	ʃl	红

续表 31-1

瑶 语	注 音	汉 语	瑶 语	注 音	汉 语
姐	dʒə	十	衣养	juan	黄
不二	be	百	不尔	bə:	蓝
清	tʃin	千	鹿尔	luə	绿
蛮	man	万	噜	lu:	大
得夜	beijiə	第一	怀	fai	小
得泥二	beiniei	第二	嘘	ʃui	酸
得方	deifan	第三	甘	gan	甜
得肥	deifei	第四	因	in	苦
得嗡	deiɔŋ	第五	璧阿	boi:	辣
得鹿儿	deiluə	第六	年南	niənan	吃饭
得窃	dei'tʃe	第七	年哦	niə'ɔ	吃肉
得贝	dei'dei	第八	年标	niəbiao	吃鱼
得倔	dei'dre	第九	柱间	'tzului	穿衣
得姐	deidʒə	第十	杯记哦	beidʒɔn	睡觉
不锅	bɔ	打	顾星	guʃin	起床
年	niən	吃	呼扎	hudza:	喝茶
呼	hu	喝	呼丢	hu'dju:	喝酒
狠	hen	骂	呼因	'huin	吸烟
住	dzu	穿	瑞林	lueilin	耕田
得翁	dəŋ	戴	泽林	tselin	插秧
尬表	ga:biao	割禾	乎尔哪	fe'na:	射箭
享阿的安	ŋadiaŋ	砍树	帮从	bɔŋtsɔŋ	打猎
从总	tsɔŋdzɔŋ	唱歌	不拜	bubaiŋ	生病
提由券	tju'vu:	跳舞	呼贴	hudiə	吃药
记欸吗	dʒeima	骑马	奏南	'dʒəunan	做饭
帮向	bɔŋtʃiaŋ	打枪	足间	dzului	洗衣

第二节　畲　族

一、迁　演

畲族和瑶族同源。盘瓠传说、盘王图腾及盘、蓝、雷、钟四大姓相同。

清康熙、乾隆年间，先后有 22 支蓝姓畲族居民由福建汀州、江西龙泉（今遂川）、崇义、吉安，湖南兴宁（今资兴）、茶陵，广东大埔、兴宁、龙川等地徙入酃县，散居于七都、十都、六都、三都等地。其居住地多为海拔 500—1800 米的山地。主要从事农业，种植水稻、红薯，有的兼营林木。大多数畲民无地、少地，靠租种汉族地主的田土维持生计。

1949 年以前，畲族居民饱受歧视与欺凌，不敢公开自己的民族成份。但每个家族都会珍藏一根视为图腾标志的“龙头祖杖”。

1994 年 8 月，湖南省民族事务委员会批复炎陵县蓝姓居民恢复畲族成份，县内 2200 余名蓝姓居民的畲族成份得以确认。2011 年，全县有畲族居民 668 户，2556 人，主要分布在十都镇、中村乡、大院农场、策源乡等地。

二、习　俗

民国以往，炎陵蓝姓畲族以家庭为生产生活基本单位，实行一夫一妻制。同姓不通婚。女 18、男 20 岁当年禁嫁娶。婚姻不计聘金，嫁妆除衣饰之外尚有农具、斗笠、蓑衣等。出嫁忌回头望，婚日忌见公婆，回娘家忌住单日。人死后实行土葬，并有拾骨重葬习俗。崇拜祖先，重视祭祖。每年的二月十五、七月十五、八月十八为祭祖日，届时供出“龙头祖杖”，以示不忘先祖。以两杯酒，一杯茶，三荤三素六碗菜，加上时令馃子为供品。

着衣尚青、蓝色，衣料多为自制的麻布。男子装束与汉族无多大区别，有穿短裤裹绑腿的习惯。妇女服装则在衣领、袖口和右襟镶刺绣花边；发式一般梳成螺式或筒式发髻，盘在头上，束以红色绒线。婚时头戴凤冠，插以银簪。

畲族爱唱山歌，祖辈流传下来的山歌家喻户晓，人人会唱。有叙事歌、风俗歌、劳动歌、情歌、杂歌、小说歌、哀歌等。日常生活和劳动中，常以歌代言、叙事、抒情。按组歌的首数，分短歌、长联歌。歌唱形式有独唱、男女对唱、多人合唱。

畲族有练武之习。一般以宗族为单位，组织青壮年提石墩（重 135 公斤）、举石锁（重 14.3 公斤）、练打棍（齐眉棍）。逢年过节、婚丧喜庆都会舞龙耍狮。负有盛名的是 3 人布龙（龙身 1 米余，由 3 人舞动），可上下于 3 张叠起的八仙桌，穿插腾挪，上跃下跳，难度很高。相传，3 人龙是畲族祖先为培养族人团结合作精神而设置的。1995 年 11 月，由洋岐村 12 名蓝姓畲族青年组成的 3 人龙表演队，代表湖南省参加全国少数民族传统体育运动会，获表演赛一等奖。次年4月参加湖南省首届农民运动会,再获表演赛特等奖。2002年,国家文化部、国家体育运动委员会将"三人布龙"定为全国人民强身健体的体育运动推广项目。2006年,入选湖南省首批非物质文化遗产名录。

炎陵畲族除了过汉族的传统节日外,还有自己的独特节日。如二月二会亲节、三月三乌饭节,夏至后的分龙节等。

三、语　言

畲族没有本民族文字,通用汉文,但有民族语言。畲语属汉藏语系,语根为汉语。语音声母单纯,韵母发达,声调复杂,变调现象较普遍,音节多。由于畲民多与客家人长期杂居,故畲语与客家方言接近,但有的语音有差别,个别声调与客家方言完全不同。如客家方言与畲语都叫妈妈为"阿姨",但声调不同,客家方言读"姨"为上声,畲语读为阴平。吊楼的"吊",前者读去声,后者读上声。语音上的差别,如犁田的"犁",客家方言读"l í",畲语读"l ĕ i"。食饭的"饭",前者读"f à n",后者读"p ǎ ng"。行路的"行",前者读"h á ng",后者读"h ē ng"。畲语"你听(t ō ng)到哇(w ǎ)么?""听""哇"的发音、声调与客家话有明显区别。

第三节　民族乡村建设

一、龙渣瑶族乡

龙渣瑶族乡面积98平方公里,下辖4个村26个村民小组。2014年末,全乡人口2400人,其中瑶族1101人,占全乡人口48%。

民国时期,瑶族聚居地龙渣只有十数栋破旧民房,三两条小路。至1949年,方圆数十里无医院、商店、学校。瑶民仅有1人初中肄业,2人高小毕业。文盲、半文盲占98%。

1950年12月,县人民政府组织慰问团,携带中共中央赠送的礼品及棉被、寒衣等救济物资,步行60余公里到新渣乡慰问瑶胞。随团慰问的还有电影队、文工团、医疗队等。随后,在新渣等地开办冬学、民校,开展扫盲,培训瑶族干部。1956年,成立龙渣乡,创办龙渣民族学校,少年儿童就地上学读书。组织互助组、农业生产合作社,发展农副业生产,瑶民生活水平显著提高。

1958年9月,成立中村人民公社,龙渣乡改为龙渣大队。1965—1967年,龙渣至桂东、资兴公路相继通车,不仅改善了当地交通条件,而且扩大了与外界的联系。1970年后,修筑河堤、机耕道,扩种双季水稻,粮食产量翻番,结束吃返销粮的历史。1985年,成立龙渣瑶族乡。省、市、县先后拨款70余万元,各地捐赠10余万元,架设高压线9.5公里,修建乡至村公路9公里,水圳3.5公里,水坝1座,石拱桥1座,改良低产田500余亩。先后兴办竹木加工、香菇养殖、民族贸易等企业。新建乡政府办公楼、粮店、医院、中心小学、村小学。当年,县委、县政府决定,减半征收农业税,免征屠宰税,生产贷款由民政部门贴息。在龙渣工作的国家干部、科技工作者、教师工资上浮一级;民办教师由县乡各补贴 25 元;军烈属与五保户优待由县民政部门拨款;龙渣乡少数民族学生升学降低 20 分录取,其他乡少数民族学生与龙渣瑶族乡汉族学生降低 10 分录取。1990 年, 全乡粮食总产 979 吨, 造林 1400 亩, 开辟食用笋基地 1600 余亩,小水果基地 104 亩。

2000 年以后,实施"生态立乡、旅游活乡、产业兴乡"战略,修建水电站 9 座,装机 1.45 万千瓦。依托优越的生态环境,发展茶叶、笋竹林、小水果、高山延季蔬菜等特色农业。推广"猪—沼—果"生态农业发展模式。完成瑶乡道路、饮水、电力、通讯等基础设施建设以及瑶族学校、瑶族风情园、红星桥农贸市场、龙渣村瑶居风貌等改造工程,新建民族广场、民族牌楼。

至 2014 年,全乡有九年制学校 1 所,电影院 1 个,放映点 14 个,卫生院 1 所,村卫生室 2 所。乡设图书室、综合文化站,村有活动中心,组有农家书屋。为传承民族文化,建有民族文化传习所,汇聚一支业余音乐、美术、书法、摄影及文学创作队伍。民间文艺表演队有业余演员 100 余人、创作人员 10 余人。

二、洋岐畲族村

清康熙四十八年(1709),蓝霖九携家从福建汀州上杭竹紫垄迁酃县霞阳乡十都洋岐坳下定居,后发展为以蓝姓畲族为主、畲汉杂居的自然村落。1949 年后,洋岐始设建制村。1955 年,成立初级农业生产合作社,后转为高级社。1958 年设十都公社洋岐大队,1984 年改大队为村。2000 年 10 月,县人民政府批准成立十都镇洋岐畲族村。全村面积 7.51 平方公里,其中耕地 725.19 亩,山林 7597 亩。有坑口、石仓、龙洲、高坑、坳下、新屋、槽下、若坑 8 个村民小组,168 户、621 人,其中畲族人口 421 人,占 67.8%。

2000 年以来,洋岐畲族村以建设畲族文化旅游名村为目标,加强基础设施建设,开发生态农业与文化旅游,经济、文化得到快速发展。在各级政府帮助下,新修公路 10 公里,实现组组通公路;推行"合作社加农户"生产经营模式,发展高标准笋竹林 3000 余亩,年产楠竹近 10 万根,竹笋近 30 吨;大面积推广竹荪(食用菌)培植;建立黄桃、猕猴桃等高山水果基地近百亩。与此同时,科学规划,修复畲族"瓦寮"小寨建筑;挖掘、整理畲族节庆、饮食、服饰、婚葬,祭祀等传统文化;依托国家森林公园神农谷的游客资源,鼓励村民开办农家乐。具有畲族特色的 3 人布龙、舞狮、火星龙、畲族山歌,以及"三月三"乌饭节、成人礼、祭祖、婚庆仪式等民族传统文化得到传承;农家腊味,竹荪,冬笋等土特产,乌米饭、艾米馃、姜糖丝、浸盎、豆饼、糍粑、粽子、馓子等传统美食,深受游客欢迎。初步实现经济发展、村民富裕、村庄美丽、社会和谐。2005 年评为株洲市民族团结进步先进集体。2011 年,荣获株洲市民族团结进步奖。

第四节 宗 教

一、佛 教

唐代佛教传入境内。中和年间（881—885），陈佥判在县东建青林寺。后唐同光二年(924)，尹正于西城内建慧目寺。后唐同光年间(923—926)县西(今鹿原镇黄石村)有王舍城。清同治《酃县志》载，“俗传，唐目莲尊者诞此丛山之下”“山周回如城，四面径辟如门，水环绕其洲约半里许，中有目莲寺。”“地有钵盂山、香炉山、虎爪石、会缘桥、目莲井诸胜”。

宋乾德年间(963—968)，曹斌在南城建青台寺。乾道年间(1165—1173)，尹邦正建龙泉寺(在今沔渡镇)。景定年间(1260—1264)，蔡均模建修目寺(在今石洲乡)。宋代修建的寺庵还有县南的观音寺(在今水口镇)，县西的龙山寺(在今三河镇)等。

元、明朝修建的寺庵有城西的湘山寺，县东的团苍庵(在今策源乡)、华盖庵(在今沔渡镇)、大富庵(在今十都镇)，县南的石壁寺(在今霞阳镇)、香炉寺(在今下村乡)、回龙寺(在今下村乡)，县西的凌云庵(在今三河镇)等。

清代寺庵剧增，几乎所有的名山都建有寺庵。至同治十年(1871)，县内有寺庵106处，僧尼300余人。其中，较有名气的僧人有自明、之秀、文芳、幽芬、从茂、颇弗、普明、普济、自惺(相传在县南水云寺坐化)等。明清时，县设僧会司，驻青台寺，有僧会一人(不入流)，管理僧尼事务。

民国期间，县内佛教衰微。民国30年(1941)有僧134人、尼58人。

1949年后，僧尼大多还俗，由各级政府作妥善安置。寺庵地处山野，因风雨侵蚀，渐次颓圮，少数改作他用而得到维护。建于宋代的湘山宝塔(佛教建筑)，经1950年、1988年、1999年3次保护性维修，仍保存完好。

为满足信教群众的需要，1997年对湘山寺进行整修。2000年，恢复湘山寺宗教活动场所，2004年由自度和尚募资，在湘山寺西侧、洣水河畔修建大雄宝殿。

二、道 教

道教较早传入县内。南北朝梁武帝大同年间(535—546)，在霞阳镇(建县后改为县治)北修建洞真观，建人不详。宋嘉定年间(1208—1224)，道士刘有心、邑人陈胜清募资重修。元大德二年(1298)知县李侃复修。清康熙年间观主江守元再修。宋真宗年间(998—1023)诏建“胡真官祠”于炎帝庙旁，号曰“感应真人”。景定中，理宗又“以灵显封显佑真人”。真人者，即道士胡元雅、青霞观观主。明景泰元年(1450)，李珩在县城北建真武殿。成化年间(1465—1487)，罗永昌在真武殿前建玉皇殿。清嘉庆十年(1805)县令龚志曾率邑绅在城北建天河仙。仙观“清夜钟鸣，响彻云际，若从天半飞来”，后以“天半晓钟”列为县城八景之一。明清时，县设道会司，驻洞真观，有道会一人(不入流)，管理道教事宜。

民国以往,道教全真、正一两派先后在县内传教,道徒最多时400余人。但仙观数量、规模以及信众人数均不及佛教。

团苍仙观位于湘赣边界,信众来自湘赣两省。相传,仙观始建于唐德宗贞元二十年(803),有紫衣禅师栖真于此。元至正年间、明末、清康熙年间数次重修。因所在地山陡风疾,屋顶盖铸铁瓦800余片,均由信众捐献,故名铁瓦仙。民国期间复毁于兵乱,但铸有募捐者姓名的铁瓦犹在。铁瓦现存34块,其中最大的一块铁瓦为"宋朝信士王陵昌敬献",长75厘米、宽45厘米、重12.5公斤。道观建有三公殿、三皇殿、慈航观音殿等。

民国24年(1935),县内仅有正一派教徒45人。

1949年后,神职人员大多回乡,仙观亦多圮于风雨。1998年,策源乡人黎青云自青城山学道回乡,募资修复团苍仙观。经株洲市民宗局批准,成为道教活动场所。

三、天主教

清光绪二十三年(1897),邑人钟集堂兄弟在衡阳加入天主教。二十六年回县传教。初在梅坑(今城东吉利村)设临时教堂,有教徒10余人。次年美国巴神父到县内传教,在县城钟家试馆设天主教总堂,沔渡、城东、王家渡设分堂,发展教徒50余人。由于经费匮乏,数年后活动停止。民国37年,衡阳教区遣人至县内传教,招收教徒,但入教者寥寥。1949年后,境内无天主教活动。

第二章　婚姻　家庭　姓氏

第一节　婚　姻

一、旧式婚姻

清代、民国时期,固守封建礼教,婚姻多由父母包办,讲究门当户对。除少数官僚、地主、富商蓄婢纳妾外,普遍为一夫一妻。婚龄无统一规定,十二三岁即可婚嫁,但不多见。择偶范围较窄,极少跨区过县。盛行亲上加亲的姑表、姨表近亲婚配。同姓结婚视为伤风败俗,族规不容。寡妇再嫁视为失节,备受刁难歧视。贞女节妇受到上至朝廷,下至州县的旌表。民国30年(1941),县内寡妇达8017人,占妇女人数18.31%。婚姻形式,除一般嫁娶外,尚有童养媳、入赘、再嫁、转房、嫁生妻、指腹婚等。

童养媳　有抱养、买贫家女、收养遗弃女婴等来源。幼时以兄妹相称,长大拜堂圆房。童养媳往往早婚,而且男女年龄悬殊。1932年,仅有20户人家的平湖村就有17户收养童养媳。

入赘　即男到女家,俗称"上门""招郎""倒插门"。男方多为家庭贫寒,女方多为无子户。

婚后,男住女家,生子则长随母姓,次随父姓。如只生一子,则一姓两祧(继承两家香火)。也有的儿子亡故,留媳妇招赘,以续香火。

再嫁　男子可以休妻纳妾,女子则从一而终,不能再嫁。再嫁女子必须向宗族纳钱赎身,庚书在野外或茅房里填写。出嫁时走侧门或后门,在半路上上素轿。随母子女称"轿背崽",大多受到歧视。

转房　又称填房。兄(弟)亡,其妇转嫁弟(兄);姐(妹)故,续妹(姐)为妻。多因家贫无力婚嫁,亦有出于情感因素者。

嫁生妻　丈夫卖妻称嫁生妻,丈夫可得钱财。被卖女子称"生离婆",不论有无劣迹,最受歧视。

指腹婚　双方妻子在孕期约定,孩子出生后若为一男一女,即定为夫妻。由于世事多变,往往出现单方悔婚或成婚后夫妻不和。

此外,有钱有势者强迫民女为妻,强占他人妻子以及重婚等现象也有发生。

据 1949 年末对 32 个村的 252 对夫妇婚姻状况调查,特殊婚姻 156 对,占 61.9%。其中,童养媳 80 人,纳妾 3 人,换亲 1 对,入赘 1 人,姑表亲 1 对,买卖与强迫等其他包办形式的婚姻 70 对。

二、新式婚姻

1950 年 5 月,颁布《中华人民共和国婚姻法》。次年,县内抽调干部、教师组成工作队、宣传队,深入农村宣传、贯彻《中华人民共和国婚姻法》,废除包办、强迫、买卖婚姻;禁止重婚、纳妾、收童养媳。提倡男到女家落户,不准歧视寡妇再嫁。男女平权,一夫一妻、婚姻自由的制度逐步建立。1953 年 1—6 月,全县申请结婚 1115 对、批准 1075 对,占 96.41%。其中,初婚 875 对,再婚 200 对。再婚中,离婚后结婚的 120 对,丧偶结婚的 78 对,复婚 2 对。未批准结婚的 40 对中,属包办强迫的 15 对,不够法定婚龄的 10 对,因生理缺陷及患不应结婚疾病的 15 对。同期申请离婚 702 对,准予离婚 551 对。其中,女方因受虐待提出离婚的 321 对,包办强迫的 187 对,感情不和的 20 对,重婚的 11 对,生理缺陷及患不应结婚疾病的 12 对。至 1954 年的 5 年中,全县批准童养媳以及买卖、强迫婚姻等离婚 2550 对,多年守寡的 424 名妇女重新结婚。1955 年后,买卖、包办、强迫婚姻与重婚现象大为减少。

1981 年 1 月,实施修改的《中华人民共和国婚姻法》。在法律上增强了维护一夫一妻制,保护家庭成员人身权利的力度,界定旁系血亲禁止结婚的范围,适当提高法定婚龄。男嫁女婚、同姓结婚不再受歧视,强迫婚姻与重婚得到遏止。据 16 个乡镇 32 个村民小组的调查,1981—1990 年结婚 607 对,常规婚姻 592 对,占 97.52%。其中,入赘 9 对,同姓结婚 10 对。不符合婚姻法的婚姻 15 对,其中换亲 4 对,姑表亲近结婚 1 对。

1990 年后,有偶人口比率在大幅度上升后基本稳定,离婚率呈上升趋势,结婚年龄有所提高。据 1990 年、2000 年、2012 年,3 次全国人口普查资料,全县当年 15 岁及以上人口有配偶人口比率分别为 66.06%、75.25%、72.42%;离婚率为 0.52%、0.65%、1.32%;平均结婚年龄为 23.04 岁、25.20 岁、25.05 岁,其中女性平均结婚年龄为 21.75 岁、24.14 岁、24.07 岁。

第二节　家　庭

一、家庭结构

清代以前，以多代同堂为荣，有的家庭人上百口亦不分家。清乾隆年间（1736—1795），贾显达、刘开瑜两家五世同堂，钦赐“耋龄垂裕”匾额与绸缎、银两以示褒掖。民国期间，五世同堂、四世同堂的联合家庭已属罕见。三代同堂的直系家庭，两代同处的核心家庭较为普遍。亦有父子或母子同处的单亲家庭，祖孙同处的隔代家庭，鳏寡孤独的单亲家庭及夫妻家庭等模式。

1949年后，随着生产关系的变更和人口的快速增长，两代核心家庭成为主要家庭模式。

1990年，全县40472户。其中，五代同堂1户；四代同堂397户，占0.98%；三代直系家庭9484户，占23.43%；两代核心家庭26708户，占65.99%；夫妻家庭1679户，占4.14%。单亲家庭230户，占0.60%；单身户1639户，占4.04%；其他家庭334户，占0.82%。

2000年，全县46311户。其中，五代同堂1户；四代同堂415户，占0.9%；三代直系家庭10022户，占21.64%；两代核心家庭27359户，占59.08%；一代户8514户，占18.38%。

2010年，全县50844户。其中，五代同堂1户；四代同堂636户，占1.25%；三代直系家庭14354户，占28.23%，比2000年增加4.8个百分点；两代核心家庭23195户，占45.62%，分别比1990年、2000年减少20.37个、13.46个百分点，呈连续下降趋势；一代户（夫妻家庭）12658户，占24.9%，比1990年增加17.76%。

二、家庭人口

清同治十年（1871），县内平均每户家庭人口6.85人，民国26年（1937）减为4.51人。1949年后，农民普遍获得生产资料，经济自立能力增强，父子、兄弟分家者渐多，家庭规模缩小。1950年户平人口3.42人。此后，随人口自然增长，家庭规模逐步扩大，至1980年户平增至5.05人。1982年实行农业经营责任制，加上计划生育效果逐步显现，家庭规模趋向小型化，以5至3人户为主要户型，其中5人、4人户逐年下降，2人、1人户呈上升态势。

1990年，全县户均4.2人。其中，10人以上的家庭173户，占总户数0.43%；9人户316户，占0.78%；8人户702户，占1.73%；7人户1842户，占4.55%；6人户4108户，占10.15%；5人户8698户，占21.49%；4人户12170户，占30.07%；3人户6847户，占16.92%；2人户3643户，占9.00%；1人户1973户，占4.88%。

2000年，全县户均3.4人。其中，10人及以上家庭22户，占总户数0.05%；9人户57户，占0.12%；8人户163户，占0.35%；7人户542户，占1.18%；6人户1670户，占3.61%；5人户6498户，占14.03%；4人户12605户，占27.22%；3人户13165户，占28.43%；2人户8058户，占17.40%；1人户3526户，占7.61%。

2010年,全县户均3.4人。其中,10人以上家庭104户,占总户数0.20%;9人户166户,占0.33%;8人户481户,占0.95%;7人户932户,占1.83%;6人户2646户,占5.20%;5人户7284户,占14.33%;4人户10999户,占21.63%;3人户12737户,占25.05%;2人户9991户,占19.65%;1人户5504户,占10.83%。

第三节　姓　氏

一、源　流

考古资料显示,县境西部的东风、鹿原、三河以及县城东北部的霞阳、垄溪、沔渡等地有多处商周时期聚落遗址和汉墓群,为原居民遗迹。其源流无从稽考。

西晋永嘉(311)之乱,晋室南迁,境内始有"置换式"移民。历唐末五代江南离乱,靖康(1127)之难宋室南渡,明清两朝开发性移民等4次移民潮,赣西、粤北、闽东及湘东、湘南居民相率徙入,形成境内宗族与姓氏。

据县志及谱牒查考,大致宋及宋以往迁入20支,元代迁入4支,明代迁入20支,其中59%由江西迁入。明末清初,酃县遭受近20年战乱,加上瘟疫流行,"人民十亡其八九",白骨成丘,田地荒芜。自康熙朝开始,清廷相继颁布法令,鼓励垦荒。江西、广东、福建等省无地或少地农民徙入。乾隆中叶,又有赣闽粤商家、手工业者迁入。有清一代迁入168支。其中,由广东乳源、梅县、惠州、龙川、长乐、兴宁等地迁入76支;从江西永新、泰和、吉安、遂川、宁冈、樟树、赣州、长宁、饶州、会昌等地迁入48支;从福建汀州、上杭、连城、武平等地迁入15支;由湖南茶陵、安仁、资兴、衡阳、衡山、宜章、蓝山、桂东等地迁入29支。民国时期迁入7支。姓氏人数100人以下的,多是1949年后因工作调动、婚姻等原因迁入。

各主要姓氏迁播情况:

尹　五代后唐年间(923—936),尹鹏飞由江西永新迁留田(今沔渡上馆)。后裔徙十都太坪、城东草坪、王家渡泷湖。宋隆兴年间(1163—1164),尹祖盛从江西宁冈徙洞里(今沔渡洞里)。宋嘉定年间(1208—1224),尹雄飞后裔由茶陵徙坎步、瓦铺、南桥(今霞阳坎坪、西城)。

谭　五代后唐年间,谭守禄从江西泰和迁霞阳(今县城)。宋淳熙十一年(1184),谭嗣祖从茶陵白沙洲迁康乐乡塘村(今鹿原洣西)。后裔徙三河、塘田产溪、王家渡泷湖。乾道年间(1165—1173),谭处善由茶陵迁东城外。明嘉靖年间(1522—1566),谭宏正兄弟先后从茶陵虎踞迁县城。后裔分布三河、鹿原、霞阳等地。

欧阳　五代后晋年间(936—946),春官尚书欧阳林启奉旨祭祀炎帝陵,"爱酃之山青水秀,茂林幽雅",遂辞官携眷由江西庐陵迁康乐斜濑渡(今三河潘家)定居。后裔徙水口、策源等。宋末,欧阳悦轩由衡阳迁陈家冲(今沔渡洞里)。元至顺年间(1330—1333),欧阳举善从陈家冲徙十都小江。

李　宋雍熙元年(984),李克岐从江西永新迁观下(今霞阳店下)。次年,其弟李克嶷迁坂上(今垄溪坂溪)。元皇庆元年(1312),李国佑从江西永新迁城南。清顺治九年(1652)李沧由江西遂川迁梅冈,李正孔由桂阳迁常平乡牛夹。康熙中,李运美从福建汀州迁水口石角头。李天如、李举臧分别从桂阳、宜章迁七都水口、上三都。今李姓遍布全县各地。

陈　宋嘉祐年间(1056—1063),陈姓一支从福建汀州迁上堡(今石洲大源),后裔徙县城西街、十都、沔渡、三河。明初,陈云峰从江西吉安打猎来酃,见“圃巨兽多”,遂迁康乐乡陈家湾(今鹿原南冲),后裔徙三河、王家渡、东风。清顺治年间(1644—1661),陈永吉从广东梅县迁七都大塘。康熙末年,陈应讲从资兴迁七都牛夹。雍正六年(1728)陈学明从广东兴宁迁大坑(今三河大坑)。乾隆元年(1736),陈常伦从广东兴宁迁麻莱。道光三年(1823),陈思远从江西樟树迁王家渡。光绪十九年(1893),陈君敬从茶陵老虎塘迁斜濑渡。清末,陈姓一支从宜章迁新山(今平乐新山)。今陈姓遍布全县。

孟　南宋绍兴年间(1131—1162),孟知孝从茶陵迁康乐乡台山(今三河西台),转徙七都浆村定居。

张　南宋淳熙二年(1175),张仲广从江西永新迁鹏塘(今东风高峰)。后裔部分徙桐睦。明正统四年(1439),张志学从江西樟树迁康乐乡台山。清顺治年间(1644—1661),张光贤从广东兴宁迁常平乡上坑(今水口联坑)。张维楷兄弟从广东梅县迁坪形。稍后,张可举从江西会昌迁十都。康熙十三年(1674),张元高从广东迁西塘桐溪渡(今鹿原西塘)。今张姓后裔遍布全县。

唐　南宋绍熙五年(1194),唐隆三由江西永新打猎入酃,迁唐婆园院(今鹿原唐旺),其后裔散布鹿原(塘田)、三河、船形、水口等地。

段　南宋大理寺评事段昇,于淳熙年间(1174—1189)“奉命祀炎帝陵,嘉其山水清淑,识为湖湘发祥之地”,致仕后归江西永新。嘉定元年(1208)迁康乐乡炎帝陵山右,后定居枧田洲。后裔分布荆山、玉江、霞塘、石玉、深坑等地。

周　南宋开禧三年(1205),周荣国由江西永新厚田迁县城东。后裔转徙康乐乡南冲、谙礼、黄洞、太源,霞阳焦坑,七都中村等地。明崇祯年间(1628—1644),周天锡避兵乱自广东乳源迁斗米湖(今策源平湖)。后裔徙布今策源、水口、垄溪等地。康熙二十年(1681),周姓另一支由广东兴宁迁垄溪南岸。

刘　南宋嘉定元年(1208),刘明、刘恕兄弟由茶陵迁霞阳杨梅山、黄沙垄。其后裔徙居草坪等地。嘉熙元年(1237),刘景忠从江西永新迁夹石(今鹿原泷湖),转徙大桥头(今鹿原炎陵)。元至顺四年(1333),刘孟鼎由江西吉州迁中村。元至元元年(1335),刘胜一由江西永新迁三都南冲,后裔徙堆头(今鹿原)。明嘉靖年间(1522—1566),刘好吉自江西宁冈迁二都塔下、山下、洣西、龙口(今鹿原)。清顺治年间(1644—1661),刘贵先从广东乳源迁七都中村,刘爱生从广东彭城迁黄板桥(今水口板桥)。刘奕权从江西崇义迁王家渡火烧垄。刘荣贵、刘发仁从广东迁霞阳(今十都、沔渡一带)。康熙六十年(1721),刘荣阁从江西崇义迁桃岭(今水口桃岭)。刘克曛兄弟由茶陵徙居六都(今霞阳塘垄)。刘姓后裔遍布全县。

罗　南宋绍定二年(1229),罗凤吉从安仁后街迁县城西。明洪武年间(1368—1398),罗捷铭、罗捷轩兄弟从广东兴宁迁曹婆垄(今霞阳石潮)。民国32年(1943),罗洪兵从湖南武冈迁王家渡。罗姓后裔遍布全县。

扶 宋代,扶汝瑞从桂东徙居八都香炉坳,再徙七都栢子坪(今中村深渡)、县城东郊扶家冲。后裔分布霞阳、十都、策源、三河等地。

霍 元至治二年(1322),顺天府通判霍卷嵩"钦命同学士阿沙不花谒祭炎陵,见酃邑山水秀丽,人文尔雅",复命后致仕江西余干,携家迁康乐乡二都霍家。后裔分布三河庙前、霍家、西台及东风、霞阳等地。

万 元至顺年间(1330—1333),万以能从江西丰城迁十都小江。

潘 元至正年间(1341—1368),潘唐寿由江西泰和迁濑溪(今三河太和)。后裔徙三河大坑,鹿原澎溪。康熙年间(1837—1840),潘元芳携眷从广东博罗县迁居十都黄上村。

金 明正统十三年(1448),金福寿从江西永新迁二都金潭(今三河枧田洲金家)。后裔分布三河、东风、船形、沔渡十都等地。

邱 明成化年间(1465—1487),邱仲银由烟竹堡(酃桂交界)徙下村云里。清顺治间广东龙川、江西上犹、遂川各一支徙东风社背、下村田心。康熙、乾隆年间徙入 14 支,其中由江西龙泉、上犹、吉安徙入 8 支,分布于三河、水口、下村、策源、船形、霞阳、垄溪等地。由福建汀州、湖南永兴以及广东徙入 6 支,分布水口、策源、船形、霞阳等地。清嘉庆、光绪年间由福建徙入 2 支,分居十都、霞阳。由广东梅县徙入 1 支,居三河。

黄 明正德十五年(1520),黄梓清、黄梓斌兄弟从江西瑞金迁县城北门,后裔徙三河深坑、星光、石潮及七都黄挪潭(今策源乡)。清顺治十二年(1655)前后,黄国用、黄承宗从广东兴宁分别迁常平乡上水西(今水口水西)、垄坑(今三河垄坑)。康熙三年(1664)黄奇清从江西遂川迁康乐乡水东。三十五年,黄伦燕、黄伦水分别从广东兴宁、龙川迁三都石围垄(今三河大坑)、白源(今水口白源)。四十一年,黄子睿从广东迁三都董湖(今船形董湖)。康熙年间从广东迁入的还有黄哲朝从兴宁迁七都大塘。黄粤彬、黄德九迁入二都天坪。黄瑞德迁黄挪潭。黄日林迁桃村。黄子恭迁炎陵。黄志渊迁三都黄家垄。从福建迁入的有,黄坤玉由汀州迁石子坝。乾隆十八年(1753),黄士祥从湖南兴宁(今资兴)迁南岸。今黄姓后裔遍布全县。

项 明正德十六年(1521),项廷芥由江西龙泉(今遂川)迁至八都泥湖(今下村泥湖)。

盘 明隆庆二年(1568),盘正莲从湖南蓝山县迁常平乡车坪。顺治末,盘永堂从兴宁县(今资兴)迁龙渣。

董 明万历年间(1573—1620),董彦万、董彦芳兄弟先后从广东南雄迁龙甫(今霞阳龙伏)。后裔部分徙东风。

彭 明初,彭子洪从茶陵黄塘迁木湾。彭宏亮、彭宏桂分别于康熙元年(1662)、九年,从江西遂川迁七都李家村、楂村。二十四年,彭先秀从广东兴宁迁河漠。乾隆十五年(1750)彭亿万、彭有万从广东平远分别迁八都长远、七都九潭烂泥湖。三十年,彭万仁从广东兴宁迁泥湖(今垄溪秋田)。

胡 明崇祯年间,胡华丰从茶陵满堂冲迁入天坪。

钟 明崇祯末年,钟同金从广东梅县迁入水口。后裔徙中村、垄溪、十都、塘田。

朱　明末，朱有科从广东辽水迁康乐乡石鼓。清顺治十七年(1660)，朱玉兴兄弟从衡阳迁南流(今十都南流)，后裔徙大江、枧坑。朱有喜兄弟与朱有万分别于康熙四年(1665)、三十九年，从广东辽水迁七都高车、下湾。雍正年间(1723—1735)，朱姓一支从广东玉华迁沔渡圩背。

卓　明末，卓姓一支从江西樟树迁十都红南。

余　明代，余姓一支从福建汀州迁康乐乡水东，后裔徙澎溪、船形、三河等地。清康熙四十八年，余文斌、余奕斌兄弟从江西遂川迁十都杨木江(今车溪)。雍正七年(1729)，余奕斌再徙长湖(今十都深垄)。

袁　明代，袁天序由福建汀州徙十一都青草湖。后裔分布鹿原澎溪、船形、三河等地。清康熙五十九年(1720)袁思祥由茶陵浣溪迁高车。

雷　明末，雷鸣孙从江西遂川迁大院牛石坪。后裔徙三河、船形。

卜　清顺治九年(1652)，卜品科从广东兴宁迁桐睦。

江　清顺治十年前后，江元纲从福建汀州迁入水口。

杨　清顺治十七年，杨元、杨亨、杨贞三兄弟从江西赣州迁梅冈。后裔徙下村、策源、水口、垄溪、十都、王家渡。棚村、泷湖杨姓于清代从江西莲花迁入。天星杨姓于清代从广东梅县迁入。

叶　清乾隆年间，叶克辉从江西上犹迁水口水西。清顺治年间叶大焕从广东龙川徙七都桃村、楂村，叶光斗复徙船形沿潭。叶连在清康熙年间从广东和平迁江西上犹，复迁水口。未几，三迁沔渡长江。

马　清顺治末，马应龙从江西永新迁澎溪。

曾　清顺治末，曾昌文从广东梅县迁霞阳龙巷(今沔渡龙巷)。后裔徙沔渡洞里、十都等地。雍正七年(1729)，曾闻良从广东兴宁迁六都长岭(今垄溪)，旋迁小坑(今三河大坑)；曾贞洪迁六都茶垄(今垄溪茶垄)。后裔部分迁至今船形、大院。

邹　清顺治年间(1644—1661)，邹习民由江西龙泉迁康乐乡下四都(今三河石鼓)；邹胤琳由广东龙川迁九都高车。此后，有 11 支于康熙、雍正间自广东惠州、龙川、兴宁，江西吉安、上犹等地迁七都道任、自源，九都溅米石、大源，十都密花、红南，十一都锡坑、一都河漠(今三河星光)等地。

赵　清顺治年间，桂东赵成隆应酃县县令之邀，入酃平乱。事后定居龙渣。

邓　清康熙初，邓奇昌由广东乐昌徙六都春塘。同期又有 6 支由广东乐昌、龙川，江西吉安，湖南郴州、宜章、衡阳，先后徙四都源头冲(今霞阳石鼓)、十都沙坑、上蕉坑(今霞阳)、六都五斗冲、十一都上饶、一都龙甫及今石洲、东风、平乐等地。民国 24 年(1935)由桂东流源迁入一支，至龙渣新开。

戴　清康熙十三年，戴琁从广东兴宁县迁七都枣树(今水口枣树)。同年，戴昌俊从江西遂川迁枣树。三十七年，戴全彝从广东兴宁迁七都杉树窝里。六十年，戴正柏从广东龙川迁九都大源及三都(今船形)等地。

何　清康熙十三年，何世昌从广东惠州迁十都南流。清康熙、雍正、乾隆年间，从广东惠州、河源、江西赣州、湖南兴宁共迁入5支，分居七都中村，十都南流、皮坑，九都洞里，十一都夏馆、苍背、长江等地。

卢　清康熙十七年，卢子辉从广东始兴迁七都大塘。

谢　清康熙二十七年，谢明盛从福建连城迁七都枣树。后裔徙今策源、垄溪、霞阳等地。同期，谢正鼎从江西宁冈迁二都天坪（今三河天平）。

吴　清康熙三十四年，吴起凤从福建古田迁水口石角头。四十一年，另一支自江西永新迁十都瓜寮。嘉庆初，吴彩华从广东梅县迁石鼓，后裔徙今沔渡、鹿原等地。清朝至民国，另有24支从福建、广东、江西及湖南郴州等地迁入。

饶　清康熙五十七年，饶及振从江西遂川迁沔渡圩，后裔徙十都黄峰寨、低垄等地。

蓝　清康熙、雍正、乾隆及光绪年间蓝姓共22支迁酃。其中，福建迁入2支，广东迁入7支，江西崇义、龙泉迁入10支。由本省兴宁、善化、茶陵迁入3支。后裔分布今沔渡、十都、石洲、水口、中村、三河等地。

古　清康熙年间（1662—1722），古选皋由广东兴宁迁三都上村（今东风上村）。后裔徙今船形、大院等地。

郭　清康熙年间，郭升定从桂东堡下迁水口。后裔居今水口、策源。

黎　清康熙年间，黎日发从江西遂川迁八都坪坑，部分后裔徙沔渡上馆。

凌　清康熙末年，凌姓自江西赣州长宁迁三口垄（今垄溪三口垄）。

廖　清康熙年间，廖志壮、廖圣芳等3支从江西长宁迁一都横垄里、安龙山（三河大坑）、坂下（垄溪坂溪）、六都樟树下（垄溪杨西湾）；廖振斌等6支迁五都上江洲、白茅垄（今垄溪江洲、土垒）、中村田心尾、十一都黄上、七都黄板桥、枣树、桃坑、下村寺下；廖毓佩等3支徙居二都天渺坪（今三河天平）、上一都猪脑形（今三河源头）。廖鸿谨由广东徙居一都牛塘（今鹿原西塘），廖在昇徙居七都大塘。同治年间（1862—1874），廖元龙从广东兴宁迁王家渡。

严　清康熙年间，严敬举从广东乳源迁七都倒坑。雍正年间，敬举之子严茂兰迁七都杨柳湾（今中村龙坪）。十都严姓，于清末从江西迁入。

石　清雍正年间（1723—1735），石友仁自广东始兴迁霞阳石下（今十都大坪）。石桂万自福建武平徙九都大院。石钦怀自广东徙大姑塘。

林　清雍正年间，林上宝从江西赣州迁入河漠（今三河星光）。水口大塘林姓于清代自广东迁入。

颜　清雍正年间，颜启先从茶陵迁二都篆里（今鹿原萃群）。县城东郊颜姓于清代迁入。

邝　清雍正年间，邝良恪从宜章县迁东坑（今下村东坑）。

房　清雍正年间，房廷梧从广东梅县迁三都南冲。乾隆三十二年前后，房世伦从广东连州迁三都南冲。后裔分布南冲、天平。

邬　清雍正年间，邬有朋由广东梅县迁天坪。

伍　清雍正年间，从广东梅县迁石玉（今霞阳石玉）。

贾　清乾隆三年（1738），贾经武从福建武平迁县城东郊横岭。五十五年，贾仲玉从广东长乐迁十都红南。

王　清乾隆三年,王姓一支从福建汀州迁县城西郊。王家渡王姓于道光十四年(1834)从茶陵湖田迁入。三河王姓于清代从江西莲花迁入。

徐　清乾隆年间,徐文潭自广东和平县迁大院牛石坪。

史　清代乾隆年间从醴陵迁入。

赖　水口赖姓系清道光年间(1821—1850)从福建汀州迁入。光绪年间(1875—1908)赖炳元从福建汀州迁十都圩。

肖　清代,肖贵一从江西鹧鸪塘迁三都木栏(今船形)。肖德华从江西塘垄迁河漠。民国32年(1943),肖新华从茶陵湖口迁城西五里牌。

龙　清代,龙文道、龙文建从江西永新分别迁上馆、夏馆。

范　清代,范细禄从广东梅县迁三都春江(今船形)。

巫　清代,巫开文从广东梅县迁石鼓。

许　清代,一支从福建迁十都障下(今十都青石冈),旋迁黄烟堡(今沔渡苍背)。

艾　清代,从福建迁城北扶家冲(今霞阳扶家冲)。

苏　清代,从茶陵枣市迁河漠排上(今三河星光)。

池　民国初,池大洪从茶陵湖口迁石潮。

贺　贺芹香、贺宝芳分别于民国10年、24年从宝庆迁沔渡圩。

吕　吕小云于民国33年从耒阳柑子街迁石潮。

二、姓氏分布

1994年版《酃县志》载,全县共236个姓氏,其中单姓234个,复姓2个。人口在1万人以上的3个姓氏:刘姓15108人,张姓14380人,罗姓10417人。

5000—1万人的6个姓氏:唐姓9600人,李姓9200人,陈姓8871人,黄姓7035人,谭姓6704人,段姓5743人。

3000—5000人的8个姓氏:曾姓3990人,朱姓3540人,廖姓3431人,王姓3205人,郭姓3173人,潘姓3164人,钟姓3070人,周姓3004人。

1000—3000人的20个姓氏:何姓2981人,邓姓2746人,吴姓2653人,霍姓2592人,邱姓2572人,尹姓2548人,杨姓2430人,孟姓2365人,肖姓2204人,戴姓1997人,蓝姓1715人,凌姓1636人,林姓1509人,彭姓1482人,叶姓1480人,谢姓1455人,邹姓1437人,余姓1405人,邝姓、黎姓各1065人。

500—1000人的13个姓氏:胡、龙、沈、雷、赖、江、万、古、袁、徐、范、金、赵。

100—500人的44个姓氏:石、盘、扶、曹、饶、项、贺、郑、姚、房、阳、汤、贾、梁、宋、卢、伍、方、尚、巫、马、蔡、崔、吉、傅、欧阳、熊、颜、欧、许、韩、苏、田、孙、史、蒋、董、魏、龚、梅、庄、吕、卜、程。

100人以下的142个姓氏：瞿、薛、滕、谈、鲁、樊、暨、漆、敬、管、碧、裴、粟、童、游、温、舒、葛、喻、裘、阎、康、章、巢、符、盛、钱、敖、席、涂、殷、翁、莫、倪、陶、顾、剧、聂、资、奉、耿、夏、骆、官、施、祖、祝、姜、洪、俞、禹、侯、费、郝、柳、相、柏、战、郎、卓、单、宫、练、首、屈、易、晏、庞、明、汪、冷、辛、邵、佘、谷、抄、陆、杜、麦、严、寻、池、齐、关、羊、邬、成、任、向、华、安、匡、冯、乐、印、白、包、艾、申、宁、甘、皮、占、左、文、仇、毛、孔、于、尤、卫、刁、丁、荣、超、义、溪、奉、斯、詹、娄、缪、楚、尧、凡、哀、宣、过、吾、右、医、左、任、圣、芳、鲍、宗、淡、眭、瞌、韦、上官。

1990年各乡镇100人以上姓氏分布表

表31-2

类别 / 姓氏数量 / 乡镇人数	3001人以上	2501至3000人	2001至2500人	1501至2000人	1001至1500人	501至1000人	100至500人
三河 124姓 20969人	—	张2930	—	霍1853 潘1813 唐1722 段1628 罗1676	—	刘922 李841 谭708 黄698 廖602 陈586 周582	雷 谢 曾 彭 肖 胡 房 金 邹 邱 杨 苏 邓 尹 王
王家渡 100姓 12945人	—	—	—	罗1955 段1887 谭1696 刘1643	唐1051	陈918 张895	霍 潘 廖 黄 周 李 杨 尹 王
东风 97姓 9272人	张3427	—	—	—	—	李674	霍 廖 谭 黄 唐 段 罗 邱 何 吴 陈 古 邓
塘田 88姓 10992人	唐3928	—	—	—	刘1168 段1054	张568	霍 潘 廖 谭 赖 雷 谢 曾 黄 周 罗 吴 陈 李 杨 王 马
船形 79姓 8269人	—	—	—	—	刘1016	黄899 张815 罗727 唐617	戴 廖 雷 钟 段 范 林 陈 李 杨 叶 邓 王
城关 199姓 14778人	—	—	—	—	刘1206 谭1123 陈1024	罗999 张998 李824 唐730 王530	戴 霍 潘 廖 尹 曾 彭 肖 黄 郭 钟 段 胡 谢 周 孟 邱 何 吴 扶 杨 朱 邓
城东 135姓 12993人	—	—	—	—	刘1217 罗1028	李956 谭915 陈617 钟534	廖 蓝 谢 曾 肖 黄 唐 凌 贾 段 胡 周 邱 何 吴 张 杨 伍 朱 龙 邓 尹 王

续表 31-2

类别 姓氏(数量) 乡镇(人数)	3001 人以上	2501 至 3000人	2001 至 2500 人	1501 至 2000 人	1001 至 1500 人	501 至 1000 人	100 至 500 人
沔渡 125 姓 14401 人	—	—	—	—	刘 1088	尹 988 李 928 曾 844 张 823 陈 749 何 697 朱 580 龙 537	戴 廖 谭 蓝 肖 黄 郭 凌 钟 饶 胡 郑 罗 林 邹 吴 汤 叶 王
十都 128 姓 13372 人	—	—	—	—	李 1286	刘 988 陈 814 黄 748 吴 712 张 640	潘 廖 谭 蓝 赖 谢 曾 郭 唐 贾 钟 罗 林 宋 余 何 杨 庄 朱 叶 石 邓 尹 王 万
垄溪 118 姓 8704 人	—	—	—	—	—	陈 977 罗 769 刘 621	廖 谭 蓝 谢 曾 肖 黄 唐 凌 钟 周 林 邱 何 吴 张 李 邓
石洲 108 姓 5655 人	—	—	—	—	—	黄 510	戴 廖 谢 曾 肖 唐 袁 钟 周 罗 邹 何 张 陈 李 刘 邓 王
水口 124 姓 16795 人	—	—	—	郭 1773 刘 1673 孟 1581	—	张 927 李 826 陈 824 黄 793 罗 701 戴 703 彭 607 朱 538	廖 谭 赖 雷 谢 曾 唐 徐 钟 饶 周 林 沈 邹 邱 余 何 吴 杨 江 叶
策源 80 姓 6112 人	—	—	—	—	—	刘 531 廖 506	蓝 谢 曾 曹 黄 郭 高 周 范 罗 孟 邱 何 张 陈 李 江 朱
中村 106 姓 8120 人	—	—	—	—	刘 1005	张 647 邓 629	戴 蓝 彭 黄 郭 袁 钟 周 罗 沈 何 吴 陈 李 杨 朱 王
龙渣 79 姓 2240 人	—	—	—	—	—	—	盘 钟 赵 胡 孟 张 李 刘
平乐 65 姓 2691 人	—	—	—	—	—	—	邝 熊 肖 黄 郭 陈 刘 朱 吉 邓
下村 81 姓 8161 人	—	—	—	—	—	朱 976 黎 849 邱 826 刘 804 黄 623 肖 582 邝 579	曾 赵 项 罗 张 李

第四节　宗　族

民国以前,各宗族建祠堂、修族谱、办义学、设义仓、祭祖宗、修祖坟等活动频繁。在调解族内纠纷,兴办公益事业,传承优秀传统文化等方面起到一定积极作用,但族权往往为地方官绅操纵利用。以维护宗族利益为名,夺水源、争坟山,打人命官司等族群冲突事件时有发生。歧视、残害妇女,甚而抵制革新、革命的现象亦不鲜见。

中华人民共和国成立后，宗法制度作为封建制度的统治基础被摧毁，宗族势力随之消失,传统宗族意识逐步淡薄。1980 年后,随着对外开放的扩大,海外华人华侨、港澳台同胞回到祖籍地寻根问祖。一些地方开展宗亲联谊、招商引资、祭祖扫墓、传承民俗文化等活动。各姓氏以社会主义价值观为指导,续修族谱,重订族规族训、乡规民约,褒扬对国家、民族作出贡献的人物。有的还以宗族名义捐款助学、奖学。

宗祠　清代,县内大多数姓氏建有宗祠,有的一姓建有多处祠堂或君庄(准祠堂)。谭、罗、李、刘、贾等望族在城内设立总祠。祠堂一般为两进一天井格局,前廊四柱三门,后堂设神龛,厝置祖宗牌位。祠堂旁建有生活用房,祭祀时预备祭品祭器,提供参祭人员餐宿。每年清明、冬至两祭在祠堂举行,合族男丁参加。宗祠置有田土山林,由族人捐献。所收租谷(银)用于祭祖先、修祠堂、办义学、修路架桥。1949 年后,祠堂土地收归集体所有,分给无地或少地农民。宗祠多被改为中小学校舍、医院或机关办公场所,部分分给无房农户居住。20 世纪 50 年代,县城的宗祠在城市改造中先后拆除。70—80 年代,农村学校、机关相继从祠堂中迁出。后因长期失修,大部分祠堂倒塌或作危房拆除。2000 年前后,有的宗祠由族人集资修复,个别姓氏新建祠堂。

族谱　各宗族一般 30—40 年一修。但由于多种原因,往往间隔 50—100 年甚至更长。县内人口较多的姓氏均修有族谱。居住在炎帝陵附近的姓氏,如唐、段、刘、周、谭、罗、扶、金、霍等姓氏,自元、明以来皆以炎帝陵为地望,族谱贯以“炎陵某氏”。民国初年、抗战胜利后修谱风盛。1949 年后修谱活动停止。2000 年前后,各姓氏重修族谱。至 2014 年,县内有个 40 余个姓氏完成重修。

族谱结构大致相同,一般有谱序、凡例、族规、字据、服制、图说、传志、世系源流等编目。族规含祠规、家规、家训、派语等。字据包括与族产有关的契约、合约、合同以及官府处理争讼的文书。图说载本族先祖与名人画像及赞;祖坟、祠堂、故居等绘图及赞。传志包括人物传记、寿序、墓志铭、族务事记等。族谱发至各房,每年祭祀日检查有无丢失、污损或出卖,违规者受到处罚。

族规　民国以前的族谱族规,均订有敬祖宗、孝父母、友兄弟、尊师长、睦宗族、正名分、诚祭祀、和乡邻、恤孤寡、崇节俭、尚勤劳、勤耕耘、重读书、急赋税、息争讼、多宽恕、杜奸淫、戒赌博、戒盗窃、戒溺女婴、重友谊、慎言行等内容。有些宗族还规定禁出卖己姓,禁卖身为婢,禁充当差役等。凡违背族规者被视为“灭伦乱纪,败坏门风”,轻者捆绑鞭挞,重者沉潭毙命。祠堂备有绳索、棍棒、竹片等刑具。族规对于族众的行为有一定导向、约束作用,但对权势者为非作歹并无约束力。

新修族规与时俱进,剔除封建糟粕,体现国家法律法规和社会主义精神文明要求,对优秀道德传统则予以保留,并给予新的诠释。

附

炎陵黄氏家训

1.孝敬父母:父母乃吾身之本,少而鞠育,长而教训,其情如海深,其恩如天高,其心如地阔,不可忘。百善孝为先,百福恩为本,在生孝顺尊敬、鞠躬尽瘁,终老丧尽其礼、祭尽其诚。

2.友爱手足:兄弟姊妹,同宗同辈,生则同胞,居则同巢,情同手足。手足相处,心平气和,谦虚有礼,互尊互助,互信互善,爱心永驻。须知兄弟齐心,其利断金。

3.夫妻同舟:夫当修身齐家治天下,妻以人伦道德理家声。夫和妻恭,相敬如宾。夫妻风雨同舟,顺逆相伴,同气相求,休戚与共,则家兴业达。

4.和睦族亲:族亲者,乃同宗共祖之人也。虽有亲疏之别,其始出一宗。同族亲属之间勿以小财为争,勿以小事为仇,勿以猜忌为心,推己及人,友善相待,内外和睦,团结奋进。

5.遵法守德:国无法不治,民无法不立,为人处世以遵纪守法为荣,以违法乱纪为耻,非法之事不沾,违法之人不交;遵循职业道德、社会道德、家庭美德,诚信为本,肩挑道义,谨记以德服人者昌,以理服人者顺,以信服人者智。

6.慎交慎言:志同者为友,道合者为朋。近朱者赤,近墨者黑。交友宜近君子远小人,近仁人远奸佞。涉世以慎言为先,言多令事败,器漏苦不密,出言须谨慎。欲人不知,莫若不为;欲人不闻,莫若勿言。

7.敬业爱国:“位卑未敢忘忧国”,吾族先天下之忧而忧,后天下之乐而乐,对国忠诚,心系大众。不尚空谈,务实敬业,恪尽职守,励精图治;践行爱国报国大志向,成就兴邦强国大事业。

8.念祖追远:吾族吾祖,怀揽天下,德泽八方,福佑万民,为世代轨范。吾等后裔,当数典念祖,尊祖崇宗,承传美德,立身修为;当开拓创新,担当立业,提振家风,光宗耀祖。

第三章　风　俗

第一节　生产、交易习俗

一、耕　播

民国以前，水稻播种，不论晴雨，须戴斗笠，手执线香，闭口不语。播完后在田埂上插一红纸作的小三角旗，上写“风调雨顺”，名为“菩官”。莳田之日，东南乡做艾叶米粿，数条相并，形似禾穗，以祈丰收。插秧时忌从别人手中接秧，忌将秧把甩中人体，因“秧”与“殃”谐音。六月初六，在田间设祭，插上洒有鸭血的小旗，求灾害不作，稻谷丰收，谓之祭“菩官”（古之“禳田”遗俗）。6月11—13日，西乡由一村或数村联合，数百上千人在田间舞火龙（烧飞蛾）。东南乡则于夏初摆灯烧虫，上写“求神有应，风调雨顺”字样。每家出灯数盏，入夜敲锣打鼓，穿行田间，鞭炮连天，灯火蜿蜒数里，说是可以吓破虫卵。遇上大面积干旱、虫灾，则由县官主持，祭拜神农炎帝。民间有“抬狗求雨”习俗，即久旱无雨之际，将狗绑在竹椅上，抬狗游村，游完后将狗丢入池塘洗澡。

1949年后，破除封建迷信，普及科学种田。耕播生产中的一些迷信习俗不再延续。

二、采　伐

旧俗，进山砍树需焚香、烧纸、杀雄鸡，祭山神。开山人（砍第一棵树者）口念咒语以避邪秽。忌食豆角、泥鳅、南瓜、冬瓜等与蛇形相似或圆形易滚食物。对工具、工序等不直呼其名。如斧子称“大铁”，柴刀称“小铁”，拉钩称“画眉”，穿草鞋称“骑马”，受伤称“挂花”，抽烟休息称“烧窑”，吃饭称“点麦”，收工称“班师”，彼此打招呼只喊“哦嗬”。忌讲“蛇、虎、黄蜂”及谐音字，蛇称“溜哥”，黄蜂称“芒花”，血称“苋菜水”。运木时，称撑棍（扛木头的辅助工具）为“矮古”。水运杉筒称“赶羊”。放排禁讲散、捞、打、龙、鬼等晦气词语及谐音字。

三、养　殖

旧俗，猪崽买回家，主人饮冷开水一碗。一气喝完，企望猪崽不挑食，长得快。猪栏鸡埘上写“姜太公在此”，以避瘟疫。宰猪放鞭炮送终，烧血纸敬神，撒猪毛于门前大路上。

家庭习以“抱鸡婆”（孵蛋的母鸡）孵化鸡鸭鹅。西、南片有“抱坊”，批量孵化小鸭。开春后，“抱坊”收购新鲜鸭子（蛋），装入网袋，放入木桶，每桶装十几袋，约500只蛋。初以炒热的稻谷（俗称麦谷）提供温度。5天“照光”，拣除“回公子”（未受精）。半月后“以子抱（孵）子”。师傅凭手感掌握温度变化，以增减麦谷温度、翻桶等办法调节温度。初一、十五，贴符咒、祭神、打牙祭。孵化期1月。小鸭破壳日上市,当日未卖出的需下水进食,称“老毛”。20世纪80年代引进电热自控孵化器后,传统“抱坊”随之关闭。

西乡有稻田养鱼习惯。清明前后有成群鲤鱼逆洣水而上,游至炎帝陵前龙潭,民间称之“鲤鱼朝圣”。沿河居民将杉树枝叶捆绑后沉于水中,雌鲤即产卵其上。三五日后取回沥干,放入小水塘孵化,谓之“吊鲤子茅”。待禾苗封行时,将鲤鱼苗放入稻田,与草鱼苗混养,两年即可出售。家中来客,主人随时下田用“捞勺”(锥形小鱼网)或“搾子”(无底箩筐)捕鱼款待。20世纪60年代,因大面积使用农药化肥,稻田不再养鱼。80年代后恢复,但不普遍。

四、打　猎

境内山高林密,适宜野生动物繁衍。宋代即有猎户徙入,以狩猎为生者不乏其人。清代中叶,山地多被开垦。人进兽出,兽害频发。野猪、山牛糟蹋农作物;老虎进城,甚至登堂入室,噬人事件频发。山民以风梆、水梆、水臼及稻草人设防。作物收获期间则搭棚看守,烧火堆、敲竹梆吓阻。兽害严重的地方则请猎户、猎队捕杀。

猎手分“游猎”与“索猎”两种。游猎以猎犬追踪,火铳射杀为主。猎手带粮食,搭山棚,在野兽出没区域围山。按照分工,有的抄山,有的等堂埋伏。索猎以设陷下套为主,下套绳索以苎麻制作并经特殊处理。射杀工具主要有弓、弩、火铳等。专业猎户在大门进门左边设猎坛,供奉盘王大帝、梅山法师、打猎仙师神祇。敬神时,备好酒、茶、肉,杀雄鸡,称“请师傅”,每次行山打猎之前都要请。正月初二和年末为惯例。

旧俗,上山打猎程式:一、开山。在套索下挖陷井,将猎刀架其上,念“开山咒”。二、和山打堂。念咒语,请五五二十五里山神土地行方便。和山后“点兵”,调动山神土地的兵马,将野兽往陷井方向赶。再念打堂咒。三、藏身退影。以念咒语的方式,消除人的活动痕迹。四、偿坛。酬谢神灵和祖师。再点兵,烧“关山牒”,关住某个山头的野兽。五、敬神。以野兽的心肝肺置于神坛上敬神,打围山的将第一个猎物整体置神坛前。如打不到猎物就要“翻坛”。在家请了师傅,将尖山符贴在神位上。据说,如此山神就会退位,不再管事。射杀老虎后,将死虎作活虎状置于轿内,以红布盖虎头抬下山。到家后敬神,割一点虎舌埋入地下。

为保护生产和群众安全,1950年,全县组织72个打猎队,猎手792人。1952年,扩至122个猎队,猎手1352名。随着野兽减少,1957年,猎队减至59个,猎手减至342人。当年放索6202处,猎获野兽1899只。其中,老虎15只,山牛275只,野猪324只,麂864只,豪猪421只。

20世纪60年代中叶,打猎队撤销。80年代初,县人民政府颁布《关于保护野生动植物和加强自然环境管理的通知》,登记猎户、猎枪,清理外来猎手,划分准猎、禁猎范围。对猎杀或误杀野生保护动物行为依法进行处理。1990年以后,猎手改行,打猎习俗成为历史。

五、起　屋

起屋(建房)被视为人生大事之一,有“起屋造石,头发急白”之说。一般选择依山傍水,背风向阳，出入方便之地建造。大门要对准远山，后山“龙脉”要长，右边地势不能高于左边。喜坐北朝南丘冈地，忌阴暗潮湿的山窝洼地。

确定地址后择吉日“下糙脚”（屋基）。待基础沉实后，择吉日良辰砌砖。由首席砖匠砌第一块墙砖，说一套吉利话，办“起手酒”，给砖木二匠封红包。墙壁砌至齐窗高叫“小平口”，选吉日举行安门仪式。大门，房门同一时辰安放，贴“安门大吉”红纸条。立大门时杀雄鸡一只，将鸡血滴到大门顶上，吉时一到燃放鞭炮。

栋梁要求粗大通直，往往一梁难求。于是在山区流行“偷梁”习俗。即请有名望的木匠师傅，到别家山上挑选。木匠以被请“偷梁”为荣，被“偷”人家也因出了栋梁之材而高兴。上梁时梁上挂彩，梁中贴“紫微正照”“长梁大吉”等吉祥字幅。先旺梁，由泥匠作祝词。接着拜梁，在八仙桌上置一盛满谷子的谷斗，上放彩条，请本族长辈致祝词。拜梁后升梁。泥匠分立左右，双手举梁，司仪者呼“高高升”，众匠跟呼。到位后鸣炮，杀雄鸡，泥木工匠在屋梁上向四周人群抛撒米粿、糖果以及混有硬币的泥土，屋后多于屋前（方言“泥”“人”谐音，寓后代有人、有钱），工匠念祝词“赞栋”。主家给工匠送“红包”，设酒席宴请泥木工及亲友，称“下刀酒”或“下板酒”。建房时，乡邻有助工之习，亲戚有“送餐”之俗。

20世纪90年代后，时兴修建钢混结构楼房，罕有立大门程序。也有的在屋面浇筑完工时仿上梁旧俗，举行竣工仪式，同样放鞭炮、撒糖果、办酒席。

六、逢　圩

县内多圩。大至猪牛牲畜、竹木薪炭、农具用具，小至柴米油盐、针头线脑，多在圩场交易。清乾隆《鄱县志》载全县有17市（俗称圩），其中县西8市，县东5市，县南4市。圩场一般坐落在交通便利、人口密集之处。圩期分地区按一四七、二五八、三六九轮流。三日一轮，逢十歇圩。届期，五行八作、三教九流云集；南杂北货，山采土长汇聚。

县人喜逢圩（赶场）。每当圩日，男女老幼一早便盛装赶往。路遇熟识的商贩，则恭维“卖行货宝”“发财”，忌说“跌”“赔”字眼。大圩场成千上万人汇集，小圩场亦数百人，逢年过节则人数倍增。有的做买卖，有的赶热闹。相亲会友、剃头缝衣、看相算命、听书看戏、喝茶聊天，各得其所。至下午两三点钟方慢慢散去，大有“日中为市”农耕遗风。

20世纪50年代，圩场成为农村经济、文化、信息中心。60—70年代，以集中劳力搞生产为由，关闭部分小圩场，圩期亦减为一月3圩、2圩，甚至全县统一圩日。80年代，逐步恢复传统圩场与圩期。90年代后，进行小城镇改造，各地纷纷易址新建农贸市场，老圩场渐次零落，传统圩场文化不复存在。

第二节　生活习俗

一、服　饰

衣服　清代，鄱县人衣着尚青、尚蓝。布料多为家织棉土布（俗称大布）、（苎）麻布，富家、士绅有着绸缎或机织布者。上衣多为斜襟。男穿小领布扣长衫,女着大袖布扣短衫。劳作时男子将衣襟撩上扎入腰巾,女子则在胸前系以“团裙”。裤多折头、大筒、大裆,男女同式。民国时期,学生与公职人员着学生装、中山装。城镇富家妇女穿旗袍、褶裙。农村中青年男子改着对襟布扣短衫。

20 世纪 50—60 年代,农村老年人仍着斜襟长、短衫。城镇中山装、列宁装、青年装、学生装普及,女青年喜穿长裙。布料有毕叽、府绸、卡叽、灯芯绒等。色彩以青、蓝、红、灰为主,各式花格、碎花布为青年妇女青睐。衣着有“新三年,旧三年,缝缝补补又三年”之说。70 年代,黄布军便服流行城乡;的确良、的确卡,毛线衣、绒衣裤畅销。80—90 年代,西装、夹克、猎装、牛仔衣裤、太空服、长短裙已普及。着西装打领带成为时尚,补丁衣裤已属罕见。2000 年后,色彩鲜艳、式样各异的时装迭出,款式四季分明。布料多为丝、绸、呢、绒、化纤。衣着观念从方便、耐穿转为美观、舒适、时尚。

鞋帽　民国时期,儿童戴家制圈圈帽、狗头帽、羊角帽、披风帽。前沿缀铜、银或玉质饰件,绣福、禄、寿、喜图案。狗头帽两侧缝制“狗耳”。披风帽后沿遮颈,尾悬玉、铜坠件。成年男子戴瓜皮帽、绒线帽、风帽。知识界、士绅戴礼帽,商贾竞相仿效。男子夏秋劳动时头缠白布澡巾,妇女遮青布头巾。中老年妇女秋冬缠青绸绉纱巾。白天,不论晴雨打赤脚。上山、挑担(远程)着草鞋;雨天外出着钉底鞋、粗牛皮鞋,或套木屐。冬闲居家着青布鞋,青年妇女喜着绣花鞋。20 世纪 50 年代,流行解放帽,瓜皮帽罕见,礼帽绝迹。寒雨天外出着胶鞋(俗称雨鞋、胶水鞋)。60—70 年代,妇女多戴印花四方头巾,家制童帽不多见,代之以凉帽与仿动物丝绸料风帽,部分中老年男子戴斗绒遮风帽。晴雨两用的“解放鞋”普及城乡。80 年代,鸭舌帽、旅游帽风行,绒线帽花样繁多。塑料拖板鞋、凉鞋、皮鞋流行。90 年代后,中青年戴帽者寥寥。普遍着皮鞋、胶底轻便鞋,水田作业着长筒胶鞋。草鞋、布鞋罕见。

首饰　清代、民国时期,女子多戴耳环、戒指、手钏,头插发钗。富者以金、银为质,贫家以铜为质,多为陪嫁物品。殷实人家儿童带银项圈、手圈、脚圈,项圈带链,挂长命锁。20 世纪 50 年代,提倡艰苦朴素,戴首饰者罕见,“文化大革命”期间绝迹。90 年代戴金银耳环、项链、戒指、玉镯、玉佩等渐成时尚,2000 年以后基本普及。

二、床具及床上用品

民国以前,民间多用架子床。四角有立柱,(4 柱或 6 柱),顶面有盖“承尘”,三面设挡板或以小料拼成图案的围栏,四面床牙为浮(镂)雕吉祥图案。普通农家铺盖为印花被、粗草席、稻草(或谷壳、粟壳)枕头,挂麻布蚊帐,垫稻草编制的稿荐。20 世纪 70—90 年代,城镇流行高低床、划架(T 形木架,挂蚊帐用)床,床上用品为细布被套、布套枕头、细草席、棕(或棉)床垫、纱布蚊帐所取代。2000 年后,少数农户仍沿用架子床、高低床。城镇多从商店购买成套床具,款式多样。流行各色丝绸被面、花布床单、绣花枕头、席梦思、踏花被、蚕丝被。架子床、蚊帐在城镇已不多见。

三、饮　食

鄢县人以大米为主粮，高粱、苞谷、穇子、红薯、洋芋（马铃薯）、豆类、蕨粉等为杂粮。20世纪80年代以前，农村主食多为拌有杂粮、菜蔬的米饭。拌红薯丝的叫薯丝饭，拌青菜、干菜（山区拌干豆叶、西芎苗）的称“蓑衣饭”。冬闲多食二餐或以焖红薯，红薯、南瓜、豆类稀饭为主。煮炒饺、打米豆腐、焖糯米饭谓之“改善生活”。90年代始，主食不掺菜蔬，面食在城乡流行。2000年后，红薯多作副食或饲料。传统副食有豆类、花生、瓜子、尖栗、薯片、薯糕。逢年过节东乡做米馃，南乡舂糍粑，西乡打烫皮，家家炸馓子、兰花根、豆饼（客家称豆拉，西乡称铁勺）。进入21世纪后，传统副食从商店购买，很少自家制作。

鄢县人嗜辣椒，荤菜、素菜常与鲜、干椒共炒。酒浸辣椒、辣椒酱、剁辣椒、辣豆腐乳为常用佐餐。盐渍干制辣椒，称“盐辣椒”，生椒灌糯米粉称“灌辣椒”。冬至前后，农户将盐腌猪肉、鸭、鹅等，挂在灶头上方熏制，称腊肉、腊物。山区多野味，野兔、野猪、竹鼠、林蛙等为传统美味，香菇、木耳、冬笋、笋干为健康佳肴。地方名菜以东坡肉、十样锦、炖蛋、粉蒸鹅肉著称。狗肉以茶油生炒，原汁火炆为正宗，俗称“狗肉滚三滚，神仙也站不稳”。“十碗荤”为传统正席菜，曾款待朝廷御祭官。

酒多为家酿，俗称“水酒”，以酒酿兑井水经发酵而成。二月酿“桃花酒”，九月酿“重阳酒”，冬至前后酿“冬酒”。熟米糟甘甜清淡，老冬酒香浓味醇。以烧酒兑酒酿，谓之“哑酒”，后劲十足。窖藏数年的“映湖烧”，入口香甜，极易醉人。20世纪90年代饮用瓶装白酒、啤酒、香槟酒者渐多，2000年后又添红酒（葡萄酒）。然农村仍习饮“水酒”。

鄢县人好饮茶，山区多自栽自制。将井水或泉水置沙罐内，待水开后放入茶叶，以文火炖煮。茶水呈琥珀色，入口极苦，回味甘甜绵长。冬天，山区老农常陶醉于“一壶浓茶一炉火，除了神仙就是我”。城镇以滚开水泡茶，也有将茶叶置热水瓶内，茶水色红味甘，香气浓烈。20世纪90年代，有“南方人参”之称的“绞股蓝”（本地有野生）以及藤茶成为保健佳品。2000年后，果汁、咖啡、矿泉水为年轻人所青睐。

四、居　住

明、清移民，安土重迁，多在开基之地修建房屋。主体建筑一般为三开间、两进（前、后厅）、一天井，个别大户建成五开间、三进（前、中、后厅）、两天井。厅堂是家庭议事会客、婚嫁丧葬、祭祀祖先的场所。正中设神龛，供“天地国亲师”牌位。天井两侧为厢房。大门口建成向内凹进的“吞口”。门前以矮墙围成长方形院子，侧向建有附属用房与院门。房屋主体以青砖砌筑，屋面为青瓦悬山式，地面铺方形薄青砖，木、石构件一般刻有浮雕。大家族以祖屋为中心聚居。子孙发达后，横向组接扩展，形成“大屋”。

民国时期，家庭趋向小型化，多在祖屋以外修建单体式房屋，另立门户。但房屋、大门不得高于祖屋。一般格局为3开间4房，中为堂屋（有的设后厅），厢房与堂屋相通。大门门墙缩进设“吞口”。前有晒谷坪、矮围墙。楼层低矮，窗户狭小，楼门口开在房内，以木梯上下。东南山区有的楼上住人，楼下关牛。西乡住房下层多以卵石、石灰砂浆筑墙(1 米左右)，上砌土坯砖。悬山式屋面，盖以小青瓦。内外墙粉刷石灰砂浆。东南乡多垒石为基，夯土为墙，上盖杉皮，贫者仅盖茅草或以竹代瓦。此类建筑延至 20 世纪 70 年代。

20 世纪 80 年代后，城乡民居普遍修建红砖青瓦楼房或钢混结构平顶楼房。2000 年以后，建筑造型、功能结构、内外装饰等打破传统。外形美观、功能齐全、舒适方便的别墅式建筑，相继在城镇和农村出现。

第三节　岁时习俗

春节　初一合家早起，穿新衣，放鞭炮，焚香纸，祭祖宗。吃先日的剩饭，象征“有余有剩”。不杀生，不钉钉，不扫地倒垃圾，不洗衣晒衣，不说不吉利的话。邻里互相串门拜年，拱手作揖，恭喜“发财”，吃糖果瓜子，喝茶饮酒。初二“起牙”(一年中第一个“牙祭”)，早餐必有豆芽。西乡有早餐吃斋菜(豆腐、豆芽、芋头等)习惯，寓意吃掉“灾害”。中午各家杀鸡置酒，菜肴丰盛。拜年有“初一崽，初二郎，初三初四拜地方”之说。第一次出家门拜年称“出行”(方言读 han)。初二女婿去岳丈家拜年，亲戚轮流宴请。初三“送穷鬼”，将初一至初三的垃圾一起送到门外岔道口，并焚香、烧纸、放鞭炮，高喊“穷鬼去，富贵来”。有的弄点柴火回来，意在“捞柴(财)进屋”。月半节以前，舞龙、耍狮，走村串户，拜年赞福。有的请戏班唱戏，有的自组艺班登台献艺。亲邻互相宴请，席间必有鱼，寓意“食有余”。

20 世纪 50—70 年代，一些烦琐礼节和带迷信色彩的禁忌逐步废弃。拜年、舞龙、耍狮习俗仍旧。有的乡村举行文艺会演，欢度春节。机关单位举行团拜；县委、县人民政府负责人慰问驻军与老干部、老红军；乡村干部敲锣打鼓向烈军属拜年，开一时新风。80—90 年代，增加慰问节日坚守工作岗位的职工，看望困难职工与农户。2000 年后，生活节奏加快，亲戚邻里交往趋简。传统春节习俗逐渐淡化。

元宵　又称“上元节”或“月半节”。城乡有摆花灯的习惯。俗称“三十(除夕)夜的火，十五夜的灯”。花灯名目繁多，伴以舞狮、舞龙、竹马、旱船、渔夫戏蚌、八仙过海等表演。鼓乐齐鸣、铳炮连天，沿街(村)游行。以米粉作鸡猪牛犬之形，祀福神祈福。当晚农村有“偷青”之俗，年轻人“偷”人家菜园的大蒜、青菜煮成羹汤，逗主人骂掉身上的“晦气”。家家户户用糯米粉做成角状包饺，馅用腊肉、冬笋，说是吃了可免一年“口角”。民谚有“吃了十五晡(日)的饺，要到田塄下撬”，意谓过节后，就要下田干活了。20 世纪 50 年代后，元宵摆灯、偷青、吃包饺之俗仍存。元宵灯火以十都镇花样最多，规模最大。

立春　立春时辰到，燃香烛、放鞭炮，大门、神龛贴迎春接福红纸条。有的立鸡蛋(客家话“蛋”读“春”音)，以卜一年运气好坏。

三月三　又称“上巳节”“踏青节”。仕女、学生“踏青”(今谓春游)。有“三月三，荠菜(俗称蒂蒂菜、鸡肉菜)煮鸡蛋”之说。有的将荠菜置窗台墙角以驱虫蚁。

清明　清明前三天后三天均为扫墓、修坟日。习称扫墓为“挂地(坟)”，即将冥纸折成波纹状，压在墓头、墓碑及墓旁，象征为祖先居室添瓦。在祖坟前供香烛、酒肉、米饺(或米饭)，清除坟墓杂草。对新葬者，则焚烧“灵屋”(纸扎房屋)。宗族“清明会”举行祭祀先祖仪式，请艺班唱戏。是日，以晴为吉，为风调雨顺之兆。农谚有“清明要晴，谷雨要淋”。1949年后“挂地”、修坟之俗仍存。“文化大革命”期间废止。20世纪90年代后，家庭、家族祭祖、扫墓之俗逐步恢复。学校、团体多在清明节祭扫烈士陵墓。县人民政府每年清明举行公祭炎帝陵典礼。

端午节 又称“端阳节”“天中节”。节前女婿要给岳父母家送节礼，亲友、邻居互相馈送粽子、鸡蛋。节前，上山采集山苍子、香蒲、石菖蒲、艾、紫苏、野姜、钩藤、夏枯草、紫葳、益母草、射干、淡竹叶、路边荆、防风等药草作居家常用保健药材备用。节日用艾叶、菖蒲、山苍子、野姜等芳香植物熬水洗澡，谓“百草汤”。门窗悬挂艾叶、菖蒲，小孩吃雄黄酒，点眉心、肚脐，谓祛病避邪。用车前草、夏枯草、路边荆、金银花、大艾晒“端阳茶”，以防病疫。吃粽子、包子、蒜子、鸡子(鸡蛋，置艾叶水中煮)、鸭子(仔鸭，烹炒)，俗称“五子”。20世纪80年代后，吃雄黄酒、晒“端阳茶”等俗渐弃。包粽子、吃鸡子，洗“百草汤”澡等习俗不改。

六月六 县内称“长工节”。农民往田间插洒鸭血三角小红旗，以祈丰收。曝晒衣物、书籍以驱虫蠹(亦含赛富之意)。农谚谓“六月六日阴，牛粮贵如金”，说天气反常，不利农作物与家畜。

尝新 无统一时间。稻谷收割(或剪取成熟稻穗)后，取新米做饭。菜肴有爆仔鸭、米粉肉、糯米粉灌辣椒、花椒油焖茄子，不吃鸡(讳“饥”)。新米饭先敬神农皇帝，再敬家犬，以报传说中神犬在天庭盗得谷种，神农教民耕种之恩。民谣：“天河(指银河星系)展屋栋，新米饭，茄子送。”

中元节 俗称“七月半”“鬼节”。七月初十起，各家在厅堂内设香案，焚香烛，列祖宗牌位，供酒肉饭菜，拜迎先祖。十五日夜，于宗祠、街巷、道旁焚冥衣、冥钱送先祖。此俗沿袭至今，农村盛于城镇，年轻人多不参与。

中秋节 又称“团圆节”。亲友互送月饼，家家备酒菜盛宴。月下吃月饼赏月。入夜放“孔明灯”，烧“瓦塔”。先用瓦片垒成中空“瓦塔”，上置盛油铁锅，塔内烧火，待油沸腾，往热油内浇冷水，油花四溅，火焰腾空。20世纪50年代后，“烧瓦塔”之俗已废，放“孔明灯”者亦少。

重阳节 家家打糍粑、晒酒坛，酿重阳酒，俗谓“九月重阳，撑破肚肠”。童谣“重阳酒，家家有；重阳饺，家家 (送)”。文人喝菊花酒，结伴登高。20世纪50年代后，学校师生或有组织重阳登山活动。20世纪90年代起，此日定为“老年节”，举行各种形式的“尊老”活动。

冬至 祀先祖、扫墓如清明。冬至日酿冬酒，制腊肉，制豆腐乳之习仍存。旧有“风打秤，雨打斗”之谚，谓冬至日有风雨，不利养猪种田。

小年 县内于农历十二月二十四日过小年。家家户户清洗厨具家具，清理猪栏、鸡灶(埘)，洗刷便桶，扫炭茅灰(烟灰)。祭送灶神，祈求灶神“上天言好事”。小年后开始做糯米饺粑(年糕类)，做豆腐，炸馓子、兰花根，炒花生、瓜子、薯片、烫皮片，统称“欢茶”。

除夕 又称“大年”。贴春联、谒神庙、祀先祖。县内外百姓于除夕日(或提前数天)至炎帝陵宰年猪、杀鸡，祭祀神农炎帝。中餐或晚餐吃团圆饭。西乡习俗，中餐之前吃“烫皮丝”，用鸡、猪肉汤煮之。除夕日须洗澡更衣，灶膛内必留火种。入夜，围着火炉饮酒叙事，长辈给小孩“压岁钱”。有的彻夜不眠，谓之“守岁”。此俗沿袭至今。围火守岁中则增加观看中央电视台春节联欢晚会节目、网上抢红包、电话问候、微信拜年、与亲友视频等内容。待新年钟敲响，竞相放鞭炮、花炮，更有专程去炎帝陵敬献新年头炷香者。

第四节　礼仪习俗

一、婚　嫁

清代、民国时期，婚嫁大多遵从“父母之命，媒妁之言”。一般程序：

说媒　男家托媒向女家提亲，女家认为门当户对，择吉日互换庚帖。男家先书年庚于笺，媒人送至女家，女家亦如。经算命先生推算，如“八字”相合，即可议婚，由媒婆游说于双方。

过礼　将婚之际，择吉日过聘。男家以礼金、金银首饰、衣料、鞋袜、鱼肉禽蛋、糕点糖果等送至女家。其中，专给岳母的一份叫“离娘杯”，给女方至亲的叫“水礼”，还有赏给“捆程”“司厨”“司翰”等名目繁多的红包10余种。嫁女酒席所需多由男方送来，故谓“嫁女冇蚀本，洗净锅来等”。女方也回赠准新郎衣物鞋帽等物。

迎亲　喜日，男方用旗、锣、伞、扇、花轿，往女家迎亲。轿门贴好上联，留下联由女家对定，寓“配对”之意。有的故意用巧语奇联为难女方。花轿到，新娘与母亲对哭，向至亲长辈下跪哭拜，长辈必送红包并以吉言慰勉，称“哭嫁”。经锣鼓唢呐“三请四催”，新娘方身着彩衣，头盖红巾由侍娘扶上花轿，也有的由兄弟背上花轿。待花轿抬至看不见娘家处换鞋，途中鞋不沾泥。叔伯兄妹等亲人送嫁，数忌8人。轿至男家，由儿女满堂、声誉好的夫妇接亲。宰猪、拦门、跨火盆等俗，清代以前流行，民国时期已属罕见。

拜堂　新郎新娘在堂屋拜天地、祖宗、父母、互拜，称“拜堂”。然后入洞房、吃交杯酒。多数新娘新郎至此方见第一面。晚间闹房，闹房有雅有俗，有的题诗作对，有的吆三喝四，均由新娘新郎抬壶斟酒，结束时每人饮酒一盅，叫“开花结籽”。

婚礼禁忌繁多。轿至男家，新郎上楼，寓意男比女强；男方合家回避，说是可免以后家庭不和。新娘第一天吃娘家带来的食品，谓“不吃怄气饭”。宴席上送嫁的“上亲”坐上席，须由男家“老亲”相陪，以表敬意。席次、座次十分讲究，本地与客家有所不同。

20世纪50—60年代，实行婚姻自主，禁止包办、买卖。花轿渐革，新娘步行出嫁，嫁妆仅日用家具、简单衣物，锣鼓唢呐迎送。公职人员多选在元旦、五一、国庆日举行婚礼，只备茶水、糖果、香烟。婚礼简化，仪式由主婚人主持。送礼多是凑份子，购送热水瓶、脸盆、茶缸而已。70—80年代，农村婚嫁提倡节省，酒席简朴。有的单位约定几对新人举行集体婚礼。90年代，大操大办婚礼现象日盛，聘金彩礼相互攀比，以敛钱为目的举办婚礼者亦不少见。农村议婚时女方须至男家看屋场，考查男方家底、人品。男方须送“打发”（礼金或礼物），人手一份，动辄数千元。迎亲多用彩车,伴以中、西乐队。嫁妆费用多出自男方彩礼。有的家庭因借贷办婚事而负债,导致婚后夫妻不和。2000年后,反对铺张浪费、大操大办。婚嫁中的陈腐习俗和奢侈攀比之风有所收敛。

二、丧　葬

封殓　病人弥留之际,亲人日夜守候,谓"送终"。人死后即烧"送路钱",点"长明灯",然后鸣锣导孝子于井(泉)边"请水",烧香汤给逝者抹身。忌"冷尸(逝后)"从大门进入,谓有碍屋场。抹身后装殓"寿衣",男单女双,至少3件以上。衣不安扣,系以布条,口袋无底,否则会"带走生者食禄"。足穿布鞋、布袜,棺材内垫以烧纸、石灰,将遗体置棺中后盖上"锦被",置死者生前爱物于内,入棺后不盖实。孝子向亲友"报丧",父死向族人跪禀,母亡向舅家跪禀。

守灵　棺木置厅中,设灵堂挂孝幔。待至亲见过逝者最后一面,在棺内置"米坛",然后将棺盖钉牢,谓"封棺"。孝子披麻戴孝,执"哭丧棒"侍守棺侧,朝夕不离,早晚点灯续香,送食如生,称"守灵"。安葬前一日,邻里、亲友前往吊丧,行跪拜(或作揖)、拈香、化纸、奠酒之礼,孝子跪迎跪送。

超度　封棺后请和尚、道士超度亡灵,称"做法事"。贫者做一晚,多至2天。富家有做49天者,并举行"招魂""过血盆""转莲"等宗教仪式。做完法事,富家准备安葬事宜,贫者移棺厅侧,筹措安葬经费。有停棺数十年后安葬者。

成服　安葬日前第二日,由本族长辈和礼生主持,敬(祭)告堂上先祖,本族某人去世,行将安葬,葬前行祭,其子孙后代由本族长辈当堂发披麻衣孝巾,披麻戴孝。

祭奠　安葬先一晚举行"点主"仪式。男死请本族长辈、女死请外戚长辈写灵牌或在灵牌"王"字上加点为"主",方成"灵主牌"。然后举行"堂祭",诵孝子、亲友祭文,行"三献礼"。祭毕,鸣锣放炮,主祭人领孝子绕棺3周,谓之"闹丧"。

安葬　安葬日期与地穴由"地仙"(堪舆)择定。选定墓穴后,由孝属敬香、跪拜并挖第一锄,谓之"破土"。葬日,孝属、吊客敬香,跪拜,奠酒,行"别灵礼",然后抬柩出殡,停于屋外或路口。拆孝堂,除孝幔。抬柩者谓之"金刚"或"力士"。饭后(西乡吃早饭,东南乡吃午饭)上路。

灵柩由幛幡引路,沿途放炮、鼓乐喧天。孝长子(或长孙)捧"灵主牌"于前,其他孝子持"拜路棍"(哭丧棒)随后,亲友拈香送葬,并遍撒冥钱。灵柩过河时,孝子骑棺。遇拐弯或狭窄处,孝子跪拜于路恭候。东南乡有路祭之俗,城关、西乡则用白布拖棺。灵柩送至中途或墓地,孝子捧"灵主牌"由原路返回,供于神龛,称"回灵"。

20世纪50—70年代,移风易俗,丧葬礼仪趋简,僧道超度废止。多以开追悼会形式悼念亡者,以悼词代替祭文,介绍死者生平事迹,多褒扬之词。80年代后,丧葬礼仪大致复旧,唯超度法事不多见,丧歌多以流行歌曲代之。送礼金、花圈居多,以踏花被、毛毯代替挽幛挽联。力士、酒席、鼓乐皆外包。沿袭横穴土葬(坡地打窿或平地挖穴)习俗。

三、产　育

产前娘家送滋补食品，称“送姜酒”。婴儿落地要报喜，生男孩送染红的鸡蛋（名曰“喜蛋”）、糯米粥（饭），蛋送单数。生女孩送糯米粥（饭）。收礼人家要还礼。产妇产后“坐月”，窗户贴红纸，生人不能入内。亲戚给产妇“送汤”，一般送馓子、老母鸡、蹄子、烧饼、香油、红糖等。娘家一般在月子里送汤 3 次。婴儿出生第 3 天洗澡，叫“洗三朝”，洗澡水须斫桥木一块与艾叶共煮。洗后用红绳扎手，由产婆抱至神龛前拜祖宗。婴儿未满月不能露天，出屋要打伞。产妇月子里忌串门。“半月”或“满月”请客，煮蛋染红，遍送邻里，叫送“和顺蛋”。外婆家送禽蛋、衣物、背带、背裙、摇篮。“满月”后，由大人背着，以木槌敲大门“驱鹰”“赶鸡”，谓之“出行”。或去外婆家“走月”，用锅底烟灰点眉心，称“背锅”。周岁戴长命锁、抓周。20 世纪 50 年代后，一些带迷信色彩的习俗被摈弃。其他习俗沿袭至今。

四、寿　庆

寿庆多从 61岁开始（以虚岁计，实为 60 周岁），71 岁、81 岁寿庆尤为重视。

寿庆之前，由子孙晚辈给亲朋发出请帖。祝寿前一日“暖寿”，寿星接受子（女）侄及其配偶、孙辈等叩拜，然后吃暖寿饭。寿庆日，富家设寿堂，挂寿联、寿幛，点寿烛、摆寿桃。亲友除送寿仪外还送寿烛、寿面、衣鞋等物，夫妇俱在者礼必成双。寿星夫妇端坐堂屋受拜，给未成年子女发“百岁包”。也有将同龄父母的寿庆合办的，称为“双庆”“双寿”。

20 世纪 50—90 年代，一般不做寿酒。“小生日”自家加几个荤菜；长辈生日则举行小型家宴，至亲相约前来祝寿。寿礼有衣料、鞋袜以及鸡、蛋、寿面等。90 年代后小型寿宴渐兴，多在宾馆、饭店举行。寿礼以现金为主。农村有 31 岁即做寿酒者，以收礼为目的者亦有，与传统寿文化相去甚远。

第四章　方　言

最早定居炎陵的居民无考。据现有 164 支家族迁徙情况调查，有 41 支是五代至明末迁入的，其中江西 22 支，湖南 14 支，广东 4 支，福建 1 支。可见直至明末，炎陵县方言仍以本地话为绝对优势。

清代，广东、江西等地移民大批迁入县内，以上 164 支中，就有 120 支为这一时期迁入，其中广东 60，江西 32，福建 9，省内 19。从江西和省内迁入的多分布于西片及霞阳一带，与先期到达的江西和省内移民后裔融合，扩大了本地话范围，从广东、福建来的多开基于东南片崇山峻岭中，形成一个庞大的客家方言区。除南片少数地区的正音和桂东腔外，其余移民方言均为本地话和客家话同化。

第一节　本地方言

该方言区包括霞阳全部、西片大部。沔渡、十都、垄溪、水口、中村、下村、策源等一些较大的盆谷地也有讲本地话的。本地方言区面积约占全县26%，人口近一半。本地话以赣方言为主要特征。在所调查的本地话家族中，江西迁入的占62%，其余为省内迁入。解放后分配到炎陵县工作的干部、职工，后代多讲本地话。

由于邻县方言和客家话影响，本地方言区内的发音也有一定差别，其中入声字读音尤为明显。霞阳和西片入声字已无明显促音，霞阳的阴入接近阴平，阳入接近去声，如：塔≈他、集≈去，等等；西片的阴入一律念作阳入，如：发＝伐、业＝热，等等。中村的阳入和去声混为一体，且调值明显偏低，如：腊＝辣[1a^{13}]、列＝[1ε^{13}]，等等。下村的本地话近于正音，称为“糙米腔”。

本地话的代表音区是城关。本节描述的语音即为城关本地话，词汇和语法则不受此限制。

一、语　音

表31-3

(一)声母24个。(例字下标横线者为文读音，下同)

p	八比	p‘	白被	m	马密	f	伐肥
t	答的	t‘	脱体	n	纳奴	l	辣李
k	甲教	k‘	卡考	η	牙傲	x	下孝
tɕ	九叫	tɕ‘	就巧	ȵ	泥尧	ɕ	西笑
tʂ	知照	tʂ‘	直赵	ʂ	诗绍	ʐ	日儿
ts	资找	ts‘	此操	s	丝骚	—	—
ø	衣乌	—	—	—	—	—	—

(二)韵母42个，其中“η”为自成音节的纯鼻音

ɿ/ʅ	四十	i	夷意	u	雾无	y	育于
a	爸架	ia	锡夜	ua	滑哇	ya	靴瘸
o	波桌	—	—	uo	锅禾	yo	脚药
ɤ	我个	—	—	—	—	—	—
ε	二格	iε	乙级	uε	物骨	yε	月缺
ai	拜街	—	—	uai	挖块	—	—
ei	陪雷	—	—	uei	贵会	yei	捶倕

续表 31-3

au	告道	iau	要桥	—	—	—	—
ou	欧够	iou	秀求	—	—	you	褥
an	闲餐	iɛn	献厌	uan	贯坎	yɛn	冤玄
ən	恩胜	iən	印亲	uən	温棍	yən	晕勋
aŋ	江长	iaŋ	枪量	uaŋ	汪广	—	—
əŋ	冬冻	iəŋ	雍容	uəŋ	瓮翁	yəŋ	用种
ŋ	五鱼	—	—	—	—	—	—

(三)声调 6 个

调类	调值	例字	与普通话对照	
阴平	34	高低书渊	阴平	55
阳平	212	劳泥徐圆	阳平	35
上声	51	好底土请	上声	214
去声	33	到对布劝	去声	51
阴入	24	一桌八达	阴平	55
		没牧入业	阳平	35
阳入	22	别伐直集	上声	214
		腊月六列	去声	51

入声在炎陵方言中变化最大，仅在六七十岁以上的老派中留有痕迹，在五六十岁以下的人群中，阴入与阴平、阳入与阴去已无明显区别。为了反映炎陵方言的发展历史，还是将入声分解出来。

二、炎陵方言与普通话的比较

(一)古代全浊声母在普通话中的清化规律是平声送气，仄声不送气，而炎陵方言不论平仄，多作送气。如：

表 31-4

古代全浊声母		例　字						普通话声母	炎陵方言声母
群母	仄	跪	柜	共	巨	技	旧	K,tɕ	kʻ,tɕʻ
	平	葵	奎	狂	渠	奇	求	kʻ,tɕʻ	
定母	仄	惰	待	道	豆	邓	弟	t	tʻ
	平	头	台	桃	谈	同	田	tʻ	
澄母	仄	柱	治	赵	宙	阵	丈	tʻʂ	tɕʻ,tʂʻ
	平	除	持	茶	长	陈	程	tʂʻ	
并母	仄	部	败	倍	抱	别	病	p	pʻ
	平	婆	排	培	袍	平	蒲	pʻ	
从母	仄	坐	自	造	聚	集	匠	tʂ,tɕ	tʂʻ,tɕʻ
	平	才	瓷	曹	樵	秦	墙	tʂʻ,tɕʻ	

同属于浊音的入声字在普通话中清化后变为阳平不送气，而在炎陵方言中大都作阳入送气。如：

表 31-5

例　字	普通话	炎陵话	例　字	普通话	炎陵话
拔白薄	p	pʻ	侄浊直	tʂ	tʂʻ
达敌独	t	tʻ	杂族咋	ts	tsʻ
极竭局	tɕ	tɕʻ	—	—	—

(二)在普通话中,上古疑母的齐齿字入 n,其余则发展为零声母。炎陵方言中,齐齿和撮口字入 ȵ,合口字入零声母,开口字则读 η,如:

表 31-6

例　字	普通话	炎陵话
牛、凝	n	ȵ
午、危	ø	ø
瓦、岸	ø	η

(三)日母三等字在普通话中一律发展为 ʐ,在炎陵方言话中,这类声母有三种情况:

表 31-7

例　字	普通话	炎陵话
惹、热、日、软	ʐ	ȵ
染、任、壤、然	ʐ	l
如、闰、若、茸	ʐ	ø

目前除“日”“儿”的文读音发展为 ʐ,“热”的文读发展为 1,其余均维持原状。

(四)古代知系和章系声母在普通话中与照系合流后,其撮口字也变成合口字,在炎陵方言中都读撮口呼韵母,声母则分别为 tɕ、tɕ‘、ɕ,如:

表 31-8

例　字	普通话	炎陵话
株、著、朱、主、住	tʂu	tɕy
除、储、厨、处、畜	tʂ‘u	tɕ‘y
书、输、恕、署、殊	ʂu	ɕy

(五)原属喉音的二等字,在普通话中普遍插入韵头 i,致使声母向舌面音或零声母转化,在炎陵方言中,上类字绝大多数没有韵头插入现象,仍保持喉音开口呼。如:

表 31-9

例　字	普通话	炎陵话
街	tɕie	kai
崖	ia	ŋai
孝	ɕiau	xau

(六)中古时期曾摄和梗摄开口一、二等字以及属于知系和章系的三等字的韵母在普通话中发展成了带后鼻音的“eng”,这部分字的发音在炎陵方言中都不带后鼻音。如:

表 31-10

例　字	普通话	炎陵话
迸　彭　能　称　正　成　升 省　乘　胜　耕　更	eng	en

例外的有与明纽相拼的字,如“猛”“孟”。

但是,属于轻唇音的通摄合口一、三等字,普通话带后鼻音,炎陵方言也带后鼻音,如:篷、捧、蒙、梦、风、封、奉、脓、弄

(七)曾摄、梗摄其他系的开口三等字和所有四等字在普通话中发展成带后鼻音的“ing”,在炎陵方言中,普摄的为“in”,不带后鼻音;梗摄的为“iɛn”,也不带后鼻音。如:

表 31-11

例　字	普通话	炎陵话
兵并平顶定领京庆兴形英	ing	in
病平名命钉听井轻请星醒	ing	iɛn

（八）炎陵方言保留了一定数量上古重唇音。如：

m——蚊、望、网、尾、味（注：白读）

p‘——甫、敷、扶、伏到、讣、糖蜂

而在普通话中，第一组发展为零声母，第二组的声母则变成唇齿音“f”。

（九）炎陵方言保留一定数量上古端系字的读音。如：

中（间）、长（大）、帐（子）、胀、竹、（三）朝

这些字的声母都是“t”，而在普通话中全部发展为翘舌音。

（十）炎陵方言中还有一种精系字保持尖音的现象。如：

大齐家 $t‘ai^{13}ts‘ɩ^{212}—2ka^{34}$（大家）—“齐”读如“慈”。

脐带 $ts‘□^{212}tai^{33-34}$—“脐”读如“慈”。

这种现象虽是鲜见，却也反映了炎陵语音发展的一些痕迹。

（十一）在炎陵方言中，中古时期属于溪母的遇摄合口一等字，除了入声，其余声调的字往往混同晓母。如：枯 = 呼[xu^{34}]　　苦＝虎[xu^{51}]　　裤＝戽[xu^{33}]　等。但在普通话中没有这一现象。

（十二）在普通话中，来自中古的臻、梗、深三摄的开口三四等入声字韵母发展为“i”，但在炎陵方言中有一部分韵母为“ia”，如：

表 31-12

例　字	中古属性	普通话	炎陵方言
栗	臻摄开口三等入声	1i	1ia
急	深摄开口三等入声	tɕi	tɕia
席	梗摄开口三等入声	ɕi	ɕia
壁	梗摄开口四等入声	pi	pia
劈	梗摄开口四等入声	p‘i	p‘ia

（十三）炎陵方言单字发音一到词汇中便具有极大的不稳定性，最普遍的是前一个字的音调影响后一个字的调值。如：

石[sa^{22}]　——磨石　$mo^{33}sa^{22-34}$　　筋[$t□in^{34}$]——牵筋 $t□i□n^{34}t□in^{34-35}$

线[$□i□n^{33}$]——禾线　uo^{212}　$□i□n^{33-34}$　　间[kan]——中间 $t□η^{34}kan^{34-35}$

花[$xu\,ɑ^{34}$]、生[$s□n^{34}$]——落花生 $1uo^{33}xu\,ɑ^{34}—3s□n^{34-3}$

有时是前后两个字互相影响。如

牛$□iou^{212}$、栏[$1an^{212}$]——牛栏$□iou^{212-331}an^{212-33}$

外[uai^{13}]、公[k□$η^{34}$]——外公 uai^{13-33}k□$η^{33-34}$

在普通话中这种现象也有，但是并不普遍。

（十四）古代见母组分化时，由于介音的影响，有的分化为舌面音，有的分化为舌根音。普通话中读舌面音的甲、家、贾、降、江、讲、教、夹、肩、监、角、解等字（声母为“j”），在炎陵县读为舌根音（声母为“g”）；下、霞、鞋、谐、蟹等字的声母不是“x”，而是“h”。

三、炎陵方言与周边赣方言的比较

由于历史上多次北方汉人的南迁均以江西为中转，导致了赣方言本身特点的不稳定性。即使是同属吉茶片并且与炎陵县接壤的宁冈、茶陵、安仁县，差别也大，以下的比较仅是大体而言。比较的依据是上述 3 个县 20 世纪 90 年代编纂的地方志。

（一）炎陵方言与宁冈、茶陵、安仁方言在上述 1—7 条基本一致，这也是赣方言的基本特点。

（二）在宁冈、茶陵、安仁方言中，中古属泥母的山摄、咸摄开口一等字（阳平）与属于来母的上述二摄的开口一等字（阳平）往往相混。如：

男、南、难＝蓝、兰、阑

炎陵方言则没有这种现象。

又如今齐齿音前的泥母字在安仁、宁冈方言中读零声母。如：

女＝雨　　　　年＝盐

炎陵方言中，这类字的声母仍维持“ȵ”。

（三）在宁冈方言中，中古属于晓母、匣母的臻摄合口一等字往往与属于非、奉二母的臻摄合口三等字相混。如：

昏＝分　　　　困觉＝奋　　　　魂＝坟

而炎陵方言除浆村等少数地方外，基本没有这种现象。

（四）在宁冈、安仁方言中没有卷舌音，“四”“十”不分，“三”“山”同念，而炎陵南片不分，东片和西片的本地话则有区分。

（五）深喉音“ɤ”仅存于霞阳地区极少数字中。如：

我　$ηɤ^{34}$、个 $kɤ^{33}$

而在宁冈则保持着一套完整的系统。如：

□（贺、伏）、i□（去、接）、u□（歌、过）、y□（左、竹）

四、炎陵方言的内部差别

炎陵方言依其发音特点分，主要有西片、东片（不含县城中的新派）和南片，各区域主要特点如下。

（一）西片

1.这一地区地处平原，交流方便，语音发展较东南片快，主要表现为入声消失。西片本地话不论阴入阳入，一律读作去声。如：

发＝伐　[fa³³]　　　业＝热　[ȵiɛ³³]

2.有部分卷舌音，“四”“十”分明，但“三”“山”仍同念。

3.东风乡与安仁县搭县的地方受安仁发音的影响明显。如：

岭＝量　[1iaŋ³⁴]。

船形一带的音调与三河、鹿原相比要稍低一些。

（二）东片

1.这一地区阴入接近本地话的阴平，阳入接近本地话的去声。如

塔＝他[t‘a³⁴]　　　集＝去[tɕ‘iɛ³³]

2.有部分卷舌音，形似西片。

3.沔渡洞里的发音接近霞阳，上关和花园的发音接近江西宁冈，而十都万家的发音则与南片相似。

（三）南片

1.这一地区阴入保留促音，阳入则近于本地话的去声。

2.老派发音基本没有卷舌音，“四”“十”不分。

3.中村一带的阳入不但与本地话的去声混为一体，而且调值明显偏低。如：

腊（月）＝辣[1a¹³]　　　列＝历[1□¹³]。

浆村“发”“花”不分。下村的本地话则近于正音，被称为“糙米腔”。

五、炎陵方言的主要语法特征

（一）在动词或以动词、形容词为中心的短语之后加“叽”，以减缓语气，如：“挨夜边叽”“过年边叽”“会下叽”“一点叽”；在形容词为中心的短语之后加“叽”，意思则变得相反。如：（左上角加“o”的为同音字）

°谷多（这么多）——°谷多叽（才这么一点）

°谷快（这么快）——°谷快叽（才这么快）

也有用以加强语气的。如：

几好（多好）——几好叽（多好呀）

（二）形容词的修饰成分或后加成分重迭，使程度加强。如：

上好——上上好　　　梆硬——梆梆硬

沤（气温高）——沤烧烧　　　冷——冷兮兮

连绵字嵌音重叠是普通话中少见的，如

婆娑——婆里婆娑　　　邋遢——邋里邋遢

（三）通过声调变化来构造新词是炎陵方言中较普遍的语法现象，如：

背　1.pei²²——脊背　　　2.pei³⁴——背负　　　3.p‘ei³⁴——背诵

伯伯　1.$pa^{24}pa^{24}$——伯父　　　2.$pa^{41}pa^{41}$——哥哥

太太　1.$t‘ai^{33}t‘ai^{33}$——有身份的人的妻子　　　2.$t‘ai^{212}t‘ai^{212}$——姑妈

(四)炎陵方言中还有一种语素次序颠倒的构词形式。如:

公鸡——鸡公　　　母鸡——鸡婆　　　公牛——牛牯　　　母牛——牛婆

(五)无时态助词“着”和“了”,分别以“到”和“哩”或“嘎哩”代替。如:

徛到——站着　　　徛到打讲　[$k\alpha\eta^{51}$]——站着说话

来哩——来了　　　走嘎哩——走了

再如:

他到这里坐着看了下子电视就走了。

炎陵方言表述为:

佢到谷哩坐到看哩下(xa^{212})叽电视就走嘎哩。

如果行为正在进行,则在动词之后加词缀“进”或“进哩”。如:

哇进你,你就来哩——正说着你,你就来了。

我喫进哩——我在吃了。

(六)无结构助词“的”“地”,用“咯”代替。如:

谷本书是你咯——这本书是你的。

痛痛快快咯歇一工　——痛痛快快地玩一天。

有时候还用“叽”代替“地”。如:

好好叽做——好好地干。

(七)无介词“被”,用“得”代替。如:

谷些谷得雨淋湿哩——这些稻谷被雨淋湿了。

得你娭毑惯势哩——被你妈妈宠坏了。

(八)无副词“很”,在状语的位置上多用“蛮”代替。如:

很高——蛮高　　　很想你——蛮想你

在补语的位置上则用“紧”代替。如:

冷得很——冷得紧　　　痛得很——痛得紧

在表现人的视觉、味觉、触觉的感受时,多通过添加前加成分来表示程度的增加。如:

°毕淡　　°纠苦　　°苦咸　　°纠酸　　°膵辣

°飞嫩　　°蛇粗　　°格涩　　°梆硬　　°浓软

□$1ai^{34}$长　　□$1in^{34}$平　　□$1ei^{34}$圞　　□$1in^{34}$光

(九)名词、形容词的一种嵌字重叠方式也值得注意。如:

正经 $ts□n^{33}t□in^{34-3}$——正古巴经

零碎 $1i□n^{212}□y^{33-34}$——零里巴碎

清早 $t□‘in^{34}ts‘au^{51}$——清晨巴早

六、声韵调配合表(注)

表 31-13

韵/调/声	ɿ/ʅ						a						o					
	阴平	阳平	上声	去声	阴入	阳入	阴平	阳平	上声	去声	阴入	阳入	阴平	阳平	上声	去声	阴入	阳入
p	—	—	—	—	—	—	巴	○	把	坝	八	○	坡	○	①	簸	剥	○
P'	—	—	—	—	—	—	○	爬	啪	怕	泼	白	○	婆	朴	剖	○	薄
m	—	—	—	—	—	—	妈	麻	马	骂	抹	○	○	模	磨	○	摸	○
f	—	—	—	—	—	—	○	○	○	○	发	罚	—	—	—	—	—	—
t	—	—	—	—	—	—	大	○	打	○	答	○	—	—	—	—	—	—
t‘	—	—	—	—	—	—	他	○	○	○	脱	踏	—	—	—	—	—	—
n	—	—	—	—	—	—	○	哪	那	②	纳	○	—	—	—	—	—	—
l	—	—	—	—	—	—	○	○	○	○	拉	辣	—	—	—	—	—	—
k	—	—	—	—	—	—	家	○	假	架	甲	○	角	○	○	过	阁	○
k‘	—	—	—	—	—	—	○	○	卡	○	客	○	苛	○	颗	○	○	○
ŋ	—	—	—	—	—	—	③	芽	瓦	牙	○	○	○	鹅	○	卧	○	○
x	—	—	—	—	—	—	下	霞	○	○	瞎	匣	○	呵	○	○	○	○
tɕ	—	—	—	—	—	—	—	—	—	—	—	—	—	—	—	—	—	—
tɕ‘	—	—	—	—	—	—	—	—	—	—	—	—	—	—	—	—	—	—
ȵ	—	—	—	—	—	—	—	—	—	—	—	—	—	—	—	—	—	—
ɕ	—	—	—	—	—	—	—	—	—	—	—	—	—	—	—	—	—	—
tʂ	织	○	指	志	○	○	遮	○	○	闸	○	○	—	—	—	—	—	—
tʂ'	蚩	池	耻	敕	○	直	车	○	扯	○	尺	○	—	—	—	—	—	—
ʂ	诗	时	史	○	○	十	射	蛇	舍	○	○	石	—	—	—	—	—	—
ʐ	—	—	—	—	—	—	—	—	—	—	—	—	—	—	—	—	—	—
ts	资	○	子	○	○	○	砸	咋	扎	窄	○	○	—	—	—	—	—	—
ts‘	次	慈	此	○	○	○	差	茶	○	○	擦	杂	—	—	—	—	—	—
s	师	○	死	四	○	○	沙	○	○	○	萨	○	—	—	—	—	—	—
ø	—	—	—	—	—	—	桠	○	○	哑	啊	鸭	○	○	○	讹	恶	鄂

表 31–14

声＼调＼韵	ɤ						ɛ						ai					
	阴平	阳平	上声	去声	阴入	阳入	阴平	阳平	上声	去声	阴入	阳入	阴平	阳平	上声	去声	阴入	阳入
p	—	—	—	—	—	—	○	○	④	○	北	○	跛	○	摆	拜	○	○
P'	—	—	—	—	—	—	○	○	○	○	○	迫	败	排	⑤	○	○	○
m	—	—	—	—	—	—	○	○	○	○	没	麦	卖	埋	买	○	○	○
f	—	—	—	—	—	—	—	—	—	—	—	—	—	—	—	—	—	—
t	—	—	—	—	—	—	○	⑥	○	⑦	得	○	呆	○	歹	戴	○	○
t‘	—	—	—	—	—	—	○	○	○	○	○	突	太	○	○	态	○	○
n	—	—	—	—	—	—	○	○	○	○	⑧	○	耐	⑨	乃	柰	○	○
l	—	—	—	—	—	—	○	○	○	○	⑩	热	11	来	倈	赖	○	○
k	○	○	○	个	○	○	○	○	○	○	格	○	街	○	改	界	○	○
k‘	—	—	—	—	—	—	○	○	○	○	克	○	揩	○	概	○	○	○
ŋ	我	○	○	○	○	○	○	○	○	○	扼	○	碍	挨	○	爱	○	○
x	—	—	—	—	—	—	○	○	嘿	○	黑	○	谐	鞋	嗨	○	○	○
tɕ	—	—	—	—	—	—	—	—	—	—	—	—	—	—	—	—	—	—
tɕ‘	—	—	—	—	—	—	—	—	—	—	—	—	—	—	—	—	—	—
ȵ	—	—	—	—	—	—	—	—	—	—	—	—	—	—	—	—	—	—
ɕ	—	—	—	—	—	—	—	—	—	—	—	—	—	—	—	—	—	—
tʂ	—	—	—	—	—	—	○	○	○	○	哲	○	—	—	—	—	—	—
tʂ'	—	—	—	—	—	—	○	○	○	○	撤	○	—	—	—	—	—	—
ʂ	—	—	—	—	—	—	奢	佘	舍	○	湿	舌	—	—	—	—	—	—
ʐ	—	—	—	—	—	—	—	—	—	—	—	—	—	—	—	—	—	—
ts	—	—	—	—	—	—	○	○	者	○	责	○	灾	12	崽	再	○	○
ts‘	—	—	—	—	—	—	○	○	○	○	策	贼	猜	才	采	蔡	○	○
s	—	—	—	—	—	—	○	○	○	○	色	○	筛	13	洒	晒	○	○
ø	—	—	—	—	—	—	二	而	耳	○	○	○	哀	○	矮	娭	○	○

表 31-15

韵 调 声	ei						au						ou					
	阴平	阳平	上声	去声	阴入	阳入	阴平	阳平	上声	去声	阴入	阳入	阴平	阳平	上声	去声	阴入	阳入
p	杯	○	○	贝	○	○	包	○	宝	报	○	○	—	—	—	—	—	—
P'	倍	陪	呸	○	○	○	抱	袍	跑	炮	○	○	—	—	—	—	—	—
m	○	梅	美	妹	○	○	帽	毛	卯	冒	○	○	茂	谋	亩	○	○	○
f	—	—	—	—	—	—	—	—	—	—	—	—	○	浮	否	○	○	○
t	—	—	—	—	—	—	刀	14	倒	到	○	○	兜	○	抖	斗	○	○
t‘	袋	台	○	○	○	○	道	桃	导	套	○	○	豆	头	15	透	○	○
n	—	—	—	—	—	—	闹	○	脑	○	○	○	16	17	○	○	○	○
l	耒	雷	篓	○	○	○	18	劳	老	○	○	○	漏	楼	陋	19	○	○
k	—	—	—	—	—	—	交	20	搞	教	○	○	沟	21	狗	够	○	○
k‘	—	—	—	—	—	—	敲	○	考	靠	○	○	抠	○	22	扣	○	○
ŋ	—	—	—	—	—	—	咬	熬	○	拗	○	○	—	—	—	—	—	—
x	—	—	—	—	—	—	号	豪	好	孝	○	○	厚	侯	口	○	○	○
tɕ	—	—	—	—	—	—	—	—	—	—	—	—	—	—	—	—	—	—
tɕ‘	—	—	—	—	—	—	—	—	—	—	—	—	—	—	—	—	—	—
ȵ	—	—	—	—	—	—	—	—	—	—	—	—	—	—	—	—	—	—
ɕ	—	—	—	—	—	—	—	—	—	—	—	—	—	—	—	—	—	—
tʂ	—	—	—	—	—	—	召	○	○	○	○	○	—	—	—	—	—	—
tʂ'	—	—	—	—	—	—	赵	○	○	○	○	○	—	—	—	—	—	—
ʂ	—	—	—	—	—	—	烧	韶	少	邵	○	○	—	—	—	—	—	—
ʐ	—	—	—	—	—	—	—	—	—	—	—	—	—	—	—	—	—	—
ts	—	—	—	—	—	—	遭	23	早	灶	○	○	邹	○	走	揍	○	○
ts‘	—	—	—	—	—	—	抄	曹	草	糙	○	○	24	愁	25	凑	○	○
s	—	—	—	—	—	—	骚	○	嫂	扫	○	○	搜	○	○	嗽	○	○
ø	—	—	—	—	—	—	26	○	袄	坳	○	○	欧	○	呕	沤	○	○

表 31–16

韵 调 声	an						ən						aŋ					
	阴平	阳平	上声	去声	阴入	阳入	阴平	阳平	上声	去声	阴入	阳入	阴平	阳平	上声	去声	阴入	阳入
p	班	○	板	扮	○	○	奔	○	本	笨	○	○	邦	○	榜	半	○	○
P'	攀	○	○	○	○	○	○	彭	○	○	○	○	潘	旁	27	判	○	○
m	慢	蛮	○	○	○	○	闷	门	○	○	○	○	○	芒	满	望	○	○
f	番	繁	反	贩	○	○	分	坟	粉	喷	○	○	方	房	访	放	○	○
t	单	○	胆	但	○	○	墩	○	凳	等	○	○	端	○	党	凼	○	○
t‘	淡	谈	坦	炭	○	○	邓	腾	28	○	○	○	汤	唐	趟	烫	○	○
n	难	南	○	○	○	○	○	能	○	○	○	○	○	瓤	○	○	○	○
l	冷	兰	懒	○	○	○	任	人	冷	○	○	○	浪	郎	朗	○	○	○
k	甘	○	敢	干	○	○	根	29	○	更	○	○	江	○	讲	钢	○	○
k‘	坑	○	砍	看	○	○	垦	○	恳	○	○	○	康	○	慷	抗	○	○
ŋ	硬	颜	眼	按	○	○	30	○	○	○	○	○	31	○	○	○	○	○
x	限	衔	咸	陷	○	○	恨	痕	肯	32	○	○	巷	行	○	○	○	○
tɕ	—	—	—	—	—	—	—	—	—	—	—	—	—	—	—	—	—	—
tɕ‘	—	—	—	—	—	—	—	—	—	—	—	—	—	—	—	—	—	—
ȵ	—	—	—	—	—	—	—	—	—	—	—	—	—	—	—	—	—	—
ɕ	—	—	—	—	—	—	—	—	—	—	—	—	—	—	—	—	—	—
tʂ	○	○	展	站	○	○	真	○	镇	正	○	○	张	○	掌	障	○	○
tʂ'	○	缠	○	○	○	○	郑	成	惩	阵	○	○	丈	场	厂	唱	○	○
ʂ	善	蝉	闪	扇	○	○	剩	神	审	肾	○	○	上	常	赏	○	○	○
ʐ	—	—	—	—	—	—	—	—	—	—	—	—	—	—	—	—	—	—
ts	33	34	斩	赞	○	○	针	○	怎	赠	○	○	○	○	○	葬	○	○
ts‘	参	蚕	产	撑	○	○	称	存	35	秤	○	○	猖	藏	○	○	○	○
s	山	36	伞	散	○	○	森	○	○	○	○	○	桑	○	○	丧	○	○
ø	○	○	腌	暗	○	○	恩	○	37	38	○	○	39	○	40	41	○	○

表 31-17

韵／调／声	əŋ						i						ia					
	阴平	阳平	上声	去声	阴入	阳入	阴平	阳平	上声	去声	阴入	阳入	阴平	阳平	上声	去声	阴入	阳入
p	绷	○	捧	42	○	○	碑		比	闭	逼	○	○	○	43	○	壁	○
P'	碰	朋	○	○	○	○	批	皮	鄙	屁	僻	○	○	○	44	○	劈	○
m	幕	蒙	猛	○	○	○	尾	迷	米	眉	○	密	○	○	○	○	○	45
f	风	逢	奉	○	○	○	飞	肥	匪	废	○	○	—	—	—	—	—	—
t	冬	○	董	冻	○	○	低	○	底	帝	○	○	爹	○	○	○	○	○
t‘	动	同	桶	痛	○	○	地	题	体	剃	倜	笛	○	提	○	○	踢	○
n	○	农	46	○	○	○	—	—	—	—	—	—	—	—	—	—	—	—
l	弄	龙	拢	○	○	○	利	梨	李	丽	立	力	47	○	48	○	○	栗
k	公	○	拱	供	○	○	—	—	—	—	—	—	—	—	—	—	—	—
k‘	共	○	孔	空	○	○	—	—	—	—	—	—	—	—	—	—	—	—
ŋ	○	○	哼	○	○	○	—	—	—	—	—	—	—	—	—	—	—	—
x	—	—	—	—	—	—	—	—	—	—	—	—	—	—	—	—	—	—
tɕ	—	—	—	—	—	—	鸡	○	几	记	○	○	嘉	○	○	借	○	○
tɕ‘	—	—	—	—	—	—	妻	期	启	戏	七	戚	○	○	○	○	49	○
ȵ	—	—	—	—	—	—	你	泥	蚁	○	○	○	50	51	52	○	53	○
ɕ	—	—	—	—	—	—	西	些	喜	细	夕	○	谢	斜	写	○	锡	席
tʂ	—	—	—	—	—	—	—	—	—	—	—	—	—	—	—	—	—	—
tʂ'	—	—	—	—	—	—	—	—	—	—	—	—	—	—	—	—	—	—
ʂ	—	—	—	—	—	—	—	—	—	—	—	—	—	—	—	—	—	—
ʐ	—	—	—	—	—	—	—	—	—	—	—	—	—	—	—	—	—	—
ts	宗	○	总	纵	○	○	—	—	—	—	—	—	—	—	—	—	—	—
ts‘	葱	从	54	○	○	○	—	—	—	—	—	—	—	—	—	—	—	—
s	松	55	耸	送	○	○	—	—	—	—	—	—	—	—	—	—	—	—
ø	—	—	—	—	—	—	衣	姨	椅	意	益	亿	夜	爷	也	○	○	押

表 31-18

韵 调 声	iɛ						iau						iou					
	阴平	阳平	上声	去声	阴入	阳入	阴平	阳平	上声	去声	阴入	阳入	阴平	阳平	上声	去声	阴入	阳入
p	○	○	瘪	○	鳖	○	彪	○	表	56	○	○	—	—	—	—	—	—
P'	○	○	○	○	撇	别	飘	嫖	○	票	○	○	—	—	—	—	—	—
m	○	○	○	○	灭	篾	庙	苗	秒	○	○	○	—	—	—	—	—	—
f	—	—	—	—	—	—	—	—	—	—	—	—	—	—	—	—	—	—
t	57	○	○	○	○	○	刁	○	58	吊	○	○	竹	○	○	○	○	○
t‘	○	○	○	○	铁	帖	挑	跳	59	粜	○	○	—	—	—	—	—	—
n	—	—	—	—	—	—	—	—	—	—	—	—	—	—	—	—	—	—
l	○	○	60	○	○	劣	料	燎	了	○	○	○	溜	流	柳	六	○	○
k	—	—	—	—	—	—	—	—	—	—	—	—	—	—	—	—	—	—
k‘	—	—	—	—	—	—	—	—	—	—	—	—	—	—	—	—	—	—
η	—	—	—	—	—	—	—	—	—	—	—	—	—	—	—	—	—	—
x	—	—	—	—	—	—	—	—	—	—	—	—	—	—	—	—	—	—
tç	○	○	○	节	○	○	椒	61	狡	叫	○	○	纠	○	九	救	○	○
tç‘	○	○	且	去	切	契	轿	桥	翘	巧	嚼	○	旧	求	○	○	○	○
ç	○	○	○	○	业	热	尿	尧	鸟	62	○	○	○	牛	扭	拗	肉	○
tʂ	○	○	○	○	歇	协	肖	○	晓	笑	○	○	休	63	朽	秀	○	○
tʂ'	—	—	—	—	—	—	—	—	—	—	—	—	—	—	—	—	—	—
ʂ	—	—	—	—	—	—	—	—	—	—	—	—	—	—	—	—	—	—
ʐ	—	—	—	—	—	—	—	—	—	—	—	—	—	—	—	—	—	—
ts	—	—	—	—	—	—	—	—	—	—	—	—	—	—	—	—	—	—
ts‘	—	—	—	—	—	—	—	—	—	—	—	—	—	—	—	—	—	—
s	—	—	—	—	—	—	—	—	—	—	—	—	—	—	—	—	—	—
ø	○	○	○	○	乙	叶	妖	摇	舀	要	○	○	右	由	有	釉	○	○

表 31-19

韵调声	iɛn						iən						iaŋ					
	阴平	阳平	上声	去声	阴入	阳入	阴平	阳平	上声	去声	阴入	阳入	阴平	阳平	上声	去声	阴入	阳入
p	边	○	饼	变	○	○	兵	○	丙	并	○	○	—	—	—	—	—	—
P'	病	坪	片	便	○	○	溢	评	品	聘	○	○	—	—	—	—	—	—
m	命	棉	免	面	○	○	蚊	门	皿	焖	○	○	—	—	—	—	—	—
f	—	—	—	—	—	—	—	—	—	—	—	—	—	—	—	—	—	—
t	钉	○	点	店	○	○	丁	○	顶	64	○	○	65	○	66	67	○	○
t‘	听	田	电	垫	○	○	厅	停	挺	亭	○	○	—	—	—	—	—	—
n	—	—	—	—	—	—	—	—	—	—	—	—	—	—	—	—	—	—
l	岭	连	脸	镰	○	○	另	林	领	○	○	○	量	良	两	68	○	○
k	—	—	—	—	—	—	—	—	—	—	—	—	—	—	—	—	—	—
k‘	—	—	—	—	—	—	—	—	—	—	—	—	—	—	—	—	—	—
ŋ	—	—	—	—	—	—	—	—	—	—	—	—	—	—	—	—	—	—
x	—	—	—	—	—	—	—	—	—	—	—	—	—	—	—	—	—	—
tɕ	尖	○	捡	见	○	○	京	○	景	进	○	○	姜	○	桨	酱	○	○
tɕ‘	件	前	浅	欠	○	○	尽	勤	寝	庆	○	○	枪	墙	抢	69	○	○
ɕ	念	年	70	鲶	○	○	○	银	○	71	○	○	○	娘	72	73	○	○
tʂ	先	嫌	选	献	○	○	心	形	74	信	○	○	香	降	想	向	○	○
tʂ'	—	—	—	—	—	—	—	—	—	—	—	—	—	—	—	—	—	—
ʂ	—	—	—	—	—	—	—	—	—	—	—	—	—	—	—	—	—	—
ʐ	—	—	—	—	—	—	—	—	—	—	—	—	—	—	—	—	—	—
ts	—	—	—	—	—	—	—	—	—	—	—	—	—	—	—	—	—	—
ts‘	—	—	—	—	—	—	—	—	—	—	—	—	—	—	—	—	—	—
s	—	—	—	—	—	—	—	—	—	—	—	—	—	—	—	—	—	—
ø	烟	赢	演	艳	○	○	音	寅	引	印	○	○	央	羊	养	75	○	○

表 31-20

韵 调 声	iəŋ						u						ua					
	阴平	阳平	上声	去声	阴入	阳入	阴平	阳平	上声	去声	阴入	阳入	阴平	阳平	上声	去声	阴入	阳入
p	—	—	—	—	—	—	晡	○	补	布	○	○	—	—	—	—	—	—
P'	—	—	—	—	—	—	部	蒲	普	铺	仆	○	—	—	—	—	—	—
m	—	—	—	—	—	—	墓	○	母	76	木	○	—	—	—	—	—	—
f	—	—	—	—	—	—	夫	符	府	父	缚	复	—	—	—	—	—	—
t	—	—	—	—	—	—	都	○	赌	嘟	○	○	—	—	—	—	—	—
t‘	—	—	—	—	—	—	度	徒	土	○	○	毒	—	—	—	—	—	—
n	—	—	—	—	—	—	○	奴	努	怒	○	○	—	—	—	—	—	—
l	77	○	○	○	○	○	路	炉	卤	露	禄	鹿	—	—	—	—	—	—
k	—	—	—	—	—	—	姑	78	古	顾	谷	○	瓜	○	寡	挂	鸽	○
k‘	—	—	—	—	—	—	枯	○	苦	库	哭	○	夸	79	垮	○	○	○
ŋ	—	—	—	—	—	—	—	—	—	—	—	—	—	—	—	—	—	—
x	—	—	—	—	—	—	户	胡	虎	裤	○	○	花	华	哗	化	○	划
tɕ	终	○	肿	众	○	○	—	—	—	—	—	—	—	—	—	—	—	—
tɕ‘	冲	穷	充	统	○	○	—	—	—	—	—	—	—	—	—	—	—	—
ȵ	—	—	—	—	—	—	—	—	—	—	—	—	—	—	—	—	—	—
ɕ	凶	雄	○	80	○	○	—	—	—	—	—	—	—	—	—	—	—	—
tʂ	—	—	—	—	—	—	—	—	—	—	—	—	—	—	—	—	—	—
tʂ'	—	—	—	—	—	—	—	—	—	—	—	—	—	—	—	—	—	—
ʂ	—	—	—	—	—	—	—	—	—	—	—	—	—	—	—	—	—	—
ʐ	—	—	—	—	—	—	—	—	—	—	—	—	—	—	—	—	—	—
ts	—	—	—	—	—	—	租	○	祖	做	○	○	抓	○	○	○	○	○
ts‘	—	—	—	—	—	—	粗	锄	楚	醋	○	○	—	—	—	—	—	—
s	—	—	—	—	—	—	苏	○	数	熟	俗	粟	○	○	耍	○	刷	○
ø	雍	荣	拥	○	○	○	巫	吴	午	雾	屋	○	哇	○	○	○	○	滑

表 31-21

声\调\韵	uo						uɛ						uai					
	阴平	阳平	上声	去声	阴入	阳入	阴平	阳平	上声	去声	阴入	阳入	阴平	阳平	上声	去声	阴入	阳入
p	—	—	—	—	—	—	—	—	—	—	—	—	—	—	—	—	—	—
P'	—	—	—	—	—	—	—	—	—	—	—	—	—	—	—	—	—	—
m	—	—	—	—	—	—	—	—	—	—	—	—	—	—	—	—	—	—
f	—	—	—	—	—	—	—	—	—	—	—	—	—	—	—	—	—	—
t	多	剁	躲	81	○	○	—	—	—	—	—	—	—	—	—	—	—	—
t‘	拖	砣	惰	拓	夺	○	—	—	—	—	—	—	—	—	—	—	—	—
n	糯	82	○	○	○	○	—	—	—	—	—	—	—	—	—	—	—	—
l	○	罗	83	落	○	○	—	—	—	—	—	—	—	—	—	—	—	—
k	—	—	—	—	—	—	○	84	○	○	国	○	乖	85	拐	怪	○	○
k‘	—	—	—	—	—	—	○	○	86	87	○	○	开	88	块	快	○	○
ŋ	—	—	—	—	—	—	—	—	—	—	—	—	—	—	—	—	—	—
x	贺	和	火	货	喝	合	○	○	○	○	89	活	坏	槐	海	○	○	○
tɕ	—	—	—	—	—	—	—	—	—	—	—	—	—	—	—	—	—	—
tɕ‘	—	—	—	—	—	—	—	—	—	—	—	—	—	—	—	—	—	—
ȵ	—	—	—	—	—	—	—	—	—	—	—	—	—	—	—	—	—	—
ɕ	—	—	—	—	—	—	—	—	—	—	—	—	—	—	—	—	—	—
tʂ	—	—	—	—	—	—	—	—	—	—	—	—	—	—	—	—	—	—
tʂ'	—	—	—	—	—	—	—	—	—	—	—	—	—	—	—	—	—	—
ʂ	—	—	—	—	—	—	—	—	—	—	—	—	—	—	—	—	—	—
ʐ	—	—	—	—	—	—	—	—	—	—	—	—	—	—	—	—	—	—
ts	捉	○	左	○	作	○	—	—	—	—	—	—	—	—	—	—	—	—
ts‘	坐	○	○	昨	○	○	—	—	—	—	—	—	—	—	—	—	—	—
s	梭	○	所	○	索	○	—	—	—	—	—	—	—	—	—	—	—	—
ø	○	禾	90	锅	○	○	○	○	○	○	物	91	外	92	93	94	挖	○

表 31–22

韵 调 声	uei						uan						uən					
	阴平	阳平	上声	去声	阴入	阳入	阴平	阳平	上声	去声	阴入	阳入	阴平	阳平	上声	去声	阴入	阳入
p	—	—	—	—	—	—	—	—	—	—	—	—	—	—	—	—	—	—
P'	—	—	—	—	—	—	—	—	—	—	—	—	—	—	—	—	—	—
m	—	—	—	—	—	—	—	—	—	—	—	—	—	—	—	—	—	—
f	—	—	—	—	—	—	—	—	—	—	—	—	—	—	—	—	—	—
t	堆	○	○	队	○	○	—	—	—	—	—	—	—	—	—	—	—	—
t‘	推	抬	腿	退	○	○	—	—	—	—	—	—	—	—	—	—	—	—
n	—	—	—	—	—	—	—	—	—	—	—	—	—	—	—	—	—	—
l	—	—	—	—	—	—	—	—	—	—	—	—	—	—	—	—	—	—
k	龟	○	鬼	贵	○	○	官	○	管	贯	○	○	○	○	滚	棍	○	○
k‘	亏	奎	跪	○	○	○	宽	○	款	坎	○	○	荤	○	捆	困	○	○
η	—	—	—	—	—	—	—	—	—	—	—	—	—	—	—	—	—	—
x	会	回	悔	○	○	○	欢	桓	缓	幻	○	○	昏	魂	混	95	○	○
tɕ	—	—	—	—	—	—	—	—	—	—	—	—	—	—	—	—	—	—
tɕ‘	—	—	—	—	—	—	—	—	—	—	—	—	—	—	—	—	—	—
ȵ	—	—	—	—	—	—	—	—	—	—	—	—	—	—	—	—	—	—
ɕ	—	—	—	—	—	—	—	—	—	—	—	—	—	—	—	—	—	—
tʂ	—	—	—	—	—	—	—	—	—	—	—	—	—	—	—	—	—	—
tʂ'	—	—	—	—	—	—	—	—	—	—	—	—	—	—	—	—	—	—
ʂ	—	—	—	—	—	—	—	—	—	—	—	—	—	—	—	—	—	—
ʐ	—	—	—	—	—	—	—	—	—	—	—	—	—	—	—	—	—	—
ts	椎	○	嘴	最	○	○	—	—	—	—	—	—	尊	○	○	俊	○	○
ts‘	崔	○	○	翠	○	○	—	—	—	—	—	—	—	—	—	—	—	—
s	虽	随	96	碎	○	○	—	—	—	—	—	—	孙	旬	笋	逊	○	○
ø	位	围	伟	97	○	○	万	完	碗	湾	○	○	问	文	稳	瓮	○	○

表 31-23

韵 调 声	uaŋ						uəŋ						y					
	阴平	阳平	上声	去声	阴入	阳入	阴平	阳平	上声	去声	阴入	阳入	阴平	阳平	上声	去声	阴入	阳入
p	—	—	—	—	—	—	—	—	—	—	—	—	—	—	—	—	—	—
P'	—	—	—	—	—	—	—	—	—	—	—	—	—	—	—	—	—	—
m	—	—	—	—	—	—	—	—	—	—	—	—	—	—	—	—	—	—
f	—	—	—	—	—	—	—	—	—	—	—	—	—	—	—	—	—	—
t	—	—	—	—	—	—	—	—	—	—	—	—	—	—	—	—	—	—
t‘	—	—	—	—	—	—	—	—	—	—	—	—	—	—	—	—	—	—
n	暖	○	○	○	○	○	—	—	—	—	—	—	—	—	—	—	—	—
l	乱	峦	○	○	○	○	—	—	—	—	—	—	○	驴	吕	○	○	○
k	光	○	广	○	○	○	—	—	—	—	—	—	—	—	—	—	—	—
k‘	○	狂	○	○	○	○	—	—	—	—	—	—	—	—	—	—	—	—
ŋ	—	—	—	—	—	—	—	—	—	—	—	—	—	—	—	—	—	—
x	荒	皇	晃	○	○	○	—	—	—	—	—	—	—	—	—	—	—	—
tɕ	—	—	—	—	—	—	—	—	—	—	—	—	朱	○	主	住	祝	○
tɕ‘	—	—	—	—	—	—	—	—	—	—	—	—	吹	除	取	趣	出	局
ȵ	—	—	—	—	—	—	—	—	—	—	—	—	遇	愚	女	○	○	○
ɕ	—	—	—	—	—	—	—	—	—	—	—	—	书	薯	水	絮	○	○
tʂ	—	—	—	—	—	—	—	—	—	—	—	—	—	—	—	—	—	—
tʂ'	—	—	—	—	—	—	—	—	—	—	—	—	—	—	—	—	—	—
ʂ	—	—	—	—	—	—	—	—	—	—	—	—	—	—	—	—	—	—
ʐ	—	—	—	—	—	—	—	—	—	—	—	—	—	—	—	—	—	—
ts	庄	○	○	○	○	○	—	—	—	—	—	—	—	—	—	—	—	○
ts‘	闩	○	○	○	○	○	—	—	—	—	—	—	—	—	—	—	—	—
s	双	○	爽	算	○	○	—	—	—	—	—	—	—	—	—	—	—	○
ø	旺	黄	往	○	○	○	翁	○	○	○	○	○	淤	于	雨	愈	玉	○

表 31-24

韵/调/声	ya						yo						yɛ					
	阴平	阳平	上声	去声	阴入	阳入	阴平	阳平	上声	去声	阴入	阳入	阴平	阳平	上声	去声	阴入	阳入
p	—	—	—	—	—	—	—	—	—	—	—	—	—	—	—	—	—	—
P'	—	—	—	—	—	—	—	—	—	—	—	—	—	—	—	—	—	—
m	—	—	—	—	—	—	—	—	—	—	—	—	—	—	—	—	—	—
f	—	—	—	—	—	—	—	—	—	—	—	—	—	—	—	—	—	—
t	—	—	—	—	—	—	—	—	—	—	—	—	—	—	—	—	—	—
t‘	—	—	—	—	—	—	—	—	—	—	—	—	—	—	—	—	—	—
n	—	—	—	—	—	—	—	—	—	—	—	—	—	—	—	—	—	—
l	—	—	—	—	—	—	○	○	○	○	掠	○	—	—	—	—	—	—
k	—	—	—	—	—	—	—	—	—	—	—	—	—	—	—	—	—	—
k‘	—	—	—	—	—	—	—	—	—	—	—	—	—	—	—	—	—	—
ŋ	—	—	—	—	—	—	—	—	—	—	—	—	—	—	—	—	—	—
x	—	—	—	—	—	—	—	—	—	—	—	—	—	—	—	—	—	—
tɕ	○	○	○	○	98	○	○	○	脚	○	却	○	○	○	决	○	○	○
tɕ‘	○	瘸	○	○	○	○	○	茄	○	99	弱	○	○	○	○	○	缺	绝
ȵ	—	—	—	—	—	—	—	—	—	—	旭	○	○	○	○	○	○	月
ç	靴	○	○	○	○	○	○	削	○	○	—	勺	○	○	○	○	血	○
tʂ	—	—	—	—	—	—	—	—	—	—	—	—	—	—	—	—	—	—
tʂ'	—	—	—	—	—	—	—	—	—	—	—	—	—	—	—	—	—	—
ʂ	—	—	—	—	—	—	—	—	—	—	—	—	—	—	—	—	—	—
ʐ	—	—	—	—	—	—	—	—	—	—	—	—	—	—	—	—	—	—
ts	—	—	—	—	—	—	—	—	—	—	—	—	—	—	—	—	—	—
ts‘	—	—	—	—	—	—	—	—	—	—	—	—	—	—	—	—	—	—
s	—	—	—	—	—	—	—	—	—	—	约	—	—	—	—	—	—	—
ø	○	○	100	○	○	○	○	○	○	○		岳	○	○	○	○	粤	狱

表 31-25

韵 调 声	yɛn						yən					
	阴平	阳平	上声	去声	阴入	阳入	阴平	阳平	上声	去声	阴入	阳入
p	—	—	—	—	—	—	—	—	—	—	—	—
P'	—	—	—	—	—	—	—	—	—	—	—	—
m	—	—	—	—	—	—	—	—	—	—	—	—
f	—	—	—	—	—	—	—	—	—	—	—	—
t	—	—	—	—	—	—	—	—	—	—	—	—
t‘	—	—	—	—	—	—	—	—	—	—	—	—
n	—	—	—	—	—	—	—	—	—	—	—	—
l	—	—	—	—	—	—	—	—	—	—	—	—
k	—	—	—	—	—	—	—	—	—	—	—	—
k‘	—	—	—	—	—	—	—	—	—	—	—	—
ŋ	—	—	—	—	—	—	—	—	—	—	—	—
x	—	—	—	—	—	—	—	—	—	—	—	—
tɕ	专	○	转	101	○	○	军	○	准	圳	○	○
tɕ‘	川	传	犬	劝	○	○	春	群	倾	菌	○	○
ȵ	愿	原	软	102	○	○	韧	○	忍	○	○	○
ɕ	宣	玄	103	羡	○	○	薰	纯	勋	训	○	○
tʂ	—	—	—	—	—	—	—	—	—	—	—	—
tʂ'	—	—	—	—	—	—	—	—	—	—	—	—
ʂ	—	—	—	—	—	—	—	—	—	—	—	—
ʐ	—	—	—	—	—	—	—	—	—	—	—	—
ts	—	—	—	—	—	—	—	—	—	—	—	—
ts‘	—	—	—	—	—	—	—	—	—	—	—	—
s	—	—	—	—	—	—	—	—	—	—	—	—
ø	院	员	远	怨	○	○	韵	云	永	酝	○	○

说明：纯鼻音ŋ不与声母拼合，未列入韵母中。表中无音处以空白标识，有音无义外以“○”标识，有义无字处或个别字的特殊读音以序号标识，后附注释。

声韵调合表注释

1.“过坡”之“坡”。
2.“挪藤”之“挪”。
3.往缝隙填充浆料。
4.不好:脾气—。
5.斜背:—包袱。
6.说话啰唆冗长貌。
7.压住。
8.估算。
9.耕田。
10.植物茎叶上的刺。
11.动植物分泌的黏液。
12.细小状:—咔叽。
13.因饮食缺油脂而产生的饥饿感。
14.用尖锐物刺皮肤。
15.太息:—一口气。
16.溶液粘稠状。
17.缺少生气:—滞滞哩。
18.和,与。
19.呼唤禽畜。
20.搅拌。
21.佝偻。
22.“一口”“两口”之“口”。
23.“爪”作动词的读音。
24.向上托。
25.往下压。
26.无中生有。
27.用身体撞击别人。
28.突起来的地方。
29.用东西罩住某物。
30.“硬是”之“硬”。
31.仰:—起来。
32.烧:—火堆。
33.“争执”意义上的“争”。
34.刚才:—刻叽。
35.“娇宠”意义上的“宠”。
36.与“死”相对的“生”。
37.身体被硬物顶撞。
38.“答应”意义上的“应”。
39.编造谎言。
40.“影子”之“影”。
41.声嘶:声音—个。
42—44.象声词。
45.无凳而坐:—在地上。
46.小虫蛹动状。
47.浪费、糟蹋。
48.倾斜状:谷扇壁—咔哩。
49.吃。
50.脸部不舒展:面—起。
51.粘:—稳点叽。
52.“招惹”意义上的“惹”。
53.额头。
54.推。
55.不体面。
56.按人头递赠:~糖、~烟。
57.“遗失”意义上的“失”。
58.“鸟叽”之“鸟”。
59.“调换”意义上的“调”。
60.舔。
61.缠绕。
62.“不要”之“要”(“不”音 η^{34})。

63.痞酸之态:—里—气。
64.用一物压住另一物。
65."装载"意义上的"装"。
66."生长"意义上的"长"。
67."蚊帐"之"帐"。
68."薯莨"之"莨"。
69.斜:—路。
70.捏。
71."银子"之"银"。
72.上下颤动。
73."娘子"(酵曲)之"娘"。
74.高兴、得意状。
75.称淋巴为"—子"。
76."模子"之"模"。
77.虫蛆。
78.蹲。
79.夸夸其谈状:总—得。
80.嗅。
81."剁"的另读。
82.揉擦。
83.卷起来。
84.喋喋不休地说。
85.身体扭动:走起路来是谷—。
86.不加爱惜地使用某物:两下就—咔哩。
87."极点"意义上的"绝"。
88.同86。
89.墓穴。
90."山窝"之"窝"。
91."果核"之"核"。
92."怀里"之"怀"。
93.用勺舀取东西。
94."外公"之"外"。
95."困觉"之"困"。
96.暗中挑拨:—火。
97."围子"之"围"。
98.身体某一部位不灵便:手指脑冻起—个。
99.遗失。
100.抓痒。
101."旋转"意义上的"转"。
102."还愿"之"愿"。
103.称蚯蚓为"—公"。

七、词汇　短语

乾隆三十年《酃县志》收有县内方言基本词16条,一般词19条。基本词汇中,"况老"(老兄)一词今废。一般词汇中,废4条,3条词义转移,其余沿用至今。咸丰初,太平军两过酃县,军中有"老码子""新码子""广府码子"等会党(同治十二年《酃县志》)。由于地方封建势力的煽动和欺骗,一些无知乡民亦视太平军为洪水猛兽。咒人要倒霉就说"碰到老码子",犹言"遇到鬼"。后人不知个中缘由,讹传为"老麻子"。

民国时期流行而今已废弃或濒于消失的有"打时"(猜得准)、"跳鬼"(处事忙乱)、"荤货"(绸缎)、"滚身"(棉袄)等等。

中华人民共和国成立后,文读普及,遏止了方言词的发展。20世纪50年代流行的"化学梳""镔铁锅""线车"(自行车)、"绳子"(毛线)今也濒于消失。70年代后,从湘中方言中吸收了"冒事"(没关系)、"放肆"(大胆)、"索性""匡"(倾倒)、"好走"等词汇和短语。

(一)人称、人体类

表 31-26

我哩　ηɤ^{341}i^{55}	我们
你哩　ȵi^{341}i^{55}	你们
佢　tɕi^{51}	他
老爹　1 ɑ u^{51}tia^{34}	曾祖父
老奶　1 ɑ u^{51}nai^{33}	曾祖母
爹爹　tia^{34}tia^{51}	祖父
爸爸　p ɑ ^{33}p ɑ ^{33}	父亲
娭毑　ai^{33}tɕi^{33}	母亲
伯伯　p ɑ ^{34}p ɑ ^{34}	伯父
娘娘　ȵi ɑ η^{212}ȵi ɑ η^{212}	伯母
交交　tɕi ɑ u^{34}tɕi ɑ u^{34}	叔叔
母母　mu^{41}mu^{41}	婶婶
太太　t‘ai^{212}t‘ai^{212}	姑妈
舅公　tɕ‘iou^{34}kəη$^{34-55}$	舅父
舅母　tɕ‘iou^{34}mu^{41}	舅妈
媪公　ɑ u^{33}kəη$^{34-33}$	外祖父
媪婆　ɑ u^{33}p‘io$^{212-33}$	外祖母
把把　p ɑ ^{41}p ɑ ^{42}	哥哥
老老　1 ɑ u5^{11} ɑ u^{33}	弟弟
君公　tɕyn^{34}kəη$^{34-55}$	丈夫的父亲
家娘　k ɑ ^{34}ȵi ɑ η$^{212-55}$	丈夫的母亲
男子　nan$^{212-33}$tsɿ$^{51-33}$	丈夫
婆　p‘o^{212}	妻子
新妇　ɕin^{34}fu$^{34-55}$	儿媳
郎婿　1 ɑ η^{212}ɕy^{34}	女婿
舅叽　tɕ‘iou^{34}tɕ‘i^{51}	妻兄弟
俫叽　1 ɑ i^{51}t‘i^{33}	儿子、男孩
妹叽　mei^{33}t‘i^{33}	女儿、女孩
男子人　nan$^{212-33}$tsɿ$^{51-33}$ȵin^{212}	男人
妇妊人　fu^{131}ən$^{51-33}$ȵin^{212}	妇女

续表 31-26

老娘　lɑu$^{51-55}$ȵiɑŋ$^{212-2}$	老年妇女
老倌　lɑu$^{51-55}$kuan$^{34-2}$	老年男子
细个叽　ɕɿ^{34}ko^{34}tɕɿ^{2}	小孩子
丈人　ts‘ɑŋ^{131}ən$^{212-34}$	岳父
丈母　ts‘ɑŋ13mu$^{51-34}$	岳母
公婆　kəŋ^{34}p‘o^{212}	夫妻
新郎公　ɕin^{341}ɑŋ$^{212-55}$kəŋ^{34}	新郎
新人　ɕin^{34}ȵin$^{212-55}$	新娘
兴宝　ɕin^{51}pɑu$^{51-2}$	得意忘形、调皮捣蛋之人
辣姐麻　lɑ^{22}tɕia^{33}mɑ^{212}	泼辣而能干的女人
哈伯古　xɛ^{51}pɛ^{22}ku^{51}	不讲仪容或行为粗鲁、有点宝气的人
有货膀　mɑu^{13}xuo^{331}ɑu^{34}	形容做事轻率、不负责任的人
兄弟姊嫂　ɕiɛn^{33}t‘ɿ^{22}tsɿ^{41}sau^{41}	兄弟妯娌
脑壳　nɑu^{51}xo$^{34-3}$	脑袋
头丝　t‘ou^{212}sɿ^{34}	头发
额门　ȵia^{34}min^{34}	额头
眼珠　ŋan^{51}tɕy$^{34-3}$	眼睛
眉毛　mi^{212}mɑu	眉毛
鼻子　p‘i^{13}tsɿ^{34}	鼻子
嘴巴　tɕy^{33}pɑ^{34}	嘴巴
颈根　tɕiɛn$^{51-55}$kən$^{34-2}$	脖子
肩头　Kan^{34}t‘ou$^{212-55}$	肩膀
肝肺　Kuan^{34}fi^{34}	肝脏与肺脏
腰子　iɑu^{34}tsɿ$^{51-4}$	肾脏
膝头古脑　tɕ‘i^{24}t‘ou$^{212-55}$ku$^{51-55}$nɑu^{51}	膝盖
手指脑　sou^{5}tsɿ$^{51-2}$nɑu^{51}	①拇指②所有的手指
脚指脑　tɕyo^{24}tʂɿ$^{51-2}$nɑu^{51}	①拇指②所有脚趾
尾椎骨　mi^{34}tɕy$^{34-55}$kuɛ$^{24-34}$	尾椎骨头
脚腩　tɛyo^{24}nɑn^{212}	脚跟
脚肚　tɛyo^{24}tu^{51}	小腿肚

(二)天时、气象类

表 31-27

今晡　　tɕin^{34}pu^{34}	今天
明晡　　miɛn^{212}pu^{34}	明天
前晡　　tɕ‘ɛn^{212}pu^{34}	前两天
明日(宁)　　miɛn^{212}ȵin^{212}	将来、以后
天蒙光　　t‘iɛn^{34}məŋ^{212}kuɑŋ^{34}	天刚放亮
天扯浪　　t‘iɛn^{34}ts‘ɑ^{511}ɑŋ$^{51-35}$	天边出现曙光
蒙蒙光　　məŋ^{212}məŋ^{212}kuɑŋ^{34}	天刚放亮
蒙沙蒙沙　　məŋ^{212}sɑ^{34}məŋ^{212}sɑ^{34}	天刚放亮,光线朦胧的样子
茶半时叽　　ts‘ɑ$^{34-44}$pɑŋ^{51}ʂ‘ɿ^{212}tɕi^{35}	上午 10 点钟左右
晌午　　ʂɑu^{41}u$^{51-2}$	上午、中午
下半晡叽　xɑ$^{34-44}$paŋ^{51}pu$^{34-5}$tɕi^{35}	下午 3 点钟左右
下晡　　xɑ$^{34-44}$pu$^{34-5}$	下午
夜晡　　iɑ^{13}pu^{34}	晚上
断夜边叽　　t‘ɑŋ^{51}iɑ^{22}piɑn^{34}tɕi^{35}	快天黑了,同“夜边时叽”
腻子间　　ȵi^{24}tsɿ^{51}kan^{34}	白天
清早　　tɕ‘in^{34}tsɑu^{51}	早晨
长年到暗　　ts‘ɑŋ^{212}ȵiɛn^{212}tɑu^{33}an^{33}	一年到头、整年
常日　　ts‘ɑŋ^{212}ȵi^{24}	经常
那晡　　ȵiɛn^{34}pu^{51}	那天
前谷年　　tɕ‘iɛn^{212}ku^{24}ȵiɛn^{212}	前两年
旧年　　ts‘iou^{13}ȵiɛn^{212}	去年
撞巴时叽　　ts‘ɑŋ^{34}pɑ^{34}ʂ‘ɿ^{212}tɕi^{35}	有时候
谷阵　　ku^{24}ts‘ən$^{33-55}$	现在
天晴　　t‘iɛn^{34}tɕiɛn^{34}	天气晴朗
落雨　　luo^{22}y^{51}	下雨
落雪　　luo^{22}ɕyɛ^{24}	下雪
赶构　　kuɑn51kou33	结冰
起风　　ɕi^{55}fən^{34}	刮风
打雷　　ta^{511}ei^{212}	雷电
天虹　　t‘iɛn^{34}kəŋ^{33}	彩虹

续表 31-27

落蒙沙　luo^{22}məŋ^{212}sa^{34}	长时间灰蒙的天气,又称落瘴
打霜　ta^{51}sɑŋ^{34}	下霜
日头雨　ȵi^{24}t‘ou^{33}y^{51}	同时出现下雨和日出两种天气现象
糜雨霏霏　mei^{212}y^{51}fei^{34}fei^{34}	毛毛雨下个不停
雨夹雪　y^{51}tɕiau^{34}ɕyɛ^{24}	下雨时伴有雪粒
日头　ȵi^{24}t‘ou$^{212-55}$	太阳
月光　ȵyɛ^{24}kuaŋ^{22}	月亮

(三)物事　情状类

表 31-28

擿　tsι^{34}	用指甲抓挠
撕撕扒扒　sι^{34}sι^{34}p‘ɑ^{212}p‘ɑ^{212}	为积累财富而辛勤劳作
死皮赖脸　sι^{51}p‘i^{2121}ɑi^{331}ian^{51}	厚颜无耻
吱嗫　tʂι^{334}tʂɛ$^{33-55}$	喋喋不休的样子,嗫嗫磨磨
謪　tʂ‘ι^{34}	欺骗
时闻　ʂιu^{33}uən^{33}	故事
实心牯　ʂ‘ι^{22}ɕin$^{34-3}$ku^{51}	①树不大,却很沉的树;②对心地实诚的人的谑称
纰离派赖　p‘i^{341}i$^{212-55}$p‘ɑi^{131}ɑi^{33}	凌乱不堪的样子
眯眼打荐　mi^{34}ŋɑŋ$^{51-44}$tɑ^{51}tɕiɛn^{33}	①瞌睡不止的样子;②精神萎靡的样子
沕水　mi^{13}ɕy^{51}	潜水
崎上　tɕ‘i^{34}ʂaŋ^{34}	山脊
窝里　uo^{511}i^{22}	山窝
起得好　ɕi^{51}tɛ^{24}xɑu^{51}	语气词,险些
气鼓马哈　ɕi^{33}ku^{33}mɑ^{34}xɑ^{34}	出气不赢的样子
歧　tɕ‘i^{34}	陡峭,山～水陡
嗤火　tʂ‘ι^{33}xuo^{51}	鞭炮的硝未着火爆炸,形容事未办成
伏到　p‘u^{33}tɑu^{33}	身体向前靠在物体上或趴在地上
步实　p‘u^{13}sʅ	外形墩实
把　mɑ^{51}	①通话中的“把”;②拿的意思
打哈手　ta^{51}t‘ən^{13}sou$^{51-34}$	帮忙,打下手
打捞　ta^{511}au^{34}	嗅觉灵敏

续表 31-28

打泡哗　ta^{51}p‘au^{33}ua^{33}	说谎话
打谬家　ta^{51}lan^{13}tɕia^{34}	将别人的东西占为已有
打滥闹　tɑ^{51}lɑn^{13}nɑu^{13}	撒泼
打鲁糙　tɑ^{51}lu$^{51-55}$ts‘ɑu$^{212-2}$	吃得粗糙的东西,不挑食,同“打粗”
打靓　tɑ^{51}tɕiɛn^{33}	打瞌睡
打望　tɑ^{51}mɑŋ^{33}	①张望;②等待自己希望的局面到来
搨　t‘ɑ^{24}	容器盖子,用时前加容器名
搨到　t‘ɑ^{24}tɑu$^{33-55}$	盖上
下数　xɑ$^{34-13}$su$^{33-34}$	规矩,礼数,潜规则
捩　lia^{51}	倾斜。“捩肩”引申为撂担子
捩仔皮　lia^{51}tsai^{212}p‘i^{212}	多用于笑骂调皮小孩
浃湿　tɕia^{24}se^{24}	很湿
喫　tɕ‘ia^{34}	①吃,喝;②物件咬合
跚　tɕ‘ia^{13}	跨;跨过
□场　ȵia^{212}tsɑŋ^{212}	怕麻烦而怯场
惹　ȵia^{51}(一读 la^{51})	引起(不好的事)
哇　uɑ$^{212-34}$	说话
打讲　ta^{51}kaŋ^{51}	说话
野哇　ia^{34}uɑ$^{13-55}$	不正经的话
哇文　uɑ^{13}uən$^{212-34}$	礼节、规矩;条件、诉求
哇绝哩斗　uɑ^{13}tou^{51}tɕyɛ^{22}li^{2}	说得太好了
哇发哩　uɑ^{13}fa^{13}li^{2}	说得有道理
角窿哩　ko^{24}ləŋ^{212}li^{2}	两墙夹角或偏僻处
垦　ko^{24}	磨损,如菜刀磨～里
火熠气　xuo$^{51-55}$lɑu$^{34-3}$ɕi$^{33-2}$	食物中有烟火气
茄　tɕ‘yo^{212}	一种蔬菜
啜子　tɕ‘yo^{212}tsɿ$^{51-55}$	小偷
默神　mɛ^{24}ʂən^{212}	思考
烨贴　iɛ^{34}t‘iɛ$^{34-35}$	干净整洁美观
凹　iɛ^{24}	往里陷。事情办砸了
瘸治　lai^{24}t‘ai$^{34-2}$	疲沓松懈

续表 31-28

勒钩 lɛ^{24}kou^{24}	植物茎上长出的带钩的刺
叉光 ts'ɛ^{24}kuaŋ^{34}	①物体表面光洁;②穿戴光鲜
搣 miɛ^{34}	①用指甲掐;②剥去,~洋芋皮;③手分开,~花生
蔑惜 miɛ^{24}ɕiɛ$^{25-55}$	小气,吝啬的样子
特肆 tiɛ^{22}sɿ^{33}	故意
抈 uɛ^{51}	折,手~走了腕,炎陵方言中又读作 yɛ51
核 uɛ^{22}	果核
派 p'ai^{51}	①扒开、推开;~到一边;②斜背着,~包袱
挨疲 ŋai^{212}p'i^{212}	做事拖拉
仔波叽 tsai^{212}po^{212}tɕi^{34}	细小状
类跤 lei^{34}kau^{43}	摔跤
类峦 lei^{34}laŋ^{212}	很圆
卯 mau^{51}	双手抄往物体底部往上托
淘 t'au^{212}	因营养不良而发育不良,~坏哩
勠 lau^{34}	连词,和、与
膀 lau^{34}	不好闻的气味
劳糙 lau^{33}ts'au^{33}	连绵字,粗糙不精细
谬 lau^{13}	错
搞手 kau$^{51-35}$ʂou	可图之利,无则称冒搞手
拗 au^{34}	捏造事实,嫁祸于人
拗 au^{51}	折断,使弯曲
飚走 piau^{34}stou^{51}	飞快地走
飚 piau^{33}	依次递赠
刁 tiau^{34}	聪明
耍鸟 sa^{51}tiau^{51}	轻浮或炫耀的行为
娇腻 tɕiau^{34}ȵia$^{212-55}$	娇宠或安抚受到批评或冷落的小孩
娇腻货 tɕiau^{34}ȵia$^{212-55}$xuo^{33}	容易损害的细嫩东西
烄伙 tɕiau^{34}xuo^{51}	合伙
叫 tɕiau^{33}	用米粉做成的各种饼状食品
趭 tɕiau^{33}	风雨次数,一~风,一~雨
劓 ȵiau^{33}	鼻子往上翘,或用扛杆翘东西

续表 31-28

耨　nou^{34}	能力弱或没有锐气
敨气　t‘ou$^{51-55}$ɕi^{33}	①(在剧烈运动中)停下来,喘一口气;②由于痛心而出长气
丑　ts‘ou^{34}	双手托物
柳　liou^{51}	削,如～树桍(k‘ua51)
曼宁　m ɑ n^{23}ȵin^{34}	副词,没有,未曾
有咋咯　mau^{24}tsa^{22}ko^{22}	没什么
把做　pa^{51}tsu^{22}	以为
缇　tan^{212}	用针线缝,～扣子,～被窝
飦　k ɑ n^{34}	稀饭,粥
眼失失哩　ŋan^{51}ʂɛ^{51}ʂɛ511i^{3}	失望的样子
跰跤　pan^{33}kau^{43}	跌跤
生雄生恶　san^{34}ɕyəŋ^{212}san^{34}o^{24}	凶狠、咄咄逼人的样子
晏叽　ɑ n^{33}tɕi^{2}	表时间的副词,等一会
鼎罐　tiɛn^{51}kuan$^{33-2}$	铁铸容器,上圆下锥,用作煮饭烧水
□□□　piɛn^{51}piɛn^{51}tɕyɛn^{51}	形容花言巧语
天哩懵懂　t‘iɛn^{341}i$^{5-1}$məŋ^{51}təg^{51}	不知深浅,盲目蛮干
揵　tɕ‘iɛn^{212}	举,如揵雨伞
攓　tɕ‘iɛn^{212}	用手指夹住
那哩　ȵiɛn^{341}i^{51}	指示代词,那里
这哩　ku^{341}i^{51}	指示代词,这里
燃　ȵiɛn^{212}	点燃使形成火苗
緢緢叽　xuan^{34}xuan^{34}tɕi^{5}	不着急,动作迟缓
捥捥摇　uan^{51}uan^{51}iau^{212}	本来稳定的东西松动了
眩　ɕuɛn^{33}	扔掉
熥命　t‘əŋ^{13}miɛn^{13}	①拼命;②小孩拼命哭闹
忍子　ləŋ^{51}tsɿ$^{51-2}$	同一群体中个头小的成员
敨爽　t‘ou$^{51-55}$s ɑ ŋ^{51}	宽敞
抻敨　ts‘ən^{34}t‘ou$^{51-55}$	面料或衣服平展;衣着整齐
抻扯　ts‘ən^{34}ts‘ ɑ $^{51-55}$	①同上条;②形容长得匀称
生情聂怪　sən^{34}tɕ‘in^{212}ȵiɛ^{24}kuai^{33}	无事生非,制造矛盾
兴会噜噜　ɕin^{33}xuei^{331}u^{511}u^{51}	热情很高的样子

续表 31–28

困觉　xuən^{33}kou^{33}	睡觉
浚　ɕyən^{13}	将容器中液体或粉、粒状物倒出
望　m ɑ η^{33}	看;期待
放滥　f ɑ η^{331}an^{13}	小孩撒泼,又称当滥
当雷　t ɑ η^{341}ei^{212}	吃不该吃的亏
馕　n ɑ η^{34}	肥而腻人
讨相骂　t‘au^{51}ɕi ɑ η^{34}ma^{42}	吵嘴
装文　ts ɑ η^{51}uən^{212}	装出斯文的样子;现实语境中多表为“谦让”
装　ts ɑ η^{51}	(尖利物)刺;(长条物)插
搡　s ɑ η^{51}	量词,半截。动词,从中间砍断
戗①　tɕi ɑ η^{51}	(条形或方形东西)不正
戗②　tɕ‘i ɑ η^{33}	平面意义上的斜
戗七戗八　tɕ‘iaη^{33}tɕ‘i^{24}tɕiaη^{33}pa^{24}	形容事情办得不伦不类
象　tɕi ɑ η^{13}	相像
膀膀　p‘η^{341} ɑ u^{34}	膻气很大
中间　təη^{34}kan$^{34-55}$	与两边距离相等的位置
撇脱　p‘iɛ^{24}t‘o^{55}	简单;干脆
隆隆空空　ləη^{2121}əη^{212}k‘əη^{34}k‘əη^{34}	空隙大
㹧　kəη^{33}	①钻出来;②往里
弄行　ləη^{13}ɕin^{212}	作弄人的行为
空口打哇哇　k‘əη^{34}xou^{51}t ɑ ^{51}u ɑ ^{34}u ɑ $^{34-44}$	说空话
空咯①　k‘əη^{34}kɤ^{3}	没有什么
空咯②　k‘əη33kɤ^{3}	没办法的委婉说辞
蹭　ts‘əη^{51}	推
蛆　liəη^{34}	蛆
浓　ȵyəη^{212} 或 nou^{212}	粘稠
嗅　ɕyəη^{33}	用鼻子闻
嗅头　ɕyəη^{33}t‘ou$^{212-33}$	酒的气味浓烈
鱼　η^{13}	鱼
鸭　a^{24}	鸭
鸹　ku ɑ ^{24}	鸽子

续表 31–28

鸾叽　tiαu^{51}tɕi^{33}	对体型较小的鸟的统称
唔汤唔水　ŋ^{13}t‘αŋ^{34}ŋ^{13}ɕy^{51}	态度含糊、吞吞吐吐
唔要　ŋ^{13}ȵiαu^{33}	不要
唔对扯　ŋ^{13}tei^{33}ts‘α^{51}	不对路
唔扯火　ŋ^{13}ts‘α^{51}xuo^{51}	合不来
长得了　ts‘αŋ^{212}tɛ^{241}iau^{51}	怎么得了
长搞占　ts‘αŋ^{212}kau^{51}tʂan^{22}	怎么办
学堂　xo^{33}t‘aŋ^{22}	学校
灶下　tsau^{33}xa^{22}	厨房

第二节　客家方言

该方言区包括东南片大部和西片船形乡的大部，西片其他乡镇也有一些讲客家话的，面积约占全县 72%，人口占 50%以上。酃县客家话属广东梅县客家方言。在所调查的客家话家族中，86%是从广东梅县、兴宁、五华、乳源、翁源等地区迁徙来的。

由于邻县方言和县内本地话影响，客家方言区内部发音并不一致。东片客家话保留全浊声母 v 和半元音 j，有卷舌音，无撮口呼；南片客家话以上四个特点刚好与东片相反。东片读“缺”如[k‘iɛɩ^{3}]，西南片作[tɕ‘iɛɩ^{3}]；南片读“六”如[1uɩ^{3}]，东西片作[1iouɩ^{3}]；西片读“鸡”如[kai^{35}]，东南片作[kei35]。经数百年交融，除语音仍维持各自的系统外，词汇和语法已大致趋同。

客家话的代表音区是东片。本节语音为东片发音，词汇则不受此限制。

一、语　音

（一）声母 24 个，其中一个零声母。

p 百比	p‘泼被	m 袜米	f 花费	v 横文
t 钉底	t‘淡地	n 难泥	1 兰雷	
k 间鸡	k‘坑缺	ŋ 眼咬	x 咸孝	
tɕ 骄九	tɕ‘乔旧	ȵ 尧牛	ɕ 肖休	
tʂ 照周	tʂ‘朝长	ʂ 绍上		
ts 焦走	ts‘齐蚕	s 少瘦		
ø 爷鸦				

（二）韵母 47 个，其中舒声韵 32 个，入声韵 13 个，另有自成音节的半元音和纯鼻音各一个。

表 31–29

ι.ʅ	子世	i	意雨	u	书数
a	拿假	ia	野夜	u ɑ	瓜挂
o	科禾	—	—	uo	多坐
ɛ	而儿	iɛ	且接	—	—
ai	拜买	—	—	uai	快怀
oi	梯在	—	—	—	—
ei	尾退	—	—	uei	为位
ɑ u	早到	i ɑ u	表笑	—	—
ou	口手	iou	秋求	—	—
an	半间	iɛn	元见	uan	万关
ən	本问	iən	林军	uen	稳困
ɑ η	昌当	iaη	良阳	u ɑ η	王光
əη	公东	iəη	兄用	uəη	翁瘟
ɿʔ、ʅʔ	职湿	iʅ	急力	uʅ	木叔
aʅ	八夹	iaʅ	压侠	uaʅ	挖刮
oʅ	恶岳	ioʅ	约略	uoʅ	作落
ɛʅ	得责	iɛʅ	切列	uɛʅ	物骨
—	—	iouʅ	六畜	—	—
j̣	喻余	—	—	—	—
η̣	鱼女	—	—	—	—

（三）声调 6 个，入声有明显促音

表 31–30

调类	调值	例　　字	与普通话对比
阴平	35	高低书弯	阴平　55
阳平	12	劳泥徐兰	阳平　35
上声	31	好底土坦	上声　214
去声	53	到对布炭	去声　51
阴入	3	一桌八发 塞克六册	阴平　55 去声　51
阳入	5	别伐直集 腊月式列	阳平　35 去声　51

二、词　汇

(一)人称类

表 31-31

ŋai^{12}	我	婆太	曾祖母
ŋai^{21}1in^{35}	我们	阿爹	祖父
佢[ji^{12}]	他	阿婆	祖母
公太	曾祖父	阿爸	父亲
阿嬷[mei^{35}]	母亲	老公	丈夫
Oi^{35} 子	同上	老婆	妻子
太伯[paɩ^{3}]	伯父	新 tɕʻou^{35}	子之妇
伯嬷	伯母	细[sei^{53}]郎	女之夫
阿叔	叔父	俫子	儿、男孩
满嬷	叔母	妹子	女、女孩
太姑	姑妈	哺[pu^{3}5]娘子	妇女
家倌	夫之父	客娘	未婚女子
家娘	夫之母	太细[sei^{53}]子	小孩

(二)天时、物事类

表 31-32

上昼	上午	天光晡	明天
昼边	中午	哩趁子	现在
下昼	下午	哩兹	这里
夜晡	晚上	nai^{31} 兹	哪里
今晡日[ȵiɩ^{3}]	今天	介兹	那里
哩兜	这些	厅[tʻan^{35}]下	堂屋
当子	地方(小范围)	木油	茶油
门牽	门槛	哈落	份量

（三）人体、情状类

表 31–33

头纳	头	鼻	嗅
[ȵiaɩ^{3}]头	额	食早	吃早饭
鼻公	鼻	食昼	吃中饭
延巴骨	肋骨	食夜	吃晚饭
猋[piau^{35}]	跳	靓[tɕian^{35}]	漂亮
做(凑)阵	作伴	无[ŋ]前	未曾

第三节　正　音

正音分布于平乐乡的竹山下、青广坪、茅坪，龙渣瑶族乡的牛冈排、新开、龙凤，下村乡的青松、坳头、东坑，中村乡上龙潭和水口镇的下牛夹等地。船形乡与资兴县交界处原有讲正音的，后为客家话同化。正音呼祖父为“公”、祖母为“婆”、父亲为“大”、伯父为“伯”、叔父为“满”。其词汇接近北语、语音近似川鄂，是北方方言沿云贵、湘西伸入湘南的余脉。

由于受邻近方言的影响，正音区各地词汇也有细微差异。如平乐乡和下村乡的正音呼祖母为“阿婆”，龙凤、新开一带则称“阿婻”。

说明：本章部分内容摘自彭志瑞先生著《炎陵方言》一书。

第三十二篇　炎帝陵

炎帝神农氏是新石器晚期杰出的部落联盟首领。古籍记载，他发明耒耜，教民耕播；遍尝百草，发明医药；日中为市，首创交易；耕而作陶，治麻为布；始造明堂，作教化民；造琴制乐，穗书记事；重八卦为六十四卦；以火纪官，建都创制。为中华文明的发胚和华夏族的孕育创造了丰厚的物质、文化基础，被尊为中华民族人文始祖。

史传，炎帝神农氏“在位百二十年而崩，葬长沙”“长沙茶乡之尾”，即秦之长沙郡、汉之长沙国（郡）所辖茶陵县南三乡，南宋之酃县，今之炎陵县。

第一章　陵园地理　交通

第一节　陵园区位　形胜

炎帝陵位于县西鹿原镇。其地前滨水陂，后依山原。因陵山多鹿，古称鹿原陂；又因曾产白鹿，亦称白鹿原。地理位置为北纬 26° 25′ 12″，东经 113° 39′ 53″。距县城 19 公里。

鹿原陂所在山原古称炎陵山、皇山，为罗霄山脉万阳山支脉的延伸。清乾隆三十年(1765)《酃县志》谓：万阳山“左支南行羊桥山、大姑山，历大枫岭，折入康乐乡黄茅墩、七宝山，至鹿原坡结炎陵。”所记与现代实测地形图吻合。

炎陵山是一条连绵起伏的丘冈。西南地势从容，东北五峦连珠，逶迤约两公里接阳鹿山。最高点（鹿原亭）海拔 304.8 米；最低点（龙脑石）海拔 187.34 米。北有万阳山支脉云露山向西延伸，界分茶陵；南有八面山支脉向西向北延伸，界分资兴、安仁。两支脉在西北交汇，环抱之中是一块面积约 40 平方公里的平原。炎陵山雄踞平原东侧，俯瞰万顷沃野。

山下有斜濑水，源出八面山，干流长 86.5 公里，流域面积 780 平方公里。河水翻崖穿峡，由南向西北奔腾而来。流入鹿原后，水势舒缓，三回九折，绕陵而过，在陵北汇入源于万阳山的洣水，北去 6 公里至峤头岭出境，经茶陵、攸县，在衡东新塘注入湘江。

环顾陵区，峰峦叠嶂，溪流萦纡。青台山、云露山拱卫其北，群峰连绵，遥接匡庐；云秋山、南天门树屏其南，莽莽百里，远导五岭。阳鹿山、茆花岭翼护其左；金花崖、白鹤山侍卫其右。陵前黄杨山千岩搢笏，陵下杨钱洲绿草茵茵。炎陵山犹如一条昂头鼓鬐，莽莽苍苍的巨龙。清人罗士彝《炎陵山水记》以古代地学理念作了描述："酃西行三十里，起伏蜿蜒，众山奔赴，星罗棋布，俨若金汤。入其境，古树荫翳，长松攫拏，郁郁苍苍，其状非一，盖神农氏故墟也。前有黄杨山，两峰对峙，如树旗盖、列旌矛。中如覆盂，不啻肃章甫，朝至尊焉。江流襟带，有武夷盘折，黄河九曲之势。石巉岩而壁立，疑人疑鬼；山崆峒以响应，大叩大鸣。不独周围环匝，宛然辰居曜拱也。宜望气者，以为神灵之所宅云。"

1996年，国务院公布炎帝陵为全国重点文物保护单位。保护范围0.96平方公里。2013年，国务院公布炎帝陵为国家级风景名胜区。以陵园为主体的炎帝陵风景名胜区规划面积111.86平方公里。

第二节　陵园交通

一、御祭故道

清代以往，钦遣祭祀官先至衡州，会同州府陪祭官员由陆路入酃。民间称御祭官所经之途为"御祭故道"。桥头岭下御祭故道旁，有"邑有圣陵"摩崖，为乾隆十七年（1752）陪祭官衡州知府黄岳牧题写，至今赫然。

由衡州至炎帝陵全程约138公里。途经愁思岭、九冈岭、大石岭、大风岭、桥头岭等山岭以及湘江、永乐河、洣水、河漠水等河流。途中有接官亭、驿站提供食宿及马匹、轿舆、舟楫等交通工具。桥头岭为酃茶界山，由桥头岭栖云寺至炎帝陵15.5公里，路宽2.2米，路面以鹅卵石铺就。

故道单程需5天。明翰林院修撰、御祭官曾鹤龄《祀神农陵记》载："自衡舍舟陆行，越峻坂，涉深壑，五宿始至之。"清衡州府通判谢允文《陪祀炎陵纪略》详载康熙三十六年（1697）钦遣詹事府少詹巢可托诣陵告祭行程：九月二十五日"漏未尽十刻"（晚上九时许）从衡州出发，"出朝阳门，东渡湘河""行四十五里，达愁思岭""宿接官亭"。翌晨"度九冈岭"，至安仁县城。第四天"鸡鸣促行""逾大石岭""纡回出谷，由张家坪行数十里"歇宿。第五天"穿山徐步大风岭""历嵚崟，坐盘石，峰回径仄，潆旋而度峤头岭。下行十许里，涉洣江。"黄昏时抵达康乐乡，当晚达炎帝陵，宿天使馆。

二、现代交通

民国29年（1940），日本侵略军犯湘，湖南省政府拟迁炎陵山，为此修筑酃茶公路坪形至炎帝陵专线 9.44 公里，炎帝陵始通汽车。后因东江渡大桥（木质）屡修屡毁，公路于 20 世纪 60 年代废弃。

1964 年 1 月，修建石潮至塘田公路，10 月竣工，全长 10 公里，途经炎帝陵。分线口改由 106 国道石潮段。1994 年 7 月，在分线地修建炎帝陵牌坊，成为炎帝陵风景名胜区地理标志。2004 年，对炎帝陵专线公路进行拓宽改造和绿化。2009 年 12 月，衡阳至炎陵高速公路建成通车；2012 年 12 月，衡炎高速延伸至井冈山。衡阳、吉安两地由高速公路至炎帝陵，行车时间缩短一半。2014 年 7 月，连接京广、京九铁路线的衡阳至吉安铁路通车，并在县城东郊修建车站。2014 年 12 月，平江至汝城高速公路通车，建有互通公路（1 公里）通炎帝陵，遂形成东西南北，公路铁路兼备，互联互通的交通网络，极大地方便谒陵祭祖、观光旅游的海内外同胞。

第二章　陵庙沿革

第一节　陵　墓

炎帝陵墓在炎陵山南端，墓向坐北朝南，陵墓所在点地面海拔 191 米。

炎陵山自古即有炎帝陵墓。西汉末年，绿林、赤眉军在荆州起义，荆湘震惊。当地居民担心乱兵亵渎陵墓，遂将封土推平，乱平后恢复。宋初，太祖诏修古帝王陵庙，于乾德五年（967）在"长沙茶乡之尾"即茶陵县康乐乡鹿原陂访得炎帝陵墓。旋即立庙陵前，肖像而祀。诏禁樵牧，置守陵 5 户，每年发给 3 至 5 两工食银，并免除徭役。开宝四年（971），守陵户增至 7 户。景德元年（1004），诏禁樵采。淳熙十四年（1187），庐陵罗泌偕子罗苹至炎帝陵考察。罗苹《路史注》详载炎帝陵墓方位："炎陵今在麻[鹿]陂，林木茂密，数里不可入。石麟石土，两杉苍然，逾四十围。两杉而上，陵也。前正两[面]紫金岭。"

明袭宋制，置守陵户。曾鹤龄《祀神农陵记》叙及炎帝墓冢："蹋步山麓，见有石壁，高二寻许，广半之，正面而直立，或指以为冢门。又上少许，有杉二株，一荣一枯，其大数十围，高不可计，根节如铁石，或以为异人所种，莫敢剪伐者。杉下有坛，坛下有墠，盖旧有之，新又更置。"清乾隆四年（1739）奉旨设守陵户 4 名，岁给工食银 24 两。民国 27 年，县政府委当地居民 2 名守陵，月给稻谷 1 担。

1986 年，在整修炎帝陵的同时对墓冢进行整理。墓冢宝顶堆土高 6 米，地面直径 38.4 米。墓门高 2.2 米，宽 6.88 米，正中刊"炎帝神农氏之墓"墓碑，落款清道光七年知县沈道宽。墓碑左右置汉白玉石狮一对。

第二节　陵　庙

一、宋初立庙

宋初，太祖赵匡胤下诏修建历代帝王陵庙。乾德五年在炎帝墓侧修建陵庙，并命李昉撰写碑记，遣翰林侍诏孙崇望镌石刊碑。乾德六年，又诏以祝融配祀炎帝。太平兴国年间(976—984)刺史龙景韶奉诏致祭炎帝陵，遇“山溪暴涨，从者多溺死”。此后，官府畏途殚险，奏请就近祭祀。于是，在茶陵县(时酃尚未建县)城南五里修建炎帝神农庙。

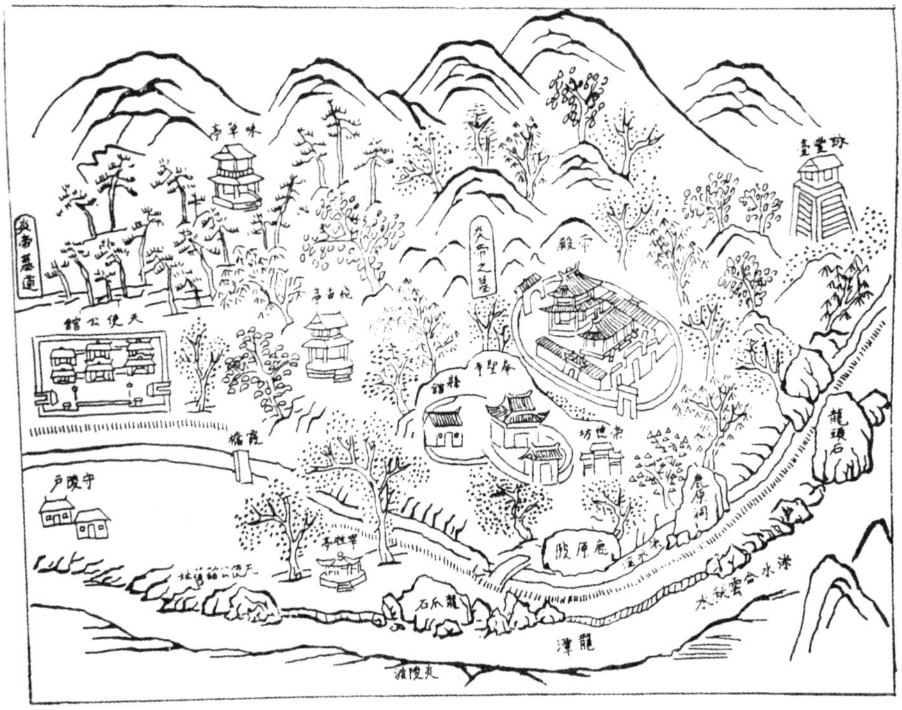

▲道光版《炎陵志》炎帝陵建筑布局图

大中祥符四年(1011)，宋真宗“令衡州葺神农庙”。淳熙十四年六月，天下大旱，宋孝宗“诏衡州葺炎帝陵庙”。衡州知府刘清之奏：“史载，炎帝陵在长沙茶陵，祖宗时给近陵七户守视，禁其樵牧，宜复建庙，给户如故事。”奏请在鹿原陂修复炎帝陵庙。“礼部官请于故事，命守臣行之。”刘清之“即命军使(茶陵军行政长官)成其事”。淳祐八年(1248)，湖南安抚使陈韡再奏：“国家以火德王，于火德之祀合加钦崇，炎帝陵在衡州茶陵县，庙久弗治，乞相度兴修，以称崇奉之意。”“诏许之，于是栋宇像设，始复一新。”

二、明代拓展

明太祖朱元璋即位后，诏命察视历代帝王陵寝，“蔽者葺之”。炎帝庙因之进行了一次全面修整。工程于洪武四年(1371)竣工,随即遣国史馆编修雷燧诣陵致祭,告即位。洪武以后,炎帝陵殿有过两次较大规模的修葺。

嘉靖三年(1524),知县易宗周在原址拓宽重修,并将主殿更名“圣容殿”。“殿外建高阁,宽广如殿。阁下为陛道,中为丹墀,纵横数丈。东西庑各三间”,立历代告祭文碑。“前列三门”,中为午门,左右为戟门。“周环垣墙,内有大道,绕阁循墙行,而后达于陵。”

万历四十八年(1620),距上次大修近一百年。陵庙因风雨剥蚀,日渐颓圮。县令廖松见“庙宇日非,恻然伤感”。遂派人在路旁募捐,发起重修。工程告竣后,东阁大学士吴道南撰《重修炎帝陵庙》碑记,载其始末。

三、清代殿制

清代,有史可稽的大修 9 次。顺治七年(1650),湖南尚未入清版图。南明将领盖遇时等率万余众驻扎炎帝陵侧,有士兵拆毁陵庙壁板,采伐陵山树木搭盖营房。康熙三十五年(1696),太仆寺少卿王绅奉旨告灾致祭,目睹陵庙严重损坏,奏准整修,由县令龚佳蔚督修。由于资金短缺,未能尽善。

雍正十一年(1733),知县张浚奉文动用国帑,按工部颁行图式施工。这次重修,不仅扩大了陵园的规模,而且奠定了沿南北轴线设午门、行礼亭、正殿、墓冢四进格局。工程于乾隆元年告竣。建筑布局为:前三门平列,中为午门,左右戟门。门内有丹墀,左右两廓,叠树历代告祭文碑。墀上有台,中为御道,两旁三陛,上为行礼亭。亭上有小丹墀,丹墀上为正殿,中为御道。左右三陛,祭官升降由之。亭左右各有门,行礼后,礼官引祭官焚祝帛于陵。出左门,入右门。自正殿至午门,各九陛,长二十余丈,阔五丈。殿高三丈三尺。周匝垣墙,高一丈许,咸垩以丹。右为一总门出入。庙之前,有崇德坊;陵之北,有天使馆三;馆之前,有宰牲亭;庙之右,有奉圣寺。

乾隆、嘉庆、道光间屡有修葺,以道光年间最为完善。道光七年(1827),履任五年的知县沈道宽,“感岁无旱涝,民歌屡丰”,修建“咏丰台”,取炎帝神农“作扶犁之乐,制丰年之咏”之意。与此同时,修复味草亭、飞香亭。

道光十七年,报礼部批准,由知县俞昌会主持,依旧制进行大规模修整。《炎陵志·陵庙》详载各建筑新旧规制:

陵庙旧制,正殿,宽四丈二尺,深三丈八尺,顶高三丈三尺。今重建加宽(至)五丈四尺,深四丈四尺,顶高三丈九尺;拜亭(行礼亭)宽三丈六尺七寸,深一丈六尺,加宽(至)五丈四尺,深一丈八尺。午门、戟门,宽六丈五尺,加宽七丈二尺五寸。午门高一丈九尺,今加高(至)二丈二尺。左右戟门各高一丈五尺,今各加高(至)一丈七尺四寸。寝门宽八尺二寸,高七尺二寸。今加宽(至)一丈,高九尺。外围墙长十六丈三尺,高五尺五寸。今加长(至)十七丈八尺,高六尺。夹道各宽七尺。左右小门为送神出入之径,今各创一亭,接连殿廊,以蔽风雨。左右朝房各三间,宽三丈一尺,深九尺四寸,高一丈八尺。今加深(至)一丈四尺八寸,高一丈九尺。左右碑亭旧制卑狭，今改与朝房并式。其御道旁阶，改砌条石，中间三陛，白石镌龙，并沿阶添设石栏，改覆琉璃磁瓦，庶宏敞规模，以昭崇祀。

此次整修，还对历代修建的附属建筑进行维护或迁址重建。

奉圣寺　在陵庙右，初名陵寝寺。明嘉靖三十七年(1558)乡人修建。因承担陵庙洒扫之责，后更名奉圣寺。清康熙、乾隆间3次重修。此次在原址重建。

胡真官祠　在炎帝庙旁。《路史·罗苹注》云：真官者，炎帝从臣。真官佐庙于帝旁，以年久废。宋理宗景定中(1260—1264)"诏为立祠炎帝庙旁"。此次照址重建，并附厢房一楹，供附近诸生读书。

崇德坊　在炎帝庙前右侧，明天启年间(1621—1627)始建。此次重建。

天使公馆(又称天使行台)　在陵北，创始于明代，为朝廷祭祀官斋宿之所。平列三所，中为钦差大祀官居所，左右为陪祭官居所，后毁于兵燹。清雍正年间在原址重建，后毁于洪水。此次整修中易址重建，有天使、陪祭公馆三所，中正使，左副使，右陪祭，均各两栋三间。前后栋以丹墀、过亭连接。正使公馆设公堂、坐厅、厢房共8间；陪祭公馆设公堂、厢房6间。厨房一栋。四周围墙，设东、西辕门，南建照墙，两侧为鼓楼。

时祭公馆　在奉圣寺右，清雍正年间建，为春、秋时祭地方官斋宿之所。此次重建，堂、厅、厢房具备。

宰牲亭　大祀、时祀宰牲之所。始建不详。频圮频修。此次在天使馆右前方重建。

四、民国修葺

民国期间，炎帝陵修葺由地方政府主持。民国4年(1915)，县知事瞿夔捐资百元(银圆，下同)，合炎帝陵修缮费正项，筹划维修，后因湘军驻屯而辍。12年，省政府下拨500元，由县长欧阳枚鸠工维修。25年，县长夏礼目睹"殿宇年久失修，多已损坏"，于年初组建"修复炎陵筹备委员会"，并制定实施方案，后因故未果。

民国28年秋长沙会战后，日本侵略军暂不敢犯湘。为防患未然，省政府拟迁炎陵山。翌年，在修建办公用房和坪形至炎帝陵公路的同时，对炎帝陵进行全面修整。当年10月10日举行祭祀大典，并为第九战区司令长官兼湖南省政府主席薛岳撰《重修炎帝陵记》刊碑。

▲1986年6月28日炎帝陵整修奠基大会

五、当代修复

1949年后，民间朝拜炎帝陵活动照常进行。1955年1月22日(农历1954年除夕前1日)，香客失火，炎帝陵主殿和行礼亭被焚毁。1956 年 7 月，湖南省人民委员会将炎帝陵列为重点文物保护单位。

1980 年初，海内外人士呼吁修复炎帝陵。1983 年 6 月，第六届全国人大代表大会第一次会议召开，马安健、吴占魁等 23 名湖南代表提交修复炎帝陵建议，得到国家文物局、湖南省文化厅的重视与支持。1984 年 9 月，先后成立株洲市修复炎帝陵筹备委员会、酃县炎帝陵修复工程指挥部。1986 年 6 月 28 日，湖南省人民政府在炎帝陵隆重举行修复炎帝陵工程奠基仪式。省、市人民政府相继拨出专款，海内外各界人士纷纷捐款捐物，共襄修复盛举。1988 年 10 月底修复工程竣工。

此次重修循原址故基，建筑格局一如清制。

一进午门，高 8.67 米，宽 2.6 米，上嵌楷书“午门”白色大理石。左右分列戟门，戟门高 6 米，宽 2 米。最外侧为垂花式掖门。

二进行礼亭，庑殿式结构。是香客祭祀处所。亭高 8．33 米，宽 14 米，深 6．67 米。亭上悬挂着全国政协副主席周培源手书“民族始祖光照人间”横匾。行礼亭左右为碑房，硬山卷棚式结构，内竖清代告祭文碑（原碑）。

三进大殿，重檐歇山式结构，黄色琉璃瓦覆顶。30 根花岗石立柱按 5 排柱网排列，斗拱和横梁绘制以金龙和玺为主，辅以龙草和玺、龙凤和玺及旋子式、苏式彩画，共绘彩龙 1 万条。三重飞檐尖端饰以龙凤。殿堂正中有宝龛，厝放炎帝神农氏金身祀像。门额横匾“炎黄子孙不忘始祖”，为中共中央顾问委员会主任陈云题写。

四进墓碑亭，墓前建有碑亭，四角攒尖式结构。亭高 5 米，宽 8 米，深 5 米。中置汉白玉墓碑，碑文“炎帝神农氏之墓”为中共中央总书记胡耀邦手书。

五进陵墓，封土高 4.58 米，进深 6.64 米，宽 28.9 米。墓道石碑为清道光七年酃县知县沈道宽所书。陵前两侧立有湖南省、株洲市社会各界公祭炎帝陵祭文碑 4 块。

殿外设花岗石护栏与台基，台基高 1.5 米。台基前出 3 层月台，每层设三出踏跺。左右月台为阶级式，中间为斜坡形御路，嵌汉白玉雕龙。下为盘龙，中为双龙戏珠，上为卧龙，寓意江山稳固、天下太平、至尊至贵。行礼亭前侧按宋初建制，左右分立石雕鹰、鹿，附和炎帝幼时有神鹰遮荫、神鹿哺乳的传说。陵殿四周环以红色墙垣，上覆黄色琉璃瓦。

重修后的陵寝区结构严谨，古朴凝重。

修复炎帝陵工程启动之后，先后收到胡耀邦、陈云、严济慈、赵朴初、周谷城、耿飚、杨静仁、周培源、张爱萍、钱伟长、王首道、屈武、毛致用、王任重、王恩茂、杨汝岱、雷洁琼、李铁映等党和国家领导人题词。海内外书画名家亦纷纷向炎帝陵赠送书法、绘画、诗词、楹联作品。至 1988 年底，收到各类作品 500 余件。

1993 年 9 月 4 日，中华人民共和国主席江泽民为炎帝陵题写“炎帝陵”陵款。1996 年 11 月 20 日，国务院公布炎帝陵为全国重点文物保护单位。

附

炎帝陵庙历次大修规模表

表 32-1

建筑名称 \ 整修时间		清雍正十一年(1733)	清道光十七年(1837)	1986 年
前三门	总长	6 丈 5 尺	7 丈 2 尺 5 寸	13 丈 3 尺
	午门高	1 丈 9 尺	2 丈 2 尺	2 丈 6 尺
	戟门高	1 丈 5 尺	1 丈 7 尺 4 寸	1 丈 8 尺
行礼亭	深	1 丈 6 尺	1 丈 8 尺	2 丈
	宽	3 丈 6 尺 7 寸	5 丈 4 尺	4 丈 2 尺
	高	不详	不详	2 丈 5 尺
主殿	深	3 丈 8 尺	4 丈 4 尺	4 丈 8 尺
	宽	4 丈 2 尺	5 丈 4 尺	6 丈 2 尺
	高	3 丈 3 尺	3 丈 9 尺	5 丈 8 尺
墓碑亭	深	—	—	1 丈 5 尺
	宽	—	—	1 丈 5 尺
	高	—	—	2 丈 4 尺
寝门	宽	8 尺 2 寸	1 丈	2 丈
	高	7 尺 2 寸	9 尺	1 丈
左右碑房	深	—	1 丈 5 尺	1 丈 7 尺
	宽	—	3 丈 1 尺	4 丈 6 尺
	高	—	1 丈 9 尺	1 丈 9 尺
左右朝房	深	9 尺 4 寸	1 丈 4 尺 8 寸	—
	宽	3 丈 1 尺	3 丈 1 尺	—
	高	1 丈 8 尺	1 丈 9 尺	—
墙垣	高	5 尺 5 寸	6 尺	6 尺 9 寸
	周长	16 丈 3 尺	17 丈 8 尺	42 丈

说明:1 丈等于 10 尺,1 尺等于 10 寸;市制 3 尺等于公制 1 米

第三节　碑　碣

一、祭文碑

明、清朝皇帝遣官告祭炎帝陵均勒石刊碑。碑石用料均以当地所产石灰岩打制而成，由本地工匠镌刻。明代祭祀文碑立于陵庙中，清代祭祀文碑立于陵庙前廊。1955 年初炎帝陵失火后，大部分遗失。现存清康熙四十二年、四十八年、五十二年，乾隆十四年，道光九年，光绪元年等御祭原碑 6 块，置于陵殿前碑房内。

现代省、市、县公祭文碑以安仁县所产“湘白玉”加工制作。石碑置于陵墓前或御碑园内，共 143 方。

二、记事碑

古铜碑，在陵下倚江石上，具立时间无考。相传宋初没入潭中；

宋太祖命制庙碑，久佚。

宋淳熙十四年罗泌题《炎陵》碑，久佚。清道光八年春二月重立。湖南督学使者程恩泽篆，知县沈道宽立，嵌于庙壁。久佚。

明礼部定议致祭碑，久佚。

明万历四十八年《重修炎陵庙》碑，吴道南撰。立石庙中，久佚。

清乾隆十七年《重修炎陵奉圣寺序》碑，舒而相撰。立奉圣寺右厢，无存。

乾隆二十七年衡州府《饬禁炎陵大祀科派示碑》，酃县知县张锡组泐石，立奉圣寺右厢，无存。

道光七年《新作咏丰台暨复修飞香、味草二亭记》碑，毛国瀚撰，夏恒书。立奉圣寺东廊，无存。

道光十七年《重修炎帝陵庙文》碑，酃县知县俞昌会撰，李沆训书。立奉圣寺，无存。

民国 29 年，薛岳撰《重修炎帝陵庙碑》，原立陵墓右侧，今存碑房。

2002 年 10 月，湖南省人民政府重修炎帝陵碑，现存碑房。

2002 年 10 月，《咏丰台记》碑，炎帝陵建设工程指挥部立，在咏丰台。

三、题名碑、摩崖

清康熙年间墓碑，知县徐甫源立。年久漶漫，无存。

道光十七年墓碑，“炎帝神农氏之墓”七大字，正书。款“道光十七年仲冬月知县俞昌会重立”十五小字，正书。无存。

“邑有圣陵”摩崖石刻，在峤头岭下。“邑有圣陵”四大字横列，正书。款“乾隆十七年衡州府知府黄岳牧刊”十四小字,正书。今存。

“鹿原陂”摩崖石刻,在陵下龙爪石旁。“鹿原陂”三大字横列,正书。款“黄岳牧题”四小字,正书。今存。

道光七年墓道碑,立鹿原井水坳。“炎帝神农氏之墓道”八大字,八分书,款“道光七年知县沈道宽立”十小字,正书。今存。

飞香亭碑,原在亭内。“飞香旧迹”四大字,径尺许,八分书。款“道光七年鄞县沈道宽书”十小字,正书。今存碑房。

“味草亭”碑,原在亭内。“味草遗踪”四大字,径尺许,八分书。款“道光七年鄞县沈道宽书”十小字,正书。无存。

“咏丰台”碑,原在台上。“咏丰台”三大字,径尺许,八分书。款“道光七年鄞县沈道宽书”十小字,正书。无存。

民国 29 年,薛岳书“林子超先生纪念林”碑,原立皇山。现存碑房。

1986 年 4 月 17 日,胡耀邦题书“炎帝神农氏之墓”碑,立炎帝陵墓碑亭内。

1993 年 9 月 3 日,江泽民题书“炎帝陵”陵名碑,立行礼亭前。

第四节　炎帝陵十景

清康熙九年《酃县志》载“炎(帝)陵八景”:味草清风、临溪怪石、云秋雨霁、空樟洞明、河间游鱼、虬张古木、鹿禽和叶、异树飞香等。乾隆三十年《酃县志》增芳洲春锦、晓阁烟岚二景为十景。

味草凝芳　在陵北炎陵山顶天池。清同治《酃县志》(以下简称《酃县志》):“天池,一名洗药池,在天使馆后。峦顶面有水一泓,冬夏不涸,故名。”清道光《炎陵志》:“昔传炎帝辨药于此,遂建亭曰‘味草’,旁植木樨数株,花时芬馥异常。”

石龙鼓鬐　石龙,一作龙头石,俗称龙脑石。在陵左。《酃县志》引《炎陵初志》:岸畔偃伏,状若龙首。石形蜿蜒,如龙爪者三。旧志云“临溪怪石”即此。《酃县志》:“洣水奔注喷薄,宛如鼓鬐欲飞。”今龙脑石、龙爪石雄姿犹在。

晓阁烟岚　炎帝陵殿晓景。鹿原陂古木参天,殿宇亭阁耸立。每当破晓,晨曦初照,山间烟岚飘逸,殿阁若隐若现。

云秋雨霁　云秋,即云秋山。《寰宇记》:“在陵南十里许。常有云屯于上,经日不散。”《路史注》:“一名金紫峰……丁未春予至矣。寓人云,年常有气出”。《大明一统志》:“有烟云暗淡如秋。”每当云气逸出,若秋日雨霁。

龙潭鱼跃　《路史注》:“龙潭在陵下。”《酃县志》:“潭深而清,游鳞百种,每于波平日暖,与水光相上下。夜则水月交融,清莹可鉴。”

芳洲春锦　芳洲即杨钱洲。《酃县志》:“在龙潭岸北,宽可数十亩。旧志:春来细草匝地,野花成丛,宛如锦茵。”

异树飞香　在炎帝陵北。《酃县志》引《旧志》:“宋初遣使致祭时,一叶飞坠,满殿皆香……因建亭,识之颜曰‘飞香’”。道光七年重建,“知县沈道宽隶书‘飞香旧迹’四字,泐碑亭内。”今亭圮碑存。

禽鹿和音　鹿原陂林木茂盛,山间多飞禽走兽。《酃县志》引《课农杂记》:“遇国家庆典告祭之年,近陵诸山必早有麞鹿族类出于其间。”《炎陵初志》:“陵间旧产鹿,祭时闻其声,弗见其形。”陵间有鹂、白鹇等珍禽。每逢祭祀,便绕陵盘旋。殿内笙镛歌乐,山上禽鹿和鸣。

虬张灵木　《酃县志》引《二研斋丛话》:“陵前昔有古树一株,中分双干,大十余围,不枝不叶,而肤质柔润有生意。非樠翳者比,洵千百年物也,人称为灵木。乾隆时,一夕大雷雨,木遂槁。”景不复存。

空樟洞明　《炎陵初志》云:“在白鹿原江岸,形如石鼻。旧产大樟横亘,中空若洞。昔人携几席觞咏其中。明末忽崩仆。”清初,大樟枯朽,景不复存。

景区尚有许多与炎帝和炎帝陵有关的名胜古迹。其中鹿原洞、黄杨山、崖鹰山、霭仙山、二马山、白鹤山、云秋山、金花崖、石牛岭、天星寨、峤梁岭、千亩坪、下马桥、霞桥等胜迹犹存。

第三章　景区建设

第一节　纪念性建筑

炎帝陵修复后,前来谒陵拜祖的海内外同胞络绎不绝。人们在诣陵追缅的同时,寻根溯源,探奇揽胜,期望加深对圣陵、圣地的认知。为此,株洲市、炎陵县人民政府先后举资修复、新建部分纪念性建筑与文化景观。

炎帝陵牌坊　坐落在霞阳镇石潮村炎(陵)安(仁)公路与106国道分线处,距炎帝陵9公里。1994年7月20日动工,10月8日竣工。牌坊为冲天式建筑,阔22.6米,四柱三间,由钢筋混凝土构筑,外挂花岗石板。柱、墩连体。主柱(中)边长1.4米×1.4米,高14.6米,次柱(边)边长1.2米×1.2米,高11.6米。墩高3米,边长比柱大0.2米。明间(中)洞宽7.4米,高7.86米;次间(边)洞宽4.5米,高6.86米。柱墩北向立石雕雄狮各一。大小坊额嵌花岗石额匾,中匾高4米,宽与门齐,北面镌江泽民题词“炎帝陵”;南面镌陈云题词:“炎黄子孙,不忘始祖。”额匾之上覆以卷棚式背脊。坊柱、额枋、雀替、板件均为花岗石本色,未事雕镂。两侧额枋穿柱出头,柱端耸出脊外。建筑风格原始质朴、简约苍劲。

牌坊占地南北长103.6米,宽27.6米,面积2859.36平方米。中为人行道,宽7.6米。旁栽常绿花木。花坛左右各有二车道公路。

御碑园　位于陵墓之北,1996年修建。南北长77.35米,东西阔46.41米,占地4033.6平方米。主体建筑碑廊,东西两廊对望,各长42.2米,宽3.23米。内墙刊碑,外廊列柱。卷棚顶,脊高6米。

碑廊刊明清两代皇帝遣官祭祀炎帝陵文碑51方(按原文与版式复制),其中明代13方、清代38方。另刊宋、明、清以及近现代记事文碑5方。碑文以青石板镌刻,碑面宽0.9米,高1.8米;碑座宽1.16米,高0.46米。

东西碑廊之间建有九鼎台。台高1米,2级,下圆上方。圆台直径18.1米,方台边长9.9米。上置花岗石制作的方鼎九只,鼎高1.55米,口阔0.9米,长1.1米。

碑园北端为弧形照壁,嵌石刻壁画《神农功绩图》。壁画长40米,高1.5米,由228块青石板和12块花岗石板镶成。壁画仿卷轴形式。以原始先民由巢居穴处到筑室定居,由渔猎采集到耕播饲养这一变革时期的生产、生活情景为背景,以神农炎帝功绩为主题,以阴刻线雕构图。整幅壁画具传音、扩音效果,又称“神农传音壁”。

照壁前立现代祭祀文碑及纪念碑。前列为“中国恢复对香港行使主权”“中国恢复对澳门行使主权”纪念碑,立于恢复行使主权之日。纪念碑以汉白玉制作,高3.3米(其中碑座1.1米),厚25.5厘米,宽1.2米。正面镌刻对香港、澳门恢复行使主权时间,周边绕以九龙云图案。碑阴镌刻香港、澳门特别行政区地图。中轴北端矗立“期盼祖国完全统一碑”,以整块汉白玉雕刻。

鹿原亭　位于炎陵山最高峰,1988年由修复炎帝陵工程指挥部修建。亭高11米,六角攒尖顶,覆黄色琉璃瓦。亭柱以麻石打制,直径0.40米。斗拱、梁架、角云、挂落等构件以砼仿木,绘有蝙蝠、祥云等彩图。环亭立石鹿4只,分别作卧、立、跃及哺乳状,附会“陵山多产鹿”之传说。亭前树石碑一方,碑文“始作耒耜伊耆氏,终得修复炎帝陵”,以甲骨文书题,为日本文京中国文化研究所所长、日籍华人郭同庆于1989年题赠。

白鹭亭　为一圈柱重檐圆顶六角亭,位于皇山碑林中轴,建于1997年10月。落地檐柱以麻石打制,上檐金柱立于下檐类似盝顶的梁架之上。亭面覆以红色琉璃瓦。亭中立株洲市各界为炎帝陵建设捐款纪念碑。陵区最多时栖息白鹭6万余只,亭中可赏“白鹭守陵”奇观。

皇山碑林　位于御碑园东侧皇山(炎陵山)之麓,建于1999年秋。碑林因山就势,分上、下两区。山下立社会各界祭祀炎帝陵文碑,以青石刻制;山上为倚山碑墙,宽6米,长40米,嵌海内外知名人士与著名书法家题词刻碑。

九龙印　以汉白玉石料雕制,立于皇山碑林中轴。印面正方形,边长1米,印身长1.5米。印钮为高浮雕九龙戏珠,故称“九龙印”。印文“神州第一陵”及铭文“九龙印”,为篆书阳刻,由著名金石书画家李立于1998年镌制。印台高1.3米。印身、印垫、印台总重8吨。

咏邮亭　位于皇山碑林北侧。为纪念炎帝陵特种邮票发行而建。庑殿顶,覆红色琉璃瓦,单檐翘角。亭宽6.05米,进深4.3米,高5.2米。前后各列4柱。柱间嵌万字图案挂落。前后额匾题刻亭名。外围修建花岗石护栏,南北有石砌台阶。亭中置汉白玉纪念碑一方,由湖南省邮电管理局、株洲市人民政府于 1998 年 10 月 28 日立。正面镌刻小全张邮票图案(按比例放大);碑阴刻纪念碑文。

第二节　公祭区

1999 年,湖南省、株洲市人民政府对《炎帝陵风景名胜区总体规划》进行修编,并决定实施第一期工程——炎帝陵公祭区建设。2000 年 4 月 4 日,省人民政府批准炎帝陵公祭区规划方案。10 月 30 日,第一期建设工程正式立项。2001 年 7 月 19 日,举行一期工程开工仪式。2010 年基本完成工程建设。在南北轴线上,修建神农大殿;改建咏丰台,扩建圣火台;修筑长 714 米、宽 12 米的祭祀大道;增设文化景观;大道两侧栽植 246 株由湖南省 123 个县、市、区捐赠的香樟树。

阙门　位于祭祀大道南端。仿汉制,三出阙。由一主阙与二子阙组成,阙高 17.09 米。

五谷柱　共 5 对 10 根,以广东红砂岩石制作。柱高 8.79 米,直径 1.2 米。底座高 0.7 米,直径 1.5 米。分别雕刻稻、粱、菽、麦、黍。纪念炎帝首倡农耕,教民耕种五谷。

鹰鹿广场　面积 4278 平方米。立鹰鹿石雕各一,底座高 1 米,鹰鹿高 3.26 米,总高4.26 米(寓意农历四月二十六日炎帝生辰)。纪念传说中炎帝的 3 个母亲,即生母女登,养母山鹰,乳母山鹿。

咏丰台　位于龙珠山祭祀大道西侧。台上立咏丰台碑,以整块花岗石制作。碑高 2 米,碑面正方形,边长 1 米,重约 5.5 吨。正面镌隶书"咏丰台"3 字,背面镌《咏丰台记》。

圣火台　在龙珠山之巅,建于 1993 年。台高 21 米,正方形,边长 25 米。中央筑有三层圆台,寓意"天圆地方"。圆台中心矗立高 3.9 米,体积 31 立方米点火石,通体红色,有如熊熊烈焰,象征文明肇始。重大活动在此撞石取火。

朝觐广场　面积 4278 平方米。南北中轴 48.4 米,按"乾、坎、艮、震、巽、离、坤、兑"方位嵌入八卦图案。史载,神农炎帝"重八卦为六十四卦"。

龙珠桥　由一主二副三座拱桥组成。跨度 6 米,主桥宽 6 米,副桥宽 3 米。桥面护栏石板雕有琴、筝、竽、笙、笛、箫、云板、编钟、月琴、琵琶等 10 种古乐器图案,铭记炎帝神农"削桐为琴,练丝为弦",作乐制咏之功绩。

九鼎九簋　仿商周出土文物中最具代表性的鼎、簋,以青石雕制。鼎、簋高 1.8 米,花岗石底座,高 0.5 米,长宽 1.6 米,总高 2.3 米。按"西鼎东簋"规则,分列于龙珠桥与祭祀广场之间台阶两侧。古礼,天子配享九鼎八簋。炎帝神农为始祖,故配享九鼎九簋,以示执礼郅隆。

自北向南,九鼎依次为:兽面乳钉纹方鼎、司母戊鼎、人面纹方鼎、己鼎、兽面纹鼎、戍嗣子鼎、盂鼎、剌鼎、大克鼎。九簋依次为:乳钉纹簋、癸再簋、利簋、禽簋、兽面纹簋、师酉簋、冬戈簋、陈侯簋、秦公簋。

祭祀广场　是举行祭祀活动的地方,长 59 米,宽 41 米。以花岗石地板铺就。广场北端建三级平台，总高3.36米，宽80米。其中，一级平台宽68米，深8.6米，祭祀时作主祭台；二级平台宽51米，深9.3米，中置“高香炉”2只，以福建青石整石雕制，高3.9米，直径1.5米，单重2.4吨；三级平台宽27米，深3.7米，平台护栏板双面雕刻百草图案。殿前左右台阶之间，斜嵌高浮雕“九龙”御路石，长3.2米，宽2.8米，厚0.7米，以青石整石制作，重约17吨。

广场两侧栽植罗汉松、银杏、古柏、女贞、重阳木等珍稀古木，其中树龄最长的在千年以上，树径最大的1.6米。

神农大殿 清式仿古建筑。由大殿、东西配殿、连廊和两个四方亭组成，占地面积3920平方米，建筑面积1680平方米。大殿坐北朝南，面宽37米，进深24米，高22.9米，大殿正面外廊立高浮雕蟠龙石柱10根，柱高5.4米，直径0.8米；左右外廊及殿后外廊，立石柱20根，高5.4米，直径0.6米，为福建花岗石整石制作。

殿内正中是炎帝神农雕像，以福建光泽红花岗石雕刻。他一手拿着谷穗，一手握着耒耜。左右分立石雕神鹰、神鹿。雕像总高6.8米，其中底座长8.9米，宽4.7米，高0.95米，总重约390吨。雕像两边竖立两根整石打制的石柱，镌刻对联：“到此有怀崇始祖，问谁无愧是龙人。”

大殿的左、右、后三壁是大型的广东红砂岩石浮雕壁画。画高5.2—7.9米，总长39米。壁画以炎帝功绩为题材。

第三节 神农园

2012年，湖南省人民政府决定在炎帝陵景区修建神农园。神农园占地140余亩。园内以炎帝神农传说故事为主题，创作4座大型雕塑；又以“潇湘八景”为题材，建造大型景观“盆景”。1000余盆风格各异的花木盆景，点缀其间，融历史文化与自然景观为一体。

“神农教耕”雕塑 据汉画像石《神农教耕图》图像，以光泽红花岗石雕制。塑像基高0.95米，炎帝像高5.65米，合高6.6米，寓意六月初六尝新节（铭记炎帝耕种五谷的民间节日）。最下一级基座高1.1米，炎帝塑像加两级基座总高7.7米，寓意七月七日为炎帝忌日。

“三母”育圣 传说女登生炎帝。炎帝出生后，岩鹰为他遮荫，山鹿给他喂奶，故有生母、乳母、养母“三母”之说。主雕高3.5米，长8.1米，厚3.3米；副雕为山鹿、神鹰，高2.84米，长1.8米，厚1.01米。

“炎帝儿女”群雕 以炎帝子柱，女女娃（精卫）、帝女桑、药姑、瑶姬的传说为题材。主雕高3米，长12米，厚2.76米。中立者为“能殖百谷百蔬”的柱，左为填海的精卫（女娃），右为采药的药姑。左副雕为帝女桑，右副雕为瑶姬。

“安寝龙宫”群雕 传说炎帝因误尝断肠草去世。炎帝灵柩来到鹿原陂时，河中跃出一条金龙将灵柩请进龙宫。主雕是安寝炎帝的龙宫，高3.5米，长7.83米，宽2.43米。左右副雕是送葬的队伍。左副雕高2.87米，长7.79米，宽2.16米；右副雕高2.93米，长9.31米，宽2.09米。

“潇湘八景”盆景　选取湖南名胜橘子洲头、巴陵胜状、桃源仙境、武陵风光、崀山丹霞、天下南岳、九嶷翠微、邑有圣陵等“潇湘八景”，由著名园林盆景大师创作。

神农园建成后，陵庙区谒陵、公祭区祭祀、神农园缅怀三大功能区初步形成。

第四章　炎帝陵祭祀

炎帝祭祀源远流长，最早的祭祀有祖先祭祀、农神、田祖祭祀和五方帝配祭等，开后世畤祭、郊祭、坛祭、陵祭、庙祭之先河。其中祭祀陵庙始于宋初，延续至今。

第一节　祭祀活动

一、古代祭祀

(一)朝廷御祭

宋乾德初，太祖赵匡胤诏：“先代帝王，每三年一享，以仲春之月，牲用太牢。”又诏：“太昊、炎帝、黄帝……岁春秋祠以太牢。”乾德五年(967)，建庙陵前，肖像而祀。遣比部员外郎丁顾言诣潭州祭告。

元代炎帝陵祭祀由地方官主持。至元九年(1272)中书礼部行文：“神农、高辛已上，系圣帝明王，及三代开国之主，皆以功及万世，泽被生民，故历代载于祀典，礼未尝废。拟令所在官司，三年一祭，拟支钞不过二十两。”元贞二年(1296)七月，湖南道呈送茶陵州等处呈请增加春秋享祭三皇经费，准于官钱内支中统钞二十五两。大德九年(1305)添至中统钞二定。元国子祭酒江存礼于泰定四年(1327)任茶陵州同知，期间曾诣陵致祭，并赋诗《炎帝庙》：“长兹金碧重门开，来酌椒浆日有人。”

元代有无朝廷遣官诣陵致祭，文献没有记载。惟见《(乾隆二十年)炎陵霍氏族谱·重修家谱序》：先祖霍卷嵩为元顺天府通判，“钦命同学士阿沙不花谒祭炎陵”。

明洪武四年(1371)，礼部定议“鄗祀神农”。有明一代历 16 帝，有 13 帝告祭 14 次(英宗 2 次)，郡藩桂端王致祭 1 次。同年，太祖遣国史院编修雷燧致祭炎帝陵，告即位。

永乐元年(1403)，成祖遣翰林院编修杨溥致祭，告靖难。宣德元年(1426)，宣宗钦遣翰林院修撰曾鹤龄致祭，告即位。正统元年(1436)，英宗遣行人司行人雷复致祭，告即位。景泰元年(1450)，代宗遣尚宝司少卿朱礼致祭，告即位。天顺元年(1457)，英宗遣尚宝司卿凌信致祭，告复位。成化元年(1465)，宪宗遣中书舍人解真亮致祭，告即位。弘治元年(1488)，孝宗遣翰林院编修于材致祭，告即位。正德元年(1506)，武宗遣太仆寺少卿何孟春致祭，告即位。嘉靖元年(1522)，世宗遣翰林院编修尹襄致祭，告即位。隆庆元年(1567)，穆宗遣太常寺少卿王凝致祭，告即位。万历元年(1573)，神宗遣吏科给事中张楚成致祭，告即位。天启元年(1621)，熹宗遣官告即位致祭。天启七年(1627)，郡藩桂端王即藩位致祭。崇祯元年(1628)，毅宗遣官告即位致祭等。

清代，遣官诣陵致祭频繁。祭祀名目有告即帝位、亲政复储、万寿晋徽、配享礼成、靖边军功、禳灾祈福等。

顺治八年(1651)，世祖遣侍读学士白允谦致祭，告即位。康熙七年(1668)，圣祖遣宗人府府丞高珩致祭，告亲政。二十一年，遣督捕理事官魏双凤，告平滇。二十七年，遣詹事府少詹事舒书，告祔庙礼成。三十五年，遣太仆寺少卿王绅致祭，告灾，为民祈福。三十六年，遣詹事府少詹巢可托致祭，告靖边。四十二年，遣通政使司左通政张格致祭，告五旬万寿。四十八年，遣通政使司左通政戴璠致祭，告复储。五十二年，遣通政使司左参议陈汝咸告万寿致祭。五十八年，遣翰林编修惠士奇致祭，告祔庙礼成。雍正元年(1723)，世宗遣都察院左副都御史应璧致祭，告即位。二年，遣都察院左副都御史杨汝谷致祭，告圜丘配享礼成。乾隆元年(1736)，高宗遣太常寺少卿雅尔呼达致祭，告即位。二年，遣内阁学士兼礼部侍郎吴金致祭，告圜丘配享礼成。十四年，遣大理寺少卿陈世烈致祭，告晋徽号。十七年，遣汉军镶红旗副都统兼大理寺卿李世倬致祭告皇太后万寿晋徽号。二十年，遣大理寺卿罗源汉致祭，告平定准噶。二十五年，遣礼部右侍郎程景伊致祭，告边功。乾隆二十七年，遣都察院左都御史董邦达致祭，告慈闱万寿晋徽号。三十七年，遣户部左侍郎范时纪致祭，告慈闱万寿晋徽称。四十一年，遣内阁侍读学士欧阳瑾致祭，告平定两金川。四十五年，遣詹事府詹事梦吉致祭，告七旬万寿。五十年，遣礼部左侍郎庄存与致祭，告绵国祚。五十五年，遣内阁学士傅霖致祭，告八旬万寿。嘉庆元年(1796)，遣荆州左翼副都统成德致祭，告即位。五年，遣国子监祭酒玉麟致祭，告圜丘配享礼成。十四年，遣理藩院右侍郎策丹致祭，告五旬万寿。二十四年，遣都察院左副都御史韩鼎晋致祭，告六旬万寿。二十五年，遣湖广荆州副都统七克唐阿致祭，告(宣宗旻宁)即位。道光元年(1821)，遣湖广荆州副都统七克唐阿致祭，告圜丘配享礼成。九年，遣湖南镇筸镇总兵陈阶平告靖边致祭。十六年，遣湖南绥靖镇总兵官李约文致祭，告慈宫万寿晋徽。二十六年，遣永州镇总兵英俊致祭，告慈宫万寿晋徽。三十年，遣湖广荆州左翼副都统官文致祭，告(文宗奕詝)即位。咸丰二年(1852)，遣湖广荆州左翼副都统官文致祭，告圜丘配享礼成。十年，遣湖南布政使司布政使文格致祭，告万寿。同治元年(1862)，遣湖南署布政使恽世临致祭，告即位。光绪元年(1875)，遣荆州左翼副都统穆克德布致祭，告即位。清代入关后历 10 帝，有 9 帝遣官诣陵致祭共 38 次。其中次数较多的是康熙帝 9 次、乾隆帝 12 次。

(二)地方官时祭

清代以往，于每年春、秋二季的第二个月，县令选择吉日，诣陵致祭。陈设及仪节与遣官告祭同，惟无乐歌。《炎陵志》载“炎陵春秋二祭原额银二十两”。

此外，每月的初一(朔)、十五日(望)，县令遵典前往炎帝行祠敬香。炎帝行祠建于县城，始建时间不详。《酃县志》载：“旧在洞真观右。国朝康熙间，知县俞曰都改建北城，南向。每月朔望就近行香。”

民国时期地方政府沿袭旧制，行春、秋时祭礼，由县政府知事（县长）主持。遇县之大事，则随时祭祀。1934 年，酃县大旱，全县 4.2 万亩稻田失收。1935 年夏洪灾，秋复遭虫灾，灾民逃外求生。县长宛方舟、黄瑞云先后致祭炎帝陵，禳灾祈福。

（三）民间祭祀

民间祭祀，即行业、社团以及家族、个人祭祀炎帝陵的活动。传统祭祀日有春节、春分节（又称分社节、药王节）、清明节、谷雨节（祭茶祖）、炎帝诞辰日、尝新节、重阳节、炎帝忌日、冬至节。此外还有禳灾祈福、感恩还愿等无定期祭祀。其中历时最长，参与范围最广的是春节祭祀。

民间称春节为“过年”。清同治《酃县志·风俗》载过年习俗：小年节（农历十二月二十四日）先日，“设酒果、楮衣、云马，祀社、灶”；除夕日，“贴门神，换桃符（对联），办羹饭牲酒，谒神庙，祀先祖”。初一日，“设香烛酒果，祀先祖及常祀之神”。所述“祀社、灶”，即祭祀炎帝之子“柱”与灶神炎帝（古籍载“炎帝死而为灶”）；“谒神庙”，即祭拜炎帝陵；“常祀之神”，即包括神农炎帝在内的民间俗神。

百姓称祭拜炎帝陵为“朝神农皇帝”“朝天子坟”。春节期间朝拜活动从“小年节”开始，一直延续到第二年的“月半节”（正月十五日），历时 20 余天。朝拜人数比较集中的是小年日、除夕日和正月初一（朔日）、十五（望日）。其中除夕（含除夕前二、三日）祭祀活动，夜以继日，川流不息，日达数万之众。朝拜者除本县百姓外，还有来自邻近的湖南茶陵、攸县、安仁、资兴、桂东、永兴及江西宁冈、永新、遂川、安福等地百姓。

禳灾祈福祭祀一般由家族、社团或行业倡首，群众自愿参加。《酃县志》引《二研斋丛话》云：“酃乡人凡遇旱潦疠疫，多于陵庙祈祷，有议其亵渎者。不知圣人德赞化育，福眷生民，于祈祷何嫌？”在生产力水平低下的时代，遇有自然灾害，唯有祈天祷神一途。

二、现代祭祀

（一）公祭

1911 年，辛亥革命推翻帝制，结束清王朝统治，朝廷遣官诣陵致祭活动终止。由政府主持，社会各界参加的公祭活动延续炎帝陵的官方祭祀。

1. 民国时期

民国 28 年 9 至 10 月间，第九战区军民英勇奋战，打击日本侵略军，取得长沙保卫战胜利。为坚持抗战，湖南省政府拟迁炎陵山。在实施搬迁建设过程中，对炎帝陵进行了一次大修。29 年 10 月 10 日，大修竣工，湖南省政府举行祭祀炎帝陵典礼，由第九战区司令长官兼湖南省政府主席薛岳委托省政府秘书长李扬敬主祭。省府各厅主要负责人、酃县县长率县府官员及士绅等参加。前来观看的群众 1000 余人。上午 10 时许，司仪宣布仪式开始，顿时鼓乐齐鸣，铳炮连天。主祭官李扬敬身着长袍马褂，步入行礼亭，上香、敬酒、叩首、行三献礼后恭读祭文。祭毕谒陵。

1941 年清明日，湖南省政府电令酃县政府县长萧坤代表省政府祭祀炎帝陵。《酃县民报》载:“仪式隆重,陈设齐备,一豕一羊一牛”“金鼓齐鸣,祭仪肃穆,历时一小时余,始告礼成”。参加祭祀活动的有驻酃部队、单位代表,迁酃学校师生以及当地士绅民众 800 余人。嗣后,每年清明节均由酃县县长代表省府祭祀。至 1945 年,由县政府代行祭陵 5 次。

2.中华人民共和国成立后

(1)湖南省人民政府公祭炎帝陵

1993 年 8 月 15 日,湖南省人民政府首次在炎帝陵殿举行公祭炎帝陵典礼暨“炎黄杯”世界华人华侨系列龙舟赛取圣火仪式。省长陈邦柱主祭。

1994 年 10 月 13 日重阳,湖南省各界公祭炎帝陵典礼在炎帝陵殿隆重举行。省人大常委会主任刘夫生主持典礼仪式,省长陈邦柱主祭。

1997 年 10 月 8 日重阳,湖南省各界公祭炎帝陵典礼在炎帝陵殿举行,省政协主席刘正主持仪式,省长杨正午主祭。中共中央政治局委员、国务委员李铁映代表国务院发来贺电。

1999 年 10 月 16 日重阳,湖南省人民政府在炎帝陵殿举行公祭炎帝陵典礼,省长储波主祭。全国政协副主席毛致用出席典礼仪式。

2002 年 10 月 14 日，湖南省人民政府在炎帝陵祭祀广场举行壬午年重阳公祭炎帝陵典礼,省长张云川主祭。全国政协副主席毛致用出席典礼仪式。

2004 年 10 月 22 日,湖南省人民政府在祭祀广场举行甲申年重阳炎帝陵祭祖大典。中国侨联主席林兆枢主持典礼仪式,省长周伯华主祭。

2007 年 11 月 8 日,湖南省丁亥年炎帝陵祭祖大典在祭祀广场举行。省长周强主祭。全国政协副主席张思卿出席典礼仪式。

2011 年 9 月 28 日,湖南省人民政府在祭祀广场举行辛卯年炎帝陵祭祖大典,省长徐守盛主祭。全国政协副主席李金华出席典礼仪式。

2014 年 10 月 11 日,湖南省人民政府甲午年炎帝陵祭祖大典在祭祀广场举行。省长杜家毫主祭。

(2)株洲市人民政府公祭炎帝陵

1995 年 10 月 2 日,株洲市人民政府首次在炎帝陵殿举行公祭炎帝陵典礼,市长王汀明主祭。此后,相继有刘迪凯(市人大常委会主任)、肖雅瑜(市长)、颜石生(市长)、陈君文(市委书记)、王群(市长)、贺安杰(市委书记)、毛腾飞(市长)等担任主祭,代表株洲市社会各界祭祀炎帝陵。至 2014 年,株洲市于重阳(或清明)举行炎帝陵公祭 10 次。

(3)炎陵县人民政府公祭炎帝陵

炎陵县每年清明日在炎帝陵举行各界公祭炎帝陵典礼。由县长或县委书记担任主祭。自 1990 年清明始,先后有卢耿民、何龙彪、林良材(县委书记)、唐武生、谢高进、聂方红、王继恩、谭可敏、周建光、李晖(县委书记)、刘正平、黄诗燕(县委书记)等代表各界人士祭祀炎帝陵。

(4)其他县市区人民政府诣陵致祭

株洲市所辖茶陵县、攸县、醴陵市、株洲县、天元区、高新区、芦淞区、荷塘区、石峰区、云龙示范区、清水塘循环经济工业区等县、市、区人民政府县(市)区主要领导偕各界代表多次诣陵致祭。

此外,长沙市、衡阳市、安仁县等市、县人民政府偕各界代表亦曾诣陵公祭。

(二)专祭特祀

1989 年 4 月 5 日清明,湖南省政府参事室祭祖团在炎帝陵举行祭祖仪式。此后,有 1500 余个群众团体、社会组织、企事业单位、学术机构、行业协会、宗教团体等于传统节庆日、重要纪念日,或结合文化、旅游、学术、商务等活动,在炎帝陵举行祭祀仪式。

(三)中国港澳台地区同胞、海外华侨华人祭祀炎帝陵

1989 年 1 月 14 日,台湾台中县雾峰乡圣贤宫神农大帝庙主任委员林文卿一行专程赴炎帝陵谒陵祭祖,并迎回一尊漆金木雕炎帝像。6 月 15 日,再次组织进香团,在炎帝陵举行祭祀活动,开港澳台同胞祭祀炎帝陵之端。

2010 年 8 月 12 日,由国台办、省台办与台湾中华神农大帝协进会共同发起和组织的“海峡两岸炎帝神农文化祭”活动在炎帝陵举行。活动规模大,参加人员广泛,内容丰富,成为两岸文化交流重要活动。

至 2014 年,先后有港澳台同胞,海外华人华侨及社团组织以考察团、进香团、祭祖团、观光团、访问团、学术(文化)交流团、采访团、观摩团、研讨会、朝圣之旅、寻根之旅、夏(春)令营、交流研习营、同乡会、宗亲会、联谊会等 600 余个团体到炎帝陵寻根祭祖,参加祭祀与文化交流活动。其中台湾 100 余个神农宫庙及东莞台商子弟学校等多次组团专程诣陵祭祖。

日本、韩国、泰国、新加坡、马来西亚等国际友好人士及世界银行官员、欧盟官员也以个人或社团名义,参谒炎帝陵,参加炎帝文化研讨和炎帝陵祭祀活动。

第二节　祭祀礼仪

一、御祭礼仪

宋初定制,炎帝陵祭祀每三年一次。以仲春之月,牲用太牢。祀官为本州长官。其礼仪未见载备。

明代诣陵致祭礼与京城祭祀历代帝王礼同。

清代诣陵致祭礼仪按礼部则例。道光《炎陵志》载,“凡遇国家大庆,举行典礼,钦派官员告祭炎帝神农氏陵于湖南衡州府酃县。”先由礼部开出四品以上堂官名单,提请皇帝钦派。钦派官员确定后,由钦天监选择启程日期。告祭官起程前一日斋戒。届期到礼部领取香、帛、祭文。如皇帝亲阅,则由礼部知会工部,取龙亭、香亭、御仗(帝王禁卫所用的棍杖)。将祭文、香、帛置于龙亭、香亭,由銮仪卫派校卫 20 名迎送,礼部堂官与告祭官随行。皇帝于中和殿阅视后,再送回礼部,由礼部尚书转授告祭官,告祭官跪受。祭文由翰林院撰拟;祭帛由太常寺预

备;紫降香、沉速香、包裹黄纸及黄绫、黄布,由户部预备;白裱纸、帛匣、罩袱、盛祭文筒、油单,由工部预备;礼部行文咨取。告祭官应用黄伞(黄罗伞盖)一、御仗二、龙旗、二牌由工部预备,告祭官自行移取。致祭品物,由地方官预备,礼部行文该地总督巡抚查照。

告祭官至县后,各官朝服出城跪迎。地方官恭奉御祭文、香帛,安置龙亭内,迎至县衙中堂,各官行三跪九叩首礼。择定祭期后,告祭官前期致斋三日。地方官则备鼓乐仪仗,迎御祭文、香帛龙亭由午门入陵殿。钦差官及陪祀各官吉服,由东戟门入,行一跪三叩首礼。

祭期前一日,告祭官省视祭品、馔醴、三牲,然后与陪祭等官退入朝房序坐。地方官至宰牲亭监视宰牲后,率礼生二十五名各照位次序立,演习祭祀礼仪。告祭官、陪祭官等立朝房门观看演礼,演礼完毕后,赴殿观陈设祭器、祭品。

祭祀日四鼓,地方官率礼生、各执事人员,先行陈设祭器、祭品、牲俎;乐工陈设乐器。陈设后在陵庙门前等候。

五鼓,告祭官、陪祭官各朝服至庙门外下轿,由东戟门入朝房序坐。执事人击鼓三严,告祭官、陪祭官在大殿前就位。行祭祀礼。礼毕,退由西戟门出。

祭祀程序

迎神:瘗毛血迎神。举乐迎神,上香(告祭官盥洗后三上香)。

行初献礼:举初献乐,奠帛、献爵,读祝(祭文)。

行亚献礼:举亚献乐,献爵。

行终献礼:举终献乐,献爵。

受胙:饮福酒,受胙。

撤馔:举撤馔乐,撤馔。

辞神:举送神乐,奉祝、帛、馔送燎所(焚烧处)。

望燎:举望燎乐,望燎。

每道程序均行三跪九叩首礼。

陈设

御祭紫降香一(裹以龙袱,祭时陈而爇之);

御祭沉速香一(裹以黄帛,上有印信。祭时陈而爇之);

御祭绫寿币一(裹以龙袱,表曰“礼神之帛”,祭毕焚于陵前)。

以上均由皇帝御赐,由告祭官亲赍。

祭器

爵九、俎三、登二、铏二、簠二、簋二、笾十、豆十、篚一、尊七。

祭品

牛一(黄色牡牛)、羊一、豕一(纯黑色),均于盘上用黄布画龙搭,置于俎。以上由地方官预备,告祭官省视。

太羹(煮肉汁,不用盐酱),用登一;

和羹(以猪腰、羊膂肉造,和以五味),用铏二;

黍、稷，以上用簠二；稻、粱，以上用簋二；

刑盐（用白盐作虎形）、薨鱼、枣、栗、榛、菱、茨、鹿脯、白饼（熬稻曰白）、黑饼（熬黍曰黑），以上用笾十；

韭菹、醓醢、菁菹、鹿醢、芹菹、兔醢、笋菹、鱼醢、脾析（用牛百叶切细条，沸汤捞过，盐酒拌）、豚拍（取豚肩上肉生用），以上用豆十。

烛：二品，大二寸围，长九寸余，画以朱餙金龙于上。

礼生执事

通赞（司仪）2 人、引赞（引导）4 人、司盥洗 2 人、瘗毛血 5 人、司香 2 人、司尊 1 人、司爵 3 人、读祭文 1 人、歌乐章 2 人、奉帛 1 人、助献 2 人。司香、司爵、司帛等通常由酃县及衡州府所辖常宁、安仁、耒阳等县教官（训导、教谕）担任。

经费　炎陵大祭银 21 两。

御祭图式

帝　位

烛　烛　烛　烛　烛　烛　烛　烛

香　炉

爵　爵　爵　爵　爵　爵　爵　爵　爵

铏　登　铏

和羹　太羹　和羹

豆　簋　簠　笾

笋菹　菁菹　韭菹　稻　黍　形盐　枣　芡

鱼醢　鹿醢　醓醢　粱　稷　薨鱼　栗　鹿脯

脾析　芹菹　榛　白饼

俎

豚拍　兔醢　豕　牛　羊　菱　黑饼

烛　香　烛

祝版　司尊司爵

二、时祭礼仪

守土正印官（知县）于每岁春、秋仲月诣陵致祭。致祭前一日，知县斋戒；率礼生、执事生前往陵庙，省牲、涤器、斋宿。

陈设

帛一、爵九、铏二、簠二、簋二、笾八、豆八、酒尊一。羊一、豕一

仪注

知县朝服，前后行三跪九叩首礼，中间三献。饮福、受胙与祀文庙礼同，惟无乐歌。

祝文

维帝功高当时，泽垂后世。陵庙所在，仰止益虔。兹届仲春(秋)谨以粢盛醴齐，用伸祀禴(尝)。

三、公祭礼仪

现代公祭典礼，采用传统祭祀仪式的基本程序，融入现代文化内容与形式，按照隆重、热烈、安全、节省原则进行。

(一)入场

祭祀日，参加祭祀活动人员按照预定时间到达炎帝陵，在阙门前汇集。佩戴胸花标识，披挂黄色披肩，按主祭、陪祭、参祭次序列队。

入场仪式开始，由仪仗队引导，在鼓乐声中，向祭祀广场行进。

仪仗队依次为大幡旗、大直幅龙旗、刀型幡旗、九人彩龙、单人狮、长号、大锣、唢呐、神农钹、神农鼓。由男青年组成的供品队、女青年组成的花篮队随后。

由阙门至祭祀广场，途经圣德广场、咏丰台、圣火台、朝觐广场、龙珠桥等，途中有各种文化表演。进入广场后，按划定区域列队。

仪式开始前，由主持人介绍祭祖大典主祭人、陪祭人、主要嘉宾以及参加祭祖大典的单位、团体；宣读贺电、贺信。

(二)祭祀程序

炎帝陵祭祖大典开始，全体肃立。

1.击鼓(九通)，鸣金(九响)。

2.鸣炮、奏乐　伴随九响鸣炮，长号吹响。乐手(身着古装，40—60人)以古琴、古笙、竹笛、琵琶、唢呐、二胡等民族乐器，演奏古乐曲《大开门》。身着古装的男青年恭捧供品至供品台前，行三鞠躬礼后敬献于台上。供品有三牲(猪头、牛头、羊头，旧称太牢)，九谷(稻、粟、粱、菽、黍、小麦、荞麦、穇子、芝麻)，九果(时令鲜果、干果)。三牲置前，九谷、九果分两列置三牲之后。

3.歌《祭炎帝》　由数百至上千名男女青年组成的合唱队，分列立于神农大殿前一、二级平台。女青年着白色长裙，男青年着白色平装(小衣领、布纽扣)。合唱以民族乐器伴奏。

4.敬献花篮　在清越悠扬的乐曲声中，主祭人、陪祭人以及社会团体代表向中华民族始祖炎帝神农氏敬献花篮。

5.敬献高香　高香3炷，长1.2米，直径5厘米。主祭人依次将高香(已点燃)插入香炉。

6.全体向中华民族始祖炎帝神农氏行三鞠躬礼。

7.恭读祭文　主祭人盥手；从祭文盒中取出祭祀文，行三鞠躬礼；恭读祭文。祭文以正楷字直书于宣纸之上，裱以金色暗纹绫布。

8.焚帛书　主祭人将祭文置于香炉中焚烧。

9.鸣炮,奏乐,礼成

大典仪式结束后,主祭、陪祭、参祭人员依次进入神农大殿,瞻仰炎帝神农氏雕像与炎帝功绩壁画。

(三)开午门揭碑仪式

参加祭祀人员出神农大殿后,前往谒陵广场。广场鼓乐齐鸣。3 条 9 节彩龙威风起舞,最后在午门前以“中华”2 字造型。午门徐徐开启。主、陪、参祭人依次从午门进入。乐队奏古乐。主、陪、参祭人依次在行礼亭向炎帝神农氏座像三鞠躬并敬香,然后进入炎帝陵殿,瞻仰炎帝神农氏座像。

祭文碑立于陵墓左侧,揭碑仪式在碑前举行。仪式开始,奏现代乐曲;行鞠躬礼;主祭人揭碑。揭碑后谒陵。

四、民祭仪式

(一)春节祈福

民间祭祀沿袭殷商礼俗,崇尚“血祭”,以陵前宰杀牲禽为最高礼仪。“朝拜”神农皇帝在陵殿和墓前进行。先至行礼亭敬香,再入大殿,在炎帝像前行三跪九叩首礼,默诵祝词。继而至炎帝神农墓前敬献供品;宰牲(猪、羊)或鸡(雄鸡)。奠毛血(以少量毛血供于墓前);奠酒;焚烧纸币;行礼;燃放鞭炮。上供的菜肴、米饭和宰杀的禽牲带回家食用(相当于受胙)。家族、村社或殷实农家,则在陵前宰猪、杀羊,行三献礼(初献、亚献、终献)。仪程与祭祖同。

(二)禳灾祈福

一般由地方社团组织。仪仗队有锣鼓、地铳、龙狮及各色幡旗、祭幛、凉伞等。祭祀仪式:鸣炮、放地铳;墓前宰牲(猪、羊);在行礼亭行三献礼,奠毛血、奠币(冥币)、奠爵;读祭文;焚祭文。仪式过程中,行三跪九叩首礼,以锣鼓唢呐奏古乐。祭祀后,在午门前舞龙耍狮,庆贺礼成。

五、专祭特祀仪式

(一)农耕节祭祀农祖

1999 年清明,源自古代“耕藉礼”的“农耕节开犁”仪式在咏丰台下杨钱洲举行。随着主持人发出开耕令,五条披红挂彩的黑色牯牛,在老农驾驭下,驰犁开耕,标志一年的农事开始。耕牛上岸后,牵至准备好的青草、稻谷、黄豆、米酒、稀饭等食料前,由耕牛自行选择。农家则根据耕牛对食料的“喜好”,预测一年的收成与灾害。开耕节结束后,数千村民汇聚炎帝陵殿,举行清明祭祀炎帝陵活动,祈祝五谷丰登,人兴财旺。

(二)海峡两岸炎帝神农文化祭

始于 2010 年,嗣后每年举行一次。活动包括寻根之旅、祭祀典礼、文艺表演、学术研讨等。祭祀大典由大陆和台湾有关人员共同主持。其礼仪融合两岸传统祭祀文化。

大典从两岸“圣火手”共同点燃炎帝圣火、大陆青年合唱《祭炎帝》开始。

颂歌之后，主献、分献、陪献人就位。

奏乐，鸣炮 厝置神农大帝塑像（黑、红、绿脸各一）的“銮驾”（古典彩轿，8人抬），在护驾人员簇拥下启驾。

起居 鸣一鼓一钟，銮驾队呼：大哉中华！

列班 鸣二鼓一钟，銮驾队呼：我祖扬威！

朝礼 鸣三鼓一钟，銮驾队呼：炎帝万岁！

钟鼓交鸣 一钟二鼓交鸣，计三十六遍（代表一年三十六雨、七十二风。以祈五日一风、十日一雨；配四时，寓风调雨顺之意）。

全体焚香（奏乐） 三上香（高香3支，由主祭人分三次敬献于香炉；幼香900支，陪祭、参祭人每人1支，在原地行上香礼）；收香（收集幼香，插入香炉）；行三跪九叩首礼。

行三献礼 初献：献香、花、烛、茶；亚献：献果、酒、斋、食、宝（金银宝物）；终献：献桃、面、帛、宝（金银宝物）。每献毕，焚香，奏乐；礼主行三跪九叩首礼。

恭读祝祷文 台湾中华神农大帝协进会理事长恭读祝文（各礼官跪伏）。

燔燎 司疏者捧疏，司帛者捧帛，于金炉化焚；各礼官望燎，三鞠躬。

敬献花篮 主祭人、嘉宾代表等分别敬献。

传递炎帝圣火 由两岸“圣火手”将圣火传递至主祭台，收入圣火盒。

礼成

仪式结束后谒陵，举行祭文碑揭碑仪式。

（三）佛教界祭祀炎帝陵诵经祈福仪式

2007年9月15日，“海内外佛教界公祭炎帝，祈福世界和谐大典”在炎帝陵神农大殿祭祀广场举行。

祭祀仪式开始，北京灵光寺的两队乐手吹响长号。击鼓鸣金；奏佛教音乐；

敬献供品。千名僧尼依次将108样鲜花、供品传递到祭台，陈设在供品台上。

高僧和嘉宾代表依次敬献花篮；齐诵吉祥经《宝鼎赞》《心经》《四弘誓愿》，祈祷世界和谐；向中华民族始祖炎帝神农氏“三问讯”（佛教礼，三拜）。

主祭人、中国佛教协会副会长、中国宗教和平委员会常务副主席圣辉大和尚颂读祭文；焚帛书。

僧尼和信众颂唱《三宝歌》；福建泉州南少林寺僧武术表演；全体人员合唱《祭炎帝》；

鸣炮、奏乐，礼成。

（四）道教界祭祀炎帝陵弘道祈福仪式

2009年6月26日，在炎帝陵神农大殿祭祀广场举行道教界“弘道祭祖，祈福和谐”祭祀炎帝陵大典。

祭祀仪仗队由一名奉香童子、3名祭旗手在前，40余名道士手执宝幡、华盖，18名青衣童子手持拂尘，依次排列。其后是来自全国各地的2000余名道士代表和信众。

仪式开始，击鼓36通，鸣钟9响。年轻坤道敬捧象征平安、吉祥、圣洁的莲花灯走上祭台，点燃圣火；8名道士诵唱《大赞》；开坛，告天祷祝；焚化《神农表》；240名童子吟唱《道德经》；合唱队合唱《炎帝颂》。

湖南省道教协会正副会长依次从礼仪人员手中接过供品敬献于祭台之上，行三叩首礼。

来自世界各地的9名高道大德向神农炎帝敬献高香；嘉宾依次敬献花篮。

主祭人、中国道教协会副会长、湖南道教协会会长黄至安恭读祭文。

全体人员向神农炎帝行三稽首礼；音乐、礼炮响起。礼成。

第五章　艺文选

第一节　祭祀文

一、御祭文

明洪武四年（1371），太祖朱元璋遣国史院编修雷燧告易代致祭祭文

朕生后世，为庶民于草野之间；当有元失驭，天下纷纭，乃乘群雄大乱之秋，集众用武。荷皇天后土眷祐，遂平暴乱，以有天下，主宰黎庶，今四年矣。君生上古，继天立极，作烝民主；神功圣德，垂泽于今。朕典百神之祀，考君陵墓在此，然相去历年久远。朕观经典所载，虽切慕于心，奈禀性之独愚。时有今古，民俗亦异。仰惟神圣，万世所法，特遣官奠祀修陵。圣灵不昧，尚祈鉴纳。

清顺治八年（1651），世祖福临遣侍读学士白允谦告即位致祭祭文

自古帝王，受天明命，继道统而新治统。圣贤代起，先后一揆。功德载籍，炳如日星。朕诞膺天眷，绍缵丕基，景慕前徽，图追芳躅。明禋大典，亟宜肇修。敬遣专官，代将牲帛，爰修殷荐之诚，用展仪型之志。伏惟格歆，尚其鉴享。

二、公祭炎帝陵文

1990年酃县社会各界祭炎帝陵文

维公元一九九零年四月五日，农历庚午年季春十日，酃县人民政府县长卢耿民，率全县十八万炎黄子孙，谨备时鲜薄奠，致祭于中华民族始祖炎帝神农氏之陵曰：

维我炎帝，功德无垠。创制耒耜，教民稼耕。艺植五谷，以赈饥馑；亲尝百草，医兹生灵；治麻为布，制作衣裙；首倡交易，货畅民殷；筚路蓝缕，斩棘披荆；农耕肇始，医药乃兴；嘉惠黔黎，启迪后昆；八方载德，万世铭恩。

维我炎帝，创业开新。冶制陶皿，以启百工；合桐弦丝，以振琴声；制弧剡矢，以御侵凌；虔心教化，立民邦本；财不独享，天下共富；智不自贵，天下共尊。德配五岳，举世咸钦。天不我憨，地终有幸；毒草断魂，鹿原安灵。洣水歌吟，松风赋韵；用告我祖，用慰英灵。

当今改革，经济飞腾，政通人和，百废俱兴；建设宏图，日异月新；坚持统一，强国强民。吾侪小邑，毓秀钟灵；事业蓬勃，民风朴淳。科教兴县，山字富民；林木蓊郁，花果缤纷；农工团结，商贾如云；携手同德，共建文明。兹当祀典，感戴圣恩；恭祈灵贶，祐我邑人；恢弘大业，再展鹏程；耿耿丹心，尚其鉴歆。

1993 年湖南省公祭炎帝陵文

惟公元一千九百九十三年八月十五日，湖南省省长陈邦柱敬告中华民族始祖炎帝神农氏之陵曰：

惟我始祖，功盖乾坤。其创业也，始制耒耜，五谷丰登，遍尝百草，医药发明，治麻为布，制作衣裙，日中为市，有无互通，剡木为弓，削桐为琴，立生民养育之本源，开农耕文化之先声，缔创我华夏古国之文化，启迪我人类社会悠久之文明。

惟我始祖，德被蒸民。其为政也，治理天下，风俗朴淳，不忿争而财足，无制令而民臣，威历而不杀，法省而不烦，不贪天下之财而天下共富，不以自贵于人而天下共尊，堪称圣德之楷模，勤政之明君，

惟我始祖，万古垂名。其为德也，贵为首领，暮年南巡，跋山涉水，不避艰难，传播教化，察访民情，越岭采药，治病救人，误中剧毒，为民献身。伟哉始祖，峻德鸿勋，永享祭典，光照子孙。

惟我始祖，崩葬茶陵，酃县有幸，奉圣安灵。惟我湖南，荟萃人文。古有蔡侯造纸，蒋琬参军；近有魏源师夷，嗣同维新，松坡护国，克强起兵；爰及现代，辈出人才，毛刘彭贺，一代精英，改天换地，富民强兵。惟我湖南，风光宜人。东瞻罗霄之险峻，南仰九嶷之嶙峋，西盈武陵源之奇秀，北拥岳阳楼之烟云，衡山岳麓青葱挺拔，韶峰沩水毓秀钟灵。惟我湖南，物产富殷。洞庭素为鱼米之乡，钨锑诸金尤享国际盛名。湘人自古勤劳勇武，智慧聪明，承先祖之基业，拓人类之文明，四水三湘，日臻繁荣。

惟我始祖，庇荫无穷，今逢盛世，四海升平，改革开放，政治清明，海内海外，炎黄裔孙，和衷共济，戮力同心，振兴中华，众志成城，完成统一祖国之伟业，建树实现四化之奇勋，以辉煌显赫之业绩跨入崭新世纪，使古老文明之家邦跻身强国之林。吾辈公仆，身膺重任，兴湘强国，夙夜惟寅。用告始祖，助我政成。伏惟尚享，来格来歆。

1995 年株洲市社会各界公祭炎帝陵文

公元一九九五年十月二日，岁次乙亥。湖南省株洲市市长王汀明，率全市三百六十万炎黄子孙，谨以庶馐酒果不腆之仪，致祭于始祖炎帝神农氏之陵前曰：

巍巍华夏，悠久其史。岁越五千，绳绳不已。革故鼎新，前赴后继。灿烂文明，声飞举世。谁开其源，维我炎帝。炎帝神农，先民之雄。德配三皇，功迈五龙。筚路蓝缕，奋智竭忠。始创耒耜，教稼亲躬。万民安居，五谷乃丰。牲繁六畜，艺启百工。窑业兴起，陶彩玲珑。日中为市，

货乃畅通。哀此生灵，疾苦时撄。乃尝百草，毒及其身。发明医药，福我民生。又辟疆土，惨淡经营。剡木为弓，以御强凌。道承伏羲，八卦以弘。琴设五弦，韵协八音。文明肇造，大道乃尊。凝聚有力，溯源有根。五洲华裔，景仰心倾。爱国旗帜，高举前奔。亹亹神农，风范堪仪。夫负妻载，四时不违。与民共富，公而忘私。智不自贵，政树清规。共产美德，千古扬晖。凡我子孙，何以承继？绳其祖武，小心翼翼。鸿图远业，弘扬勿替。观今赤县，丕振先声。阴霾扫去，锦绣前程。雄才辈出，经济飞腾。改革致富，两建文明。科教兴国，大转乾坤。安不忘危，演武强兵。百族骋力，虎跃龙腾。统一大业，指日可成。和平共处，天下归仁。慰我始祖，在天之灵。维我株洲，始祖奠陵。光宗耀祖，岂敢后人。廉洁务实，开拓创新。无私奉献，一德一心。艰苦奋斗，强市富民。振兴百业，壮我新城。兹行公祭，俎豆以陈。鞠躬礼奠，布此下情。望我始祖，鉴此赤诚。伏惟尚飨！

三、特祭祭文

全球华人代表寻根祭祖大典祭炎帝陵文

惟公元二〇〇一年十月二十五日，新世纪新千年元年重阳良辰，世界华人协会主席程万琦，偕全球华人代表，谨献五谷三牲，鲜花雅乐，祭奠中华民族始祖炎帝神农氏之陵，词曰：

皇皇元祖，创世远古。聪敏睿智，神圣雄武。开粒食医药之先河，奠农工商贸之基础。辟疆拓土，景风化俗。泽披遐荒，德昭黎庶。胄裔绵绵，英杰辈出。弘伟业于华夏，播文明于五洲。自立自强而生生不息，允文允武而枝繁根固。今日之中华，鼎祚隆昌。改革开放，民殷邦强。经贸蓬勃，科教兴旺；政通人和，民气高昂。洗百年耻辱，港澳回归；巡万里太空，飞舟返航。“申奥”持以国力，入世尤显威望。举国上下，心凝力攒。炎黄子孙，四化共襄。重九临高，举目眺远，同根同祖，一海两岸。和平统一，翘首以盼。全球华胄，重任在肩。吾辈有幸，咸聚圣陵。缅怀先祖，恭祈灵贶。祖国繁荣，民族复兴。如龙腾飞，如日蒸蒸。敬奠始尊，鉴此精忱。尚飨。

海内外中药业界祭祀炎帝陵文

维公元二〇〇五年，岁次乙酉，重阳吉时，国内中药业界偕海外同仁首次共聚，敬献鲜花雅乐，致祭于医药始祖神农炎帝之陵曰：

鹿原苍苍，寝我药皇。赫赫一生，万世景仰。创制耒耜，以垦草莽。教耕生谷，奠基农桑。相土地之所宜高下肥荒，尝百草之性味寒热温凉。赭鞭以鞭众草木，虽百折而不彷徨；一日而遇七十毒，终极限而断寸肠。身献药业，福荫千代。神农本经，立极滥觞。唐修本草，国典颁行。本草纲目，四海远扬。当今盛世，著作煌煌。古方化用，新药研发。科技先导，国粹重光。技管先进，品质可控。中药产业，蓬勃兴旺。神农文化，人类共享。吾辈有愿，振国医国药，再创辉煌。先祖无虑，看华夏文化，蒸蒸日上。荐此精忱，昭告炎皇，伏维尚飨。

海内外茶业界祭祀茶祖炎帝神农氏文

惟公元二〇〇九年四月吉日，湖南省副省长徐明华偕海内外茶业界代表，谨具五谷三牲、佳茗时馐之仪，致奠于中华始祖炎帝神农氏之陵前曰：

鹿原苍苍，洣水汤汤，陵寝巍巍，大殿煌煌。伟哉炎帝，照耀洪荒。文明肇始，璀璨东方。中华始祖，育我炎黄。中华茶祖，德泽绵长。今我中华，茶业兴旺。名茶荟萃，济济一堂。龙井碧螺，云雾乌龙；毛尖普洱，银针千两；祁红瓜片，竞相芬芳。誉为国饮，礼义周行。茶叶行销，五洲四洋。驰名中外，无上荣光。吾侪有幸，欣逢盛世，科学发展，指路引航。振兴茶业，责任担当。绳我祖武，万象呈祥。缅怀先祖，鉴我衷肠，来歆来格，伏维尚飨。

台湾中华神农大帝协进会致祭中华民族始祖炎帝神农氏祝文

公元二〇一一岁次辛卯月建戊戌，望日庚子，致祭日壬寅之良辰，于湖南省株洲市炎陵县炎帝陵：

今有台湾中华神农大帝协进会荣誉理事长李乾龙，陈福才，理事长邱煊堂，统带会员（单位名略）共计五百人，诚惶诚恐，稽首顿首，为中华民族始祖炎帝神农氏祖陵共祭，聊报恩光圣事，以香烛素果，牲醴鏕馐财帛长钱之仪，致祭于中华民族始祖炎帝神农氏宝座前，文言曰：

恭维神农大帝，帝德宏深。创作耒耜，导民农耕。四境祯祥，五谷丰登。亲尝百草，疗疾有凭。治病寻源，普惠众生。作陶冶金，器物更新。剡木成弓，以御敌侵。日中为市，货物始通。宣威教化，海晏河清。凡我华族，千秋景仰。万世尊崇，两岸同心。殷殷赤忱，共期和平。伏祈庇佑，中华永兴。兹逢帝陵谒祖，两岸共祭，敬仰恩光。敬陈不腆，恩佑黎苍。平安四境，威靖八方。兆民攸庆，五福呈祥。虔诚顶礼，鉴纳心香。伏维尚飨。

第二节　记事碑文

一、古代碑文

宋淳熙十四年（1187）罗泌撰碑文

神农有天下传七十世，在古最为长世者。葬于茶陵，见于《郡国志》《帝王世纪》，予作《路史》纪之详矣。后十有五年，始获拜陵下。摩挲古杉，俯叹石麟，追忆曩昔，恍尔隔世。

明万历四十八年（1620）重修炎陵庙碑文

天下之生久矣，而圣间出焉。帝其上古之圣乎？方之孔子，其揆一也。耒耜开衣食之源，而教化可兴。医药苏沈疴之命，而生聚日众。廛市前民间之用，而农末相资。其功德之大，不已著与？帝不生开辟以前，而皇初事业藉帝代终。帝不生唐、虞、夏、商以后，而万世事业藉帝肇始。盖以其时所称，明天地之道，定干支之分，辨昼夜，别九区，构巢钻燧，以佃以渔，与夫八卦之画微，帝其奚所托以传哉，则夫启其端于后者，又可知已。子舆氏曰："自生民以来，未有盛于孔子也。"又曰："孔子圣之时者也，惟时故孔子之谓集大成。"由斯以谈，因时制治，不亟其所缓，不缓其所亟。自生民以来，君天下者未有盛于炎帝者也。谓帝圣之时也，可谓帝集帝之大成也。

可考，少典之君，取有蟜氏女，生帝于厉山石室，名曰石年，以火德王天下。彼言生于鄗之康乐乡崖阴山者，妄已，而陵固在酃也。历世既久，古迹遂湮。迨宋太祖登极，遍访古陵，求之弗得。忽梦一神人戴笠、持两火，诉血食之不具者久。诘朝访问群臣，有测其为帝者。遣使南来，至长沙峤梁岭，遇老人指示，果于岭下十里许白鹿原，得帝陵焉，古所称“茶乡之尾”者在是。陵据上游，佳气葱郁，精爽不磨。梦中之人，盖即峤梁所遇之老人，老人盖即帝之灵乎？爰命立庙陵前，肖像而祀。无论春秋，有司匪懈。而朝廷遣官，赍香帛诣陵致祭，三岁一举，率以为常，猗与盛哉！念今日距帝世几千百年，凡旱潦疠疫，有祷辄应，是何？帝之爱育黔黎，御灾捍患，至奕祀而犹然惓惓也。顾民之生也，以帝而安。而帝之灵也，以庙而安。听其风雨剥蚀，日就颓坏，莅是邑者能无恻！然今酃令，予友也。睹栋宇之非故，感人心之难忘。请于道路，捐俸鸠工，一起而更新之。坛壝虽因，而庙貌顿改。思圣人也，报功德也，抑为酃之民与楚南之民祈福也，酃令甚盛心已。事竣，以酃邑缙绅之请，征言于予。予自游南宫，进司政柄，时与今上商攉古今。上嘉下乐，代不乏君。论及帝，辄再三叹赏曰：“若为君尽君道，法炎帝氏而已。”盖道术宗尼山，治述宗炎帝，异地皆然也。予神游太古，景仰陵山，不虞今日千里外有是记之役也。其或帝之灵，默启酃令，而有是记之役也耶？辱命跃然，斋宿记之，令镌石以垂永久。

万历四十八年庚申孟夏吉日，东阁大学士吴道南撰

清道光十七年(1837)重修炎帝陵庙碑文

晋皇甫谧纂《帝王世纪》，言宓羲葬南郡，炎帝葬茶陵，少昊葬云阳，而茶陵之为炎陵始著。唐代尝奉祀，至五季而中辍。宋兴，太祖感梦，夐求而得，乃以乾德五年建庙于康乐乡之鹿原陂，而寝庙由是兴焉。太平兴国中，将事官惮舟行之险，奏徙就茶陵县，诏移于县南，去县五里，而陵侧之庙中废矣。淳熙十三年，守臣刘清之，乞以陵侧唐兴敝寺为庙，始复近陵。嘉定四年，析茶陵之康乐、霞阳、常平三乡置酃县，于是陵始在酃。元明二代，庙未之或更也。嘉靖、万历中屡修葺。我朝顺治四年，故明孽之部曲盖遇时，屯兵庙侧，撤其壁柱为己营蔽。而庙凋残不支矣。康熙三十五年，使臣王绅入庙致祭，流瞻殿屋，闵其摧败，难以奉尊灵、成大礼，入告于朝。下所司及府、县，使县令龚佳蔚督工修理，盖廑完备，尚未如式也。雍正十一年，县令张浚告于大吏，请国帑，廓庙壖颓，召工谋材，始克更张如式。庙前三门，午门中，戟门左右。门内墀，墀左右廊，廊中历代祭文之碑在焉。墀内台，台前御道，御道左右陛。台内行礼亭，亭内墀，墀内殿。殿前御道，御道左右陛，使臣之所由升降也。亭左右门，以通于陵。自殿至午门，修二十余丈，博五丈。殿高三丈有六尺。午门之外，环陵庙而缭以周垣，垣高一丈，所墉而墍之以丹。丹垣之右一门，凡入瞻寝陵者，靡不由斯已。庙之前，有崇德之坊焉。陵之北，有天使之馆三焉。馆之前，有宰牲之亭焉。庙之右，有奉圣之寺焉，皆前世之所创制，讫世庙时而犹存者。世庙以来百余年矣，晷历推移，风雨穨蚀，土之朽于垣墉者十一，木之败于楣梠者十一，石之泐于礀墄者十一，彼陵庙以时缮完者然也。奉圣之寺又甚焉。若天使之馆、崇德之坊、宰牲之亭，故荡然已。余以丙申之岁，始莅斯邑，修其秩祀，展谒陵下，睹斯颓落，弗释于衷。乃进邑之士大夫而谋焉，咸欢然乐致其资。寔以丁酉之孟夏经始，至冬月而落成。凡宰牲之亭、崇德之坊，皆重建而不易其址。天使之旧馆，则逼近洣流，虑遭荡析，弗可以因，乃营于旧馆之北，托诸崇阜。先是，

陵之北有飞香亭、味草亭，倾覆已久。鄞县沈道宽令斯邑，构而成之，更筑咏丰台焉，至是亦十年矣，无不敧废。爰暨陵庙与奉圣之寺皆重新之，规制如旧，更高且广焉。林木茂密，古杉矗然。益以雕甍画栋，藻井玉珰，辉映乎其间，洵美观也。间尝览《山海经》《墨子》《吕氏春秋》《史记》《汉书》《皇览》诸书，记先代帝王之冢墓详且备矣，而炎帝不与焉。至王象、缪袭纂《皇览》。司马贞谓："记先代冢墓之处，宜皇王之省览，故曰《皇览》"，则于冢墓宜尤详，而炎帝之陵亦无闻焉。是汉以前无有言炎帝葬处者，至晋而始显。沿至于唐，司马贞尚能言之。逮考《路史·炎帝纪》，言"太祖抚运，梦感见帝，于是驰节夐求，得诸南方。爰即貌祀，时序隆三献"，则知唐末至五季，复失炎帝陵寝之处矣。夫古帝王之墓，置守户，禁采牧，起寝庙，时祭醊，宜昭乎人之耳目，世世守之，而何至于时显时晦，时著录时汶暗，毋亦守土者崇奉守护之不谨，而学士记述搜讨之不勤与？余因是惧，故既修陵而记其巅末，书之贞珉。凡董役助资之士，具镌别石。

酃县知县宛平俞昌会撰　安仁县教谕沅陵李沆训书。

二、现代碑文

民国29年(1940)重修炎帝陵记

茶陵以炎陵而得名，汉属长沙，故晋皇甫谧《帝王世纪》谓："炎陵在长沙。"宋罗泌《路史》谓："炎陵在长沙茶乡之尾。"茶乡者、茶陵尾，则酃县也。盖宋宁宗嘉定四年，始析茶陵之康乐、霞阳、常平三乡置酃县，而康乐乡白鹿原固赫然有炎帝陵也。五代前，历代祀陵。宋太祖乾德五年乃建庙，清知县俞昌会《重修陵庙记》述之盖详。

民国二十有六年，岛夷内犯，自南至北，阙剪疆土。明年犯湖。又明年春，岳奉命总督诸军，兼主湘政。其秋，寇大至，击之大捷。又明年，寇南犯粤，西犯荆，不敢复犯湘。时缮葺炎帝陵庙讫，且立庙碑矣。或谓天子冢，秦曰山，汉曰陵，而炎陵旧碑但称墓，宜别立一石，以正名焉。岳曰："唯。"然犹有进者：寇犯我国，利速战速决，而我国以持久困之，虽内外水陆运输被截断封锁，凡可制我于死命者，无所不用其极。而我国愈战愈强，卒使寇无如我何，若《易·大壮》所云："羝羊触藩，不能退，不能遂"者，以我地大物博足自给，而足食所系尤要也。其所以足食，则农业立国使然。而农业立国，又实我炎帝创始也。不宁惟是，湘为大西南门户，尤富米，西南数省取给焉，是湘又西南仓廪也。

岳荷炎帝余泽，捍卫湘土，饮水不思源，何异数典忘祖乎？此尤岳必立陵碑之微意也。至若陶冶斤斧作自帝而百工始，日中为市创自帝而商贾始，百草疗病尝自帝而医药始，抑又已载史籍无误。岳言者矣，石既具，遂记之如此。

1989年湖南省人民政府重修炎帝陵碑记

炎帝为中华民族始祖之一，炎帝殁后葬长沙茶乡之尾即今湖南省酃县塘田乡鹿原坡(陂)，又称炎陵山。宋乾德五年(967)始建炎帝陵殿，历代屡有修葺。中华人民共和国成立后，炎帝陵被列为湖南省省级文物保护单位，一九五四年初因香客失火，主殿和行礼亭被焚，六十年代后期全部被毁。一九八三年，全国六届人大一次会议上，湖南省代表二十三人联名倡议修复炎帝陵。一九八四年八月，株洲市人大常委会决定成立修复炎帝陵筹委会。一九八五年八月，酃县成立修复炎帝陵工程指挥部，十二月湖南省人民政府正式拨款重修。在湖南省文物管理委员会指导下，一九八六年十月十七日动工，一九八八年十月竣工。炎帝陵殿宇布局仍按清代式样，共五进。第一进为午门，内有丹墀；第二进为行礼亭，左右两廊为碑房；第三进为主殿；第四进为墓碑亭，立炎帝神农氏之墓石碑；第五进为墓冢，全长七十三点四零米，宽四十米。陵殿庄严肃穆、古朴凝重。重修炎帝陵，党和人民政府高度关切，广大群众、各界人士和海外侨胞热情支持，共襄盛举。炎帝陵系中华民族悠久文化的历史见证，炎帝神农氏为社会进步，为人民造福的开创精神流芳百代、遗教子孙。谨镌石，记其始末。

《为人民多做好事》碑

酃县是井冈山脚下的老革命根据地。根据历史记载，这里的塘田乡鹿原陂，安葬着我们中华民族的老祖宗—炎帝神农氏。炎帝神农氏一生勤勤恳恳，发明创造过很多东西，为后代的繁衍发展做了许多事情。比如，教人制造农具，种植五谷；为寻药给人治病而遍尝百草，哪怕是一日遇七十余毒，也不畏缩，终于克服了许多艰难困苦，才识别了百草，发明了医药；他又倡导交换，发明了商业，促进了交往，密切了人与人之间的关系……因此，几千年来，大家都记住他，尊他为中华民族文明之始祖，亿万人民则皆以炎黄子孙自谓。

今天，我们共产党人的事业更伟大，我们要建设社会主义的新中国，进而实现共产主义的远大理想，这副担子远比古人更重。这就要求我们具有比前人更大的志气，更大的勇气，更大的毅力，更大的才智，下决心迎着困难朝前走，好好地为人民服务，多作好事，多干实事。如果这样，人民也是不会忘记我们的。

胡耀邦 1962 年 12 月 7 日

注：1962 年 12 月 6 日，共青团中央第一书记兼中共湖南省委书记处书记、中共湘潭地委第一书记胡耀邦参谒炎帝陵。7 日，在酃县县城机关单位党员干部会议上讲话。此文为讲话部分内容。《为人民多做好事碑》立于 1996 年。

第三节　赞　诗　歌　乐

一、赞

神农赞　　三国魏　曹植

少典之胤，火德承木。造为耒耜，导民播谷。正为雅琴，以畅风俗。（选自《艺文类聚》卷 1）

神农赞　　晋　挚虞

神农居世，通便该极。民众兽尠，乃教稼穑。聚货交市，草木播植。务济其本，不通其饰。（选自《初学记》卷 9）

炎帝赞　　南宋　罗泌

火德开统，连山感神。谨修地利，粒我蒸民。鞭茇尝草，形神尽悴。避隰调元，以逃人害。列廛聚货，吉蠲粢盛。夷疏损谷，礼义以兴。善俗化下，均封便势。虚素以公，威厉不试。弗伤

弗害，受福耕桑。日省月考，献功明堂。天不爱道，其鬼不神，盛德不孤，万世同仁。（选自《路史·后记》卷3）

神农像赞　　　　明　林钟

仰惟神农，植艺五谷。斯民有生，以化以育。虑及夭伤，复尝草木，民到于今，悉沾其福。（选自《袖珍方大全·历代名医图之赞》）

二、祭歌　乐章

北周享庙乐辞（节选）

我祠我祖，永惟厥先。炎农肇圣，灵祉禅联。霸图中造，帝业方宜。道昌其构，抚运承天……（选自《隋书》卷14）

隋五郊歌辞·赤帝　　　　隋　牛弘

长嬴开序，炎土为德。执礼司萌，保衡御国。重离得位，芒种在时。含樱荐实，木槿垂蕤。庆赏既行，高明可处。顺时立祭，事昭福举。（选自《隋书·音乐志》）

唐五郊乐章·赤帝　　　　唐　魏征

青阳告谢，朱明戒序。咸长是祈，敬陈椒醑。博硕斯荐，笙镛备举。庶尽肃恭，非馨稷黍。（徵音）

离位克明，火中宵见。峰云暮起，景风晨扇。木槿初荣，含桃可荐。芬馥百品，铿锵三变。（肃和）

昭昭丹陆，奕奕炎方。礼陈牲币，乐备篪簧。琼羞溢俎，玉醑浮觞。恭惟正直，歆此馨香。（雍和）

千里温风飘绛羽，十枝炎景媵朱干。陈觞荐俎歌三献，拊石枞金会七盘。（舒和）（选自·宋郭茂倩《乐府诗集》卷6）

补乐歌·丰年　　　　唐　元结

《丰年》，神农氏之歌也。其义盖称神农教人种植之功。

猗太帝兮，其智如神。分草实兮，济我生人。

猗太帝兮，其功如天。均四时兮，成我丰年。（选自《全唐诗》卷240）

宋景佑享先农乐章（五首之一、三）

迎神，《凝安》：在昔神农，首兹播植。无有污莱，尽为稼穑。乃粒斯民，实惟帝力。嘉荐令芳，伫瞻来格。

奠币，《明安》：农为政本，食为民天。苾芬明祀，藨蓘良田。陈兹量币，望彼丰年。茂介福祉，来钦洁蠲。（选自《宋史·乐章》）

元祭炎帝神农乐章

耒耜之利，人赖以生。鼓腹含哺，帝力难名。欲报之德，黍稷非馨。眷言顾之，享于克诚。（选自《元史·祭祀志》）

明享先农乐章

九谷未分，庶草攸同。表为嘉种，实在先农。黍稌斯丰，酒醴是供。献奠之初，以祈感通。（选自《明史·乐志》）

清享先医乐章

精气缘乎理，调剂观所颐。曰惟古圣，尝草定医。似铁随磁，沴除吉至。化工出自于指，万姓永荷恩施。

清祭炎帝神农氏乐章（部颁）

迎神　天生人兮养未及，猗大帝兮立人极。分草食兮蒸民粒，世永赖兮祀无斁。皇有命兮报神功，猗大帝兮驾青龙。降坛壝兮鉴微衷。

初献　涓吉日兮辰良，浴菲躬兮兰汤。佩玉鸣兮币帛将，祭如在兮心皇皇。

亚献　夜登坛兮未央，奠桂酒兮椒浆。肴烝薄兮荐芬芳，神昭昭兮来洋洋。

终献　纷扬枹兮拊鼍，疏缓节兮安歌。贰用缶兮靡他，拟陈词兮续猗那。

受胙　君德昭彰兮禋祀古皇，上溯五帝兮下逮哲王。钦承厥命兮代天荐扬，佩玉鸣珂兮执帛奉璋。融若有孚兮馨积辉煌，公辅介祉兮禄寿靡疆。

撤馔　具粢盛兮惟虔，设果蓏兮惟涓。报大帝兮功如天，福我民兮成丰年。

送神　维元元兮生不息，安饱暖兮谁之力。圣德深兮孰能测，人思功兮孰能绝。历万岁兮荐蒸尝，灵皇皇兮降中央。拥红云兮驭丹凰，焱回翔兮天茫茫。

祭炎帝（歌词）　　当代　孔介夫

巍巍罗霄兮滔滔洣水，楚尾吴末兮眠吾始祖。炎帝神农兮以开农耕，耒耜之利兮以教天下。冶陶之功兮以利万众，交易之衍兮以圩惠民。尝百草兮创先医，作五弦兮祭傩舞。鼻祖齐天兮奠吾华基，泱泱炎陵兮香馨四季。吾祖明德兮黎元心系，千秋万载兮代代公祭。

三、诗　词　颂

炎帝庙　　元　江存礼

自昔神光耀九垠，何年来葬楚江滨。断碑独载前朝梦，乔木犹含太古春。南极海波同浩渺，苍梧云气共嶙峋。长兹金碧重门开，来酌椒浆日有人。（选自清道光十八年《炎陵志》）

过炎陵有感风雷之变，次前人韵　　明　刘三吾

莫怪风雷此震惊，茫茫天道世难明。帝王所在神长护，陵谷从来变几更。药径晴疑鞭影赭，杏英香送祭时饧。庙庭一拜何须问，还听原头白鹿声。（选自清道光十八年《炎陵志》）

告祭炎陵　　明　何孟春

密迩吾邻邑，生平过未曾。幸持星使节，来拜古皇陵。灵气金芝茁，丰年玉粒登。乾坤此开辟，千载祀频仍。（选自清道光十八年《炎陵志》）

至炎陵问古铜碑沉处　　明　王诏

铜碑沉已久，陵下问幽潭。抱宝龙应卧，临流客欲探。莫填精卫石，空驻鹿原骖。渺渺烟

波里，荣光万古涵。（选自清道光十八年《炎陵志》）

炎帝陵　　明　吴凌信

初陪国祀到名山，怪石苔封虎豹斑。瀑布千寻悬岭外，松琴一派奏云间。

使臣持节来金阙，炎帝歆诚降玉寰。为问当年封塈处，于今甲子几循环？（选自清道光十八年《炎陵志》）

祭礼成呈钦使惠仲孺太史　　清　吴日炎

圣朝宏大孝，钜典展明禋。万里瞻南楚，《三坟》契古人。碑从鸾掖出，币到鹿原陈。绅佩趋跄地，多惭守土臣。（选自清道光十八年《炎陵志》）

斋　宿　　清　陈光诏

原陵千载气葱葱，驻马荒庭夕照红。洣水江声环寺外，云秋山色入窗中。黄花已近重阳日，元酒犹留太古风。记读三坟传教典，生生民事感神功。（选自清道光十八年《炎陵志》）

大祀礼成恭纪　　清　巢可托

神武殄戎羌，功成告古皇。莘莘陈俎豆，济济饬冠裳。上世淳风远，深山化日长。祗今陵涧水，晚稻作花香。（选自清道光十八年《炎陵志》）

春祀炎陵　　清　黎象乾

秩礼先期肃，驱车古帝乡。松筠晴漾影，枫脂暗浮香。傍陌烧刍狗，依扉筑稻场。民何知教稼，德自启垂裳。永夜闻清籁，庭燎达晓光。惟馨应有赫，拜舞快趋跄。（选自清道光十八年《炎陵志》）

秋祭炎陵　　清　林愈蕃

粒食亿年帝力恢，寝陵称此气佳哉。千峰倚伏虎龙卧，叠嶂昂藏鹓鹭陪。自有烟霞栖老树，何曾樵牧践苍苔。报功一岁重经此，每到云山眼界开。（选自清道光十八年《炎陵志》）

谒炎陵　　清　尹继美

炎帝御六合，厥功及万世。英魄归此土，神灵永不昧。自从乾德来，千载续祀事。今我夜斋宿，晨兴荐醴齐。翘首怀前烈，旷然起遐思。閟宫生肃风，空山郁古意。数里禁樵采，鬼神默护卫。雷霆供驱策，繄谁敢袭睇。自愧拥皋比，精力疲文字。愿注本草经，于世庶有济。（选自清同治十二年《酃县志》）

谒炎陵(三首)　　当代　郑孝胥

馨香俎豆祀长眠，陵枕苍山洣水连。耒耜农耕尝百草，中华泽被五千年。

酃县神州第一陵，炎黄始祖龙图腾。林山殿冢多祥气，子孝孙贤广聚凝。

枫叶独丹白鹿原，青山万木绕陵前。海天不隔石洲水，兴我同根共祖先。

世代同心　　当代　罗哲文

炎黄皆始祖，南北启人文。子孙齐景仰，世代结同心。

谒炎陵　　当代　傅仲德

中华鼻祖神农氏，古药发皇济世宏。翠岭龙耆留圣迹，飞霞碧水照逸风。

红尘历尽如蓬转，皓首归来以梦中。长佑世清民寿乐，献芹酬庆九州同。

炎陵归来，偶成一首　　当代　唐山樵

芳原十里雨初晴，胜日寻根洣水滨。熠熠丹霞环殿宇，重重翠影上苔痕。残碑劫火音尘杳，古木逢春曙色新。更喜炎黄遗教在，江山代有爱民人。

炎帝陵　　当代　朱建华

何云名胜仅楼台，此地风光曙色开。古树森森腾肃气，幡旗猎猎撼心怀。飞檐大殿依山矗，展翅白鸥傍水来。四海同根诚谒祖，馨香雾袅紫云排。

水龙吟·炎陵　　当代　王　勤

神州第一陵园，长留亘古千秋意。音容几觅，神农殿上，御碑园里。味草凝芳，云秋雨霁，兴亡游戏。任尘烟一纸，丹青百卷，衍龙脉，移人世。

六合尽收元气，五千年，文明传继。谐和家国，八方同祭，禀承诗礼。阅遍沧桑，神游天宇，魂兮归未？看山川历历，鼎新革故，正雄风起！

炎帝颂　　当代　余秋雨

华夏远祖，野生莽沙，幸有王者，首教耕稼。此王者谁？炎帝神农也；

长夜漫漫，如海无涯，幸有王者，燧得光华。此王者谁？炎帝神农也；

泥昧岁月，邪疫如麻，幸有王者，尝草作药。此王者谁？炎帝神农也；

天下初成，随处杀伐，幸有王者，安民以罚。此王者谁？炎帝神农也。

伟哉至尊炎帝，山岳难比其大。首举文明之炬，始植民生之花。

千古开拓之斧，凿定创建之法。并肩轩辕黄帝，共奠东方巨厦。

历尽万劫未灭，永远蓄势待发。后世亿兆子孙，无论海角天涯。

只须语涉炎黄，皆可视若一家。家园门庭已扫，慈颜如诗如画。

炎帝安寝之地，崇陵又起紫霞。呼集六合同胞，再祭炎帝文化。

兼有雕像新立，株洲神农城下。自此万方心泉，齐向是处倾洒。

拜谢鸿蒙先人，佑我煌煌中华。

四、楹　联

山重水秀无双地；虎踞龙盘第一陵（炎帝陵牌坊）　　彭志瑞

德照千秋光盛业；功垂万世展宏猷（行礼亭）　　杨向阳

名垂宇宙；恩泽神州（炎帝陵庙宝龛）　　侯开嘉

制耒耜奠农工基础；尝百草开医药先河（炎帝陵殿）　　潘力生

耒开天统粒我蒸黎炎皇德睿恩千国；

药启鸿蒙医吾庶众始祖神光泽万民（炎帝陵殿）　　李　铎

到此有怀崇始祖；问谁无愧是龙人（神农大殿祀像）　　张前波

远古播文明制耒兴农创医祛疾德泽千秋垂后世；

今朝怀始祖情连四海志聚烝民鼎新九域铸宏图(神农大殿) 刘 正

五、记

祀神农陵记(摘录) 明 曾鹤龄

神农氏教民耕稼、蜡祭、医药、交易之事,开万世衣食相生相养之原,故凡后世有天下者皆祀之,而新即位者则告焉,示不忘本也。今年上即位,遣臣鹤龄赍香币祝文,求其陵行祀告之礼。而陵在衡州之酃县,深僻若獠洞然。故自衡舍舟陆行,越峻坂,涉深堑,五宿始至之。又三宿始将事,事皆如仪,奠献有虔,称上所以亲遣之意。既毕,始若释重负。然犹不敢忽漫,遂踽步山麓,见有石壁,高二寻许,广半之,正面而直立,或指以为冢门。又上少许,有杉二株,一荣一枯,其大数十围,高不可计,根节如铁石,或以为异人所种,莫敢剪伐者。杉下有坛,坛下有墠,盖旧有之,新又更置,或能言更置之由,而未详也。

炎陵山水记 清 谭楚颋

自宋慕容延钊平湖南,而"人持两火"之梦入感艺祖,于是炎帝之陵始著吾酃。颋初至其间,见夫若山若水,孰为趋承,孰为结构,未能悉也。厥后游览自适,遍历神区,而后恍然有得矣。盖自南赣,历两桂,知岭表之山势自南来,以达于茆花岭者,为陵远导;而吴西吉州之永新、永宁两邑,山势东来者,为陵右翼;其龙泉山势,南联万阳,峙霞桥而立者,为陵左翼。故形势家谓,陵与粤东之南华寺地脉相通诚然。若夫洣水会云秋水而合流,则襟带也;匡庐与衡岳山麓绵亘,缀于云秋之山,则树屏也。登陵而望,千岩万壑,皆如搢笏罗拜,洵非继天立极之圣人,乌足以当此。

六、序

炎陵志序 清 黎致远

自班坚志地里,而郡国图籍悉承其名。山川、古迹、陵墓类从附著,未有别勒成书者。近代好事家始特摭名胜,若武彝、台岩、庐、岳、衡、嶷之属,往往有志,而陵墓独亡有。盖其形势拱峙则隶诸邑乘,其典礼则领诸秩宗,历世相仍,未有损益;其使节之往来,士夫之经涉,丰碑钜制,靡所取裁。舍是,则块然坏土而已,其奚以志?虽然,先圣王之功德,万古不泯也。弓剑之藏,捃摭而藻饰之,毋宁兹僻壤为增重,好古之士,亦将有取焉。神农氏陵,在今偏沅之属,邑曰酃,自宋始求得之,盖古迹几湮矣。博士彭君司教事,屡逢国庆遣官敬祭,骏奔对越,职与有劳,因得览观,退而为之志,山川胜概亦备具焉。前此之汩没于荒烟者,均成胜迹,功最钜。其旁搜广讨,博极群书,殆非一朝一夕之故。以视夫倚席而苜蓿,是谋者不大相径庭哉?是可志也夫。

康熙辛丑湖南督学使者长汀黎致远书

第四节　祀典考录

祀典考(摘录)　　　　清　彭之昊

史载："火德王，有火瑞""以火名官，故曰炎帝。"《周官》："小宗伯兆五帝于四郊。"王肃《注》直以五帝为人帝，其说未为尽非。《帝王世纪》曰："炎帝位南方，主夏。"《月令》曰："南方曰炎天，其帝炎帝，乘离执衡而治夏，其神荧惑，其佐祝融。"此则司南天、主朱明者即帝，非有二也。又古明堂祀五帝，必配以五人帝，从以五人臣。祀夏配神农，从祝融。《周礼·春官》："以赤璋礼南方。"郑注："礼南方以立夏。谓赤精之帝，而炎帝、祝融食焉。"舜帝南巡狩，至于南岳，如岱礼，柴望秩于山川。后皆望祀，三代准而行焉。《周官》所载，未闻祀历代帝王于山陵也。

唐永徽二年致祀明堂，以高祖配五天帝，太宗配五人帝，后世非之。宇文周祖神农，以配郊。议者谓：帝功德配天固宜，而非周之祖。是用嗤之，以为不类。秦始皇出游云梦，望祀虞舜于九嶷，盖缘前者伐木赭山，至此而悔过耳。《王制》："天子、诸侯祭，因国之在其地，而无主后者。"注曰："所建国之地，因先代所都故墟也。"今无主祭之子孙，以其有功德于民，不绝其祀，故或于曲阜或于陈祀，因其国也。唐天宝间，敕"三皇五帝创业垂范，宜有钦崇。"神农以祝融配，牲用少牢，春秋致祀。《唐记》曰："此祀三皇之始。"前此，尧舜各祭于所都之地。至是，并三皇立庙焉。由此观之，三皇自唐虞以来，聿有常祀，或主人帝，或为配享，要之炤耀乎？南纪伏灵于岳岫者近，是帝何尝废祀哉！盖古圣之功德，惟帝最大，故后世之报享，惟帝最隆。

至若陵祭，昉自近古。《宋志》：古者无墓祭，秦汉以降始有其仪。前此者，典固缺焉。而五帝之祀，未尝少湮，此其较著者也。阅经五代，类多割据一方，幅员未广，又卜世几何，奚暇举此大典？失祀固宜。迨宋祖践祚，制作方新，于登极二年，诏"先代帝王陵寝，宜令所属州府遣近户守视，其冢墓有坠坏者亦加修葺。"乾德四年，诏"太昊、女娲、炎帝以下十有六帝，各给守陵五户，长吏春秋奉祀。"其所云见梦者，果于何年耶？……信史无征，传语鄙陋，其不出于学士、大夫之口也明矣。宋人熊禾议，以为三皇五帝道德、功、言，载之六经，传在万世，其祀典宜领于学官。明宋濂曰：果如禾言，则道统益尊，三皇不汩于医师，太公不辱于武夫矣。惜未果行。洪武初年，即建帝王庙于南京鸡鸣山之阳，以祀一统之世、创业之君于陵庙。既命有司，岁时修葺，以春秋仲月上甲日致祭。又三年一次，出祝文香帛，遣太常寺乐舞生赍往所在，命有司主之。凡遇国家庆典则特遣官，牲用大牢，祭不以时。我国朝定鼎以来，亲政有祀，平滇有祀，万寿有祀，祔庙礼成有祀，告灾有祀。祀有专官，文开凤诏，香启龙涎，从以骍牡，典至渥矣。复于每岁春秋，礼部先期择吉颁示，有司遵奉时祭，罔敢懈弛。

第六章　陵园管理

第一节　陵区管理

古代,民间崇拜炎帝神农,敬畏神灵奥区,将炎帝陵墓及所在山林河溪视为圣地,不容亵渎。六朝社会动荡,始有护陵之举。宋代诏禁樵牧,设守陵户,辅以乡规民约。此制延至民国末年。其间,亦曾发生盗伐风景林木、私葬禁地及偷挖铁矿、蚕食土地等个案,均由有司严查。

中华人民共和国成立后,炎陵山属于国有。1951 年 2 月,成立湖南省林业局炎陵林业所,所址设奉圣寺。1958 年 7 月成立国营五里牌林场,山地林木划属林场。1984—1988 年,陵殿修复期间,工程指挥部据历史资料,厘清陵山四界并重立界碑。炎帝陵管理局成立后,陵区管理步入正常轨道。

1993 年 7 月,省人民政府批准炎帝陵为风景名胜区,确定陵区"以炎陵山水及其附近的山水自然景观为基础,以炎陵庙、御祭建筑、故道及遗址和有神话传说等人文景观为核心,以祭奠拜谒人文始祖、弘扬炎帝文化为主,以观光游览和科研教育为辅"。按照省政府要求,县政府组织有关单位,先后解决陵区周边群众殡葬用地及农田灌溉等历史遗留问题;修建巡山道路与消防通道;防治陵山白蚁与松毛虫;以工程措施处理山体滑坡险段。同时与周边单位、乡镇村组建立森林防火,制止盗伐、滥挖乱建等联防制度,形成管理局主管、局乡联防、社会参与、依法管理的工作机制。

1996 年,省政府批准炎帝陵风景名胜区总体规划。规划面积 111.86 平方公里,外围保护地带 128.89 平方公里,核心区保护范围 5 平方公里。要求"严格保护风景名胜区的历史建筑、文物古迹、森林植被、江河水体、地质地貌等风景名胜资源。"规划区内分 7 个功能区(2000 年调整为 6 个)。由县政府主导,对陵山周边村镇民居、田园、道路建设进行规划性控制,关闭化工厂、水泥厂、砖厂及矿山等 10 余个乡镇企业。对陵区地表水、空气质量进行监测。陵区生态环境得到改善。

2002 年 11 月,国家旅游局公布炎帝陵为 AAAA 级风景名胜区。2012 年 10 月,炎帝陵风景名胜区升为国家级。

第二节　文物保护

1956 年 7 月,炎帝陵被列为湖南省文物保护单位。1972 年 9 月、1983 年 10 月,省革命委员会、省人民政府先后公布炎帝墓葬为省级文物保护单位。1991 年 11 月、1993 年 4 月,省人民政府公布炎帝陵保护范围和建设控制地带。1996 年 11 月 20 日，国务院公布炎帝陵为全国重点文物保护单位。按照文物保护法规,炎帝陵管理局随即刊碑公示,埋设界桩。同时,建立文物安全保卫机构和保护制度,落实文物“四有”。

2014 年 4 月,国家文物局批准炎帝陵文物保护规划。确定文物主体为炎帝陵墓、炎帝墓石碑;附属文物建筑为午门、行礼亭、主殿、墓碑亭、东西碑房;附属文物为历代祭文碑。纳入保护的文物环境,包括炎帝陵文物建筑之间的空间秩序、炎帝陵与周围景观的空间关系;自然环境包括炎陵山绿化格局、背山面水的自然环境;历史格局为午门(戟门、掖门)、行礼亭、大殿、墓碑亭、墓冢五进建筑格局。按照文物属性,结合炎陵山自然边界,划定保护范围为:以炎帝墓碑为中心,东向外延伸 335 米,至炎陵山机耕道外侧,西至炎陵中学西侧道路外侧,北向外延伸 1384 米,至炎陵山北麓山脚;南至庙前广场 51 米处。面积 95.69 公顷。建设控制地带面积 327.43 公顷。

按照规划要求，管理局健全文物管理机构与制度以及各项基础工作，落实相关保护措施,加强对文物主体及文物环境、自然环境的实时监测与科学管理。

第三节　管理机构与管理制度

炎帝陵管理局成立于 1989 年 8 月。初为副科级事业单位,1996 年 12 月升为正科级单位,2007 年 5 月,升为副县级事业单位,直属县人民政府。文物管理业务受文物管理部门指导。内设办公室、资源管理科、旅游开发科 3 个科室。炎帝陵风景名胜区升格为国家级后,相应增设风景名胜管理科、文物保护科、安全保卫科。管理局有干部职工 43 人。承担文物保护,风景名胜区管理、建设以及炎帝陵祭祀与炎帝神农文化研究、交流、宣传等职能。

2012 年 11 月,管理局剥离相关旅游业务,成立国有独资企业湖南炎帝盛世旅游发展有限公司,专事旅游开发、服务等业务,员工 25 人。

管理局先后建立文物保护领导责任制度以及岗位安全责任、安全事故责任追究制度;安全巡查、值班和交接班登记制度;用火用电管理及安全奖惩制度。在陵区设立安全标识、安全设施;制定文物安全保卫人员工作守则,并对安保人员定期进行业务培训。根据文物“四有”要求,建立档案室,设专人管理。

适应旅游需要,建立信息发布、咨询制度,投诉处理、反馈和监督考核制度,责任追究制度,门票管理办法。制定服务承诺,员工形象与行为规范。内部管理有财务、物资采购、公务接待、祭祀接待等制度。

人　物

一、传　记

陈　翔

酃县康乐乡(今塘田)人。字一凤。翔生而好学,明成化十九年(1483)中举,次年中进士,授翰林博士。因言谈得罪吏部要员,降为贵州普安州守。普安地处偏远,苗汉杂处,人民生活贫苦。历任州守赴任,地方官吏都会送礼,贪官污吏乘机勒索,百姓非常愤恨。陈翔到任,严禁索贿受贿,严惩贪官污吏,苗、汉百姓欢呼。翔为官多年,家中唯有书籍。一日在家晒书,40多个强盗闯入,盗首随手取阅,见《善恶篇》。相与感叹,率众退去。

刘　稳

酃县霞阳乡人。字朝重,号仁山,明嘉靖年间人。刘稳年纪很小就学习《春秋》,研究《易经》。16岁授博士弟子。嘉靖二十二年(1543)中举人,三十五年中进士,三十八年任南京兵部主司。任职期满升为广东按察司佥事,转任南韶整饬兵备道。其时南韶奸商借盐禁之机煽动乡民造反。刘稳单骑前往劝解。乱平后修葺书院,导以正学,并亲自授课。后以病告归,于衡阳回雁峰建书斋静养。不久升任广西副使,驻桂林。在任严惩地方豪强,深得民意。调补广东海道,寻转参政,仍理海务,协助广西督府殷正茂擒海寇朱良宝。累功晋官南京太仆寺少卿。病卒于行署,年57岁。著有《山房漫稿》《粤政纪》《二南猺训》《易经折衷》《仁山集》12卷。

周仕仪

酃县康乐(今中村乡)人。字令公,号藿园,明末清初人,生卒年不详。幼时机敏过人,7岁写得好文章。16岁为弟子员,明崇祯年间为拔贡。明亡后,不愿做官,与诗友王夫之(船山)等傲啸山水间,或吟诗唱和,或闭户著书,过着清贫的隐居生活。先后出游江西、浙江、江苏、山东、河南、河北、山西等地，遍览名山大川。仕仪一生著述颇丰，有《史贯》《野获篇》《迈吟》《秋感》《杭游杂咏》《南行句纪》诸集。其中《史贯》《野获篇》由王夫之作序。参与省志及《衡郡志》《临武县志》《衡阳县志》等地方志修纂。《沅湘耆旧集》称之“姿宇温恭，襟度朗彻”。

邹章周

酃县河漠乡（今三河）人。河字中石，贡生，清初人。父邹统鲁是明末思想家王夫之挚友。章周 17 岁作《吊屈原赋》。时黄冈何履仕偶阅《两京赋》《三都赋》，因字迹模糊，无法卒读，章周为其口诵手写，一字不讹，何称奇。其父谢拒仕途，闭门食斋，章周侍奉左右，极其周到。母病逝后，邹在墓侧搭一茅棚守墓，恸哭成疾。与周仕仪同修《衡郡志》、省志、《临武志》。修《衡阳县志》将脱稿时病逝，年 72 岁。著有《蛩响集》《焚余草》《粕遗草》。

朱梅秀（1727—不详）

女，字寒英。清雍正五年（1727）生，八都上头坑（今下村乡鹭峰村）人。父朱用任，精通医术，乐善好施，生两男两女，梅秀排行第三。5 岁丧母，幼许配八都项氏子，未嫁而项氏子卒。“以贞女事其亲，日涉书史自娱。”闲来“乃赓乃歌，名流帖服。稿积如林，美不胜数”“五七言四方传颂”。远近名士、才女慕名拜访。

晚年作诗：“日暮千山人寂寞，秋残九月菊芬芳。荒园地僻多闲意，修竹风流只淡妆。草阁夜明深径月，谷松阴落满篱霜。老年无限伤心事，独自依依赋短章”。嘉庆甲子年（1804）病逝，年 78 岁。朱梅秀诗作颇丰，其侄孙婿郭宗翰辑为《寒英诗稿》。道光年间，新化邓显鹤辑刻《沅湘耆旧集》，收录朱梅秀诗 4 首，并作简介。

万典璋（1796—不详）

又名正洪，清嘉庆元年（1796）生于十都小江村，卒年不详。少年时务农，稍长经商。因经营有方、勤俭持家，家境逐渐殷实。典璋敬道礼佛，长怀悲悯，终其一生，急公好义。咸丰五年（1855），酃湖书院毁于兵燹。万典璋“慨然有兴复志”，重建洣泉书院于旧址。时典璋六十有五，令长子选青协助。经营两载，竭耗资 40 余万。竭尽劳瘁，于同治二年（1863）告竣。功成后，又捐租百石，以助束修膳食之费。

咸丰与同治年间，万典璋还与僧普明合修沔渡大桥。独资修夏馆白露江桥、十都大桥等。同治七年，万典璋与县令唐荣邦同倡修复斜濑渡大桥，并慷慨捐资。建桥期间多次遭遇洪水，屡废屡建，典璋常昼夜守在工地。桥建成后，典璋从十都送米粉肉 8 担为庆典之需，一时传为美谈。

独资修葺县城文庙、武庙和十都文昌祠，并捐学田。建县城孝节总牌坊，修建三官寺、云峰仙、大福仙、紫竹庵，建从十都至江西永新的石阶路，沿路建凉亭、置田产以资茶水费，几耗尽家产。

朱绍紫（1862—1916） 孟海崖（1851—1919）

朱绍紫，号贤雍，字轩理，廪生，清同治元年（1862）生于七都水口一书香门第。朱为人正直，怜贫恤苦，在当地颇具威信。光绪末，某年重旱，灾民断炊，求计于朱。朱书便函让灾民去渣村积谷仓买谷。守仓者未见县署公文，未允，灾民强行开仓出谷。事后有人状告省城，朱在过堂时以扶危济困为由辩驳控方，终得免除煽动灾民抢粮之罪。又一次，不少人无米过年，求助于朱。朱将家中仅有 6 石良田出卖，给贫困乡邻每户 2 块银元，自己留下 2 块交母亲置办年货。事后发现所留银元有一块还是"哑板"。

孟海崖，原名熙名，号广荣，字海崖，附贡生，清咸丰元年（1851）生于七都浆村。孟自幼聪颖，昔时曾遍游燕赵吴楚等地。光绪二十七年（1901）署江西吉水阜阳分司，旋以母丧弃官归乡。时逢清廷议罢科举，孟氏在县积极响应，力举新学。三十年，与知县许堃商议，改洣泉书院为洣泉小学，并出任校长。酃县劝学所成立后，又应县人吁请，任所长。

光绪末，在洣泉执教的同盟会早期会员李燮和（今涟源市人）与朱、孟建立交谊。民国元年（1912），李任长江水师提督，招朱、孟赴南京，两人欣然前往。在南京，李嘱两人回县发展同盟会组织，以壮大革命力量。两人回县后，积极宣传孙中山革命主张，引导县人了解辛亥革命、支持新政府，仅二三个月发展同盟会员三四十人。当年，成立中国同盟会酃县分会，朱、孟分任正副会长。分会除继续发展组织、开展革命宣传外，还协助县署维护社会治安，工作十分活跃。

民国 4 年（1915），袁世凯窃国，朱绍紫目睹朝政日非，愤然引退，在长沙挂牌当律师。次年 10 月病逝于长沙，灵柩由木排运回酃县安葬。孟海崖认为革命所以流产，皆因国民愚钝，遂继续致力教育事业，酃县教育在国势衰微的情况下仍获发展。民国 8 年 9 月，病逝于劝学所。

林石珠（1852—1930）

号达美，二都千亩坪（今三河乡天平村）刘备墩人，清咸丰二年（1852）生，幼时曾读 3 年私塾。后遵父命赴广东梅县师从林泰秋习武，又在江西永新参师。经十余年拜师学艺，练得一身超群武功。

同治九年（1870），林与酃县著名武师刘开剪、张邦鑣一起，以舞狮、贩盐、卖油为业，四处游走。一次在十都万家祠舞千脑狮，连续 7 天，当地人还不让走。为谢东道盛情，林一手舞狮头，另一手托起门前石狮（约 180 公斤），在祠堂内连走 3 圈。围观人群莫不咋舌，万氏族人厚礼相赠。

一次去广东挑盐，夜宿石坳旅店，遭强人打劫。林先抓过为首者，卸脱其手关节，然后又用烟竿一一拨开对方打来的柴棍，警告说：“你们如改邪归正，断手我包医好。如继续逞强，叫你们都断手断脚。”为首者喝住众人，林便将其关节复位，当时即伸缩自如。强人惊愕离去。

光绪年间，他挑茶油去江西，经遂川县巾石镇，被一欺行霸市的店主低价强买。回来与刘、张商量后，又挑 3 担茶油前去，店主倒油时借口油质差，命一群打手围攻。林、刘、张 3 人只几招，就将对方打得败走。临行时，林抱拳对店主说：“我家住酃县天子坟，小地名刘备墩，如有事前来找我。”店主果聘高手上门寻衅，扬言不打死林达美不回去。林在回避、劝说无效的情况下，只好交手，将其抛在石阶上，并送跌打丸一粒，嘱其服用。但来人不听，将丸丢掉，结果死在半路。之后，对方又连续 2 次聘来打手取林性命，均败阵而回并死于路途。

从此，林再不言打，不教打。民国 8 年（1919），相邻的金家村办“习武堂”，3 次登门聘林掌教，均被婉言谢绝。晚年以行医为业，对贫病交困者从不收取钱物。民国 19 年病故。

周介甫（1903—1928）

原名传纶，化名毅夫，清光绪二十九年（1903）十月生于中村周家湾一富户。父早逝，由母抚养。6 岁启蒙读书，17 岁考入长沙岳云中学。民国 14 年（1925）冬毕业，回到家乡，任周南小学校长。他上任后，聘任一批进步青年任教，提倡民主与科学新风，学校呈现生机。

1926 年，湖南农民运动兴起，周介甫在周南小学创办贫民夜校，组织青年农民学文化、学政治、练武术，教演文明戏、教唱革命歌，夜校办得十分活跃。5 月，常安团农民协会成立，他被推选为委员长。6 月当选中村区农民协会副委员长。9 月，酃县召开全县农民代表大会，他又当选为首届酃县农民协会委员长，领导全县农民开展清算土豪劣绅的斗争。

次年元月，县农民协会改组，他服从组织决定，回到中村一边教书，一边继续从事农民运动。3 月，按照县农协筹委会的部署，组织农民斗争联西村大土豪钟伦元，并押送到县城审判土豪劣绅特别法庭受审。4 月，带领南片 300 多名农民自卫队员到县城集训，编入酃县农民自卫军总队。

“马日事变”后，大批共产党员和农民运动骨干被杀。他仍继续从事地下斗争。11 月加入中国共产党，并在中村一带秘密组织队伍，准备起义。

1928 年 3 月，中共酃县特别区委发动全县武装起义。他与何国诚带领中村起义军配合水口暴动队攻下南区团防分局，歼灭中村一带的地主武装，迎接工农革命军到中村集结。中共酃县中村区委成立时，任区委委员。在中村分田运动中，他把家里保存的土地契约全部当众烧毁，以示革命到底决心。

3 月底，工农革命军和酃县赤卫大队离开中村，酃县挨户团乘虚反扑，周随区委撤退到茅坪山区。4 月上旬，带领游击队员在新开村活动时，突遭挨户团包围。他临危不惧，要游击队长率队向资兴方向突围，自己只带几个队员把敌人全部引向龙渣坳。当他退到一处断崖顶时，敌人大喊“要抓活的”，周用大刀砍倒几个团丁，纵身跳下悬崖。

当他苏醒后，发现自己跌伤左腿，动弹不得。后被附近农民发现，转移到道任村的一个山洞里养伤。十多天后，被堂弟探知，带着挨户团将他逮捕。他自知必死，当晚写下遗书，托人交给母亲。信上说："母亲大人，我这次是牺牲了，这也是我个人的最后目的达到了，你老人家不要挂念啊！"并写上"为主义而牺牲，虽九死犹不悔"12 个大字。第二天，被押到龙潭村挨户团主任何某家。何软硬兼施，逼他交代，却没能从他口中得到半点情况，便用铁丝穿透他的掌心，派 10 个枪兵押往县城。行至中村圩时，大劣绅张济坤用长烟竿将其头部砸了一个窟窿，鲜血直涌，当即昏死过去。醒来后，敌人仍拖着他上路。行至狮形坳，无法举步，被团丁枪杀，头颅被割下送到水口浆村他岳父家乡示众。葬中村圩背，墓今完好。

刘寅生（1904—1928）

字兴让，号日勤，清光绪三十年（1904）八月三十日出生于黄挪潭乡下坪村一农民家庭，兄弟姐妹 6 人，他最小。因父早逝，11 岁才启蒙读书。民国 11 年（1922）从县城梅冈高小毕业，考入衡阳第三师范学校。该校当时被称为湘南新文化运动中心。他受到进步思想熏陶，1923 年下期加入社会主义青年团，次年上期加入中国共产党。下半年起，先后担任中共三师特支书记，衡阳各中学社会主义青年团总支书记和湘南学生联合会会长。1925 年冬，被选为中共湘南特委委员。次年 10 月，任共产主义青年团衡阳地委书记兼中共湘南行委青年工作委员。

北伐前夕，中共湖南省委派夏曦等人赴衡，商同湘南特委做唐生智的工作，反吴（佩孚）驱赵（恒惕）。同时，赵恒惕也派岳麓书院院长宾步程赴衡当说客，拉唐阻挡北伐军。按照中共湘南特委布置，在宾赴衡当天，刘组织"三师"和"三女师"学生在唐生智住地游行，发传单，作讲演，揭露赵恒惕派宾赴衡阳的阴谋。第二天，宾走到市中心，突然哨声四起，刘带领一群学生包围过来，抓住宾就打，并当众斥责他充当军阀走狗的行径，将其驱出衡阳。这一消息经湖南《大公报》报道后，成为轰动全国的新闻。

刘寅生在三师期间，先后介绍黄克诚、黄庭芳、戴寿凯、黎育教等 10 多名青年加入中国共产党，多数成为井冈山革命根据地的重要干部。

1927 年 5 月 27 日，衡阳继长沙"马日事变"后发生"沁日事变"，大批共产党人和革命群众遭屠杀。7 月中旬，他随中共湘南特委机关转移到耒阳。10 月，毛泽东率秋收起义部队来到酃县，在水口毛泽东写信给湘南特委要求选派干部领导酃县革命斗争。11 月，受特委指派，刘寅生回到家乡从事建立革命根据地的斗争。

当时，酃县刚经历"白色恐怖"，全县农会被迫解散，农民武装被缴械，大批共产党员和农会骨干被杀害，中共酃县特别支部也停止活动。刘寅生以黄挪潭为中心，秘密联络隐蔽下来的党员，鼓励他们继续斗争。1928 年 1 月初，他和周礼上井冈山，向毛泽东请示工作。根据毛泽东关于成立中共酃县特别区委，组织农民起义的指示，2 月中旬，在他家中召开地下党员会议，正式成立中共酃县特别区委。会议选举他担任书记。随即制定起义计划，分东、南、西 3 片建立武装起义指挥系统，刘任起义总指挥。3 月 19 日，中共酃县特别区委升编为中共酃县县委，刘寅生任书记。下旬，他亲自深入道任村领导插牌分田，并在中村区推广。这是井冈山革命根据地最早的土地改革。5 月中旬，县委机关从边远的茅坪搬到南岸段家垄一户独居的贫农家里。因与县委单线联系的党员林立卓叛变。20 日清晨，县委机关被挨户团包围。刘寅生果断命令县委其他同志立即突围，自己留下销毁机密文件，当他烧完文件，从屋顶跳向后山时，连中数弹，当场牺牲，年仅 24 岁。就在刘寅生牺牲的当日，他被湘赣边界第一次党员代表大会选为边界特委委员。

1982 年迁葬于黄挪潭下坪村，墓今存，为县级文物保护单位。

周亚水（1902—1929）

女，大院绵羊垄人，清光绪二十八年（1902）生。由于家境贫寒，丈夫入赘，受尽奚落和欺压。

她参加革命后，主动掩护，传递信息，发动当地妇女参加革命斗争。1928 年 5 月加入中国共产党，6 月，在全县第一次工农兵代表大会上当选为县工农兵政府妇女部长。大院区所属的青石冈和东、西坑等乡相继建立妇女联合会，还创办慰劳队、宣传队。9 月，毛泽东率部由桂东回师井冈山时，她带领宣传队和慰劳队远行至遂川县大汾圩，举行慰问演出，受到毛泽东赞扬。江西遂川的藻林一带成立工农兵政府时，周也率队前去祝贺和演出，获得好评。冬，为配合苏区打土豪分田地运动，她一面布置各区妇女委员侦察土豪动向，一面和男同志一道到各地发动群众、筹集粮饷，动员青年参加红军。

1929 年 1 月，蒋介石调集兵力，对井冈山根据地发动大规模"会剿"。酃县赤卫大队奉命调往八面山，周亚水立即发动妇女、儿童参加赤卫军和少先队，担负大院 5 个哨口的瞭望任务。当湘敌吴尚部攻入大院时，她又率领广大群众向深山撤退。后被反动武装逮捕，历尽威逼利诱，始终坚贞不屈。当月 29 日，被敌人连同另外 17 名革命人士和红军家属集体枪杀在大院马鞍形，时年 27 岁。牺牲时已有数月身孕，胎儿尚蠕蠕颤动，刽子手又在她身上连捅数刀。

遗骨于 1990 年迁葬大院烈士公墓。

徐鼎燕（1898—1929）

大院茶坪人，1898 年生。1928 年 1 月，参加革命，跟随黎育教、周礼在大院东、西坑从事秘密工作。6 月加入中国共产党，任中共酃县县委委员。当月，酃县第一届工农兵政府成立，任政府主席。

为了筹集革命经费，徐鼎燕组织赤卫队和少先队不断外出打土豪，大院革命武装活动范围遍及遂川七岭，县内七都长旺、五都田螺寨、十都圩等地。1928 年 8 月，毛泽东率红 31 团主力前往桂东迎还湘南失利红军，途经大院。徐鼎燕组织当地群众热情接待。还向群众借谷，连夜砻成10余担米送给红军。

1929年1月底,井冈山失陷。2月8日湘敌一个营在叛徒和当地豪绅指引下攻入大院。9日,徐鼎燕在大院山牛湖被包围。当时,他身上带有不少机要文件。徐镇定地将文件烧毁,与敌奋力搏斗。在突围时牺牲,年仅30岁。

葬大院山牛湖,1990年,迁葬大院烈士墓。

何孟雄(1898—1931) 缪伯英(1899—1929)

何孟雄,原名定礼,字国正,1898年,生于酃县中村乡龙潭村。6岁丧母,8岁丧父,靠2个兄长抚养。1913年,考入长沙岳云中学,1917年,考入湖南公立工业专门学校,1919年3月,进入北大政治系当旁听生。不久,"五四运动"爆发,何立即投入反帝、反封建的革命运动。1920年3月,参加组织"北京大学马克思学说研究会",成为中国共产党的早期著名活动家。

缪伯英,女,1899年,生于长沙县清泰乡枫树湾村。幼年随父识字。1916年7月,考入省立第一女子师范学校,1919年7月,以长沙地区第一名的成绩考入北京女子高等师范学校,在北京大学组织的同乡会上,结识了何孟雄、邓中夏等一批热血男儿,并有幸成为李大钊先生的学生。

1920年11月,何孟雄、缪伯英等40人成为北京市首批社会主义青年团团员。当月,与高尚德、邓中夏等6人被吸收为中国共产党北京支部成员。缪伯英是中共第一位女党员。

1921年10月,何孟雄、缪伯英结为夫妻。当年冬,何担任中共北京地委书记兼社会主义青年团北京地委书记,京绥铁路特派员。经常去长辛店、南口、张家口等地指导工人运动。1922年,他先后领导京绥铁路工人反"亡路合同"和索薪大罢工。这一时期,他代表中共北京地委出席中共第二次和第三次全国代表大会。8月,缪伯英当选北京民权运动大同盟筹备委员,在领导北京女权运动的同时,还到南京帮助组织女权运动分会。1924年3月,中共北方区委成立,何孟雄当选为区委常委。当月,缪伯英出任中共北京区执行委员会妇女部长。1926年1月,根据党组织的要求,她以个人身份加入国民党,担任国民党湖南省党部执行委员兼妇女部长,到广州参加国民党第二次代表大会。此后,缪伯英被推选为湖南人民临时委员会常务委员,参与领导全省人民开展驱逐反动军阀赵恒惕的斗争,同年7月,在北伐军抵达长沙后,发动妇女积极支前,还带领湖南慰问队、救护队和女子宣传队,奔赴湖北慰问北伐将士,救护北伐伤员。10月,前往汉口,协助蔡畅开展妇女工作。当年,何孟雄兼任中共唐山地委书记,开展对冯玉祥部的统一战线工作。

1927年4月,何孟雄奉令南下,任中共中央机关所在地汉口市委组织部长。8月,奉调上海,任中共江苏省委临时执行委员,组织苏北农民暴动。不久,调任中共南京市委书记。当年,缪伯英秘密奔赴上海担任中共沪东区妇女运动委员会主任，从事党的地下工作。1928 年 4 月，何孟雄担任中共江苏省委常委、农委书记、组织部长和军委书记。1929 年 10 月，被撤销省委常委等职。缪伯英由于长期处于艰难困苦的险境中，加上居无定所，食无定时，生活清贫，积劳成疾，于 10 月突发伤寒，医治无效，丢下一双儿女，英年早逝，年仅 30 岁。11 月 17—18 日，中共江苏省第二次代表大会在上海召开，何孟雄作了不同意李立三报告的发言，这是公开起来反对“左”倾错误的开始。1930 年 9 月 1 日，他首次提出“立三同志的路线”和“立三指导路线”问题。8 日，何孟雄向总行委和中央政治局递交一份政治意见书，明确提出反对立三同志的领导路线，并从 12 个方面批判立三路线的错误。1931 年 1 月 7 日，在共产国际代表米夫策划下，以突然袭击的方式召开党的六届四中全会，扶持王明上台。何孟雄等 16 位参会的代表坚决反对，他们联名在党内发表了《反四中全会代表团告同志书》。此后，何孟雄则受到王明宗派主义的残酷迫害。

1931 年 1 月 17 日，由于叛徒告密，何孟雄在上海被捕。2 月 7 日夜，与 23 名难友被秘密枪杀于龙华看守所，时年 33 岁。牺牲后，党籍被王明开除。

1945 年，中共中央在延安召开六届七中全会。中央政治局作出《关于若干历史问题的决议》，替何孟雄等为反对党内左倾路线遭受迫害的重要干部平反昭雪。

段　楠（1893—1931）

化名阿刚，清光绪十九年（1893）生，二都玉江村人。民国 11 年进入北京大学理预科学习，1927 年，加入社会主义青年团。此后，经何孟雄介绍回家乡从事革命活动，保留北大学籍。回县后，在回龙庵创办青年文化补习班，培养训练农民运动骨干。次年 2 月，加入中国共产党，2 月中旬，和潘祖浩、张秉仁等人组织西乡游击队，任第四路指挥，参加组织“三月起义”。5 月初，县挨户团在玉江等地进行大屠杀，其父母均被惨杀。当月段楠离酃赴沪，先后担任沪中、沪东区委秘书、上海市沪东、沪中总工会秘书、组织部长。曾与何孟雄一道，坚持反对王明“左”倾路线。1931 年 1 月，因叛徒出卖被捕。2 月 7 日晚，被集体枪杀于上海龙华，年仅 38 岁。

孟湘鉴（1898—1931）

清光绪二十四年（1898）生，七都浆村人。民国 11 年考入北京大学，1923 年，加入中国共产党，曾参与组织北方工人运动，后调中共顺直省委工作。1927 年，以中共顺直省委代表身份参与南昌起义筹备工作。出席中央执委及各省代表联席会议，被选为中共南昌起义党务委员会委员。南昌起义失败后，随起义军南下广东。1931 年 6 月，在上海龙华英勇就义，年仅 33 岁。

戴　奇(1903—1931)

原名寿凯,石洲乡太源村人,1903 年 2 月生。1922 年,考入湖南省立第三师范,在三师加入中国共产党。毕业后,根据组织安排,回酃县以梅冈高小教员身份作掩护从事革命活动。

1927 年 10 月,随毛泽东上井冈山,任工农革命军第一师第一团第二连连党代表。

1928 年 1 月 24 日,毛泽东宣布成立遂川县游击队,王次楱任队长。第二天又指派毛泽覃任党代表、戴奇任教导员。2 月下旬,毛泽东决定原定 4 月举行的酃县农民起义提前至 3 月,派戴奇和邱笛执其亲笔信回酃,指导武装斗争。"三月起义"期间,毛泽东率工农革命军来到酃县中村。21 日,酃县赤卫大队在中村成立,毛泽东指派戴奇任赤卫大队党代表。

上井冈山后,戴奇与大队长何国诚率酃县赤卫大队守卫双马石哨口。5 月下旬,中共酃县县委遭破坏,毛泽东指示戴奇与大队长何国诚率赤卫大队随新县委回酃县开展工作。协助县委建立中共青石冈区委并任区委委员。6 月,中共遂川县上下烟区委成立,毛泽东又派戴奇任书记。半年间,毛泽东对戴奇调派 5 次之多,倚重信任之情尽在其中。上下烟区紧邻井冈山大井和荆竹山,戴奇在这里深入发动群众,建立工农政权,开展土地分配。

1929 年 1 月下旬,随红四军转移赣南。1930 年 1 月,组建红六军,任红六军支队政委。6 月 19 日,升任红六军第二纵队政委。10 月,任红三军八师政治委员兼政治部主任。12 月底,和师长龙芝道率部参加中央根据地第一次反"围剿",在永丰县龙冈投入对敌围歼战。龙芝道负重伤后,他指挥全师奋勇冲杀,与兄弟部队一起取得全歼湘敌 18 师、活捉中将师长张辉瓒的胜利。

1931 年 4 月起,参加第二次反"围剿"。5 月中旬,和师长刘畴西率部在泰和县中洞设伏,与兄弟部队合力全歼敌公秉藩 28 师,取得首战胜利。

在第二次反"围剿"之后,被红军肃反机构以"AB 团"罪名错杀,临刑前他高呼"共产党万岁""工农红军万岁"。牺牲时年仅 28 岁。

1945 年,中共"七大"追认戴奇为革命烈士。《中国红军人物志》称他是"'朱毛红军'培养出来的优秀的师政治委员"。

李却非(1899—1932)

原名树彝,字焕业,化名却非。清光绪二十五年(1899)九月九日生,水口圩石角头人。民国6 年(1917),梅冈高小毕业后,就读于长沙岳云中学。1921 年秋,考入北京大学文学院。经何孟雄引荐,参加北京大学马克思学说研究会和社会主义青年团,同年冬转为中共党员,参与中国劳动组合书记部北方分部工作。

1922 年初,受党组织派遣,任唐山工运特派员。3 月中旬,调京奉铁路唐山制造厂从事工人运动。根据中国社会主义青年团上海临时中央局指示,与邓培共同努力,建立中共唐山地委和共青团唐山地委,李代理团地委书记。4 月下旬,代表唐山地区青年团组织,赴广州参加全国第一次劳动代表大会和中国社会主义青年团第一次代表大会。在劳动代表大会上,他提出的“订正中国劳动歌及劳动旗帜案”获通过。回唐山后,配合中共唐山地委,于 8 月参加领导京奉铁路唐山制造厂工人罢工。次年夏,被派往湖南安源煤矿从事工人运动,担任工人夜校第三分校主事。

1926 年 7 月,受中共湖南区委派遣,回到酃县,秘密串连从长沙、衡阳回来的共产党员,于 8 月建立中共酃县特别支部,任支部书记。以个人名义加入国民党,帮助组建国民党酃县县党部,当选为执行委员。并以县党部的名义,帮助组建县、区、乡农民协会,领导广大农民、商民、学生向土豪劣绅作斗争。开展禁赌、禁鸦片、禁止买卖婚姻和谋求妇女解放的群众运动。

1927 年 1 月,省农民协会派朱子和为酃县农民运动特派员。他与朱培训农运骨干,筹建农民自卫武装,发展基层农会组织。4 月,同朱建立和集训酃县农民自卫军。5 月初,成立酃县审判土豪劣绅特别法庭,任审判长,公开审判土豪劣绅。

“马日事变”后,李被通缉,前往长沙寻找党组织。12 月,由中共湖南省委派往井冈山,安排在工农革命军从事组织、政治工作。

1928 年 5 月下旬,中共酃县县委机关遭破坏,书记刘寅生牺牲。毛泽东决定重建中共酃县县委,指派李任书记。李率县赤卫大队回到青石冈,建立青石冈区工农兵政府。6 月上旬,在大院东、西坑主持召开党员代表大会,决定以青石冈、大院为中心,建立与井冈山连成一片的革命根据地。仅 2 个多月,先后建立 2 个区、5 个乡工农兵政府,发展党员 300 余人,同时建立 3 个中共区委,5 个中共乡支部。9 月,根据红四军军长朱德指示,派赤卫大队攻打遂川县石门岭,建立石门岭区工农兵政府,接通井冈山与遂川大汾,受到毛泽东、朱德书面表彰。10 月,当选为中共湘赣边界第二届特委委员。

1929 年 1 月底,井冈山失陷,酃县苏区遭受严重破坏。他被迫隐蔽酃桂、酃安边界。1932 年 6 月,被安仁县挨户团杀害在安仁太和仙山下的小河边,时年 33 岁。

盘圆珠(1906—1932)

瑶族,清光绪三十二年(1906)生于龙渣乡一贫苦农民家庭。父母早逝,10 来岁便给人打短工、做长工、当学徒。

1928 年 3 月 23 日,他外出打工途经中村圩头,正遇毛泽东在军民诉苦大会上讲话,便挤进人群聆听。散会后,找到堂兄盘华坤,商量一起投奔革命队伍。后经何健础引荐,分配在县赤卫大队任通讯员。经何介绍,加入中国共产党。在赤卫大队跟随工农革命军锻炼期间,时常冒着极大危险，穿过敌人封锁，沟通赤卫大队与地方党组织及工农革命军第一团的联系，多次受到毛泽东等人的称赞。5月，担任湘赣边界特委通讯员。10月14日，中共湘赣边界第二次党员代表大会在宁冈茅坪召开，盘圆珠作为少数民族代表被选为第二届特委委员。

1929年元月，蒋介石调集湘、赣2省18个团的兵力“会剿”井冈山，红四军前委采取“围魏救赵”战术，主力向赣南出击，留下红五军和红四军30团守卫井冈山。盘圆珠和其他特委委员亦留在山上。经3天3晚激战，井冈山终被敌人突破。在撤退时，盘因大腿中弹掉队，隐蔽在深山中。后被一老乡发现，将其背出，敷上草药，搀回家中。不久，又被挨户团发现，以“共党嫌疑”抓进县城监牢。经多次严刑拷问，他坚贞不屈，在狱中被折磨得奄奄一息。1932年夏，托保释放，抬回家第二天即去世，年仅26岁。1988年元月，被追认为革命烈士。

潘祖浩(1902—1932)

清光绪二十八年(1902)，生于康乐乡斜濑渡一富裕农民家庭。7岁启蒙，先后就读潘家族小、炎陵高小。民国11年(1922)，考入长沙省立甲种工业学校染织科。1924年，组织“酃县旅长同学会”，秘密翻印、传阅革命刊物，学习马克思、列宁著作。次年加入中国共产党。1926年8月，考入国民党中央军事政治学校第三分校。次年1月，回乡串连发动农民成立集义团农民协会，开展打土豪、斗劣绅、禁赌博运动。3月，应甲种工业学校同学王友德(当时任茶陵总工会委员长)邀请，前往茶陵担任职工学校校长并兼政治课、制图课教学。“马日事变”后，职工学校解散，他潜往江西遂川一带从事革命活动。同年冬，又回到家乡，与从北京大学回来的共产党员张秉仁等在回龙庵创办失学青年补习班，培养骨干，发展党团员。1928年2月，成立酃县西乡游击队，潘任总指挥。酃县“三月起义”期间，潘率领游击队开赴龙伏、霍家等地，收缴土豪浮财、粮食，分给贫苦农民。4月中旬，又率队与朱德部的一个营联合攻打水莲庵，消灭西乡一支最强大的地主武装，先后处决罪大恶极的土豪劣绅7人。为制止部下乱烧房屋倾向，他及时下达命令：“凡烧土豪劣绅之房屋，非经本部批准，不能点火。”

同年4月，湘敌吴尚第八军的张敬兮团尾追朱德部队至潘家一带，潘在险要处部署兵力阻击，终因敌强我弱而失利，只得挑选年轻力壮者兵分两路撤退。由他率领的一路行至船形圩附近，发现敌人重兵封锁，遂率部转移到与茶陵、安仁交界的眉目山。5月初，潘祖浩的父亲及2个弟弟同时遇难。

为保存革命力量，他将队伍化整为零，自己隐姓埋名，在茶陵县界首一带教小学。后与中共茶陵党组织取得联系，秘密介绍一批进步青年加入共产党，继续组织农民起义军。1930年夏，与谭思聪、谭家述等人组成花明楼农民起义军。8月，率领起义军协助红军攻克茶陵县城，并在朱岭成立茶陵七区苏维埃政府，起义队伍改为七区警卫连，他任七区区委书记兼警卫连政委。1931 年，任中共茶陵县委常委兼红军学校校长。

1932 年 8 月，中共湘赣省委为开辟湘南工作，任命潘为中共湘南道委负责人兼中共安仁县委书记。在赴任途中，被叛徒出卖，受尽酷刑，坚贞不屈。9 月中旬，被杀害于安仁县城永乐河边，年仅 30 岁。葬安仁。

1933 年 2 月 1 日，《中共湘赣省委给中央的报告》特别记叙了潘祖浩牺牲的情况。

黎育教(1905—1932)

乳名开学，化名震，清光绪三十一年(1905)二月，生于八都坪坑村一书香家庭。

黎 6 岁失父，7 岁开蒙，先后就读于坪坑黎氏族学、桂东育英高小、酃城梅冈高小。受母亲影响、祖父教诲，从小养成惜贫怜弱、不畏强暴的性格，每有同学受欺，总是率先为之打抱不平。同学缺纸少笔，他能慷慨解囊。

民国 12 年(1923)，考入省立衡阳三师。1925 年冬，经中共三师支部书记刘寅生介绍加入中国共产党。由于经常参加革命活动，被校方勒令停学。

1926 年上期，转学长沙，毕业于湖南一师。同年 7 月，回到家乡举办农民夜校，宣传革命道理，启发农民觉悟。8 月，组建坪坑农民协会。次年 4 月，酃县农民自卫军成立，黎任第二中队长，参与攻打县团防局。“马日事变”后，黎被通缉，与共产党员邝光前秘密潜往长沙。8 月，得知中共中央“八七会议”精神，便从武汉回到酃县，在黄挪潭介绍周礼加入中共组织，组建中共梁桥临时支部。

1928 年 6 月，受毛泽东指派回酃县担任第二届县委组织部长。新县委一建立，即在青石冈、大院、黄挪潭一带开展武装割据，他为配备、教育干部而奔忙。1928 年 12 月，黎奉命护送朱德派出的联络员毛泽覃上井冈山，留在工农革命军任一营三连党代表。这段时间，和敌人进行多次战斗，右眼角上留下一条伤疤，右耳被子弹削去三分之一。

1929 年 1 月，大院苏区被敌占领。黎在外执行任务，听到消息，即于 2 月上旬赶回黄挪潭，在石禾坪召开部分党员会议，讨论恢复县委工作。经民主选举，黎任临时县委书记，挑起重建酃县苏区的重担。5 月，黎奉命调湘赣边界特委工作。1930 年 3 月，任湘南白区工作团主任，配合湘南工委恢复郴、宜、耒一带党组织，组建湘南游击大队。1931 年 8 月，任湘赣省委巡视员兼湘南特委宣传部长。他和特委同志深入基层，组织革命力量，湘南游击队不断扩大，重创宜章县“挨户团”“铲共义勇队”。在湘南工作期间，他坚持实事求是原则，避免内部肃反扩大化。

1932 年 12 月，他奉命偕同 2 名警卫员化装铜匠，去湘赣省委汇报工作。途经酃县下村白沙墩，遭“铲共义勇队”袭击，黎为掩护战友而牺牲，年仅 27 岁。葬坪坑老屋背，墓联云：“昔以雄才罹劫难，今留英气在尘寰”。

贾纡青(1898—1933)

字进升,号骏犹,化名太榕、卢世芳。清光绪二十四年(1898)四月生于十都红南一富裕家庭。7岁启蒙,13岁入县城梅冈书院,17岁考入长沙岳云中学。不久父逝,靠母亲私蓄读完中学。民国8年(1919)借钱考入北京大学。

在北大,结识同乡同学何孟雄。受何影响先后参加工读互助团和北大马克思学说研究会。1921年,加入社会主义青年团。次年春转为中共党员。10月,参加北方劳动组合书记部工作,赴唐山参与组织开滦煤矿工人大罢工,任罢工指挥部领导成员。11月中旬,被派往石家庄,担任正太铁路工人运动特派员,帮助建立正太铁路总工会和党小组。12月,组织正太铁路大罢工。罢工取得胜利,在全国引起极大反响。当月底回京,不久被派往张家口,以京绥铁路职工文化教员身份,在内蒙古一带从事党的地下工作。

1925年秋,派往莫斯科学习军事。次年冬毕业回国,分配到冯玉祥的国民联军工作,后任该军政治部组织科科长。

1927年6月,贾以共产党嫌疑被关押,直到蒋冯战争爆发才释放。后经中共河南省委送至上海宝隆医院治疗。1930年冬病愈出院,由党组织分配到全国互济会工作。

1932年春,调任中共江苏省委巡视员。5月,派往南通,帮助恢复南通中心县委,纠正过去一些左倾错误,南通的革命力量迅速壮大。次年4月,南通中心县委组织工人罢工,抗议南通县政府无理逮捕工人,要求资方改善劳动条件,增加工人工资。5月中旬,数千人从唐闸列队进城请愿,军警开枪镇压。贾及时指导,一面继续发动群众抗议县政府镇压工人,一面在城乡组织工农武装,南通地区逐步走上武装斗争道路。

当南通革命形势稳步发展之时,中心县委委员陈俊被捕叛变。6月8日深夜,贾和少共江苏省委巡视员周振国、南通中心县委书记顾臣贤、组织委员施亚夫在唐闸开会时,一起被捕,关进南通看守所。在看守所里,贾向被捕的同志提出"无条件保卫党",要经得起一切刑讯的折磨。敌人采取指认套供、叛徒对质、酷刑逼供等手段,都未掏出半句口供。7月2日,他和其他二十几个同志被押到镇江,关在小市口监狱,又组织难友进行防利诱、反叛变的斗争。9月初,江苏省军法会审处对他进行最后一次审讯。贾回到牢房后对同室难友李砥平(共产党员)说:"这次提审,我感到情况不好。面临两种可能,一是在这里牺牲,一是押到南京。如果我牺牲了,请你找机会向党组织汇报。"接着,他轻声讲述自己的身世,并交给李2封信,一封是写给党中央的,信中说:"虽然将要为革命牺牲,但无半点后悔,内心一片赤诚。"还有一封是给儿子的遗书,请李设法转出。

1933年9月14日6点,被押往刑场,他从容地对难友们大声说:"共产党是杀不完的!同志们,暂时忍受一切吧!保持你们的气节,红旗会来迎接你们出去的!"说完,高唱国际歌,迈出监狱,慷慨就义,时年35岁。

邝光前(1903—1934)

化名刘辉,清光绪二十九年(1903)十一月,生于八都东坑村。民国 9 年(1920)从县城梅冈高小毕业,考入长沙育群中学。1926 年,在长沙加入中国共产党。同年冬毕业。受党组织派遣,回乡从事农民运动,在东坑、坳头一带组建农民协会和农民自卫队。

1927 年 4 月,邝奉命率八都自卫队到县城集训,编为县农民自卫军总队第二中队,任副中队长。"马日事变"后,与黎育教到长沙、武汉寻找党组织。8 月中旬,在武汉得知党中央"八七会议"精神,与黎育教回县重建革命武装。1928 年 2 月,中共酃县特别区委成立,邝任组织委员。为执行"三月起义"计划,在八都组织农民起义队伍,自任队长。3 月 19 日,中共酃县特别区委升编为中共酃县县委,邝任县委组织部长。次年,改任军事部长兼赤卫大队长。

1929 年 1 月,蒋介石发动对井冈山第三次"会剿",邝光前所在中队与红五军第十大队扼守八面山哨口,与敌激战,哨口于月底陷落。邝带领仅存的 15 名战士退到石禾坪老厂里。在深山老林中修建石洞,作为游击基地。2 月中旬,中共酃县县委决定重建赤卫队,为解决枪支弹药缺乏,邝率游击队夜袭坂溪挨户团,缴获 1 支短枪、13 支长枪、200 多发子弹。以此起家,赤卫队很快发展到 30 多人枪。11 月,恢复赤卫大队,他被任命为大队长兼政委。经过 2 年多的艰苦斗争,酃县赤卫大队发展到 100 多人枪。1931 年 7 月,县赤卫大队改编为酃县警卫连,邝任排长。11 月,警卫连扩编为警卫营,邝任第一连连长。下旬,警卫营配合湘赣省红军独立 1 师 2 团奔袭县城,救出被关押的革命人士 10 余人,活捉县长谭仲玫。

1932 年 5 月,酃县警卫营改为红独 9 营。湘赣省军区任命邝为红 9 营政委,在此后的一段时间里,他和营长带领这支武装进行过多次战斗。

在第五次反"围剿"斗争中,中共湘赣省委将赣南、遂川、酃县 3 个独立营编为红军独立四团,邝光前任 1 营营长。独立 4 团被派到上犹、崇义一带牵制南线敌人,被敌人包围。团长命邝带领小分队突围求援。邝于中途遇敌,援军迟一天才赶到,致使独立四团伤亡重大。邝光前因此被指为"AB 团"分子,于 1934 年初夏,被中共湘赣省肃反部杀害,年仅 31 岁。

1956 年,酃县人民政府调查核实,追认邝光前为革命烈士。

肖三妹(1915—1936)

女,原名韩三妹,民国 4 年(1915),出生于十都南流村一贫农家庭。排行第三,故名三妹,又叫三凤。7 岁时被送给别人做童养媳。

1930 年,三妹毅然参加打土豪、分田地的斗争,参加识字班学文化,唱革命歌曲,热情向群众宣传刚学到的革命道理,成为山沟里最活跃的女宣传员。1931 年,刚满 16 岁的三妹,被群众选为南流乡苏维埃政府妇女委员,次年加入中国共产党。1933 年,被选为县苏维埃妇女代表。

1933 年 9 月,蒋介石调动百万大军对苏区发动军事“围剿”。三妹带领南流村的群众退至青石冈深山老林中,风餐露宿,与敌人周旋。1934 年 2 月,三妹被编入酃遂游击队,担负侦察任务。当时,有股土匪在猪婆寨打家劫舍,残害群众,她摸清其底细后,带领游击队将这股土匪全歼。1934 年,红六军团突围西征后,酃、遂苏区大部被敌占领,酃遂游击队分散在大山中,一时很难集中。三妹自告奋勇,化装成走亲戚的农村妇女,骗过敌人一个个哨卡,翻过一座座大山,圆满完成集中任务。

后来,组织上分配她跟随周礼一起活动,任务是照顾好首长的生活兼做宣传工作,周礼的行李总是由她抢着背。到达桂东县东边山后,由于物资给养匮乏,经常吃不上饭,只好用稀粥拌野菜充饥。她带领女游击队员挖蕨根、寻野菜,把自己的一份稀粥让给男游击队员吃。她的高尚行为深得周礼赞赏。后经团特委书记刘家泳撮合,两人结为伴侣。结婚那天,三妹从山下弄来几把新稻草,铺在周的窝棚里算是布置新房。

1935 年 4 月 1 日,三妹随周礼进入安仁县潭湾村。5 月,任茶安酃永边区委员会妇女部长。与茶安酃永边委书记陈美连一道坚持斗争。

为方便工作,她化名萧三妹,在高源洞拜认赖火生的祖母为姑母,以此为据点联络永兴;在双江认张扬芳的老婆为姑母,以此为据点接近酃县三口;在白水与刘开香结拜姐妹,以此为据点沟通酃县王家渡;在半边山认赖德胜母亲为婶母,以此为中心联络点,联系各方面的工作。她以串亲访友方式,来往于敌人占领区,恢复妇女组织,搜集情报,及时向边委领导和游击队传递消息。有一次,她探听到敌人派兵“进剿”游击队驻地燕子湖,碉堡空虚,立即通知游击队佯攻其后,使“进剿”之敌急忙撤退回防。

1936 年冬,游击队副大队长周二苟叛变,并受敌人指使,将老湾里的游击队员和家属 12 人杀害,作为投敌见面礼。边委书记陈美连获悉后,立即派三妹前往调查。当萧行至苎麻垅,恰与周二苟等人相遇。周逼萧和他们一起“反水”,萧斥道:“你这个软骨头,无耻!要我叛变,办不到!”周二苟凶相毕露,将她抓住割断喉管后逃离。她苏醒时,适值游击队联络员文孟章路过,萧用尽最后气力将周二苟叛变情况告诉文。牺牲时,年仅 21 岁。

萧忠廷(1914—1940)

民国 3 年(1914),出生于十都密花村一贫苦农民家庭。1930 年,参加中国工农红军。1934 年10 月,红军主力长征后,萧随所在部队留在湘赣根据地坚持游击战争。第二次国共合作期间,他所在部队改编为新四军,奉命北上抗日,在苏南、皖南一带打击日本侵略者。1940 年 6 月,随部队渡江作战,与国民党顽军、汪伪军进行多次反摩擦斗争。由战士升至副营长,被评为新四军的模范干部和优秀共产党员。

同年 9 月,所在部队改编为新四军苏北第二纵队第二团,参加姜堰战斗。这次战斗是著名黄桥战役的一部分。他身先士卒,率战士抢渡护城河,打开第一个缺口。萧忠廷不幸在战斗中牺牲,年仅 26 岁。

攻克姜堰的第二天,团政治部主任童炎生为其亲撰碑文。

中华人民共和国成立后,中国人民解放军总政治部去函江苏省泰县人民政府,请求寻找烈士墓。泰县找到烈士坟茔,并在萧牺牲的地方重修一座烈士墓。20 世纪 80 年代,泰县人民政府在姜堰城内修建烈士陵园,将萧忠廷烈士墓照悬挂在革命烈士纪念厅之首。

罗玉东(　—1942)

沔渡镇苍背村人,生于清宣统年间,卒年不详。早年毕业于燕京大学,1932 年与刘隽、千家驹、郑友揆等 9 人被录取为北平社会调查所研究生,指派从事清代厘金研究。修业一年后,聘为助理研究员。1934 年春,与汤象龙、梁方仲、吴晗等 10 人发起组织史学研究会。在此期间,他力耕细作,勤笔疾书,用 2 年时间完成著作《中国厘金史》。

《中国厘金史》是中国近代经济史学开山力作,是几十年来财政、经济史学者研究中国经济史基础性专著。用财政史家陈锋的话说:罗著对晚清厘金的研究做出了重要贡献,是 20 世纪上半叶清代财政史领域最具代表性的研究著作。用财政史家周育民的话说:半个多世纪以来,在涉及晚清财政经济领域的林林总总的学术论著中,《中国厘金史》始终保持着引用率最高的纪录。学界历来把罗书作为厘金史、税收史乃至财政史的扛鼎力著。同时他与汤象龙等创刊《中国近代经济史研究集刊》,并在《集刊》早期的几期中发表过多篇在经济领域很有影响力的专著文章。1934 年 12 月,罗玉东应中央银行之约,请假离所。1942 年,罗玉东译述许布纳(S·S·Huebner)的《财产保险学》,在引言中提到他“前在成都光华大学任教”,落款为:“罗玉东于四川南部中央银行,三十一年七月一日。”此后,因日机轰炸,罗头部中弹罹难。

1970 年台湾学海出版社、1977 年香港大东图书公司、1979 年台湾文海出版社等先后影印再版《中国厘金史》。2010 年,商务印书馆又将此书列为民国学术精品丛书再版,并请周育民以一篇《罗玉东和 < 他的中国厘金史 >》为跋,“足见此书在中国学术史上的地位”。

不朽一部史,潇洒两块砖。

廖纲绍(1912—1945)

垄溪乡茶垄村人,1912 年 4 月生。8 岁入读私塾,因家贫,仅读 3 年辍学。1929 年 1 月,在赤卫队加入中国共产党。1930 年 4 月,参加中国工农红军,在湘赣省军区通讯科任通讯兵,后为班长。1933 年,被省军区通讯科安排到瑞金通讯训练班学习。同年冬结业,任红六军团通讯科长。1934 年 4 月初,廖纲绍从无线电台中侦测到国民党第 15 师 43 旅将进犯红军的重要情报,军团长肖克和政委王震率部迅速在永新县沙市部署设伏作战方案。战斗不到3个小时，红六军团以很小的代价全歼43旅，俘敌旅长及其官兵1000余人，缴获枪支2000余支。为此他受到军团的表彰。同年8月，随红六军团进行二万五千里长征，途中参加寨前、新田、阳明山、蒋家岭、新厂、黄平、甘溪等大小战斗数10次。甘溪之战廖纲绍多处负伤，死里逃生。10月，又随部参加永顺县城战斗，打垮敌人3个旅，俘敌旅参谋长及其官兵2000余人。1935年初，兼任第17师51团参谋长。先后，参与指挥溪口、陈家河和罗家堡战斗。同年10月，升任第17师参谋长。1937年8月，中国工农红军改编为八路军，廖纲绍任八路军第120师359旅通讯科长兼717团3营营长。9月，随部开赴山西抗日前线。先后参加攻打阳明堡机场、社平车站伏击战和收复岢岚、神池、宁武县城等战斗。1938年3月31日，在收复宁武县城时左脚受重伤，被调回延安任八路军后方留守处警备8团(原第359旅718团)2营营长，伤愈后任警备1团参谋长、副团长。1942年5月，八路军成立陕甘宁晋绥联防军，任联防军警备3旅7团副团长(代理团长主持工作)，驻防盐池和三边地区。他带领第7团"一手拿枪、一手拿锄"，用半年时间就完成防区内的"靖匪除暴安民"工作。同时，遵照毛主席"军事、生产、学习"三大任务的指示精神，开展军事训练，生产自给，学习政治、文化等项工作，受到联防军司令部的嘉奖。1944年，在延安与八路军保育院教员聂怀珍结婚。同年秋起先后任八路军第120师359旅717团、719团团长、新编359旅副旅长，驻防南泥湾开展大生产运动。1945年初，赴延安中央党校高级干部培训班学习。同年4月，中央军委决定以八路军新编359旅为基础组建南下第二梯队，廖纲绍任八路军独立第二游击支队(南下第二支队)第二大队大队长和九干队队长，不久后任支队副司令员。同年7月13日，南下第二支队经过山西省同蒲铁路(平遥县洪善车站2.5公里处)时遭到日寇伏击，他亲自率领突击队突围，冲过敌封锁线后，因旅部和干部队被包围。他又再次率领突击队杀回铁路进行断后，不幸被子弹击中右臂，但仍然坚持战斗，后又击中胸部，英勇牺牲，时年33岁。葬山西省平遥县。

朱春曦(1888—1946)

字止园，号杜矫，清光绪十四年(1888)生，鄢县水口人。宣统二年(1910)，毕业于长沙明德中学。

民国12—15年(1923—1926)，朱任水口群益初级小学校长，主持兴建水口高级小学，因资金严重短缺，工程即将中途停工，经他提议拆除一座破庙，取材用于建校，并带领学生到工地参加劳动。在其影响下，当地百姓竞相出工出料，学校圆满竣工。次年，他担任同保乡中心小学校长，该校年久失修，雨天无法上课。他把自家屋上的瓦拆下无偿献给学校。学校基金不足，无力添置设备，他将祖母1.8亩赡养田卖掉，把钱全部投入修筑水口河堤，在堤内开荒种田，以增加收入，充实学校经费。

民国21年，朱在长沙创办集善小学，任校长。他办学严谨，注重思想品德和尊师守纪教育。亲自编撰《八德韵语》《哲言韵语》，向学生进行修身、品德教育。学校就餐时，先必念读唐代诗人李绅的《悯农》诗和"一粥一饭，当思来之不易，半丝半缕，恒念物力维艰"格言。学校纪律严明,无论高官豪绅或平民百姓子弟,如有违纪,一律按章处置。

民国30年前后,担任县督学。他经常戴斗笠,穿草鞋,跋山涉水,深入各校检查、指导。

民国35年11月病故。水口小学全体师生赠送“士庶同悲”孝彩,以寄哀思。

罗春龙(1893—1948)

字英杰,光绪十九年(1893),生于康乐乡上西江洲村一贫苦农民家庭。8岁启蒙读书,学习认真,喜好临摹字帖画谱。3年后,因家贫辍学,随叔父学做木匠,从师几年后学会雕刻。由于绘画基础好,观察能力强,雕龙象龙,刻凤象凤,尤擅雕刻花草树木。不到30岁,已经小有名气。炎帝陵、关王庙、城隍庙、石玉仙、杨麓仙、罗家祠、孟家祠、张家祠、万家祠等古建筑的修复,均有他的工艺作品。

民国30年(1941),整修杨麓仙,雕刻项目繁多,主事者聘请长沙有名的李师傅和罗春龙2人承担。正殿2根樟木屋柱,各长2丈1尺,围径5尺2寸,须按图纸要求,在两根屋柱上刻双龙戏珠浮雕,龙身周围镌有7层漏花走边。左边屋柱由李师傅承雕,右边屋柱由罗承雕。施工开始,李将原图摹在薄纸上,再贴在柱上照刻。而罗则凭其熟练的基本功,将图直接画在柱上雕刻。罗的这一招,就使李师傅内心佩服。经半年共事,罗细心、谦虚,手艺精巧,李师傅称赞不已。竣工验收日,县内外90多名工匠前来鉴定,罗春龙的作品,精致光滑,龙须启用挪藤浸牛胶水蒸制后制成,在微风吹拂中微微颤动,栩栩如生。经评定,奖励罗春龙稻谷100石,李师傅也心悦诚服。此后,李、罗两师傅交谊甚厚。

民国32年,霍家圩整修赵公亭,请来外地师傅塑赵公骑虎神像一尊,限在次年正月十五日前完成。外地师傅多次返工不成,情急中前往罗春龙师傅家登门求助。罗当即答应说:“同行相助,义不容辞。”随即将原坯象抬至罗家,他端详一番后,便抡起斧凿,在原坯上劈、削、刻、刷,3天之后,一尊神气威武的“赵公骑虎”神像准时竣工,人们赞不绝口。

罗春龙多才多艺,不但会雕塑,还会扎花灯。民国34年,日本投降,县人张灯结彩庆祝胜利,他用半个多月时间,手把手地教人制作各种各样的花灯,其中一盏日本兵双膝跪地举枪投降的彩灯,日本兵的秃头晃动不止,惹人捧腹大笑。

他经营雕塑业,赚钱不少,所得钱物多用于修路架桥和接济贫困。民国37年,罗春龙病逝时家贫如洗,其子卖了半爿铺面,才勉强料理丧事。

尹松桥(1881—1948)

别名尹咸龄,沔渡镇石桥村人,清光绪十七年(1881)6月生。儿时在本地念私塾,少年入读县城洣泉书院。1899年,参加衡州府试,为晚清秀才。当年考入清华大学留日预科班。1901年,自费东渡日本,在长崎商业高级学校学习,获博士学位。尹在日本参加同盟会,回国后积极参加孙中山领导的反帝反封建运动。应唐生智邀请回到湖南，先后任国民党湖南省党部常委、省参议员、《湖南民报》社长、省厘金局长、省矿产总局局长。与唐生智等人推行维新思想，要求其在家的满弟实行“二五减租”。为接济本家、亲戚贫困，安排尹若霖、霍立仁等百余人到省厘金局属下就业。尹信奉佛教，曾与唐生智等前往四川峨眉山赠送金鼓一只，又到江西庐山大庙捐赠殿柱一根、匾一块。尹松桥个人给酃县铁福寺、大院铁瓦仙赠送银元200余元。1929年，参加唐生智第二次反蒋活动。失败后遭通缉，退居庐山。3年后，返湖南湘潭市居住，后又回到酃县县城定居。

1948年2月初，病故。

郭春涛(1895—1950)

原名名忠，化名胡君健，七都水口人，清光绪二十一年(1895)四月生，三十四年，考入长沙市湖南第一中学。民国7年(1918)，在北京翊教寺留法预备班学法文。1919年春，经何孟雄介绍考入北京大学法文系。5月，和北大学生一道参加“五四”爱国运动。10月，赴法勤工俭学。次年，和蔡和森一起发起并组织以赴法勤工俭学人员为主体的“世界工学社”，蔡和森当选社长，郭春涛当选秘书长。该社以探讨改造中国的道路为基本宗旨，实际上是湖南新民学会的欧洲分支组织，受到法国共产党《人道报》编辑部的关心。在留法期间，郭与周恩来结为莫逆之交。

1921年，留法学生为争“生存权、求学权”，向中国驻法公使请愿，进驻里昂大学，法国当局将郭春涛等104名中国留学生囚禁28天，并武装押送回国。在广州郭和其他几位学生代表受到孙中山接见。不久重入北京大学，参加社会主义青年团，并协助李大钊组织“保障民权大同盟”。由于他追求进步，为人正直，深受湖南在京同学信任，被推选担任湖南同学会主席。1923年，郭加入中国国民党。秘密组织北京国民俱乐部，与乐天宇、陈毅等共同策划反对醒狮派(即国家主义派)的斗争。次年1月，被选为北京市代表，出席在广州召开的国民党第一次全国代表大会。回京后，协助李大钊筹建国民党北京市特别党部，先后担任执行部秘书、宣传委员、常委兼组织部长。1926年春，出席在广州召开的国民党第二次全国代表大会，当选为中央委员。

1927年，调冯玉祥部国民革命军第二集团军，先后任总政治部组织处长、副主任、主任等职。4月，蒋介石发动反革命政变时，他竭力保护属下一批共产党员，并参加中国国民党改组同志会。多次参加反蒋讨蒋活动。1931年，出席国民党第三次代表大会，当选为中央监察委员。次年任国民政府实业部次长。1936年，任川康绥靖公署秘书长，后任第七战区战地委员会主席，参与指挥南京保卫战，在撤离时负伤。

次年冬，郭因反蒋被排斥在野。中共代表团进驻重庆后，周恩来即以郭宅为秘密据点开展工作。1938年，与王炳南在重庆发起组织“东方文化协会”，旨在唤起东方各国人民共同抗日。此后，郭又将其弟松涛及一批爱国青年送到中共领导的延安抗日军政大学学习。在帮助苏联反法西斯战争中，郭春涛多次将获悉的德军情报及时通过中共地下组织送给苏联驻中国大使武官罗申。为此，斯大林发专电致谢，并称他为“卓越的党外布尔什维克”。1945 年 10 月，在重庆曾家岩成立三民主义同志联合会，郭任常委兼秘书长。第三次国内革命战争期间，郭又将其子志坚及一批进步青年送至中共解放区参加革命工作。1948 年，李济深、何香凝写信给谭平山、郭春涛等人，商讨在香港成立中国国民党革命委员会，郭力表赞同，并与中共联系，以加强对国民党高级军官的策反工作。中共中央副主席周恩来指定中共上海地下组织负责人吴克坚与郭联系。在郭的参与下，先后成功策动国民党“重庆号”军舰、虹桥机场机械化师和吴淞要塞司令部倒戈起义。国民党右派将化名胡君健的郭春涛当作中共上海“地下市长”，悬赏 20 根金条通缉捉拿。次年 5 月 17 日，搜捕郭春涛未得，遂将其妻秦德君抓去并判死刑，执行前夜，幸中国人民解放军进军迅速而获救。

1949 年 7 月，应邀赴北京参加中国人民政治协商会议筹备工作，9 月，当选为全国政协委员。中华人民共和国成立后，任中央人民政府政务院副秘书长、政务院政法法律委员会委员、参事室主任、全国政协副秘书长、民革中央常委。

1950 年 6 月 30 日，在北京医院病逝。周恩来任治丧委员会主任，林伯渠、董必武等中共领导参与治丧委员会。追悼会由周恩来亲致悼词，毛泽东等党和国家领导人送了花圈。灵柩安葬北京香山万安公墓，墓碑为周恩来亲题。

陈梅寿(1902—1951)

清光绪二十八年(1902)，生于坎坪铁炉下，幼时家贫，6 岁丧母，读 2 年私塾辍学，随父学裁缝。出师后在县城南街租借继母一爿店铺开缝衣铺。不久，买回一台缝衣机，成为酃县最先采用机械缝纫的裁缝。

民国 14 年(1925)，陈用积攒的资本在缝衣铺的另一边摆起小百货摊，让妻子谭秋云帮做买卖。次年，将店名定为“福利安”。1928 年 4 月，朱德、陈毅率领的南昌起义部队和湘南起义农军经过县城，要陈梅寿制作军衣 100 余套。陈请人帮手，日夜赶制，如期交货，得到一笔满意的报酬。时逢国民政府对中共领导的井冈山革命根据地实行经济封锁，湘赣边界市场货源奇缺，陈在苏区政府“保护商人”“公平买卖”政策鼓励下，冒着风险将生意做到江西宁冈、吉安、赣州一带，获利不少。

1933 年，陈在县城十字街东街口建成一栋 3 层 16 间的店铺，为县内第一栋 3 层建筑。次年营业，定名为“福利安号百货布疋”。此时，陈仍事事躬亲，天一亮就端下铺门板，直到夜深还在算账。每有顾客登门，即使在吃饭，也会放下碗去招呼。实在忙不过来才带一两个徒弟。“福利安”所卖布疋比一般商店的价格要便宜一些，亦不短尺少寸，以此赢得顾客信赖。每隔一段时间，陈还要到其他裁缝铺去走一走，随手抓回一些碎布，分析各种布的销量。“福利安”生意做得比较活，资本积累也比其他商号快。

日寇入侵后，货币贬值。陈将部分资金在沔渡、中团等地购置田产，每年收取租谷200余担，成为一个颇有声名的工商业者兼地主，“福利安”亦成为酃县经营百货布疋的最大商号。

1946年，模炳镇开展难民冬令救济，陈一次捐款400元，是全镇最多的一户。《酃县民报》曾刊文褒扬。陈对办学、修路等社会公益事业亦能解囊相助。1950年3月，县人民政府颁布减租减息文告，陈在政府工作人员开导下，一次退出租谷500余担。11月，酃县人民捐钱捐物支援抗美援朝斗争，陈又捐款300元。

1951年，病逝。

周树吾(1893—1952)

原名邦衡，字平如，清光绪十九年(1893)生，垄溪小古塘人。青年时就读于长沙岳云中学，品学兼优。毕业后，考取唐山交通大学机械系，幸岳云中学拨款资助，才得以入校学习。在唐山读书期间，北方工人运动蓬勃发展。在工运特派员李却非的帮助下，他发动唐山交大同学积极声援开滦煤矿和唐山制造厂工人的罢工斗争，并加入社会主义青年团，为交大第一批团员。1923年，机械系划归上海交通大学，周随系转至上海。

毕业后，为报母校之恩，他回到岳云中学半义务教书一年多，并兼任高中部主任。1925年，赴唐山，任京奉铁路锅炉技师，不久，改任工程师。次年，中共北方区委委员何孟雄兼任中共唐山地委书记，周与其交往甚密，利用合法身份为何提供许多方便。

1928年，调职津浦铁路浦镇机厂任工程师兼锻铸分厂厂长。又与少年时代的朋友郭春涛时有来往。周曾邀集南京一些熟人帮郭搞过一次竞选，以支持郭的反蒋活动。

抗日战争初期，供职粤汉铁路。粤汉路为日本侵略军占据后，周不为侵略者效力，辗转广西全州、贵州、贵定等工厂，从事与机械技术有关的工作。还在迁到湘西的湖南大学任过教授。1941年回到酃县。1943年，县长张昌言和酃县中学筹备人员借重他在学界威望，委托他创办县内第一所中学(今酃县一中前身)。周亲任教导主任，主持学校工作(校长由县长挂名)。

抗战胜利后，周回到粤汉铁路局。在资金、器械和员工奇缺的情况下，与铁路职工共同努力，在较短时间内修复这条残破不堪的铁路。其时，国民政府刚从日本人手里接管台湾铁路，周又被委以特派专员身份，远渡台湾参与铁路整顿。

中华人民共和国成立前夕，周在家养病。酃县人民政府成立后，立即着手修复酃茶公路。周受县政府委托，主持修复工程的技术工作。1950年，任国家铁道部计划司主任工程师。此时，多年积劳而成的肺结核日见加重，仍强支病体坚持上班。1952年7月，被秘密押回酃县，收押记录上写有“恶霸、反革命”字样。29日，病逝于县公安局看守所。1990年11月，中共酃县县委政法委员会经调查，对收押记录的记载予以否定。

霍揆彰(1901—1953)

字嵩山，清光绪二十七年(1901)，生于三口圩大陂头村一农民家庭。霍少时先后就读私塾、康乐小学和衡阳成章中学。民国9年(1910)，因家庭困难辍学。13年4月，考入黄埔陆军军官学校第一期，编入学生三队。毕业后，历任国民革命军排、连、营长及团副，随东路军参加北伐。17年，任陆军11师64团团长，率部参加蒋冯、蒋唐(生智)战争和蒋冯阎中原大战。19年底，升任11师独立旅长。20年9月，升任14师师长。连续3年率部参加对中共领导的江西中央革命根据地第三、四、五次"围剿"。24年1月，升为陆军少将，26年5月，晋升陆军中将。同年8月，淞沪抗战爆发，霍率14师赴沪对日作战，担负阻击进犯昆山之敌。其坚守阵地之久，歼敌之多，均超过友邻部队，受到嘉奖，升任五十四军军长。

民国27年初，兼任田南要塞指挥官，参加武汉保卫战。率部驻守长沙富池口要塞，勉励全体官兵："国难当头尚不卖力，等待何时？"该军将士奋力杀敌。

同年秋，驻防洞庭湖，在桃源县创办一所抗日小学，任校长，学生免费入学。接着又在衡山南岳创办"五四"中学。28年春，捐资5000银元，在其家乡三口建望云小学。同年夏，升任二十集团军副总司令兼洞庭湖警备司令，驻防常德、益阳、桃源一带。在常德创办《新潮报》，宣传抗日。日寇3次进攻长沙，他配合友军进行侧击，三次获捷。民国31年，升任二十集团军总司令。

民国32年4月，霍率部入滇，加入中国远征军，配合盟军合歼中缅边境日军。霍部为右翼，担负收复腾冲大任。腾冲为滇西战略要地，前有努江、高黎贡山等天险作屏障，易守难攻。日军滇缅战区总司令部曾设此，并有56师团精锐部队防守。临战前，远征军司令部从霍的二十集团军调走一个军又一个师的兵力，霍一度不满，电告蒋介石，蒋来电抚慰，并拨两个美式装备的炮团给他指挥。5月10日，霍在保山瓦窑召开前线军事会议，提出"肉搏向前"的战斗口号。会后，指挥部队扫荡怒山南麓之敌，强渡怒江，血战高黎贡山。7月上旬，直逼腾冲，腾冲城高数丈，均用花岗岩砌成，铁扇城门，内设3层火力网。霍命令炮团昼夜轰击，盟军飞机亦从保山起飞，对腾冲城轮番轰炸。10天后，腾冲城墙全部炸平，日军伤亡过半。8月2日，霍下达攻城命令。至9月14日，全歼腾冲守敌。整个战役毙敌6000余人，中国军队伤亡1.3万余人。

因对日作战有功，国民政府军事委员会授予霍青天白日勋章，美国政府给他授予嘉猷勋章。后升任青年远征军编练总监部副监、第三方面军副司令官。

民国34年12月，调任云南警备司令。次年7月，受南京密令，派遣特务营配合国民党军统局云南稽查处的特务，在昆明先后暗杀著名爱国人士李公朴、闻一多，激起国民公愤。蒋介石于同年10月将霍撤职。36年11月，霍当选为第一届国民代表大会代表，并任第十六绥靖区中将司令，总揽湘、鄂、赣边区军政大权。38年5月，改任第十一兵团中将司令。1949年秋，去台湾。

1953年3月，病逝于台北。

郭力三(1892—1963)

水口上坑人。清光绪十八年(1892)生。青年时代留学日本,就读于东京帝国大学机械系,历时8年,以优等成绩毕业。回国后,任北京清河航空工厂机械师、杭州笕桥航空军官学校教官、南京中央大学机械系教授。抗日战争期间,在四川成都空军参谋部任中校编译官,从事技术资料的翻译。抗战胜利后,先后任西北工学院航空系教授,厦门大学航空系教授。1950年后,任湖南大学教授、华中工学院教授。1958年秋,退休。他一生勤奋好学,热心于科学技术和教育事业。所著《内燃机原理》《航空仪表学》《热力学》等书,是中国航空机械专业的早期著作。

1963年,在南京病逝。

石基洪(1881—1963)

十都良田村人,清光绪七年(1881),出生于贫寒农家。自幼聪慧,勤奋好学。7岁入私塾,13岁时,石见湘赣边境瘟疫流行,农村死尸枕籍,立志从医。

初,投师在十都圩老中医刘凤丹门下,一边攻读医著,一边出诊治病。继而遍访名师,广采众方,医术长进。30来岁即有名气。江西省宁冈县儒绅朱开卷,患肺结核吐血不止,数名医生治疗均无进展。后慕名请石医治,仅3个月吐血便止,半年后基本痊愈。朱亲自撰联制旗相赠,联云:"基业宏开创楚酃,洪名德望久传馨"。

他博览群书,深究本草,对脉理学和药物功能造诣尤精。石子坝大富豪刘必亨闻说石是医道高手,特设黑屋一间派人请他来"看病",待石来时,刘裹头扎巾,睡在屋里故作呻吟状。石切脉后说:"刘先生起床吃饭去吧,你没有病。"刘跳下床拖住石说:"先生真是名不虚传,刘某佩服!"并立即叫家人摆上好酒好菜亲自作陪,走时还赠送大红包1个。从此,寻石求诊者更多。

民国34年(1945),洞里村30岁的李某,腹部长一碗大肿块,虽延医治疗半年,病情却越见严重,家里人已准备给她料理后事。一天石路过洞里,其丈夫抱着"死马当作活马医"态度,请石去给她看一看。石诊断为"痞块",采用破气、活血、消痞一类药物,经过半年医治,肿瘤全部消失,次年还生下一子。

1951年,为支援抗美援朝,他带头捐献银元1000元。1952年,集资办起全县第一个中医药联合诊所。1957年,将全部家资捐赠,并报县人委批准,创建沔渡中医院和酃县中医院。在热心为病人治病的同时,还摘抄精萃资料手稿10余册,培养一批年轻的中医师。他是酃县第一届至第四届县人民代表。

1962年,因病离职;1963年7月,病逝。

何炳麟(1877—1966)

字周台，号迥程。清光绪三年(1877)六月，生于七都龙潭村。幼时在父亲主持的蒙馆启蒙，后就读于龙门书院和县城梅冈书院。他学习刻苦，对经史百家涉猎渐广。光绪二十六年，参加衡州府试，考取秀才。光绪二十八年，转学长沙，进入湖南师范馆。甲午战争后，救亡图存成为时代呼声，许多青年竞相出国留学，他也参加自费留日考试，被录取。光绪二十九年八月，进入日本东京工业学校电气科。光绪三十三年，应聘到湖南高等实业学堂教《几何学》《制图学》。并在省立优级师范、第一师范、长郡中学兼课。编写出版《几何图学教科书》3卷，长沙各中、高等学校都列为教本，被称为湖南制图学教学的鼻祖。

宣统元年(1909)，他与刘光前等15人集资2500元银洋创办南路公学堂，租赁长沙戥子桥陶宅为校舍，招生52人，为旧制中学第一班。集体办学，困难重重，“三年之间，校长七易，校舍六迁”。民国元年(1912)，改为湖南第二公学。7月公推何为校长。3年，改名为湖南私立岳云中学。此间由于财力竭蹶，恶势力摧残，学校难以为继。有时教师发不出薪水，他就邀集大家吃顿便饭，说明日下困难，薪水暂时记账，以后补发，大家哈哈一笑，也就散了。有时债主讨债，学校无钱，只好将自己的皮袍、怀表当钱还债。

民国4年，经多方集资筹划，在荷花池经武门旁兴建教室宿舍，建立固定校址。后经郴州名中医陈宜诚捐资万余，初步解决资金问题。何适时提出“延聘好教师、招收好学生、办成好学校”的要求。省内名师何叔衡、徐特立都应聘到岳云执教。何还聘来河北篮球主力朱恩德主持体育，增加体育教学内容，开展丰富多采的课余体育竞赛活动，开省内体育教学改革先河。为保证高质量教师来源，还从岳云选拔高材生送入高师，毕业后回校任教。为拓开优秀学生来源，他从社会捐款中拿出一笔经费作奖学金，招收免费生班，一批品学兼优学生争相报考岳云。

民国6年，他在学校设置农、工、商、文等科，开设校办工厂和农场作实习基地。民国10年，收杨开慧、丁铃等6名女生旁听，长沙《大公报》称此举“打开男女同校的先路”。民国11—13年，相继开办体育、艺术、教育等专修课。

他提出“‘德智体’三育并进，德育为首脑、智体为翅膀”的主张，以指导学生全面发展。

民国13年6月，省教育厅举办中等学校选优会考，前3名均为岳云学生，学校总分也名列第一。其时，岳云高中毕业生升学率均在70%以上。被学界称誉“北有南开，南有岳云”。

“办学敛钱，天诛地灭。误人子弟，男盗女娼。”是他的治校箴言。民国20年，校董决定校长每月开支40元作为办公费，他一直未领。22年1月，校董会一再催促，他将这笔钱专折存入大陆银行，作为学校百年基金。20世纪30年代，岳云的副校长、教导主任和骨干教师月薪平均140—160元，而他作为校长，每月只领100元。他不仅未置任何家产，连祖传百亩杉山也卖掉捐给岳云。另30担田则捐给家乡龙门小学。同事送他一件羊皮袍子，总舍不得穿，几次送进当铺为学校抵债。

民国24年，针对农业生产日渐凋零现状，在衡山创办岳云分校(后改为岳云职业学校)，建果园、苗圃、林场等学农基地，为省内培养出一批农业技术力量。

民国26年，蒋介石到南岳。教育部一督学将岳云中学情况秉告蒋，蒋欲召见何炳麟，何以下乡就医为托辞，避而不见。岳云高四班学生罗芳珪在台儿庄抗击日军牺牲，他书写挽联一幅贴在校门上，激励学生抗日救国：

微山湖畔阵云深，拔帜先登，誓扫萑苻平壁垒

台儿庄前将星殒，噩音远播，心伤桃李萎门墙

中华人民共和国成立后，20世纪50年代初，何参加中国民主促进会，并任民进长沙市筹委副主任，后当选为主任委员。还先后当选省人民代表、省人民委员会委员、省政协副主席。

1959年4月，何以83岁高龄出席全国政协三届委员会议，在会上，他动情地说："我年虽老，心未老，体未衰，志更不衰，还要坚持教育岗位，为祖国培养更多的有为人才，鞠躬尽瘁，奋勇前进！"会后，受到毛泽东单独接见。

1966年10月2日，何在长沙病逝，享年90岁。1988年，岳云中学举行"八十周年校庆暨何老校长诞辰110周年"纪念活动，岳云校友、中共中央组织部原副部长李锐寄来五言律诗："衡岳白云耕，春风桃李情，悠悠八十载，能不忆先生。"

李震勋(1912—1968)

又名林格，水口石角头人。民国元年(1912)生。23年，毕业于长沙岳云中学，考入湘雅医学院。1935年，邀集同学成立以抗日为宗旨的"民族解放先锋队"，创办《湘流》，宣传抗日，并参加湘雅战时服务团，在长沙火车站救护抗日战场上退下来的伤病员。1938年元月，经徐特立介绍，投奔革命圣地延安。在陕北公学任校医。同年10月加入中国共产党。1939年，调中国医科大学任教。抗战胜利后，奉调张家口医学院任系主任兼铁路医院副院长。

1946年，随中国人民解放军进入东北，先后担任中国医科大学兴山分校系主任和龙井分校校长。1948年，调任大连关东医学院副院长。此时正在酝酿组织辽沈战役，急需大批医务干部。李到职后，调整健全学院班子，切实加强对教学和实习的领导，139名学生提前毕业，迅速分配到东北、华北战场。同年10月，中共东北局为满足解放后各种专业人才之急需，决定创办大连大学，任命李为筹委会委员和党委会委员。他积极参加筹建工作，并将关东医学院纳入大连大学。认真贯彻党的知识分子政策，团结从上海、南京、香港、台湾等地聘来的专家教授，为医学院创立5年制本科打下基础。1950年，大连大学撤销。关东医学院改为大连医学院。规模不断扩大，招生人数逐年增多，而院长长期借调中央工作。他以副院长身份(后为代理院长)主持学院工作。他积极组织抗美援朝手术队开赴前线，创办康复医院，担负部分志愿军伤病员的治疗康复工作。同时还接受中央军委委培军医的重任。1951年起，学院扩建。从选址、设计到组织施工，他均付出大量心血，基建任务如期如质完成。在教学改革上，

他强调学习苏联经验要从自已的实际情况出发，在深入调查研究的基础上，提出积极稳妥的教改措施，教学质量不断提高，受到国家卫生部的重视。1955 年，出席全国高校教改座谈会。当年，受国家委派，率中国医药卫生考察团前往罗马尼亚考察。1956 年，任大连医学院院长。

1958 年，反右派斗争中，受到错误批判和处分，调大连科委任科普副主席及辽宁省科普常委。

“文化大革命”中受到迫害，1968 年，含冤去世。1979 年，平反昭雪。

张英奇（1924—1970）

别名白凡，东风乡高峰村人。民国 13 年（1924）4 月，生于农民家庭。上海中国新闻专科学校肄业。1949 年 1 月，在衡阳市加入中国共产党。入党后，负责掌握国民党军队调动情报。6 月 1 日，受中共湘南工委派遣，偕同夫人陈克玲回到安仁，任中共安仁县工委负责人。一面利用原工委领导人的合法身份，做统一战线工作，稳定大局；一面重建党、团组织，打下根基。7 月底，协助湘南游击队第十大队运用政治攻势，先后收缴龙乐、猴昙乡公所枪支 70 余支。并收集地方零星长短枪，组建 40 余人枪的地下武装，以配合解放军进军安仁。

为争夺安仁，白崇禧多次派要员到安仁县活动，指派回乡军官李超华接替县长，直接进行控制。张以共产党代表身份找李个别谈话，指明方向，促李达成起义协议。为保证协议的实现，张选派党、团员打入其内部，严密控制县政府和警察局等要害部门。在大军压境和程潜通电起义的形势下，李超华摆脱白崇禧部挟持，投诚起义。

在安仁县和平解放前后，张英奇冒着风险三上鹏塘。掌握“湖南反共自卫救国军”兵力、装备、布防等敌情。9 月底，向解放军衡阳军分区独立团（原 484 团）团长汇报，研究对策，确定“政治争取张佐夏（反共军直属大队长，酃县人），军事打击吴立坚（反共军副司令）”的斗争方针。在关王庙全歼吴立坚支队。紧接着策动张佐夏率部 100 余人枪投诚起义，并神速进军鹏塘，不费一枪一弹，活捉少将司令霍远鹏，为解放酃县、永兴扫除障碍。

中华人民共和国成立后，先后担任中共安仁县委宣传部副部长、《岳南人民报》编委、湘南区党委统战部科长、省参事室办公室主任，湖南大学图书馆长等职。

“文化大革命”中受迫害，1970 年 3 月，含冤去世。1979 年，平反昭雪。

刘国宪（1907—1970）

水口镇小湾村人，1907 年 6 月生。9 岁在长沙堂兄家寄住，就读孔道小学。毕业后考取长沙岳云中学。后考入黄埔军校六期，1929 年，毕业，历任排、连、营长。1933 年，任浙江春晖中学及上海大夏大学中校军事教官。因才能出众，办事机智果断，改任上海市警察局闸北分局局长。

1937 年，日军入侵，淞沪战起。闸北为敌军进攻重点，刘国宪冒着枪林弹雨,带领警员抗击日军,与国民政府军配合,屡挫敌锋。国民政府军转移时,他率部徒步撤至南京。不久国民政府各院部迁武汉,刘奉命主持汉口警察局侦缉工作。因清除汉奸成绩卓著,被国民政府军委会提升为巡察总队上校副总队长、总队长,配合军宪警,完成安定大后方任务。

1942年,国民政府在安徽省西北部的界首设置沙河警备司令部,任命刘国宪为副司令,后升任司令,授少将衔。刘大力整治经营,秩序井然,深为第一战区副司令汤恩伯等将领所倚重。

1948年,警察总署署长唐纵推荐刘国宪任青岛市警察局副局长、局长。1949年,赴台湾。

1970年7月4日,病逝于台北。

潘策钧(1927—1971)

三河乡团溪村人,民国16年(1927)正月二十二日生。1946—1948年,先后就读南京金陵大学与广州中山大学。学习期间,积极投身学生运动,加入进步组织。1949年5月,肄业回乡。8月,加入中国共产党。9月,受聘于县立初级中学,任教员。次年4月,任教导主任。1951年,任副校长,主持学校工作。期间,认真贯彻教育向工农开门的指示,放宽工农子弟入学年龄,家庭经济困难的工农子弟都评给助学金。为帮助教师提高教学水平,他每周听课3~5节,帮助教师上公开课、实验课2—3节,教育质量不断提高。1952年,县中两个初中毕业班学生参加衡阳地区高中招生统一考试,成绩在全地区19所中学中名列第七,受到专区文教科表扬。

1957年,调任县教育科长,他认真贯彻"两条腿走路"的方针,在发展公办教育的同时发动群众办学,创办民办小学与农业中学,县内教育得到新的发展。

他热爱劳动、生活俭朴,课余时间常在菜地、果园劳动。寒暑假替工人代班、做饭、喂猪,让工人休息。夏天汗衣烂了,两件补成一件;冬天旧棉衣补几个补丁又穿一年。对子女要求也严,规定大人穿过的旧衣服改给小孩穿,小孩要逢年过节才穿新衣。把省下来的钱买国家建设公债,支援家乡建设。他关心学生如同子女,学生生病便让住在家里,亲自看护并为之煎药熬粥,重病号则亲自送往医院。1950—1957年,代家贫学生交纳学费1000余元。

1960年起,先后调任茶陵一中、酃县一中校长。"文化大革命"中,被群众造反组织揪斗游街,身心备受摧残。1970年,下放到城东公社中学任生物、英语教师,兼管学校基建。此时他已患肝病,仍带病坚持工作。一次建筑工地出现险情,他为抢救一女孩用身体挡住失去驾驭的板车,胸、腹受重伤,致使肝病加剧。

1971年4月,病逝。

张经武(1906—1971)

原名仁山,清光绪三十二年(1906)七月十五日,生于夏馆村(今沔渡镇夏馆村)。民国 14 年(1925),毕业于湖南省立三师。17 年,毕业于河南沪案后援建国军军官学校。历任学兵队排长、师部参谋、湖北警备军连长、副营长等职。

1930 年 3 月,在许昌军官学校任中校大队长时,经中共地下党员姚日蒸、管梓材介绍加入中国共产党,任地下党组织校委委员兼干部党支部负责人。1932 年 1 月,到达中央苏区瑞金。历任红军学校第三队队长、红军学校政治营营长、军委军事教导团团长、军委直辖第三师师长、广昌基地司令员、军委第五局副局长等职。1934 年 9 月,红军长征,张任军委直辖教导师师长,肩负着保卫中央军委机关的重任。12 月,任军委第二野战纵队参谋长。1935 年 10 月,长征到达陕北后,中共中央为扩大陕甘宁根据地,组织“北上先遣支队”,张任第三纵队参谋长,与叶剑英司令员、邓发政委率军东征。

1936 年 8 月,张经武受毛泽东、周恩来派遣,以红军代表身份在河北、山东、山西、绥远等省秘密开展民族统一战线工作。在河北,张会晤国民党冀察政务委员会委员长兼河北省政府主席宋哲元,宣传中共联合抗日主张,宋终于奋起抗日。抗日战争全面爆发后,张又受中共中央派遣,再次以红军代表身份前往济南,会晤第三集团军总司令韩复榘,针对韩畏蒋恐日情绪和两面受夹的处境,阐明中共联合抗日主张。韩同意与中共签订联合抗日协议,60 余名中共党员和进步人士得以出狱,其中包括前山东省委负责人张华、李林和赵健民等人。张还协助韩复榘开办第三集团军政工人员训练班,选调中共党员担任政治教官,训练、培养 1500 多名军事、政工、民运干部,山东省的抗日领导力量得以壮大。1937 年 6 月,任八路军驻汉口办事处高级参谋,协同开展河南、湖北两省抗日统一战线工作。

1938 年 4 月,为加强对山东省抗日武装力量的领导,中共中央再次派遣张经武返回山东,张先在聊城会晤山东省第六区行政专员兼保安司令范筑先将军,转交毛泽东给范的亲笔信,争取范和共产党联合抗日。又将从延安带来的抗日军政干部派往各地,山东省的中共组织相继得到恢复,党员人数发展到 5.1 万。当年 12 月,将各路游击队改编为“八路军山东纵队”,张亲任纵队司令员。1939 年 3 月,山东省政府驻鲁南办事处主任兼别动总队第三纵队司令秦启荣密令部属王尚志伏击渤海地区派往延安学习的干部及护送官兵 200 余人,制造震惊全国的“太河惨案”。张经武和山东纵队政委黎玉一方面通电全国,揭露国民党顽固派破坏抗日民族统一战线真相;另一方面又亲自指挥“山纵”第三、第四两个支队一举收复太河镇,全歼王尚志警卫大队,有力地回击国民党顽固派的挑衅。10 月下旬,和王彬指挥五井歼灭战,数百名偷袭五井镇的日伪军全部被歼被俘,日军中队长木莫、小队长岩井和石日被击毙,国民党鲁南警备副司令王德平被击成重伤。《大众日报》称赞此役是“山东抗战两年来最模范的胜利战斗”。

1939 年 11 月,张经武在山东被选为中国共产党第七次全国代表大会代表。1942 年 5 月,出任陕、甘、宁边区留守兵团副司令员。10 月,任陕甘宁晋绥联防军参谋长。1945 年 9 月,任晋绥军区参谋长。1946 年 2 月，调北平执行部任组长、参谋长。1947 年 8 月，任西北军区参谋长。1949 年 9 月，任西安警备司令员。后又任西南军区副参谋长。1950 年 7 月，任中华人民共和国主席办公厅主任。9 月，任中央军委办公厅主任。

1951 年 4 月，中央人民政府派李维汉为首席代表，张经武、张国华、孙志远为代表，与西藏地方政府代表进行协商谈判，圆满达成《关于和平解放西藏办法的协议》（简称《十七条协议》）。中央人民政府主席毛泽东亲自设宴祝贺《十七条协议》的签订。当时帝国主义分子和西藏上层亲帝国主义的势力企图制造西藏和祖国的分裂，将达赖喇嘛挟持到靠近印度的亚东，并阴谋带至国外，以此扰乱西藏局势，对中央人民政府施加压力。在此关键时刻，中共中央授命张经武出任中央人民政府驻西藏代表。张经武根据毛泽东主席关于一定要说服达赖回拉萨的指示，绕道印度，日夜兼程，经月余辗转跋涉，终于在 7 月到达亚东。张向达赖转交毛主席的亲笔信，解释《十七条协议》内容，反复阐述中央关于民族统一战线和宗教方面的政策。经耐心争取，达赖于 8 月返回拉萨。1952 年 1 月 10 日，中共西藏工作委员会成立，张经武任工委书记。其时，帝国主义分子和西藏上层亲帝国主义的势力分裂祖国活动十分猖獗。4 月 1 日，一伙所谓“人民会议”成员来到张经武住处，递交一份以反对十七条协议为中心内容的“请愿书”。当晚，千余藏军和武装喇嘛在 2 名司曹率领下突然包围西藏工委。当时，张经武身边只有一个警卫班，事态一触即发。张沉着机智平息了骚乱，十七条协议得以全面实施。1955 年，张经武被授予中国人民解放军中将军衔。

1959 年 3 月 19 日，西藏地方政府和上层反动集团在拉萨发动武装叛乱。20 日，人民解放军驻藏部队奉命对叛乱武装进行讨伐。至 11 月，武装叛乱基本平息。张经武领导的西藏工委坚决贯彻中共中央关于结合平叛斗争进行民主改革的方针，百万农奴获得解放。张经武在西藏卓有成效的工作赢得西藏人民的拥护，也得到中共中央的充分肯定。1960 年 1 月，张经武兼任西藏军区第一政治委员。9 月，任西南局书记处书记。1962 年 8 月，任中共西藏工委第一书记。

1965 年，西藏自治区成立，张经武奉调回京任中共中央统战部副部长。张经武曾任中共第八届中央委员会候补委员、委员，第一、二、三届全国人民代表大会代表，第三届全国人民代表大会常务委员，第一、二届中国人民政治协商会议常务委员。

“文化大革命”中受迫害，1971 年 10 月 27 日，含冤去世。1976 年 10 月，平反昭雪。1979 年 9 月，中共中央和中央军委为其举行追悼会，胡耀邦致悼词，对他的一生作出高度评价。

何健础（1896—1973）

原名国安，号伯刚，清光绪二十二年（1896）八月生，七都龙潭村人。幼时就读龙门小学和梅冈书院。民国 9 年（1920），毕业于省立三中。回乡后在龙门小学任教。1924 年秋，在长沙岳云中学任庶务员，积极参加长沙学生运动。11 月，由邓澍霖介绍加入社会主义青年团。次年 5 月，经夏明翰、史训川介绍加入中国共产党。

年底,受党组织派遣,回县组织农民运动。1926 年 5 月,在龙潭建立酃县第一个乡农民协会,当选为委员长。6 月,又建立中村区农民协会,仍当选委员会长。8 月,中共酃县特别支部建立,任宣传委员。9 月,当选为县农民协会委员。次年元月,代表酃县农民协会出席在长沙召开的全省第一次农民代表大会。会后,中共湖南区委任命他为酃县农运特派员。1927 年 1—4 月,他和另一特派员朱子和、中共酃县特支书记李却非等一道领导酃县农民运动。“马日事变”后,朱子和等一批共产党员和农会骨干遭杀害,何被迫隐蔽深山。10 月,毛泽东率秋收起义部队进入酃县,何前往汇报工作。

1928 年,按毛的指示,和周介甫、何国诚一道在中村组织农民暴动队,参与酃县“三月起义”。3 月底,成立中共中村区委,何任区委书记。4 月,县团防总局派兵围剿,何被迫离开酃县,经广州、南京、武汉辗转上海,找到堂弟何孟雄,经中共组织审查安排工作。先后担任中共中央组织部联络站、中共长江局、中共中央秘书处等单位机要秘书。次年 5 月,国民党特务搜捕与中组部联络站相邻的彭湃住地,整条街戒严,挨户搜查。何急中生智,将文件装入纸袋,贴在马桶底下,躲过特务搜捕。1932 年 12 月 8 日,接秘书长柯庆施通知,机关转移,何带着一箱文件雇一辆黄包车先走,途中遇日本兵搜捕,他立即下车,提着箱子大摇大摆地走进一家南货店,闯过又一险关。1935 年 2 月,中央秘书处被国民党特务破坏,何遭逮捕。在狱中,敌人使用各种酷刑逼何交代,他宁死不屈,后被判处 7 年徒刑,关押于苏州军人监狱,直至 1937 年国共合作,才被释放。经一段治疗后分配在中共江苏省委秘书处工作。1940 年,担任中共中央驻上海地下电台联络员,与台长李侠(电影《永不消逝的电波》主人公原型)单线联系。1942 年 8 月的一天清晨,何带密码去电台发报,发现阳台上的花盆尚在,便从后门敲门,正在洗菜的保姆告知,李侠夫妇昨夜被捕,楼上 2 个日本兵在睡觉,专门等候抓人。何急忙离开,换车几次,避开敌人追踪。不久,党组织将何转移到新四军根据地,先后担任苏北淮南特税总处主任和新四军供给部天源公司副经理。1951 年,调中央民族学院,先后任总务处副处长、办公室主任、党委委员,北京市民族事务委员会副主任等职。

1973 年 10 月,在北京病逝。

何子伟(1903—1975)

又名何昆雄,水口镇联坑村人,1903 年 12 月生。1908 年,在家乡读私塾。1913 年,入酃县乐成高小。1916 年,考入长沙岳云中学。1920 年,进入岳云体育专修科(肄业)。1923 年考入汉口明德大学商科。

1924 年 3 月,投考黄埔军校第一期。5 月,正式入校学习,与陈明仁是同学。在校集体加入国民党。同年 11 月底毕业,分派到国民革命军教导 2 团 5 连任见习排长。1925 年,升任教导 2 团 9 连副连长。

1926 年,先后调任黄埔军校入伍生团中尉排长、区队长和军官团上尉连长。同年冬任国民革命军新编第1师2团2营少校营长。1927年,被任命为赣南5县行政监察员,负责“清党”与改组各县政法组织。同年秋调任新编1师2团团长。1928年,任国民党三十二军3师1团团长,驻守江苏无锡。不久调蒋介石侍从室,兼任军事杂志社武汉分社负责人。

1929年1月,调安徽任新编第3旅5团上校团长。1931年任南昌行营上校参议。1932年调任国民党军政部上校附员。1934年进入南京陆军大学正则班第十三期学习,1936年,毕业,任140师少将参谋长。

1937年,抗战爆发,任140师418旅少将旅长、副师长、代理师长等职。1938年3月,参加台儿庄会战。同年秋,调任湖北襄樊师管区副司令,授中将衔。1939年冬,因坚请辞职,被降职调任国民政府军事委员会军政部少将附员。1943年,回到湖南耒阳开办农场。1944年,出任资兴县县长,组织过资兴抗日救国军。

1945年,抗战胜利,调任湖南省第三区行政督察专员兼保安司令、特种汇报会主任。1949年1月,由程潜任命为湖南省第二区行政督察专员兼保安司令。同年7月解职,由郴县到邵阳。湖南和平解放后,于年底到长沙向湖南临时省政府投诚,经临时省政府主席陈明仁同意,进入中南军政大学湖南分校学习。

1950年5月,任湖南人民军政委员会参议室参议,1955年,任湖南省人民委员会参事室参事。

1975年4月,因病逝世。

张友生(1913—1976)

沔渡镇晓阳村人。民国2年(1913)11月,出生于一个泥水匠家庭。因家贫,仅读2年书,便随父学艺。10来岁,父逝母出走,张只好寄住在姨妈家,跟随大师兄做泥水工度日。成年后,虽有精湛手艺,乃无法养活妻儿子女。为维持生计改作染布,直至中华人民共和国成立。

1950年,他被选为沔渡乡农会主席。张满怀翻身喜悦,带头参加清匪肃特和减租反霸。当年冬,与公安干部一道到外地追捕潜逃的反革命分子。母亲过世,家里派人告知噩耗,他强忍悲痛让停柩在家,待完成任务才回家料理丧事。当年,为解决群众吃油困难,他打破该地不种油菜的习惯,发动全乡农民试种油菜100余亩。次年春,获得亩产菜籽50公斤的好收成。1951年,他带领农民兴修水利,修理农具,并贷款帮助困难户购买耕牛,组织群众抗旱,开展爱国竞赛活动,全乡粮食增产三成多。年底被评为县特等劳动模范和省农业劳动模范。

1952年2月,在县委工作组指导下,他串连12户农民成立常年互助组,为全县最早的常年互助组之一。为增加粮食产量,他亲率几个积极分子到宁冈县特等丰产模范萧生福处学习种植晚稻的经验。通过采用盐水选种、温水催芽、施用骨粉肥料等先进技术，8.4 亩间作双季稻亩产达 350 公斤，比上年翻了一番多。沔渡晓阳村成为全县最早种植双季稻的地方。同年 4 月，张友生加入中国共产党。次年，担任中共沔渡乡党支部书记。1954 年 1 月，又率先组建全县第一个初级农业生产合作社，开始试种连作双季稻。1955 年，以后逐步推广。在此期间，他配合农技部门，认真学习和采用穗选稻种、药物消毒、高温破胸、湿润秧田、小株密植、合理施肥、科学管水等新技术，不断摸索和总结早耕深耕、改良土壤等丰产经验，粮食产量不断提高。1955 年，被评为省特等水稻丰产模范。

由于在农业生产上作出了突出的贡献，张友生先后出席县劳动模范大会 10 次，出席省劳动模范大会 8 次，2 次当选为省各界人民代表会议代表，5 次当选为县人民代表。

为了更大幅度地提高粮食单产，从 1971 年起，带头大搞农田基本建设。至 1976 年，共改造低产田 200 余亩，建成园田化水田近 100 亩，实现粮食单产过《纲要》。因操劳过度，几次口吐鲜血。每次病情稍有好转，又回到工地继续苦干，致使病情恶化。

1976 年 12 月 26 日，逝世。

邓公玄（1901—1977）

字光禹，别号太初。清光绪二十七年（1901），生于中村心田一书香世家。父亲是清朝秀才，以教书为业。兄弟 3 人，公玄排行第三。他 6 岁进私塾，后就读于县城梅冈书院、长沙岳云中学。民国 10 年（1921），考入国立东南大学。他崇拜孙文主义，于该年加入中国国民党。民国 14 年，毕业，获学士学位。民国 15 年，经孙科推荐到美国旧金山办《华侨日报》。不久考入美国士丹佛大学研究院法学系，攻读硕士研究生。此间，还兼任《少年中国晨报》总编辑、国民党赴美总支部常务委员。民国 18 年回国。7 月，任国民政府铁道部秘书，兼任交通大学训育主任和中山大学、复旦大学法律教授。民国 24 年 1 月至 38 年 9 月，连任四届国民政府立法院立法委员，多次参与宪法起草工作。抗日战争期间，任国民党军事委员会政治部设计委员、湖南战时设计委员、中央组织部设计委员、海外部主任秘书和桂林行营少将秘书长等职。在从政期间写作、出版了大量著作，影响较大的有《欧美政制史》《今日之欧洲》《政治艺术论》《人生价值论》等。主张在国际上实行民族合作，维护世界和平；在国内实行宪政，完成民主政治，改善经济制度，解决民生问题，树立法治思想，肃清官僚主义，发展地方工业，实行地方自治。这些政见，为当时海内外资产阶级民主派人士所推崇。

民国 37 年，由于对国民党政局失望，他改从实业，担任中国纺织品公司董事。38 年去台湾，后定居美国。

1977 年 2 月 17 日，在美国病逝。

张先琏(1908—1977)

乳名霍仔,清光绪三十四年(1908),生于康乐乡台山村(今三河镇西台村)一农民家庭。读过3年私塾,13岁随父务农,兼做小本生意。日寇侵湘时父亡。为谋生计,向亲朋借钱经营布疋生意。

中华人民共和国成立之初,积极参加减租反霸。1950年11月,被选为西台乡财粮委员。1952年,调塘田区供销社任营业员和保管员。1955年10月,加入中国共产党。不久担任柳山分销店经理。为降低成本,节省开支,经常带领职工到王家渡挑货,一个季度节约力资60多元。由于他事事带头,管理得法,不到半年时间,该店被评为全县供销系统的先进单位。次年春节前,得知离塘田圩10多公里的鲁坑村缺盐,他冒着大雪,挑货送去。1956年,被评为县、地、省和全国供销合作系统先进工作者,并赴京出席表彰大会,受到毛泽东等党和国家领导人接见。后来,长期任县生资公司保管员和营业员,经常义务为用户拆装、修理农机具。有时打稻机缺货,亲自去农机厂用板车拉回,以满足农民急需。

1977年,病逝。

段华文(1955—1979)

三河镇坪形村人,1955年4月13日,生于一个农村基层干部家庭。自幼受父亲的教育和熏陶,养成勤劳俭朴、热爱集体、助人为乐的美好品德。七姊妹中他排行老三,放学回家帮助家里做家务,自己的衣裤破了自己缝补,寒暑假砍柴赚学费。在学校,有一次上山砍柴,有个陈姓同学的鞋子烂了,华文将鞋脱给其穿,自己打赤脚从山上挑柴回到学校。

1974年,入伍,在解放军53054部队任汽车驾驶员,立三等功。1976年,河南发生洪灾,有位战友家遭灾,华文将自己每月仅6元的津贴连续3个月送给这个战友。1978年8月,他探亲回家,一辆外地汽车抛锚在106国道坪形村路段,他问清原因,毫不犹豫地与司机一起,将变速箱拆下,修了大半夜,终于将车修好,临走时司机硬要付钱给他,华文坚决不收,并说:“我与雷锋比根本算不上什么”。

1979年2月,参加对越自卫还击战,在火线入党。3月13日,在前线撤出炮兵阵地时,不幸触雷牺牲,时年23岁。安葬在广西龙州县烈士陵园。

谭世友(1890—1981)

清光绪十六年(1890)生于木湾(今水口镇木湾村)茶园一贫苦农家。幼年丧母,9岁随父租佃荒山种植杂粮度日。14岁丧父,仍继父业垦山造林为生。民国时期插杉造林4万余株。至1949年,已有2.2万余株可供采伐。土地改革中,他分得田土和山林,更激发造林积极性。农业合作化后,他又长年为集体造林。先后与晚辈拓开金字形、苎麻垄、对门坳、荷树崎、茶窝、禾坪背等8块山场。至1960年,他垦殖造林70多亩,加上民国时期所造的共220余亩,同时为国家提供商品材3900多立方米,价值10万余元。谭世友多次被评为县和地区的林业劳动模范。1962年,被湖南省政府授予特等造林模范。他连续造林60余载,古稀之年仍然勤奋。

1981年,逝世,享年91岁。

唐　纵(1904—1981)

字乃健,号国祯,清光绪三十年(1904)十月,生于康乐乡塘旺村(今鹿原镇塘旺村)一贫寒农家,父母常卖豆腐以维持家庭。少年时代,曾先后就读于本村族学、县立第一高小、湖南典狱学校。民国15年(1926)秋,考入黄埔陆军军官学校第六期,编入步兵科。

唐嗜书如命,军校理论课程门门名列前茅,但步兵实际操练却无一过关,同学戏言道:"唐博士天上的事情晓得一半,地下的事情无所不知。不过就是打不中靶子,系不好绑腿。"唐与同是六期的戴笠等人经常向蒋的心腹密告教官和学员言行,引起蒋帮对他的注意。民国18年5月,黄埔毕业,不久即派在蒋身边做情报工作。

民国21年,蒋介石成立秘密组织复兴社。复兴社下设特务处(处长戴笠),唐纵任书记室书记,负责审批经费、抄送情报等工作。由于他博学多才、办事认真,在上司面前显得恭顺、谦卑,深得蒋介石、戴笠赏识,特务处的人亦称他为"智多星"。

民国22年下半年,戴笠外出河南,唐纵主持特务处工作。一次,在特务处派至南京警察厅任调查科长的赵世瑞怂恿下,错把汪精卫的人当作反蒋人士逮捕。汪以辞职要挟蒋介石,蒋恼羞成怒,查询电话打到鸡鹅巷,唐纵吓得汗珠直淌,急令部下将自己和赵世瑞关押起来。后经戴笠求情,以撤销2人职务向汪交待。赵世瑞为此大发牢骚,唐纵则开导说:"委员长有委员长的难言之隐,我们应当体谅委员长的苦心。我们受点委屈算什么?"蒋、戴闻知,更爱其忠心。24年4月,暗中派他随复兴社头子酆悌去德国,担任驻德大使馆副武官。回国后,重回特务处,任书记长。

民国26年8月，戴笠将唐纵推荐到“随节办事处”，紧随蒋介石行动。特务处各地军事情报直接发往“随节处”，由唐纵审校后再送蒋介石。民国28年，调蒋介石侍从室，先后任上校参谋、第六组少将组长，仍主管情报。民国32年，任军统局帮办，次年选为国民党中央执行委员，民国34年选为国民党第六届中央委员。民国35年，任国民政府参军处中将参军、内政部政务次长。同年，戴笠因飞机失事丧命，蒋任命唐纵为军统局代理局长。唐和军统局另2名副手郑介民、毛人凤之间展开一场拉帮结派、争权夺利的斗争。蒋介石按戴笠生前意愿，委任唐为内政部警察总署署长。其时国共和谈破裂，蒋下令遣送中共人员回延安。唐一面命令各地警察局监视中共人员撤离，一面又密令对来不及撤离的秘密逮捕，强迫自首。

民国36年冬，唐纵到东北视察警务，发现美国特务准备将一批东北工业、矿产资料空运美国，当即指示机场警务人员截留。民国37年冬，国民党内战失利，唐向蒋建议统一全国警察和保安部队，以遏中共地方武装。次年初，国防部下设保安事务局，唐兼任局长，操纵全国警察、保安大权。

民国38年，逃往台湾前夕，他将一批亲信骨干派回安仁、酃县一带，建立“反共救国军”，以阻挠人民解放军进军。

1981年10月，在台北病逝。

凌兆尧（1892—1986）

别号奎庵，五都西坑村（今垄溪乡西坑村）人。清光绪十八年（1892）11月生，9岁始能说话，10岁启蒙家读。其父喜讲战史，幼时便神往习武。16岁县立高小毕业，投考湖南陆军小学。后就学于武昌南湖陆军第二预备学校和河北保定军官学校，民国5年（1916），毕业。曾任广东郑仲元部教官、教育连长、师部参谋。第一次国共合作时，投入唐生智部，任国民革命军第八军1师4团上校团长，和中共党员、团政治指导员黄克诚密切合作，在北伐战争中屡建战功。蒋介石叛变革命后，在北伐军中“清党”，凌冒着风险，发给黄克诚路费和通行证，掩护其脱离险境。在此前后，还掩护过一批酃县籍共产党员。此后，两次参加唐生智领导的反蒋运动。

抗日战争爆发后，任36军2师少将师长，并率部参加上海抗战，配合友军抵抗日军。1937年，调任国民军第八预备师师长，开赴河南前线抗日，因聘共产党人作高参，仿效红军办法治军，率部向八路军抗日根据地桐柏山靠拢，次年被蒋介石撤职。1939年，任第六战区司令长官部中将参议，次年任挺进军中将总指挥，组织游击战争，在湖北一带抗击日本侵略者。1944年，参加民联组织，从事民主革命活动，遭监视和撤职，赋闲回乡。

1947年，被选为湖南省参议员。12月15日，他在省参议会一届四次大会第六次会议上发言，痛陈酃县自明以来田赋之苛，请予减轻以解民困。次年一届五次大会，他又针对省政府社会处不给湘南农民发放贷款之事，在大会上公开提出尖锐批评。

湖南和平解放前夕，他积极拥护程潜的和平主张，反对内战，并与中共地下党组织取得联系，参加签名通电起义，为湖南和平解放作出积极贡献。

中华人民共和国成立后，曾任湖南省政府委员、省农林厅副厅长、省军政委员会参议、省参事室参事、政协湖南省第四届委员、民革中央团结委员、民革湖南省委顾问等职。

1986 年 2 月 16 日，因病在长沙逝世，享年 94 岁。

孟庆德(1924—1988)

乳名观成，化名高山。民国 13 年(1924)1 月，出生于七都浆村。民国 17 年，随祖父迁居长沙。在长沙读小学、中学。1942 年，考取广州中山大学地质系(后转物理系)。

在中山大学期间，他积极投身于学生运动，参加“反内战、反饥饿、反迫害”示威游行，并在进步学生黄道奇等人引导下，参加“社会科学研究会”“野火灶”等进步学生组织，研读《土地法大纲》，毛泽东的《新民主主义论》《论联合政府》，英文版《联共(布)党史》，初步懂得民主革命的中心问题是土地问题。

大学毕业后，应聘到茶陵县省立二中任教，由于不满校方镇压学潮，不等学校解假就不辞而别。1947 年春，在衡阳含章中学任教。

1949 年 2 月，加入中国共产党。5 月，受中共湘南工委派遣回酃县工作，迎接解放。他以康乐乡台山村(今三河镇西台村)为据点，秘密建立中共酃县区工委，任书记，积极而又慎重地发展党、团组织，收集敌方情报，掌握敌人动向。还派出中共党员配合中共安仁县工委做工作，敦促“反共救国军”直属三大队正副队长起义。

1950 年初，谢绝县委挽留，重回教育战线，任茶陵县省立二中教导主任。1952 年，调衡山中学任副校长、校长兼党支部书记。在衡山中学，致力抓好教学、文体活动和学生伙食，被称为“三板斧”。经过几年努力，该校的校容、校风和教学质量达全省一流。1955 届 100 多名高中毕业生，95%升入高等院校。其中 50%以上被北京大学、清华大学、北京航空学院等重点院校和留苏预备班录取。

1958 年 10 月，被错划为“右派”，受到不公正待遇长达 20 年之久，“文化大革命”中被遣送回原籍管制劳动。中共十一届三中全会后得到纠正平反，调回衡山工作。

1979 年 6 月，调衡阳师专附中任校长。1982 年 5 月，调衡阳地区教师进修学院任党委副书记。同年 10 月，被选为衡阳市人大常委会专职委员。1984 年，调任衡阳师专党委书记(后任顾问)。1985 年，经组织批准离职休养，享受副地级待遇。

1988 年 8 月，在衡阳市病逝。

廖海光(1915—1993)

垄溪乡秋田村人。民国4年(1915)9月26日,生于贫苦农民家庭。6岁时仅读4个月私塾,因父丧母病而辍学。7岁被送给人家做儿子,受尽虐待。

1930年11月,投身革命,在县警卫营当战士,后当选为县苏维埃执行委员。1931年,调入工农红军湘赣省独立一师,在师政委王震身边当警卫员。同年加入中国共产主义青年团,年底转为中共党员。1933年,秋被选送红军四分校学习,结业后任该校2连政治指导员。长征途中,先后任红二军团直属队总支书记、17团及步校1团政委。

抗日战争时期,任八路军总部随营学校指导员,抗日军政大学三支队政治部主任、一大队政委及胶东支校政委。后任胶东16团政委,坚持在山东大泽山一带开展反"扫荡",消灭顽军暂编12师2个团,荣获"塔山英雄团"称号。1944年5月,调任海南地委书记兼军分区政委,发动群众开展地雷战,拔掉敌人多处据点,收复胶县、即墨等县城,抗日根据地连成一片。

解放战争时期,任胶东军区第五师政委。1947年9月,任华东野战军十三纵队政委,后任二十四军政委。率部参加胶东和莱阳保卫战、津浦路夏季攻势、济南战役、淮海战役和渡江战役。

1952年8月,任福州军区政治部主任。1955年,任副政委兼政治部主任,参与指挥炮击金门、马祖战斗。同年授少将军衔。1983年,当选为六届全国人大常务委员会委员,1988年,被授予一级红星勋章。原军政大学学生、中国人民解放军总参谋长迟浩田上将书赠"军校高师,齐鲁名将"以示祝贺。

1993年3月,在福州病逝。

尹楚琳(1910—1990)

沔渡镇石桥村人。1910年1月生。少年时曾在本村族学、沔渡新民高等小学求学。1930年考入黄埔军校第八期学生第二总队第二大队第五队。1933年毕业后,在陆军五十四军历任排长、连长、营长。1937—1939年,先后参加淞沪抗战、武汉会战、南昌会战、随枣(湖北随县、枣阳)会战、第一次长沙会战、粤北会战等大规模对日作战。1943年,随部加入远征军,参加腾冲会战,任战炮营营长。因迭建战功,1946年,擢任五十四军少将参谋长。1949年,去台湾。

1990年4月5日,在台北逝世。

刘乐扬(1914—1995)

霞阳镇中团村人,1914 年 10 月 9 日生。1927 年,加入共青团。1934 年,在省立一师读书时,被中共中央军委特科湖南工作站吸收为地下党员。

根据湖南工作站的指示,他于当年加入胡汉民的秘密反蒋组织“新国民党”,广泛收集反蒋情报。1935 年 8 月,通过同学关系打入中统,以特约通讯员身份与中统负责人徐恩曾联系,在中统与何键之间制造矛盾,为红军的发展提供有利条件。

从 1935 年起,“新国民党”成立青年运动委员会,他借机吸收一些共产党员为青运会成员,在党内成立专门指导青运会工作的“青年运动党团”,是负责人之一。北平“一二·九”运动爆发后,他提议发动长沙市学生响应。中共特科湖南站批准这一建议,由他负责起草宣言、组织发动。12 月 20 日,长沙上万名学生聚会声援北平学生爱国运动,举行示威游行,促进全省抗日救亡运动的发展。

因被何键怀疑,1936 年 5 月,2 次被捕。经营救出狱后,根据组织安排,转向新闻界,对桂系开展统战和情报工作。1936 年 7 月起,任《楚三报》《前锋报》《晨报》特约记者,参加中共党员李仲融组织的湖南各界抗日救国会。同年冬,主编副刊《天心阁》。因发表指责国民党不抵抗政策的文章,2 次遭到特务追捕,转移到桂林,任广西学生军一团宣传科长。1940 年 1 月,经中央特科负责人李克农批准,进入鄂北河口第五战区桂系大本营,任政治部设计委员、调查科长等职,保护了一批进步人士。1941 年 8 月,进入皖北,再次逃脱国民党的追捕。

1946 年 4 月,经党组织批准担任重庆《西南日报》总编辑兼主笔。1947—1949 年 2 月,在重庆西南学院及香港达德学院任教授、新闻系主任,兼任湖南《新潮日报》、长沙《晚晚报》、邵阳《劲报》驻香港特派记者。期间,撰发文章 90 余篇,对推动湖南和平解放发挥了积极作用。

中华人民共和国成立后,先后在中央社会部、湖南省委统战部工作。1951 年,任湖南省人民政府参事室参事。20 世纪 50 年代,肃反和反右派时受到错误处理,3 次入狱,蒙冤 25 年。平反之后,曾任中共湖南省委统战部副部长。

1995 年 4 月 2 日,病逝。

霍立仁(1903—1996)

三河镇庙前村人,1903 年生。少年时在县立第一高小就学。1921 年,毕业于长沙职业学校。1924 年,在西北随军干校学习,1925 年,在国民政府交通部工作。期间留学日本帝国大学经济系。1927 年,回国,在国民革命军第二集团军冯玉祥部任少尉排长、政治部上校科长。1932 年,任交通部职工教育委员会科长。1937 年,任陕西麟游等县视察员,后代理县长 6 个月。

1943 年,任西北兰州铁路管理局稽查组少将组长、军统局兰州西北区区长、兰州站站长。其时,兰州地方官送礼送房,霍概予拒收。1944—1945 年,在上海任中国建设协会副书记。1946 年,任国民政府警察总署少将高参,后调任湖南绥靖公署少将高参。1947 年,任国防部保安局少将督练官。1948 年 12 月,任国防部少将部员。

1949 年,赴台湾。1973 年,退休,思念故土心切,曾派女儿回乡探望。1983 年,托子女为炎帝陵捐款 500 美元。还为炎陵在台同乡牵线搭桥,联系 200 余人次回乡支援家乡建设。

1996 年,病逝于台北,享年 93 岁。

余庆腾(1918—1996)

1918 年 1 月,生于十都深垄村的一个贫苦农民家庭。1931 年,参加儿童团。1932 年,加入少共青年团(CCY)。1932 年 8 月,参加工农红军,编入县警卫营,随后派往湘赣军区红军分校学习,结业后分配在湘赣军区手枪队,在江西上犹、崇义、遂川、吉安,湖南桂东、汝城及广东边界一带打土豪、筹粮款,参与第四、五次反"围剿"斗争。

1934 年,中央红军长征。余庆腾留守革命根据地,坚持游击战争。1935 年春,与赣南军区司令员蔡会文部汇合,成立湘赣边区游击队,任副队长。1936 年 2 月,湘赣游击队与周礼率领的湘粤赣游击支队汇合,继续在桂东、酃县、汝城和江西上犹、崇义一带开展游击战争。

1937 年,游击队编入新四军,开赴抗日前线。余历任新四军一支队 2 团 3 营 9 连副政治指导员、苏南游击队队长、新四军教导总队队长、江北游击队纵队政治指导员、无为县大队大队长、7 师临江团三营营长、皖南支队 3 团副团长等职。在"皖南事变"中,英勇突围,返回部队。

解放战争时期,历任 7 师 20 旅参谋处作战股长、参谋处长、六纵队留守处副处长、17 师 10 团团长等职。参加了豫东、莱芜、淮海、渡江等战役。

中华人民共和国成立后,先后任七十一师副参谋长、军委军校部特校处副处长、步校处副处长、训练总监部院校部步兵预备学校处处长、大巨守备区副司令员、司令员、江苏省淮阴军分区司令员、镇江军分区司令员、扬州军分区司令员等职。1955 年,荣获三级八一勋章、二级独立自由勋章、二级解放勋章。1959 年 9 月,被中央军委授予上校军衔,1960 年 6 月,晋升为大校,1979 年,任江苏省军区副军职顾问,1982 年 8 月,离职休养。

1996 年 10 月 16 日,在南京病逝。

陈祯炳(1926—1997)

平乐乡青山村人,1926年7月22日出生。1949年10月,参加工作,1950年3月,被推选为新龙乡农民代表委员会主任,继而又被推选为新龙乡农民协会主席。10月,任新龙乡人民政府乡长。1952年,加入中国共产党。当年调到县公安局,先后任秘书股副股长、股长。1953年9月,任副局长,1955年10月,任局长。他坚持原则,依靠群众,严厉打击各种犯罪,破获刑事案件122起,取得创建安全县的优异成绩。1958年6月,22—8月18日,以模范公安局长的身份,在北京参加全国第九次公安会议。7月9日,他和与会的全体代表一起,受到毛泽东等党和国家领导人的亲切接见。

1959年,酃茶合并后,任中共茶陵县委委员、石洲公社第一书记。1960年,任中共茶陵县委书记处书记。1961年6月,任中共酃县县委副书记,连任20多年。1980年12月,至1987年3月,任酃县第八届和第九届人大常委会主任、党组书记。

1997年7月9日,因病逝世。

尹培兰(1918—1997)

十都太坪村人,1918年5月生。1939年秋,毕业于省修业高级农业学校。1939年冬至1942年,任省农业改进所技助、技佐等职,从事农业技术研究工作。1943年,在县城关小学任教。1946年,任省立第二师范学校农场实习指导员。1947年,辞职回沔渡黄烟铺租12亩荒山办果园,从此踏上园艺之路。1950年,果园收归公有,他担任果园技术员。1953年8月,县开发石壁寺苗圃,尹培兰被招工并担任苗圃技术员。1957年后,先后到十都“五四”果园、茶陵米筛农垦场、县坎坪农场、碧江苗圃、天平茶场任技术员。1980年,当选县人大代表,1981年被授予助理农艺师职称。1983年,退休。

尹培兰在创办果园的同时,积极引进优质水果。经他引进的柰李、芙蓉李、梨、桃、柑橘等优良品种数十个。对果树的嫁接、培管,对花卉、盆景、庭院经济等方面都有很深的造诣。积极“传、帮、带”,培养了一大批园艺骨干。他爱好诗歌创作,县档案馆藏有《尹培兰诗集》稿。

1997年11月15日,因病逝世。

蓝肇祺(1905—1998)

畲族,原名蓝英鸿,中村乡龙坪村人,1905年8月生。1912年,进私塾。1917年,入水口高小。1925年,赴长沙,考入湖南贫民工艺厂,半工半读。次年考取湘江中学,旋转入毛泽东创办的湖南农民运动讲习所,其间加入中国共产主义青年团。

1927年,长沙发生“马日事变”后,改名蓝肇祺。几经辗转,考入湖南乐群会计专业学校。

1928年底,毕业,由学校介绍到湖南省国货陈列馆任会计。1936年1月,任国民政府资源管理委员会锑业管理处课长。抗战爆发后,随管委会迁至零陵。1942年9月,调重庆任物资食油管理处总务科长。次年4月,调任经济部燃料管理处总务室主任。

其间与共产党员刘乐扬交往甚多,受其影响开始向中共靠拢。抗战胜利后返湘任经济部燃料管理处湘鄂赣区分处副处长兼驻长办事处主任。1946年6月,蓝在共产党和民盟地下组织领导下,担负进步报纸《晚晚报》的复刊任务。1947年2月复刊,蓝任社长,多名中共党员在报社任职。因经常报道革命形势、揭露国民党黑暗,被警告和查封多次。其间,蓝个人出资2800银元帮助报社渡过难关。

1948年5月,蓝经共产党员周新民、李相符介绍加入民盟。1949年4月,筹办民盟湖南省支部执委会机关报《民主报》,蓝又出资3000银元。8月,《民主报》创刊发行,宣传共产党的方针政策和中心任务。湖南和平起义前夕,蓝受命做好工商企业和报社的护产保厂工作,积极支援起义部队。蓝与部分民盟成员筹资购了一批药品和收发报机秘密送往湖南人民解放总队湘中第一支队驻地。

1950年2月,蓝受命前往香港,动员多名旅港的长沙工商界知名人士和科技人员回湘参加祖国建设。同年6月,任湖南省人民政府参事室参事。1957年9月,被错划为右派。次年判刑5年。1979年6月,平反,恢复名誉。先后当选为省政协委员、民建省委委员、省工商联委员、长沙市工商联副主任委员。

1998年6月,在长沙病逝,享年93岁。

周　藩(1910—1998)

字汉仙,三河镇枧田洲村人,1910年10月生。父母均为普通农民。

1925年5月,应试黄埔军校学生兵被录取,编入机枪连。次年5月编入战斗部队参加北伐,以战功擢升机枪连连长。

1927年12月,考入南京中央军校炮科,毕业后任陆军见习队炮兵教官。不久因涉嫌“倒蒋”案被捕,经同乡联名担保获释。1931年,考入中央宪警高级班,毕业后短期供职于南京某派出所。1933 年,在阎锡山部任中校炮兵营长,驻防嘉兴市。1936 年,调驻太原。“七七”事变后,随部参加古北口作战。国共合作期间,阎锡山委托薄一波组织新军,周任中校教官。此间,以纵队大队长身份到太行山八路军某部学习游击战。曾配合杨秀峰领导的冀西游击支队对日作战。

1939 年春,任国民革命军第五军荣誉 1 师中校作战参谋。次年 12 月,参加昆仑关战役获大捷,升任副师长兼参谋长。1941 年 3 月,任国民革命军第八军参谋处长,奉命增援宜昌并接替防守。所部袭击日军机场,击毁敌机 10 余架,并烧毁油库,破坏跑道。10 月,率部反攻宜昌。后随荣 1 师编入国民革命军第八军,任 2 团团长,驻防沙市。

1943 年 2 月,入滇东布防。次年 5 月,调滇西参加反攻滇缅公路之战。2 团渡怒江后,以部分兵力围攻松山要塞,周亲率主力驰援廖家寨,解宋希濂集团军司令部之围。9 月 7 日,松山战斗结束,随即奇袭龙陵日军,11 月,初收复龙陵。

日军投降后,调山东受降。1946 年冬,任荣誉 1 师少将副师长,1947 年,任 43 旅少将旅长兼龙口警备司令。1948 年,调锦西,任国民革命军十三兵团第九军 3 师师长。5 月,调安徽泗县参加淮海战役,任国民革命军第九军副军长。1949 年 1 月,在永城东北之陈官庄率部向中国人民解放军投诚。

1975 年 3 月,任湖南省文史馆专员,1983 年,任省政协委员、株洲市政协副主席,1984 年 7 月,任省政府参事室参事。

1998 年 10 月,逝世。

李道合(1913—1999)

原名李信安,东风乡红星村人,1913 年 12 月生。本地小学启蒙后,考入炎陵高小。1930 年,考入湖南省立第五中学。1933 年,毕业后在本地望云小学、县立第一高级小学执教,在炎陵高级小学任校长。

1937 年,抗日战争爆发,李道合决意投身抗战,为国纾难。次年在中央警官学校特警班受训。

1947 年,曾回家奔父丧。1949 年,赴台湾。1980 年,退休。退休后隐居台北,茹素礼佛,热心公益。

1988 年 4 月,回乡祭祖探亲,为本村捐赠办幼儿园场地,支付幼儿教师工资,为村小学捐建教室,还为炎帝陵修建和宣传捐资。1996 年,在红星村设立“白公奖、助学金”,在炎陵县设立“李道合念祖优秀学子奖学金”。至 2001 年的 6 年间,共奖励优秀学子 287 人,发出奖学金 21.63 万元。加上其他公益事业捐款共计 30 万元。

1999 年 3 月,在台湾病逝。

金庆民(1939—1999)

女,三河镇枧田洲村人,1939年8月生。1957年,考入北京地质学院。1961年毕业时，主动要求分配到新疆工作。在茫茫无际的戈壁滩、在海拔6000米的昆仑山,她和队友多次遇险。1980年,她在塔里木盆地巴楚瓦吉尔塔格发现“角砾石田橄榄岩”,被列为国家地质新发现,为新疆地质局找到原生金刚石提供重要依据。

1981年,金庆民调南京地质矿产研究所,历任地矿所助理研究员、副研究员、研究员、中国地质科学院南极研究中心主任。

1984年,她只身前往西南横断山脉,7个月行程1.5万公里,收集百万字的地质资料和几百公斤标本。随后承担《中国矿床铅锌矿分册》一书的编写。

1986年,她先后在新西兰、加拿大2个国际学术会议上宣读自己的《义敦岛孤海底火山喷气型铅、镑、银矿床地质特征与成矿模式》《中国新疆北天山达坂城层控铜矿带地质特征》2篇论文,受到国外学者的好评。当年10月,金庆民随中国第三次南极考察队赴南极。历时199天,环球航行3.7万公里,完成了海洋物理、海洋生物、海洋化学、海洋地球物理学和对南极大陆的考察任务。回国后,继续从事火山岩的地层层序和火山岩造岩矿物、冰雪和同位素研究工作。

1987年3月9日,金庆民在南极长城站加入中国共产党。

1988年11月,金庆民参加中美双方联合举办的攀登南极最高峰—文森峰的科学考察。她孤身一人留在1200多平方公里的冰雪世界长达4天,征服了号称“死亡地带”的一切险恶,首次在文森峰发现较大规模的铁岩系及很有开发前景的铁矿,填补了文森峰山区地质学研究空白,成为世界上第一位进入南极腹地的女地质学家。

1990年4月4日,金庆民在中南海受到中共中央总书记江泽民接见。她还被国务院、全国妇联、地质矿产部授予全国先进工作者、全国“三八”红旗手、地矿部劳动模范等称号。被选入《国际名人辞典》《中国名人辞典》。

1999年12月18日,因病在南京逝世。

周　里(1903—2000)

原名周策海,曾用名周礼,1903年11月,生于黄挪潭凉桥(今策源乡梁桥村)。1924年,考入衡阳湖南省立第三师范学校。在三师经同学介绍阅读《共产党宣言》《共产主义A、B、C》和《向导》等进步书刊,受到革命启蒙教育。1927年3月,考入共产党和国民党左派合办的国民党省党校,学习马列主义的基本理论。“马日事变”后,党校被迫停办。4月,加入共青团组织。5月,周里、刘平章受中共组织安排，秘密回县，在凉桥一带发动和恢复农会组织，7月，周里经黎育教、邝光前介绍加入中国共产党，建立中共凉桥临时支部，推选为支部书记。

1927年10月中旬，毛泽东带领工农红军来到水口，周里向毛泽东汇报酃县农运工作情况，毛泽东说："目前，白色恐怖笼罩全国……你们这里有党支部，还有农会，这就不错，你们不但要进一步发展党的组织，扩大农民协会，还要有武装"。1928年2月，成立中共酃县特别区委，周里任宣传委员，参与组织"三月起义"。3月19日，中共酃县特别区委改为中共酃县县委，周里任宣传部长。5月20日，设在南岸段家垄的中共酃县县委机关因叛徒告密，被挨户团包围，周里突围脱险。

1929年4月，周里任中共酃县临时县委书记，5月，被选为湘赣边界特委执行委员。1934年4月，周里任酃（县）遂（川）游击队长，7月，任酃遂中心县委书记。8月，主力红军长征后，周里在湘粤赣根据地坚持游击战争。1935年，任中共湘粤赣组织部长，特委代理书记。1936年，粤军重兵包围湘赣游击支队所在地桂东县、西边山，司令员蔡会文牺牲，特委书记陈山负伤后叛变。在此严峻形势下，周里接任湘粤赣特委书记和游击支队政委，率领仅存的10余人从东边山突围到酃县。同年5月，任湘南军政委员会副主席兼湘南特委书记。不久，军政委员会主席徐克全携款潜逃，周里立即重新部署特委工作，湘南武装斗争进一步发展。

1938年2月，游击队开赴抗日前线，周里任新组建的湘南特委组织部长。此后，历任湘南特委代理书记、书记。1941年，任中共湖南省工委书记。

1944年，遵照中央南方局指示，恢复和发展党的组织，开展抗日民族统一战线工作。组织和发展湘南、湘中的抗日游击武装。周里在湘潭韶山一带指导抗日游击队工作。1946年6月，国民党发动全面内战。省工委指示全省各地党组织发动农民进行反征兵、反征粮、反征税斗争。至1949年，中共湖南省工委领导的游击武装发展到3万多人。先后建立长沙市工委，5个地区工委，1个中心县委，党员由700人发展到8000多人。

为湖南和平解放，周里多次同程潜的族弟程星龄见面，商谈做争取程潜的工作。又派员先后同程潜、陈明仁见面，阐明人民解放战争的胜利形势和共产党既往不咎，立功受奖的政策。1949年6月，程潜写了决心起义的备忘录，由省工委转呈中共中央和毛泽东主席。8月4日，程潜，陈明仁领衔发出起义通电。8月5日，人民解放军和平进入省会长沙，湖南宣告和平解放。

湖南解放后，周里任中共湖南省委常委兼组织部长。1952年10月，任中共湖南省委副书记兼湘南区党委书记。1958年2月至1964年9月，任省委书记兼湖南省人民政府副省长。1962年，国家压缩城市人口，周里带头动员在汽车电器厂工作的儿子回到酃县策源老家当农民。

1979年4月，周里任湖南省第四届政协主席。1982年，任中共中央顾问委员会委员。

1984年11月,湖南省成立革命老根据地经济开发促进会,省委、省政府请周里担任理事长。上任后办了7件实事:创办实体,成立中外合资湘永经济开发有限公司;建立办事机构,省、地、市、县都设"老区办";确定革命老区范围,全省共计68县,其中第二次国内革命战争时期26县;创办报刊,1985年8月《老区经济建设》创刊;制定3个5年计划;广泛动员社会力量,支持和帮助老区经济开发。1985—1995年,用于全省老区经济开发的专项资金累计7040万元,贴息和低息贷款近两亿元。

周里是党的十三、十四、十五次全国代表大会特邀代表,第三、五届全国人大常委委员。

2000年5月22日,在长沙病逝,享年97岁。

刘鼎汉(1909—2000)

鹿原镇鳌头村人,1909年10月生。1929年,考入中央军校武汉分校。1932年3月,于南京中央陆军军官学校毕业。8月,任第十八军14师司令部上尉参谋。

1937年8月,参加淞沪抗战,奉命增援罗店。刘所在的18军与日寇第11师团在罗店血战近1个月。日军为争夺这个弹丸之地,战死几千人。整个罗店血流成河,被日军称为"血肉磨坊"。当年11月,刘任14师特务连长,在掩护部队撤退时负伤。

1938年3月,升任第八预备师30团1营少校营长,先后参加河南汜水和陕西禹门的对日作战,因守黄河有功,奉蒋介石手谕记大功一次。1939年2月,任陆军第五十四军第二野战补充团中校团副,参加粤北战役。1940年4月,任陆军第99师司令部上校参谋主任。5月参加鄂南作战,破坏敌后交通补给,有力配合第一次长沙会战。

1941年,任第99师野战补充团团长,参加第二次长沙会战。随又调任297团团长。12月下旬,参加第三次长沙会战,在汨罗江至神鼎山一带"迟滞作战",消耗日军战力。1944年5月,参加长衡会战,率团于石桥湾奇袭日辎重大队获胜。第九战区司令长官薛岳亲为颁奖。之后,又截击日军于渌水、萍乡、永兴、耒阳一线,击毙联队长一员,被授予"干城甲种一等奖章"。随后参加追击日军诸役,迭建战功。1946年7月,任整编第六十九军99旅副旅长。1947年元旦,获抗战胜利勋章和抗战胜利纪念章等。1948年10月,任整编99军99师少将副师长。

1949年4月,赴台湾。

刘鼎汉素有"将军诗人"之称,著有散文《打罗店》《血战昆山》《西线归来》及诗集《碑》《歌北方》等。主持编写了《国民革命军陆军第十八军军史》。

2000年11月27日,在台北逝世,享年91岁。

张平化(1907—2001)

1907 年 5 月 9 日,生于石洲乡石坝村的一个农民家庭。1926 年春,在衡阳省立三师求学时,受到北伐军"打倒列强,打倒军伐",以及孙中山联俄联共扶助工农三大政策的影响,追求进步,向往光明。萌发投身革命,参加共产党的愿望。1926 年 6 月,加入国民革命军。1927 年 3 月,任国民革命军 363 师 9 团 3 营政治指导员。先后参加北伐战争中的西平、遂平、临颍等战役。

1927 年 6 月,大革命失败后,革命处于低潮,张平化回到酃县。11 月,经刘寅生、周礼介绍加入中国共产党。先后担任中共酃县县委宣传部长、三区区委书记、县委书记、赤卫大队党代表。1928 年 3 月,率领石洲、安坑、大源等地农民进行武装起义。1931 年 2 月,组织游击队、赤卫队配合红七军打败汝城挨户团胡凤璋部,缴获步枪 100 余支。1932 年 4 月,张平化被诬告为"AB 团"分子,幸得前来执行处置任务的湘赣军区独立师政委王震深入调查,才免遭不测。同年夏调任湘赣省军区第二军分区政治委员。1933 年,任红四分校政治部主任,湘赣军区政治部宣传部部长。在艰难困苦的环境中,浴血奋战,坚决执行毛泽东"沿山发展,波浪式前进"的指示,酃县苏区发展到 4 个区、34 个乡,军事割据进入全盛时期。在苏区的革命斗争中,张平化牺牲 7 位亲人。

1934 年 8 月,随红六军团突围,参加二万五千里长征。历任红六军团政治部部长、红二方面军 4 师政治部主任、红三十二军政治部主任、红二方面军政治部宣传部部长。长征途中,他对张国焘的反党分裂活动,进行坚决斗争。长征结束后,任抗大二分校(红军庆阳步兵分校)一团政委。

抗日战争爆发后,随 120 师创建晋西北抗日根据地,任八路军 120 师政治部宣传部部长,358 旅政治部主任、政委,独立第二旅政委兼第二军分区政委,晋绥军区政治部主任。参与领导晋西北的抗日宣传、发动群众和武装斗争。1939 年 4 月,参与组织著名的"齐会战斗",激战 10 天,歼敌 700 余人。9 月,组织和指挥陈庄战斗,粉碎日军的进攻和"扫荡",巩固和发展平原抗日根据地。1940 年 12 月,日军对西北根据地发动冬季"扫荡",张平化团结友军,抓住敌人弱点,运用袭击、包围、分割、伏击等战术沉重打击敌人。同时发动群众,组织军民大生产运动,克服生活物质供应的种种困难。

抗战胜利后,张平化奉调北上,先后任东北联军政治部副主任、西满军区政治部主任、东北西满分局常委、民运部长。1947 年冬,出任中共哈尔滨市委书记,他以实事求是的态度,稳妥贯彻执行党的方针政策,保护工商业者,化解各类矛盾,尽快恢复和发展经济,为接管城市提供宝贵的经验。

1949 年 5 月,调任中共武汉市委书记。1954 年,领导武汉市人民进行一次特大防讯抗洪斗争,带领党委一班人,动员全市 5000 多名干部和 11 万军民,组成抗洪大军,在 130 公里的堤防线上,连续奋战 100 多个昼夜,保卫武汉市和江汉平原人民的生命财产安全。第一个五年计划期间，国家决定修建武汉长江大桥。张平化把这项工作当成武汉经济建设的头等大事，经常深入现场，调查研究，解决困难。武汉长江大桥于1957年1月15日建成通车，比原计划提前2年完成。

1959年9月，出任中共湖南省委第一书记、省军区政委、省政协主席、中南局书记处书记。1961年初，组织全省各级党委认真学习和推广刘少奇在天华大队“蹲点”的经验，动员各级领导干部下农村“办点”，大兴调查研究之风。5月13日，向毛主席递呈农村调查报告，第二天就得到批示：“张平化同志，你的这封信，可发湖南全省各地、市、县、社党委研究，依照办理。”1962年3月，张平化回到酃县城东公社中团大队调查研究“怎样办好生产队。”整整半个月时间，广泛接触干部和群众，将群众反映的意见和建议收集整理，最后将“怎样办好生产队”的经验在全省推广。注重林业对农业的保护作用，纠正林业工作上“重砍轻造”的错误思想，将全省“采伐场”更名为“采育场”。

1966年6月，张平化任中央宣传部常务副部长。在“文化大革命”中，遭受残酷迫害。1971年，重新工作后，出任中共山西省委书记。大抓农田水利建设，着重解决山西严重缺水的问题。1973年7月，任湖南省委第二书记，对湖南工农业生产的恢复发展作出了积极贡献。同时对“四人帮”的倒行逆施，进行坚决的抵制和针锋相对的斗争。他十分关心家乡老区建设，亲自为酃县氮肥厂竣工投产点火。为解决水口电站电机设备困难，给广东省委书记写信，要广东韶关水轮发电机制造厂援助制造水轮发电机组。并动员省里有关单位给予人力、物力和资金大力支持。他重视湖南杂交水稻研制和推广，连续10余年，湖南杂交水稻种植面积一直名列全国第一，粮食单产列居全国榜首，成为全国农业大省。1977年10月，任中共中央宣传部部长。1979年2月，任国务院农委第一副主任、党组副书记，1982年5月，任国务院农村发展研究中心顾问，仍为全国农村的发展和建设呕心沥血，大搞调查研究，倡议恢复植树节，参与设计部署全国几个防护林体系，指导陕北防护林、黄泛区防护林工程。编写《保护森林、发展林业》一书，对全国农村经济改革和促进林业发展具有重大指导意义。县内的公路建设、修复炎帝陵、将炎陵县列入井冈山革命老区湖南5县科技扶贫县之一等等都得到张平化的帮助和支持。

张平化是中共第八届中央候补委员，第十届、第十一届中央委员，第十二届中央顾问委员会委员，中共第十三次、第十四次、第十五次全国代表大会特邀代表，第五届全国人民代表大会常务委员会委员。

2001年7月23日，因病在北京逝世，享年95岁。

刘光庭（1932—2001）

沔渡镇上老村人，1932年生。1945年，考入湖南省立第二中学（茶陵一中）。1951年，考入大连工学院机械系。1956年，毕业，分配到清华大学执教。

1957年，开始潜心研究企业发展中的“软件”—“质量管理”。

1984 年 5 月，清华大学成立经济管理学院，刘光庭调入。他先后主导《企业管理》《工厂设计》《生产管理》《设备管理》和《质量管理》等课程。刘光庭不仅担任经管学院管理工程教研组的负责人，还担任该院质量管理课程的设计者。

在清华大学指导过 22 名硕士研究生。个人著述有《质量管理学》《质量分析》；与人合著的有《质量成本管理》《中国质量管理》《机械工业企业质量管理》《质量创优技巧》《中国质量管理指南》《可靠性》《质量管理辞典》等，计 930 多万字。《质量管理学》和《机械工业企业质量管理》分获清华大学优秀教材二等奖和机械行业优秀教材二等奖。

20 世纪 80 年代，被聘为全国质量管理协会理事、常务理事，中国质量管理协会高等学校质量教育研究会副主任委员，中国质协高校质量教育师，《质量管理》杂志社编委。主持和参与了许多大型国家企业的质量管理咨询服务。1989 年，被中国科协、全国总工会等 4 单位评为“全国优秀质量管理工作者”。1989 年，加入中国民主建国会。

2001 年 12 月 30 日，因病在炎陵逝世。

周开发（1932—2005）

水口镇自源村人，1932 年 11 月 12 日出生。1951 年，参加工作。1952 年，加入共产主义青年团。1953 年，任团县委副书记。当年 7 月，加入中国共产党。1963 年 2 月至 1983 年 12 月，先后任县监察委员会专职委员，县委组织部长，县革委会常委、县革委会政工组副组长，河西公社党委书记，县革委会常委、县革委会生产指挥组副组长，县委委员、组织部副部长，县纪律检查委员会副书记，县人大常委副主任，县委常委、县纪律检查委员会书记。在从事纪检监察和党务工作期间，他坚持原则，秉公办事，刚正不阿，在挽救同志、纯洁党的队伍、培养干部、加强党的建设、服务县域经济等方面做了大量艰苦细致的工作。1985 年 7 月，贯彻中共中央《关于整党的决定》，领导专门班子查处以权谋私和违法、违纪案件 29 起，挽回经济损失 251.2 万元，党纪处分 111 人。1988—1989 年，贯彻上级关于治理整顿的方针，在干部队伍中开展清理违规、违纪建私房和反贪污、贿赂斗争。他严格执行党的政策，认真组织清理工作，从宽处理投案自首者 75 人，处理拒不承认错误者 19 人。

1990 年 4 月，任县委常委、政协酃县第三届委员会主席。他积极组织政协委员开展社会调查，为县域经济和社会发展献计献策。为炎帝陵升格国家文物保护单位不辞辛苦，多次赴北京呼吁，并得到全国政协的重视，组织有关部门和专家到炎帝陵考察认证。1993 年底，担任政协特邀顾问，为炎陵县的笋竹林产业开发，建言献策。

周开发是县第一、三、四、五、六届党代会代表，第七、十一届人大代表。

2005 年 3 月 24 日，因病逝世。

钟炳勋(1921—2005)

1921年3月,出生于十都密花村一个贫苦农民家庭。早年丧父,全家靠母亲艰难维持。大哥二哥参加红军,在对敌斗争中不幸牺牲。1935年,年仅14岁的钟炳勋受革命熏陶,毅然参加中国工农红军湘南游击队,在湘粤赣边区坚持3年艰苦卓绝的游击战争。1937年,抗日战争爆发,钟烦勋随所在部队改编参加新四军。9月,加入中国共产党。在支队长陈毅带领下开赴江苏参加抗日,在丹阳、镇江、保源、东泰、盐城等地与日本侵略者作战,先后任新四军一支队2团3营7连班长、排长、连长。抗日战争胜利后随部队改编加入中国人民解放军,任华东野战军六纵队16师40团连长。参加苏北、鲁南、莱芜、孟良崮、淮海等大战役,任解放军某部副营长、营长,先后4次负伤,在淮海战役中左脚受重伤不幸致残。1950年,经组织安排由衡阳军分区转任中国人民公安部队酃县中队队长。由于身体原因,1953年10月,经组织批准,回十都密花村务农,先后任大队支部副书记、书记。

回到家乡后,钟炳勋以一个久经沙场的共产党员的坚强毅力,一边与伤残病魔作斗争,一边坚持生产劳动。他毅然丢下2根拐棍,扶墙练习行走,日复一日,终于恢复独立行走的能力。在20多年的农村工作中,他带领群众积极劳动生产,努力建设美好家园。他回乡时,村里仅他1名党员。他精心培养积极分子,发展党员,建立大队党支部,经他发展的党员就有21人。支部多次被评为县、乡先进党支部。1980年,钟炳勋当选县第八届人民代表大会常务委员会委员。1989年4月,离休,享受副厅级待遇。

2005年11月15日,因病逝世。

刘朝华(1977—2008)

霞阳镇坎坪村人,1977年9月出生。1995年12月至1998年12月,在安乡县武警中队服役,并加入中国共产党。1999年8月至2003年8月,在东风乡中学从事后勤工作。2003年9月至2008年8月,在县教育局任专职司机。

他热心扶贫助学,1999年,参加工作以来,他见有学生没吃饱饭,就买方便面送给他们吃;有学生生病,他就自己掏钱给他们看病煎药。得知东风乡高山村的王勇家境贫寒,当时每月只有200元工资的他却拿出平日积存的600元,帮助正读初二的王勇完成初中学业。2003年,他利用工作便利对全县15个乡镇筛选的200多名特困学生进行走访调查。他的愿望是“要尽自己的能力让山里的孩子都能顺利完成学业。”

2006 年初,在株洲义工社支持下刘朝华组建炎陵义工团队。每逢双休日,他和他的助学团队都是在对贫困学生家庭的走访、捐助中度过的,每次下乡,都是自带干粮、矿泉水,骑上自己的摩托,行走在崎岖的山道中。家长执意留他吃饭、住宿,他总说:“我们是来扶贫助学的,不能给你们增加麻烦。”他每个月收入不过千元,但每一次走访,他都会慷慨解囊,少则 50、100 元,多则 500、1000 元。每年的六一儿童节,他总要把一些边远山村的小朋友领到自己家中,陪他们做游戏、逛公园,让孩子们过上一个开心的节日。

为了扩大助学范围,在征得学生家长同意后,刘朝华将自己走访核实后的贫困学生资料公布在“炎陵之窗”论坛上,利用现代网络发动社会助学。2007 年 1 月,在“炎陵之窗”论坛发起“10 元助学活动”,募集助学资金 6600 元,资助炎陵一中吴艳红、曾艳萍等 10 多名品学兼优的特困学生。2008 年 3 月,为与爷爷相依为命的石洲小学六年级学生石磊送上生活费用 500 元。4 月,在“炎陵之窗”论坛发出为身患尿毒症的邹筱红募捐的倡议,筹集 6100 元爱心款送给邹筱红治病。同年 8 月 17 日,在走访策源贫困生返回至水口木湾遭遇车祸去世,年仅 32 岁。据不完全统计,刘朝华和他的义工团队共为省内外 200 多名贫困学生提供资助,资助款物数百万元,他个人扶贫助学总行程达 2 万多公里。

他的感人事迹经新华社、人民日报、光明日报、中央电视台等媒体集中报道后,传遍大江南北,在国内外引起强烈反响。中共中央领导李长春、刘云山等对他的事迹先后作出批示,号召全国向刘朝华同志学习。他被追授:株洲青年楷模、株洲教工楷模、湖南道德模范、湖南杰出青年志愿者、湖南青年五四奖章、湖南优秀共产党员、湖南杰出金牌义工、中国杰出青年志愿者。入选 2008 年感动株洲十大人物、湖南十大新闻人物、中国好人榜。

兰才干(1956—2000)

畲族,中村乡梅岗村人,1956 年 2 月生。1979 年,任村秘书。1984 年 7 月,加入中国共产党。1989 年 3 月,任村支部书记。1993 年,卸任。1997 年,经民意推选,组织上信任,再次担任党支部书记。

上任后,为改善村民生产生活条件,他卖掉自家 3 头肥猪,带头捐款 3000 元,一个月内发动全村捐款 25 万元,组织修建全长 4.7 公里,宽 4.5 米的环村公路。将 2 公里外的山泉引下山,让 228 家农户用上自来水。争取项目投资 400 余万元,开展土地整理,筑水坝,修渠道,建环保沼气池,改造 300 多亩低产冷浸田。筹资 20 多万元建梅岗农贸市场,时为全县设施较完备、交易较活跃的村级农贸市场。

为帮助村民走上致富发展之路。采用“公司 + 农户 + 基地”发展模式,种植茶叶 500 亩,带动全乡茶叶面积突破1000亩。所产“神炎春”茶叶日渐成为知名品牌。

为方便村民生活，繁荣市场经济，在市场周边沿国道两旁集中规划建设农民新居89栋。此外，还大力实施农田综合开发治理，全面疏通沿村河道，修复水毁河堤，对影响春耕生产的水利设施及时修复。农家书屋办得有声有色，丰富村民业余文化生活。梅岗村成为炎陵县推进新农村建设的示范村。

2007年，作为全省村支部书记代表参加省委常委会议，并在会上作“村官不是官、责任重于山”的发言，受到省委书记张春贤的赞扬。

2009年7月，兰才干在体检时查出患有胃癌。当时，为解决村基础设施建设资金困难，他瞒着妻子将准备治病的3.6万元垫用，延误手术治疗，病情加重，癌细胞扩散。手术后一个星期，他就投入紧张的工作，他说：“我要用有限的生命，实现自己承诺的兴村富民愿望！”

2010年3月28日，病逝。他的先进事迹被报道后，引起中央和省市领导和社会的关注，同年被评为株洲市首届敬业奉献道德模范、感动株洲十大人物、全国劳动模范。

林开盛(1983—2011)

石洲乡太源村人，1983年8月7日出生。2001年，参军，在新疆某部服役，历任文书、班长，多次被评为优秀士兵、优秀士官，荣获三等功一次。2004年7月，加入中国共产党。2007年12月，服役期满后，考取公务员，分配到和田地区墨玉县芒来乡政府工作。2008年9月，调入疏勒县英尔力克乡政府。2010年3月，借调到疏勒县治理工程建设领域突出问题工作领导小组办公室。

2011年7月31日下午，喀什市香榭大街发生暴力恐怖案件，林开盛在与暴徒展开搏斗，掩护群众逃离中牺牲。2011年12月31日，经新疆维吾尔自治区人民政府批准为革命烈士。骨灰送回家乡，安葬在石洲乡太源村田心组。

周定一(1913—2013)

垄溪乡古塘村人，周树吾之子。1913年11月生。1935年，考入北京大学，师从罗常培、魏建功、王力、唐兰等学习传统的现代语言学。参加过“一二·九”学生抗日救亡运动。抗战期间，随校辗转至昆明。1939年，毕业于西南联大。曾在云南教中学，后应聘回联大任教。

抗战胜利后，在北京大学中文系和文科研究所工作。1950年，中国社会科学院成立语言研究所，周定一调入语言所工作至退休。

他是近代汉语研究室主任，还兼任中国语言学会和中国训诂学会理事、北京语言学会副会长等多个学术职务。2006 年 8 月，中国社会科学院成立学部，周定一为荣誉学部委员。

周定一从《中国语文》创刊（1952）起就任编辑，1955—1960 年，任常务编委。他撰写《汉语方言的分布情况》《汉语方言和拼音文字》《谈汉语规范化》《汉语语言科学的通俗普及工作》等多篇文章，积极推动语言科学的普及。

20 世纪 60 年代初，周定一承担《罗常培语言学论文选集》的编辑工作，1964—1965 年，他协同谭全基修订《古汉语修辞学资料汇编》（郑奠、谭全基编），却未署名，只写了个简短的"后记"。

周定一主要研究领域是汉语词汇，发表了《词汇的新陈代谢》《扬雄和他的〈方言〉》《论文艺作品中的方言土语》《"音译词"和"意译词"的消长》《所字别义》等论文。

他主编的《红楼梦语言词典》，全书 250 余万字，收录词条 4.45 万条。以《红楼梦》所用词语为代表，通过搜集、整理、分析，展示汉语词汇的一个历史断面，为探讨近、现代汉语词汇的变化发展提供了珍贵资料。

周定一对家乡怀有深厚感情。1987 年，酃县人民政府编纂《酃县志》，周欣然受邀担任顾问。1993 年，他捐给酃县一中一套《中国大百科全书》（74 卷），堪称学校图书馆镇馆之宝。

2013 年 1 月 14 日，因病在北京逝世，享年 100 岁。

二、名　录

(一)革命烈士名录

霞阳镇

刘牧逸	谭　文	陈留生	罗保成	谭炳焕	尹志发
罗桂发	肖善坤	刘帮权	林书顶	罗子凤	李四福
邱　笛	肖富鳌	伍科莲(女)	张观同	谭兰庭	刁帮福
凌谅奕	邓同金	邓同成	邓庆兰	杨定文	尹相颜
涂莲英(女)	邓同宝	杨书鉴	邓福荣	邓汉发	邓同乾
杨书利	邓同炽	邓同本	邓庆余	邓同礼	杨书发
邓亚贺	黄世庭	谭瑞山	杨书贵	廖国华	黄明发
邓庆南	陈秀禄	谭奇明	谭福元	潘祖浩	潘纪生
潘茂才	潘龙山	潘明山	潘观仔	刘开仔	刘八仔
潘满际	潘德山	潘茂发	谭楚才	潘寿生	潘洪章
潘归生	罗隆仔	罗英乾	吕石兰	谭初崽	潘牛古
段华文	刘松荣	邓汉茂	尹根生	邓邹生	杨国红

水口镇

郭垂芳	首观发	李绍伦	郭俊青	赖肇源	朱才亮
郭垂凤	孟清华	李海房	李学贤	邱可禄	李芳高
郭名榜	郑天喜	席子珍	崔正锦	江英富	叶庆光
曹德玉	周明海	饶宗佑	李宗南	彭寿莲(女)	张贤发
郭天禄	孟湘鉴	李却非	叶庆成	余德生	余长久
孟端名	饶宗鸿	李振开	崔茂棠	张蔚书	郭建章
兰玉成	陈序元	叶家湘	孟振山	刘伸传	余溪远
崔玉山	张年贵	廖忠保	周云早	兰毓盛	

鹿原镇

段龙发	段文生	罗　芝	罗老潘	段圣喜	霍洪生
段原圣	潘桐芳	段春寿	段晚寿	段子良	段晚际

段炳仔	潘崇球	段汉清	潘骨巴	周石生	段奎志
段凤仔	段新寿	段云仔	罗英乾	刘叶于	罗芳芝
段　楠	叶甘生	刘兴发	张华熙	段珍录	陈远来
段发仔	刘荣楼	颜新喜	张礼发	段胜光	曾自香
谭金龙	房朝献	刘沛云	唐科柱	唐秋发	李彦芝
唐　瑛	唐克文	唐学荣	唐良相	霍秀玉	唐英荣
唐华荣	潘五寿	唐志鹄	唐益云	唐相自	唐祖尧
潘洪章	潘汉清	盛唤辉	罗功成	段正魁	

沔渡镇

邱发冈	张绍海	谢求万	李祖成	何彩荣	邱梅成
陈荣清	陈国才	陈永贵	何荣元	谭金龙	陈永伟
陈永清	包朝福	黄生荣	曾英来	黄章德	翁荣裕
廖吉莲(女)	杨远兴	杨相成	朱海洪	何锦成	尹年丰
尹长发	尹政伟	谢德才	吴声才	尹热妹(女)	陈维有
吴华典	何秉三	曾宪榜	石开林	黄纯礼	谢周珍
钟汉辉	梁　青	胡云芳	廖香山	张明光	尹根生
尹宝隆	邹安福	谢永福	陈朝友		

船形乡

卜声主	杨汉章	钟珠古	叶冬元

东风乡

李一德	唐学文	张德楚	陈长林	金观仔	罗老刘
霍发仔	张汉新	霍秋仔	廖长发	廖成生	唐德发
张一平	谭本园				

三河镇

曾善际	谭端云	霍周周	霍开园	潘冬发	潘宗仁
潘发春	潘世寿	傅超仁	罗五苟	霍万隆	潘寿生
潘龙林	潘如仔	霍匡汉	欧接发	潘申榜	罗潭潭
潘海庭	霍桃芬	霍远茂	谭随福	霍妈来	霍芳聪
霍连发	霍振汉	张楚良	谭志岩	段子云	潘玉明
罗子明	霍文华	周石生	霍崇德	段　瑞	潘冬园
潘榨保	潘召喜	张寿昌	潘玉献	潘立喜	邬家贵

霍金川	霍季芳	霍长福	周大椿	潘宗传	潘武钦
张承前	刘冬际	傅召云	潘西臣	张发喜	霍文郁
罗天仔	潘双元	潘寿际	刘冉古	潘云崽	段平圣
陈厚生	潘德绍	段东发	雷长发	潘王寿	罗秋发
潘祖敏	潘炎寿	潘路仔	潘则脑	潘开一	潘春发
潘首发	潘海案	谭炳恒	林亚生	罗誉昌	霍远庭
黄秀顶	张　贵	肖志义	张德舜	潘牛仔	霍鸿生
刘家沅					

十都镇

李丙荣	黎世坤	邓代连	宋贤能	姚祯文	谢盛祥
黄镇乾	何杨标	陈湘彩	谭维明	陈忠林	贾鸿献
梁步云	陈兴永	刘炳黎	万达才	黄升荣	黄日照
李永腾	李金龙	郭秀斌	朱犹章	黄联鉴	苏达爵
钟月康	石辉清	陈昉轩	张运如	陈世政	张洪兴
李玉秀(女)	宋贤能	李则乾	吴永宗	叶昌富	吴桂春(女)
凌慎厚	李达发	龙明山	杨秀盛	杨成生	苏炳莲(女)
罗德文	李开皇	杨成志	徐能让	余荣富	蓝冬秀(女)
翁明达	余冬英(女)	魏登娇(女)	尹侦妹(女)	罗德福	罗德和
林云昌	林云平	蓝纪帮	张远如	郭德发	曹春友
张愧昌	邹耀兴	雷杨春	唐伊焕	黄启林	陈兴芳
李庭胜	余庆林	林善庭	刘庆开	曹春贵	赖佳成
雷昭开	林振庭	陈家瑞	李庭志	龚有澄	曾广元
姚华德	林振冠	扶显高	林云焕	姚清观	叶生昌
曾纪来	林起朗	余庆育	巫海兰	叶治盛	余少屏
袁日万	曾纪明	杨成信	李树槐	蓝纪松	龚叫妹(女)
尹年丰	魏龙远	姚贞文	李梓荣	蓝继于	陈国榜
翁明坤	曹春茂	贾纡青	赵雪仁	杨常槐	余庆通
陈昌茂	王友仁	曾宪荣	刘声达	张绍元	钟荣勋
赖振松	江德发	张进邱	宋贤成	黄家岳	唐伊标
尹亚牛	叶隆茂	兰照铖	余大洲	刘泽林	郭振煌
蓝英发	李锦舒	吴春昌	贾治业	林辛莲(女)	林元凤
陈日龙	曾纪全	张贤炳	黎娥英(英)	何爵华	曾才源
李世麟	张光汉	万扬伟	陈应岳	黄成秀(女)	兰炳森
黄学金	周锡寿	李乙生	万康妹(女)	张森炎	许丰年

陈盛达	刘达帮	李声秀(女)	徐能海	贾策荣	潘昌梅
姚贞来	傅洪亮	黄化周	石荣福	曾福生	刘福全
肖忠庭	杨蔚华	杨建忠	张清汉	李世连	李焕池
肖三妹(女)	苏芫爵	曾纪溪	石耀凌	李祖茂	李梓茂
王林开	张清泉	李君祥	陈盛友		

石洲乡

谢良玉	张春榜	张新维	凌谅元	肖永寿	黄帮岳
魏紫贵	李祖荣	戴寿尧	邓炳荣	郑荣沅	李声辉
凌昌华	何洪儒	刘绍远	李秀圣	唐伊龙	肖冠权
黄家燮	张奎向	龚碧璋	刘大发	钟传进	郑荣炳
凌慎厚	吴鹏飞	古朝仁	罗惇汉	邹少海	方明忠
陈德鹏	谢忠根	麦振有	刘帮有	曾绍全	唐伊富
邹瑞怀	方传修	方传金	李德渊	曾声梅	曾纪行
邱元华	谢忠举	戴寿凯	邹金彪	古朝鉴	何生荣
张彩照	陈英福	黄盛贵	邹定跃	邹宗举	谢良友
唐起林	古清兰	古光义	刘昌贵	何代发	曾新焕
李积田	张汉维	邹家馨	刘竹莲	戴光彩	廖国有
凌慎裕	麦宗寿	张自兴	刘建凤	黄帮焕	黄安云
管世权	杨俊斌	曾承清	唐其湘	曾宪荣	黄立光
陈家兰	麦振昌	黄帮英	曾声华	张升朝	唐祁万
曾亚秋(女)	唐伊庭	肖万寿	刘大朋	曾纪光	郑隆兴
尹可成	钟传福	王昌伍	周大兴	潘世炳	郑祖全
邹远凤	肖万荣	邹家坤	邓声仁	陈应林	戴朝鑫
曾纪章	黄大洪	黄帮秀	李裕盛	钟传扬	钟传友
李新盛	黄安厂	邹家沅	刘清远	谢达炳	李维成
黄少屏	邹秀福	邬任春	黄大发	麦开海	肖永远
杨祥海	陈世双	何贤财	邹家词	黄可成	李清华
李森盛	潘承福	肖世华	肖万善	肖世贵	刘昌基
万选友	李宗岳	邹耀棠	邓吉秀(女)	梁奕传	黄振海
王纲织	唐松寿	李其昌	曾纪凤	肖万锦	邹家则
李声达	曾广福	刘大和	李行太	陈应受	谢忠林
谢玉多	李维性	黄家茂	邓英金	谢忠炎	郑荣勋
张见财	黄仕裕	涂　剑	邹安福	张俊卿	田秀洪
黄帮鉴	魏智炳	胡志发	黄大兴	廖国源	邹虎榜

曾纪羽	潘承岳	周昭明	张自坤	黄帮华	黄大维
黄帮浩	赖庆祥	凌慎兰	邹安泰	李德兴	郑通海
廖永友	黄振福	郑龙光	吴必燕	曾纪兰	黄邦钦
廖国成	张旭初	方孝先	黄安汉	王成秀	张兰先
史家赵	李维贵	刘盛福	郑龙海	黄声福	黄大富
曾宪厚	刘纪棠	肖世楼	曾纪贵	黄家万	何展辉
张振松	李先兴	邓梅凤(女)	黄作凤	李福盛	黄作如
戴朝标	潘作先	曾广荣	戴寿轮	罗忠祥	肖忠廷
雷石莲(女)	杨洪远	钟传禄	刘清桂	郑贤鉴	

大院农场

邓世梅	郭洪亮	徐金鉴	邓世开	周亚水(女)	吴义新
龚祥桂	石奕开	徐玉山	徐鼎燕	刘纪坤	曾传鉴
石世成	徐昌焕	谢书洪	何洪海	杨干生	石玉峰
陈玉明	龚光禄	卢喜生	雷桂茂	王　三	李洪发
周久林	曾纪仁	石奕祯	李惠云	何扬标	雷季岸
龚祥海	刘天焕	杨凤美	王礼盛	李荣珠	李亚丁
邓亚鉴	王礼福	李均祥	黄太和	凌荣湘	张清泉
徐顶洪	杨昭奎	石世英	李焕章	叶森林	曾昭林
韩志恩	刘清贵	龚光海			

垄溪乡

黄明德	钟永祥	罗先昌	钟永亮	刘仰芳	刘朝四
刘屏章	陈茂俊	廖国藩	罗洪万	罗洪进	刘联兴
王维新	林祖兴	林家炳	罗学湖	刘朝用	钟吉帮
殷寿华	刘朝登	刘朝仁	廖国化	江先有	刘朝安
吴兰亭	邓汉明	张贤发	刘显猷	曾声山	曾家兴
刘仰顺	王维权	罗寿亨	袁通福	陈祖光	王孟成
罗光福	黄　云	陈俊彩	李良芝	罗俊杰	黄明发
邓世镇	曾贵山	张龙顺	肖兴盛	涂祖鹏	邓汉海
邝先荣	罗道冠	陈英秀	罗杨莲(女)	钟汉芳	罗英彪
刘达儒	陈光先	陈世生	陈世才	钟长祥	陈连榜
谭长发	谭长庚	曾信都	钟自成	曾纪福	钟坤贵
钟河远	曾传道	袁通棠	钟喜凤(女)	周绍忠	刘帮先
刘朝升	刘仰腾	曾坤祥	陈英龙	王福海	陈忠有

林希岳	陈子儒	陈英雄	何鸣飞	何春才	李尚贤
张万禄	张万河	黄常兴	谭丰兴	廖日光	廖汉飘
李春庭	欧桂芳	罗俊寿	黄国安	罗俊际	邓世松
陈国恩	吴章凤	张万福	凌型友	邓汉鑫	陈登文
陈登炳	陈序太	邱岳成	凌谅河	周勋忠	张星炳
江礼孔	曾纪维	袁忠福	李维典	钟乾保	陈基高
何洪儒	黄万发	陈国友	周孝忠	陈忠信	陈登明
严石珠	曾有余	张秀玉	罗福寿	罗英德	黄春棠
罗洪绪	罗俊明	张德祥	朱贤礼	黄克才	邓汉装
张万龙	罗崇发	江礼茂	唐起伟	黄日洪	罗先儒
陈序煌	张良才	陈序章	龚德新	陈序全	姚祯海
叶辛秀(女)	陈福泰	林家海	谭长林	江大龙	练学诗
陈长辉	袁通荣	邱冠元	杨家树	陈序均	陈序福
邱兴亮	刘昌伯	李裕秉	谭德旺	刘成章	兰福华
贺尊斌	黄世福	曾纪年	吴碧煌	杨秀凤(女)	吴碧祯
曾纪芳	廖国银	廖大鹏	潘世成	周远勋	练学成
罗英其	孟振全	陈德厚	唐祥富	江理清	钟潘祥
张贤忠	周帮尊	曾荣高	殷荣才	刘绍矩	罗道煌
林立玉	钟河勋	唐起海	成代金	成发娥(女)	廖洪洲
潘庆成	廖发鸾(女)	谭永联	罗业成	黄国锦	肖福海
张贤达	刘承章	黄河发	刘建光	邝振燕	彭俊成
刘正兴	史义常	周信忠	黄万福	黄万全	李良伟
凌春贵	刘朝三	李振迪	吴绪业	黄由贵	谭世阳
曾成恩	史桃秀(女)	吴怀浩	陈序胜	王登径	陈序达
罗道台	江达富	陈长发	扶贤旺	陈长达	刘家源
杨维虚	廖国义	周言忠	周品忠	练虎榜	陈紫云
陈序海	彭振桂	唐起昌	林家河	曾传义	周金忠
钟园庆	邱光荣	曾传礼	叶桃英(女)	曾成绪	曾纪鸿
刘自荣	李后才	谭世祥	刘占胜	何鸿来	曾坤振
谭随裕	廖国承	李正荣	张锦芳	谭观兴	吴必祥
陈德炎	李春贤	李相顺	廖春光	廖德兴	陈英凤
谭丰厚	谭丰林	黄国银	李相福	李良吉	罗木源
欧化朋	张万祥	唐祥文	尹锡臣	邹正南	曾坤佐
曾乾照	陈英万	王维宾	凌德生	林声执	刘绍祉
袁通礼	何寿才	潘世煌	唐起传	黄世庭	张德成

唐新凤(女)	罗隆彰	凌甲莲(女)	雷弟盛	周沈忠	廖国仁
陈起风	陈联应	魏秀林	邱兴昌	孟安龙	曾纪铭
林尧远	陈英鳌	黄世享	邓秉煌	史家明	谢守兴
廖国风	廖国和	谭即发	廖国郁	谭丰祥	贺尊富
廖德安	卫高照	李维贵	申喜英(女)	陈大财	李振山
邓辛娥(女)	周元中	廖纲绍	谭　敏	何海泉	周良盛
张贤高	彭寿莲	欧柏荣	黄成全	曾纪凤	李厚程
练福榜					

中村乡

周介甫	周传义	谢同庆	谢吉庆	陈秋荣	郭俊荣
兰国有	黄启文	邓益三	刘达德	罗光林	张来生
巫茂盛	张杨发	沈岳云	邓澍霖	陈星才	张德林
李定藩	李显翔	黄旺财	何孟雄	黄有来	叶光宝
邓国泰	黄有才	钟毅芝	唐尊福	郭福才	袁冬生
郭垂茂					

龙渣乡

盘华龙	盘华坤	盘水生	盘圆珠	余成保

平乐乡

邝春程	卢成寿	吉发祥	邝开文	黄传义	熊连顺
黄仁善	黄仁礼	黄丁仔	张绍古	廖有祥	邝春芳
黄存海	黄寿喜	赵雷古	郭光灰	黄三云	刘汉碧
邝远暄					

下村乡

邝炳朝	肖炳春	邝耀敬	肖水保	熊竹发	朱万应
肖昌美	范应海	黎育成	阳以达	江成谦	黎开炳
黎开道	黎开美	曾广明	朱昌焕	邝光武	范应黄
黄居福	邱庆远	黄由文	刘庭献	黄义亨	黎开盛
邱庭煌	黎开腾	黎昌秀	黄仕儒	邱传栋	邱廷和
曾传茂	黎开亮	黎昌有	黎昌汉	黎昌楷	黎显朝
黎育教	黎开钜	邝耀学	黄义云	黄由龙	戴苟生
朱石生	黎坫槐	邱风科	邝生利	肖显桂	张福启

廖桂英(女)	张祯先	何本茂	肖庚凤	徐由兰	周大有
邱廷明	李品茂	孟开连(女)	黄由稻	黄由海	刘福沅
黎昌生	周大桂	朱昌沅	朱昌荣	黎焕章	朱万莲
邱家泳	邱楚才	黎昌祯	黎开日	黎昌仁	邝光前
黄仕意	周国春	邱楚良	邱楚祯	邱庭伟	江龙生
肖冬生	黄　忠	黄立功	项魁生	朱永沅	刘和源
黄由悌	黎开兰				

策源乡

廖钦鉴	曾纪生	蔡辉煌	邱世忠	刘寅生	刘传辉
刘传鉴	黄世迁	赖桂祥	陈主生	周锦桂	周策长
高正禄	江东盛	李永香	何昌信	余德寿	余溪登
黄贵禄	黄捷连	邓汉昌	邓贤荣	兰玉祥	田衍庆
兰秀亮	陈依道	李芳明	刘明前	刘兴华	高正炎
余荣发	余光福	刘兴彩	张水生	范品名	刘名伍
刘传富	廖德兴	陈主鉴	谢书玉	谷武林	郭名星
高正有	曹丁生	余岸红	刘传高	黄贵安	崔茂林
谢祥福	郭仁言	欧自成	张汉稻	唐满凤(女)	罗国厚
欧富英(女)	刘家友	谢贞员	龚光华	陈乾启	谢书纯
何月新	吴志茂	杨圣友	吕显明	谢书远	朱才镜
朱邦政	赖桂荣	范品兰	刘家政	殷其桂	郭正芹
曹春晓	罗统华	曾纪燕	朱才坤	陈良贵	罗忠贵
邓汉秀	兰玉盛	刘茂启	李章提	殷其兰	余渥元
李芳英	廖忠保	李海盛	江成莲(女)	罗英由	江向全
周晓春(女)	范品亮	谢祥喜	张树华	张汉科	郭元中
邓发联	曾照明	孟振见	周策贵	余溪明	李雁海
范品让	罗发理	罗英尤	刘兴丰	张柱华	周作凤(女)
刘兴林	谭观盛	刘兴海	杨圣兴	廖忠禄	徐立兴
谭丰楹	刘海斌	谭观朋	刘家禄	刘家仁	阳权振
周楹早	范品和	何曾福	范立宗	范品腾	陈国柱
肖曾福	廖焕南	邱昌云	高正海	江成达	曹乾祥
陈良凤	崔国民	张春华	朱贤镜	朱才富	张汉全
张祯祥	高政龙	李起娥(女)	周策基	欧自通	孟寿春
邝振荣	郑祖芳	朱才榜	薛能祥	何孔华	肖荣贵
李成喜	叶荣辉	黄桂禄	阳已娥(女)	兰　凤(女)	邹长发

周国信	廖厚芳	叶家甫	林启生	刘兴殿	刘茂喜
郭苏洪	陈世明	周日明	刘传福	刘积万	刘传英
周作贵	李品金	邓太成	罗以庭	何昌凤	赖桂芳
黄大伟	江成玉	陈国清	李品先	邓世新	李品堂
李园太	尹忠奎	周福英(女)	郑永汉	陈章柱	刘传玉
孟振才	李芳良	谭丰成	唐章贤	周策芳	陈明盛
陈世光	谢塘兴	陈明福	陈长荣	尹迂春	黄连发
杨佐辉	黎隆标	陈有富	曾广仁	郭垂盛	高正昌
范主海	邓桂生	谢详庆	谢祥友	孟齐名	黄显干
周作松	罗忠正	杨学海	刘明虎	黄家顶	朱才章
郭　飞	陈新有	余溪亮	李品祥	刘传瑞	张能照
朱才龙	杨圣发	郑绍先	周甫明	曾广成	李芳玉
江　滔	曾大生	王发贵	余渥秀	邓英虎	张发友
曾祥新	麦干妹(女)	曹桂祥	范品贤	谢书汉	周锦雍
曾纪成	陈明环	邓贤焕	陈房圣	张观发	李雁忠
周策辅	谷武成	刘兴根	李国文	曾昭玉	江东岳
兰毓成	谭观如	何隆远	高政玉	张汉权	曾广瑞
江东春	黎昌祯	余光复			

(二)国民革命军抗日阵亡将士名录

霍文志	胡枚生	兰文清	林秀兰	刘有发	刘九珠
唐隆发	潘洪发	陈海良	王道成	罗英雄	兰玉田
李兆华	段　剑	廖天民	古兴旺	谭忠良	黄金来
卢合卿	刘显云	高　文	陈　彦	曾承瑞	邝书明
林子茂	林子云	罗竹生	罗以光	郭金才	谭干鼎
罗山记	李昆云	唐祖际	兰　斌	谭随美	龙世煜
邹升祠	龙　尚	罗英训	杨　光	兰有盛	罗英勋
孟子成	陈长生	张超然	廖　云	杨　平	朱镇武
罗益明	陈环珍	刘福焕	黄政生	邓海清	陈佳由
赵炳元	赵炳焜	姚冠群	陈　壤	贾昌文	霍金林
潘满德	邹显凤	欧伯璜	王友谅	蔡开仔	刘扬伟
唐湘训	罗继昌	黄家训	孟国柱	尹福生	林有根
李民云	陈石梅	黄家胜	罗九万	罗康生	罗春元
盛文士	罗姚谱	刘朝贵	陈生发	罗柱梁	罗光耀

黄家卓	张益禄	罗 伟	刘章训	陈长义	郭名教
刘 诚	谭 岳	黄 莹			

(三)中华民国时期酃县籍高级职官名录

(有传记者未籍入)

姓名	性别	职务
尹保南	男	湘军第一军副军长
李菊休	男	国民政府海外部副部长
何昆雄	男	襄郧师管区中将司令
周 藩	男	第九军少将副军长
金殿策	男	军政部部附联勤总部南京供应局少将局长

(四)中华人民共和国成立后炎陵(酃)县地、师级及以上职官名录

(有传记者未籍入)

姓名	性别	职务
张少松	男	成都军区副政委、中将
郭 鸿	男	中国人民解放军国际关系学院军级干部、教授
李发生	男	甘肃省交通厅副厅长
叶自民	男	新疆军区空九军副政委
霍怀德	男	内蒙古自治区广播电视大学校长
张华岗	女	国家冶金工业部建筑研究总院纪委书记
廖江山	男	福建省军区副参谋长
廖 屹	男	福建省厦门警备区司令员
万茂华	男	湖南省报业集团总经理、总编
张揆育	男	广州军区直属炮兵70师副师长、41集团军衡阳高炮旅旅长
罗席珍	男	海南省劳动人事厅厅长
张子敏	男	人民出版社党史编审组组长(副师级)
陈富华	男	中共湖南省委党史委员会副主任、副研究员
张健华	男	贵州省委宣传部副部长
郭晓燕	女	上海医科大学儿科医院党委书记
陈良奎	男	海军航空兵司令部大校参谋
李正茂	男	中国人民解放军某师副师长
张南星	男	郴州市政协主席(副厅级)
袁光明	男	司法部高级法官(副厅级)

谭子兴	男	中共广东省茂名市法律检察委员会书记
潘小芳	男	零陵地委副书记
唐武生	男	湖南工贸技师学院党委书记
唐笋生	男	湖南省委党校副厅级干部
张英奇	男	湖南省参事室、副厅级干部
李卫生	男	衡阳市副厅级干部
凌慎义	男	中共中央办公厅副厅级干部
廖子良	男	株洲市副厅级干部
谭露生	男	中共湖南省委政策研究室副主任
兰少海	男	上海市财贸管理干部学院副院长
陈光耀	男	暨南大学经济学院党委书记(副厅级)
唐家华	男	福州军区司令部工程兵部副部长
林良才	男	株洲市政协副主席
陈立新	男	株洲市政府副巡视员
李子红	男	常德农业学校校长、党委书记
黄水清	女	湘潭市政协副主席
陈树林	男	湖南省政法委副书记、防范和处理邪教问题领导小组办公室主任
唐云锦	男	湖南省司法厅副厅长
赵菊英	男	湖南省老干局副局长
邱煌明	男	湖南工业职工技术学院副院长
谭奇元	男	湖南省残联副理事长
周发明	男	湖南人文学院副院长
王建平	男	北京市证券局局长
李新全	男	广东省清远市常务副市长
周伟军	男	中国人民解放军某集团军副参谋长
马贱阳	男	中国人民银行总行司长
段志坚	男	湖南科技职业学院党委书记
谭龙海	男	南海舰队司令部战勤处处长(大校)
廖塞垒	男	中国人民解放军空军后勤部大校参谋
孙兰华	男	陕西省国家税务局副局长、巡视员
罗志诚	男	陕西省邮电局党委书记
谭卫芳	男	广西武警总队副总参谋长
张友泉	男	湖南天心公司副总经理(副厅级)
谭碧悟	男	广西南宁地区检察院检察长
张自为	男	湖南省交警总队政委

张振邦	男	炮兵总医院主任医师(享受文职少将)
龙清海	男	中共湖南省委政策研究室副主任
陈　敢	男	中共贵州省楚雄州委常委、宣传部部长
龙传红	男	中国国际贸易促进会专利商标事务所副所长
陈德茂	男	大连陆军学院第一战术教研室副师职主任

(五)炎陵县享受国务院特殊津贴人员名录

表人物 -1

姓名	性别	出生年月	工作单位	享受津贴起始时间
吴建成	男	1938.8	炎陵县水利水电局	1993.10
易发科	男	1938.8	炎陵县农业技术推广中心	1993.10
马安健	男	1939.6	炎陵县鹿原镇学校	1994.4
罗复权	男	1942.12	炎陵县农业技术推广中心	1997.3

(六)炎陵县获全国、省部级劳动模范名录

表人物 -2

姓名	性别	获劳模时间(年)	劳模级别
马安健	男	1979	国模
罗王苟	男	1989	国模
兰才干	男	2010	国模
罗誉良	男	1956	省模
粟建国	男	1958	省模
戴辉珀	男	1959	省模
段余海	女	1978	省模
刘雪英	女	1979	省模
谢荣廷	男	1982	省模
罗春生	男	1984	省模
李德固	男	1986	省模

续表人物 -2

姓名	性别	获劳模时间(年)	劳模级别
胡昭仁	女	1990	省模
曾筱萍	女	1995	省模
古启军	男	1995	省模
张群明	男	2001	省模
刘永红	男	2005	省模
沈杜明	男	2006	省模
张孝红	女	2009	省模
叶辉平	女	2010	省模
刘宁平	男	2010	省模
邓长久	男	2013	省模

(七)市级劳动模范名录

戴新友　徐小英　孟汝成　陈莲秋　黄春艳　彭怀政
邝建华　尹田田　吴运华　谭理平　金志忠　项丁姣
凌甫云　罗复权　谭丰功　陈建宇　罗洪发　陈茂森
周新发　罗嫣玲　卢志平　陈国云　万艳娥　廖定胜
邹秋南　徐茂生　朱乐池　张霞妹　谭小春　张湘军
张爱平　罗年青　邓小青　龙辉平　邝卫华

(八)炎陵县获省、部级以上先进个人名录

李胜章　刘润兰　于六香　张群明　崔冬香　曾见欣
余佩贞　曾筱萍　唐社云　黄春平　谭顺林　刘国庆
张霞妹　邱　彬　马安健　刘宁平　曹小兰　张孝红
吴家平　张金华　张永红　朱品鑫　孟珍秀　杨昌顺
张先琏　李梓立　孟平山　李润生　吕云英

（九）炎陵县特级教师名录

表人物－3

姓名	性别	出生年月	籍贯	评审时所在工作单位	系列	评审学科	获评时间（年）
马安健	男	1939.6	湖南炎陵	炎陵县鲁坑小学	教师	小学教育	1979
文铁交	男	1941.10	湖南醴陵	炎陵县第一中学	教师	语文	1999
张群明	男	1959.2	湖南炎陵	炎陵县第一中学	校长	数学	2002
马永清	男	1966.4	湖南炎陵	炎陵县教育局教研室	教研员	教学研究	2002
曾卫明	男	1963.10	湖南炎陵	炎陵县霞阳中心小学	教师	小学数学	2002
吴洪波	男	1952.5	湖南炎陵	炎陵县第一中学	教师	语文	2002
刘　伟	男	1964.10	湖南炎陵	炎陵县第一中学	教师	化学	2008
唐巨南	男	1964.2	湖南炎陵	炎陵县第一中学	教师	语文	2008
汪美群	女	1967.9	湖南炎陵	炎陵县城南小学	教师	小学数学	2008
曾书华	男	1959.3	湖南炎陵	炎陵县沔渡小学	教师	小学音乐	2014

（十）炎陵县高级知识分子名录

正高级教师

吴虎春

高级教师

黄家礼　廖德章　廖绵丁　潘远招　段民生　赖仁昌
金本凤（女）　罗乾生　文铁交　彭才榜　陈井冈　曾森文
粟博文　姚丙华（女）　唐丰瑞　郭名伟　段辅仁　马安健
蔡百成　李松龄　张恢绪　邱　进　刘礼端　刘正予
倪世灿　邱志明　李鹿鸣　段建社　蔡建英（女）　陈石凤（女）
霍保华　张刚毅　张　华　何喜才　吴建华　冷耀先
李周裕　李云际　林友贵　唐玉健　曾立华　刘兴建
唐培华　张义生　刘惠云（女）　万蔚文　项声钰　兰云生
罗玉义　刘德中　罗誉芝　罗国健　霍　珰　郭巧云（女）
刘鸿祺　李子纲　唐森华　曾见欣　欧发生　唐冬红（女）
陈茂生　潘建勇　陈锦月　霍建良　吴秋生　严紫云
刘春涛　刘志敏　颜友康　陈吉华　廖成贵　王国才

张群明	吴洪波	张福云(女)	郭德惠(女)	曾年元	谭新华
王东年	唐云芳	段　旭	段清华	吴寿星	马永清
陈小涛	黄桥生	唐春发	刘积有	谭丰勇	黄小红(女)
刘显云	林福民	梅辉华	肖友爱	朱　萍(女)	李凤生
陈龙生	袁珍华(女)	谢国胜	潘小平	郭宏久	霍小科
罗光亮	曾王明	曾辰晖	曾新中	曾福才	邓世奎
罗玉梅(女)	孟运凤(女)	刘定胜	罗光华	谭伟平	张年福
马贱华	欧阳辉	陈满华	孟招汉	潘社明	刘盛贵
刘　伟	刘碧华	曾红艳(女)	唐志平	张楚贵	邱良立
肖桂华	刘伍祥	沈玉屏	沈立伟	唐国平	邹华湘
刘德中	张青云	张良云	罗仁礼	王水发	高其胜
唐李华	霍胜坚	唐少岗	张甲兴	陈子铎	李唐博
谭小春	邱湘涛	刘和邦	唐生元	李晓华	唐巨南
王理尧	刘红军	向　荣	段圣付	罗春耕	谭炎云
潘新平	李　静(女)	张孝红(女)	黄立新	谭奇胜	肖友群
刘发新	霍建平	王　慧(女)	段雨林	廖忠牛	唐曼喜
唐军华	霍文访	廖卫红	赖志明	谢国华(女)	曾宪乐
李长生	刘建钧	段春阳	郭进雄	罗建英(女)	张李军
段淑琴(女)	罗礼明	唐秋红(女)	黄小辉	林新华	罗春园
林　峰	林建明	张红霞(女)	陈业明	凌石成	黄建平
何美玉(女)	肖新林	李建平	唐亮明	张友新	廖爱平
朱超文	朱秋生	张苏友	罗　冰(女)	刘晓辉	罗学武
范林华	钟石祥	陈建英(女)	刘冬生(城南)	刘建华	吴　雄
谭一平	段牛春	周金平	曾书明	李生龙	谭新志
邓冬平	张坚才	饶根辉	钟文亮	吴榜华	段　健
秦湘文	罗简明	陈黎明	廖建平	李超平	资小文
许赛凡(女)	叶辉林	赵思昱	张秀亮(女)	王辉群(女)	谭红明
唐月华	罗艳玲(女)	张新民	廖厚雄	谭金霞(女)	邹晓辉
张艳英(女)	段圣秀	石玉山	李永胜	古秀荣(女)	秦福生
谭罗云	张小林	张荣平	吴　晖(女)	段水红	罗光德
张红晖(女)	刘　锴	赖政炎	兰云成	叶友华	潘社华
尹玉娥(女)	段新星	凌显辉	霍德芬	谭　冰(女)	孟文霞(女)
张红玉(女)	郭小勇	唐章华	邓建平	肖秀灵	尹晓慧(女)
罗晓宏	汤益文(女)	李文清	霍章军	罗树云	罗建平
谭丽萍(女)	何平生	曹伟军(女)	罗　辉	廖红梅(女)	盘春和
段银燕(女)	段国云	张建农	谭林燕	罗艺军	曾文广
邝建明	周雁娇(女)	罗东平	金志华	唐南平	陈歌德(女)

刘冬生	戴辉云	刘显文	刘春燕(女)	刘　峰	盘利民
郭远明	谭苏梅(女)	张爱勤	黄台发	曾希伟	张幼燕(女)
刘向阳	杨爱香(女)	吴小源	张小军	邱美玉(女)	胡和平
霍社喜	李文君	戴海生	邱宏友	段红卫	邓达斌
张芝华	黄燕萍(女)	黄红平	曾来发	扶满洋	唐仕才
谭立军	霍红江	郭永忠	彭冬贵	谭新立	罗自强
张　帆	黄月娥(女)	叶明非			

高级讲师

陈金梅(女)	周文晃	谭则敢	廖雄斌	周雁辉(女)	张运发
张永红	周小平(副教授)		朱建军		

高级政工师

曹小兰(女)

群众文化系列高级职称人员

刘少云　饶双华(女)　李晓敏

副主任医师

陈胜德	雷良标	王家纲	胡运生	李明沂	唐毓贵
李建平	刘喜云	段荃华	杨光邦	刘汉峰	李长明
陈庭宝	朱自成	邱生友	谭文伟	吴静波	谭绍青
陈长贵	曹道华	郭爱生	黄长生	陈松云	唐　柳(女)
李端华	刘海涛	张友德	罗新店	张新媛	唐春笑
王文兰(女)	罗文中	叶小勤	兰晚霞(女)	曹根发	陈波平
廖志钧	邝烈荣	罗幼可(女)	陈小中	黄文群(女)	张黎胜
曹　洪	段　音(女)	段美娇(女)	徐永雄		

副主任药师

段煌生

副主任护师

周海凤(女)	凌书建(女)	王建花(女)	李　英(女)	罗艳雅(女)
张　洁(女)				

正高级农艺师

罗复权

高级农艺师

程国忠	戴树根	李宗禹	易发科	潘日鸿	项菊香(女)
段盛荣	邓臣辉	何晓辉	刘朝秀	谭双华	谢秋平
张孝辉	周冬年	唐登荣	唐飞锋	谭次武	刘玉芳
陈长智	龚俊才				

高级林业工程师

陈明中　万跃华　尹忆发

高级畜牧师

莫方奎　何纯伯　江明清　罗怀祖

高级工程师

谭兴燮	吴建成	罗国光	陈奎生	陈远超	曾庆章
段怡生	尹慧剑	张孝明	李建明	李小松	罗越林
谭兵强					

二级律师

陈寿林

二级公证员

胡济生

(十一)炎陵县国家级文艺家协会会员名单

中国通俗文艺研究会	张观怀
中国金融作家协会	首先茂
中国书法家协会	黄建中　谭立军　张志雄　张建宇　张建云
中国金融书法家协会	郭建平
中国摄影家协会	陈　霖
中华诗词学会	朱建军　刘青崧　萧学菊　黄建林　罗富余
中国楹联学会	黄建中　萧学菊　朱建军　刘青崧　何美琪　黄建林　谢良建
世界汉诗协会	欧阳建平
中国戏剧家协会	廖石方
中国音乐家协会	唐山樵

(十二)在外地工作的炎陵籍知名高级知识分子

表人物 -4

姓　名	性别	出生年月	籍贯	工作单位	职务或职称
郭志坚	男	1932.5	水口	国家机械工业部	副总工程师、第六届北京市政府顾问
周定一	男	—	垄溪	中国语言文字研究所	所长、研究员
刘光庭	男	1933	沔渡	清华大学	教授、博士生导师
刘如珠	男	1935.8	沔渡	中国空间技术研究所北京控制工程研究所	卫星主任设计师、高级工程师
朱德祥	男	1934.3	水口	中国科学院地理研究所	研究员
卫高荣	男	—	垄溪	美国北卡罗莱纳州	美中经文协会董事长
李鼎勋	—	—	水口	台湾卫生机构	顾问
李灵峰	—	—	水口	美国卡内基农大学	教授、世界级著名高能物理专家
李天岩	—	—	水口	美国密执安州立大学	教授、世界级著名数学家、"混沌"理论开拓者
罗绍周	男	1937.1	霞阳	国家交通部港湾建筑总公司	副总经理、高级工程师
钟乾耀	男	1937.9	垄溪	北京城建集团有限责任公司	处长、高级工程师
雷卫东	男	—	三河	国家化工部矿山局	高级政工师
王厚民	男	1936	鹿原	北京邮电学院	教授
李月章	男	—	霞阳	《人民教育》编辑部	副编审
雷　鸣	男	—	霞阳	燕山石化总公司研究院计算机中心	高级工程师
王佐开	男	—	霞阳	航空工业总公司	高级工程师
孟玉群	女	—	水口	天津教育科学研究院	教授
唐家财	男	—	—	天津工学院	教授
张润楚	男	—	东风	南开大学	教授
孟湘柱	男	—	水口	齐齐哈尔教师进修学院	教授
尹毓秀	女	—	沔渡	齐齐哈尔教师进修学院	教授
段　斌	男	—	三河	哈尔滨工学院	教授
谭观远	男	—	霞阳	哈尔滨师大	教授
孟继群	男	1938	水口	中共辽宁省委党校	教授
段一贯	男	1928.4	鹿原	辽宁省水文总站	高级工程师
邓子善	男	1922.8	中村	沈阳气体压缩机厂	高级统计师
陈　卿	女	1938	策源	辽宁锦西化学研究院	研究员
兰毓峰	男	—	中村	唐山市 22 冶建筑公司	高级工程师

续表人物 -4

姓　名	性别	出生年月	籍贯	工作单位	职务或职称
罗爱群	男	—	鹿原	开封大学	教授
谭鸿喜	男	—	—	郑州铝厂	高级工程师
罗鸿禧	男	1934.5	垄溪	中国科学院武汉岩石土力学研究所	研究员
郭文安	男	1932	水口	武汉华中师范大学	教授、博士生导师
谭文华	男	1937.3	霞阳	武汉市勘测设计研究院	高级工程师
陈玉美	女	—	霞阳	武汉长办机电设备实验工厂	高级工程师
戴德志	男	—	沔渡	武汉市邮电局	高级工程师
凌奇玉	女	—	垄溪	武汉医学院	教授
金庆民	女	—	三河	地矿部南京研究所	副研究员
郭仁强	男	—	水口	南京医科大学	教授
陈周召	男	1937.1	三河	长安汽车有限责任公司	研究员级高级工程师
段　炼	男	—	十都	交通部成都汽车保修机械厂	高级工程师
郭全中	男	—	水口	云南大学	教授、硕士生导师
孟策群	男	1934.2	水口	云南可保煤矿	高级工程师、副矿长
陈光耀	男	—	霞阳	暨南大学	教授
张学文	男	1927.2	东风	广州市建行铁路支行	高级经济师
贾匡宇	男	1937.3	十都	中国冶金进出口广西公司	高级国际商务师
唐民一	男	1937	三河	柳州水文地质研究所	高级工程师
罗健生	男	—	—	火电安装公司	高级工程师
唐山樵	男	1931	鹿原	江西日报社	高级记者
张自成	男	—	三河	江西医科大学	教授
罗英湘	男	—	三河	省水电厅	总工程师
孟湘砥	男	1928.1	水口	省教育科学研究所	教授、所长、省教育学会副会长、顾问
石友金	男	—	十都	湘潭工学院	教授
邱肇荣	男	1932.6	东风	中国有色金属工业总公司劳动保护研究所	教授级高级工程师
谭新华	男	—	霞阳	省中医学院第一附属医院	教授、博士生导师、医院院长
张　诚	男	—	—	郴州人民医院	主任医师
张少立	男	—	三河	湖南铁道学院	教授
凌奇荷	女	—	垄溪	湖南医科大学附二医院	内科教授
吴桐春	男	—	东风	湖医大附属二医院	教授
万　能	男	—	十都	台湾台北大学	教授
段为农	男	1964	霞阳	湖南工业大学	教授

续表人物 -4

姓　名	性别	出生年月	籍贯	工作单位	职务或职称
刘春和	男	1936.2	三河	湘潭江麓机械厂科研所	研究员级高级工程师
兰华青	男	—	—	省商业学院德育教研室	主任、教授
何开德	男	1935	沔渡	省水利水电学校	副校长、教授
潘祖楷	男	1933	三河	湖南师大	高级实验师
李宗茂	男	—	水口	湘潭市委党校	教授
杨晓平	男	—	—	湖南日报	高级编辑
彭宏伟	男	1967.5	十都	北京工业大学	教授
金湘中	男	—	三河	湖南大学	教授
王竹林	男	1963	霞阳	湖南大学	教授
朱运来	男	—	—	国防科大	教授
李　朋	男	—	—	长沙旺旺医院	教授
邓小元	男	—	—	长沙理工大学	教授
钟永德	男	1965	沔渡	中南林业科技大学	教授
潘日鸣	男	—	—	中南林业科技大学	教授
罗卫华	男	—	—	中南林业科技大学	教授
张若元	男	—	—	中南林业科技大学	教授
陈勇路	男	—	—	湖南农业大学	教授
刁家亨	男	—	—	长沙交通大学	教授
吴忠人	男	—	沔渡	衡阳师范大学	教授
张冠湘	男	—	—	郴州教师进修学院	教授
唐根华	男	—	—	湖南科技大学	教授
唐才喜	男	—	鹿原	株洲中心医院	主任医师、教授
黄石根	男	—	沔渡	株洲市四医院	主任医师
罗建光	男	—	鹿原	南京药科大学	教授
周年光	男	—	三河	湖南省电业局	教授级高级工程师
罗幼果	男	1979.9	鹿原	中国船舶集团	教授
黄国信	男	1962	石洲	中山大学	教授
马贱兴	男	—	鹿原	中山大学	教授
郭远斌	男	—	水口	美国	—
刘西林	女	1963	霞阳	华东师范大学	教授
商晓虎	男	1975.9	沔渡	华为技术有限公司	专家级、技术 19 级
肖建明	男	1967.1	垄溪	中国移动总公司	高级工程师

（十三）炎陵县籍知名企业家

姓　名	工作单位	职　务
罗金财	京津冀城际铁路投资有限公司	董事长、副总经理、高级经济师
吴精辉	北京城建集团亚泰公司	副总经理
唐　宏	中粮集团金帝食品（深圳）有限公司	总经理
罗曾华	广州恒喆资产管理有限公司	董事长
张　林	广州世纪蓝天供应链科技有限公司	总经理
付曼华	广东顺德顺炎新材料股份有限公司	董事长
邵海旭	广州正和泰工程建设有限公司	总经理
黄　娟	广州飞航国际旅行社有限公司	董事长
段军会	广东中山市莱博顿卫浴有限公司	总经理
谭平伟	广东东莞市泓赋旅业有限公司	总经理
段永平	广州永平货运代理服务有限公司	总经理
张朝晖	霍尔果斯和易工程建设有限公司、广州市融意实业有限公司	总经理
谭志佳	广东东莞市汉维科技股份有限公司	总经理
张孝明	广州市常青藤电子产品有限公司	总经理
张亚波	深圳前海鹏波科技有限公司	董事长
张文青	广州正兴隆电子商行	总经理
谭　波	广州景陇新实业投资股份有限公司	董事长
林青松	广东中山志诚建筑工程有限公司	总经理
李小勇	深圳卓凡骐地产顾问有限公司	总经理
肖　轲	广东佛山市顺德区熊虎五金实业有限公司	总经理
罗建平	广州市懒洋洋慢运动用品有限公司	总经理
段红兵	广州源晟会计师事务所	法定代表
唐　卫	广东东莞市亚隆实业有限公司	总经理
叶　敏	广州新菱华汽车维修服务中心	总经理
曾辉辉	广州市紫盼贸易有限公司	总经理
谭立新	深圳市凯博特科技有限公司	总经理
谭　斌	广州市沛泽医疗科技有限公司	总经理
段　飞	广州飞腾家具有限公司	总经理
廖小果	东莞市兴冠印刷有限公司	总经理
范余德	广州市晨卓珠宝首饰有限公司	总经理

段向东	广东博浩律师事务所	合伙人
汤铠萍	广州市海青教育科技有限公司	总校长
刘永光	广东法制盛邦律师事务所	合伙人
陈贻军	广东东莞市易普达数码科技有限公司	总经理
谭向前	广州翼程企业管理咨询有限公司	总经理
房红坚	广东佛山市兴福宏程贸易有限公司	总经理
段潮辉	广东东莞市众天汽车服务有限公司	总经理
胡　勇	广州市齐贤文化传播有限责任公司	总经理
肖永红	广东珠海市南屏金碲车行	总经理
丁懿昌	广东朗哥家具实业有限公司	总经理
郭远鹏	广东中山市古镇炎源灯饰厂	总经理
唐新勇	深圳市首领文化传媒有限公司	总经理
尹　鸿	深圳市泰量电子有限公司	总经理
马永辉	微软公司欧美地区	负责人
黄成远	广东中杭建设工程有限公司	董事长
杨荣兰	深圳市前海倍康生物科技有限公司	执行董事
谭国林	佛山市金明晶建材有限公司	总经理
黄爱斌	广州晟翔袋业制品有限公司	总经理
陈　强	广州市新桥文化传播有限公司	总经理
谭华桥	广州九通四海物流有限公司	总经理
梁义诚	东莞市玖琪电子实业有限公司	总经理
段立新	深圳云传智联技术有限公司	董事长
唐学军	深圳市锋讯电子有限公司	总经理
刘若平	海南定安南海丽苑房地产开发有限公司	董事长
孟春华	广州中艺设计制作有限公司	总经理
段红波	广州翊腾集团	董事长
曾　花	北京思凯乐旅游用品有限公司	总经理
张军华	湖南湘潭申鑫电机制造有限公司	
	浙江永康市铁腾五金工具有限公司	总经理
霍科阳	广州弘誉智能技术有限公司	总经理
刘玲伊	广州威舞社舞蹈培训有限公司	总经理
罗峰华	北京市中伦文德(广州)律师事务所	合伙人

附录

一、艺 文

《林志·洣水辨》

《水经》曰:“洣水出荼陵上乡,西北过其县南。”《注》云:“水出江州安城郡广兴县太平山西北,流迳茶陵县南。”《经》曰:“又西北过攸县。”《注》云:“攸水入焉。”《经》曰:“又西北过阴山县南。”《注》云:“县上有容水,自侯昙山下注洣,谓之容口。”“洣水又西迳历口,县有历水,下注洣,谓之历口。洣水又西北与洋湖水会。水出县西北乐薮下洋湖,湖水下注洣,谓之洋湖口。洣水东北有峨山,县东北又有武阳龙尾山,并仙者羽化处。上有仙及龙马迹,于其处得遗咏、端牍抽札。诠之,其略曰:登武阳,观乐薮,峨岭千蕤洋湖口。命飞螭,驾白驹。临天水,心踟蹰。千载后,不知如。”《经》曰:“又西北入于湘。”据此,则若酃,若茶,若攸,若安仁。合四邑之水,皆可以洣水概之。顾指沟壑间而曰“其源在是”,岂不亵哉!

按,酃旧为茶陵东南乡,宋始析茶置县。《经》所称“上乡”,即今酃邑地。郦道元《注》称“广兴县太平山”者,盖《经》指茶上游之近者为源,如旧称“黄河出昆仑”之谓。而郦《注》则又探源星宿,穷极其所自出耳。然则洣水之名,固非酃所得专。而源出于酃,实据《水经》“茶陵上乡”一语,不得概指为“凿空妄语”明矣。

万阳山赋

清 段维翰

览扶舆之郁积,惊天造之雄关。撑湘南之半壁,瞰洣水于一湾。太白应嗟于蜀道,羲之曾纪夫崇山。屏连韶而前峙,负吉赣以后环。曲百折而难蹑,高万仞以奚攀?爰纵目而遐眺,乃自卑以登峰。其伏也,盘螭踞虎;其起也,舞凤飞龙。云根磊磊,瀑布淙淙,松杉飒飒,竹柏重重。挹高人之袂,寻仙子之踪。近画木根之界,遥瞻章贡之墉。征鼓无声,岳武穆忠魂未泯;残碑可读,骆宾王逸兴谁从?九阙非遥,通吸呼于帝座;众山皆小,荡云气于心胸。

惟夫晴光乍映,旭影方新。檠扣扶桑之上,轮呈大海之滨。晓气瞳眬,献祥辉于五色;离明照耀,征瑞霭于一人。树梢之铜钲如挂,天边之玉弹疑真。若乃鸠妇频啼,商羊乍见,或急可翻盆,或绵如抽线。千岩则喷若跳珠,万壑则飞同曳练。非烟非雾,谁图五岳之全形;乍合乍离,莫识匡庐之真面。

其于春也，淑气旋杓，韶光回轨。景风翔于万家，淡烟腾乎百里。层峦耸翠，看远黛之娟妍；万卉争荣，灿遥岑之红紫。樵风初过，寻鹿径以迟归。山客犹眠，惊新莺而早起。其于夏也，日初昕风斯熏，盘桓乎松下，啸傲兮麋群。竦箪铺来，梦绝趋炎之侣；五弦挥去，心依出岫之云。以视夫逐溽暑，冒惔焚，固炎凉之境别，亦静躁之情分也。至若商意初萌，金行乍王。洞庭始波，木叶方飏。云秋之远霭如罗，团苍之奇峰似障。数行雁字，书残丹嶂之巅；一镜蟾辉。照澈碧潭之上。登高望远，觉良友之堪怀；方夜读书，庶孤檠之可傍。于是素节既过，朔风吹野。初集霰以纷飞，继撒盐而直下。古木怪石，尽成粉玉之妆。佛室僧寮，恍覆琉璃之瓦。钓寒江之逸叟，应许披蓑；寻竦影之诗人，还看策马。此四序之推迁，总万阳之幽雅者也。

恭惟九閶向治，四海承流。休养周于海澨，生息遍于山陬。耳畔笙歌，识禽鸟之上下；云中鸣吠，知烟火之纷稠。东作西成，男耕兮陌上；壶浆箪食，妇馌兮陇头。万箱溢，万宝成庆，绥万丰年而禔福；阳斯调，阳不忒翊，当阳天子以凝旒。凡兹太平之景象，皆足以纵目而开眸。爰为之歌曰：

万阳矗矗兮何峥嵘，蚁曲螺旋兮纷回萦。为酃邑之保障，巩炎帝之佳城。

又歌曰：罗诸峰兮孩婴，视衡霍兮弟兄，如冈如陵兮载赓，千秋百世兮以保我后生。

环酃皆山赋

清　段佐朝

粤衡郡之秀奇，首推南岳。而古酃之奥邃，割自茶陵。左扼豫章，堪向木村直上；右通安邑，爰扳羊角连登。郴桂峙前，从草坪而分域；云阳枕后，负罗祖以同升。睹百里之提封，居上游而据险塞；挹四方之远岫，列保障而耸崚嶒。尔乃游近郭，步远皋，登虬岭，俯城壕。蹑衣梅岭之巅，日烘梅萼；策足湘山之顶，镜夹湘涛。青台拥岚，每向雨余开霁色；白云升谷，恰逢晴后沛灵膏。天半落钟声，清音遍彻；秋空横霭色，异景时遭。凡此环城之佳趣，足令人乘兴而登高。

其在东也，回龙在抱，仙境相望。绣贝成文，烂若云锦。金钟叩响，静待晓霜。气脉蝉联，几丈断丫复续。文峰矗起，千寻高朗弥彰。讶犁壁之逼霄，去天尺五；羡崖嘴之踞寨，在地中央。他若金鳌凤凰对峙，而形象近类；黄峰白石比势，而僻险连疆。瓜寮赋诗，骆宾王遗字犹在；团苍积石，紫衣师升仙此方。层峦如鸡冠叠出，鼓风知瑞口相当。

其在南也，万阳辽阔，千章古木尚存；松坪绵延，一区平畴最远。天马当午位之中，雷神栖巉岩之巘。集云出岫，祈雨显羊桥之灵；泰和飞仙，得道会大姑之苑。祥凤飞岩，群鹅集坂。牛头牛岭，既隔位而相生；石塔石螺，复相视而不反。瞥见南山瀑布，向若而惊；想望文昌阁楼，予生也晚。大株数百本，近鹭岭而栽云根；画屏二三张，倚桂峰以蟠蜓蜿。

由是而西，月岭亘地，吾登(山名)层塔。俯瞰雉堞，分明帝产。崖阴快睹，圣容出类。履千亩而豁目，指石岭兮琼堆；骇二马之下坡，望桥头兮日至。莫道团山之次，气象万千；还称星寨之高，碑文三四。鹿原踞石，群瞻炎帝之陵；龙爪临溪，争羡洣泉所积。金花仙女留名，白鹤石室纪瑞。夹峰堆石，本迩鹏塘之衢；黄伞树旌，如拱至尊之位。茅墩腴壤，遥连王舍结城；九潭岩疆，近接云秋耸翠。

由是而北，丹崖如绚。翠鬟弯曲，人形仿佛如生；尖峰参差，笔架依稀可见。向天河而探北斗，气蒸山腰；抚台案而视黛痕，翠迎人面。凭高望远，俨如高屋建瓴；览胜寻芳，还喜胜游志倦。

乃为之歌曰：群峰耸兮势嶷嶷，列青嶂兮类崄巇。挹朝岚兮环城郭，树皂盖兮扬旌旗。排如二扉兮自开宫阙，屹如砥柱兮坐镇帝基。真天造而地设兮，抑上列而下垂。又日：山嵂崒兮树葱青，呈图画兮锦屏。仰皇图兮巩我酃，绕高阜兮如列星。山陵呵护兮四方永宁，颂扬圣德兮，祝嵩岳之遐龄。

洣泉书院

永新　尹继美

书院，所以辅学校也。古者，弦诵羽竽皆于学。宋以来，始增置书院。近世学校，惟建礼殿，无横舍。月课、季考，师弟遥相授受，不职者并考课而亦废。士人肄业之地与造就之方，独赖有书院而已。

酃置县，原于宋嘉定，其时有台山书院，为处士尹君沂所建，地距县治二十里而遥。学宫西，旧有天河书院，室仅十。号为书院，实司训之署耳。县治之有书院，自康熙末张侯瑶创始，院名"黄龙"，在县署西北隅，踞高阜，依城垣，枕天河岩，面集雷岩，左右环以回龙、绣贝、月岭、吾登诸山，诚胜地也。乾隆间周侯仕魁重修，易名"烈山"。嘉庆初，赵侯宗文又易名"洣泉"。沈侯道宽，当道光时来知县事，垂十年。以院地湫隘，徒建城东北校射之场，额曰"酃湖"。其作育人才，始终不倦，酃士至今称之。迨咸丰乙卯丙辰，叠遭粤寇，书院坏，士废业，当事劳劳，簿书无复过问矣。

万君典璋，酃产也，慨然有兴复志。形家谓其地不利于科名，乃规洣泉书院旧地，拓而大之。纵十四丈，后广十三丈，居纵三之二。前广四丈五尺，居纵三之一。地洼者，且筑且捄，高逾丈，纵居半而赢。基既定，鸠工庀材，撤酃湖书院椽甓，择其可用者得十之一焉。垣墉涂茨，朴斲丹雘，轮如奂如，佥曰"都哉！"前列屏墙，左右角门，历十数级为院门。仍旧额"洣泉书院"，以洣水实出酃境，烈山在随州，酃湖在衡州府治东，于县境无涉也。门左右室各一，上为魁星楼。循两廊历级为讲堂，上为文昌阁，其后为穿亭，两旁有霤，甃石为漏池。左右耳门，通横舍。亭后为寝堂，祀先师。背堂之室凡四，山长居之。讲堂、寝堂室各四。左横舍二十室，室相面，夹中霤。右横舍制如左，学子居焉。别为室七，以处守院人。又别为庖湢之室。经始于辛酉，落成于癸亥。费钱四十万有奇。束修膳士之费，旧有租若千石，皆张、周、赵三尹次第所经营。数不足，万君又捐租百石，倡邑人附益之。其待士之心，勤悫周详若此，洵足尚已。

考《酃志》人物，首推刘大常稳。大常，先尚书洞山公总裁会试所拔士也，今阅三百年矣。书院初成，继美适添掌院事。夫酃山峻水清，士生其地多秀杰。而家世先后频与为文字之交，良非偶然。见多士之争相濯磨，其学术功业，必将有媲美前贤者。区区科名，盖不足道也。

同治甲子孟夏记

大祀炎陵赋并序

清　彭之昙　湘潭人

皇上御历之五十有二年，统迈百王，道隆千圣。至诚不息，配两大之无私；久道化成，卜万年之有祜。巍巍文治，玉衡正而泰阶平；赫赫武功，贯索空而勾陈转。给笔札于东观，百斛珠联，舞干羽于南州，三苗顽格。礼明乐备，八风律协乎神人；义立德尊，四表光昭于法象。固已景运聿隆，纯禧日集矣。兹者躬逢圣诞，瑞协春朝。当甲子之一周，庆春秋之鼎盛。麟游天圃，购翩高冈。六宇欢腾，颂升恒者如出一口；四方风动，勤宵旰者犹自多端。增厚秩于臣工，赉大酺于国老。租蠲一载，刑宥五疑。且复备锡蒲轮，征求硕彦；重张铁网，罗致英才。力役有差，逮引年以敦孝；干城志咏，方挟纩而饮醇。此皆近世所未有，而亦生民所仅见者焉。

尔乃洪庥丕振，钜典遐昭。告成功于维皇，契传心于古后。聿隆休命，遣祀炎陵。四岳有询，虞廷咨典三礼；八则以驭，周官诏掌六祈。洵哉明德惟馨，特恐非人莫任。盖我大献纳，四明陈公之膺斯选也。银台政肃，朱阁风高。志道优游，王会稽之雍容可挹；令闻济美，桓春卿之章句殊新。立而垂佩，耀天节于遐陬；执必上衡，符妙简于时望。伫怵心而奉礼，用致五齐；即升陛以告虔，非同四牡。维时，助献者良牧，主祀者大臣。凡在庙中，均骏奔走荣。及有事，争奉趋跄。之昙固陋无文，鸣号若渴。幸尾君子之末，窃执豆笾；置身大雅之堂，与瞻容止。才非梦鸟，难言掷地之金；技止雕虫，空羡凌云之笔。较王褒贤臣之颂，多逊前模；仿扬雄郊祀之篇，殊惭曩哲。其辞曰：

惟姑洗之应律，届修窌之中旬。瞻辰垣之文耀，光复旦于昌辰。时则铜龙晓辟，铁凤晨开。庶老云集于北阙，近臣星共乎三台。千钟献尧之酒，五弦阜舜之财。顾天颜兮有喜，俞众志兮维虔。萃衣冠兮万国，协盛德于中天。辑五瑞，畅八埏，礼群神，秩百川。乔岳之颂永矣，柴望之文昭然。既乃恩崇创统以前，典祀玉鱼之野。溯放勋而上之开粒食之源者，则有鹑居鷇食，系启伊耆。枹杨土鼓，乐舞《扶黎》。肇赭鞭于草木，俾品物而享之。通交易于市中，悟取象夫《噬嗑》。羌夙沙之畏怀，大索享而报腊。制彼耒耜兮利用前民，察泉味草兮纪火名臣。繄臣民之食德兮，万古常新。越百代而侑享兮，于荐明禋。爰命扈跸，召耆儒临轩而遣之曰："鹿原之址，翼轸之躔，烈山氏之藏室在焉。敬修祀典，惟汝谐汝往，钦哉。"于是益恭而偻，夙驾载驰。披巉岩，历崄巇。溯治法于上古，称毖祀于来兹。彼茹草鲜食之代兮，谁实无心。功则神而农则名兮，思帝用钦，令人于百世下穆然想见。

山高而水深，非老农之不如。惟至诚之如神，对巍峨而浩叹。宜崇报之用申，夫何迄秦汉而下之祀，则丛兴而未及也。历魏隋之多故，地则芜而莫葺也。考诸方策所载，合观经纬之篇：文考则作宗五帝明堂，亦配位朱天。然而鸟寂丹洲之羽，金隐白虎之巅。谁复纪朱邱于五色，纷空传扁诸之三千。共阒乡以太息，瞻双柳之肃然。以致三仞久翳，一元靡继。郊台则殷荐于所都，（帝都曲阜。唐天宝中取祀于此。）鸡鸣亦间举而非制。（明初祀于鸡鸣山。）悟火笠之梦征，昭精灵于宋帝。（宋祖梦神人持火载笠，知为帝之祀也。）奚使臣之徘徊，径指迷于山际。(宋使臣罗泌行遇老人指识帝陵,作《路史》纪其事。)给守卫之户甿,匪无归之泰厉。(乾德中诏给守陵五户,长吏春秋奉祀。)顾俎豆闻之矣,嗟肆祀之多疎;宁玉帛云乎哉,亦暂修而终敝。义未惬于民心,礼奚准乎百世?若夫或素或青,夏造殷因。齐齐以肃,勿勿其馨。合敬同爱,式燕以宁。彼芝房玉检,宝籙丹铭,碧鸡金马,幻影图形,既贻讥于黩祀,究何裨于修龄?

伏维我皇,功实相符,道若同契。重专官之选,宠尚真儒;隆告庙之文,礼崇载币。举旷典而非劳,馨时祀于不替。以故栋宇殿阁,悉易前观;垣树坛壝,聿新旧制。东西四壁,依山而结构蝉联;左右两廊,夹水而森罗棋置。桷无画而非刻,楹无雘而不丹。则有黄杨双峙,洣涧弥漫。龙蟠古木,虎踞层峦。崒嵂则万山若削,奔注则迅峡如澜,松风则空林振响,云根则苍藓生寒。此诚盛世休和之应,而亦怀柔恩泽之所覃也。

人自日边来,通清湘之冠冕;恩从天际下,腾睿藻于乾坤。彩仗纷驰,福星溢路。油幢暂驻,好雨随轩。于是紫泥封启,绿字文罗。膳膏腥而行犊,列鹿醢兮形鹾。(音磋,盐味之厚也。)瞻备腯之咸有,示民力以普和。备物致虔,其容济济;质明用事,奉璋峨峨。于是玉笋联班,文茵布地。鱼鱼冶冶,俨同鹓鹭之行;肃肃邕邕,共挹凤麟之瑞。时则金翘缦缦,珠壁亭亭。银河泻而云烂,皓魄低而露零。恩代扬乎休命,恍对越于彤廷。其初献也,浮旨酒,荐椒浆,鸣佩玉,肃冠裳。神格也如在,可度也无方。庶用羞而无谗慝,斯明德以荐馨香。其亚献也,陈嘉栗,晋软菱。以妥以侑,载降载升。庭燎高烧,苾芳是腾,神之听之,惟德是凭。既乃歌乐告终,九献毕举。侑三爵于中筵,合群音于西序。气犹屏而未舒,步还蹐而轻起。于斯时也,天迥气清,絪缊縕縕,郁为瑞霭,旷乎无垠。听去灵禽,恍接笙簧之奏;飞来片叶,如闻苏合之芬。(陵旁有异树,每逢大祀至诚,则有片叶飞坠,满殿皆香,纹理黝然,有如绘画。又祭期,先必有鸟鸣鹿唱,如笙簧迭奏也。)俄而朱霞绮集,九光耀熠;玉琯调和,铜乌声戢。八柱之云下垂,万壑之水皆立。疏缓节兮金镛,往奠币云封。驾青鸾兮风飒飒,神之乐也融融。厥有擎霄双干,据石千驺。俯瞷则嵌(音堪,山深貌),空之清嶂,仰盼则掩盖之苍虬。万山若翼,异状如秋。虽不扣而应响,辄色变而神游。顷之,朝旭乍升,夜燎斯寂。炉烟袅乎帷裳,睛光浮乎四壁。森森草本,均挹恩波;秩秩几筵,遍形瑞色。熙熙者,翾飞蠕动之天;油油然,麦秀粱肥之域。阳晁(音潮,虫名)联珠,东井聚太平之迹;黄云覆鼎,南维瞻有道之符。鸿文则播之贞珉,偕岣嵝以比烈;钜典则传诸里巷,与雅颂而垂模。

我公于是萃英华,揽奇胜,播清商,被歌咏。建行旌于郊野,还祇事于虞舜。将沕潏(音勿、音玦,深微貌),乎大观,用晰陈乎天听。福禄绥矣小臣,敢陨越贻羞。股肱良哉一人,其靖共是命。是用诗颂,我将书赓维康。荷筒簪笔,鸡舌含香。珍膳传来光禄,隃麋给自尚方。乃挥毫而珥笔,籍润色于垂裳。追远轨于班马,媲神化于陶唐。都俞之隆,蔑以加矣;保佑之征,殆有甚矣。在昔,典乐命夔申于七政,方齐之候;瞽宗语礼警于百禄,是遒之年。矧夫燕翼贻后,功德靡前。云蒸霞蔚,溥博渊泉。则上以承天庥于于穆,下以畅民气于垓埏。方且芝草生,醴泉出。猷久塞而益勤,德弥新而罔逸。奏箫韶于九成,轩缀兆于八佾。衢歌三祝之祥,户赓万年之吉。猗欤休哉,其以八千岁为春秋,而衍遐龄于宥密者也。川不竭兮海不波,湛恩汪濊兮神

人和。典终拜手,为之作歌。歌曰:

巍巍皇极,建总章兮。太乙无为,体健行兮。比物饰节,审诗商兮。喜起一德,赓明良兮。礼乐刑政,暨滂洋兮。德车法守,罔弗臧兮。遍于群神,惠难量兮。乐文则同,志大光兮。君子阳阳,有余庆兮。吉人蔼蔼,拂缣缃兮。穰穰烝民,日舒长兮。翩翩灵凤,鸣高冈兮。俾炽而昌兮,俾寿而康兮。将永翼夫,万寿之无疆兮。

桃源洞记

中国作协会员　李元洛

桃源洞位于炎陵县东北隅,居湘赣边界罗霄山脉中段,四围皆山,幅员万顷。境内峻岭拍天,奇花绣地,森林郁郁,洞壑深深,四季风光虽异,但俱为美景良辰,真乃森林旅游之人间宝地。

当春日捷足先登,城内鸟声名贵,绿色珍稀,此间却遍地柳线舒青,千花竞发,到处东风习习,黄鸟关关。葱翠有山之色,明丽有水之光,照眼有花之艳,养耳有鸟之言,耳目之娱,游赏之乐,此为最矣。

当炎暑君临,何草不黄?城市犹如燃烧之火宅,天地仿佛铸剑之洪炉。然人非生铁精钢,血肉之躯如何经得这般熔炼?而此时桃源洞内松涛送爽,绿竹摆风,清溪使遍地生凉,飞瀑似银河倒泻。如斯清凉福地,游人远来千里,实为缘缔三生。

当九月授衣,秋花满山,蝉声一树,当空皓月,盈户桂香,千古秋声正摇曳万山木叶之际,神农传说还流芳于百姓唇齿之间,若与两三好友把袂同游,吹箫作赋,不免逸兴遄飞,认祖寻宗,自当壮怀激烈。

时届隆冬,此地已幻为一片琉璃世界。四望皆柏翠松青,六合均琼楼瑶室。无扰人耳目之红尘,有可以清心之白雪。月夜凭窗,看梅影横斜;清晨野步,听溪涧浅唱。心旷神怡,此美何极?

桃源洞国家森林公园,人间之乐土绿洲,苍生之洞天福地。洞中一日,世上千年,能以苦短之人生,赏此永恒之美景,可谓山水有缘,福星高照。惟惜福者有福,愿芸芸众生珍之惜之爱之宝之,永葆这一方古老而青春的锦天绣地。

《桃源洞记》一文,本应拜请晋代诗人陶渊明把笔挥毫,以与《桃花源记》双美并俱,但一赋归去来兮,斯人已杳,武陵渔人也下落不明,无从问讯。然天地无私,美景何能任期埋没,江山有待,胜地岂乏文翰传扬?余今勉作此记,勒石为铭,非敢挑战前贤,实情非得已也。

湘山塔记

周新发

湘山宝塔踞城西湘山之颠,与南郊凌云塔相望。平麓双水夹流,雪浪盈岸;环周嶂峦叠翠,虬枝横空;四谷雾霭丛生,岚光扑户;其挺拔峻逸之姿几不可见。须晴时,日丽风惠,穹明气清,于是任遐眺,任迩瞻。山幕林帐之中,卓卓然,似罗霄一仙;石阶雕栏之上,峨峨哉,若南天一柱。清人有诗赞曰:残霞飞檐角,落日挂林端。塔峰连天碧,山光入水寒。宝塔系楼阁式空心砖塔，八角，九级，高六丈有三，饰铁刹以为顶，藏舍利以为宝。层间嵌砖雕八仙及石刻题名，曰奎光、镇湘、文星、环拱、紫微、南斗。塔门望东，为半圆石拱，镶汉白玉塔名及楹联。联云：月携塔影天河去，风载琴声鹿原来。闻古之湘山，日居酃，夕游湘潭观戏。邑人独钟，岂让它游，故造塔镇之。

宝塔初名永怀，始建于宋，明万历重修。清康熙、雍正、道光、咸丰间尝四葺之。近有一九五零年及一九八八年县府举资维护。迨一九九六年，蒙湘山公园、绿银集团、大院农场、青石岗林场、县博物馆及城关、沔渡、水口、王家渡、十都、城东、垄溪、石洲、策源、中村、下村、龙渣、平乐、三河、塘田、船形、东风诸乡镇捐输十二万元共襄修葺。次年夏初兴工，孟冬月告竣。乃拂数朝风尘，几百载雨垢，塔貌复初，洋洋者湘山之大观也。游人登斯山，览斯景，可赏心，可悦目。浴朝曦晚霞之蒸蔚，饮杉华桂英之清泱，餐天河灵谷之秀色，咏故郭新城之滥觞，能不追昔抚今，仰慕贤杰，爱我炎陵乎！夫为创业者，当临高树志矣。

一九九八年春

炎帝陵赋

黄建林

长沙茶乡，衡州酃邑；湘潭故地，株洲新域。地接南岳，壤连罗霄；东毗吉赣，西邻永郴。环斜濑而源洣泉，通湘江而达洞庭。卧笔架而应黄杨，嶂苏仙而屏井冈。绵延千里锦绣，俯仰万顷稻菽。龙山逶迤，肘腋藏圣；洣水汤汤，碧潭昂雄。物华天宝，百姓安小康之生；人杰地灵，朱毛会雄武之师。曾有鼎汉诗韵宝岛，炳麟兴学星城；更兼平化功成乡业，周里操守省府。

时维癸亥，序属季春，京华颂佳讯，山乡奏凯歌。安健建议链今古，湖湘代表荐圣陵；圮墟竖红垣，荒岭涌碧涛；古木掩高庙，新翠拂琉璃。香烟袅娜馥遐迩，烛焰飘摇烁寰宇。午门南开朝炎帝，礼亭北进觐农皇。仰眺云秋雨霁，紫仙峰上祥云绕；俯察芳洲春锦，湖田畎亩稻浪翻。近看石龙鼓謦，龙爪卧波白羽鸣；远闻异树飞香，枫叶绿春艳秋光。晓阁烟岚飘渺去，禽鹿和音婉约来；空樟洞里明觞咏，灵木空中张虬枝。龙潭逐鱼跃，天池濯草新；咏丰台上歌犹在，龙珠山前舞亦奇。

祖德流芳，万代子孙崇圣恩；宗功溢馨，百世炎黄沐慈晖。吾祖破穷荒，耒耜耕耘艺稻粱；神农肇医药，百草初尝疗夭伤。剡木以为矢，绩麻以为衣，冶陶以为器，构木以为堂。列廛聚货通交易，琴桐弦丝祝丰稔。无制令而治世，人归民顺；不忿争而化下，财旺资足。贤明杲阳，来酌椒浆日有人；翠比松楸，乔木犹含太古春。

嗟呼！新殿矗雄阔，旧庙耸巍峨。耿民开邑典，岁岁县长祭清明；邦柱启新祀，届届省府祝重阳。陵前玉碑静，园中雄文奇；港澳回归望九鼎，台岛计时盼一统。龙狮舞雄风，方寸邮缘走天下；鼓乐歌太平，新城洲市增芳华。旌旗猎猎延华夏，峻仪峨峨冠古今。可以抚匡胤，峤梁南岭续香火；可以慰元璋，神功垂泽修明禋。

林三尺微命，一介书生，无高香巨烛之胆，有虔敬诚祷之情。两月厮守，修亭葺殿；终生难舍，数典念祖。躬逢盛世，弃粉笔而执镇纲；忝蒙党恩，守水口而荷乡任。建树未几，夙夜维寅；

民瘼在胸，皓首穷精。报百姓而肝胆涂地；踵始祖而身体力行。是故敢竭鄙诚，恭疏陋辞，昧赋圣陵，斧诸群英。

丙戌夏月于株洲市委党校

炎陵县赋

周建光

长沙茶乡，衡州鄙邑，湘潭故地，株洲新域。脉连南岳余岫，岭接罗霄群峦。神农峰峻，雄峙潇湘之首；炎帝陵古，岿然神州第一！笔架屏城北，天河蓊郁簇古刹；鹫峰巍县南，团苍葱茏拥铁观。紫仙西望，皇山翠微戏龙珠；万阳东顾，霭仙崔嵬护帝母。涧鸣清冽，南泉西绕斜濑清；谷潺幽曲，东溪北走沔河白。崖阴临江，千亩坪里，稻黍重重翻碧浪；绝巘参天，耕熟岭上，国道弯弯向韶关。

若夫龙盘虎踞，人杰地灵，鹤舞蛟腾，云蒸霞蔚。昔有铁头太子除虺，大垸高处传佳话；钟馗才子斩鬼，县府衙前着奇闻；罗浮孝子奉母，洣水源头漾清涟；孟姜女子哭城，浆村石街遗泪痕；笑貌端肃兮五子庙。今则炳麟兴学长沙城，一代名师烁古今；孟雄洒血雨花台，三湘豪杰寄英魂；经武平抚西藏，共和才俊铭高原；庆民芳踪南极，巾帼须眉誉全球；音容整饬兮湘山园。

至若润之布衣山城，油灯洣泉书院，草鞋水口江家，插牌中村畎亩，叶家祠阁楼建支部，接龙桥山头击民团；南迎朱老总，东会起义军，万寿宫中巨手握，十都墟上高影重。井冈圣地兮遗胜迹，炎陵山乡兮遍伟踪。

更得始祖荫翳，奉圣鹿陂；陵殿堂皇，松风馥郁。吾祖炎帝神农氏创耒耜，导耕播，尝百草，开医药，造弓矢，构明堂，结弦琴，织衣裳。神功浩荡，圣德辉煌；天下苗裔，俎豆馨香。泽民书陵款，陈云题匾额；耀邦留墨宝，朴初存毫馨。县祀清明雨，省祭重阳晖；彩幡猎猎，高香袅袅；鼓乐朝天子，歌吹颂农皇。

如若月筛柳上，花舞风前，万家烟火聚城阙，一色禾苗连山村。旧景焕异彩，新貌催人思。醽醁泉香，龙井名芳；梅冈朝旭，学子琅琅；桃花春涨，雪珠连波；湘刹夹流，塔月悬峰；青台暮岚，北岭浮烟；天半晓钟，唳鹤飘风；白云灵谷，棋仙播霖；秋山远霭，桂华凝霜。八景欣其尚美兮，山城倍其尤精。鳞次栉比，茅屋矗广厦，陋巷展通衢；车水马龙，街头车竞靓，闹市人摩肩。店台煌煌兮琳琅秀，宾馆峨峨兮酒灯红；桂影连绵兮绿长街，榴瓣妖冶兮艳行堤。西门园林静，东山别墅新。环城坦大道，接龙卧高桥。商贾南来，四海旅客喜怿怿；生意北往，五湖宾朋乐欣欣。

而若西行鹿原，洣水滔滔，龙山苍苍。拜始祖，谒圣陵，擎高香，诵祝词，植香樟，树玉碑，鼓乐喧阗，祈福遂愿。而乃仰眺云秋雨霁，俯察芳洲春锦；近看石龙鼓鬐，远闻异树飞香；遥望晓阁烟岚，细味禽鹿和音；躬会空樟觞咏，遐思灵木虬张，回首龙潭鱼跃，景仰白鹭守陵。赏心悦目，快意怡情，吾祖之拜何其畅怀矣哉！

复若东游神农谷，峡涧幽壑，层峦迭翠。道曲折而泉幽咽，木葳蕤而石崚嶒。瀑泻珠帘，潭凝黑龙；崖立高寿，岩卧醒狮。竹风婆娑摇翡翠，泉影潋滟照琉璃；山村小而水墨静，老林深而野鹿鸣。艳阳梳曲径，斑驳动浓荫；石房列树标，板棚陈山珍。可以攀奇峰，探幽谷，荡藤萝，蹈石滩；可以尝野蔌，啖新笋，啜米酒，嚼腊肉。李立徜徉其间，嘻其挥毫兮："唇齿留芳"；元洛流连其里，豪其激情兮：《桃源洞记》。

嗟呼！改革三十年，古木逢春；开放三十载，玉树临风。托春风，兴产业，小水电，小城镇，大加工，大旅游；山上郁郁兮笋竹林，城镇潇潇兮竹艺厂；发电站星罗棋布，九龙园厂房林立。造生态炎陵兮襄举小康，构两型社会兮科学发展；集贤为道兮汇萃良俊，卓行厉节兮心系民生。务实效，求创新，树诚信，养廉德；政风寄勤谨，创业托同心，机遇宕锦绣，津梁开新村。村路蜿蜒兮铺水泥，乡道康庄兮延沥青；铁道迢遥兮接湘赣，高速坦荡兮通衡井。往昔闭塞地，今朝通达区；魅力老区景，和谐城乡风。人民生活渐宽裕，城村旧颜日焕新。

于是，慨然而歌曰：春风浩荡兮党恩重，祖德流芳兮帝功隆；灵山秀水兮孕人杰，美冠遐迩兮腾蛟龙！

二、文　献

知县吴日炎《减则升科事略》

酃为楚南下邑，地瘠民贫，赋役繁重，非一日矣。前后守土者，莫不以酃科则苦累为念。然不得大府回力为主持，终格于成例，不果行也。日炎待罪兹土，欣逢列宪体恤民隐，深仁厚泽，靡不周遍。康熙五十九年，湖南垦荒正届升科之期，上宪犹恐田赋不均，小民或有偏累，饬令有荒州县，查明应减何则，用纾民力。日炎因于是年正月初六日，于饬查案内详称：

窃照，酃邑粮增则重，积困难苏。蒙各宪痛念民瘼，仁恩普及，正酃民解悬之时，而千古不易得之遇也。职请为之述疲敝于当年，酌比则于今日，冀垂怜而采择焉。

从来则壤定赋，必视土地之肥硗，以为科则之多寡。故上中下三则之外，又有山乡水乡之分，塘粮地税之别，轻重适宜，恩均法善。酃邑处万山中，田多鱼鳞小丘，坐落冲垅岭壁。五日雨则苦涝，五日不雨则苦旱。地属四塞之地，田为最下之田，定赋科则自应从轻。不知前朝何弊，独重困此一方，撇除下则，独存上中，且上则科粮一斗二升二合四勺零，中则科粮九升七合一勺零。安仁粮赋最重，比而较之，上则尚少四升有零，中则尚少二升有零。更可异者，塘粮亦照田则科征，其苦尚可言哉。然是时科则虽重，田亩犹宽，民亦未至大困。迨明中叶，丈官马晋以供账不足，以额粮七千余石之外，丈增粮六千七百余石。后虽经知县吴世忠，于万历间详请题豁旧水决沙壅，永不成田粮一千三百一十一石零，尚存粮一万二千三百八十余石。则重粮增，民始大困矣。此种极苦情状，在后之守土以册籍章程相沿已久，不敢妄请更张。年来，间有水决田亩亦置不报。额外之增不可除，额内之数不能减，言念及此，实堪流涕。

近蒙各宪深仁厚泽，培养生全，虽得病起疮痍，元气尚未全复。五十三年，士民感戴皇恩，仰体宪德，愿将荒田认垦足额，候年升科。无如久荒之田，土性冷瘠。丰年收成尚尔欠薄，稍遇干旱，颗粒全无。减则之请，情非得已。查卑县历无下则之田，中则之下止有地则，每亩一升六合六勺零。起科照地则与部议不合，科中则实苦于最重，欲求与题准下则之数不甚悬殊，惟有比照邻邑下则之法。酃衡属也，请以衡邑比之。除与酃同苦赋之安仁外，查衡阳下则四升三合五勺，衡山三升二合一勺，常宁二升九合有零。酃田视各邑最瘠，酃额视各邑加增，酃谷视邑每贱，酃民视各邑极贫，久在宪台洞鉴之中。若不于三县之中，择其最轻者比之，酃民之困终不可起，似应请照常宁之下则而升科也。职庸愚下吏，妄陈管见，为酃请命，仰祈宪台核夺转达。倘得俯允所请，天恩下被，则酃民自此起困之日，皆宪台再造之年也。

本年二月初四日，奉护府饬行："该县有为民请命之心，本护府岂无爱惜酃民之意？但该县欲借此以沽名市惠，本护府岂肯冒昧核转，致干上宪之批饬耶？"即因前经详藩宪奉批护府查议。

四月十八日，据阖邑绅士呈请，复以吁查宪案等事，具详护府。详称：酃邑认垦田亩起科则重，屡据士民吁恳，转详减则。职固知县无下则，《全书》久定，成宪难更，而犹再三冒渎者，实因目击酃民地瘠家贫，久困之后幸获甦生，实难堪此苦累。与其告逋赋于他年，莫若请减则于今日。查五十三年《请免垦荒限期》一案，督宪题本大部，复疏俱开湖南，有"州县六年后照依下则起科"，并无"原无下则，仍照何则"之语。伏思《赋役全书》悉达，大部岂不知原有无下则之州县？而当日议复疏内未经声明者，亦自以皇恩浩荡，霈泽宜均。酃虽无下则，犹有地则。五十、五十一两年报垦，已照地则起科，达部册据。同一赤子，同一垦田，各处皆沾下则之恩，惟酃仍科中则之重，且中则倍于他邑之上则，蚩蚩之氓，何以堪此！圣天子如伤之仁，无物不得其所，必不忍使一方独有向隅之叹。兹据前情，合无详请宪台为酃请命，或照卑县地则，或比照邻邑下则赏赐。转请题达。

五月二十日，复以详明事具详藩宪。详称：

报垦荒芜田地，遵奉部文，先照下则科征纳赋，六年仍照原则征收。卑县《全书》刊载历无下则，查地则与下则相同，所以康熙五十年及五十一年报垦田亩，俱照地则比征，奉宪檄发《实征清册》在案。今查康熙五十二年报垦田亩，卑职前照地则科算造册申赍。昨奉檄发下县，查"条饷"项下银数，又系中则升科，卑职随差唤各户补征据呈。以前各年报垦荒田，因酃邑《全书》并无下则，悉照地则比征。今五十八年，升科钱粮□□，起科中则，民受重累。禀请详明事□钱粮，应请于五十二年报垦田亩，仍照五十、五十一两年成例，比照地则，于升科册内更正，转详达部。

蒙抚宪王、藩宪朱，轸恤酃邑民生苦累，俯赐题达。而大部犹以"前司讹报中则，已经题定，不便以多改少。"行令将详咨职名，开列报参，适府宪金办铜差回任竣。

六十年正月二十四日，又以田亩荒缺甚多等事详称：

各属历年报垦田亩，遵奉部复，于六年后按照下则起征，此定例也。酃邑因无下则，而地则与下则相同。康熙五十及五十一两年，报垦科则并应征银两，俱系比照地则造册达部，升科并入，奏销在案。至五十二年，新垦上田一顷五十九亩八分一厘一毫，兹当升科之期，自应循例比照地则起征，断难反引下则以上之中则起科，使小民受重则之累。惟因当日认垦册内误注中则，是以详请仍比地则改科册报，并非更张旧例。今奉院宪核准，部咨以"报垦原注中则，应遵中则科征，何反请照地则起科，以多改少？"行令将原题另造清册查核。但查湖南通属垦荒田地，大例概照下则起征，何鄙县一小邑独受中则科征？殊非朝廷惠养元元之至意。与其因循从前注册之误，不若吁请更正以恤民瘼也。合无详恳宪台俯赐转请详咨，仍遵五十、五十一两年垦升旧则及各属通照下则之例，俯鉴鄙邑向无下则，按照地则科征，则兆庶均戴皇仁宪恩于无既矣。

随蒙府宪转详院司各宪，特疏具题，仰蒙恩赐愈允，共减去银一千九百三十八两八钱一分三厘四毫一丝四忽。鄙民数千百年无可告诉之疾苦，豁除于一旦。向非宪德涵宏，皇恩浩荡，鄙之积困曷其有已哉！日炎躬逢盛举，略叙颠末，附载于兹，使后之修斯志者得有所考。惟愿来者加意勿失焉。

偏沅巡抚周召南题请豁免盐引文

康熙六年

偏沅巡抚，臣周召南

为盐课确有定例，混派实苦难堪，谨据实陈明，吁恳恩豁，以苏民困事

据衡州府带印同知张其策详：

据鄙县知县李明事申称："衡属惟鄙县边疆蕞尔地，居万山窝底。自设县以来，食盐无例，实因地势嵌崄，舟车不能通济，惟小贩附近零星肩负，以前民用。所以历无埠头，额无商税。在前代立制，行盐编税，未有不衡量地势，酌夺民情，便民利国，详考以为久远之制者也。"康熙四年内，奉粤院派引行盐。卑职查无旧例，随以地势民情，具文详复。又蒙海盐道批，认引招商，及盐课提举司频催不已，动以考成檄下，卑职备员末吏，又何敢抗功令？旋即备文，申请巡抚部院暨布政司及本道并本府。去后，俱未蒙批示。以至仁化坐引七十九道九分，推卸于鄙。窃残破之后，百姓寥寥，创派之引，实难销发。越省穹远，搬运维艰。恳乞垂念残鄙孑遗，俯赐渥恩，转详本部院具题豁免，仁化引目仍归仁化，而飞害得免于残疆矣。"

缘由到府，该卑职看得："鄙县认仁化之引七十九道九分，而考成随之。伏念楚民食盐，粤商认销引目，此商民世代之成规。连州以督销不力，卸其责于邻。封称，'既食粤盐，即应分销粤引'。则是从古盐税，当照各处户口，一体同科，又何必设引行盐也！故天下无不食盐之处，而有不销引之地者。犹之粮饷，止问之编民里甲，不问之买米而炊之家也。区区残疆，正赋莫支，流亡数告。原非可以创举之盐政，突焉重困者也。以楚民食粤盐，即思扳认粤税，而不知食盐之民，早已寓税于买盐之中。贩盐之利，归于粤商，销盐之责，坐于楚属，恐非情理之平矣。伏冀俯鉴下情，转请题豁，仍祈咨广东抚院，轸念山陬穷民，照旧买食粤盐，粤商认引纳税，订正旧日章程，则民困得苏，顶戴洪仁，靡有涯际矣。"

等情到司，转申达院，该臣看得：湖南衡郴两属之临武、桂东十一州县，地连楚粤边末，在万山沟坳之中。粮不满数千，丁不满数百，民皆鹄面鸠形，鹑衣百结，穷苦颠连之状，郑图难

绘。盖山瘠地薄，不通舟楫，人蛮俗鄙，与瑶民杂处，仅存其控制之名而已。终岁勤苦，止有稻谷一种。求售之难，有一两之银，粜谷至二十余石。以不通河道，家家是谷，无可变通。民之能者，以谷养猪，计十越月，出谷十余担，得五六十斤，赶于一二百里，变偿二三钱还粮，民岂不厌劳哉！以为不如是不足以供贡赋，其情亦可怜哉！今粤东忽扳累各县，认商分引，闻者股栗心寒，惊逃奔窜，几至靡有孑遗矣。所以然者，止因郴州等县，地近粤东乐昌县，旧例即以四州县买食该县西河埠头商人盐；其桂阳、桂东、酃县，地近粤东仁化县，旧例遂以三县食该县城口埠头商人盐；临武、蓝山、嘉禾，地近粤东之连州，旧例遂以四州县食该县之新子埠头商人盐。在粤商，分楚省十一州县行盐之利，自有应纳之税；在十一州县，就食粤商兴贩之盐，自裕买盐之税。是食盐之民，已寓税于买盐之内；而行盐之商，早已浮税于卖盐之中，两得其便，前人立法未尝不善。今粤商见楚民食盐不丰，觅利不厚，乃欲牵连。有司扳引认税，夫知县岂可作分引办税之商乎？势必责之于民。民无资本兴贩，势必家家报盐商，户户攒盐本，是明开县官以加派之弊，而阴滋小民以朘削之苦。违例扰害，遗祸难堪，即如有土者贡赋，未闻买米者纳粮。前此衡永宝三府已蹈此弊，致地方重累。荷蒙皇恩，准以淮商行盐办课，民困得甦，以比此不通舟楫之数县，又不啻天渊，岂又堪佥商报本乎？伏乞皇恩一视同仁，将衡郴数邑之民，免其佥商分引，仍听粤商照常行盐办课，而数县穷檐，止寓税于食盐之中，不特弥官吏作弊之端，而且除小民加派之祸，则数姓穷民，子子孙孙永戴皇仁于不朽矣。

臣谨会同督臣张口口合词具题

奉旨："户部议奏。"

部复："议得郴州等处之民既称困苦已极，仍照旧例买食粤东之盐，粤商照旧运盐以供楚民之用。嗣后，销引考成，责之连、韶二州等处之官。再请敕下该抚，严饬郴桂等州县印官查缉私贩，以疏粤盐。如有奉行不力，即行指名题参可也。"

奉旨："依议。钦此。"

酃邑观风示

林愈蕃

为观风事，照得：

乾坤秀气，每洩山川。宇宙名贤，都源学术。故遐稽史册，维楚实号多材。而属在吾侪，因文可以见道。夫以洞庭八百，烟波涵混乎日星；衡岳九千，清淑毓钟于人物。屈骚宋赋，擅千秋艺苑之奇；欧字杜诗，垂亿代文坛之范。两楚固为渊薮，三湘更属奥区。

维酃地析茶州，辖归衡郡。鹿原云霭，遥连回雁之峰；醽醁泉香，远漱朱陵之洞。览云秋之翠色，谢屐堪携；挹洣水之清流，郦经曾注。八荒可小，骆宾王遗韵犹新；万世资生，神农氏丰功未替。既称胜地，应孕伟人。至若义勇可风，李太尉辉煌晋史；德才越俗，刘少卿炳耀胜朝。凡此群英，类难更仆。钦惟我国家，列圣相承，百年敷化。陶淑本于礼乐，作育已深；登选悉系俊良，浮华必汰。以故风行草偃，道必通乎四子之精；去伪存真，文总衷于八家之正。然教人固宜先器识而后才艺，而学者亦当蓄道德而兼文章。异彩腾霄，当年固多杰士；宝光烛乘，此际宁乏雄才？苟非一日，各展所长；何以百年，定知不朽。

是用谨诹二月某日，凡属生童，无分文武，各携试卷，黎明齐集衙署，试以词章，用觇学行。除牒学通传外，合行出示。晓谕尔等；或业由师授，或资本天成。读五车二酉之书，悬知汗青有日；窥玉牒琅函之秘，宁虞曳白无文。机杼运胸中，独具匠心之妙；烟霞生笔底，力祛勦说之芜。圣训煌煌，恪守清真雅正；心精炯炯，无拘浓淡平奇。至若咏诗，尤当得体。择言必慎，赋物须工。探本三百篇，知敦厚温柔之当学；溯源十九首，识规模态度之有真。总期能正性情，斯为无伤风雅。

本县生居西蜀，徒愧南溟。里近大苏，泼墨逊行云流水；乡连太白，探喉惭喷玉唾珠。特以八股为拜献之资，早岁曾经刻鹄；六艺乃陶镕之具，暮年不废涂鸦。作者苟能笔扫千军，阅者岂真目迷五色？尚冀镕经铸史，锦绣立组于风檐；体物写情，珠玑尽罗乎海底。爪鳞既具，龙门跃以先登；羽毛能丰，羊角搏而直上。慎毋席珍弗出，谩谓屑雕虫。尚其握椠而来，庶几抒兹吐凤。至期烹茗，伫待挥毫。特示。

乾隆甲申二月

慰劳革命兵士告民众书

（1926年）

亲爱的同胞们：革命军兵士不数月克服了湘鄂闽，今更进而据了苏杭，使革命势力由中国南部而达到中部，东南既可垂手而得；东北更可指日而定，所向无敌。我武装同志，努力杀贼不顾性命，以求人民之解放。此伟大牺牲，在历史上有不朽的价值，这是很值得我们民众赞美的！

现在革命兵士，是负了国民革命很大责任，继续与奉鲁军阀作最后奋斗，以期直捣幽燕，勘定全国。且革命兵士饱受盛暑严寒，无日不与敌人作殊死战，以求胜利。国民革命军兵士之生活痛苦，而口勉其奋斗的精神，期革命之早日成功，这是我们民众应尽之责任。募捐慰劳兵士运动，即为此而设，想集得大批款项，分配我们兵士同志，以表我们爱护兵士的微忱，拥护北伐之心理，完成革命之决心。凡我民众自当竭诚，同申慰劳，尽量捐助，以示我人民与武力合作之真谛。因此，凡我亲爱的同胞们，应该起来，大家捐助款项，以慰劳为革命奋斗的前敌兵士们。我们应该高呼：

全体动员，援助国民革命军！

打倒奉系军阀！

打倒帝国主义！

农工商学兵大联合！

国民革命成功万岁！

世界革命成功万岁！

湖南人民慰劳革命兵士委员会酃县分会

朱子和给近郊第十八乡农协会指令

（1927 年 5 月）

为令遵事，本队须用猪仔炮贰拾座，鸟枪或来火枪贰拾枝，仰该乡农协即派人送来本队，如有能用鸟枪及有胆量者着即派来，限本日到。如有火药亦须带来，本队可以出钱，仰即知照。

此令

近郊第十八乡农协会　　知照

（派来的人及枪炮在樟树下两店内）

农民武装队总队长　　朱子和

紧急通知　第一号

各级党部：

现将坂溪区报告酃城昨日有白匪一团，分住东门东、湘潭（应为湘山，抄者注）与天和仙四部久安团五都头由石霸作前日开了什么“群众大会”，说有向赤区进攻的企图，我们估量敌人在全国革命高涨红军伟大胜利的形势之下，无疑义的要拼命向苏区和红军进攻，以挽救其垂死的狗命，我们只有执行以革命的进攻消灭敌人的进攻的策略下，才可收到最后的胜利，县委此次对于应付敌人的工作有如下几点决定：

1. 加强赤色戒严（遵照县委戒严令执行），赤白交界地方，只准进不准出（捎苏区以上的通行证者不在此限），以免泄漏苏区消息，各地工事要架好大炮，并要时时有人看守。

2. 多派出忠实可靠的侦探探听各方情报，特别坂溪区要注意探县城及水口的消息，石洲区要注意探沔渡及长江等地的消息。

3. 加紧领导群众割禾，已晒好的谷子要拿到边[偏]辟的地方储藏起来，要明白告诉群众，敌人来进攻赤区，主要的要抢粮食□□他们狗命，造成买卖粮食恐慌。

4. 赤少队模范营暂配合石洲游击队行动，其余各区各赤卫队配合统一班以上的赤少队行动，遵照□□县军事部决定的各区武装部队行动方案□□向民游击摩敌人的哨，围剿土匪和土豪没收土豪的谷子，黄禾发给当地穷苦群众，断绝敌人交通□□电线，砍电杆，捉敌人的传令兵□发宣传品粉写标语组织群众等，反对等待敌人来进攻，才手忙脚乱的去应付敌人或上山打埋伏的右倾机会主义。

5. 机关要军事化，不用的文化具器亦可先拿去收藏，要用的文件可包袱束捆，使行动得以敏捷，并要每人准备一件能作战的武器。

以上各项望各级党部切实遵照讨论执行，勿误为要！

中共酃县县委

1932 年 10 月 27 日

上午于石洲里印发

鄘县人民政府命令

政字第一号　1949 年 10 月 29 日

为成立人民政府由

乡、保长：

鄘县全境已获解放，从此鄘县永久属于人民所有，顷奉湖南临时省政府命令开：成立鄘县人民政府并委任赵德新为县长。人民政府已于今日正式成立，启用印信，开始办公，除责令伪方县级各机关迅速结束手续，办理交待外，并命令各乡、保、甲人员继续供职，在人民政府领导下进行各种工作，维持地方秩序，不得阳奉阴违、歪曲政策、敲诈人民，改变过去国民党时之官僚恶劣作风，所有一切乡、保人员都应公道办事，以期将功赎罪为要！此令！

县长　赵德新

鄘县人民政府通令

府土字第 00 一号

公元一九五一年七月十八日

事由：为我县土地改革委员会已正式成立各级政府应与该会取得有关土改工作的联系

受文者：各区乡人民政府

1.我县根据当前农民迫切要求土改和需要，支持农民土地改革运动，彻底消灭封建剥削制度，农民得到翻身，发展农业生产。本府依据中南军政委员会土字第 00 五号通令规定，成立鄘县人民政府土地改革委员会，在西外街石桥边办公。从七月十八日起开始正式办公。

2.今后凡属于有关土改工作之各项请示、报告及有关政策、方针、法令、计划之重要指示均须直接呈送土委会，以便上下取得紧密的工作联系。

3.凡土委会对各级人民政府颁发之各项有关土改工作的指示、决议及有关政策、法令之解释，希遵照执行。

4.以上各项规定希各级政府切实遵照执行为要。

县委　　李秀山

中央南方老根据地访问团鄘县工作组全面访问调查报告

一九五一年九月六日

（一）地形说明（略）

（二）马日事变后的革命活动情况（略）

（三）苏维埃政权的建立：一九三 0 年一月将原有秘密组织之乡农协，分开提出候选人召集群众大会，选举乡苏维埃政府主席副主席及各执委宣告乡苏维埃政府正式建立。一月末又由各乡苏维埃政府提出候选人，召开全区群众大会，选举区苏维埃政府主席、副主席及各执委，区苏维埃政府宣告成立后，即提出县苏维埃政府候选人，召集全县群众大会，选举县苏维埃政府主席、副主席及各执委，宣告正式成立。当时的县区乡苏维埃政府组织情况如后：

①县苏维埃政府：除设主席外，分设宣传、军事、粮食、肃反、财政、文化、工作检查、土地（系临时的）裁判、妇女、青年、儿童等十一部。

②区苏维埃政府：设主席副主席外，只少一裁判部、余与县政府组织同。

③乡苏维埃政府除主席副主席外，下设文化、宣传、肃反、土地、粮食、财政、妇女等委员，不设部，但经常留府之工作人员仅有主席、副主席、秘书、通讯员、伙伕五人。

酃县自一九三〇年起至一九三三年十月止，共成立了二十三个乡苏维埃政府、四个区苏维埃政府、一个县苏维埃政府。

①第一区苏维埃政府设坂溪，成立于一九三一年，辖有六个乡苏维埃政府。主席蓝春华（叛变）、廖德兴（牺牲）、潘永成（当AB团处死）、黄万（当AB团处死）、李振仁（牺牲）、何洪泽（病死）等。

第一乡苏维埃政府设泥湖，成立于一九三〇年，终止于一九三四年，主席谭风祥，后改称茶垅乡苏维埃政府。

第二乡苏维埃政府设茶垅，成立于一九三一年正月。

第三乡苏维埃政府设于庙墩里的台盘，成立于一九三一年正月十八日，终止于一九三四年，后改坂溪乡苏维埃政府，历任主席有邝振河（尚在）、周发科（背叛处死）、宋衍象（病死）、周发宝等。现属一区坂溪乡。

第四乡苏维埃政府设鹿坪，成立于一九三一年，至一九三一年七月因主席邓世松叛变，被民兵唐启朱杀死，遂并入坂溪乡。

第五乡苏维埃政府设耒头，成立于一九三一年正月初，终止一九三四年，主席张良焕、曾越成。现属一区南岸乡。

第六乡苏维埃政府设春冲地母仙，后改春冲乡苏维埃政府，终止于一九三四年，主席邓庆熙。

②第二区苏维埃政府设大院，成立于一九三〇年一月，后改大院区苏维埃政府，终止于一九三四年，主席龚德林（尚在）。辖有大院、青平石。

第一乡苏维埃政府设大院，成立于一九三〇年，后改称大院乡苏维埃政府，终止于一九三四年，主席叶森林（已死）。现属四区石洲里乡。

第二乡苏维埃政府设青坪石，成立于一九三〇年，后改称青坪石乡苏维埃政府，终止于一九三三年，历任主席有高桂芳（尚在）、李彦忠（已死）、梁亦传（因犯错误处死）、邹纪凤（被反动杀死）等。现属四区石洲里乡。

第三乡苏维埃政府设安坑，成立于一九三〇年，后改称安坑乡苏维埃政府，历任主席骆忠昌（叛变处死）、陈基亮（尚在）、麦振华（病死）、钟传福（被反动派杀死）、钟万松（尚在）、张启元（死）。现属四区石洲里乡。

第五乡苏维埃政府设太源，成立于1931年，后改称太源乡苏维埃政府，终止于一九三三年，主席罗洪海（病死）。现属四区中洞乡。

第七乡苏维埃政府设马垇,成立于一九三〇年,后改马垇乡苏维埃政府。

③第三区苏维埃政府设立于斗平湖(即现三区之平湖乡),成立于一九三〇年,至一九三一年改称黄泥潭区苏维埃政府,历任主席廖发义(后来叛变)、谷祖昌(尚在)、刘明甫(尚在)、李先盛(尚在)、罗宗正(死)、史家良(病死)。终止于一九三三年,辖有六个乡苏维埃政府。

第一乡苏维埃政府设上洞,成立于一九二九年三月,一九三一年改为上洞乡苏维埃政府。历任主席廖德煌(尚在)、罗忠俊(一九三四年牺牲于黎树洲)、廖德祥(病死)、苏秉贵(病死)、龚光华(一九三二年牺牲于太庙)、刘虎(死)、薛能运(尚在)、郭迹成(尚在)。现属三区策源乡。

第二乡苏维埃政府设黄草村,成立于一九三一年春,随后改称黄草乡苏维埃政府,历任主席谷祖昌(尚在)、赖板玉(尚在)、张荣正(尚在)、范品提(尚在)、谷祖林(尚在)。现属三区平湖乡。

第三乡苏维埃政府设下坪,成立于一九三〇年正月,一九三一年改称下坪乡政府,终止于一九三四年,历任主席周造福(病死)、王发贵(一九三三年被挨户团杀死杨柳垅)、朱泽冈(一九三〇年叛变,现已病死)、黄昌五、周泽洪(尚在)。现属三区平湖乡。

第四乡苏维埃政府设于倒坑,成立于一九三一年正月,随后改称倒坑乡苏维埃政府,终止于一九三四年十月,历任主席邓化龙(尚在)、陈大茂(尚在)、李方正(病死)、蓝再高(尚在)、李品清、陈树贵(均死)。现属三区平湖乡。

第五乡苏维埃政府设平坑,成立于一九三一年三月,随后改称平坑乡苏维埃政府,终止于一九三三年四月,历任主席为黎昌荣(死)、周国生(尚在)。

第六乡苏维埃政府设大横溪,成立于一九三三年七月,终止于同年十月,主席李品祥、王友生(均在)。

④第四区苏维埃政府设安坑(属现四区南流乡),成立于一九三〇年六月,后移廖家,改称十都区苏维埃政府,终止于一九三四年,历任主席翁明达(被反动派杀害)、黎能海(被捕去下落不明)、龚祥彪(在)、陈光武,共辖六个乡苏维埃政府。

第四乡苏维埃政府设乌石下。

第六乡苏维埃政府设麻落,成立于一九三〇年,后改称漏江乡苏维埃政府,终止于一九三三年,历任主席杨春成(在)、魏梅财(在)。现属四区小江乡。

第七乡苏维埃政府设马垇,成立于一九三〇年,次年改称马垇乡苏维埃政府,终止于一九三三年。

第八乡苏维埃政府设良田,成立于一九三〇年,次年改称良田乡苏维埃政府,终止于一九三三年,历任主席李彩桂、巫盛连(死)、余庆福(在)、赵来发(被反动派杀害)。

第九乡苏维埃政府设善良田,成立于一九三〇年,一九三一年改称善良田乡苏维埃政府,历任主席翁蓝廷、杨凤祥。现属四区中洞乡。

第十乡苏维埃政府设皮坑,成立于一九三一年,终止于一九三三年,历任主席徐能文(被捕未返)、张福善(在)、何恒通(在)、龚祥彪(在)。现属小江乡。

⑤县苏维埃政府设石洲里，成立于一九三〇年，一九三三年迁往桃源洞腾棚山，终止于一九三四年，历任主席刘青远（病死）、黄邦兴（因加入AB团处死于黎树洲）、曾维柈。

（四）革命武装建立：

1.县赤卫队最初乃一未定名称，之游击队只有七条步枪配以梭标和鸟铳组成以李昆为队长，下分三分队，分由胡金生、唐生庆、欧某（名字不详）担任分队长，经常往来大院、黄泥潭间，至一九二九年冬，县乃改编成县赤卫队，队长改任李祖安，张维新任政委，以王友来、周作玉、邝生利分任分队长，计有步枪十二枝，其余的武器仍以乌统、梭标配合组成，因在石禾坪与来围攻之县挨户团作战，队长李祖安殉职，分队长王友来牺牲，周作玉、邝生利都负了伤，一九三〇年春改队长政委改由邝光前、邓秉其担任，中队长由邝生利、彭春魁、李年相分任，一九三一年正月与张莹玉率领之红七军在下坪喉龙山合打胡凤璋役中，缴获步枪三十枝，同时红军又赠送了步枪三十枝，子弹五百发，同年徐得胜、梁文光来队协助工作，至此乃将赤卫队改编为警卫连，以徐得胜为连长，梁文光为政委，以邓秉其、何炳山、张维新分任排长。同年二月在九峰坳与全县来围剿之挨户团三队作战，缴获步枪三十枝，徐得胜、梁文光、何炳山均殉难并死战士十二人，伤十三人，同年九月改编为独立第九营（后称老九营），陈玉行任营长，张平化任政委，至一九三三年六月合宁冈县的第八营遂川县的十营，编成独四团，以李宗保任团长，陈山任政委，第九营政委改由王震接任，隶属湘赣军区指挥部，自县有武装改隶湘赣军区后，后从各区苏维埃政府的区赤卫队中抽调一部分武装合编成县有武装，称为新九营，营长初为吕显明，因吕调挺进队队长，营长政委改由周锡寿、涂步云接充。同年六月在大院与王东原部作战伤亡战士约五〇名，缴去步枪三十枝，势力因而削弱。

2.区赤卫队：①石洲里区赤卫队成立于一九三〇年，历任队长有首典九、李昆、谢德铭，政委凌昌万于全年内曾捕杀土劣袁耀廷、张声后、李春堂、袁子平、潘友琴等，一九三一年改编为警卫连，连长何荣祥（后叛变）配合县赤卫队开往十都打贾金财，挨户团缴获步枪四支，毙敌五人，自伤二人。六月后，配合酃茶交通队往沔渡打挨户团朱队长，在下馆发生遭遇战，缴获步枪十支，死战士六人。一九三三年反动军王东原刘建绪来攻，遂采用游击战术，同年五月编入新九营，属县管辖。②黄泥潭区赤卫队成立于一九三〇年，其前身为上洞黄草两乡黑杀队，上洞乡黑杀队长为杨学海，黄草乡黑杀队长为廖纪开，改编区赤卫队后，以杨学海为队长，辖三班二十三人，有步枪七支。一九三二年，红三军团来驻扎上洞，廖家祠堂赠予步枪十三枝，子弹一三〇发。一九三三年编入新九营，属县管辖。

（五）群众团体：每乡有互济会、担架队、慰劳队、歌舞队、儿童团、少先队、反帝大同盟，但无经常办公组织，每有号召则集合，事毕即散去，自区至县之民众团体。亦有职工联合会、妇女联合会、反帝大同盟、儿童局、互济会等，设有办公机构，以为领导。

（六）斗争经过：

甲、分田石洲里区和十都、黄泥潭、坂溪等区大多数乡曾自一九三〇——一九三一年，先后开始分田（有少数乡是没有分过田的），计每人分得八——九石毛谷田不等，最后一年（即一九三三年）农民仅有耕耘而未得到收获，因当时地主们回来了，仍被他们收去。

酃县老根据地基本情况统计表

表附录 -1　　　　1953 年 4 月 21 日

物（人）类 数量 乡	房屋（间）			耕牛（头）			农具（架）			鳏寡孤独				文化			合作社		解放后的建设情况					备注
	瓦房	茅房	合计	大牛	小牛	合计	犁	耙	合计	户数（户）	人口（人）			学生（人）	学校（所）	教员（人）	社员数（人）	社员占人口总数%	修建房屋间数（间）	开垦了多少田山（亩）		买了多少耕牛（头）	买了多少农具（件）	
											男	女	合计							田	山			
坂溪乡	322	166	488	40	23	63	78	49	127	18	11	7	18	26	1	1	110	30%	30	110.45	136	44	89	—
泥湖乡	359	147	506	34	9.5	43.5	44	28	72	17	9	18	27	18	1	3	70	17%	35	297.18	39.03	24	183	—
茶垅乡	452	556	1008	74	62	140	90	49	139	17	13	8	21	32	1	2	102	17%	71	27	74	54	226	—
菜坪乡	414	144	558	38	12	50	37	43	70	13	9	4	13	36	1	1	85	26%	24	80.5	156.5	24.5	296	—
垅溪乡	318	261	579	52	42	94	114	84	194	22	14	10	24	71	—	—	211	35%	73	498	53	39	224	—
南岸乡	376	425	801	72	35.5	107.5	111	82	193	13	11	10	21	120	3	3	142	19%	3	292.2	118.4	56.5	386	—
仙坪乡	262	294	556	74	26	100	105	38	143	12	6	6	12	40	2	2	21	3.8%	30	130.9	54	27	318	—
苏洲乡	834	102	936	41	27	68	161	49	210	28	13	19	32	48	2	2	53	—	5	18.7	213.4	22	136	—
洞里乡	1041	374	1388	64	36	100	157	76	233	25	10	18	28	44	1	2	231	29%	6	91	402	59	470	—
塘垅乡	354	40	394	54	25	79	142	62	204	11	—	11	11	36	1	1	105	—	13	5	—	15	114	—
太和乡	546	78	624	75	20	95	152	109	261	17	1	16	17	52	1	3	48	—	16	10.57	6.23	22	217	—
西塘乡	1030	111	1141	85	26	111	156	107	263	16	6	11	17	63	1	5	36	0.5%	9	2.5	1450	46	78	—
坪形乡	679	34	713	69	15	84	136	104	240	12	3	11	14	42	1	1	61	10.9%	35	123.4	295.5	57.5	441	—
团溪乡	625	27	652	67	13	80	125	116	141	10	3	8	11	56	1	2	65	11%	20	5.8	11.2	34	569	—
垅口乡	413	829	1242	42	25	67	83	79	162	15	6	9	15	41	2	2	47	—	10	5.4	—	13	—	—
小江乡	451	23	474	25	12	37	79	57	156	36	9	37	46	4	1	3	79	—	3	316	58	18	196	—
深垅乡	617	—	617	40	12	52	91	85	176	10	3	7	10	34	1	1	110	—	—	103	—	8	—	—
密花乡	704	157	861	50	42	92	89	89	198	11	8	3	11	20	1	1	76	—	19	24.4	18.1	14	29	—
皮坑乡	26	155	181	33	18	51	73	55	128	32	21	11	32	18	1	1	147	42%	42	738.15	12	21	271	—
障下乡	300	467	767	81	74	155	87	69	156	17	10	7	17	61	2	2	108	—	32	—	—	—	—	—
合计	10150	4300	1454	1110	555	1665	2110	1430	3540	352	166	231	397	1562	25	38	1907	—	476	288.5	3097.36	598.5	4243	—

酃县老根据地基本情况统计表

表附录 -2

1953 年 4 月 21 日

物(人)类 数量 乡	房屋(间)			耕牛(头)			农具(架)			鳏寡孤独				文化			合作社		解放后的建设情况					备注
	瓦房	茅房	合计	大牛	小牛	合计	犁	耙	合计	户数(户)	人口(人) 男	女	合计	学生(人)	学校(所)	教员(人)	社员数(人)	社员占人口总数%	修建房屋间数(间)	开垦了多少田山(亩) 田	山	买了多少耕牛(头)	买了多少农具(件)	
南流乡	55	108	163	104	66	170	275	80	355	50	29	27	56	53	2	4	240	40%	28	50	—	160	300	—
青石乡	413	342	755	71.5	41.5	113	150	186	336	18	15	11	26	27	2	2	—	—	3	17	—	48.5	114	—
安坑乡	398	229	627	37	4	41	87	72	159	23	11	12	23	31	1	1	—	—	22	16	26	20.5	530	—
石洲乡	176	144	320	38	22	60	80	37	117	9	5	4	6	26	1	1	90	—	9	12	—	31	178	—
大院乡	—	309	309	35	39	74	58	29	87	26	14	24	38	22	1	—	—	—	1	30	—	4	38	—
中洞乡	312	258	570	62	24	86	180	90	270	25	10	15	25	60	2	3	192	27%	2	84	128	31	420	—
石桥乡	527	312	839	20	7	27	76	51	127	9	4	5	9	20	1	1	101	17%	17	32.6	360	10	186	—
双江乡	854	54	908	25	18	43	71	43	114	21	7	14	21	35	1	2	162	19%	21	12.9	210	34	28	—
良田乡	1642	392	2034	735	20	93.5	142	93	235	25	11	14	25	69	3	3	116	11%	12	27.4	1802	31	117	—
策源乡	238	296	534	78	67	145	149	55	204	18	9	9	18	50	1	2	135	—	10	24	—	21	310	—
下坪乡	215	72	287	62	37	99	112	39	151	13	6	10	16	45	1	2	69	—	14	1.05	—	11.5	98	—
樑桥乡	60	509	569	62	21	83	126	68	194	19	10	9	19	—	—	—	91	—	—	7	—	10	72	—
平湖乡	271	310	581	62	44	106	94	21	115	11	13	8	12	47	1	2	70	18%	10	60.1	—	19	100	—
到坑乡	50	324	374	54	32	86	71	46	117	46	58	23	81	66	1	2	38	8.3%	16	7	—	19	25	—
竹园乡	114	410	524	62.5	60.75	123.25	72	49	121	25	16	9	25	29	1	1	60	—	6	42	—	12	62	—
荣塘乡	281	195	476	42	25	67	69	39	108	9	4	5	9	22	1	1	32	—	14	3	—	8	24	—
黄草乡	102	361	463	40	34	74	48	26	74	29	21	8	29	11	—	—	—	—	36	13.82	26	12.5	70	—
平坑乡	337	354	691	92	67	159	87	51	138	27	17	11	28	54	2	3	281	—	28	25	16	16	75	—
合计	6045	4979	11024	1682	609.25	2291.25	1947	1045	2992	403	260	206	466	667	22	30	1677	—	249	471.87	2568	509	2747	—

鄷县老根据地基本情况统计表

表附录 -3

1953 年 4 月 21 日

物(人)类 / 数量 / 乡	全乡周围有多少华里	总户数(户)	总人口(人)			劳力(人)							土地(亩)			山		烈属		军属		工属		荣军		大革命时期损失情况						
			男	女	合计	全劳力			半劳力			合计	田	土	合计	茶山	杉山	户数(户)	人口(人)	户数(户)	人口(人)	户数(户)	人口(人)	户数(户)	人口(人)	杀绝户(户)	杀人数(人)	烧房屋(间)	损耕牛(头)	损农具(件)	荒田(亩)	荒山(亩)
						男	女	小计	男	女	小计																					
坂溪乡	21	142	199	191	390	84	82	166	33	35	68	234	1096.13	60.7	1156.8	137 块	78 块	11	35	5	16	1	3	1	2	68	108	208	64	1052	1127.48	302块
泥湖乡	30	157	206	189	395	62	48	110	39	36	75	185	1108	26.9	1135.12	81 亩	25 亩	21	55	5	13	—	—	—	—	22	137	348	106	883	531.58	1213.6
茶垅乡	34	185	309	287	596	86	68	154	48	48	96	294	1472.2	36	1508.2	307 亩	245.7	18	45	3	7	2	9	—	—	83	153	760	153	1499	1200	1230
茶坪乡	21	114	166	160	326	47	46	93	28	30	58	151	817.2	334	851.19	235	125	8	28	3	10	1	3	1	2	39	63	172	45	402	549.2	1640
垅溪乡	12	189	306	291	597	120	135	255	35	74	109	364	1428.4	7.5	1433.9	297	423	29	54	6	18	3	9	—	—	49	81	212	48	260	507	313
南岸乡	172	237	378	396	774	165	120	185	77	76	153	738	1785.67	34.2	1819.91	869.7	1675	4	12	11	45	1	2	—	—	84	90	255	82	855	653	648
仙坪乡	95	174	292	279	571	130	78	208	41	32	73	281	1615.8		1615.8	16.9	345	13	30	4	13	2	10	—	—	16	123	163	105	957	400	621
苏洲乡	30	160	268	241	509	109	102	211	51	30	81	292	1226.8	34.4	1261.2	2183	12.8	2	2	6	24	4	18	1	3	5	11	—	15	90%	80%	全部
洞里乡	15	235	395	405	800	171	164	335	46	67	113	448	1942.9	101	2044.1	1197	207.4	—	—	5	17	4	17	—	—	10	15	18	7	1084	1248	1629
塘垅乡	71	197	313	311	624	156	110	266	75	81	156	417	1436.9	31.3	1468.2	211.8	—	3	7	6	26	4	25	—	—	6	31	—	51	53	152	1700
太和乡	4	217	321	342	663	117	116	233	73	115	188	42.1	894.1	724	1618.6	266.8	—	14	36	7	24	2	10	—	—	10	42	125	8	87	26.7	51.8
西塘乡	45	219	348	226	574	153	150	303	45	55	100	403	1634.3	283	1903.4	4000	145	1	1	6	21	1	5	—	—	4	10	50	6	15	205	1564
坪形乡	40	164	275	284	559	131	79	210	28	99	127	337	877.5	351	1228.8	1235	616	2	7	9	45	4	19	1	4	10	26	60	7	80	75.3	262
团溪乡	3	142	265	276	541	117	121	238	20	23	43	281	1002.3	222	1225.2	985.45	10 亩	5	25	5	26	5	24	—	—	6	14	15	8	342	6.8	18.6
垅口乡	135	248	389	397	786	133	60	193	100	70	170	363	2110.5	45.1	2155.6	967.7 块	2397.4	6	15	4	20	—	—	—	—	69	104	330	95	985	—	—
小江乡	15	134	237	214	451	77	29	106	29	82	111	217	1079.7	—	—	245 块	5 块	—	—	2	8	3	13	—	—	—	9	35	7	103	396	67
深垅乡	20	116	205	211	416	52	—	52	30	75	105	157	914.05	20	934.1	470 块	—	1	7	4	13	—	—	—	—	15	56	100	12	90%	150	全部
密花乡	90	179	263	245	508	91	73	164	46	42	88	252	1167.7	35	1202.7	203	527 亩	8	31	3	11	—	—	—	—	6	36	252	63	493	967.7	—
皮坑乡	150	117	173	175	248	57	53	110	27	24	51	161	738.15	34	774.15	65.6	756.7	4	8	2	8	—	—	—	—	52	93	113	165	992	1052.15	122.5
障下乡	150	174	249	269	518	95	71	166	91	57	148	314	1274.9	19.8	1294.7	—	1044 亩	1	7	3	13	1	3	—	—	56	141	927	—	—	—	—
合计	1153	3500	5557	5389	10946	2153	1705	3858	962	1151	2113	5971	23837.55	2399.9	26237.45	—	—	153	395	99	378	38	170	4	11	610	1343	4143	1047	10142	9247.91	11080.5

酃县老根据地基本情况统计表

表附录 -4　　　　　　　　　　　　　　　　　　　　　　　　　　　　　　　　　　1953 年 4 月 21 日

物(人)类 数量 乡	全乡周围有多少华里	总户数(户)	总人口(人) 男	总人口(人) 女	总人口(人) 合计	劳力(人) 全劳力 男	全劳力 女	全劳力 小计	半劳力 男	半劳力 女	半劳力 小计	劳力 合计	土地(亩) 田	土地 土	土地 合计	山 茶山	山 杉山	烈属 户数(户)	烈属 人口(人)	军属 户数(户)	军属 人口(人)	工属 户数(户)	工属 人口(人)	荣军 户数(户)	荣军 人口(人)	大革命时期损失情况 杀绝户(户)	杀人数(人)	烧房屋(间)	损耕牛(头)	损农具(件)	荒田(亩)	荒山(亩)
南流乡	100	275	441	482	923	183	73	256	79	110	189	345	2161.8	—	2161.8	1848	300	2	15	6	28	2	10	—	—	58	70	37	30	200	400	—
青石乡	150	184	280	259	549	108	74	181	62	55	117	296	1524.4	—	1524.4	—	—	—	—	—	—	—	—	—	—	173	46	839	224	2403	1487	2415
安坑乡	84	180	267	265	532	105	2	107	42	124	166	273	1374.2	21.8	1396	230亩	4850亩	13	34	3	16	—	—	—	—	106	275	678	169	970	1470	1662
石洲乡	120	117	211	192	403	59	74	133	46	27	73	206	1112.3	26.1	1138.4	108	330	17	63	6	18	—	—	—	—	92	297	100	206	620	1283	1764
大院乡	62	91	131	137	268	54	19	72	17	37	54	126	388.42	152	540.84	500	300	10	33	2	6	—	—	—	—	106	—	116	245	1560	1200	3200
中洞乡	50	218	353	339	692	85	45	130	58	81	139	269	1762.1	12	1774.1	6452	140	7	26	6	27	—	—	1	3	35	77	14	54	630	126.7	—
石桥乡	37	241	345	345	690	85	45	130	58	81	139	269	673	—	673	—	—	—	—	2	13	1	3	—	—	10	22	—	23	472	739.3	—
双江乡	24	195	265	307	572	114	81	195	57	77	128	323	1324	15.6	1340.5	208块	150块	2	5	1	2	—	—	—	—	18	56	11	34	1641	503.8	358
良田乡	45	302	499	452	951	192	201	393	82	67	149	542	2349.9	83.6	2433.5	214亩	275亩	13	30	7	28	2	9	1	2	8	33	16	20	310	2074	4845
策源乡	110	158	227	232	459	38	26	64	35	21	56	120	1270.3	28	1298.3	630	820	15	39	4	14	2	15	—	—	52	314	480	240	850	978	—
下坪乡	10	143	272	230	508	83	32	115	74	27	101	216	1338.9	36	1374.8	91.7	36	7	27	2	4	6	26	—	—	20	49	260	76	695	—	2680
樑桥乡	85	148	226	222	448	82	73	155	45	38	83	238	1177.9	26	1204.12	80块	300块	5	13	4	10	3	18	2	9	40	124	18	89	518	446	—
平湖乡	50	121	192	187	379	84	68	152	36	30	66	218	1190.9	36.8	1227.7	128	81亩	10	25	2	8	1	3	2	8	12	33	27	441	226	774	200
到坑乡	120	157	269	188	457	114	80	194	30	21	51	245	1283.4	34.7	1318.1	34	156	6	19	2	8	1	2	1	6	23	72	136	216	739	160	4216
竹园乡	45	120	185	195	380	97	77	174	24	30	54	228	1253	40	1293	111亩	282亩	10	19	3	13	—	—	—	—	6	33	19	117	566	410	310
荣塘乡	80	86	169	153	322	61	55	116	25	27	52	168	907	38.7	945.7	300亩	180亩	4	19	—	—	2	11	—	—	5	42	32	73	95	78	—
黄草乡	510	125	192	170	362	73	50	132	36	28	64	196	798.12	135	934	171	216.5	11	35	—	—	—	—	2	6	26	75	238	107	181	90.7	425
平坑乡	250	223	410	382	792	121	63	184	22	36	58	242	1464.4	—	1464.4	31亩	68亩	6	28	8	55	3	17	—	—	48	162	260	168	723	538	62
合计	3073	6748	4282	4737	9019	1738	1138	2876	828	917	1745	4621	23354.04	8825	24236.54	—	—	138	430	58	250	23	104	9	34	838	1483	3281	2532	12399	12758.5	22137

鄢县老根据地基本情况统计表

表附录 –5　　　　1953 年 4 月 21 日

乡数(个)	总户数(户)	人口数(人)			劳力(人)							土地(亩)			山		烈属		军属		工属		荣军	
		男	女	合计	—			—			合计	田	土	合计	茶山	杉山	户数(户)	人口(人)	户数(户)	人口(人)	户数(户)	人口(人)	户数(户)	人口(人)
					男	女	小计	男	女	小计														
38	6584	10491	10126	20617	3891	2843	6734	1784	2068	3852	10586	48978.61	2759.6	51738.21	23465 亩 / 1354 块	16736 亩 / 533 块	289	835	152	628	61	284	13	45

附注：横岗乡、长旺乡的材料未统计在内

中共鄢县县委　鄢县人民政府
印发《关于联产责任制具体问题的处理意见》的通知

各公社党委、管委，县委、政府各部办委局(科)，县属厂、矿、场、中学：

当前，广大农村正在进行建立和完善农业生产责任制的工作，这是从土改、合作化以来发生的一场较大的经济、政治、社会变革，是生产关系一定要适合生产力性质这个客观规律所决定的。已经成为发展农业生产，促使农民尽快富裕起来的一股强大动力。各级领导和广大党员、干部应当满腔热情地对待这一大好事情。

过来一段，在建立、完善责任制的工作中，各地对于坚持党的政策原则，认真处理好各项具体问题，总的来说是好的，保证了整个工作的稳步前进，健康发展。但是，也应该指出，个别地方和单位，不是认真的调查分析，按照党的政策，妥善处理各项具体问题，而是简单图快，草率从事。有的甚至脱离党的政策原则，搞了一些损害大多数群众利益，损害集体经济，不利于发展生产的错误作法。这是必须坚决纠正的。凡是已经作了方案的地方，都应按照这次正式印发的《关于联产责任制具体问题的处理意见》，认真回顾检查一番，把不符合政策原则的作法改正过来。县委准备在适当的时候，组织一次检查，认真解剖一下各级领导点上的责任制建设情况，以求按照政策规定，落实好各项具体问题的处理。

从目前的情况来看，在处理具体问题上，各级领导在指导思想上应特别明确以下六点：第一，在选择责任制形式上，要继续坚持“积极引导，稳步前进”的方针，既不堵洪流，又不赶浪头，真正做到从实际出发，因队制宜，发动群众，慎重选择，防止在反对左倾模式之后又采用另一种模式去套一切地方。对于那些“大多数人不赞成，少数人操纵，一哄而起”，搞起包产、包干到户的队，要重新宣讲党的政策，重新发动群众，真正发扬民主，选择好群众满意的责任制形式。第二，在执行政策原则上，凡是实行包产、包干到户的队，一定要毫不动摇的坚持“几个统一”，把发挥集体的优越性和个人的积极性结合起来，以防止把大包干搞成分田单干。第三，在确定农、林、牧、副、渔各业的承包时，既要发挥社员的专长，更要注重防止少数人无偿的多占生产资料，人为地造成收入分配上的不合理现象。第四，在确定各项提留和负担时，要力求合理，减轻农民的不合理负担，但必须反对那种“只交国家的，不交集体的”的错误倾向。第五，建立生产责任制需要安定团结的秩序，各级领导和党员干部必须敢抓敢管，坚决克服涣散软弱的状态。对于那些借落实责任制之机，乱砍滥伐森林，瓜分集体资财，毁坏集体财产的错误行为，应作坚决的斗争，予以严肃处理，情节严重的，要依法惩办。第六，国家机关单位和部门的工作，要顺应农村生产关系的调整。对于建立生产责任制之后出现的新情况、新问题，提出新的要求，应当通力协作，帮助解决，既落实好本部门的工作，又有利于促进农业生产责任制的建立巩固发展。

《关于联产责任制具体问题的处理意见》（略）

一九八一年十月五日

湖南省人民政府办公厅
关于修复炎帝陵的批复

株洲市人民政府：

你市《关于修复炎帝陵的再次请示》收悉。经有关部门研究并请示省政府领导同志，批复如下：

省政府同意在酃县修复炎帝陵。由你市组织筹建班子，要精心设计，投资规模控制在九十万元左右，资金来源由省政府和省文化厅明年共补六十万元，其余部分由市、县自筹解决。

一九八五年十二月二十九日

关于建立天柱山等十九处国家森林公园的批复

安徽、湖南省林业厅：

你厅关于建立天柱山等十九处国家森林公园的请示收悉，经研究，批复如下：

一、同意建立天柱山等十九处国家森林公园（名单见附件）。

二、国家森林公园与国营林场（植物园）实行两块牌子、一套班子的管理体制，林场的隶属关系、山林权属和经营范围不变。

三、为了有计划地开展森林公园建设，请抓紧组织编制森林公园总体设计，由你厅负责审批，报我部备案。总体设计中，各公园的面积以附件为准。总体设计要注意森林防火和病虫害防治，在有利于保护、发展森林风景资源，突出自然景观的前提下，合理开发，讲求实效。

四、为尽快发挥森林公园的生态效益，社会效益和经济效益，请你厅将公园建设纳入计划，在产权、经营管理权属归林场所有的前提下，可采取多渠道集资的办法进行建设，共同开发，共同受益。

附件：国家森林公园名单

序号	林场名称	国家森林公园名称	面积（亩）
8	湖南省酃县国营桃源洞林场	桃源洞国家森林公园	150000

中华人民共和国林业部

一九九二年七月二十七日

国务院文件
国发[1996]47号
国务院关于公布第四批全国重点文物保护单位的通知

各省、自治区、直辖市人民政府，国务院各部委、各直属机构：

国务院同意文化部提出的第四批全国重点文物保护单位(共计250处)，现予以公布。

我国是具有悠久历史的文明古国，拥有极为丰富的文物。保护和利用好这份珍贵的历史文化遗产，对于正确认识中华民族的发展历史、继承和发扬民族优秀传统，增强民族自信和凝聚力、建设有中国特色的社会主义，有着重要的意义。望各地依照《中华人民共和国文物保护法》等法律法规，进一步贯彻“保护为主，抢救第一”的文物工作方针，认真做好本地区内全国重点文物保护单位的保护、管理工作，使之为弘扬中华民族文化和促进社会主义物质文明、精神文明建设发挥更大的作用。

中华人民共和国国务院

一九九六年十一月二十日

第四批全国重点文物保护单位名单
(共250处)

一、古遗址(共56处)略

二、古墓葬(共22处)

编号	分类号	名称	时代	地址
78	22	炎帝陵	清	湖南省炎陵县

酃县人民政府
关于酃县龙井经济贸易开发区的若干规定

第一章 总则

第一条 为了改善我县投资环境，加快县城建设，吸引国内外企事业单位和其他经济组织或个人(以下简称投资者)来我县投资经商办企业(以下简称企业)，促进我县经济发展，根据有关法律和行政法规，借鉴经济特区的做法，制定本规定。

第二条 经县委、县人民政府研究决定，兴办酃县龙井经济贸易开发区(以下简称龙井经贸开发区)。龙井经贸开发区东至县城总体规划的炎陵大道:西至乡企委东侧圳界路;南至斗里河北岸;北与井岗东路以南现有建筑物相联(不含现有建筑)。凡在开发区兴办企业或从事市政公用基础设施建设的均依照本规定享受优惠待遇。

第三条　县委、县人民政府决定,成立酃县经济开发区领导小组(以下简称领导小组),全权管理开发区的资金和开发建设工作。领导小组下设办公室(以下简称开发区办公室),由各职能部门抽调人员组建,负责开发区的日常工作,定期在房地产局二楼办公。

第四条　投资者可按下列形式在开发区投资:

1. 举办独资,合资或合作经营企业;

2. 开展来料加工,来样加工,来件装配;

3. 兴办第三产业(含林副产品加工);

4. 兴建或联办各种公用基础设施;

5. 从事国家允许的成片土地开发经营以及其他投资形式。

第五条　投资者的投资或者提供的合作条件,可以是现金、实物、工业产权、专有技术或其他财产权利。

第二章　项目报批

第六条　酃县经济开发区领导小组受县委、县人民政府委托,是开发区企业及项目认定的主管机关,开发区办公室负责对开发区项目建设的审核,并实行动态管理。

第七条　在开发区举办投资在 300 万元以下的生产性项目,200 万元以下的非生产性项目,以及 50 万美元以下的外商(含“三胞”,下同)投资项目,由开发区办公室审批。超过以上规模的项目,由开发区办公室报上级有关部门核批。

第三章　工商登记

第八条　国内单位、个人在开发区投资办企业,其开办条件可以放宽,企业法人登记,核发营业执照等有关手续,直接在开发区办公室办理。外商在开发区投资办企业,有关工商登记等手续,由开发区办公室报请工商行政管理部门办理。

第九条　国内单位、个人在开发区投资兴办企业的注册登记费,按国家规定标准减半收取。

第四章　规划与用地

第十条　县经济开发区领导小组依据县城总体规划负责组织编制龙井经贸开发区建设规划,并依法报批。开发区分功能设若干小区,各小区的建设实行集中连片开发。

开发区的开发,由开发区办公室安排,县规划办应优先搞好小区详细规划。

开发区的规划实施,由开发区办公室负责组织。

第十一条　开发区的土地由县人民政府统一征收,由开发区办公室为其办理国有土地使用权出让手续,出让方式为招标、拍卖、协议等,出让期最长为60年,出让金按国家标准减收20%。

开发区内的村组兴办企业的,优先规划安排用地。

第十三条　按开发区规划进行开发建设的企业,其土地使用权和地面所建设施可转让、出租、抵押、继承或作为合资、合作的联营条件。

第十四条　外商和国内有开发资质的单位和个人,经领导小组批准,可在开发区投资从事小区项目建设。

第五章　环境管理

第十五条　凡在开发区投资300万元以下的建设项目,其环境影响报告书(表),由开发区办公室审批。

第十六条　开发区建设项目生产设施污染隐患检查,由开发区办公室负责。检查时,国产设备以许可证和出厂合格证为准,进口设备以商品检验证为准。

第十七条　开发区禁止安排有严重污染的项目,非严重污染项目需征收超标排污费的,按国家规定标准5年内减半计收。

第六章　金　融

第十八条　允许开发区企业自主选择银行开设基本账户。

第十九条　开发区企业可以办成股份公司,经批准也可以发行债券、股票,面向社会筹集资金。银行按程序为其办理股票业务。

第二十条　允许金融单位(包括有资金的单位)与有开发经营资格的开发公司联营进行项目开发。

第二十一条　县内各专业银行对开发区企业的流动资金,科技开发与商品房建设贷款,实行政策倾斜,优先放贷。

第七章　供电、供水和通讯

第二十二条　开发区企业列为全县重点供电对象,优先供电,免缴供电贴费、供水增容费。

第二十三条　开发区企业由开发区办公室负责办理供电、供水增容手续。

第二十四条　开发区企业、个人通讯电话,优先安装。其安装费按区外收费标准优惠10%

第八章　税　费

第二十五条　县人民政府在征收耕地占用税和土地使用费时,给予以下优惠。

凡在开发区征地投资建设市政公用基础设施项目的,免征土地税费;

凡在开发区征地办企业的,耕地占用税减半征收。土地使用费免缴 3 年;属外商投资企业,土地使用费免缴 5 年。

第二十六条　开发区建设工程投资方向调节税税率比照区外同类项目减半计征。

第二十七条　外商投资企业免征地方税 5 年,属投资兴办公用基础设施项目,免征地方税。

第二十八条　外商投资企业生产出口产品,除国家限制的以外,按国家规定免征工商统一税。

第二十九条　开发区企业所得税税率控制在 15%以内,地方所得税按税收管理权限予以减免。其中外商投资兴办的产品出口企业和高新技术企业,从开始获利年度起所得税第一—第三年免征,第四—第六年减半征收。

第三十条　外商将从投资企业中取得利润直接投资于该企业,或作为资本在开发区开办其他外商投资企业,免征用利润再投资部分获利的所得税,经税务机关核准,退还其再投资部分已缴纳的所得税。

第三十一条　在开发区举办公益事业,属经营有收入的,从获利年度起,所得税第一、二年免征,第三—第五年减半征收。

第三十二条　外商把从开发区外商投资企业所获得的利润从酃县汇出境外,免缴汇出额的所得税。

第三十三条　凡进入开发区经商办企业者,免征三年所得税,减半征收二年营业税。

第三十四条　为鼓励引进资金、技术、项目而须发给个人的奖金,免征个人收入调节税。单位为此支付的奖金,免征奖金税或工资调节税。

第九章　劳动与人事

第三十五条　开发区急需引进的各类专业技术人员、管理人员,经领导小组审查同意,可挂靠在县人民政府有关委办、局,分别由组织、人事部门按干部管理权限进行管理。

第三十六条　开发区急需的各类专业人才,对方不给调令,不给组织关系,不给户口关系的,经领导小组审查同意后,实行变通办理各项关系接转手续。另建人事档案。承认工龄。

第三十七条　引进的专业人才的工资不受原有级别的限制,由引进单位与引进的专业人员商定,由县有关职能部门办理手续。

第三十八条　开发区企业实行全员劳动合同制管理,企业可根据生产需要自行确定招工标准、招工时间,所招收的职工不受粮户关系和地域限制。

第三十九条　开发区企业职工工资标准、工资形式、奖励和津贴制定、人员编制、机构设置，由企业根据生产经营特点和经济效益需要自主确定。

第十章　非城市人口落户与奖励

第四十条　开发区实行有偿办理城镇户口。为加快开发区的建设，欢迎县内外非城市户口人士进入开发区经商办企业，均可到开发区落户，实行有偿办理城镇户口，具体规定见附件1《关于办理酃县龙井经济贸易开发区户口的暂行规定》。

第四十一条　不论是县内外单位和个人，凡能为开发区引进资金者（不含正常拨款），根据资金的种类及利息的高低分别给予奖励。奖金通知单由开发区办公室开出，使用资金或受益单位一次性付给，免征单位奖金税或个人收入调节税。

1. 引进不需偿还的资金，奖励引进资金总额的5%；

2. 引进需要偿还但不计息的，奖励引进资金总额的3%；

3. 引进低息贷款，偿还期在三年以上的，奖励引进资金总额的1—2%。

第四十二条　为开发区的建设与发展作出特殊贡献的有功人员，县委、县政府将给予重奖；对开发区贡献比较突出的人员，开发区领导小组给予相应奖励。以上奖励分年度进行。

第四十三条　县委、县政府为搞活经济，已经制定的有关优惠政策，都可以适用于本开发区。

第十一章　开发区的管理

第四十四条　开发区领导小组是开发区的领导机构，受县委、县人民政府委托，负责开发区的全部工作，即龙井经贸开发区各项具体政策、规定的制定与执行；资金的筹集与管理；规划与实施；项目的考察与引进；经济活动的组织与服务，内外关系的建立与协调等。下设酃县龙井经济贸易开发区办公室，由有关职能部门组成，负责本区域范围内的日常事务。

第四十五条　开发区的建设应在城镇总体规划的指导下，按照“先地下，后地上”的原则，对房屋，市政公用基础设施和生活服务设施进行统一规划、综合开发、配套建设。具体规定见附件2《关于龙井经济贸易开发区实行城市建设综合开发的若干意见》。

第四十六条　开发区的建设应安排一定的用地。给旧城区拆迁户建房，开发区的建设应与旧城改造（含湘山路）统筹考虑，并按有关政策做好拆迁户的拆迁工作。房屋拆迁有关规定，见附件3《关于龙井经济贸易开发区房屋拆迁管理的实施办法》。

第四十七条　综合开发的收益，主要用于城镇的开发建设。除经济开发区领导小组批准用于城镇建设外，任何单位和个人不得平调、挪用。财政、物价、审计等有关部门要加强监督。具体规定见附件4《关于龙井经济贸易开发区综合开发资金的管理办法》。

第四十八条　开发单位进入开发从事开发经营活动，由开发区办公室按湘政发（1989）4号文件，即《湖南省城市建设综合开发管理暂行办法》有关规定进行管理。

第四十九条　申请在开发区新建、扩建、改建、翻修永久性或临时性建筑工程的（含农民建房），由开发区办公室审批，核发规划用地、规划建设许可证及土地使用证。

申请在开发区承建工程的，由开发区办公室按照资质审查的条件办理报建手续，签发施工许可证。

凡是在开发区新建、扩建、改建各类建设工程的，免交城市增容配套费和商业网点建设费。

第十二章 附 则

第五十条 本规定从公布之日起施行。本规定由开发区办公室负责解释。

附件：

1. 关于办理酃县龙井经济贸易开发区户口的暂行规定；
2. 关于龙井经济贸易开发区实行城市建设综合开发的若干意见；
3. 关于龙井经济贸易开发区房屋拆迁管理的实施办法；
4. 关于龙井经济贸易开发区综合开发资金的管理办法。

湖南省人民政府
关于将酃县更名为炎陵县的请示

国务院：

酃县位于我省东南湘赣交界的罗霄山脉中段、井冈山西麓，全县面积 2030 平方公里，辖 17 个乡镇（其中有 4 个镇、1 个民族自治乡、12 个乡），人口 17.7 万。

酃县原属茶陵县地。宋绍兴九年（公元 1139 年）升茶陵县为茶陵军；嘉定四年（公元 1211 年），黑风洞农民起义被平定后，湖南安抚史曹彦约上疏朝廷，请于偏远地区增设郡县，朝廷依奏将茶陵军的康乐、霞阳、常平 3 个乡分出设置酃县，其县名借用古酃县名（古酃县位于今衡阳市郊区，西汉设置，晋废）。酃县是革命老区，土地革命战争时期是井冈山革命根据地的重要组成部分。解放后，该县社会经济各方面都有了较大发展。但是，随着改革开放和市场经济的发展，当地干部和群众感到用“酃”字做县名越来越不适应当前形势的需要，强烈要求将酃县更名为炎陵县。经研究，省人民政府同意该县的更名要求。

一、酃县更名为炎陵县符合国务院《地名管理条例》的有关规定

“酃”字为生僻字，难认难写，除作酃县县名外，没有别的含义。由于酃字难认难写，长期以来给当地人民与外界的日常交往带来极大的不便，特别是在对外开放，发展市场经济的今天，不利于贸易交往和信息传递，一定程度上影响了该县经济的发展。而且，“酃”字与河南林县的“林”字谐音。国务院《地名管理条例》规定：全国范围内县、市以上名称不应重名，并避免同音，“避免使用生僻字”。遇到以上情况，可“在征得有关方面和群众同意后，予以更名”。根据该县名的实际使用情况和国家的有关规定，我们认为该县更名是必要的、可行的。

二、酃县更名为炎陵县有利于提高炎帝陵的知名度，增加中华民族的凝聚力，促进祖国统一

根据历史文献记载和国内外专家、学者考证，在酃县西部有中华民族始祖之一炎帝的长眠地——炎帝陵。炎帝陵自宋乾德五年（公元976年）建殿奉祀开始，历代王朝每逢即位立储、丰灾兵燹，都派专使到炎帝陵告祭，省、县地方官府每年春秋时告祭，一直延续至民国二十九年（公元1940年）。有关祭祀的记载散记在百余种典籍之中，留有石碑60多块。炎帝陵及其附属建筑物几毁几兴，最近一次修复始于1986年，在修复过程中得到了党和国家领导人的关心和支持。自1988年修复工程竣工以来，海内外前来谒祖朝圣、祭祀敬香、观光旅游的客人与日俱增。但是，与黄帝陵相比，无论是知名度还是建设情况都相差甚远。黄帝陵所在县早在40年代就更名为黄陵县（今为黄陵市），而炎帝陵所在县至今还是以借用的生僻字命名，这与炎帝的历史地位是不相称的。

三、酃县更名为炎陵县有利于该县发展旅游业，振兴区域经济

酃县是一个山多、田少、水面窄的老、少、边、穷县，除了发展林业、采矿业外，其他产业的发展均受到制约。但是，该县有丰富的自然、人文旅游资源。除炎帝陵外，该县东部有国家级森林公园——桃源洞自然保护区，县境内还有土地革命时期毛泽东、朱德等从事革命活动的纪念地。国家旅游局曾将炎帝陵列为“92中国友好观光旅游年”中寻根朝敬之旅第一款；今年国家旅游局、建设部等单位又将炎帝陵列为“故土园工程”之一，有关部门将投资2000万元建设“炎帝陵故土园”。这样，酃县境内的旅游景点将与附近的南岳衡山、井冈山等湘东赣西旅游区连成一片。因此，我们认为，及时将酃县更名为炎陵县不仅有政治意义，而且将促进该县社会、经济的全面发展。

专此请示，请予批复。

1993年7月14日

中共炎陵县委　炎陵县人民政府
关于企业产权制度改革若干问题的规定（试行）

为了深入贯彻落实党的十四届三中、五中全会精神，加速推进我县企业产权制度改革，依照国家法律、政策，结合我县实际情况，现就企业产权制度改革的若干问题作如下规定：

一、管理体制

企业产权制度改革必须加快步伐。改革后的企业，其领导体制、分配制度和管理体制都要按新的机制运行。

1.在产权制度改革中，鉴于改革尚未完成配套的情况，对实行产权制度改革（股份、股份合作、租赁、承包）的企业，除县委、政府另有规定的以外，其归口管理体制暂时不变。

2.产权制度改革中涉及到产权变化，按明晰界定的归属关系管理。原国有资产由国资办管理，属集体资产的由归口主管部门管理，属新组建的股东购买的由董事会管理，其管理权限受法律保护，其他任何单位和个人均无权侵犯。

3.在产权制度改革中新组建的股份制企业或股份合作制企业，按新的体制运行。

4.凡原企业改制为股份或股份合作的企业，必须实行股东（代表）大会。董事会（理事

会)、监事会新的领导和管理体制,必须认真执行现行的企业财务制度和股份制企业的会计制度,并如实向企业管理部门报送报表。

5.企业产权制度改革后,要建立健全好党、工、青、妇组织,可以兼职。董事长(理事长)是党员的可以担任书记工作,董事长(理事长)不是党员的可在新三会领导班子成员内的正式党员中选定一人担任书记。工会、共青团、妇联等群团组织,规模小的企业可在生产人员中确定兼职人员做好此项工作;副书记、工会主席应在监事会中担任主任、副主任。

二、国有资产界定及其评估

6.把好资产评估关。凡进行产权制度改革的企业均由主管部门会同国资办,邀请具有评估资格的单位,认真履行评估规定的一切程序,在评估中对缴纳评估费用有困难的企业,可视实际情况减收或免收,坚持服务宗旨。

7.资产评估价格的确定,要坚持实事求是,有利于企业发展的原则。既要避免和减少国有(集体)资产的流失,也要考虑磨损程度和现状使用价值,采取因厂(企业)制宜,一厂一议的办法,充分听取主管部门和企业职工的意见,同时考虑企业潜亏、债务、人员等包袱情况及企业承受能力等。

8.对企业的呆死潜亏挂账和残次积压产品、原料,经过鉴定批准,可在评估中一次性处理。企业在产权改革清理的各种损失(包括潜亏)的界定标准,要严格执行国家的现行财务制度,严格履行审批手续。企业各种财务损失(包括潜亏)清查报告、资产损失明细表,分别报主管部门审批后方可生效,防止任何人借改革转制之机侵吞国家(集体)资财。

9.对出售拍卖的国有(集体)企业所得收入,应由国有资产管理部门或主管部门监督收缴,作为专项基金,这部分收入原则上用于:①安置原企业职工;②拨给社会保险机构用于职工养老、工伤、待业、医疗等保险基金和偿还企业各项欠款,严禁不经评估界定,自作主张低价出售或无偿分给送给个人,一经发现要从严查处。

三、处理好贷款和资金包袱

10.对评估后的国有(集体)资产参股、控股或租赁承包了的企业,新组合的股份制企业承租者应按合同或有关规定按时上交各种规定的费用(资产综合折旧费、承包费等)。

11.对资不抵债的企业,可采取三种形式自理资金包袱:一是破产。破产后再整体拍卖,整体安置职工,整体购买企业者,在同等的条件下,实行先内后外,先本县后外县。有多家购买重组的,可实行竞价出售或拍卖转让。所欠的银行贷款按《企业破产法》执行。无人购买的也可先破产后重组后租赁;二是经政府批准关闭,关闭后也可由最大债权者作为接受方。变债权为产权,再租赁使用;三是采取剥离式和分资式经营。由原企业承担债务,由新组建的股份制企业租赁原企业资产,使新企业轻装上阵,做到死一块活一块。

12.对实行股份制和股份合作制的企业,银行不要从职工集纳的股金中回收原企业所欠的贷款和利息。以增强企业活力,救活企业。如企业职工集股较多,有能力,应还清部分老贷,丢掉部分债务包袱。

13.在产权制度改革中涉及到地方部门的债务,经协商可将债权改股权,债权单位变为股东单位参与企业管理。

四、保障离退休、遗属人员生活。

14.产权制度改革后，各企业应继续参与县内退休养老和失业统筹，原养老、失业统筹保险的渠道、办法不变。在企业改革前欠缴退休养老、失业统筹金的要在资产评估中提留出来，一次性交清。一次性补交确有困难的，应一次性算清，逐年补交。退休人员的退休养老金可在原企业转制新组建的企业领取，也可直接向劳动局社保所领取。其他社会保险、医疗保险等应按政策规定积极参与保险。

15.凡转为股份制和股份合作制的企业，可从土地评估收入中按每个职工1.3万元，遗属每人扣除4000元的标准，从土地评估收入中提留，不足部分划出部分资产留给企业使用，这些土地和资产的权属不变，但不收折旧费和税金、占用费，以解决离退休及遗属人员的生活问题。

16.企业无法交纳养老统筹金的，可拿出部分门面、店房、房屋等固定资产给离退休人员出租，出租收入用于抵付离退休人员养老退休金，其产权不变，直至离退休人员死亡后，这部分门面、店房等的产权收归企业。

17.对破产、拍卖的企业，企业可与退休职工双方协商，进行法律公证，按工龄、离退休年限并参照有关文件规定，一次性付给离退休人员生活费，企业不再负责其养老金。

18.非因病未经劳动部门批准提前退休的职工，视同在职职工返岗入股，不再享受内退待遇，拒不返岗和入股的，可视为自动放弃新企业职工身份和待遇。原职工身份及工龄作为档案保留。

19.企业在产权制度改革中，无论实行哪种改革形式。都必须妥善安排好离退休人员。

20.企业产权制度改革后，法人代表要严格按照《劳动法》执行国家关于职工保险福利的有关规定，落实企业职工的养老、医疗、工伤、安全保护及妇女生育等保险福利待遇。企业发生劳动纠纷，由劳动部门依照法律规定予以仲裁。

五、职工及富余人员的安排。

21.企业产权制度改革中出现的富余人员，要坚持企业内部消化为主、社会调剂为辅的原则，妥善安置。企业要扩大生产门路，创办第三产业，鼓励上山下乡，承包荒山荒地，发展第一产业，鼓励有特长的人员，下乡、出县承包外地企业或项目工程，积极组织劳务输出等。

22.凡实行股份制和股份合作制的企业，职工要全员认股，每个职工至少要认购一股，多者不限，对生活确有困难无力认股的职工，经本人申请，股东大会或股东代表大会同意，可延期(最长不得超过一年)交纳，也可从工资中按期扣除，对拒不入股的职工按自动放弃新企业职工身份和待遇对待。

23.停薪留职、自谋职业的职工，能按月按标准缴纳养老保险金的，可保留新企业职工身份，但不享受新企业内部的福利待遇。对缴纳养老保险金的，到退休时可计算连续工龄，享受退休待遇，对不交纳养老保险金的不连续计算工龄，由原企业实行档案管理，其以后的养老保险、退休与新企业无关。

24.对因企业产权变更而走向社会的待业职工,待业保险机构应及时按国家规定的范围给予待业救济。要鼓励待业人员自谋职业、创办企业、重新就业。对企业分流出来的人员办企业或从事第三产业,工商行政部门要及时帮助办理营业执照,银行要视其实际情况给予贷款支持,劳动部门要积极帮助富余人员再就业。

25.破产企业、拍卖企业等有条件的企业,经本人申请,企业主管部门批准,企业与职工双方协商,法律公证,也可发给职工一次性安置费,企业不再负责安排工作,也不负担其养老保险金问题,让职工作为自然人走向社会。

本规定自发布之日起执行,由企业改革领导小组办公室解释。

1996 年元月 26 日

中共炎陵县委　炎陵县人民政府
关于加快小水电建设步伐的决定

电力是国民经济的基础之一,是现代化建设的重要能源。为开发和利用炎陵县丰富的水电资源,促进全县经济建设和社会各项事业的发展,县委、县政府决定进一步加快小水电建设步伐。

一、提高认识,形成开发小水电的合力

炎陵县水能资源丰富,开发潜力大。全县水能理论蕴藏量达 31.9 万千瓦,可开发量 23.8 万千瓦,水能年总发电量为 12.1 亿度。目前,全县装机容量仅 3.6 万千瓦,仅占可开发量的 16.5%。随着用电需求的日益增大,电力供求矛盾突出,已成为制约县域经济发展的“瓶颈”。各级、各部门务必提高对加速水能资源的开发利用重要性的认识,增强紧迫感、责任感,形成齐抓共促的良好局面。

二、优化服务、营造开发小水电的良好环境。水能资源的开发是一项系统工程,需要全社会的支持和参与,更需要各职能部门的协调配合和热情服务。各有关职能部门,特别是计委、物价、国土、林业、税务、工商、银信、水电、供电等部门要尽力支持,提供优惠的政策,优良的服务,营造一个开发小水电的良好环境。

三、制定优惠政策,加快小水电建设步伐

按照“谁投资、谁所有、谁受益”,“谁有资金和积极性,就优先审批给谁开发”的原则,鼓励县内外各界人士以各种方式投资开发水力资源。

(一)投资者在收回成本前,经政府常务会议研究同意后,税费可以适度减免。

(二)实行新电新价。新建电站的上网电价为每千瓦时 0.25 元;原有电站经改造增容所增电量上网电价为每千瓦时 0.18 元;兴建蓄能调峰 15 天以上的电站上网电价为每千瓦时 0.27 元;外商独资电站,投资回报期在 7 年以上(不含建设期)的可适当提高上网电价。今后所有新建电站电价随着上网电价的增加而增加。

(三)新建电站所发电量,供电部门应予以优先收购,不限负荷,发多少收购多少,每月结算一次,每个季度保证兑现,确保投资者的利益。

（四）新建电站工程建设期，除税赋外，其他规费（不含设计费、工本费）均应在电站建成后按有关政策优惠收取。

（五）本县干部职工进行投资或承包办电者，可在原单位继续领取基本工资，投资入股办电的收入，除按县招商引资政策从优交纳个人所得税外，其余的费用一律免收。

（六）对引进县外来资金投资开发水电资源的有功人员，按县招商引资政策予以奖励。

县委、县政府号召，全县党政机关，企事业单位，群众团体及社会各界人士，县级、副科以上单位党政一把手，水电干部职工要带头投资入股开发小水电，掀起全民办电的高潮，将小水电建成炎陵县的支柱产业、富民产业、富县产业。

四、本决定从 2000 年 8 月 1 日起执行。

中共炎陵县委

炎陵县人民政府

2000 年 8 月 1 日

中共炎陵县委　炎陵县人民政府
关于印发《炎陵乡镇工业小区建设若干政策规定》的通知

各乡镇党委、人民政府，县直机关副局以上单位：

现将《炎陵乡镇工业小区建设若干政策规定》印发给你们，请认真贯彻执行。

中共炎陵县委

炎陵县人民政府

2000 年 11 月 3 日

炎陵乡镇工业小区建设若干政策规定

第一条　为加快炎陵乡镇工业小区建设步伐，拉动全县经济发展，特制定本规定。

第二条　设立炎陵乡镇工业小区管委会（以下简称小区管委会），下设办公室，负责工业小区的日常管理工作。

第三条　对工业小区投资项目实行“一个窗口对外、一站式审批、一条龙服务、一个会议拍板”的审批制度。

第四条　小区管委会在收到投资企业的齐全项目资料 2 个工作日内对项目进行初审，初审合格后，提请召开有关单位联合办公会议，进行项目评估论证，研究决定具体事宜。

第五条　凡到工业小区投资兴业者，凭项目申请书、法人代表有效证件，经管委会批准后，由管委会批准出让、出租土地面积，并由小区管委会办公室代办立项批复、土地使用、营业执照、税务登记等有关手续。按规定需送上级部门审批的项目，由小区管委会办公室组织相关部门代办。

第六条　规范收费管理，减少收费项目，降低收费额度。工业小区企业所涉及的一切办证只收工本费，各行政事业单位的规费项目及标准，由小区管委会与投资企业协商后，报经县政府批准，由小区管委会办公室代收。任何单位和个人不得擅自进入本工业小区收费。

第七条　依法保护投资者的合法权益，保证投资企业享有充分的生产经营自主权。

第八条　工业小区实行挂牌保护，除法律有特别规定的外，未经小区管委会批准，任何部门和单位不准对小区进行检查、评比等活动；未经法律程序批准，任何部门和单位不得强行封存、划拨、冻结、扣押投资企业资产。

第九条　本工业小区内的土地使用权出让、出租、入股、划拨。

一、土地使用权出让年限：生活用地 70 年，工业、教育、科技、文化、卫生、体育用地 50 年；商业、旅游、娱乐用地 40 年。土地出让期满，如需续期，受让人在期满前 6 个月内提出续期申请，经重新签订出让合同交纳出让金后可继续取得土地使用权。

二、经有关部门批准的出租集体土地出租年限为 20 年，在出租土地使用年限期间，保留集体土地性质不变。出租土地使用权期满后，按土地使用权规定执行并办理续租或出让手续。

三、土地使用权作价入股，可以通过一次作价入股方式取得土地使用权。合营期限最低不低于 10 年。

四、土地使用权划拨，由小区管委会申请，县人民政府批准执行。

第十条　土地使用权出让、出租、作价入股价格。

一、土地使用权出让价格：按征地费加“四通一平”和 25%基准地价评估定价，等额出让。

二、土地使用权出租价格：建设用地由地权单位与投资企业按双方协议执行。借用原有厂房设施由投资企业与产权单位协商确定，低价借用。

三、土地使用权作价入股标准为每平方米 2—10 元／年。

第十一条　本工业小区内土地使用权的出让、出租实行先交款后使用，并按有关规定办理出让、出租手续。土地使用权作价入股按投资企业与地权单位双方协议执行。

第十二条　交清土地使用权出让金的投资企业，属本县收取的建设规划费、配套费等费用按投资标准减免 50%，无偿投入项目全免。

第十三条　通过出让方式取得的土地使用权，可在使用年限内依法转让、租赁、抵押、赠送、继承或作合资、合作经营条件，也可折股投资。

第十四条　根据省委、省政府湘发[2000]22 号文件规定本工业小区实行下列税收政策。

一、生产化肥和复合肥的企业，生产经营饲料、农膜产品的企业，以及利用废渣等生产建材产品的企业，符合免税条件的可按照国家有关规定免征增值税。

二、对取得生产许可证的企业自采自用砂石、石灰石等作主要生产原料，按税收管理权限报批，实行减免矿产资源税政策。

三、工业小区内新办的企业，报税务部门批准免征所得税 3 年。

四、工业小区企业按应缴所得税额减征 10%，用于补助支农支出和农村社会性开支。

五、对年应纳税所得额在 3 万元以下(含 3 万元)的工业小区企业，暂减按 1　8%的税率征收所得税；年应纳税所得额 10 万元以下(含 10 万元)至 3 万元的企业，暂减按 27%的税率征收所得税。

六、工业小区企业在技术改造中所发生的符合国家产业政策和环保要求的国产设备购置费的40%,可按税收管理体制报批在5年内用新增所得税抵免。

七、工业小区开发新产品、新技术、新工艺所发生的各项费用,全额计入管理费用,且此项费用逐年增长在10%以上的盈利企业,除据实列支外,年终按税收管理体制报批,可按实际发生额的50%,直接抵扣当年应纳税所得额。

八、对使用银行(含信用社)贷款进行技术改造的项目,在还贷期内,税务部门征收的新增所得税由县财政返还企业,用于补充还贷资金。

九、工业小区企业职工工资由企业自主确定,应纳税部分依照国家有关税法缴纳企业所得税。对股份制、股份合作制和合资合作企业及私有企业、个人独资企业,分配给个人的收益又投入到扩大再生产中的部分,暂不计征个人所得税,到从生产资金中分离归个人支配时,再依法征税。

十、工业小区企业的固定资产实行分类折旧,即房屋、建筑物折旧年限为20年,机器、机械和生产设备为10年;运输工具以及与生产经营有关的器具、工具、家具为5年。

十一、工业小区内企业每年提取技术开发资金不少于年销售收入的3%(高新技术企业5%)。为开发新技术、研制新产品所购置的试验设备、测试仪器单台价值在10万元以上的,可一次或分次摊入管理费用。

十二、凡购进到工业小区加工的竹木、硅石等原材料,凭供应地开具的正式票据可全额抵扣有关税费。

十三、利用县内枝丫材、树蔸、小杂竹加工生产竹木制品,经林政部门监证,按县物价部门核定的次材计征价,征收"一金两费";利用竹木边角余料进行深度加工的半成品,经财政部门监证,免收农林特产税;经林业部门监证,免收"一金两费"。

第十五条　在工业小区内投资企业兴建厂房和基础设施建设,各项建设规费实行零费制。

第十六条　进一步拓宽工业小区投资渠道。金融部门要在资金上对工业小区建设重点倾斜,工业小区的项目应优先给予贷款。各级乡镇企业发展资金要重点用于工业小区建设,扶持小区内的项目。

第十七条　工业小区内的高压输电线路由供电部门负责无偿架设到企业。企业自用变压器及以内的用电线路由企业自行负责。工业小区企业用电价格可以提供一定优惠,在一定比例上浮动。具体由用电企业与供电部门订立供用电合同,经小区管委会签署意见后报县政府常务会议审定。

第十八条　积极鼓励大中专毕业生、各类专业技术人才到工业小区工作。到工业小区工作的普通大中专毕业生,可到三河镇和霞阳镇落户,个人档案、人事关系可由县人才交流中心管理。

第十九条　到工业小区投资兴业者,要求在我县长期居住的,公安部门应按有关规定为其办理落户手续。暂住的免收暂住费。

第二十条　到工业小区投资兴业者,其子女入托、入学与本学区学生一视同仁,不得加收任何费用。

第二十一条　竹、木、矿产、电力等资源优先配置工业小区企业,全县除本乡镇工业小区外,其他地方不准新上高耗电企业。

第二十二条　实行"异地办厂,原地计值、计税"办法。各乡镇在小区创办的企业或引资创办的企业,其产值、税收均归原地统计上报,所征税收全部划归所办企业的乡镇。

第二十三条　积极招商引资和鼓励投资者到工业小区置业。

一、到工业小区投资企业,从投资之日起,每年上缴税金 50 万元至 150 万元的,按上缴税金的 10%奖励给企业主个人;年上缴税金 150 万元至 200 万元的,除按上述比例计发奖金外,另奖桑塔纳轿车一辆(或等价物);年上缴税金 200 万元以上的,加奖三室一厅住房一套(或等价物)。

二、对引进"三带"(资金、技术、市场)生产性项目到工业小区做出贡献的主要引进人员给予奖励。其标准是:年交税金达到 10 万元以上,或者 3 年累计上缴税金 50 万元以上的,按上缴税金的 5%给予奖励。

三、引进资金用于本工业小区基础设施建设的,由小区管委会按引进资金总额的 2%发给一次性奖金。

四、引进无偿投资项目到本工业小区的,由小区管委会按到位资金额 10%以内的标准奖励有功人员。

第二十四条　对投资规模大、经济效益好的工业小区投资企业,可实行个案优惠。

第二十五条　在工业小区内的外商投资企业,除按本规定执行外,同时可执行炎发〔2000〕6 号《炎陵县招商引资若干规定》文件。

第二十六条　本规定由炎陵乡镇工业小区管委会负责解释,自颁布之日起实行。

中共炎陵县委办公室

炎陵县人民政府办公室

炎办〔2014〕43 号

关于印发《炎陵县第二轮修志工作实施方案》的通知

各乡镇党委、人民政府,大院农场,九龙社会事务管理局,县直各单位,各企事业单位,省市驻炎机构:

《炎陵县第二轮修志工作实施方案》已经县委、县人民政府同意,现印发给你们,请认真遵照执行。

中共炎陵县委办公室

炎陵县人民政府办公室

2014 年 10 月 9 日

炎陵县第二轮修志工作实施方案

为贯彻落实国务院《地方志工作条例》和省、市地方志工作精神，充分发挥地方志“资治、教化、存史”的功能，县委、县政府决定在全县开展第二轮编修县志和部门志、乡镇志工作。特制定此方案：

一、指导思想

以中国特色社会主义理论为指导，深入贯彻党的十八大、十八届三中全会和习近平总书记系列讲话精神，贯彻执行地方志工作方针、政策和相关法律法规，充分认识地方志编修工作的重大意义和作用，以改革创新精神和求真务实作风全面推进第二轮炎陵县志编修工作，坚持精品意识，打造精品力作，努力编修一部全面系统、客观真实、准确生动的炎陵县志，让编修成果经得起历史和人民的检验，为丰富炎陵人民的精神文化生活，建设美丽幸福新炎陵贡献智慧和力量。

二、重要意义

编修地方志是中华民族优良的文化传统，江泽民同志指出“编纂社会主义新方志是两个文明建设的重要组成部分，是社会主义文化建设的系统工程，是承上启下，继往开来，服务当代，有益后世的千秋大业。”《炎陵县志》是县情的重要载体，是全面反映我县经济社会发展和历史变迁的真实记录，是记述物质、精神、政治和生态文明建设经验教训的综合性史料著述，是一地之百科全书。编纂县志对于总结历史，说明现在，提示未来，资政育人和弘扬民族文化、推进对外宣传与交流，促进政治、经济、文化、社会和生态持续发展，具有十分重要的现实意义和深远的历史意义。

三、基本原则

(一)《炎陵县志》的上限为事物的发端，下限至2013年。全书约120万字。

(二)坚持存真求实，力求以全面、系统、翔实的资料反映入志事物的基本面貌和发展过程，做到完整性、科学性和资料性相统一。

(三)遵循志书的基本体例，同时又要有所创新。篇目设置力求科学，做到分类合理、事以类从、归属得当，排列有序、层次分明，体裁包括述、记、志、传、图、表、录等，以志为主体。

(四)树立精品意识。坚持高标准、严要求。要把好质量关，努力做到观点正确，结构合理，内容丰富，资料翔实，文风端正。尤其要深刻认识地情，充分体现时代特色、地方特色和专业特色，确保志书质量。

四、任务要求

(一)我县第二轮修志工作以编修《炎陵县志》为主，在2018年完成编纂出版任务。各乡镇，县直单位，省、市驻炎机构要在县志编纂委员会办公室的指导下，承担县志相关部门内容的编写任务，为县志提供资料。

（二）制定规划，启动乡镇志、部门志（行业志）、单位志的编修工作。要求在 2015 年底前完成编纂任务。

（三）根据省地方志编纂委员会湘志编〔2014〕44 号文件《关于印发〈湖南乡镇简志〉编纂方案（修订）的通知》要求，2015 年底以前在编纂乡镇志的基础上完成省、市地方志编纂委员会分配的条目编写任务。

五、工作步骤

第二轮修志工作分六个阶段进行

（一）准备工作阶段（2014 年 7 月至 10 月）。主要任务是：编写《炎陵县第二轮修志工作实施方案》、《炎陵县志》篇目以及修志培训资料，召开第二轮修志工作会议，分解下达落实编纂任务，组建修志班子，培训修志专、兼职业务骨干。

（二）收集资料阶段（2014 年 11 月至 2015 年 5 月）。收集资料是修志工作的基础，伴随修志的全过程。要根据县志篇目内容需要制定出详细的资料收集大纲和工作计划，充分调动地区、部门和民间的积极性，确保资料收集工作有目的、有计划、有组织地进行，做到边收集、边充实、边修改、边完善。并对资料进行系统的整理，考证和补充，制定编纂提纲。

（三）编写初稿阶段（2015 年 6 月至 9 月）。按要求编写各分志初稿，并进行认真的评审和反复修改，完成初稿报送县志办。要求交纸质稿两份（单位行政一把手签字，并加盖单位公章），同时发送电子稿至邮箱：yldaszj@126.com。

（四）总纂阶段（2015 年 10 月至 2016 年 10 月）。县志编辑部根据各地各部门提供的初稿，按照志书“事以类从”的编纂原则进行编辑，同时，撰写综合类初稿，如综述、大事记、人物等。先由县志编辑部各编辑分纂和审定，再由主编对全志进行总纂，形成送审稿。

（五）评审修改阶段（2016 年 11 月至 2017 年 11 月）。根据《地方志编纂工作规定》，《炎陵县志》初稿须经县、市、省三级评审后正式定稿，终审稿经县人民政府批准出版发行。届时，成立《炎陵县志》评审委员会，对志稿进行阶段性评审和终审。

（六）出版发行阶段（2017 年 12 月至 2018 年 5 月）。经县人民政府批准后，《炎陵县志》印刷，并于 2018 年 5 月出版发行。

六、组织领导

（一）健全领导体制。第二轮修志工作在《炎陵县志》编纂委员会的领导下进行，实行“党委领导、政府主持、各方参与、地方志机构组织实施”的领导体制，县志办公室负责日常组织、指导、协调工作。坚持“一纳入、五到位”的修志原则，即把地方志工作纳入国民经济社会发展规划和各级政府的工作任务之中，做到领导到位、机构到位、队伍到位、经费到位、条件到位。

（二）建立修志机构，健全修志网络。组建《炎陵县志》编辑部，负责志书的总纂和审稿工作，设主编1名，副主编暂设2名，实行主编负责制。同时，聘请“特约编辑”。各乡镇、县直各部门、省市驻炎机构也要分别成立修志工作领导小组，组建修志班子，落实主笔和撰稿人，按期完成各项任务。

（三）强化业务培训。修志工作人员要认真学习方志理论，钻研修志业务。县志办要加强专业队伍建设，有计划地对修志人员进行培训，进一步提高修志队伍的政治、业务素质，以适应工作和事业发展的需要。

（四）加强协调督办。把第二轮修志工作纳入县委、县政府的目标管理体系，县政府与各单位签订承编责任书，列入年度责任目标考核内容，与其他工作一并考核；由县政府牵头，组织有关部门成立督查小组，对修志过程中出现的问题进行检查、督办和协调，促进全县修志工作平衡发展。

七、经费保障

修志是一项长期的事业，是一项系统工程，工作量大，涉及面广，需要一定的经费做保障。根据2014年3月28日第11次炎陵县人民政府常务会议精神，县志办工作经费和《炎陵县志》编纂经费列入县财政预算，由县财政解决，印刷出版经费采取预先订购《炎陵县志》的方式由全县各部门、各单位共同承担。各承编单位的修志经费，由各承编单位自行解决。

索　引

人名索引

说明：

1.本索引按照汉语拼音字母顺序排列；

2.索引仅限人名；

3.词目名称后的阿拉伯数字表示内容所在页码；

4.同人异名者，用括号在其名后标出异名；异人同名者，在名字后用括号标明乡镇。

D

E

F

G

H

J

K

L

M

N

O

P

Q

W

X

Z

后　记

为贯彻落实国务院《地方志工作条例》和省、市地方志工作规定，2014 年 7 月，中共炎陵县委、县人民政府成立《炎陵县志》编纂委员会，组建县志编纂工作办公室和《炎陵县志》编辑部，正式启动《炎陵县志》的编纂工作。经过近 5 年时间的努力，于 2018 年 12 月完成初稿统筹。其间，全县 100 余家承编单位、120 余名编撰人员积极落实《炎陵县第二轮修志工作实施方案》，采编资料 5000 余万字，完成资料长编近 400 万字。2017 年，编辑部人员既分工又合作，采取召开座谈会、实地调研、约访当事人、到对口单位征集等多种方式搜集补充材料，当年年底形成《炎陵县志》第一稿。然后，又经过篇目内审、资料确认和对照行文通则等措施，基本完成对志书 28 个大篇和大事记初稿的修改、对接与合编，2018 年上半年打磨形成第二稿。随即由主编进行统稿和总纂，2018 年底形成第三稿，并印制送审。2019 年 6 月 25 日，召开《炎陵县志》评审会，湖南省地方志编纂委员会党组成员、副主任黄俊军等领导、专家出席会议。

在评审过程当中，得到了中共炎陵县委书记黄诗燕，县委副书记、县长文专文，县人大常委会主任戴诗平，县政协主席欧阳鹏志的高度重视和亲切关怀，县委、县人大、县人民政府、县政协四大家班子成员给予了悉心关照，县委常委、县委办公室主任黄建中，县人大常委会副主任刘福贵，县政府副县长贺春福，县人大常委会原主任古友发，县政协原主席李秋明等亲临现场给予指导。株洲市天元区、芦淞区、荷塘区、石峰区、渌口区、醴陵市、攸县、茶陵县和郴州市安仁县的史志同人，分别提出了宝贵意见和建议；株洲市地方志编纂室和湖南省地方志编纂委员会的领导和专家，给予了具体而又严谨的指导和研判，特别是市志科吴夏科长和省地方志编纂委员会市县志工作指导处隆清华处长，提出了具体可行的修改建议和意见，在此，我们表示衷心的感谢和诚挚的敬意！

在此，我们也向为《炎陵县志》统稿和总纂呕心沥血、付出辛勤劳动而不幸于 2018 年重阳节病逝案台的主编周新发同志，致以沉痛的哀悼和真切谢忱！

编者

2019 年 7 月